Fuentes Históricas y Genealógicas de Catamarca

Libro de Colecturia en que Constan las partidas de Casamientos de Españoles hecho por el Cura, y Vicario dela Concepcion del Alto, Mtro. Don Juan Gregorio Vrrejola, por Orden de S. S. Yllma. Don Fray Joseph Antonio de San Alberto, (mi Señor) Dignisimo Obispo de la Provincia del Tucuman, Celebrando en ella su Santa Visita el precente Año 1783.

Matrimonios en la Parroquia de El Alto 1741 - 1902

Fuentes Históricas y Genealógicas de Catamarca

Matrimonios en la Parroquia de El Alto 1741 – 1902

Por
Eugenio Cáneppa
Ernesto Álvarez Uriondo
Gerardo L. Flores Ivaldi

Tucumán – Octubre 2024

Cáneppa, Eugenio Patricio
  Fuentes históricas y genealógicas de Catamarca : matrimonios en la Parroquia de El Alto 1741-1902 / Eugenio Patricio Cáneppa ; Ernesto Álvarez Uriondo ; Gerardo Luciano Flores Ivaldi. - 1a ed. - San Miguel de Tucumán : Gerardo Luciano Flores Ivaldi, 2024.
  656 p. ; 28 x 22 cm.

  ISBN 978-631-00-5788-0

  1. Genealogía. 2. Historia. 3. Historia de la Provincia de Catamarca . I. Álvarez Uriondo, Ernesto II. Flores Ivaldi, Gerardo Luciano III. Título
  CDD 300

Fuentes Históricas y Genealógicas de Catamarca. Matrimonios en la Parroquia de El Alto 1741 - 1902 © 2024 by Eugenio Cáneppa, Ernesto Álvarez Uriondo, Gerardo Flores Ivaldi is licensed under Creative Commons Attribution-NonCommercial-ShareAlike 4.0 International. To view a copy of this license, visit https://creativecommons.org/licenses/by-nc-sa/4.0/

Esta licencia exige que quienes utilizan el material den crédito al creador. Permite distribuir, mezclar, adaptar y desarrollar el material en cualquier medio o formato, exclusivamente para fines no comerciales. Si alguien modifica o adapta el material, debe licenciar la versión modificada bajo los mismos términos.

Tucumán - Octubre de 2024

Agradecimientos:

Deseamos expresar nuestro más sincero y profundo agradecimiento a monseñor Luis Urbanc, obispo de la diócesis de Catamarca, al vicario general, padre Julio Murúa, y al canciller y secretario general, padre Diego Manzaraz, por su inestimable apoyo y disposición al permitirnos acceder a los valiosos fondos documentales del archivo del Obispado de Catamarca. Su generosa colaboración ha sido fundamental para la realización de esta investigación, y su compromiso con la preservación del patrimonio histórico de la Iglesia catamarqueña es digno de nuestro mayor reconocimiento.

Asimismo, extendemos nuestra gratitud a todo el personal del Obispado, cuyo profesionalismo y disposición para asistirnos en cada etapa de nuestra labor ha sido esencial para el éxito de este proyecto. Agradecemos especialmente su diligencia en facilitarnos el acceso a los documentos y por brindarnos su ayuda con cada consulta y requerimiento.

Gracias a su inquebrantable apoyo y cooperación, hemos podido llevar a cabo una investigación rigurosa que no hubiera sido posible sin su contribución. A todos ellos, nuestro más profundo reconocimiento y gratitud por su compromiso con el estudio de nuestra historia y el fomento de la investigación académica.

Agradecemos también a Marcelo Gershani Oviedo por sus atinados concejos y eruditas sugerencias.

Eugenio Cáneppa
Ernesto Álvarez Uriondo
Gerardo L. Flores Ivaldi

Introducción

El archivo de la parroquia de El Alto, situado en el departamento homónimo de la provincia de Catamarca, ha adquirido una relevancia central en los estudios genealógicos del norte argentino. Su ubicación estratégica, cercana a las provincias de Tucumán y Santiago del Estero, lo convierte en un punto de referencia clave para genealogistas interesados en rastrear la historia de sus antepasados en esta región. Las actas de casamientos y las informaciones matrimoniales registradas en este archivo abarcan un período significativo, comprendido entre los años 1742 y 1902, y ofrecen un valioso testimonio sobre las redes familiares y las relaciones sociales de la época.

Con el objetivo de facilitar el acceso y la consulta de estos documentos, los coautores han realizado un exhaustivo trabajo de catalogación, modernizando la ortografía de las partidas y desarrollando las abreviaturas típicas de la época. En cuanto a la redacción, no se reprodujeron literalmente todas las expresiones de cada acta, sino que se priorizaron aquellas con un claro valor genealógico, que revelaban relaciones familiares y de parentesco. En muchos casos, debido al deterioro de los documentos, algunas palabras o letras resultaron ilegibles, por lo que se utilizaron signos de interrogación para señalar estas omisiones. Asimismo, se abreviaron fórmulas y expresiones repetitivas, y los esquemas de parentesco presentes en las informaciones matrimoniales se representaron mediante mapas conceptuales.

El catálogo incluye todas las partidas registradas en el período estudiado, consignando fecha, lugar, contrayentes, filiación de estos, testigos o padrinos y, cuando corresponde, el impedimento dispensado para la celebración del matrimonio. Esta información fue contrastada y complementada con las informaciones matrimoniales correspondientes, añadiendo los esquemas genealógicos aportados por los expedientes. Si no se hace referencia al expediente matrimonial, es porque no contiene información relevante más allá de la registrada en la partida.

Cabe destacar que existen muchas informaciones matrimoniales sin su correspondiente partida sacramental, ya sea porque el matrimonio no se celebró o porque la partida se extravió. Hay períodos de varios años en los que no se encuentran libros de matrimonios, aunque existen las informaciones matrimoniales. Por esta razón, hemos decidido incluir en este catálogo todas las informaciones que no tienen partida correspondiente al final de este trabajo

Índice de signos y abreviaturas
[¿?]: (con dudas acerca de la palabra).
[...]: (ilegible o falta una parte del documento).
[sic]: (palabra textual).
Da.: Da..
Dn.: Don.
cc: casó con
h.l.: hijo/a legítimo/a.
h.n.: hijo/a natural.

Libro Segundo de Colecturía 1741 – 1783
(primero de matrimonios)

Primera parte: Españoles

Cordero, José con Sosa, Ana
F. 1: En 13 de octubre de 1741, se casó y veló a **José Cordero**, natural de esta sierra, hijo natural de Agustín Cordero con **Ana de Sosa**, hl de Lorenzo de Sosa y de Ana de Guevara. Ps: Capitán Nicolás Valdéz y Da. Micaela de la Rosa.

Cárdenas, José con Luna, Pascuala
F. 1: En 15 de noviembre de 1741, se casó a **José Cárdenas** natural de Ovanta, h.l. de Santos Cárdenas y de Simona Orellana con **Pascuala Luna**, h.n. de María Luna, naturales de esta sierra. Ps: Santiago de Peralta y Da. Josefa Jiménez.

Quintero, José con Orellana, Vicenta
F. 1: En 20 de noviembre de 1741, se casó y veló a **José Quintero** del pueblo de Ampatilla, h.l. Ventura Quintero y de Gerónima Santillán, indios de ese pueblo, con **Vicenta Orellana**, natural de Salavina, moradora de esta sierra, h.l. Francisco Orellana y María Guerreros. Ps: el mulato Martín, esclavo, y María Nieves, su mujer. Ts: José Rodríguez, su tío, dos indios de la Higuerilla, y el indio del Maestre de Campo Dn. Gabriel de Leiva.

Pedraza, Juan con Pacheco, María
F. 1: En 29 de noviembre de 1741, se casó y veló a **Juan Pedraza**, natural de Córdoba, de padres no conocidos, con **María Pacheco**, natural de esta sierra, h.l. de Pascual Pacheco de Melo y de María Barrionuevo. Ps: Juan y Antonio Pacheco de Melo

Quiroga, Jerónimo con Falcón, Rosa
F. 1: En 3 de diciembre de 1741, se casó a **Gerónimo de Quiroga** h.n. de Esteban de Quiroga y de María Rosa Guamantito con **Rosa Falcón**, h.l. de Lorenzo Falcón y de Petrona Arias. Ps: José Guerreros y Josefa, su mujer.

Rosales, Juan Ambrosio con Brito, Juana de
F. 1v: En 3 de diciembre de 1741, se casó a **Juan Ambrosio Rosales**, natural de esta sierra, h.l. de Juan Tomás Rosales y de Juana Vizcarra. con **Juana de Brito**, h.n de Francisca Brito. Ps. : Juan Páez y Francisca de Arias.

Juárez, José Antonio con Ferreira, Ana María
F. 1v: En 4 de febrero de 1742, se casó y veló a **José Antonio Juárez**, natural de esta sierra, h.l. de Francisco Juárez y de Teresa Orellana con **Ana María Ferreira**, hija de José Ferreira y de Lorenza Moreno. Ps: Juan Moreno y su mujer María Díaz.

Amado, Pedro con Gallardo, Ana
F. 1v: En 10 de abril de 1742, se y veló a **Pedro Amado** h.l. Pedro Amado y de Luisa Rocha, de estas sierras con **Ana**, h.n. de Juana Gallardo. Ps: Juan Peralta y Rosa Gallardo.

González, Carlos con Acosta, Antonia
F. 1v: En 21 de abril de 1742, se y veló a Carlos González, h.l. de Ignacio González y de Ana Vera con Antonia Acosta, h.n. de Juana Acosta, natural de estas sierras. Ps: Felipe Juárez y Da. Antonia Suárez.

Vizcarra, Ignacio con Acosta, Felipa
F. 2: En 2 de mayo de 1742, se casó y veló a **Ignacio Vizcarra**, natural de estas sierras. h.l. de Domingo Vizcarra y de Felipa Acosta de estas sierras con **Francisca González**, h.l. de Ignacio González y de Ana Vera

Navarro, Dn. Pedro con Márquez, Da. Luisa
F. 2: 20 de junio de 1741, se y veló a Dn. **Pedro Navarro**, natural de esta sierra, h.l. de Dn. Bernabé Navarro y de Da. Catalina de Vera con Da. **Luisa Márquez**, h.l. del Maestre de Campo Dn. Francisco

Márquez y de Da. María de Herrera. P. el Capitán Dn. Juan de Vera y Da. Jerónima Navarro.

Espeche, Juan José con Herrera, Da. Juliana
F. 2: 2 de julio de 1742, se casó y veló, dispensado un impedimento de consanguinidad de 4to grado a **Juan José Espeche**, natural de San Fernando de Catamarca, h.l. del Sargento Mayor Agustín de Espeche y de Da. Francisca Soria Medrano. Con Da. **Juliana de Herrera**, natural de esta sierra, h.l. del Capitán Pedro de Herrera y de Da. Ignacia Carrizo. Ps. el Sargento Mayor Dn. Gregorio Valdéz y Da. Bartolina de Quiroga.

Medina, Juan José con Centeno, Da. Josefa
F. 2: 5 de agosto de 1742, se casó y veló a **Juan José Medina**, natural de Córdoba, h.l. de Dn. Francisco Medina con Da. **Josefa Centeno**, h.l. de Dn. Agustín Centeno y de Da. Lorenza de Vera. Ps.: el capitán Juan Tomás de Vera y Da. Gerónima de Navarro.

Lema, Dn. Andrés de con Leiva, Da. Margarita
F. 2v: 9 de septiembre de 1742, se casó a Dn. **Andrés de Lema**, natural de Galicia, en el Reino de España, con Da. **Margarita Leiva**, h.l. del Maestre de Campo Gabriel Leiva y de Da. Laurencia de Quiroga, naturales de esta sierra. Ps. el Maestre de Campo Francisco Márquez y Da. Bartolina de Quiroga.

Leiva, Bernardo con Vera, Da. Francisca
F. 2v: 9 de noviembre de 1742, "dispensado el impedimento de 4to grado", se casó y veló a **Bernardo Leiva**, h.l. del Maestre de Campo Dn. Gabriel de Leiva y de Da. Lorenza de Quiroga, con Da. **Francisca de Vera**, h.l. del Capitán Dn. Juan de Vera y de Da. Petronila Sánchez. Ps. Dn. Juan Tomás de Vera y Da. Gerónima Navarro.

Vera, Juan José con Páez, Da. Petronila
F. 2v. 10 de octubre de 1742, se casó y veló a **Juan José de Vera**, h.l. de Dn. Juan Tomás de Vera y de Da. Josefa Díaz, con Da. **Petronila Páez**, h.l. de José Páez y de Da. María de Albarracín, naturales de esta sierra. Ps.: Dn. Nicolás Valdéz y Da. Micaela de la Jara.

Álvarez, Domingo con Díaz, Luisa
F. 3: En 2 Díaz del enero de 1743, se casó y veló a **Domingo Álvarez**, natural de San Miguel de Tucumán, h.l. de Domingo Álvarez y María González, con **Luisa Díaz**, natural de esta sierra h.n. de Juana Díaz. Ps: Dn. Antonio de Argañarás y Da. Rosa de la Jara.

Ovejero, Baltazar con Acuña, Lorenza de
F. 3: En 3 Díaz del mes de febrero de 1743, se casó y veló a **Baltazar de Ovejero**, natural de la sierra. h.l. de Asencio Ovejero y de Da. María de Nieva, con **Lorenza de Acuña**, natural de esta sierra, h.l. José de Acuña y María de Soria. Ps: José Díaz y Josefa Ibáñez.

Abrego, Juan con Acuña, Dominga
F. 3: En 9 de marzo de 1743, se casó a **Juan Abrego**, h.l. Antonio Abrego y de Francisca Frías (o Arias) con **Dominga Acuña**, h.l. de José de Acuña y María de Soria. Ps: José Díaz y Petrona Vera.

Lazo, Juan con Quiroga, María de
F. 3: En 29 de abril de 1743, se casó y veló a **Juan Lazo**, natural de esta sierra, h.l. de Solano Lazo y de Roza ¿Farías?, con **María de Quiroga**, h.l. de Pedro de Quiroga y de Isabel de Jiménez. Ps: Nicolás Valdéz y Da. Micaela de la Jara.

Rojas, Vicente con Albarracín, Francisca
F. 3: En 18 de Julio de 1743, se casó y veló a **Vicente Rojas**, natural de esta sierra, h.l. de Pedro de Rojas y María Bazán, con **Francisca de Albarracín**, h.l. de Francisco de Albarracín y María Lazo, naturales de esta sierra. Ps: Dn. Andrés de Lema y Da. Margarita de Leiva.

Lorenzo con Catalina
F. 3v: El Alto 8 de septiembre de 1748, se casó y veló a **Lorenzo** de la encomienda del Maestre de Campo Gerónimo de Herrera con **Catalina** h.l. de Lorenzo, esclavo de Dn. Laurencio de Quiroga. Ps. Dn. Pedro Navarro y Da. Luisa Márquez.

Guerrero, Jerónimo con Páez, Pabla
F. 3v: El x ¿10? de agosto de 1748, se casó y veló a **Gerónimo Guerrero**, natural de esta sierra, h.l. Agustín Guerrero y Francisca Abrego, con **Pabla Páez**, natural de San Miguel de Tucumán, h.l. de Juan Páez y de María Sosa. Ps: Nicolás Valdéz y Da. Rosa de la Jara.

Gutiérrez, José con Rojas, Pascuala
F. 3v: En 10 de febrero de 1744, se casó a **José Gutiérrez**, h.l. de José Gutiérrez y de María Guzmán con **Pascuala Rojas**, h.n. de Cristina. Ps: Dn. Antonio Ponce y su mujer.

Rizo Patrón, Dn. José con Bulacia, Da. Catalina
F. 3v: 2 de marzo de 1744, se casó a Dn. **José Rizo Patrón**, natural de la ciudad de Córdoba, h.l. de Dn. Sebastián Rizo Patrón y de Da. Juana Peralta, con Da. **Catalina Bulacia**, h.l. del Maestre de Campo Nicolás Bulacia y Da. María Burgos. Ps.: Maestre de Campo Dn. Andrés de Herrera y Da. Micaela de la Grande.

Ríos, Manuel con Garzón, María Rosa
F. 3v: En 1 de febrero de 1744, se casó a **Manuel Ríos**, h.l. de Gabriel Ríos y María Miranda con **María Rosa Garzón**, h.l. de Nicolás Garzón y Isabel de Quiroga. Ps: Pedro de Quiroga y Leonarda Lobo.

Cuello, Bernardo con Alejo, Agustina
F. 4: En 26 de julio de 1744, se casó y veló a **Bernardo Cuello**, h.l. Francisco Cuello y de Francisca Díaz, vecinos de esta sierra, con **Agustina Alejo**, h.l. de

Pascual Alejo y María Pacheco. Ps: Lucas Africano y su mujer.

Márquez, Francisco con Díaz Teresa
F. 4: En 1 de febrero de 1744, se casó **Francisco Márquez**, h.n. de Francisco Márquez, con **Teresa Díaz**, h.l. del Capitán Baltazar Díaz y Josefa Ibáñez. (Al margen: "velé")

González, Carlos Dionisio con Acosta, Antonia
F. 4: En 9 de noviembre 1744, se casó y veló a **Dionisio Carlos González**, natural de esta sierra, h.l. de Ignacio González y de María Vera, vecinos de esta sierra en el Paraje de Alijilán, con **Antonia Acosta**, h.n. de Juana Acosta, del mismo paraje. Ps: Juan de Morienaga y Sebastiana Armas.

Quiroga, Pedro con Lobo, Yonarda
F. 4: En 10 de enero de 1745, se casó a **Pedro de Quiroga**, natural de esta sierra, h.l. de Pedro de Quiroga y Paula de Guevara, con **Yonarda Lobo**, h. bastarda de Pabla india. Ps: Francisco Solano Gómez y Da. Francisca Bulacia

Márquez, Martín con Bulacia, Da. Rosa
F. 4v: 10 de junio de 1745. Dispensado el impedimento de consanguinidad en 4to. Grado, se casó y veló a **Martín Márquez**, hl del Maestre de Campo Francisco Márquez y de Da. María de Herrera, con Da. **Rosa de Bulacia**, hl del Sargento Mayor Solano Bulacia y de Da. Juana Burgos. Ps. . Maestre de Campo Dn. Gabriel de Leiva y Da. Micaela Mercado.

Juárez, Francisco con Herrera, Josefa
F. 4v: En 29 de junio de 1745, se casó y veló a **Francisco Juárez**, natural y vecino de esta sierra de El Alto, h.l. Álvaro Juárez y Yonarda Lobo, con **Josefa de Herrera**, h.l. Francisco de Herrera, difunto y de Felipa Campos. Ps: Cap. Ignacio Cabral con Da. Francisca Lobo

Burgos, Álvaro con Herrera, Pascuala
F. 4v: En 2 julio de 1745, se casó y veló a **Álvaro Burgos**, h.n. de Julio Burgos y Catalina Juárez, todos naturales de este curato de la sierra de Maquijata, con **Pasquala Herrera**, h.l. de Francisco de Herrera y Felipa Campos. Ps: ¿Julio? Gómez de Brizuela y Da. María Bulacia

Toledo, Andrés con Bulacia, Lucía
F. 5: En 15 de agosto de 1745, se casó y veló a **Andrés Toledo**, natural de San Miguel de Tucumán, h.l. Juan Toledo y Petrona Flores, con **Lucía Bulacia**, h.n. de Micaela Paz. Ps: Dn. Francisco Solano Bulacia y Da. Francisca Bulacia.

Mansilla, Bernardo con Ponce, Da. Pascuala
F. 5: En 4 de setiembre de 1745, se casó a **Bernardo Mansilla**, vecino y residente en esta sierra de Maquijata, h.l. de Dn. Francisco Mansilla y de Da. Josefa Aranda, con Da. **Pascuala Ponce**, h.l. de Dn. Pedro Ponce y Da. Bartolina Pino. Ps: Dn. Martín Gardel y Da. Gerónima Navarro.

Ibáñez del Castillo, Domingo con Leiva, Da. María Magdalena
F. 5: En el paraje de la concepción del El Alto en 25 de enero de 1746, se casó y veló, dispensado el impedimento de consanguinidad en 4 grado, a **Domingo Ibáñez del Castillo**, h.l. del Sargento Mayor Antonio Ibáñez del Castrillo y de Da. Gerónima de Agüero con Da. **María Magdalena de Leiva**, h.l. del Maestre de Campo Dn. Gabriel de Leiva y de Da. Laurencia de Quiroga. Ps. : El Maestre de Campo Francisco Márquez y Da. Bartolina de Quiroga.

López, José Benito con Suárez, Gregoria
F. 5: En 22 de abril de 1746, se casó y veló a **José Benito López**, natural de la jurisdicción de Córdoba y avecindado en esta sierra, h.l. de Juan Ramón López y de Margarita Santuchos, con **Gregoria Suárez**, h.l. de Marcos Suárez y de Juana de Peralta. Ps: José García y su mujer. Ts: Dn. Nicolás Valdéz y Da. Antonia de Argañarás.

Ulibarri, Dn. Agustín con Espeche, Da. Teresa
F. 5v: 11 septiembre 1746, casó y veló a Dn. **Agustín Ulibarri**, natural de Vizcaya, con Da. **Teresa Espeche**, h.l. de José de Espeche y de Da. Jerónima Navarro. Ps. : Dn. Juan de Vera y su mujer Da. Petronila Sánchez.

Martín con Bartolina
F. 5v.: En primero de octubre de 1746, se casó y veló a **Martín** indio libre de San Miguel de Tucumán con **Bartolina** india de nación mocoví del servicio de Francisco Varela. Ps: Juan Mulato limeño y María Mulata del servicio de José Salas, estuvieron presentes este último y Da. Francisca Guzmán en la capilla del Rosario en la sierra del valle de este curato de Maquijata.

Burgos, Pedro con Salazar, Da. Pascuala
F. 5v: 15 de octubre de 1746, se casó y veló a **Pedro de Burgos**, natural de Catamarca y vecino de esta sierra, con Da. **Pascuala de Salazar**, h.l. de José de Salazar y de Da. Josefa Barrientos. Ps. Dn. Manuel Fernández y Da. Agustina de Tapia.

Vizcarra, Gabriel con Salazar, Da. Elena
F. 6: en 20 de octubre de 1746, se casó y veló a **Gabriel Vizcarra**, natural de San Fernando de Catamarca, h.l. de Juan Vizcarra y Da. María de Leiva con Da. **Elena Salazar**, h.l. de Dn. José de Salazar y Da. Josefa Barrientos. Ps.: Da. María Pérez y su marido José de Salazar y Testigos Dn. Francisco Guzmán y Nicolás Pérez.

Páez y Medina, NN con Cisternas, Da. Gerónima
F. 6: 20 de enero de 1747, se casó (en la partida no se consigna el nombre del contrayente) natural de San Miguel de Tucumán, h.l. de Luciano Lucas de Páez y Medina y de Da. Ana Sánchez. con Da. **Gerónima Cisternas**, natural de esta sierra y valle. Ps. : Juan Leiva y su mujer, y testigos Dn. Laurencio de Quiroga y Dn. Gregorio Valdéz.

Lobo, Gregorio con Márquez, Da. Cecilia
F. 6: 21 de marzo de 1747, se casó y veló a más tarde dispensado el impedimento 3 a 4 grado al Teniente **Gregorio Lobo**, natural de esta sierra, h.l. del Capitán Gregorio Lobo y Da. Petronila Garro con Da. **Cecilia Márquez**, h.l. del alférez José Márquez y de Da. Josefa Pacheco. Ps. : Capitán Dn. José Rizo Patrón y Da. Catalina Bulacia, testigos el Cap. Ignacio Cabral y Martín Márquez.

Escasuso, Esteban con Fernández, Gerónima
F. 6: En la Concepción a 15 de abril de 1745, se casó y veló a **Esteban Escasuso**, h.l. de José Escasuso y de María Armas con **Gerónima Fernández**, h.l. Juan Fernández y Juana Barros. Ps: Cap. José Rizo Patrón y Da. Catalina Bulacia. Ts: Juan Luis Márquez y José Márquez.

Escasuso, Francisco con López, Rosa
F. 6v: En la Concepción de El Alto, el 15 de abril de 1747, se casó y veló a **Francisco Escasuso**, h.l. del ayudante José Escasuso y de María Armas con **Rosa López**, h.l. de Juan López y Juana Barrios. Ps.: el capitán Ignacio Cabral y Da. Francisca Lobo, Ts.; Juan Luis Márquez y José Márquez.

Amella, Bernardo con Rivera, María
F. 6v: En la Concepción de El Alto el 5 de junio de 1745, se casó y veló a **Bernardo Amella**, natural de Salta, con **María Rivera**, natural de Santiago del Estero, vecina de esta sierra, h.l. de Lorenzo Rivera y de Francisca López. Ps.: Dn. Antonio de Argañaráz y Da. Rosa de la Jara. Te.: Javier de la Tijera y Nicolás Valdéz.

Pedro Silvestre con Catalina
F. 6v.: En el paraje de Alijilán, el 21 de julio de 1747, se casó y veló a **Pedro Silvestre**, natural de la Villa de Oruro con **Catalina**, esclava de Juan Reyes. Ps.: Bartolomé Reyes y María Barrientos. Ts.: Bartolo Díaz y Dn. José de la Jara.

Rojo, Ignacio con Córdoba, Juana
F. 6v.: En el paraje de Ancasti el 19 de agosto de 1747, se casó a **Ignacio Rojo**, hijo del ayudante Juan Rojo y de Pascuala Nieva, con **Juana Córdoba**. Ps.: Juan de Acosta y su mujer Da. María Abad. Ts.: el capitán Francisco de Acosta y José Abad.

Romero, Ramón Aurelio con González, Josefa
F. 7: En 2 de septiembre de 1747, se casó y veló a Ramón Aurelio Romero, natural de esta sierra, h.l. de Miguel Romero y de Josefa Rodríguez Moreno, con Josefa González, natural de esta sierra, h.n. De María González. Ps. Jacinto Medina y Da. María Robín. Ts.: Dn. Francisco Guzmán y Juan de Córdoba.

Albarracín, José con Burgos, Rafaela
F. 7: En el Paraje del Rosario el 28 de septiembre de 1747, se casó a José Albarracín, natural de esta sierra, hl de Juan de Albarracín y de Gregoria Agüero, con Rafaela Burgos, natural de esta sierra, hn de Juana Burgos. Ps.: Tomás ... y María Palacios. Ts.: José Pérez y José Gutiérrez.

Nieva, Juan de con Reinoso, Simona
F. 7: En 2 de octubre de 1747, se casó y veló a Juan de Nieva, natural de esta sierra, con Simona Reinoso. Ps.: ... mi esclavo y su mujer María, Ts: Dn. Luis de Quiroga y Juan Gómez.

Pacheco, Juan con Núñez, María
F. 7: En la Concepción de El Alto, el 3 de noviembre de 1747, se casó y veló a **Juan Pacheco**, natural de esta sierra, h.n. de Josefa Pacheco con **María Núñez** h.n. de María Núñez. Ps.: el Capitán Ignacio Cabral y Da. Francisca Lobo. Ts. Gregorio Lobo y José Márquez.

Africano, Lucas con Páez, Da. Francisca
F. 7v: En 2 de enero de 1748, se casó a **Lucas** Africano con Da. **Francisca Páez**, h.l. de Luis Páez y de Da. Josefa Ortega, de esta sierra. Ps: Dn. Martín Gardel y Da. Gerónima Navarro. Ts.: Dn. Andrés de Lema y Dn. Luis Quiroga.

Africano, Nicolás con Páez, María Josefa.
F. 7v: En 5 de abril de 1748, se casó a **Nicolás Africano**, natural de esta sierra, h.l. Lucas Africano y María Quiroga, con **María Josefa Páez**, h.l. de Luis. Ps: Dn. Martín Gardel y Da. Gerónima Navarro. Ts: Pedro Navarro y Juan Márquez

Mansilla, Ramón con Pinto, Micaela
F. 7v: En el paraje de la Concepción de El Alto en 18 de abril 1748, se casó y veló **Ramón Mansilla**, natural de San Miguel de Tucumán, h.l. del Cap. Agustín Mansilla y Lorenza Pérez con **Micaela Pinto**, natural de esta sierra, h.l. de Pedro Pinto y de Juana Mansilla. Ps: Cap. Nicolás Valdéz y Da. Francisca Flores. Ts: Francisco Javier de la Tijera.

Ovejero, Cap. José con Miranda, Da. María
F. 7v: En 21 de abril de 1748, se casó y veló al Cap. **José de Ovejero**, natural de Catamarca, h.l. Sargento Mayor Dn. Francisco Ovejero y Da. Sebastiana Agüero, con Da. **María Miranda**, h.l. de Ignacio Miranda y María

Páez, natural de esta sierra. Ps: Dn. Francisco de Miranda y Da. Josefa Miranda.

Cisternas, Juan con Falcón, María
F. 8: En el paraje de la Concepción de El Alto en 7 de agosto de 1748, se casó y veló **Juan Cisterna**, natural de Buenos Aires, h.l. de Miguel Cisternas, con **María Falcón**, natural del Tucumán y vecina de esta sierra, h.n. de Juan Falcón. Ps: Dn. José Rizo Patrón y Da. Catalina Bulacia. Ts: Pedro de Saavedra y Dn. Nicolás Valdéz.

F. 8: En El Alto de la Concepción de la Sierra el 29 de diciembre de 1748, etc. (Visita del obispo). --

Ortiz, José Mateo con Guamán, Leonor
F. 9: 28 de septiembre de 1749, se casó y veló a al teniente **José Mateo Ortiz** con **Leonor Guamán**. Ps: el Capitán Dn. Ignacio Cabral y su esposa Da. Francisca Lobo de Mereles. Firma doctor Lorenzo Ferreira Abad.

Gardel, Juan con Díaz, Paula.
F. 9: En 5 de diciembre de 1740, se casó y veló a Juan Gardel con Paula Díaz. Ps.: El Sargento Mayor Dn. Gregorio Valdéz y Da. Bartolina Quiroga.

Morales, Carlos con Gardel, Bartolina
F. 9: El 17 de diciembre de 1749, se casó y veló a **Carlos Morales**, natural de la Provincia de Chile, con **Bartolina Gardel**. Ps.: Juan Luján y Gregoria Nieva.

Ortiz, José con Barrientos, María
F. 9: El 20 de diciembre de 1749, se casó y veló a **José ¿Ortiz?** natural de Tucumán con **María Barrientos**. Ps.: Josefa de Vildósola y Lorenza Acuña.

Africano, Juan José con Escasuso, Juana
F. 9: 27 de diciembre de 1749, se casó y veló a **Juan José Africano** con **Juana Escasuso**. Ps.: El Sargento Mayor Dn. Martín Gardel y Da. Gerónima Navarro.

Africano, Francisco con Paz, Prudencia.
F. 9v: En 12 de abril de 1750, se casó y veló a **Francisco Africano** con **Prudencia Paz**. Ps: Dn. Juan Leandro Valdéz y Da. Magdalena Valdéz.

Ibáñez, José de con Rivadeneira, Teresa
F. 9v: En 7 de mayo de 1750, se casó y veló a **José de Ibáñez** con **Teresa Rivadeneira**. Ps: Gabriel Ortiz y su esposa Isabel de la Virgen.

Páez, Mateo con Ibáñez, María
F. 9v: En 9 de mayo de 1750, se casó y veló a **Mateo Páez**, con **María de Ibáñez**. Ps: Dn. Nicolás Valdéz y Da. Micaela Grande.

Garzón, Juan con Aráoz, Luisa
F. 9v: 15 de junio de 1759, se casó y veló a **Juan Garzón** con **Luisa Aráoz**. Ps. : Ambrosio Rosales y Juana Brito.

Medina, Pedro con Figueroa, María
F. 9v: En 10 de setiembre 1750, se casó y veló a **Pedro Medina**, con **María de Figueroa**. Ps: Domingo Suárez y Petronila Díaz.

Valdéz, Dn. Manuel con Bulacia, Da. María de las Nieves.
F. 9v: 25 octubre 1750, se casó y veló a Dn. **Manuel Valdéz** con Da. **María de las Nieves Bulacia**. Ps. . Dn. Nicolás Valdéz y Da. Micaela Grande.

Pacheco, Luis de con Margarita, Mansilla.
F. 10: En 2 de mayo de 1751, se casó y veló a **Luis de Pacheco** con **Margarita Mansilla**. Ps: José Eusebio Díaz y su esposa Isabel Barrionuevo.

Plasencia, Simón con Jerez, Manuela.
F. 10: En 3 de mayo de 1751, se casó y veló a **Simón Plasencia**, natural de Belén, con **Manuela Jeréz**. Ps: Mariano Díaz y Juana Teresa Quiroga.

Collantes, José con Paz, Juana
F. 10: En 15 de junio de 1751, se casó y veló a **José Collantes** con **Juana Paz**. Ps: José Paz y Antonia Reinoso.

Aguilar, Dn. Sebastián con Albarracín, Da. María
F. 10: El 20 junio de 1751, se casó y veló a Dn. **Sebastián de Aguilar** con Da. **María de Albarracín**. Ps. : Dn. Antonio de Argañaráz y Da. Petronila Argañaráz.

Quiroga, Dn. Prudencio con Pacheco, Francisca
F. 10: El 22 julio de 1751, se casó y veló a Dn. **Prudencio de Quiroga** con **Francisca Pacheco**. Ps. Bernardo Cuello y Antonia Pacheco.

Márquez, Dn. José con Bulacia, Da. Francisca
F. 10: El 26 julio 1751, se casó y veló a Dn. **José de Márquez** con Da. **Francisca Bulacia**, Ps. Dn. Martín Gardel y Da. Gerónima Navarro.

Cisterna, Francisco con Ortega, Paula
F. 10v: En 23 de setiembre de 1751, se casó y veló a **Francisco Cisterna** con **Paula Ortega**. Ps: Josefa Lobo y su esposo Gerónimo Rivas.

Barrionuevo, Antonio con Racero, Margarita
F. 10v: En xx de setiembre de 1751, se casó y veló a **Antonio de Barrionuevo** con **Margarita ¿Racero?** Ps: Pasquala Ponce y su esposo Bernardo Mansilla.

Paz, Valeriano con Garzón, Eulalia
F. 10v: 25 septiembre de 1751, se casó y veló a **Valeriano Paz** con **María Eulalia Garzón**, fueron Ps. Francisco Sola no Brito y su esposa Ana Olmos.

Pedraza, Francisco con Albarracín, María
F. 10v: En 28 de setiembre de 1751, se casó y veló a **Francisco Pedraza** con **María Albarracín**. Ps: Dn. Andrés Leiva y su esposa Margarita Leiva.

Paz, Francisco con Díaz, Micaela
F. 10v: En 12 de noviembre de 1751, se casó y veló a **Francisco Paz** con **Micaela Díaz** de limosna por ser del servicio de esta Virgen.

Tijera, Lorenzo con Guevara, Paula
F. 10v: En 6 de diciembre de 1751, se casó y veló a **Lorenzo Tijera** con **Paula Guevara**. Ps: Dn. Bernardo Guerreros y su esposa.

Zubelza, Francisco con Acosta, María Justa de
F. 10v: En 9 de diciembre de 1751, se casó a **Francisco Zubelza** con **María Justa de Acosta**. Ps: Dn. Nicolás Valdéz y Da. Micaela ¿?

Pacheco, Agustina con Ibáñez, Gregoria
F. 11: En 21 de diciembre de 1751, se casó y veló a **Agustín Pacheco** con **Gregoria Ibáñez**. Ps: Miguel Mansilla y su esposa Da. Petrona Cejas.

Pedraza, Francisco Solano con Ledesma, Rosa Ramona
F. 11: En el oratorio de Oyola de esta sierra de la Concepción de El Alto en 7 de enero de 1752, se veló a **Francisco Solano Pedraza** con **Rosa Ramona Ledesma**, parroquianos de este curato. Casados el 10 de diciembre de 1751

Pacheco, Agustín con Ibáñez, Gregoria
F. 11: En el oratorio de Oyola de esta sierra de la Concepción de El Alto en 7 de febrero de 1752, se veló a **Agustín Pacheco** con **Gregoria Ibáñez**, su esposa. Casados el 20 de diciembre de 1751…

Castellanos, Isidro con Falcón, Mercedes
F. 11v: En esta parroquia de Alto en 12 de enero de 1752, se casó y veló a **Isidro Castellanos**, natural de Salta con **Mercedes Falcón**, feligresa de este curato, Ts: Dn. Nicolás Valdéz y Dn. Andrés de Lema.

Macedo, Juan con Falcón, Rosa
F. 11v: En la capilla parroquial de El Alto en 27 de enero de 1752, se veló a **Juan Macedo** con su esposa **Rosa Falcón**. "ha doce años que estaban casados a quién casó el Maestro Dn. Nicolás de Herrera, ya difunto.

Ortiz, Gabriel con Acuña, Isabel
F. 11v: En esta parroquia de Alto en 28 de enero de 1752, se veló a **Gabriel Ortiz** con su esposa **Isabel Acuña**, quienes llevan más de doce años de casados.

Tejeda, Lorenzo con Guevara, Paula
F. 11v: En esta parroquia de Alto en 29 de enero de 1752, se veló a **Lorenzo ¿Tejeda?** con su esposa **Paula ¿Villara? de Guevara**. Casados el 6 de diciembre de 1756 por Fray Miguel de la orden de San Francisco.

Melián de Leguizamo, Hernando con Armas, María Feliciana
F. 12: En la capilla de Alijilán en 29 de enero de 1752, se veló a **Hernando Melean de Leguizamo** con su esposa **María Feliciana Armas**, casados hace cuatro años por el Maestro Dn. Nicolás de Herrera.

Reinoso, Juan Santos con Soraire, María.
F. 12: En la capilla de Alijilán en 29 de enero de 1752, se veló a **Juan Santos Reinoso**, con su esposa **María Soraire**. Casados un año antes.

Albornoz, Esteban con Herrera, Gregoria
F. 12: En la capilla parroquial de El Alto en 30 de enero de 1752, se casó y veló a **Esteban Albornóz** con **Gregoria Herrera**, parroquianos de este curato de El Alto. Ts: Dn. Andrés de Lema, Dn. Juan de Soria, Dn. Nicolás Valdéz y Dn. José Melián.

Falcón, Lorenzo con Ibáñez, María
F. 12v: En la capilla parroquial de El Alto en 30 de enero de 1752, se casó y veló con dispensa de consanguinidad en 2do grado a **Lorenzo Falcón** con **María Ibáñez**, parroquianos de este curato. Ts: Dn. Juan de Soria, Dn. Andrés de Lema y Dn. Nicolás Valdéz

Falcón, Francisco con Albarracín, Ana
F. 12v: En la capilla parroquial de El Alto en 10 de febrero de 1752, se veló a **Francisco Falcón** con **Ana Albarracín**.

Ruiz, Lorenzo con Herrera, Ana
F. 12v: En la capilla parroquial de El Alto en 3 de febrero de 1752, se veló a **Lorenzo Ruiz** con su esposa **Ana Herrera**. Casados "hará un año poco más o menos".

Santillán, Pedro con Albarracín, Juana
F. 13: En la capilla parroquial de El Alto en 3 de febrero de 1752, se veló a **Pedro Santillán**, con su esposa **Juana Albarracín**. "hará un año poco más o menos"

Lobo, Juan Javier con Díaz, María
F. 13: En la capilla parroquial de El Alto en 7 de febrero de 1752, se veló a **Juan Javier Lobo**, con su esposa **María Díaz**. Casados "hará dos años y meses, poco más o menos".

Lobo, José con Jiménez, Juana
F. 13: En la capilla parroquial de El Alto en 7 de febrero de 1752, se veló a **José Lobo**, con su esposa **Juana Jiménez**. Casados "hará dos años y meses, poco más o menos"

Alcaráz, Ignacio con Villalba de Albarracín, Da. María
F. 13v: En la capilla parroquial de El Alto en 7 de febrero de 1752, se veló a **Ignacio Alcaráz** con su

esposa Da. **María Villalba de Albarracín**, parroquianos de este curato. Casados cuatro años antes.

Quiroga, Dn. Juan José con Lastra, Da. Isabel
F. 13v: En la capilla parroquial de El Alto en 7 de febrero de 1752, se veló a Dn. **Juan José Quiroga**, con su esposa Da. **Isabel Lastra**. Casados doce años antes.

Zubelza, Francisco con Acosta, María Justa
F. 13v: En la capilla parroquial de El Alto en 14 de febrero de 1752, se veló a **Francisco Zubelza** con su esposa **María Justa Acosta**. Casados el 8 de diciembre de 1751.

Gómez, Pedro con Orellana, María
F. 14: En la capilla parroquial de El Alto en 14 de febrero de 1752, se veló a **Pedro Gómez** con su esposa **María Orellana**. Casados ocho años antes.

Toledo, Juan con Ponce, Juliana
F. 14: En la capilla parroquial de El Alto en 15 de febrero de 1752, se veló a **Juan Toledo** con su esposa **Juliana Ponce**. Casados siete meses antes.

Luna, Javier, con Díaz, Micaela
F. 14: En el oratorio de Alta Gracia en 15 febrero de 1752, se veló a **Javier Luna** con **Micaela Diez**. Casados el 12 de noviembre de 1751.

Vásquez, Agustín con Artaza, María Isabel.
F. 14v: En la capilla de El Alto de la sierra el 25 de febrero 1752, se veló a **Agustín Vásquez** con su esposa **María Isabel de Artaza** Ts: Dn. Nicolás Valdéz, Dn. Manuel Valdéz y Adrián Vega.

Vera, Francisco con Juárez, María Gertrudis
F. 14v: En la parroquia de El Alto en 10 de abril de 1752, se veló a **Francisco Vera** con su esposa **María Gertrudis Juárez**.

Lobo, Juan con Paz, Francisca
F. 14v: En la capilla de Ovanta en 16 de abril de 1752, se casó y veló a **Juan Lobo**, natural de este curato con **Francisca Paz**, h.l. Lorenzo Paz y María Arias.

Álvarez, Juan con Díaz, Valeriana
F. 15: En la Capilla Alijilán de la sierra de El Alto en 23 de abril de 1752, se casó y veló a **Juan Álvarez**, h.l. de Da. María Álvarez de Jiménez y Bernardo Jiménez, con **Valeriana Díaz**, h.l. de José Díaz y Pascuala Ibáñez. Ts: Agustín Guerrero, Bernardo Guerrero y Juan Reinoso.

Páez, Francisco con Orellana, María
F. 15: En la capilla parroquial de El Alto en 25 de abril de 1752, se veló a **Francisco Páez**, con su esposo **María Orellana**.

Vásquez, Agustín con Artaza, María Isabel
F. 15: En la capilla parroquial de El Alto de .en 29 de abril de 1752. Se veló a **Agustín Vásquez** con su esposa **María Isabel Artaza**.

Aráoz, José con Lobo, María
F. 15v: En la parroquia de El Alto de la Purísima Concepción en 15 de mayo de 1752, se casó y veló a **José Araoz**, natural de los quebrachos de esta jurisdicción, hijo de Miguel Araoz y Melchora Córdoba, con **María Lobo**, h.l. de Pedro Lobo y Francisca Gallardo. Ts: Dn. Andrés Lema, Dn. Nicolás Valdéz y Dn. Manuel Valdéz. Ps: Dn. Antonio Argañaráz y Da. Lorenza Argañaráz.

Quiroga, Miguel Francisco con Soria, Margarita
F. 15v: En la parroquia de El Alto de la purísima Concepción en 11 de mayo de 1752, se casó y veló a **Miguel Francisco Quiroga**, h.l. de Pedro Quiroga, ya difunto y se Isabel Jiménez, naturales de Ancuja con **Margarita Soria**, huérfana de Ancuja de esta jurisdicción. Ts: M. de C Dn. Ignacio Cabral, Dn. José Páez y Dn. Luis Marques. Ps: Cap. Dn. Francisco Javier Leiva y Da. Margarita Leiva.

Frías, Dn. Ramón Antonio con Rivas, Da. Rosa
F. 16. En la parroquia de El Alto en 18 de mayo de 1752, se casó a Dn. **Ramón Antonio Frías**, natural de Santiago del Estero, h.l. de Maestre de Campo Dn. Frías y Da. **Josefa Alfaro**, con Da. **Rosa Rivas**, natural de este beneficio, h.l. de Dn. Gerónimo Rivas y Da. Josefa Lobo de Mereles. Ts: Dn. Antonio Argañaráz, Dn. Manuel Valdéz y el Mtro. Dn. Ignacio Luján. Ps: Dn. José Rizo Patrón y Da. Catalina Bulacia.

Peralta, Pascual con Armas, María Casilda
F. 16. En la parroquia de la Concepción de El Alto en 28 de mayo de 1752, se casó a **Pascual Peralta**, h.l. Juan Peralta y Rosa Rosales, naturales de este beneficio, con **María Casilda**, h.l. de Esteban Armas, ya difunto y Sebastiana Figueroa. Ts: Dn. Antonio Argañaráz, Dn. Nicolás Valdéz y Dn. Manuel Valdéz. Ps: Dn. Pedro Cabral y Da. Gerónima Lobo.

Leiva, Dn. Juan Mateo con Vega y Castro, Da. Juana Antonia de la
F. 17v: parroquia de la Concepción de El Alto, 14 de junio de 1752, tras dispensarse un impedimento de 4 grado de consanguinidad, se casó a Dn. **Juan Mateo Leiva**, natural de este beneficio, h.l. del Maestre de Campo Dn. Gabriel y Da. Laurencia Quiroga. Con Da. **Juana Antonia de la Vega y Castro**, nat. Catamarca, h.l. del Sargento Mayor Dn. Andrés de la Vega y Castro y de Da. Margarita Estévez Cordero. Testigos: S M Dn. José Albarracín, Dn. Juan Nieto, Cap. Dn. Francisco Javier Leiva. Ps: el Alcalde de la Santa Hermandad Dn. Andrés de Lema y Da. Margarita Leiva. Casados.

Agüero, Roque Jacinto con Gómez, Da. María.
F. 17v: En esta parroquia de El Alto, 30 de julio de 1752, se casó a Dn. **Roque Jacinto de Agüero**, natural de

Catamarca, h.l. de Dn. Alejandro Agüero y de Da. Micaela de la Vega, con Da. **María Gómez**, h.l. del Cap. Dn. Francisco Solano Gómez y Da. Francisca Bulacia, naturales de este beneficio. Testigos Dn. José Rizo Patrón, Maestre de Campo. Dn. Ignacio Cabral y Dn. Antonio Argañaráz. Ps. Dn. Andrés de Lema y Da. Margarita Eugenia Leiva.

Figueroa, Antonia con Narváez, Bartolina
F. 17v: En la Capilla Alijilán en 14 de septiembre de 1752, se casó a **Antonio Figueroa**, natural de la sierra, viudo de Juana Díaz, h.l. Juan Figueroa y Juana Acosta, difunta, con **Bartolina Narváez**, viuda de José Melián, vecino que fue de esta sierra.

Soria, Agustín con Agüero, María Antonia
F. 18: En la Capilla Alijilán en 14 de septiembre de 1752, se casó a **Agustín Soria**, natural de la jurisdicción del Tucumán, hijo de padres no conocidos, viudo de María Lizárraga, con **María Antonio Agüero**, natural de esta sierra en el paraje de Alijilán, h.l. de Miguel Agüero y de María Juárez, difuntos.

Torres, Juan Isidro con Agüero, Bartolina
F. 18: En 19 de septiembre de 1752, se casó a **Juan Isidro Torres**, natural del Tucumán, con **Bartolina Agüero**, vecina de esta sierra, h.l. de Miguel Agüero y María Juárez.

Vásquez, Juan con González, Manuela
F. 18: En 30 de setiembre de 1752, se casó **Juan Vásquez**, vecino de esta sierra, con **Manuela Gonzáles**, vecina de esta sierra.

Medina, Dn. Felipe con Bulacia, Da. Da. Dominga
F. 18v: 2 octubre de 1752, se casó y veló a Dn. **Felipe Medina**, natural de la ciudad de Guamanga de los Reinos del Perú, con Da. **Dominga Bulacia**, natural y vecina de esta sierra, h.l. del Maestre de Campo Dn. Nicolás, difunto y de Da. María Burgos. Testigos: Dn. Andrés Lema, Dn. José Rizo Patrón y Dn. Martín Márquez.

Ruiz, Dn. José con Domínguez, Feliciana
F. 18v: En 6 de octubre de 1752, se casó y veló a Dn. **José Ruiz**, natural de Córdoba con Da. **Feliciana Domínguez**, natural de esta sierra, h.l. Dn. Lucas Domínguez y Juana Ortega. Ts: Dn. Martín Gardel, Dn. José Rizo Patrón y Dn. Gregorio Valdéz.

Sandi, José con Ponce, Bernarda
F. 18v: En 20 de octubre de 1752, se casó y veló a **José Sandi**, natural de esta sierra, h.l. Domingo Sandi y Petrona Paz, con **Bernarda Ponce**, natural de esta sierra.

Rivera, Dn. José Antonio de con Barrientos, Da. **Juana**
F. 18v. En la parroquia de la purísima concepción del El Alto 13 noviembre de 1752, se casó a Dn. **José Antonio de Rivera**, h.l. del Cap. Dn. José de Rivera y Da. Francisca de Villafañe, vecinos de Catamarca con Da. **Juana Barrientos**, h.l. de Dn. Mateo Barrientos y de Da. Petrona Verón, natural de este beneficio. Testigos: Doctor Dn. Miguel Olmedo, Maestro Dn. Gregorio Campos y Solano Brito. Ps. : Dn. Manuel Valdéz y Da. María Barrientos.

Ibáñez, Nicolás con Armas, Margarita
F. 19: En la parroquia de la purísima Concepción de El Alto en 27 de noviembre de 1752, se casó a **Nicolás Ibáñez**, natural de Ovanta, viudo de Francisca Moreno, con **Margarita Armas**, h.l. Francisco Armas y María Rosales. Ts: Francisco Solano Brito, José Ibáñez y Mariano Armas. Ps: Dn. Manuel Valdéz y Da. María Nieves Bulacia.

Reinoso, Bartolomé con Quiroga, Juana
F. 19: En la parroquia de la purísima Concepción de El Alto en 30 de noviembre de 1752, se casó a **Bartolomé Reinoso**, natural del valle, h.l. de Juan Tomás Reinoso y María Frías, naturales del valle, con **Juana Quiroga**, h.n. de Paula Quiroga, naturales del valle y residentes en Ancuja de este beneficio.

Domínguez, Francisco Javier con Escasuso, Da. **Josefa**
F. 19: En la parroquia de El Alto en 7 de enero de 1753, se casó a **Francisco Javier Domínguez**, h.l. de Dn. Lucas Domínguez y Da. Juana Ortega, naturales de Iloga, este beneficio, con Da. **Josefa Escasuso**, h.l. de Dn. José Escasuso y de María Gómez. Ts: Dn. José Rizo Patrón, Dn. Pedro Mercado y Antonio Rosales. Ps: Dn. Martín Gardel y Da. Gerónima Escasuso.

Ruiz, Dn. Joaquín con Herrera, Josefa
F. 19v: En esta santa iglesia parroquial de la Purísima Concepción de El Alto en 17 de enero de 1753, se casó a Dn. **Joaquín Ruiz**, natural de Santiago, viudo en este curato de Juana Falcón, con **Josefa Herrera**, viuda de Juan Albarracín de este beneficio. Ts: Dn. Antonio Argañaráz y Francisco Solano Brito. Ps: Dn. Andrés de Lema y Da. Margarita de Leiva.

Bulacia, Dn. Ignacio Antonio con Cabral, Da. **Antonia**
F. 19v: El Alto, 25 enero 1753. Dispensado el impedimento consanguinidad en 4to. grado, se casó a Dn. **Ignacio Antonio Bulacia**, h.l. de Dn. Ignacio Bulacia y Da. Magdalena Salcedo, naturales de Ancasti; con Da. **Antonia Cabral**, hl del Maestre de Campo. Dn. Ignacio Cabral y de Da. Francisca Lobo de Mereles, naturales de esta sierra y curato. Testigos Dn. Andrés

Lema, Dn. Pedro Navarro y Dn. Martín Márquez, Ps. Dn. Ignacio Castillo y Da. María Antonia Toledo.

Albarracín, Juan con Ibáñez, Lorenza
F. 20: En esta santa iglesia parroquial de la Purísima Concepción de El Alto en 7 de febrero de 1753, se casó a **Juan Albarracín**, mestizo, viudo de Antonia Lazo de este curato, con **Lorenza Ibáñez**, mestiza, de este curato, h.l. de Josefa Pacheco. Ts: Dn. Nicolás Sánchez, Francisco Solano Brito y Lázaro Salguero. Ps: Francisco Soria y Francisca Albarracín

Rojas, Pedro con Albarracín, Teresa
F. 20. En esta santa iglesia parroquial de la Purísima Concepción de El Alto en 20 de febrero de 1753, se casó a **Pedro Rojas**, mestizo, h.l. de Pedro Rojas y María Bazán, difuntos, con **Teresa Albarracín**, h.l. de Juan Albarracín y de Antonia Lazo, difuntos. Ts: Dn. Nicolás Sánchez, Francisco Solano Brito y Lázaro Salguero. Ps: Dn. Antonio Argañaráz y Francisca Quiroga.

Acosta, Bernardo con Soraire, Polonia
F. 20: En esta santa iglesia parroquial de la Purísima Concepción de El Alto en 25 de febrero de 1753, se casó a **Bernardo Acosta**, de esta sierra, h.l. Francisco Acosta y Catalina Arévalo, con **Polonia Soraire**, hl de Santiago Soraire y de Juana Costa.

Guerreros, Ramón con Ibáñez, Bernarda
F. 20v. En 10 de mayo de 1753, En la Parroquia de El Alto, se casó a **Ramón Guerreros**, natural de esta doctrina, h.l. Solano Guerreros y Margarita Costilla, mestizos, ya difuntos, con **Bernarda Ibáñez**, h.l. José Ibáñez y Clara Ledesma, difuntos. Ts: Juan Burgos, Solano Brito y Dn. Juan Cabral. Ps: José Pacheco y Gregoria Ibáñez.

Arévalo, Dn. José con Mansilla, Da. María
F. 20v: En esta parroquia de la Purísima Concepción de El Alto en 7 de julio de 1753, se casó a Dn. **José Arévalo**, natural de Catamarca, h.l. del Cap. Ramón de Arévalo, vecino de esta sierra y de Da. María Arce, ya difuntos, con Da. **María Mansilla**, h.l. de Dn. Francisco Mansilla y Da. Josefa Aranda, naturales de este curato. Ts: Dn. Antonio Argañaráz, Dn. Nicolás Valdéz y Solano Brito. Ps: Dn: Lorenzo Guamantito y Da. Simona Guamantito.

Silva, Diego con Soraire, Lorenza
F. 20v: En esta parroquia de la Purísima Concepción de El Alto en ¿? de julio de 1753, se casó a **Diego Silva**, viudo de Antonia Chamas, mestiza, de esta sierra, con **Lorenza Soraire**, h.l. Santiago Soraire y Juana Guamantito: Ts: Dn. Nicolás Valdéz, Solano B. y Juan Pacheco. Ps: Lorenzo Soraire y Juana Guamantito.

Álvarez, Dn. Domingo con Pérez, Da. Lorenza
F. 21: En esta parroquia de la Purísima Concepción de El Alto en 4 de setiembre, se casó a Dn. **Domingo Álvarez**, lusitano, viudo de Da. Lucía Díaz, vecino de La Carpintería, con Da. **María Lorenza Pérez**, h.l. Dn. Juan José Pérez y Da. Manuela Araujo. Ts: Dn. Andrés de Lema, Dn. Nicolás Valdéz y Dn. Martín Gardel. Ps: Dn. Pedro Navarro y Da. Ana Medina.

Díaz, Juan Con Álvarez, Juana Rosa
F. 21: En esta parroquia de la Purísima Concepción de El Alto en 17 de setiembre, se casó a **Juan Díaz**, h.l. de Bartolomé Díaz y Micaela Rosales, naturales de Los Manantiales de este curato, con **Juana Rosa Álvarez**, h.l. de Juan Álvarez, difunto y María Galván, naturales de Ancuja. Ts: Capitán Juan Gómez, Dn. Gerónimo Rivas y Dn. Andrés de Lema. Ps: Dn. José Ruiz y Da. Juliana Domínguez.

Herrera, Pascual con Orellana, Magdalena
F. 21: En esta parroquia de la Concepción de El Alto en 13 de diciembre, se casó a **Pascual Herrera**, h.l. Francisco Herrera y Felipa Campos, naturales de este beneficio, con **Magdalena Orellana**, h.l. de Cristóbal Orellana y Lorenza Serrano, ya difuntos. Ts: Dn. Antonio Argañaráz, Dn. Gregorio Lobo y Francisco Brito. Ps: Dn. Ignacio Antonio Bulacia y Da. Antonia Cabral.

Orellana, José con Luna, Josefa
F. 21v: En esta parroquia de la Concepción de El Alto en 16 de diciembre de 1753, se casó a **José Orellana**, natural del Tucumán, viudo de María Ortiz, con **Josefa Luna**, natural de ¿Ámblala? de este curato, h.l. de Eugenio Luna y de Inés González, india ya difuntos. Ts: Dn. Manuel Valdéz y Francisco Solano Brito. Ps: Dn. Nicolás Valdéz y Ana Olmos.

Palomeque, Alonso con Toledo, Agustina
F. 21v: En esta parroquia de la Concepción de El Alto en 11 de enero de 1754, se casó a **Alonso Palomeque**, natural de Santiago, h.l. de Pedro Palomeque y Juana Jeréz, mestizos, con **Agustina Toledo**, natural de la Isla, h.l. de Felipe Toledo y de Juana Jeréz, mestizos.

Conchas, Dn. Juan Antonio de las, con Cabral, Da. María Francisca
F. 21v. Iglesia parroquial de El Alto, 25 abril 1754, se casó a Dn. **Juan Antonio de las Conchas**, h.l. de Dn. Juan de las Conchas y Da. María Pérez, naturales de las montañas de Burgos Valle de Caduernega. Con Da. **María Francisca Cabral y Lobo de Mereles**. Testigos: Dn. Gregorio Valdéz, Dn. Javier Leiva, Dn. Jacinto Rodríguez. Ps. Dn. Juan Galán y Da, María Antonia Toledo.

Burgos, Dn. Jacinto Roque con Sánchez, Da. María Mercedes
F. 22. Oratorio de Alta Gracia 8 mayo de 1754, se casó a Dn. **Jacinto Roque Burgos**, h.l. de Dn. Juan Burgos y de Da. Úrsula Mansilla, naturales de Catamarca, con Da. **María Mercedes Sánchez**, h.l. del Cap. Dn. Miguel y de Da. Josefa Navarro, ya difuntos, naturales de este beneficio. Testigos: Dn. Nicolás Valdéz, Dn. Juan Luis Márquez y Dn. Miguel Mansilla. Ps. Dn. José Márquez y Da. Francisca Bulacia.

Luna, Eugenio con Armas, Francisca
F. 22: En esta parroquia de la Concepción de El Alto en 28 de mayo de 1754, se casó a **Eugenio Luna**, natural de este curato, viudo de Inés González, con **Francisca Armas**, h.l. Francisco Armas y María Rosales, naturales de Ovanta. Ts: Dn. Joaquín Islas y José Ramírez.

Juárez, Antonio con Cisternas, Águeda
F. 22v: En El Alto de la Concepción en 19 de junio de 1754, se casó a **Antonio Juárez**, natural de Alijilán, viudo de Ana María Ferreira, con **Águeda Cisternas**, huérfana, natural, de Saucemayu. Ts: Dn. Antonio Argañaráz, Bernardo Guerreros y José Manuel ¿Prado? Ps: Agustín Rivera y Francisca Grande.

Montenegro, Francisco con Díaz, Julia
F. 22v: En esta parroquia de la Concepción de El Alto en 3 de junio de 1754, se casó a **Francisco Montenegro**, natural de Santiago del Estero, h.l. de Leoncio Montenegro, difunto y Josefa Fernández, residente en este curato, con **Julia Díaz**, h.l. José Díaz y Pascuala Ibáñez, naturales de este beneficio. Ts: Dn. José Márquez, Dn. Juan Conchas y Juan de la Cruz Guerreros. Ps: Francisco Valdéz y Micaela Gómez.

Mendoza, Francisco con Albarracín, Da. María Isabel
F. 22v: En esta parroquia de la purísima Concepción de El Alto en 1 de julio de 1754, se casó a **Francisco Mendoza**, h.l. de Ambrosio Mendoza y de Isabel Salas, ya difunta, naturales de Potosí, con Da. **María Isabel Albarracín**, natural de este beneficio, h.l. Dn. Gerónimo Albarracín y Da. Ana Zavala, natural de Córdoba. Ts: Dn. Gregorio Lobo, Juan Baptista Pose, y Antonio Flores. Ps: Dn. Pedro Saavedra y Da. Ana Mercedes Flores.

Guzmán, Agustín con Almaráz, Francisca
F. 23: En esta parroquia de la purísima Concepción de El Alto en 10 de julio de 1754, se casó a **Agustín Guzmán**, natural del Rosario, h.n. de Andrea Pérez, ya difunta, con **Francisca Almaráz**, natural de esta doctrina, h.n. de Petrona Almaráz. Ts: Bernardo Cuello, Esteban Cisneros y Manuel Valdéz. Ps: Sgto. Mayor. Miguel Mansilla y Da. Petronila Cejas.

Barrientos, Mateo con González, Ana María
F. 23: En esta parroquia de la purísima Concepción de El Alto en 23 de julio de 1754, se casó **Mateo Barrientos**, natural de Los Manantiales, viudo de Petrona Vera, con **Ana María González**, h.n. de Ana Vera. Ts: Dn. Antonio Argañaráz y Gregorio Pereira. Ps: Pedro Mercado y Francisca Gómez.

Ibáñez, Gregorio con Reinoso, Petrona
F. 23v: En esta parroquia de la purísima Concepción de El Alto en 23 de julio de 1754, se casó a **Gregorio Ibáñez**, natural Ovanta, h.l. de Nicolás Ibáñez y de Micaela Barrientos, con **Petrona Reinoso**, natural de Alijilán, h.l. de Pedro Reinoso, difunto y María Torino. Ts: Lorenzo Rivera, José Ibáñez y Mariano Armas. Ps: José Páez y María Antonio Reinoso.

Ríos, Juan Felipe con Alcaráz, María Ignacia
F. 23v: En esta parroquia de la purísima Concepción de El Alto en 19 de agosto de 1754, se casó a **Juan Felipe Ríos**, natural del río de los Medinas., jurisdicción del Tucumán, h.n. de Inés Ríos, con **María Ignacia Alcaráz**, natural de este beneficio, h.l. de Ventura Alcaráz y Petrona Villalba. Ts: Dn. Juan Nieto, Dn. José Alvarado, Dn. Pedro Albarracín. Ps: Dn. Nicolás Valdéz y Da. Micaela Alonso.

Ibáñez. Juan José con Armas, Isidora
F. 23v: En esta parroquia de la purísima Concepción de El Alto en 9 de setiembre de 1754, se casó a **Juan José Ibáñez**, natural de Ovanta, h.l. de Nicolás Ibáñez y Francisca Moreno con **Isidora Armas**, h.l. de Francisco Armas y María Rosales, todos de Ovanta. Ts: Dn. José Rizo Patrón y Dn. Manuel Valdéz. Ps: Pedro Mercado y Gerónima Escasuso.

Brito, Juan Asencio con Andino, Rudecinda
F. 24: En esta parroquia de la purísima Concepción de El Alto en 30 de setiembre de 1754, se casó a **Juan Asencio Brito**, natural de este beneficio, h.n. de Juana Mascareñas, difunta, con **Rudecinda Andino**, h.l. José Andino, y Lorenza Soraire, naturales de este beneficio. Ts: Antonio Vizcarra, Dn. Juan Cabral, Dn. Nicolás Valdéz, Ps: Dn. Lorenzo Rivera y Da. Francisca Gómez.

Páez, Antonio con Castro, Simona
F. 24: En esta parroquia de la purísima Concepción de El Alto en 30 de setiembre de 1754, se casó a **Antonio Páez**, de este beneficio, h.n. de Lorenza Bulacia, con **Simona Castro**, natural de este curato, h.l. Juan Castro y María Cabral. Ts: José Lobo, Dn. Ignacio Cabral y Dn. Nicolás Valdéz. Ps: Dn. Juan Cabral y Da. Antonia Cabral.

Quiroga, Pablo con Aráoz, María Candelaria
F. 24v: En esta parroquia de la purísima Concepción de El Alto en 8 de marzo de 1755, se casó a **Pablo**

Quiroga, natural de Potro ¿upina?, hijo de padres no conocidos., con **María Candelaria Aráoz**, h.l. Antonio Aráoz y Josefa Soria, difuntos, naturales del Tucumán. Ts: Dn. Antonio Argañaráz, Dn. Lorenzo Rivera y Dn. Diego Medina. Ps: Dn. Lorenzo Páez y Da. María Páez.

Barrientos, Mateo con Díaz, María

F. 24v: En esta parroquia de la Concepción de El Alto en 10 de abril de 1755, se casó a **Mateo Barrientos**, natural de Los Manantiales, h.l. de Nicolás Barrientos, difunto y María Vera, con **María Díaz**, h.l. de Juan Ignacio Díaz y Lucía Arias, naturales de Ovanta. Ts: Dn. Antonio Soria, Nicolás Díaz, y José González. Ps: Dn. Juan de las Conchas y Da. Francisca Cabral.

Armas, León con Lobo, Josefa

F. 25: En esta parroquia de la Concepción de El Alto en 2 de mayo de 1755, se casó a **León Armas**, natural de Ovanta, h.l. de Juan Armas y de Francisca Herrera, difuntos, con **Josefa Lobo**, natural de Ovanta, h.l. de Pedro Lobo, difunto y Francisca Gallardo. Ts: Dn. Antonio Argañaráz, Dn. Manuel Valdéz. Ps: Manuel Melián y Juliana Paz.

Cisneros, Dn. Esteban con Ponce Da. María Margarita

F. 25: El Alto, 25 de junio de 1755, se casó Dn. **Esteban Cisneros**, natural de Oruro, residente en este curato. con Da. **María Margarita Ponce León**, h.l. de Dn. Antonio Ponce de León y de Da. Catalina Montes de Oca, naturales de Oyola, ya difuntos, testigos: Dn. Antonio Argañaráz, Dn. José Rizo Patrón y Dn. Manuel Valdéz. Ps: S M Dn. Miguel Mansilla y Da. Petronila Cejas.

Leguizamón, Pascual con Tolay?, Bernardina

F. 25v: En esta parroquia de la Concepción de El Alto en 3 de julio de 1755, se casó a **Pascual Leguizamón**, natural de Alijilán, con **Bernardina ¿Tolay?**, h.l. Cristóbal ¿Tolay? y María Abrego, naturales de La ¿Carpintería? Ts: Dn. Antonio Argañaráz, Juan Salazar. Ps: Juan de la Cruz ¿Quinteros? y Pabla Páez.

Álvarez, Juan Gregorio con Flores de Retamozo, Da. Josefa.

F. 25v: En esta parroquia de la Concepción de El Alto en 28 de julio de 1755, se casó **Juan Gregorio Álvarez**, natural del Salta, con Da. **Josefa Flores Retamozo**, natural de este curato, h.l. de Dn. José Flores Retamozo y Da. Javiera Pacheco. Ts: Dn. Antonio Argañaráz, Dn. Juan Cabral y Dn. Antonio ¿Soria? Ps: José Márquez y José Pacheco.

Garzón Domingo con Osores, María Lorenza

F. 25v: En esta parroquia de la Concepción de El Alto en 28 de agosto de 1755, se casó a **Domingo Garzón**, h.l. de José Garzón y de Isabel Quiroga, naturales de este curato, con **María Lorenza Osores**, h.n. de María Osores, natural de este curato. Ts: Dn. José Cancinos, Maestre de Campo Dn. Ignacio Cabral y el Cap. Dn. Ignacio Leiva. Ps: Dn. Ignacio Antonio Bulacia y Da. Antonio Cabral.

Salazar, Juan José con Rodríguez, Tomasina

F. 26: En esta parroquia de la Concepción de El Alto en 22 de setiembre de 1755, se casó a **Juan José Salazar**, natural de Alijilán, h.l. Bernardo Salazar, difunto y de Paula Páez, con **Tomasina Rodríguez**, h.l. Silvestre Rodríguez, difunto y Agustina Arias. Ts: Dn. Antonio Argañaráz, Dn. José Rizo Patrón y Dn. Antonio Soria. Ps: Juan Peralta y Rosa Rosales.

Aráoz, Simón con Pacheco González

F. 26: En esta parroquia de la Concepción de El Alto en 20 de octubre de 1755, se casó a **Simón Aráoz**, natural de los Quebrachos, h.l. Miguel Aráoz y ¿Martina? Rosales, difuntos, con **Mónica González Pacheco**, h.l de Segundo González Pacheco y Antonio Brito. Ts: Dn. Antonio Soria, José ¿? y Mariano Armas. Ps: Dn. Nicolás Valdéz y Da. Micaela Adauto.

Álvarez, Simón con Romero, Petronila

F. 26v: En esta parroquia de la Concepción de El Alto en 10 de noviembre de 1755, se casó a **Simón Álvarez**, viudo de Agustina Romero, con **Petronila Romero**, natural de la viña. Ts: Agustín Guerreros y Antonio Juárez. Ps: Bernardo Guerreros y Bartolina Aguirre.

Acuña, Gregorio con Arias, María Dorotea

F. 26v: En esta parroquia de la Concepción de El Alto en 7 de febrero de 1756, se casó a **Gregorio Acuña**, h.l. de José Acuña y María Soria, naturales de La Viña, con **María Dorotea Arias**, hija de Mateo Arias y de Anastasia Francisca Rosales, naturales del Saucemayu de este curato. Ts: Dn. Antonio Argañaráz, José Gonzales y Teodoro Acuña. Ps: Miguel Melián y Da. María Albarracín.

Leguizamón, Cristóbal con Abrego, Ignacia

F. 26v: En esta parroquia de la Concepción de El Alto en 11 de febrero de 1756, se casó a **Cristóbal Leguizamón**, natural de Sauce Mayu, viudo de Bernarda Caravajal, con **Ignacia Abrego**, h.l. Juan Abrego y Domingo Acuña, naturales de La Viña. Ts: Dn. José Rizo Patrón, Miguel Caravajal y Pastora Acuña. Ps: Mateo Barrientos e Inés Acuña.

Armas, Mariano con Ibáñez, Francisca

F. 27: En esta parroquia de la Concepción de El Alto en 26 de abril de 1756, se casó a **Mariano Armas**, h.l. de Francisco Armas y María Rosales, naturales de Ovanta, con **Francisca Ibáñez**, h.l. Nicolás Ibáñez y Micaela Barrientos, naturales de Ovanta. Ts: Dn. José Leiva,

Bernardo Cuello y Felipe Lazo. Ps: Dn. Ignacio Antonio Bulacia y Da. Antonia ¿?

Jiménez, Juan Diego con Juárez, Francisca
F. 27: En esta vice parroquia del glorioso San José de Ovanta en 10 de mayo de 1756, se casó a **Juan Diego Jiménez**, h.l. Bartolomé Jiménez y Rosa Salinas, difuntos, naturales del Rio de Santiago, con **Francisca Juárez**, h.l. de Antonio Juárez, difunto y María Francisca Guzmán.

Lazo, Pedro con Ibáñez, Micaela
F. 27: En esta vice-parroquia de Santa Bárbara en 17 de mayo de 1756, se casó a **Pedro Lazo**, h.l. Nicolás Lazo y Juana Vera, naturales de Ancuja, con **Micaela Ibáñez**, hn de Inés Quiroga, natural de Catamarca. Ts: Pedro Bazán, Pascual Juárez. Ps: Francisco Soria y Margarita Soria.

Guevara, Matías con Aráoz, Francisca
F. 27v: En esta vice-parroquia de Santa Bárbara en 27 de mayo de 1756, se casó a **Matías Guevara**, h.l. de Blas Guevara, difunto y Valeriana Arias, naturales de Alijilán, con **Francisca Aráoz**, h.l. Diego Aráoz y Catalina Leguizamo, naturales de Ovanta. Ts: Bernabé Guerreros y Josefa Díaz Ps: Juan Abrego y Dominga Acuña.

Medina, Antonio con Quiroga, María
F. 27v: En esta vice-parroquia de Santa Bárbara en 24 de agosto de 1756, se casó a **Antonio Medina**, natural de este curato, h.l. de Diego Medina y Lucía Jaimes, con **María Quiroga**, natural de este curato, huérfana. Ts: Dn. Andrés de Leiva, Da. Bartolina Ruiz y Francisco Valdéz. Ps: Dn. Bernabé Espeche y Da. Antonia Iturre.

Cejas, Miguel Jerónimo con Pacheco, Ignacia
F. 27v: En esta Iglesia Parroquial de la Concepción de El Alto en 30 de agosto de 1756, se casó a **Miguel Gerónimo Cejas**, natural de Vilismano, h.l. Antonio Cejas y de Juana Mansilla, con **Ignacia Pacheco**, natural de este curato. h.l. Pascual Pacheco y María Barrionuevo. Ts: Dn. José Rizo Patrón, Dn. Gregorio Valdéz y Dn. Ignacio Cabral. Ps: Dn. Juan Nieva y Da. María Paz.

Jiménez, Juan con Juárez, Francisca
F. 28: En esta Iglesia Parroquial de la Concepción de El Alto en 20 de setiembre de 1756, se casó a **Juan Jiménez**, h.l. Pedro Jiménez, difunto y de Bartolina Pedraza, naturales de Catamarca, con **Francisca Juárez** h.n. de Rosa Juárez, naturales de este curato. Ts: Dn. Juan Galán, Cap. Manuel Valdéz y Dn. Antonio Argañaráz. Ps: Dn. José Rizo Patrón y Da. Catalina Bulacia.

Albarracín, Santiago con Barrientos, María Francisca
F. 28: En esta vice-Parroquia de Santa Bárbara de Alijilán en 27 de setiembre de 1756, se casó a **Santiago Albarracín**, natural de ¿Arpaga?, h.l. Gerónimo Albarracín, difunto, y de Da. Ana Zabala, con **María Francisca Barrientos**, natural de Los Manantiales, h.l. de Capitán Nicolás Barrientos, difunto y Da. María Vera. Ts: José Páez, Martin Barrientos y Bernardo Guerreros. Ps: Dn. Juan Conchas y Da. Francisca Cabral.

Moreno, Juan con Guevara Angelina
F. 28v: En esta vice-Parroquia de Santa Bárbara de Alijilán en 9 de noviembre de 1756, se casó a **Juan Moreno** viudo de María Díaz, con **Angelina Guevara**, h.l. Blas Guevara, difunto y Valeriana Arias, vecinos todos de Alijilán. Ts: José Soraire, Bartolomé Juárez. Ps: Pablo Cejas y Elena Arias.

Argañaráz, Juan con Arias, Narcisa Elvira
F. 28v: En esta Iglesia Parroquial de la Concepción de El Alto en 16 de febrero de 1757, se casó a **Juan Argañarás**, h.n. de Bartolina Villalba, del pueblo de Guañagasta en la jurisdicción de Santiago, con **Narcisa Elvira Arias**, h.l. Mateo Arias y Francisca Anastasia Rosales. Ts: Mariano Ibáñez, Juan Domingo Ocón. Ps: Ambrosio Rosales y Juana Brito.

Paz, Francisco Solano con Díaz, Bartolina
F. 28v: En esta Iglesia Parroquial de la Concepción de El Alto en 23 de febrero de 1757, se casó a **Francisco Solano Paz**, natural del Tucumán, viudo de María Isabel Carrizo, natural de Catamarca, con **Bartolina Díaz**, h.l. José Díaz y Pascuala Ibáñez, naturales de la Carpintería. Ps: Dn. José Rizo Patrón y el Cap. Manuel Valdéz. Ps: Dn. Antonio Argañaráz y Da. Pastora Argañaráz

Paz, Luis con Aráoz, Juana
F. 29: En esta vice-Parroquia de Santa Bárbara de Alijilán en 24 de mayo de 1757, se casó a **Luis Paz**, natural de las Tunas, hijo de padres no conocidos, con **Juana Aráoz**, natural de los Quebrachos, h.l. de Miguel Aráoz y Melchora Rosales. Ts: Bernardo Guerreros, Antonio Juárez y Juan Moreno. Ps: Mateo Paz y María Ibáñez.

Pacheco, Bernardo con Rojas, María Rosa
F. 29: En esta vice-Parroquia de Santa Bárbara de Alijilán en 24 de mayo de 1757, se casó a **Bernardo Pacheco**, h.n. de Simona Pacheco, natural de las Jaras, con **María Rosa Rojas**, h.l. de Jacinto Rojas y Melchora Rosales, naturales de los Quebrachos. Ts: Juan Garzón, Ignacio Paz, y Francisco Pacheco. Ps: Dn. Juan Reyes y Da. Catalina Maldonado.

Paz, Juan José con Reinoso, Antonia
F. 29: En esta Iglesia Parroquial de la Concepción de El Alto en 13 de junio de 1757. Luego de dispensar impedimento de 2do grado de afinidad, se casó a **Juan José Paz**, natural de las Tunas, h.l. de Juan Paz y Francisca Arias, difuntos, con **Antonia Reinoso**, natural de Alijilán, viuda de José Paz. Ts: Dn. José Marques, Dn. Antonio Argañaráz y Dn. Andrés Leiva. Ps: Dn. Baltasar Villafañe y Da. Francisca Lobo.

Chazarreta, Martín con Pinto, María
F. 29v: En esta Iglesia Parroquial de la Concepción de El Alto en 19 de julio de 1757, se casó a **Martín Chazarreta**, h.l. de Vicente Chazarreta y Da. Juana Herrera, naturales de Soconcho, jurisdicción de Santiago del Estero, con **María Pinto**, natural de este curato, h.l. de Pedro Pinto y Juana Flores, difuntos. Ts: Dn. Antonio Argañaráz y Ramón Mansilla. Ps: Dn. José Márquez Alcalde de la Santa Hermandad y Da. María Nieves Bulacia.

Cisternas, José Mariano con Rojas, Juana Dominga
F. 29v: En esta Iglesia Parroquial de la Concepción de El Alto en 11 de agosto de 1757, se casó a **José Mariano Cisternas**, h.l. de Arsenio Cisterna y Josefa Pacheco, naturales de este curato, con **Juana Dominga Rojas**, h.l. de Vicente Rojas Francisca Albarracín, naturales de este curato. Ts: Dn. Antonio Argañaráz y Dn. José Márquez. Ts: José Luján y María Francisca Quiroga.

Guamán, Francisco con Orellana, Magdalena
F. 30: En esta Iglesia Parroquial de la Concepción de El Alto en 20 de agosto de 1757, se casó a **Francisco Guamán**, natural de este curato, h.l. de Javier ¿G? Guamán y Micaela González, con **Magdalena Orellana**, viuda de Pascual Herrera, natural de este curato. Ts: Dn. Antonio Argañaráz y Juan Castro. Ps: Antonio Páez y Simona Castro.

Gutiérrez, Pedro con Guerreros, María Rosa
F. 30: En esta vice-Parroquia de Santa Bárbara de Alijilán en 30 de agosto de 1757, se casó a **Pedro Gutiérrez**, natural de Catamarca, hijo de padres no conocidos, con **María Rosa Guerreros**, h.l. de Bernardo Guerreros y Petrona Díaz, naturales de este curato. Ts: Dn. Bartolomé Reyes y Dn. José Díaz. Ps: Dn. Juan Reyes y María Barrientos.

Cabral, Juan Manuel con Ortiz, María de las Nieves
F. 30: En esta Iglesia Parroquial de la Concepción de El Alto en 5 de setiembre de 1757, se casó a **Juan Manuel Cabral**, natural de este curato, con **María Nieves Ortiz**, h.l. de José Mario Ortiz y Leonor Guamán. Ts: Dn. Josep Rizo Patrón, Dn. José Marques. Ps: Dn. Ignacio Antonio Bulacia y Da. Antonia Cabral.

Medina, Bernardo con Romero, María
F. 30: En esta vice-Parroquia de Santa Bárbara de Alijilán en 5 de octubre de 1757, se casó a **Bernardo Medina**, natural del Tucumán, viudo de Rosa Figueroa, con **María Romero**, h.l. de Francisco Romero y de Inés Acuña, naturales de La Viña. Ts: Bernardo Guerreros, Agustín Guerreros y José Díaz. Ps: Ventura Acuña y Bartolina Aguirre.

Murienega, Juan con Luna, María Francisca
F. 30v: En esta Iglesia Parroquial de la Concepción de El Alto en 5 de diciembre de 1757, se casó a **Juan Murienega**, h.l. del Capitán Juan Murienega y Ana Armas, naturales de Ovanta, con **María Francisca Luna**, h.l. del Capitán. Andrés Luna, natural de ¿Amabcala? y de María Luna, difunta. Ts: Dn. Antonio Argañaráz, Andrés de Lema y Pedro Figueroa, naturales y vecinos de este lugar. Ps: Miguel Melián y Micaela Adauto.

Díaz, Juan Diego con Díaz, Catalina
F. 30v: En esta vice-Parroquia de Santa Bárbara de Alijilán en 14 de diciembre de 1757. Luego de dispensar impedimento de 2do grado, se casó a **Juan Diego Díaz**. h.l. Bartolomé Díaz y Micaela Rosales, con **Catalina Díaz**, h.l. Pedro Díaz Francisca Vera, naturales de Los Manantiales. Ts: Ambrosio Rosales, José Antonio ¿Riveros? y el Cap. Bartolomé Reyes. Ps: Pedro Mercado y Germana Guerrero.

Ibáñez, Juan con Guardia, Lucía
F. 31: En esta Iglesia Parroquial de la Concepción de El Alto en ¿2? de febrero de 1758, se casó a **Juan Ibáñez**, natural de Ovanta, h.l. de Nicolás Ibáñez y Micaela Barrientos, de este curato, con **Lucía Guardia**, h.l. de Luis Guardia y Margarita Ortiz. Ts: Dn. Antonio Argañaráz, Juan Nicolás Valdéz y Pedro ¿? Ps: Dn. Nicolás Valdéz y Da. Micaela Adauto.

Brizuela, Vicente con Toledo, Francisca
F. 31: En esta Iglesia Parroquial de la Concepción de El Alto en 17 de marzo de 1758, se casó a **Vicente Brizuela**, natural de Ischilín, hijo de padres no conocidos y residente en este curato, con **Francisca Toledo**, natural de Ichupuca. h.l. Felipe Toledo y Bernardina López, difuntos. Ts: Dn. José Rizo Patrón, Álvaro Burgos y Diego Herrera. Ps: Felipe Medina, Dominga Bulacia.

Cornejo, Francisco con Mesa, María Mercedes
F. 31v: En esta Iglesia Parroquial de la Concepción de El Alto en 17 de marzo de 1758, se casó a **Francisco Cornejo**, natural de este curato, h.l. de Esteban Cornejo, difunto y de María Osores, con **María Mercedes Mesa**, natural de este curato, h.l. de Solano Mesa y María Brizuela. Ts: Juan Antonio Silva, Juan Albarracín, y

Pedro Saavedra. Ps: Da. Ana Mercedes Flores Retamozo.

Quiroga, Andrés con Peralta, Manuela
F. 31v: En esta Iglesia Parroquial de la Concepción de El Alto en 17 de marzo de 1758, se casó a **Andrés Quiroga**, h.n. de María Falcón, naturales de este curato, con **Manuela Peralta**, h.l. de José Peralta y Sebastiana Herrera, difuntos. Ts: Juan Antonio Silva, Pedro Saavedra y Dn. Antonio Argañaráz. Ps: Dn. José Rizo Patrón, y Da. Catalina Bulacia.

Guerreros, Juan Francisco con Moyano, María Isidora
F. 31v: En Alijilán en 11 de mayo de 1758, se casó a **Juan Francisco Guerreros**, h.l. de Agustín Guerreros y Francisca Díaz, naturales de este curato, con **Francisca Isidora Moyano**, h.l. de Nicolás Moyano y María Corbalán, naturales de Tucumán. No constan Ps. ni testigos.

Reinoso, Tomás con Ibáñez, Ana Casilda
F. 32: En esta Iglesia Parroquial de la Concepción de El Alto en 27 de julio de 1758, se casó a **Tomas Reinoso**, natural de Alijilán, h.l. de Tomas Reinoso, difunto, y María Torino, con **Ana Casilda Ibáñez**, natural de Ovanta, h.l. Nicolás Ibáñez, difunto y Micaela Barrientos. Ts: José Paz, José Collantes e Ignacio Vizcarra. Ps: Dn. Nicolás Valdéz y Da. Micaela Adauto.

Morales, Carlos, con Ávila, Ana
F. 32: En esta Iglesia Parroquial de la Concepción de El Alto en 12 de agosto de 1758, se casó a **Carlos Morales**, viudo de Bartolina Gardel, con **Ana Ávila**, h.l. de Bartolomé Ávila, difunto y Esperanza Cisternas de este curato. Ts: Dn. Juan Vera y Dn. José Villalba. Ps: Dn. Pedro Navarro y Da. Teresa Espeche.

Albarracín, Tomás con Ruiz, Luisa
F. 32: En esta Iglesia Parroquial de la Concepción de El Alto en 14 de agosto de 1758, se casó a **Tomas Albarracín**, natural de este curato, h.l. de Juna Albarracín, difunto y Josefa Orellana, con **Luisa Ruiz** de este Curato, h.l. de Joaquín Ruiz Juana Falcón. Ts.: Diego Hernández y Juan Antonio Flores. Ps.: Pedro Saavedra y Ana Flores.

Leiva y Quiroga, Dn. José con Barrera, Ana
F. 32v: En San Ignacio, 8 octubre de 1758 Dn. **José Leiva y Quiroga**, h.l. del Maestre de Campo Dn. Gabriel de Leiva. y Da. Laurencia Quiroga, difunta con **Ana Barrera**, h.l. de Lorenzo y de Rita Quiroga, ya difuntos, natural de Ancuja. Testigos Juan Nicolás Lazo y Miguel Francisco Lazo. Ps. Diego González y su entenada.

Agüero, Dn. Francisco Basilio con Gómez, Da. Victoria
F. 32v, Iglesia Parroquial de El Alto, 3 de noviembre de 1758, luego de dispensarse un impedimento de afinidad en primer grado, se casó a Dn. **Francisco Basilio Agüero**, h.l. de Dn. Sebastián de Agüero y de Da. Juana Sosa, ya difunta, con Da. **Victoria Gómez**, natural de este curato, h.l. de Dn. Francisco Solano Gómez y de Da. Francisca Bulacia, difunta. Testigos Dn. Lorenzo Páez, Dn. Justo Bulacia, Dn. Juan Nicolás Bulacia, Ps. Dn. José Rizo Patrón y Da. Catalina Bulacia.

Vizcarra, Antonio con Peralta, Juana Rosa
F. 33: En esta Iglesia Parroquial de la Concepción de El Alto en 16 de noviembre de 1758, se casó a **Antonio Vizcarra**, natural de Ampolla de este curato, h.l. de Domingo Vizcarra, difunto y Feliciana Acosta, con **Juana Rosa Peralta**, natural de Ovanta, h.l. de Juan Peralta y Rosa Rosales. Ts: Lorenzo Pas y José Vizcarra. Ps: Miguel Melián y Juliana Paz.

Páez, José con Paz, Da. Juana
F33: En esta Iglesia Parroquial de la Concepción de El Alto en 1 de diciembre de 1758, se casó a **José Páez**, natural de este curato, con Da. **Juana Paz**, h.l. de Capitán José Paz, difunto y de Da. María Albarracín. Ts: Dn. Juan Garzón, Dn. José Páez y Da. Juana Cabral. Ps: Dn. José ¿Marques? y María Paz.

Ocón, Juan Domingo con Alcaráz, Carmen
F33v. En esta Iglesia Parroquial de la Concepción de El Alto en 2 de diciembre de 1758, se casó a **Juan Domingo Ocón**, natural de este curato, con **María del Carmen Alcaráz**, natural de este curato, h.l. de Ventura Alcaráz y Petrona Villalba, difunto. Ts: Dn. Juan Galán y Dn. Bernardo Peralta. Ps: Dn. Juan Conchas y Da. Francisca Cabral.

Bravo, Juan Álvaro con Burgos, Josefa
F. 33v. En esta Iglesia Parroquial de la Concepción de El Alto en 4 de enero de 1759, se casó a **Juan Álvaro Bravo**, del curato de Ancasti, h.l. de José Bravo, difunto y Josefa Quiroga, naturales de este curato, con **Josefa Burgos**, h.l. de ¿Américo? Burgos, difunto y Micaela Muños, naturales de este curato. Ts: Miguel Melián y Francisco Soria. Ps: Juan Vera y Da. Petronila Paz.

Cejas, Francisco con Ahumada, María Rosalía
F. 34. En esta Iglesia Parroquial de la Concepción de El Alto en 21 de enero de 1759, se casó a **Francisco Cejas**, natural de este curato, h.l. Antonio Cejas y Da. Juana Mansilla, difuntos, con **María Rosalía Ahumada**, natural de este curato, h.l. de Juan Ahumada y María Pacheco. Ts: Dn. Manuel Bravo, Dn. Javier Burgos. Ps: Dn. Jacinto Burgos y Da. María Sánchez.

González, Prudencio con Peralta, Eugenia
F. 34. En esta Iglesia Parroquial de la Concepción de El Alto en 10 de febrero de 1759. Se casó a **Prudencio González**, natural de Catamarca, y residente en Alibigasta de este curato, h.l. de Pascual González y Micaela Muños. con **Eugenia Peralta**, natural de Santiago, h.n. de Pascuala Peralta. Ts: Juan Aguirre y Melchor Espinosa. Ps: Juan Galán y María Villalba.

Ramos, Juan Arsenio con Pérez, Gerónima
F. 34. En esta Iglesia Parroquial de la Concepción de El Alto en x de febrero de 1759, se casó a **Juan Arsenio Ramos**, natural de Babiano. h.l. de Pedro Ramos y Josefa Soria, difuntos, con **Gerónima Pérez**, natural de Santiago en la ¿Almona? y residente en este curato, h.l. de Mateo Pérez, difunto y Pascuala Peralta. Ts: Juan Aguirre y Melchor Espinosa. Ps: Dn. Josep Rizo Patrón y Da. Catalina Bulacia.

Páez, Dn. Lorenzo con Agüero, Da. Luisa
F. 34v: En la Iglesia Parroquial de El Alto, a 2 abril 1759, se casó a Dn. **Lorenzo Páez**, hl de Dn. José Páez y de Da. Rosa Bulacia, con Da. **Luisa Agüero**, h.l. de Dn. Sebastián Agüero y de Da. Juana de Sosa. Testigos Dn. Manuel Valdéz, Dn. Andrés Lema. Ps. Dn. Nicolás Valdéz y Da. Micaela Adauto.

Bulacia, Juan Nicolás con Cabral, Da. Juana
F. 34v: En El Alto el 6 de mayo de 1759, tras dispensarse una impedimenta de. 4 grado de consanguinidad, se casó a Dn. **Juan Nicolás Bulacia**, natural de este curato, h.l. de Dn. Nicolás, difunto, y de Da. María Burgos, con Da. **Juana Cabral**, h.l. del Maestre de Campo Dn. Ignacio y de Da. Francisca Lobo, natural de este curato. Testigos: Dn. José Ambrosio Cancinos, Alcalde provincial, Dn. Bernardo Leiva, alcalde de la Santa Hermandad. Ps. Dn. José Rizo Patrón y Da. Catalina Bulacia.

Rosales, Lorenzo con Díaz, Juliana
F. 35. En esta vice parroquia del San José de Ovanta en 11 de junio de 1759, se casó a **Lorenzo Rosales**, natural de Ovanta, con **Juliana Díaz**, h.l. Ignacio Díaz y Lucia Arias. Ts: José Ramírez y Ambrosio Rosales. Ps: Lorenzo Paz y Gerónima Escasuso.

Maldonado, Lorenzo con Paz, María
F. 35: En esta Iglesia Parroquial de la Concepción de El Alto en 7 de julio de 1759, se casó a **Lorenzo Maldonado**, natural de Salta, h.l. de Francisco Maldonado y Ana, difuntos, con **María Paz**, natural de las Tunas, h.n. María Sebastiana Paz. Ts: Alejo Paz, y … Paz. Ps: Juan Peralta y Rosa Rosales.

Cerda, Tomás con Aráoz, Gabriela
F. 35: En esta Iglesia Parroquial de la Concepción de El Alto en 18 de julio de 1759, se casó a **Tomas Cerda**, natural de Ambasgasta, h.l. José Cerda y de Ignacia ¿Garro?, con **Gabriela Araos**, h.l. de Antonio Araos y de Josefa Quiroga. Ts: Dn. Josep Rizo Patrón y Dn. Nicolás Valdéz. Ps: Dn. Juan Nicolás Bulacia y Da. Juana Cabral.

Paz, Dn. Juan Bautista con Páez, Da. María
F. 35v. En El Alto, a 18 de agosto de 1759. Dispensado un impedimento en cuarto grado de consanguinidad, se casó a Dn. **Juan Bautista Paz**, hl de Dn. José Paz y Da. María Albarracín, natural de este curato, con Da. **María Páez**, hl de Dn. José Páez y Da. Rosa Bulacia. Testigos. Dn. Gregorio Valdéz y Dn. Javier Leiva. Ps. Dn. Juan Vera y Da. Petronila Paz.

Leiva, Dn. José con Páez, Da. Josefa
F. 35v. En El Alto, a 18 agosto de 1759, se casó a Dn. **José Leiva**, h.l. de Dn. Juan y de Da. Ana Salazar, con Da. **Josefa Páez**, hermana de la novia anterior. Testigos: Dn. Javier Leiva y Dn. Bernabé Espeche. Ps. Dn. Andrés de lema y Da. Margarita Leiva.

Varela, Lorenzo con Guerreros, María Carmen
F. 36: En esta Iglesia Parroquial de la Concepción de El Alto en 30 de setiembre de 1759, se casó a **Lorenzo Varela**, natural del Catamarca, h.l. de Damián Varela, difunto y Da. María Barrionuevo, con **María Carmen Guerreros**, natural de la Carpintería, h.l. de Agustín Guerreros, difunto, y de Francisca Díaz. Ts: Juan Aguirre, Juan de la Cruz Guerreros. Ps: Dn. Juan de Soria y Da. Micaela Adauto.

Bulacia, Dn. Justo José con Valdéz, María Juliana
F. 36. El Alto, 8 de octubre de 1759, se casó a Dn. **José Justo Bulacia y Burgos**, natural de este curato, h.l. Dn. Nicolás Bulacia, difunto y María Burgos, con Da. **María Juliana Valdéz**, h.l. del Cap. D, Nicolás Valdéz y de Da. Micaela Grande. Testigos: Dn. Pedro Navarro, Dn. Juan Asencio Vera y Dn. Juan Vera.

Murienega, Miguel con Bravo, Ana Tomasina
F. 36v: En esta Iglesia Parroquial de la Concepción de El Alto en 10 de noviembre de 1759, se casó a **Miguel Murienega**, h.l. del Cap. Juan Murienega y de Ana Armas, naturales de este curato, con **Ana Tomasina Bravo** de este curato. Ts: Lorenzo Murguía y Casiana Soria. Ps: Dn. Andrés de Lema y Da. Margarita Leiva.

Mansilla, Pablo con Ponce, Da. Agustina
F. 36v: En esta Iglesia Parroquial de la Concepción de El Alto en 9 de diciembre de 1759, se casó a **Pablo Mansilla**, natural de este curato, hijo de padres no conocidos, con Da. **Agustina Ponce**, natural de este curato, h.l. de Dn. Antonio Ponce y Catalina Montes de Oca. Ts: Dn. Andrés de Lema, Dn. Nicolás Valdéz y Dn. Juan Nicolás Valdéz. Ps: Dn. Justo Bulacia y Da. María Juliana Valdéz.

Libro N° 1   1741 – 1783 (Esp.)

Nieva y Cuello. Juan José con Díaz, Bonifacia
F. 37. El Alto, en 7 de enero de 1760, se casó a **Juan José Nieva y Cuello**, natural Catamarca, h.l. de Matías Nieva y Cuello y de Da. Antonia Agüero, con **Bonifacia Díaz**, h.l. de Luis y de Isabel Barrionuevo. Testigos Dn. José Rizo Patrón, Dn. Miguel Mansilla, Juan Antonio Ovejero, Ps. : Victoriano Agüero y Da. María Cuello.

Ibáñez, Pedro con García, Josefa
F. 37: En esta Iglesia Parroquial de la Concepción de El Alto en 7 de enero de 1760, se casó a **Pedro Ibáñez**, natural de este curato, viudo de Petrona Barrionuevo, con **Josefa García**, natural de Córdoba y residente en este curato, h.n. de Josefa García. Ts: Dn. José Rizo Patrón, Dn. Miguel Mansilla, Juan Antonio Ovejero. Ps: Juan Nieva y María Paz

Cárdenas, José con Murienega, Ana
F. 37v: En esta Santa Iglesia Vice Parroquial de la gloriosa Santa Bárbara en 4 de febrero de 1760, se casó a **José Cárdenas**, natural de este curato, viudo de Pascuala Luna, y **Ana Murienega**, h.l. Cap. Juan Murienega y Ana Armas, naturales de este curato. Ts: Dn. Bartolomé Reyes y Bernardo Guerreros. Ps: Dn. Juan Reyes y Da. Catalina Maldonado.

Vaca, Agustín con Abrego, Benedicta
F. 37v: En esta Santa Iglesia Vice Parroquial de la gloriosa Santa Bárbara, en 4 de febrero de 1760, se casó a **Agustín Vaca**, natural de Tarija, h.l. de Agustín Vaca y Petrona Rojas, con **Benedicta Abrego**, h.l. de Juan Abrego y Dominga Acuña, natural de este curato. Testigos: cap. Dn. Andrés Paz, Ignacio Díaz y José Díaz. Ps. Marcelo Orellana y Melchora Brizuela.

Maturano, Dn. José con Arévalo, Da. María Leocadia
F. 37v: En esta Iglesia Parroquial de la Concepción de El Alto en 5 de febrero de 1760, se casó a Dn. **José Maturano**, natural de Catamarca, h.l. de Dn. Juan, difunto, y de Da. María de Soria, con Da. **María Leocadia Arévalo**, natural de este curato, h.l. del Capitán Ramón de Arévalo y de Da. Josefa Guamantito. Testigos: Dn. Lorenzo Guamantito, Pedro Ibáñez. Ps. Dn. José Álvarez y Da. Casilda Martínez.

López, Pedro Matías con Soraire, Victoriana
F. 38: En esta Iglesia Parroquial de la Concepción de El Alto en 15 de febrero de 1760, se casó a **Pedro Matías López**, natural de San Francisco en Ancasti, h.n. de Rosa Barrera, con **Victoriana Soraire**, h.l. Santiago Soraire, difunto y Juana Costa. Ts: Dn. Fernando de la Vega, Juan Aguirre. Ps: Dn. Juan de las Conchas y Da. Francisca Cabral.

Pacheco, Valeriano con Quiroga, Justa
F. 38: En esta Iglesia Parroquial de la Concepción de El Alto en 4 de marzo de 1760, se casó a **Valeriano Pacheco**, natural de Sinogasta, h.l. Manuel Pacheco y Simona Pérez, con **María Justa Quiroga**, natural de Sinogasta, h.l. de Ignacio Quiroga y María Quiroga. Ts: Juan ¿? Quiroga, Pedro Saavedra, Juan Cisterna. Ps: Dn. Juan Nicolás Valdéz y Da. Micaela Adauto.

Pacheco, Dn. Lorenzo con Aguirre, Da. Antonia
F. 38v: El Alto, en 10 de marzo de 1760, se casó a Dn. **Lorenzo Pacheco**, natural Catamarca, h.l. de Dn. Juan y de Da. Catalina Jiménez, ya difuntos, con Da. **Antonia Aguirre**, natural de Vilismano, h.l. de Dn. Miguel y de Da. Andrea Torino. Testigos: Dn. José Rizo Patrón, José Cáceres, Domingo Barrionuevo, Ps. : D José Pacheco y Da. Ana Sánchez.

Miranda, Basilio con Díaz, Angelina
F. 38v: En esta Iglesia Parroquial de la Concepción de El Alto en 13 de marzo de 1760, se casó a **Basilio Miranda**, natural de Ovanta, h.l. Bartolomé Miranda y Bernarda Armas, con **Angelina Díaz**, natural de Ovanta. Ts: Martín Chazarreta y Cayetano Sosa. Ps: Juan Peralta y Rosa Rosales.

Luna, Julián con Armas, María
F. 39: En esta Iglesia Parroquial de la Concepción de El Alto en 7 de abril de 1760, se casó a **Julián Luna**, h.l. de Eugenio Luna e Inés González, difunta, con **María Armas**, h.n. de Francisca Armas, naturales todos de Ovanta. Ts: Dn. Gregorio Valdéz y Dn. José Miguel Valdéz. Ps.: José Ramírez y María Rodríguez.

Acosta, Francisco con Zurita, María Isidora
F. 39: En esta Iglesia Parroquial de la Concepción de El Alto en 11 de abril de 1760, se casó a **Juan Francisco Acosta**, natural de este curato, h.l. de Marcos Acosta y de Bartolina Palomeque, con **María Isidora Zurita**, natural del Mistol en el curato de Ancasti, h.l. Francisco Borja Zurita y María Jacinta Zurita. Ts: Asencio Soraire e Ignacio Soraire. Ps: Dn. Nicolás Valdéz y Da. Micaela Adauto.

Sosa, Manuel con Melián, Isabel
F. 39: En esta Iglesia Parroquial de la Concepción de El Alto en 3 de mayo de 1760, se casó a **Manuel de Sosa**, natural de Ischilín en Córdoba, viudo de María Ballas, con **Isabel Melián**, natural de este curato, h.l. de Miguel Melián y de Juliana Paz. Ts: Dn. Pedro Saavedra y Dn. José Albarracín. Ps: Dn. Nicolás Valdéz y Da. Micaela Adauto.

Díaz, Dn. Pedro José con Medina Da. María Josefa
F. 39v: En 30 de marzo de 1761, se veló a Dn. **Pedro José Díaz**. con Da. **Josefa Medina**. Fueron casados el

2-3-1761. Ps: Dn. Juan Mateo Leiva y Da. Juana de la Vega

Melián, Andrés con Díaz, Epifanía
F. 39v: En 26 de agosto de 1761, se casó y veló a **Andrés Melián** con **Estefanía Díaz**, naturales de este curato. Ps: Juan Murienega y Ana Armas

Durán, Pedro con Rojas, Micaela
F. 39v: En 15 de mayo de 1761, se casó y veló a **Pedro Durán** con **Micaela Rojas**. Ps: Pedro Ojeda y Gregoria Soria

Rivadeneira, José Antonio con González, María
F. 39v: En 3 de mayo de 1762, se casó y veló a **José Antonio Rivadeneira** con **María González**. Ps: Pascual Peñaloza y María Casilda Armas

Alcaráz, Juan con Saavedra, Petrona
F. 39v: En 15 de febrero de 1762, se casó a **Juan Alcaráz** con **Petrona Saavedra** y los velé el 4 de mayo de 1762. Ps: Dn. Nicolás Valdéz y Da. Micaela Grande

Mercado, Gregorio con Gómez, Rafaela
F. 39v: En Alijilán en diciembre mayo de 1762. Se casó a **Gregorio Mercado** con **Rafaela Gómez** y se veló en 4 mayo de 1762 en la Parroquia de El Alto. Ps: Dn. Juan Cabral y Da. María Gregoria Cabral

Aguirre, Victoriano con Rodríguez, María Francisca
F. 40. En la iglesia parroquial (no se consigna fecha en la partida original), se casó a **Victoriano Aguirre** con **María Francisca Rodríguez**. Ps.: Lorenzo Pacheco y Da. Ana Sánchez

Arias, Agustín con Toledo, María
F. 40 Año 1763. (no se consigna fecha en la partida original), se casó y veló a **Agustín Arias** con **María Toledo**, vecinos de este curato. Ps.: Dn. Gregorio Lobo y Da. Francisca Cabral

Pacheco, Juan Andrés con Arévalo, María Laurencia
F. 40. Año 1763. (no se consigna fecha en la partida original) En la iglesia parroquial, se casó y veló a **Juan Andrés Pacheco** con **María Laurencia de Arévalo**. Ps.: El capitán Nicolás Valdéz y Da. Micaela Grande

Cabral, Victoriano con Paz, María Petrona
F. 40. En la Iglesia parroquial el 29 de junio de 1763, se casó y veló a **Victoriano Cabral** con **María Petrona Paz**. Ps.: El Capitán Dn. Nicolás Valdéz y Da. Micaela Grandes

Machuca, José Esteban con Guamán, Cecilia
F. 40. En la Iglesia Parroquial el 11 de julio de 1763, se casó y veló a **José Esteban Machuca** con **Cecilia Guamán**. Ps.: Dn. Juan Nicolás Bulacia y Da. Juana Cabral

Juárez, Juan Bautista con Aráoz, María Mercedes
F. 40. En El Alto, el 11 de febrero de 1762, se casó y veló a **Juan Batista Juárez**, con **María Mercedes Aráoz**, vecinos y naturales de este curato. Ps: Dn. Juan Nicolás Bulacia y Da. Juana Cabral

Romano, Juan Alberto con Varela, Gabriela
F. 40. En El Alto, el 5 de marzo de 1762, se casó y veló **Juan Alberto Romano** con **Gabriela Varela**, ambos vecinos y naturales de este curato. Ps.: Dn. José Antonio Gómez y Da. Marcela Valdéz

Guantai, Feliciano con Argañaráz, María
F. 40: En El Alto, el 16 de octubre de 1762, se casó a **Feliciano Guantai**, indio natural del valle de Santa María, con **María Argañaráz**, parda libre. Ps: Dn. Pedro Saavedra y María Villalba

Leiva, Dn. Antonio con Paz, Lucía
F. 40v: En esta Iglesia Parroquial de la Concepción de El Alto en 28 de enero de 1765, se casó y veló a Dn. **Antonio de Leiva** con **Lucía Paz**. Ps: Juan Mateo Leiva y Da. Josefa Páez

Lobo, Lorenzo con Armas, María Manuela
F. 40: En esta Iglesia Parroquial de la Concepción de El Alto en 31 de enero de 1765, se casó y veló a **Lorenzo Lobo** con **María Manuela Armas**. Ps: Gregorio Pereyra y María Rosales

Arévalo, Ramón con Villalba, María Mercedes
F. 40: En esta Iglesia Parroquial de la Concepción de El Alto en 17 de enero de 1765, se casó y veló a **Ramón Arévalo**, h.l. de Dn. Ramón Arévalo y Da. María Arce, con **María Mercedes Villalba**. Ps: Carlos Morales y Ana Cisternas

Arévalo, Narciso con Cajuso?, María Inés
F. 40: En esta Iglesia Parroquial de la Concepción de El Alto en 17 de enero de 1765, se casó y veló a **Narciso Arévalo**, h.l. de Dn. Ramón Arévalo y Da. María Arce, con **María Inés ¿Cajuso?** Ps: Dn. Juan Bulacia y María Valdéz

Artaza, José con Soria, Marcela
F. 40: En esta Iglesia Parroquial de la Concepción de El Alto en 20 de enero de 1765, se casó y veló a **José Artaza**, h.l. de Nicolás Artaza y Dominga Álvarez, vecinos de esta jurisdicción, con **Marcela Soria**. h.l. Francisco Soria y Rita Lazo. Ps: Antonio Alfaro y María Juana Bravo

Romano, José con Rojas, Agustina
F40: En esta Iglesia Parroquial de la Concepción de El Alto en 10 de febrero de 1766, se casó y veló **José Romano** con **Agustina Rojas**. Ps: Dn. Antonio Bulacia y Da. Antonio Cabral

Cáceres, Valentín con Osores, María Petrona
F. 41: En esta Iglesia Parroquial de El Alto en 8 de abril de 1766, se casó y veló a **Valentín Cáceres**, vecino de la jurisdicción ¿?, con **María Petrona Osores**, h.n. de María Osores. Ps Dn. José Luis de Rizo Patrón y María Paula de Rizo Patrón

Cisternas, José con Pardeo, María Gerónima
F. 41: En esta Iglesia Parroquial de El Alto en 8 de abril de 1766, se casó y veló a **José Cisterna**. h.n. de Isabel Jiménez, con **María Gerónima Pardo**, h.l. de Pedro Pardo y Josefa Figuera, feligreses de este curato. Ps: Juan Ahumada y María Pacheco

Leiva, José Antonio con Ibáñez, María Cruz
F. 41: En esta Iglesia Parroquial de El Alto en 9 de abril de 1766, se casó y veló a **José Antonio Leiva,** hijo de Rita Lazo, feligreses de este curato, con **María de la Cruz Ibáñez**, h.n. de Bernarda Ibáñez. Ps: Nicolás Domínguez y Francisca Paz

Herrera, Dn. Isidro Ambrosio con Quiroga, Da. **Ana**
F. 41: En esta Iglesia Parroquial de El Alto en 22 de julio de 1766, se casó y veló a Dn. **Isidro Ambrosio de Herrera**, h.l. Dn. Álvaro de Herrera y Da. Ana Zapata, con Da. **Ana Quiroga**, h.l. de Dn. Juan José Quiroga y Da. Isabel de la Lastra. Ps.: Dn. Nicolás, Valdéz y Da. Marcela Valdéz

González, Dn. José Antonio con Páez, Da. **María**
F. 41. El Alto, el 4 de octubre de 1766, se casó y veló a Dn. **José Antonio González**, vecino de Córdoba, h.l. de José y de Josefa Álvarez, con Da. **María Páez**, viuda de Juan Bautista Paz, h.l. de Dn. José Páez y de Da. Rosa Bulacia. Ps. Dn. Francisco Valdéz y Da. Catalina Bulacia

González, Juan Tomás con Mercado, María Mercedes
F. 41: En esta Iglesia Parroquial de El Alto en 29 de noviembre de 1766, se casó y veló a **Juan Tomas González**, h.l. de Carlos González y de Antonio ..., vecinos de este curato, con **María Mercedes Mercado**, h.l. Asencio Mercado y de Simona ¿Escasuso?, feligreses de este curato. Ps: Pedro Morales y Gerónima Escasuso

Luján, Pedro José con Lobo, María Justa
F. 41: En esta Iglesia Parroquial de El Alto en 15 de enero de 1767, se casó y veló a **Pedro José Luján**, h.l. de Juan Luján y de Josefa Ibáñez, feligreses de este curato, con **María Justa Lobo**, h.l. de Dn. José Lobo y de Josefa de Córdoba, feligreses de este curato. Ps: Dn. Nicolás Valdéz y Da. Antonia Cabral

Robín, Dn. Juan Bautista con Vera, Da. **Luisa**
F. 41v: En la Iglesia de Nuestra Señora de la Purificación de Vilismano, 8 de febrero de 1767, se casó a Dn. **Juan Bautista Robín**, hl de Dn. Juan Robín y de Da. Ana Tapia, ya difunta, con Da. **Luisa Vera**, h.l. de Dn. Juan José de Vera y de Da. Petrona Paz. Ps. Dn. Bernardo Leiva y Da. Francisca Vera

Márquez, Tomás con Ledesma, María Casimira
F. 41v: En esta Iglesia Parroquial de El Alto en 18 de mayo de 1767, se casó y veló a **Tomas Márquez**, h.n. de Francisca Chancai, feligreses de este curato, con **María Casimira Ledesma**, h.n. de Agustina Díaz, feligreses de este curato. Ps: Bernardo Cuello y María Agustina Pacheco

Frogel, Dn. Carlos, con Pereira, María Francisca
F. 41v: En Vilismano, el 12 de febrero de 1767, se casó y veló a Dn. **Carlos Frogel**, vecino de la ciudad de Salta, h.l. de Dn. Juan Bautista Frogel y de Da. Antonia Román, con **María Francisca Pereira**, h.l. de Francisco y de Cristina Ortiz. Ps. Dn. Bernardo Leiva y Da. Francisca de Vera

Ovejero, Dn. Juan Gil con Albarracín, María Mercedes
F. 41v: En esta Iglesia Parroquial de El Alto en 24 de junio de 1767, se casó y veló a Dn. **Juan Gil Ovejero**, h.l. Dn. Juan Gil Ovejero y de Da. María Luján, vecinos de Catamarca, con **María Mercedes Albarracín**, h.l. de Dn. José Albarracín y Da. María Aguilar

Visita del Obispo. 9 de septiembre de 1767.

Pacheco, Bernardo con Mercado Ignacia
F. 42: En 10 de noviembre de 1767, se casó a **Bernardo Pacheco**, mi feligrés, viudo de Rosa Rojas, mi feligresa, con **Ignacia Mercado**, mi feligresa, h.l. de Bernardo Mercado y de María Díaz, mis feligreses. Ts: Pedro Mercado, vecino de este curato, Juan Garzón y Nicolás Valdéz, mis feligreses todos y sujetos conocidos

Figueroa, Miguel Gerónimo con Cejas, Dominga
F. 42: En 23 de noviembre de 1767, se casó a **Miguel Gerónimo Figueroa**, mi feligrés, h.l. de Pedro Figueroa y de Andrea Armas, mis feligreses, con **Juan Dominga Cejas**, h.n. María Rosa Rojas, mis feligresas. Ts: Dn. Ramón Antonio de Frías, Eugenio ¿? y Pedro Nolasco Mercado, mis feligreses todos y sujetos conocidos

Molina, Alejandro con Páez María Cecilia
F. 42v: En 25 de noviembre de 1767, se casó a **Alejandro Molina**, feligrés del curato del valle de Catamarca, h.l. de Francisco Molina y Juana Arias, feligresa de Calamuchita en la jurisdicción de Córdoba, con **María Cecilia Páez**, h.n. Lorenza Páez, mi feligresa. Ts: José Bernardo Molina, feligrés de Calamuchita, hermano del novio, Victoriano Cabral y Benjamina Fernández

Molina, Lorenzo con Barrientos, Narcisa
F. 42v. En 26 de noviembre de 1767, se casó a **Lorenzo Molina**, vecino del ¿Paraguay?, h.l. de Ignacio Molina y

María Josefa Duarte, vecinos del Paraguay, con **Narcisa Barrientos**, mi feligresa y vecina de este curato, h.l. Juan Barrientos y Juana Godoy, feligreses y vecinos de este curato. Ts: Dn. Juan Pablo de los Reyes, Juan Santos Reinoso y Bernardo Barrientos, todos conocidos y feligreses de este curato.

Díaz, Juan Domingo con Soraire, Narcisa
F. 43: En 11 de abril de 1768, se casó a **Juan Domingo Díaz**, h.l. de Ignacio Díaz y Lucía Arias, vecinos esta jurisdicción, con **Narcisa Soraire**, h.l. de Asencio Soraire y Bárbara Figueroa, vecinos de este curato, mis feligreses. Ts: Dn. Bernardo de Leiva, Dn. Pedro Mercado, Ignacio Díaz, todos sujetos conocidos y feligreses de este curato.

Soria, Miguel con Rivera (de la), Teresa
F. 43: En 4 de mayo de 1768, se casó a **Miguel Soria**, mi feligrés, viudo de Agustina Macedo, h.l. de Diego de Soria y de Bartolina Burgos, feligreses del valle de Catamarca, con **Teresa de la Rivera**, mi feligresa, h.l. de Francisco de la Rivera y de Francisca Quiroga, feligreses de este curato. Ts: Capitán Dn. Nicolás Valdéz, Dn. Francisco Valdéz y Dn. Pedro José Díaz, todos conocidos y feligreses de este curato.

Ruiz, Bernardo con Albarracín, Catalina
F. 43: En 4 de mayo de 1768, se casó a **Bernardo Ruiz**, mi feligrés, h.l. de Joaquín Ruiz y Juana Falcón, mis feligreses, con **Catalina Albarracín**, mi feligresa, h.l. de Juan Albarracín y de Josefa Herrera, mis feligreses. Ts: Dn. Nicolás Valdéz, Dn. Francisco Valdéz y Dn. Pedro Ignacio Díaz, todos conocidos y feligreses de este curato.

Paz, Juan Tomás con Rosales, Manuela
F. 43v. En El Alto, el 12 de noviembre de 1768, se casó y veló a **Juan Tomás Paz**, mi feligrés, h.l. de José y de Antonia Reinoso. Con **Manuela Rosales**, mi feligresa, h.l. de Ambrosio y de Juana Brito. Ps. Dn. José Antonio Rivera y Da. Juana Barrientos.

Barrientos Bernardo con Rosales y Brito, María
F. 43v: En la parroquia de El Alto, el 12 de noviembre de 1768, se casó a **Bernardo Barrientos**, h.l. de Nicolás y de Da. María Vera, con **María Rosales y Brito**, h.l. de Ambrosio Rosales y de Juana Brito. Ps. Bonifacio Fernández y Feliciana Paz.

Iturres, Francisco con Domínguez, María Justa
F. 43v: En la parroquia de El Alto, el 12 de noviembre de 1768, se casó a **Francisco Iturres**, vecino y natural de la ciudad de Córdoba, h.l. de Ignacio y de Dionisia Vera, también vecina de la dicha ciudad, con **María Justa Domínguez**, h.l. de Juan José y de Ana Escasuso. Ps. Dn. José Ruiz y Da. Ana Quiroga.

Coronel, Antonio con Herrera, Clara
F. 44: En esta Iglesia Parroquial de El Alto en 5 de febrero de 1769, se Casó a **Antonio Coronel** h.n. de Pascuala, difunta, con **Clara Herrera**, huérfana, mis feligreses. Ps: Juan Ramón Díaz y Luisa Islas

Goitia, Dn. Luis Goitia con Mansilla, Casilda
F. 44. En esta Iglesia Parroquial de El Alto en 5 de febrero de 1769, se casó a Dn. **Luis Goitia o Goitia**, natural de la ciudad de Santiago del Estero, hl de Dn. Mateo y de Da, Antonia Oliva, con **Casilda Mansilla**, hl del Teniente Ramón Mansilla, y de Micaela Pinto, Ps. Dn. Juan del Campo y Da. Francisca Goitia.

Cárdenas, Victoriano con Acosta, María Justa
F. 44: En esta Iglesia Parroquial de El Alto en 7 de mayo de 1769, se casó a **Victoriano Cárdenas**, natural de la ciudad de Córdoba, h.l. de José Cárdenas y de Juana Aguerri, todos vecinos de dicha ciudad, con **María Justa Acosta**, h.l. de Marcos Acosta y Bartolina Palomeque, vecinos de este curato. Ps: Pedro Ibáñez y Josefa García.

Nieva (de), José Joaquín con Coello, María Tránsito
F. 44. El Alto, 26 de agosto de 1769 **José Joaquín de Nieva**, vecino de la ciudad del Valle de Catamarca, h.l. de Matías de Nieva y de Antonia de Agüero, vecinos de la ciudad, con **María Tránsito Coello**, h.l. de Dn. Bernardo Coello y de Da. Agustina Pacheco. Testigos: Dn. Nicolás Valdéz, Dn. Juan Cabral, Dn. Adrián de la Vega.

Peralta, Hipólito con Ojeda, María Francisca
F. 44v: El Alto, el 22 de agosto de 1769, se casó a **Hipólito Peralta**, natural del curato de Soconcho, hijo putativo de Mateo Porcel de Peralta y de Francisca Ferreira, también vecina de dicho curato, con **María Francisca Ojeda**, h.l. de Pedro y de Gregoria Soria, feligreses de este curato. Testigos: Dn. Pedro Carrol, Dn. José Lucas de Rizo Patrón, Dn. Nicolás Valdéz.

Rodríguez, Prudencio con Juárez Juana
F. 44v: En esta Iglesia Parroquial de El Alto en 21 de julio de 1770, se casó a **Prudencio Rodríguez**, feligrés del curato de Mancopa, h.l. de José Rodríguez y Pascuala Fernández, feligreses de dicho curato, con **Juana Juárez**. h.n. De Francisca Juárez, feligresas de este curato. Ps: José Condenas y María Díaz.

Gómez, Dn. José con Bulacia, Da. Bárbara
F. 45. El Alto, 12 de agosto de 1770, se casó a Dn. **José Gómez**, natural de San Pablo de Portugal, h.l. de Dn. Manuel Gómez y de Da. Ángela Morales, con Da. **Bárbara Bulacia**, feligresa de este curato, h.l. de Dn. Francisco Solano Bulacia (no se consigna el nombre de

la madre). Ps. . El Maestro Dn. Juan Nicolás Valdéz y Da. María Valdéz.

Cabral, Dn. Pedro con Gómez, Da. María
F. 45. El Alto, 6 de septiembre de 1770, se casó a Dn. **Pedro Cabral**, h.l. del Maestre de Campo Dn. Ignacio y de Da. Francisca Lobo, con Da. **María Gómez**, h.l. del Cap. Dn. Juan Gómez y de Da. María Bulacia. Ps. el Maestre de Campo Dn. Bernardo Leiva y Da. Francisca de Vera.

Espeche, Dn. Juan Victorino con Gómez, Da. María Simona
F. 45. El Alto, 6 de septiembre de 1770, se casó a Dn. **Juan Victorino Espeche**, h.l. del Sargento Mayor Dn. Bernabé Espeche y Da. Josefa Valdéz. Con Da. **María Simona Gómez**, h.l. del Cap. Dn. Juan Gómez y Da. María Bulacia. Ps. Dn. Leandro Valdéz y Da. Leocadia Espeche.

Gutiérrez, Dn. Prudencio con Contreras, Da. María
F. 45v: El Alto, 26 de noviembre de 1770, se casó a Dn. **Prudencio Gutiérrez**, h.l. del Teniente Dn. José Gutiérrez y de Da. Pasquala Matamoros, con Da. **María Contreras**, h.l. de Dn. Lorenzo Conteras y de Da. Josefa Zelaya. Testigos Dn. Nicolás Valdéz y Dn. Gregorio Lobo.

Villalba, Alejo con Ibáñez, María Gregoria
F. 45v: El Alto 16 de septiembre de 1771, se casó a **Alejo Villalba**, h.l. de Alejo Villalba y Simona Sueldo, con **María Gregoria Ibáñez**, h.l. de Pedro Ibáñez y de María Petrona Barrionuevo, todos feligreses de este curato. Ps: José Ruiz y Feliciana Domínguez

Aráoz, Lorenzo con Luna, Petrona
F. 45v: El Alto 16 de septiembre de 1771, se casó a **Lorenzo Aráoz**, natural del Tucumán, h.l. de Antonio Aráoz y Josefa Soria, con **Petrona Luna**, h.n. de María Luna, feligreses de este curato. Ps: Dn. Nicolás Valdéz y María Isabel Gómez.

Nieva, Blas con Ortega, María Petrona
F. 46: El Alto 25, de septiembre de 1771, se casó a **Blas Nieva**, vecino de este curato, h.l. Domingo de Nieva y Florentina Maidana, con **María Petrona Ortega**, h.l. de Manuel Ortega y de Juana Ortiz, todos vecinos de este curato. Ps: Bonifacio Fernández y Da. Francisca Cabral.

Márquez, Dn. Felipe con Espeche, María Agustina
F. 46. El Alto, el 15 de septiembre de 1771, se casó a Dn. **Felipe Márquez**, h.l. del Sargento Mayor Dn. Martín Márquez y de Da. Rosa Bulacia, con Da. **María Agustina Espeche**, h.l. del Sargento Mayor Dn. Bernabé y de Da. Josefa Valdéz. Ps. Dn. Pedro Navarro y Da. Luisa Márquez.

Gómez, Dn. Juan Nicolás con Espeche, Da. María Mercedes
F. 46.46v. El Alto, el 15 de septiembre de 1771, se casó a Dn. **Juan Nicolás Gómez**, h.l. del Sargento Mayor Dn. Juan Gómez y de Da. María Bulacia. Con Da. **María Mercedes Espeche**, h.l. del Sargento Mayor Dn. Bernabé y de Da. Josefa Valdéz. Ps. el Dr. Gardel y Da. Juana Cabral.

Paz, José Fernando con Escasuso, Luisa
F. 46v: El Alto 25, de octubre de 1771, se casó a **José Fernando Paz**, h.n. de María Paz, con **Luisa Escasuso**, h.l. de Juan Escasuso y de Gerónima Castellanos, todos feligreses de este curato. Ps: Ignacio Vizcarra y Juana Mercado.

Pacheco, Pedro Alejo con Cancino, María Micaela
F. 46v: El Alto 25, de octubre de 1771, se casó a **Pedro Alejo Pacheco**, viudo, natural de este curato, con **María Micaela Cancino**, h.l. de José Cancino y Antonia Bustos, todos mis feligreses. Ps: Joaquín Cuello y Gregoria Cabral.

Ahumada, Juan con Velardes, Rosa
F. 46v: El Alto 4 de febrero de 1772, se casó a **Juan Ahumada**, viudo en este curato, con **Rosa Velardes**, viuda de Juan Clemente Leiva, natural de Catamarca. Ps: Dn. Esteban Cisneros y Da. Josefa Ribera.

Ocón, Juan Domingo con Burgos Marcelina
F. 47: El Alto 22 de febrero de 1772, se casó a **Juan Domingo Ocón**, viudo, de este curato, con **Marcelina Burgos**, h.l. Álvaro Burgos y Pascuala Herrera, todos feligreses de este curato. Ps: Bonifacio Fernández y María Villalba.

Vega, Fernando con Quiroga, Da. María Bernarda
F. 47. El Alto, 28 de febrero de 1772, se casó a Dn. **Fernando Vega**, vecino de Catamarca, h.l. de Dn. Juan José de la Vega y de Da. María de Vega, con Da. **María Bernarda Quiroga**, h.l. de Dn. Juan José Quiroga y de Da. Isabel de Lastra, todos feligreses de este curato. Ps. el Cap. Dn. Manuel Valdéz y Da. María Sánchez.

Rodríguez, Tomás con Paz, Pabla
F. 47: El Alto 30 de setiembre de 1772, se casó a **Tomas Rodríguez**, viudo, con **Pabla Paz**, h.n. Josefa Paz, feligreses de este curato. Ts: Dn. Nicolás Valdéz y Da. María Valdéz.

Ávila, Juan Antonio de con Juárez, Luisa
F. 47v: El Alto 18 de octubre de 1772, se casó a **Juan Antonio de Ávila**, viudo, feligrés del curato de Arauco, con **Luisa Juárez**, h.l. de Pascual Juárez y Lorenza Agüero, feligreses de este curato. Ps: Juan Pablo Reyes y Bernarda Reyes.

Vázquez, Felipe con Soria, María Juana
F47v: El Alto 11 de febrero de 1773, se casó a **Felipe Vásquez**, h.l. de Domingo Vásquez y de Isabel Ibáñez, todos vecinos de Catamarca, con **María Juana Soria**, h.l. de Francisco Soria y de María Rita Lazo, todos feligreses de este curato. Ps: Guillermo Ledesma y María Rosa Guzmán

Baraona, José Gaspar de con Montenegro Margarita
F. 47v: En Alijilán 28 de enero de 1774, se casó a **José Gaspar de Baraona**, viudo en la Catamarca, con **Margarita Montenegro**, h.l. de Francisco Montenegro y Juliana Díaz, todos feligreses de este curato- Ps: Dn. Enrique Bepre y Da. Rosa Dorado

Sobrado, Dn. José Toribio con Díaz, María del Carmen
F. 48: En la vice-parroquia de Vilismano en 12 de febrero de 1774, se casó a Dn. **José Toribio Sobrado**, hn, de Dn. Santiago Sobrado y de Da. Agustina Jijón, todos naturales y vecinos de la ciudad de La Plata en Chuquisaca, con **María del Carmen Díaz**, h.l. José Eusebio Díaz y de María Isabel Barrionuevo, todos feligreses de este curato. Ps: Dn. Pedro Ibáñez y Dn. José García

Lazo, Juan Domingo con Vásquez, María Narcisa
F. 48: El Alto 27 de setiembre de 1774, se casó a **Juan Domingo Lazo**, h.l. de Juan Lazo y María Guzmán, con **María Narcisa Vásquez**, h.l. Domingo Vásquez y de Isabel Ibáñez, todos feligreses de este curato. Ps: Dn. Pedro Saavedra y Da. María Agustina Rodríguez.
F. 48v: El Alto 29 de noviembre de 1774. Se casó a **Santiago Leiva**, h.l. Ramón Leiva y de Juana Juárez, feligreses de Santiago, con **Luisa Figueroa**, h.l. Pedro Figueroa y Andrea Armas, mis feligreses. Ps: Andrés Melián y Estefanía Díaz

Seco, Juan Luis con Ortega, Josefa
48v: El Alto 29 de noviembre de 1774, se casó a **Juan Luis Seco**, h.l. Antonio Seco y María de Vega, feligreses de la Catamarca, con **Josefa Ortega**, h.l. Pedro Ortega y María Rosa Guerreros. Ps: Dn. Enrique Bepre y Da. Rosa Dorado

Orquera, Dn. Cosme Damián de con Gutiérrez, Da. María del Rosario
F. 48v. El Alto, el 24 de octubre de 1774, se casó a Dn. **Cosme Damián de Orquera**, h.l. de Dn. Bartolomé de Orquera y de Da. Ana María Agüero, feligreses de Catamarca, con Da. **María del Rosario Gutiérrez**, h.l. de Dn. José Gutiérrez y de Da. Pascuala Matamoros. Ps. Dn. Francisco Valdéz y Da. Antonia Iturre

Aguirre, Bernardo con Ibáñez, Petrona
49: El Alto 26 de diciembre de 1774, se casó a **Bernardo Aguirre**, h.l. Miguel Aguirre y Andrea Torino, feligreses de Ancasti, con **Petrona Ibáñez**, h.l. de Pedro Ibáñez y Petrona Barrionuevo, feligreses de este curato. Ps: Mariano Ibáñez y Lucía López

Flores, Agustín con Herrera, María Ignacia
49: El Alto 26 de diciembre de 1774, se casó a **Agustín Flores**, natural y viudo en esta, con **María Ignacia Herrera**, h.n. de Laurencia Soraire, todos mis feligreses. Ps: Dn. Miguel de Urrejola y Da. Juana Cabral

Rivera, Dn. Jacinto con Guerreros, Da. María Silveria
F. 49. Iglesia Parroquial de Santa Bárbara de Alijilán, en 25 de noviembre de 1774, se casó a Dn. **Jacinto Rivera**, h.l. del Cap. Dn. José Antonio Rivera y de Da. Juana Barrientos, con Da. **María Silveria Guerreros**, h.l. de Dn. Agustín y de Da. Francisca Díaz. Ps. Dn. Santiago Albarracín y María del Carmen Guerreros

Luna, Francisco con Mercado, Juana
F. 49V: El Alto 6 de diciembre de 1774, se casó a **Francisco Luna** con **Juana Mercado**, mis feligreses. Ps: Dn. Miguel de Urrejola y Da. Juana Cabral

Ibáñez, Francisco con Armas, María Rosa
F. 49V: El Alto 3 de febrero de 1775, se casó a **Francisco Ibáñez**, h.l. de José Ibáñez y Teresa Ortiz, con **María Rosa Armas**, h.n. de Estefanía Armas. Ps: Tomas González y Mercedes Mercado

Bravo, Juan Gregorio con Hoyos, María Juliana
F. 49V: El Alto 7 de febrero de 1775, se casó a **Juan Gregorio Bravo**, h.l. de José Antonio Bravo y de Juana Rosa Sánchez, con **María Juliana Hoyos**, h.l. de Juan José Hoyos y de Francisca Chancay. Ps: Dn. Nicolás Valdéz y Da. Gregoria Gómez

Domínguez, Francisco Javier con Luján, María
F. 50: El Alto, 20 de marzo de 1775, se casó a **Francisco Javier Domínguez** con **María Luján**, ambos viudos, naturales y feligreses de este curato. Ps: Domingo Salgado y Da. Gregoria Ibáñez

Leiva, Dn. Francisco Dionisio con Márquez, Da. Beatriz
F. 50. El Alto, el 5 de agosto de 177, se casó a Dn. **Francisco Dionisio Leiva**, h.l. del Maestre de Campo. Dn. Gabriel y de Da. Bartolina Gómez, feligreses de la de Catamarca, con Da. **Beatriz Márquez**, h.l. del Sargento Mayor Dn. José Márquez y de Da. Rosa Bulacia, todos de este curato, Ps. : Dn. Pedro Navarro y Da. Luisa Márquez

Orellana, Pedro con Ruiz, María Petrona
F. 50: El Alto 9 de octubre de 1775, se casó a **Pedro Orellana**, h.n. de Petrona Orellana, con **María Petrona**

Ruiz, h.l. Francisco Ruiz y de Tomasina Ortiz, todos feligreses de este curato. Ps: Mariano Armas y Luisa Guardia.

Narváez, Leandro con Luján, María Catalina
F. 50v: Iglesia Parroquial de la Concepción de El Alto, 15 de octubre de 1775, se casó a **Leandro Narváez**, h.l. de José Narváez y de María Herrera, feligreses de Catamarca, con **María Catalina Luján**, h.l. de Juan Luján y de Josefa Ibáñez, feligreses de este curato. Ps: Dn. Nicolás Domínguez y Da. Francisca Paz.

Leiva, Dn. Luis con Márquez, María Luisa
F. 50v: Iglesia Parroquial de la Concepción de El Alto, 30 de enero de 1776, se casó a Dn. **Luis Ubaldo Leiva**, h.l. del Sargento Mayor Dn. Bernardo Leiva y Da. Francisca Vera, con **María Magdalena Márquez**, (no se consigna la filiación) feligreses de este curato. Ps: Dn. Francisco Leiva y Da. María Paula Rizo Patrón.

Pérez, Juan José con Domínguez, Bartolina
F. 50v: Iglesia Parroquial de la Concepción de El Alto, 18 de septiembre de 1776, se casó a **Juan José Pérez**, h.l. Francisco Pérez y Feliciana Ogas, con **Bartolina Domínguez**, h.l. de Juan José Domínguez y de Ana Escasuso, mis feligreses. Ps: Dn. Francisco Domínguez y Anastasia Domínguez.

Torres, Juan Andrés con Díaz, María Lorenza
F. 51: Iglesia Parroquial de la Concepción de El Alto, 12 de octubre de 1776, se casó a **José Andrés Torres**, h.l. Martín Torres y Francisca Montoya, todos naturales de Córdoba, con **María Lorenza Díaz**, h.l. Mariano Díaz y María Quiroga. Ps: Gabriel Cisternas y María Petrona Brito.

Amaya, Francisco Javier con Lazo, María Antonia
F. 51: Iglesia Parroquial de la Concepción de El Alto, 20 de noviembre de 1776, se casó a **Francisco Javier Amaya**, h.n. de Lorenza Amaya, con **María Antonia Lazo**, h.l. de Felipe Lazo y María Francisca Quiroga, todos feligreses de este curato. Ps: Tiburcio Domínguez y Prudencia Paz.

Rizo Patrón, Dn. Juan Gregorio con Fernández, Da. Inés
F. 51: Iglesia Parroquial de la Concepción de El Alto, 29 de diciembre de 1776, se casó a Dn. **Juan Gregorio Rizo Patrón**, h.l. de Dn. José de Rizo Patrón y de Da. Catalina Bulacia, con Da. **Inés Fernández**, h.l. José Félix Fernández y Da. Bartolina Salcedo. Ps: Dn. Justo Bulacia y Da. María Valdéz.

Lobo, Dn. Felipe Santiago con Domínguez, María Justa
F. 51v: Iglesia Parroquial de la Concepción de El Alto, 15 de mayo de 1777, se casó a Dn. **Felipe Santiago Lobo**, h.l. Dn. José Lobo y Da. María Rosa Pinilla, con **María Justa Domínguez**, viuda de Francisco Iturre, todos feligreses de este curato. Ps: Nolasco Valdéz y Francisca Paz.

Magallanes, José Lino con Páez, María Petrona
F. 51v: Iglesia Parroquial de la Concepción de El Alto, 6 de junio de 1777, se casó a **José Lino Magallán**, h.l. Matías Magallán y de María González, naturales de Córdoba, con **María Petrona Páez**, h.l. Antonio Páez y Simona Castro, todos feligreses de este curato. Ps: Dn. Antonio Bulacia y Da. Antonia Cabral.

Ramallo, José Roque con Concha, Ana de la
F. 51v: En esta vice-Parroquia de Vilismano, 27 de febrero de 1778, se casó a **José Roque Ramallo**, vecino de la jurisdicción de Córdoba, h.l. de José Ramallo y de Juana María Barrera, con **Ana de la Concha**, h.n. de Marcela de la Concha, feligreses de este curato. Ps.: Silvestre Agüero y María Amaya.

Peralta, Francisco con Ibáñez, María Petrona
F. 52: Iglesia Parroquial de la Concepción de El Alto, 2 de mayo de 1778, se casó a **Francisco Peralta**, viudo, con **María Petrona Ibáñez**, h.l. de José Ibáñez y Teresa Ortiz, feligreses de este curato. Ps: Bonifacio Arias y Juliana Díaz.

Caballero, Dn. Juan Francisco con Nieva, María del Carmen
F. 52: En esta Capilla de Vilismano, 3 de mayo de 1778, se casó a Dn. **Juan Francisco Caballero**, h.l. de Dn. Roque Caballero y Da. María Antonia Medina, feligreses de la Córdoba, con Da. **María del Carmen Nieva**, h.l. Cap. Dn. Juan de Nieva y de Da. María Paz, feligreses de este curato. Ps: Dn. Bautista Robín y Da. Luisa de Vera.

Arévalo, Dn. Juan José con Cejas, Da. Josefa
F. 52: Iglesia Parroquial de la Concepción de El Alto, 5 de junio de 1778, se casó a Dn. **Juan José Arévalo**, h.l. de Dn. Ramón Arévalo y de Da. Josefa Guamantito, con Da. **Josefa Cejas**, viuda. Ps: Francisco Valdéz y Dominga Leiva.

Paz Juan Domingo de con Díaz, Rafaela
F. 52: En esta vice-Parroquia de Santa Bárbara de Alijilán, 1 de julio de 1778, se casó **Juan Domingo de Paz**, h.l. Solano Paz y Bartolina Díaz, con **Rafaela Díaz**, h.l. de Juan Antonio Díaz y Juana Rosa Guzmán, todos feligreses de este curato. Ps: Jacinto Bepre y Rosa Miranda.

Nieva, Dn. Juan de con Gutiérrez, Da. María de la Concepción.
F. 52v: En esta vice-Parroquia de la Candelaria de Vilismano, 4 de julio de 1778. Se casó al Cap. Dn. **Juan de Nieva**, viudo, con **María de la Concepción Gutiérrez**, h.l. Dn. José Gutiérrez y Da. Pascuala

Matamoros, feligreses de este curato. Ps: Dn. Ángel Ramos y Da. Luisa de Vera.

Páez, Juan Gregorio con Páez, María Josefa
F. 52v: Iglesia Parroquial de la Concepción de El Alto, 4 de agosto de 1778, se casó a **Juan Gregorio Páez**, h.l. de Antonio Páez y de Simona Castro, con **María Josefa Páez**, hija adoptiva de Dn. José Páez, todos feligreses de este curato. Ps: Dn. Andrés Molina y Da. Antonia Cabral.

Lazo, Miguel Francisco con Domínguez, Anastasia
F. 52v: Iglesia Parroquial de la Concepción de El Alto, 7 de octubre de 1778, se casó a **Miguel Francisco Lazo**, h.l. de Pedro Lazo y Micaela Ibáñez, con **Anastasia Domínguez**, h.l. Francisco Domínguez y Prudencia Paz, todos feligreses de este curato. Ps: Ramón Vera y María Medina.

Albarracín, Dn. José Antonio con Mendoza, Ana
F. 53: Iglesia Parroquial de la Concepción de El Alto, 21 de noviembre de 1778, se casó y veló a Dn. **José Antonio Albarracín**, h.l. Dn. José Albarracín y Da. María Aguilar, con Da. **Antonia Mendoza**, h.l. Dn. Antonio Mendoza y Da. Ana Zavala, todos feligreses de este curato. Ps: Dn. Antonio Bulacia y Da. Antonia Cabral.

Guarás, José Antonio con Ortiz, Antonia
F. 53: Iglesia Parroquial de la Concepción de El Alto, 8 de enero de 1779, se casó a **José Antonio Guarás**, h.l. de Miguel Guarás y de Francisca Luján, feligreses de Catamarca, con **Antonia Ortiz**, h.n. Tomasina Ortiz, feligreses de este curato. Ps: Dn. José Antonio González y María Emerciana Valdéz.

Flores Francisco con Rivas, Da. Clara
F. 53: Iglesia Parroquial de la Concepción de El Alto, 9 de enero de 1779, se casó a **Francisco Flores**, viudo, con Da. **Clara Rivas**, h.l. de Dn. Gerónimo Ribas y Da. Josefa Lobo, todos feligreses de este curato. Ps: Felipe Lobo y Petrona Lobo.

Reinoso, Juan Santos con Salazar, Pabla
F. 53v: En esta vice-Parroquia de Santa Bárbara de Alijilán, 8 de febrero de 1779, se casó a **Juan Santos Reinoso**, viudo, con **Pabla Salazar**, h.l. de Juan José Zalazar y Tomasina Rodríguez, todos feligreses de este curato. Ps: Dn. Jacinto Bepre y Bernarda Reyes.

Paz, Juan con Morienega, Rosa
F. 53v: En esta vice-Parroquia de Santa Bárbara de Alijilán, 8 de febrero de 1779, se casó a Dn. **Juan Paz**, h.l. de Dn. Mateo Paz y de Da. María Ibáñez, con **Rosa Morienega**, h.l. de Juan Morienega y Ana Armas, todos feligreses de este curato. Ps: Juan Gregorio Ibáñez y Petrona Reinoso.

Pereyra, Luis con Mercado, María Magdalena
F. 53v: Iglesia Parroquial de la Concepción de El Alto, 15 de febrero de 1779, se casó a **Luis Pereyra**, h.l. de Gregorio Pereira y de Josefa Acosta con **María Magdalena Mercado**, h.l. de Juan Asencio Mercado y de Simona Escasuso. Ps. : Bonifacio Arias y Bernardo Mercado.

Leiva, Dn. José Lorenzo con Díaz, María Mercedes
F. 53v: En esta Iglesia Parroquial de la Concepción de El Alto, 15 de febrero de 1779, se casó a Dn. **José Lorenzo Leiva**, h.l. de Dn. José Alejandro de Leiva y de Da. Ana Barrera, con **María Mercedes Díaz**, h.n. de Agustina Díaz, todos feligreses de este curato. Ps: Ignacio Toranzos y María Roza Miranda.

Díaz, Antonio, con Conchas, María del Carmen
F. 54: Iglesia Parroquial de la Concepción de El Alto, 10 de febrero de 1779, se casó y veló a **Antonio Díaz**, viudo, con **María del Carmen Conchas**, hija adoptiva de Da. Francisca Cabral y de Dn. Juan de las Conchas. Ps: Dn. Pedro Cabral y Petrona Cabral.

Valdéz, Juan Antonio con Peralta, María Francisca
F. 54: Iglesia Parroquial de la Concepción de El Alto, 25 de febrero de 1779, se casó a **Juan Antonio Valdéz**, h.n. Marcela Valdéz con **María Francisca Peralta**, h.l. de Francisco Peralta y María Josefa Montes de Oca, feligreses de este curato. Ps: Dn. José Antonio Gómez y Da. Manuel Valdéz.

Lazo, Juan Nicolás con Arévalo, María Dolores
F. 54: Iglesia Parroquial de la Concepción de El Alto, 25 de febrero de 1779, se casó a **Juan Nicolás Lazo**, viudo, con Da. **María Dolores Arévalo**, h.l. de Dn. Ramón Arévalo y Da. Josefa Guamantito, todos feligreses de este curato. Ps: Dn. Pedro Saavedra y Da. Juana Pereyra.

Arévalo, Dn. Ramón con Romero, María Polonia
F. 54v: Iglesia Parroquial de la Concepción de El Alto, 1 de marzo de 1779, se casó a Dn. **Ramón Arévalo**, viudo, con Da. **María Polonia Romero**, h.l. de Dn. Alberto Romero y Da. a. María Francisca Pereyra. Ps: Juan José Arévalo y Josefa García, todos feligreses de este curato.

Mercado, Dn. Agustín con Paz, Da. Josefa
F. 54v: Iglesia Parroquial de la Concepción de El Alto, 25 de setiembre de 1779, se casó a Dn. **Agustín Mercado**, h.l. Dn. Pedro Mercado y Da. Gerónima Escasuso, con **Josefa Paz**, h.l. Dn. José Paz y Da. Ana Reinoso, todos de este curato. Ps: Dn. Gregorio Ibáñez y Da. Simona Reinoso.

Fernández, Pascual con Díaz, María Lorenza
F. 54v: En esta vice-Parroquia de Alijilán, 3 de diciembre de 1779, se casó a **Pascual Fernández**, h.l. Martín

Fernández y María Rodríguez., con **María Lorenza Díaz**, viuda, feligreses todos de este curato. Ps: Luis Reinoso y Magdalena Mercado.

Pereyra, Gregorio con Escasuso, María
F. 54v: En esta vice-Parroquia de Alijilán, 3 de diciembre de 1779, se casó a **Gregorio Pereyra**, viudo, con **María Escasuso**, h.l. del Capitán Dn. José Escasuso y de María Gómez, todos feligreses de este curato. Ps: Lorenzo Maldonado y María Paz.

Romero, Bernardo con Pardo, María Gregoria
F. 55: En esta Iglesia Parroquial de la Concepción de El Alto, 30 de mayo de 1780, se casó a **Bernardo Romero**, h.l. de Juan Romero y Pascuala Sirango, feligreses de la Punta, con **María Gregoria Pardo**, h.l. de Dn. Pedro Pardo y Da. Rosa Agüero, todos feligreses de este curato. Ps: Pedro Alejo Pacheco y Micaela Cancinos.

Soria, Dn. Juan Severino con Paz, Da. **María Pabla**
F. 55: En esta Iglesia Parroquial de la Concepción de El Alto, 3 de julio de 1780, se casó a Dn. **Juan Severino Soria**, h.l. de Dn. Juan de Soria y Da. Isabel de Peña, vecinos de Catamarca, con Da. **María Pabla Paz** h.l. de Dn. Andrés Páez y Dominga Arias. Ps: Dn. José Gómez y Da. María Magdalena Marques. (la contrayente figura con el apellido Paz, tanto en el marginal como en el cuerpo del acta, sin embargo, el padre aparece con apellido Páez).

Arévalo, Cayetano con Márquez, María Narcisa
F. 55: En esta Iglesia Parroquial de la Concepción de El Alto, 3 de julio de 1780, se casó a **Cayetano Arévalo**, h.l. de Juan Borja Arévalo y Margarita Corte, con **María Narcisa Márquez**, h.l. Juan Márquez y María Pacheco, todos feligreses de este curato. Ps: Dn. Pedro Cabral y Da. María Cabral.

Juárez, Juan Domingo con Albornoz, Eulalia
F. 55v: En esta Iglesia Parroquial de la Concepción de El Alto, 18 de julio de 1780, se casó a **Juan Domingo Juárez**, h.l. de Pascual Juárez y María Lorenza Agüero, con **Eulalia Albornoz**, h.l. de Francisco Albornos y Francisca Ruiz, todos feligreses de este curato. Ps: Anastasio Medina, y Petrona Carriona.

Medina, Dn. Juan Ramón con Cisternas, Da. Juliana
F. 55v: En esta Iglesia Parroquial de la Concepción de El Alto, 22 de setiembre de 1780, se casó a Dn. **Juan Ramón Medina**, h.l. de Dn. Gaspar Medina y Da. Antonia Sánchez, naturales de Catamarca, con Da. **Juliana Cisternas**, h.l. Dn. José León Cisternas y Da. Petrona Mansilla, todos feligreses de este curato. Ps: Gabriel Cisternas y Petrona Brito.

Morales, Félix Hilario con Quiroga, María Martina
F. 55v: En esta Iglesia Parroquial de la Concepción de El Alto, 26 de setiembre de 1780, se casó a **Félix Hilario Morales**, h.l. de Juan Antonio Morales y Melchora Casas, feligreses de Córdoba, con **María Martina Quiroga**, h.l. de Miguel Francisco Quiroga y Margarita Soria, todos feligreses de este curato. Ps: José Lucas de Rizo Patrón y Laurencia Leiva.

Castillo, Bartolomé con Ojeda, Bartolina
F. 55v: En esta Iglesia Parroquial de la Concepción de El Alto, 9 de diciembre de 1780, se casó a **Bartolomé Castillo**, h.n. de Josefa Charte, naturales de Jujuy, con **Bartolina Ojeda**, h.l. Pedro Ojeda y Gregoria Soria, feligreses de este curato. Ps: Dn. Antonio Bulacia y Da. Antonio Cabral.

Villarreal, José Felipe con Barrera, María Rosa
F. 56: En esta Iglesia Parroquial de la Concepción de El Alto, 15 de enero de 1781, se casó a **José Felipe Villareal**, h.n. de María Rosa Escudero, feligreses de Córdoba, con **María Rosa Barrera**, h.n. de María Barrera, feligreses de este curato. Ps: Isidro Castellanos y María Mercedes Osores.

Luján, Juan Clemente con Medina, María de las Nieves
F. 56: En esta Iglesia Parroquial de la Concepción de El Alto, el 31 de enero de 1781, se casó a **Juan Clemente Luján**, h.l. de Juan José Luján y de Josefa Ibáñez, con **María de la Nieves Medina**, h.l. Juan Medina y Cecilia Medina, todos feligreses de este curato. Ps: Dn. Lorenzo Leiva y Da. Manuela Medina.

Cardoso, José Lucas con Cáceres, María Magdalena
F. 56: En esta vice-Parroquia de Vilismano, el 15 de febrero de 1781, se casó a **José Lucas Cardoso**, h.l. de Pascual Cardoso y María Aredes, naturales de Ancasti, con **María Magdalena Cáceres**, h.l. José Cáceres y Manuela Pacheco, mis feligreses. Ps: Dn. Juan de Nieva y María de la Concepción Gutiérrez.

Morienega, Andrés Francisco con Arias, María Lorenza
F. 56v: En esta vice-Parroquia de Santa Bárbara de Alijilán, el 19 de febrero de 1781, se casó a **Andrés Francisco Morienega**, h.l. Miguel Moreniega y Ana Tomasina Bravo, con **María Lorenza Arias**, h.l. de Luis Arias y Simona Albarracín. Ps: Bonifacio Arias y Luisa Escasuso.

Cordero, Juan de Dios con Díaz, María Francisca
F. 56v: En esta Iglesia Parroquial de la Concepción de El Alto, 5 de marzo de 1781, se casó a **Juan de Dios Cordero**, h.l. José Cordero y Ana Sosa, con **María Francisca Díaz**, h.n. Agustina Díaz, todos feligreses de

este curato. Ps: Juan Bautista Nieva y María Rosa Guzmán.

Peralta, Juan Pascual con Ibáñez, Ana
F. 56v: En esta vice-Parroquia de San José de Ovanta, 6 de abril de 1781, se casó a **Juan Pascual Peralta**, h.l. Pascual Peral y María Casilda Armas, con **Ana Ibáñez**, h.l. de José Ibáñez y Teresa Ortiz, todos mis feligreses. Ps: Andrés Leguizamo y Estefanía Díaz.

Rosales, Juan Tomás con Nieva, Antonia
F. 56v: En esta vice-Parroquia de San José de Ovanta, 8 de abril de 1781, se casó a **Juan Tomas Rosales**, h.l. Juan Ambrosio Rosales y Juana Brito, con **Antonia Nieva**, h.l. Blas Nieva y de Ignacio Reinoso, todos feligreses de este curato. Ps: Andrés Leguizamo y Estefanía Díaz.

Agüero, Antonio con Quiroga, María Gregoria
F. 57: En esta Iglesia Parroquial de la Concepción de El Alto, 16 de junio de 1781, se casó a **Antonio Agüero**, h.l. Dn. Roque Agüero y María Gómez, con **María Gregoria Quiroga**, h.l. de Pedro Quiroga y María Candelaria Aráoz, todos feligreses de este curato. Ps: Juan Luis Castro y Da. Teodora Gómez.

Lazo, Juan Andrés con María Inés Escasuso
F. 57: En esta Iglesia Parroquial de la Concepción de El Alto, 20 de junio de 1781, se casó a **Juan Andrés Lazo**, h.l. Juan Lazo y de María de la Cruz Guzmán, con **María Inés Escasuso**, viuda, todos feligreses de este curato. Ps: Gabriel Cisternas y María Petrona Brito.

Medina, José de con Domínguez, Juana Francisca
F. 57: En esta Iglesia Parroquial de la Concepción de El Alto, 18 de julio de 1781, se casó a **José de Medina**, h.l. de Dn. Juan José Medina y Da. Josefa Centeno, con **Juana Francisca Domínguez**, h.l. de Dn. Nicolás Domínguez y de Da. Francisca Paz, todos feligreses de este curato. Ps: Dn. José Matamoros y Da. Josefa Córdoba.

Reinoso, Juan Francisco con Arévalo, Marcela
F. 57: En esta Iglesia Parroquial de la Concepción de El Alto, 21 de julio de 1781, se casó a **Juan Francisco Reinoso**, h.l. de Simón Reinoso y María Petrona Paz, con **Marcela Arévalo**, h.l. José Arévalo y Da. Diana Mansilla, todos feligreses de este curato. Ps: Juan Andrés Pacheco y María Dolores Arévalo.

Ferreira. Santiago con Zárate, Antonia
F. 57v: En esta Iglesia Parroquial de la Concepción de El Alto, 24 de agosto de 1781, se casó a **Santiago Ferreira**, h.l. José Ferreira y Francisca Pérez, con **Antonia Zárate**, h.l. Luis Zárate y Dominga Díaz, todos feligreses de este curato. Ps: Miguel Díaz con su esposa.

Góngora, Andrés con Díaz, María Victoria
F. 57v: En esta Iglesia Parroquial de la Concepción de El Alto, 3 de setiembre de 1781, se casó a **Andrés Góngora**, h.n. de Francisco Góngora, naturales de Córdoba y a **María Victoria Díaz**, h.l. de Diego Díaz y Catalina Vera, mis feligreses. Ps: José Reyes y Francisca Barrientos.

Arévalo, José Roque con Ledesma, María Ignacia
F. 57v: En esta Capilla vice parroquial de La Quebrada, el 2 de octubre de 1781, se casó a **José Roque Arévalo**, h.l. de José Arévalo y Da. María Diana Mansilla, con **María Ignacia Ledesma**, h.l. Agustín Ledesma y Petrona Landriel, todos feligreses de este curato. Ps: Gabriel Cisternas y María Petrona Brito.

Flores, José Silverio con Paz, María
F. 57v: En esta Capilla vice parroquial de la quebrada, 2 de octubre de 1781, se casó a **José Silverio Flores**, h.l. de José Flores y de María Páez, con **María Paz**, h.n de Andrés Paz, todos feligreses de este curato. Ps: Dn. Ramón Frías y Da. Rosa Frías.

Varela, Fernando con Argañaráz, María
F. 58: En esta Iglesia Parroquial de la Concepción de El Alto, 22 de octubre de 1781, se casó a **Fernando Varela**, h.l. de José Varela y Polonia Quijano, feligreses de Catamarca, con **María Argañaráz**, h.l. de Juan Argañaráz y Silveria Arias, feligreses de este curato. Ps: Dn. Luis Leiva y Juana Francisca Agüero.

Adauto, José con Bravo, María Olaya
F. 58: En esta Iglesia Parroquial de la Concepción de El Alto, 4 de enero de 1782, se casó a **Pedro José Adauto**, viudo, con **María Olaya Bravo**, viuda, ambos feligreses de este curato. Ps: Dn. Miguel Rizo Patrón y Da. Isabel Valdéz.

Sosa, Dn. José de con Albarracín, Pascuala
F. 58: En esta vice-Parroquia de Santa Bárbara de Alijilán, 30 de enero de 1782, se casó a Dn. **José de Sosa**, natural de la Isla Santa Catalina de la América de Portugal, con Da. **Pascuala Albarracín**, h.l. del Cap. Dn. Santiago Albarracín y de Da. Francisca Barrientos, feligreses de este curato. Ps: Dn. José Antonio Rivera, Dn. María del Carmen Conchas.

Jiménez, José Lorenzo con Alamón, Francisca Solana del Carmen
F. 58: En esta vice-Parroquia de Santa Bárbara de Alijilán, 4 de febrero de 1782, se casó a **José Lorenzo Jiménez**, h.l. de Antonio Jiménez y de María Josefa Alvares, con **Francisca Solana del Carmen Alamon**, h.l. Dn. Pedro Pablo Alamon y Josefa Atanasia Burgos, todos feligreses de este curato. Ps: El Capitán Dn. Gregorio Ibáñez y Da. Bernarda Reyes.

Pacheco, Agustín con Ávila, Ana de
F. 58v: En esta Iglesia Parroquial de la Concepción de El Alto, en x de mayo de 1782, se casó a **Agustín Pacheco**, viudo, con **Ana de Ávila**, viuda, todos feligreses de este curato. Ps: José Matamoros y Josefa Córdoba.

Jeréz López, Domingo con Melián, Da. Isabel
F. 58v: En esta vice parroquia del pueblo de La Quebrada, 20 de junio de 1782, se casó a **Domingo Jeréz López**, viudo en Santiago del Estero, con Da. **Isabel Melián**, viuda, feligresa de este curato. Ps: Dn. Pedro José de la Tijera y Olaya Bravo.

Sueldo, José Domingo con Quiroga, María Rosalía
F. 58v: En esta Iglesia Parroquial de la Concepción de El Alto, 17 de julio de 1782, se casó a **José Domingo Sueldo**, h.l. de Santiago Sueldo y de María Josefa Quintana, naturales de Santiago del Estero, con **María Rosalía Quiroga**, h.l. Pedro Pablo Quiroga y María Candelaria Araos, feligreses de este curato. Ps: Antonio Agüero y María Mercedes Agüero.

Avellaneda, José Silverio de con Lazo, Juana Elena
F. 58v: En esta Iglesia Parroquial de la Concepción de El Alto, 29 de diciembre de 1782, se casó **José Silverio de Avellaneda**, h.l. de Vicente Avellaneda y de Catalina Ruiz, con **Juana Elena Lazo**, h.l. de Pedro Lazo y Micaela Ibáñez, todos feligreses de este curato. Ps: Juan José Arévalo y Da. Josefa García.

Saavedra, Pedro José con Albarracín, María Luisa Albarracín
F. 59: En esta Iglesia Parroquial de la Concepción de El Alto, 9 de febrero de 1783, se casó a **Pedro José Saavedra**, h.l. del Maestre de Dn. Pedro Saavedra y Da. Ana Flores, con **María Luisa Albarracín**, h.l. Tomas Albarracín y Luisa Ruiz, todos feligreses de este curato. Ps: Juan Luis Castro y María Teodora Medina.

Medina, Juan Bernabé con Ávila, María Narcisa
F. 59: En esta vice-Parroquia de la Candelaria de Vilismano, 24 de febrero de 1783, se casó a **Juan Bernabé Medina**, viudo, con **María Narcisa Ávila**, h.l. Francisco Ávila y María Josefa de Rivera, todos feligreses de esta doctrina. Ps: Pedro José Díaz y Da. María Medina.

Durán, Pedro con Rodríguez, María Margarita
F59: En esta Iglesia Parroquial de la Concepción de El Alto, 7 de junio de 1783, se casó a **Pedro Durán**, viudo, con **María Margarita Rodríguez**, h.l. José Rodríguez y Luisa Vildósola, feligreses en Ancasti. Ps: Mateo Ibáñez y Antonia Cabral.

Castellanos, Juan Doroteo con Ledesma, María
F. 59: En esta Iglesia Parroquial de la Concepción de El Alto, 3 de julio de 1783, se casó a **Juan Doroteo Castellanos**, h.l. de Isidro Castellanos y de María Mercedes Osores, viudo, con **María Ledesma**, h.l. de Agustín Ledesma y de Petrona Landriel, todos feligreses de este curato. Ps: José Norberto Mansilla y María Josefa de Herrera.

Domínguez, Dn. Juan Dionisio con Zurita, María
F. 59v: En esta Iglesia Parroquial de la Concepción de El Alto, 4 de agosto de 1783, se casó a Dn. **Juan Dionisio Domínguez**, h.l. Dn. Francisco Domínguez y Da. Prudencia Paz, con **María Zurit**a, viuda de José Mateo Ibáñez. Ps: Dn. Pedro Alejo Pacheco y Da. Micaela Cancino.

F. 59v: En la capilla de Alijilán, 28 de agosto de 1783.
Nota del Obispo

Burgos, Dn. José Lorenzo con Valdéz, María Paula
F. 60: En esta Iglesia Parroquial de la Concepción de El Alto, 5 de noviembre de 1783. Luego de dispensar impedimento de 4to grado y 1ro de afinidad, se casó a Dn. **José Lorenzo Burgos**, feligrés de este curato, h.l. de Dn. Jacinto Burgos y Da. María Sánchez, con Da. **María Paula Valdéz**, h.l. de Dn. Miguel Valdéz y de Da. María Pedernera. Ps: el Capitán Dn. José Antonio Gómez y Da. Marcela Valdéz.

Pérez, Juan José con Concha María Bartolina
F. 60. En la parroquia de El Alto, el 5 de noviembre de 1783, se casó a **Juan José Pérez**, viudo de Bartolina Domínguez con **María Bartolina Concha**, de este curato, h.l. de José Concha y de Lorenza Romano. Ps.: Dn. Jacinto Contreras y Da. María Paula Rodríguez.

Segunda Parte – "de indios y mulatos"

Rodríguez, Antonio con Teresa
f.45: En El Alto, el 8 de enero de 1742, se casó y veló a **Antonio Rodríguez**, natural de la ciudad del Salta, con **Teresa**, esclava de Dn. Antonio Argañaráz mulata, de este curato. Ts: Dn. Nicolás Valdéz y Dn. Andrés de Lema.

Ibáñez, José con Flores, Juana.
F45: En El Alto, el 11 de febrero de 1752, se casó a **José Ibáñez**, mulato del servicio de Dn. Domingo Ibáñez con su esposa **Juana Flores**, parroquianos de este curato.

Ovejero, Nicolás con Zelaya, Luisa
F45: En El Alto, el 14 de febrero 1752, se casó a **Nicolás Ovejero**, mulato libro, con **Luisa Zelaya**.

Cayetano con Ana Josefa
F45v: En Alijilán, el 15 de febrero de 1752, se casó y veló a **Cayetano**, negro guinea y esclava de Dn. Bartolomé de los Reyes, con **Ana Josefa ¿?**, esclava guinea de dicho Reyes. Ts: José Ibáñez y Dn. Bartolomé Reyes.

Soraire, José con Aráoz, María Lorenza
F45v: En El Alto, el 11 de febrero de 1752, se casó a Dn. **José Soraire**, curaca del pueblo de Alijilán, h.l. de Dn. Martín Soraire y Da. Tomasina Díaz, naturales de dicho pueblo, y a Da. **María Lorenza Aráoz**, h.l. de Miguel Aráoz y de Da. Melchora ¿Lutt? Y Córdoba, ya difuntos y naturales de los Quebrachos. Ts: Dn. Martín Márquez y Dn. ¿José? Márquez, y Dn. Bernabé Espeche. Ps: Dn. Manuel Valdéz y Da. María Nieves Bulacia.

Salguero, Lorenzo con Paz, Margarita
F46: En El Alto, el 17 de junio 1752, se casó a **Lorenzo Salguero**, indio natural del Tucumán, h.l. de Miguel Salguero y María Paz, y a **Margarita Sandi**, india ¿guiamba?, h.l. de Domingo Sandi y Petrona Paz. Ts: Dn. Antonio Argañaráz, Francisco Solana Brito y Pedro Ucedo. Ps: Dn. Nicolás Valdéz y Da. Micaela.

Sandi, Juan con Rodríguez, María.
F46: En El Alto, el 11 de febrero de 1753, se casó **Juan Sandi**, h.l. de Domingo Sandi, ya difunto y de Petrona Paz, de esta doctrina, y a **María Rodríguez**, india, h.l. Baltazar Rodríguez y María ¿? Ts: Francisco Solano Brito, Lázaro Salguero y Dn. Nicolás Valdéz. Ps: Dn. Carlos ¿? Y Da. Petronila.

Figueroa, Santiago con Ferreira, Isabel
F46: En San Ignacio, estancia de los padres jesuitas, jurisdicción de Santiago, en 5 de mayo de 1753, se casó a **Juan Santiago Figueroa**, hn de Petrona, india de Sauce Mayo, ya difunta y a **Isabel Ferreira**, india, h.l. José Ferreira y Lorenza Moreno, naturales de este beneficio. Ts: José Ibáñez y Lorenza Peralta.

Sola, Lucas con Lavaite, Catalina
F46v: En El Alto, el 30 de noviembre de 1753, se casó a **Lucas ¿Sola?**, h.l. de ¿Pareval Sola y Antonia Zubelza, indios de Alijilán, y a **Catalina ¿Lavaite?**, h.l. de Antonio Lavaite y Magdalena ¿? Ps: Antonio Vizcarra e Isabel Rodríguez. Ts: Francisco Solano Brito y Lorenzo Argañaráz y Gabriel Ortiz.

Castellanos, Isidro con Osores, María Mercedes
F46v: En El Alto, el 15 de diciembre de 1753, se casó a **Isidro Castellanos**, indio, viudo de María Mercedes Falcón, en Collagasta, y **María Mercedes Osores**, h.n de Bartolina Osores, de Collagasta. Ts: Dn. Manuel Valdéz, y Francisco Solana Brito. Ps: Gabriel Ortiz e Isabel Rodríguez.

Lobo, Pascual con Armas, Juana
F47: En El Alto, el 24 de febrero de 1754, se casó a **Pascual Lobo**, viudo de Francisca Rodríguez, natural de Ovanta, y a **Juana Armas**, natural de Ovanta, h.l. de Juan Armas y Francisca Figueroa, ya difuntos. Ts: Dn. Andrés de Lema y Dn. José Patrón y Dn. José Páez. Ps: Miguel Melián y Juana Paz.

Suárez, Agustín con Figueroa, María Francisca
F47: En El Alto, 16 de julio de 1754, se casó **Agustín Suárez**, indio natural de Sinti, h.l. Juan José Suárez y Pascuala Mercado, y a **María Francisca Figueroa**, natural de ¿Anabala? Huérfana. Ts: Dn. Andrés de Lema y Dn. Ignacio Cabral y Dn. Juan Silverio Cabral. Ps: Dn. Gregorio Valdéz y Dn. Antonio Cabral.

Arce, Lázaro con Sandi, María
F47: En El Alto, el 20 de agosto de 1754, se casó a **Lázaro Arce**, natural de Santiago del Estero, h.l. Pascual y a Catalina Coronel y a **María Sandi**, natural de este beneficio, h.l. de Domingo Sandi Petrona Paz. Ts: Antonio Argañaráz y Lázaro Salguero. Ps: Dn. Nicolás Valdéz y Da. Micaela Adauto.

Gómez, Francisco Solano con Agüero, Francisca
F47v: En El Alto, el 22 de agosto de 1754, se casó a Dn. **Francisco Solano Gómez**, natural de este curato, viudo de Da. Francisca Bulacia, y a Da. **Francisca Agüero**, natural de este beneficio, h.l. Dn. Sebastián Agüero y Juana de Sosa, ya difunta. Ts: Dn. Juan Nieto, Dn. José Alvarado y Dn. Jacinto Rodríguez. Ps: José Rizo Patrón y Catalina Bulacia.

Gómez, Gerónimo con Agüero, María Bernarda
F47v: En El Alto, el 22 de agosto de 1754, se casó a Dn. **Gerónimo Gómez**, natural de este beneficio, h.l. de Dn. Francisco Solano Gómez y Da. Francisca Bulacia, ya difunta, y a Da. **María Bernarda Agüero**, natural de este beneficio, h.l. de Dn. Sebastián Agüero y Juana de Sosa. Ts: Dn. Juan Nieto, Dn. José Alvarado y Dn. Jacinto Rodríguez. Ps: Dn. José Márquez y Da. Francisca Bulacia.

Lugones, Juan con Velázquez, Dionisia
F48: En El Alto, el 30 de agosto de 1754, se casó a **Juan Lugones**, natural de Silpi, h.l. de Cristóbal y de Leonor, indios, y a **Dionisia Velázquez**, hija de José Velázquez y Andrea Díaz, indios, de Salta residentes en este Curato. Ts: Dn. Juan y José Alvarado. Ps: Juan Gardel y Paula.

Acevedo, María Francisca (Bautismo)
F48: En El Alto, el 1 de febrero de 1755, se bautizó a **María Francisca Acevedo**, h.l. de Miguel Acevedo y de Ignacia Herrera de este curato. Ps: Dn. Pedro Gardel y Da.. Luisa Márquez.

Cayetano con María Ignacia
F48v: En El Alto, el 7 de enero de 1755, se casó a **Cayetano**, negro esclavo, y a **María Ignacia**, negra. Ts: Dn. Juan Concha, Dn. José Rizo Patrón y Dn. José Alvarado. Ps: Juan G. y Catalina Bulacia.

Corte, José con Lindón, María Mercedes
F48v: En El Alto, el 6 de enero de 1755, se casó a **José Corte**, pardo libre, marido que fue de María Quiroga, y a **María Mercedes Lindón**, h.l. de Lisandro y María Santos, indios. Ts: Dn. José Rizo Patrón, Dn. Andrés de Lema y Dn. José Páez. Ps: Dn. Nicolás Valdéz y Da. Micaela Adauto

Carlos con Fernández, Josefa
F48v: En El Alto, el 3 de febrero de 1755, se casó a **Carlos**, pardo esclavo, de Da. Ana Zavala, y a **Josefa Fernández**, mestiza, mujer que fue de José Cardoso. Ts: Dn. Antonio Argañaráz y Dn. José Rizo Patrón. Ps: Dn. José Albarracín y Da. María Aguilar.

Hoyos, Juan José con Chancai, Francisca
F49: En El Alto, el 22 de mayo de 1755, se casó a **Juan José Hoyos**, natural de Salta, h.l. Nicolás y de Gregoria Álvarez, y a **Francisca Chancai**, viuda de Asencio Coronel. Ts: Bernardo Guerreros y Juan de la Cruz Guerreros. Ps: Miguel Melián y María Márquez.

Gutiérrez, Antonio con Arce, María Candelaria
F49: En El Alto, el 28 de febrero de 1756, se casó a **Antonio Gutiérrez**, indio del Salado, pueblo de Tintigasta, viudo de Francisca Meneses, y a **María Candelaria Arce**, h.l. de Jacinto y Melchora Medina, naturales de Alijilán. Ts: ¿? Ps: Luis Arias y Simona Albarracín.

Velázquez, Andrés con Luna, María Mercedes
F49v: En El Alto, 16 de marzo de 1756, se casó a **Andrés Velázquez**, indio, natural de Salta, h.n. de Ana Polonia Velázquez, y a **María Mercedes Luna**, india, h.n. de María, india ya difunta. Ts: Mariano Armas, Miguel Lobo y José Gardel. Ps: Tomás Rodríguez y María Concha.

Lazo, Tomás con Ledesma, Micaela
F49v: En El Alto, el 26 de abril de 1756, se casó a **Tomás Lazo**, h.l. de Francisco Solano Lazo y Rosa Farías, naturales de Arcupa, y a **Micaela Ledesma**, h.l. de Pedro Ledesma y Micaela Gómez, naturales de Yacopuncu. Ts: Dn. Antonio Ignacio Bulacia, Mariano Armas y Nicolás Ibáñez. Ps: Bernardo Cuello y Agustina Pacheco.

Soraire, Juan Antonio con Figueroa, Bárbara
F49v: En El Alto, el 29 de abril de 1756, se casó a **Juan Antonio Soraire** y a **Bárbara Figueroa**, h.l. de Álvaro Figueroa y Gerónima Luna. Ps: Dn. Manuel Valdéz y Da. Catalina Bulacia.

Abad, Julián con Romano, María
F50: En El Alto, el 21 de octubre de 1756, se casó a **Julián Abad**, residente en este curato, h.l. de Francisco Abad y Ana Andrada, naturales de Ancasti, ya difuntos, y a **María Romano**, de este curato, nacida en Vilismano, h.l. de Miguel Romano, ya difunto y de Juana Garay, residente en la Sierra de Abajo. Dn. Manuel Valdéz, Dn. Juan Vera. Ps: Dn. Bernardo Leiva y Da. Francisca Vera.

Juan con Juárez, María
F50: En El Alto, el 22 de octubre de 1756, se casó a **Juan**, indio mocoví, del servicio de Dn. Nicolás Valdéz, y **María Juárez**, h.l. de Agustín, de este curato. Ts. Dn. Juan Galán, Dn. Bernardo Cuello y Dn. Juan Vera. Ps: Dn. Manuel Valdéz y Da. María Valdéz.

Velárdez, Juan con Ibáñez, María
F50v: En Santa Bárbara, el 9 de noviembre de 1759, se casó a **Juan Velardes**, viudo de Simona Robledo, natural de la Calera y a **María Ibáñez**, indios del feudo de Dn. Gregorio Ibáñez. Ts: José Antonio Abarca y José Soraire. Ps: Bartolomé Juárez y María Monserrat Garrón

Juárez, Miguel con Ana María
F50v: En El Alto, el 20 de agosto de 1757, se casó a **Miguel Juárez**, indio de Tucumán, del feudo de Jacinto Santillán, viudo de Ana María Cajal, y a **Ana María**, parda libre, h.l. José Ibáñez y Andrea Lobo. Ts: Antonio Argañaráz y Juan Castro. Ps: Nicolás Artaza y Lucía Albarracín

Mejía, Eugenio con Lindón, Luisa
F51: En El Alto, el 3 de abril de 1758, se casó a **Eugenio Mejía**, natural de La Rioja, h.l. de Alejo Vizcarra, difunto y Teresa Mejía, y a **Luisa Lindón**, h.l. de Martín Lindón, difunto y Bartolina López, indios del Simbollar. Ts: Dn. José Rizo Patrón, José Lobo y Francisco Luna. Ps: Dn. Antonio Argañaráz y Gregoria Soria.

Quipildor, Pedro Fernando con Gramajo, Ana
F51: En Ovanta, el 12 de mayo 1758, se casó a **Pedro Fernando Quipildor**, del pueblo de Ocloyas de Jujuy, y a **Ana Gramajo**, viuda de Juan Ignacio. Ts: Eugenio Luna, Pedro Mercado y Mateo Paz. Ps: Juan y Josefa Soraire.

Soraire, José con Juárez, Martina
F51: En Santa Bárbara, el 17 de diciembre de 1758, se casó a Dn. **José Soraire**, viudo de María Aráoz, y a **Martina Juárez**, h.l. de Antonia Juárez y Ana Ferreira, ya difunta de este curato. Ts: Dn. Bernardo Guerreros y José Díaz, y Juan Moreno. Ps: Juan de la Cruz Guerreros y María Reyes.

Nicolás con Ibarra, Melchora
F51v: En El Alto, el 30 de diciembre de 1758, se casó a **Nicolás**, pardo esclavo de Dn. José Quiroga, con **Melchora Ibarra**, de este curato. Ts: Dn. Juan Pablo Vera, Dn. Tomás de Andrada y Dn. Roque Antonio Hidalgo. Ps: Dn. José Ovejero y Da. María Antonia ¿Ovejero?

Bulacia, Domingo con Falcón, Ana María
F51v: En El Alto, el 26 de enero 1758, se casó a **Domingo ¿Bulacia?**, indio mocoví, viudo de Luisa Rodríguez y a **Ana María Falcón**, h.n. de Rosa Falcón. Ts: José Rizo Patrón y Juan Aguirre. Ps: Dn. Juan Gregorio Rizo Patrón y Francisco Juárez.

Corte, Pedro con Soria, Micaela
F52: En El Alto, el 29 de marzo de 1759, se casó a **Pedro Corte**, vecino de Alijilán, viudo de Bartolina Aguirre, y a **Micaela Soria**, natural del Tucumán, h.l. de Agustín Soria y María Antonia Vázquez. Ts: Pedro Figueroa y Miguel Gerónimo Figueroa.

Zurita, Julián con María Genuaria?
F52: En El Alto, el 29 de marzo de 1759, se casó a **Julián Zurita**, natural de Tinogasta, h.n. de María Cruz Zurita, y a **María ¿Genuaria?**, h.l. de José y María Ruiz. Ts: Juan Moreno y Pedro Figueroa. Ps: Pascual y Pascuala Lindón

Albarracín, Santiago con Ana María
F52: En El Alto, 30 de marzo de 1759, se casó a **Santiago Albarracín**, h.l. de Juan y de Antonia Lazo, ya difunta, y a **Ana María**, esclava, de Dn. Bernardo Leiva. Ts: Juan Asencio Mercado y Dn. Juan Nicolás Bulacia. Ps: Dn. José Rizo Patrón y Da. Catalina Bulacia.

Paranisimo?, Prudencio con Jeréz, María
F52v: En El Alto, el 31 de marzo de 1759, se casó a **Prudencio ¿Paranisimo?**, h.l. de José y de Antonia Ibarra, y a **María Jeréz**, natural de Alijilán, h.l. de Francisco y Josefa Espinosa. Ts: Dn. Juan Nicolás Valdéz y Dn. Nicolás Valdéz. Ps: Dn. José Rizo Patrón y Da. Catalina Bulacia.

Yarquina, Simón con Lobo, María Ignacia
F52v: En El Alto, el 7 de mayo de 1759, se casó a **Simón Yarquina**, de Paclín, h.l. de Dn. Ignacio Yarquina, difunto y Micaela Rodríguez, y a **María Ignacia Lobo**, natural de Ovanta, h.l. de Pascual y Francisca Bajastiné, difunta. Ts: Pascual Peralta y Tomás Peralta. Ps: Dn. Nicolás Valdéz y María Rosa Rojas.

Tucunas, Ignacio con Lindón, María Rosa
F53: En El Alto, 16 de junio de 1759, se casó a **Ignacio ¿Tucunas?**, natural de Humahuaca, h.l. de Dn. Antonio Tucunas, curaca que fue de dicho pueblo y Da. Juana Chuquina, y a **María Rosa Lindón**, h.l. de Martín Lindón y de Bartolina López, indios de Sino gasta. Ts: Dn. Andrés de Lema y Cristino Soria. Ps: Ramón Mansilla y Micaela Pinto.

Marcelo con Isabel
F53: En El Alto, el 11 de agosto de 1759, se casó a **Marcelo**, pardo esclavo de Dn. Juan del Campo, vecino de este curato y a **Isabel**, indio del servicio de Da. Ignacia, vecina del Tucumán. Ts: Dn. José Rizo Patrón y Dn. Fernando de la Vega. Ps: Dn. José Quiroga y Da. Isabel Lastra.

Bohorquez?, Lorenzo con Soraire, Francisca
F53: En El Alto, 20 de agosto de 1759, se casó a **Lorenzo ¿Bohorquez?** H.l. de Cristóbal y ¿? Arias, y a **Francisca Soraire**, h.l. ¿Martín? Soraire y Tomasina Díaz. Ts: Dn. José Márquez y Juan Aguirre. Ps: Dn. Blas Nieva y Da. María Villalba.

Díaz, Mariano con Rodríguez, Petrona
F53v: En El Alto, el 11 de marzo de 1760, se casó a **Mariano Díaz**, viudo de Juana Teresa Quiroga, y a **Petrona Rodríguez**, h.n. de María Acuña. Ts: Dn. Andrés de Lema, Dn. Gregorio Lobo. Ps: Dn. Nicolás Valdéz y Da. Micaela Adauto.

Lobo, Juan Santos con Murguía, Inés
F53v: En El Alto, el 11 de marzo de 1760, se casó a **Juan Santos Lobo**, natural de Piedra Blanca, h.l. de Melchor y Josefa Rodríguez, y a **Inés Murguía**, natural del Simbollar, h.l. de José y Juana Quiroga. Ts: Dn. José Rizo Patrón y Francisco Ortiz. Ps: Dn. Juan Nicolás Valdéz y Gregoria ¿?

Lindón, José Santos con Agüero, Petrona
F53v: En El Alto, el 11 de marzo de 1760, se casó a **José Santos Lindón**, natural del Simbollar, h.l. de Francisco y de María Santos Murguía, y a **Petrona Agüero**, natural de la Calera, h.l. de ¿? Agüero y Juana Cordero. Ts: Dn. José Páez y José Rizo Patrón. Ps: Dn. Juan Cabral y María Pabla Rizo Patrón

Toledo, Nicolás con Uñate, Ignacia
F54: En El Alto, el 15 de abril de 1760, se casó a **Nicolás Toledo**, natural de ¿?, h.l. de Felipe y Bernarda López, difuntos, y a **Ignacia Uñate**, natural de la Higuerita, h.l. de Julián y de Rosa Chancai. Ts: Ramón Mansilla y Juan Aguirre. Ps: Dn. Justo Bulacia y Da. Micaela Adauto.

Herrera, Diego con Chancai, Sebastiana
F54: En El Alto, el 16 de abril de 1760, se casó a **Diego Herrera**, natural de ¿human.? h.l. de Juan y Francisca, indios de dicho pueblo, y a **Sebastiana Chancai**, viuda de Cristóbal Garcete. Ts: Ventura Sanguesa y Juan Cisternas. Pd: Dn. Juan Nicolás Valdéz y Da. Micaela Adauto.

Cordero, Gregorio con Ledesma, Manuela
F54v: En El Alto, el 1 de marzo de 1761, se casó y veló a **Gregorio Cordero**, pardo libre, con **Manuela Ledesma**. Ps: Dn. Juan Mateo Leiva y Da. Juana de la Vega.

Ibáñez, Pedro Nolasco con Garcheri, María
F54v: En El Alto, el 30 de marzo de 1761, se casó y veló a **Pedro Nolasco Ibáñez**, pardo esclavo, con **María Garcheri**, india del feudo del Maestro de Campo Dn. Pedro Navarro.

Villarroel, José Alejandro con Guzmán, Ana María
F54v: En El Alto, el 4 de mayo de 1761, se casó y veló a **José Alejandro Villarroel**, con **Ana María Guzmán**. Ps: Dn. Juan de las Conchas y su esposa Da. Francisca Cabral.

Yala, Miguel Gerónimo con Álvarez Leonarda
F54v: En El Alto, el 5 de mayo de 1761, se casó y veló a **Miguel Gerónimo Yala**, indio con **Leonarda Álvarez**. Ps: Cap. Dn. Nicolás Valdéz con Da. Micaela Grande.

José con Leiva, Lorenza
F54v: En El Alto, el 12 de mayo de 1761, se casó y veló a **José**, pardo esclavo, de Dn. Ignacio Cabral, con **Lorenza Leiva**, h.n. Ignacia Leiva. Ps: Antonio Alfaro y María Juana Bravo.

Peralta, Tomás con Ramírez, María Magdalena
F54v: En El Alto, el 14 de julio de 1761, se casó y veló a **Tomás Peralta**, h.l. de Juan Peralta y de Rosa Rosales, con **María Magdalena Ramírez**, h.l. de José Ramírez y de María Rodríguez. Ps: Dn. Juan de las Conchas y Da. Francisca Cabral.

Quiroga, Andrés con Cárdenas, María Petrona
F54v: En El Alto, el 3 de agosto de 1761, se casó y veló a **Andrés Quiroga**, h.l. de Pedro Quiroga y de Leonor Lobo, con **María Petrona Cárdenas**, h.l. de José Cárdenas y Pascuala Luna. Ps: Dn. Gregorio Lobo y Da. Cecilia Marga.

Yala, Miguel Gerónimo con Albarracín, Leonarda
F55: En El Alto, el 19 de agosto de 1761, se casó y veló a **Miguel Gerónimo Yala**, con **Leonarda Albarracín**, natural de Paclín y residente en este curato. Ps: Dn. Nicolás Valdéz y Da. Micaela Grande.

Villarroel, Lorenzo con Bravo, Francisca
F55: En El Alto, el 25 de octubre de 1761, se casó y veló a **Lorenzo Villarroel**, viudo, natural de Córdoba, con **Francisca Bravo**, h.l. Lorenzo Bravo y de ¿Asunción? Ps: Dn. Pedro Mercado y Gerónima Escasuso.

Villagrán, Felipe con Ortiz, Josefa
F55: En El Alto, el 4 de febrero de 1762, se casó y veló a **Felipe Villagrán**, con **Josefa Ortiz**. Ps: Gregorio Ibáñez y Petrona Reinoso.

Olea, Roque con Quiroga, María Bonifacia
F55: En El Alto, el 25 de febrero de 1762, se casó y veló a **Roque Olea**, vecino de Tucumán, con **María Bonifacia Quiroga**. Ps: Francisco Soria y Margarita Soria.

Alcaráz, Juan con Saavedra, María Petrona
F55: En El Alto, el 4 de mayo de 1762, se casó y veló a **Juan Alcaráz**, h.l. de Ignacio Alcaráz y de María Villalba, con **María Petrona Saavedra**, h.n. de Pedro Saavedra. Ps: Dn. Nicolás Valdéz y Da. Micaela.

Varela, José con Lobo, María Petrona
F55: En El Alto, el 25 de agosto de 1762, se casó y veló a **José Varela**, con **María Petrona Lobo**, h.l. de Felipe Lobo y de Marina Rosales. Ps: Dn. Pedro Mercado y Gerónima.

Aguilera, José con Ortiz, Juliana
F55v: En El Alto, el 8 de octubre de 1762, se casó y veló a **José Aguilera**, natural de la Punta de San Luis, provincia de Chile, h.l. Raimundo Aguilera y de Margarita Gómez, con **Juliana Ortiz**, h.l. Mateo Ortiz y de Leonor Guzmán. Ps: Dn. José Albarracín y Da. María Albarracín.

Luna, Pascual con Morienega, Rafaela
F55v: En El Alto, el 12 de octubre de 1762, se casó y veló a **Pascual Luna**, h.l. de Pascual Luna y de Simona Orellana, con **Rafaela Morienega**, h.l. de Juan Morienega y de María Armas. Ps: José Ibáñez y Josefa Ortiz.

Pinto, Esteban con Díaz, María Paula
F55v: En El Alto, el 25 de octubre de 1762, se casó y veló a **Esteban Pinto**, h.l. de Pedro Pinto y de Juana Flores, con **María Paula Díaz**, h.l. de Marcos Díaz y de Sebastiana, feligreses de Santiago. Ps: Dn. Nicolás Valdéz y Da. Micaela Grande

Candía, Pedro Pascual con López, María del Carmen
F55v: En El Alto, el 10 de febrero de 1763, se casó y veló a **Pedro Pascual Candía**, h.l. José Candía y de Petrona Pérez, con **María del Carmen López**, h.l. de Sebastián López y de Gregoria Albarracín. Ps: José Mariano Candía y María Juana Bravo.

Aráoz, Ramón con Morienega, Elena
F56: En El Alto, el 14 de febrero de 1763, se casó y veló a **Ramón Aráoz**, h.l. de Diego Aráoz y de Carolina Melián, con **Elena Morienega**, h.l. de Juan Morienega y de María Armas. Ps: Juan de las Conchas y Francisca Cabral.

Sánchez, Dn. Juan Laurencio con Bulacia Da. **Juana**
F56: En El Alto, el 7 de setiembre de 1763, se casó y veló a **Juan Laurencio Sánchez**, h.l. de Dn. Miguel Sánchez y de Da. Josefa Navarro, con Da. **Juana Bulacia**, h.l. Francisco Solano Bulacia y de Da. Juana Burgos. Ps: Dn. Pedro Navarro y Da. Luisa Márquez.

Barrientos, Nicolás con Nieva, María Prudencia
F56: En El Alto, el 17 de octubre de 1763, se casó y veló a **Nicolás Barrientos**, h.l. de Nicolás Barrientos, y de María Vera, con **María Prudencia Nieva**, h.l. de Blas Nieva y de Ignacia Reinoso. Ps: Juan de los Reyes y Da. Carolina Maldonado.

Burgos, José Mariano con Acosta, Juana Rosa
F56: En El Alto, el 17 de octubre de 1763, se casó y veló a **José Mariano Burgos**, con **Juana Rosa Acosta**, h.l. Marcos Acosta y Bartolina Palomeque. Ps: Dn. Nicolás Valdéz y Da. Micaela Grande.

Barros, Dn. Celedonio con Cáceres, Tomasina
F56: En El Alto, el 5 de febrero de 1764, se casó y veló a Dn. **Celedonio Barros**, viudo de Da. Luis de la Vega, vecino de Catamarca, con **Tomasina Cáceres**, h.l. de José Cáceres y Manuela Pacheco. Ps: Dn. José ¿? Y Da. Ana Sánchez.

Bulacia, Dn. Juan Eugenio con Leiva, María
F56v: En el Vilismano, el 30 de mayo de 1764, se casó y veló a Dn. **Juan Eugenio Bulacia**, h.l. de Dn. Nicolás Bulacia y María Burgos, y a Da. **María Leiva**, h.l. de Bernardo Leiva y Francisca de Vera. Ts: Pedro Navarro, Juan de Veta y el Maestro Dn. Juan Santos Porcelo. Ps: Dn. Francisco Javier de Leiva y Da. Feliciana Cordero.

Figuera?, Dn. Pedro José de la, con Páez, Da. Juana Páez
F56v: En El Alto, 28 de julio de 1764, se casó y veló a Dn. **Pedro José de la ¿Figuera?**, h.l. de Dn. Francisco José de la Tijera y de Pascuala Santillán, vecinos de Santiago, con Da. **Juana Páez**, h.l. de Dn. José Páez y de Rosa Bulacia. Ps: Dn. Nicolás Valdéz y Da. Micaela Grande.

Valdéz, Dn. Juan Gregorio con Gómez, Da. **María Isabel**
F56v: En El Alto, 9 de octubre de 1764, se casó y veló a Dn. **Juan Gregorio Valdéz**, h.l. de Gregorio Valdéz y de Bartolina Quiroga, difuntos, con Da. **María Isabel Gómez**, h.l. de Dn. Juan Gómez, difunto y Da. María Bulacia. Ps: Dn. Juan Leandro Valdéz y Da. Leocadia Espeche.

Gómez, Dn. José Antonio con Valdéz, Da. **María Marcela**
F57: En El Alto, 14 de mayo de 1761, se casó y veló Dn. **José Antonio Gómez**, h.l. de Dn. Juan Gómez, difunto y de María Bulacia, con Da. **María Marcela Valdéz**, h.l. de Gregorio Valdéz y de Bartolina Quiroga, difuntos. Ps: Dn. José Rizo Patrón y Da. Catalina Bulacia.

Páez, Dn. Juan Dionisio con Vera, Da. María Petrona de
F57: En Vilismano, 20 de julio de 1760, se casó y veló a Dn. **Juan Dionisio Páez**, h.l. José Páez y Da. Rosa Bulacia, con Da. **María Petrona de Vera**, h.l. de Dn. Juan José de Vera y Da. Petrona Páez. Ps: Dn. Ramón Antonio Frías y Da. Rosa de Rivas.

Candía, José Mariano con Soraire, Josefa
F57: En Alijilán, en julio de 1760, se casó y veló **José Mariano Candía**, h.l. de José Candía y de Josefa Petrona Pérez, con **Josefa Soraire**, viuda. Ps: Gonzalo Leguizamón y Josefa ¿Arias?

Figueroa, José Mariano con Nieva, María Josefa
F57: En El Alto, el 4 de octubre de 1764, se casó y veló a **José Mariano Figueroa**, h.l. de Antonio Figueroa y de Juana Díaz, con **María Josefa Nieva**, h.l. de Blas Nieva y de Ignacia Reinoso. Ps: Gregorio Ibáñez y Petrona Reinoso.

Soraire, Ignacio con Vizcarra, Prudencia
F57v: En Alijilán, el 7 de enero de 1765, se casó y veló, **Ignacio Soraire**, h.l. de Juan José Soraire y de Lorenza

Díaz, con **Prudencia Vizcarra**, h.n de Antonia Acosta. Ps: Dn. Pedro Mercado y Gerónima Escasuso

Jurado, Antonio con Alcaráz, Lorenza
F57v: En El Alto, el 20 de enero de 1765, se casó y veló a **Antonio Jurado**, h.l. de José Jurado y de Feliciana Basurdo, vecinos de Salta, con **Lorenza Alcaráz**, h.l. Ventura Alcaráz y Petrona Villalba. Ps: Dn. Juan Nicolás Bulacia y Da. Juana Cabral.

Zambrano, Gabriel con Reyes, Manuela
F57v: En El Alto, el 12 de febrero de 1765, se casó y veló a **Gabriel Zambrano**, natural de las Provincias del Perú, h.l. de Tomás Zambrano y de Luisa ¿Vergara?, con **Manuela Reyes**. Ps: Ventura Sangueza y Gregoria Albarracín.

Gutiérrez, Antonio con Bravo, Juana
F57v: En El Alto, el 6 de julio de 1765, se casó y veló **Antonio Gutiérrez**, viudo, con **Juana Bravo**, viuda, natural de Gastona. Ps: Cayetano Reyes y Ana Reyes.

Barrientos, Pedro con Rivadeneira, María Josefa
F57v: En Alijilán, el 27 de julio de 1765, se casó y veló **Pedro Barrientos**, h.n. de Ana Barrientos, con **María Josefa Rivadeneira**, viuda de Francisco Vidal. Ps: Dn. Saravia y Dn. Albarracín y Da. Francisca Barrientos.

Cortés, Juan José con Cardoso, Ana María
F58: En El Alto, el 14 de febrero de 1766, se casó y veló a **Juan José Cortés**, natural de Córdoba, h.l. Lázaro Cortés y Micaela Rodríguez, con **Ana María Cardoso**, h.l. José Cardoso y de Josefa Fernández. Ps: Dn. Juan de las Conchas y Da. Francisca Cabral.

Medina, Dn. Felipe de con Medina, Da. Mercedes
F58: En Vilismano, el 14 de febrero de 1766, se casó y veló a Dn. **Felipe de Medina**, viudo de Da. Dominga Bulacia, con Da. **Mercedes Medina**, h.l. de Dn. Juan José de Medina y de Da. Josefa Centeno. Ps: Dn. Bernardo de Leiva y Da. Francisca de Vera.

Díaz, José con Pérez, María de los Dolores
F58: En Alijilán, el 1 de mayo de 1766, se casó y veló a **José Díaz**, viudo de Pascuala Ibáñez, con **María de los Dolores Pérez**, h.n. de María Pérez. Ps: Dn. Miguel de Urrejola y Da. Juana Cabral.

Zurita, José con Pacheco, Andrea
F58: En El Alto, el 11 de mayo de 1766, se casó y veló a **José Zurita**, h.n. de María Zurita, con **Andrea Pacheco**, h.l. de Manuel Pacheco y de Simona Pérez. Ps: Mateo Quiroga y Petrona Gascón.

Ogas, Francisco Javier con Guerreros, María Dionisia
F58: En Alijilán, el 25 de julio de 1766, se casó y veló **Francisco Javier Ogas**, viudo, natural de Catamarca, con **María Dionisia Guerreros**, h.l. de Agustín Guerreros y de Francisca. Ps: Dn. José Antonio Rivera y Da. María Figueroa.

Francisco Jaimes con María Casilda Guerreros
F58v: En Alijilán, el 25 de julio de 1766. Se casó y veló a **Francisco Jaimes**, h.l. de Luis Jaimes y de María Antonia Bazán, con **María Casilda Guerrero**, h.l. de Agustín Guerrero y de Francisca Díaz.

Ibáñez, Dn. Eugenio con Albarracín, Da. María Nicolasa
F58v: En El Alto, el 9 de agosto de 1766. Se casó y veló a Dn. **Eugenio Ibáñez**, h.l. de Dn. Gregorio Ibáñez y de Da. Agustina Leiva, vecinos del valle de Catamarca, con Da. **María Nicolasa Albarracín**, h.l. de Dn. José Albarracín y Da. María Aguilar. Ps: Enrique Toranzos. Da. María Antonia Ovejero.

Bohórquez, Juan Ramón con Pereyra, Ana María
F58v: En Ovanta, el 5 de julio de 1767, se casó y veló a **Juan Ramón Bohorquez** y de Valeriana Arias, con **Ana María Pereyra**, h.l. de Gregorio Pereyra y de Josefa Acosta.

Zárate, José con María Tomasina
F58v: En Ovanta, el 5 de julio de 1767, se casó y veló a **José Zárate**, h.l. de Luis Zárate y Domingo Díaz, con **María Tomasina**, h.l. de José Ferreira y de Francisca Pérez.

Argañaráz, Juan con Ortiz, María de la Cruz
F58v: En Ovanta, el 7 de julio de 1767, se casó y veló a **Juan Argañaráz**, viudo de Masaría Arias, con **María de la Cruz Ortiz**, viuda de Luis Ruiz. Ps: Ambrosio Rosales.

F59: En Santiago del Estero, el 9 de setiembre de 1767 **nota del obispo Abad**

F59v: continua nota del obispo Abad

F60: continua nota del obispo Abad

Silva, Roque con Toledo, Agustina
F60v: En El Alto, el 20 de noviembre de 1767, se casó y veló a **Roque Silva**, h.l. de Diego Silva y de Antonia Chancai, y a **Agustina Toledo**, viuda de Alonso Palomeque. Ts: Dn. Ramón Antonio de Frías, Eugenio de Luna y Bonifacia Fernández.

Fernández, Gregorio con Acevedo, María Anselma
F60v: En El Alto, 4 de mayo de 1768, se casó y veló a **Gregorio Fernández**, natural del valle de Catamarca, h.l. de Roque Fernández y de Agustina Barrionuevo, y a **María Anselma Acevedo**, h.l. de Miguel Acevedo y de Ignacia Burgos. Ts: Dn. Nicolás Valdéz, Da. Francisca Valdéz y Pedro José Díaz.

Lobo, Andrés con Osorio, María Mercedes
F61: En El Alto, el 22 de noviembre de 1768, se casó y veló a **Andrés Lobo**, h.l. de Francisco Lobo y de Bartolina Guamán, y a **María Mercedes Osores**, h.n de María Osores, viuda, todos de este curato. Ps: Dn. José Lucas Rizo Patrón y Da. María Villalba.

Juanes, Juan Esteban con Ortiz, Juana Petrona
F61: En El Alto, el 25 de noviembre de 1771, se casó y veló a **Juan Esteban Juanes**, h.l. de Francisco Juanes y Josefa Henriena, y a **Juana Petrona Ortiz**, h.l. de Miguel Ortiz y Josefa Guamán. Ps: Dn. Pedro Cabral y Da. Petrona Cabral

Murguía, José Miguel con Lindón, Dionisia
F61: En El Alto, el 8 de febrero de 1772, se casó y veló a **José Miguel Murguía**, h.n. de María Murguía, y a **Dionisia Lindón**, h.l. de Pascual Lindón y de Pascuala Agüero. Ps: no constan

Falcón, José Laureano con Osores, Gregoria
F61v: En El Alto, el 5 de noviembre de 1772, se casó y veló a **José Laureano Falcón**, h.l. de Lorenzo Falcón, y de Micaela Rodríguez, y a **Gregoria Osores**, h.l. de José Osores y de María Rosa Ibáñez. Ps: Dn. Pedro Cabral y Da. Victoria Gómez.

Anzoia, Francisco Estanislao con Pérez, Ana María
F61v: En El Alto, el 20 de enero de 1773, se casó y veló a **Francisco Estanislao Anzoia**, ¿h.l. de Juan Anzoria y de Josefa Narváez?, y a **Ana María Pérez**, h.l. de José Pérez y de Francisca Moyano. Ps: Nicolás ¿Anzasa? Y la mujer de Cristóbal Leiva.

Palavecino, Juan Enrique con Aráoz, Simona
F61v: En Alijilán, el 10 de octubre de 1774, se casó y veló a **Juan Enrique Palavecino**, h.l. de Domingo Palavecino y de Felipa Paz, y a **Simona Aráoz**, h.l. de José Aráoz y de María Lobo. Ps: Santiago Bulacia y su hija María.

Dinon, Justo con Cardoso, Juliana
F62: En El Alto, el 21 de junio de 1777, se casó y veló a **Justo Dinon**, natural de ¿Cicana prov. de Charcas?, h.n. natural de Isabel Romero, y a **Juliana Cardoso**, h.n. de Luisa Cardoso. Ps: Dn. Pedro Pablo Bulacia y Da. María Cabral

Moyano, Feliciano Mariano con Lobo, María de los Dolores
F62: En El Alto, el 20 de octubre de 1777, se casó y veló a **Feliciano Mariano Moyano**, h.l. de Nicolás Moyano y de María Corbalán, y a **María de los Dolores Lobo**, viuda. Ps: Dn. Santiago Bulacia y María Antonia Bulacia.

Gardel, José Domingo con Romero, María Dominga
F62: En El Alto, el 20 de setiembre de 1777, se casó y veló a **José Domingo Gardel**, h.l. de Juan Gardel y de Paula Díaz, y a **María Dominga Romero**, h.l. de Alberto Romero y de Francisca ¿Montoya? Ps: José Maturano y José de Córdoba.

Juanes, Eugenio con Aguilera, María Petrona
F62v: En El Alto, el 12 de febrero de 1778, se casó y veló a **Eugenio Juanes**, h.l. de Francisco Juanes y de Josefa Herrera, y a **María Petrona Aguilera**, h.l. de José Aguilera y de María Juliana Ortiz. Ps: Dn. Pedro Cabral y Da. Patricia Gómez.

Toledo, Pedro con Arroyo, María Antonia
F62v: En El Alto, el 2 de marzo de 1778, se casó y veló a **Pedro Toledo**, viudo, y a **María Antonia Arroyo**, vecina de Marapa, jurisdicción del Tucumán. Ps: Gregorio Ibáñez e Isabel Valdéz.

Ruiz, Lorenzo con Barrios, María
F62v: En El Alto, el 15 de febrero de 1778, se casó y veló a **Lorenzo Ruiz**, viudo, y a **María Barrios**, h.l. de Antonio Barrios y de Bartolina Albarracín. Ps: Nicolás Artaza y Agustina Rodríguez.

Lindón, José Antonio con Juanes, María del Tránsito
F62v: En la Quebrada, el 22 de marzo de 1778, se casó y veló a **José Antonio Lindón**, h.n de Antonia Lindón, y a **María del Tránsito Juanes**, h.l. del Tte. Agustín Juanes y a Francisca Peñaflor. Ps: Dn. Juan Antonio Blanco y Da. Francisca Agüero.

Espinosa, Bartolomé con Arce, Margarita
F63: En El Alto, el 22 de mayo de 1778, se casó y veló a **Bartolomé Espinosa**, natural del Perú, h.l. de Agustín Espinosa y de Graciana Rojas, y a **Margarita Arce**, h.n. de Pascuala Arce, natural de Catamarca. Ps: Pedro Pablo Bulacia y Dn. María del Carmen Concha.

Tapia, Juan con Collantes, María
F63: En El Alto, el 25 de diciembre de 1780, se casó a **Juan Tapia**, h.l. de Juan Tapia y de Bernardina Contreras, con **María Collantes**, h.l. de José Collantes y de Juana Páez. Ps: Juan Tomás Paz y Manuela Rosales.

Murguía, Gabino con Tula, Tomasina
F63: En El Alto, el 27 de diciembre de 1780, se casó a **Gabino Murguía**, h.n. de María Santos Murguía, y a **Tomasina Tula**, h.l. de Santos Tula y Ana Tolaba. Ps: Juan ¿? Y María Murguía

Ortiz, Felipe con Acosta, María Francisca
F63v: En El Alto, el 28 de diciembre de 1780, se casó a **Felipe Ortiz**, h.l. de Gabriel Ortiz y de Isabel Rodríguez, y a **María Francisca Acosta**, viuda. Ps: José Antonio Guamán y Petrona Ortiz.

Ortiz, Mariano? con Soraire, Catalina
F63v: En El Alto, el 12 de enero de 1781, se casó a **¿Mariano? Ortiz**, h.l. de Miguel Ortiz y de Josefa

Guamán, con **Catalina Soraire**, h.l. de Asencio Soraire y ¿Balbina? Figueroa. Ps: Juan Bautista Melián y Petrona Amaya

Placa, Polinario con Argañaráz, Bartolina
F63v: En Alijilán, el 21 de febrero de 1781, se casó a **Polinario Plaza**, viudo, y a **Bartolina Argañaráz**, h.n. de Francisca Argañaráz. Ps: Lorenzo Porcelo y María Ruiz

Porcelo, Juan Antonio con Ferreira, Catalina
F64: En Alijilán, el 18 de febrero de 1781, se casó a **Juan Antonio Porcelo**, viudo, con **Catalina Ferreira**, h.l. de José Ferreira y de ¿Lorena? Moreno. Ps: Miguel Rizo Patrón y Da. María Real

Hoyos, Juan Gregorio con Cejas, María Rosa
F64: En El Alto, el 6 de marzo de 1781, se casó a **Juan Gregorio Hoyos**, h.l. de Juan José Hoyos, y de Francisca Albarracín, y a **María Rosa Cejas**, h.l. de ¿? Cejas y de Ignacia Pacheco. Ps: Dn. Luis Leiva y Da. Gregoria Cabral

Mejía, Eugenio con Ruiz, María
F64: En El Alto, el 5 de abril de 1781, se casó a **Eugenio Mejía**, viudo y a **María Ruiz**, viuda. Ps: Dn. León Valdéz y Da. María Villalba

Vázquez, Esteban con Zelaya, María Antonia
F64: En El Alto, el 16 de junio de 1781. Se casó a **Esteban Vázquez**, h.l. de Mateo Vázquez y de María Casilda González, y a **María Antonia Zelaya**, h.n. de María Juana Zelaya. Ps: Bonifacio Jiménez y Da. Ignacia Jiménez

Durán, Justo con Moreno, Teodora
F64v: En El Alto, el 13 de agosto de 1781, se casó a **Justo Durán**, natural de los Reinos del Perú, y residente en este curato, y a **Teodora Moreno**, h.l. de Juan Moreno y de Ángela Guevara. Ps: Dn. Antonio Bulacia y Da. Antonia Cabral

Valdéz, Marcos con Salguero, María
F64v: En El Alto, el 17 de agosto de 1781, se casó a **Marcos Valdéz**, h.n. de Juana Valdéz, y a **María Salguero**, h.l. de Lázaro Salguero y de Margarita Sandi. Ps: Dn. Juan Antonio Gómez y Da. Magdalena Valdéz

Segura, Lino Antonio con Corte, María Pascuala
F64v: En El Alto, el 21 de octubre de 1781, se casó a **Lino Antonio Segura**, h.l. de Juan Segura y de María Simona Fernández, y a **María Pascuala Corte**, h.l. de José Corte y de María Mercedes Lindón. Ps: José Norberto Mansilla y Josefa Herrera

Osores, Mateo con Murguía, Simona
F65: En la Quebrada, el 22 de junio de 1782, se casó a **Mateo Osores**, h.l. de José Osores y María Rosa Ibáñez, y a **Simona Murguía**, h.n. María Santos Murguía. Ps: S. Santiago Nieva y Da. Clara Varela

Vizcarra, Ignacio con Guamán, Cecilia
F65: En El Alto, el 20 de noviembre de 1782, se casó a **Ignacio Vizcarra**, viudo, y a **Cecilia Guamán**, viuda. Ps: Dn. José Domingo Mendoza y Da. Isabel Valdéz

Ortiz Pedro con Cárdenas, María Francisca
F65: En El Alto, el 29 de noviembre de 1782, se casó a **Pedro Ortiz**, h.l. de Francisco Ortiz y de Bartolina Fernández, y a **María Francisca Cárdenas**, ¿? y de Pascuala Luna. Ps: ¿Andimian? Pereyra y Manuela Ortiz

Bazán, José Agustín con Zelaya, María Casilda
F65: En El Alto, el 8 de diciembre de 1782, se casó a **José Agustín Bazán**, h.l. de Francisco Bazán y de Luisa Quiroga, y a **María Casilda Zelaya**, viuda. Ps: Pedro Durán y María Carmela Rojas

Barrientos, Alejo con Rivadeneira Francisca
F65v: En Alijilán, el 29 de noviembre de 1783, se casó a **Alejo Barrientos**, esclavo de Juana Barrientos, y a **Francisca Rivadeneira**, h.l. de Hermenegildo Rivadeneira, y de Ignacia Moreno. Ps: Dn. Jacinto Bepre y Da. Juana Rivera

Ferreira, Santiago con Herrera, María Ascensión
F65v: En El Alto, el 4 de junio de 1783, se casó a **Santiago Ferreira**, h.l. de Juan Ferreira y de María Francisca Pérez, y a **¿Asenciona? Herrera**, h.l. de Diego Herrerra y Sebastiana Albarracín. Ps: Pedro Alejo Pacheco, con María Micaela Cancinos

Ortiz , Valentín con Campos, María
F65v: En El Alto, el 13 de junio de 1783, se casó a **Valentín Ortiz**, h.l. de Miguel Ortiz y de Josefa Guamán, y a **María Campos**, h.l. de Nicolás Campos y de Dominga Ruiz. Ps: Felipe Ortiz y Francisco Acosta

F66: En Alijilán, el 28 de agosto de 1783: decreto del Obispo de Tucumán

Soria, Tiburcio con Álvarez, María Rosa
F66: En El Alto, el 5 de noviembre de-1783, se casó a **Tiburcio Soria**, h.l. de Francisco Soria y de Risa Lazo, y a **María Rosa Álvarez**, viuda velada de Guillermo Ledesma. Ts: Dn. Domingo Mendoza, Dn. Mariano Mendoza. Ps: Cap. Nicolás Artaza y Da. María Dolores Arévalo

Juárez, Juan José con Villarroel, María Rosa
F66v: En El Alto, el 6 de noviembre de 1783, tras dispensar un impedimento de 4to grado de consanguinidad, se casó a **Juan José Juárez**, h.n. de Susana Juárez, y a **María Rosa Villarroel**, h.l. de Alejandro Villarroel y Ana María Guzmán. Ts: Dn. José

Domingo Mendoza y Dn. José Mariano Mendoza. Ps: Julián Luna y María Antonia Cabral.

Pereyra, Juan Hilario con Ortiz, Manuela
F66v: En El Alto, el 6 de noviembre de 1783, se casó a **Juan Hilario Pereyra**, h.n. de Ana María Pereyra, y a **Manuela Ortiz**, h.n. de Tomasina Ortiz. Ts: Dn. José Domingo Mendoza y Dn. José Mariano Mendoza. Ps: Luis Pereyra y Magdalena Mercado.

Falcón, Santos con Macedo, Gabriela
F66v: En El Alto, el 6 de noviembre de 1783, tras dispensar impedimento de tercero con cuarto grado de consanguinidad, se casó a **Santos Falcón**, h.l. de Luis Falcón y María Ibáñez, y a **Gabriela Macedo**, viuda velada de Alberto Romano. Ts: Dn. José Domingo Mendoza y Dn. José Mariano Mendoza. Ps: Dn. Luis Gómez y María Ruiz.

Campos, Julián con Herrera, María
F67: En El Alto, el 12 de noviembre de 1783, tras dispensar impedimento de tercero, se casó a **Julián Campos**, h.l. de Nicolás Campos y de Dominga Ruiz, y a **María Herrera**, h.l. de Diego Herrera y de Andrea Acosta. Ts: Dn. Carlos Trejo y Dn. Mariano Mendoza. Ps: Dn. José Antonio González y Da. María Ángela Albarracín.

Luna, Pedro con Solá, Francisca
F67: En Alijilán, el 25 de noviembre de 1783, se casó a **Pedro Luna**, h.n. de María Bárbara Luna, y a **Francisca Sola**, h.l. de Lucas Sola y de Catalina ¿Labaste? Ts: Tiburcio Soria y Luis Valdéz. Ps: Juan Santos Reinoso y Paula Salazar.

Aráoz, José con Ibáñez, María Francisca
F67: En Alijilán, el 28 de noviembre de 1783, se casó a **José Aráoz**, h.l. del finado José Aráoz y de María Lobo, y a **María Francisca Ibáñez**, h.n. de María Ibáñez. Ts: Mariano Mendoza y Tiburcio Soria. Ps: Juan Tomás Rosales y Tomasina Rojas.

Reinoso, Juan con Reyes, María
F67: En Santa Bárbara, el 28 de noviembre de 1783, se casó a **Juan Reinoso**, h.l. de Juan Santos Reinoso y de María Soraire, y a **María Reyes**, h.n. de Narcisa Reyes. Ts: Dn. Mariano Mendoza y Tiburcio Soria. Ps: Dn. José Reyes y Da. María Real.

Suárez, Dn. José Lorenzo con Bepre, Da. Jacoba
F67v: En Alijilán, el 7 de enero de 1784, se casó a **José Lorenzo Suárez**, feligrés de Marapa, h.l. de Dn. José Ignacio Suárez, y de Da. Bartolina Aguilar, y a Da. **Jacoba Bepre**, h.l. de Dn. Enrique Bepre y de Da. Rosa Dorado. Ts: Dn. Juan Santos Porcelo y Dn. Félix Mariano Herrera. Ps: Dn. Pedro López y Da. Josefa Porcelo.

Páez, Francisco con Candi?, María Eusebia
F67v: En Alijilán, el 13 de febrero de 1784, se casó a **Francisco Páez**, h.n. de María de los Dolores Páez, y a **María Eusebia ¿Candi?**, h.l. Pedro Pascual Candi y de María López. Ts: Dn. Mariano Mendoza y Calixto Candi. Ps: Dn. Francisco Rivera y Da. Clara Olivera.

Ávila, Pedro José con Córdoba, María Josefa de
F67v: En El Alto, el 5 de febrero de 1784, se casó a **Pedro José Ávila**, h.l. Francisco Ávila y de María Josefa Rivera, y a **María Josefa de Córdoba**, viuda velada de Juan Miguel Luján, y de José Maturano. Ts: Dn. Mariano Mendoza y Lorenzo Falcón. Ps: Vicente Verón y Josefa Cejas.

Domínguez, José Miguel con Pacheco, María de la Trinidad
F67v: En El Alto, el 11 de agosto de 1784, se casó a **José Miguel Domínguez**, h.l. de Francisco Javier Domínguez y de Josefa Escasuso, y a **María de la Trinidad Pacheco**, h.l. del finado Marcos Pacheco y de María Luján. Ts: ¿? Gutiérrez y Miguel Francisco Ibáñez. Ps: Pedro José Díaz, y María Medina.

Cordero, Juan Ramón con Lazo, Petrona
F68: En El Alto, el 19 de agosto de 1784, se casó a **Juan Ramón Cordero**, h.l. de los finados José Cordero y Ana Soda, y a **Petrona Lazo**, h.l. del finado ¿Blas? Lazo y de Micaela Ledesma. Ts: Santiago Mendoza y Mariano Mendoza. Ps: Clemente Luján y María de las Nieves Medina.

Candi, José con Arias, María Ángela
F68: En El Alto, el 19 de agosto. de 1784, se casó a **José Candi**, h.l. de los finados José Candi y Petrona Pérez, y a **María Ángela Arias**, h.l. del finado Ignacio Arias y de Juana Paula Rodríguez. Ts: Santiago Mendoza y Mariano Mendoza. Ps: Calixto Candi y María Garcete.

Luna, José Manuel con Díaz, María Celestina
F68: En El Alto, el 4 de octubre de 1784, se casó a **José Manuel Luna**, h.l. de los finados Eugenio Luna y Francisca Armas, y a **María Celestina Díaz**. Ts: Dn. Pedro Mercado y Francisco Luno. Ps: Andrés Leguizamón y Estefanía Díaz.

Suárez, José Pascual con Páez, María Nicolasa
F68: En El Alto, 6 de octubre 1784, se casó a **José Pascual Suárez**, viudo de Bernabela Ortiz, y a **María Nicolasa Páez**, h.l. del finado Antonio Páez y de Simona Castro. Ts: Dn. José Antonio Gómez y Dn. Mariano Mendoza. Ps: Dn. Juan Luis Castro y Da. María Vicenta Gómez.

Márquez, Dn. Pedro con Hidalgo, Da. Rosa
F68: En El Alto, el 28 de setiembre de 1784, se casó a Dn. **Pedro Márquez**, h.l. de los finados Dn. Martín Márquez y Da. Rosa Bulacia, y a Da. **Rosa Hidalgo**,

viuda velada de Dn. Francisco Sánchez. Ts: Dn. Gregorio Lobo y Dn. Felipe Márquez. Ps: Dn. Luis Leiva y Da. María Magdalena Márquez.

Díaz, José con Ortiz, María Dominga
F68v: En El Alto, el 28 de octubre-10-1784, se casó a **José Díaz**, h.l. del finado Mariano Díaz y de Petrona Rodríguez, y a **María Dominga Ortiz**, h.l. de los finados Miguel Ortiz y Josefa Guamán. Ts: Dn. Juan Gregorio Lobo y Dn. Felipe Márquez. Ps: Sebastián Mendoza y María Inés Alcaráz.

Falcón, Bartolomé con Osores, María Aurelia
F68v: En El Alto, el 11 de enero de 1785, se casó a **Bartolomé Falcón**, h.l. de Lorenzo Falcón y de María de la Cruz Ibáñez, y a **María Aurelia Osores**, h.n. de María de la Merced Osores. Ts: Mariano Mendoza y Tiburcio Soria. Ps: José Cisternas y María Juana Díaz.

Orquera, Juan Gervasio con Molina, Manuela
F68v: En El Alto, el 16 de enero de 1785, se casó a **Juan Gervasio Orquera**, viudo de María Ignacia Díaz y a **Manuela Molina**, viuda no velada de Juan Domingo Flores. Ts: Mariano Mendoza y Tiburcio Soria. Ps. Dn. Ignacio Bulacia y Da. Francisca Cabral.

Flores, Bartolomé con Burgos, María Rosa
F68v: En El Alto, el 21 de febrero de 1785, se casó a **Bartolomé Flores**, h.l. de Ramón Flores y de la finada María de la Cruz Mesa, y a **María Rosa Burgos**, h.l. de los finados Álvaro Burgos y de Pascuala Herrera. Ts: Francisco Márquez y Mariano Mendoza.

Castellanos, Francisco con Villalba, María Andrea
F68v: En El Alto, el 24 de febrero de 1785, se casó a **Francisco Castellanos**, h.l. de los finados Isidro Castellanos y María Falcón, y a **María Andrea Villalba**, h.n. de la finada Petrona Villalba. Ts: Francisco Márquez y Juan Macedo. Ps: Mariano Mendoza y Gregoria Cabral

— FIN —

Libro de Matrimonios N° 2
1785-1806

Flores, Casimiro con Burgos María del Carmen
F.1: En esta Iglesia Parroquial, en 24 de febrero de 1785, se casó a **Casimiro Flores** h.l. de Ramón Flores y de la finada María de la Cruz Mercado, con **María del Carmen Burgos**, h.l. de los finados Álvaro Burgos y de Pascuala Herrera. Ps.: Juan Ignacio Páez y Cecilia Páez. Se velaron el 25 de abril del citado año. Ps.: Mariano Mendoza y Petrona Paz.

Ibáñez, Juan Tomás con Díaz, María Antonia
F.1: En esta Iglesia Parroquial, en 26 de febrero de 1785, se casó a **Juan Tomás Ibáñez**, viudo de Petrona Pacheco, con **María Antonia Díaz**, h.n. de Micaela Díaz. Ts.: Pedro Lobo y Mariano Mendoza. Ps.: Esteban Leguizamón y Francisca Leguizamón. Se velaron el 5 de abril del mismo año. Ps.: los mismos.

Ledesma, José Carlos con Burgos, Manuela Clara
F.1: En esta Iglesia Parroquial, en 14 de marzo del corriente año de ochenta y cinco, se casó a **José Carlos Ledesma**, h.l. del finado Juan Antonio Ledesma y de María Casilda Domínguez, feligreses del valle de la Punilla de Córdoba, con Da. **Manuela Clara Burgos**, h.l. de Dn. Jacinto Burgos y de Da. María Sánchez. Ps.: Dn. Pedro Márquez y Da. Rosa Hidalgo. Se velaron el 5 de abril del mismo año con los mismos Ps. .

Vega, Dn. Francisco Hermenegildo con Gómez, Da. María Antonia.
F.1: En esta Iglesia Parroquial, en 6 de abril del corriente año de ochenta y cinco, se casó a **Francisco Hermenegildo Vega** h.l. de los finados Dn. Adrián de la Vega y de Da. Juliana Navarro con Da. **María Antonia Gómez**, h.l. de Dn. Francisco Solano Gómez y de Da. Francisca Agüero. Ps.: Dn. Juan Laurencio Sánchez y Da. María Simona Gómez.

Luján, Diego con Altamiranda, María de las Mercedes
F.1: En esta Iglesia Parroquial, en 11 de mayo de 1785, se casó a **Diego Lujan** h.l. de Juan Lujan y de José a Ibáñez con **María de las Mercedes Altamiranda** (en nota marginal figura como **Alderete**) h.l. de los finados Lorenzo Altamiranda y de Gerónima Centurión. Ps.: Mariano Mendoza y José Ignacio Espeche.

Maidana, José Mariano con Aráoz, María Andrea
F.1v: En esta Iglesia Parroquial de la Concepción de El Alto, en 31 de mayo de 1785, se casó a **José Mariano Maidana**, h.l. de Juan Pedro Maidana y de Petrona Díaz, con **María Andrea Aráoz** h.n. de Simona Araoz. Ps.: Juan Tomás Rosales y María Antonia Escasuso.

Soria, Juan Andrés con Albarracín, María Juana
F.1v: En esta Vice parroquia de Vilismano, en 18 de julio de 1785, se casó a **Juan Andrés Soria** h.l. de Bartolomé Soria y de Rosa Tolosa, del curato de Ancasti, con **María Juana Albarracín**, h.l. de Juan Albarracín y de María Felipa Barrionuevo. Ps.: Dn. Juan Dionisio Páez y Da. Petrona Vera.

Ávila, Juan Asencio con Cisternas, María Ignacia
F.1v: En esta Iglesia Parroquial, en 22 de septiembre de 1785, se casó a **Juan Asencio Ávila**, h.l. de Martin y de María Pérez, con **María Ignacia Cisternas** h.l. de Juan Cisternas y de María Falcón. Ps.: Dn. Francisco Valdéz y Da. Isabel Valdéz.

Luna, Pascual Cruz con Armas, María Juana
F.1v: En la Iglesia Vice parroquial del Sor San José, anexo de este curato, en 30 de septiembre de 85, se casó **Pascual Cruz de Luna**, h.l. de Andrés de Luna y de Antonia Paz, del curato rectoral de Santiago, con **María Juana Armas**, viuda velada de Juan José Rojas. Ps.: Pascual Peralta y Paula Soria.

Díaz, Pedro Nolasco con Bravo, María Victoria
F.1v: En esta Iglesia Parroquial, en 17 de octubre de 85, se casó **Pedro Nolasco Díaz** h.l. de José Díaz y de Narcisa Gómez, con **María Victoria Bravo**, h.l. de Nicolás Bravo ya difunto y de Rosa Lobo. Ps.: Andrés Molina y Dominga Rojas.

Pedraza, José Manuel con Soria, María Andrea
F.2: En la Iglesia Parroquial el 21 de octubre de 1785, se casó **José Manuel Pedraza** h.l. de Francisco Pedraza y de María Albarracín con **María Andrea Soria** h.n. de Gregoria Soria. Ts.: Mariano Mendoza y Pedro Pablo de Rizo Patrón. Ps.: Juan Cisternas y Victoria Ruíz.

Jiménez, Juan José con Ocón, María del Carmen
F.2: En esta Iglesia Parroquial, en 12 de noviembre de 85, se casó a **Juan José Jiménez** h.l. de Juan Jiménez y de Francisca Juárez cc **María del Carmen Ocón** h.l. de Juan Domingo Ocón y de la finada María del Carmen Villalba. Ts.: Mariano Mendoza y Lorenzo Cabral. Ps.: Juan Martin Cabral y María Juana Bulacia.

Maidana, José con Reinoso, María
F.2: En esta Iglesia Parroquial, en 14 de diciembre de 85, se casó a **José Maidana** h.l. del finado Domingo Maidana y de Juana Gómez del curato Rector de Catamarca con **María Reinoso** o Reinoso, h.l. de Simeón Reinoso y de Petrona Paz o Páez. Ts.: el Capitán Dn. Francisco Leiva y Dn. Luis Leiva. Ps.: sin velorio José Quiroga y María de las Nieves Figueroa. Se velaron al principio del año siguiente. Ps.: Dn. Martin de Rizo Patrón y María Inés Alcaráz.

Cejas, José Matías con Leiva, María Micaela
F.2: En esta Iglesia Parroquial, en 17 de diciembre de 85, se casó **José Matías Cejas** h.l. del Capitán Dn. Juan José Cejas y de Da. Petrona Moyano, feligreses del curato de Ischilín de la jurisdicción de Córdoba con **María Micaela Leiva** h.l. de los finados José Antonio Leiva y María de la Cruz Ibáñez. Ps.: Juan Laurencio Sánchez y Dn. Mariano Mendoza. Ps.: para la bendición in facie ecclesiae sin velorio fueron Juan José Arévalo y Josefa Cejas. Se velaron el 28 de enero del año siguiente. Ps.: Juan José Arévalo y María Gregoria Ibáñez.

Salguero, Miguel Agustín con Sosa, María Gregoria
F.2: En esta Iglesia Parroquial, en 29 de diciembre de 85, se casó a **Miguel ¿Agustín? Salguero** h.l. de Lázaro Salguero y de Margarita Sandi con **María Gregoria Sosa o Lazo** h.l. del finado Felipe Lazo o Sosa y de María Francisca Quiroga. Ts.: José Alberto o José Silverio Avellaneda y Mariano Mendoza, Ts.: para bendición in facie ecclesiae sin velorio Juan José Páez o Pérez y Bartolina Concha. Se velaron el 7 de enero del año siguiente. Ps.: los mismos que para el casamiento.

Ortiz, Vicente con Soraire, María Ignacia
F.2v: En la Iglesia de Sor San José de Ovanta, en 16 de febrero de 1786, se casó a **Vicente Ortiz** h.n. de Ignacia Ortiz con **María Ignacia Soraire** h.n. de Pascuala Soraire. Ts.: Dn. Juan Domingo Rosales y Dn. Juan Pablo Reyes. Ps.: Dn. Jacinto Rivera y Da. Pascuala Albarracín.

Ibáñez, Juan Gregorio con Vega, María Juana de la
F.2v: En esta Iglesia Parroquial, en 29 de mayo de 1786, se casó a **Juan Gregorio Ibáñez** viudo de Da. María Antonia Ovejero con **María Juana de la Vega** h.n. de Juliana Vega. Ts.: Mariano Mendoza y Tiburcio Soria. Ps.: Dn. Jacinto Burgos y Da. Bárbara Cabral.

Pedraza, Estanislao con Burgos, María Josefa
F.2v: En esta Iglesia Parroquial, en 31 de mayo de 1786, se casó a **Estanislao Pedraza** h.l. del finado Pedro Nolasco Pedraza y de María Varela, feligreses del curato de Ancasti con **María Josefa Burgos** h.l. de los finados Álvaro Burgos y de Pascuala Herrera. Ts.: Dn. Juan Bernabé Espeche y Dn. Pedro Pablo de Rizo Patrón. Ps.: Guillermo Burgos y Ana Goitia.

Gómez, José Norberto con Lobo, María Francisca de Borja
F.2v: En esta Iglesia Parroquial, en 26 de julio de 1786, se casó a **José Norberto Gómez** h.l. de Vicente Gómez y de María Calderón de la jurisdicción de Córdoba, con **María Francisca de Borja Lobo** h.l. de Francisco Lobo y de Ana Rodríguez. Ts.: Ignacio Álvarez y Mariano Mendoza. Ps.: Francisco Castellanos y Victoria Ruíz.

Romero, Dn. Mariano con Barrientos, María Petrona
F.2v: En esta Iglesia del Sor San José de Ovanta, en 7 de agosto de 1786, se casó a Dn. **Mariano Romero** h.l. de Dn. Pedro Romero y de Da. Francisca Lobo, viudo de Francisca Albarracín con **María Petrona Barrientos** h.l. de Mateo Barrientos y de María Díaz. Ts.: Dn. Domingo Ferrando y Dn. Mariano Mendoza. Ps.: Santiago Albarracín y Ana María Guzmán.

Contreras, Bartolomé con Pacheco, María Dominga
F.3: En esta Iglesia Parroquial, en 28 de octubre del citado año de ochenta y seis, se casó a **Bartolomé Contreras**, de esta feligresía, viudo de María Hilaria González, con **María Dominga Pacheco** h.l. del finado Juan Andrés Pacheco y de Laurencia Arévalo. Ts.: Dn. Luis Leiva y Dn. Mariano Mendoza. Ps.: Mateo Ibáñez y Bárbara Cabral.

Quintero, Basilio con Agüero, Ignacia
F.3: En esta Iglesia Parroquial, en 28 de octubre de ochenta y seis, se casó a **Basilio Quintero** h.l. de los difuntos Buenaventura Quintero y Petrona Quiroga, con **Ignacia Agüero** h.n. de Petrona Agüero. Ts.: Dn. Luis Leiva y Dn. Mariano Mendoza. Ps.: Dn. Ramón Antonio de Frías y Da. Bernarda Salas.

Quiroga, Juan con Pinto, María
F.3: En esta Iglesia Parroquial, en 13 de noviembre de 86, se casó a **Juan Quiroga** h.n. de la finada Paula Quiroga cc **María Pinto**, viuda velada de Martin Chazarreta. Ts.: Dn. Martin de Rizo Patrón y Dn.

Mariano Mendoza. Ps.: Dn. Martin de Rizo Patrón y Da. Francisca Sosa.

Pérez, José Manuel con Ibáñez, María Luisa
F.3: En esta Iglesia Parroquial, en 13 de noviembre de 86, se casó a **José Manuel Pérez** nacido en el Valle de las Palma de la jurisdicción de Córdoba, h.n. de María Ignacia Pérez con **María Luisa Ibáñez** h.l. de los finados Pedro Ibáñez y María Petrona Barrionuevo. Ts.: Dn. Martin de Rizo Patrón y Dn. Mariano Mendoza. Ps.: Juan Andrés Lujan y María Polonia Romero.

Vázquez, Valeriano con Leiva, Genuaria
F.3: En esta Iglesia Parroquial, en 15 de noviembre de 86, se casó a **Valeriano Vázquez** h.l. de Domingo Vázquez y de María Agüero, difunta, con **Genuaria Leiva** h.l. del finado Dn. José Alejandro Leiva y de Da. Ana Barrera. Ts.: Dn. Juan Laurencio Sánchez y Dn. Mariano Mendoza. Ps.: Dn. Luis Leiva y Da. María Magdalena Márquez.

Páez, José Ignacio con Guarás, María Petrona.
F3v: En la Iglesia Parroquial, el 9 de febrero de 1787, se casó a **José Ignacio Páez**, h.l. de los finados Juan Páez y de Bernarda Castro, de esta feligresía, con **María Petrona Guarás**, viuda velada de Nicolás Nieva, de esta feligresía. Ts.: Juan Valdéz y Mariano Mendoza.

Albarracín, Juan Alejo con Zelaya, Paula
F3v: En esta Iglesia Parroquial, en 20 de febrero de 1787, se casó a **Juan Alejo Albarracín** h.l. de los finados Francisco Albarracín y Catalina Molina, con **Paula Zelaya** h.n. de Juana Zelaya. Ts.: Dn. José Lucas de Rizo Patrón y Dn. Mariano Mendoza. Ps.: Esteban Leiva y Agustina Rodríguez.

Sosa, Manuel con Páez, María Juana
F3v: En esta Iglesia Parroquial, en 20 de febrero de 1787, se casó a **Manuel Sosa**, natural de la ciudad de Salta, h.l. de los finados Luis Sosa y Jacinta Rodríguez; con **María Juana Paz**, h.n. de Lucia Paz. Ts.: Dn. José Lucas Rizo Patrón y Dn. Mariano Mendoza. Ps.: Juan Andrés Domínguez y Petrona Domínguez.

Collantes, Francisco con Figueroa, María Ignacia
F3v: En esta Iglesia Parroquial, en 21 de mayo de 1787, se casó a **Francisco Collantes** h.l. de José Collantes y de la finada Juana Paz, de esta feligresía; con **María Ignacia Figueroa** h.l. de Victoriano Figueroa y de la finada Susana Juárez. Ts.: Mariano Mendoza y Martin Paz. Ps.: Mariano Mendoza y Petrona Paz.

Sosa, Narciso con Márquez, María Lorenza
F3v: En esta Iglesia Parroquial, en 15 de mayo de 1787, se casó a **Narciso Sosa**, h.l. del finado Manuel Sosa y de María Isabel Melián; con **María Lorenza Márquez** **h.l.** de Francisco Márquez y de Ignacia Gómez. Ps.: Martín Paz y María Ana Escasuso.

Luján, Juan Antonio con Ibáñez, Josefa
F3v: En esta Iglesia Parroquial, en 16 de junio de 1787, se casó a **Juan Antonio Luján**, h.l. Juan Luján, difunto, y de Josefa Ibáñez, de esta feligresía; con **María Juana Domínguez**, h.l. Francisco Javier Domínguez y de Josefa Escasuso. Ps.: Juan Andrés Luján y María de las Nieves Medina.

Guamán, Bartolomé con Valdéz, Emerenciana
F.4: En esta Iglesia Parroquial, en 25 de septiembre de 1787, se casó a **Bartolomé Guamán**, h.n. de la finada Lorenza Guamán, de esta feligresía, con **Emerenciana Valdéz** h.l. de los finados Francisco Valdéz y de María Ortiz. Ps.: Bernardo Ortiz y María de las Nieves Guamán.

Rizo Patrón, Dn. José Martín con Vera, Da. María del Tránsito
F.4: En la Iglesia de Vilismano, en 15 de octubre de 1787, se casó a Dn. **José Martín de Rizo Patrón** h.l. de los finados Dn. José de Rizo Patrón y Da. Catalina Bulacia, con Da. **María del Tránsito Vera**, h.l. del finado Dn. Juan José de Vera y de Da. Petrona Paz. Ps.: Dn. Francisco Ulibarri y Da. Bernarda Ulibarri.

Ledesma, Norberto con Cordero, Bartolina
F.4: En esta Iglesia Parroquial, en 8 de octubre de 1787, se casó a **Norberto Ledesma** h.l. de los finados Pedro Ledesma y Agustina Díaz, con **Bartolina Cordero** h.l. de los finados José Cordero y de Ana Soria. Ps.: Esteban Leiva y Genuaria Leiva.

Duarte, Andrés con Juárez, Juana
F.4: En esta Iglesia Parroquial, en 5 de noviembre de 1787, se casó a **Andrés Duarte**, viudo de Marcela Arévalo, con **Juana Juárez** h.l. de Francisco Juárez y de la finada Josefa Herrera. Ps.: Pedro Ojeda y Petrona Aguilera.

Ibáñez, Juan Dionisio con Ponce, María Clara
F.4: En esta Iglesia Parroquial, en 5 de noviembre de 1787, se casó a **Juan Dionisio Ibáñez,** h.l. de Pedro Ibáñez y de Josefa Cejas, con **María Clara Ponce**, h.l. del finado Pedro Ponce y de Juana Zurita. Ps.: Dn. Manuel Moreno y Da. María de las Nieves Medina.

Jeréz, Florencio con Márquez, María Ignacia
F.4v: En la Iglesia Parroquial, el 14 de noviembre de 1787, se casó a Florencio Jeréz, h.l. de Domingo Jeréz y de Jacoba Alderete, difunta, de esta feligresía; con María Ignacia Márquez, h.l. de Tomás Márquez y de Casimira Ledesma. Ps.: Pedro Márquez y Ana María Guzmán.

Quiroga, Mateo con Figueroa, Feliciana
F.4v: En esta Iglesia Parroquial, en 20 de noviembre de 1787, se casó **Mateo Quiroga** h.n. de la finada José a Quiroga con **Feliciana Figueroa** h.n. de la finada José a Figueroa. Ps.: Dn. León Valdéz y María de las Nieves Figueroa.

Vera, Dn. Francisco con Ibáñez Da. Francisca
F.4v: En la Iglesia de Vilismano, en 29 de noviembre de 1787. Dispensado el impedimento de consanguinidad de tercer a cuarto grado, se casó Dn. **Francisco de Vera** h.l. del finado Dn. Juan José de Vera y de Da. Petrona Paz, de esta feligresía; con **Francisca Ibáñez** h.l. de Dn. Mariano Ibáñez y de Da. Josefa Córdoba. Ps.: Dn. Francisco Ulibarri y Da. Bernarda Ulibarri.

Vera, Dn. Fernando con Ibáñez, Da. Josefa
F.4v: En la Iglesia de Vilismano, en 29 de noviembre de 1787. Dispensado el impedimento de consanguinidad de tercer a cuarto grado, se casó Dn. **Fernando de Vera** h.l. del finado Dn. Juan José de Vera y de Da. Petrona Paz, de esta feligresía; con **Josefa Ibáñez** h.l. de Dn. Mariano Ibáñez y de Da. Josefa Córdoba. Ps.: Dn. Martin de Rizo Patrón y Da. María del Transito Vera.

Quiroga, Juan Tomás con Rivas, María Francisca
F.4v: En esta Iglesia Parroquial, en 24 de diciembre de 1787, se casó **Juan Tomás Peralta** h.n. de María Escolástica Quiroga con **María Francisca Rivas**, h n de Clara Rivas. Se velaron el 21 de enero.

Peralta, Tomás con González, Pascuala
F.5: En esta Iglesia Parroquial, en 26 de diciembre de 1787, se casó a **Tomás Peralta** viudo de María Magdalena Ramírez con **Pascuala González, h.l.** del finado Carlos González de Antonia Acosta Ts.: José Cevallos y Dn. Mariano Mendoza. Ps.: Dn. Antonio Díaz y Da. Francisca Cabral. Se velaron el 18 de junio de 1788, en la iglesia de San José de Ovanta- Ps.: Dn. José Reyes y Da. María del Carmen Concha.

Maza, Juan Agustín con Aguilera, Bartolina
F.5: En esta Iglesia Parroquial, en 27 de diciembre de 1787, se casó a **Juan Agustín Maza**, h.l. de Asencio Maza y de Francisca Acosta; con **Bartolina Aguilera**, h.l. de los finados José Aguilera y de Juliana Ortiz Ps.: Gervasio Horquera y María Herrera. Se velaron el 19 de enero siguiente año. Ps.: de velorio los mismos.

Salguero, Francisco con Leiva, María Carolina
F.5: En esta Iglesia Parroquial, en 31 de diciembre de 1787, se casó a **Francisco Salguero**, negro libre, feligrés de la Punilla de Córdoba, h.l. del finado Antonio Salguero y de María Márquez con **María Carolina**, esclava de Dn. Luis Leiva. Ps.: Dn. Fernando Márquez y Da. Estanislada Vera. Se velaron el 20 de enero del año siguiente. Ps.: Dn. Mariano Mendoza y María Inés Alcaráz.

López, Juan Enrique con Pino, María Dominga
F.5: En esta Iglesia Parroquial de la Concepción de El Alto, en 7 de enero de 1788, se casó **Juan Enrique López**, h.l. de José Lino López y de Tomasina Mercado con **María Dominga Pino,** h.l. de Juan Pino y de Juana Rodríguez.

Díaz, Isidro con González, Pascuala
F.5: En la Iglesia del Sr. San José de Ovanta, en 25 de febrero de 1788, se casó a **Isidro Díaz** h.l. de los finados Juan Domingo y Dominga Mercado; con **Pascuala Gómez**, h.n. de Ana Gómez. , vecinos del curato de Marapa, jurisdicción de Tucumán. Ps.: José González y María Ignacia Arévalo. Se velaron en 18 de junio del citado año. Ps.: los mismos.

Arias, Estanislao con Chancay, Ana
F.5v: En esta Iglesia Parroquial, en 7 de mayo de 1788, se casó a **Estanislao Arias** h.l. del finado Ignacio Arias y de Juliana… con **Ana Chancay** h.n. de Bartolina Chancay. Ps.: Dn. Luis Márquez y Da… Márquez.

Cevallos, Dn. José con Gómez, Da. Paulina
F.5v: En esta Iglesia Parroquial, en 28 de mayo de 1788, se casó a Dn. **José Cevallos** natural de la ciudad de la Paz, h.l. de Dn. Francisco Cevallos y de Da. Juana Andrade con Da. **Paulina Gómez o González** h.l. del finado Dn. José Antonio y de Da. María Páez. Ps.: Dn. Mariano Mendoza y Da. Cecilia Páez.

Hernández, Miguel con Aráoz, María Francisca
F.5v: En la Iglesia del Sor San José de Ovanta, en 18 de junio de 1788, se casó a **Miguel Hernández** h.l. de los finados José y Josefa Cabrera o Cabezas con **María Francisca Araoz** h.l. del finado Ramón Aráoz y de Elena Morinega. Ps.: Juan Tomás Rosales y Manuela Rosales.

Pino, Juan Agustín con Domínguez, María Casilda
F.5v: En esta Iglesia Parroquial, en 23 de junio de 1788, se casó a **Juan Agustín Pino** h.n. de Rafaela Pino con **María Casilda Domínguez** h.l. del finado Francisco Javier Domínguez y de María Luján. Ps.: Dn. Clemente Lujan y Da. María de las Nieves Medina.

Aredes, José Domingo con Chávez, María del Rosario
F.6. En la Iglesia de Vilismano, en 6 de agosto de 1788, se casó a **José Domingo Aredes**, h.l. de los finados Agustín Aredes y de Micaela Pacheco; con **María del Rosario Chávez**, h.l. de Agustín Chávez y de María de

la Cruz Cárdenas. Ps.: Dn. Ramón Barros y Victoria Cuello.

Rodríguez, Mateo con Rosales María Eugenia
F.6: En esta Iglesia Parroquial en 5 de noviembre de 1788, se casó a **Mateo Rodríguez**, feligrés del curato de Marapa, h.l. de Marcos y de la finada Gregoria Brito, con **María Eugenia Rosales**, de esta feligresía, h.l. de los finados Miguel Rosales y de Ignacia Díaz. Ps.: José González y María Ignacia Mercado.

Páez, Dn. Juan Fermín con Gutiérrez, María José
F.6: En la Iglesia de Vilismano en 18 de noviembre de 1788, se casó a **Juan Fermín Páez** h.l. de Dn. Juan Dionisio Páez y de Da. Petrona Vera, con **María José a Gutiérrez** h.l. del finado José Gutiérrez y de Pascuala Matamoros. Ps.: Dn. Alejandro Rojas y Da. María Medina.

Segovia, Carlos con Ibáñez, Josefa
F.6: En la Iglesia de Vilismano, en 8 de diciembre de 1788, se casó a **Carlos Segovia**, vecino de Salta, h.l. de Luis Segovia y de María Barroso, con **Josefa Ibáñez** viuda velada de José Ovejero. Ps.: Miguel Sánchez y Pascuala Albarracín.

Ahumada, Dn. Alejo con Valdéz, Teodora
F.6: En esta Iglesia Parroquial de la Concepción de El Alto, en el día 23 de febrero de 1789, se casó Dn. **Alejo Ahumada**, feligrés de este curato, h.l. de Dn. Manuel Ahumada y de Da. Isabel Aguilar, con Da. **María Teodora Valdéz**, h.l. de Dn. José Miguel Valdéz y de Da. María Pedernera. Ps.: Dn. Victorino Espeche y Da. María Simona Gómez.

Gutiérrez, Dn. Jacinto con Leiva, Da. María Serafina
F.6: En esta Iglesia Parroquial, en 9 de mayo de 1789, se casó a Dn. **Jacinto Gutiérrez** h.l. del finado José Gutiérrez y de Da. Pascuala Matamoros, con **María Serafina Leiva** h.l. de Dn. Antonio Leiva y de Lucia Paz. Ps.: Dn. Miguel Urreola y Dn. Rosa Bulacia.

Acosta, Dionisio con Artaza, María Petrona
F.6v: En esta Iglesia Parroquial, en 4 de julio de 1789, se casó a **Dionisio Acosta** h.l. de Tomás y de Águeda Coronel con **María Petrona Artaza** h.l. de José Artaza y de la finada Marcela Soria. Ps.: Dn. Agustín Ocón y Paulina Barraza.

González, Martín con Vargas Machuca, Isabel
F.6v: En la Iglesia de los Manantiales, en 15 de julio de 1789, se casó a **Martin González** h.l. del finado Carlos González y de Antonia Acosta, con **Isabel Vargas Machuca**, h.l. del finado José Esteban Machuca y de Cecilia Guamán. Ps.: Dn. Jacinto Rivera y Da. Silveria Guerreros.

Agüero, Dn. Ramón con Mancilla Francisca
F.6v: En esta Iglesia Parroquial, en 12 de agosto de 1789, se casó a Dn. **Ramón Agüero**, de esta feligresía, h.l. de Dn. Sebastián Agüero y de Da. Petrona Quiroga, difuntos; con **Francisca Mansilla** h.l. de ¿German, Ramón? Mansilla y de Micaela Pinto. Ps.: Dn. Manuel Hernández y José a Herrera.

Romano, José Gerardo con Osores, María Juana
F.6v: En esta Iglesia Parroquial, en 6 de octubre de 1789 se casó a **José Gerardo Romano** h.l. del finado Alberto Romano y de Gabriela Varela, con **María Juana Osores**, h.n. de María Antonia Osores. Ps.: Juan Castellanos y Petrona Artaza.

Caravajal, Mariano con Reyes, María Andrea
F.6v: En esta Iglesia Parroquial, en 18 de noviembre de 1789, se casó a **Mariano Caravajal** h.l. de los finados José Antonio Caravajal y de Martina Soria, con **María Andrea Reyes**, h.n. de Narcisa Reyes. Ps.: Dn. Mariano Mendoza y Ana María Soria.

Orellana, Miguel con Pacheco, María
F.6v: En esta Iglesia Parroquial, en 18 Díaz del mes de enero de 1790, se casó a **Miguel Orellana**, h.l. de Prudencio Orellana y de Micaela Romero; con **María Pacheco**, de esta feligresía, h.l. de Pedro Alejo Pacheco y de Margarita Vera. Ps.: Juan José Arévalo y Josefa Cejas.

Flores, Miguel con Lobo María, Francisca
F.7: En esta Iglesia Parroquial, en 4 de febrero de 1790, se casó a **Miguel Flores**, h.l. de los finados Juan Andrés Flores y de María Eusebia Mancilla, con **María Francisca Lobo**, h.l. de Francisco Lobo y de Feliciana Barrera. Ps.: Dn. Juan Manuel Hernández y Da. Cecilia Paz.

Leiva, José Claudio con Jiménez, María Margarita
F.7: En esta Iglesia Parroquial, en 10 de febrero de 1790, se casó a José Claudio **Leiva**, h.l. de Dn. José Leiva y de Da. Josefa Páez, con **María Margarita Jiménez**, h.l. de Dn. Juan Andrés Jiménez y de María Burgos, difunta. Ps.: Dn. José Cevallos y Da. Paulina González.

Flores, Luis Andrés con Tolabi, María Juana
F.7: En esta Iglesia Parroquial, en 13 de febrero de 1790, se casó a **Luis Andrés Flores**, h.l. de Gerónimo Flores y de la finada María Rosa Díaz, con **María Juana Tolabi**, h.n. de Ana Tolabi. Ps.: Lino Segura y Gerónima Quiroga.

Zelaya, Juan con Rodríguez, Ludgarda
F.7: En esta Iglesia Parroquial, en 15 de febrero de 1790, se casó a **Juan Antonio Zelaya**, h.n. de Juana Zelaya, con Ludgarda Rodríguez, h.l. de José

Rodríguez y de María Luisa Vildósola. Ps.: José Domingo Artaza y Agustina Rodríguez.

Cerda, Juan Fernando con Flores, María Rosa
F.7: En esta Iglesia Parroquial, en 27 de abril de 1790, se casó a **Juan Fernando Cerda**, h.l. del finado Tomás Cerda y de Gabriela Aráoz, con **María Rosa Flores, h.n.** de Juan Andrés Flores ya difunto. Ps.: Cayetano Arévalo y Luisa Quiroga.

Ibáñez, Dn. Pedro con Agüero, María Rosa
F.7v: En la Iglesia de Ovanta, en 10 de mayo de 1790, se casó a Dn. **Pedro Ibáñez** h.l. del finado Dn. Gregorio Ibáñez y de Da. Petrona Reinoso, con **María Rosa Agüero**, feligresa del curato rectoral de Catamarca, h.n. de Da. María Bárbara Agüero. Ps.: Dn. Juan Pablo Guerreros y Da. Bernarda Reyes.

Zelarayán, Dn. Basilio con Armas, Juana
F.7v: En la Iglesia de Ovanta, en 11 de mayo de 1790, se casó a Dn. **Basilio Zelarayán**, feligrés del curato de Marapa, h.l. de Dn. Ignacio Zelarayán y de Da. Valeriana Gramajo, con **Juana Armas** de esta feligresía, h.l. de los finados Mariano Armas y Francisca Ibáñez. Ps.: Andrés Melián y Estefanía Díaz.

Argañarás, Santiago con Nieva, María Antonia
F.7v: En la Iglesia de Ovanta, en 12 de mayo de 1790, se casó a **Santiago Argañarás**, viudo de Rosa Ramírez, con **María Antonia Nieva**, viuda velada de Juan Tomás Rosales. Ps.: Tomás Barrientos y Francisca Paz.

Barrientos, Vicente con Paz, María del Tránsito
F.7v: En la Iglesia de los Manantiales, en 15 de julio de 1790, se casó a **Vicente Barrientos** h.l. de Mateo Barrientos y de María Díaz, con **María del Tránsito Paz**, h.l. del finado Juan José Paz y de Antonia Reinoso. Ps.: Dn. Mariano Vega y Juliana Díaz.

Jiménez, Juan Andrés con Paz, María Nicolasa
F.7v: En esta Iglesia Parroquial, en 4 de noviembre de 1790, se casó a **Juan Andrés Jiménez** viudo de la finada María Burgos, con **María Nicolasa Paz** (según nota marginal es Paz. En la partida figura como Páez)), viuda velada de Pascual Guarás. Ps.: Dn. Agustín Molina y Da. Cecilia Páez.

Leiva, Laurencio con Leiva, Marcela
F.7v: En esta Iglesia Parroquial, en 1 de diciembre de 1790. Se casó a **Laurencio**, esclavo del Capitán Francisco Leiva, con **Marcela** esclava del mismo Capitán. Ps.: José Luis Saavedra y Da. Laurencia Leiva. Se velaron en la celebración de la misa el día 20 de enero del año siguiente. Ps.: los mismos.

Díaz, Valentín con Fernández, María Gregoria
F.8: En esta Iglesia Parroquial, en 18 de diciembre de 1790, se casó a **Valentín Díaz**, h.l. de los finados Mariano Díaz y Juana Teresa Quiroga, con **María Gregoria Fernández**, feligresa del curato rectoral de Catamarca, h.n. de la finada Marcela Fernández. Ps.: Dn. José Medina y Da. Francisca Medina. Se velaron el 20 de enero del siguiente año. Ps.: Pedro Ojeda y Bartolina Ojeda.

Zurita, Juan Nicolás con Ramo María Josefa
F.8: En la Iglesia de Vilismano, en 15 de mayo de 1791 se casó **Juan Nicolás Zurita** h.l. de José Zurita y de Andrea Pacheco, con **María Josefa Ramos**, h.n. de María Ramos. Ps.: Dn. Fernando Vera y Da. Bartolina ¿Páez?

Luján, Juan Feliciano con Barrionuevo, Luisa
F.8: En la Iglesia de Vilismano, en 1 de agosto de 1791, se casó a **Juan Feliciano Luján** h.l. del finado Juan Miguel Luján y de María Josefa Córdoba, con **María Luisa Barrionuevo**, h.l. de los finados Valentín Barrionuevo y Andrea Ríos. Ps.: José Ávila y María Nicolasa Lujan.

Chazarreta, José Antonio con Díaz, María Dominga.
F.8: En esta Iglesia Parroquial, en 27 de octubre de 1791, se casó a **José Antonio Chazarreta** h.l. del finado Martin Chazarreta y de María Pinto, con **María Dominga Díaz**, h.n. de Casilda Díaz. Ps.: Juan Tomás Medina y Francisca Flores.

Acosta, Juan Ramón con Burgos, María Estefanía
F.8: En la Iglesia de Vilismano, en 21 de noviembre de 1791, se casó a **Juan Ramón Acosta** de la feligresía del rectoral de Catamarca, h.l. de los finados Nicolás Acosta y de María Luisa Nieva, con **María Estefanía Burgos**, h.l. de Santos Burgos y de Juana Rosa Acosta. Ps.: Juan Pérez y María Gregoria Verón.

Armas, José Domingo con Romano, María Antonia
F.8v: En esta Iglesia Parroquial, en 24 de noviembre de 1791, se casó a **José Domingo Armas** h.n. de la finada María de las Mercedes Armas, con **María Antonia Romano**, h.l. de Ramón Romano y de María Albornoz. Ts.: Dn. Martin Rizo Patrón, Dn. Pedro Pablo Rizo Patrón, entre otros (sic). Ps.: Juan Tomás Paz y María Inés Alcaráz.

Mendoza, José Olegario con Cortés, Bárbara
F.8v: En esta Iglesia Parroquial, en 18 de enero de 1792, se casó a **José Olegario** esclavo de Dn. Francisco Mendoza, con **Bárbara Cortes**, h.l. de Juan José Cortes de Ana María Córdoba. Ps.: Mariano Mendoza y María Inés Alcaráz.

Albarracín, Juan Nicolás con Guerreros, María Petrona
F.8v: En esta Iglesia Parroquial, en 6 de febrero de 1792, se casó a **Juan Nicolás Albarracín**, h.l. del Capitán Dn. Santiago Albarracín y de Da. Francisca Barrientos, con **María Petrona Guerreros**, h.l. de los finados Miguel Guerreros y de Jacinta Páez. Ps.: Dn. Mariano Bepre y Da. María Teresa Astudillo.

Cisternas, Juan con Burgos, Marcela
F.8v: En la Iglesia de la Quebrada, en 16 de febrero de 1792, se casó a **Juan Cisternas**, viudo de María Falcón, con **Marcela Burgos**, viuda de Juan Domingo Ocón, de esta misma feligresía. No se velaron por ser la mujer velada en el primer matrimonio. Ps.: Dn. Fernando Espeche y Ana Goitia.

Rojas, Miguel Gerónimo con Lazo, María Rosa
F.8v: En la Iglesia de la Quebrada, en 16 de febrero de 1792, se casó a **Miguel Gerónimo Rojas** h.n. de Bartolina Rojas, con **María Rosa Lazo**, h.l. del finado Tomás Laso y de Micaela Ledesma. Ps.: José Tolosa y María Magdalena Zurita.

Pérez, José Domingo con Ledesma, Juana
F.8v: En la Iglesia de la Quebrada, en 17 de febrero de 1792, se casó a **José Domingo Pérez**, de esta feligresía, h.l. de los finados José Pérez y Francisca Moyano, con **Juana Ledesma**, h.n. de Feliciana Ledesma. Ps. Juan Andrés Domínguez y Domingo Leiva

Domínguez, José con Peñaflor Francisca
F.9: En la Iglesia de la Quebrada, en 17 de febrero de 1792, se casó a **José Deceano Domínguez**, h.l. de los finados Nicolás Domínguez y de Francisca Paz, con **Francisca Peñaflor** h.n. de Narcisa Peñaflor. Ps.: Bernardo Frías y María Ignacia Paz.

González, Julián con Páez, Tomasina
F.9: En la Iglesia de la Quebrada, en 20 de febrero de 1792, se casó a **Julián González** h.l. de Santos González y Juana Rosa Acosta, con **Tomasina Páez**, h.l. del finado Dn. Juan Dionisio Páez, y de Da. Petrona Vera. Ps.: Dn. Ramón Vera y Da. María del Carmen Oviedo.

Lazo, Pedro Pablo con Ledesma, Francisca Antonia
F.9: En esta Iglesia Parroquial, en 19 de abril de 1792, se casó a **Pedro Pablo Lazo**, h.l. de los finados Pedro Lazo y de Micaela Ibáñez, con **Francisca Antonia Ledesma** h.l. del finado Guillermo Ledesma y de María Rosa Cuello. Ps.: Miguel Ibáñez y Anastasia Domínguez.

Barrientos, Juan con Abrego, Gregoria
F.9: En esta Iglesia Parroquial, en 20 de abril de 1792, se casó a **Juan Barrientos** h.l. de Nicolás Barrientos y de Prudencia Nieva; con **Gregoria Abrego**, h.l. de los finados Juan Abrego y de María del Carmen Alcaráz. Ps.: Juan Méndez y Francisca Paz.

Romano, Juan Andrés con Jiménez, María
F.9: En esta Iglesia Parroquial, en 22 de abril de 1792, se casó a **Juan Andrés Romano**, h.l. del finado Alberto Romano y de Gabriela Varela, con **María Felipa Jiménez**, h.l. del finado Juan Jiménez y de Francisca Juárez. Ps.: Pedro Saavedra y María Ruiz.

Arévalo, Agustín con Aguirre, María Candelaria
F.9: En la Iglesia de Vilismano, en 30 de abril de 1792 se casó a **Agustín Antonio Arévalo**, h.l. de Ramón Arévalo y de la finada María Villalba, con **María Candelaria Aguirre**, h.l. del finado Bernardo Aguirre y de María Antonia Ibáñez. Ps.: Pedro Ponce y Rosa Lujan.

Aguirre, Juan Tomás con Pardo, Gregoria
F.9v: En la Iglesia de Vilismano, en 12 de mayo de 1792, se casó a **Juan Tomás Aguirre**, h.l. de los finados Agustín Aguirre y Jacinta Sosa, con **Gregoria Pardo**, viuda velada de Bernardo Romero. Ps.: Julián González y María Tomasina Páez.

Bustos, Juan José con Cárdenas, Manuela
F.9v: En la Iglesia de Vilismano, en 14 de mayo de 1792, se casó a **Juan José Bustos** h.l. de Francisco Javier Bustos y de la finada María Paula Martínez, con **Manuela Cárdenas** h.l. de los finados Pedro Pablo Cárdenas y de Josefa Fernández. Ps.: Juan Navarro y María Josefa Velardes.

Domínguez, Juan Andrés con Cardoso, María Susana
F.9v: En la Iglesia de Vilismano, en 21 de mayo de 1792, se casó a **Juan Andrés Domínguez**, h.l. del finado Francisco Domínguez y de Prudencia Paz, con **María Susana Cardoso**, h.l. del finado Enrique Cardoso y de Teresa Díaz. Ps.: Tomás Rodríguez e Isidora Pedraza.

Ponce, Dn. Pedro con Pacheco María de la Trinidad
F.9v: En la Iglesia de Vilismano, en 1.° de junio de 1792, se casó a **Pedro Ponce** h.l. de los finados Dn. José Ponce y de Da. María Francisca Ramírez, con **María de la Trinidad Pacho** (en nota marginal figura como Pacheco), viuda velada de Miguel Domínguez. Ps.: Fernando Vera y María Ignacia Ibáñez.

Luján, José Ignacio con Arévalo, Juana Petrona
F.9v: En la Iglesia de Vilismano, en 6 de junio de 1792, se casó a **José Ignacio Lujan**, h.l. del finado Juan

Miguel Lujan y de María José a Córdoba, con **Juana Petrona Arévalo**, h.l. de los finados Narciso Arévalo y de María Inés Escasuso. Ps.: Juan José Arévalo y Josefa Cejas.

Paz, José Francisco con Leguizamón, María de la Cruz
F.9v: En la Iglesia de Vilismano, en 11 de junio de 1792, se casó a **José Francisco Paz**, h.l. de Juan Pedro Paz y de Sabina Rosa Barrionuevo, con **María de la Cruz Leguizamón**, hl de Andrés Leguizamón y de Estefanía Díaz. Ps.: Isidro Guerreros y Pabla Jaimes.

Figueroa, Francisco Antonio con Ibáñez, María Dionisia
F.10: En la Iglesia de Vilismano, en 1 de julio de 1792, se casó a **Francisco Antonio Figueroa**, h.n. de Lucia Figueroa, con **María Dionisia Ibáñez** h.l. del finado José Ibáñez y de Teresa Ortiz. Ps.: Pedro Nolasco Díaz y María Antonia Bravo.

Cárdenas, Juan Antonio con Mercado, Margarita
F.10: En la Iglesia de Vilismano, en 20 de agosto de 1792, se casó a **Juan Antonio Cárdenas**, h.n. de la finada José a Cárdenas, con **Margarita Mercado** (no figuran los padres). Ps.: Martin Paz y Gregoria…

Falcón, Lorenzo con Cordero, María Gregoria
F.10: En la Iglesia de Vilismano, en 6 de agosto de 1792, se casó a **Lorenzo Falcón**, h.l. de los finados Lorenzo Falcón y María Ibáñez, con **María Gregoria Cordero**, h.n. de Pascuala Cordero. Ps.: Dionisio Acosta y Petrona Artaza.

Lobo, Pedro Antonio con Díaz, Petrona Celestina
F.10: En la Iglesia de Vilismano, en 2 de octubre de 1792, se casó a **Pedro Antonio Lobo**, h.l. de Manuel Lobo y de Feliciana Quiroga, con **Petrona Celestina Díaz**, h.l. de Santiago Díaz y de María Santos Figueroa. Ps.: Felipe Lobo y María Rosa Lujan.

Bayón, Antonio con Carrizo, María Gabriela.
F.10: En la Iglesia de Vilismano, en 3 de octubre de 1792, se casó a **Antonio Bayón**, h.n. de Juana Simona Bayón, con **María Gabriela Carrizo**, h.l. del finado Ignacio Carrizo y de María del Tránsito Pérez. Ps.: Miguel Gerónimo Artaza y María Aurelia, Paulina Páez.

Ocón, José Toribio con Villalba, María del Carmen
F.10: En la Iglesia de Vilismano, en 3 de octubre de 1792. Se casó a **José Toribio Ocón**, h.l. de Juan Domingo Ocón y de María del Carmen Villalba, con **María de las Mercedes Burgos**, h.l. del finado Guillermo Burgos y de Gregoria y de Gregoria Ramírez. Ps.: Hermenegildo Vega y María Antonia González.

Agüero, José Lucas con Burgos, María Santos
F.10v. En la Iglesia parroquial de Vilismano, 16 de octubre de 1792, se casó a **José Lucas Agüero** de esta feligresía h.l. de los finados Roque Agüero y María Gómez con **María Santos Burgos** de esta feligresía h.l. del finado, Guillermo Burgos y Gregoria Ramírez. Ps.: Juan, Tomás Jeréz y Micaela Cabral. *Nota:* En la información matrimonial levantada a tal efecto (Exp.3200), se puede leer: "José Luis Agüero, hijo de legítimo de los finado Jacinto Agüero y de María Gómez pretende contraen matrimonio con María santos Burgos, h.l. de Guillermo Burgos y de María Gregoria Ramírez; tienen impedimento de delito público en primer grado de línea transversal por haber consumado cópula ilícita con dicha María Santos Burgos, Antonio Leandro Agüero, hermano de dicho pretendiente, ellos son pobrísimos y viven amancebados hace 10 años a esta parte, Dn.de han resultado tres hijos con nota y escándalo de la gente y amenaza de la justicia, se quieren bien, viven en el campo Dn.de hay más peligro de ofender a Dios que en una ciudad." La dispensa está fechada en Tucumán el 28 de septiembre de 1792.

Peñaflor, Bernardo con Quiroga, María Celedonia
F.10v En Vilismano el 16 de octubre de 1792. Se casó a **Bernardo Peñaflor**, h.l. del finado Luis Peñaflor y de Lorenza Corbalán con **María Celedonia Quiroga**, de esta feligresía, hija natural de la finada María Josefa Quiroga. Ps.: Juan Bautista Nieva y Ana María Agüero.

Jiménez, Juan José con Ortiz, María Nicolasa
F.10v. En Vilismano el 18 de octubre de 1792, se casó a **Juan José Jiménez**, h.l. de Apolinar Jiménez y de Leocadia Ferreira con **María Nicolasa Ortiz** hija natural de la finada Ignacia Ortiz, ambos de esta feligresía. Ps.: Juan José Álvarez y Pascual, Albarracín.

Álvarez, Ramón Antonio con Cisneros, María Luisa
F.10v. En Vilismano el 11 de noviembre de 1792, se casó a **Ramón Antonio Álvarez** h.l. de los finados Dn. Juan José Álvarez y Da. Juana Cisternas, con María **Luisa Cisneros** de esta feligresía h.l. de Dn. Esteban Cisneros y de Da. Margarita Ponce. Ps.: Francisco Ávila y Manuela Cisneros.

Pereira, Juan José con Rosales, Bernarda
F. 10v. En la iglesia parroquial el 22 de noviembre de 1792, dispensado el impedimento de cuarto grado de consanguinidad, se casó a **Juan José Pereira**, h.l. de Adrián Pereira y de María Josefa Rosales, con **Bernarda Rosales**, hija, legítima del finado, Nicolás Rosales y de Feliciana Paz. Ps.: Dn. Pedro Cabral y Dn. Francisco Aguirre.

Barrera, Francisco con Palomeque, Francisca
F.11: En esta Iglesia Parroquial, en 9 de enero de 1793, se casó a **Francisco Barrera**, h.l. de Agustín Barrera y de la finada Ana Quiroga, con **Francisca Palomeque**, h.l. de los finados Alonso Palomeque y de Agustina Toledo. Ps.: Juan Quiroga y Francisca Reinoso.

Quiroga Ramón Antonio con Arévalo, María Manuela
F.11: En esta Iglesia Parroquial, en 6 de febrero de 1793, se casó a **Ramón Antonio Quiroga**, h.l. del finado Miguel Francisco Quiroga y de Margarita Soria, con **María Manuela Arévalo**, h.l. de Ramón Arévalo y de la finada María Villalba. Ps.: Egidio Soria y María Isabel Leiva.

Morales, Hilario con Jiménez, María Juana
F.11: En esta Iglesia Parroquial, en 9 de febrero de 1793, se casó a **Hilario Morales**, viudo de María Martina Quiroga, con **María Juana Jiménez**, h.l. de José Jiménez y de María Gerónima Pardo. Ps.: Juan José Arévalo y José a Cejas.

Cevallos, Dn. José con Bulacia, Da. María Genuaria
F.11: En esta Iglesia Parroquial de Concepción de El Alto, en 9 de febrero de 1793, dispensado el impedimento en segundo grado de afinidad lícita, se casó a Dn. **José Cevallos**, viudo de Da. María Paulina González, con Da. **María Genuaria Bulacia**. (no se Da. la filiación de la contrayente) Ps.: Dn. José Martín de Rizo Patrón.

Barrientos, José Agustín con Casilla, María del Rosario.
F.11: En esta Iglesia de los Manantiales, en 29 de abril de 1793, se casó a **José Agustín Barrientos**, h.l. de los finados Mateo Barrientos y de Ana María González, con **María** del Rosario **Casillas**, viuda velada de Juan Clemente Galván. Ps.: Juan Crespín Díaz y Pascuala Albarracín.

Carrizo, Juan Pedro con Lazo, María
F.11v: En esta Iglesia Parroquial, en 20 de mayo de 1793, se casó a **Juan Pedro Carrizo**, h.l. de Nicolás Carrizo y de Bernardina Crespín, con **María Lazo**, h.l. del finado Patricio y de María Petrona Concha. Ps.: Dn. Juan Luis Castro y Da. María de los Dolores Castro.

Domínguez, Victoriano con Jaimes, Lorenza
F.11v: En la Iglesia de Vilismano, en 10 de junio de 1793, se casó a **Victoriano Domínguez**, h.l. de los finados Francisco Javier Domínguez y de Josefa Escasuso, con **Lorenza Jaimes**, h. adoptiva de Andrés Jaimes y de Petrona Lobo. Ps.: Fernando Islas y María Águeda Coronel.

Lobo, Felipe Santiago con Concha, María Bartolina
F.11v: En esta Iglesia Parroquial, en 15 de junio de 1793, se casó a **Felipe Santiago Lobo**, viudo de Justa Domínguez, con **María Bartolina Concha**, viuda velada de Juan José Pérez. Ps.: Dn. Luis Leiva y María Amaya.

Arias, Fermín con Márquez, María Victoria
F.11v: En esta Iglesia de Ovanta, en 20 de junio de 1793, se casó a **Fermín Arias**, h.l. de los finados Ignacio Arias y de Juana Paula Mansilla, con **María Victoria Márquez**, h.l. del finado Tomás Márquez y de Casimira Ledesma. Ps.: Dn. Fernando Márquez y Da. María… Vera.

Vázquez, Bonifacio con Toledo, María Magdalena
F.11v: En esta Iglesia de Ovanta, en 20 de junio de 1793, se casó a **Bonifacio Vázquez**, viudo de Bartolina Rodríguez, con **María Magdalena Toledo**, h.n. de la finada María Victoriana Toledo. Ps.: León Valdéz y Juana Agüero.

Jiménez, Juan Ignacio con Falcón, María Gertrudis
F.12: En esta Iglesia Parroquial, en 12 de julio de 1793, se casó a **Juan Ignacio Jiménez**, feligrés del curato rectoral de Catamarca, h.l. del finado Bonifacio Jiménez y de Isabel Crespín con **María Gertrudis Falcón**, h.l. de Francisco Falcón y de la finada Ana Rodríguez. Ps.: Juan Cisternas y Bartolina Ojeda.

Ortiz, Martín con Peñaflor, Narcisa
F.12: En esta Iglesia Parroquial, en 18 de julio de 1793, se casó a **Martín Ortiz**, h.l. de los finados Miguel Ortiz y de Rosa Páez, con **Narcisa Peñaflor**, h.l. de Bartolomé Peñaflor y de María Romero. Ps.: Juan Quiroga y Clara Varela.

Contreras, Vicente con Frogel, María Rafaela
F.12: En la Iglesia de Vilismano, en 12 de agosto de 1793, se casó a **Vicente Contreras**, h.n. de María Contreras, con **María Rafaela Frogel**, h.l. de Dn. Carlos y de la finada Da. María Francisca Pereira. Ps.: Domingo Gutiérrez y María de la Concepción Gutiérrez.

Reinoso, Martín con Reyes, Martina
F.12: En esta Iglesia Parroquial, en 1.° de septiembre de 1793, se casó a **Martín Reinoso**, viudo de Josefa Ortiz, con **Martina Reyes** h.n. de Narcisa Reyes, india libre. Ps.: Pedro Díaz y Pascuala Albarracín.

Rizo Patrón, Dn. Juan Antonio con Espeche, Da. María del Pilar
F.12: En esta Iglesia Parroquial, en 12 de septiembre de 1793, se casó a Dn. **Juan Antonio de Rizo Patrón**,

h.l. del finado Dn. Antonio de Rizo Patrón y de Da. Petronila Segura, con Da. **María del Pilar Espeche**, h.l. de Dn. Victoriano Espeche y de Da. María Simona Gómez. Ps.: Dn. Felipe Márquez y Dn. Laurencio Leiva. Se velaron el 20 del mismo mes y año. Ps.: los mismos del casamiento y Da. María Magdalena Márquez.

Guamán, Juan Bautista con Pereira, Juana Petrona
F.12: En esta Iglesia Parroquial, en 26 de septiembre de 1793, se casó a **Juan Bautista Guamán**, h.n. de María Cecilia Guamán, con **Juana Petrona Pereira**, h.l. de Adrián Pereira y de María Josefa Rosales. Ps.: Martin Paz y María del Transito Paz.

Ayunta, Juan Bartolomé con Flores, María de los Dolores.
F.12v: En esta Iglesia Parroquial, en 17 de octubre de 1793, se casó a **Juan Bartolomé Aunta**, h.n. de la finada Antonia, con **María de los Dolores Flores**, h.l. de los finados Gerónimo Flores y de Rosa Díaz. Ps.: Francisco Lindón e Ignacia Mansilla.

Nieva, Tomás con Toledo, Marcelina
F.12v: En esta Iglesia Parroquial, en 28 de octubre de 1793, se casó a **Tomás Nieva**, viudo de Francisca Zurita, con **Marcelina Toledo**, h.l. de Roque Toledo y de Agustina Flores. Ps.: Juan Gregorio Páez e Ignacia ¿Paz?

González, Francisco con Jiménez, María Tomasina
F.12v: En la Iglesia del Señor San José de Ovanta, en 13 de noviembre de 1793, se casó a **Francisco González**, h.n. de María Dominga González, con **María Tomasina Jiménez**, h.l. de Pedro Nolasco Jiménez y de Petrona Orellana. Ps.: Julián Luna y María Paula Figueroa.

Díaz, Juan Nicolás con Corte, Catalina
F.12v: En esta Iglesia Parroquial, en 16 de noviembre de 1793, se casó a **Juan Nicolás Díaz**, h.n. de Bartolina Díaz, con **Catalina Corte**, h.l. de los finados José Marcos Corte y de María de las Mercedes Lindón. Ps.: Fernando Islas y María Ana Coronel.

Moyano, Juan Andrés con Ibáñez, Agustina Rosa
F.12v: En la Iglesia de Vilismano, en 13 de enero de 1794, se casó a **Juan Andrés Moyano**, h.l. de los finados Vicente Moyano y María Rosa Pinto, con **Agustina Rosa Ibáñez**, h.n. de la finada María de la Cruz Ibáñez. Ps.: Fernando Vera e Ignacia Ibáñez.

Rodríguez, José Eugenio con NN
F.13: En esta Iglesia Parroquial, en 18 de enero de 1794, se casó a **José Eugenio Rodríguez**, h.l. de Tomás Rodríguez y de la finada María Concha, con María Luisa Crespín, h.n. de la finada María Magdalena Crespín. Ps.: Dn. José Ignacio Espeche e Isidora Pedraza.

Mansilla, José Álvaro con Mansilla, María Ignacia
F.13: En esta Iglesia Parroquial, en 20 de enero de 1794, se casó a **José Álvaro Mansilla**, feligrés del curato del rectoral de Catamarca, h.l. de Mateo Mansilla y de Juana Ferreira, con **María Ignacia Mansilla**, h.l. de José Norberto Mansilla y de José a Herrera. Ps.: Francisco Antonio Varela y Clara Varela.

Candi, José Justo con Masilla, María Narcisa
F.13: En la Iglesia de Vilismano, en 27 de enero de 1794, se casó a **José Justo Candi**, h. adoptivo de Calixto Candi y de María Garzón, con **María Narcisa Mansilla** h.n. de la finada Juliana Mansilla. Ps.: Felipe Lobo y ¿Bartolina Concha?

Luna, Pedro Pablo con Sandi, Gregoria
F.13: En esta Iglesia Parroquial, en 17 de febrero de 1794, se casó a **Pedro Pablo Luna**, de la jurisdicción de Córdoba, paraje de Guayascate, h.l. de los finados Gerónimo de Luna y de Petrona Olarreaga, con **Gregoria Sandi**, viuda velada de Francisco Cabrera. Ps.: Dn. Victorino Espeche y Da. María Juana Leiva.

Díaz, José Martín con Ibáñez, Ana María
F.13: En esta Iglesia Parroquial, en 26 de febrero de 1794, se casó a **José Martin Díaz**, h.l. del finado Felipe Santiago Díaz y de Bartolina Campos; con **Ana María Ibáñez**, h.l. de Juan Tomás Ibáñez y de la finada María Petrona Pacheco. Ps.: Lorenzo Luna y María Luisa Ruíz.

Quiroga, Juan con Ortiz, María del Tránsito
F.13: En esta Iglesia Parroquial, en 26 de febrero de 1794, se casó **Juan Dionisio Quiroga**, h.l. de Pedro Pablo Quiroga y de María Candelaria Aráoz, con **María del Tránsito Ortiz**, h.n. de la finada Juliana Ortiz. Ps.: Dn. Luis Leiva de Da. María Magdalena Márquez.

Véliz, José Manuel con Ibáñez, Antonia
F.13v: En la Iglesia de San José de Ovanta, el 13 de marzo de 1794, **José Manuel Véliz**, de esta feligresía, h.l. del finado Pascual Véliz y de Gerónima Gallardo, con **Ana María Ibáñez**, h.n. de Gerarda Ibáñez. Ps.: Juan José Pereira y Juana Rosa de Luna. Se velaron en dicha Iglesia de Ovanta, en 14 de junio del mismo año. Ps.: Bonifacio Arias y la misma del casamiento.

Reinoso, Juan Nicolás con Luna, María Inés
F.13v: En esta Iglesia Parroquial, en 7 de abril de 1794, se casó a **Juan Nicolás Reinoso**, h.l. del finado Tomás Reinoso y de Ana Casilda Ibáñez, con **María Inés de Luna**, h.l. de Julián Luna y de la finada Marcela Armas. Ts.: Carlos Frogel y Mariano Melián.

Ps.: Basilio Zelarayán y Luisa Figueroa. Se velaron en la Iglesia de Ovanta en 10 de junio con los mismos Ps. de casamiento.

Mansilla, Ignacio con Cisneros, María Rosa.
F.13v: En la Iglesia de Vilismano, en 14 de mayo de 1794, se casó a **Ignacio Mansilla**, feligrés del curato de Silipa, h. adoptivo del finado Agustín Mansilla y de Petrona Coronel con **María Rosa Cisneros**, h.l. de Dn. Esteban Cisneros y de Da. Margarita Ponce. Ps.: Mariano Mendoza e Ignacia Ibáñez.

Rosales, José con Valdéz, Catalina
F.13v: En la Iglesia del Señor San José de Ovanta, en 11 de julio de 1794, se casó a **José Lorenzo Rosales**, h.l. de los finados Miguel Rosales y de Ignacia Díaz, con **Catalina Valdéz**, h.n. de la finada Inés Valdéz. Ps.: Pedro Nolasco Díaz y María Victoria Bravo.

Tula, Juan Agustín con Aráoz, María de las Nieves
F.13v: En esta Iglesia Parroquial, en 28 de julio de 1794, se casó a **Juan Agustín Tula**, feligrés del curato del valle de la Piedra Blanca, h.l. de Dn. José Eugenio Tula y de Da. Gregoria Orquera, con **María de las Nieves Araoz**, h.l. de Lorenzo Araoz y de la finada Petrona Luna. Ps.: Dn. Juan de Urreola y Da. Cecilia Páez.

Contreras, Ignacio con Burgos, María de las Mercedes
F.14: En esta Iglesia Parroquial, en 4 de agosto de 1794, se casó a **Ignacio Contreras**, de esta feligresía, h.n. de la finada María Contreras, con **María de las Mercedes Burgos**, viuda velada de Toribio Ocón. Ps.: Bernabé Jiménez y Ana Goitia.

Lazo, Juan Andrés con Gutiérrez, María de la Concepción
F.14: En esta Iglesia Parroquial, en 6 de agosto de 1794, se casó a **Juan Andrés Laso o Sosa**, viudo de María Inés Escasuso, con **María de la Concepción Gutiérrez**, viuda velada del finado Juan de Nieva. Ps.: Dn. Luis Leiva y Da. María Magdalena Márquez.

Gaitán, Juan Pablo con Albarracín, Inés
F.14: En la Iglesia de Vilismano, en 18 de agosto de 1794, se casó a **Juan Pablo Gaitán**, vecino de la jurisdicción de Córdoba, h.l. de los finados Juan Gaitán y de María Andrea Ochoa, con **Inés Albarracín**, h.n. de Sebastiana Albarracín. Ps.: Antonio Ibalo y Luisa Candi.

Juárez, Gervasio con Toledo, Simona
F.14: En la Iglesia del Sor San José de Ovanta, en 18 de agosto de 1794, se casó a **Gervasio Juárez**, h.n. de Francisca de Borja Juárez, con **Simona Toledo**, viuda velada de Alejandro Luna. Ps.: Justo Cárdenas y Juliana Jiménez.

Páez, José Vicente con Barrios, María de la Encarnación
F.14: En la Iglesia de Vilismano, en 7 de septiembre de 1794, se casó a **José Vicente Páez** h.l. de los finados Dn. Juan Dionisio Páez y de Da. María Petrona Vera, con **María de la Encarnación Barrios**, h.n. de la finada Ana Felipa Barrios. Ps.: Dn. Juan Fermín Páez y Da. María Josefa Gutiérrez.

Saavedra, Dn. José Luis con Bulacia, Da. María Juana
F.14: En esta Iglesia Parroquial, en 11 de septiembre de 1794, se casó a Dn. **José Luis Saavedra**, h.l. de Dn. Pedro Saavedra y de la finada Da. Ana Flores, con Da. **María Juana Bulacia**, h.l. del finado Dn. Juan Nicolás Bulacia y de Da. Juana Cabral. Ps.: José Cevallos y Da. Genuaria Bulacia.

Ramírez, Pedro Antonio con Figueroa, María Dominga
F.14v: En esta Iglesia Parroquial, en 12 de septiembre de 1794, se casó a **Pedro Antonio Ramírez**, h.n. de la finada Rosa Ramírez, con **María Dominga Figueroa**, h.l. de los finados Antonio Figueroa y de Agustina Reinoso. Ps.: Matías Paz y Feliciana Paz.

González, Juan Asencio con Orellana, María de las Mercedes
F.14v: En la Iglesia de Santa Bárbara, en 20 de septiembre de 1794, se casó a **Juan Asencio González**, h.l. de los finados Tomás González y de María de las Mercedes Mercado, con **María de las Mercedes Orellana**, h.n. de María Gregoria Orellana. Ps.: José González y Catalina Soraire.

González, Bartolomé con Ibáñez, Martina
F.14v: En esta Iglesia Parroquial, en 6 de octubre de 1794, se casó a **Bartolomé González**, h.n. de Dominga González, con **Martina Ibáñez**, h.n. de la finada Francisca Ibáñez. Ps.: Juan Lorenzo Pereira y María de las Mercedes González.

Ortiz, Valentín con Arévalo, Lorenza
F.14v: En esta Iglesia Parroquial, en 4 de noviembre de 1794, se casó a **Valentín Ortiz**, viudo de María Campos, con **Lorenza Arévalo**, h.l. de los finados Juan Borja Arévalo y de Margarita Corte. Ps.: Dn. Juan Domingo Albarracín y Da. María del Carmen Conchas.

Barrientos, Alejo con Arroyo, María Juana
F.14v: En esta Iglesia Parroquial de la Concepción de El Alto, en 12 de febrero de 1795, se casó a **Alejo, pardo** esclavo de Dn. Juan Barrientos, viudo de Francisca Rivadeneira, feligrés de este curato, con

María Juana Arroyo, feligresa del curato de la Piedra Blanca, h.l. del finado José Arroyo y de Dominga Eugenia Robledo. Ps.: Francisco Bepre y Da. Prudencia Vera.

Jiménez, Juan Inocencio con González, María de las Mercedes
F.14v: En esta Iglesia Parroquial, en 26 de febrero de 1795 se casó a **Juan Inocencio Jiménez**, h.l. de Pedro Nolasco Jiménez y de Petrona Orellana, con **María de las Mercedes González**, h.l. de ¿Pedro? (inentendible) González y de María de las Mercedes Mercado. Velados en la Iglesia de Ovanta en 30 de abril. Ps. Juan José Paz y María Magdalena Mercado.

Barrionuevo, Dn. Juan Domingo con Luna Juana Rosa
F.15: En esta Iglesia Parroquial de la Concepción de El Alto, en 21 de mayo de 1795, dispensado el impedimento de consanguinidad en tercer grado, se casó a **Juan Domingo Barrionuevo**, feligrés del curato de Piedra Blanca, h.l. de los finados Dn. Rodrigo Barrionuevo y de Da. Petrona Delgado, con **Juana Rosa de Luna**, h.l. de los finados Francisco de Luna y de Pascuala Serrano. Ps.: Dn. Juan Luis Castro y Francisca Mercado.

Mercado, Juan Tomás con González, María Candelaria.
F.15: En esta Iglesia Parroquial de la Concepción de El Alto, en 21 de mayo de 1795 se casó a **Juan Tomás Mercado**, h.l. del finado Luis Beltrán Mercado y de Gerónima Garzón, con **María Candelaria González**, h.l. de los finados Tomás González y de María de las Mercedes Mercado. Ps.: José González y María Magdalena Mercado.

Ledesma, José Mariano con Lazo, María Casilda.
F.15v: En esta Iglesia Parroquial de la Concepción de El Alto, 8 de junio de 1795 se casó a **José Mariano Ledesma**, h.n. de María Ledesma, con **María Casilda Lazo**, h.l. de Juan Domingo Lazo y de María Narcisa Vázquez. Ps.: Joaquín Cuello y María Mercedes Farías.

Burgos, Casimiro con Juárez, María Mercedes
F.15v: En esta Iglesia Parroquial, en 15 de junio de 1795 se casó a **Casimiro Burgos**, h.l. del finado Guillermo Burgos y de Gregoria Ramírez, con **María Mercedes Juárez**, h.l. de los finados Juan Bautista Juárez y de María Mercedes Araoz. Ts.: Dn. Luis Leiva y Dn. Manuel Avellaneda. Ps.: Bernabé Jiménez y Marcela Burgos.

Vázquez, Silvestre con Juárez, María Escolástica
F.15v: En esta Iglesia Parroquial de la Concepción de El Alto, en 1 de agosto de 1795 se casó a **Silvestre Vázquez**, h.l. de Mariano Vásquez y de María Rosa Espíndola, con **María Escolástica Juárez**, h.l. de los finados Miguel Juárez y de Ana María Lobo. Ps.: Juan Andrés Romano y Luisa Albarracín.

Burgos, José Lorenzo con Cabral, María Ignacia
F.15v: En esta Iglesia Parroquial de la Concepción de El Alto, en 26 de agosto de 1795 se casó a Dn. **José Lorenzo Burgos**, viudo de Da. Paula Valdéz, con Da. **María Ignacia Cabral**, h.n. de Bárbara Cabral. Ts.: Dn. Luis Leiva y Dn. Manuel Avellaneda. Ps.: Dn. Luis Leiva y Da. Bernabela Mendoza.

Quiroga, Dn. Luis con Ferreira, Agustina
F.16: En esta Iglesia Parroquial de la Concepción de El Alto, en 31 de agosto de 1795 se casó a Dn. **Luis Quiroga**, h.l. de los finados Dn. Juan José Quiroga y de Da. Isabel de la Lastra, con **Martina Herrera**, h.n. de la finada Bartolina Herrera. Ps.: Dn. Luis Gómez y María de…

Quiroga, Pedro Francisco con Páez, María del Carmen
F.16: En esta Iglesia Parroquial de la Concepción de El Alto, en 3 de septiembre de 1795 se casó a **Pedro Francisco Quiroga**, h.l. del finado Miguel Francisco Quiroga y de Margarita Soria, con **María del Carmen Páez**, h.l. de los finados Antonio Páez y de Simona Castro Ps.: Dn. Juan Manuel Hernández y Da. María Dominga Leiva.

Almaráz, Juan Nicolás con Osores, María Serafina
F.16: En esta Iglesia Parroquial de la Concepción de El Alto, en 7 de septiembre de 1795 se casó a **Juan Nicolás Almaráz**, feligrés del curato rectoral de Catamarca, h.l. de Eugenio Almaraz y de María Juana Espeche, con **María Serafina Osores**, h.l. de Clemente Osores y de Teodora Quiroga. Ps.: Dn. Julián Jeréz y Eugenia Lobo.

Escasuso, José Julián con Figueroa, María Victoria
F.16: En esta Iglesia Parroquial de la Concepción de El Alto, en 9 de septiembre de 1795 se casó a **José Julián Escasuso**, h.n. de Bernarda Escasuso, con **María Victoria Figueroa**, h.l. de Victoriano Figueroa y de Juana Collantes. Ps.: Justo Cárdenas y Juliana Jiménez.

Leiva, Sebastián con Morales, María Candelaria
F.16: En esta Iglesia Parroquial de la Concepción de El Alto, en 5 de octubre de 1795 se casó a **Sebastián Leiva**, h.l. de los finados José Antonio Leiva y de María de la Cruz Ibáñez, con **María Candelaria Morales**, h. adoptiva de los finados Juan Antonio Morales y de Melchora de los Reyes Casas. Ps.: Pedro Francisco Quiroga y María del Carmen Páez.

Paz, José Nicolás con Mercado, María Basilia
F.16v: En esta Iglesia Parroquial de la Concepción de El Alto, en 14 de octubre de 1795 se casó a **José Nicolás Paz**, viudo de Agustina Rosales, con **María Basilia Mercado**, h.l. del finado Luis Beltrán Mercado y de Gerónima Garzón. Ps.: José de Luna y María Antonia Escasuso.

Guarás, Ramón Antonio con Rosales, María Francisca Solana
F.16v: En esta Iglesia Parroquial de la Concepción de El Alto, en 29 de octubre de 1795 se casó a **Ramón Antonio Guarás**, de esta feligresía, h.l. de los finados José Antonio Guarás y de María Ignacia Valdéz, con **María Francisca Solana Rosales**, h.n. de María Eugenia Rosales. Ps.: Basilio Zelarayán y María Ignacia Mercado.

Collantes, Mariano con Barroso, María Clara
F.16v: En esta Iglesia Parroquial de la Concepción de El Alto, en 14 de noviembre de 1795 se casó a **Mariano Collantes**, h.l. de los finados José Collantes y de Juana Paz, con **María Clara Barroso**, h.l. de los finados Pedro Juan Barroso y de María José a Ramírez. Ps.: Dn. Luis Leiva y Da. María Magdalena Márquez.

Mansilla, Manuel Lorenzo con Herrera, María del Tránsito
F.16v: En esta Iglesia Parroquial de la Concepción de El Alto, en 23 de noviembre de 1795 se casó a ¿Manuel? **Lorenzo Mansilla**, h.l. de José Norberto Mansilla y de María Josefa Herrera con **María del Tránsito Herrera**, h.l. del finado Teodoro Herrera y de Antonia Garzón. Ps.: José Alberto Mansilla e Ignacia Mansilla.

Soria, José Eugenio con Zurita, María Bartolina
F.17: En esta Iglesia Parroquial de Vilismano, en 3 de febrero de 1795 se casó a **José Eugenio Soria**, h.n. de María Clara Soria, con **María Bartolina Zurita**, h.n. de la finada María Juana Zurita. Ps.: Bernardo Leiva y María Petrona ¿Barros?

Mansilla, José Justo con Candi, María Luisa
F.17: En esta Iglesia Vice parroquial de Vilismano, en 3 de febrero de 1795 se casó a **José Justo Mansilla**, h.n. de la finada Juliana Mansilla, con **María Luisa Candi**, viuda velada de Antonio Ibala. Ps.: Juan Cipriano Laso y María Laurencia Arévalo.

Pacheco, Silvestre con Cardoso, María de las Mercedes
F.17: En la Iglesia Vice parroquial del Sor de la Agonía del Pueblo de la Quebrada, en 6 de marzo de 1795 se casó a **Silvestre Pacheco**, h.l. del finado Valeriano Pacheco y de María Quiroga, con **María de las Mercedes Cordero**, viuda velada de Roque Acosta. Ps.: Domingo Cisternas y Rosalía Figueroa.

Garzón, Ramón con Lindón, María Micaela
F.17: En la Iglesia del Sor de la Agonía de la Quebrada, en 6 de marzo de 1795, se casó a Ramón Garzón, h.n. de la finada María de los Dolores Garzón con **María Micaela Lindón**, h.n. de María Dionisia Lindón. Ts.: Juan Castellanos y Mateo Osores. No se velaron. Ps.: Bartolomé Peñaflor y Ramona Sánchez.

Córdoba, Patricio con Garzete, María Micaela
F.17v: En la Iglesia de Vilismano, en 11 de agosto de 1795 se casó a **Patricio Córdoba**, h.l. de Francisco Córdoba y de Mariana Soria, con **María Micaela Garzete**, h.n. de María Francisca Garzate. Ps.: Calixto Candi y María Garcete.

Acosta, Pedro con Ávila María Antonia
F.17v: En la Iglesia de Vilismano, en 30 de octubre de 1795 se casó a **Pedro Acosta**, h.l. de los finados Marcos Acosta y de María Bartolina Palomeque, con **María Antonia Ávila**, h.l. de los finados Roque Ávila y de María Ignacia Burgos. Ps.: Luis Ramón Páez y María Petrona Barrios.

Acosta, Pedro José con González, María Dominga
F.17v: En la Iglesia de Vilismano, en 30 de octubre de 1795 se casó a **Pedro José Acosta**, h.l. de los finados José Nicolás Acosta y de María Luisa Nieva, con **María Dominga González**, h.l. de Santos González y de Juana Rosa Acosta. Ts.: Ramón Páez y Santiago Páez. Ps.: Domingo Gutiérrez y María Josefa Nieva.

Romero, Pedro Antonio con Villalba, María Eugenia
F.17v: En la Iglesia de Vilismano, en 5 de noviembre de 1795, se casó a **Pedro Antonio Romero**, h. adoptivo de la finada Felipa Romero, con **María Eugenia Villalba**, h.l. de los finados Alejo Villalba y de Gorgonia Ibáñez. Ps.: Manuel Pérez y Prudencia Domínguez.

Romero, Mateo con Pacheco, María Agustina
F.18: En la Iglesia de Vilismano, en 14 de noviembre de 1795 se casó a **Mateo Romero**, de la feligresía de Ancaste, h.n. de María Antonia Romero, con **María Agustina Pacheco**, h.l. de Pedro Alejo Pacheco y de María Micaela Cancino. Ps.: Juan Gregorio Gómez y María Juana Herrera.

Santucho, Juan Agustín con Ponce, María Clara
F.18: En la Iglesia de Vilismano, en 28 de diciembre de 1795 se casó a **Juan Agustín Santucho**, viudo de María Manuela Ledesma, con **María Clara Ponce**, viuda velada de Juan Dionisio Ibáñez. Ps.: Pedro José Ibáñez y María Gregoria Ponce.

Candi, Valeriano con Bulacia, María Francisca
F.18: En esta Iglesia Parroquial de la Concepción de El Alto, en 25 de enero de 1796 se casó a **Valeriano Candi**, h.l. de Pedro Pascual Candi y de la finada María del Carmen López, con **María Francisca Bulacia**, h.n. de María Antonia Bulacia. Ps.: Juan Pablo Guerreros y Petrona Guerreros.

Arias, José Santos con Ibalo, María Casilda
F.18: En la Iglesia Parroquial de Santa Bárbara de los Manantiales, en 3 de febrero de 1796, se casó a **José Santos Arias**, h.l. de los finados Ignacio Arias y de Juana Paula Mansilla, con **María Casilda Ibalo**, h.l. del finado Antonio Ibalo y de María Luisa Candi. Ts.: Dn. Manuel Avellaneda y Dn. Mariano Mendoza. Ps.: Ignacio Candi y María Isabel Córdoba.

Luna, Pascual Toribio de con Leiva, María Bonifacia
F.18v: En la Iglesia del Sr. San José de Ovanta, en 17 de febrero de 1796, dispensado el impedimento de consanguinidad en 4to grado, se casó a **Pascual Toribio de Luna**, h.l. de Julián Luna y de la finada María Marcela Armas, con **María Bonifacia Leiva**, h.l. del finado Santiago Leiva y de Lucia Figueroa. No se velaron por ser tiempo prohibido. Ps.: Pedro Nolasco Díaz y Juliana Díaz.

Reinoso, Bartolomé con Luna, Agustina de
F.18v: En la Iglesia del Sor San José de Ovanta, en 20 de febrero de 1796 se casó a **Bartolomé Reinoso**, h.l. del finado Tomás Reinoso y de María Casilda Ibáñez, con **Agustina de Luna**, h.l. de Juan Paulino de Luna y de Estefanía Armas. Ps.: Díaz y Manuela Rosales.

Cardoso, Pedro Ignacio con Álvarez, Pascuala
F.18v: En la Iglesia del Sr. San José de Ovanta, en 23 de febrero de 1796 se casó a **Pedro Ignacio Cardoso**, h.l. de los finados Pedro Pascual Cardoso y de Gerónima ¿Mora? con **Pascuala Álvarez**, h.l. de los finados Juan Álvarez y de Valeriana Díaz. Ps.: Dn. Juan de la Cruz Reyes y María Leocadia Ovejero.

Arévalo, José Javier con Páez, María Florentina
F.19: En esta Iglesia Parroquial de la Concepción de El Alto, en 11 de abril de 1796 se casó a **José Javier**, huérfano expuesto a la casa de los finados Juan Borja Arévalo y de Margarita Corte, con **María Florentina Páez**, h.l. de los finados José Páez y de Juana Paz. Ps.: Fernando Saavedra y María… Márquez.

Lobo de Mereles, Dn. Andrés con Melián, María de la Trinidad
F.19: En esta Iglesia Parroquial de la Concepción de El Alto, en 16 de abril de 1796 se casó a Dn. **Andrés Lobo de Mereles**, h.l. de los finados Dn. Gregorio Lobo de Mereles y de Da. Cecilia Márquez, con **María de la Trinidad Melián**, h.l. del finado Juan Bautista Melián y de Petrona Amaya. Ts.: fueron Dn. Rafael Rodríguez y Pedro Pablo Quiroga. Ps.: Dn. Agustín Santillán y Da. María Estanislada Vera.

Agüero, Juan Martín con Gómez, Da. Felipa
F.19: En esta Iglesia Parroquial de la Concepción de El Alto, en 25 de abril de 1796 se casó a **Juan Martin Agüero**, h.l. de los finados Roque Agüero y de Da. María Gómez, con **Felipa Gómez**, h.l. de los finados Dn. Francisco Solano Gómez y de Da. Francisca Agüero. Dispensado ad cautelam por el Dr. Dn. Pedro Bazán el impedimento dudoso de consanguinidad en segundo grado entre los contrayentes.

Paz, Juan José con Barrientos, Feliciana
F.19: En esta Iglesia Parroquial de la Concepción de El Alto, en 28 de mayo de 1796 se casó a **Juan José Paz**, h.l. del finado Capitán Andrés Paz y de Dominga Arias, con **Feliciana Barrientos**, h.l. de los finados Mateo Barrientos, el viejo, y de Ana María González. Ps.: Dn. Luis Leiva y Da. Pascuala Albarracín.

Cos, Dn. Juan Eusebio con Guerreros, Da. María Petrona
F.19v: En esta Iglesia Parroquial de la Concepción de El Alto, en 4 de junio de 1796 se casó a **Juan Eusebio Cos**, feligrés del valle de la Piedra Blanca, h.l. de los finados Dn. Juan Esteban Cos y de Da. Manuela Mercado, con Da. **María Petrona Guerreros**, h.l. del finado Dn. Juan de la Cruz Guerreros y de Da. Juana Vaca. Ps.: Dn. Juan Pablo Guerreros y Da. Teresa Astudillo.

Figueroa, Tomás Javier con Rosales, María Manuela
F.19v: En esta Iglesia Parroquial de la Concepción de El Alto, en 18 de junio de 1796 se casó a **Tomás Javier Figueroa**, h.n. de Lucia Figueroa, con **María Manuela Rosales**, h.n. de María Rosa Rosales. Ts.: Dn. Luis Leiva y Mariano Moyano. Ps.: Julián Luna y María Victoria Bravo.

Candi, Ignacio con Ávila, Petrona
F.19v: En esta Iglesia Vice parroquial del Sor San José de Ovanta, en 27 de junio de 1796 se casó a **Ignacio Candi**, viudo de María Romero, con **Petrona Ávila**, h.l. de José Ávila y de Lucía Juárez. Ps.: Juan Pablo Guerreros y Juana Molina.

Lencinas, Ramón Rosa con Lobo, María de la Concepción
F.19v: En esta Iglesia Parroquial de la Concepción de El Alto, en 17 de agosto de 1796, se casó a **Ramón Rosa Lencinas**, h.n. de la finada Francisca Lencinas, con **María de la Concepción Lobo**, h.l. del finado Francisco Lobo y de Juana Rosa Rivadeneira. Ts.: el

M. Dn. Manuel Vidal y Dn. Agustín Santillán. Ps.: José Pérez y Agustina Rosa Chaves.

Mendoza, Dn. José Mariano con Cabral, Da. María Isabel
F.20: En esta Iglesia Parroquial de la Concepción de El Alto, en 31 de agosto de 1796, dispensado el impedimento de consanguinidad en 4to grado, se casó a Dn. **José Mariano Mendoza**, h.l. de Dn. Francisco Mendoza y de la finada Da. Isabel Albarracín, con Da. **María Isabel Cabral**, h.l. de los finados Dn. Pedro Ignacio Cabral y de Da. María Victoria Gómez. Ts.: Dn. José Albarracín y Dn. Rafael Rodríguez. Ps.: Dn. José Cevallos y Da. María Genuaria Bulacia.

Avellaneda, Dn. Manuel Antonio con Márquez, Da. María Leocadia
F.20: En esta Iglesia Parroquial de la Concepción de El Alto, en 21 de noviembre de 1796, dispensado el impedimento por consanguinidad en tercer grado, se casó a Dn. **Manuel Antonio Avellaneda**, h.l. de los finados Dn. Ignacio Avellaneda y de Da. Águeda Espeche, con Da. **María Leocadia Márquez**, h.l. de Dn. Felipe Márquez y de la finada Da. María Agustina Espeche. Ts.: Dn. Rafael Rodríguez y Dn. José Mariano Mendoza. Ps.: Dn. Fernando Márquez y Da. María Estanislada Vera.

Goitia, Dn. Eugenio con Lobo, María Eugenia
F.20: En esta Iglesia Parroquial de la Concepción de El Alto, en 26 de noviembre de 1796, Se casó a Dn. **Eugenio Goitia**, feligrés del curato de Silípica, h.l. de Dn. Bartolomé Goitia y de Da. Rosa Coronel, con **María Eugenia Lobo**, h. adoptiva de Dn. Andrés Jaimes y de Da. Petrona Lobo. Ts.: el capitán Dn. Nicolás Gómez y Dn. Rafael Rodríguez. Ps.: Dn. Felipe Lobo y Da. Isidora Goitia.

Oropel, Santiago con Ponce, María Genuaria
F.20v: En la Iglesia Vice parroquial de Vilismano, en 3 de febrero de 1796 se casó a **Santiago Oropel**, h.l. de Juan Ignacio Oropel y de María Josefa Luna, con **María Genuaria Ponce**, h.n. de la finada María Ponce. Ps.: Joaquín Cisneros y María Manuela Cisneros.

Pacheco, Pedro con Medina María José
F.20v: En la Iglesia Vice parroquial de Vilismano, en 6 de febrero de 1796 se casó a **Pedro Pacheco**, h.l. de Agustín Pacheco y de la finada María Gregoria Ibáñez, con **María José a Medina**, h.l. de Dn. Felipe Medina y de la finada Da. María Mercedes Medina. Ps.: Dn. José Medina y Da. María… Cisneros. *Nota:* En la información matrimonial correspondiente (Exp. 3201) se puede rescatar lo siguiente: "Pedro Pacheco natural del curato de El Alto, me hallo con determinación de contraer matrimonio con María Josefa Medina, del mismo curato, pero teniendo el impedimento público, de haber como miserable caído, con una hermana de la dicha, y siendo la que pretendo casarme, sumamente pobre, huérfana, sin más arrimo que una abuela que tiene más de 80 años, a que se agrega, tener yo en ella, un hijo y quererlo legitimar…" Más adelante en el mismo documento se encuentra el siguiente informe: "El maestro Juan Tomás de Vera teniente de cura de la Concepción de El Alto, en cumplimiento del anterior decreto, digo que, como feligreses de aquel curato, conozco a Pedro Pacheco y a María Josefa Medina y que es público el impedimento que tienen para contraer matrimonio, por haber tenido comercio con María Catalina, hermana de María Josefa…"; luego continúa: "…también pongo en consideración de V.Sa. que el referido Pacheco tiene otro impedimento de primer grado oculto, por haber tenido comercio con una hermana cuyo nombre reserva, con otro más igualmente oculto, de segundo grado, por haber tenido cópula con una prima hermana de la prometida, es cuanto puedo informar, en Catamarca, junio 12 de 1793."

Villagrán, Pedro Ignacio con Centeno, María Martina
F.20v: En la Iglesia Vice parroquial de Vilismano, en 6 de febrero de 1796 se casó a **Pedro Ignacio Villagrán**, h.l. del finado Dn. Basilio Villagrán y de Da. María de Jesús Pacheco, con **María Martina Centeno**, h. natural de Da. Lorenza Centeno. Ps.: Dn. Luis Ramón Páez y Da. María Petrona Barros.

Chávez, Dn. Juan Ángel con Melián, Da. María Antonia
F.21: En la Iglesia Vice parroquial de Vilismano, en 15 de abril de 1796 se veló a Dn. **Juan Ángel Chávez**, natural del Paraguay, y al presente de esta feligresía hace muchos años, h.l. de los finados Dn. Francisco Chávez y de Da. Lorenza Gómez, casado con Da. **María Antonia Melián**, h.l. de los finados Dn. Miguel Melián y de Da. Juliana Paz: José Medina y María Ignacia Ibáñez. *Nota:* En la información matrimonial correspondiente a este enlace (Exp. 3202) podemos leer lo siguiente: "Don Ángelo Chávez, h.l. del finado Dn. Francisco Chávez y Alzogaray de Da. Lorenza Gómez pretende contraer matrimonio con María Antonia Melián, hija, legítima de los finados, Dn. Miguel Melián y de Da. Juliana Paz, feligreses de El Alto y habiendo resultado entre ellos el impedimento público de afinidad en segundo grado por haber ocurrido, cúpula ilícita en una prima hermana de su pretendida…" luego continúa: ".siendo la pretendida

huérfana por haberse servido Dios de llevar a sus padres y ser muy pobre sin auxilio para mantenerse, pasando su vida al arrimo de una tía pobre" La dispensa fue otorgada en Catamarca el 2 de marzo de 1796.

Flores, José con Fernández, María Rosa
F.21: En la Iglesia de Vilismano, en 12 de mayo de 1796 se casó a **José Electo Flores**, h.l. de los finados José Flores y de María Ángela Peralta con **María Rosa Fernández**, h.n. de María Juana Fernández. Ps.: Dn. José Gómez y Da. María Polonia Romero.

Cisneros, Dn. Joaquín con Leiva, Da. María Juana
F.21: En la Iglesia Vice parroquial de Vilismano, en 29 de octubre de 1796. Dn. **Joaquín Cisneros**, h.l. de Dn. Esteban Cisneros y de Da. Margarita Ponce, con Da. **María Juana Leiva**, h.l. del finado Dn. Francisco Leiva y de Da. María Paula de Rizo Patrón. Ps.: Dn. Diego Medina y Da. Ubalda Cisneros.

Acosta, Calixto con Ponce, María Catalina
F.21: En la Iglesia Vice parroquial de Vilismano, en 26 de noviembre de 1796, se casó a **Calxsto Acosta**, h.l. del finado Martin Acosta y de María Juliana Miranda, con **María Catalina Ponce**, h.n. de Ana María Ponce. Ps.: Juan Raymundo Juárez y María Antonia Reinoso.

Pedraza, Felipe Matías con Zapata, Pedraza
F.21v: En esta Parroquia de la Concepción de El Alto, en 27 de febrero de 1797 se casó a **Felipe Matías Pedraza**, h.l. del finado Juan Francisco Pedraza y de María del Tránsito Albarracín, con **Bartolina Zapata** h.l. de los finados José Domingo Zapata y María Inés Marchan. Ts.: Dn. Rafael Rodríguez y Cayetano Campos. Ps.: Bernabé Romano y María de la Encarnación Cisternas.

Yanse, Carlos con Plaza, María
F.21v: En esta Parroquia de la Concepción de El Alto, en 28 de febrero de 1797 se casó **a Carlos Yanse**, h.l. del finado Ventura Yanse y de María Pozo, con **María Plaza**, h.l. de Juan Plaza y de Juana Astorga. Ts.: Dn. Rafael Rodríguez y Cayetano Campos. Ps.: José Mariano Celiz y Petrona Guerreros.

Mansilla, Miguel Jerónimo con Rojas, María Isabel
F.21v: En esta Parroquia de la Concepción de El Alto, en 27 de marzo de 1797 se casó a **Miguel Gerónimo Mansilla**, h.l. de Ramón Mansilla y de Micaela Pinto, con **María Isabel Rojas**, h.n. de María Rojas. Ts.: Dn. Diego Cabral y Dn. José Lorenzo Burgos. Ps.: Dn. Luis Leiva y Da. Magdalena Márquez.

Ferreira, Santiago con Villagrán, María Petrona
F.22: En esta Parroquia, en 27 de marzo de 1797 se casó a **Santiago Ferreira**, viudo de María Antonia Zárate, con **María Petrona Villagrán**, h.l. de los finados Felipe Villagrán y de Josefa Ortiz. Ts.: Dn. Diego Cabral y Dn. José Lorenzo Burgos. Ps.: Pedro Díaz y Bernarda Barrientos.

Díaz, Juan Agustín con Ibáñez, Manuela
F.22: En esta Parroquia, en 27 de mayo de 1797, dispensado el impedimento por afinidad licita de tercer a segundo grado, se casó a **Juan Agustín Díaz**, viudo de Casilda Domínguez, con **Manuela Ibáñez**, h.l. del finado Mariano Ibáñez y de Josefa Córdoba. Ts.: Benigno Suasnabar y Dn. Agustín Santillán. Ps.: Dn. Francisco Ulibarri y Da. Juana Gómez.

Juárez, Juan Asencio con Burgos, Bartolina
F.22v: En esta Parroquia, en 10 de mayo de 1797 se casó a **Juan Asencio Juárez**, h.l. de Juan Narciso Juárez y Ana María Heredia, con **Bartolina Burgos**, h.n. de la finada María Burgos. Ts.: Dn. Nicolás Valdéz y Dn. Hermenegildo Márquez. Ps.: Juan Ignacio Páez y Ana Goitia.

González, Fernando con Sandi, María Juana
F.22v: En esta Parroquia, en 1° de mayo de 1797. Se casó a **Fernando Gonzales** h.n. de María en Gracia Gonzales, con **María Juana Sandi**, h.l. de Juan Sandi y de María Rodríguez. Ts.: Dn. Bernabé Espeche y Dn. Mariano Mendoza. Ps.: Francisco Antonio del Campo y Da. Lorenza Jaimes.

Peralta, Ramón con Juárez, María Micaela
F.22v: En esta Parroquia, en 9 de septiembre de 1797. Se casó a **Ramón Peralta**, h.l. de Juan Antonio Peralta y de Narcisa Soraire, con **María Micaela Juárez**, h.l. de Francisco Antonio Juárez y de María Eugenia Valdéz. Ts.: Dn. Nicolás Gómez y Dn. José Lorenzo Valdéz. Ps.: Dn. Luis Antonio…

Altamiranda, Francisco con Cejas, María Francisca
F.23: En esta Parroquia, en 18 de septiembre de 1797 se casó a **Francisco Altamiranda** h.l. del finado Lorenzo Altamiranda y de Gerónima Iturre, con **María Francisca Cejas** h.l. de los finados Miguel Cejas y de Ignacia Pacheco. Ts.: Bonifacio Vásquez y Mariano Valdéz. Ps.: José Lucas Agüero e Isidora Agüero.

Burgos, Juan Dionisio con Nieva, María de la Asunción
F.23: En esta Parroquia, a 1.° de octubre de 1797 se casó a **Juan Dionisio Burgos**, h.n. de María del Carmen Burgos, con **María de la Asunción Nieva**, h.l. de Tomás Nieva y de Francisca Zurita. Ts.: Dn.

Bernardo Leiva y Dn. Felipe Márquez. Ps.: Bonifacio Vásquez y Magdalena Toledo.

Ojeda, Pedro con Quiroga, María Petrona
F.23: En esta Parroquia, en 13 de septiembre de 1797 se casó a **Pedro Ojeda**, h.l. de Pedro Ojeda y de Gregoria Soria, con **María Petrona Quiroga**, h.l. de Pedro Quiroga y de María Candelaria Aráoz. Ps.: Dn. Luis Leiva y Da. Magdalena Márquez.

Castro, Dn. Juan Luis con Díaz, María del Tránsito
F.23v: En dicha Parroquia, en 7 de junio de 1797 se casó a Dn. **Juan Luis Castro**, viudo de Da. Teodora Gómez, con **María del Tránsito Díaz**, h.l. de Dn. Nicolás Díaz y de Da. Margarita Vivas. Ts.: Dn. Agustín Santillán y José Mariano Celiz. Ps.: Pedro Francisco Ovejero y Da. María Antonia Cabral.

Juárez, José Javier con Rojas, María Segunda
F.23v: En dicha Parroquia, en 19 de julio de 1797 se casó a **José Javier Juárez**, viudo de María Burgos, con **María Segunda Rojas**, h.n. de Agustina Rojas. Ts.: Juan Martin Cabral y Juan P. Rodríguez. Ps.: Luis Quiroga y Florentina Lazo.

Chazarreta, José León con Rodríguez, María Josefa
F.23v: En dicha Parroquia, en 2 de septiembre de 1797 se casó a **José León Chazarreta**, h.l. de Martin Chazarreta y de María Pinto, con **María Josefa Rodríguez**, h.l. de Martín Rodríguez y de María Victoria Ruíz. Ts.: Dn. Nicolás Gómez y Juan Cisternas. Ps.: ...

Díaz, Benito con Moyano, Mercedes
F.24: En dicha Parroquia, en 3 de diciembre de 1797 se casó a **Benito Díaz**, h.l. del finado Juan Diego Díaz y de Catalina Vera, con **Mercedes Moyano**, h.l. de Félix Moyano difunto y de Dolores Páez. Ts.: Dn. Bernardo Leiva y Dn. José Lucas Rizopatrón. Ps.: José Mariano Moyano y Margarita Montenegro.

Mansilla, Juan Vicente con Pedernera, Prudencia
F.24: En dicha Parroquia, en 6 de diciembre de 1797 se casó a **Juan Vicente Mansilla**, viudo de Ana Rosa Cordero, con **Prudenciana Pedernera**, h.l. de José Antonio Pedernera y de Prudencia Collantes. Ts.: Dn. Luis Leiva y Mateo Osores. Ps.: Alberto Mansilla y Clara Varela.

Figueroa, Santiago Andrés con Agüero, Martina
F.24: En la Iglesia Vice parroquial de Vilismano, en 20 de febrero de 1797 se casó a **Santiago Andrés Figueroa**, h.n. de la finada Feliciana Figueroa, con **Martina Agüero**, h.n. de Andrea Agüero. Ts.: Dn. Ramón Antonio Frías y Dn. Patricio Barros (continúa en f.24v) Ps.: Juan Tomás Medina y Francisca Flores.

Gómez, Dn. Pedro con Páez, Da. María Aurelia
F.24v: En la Vice parroquia de Vilismano, en 3 de mayo de 1797 se casó a **Pedro Gómez**, h.l. de Dn. Juan Gerónimo Gómez y de Da. Catalina Álvarez, con Da. **María Aurelia Páez**, h.l. de Dn. Juan Dionisio Páez y de Da. Petrona Vera. Ts.: Dn. Félix Cáceres y Pedro Pacheco. Ps.: Dn. Bernardo Leiva y Da. María Petrona Barros.

Islas, Pedro con Murguía, María Juana
F.24v: En esta Vice parroquia de Vilismano, en 8 de septiembre de 1797 se casó a **Pedro Juan Islas**, esclavo de Dn. Francisco Islas, h.n. de María Mercedes Islas, con **María Juana Murguía**, h.n. de la finada María Juana Murguía. Ts.: Juan Bautista Beltrán y José Fernández Silva. Ps.: José Antonio Agüero y María del Tránsito Juárez.

Pacheco, José Javier con Juárez, Josefa
F.24v: En esta Vice parroquia de Vilismano, a 1.° de octubre de 1797 se casó a **José Javier Pacheco**, h.l. de los finados Manuel Pacheco y de María Simona Pérez, con **Andrea González**, h.l. de los finados Francisco González y de María Josefa Juárez. Ts.: Juan Bautista Beltrán (continúa en f.25) y Francisco o Francisca Lindón. Ps.: Miguel Gerónimo Artaza y María Juárez.

Cáceres, Miguel con Lobo, María Petrona
F.25: En esta Capilla de la Quebrada, en 14 de octubre de 1797 se casó a **Miguel Cáceres**, h.l. de Valentín Cáceres y de María Petrona Cornejo, con **María Petrona Lobo**, h.l. del finado Francisco Lobo y de María Mercedes Aragón. Ts.: Juan Bautista Beltrán y Luis Antonio Vera. Ps.: Bernardo Frías y María Luisa Quiroga.

Páez, Florentino con Luna, María Pabla
F.25: En esta Capilla de la Quebrada, en 8 de octubre de 1797 se casó a **Florentino Páez**, h.l. del finado Dn. Lorenzo Páez y Da. Luisa Agüero, con **María Pabla Luna**, viuda del finado Francisco Luna. Ts.: Pedro Islas y Juan Bautista Beltrán. Ps.: Dn. Francisco Islas y Ana Coronel.

Palomeque, Eugenio con Lobo, María Francisca
F.25: En esta Capilla de la Quebrada, en 13 de octubre de 1797 se casó a **Eugenio Palomeque**, h.l. de Alonso Palomeque y de Agustina Toledo, con **María Francisca Lobo**, h.l. de Andrés Lobo y de Mercedes Osores. Ps.: José Ledesma y María Francisca Vera. Ts.: Dn. Nicolás Gómez y Dn. Luis Leiva.

Peñaflor, Alejandro con Vergara, María Serafina
F.25v: En esta Capilla de la Quebrada, en 11 de octubre de 1797 se casó a **Alejandro Peñaflor**, h.l. del

finado Luis Peñaflor y de Lorenza Corbalán, con **María Serafina Vergara**, h.l. de los finados Asencio Vergara y de Polonia Godoy. Ts.: Pedro Islas y Juan Bautista Beltrán. Ps.: Luis Ledesma y Catalina Paz.

Ahumada, José Estanislao con Garcete, Juliana
F.25v: En esta Vice parroquia de Vilismano, a 14 de octubre de 1797 se casó a **José Estanislao Ahumada**, h. adoptivo del finado Matías Ahumada, con **Juliana Garcete**, h.n. de Francisca Garcete. Ts.: Alejandro Mayorgas y Pedro José Ibáñez. Ps.: Juan Francisco Gómez y Justa Valdéz.

Álvarez, Dn. Fulgencio con Leiva, Da. María Agustina
F.25v: En dicha Vice parroquia, a 8 de noviembre de 1797 se casó a **Fulgencio Alvares**, h.l. de Dn. Sebastián Alvares y de Da. María Josefa Zelarayán, con **María Agustina Leiva**, h.l. del finado Dn. Juan Francisco Leiva y de Da. María Paula Rizo Patrón. Ts.: Dn. Fermín Páez y Dn. Javier Leiva. Ps.: Dn. Fernando Vera y Da. María Ignacia Ibáñez.

Montenegro, Germán con Barrientos, Petrona
F.26: En esta Iglesia de Alijilán, a 3 de febrero de 1798 se casó a **Germán Montenegro**, viudo de María Mercedes Montenegro, con **Petrona Barrientos**, viuda de Mariano Romero. Ts.: Dn. Juan Domingo Rosales y Dn. Francisco Vega. Ps.: Esteban Guerreros y Francisca Barrientos.

Lobo, Ramón con Jiménez, Antonia
F.26: En esta Iglesia de S. Bárbara de Alijilán, a 18 de febrero de 1798 se casó a **Ramón Lobo**, h.l. de Miguel Lobo y de Magdalena Aráoz, con **Antonia Jiménez**, h.l. de Polinar Jiménez y de Leocadia Ferreira. Ts.: Francisco Bepre y Dn. Mariano Mendoza. Ps.: Fructuoso Contreras y Toribia Barrios.

Plaza, Juan León con Díaz, Simona
F.26: En esta Iglesia de S. Bárbara de Alijilán, a 12 de enero de 1798 se casó a **Juan León Plaza**, h.l. de Juan Plaza y de María Juana Albarracín, con **Simona Díaz**, h.l. de Juan Crespín Díaz y de Andrea Morienega. Ts.: Juan Francisco Mendoza y Anselmo Páez. Ps.: Francisco Vepre y Feliciana Barrientos.

Lobo, Cruz con Ibáñez, Petrona
F.26v: En esta Iglesia de S. Bárbara de Alijilán, a 1° de febrero de 1798 se casó a **Cruz Lobo**, h.n. de Rosa Lobo, con **Petrona Ibáñez**, h.l. de Francisco Ibáñez y de Rosa Armas. Ts.: Juan Domingo Rosales y Francisco Vega. Ps.: Bonifacio Arias y Juliana Lobo.

Rosales, José Domingo con González, María Paula
F.26: En esta Iglesia de Santa Bárbara de Alijilán, a 8 de febrero de 1798 se casó a **José Domingo Rosales**, h.l. de Miguel Rosales y de María Ignacia Díaz, con **María Paula González**, h.n. de María Salvatierra. Ts.: Dn. Juan Domingo Rosales y Santiago Burgos. Ps.: Alejo Rivera y Teodora Melián.

Ogas, Vicente con Barrientos, María Rosa
F.26: En esta Iglesia de S Bárbara de los Manantiales, a 12 de febrero de 1798 se casó a **Vicente Ogas**, h.l. de Javier Ogas y de María Dionisia Guerreros, con **María Rosa Barrientos**, h.n. de la finada Narcisa Barrientos Ts.: Francisco Mendoza y José Anselmo Paz. Ps.: Norberto Reto y Da. Pascuala Albarracín.

Mercado, Ramón Antonio con Paz, Francisca
F.27: En esta Iglesia de S Bárbara de los Manantiales, a 12 de febrero de 1798 se casó a **Ramón Antonio Mercado**, h.l. de Pedro Mercado y de Gerónima Escasuso, ya difunta, con **Francisca Paz**, mujer del finado Tomás Barrientos. Ts.: Dn. Francisco Bepre y Juan Tomás Paz. Ps.: Anselmo Paz y Tomasina Aráoz.

Burgos, Miguel con Dolores Rojas
F.27: En esta Iglesia de la Quebrada, en 11 de febrero de 1798 se casó a **Miguel Burgos**, h.l. de Dn. Jacinto Burgos y de la finada Da. María Mercedes Sánchez, con **María Dolores Rojas**, h.n. de María Agustina Rojas. Ts.: Dn. Carlos Frogel y Santiago Páez. Ps.: José Justo Gómez y María Bernarda Quiroga.

Páez, Pedro Antonio con Vázquez, María Isabel
F.27: En esta Iglesia de la Quebrada, en 12 de febrero de 1798 se casó a **Pedro Antonio Páez** h.l. de los finados Antonio Páez y María Simona Castro, con **María Isabel Vásquez**, h.l. del finado Felipe Vásquez y de Juana Soria. Ts.: Dn. Carlos Frogel y Santiago Páez. Ps.: Ramón Quiroga y María Manuela Arévalo.

Burgos, Juan Francisco con Cabral, María Ignacia
F.27v: En esta Iglesia de la Quebrada, en 14 de febrero de 1798 se casó a **Juan Francisco Burgos**, h.l. del finado Álvaro Burgos y de María Gregoria Ramírez, con **María Ignacia Cabral**, h.n. de María Cabral. Ts.: Dn. Carlos Frogel y Santiago Páez. Ps.: Cruz Lezcano y María Antonia Cabral.

Perdiguero, Francisco Javier con Jiménez, María Anastasia
F.27v: En esta Iglesia de la Quebrada, a 14 de febrero de 1798 se casó a **Francisco Javier Perdiguero**, viudo de la finada Francisca Cardoso, con **María Anastasia Jiménez**, h.l. de José Jiménez y de María Gerónima Pardo. Ts.: Dn. Carlos Frogel y Santiago Páez. Ps.: Basilio Quevedo y Clara Varela.

Peñaflor, Pedro con González, María Engracia
F.27v: En esta Iglesia de la Quebrada, en 16 de febrero de 1798 se casó a **Pedro Peñaflor**, h.l. de Bartolomé Peñaflor y de María Romero, con **María en Gracia**

González, h.l. del finado Marcos Gonzáles y de Magdalena Aráoz. Ts.: Dn. Carlos Frogel y Santiago Páez. Ps.: Juan Nicolás Díaz y María Gerónima Quiroga.

Osores, Mateo con Chazarreta, María Eugenia
F.28: En la Iglesia de la Quebrada, 16 de febrero de 1798, **Mateo Osores**, viudo de la finada Simona Murguía, con **María Eugenia Chazarreta**, h.l. del finado Martin Chazarreta y de María Pinto. Ts.: Dn. Carlos Frogel y Santiago Páez. Ps.: Juan Doroteo Castellanos y María Josefa Ledesma.

Murguía, Mariano con Falcón, Francisca
F.28: En esta Iglesia de la Quebrada, en 16 de febrero de 1798 se casó a **Mariano Murguía**, h.n. de la finada Santos Murguía, con **Francisca Falcón**, h.l. de Juan Falcón y de María Pascuala Cordero. Ts.: Dn. Carlos Frogel y Santiago Páez. Ps.: Lino Antonio Segura y María Lorenza Corbalán.

Corte, Juan Nicolás con Flores, Carmen
F.28: En esta Iglesia de la Quebrada, en 16 de febrero de 1798 se casó a **Juan Nicolás Corte**, h.l. de los finados José Corte y María Mercedes Murguía, con **Carmen Flores**, h.l. de los finados Gerónimo Flores y María Rosa Díaz. Ts.: Dn. Carlos Frogel y Santiago Páez. Ps.: José Luis Ledesma y María Juana Reinoso.

Vásquez, Domingo con Lazo, María Dominga
F.28v: En esta Iglesia de la Quebrada, en 17 de febrero de 1798 se casó a **Domingo Vásquez**, h.l. de los finados Domingo Vásquez y María Agüero, con **María Dominga Lazo**, h.l. de los finados Domingo Lazo y María Micaela Ibáñez. Ts.: Dn. Carlos Frogel y Santiago Páez. Ps.: Dn. Miguel Ibáñez y María Luisa Ibáñez.

Retamozo, Pedro José con Contreras, Ana María
F.28v: En esta Iglesia de la Quebrada, en 18 de febrero de 1798. **Pedro José Retamozo**, h.l. del finado Juan Retamozo y de María Mercedes Aragón, con **Ana María Contreras**, h.n. de María Petrona Contreras. Ts.: Dn. Carlos Frogel y Santiago Páez. Ps.: Dn. Florentino Páez y María Bernarda Yanse.

Heredia, José Justo con Acosta, María Micaela
F.28v: En esta Iglesia de la Quebrada, en 18 de febrero de 1798. **José Justo Heredia**, h.l. de Juan José Heredia y de Sebastiana Díaz, con **María Micaela Acosta**, h.l. de Juan Tomás Acosta y Águeda Coronel. Ts.: Dn. Carlos Frogel y Santiago Páez. Ps.: José Gerardo Romano y Petrona Rodríguez.

Burgos, Dn. Valentín con Magallanes, María Silvestra
F.29: En esta Iglesia de la Quebrada, en 18 de febrero de 1798, se casó a **Valentín Burgos**, h.l. de Dn. Jacinto Burgos y de la finada Da. María Mercedes Sánchez, con **María Silvestra Magallan**, h.l. del finado José Lino Magallán y de María Petrona Páez. Ts.: Dn. Carlos Frogel y Santiago Páez. Ps.: José Ramón Burgos y Leocadia Salazar.

Burgos, José Joaquín con Artaza, Candelaria
F.29: En esta Iglesia de la Quebrada, en 20 de febrero de 1798, se casó a **José Joaquín Burgos**, h.l. de los finados Alejo Burgos y María Agustina Martínez, con **Candelaria Artaza**, h.l. de José Artaza y de la finada Mercedes Soria. Ts.: Dn. Luis Leiva y Dn. Martin Rizo Patrón. Ps.: (en blanco).

Quiroga, Pedro con Cardoso, Ignacia
F.29: En esta Parroquia de El Alto, en 27 de enero de 1798, se casó a **Pedro Francisco Quiroga**, viudo de María del Carmen Páez, con **Ignacia Cardoso**, h.l. de Enrique Cardoso y de Teresa Díaz. Ts.: Ramón Antonio Quiroga y Domingo Vásquez.

Suárez, José Benito con Márquez, María Isabel
F.29v: En esta Parroquia de El Alto, en 27 de enero de 1798, se casó a **José Benito Suárez**, h.l. de Bautista Suárez y de María Micaela Gómez, con **María Isabel Márquez**, h.l. de Tomás Márquez y de Casimira Díaz. Ts.: Dn. José Ignacio Urrejola y Laurencio Guerreros. Ps.: Martin Gómez y Da. Beatriz Márquez.

Soraire, Juan Bautista con Ibáñez, María Eugenia
F.29v: En esta Parroquia de El Alto, en 7 de marzo de 1798, se casó a **Juan Bautista Soraire**, h.n. de la finada Francisca Cárdenas, con **María Eugenia Ibáñez**, h.l. de los finados Juan Ibáñez y Lucia Guardia, todos vecinos de Ovanta. Ts.: Dn. Tadeo Lemy, Tomás Peralta y José Lino Jijena. No se velaron por ser tiempo prohibido. Ps.: Ramón Antonio Mercado y María Isabel Machuca. (Al margen: se velaron el 19 de julio de 1798)

Azcuénaga, Dn. Francisco Javier con Mansilla, María
F.29v: En esta Parroquia de El Alto, en 23 de marzo de 1798, se casó a Dn. **Francisco Javier de Azcuénaga**, natural de Buenos Aires, h.l. del finado Dn. Juan Bautista Azcuénaga y Da. Juana Roja Bozo, con **María Mansilla**, h.l. de Silvestre Mansilla y María Clara Varela. Ts.: Dn. Agustín Santillán, Dn. Fulgencio Álvarez y Dn. Pedro Rizo Patrón. No se velaron por ser tiempo prohibido. Ps.: Norberto Mansilla y María Pardo. (Al margen: se velaron el 7 de junio de 1798).

Correa, Dn. Ramón con Bulacia, Rosalía
F.30: En esta Parroquia de El Alto, en 25 de marzo de 1798, dispensado el impedimento por consanguinidad en 4to grado, se casó a Dn. **Ramón Antonio Correa**, h.l. de Dn. Bernabé Correa y Da. María Josefa

Cancino, con Da. **Rosalía Bulacia**, h.l. de Dn. Juan Eugenio Bulacia y Da. María Francisca Leiva. Ts.: Dn. Agustín Santillán y Dn. Luis Ubaldo Leiva. No se velaron por ser tiempo prohibido. Ps.: Dn. Mariano Brepe y Da. María Eugenia Bulacia. *Nota:* La información matrimonial correspondiente (Exp. 4) está fechada en la ciudad de Catamarca el 17 de marzo de 1798, en ella se expresa: "Don Ramón Antonio Correa h.l. del Maestre de Campo Dn. Bernabé Correa y Navarro y de Da. María Josefa Cancino, vecinos de esta ciudad, ante vuestra merced, como más haya lugar en derecho, parezco y digo que para mejor servir a Dios, pretende contraer matrimonio según orden de nuestra Santa Madre Iglesia con Da. Rosalía Bulacia h.l. del capitán de milicias Dn. Juan Eugenio Bulacia y de Da. Francisca de Leiva, natural y vecinos de la doctrina y parroquia El Alto, distancia de esta dicha ciudad, con la que nos hayamos comprendidos en cuarto grado de parentesco consanguíneo, como bisnietos de Da. Catalina Vera mi bisabuela y Dn. José de Vera bisabuelo de la dicha mi contrayente, hermanos que fueron hijos de Dn. José Vera nuestro tatarabuelo, y atendiendo a que con las más familias principales nos hayamos eslabonados en parentesco ya consanguíneos, ya afinicos, y que no es fácil encontrar persona competente en esta estos ligámenes, en este supuesto, a fin de evitar las nocivas consecuencia y pleitos que se suscitan en una elección desigual…"

Domínguez, José Fructuoso con Zurita, Isabel.
F.30v. En la Iglesia Parroquial de El Alto en 11 de abril de 1798. Dispensado el impedimento por afinidad ilícita en segundo grado, se casó a **José Fructuoso Domínguez**, h.l. de Francisco Javier Domínguez y de María Josefa Luján, con **Isabel Zurita**, h.n. de Bárbara Zurita. Ps.: Justo Gómez y Justa Acosta. (Al margen: se velaron el 1 de octubre de 1801, Ps. Marcos Romero y Bartolina Páez). *Nota:* En una nota firmada por el párroco, dirigida al obispo, (Exp. 5) se puede leer: "José Fructuoso Domínguez, de esta feligresía, quiere contraer matrimonio con Bárbara Zurita y habiéndose corrido las amonestaciones, acudió un sujeto, primo hermano del contrayente y manifestó haber tenido cópula en la niñez con la prometida Bárbara, y habiéndola llamado, certificó ser cierto, cuyo impedimento del todo ignora el contrayente José fructuoso, y respecto de estar todo preparado, y con instancia de ellos de que los despose, me veo en la necesidad de que con la mayor brevedad se digne de compadecerse de estos, cuyo impedimento, si supiere la parte ignorante, sería causa de que se deshiciese el contrato y esponsales, por tanto, suplico Vuestra Merced las dispense en este impedimento, de lo que hallará el premio en Dios, quien lo guarde muchos y felices años. Parroquia de El Alto, abril nueve de 1798, BSM a vuestra merced su atento capellán, maestro Francisco Javier Thames." Dispensado en Catamarca el 11 de abril de 1798.

Ibáñez. Bartolo con González, Bernarda
F.30v. En la Iglesia Parroquial de El Alto, el 28 de marzo de 1798, se casó a **José Bartolo Ibáñez**, h.n. de Petrona Ibáñez con **Bernarda González**, h.l. del finado Carlos González y Antonia Acosta, vecinos de Ovanta. Ps.: Pedro Juan Reyes y Gabriela Ibáñez. (Al margen: se velaron el 7 de agosto de 1798).

Bulacia, José con Bulacia, Juana
F. 31. En la Vice parroquia de Santa Bárbara, el 3 de mayo de 1798, se casó y veló a **José**, negro esclavo de Dn. Juan Eugenio Bulacia con **Juana**, esclava del mismo. Ps.: Dn. Manuel Brepe y Da. Eugenia Bulacia.

Arévalo, Hermenegildo con Córdoba, María Santos
F. 31 En la iglesia parroquial de El Alto, el 9 de mayo de 1798, se casó y veló a **Hermenegildo Arévalo**, h.l. de los finados Juan Narciso Arévalo y de María Inés Escasuso, con **María Santos Córdoba**, h.n. de María Claudia Cardoso. PS.: José Arévalo y Margarita Cardoso.

Sosa, Juan José con Abrego, Juana
F. 31. En la Iglesia Parroquial de El Alto, el 23 de mayo de 1798, se casó y veló a **Juan José Sosa**, h.n. de Felipa Sosa con **Juana Abrego**, hl de Juan José Abrego y de María del Carmen Almaraz. Ps.: Pedro Pablo Gómez y Andrea Domínguez.

Ibáñez, José Manuel con Romero, María Jacinta
F.31v: En esta Parroquia de El Alto, en 4 de junio de 1798, se casó a **José Manuel Ibáñez**, h.l. de José Ibáñez y Juana Cordero, con **María Jacinta Romero**, h.l. de los finados Manuel Romero y María Francisca Aredes. Ts.: Justo Gómez y Pedro Páez. Ps.: Ramón Antonio Quiroga y María Manuela Arévalo. Se velaron en la celebración de la misa.

Gómez, Dn. Justo con Zurita, Serafina
F.31v: En esta Parroquia de El Alto, en 4 de junio de 1798, se casó a **Justo Gómez**, h.l. de Dn. José Antonio Gómez, finado, y Da. Marcela Valdéz, con **Serafina Zurita**, h.n. de Bárbara Zurita. Ts.: Juan Domingo Díaz y Benito Guzmán. Ps.: José Domingo Díaz y María Dominga Mercado. Se velaron en la celebración de la misa.

Flores, Tomás con Ortiz, María Francisca
F.31v: En esta Parroquia de El Alto, en 2 de julio de 1798, se casó a **Tomás Hermenegildo Flores**, h.l. del finado Dn. Juan Andrés Flores y Da. María Josefa Castro, con **María Francisca Ortiz**, h.n. de María

Juana Ortiz. Ts.: Dn. Luis Leiva, Luis Mariano Leiva y Benito Guzmán. Ps.: Dn. Mariano Mendoza y Da. María del Carmen Concha. Se velaron en la celebración de la misa.

Osores, Juan Antonio con Mansilla, María Micaela
F.32: En esta Parroquia de El Alto, en 3 de julio de 1798, se casó a **Juan Antonio Osores**, h.n. de la finada María Juana Osores, con **María Micaela Mansilla**, h.l. del finado Ramón Mansilla y Micaela Pinto. Ts.: Dn. Agustín Santillán, Dn. Luis Leiva y Mariano Valdéz. Ps.: Nicolás Almaraz y María Josefa Herrera. Se velaron en la celebración de la misa.

Agüero, Juan Ascencio con Juárez, Juana Francisca
F.32: En esta Iglesia Vice parroquial de Vilismano, en 11 de junio de 1798, se casó y veló a **Juan Ascencio Agüero**, h.n. de Andrea Agüero, con **Juana Francisca Juárez**, hl- de Francisco Juárez y de Micaela Lazo. Ps.: Juan Nicolás Murgía y Juana Reinoso

Duarte, Manuel con Morienega, María
F.32v. En la Iglesia Parroquial de El Alto, el 21 de julio de 1798. Se casó a **Manuel Duarte**, h.l. de Andrés Duarte y de Micaela Arévalo, con **María Morienega**, h.l. de Juan Morienega y María Luna. Ps.: Andrés Lobo y Narcisa Márquez.

Leiva, Dn. Bernardo con Vera, Da. María Ignacia Molina
F.32v: En la Iglesia Parroquial de El Alto, el 4 de agosto de 1798, se casó a **Bernardo Leiva**, h.l. de Dn. Bernardo Leiva y Da. Francisca Vera, con Da. **María Ignacia Molina**, h.l. de Dn. Alejandro Molina y Da. Cecilia Páez. Ts.: Dn. Agustín Santillán, Dn. Fernando Márquez y Dn. Pedro Lucas Herrera. Ps.: Dn. Santiago Leiva y Da. Ignacia Espeche. Se velaron en la celebración de la misa.

Villarroel, Pedro Juan con Juárez, María Casilda
F.33: En esta Parroquia de El Alto, en 6 de agosto de 1798, se casó a **Pedro Juan Villarroel**, h.l. de José Alejandro Villarroel y Ana María Guzmán, con **María Casilda Juárez**, h.l. de Pedro Pablo Juárez y Dominga Palavecino. Ts.: Dn. Agustín Mercado, Dn. Nicolás Mercado y Dn. José Ignacio Mercado. Ps.: Juan José González e Ignacia Mercado. Se velaron en la celebración de la misa.

Elena, Dn. Jacinto con Varela, Da. María Estefanía
F.33: En esta Iglesia Parroquial de El Alto, en 16 de agosto de 1798, se casó a Dn. **Jacinto Elena** feligrés del curato de Belén, h.l. de Dn. José Elena y de Da. Gregoria Mesa, con **María Estefanía Varela**, h.n. de Da. Clara Varela. Ts.: Dn. José Luis Leiva, Dn. Alejandro Molina y Dn. Francisco Azcuénaga. Ps.: Juan Francisco Varela y María Josefa Herrera. Se velaron en la celebración de la misa.

Quiroga, Manuel con Flores, María Antonia
F.33v: En esta Parroquia de El Alto, en 20 de agosto de 1798, se casó a **Manuel Quiroga**, h. de Pedro Quiroga y María Candelaria Aráoz, con **María Antonia Flores**, h. del finado Francisco Flores y María Clara Rivas. Ts.: Dn. Luis Leiva y Dn. Martin Rizo Patrón. Ps.: Dn. Pedro Ojeda y Da. Petrona Lobo. Se velaron en la celebración de la misa.

Barrios, Juan Antonio con Guzmán, Juana
F.33v: En esta Parroquia de El Alto, en 27 de agosto de 1798, se casó a **Juan Antonio Barrios**, h. de Antonia Barrios, con **Juana Guzmán**, h. de María Magdalena Guzmán. Ts.: Dn. Agustín Santillán, Dn. Martin (¿Rizo Patrón?) (imagen cortada). (Sigue en f.34) Ps.: cio Páez y Francisca Jiménez.

González, Bartolomé con Rosales, María Pascuala
F.34: En esta Parroquia de El Alto, en 29 de agosto de 1798, se casó a **Bartolomé González**, viudo de Martina Ibáñez e h.n. de Dominga González, con **María Pascuala Rosales**, h. de Nicolás Rosales y de la difunta Feliciana Paz. Ts.: Juan Asencio González y Lorenzo Vizcarra. Ps.: Juan Tomás Paz y Tomasina Aráoz. Se velaron en la celebración de la misa.

Leiva, José Antonio con Quiroga, María Segunda
F.34: En esta Parroquia de El Alto, en 6 de septiembre de 1798, se casó a **José Antonio Leiva**, h. de Antonio Leiva e Inés Quiroga, con **María Segunda Quiroga**, h. adoptiva de Luisa Quiroga. Ts.: Francisco Sosa, Juan José Heredia y Dn. Elías Bulacia. Ps.: Pablo Po… o Go… (imagen cortada) Se velaron en la celebración de la misa.

Ojeda, José Antonio con Ibarra, Justa Rufina
F.34v: En la Vice parroquia de los Manantiales, el 17 de septiembre de 1798, se casó a **José Antonio Ojeda**, h.n. de Gregoria Soria difunta, con **Justa Rufina Ibarra**, h.l. de José Domingo Ibarra y Tomasina Leorraga. Ts.: Dn. Luis Leiva, Dn. Martin Rizo Patrón y Dn. Lucas Ulibarri. Ps.: Dn. Mariano Bepre y Da. Eugenia Bulacia. Se velaron en la celebración de la misa.

Villar, Dn. Agustín con Álvarez, María Inocencia
F.34v: En la Vice parroquia de los Manantiales, a 17 de septiembre de 1798, se casó a **Agustín Villar**, h.l. de los finados Dn. Juan Villar y Da. Gertrudis Olivera, con **María Inocencia Álvarez**, h.n. de Luisa Álvarez.

Ts.: Silvestre Díaz, Dn. Agustín Bulacia y Dn. Manuel Fernández. Ps.: Carmelo Díaz y Margarita Montenegro. Se velaron en la celebración de la misa.

Gómez, Dn. Pedro Pablo con Artaza, Da. María del Carmen

F.35: En esta Parroquia de El Alto, en 19 de septiembre de 1798, se casó a **Pedro Pablo Gómez**, h. del finado Dn. José Gómez y Da. Bárbara Bulacia, con **María del Carmen Artaza**, h. del finado Dn. Antonio Artaza y Da. Agustina Quiroga. Ts.: Dn. Luis Leiva, Dn. Martin Rizo Patrón y Dn. Lucas Ulibarri. Ps.: Dn. Bartolo Valdéz y Da. Bernarda Quiroga. Se velaron en la celebración de la misa.

Aguilar, Juan Clemente con Caravajal, María Dionisia

F.35: En la Vice parroquia de Vilismano, en 15 de agosto de 1798, se casó a **Juan Clemente Aguilar**, h.n. de María del Carmen Aguilar, con **María Dionisia Caravajal**, h. de los finados Nicolás Caravajal y María del Carmen Plaza (sigue en f.35v) Ps.: Pedro Gómez y María Paula Páez.

Pérez, José Mariano con Santucho, María Josefa

F.35v: En la Vice parroquia de Vilismano, en 27 de agosto de 1798, se casó a **José Mariano Pérez**, h. de los finados José Pérez y María Francisca Moyano, con **María Josefa Santucho**, h. de José Duarte Santucho y Feliciana Andrada. Ts.: Juan Agustín Díaz y José Manuel Ibáñez. Ps.: Miguel Ponce y Clara Ponce. Se velaron en la celebración de la misa.

Ortiz, Juan Antonio con Santo, María Sabina de los

F.35v: En esta Parroquia de El Alto, en 24 de septiembre de 1798, se casó a **Juan Antonio Ortiz**, h.n. de Magdalena Ortiz, con **María Sabina de los Santos**, h. de los finados Bernardo Santos y María Francisca Luna. Ts.: Dn. Luis Leiva y Dn. Bernabé Espeche. Ps.: Dn. José Cevallos y Da. Tomasina Bulacia. Se velaron en la celebración de la misa.

Heredia, Miguel Jerónimo con Acosta, Tomasina

F.36: En esta Parroquia de El Alto, en 15 de octubre de 1798, se casó a **Miguel Gerónimo Heredia**, natural de Córdoba y criado en este curato, h. de Esteban Heredia y María Ignacia Jaimes, con **María Tomasina Acosta**, h. de Tomás Acosta y María Águeda Coronel. Ts.: Dn. Bartolomé Valdéz, Mariano Cristan y Benito Guzmán, Ps.: Dn. Francisco Azcuénaga y Agustina Rodríguez. Se velaron en la celebración de la misa.

Valdéz, Dn. Bartolomé con Espeche, Da. María Serafina

F.36: En esta Parroquia de El Alto, a 17 de octubre de 1798, se casó a Dn. **Bartolomé Valdéz**, h.l. de Dn. José Miguel Valdéz y Da. María Josefa Pedernera, con Da. **María Serafina Espeche**, h.l. del Capitán de Milicias Dn. Victorino Espeche y Da. María Simona Gómez. Ts.: Dn. Bernabé Espeche, Dn. Luis Leiva y Dn. José Lucas Riso Patrón. Ps.: Dn. José Lucas Ulibarri y Da. Nicolasa Vega. Se velaron en la celebración de la misa. *Nota:* En la información matrimonial correspondiente encontramos una nota del párroco (Exp. 29) que dice: "don Bartolomé Valdéz h.l. de Dn. José Miguel Valdéz y de Da. María Josefa Pedernera se ha presentado en mi juzgado, pretendiendo casarse con Da. María Ceferina Espeche, hija del capitán Dn. Victorino Espeche y de Da. María Simona Gómez, todos feligreses de mí curato, y habiendo entre ellos el impedimento de consanguinidad en tercer grado, por ser dicho Bartolomé Valdéz primo hermano con el padre de la pretendida se ha de servir usted dispensarlo." Fecha de la dispensa: 26 de septiembre de 1798.

Albarracín, José Lucas con Arévalo, María Francisca

F.36: En esta Parroquia de El Alto, en 26 de noviembre de 1798, se casó a **José Lucas Albarracín**, h.n. de Da. Rosa Albarracín, con **María Francisca Arévalo**, h.l. de Cayetano Arévalo y Narcisa Márquez. Ts.: Dn. Pedro Pablo Gómez, Dn. Rafael Rodríguez y Dn. Luis Leiva. Ps.: Dn. Fernando Márquez y Da. Beatriz Márquez. Se velaron en la celebración de la misa.

Paz, José Anselmo con Aráoz, María Tomasina

F.36v: En esta Parroquia de El Alto, en 10 de diciembre de 1798, se casó a **José Anselmo Paz**, h. de Tiburcio Valeriano Paz y Josefa Soraire, con **María Tomasina Aráoz**, h.n. de Juana Aráoz. Ts.: Rafael Rodríguez, Ramón Antonio Mercado y Tomás Peralta. Ps.: Bonifacio Aráoz y Feliciana Paz. No se velaron por ser tiempo prohibido. (Al margen: se velaron el 24 de abril de 99, Ps. Dn. Luis Leiva y Da. Magdalena Márquez).

Cordero, José Ramón con Falcón, Rosalía

F.36v: En esta Parroquia de El Alto, a 10 de diciembre de 1798, se casó a **José Ramón Cordero**, h. de Pascuala Cordero, con **Rosalía Falcón**, h. de los finados Lorenzo Falcón y María Ibáñez. Ts.: Antonio Mercado y Tomás Peralta. Ps.: Juan José Díaz y María ¿Corteña, Cardeña, Castaño? No se velaron por ser tiempo prohibido.

Falcón, Feliciano con Cordero, María
F.37: En esta Parroquia de El Alto, en 17 de diciembre de *mil setecientos ochenta y nueve* (sic; se trataría de un error, tendría que ser 1798), se casó a **Feliciano Falcón**, h.l. de los finados Lorenzo Falcón y María de la Cruz Ibáñez, con **María Cordero**, h. de Juan Cordero y de la finada María Francisca Salazar. Ts.: Rafael Rodríguez, Mariano Tristán y Francisco Javier Rizo Patrón. No se velaron por estar cerradas las velaciones. Ps.: Mariano Rodríguez y Victoria Ruíz.

Mansilla, Pedro Pablo, con Basualdo, María Agustina
F.37: En esta Parroquia de El Alto, en 31 de diciembre de 1798, se casó a **Pedro Pablo Mansilla**, h. de Ramón Mansilla y Manuela Pinto, con **María Agustina Basualdo**, h. de María Bartolina Basualdo. Ts.: fueron Dn. Martin Rizo Patrón, Dn. Luis Leiva y Dn. Rafael Rodríguez. Ps.: José Antonio Chazarreta y Francisca Borja Mansilla.

Rodríguez, Juan Miguel con Lazo, María Francisca
F.37v: En esta Parroquia de El Alto, en 4 de febrero de 1799, se casó a **Juan Miguel Rodríguez**, h. de los finados Tomás Rodríguez y María Paula Paz, con **María Francisca Lazo**, h. de Juan Lazo y María Ignacia Concha, ya difuntos. Ts.: Dn. Rafael Rodríguez y Luis Lito. Ps.: Dn. Luis Leiva y Da. Petrona Lobo. Se velaron en la celebración de la misa.

Rodríguez, Fermín con Lazo, Cecilia
F.37v: En esta Parroquia de El Alto, en 4 de febrero de 1799, se casó a **Juan Fermín Rodríguez**, h. de los finados Tomás Rodríguez y María Paula Paz, con **Cecilia Lazo**, h. de Juan Lazo y María Ignacia Concha, ya difuntos. Ts.: Dn. Rafael Rodríguez y Luis Lito. Ps.: Dn. José Lorenzo Burgos y María Amaya. Se velaron en la celebración de la misa.

Espeche, Dn. José Ignacio con Vera, Da. Ignacia
F.37v: En esta Iglesia Parroquial de El Alto, en 5 de febrero de 1799, dispensados los impedimentos por afinidad en segundo y tercer grado, se casó a Dn. **José Ignacio Espeche**, viudo de Da. Manuela Peralta, con Da. **Ignacia Vera**, viuda en primeras nupcias de Dn. Juan Laurencio Sánchez y en segundas de Dn. Gregorio Valdéz. Ps.: Dn. Félix Castro y Da. María Isabel Vera. *Nota:* (Exp. 3205) De la información matrimonial destacamos: "por cuanto José Ignacio Espeche, viudo de Da. Manuela Peñalba, feligrés del curato de El Alto ha presentado que se haya ligado con impedimento de afinidad en segundo y tercer grado por copular lícita con Da. Ignacia Vera, por haber esta sido desposada en primeras nupcias con Juan Laurencio Sánchez, parientes consanguíneos en tercer grado de dicho Espeche y en segundas nupcias con Gregorio Valdéz, primo hermano suyo". La dispensa se otorgó el 20 de diciembre de 1798.

Zurita, Diego León con Contreras, María Micaela
F. 38 En la parroquia de El Alto el 17 de febrero de 1799, se casó a **Diego León Zurita**, hijo de Marcelo Zurita y de María Francisca Brito con María **Micaela Contreras**, hija de Valentín Contreras y de Sabina Paz. Ps.: Vicente Gutiérrez y María Contreras. *Nota:* En la información matrimonial correspondiente, (Exp. 40) encontramos lo siguiente: "Diego León Zurita feligreses de este curato, hijo de Marcelo Zurita y de Francisca Brito, difunta, se ha presentado en este mi juzgado pretendiendo casarse con Micaela Contreras, hija de los finados Valentín Contreras y de María Sabina Paz, y mediando entre ellos el impedimento de afinidad en segundo grado por cópula ilícita, por haberla tenido este pretendiente con Ana María Contreras, prima hermana de la pretendida, ocurre a vuestra merced por la dispensa a cuyo efecto debo de informar lo siguiente: que así él como ella, son muy pobres, que ella es huérfana de padre y madre que el impedimento es oculto pues no lo sabe persona alguna" La dispensa está fechada el 4 de febrero de 1799.

Gómez, Dn. Martín con Cabral, Da. Petrona
F. 38. En esta iglesia parroquial de El Alto, el 12 de marzo de 1799, dispensado el impedimento de consanguinidad en tercer grado, se casó a Dn. **Martín Gómez**, h.l. del finado José Gómez y de Da. Bárbara Bulacia con Da. **Petrona Cabral**, h.l. de los finados Dn. Pedro Cabral y Da. Victoria Gómez. Ps.: Dn. José Ignacio Bulacia y Da. María del Carmen Artaza. (Al margen: se velaron el 22 de abril de 99). *Nota:* En la información matrimonial correspondiente (Exp. 43) no se explica el parentesco entre los contrayentes

Cabral, Dn. Diego Martín con Robles, María Ignacia
F. 38v. En la iglesia parroquial de El Alto, el 29 de abril de 1799, se casó y veló a Dn. **Diego Martín Cabral**; h.n. de Da. María Petrona Cabral con María Ignacia Robles, h.l. de Rafael Robles y de Lucía Luján. Ps: Dn. José Cevallos y Da. María del Rosario Lobo.

Ponce, Pedro José con Valdéz, María Justa
F. 38v. En la iglesia parroquial de El Alto, el 29 de abril de 1799, se casó y veló a **Pedro José Ponce**, viudo de María de la Trinidad Pacheco, con **María Justa Valdéz**, h.l. de Pedro Nolasco Valdéz y de Isabel Domínguez. Ps.: Dn. José Lorenzo Burgos y María Juana Herrera.

Burgos, Dn. Juan Gregorio con Rodríguez, María Juana
F.39 (no figura f.38): En esta Iglesia Parroquial de El Alto, en 17 de mayo de 1799, se casó a Dn. **Juan Gregorio Burgos**, h. de Dn. Jacinto Burgos y María Mercedes Sánchez, con Da. **María Juana Rodríguez**, h. de los finados Dn. Tomás Rodríguez y Da. María Concha. Ts.: Dn. Rafael Rodríguez, Dn. León Valdéz y Dn. Agustín Santillán. Ps.: Dn. José Lorenzo Burgos y Da. Ignacia Burgos. Se velaron en la celebración de la misa.

Arias, Santiago con Juárez, María Rosa
F.39: En la Vice parroquia de Vilismano, en 28 de septiembre de 1798 se casó a **Santiago Arias**, h. del finado Santiago Arias y María Agustina Reinoso, con **María Rosa Juárez**, h. de los finados Juan Bautista Juárez y María Mercedes Quiroga. Ts.: Dn. Fernando Islas y Justo Quiroga. Ps.: José Luis Ledesma y María Bernarda Yance. Se velaron en la celebración de la misa.

Gutiérrez, Dn. Domingo de la Cruz con Castaño, Da. María de los Dolores
F.39: En la Vice parroquia de Vilismano, 31 de enero de 1799, se casó a **Domingo de la Cruz Gutiérrez**, h. de los finados Dn. José Gutiérrez y Da. Pascuala Matamoros con **María de los Dolores Castaño, h.n.** de la finada Da. Serafina Castaño. Ts.: Juan Agustín Pino y Dn. Juan Fermín Páez. Ps.: Dn. Juan Andrés Lazo y Da. María Gregoria Verón Se velaron en la celebración de la misa.

Leiva, Juan Pedro con Sequeda, Celedonia
F.39v: En la Vice parroquia de Vilismano, en 2 de abril de 1799, se casó a **Pedro Juan Leiva**, esclavo del finado Dn. Lorenzo Leiva, con **Celidonia Sequeda**, h. de Bartolomé Sequeda y María Antonia Paz. Ts.: Francisco Azcuénaga y Luis Ramón Páez. Ps.: Pedro Ignacio Villagrán y María Centeno. Se velaron en la celebración de la misa.

Lobo, Nicolás con Quiroga, María Paula
F.39v: En la Vice parroquia de la Quebrada, en 8 de junio de 1799, se casó a **Nicolás Lobo**, h. de Manuel Lobo y de la finada María Feliciana Barrera, con **María Paula Quiroga**, h. del finado José Quiroga y de María de las Nieves Figueroa. Ts.: M° Dn. Manuel Vidal y Juan Bautista Beltrán. Ps.: Nicolás Almaraz y Serafina Osores. Se velaron en la celebración de la misa. *Nota:* En la información matrimonial (Exp. 51) se aclara lo siguiente: "Juan Nicolás Lobo, feligreses de este curato hijo de Manuel Lobo y de Feliciana Barrera, se ha presentado en mi juzgado pretendiendo casarse con Paula Ignacia Quiroga, hija del difunto José Quiroga y de María de las Nieves Figueroa, y habiendo resultado impedimento de afinidad en primer grado de cópula ilícita que tuvo Manuel Antonio Lobo, hermano del pretendiente con la expresada Paula Ignacia, ocurre a vuestra señoría por la correspondiente dispensa, con la causales siguientes; que son pobres, que tiene una madre viuda cargada de obligaciones, el dicho Juan Nicolás ha tenido un hijo en esta, que pretende y quiere legitimar, que la amistad ilícita que mantienen es pública". La dispensa está fechada del 27 de marzo de 1799.

Ibáñez, Dn. Pedro con Domínguez, Da. Clara
F.39v: En esta Parroquia de El Alto, en 31 de julio de 1799, dispensado el impedimento por afinidad ilícita en segundo grado, se casó a Dn. **Pedro José Ibáñez**, h. del finado Dn. Máximo Ibáñez y Da. Josefa Córdoba, con **Clara Domínguez**, h.n. de Da. Juana Domínguez. Ts.: Dn. Rafael Rodríguez, Dn. León Valdéz y Dn. Luis Mariano Leiva. Ps.: Dn. Fernando Vera y Da. Francisca Ibáñez. Se velaron en la celebración de la misa. *Nota:* En la información matrimonial correspondiente, (Exp. 50) podemos leer: "don Pedro José Ibáñez, h.l. de Dn. Mariano Ibáñez, difunto y de Da. Josefa Córdoba, se ha presentado en mi juzgado, pretendiendo casarse con Da. Clara Domínguez, hija natural de la finada, Da. Juana Domínguez, y mediando entre ellos impedimento de segundo grado de afinidad por copular ilícita, por haberla tenido el pretendiente con Casilda Domínguez, tía carnal de la pretendida". Se dispensó el 18 de mayo de 1799.

Márquez, Rafael con Quiroga, Rosa
F.40: En esta Parroquia de El Alto, en 13 de agosto de 1799, se casó a **Rafael**, negro esclavo de Dn. Hermenegildo Márquez, con **Rosa Quiroga**, viuda de Andrés Márquez. Ts.: Dn. Rafael Rodríguez, Dn. León Valdéz y Dn. Hermenegildo Márquez. Ps.: Dn. Agustín Santillán y Da. Estanislada Vera.

Ledesma, José Laureano con Quiroga, Beatriz
F.40: En esta Parroquia de El Alto, en 24 de agosto de 1799, se casó a **José Laureano Ledesma**, h. del finado Guillermo y de María Rosa Cuello, con **Beatriz Quiroga**, h. de Miguel Francisco, ya difunto, y de Margarita Soria. Ts.: Dn. Rafael Rodríguez, Dn. Manuel Avellaneda y Ramón Antonio Quiroga. Ps.: Dn. Félix Hilario Morales y Francisca Antonia Ledesma.

Chariol, Juan Vicente con Vera, María Aurelia
F.40: En la vice parroquia de Vilismano, el 31 de agosto de 1799, se casó a **Juan Vicente Chariol**, h. de María del Rosario Chariol, con **María Aurelia Vera**, h.n. de María Dolores Vera. Ts.: Lucas Cardoso y Juan

Pacheco. Ps.: Luis Ramón Páez y María Petrona Barrios. Se velaron en la celebración de la misa.

Soria, Egidio con Ibáñez, María Florentina
F.40v: En esta Parroquia de El Alto, en 5 de septiembre de 1799, se casó a **Egidio Soria**, viudo de María Isabel Leiva, con **María Florentina Ibáñez**, h. del finado Juan Nicolás Ibáñez y María Dolores Arévalo. Ts.: Dn. Rafael Rodríguez, Pedro Laso y Pedro Quiroga. Ps.: el Capitán de Milicias Dn. Victorino Espeche y María Polonia Mercado. Se velaron en la celebración de la misa.

Gutiérrez, Domingo con Castaño, María Dolores
F.40v: En la Vice parroquia de Vilismano, a 1° de febrero de 1799 se casó a **Domingo Gutiérrez**, h.l. de los finados Dn. José Gutiérrez y Da. Pascuala Matamoros, con **María Dolores Castaño**, h.n. de María Serafina Castaño. Ps. Andrés Lazo y Gregoria Verón.

Suárez, Dn. Juan con Páez, Ana María
F.41: En la Vice parroquia de la Quebrada, a 18 de septiembre de 1799, se casó a Dn. **Juan Suárez**, feligrés del curato de Silípica, h.l. del finado Dn. Juan Antonio Suárez y Da. María Goitia, también difunta, con **Ana María Páez**, h.l. de Pedro Páez y Rosa Quiroga. Ts.: Dn. Andrés Luján y Juan Agustín Pino. Ps.: Dn. Florentín Páez y Da. Feliciana Suárez. Se velaron en la celebración de la misa.

Páez, Dn. Bonifacio con Albarracín Da. María de Jesús
F.41: En la Vice parroquia de la Quebrada, a 19 de septiembre de 1799, dispensados los impedimentos de consanguinidad de tercer y cuarto grado, se casó a **José Bonifacio Páez**, h.l. de los finados Dn. Juan Dionisio Páez y Da. María Petrona Vera, con Da. **María de Jesús Albarracín**, h.l. de Dn. Miguel Albarracín y de la finada Da. Mercedes Vera. Ts.: Mateo Osores y Pedro Gómez. Ps.: Fernando Márquez y Da. María del… *Nota:* En la información matrimonial, (Exp. 57) se encuentra la dispensa obtenida por los contrayentes, allí se puede leer; "Vista, la presentación del Cura y Vicario de El Alto doctor Dn. José Ignacio Thames, por la que consta que entre Bonifacio Páez y María de Jesús, hija de Juan Miguel Albarracín y de María Mercedes Vera, median los impedimentos de consanguinidad el uno en tercero, y el otro en cuarto grado con tercero, por haber sido primas segundas las madres de los referidos; en cuarto grado por haber sido la madre del dicho Bonifacio con el padre de María de Jesús, primos terceros, que ayunen tres sábados con ayuno eclesiástico y que se confiesen y comulguen en los Días de Nuestra Señora de la Concepción, en Tucumán 31 de agosto de 1799"

Jeréz, Dn. José Ascencio con Islas, Da. María del Rosario
F.41v: En la Vice parroquia de la Quebrada, a 23 de septiembre de 1799 se casó a Dn. **José Asencio Jeréz**, h.l. de Dn. Martín Jeréz y de Da. María Juana Agüero, con Da. **María del Rosario Islas**, h.n. de Da. María Águeda Islas. Ts.: Santiago Páez y Clemente Aguilar. Ps.: Dn. Alejandro Molina y Da. María Cecilia Páez. Se velaron en la celebración de la misa.

Ibáñez, Dn. José Ignacio con Lobo, Da. María del Rosario
F.41v: En esta Parroquia de El Alto, a 30 de septiembre de 1799, se casó a **José Ignacio Ibáñez**, h.l. de Dn. José Eugenio Ibáñez difunto y Da. Nicolasa Albarracín, con **María del Rosario Lobo**, h.l. de Dn. Pedro Pablo Lobo y Da. María Dominga Cabral ya difunta. Ts.: Dn. Luis Thames, Dn. Luis Leiva y Dn. León Valdéz. Ps.: Dn. José Antonio Albarracín y Da. Pascuala Albarracín. Se velaron en la celebración de la misa.

Herrera, Dn. Francisco Javier con Montenegro, Da. Margarita
F.41v: En la Vice parroquia de los Manantiales, a 6 de octubre de 1799, se casó a Dn. **Francisco Javier Herrera**, natural de Chicligasta, h.l. de Dn. Juan Ventura Herrera y de María del Tránsito González, con Da. **Margarita Montenegro**, viuda del finado Dn. José Baraona. Ts.: Dn. Luis Thames y Vicente Ogas. Ps.: Dn. Manuel Apod… y Da. Francisca Sanabria.

Lobo, Dn. Manuel con Figueroa, María de las Nieves
F.42: En la Vice parroquia de la Quebrada, a ¿6, 15? de septiembre de 1799, se casó a Dn. **Manuel Lobo**, viudo de María Feliciana Quiroga e h.l. de los finados Dn. José Lobo y Da. Josefa Córdoba, con Da. **María de las Nieves Figueroa**, viuda del finado Dn. José Quiroga. Ts.: M… Osores y Domingo Altamiranda. Ps.: Dn. Juan Andrés Luján y Da. María Manuela Ibáñez.

Lobo, Martín con Peñaflor, María Antonia
F.42: En la Vice parroquia de Vilismano, a 7 de octubre de 1799, se casó a **Martin Lobo**, h.l. del finado Juan Santos Lobo y María Inés Murguía, con **María Antonia Peñaflor**, h. de Bartolomé y María Francisca Romero. Ts.: Santiago Páez y Manuela Palacios. Ps.: Nicolás Díaz y María Isabel Ledesma. Se velaron en la celebración de la misa.

Libro N° 2   1785 - 1806

Lazo, Juan Domingo con Rodríguez, Margarita
F.42v: En… (imagen cortada), en 17 de octubre de 1799 se casó a **Juan Domingo Laso**, viudo de María Narcisa Vásquez, con **Margarita Rodríguez**, viuda de Pedro Durán. Ts.: José Vicente Páez y Manuel Palacios. Ps.: Dn. Juan Fernando Vera y Da. María Ignacia Ibáñez.

Ibáñez, Juan Francisco con Díaz, María Mercedes
F.42v: En esta Parroquia de El Alto, en 9 de noviembre de 1799, se casó a **Juan Francisco Ibáñez**, h. de Juan Ibáñez y Lucia Guardia, con **María Mercedes Díaz**, h. de Santiago Díaz y María Santos Figueroa. Ts.: Dionisio Ortiz y Dn. Francisco Mendoza. Ps.: Dn. Luis Leiva y Da. Magdalena Márquez. Se velaron en la celebración de la misa.

Ramírez, José de las Cruz con Mancilla, Magdalena
F.42v: En la Vice parroquia de Vilismano, a 8 de noviembre de 1799, se casó a **José de la Cruz Ramírez**, feligrés del curato de Ancasti, h.l. de Justo Ramírez y Juana Ubeda, con **Magdalena Mansilla**, h. de Norberto Mansilla y María Josefa Herrera. Se velaron en la celebración de la misa. Ps.: Juan Manuel Herrera y María Clara Varela.

Romero, Marcos con Páez, Da. María Bartolina
F.43: En esta vice parroquia de Vilismano, en 30 de noviembre de 1799, se casó a **Marcos Romero**, feligrés de Ancasti y residente en el paraje de San Vicente, h.l. del finado José Romero y María Agustina Cardoso, con **María Bartolina Páez**, h.l. de los finados Dn. Juan Dionisio Páez y Da. María Petrona Vera. Ts.: Dn. Juan Fermín Páez y Dn. Pedro José Ibáñez. Ps.: Dn. Luis Ramón Páez y Da. María Francisca Ibáñez. Se velaron en la celebración de la misa.

Ubiedo, Martín con Páez, Da. María Paula
F.43: En la Vice parroquia de Vilismano, a 30 de noviembre de 1799, se casó a **Martin Ubiedo**, h.n. de Da. María del Carmen Ubiedo, con **María Paula Páez**, h.l. de los finados Dn. Juan Dionisio Páez y Da. María Petrona Vera. Ts.: Dn. Juan Fermín Páez y Dn. Pedro José Ibáñez. Ps.: Dn. Juan Fernando Vera y Da. María Ignacia Ibáñez. Se velaron en la celebración de la misa.

Urusagas, Fermín con Mansilla, Francisca Borja
F.43v: En esta Parroquia de El Alto, a 2 de diciembre de 1799, se casó a **Fermín Urusagas**, natural de Pomán y criado desde pequeño en este curato, h.l. de Antonio Urusagas y Josefa Nieva, con **Francisca Borja Mansilla**, h.l. del finado Ramón Mansilla y Micaela Pinto. Ts.: Norberto Mansilla y Francisco Javier Aparicio. Ps.: Dn. Luis Leiva con su esposa Da. Magdalena Márquez. No se velaron por ser tiempo prohibido.

Santucho, Pedro Domingo con Ovejero, María Catalina
F.43v: En la Vice parroquia de Vilismano, en 11 de diciembre de 1799, se casó a **Pedro Domingo Santucho**, h.l. de José Santucho y de María Feliciana Andrada, con **María Catalina Ovejero**, natural del curato de Piedra Blanca, h.n. de la finada María Ignacia Ovejero. Ts.: Santiago Páez y Marcos Romero. Ps.: Pedro Gómez y María Aurelia Páez. No se velaron por ser tiempo prohibido.

Garnica, Vicente con Cisneros, Luisa
F.43v: En esta Parroquia de El Alto, a 29 de diciembre de 1799, se casó a **Vicente Garnica**, h. de Juan Tomás Garnica y María Josefa Rodríguez, con **Luisa Cisneros**, h. de Esteban Cisneros y Margarita Ponce. Ts.: Juan Pacheco y Teodoro Gutiérrez. Ps.: Dn. Luis Leiva y Da. Magdalena Márquez.

Figueroa, Isidro Waldo con Reinoso, María Gregoria
F.44: En esta Parroquia de El Alto, a 29 de diciembre de 1799, se casó a **Isidro Waldo Figueroa**, h.l. de Tomás Figueroa ya finado, y Pascuala Burgos, con **María Gregoria Reinoso**, h.l. de Tomás Reinoso y María Casilda Ibáñez ya difuntos. Ts.: León Valdéz, Fernando Saavedra y Pedro Ortiz. Ps.: Antonio Cárdenas y Juana Armas. No se velaron por ser tiempo prohibido.

Sosa, Francisco con Lobo, Lizarda
F.44: En esta Parroquia de El Alto, a 13 de enero de 1800, se casó a **Francisco Sosa**, h. de los finados Juan Sosa y Juana Coronel, con **Lizarda Lobo**, h. de Pedro Lobo y María Castellanos. Ts.: Juan Bautista Beltrán y Manuel Palacios. Ps.: Ramón Antonio Quiroga y María Manuela Arévalo.

Díaz, José Gaspar con Rivadeneira, Juana Rosa
F.44v: En la Vice parroquia de Santa Bárbara, a 18 de febrero de 1800 se casó a **José Gaspar Díaz**, h.l. de Pedro Díaz y Francisca Ávila, con **Juana Rosa Rivadeneira**, viuda de José Medina. Ts.: Vicente Ogas y Pedro Mendoza. Ps.: Dn. Julián Páez y María Rosales.

Quiroga, José Ignacio con Rojo, María Águeda
F.44v: En esta Parroquia de El Alto, a 24 de febrero de 1800, se casó a **José Ignacio Quiroga**, h.l. de los finados Miguel Quiroga y María Vera, con **María Águeda Rojo**, h. del finado Tomás Rojo y María Rosa Albarracín. Ts.: Dn. Carlos Frogel y Dn. Alejandro Molina. Ps.: Juan Antonio Ortiz y… Se velaron en la celebración de la misa.

Guerrero, Agustín con Nieva, María Bernarda
F.45: En esta Parroquia de El Alto, a 25 de febrero de 1800, se casó a **Agustín Guerrero**, h. de Juan Pablo Guerrero y María Feliciana Reyes, con **María Bernarda Nieva**, h. del finado Blas Nieva y Petrona Ortega. Ts.: Mariano Moyano y Juan José Núñez. Ps.: Juan de la Cruz Reyes y Juana Vega. Se velaron en la celebración de la misa.

Peñaflor, Juan José con Ortiz, María Anastasia
F.45: En esta Parroquia de El Alto, a 25 de febrero de 1800, se casó **Juan José Peñaflor**, h. del finado Luis Peñaflor y Lorenza Corbalán, con **María Anastasia Ortiz**, h. de Martin Ortiz y María Narcisa Peñaflor. Ts.: Mariano Moyano y Juan José Núñez. Ps.: Bernardo Frías y María Ignacia Paz. Se velaron en la celebración de la misa. *Nota:* Si bien en esta partida no se consignó ningún impedimento, en la información matrimonial correspondiente (Exp. 103) se dispensó un impedimento por consanguinidad tercer grado con atingencia al segundo "por ser el pretendiente primo hermano de Narcisa Peñaflor, madre de la pretendida". Los contrayentes ya conviven y tienen prole que quieren legitimar. La dispensa se otorgó el 15 de octubre de 1799.

Zurita, Juan Manuel con Contreras, María Marina
F.45: En la parroquia de El Alto el 10 de mayo de 1800, se casó a **Juan Manuel Zurita**, natural de la Sierra de Ancasti, h. de María Inés Zurita, con **María Marina Contreras**, h.n. de Feliciana Contreras. Ts.: Antonio López y Benito Guzmán. Ps.: Manuel Zurita y María Josefa Nieva. No se velaron por ser tiempo prohibido. (Al margen: se velaron el 1 de febrero de 1801)

Rivarola, Juan José con Juárez, María Antonia
F.45v: En esta Parroquia de El Alto, a 21 de marzo de 1800, se casó a **Juan José Rivarola**, natural de Córdoba y criado desde pequeño en esta sierra, h.l. de José Domingo Rivarola y María Mercedes Aguirre ya difuntos, con **María Antonia Juárez**, h.l. de Bonifacio Juárez y Ana María Páez, también difuntos. Ts.: Antonio Agüero y Juan Andrés Romano. No se velaron por ser tiempo prohibido. Ps.: Celedonio Soria y María Rosa Cuello. No se velaron por ser tiempo prohibido.

Juárez, Francisco Antonio con Garcete, Ana Francisca
F.45v: En esta Parroquia de El Alto, a 22 de marzo de 1800, se casó a **Francisco Antonio Juárez**, h.n. de Lorenza Juárez, con **Ana Francisca Garcete** h.n. de Francisca. Ts.: Dn. Luis Leiva y Dn. Manuel Avellaneda. No se velaron. Ps.: Juan José Arévalo y Petrona Artaza.

Peralta, Juan con Collantes, Estefanía
F.46: En esta Parroquia de El Alto, a 1° de junio de 1800 se casó a **Juan Peralta**, h.l. de los finados Juan Pascual Peralta y Ana María Ibáñez, con **Estefanía Collantes**, h.n. de María Felipa Collantes, ya difunta. Ts.: Dn. Luis Leiva, Dn. Manuel Avellaneda y Dn. Miguel Bulacia. Ps.: Juan Ángel Villarroel y Juliana Jiménez.

Pérez, Bruno con Díaz, Dominga
F.46: En la Vice parroquia de Santa Bárbara, el 16 de junio de 1800, se casó a **Bruno Pérez**, h.l. de los finados Bartolo Pérez y Antonia Acosta, con **Dominga Díaz**, h.l. del finado José Díaz y María de los Dolores Páez. Ts.: Dn. Manuel Fernández, Dn. Francisco Bepre y Andrés Góngora. Ps.: Juan José Páez y Bárbara Duarte. Se velaron en la celebración de la misa.

Guerrero, Francisco Laurencio con Guevara, María Inés
F.46v: En la vice parroquia de Santa Bárbara de los Manantiales, el 16 de junio de 1800, se casó a **Francisco Laurencio Guerrero**, h.l. de Agustín Guerrero y Francisca Díaz, ya difuntos, con **María Inés Guevara**, h.n. de María de los Ángeles Guevara. Ts.: Dn. Manuel Fernández, Dn. Francisco Bepre y Andrés Góngora. Ps.: José Reyes y Mercedes Vega. Se velaron en la celebración de la misa.

Bepre, Dn. Francisco con Rivera, Ana María
F.46v: En la Vice parroquia de Santa Bárbara de los Manantiales, el 17 de junio de 1800, dispensado un impedimento por afinidad, se casó a Dn. **Francisco Bepre**, h.l. de los finados Dn. Enrique Bepre y Da. Rosa Grillo Dorado, con **Ana María Rivera**, viuda del finado Dn. Juan Domingo Rosales. Ts.: Dn. Manuel Fernández, Dn. León Valdéz y Dn. Cayetano Ibáñez. Ps.: Dn. Santiago Albarracín y Da. María Barrientos. *Nota:* De la información matrimonial (Exp. 112) podemos extraer la siguiente información: "don Francisco de Bepre, h.l. de Dn. de Enrique Bepre y de Da. Rosa Grillo Dorado, difuntos. pretende casarse con Da. Ana Rivera, viuda del finado, Juan Domingo Rosales con impedimento público de afinidad en primer grado por cópula ilícita que tuvo dicha viuda con Dn. Mariano de Bepre, hermano del pretendiente, ocurre a V.I.S. por la correspondiente dispensa por las causales siguientes: que el expresado Dn. Francisco Bepre ha mantenido amistad ilícita con la pretendida más ha de 10 años y ha tenido dos hijos en ella." más adelante: "… se agrega haber el dicho concurrido con su trabajo personal cuando reedifique la iglesia vice parroquial de Santa Bárbara, cuyo techo se vino abajo con los temporales de agua del año pasado y ser la

pretendida, viuda, patrona de aquella vice parroquia, es de advertir que ella es ya bastante anciana, de un parecer escusado y nada aventajada en bienes de fortuna…". La dispensa está fechada en Córdoba el 20 de mayo de 1800.

Barrera, José con Agüero, Andrea
F.46v: En la Vice parroquia de la Quebrada, a 11 de junio de 1800, se casó a **José Barrera**, viudo de María Juana Gómez, con **Andrea Agüero**, h.l. de los finados Francisco Agüero y de María Toledo. Ts.: Mateo Osores y Juan Bautista Beltrán. Ps.: Miguel Gerónimo Artaza y María Juárez. Se velaron en la celebración de la misa. *Nota:* En la información matrimonial correspondiente (Exp. 112) encontramos la siguiente información: "El maestro Juan Tomás Vera, clérigo presbítero y domiciliario de la Sierra de la Concepción de El Alto, digo que en aquella feligresía, están viviendo a más de 30 años en escándalo el indio José Barrera con María Andrea Agüero, sus párrocos, sus tenientes ni jueces seculares han podido remediar esta ilícita amistad, a causa de los impedimentos que dicha Agüero ha contraído con el padre del pretendiente, y el otro con un hermano; el expresado indio con una prima hermana de la sobre dicha; quienes han procreados 5 o 6 hijos…". La dispensa se otorgó el 2 de abril de 1800.

Juárez, José Rosa con Pacheco, María Josefa
F.47: En la Vice parroquia de la Quebrada, el 2 de junio de 1800, se casó a **José Rosa Juárez**, h.l. del finado Gerónimo Juárez y Juliana Paz, con **María Josefa Pacheco**, h.n. de María del Carmen Pacheco. Ts.: Mateo Osores y Juan Bautista Beltrán. Ps.: Antonio Luján y Ana Coronel. Se velaron en la celebración de la misa.

Corte, Justo con Flores, María Dolores
F.47: En la Vice parroquia de la Quebrada, a 11 de junio de 1800, se casó a **Justo Corte**, h.l. de los finados José Corte y Mercedes Murguía, con **María de los Dolores Flores**, viuda del finado Bartolo Ayunta. Ts.: Mateo Osores y Juan Bautista Beltrán. Ps.: José Flores y Feliciana Ledesma.

Quiroga, José Ignacio con Quintero, María Severina
F.47: En la Vice parroquia de la Quebrada, a 11 de junio de 1800, se casó a **José Ignacio Quiroga**, h.l. de Juan Nicolás Quiroga y de la finada Juana Murguía, con **María Severina Quintero**, h. de Juan Bautista Quintero y de la finada Ignacia Agüero. Ts.: Mateo Osores y Juan Bautista Beltrán. Ps.: Fausto Santillán y Ana Coronel. Se velaron en la celebración de la misa.

Toledo, José Anselmo con Gómez, Celedonia
F.47v: En la Vice parroquia de la Quebrada, a 5 de junio de 1800, se casó a **José Anselmo Toledo**, h. de los finados Nolasco Toledo y de Ignacia Uñates, con **María Celedonia Gómez**, h.l. de Ventura Gómez y de Juliana Pérez. Ts.: Mateo Osores y Juan Bautista Beltrán. Ps.: José Ledesma y Margarita Lobo. Se velaron en la celebración de la misa. *Nota:* En la información matrimonial correspondiente (Exp. 70) a esta partida podemos leer: "…una persona declaró el impedimento oculto que tenía María Celedonia Gómez con un hermano de su pretendiente…" por otro lado "la pretendida ha tenido un hijo con el pretendiente y son indios pobres". Se otorgó la dispensa en Córdoba el 2 de abril de 1800.

Bulacia, Dn. Ignacio Antonio con Leiva, Da. Luisa
F.47v: En la Parroquia de El Alto, a 4 de julio de 1800, dispensado el impedimento por consanguinidad en cuarto grado, se casó a Dn. **Ignacio Antonio Bulacia**, h.l. del finado Dn. Ignacio Bulacia y Da. Antonia Cabral, con Da. **Luisa Leiva**, h.l. del Capitán Dn. Francisco Leiva y Da. Beatriz Márquez Ts.: Dn. Felipe Márquez y Nicolás Videla. Ps.: Dn. Miguel Urrejola y Da. Rosalía Bulacia.

Arias, Juan de la Cruz con Reinoso, María Nicolasa
F.48: En la Parroquia de El Alto, a 12 de julio de 1800, se casó a **Juan de la Cruz Arias**, h.l. de Feliciano Arias y Petrona Peralta, con **María Nicolasa Reinoso**, h.l. de Juan Reinoso y de la finada María Reyes. Ts.: Juan Alcaráz y Martin Reinoso. Ps.: Ignacio Candi y Petrona Ávila. Se velaron en la celebración de la misa.

Navarro, Juan Francisco con Reinoso, Leocadia
F.48: En esta Parroquia de El Alto, a 16 de julio de 1800, se casó a **Juan Francisco Navarro**, h. de Francisca Navarro, con **Leocadia**, h. de Francisco Reinoso y Marcela Arévalo. Ts.: Diego Luján y Bonifacio Páez. Ps.: Feliciano Luján y Lucia Delgado. Se velaron en la celebración de la misa.

Moyano, Juan de Dios con Luna, Juliana
F.48: En la parroquia de los Manantiales, el 20 de agosto de 1800, se casó a **Juan de Dios Moyano**, h.l. del finado Feliciano Moyano y María de los Dolores Páez, con **Juliana Luna**, viuda de Pedro Ignacio Zurita. Ts.: Dn. Francisco Bepre, Dn. Mariano Bepre y Dn. Julián Páez. Ps.: Dn. Juan José Páez y Da. Feliciana Barrientos.

Centeno, Dn. Simón con Leiva, Da. María Inés
F.48v: En la Vice parroquia de Vilismano, a 22 de mayo de 1800, se casó a **Simón Centeno**, h.n. de Da. Lorenza Centeno, con **María Inés Leiva**, h.l. del finado Dn. Francisco Leiva y Da. María Pabla Rizo

Patrón. Ts.: Dn. Miguel Ramos y Dn. José Medina. Ps.: Dn. José Francisco Leiva y Da. María Francisca Ibáñez. Se velaron en la celebración de la misa.

Díaz, Juan Domingo con Núñez, María Juana Ventura
F.48v: En la Vice parroquia de Vilismano, a 27 de agosto de 1800, se casó a **Juan Domingo Díaz**, hijo del finado José Domingo Díaz y de María Dominga Mercado, con **María Juana Ventura Núñez**, h.l. del finado Pedro José Núñez y de María del Carmen Ponce. Ts.: Dn. Ambrosio Calvimonte y Juan Agustín Pino. Ps.: José Lucas Gómez con Manuela Ibáñez. Se velaron en la celebración de la misa.

Leiva, Juan Francisco con Alcaráz, Ana María
F.49: En la Vice parroquia de los Manantiales, a 20 de septiembre de 1800, se casó a **Juan Francisco Leiva**, h. de los finados Simón Leiva y Marcela Vanegas, con **Ana María Alcaráz**, h.n. de María Alcaráz. Ts.: Dn. Francisco Bepre, Dn. Julián Páez y Dn. Manuel Fernández. Ps.: Ignacio Candi y Petrona Ávila. Se velaron en la celebración de la misa.

Medina, Anastasio con Domínguez, Da. Casilda
F.49: En la Vice parroquia de Vilismano, a 4 de agosto de 1800, se casó a **Anastasio Medina**, h. de Felipe Medina y de la finada María de las Mercedes Medina, con **María Casilda Domínguez**, h. de los finados Dn. Francisco Medina y Da. Prudencia Paz. Ps.: Pedro Ponce y Justa Valdéz. Se velaron en la celebración de la misa.

Ávila, Juan Manuel con Ahumada, María Nicolasa
F.49v: En la Vice parroquia de Vilismano, a 28 de agosto de 1800, se casó a **Juan Manuel Ávila**, h.n. de la finada María Narcisa Ávila, con **María Nicolasa Ahumada**, h.l. del finado Olegario Ahumada y de María Rojas. Ts.: Ambrosio Calvimonte y Clemente Aguilar. Ps.: Pedro Antonio Zurita y María de las Nieves Ávila. Se velaron en la celebración de la misa.

Jiménez, José Domingo con Cardoso, María Jacinta
F. 49v: En la Parroquia de El Alto, a 20 de septiembre de 1800, se casó a **José Domingo Jiménez**, h. de José Jiménez y María Gerónima Pardo, con **María Jacinta Cardoso**, h. del finado Enrique Cardoso y Teresa Díaz. Ps.: José Agüero y Gregoria Pardo.

Bustos, Miguel con Arévalo, Ramona
F.50: En la Vice parroquia de la Quebrada, a 3 de septiembre de 1800, se casó a **Miguel Bustos**, h.l. de Domingo Bustos y de la finada María Gabriela Concha, con **Ramona Arévalo**, h. del finado Roque Arévalo y de María Ignacia Ledesma. Ts.: Juan Nicolás Quiroga y Mateo Osores. Ps.: Luis Ledesma y Micaela Paz. Se velaron en la celebración de la misa.

Morales, Juan Luis con Gómez, Juliana
F.50: En la Parroquia de El Alto, a 29 de septiembre de 1800, se casó a **Juan Luis Morales**, h.n. de Ana María Morales, con **Juliana Gómez**, esclava de Dn. Martin Gómez. Ts.: Juan Luis Castro y Juan Nicolás Reinoso. Ps.: Dn. Mariano Mendoza y Da. Isabel Cabral. Se velaron en la celebración de la misa.

Roldán, Pedro con Juárez, María Estefanía
F.50v: En la Vice parroquia de la Quebrada, a 3 de octubre de 1800, se casó a **Pedro Roldán**, h. del finado José Domingo Roldán y de Manuela Orozco, con **María Estefanía Juárez**, h.n. de María del Carmen Juárez. Ts.: Juan Nicolás Quiroga y Mateo Osores. Ps.: Lino Antonio Segura y Francisca Falcón. Se velaron en la celebración de la misa.

Garzón, Simón con Rivadeneira, Francisca Ricarda
F.50v: En la Vice parroquia de Vilismano, a 4 de octubre de 1800, se casó a **Simón Garzón**, h.n. de Juliana Garzón, con **Francisca Ricarda Rivadeneira**, h.n. de Luisa Rivadeneira. Ts.: Juan Nicolás Quiroga y Mateo Osores. Se velaron en la celebración de la misa. Ps.:.

Luna, José Manuel con Díaz, María Antonia
F.60: (error en la foliación original) En la Vice parroquia de los Manantiales, a 13 de octubre de 1800, se casó a **José Manuel Luna**, viudo de la finada Celestina Díaz, con **María Antonia Díaz**, viuda del finado Juan Tomás Ibáñez. Ts.: Dn. Luis Thames y Dn. Jacinto Bepre. Ps.: Dn. Manuel Valdéz y Margarita Mercado.

Reinoso, José Ignacio con Armas, Catalina
F.60: En la Vice parroquia de Ovanta, a 22 de octubre de 1800, se casó a **José Ignacio Reinoso**, h.l. de los finados Tomás Reinoso y Ana Casilda Ibáñez, con **Catalina Armas**, h.n. de Dominga Armas. Ts.: Bonifacio Arias, José González y Martín Paz. Se velaron en la celebración de la misa. Ps.: José Anselmo Paz y Juliana Díaz.

Álvarez, Nolasco con Leiva, Marcelina
F.60: En la iglesia de Santa Bárbara, el 10 de noviembre de 1800, se casó a **Nolasco Álvarez**, h.n. de Ana Álvarez, con **Marcelina Leiva**, h.n. de Ana María Leiva. Ts.: Dn. Francisco Bepre, Dn. Pedro José Ibáñez y Bonifacio Correa. Se velaron en la celebración de la misa. Ps.: Germán Montenegro y Rafaela Díaz.

Armas, Juan Baltazar con Ibáñez, María Eleuteria
F.60v: En la Vice parroquia de San José de Ovanta, a 17 de noviembre de 1800, se casó a **Juan Baltazar Armas**, h.n. de Juana Armas, con **María Eleuteria Ibáñez**, h.n. de Gerarda Ibáñez. Impedimento de consanguinidad en tercer grado dispensado por el Sor Vicario de Catamarca Dr. Dn. Pedro Bazán. Ts.: Dn. Agustín Mercado, José González y Sebastián Carrizo. Se velaron en la celebración de la misa. Ps.: Pedro Nolasco Díaz y María Antonia Romano.

Fernández, Juan Fidel con Reinoso, María Josefa
F.60v: En la Vice parroquia de Santa Bárbara, a 29 de noviembre de 1800, se casó a **Juan Fidel Fernández**, h.n. de Bárbara Fernández, con **María Josefa** negra esclava de Da. Petrona Reinoso. Ts.: Dn. Francisco Bepre, Juan Páez y Francisco Ortiz. Ps.: Dn. Manuel Valdéz y Da. María Mercedes Vega.

Barrientos, Juan Teodoro con Jiménez, Francisca
F.61: En la Vice parroquia de Santa Bárbara, a 29 de noviembre de 1800, se casó a **Juan Teodoro**, mulato esclavo de Da. Dominga Barrientos, con **Francisca Jiménez**, h.n. de Antonia Jiménez. Ts.: Dn. Francisco Bepre, Julián Páez y Francisco Ortiz. Se velaron en la celebración de la misa. Ps.: Bruno Pérez y Dominga Díaz.

Albarracín, Luis Bernardo con Ortiz, María Dolores
F.61: En esta Parroquia de El Alto, a 10 de diciembre de 1800, se casó a **Luis Bernardo Albarracín**, viudo de Casilda Fernández, con **María Dolores Ortiz**, h.n. de la finada María Juana Ortiz. Ts.: Fliberto Guarás y Teodoro Gutiérrez. No se velaron por ser tiempo prohibido. Ps.: Francisco Ortiz y Pascuala Albarracín. *Nota:* En la información matrimonial (Exp. 91) se aclara: "…don Luis Bernardo Albarracín, viudo de la finada Casilda Fernández, e hijo de Dn. Santiago Albarracín y de Da. Francisca Barrientos…"

Pereira, Lorenzo con Fernández, María de la Cruz
F.61: En la Vice parroquia de San José de Ovanta, a 13 de diciembre de 1800, se casó a **Lorenzo Pereira**, h.n. de María Mercedes Pereira, con **María de la Cruz Fernández**, h.l. de Pascual Fernández y María Lorenza Díaz. Ts.: Antonio Leguizamón, Agustín Mercado y Nicolás Mercado. No se velaron por ser tiempo prohibido. Ps.: Miguel Zelarayán y Juana Armas.

Rivas, José Domingo con Lobo, María Francisca
F.61v: En esta Iglesia Parroquial de El Alto, a 29 de diciembre de 1800, dispensado el impedimento por consanguinidad en tercer grado, se casó a **José Domingo Rivas**, h.l. de Juan Tomás Rivas y María Petrona Barrios, con **María Francisca Lobo**, h.l. de Juan Francisco Lobo y Mercedes Aragón. Ts.: Felipe Lobo, Mariano Cristan y Manuel Quiroga. No se velaron por ser tiempo prohibido. (Al margen: se velaron el 13 de diciembre de 1801). *Nota:* En el expediente matrimonial correspondiente, (Exp. 94) el 10 de diciembre de 1800 se les dispensó "…un impedimento en tercer grado de consanguinidad por ser los pretendientes hijos de dos primas hermanas…" "…dicen que la novia se encuentra embarazada y quieren legitimar la prole…".

Silva, Proto Jacinto con Ovejero, Leocadia
F.61v: En esta Iglesia Parroquial de El Alto, a 29 de diciembre de 1800, se casó a **Proto Jacinto Silva**, h.n. de María Silva, con **Leocadia Ovejero**, h.l. de Apolinario Ovejero y Josefa Díaz. Ts.: Felipe Lobo, Mariano Cristan y Manuel Quiroga. No se velaron por ser tiempo prohibido. Ps.: Dn. Luis Mariano Leiva y Da. Antonia Cabral. (Al margen: se velaron el 22 de enero de 1801)

Arévalo, José Bernardo con Luján, María Manuela
F. 61v. En la vice parroquia de Vilismano, el 30 de octubre de 1800, se casó a **José Bernardo Arévalo**, h.l. de Ramón Arévalo y de la finada María Villalba con **María Manuela Luján**, h. de Diego Luján y de María Mercedes Altamiranda. Ps.: José Manuel Ibáñez y María Clara Domínguez.

Vázquez, Ramón con Rivarola, María Manuela
F. 62. En la vice parroquia de Vilismano, el 29 de noviembre de 1800, se casó a **Ramón Vázquez**, h.l. de los finados Domingo Vázquez y María Rosa Agüero, con **María Manuela Rivarola**, hl- de los finados José Manuel Rivarola y Ana María Ávila. Ps.: José Ávila y María Mercedes Ávila.

Acevedo, Juan Isidro con Zapata, María del Rosario
F. 62. En la vice parroquia de Vilismano, el 13 de diciembre de 1800, se casó a **Juan Isidro Acevedo**, h.n. de María de Tránsito Acevedo, con **María del Rosario Zapata**, h.l. de los finados Felipe Zapata y María Ignacia Ponce. Ps.: Dn. Domingo Gutiérrez y Da. María Dolores Verón.

Durán, José Ignacio con Palomeque, María Juana
F.62: En la Vice parroquia de Vilismano, en 28 de diciembre de 1800 se casó a **José Ignacio Durán**, h.l. de los finados Pedro Durán y María Micaela Rojas, con **María Juana Palomeque**, viuda del finado José Lucas Juárez. Ts.: Luis Ramón Páez y José Ambrosio Calvimonte. No se velaron por ser tiempo prohibido. Ps.: Martin Ubiedo y María Rosa Caballero.

Garzón, Manuel con Lindón, María Mercedes
F.X: En esta Iglesia Parroquial de El Alto, en 3 de enero de 1801, se casó a **Manuel Garzón**, h.n. de María Dolores Garzón, con **María Mercedes Lindón**, h.l. de Francisco Lindón y María Francisca Reinoso. Ts.: Dn. Ángel Gómez y Proto Jacinto Silva. No fueron velados por ser tiempo prohibido. Ps.: Dn. Luis Leiva y Leocadia Ovejero.

Lobo, José Domingo con Romano, María Antonia
F.63: En la vice parroquia de Santa Bárbara, el 6 de enero de 1801 se casó a **José Domingo Lobo**, h.n. de Rosa Lobo, con **María Antonia Romano**, h.l. de Ramón Romano y María Ana Albornoz. No se velaron por ser tiempo prohibido. Ps.: Pedro Ruíz y Teodora Melián.

Lazo, Juan Tomás con Flores, María Anastasia
F.63: En esta Parroquia de El Alto, en 12 de enero de 1801, se casó a **Juan Tomás Lazo**, h.l. de Juan Lazo y María Ignacia Concha, con **María Anastasia Flores**, h.l. de Francisco Flores y Clara Rivas. Ts.: Mariano Toledo, Juan Tomás Medina y Fermín Rodríguez. Se velaron en la celebración de la misa. Ps.: Felipe Lobo y María Amaya.

Leorraga, José Fermín con Díaz, María
F.63: En la Vice parroquia de Santa Bárbara, en 18 de enero de 1801, se casó a **José Fermín Leorraga**, h.n. de Tomasina Leorraga, con **María Díaz**, h.n. de la finada Petrona Díaz. Ts.: Dn. Juan Eugenio Bulacia, Dn. Mariano Bepre y Dn. Miguel Bulacia. Ps.: José Antonio Ojeda y María Palacios.

Acosta, Juan Simón con Ponce, María
F.63v: En la Vice parroquia de Vilismano, a 5 de febrero de 1801, se casó a **Juan Simón Acosta**, h.n. de María Bartolina Acosta, con **María Ponce**, h.n. de María Antonia Ponce. Ts.: Santiago Páez y Miguel Gerónimo Artaza. Se velaron en la celebración de la misa. Ps.: Miguel Gerónimo Artaza y María Juárez.

Ortiz, Silvestre con Ortiz, María Juana
F.63v: En la Vice parroquia de Santa Bárbara, a 15 de febrero de 1801, se casó a **Silvestre Ortiz**, h.l. de Francisco Ortiz y Bartolina Fernández, con **María Juana Ortiz**, h.n. de Josefa Ortiz. Impedimento de consanguinidad en segundo con tercer grado, dispensado por el Sr. Dr. Dn. Ángel Mariano Moscoso, obispo de esta diócesis. Ts.: Juan Mostajo y Pedro Cruz. Ps.: Bernardo Albarracín y Pascuala Albarracín. *Nota*: Para obtener la dispensa (Exp. 126) se aclara el parentesco: "por ser el pretendiente primo hermano de la madre de la pretendida". La dispensa fue otorgada en Córdoba el 19 de agosto de 1800.

Cardoso, Leandro con Rojas María
F.63v: En la Vice parroquia de Vilismano, a 4 de febrero de 1801 **Leandro Cardoso**, h.l. de Enrique Cardoso y de María Teresa Díaz, difunta, con **María Rojas**, h.n. de María de la Cruz Rojas. Ts.: José Ambrosio Calvimonte y José Santucho. Ps.: José Isidro Acevedo y María del Rosario Zapata.

Leiva, José Benito con Ruíz, María Francisca
F.64: En esta Iglesia Parroquial de El Alto, 7 de febrero de 1801. **José Benito Leiva**, de padres no conocidos, casado con **María Francisca Ruíz**, h.l. de los finados Lorenzo Ruíz y María Barrios. Ts.: Dn. Luis Leiva y Dn. Ignacio Campos. Se velaron en la celebración de la misa. Ps.: Juan Tomás Cisternas y Juana Cisternas.

Luna, Lorenzo con Coronel, Juana
F.64: En esta Parroquia de El Alto, 9 de marzo de 1801. Se casó a **Lorenzo Luna**, h.l. de Cipriano Luna y María Gamarra, difunta, casado con **Juana Coronel**, h. de los finados Feliciano Coronel y María Micaela Maldonado. Ts.: Feliciano Arias, Proto Jacinto Silva y Nicolás Romano. No se velaron por ser tiempo prohibido. Ps.: Manuel Ibáñez y Petrona Torres.

Zurita, José Manuel con Domínguez, María Victoria
F.64: En esta Parroquia de El Alto, 22 de marzo de 1801, se casó a **José Manuel Zurita**, viudo de Nicolasa Agüero, casado con **María Victoria Domínguez**, h.n. de María Juana Domínguez. Ts.: Dn. Miguel Bulacia, Pedro Ojeda y Benito Guzmán. No se velaron por ser tiempo prohibido. Ps.: Pedro Ponce y Justa Valdéz.

González, Juan Eusebio con Jiménez, Juliana
F.64v: En la Vice parroquia de los Manantiales, en 18 de marzo de 1801, se casó a **Juan Eusebio González**, h.n. de Dominga González, con **Juliana Jiménez**, viuda del finado Justo Cárdenas. Ts.: Silvestre Díaz y Andrés Góngora. Ps.: Juan Lorenzo Pereira y María de las Mercedes Romano.

Villagrán, José Benito con Rivera, Bartolina
F.64v: En la Vice parroquia de Santa Bárbara, en 20 de marzo de 1801, se casó a **José Benito Villagrán**, vecino del curato de Piedra Blanca, viudo de Juana Paula Acosta, con **Bartolina Rivera**, h. del finado Jacinto Rivera y Silveria Guerrero. Ts.: Dn. Julián Páez, Dn. Luis Thames y Dn. Juan José Páez (imagen cortada).

Luna, Juan Francisco con Ibáñez, Bartolina
F.65: En la Vice parroquia de Santa Bárbara, en 20 de marzo de 1801, se casó a **Juan Francisco Luna**, h.l. de Juan Paulino Luna y Estefanía Armas, con **Bartolina Ibáñez**, h.l. del finado José Ibáñez y Teresa

Ortiz. Ts.: Dn. Julián Páez, Dn. Luis Thames y Dn. Juan José Páez. Ps.: Juan José Páez y Margarita Mercado.

Arévalo, Felipe Santiago con Márquez, María Paula
F.65: En la Parroquia de El Alto, a 6 de mayo de 1801, se casó a **Felipe Santiago Arévalo**, h.n. de Hilaria Arévalo, con **María Paula Márquez**, h.n. de Narcisa Márquez. Ts.: Rafael Rodríguez, Cayetano Arévalo y Francisco Luna. Ps.: Andrés Lobo y María Inés Alcaráz.

Gómez, Dn. Luis Antonio con Valdéz, Da. María del Carmen
F.65: En la Parroquia de El Alto, a 20 de mayo de 1801, se casó a **Luis Antonio Gómez**, h.l. de los finados Dn. José Antonio Gómez y Da. Manuela Valdéz, con Da. **María del Carmen Valdéz**, h.l. de Dn. Pedro Nolasco Valdéz y de la finada Da. María Isabel Domínguez. Consanguinidad de segundo con tercer grado entre los cónyuges. Ts.: Dn. Rafael Rodríguez, Pedro Ponce y Dn. Felipe de ¿Inta? Ps.: José Lorenzo Valdéz y Da. Andrea Domínguez. *Nota:* En la información matrimonial correspondiente a este enlace (Exp. 131), surge que los contrayentes han convivido y tienen prole que quieren legitimar, tienen un parentesco por consanguinidad. La dispensa está fechada en Córdoba el 8 de marzo de 1801. Encontramos el siguiente cuadro de parentesco en la informacion matrimonial:

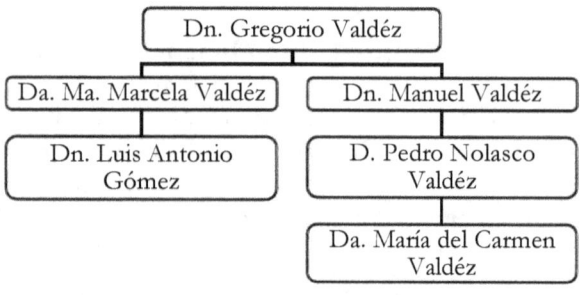

Morales, José Ignacio con Leiva, Juana Francisca
F.65v: En esta Parroquia de El Alto, a 22 de junio de 1801, se casó a **José Ignacio Morales**, h.l. de Hilario Morales y Martina Quiroga, con **Juana Francisca Leiva**, h. del finado Francisco Leiva y Gregoria Romero. Ts.: Dn. Luis Leiva y Proto Jacinto Silva. Se velaron en la celebración de la misa. Ps.: Pedro Antonio Páez y María Isabel Vásquez.

Burgos, Juan de la Cruz con Juárez, María de los Dolores
F.65v: En esta Parroquia de El Alto, a 22 de junio de 1801, se casó a **Juan de la Cruz Burgos**, h.l. de Guillermo Burgos y de María Gregoria Ramírez, con **María de los Dolores Juárez**, h.l. de los finados Juan Bautista Juárez y María de las Mercedes Quiroga. Ts.: Dn. Luis Leiva y Proto Jacinto Silva. Se velaron en la celebración de la misa. Ps.: Julián Campos y Micaela Cabral.

Leiva, Dn. Francisco Dionisio con Bulacia, Da. María Juana
F.66: En esta Parroquia de El Alto, a 30 de junio de 1801, se casó a Dn. **Francisco Dionisio Leiva**, viudo de Da. Beatriz Márquez, con Da. **María Juana Bulacia**, viuda de Dn. José Luis Saavedra. Dispensado el impedimento de afinidad de cópula lícita por el Obispo Dn. Ángel Mariano Moscoso. Ts.: Dn. Pedro Pablo Bulacia, Dn. Martin Gómez y Proto Jacinto Silva. Ps.: Dn. Miguel Urrejola y Da. María Francisca Bulacia. *Nota:* En la dispensa matrimonial correspondiente (Exp. 143) se puede leer: "Visto el memorial del cura y vicario de La Concepción de El Alto por que consta que median los impedimentos de segundo grado de afinidad por cópula lícita, dos de segundo grado de afinidad por cópula ilícita y de primero de afinidad por cópula ilícita en línea recta" La dispensa fue otorgada en Córdoba el 29 de abril de 1801.

Sobrecasas, José Martín con Santucho, María Petrona
F.66: En la Vice parroquia de Vilismano, a 13 de abril de 1801, se casó a **José Martin Sobrecasas**, oriundo del Fuerte de Andalgalá, h.l. del finado José Sobrecasas y de María Francisca Palacios, con **María Petrona Santucho**, h.l. de José Santucho y de María Feliciana Andrada. Ts.: Felipe Santiago Páez y José Justo Domínguez. Ps.: Juan Andrés Domínguez y María Juana Ponce.

Quiroga, Juan con Romero, María Gregoria
F.66v: En la Vice parroquia de Vilismano, a 2 de mayo de 1801, se casó a **Juan Quiroga**, viudo de María Pinto, con **María Gregoria Romero**, viuda de Santos Ramírez. Ts.: Dn. Francisco Ulibarri y Dn. Jacinto Gutiérrez. Ps.: Martin Valdéz y Agustina Medina.

Rodríguez, Dn. Pedro Pablo con Domínguez, Da. María Gerónima
F.66v: En la Vice parroquia de Vilismano, a 11 de mayo de 1801, se casó a **Pedro Pablo Rodríguez**, h.l. de los finados Dn. Tomás Rodríguez y de Da. María Paula Páez, con **María Gerónima Domínguez**, h.l. del finado Dn. Francisco Javier Domínguez y de Da. María Luján. Ts.: Pedro José Ibáñez y Juan Gregorio Burgos. Ps.: Pedro José Ponce y María Justa Valdéz.

Acosta, Santiago con Sequeda, María Celidonia
F.67: En la Vice parroquia de Vilismano, a 19 de mayo de 1801, se casó a **Santiago Acosta**, viudo de María Juana Pino, con **María Celidonia Sequeda**, viuda de Pedro Juan Leiva. Ts.: Silvestre Caballero y Pedro Ignacio Villagrán. Ps.: Pedro Ignacio Villagrán y María Centeno.

Pacheco, Antonio con Juárez, María Luisa
F.67: En la Vice parroquia de la Quebrada, a 28 de mayo de 1801, se casó a **Antonio Pacheco**, h.n. de María del Carmen Pacheco, con **María Luisa Juárez**, h.l. del finado Juan Julián Juárez y de María Gerónima Paz. Ts.: Justo Quiroga y Juan Nicolás Díaz. Ps.: Juan Nicolás Quiroga y María R. Peralta.

Adauto, Dn. José Manuel con Ledesma, María Ignacia
F.67: En la Vice parroquia de la Quebrada, a 29 de mayo de 1801, se casó a **José Manuel Adauto**, h.l. de Dn. Pedro José Adauto y de la finada María Juana Páez, con **María Ignacia Ledesma**, viuda de Roque Arévalo. Ts.: Mateo Osores y Luis Ledesma. Ps.: Florentín Páez y María Paula Luna.

Cardoso, Juan Isidro con Morales, Ana María del Carmen
F.67v: En la Vice parroquia de la Quebrada, a 5 de junio de 1801, se casó a **Juan Isidro Cardoso**, h.l. de los finados José Cardoso y María Ana Sosa, con **Ana María del Carmen Morales**. Ts.: Santiago Páez y Marcos Romero. Se velaron en la celebración de la misa. Ps.: José Antonio Agüero y María Dolores Ponce.

Mercado, Manuel con Paz, Valeriana
F.67v: En la Vice parroquia de San José, a 27 de julio de 1801, se casó a **Manuel Mercado**, h.l. del finado Juan Beltrán Mercado y Gerónima Garzón, con **Valeriana Paz**, h.l. de Juan Tomás Paz y Manuela Rosales. Se velaron en la celebración de la misa. Ts.: Dn. Luis Thames y José González. Ps.: Arias y Francisca Mercado.

Bravo, José Dalmacio con Rodríguez, María Rosa
F.68: En la Vice parroquia de San José, a 27 de julio de 1801, se casó a **José Dalmacio Bravo**, h.n. de Francisca Bravo, con **María Rosa Rodríguez**, h.n. de Petrona Rodríguez. Ts.: Dn. Luis Thames y José González. Se velaron en la celebración de la misa. Ps.: Bonifacio Rosales y Victoria Bravo.

Tolosa, Dn. Lorenzo con Gómez, Da. Teresa
F.68: En la Iglesia Parroquial de El Alto, a 10 de agosto de 1801, se casó a Dn. **Lorenzo Tolosa**, feligrés del curato de Piedra Blanca, h.l. del finado Dn. Prudencio Tolosa y de Da. Margarita Leiva, con Da. **Teresa Gómez**, h.l. de Dn. Juan Nicolás Gómez y Da. María Mercedes Espeche. Consanguinidad en cuarto grado entre los contrayentes, que no resultó en impedimento. Ts.: Dn. Rafael Rodríguez y Dn. Manuel Avellaneda. Ps.: Dn. Victorino Espeche y Da. María del Pilar Espeche.

Rodríguez, Dn. Luis Bernardo con Pérez, Da. María Lorenza
F.68v: En la Iglesia Parroquial de El Alto, a 6 de agosto de 1801, dispensado el impedimento por consanguinidad en tercer grado, se casó a **Luis Bernardo Rodríguez**, h.l. de Dn. Miguel Rodríguez y Da. María Amaya, con Da. **María Lorenza Pérez**, h.l. del finado Dn. Juan José Pérez y Da. María Bartolina Concha. Ts.: Dn. Juan José Córdoba, Ignacio Aragón y Pedro Lobo. Se velaron en la celebración de la misa. Ps.: Dn. Luis Leiva y Da. Magdalena Márquez. *Nota:* En la información matrimonial (Exp. 144) una dispensa fechada en Catamarca el 7 de julio de 1801. Se explica el parentesco entre los contrayentes de la siguiente manera:

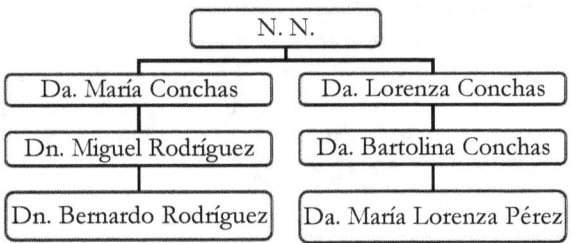

López, Dn. Juan Antonio con Barrientos, Da. María Santos
F.68v: En la Vice parroquia de Santa Bárbara, a 17 de agosto de 1801, se casó a Dn. **Juan Antonio López**, h.l. de los finados Dn. Juan López y de Da. Antonia Juárez, con Da. **María Santos Barrientos**, h.l. de los finados Dn. Mariano Barrientos y Da. Gertrudis Olivera. Ts.: Dn. Juan Eugenio Bulacia, Bonifacio Correa y Dn. A. o M. Bulacia. Ps.: Dn. Luis Thames y Da. María Eugenia. (imagen cortada).

Arias, Juan Antonio con Argañarás, Bartolina
F.68 (error en la foliación): En la Vice parroquia de San José, a 20 de agosto de 1801, se casó a **Juan Antonio Arias**, h.l. de Feliciano Arias y Petrona Peralta con **Bartolina Argañarás**, h.l. de Santiago Argañarás y de la finada María Rosa Ramírez. Ts.: Agustín y Nicolás Mercado y José González. Se velaron en la celebración de la misa. Ps.: Juan Tomás Paz y Rosa Morienega.

Gómez, Dn. Juan Ángel con Bulacia, Da. Francisca

F.68: En la Iglesia Parroquial, 14 de septiembre de 1801, dispensado el impedimento de consanguinidad en segundo con tercer grado, se casó a Dn. **Juan Ángel Gómez**, h.l. de Dn. Juan Nicolás Gómez y de Da. María Mercedes Espeche, con Da. **Francisca Bulacia**, h.l. de Dn. Juan Eugenio Bulacia y de Da. María Francisca Leiva. Ts.: Dn. Lorenzo Tolosa, Dn. Ramón Antonio Correa y Dn. Mariano Bepre. Se velaron en la celebración de la misa. Ps.: Dn. Pedro Antonio Thames y Da. María Eugenia Bulacia. *Nota*: En la información matrimonial (Exp. 146 y 147) hay una dispensa fechada en Catamarca el 17 de julio de 1801, se explica el parentesco de la siguiente manera:

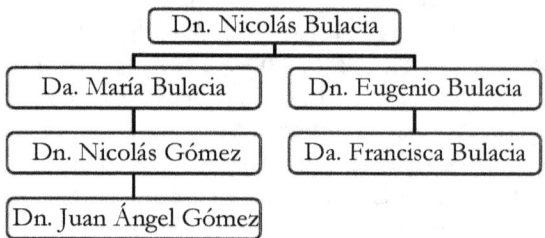

Melián, Manuel con Ojeda, Isabel

F.68: En la Iglesia Parroquial de El Alto, a 30 de septiembre de 1801, se casó a **Manuel Melián**, h. de los finados Juan Bautista Melián y María Petrona Amaya, con **Isabel Ojeda**, h. de los finados Pedro Ojeda y Gregoria Soria. Ts.: Luis Leiva, Dn. Saturnino Castro y Dn. Faustino Liendo. Se velaron en la celebración de la misa. Ps.: Dn. Fernando Márquez y Da. María del Tránsito Ve…

Ocón, José Ignacio con Cisternas, María

F.68v: En la Iglesia Parroquial de El Alto, a 7 de octubre de 1801, se casó a **José Ignacio Ocón**, h.l. de Juan Domingo Ocón y Marcela Burgos, con **María Cisternas**, h.l. de Juan Cisternas y María Falcón. Ts.: Baltazar Armas y Lorenzo Rosales. Se velaron en la celebración de la misa. Ps.: Dn. Eusebio Gómez y Da. María Justa Peralta.

Guerrero, José Mariano con Juárez, María Santos

F.68v: En la Vice parroquia de los Manantiales, a 12 de octubre de 1801, dispensado el impedimento de consanguinidad de segundo con tercer grado, se casó a **José Mariano Guerrero**, h.l. de los finados Miguel Guerrero y Jacinta Páez, con **María Santos Juárez**, h.n. de María Juana Juárez. Ts.: Dn. Alejandro Moreira y Dn. Francisco Bepre. *Nota:* En la información matrimonial correspondiente (Exp. 153) a esta partida fue presentada el 29 de septiembre de 1801, en ese expediente el parentesco entre los contrayentes está explicado de la manera siguiente:

Álvarez, Mateo con Díaz, Benedicta

F.69: En la Vice parroquia de Santa Bárbara, a 31 de octubre de 1801, se casó a **Mateo Álvarez**, h.n. de María Álvarez, con **Benedicta Díaz**, viuda de Juan Pablo Guerrero. Ts.: Juan Ocón, Dn. Mariano Bepre, Dn. Juan Vicente Cisneros. Ps.: Pedro Quirós y Francisca Díaz.

Leguizamón, Pedro Pablo con Guerrero, Antonia

F.69: En la Vice parroquia de Santa Bárbara, a 31 de octubre de 1801, se casó a **Pedro Pablo Leguizamón**, h.l. de José Domingo Leguizamón y María Lorenza Nieto, con **Antonia Guerrero**, h.l. de los finados Miguel Guerrero y Jacinta Páez. Ts.: Dn. Mariano Bepre, Dn. Juan Vicente Cisneros y Silvestre Díaz. Ps.: Dn. José Francisco Rizo Patrón y Da. María Inés Agüero.

Corte, José Domingo con Amaya, María Genuaria

F.69: En la Vice parroquia de Vilismano, el 1° de agosto de 1801, se casó a **José Domingo Corte**, h.n. de Pascuala Corte, con **María Genuaria Amaya**, h.l. del finado Francisco Javier Amaya y de María Antonia Lazo. Ts.: Dn. Carlos Frogel y Mateo Osores.

Durán, Ignacio con Pérez, María Juana

F.69v: En la Vice parroquia de Vilismano, a 15 de agosto de 1801, se casó a **Ignacio Durán**, h. de los finados Pedro Durán y de María Micaela Rojas, con **María Juana Pérez**, h.n. de María del Tránsito Pérez. Ts.: Dn. Carlos Frogel y Juan Clemente Aguilar. Se velaron en la celebración de la misa. Ps.: Santiago Acosta y Celidonia Sequeda.

Arpires, José Domingo con Coronel, Da. Ana

F.69: En la Capilla de la Quebrada, a 25 de septiembre de 1801, se casó a **José Domingo Arpires**, h. del finado Rafael y de María Paz, con Da. **Ana Coronel**, viuda de Dn. Fernando Islas. Ts.: Mateo Osores y Miguel Gerónimo Artaza. Ps.: Gerónimo Díaz y Rosa Díaz.

Pérez, José Gregorio con Díaz, Manuela

F.69v: En la Vice parroquia de Vilismano, a 7 de noviembre de 1801, se casó a **Juan Gregorio Pérez**, h.l. de José Pérez y de Francisca Moyano, con **Manuela Díaz**, h. de Susana Díaz. Ts.: Santiago Páez y Vicente Páez. Se velaron en la celebración de la misa. Ps.: Marcelo…

Rojas, José del Tránsito con Quiroga, Juana Luisa
F.70: En la Vice parroquia de la Quebrada, a 3 de octubre de 1801, se casó a **José del Tránsito Rojas**, h.n. de la finada Bartolina Rojas, con **Juana Luisa Quiroga**, h. de Juan Nicolás Quiroga y de la finada María Juana Quiroga. Ts.: José Flores y Mateo Osores. Se velaron en la celebración de la misa. Ps.: José Domingo Arpires y Da. Ana Coronel.

Villalba, Juan Pablo con Medina, Agustina
F.70: En la Vice parroquia de Vilismano, a 7 de diciembre de 1801 se casó a **Juan Pablo Villalba**, h. de Francisco Villalba y de la finada María Petrona Ibáñez, con **Agustina Medina**, h. de los finados Bernabé Medina y Narcisa Ávila. Ts.: Miguel Antonio Nieva e Inocencio Díaz. No se velaron por ser tiempo feriado. Ps.: Agustín Arévalo y María de la Candelaria Aguirre

Cabrera, Francisco con Fernández, Margarita
F.70: En la parroquia de El Alto, a 26 de noviembre de 1801, se casó a **Francisco Cabrera**, esclavo de Dn. Ignacio Espeche, h. de Lucas Cabrera y de María del Carmen Sánchez, con **Margarita Fernández**, h.n. de Ana María Fernández. Ps.: Julián Cepeda y Leocadia Ovejero.

Magallanes, José Antonio con Ibáñez, María del Tránsito
F.70v: En esta Parroquia de El Alto, a 27 de noviembre de 1801, se casó a **José Antonio Magallanes**, h. de José Lino Magallanes y de María Petrona Páez, con **María del Tránsito Ibáñez**, h. de los finados Mateo Ibáñez y Juana Quiroga. Ts.: Proto Jacinto Silva y Valentín Burgos. Ps.: Juan Gregorio Páez y Petrona Lobo.

Fernández, Pedro Nolasco con Aráoz, Ma. Isabel
F.70v: En la Vice parroquia de los Manantiales, a 27 de noviembre de 1801, se casó a **Pedro Nolasco Fernández**, h. del finado Pascual Fernández y de Lorenza Díaz, con **María Isabel Aráoz**, h.n. de Juliana Aráoz. Ts.: Julián Páez y Bernardo Barrientos. Se velaron en la celebración de la misa. Ps.: Martín Aoiz Morales y Juliana Díaz.

Nieva, Juan de Dios con Díaz, Juliana
F.70v: En la Vice parroquia de los Manantiales, a 1° de enero de 1802, se casó a **Juan de Dios Nieva**, h.n. de Antonia Nieva, con **Juliana Díaz**, h. de Nolasco Díaz y de María Victoria Lobo. Ts.: Dn. Francisco Bepre y Antonio Leguizamón. No se velaron por ser tiempo feriado.

Aráoz, José con Mercado, Estefanía
F.71: En la Parroquia de El Alto, a 9 de enero de 1802, se casó a **José Aráoz**, viudo de Francisca Ibáñez, con **Estefanía Mercado**, h.l. de Mateo Mercado y de la finada Francisca Maldonado. Ts.: Diego Mercado y Dn. Rafael Rodríguez. Se velaron en la celebración de la misa. Ps.: Luis Mariano Leiva y Tomasina Aráoz.

Leiva, Dn. José Francisco con Cisneros, Da. María Isabel
En la Vice parroquia de los Manantiales, a 25 de enero de 1802, se casó a Dn. **José Francisco Leiva**, h.l. del finado Dn. José Francisco Leiva y de Da. María Pabla Rizo Patrón, con Da. **María Isabel Cisneros**, h. de Dn. Juan Vicente Cisneros y de Da. Leonarda Barrionuevo. Ts.: Dn. Francisco Bepre, Dn. Juan Gregorio Rizo Patrón y Dn. Luis Thames. Ps.: Dn. Mariano Bepre y María Eugenia Bulacia.

Alarcón, José Tomás con Calvimonte, María del Tránsito
F.71: En la Vice parroquia de Vilismano, a 12 de febrero de 1802, se casó a **José Tomás Alarcón**, h. de los finados José Mariano Alarcón y de María Plácida Rodríguez, con **María del Tránsito Calvimonte**, hija de Ramón Calvimonte y de Feliciana Carrizo. Ts.: Marcos Romero y Diego Arias. Se velaron en la celebración de la misa. Ps.: Ángel Chávez y Antonia Melián.

Zalazar, Francisco Javier con Álvarez, Juana de Dios
F.71v: En la Vice parroquia de los Manantiales, a 18 de febrero de 1802, se casó a **Francisco Javier Zalazar**, h.n. de María de la Anunciación Zalazar, con **Juana de Dios Álvarez**, h.n. de Lucia Álvarez. Ts.: Dn. Santiago Albarracín, José León Mendoza y Dn. Rafael Rodríguez. Se velaron en la celebración de la misa. Ps.: Germán Montenegro y María Casillas.

Luna, Manuel con Díaz, Rafaela
F.71v: En la Vice parroquia de los Manantiales, a 23 de febrero de 1802, se casó a **José Manuel Luna**, h. del finado Alejandro Luna y María Simona Burgos, con **María Rafaela Díaz**, viuda del finado José Domingo Paz. Ts.: Dn. Rafael Rodríguez y Juan de Dios Díaz. Ps.: Dn. Francisco Bepre y Da. Ana Rivera.

Luna, José Francisco con NN
F.71v: En la Vice parroquia de los Manantiales, a 26 de febrero de 1802, se casó a **José Francisco Barrios**, h.l. Juan Barrios y de Margarita Pedraza, con **Lucía Montenegro**, hija de Rosa Montenegro. Ts.: Dn. Francisco Bepre y Dn. Rafael Rodríguez. Ps.: Miguel Díaz y María Palacios.

Castro, Pascual con Valdéz, Tomasina
F.72: En la Vice parroquia de los Manantiales, a 26 de febrero de 1802, se casó a **Pascual Castro**, h.n. de María Antonia Castro, con **Tomasina Valdéz**, h. del

finado Juan Miguel Valdéz y de Micaela Díaz. Ts.: Dn. Francisco Bepre y Dn. Rafael Rodríguez. Se velaron en la celebración de la misa. Ps.: José Ignacio Reinoso y Petrona Olivera.

Bravo, Francisco con Falcón, María de la Paz
F.72: En la Vice parroquia de la Quebrada, a 2 de marzo de 1802, se casó a **Francisco Bravo**, h. de Manuel Antonio Bravo y de María del Carmen Ledesma, con **María de la Paz Falcón**, h. del finado Pedro Falcón y de María Leocadia Castellano. Ts.: José Antonio Agüero y Casimiro Arellano. Se velaron en la celebración de la misa. Ps.: José Antonio Chazarreta y Josefa Ledesma.

Soraire, José con Agüero, María José
F.72: En esta Parroquia de El Alto, a 10 de mayo de 1802 (sigue en f.72v) se casó a **José Soraire**, h.l. de Luis Soraire y de la finada Da. Agustina Quiroga, con **María Josefa Agüero**, viuda del finado Silvestre Burgos. Ts.: Antonio Agüero y Benito Guzmán. Ps.: Juan José Agüero y Juana Moyano.

Paz, José Antonio con Ponce, María Juana
F.72v: En la Vice parroquia de Vilismano, a 2 de junio de 1802, se casó a **José Antonio Paz**, h.n. de María Ignacia Paz, con **María Juana Ponce**, h. de María del Carmen Ponce. Ts.: Mateo Osores y Mariano Melián. Se velaron en la celebración de la misa. Ps.: Justo Quiroga y Catalina Paz.

Frogel, Esteban con Castellanos, María del Rosario
F.72v: En la Vice parroquia de la Quebrada, a 15 de junio de 1802, se casó a **Esteban Frogel**, h. de los finados Carlos Frogel y Francisca Pereira, con **María del Rosario Castellanos**, h.n. de la finada Leocadia Castellano. Ts.: Jacinto Gutiérrez y Luis Ramón Páez. Se velaron en la celebración de la misa. Ps.: Domingo Gutiérrez y...

Ortiz, José María con Lazo, María Antonia
F.73: En la Vice parroquia de la Quebrada, a 18 de junio de 1802, se casó a **José María Ortiz**, h.n. de la finada María Petrona Ortiz, con **María Antonia Lazo**, h.n. de Manuela Lazo. Ts.: Jacinto Gutiérrez y Luis Ramón Páez. Se velaron en la celebración de la misa. Ps.: Silvestre Ledesma y María Nicolasa Cordero.

Páez, Juan Bautista con Rojas, María Josefa
F.73: En la Vice parroquia de la Quebrada, a 18 de junio de 1802, se casó a **Juan Bautista Páez**, h. de los finados Juan Dionisio Páez y María Petrona Vera, con **María Josefa Rojas**, h. del finado Alejandro Rojas y de María Isabel Gutiérrez. Ts.: Jacinto Gutiérrez y Luis Ramón Páez. Se velaron en la celebración de la misa. Ps.: Julián González y Tomasina Páez.

Páez, José Martín con Argañarás, Genuaria
F.73: En esta Parroquia de El Alto, a 8 de mayo de 1802, se casó a **José Martín Páez**, viudo de Ana Luisa Barrientos, con **Genuaria Argañarás**, h.l. de Santiago Argañarás y de la finada Rosa Ramírez. Ts.: Ramón Antonio Mercado, José Anselmo Paz y Proto Jacinto Silva. Se velaron en la celebración de la misa. Ps.: Juan Tomás Paz y Bernarda Nieva.

Mercado, José Ignacio con Paz, María Juana
F.73v: En la Vice parroquia de los Manantiales, a 17 de febrero de 1802, se casó a **José Ignacio Mercado**, h.n. de María Ignacia Mercado, con **María Juana Paz**, h.l. del finado Juan José Páez y de Da. Antonia Reinoso. Ts.: Dn. Rafael Rodríguez, Benito Guzmán y Dn. Francisco Bepre. Se velaron en la celebración de la misa. Ps.: Dn. Nicolás Ibáñez y Da. Bartolina Lezama.

Reinoso, Juan Agustín con Contreras, María de la Encarnación
F.73v: En la Vice parroquia de los Manantiales, a 11 de junio de 1802, se casó a **Juan Agustín Reinoso**, h.n. de Casilda Ibáñez, con **María de la Encarnación Terrazas**, viuda de Pedro Ignacio Albornoz. Ts.: Juan Nicolás Reinoso, José Melián y Dn. Francisco Bepre. Ps.: Antonio Leguizamón y Teodora Leguizamón.

Ortiz, Pedro Ignacio con Fernández, María Gerarda
F.73v: En esta Parroquia de El Alto, a 2 de septiembre de 1802, se casó a **Pedro Ignacio Ortiz**, h.l. del finado Miguel Ortiz y de Magdalena Ortiz, con **María Gerarda Fernández**, h.l. del finado José Pascual Fernández y de María Lorenza Ibáñez. Ts.: Dn. Luis Ubaldo Leiva y Pedro Pablo Gómez. Se velaron en la celebración de la misa. Ps.: Juan Pablo Cárdenas y Bárbara Cabral.

Aguilar, Ramón Antonio con Valdéz, María Laurencia
F.74: En 27 de septiembre de 1802 se casó a **Ramón Antonio Aguilar**, h.l. del finado Santiago y de María del Carmen Rivera, con **María Laurencia Valdéz**, h.n. de María del Tránsito Valdéz. Ts.: Dn. José Lucas Rizo Patrón, Dn. Martin Rizo Patrón y Dn. Rafael Rodríguez. Se velaron en la celebración de la misa. Ps.: Pedro Ponce y María Juana Herrera.

Díaz, Pablo con Montenegro, Isabel
F.74: En la Vice parroquia de Santa Bárbara, a 5 de octubre de 1802, habiendo dispensado un impedimento de segundo con tercer grado por consanguinidad, se casó a **Pablo Díaz**, h.n. de Francisca Díaz, con **Isabel Montenegro**, h.n. de Nicolasa Montenegro. Ts.: Dn. Francisco Bepre, Andrés Góngora y Francisco Javier Aparicio. Se velaron en la celebración de la misa. Ps.: Pedro Juan

Ibáñez y Marcelina Díaz. *Nota:* La información matrimonial correspondiente a esta partida (Exp. 179) está fechada el 27 de septiembre de 1802, en ese expediente se explica el parentesco entre los contrayentes de la siguiente manera:

Díaz, José Luis con Reyes, Lizarda
F.74: En la Vice parroquia de Santa Bárbara, a 5 de octubre de 1802, se casó a **José Luis Díaz**, h.n. de María Antonia Díaz, con **Lizarda Reyes**, h.l. de Teodoro Reyes y de Catalina Quintero. Ts.: Dn. Francisco Bepre, Dn. Andrés Góngora y Francisco Javier Aparicio. Se velaron en la celebración de la misa. Ps.: Juan Nicolás Reinoso con Gregoria Luna.

González, Estanislao con Ávila, Ignacia
F.74v: En la Vice parroquia de Santa Bárbara, a 26 de octubre de 1802, se casó a **Estanislao González**, h.n. de María del Carmen González, con **Ignacia Ávila**, h.l. del finado Pedro Ávila y de Jacinta Juárez. Se velaron en la celebración de la misa. Ps.: Ignacio Candi y María de la Asunción Herrera.

Burgos, Nicolás con Valdéz, María Ignacia
F.74v: En esta Parroquia de El Alto, a 31 de octubre de 1802, se casó a **Nicolás Burgos**, esclavo de Dn. Ramón Burgos e h.n. de Agustina Burgos, con **María Ignacia Valdéz**, h.l. de Marcos Valdéz, difunto, y de María Salguero. Ts.: Dn. Rafael Rodríguez, León Valdéz y Manuel Avellaneda. Se velaron en la celebración de la misa. Ps.: José Ulibarri y Clara Burgos.

Cejas, Valentín con Gómez, María Magdalena
F.74v: En esta Parroquia de El Alto, a 3 de octubre de 1802, se casó a **Valentín Cejas**, h.n. de Francisca Cejas, con **María Magdalena Gómez**, h.l. de Ventura Gómez y de Juliana Pérez. Ts.: Dn. Rafael Rodríguez, Proto Silva y Francisco Javier Aparicio. Se velaron en la celebración de la misa. Ps.: Francisco Jaime y Petrona Lobo.

Arévalo, Pedro Pascual con Juárez, Estefanía
F.75: En la parroquia de El Alto, el 8 de noviembre de 1802, se casó **Pedro Pascual Arévalo**, h.l. de los finados Juan Arévalo y Magdalena cortés con **Estefanía Juárez**, h.l. de Juan Juárez y de la finada Petrona Ortiz. Se velaron en la celebración de la misa. Ps.: Martin Cabral e Isidora Cabral. *Nota:* En la información matrimonial correspondiente, (Exp. 165) se dispensa un impedimento de afinidad oculto en segundo grado, ya que el pretendiente tuvo trato ilícito con una prima de la pretendida. Entre las causales por las que se pide la dispensa, se declara que la novia es pobre, huérfana de madre y que vive alejada de su padre y vive al amparo de quien designe la justicia. La dispensa está fechada en Catamarca el 15 de febrero de 1802.

Ovejero, Dn. Pedro Francisco con Márquez, Da. María Isabel
F.75: En esta Parroquia de El Alto, a 13 de noviembre de 1802, se casó a Dn. **Pedro Francisco Ovejero**, h.l. de los finados Dn. Juan Gil Ovejero y María Mercedes Albarracín, con Da. **María Isabel Márquez**, h.l. de Dn. Fernando Márquez y de Da. Estanislada Vera. Ts.: Juan Agustín Díaz y Bonifacio Páez. Se velaron en la celebración de la misa. Ps.: Dn. Fernando Vera y Da. Francisca Ibáñez.

Albarracín, Juan Bautista con Páez, Lorenza
F.75: En esta Parroquia de El Alto, a 22 de noviembre de 1802, se casó a **Juan Bautista Albarracín**, h.n. de Pascuala Albarracín, con **Lorenza Páez**, h.l. de Pedro Páez y de la finada María Rosa … Se velaron en la celebración de la misa. Ps.: Dn. Nicolás Ibáñez y Bartolina Lezama.

Medina, Juan de la Cruz con Rodríguez, María Francisca
F.75v: En la Vice parroquia de Vilismano, a 14 de agosto de 1802, se casó a **Juan de la Cruz Medina**, h.n. de la finada María Hermenegilda Medina, con **María Francisca Rodríguez**, h.n. de María Mercedes Rodríguez. Ts.: Marcos Romero y Bonifacio Páez. Se velaron en la celebración de la misa. Ps.: Clemente Luján y María Isabel Juárez.

González, Miguel Jerónimo con Osores, Agustina
F.75v: En la Vice parroquia de la Quebrada, a 23 de septiembre de 1802, se casó a **Miguel Gerónimo González**, h.l. de Juan de la Cruz González y de Gregoria Pacheco, con **Agustina Osores**, h.n. de la finada Juana Osores. Ts.: Mateo Osores y Francisco Azcuénaga. Se velaron en la celebración de la misa. Ps.: Alberto Mansilla e Ignacia Mercado.

Islas, Francisco Antonio con Corte, María Francisca
F.75v: En la Vice parroquia de la Quebrada, a 30 de septiembre de 1802, se casó a **Francisco Antonio Islas**, h.l. de Dn. Pedro Islas y Da. Damiana Coronel, con **María Francisca Corte**, h.n. de María Catalina Corte. Ts.: Juan Nicolás Quiroga y Mateo Osores. Se velaron en la celebración de la misa. Ps.: José Domingo Arpides y Ana Coronel.

Gutiérrez, Pedro José con Paz, María Pascuala
F.76: En la Vice parroquia de Vilismano, a 13 de octubre de 1802, se casó a **Pedro José Gutiérrez**, h.n. de María de la Concepción Gutiérrez, con **María Pascuala Paz**, h.n. de la finada María Juana Paz. Ts.: Dn. Francisco Bepre y Dn. Pedro José Ibáñez. Se velaron en la celebración de la misa. Ps.: Dn. Luis Ramón Páez y Da. María Petrona Barrios.

Agüero, Dn. José Manuel con Barahona, Da. María Juana
F.76: En la Vice parroquia de Santa Bárbara, a 3 de enero de 1803, se casó a Dn. **José Manuel Agüero**, feligrés del curato de la Piedra Blanca, h.l. de Dn. Juan Agüero y de Da. Bernarda Barrios, con Da. **María Juana Barahona**, h.l. del finado Dn. José Barahona y de Da. Margarita Montenegro. Ts.: Dn. Francisco Bepre y Benito Guzmán. No se velaron por ser tiempo prohibido. Ps.: Dn. Julián Páez y Da. Bárbara Duarte.

Pérez, Juan Tiburcio con Cordero, María Gertrudis
F.76: En la Vice parroquia de la Quebrada, a 18 de febrero de 1803, se casó a **Juan Tiburcio Pérez**, h.n. de la finada María Gregoria Pérez, con **María Gertrudis Cordero**, h.n. de la finada Ana Rosa Cordero. Ts.: ¿Falcón? y Dn. o Da. Casimiro/a Orellana. Se velaron en la celebración de la misa. Ps.: Dn. Justo Quiroga y Da. Catalina Paz.

Vera, Valeriano con Tula, María Nicolasa
F.76v: En la Vice parroquia de la Quebrada, a 21 de febrero de 1803, se casó a **Valeriano Vera**, esclavo del maestro Dn. Juan Tomás Vera, con **María Nicolasa Tula**, h.n. de María Mercedes Tula. Ts.: Mateo Osores y Mariano Ledesma. Se velaron en la celebración de la misa. Ps.: José Antonio Agüero y María Rosa Caballero.

Fernández, José Antonio con Agüero, María Martina
F.76v: En la Vice parroquia de la Quebrada, a 22 de febrero de 1803, se casó a **José Antonio Fernández**, h.n. de la finada María Isidora Fernández, con **María Martina Agüero**, viuda de Juan Andrés Figueroa. Ts.: Javier Luna y Mateo Osores. Ps.: Gerardo Fernández y María Susana Medina.

Barrera, Agustín con Ledesma, María Feliciana
F.77: En la Vice parroquia de la Quebrada, a 11 de marzo de 1803, se casó a **Agustín Barrera**, h.n. de María de la Cruz Barrera, con **María Feliciana Ledesma**, viuda del finado José Flores. Ts.: Mateo Osores y Daniel o Daniel Páez (no registra Ps.).

Agüero, Dn. Juan Domingo con Lobo, Da. Silveria
F.77: En la Parroquia de El Alto, a 23 de abril de 1803, se casó a Dn. **Juan Domingo Agüero**, h.l. de los finados Dn. José Domingo Agüero y Da. Gregoria Barreto, feligreses del curato de la Piedra Blanca, con certificación que presentó de su cura, de proclamas y de información de libertad, con Da. **Silveria Lobo**, h.l. de Dn. Pedro Pablo Lobo y de la finada Da. Dominga Cabral. Ts.: José Anselmo Paz y Miguel Pereira. Se velaron en la celebración de la misa. Ps.: Dn. Juan Agustín Tula y Da. Petrona Sosa.

Collantes, José Mariano con Castro, María de la Cruz
F.77: En la Parroquia de El Alto, a 24 de mayo de 1803, se casó a **José Mariano Collantes**, viudo de la finada Clara Barroso, con **María de la Cruz**, h.l. de Mariano Castro y de la finada Nicolasa Díaz. Ts.: Dn. Martin Rizo y Dn. Tomás Pinto. Se velaron en la celebración de la misa. Ps.: Dn. Manuel Avellaneda y Leocadia Márquez.

Espeche, Dn. José Eudosio con Rizo Patrón, Catalina
F.77v: En esta Parroquia de El Alto, a 3 de mayo de 1803, dispensado el impedimento de cuarto grado de consanguinidad, se casó a Dn. **José Eudosio Espeche**, h.l. del capitán Dn. Victorino Espeche y de Da. Simona Gómez, con Da. **Catalina Rizo Patrón**, h. de Dn. José Lucas Rizo Patrón y Da. Laurencia Leiva. Ts.: Dn. Manuel Avellaneda y Dn. Martin Rizo. Se velaron en la celebración de la misa. Ps.: Dn. Lorenzo Tolosa y Da. Teresa Gómez. *Nota:* En la información matrimonial correspondiente (Exp. 188) se aclara que son dos impedimentos, en cuarto y en tercer grado de consanguinidad, pero no se explica el origen de los parentescos.

Tello, José Lorenzo con Marchan, Teresa
F.78: En la Parroquia de El Alto, a 6 de junio de 1803, se casó **José Lorenzo Tello**, h. del finado Pedro José Tello y de Bernarda Robles, con **Teresa Marchan**, h.n. de Inés Marchan. Ts.: Dn. Francisco Bulacia y Tomás Pinto. Se velaron en la celebración de la misa. Ps.: Dn. Martin Rizo Patrón y Da. María del Tránsito Vera.

Ledesma, Prudencio con Coello, María de la Cruz
F.78: En la Vice parroquia de la Quebrada, a 28 de mayo de 1803, se casó **Prudencio Ledesma**, viudo de María Olalla Toledo, con **María de la Cruz Coello**, h.l. de los finados Bartolomé Coello y de María Bernarda Cordero. Ts.: Luis Ledesma y José Ignacio Quiroga. Ps.: José Ledesma y María de las Mercedes Osores.

Flores, José Luis con Basualdo, María Agustina
F.78v: En la Vice parroquia de la Quebrada, a 3 de junio de 1803, se casó a **José Luis Flores**, viudo de María Juana Tula, con **María Agustina Basualdo**, viuda del finado Pedro Pablo Mansilla. Ts.: Bernardo Frías y Mateo Osores. Ps.: Manuel Barrionuevo y Josefa Herrera.

Véliz, Fernando con Juárez, María Josefa
F.78v: En la Vice parroquia de la Quebrada, a 13 de junio de 1803, se casó **Fernando Véliz**, h.n. de la finada Lucia Véliz, con **María Josefa Juárez**, h.l. de José Javier Juárez y de la finada María Ana Burgos. Ts.: Mateo Osores y Manuel Barrionuevo. Se velaron en la celebración de la misa. Ps.: José Antonio Agüero y María del Tránsito Juárez.

Acosta, Raimundo con Juárez, María de los Dolores
F.78v: En la Vice parroquia de la Quebrada, a 13 de junio de 1803, se casó a **Raimundo Acosta**, h.n. de María de las Mercedes Acosta, con **María de los Dolores Juárez**, h.l. de José Javier Juárez y de la finada María Ana Burgos. Ts.: Manuel Barrionuevo y Mateo Osores. Se velaron en la celebración de la misa. Ps.: Ramón Acosta y Margarita Martínez.

Pérez, Manuel con González, María Pabla
F.79: En la Vice parroquia de la Quebrada, a 18 de junio de 1803, se casó **Manuel Pérez**, h.n. de la finada María del Tránsito Pérez, con **María Pabla González**, h.n. de María Francisca González. Ts.: Juan de Dios Cardoso y Joaquín Cisneros. Se velaron en la celebración de la misa. Ps.: Patricio Romero y María Campos.

Medina, Juan Manuel con Aguirre, Tomasina
F.79: En esta Parroquia de El Alto, a ¿2, 12? de agosto de 1803, se casó a **Juan Manuel Medina**, del cuarto rectoral de Santiago, h. de los finados Juan Nicolás Medina y Rosa Camaño con **Tomasina Aguirre**, viuda del finado Juan Manuel Molina, feligreses del curato rectoral de Santiago. Ps.: José Ignacio Morales y Gregoria Pardo.

Díaz, Pablo con Dorado, Toribia
F. 79v: En la Vice parroquia de los Manantiales, a 31 de julio de 1803, se casó a **Pablo Díaz**, h.n. de Rafaela Díaz, con **Toribia Dorado**, h.l. de los finados Celestino Dorado y Francisca Bepre. Ts.: Benito Guzmán y Francisco Cabral. Se velaron en la celebración de la misa. Ps.: Dn. Elías Bulacia y Da. Lizarda Segura.

Castro, José Matías con Cárdenas, Victoria
F.79v: En esta Parroquia de El Alto, a 29 de agosto de 1803, se casó **José Matías Castro**, h.l. de José Mariano Castro y de la finada Nicolasa Díaz, con **Victoria Cárdenas**, h.l. del finado Juan José Cárdenas y de Melchora Aráoz. Ts.: Francisco Luna y Pedro Cruz. Se velaron en la celebración de la misa. Ps.: Dn. Juan Ángel Gómez y Leocadia Ovejero.

Arévalo, José Javier con Nieva, María de la Asunción
F.79v: En esta Parroquia de El Alto, a 12 de septiembre de 1803, se casó **José Javier Arévalo**, viudo de María Florentina Páez, con **María de la Asunción Nieva**, viuda de Juan Dionisio Burgos, Ps.: Fernando Saavedra y María Hilaria Arévalo.

Juárez, Francisco con Acosta, María del Rosario
F.80: En la Vice parroquia de Vilismano, a 26 de enero de 1803, se casó a **Francisco Juárez**, h.l. de Mariano Juárez y de María Ignacia Ponce, con **María Rosa Acosta**, h.n. de la finada Bartolina Acosta. Ts.: Ángel Chávez y Valeriano Vera. Se velaron en la celebración de la misa. Ps.: Martin Ubiedo y Bartolina Páez.

Romano, Julián con Miranda, María de la Concepción
F.80: En la Parroquia de El Alto, a 13 de enero de 1803, se casó a **Julián Romano**, h. del finado Alberto Romano y Gabriela Macedo, con **María de la Concepción Miranda**, h. de los finados Juan Bautista Miranda y Simona Osores. Ts.: Valeriano Vera y Celedonio Soria. Se velaron en la celebración de la misa. Ps.: Esteban Cisternas? Y María Santos Herrera.

Santucho, José Segundo con Artaza, Rosalía
F.80v: En la Vice parroquia de Vilismano, a 31 de enero de 1803, se casó a **José Segundo Santucho**, h.l. de Juan Agustín Santucho y de Manuela Ledesma, con **Rosalía Artaza**, h.l. del finado Francisco Artaza y de Ana María Pérez. Ts.: Martin Ubiedo y Valeriano Vera. Se velaron en la celebración de la misa. Ps.: Juan Andrés Domínguez y María Josefa Zapata.

Contreras, Feliciano con Nieva, Genuaria
F.80v: En la Vice parroquia de Vilismano, a 4 de febrero de 1803, se casó a **Feliciano Contreras**, h.l. de los finados Lorenzo Contreras y de Ignacia Fábrega, con **Genuaria Nieva**, h. de los finados Dn. José Nieva y de María Francisca Medina. Ts.: Francisco Antonio Nieva y Valeriano Vera. Se velaron en la celebración de la misa. Ps.: Vicente Contreras y Ana María Agüero.

Paz, Pedro José con Lobo, María Josefa
F.80v: En la Vice parroquia de Vilismano, a 19 de julio de 1803, se casó a **Pedro José Paz**, h.n. de Catalina Paz, con **María Josefa Lobo**, h.n. de Jacoba Lobo. Ts.: Martin Ubiedo y Mariano Melián. Se velaron en la celebración de la misa. Ps.: Juan Andrés Domínguez y Petrona Barrionuevo.

Quiroga, Juan de la Cruz con Murguía, Juana María
F.81: En la Vice parroquia de la Quebrada, a 27 de julio de 1803, se casó **Juan de la Cruz Quiroga**, h.l. de los finados Martin Quiroga y de Feliciana Aguilar, con **Juana María Murguía**, h.n. de la finada Juana Murguía. Ts.: Francisco Juárez y Asencio Juárez. Se velaron en la celebración de la misa. Ps.: León Chazarreta y Josefa Rodríguez. *Nota:* En la información matrimonial correspondiente (Exp. 183) se dispensa un impedimento por afinidad ilícita en segundo grado ya que el pretendiente ha tenido cópula ilícita con una prima de la contrayente. La dispensa está fechada en Catamarca el 29 de enero de 1803.

Corte, Francisco con Quiroga, María Gerónima
F.81: En la Vice parroquia de la Quebrada, a 27 de julio de 1803, se casó **Francisco Corte**, h.l. de los finados José Marcos Corte y María de las Mercedes Murguía, con **María Gerónima Quiroga** h.l. de Martin Quiroga y Feliciana Aguilar. Se velaron en la celebración de la misa. Ps.: Mariano Murguía y Francisca Falcón. *Nota:* En la información matrimonial correspondiente, se ha dispensado un impedimento por afinidad en segundo grado ya que la pretendida a consumado cópula ilícita con un primo hermano del contrayente, los pretendientes viven amancebados y tienen prole. La dispensa está fechada en Catamarca el 29 de enero de 1803.

Lobo, Nicolás con Ortiz, Luisa
F.81v: En la Vice parroquia de Vilismano, a 15 de agosto de 1803, se casó a **Nicolás Lobo**, h.l. de Andrés Lobo y Mercedes Osores, con **Luisa Ortiz**, h.n. de la finada Tomasina Ortiz. Ts.: Pedro José Ibáñez y Nolasco Medina. Se velaron en la celebración de la misa. Ps.: Nicolás Díaz y Genuaria Amaya.

Díaz, José con Guamán, Bernardina
F.81v: En la Vice parroquia de los Manantiales, a 17 de septiembre de 1803, se casó **José Díaz**, h.n. de Lorenza Díaz, con **Bernardina Guamán**, h.n. de la finada Cecilia Guamán. Ts.: Lorenzo Maldonado, José González y Pedro Ortiz. Ps.: Francisco Paz e Inés Luna.

Robles, Dn. Bartolo con Burgos, Da. María del Rosario
F.81v: En la Vice parroquia de los Manantiales, a 26 de septiembre de 1803 Se casó a Dn. **Bartolo Robles**, feligrés del rectoral de Catamarca, hijo. de Dn. Bartolomé Robles y de Da. Bárbara Pineda, con Da. **María del Rosario Burgos**, h.l. de Santiago Burgos y de Lorenza Villagra. Ts.: Miguel Barrientos, Dionisio Barrientos y Juan Tomás Paz. Se velaron en la celebración de la misa. Ps.: Esteban Guerrero y Mercedes Vega.

Morienega, Francisco con Carrizo, Martina
F.82: En la Vice parroquia de Ovanta, a 12 de septiembre de 1803, se casó **Francisco Morienega**, h.n. de Rosa Morienega con **Martina Carrizo**, h. de Sebastián Carrizo y de Martina Mercado. Ts.: Agustín Mercado, José González y Lorenzo Maldonado. Se velaron en la celebración de la misa. Ps.: Nicolás Mercado y Feliciana Paz.

Romano, Nicolás Ambrosio con Artaza, Petrona
F.82: En esta Parroquia de El Alto, a 15 de octubre de 1803, se casó **Nicolás Ambrosio Romano**, h. de José Romano y de Agustina Rojas, con **Petrona Artaza**, viuda de Dionisio Acosta. Ts.: Martín Cabral y Pedro Cruz. Ps.: Ramón Antonio Quiroga.

Toranzos, Pedro con Vega, Da. Juliana
F.82v: En esta Parroquia de El Alto, a 20 de octubre de 1803, se casó **Pedro Toranzos**, de padres no conocidos, con **Juliana Vega**, h.l. de Dn. Hermenegildo Vega y de Da. Antonia Gómez. Ts.: Tomás Pinto y Ramón Burgos. Se velaron en la celebración de la misa. Ps.: Pedro Pablo Gómez y Antonia Cabral.

Paz, Tomás con Salas, Bárbara
F.82v: En la Vice parroquia de los Manantiales, a 30 de septiembre de 1803, se casó **Tomás Paz**, h.l. del finado Domingo Paz y de Rafaela Díaz, con **Bárbara Salas**, h.l. del finado Mariano Salas y de Francisca Herrera. Ts.: Francisco Ortiz, Juan José Páez y Silvestre Díaz. Se velaron en la celebración de la misa. Ps.: José Antonio Ojeda y María del Rosario Casillas.

Álvarez, Lorenzo con Bravo, Francisca Solana
F.82v: En la Vice parroquia de los Manantiales, a 12 de octubre de 1803, se casó **Lorenzo Álvarez**, viudo de Francisca Gómez, con **Francisca Solana Bravo**, h.l. del finado Enrique Bravo y de Juliana Aráoz. Ts.: Juan Diego Pérez, Eusebio Rosales y Juan José Páez. Se velaron en la celebración de la misa. Ps.: Pedro Díaz y María del Tránsito Paz.

Paz, Luis Antonio con Barrios, María del Carmen
F.83: En la Parroquia de El Alto, a 8 de noviembre de 1803, se casó a **Luis Antonio Paz**, h.n. de la finada Bárbara Navarro, con **María del Carmen Barrios**, h.n. de Faustina Barrios. Ts.: Pedro Pablo Bulacia y Benito Guzmán. Se velaron en la celebración de la misa. Ps.: Dn. José Cevallos y Da. Francisca Bulacia.

Arévalo, José Patricio con Cabral, María de la Candelaria
F.83: En esta Parroquia de El Alto, a 12 de noviembre de 1803, se casó **José Patricio Arévalo**, h.l. del finado

Dn. Ramón Arévalo y de Polonia Romero, con **María de la Candelaria Cabral**, h.n. de Da. Antonia Cabral. Ts.: Benito Guzmán y Celidonia Soria. Se velaron en la celebración de la misa. Ps.: Ramón Antonio Quiroga y Bárbara Cabral.

Leguizamo, José Lorenzo con González, Andrea
F.83v: En la vice parroquia de los Manantiales, en 21 de octubre de 1803, Se casó a **Lorenzo Leguizamo**, h.l. de Andrés Leguizamón y de Estefanía Díaz, con **Andrea González**, h.l. del finado Martin González y de Isabel Machuca. Ts.: Dn. Manuel Valdéz, Laurencio Zárate y Pantaleón Rosales. Se velaron en la celebración de la misa. Ps.: Juan José Páez y Feliciana Barrientos.

Arregui, Juan Andrés con Palavecino, Juana Pabla
F.83v: En la Vice parroquia de Vilismano, a 19 de octubre de 1803, se casó **Juan Andrés Arregui**, h.n. de Rosa Arregui, con **Juana Pabla Palavecino**, h. de Mariano Palavecino y de la finada Clara Brito. Ts.: Martin Ubiedo y Martin Sobrecasas. Se velaron en la celebración de la misa. Ps.: Eugenio Soria y Magdalena Coronel.

Barros, Juan Domingo con Cardoso, María Isabel
F.83v: En la Vice parroquia de Vilismano, a 26 de octubre de 1803, se casó **Juan Domingo Barros**, h.n. de Rosa Barrios, con **María Isabel Cardoso**, h. de Lucas Cardoso y de la finada Magdalena Cáceres. Ts.: (imagen cortada). Se velaron en la celebración de la misa. Ps.: Vicente Contreras y Rafaela Frogel.

Sobrecasas, Martín con Cordero, Nicolasa
F.84: En la Vice parroquia de Vilismano, a 29 de octubre de 1803, se casó **Martin Sobrecasas**, viudo de la finada María Petrona Santucho, con **Nicolasa Cordero**, h. de Juan de Dios Cordero y de María Francisca Ledesma. Ts.: Mariano Melián y Martin Ubiedo. Se velaron en la celebración de la misa. Ps.: José Ávila y Nicolasa Guzmán.

Medina, José con Ávila, María de las Mercedes
F.84: En la Vice parroquia de Vilismano, a 8 de noviembre de 1803, se casó **José Medina**, h.l. de Dn. Nolasco Medina y de Justa Peralta, con **María de las Mercedes Ávila**, h.l. de los finados Dn. José Ávila y María Josefa Rivera. Ts.: Diego Medina y Feliciano Contreras. Se velaron en la celebración de la misa. Ps.: Miguel Leguizamón y Petrona Medina.

Molina, Dionisio con Cordero, Feliciana
F.84: En la Vice parroquia de Vilismano, a 12 de noviembre de 1803, se casó **Dionisio Molina**, h. de Alejandro Molina y de Cecilia Páez, con Feliberta Cisneros, hija de Dn. Esteban Cisneros y de Da. Margarita Ponce. Ts.: Mariano Melián y Martin Ubiedo. Ps.: Diego Medina y Ubalda Cisneros.

Villalba, José Justo con Medina, Antonia
F.84v: En la Vice parroquia de Vilismano, a 23 de noviembre de 1803, se casó **José Justo Villalba**, h. de los finados Francisco Villalba y Petrona Ibáñez, con **María Antonia Medina**, h.n. de María Antonia Medina. Ts.: Marcos Romero y Pablo Villalba. Se velaron en la celebración de la misa. Ps.: Joaquín Cisneros y María Cisneros.

Mansilla, Luis con Luján, Dionisia
F.84v: En la Vice parroquia de Vilismano, a 26 de noviembre de 1803, se casó **Luis Mansilla**, h. de los finados Pablo Mansilla y Agustina Ponce, con **Dionisia Luján**, h.l. de Diego Luján y de María de las Mercedes Altamiranda. Ts.: Mariano Melián y Santiago Oropel. Se velaron en la celebración de la misa. Ps.: Marcos Romero y Bartolina Páez.

Morienega, Pedro Ignacio con Vizcarra, María Petrona
F.85: En la Vice parroquia de los Manantiales, a 5 de diciembre de 1803, se casó **Pedro Ignacio Morienega**, h.l. del finado Mariano Morienega y de Margarita Mercado, con **María Petrona Vizcarra**, h.n. de Eugenia Vizcarra. Ts.: Juan Diego Mercado, José Díaz y Pedro Cruz. Ps.: Dn. Francisco Bepre y Mercedes Orellana. No se velaron por ser tiempo feriado.

Bazán, José Esteban con Ponce, María del Carmen
F.85: En la Vice parroquia de Vilismano, a 12 de diciembre de 1803, se casó **José Esteban Bazán**, h.n. de la finada Petrona Bazán, con **María del Carmen Ponce**, viuda del finado Pedro José Núñez. Ts.: Eugenio Vera y Casimiro Juárez. Ps.: Juan Ángel Chávez y Antonia Medina.

Bulacia, Francisco con Leguizamo, Andrea
F.85: En la Vice parroquia de los Manantiales, a 14 de diciembre de 1803, se casó **Francisco Bulacia**, h. del finado Joaquín Bulacia y Magdalena Díaz, con **Andrea Leguizamo**, h. de Andrés Leguizamo y de Estefanía Díaz. Ts.: Sebastián Ledesma y Pedro Cruz. Ps.: Dn. Francisco Bepre y Da. Ana Rivera. *Nota;* En la información matrimonial correspondiente, fechada el 24 de octubre de 1803, se declara un impedimento por afinidad en primer grado ya que el pretendiente a consumado cópula ilícita con una hermana de su pretendida. Los contrayentes conviven hace más de dos años, el pretendiente tiene a su cargo a su madre viuda y a dos hermanos, el uno mudo y demente y la otra demente y sorda.

Lobo, Dn. Pedro Ignacio con Durán, Juana Ángela
F.85v: En esta Parroquia de El Alto, a 14 de enero de 1804, se casó **Pedro Ignacio Lobo**, h.l. de Dn. Pedro Pablo Lobo y de la finada Da. Dominga Cabral, con **Juana Ángela Durán**, h.l. de Justo Durán y de Teodora Moreno. Ts.: Nicolás Videla, Pedro Cruz y Benito Guzmán. Ps.: Dn. José Cevallos y Da. María Francisca Bulacia. Se velaron en la celebración de la misa.

Martínez, Juan Francisco con González, Agustina
F.85v: En la Vice parroquia de Vilismano, a 4 de febrero de 1804, se casó **Juan Francisco Martínez**, h.n. de la finada María Rosa Martínez, con **Agustina González**, h.l. de Santos González y de María Juana Acosta. Ts.: Martin Ubiedo, Daniel Páez. Ps.: Julián González y Tomasina Páez. Se velaron en la celebración de la misa.

Llana, Julián con Medina, Da. María Gertrudis
F.86: En la vice parroquia Vilismano, 3 de febrero de 1804, se casó **Julián ¿Llana?** natural de Guandacol, h.l. de los finados Francisco Llano y María Carrera, con **María Gertrudis Medina**, h.l. de Dn. Felipe Medina y de la finada Da. María de las Mercedes Medina. Ts.: Daniel Páez y Martin Ubiedo. Se velaron en la celebración de la misa.

Rosales, Pedro con Argañarás, María
F.86: En la Vice parroquia de los Manantiales, a 21 de mayo de 1804, se casó **Pedro Rosales**, h.n. de la finada Petrona Rosales, con **María Argañarás**, h.n. de la finada Prudencia Argañarás. Ts.: Juan José Paz, Pedro Cruz y Andrés Góngora. Ps.: Martin Páez y Feliciana Paz. Se velaron en la celebración de la misa.

Díaz, Juan Ignacio con Ferreira, María Juana
F.86: En la Vice parroquia de los Manantiales, a 28 de mayo de 1804, se casó y veló a **Juan Ignacio Díaz**, viudo de Lorenza Segura, con **María Juana Ferreira**, h. de los finados José Ferreira y de Francisca Medina. Ts.: Pedro Cruz, Lucas Rosales e Ignacio Pacheco. Ps.: Francisco Peralta u Lorenza…

Ávila, Juan Bautista con Luna, María Dionisia
F.86v: En la Vice parroquia de los Manantiales, a 30 de mayo de 1804, se casó y veló **Juan Bautista Ávila**, h.n. de Josefa Ávila, con **María Dionisia Luna**, h.l. de Lorenzo Luna y Juana Basilia Díaz. Ts.: Dn. Francisco Bepre, Pablo Díaz y José Francisco Paz. Ps.: Antonio Leguizamón y Pascuala Rosales.

Luna, Dionisio con Barrientos, María de las Mercedes
F.86v: En la Vice parroquia de los Manantiales, a 2 de junio de 1804, se casó **Dionisio Luna**, h.n. de Inés Luna, con **María de las Mercedes Barrientos**, h.l. del finado Juan Tomás Barrientos y de Francisca Paz. Ts.: José Francisco Paz, Juan Tomás Paz y Martín Paz. Ps.: Antonio Leguizamón y Pascuala Rosales. Se velaron en la celebración de la misa.

Cabrera, Diego con Quintero, María Josefa
F.86v: En la Vice parroquia de la Quebrada, a 13 de febrero de 1804, se casó **Diego Cabrera**, h. del finado Lorenzo Cabrera y de María Francisca Albarracín, con **María Josefa Quintero**, h.n. de la finada Eusebia Quintero. Ts.: Mateo Osores y Valeriano Vera. Se velaron en la celebración de la misa.

Cisneros, Joaquín con Flores, Andrea
F.87: En la Vice parroquia de la Quebrada, a 16 de junio de 1804, se casó **Joaquín Cisneros**, h. de Dn. Esteban Cisneros y de Da. Margarita Ponce, con **Andrea Flores** hija de los finados Agustín Flores y María Ignacia Herrera. Ts.: Santiago Oropel y Víctor Mansilla. Se velaron en la celebración de la misa.

Ibarra, Juan Agustín con Lobo, Lorenza
F.87: En la Vice parroquia de la Quebrada, a 20 de junio de 1804, se casó **Juan Agustín Ibarra**, h.l. del finado Bonifacio Ibarra y de María Josefa Palomeque, con **Lorenza Lobo**, h.l. de Esteban Lobo y de la finada María Ignacia Navarro. Ts.: Mateo Osores, Valeriano Vera.

Castro, José Mariano con Lobo, Catalina
F.87: En la Vice parroquia de Ovanta, a 19 de julio de 1804, se casó a **José Mariano Castro**, viudo de Nicolasa Díaz con Catalina Lobo, h.n. de María Lobo. Ts.: Agustín Mercado, José González y Mauricio Mayni. Se velaron en la celebración de la misa.

Márquez, Pedro Pablo con Duarte, Manuela
F.87v: En esta Parroquia de El Alto, a 18 de julio de 1804, se casó y veló a **Pedro Pablo Márquez**, h.n. de Antonia Márquez, con **Manuela Duarte**, h.l. de Andrés Duarte y de la finada Marcela Arévalo. Ts.: Proto Jacinto Silva y Dn. Manuel Avellaneda.

Ortiz, Bernardino con Ortiz, María del Carmen
F.87v: En esta Parroquia de El Alto, a 29 de agosto de 1804, dispensado el impedimento por consanguinidad en tercer grado, se casó **Bernardino Ortiz**, h.l. de Valentín Ortiz y de la finada María Campos, con **María del Carmen Ortiz**, h. de los finados Felipe Ortiz y Francisca ¿Acosta? Dispensado el impedimento en tercer grado de consanguinidad en que estaban ligados… Se velaron en la celebración de la misa.

Páez, Pedro Ignacio con Frías, Juana Rosa
F.88. En la parroquia de la Quebrada, el 20 de septiembre de 1804, se casó a **Pedro Ignacio Páez**,

h.l. de Juan Gregorio Páez y de María Josefa Bulacia, con **Juana Rosa Frías**, h.l. de Bernardo Frías y de María Ignacia Paz. Ts.: Manuel Quiroga y Mateo Osores.

Chávez, Sebastián y Palavecino, Lorenza
F.88. En la parroquia de la Quebrada, el 20 de septiembre de 1804, se casó a **Sebastián Chávez**, h.l. de Ascencio Chávez y de Petrona Salinas, con **Lorenza Palavecino**, hija de Mariano Palavecino y de la finada Claudia Brito. Ts.: Bernardo Frías, Mateo Osores y Domingo Arpires.

Segura, Felipe con Flores, Pascuala
F.88. En la parroquia de la Quebrada, el 20 de septiembre de 1804, se casó a **Felipe Segura**, h. del finado Lino Antonio Segura y de Pascuala Corte, con **Pascuala Flores**, h. de los finados Miguel Gerónimo Flores y María Rosa Díaz. Ts.: Agüero, Juan Nicolás Quiroga y León Chazarreta. Se velaron en la celebración de la misa.

Ledesma, Bernardo con Barrera, Francisca
F.88v: En la vice parroquia de la Quebrada, a 2 de octubre de 1804, se casó **Bernardo Ledesma**, h.l. de Agustín Ledesma y de la finada Petrona Landriel, con **Francisca Barrera**, h.n. de María de la Cruz Barrera. Ts.: Mateo Osores y Antonio Agüero. Se velaron en la celebración de la misa.

Sueldo, Eugenio con Nieva, Josefa
F.88v: En la vice parroquia de Vilismano, a 10 de octubre de 1804, se casó a **Eugenio Sueldo**, h. de los finados Santiago Sueldo y María Josefa Quintana, con **Josefa Nieva**, h. de los finados José Nieva y Francisca Medina. Ts.: Pedro José Ibáñez, Alejandro Molina y José Medina.

Frías, Pedro Alcántara con Reinoso, Simona
F.89: En la Vice parroquia de la Quebrada, a 3 de octubre de 1804, se casó y veló a **Pedro Alcándara Frías**, h. de los finados Silvestre Frías y Apolinaria Brizuela, con **Simona Reinoso**, h. de los finados Simón Reinoso y Pabla Córdoba. Ts.: Antonio Agüero, Leandro Agüero e Ignacio Arpires.

Luna, Juana Teodoro con Atay, Josefa
F.89: En esta Parroquia de El Alto, en 10 de octubre de 1804, se casó a **Juan Teodoro Luna**, h.n. de Josefa Luna, con **Josefa Atay**, viuda de José Alamon. Ts.: Luis Antonio Gómez, Dn. Martin Rizo Patrón y Juan Pedro Rodríguez.

Pérez, Antonio con Aparicio, María Antonia
F.89: En los Manantiales, a 7 de octubre de 1804, se casó **Antonio Pérez**, h. de los finados Pedro Pérez y Gregoria Luna, feligreses del Río Chico, con **María Antonia Aparicio**, viuda de Carmelo Díaz. Ts.: Vicente Ogas, Pantaleón Rosales y Manuel Paz.

Ledesma, Juan José con Lobo, Bartolina
F.89v: En esta Parroquia de El Alto, a 17 de octubre de 1804, se casó a **Juan José Ledesma**, h.n. de Rosa Ledesma, con **Bartolina Lobo**, h. de José Domingo Lobo y Josefa Bravo Ts.: Proto Jacinto Silva, Juan Gregorio Ojeda y Dn. Eusebio Gómez. Se velaron en la celebración de la misa. *Nota:* En la información matrimonial correspondiente (Exp. 217) se declara un impedimento por afinidad en segundo grado pues la pretendida consumó cópula ilícita con un tío carnal de su pretendiente. La dispensa está fechada el 5 de octubre de 1804.

Montenegro, José Ignacio con Ortiz, Beatriz
F.89v: En la Vice parroquia de los Manantiales, a 10 de noviembre de 1804, se casó y veló a **José Ignacio Montenegro**, h.n. de la finada Nicolasa Montenegro, con **Beatriz Ortiz**, h.l. de Francisco Ortiz y de la finada Juana Molina. Ts.: Pedro Cruz, Vicente Ogas y Juan Nicolás Albarracín.

Jiménez, José Domingo con Paz, Francisco
F.89v: En la vice parroquia de los Manantiales, el 19 de noviembre de 1804, se casó a **José Domingo Jiménez**, h.l. de Casimiro Jiménez y de María de las Mercedes Moyano, con **Francisca Paz**, h.l. del finado José Domingo Paz y de Rafaela Díaz. Ts.: Bernardo Barrientos, Albero Medina y Dn. Francisco Bepre.

Medina, José Domingo con Albarracín, Cecilia
F.90: En la Vice parroquia de los Manantiales, a 26 de noviembre de 1804, se casó y veló a **José Domingo Medina**, feligrés del curato de la Piedra Blanca, h. de los finados Ramón Medina y Juliana Mansilla, con **Cecilia Albarracín**, h. de Bernardo Albarracín y de la finada Casilda Fernández. Ts.: Melchor Barrientos, Sebastián Ledesma y Valeriano Plaza.

Noriega, Dn. Manuel con Bulacia, Da. Eugenia
F.90: En la Vice parroquia de los Manantiales, a 24 de diciembre de 1804, se casó Dn. **Manuel Noriega**, viudo de Da. Genuaria Correa, con Da. **Eugenia Bulacia**, viuda de Dn. Mariano Brepe, dispensado el impedimento por "consanguinidad lícita" (sic) Ts.: Vicente Ogas, Pantaleón Rosales y Manuel Páez. *Nota:* En el expediente de información matrimonial (Exp. 220) solo se aclara que el impedimento es de cuarto grado por afinidad lícita, pero no se dan más detalles al respecto. La dispensa fue otorgada en Córdoba el 23 de diciembre de 1804.

Rivera, José María con Díaz, Petrona
F.90v: En la Vice parroquia de los Manantiales, a 28 de diciembre de 1804, se casó **José María Rivera**, h. del

finado Jacinto Rivera y de Silveria Guerrero, con **Petrona Díaz** h. del finado Juan Crespín Díaz y Andrea Morienega. Ts.: Dn. Joaquín Hernández, Dn. Juan Laso y Pedro Juan Ibáñez.

Lobo, Esteban con Agüero, María del Tránsito
F.90v: En esta Parroquia de El Alto, a 15 de enero de 1805, se casó a **Esteban Lobo**, h. de los finados José Domingo Lobo y Juana Justa Jiménez, con **María del Tránsito Agüero**, h.n. de María Andrea Agüero. Ts.: Tomás Arias, Pedro Cruz y Mauricio Mayni. Se velaron en la celebración de la misa.

Juárez, Ramón con Cordero, María Francisca
F.91: En esta Parroquia de El Alto, a 18 de enero de 1805, se casó a **Ramón Juárez**, h.l. de Juan Bautista Juárez y de María Mercedes Aráoz, con **María Francisca Cordero**, viuda de Mariano Murguía. Ts.: Juan Gregorio Ojeda, Celedonio Soria y Lorenzo Falcón. Ps.: Juan Ignacio Quiroga y María de la Encarnación Cisternas.

Ortiz, Dn. Policarpo con Mendoza, María Luisa
F.91: En esta Parroquia de El Alto, a 19 de enero de 1805, se casó Dn. **Policarpo Ortiz**, h.n. de la finada Da. María Josefa Ortiz, feligreses de la Piedra Blanca, con Da. **María Luisa Mendoza**, h.l. del finado Dn. Francisco Mendoza y Da. María Nicolasa Albarracín. Ts.: Dn. Félix Santillán y Dn. José Eudosio Espeche. Ps.: Dn. Mariano Mendoza y Da. Estanislada Vera. Se velaron en la celebración de la misa.

Valdéz, Dn. Mariano con Pedernera, Prudenciana
F.91 En la parroquia de El Alto, a 12 de febrero de 1805, **Mariano Valdéz**, h.n. de Da. Isabel Valdéz, con **Prudenciana Pedernera**, viuda del finado Juan Vicente Mansilla. Ts.: Pedro Juan Reyes, León Valdéz y Benito Suárez. Ps.: Dn. Manuel Avellaneda y Da. Leocadia Márquez.

Barrientos, Luis con Rosales, Casilda
F.91v: En la Vice parroquia de los Manantiales, a 30 de enero de 1805, se casó y veló a **Luis Barrientos**, h.n. de la finada Narcisa Barrientos, con **Casilda Rosales**, h.n. de María del Carmen Rosales. Ts.: Francisco Ortiz, Pedro Cruz y Juan Evangelista Mostajo.

Páez, Juan Tomás con Caravajal, Luisa
F.91v: En los Manantiales, a 14 de febrero de 1805, se casó y veló a **Juan Tomás Páez**, h.n. de Leonarda Páez, con **Luisa Caravajal**, h.n. de Juana Caravajal. Ts.: Francisco Ortiz, Mariano Guerrero. Ps.: Mariano Guerrero y Da. Ramona Brepe.

Jiménez, Miguel Jerónimo con Ramírez, Francisca
F.92: En la Vice parroquia de los Manantiales, en 18 de febrero de 1805, se casó **Miguel Gerónimo Jiménez**, h. de Miguel Gerónimo Jiménez y de Leocadia Ferreira con **Francisca Jiménez** h. de Jacinto Jiménez y de María del Rosario Reina. Ts.: Francisco Ortiz y Pedro Ortiz. Se velaron en la celebración de la misa.

Álvarez, José Froilán con Guevara, Manuela
F.92: En la Vice parroquia de los Manantiales, en 25 de febrero de 1805, se casó a **José Froilán Álvarez**, h.n. de Lucia Álvarez, con **Manuela Guevara**, h.n. de María Inés Guevara. Ts.: Juan Francisco Ibáñez, Vicente Ogas y Proto Jacinto Silva. Ps.: Pedro José Díaz y Catalina Romero. Se velaron en la celebración de la misa.

Fernández, Tomás con Paz, Juana Francisca
F.92: En la Vice parroquia de los Manantiales, el 1° de marzo de 1805, se casó **Tomás Fernández**, viudo de Jerónima Herrera, con **Juana Francisca Paz**, h.l. del finado Domingo Paz y de Rafaela Díaz. Ts.: Dn. Juan Sánchez, Sebastián Ledesma y Andrés Seco.

Artaza, Juan José con Ibarra, María de la Concepción
F.92v: En esta Parroquia de El Alto, en 8 de marzo de 1805, se casó a **Juan José**, mulato esclavo de Dn. Fernando Artaza, con **María de la Concepción Ibarra**, viuda del finado Mariano Lencinas. Ts.: Juan Gregorio Ojeda, Dn. Juan Sánchez y Pedro Pablo Díaz.

Abrego, Francisco Fermín con Medina, María Liberata
F.92v: En la Vice parroquia de Santa Bárbara, a 10 de junio de 1805, se casó **Francisco Fermín Abrego**, h. de los finados José Francisco Abrego y María Dolores Ruíz, con **María Liberata Medina**, h. del finado Rafael Medina y de Silveria Lobo. Ts.: Sebastián Ledesma, Nolasco Díaz y Julián Díaz. Ps.: José María Barros e Inocencia Rodríguez. Se velaron en la celebración de la misa.

Ávila, Juan Alfonso con Juárez, Bernardina
F.92v: En la Vice parroquia de Santa Bárbara, en 15 de junio de 1805, se casó **Juan Alfonso Ávila**, viudo de Manuela Segura, con **Bernardina Juárez**, viuda de Lucas Nieva. Ps.: Agustín Barrientos y María del Rosario Casillas.

Bulacia, Dn. Ignacio con Ramos, Da. Rosalía
F.93: En la Vice parroquia de Santa Bárbara, a 26 de junio de 1805, se casó Dn. **Ignacio Antonio Bulacia**, viudo de Da. Luisa Leiva, con Da. **Rosalía Ramos**, h.l. de Dn. Ángel Ramos y de Da. Laurencia Leiva. Afinidad en tercer grado en cópula lícita entre los cónyuges. Ts.: Dn. Pedro Jiménez, Dn. Juan Ángel

Gómez y Vicente Ogas. Ps.: Dn. Manuel Noriega y Da. María Eugenia Bulacia.

Nieva, Pedro Pablo con Barrientos, María Mercedes
F.93: En la Vice parroquia de los Manantiales, en 31 de julio de 1805, se casó **Pedro Pablo Nieva**, h.n. de María Mercedes Nieva, con **María Mercedes Barrientos**, h.l. de Marcos Barrientos y de Juliana ¿Larrazaga? Ts.: Pedro Sosa, Juan Bautista Albarracín y Melchor Barrientos. Ps.: Agustín Barrientos y María del Rosario Casillas.

Rivera, Gavina con Díaz, Nicolasa
F.93v: En la vice parroquia de Santa Bárbara, el 17 de agosto de 1805, dispensado el impedimento de consanguinidad en tercer grado, se casó y veló a **Gavino Rivera**, h.l. del finado Jacinto Rivera y de Silveria Guerrero, con **Nicolasa Díaz**, h.l. de los finados Juan Crespín Díaz y de Andrea Morienega. Ts.: León Plaza, Silvestre Díaz y Francisco Ortiz. Ps.: Andrés Góngora y Feliciana Barrientos.

Leiva, Dn. Pedro Ignacio con Vera, Da. Estanislada
F.93v: En esta Parroquia de El Alto, en 31 de julio de 1805, se casó a Dn. **Pedro Ignacio Leiva**, h.l. de los finados Dn. Francisco Leiva y Da. Beatriz Márquez, con Da. **Estanislada Vera**, viuda de Dn. Fernando Márquez. Se dispensó un impedimento por afinidad en tercer grado entre los cónyuges. Ts.: Dn. Pedro Márquez, Dn. Tomás Pinto y Dn. Felipe Márquez.

Ibáñez, Dn. Ignacio con Ortiz, Manuela
F.93v: En esta Parroquia de El Alto, en 3 de agosto de 1805, Dn. **Ignacio Ibáñez**, viudo de Da. María del Rosario Lobo, con Manuela o Martina **Ortiz**, h. del finado Miguel Ortiz y de Magdalena Ortiz Ts.: Ignacio Quiroga y Dn. Manuel Avellaneda. Se velaron en la celebración de la misa.

Pérez, José Tomás con Márquez, Gregoria
F.94: En esta Parroquia de El Alto, en 14 de agosto de 1805, se casó **José Tomás Pérez**, h.n. de Carolina Pérez, con **Gregoria Márquez**, h.l. de Bruno Márquez y de Andrea Nieva. Ts.: Dn. Tomás Rizo, Dn. León Valdéz y Dn. Martin Rizo Patrón.

Amaya, Tomás con Durán, Juana
F.94: En esta Parroquia de El Alto, en 17 de agosto de 1805, se casó **Tomás Amaya**, h.n. de Petrona Amaya, con **Juana Durán**, h. de Juan Durán y de Teodora Moreno. Ts.: Dn. Félix Santillán, Dn. León Valdéz y Dn. Martin Rizo.

Juárez, Mariano con Falcón Águeda
F.94v: En esta Parroquia de El Alto, en 17 de agosto de 1805, se casó a **Mariano Juárez**, h. de Antonio Juárez y María Valdéz, con **Águeda Falcón**, h. de la finada María Falcón. Ts.: Dn. Félix Santillán, Dn. León ¿Valdéz? y Dn. Martin Rizo. Se velaron en la celebración de la misa.

Villalba, Felipe con Leiva, Micaela
F.94v: En esta Parroquia de El Alto, en 25 de septiembre de 1805, se casó a **Felipe Villalba**, h. del finado Francisco Villalba y Martina Mansilla, con **Micaela Leiva**, viuda de Matías Cejas. Ts.: Dn. Martín Rizo, Ignacio Luján y ¿Juan? Gómez.

Díaz, Pedro Pablo con Moyano, María de los Dolores
F.94v: En esta Parroquia de El Alto, en 3 de agosto de 1805, se casó **Pedro Pablo Díaz**, h.n. de Victoriana Díaz, con **María de los Dolores Moyano**, h. de los finados Feliciano Moyano y María de los Dolores Páez. Ts.: Juan Gregoria Ojeda, Dn. Manuel Avellaneda y Pedro Díaz. Se velaron en la celebración de la misa.

Rosales, Ramón Antonio con Argañarás, Gerónima
F.95: En la iglesia parroquial de El Alto, el 3 de agosto de 1805, se casó y veló a **Ramón Antonio Rosales**, h. del finado Nicolás Rosales y de Feliciana Páez, con **Gerónima Argañarás** h. de Santiago Argañarás y de la finada María Antonia Nieto Nieva. Ts.: Juan Gregorio Ojeda, Dn. Manuel Avellaneda y Francisco Antonio Figueroa.

Agüero, José Matías con Herrera, Tomasina
F.95: En esta Parroquia de El Alto, en 5 de octubre de 1805, se casó a **José Matías Agüero**, h. del finado Juan José Agüero y Nicolasa Rodríguez, con **Tomasina Herrera**, viuda del finado Mariano Cristan. Ts.: Juan Gregorio Ojeda, Dn. Martin Rizo y Francisco Azcuénaga.

Ibáñez, Juan Luis con Retamozo, Agustina
F.95: En esta Parroquia de El Alto, en 19 de octubre de 1805, se casó a **Juan Luis Ibáñez**, h.n. de la finada Ana María, con **Agustina Retamozo**, h.l. de Juan Retamozo y de María de las Mercedes Aragón. Ts.: León Mendoza, Pedro Juan Sabando y Pedro Jacinto Silva.

Maidana, Valentín con Gómez, Isidora
F.95v: En esta Parroquia de El Alto, en 22 de octubre de 1805, se casó y veló a **Valentín Maidana**, h. de Mariano Maidana y de Simona Macedo, feligreses del Rectoral de Catamarca, con **Isidora Gómez**, h. de Martin Gómez y de la finada Felipa Agüero. Ts.: Lino Vásquez, Luis Mariano Leiva y José Soraire.

Guerrero, Silvestre con Villagra, María Juana
F.95v: En la Vice parroquia de los Manantiales, en 24 de octubre de 1805, se casó **Silvestre Guerrero**, h. de

Juan Pablo Guerrero y de la finada Feliciana Reyes, con **María Juana Villagra**, h.n. de Lorenza Villagra. Ts.: Juan Bautista Guerrero y Vicente Ogas.

Álvarez, Juan Manuel con Caravajal, Rosalía
F. 96: En esta Parroquia de El Alto, en 26 de octubre de 1805 se casó **Juan Manuel Álvarez**, h. de los finados Lucas Álvarez y María Erazu, con **Rosalía Caravajal**, h. de los difuntos José Antonio Caravajal y Gertrudis Serrano. Ts.: León Mendoza, Mariano Mendoza y Juan Gregorio Ojeda. Se velaron en la celebración de la misa.

Guerrero, Simón con Ferreira, María del Rosario
F.96: En esta Parroquia de El Alto, en 26 de octubre de 1805, se casó **Simón Guerrero**, esclavo de Juan Pablo Guerrero e h. de Mercedes Guerrero, con **María del Rosario Ferreira**, hija de la finada Antonia Zárate. Ts.: León Mendoza, Martin Gómez y Juan Gregorio Ojeda. Se velaron en la celebración de la misa.

Jeréz, Basilio con Noriega, Nicolasa
F.96: En la parroquia de El Alto, el 7 de diciembre de 1805, se casó a **Basilio Jeréz**, h. de Jacinto Jeréz y de la finada Lorenza Fernández, con **Nicolasa Noriega**, mulata esclava de Dn. Manuel Noriega. Ts.: José Antonio Ojeda, Vicente Ogas y Julián Aráoz. Se velaron en la celebración de la misa.

Tula, Santiago con Rojas, Josefa
F.96v: En la Vice parroquia de los Manantiales, en 9 de diciembre de 1805, se casó **Santiago Tula**, h.n. de Francisca Tula, con **Josefa Rojas**, h.n. de Graciana Rojas. Ts.: José Antonio Ojeda, Eusebio Rosales y Vicente Ogas. Se velaron en la celebración de la misa.

Soberón, Juan Tomás con Tapia, Lorenza
F.97: En la vice parroquia de Vilismano, en 8 de febrero de 1805, se casó **Juan Tomás Soberón**, h.l. de Francisco Soberón y de Bartolina Navarro, con **Lorenza Tapia**, viuda de Francisco Zurita. Ts.: José Vicente Páez, Tiburcio López y Valeriano Vera.

Ledesma, Feliciano con Cejas, María de las Mercedes
F.97: En la Vice parroquia de la Quebrada, el 18 de febrero de 1805, se casó **Feliciano Ledesma**, h.n. de la finada María de la Asunción Ledesma, con **María de las Mercedes Cejas**, h.l. del finado Antonio Cejas y de María Josefa Mansilla. Ts.: Martin Sobrecasas, José Antonio Agüero y Juan Antonio Díaz. Se velaron en la celebración de la misa.

Ledesma, Simón con Medina, María Juana
F.97v: En la Vice parroquia de Vilismano, en 24 de julio de 1805, se casó **Simón Ledesma**, viudo de la finada Margarita Serrano con **María Juana Medina**, h.n. de la finada María Francisca Medina. Ts.: José Medina, Francisco Daniel Páez y Vicente Pérez Se velaron en la celebración de la misa.

Vera, José Vicente con Tula, Manuela
F.97v: En la Vice parroquia de Vilismano, en 25 de julio de 1805, se casó **José Vicente Vera**, viudo de la finada María de las Mercedes Barreto, con **Manuela Tula**, h.n. de la finada Isidora Tula. Ts.: Dn. Esteban Cisneros, Dn. José Medina y Francisco Daniel Páez. Se velaron en la celebración de la misa.

Lobo, Pedro José con Contreras, Micaela
F.98: En la Vice parroquia de Vilismano, en 8 de julio de 1805, se casó **Pedro José Lobo**, h.l. de Felipe Lobo y de la finada Justa Domínguez, con **Micaela Contreras**, viuda del finado Diego Zurita. Ts.: Dn. Bernardo Leiva, Dn. Joaquín Cisneros y Dn. Francisco Daniel Páez. Se velaron en la celebración de la misa.

Pérez, Solano con Toledo, María Rosa
F.98: En la Vice parroquia de la Quebrada, en 26 de febrero de 1805, se casó **Solano Pérez**, h.l. de Asencio Pérez y de Mónica Juárez, con **María Rosa Toledo**, h.n. de María de las Mercedes Toledo. Ts.: José Antonio Agüero, Leandro Agüero y Francisco Barrera.

Lezcano, Victoriano con Albarracín, Justa
F.98v: En esta Parroquia de El Alto, en 8 de enero de 1806. Se casó a **Victoriano Lezcano**. h.l. del finado Santiago y de Andrea Mogica con **Justa Albarracín**, h. de los finados Dn. José Antonio Albarracín y Bernabela Mendoza. Ts.: Dn. Luis Thames, Juan Pedro Herrera y Patricio Arévalo. Se velaron en la celebración de la misa.

Juárez, Juan Manuel con Ocón, Juana Rosa
F.98v: En esta Parroquia de El Alto, a 18 de febrero de 1806, se casó a **Juan Manuel Juárez, h.n.** de la finada María de las Nieves Juárez, con **Juana Rosa Ocón**, hija del finado Toribio Ocón y María de las Mercedes Burgos. Ts.: Juan Asencio Juárez, Juan Gregorio Ojeda y Francisca Burgos.

Bernabé, Jeréz con Aragón, Manuela
F.99. En esta Parroquia de El Alto, en 15 de enero de 1806, se casó a **Bernabé Jeréz** h.l. de Martín Jeréz y de María Juana Agüero, con **Manuela Aragón**, h.n. de María de las Mercedes Aragón. Ts.: Dn. Eugenio Bulacia, Dn. Pedro Pablo Bulacia y Dn. Manuel Díaz. Se velaron en la celebración de la misa.

Mercado, Manuel con Bulacia, Petrona
F.99: En la Vice parroquia de los Manantiales, en 30 de enero de 1806, se casó a **Manuel Mercado**, h.l. de los finados Luis Beltrán Mercado y de Gerónima Garzón, con **Petrona Bulacia**, mulata esclava de Dn.

Juan Eugenio Bulacia. T.: Juan José Paz, Vicente Ogas y Manuel Paz.

Figueroa, Cornelio con Luna, María Antonia
F.99v: En la Vice parroquia de los Manantiales, en 1° de febrero de 1806, se casó **Cornelio Agüero**, h.l. de Jerónimo Figueroa y de Juana Dominga Rojas, con **María Antonia Luna**, h.l. del finado Juan Paulino Luna y de Estefanía Armas. Ts.: Francisco Ortiz… y Vicente Ogas. Se velaron en la celebración de la misa.

Morienega, Mariano con Barrientos, Juana
F.99v: En la Vice parroquia de los Manantiales, en 12 febrero de 1806, se casó **Mariano Morienega**, h. del finado Juan y de María Díaz, con **Juana Barrientos**, h.n. de Petrona Barrientos. Ts.: José Francisco Paz y Manuel Paz. Se velaron en la celebración de la misa.

Pereira, Miguel con Figueroa, Luisa
F.99v: En la vice parroquia de los Manantiales, el 12 de febrero de 1806, se casó a **Miguel Pereira**, h. del finado Miguel Pereira y de Petrona Rosales, con **Luisa Figueroa**, h.l. de Victoriano Figueroa y de Juana Collantes. Ts.: Elías Bulacia, Vicente Ogas y Manuel Paz. Se velaron en la celebración de la misa.

Espinosa, José con Quintana, Toribia
F.100: En la Vice parroquia de los Manantiales, en 28 febrero de 1806, se casó **José Espinosa**, h.l. de Bartolomé y de Margarita Arce con **Toribia Quintana**, h. de los finados José Domingo Quintana y Eusebia Figueroa. Ts.: Domingo Figueroa, Luciano Figueroa y Manuel Paz.

Medina, Gervasio con Díaz, Justa
F.100: En la Vice parroquia de los Manantiales, en 20 de marzo de 1806, se casó **Genaro Medina**, h.n. de Venancia Medina con **Justa Díaz**, viuda del finado Juan de Dios Nieto. Ts.: Dn. Luis Thames, Mariano Barrientos y Manuel Paz.

Tula, Dn. Ramón Antonio con Gómez, Nieves
F.100v: En esta Parroquia de El Alto, a 22 de marzo de 1806, se casó a Dn. **Ramón Antonio Tula**, h.l. de Dn. Alonso Tula y de Da. Magdalena Nieva, feligreses del curato de la Piedra Blanca, con María de las **Nieves Gómez**, h.l. del finado… (imagen no permite ver) y de Da. María Espeche. Ts.: Ulibarri y Dn. Juan Francisco Gómez.

Romero, Juan Cipriano con Romero, Clara
F.100v: En la Vice parroquia de los Manantiales, en 14 abril de 1806, se casó **Juan Cipriano Romero**, h. del finado Joaquín Romero y de Clara Salinas, vecinos del curato de Río Chico con **Clara Romero**, h. de Bartolomé Romero y de Josefa Tula. Se velaron en la celebración de la misa. Ts.: Pantaleón Romano y Francisco Romero.

Argañarás, Santiago con Reinoso, Lorenzo
F.102 (error en la foliación original): En la Vice parroquia de los Manantiales, a 5 de mayo de 1806, se casó **Santiago Argañarás**, viudo de la finada Antonia Nieva con **Lorenza Reinoso**, h.l. de Marcos Reinoso y de Silvestra Gómez. Ts.: Basilio Figueroa, Manuel Páez y Juan Nicolás Reinoso. Se velaron en la celebración de la misa.

Leiva, Francisco con Castillo, Antonia
F.102: En la Vice parroquia de los Manantiales, a 7 de mayo de 1806, se casó **Francisco Leiva**, viudo de la finada Ana María Alcaráz, con **Antonia Castillo**, h. del finado Pedro Castillo y de María Francisca Tablada. Ts.: Lucas Barrientos, Eusebio Rosales y Manuel Páez. Se velaron en la celebración de la misa.

Vásquez, José Lino con Videla, María de Jesús
F.102: En la Vice parroquia de Ovanta, a 7 de mayo de 1806, se casó **José Lino Vásquez**, h.l. de Bonifacio y de la finada Bartolina Rodríguez, con **María de Jesús Videla**, h.l. de Nicolás Videla y de Francisca Albarracín. Ts. Agustín Mercado y Nicolás Mercado y Tomás Nieva.

Vizcarra, José Javier con Orellana, Ceferina
F.102v: En la Vice parroquia de Ovanta, a 12 de mayo de 1806, se casó **José Javier Vizcarra**, h. de los finados Ignacio Vizcarra y Cecilia Guamán, con **Ceferina Orellana**, h.n. de Gregoria Orellana. Ts.: José González, Agustín y Nicolás Mercado. Se velaron en la celebración de la misa.

Aráoz, Francisco Antonio con Díaz, Celestina
F.102v: En esta Parroquia de El Alto, a 17 de mayo de 1806, se casó **Francisco Antonio Aráoz**, h.n. de la finada María de las Mercedes Aráoz, con **Celestina Díaz**, viuda del finado Pedro Lobo. Ts.: Agustín Santillán, Dn. Martin Rizo Patrón y Javier Luna.

Gómez, Juan Fernando con Díaz, Bonifacia
F.103: En la Vice parroquia de los Manantiales, a 19 de mayo de 1806, se casó **Juan Fernando Gómez**, h. adoptivo de Antonia Gómez, con **Bonifacia Díaz**, h.n. de la finada Nicolasa Díaz. Ts.: Juan Antonio López, Vicente Ogas y Manuel Paz. Se velaron en la celebración de la misa. Ps.: no figuran.

Thames, Dn. Luis con Bulacia, Da. Juana Rosa
F.103: En la Vice parroquia de Santa Bárbara, a 30 de agosto de 1806, se casó Dn. **Luis Thames**, h.l. del finado Dn. José Thames y de Da. María Josefa Gutiérrez, con Da. **Juana Rosa Bulacia**, h.l. del Capitán Dn. Juan Eugenio Bulacia. Ts.: Maestro Dn. Juan Andrés Córdoba y el Maestro Dn. Manuel Vidal. Ps.: Dr. Dn. José Eusebio Colombres Thames y Da. María Francisca Leiva.

Rosales, José Antonia con Lobo, Isabel
F.103v: En la Vice parroquia de Santa Bárbara, a 9 de junio de 1806, se casó **José Antonio Rosales**, feligrés del curato de la Piedra Blanca, h. de José Rosales y de Simona Páez, con **Isabel Lobo**, h. del finado Francisco Lobo y de Juana Rosa Rivadeneira. Ts.: Manuel Paz, Juan Gregorio Ojeda. Se velaron en la celebración de la misa. Ps.: Carmelo Paz y María del Rosario Casillas.

Melián, José con Ávila, Gregoria
F.103v. En la Vice parroquia de Santa Bárbara, a 16 de junio de 1806, se casó **José Melián**, h. de los finados Gonzalo Melián y de Petrona González, con **Gregoria Ávila**, h. de Ignacio Ávila y de la finada Juana Juárez. Ts.: Pedro Cruz y Juan Gregorio Ojeda. Ps.: Juan Manuel Álvarez y Marcelina Guerrero.

Ibáñez, Dn. Francisco con Ibáñez, Da. Antonia
F.104: En la Vice parroquia de los Manantiales, a 11 de agosto de 1806, se casó Dn. **Francisco Ibáñez**, feligrés del curato de Loreto, h. de los finados Dn. Bernabé Ibáñez y Da. María Petrona Argañarás, con Da. **Antonia Ibáñez**, de esta feligresía, h. de los finados Dn. Juan Gregorio Ibáñez y Da. Petrona Reinoso. Ts.: Pedro Cruz, Vicente Ogas y Manuel Paz. Se velaron en la celebración de la misa. Ps.: Dn. Juan Francisco Ibáñez y Da. Juana Ibáñez.

Mercado, Francisco con Lobo, Juliana
F.104: En esta Parroquia de El Alto, a 14 de agosto de 1806, dispensado el impedimento por consanguinidad en segundo grado, se casó **Francisco Mercado**, h.l. de los finados Jacinto Mercado y Tomasina Lobo, con **Juliana Lobo**, h.l. del finado Francisco Lobo y de María de las Mercedes Aragón. Ts.: Manuel Quiroga, Proto Jacinto Silva y Mauricio Mayni. Ps.: Pedro Juan Sabando y Petrona Lobo. *Nota:* En la información matrimonial correspondiente (Exp. 221) solo se aclara que los contrayentes son primos hermanos, y que hace mucho tiempo que conviven, de la cual han resultado dos hijos que quieren legitimar. La dispensa fue otorgada en Córdoba el 16 de abril de 1806.

Ojeda, Juan Gregorio con Robles, Ramona
F.104v: En esta Parroquia de El Alto, a 16 de agosto de 1806, dispensado el impedimento de afinidad ilícita en segundo grado, se casó **Juan Gregorio Ojeda**, h.n. de la finada Francisca Ojeda, con **Ramona Robles**, h.n. de Ignacia Dn. Ts.: Dn. Martin Rizo Patrón, Dn. Manuel Salas y José Ignacio Goychea. Se velaron en la celebración de la misa. Ps.: Dn. Félix Santillán y Da. Isabel Cabral.

Ortiz, Francisco con Nieva, Valentina
F.104v: En la Vice parroquia de los Manantiales, en 18 de agosto de 1806, se casó **Francisco Ortiz**, viudo de la finada Juana Molina, con **Valentina Nieva**, h.n. de la finada Eusebia Nieva. Ts.: Manuel Paz, Andrés Góngora y Tiburcio Madariaga. Se velaron en la celebración de la misa. Ps.: Dn. José Reyes y Juana Vega.

Lobo, Juan Nicolás con Rodríguez, Clara
F.104v: En la Vice parroquia de Santa Bárbara, a 23 de agosto de 1806, se casó a **Juan Nicolás Lobo**, h.n. Silveria Lobo con **Clara Rodríguez**, hn Inocencia Rodríguez. Ts. Vicente Ogas, Manuel Paz y José Antonio Rosales.

Nieva, Dn. José María con Sosa, Da. María Petrona.
F.105 En la vice parroquia de Santa Bárbara, el 31 de agosto de 1806, se casó a Dn. **José María Nieva**, h.l. de Dn. Francisco Antonio Nieva y de Da. María Justa Barros, vecinos del curato rectoral de Catamarca, con Da. **María Petrona**, h.l. del finado Dn. José Sosa y de Pascuala Albarracín. Ps.: Dn. Luis Bernardo Albarracín y Da. Bárbara Duarte.

Albarracín, Dn. Juan Miguel con Agüero, Da. María Juana
F.105. En la iglesia parroquial de El Alto, el 6 de septiembre de 1806, Dn. **Juan Miguel Albarracín**, viudo de Da. María de las Mercedes Vera, con Da. **María Juana Agüero**, viuda de Dn. Martín Jeréz. Ps.: Dn. Pedro Pablo Bulacia y Da. Teodora Agüero.

Díaz, Juan Bautista con Cejas, María Mercedes
105v. En la iglesia parroquial de El Alto, el 21 de septiembre de 1806, se casó a Juan Bautista Díaz, h.n. de la finada Susana Díaz con María Mercedes Cejas, hl, de Nicolás Cejas y Gregoria Pérez. Ps.; Dn. Pedro José Ponce y Da. Marcela Ibáñez.

FIN

Libro de Matrimonios N° 3
1807-1810

"Libro parroquial de casamientos formados por el doctor Dn. José Ignacio Thames cura y vicario de la concepción de El Alto que comienza en el año de 1807"

Folio 1

Ahumada, José Segundo con Cardoso, Agustina Rosa.
En esta parroquia de la concepción de El Alto el día 16 de marzo de 1807, corridas las proclamas en tres días festivos de concurso en esta feligresía y no habiendo resultado impedimento, el maestro Dn. Francisco Javier Thames, mi ayudante, a **José Segundo Ahumada** hijo del finado Olegario Ahumada y de María de la Cruz Rojas; con **Agustina Rosa Cardoso** hija de Jacinto Cardoso y de María Aguirre, mis feligreses, oído el consentimiento de ambos ante los testigos Dn. Luis Mariano Leiva, Juan Francisco Gómez y Leandro Cardoso, los juntó en matrimonio y por ser tiempo feriado no se velaron hasta el día 18 de mayo del mismo año y para que conste lo firmé. .

Díaz, Juan de con Flores, Antonia
En esta parroquia de El Alto el día 9 de abril de 1807 corrida las proclamas en tres días festivos de concurso y no resultando impedimento, el maestro Dn. Francisco Javier Thames, mi ayudante, a **Juan de Dios Díaz** hijo de Santiago Díaz y de María Santos Figueroa; y a **Antonia Flores** hija del finado José Flores y de Feliciana Ledesma, oído el consentimiento de ambos ante los testigos Tomás Pinto, Martín Rizo y Antonio Cárdenas los juntó en matrimonio y veló en la misa que celebró y para que conste lo firmé.

Márquez, José Benito con González, Bernarda
En esta parroquia de El Alto a 11 de abril de 1807 corridas las proclamas en tres días festivos y no habiendo resultado de impedimento alguno el maestro Dn. Francisco Javier Thames, mi ayudante, a **José Benito Márquez** esclavo de Dn. Pedro Márquez y a **Bernarda González** parda libre hija de Bruno González, oído el consentimiento de ambos ante los testigos Bartolomé Valdéz, Tomás Pinto y Ramón Aguilar los juntó en matrimonio según el Rito Toledano y veló en la misa que celebró y para que conste lo firmo.

Folio 2

Orellana, José Mariano con Rodríguez, Manuela
En la vice parroquia de Los Manantiales el día 18 de febrero de 1807 corridas las proclamas en tres días de concurso de esta feligresía, en las fiestas de la gloriosa Santa Bárbara y no habiendo resultado impedimento el maestro Dn. Francisco Javier Thames. mi ayudante, a **José Mariano Orellana** hijo del finado Pedro Orellana y de Petrona Ruiz; y a **Manuela Rodríguez** hija de Mateo Rodríguez y de Eugenia Rosales, mis feligreses, oído el consentimiento de ambos ante los testigos que fueron Vicente Ogas, Juan José Ibáñez, los juntó solemnemente en matrimonio y por ser tiempo feriado se velaron en la iglesia de Ovanta el día 20 de mayo del referido año y para que conste lo firmé.

Morales, Felipe con Perdiguero, María del Tránsito
En esta parroquia de El Alto el día 9 de mayo de 1807 corrida las proclamas en tres días festivos de concurso de esta feligresía y no habiendo resultado impedimento yo el cura propietario de esta doctrina a **Felipe Morales** hijo natural de Antonia Morales y a **María del Tránsito Perdiguero** hija de Juan Francisco Perdiguero y de Francisca Cardoso, mis feligreses, oído

el consentimiento de ambos ante los testigos Dn. Manuel Avellaneda, Prudencio Leiva y Dn. Narciso Cueto lo junté solemnemente en matrimonio según el Ritual Toledano y velé en la celebración de la misa y para que conste lo firmé.

Pacheco, Pedro José con Paz, María de las Mercedes

En la vice parroquia Vilismano el día 10 de mayo de 1807 corrida las proclamas en tres días festivos del concurso el maestro Dn. Juan Tomás Vera, mi ayudante, a **Pedro José Pacheco** hijo de los finados Pedro Pacheco y de Ignacia Varela y a **María de las Mercedes Paz** hija natural de Bernarda Paz, mis feligreses, oído el consentimiento de ambos ante los testigos Juan José Gutiérrez, Juan Francisco Gutiérrez, Julián González, los juntó solemnemente el matrimonio según el Ritual Toledano y velé en la celebración de la misa y para que conste lo firmé.

Páez, Claudio con Pedraza, Silveria

En esta parroquia de El Alto el día 12 de mayo de 1807 corridas las proclamas en tres días festivos y de concurso y no habiendo resultado impedimento yo el cura propietario de esta doctrina a **Claudio Páez** hijo legítimo de Juan Gregorio Páez y de la finada Da. Josefa Bulacia, y a **Silveira Pedraza** hija del finado Manuel Pedraza y de Andrea Ojeda, mis feligreses, oído el consentimiento de ambos ante los testigos Manuel Paz, Proto Jacinto Silva y Juan Ignacio Páez, la junte solemnemente en matrimonio y velé en las celebración de la misa y para que conste lo firmé.

Jiménez, Claudio con Ortiz, María

En esta parroquia de El Alto el día 15 de abril de 1807 corrida las proclamas en tres días festivos de concurso y no habiendo resultado impedimento el maestro Dn. Francisco Javier Thames, mi ayudante, a **Claudio Jiménez** hijo de Casimiro Jiménez y de Mercedes Romano; y a **María Ortiz** hija de Valentín Ortiz y de la finada Zenobia Arévalo, mis feligreses, oído el consentimiento de ambos ante los testigos Proto Jacinto Silva, Dn. Feliciano Santillán y los juntó en matrimonio según el Ritual Toledano y velé en celebración de la misa. Para que conste lo firmé.

Plaza, José María con Godoy, Petrona

En la vice parroquia de Los Manantiales el día 20 de abril de 1807 corrida las proclamas en tres días festivos de concurso y no habiendo resultado impedimento, yo, el propietario de este beneficio a **José María Plaza** hijo legítimo de Juan Plaza y de Juana Albarracín; y a **Petrona Godoy** hija de los finados Eusebio Godoy y Rosalía Rivera, mis feligreses, oído el consentimiento de ambos ante los testigos fructuoso Contreras Salvador Góngora y Francisco Ortiz los junté en matrimonio según los Ritual Toledano. Testado: Albarracín, vale

Folio 3

Leiva, Dn. Javier con Albarracín, Da. Jerónima

En esta iglesia parroquial de El Alto el día 15 de junio de 1807 corridas las proclamas en tres días festivos de concurso en esta feligresía y no habiendo resultado impedimento el maestro Dn. Francisco Javier Thames, mi ayudante, a Dn. **Javier Leiva** hijo legítimo de los finados Dn. Francisco Leiva y de Da. Beatriz Márquez; y a Da. **Jerónima Albarracín** hija legítima de los finados Dn. José Antonio Albarracín y de Da. Bernabela Mendoza, mis feligreses, oído el consentimiento de ambos ante los testigos Dn. Juan Sánchez Villa de Amigo, Dn. José Francisco Leiva y Dn. Fermín Leiva, los juntó en matrimonio según el ritual Toledano y velé en la misa que celebró y para que conste lo firmé.

Montes de Oca, Narciso con Albarracín, Magdalena

En esta parroquia de El Alto el día 16 de junio de 1807 corrida las proclamas en tres días festivos de concurso y no habiendo resultado de impedimento el maestro Dn. Francisco Javier Thames, mi ayudante, a **Narciso Montes de Oca** hijo de los finados Pedro Pablo Montes de Oca y de María Josefa Cáceres; y a **Magdalena Albarracín** hija de los finados José Antonio Albarracín y Bernabela Mendoza, mis feligreses, oído el consentimiento de ambos ante los testigos Patricio Arévalo y Dn. Juan Sánchez Villa de Amigo los juntó en matrimonio y velé en la misa que celebró y para que conste lo firmé.

Molina, Dn. Luis Mariano con Gómez, Da. Andrea

En esta parroquia de El Alto el día 17 de junio de 1807 corridas las proclamas en tres días festivos de concurso y no habiendo resultado impedimento el maestro Dn. Francisco Javier Thames, mi ayudante, a Dn. **Luis Mariano Molina** hijo del difunto Dn. Martín y de Da. Rosa Barros, feligreses del rectoral de Catamarca, (habiéndome antes presentado certificado de su propio párroco de información y proclamas y para en mi poder) y a Da. **Andrea Gómez** hija de los finados Dn. Nicolás Gómez y de Da. María Espeche habiéndoles dispensado del impedimento de cuarto grado de consanguinidad, en uso de las facultades que tiene comunicadas el señor provincial y gobernador del obispado doctor Dn. Gregorio Funes, oído el consentimiento de ambos ante los testigos que fueron Dn. Juan Sánchez, Dn. Juan León Valdéz, los juntó y para que conste lo firmé.

Gandi, José con Espeche, Juliana
En esta parroquia de El Alto el día 19 de junio de 1807 corridas las proclamas en tres días festivos del concurso y no habiendo resultado impedimento alguno el maestro Dn. Francisco Javier Thames, mi ayudante, a **José Gandi** hijo natural de Juana Gandi; y a **Juliana Espeche** esclava de Dn. Victoriano Espeche, mis feligreses, oído y consentimiento de ambos ante los testigos Dn. Juan Sánchez Villadeamigo, Dn. Tomás Pinto, Dn. Victoriano Espeche, los juntó en matrimonio según el ritual Toledano y veló en la misa que celebró y para que conste lo firmé.

Rizo Patrón, Dn. Juan Gregorio con Artazar, Da. Aurelia
En esta parroquia de El Alto el día 20 de junio de 1807 corrido las proclamas en tres días festivos de concurso y no habiendo resultado impedimento el maestro Dn. Francisco Javier Thames, mi ayudante, a Dn. **Juan Gregorio Rizo Patrón** hijo legítimo de Dn. José Lucas Rizo Patrón y de Da. Laurenciana Leiva; y a Da. **Aurelia Artazar** hija de los finados Dn. Antonio Artazar y de Da. Agustina Quiroga, mis feligreses, oído el consentimiento de ambos ante los testigos que fueron Dn. Juan Sánchez Villa de Amigo, Dn. José Espeche, Dn. Mateo Riso Patrón, los juntó en matrimonio según el ritual toledano y veló en la misa que celebró y para que conste lo firmé.

Romano, Juan Antonio con Zurita, María Antonia
En la vice parroquia de La Quebrada el día 11 de junio de 1807 corrida las proclamas en tres días festivos de concurso y no habiendo resultado impedimento el maestro Dn. Juan Tomás Vera, mi ayudante, a **Juan Antonio Romano** viudo de la finada María Ludgarda Rodríguez y a **María Antonia Zurita** hija natural de Alberta Zurita, mis feligreses, oído el consentimiento de ambos ante los testigos que fueron domingo Arpires, Luis Ledesma y Mauricio Romano, los juntó en matrimonio según el ritual toledano y veló en la misa que celebró y para que conste lo firmé.

Folio 4

Bazán, Esteban con Santillán, Manuela
En la vice parroquia de La Quebrada , a 17 de junio de 1807, corridas las proclamas en tres días de concurso y no habiendo resultado impedimento el maestro Dn. Juan Tomás Vera, me ayudante, a **Esteban Bazán** viudo de la finada María del Carmen Ponce y a **Manuela Santillán** hija del finado Jacinto Santillán y de María Rosa Ledesma, mis feligreses, oído el consentimiento de ambos ante los testigos que fueron Bonifacio Páez Miguel Medina y Manuel Adauto los juntó el matrimonio según el ritual romano y velo en la misa que celebró y para que conste lo firmé. testado corridas vale

Véliz, Martín con Zurita, Petrona
En la vice parroquia de La Quebrada el día 18 de junio de 1807 corridas las proclamas en tres días festivos de concurso y no habiendo resultado impedimento el maestro Dn. Juan Tomás Vega, mi ayudante, a **Martín Véliz** hijo natural de la finada María Luisa Véliz y a **Petrona Zurita** hija legítima del finado Roque y de María Josefa Acosta, mis feligreses, oído el consentimiento de ambos ante los testigos Miguel barrera Leandro Agüero y Ramón Antonio Tolosa los junto en matrimonio según el ritual romano y veló en la misa que celebró y para que conste lo firmé.

González, Hermenegildo con Soraire, Sebastiana
En la vice parroquia de Los Manantiales el día 29 de junio de 1807 corridas las proclamas en tres días festivos de concurso y no habiendo resultado impedimento el maestro Dn. Francisco Javier Thames, mi ayudante, a **Hermenegildo González** hijo natural de la finada Ana María González y a **Sebastiana Soraire** hija natural de María Soraire, mis feligreses, oído el consentimiento de ambos ante los testigos que fueron Vicente Ogas y Salvador Góngora los juntó en matrimonio según el ritual romano y velo en la misa que celebró y para que conste lo firmé.

Zárate, Ramón con Pacheco, María del Tránsito
En la vice parroquia de Los Manantiales el 30 de junio de 1807 corridas las proclamas en tres días festivos de concurso y no habiendo resultado impedimento el maestro Dn. Francisco Javier Thames, mi ayudante, a **Ramón Zárate** hijo legítimo de José Zárate y de la finada Tomasina Ferreira y a **María del Tránsito Pacheco** viuda del finado Juan Tomás Barrientos, mis feligreses, oído el consentimiento de ambos ante los testigos que fueron Vicente Ogas y Agustín Guerrero los juntó en matrimonio según el ritual romano y veló en la misa que celebró y para que conste lo firmé.

Morales, José Ignacio con Romero, María de las Mercedes
En la parroquia de El Alto el día 12 de agosto de 1807 corrida las proclamas en tres días festivos de concurso y no habiendo resultado impedimento el maestro Dn. Francisco Javier Thames, mi ayudante, a **José Ignacio Morales** viudo de la finada Juana Francisca Leiva y a **María de las Mercedes Romero** hija del finado Bernardo Romero y de Gregoria Pardo, mis feligreses, oído el consentimiento de ambos ante los testigos que

fueron Dn. Manuel Avellaneda y Pedro Ibáñez los juntó al matrimonio y veló en la misa que celebró y para que conste lo firmé.

Aguilar, Egidio con Arévalo, Ramona
En la vice parroquia de Ovanta el día 17 de agosto de 1807 corrida las proclamas en tres días festivos de concurso y no habiendo resultado impedimento el maestro Dn. Francisco Javier Thames, mi ayudante, a **Egidio Aguilar** hijo de Valentín Aguilar y de María Antonia Díaz y a **Ramona Arévalo** hija del finado Cayetano Arévalo y de Narcisa Márquez, mis feligreses, oído el consentimiento de ambos ante los testigos que fueron Bernardo Barrientos Manuel Paz y José González los juntó en matrimonio y veló en la misa que celebró y para que conste lo firmé.

Falta folio 5 por error en la foliación original.

Folio 6

Peralta, Miguel Jerónimo con Moyano, Estefanía
En la vice parroquia de Ovanta el día 10 de agosto de 1807 corrida los programas en tres días festivos de concurso y no habiendo resultado impedimento, yo el cura propietario de este beneficio a **Miguel Gerónimo Peralta** hijo natural de Dorotea Peralta y a **Estefanía Moyano** hija de los finados Feliciano Moyano y Dolores Páez, mis feligreses, oído el consentimiento de ambos ante los testigos Dn. Juan Eugenio Bulacia, Dn. Gregorio Rizo Patrón y Agustín Mercado los junté en matrimonio y velé en la misa que celebré y para que conste lo firmé.

Figueroa, José Felipe con Pedraza, María Josefa
En la vice parroquia de Los Manantiales el día 28 de agosto de 1807 corridas las proclamas en tres días festivos de concurso y no habiendo resultado impedimento yo el cura propietario de este beneficio a **José Felipe Figueroa** hijo natural de Petrona Figueroa y a **María Josefa Pedraza** hija natural de María Ignacia Pedraza, mis feligreses, oído el consentimiento de ambos ante los testigos que fueron José Lorenzo Valdéz, Felipe de los Santos y Martín Gómez los junté en matrimonio según el ritual romano y velé en la misa que celebré y Para que conste lo firmé.

Zurita, Juan Bautista con Aguirre, María
En esta parroquia de El Alto el día 5 de septiembre de 1807 corrida las proclamas en tres días festivos de concurso y no habiendo resultado impedimento el maestro de Dn. Francisco Javier Thames, mi ayudante, a **Juan Bautista Zurita** hijo legítimo del finado Pedro Zurita y de Juana Ignacia Medina y a **María Aguirre** hija del finado Bernardo Aguirre y de María Antonia Ibáñez, mis feligreses, oído el consentimiento de ambos ante los testigos que fueron Pedro Ibáñez, Dn. Feliciano Santillán y Miguel Pereira, lo juntó en matrimonio según el ritual romano y veló en la misa que celebró y para que conste lo firmé.

Cancino, Fulgencio con Rivera, Manuela
En la parroquia de Los Manantiales el día 15 de septiembre de 1807 corrida las proclamas en tres días de concurso y no habiendo resultado impedimento yo el cura propietario a **Fulgencio Cancino** hijo de María Cancino y a **Manuela Rivera** hija de los finados Alejo Rivera y Francisca Rivadeneira, mis feligreses, oído el consentimiento de ambos ante los testigos que fueron Juan José Páez, Vicente Ogas y Manuel Paz los junté en matrimonio según el ritual romano y velé en la misa que celebré y para que conste lo firmé.

Luna, Bernardo con Figueroa, Manuela
En esta parroquia de El Alto el día 8 de octubre de 1807 corrida las proclamas en tres días festivos de concurso y no habiendo resultado de impedimento el maestro Dn. Francisco Javier Thames, mi ayudante, a **Bernardo Luna** hijo de los finados Pascual luna y Rafaela Morienega y a **Manuela Figueroa** hija del finado Lorenzo Figueroa y de Agustina Mercado, mis feligreses, oído el consentimiento de ambos ante los testigos que fueron Tomás Flores, Domingo Ibáñez y Miguel Pereira los juntó en matrimonio según el ritual romano en el mismo día los veló el maestro Dn. Manuel Vidal en la misa que celebró y para que conste lo firmé.

Juárez, Juan Francisco con Luna, Silveria
En esta parroquia de El Alto el día 8 de octubre de 1807 corridas las proclamas en tres días festivos de concurso y no habiendo resultado impedimento el maestro Dn. Francisco Javier Thames, mi ayudante, a **Juan Francisco Juárez** hijo natural de la finada María de las Nieves Juárez y a **Silveria Luna** hija de los finados Pascual Luna y Rafaela Morinega, mis feligreses, oído el consentimiento de ambos ante los testigos Mariano Valdéz, Miguel Pereira y Javier Leiva los juntó en matrimonio según el ritual romano y veló en la misa que celebró y para que conste lo firmé.

Folio 7

Barrientos, Mariano con Ibáñez, María Mercedes
En la vice parroquia de Santa Bárbara en 19 de octubre de 1807 corridas las proclamas en tres días festivos que fueron el 4, el 11 y 18 del expresado mes y no resultando impedimento yo el cura y vicario de El Alto a **Mariano Barrientos**, mi feligrés, hijo legítimo de

Bernardo Barrientos y de la finada María Rosales y a **María Mercedes Ibáñez**, del curato de Silípica, hija natural de Lorenza Ibáñez con licencia del párroco oído el consentimiento de ambos ante los testigos que fueron Mateo Barrientos, Juan José Paz y Manuel Paz los junté solemnemente en matrimonio y velé en la celebración de la misa y para que conste lo firmé.

Collantes, Juan de la Rosa con Ibáñez, María
En esta iglesia parroquial de El Alto a 30 de octubre de 1807 corridas las proclamas en tres días festivos de concurso que fueron el 18, el 25 y 28 del expresado mes y no resultando impedimento el maestro Dn. Francisco Javier Thames, mi ayudante, a **Juan de la Rosa Collantes** hijo natural de Martina Collantes y a **María Ibáñez** hija natural de Estefanía Ibáñez, oído el consentimiento de ambos ante los testigos que fueron Dn. Agustín Santillán, Miguel Pereira y Nicolás Nieva, los juntó solemnemente en matrimonio y veló en la celebración de la misa siendo padrinos Martín Páez y Juliana Díaz y para que conste lo firmé.

Ruiz, José Antonio con Burgos, María Celia
En esta parroquia de El Alto el día 5 de noviembre de 1807 corrida las proclamas en tres días festivos de concurso y no habiendo resultado impedimento el maestro Dn. Francisco Javier Thames, mi ayudante a **José Antonio Ruiz** hijo de los finados Lorenzo Ruiz y María Barros y a **María Celia Burgos** hija natural de Bartolina Burgos, mis feligreses, oído el consentimiento de ambos ante los testigos que fueron Dn. Luis Waldo Leiva, Miguel Pereira y Juan Andrés Cisternas los juntó en matrimonio según el ritual romano y veló en la misa que celebró y para que conste lo firmé.

Medina, Juan Isidro con Márquez, María del Tránsito
En esta parroquia de El Alto el día 7 de noviembre de 1807 corridas las proclamas en tres días festivos y no habiendo resultado impedimento el maestro Dn. Francisco Javier Thames, mi ayudante, a **Juan Isidro Medina** hijo de Pedro Medina y de Felipa López y a **María del Tránsito Márquez** hija natural de victoria Márquez, mis feligreses, oído el consentimiento de ambos ante los testigos que fueron Dn. Luis Leiva Dn. Agustín Santillán y Miguel Pereira los juntó en matrimonio según el ritual romano y veló en la misa que celebró y para que conste lo firmé.

Cisneros, Dn. Esteban con Meleán, María Antonia
En esta parroquia de El Alto el día 10 de noviembre de 1807 corridas las proclamas en tres días festivos y no habiendo resultado impedimento el maestro Dn. Francisco Javier Thames, mi ayudante, a **Esteban Cisneros** hijo legítimo de Dn. Esteban Cisneros y de Da. Margarita Ponce y a **María Antonia Meleán** viuda del finado Juan Ángel Chávez mi feligrés oído el libre consentimiento de ambos ante los testigos que fueron Dn. Nicolás Valdéz, José Medina y Diego Medina los juntó en matrimonio según ritual romano y para que conste lo firmé.

Folio 8

Leiva, Dn. Fermín con Cevallos, Da. Catalina
En esta parroquia de El Alto el día 14 de noviembre de 1807 corridas las proclamas en tres días festivos de concurso y no habiendo resultado más impedimento que el de consanguinidad en cuarto grado de línea transversal igual dispensado por mí en uso de las facultades que me tiene concedida el doctor Dn. Gregorio Funes provisor y vicario general de esta diócesis, el maestro Dn. Francisco Javier Thames, mi ayudante, a Dn. **Fermín Leiva** hijo legítimo de los finados Dn. Francisco Leiva y Da. Beatriz Márquez y a Da. **Catalina Cevallos** hija legítima de Dn. José Cevallos y de la finada Da. Paulina González, mis feligreses, oído el consentimiento de ambos ante los testigos que fueron Dn. Agustín Santillán, Dn. Luis Leiva y Dn. Luis Mariano Leiva los juntó en matrimonio según el ritual romano y veló en la misa que celebró y para que conste lo firmé.

Sosa, Dn. Pedro con Rivera, Bárbara
En la vista parroquial de Los Manantiales el día 16 de noviembre de 1807 corridas las proclamas en tres días festivos que fueron el día primero el 8 y el 15 del referido mes y no habiendo resultado impedimento yo el cura y vicario a Dn. **Pedro Sosa** hijo legítimo de Dn. Ignacio Sosa y de Da. Pascuala Albarracín y a **Bárbara Rivera** hija natural de Bartolina Rivera, mis feligreses, oído el consentimiento de ambos ante los testigos que fueron Dn. Luis Thames, Andrés Barrientos y Manuel Paz los junté en matrimonio según el ritual romano y velé en la misa que celebré y para que conste lo firmé.

Guamán, Juan Manuel con Arévalo, María Ignacia
En esta parroquia de El Alto el día 28 de noviembre de 1807 corridas las proclamas en tres días festivos de concurso en esta feligresía y no habiendo resultado impedimento alguno el maestro Dn. Francisco Javier Thames, mi ayudante, a **Juan Manuel Guamán** hijo legítimo de Bartolomé Guamán y de Comerciana Ortiz y a **María Ignacia Arévalo** hija legítima del finado Cayetano Arévalo y de Narcisa Márquez, mis feligreses, oído el consentimiento de ambos ante los testigos que fueron Ignacio Ibáñez, Miguel Pereira y Patricio Arévalo los juntó en matrimonio según el ritual

romano y veló en la misa que celebró y para que conste lo firmé.

Herrera, Cayetano con Garnica, Candelaria
En la vice parroquia de Vilismano el día 13 de octubre de 1807 corrida las proclamas en tres días festivos de concurso y no habiendo resultado impedimento el maestro Juan Tomás Vera, mi ayudante, a **Cayetano Herrera** hijo de Nolasco Herrera y de Eugenia Acosta feligreses del curato de la Piedra Blanca, habiéndome antes presentado certificado que para en mi poder, y a **María Candelaria Garnica**, hija legítima de Tomas Garnica y de María Josefa Rodríguez, mis feligreses, oído el consentimiento de ambos ante los testigos que fueron juan Bautista Beltrán, Vicente Garnica y Marcos Romero, los Juntó en matrimonio según Ritual Romano y veló en la misa que celebró y para que conste lo firmé.

Sánchez, José Fernando con Ibarra, Tadea
En la vice parroquia de La Quebrada el día 14 de octubre de 1807 corridas las proclamas en tres días festivos de concurso y no habiendo resultado impedimento el maestro Dn. Juan Tomás Vera, mi ayudante, a **José Fernando Sánchez** hijo legítimo de Egidio Sánchez y de Ignacia Navarro, y a **Tadea Ibarra** hija Legítima de los finados Bonifacio Ibarra y de Josefa Palomeque, mis feligreses, oído el consentimiento de ambos ante los testigos que fueron Juan Bautista Beltrán, León Chazarreta y Manuel Adauto los juntó en matrimonio según el ritual romano y veló en la misa que celebró y para que conste lo firmé.

Folio 9

Segura, José León con Artazar, María del Rosario
En la vice parroquia de La Quebrada el día 19 de octubre de 1807 corridas las proclamas en tres días festivos de concurso y no habiendo resultado impedimento el maestro Juan Tomás Vera, mi ayudante, a **José León Segura** hijo legítimo del finado Antonio Segura y de Pascuala Cortés y a **María del Rosario Artazar** hija natural de Petrona Artazar, mis feligreses, oído el consentimiento de ambos ante los testigos que fueron Juan Bautista Beltrán, Ventura Castellanos y Manuel Mancilla los juntó en matrimonio según el ritual y veló en la misa que celebró. Para que conste lo firmé.

Murguía, José Pascual con Vera, María Cayetana
En la vice parroquia de La Quebrada el día 26 de octubre de 1807 corridas las proclamas tres días festivos de concurso y no habiendo resultado impedimento el maestro Dn. Juan Tomás Vera, mi ayudante, a **José Pascual Murguía** hijo natural de la finada Salvadora Murguía y a **María Cayetana Vera** esclava de Nuestra Señora de la Candelaria de Vilismano, mis feligreses, oído el consentimiento de ambos ante los testigos que fueron Juan Bautista Beltrán, León Chazarreta y Manuel Adauto, los juntó en matrimonio según el ritual romano y veló en la misa que celebró y para que conste lo firmé.

año 1808

Leguizamón, José con Burgos, Andrea
En la parroquia de El Alto el día 14 de enero de 1808 corridas las proclamas en tres días festivos de concurso y no habiendo resultado impedimento el maestro Dn. Francisco Javier Thames, mi ayudante, a **José Leguizamón**, feligrés el curato rectoral de Catamarca (habiendo presentado certificado de su propio párroco que para mí poder) hijo de los finados Alberto Leguizamón y Valentina Costa y a **Andrea Burgos** mi feligrés, hija natural de Da. Ignacia Burgos oído el consentimiento de ambos ante los testigos que fueron Dn. Lorenzo Burgos, Dn. Ignacio Bulacia y Dn. José Ulibarri, los juntó en matrimonio según el ritual romano y veló en la misa que celebró y para que conste lo firmé.

Carrizo, Juan Francisco con Santillán, Petrona
En la vice parroquia de Ovanta el día 29 de enero de 1808 corrido las proclamas en tres días festivos de concurso y no habiendo resultado impedimento el maestro Dn. Francisco Javier Thames, mi ayudante, a **Juan Francisco Carrizo** feligrés del curato de Silípica (habiéndome presentado certificado de su propio párroco que para mí poder) hijo legítimo de los finados Ventura Carrizo y Magdalena Santillán y a **Petrona Santillán** hija legítima del finado Jacinto Santillán y de Rosa Ledesma, mis feligreses, oído el consentimiento de ambos ante los testigos que fueron José González y Miguel Ferreira los juntó en matrimonio según el ritual romano y veló en la misa que celebró y para que conste lo firmé.

Montenegro, Valeriano con Ogas, Manuela
En la vice parroquia de Los Manantiales el día 29 de febrero de 1808 corridas las proclamas en tres días de concurso en las fiestas de la gloriosa de Santa Bárbara de dicha iglesia y no habiendo resultado impedimento el maestro de Francisco Javier Thames, mi ayudante, a **Valeriano Montenegro** hijo natural de la finada Josefa Montenegro y a **Manuela Ogas** hija de Francisco Javier Ogas y de la finada Dionisia Guerrero, mis feligreses, oído el consentimiento de ambos ante los testigos que fueron Laurencio Barrientos, Tomás Paz y Vicente Ogas los juntó solemnemente en matrimonio

y veló en la celebración de la misa y para que conste lo firmé.

Folio 10

Díaz, Juan José con Argañaráz, Antonia
En la vice parroquia de Los Manantiales el día 21 de marzo de 1808 corridas las proclamas en tres días festivos de concurso y no habiendo resultado impedimento yo el cura y vicario a **Juan José Díaz** hijo natural de Juliana Díaz y a **Antonia Argañaráz** hija legítima de Santiago Argañarás y de la finada Rosa Ramírez, mis feligreses, oído el consentimiento de ambos ante los testigos que fueron Francisco Ortiz, Pedro Cruz y Nicolás Reinoso los junté en matrimonio según el ritual romano y no se velaron por ser tiempo feriado y para que conste lo firmé.

Nieva, Nicolás con Asesol, María de los Dolores
En la vice parroquia de Los Manantiales el día 24 de marzo de 1808 corridas las proclamas en tres días festivos de concurso y no habiendo resultado impedimento yo el cura y vicario a **Nicolás Nieva** hijo natural de la finada Fernanda Nieva y a **María de los Dolores Asesol** hija de los finados Inocencio Asesol y Juana Díaz, mis feligreses, oído el consentimiento de ambos ante los testigos que fueron Melchor Barrientos, Manuel Paz y Pedro Cruz los junté en matrimonio según el ritual romano y no se velaron por ser tiempo feriado y para que conste lo firmé.

Figueroa, Casimiro con Pereira, Celestina
En la vice parroquia de Los Manantiales el día 28 de abril de 1808 corridas las proclamas en tres días festivos de concurso y no habiendo resultado impedimento yo el cura y vicario a **Casimiro Figueroa** hijo legítimo de Gerónimo Figueroa y de Juana Domínguez Rojas y a **Celestina Pereira** viuda del finado Simón Campos, mis feligreses, oído el consentimiento de ambos ante los testigos que fueron Tomas Mercado, Manuel Paz y Dionisio Luna los junté en matrimonio según el ritual romano y no sé velaron por ser tiempo feriado y para que conste lo firmé.

Rivera, Lucas con Góngora, Feliciana
En la vice parroquia de Los Manantiales el día 7 de abril de 1808 corridas las proclamas en tres días festivos de concurso y no habiendo resultado impedimento yo el cura y vicario a **Lucas Rivera** esclavo de Da. Ana Rivera y a **Feliciana Góngora** hija de Andrés Góngora y de Victoria Díaz, mi feligreses, oído el consentimiento de ambos ante los testigos que fueron Lorenzo Jiménez, Dn. Fernando Castro y Manuel Paz, los junté en matrimonio según el ritual romano y no sé velaron por ser tiempo feriado y para que conste lo firmé.

Barrientos, Melchor con Márquez, María Antonia
En la vice parroquia de Los Manantiales el día 24 de mayo de 1808 corridas las proclamas en tres días festivos del concurso que fueron el 8, el 15 y el 22 del referido mes y no habiendo resultado impedimento yo el cura y vicario de este beneficio a **Melchor Barrientos** viudo de la finada Juana Vega y a **María Antonia Márquez** hija natural de Victoria Márquez, mis feligreses, oído el consentimiento de ambos ante los testigos que fueron Juan José Páez, Pantaleón Rosales y Julián Araoz, los junté solemnemente en matrimonio según el rito romano y velé en la misa que celebré fueron padrinos Pedro José Ibáñez y Rosa Lencinas y para que conste lo firmé.

Folio 11

Medina, Juan Bautista con Albarracín, Dionisia
En esta parroquia de El Alto el día 25 de mayo de 1808 corridas las proclamas en tres días festivos de concurso que fueron el 8, el 15 y el 22 del referido mes y no habiendo resultado impedimento el maestro Dn. Francisco Javier Thames, mi ayudante, a **Juan Bautista Medina** hijo de padre no conocidos y a **Dionisia Albarracín** hija natural de Da. Catalina Albarracín, mis feligreses, oído el consentimiento de ambos ante los testigos que fueron Dn. Agustín Santillán, Dn. Juan Sánchez Villa de Amigos y Pablo Cárdenas, los juntó en matrimonio según del ritual romano y veló en la misa que celebró y para que conste lo firmé.

Lobo, Francisco Javier con Díaz, María del Rosario
En esta parroquia El Alto el día 8 de junio de 1808 corridas las proclamas en tres días festivos que fueron el 5, el 6 y el 7 del referido mes y no habiendo resultado impedimento el maestro Dn. Francisco Javier Thames, mi ayudante, a **Francisco Javier Lobo**, hijo natural de Polonia Lobo y a **María del Rosario Díaz** hija legítima de Santiago Díaz y de María santos Figueroa, mis feligreses, oído el consentimiento de ambos ante los testigos que fueron Francisco Mercado, Manuel Avellaneda y Manuel Quiroga, los Juntó en matrimonio según el ritual romano y veló en la misa que celebró y para que conste lo firmé.

Cárdenas, Juan Antonio con Díaz, María del Tránsito
En esta parroquia de El Alto el día 13 de junio de 1808 corridas las proclamas en tres días festivos de concurso

y no habiendo resultado impedimento el maestro de Francisco Javier Thames, mi ayudante, a **Juan Antonio Cárdenas** viudo de la finada Margarita Mercado y a **María del Tránsito Díaz** hija legítima de Santiago Díaz y de María Santos Figueroa, mis feligreses, oído el consentimiento de ambos ante los testigos que fueron Dn. Juan Sánchez Villa de Amigo, Agustín Santillán y Pedro Sobando los juntó en matrimonio según el rito romano y veló en la misa que celebró y para que conste lo firmé.

Mancilla, José Gregorio con Galván, Ascencia
En la vice parroquia de Santa Bárbara de Los Manantiales el día 27 de mayo de 1808 corridas las proclamas en tres días festivos de concurso que fueron el 15, el 22 y el 26 del referido mes y no habiendo resultado impedimento yo el cura y vicario a **José Gregorio Mancilla** hijo de Isidro Mancilla y de María Francisca Pacheco y a **Ascencia Galván** viuda de Felipe Díaz, mi feligrés, oído el consentimiento de ambos ante los testigos que fueron Pedro Cruz, Manuel Paz y Brijio Jeréz los junte en matrimonio según del ritual romano y velé en la misa que celebré y para que conste lo firmé.

Sotomurieres, José Antonio con Noriega, María del Carmen
En la vice parroquia de Los Manantiales el día 8 de junio de 1808 corridas las proclamas en tres días festivos de concurso que fueron el 5, el 6 y el 7 en la fiesta de Pentecostés y no habiendo resultado impedimento yo el cura y vicario a **José Antonio Sotomurieres** hijo de Antonio Sotomurieres y de Valentina Agüero, feligreses del curato de la Piedra Blanca (habiéndoseme antes presentado certificación de su propio párroco que para en mi poder) y a **María del Carmen Noriega** hija del finado Francisco Noriegas y de María Díaz, mis feligreses. Oído el consentimiento de ambos. Fueron testigos Francisco Herrera, Vicente Ovejero y Manuel Paz los junté en matrimonio según el ritual romano y velé en la misa que celebré y para que conste lo firmé.

Folio 12

Agüero, Manuel con Lobo, María Francisca
En esta iglesia parroquial de El Alto a 11 días del mes de agosto de 1808 corridas las proclamas en tres días festivos de concurso y no habiendo resultado impedimento el maestro dan Francisco Javier Thames, mi ayudante, a **Manuel Agüero** hijo legítimo de Antonio Agüero y de las finada Gregoria Quiroga y a **María Francisca Lobo** hija legítima de los finados Pedro Pablo Lobo y de María Dominga Cabral, mis feligreses, oído el consentimiento de ambos ante los testigos que se hallaron presente y fueron Proto Jacinto Silva, José Ignacio Páez y Tomás Flores, los juntó en matrimonio según el ritual romano y veló en la misa que celebró y para que conste lo firmé.

Barrientos, Gaspar con Díaz, Luisa
En la vice parroquia de Los Manantiales el día 19 de septiembre de 1808 corridas las proclamas en tres días festivos de concurso y no habiendo resultado impedimento, yo el cura y vicario a **Gaspar Barrientos** hijo de los finados Mariano Barrientos y de Gertrudis Dorado y a **Luisa Díaz** hija de los finados Juan Crespín Díaz y de Andrea Norianega mis feligreses, oído el consentimiento de ambos ante los testigos presentes y que fueron Pedro Ontiveros Santisteban, Agustín Villar y Martín Rosales, los junté en matrimonio según el ritual romano y velé en la misa que celebré y para que conste lo firmé.

Ponce, José Vitoriano con Ávila, Petrona
En este vice parroquia de la quebrada el día 9 de febrero de 1808 corridas las proclamas en tres días festivos de concurso que fueron el 24 de enero, el 31 del mismo y la tercera el día 2 del referido febrero y no habiendo resultado impedimento el maestro Dn. Juan Tomás Vera, mi ayudante, a **José Victoriano Ponce** hijo natural de la finada María Ponce y a **Petrona Ávila** hija legítima de José Ávila y de Nicolás a Luján mi feligreses hoy el consentimiento de ambos de los testigos que fueron Vicente Báez, Marcos Romero y Diego Medina los juntó en matrimonio según el rito romano y veló en la misa que celebró y para que conste lo firmé.

Caballero, Silvestre con Iturres, María
En la vice parroquia de Vilismano el día 10 de febrero de 1808 corridas las proclamas en tres días festivos de concurso y no habiendo resultado impedimento el maestro Dn. Juan Tomás Vera, mi ayudante, a **Silvestre Caballero** hijo legítimo de los finados Juan Ignacio Caballero y de María del Carmen Nieva y a **María Iturres** hija legítima de los finado Francisco Iturres y de Josefa Justa Domínguez, mis feligreses, oído consentimiento de ambos ante los testigos que fueron presentes Tomás Medina, José Cisneros y Tiburcio Navarro, los juntó en matrimonio según el ritual romano y los veló en la misa que celebró y para que conste lo firmé.

Folio 13

Gutiérrez, León con Paz, María Francisca
En la vice parroquia de La Quebrada el día 12 de febrero de 1808 corridas proclamas en tres días festivos

de concurso y no habiendo resultado impedimento el maestro Dn. Juan Tomás Vera, mi ayudante, a **León Gutiérrez** hijo legítimo los finados Prudencio Gutiérrez y María Contreras y a **María Francisca Paz** hija natural de la finada María Juana Paz, mis feligreses, oído el consentimiento de ambos ante los testigos que se hallaron presentes y fueron el maestro Dn. Pedro Martín Páez, Dn. Francisco Daniel Páez y Pedro Ponce, los juntó en matrimonio según el ritual romano y lo veló en la misa que celebró y para que conste lo firmé.

Gramajo, Nicolás con González, María de la Candelaria
En la vice parroquia de La Quebrada el día 26 de febrero de 1808 corridas las proclamas en tres días festivos de concurso y no habiendo resultado impedimento el maestro Dn. Juan Tomás Vera, mi ayudante, a **Nicolás Gramajo** hijo legítimo del finado Jacinto Gramajo y Narciso Bracamonte y **María de la Candelaria González** hija natural de Simona González mis feligreses, oído consentimiento de ambos ante los testigos presentes y fueron Dn. Pedro Martín Páez, José Antonio Agüero y Silvestre Ortiz los juntó en matrimonio según el ritual romano y los veló en la misa que celebró y para que conste lo firmé.

Bazán, Juan Andrés con Toledo, María Josefa
En la vice parroquia de Vilismano el día 2 de mayo de 1808 corridas las proclamas en tres días festivos de concurso y no habiendo resultado impedimento el maestro Dn. Juan Tomás Vera, mi ayudante, a **Juan Andrés Bazán** hijo natural de la finada Petrona Bazán y a **María Josefa Toledo** hija legítima del finado Miguel Toledo y de María Ledesma, mis feligreses, oído el consentimiento de ambos ante los testigos que se hallaron presentes y fueron Dn. Pedro Martín Páez, Dn. Martín Rizo Patrón y Leonardo Cardoso, los juntó en matrimonio y veló en la misa que celebró y para que conste lo firmé.

Lazo, Pedro Pablo con Gutiérrez, Petrona
En la vice parroquia de Vilismano el día 4 de mayo de 1808 corridas las proclamas en tres días festivos de concurso y no habiendo resultado impedimento el maestro Dn. Juan Tomás Vera, mi ayudante, a **Pedro Pablo Lazo** hijo de los finados Javier Lasso y de Petra Arévalo y a **Petrona Gutiérrez** hija legítima de los finados Celedonio Gutiérrez y de Agustina Vildósola, mis feligreses, oído el consentimiento de ambos ante los testigos que se hallaron presentes y fueron Pedro Páez, Pedro Nolasco Contreras y Julián González, los juntó en matrimonio según el ritual romano y veló en la misa que celebró y para que conste lo firmé. de estado de no vale

Folio 14

Leiva, Juan Gregorio con Alarcón, Bartolina
En la vice parroquia de Vilismano el día 21 de mayo de 1808 corridas las proclamas en tres días festivos de concurso y no habiendo resultado impedimento el maestro Dn. Juan Tomás Vera, mi ayudante, a **Juan Gregorio Leiva** esclavo de Dn. Bernardo Leiva y a **Bartolina Alarcón** hija legítima de los finados José Mariano Alarcón y de María Plácida Domínguez, mis feligreses, oído el consentimiento de ambos ante los testigos que se hallaron presentes y fueron Felipe Cardoso, Esteban Cisneros y Joaquín Cisneros los juntó en matrimonio según el ritual romano y veló en la misa que celebró y para que conste lo firmé.

Ávila, Juan Francisco con Díaz, María del Pilar
En la vice parroquia de Vilismano el día 23 de junio de 1808 corridas las proclamas en tres días festivos de concurso y no habiendo resultado impedimento el maestro Dn. Juan Tomás Vera, mi ayudante, a **Juan Francisco Ávila** hijo de José Ávila y de Nicolasa Luján y a **María del Pilar Díaz** hija natural de María de las Mercedes Díaz, mis feligreses, oído el consentimiento de ambos ante los testigos que se hallaron presentes que fueron Ignacio Luján, Feliciano Luján y Felipe Villalba, los juntó en matrimonio según el ritual romano y veló en la misa que celebró y para que conste lo firmé.

Gómez, Lorenzo con Burgos, María del Señor
En la vice parroquia de La Quebrada el día 25 de julio de 1808 corridas las proclamas en tres días festivos de concurso y no habiendo resultado impedimento el maestro Dn. Juan Tomás Vera, mi ayudante, a **Lorenzo Gómez** de padres no conocidos, criado y educado por Da. Victoria Gómez y a **María del Señor Burgos** hija natural de María Juana Burgos, mis feligreses, oído el consentimiento de ambos ante de los testigos presentes y fueron Alejandro Gutiérrez, Esteban Bazán y Juan Antonio Romano, los juntó en matrimonio según el ritual romano y veló en la misa que celebró y para que conste lo firmé.

Islas, Pedro con Ibáñez, María de las Mercedes
En la vice parroquia La Quebrada el día 8 de agosto de 1808 corrido las proclamas en tres días festivos de concurso no habiendo resultado impedimento el maestro Dn. Juan Tomás Vera, mi ayudante, a **Pedro Islas** viudo de la finada Damiana Coronel y a **María de las Mercedes Ibáñez** hija legítima de Pedro Ibáñez y de María de las Mercedes Bravo, mis feligreses, oído

el consentimiento de ambos ante los testigos que se hallaron presentes y fueron Miguel Páez, Juan Bautista Pacheco y José Ascencio Jeréz, los juntó en matrimonio según el ritual romano y veló en la misa que celebró y para que conste lo firmé.

Folio 15

Gómez, Francisco con Mancilla, Manuela
En la parroquia de La Quebrada el día 10 de agosto de 1808 corridas la proclamas en tres días festivos de concurso y no habiendo resultado impedimento el maestro Dn. Juan Tomás Vera, mi ayudante, a **Francisco Gómez** hijo legítimo de Pablo Gómez y de Petrona Rodríguez y a **Manuela Mancilla** hija legítima la finados silvestre Mancilla y Clara Varela, mis feligreses, oído el consentimiento de ambos ante los testigos presentes que fueron Juan Bautista Beltrán, Miguel Páez y Pablo Gómez los juntó en matrimonio y veló en la misa que celebró y para que conste lo firmé.

Quiroga, José Ignacio con Lobo, María del Carmen
En la parroquia de El Alto el día 1 de octubre de 1808 corridas las proclamas en tres días festivos de concurso y no habiendo resultado impedimento el maestro Dn. Francisco Javier Thames, mi ayudante, a **José Ignacio Quiroga** hijo de los finados José Quiroga y María de las Nieves Figueroa y a **María del Carmen Lobo** hija natural de María del tránsito Lobo mis feligreses, oído el consentimiento de ambos ante los testigos que se hallaron presentes y fueron Tomás Pinto, Miguel Pereyra y José Ignacio Iturres, los juntó en matrimonio y veló en la misa que celebró y para que conste lo firmé.

Paz, Pedro Nolasco con Cáceres, Casilda
En la vice parroquia de Santa Bárbara el día 10 de octubre de 1808 corridas las proclamas en tres días festivos que fueron el 29 de septiembre, el 2 y el 9 de octubre y no habiendo resultado impedimento yo el cura y vicario de El Alto a **Pedro Nolasco Paz** hijo legítimo del finado Domingo Paz y de Rafaela Díaz y a **Casilda Cáceres** hija natural de María Tomasina Cáceres, mis feligreses, oído el consentimiento de ambos ante los testigos que fueron Dn. Luis Thames, Gaspar Salinas y Mauricio Mayni, los junte solemnemente en matrimonio y velé en la celebración de la misa y para que conste lo firmé.

Montalbán, Juan Fernando con Plaza, María Cruz
En la vice parroquia de Santa Bárbara en 11 días del mes de octubre de 1808 corridas las proclamas en tres días festivos que fueron el 29 de septiembre el 2 y el 9 de octubre y no habiendo resultado impedimento yo el cura y viario de El Alto a **Juan Fernando Montalbán** del curato de la Piedra Blanca (con certificación que presentó de su cura) hijo legítimo de Julián Montalbán y de Jacinta Torino y **a María Cruz Plaza** de mi feligresía, hija legítima de José Plaza y de María Inés Bravo oído el consentimiento de ambos antros testigos que fueron Dn. Luis Thames, Gaspar Salinas y Manuel Paz los junté solemnemente matrimonio y velé en la celebración de la misa y para que conste lo firmé.

Castro, Pascual con Aráoz, María de las Nieves
En la vice parroquia de Santa Bárbara el día 8 de noviembre de 1808 yo el cura propietario doctor Dn. José Ignacio Thames habiendo corrido las proclamas en tres días continuos de fiesta la primera el día 30 de octubre, domenica 21ª después de Pentecostés, la segunda el 1 de noviembre en la fiesta de Todos los Santos y la tercera el seis del mismo, domenica 22 después de Pentecostés, después del Evangelio de la misa parroquial y no habiendo resultado impedimento alguno casé in facie ecclesiae a **Pascual Castro** viudo de la finada Tomasina a Valdéz con **María de las Nieves Aráoz** hija legítima de Marcos Aráoz y de Catalina Albarracín, mis feligreses, habiéndolos examinado previamente de la doctrina cristiana y tomando el mutuo consentimiento que recíprocamente fueron preguntados. Fueron testigos Salvador Álvarez, Nicolás Nieva y Nicolás Ávila vecinos de Los Manantiales. Para que conste lo firmo.

Folio 16

Ortiz, Juan Pablo con González, Andrea
En la vice parroquia de Santa Bárbara el día 6 de diciembre de 1808 yo el cura propietario doctor Dn. José Ignacio Thames habiendo corrido la proclamación tres días festivos continuos la primera en 13 de noviembre, domenica 23 después del Pentecostés la segunda el 20, domenica 24 y la tercera la, domenica primera de adviento 27 del mismo mes de noviembre, después del Evangelio de la misa parroquial y no habiendo resultado impedimento alguno casé in facie ecclesiae y a **Juan Pablo Ortiz** hijo natural de Nicolasa Ortiz con **Andrea González** viuda del finado Lorenzo Leguizamo, de esta feligresía, habiéndolos examinado previamente de la doctrina cristiana y tomando el mutuo consentimiento que recíprocamente fueron preguntados y enseguida hice las demás ceremonias prevenidas por el ritual toledano y comulgaron en su misa y para que conste lo firmo. Fueron testigos del consentimiento Pedro Cruz Francisco Ortiz y Manuel Paz vecinos del Manantial.

Pasa la vuelta las partidas de casamiento de las capillas de Vilismano y La Quebrada

Santucho, Juan con Pérez, Martina

En la vice parroquia de Vilismano el día 6 de agosto de 1808 el maestro de Juan Tomás Vera, mi ayudante habiendo corrido las proclamasen tres días festivos de concurso, después del Evangelio de la misa parroquial y no habiendo resultado impedimento alguno casó y veló in facie ecclesiae a **Juan Santucho** hijo legítimo de José Santucho y de Feliciana Andrada con **Martina Pérez** hija natural de Eugenia Pérez, mis feligreses, habiéndolos examinada previamente de la doctrina cristiana y tomado su mutuo consentimiento de qué fueron recíprocamente preguntados. Fueron testigos Dn. Luis Ramón Páez y Dn. Francisco Daniel Páez vecinos de Vilismano y para que conste lo firmé.

Islas, Dn. Pedro con Ibáñez, María Mercedes

En la vice parroquia de La Quebrada el día 8 de agosto de 1808 el maestro de Juan Tomás Vera, mi ayudante, habiendo corrido las proclamas en tres días festivos del concurso y no habiendo resultado impedimento alguno casó y veló in facie ecclesiae a Dn. **Pedro Islas** viudo de la finada Damiana Coronel con **María de las Mercedes Ibáñez** hija legítima de Pedro Ibáñez y María de las Mercedes Bravo, mis feligreses, habiendo examinado previamente de la doctrina cristiana y tomado su mutuo consentimiento de qué fueron recíprocamente preguntados. Fueron testigos Dn. Manuel Páez vecino de Vilismano, Juan Bautista Pacheco y José Crescencio Jeréz vecinos ambos de Choya y para que conste lo firmé.

Páez, Juan Miguel con Varela. María del Carmen

En la vice parroquia de Vilismano el día 3 de octubre de 1808 el maestro Dn. Juan Tomás Vera, mi ayudante, habiendo corrido las proclamas en tres días festivos de concurso, después del Evangelio de la misa parroquial y no habiendo resultado impedimento alguno casó y veló in facie ecclesiae a Dn. **Juan Miguel Páez** hijo legítimo de los finados Dn. Juan Dionisio Páez y de Da. Petrona Vera con **María del Carmen Varela** hija legítima de Ramón Varela y de Susana Vildósola habiéndolos examinado previamente de la doctrina cristiana y tomando el mutuo consentimiento de qué fueron recíprocamente preguntados. Fueron testigos Egidio Aguirre, Prudencio Aguirre y Marcos Romeros vecinos de Vilismano y para que conste lo firmé.

Folio 17

Ávila, Francisco Antonio con Paz, Victoria

En la parroquia de Vilismano el día 29 de octubre de 1808 el maestro Dn. Juan Tomás de Vera, mi ayudante, habiendo corrido la proclamación tres días festivos continuos que fueron el 16 del referido mes, domenica 19 post Pentecostés, la segunda el 23, domenica vigésima, y la tercera el 28 de los santos apóstoles San Simón y Judas, después del Evangelio en la misa parroquial y no habiendo resultado impedimento alguno casó y veló in facie ecclesiae a **Francisco Antonio Ávila** hijo natural de María Antonia Ávila con **Victoria Paz** hija natural de la finada Fernanda Paz, mis feligreses, habiéndolos examinado previamente de la doctrina cristiana y tomando el mutuo consentimiento de qué fueron recíprocamente preguntados. Fueron testigos Juan Pacheco vecino de Catamarca, Fabián Flores y Marcos Romero vecinos de Vilismano y para que conste lo firmé.

Pérez, José de la Encarnación con Paz, Juana Inés

En la vice parroquia de Vilismano el día 23 de noviembre de 1808 el maestro Dn. Juan tomas de Vera, mi ayudante, habiendo corrido las proclamas en tres días festivos continuos que fueron el día 6 del mismo mes, domenica 22 post Pentecostés, la segunda el día 13, domenica 23 y la tercera el día 20, domenica 24 y no habiendo resultado impedimento alguno casó y veló in facie ecclesiae a **José de la Encarnación Pérez** hijo natural de la finada María del Tránsito Pérez con **Juana Inés Paz** hija natural de la finada Bernarda Paz, mis feligreses, habiendo examinado previamente de la doctrina cristiana y tomando el mutuo consentimiento de qué fueron recíprocamente preguntados. Fueron testigos Daniel Páez, Nolasco Contreras y José María Ortiz vecinos de Vilismano y para que conste lo firmé.

Páez, Dn. Francisco Daniel con Ibáñez, Da. Francisca

En la vice parroquia de Vilismano el día 24 de noviembre de 1808 el maestro Dn. Juan Tomás Vera, mi ayudante, habiendo corrido las proclamas en tres días festivos continuos que fueron el 6 del mismo, domenica 22 post Pentecostés, la segunda el 13, domenica 23, y la tercera el 20, domenica 24, después del Evangelio de la misa parroquial y no habiendo resultado impedimento alguno casó y veló in facie ecclesiae a Dn. **Francisco Daniel Páez** hijo legítimo de los finados Dn. Juan Dionisio Páez y Da. Petrona Vera con Da. **Francisca Ibáñez** viuda del finado Dn. Juan Francisco Vera, habiendo obtenido dispensa de impedimento de afinidad en segundo grado proveniente de la cópula lícita del señor provisor doctor general Dn. Gregorio Funes, como consta en su despacho y para en mi poder, habiéndolos examinados de la doctrina cristiana y tomando el mutuo consentimiento de qué recíprocamente fueron preguntados y enseguida hizo las demás ceremonias prevenidas por el ritual toledano y comulgaron en su misa. Fueron testigos Dn. Jacinto Gutiérrez, Mariano Melián y Pedro Martín Páez vecinos de Vilismano y para que conste lo firmé. *Nota:* En la información matrimonial (Exp. 230) se aclara que el impedimento por afinidad lícita en segundo grado con atingencia al primero se debe a que la madre del pretendiente fue hermana de Dn. Francisco Vera, difunto esposo de la contrayente. La dispensa se otorgó en Córdoba el 17 de mayo de 1808.

Folio 18

AÑO de 1809

Páez, Juan Gregorio con Reinoso, Felipa
En esta parroquia de La Concepción de El Alto en 29 de enero de 1809 el maestro Dn. Francisco Javier Thames, mi ayudante, corridas las proclamas en tres días festivos continuos, después del Evangelio de la misa parroquial y no habiendo resultado impedimento casó y veló in facie ecclesiae a **Juan Gregorio Páez** viudo de la finada Josefa Bulacia con **Felipa Reinoso** hija natural de Agustina Reinoso mis feligreses, habiéndolos examinada previamente a la doctrina cristiana y tomando el mutuo consentimiento de qué fueron recíprocamente preguntados. Fueron testigos Claudio Páez, vecino de Falcones, Tomás Nieva vecino de Higuerilla y Dionisio Valdéz vecino de Iloca.

Agüero, Antonio con Luna, Paula
En esta parroquia de El Alto el día 30 de enero de 1809 el maestro Dn. Francisco Javier Thames, mi ayudante, corridas las proclamas en tres días festivos continuos, después del Evangelio de la misa parroquial y no habiendo resultado impedimento alguno casó in facie ecclesiae a **Antonio Agüero** viudo de la finada Gregoria Quiroga con **Paula Luna** viuda del finado Florentín Páez mis feligreses habiéndolos examinado previamente de la doctrina cristiana tomando el mutuo consentimiento de qué recíprocamente fueron preguntados y enseguida hizo las demás ceremonias prevenidas por el ritual toledano y comulgaron en su misa. Fueron testigos Dionisio Valdéz vecino de Iloga, Tomás Pinto vecino de El Alto y José Lucas Agüero vecino de Condorhuasi y para que conste lo firmo.

Reyes, Domingo con Hernández, Toribia
En esta vice parroquia de Santa Bárbara el día 8 de febrero de 1809 yo el cura propietario doctor Dn. José Ignacio Thames habiendo corrido los proclamas en tres días festivos continuos la primera el día 2 del mismo de la purificación, la segunda el cinco, domenica sexta y la tercera el día siete en la fiesta solemne de Santa Bárbara casé y velé in facie ecclesiae a **Domingo Reyes** esclavo de Dn. José Reyes con **Toribia Hernández** hija legítima del finado Agustín Hernández y de María de los Dolores Ruiz, habiéndolos examinado previamente de la doctrina cristiana y tomando el mutuo consentimiento de qué fueron recíprocamente preguntados. Fueron testigos Manuel Paz, Vicente Ogas y Salvador Góngora vecinos del Manantial y para que conste lo firmé.

Figueroa, Francisco con Arias, Vicenta
En la parroquia de Santa Bárbara el día 9 de febrero de 1809 yo el cura propietario doctor Dn. José Ignacio Thames habiendo corrido las proclamas en tres días festivos continuos que fueron el día de la purificación de Nuestra Señora, 2 del referido mes, el día cinco, domenica 6ª, el día siete del mismo, después del Evangelio de la misa parroquial y no habiendo resultado impedimento alguno casé y velé in facie ecclesiae a **Francisco Figueroa** hijo legítimo de Alberto Figueroa y de Ignacia Vergara con **Vicenta Arias** esclava de Da. Dominga Arias habiéndolos examinados previamente la doctrina cristiana y tomando el mutuo consentimiento de qué recíprocamente fueron preguntados. Fueron testigos Manuel Paz, Pedro Cruz y Vicente Ogas, vecinos del Manantial y para que conste lo firmé.

Folio 19

Paz, Miguel con González, María de las Mercedes
En la vice parroquia de Santa Bárbara el día 24 de mayo de 1809 yo el cura propietario doctor Dn. José Ignacio Thames habiendo corrido las proclamasen tres días festivos continuos que fueron el 14, el 21 y el 23 del referido mes, después del Evangelio de la misa parroquial y no habiendo resultado impedimento alguno casé y velé in facie ecclesiae a **Miguel Paz** hijo de los finados Martín Páez e Isidora Rosales con **María de las Mercedes González** hija natural de María de la Candelaria González mis feligreses habiendo examinado previamente la doctrina cristiana y tomando el mutuo consentimiento de qué recíprocamente fueron preguntados. Fueron testigos Francisco Gonzales vecino de Ampolla con José Paz y Dn. Francisco Brepe vecinos del Manantial y para que conste lo firmé. Testado 14 vale

Ovejero, Juan Antonio con Leguizamón, Juliana
En esta parroquia de El Alto en 6 de junio de 1809 el maestro de Francisco Javier Thames, mi ayudante, corridas las proclamas en tres días festivos continuos, después el Evangelio de la misa parroquial y no habiendo resultado otro impedimento que el de afinidad en primer grado de línea transversal de cópula ilícita público, y dos más ocultos, el primero en primer grado de línea recta, y el segundo en primer grado de línea transversal. ambos resultantes de cópula ilícita, de

qué obtuvieron dispensa del maestro del Ilustrísimo señor doctor Dn. Nicolás Videla del Pino dignísimo obispo de este obispado como consta de su despacho dado en Santiago del Estero en 11 de abril del presente año y refrendado por su notario mayor Dn. Francisco Malbrán y Muñoz que queda en mi poder y custodia casó y veló in facie ecclesiae a **Juan Antonio Ovejero** hijo de los finados Juan Gil ovejero y de Da. Mercedes Albarracín con **Juliana Leguizamón** hija de los finados Juan Bautista Leguizamón y Petrona Amaya, mis feligreses, habiéndolos examinado previamente de la doctrina cristiana y tomando el mutuo consentimiento de qué recíprocamente fueron preguntados. Fueron testigos Pedro Francisco Ovejero, Manuel Melián y Dionisio Valdéz vecinos de El Alto y para que conste lo firmé. *Nota:* En la información matrimonial (Exp. 228) se aclara que el contrayente tuvo trato ilícito con la madre y dos hermanas de su contrayente, por otro lado, los contrayentes conviven y han tenido dos hijos.

Tula, José con Albornoz, Teodora

En la vice parroquia de Santa Bárbara 19 de junio de 1809 yo el cura propietario doctor Dn. José Ignacio Thames habiendo corrido las proclamas en tres días festivos continuos después en el Evangelio de la misa parroquial y no habiendo resultado impedimento alguno casé in facie ecclesiae a **José Tula** feligrés del rectoral de Catamarca (habiéndome presentado antes certificado de su propio párroco y que para en mi poder) hijo legítimo del finado Eugenio Tula y Gregoria Orquera con **Teodora Albornoz** viuda del finado Narciso Barros, habiéndolos examinado previamente de la doctrina cristiana y tomando el mutuo consentimiento de qué recíprocamente fueron preguntados y enseguida hice las demás ceremonia que previene el ritual Toledano y comulgaron en su misa. Fueron testigos Nicolás Nieva, Domingo Medina y Nicolás Villas vecinos del Manantial y para que conste lo firmé.

Pérez, Juan Francisco con Rodríguez, María Francisca

En esta parroquia de El Alto a 29 de julio de 1809 el maestro Francisco Javier Thames, mi ayudante, habiendo corrido las proclamas en tres días festivos continuos, después del Evangelio de la misa parroquial y no habiendo resultado otro impedimento que el de tercer grado de consanguinidad de línea transversal el que dispensé yo el cura propietario en uso de las facultades que me tiene comunicadas el señor doctor Dn. Nicolás Videla del Pino dignísimo obispo de esta diócesis, casó y veló in facie ecclesiae a **Juan Francisco Pérez** hijo legítimo del finado Juan José Pérez y de Bartolina concha con **María Francisca Rodríguez** hija legítima de Miguel Rodríguez y de la finada María Amaya, mis feligreses, habiéndolos examinados previamente de la doctrina cristiana y tomando el mutuo consentimiento de qué recíprocamente fueron preguntados. Fueron testigos Bonifacio Arias vecino de Ovanta, Felipe Lobo vecino de Tintigasta y Tomás Pinto vecino de El Alto y para que conste lo firmé.

Folio 20

Díaz, Pantaleón con Gauna, María Isabel

En la vice parroquia de Santa Bárbara en 11 de agosto de 1809 yo el cura propietario doctor Dn. José Ignacio Thames habiendo corrido proclamas en tres días festivos continuos, después del Evangelio de la misa parroquial que fueron el 30 de julio, el 6 y el 10 del referido agosto y no habiendo resultado impedimento casé y velé in facie ecclesiae a **Pantaleón Díaz** hijo legítimo de Pedro José Díaz y de Anastasia Álvarez con **María Isabel Gauna** hija legítima del finado Cristóbal Gauna y de María Teresa Agüero, mis feligreses, habiéndolos examinados previamente dela doctrina cristiana y tomado el mutuo consentimiento de qué recíprocamente fueron preguntados. Fueron testigos José Antonio Rosales vecino del Duraznillo, Ramón Rosa López del mismo lugar y Nicolás Ávila vecino del Manantial y para que conste lo firmé.

Valdéz, Dn. Nicolás con Leiva, Fabiana

En esta parroquia El Alto el día 4 de septiembre de 1809 el maestro de Francisco Javier Thames, mi ayudante, habiendo corrido las proclamas en tres días festivos continuos después el Evangelio de la misa parroquial y no habiendo resultado otro impedimento que el de cuarto grado de consanguinidad de línea transversal igual dispensado este por el cura propietario en uso de la facultades que me tiene comunicadas el maestro señor doctor Dn. Nicolás Viedela del Pino dignísimo obispo de esta diócesis, casó y velo in facie ecclesiae a Dn. **Nicolás Valdéz** hijo legítimo de los finados Dn. Manuel Valdéz y Da. María del de las Nieves Bulacia con Da. **Fabiana Leiva** viuda del finado Dn. Miguel Reyes habiéndoles tomado el mutuo consentimiento de qué fueron recíprocamente preguntados, enseguida hizo la de demás ceremonias que previene el ritual toledano y comulgaron en su misa. Fueron testigos Juan Francisco Gómez y Luis Quiroga vecinos de Guayamba y lo firmé. Testado "consanguinidad" vale, testado "y veló" no vale. *Nota:* En la información matrimonial correspondiente (Exp. 234) surge parentesco por consanguinidad en cuarto grado, dispensado en Los Manantiales el 16 de agosto de 1809. El esquema de parentesco es el siguiente:

Baigorri, Bernardo con Rojas, María de las Mercedes
En esta iglesia parroquial de El Alto a 5 de septiembre de 1809 el maestro Dn. Francisco Javier Thames, mi ayudante, habiendo corrido las proclamas en tres días festivos continuos después el Evangelio de la misa parroquial y no habiendo resultado impedimento alguno, casó y velo in facie ecclesiae a **Bernardo Baigorri** hijo de los finados Juan Manuel Baigorri y Gerónima Díaz con **María de las Mercedes Rojas** hija natural de Agustina Rojas, mis feligreses, habiéndolos examinados previamente doctrina cristiana y tomando el mutuo consentimiento que recíprocamente fueron preguntados. Fueron testigos Dn. Victoriano Espeche vecino de Munancala, Manuel Paz vecinos del Manantial y Rudecindo Leiva vecino de El Alto y para que conste lo firmé.

Arias, Juan Inocencio con Jiménez, Josefa
En la vice parroquia Santa Bárbara a 23 de septiembre de 1809 yo el cura propietario doctor Dn. José Ignacio Thames habiendo corrido las proclamas en tres días festivos continuos, después del Evangelio de la misa parroquial y no habiendo resultado impedimento alguno casé y velé in facie ecclesiae a **Juan Inocencio Arias** hijo natural de María Paula Arias con **Josefa Jiménez** hija legítima de Lorenzo Jiménez y de la finada Francisca Solana Álamo, mis feligreses, habiéndolos examinado previamente de la doctrina cristiana y tomando el mutuo consentimiento de qué recíprocamente fueron preguntados. Fueron testigos Manuel Paz, Juan José Paz y Vicente Ogas vecinos de Manantiales y para que conste lo firmé.

Folio 21

Guzmán, José Roque con Villarroel, María Olaya
En esta parroquia El Alto en 28 de septiembre de 1809 el maestro Francisco Javier Thames, mi ayudante, habiendo corrido las proclamas en tres días festivos continuos, después del Evangelio en la misa parroquial y no habiendo resultado impedimento alguno casó y veló in facie ecclesiae a **José Roque Guzmán** hijo legítimo de los finados Pedro Pablo Guzmán y María Pizarro con **María Olaya Villarroel** hija legítima del finado Alejandro Villarroel y de Ana María Guzmán mis feligreses, habiéndoles examinado previamente la doctrina cristiana y tomando el mundo consentimiento que recíprocamente fueron preguntados. Fueron testigos Luis Lobo vecino de Axpaga y José Pedro Ibáñez vecino de Yloga y para que conste lo firmé.

Duarte, Manuel con Figueroa, Genuaria
En esta parroquia de El Alto en 29 de septiembre de 1809 el maestro Dn. Francisco Javier Thames, mi ayudante, habiendo corrido la proclamación en tres días festivos continuos después el Evangelio de la misa parroquial y no habiendo resultado impedimento alguno casó y veló in facie ecclesiae a **Manuel Duarte** viudo de la finada María Morienega con **Genuaria Figueroa** hija legítima de la finados Pablo Figueroa y María Josefa Hernández, mis feligreses, y habiendo examinado previamente de la doctrina cristiana y tomando el mutuo consentimiento de que fueron preguntados. Fueron testigos Dn. Agustín Santillán vecino de El Alto, Antonio Cárdenas vecino de Amapcala y Miguel Hernández vecino de las Tunas y para que conste lo firmé.

Valdéz, Apolinar con Espeche, Ana María
En esta parroquia de El Alto a 15 de octubre de 1809 el maestro Dn. Francisco Javier Thames, mi ayudante, habiendo corrido las proclamas en tres días festivos continuos después del Evangelio de la misa parroquial y no habiendo el resultado otro impedimento que el de consanguinidad en cuarto grado de línea transversal igual dispensado éste por mí el cura propietario en uso de las facultades que me tiene comunicadas el Ilustrísimo señor doctor Dn. Nicolás Videla del Pino dignísimo obispo de esta diócesis casó y veló a Dn. **Apolinario Valdéz** hijo legítimo de los finados Dn. Lorenzo Valdéz y de Andrea Domínguez con Da. **Ana María Espeche** hija legítima de Dn. Alberto Espeche y de Da. María Juana Leiva, mis feligreses, habiéndolos examinado previamente de la doctrina cristiana y tomando el mutuo consentimiento que recíprocamente fueron preguntados. Fueron testigos Dn. Bartolomé Valdéz, Dn. José Espeche y Dn. Vicente Reiynafe vecinos de Guayamba y para que conste lo firmé. *Nota:* En la información matrimonial (Exp. 235) se explica el parentesco de tercer grado de consanguinidad entre los contrayentes, el cual fue dispensado 6 de septiembre de 1809. El parentesco se explica de la siguiente manera:

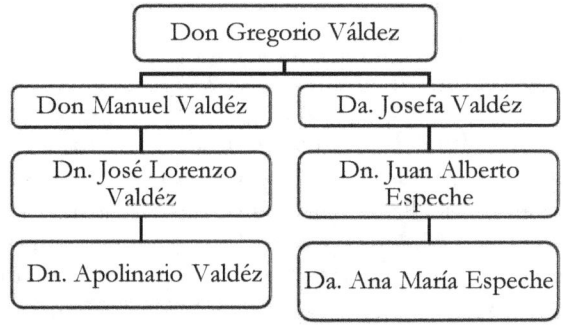

Chariol, Juan Vicente con Garnica, Damiana

En la vice parroquia de Vilismano a 4 de febrero de 1809 el maestro Dn. Juan Tomás Vera, mi ayudante, habiendo corrido las proclamas de tres días continuos diferentes la primera, domenica tercera post Epifanía, la segunda, domenica septuagésima y la tercera día de la purificación de Nuestra Señora, después del Evangelio de la misa parroquial no habiendo resultado impedimento alguno caso y veló in facie ecclesiae a **Juan Vicente Chariol** viudo de Aurelia Vera con **Damiana Garnica** hija legítima de Tomás Garnica de la finada María Josefa Rodríguez todo feligreses este curato, habiéndolos examinado previamente de la doctrina cristiana y tomando el mutuo consentimiento de qué recíprocamente fueron preguntados. Fueron testigos Vicente Paz, Pastor Esteban Cisneros y Martín Oviedo todos los vecinos de éste partido. Para que conste lo firmo.

Folio 22

Concha, José Joaquín con Garnica, Jacinta

En la vice parroquia de Vilismano a 7 de febrero de 1809 el maestro Dn. Juan Tomás Vera, mi ayudante, habiendo corrido las proclamas en tres días de fiesta continuos la primera en 29 de enero, domenica septuagésima, la segunda en 2 de febrero día de la purificación de Nuestra Señora, la tercera en cinco del mismo, domenica sexagésima, después del Evangelio en la misa parroquial y no habiendo resultado impedimento alguno casó y veló in facie ecclesiae a **José Joaquín Concha** hijo legítimo del finado Juan Antonio Concha y de María Francisca Peralta con **Jacinta Garnica** hija natural de Damiana Garnica, todos feligreses desde curato, habiéndolos examinado previamente de la doctrina cristiana y tomando el mutuo consentimiento de qué recíprocamente fueron preguntados. . Fueron testigos Diego Medina, Daniel Páez y Mariano Melián todos vecinos de este curato. Para que conste lo firmé.

Cisneros, Dn. José con Ibáñez, Da. Manuela

En la visa parroquia de Vilismano en 13 de febrero de 1809 el maestro Dn. Juan Tomás Vera, mi ayudante, habiendo corrido las proclamas en tres días continuos de fiesta, la primera en 2 de dicho mes día de la purificación de Nuestra Señora, la segunda el día cinco, domenica sexagésima, la tercera el día 12, domenica quincuagésima, después del Evangelio de la misa parroquial, y no habiendo resultado impedimento alguno caso in facie ecclesiae a **José Cisneros** hijo legítimo de Dn. Esteban Cisneros y Da. Margarita Ponce con Da. **Manuela Ibáñez** viuda del finado Dn. Juan Agustín Díaz, todos feligreses desde este curato, habiéndole examinada previamente de la doctrina cristiana y tomando el mutuo consentimiento de qué fueron recíprocamente preguntados, y enseguida hizo las demás ceremonias que previene el ritual toledano y comulgaron en su misa. Fueron testigos Tiburcio Navarro, Juan Manuel Vera y Pedro José Ibáñez vecinos de este partido. Para que conste lo firmé. *Nota:* En la información matrimonial correspondiente (Exp. 224) se agrega que Da. Manuela Ibáñez era hija legítima del finado Dn. Mariano Ibáñez y de Da. Josefa Córdoba.

Medina, Manuel con Morales, Manuela

En la vice parroquia de Vilismano a 14 de febrero de 1809 el maestro Dn. Juan Tomás Vera, mi ayudante, habiendo corrido las proclamas en tres días continuos de fiesta la primera el 2 de dicho mes, día de la purificación de Nuestra Señora, la segunda el día cinco, domenica sexagésima, el día 12, domenica quincuagésima, después del Evangelio en la misa parroquial y no habiendo resultado impedimento alguno casó y veló in facie ecclesiae a **Manuel Medina** viudo de Tomasa Aguirre con **Manuela Morales** hija legítima del finado José Morales y de Teresa Sánchez, todos feligreses de este curato, habiéndolos examinado previamente la doctrina cristiana y tomando el mutuo consentimiento de qué recíprocamente fueron preguntados. Fueron testigos Vicente Páez, José Manuel Ibáñez y Fernando Arévalo vecinos de este curato. Para que conste lo firmé.

Sibila, Cipriano con González, Dominga

En la vice parroquia de La Quebrada en 7 de marzo de 1809 el maestro Dn. Juan Tomás Vera, mi ayudante, habiendo corrido de proclamas en tres días continuos de fiesta, la primera el 24 de febrero día de San Mateo Apóstol, la segunda el 26 del mismo, domenica segunda cuadragésima, la tercera el día 5 de marzo, domenica tercia cuadragésima, después del Evangelio de la misa parroquial y no habiendo resultado impedimento alguno, caso in facie ecclesiae a **Cipriano Sibila**, viudo de la finada Petrona Álvarez con **Dominga González** viuda de Pedro José Acosta, todo feligreses de este curato, habiéndolos examinado previamente de la doctrina cristiana y tomando el mutuo consentimiento que fueron recíprocamente preguntados. Fueron testigos Luis Ramón Páez, Esteban Cisneros y Diego Medina y enseguida hizo la de demás ceremonias que previene el ritual toledano y comulgaron es su misa. Para que conste lo firmo.

Folio 23

Zurita, José Mateo con González, Estefanía

En la vice parroquia de La Quebrada al 9 de marzo de 1808 el maestro Dn. Juan Tomás Vera, mi ayudante, habiendo corrido la proclamación tres días continuos de fiesta la primera el 24 de febrero día de San Mateo Apóstol, la segunda el 26 del mismo, domenica segunda cuadragésima, la tercera el día 5 de marzo, domenica tercia cuadragésima, después del Evangelio de la misa parroquial y no habiendo resultado impedimento alguno casó in facie ecclesiae a **José Mateo Zurita** hijo legítimo del finado Roque Zurita y de Josefa Costa con **Estefanía González** viuda de Ramón Acosta, todos feligreses de este curato, habiéndoles examinado previamente de la doctrina cristiana y tomando el mutuo consentimiento de qué fueron recíprocamente preguntados y enseguida hizo la demás ceremonias que previene el ritual toledano y comulgaron en su misa. Fueron testigos Martín Oviedo, Daniel Páez y Miguel Gerónimo González. Para que conste lo firmé.

Cuello, Miguel Marcelino con Díaz, Lucía

En la vice parroquia de La Quebrada 29 de mayo de 1809 el maestro Dn. Tomás Vera, mi ayudante, habiendo corrido proclamas en tres días continuos de fiesta la primera el 15, día de San Isidro, la segunda el día 21, domenica pentecostal la tercera el día 28, domenica prima post pentecostal, después del Evangelio en la misa parroquial y no habiendo resultado impedimento alguno caso y veló in facie ecclesiae a **Miguel Marcelino Cuello** hijo natural de María Cuello con **Lucía Díaz** hija natural de María Teresa Díaz, todos feligreses de este curato, habiéndolos examinado previamente de la doctrina cristiana y tomando el mutuo consentimiento de qué fueron recíprocamente preguntados. Fueron testigos Juan Manuel Vera, Pedro Adauto y José Barrera. Para que conste lo firmé.

Ledesma, Juan José con Agüero, Gregoria

En la vice parroquia de La Quebrada en 31 de mayo de 1809 el maestro Dn. Juan Tomás Vera, mi ayudante, habiendo corrido las proclamas en tres días continuos de fiesta la primera, el día 21, domenica de Pentecostés, la segunda el día 28, domenica prima post Pentecostés, la tercera el 30, día de San Fernando, después del Evangelio de la misa parroquial y no habiendo resultado impedimento alguno caso y veló in facie ecclesiae a **Juan José Ledesma** hijo legítimo de José Ledesma y de Josefa Barrera con **Gregoria Agüero** hija legítima del finado José Antonio Agüero y de María del Tránsito Juárez, todos feligreses este curato, habiéndolos examinados previamente la doctrina cristiana y tomando el mutuo consentimiento de qué fueron recíprocamente preguntados. Fueron testigos Manuel Adauto, Francisco Barrera y Juan Nicolás Quiroga. Para que conste lo firmo.

Rodríguez, Manuel con Flores, Bernarda

En la vice parroquia de La Quebrada 6 de junio de 1809 el maestro de Juan Tomás Vera, mi ayudante, corridas las proclamas en tres días continuos de fiesta la primera el 30 de mayo, día de San Fernando la segunda el 1 de junio, en la festividad de la Concepción, la tercera el día 4 del mismo, domenica segunda post pentecostal, después del Evangelio de la misa parroquial y no habiendo resultado impedimento alguno caso y veló a **Manuel Rodríguez** hijo legítimo del finado Juan Mateo Rodríguez y Agustina Ponce con **Bernarda Flores** hija legítima de los finados Jerónimo Flores y María Rosa Díaz, todos feligreses de este curato, habiéndolos examinados previamente de doctrina cristiana y tomando el mutuo consentimiento de qué fueron recíprocamente preguntados. Fueron testigos José Domingo Frías, Pedro Islas y José Barrera. Para que conste lo firmo.

Folio 24

Rojas, José Gil con Pereira, Victoria

En la vice parroquia de Vilismano a 26 de junio de 1809 el maestro Juan Tomás Vera, mi ayudante, habiendo corrido las proclamas en tres días continuos de fiesta la primera el 13 de dicho mes, día de San Antonio, la segunda el día 18, domenica cuarta post Pentecostés, la tercera el 24, día de San Juan Bautista, después del Evangelio en la misa parroquial y no habiendo resultado impedimento alguno casó y veló in facie ecclesiae a **José Gil Rojas** hijo legítimo del finado Alejandro Rojas y de Isabel Gutiérrez con **Victoria Pereira** hija legítima de Miguel Gerónimo a Pereira y de María Antonia Verón, todos feligreses de este curato, habiéndolos examinado previamente de la doctrina cristiana y tomando el mutuo consentimiento de qué fueron recíprocamente preguntados. Fueron testigos Juan Manuel Vera, Fernando Arévalo y Pedro Ponce. Para que conste lo firmo.

Centeno, Agustín con Medina, María del Carmen
En la vice parroquia de Vilismano a 27 de julio de 1809 el maestro Dn. Juan Tomás Vera, mi ayudante, habiendo corrido los proclamas en tres días continuos de fiesta la primer el día 16, domenica octava post pentecostal, la segunda el día 23, domenica nona post pentecostal, la tercera el 25, día de Santiago Apóstol, después del Evangelio en la misa parroquial y no habiendo resultado otro impedimento que el de consanguinidad en tercero con cuarto grado dispensado este por mí, el cura propietario, en uso de las facultades que me tiene concedidas el Ilustrísimo señor doctor Dn. Nicolás Videla del Pino dignísimo Obispo de Salta, casó y veló a **Agustín Centeno** hijo natural de Lorenza Centeno con **María del Carmen Medina** hija natural de Catalina Medina, todos feligreses de este curato, habiéndolos examinado previamente de la doctrina cristiana y tomando el mutuo consentimiento de qué fueron recíprocamente preguntados. Fueron testigos Daniel Páez, Luis Ramón Páez y Diego Medina. Para que conste lo firmo. *Nota:* La información matrimonial correspondiente (Exp. 233) a esta partida está fechada en Los Manantiales, el 25 de julio de 1809, en ese documento se explica el parentesco entre los contrayentes de la siguiente manera:

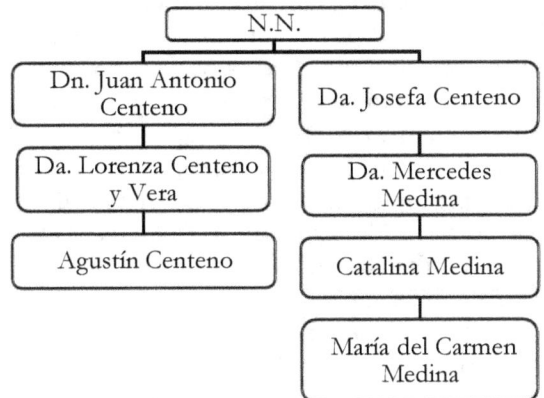

Peñaflor, Alejandro con Lobo, María Antonia
En la vice parroquia de La Quebrada a 19 de septiembre de 1809 el maestro Dn. Juan Tomás Vera, mi ayudante, corridas las proclamas en tres días continuos de fiesta la primera el 8 del expresado mes, día de la Natividad de Nuestra Señora, la segunda el día 10, domenica 16 post pentecostal, la tercera el día 17, domenica 17ª post pentecostal, después del Evangelio de la misa parroquial y no habiendo resultado impedimento alguno casó in facie ecclesiae a **Alejandro Peñaflor** viudo de Serafina Vergara con **María Antonia Lobo** viuda de Alberto Barros, todos feligreses de este curato, habiéndolos examinado de la doctrina cristiana y tomando la mutuo consentimiento de qué fueron recíprocamente preguntados. Fueron testigos Francisco Barrera, Pedro José Adauto y Pedro Islas. Para que conste lo firmo.

Vázquez, José de la Cruz con Gómez, Martina
En la parroquia de la quebrada a 27 de septiembre de 1809 el maestro Juan Tomás Vera y, mi ayudante, tres días continuos de fuerza la primera el ocho del dicho mes día Natividad de Nuestra Señora la segunda el día 10, domenica 16ª Post pentecostal la tercera el día 17, domenica 17ª Post pentecostal, después del Evangelio de la misa parroquial y no habiendo resultado impedimento caso y velo en fase **a José de la Cruz Vázquez** hijo legítimo de los finados Esteban Vázquez y María Antonia Díaz con **Martina Gómez** hija natural de Josefa Gómez todo Alfredo es este curato habiéndolos examen consentimiento de qué fueron recíprocamente preguntados. Fueron testigos Juan Manuel Vera, Juan Nicolás Quiroga y Alejandro Peñaflor y para que conste lo firmo.

Folio 25

Peñaflor, Bartolomé con Arias, María Mercedes
En la vice parroquia La Quebrada a 22 de septiembre de 1809 el maestro Dn. Juan Tomás Vera, mi ayudante, corridas las proclamas en tres días continuos de fiesta la primera el día 10, domenica 16ª post Pentecostés, la segunda el día 17, domenica 17ª post Pentecostés, la tercera el 21, día de San Mateo Apóstol, después del Evangelio de la misa parroquial y no habiendo resultado impedimento alguno casó in facie ecclesiae a **Bartolomé Peñaflor** viudo de Ramona Sánchez con **María Mercedes Arias** viuda de Juan Domingo Díaz, todos feligreses de este curato. Habiéndoselos examinado previamente de la doctrina cristiana y tomando el mutuo consentimiento de que fueron recíprocamente preguntados. Fueron testigos Manuel Adauto, León Chazarreta y Juan Nicolás Quiroga. Para que conste lo firmo. Testado y seis no vale

Galarza, Lorenzo con Reinoso, Ramona
En la vice parroquia de La Quebrada en 26 de septiembre de 1809 el maestro Dn. Juan Tomás Vera, mi ayudante, corridas las proclamas tres días continuos de fiesta la primera el día 17, domenica 17ª post Pentecostés, la segunda el 21, día de San Mateo, la tercera el día 24, domenica 18ª post Pentecostés, después del Evangelio de la misa parroquial y no habiendo resultado impedimento alguno casó y veló in facie ecclesiae a **Lorenzo Galarza** hijo legítimo de José Lorenzo Galarza y de María Isidora Aragón con **Ramona Reinoso** hija legítima de Francisco Reinoso y de Marcela Arévalo, todos feligreses de este curato, habiéndolos examinado previamente de la doctrina cristiana y tomando el mutuo consentimiento de qué

fueron recíprocamente preguntados. Fueron testigos Valeriano Vera, Pedro José Adauto y Francisco Barrera. Para que conste lo firmo.

González, Carmen con Sánchez, Manuela
En la vice parroquia de La Quebrada en 5 de octubre de 1809 el maestro Dn. Juan Tomás Vera, mi ayudante, corridas las proclamas en tres días continuos de fiesta la primera del 21 de septiembre, día de San Mateo, la segunda el día 24 del mismo, domenica 18ª post Pentecostés, la tercera el día 1 de octubre, domenica 19ª post Pentecostés, después del Evangelio de la misa parroquial y no habiendo resultado impedimento alguno casó y veló a **Carmen González** hijo natural de Andrea González con **Manuela Sánchez** hija legítima de José Eusebio Sánchez y de Hilaria Quiroga, todos feligreses de este curato, habiéndolos examinada previamente a la oficina cristiana y tomando el mutuo consentimiento de qué fueron recíprocamente preguntados. Fueron testigos Miguel Gerónimo González y Leandro Agüero. Para que conste lo firmo.

Leiva, Isidro con Ibáñez, Ildefonsa
En la vice parroquia Santa Bárbara a 21 de octubre de 1809 yo el cura y vicario habiendo corrido las proclamas en tres días de fiesta continuos la primera, el día ocho, domenica vigésima post Pentecostés, la segunda el día 15, domenica vigésima prima post Pentecostés, la tercera el día 18, en la fiesta de Nuestra Señora del Rosario, después del Evangelio de la misa parroquial y no habiendo resultado impedimento alguno casé y velé in facie ecclesiae a **Isidro Leiva** hijo legítimo del finado Juan Leiva y de Francisca Lobo, con **Ildefonsa Ibáñez** hija natural de Bartolina Ibáñez, todas feligreses de este curato, habiéndolos examinada previamente de la doctrina cristiana y tomando la mutuo consentimiento de qué fueron recíprocamente preguntados. Fueron testigos José Francisco Paz, Ramón Aráoz y Manuel Paz. Para que conste lo firmo.

Folio 26

Nieva, Domingo con Ojeda, María
En la parroquia de El Alto el 24 de octubre de 1809 yo el cura y vicario habiendo corrido las proclamas en tres días continuos de fiesta la primera el día ocho, domenica vigésima post Pentecostés, la segunda el día 15, domenica vigésima prima post Pentecostés, la tercera el día 22, domenica vigésima segunda post Pentecostés, , después del Evangelio en la misa parroquial y no habiendo resultado impedimento alguno casé y velé in facie ecclesiae a **Domingo Nieva** hijo natural de la finada Tomasina Nieva con **María Ojeda** hija natural de Bartolina Ojeda, habiéndolos examinados previamente de la doctrina cristiana y tomando al mutuo consentimiento que fueron

recíprocamente preguntados. Fueron testigos Juan de Dios Cabral, Jacinto Silva y Mauricio Miney para que conste lo firmo.

Maidana, Juan con Vega, Isidora
En la parroquia de El Alto a 25 de octubre de 1809 yo el cura y vicario habiendo corrido las proclamas en tres días continuos de fiesta la primera el día ocho, domenica vigésima post Pentecostés, la segunda el día 15, domenica vigésima primera post Pentecostés, la tercera el día 22, domenica 22ª post Pentecostés, después del Evangelio de la misa parroquial y no viendo el resultado impedimento casé y velé a **Juan Maidana** hijo legítimo de los finados Victorio Maidana y de María Castillo con **Isidora** esclava de Da. Nicolasa Vega, habiéndolos examinado de la doctrina cristiana y tomando el mutuo consentimiento de qué fueron recíprocamente preguntados. Fueron testigos Dn. Lorenzo Burgos, Dn. José Espeche y Dn. Pedro Pablo Gómez. Para que conste lo firmo.

Mancilla, Jacinto con Burgos, María Teresa
En esta parroquia de El Alto el 18 de noviembre de 1809, yo el cura y vicario de este beneficio habiendo corrido los programas en tres días continuos de fiesta la primera el día cinco, domenica vigésimo cuarta post Pentecostés, la segunda el día 8 en que se hizo la función de los finados, la tercera el día 12, domenica vigésimo quinta post Pentecostés, después del Evangelio en la misa parroquial y no habiendo resultado impedimento alguno casé y velé in facie ecclesiae a **Jacinto Mancilla** feligrés del rectoral de Catamarca (habiendo presentado antes certificado de su propio cura que para en mi poder) hijo legítimo de Francisco Santos Mancilla y de María Mercedes Barrios con **María Teresa Burgos** de esta feligresía hija legítima de Juan Tomás Burgos y de María Josefa Soraire habiéndolos examinado previamente a la doctrina cristiana y tomando el mutuo consentimiento de qué fueron preguntados. Fueron testigos Valeriano Vera Leandro Agüero. Para que conste lo firmo.

Folio 27

Gómez, Eugenio con Nieva, Alejandra
En la vice parroquia de Vilismano a 28 de noviembre de 1809 el maestro Dn. Juan Tomás Vera, mi ayudante, habiendo corrido las problemas en tres días continuos de fiesta la primera del día 12, domenica vigésimo quinta post Pentecostés, la segunda el día 19, domenica vigésimo sexta post Pentecostés, la tercera el día 26, domenica vigésimo séptima post Pentecostés, después del Evangelio de la misa parroquial y no habiendo resultado impedimento alguno casó y veló in facie ecclesiae a **Eugenio Gómez** viudo de la finada Dominga Garnica con **Alejandra Nieva** hija legítima

del finado Marcelo Nieva y de María Juana Alarcón habiéndolos examinado previamente de la doctrina cristiana y tomando el mutuo consentimiento de qué fueron recíprocamente preguntados. Fueron testigos Martín Oviedo, Vicente Páez y Diego Medina. Para que conste lo firmo.

Goychea, Ramón con Artazar, María del Rosario
En la parroquia de El Alto en 27 de diciembre de 1809 yo el cura y vicario de este beneficio corridas las proclamas en tres días continuos de fiesta, la primera el día 8 del expresado mes en que la iglesia celebra la Concepción de Nuestra Señora, la segunda el día 10, domenica segunda de adviento, la tercera el día 17, domenica tercera de adviento, después del Evangelio de la misa parroquial y no habiendo resultado impedimento alguno casé in facie ecclesiae a **Ramón Goychea** hijo natural de la finada María Goychea con **María del Rosario Artazar** hija natural de la finada Dominga Artazar todos los feligreses este curato, habiéndolos examinados cristiana y tomando el mutuo consentimiento que fueron recíprocamente preguntados y no se velaron por ser tiempo prohibido. Fueron testigos Dn. Manuel Avellaneda, Ignacio Gómez y Dn. domingo Lobo. Para que conste lo firmo. Al margen: se velaron en 15 de enero de 1810.

Año 1810

Gómez, Cándido con Artazar, Petrona
En esta parroquia de El Alto a 17 de enero de 1810 yo el cura propietario de este beneficio habiendo corrido los programas en tres días continuos de fiesta. la primera el 6 de este mes, día de la Epifanía del Señor, la segunda el día 7, domenica primera post Epifanía, la tercera el día 14, domenica segunda post Epifanía, después del Evangelio en la misa parroquial y no habiendo resultado impedimento alguno casé in facie ecclesiae a **Cándido Mariano Gómez** viudo de Bernardina Bustos con **Petrona Artazar** viuda de Dionisio Costa, habiéndolos examinado previamente de la doctrina cristiana y tomando el mutuo consentimiento de que fueron recíprocamente preguntados y enseguida hice las demás ceremonias que previene el ritual toledano y comulgaron en su misa. Fueron testigos Ignacio Ibáñez, Domingo Ibáñez y Pedro Francisco Ovejero. Para que conste lo firmo.

Ávila, Gerardo con Díaz, Ignacia
En la parroquia de El Alto a 17 de enero de 1810 yo el cura propietario de este beneficio habiendo corrido las proclamas en tres días continuos de fiestas que fueron la primera el seis de este mes día de la Epifanía del señor, la segunda el día siete, domenica primera después de Epifanía, la tercera el día 14, domenica segunda después de Epifanía, después del Evangelio de la misa parroquial y no habiendo resultado impedimento casé in facie ecclesiae a **Gerardo Ávila** hijo legítimo del finado Juan Asencio Ávila y de María Ignacia Cisterna con **Ignacia Díaz** hija legítima de Dn. Antonio Díaz y de Da. María del Carmen Concha, todos feligreses este curato, habiéndolos examinado previamente en la doctrina cristiana y tomado el mutuo consentimiento de que fueron recíprocamente preguntados. Fueron testigos Ignacio Ibáñez, Pedro Francisco Ovejero y Mauricio Mayni. Para que conste lo firmo.

Folio 28

Rizo Patrón, José Alejandro con Ahumada, María de las Mercedes
En esta parroquia de El Alto el día 14 de febrero de 1810 el maestro Dn. Francisco Javier Thames, mi ayudante, corridas las proclamas en tres días continuos de fiesta, después del Evangelio de la misa parroquial la primera el 2 del referido mes, día de la purificación de Nuestra Señora, la segunda día cuatro, domenica quinta Post Epifanía y la tercera el 11 del mismo en la domenica sexta y no habiendo resultado impedimento alguno casó y veló in facie ecclesiae a Dn. **José Alejandro Rizo Patrón** hijo legítimo de Dn. José Lucas Rizo Patrón y de Da. Laurencia Leiva con **María de las Mercedes Ahumada** hija legítima del finado Dn. Manuel Ahumada y de Da. Simona Quiroga, habiéndolos examinado previamente de la doctrina cristiana y tomando el mutuo consentimiento de qué fueron recíprocamente preguntados. Fueron testigos Dn. Alejo Ahumada, Dn. José Espeche y Dn. Santiago Espeche. Para que conste lo firmo. *Nota:* En la información matrimonial correspondiente a este enlace (Exp. 243), fechada en El Alto el 25 de enero de 1810, se encuentra que entre los contrayentes hay un parentesco "remoto" (quinto grado) por ser descendientes de Dn. Luis Bernardo Quiroga (o Dn. Bernardo Luis) de la manera siguiente:

González, Pedro Nolasco con Maidana, María Juana

En esta parroquia de El Alto el día 26 de febrero de 1810 el maestro Dn. Francisco Javier Thames, mi ayudante, corridas las proclamas en tres días continuos de fiesta después el Evangelio de la misa parroquial que fueron la primera el día 11 del mismo, domenica sexta post Epifanía, la segunda el 18, domenica séptima y la tercera el 24, día del apóstol San Matías, no habiendo resultado impedimento casó y veló a **Pedro Nolasco González** hijo legítimo del finado José Antonio González y de Da. María Páez con **María Juana Maidana** hija legítima del finado Mariano Maidana y de Simona Macedo, mi feligreses, habiéndolos examinado previamente la doctrina cristiana y tomando el mutuo consentimiento de qué fueron recíprocamente preguntados. Fueron testigos Tomás Nieva, Fernando Saavedra y Dn. Pedro Pablo Bulacia. Para que conste lo firmo. Testado 10 vale.

León, José Mariano con Lalamo, María Francisca

En esta parroquia de El Alto a 19 de marzo de 1810 el maestro Dn. Francisco Javier Thames, mi ayudante, habiendo corrido las programas en tres días festivos continuos que fueron la primera, las domenica sexagésima, quincuagésima y la primera de cuaresma, después del Evangelio de la misa parroquial no habiendo resultado impedimento alguno casó in facie ecclesiae a **José Mariano León** hijo legítimo de Remigio León y de María del Tránsito de Herrera ya difuntos con **María Francisca Lalamo** hija legítima de Cayetano Lalamo y de Bernarda Páez habiéndoseles examinado previamente de la doctrina cristiana y tomando el mutuo consentimiento de que fueron recíprocamente preguntados y no se velaron por ser tiempo prohibido. Fueron testigos Juan Tomás Aguirre vecino de Ancuja, Dn. Bacilio Humarán y Dn. Manuel Avellaneda vecinos de esta parroquia. Para que conste lo firmo.

Orquera, Pedro Pablo con Ibáñez, Florentina

En esta parroquia de El Alto en 21 de marzo de 1810 el maestro Dn. Francisco Javier Thames, mi ayudante, habiendo corrido las proclamas tres días festivos que fueron la primera, la domenica de sexagésima, la quincuagésima y la primera de cuaresma, después del Evangelio de la misa parroquial y no habiendo resultado impedimento caso in facie ecclesiae a **Pedro Pablo Orquera** hijo legítimo de Gervasio Orquera y de Ignacia Díaz con **Florentina Ibáñez** viuda del finado Egidio Soria habiéndolos examinado previamente de la doctrina cristiana y tomando el mutuo consentimiento de qué fueron recíprocamente preguntados y enseguida hice las demás ceremonias que previene el ritual toledano y comulgaron en su misa. Fueron testigos Fernando Saavedra vecino de esta parroquia, Hilario Morales y Pedro Páez vecinos de Ancuja. Para que conste lo firmo.

Folio 29

Delgado, Dn. Cayetano con Barrientos, María Magdalena

En la vice parroquia de Santa Bárbara al 6 de marzo de 1810 yo el cura propietario de este beneficio corridas proclamas en tres días festivos de concurso la primera en 25 de febrero, domenica sexagésima, la segunda el 4 de marzo, domenica quincuagésima y la tercera el 5 del mismo en la fiesta de la patrona Santa Bárbara y no habiendo resultado impedimento alguno casé y velé in facie ecclesiae a Dn. **Cayetano Delgado** natural de Catamarca (con certificación que trajo del cura y para en mi poder) hijo legítimo del finado Dn. Francisco Javier Delgado y de Da. María Romero con Da. **María Magdalena Barrientos** de mi feligresía, hija legítima de los finados Dn. Mariano Barrientos y de Da. Gertrudis Dorado. Fueron testigos Dn. Mariano Mendoza, Dn. Manuel Paz y Vicente Ogas. Para que conste lo firmo.

González, José Félix con Barrera, Gregoria

En la vice parroquia de Vilismano a 4 de enero de 1810 el maestro Dn. Juan Tomás Vera, mi ayudante, habiendo corrido las proclamas en tres días continuos de fiesta, después del Evangelio de la misa parroquial y no habiendo resultado impedimento alguno caso y veló in facie ecclesiae a **José Félix González** feligrés de este curato hijo legítimo de Santos González y de la finada Juana Rosa Acosta con **Gregoria Barrera** hija legítima del finado Marcelo Barrera y de Hilaria Pacheco, habiéndolos examinado de la doctrina cristiana y tomando el mutuo consentimiento de qué fueron recíprocamente preguntados. Fueron testigos Dn. José Cisneros y domingo Altamirano. Para que conste lo firmo.

Frogel, Alejandro con Ponce, Atanasia

En la vice parroquia de Vilismano a 10 de febrero de 1810 el maestro Dn. Juan Tomás Vera, mi ayudante, corridas de las proclamas en tres días continuos de fiesta que fue la primera el día 28 de enero, domenica cuarta después Epifanía la segunda el 2 de febrero día de la purificación de Nuestra Señora, la tercera el día cuatro del mismo, domenica quinta después de Epifanía, después del Evangelio de la misa parroquial y no habiendo resultado impedimento alguno caso y veló in facie ecclesiae a **Alejandro Frogel** hijo natural de Rafaela Frogel con **Atanasia Ponce** hija natural de Genuaria Ponce habiéndolos examinado previamente de la doctrina cristiana y tomando el mutuo consentimiento de qué fueron recíprocamente preguntados. Fueron testigos Dn. Daniel Páez y Pedro Lobo. Para que conste lo firmo.

Folio 30

Ruiz, Pedro Nolasco con Cáceres, María del Rosario
En la vice parroquia Vilismano a 12 de febrero de 1810 el maestro Juan Tomás Vera, mi ayudante, corridas las proclamas en tres días continuos de fiesta la primera el día de la purificación de Nuestra Señora la segunda el día cuatro, domenica quinta después de Epifanía la tercera el día 11, domenica sexta después Epifanía, después del Evangelio de la misa parroquial y no habiendo resultado impedimento alguno caso y veló in facie ecclesiae a **Pedro Nolasco Ruiz** hijo legítimo de los finados Pascal Ruiz y Josefa Lizárraga con **María del Rosario Cáceres** hija legítima de Juan Cáceres y de la finada Francisca Córdoba habiéndolos examinado de la doctrina cristiana y tomado el mutuo consentimiento de que fueron recíprocamente preguntados. Fueron testigos Dn. Daniel Paz y Francisco Cejas. Para que conste lo firmo.

Medina, José Lorenzo con Cejas, Tomasina
En la vice parroquia de Vilismano a 14 de febrero de 1810 el maestro Dn. Juan Tomás de Vera, mi ayudante, habiendo corrido los proclamas en tres días continuos de fiesta, la primera el día la purificación de Nuestra Señora, la segunda el día 4, domenica quinta después Epifanía, la tercera el día 11, domenica sexta después de Epifanía, después del Evangelio de la misa parroquial y no habiendo resultado impedimento alguno casó y veló in facie ecclesiae a **José Lorenzo Medina** hijo legítimo de los finados Bernabé Medina y de Estefanía Cisternas con **Tomasina Cejas** hija legítima del finado Nicolás Cejas y de María Gregoria Pérez, habiéndolos examinados previamente de la doctrina cristiana y tomando el mutuo consentimiento de qué fueron recíprocamente preguntados. Fueron testigos Dn. Manuel Páez y Ignacio Luján. Para que conste lo firmo.

Rivarola, Bárbara con Cejas, Francisco
En la vice parroquia de Vilismano a 15 de febrero de 1810 el maestro Juan Tomás Vera, mi ayudante, corridas las proclamas en tres días continuos de fiesta la primera día de la purificación de Nuestra Señora, la segunda el día cuatro, domenica quinta después de Epifanía, la tercera el día 11, domenica sexta después de Epifanía y no habiendo resultado impedimento alguno casó y veló in facie ecclesiae a **Francisco Cejas** hijo legítimo del finado Matías Cejas y de Micaela Leiva con **Bárbara Rivarola** hija legítima de los finados Manuel Rivarola y de Ana Ávila, habiéndolos examinado previamente de la doctrina cristiana y tomando el mutuo consentimiento que fueron recíprocamente preguntados. Fueron testigos Vicente Páez y Manuel Pérez. Para que conste lo firmo.

Folio 31

Tejeda, José Antonio con Lencinas, María Mercedes
En la vice parroquia de Vilismano en 24 de febrero de 1810 el maestro Dn. Juan Tomás Vera, mi ayudante, habiéndole corrido las proclamas en tres días corridos continuos de fiesta la primera el día 4, domenica quinta post Epifanía, la segunda el día 11, domenica sexta post Epifanía, la tercera el día 18, domenica séptima, después del Evangelio en la misa parroquial y no habiendo resultado impedimento casó y veló a **José Antonio Tejeda** viudo de la finada María Mercedes Bermúdez con **María Mercedes Lencinas** hija legítima de Juan de la Cruz Lencinas y de la finada Simona Soria, habiéndolos examinado previamente de la doctrina cristiana y tomando el mutuo consentimiento de qué fueron recíprocamente preguntados. Fueron testigos Luis Ramón Páez y Vicente Páez. Para que conste lo firmo.

Cisternas, Dn. Francisco con González, Ramona
En la vice parroquia de Vilismano a 28 de febrero de 1810 el maestro Dn. Juan Tomás Vera, mi ayudante, habiendo corrido las proclamas en tres días festivos continuos y la primera el día 10, domenica septuagésima, la segunda en el 24 día de San Mateo Apóstol, la tercera el día 25, domenica sexagésima, después del Evangelio en la misa parroquial y no habiendo resultado impedimento casó y veló in facie ecclesiae a Dn. **Francisco Cisternas** feligrés del rectoral de Catamarca (con certificación que trajo de su cura y para en mi poder) hijo natural de Da. Petrona Cisterna con Da. **Ramona González** hija legítima de Dn. Julián González y de Da. Tomasina Páez habiéndole examinado previamente de la doctrina cristiana y tomando el mutuo consentimiento que fueron recíprocamente preguntados. Fueron testigos Dn. Marcos Romero y José Manuel Ibánez. Para que conste lo firmo.

Calvimonte, Pedro Regalado con Burgos, Isabel
En la vice parroquia de Vilismano a 5 de marzo de 1810 el maestro Dn. Juan Tomás Vera, mi ayudante, habiendo corrido las proclamas en tres días continuos de fiesta la primera el 24 de febrero día de San Mateo Apóstol, la segunda el día 25 del mismo, domenica sexta, la tercera el día 4 de marzo, domenica septuagésima, después del Evangelio de la misa

parroquial no habiendo resultado impedimento alguno casó y veló in facie ecclesiae a **Pedro Regalado Calvimonte** hijo legítimo de Ramón Calvimonte y de Feliciana Arroyo con **Isabel Burgos** hija natural de Manuela Juana Burgos, todo feligreses de este curato, habiéndolos examinado previamente de la doctrina cristiana y tomado el mutuo consentimiento de qué fueron recíprocamente preguntados. Fueron testigos Miguel Gerónimo González y Valeriano Vera. Para que conste lo firmo.

Lobo, Dn. Luis con Agüero, Da. Paulina

En esta parroquia El Alto a 2 de mayo de 1810 el maestro Dn. Francisco Javier Thames, mi ayudante, habiendo corrido las proclamasen tres días festivos, después del Evangelio de la misa parroquial la primera el día 23 de abril la segunda el 24 de mismo y la tercera el 1 de mayo día de los santos apóstoles San Felipe y Santiago y no habiendo resultado impedimento alguno casó y veló in facie ecclesiae a Dn. **Luis Lobo** hijo legítimo de los finados Dn. Pedro Pablo Lobo y de Da. Dominga Cabral con Da. **Paulina Agüero** hija legítima de Dn. Antonio Agüero y de la finada Gregoria Quiroga, mis feligreses, habiéndolos examinado previamente de cristiana y tomando el mutuo consentimiento de qué fueron recíprocamente preguntados. Fueron testigos José Lucas Agüero, Casimiro Burgos y domingo Agüero. Para que conste lo firmo.

Folio 32

Falcón, Juan Ángel con Juárez, María de la Asunción

En esta parroquia de El Alto el 7 de mayo de 1810 el maestro Dn. Francisco Javier Thames, mi ayudante, habiendo corrido las proclamas en tres días continuos de fiesta que fueron el 29 de abril en la, domenica in albis la primera, la segunda el día 1 de mayo día de San Felipe y Santiago y la tercera el día tres del mismo en la fiesta de la invención de los Santa Cruz, después del Evangelio en la misa parroquial y no habiendo resultado impedimento alguno casó y veló in facie ecclesiae a **Juan Ángel Falcón** hijo natural de María de los Dolores Falcón con **María de la Asunción Juárez** hija natural de la finada Lorenza Juárez mi feligreses, habiéndolos examinado previamente de la doctrina cristiana y tomado el mutuo consentimiento de qué fueron recíprocamente preguntados. Fueron testigos Juan Leandro Valdéz, Dn. Manuel Avellaneda y Dn. Ignacio Gómez. Para que conste lo firmo.

Lazo, Mauricio con Díaz, Santos

En la vice parroquia de Ovanta a 24 de mayo de 1810 el maestro Dn. Francisco Javier Thames, mi ayudante, habiendo corrido los proclamas en tres días festivos continuos que fueron la primera el día 3 de la invención de la Santa Cruz, la segunda el día seis, domenica segunda después de Pascua y la tercera el 13 del referido mes de mayo, domenica tercera después de Pascua, después del Evangelio de la misa parroquial y no habiendo resultado otro impedimento que el de afinidad en primer grado resultante ex cópula ilícita de qué obtuvieron dispénsate del Ilustrísimo señor doctor Dn. Nicolás Videla del Pino dignísimo obispo del nuevo obispado de Salta como consta de su decreto proveído en Salta en 20 días del mes de marzo del presente año de 1810 refrendado por su secretario de cámara doctor Dn. Pedro de Arredondo que queda en mi poder y custodia, casó y veló in facie ecclesiae a **Mauricio Lazo** hijo legítimo del finado Patricio Lazo y de Petrona Concha con **María Santos Díaz** hija legítima de los finados José Díaz y Dominga Ortiz, mis feligreses, habiéndolos examinado previamente de la doctrina cristiana y tomando el mutuo consentimiento de qué fueron recíprocamente preguntados. Fueron testigos Pedro José Ibáñez vecino de la Aguada, Nicolás Rosales y Diego Mercado vecinos de Ovanta. Para que conste lo firmo.

Ávila, Manuel con Falcón, Clara

En la vice parroquia de Ovanta a 26 de mayo de 1810 el maestro Dn. Francisco Javier Thames, mi ayudante, habiendo corrido las proclamas en tres días festivos continuos que fueron el seis del mismo mes, domenica segunda post Pascua, el 13, domenica tercera y el 20 en la domenica cuarta, después del Evangelio de la misa parroquial y no habiendo resultado impedimento alguno casó y veló in facie ecclesiae a **Manuel Ávila** hijo legítimo del finado José Ávila y de Josefa Franjo con **Clara Falcón** hija natural de la finada Petrona Falcón, mis feligreses, habiendo examinado previamente de la doctrina cristiana y tomando el mutuo consentimiento de qué fueron recíprocamente preguntados. Fueron testigos Manuel Duarte vecino de la Huerta, Antonio Díaz vecino de Alpasarcona y Nicolás Mercado vecino de Ovanta. Y para que conste lo firmo.

Villarroel, Juan José con Reinoso, María Santos

En la vice parroquia de Ovanta el día 30 de mayo de 1810 el maestro Dn. Francisco Javier Thames, mi ayudante, habiendo corrido las proclamasen tres días festivos continuos que fueron el 13 del mismo mes en la, domenica tercera post Pascua, el 20 en la domenica cuarta y el 27, en la domenica quinta post Pascua, después del Evangelio de la misa parroquial y no habiendo resultado impedimento alguno casó y veló in facie ecclesiae a **Juan José Villarroel** hijo legítimo del finado Alejandro Villarroel y de Ana María Guzmán con **María Santos Reinoso** hija legítima la finada Juan Santos Reinoso y Paula Salazar, mi feligreses, habiéndolos examinados previamente doctrina cristiana y tomando el mutuo consentimiento de qué fueron recíprocamente preguntados. Fueron testigos Ramón Mercado, Diego Mercado y José González vecinos de Ovanta. Y para que conste lo firmo.

Folio 33

Ruiz, Manuel con Armas, Catalina
En la vice parroquia de Ovanta en 3 de junio de 1810 el maestro Dn. Francisco Javier Thames, mi ayudante, habiendo corrido las proclamas en tres días festivos continuos que fueron el 20 de mayo, domenica cuarta post Pascua, el 27 del mismo, domenica quinta y el 31 del referido mes de mayo día de la Ascensión del señor, después del Evangelio de la misa parroquial y no habiendo resultado impedimento alguno casó in facie ecclesiae a **Manuel Ruiz** hijo natural de Ana María Ruiz con **Catalina Armas** viuda del finado José Ignacio Reinoso, mis feligreses, habiéndolos examinado previamente a la doctrina cristiana y tomando el mutuo consentimiento de qué fueron recíprocamente preguntados y enseguida hizo la demás ceremonias que previene el ritual toledano y comulgaron en su misa. Fueron testigos José González, Nicolás Reinoso y Miguel Pereyra vecinos de Ovanta. Para que conste lo firmo.

Reinoso, Mariano con Guerrero, Tomasina
En la vice parroquia de Santa Bárbara el día 14 de junio de 1810 yo el cura propietario doctor Dn. José Ignacio Thames habiendo corrido las proclamas en tres días festivos que fueron el día tres de dicho mes, domenica … Ascensionis la segunda el 10, domenica Pentecostés y la tercera el día tres día de San Antonio de Padua, después del Evangelio de la misa parroquial y no habiendo resultado impedimento alguno casé y velé in facie ecclesiae a **Mariano Reinoso** hijo legítimo del finado Marcos Reinoso y de Silveria Gómez con **Tomasina Guerrero** hija natural de Candelaria Guerrero, mis feligreses, habiéndolos examinado previamente de la doctrina cristiana y tomando el mutuo consentimiento de qué fueron recíprocamente preguntados. Fueron testigos Bartolomé Espinosa, Domingo Lobo y Pedro Cruz
vecinos del Manantial. Para que conste lo firmo.

Díaz, Juan Pablo con Juárez, Lucía
En esta parroquia de El Alto el día 22 de junio de 1810 el maestro Dn. Francisco Javier también, mi ayudante, habiendo corrido las proclamas en tres días festivos que fueron el 10, domingo de Pentecostés, la segunda el 3, día de San Antonio de Padua y la tercera el día 17 del mismo mes, domenica de Trinidad, después del Evangelio de la misa parroquial y no habiendo resultado impedimento alguno casó y veló in facie ecclesiae a **Juan Pablo Díaz** hijo natural de Simona Díaz con **Lucía Juárez** hija legítima de Pedro Pablo Juárez y de Dominga Palavecino, mis feligreses, habiéndolos examinados previamente de la doctrina cristiana y tomando el mutuo consentimiento de qué fueron recíprocamente preguntados. Fueron testigos Pedro Pablo Ovejero, Mauricio Mayni y Rufino Huamarán, vecinos de esta parroquia. Para que conste lo firmo.

Valdéz, Antonio con Ahumada, María de las Mercedes
En esta parroquia de Los Manantiales el día 30 de junio de 1810 corridas las proclamas en tres días continuos de fiesta que fueron el 17 del mismo, domenica prima post Pentecostés, el 21 festividad del Corpus Cristi y el 24 del referido mes, domenica infraoctava Corpus Cristi no habiendo resultado impedimento alguno yo el cura propietario casé y velé in facie ecclesiae a **Antonio Valdéz** hijo natural de la finada María Valdéz con **María de las Mercedes Ahumada** hija natural de la finada María Ahumada, mis feligreses, habiéndolos examinado previamente de la doctrina cristiana y tomando el mutuo consentimiento de qué fueron recíprocamente preguntados. Fueron testigos Bartolomé Espinosa, Atanasio Guillén y Domingo Lobo vecinos de aquel partido. Para que conste lo firmo.

Folio 34

Reinoso, Marcelino con González, Bernarda
En esta vice parroquia de Los Manantiales a 14 de julio de 1810 en tres días festivos continuos que fueron la primera en 29 de junio día de los apóstoles San Pedro y San Pablo, la segunda en 1 de julio, domenica tercia post Pentecostés y la tercera en 8 del mismo, domenica cuarta post Pentecostés, y no habiendo resultado impedimento alguno yo el cura propietario casé y velé in facie ecclesiae a **Marcelino Reinoso** hijo legítimo de los finados Tomas Reinoso y Ana Casilda Ibáñez con **Bernarda Gonzales** viuda del finado Bartolomé Ibáñez, mi feligreses, examinados previamente de la doctrina cristiana y tomando el mutuo consentimiento de qué fueron recíprocamente preguntados y enseguida hice las demás ceremonias que previene el ritual toledano y comulgaron en la misa. Fueron testigos Atanasio Guillén, Bartolomé Espinosa y Juan Nicolás Reinoso vecinos de aquel partido. Para que conste lo firmo.

Luna, José Santos con Sandi, Paula

En esta parroquia El Alto a 3 de agosto de 1810 corridas las proclamas en tres días festivos continuos que fueron el 22 de julio, domenica sexta post Pentecostés y el 25 del mismo, día del apóstol Santiago y el 26 del referido julio, día de la gloriosos Santa Ana y no habiendo resultado impedimento alguno el maestro Dn. Francisco Javier Thames, mi ayudante, casó y veló in facie ecclesiae a **José de los Santos Luna** hijo natural de María Luna con **Paula Sandi** hija natural de la finada Micaela Sandi, mis feligreses, habiéndose examinado previamente de la doctrina cristiana y tomando el mutuo consentimiento de qué fueron recíprocamente preguntados. Fueron testigos Dn. Juan Francisco Espeche, Andrés Brete y Rafael Sandi. Para que conste lo firmo.

Medina, Lorenzo con Gómez, Viviana

En esta parroquia de El Alto a 4 de agosto de 1810 yo el cura y vicario doctor Dn. José Ignacio Times habiendo corrido las proclamas en tres días festivos continuos que fueron el 22 de julio, domenica sexta post Pentecostés, el 25 el mismo, día del apóstol Santiago y el 29 de los referido julio, domenica séptima post Pentecostés, después del Evangelio de la misa parroquial y no habiendo resultado impedimento alguno casé y velé a **Lorenzo Medina** de padres no conocidos con **Viviana Gómez** natural de Da. Antonia Gómez habiéndolos examinado previamente doctrina cristiana y tomando el mutuo consentimiento de qué fueron recíprocamente preguntados. Fueron testigos Juan Alcaraz, Manuel Avellaneda y Mauricio Mayni vecinos de esta parroquia. Para que conste lo firmo.

Ponce, Juan Santos con Medina Tomasina

En la parroquia de El Alto en 11 de septiembre de 1810 el maestro Dn. Francisco Javier Thames, mi ayudante, habiendo corrido las proclamas en tres días festivos continuos que fueron el día dos del mismo me, domenica 12 post Pentecostés, el ocho día la Natividad de Nuestra Señora y el nueve del referido septiembre, domenica 13 y no habiendo resultado impedimento alguno casó y veló in facie ecclesiae a **José Santos Ponce** hijo natural de la finada Dionisia Ponce con **Tomasina Medina** hija legítima del finado Juan Medina y de Paula Cordero mis feligreses, habiéndolos examinado de la doctrina cristiana y tomando el mutuo consentimiento de qué fueron recíprocamente preguntados. Fueron testigos José Soraire, Andrés Góngora y Mauricio Mayni vecinos de este lugar. Para que conste lo firmo.

Folio 35

Páez, José Miguel con Mercado, Francisca

En esta parroquia El Alto el día 3 de noviembre de 1810 el maestro Francisco Javier Thames, mi ayudante, habiendo corrido las proclamas en tres días festivos continuos que fueron el 14 de octubre, domenica 18 post Pentecostés, el 21, domenica 19 y el 28 del referido octubre, domenica vigésima, después del Evangelio en la misa parroquial y no habiendo resultado impedimento alguno casó y veló in facie ecclesiae a **José Miguel Páez** hijo natural de María Juana Páez con **María Francisca Mercado** hija legítima del finado Juan Ignacio Mercado y de Felipa Collantes, mis feligreses, habiéndolos examinados previamente de la doctrina cristiana y tomando el mutuo consentimiento de qué fueron recíprocamente preguntados. Fueron testigos Tomás Nieva, Bonifacio Arias y Dionicio Leiva vecinos de este lugar. Para que conste lo firmo.

FIN

Libro de Matrimonios N° 4 (primera parte)
1816-1828

Folio 1

Juárez, José Francisco con Díaz, María Juana
En la parroquia de Ovanta el 30 de noviembre de 1816 mi ayudante Presbítero Dn. Miguel Romero casó y se veló a **José Francisco Juárez** h.l. de Antonio Juárez y de la finada Francisca Ayunta con **María Juana Díaz** h.n. de Felipe Díaz, vecinos de Albigasta. Ts. Calixto Verón y Rita Díaz.

Díaz, Juan Bautista con Artaza, Rosalía
En la parroquia de El Alto el 1 de diciembre de 1816 yo, el cura interino Dn. José Domingo Echegoyen casé a **Juan Bautista Díaz** viudo de Mercedes Cejas con **Rosalía Artaza** viuda de Segundo Santucho vecinos de Taco Pozo. Ts. Dn. José Cisneros y Da. Juana Ibáñez.

Mercado, Pedro Antonio con Paz, Patricia
En la vice parroquia de Ovanta el 21 de diciembre de 1816 mi ayudante el presbítero Dn. Miguel Romero casó a **Pedro Antonio Mercado** h.l. del finado Juan Ignacio Mercado y de María Felipa Collantes con **Patricia Paz** h.l. de Martín Paz y de María Argañarás vecinos de Las Tunas. Ts. Miguel Gerónimo Pereira de Ampolla y Bartolina Guerrero de Alijilán. (Al margen: se lo veló el 20 de enero de 1817).

Folio 2

González, Matías con Collantes, María Mauricia
En la vice parroquia de Ovanta el 25 de diciembre de 1816 casó mi ayudante Dn. Miguel Romero a **Matías González** hijo del finado Juan Arsenio González y de María Mercedes Orellana con **María Mauricia Collantes** h.l. de Francisco Collantes y de la finada María Ignacia Figueroa, todos vecinos de Ampolla. Ts. José Antonio Pereyra y María Mercedes Romano. (Al margen: se lo veló el 20 de enero de 1817).

Ogas, Juan Vicente con Díaz, Francisca
En la capilla de Santa Bárbara de los Manantiales el 29 de enero de 1817 mi ayudante presbítero Dn. Miguel Romero casó a **Juan Vicente Ogas** viudo de Juliana Díaz con **Francisca Díaz** h.n. de Victoriana Díaz vecinos de Los Manantiales. Ts. Benito Díaz y Agustina Soria del Manantial.

Verón, Juan Francisco con Ponce, Luisa
En la iglesia parroquial de El Alto 16 de febrero de 1817, con impedimento de consanguinidad en tercer grado por ser primos segundos, el presbítero Dn. Miguel Romero casó y veló a **Juan Francisco Verón** h.n. de Ignacia Verón vecino de Choya con **Luisa Ponce** h.l. del finado Miguel Ponce y de María Nieves Ávila vecinos de Huaico Hondo. Testigos Manuel Ávila y Ana Rosa Delgadillo vecinos de Ancasti.

Valdéz, Francisco Solano con Burgos, María Rudecinda
En la iglesia parroquial de La Concepción de El Alto a… de febrero de 1817, dispensado un impedimento de cuarto grado de consanguinidad, casó y veló el presbítero Dn. Miguel Romero a **Francisco Solano Valdéz** h.l. de los finados José Lorenzo y de Andrea Domínguez con **María Rudecinda Burgos** h.l. de Miguel Burgos y de Dolores Rojas vecinos de Guayamba. Ts. Dn. Juan Francisco Gómez y Da. Damiana Reyes. *Nota:* La información matrimonial correspondiente (Exp. 321) fue presentada en la vice parroquia de El Manantial el 19 de enero de 1817, en ese expediente la madre del pretendiente aparece endonada y se explica el parentesco de la siguiente mantera:

Folio 3

Soraire, Desiderio con Juárez, Francisca Paula
En la iglesia de Santa Bárbara en El Manantial el 6 de febrero de 1817 casó y veló, el cura interino doctor José

Libro N° 4 (primera parte) 1816 - 1828

Domingo Echegoyen a José **Desiderio Soraire** h.n. de la finada Josefa con **Francisca Paula Juárez,** h.l. de los finados Ignacio y María Andrea Herrera, vecinos de La Bajada. Ts. Juan Anastasio Juárez y María Rosalía Figueroa, también vecinos de La Bajada.

Valdéz, Antonio con Aráoz, Casimira
En la iglesia de Santa Bárbara en El Manantial el 10 de febrero de 1817, casó, el cura interino doctor José Domingo de Echegoyen a **Antonio Valdéz** viudo de Mercedes Ahumada con **Casimira Aráoz,** viuda de Pedro Nolasco Álvarez, vecinos de San Francisco. Ts. José Ignacio Ahumada y Mauricio Orellana.

Salas, José Mariano con Solá, María del Sacramento
En la iglesia de Santa Bárbara en Los Manantiales el 15 de febrero de 1817, casó y veló, el cura interino doctor José Domingo de Echegoyen a **José Mariano Salas**, viudo de María Reyes, con **María del Sacramento Solá,** hija de los finados José y María Juárez, vecinos de Alijilán. Testigos Justo Gómez y Gertrudis Solá (al margen dice Juan Maríano Salas con María Juárez).

Folio 4

Nieva, José Ramón con Albarracín, Josefa
En la iglesia de Santa Bárbara en los Manantiales a 17 de febrero de 1817 casó y veló, el cura interino doctor Dn. José Domingo de Echegoyen a **José Ramón Nieva** h.n. de María Petrona Nieva con Josefa **Albarracín**, h.n. de la finada Rosa Albarracín vecinos de Quimilpa. Ts. Pedro Juan Córdoba y María de la Cruz Casas.

Villagra, Juan Teodoro con Reinoso, Basilia
En la iglesia Santa Bárbara del Manantial 17 de febrero de 1817 casó y veló, el cura interino doctor José Domingo a **Juan Teodoro Villagra** h.n. de María Petrona Villagra vecinos de Alijilán, con **Basilia Reinoso**, h.l. del finado Martín Reinoso y de Martina Reyes, vecinos de La Aguada. Ts. Justo Gómez y Mercedes Barrientos.

Verón, Nicolás con Ledesma, María Teresa
En la iglesia del Señor de la Salud de La Quebrada a 18 de febrero de 1817 el ayudante, presbítero Dn. Miguel Romero casó y veló a **Nicolás Verón**, h.n. de la finada Ignacia Verón, con **María Teresa Ledesma, h.l.** de los finados Silvestre Ledesma y de María Nieves Santucho, vecinos del Huaico Hondo. Ts. Dn. Tiburcio Domínguez y Da. Petrona Ibáñez de Caña Cruz.

Peralta, Andrés con Barrera, María Josefa
En la iglesia de La Quebrada el 26 de febrero de 1817 el ayudante Dn. Miguel Romero casó y veló a **Andrés Peralta,** h.l. de José Peralta y de María Dolores Quiroga, vecinos de Choya, con **María Josefa Barrera**, h.l. del finado José Barrera y de María Andrea Agüero vecinos de Achalco. Ts. Juan Nicolás Díaz y Julián Agüero vecinos de Choya

Folio 5

Arévalo, José Bernardo con Zurita, María Eufrasia
En la iglesia parroquial de El Alto, el 20 de marzo de 1817, el cura interino doctor Dn. José Domingo Echegoyen casó a **José Bernardo Arévalo** viudo de la finada María Manuela Luján, vecino de Caña Cruz, con **María Eufrasia Zurita,** h.l. del finado Pedro Zurita y de Juana Ignacia Medina. Ts. José Luis Zurita y María Antonia Zurita (al margen: se veló el 19 de abril de 1817)

Vega, Jerónimo con Cejas, María Mercedes
En la matriz de El Alto (sic) el 24 de marzo de 1817 casó, el cura interino doctor Dn. José Domingo Echegoyen a **Jerónimo Vega**, h.l. de Teodoro Vega y de Antonia Avellaneda, vecinos de Vilismano, con **María Mercedes Cejas,** viuda del finado José Maturano, vecinos del Río del Molino. Ts. Víctor Ponce y Petrona Ávila, vecinos de Ancuja.

Folio 6

Cejas, Hilario con Sobrado, Isabel
En esta parroquia de El Alto el 19 de abril de 1817, el cura interino doctor Dn. José Domingo Echegoyen casó y veló a **Hilario Cejas** vecino del Río del Molino h.l. de los finados Antonio y Josefa Mansilla con **Isabel Sobrado** h.l. de los finados Toribio Sobrado y de Carmen Díaz vecinos de Taco Punco. Ts. Francisco Paula Burgos y Genuaria Ponce.

Morales, Juan Martín con Albarracín, María del Carmen
En esta parroquia de El Alto el 28 de abril de 1817, casó, el cura interino doctor Dn. José Domingo de Echegoyen a **Juan Martín Morales** vecino de El Molino h.l. del finado Juan Andrés y de María Rosa Quiroga con **María del Carmen Albarracín** viuda del finado Juan Dionisio Valdéz, vecinos de Albarracín. Ts. Dn. Fabián Maldonado y Da. Isabel Márquez, vecinos de El Molino.

Paz, Anastasio con Albarracín, María Felipa
En la iglesia de La Quebrada a 17 de abril de 1817, casó y veló el ayudante presbítero Dn. Miguel Romero a **Anastasio Paz,** vecino del Agua Blanca, h.l. del finado José Antonio y de María Josefa Atay, con **María Felipa Albarracín** h.n. de Juliana Albarracín, del mismo

vecindario. Ts. José Lorenzo Atay y María Antonia Martínez, de La Toma.

Moyano, Juan de Dios con Mercado, Jerónima
En la iglesia de Santa Bárbara, en El Manantial, el 13 de mayo de 1817, el ayudante presbítero Dn. Miguel Romero casó y veló a **Juan de Dios Moyano**, vecino de Alijilán, viudo de Juliana Luna con **Jerónima Mercado** h.l. de los finados Matías y de María Francisca Paz, vecinos de Las Tunas. Ts. Francisco Figueroa e Inocencia Arias, vecinos del Manantial.

Folio 7

Gómez, Gervasio con Soraire, Petrona
En Ovanta, el 6 de junio de 1817, casó y veló el ayudante presbítero Dn. Miguel Romero a **Gervasio Gómez** h.n. de María Lorenza Gómez feligreses, el curato de los Graneros vecinos de los Sauces con **Petrona Soraire** h.n. de María Soraire vecina de La Bajada. Ts. Bernabé Ortiz y Feliciana Barrientos de El Manantial.

Cardoso, Alejandro con Medina, María Agustina
En la capilla de La Quebrada el 23 de junio de 1817, casó el ayudante presbítero Dn. Miguel Romero a **Alejandro Cardoso** viudo de María Rojas vecinos de El Manantial con **María Agustina Medina** viuda de Juan Pablo Villalba vecina de Los Corrales. Ts. José Domingo respires y Bernarda Yanapa.

Santillán, Miguel con López, María del Pilar
En la capilla de La Quebrada el 24 de junio de 1817 casó y veló el ayudante presbítero Dn. Miguel Romero a **Miguel Santillán** hijo de la finada Francisca Santillán con **María del Pilar López** h.l. de Manuel Antonio López y de María Dolores Leguizamón vecinos de Achalco testigos Justo Martínez y Casimira Ledesma de Achalco.

Alderete, José Luis con Páez, Juana
En la capilla de Vilismano el 14 de julio de 1817 casó mi ayudante presbítero Dn. Miguel Romero a **José Luis Alderete** hijo de los finados Miguel y de Ana María Ponce con **Juana** esclava del presbítero Dn. Pedro Martín Páez de Vilismano y viuda de Domingo Robín. Ts. Luis Medina y Pascuala Murguía.

Folio 8

Díaz, Fernando con Plaza, María Casimira
En el oratorio de Quimilpa el 17 de julio de 1817 casó y veló, el cura interino a **Fernando Díaz** h.l. de José Díaz y de María del Tránsito de Herrera, vecinos de San Francisco, con **María Casimira Plaza** h.l. de Juan León Plaza y de María Simona Díaz vecinos de La Viña. Ts. Santiago Tula y María Manuela Ortiz de Quimilpa.

Barrionuevo, Roque con Barroso, María Juana
En la parroquia de El Alto el 27 de julio de 1817 el ayudante presbítero Dn. Miguel Romero casó y veló a **Roque Barrionuevo** vecino de Unquillo, hijo de María Agustina Páez con **María Juana Barroso** vecina de Sucuma, hija de la finada María Clara Barroso. Ts. José Alejandro Segura y Juana Rosa Leiva vecinos de Sucuma.

Quintero, Juan con Ayunta, María Dionisia
En la vice parroquia del Señor de la Salud en La Quebrada el 17 de septiembre de 1817, el ayudante presbítero Dn. Miguel Romero casó y veló a **Juan Quintero** hijo de la finada Josefa con **María Dionisia Ayunta**, hija de los finados Bartolomé y de María Dolores Flores vecinos de los Molleyaco. Ts. Luis Rodríguez y María Lorenza Pérez de La Puerta.

Islas, Pedro Pablo con Ruiz, María Isabel
En la capilla del Señor de la Salud en La Quebrada el 22 de septiembre de 1817 el ayudante el presbítero Dn. Miguel Romero casó y veló a **Pedro Pablo Islas** esclavo de Águeda Islas hijo de la finada Juana con **María Isabel Ruiz** hija de los finados Lorenzo y de Ana Herrera vecino los dos de Choya. Ts. Enrique Guerra y Francisca Cortes.

Mercado, Juan Antonio con Jiménez, María Josefa
En la vice parroquia de San José de Ovanta, el 2 de octubre de 1817, el ayudante presbítero Dn. Miguel Romero, casó y veló a **Juan Antonio Mercado**, vecino de A… h.n. de la finada Agustina, con **María Josefa Jiménez**, vecina de Ampolla, h.l. de Casimiro y de María Mercedes Romano. Ts. Juan Manuel Guamán y Bárbara Cárdenas.

Folio 9

Argañaráz, José Cruz con Pacheco, María Aurelia
En la vice parroquia de San José de Ovanta, el 29 de octubre de 1817, el ayudante presbítero Dn. Miguel Romero casó y veló a **José Cruz Argañarás** h.n. de María, con **María Aurelia Pacheco**, h.n. de la finada Casilda, ambos vecinos de El Bañado. Ts. Bonifacio Arias, vecino de El Bañado y Fernanda Mercado, vecina de Las Tunas.

Mansilla, Fernando con Rodríguez, María Nieves
En la vice parroquia del señor de la salud en La Quebrada el 7 de noviembre de 1817 el presbítero Dn. Miguel Romero casó y veló a **Fernando Mansilla** hijo de los finados Silvestre y de Clara Varela con **María Nieves Rodríguez** hija de Luis y de Lorenza Pérez

vecinos todos de La puerta de La Quebrada siendo testigos Fernando Francisco Pérez y María Nieves Domínguez del Huaico Hondo.

Vázquez, José Cruz con Díaz, Francisca
En la vice parroquia del señor de la salud en La Quebrada a 7 de noviembre de 1817 mi ayudante el presbítero Dn. Miguel Romero casó y veló según orden de la Santa madre iglesia a **José Cruz Vázquez** vecino de Hayapaso y viudo de Martina Gómez con **Francisca Díaz**, vecina de Chancalo, hija del finado Santiago y de María Santos Figueroa. Ts. Juan de Dios Díaz y Antonia Flores del mismo Chancalo.

Aráoz, Juan Alberto con Figueroa, Juliana
En la iglesia parroquial de la Concepción de El Alto el 9 de noviembre de 1817 mi ayudante Dn. Miguel Romero casó y veló a **Juan Alberto Aráoz** de Chuñapampa hijo de Marcos y de Catalina Albarracín con **Juliana Figueroa** de Ampolla hija de la finada Claudia. Ts. Francisco Javier Videla, vecino de Las Cañas y María del Tránsito Paz, vecina de Las Tunas.

Folio 10

Lobo, Prudencio con Vega, Petrona
En el oratorio de Nuestra Señora del Carmen en Quimilpa el 17 de noviembre de 1817, el cura interino casó y veló a **Prudencio Lobo** hijo de los finados Miguel y de María Antonia Gómez con **Petrona Vega** hija de Pedro Pablo y de María Luisa Ávila vecinos de Quimilpa. Ts. Pablo Varela y María Concepción Domínguez.

Nieva, Juan Francisco con Leal, Valentina
En el oratorio de Nuestra Señora del Carmen de Quimilpa a 17 de noviembre de 1817, el cura interino casó y veló a **Juan Francisco Nieva** hijo de la finada María Bernarda con **Valentina Leal** hija de María Eugenia vecinos de El Alto. Ts. Miguel Peralta y Vicente Arias de La Carpintería.

Contreras, José Alejandro con González, María Ramona
En la vice parroquia de Nuestra Señora de la Candelaria en Vilismano el 3 de diciembre de 1817 el ayudante Dn. Miguel Romero casó y no veló por ser viuda la contrayente, a **José Alejandro Contreras** hijo de la finada Ana María Contreras con **María Ramona González** viuda de Francisco Barrios. Ts. Juan Manuel González y Laurencia la urgencia Soraire, vecinos todos de Las Trancas.

Barrionuevo, José María con Falcón, María Isabel
Barrionuevo, José María En esta iglesia matriz de El Alto a 15 de diciembre de 1817, el cura interino casó a **José María Barrionuevo** h.l. de los finados Mariano y María Luisa Benavides vecinos de Córdoba con **María Isabel Falcón** h.l. del finado Bartolomé y de María Aurelia Osores vecinos de Los Falcones. Ts. Mariano Juárez y María del Carmen Artaza vecinos del Durazno.

Díaz, Luciano con Moreno, Agustina
En la capilla de Nuestra Señora del Carmen de Quimilpa a 2 de febrero de 1818, el cura interino casó y veló a **Luciano Díaz** vecino del Pensamiento, h.n. de la finada Leocadia Díaz con **Agustina Moreno**, vecina de San Francisco, h.n. de Catalina Moreno. Ts. Dn. Jacinto Delgado y Da. María Orellana vecinos de la chacra de Alijilán.

Folio 11

Gómez, Francisco con Armas, María Ignacia
En la matriz (sic) de El Alto a 31 de marzo de 1818, el cura interino casó y veló a **Francisco Gómez** esclavo de Dn. Bernabé Gómez con **María Ignacia Armas** h.l. de Antonio Armas y de María Damiana Juárez vecinos de Choya. Nota: En la información matrimonial correspondiente (Exp. 371) el novio aparece con el apellido Cabrea.

Carrizo, Pedro Lucas con Rodríguez, Dominga
En la iglesia parroquial de El Alto en 11 de abril de 1818, dispensado un impedimento de consanguinidad en tercer grado, el cura interino casó a **Pedro Lucas Carrizo** h.l. de los finados Nolasco Carrizo y Bernardina Crespín con **Dominga Rodríguez**, viuda del finado Martín Márquez, todos de Guayamba. Ts. Dn. José Ramón Burgos y Da. Leocadia Salazar.

Ruiz, José Valentín con Romano, María Isabel
En la iglesia del señor de la salud en Ovanta el 6 de mayo de 1818, el cura interino caso a **José Valentín Ruiz**, natural de los Falcones, h.n. de la finada María Francisca Ruiz con **María Isabel Romano** h.l. de Gerardo Romano y de María Juana Garzón de los Osores. Ts. Ignacio Ocón y Petrona Falcón.

Folio 12

Fernández, Felipe con Ávila, María Nicolasa
En la iglesia del señor de la salud en La Quebrada el 11 de mayo de 1818, el cura interino casó y veló a **Felipe Fernández** h.n. de la finada Margarita Fernández, natural de Los Falcones; con **María Nicolasa Ávila** h.l.

del finado Ascencio Ávila y de Ignacia Cisternas, vecinos de los Falcones. Ts. Dn. José Domingo Ibáñez y María Ignacia Díaz.

Quiroga, Joaquín con Reinoso, Ignacia
En la iglesia del señor de la salud en La Quebrada 13 de mayo de 1818, el cura interino casó y veló a **Joaquín Quiroga** h.n. de María Antonia Quiroga, vecinos de Choya con **Ignacia Reinoso** h.n. de Simona Reinoso de Albigasta. Ts. Ascencio Miranda y María Miranda vecinos de La Quebrada.

Zurita, José Rosa con Juárez, María Candelaria
En la iglesia de La Quebrada a 15 de mayo de 1818, el cura interino casó y veló a **José Rosa Zurita** h.l. de Juan Nicolás Zurita y de María Josefa Ramo, vecinos de Choya con **María Candelaria Juárez** h.n. de María Josefa Juárez difunta también Choya. Ts. José del Tránsito Rojas y Petrona Peñaflor.

Folio 13

Falcón, Juan Fernando con Pacheco, Anastasia
En la iglesia matriz de El Alto 15 de junio de 1818, el presbítero Maestro Dn. Manuel Vidal casó y veló a **Juan Fernando Falcón** h.l. de Lorenzo Falcón y de María Gregoria Medina vecino de los Falcones con **Anastasia Pacheco** h.l. de los finados Andrés y de Narcisa Roldán, vecinos del curato de Ancasti. Ts. Dn. Manuel Avellaneda y Atanasio Ferreira.

Castellanos, Juan Bernabé con Acosta, Jerónima
En la iglesia parroquial de El Alto el 8 de julio de 1818, el cura interino casó y veló a **Juan Bernabé Castellanos** h.l. de los finados Doroteo Castellanos y de María Ledesma vecinos que fueron de los Osores, con **María Jerónima Acosta** h.l. del finado Juan Ramón Acosta y de Estefanía Acosta, vecinos de la Toma. Ts. Dn. Juan Gregorio Rizo y Da. María Saavedra.

Pereira, Bernardo con Orellana, Mercedes
En la iglesia de San José de Ovanta a 31 de julio de 1818, el cura interino casó y veló a **Bernardo Pereira** h.l. de Juan Lorenzo Pereira y de María Faustina Jiménez con **Mercedes Orellana** viuda de Juan Ascencio González vecinos todos de o manta. Ts. Pablo Cárdenas vecino de la Huerta y José González, vecino de Ovanta.

Ávila, Manuel con Pereira, Silveria
En la iglesia de San José de Ovanta el 1 de agosto de 1818, el cura interino casó y veló a **Manuel Ávila** viudo de Ana María Cárdenas con **Silveria Pereira** h.n. de Micaela Pereira vecinos de Ampolla. Ts. Juan Quintero y Catalina Allende.

Folio 14

Molina, Juan con Rosales, Petrona
En la iglesia de Ovanta, el 1 de agosto de 1818, el cura interino casó y veló a **Juan Molina**, h.n. de Ignacia Molina, vecino del Manantial, con **Petrona Rosales**, hija de Casilda Rosales, del mismo lugar. Ts. Juan Argañaráz y María Antonia Márquez.

Rosales, José Javier con Reinoso, Gregoria
En la iglesia de Nuestra Señora de del Carmen en Quimilpa 19 de agosto de 1818, el cura interino casó y veló a **José Javier Rosales** vecino de El Bañado, h.n. de la finada Petrona Rosales con **Gregoria Reinoso** h.l. de Juan Nicolás Reinoso y de Inés Luna, vecina de Ovanta. Ts. Felipe Soraire y Florentina Jiménez.

Artaza, Juan Bautista con Paz, María Candelaria
En la iglesia matriz (sic) de El Alto a 10 de octubre de 1818, el cura interino casó y veló a **Juan Bautista Artaza** h.n. de la finada María Juliana Artaza, vecino del Huaico Hondo, con **María Candelaria Paz** hija de José Antonio Paz y de Josefa Atay, vecinos del Huaico Hondo. Ts. Leandro Campos y Segunda Rojas de Albigasta.

Rojas, Juan Esteban con Soria, María Fernanda
En la iglesia parroquial de El Alto, el 30 de octubre de 1818, el cura interino casó y veló a **Juan Esteban Rojas** h.n. de María Rojas vecinos de Albigasta, con **María Fernanda Soria** hija del finado Juan Manuel Soria y de María Francisca Ramírez vecinos de Albigasta. Ts. Dn. Martín Rizo vecino de El Alto y Juana Reinoso vecina de Albigasta.

Folio 15

Medina, Luis con Agüero, Micaela
En Vilismano el 27 de noviembre de 1818, el maestro Pedro Martín Páez casó a **Luis Medina** viudo de Benita Medina con **Micaela Agüero**, esclava de Da. Ana María Agüero, vecina de Vilismano. Ts. Dn. Martín Oviedo y Da. Pabla Páez.

Nieto, Pedro Pablo con Acosta, María del Rosario
En Vilismano, el 25 de enero de 1819, dispensado un impedimento de segundo grado de consanguinidad con licencia el presbítero maestro Dn. Pedro Martín Páez, casó y veló a **Pedro Pablo Nieto**, h.n. de María Justa Nieto con **María del Rosario Acosta** h.l. de los finados Justiniano Acosta y de María Manuela Nieto, todos vecinos de La Toma. Ts. (no figuran testigos y la partida no está firmada). Nota: El expediente matrimonial correspondiente (Exp. 400) está fechado en El Alto el 30 de noviembre de 1818. El testigo

Agustín Tapia, afirma que los contrayentes son primos hermanos, pues las madres son hermanas, ambas hijas de Magdalena Nieto, abuela materna de ambos contrayentes.

Burgos, Pedro Antonio con Flores, Gregoria
En El Alto el 19 de febrero de 1819, el cura interino casó y veló a **Pedro Antonio Burgos** h.l. del finado Juan Dionisio Burgos y de María Asunción Nieva, vecino de las Higueras Grandes con **Gregoria Flores** h.l. de Miguel Flores y de la finada Francisca Lobo vecinos de Achalco. Ts. Casimiro Burgos y María Videla vecinos de las Higueras Grandes.

Díez, Juan Francisco con Acosta, Manuela
En el Manantial, a 22 de febrero de 1819, el cura interino casó y veló a **Juan Francisco Díaz** h.n. de la finada Manuela Díaz con **Manuela Acosta** h.n. de Gregoria Acosta, todos de Santiago del Estero y residentes en Alijilán. Ts. Dn. Agustín Villar y María Díaz

Folio 16

Brizuela, Juan con Paz, Justa
En la iglesia de Santa Bárbara del Manantial 4 de mayo de 1819, el cura interino casó y veló a **Pedro Juan Brizuela** vecino del Manantial h.l. del finado Genuario Brizuela y de Asunción Toledo los vecinos de Anjullón, jurisdicción de La Rioja, con **Justa Paz**, h.l. de Teodoro Paz y de Francisca Jiménez vecinos del Manantial. Ts. Lorenzo Rosales y Feliciana Barrientos

Lobo, Ramón Antonio con Jiménez, María Francisca
En la iglesia de Santa Bárbara del Manantial el día 4 de mayo de 1819, el cura interino casó a **Ramón Antonio Lobo** viudo de María Jiménez, vecino de Quimilpa, con **María Francisca Jiménez** viuda del finado Miguel Jiménez y vecina del mismo lugar. Ts. José Espinosa y Petrona Pesao, vecinos de Quimilpa.

Echegoyen, Bernardo con Saavedra, Segunda
En la iglesia parroquial de El Alto 10 de mayo de 1819, el cura interino Dn. José Domingo Echegoyen casó y veló a Bernardo su esclavo con segunda Saavedra h.n. de la finada Santos Saavedra. Ts. Pablo Echegoyen y Justa Tapia.

Leiva, Antonio con Tolosa, María Antonia
En la iglesia del Manantial, a 27 de mayo de 1819, el cura interino casó y veló a **Antonio**, esclavo de Dn. Javier Leiva, vecino de la Bajada, con **María Antonia Tolosa**, viuda de José Juárez. Ts. Juan José Ibáñez y María Rosa Ogas vecinos de la bajada.

Folio 17

Peñaflor, José Rosario con Islas, María Narcisa
En la iglesia del Señor de la Salud en 21 de junio de 1819, el cura interino casó y veló a **José Rosario Peñaflor** h.l. de Bernardo Peñaflor y de Celedonia Lindón con **María Narcisa Islas** h.l. de Francisco Antonio Islas y de la finada Francisca Cortés, todos vecinos de La Quebrada. Ts. José Asencio Jeréz y Petrona Peñaflor, vecinos de La Quebrada.

Ortiz, Tomás con Cárdenas, Petrona
En la capilla de San José d Ovanta 5 de julio de 1819, el cura interino casó y veló a **Tomás Ortiz** vecino de Ovanta, h.l. de Pedro Ortiz y de la finada Gerarda Armas con **Petrona Cárdenas** h.l. del finado Justo Cárdenas y de Juliana Jiménez, todos vecinos de Ovanta. Ts. Pablo Cárdenas y Tránsito Díaz. *Nota:* En el expediente matrimonial correspondiente (Exp. 415) El contrayente declara haber tenido trato ilícito con una prima de la contrayente, entre las causales para solicitar la dispensa dice haber tenido trato con su prometida del cual han resultado dos hijos que quiere legitimar. Dispensado en Piedra Blanca el 15 de mayo de 1819.

Guerrero, Silvestre con Bulacia, Mercedes
En la capilla de Quimilpa el 16 de agosto de 1819, el cura interino casó y veló a **Silvestre Guerrero** h.n. de la finada Candelaria Guerrero vecino de La Aguada con **Mercedes Bulacia**, esclava de Da. María Leiva vecina de Sauce mayo. Ts. Dn. José Bulacia y Da. Francisca Bulacia.

Espinosa, Pedro con Mercado, Juana
En la capilla de aquí Milpa al 26 de agosto de 1819, el cura interino casó y veló a **Pedro Espinosa** h.l. de Bartolomé Espinosa y de la finada Margarita Arce vecinos de Quimilpa con **Juana Mercado** h.l. del finado Tomás Mercado y de Candelaria González, vecinos de Ovanta. Ts. Dn. Francisco Antonio Pérez y Da. María Ana Noriega vecinos de Quimilpa.

Ríos, José Antonio con Ruiz, Carmen
En la iglesia de Milpa al 30 de agosto de 1819, el cura interino caso y a **José Antonio Ríos** h.l. de los finados Pablo Ríos y de María Eduarda Cholbes naturales del Fuerte de Andalgalá, con **Carmen Ruiz** h.n. de la finada Paula Ruiz vecinos y naturales de Sumampa. Ts. José Plaza y Petrona Soria.

Folio 18

Jiménez, Juan Francisco con Barrientos, Gervasia
En el Manantial el día 19 de noviembre de 1819, dispensado un impedimento de primer grado de

afinidad, el cura interino casó a **Juan Francisco Jiménez** h.n. de Francisca Jiménez con **Gervasia Barrientos** h.l. de los finados Maríano Barrientos y de Gertrudis Dorado, todos vecinos del Manantial. Ts. Pedro Sosa y Pascuala Albarracín vecinos del Manantial. *Nota:* En el expediente matrimonial correspondiente (e Exp. 434), el contrayente declara haber tenido trato con una hermana de su prometida. La dispensa está fechada en Piedra Blanca el 20 de octubre de 1819.

Ibáñez, Juan Pedro con Lobo, María Rosa

En el Manantial el 16 de noviembre de 1819, el cura interino casó y veló a **Juan Pedro Ibáñez**, esclavo de Da. Juana Ibáñez con **María Rosa Lobo** h.n. de la finada Catalina Lobo vecinos de la Aguada. Ts. Saturnino Ibáñez y Severina Goitia vecinos del Abra.

Ruiz, Juan de Dios con Reinoso, María Jacoba

En la parroquia de El Alto 20 de noviembre de 1819, el cura interino casó y veló a **Juan de Dios Ruiz** h.n. de la finada María Mercedes Ruiz con **María Jacoba Reinoso** h.l. de Bartolomé Reinoso y de Agustina Luna vecinos de El Bañado. Ts. Francisco Figueroa y María Ascensión Soraire, vecinos de Ovanta.

Folio 19

Cabrera, Jorge con Argañaráz, María Juana

En la vice parroquia de Ovanta 3 de agosto de 1820, el cura interino casó y veló a **Jorge Cabrera** h.l. de Nicolás Cabrera y de Ana María Díaz, vecinos de Las Tunas con **María Juana Argañaráz** h.n. de la finada Valentina Argañaráz. Ts. Juan Vicente Mercado y Gregoria Luna.

Ibáñez, Hermenegildo con Cabrera, María Margarita

En la vice parroquia del Manantial en 21 de agosto de 1820, el cura interino casó y veló a **Hermenegildo Ibáñez**, vecino de la Aguada, h.n. de María Juana Ibáñez con **María Margarita Cabrera** h.l. de Nicolás Cabrera y de Ana María Díaz, vecinos de Las Tunas. Ts. Antonio Rizo y María Juana Ibáñez.

Barrientos, Pedro Francisco con Arias, Javiera

En la vice parroquia de Santa Bárbara 30 de agosto de 1820, el cura interino casó y veló a **Pedro Francisco Barrientos** h.l. del finado Juan Gregorio Barrientos y de María Gregoria Abrego; con **Javiera Arias** h.l. del finado Fermín Arias y de María Victoria Márquez, todos vecinos del Manantial. Ts. Luis Molina y Valentín Nieva, vecinos del Manantial.

Rosales, Nicolás con Pacheco, Manuela

En la iglesia del Señor de la Salud de La Quebrada, el 22 de septiembre de 1820, el cura interino casó y veló a **Nicolás Rosales** h.l. de Ignacio Rosales y de la finada Petrona Olivera, con **Manuela Pacheco** h.n. de Casilda Pacheco, todos vecinos de Ovanta. Ts. Juan José Díaz y Francisca Leguizamo, también de Ovanta.

Folio 20

Góngora, Salvador con Toledo, María

En la vice parroquia de Santa Bárbara de los Manantiales, el 28 de noviembre de 1820, el cura interino casó a **Salvador Góngora** h.l. de Andrés Góngora y de Victoria Díaz, vecinos del Manantial; con **María Toledo**, viuda del finado Gregorio Sarmiento, vecinos de Córdoba. Ts. Juan Eusebio Rosales y Juana Rosa Arroyo.

Peralta, Miguel con Bravo, María

En la parroquia de Vilismano, en 28 de noviembre de 1820, el maestro Dn. Pedro Martín Páez casó y veló a **Miguel Peralta** h.l. de José Peralta y de María Dolores Quiroga con **María Bravo** h.n. de María Celestina Bravo, vecinos de Choya. Ts. Santos Rojas y María Micaela Agüero.

Ortiz, Manuel con Jiménez, Valentina

En esta parroquia de la Concepción de El Alto, a 2 de diciembre de 1820, el cura interino casó y veló a **Manuel Ortiz** h.n. de Francisca Ortiz, con **Valentina Jiménez** h.l. de Casimiro Jiménez y de Mercedes Romano, todos vecinos de Ampolla. Ts. Carmen Vega de la Peña y Basilia Jiménez el primero vecino de El Alto y la segunda de Ampolla.

Folio 21

Mercado, José Manuel con Ibáñez, María Justa

En la parroquia de la Concepción de El Alto 9 de diciembre de 1820, el cura interino casó y veló a **José Manuel Mercado** h.n. de la finada María Agustina Mercado, vecino de Amaucala; con **María Justa Ibáñez** viuda del finado Nolasco Márquez, vecino del Molino. Ts. Juan Pablo Cárdenas y María del Rosario Ortiz.

Falcón, Francisco Antonio con Artaza, María Dominga

En la parroquia de la Concepción de El Alto 11 de enero de 1821, el cura interino casó y veló a **Francisco Antonio Falcón** h.n. de María Eugenia Falcón, vecino de Los Falcones; con **María Dominga Artaza**, h.n. de Rosa Artaza de Ancuja. Ts. Luis Antonio Leiva y María Juana gafete

Nieva, Juan Pablo con Guzmán, Ceferina

En la iglesia de Vilismano, el 15 de enero de 1821, el presbítero Maestro Dn. Pedro Martín Páez casó y veló a **Juan Pablo Nieva** h.n. de la finada Rosa Nieva, con **Ceferina Guzmán** h.n. de Luisa Guzmán, todos vecinos de Vilismano. Ts. Gabriel Nieva e Isidora Medina, vecinos de Vilismano.

Folio 22

Quiroga, Francisco Antonio con Luna, Jacoba
En la parroquia de El Alto en 15 de enero de 1821, el cura interino casó y veló a **Francisco Antonio Quiroga** h.l. del finado Santiago Quiroga y de Josefa Santos con **Jacoba Luna** h.l. de José Luna y de la finada Carmen Rosales todos de vecinos de Amaucala. Ts. Juan Manuel Guzmán y María del Tránsito Díaz.

González, Francisco Antonio con Jiménez, Basilia
En la parroquia de El Alto, el 4 de mayo de 1821, el cura interino casó y veló a **Francisco Antonio González** viudo de la finada Tomasina Jiménez con **Basilia Jiménez** h.l. de Casimiro Jiménez y de Mercedes Romano. Ts. Ambrosio Maldonado y Bárbara Mercado vecino de Las Tunas. *Nota:* En la información matrimonial correspondiente (Exp. 467) se declaró que la pretendiente era prima hermana de la primera mujer del contrayente. En Tucumán el 8 de marzo de 1821, se dispensó un impedimento por afinidad lícita en segundo grado de la manera siguiente:

Argañaráz, Damascio con Juárez, Cecilia
En la parroquia de El Alto a 4 de junio de 1821, el cura interino caso y a **Damascio Argañaráz** h.n. de María Cornelia Argañaráz, con María **Cecilia Juárez** h.n. de la finada Tránsito Juárez, vecinos de Ovanta. Ts. José Ventura Reinoso y María Isabel Reinoso, vecinos de Ovanta.

Acuña, Juan de los Santos con Luna, María Jerónima
En El Alto, a 6 de junio de 1821, el cura interino casó y veló a **José de los Santos Acuña** h.l. de Salvador Acuña y de la finada María Antonia Báez vecino de Ambargasta curato de Sumampa, con **María Jerónima Luna** h.l. del finado Lorenzo Luna y de Juana Coronel, vecinos de Ancuja. Ts. Nicolás Almaraz y María del Carmen Heredia

Folio 23

Díaz, José Rudecindo con Caravajal, María Antonia
En la iglesia del Manantial, a 26 de junio de 1821, el maestro Dn. Juan Pablo Molina casó y veló a **José Rudecindo Díaz** h.l. de Pedro Pablo Díaz y de Petrona Lobos vecinos de Achalco, con **María Antonia Caravajal** h.l. del finado Mariano Caravajal y de Andrea Reyes vecinos de la Aguada. Ts. Juan Ignacio Reyes y María Cecilia Gutiérrez de la Aguada.

Artaza, Juan Tomás con Campos, María
En la iglesia de Vilismano a 2 de julio de 1821, el maestro Dn. Pedro Martín Páez casó y veló a **Juan Tomás Artaza** h.n. de la finada Juliana Artaza con **María Campos** h.l. del finado Juan Tomás Campos y de Lorenza Ponce vecinos de Albigasta. Ts. Evaristo Vera y María Pabla Atay, vecinos de Vilismano.

Jiménez, Toribio con Collantes, María Romualda
En La Quebrada a 7 de julio de 1821, el cura interino casó y veló a **Toribio Jiménez** h.l. del finado Juan Andrés Jiménez y de Petrona Bórquez, con **María Romualda Collantes** h.l. de Francisco Collantes y de la finada Ignacia Figueroa, todos vecinos de Ampolla. Ts. Francisco Antonio González y María de la Concepción López.

Corte, Anselmo con Flores, María de Jesús
En la iglesia de La Quebrada a 12 de julio de 1821, el cura interino casó y veló a **Anselmo Corte** h.n. de Catalina Corte con **María de Jesús Flores** h.l. del finado José Silverio Flores y de Feliciana Ledesma, todos vecinos de Achalco. Ts. José Justo Martínez y Casimira Ledesma.

Folio 24

Murguía, Justo con Lazo, Feliciana Fernanda
En la iglesia de La Quebrada a 14 de julio de 1821, el cura interino casó y veló **Justo Murguía** h.l. del finado José Murguía y de Luisa Véliz con **Feliciana Fernanda Lazo** h.n. de Micaela Lazo, vecinos del Puestecito. Ts. Casimiro Juárez y María Javiera Murguía del mismo lugar.

Márquez, Gregorio con Osores, María Luisa
En la parroquia de El Alto en 23 de julio de 1821, el cura interino casó y veló a **Gregorio Márquez** h.l. del finado Bruno Márquez y de María Andrea Nieva, de Santa Catalina, con **María Luisa Osores h.n.** de

Petrona Osores, vecina de los Osores. Ts. León Herrera e Isabel Romano, del mismo lugar.

Guerrero, José Mariano con Ferreira, Micaela
En la iglesia de Ovanta el 30 de julio de 1821, el cura interino casó y veló a **José Mariano Guerrero** h.n. de María Bernarda Nieva, con **Micaela Ferreira** h.l. de Santiago Ferreira y de Petrona Villagra vecinos de la Aguada. Ts. Dn. Francisco Ibáñez y Antonia Ibáñez.

Lobo, José Ignacio con Ortiz, Josefa
En la iglesia de Ovanta el día 3 de agosto de 1821, el cura interino casó y veló a **José Ignacio el Lobo** h.l. de Cruz Lobo y de Petrona Ibáñez, vecino de El Bañado, con **Josefa Ortiz** h.l. de Matías Ortiz y de Bernardina Frías. Ts. Nazario Lobo y Sabina Reinoso, vecinos de El Bañado.

González, Nicolás con Reinoso, Úrsula
En Ovanta el día 4 de agosto de 1821, el cura interino casó y veló a **Nicolás González** h.l. de Bartolomé González y de la finada Martina Ibáñez con **Úrsula Reinoso** h.l. de Juan Nicolás Reinoso y de Inés Luna. Ts. Dn. José María Villafañe y María Cruz Leguizamo. *Nota:* En el expediente matrimonial correspondiente (Exp. 445) fue presentado en Ovanta el 27 de julio de 1821, allí el contrayente aparece con el nombre Nolasco González, si bien los testigos no conocen impedimentos entre los contrayentes, las averiguaciones del párroco entre las personas ancianas, descubren el parentesco siguiente:

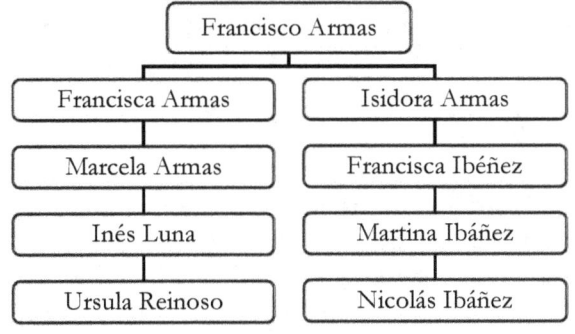

Folio 25

Guarás, Damasceno con Díaz, Andrea
En la iglesia de Ovanta, el día 4 de agosto de 1821, el cura interino casó y veló a **Damasceno Guarás** h.l. de Ramón Antonio Guarás y de Francisca Rosales con **Andrea Díaz** h.n. de la finada Catalina Díaz vecinos de Ovanta. Ts. Juan de Dios Ruiz y Antonia Rosales vecinos de Ovanta.

Alderete, Basilio con Lobo, María del Rosario
En la parroquia de El Alto el día 27 de agosto de 1821 en, el cura interino casó y veló a **Basilio Alderete** h.l. del finado Gerardo Alderete y de Juliana Argañaráz, vecinos del Rio Chico jurisdicción de Tucumán con **María del Rosario Lobo** h.l. de Juan de Dios Lobo y de Vicencia Bravo, vecinos de Las Cañas. Ts. Dn. Javier Leiva y Dionisia Albarracín.

Durán, Pedro con Ibarra, María Mercedes
En la parroquia de El Alto 27 de agosto de 1821, el cura interino casó y veló a **Pedro Durán** h.l. de Pedro Durán y de Teodora Moreno, vecinos de El Alto con **María Mercedes Ibarra** h.n. de la finada Mercedes Ibarra. Ts. Bernardo Hetichoque y Melchora Saavedra.

Ávila, José Mariano con Soria, María Marcelina
En la iglesia de Vilismano, el 29 de agosto de 1821, el maestro Dn. Pedro Martín Páez casó y veló a **José Mariano Ávila**, hijo adoptivo de la finada Mercedes Ávila, vecino del Rio del Molino, con **María Marcelina Soria** h.l. de Felipe Soria y de Isabel Coello. Ts. José Justo Luján y Pedro Juan Sosa.

Folio 26

Lobo, José María con Gutiérrez, Gregoria
En Vilismano el 31 de agosto de 1821, el presbítero Maestro Dn. Pedro Martín Páez casó y veló a **José María Lobo** h.l. de Ambrosio Lobo y de la finada Lorenza Sánchez, vecinos de San Vicente curato de Ancasti, con **Gregoria Gutiérrez** h.l. del finado Domingo Gutiérrez y de Dolores Castaños, vecinos del Puesto de los Gutiérrez. Ts. José Manuel Rojas y Petrona Barrios.

Cárdenas, Francisco con Soria, María del Rosario
En la parroquia de Concepción de El Alto 8 de enero de 1822, el cura interino casó y veló el maestro Dn. Manuel Vidal, cura interino, a **Francisco Cárdenas** h.l. del finado Cipriano Cárdenas y de María Barroso, naturales de Córdoba, con **María del Rosario Soria**, viuda del finado León Arévalo, vecina de Talasi. Ts. Dn. Javier Rizo y Da. Catalina Rizo.

Zárate, Ciriaco con Caravajal, Sebastiana
En El Alto, en 18 de enero de 1822, el cura interino casó y veló a Ciriaco Zarate, h.l. de Luciano Zárate y de Ramona Juárez, de Alijilán, con Sebastiana Caravajal h.l. del finado (no se registró el nombre) Caravajal y de Andrea Reyes de vecinos de la Aguada. Ts. Francisco Borja Argañaráz y Gabriela Ibáñez.

Peñaflor, Miguel con Cordero, Agustina Rosa
En El Alto el 18 de enero de 1822, el cura interino casó y veló a **Miguel Peñaflor** h.l. de Bernardo Peñaflor y de Celedonio Lindón con **Agustina Rosa Cordero** h.n.

de Justa Cordero vecinos de Choya. Ts. José Ledesma y Gregoria Agüero.

Folio 27

Ledesma, Juan Francisco con Bravo, Juana Rosa
En El Alto, el 21 de enero de 1822, el cura interino casó y veló a **Juan Francisco Ledesma** vecino de Achalco, h.l. de José Remigio Ledesma y de María Josefa Herrera, con **Juana Rosa Bravo** h.l. de Francisco Bravo y de María de la Paz Lobo. Ts. Juan Gregorio Rojas y María Juana Luna.

Luna, José Lorenzo con Ibáñez, Tiburcia
En El Alto en 23 de enero de 1822, el cura interino casó y veló a **José Lorenzo Luna** h.l. de los finados Manuel Luna y de Celestina Díaz con **Tiburcia Ibáñez** h.l. del finado Bartolo Ibáñez y de Bernarda González, vecinos de Ovanta. Ts. Bartolo González y Gregoria Luna.

Leiva, José Miguel con Juana Rosa Albarracín
En la vice parroquia del Manantial el 15 de febrero de 1822, el cura interino casó y veló a **José Miguel Leiva** h.l. de José Marcelino Leiva y de María Isabel Umbides, con **Juana Rosa Albarracín** h.n. de Faustina Albarracín vecinos de El Puesto. Ts. Pedro Francisco Barrientos y Da. Pascuala Albarracín.

Alarcón, Juan Esteban con Pedraza, Ignacia de Jesús
En la vice parroquia de Santa Bárbara del Manantial 15 de febrero de 1822, el cura interino casó y veló a **Juan Esteban Alarcón** h.n. de María Juana Alarcón vecinos de Utcuchacra con **Ignacia de Jesús Pedraza** h.n. de María Josefa Pedraza. Ts. Francisco Argañaráz y María Díaz.

Reinoso, Valeriano con Paz, María del Socorro
En la vice parroquia de Santa Bárbara del Manantial en 13 de febrero de 1822, habiendo dispensado un impedimento, el cura interino casó a **Valeriano Reinoso** viudo (hay un espacio en blanco) con **María del Socorro Paz** hija de Francisco Paz y de María de la Cruz Leguizamo, vecinos de Ovanta. Ts. Dn. Hilario Lugones y Da. Antonia Ibáñez.

Folio 28

Vera, Evaristo con Álamo, María Antonia
En Vilismano, el 14 de febrero de 1822, el ayudante maestro Pedro Martín Páez, casó y veló a **Evaristo Vera** h.n. de María Juana Vera con **María Antonia Álamo** h.l. del finado Cayetano Álamo y de María Bernarda Páez vecino de Vilismano. Ts. Dn. Juan Ildefonso Vera y Da. Catalina Oviedo ambos vecinos de Vilismano.

Velázquez, Ubaldo con Leiva, Felipa
En la parroquia de El Alto el 15 de abril de 1822, se casó y veló a Ubaldo Velásquez h.n. de Antonia Velásquez con Felipa Leiva h.n. de Francisco Leiva, todos de Vilismano. Ts. Dn. Pantaleón Páez y Da. Tránsito Leiva.

Ferreira, Mariano con Reinoso, Manuela
En la parroquia de Santa Bárbara en 16 de abril de 1822, el cura interino casó a Mariano Ferreira h.l. de los finados Juan Asencio Rosales y Faustina Ferreira con Manuela Reinoso viuda del finado Julián Araos. Ts. Ignacio Reyes y Manuela Ibáñez.

Aranda, Felipe con Pérez, María Luisa
En la vice parroquia de Vilismano, el 16 de abril de 1822, el ayudante Dn. Pedro Martín Páez casó y veló a **Felipe Aranda** h.n. de María Mercedes Aranda vecinos del Huaico Hondo, con **María Luisa Pérez** h.n. de Ana María Pérez. Ts. Pedro Ignacio Ibáñez y Clara Ponce.

Armas, Mariano de la Cruz con Rosales, María Antonia
En la parroquia de El Alto el 17 de abril de 1822, el cura interino casó y veló a **Mariano de la Cruz Armas** h.l. de José Domingo Armas y de María Antonia Romano con **María Antonia Rosales** h.l. de José Domingo Rosales y de María Paula González, todos vecinos de Ovanta. Ts. Juan de Dios Ruiz y Cipriana Armas.

Folio 29

Vera, Evaristo con Álamo, María Antonia
En Vilismano el 18 de abril de 1822, el cura interino casó y veló a **Evaristo Vera** h.l. de María Juana Vera con **María Antonia Álamo** h.l. del finado Cayetano Álamo y de María Bernarda Páez. Ts. Dn. Martín Oviedo y Da. María Pabla Báez. (Esta partida está registrada dos veces con fechas diferentes).

Juárez, Juan Francisco con Robledo, Salomé.
En la parroquia de El Alto el 17 de abril de 1822 el presbítero Dn. Pedro Martín Páez casó y veló a **Juan Francisco Juárez** h.n. de Escolástica Juárez con **María Salomé Vidal** h.l. de Juan León Robledo ya difunto y de Petrona Vidal. Ts. Mariano Dn. Mariano Escudero y Da. Magdalena Márquez. (Al margen, la novia figura con apellido Robledo).

Agüero, Francisco con Quiroga, María del Tránsito

En la parroquia de El Alto el 17 de abril de 1822, el cura interino casó y veló a **Francisco Agüero** h.l. de Juan Ascencio Agüero y Juana Francisca Juárez con **María Tránsito Quiroga** h.l. de José Cruz Quiroga y de María Juana Murguía. Ts. Bernabé Romano y Petrona Falcón.

Peñaflor, José Ramón con Osores, María Lorenza
En la parroquia de El Alto en 17 de abril de 1822, el cura interino casó y veló a **José Ramón Peñaflor** viudo de la finada María Ignacia Leiva con **María Lorenza Osores** h.n. de María Sebastiana Osores, todos vecinos del Simbollar. Ts. Tránsito Rojas y Petrona Peñaflor.

Argañaráz, Teodoro con Mercado, María Casimira
En la parroquia de El Alto 21 de mayo de 1822, el cura interino casó y veló **Teodoro Argañaráz h.n.** de María Bartolina Argañaráz vecino de Las Tunas, con **María Casimira Mercado** h.l. del finado Juan Ignacio Mercado y de Felipa Collantes. Ts. Pedro Juan Sabando y Gabriela Ibáñez.

Herrera, Manuel con Herrera, María del Rosario
En la vice parroquia de Vilismano, a 20 de mayo de 1822, el cura interino casó y veló a **Manuel Herrera** h.n. de Celedonia Herrera con **María del Rosario Herrera** h.n. de Bernarda Herrera todos vecinos de Vilismano. Ts. Juan Bautista Paz y Josefa Rojas.

Folio 30

Córdoba, Juan León con Martínez, Juana Ventura
En la vice parroquia de La Quebrada en 22 de mayo de 1822 casó y veló, el reverendo padre fray Hilario Correa, a **Juan León Córdoba,** del curato rectoral h.l. de Luis Córdoba y de Josefa Orquera con **Juana Ventura Martínez** vecina de la Toma h.l. de Juan Francisco Martínez y de Agustina Burgos. (No figuran los testigos)

Argañaráz, Teodoro con Mercado, María Casimira
En la parroquia de El Alto el 22 de mayo de 1822, se casó y veló a **Teodoro Argañaráz** h.n. de Bartolina Argañaráz, difunta, con **María Casimira Mercado** h.l. del finado Juan Ignacio Mercado y de Felipa Collantes, ambos vecinos de Las Tunas. Testigos: Pedro Juan Saldaño y Francisca Cejas.

Murguía, José Rosa con Ortiz, Juana Petrona
En la parroquia de El Alto el 10 de junio de 1822, el cura interino casó y veló a **José Rosa Murguía** h.n. de María Murguía vecinos de Simbolar, con **Juana Petrona Ortiz** h.l. del finado Silvestre Ortiz y de María Lucía Sánchez, vecinos de Ampolla. Ts. José Tránsito Rojas y Josefa Cordero.

Díaz, Juan Manuel con Villalba, Prudencia
En la parroquia de El Alto a 10 de junio de 1822, el cura interino casó y veló a **Juan Manuel Díaz** h.n. de María Manuela Díaz, vecinos de Taco Punco, con **Prudencia Villalba** h.l. de Justo Villalba y de Antonia Zurita vecinos de las Chacras. Ts. José Hilario Zurita y María Petrona Zurita.

Zurita, Félix Pastor con Sosa, Francisca Basilia
En la parroquia de El Alto en 20 de junio de 1822, el cura interino casó y veló a **Félix Pastor Zurita** h.l. del finado Diego Zurita y de Micaela Contreras con **Francisca Basilia Sosa** h.l. de Francisco Sosa y de la finada Lizarda Lobo. Ts. Narciso Villagrán y Da. Serafina Leiva.

Ibáñez, Miguel Fernando con Rosales, María Juana
En la parroquia de El Alto en 20 de junio de 1822, el cura interino casó y veló a **Miguel Fernando Ibáñez** h.l. del finado Dn. Ignacio Ibáñez y de la finada Martina Ortiz vecinos de los Ortices con **María Juana Rosales**, vecina de Ovanta, h.n. de Inocencia Rosales. Ts. Dn. Lucindo Macedo y Da. María del Rosario Albarracín.

Folio 31

Ocón, Jacinto con Falcón, Petrona
En la parroquia de El Alto el 18 de julio de 1822, el cura interino casó y veló a **Jacinto Ocón**, vecino de los Falcones, h.n. de Manuela Ocón, con **Petrona Falcón** h.l. de los finados Bartolo Falcón y Aurelia Osores. Ts. José de la Cruz Romano y Melchora Saavedra.

Varela, Juan Manuel con Falcón, María de Jesús
En la parroquia de El Alto el 18 de julio de 1822, el cura interino casó y veló a **Juan Manuel Varela** vecino de Ancasti, h.l. de Juan Bautista Varela y de la finada María Francisca Nieva con **María de Jesús Falcón h.l.** de Feliciano Falcón y de la finada María Cordero. Ts. Dn. Marcelino Gómez y Tránsito Pedraza.

Cuellar, Pedro con Argañaráz, Cornelia
En la vice parroquia de Ovanta el 4 de agosto de 1822, el cura interino casó y veló a **Pedro Cuéllar** h.l. de Juan Pedro Cuéllar y de Bonifacia Altamiranda, vecinos de Santiago, con **Cornelia Argañaráz** h.n. de Polinaria Argañaráz, vecinos del Pozo del Campo. Ts. Damasceno Guarás y Florentina Villagra.

Acosta, Luciano con Farías, María Isabel
En la vice parroquia de mi mano el 13 de agosto de 1822 el ayudante maestro Dn. Pedro Martín Páez casó y veló a **Luciano Acosta** h.l. de Manuel Acosta y de Margarita

Pino con **María Isabel Farías** h.l. de José Antonio Farías y de la finada Agustina Rosa Fernández vecinos del Huaicohondo. Ts. Dn. Basilio Antonio Orellana y Da. Beatriz Verón.

Gutiérrez, José María con Arias, María Josefa
En la vice parroquia del Manantial el 19 de agosto de 1822, el cura interino casó y veló a **José María Gutiérrez** h.l. de José Manuel Gutiérrez y de Simona Rivas, vecinos de San Francisco, con **María Josefa Arias** h.l. del finado Julián Silvestre Arias y de Juliana Aráoz. Ts. Dn. Doroteo Ferreira y Dn. Manuel Paz.

Folio 32

Díaz, Lázaro con Peñaflor, María Isabel
En la parroquia de El Alto en 12 de septiembre de 1822, el cura interino casó y veló a **Lázaro Díaz** h.l. del finado Domingo Díaz y de Mercedes Díaz con **María Isabel Peñaflor** h.l. de Bernardo Peñaflor y de Celedonio Lindón. Ts. Dn. Pastor Quiroga y Ubalda Díaz.

Ruiz, Isidro con Brito, María Dominga
En la vice parroquia del Manantial 12 de septiembre de 1822 el señor Chantres doctor Dn. José Ignacio Thames casó y veló a **Isidro Ruiz** viudo de María Dominga Carrera, con **María Dominga Brito** h.n. de María Pascuala Brito, de Tucumán. Ts. Dn. Manuel Jiménez y Vicente Ogas.

Villalba, Estanislao con Quintero, Agustina Rosa
En la parroquia de El Alto 7 de octubre de 1822, el cura interino casó y veló a **Estanislao Villalba** h.l. de Pablo Villalba y de la finada Agustina Acosta, de la jurisdicción de Santiago, con **Agustina Rosa Quintero, h.l.** de Fernando Quintero y de la finada Jerónima Cuello, vecinos de Guayamba. Ts. Ubaldo Rizo y María Cruz Quiroga.

Juárez, Bartolo con Zurita, Martina
En la parroquia de Vilismano a 16 de octubre de 1822 el ayudante Dn. Pedro Martín Páez casó y veló a **Bartolo Juárez** h.l. de Antonio Juárez y de la finada Francisca Ayunta, con **Martina Zurita** h.l. de Juan Crisóstomo Zurita y de la finada Genuaria Paz, todos vecinos de Albigasta. Ts. Dn. Juan Bautista Páez y Josefa Moya.

Amaya, Juan Pablo con Romero, María Alejandra
En la parroquia de El Alto a 16 de octubre de 1822, el cura interino caso y a **Juan Pablo Amaya** h.n. de María Petrona Amaya vecino de Aspaga, con **María Alejandra Romero** h.l. del finado Mateo Romero y de Agustina Pacheco vecinos de Caña Cruz. Ts. Bernardo Arévalo y Gregoria Silva

Folio 33

Guerrero, Manuel Antonio con Caravajal, Mercedes
En la parroquia de El Alto en 28 de octubre de 1822, el cura interino casó y veló a **Manuel Antonio Guerrero**, de Santiago, y residente en Alijilán, h.l. del finado Pío Guerrero y de María Pérez; con **Mercedes Caravajal** h.l. del finado Maríano Caravajal y de Antonia Reyes vecinos de la Aguada. Ts. Dn. Félix Gómez y Eusebia Nieva.

Brizuela, Baltazar con Galván, Francisca
En la parroquia de El Alto el 19 de noviembre de 1822, el cura interino casó y veló a **Baltazar** esclavo de Dn. Eugenio Brizuela, de Anjullon, jurisdicción de La Rioja. hijo de **Francisca**, esclava; con María Ascensión Galván, de esta parroquia, h.n. de la finada Josefa Galván. Ts. Juan Gregorio Ojeda y María Ramona Robles.

Romano, Francisco con Álvarez, María Antonia
En la vice parroquia de bilis mano a 31 de diciembre de 1822, el cura interino casó y veló **a Francisco Romano** h.l. de Juan de la Cruz Romano y de María Concepción Zurita, vecinos de Albigasta con **María Antonia Álvarez**, viuda del finado Ignacio Álvarez, vecina de Vilismano. Ts. Dn. Francisco Manuel Páez y Da. Catalina Oviedo.

Guerreros, José Lorenzo con Rivera, Petrona
En la parroquia de El Alto el 8 de enero de 1823, el cura interino casó y veló a **José Lorenzo Guerreros** h.l. de Simón Guerreros, esclavo, y de María Rosario Ferreira; con **Petrona Rivera** h.n. de María del Tránsito Ferreira. Ts. Dn. Juan Antonio Reyes e Isabel Burgos.

Osores, Fermín Antonio con Bustos, María Santos
En la parroquia de El Alto el 9 de enero de 1823 el ayudante maestro Dn. Pedro Martín Páez casó y veló a **Fermín Antonio Osores** h.l. del finado Juan Antonio Osores y de María Micaela Mansilla con **María Santos Bustos** h.l. de los finados Marcelino Bustos y María Josefa Alderete, vecinos de Santiago. Ts. Geminiano Ferreira y María Ignacia Mansilla.

Folio 34

Chazarreta, José Eugenio con Castellanos, María Teresa
En El Alto el 9 de enero de 1823 el ayudante maestro Dn. Pedro Martín Páez casó y veló a **José Eugenio**

Chazarreta, h.l. de José Antonio Chazarreta y de la finada Dominga Díaz con **María Teresa Castellanos h.l.** de los finados Juan Doroteo Castellanos y de María Josefa Ledesma, vecinos de la Charca. Ts. Juan Nicolás Díaz y Juana Reinoso.

Salguero, Juan Santos con Gómez, Da. Rosario
En la parroquia de El Alto el 15 de enero de 1823, el ayudante Hilario Correa casó y a Juan Santos h.n. de María Juliana Salguero con Da. Rosario Gómez h.l. del finado Dn. Gerónimo Gómez y de Da. Micaela Cabral de este beneficio. Ts. Dn. Maríano Molina y Da. Gerónima Gómez.

Moyano, José con Luján, María Francisca
En la vice parroquia del Manantial el 5 de febrero de 1823, el ayudante fray Hilario Correa casó y veló a **José Moyano** h.n. de Estefanía Moyano con **María Francisca Luján** h.l. del finado Clemente Luján y de Tomasita Sueldo. Ts. José María Ibáñez y Solana Díaz.

Ávila, José Gregorio con Díaz, María Isabel
En la vice parroquia de Manantial el 7 de febrero de 1823 el ayudante fray Hilario Correa casó y veló a **José Gregorio Ávila** h.n. de Olaya Ávila vecinos de Fiambalá, jurisdicción de La Rioja, con **María Isabel Díaz** h.l. de Pablo Díaz y de María Soraire. Ts. José Miguel Valdéz y Da. Mercedes Rizo.

Luna, José Mauricio con Ibáñez, María Martina
En la parroquia de El Alto el 10 de febrero de 1823, el cura interino casó y veló a **José Mauricio Luna** h.l. de Jerónima Luna con María Dolores González h.l. de Bartolo Gonzales y de **María Martina Ibáñez**, vecinos de Ovanta. Ts. Javier Rosales y Doroteo Ferreira.

Barros, Miguel Jerónimo con Centeno, María Martina
En la vice parroquia de Vilismano, el 10 de febrero de 1823, se casó y a **Miguel Jerónimo Barros** h.l. de Marcelino Barros y de María Victoria Sánchez ya difuntos, con **María Martina Centeno** viuda de Francisco Acuña vecino de Vilismano. Ts. Simón Ulibarri y Da. Inés Leiva.

Folio 35

Atay, Juan Ignacio con Aranda, María Mercedes
En la vice parroquia de Vilismano, a 13 de marzo de 1823, el ayudante maestro Dn. Pedro Martín Páez casó y veló a **Juan Ignacio Atay**, viudo de Rosa Acosta, con **María Mercedes Aranda** viuda de Maríano Palavecino. Ts. Pedro Ignacio Ibáñez y María de Los Ángeles Ponce.

Vázquez, Baltasar con Villagrán, María Gregoria
En la vice parroquia de El Alto el 7 de abril de 1823, el cura interino casó y veló a **Baltasar Vázquez** h.l. del finado Bonifacio Vázquez y de María Magdalena Toledo con **María Gregoria Villagrán** viuda de Martín Cabral. Ts. Juan de Dios Díaz y Da. Isabel Márquez.

Castellanos, Pedro Pablo con Ledesma, Juana Rosa
En la parroquia de El Alto el 7 de abril de 1823, dispensado el segundo grado de consanguinidad, se casó y veló a **Pedro Pablo Castellanos**, h.l. del finado Doroteo Castellanos y de María Josefa Ledesma con **Juana Rosa Ledesma** h.n. de Regina Ledesma. Ts. José Fructuoso Flores y Policarpo Robles. *Nota:* En la información matrimonial (Exp. 565) fechada el 12 de febrero de 1823 se explica el parentesco con el siguiente esquema genealógico:

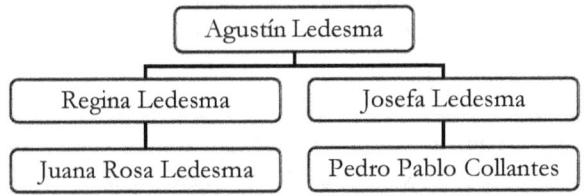

Páez, Pedro con Luján, María del Tránsito
En la parroquia de El Alto el 8 de abril de 1823 se casó y veló a **Pedro Páez** viudo de María Isabel Vázquez con **María del Tránsito Luján**, h.l. de Ignacio Luján y de Juana Petrona Arévalo. Ts. Agustín Arévalo y María del Tránsito Burgos.

Burgos, Juan Eufrasio con Chávez, María del Espíritu Santo
En la vice parroquia Vilismano, el 9 de abril de 1823, el ayudante maestro Dn. Pedro Martín Páez casó y veló a **Juan Eufrasio Burgos** h.l. del finado Miguel Burgos y de Simona Ibáñez, con **María del Espíritu Santo Chávez h.n.** de la finada María Teresa Chávez. Ts. Dn. Juan Ildefonso Vera y Feliciana Yance.

Folio 36

González, Juan Eusebio con Carrizo, Josefa
En la parroquia de El Alto el 23 de abril de 1823 se casó y veló a **Juan Eusebio González** viudo de Juliana Jiménez, con **Josefa Carrizo** h.l. del finado Sebastián Carrizo y de Mauricia Mercado todos vecinos de Las Tunas. Ts. Manuel Antonio Díaz y Gregoria Luna.

Concha, José María con Guamán, María Francisca
En la parroquia del Manantial el 23 de abril de 1823 el ayudante fray Hilario Correa casó y veló a **José María**

Concha h.n. de José María Concha con **María Francisca Guamán** h.l. del finado Adrián Guamán y de Antonia Medina vecina de San Francisco. Ts. Casimiro Figueroa y María Rosa Cejas.

Contreras, Juan Pascual Bailón con Burgos, María Manuela

En la vice parroquia de Santa Bárbara en 26 de abril de 1823 el ayudante fray Hilario Correa casó y veló a **Juan Pascual Bailón Contreras** h.l. del finado José Fructuoso Contreras y de María Anselma Alarcón con **María Manuela Burgos** h.l. del finado Juan Pío Burgos y de María del Tránsito Vaca. Ts. Juan Teodoro Araos y Rosario Vaca.

Tapia, José Mariano con Garcete, María Trinidad

En la vice parroquia de Vilismano, el 1 de mayo de 1823, el ayudante maestro de un Pedro Martín Páez casó y veló a **José Mariano Tapia** h.l. del finado Javier Tapia y de Bonifacia Valencia con **María Trinidad Garcete** h.n. de Francisca Garcete. Ts. Dn. Bautista Páez y Josefa Rojas.

Guarás, Juan con Argañaráz, Cornelia

En la parroquia de El Alto el 5 de mayo de 1823 se casó reveló a **Juan Guarás** h.l. de Ramón Antonio Guarás y de Francisca Solana Rosales con **Cornelia Argañaráz** h.n. de la finada Cornelia Argañaráz, todos vecinos de Ovanta. Ts. José Ventura Reinoso y Antonio Reinoso.

Contreras, Bernardino con Medina, María Tomasina

En la vice parroquia de Vilismano el 5 de mayo de 1823 el ayudante Dn. Pedro Martín Páez casó y veló a **Bernardino Contreras** h.n. de Isabel Contreras con **María Tomasina Medina**, viuda de Ignacio Morales. Ts. Dn. Bautista Páez y Josefa Rojas.

Folio 37

Ogas, Damiano con Romero, Luisa

En la parroquia de la Concepción de El Alto el 9 de mayo de 1823 se casó y veló **Damiano Ogas** h.n. de Manuela Ogas vecino del Peñón, con **Luisa Romero** h.n. de María Romero. Ts. Genuario Ferreira e Ignacia Mansilla.

Córdoba, Lorenzo con Villarroel, María de Jesús

En la parroquia de El Alto, el 6 de mayo de 1823, se casó y veló a **Lorenzo Córdoba**, h.n. de Ignacia Córdoba; con **María de Jesús Villarroel**, h.l. del finado Pablo Villarroel y de Juana Cardoso. Ts. Dn. José Cevallos y Da. Magdalena Márquez.

(Sigue en papel suelto donde están anotadas varias defunciones correspondientes a 1829).

Ramírez, José Gregorio con Mercado, Bárbara

En la parroquia de El Alto el 12 de mayo de 1823, dispensados dos impedimentos de cuarto grado, se casó y veló a **José Gregorio Ramírez** h.l. de Pedro Antonio Ramírez y de María Dominga Figueroa con **Bárbara Mercado** viuda del finado José Díaz. Ts. Pedro José Díaz y Úrsula Reinoso. **Nota:** El expediente matrimonial correspondiente (exp. 576) fue iniciado en Ovanta el 16 de abril de 1823, allí se explican los impedimentos con los siguientes esquemas genealógicos:

Falcón, Maximiliano con Brete, Luisa

En la iglesia parroquial de El Alto el 12 de mayo de 1823, se casó y veló a **Maximiliano Falcón** h.l. de Bartolo Falcón y de Aurelia Osores con Da. **Luisa Brete** h.l. de Dn. Antonio Brete y de Da. María del Tránsito Valdéz ya difunta. Ts. Dn. Lucindo Gómez y Da. María Vega.

Frías, Simón con Paz, María del Rosario

En la parroquia de El Alto el 12 de mayo de 1823, se casó y veló a **Simón Frías** h.n. de María Ignacia Frías, con **María del Rosario Paz** h.l. de José Francisco Paz y de María de la Cruz Leguizamo vecinos de Ovanta. Ts. Dn. Martiniano Gómez y Da. Gerónimo Gómez.

Folio 38

Flores, José Tomás con Toranzos, Simona
En la parroquia de El Alto el 13 de mayo de 1823, se casó y veló a **José Tomás Flores** h.l. de Tomás Flores y de María Francisca Ortiz con **Simona Toranzos** h.l. de Juan Pablo Toranzos y de Pilar Crespín, vecino de Los Ortiz. Ts. Manuel Guamán y Dionisia Albarracín.

Díaz, José Javier con Díaz, Agustina Rosa
En la vice parroquia de La Quebrada el 14 de mayo de 1823, se casó y veló a **José Javier Díaz** viudo de Carmela Zurita, con **Agustina Rosa Díaz** h.n. de Francisca Díaz vecinos de Sancayo. Ts. Casimiro Albarracín y Marta Gómez.

Guerra, Enrique con Lobo, Simona
En la vice parroquia de La Quebrada el 14 de mayo de 1823 el ayudante fray Hilario Correa casó y veló a **Enrique Guerra** h.n. de Luisa Guerra con **Simona Lobo** h.l. del finado Andrés Lobo y Mercedes Osorio, indios vecinos de Achalco. Ts. Juan Antonio Pérez y Francisca Barrera.

Burgos, Agustín Rosa con Albarracín, María
En la parroquia de El Alto el 20 de mayo de 1823 se casó y veló a **Agustín Rosa Burgos** h.l. de Casimiro Burgos y de Mercedes Juárez con **María Albarracín** h.n. de la finada Teodora Albarracín. Ts. Juan Francisco Burgos y Da. Ignacia Cabral.

Acosta, José Tomás con Herrera, Eustaquia
En la vice parroquia de Vilismano en 21 de mayo de 1823, el ayudante Dn. Pedro Martín Páez casó y veló a **José Tomás Acosta** h.n. de Tomasina Acosta con **Eustaquia Herrera** h.n. de Celedonia Herrera, vecinos de Vilismano. Ts. Pantaleón Páez y Tránsito Leiva.

Folio 39

Montenegro, José Constantino con Frías, María Leocadia
En la vice parroquia de La Quebrada en 21 de mayo de 1823, se casó y por el ayudante fray Hilario Correa a **José Constantino Montenegro** h.n. de la finada María Juana Montenegro con **María Leocadia Frías** h.n. de Francisca Frías. Ts. Pedro Antonio Mercado y Andrea Flores.

Barrera, José Martín con Díaz, María del Tránsito
En la vice parroquia de La Quebrada el 21 de mayo de 1823, el ayudante Fray Hilario Correa casó y veló a **José Martín Barrera** h.l. de Agustín Barrera y de María Ledesma con **María del Tránsito Díaz** h.l. de Juan Nicolás Díaz y de la finada Catalina Cortés, todos vecinos de Achalco. Ts. Juan Antonio Pérez y Micaela Paz.

Lobo, Pedro Pablo con Crespín, María del Carmen
En la vice parroquia de La Quebrada 26 de mayo de 1823, el ayudante Fray Hilario Correa casó y veló a **Pedro Pablo Lobo** h.l. de Juan Bautista Lobo y de la finada María Ascensión Díaz, con **María del Carmen Crespín** h.l. de Juan de Dios Crispín y de María Mercedes Toledo. Ts. Ascencio Agüero y Teresa Lobo.

Paz, José Nolasco con Coronel, María del Carmen
En la vice parroquia de Vilismano a 28 de mayo de 1823, el ayudante maestro Dn. Pedro Martín Páez casó y veló a **José Nolasco Paz** h.n. de María Bernarda Paz con **María del Carmen Coronel** h.l. de Bartolo Coronel y de María Petrona Pérez, vecinos de Albigasta. Ts. Rosa Romano y Concepción Zurita.

Folio 40

Márquez, Valentín con Sánchez, Ramona
En la parroquia de El Alto 1° de junio de 1823 se casó a **Valentín Márquez** h.l. del finado Bruno Márquez y de Andrea Nieva con **Ramona Sánchez** viuda de Justo Juárez. Ts. Dn. Doroteo Ferreira y Policarpo Robles.

Castellanos, José Valentín con Rivas, María Petrona
En la parroquia de El Alto 25 de junio de 1823, se casó veló a **José Valentín Castellanos** h.l. del finado Juan Doroteo Castellanos y de Josefa Ledesma con **María Petrona Rivas** h.l. de José Rivas y de Francisca Lobo vecinos de Achalco. Ts. Pedro Juan Sabando y Mercedes Sabando.

Coronel, Francisco con Paz, María Dolores
En la parroquia de Vilismano 30 de julio de 1823, el ayudante Dn. Pedro Martín Páez casó y veló a **Francisco Coronel**, vecino de Albigasta, h.l. de Bartolomé Coronel y de la finada María Petrona Pérez, con **María Dolores Paz**, h.n. de la finada María Luisa Paz. Ts. Lorenzo Atay y María Segunda Rojas.

Ledesma, Tomás Ignacio con Ovejero, María Manuela
En la parroquia de El Alto el 30 de julio de 1823, se casó y veló **a Tomás Ignacio Ledesma** h.n. de Manuela Ledesma, con **María Manuela Ovejero** hija adoptiva de Dn. Pedro Francisco Ovejero, vecinos de El Molino. Ts. Dn. Leonardo Ferreira y Da. Maximiliana Ovejero.

Folio 41

Ledesma, José Dámaso con Castellanos, María Catalina
En la parroquia de El Alto el 17 de julio de 1823, habiéndose dispensado un impedimento, se casó y veló a **José Dámaso Ledesma** h.l. del finado José Luis Ledesma y de Micaela Paz con **María Catalina**

Castellanos, h.l. de los finados Juan Doroteo Castellanos y de Josefa Ledesma. Ts. Juan Andrés Pérez y Marcela Arias. *Nota*: En la información matrimonial correspondiente (Exp. 595) el pretendiente declara ser pariente de la contrayente y haber tenido un hijo con ella, el cual quieren legitimar. En El Alto, el 30 de junio de 1823 se dispensó el siguiente impedimento en segundo grado de consanguinidad:

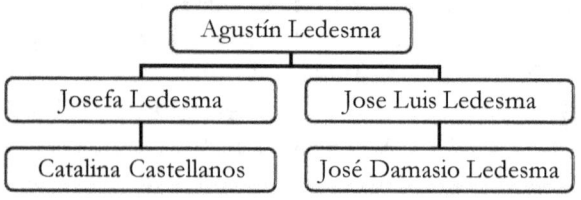

Morales, Pedro Juan con Ledesma, Magdalena
En la parroquia de El Alto el 26 de julio de 1823, se casó y veló a **Pedro Juan Morales** h.l. del finado Juan José Morales y de María Teresa Sánchez, con **Magdalena Ledesma** h.l. del finado Luis Ledesma y de María Micaela Paz vecinos de la Chalco. Ts. Dn. Doroteo Ferreira y Juan Juárez.

Falcón, Pedro Pablo con Chávez, María
En la parroquia de El Alto el 2 de agosto de 1823, se casó y veló por el ayudante fray Hilario Correa a **Pedro Pablo Falcón** h.l. de Lorenzo Falcón y de María Ibáñez con **María Chávez** h.n. de Josefa Chávez. Ts. Pedro Juan Sabando y Diego Cabral.

Moyano, Juan de Dios con Arias, Asunción
En la parroquia de El Alto el 11 de agosto de 1823, se casó y a **Juan de Dios Moyano** viudo de Jerónima Mercado vecinos de la Calera con **Asunción Arias** h.l. de Juan de la Cruz área y de Nicolasa Reinoso. Ts. Saturnino Ibáñez y Josefa Estefanía Figueroa.

Rivadeneira, Pedro Francisco con Oñate, María Dionisia
En la parroquia de El Alto el 13 de agosto de 1823, se casó y veló a **Pedro Francisco Rivadeneira** h.l. de María Francisca Rivadeneira con **María Dionisia Oñate** h.l. de José Oñate y de María Josefa Sánchez. Ts. Dn. Manuel Noriega y Nicolás Almaraz.

Folio 42

Zurita, José Miguel con Palomeque, María Hilaria
En la vice parroquia de bilis mano el 16 de agosto de 1823 el ayudante maestro Dn. Pedro Martín Páez caso y veló a **José Miguel Zurita** h.n. de María Petrona Zurita, vecinos de La Toma, con **María Hilaria Palomeque**, h.n. de María Rosa Palomeque. Ts. Dn. Pedro Martín Oviedo y Da. María Pablo Páez.

Amaya, Tomás con Magallanes, María de la Cruz
En la parroquia de El Alto el 21 de agosto de 1823, se casó y veló a **Tomás Amaya** viudo de Juana Durán con **María de la Cruz Magallán** h.l. de José Antonio Magallán y de María del Tránsito Ibáñez. Ts. Manuel Huamán y María Ignacia Arévalo.

Burgos, José Domingo con Ferreira, Ceferina
En la parroquia de El Alto el 21 de agosto de 1823, se casó y veló a **José Domingo Burgos** viudo de Rosario Reyes con **Ceferina Ferreira** h.l. de Santiago Ferreira y de María Vizcarra. Ts. Francisco Burgos e Ignacia Cabral.

Garnica, José Lorenzo con Juárez, María Bartolina
En la vice parroquia de bilis mano el 23 de agosto de 1823, el ayudante maestro Dn. Pedro Martín Páez casó y veló a **José Lorenzo Garnica** h.n. de María Damiana Garnica con **María Bartolina Juárez** h.n. de María Petrona Juárez. Ts. Marcelo Domínguez y María Genuaria Gómez.

Díaz, Miguel Antonio con Albarracín, María Socorro
En la parroquia de El Alto el 25 de agosto de 1823, se casó y veló a **Miguel Antonio Díaz** h.n. de María Rita Díaz con Da. **María Socorro Albarracín** h.l. de Dn. Bautista Albarracín y de Da. Lorenza Páez. Ts. Pedro Sánchez y Rosario Ojeda.

Folio 43

Paz, Nicolás con Saavedra, Concepción
En la parroquia de El Alto el 26 de agosto de 1823, se casó y veló a **Nicolás Paz** h.l. de Juan Paz y de Prudencia Cajal con **Concepción Saavedra** h.l. del finado Pedro Saavedra y de María Luisa Albarracín. Ts. Dn. Leonardo Ferreira y Da. María del Señor Leiva.

Peñaflor, José Domingo con Jiménez, María Ignacia
En la parroquia de la Concepción de El Alto el 26 de agosto de 1823, habiéndose dispensado un impedimento, se casó y veló a **José Domingo Peñaflor** h.l. de Bartolomé Peñaflor y de la finada Ramona Sánchez, con **María Ignacia Jiménez** h.n. de la finada Francisca Jiménez. Ts. Dn. Doroteo Ferreira y Dn. Juan ángel Gómez. *Nota:* La información matrimonial correspondiente (exp. 618) fue finalizada el 1 de agosto de 1823 habiéndose dispensado un impedimento por

consanguinidad en cuarto con tercer grado el que se explica en el esquema siguiente:

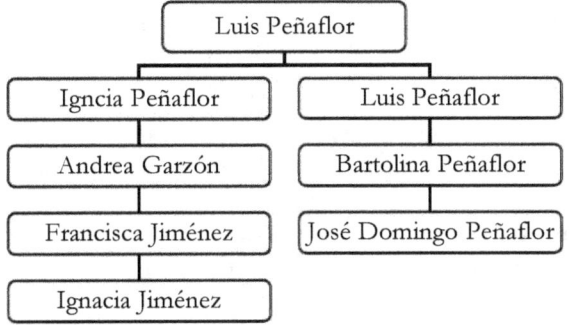

Villagrán, Dn. Cayetano con Navarro, Da. Cruz
En la parroquia de bilis mano a 27 de agosto de 1823, habiéndose dispensado un impedimento, se casó y a Dn. **Cayetano Villagrán** h.l. de Pedro Ignacio Villagrán y de María Martínez Centeno con **Cruz Navarro** h.l. de Juan Fabricio Navarro y de Isidora Medina. Ts. Narciso Villagra y Da. María Inés Leiva. *Nota:* El expediente matrimonial correspondiente (Exp. 630) fue iniciado en El Alto el 14 de agosto de 1823, allí se declara un impedimento por consanguinidad en cuarto grado de la manera siguiente:

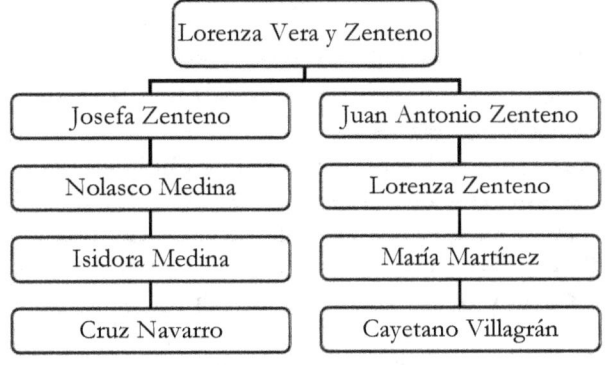

Mansilla, Miguel Jerónimo con Montoya, María Fabiana
En la parroquia de El Alto el 1 de septiembre de 1823, se casó y veló a **Miguel Gerónimo Mansilla** h.l. del finado Juan Vicente Mansilla y de María Prudencia Ledesma con **María Fabiana Montoya** h.n. de segunda Montoya. Ts. Dn. Doroteo Ferreira y Dn. Leonardo Ferreira.

Pedraza, Juan de la Cruz con Chazarreta, María Josefa
En la parroquia de El Alto el 3 de septiembre de 1823, dispensado el impedimento, se casó y veló a **Juan de la Cruz Pedraza** h.l. del finado José Pedraza y de María Andrea Ojeda vecino de los Falcones con **María Josefa Chazarreta** h.l. de José León Chazarreta y de María Josefa Rodríguez. Ts. José Rosa Cisternas y Faustina Ojeda. *Nota:* El expediente matrimonial correspondiente (Exp. 631) contiene una dispensa fechada en Piedra Blanca el 20 de agosto de 1823 por el impedimento de consanguinidad en tercer grado según el esquema siguiente:

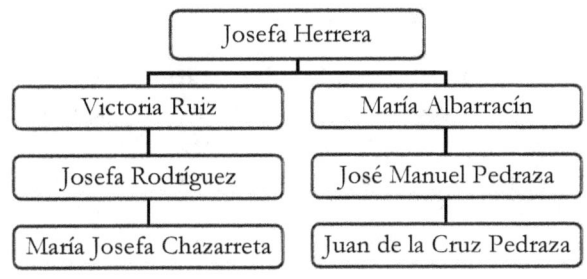

Folio 44

Sánchez, Toribio con Lazo, Clara
En la vice parroquia de La Quebrada el 8 de septiembre de 1823, el ayudante fray Hilario Correa casó y veló a **Toribio Sánchez** h.l. de Lorenzo Sánchez y de Antonia Villarroel con **Clara Lazo** h.l. de Juan Tomás Lazo y de María Amadora Flores. Ts. Bernardo Ledesma y José Dámaso Ledesma.

Lobo, Simón con Barrera, María Raymunda
En la vice parroquia de La Quebrada el 8 de septiembre de 1823, el reverendo padre fray Hilario Correa casó y veló a **Simón Lobo** h.l. de Bautista Lobo y de María de la Asunción Díaz con **María Raymunda Barrera** h.n. de María Francisca Barrera vecinos de Achalco. Ts. Francisco Antonio Agüero y Juana Juárez.

Hernández, José Felipe con Almaráz, Juana Isabel
En la parroquia de El Alto el 15 de septiembre de 1823, se casó Bello a **José Felipe Hernández** viudo de la finada Nicolasa Ávila con **Juana Isabel Almaráz** h.l. de Nicolás Almaraz y de María Serafina Osores. Ts. Dn. Juan Bautista Cisternas y María Juana Perdiguero.

Almaráz, Juan Bautista con Aguirre, Juana Ventura
En la parroquia de El Alto el 19 de septiembre de 1823, se casó a **Juan Bautista Almaraz** hijo adoptivo de María del Pilar Almaraz con **Juana Ventura Aguirre** viuda del finado Luis Antonio Leiva. Ts. Dn. Doroteo Ferreira y Dn. Manuel Gómez.

Figueroa, Romualda con Luna, María Feliciana
En la iglesia parroquial de El Alto el 4 de octubre de 1823, se casó y veló a **Romualdo Figueroa** h.n. de María Claudia Figueroa con **María Feliciana Luna** h.l. de Dionisio Luna y de Mercedes Barrientos. Ts. Manuel Antonio Díaz y Martina Rivas.

Folio 45

Rodríguez, Juan de Dios con Luna, Juana
En la parroquia de El Alto el 6 de octubre de 1823 se casó y a **Juan de Dios Rodríguez** h.l. de Fermín Rodríguez y de Cecilia Lazo con **Juana Luna** h.l. de Pablo Luna y de Gregoria Sandi. Ts. Juan Filiberto Ahumada y Carmen González.

Arias, Juan Benito con Soraire, María del Carmen
En la vice parroquia de Vilismano a 14 de octubre de 1823 se casó y veló a **José Benito Arias** viudo de María Rosa Artaza con **María del Carmen Soraire** h.l. del finado Matías Soraire y de María Mercedes García. Ts. Santiago Medina y María Josefa Medina.

Zurita, Pedro Pablo con Domínguez, María de Jesús
En la vice parroquia de bilis mano 17 de octubre de 1823, el ayudante maestro Dn. Pedro Martín Páez casó y veló por a **Pedro Pablo Zurita** h.n. de María Inés Zurita vecino de Los Corrales con **María de Jesús Domínguez** h.l. de Juan Andrés Domínguez y de María Gregoria Ponce. Ts. Pedro José Martínez y María Francisca Morales.

Peñaflor, José Leonardo con Ledesma, María Gregoria
En la vice parroquia de La Quebrada en 21 de octubre de 1823, el ayudante el reverendo padre fray Hilario Correa casó y veló a **José Leonardo Peñaflor** h.l. de Bartolomé Peñaflor y de la finada Petrona Sánchez con **María Gregoria Ledesma** h.l. del finado José Ledesma y de Josefa Barrera. Ts. Nicolás Almaraz y Bernardo Ledezma.

Albarracín, Mariano con Soraire, Josefa
En la parroquia de El Alto el 21 de octubre de 1823 se casó y veló a **Mariano Albarracín** h.n. de la finada María Teodora Albarracín con **Josefa Soraire** h.l. de los finados Miguel Soraire y de Josefa carrizo vecinos de David hasta examinados nada más. Ts. Ángel María Ángel Mariano Saavedra y Melchora Saavedra.

Sánchez, Lorenzo con Medina, María Isabel
En la vice parroquia de La Quebrada el 25 de octubre de 1823 el ayudante fray Hilario Correa casó y veló a **Lorenzo Sánchez** h.n. de María Rita Sánchez con **María Isabel Medina** h.l. del finado Juan Tomás Medina y de María Francisca Flores. Ts. Cruz Rodríguez y Nicolás Medina y Nicolasa Medina.

Folio 46

Sánchez, Juan de la Cruz con Mansilla, Da. Leonarda
En la parroquia de El Alto el 29 de octubre de 1823 se casó y veló a **Juan de la Cruz Sánchez** viudo de la finada Petrona Vizcarra con Da. **Leonarda Mansilla** h.n. de la finada Josefa Mansilla vecinos de Vilismano. Ts. Hilario Cejas e Isabel Sobrado.

Arias, Mariano con Mansilla, Gervasia
En la vice parroquia de bilis mano el 29 de octubre de 1823 el ayudante Dn. Pedro Martín Páez casó y veló a **Mariano Arias** h.l. de Felipe Arias y de Cornelia Delgado con **Gervasia Mansilla** h.n. de la finada Anastasia Mansilla vecinos de Montse Yaco. Ts. Feliciano Luján y Luisa Delgado.

Cisneros, Cayetano con Soria, Francisca
En la vice parroquia de Billy hermano el 29 de octubre de 1823 el ayudante Dn. Pedro Martín Páez casó y veló a **Cayetano Cisneros** esclavo de Dn. Victoriano Cisneros con **Francisca Soria** h.l. de Bonifacio Soria y de Martina Ávila. Ts. Juan José Álvarez y María de Jesús Luján.

Sánchez, José Lorenzo con Ojeda, Mercedes
En la vice parroquia de La Quebrada el 3 de noviembre de 1823 el ayudante fray Hilario Correa casó y veló a **José Lorenzo Sánchez** h.n. de María de los Santos Sánchez con **Mercedes Ojeda** h.l. del finado Pedro Ojeda y de Petrona Quiroga. Ts. José Eugenio Goitia y Bernarda Yance.

Folio 47

Díaz, Pedro Celestino con Ortiz, Feliciana
En la parroquia de El Alto el 5 de noviembre de 1823, habiéndose dispensado un impedimento, se casó y veló a **Pedro Celestino Díaz** h.n. de Francisca Díaz con **Feliciana Ortiz** h.n. de Anastasia Ortiz vecinos de los Ortiz. El expediente matrimonial correspondiente (exp. 645) contiene una dispensa, fechada en El Alto el 15 de octubre de 1823, por un impedimento por consanguinidad en cuarto grado según el esquema siguiente:

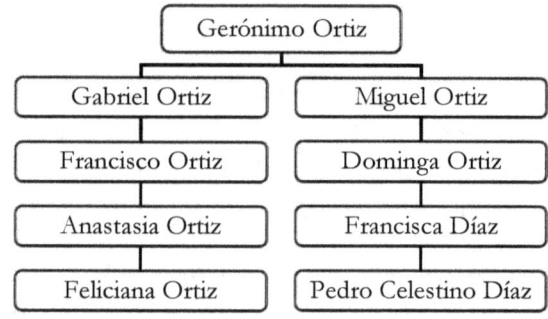

Véliz, José Alejandro con Carrizo, María Melchora
En la parroquia de El Alto el 8 de noviembre de 1823 se casó y veló a **José Alejandro Véliz** h.l. de Jacinto

Véliz y de María Rosa Villarreal con **María Melchora Carrizo** h.n. de María Mercedes Carrizo vecinos de Las Cañas. Ts. Francisco Javier Videla y María Ubalda Díaz.

Ferreira, Manuel Reyes con Sánchez, María Rosario
En la parroquia de El Alto se casó y veló a **Manuel Reyes Ferreira** h.l. del finado José Alberto Ferreira y de María Ignacia Mansilla con **María Rosario Sánchez** h.l. del finado Pedro Sánchez y de Juana María Lencinas. Ts. Luis Bernardo Rodríguez y María Lorenza Pérez.

Zurita, Juan Luis con Quiroga, María Luisa
En la parroquia de El Alto el 21 de noviembre de 1823, habiéndose dispensado un impedimento, se casó y veló a **Juan Luis Zurita** h.l. del finado Juan Manuel Zurita y de María Nicolás Agüero con **María Luisa Quiroga** h.n. de María Manuela Quiroga vecinos de Talasi. Ts. José Alejandro Leiva y María Victoria Zurita.

Vázquez, Domingo con Cardoso, María Antonia
En la parroquia de El Alto el 29 de noviembre de 1823, dispensado un impedimento, se casó y veló a **Domingo Vázquez** h.l. de Valeriano Vázquez y de la finada María Genuaria Leiva con **María Antonia Cardoso** h.l. de Pedro Cardoso y de la finada María Rojas vecinos de Ancuja. Ts. Juan Gregorio Lazo y Susana Leiva. El expediente matrimonial correspondiente a esta partida (Exp. 656) contiene una dispensa fechada en Piedra Blanca el 22 de noviembre de 1823 por un impedimento por consanguinidad en tercero con segundo grado según el esquema siguiente:

Folio 48

Saavedra, Esteban con Quiroga, María de Jesús
En la parroquia de El Alto el 29 de noviembre de 1823 se casó y veló a Dn. **Esteban Saavedra** h.l. del finado Fernando Saavedra y de María del Rosario Carranza con Da. **María de Jesús Quiroga** h.l. del finado José Ignacio Quiroga y de Da. María Águeda Rojo. Ts. Dn. Pedro Bravo y Da. María Francisca Bulacia.

Gómez, José Manuel con Duarte, Juana Rosa
En la parroquia de El Alto el 28 de noviembre de 1823, se casó y veló a **José Manuel Gómez** h.l. del finado Dn. Jerónimo Gómez y de Da. María Micaela Cabral con **Juana Rosa Duarte** h.l. de Manuel Duarte y de la finada María Moreira. Ts. Dn. Félix Santillán y Da. Gregoria Gómez.

Lobo, Juan José con Coronel, María Isabel
En la parroquia de El Alto el 20 el 7 de enero de 1824, se casó y veló a **Juan José Lobo** h.l. de Domingo Lobo y de la finada María Josefa Bravo con **María Isabel Coronel** h.l. de Antonio Coronel y de María Josefa Zurita. Ts. José Antonio esclavo de la Iglesia y Da. Dorotea Ferreira.

Díaz, José Miguel con Zárate, María Prudencia
En la parroquia de El Alto el 11 de enero de 1824, se casó y veló a **José Miguel Díaz** h.n. de María Rosa Díaz con **María Prudencia Zárate**, h.l. de Luciano Zarate de Laurencia Juárez. Ts. Juan Antonio Reyes y María Díaz.

Lobo, Juan José con Coronel, María Isabel
En la parroquia de El Alto el 15 de enero de 1824, se casó y veló a **Juan José Lobo** viudo de Manuela Juárez con **María Isabel Coronel**, h.l. de Antonio Coronel y de María Josefa Zurita. Ts. Antonio Pérez y Magdalena Frías.

Folio 49

Burgos, José Anastasio con Cardoso, María del Rosario
En la parroquia de El Alto el 17 de enero de 1824, se casó y veló a **José Anastasio Burgos** h.l. del finado Joaquín Burgos y de María Candelaria Artaza con **María del Rosario Cardoso** h.l. de Leandro Cardoso y de María Rojas. Ts. José León Seguro y María del Rosario Artaza.

Cabral, Ignacio con Valdéz, María Antonia
En la parroquia de El Alto el 19 de enero de 1824, se casó y veló a Ignacio Cabral h.l. de Dn. Diego Cabral y de María Ignacia Robles con María Antonia Valdéz h.l. de Matías Valdéz y de Cruz Córdoba vecino de los Ortega. Ts. Dn. Francisco Ibáñez y María del Rosario Albarracín.

Toranzo, José Manuel con Ledesma, Hermenegilda
En la parroquia de El Alto el 19 de enero de 1824, se casó llévelo a **José Manuel Toranzo** h.l. de Bernabé Toranzo y de Ignacia Segura con **Hermenegilda Ledesma** h.n. de María Josefa Ledesma vecinos de Ancuja. Ts. Juan Martínez y Encarnación Reto.

Lobo, Ramón con Aráoz, Gregoria
En la parroquia de El Alto, el 20 de enero de 1824, se casó a Ramón Lobo viudo de Francisca Jiménez con Gregoria Aráoz viuda de Lorenzo Jiménez. Ts. Dn. Leonardo Ferreira y Dn. Marcelino Gómez.

Videla, Francisco Javier con Nieva, Juana
En la parroquia de El Alto el 22 de enero de 1824, se casó y veló a **Francisco Javier Videla** h.l. de Nicolás Videla y de Francisca Albarracín con **Juana Nieva** h.l. de José Cipriano Nieva y de Agustina Argañaráz. Ts. Dn. Doroteo Ferreira y Dn. Juan Ángel Gómez.

Folio 50

Cisternas, Esteban con Márquez, Mercedes
En la iglesia parroquial de El Alto el 28 de enero de 1824, se casó y veló a **Esteban Cisternas** viudo de María Rosa Pérez con **Mercedes Márquez** h.n. de la finada María Antonia Márquez. Ts. Claudio Páez y Silveria Ojeda.

Armas, José Cayetano con Luna Isidora
En la parroquia de El Alto el 28 de enero de 1824, se casó y veló a **José Cayetano Armas** h.l. de José Domingo Armas y de María Antonia Romano vecinos de Ovanta, con **Isidora Luna** h.l. de Gregorio Luna y de María Juana Flores. Ts. Pedro Rivera y Melchora Arias.

Collantes, José Ignacio con Ocón, María del Rosario
En la parroquia de El Alto el 29 de enero de 1824, se casó y veló a **José Ignacio Collantes** h.n. de Martina Collantes vecino de Las Tunas con **María Rosario Ocón** h.n. de Francisca Ocón. Ts. Bernardo Echegoyen e Ignacia Cabral.

Miranda, Vicente con Díaz, Francisca
En la parroquia de El Alto el 5 de febrero de 1824, se casó y veló a **Vicente Miranda** viudo de Petrona Páez con **Francisca Díaz** h.l. de Pedro Díaz. Ts. Hermenegildo Flores y Juana Juárez.

Pereira, José Santos con Leiva, Rosario
En la parroquia de El Alto el 7 de febrero de 1824, se casó y veló a **José Santos Pereira** h.n. de Celestina Pereira vecinos de Ovanta con **Rosario Leiva** h.n. de Juliana Leiva. Ts. Isidro Jiménez y Máxima Leiva.

Folio 51

Brito, Juan Bautista con González, María de la Cruz
En la parroquia de El Alto a 10 de enero de 1824, se casó y veló a **Juan Bautista Brito**, h.n. de Pascuala Brito, vecinos del Río Chico jurisdicción de Tucumán, con **María de la Cruz González** h.l. de Juan Ascencio González y de María Mercedes Orellana vecinos de Ampolla. Ts. Juan Isidro Ruiz y María Silveria Pereira.

Artaza, Gregorio con Ledesma, María del Señor
En la parroquia de El Alto el 14 de febrero de 1824, se casó y veló a **Gregorio Artaza** h.l. del finado Lucas Artaza y de María Teodora Romero con **María del Señor Ledesma** h.n. de Manuela Ledesma. Ts. Justo Félix Pedraza y Juana Garcete.

Frías, Miguel Jerónimo con Albarracín, María de la Concepción
En la parroquia de El Alto a 18 de febrero de 1824, se casó y veló a **Miguel Jerónimo Frías** h.n. de Juana Rosa Frías vecino de la Higuerita, con **María Concepción Albarracín** h.n. de la finada Rosa Albarracín, vecina de Las Cortaderas. Ts. Juan Dionisio Ponce y Carmen Lobo.

Aldunate, Marino Eugenio con Yance, Florentina
En la parroquia de El Alto el 18 de febrero de 1824, se casó y veló a Mariano Eugenio Aldunate h.l. del finado Fermín Aldunate y de Pascuala Santa María naturales y vecinos de Cochabamba con Florentina Yance, h.l. de Miguel Yance y de Tránsito Lobo vecinos de Ayapaso. Ts. Rudecindo Suasnabar y María Antonia Biltabicencia.

Santillán, Juan Bartolomé con Rodríguez, María
En la parroquia de El Alto el 21 de febrero de 1824, se casó y veló a **Juan Bartolomé Santillán** h.l. del finado Jacinto Santillán y María Rosa Ledesma con **María Rodríguez** h.n. de María Petrona Rodríguez vecinos de Achalco. Ts. José fruto Flores y Juana Reinoso.

Folio 52

Collantes, Bernabé con Arévalo, María Lorenza
En la parroquia de El Alto el 24 de febrero de 1824, se casó y a **Bernabé Collantes** h.l. de Francisco Collantes y de la finada Ignacia Figueroa, vecinos de Ampolla con **María Lorenza Arévalo** h.l. del finado Pedro Arévalo y de Estefanía Juárez. Ts. Juan Pablo Cárdenas y María Alcarías González.

Vega, Francisco Borja con Medina, María Petrona
En la parroquia de El Alto el 1 de marzo de 1824, se casó y veló a **Francisco Borja Vega** h.l. de Marcelino Vega y de María Ignacia Rodríguez residentes en este beneficio, con **María Petrona Medina** h.l. del finado Juan Tomás Medina y de María Francisca Flores. Ts. Constantino Montenegro y María Antonia Flores.

Morienega, Simón con Luna, Juana Rosa
En la parroquia de El Alto en 1 de marzo de 1824, se casó y veló a **Simón Morienega** h.l. del finado Francisco Javier Morienega y de Martina Mercado con **Juana Rosa Luna** h.l. de Dionisio Luna y de Mercedes Barrientos vecino de Las Tunas. Ts. José Manuel Rivera y Martina Vibar.

Maidana, Felipe Santiago con Rodríguez, María Luisa
En esta parroquia de El Alto a 1 de marzo de 1824, se casó y a **Felipe Santiago Maidana** h.n. de la finada Margarita Maidana vecino del Valle Viejo y residente en esta, con **María Luisa Rodríguez** h.l. de Luis Rodríguez y de María Lorenza Pérez vecinos de la puerta de La Quebrada. Ts. Francisco Pérez y Francisca Rodríguez.

Romero, Fernando con Álvarez, Juana
En la parroquia de El Alto el 4 de abril de 1824, dispensado un impedimento el ayudante fray Hilario Correa casó a **Fernando Romero** viudo de Antonia Rosales con **Juana Álvarez** viuda de Francisco Javier Salazar. Ts. Dn. Pedro Bravo y Dn. Luis Thames. Nota: En la información matrimonial correspondiente (Exp. 675) declaran un impedimento por afinidad ilícita en primer grado por haber tenido trato la pretendida con Laurencio Barrientos hermano del pretendiente, por otro lado declaran tambien un impedimento por afinidd ilícita en segundo grado por haber tenido trato el pretendiente con una prima hermana de la novia.

Folio 53

Ibáñez, Gregorio con Atáez, Petrona
En la vice parroquia de La Quebrada a 3 de junio de 1824, el ayudante fray Hilario Correa casó y veló a **Gregorio Ibáñez** h.n. de Mercedes Ibáñez con **Petrona Atáez** h.n. de Catalina Atáez todos vecinos de La Quebrada. Ts. Bartolomé Peñaflor y Marcelino Toledo.

Saavedra, José Lino con Toledo, María Espíritu
En la vice parroquia de La Quebrada el 4 de junio de 1824, el ayudante fray Hilario Correa casó y veló a **José Lino Saavedra** h.l. de Francisco Saavedra y de Justa Lorenza Rodríguez con **María Espíritu Toledo** h.l. de Anselmo Toledo y de María Celedonia Gómez vecinos de Ichipuca. Ts. Juan Bautista Lobo y María Coronel.

Zurita, José Francisco con Paz, María Rosa
En la vice parroquia de La Quebrada el 9 de junio de 1824, el ayudante fray Hilario Correa casó y veló a **José Francisco Zurita** vecinos de La Toma h.l. del finado Roque Zurita y de María Josefa Acosta con **María Rosa Paz** h.n. de Catalina Paz vecinos de Albigasta. Ts. Miguel Rojas y Matías Véliz.

Ocón, Ignacio con Romano, María Florentina
En esta parroquia de El Alto al 16 de junio de 1824, y se casó y veló a **Ignacio Ocón** viudo de María de la Encarnación Cisterna con **María Florentina Romano** h.l. de José Geraldo Romano y de María Juana Garzón vecinos de los Osores. Ts. Patricio Arévalo y Da. Francisca Lobo.

Díaz, Marcelino con Ibáñez, Cayetana
En la vice parroquia del Manantial el 28 de junio de 1824, el canónigo doctor Dn. José Ignacio Thames caso y veló a **Marcelino Díaz** vecino del Cerro Negro y residente en esta, h.n. de Victoria Díaz con **Cayetana Ibáñez** h.n. de Martina Ibáñez vecina del de La Aguada. Ts. Pedro Miguel Valdéz y Petrona Figueroa.

Folio 54

Góngora, Marcelina con Barrientos, Feliciana
En la vice parroquia del Manantial el 29 de julio de 1824, el canónico doctor Dn. Ignacio Thames casó a **Marcelino Góngora** h.l. del finado Andrés Góngora y de Victoria Díaz, vecinos del Manantial, con **Feliciana Barrientos** viuda del finado Juan José Páez. Ts. Dn. Luis Thames y Da. Juana Rosa Bulacia.

Guerrero, Félix con Burgos, Vicenta
En la vice parroquia del Manantial el 5 de julio de 1824, el canónigo doctor José Ignacio Thames casó y a **Félix Guerrero** h.l. de los finados Isidro Guerrero y de Bartolina Robles con **Vicenta Burgos** hija del finado Dn. Santiago Burgos y de Lorenza Villagra. Ts. Vicente Ogas y Lucas Rosales.

Paz, Juan de Dios con Reinoso, Fortunata
En la vice parroquia del Manantial el 8 de julio de 1824, se casó veló a **Juan de Dios** esclavo de Dn. Santiago Paz con **Fortunata Reinoso** h.n. de Lorenza Reinoso, vecinos del Manantial. Ts. Dn. Pedro Bravo y Nicolás Nieva.

Ortiz, Martiano con Figueroa, María de la Cruz
En la vice parroquia del Manantial el 8 de julio de 1824, el doctor José Ignacio Thames casó y veló a **Mariano Ortiz** viudo de Valeriana Paz con **María de la Cruz Figueroa** h.n. de Manuela Figueroa, vecinos del Manantial. Ts. Dn. Pedro Miguel Valdéz y Pedro Figueroa.

Lonsaya, Juan Ascencio con Díaz, Francisca Antonia
En la vice parroquia de Santa Bárbara el 26 de julio de 1824, el doctor Dn. José Ignacio Thames casó y veló a **Juan Asencio Lonsaya** h.l. de Félix Lonsaya y de

Lorenza Figueroa con **Francisca Antonia Díaz** h.l. de Lucas Díaz y de Petrona Ávila. Ts. Dn. Pedro Miguel Valdéz y Pedro Figueroa.

Folio 55

Pedro, Albarracín con Lobo, Vicencia
En la parroquia de El Alto 28 de julio de 1824, se casó y veló a **Pedro Albarracín** h.n. de la finada María Luisa Albarracín con **Vicencia Lobo** h.n. de la finada María Lobo. Ts. Ascencio Romero y Dn. Doroteo Ferreira.

Soria, Dn. Nicolás con Pedraza, María del Tránsito
En la parroquia de El Alto 25 de agosto de 1824, es hoy veló a Dn. **Nicolás Soria** h.l. del finado Isidro Soria y de Florentina Lazo con **María del Tránsito Pedraza** h.n. de Brígida Pedraza. Ts. Juan Gregorio Lazo y Susana Leiva.

Vera, José Luis con Juárez, Ascensión
En la parroquia de El Alto 26 de agosto de 1824, se casó y a **José Luis Vera** esclavo de Da. Ignacia Vera con **Ascensión Juárez** viuda del finado Juan Ángel Pinto. Ts. Asencio Romero y Policarpo Robles.

López, Ubaldo con Robles, Justa Rufina
En la parroquia de la piedra blanca 30 de agosto de 1824, el señor Vicario doctor Dn. Agustín Colombres casó y veló a **Ubaldo López h.n.** de Dolores López con **Justa Rufina Robles h.n.** de Ramona Robles, vecinos de la parroquia de El Alto. Ts. Dn. Francisco Camboya y Da. Cayetana Segura.

Espíndola, Pedro Ignacio con Goicochea, Rosario
En la parroquia de El Alto 27 de septiembre de 1824, se casó y veló a **Pedro Ignacio Espíndola**, hijo de los finados Silvestre Espíndola y de Escolástica Juárez. con **Rosario Goicochea**, h.l. de José Ignacio Goicochea y de María Simona Rojas, vecino de esta parroquia. Ts. Policarpo Robles y Concepción Arévalo.

Folio 56

González, Agustín con Díaz, María Trinidad
En esta parroquia a 30 de septiembre de 1824, se casó y veló a **Agustín González** h.n. de Cecilia González con **María Trinidad Díaz** h.l. de los finados Juan Ignacio Díaz y de Juana Ferreira, vecino de los Corpitos. Ts. Dn. Francisco Antonio Barrionuevo y Da. Beatriz Segura.

Mercado, Juan Santos con Barrientos, Marcelina
En Ovanta. 20 de octubre de 1824, se casó y veló a **Juan Santos Mercado** h.l. de Ramón Mercado y de la finada Ana María Morienega con **Marcelina Barrientos** h.l. de los finados Vicente Barrientos y Tránsito Paz, vecinos de Las Tunas. Ts. Ascencio Romero y José Antonio esclavo de la Iglesia.

González, Luis Antonio con Collantes, María Isidora
En la parroquia de El Alto el 25 de octubre de 1824, se casó a **Luis Antonio González** h.l. de los finados Juan Eusebio González y de María Juliana Jiménez con **María Isidora Collantes** viuda del finado Mariano Vallejos vecinos de Ampolla. Ts. José Eugenio Juárez y Bernarda Vallejos.

Mercado, Pedro Nolasco con Paz, María del Señor
En la parroquia de El Alto 25 de octubre de 1824, habiéndose dispensado un impedimento, se casó y veló a **Pedro Nolasco Mercado** h.l. de José Ignacio Mercado y de Juana Páez con **María del señor Paz** h.n. de Rosalía Paz, vecinos de Las Tunas. Ts. Simón Frías y Rosario Paz.

Mendoza, Antonio con Ibarra, María Anastasia
En la parroquia de El Alto el 28 de octubre de 1824, se casó a **Antonio** esclavo de Dn. Pedro Ignacio Mendoza con **María Anastasia Ibarra**, vecinos de la cumbre. Ts. Dn. Fabián Maldonado y Da. Petrona Cabral.

Folio 57

González, Santiago con Ibáñez, Sabina
En la parroquia del Manantial el 29 de octubre de 1824, el ayudante fray Hilario Correa casó a **Santiago González** h.l. de Francisco González y de Fabiana (no figura el apellido) con **Sabina** esclava de Dn. Francisco Ibáñez viuda del finado Luis Aráoz, vecinos de Alijilán.

Jeréz, Santiago con Castillo, María del Tránsito
En la vice parroquia del Manantial el 8 de noviembre de 1824, se casó y Bello el ayudante fray Hilario Correa a **Santiago Jeréz h.l.** de Ángel Jeréz y de María Magdalena López con **María del Tránsito Castillo h.n.** de María Antonia Castillo. Ts. Dn. José Miguel Valdéz y Da. Mercedes Rizo.

Reinoso, Justino con Rosales, María del Tránsito
En la parroquia de El Alto el 22 de noviembre de 1824, habiéndose dispensado un impedimento, se casó y veló a **Justino Reinoso** h.l. de Bartolomeo Reinoso y de María agustina Luna, vecinos de el bañado de Ovanta, con **María del Tránsito Rosales** h.n. Laurenciana Rosales. Ts. Juan José Díaz y Florentina Villagra. Nota: en la información matrimonial correspondiente (Exp. 701) de declaran dos impedimentos por consanguinidad los que se explican con los siguientes esquemas:

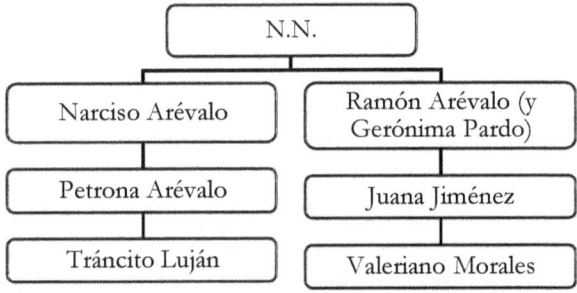

Reinoso, Hilario con Ibáñez, Pascuala
En la parroquia de El Alto el 22 de noviembre de 1824, dispensado el impedimento se casó y veló a **Hilario Reinoso** h.n. de Gregoria Reinoso con **Pascuala Ibáñez** h.l. de Hilario Reinoso y de Juana González, vecinos de Ovanta. Ts. Raimundo Costilla y María Ascensión Soraire. Nota: En la información matrimonial correspondiete (Exp. 702) se explica el parentesco con el siguiente esquema:

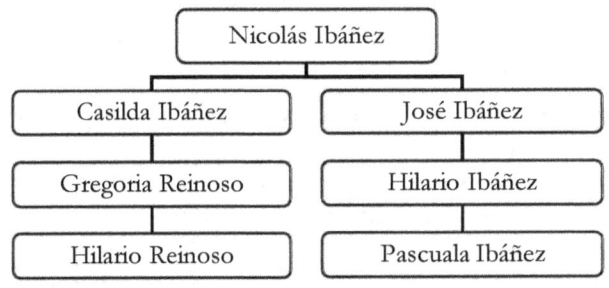

Folio 58

Morales, Valeriano con Luján, María del Tránsito
En la parroquia de la Concepción de El Alto el 3 de enero de 1825, dispensado un impedimento, se casó a **Valeriano Morales**, vecino de Talasi, h.l. de Hilario Morales y de María Juana Jiménez con **María del Tránsito Luján** viuda de Pedro Páez. Ts. Francisco Barrera y Florentina Arévalo. En la información matrimonial correspondiete (Exp. 708)se declara un impedimento por afinidad en tercer grado el que se explica con el esquema siguiente:

Agüero, Ricardo con Ledesma, Serafina
En la parroquia de La Quebrada a 10 de enero de 1825, el ayudante fray Hilario Correa casó y veló a **Ricardo Agüero** h.n. de Tránsito Barrera con **Serafina Ledesma** h.l. de Juan José Ledesma y de Bartolina Lobo, vecinos de Achalco. Ts. Inocencio Ledesma e Ignacia Juárez.

Ibáñez, Juan Luis con Quiroga, Josefa
En la parroquia de la Quebrada el 15 de enero de 1825, el ayudante fray Hilario Correa casó y veló a **Juan Luis Ibáñez** viudo de la finada Agustina Retamozo con **Josefa Quiroga** h.l. de José Quiroga y de la finada Nieves Amaya. Ts. Nicolás Díaz y José Antonio Chazarreta.

Vega, Nolasco con Villarroel, Romualda
En la parroquia de El Alto el 16 de enero de 1825, se casó y veló por el ayudante fray Hilario Correa a **Nolasco** (Vega) esclavo, con Romualda Villarroel h.l. de los finados Pedro Pablo Villarroel y de Margarita Cordero. Ts. Dn. Leonardo Ferreira y Da. Regina Ferreira.

Osores, Antonio con Reinoso, Matilda
En la parroquia de El Alto el 19 de enero de 1825, se casó y veló a **Antonio Osores** h.n. de Sebastiana Osores con **Matilda Reinoso** h.n. de María Juana Reinoso. Ts. Dn. Juan Ángel Gómez y Manuel Gómez.

Folio 59

Reyes, Fermín con Jiménez, Josefa
En la vice parroquia de Santa Bárbara del Manantial el 6 de febrero de 1825, se casó a **Fermín Reyes** h.n. de María Paula Reyes con **Josefa Jiménez** viuda de Inocencio Arias. Ts. Saturnino Ibáñez y María Rosa Agüero.

Juárez, Francisco Antonio con Garcete, Avelina
En la vice parroquia de La Quebrada el 10 de febrero de 1825, se casó y veló a **Francisco Antonio Juárez** h.n. de Dolores Juárez con **Avelina Garcete** h.n. de Francisca Gaete. Ts. Cipriano Vallejos y María de la Cruz Páez.

Reinoso, Juan con Villagra, María Ascensión

En la vice parroquia de Santa Bárbara del Manantial el 11 de febrero de 1825, se casó y veló a **Juan Reinoso** h.l. del finado Martín Reinoso y de Martina Reyes con **María Ascensión Villagra** h.n. de este Estefanía Villagra. Ts. Saturnino Ibáñez y Da. Tránsito Rizo Patrón.

Jeréz, Casimiro con Medina Luisa

En la vice parroquia de La Quebrada el 11 de febrero de 1825, se casó y veló por mi ayudante fray Hilario Correa a **Casimiro Jeréz**, vecino de Choya, h.l. de Dn. Crescencio Jeréz y de Dn. María del Rosario Islas con **Luisa Medina**, h.n. de María Ignacia Medina y de padre no conocido. Ts. Dn. Gabriel Nieva y Da. Dorotea Jeréz.

Zurita, Asencio con Sánchez, Juana

En la parroquia de La Quebrada el 11 de febrero de 1825, el ayudante fray Hilario Correa casó y veló **Asencio Zurita**, vecino de Chañar Laguna, h.l. del finado Mateo Zurita y de Justa Acosta con **Juana Sánchez** h.l. de José Sánchez y de Hilaria Quiroga. Ts. Inocencio Islas y Concepción Jeréz.

Folio 60

Garzón, Juan Nicolás con Flores, María Vicenta

En la vice parroquia de La Quebrada el 14 de febrero de 1825, el ayudante fray Hilario Correa caso veló a **Juan Nicolás Garzón** h.l. de José Eugenio Garzón y de María Simona González con **María Vicenta Flores** hija adoptiva de Carmelo Flores. Ts. Juan Agustín Ponce y Carmen Azcuénaga.

González, Tomás con Lobo, Isidora

En la vice parroquia de Santa Bárbara del Manantial el 15 de febrero de 1825, dispensado un impedimento, el doctor Dn. José Ignacio Thames casó y veló a **Tomás González** h.n. de la finada Dominga González con **Isidora Lobo** h.l. de Julián Lobo y de Francisca Tula, vecino de Los Altos. Ts. Dn. Manuel Noriega y Dn. Luis Ignacio. En el expediente matrimonial correspondiente (Exp. 714) se encuentra una dispensa fechada en Piedra Blanca el 9 de febrero de 1825, por un impedimento por afinidad ilícita en primer grado por haber cohabitado el pretendiente con una hermana de la contrayente.

Quiroga, Ignacio Antonio con Suárez, Cristina

En la vice parroquia de La Quebrada a 20 de febrero de 1825, dispensado un impedimento en la ciudad de fray Hilario Correa casó y veló a **Ignacio Antonio Quiroga**, vecino de Las Cortaderas, h.n. de Petrona Quiroga con **Cristina Suárez** h.l. de Juan Suárez y de Da. Ana María Páez. Ts. Nicolás Díaz y José Antonio Chazarreta. En la información matrimonial correspondiente se explica el parentesco con el siguiente esquema:

Márquez, Juan Gregorio con Ibáñez, María Consolación

En la iglesia parroquial de El Alto el 12 de abril de 1825, se casó y veló a **Juan Gregorio (Márquez)** esclavo h.n. de María Juana esclava con **María Consolación Ibáñez** h.n. de Ana María Ibáñez. Ts. Baltazar Ibáñez y Da. Francisca Bulacia.

Folio 61.

Romano, Nolasco con Gómez, María Cecilia

En la vice parroquia de El Alto el 9 de mayo de 1825, se casó y veló a **Nolasco Romano h.l.** de Gerardo Romano y de María Juana Garzón con **María Cecilia Gómez** h.l. de Dn. Solano Gómez y de María de la Cruz Rojas. Ts. Dn. Feliciano Zavala y Da. María Mercedes Zavala y Da. María Mercedes Sabando.

Ávila, José Pascual con Collantes, María Manuela

En la iglesia parroquial de El Alto 9 de mayo de 1825, se casó y veló a **José Pascual Ávila** h.l. del finado Juan Bautista Ávila y de María Dionisia Luna con **María Manuela Collantes** h.l. del finado Miguel Collantes y de Francisca Paz. Ts. Damascio Argañaráz y María Cecilia Vega.

Lezcano, Sinforoso con Montes de Oca, María Genuaria

En la parroquia de El Alto el 13 de mayo de 1825, se casó y veló a **Sinforoso Lezcano** natural de Ambargasta h.l. de Tiburcio Valeriano Lezcano y de la finada María Isabel Villarroel con **María Genuaria Montes de Oca** h.l. de Narciso Montes de Oca y de Da. Magdalena Albarracín. Ts. Dn. Miguel Leiva y Da. Francisca Lezcano.

Artaza, José Lucas con Ponce, Da. María Ángela

En la vice parroquia de La Quebrada a 16 de mayo de 1825, se casó y veló a **José Lucas Artaza**, natural de Huaico Hondo, h.l. del finado Lucas Artaza y de Teodora Romero con **Da. María Ángela Ponce** h.l. del finado Dn. Miguel Ponce y de Nieves Ávila. Ts. Pedro José Santucho y María Rosario Del Gabino.

Ledesma, Félix Antonio con Córdoba, Josefa

En la parroquia de El Alto el 19 de mayo de 1825, se casó y veló a **Félix Antonio Ledesma** h.n. de Manuela Ledesma con **Josefa Córdoba** viuda del finado Vicente Leiva. Ts. Fermín Lazo y Petrona Lazo.

Folio 62.

Farías, Juan Pablo con Reinoso, Juana Petrona
En la parroquia de la Concepción de El Alto el 27 de junio de 1825, se casó y veló a **Juan Pablo Farías** h.n. de Severina Farías con **Juana Petrona Reinoso** h.n. de Candelaria Reinoso, naturales de El Bañado. Ts. José Díaz y Gregoria Luna.

Villalba, Sinforoso con Díaz, María Fernanda
En la vice parroquia de Santa Bárbara del Manantial el 7 de junio de 1825, el ayudante Dn. Rafael Macías casó y veló a **Sinforoso Villalba**, vecino de Las Cañas h.l. de Basilio Villalba y de Nicolasa Juárez con **María Fernanda Díaz** h.n. de Leocadia Díaz. Ts. Dn. Pedro Mendiolasa y Santiago Páez.

Delgadillo, Manuel Santos con Barahona, Juana
En la vice parroquia del Manantial el 9 de junio de 1825, se casó y veló a **Manuel Santos Delgadillo** h.l. del finado Juan Pablo Delgadillo y de Victoria Vega con **Juana Barahona** viuda de José Manuel Agüero. Ts. Dn. Pedro Mendiola asa y Santiago Páez.

Bulacia, Gregorio con Ibáñez, María Juana
En la parroquia de El Alto a 12 de julio de 1825, dispensado un impedimento, se casó y veló a **Gregorio Bulacia**, esclavo, h.n. de Petrona con **María Juana Ibáñez** h.l. del finado Dn. Ignacio Ibáñez y de Martina Ortiz. Ts. Bernardo Chogui con Da. Dominga Gómez. Nota: El expediente matrimonial correspondiente (Exp. 731) contiene una dispensa por un impedimento por consanguinidad en cuarto grado ya que Gregorio, esclavo, era hijo natural de Dn. Miguel Bulacia, por lo que el parentesco resulta de la forma siguiente:

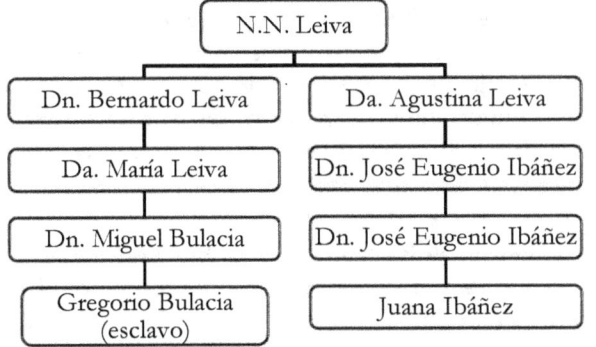

Ibáñez, Patricio con Leguizamo, Albina
En la parroquia de El Alto el 22 de julio de 1825, dispensado un impedimento, se casó y veló a **Patricio Ibáñez** h.l. de Bartolo Ibáñez y de Bernarda González con **Albina Leguizamo** h.n. de Francisca Leguizamo. Ts. Felipe Santiago Tula y Rosario Paz. *Nota:* El expediente matrimonial correspondiente (Exp. 728) fue presentado en El Alto el 28 de junio de 1825, allí se declara un impedimento por consanguinidad en cuarto grado de la manera siguiente:

Folio 63

Ávila, Maximiliano con Zurita, María Victoria
En la parroquia de El Alto el 1 de agosto de 1825, se casó y veló a Dn. **Maximiliano Ávila**, vecino de Taco Punco, viudo de Rosalía Agüero con **María Victoria Zurita** de Iloga h.l. de Manuel Zurita y de Victoria Domínguez. Ts. Dn. Juan de Dios Ibáñez y Nicolasa Luján.

Reinoso, Buenaventura con Vizcarra, María del Rosario
En la vice parroquia de San José de Ovanta, el 25 de agosto de 1825, se casó y veló a **Buenaventura Reinoso**, vecino de Ovanta h.l. de Bartolo Reinoso y de (hay un espacio en blanco) con **María del Rosario Vizcarra** h.l. de Javier Vizcarra y de Serafina Orellana. Ts. Dn. Francisco Reyes y Socorro Paz.

Barrientos, Dn. José Antonio con Rosales, Da. Elizarda
En la parroquia de El Alto el 30 de septiembre de 1825, dispensado un impedimento, se casó y veló a Dn. **José Antonio Barrientos**, vecino de Las Tunas, h.l. de los finados Dn. Juan Vicente Barrientos y de Da. María del Tránsito Páez con Da. **Elizarda Rosales** h.l. del finado Dn. Ramón Rosales y de Da. Jerónima Argañaráz. Ts. Miguel Mercado y Simón Morienega. *Nota:* En el expediente matrimonial (Exp. 733) se encuentra una dispensa fechada en Piedra Blanca el 14 de septiembre de 1825, por un impedimento por consanguinidad en tercer grado con segundo en la manera siguiente:

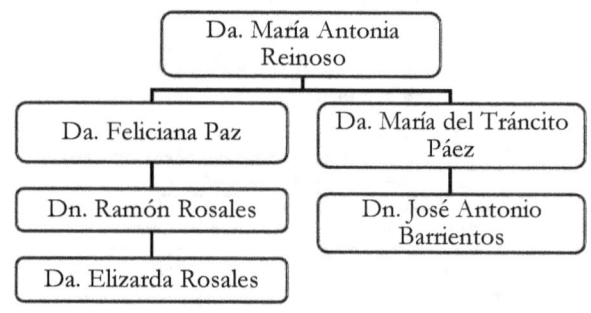

Arévalo, Antonio con Medina, Gerarda
En la parroquia de El Alto el 2 de octubre de 1825, se casó y veló a **Antonio Arévalo**, vecino de Anjuli, h.l. de Nicolás Arévalo y de Pascuala Morales con **Gerarda Medina** h.l. de José Medina y de Ubalda Cisneros. Ts. Mariano Argañaráz y Dn. Leonardo Ferreira.

Rodríguez, Pedro Lucas con Soria, Felipa
En la parroquia de El Alto el 11 de octubre de 1825, se casó y veló a **Pedro Lucas Rodríguez**, vecino de Tintigasta, h.l. del finado José Eugenio Rodríguez y de Luisa Crespín con **Felipa Soria** h.n. de Bartolina Soria, vecinos de los Farguitos. Ts. Pablo Lobo y Ramona Robles.

Folio 64

Argañaráz, José Mariano con Páez, María del Socorro
En la parroquia de Concepción de El Alto el 21 de octubre de 1825, se casó veló a **José Mariano Argañaráz**, vecino de Piedra Blanca, h.l. del finado Juan Alejo Argañaráz y de María Rosa Herrera con **María del Socorro Páez** h.l. de Claudio Páez y de Silveria Ojeda. Ts. Dn. Martiniano Gómez y Da. María Aráoz.

Castellanos, Juan Francisco con Castro, Mercedes
En la iglesia parroquial de El Alto el 26 de octubre de 1825, se casó y veló a **Juan Francisco Castellanos** h.l. de los finados Francisco Castellanos y de María Villalba con **María Mercedes Castro**. Ts. Santiago Páez y Feliciana Barrientos.

Pacheco, Pedro José con Gómez, María Dolores
En la parroquia de El Alto el 5 de noviembre de 1825, se casó y veló a **Pedro José Pacheco** viudo de Úrsula Díaz con **María Dolores Gómez** viuda de Silvestre Arévalo. Ts. Agustín Arias y Marcelina Soria.

Chazarreta, Cayetano con Arias, Micaela
En la parroquia de El Alto al 9 de noviembre de 1825, se casó y veló a **Cayetano Chazarreta**, vecino de La Estancia, h.l. de León Chazarreta y de Josefa Rodríguez con **Micaela Arias**, vecina de Achalco, h.n. de Manuela Arias. Ts. Nicolás Díaz y Juana Reinoso.

Folio 65

Perea, Francisco Manuel con Ibáñez, Juana Francisca
En la parroquia de El Alto el 10 de noviembre de 1825, se casó y veló a **Francisco Manuel Perea** h.n. de Juana Perea con **Juana Francisca Ibáñez** h.l. del finado José Manuel Ibáñez y de María Jacinta Romero. Ts. Juan José Quevedo y Juana García.

Paz, José Antonio con Cabrera, Tomasina
En la parroquia de El Alto el 25 de noviembre de 1825, dispensado un impedimento, se casó y veló a **José Antonio Paz**, vecino de Las Tunas, h.l. de los finados Juan Paz y Rosa Morienega con **Tomasina Cabrera** h.l. de los finados Nicolás Cabrera y de Ana María Díaz. Ts. Pedro Francisco Barrientos y Juana Francisca Paz. *Nota:* En el expediente matrimonial correspondiente (Exp. 745) los contrayentes y sus padres están endonados. El 15 de noviembre de 1825, en Piedra Blanca, se dispensó un impedimento por consanguinidad de tercer grado con segundo, según el esquema siguientes:

Durán, Miguel Jerónimo con Sánchez, Gregoria
En la parroquia de la Concepción de El Alto el 6 de diciembre de 1825, se casó y veló a **Miguel Gerónimo Durán** viudo de María Pablo Ortiz con **Gregoria Sánchez** viuda de Nicolás Lobo. Ts. Dn. Martiniano Gómez y Da. Petrona Gómez.

Páez, Pedro Nolasco con Lazo, Petrona
En la iglesia parroquial a 7 de diciembre de 1825, dispensado un impedimento, se casó a **Pedro Nolasco Páez**, vecino de Ancuja viudo de Casilda Cáceres con **Petrona Lazo** viuda de Manuel Ledesma. Ts. Francisco Cárdenas y Josefa Vizcarra. *Nota:* El expediente matrimonial correspondiente (Exp. 746) se encuentra una dispensa fechada en Catamarca el 16 de noviembre

de 1825 por un impedimento por consanguinidad en tercer grado, el que se deduce del esquema siguiente:

```
                    N.N. Farías
         ┌──────────────┴──────────────┐
   Juana Rosa Farías            María Cruz Farías
   Rafaela Farías                Juan Domingo Lazo
   Pedro Nolasco Páez            Petrona Lazo
```

Ponce, Pedro José con Rivarola, María Pastora
En la iglesia parroquial el 30 de enero de 1826, dispensado un impedimento, se casó y veló a **Pedro José Ponce**, vecino de Huaico Hondo, h.l. del finado Miguel Ponce y de María Nieves Ávila con **María Pastora Rivarola** h.n. de María Dolores Rivarola. Ts. Manuel Ávila y Ana Rosa Delgadillo.

Folio 66

Herrera, José con Maldonado, María de las Nieves
En la iglesia parroquial de El Alto el 8 de enero de 1826, se casó y veló a **José Herrera**, esclavo liberto de la Patria con **María de las Nieves**, esclava de Dn. Fabián Maldonado h.l. de Laurencio y de Marcela, esclavos. Ts. Dn. Mariano Mendoza y María Inés Jeréz.

Villalba, Juan de Dios con Acevedo, Jerónima
En la parroquia de la Concepción de El Alto el 9 de enero de 1826, se casó y veló a **Juan de Dios Villalba**, vecino de Los Corrales, h.l. de Juan Pablo Villalba y de Agustina Medina con **Jerónima Acevedo** h.l. de Juan Isidro Acevedo y de María del Rosario Zapata. Ts. Pedro José Santucho y María Estefanía Ibáñez.

Ramírez, Fernando con Ríos, Bernardina
En la parroquia de la Concepción de El Alto el 12 de enero de 1826, se casó y veló a **Fernando Ramírez** residente en Santa Ana h.l. de Esteban Ramírez y de María Carrizo con **Bernardina Ríos** h.n. de Bernardina Ríos. Ts. Juan Nicolás Luján y Justa Arévalo.

Torres, Juan Isidro con Delgado, María Concepción
En la parroquia de El Alto el 12 de enero de 1826, se casó y veló a **Juan Isidro Torres**, vecino de La Toma, h.n. de la finada María Lorenza Torres con **María Concepción Delgado**, vecina de Caña Cruz h.n. de María Delgado. Ts. Justo Luján y Ana Rosa Arévalo.

Agüero, Juan Romualdo con Maidana, María Simona
En la parroquia de El Alto el 18 de enero de 1826, se casó y veló a **Juan Romualdo Agüero** h.l. del finado Juan Romualdo Agüero y de María Isidora Véliz con **María Simona Maidana** h.l. de Valentín Maidana y de Isidora Cabral. Ts. Silvestre Agüero y Serafina Gómez

Folio 67

Ojeda, Juan Manuel con Díaz, María Paula
En la parroquia de El Alto el 28 de enero de 1826, se casó y veló a **Juan Manuel Ojeda**, vecino de Las Cortaderas, h.l. de Pedro Ojeda y de María Petrona Quiroga con **María Paula Díaz** h.n. de María del Tránsito Díaz. Ts. Francisco Díaz y Antonio Flores.

Agüero, Juan Vicente con Contreras, María Lorenza
En la parroquia de El Alto el 4 de febrero de 1826, se casó y veló a **Juan Vicente Agüero**, vecino de Cóndor Huasi, h.n. de la finada Mercedes Agüero con **María Lorenza Contreras** h.l. de la finado Solano Contreras y de Mercedes Burgos. Ts. Solano Gómez y Cruz Rojas.

Lobo, Antonio con Zurita, María Susana
En la parroquia de El Alto a 6 de febrero de 1826, se casó y veló a **Antonio Lobo**, vecino de La Calera, h.l. de José Martín Lobo y de la finada Antonia Peñaflor con **María Susana Zurita** h.l. de Juan de la Cruz Zurita y de María Dolores Juárez. Ts. Dn. Manuel Avellaneda y María Juana Reinoso.

Narváez, Juan Alejo con Luján, María del Carmen
En la iglesia parroquial de El Alto el 6 de febrero de 1826, dispensado un impedimento, se casó y veló a **Juan Alejo Narváez**, vecino de Caña Cruz, h.l. del finado Dionisio Narváez y de María de las Nieves Domínguez con **María del Carmen Luján** h.n. de María Luján. Ts. José Victoriano Cisternas y Manuela Ibáñez.

Leguizamo, José de la Cruz con Ibáñez, Magdalena
En la parroquia de El Alto el 6 de febrero de 1826, dispensado un impedimento, se casó y veló a **José de la Cruz Leguizamo** h.n. de Francisca Leguizamo con **Magdalena Ibáñez** h.l. de Bartolo Ibáñez y de Solana Juárez. Ts. Juan Bautista Armas y Da. Isabel Márquez.

Folio 68

José Antonio, con Lobo, María del Pilar
En la parroquia de El Alto el 7 de febrero de 1826, dispensado un impedimento, se casó y a José Antonio esclavo con María Pilar Lobo h.l. del finado Nicolás Lobo y de María Luisa Galarza. Ts. Dn. Francisco Jeréz y Da. Petrona Gómez.

Mansilla, José Lino con Ruiz, Isabel
En la parroquia de El Alto el 13 de febrero de 1826, dispensado un impedimento se casó y a **José Lino Mansilla**, vecino de Tabigasta, h.n. de María Juliana

Mansilla con **Isabel Ruiz** h.l. de José Antonio Ruiz y de la finada Celia Burgos. Ts. Andrés Páez y Josefa Ignacia Urregola.

Acosta, Pedro Ignacio con Delgado, Teresa de Jesús
En la vice parroquia del Manantial el 31 de octubre de 1825, se casó y veló a **Pedro Ignacio Acosta** viudo de Rosario Brizuela con **Teresa de Jesús Delgado** h.l. del finado Juan Antonio Delgado y de María Alejandra Gaona.

Gómez, Faustino con Ortiz, María Jacoba
En la vice parroquia del Manantial el 6 de febrero de 1826, se casó y veló a **Faustino Gómez** h.l. de José Luis Gómez y de María Paula Aráoz con **María Jacoba Ortiz** h.n. de Nicolasa Ortiz. Ts. Eusebio Zurita y Asencio Reyes.

Fernández, Fidel con Cabral, Antonia
En la parroquia de la Concepción de El Alto el 6 de marzo de 1826, se casó, y se los veló el 4 de abril, a **Fidel Fernández** viudo de Josefa Ibáñez, esclava, con **Antonia Cabral** h.l. de Dn. Diego Cabral y de Ignacia Robles. Ts. Juan Juárez y Salomé Vidal.

Folio 69

Ahumada, Juan Ángel con Alderete, María Ramona
En la parroquia de la Concepción de El Alto 17 de enero de 1826, se casó y veló a **Juan Ángel Ahumada** oriundo del Manantial, h.l. de José Segundo Ahumada y de Agustina Rosa Cardoso con **María Ramona Alderete** oriunda de Albigasta, h.l. de Juan Francisco Alderete y de la finada Tomasina Chávez. Ts. Nicolás Díaz y Francisco Barrera.

Córdoba, Juan José con Leguizamo, Juana Isabel
En la parroquia de la Concepción de El Alto a 19 de enero de 1826, se casó y veló a **Juan José Córdoba** viudo, vecino de La Toma, con **Juana Isabel Leguizamo** h.n. de Bartolomé Leguizamo. Ts. Martín Oviedo y Valeriano Vera.

Cordero, Juan Santos con Romano, María Finarda
En la parroquia de la Concepción de El Alto el 25 de enero de 1826, se casó y veló a **Juan Santos Cordero**, vecino de Chilca, h.l. de los finados Juan Ramón Cordero y de María Petronila Lobo con **María Finarda Romano** h.l. de finado Nicolás Romano y de Petrona Artaza, vecinos de Ancuja. Ts. Cruz Romanos y Juan Garcete.

Tolosa, José Ignacio con Ortega, María Pascuala
En la parroquia de la Concepción de El Alto el 25 de enero de 1826, se casó y veló a **José Ignacio Tolosa** h.l. de Marcelino Tolosa y de María Josefa Vanegas con **María Pascuala Ortega** h.l. de Anastasio Ortega y de Lizarda Ávila, todos de esta feligresía. Ts. Toribio Cardoso y Josefa Vanegas.

Folio 70

Díaz, José Rufino con Tolosa, María del Señor
En esta parroquia de la Concepción de El Alto el 6 de febrero de 1826, se casó y veló a **José Rufino Díaz**, vecino de Achalco, h.l. de Nicolás Díaz y de la finada Catalina Cortés, con **María del Señor Tolosa** h.l. de Ramón Tolosa de la finada Mercedes Romano. Ts. Victorino Zurita y Da. Catalina Oviedo.

Zurita, José Santos con Aguirre, María Florentina
En la parroquia de la Concepción de El Alto 2 de abril de 1826, se casó y veló a **José Santos Zurita** h.l. de José Santos Zurita y de María Genuaria Paz, finada, con **María Florentina Aguirre** h.l. de José Roque Aguirre y de María del Tránsito Lobo, vecinos de Achalco. Ts. Nicolás Verón y Juana Isabel Pacheco.

Juárez, Francisco Antonio con Coronel, María Ascensión
En la iglesia parroquial de El Alto el 10 de abril de 1826, se casó y veló a **Francisco Antonio Juárez** hijo de Marcelino Juárez y de la finada Da. Rita Díaz, vecinos de Albigasta con **María Ascensión Coronel**, h.l. de Pedro Coronel y de Da. Isidora Campos. Ts. Manuel y Genuaria Nieva.

Folio 71

Murguía, Manuel Antonio con Díaz, María Francisca
En esta parroquia de la Concepción de El Alto el 10 de abril de 1826, se casó y veló a **Manuel Antonio Murguía** h.n. de María Narcisa Murguía, vecino de La Quebrada, con **María Francisca Díaz** h.l. de Domingo Díaz y de Mercedes Arias, vecinos de Trigo Chacra en Santiago. Ts. Genuaria Ferreira y Manuel Arias.

Segura, José Manuel con Arias, María Petrona
En la parroquia de la Concepción de El Alto en 11 de abril de 1826, se casó y veló a **José Manuel Segura** h.l. de los finados Felipe Segura y de María Pascuala Flores, vecinos de Pozo Grande con **María Petrona Arias** h.n. de Manuela Arias, vecina de Achalco. Ts. León Adauto y María Casimira Ledezma.

Pacheco, Juan Antonio con Rojas, María Pascuala
En la parroquia de la Concepción de El Alto el 17 de abril de 1826, se casó y veló a **Juan Antonio Pacheco** h.l. de Francisco Antonio Pacheco y de María Luisa

Juárez, vecinos de Choya con **María Pascuala Rojas** h.n. de Segunda Rojas, vecinos de Albigasta. Ts. José Benigno Verón y María Antonia Castillo.

Segura, Juan Manuel con Garcete, María Francisca
En la parroquia de la Concepción de El Alto el 27 de abril de 1826, se casó y veló a **Juan Manuel Segura** h.l. del finado Juan Inocente Segura y de María Simona Collantes, vecinos de Alijilán **con María Francisca Garcete** viuda de José González. Ts. Pedro Juan Sabando y Da. Manuela Bulacia.

Folio 72

Romano, Fulgencio con Cordero, María del Tránsito
En la parroquia de la Concepción de El Alto el 27 de abril de 1826, se casó y veló a **Fulgencio Romano** h.l. de José Celedonio Romano y de María Antonia Melindres, vecinos de los Osores, con **María del Tránsito Cordero h.n.** de Josefa Cordero, vecinos de la Pirquitas. Ts. Felipe Hernández e Isabel Romano.

Cruzado, Juan Andrés con Fernández, Manuela
En la parroquia de la Concepción de El Alto en 29 de abril de 1826, se casó y veló a **Juan Andrés Cruzado** h.n. de María Manuela Cruzado, vecino de Guayama con **Manuela Fernández** h.n. de la finada Bárbara Fernández. Ts. José María Maturano y Da. María Marcela Vega.

Pérez, José con Díaz, María de la Encarnación
En la parroquia de la Concepción de El Alto el 29 de abril de 1826, se casó y veló lo primero el 13 de marzo y lo segundo en este día a **José Pérez** h.l. de Santiago Solano Pérez y de María del Rosario Toledo, vecinos de Ichipuca con **María de la Encarnación Díaz** h.n. de Francisca Díaz de Ancuja. Ts. Fructuoso Flores y Casilda Yance.

Artaza, Bartolomé con Garcete, María Celedonia
En la parroquia de la Concepción de El Alto el 1 de mayo de 1826, se casó y veló **a Bartolomé Artaza** viudo de Carmen Vázquez con **María Celedonia Garcete**, vecina de la Costa. Ts. Dn. Leandro Ibáñez y Da. Carmen Matarradona.

Folio 73

Herrera, José León con Saavedra, María de la Cruz
En la parroquia de la Concepción de El Alto el 3 de mayo de 1826, se casó y veló a **José León Herrera** viudo de María Eugenia Romano, vecino de los Osores con **María de la Cruz Saavedra** h.l. de los finados Pedro José Saavedra y de María Luisa Albarracín. Ts. Nicolás Medina Melchora Saavedra.

Romano, José Julián con Olivera, María del Tránsito
En la iglesia de la Concepción de El Alto 5 de mayo de 1826, se casó y veló a **José Julián Romano**, vecino de Georgia viudo de Concepción Miranda con **María del Tránsito Olivera** h.n. de María Francisca Oliveira. Ts. Valentín Ruiz y María Mercedes Herrera.

Barrera, Cipriano con Rivas, Da. María Isabel
En la parroquia de la Concepción de El Alto el 6 de mayo de 1826, se casó y veló a **Cipriano Barrera**, vecino de Achalco, h.n. de Francisca Barrera con Da. **María Isabel Rivas**, h.l. de Dn. José Rivas y de Da. Francisca Lobo, vecinos en Ayapaso. Ts. José Fructuoso Flores y Mercedes Yance.

Rivera, José María con Arregue, Josefa
En esta parroquia de la Concepción de El Alto el 9 de mayo de 1826, se casó y veló a **José María Rivera** h.l. de los finados Jacinto Rivera y de Silveria Guerrero con **Josefa Arregue** h.l. de Bartolo Arregue y de Lorenza Carrizo. Ts. Pedro Pascual Crispín y Narcisa Orquera.

Contreras, Severino con Albarracín, María Magdalena
En la parroquia de la Concepción de El Alto el 9 de mayo de 1826, se casó llévelo a **Severino Contreras** h.l. del finado José Fructuoso Contreras y de Anselma Alamon con **María Magdalena Albarracín** h.n. de Josefa Albarracín. Ts. José María Vega y María de la Concepción Fernández.

Folio 74

Rojas, Cosme con Garzón, María Juana Rosa
En esta parroquia de la Concepción de El Alto 13 de mayo de 1826, se casó y veló a **Cosme Rojas**, vecino de La Quebrada h.n. de María del Socorro Rojas con **María Juana Rosa Garzón** h.l. de Manuel Garzón y de Mercedes Lindón. Ts. Francisco Agüero y Josefa Ramos.

Uriarte, Juan Silvestre con Toranzos, María del Señora
En esta parroquia de la Concepción de El Alto en 13 de mayo de 1826, se casó y veló a **Juan Silvestre Uriarte**, vecino de Caña Cruz h.l. de Bartolomé Uriarte y de María Juana Zurita con **María del Señor Toranzos** h.l. de Pedro Nolasco Toranzos y de María Juliana Vega. Ts. Manuel Gerardo Arévalo y María Tomasina Luján.

Caballero, José Ignacio con Díaz, Ramona Rosa
En la parroquia de la Concepción de El Alto el 17 de mayo de 1826, se casó y veló **a José Ignacio Caballero**, vecino de Inacillo h.l. de Dn. Silvestre Caballero y de la finada María del Tránsito Iturres con

Ramona Rosa Díaz h.n. de María Petrona Díaz. Ts. Dn. Tiburcio Navarro y Da. Josefa Rojas.

Zemborian, Felipe con Correa, Manuela
En esta parroquia de la Concepción de El Alto en 18 de mayo de 1826, se casó y veló a **Felipe Zemborian**, africano de Guinea, esclavo que fue de Antonio Zemborain, de las Trancas en este curato con **Manuela Correa**, vecina de Vilismano, h.n. de María Nicolasa Correa. Ts. Dn. Francisco Daniel Páez y Da. María de la Ascensión Páez.

Ávila, Narciso con Segura, Juana Luisa
En la parroquia de la Concepción de El Alto en 26 de mayo de 1826, se casó y veló a **Narciso Ávila**, vecino de San Lorenzo h.l. de Juan Manuel Ávila y de María de la Cruz Castillo con **Juana Luisa Segura** h.l. de Inocencio Segura y de Simona de Jesús Collantes. Ts. José Mariano Argañaráz y Mercedes Castro.

Folio 75

Falcón, Lorenzo con Pacheco, María Damascena
En esta parroquia de la Concepción de El Alto el 5 de junio de 1826, se casó y veló a **Lorenzo Falcón** viudo de Mercedes Márquez con **María Damascena Pacheco** viuda de Juan Ángel Brito. Ts. Juan Salas y Teresa Pérez Guevara.

Villalobos, José Baltazar con Márquez, María de los Santos
En la parroquia de El Alto el 19 de junio de 1826, se casó y veló a **José Baltazar Villalobos**, vecino del Molino h.n. de María del Pilar Villalobos con **María de los Santos Márquez** h.l. del finado Rafael Márquez y de Rosa Quiroga. Ts. Francisco Antonio Barrionuevo y Da. Beatriz Segura.

Peralta, Manuel con Ibáñez, María José
En esta parroquia de la Concepción de El Alto el 27 de junio de 1829 se casó y veló a **Manuel Peralta** h.l. de Juan Peralta y de Estefanía Collantes con **María José Ibáñez** h.n. de la finada Cecilia Ibáñez, vecinos de Ovanta. Ts. Manuel Ruiz y María de la Ascensión Soraire.

Páez, Juan José con Mercado, María Petrona
En la parroquia de la Concepción de El Alto el 6 de julio de 1826, se casó llévelo a **Juan José Páez**, vecino de Las Tunas h.l. del finado Juan Martín Páez y de María Genuaria Argañaráz con **María Petrona Mercado** h.l. del finado Juan Ignacio Mercado y de María Felipa Collantes, vecinos también de Las Tunas. Ts. Pedro Nolasco Mercado y Gregoria Luna.

Folio 76

Villagra, Juan Jorge con Ruiz, María Isabel
En la parroquia de la Concepción de El Alto el 7 de julio de 1826, se casó y veló a **Juan Jorge Villagra** viudo de Juana Petrona Yance con **María Isabel Ruiz** viuda de José Lino Mansilla. Ts. Fermín Rodríguez y Casilda Yance.

Leiva, Francisco Antonio con Cabrera, María Dolores
En la parroquia de Concepción de El Alto en 1 de agosto de 1826, se casó y veló a **Francisco Antonio Leiva**, vecino de Las Tunas h.l. de los finados Andrés Leiva y Josefa Díaz con **María Dolores Cabrera** h.l. de los finados Nicolás Tolentino Cabrera y de Ana María Díaz. Ts. Ambrosio Maldonado y María Francisca Cejas.

Acosta, Fermín con Ferreira, María Luisa
En la parroquia de la Concepción de El Alto el 3 de agosto de 1826, se casó y veló a **Fermín Acosta**, vecino de Sumampa, viudo de Francisca Antonia Godoy con **María Luisa Ferreira** h.l. de Santiago Ferreira y de María Villagra. Ts. Juan Rizo y Candelaria Segura.

Plaza, Antonio con Orquera, María Josefa
En la parroquia de la Concepción de El Alto el 3 de agosto de 1826, se casó y veló a **Antonio Plaza** h.n. de la finada Dominga Plaza con **María Josefa Orquera** h.l. de los finados Juan Miguel Orquera y de Bárbara Vega. Ts. Francisco Figueroa y Vicenta Paz.

Guerrero, José Antonio con Coria, María Gregoria
En la parroquia de la Concepción de El Alto el 23 de agosto de 1826, se casó y veló a **José Antonio Guerrero** h.l. de Juan Simón Guerrero y de María del Rosario Ferreira con **María Gregoria Coria** h.l. del finado Lorenzo Coria y de Julia Alcaba. Ts. Marcelina Villagra y Feliciana Barrientos.

Folio 77

Medina, Alberto con Mansilla, María Luisa
En la parroquia de la Concepción de El Alto el 26 de agosto de 1826, se casó y veló **Alberto Medina** h.n. de la finada Juana Medina con **María Luisa Mansilla** h.n. de la finada Josefa Mansilla, vecinos del Río del Molino. Ts. Juan José Álvarez y Antonio Cejas.

Amaya, Francisco con Calvimonte, María Rosa
En esta parroquia la concepción de El Alto en 26 de agosto de 1826, se casó y veló a **Francisco Amaya** viudo de María Dionisio Lesana, vecino de Vilismano, con **María Rosa Calvimonte** h.l. de Ramón

Calvimonte y de Feliciana Arroyo. Ts. Dn. Juan Manuel González y Da. Pablo Maldonado.

Collantes, Bruno con Ibáñez, María Gregoria
En la parroquia de la Concepción de El Alto el 1 de octubre de 1826, se casó y veló a **Bruno Collantes** h.n. de Francisco Collantes y de la finada Ignacia Figueroa, vecinos de Ampolla con **María Gregorio Ibáñez** h.l. de Juan Ibáñez, vecino de Las Tunas. Ts. Francisco Collantes y José Antonio esclavo de la Virgen.

Alarcón, Mariano con Artaza, Rosalía
En esta parroquia de la Concepción de El Alto el 1 de octubre de 1826, se casó y veló a **Mariano Alarcón**, vecino de Los Corrales viudo de Juana María Juárez con **Rosalía Artaza** viuda de Bautista Díaz. Ts. Dn. Doroteo Ferreira y Dn. Mariano Gómez.

Arévalo, Juan Antonio con Medina, María Gerarda
En esta parroquia de la Concepción de El Alto el 2 de octubre de 1826, se casó y veló a **Juan Antonio Arévalo**, vecino de La Toma h.l. de Nicolás Arévalo y de María Pascuala Morales con **María Gerarda Medina** h.l. de Diego Medina ya difunto y de María Gualda Cisneros, vecino de los Nogales. Ts. Dn. Juan Ángel Gómez y Dn. Doroteo Ferreira

Folio 78

Barraza, José Fernando con González, María de la Cruz
En la parroquia de la Concepción de El Alto el 12 de octubre de 1826, se casó y veló a **José Fernando Barraza** h.l. de Juan José Barraza y de María Josefa carrizo, vecinos de La Toma, con **María de la Cruz González** h.l. de Félix González y de Gregoria Pacheco. Ts. Dn. Juan Manuel González y Da. Paula Maldonado.

Leiva, José Ignacio con Orquera, María Marcelina
En esta parroquia la Concepción de El Alto en 22 de octubre de 1826, se casó y veló a **José Ignacio Leiva**, vecino de Talasi, h.l. de Claudio Leiva y de la finada María Margarita Jiménez con **María Marcelina Orquera** h.l. del finado Pedro Pablo Orquera y de Florentina Lazo, vecinos de las Casas viejas. Ts. Juan Luis Zurita y María del Tránsito Pedraza.

Changai, Ciriaco con Moyano, María Ventura
En la iglesia parroquial de la Concepción de El Alto el 24 de octubre de 1826, se casó y veló a **Ciriaco Changai** esclavo de Dn. Martín Gómez h.l. de Luis Changai y de la finada María Juliana Gómez con **María Ventura Moyano** h.l. del finado Juan Ascencio Moyano y de Catalina Toranzos. Ts. Mateo Choque y Da. Magdalena Márquez.

Soria, José Manuel con Lobo, Da. María Francisca
En esta parroquia la Concepción de El Alto en 1 de octubre de 1826, se casó y a **José Manuel Soria**, vecino de Ayapaso h.n. de la finada María Soria con Da. **María Francisca Lobo** viuda de Dn. José Domingo Rivas. Ts. Juan Jorge bisagra y Mercedes Yance.

Juárez, Casimiro con Rojas, María del Carmen
En esta parroquia de la Concepción de El Alto en 6 de noviembre de 1826, se casó y veló a **Casimiro Juárez** viudo de María Narcisa Murguía, vecino de La Quebrada con **María del Carmen Rojas** viuda de Juan Ascencio Miranda. Ts. Feliciano Zavala y María Teodora Quiroga.

Folio 79

Ogas, José Luis con Jiménez, Pascuala
En la parroquia de la Concepción de El Alto el 6 de noviembre de 1826, se casó y veló a **José Luis Ogas**, vecino del Manantial h.l. de Juan Vicente Ogas y de la finada María Rosa Barrientos con **Pascuala Jiménez** h.l. de Marco Jiménez y de Juliana Alamón, vecinos de Quimilpa. Ts. Alejo Lobo y Feliciana Barrientos.

Rodríguez, José Domingo con Zurita, Teresa
En la parroquia de la Concepción de El Alto el 7 de noviembre de 1826, se casó y veló a **José Domingo Rodríguez**, vecino de Los Puestos de los Gutiérrez, viudo de Josefa Jiménez con **Teresa Zurita** h.l. de Bernardino Zurita de Isabel Leguizamón. Ts. Dn. José Pérez y Da. María Ascensión Páez.

Silva, Rosa Lino con Romero, Francisca
En la parroquia de la Concepción de El Alto el 11 de noviembre de 1826, se casó y veló a **Rosa Lino Silva** h.l. de José Manuel Silva y de María Antonia Espinosa con **Francisca Romero** h.l. de José Mateo Romero y de Agustina Rosa Pacheco, vecino de Caña Cruz. Ts. Hilario Cejas y María Isabel Vera.

Lobo, Juan Bautista con Ibáñez, María Micaela
En la parroquia de la Concepción de El Alto el 20 de noviembre de 1826, se casó y veló a **Juan Bautista Lobo**, vecino de Ovanta, h.l. de José Cruz Lobo y de Petrona Ibáñez con **María Micaela Ibáñez** última de Juan Teodoro Ibáñez y de Francisca Jiménez. Ts. Tomás Díaz y Justa Díaz.

López, Waldo con Burgos, Da. Dorotea
En la parroquia de la Concepción de El Alto el 24 de noviembre de 1826, se casó y veló a **Waldo López** viudo de Dolores Rojas con Da. **Dorotea Burgos** h.l. de Dn. Miguel Burgos y de la finada Dolores Rojas,

vecinos de Guayamba. Ts. Dn. Pedro Ignacio Mendoza y Da. Leocadia Irusta.

Díaz, Dámaso con Mercado, María Margarita
En la parroquia de la Concepción de El Alto el 27 de noviembre de 1826, se casó y veló a **Dámaso Díaz**, vecino de Las Tunas h.n. de la finada Margarita Díaz con **María Margarita Mercado** h.n. de Simona Mercado. Ts. Ambrosio Maldonado y Juana Rosa Luna.

Folio 80

Romano, Bernabé con Arévalo, María Francisca
En la parroquia de la Concepción de El Alto el 27 de noviembre de 1826, se casó y veló a **Bernabé Romano** viudo de Feliciana Garzón con **María Francisca Arévalo** viuda de Ignacio Herrera, vecino de los Osores. Ts. Pedro Nolasco Cisternas e Ignacia Cisterna.

Nota: En esta parroquia de la Concepción de El Alto teniéndose recientemente la vista las partidas de casamiento del interior de la feligresía se asientan entre las del año de 26 para que el de lector se remita con ellas a las páginas correspondientes de las diversas fechas.

Sobrecasas, José Martín con Morales, Ana María
En la parroquia de la Concepción de El Alto el 24 de enero de 1824, se casó y veló a **José Martín Sobrecasas**, vecinos de Taco Punco, viudo de María Nicolasa Cordero, con **Ana María Morales** viuda de Juan Isidro Cordero. (No figuran los testigos)

Contreras, Francisco Javier con Cisternas, Margarita Rosa
En la parroquia de la Concepción de El Alto el 4 de febrero de 1824, se casó y veló a **Francisco Javier Contreras** h.l. del finado José Félix Contreras y de Genuaria Nieva, con **Margarita Rosa Cisternas** h.n. de la finada María Trinidad Cisternas. Ts. Dn. Miguel Barros y Da. Bernardina Barros.

Salvatierra, José Bernardino con Delgado, Juana Rosa
En la parroquia de la Concepción de El Alto, el 5 de enero de 1824, se casó y veló a **José Bernardino Salvatierra** h.l. de los finados Matías Salvatierra y de María Herrera, vecino de Las Trancas con **Juana Rosa Delgado** viuda de Pedro Acosta. Ts. Dn. Luis Ramón Páez y Da. María Petrona Barros.

Ávila, Manuel con Díaz, Micaela
En la parroquia de la Concepción de El Alto el 23 de enero de 1825 se casó y veló a **Manuel Ávila** viudo de María Nicolasa Ahumada con **Micaela Díaz** natural de María Mercedes Díaz (no figura en los testigos).

Folio sin número (corresponde 81)

Pedraza, José Eusebio con Medina, Margarita
En la parroquia la Concepción de El Alto en 28 de noviembre de 1826, se casó y veló a **José Eusebio Pedraza** h.n. de Da. Antonia Pedraza con **Margarita Medina** h.n. de Da. Ana María Medina, vecinas de Oyola. Ts. Dn. Tiburcio Navarro y Da. María Josefa Medina.

Fernández, Juan Silvestre con Díaz, Ramona
En la parroquia de la Concepción de El Alto en 27 de diciembre de 1826, se casó y veló a **Juan Silvestre Fernández** viudo de Carmen Lobo con **Ramona Díaz** h.n. de Teodora Díaz, vecinos de Quimilpa. Ts. Juan Francisco Nieva y Fortunata Sosa.

Paz, Juan Simón con Vivas, Martina
Parroquia de la Concepción de El Alto 2 de enero de 1826 se casó reveló a **Juan Simón Paz** h.n. de Beatriz Paz, con **Martina Vivas**, viuda de Manuel Díaz, vecinos de Las Tunas. Ts. con Mercado y Simona Ibáñez.

Garzón, Juan de la Cruz con Cordero, Martina
En la parroquia de la Concepción de El Alto el 8 de enero de 1827, se casó y veló a **Juan de la Cruz Garzón**, vecino de La Quebrada hijo de los finados Simón Garzón y de Francisco Ricardo Rivadeneira con **Martina Cordero** h.n. de Justa Cordero. Ts. Pedro Juan Morales y María del Carmen Medina.

Acevedo, José Doroteo con Vázquez, Ana María
En la parroquia la Concepción de El Alto en 10 de enero de 1827 se casó y veló a **José Doroteo Acevedo** h.l. de Juan Isidro Acevedo y de María del Rosario Zapata, vecinos de Huaico Hondo con **Ana María Vázquez**, h.l. del finado Ramón y de María Manuela Rivarola, vecinos del Laurel. Ts. Francisco Cejas y Josefa Zapata.

González, Juan Tomás con Martínez, María Ignacia
En la parroquia de Concepción de El Alto el 9 de enero de 1827, se casó y veló a **Juan Tomás González** h.l. de Enrique González finado y de Bonifacia Villafañe, vecinos de Vilismano con **María Ignacia Martínez**, h.l. del finado Carlos Martínez y de María Alderete. Ts. Dn. Francisco Daniel Páez y Da. María Francisca Ibáñez.

Folio sin número (corresponde 82)

Rosales, José Damasceno con Díaz, María del Tránsito
En la parroquia Concepción de El Alto el 14 de enero de 1827 se casó y veló a **José Damasceno Rosales** h.n.

de María Jacinta Rosales con **María del Tránsito Díaz** viuda del finado Juan Antonio Cárdenas. Ts. Dn. José Manuel Gómez y Gabriela (no figura el apellido).

Ferreira, Genuario con Chazarreta, Anastasia
En la parroquia la concepción de El Alto el 5 de febrero de 1827, dispensado un impedimento, se casó y veló a **Genuario Ferreira** h.l. de José Alberto Ferreira y María Ignacia Mansilla, vecino de Molleyaco con **Anastasia Chazarreta** h.l. de León Chazarreta y de Josefa Rodríguez, vecino de la Estancia. Ts. Francisco Azcuénaga e Ignacia Mansilla. *Nota:* El expediente matrimonial correspondiente (Exp. 842) contiene una dispensa fechada en Catamarca el 29 de enero de 1821 por un impedimento por consanguinidad en tercer grado según el siguiente esquema:

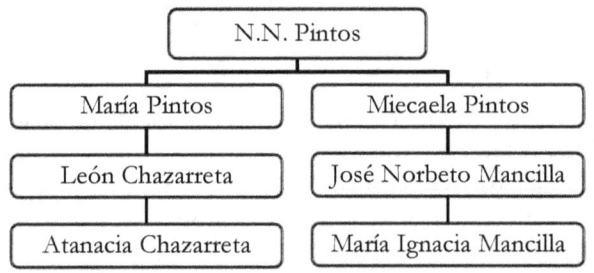

Villagra, Luis Antonio con Reinoso, María Mercedes
En la parroquia de Concepción de El Alto el 27 no 27 es el 12 de febrero de 1827 se casó y veló a **Luis Antonio Villagra** h.l. delfinario Apolinar Villagra, difunto, y de María Pascuala Maidana con **María Mercedes Reinoso** h.l. de Juan Francisco Reinoso y de María del Rosario Mamondes, vecinos de Albigasta. Ts. Dn. Leonardo y Dn. Doroteo Ferreira.

Alarcón, Juan Pedro con Rosales, María del Tránsito
En la parroquia de la Concepción de El Alto el 12 de febrero de 1827 se casó y veló a **Juan Pedro Alarcón** h.l. de Ascencio Alarcón y de Simona Contreras con **María del Tránsito Rosales** h.n. de Casilda Rosales. Ts. Dn. José Miguel Valdéz y Da. Juana Rosa Rizo.

Pesao, Antonio con Vega, Josefa
En la parroquia de la Concepción de El Alto el 15 de enero de 1827, se casó y veló a **Antonio Pesao** esclavo, con **Josefa Vega**. Ts. Dn. Vicente Hormaeche y Da. María del Señor Noriega.

Folio sin número corresponde el 83

Rosales, Juan José con Ortiz, Francisca Antonia
En la parroquia de la Concepción de El Alto el 21 de febrero de 1827, se casó y veló a **Juan José Rosales** h.l. de Pedro Rosales de la finada María Argañaráz con **Francisca Antonia Ortiz** h.l. de Pedro Ignacio Ortiz y de Gerarda Fernández, vecinos de Ovanta. Ts. José Pío Reinoso y Antonia Luna.

Ferreira, Miguel con Álvarez, María de la Anunciación
En la parroquia de Concepción de El Alto el 21 de febrero de 1827 se casó y veló a **Miguel Ferreira** h.l. de Santiago Ferreira y de María Villagra, con **María de la Anunciación Álvarez** h.n. de Lorenza Álvarez. Ts. Ramón Rosa Salinas y María Cayetana Brizuela, vecino de Huacra.

Cárdenas, Antonio con Jeréz, María Felisa
En la parroquia la Concepción de El Alto en 21 de febrero de 1827 se casó y veló a **Antonio Cárdenas** h.l. de Juan Tomás Cárdenas y de María de los Ángeles Jiménez, vecinos Amaucala con **María Felisa Jeréz** h.l. de Juan Gregorio Jeréz y de la finada Martina Coronel, vecinos de Cóndor Huasi. Ts. Dn. Doroteo Ferreira y Domingo Rosales.

Aguilar, José Nicolás con Romano, María Nicolasa
En la parroquia de Concepción de El Alto el 22 de febrero de 1827 se casó y veló a **José Nicolás Aguilar** h.l. del finado José Egidio Aguilar y de María Ramona Aguilar con **María Nicolasa Romano** h.l. de Bernabé Romano y de la finada María Felipa Garzón, vecinos de los Osores. Ts. Policarpo Robles y Francisco Arévalo.

Suárez, Juan Ángel con Burgos, María Valeriana
En la parroquia de la Concepción de El Alto el 26 de febrero de 1827 se casó y veló **a Juan Ángel Suárez**, vecino de Sucuma, h.l. de Benito Suárez difunto y de María Isabel Márquez con **María Valeriana Burgos**, h.l. de Francisco Burgos y de María Ignacia Cabral. Ts. Dn. Braulio Valle e Inés Jeréz.

Tolosa, Juan Bautista con Pineda, María Antonia
En la parroquia de El Alto el 26 de febrero de 1827 se casó y veló a **Juan Bautista Tolosa**, vecino de Albigasta h.l. de Ramón Antonio Tolosa y de María Mercedes Romano con **María Antonia Pineda** h.l. del finado Alberto Pineda y de Margarita Burgos. Ts. Juan Matías Verón y María Asunción Verón.

Folio sin número (corresponde 84)

Pérez, José Tomás con Romero, María Jacinta
En la parroquia de Concepción de El Alto el 26 de marzo de 1827, se casó y veló a **José Tomás Pérez**, vecino de los Falcones viudo de María Gregoria Márquez con **María Jacinta Romero** viuda de Manuel Ibáñez. Ts. Juan Gregorio Ojeda y Ramona Robles.

Toledo, José Manuel con Díaz, Tiburcia
En la parroquia de El Alto el 5 de mayo de 1827 se casó y veló a **José Manuel Toledo**, vecino de Ichipuca h.l. de Matías Toledo y de Francisca Solana Dorado con **Tiburcia Díaz** h.l. de Juan de Dios Díaz y de Antonia Flores, vecinos de Sancayo. Ts. José Fructuoso Flores y Walda Díaz.

Juárez, Juan Ramón con Cortes, Francisca
En la parroquia de la Concepción de El Alto el 15 de mayo de 1827, se casó y veló a **Juan Ramón Juárez** viudo de Francisca Cordero, vecino de Las Cortaderas con **Francisca Cortes** h.l. del finado Francisco Cortes y de Genuaria Quiroga. Ts. Dn. Manuel Avellaneda y Da. Magdalena Márquez.

Rosales, José Manuel con Pacheco, Andrea
En la parroquia de Concepción de El Alto el 21 de mayo de 1827, se casó y veló a **José Manuel Rosales**, vecino de Ovanta, h.l. de Bonifacio Rosales y de Casilda Peralta con **Andrea Pacheco**, h.n. de Casilda Pacheco. Ts. Policarpo Robles y Gregoria Silva.

Pérez, José Apolinario con Díaz, María Walda
En la parroquia la Concepción de El Alto en 6 de junio de 1827, se casó y veló a **José Apolinario Pérez**, vecino de Las Cortaderas h.l. de Juan Gregorio Pérez y de la finada Manuela (no dice el apellido) con **María Walda Díaz** h.l. de Santiago Díaz y de Santos Figueroa. Ts. Cipriano Vallejo y María Antonia Pereyra.

Romano, Santiago con Reinoso, Isabel
En la parroquia de Concepción de El Alto el 16 de agosto de 1827, se casó y veló a **Santiago Romano** viudo de Bárbara Osores con **Isabel Reinoso** h.n. de Isidora Reinoso. Ts. Felipe Hernández y Justa Gómez.

Folio sin número (corresponde 85)

En la parroquia de Concepción de El Alto en 20 de agosto de 1827, se casó y veló a **Manuel Antonio Ledesma** h.l. de Juan Manuel Ledesma ya finado y de María Petrona Lazo con **María Marta Cisternas** h.n. de María de la Encarnación Cisternas, vecinos de Talasi. (No figuran los testigos)

Molina, Basilio con Flores, Casilda
En la parroquia de Concepción de El Alto el 16 de octubre de 1827, se casó y veló a **Basilio Molina** h.l. de Calixto Molina y de Felipa Sistreros con **Casilda Flores** h.n. de Felipa Flores, vecina de Guayamba. Ts. Dn. Martiniano Gómez y Da. Salomé Gómez.

Velarde, Pedro Antonio con Arias, Justa
En la parroquia de la Concepción de El Alto el 20 de octubre de 1827, se casó y veló a **Pedro Antonio Velarde** h.l. del finado Juan de Dios Velarde y de Carmen Guzmán con **Justa Arias** h.l. de Santiago Arias y de Rosa Juárez, vecinos de Achalco. Ts. Dn. Martiniano Gómez y Da. Bernarda Quiroga.

Gómez, Martín con Barrientos, Juana Paula
En la parroquia de Concepción de El Alto el 24 de octubre de 1827 se casó y veló a **Martín Gómez** natural de Córdoba y residente en La Carpintería, de este beneficio h.n. de Tomasina Gómez con **Juana Paula Barrientos** h.l. de Laurencio Barrientos y de Paula Montenegro. Ts. Juan Fernando Gómez y Manuela Guevara.

Álvarez, Félix Mariano con Zárate, Dolores
En la parroquia de Concepción de El Alto el 26 de octubre de 1827, se casó y veló a **Félix Mariano Álvarez** h.n. de Luisa Álvarez con **Dolores Zárate** h.l. de Luciano Zárate y de Laureana Juárez, vecinos de La Carpintería. Ts. Gregorio Medina y María Díaz.

Folio sin número (corresponde 86)

Vázquez, Juan Hermenegildo con Sobrecasas, María Inés
En la parroquia de la Concepción de El Alto el 31 de octubre de 1827 se casó y veló a **Juan Hermenegildo Vázquez** h.l. de Valeriano Vázquez y de María Genuaria Leiva, vecinos de Ancuja, con **María Inés Sobrecasas** h.l. de Martín Sobrecasas y de María Nicolasa Cordero. Ts. Celedonio Soria y Serafina Morales.

Rosales, Juan Tomás con Cárdenas, María del Cárdenas
En la parroquia de Concepción de El Alto el 14 de noviembre de 1827, dispensado un impedimento, se casó y veló a **Juan Tomás Rosales** h.n. de Casilda Rosales con **María del Carmen Cárdenas** h.l. del difunto Antonio Cárdenas y de María del Tránsito Díaz. Ts. Juan Domingo Cárdenas y Petrona Rosales. *Nota:* El expediente matrimonial correspondiente (Exp. 875) contiene una dispensa fechada en Catamarca el 8 de noviembre de 1827 por un impedimento por consanguinidad en tercer grado según se deduce del siguiente esquema:

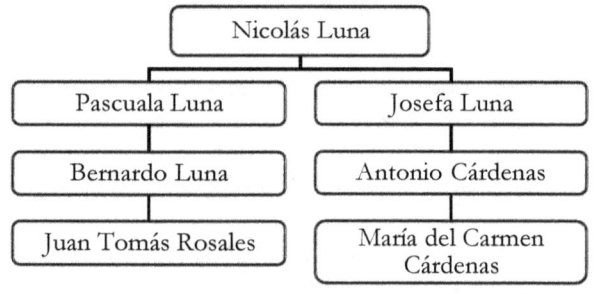

Durán, Pedro con Zárate, Luisa
En la parroquia del Concepción de El Alto en 16 de noviembre de 1827 se casó y veló a **Pedro Durán** viudo de la finada Mercedes Ibarra con **Luisa Zarate** h.l. de Luciano Zárate y de Laurencia Juárez. Ts. Ramón Bepre y Agustina Soria.

Ortiz, Dn. Juan de la Cruz con Paz, Da. Ramona
En esta parroquia de Concepción de El Alto el 1 de diciembre de 1827, dispensado un impedimento, se casó y veló **José de la Cruz Ortiz,** h.l. de Dn. Pedro Ortiz y de Da. Geralda Fernández con Da. **Ramona Paz h.l.** de José Francisco Paz y de María Cruz Leguizamo. Ts. Juan de la Cruz Ortiz y María Albina Leguizamo. Ts. Juan de la Cruz Ortiz y María Albina Leguizamo. *Nota:* En el expediente matrimonial correspondiente (Exp. s/n entre el 883 y el 884) consta una dispensa fechada en 14 de noviembre de 1827 por un impedimento por consanguinidad en cuarto con tercer grado de la manera siguiente:

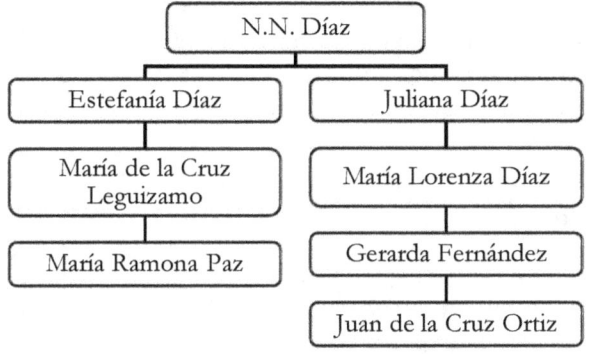

Pacheco, Pedro Juan con Herrera, María Rosario
En la parroquia de El Alto el 1 de diciembre de 1827 se casó y veló a **Pedro Juan Pacheco** h.n. de María Antonia Pacheco con **María Rosario Herrera** h.n. de María Mónica Herrera. Ts. Francisco Cabral y Petrona Cabral.

Guerrero, Pedro Pablo con Albarracín, Petrona
En la capilla del Manantial el 5 de diciembre de 1827 se casó a **Pedro Pablo Guerrero,** h.l. de Mariano Guerreros y de Santos Juárez con **Petrona Albarracín** h.l. del finado Bernardo Albarracín y de Dolores Ortiz (no figuran los testigos).

Folio sin número corresponde 87

Ferreira, Dalmacio con Guerreros, Úrsula
En la capilla del Manantial el 5 de diciembre de 1827 se casó a **Dalmacio Ferreira** h.l. de Santiago Ferreira (no figura la madre del cónyuge) con **Úrsula Guerreros** h.l. de Mariano Guerrero y de María Santos Juárez. (no figuran los testigos)

Díaz, José Antonio con Rodríguez, Bonifacia
En la capilla de Quimilpa el 8 de diciembre de 1827, se casó a **José Antonio Díaz** h.l. de Lucas Díaz y de Petrona Ávila con **Bonifacia Rodríguez** h.n. de María Olaya Rodríguez. Ts. Saturnino Márquez y María Emilia Ávila.

González, José con Páez, María Antonia
En la parroquia de El Alto el 10 de diciembre de 1827, se casó a **José Gonzales** natural de Córdoba h.l. de Dionisio González y de María Juana Ledezma con **María Antonia Páez** h.l. del finado Pedro Páez y de María Suárez siéndote. Ts. Rosendo Suasnabar y María Francisca Cabral.

Márquez, Juan Tomás con Díaz, Asunción
En la capilla del Manantial el 27 de diciembre de 1827, se casó a **Juan Tomás Márquez** h.n. de la finada Victoria Márquez con **Asunción Díaz** h.n. de la finada Rosalía Díaz. Ts. Fernando Gómez y Alejandra Góngora.

Plaza, Félix con Jiménez, Valentina
En la parroquia de El Alto el 13 de enero de 1828, se casó a **Félix Plaza** h.l. de Simón Plaza y de María Simona Díaz con **Valentina Jiménez** viuda de (hay un espacio en blanco). Ts. Juan Pablo Figueroa y Serafina Orellana. Nota: en la informacion matrimonial (Exp. 889) se declara que la contrayente es h.l. de Casimiro Jiménez y de Mercedes (no figura el apellido).

Rasguido, Alejandro con Reinoso, María del Rosario
En la parroquia de El Alto, el 22 de enero de 1828, se casó y veló **Alejando Rasguido** h.n. de Mercedes Rasguido con **María del Rosario Reinoso** h.l. de Juan Nicolás Reinoso y de María Inés Luna. Ts. Miguel Mercado y Gregoria Luna.

Díaz, Santiago con Tula, Dionisia
En la capilla del Manantial el 11 de febrero de 1828, dispensado un impedimento, se casó y a **Santiago Díaz** h.l. de Benito Díaz y de Inés Moyano con **Dionisia Tula** h.n. de Hermenegilda Tula. Ts. Severino Contreras e Ignacia Espinosa.

Folio sin números (corresponde 88)

Berrondo, Juan Diego con Pérez, María Candelaria
En la capilla del Manantial el 9 de febrero de 1828, se casó y veló a **Juan Diego Berrondo** h.l. de Jacinto Berrondo y de Dolores Varela (con certificado del cura de Piedra Blanca), con **María Candelaria Pérez h.l.** de

Gaspar Pérez y de Marcelina Leiva. Ts. Gregorio Medina y Serafina Díaz.

Ávila, Liberato con Ojeda, María Juana
En la capilla del Manantial el 13 de febrero de 1828, se casó y veló a Liberato Ávila, h.l. de Santos Ávila y de Mercedes Arias con **María Juana Ojeda** h.l. de José Antonio Ojeda y de Justa Villagra. Ts. Dn. Francisco Reinoso y Da. Cruz Bravo.

Díaz, Pedro Pablo con Vaca, Tránsito
En la capilla del Manantial el 17 de febrero de 1828, dispensado un impedimento, se casó a **Pedro Pablo Díaz** viudo de Dolores Moyano con **Tránsito Vaca** viuda de Juan Pío Burgos. Ts. Marcelino Góngora con Alejandra Góngora.

Barrientos, Gaspar con Díaz, María del Carmen
En la capilla del Manantial el 18 de febrero de 1828, se casó y veló a **Gaspar Barrientos** viudo de María Guevara con **María del Carmen Díaz** h.n. de Rafaela Díaz. Ts. Dn. Santiago Paz y Da. Mercedes Guerrero.

Sánchez, Basilio con Herrera, María de la Concepción
En la parroquia el 4 de febrero de 1828, se casó y veló a **Basilio Sánchez** h.l. de Lorenzo Sánchez y de Antonia Villarreal con **María de la Concepción Herrera** h.l. de Juan José Herrera y de Josefa Mansilla. Ts. José Fructuoso Flores con María Rosa Toledo.

Carrizo, Pedro con Ferreira, Teresa
En la parroquia de El Alto el 15 de febrero de 1828, se casó y veló a **Pedro Carrizo** h.n. de Mercedes Carrizo con **Teresa Ferreira** h.l. del finado José Antonio Ferreira y de Mercedes Cuadro. Ts. Isidro Videla y Bartolina Acosta.

Osores, Gabriel con Arias, Manuela
En la parroquia el 18 de febrero de 1828, se casó y veló a **Gabriel Osores** h.n. de Sebastiana Osores con **Manuela Arias** viuda. Ts. Nicolás Díaz y María Juana Reinoso.

Folio sin número (corresponde 89)

Juárez, Luis con Maidana, Juan Luisa
En la parroquia el 18 de febrero de 1828, se casó y veló a **Luis Juárez h.l.** de Mariano Juárez y de María Águeda Falcón con **Juana Luisa Maidana** h.l. de Valentín Maidana y de Isidora Cabral. Ts. Pedro Juan Heredia y María Videla.

Carrizo, Inocencio con Galván, María Tomasa
En la parroquia el 19 de febrero de 1828, se casó y veló a **Inocencio Carrizo** h.l. de Juan Pedro Carrizo difunto y de María Isabel Lazo con **María Tomasa Galván** h.n. de Candelaria Galván. Ts. Cornelio Rodríguez y Francisco Antonio Barros

Garnica, Pedro con Garnica, María Petrona
En la parroquia el 19 de febrero de 1828, dispensado un impedimento de segundo grado de consanguinidad, se casó y veló a **Pedro Garnica** h.n. de Damiana Garnica con **María Petrona Garnica**. *Nota:* En el expediente matrimonial correspondiente (Exp. 904) existe una dispensa fechada en Piedra Blanca el 8 de febrero de 1828 por un impedimento de consanguinidad en segundo grado según el esquema siguiente:

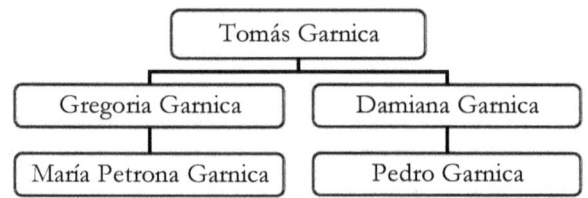

Peralta, Francisco Borja con Lobo, Bartolina
En la parroquia de El Alto el 27 de febrero de 1828, se casó a **Francisco Borja Peralta** con **Bartolina Lobo** viuda de Juan José Ledesma. Ts. Dn. Justo Adauto y Da. Francisca Adauto.

Albarracín, Juan Bautista con Díaz, María Francisca
En la parroquia de El Alto el 28 de febrero de 1828 se casó a **Juan Bautista Albarracín**, viudo de Lorenza Páez con **María Francisca Díaz** h.n. de Marcela Díaz. Ts. Ascencio Romero y Francisca Díaz.

Rivadeneira, Gregorio con Ferreira, Serafina
En la parroquia de El Alto el 3 de marzo de 1828, se casó a **Gregorio Rivadeneira** h.n. de María Francisca con **Serafina Ferreira h.l.** de Santiago Ferreira y de Petrona Villagra. Ts. Juan José Lobo y Úrsula Guerrero.

González, Pedro con Ortiz, Celestina
En la parroquia de El Alto el 15 de marzo de 1828 se casó a **Pedro González** viudo de Rosalía Juárez con **Celestina Ortiz h.n.** de Olaya Ortiz. Ts. Felipe Soraire y Cipriana Armas.

Barrientos, Bernabé con Barrientos, Mercedes
En la capilla del Manantial el 23 de abril de 1828, dispensados los impedimentos, se casó a **Bernabé Barrientos** h.l. de Miguel Barrientos y de Eusebia Nieva con **Mercedes Barrientos** viuda de Pedro Pablo Nieva. Nota: en la informacion matrimonial (Exp. 927) se declara un impedimento por afinidad lícita de tercer con segundo grado el que se explica con el siguiente esquema:

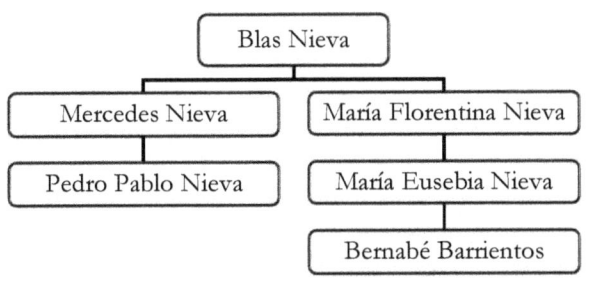

Carrizo, Patricio con Ferreira, María del Tránsito
El 13 de abril de 1828 se casó y veló a **Patricio Carrizo** h.n. de Mercedes Carrizo con **María del Tránsito Ferreira** h.l. del finado Domingo Ferreira y de Mercedes Cuadros. Ts. Julián Trejo y Ascensión Altamiranda.

Burgos, José Joaquín con Cardoso, Ramona
En la iglesia parroquial el 22 de mayo de 1828, se casó y veló a **José Joaquín Burgos**, h.l. del finado José Joaquín Burgos y de la finada Candelaria Artaza con Ramona Cardoso (no figura la filiación). Ts. Casimiro Albarracín y María Jacinta Garnica.

Ledesma, José Antonio con Ramírez, María Cecilia
En la parroquia el 26 de abril de 1828, se casó y veló a **José Antonio Ledesma** viudo de María Josefa Córdoba con **María Cecilia Ramírez** h.n. de la finada Francisca Ramírez. Ts. Damián Valdéz y…

Arévalo, Gerardo Antonio con Agüero, María de Jesús
En la parroquia 28 de abril de 1828 se casó y veló a **Gerardo Antonio Arévalo** viudo de la finada María Mercedes Varela con **María de Jesús Agüero** h.n. de Francisca Agüero. Ts. Dn. Manuel Antonio Figueroa y Da. Susana Pacheco.

Leorraga, José León con Laurencia Guaráz
En la capilla del Manantial el 23 de abril de 1828, se casó y veló a **José León Leorraga** h.l. de Fermín Leorraga y de María Díaz con **Laurencia Guaráz**, h.l. de Juan José Guaráz y de Concepción Ubaldo. Ts. José Lazo y Bernarda Vaca.

Santucho, José Anselmo con Arévalo, María Luisa
En la parroquia el 12 de mayo de 1828, se casó y veló a **José Anselmo Santucho** h.l. de Juan Isidro Santucho y de María Ricarda Chumbo con Da. **María Luisa Arévalo** h.l. de Dn. Félix Fernando Arévalo y de Da. María Isidora Cáceres. Ts. Dn. Martiniano Gómez y Da. … Cabral.

Barrientos, José Antonio con Díaz, Jesús
En la parroquia el 14 de mayo de 1828 se casó y veló a **José Antonio Barrientos** h.n. de la finada María Juana Barrientos con **Jesús Díaz**, h.l. de Pedro Pablo Díaz y de Isabel Montenegro. Ts. Gregorio Medina y Serafina Álvarez.

Libro de Matrimonios N° 4 (segunda parte)
1830 – 1849

Bohorquez, Juan Nicolás con Jiménez, María Francisca
F.1: 27 de enero de 1830, dispensado un impedimento, se casó y veló a **Juan Nicolás Bohorquez**, h.l. de Julián Bohorquez y María Luisa Jiménez, con **María Francisca Jiménez**, h.l. Domingo y María Francisca Paz. Testigos: Juan Pablo Figueroa y Josefa Luna.

Luna, Francisco con Orellana, María Mercedes
F.1: 30 de enero de 1830, se casó y veló a **Francisco Luna**, h.l de Dionisio Luna y María Barrientos, con **María Mercedes Orellana**, h.n. de Mercedes Orellana. Testigos: Alejandro … y Ascensión Cárdenas.

Páez, Pascual con Figueroa, María Presentación
F.1: 6 de enero de 1830 Se casó y veló a **Pascual Páez**, h.l del finado Tomás Páez y Luisa Caravajal, con **María Presentación Figueroa**, h.n. Juliana Figueroa. Testigos: Juan Villarroel e Isabel Ovejero. Folio 1

Quiroga, Francisco Ignacio con Lazo, María Tomasa
F.1-2: 20 de febrero de 1830, casó y veló a **Francisco Ignacio Quiroga**, h.l. del finado Miguel Quiroga y Petrona Lobo, con **María Tomasa Lazo**, h.l. Jn. Tomás Lazo y de Amadora Flores. Testigos: Cipriano Barrera e Isabel Riba. Nota: de la información matrimonial. Leg 31 (Exp. 1014), se dispensa un impedimento de consanguinidad de 4to grado.

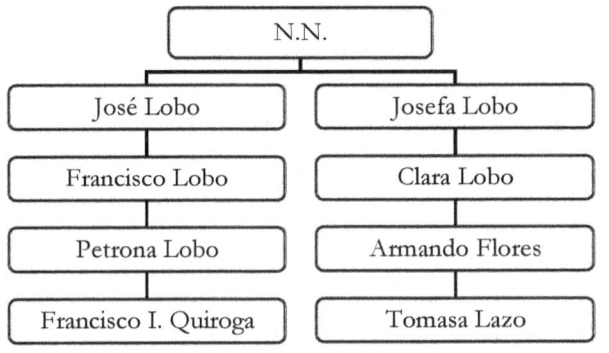

Pérez, Pedro León con Salto, María Genoveva
F.2: 22 de febrero de 1830, se casó y veló a **Pedro León Pérez**, h.l. del finado José Tomás Pérez y de Gregoria Márquez, con **María Genoveva Salto**, h.l. Juan Márquez y Carmen Falcón. Testigos: Juan Villarroel y Salomé Vidal.

Vázquez, Ángel Mariano con Lazo, María Javiera
F.2: 22 de febrero de 1830, se casó y veló a **Ángel Mariano Vázquez**, viudo de Da. Lucinda Leiva, con **María Javiera Lazo**, h.l. del finado Javier Lazo y de María Zurita. Testigos: Juan Tiburcio Páez y Felipa Antonia Luján.

Durán, Matías con Lobo, María del Señor
F.2: 22 de febrero de 1830, se casó y veló a **Matías Durán**, h.l. del finado Julio Durán y de Teodora Moreno, con **María del Señor Lobo**, h.l. Alejandro Lobo y de María del Carmen Ibarra. Testigos: José Lobo y Justa Leorraga.

Reyna, Juan Simón con Barrera, María Ángela
F.3: 13 de marzo de 1830, se casó y veló a **Juan Simón Reyna**, h.l de los finados José Norberto Reyna y de Cecilia Rodríguez, con **María Ángela Barrera**, h.n. de la finada Francisca Barrera. Testigos: José León Adauto y Francisca Zurita.

Ledesma, Luis con Juárez, Leonarda
F.3: 15 de marzo de 1830 Casó a **Luis Ledesma**, viudo de la finada Juana Ramírez, con **Leonarda Juárez**, h.l. Juan Juárez y de María Rosa Maldonado.

Lobo, Antonio con Cordero, Pascuala
F.3: 20 de abril de 1830, se casó y veló a **Antonio Lobo**, viudo de la finada Juana Zurita con **Pascuala Cordero**, h.n de la finada Justa Cordero. Ts: Lázaro Díaz y Juana Reinoso.

Lobo, Francisco con Lobo, Pascuala
F.3: 19 de mayo de 1830, dispensado un impedimento, se casó y veló **Francisco Lobo**, con **Pascuala Lobo**

h.l. de Juan de Dios. Lobo y de María Vicencia Bravo. Testigos: no constan. *Nota*: se levantó información matrimonial en El Alto el 31 de marzo de 1830. Leg 31 Exp. 1025. Se aclara que estaba ligado por un impedimento de consanguinindad en tercer grado y especifica que Francisco es hijo legítimo de Narciso Lobo y María del Carmen Rodríguez.

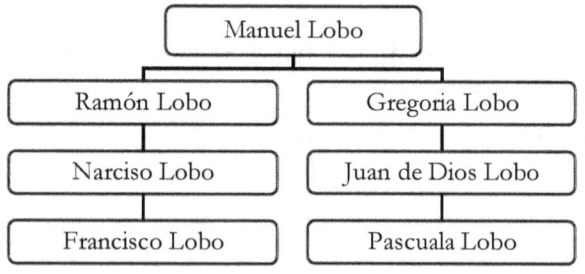

Barrientos, Pedro Francisco con Collantes, María Inés
F.4: 19 de mayo de 1830, dispensado el impedimento de cuarto grado de consanguinidad, se casó y veló a **Pedro Francisco Barrientos**, viudo de la finada Ana María Guamán, con **María Inés Collantes**, h.l. Mariano Collantes y la finada Cruz Castro. Testigos: no constan. Nota: Leg 31 - Folio 1028. Hizo información matrimonial en Obanta el 1 de mayo de 1830. *"Atención. Juan José Paz y Lorenzo Paz, eran primos hermanos, …. estos ser hijos de dos hermanos y tener por padre a quie no se puede descubrir, pero queda convenido que el parentesco es en cuarto grado"*

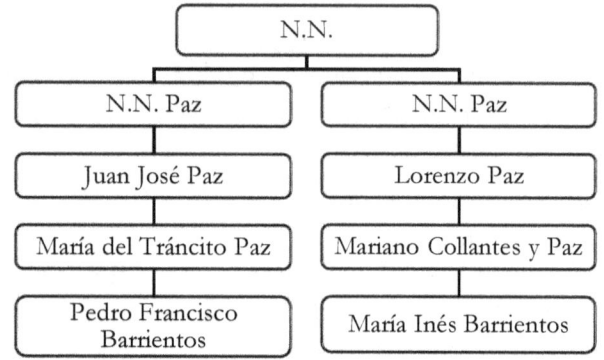

Vázquez, Mateo con Leiva, Beatriz
F.4: 9 de junio de 1830, se casó y veló **Mateo Vázquez**, h.l. de los finados Valeriano Vázquez y de María Genuaria Leiva, con **Beatriz Leiva**, hija adoptiva de los finados José Lorenzo Leiva y de María Mercedes Díaz. Testigos: José Domingo Vázquez y María Antonia Cardoso.

Agüero, José Manuel con Villalba, Manuela
F.4: 14 de junio de 1830, se casó y veló **José Manuel Agüero**, h.l. de los finados Pedro Agüero y Simona Díaz, con **Manuela Villalba**, h.n de Rosaura Díaz. Testigos: Santiago Romano y Jesús Carranza.

Sánchez, José Luis con Amaya, María Santos
F.5: 14 de junio de 1830, se casó y veló a **José Luis Sánchez**, h.n. María Luisa Sánchez, con **María Santos Amaya**, h.l. Tomás Amaya y de la finada Juana Durán. Testigos: Dn. Juan Tomás Rizo y Da. Paula Agüero.

Ibáñez, Silvestre Antonio con Soria, María Rosa
F.5: 28 de junio de 1830, se casó y veló a **Silvestre Antonio Ibáñez**, h.l. de Juan de Dios Ibáñez, y de María (rotura de papel) con **María Rosa Soria**, h.l. del finado Celedonio Soria y María Rosario Paz. Testigos: Dn. Martiniano … y María del Rosario Soria.

Guamán, Vicente con Peñaflor, Tomasina
F.5: 5 de julio de 1830, se casó y veló **Vicente Guamán**, h.l. de Juan Manuel Guamán y de Ignacia Arévalo, con **Tomasina Peñaflor**, h.l. de los finados Pedro Peñaflor y María ¿Landonga? Testigos: Dn. Martiniano Gómez y María Micaela Vergara.

Lobo, José Luis con Quiroga, María Nicolasa
F.5: 13 de julio de 1830, dispensado el impedimento de cuarto grado de consanguinidad, se casó y veló a **José Luis Lobo**, h.n. Ana Luis Lobo, con **María Nicolasa Quiroga**, h.l. del finado Miguel Quiroga y de Petrona Lobo. Testigos: Feliciano Zavala y Teodora Quiroga. Nota: En la información matrimonial (Exp. 1024) no se aclara el parentesco.

Ávila, Juan José con Thames, Pastora
F.6: 30 de julio de 1830, se casó y veló a **Juan José Ávila**, h.l. Juan Bautista y Dionisia Luna, con **Pastora Thames**, esclava de Dn. Alejandro Thames. Testigos: Javier Molina y Petrona Rosales.

Cabrera, Jorge con Carrizo, Jesús
F.6: 7 de agosto de 1830, se casó y veló **Jorge Cabrera**, viudo de la finada María Juana Argañarás, con **Jesús Carrizo**, h.n. de María Josefa Carrizo. Testigos: Domingo Collantes y Gregoria Luna.

Villalba, Dn. Mateo con Arévalo, Da. María Rosario
F.6: 21 de agosto de 1830, se casó y veló a Dn. **Mateo Villalba**, h.l Dn. Julio Villalba y Da. María Antonio

Zurita, con Da. **María Rosario Arévalo**, h.l. de los finados Dn. Hermenegildo Arévalo y Da. María Santos Cardoso. Testigos: Dn. José Manuel Zurita y María Luisa Arévalo.

Cisternas, Juan Santos con Valdéz, Da. Norberta
F.7: 31 de agosto de 1830, se casó y veló a **Juan Santos Cisternas**, h.n. de Encarnación Cisternas, con Da. **Norberta Valdéz**, viuda Dn. Ruperto Gutiérrez. Testigos: Lucindo Gómez y Salomé Gómez.

Romano, José Toribio con Ortiz, María Paula
F.7: 4 de septiembre de 1830, se casó y veló a **José Toribio Romano**, h.l. de Tomás Romano y de Isidora Rodríguez, con **María Paula Ortiz**, h.n. de Anastasia Ortiz. Testigos: Félix Albarracín con Cecilia Magallán.

Cevallos, Salvador con Cárdenas, Ascencia
F.7: 27 de agosto de 1830, se casó y veló a **Salvador Cevallos**, h.l. de Máximo Cevallos y de Venancia Jeréz, con **Ascencia Cárdenas**, h.n. de Petrona Cárdenas. Testigos: Anacleto Calderón y Carmen Ortiz.

Magallanes, Paulino con Páez, María del Señor
F.7: 27 de agosto de 1830, dispensado un impedimento, se casó y veló a **Paulino Magallán**, h.l. de del finado José Lino Magallán y de Petrona Páez, con **María del Señor Páez**, h.l. del finado José Ignacio Páez y de Águeda Cisternas. Testigos: José Manuel Gómez y Bernabela Ovejero. (Exp. 1044) Alcara que eran parientes de consanguinidad en el cuarto con tercer grado.

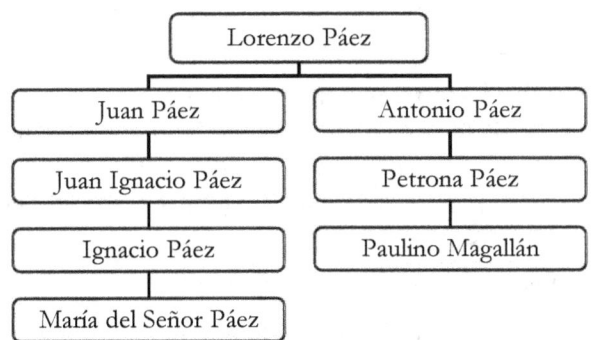

Mercado, Félix Fernando con Pereira, María Catalina
F.8: 4 de octubre de 1830, se casó y veló a **Félix Fernando Mercado**, h.n. de María Juana Mercado, **María Catalina Pereira**, h.l. de Miguel Pereira y de María Luisa Figueroa. Testigos: Pedro Nolasco Mercado y (papel roto) Mercado.

Luján, Ángel Mariano con Cáceres, Francisca
F.8: 1 de octubre de 1830, dispensado un impedimento, se casó y veló a **Ángel Mariano Luján**, h.l. de Feliciano Luján y de Luis Delgado, con **Francisca Cáceres**, h.n. de Gregoria Cáceres. Testigos: Inocencio Ahumada y Sebastiana Medina.

Escasuso, José con Barrientos, Isabel
F.8: 18 de octubre de 1830. Tras dispensar impedimento de 2do grado afinidad de cópula ilícita, se, se casó y veló a **José Escasuso**, h.l. de Julián Escasuso y de la finada Hilaria Juárez, con **Isabel Barrientos**, h.l. de los finados Vicente Barrientos y de ¿Francisca? Páez. Testigos: Alejo Rasgido y Lizarda Rosales.

Ramírez, Manuel Antonio con Ibáñez, Cruz
F.9: 24 de octubre de 1830 Se casó **Manuel Antonio Ramírez**, h.l. de Pedro Antonio Ramírez y de María Dominga Figueroa, con **Cruz Ibáñez**, viuda del finado Tomás Amaya. Testigos: Juan de la Cruz Ortiz y Petronila Guerreros

Chazarreta, José Antonio con Acosta, María Isabel
F.9: 26 de octubre de 1830, se casó y veló a **José Antonio Chazarreta**, viudo de la finada María Ventura Ibarra, con **María Isabel Acosta**, h.l. de José de la Rosa Acosta y de María Petrona Rodríguez. Testigos: Feliciano Zabala y María Teodora Quiroga.

Figueroa, Francisco con Jiménez, María Antonio
F.9: 26 de octubre de 1830 Casó a **Francisco Figueroa**, viudo de la finada Rosalía Ortiz, con **María Antonia Jiménez**, viuda del finado Bernardino Ortiz. Testigos: Paulino Baldés y Cornelia Luna.

Barrientos, José Manuel con Lezcano, María Lorenza
F.10: 17 de septiembre de 1830, se casó y veló a **José Manuel Barrientos**, h.l. de Hermenegildo Barrientos y de Sebastiana Farías, con **María Lorenza Lezcano**, h.l. de los finados Valeriano Lezcano y de Juana Isabel Villarroel. Testigos: Dn. Antonio Ibáñez y Da. L. Figueroa.

Juárez, José Rosario con Pérez, María Manuela
F.10: 29 de octubre de 1830 Casó a **José Rosario Juárez**, h.l. de Antonio Juárez y de María Celestina Díaz, con **María Manuela Pérez**, viuda del finado Juan José Sosa. Testigos: Francisco Videla y María Juana Nieva.

Díaz, Juan Manuel con Tula, María
F.10: 30 de octubre de 1830, se casó y veló a **Juan Manuel Díaz**, con **María Tula**, h.l. del finado Santiago Tula y de Josefa Espinosa. Testigos: Ignacio Reyes y María Josefa Jiménez.

Garnica, José Lázaro con Goycochea, Rosario
F.10-10: 3 de noviembre de 1830 Casó a **José Lázaro Garnica**, h.n de Damiana Garnica, con **Rosario Goycochea**, viuda del finado Pedro Ignacio Espíndola. Testigos: Casimiro Albarracín y María Jacinta Garnica.

Acuña, Nicolás con Lobo, Tomasina
F.11: 4 de noviembre de 1830, se casó y veló a **Nicolás Acuña**, h.n. de la finada Apolonia con **Tomasina Lobo**, h.l. del finado Esteban Lobo y Tránsito Agüero. Testigos: Pedro Ignacio Arias y Ubalda Reinoso.

Lobo, Simón con Castellanos, María Petrona
F.11: 4 de noviembre de 1830, se casó y veló a **Simón Lobo**, viudo de la finada Raymunda Agüero, con **María Petrona Castellanos**, h.l. de los finados Juan Doroteo y María Josefa Ledesma. Testigos: Pedro Pacheco y Juliana Cordero.

Páez, Anselmo con Reinoso, Juliana
F.11: 8 de noviembre de 1830, se casó y veló a **Anselmo Páez**, h.l. del finado Martín Páez y de Genuaria Argañarás, con **Juliana Reinoso**, h.n. de María Santos Reinoso. Testigos: Alejo Rasguido y Gerónima Mercado. (Exp. 1060) Aclara que eran parientes en tercer grado y nos proporciona dos cuadros

Guerreros, Juan Canuto con Rosales, Ramona
F.12: 11 de noviembre de 1830, se casó y veló a **Juan Canuto Guerreros**, h.l. de Silvestre Guerreros y de Juana Burgos, con **Ramona Rosales**, h.l. del finado Lorenzo Rosales y de Justa Argañaráz. Testigos: Felix Mariano Guerreros, y Teresa Díaz.

Rodríguez, Genuario con Ortiz, María Paula
F.12: 15 de noviembre de 1830, se casó y veló a **Genuario Rodríguez**, h.n de Fermina Rodríguez, con **María Paula Ortiz**, h.n. Nicolasa Ortiz. Testigos: Andrés Avelino Ortega y María Manuela Ortiz.

Gramajo, Pedro Pascual con Méndez, Ana Catalina
F.12: 16 de noviembre de 1830, se casó y veló a **Pedro Pascual Gramajo**, viudo de la finada Valeriana Mansilla, con **Ana Catalina Méndez**, h.l. de Josef Roque Méndez y de Mercedes Soria. Testigos: Ignacio Reyes y María Manuela Díaz.

Mercado, Luis Mariano con López, Ambrosia
F.12: 17 de noviembre de 1830, se casó y veló a **Luis Mariano Mercado**, h.l. del finado José Ignacio y de María Juana Pas, con **Ambrosia López**, h.l. del finado Juan Antonio y de Marcelina Guerreros. Testigos: Santiago Delgado y Da. Ignacio Suárez.

Nieva, Ponciano con Verón, Luisa
F.13: 8 de noviembre de 1830, se casó y veló a **Ponciano Nieva**, h.l. de Luis Antonio Nieva y de María Dominga Agüero, con **Luisa Verón**, h.l. de Francisco Antonio Verón y de Bartolina Íñiguez. Testigos: José Manuel Videla y Ascensión Altamiranda.

Lobo, José Luis con Agüero, Nicolasa
F.13: 20 de noviembre de 1830, se casó y veló a **José Luis Lobo**, h.l. de Pedro Ignacio Lobo y de Da. Ángela Moreno, con **Nicolasa Agüero**, h.l. del finado Antonio Agüero y de Luisa Sánchez. Testigos: Dn. Martiniano Gómez y Da. Petrona Lobo.

Lobo, Mateo con Barrera, Catalina
F.13: 22 de noviembre de 1830, se casó y veló a **Juan Mateo Lobo**, h.n. de Josefa Lobo, con **Catalina Barrera**, h.l. de Agustín Barrera y de Feliciana Ledesma. Testigos: Bartolo Santillán y María Rodríguez.

Burgos, Juan Silvestre con Villalba, Nazaria

F.14: 1 de noviembre de 1830, se casó y veló **Juan Silvestre Burgos**, h.l. del finado José Joaquín Burgos y de María Candelaria Artaza, con **Nazaria Villalba**, h.l. del finado Juan Pablo Villalba y de María Agustina Medina. Testigos: Ángel Mariano Cabrera y María Antonio Cardoso.

Castellanos, Juan Ventura con Contreras, Juana Pabla

F.14: 2 de noviembre de 1830, se casó y veló **Juan Ventura Castellanos**, viudo de la finada Genuaria Acosta, con **Juana Pabla Contreras**, h.n. de María Contreras. Testigos: Da. María Ramona González.

Osores, Pedo Francisco con Romano Teresa

F.14: 27 de noviembre de 1830, se casó y veló **Pedro Francisco Osores**, h.n. de Gregoria Osores, con **Teresa Romano**, h.l. Juan Tomás Romano y de Gregoria Burgos. Testigos: Francisco Gómez y de Rosario Gómez.

Magallanes, José Lino con Lobo, Dominga

F.15: 27 de noviembre de 1830, se casó y veló **José Lino Magallán**, h.l. del finado José Antonio y de María del Tránsito Ibáñez, con **Dominga Lobo**, h.n. de María Carmen Lobo. Testigos: Dn. Ambrosio Brizuela y Da. Pastora Gómez.

Lobo, Francisco Javier con Jeréz, María Guadalupe

F.15: 27 de noviembre de 1830, se casó y veló **Francisco Javier Lobo**, h.n de María del Carmen Lobo, con **María Guadalupe Jeréz**, h.l. de Gregorio Jeréz y de Juliana Alderete. Testigos: Pedro Albarracín y Rosa Alderete.

Páez, Claudio con Cisternas, Águeda

F.15: 2 de enero de 1831 Tras dispensar impedimento de 3er grado de afinidad se casó a **Claudio Páez**, viudo de la finada Silveria Pedraza, con **Águeda Cisternas**, viuda del finado Ignacio Páez. Testigos: Félix Albarracín y Josefa Pedraza. En la información matrimonial (Exp. 1079) se explica el parentesco con el siguiente esquema:

Molina, Luis con Rodríguez, Tiburcia

F.16: 2 de enero de 1831 Casó a **Luis Molina**, viudo de Casilda Rosales, con **Tiburcia Rodríguez**, viuda de Pantaleón Racedo. Testigos: Pedro José Ysaurrel Y María Espíritu Zurita.

Jiménez, León con Domínguez, Agustina

F.16: 26 de diciembre de 1830 Casó a **León Jiménez**, h.l. de Marcos Jiménez y de Juliana Alamont, con **Agustina Domínguez**, h.n. de Concepción Domínguez. Testigos: Pedro Brizuela y su esposa Justa.

Molina, Avelino con Aráoz, Mercedes

F.16: 9 de diciembre de 1830 Casó a **Avelino Molina**, esclavo de Dn. Fructuoso Molina, con **Mercedes Araoz**, h.n. de Catalina. Testigos: Fructuoso Molina y Da. Eulalia Maza.

Díaz, Santiago con Arias, Mercedes

F.16: 7 de enero de 1831, se casó y veló a **Santiago Díaz**, h.n. de Martiniana Díaz, con **Mercedes Arias**, h.n de Josefa Arias. Testigos Pablo Juárez y Pablo Orellana. (esta partida termina en el folio 19 por error con la encuadernación)

Molas, Manuel con Cáceres, María de la Concepción

(Esta partida comienza en el folio 281, traspapelado en la encuadernación) 14 de febrero de 1831, se casó y veló a **Manuel Molas**, esclavo de Dn. Basilio Molas, con **María de la Concepción Cáceres**, h.n de Hilaria Cáceres. Testigos: Francisco Videla y María (no se consigna apellido en el original).

Mansilla, Ángel Mariano con Chazarreta, Gregoria

F.17: 7 de febrero de 1831 Tras dispensar impedimento de 4to grado de consanguinidad, se casó y veló **Ángel Mariano Mansilla**, h.n. de María Ignacia Mansilla, con **María Gregoria Chazarreta**, h.l. de León Chazarreta y de la finada María Josefa Rodríguez. Testigos: Dn.

Juan Francisco Azcuénaga y Da. María Mansilla. (Exp. 1091) Aclara los impedimentos en 3ro con 4to grado:

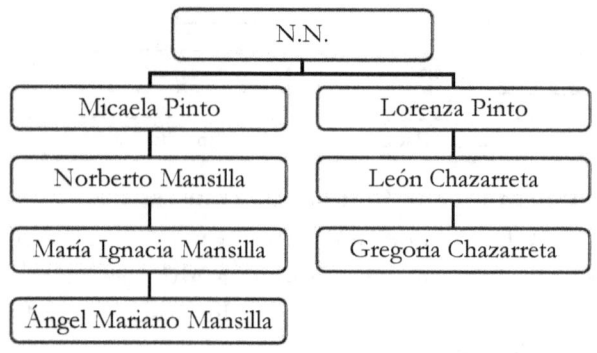

Lazo, José Domingo con Murguía, María Gregoria
F.17: 5 de febrero de 1831, se casó y veló **José Domingo Lazo**, h.n. de María de los Santos Lazo, con **María Gregoria Murguía**, h.n. de la finada María Murguía. Siendo Testigos: Manuel Antonio Mansilla y Dominga Artaza.

Díaz, José Antonio con Ponce, María Benita
F.17: 7 de febrero de 1831, se casó y veló a **José Antonia Díaz**, h.l. del finado Bautista Díaz y de Gregorio Fernández, con **María Benita Ponce**, h.l. del finado Miguel Ponce y de Nieves Ávila. Testigos: Bautista Varela y Jesús Ávila.

Jiménez, Juan de la Rosa con Contreras, María Antonia
F. 18: 25 de mayo de 1831, se casó y veló **Juan de la Rosa Jiménez**, h.l. de los finados Nicolás Jiménez y Ana Jacoba Lobo, con **María Antonia Contreras**, h.l. de Bernardino Contreras y de Isabel Leguizamo. Testigos: Dn. José Manuel Rojas y Bartolina Leguizamo.

Cáceres, Juan de la Cruz con Barros, Bernardina
F. 18: 30 de mayo de 1830, se casó y veló a **Juan de la Cruz Cáceres**, h.l. de Juan Cáceres y de Da. Clara Vera, con **Bernardina Barros**, h.l. de Patricio Barros y de Agustina Robledo. Testigos: Dn. Luis Ramón Páez t Da. Francisca Ibáñez.

Bustamante, Anacleto con Ortega, María Rufina
F. 18: 27 de octubre de 1830, se casó y veló a **Anacleto Bustamante**, h.n. de Jacinta Bustamante, con **María Rufina Ortega**, h.l. de Anastasio Ortega y de María Lizarda Ávila. Testigos: Ramón Tapia y Carmen Bravo.

Leal, José Pío con Cáceres, Felipa
F. 18: 16 de noviembre de 1830, se casó y veló a **José Pío Leal**, h.l. de Ramón y de Tomasa Tolosa, con **Felipa Cáceres**, viuda del finado Pedro Páez y de Josefa Arias. Testigos: Pablo Juárez y Pabla Orellana.

Luna, Dionisio con Montenegro, Tomasa
F.19: 10 de enero de 1831, se casó y veló a **Dionisio Luna**, viudo de la finada Mercedes Barrientos, con **Tomasa Montenegro**, h.n. de María de la Cruz Montenegro. Testigos: Francisco Ortiz y su esposa Soraire.

Medina, Ramón Antonio con Sánchez, María Juana
F.19: 20 de enero de 1831, dispensado un impedimento, se casó a **Ramón Antonio Medina**, h.l. del finado Juan Tomás Medina y de María Francisca Flores, con **María Juana Sánchez**, viuda del finado Inocencio Medina. Testigos: Pedro Albarracín y Carmen Lobo. Nota: En la iformación matrimonial (Exp. 1076) se declara que la pretendiente estuvo casada con un hermano del novio, desde el tiempo que era casada comvivía con el pretendiente con promesa de casamiento en el caso de que enviudara. Por disposición superior fueron separados y las cuatro hijas mujeres repartridos entre vecinos.

Vega, Juan Bautista con Riva, Candelaria
F.19-20: 20 de enero de 1831, se casó y veló **Juan Bautista Vega**, h.l. del finado Marcelo Vega y de Eugenia Rodríguez, con **Candelaria Riva**, h.l. del finado (papel roto). Testigos Dn. Manuel Medina y Petrona Medina.

Segura, José Genuario con Reinoso, María Jacinta
F.20: 3 de febrero de 1831, se casó y veló a **José Genuario Segura**, h.l. del finado León Segura y de María del Rosario Artaza, con **María Jacinta Reinoso**, h.n. María Genuaria Reinoso. Testigos: Micaela Pas y José Lorenzo Pacheco.

Ahumada, José Gabino con Cos, Luisa
F.20: 5 de febrero de 1831, se casó y veló **José Gabino Ahumada**, h.l. del finado José Ahumada y de Juliana Garcete, con **Luisa Cos**, h.l. del finado Manuel y de Inés Cárdenas. Testigos: Dn. Ramón Rosa Bulacia y Da. Ana María Tula.

Ruiz, Apolinario con Álvarez, Antonia
F.20: 13 de febrero de 1831 Casó a **Apolinario Ruiz**, viudo de Luisa Salcedo, con **Antonia Álvarez**, viuda de Toribio Rodríguez. Testigos: Dn. Alberto Medina y su esposa Da. Petrona (papel roto).

F.21: (partida incompleta) … Testigos: Dn. José Eusebio Páez y Da. Francisca Ibáñez.

Mansilla, José Luis con Pacheco, María Dionisia
F.21: El 26 de octubre de 1830, se casó y veló a **José Luis Mansilla**, viudo de la finada María Dionisia Luján, con **María Dionisia Pacheco**, h.l. de los finados Lucas Pacheco y Victoria Romero. Testigos: Dn. José Justo Luján y Da. Ana Rosa Arévalo.

Sosa, Manuel con Díaz, María Trinidad
F.21: El 11 de abril de 1831, se casó y veló a **Manuel Sosa**, h.n. de la finada María Luisa Sosa, con **María Trinidad Díaz**, h.n. de la finada Francisca Díaz. Testigos: Damasceno Rosales y su esposa Tránsito Díaz.

Figueroa, José Francisco con Jiménez, María Juana
F.21: 18 de abril de 1831, se casó y veló a **José Francisco Figueroa**, h.n. de María Paula Figueroa, con **María Juana Jiménez**, h.l. de Inocencio Jiménez y de María Mercedes Gonzales. Testigos: José Gregorio Ramírez y Martina Sotelo.

Herrera, José Antonio con Olivera, María Dolores
F.21-22: 16 de junio de 1831, se casó y veló a **José Antonio Herrera**, h.l. de Pedro Valeriano Herrera y de Manuela Bravo, con **María Dolores Olivera**, h.l. de los finados Manuel Olivera y de Francisca Santillán. Testigos: José Antonio Iramain y Mercedes Bulacia.

Gutiérrez, Pedro Manuel con Artaza, María del Señor
F.22: 1 de julio de 1831 Casó a **Pedro Manuel Gutiérrez**, viudo de la finada Indalecia Romero, con **María del Señor Artaza**, viuda del finado Santiago Quiroga.

Ocón, José Rufino con Orquera, Ascensión
F.22: 11 de julio de 1831, se casó y veló a **José Rufino Ocón**, h.n. de Manuela Ocón, con **Ascensión Orquera**, h.l. de Pedro Pablo Orquera y de Florentina Lazo. Testigos: Juan Gregorio ¿Ojeda? Y Ramona Robles.

Castellanos, Pedro con Reinoso, Javiera
F.22-23: 25 de julio de 1831, se casó y veló a **Pedro Castellanos**, h.l. de José de la Rosa Castellanos y de Mauricia Ibáñez, con **Javiera Reinoso**, h.n. de Nicolasa Reinoso. Testigos: Nicolás Valdéz y Petrona Rosales.

Márquez, Tomás Antonio con Arévalo, Mercedes
F.23: 25 de julio de 1831, se casó y veló **Tomás Antonio Márquez**, h.n. de Estefanía Márquez, con **Mercedes Arévalo**, h.l. de José Arévalo y de Ramona Luján. Testigos: Dn. Francisco Antonio Barrionuevo y Da. Beatriz Segura.

Díaz, José Pio con Páez, Angelina
F.23: 1 de agosto de 1831, se casó y veló a **José Pío Díaz**, h.l. del finado José Díaz y de Bárbara Mercado, con **Angelina Páez**, h.l. de los finados Martín Páez y de Genuaria Argañaráz. Testigos: Pedro Francisco Barrientos y Lizarda Rosales.

Fernández, Silvestre con Pérez, Rafaela
F.23: 1 de agosto de 1831, se casó y veló a **Silvestre Fernández**, viudo de la finada María Díaz, con **Rafaela Pérez**, h.l. de Pedro Pablo Pérez, y de Juana Rosa Ledesma. Testigos: Gregorio Herrera y Clara Sánchez.

Soria, Nicolás con Pedraza, Juana
F.24: 10 de agosto de 1831 Dispensado un impedimento, se casó y veló a **Nicolás Soria**, viudo de la finada Tránsito Pedraza, con **Juana Pedraza**, h.n. de la finada Brígida Pedraza. Testigos: Juan Ojeda y Ramona Robles. Nota: en la información matrimonial (Exp. 1107) se declara que la novia fue hermana de la primera esposa del pretendiente. El pretendiente tiene un hijo del primer matrimonio y la novia tiene 23 años y dos hijos.

Medina, Dn. Manuel con Silva, Gregoria
F.24: 1 de septiembre de 1831, se casó y veló a Dn. **Manuel Medina**, viudo de la finada Da. Petrona Achával, con **Gregoria Silva**, h.l. de Jacinto Proto Silva y de Leocadia Ovejero. Testigos: Dn. Pío Gómez y Jesús Ovejero.

Molina, José Javier con Cárdenas, María
F.24: 30 de septiembre de 1831, se casó y veló a **José Javier Molina**, con **María Cárdenas**, h.l. del finado Antonio Cárdenas y Tránsito Díaz. Testigos: Juan Agustín Duarte y Petrona Rosales.

Márquez, Saturnino con Villarroel, Francisca Celestina

F.24: 15 de noviembre de 1831. Se casó a **Saturnino Márquez**, con **Francisca Celestina Villarroel**, h.l. Juan Santos Márquez y de Mercedes Espíndola. Testigos: Luis Molina y María Espíritu Acosta.

Chazarreta, León con Quiroga, Josefa

F.25: 31 de diciembre de 1831. Se casó a **León Chazarreta**, viudo de la finada María Josefa Rodríguez, con **Josefa Quiroga**, viuda del finado Luis Ibáñez. Testigos: Dalmasio Ledesma y su esposa.

Garzón, Pedro Nolasco con Luna, María Juana

F.25: 7 de enero de 1832. Se casó a **Pedro Nolasco Garzón**, h.l. Martín Garzón y María Mercedes Lindón, con **María Juana Luna**, viuda del finado Gregorio Rojas. Testigos: Feliciano Zabala y Teodora Quiroga.

Pacheco, José con Cardoso, María de Jesús

F.25: 7 de enero de 1832, se casó y veló a **José Pacheco**, h.l. de Francisco Antonio Pacheco y de María Luisa Suárez, con **María de Jesús Cardoso**, h.l. Antonio Cardoso y de Gertrudis Verón. Testigos: Casimiro Juárez y Carmen Miranda.

Pérez, Sebastián con Cisneros, Leonor

F.26: 9 de enero de 1832, se casó y veló a **Sebastián Pérez**, h.l. de Gregorio Pérez y de Manuela Díaz, con **Leonor Cisneros**, h.l. de Joaquín Cisneros y de Ana María Flores. Testigos: Manuel Toledo y Tiburcia Díaz.

Vázquez, José Cruz con Juárez, Tomasina

F.26: 12 de enero de 1832, se casó y veló a **José Cruz Vázquez**, viudo de la finada Francisca Díaz, con **Tomasina Juárez**, h.l. Pascual Juárez y Dolores Ocón. Testigos: Bernardo Silva y Mauricia Rojo.

Mansilla, Miguel Jerónimo con Morales, María Anastasia

F.26: 20 de enero de 1832, se casó y veló a **Miguel Gerónimo Mansilla**, viudo de Fabiana Montoya, con **María Anastasia Morales**, h.l. de Hilario Morales y de Juana Jiménez. Testigos: Luis Zurita y Serafina Morales.

Luna, Matías con Arias, Candelaria

F.26: 22 de enero de 1832, se casó y veló a **Matías Luna**, viudo de la finada Carmen Romano, con **Candelaria Arias**, h.l. de los finados José Santos Arias y de Casilda Ibarra. Testigos: Dn. Manuel Medina y Da. Gerónima Gómez.

Soraire, Santiago con Díaz, Francisca Solana

F.27: 1 de febrero de 1832 Casó a **Santiago Soraire**, h.n. de María Petrona Soraire, con **Francisca Solana Díaz**, viuda del finado José María Ibáñez. Testigos: Pedro Nolasco Mercado y Lorenza Lezcano.

Farías, Romualdo con Reinoso, Brígida

F.27: 2 de febrero de 1832, se casó y veló a **Romualdo Farías**, h.n. de Laurencia Farías, con **Brígida Reinoso**, h.l. Bartolo Reinoso y de Agustina Luna. Testigos: Juan Calderón y Socorro Paz.

Soraire, José Eusebio con Ruiz, Bartolina

F.27: 6 de febrero de 1832 Casó a **José Eusebio Soraire**, h.n. de Magdalena Soraire, con **Bartolina Ruiz**, viuda del finado Juan de la Cruz Bazán. Testigos: Ignacio Reyes y Prudencia Díaz.

Collantes, Raimundo con Pereyra, Leona

F.28: 13 de febrero de 1832, se casó y veló a **Raimundo Collantes**, h.l. de Juan Domingo y de Victoria González, con **Leona Pereyra**, h.n. de Martina Pereyra. Testigos: Francisco González y Francisca Figueroa.

Ibáñez, Faustino con Paz, María Manuela

F.28: 15 de febrero de 1832, se casó y veló a **Faustino Ibáñez**, h.n. de Juana Ibáñez, con **María Manuela Paz**, h.n. de la finada Beatriz Paz. Testigos: Juan Manuel Silva y Gerónima Mercado.

Pérez, José Andrés con Falcón, María Amadora

F.28: 16 de febrero de 1832, se casó y veló **José Andrés Pérez**, h.n. de Carmen Pérez, con **María Amadora Falcón**, h.l. de Lorenzo Falcón y de María Gregoria Cordero. Testigos: Juan José Silva y Rosario Trejo.

Paredes, José Santos con Agüero, Petrona

F.29: 20 de febrero de 1832, se casó y veló a **José Santos Paredes**, h.l. de José Gregorio Paredes y de María Clara Quiroga, con **Petrona Agüero**, h.l. de Pedro Agüero y Francisca Juárez. Testigos: Juan Fidel Fernández y Cruz Rojas.

Barrera, Juan de la Cruz con Lobo, María del Tránsito

F.29: 15 de febrero de 1832, se casó y veló a **Juan de la Cruz Barrera**, h.l. Agustín Barrera y María Felicinda

Ledesma, con **María del Tránsito Lobo**, hija natural de María Josefa Lobo. Testigos: Pedro Pacheco y María Micaela Paz.

Arias, Ciriaco con Agüero, María de la Asunción
F.29: 5 de marzo de 1832, se casó y veló a **Ciriaco Arias**, h.n Isidora Arias, con **María Asunción Agüero**, h.n. de María Luisa Agüero. Testigos: José Juárez y Da. Ignacia Jeréz.

Guzmán, José Gabriel con Figueroa, Cayetana
F.29: 5 de marzo de 1832, se casó y veló a **José Gabriel Guzmán**, h.l. de Agustín Guzmán y de Toribia Nieva, con **Cayetana Figueroa**, h.l. de Juan Pablo y de Bartolina Jiménez. Testigos: María Ignacia Figueroa y Serafina Orellana.

Ojeda, Gregorio con Gómez, María Rufina
F.30: 6 de junio de 1832, se casó y veló a **Gregorio Ojeda**, h.l. de José Antonio y de Justa Leorraga, con **María Rufina Gómez**, h.l. de los finados Juan Fernando y de Bonifacia Montenegro. Testigos: Dn. Gregorio Medina y Mercedes Bulacia.

Luna, José Santos con Rosales Lucinda
F.30:6 de junio de 1832, "habiendo querido impedir maliciosamente el casamiento", se casó y veló a **José Santos Luna**, h.n. de Rosario Luna, con **Lucinda Rosales**, h.l. de Ramón Antonio Rosales y Gerónima Argañarás. Testigos: Lindor Argañaráz y Gerónima Mercado.

Cisternas, Vicente con Barrionuevo, María Celedonia
F.30:19 de enero de 1832, se casó y veló **Vicente Cisternas**, h.n. de María Petrona Cisternas, con **María Celedonia Barrionuevo**, h.l. de Juan Gregorio y de la finada Patricia Carrizo. Testigos: Dn. Daniel Páez y Da. Dolores Muro.

Juárez, Miguel Antonio con Aguirre, María Manuela
F.30:19 de enero de 1832, se casó y veló a **Miguel Antonio Juárez**, h.l. de Marcelino y de María Rita Díaz, con **María Manuela Aguirre**, h.l. José Roque Aguirre y de María del Tránsito Lobo. Testigos: Juan Antonio Pacheco y Pascuala Reyes.

Díaz, Pedro Pablo con Orellana, María Teodora
F.31: 18 de febrero de 1832, se casó y veló a **Pedro Pablo Díaz**, h.n. de Francisca Díaz, con **María Teodora Orellana**, h.l. del Casimiro Orellana y de María Petrona Barrionuevo. Testigos: Francisco Antonio Gutiérrez y María Petrona Barrionuevo.

Palavecino Gregorio con Ledezma, María del Rosario
F.31: 20 de febrero de 1832, se casó y veló **Gregorio Palavecino**, h.l. de Mariano Palavecino y de Mercedes Aranda, con **María del Rosario Ledezma**, h.l. de Juan Silvestre Ledesma y de María de las Nieves Santucho. Testigos: Mariano Alarcón y Da. Clara Ponce.

Cáceres, Ramón Rosa con Pérez, María de los Ángeles
F.31: 10 de febrero de 1832, se casó y veló a **Ramón Rosa Cáceres**, h.l. de Leandro Cáceres y de María Lucinda Rojas, con **María de los Ángeles Pérez**, h.l. de José Pérez y de María Juana Paz. Testigos: Bartolomé Peralta y Concepción Agüero.

Díaz, Juan Nicolás con Martínez, María Casilda
F.31: 1 de febrero de 1832 Casó **Juan Nicolás Díaz**, h.n. de María Mercedes Díaz, con **María Casilda Martínez**, h.n. de Margarita Martínez. Testigos: Dn. Leopoldo Reinoso y Da. María Catalina Oviedo.

Zurita, Agustín con Márquez, María Rosaura
F.32: 3 de febrero de 1832, se casó y veló a **Agustín Zurita**, h.n. de Juliana Zurita, con **María Rosaura Márquez**, h.l. del finado Eugenio Márquez y María del Carmen Medina. Testigos: Hilario Cejas y Da. Isabel Sobrado.

Quevedo, Juan José con Cisneros, Isabel
F.32: 2 de marzo de 1832, se casó a **Juan José Quevedo**, h.l. de Ildefonso Quevedo y de Concepción Álvarez, con **Isabel Cisneros**, viuda del finado Gregorio Vega. Testigos: Dn. Luis Ramón Oviedo y Da. María Pabla Páez.

Pedernera, Juan de la Cruz con Sobrecasas, María Marcelina
F.32: 27 de febrero de 1832, se casó y veló a **Juan de la Cruz Pedernera**, h.l. de Julio Rufino Pedernera y de María Magdalena Fernández, con **María Marcelina Sobrecasas**, h.l. de Martín Sobrecasas y María Nicolasa Cordero. Testigos: Dn. Silvestre Ibáñez y Da. Ventura Lazo.

Santucho, José del Carmen con Artaza, María Petrona

F.32-33: 1 de marzo de 1832, se casó y veló **José del Carmen Santucho**, h.l. de José Segundo Santucho y de Rosario Artaza, con **María Petrona Artaza**, h.l. José Lucas y de María Teodora Romero. Testigos: Pedro Josef Santucho y María Anunciación Romero.

Reinoso, Joaquín con Páez, María Magdalena

F.33: 31 de enero de 1832, se casó y veló a **Joaquín Reinoso**, h.n. de Genuaria Reinoso, con **María Magdalena Páez**, h.l. de Valeriano Páez y de María Nicolasa Tula. Testigos: Leopoldo Reinoso y Da. Catalina Oviedo.

Juárez, Ángel Marino con Lobo, María del Señor

F.33: 19 de enero de 1832, se casó y veló a **Ángel Mariano Juárez**, h.l. de Antonio Juárez y de Celestina Díaz, con **María del Señor Lobo**, h.l. de Pedro Lobo y de María Micaela Contreras. Testigos: Dn. Martín Oviedo y Da. Pabla Páez.

Sueldo, José Diego con Vergara, María Ascensión

F.33: 9 de febrero de 1832, se casó y veló a **José Diego Sueldo**, h.n. de María Ignacia Sueldo, con **María Ascensión Vergara**, h.n. de Josefa Bergara. Testigos: Dn. Anselmo Argañaráz y Da. María Josefa Rojas.

Zurita, Pascual con Nueva, María Simona

F.33: 12 de febrero de 1832, se casó y veló a **Pascual Zurita**, h.l. de Pedro Anselmo Zurita y de Margarita Martínez, con **María Simona Nieva**, h.n. de María Nieva. Testigos: Juan de la Cruz Ram...

Jeréz, Juan Simón con Maidana, María Rufina

F.33: El 11 de febrero de 1832, se casó y veló **Juan Simón Jeréz**, h.l. del finado Juan Tomás Jeréz y de María Santos Cabrera, con **María Rufina Maidana**, h.l. de Juan Agustín Maidana y de María Dionisia ¿...? Testigos: Leopoldo Reinoso y Juliana Cardoso.

Ruiz, José Fernando con Leguizamo, Nicolasa

F.34: 3 de mayo de 1832, se casó y veló a **José Fernando Ruiz**, h.l. de Santiago y de Leocadia Juárez, con **Nicolasa Leguizamo**, viuda del finado Juan Miguel Varela. Testigos: Bernardino Mostajo y Petrona Ruiz.

Chazarreta, Eugenio con Heredia, Justa

F.34: 7 de mayo de 1832, se casó y veló a **Eugenio Chazarreta**, viudo de la finada Javiera Castellanos, con **Justa Heredia**, h.l. de los finados Justo Heredia y de Nicolasa Acosta. Testigos: Gregorio Tapia y María del Señor Orquera. (Exp: 1101) Aclara que se dispensó un impedimento de consanguinidad en cuarto grado.

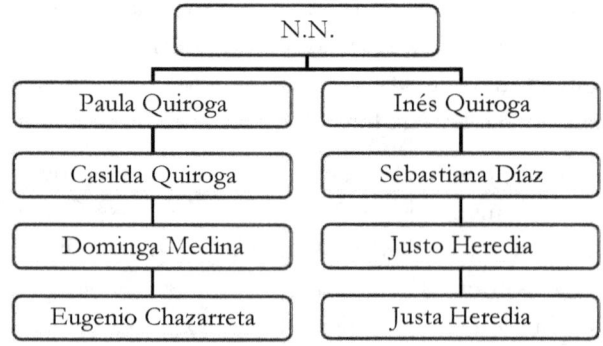

Ibáñez, Francisco Borja con Albarracín, Catalina

F.34: 19 de mayo de 1832, se casó y veló a **Francisco Borja Ibáñez**, h.l. del finado Amador Ibáñez y de Francisca Jiménez, con **Catalina Albarracín**, h.n. de la finada Dominga Albarracín. Testigos: Juan de Dios Páez y Buenaventura Góngora.

Suárez, José Francisco con Bravo, María Eustaquia

F.34: 21 de mayo de 1832, se casó y veló a **José Francisco Suárez**, h.l. del finado Francisco Antonio y de María Eugenia Valdéz, con **María Eustaquia Bravo**, h.l. de Eduardo Bravo y de Antonia Sánchez. Testigos: Lorenzo Arias y Nicolasa Juárez.

Arias, Felipe con Ocón, María Plácida

F.34: 21 de mayo de 1832, se casó y veló a **Felipe Arias**, h.l. de Juan Antonio Arias y de María Bartolina Argañaráz, con **María Plácida Ocón**, h.n. Francisca Ocón. Testigos: Juan José Rosales y Juana Isabel Barrientos.

Arévalo, Manuel con Valdéz, Francisca

F.35: 20 de mayo de 1832, se casó y veló **Manuel Arévalo**, h.l. de los finados Pedro José Arévalo y Antonia Navarro, con **Francisca Valdéz**, h.l. de los finados Matías Valdéz y Cruz Córdoba. Testigos: Basilio Luna y Josefa Luna.

Medina, Justo Pastor con Vásquez, María de los Ángeles.

F.35: 26 de mayo de 1832, se casó y veló a **Justo Pastor Medina**, h.n. de Josefa Catalina Medina. (en el original no se consigna el nombre de la contrayente) Testigos:

Dn. Nolasco Melián y Da. María de la Cruz Acuña. Nota: en la informacion matrimonial (Exp. 1163) puede verse que la contrayente es María de los Ángeles Vásquez, hija natural de María del Carmen Vásquez.

Contreras, Bernardino con Mansilla, Tiburcia
F.35: 21 de mayo de 1832 Casó a **Bernardino Contreras**, viudo de la finada Tomasina Medina, con **Tiburcia Mansilla**, viuda del finado Norberta Arias. Testigos: Dn. José Manuel Rojas y Da. Luisa Quiroga.

Pacheco, Eugenio con Leguizamo, Rosa María
F.35: 7 de junio de 1832, se casó y veló a **Francisco Antonio Pacheco**, h.l. Francisco Antonio Pacheco y María Luisa Juárez, con **Rosa María Leguizamo**, h.n. de la finada Bartolina Leguizamo. Testigos: Pascual Paz y Juana Morales.

Coria, José María con Lobo, María Nicasia
F.36: 28 de mayo de 1832, se casó y veló a **José María Coria** h.n. de Serafina Coria, con **María Nicasia Lobo**, h.l. de Martín Lobo y de María Antonia Peñaflor. Testigos: Juan Vázquez y María Ignacia Domínguez.

Suárez, Francisco Antonio con Burgos, María Antonia
F.36: 20 de junio de 1832, se casó y veló a **Francisco Antonio Suárez**, viudo de la finada Francisca Garcete, con **María Antonia Burgos**, h.l. de los finados Joaquín Burgos y María Candelaria Artaza. Testigos: Eugenio Chazarreta y Jacinta Guzmán.

Retamozo, Miguel con Díaz, Fortunata
F.36: 11 de junio de 1832, se casó y veló a **Miguel de Retamozo**, h.l. de los finados Pedro José y de Ana María Contreras, con **Fortunata Díaz**, h.n. de Ubalda Díaz. Testigos: Francisco Díaz y María del Señor Lobo.

Vera, Ramón con Arévalo, Luisa
F.37: 18 de julio de 1832, se casó y veló a **Ramón Vera**, h.l. de José Ignacio Vera y de la finada María Candelaria Vega, con **Luisa Arévalo**, h.l. del finado Santiago Arévalo y de María Paula Márquez. Testigos: Pablo Lobo y Da. Francisca Bulacia.

Guarás, Pascual con Luna, Cruz
F.37: 11 de agosto de 1832, se casó y veló a **Pascual Guarás**, h.l. de Ramón Antonio Guaras y de Francisca Rosales, con **Cruz Luna**, h.l. de Dionisio Luca y de Mercedes Barrientos. Testigos: Justo Argañaráz.

Leiva, Manuel Pascual con Ortiz, María Rosalía
F.37: 18 de agosto de 1832, se casó y veló a **Manuel Pascual Leiva**, h.l. de Roque Jacinto Leiva y de María Tomasa Garmendia, con **María Rosalía Ortiz**, h.n. de María Olaya Ortiz. Testigos´: José Ramón Rivadeneira y María Alvina Leguizamo.

Ocón, Susana con Romano, Lucinda
F.38: 25 de agosto de 1832. Dispensado el impedimento por afinidad ilícita en primer con segundo grado, se casó a **Lucindo Romano**, h.n. de Isabel Romano, con **Susana Ocón**, viuda del finado Alejandro Corte. Testigos: Sebastián Lobo y Cruz.

Acosta, Fructuoso con Cardoso, Juana Francisca
F.38: 15 de septiembre de 1832, obtenida la dispensa correspondiente se revalidó el matrimonio de **José Fructuoso Acosta**, con **Juana Francisca Cardoso**, y se los veló por no haber sido velados anteriormente. Testigos: Dn. Martiniano Gómez y María del Señor Orquera.

Rosales, Juan José con Rosales, Manuela
F.38: 28 de septiembre de 1832, dispensado un impedimento, se casó y veló **Juan José Rosales**, viudo de la finada Antonia Ortiz, con **Manuela Rosales**, h.l. Lorenzo Rosales y María de la Cruz Hernández. Testigos: Gregorio Bulacia y Socorro Paz. En el expediente matrimonial (Exp. 1186) se aclara que se dispensó un impedimento de consanguinidad en tercer grado y otro de segundo grado de afinidad por cópula lícita, *"por haber sido la finada mi mujer, prima hermana de la novia"* El parentesco por consanguinidad se explica con el siguiente esquema:

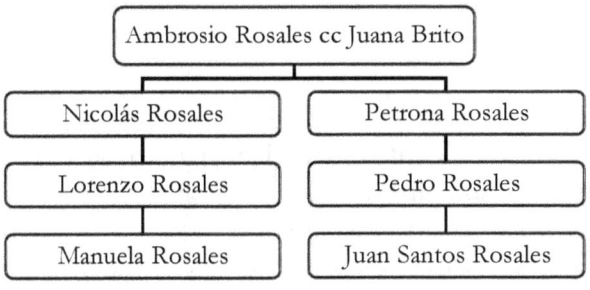

Albarracín, Nicolás con Orquera, Concepción
F.38: 30 de septiembre de 1832, se casó y veló a **Nicolás Albarracín**, h.n. de María Josefa Albarracín,

con **Concepción Orquera**, h.n. de María Narcisa Orquera. Testigos: Alejo Lobo y Justa Arregue.

Díaz, Marcos con Molina, Petrona

F.39: 24 de octubre de 1832, se casó y veló a **Marcos Díaz**, h.l. de Juan Francisco Díaz y de María Antonia Argañaráz, con **Petrona Molina**, h.l. de Luis Molina y de Casilda Rosales. Testigos: Nolasco Díaz y Lorenza Lezcano.

Maldonado, Félix con Castro, Isabel

F.39: 26 de octubre de 1832, se casó y veló a **Félix Maldonado**, h.l. de Ambrosio Maldonado y de María Francisco Cejas, con **Isabel Castro**, h.l. de Pascual Castro y de Nieves Arauz. Testigos: Luis Mariano Mercado y Lizarda Rosales.

Aguirre, José Tiburcio con Quiroga, Jacinta

F.39: 20 de octubre de 1832, casó a **José Tiburcio Aguirre**, viudo de la finada María Jacinta Falcón, con **Casilda Quiroga**, viuda del finado Francisco Barrera. Testigos: Dn. Manuel Medina y Gregoria Silva.

Sánchez, Ramón Antonio con Córdoba, Nicolasa

F.39: 5 de noviembre de 1832, se casó y veló a **Ramón Antonio Sánchez**, h.n. de María Ventura Sánchez, con **Nicolasa Córdoba**, h.l. de Juan Francisco Córdoba y de Tomasina Romero. Testigos: José Castro y (hay un espacio en blanco)

Luna, Prudencio con Romano, Bárbara

F.40: 5 de noviembre de 1832, se casó y veló a **Prudencio Luna**, h.n. de Petrona Luna, con **Bárbara Romano**, h.l. de Bernabé Romano y de la finada Felipe Herrera. Testigos: Dn. Amaranto Brizuela y Da. Ignacia Jeréz.

Luna, Toribio con Reinoso, Petrona

F.40: 10 de noviembre de 1832 Dispensado impedimento de consanguinidad en cuarto grado, se casó y veló a **Toribio Luna**, h.n. de Escolástica Luna, con **Petrona Reinoso**, h.l. de José Lucas Reinoso y de Bernarda (Juana Ventura, según IM) González. Testigos: Pedro Nolasco Mercado y Casimira Reinoso. En el expediente matrimonial (Exp. 1185) se explica el parentesco con el siguiente esquema:

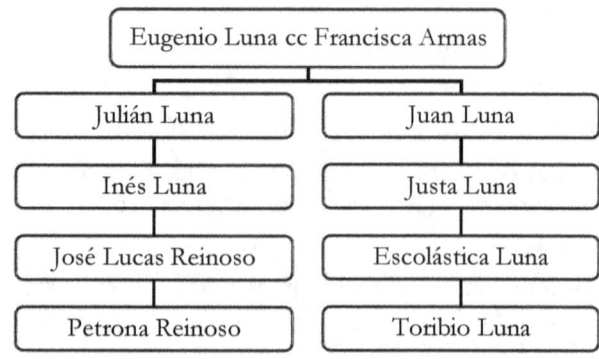

Quiroga, José Ignacio con Ferreira, María Simona

F.40: 11 de noviembre de 1832. Dispensado un impedimento, se casó y veló a **José Ignacio Quiroga**, h.l. del finado Juan José Quiroga y de Gregoria Acosta, con **María Simona Ferreira**, h.l. del finado Santiago Ferreira y de María Villagrán. Testigos: Juan Bautista Acosta y Bartolina Plaza. Nota: En la información matrimonial correspondiente (Exp. 1188) se declara que el pretendiente tuvo trato con una sobrina de su pretendida.

Castellanos, Pedro Pablo con Sotelo, María Bernarda

F.40: 15 de noviembre de 1832, se casó y veló a **Pedro Pablo Castellanos**, viudo de la finada Juana Rosa Ledesma, con **María Bernarda Sotelo**, h.l. de Matías Sotelo y de Solana Dorado. Testigos: José Fruto Flores e Isabel Rivas.

Lobo, José Timoteo con Pérez, María Serafina

F.41: 22 de noviembre de 1832, se casó y veló a **José Timoteo Lobo**, h.l. de Manuel Antonio Lobo y de María Luisa Galarza, **con María Serafina Pérez**, h.l. de Solano Pérez y de María Rosario Toledo. Testigos: Juan Antonio Pérez y Josefa Palomeque.

Guerreros, Gervasio con Páez, Ignacia

F.41: 2 de diciembre de 1832, dispensado un impedimento, se casó a **Gervasio Guerreros**, h.n. de la finada Bartolina Guerreros, con **Ignacia Páez**, h.l. del finado Miguel Páez y de Francisca Mercado. Testigos: Juan Felipe Paz y Jacoba Reinoso. En el expediente matrimonial (Exp. 1194) se aclara el impedimento de tercer con cuarto grado de consanguinidad:

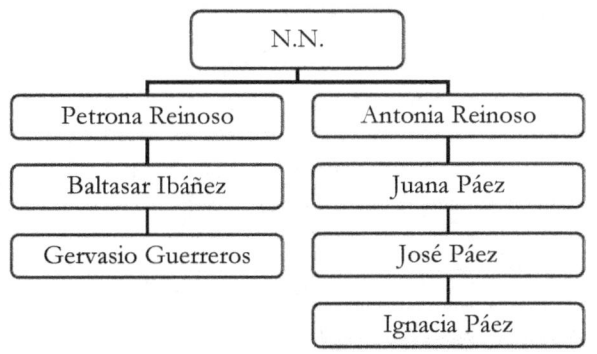

Ovejero, Pedro Pablo con González, Marcelina
F.41: 1 de diciembre de 1832, se casó y veló a **Pedro Pablo Ovejero**, h.n. de Leocadia Ovejero, con **Marcelina González**, h.l. de Juan de la Cruz González y María Paula Córdoba. Testigos: Dn. Martiniano Gómez y Jesús Ovejero.

Romano, Celedonio con Quiroga, Bartolina
F.42: 7 de enero de 1833, se casó y veló a **Celedonio Romano**, viudo de la finada María Antonia Melindrez, con **Bartolina Quiroga**, h.n. de Gerónima Quiroga. Padrinos: Fernando Sánchez, con su esposa Ana, quiero decir Francisca Gómez.

Agüero, Bonifacio con Ojeda, María Ascensión
F.42: 7 de enero de 1833, se casó y veló a **Bonifacio Agüero**, h.l. de Pascual Agüera y de Isidora Figueroa, con **María Ascensión Ojeda**, h.l. de José Antonio Ojeda y de Justa Leorraga. Testigos: Fernando Sánchez y su esposa Ana.

Moyano, Carmelo con Aráoz, Gregoria
F.42: 10 de enero de 1833, se casó y veló a **Carmelo Moyano**, h.l. de Cosme Moyano y de Juana Salinas, con **Gregoria Aráoz**, h.n. de Juliana Aráoz. Testigos: Santiago Díaz y María Socorro Caravajal.

Nieva, Manuel con Barrios, Juliana
F.42-43: 15 de enero de 1833, se casó y veló a **Manuel Nieva**, h.n. de Eusebia Nieva, con **Juliana Barrios**, h.n. de José Francisco Barrios y Luisa Montenegro. Testigos: José Antonio Barrientos y Da. Cruz Bravo.

Amador, Francisco con Reinoso Ubalda
F.43: 5 de febrero de 1833, se casó y veló a **Francisco Amador** h.l. de Gabriel Amados y de Feliciana Tapia, con **Ubalda Reinoso**, h.n. de Francisca Reinoso. Testigos: Dn. Martiniano Gómez y Da. Manuela Alvarado. Nota: en la información matrimonial correspondiente (Exp. 1436) se declara un impedimento por afinidad ilícita en segundo grado por haber tenido trato el pretendiente con una prima hermana de la pretendida.

Collantes, Juan de la Rosa con Frías, María del Señor
F.43: 11 de febrero de 1833, se casó y veló a **Juan de la Rosa Collantes**, viudo de Mauricia Ibáñez, con **María del Señor Farías**, h.n. de la Ceferina Farías. Testigos: Lindor Argañaráz y Trinidad Salazar.

Silva, Juan Manuel con Mercado, Justa Rufina
F.43: 13 de febrero de 1833, se casó y veló a **Juan Manuel Silva**, h.n. de María Cornelia Silva, con **Justa Rufina Mercado**, h.l. de Juan Ignacio Mercado y de María Felipa Collantes. Testigos: Lorenzo Luna y Bárbara Mercado.

Romay Figueroa, Francisco con Zurita, Dominga
F.43: 16 de febrero de 1833, se casó y veló a **Francisco Romay Figueroa**, h.n. de Paula Figueroa, con **Dominga Zurita**, h.l. de Enrique Zurita y de Cruz Santucho. Testigos: Felipe Paz y Martina Sotelo.

Sánchez, Policarpo con Jiménez, Laureana
F.44: 16 de febrero de 1833, se casó y veló a **Policarpo Sánchez**, viudo de la finada Petrona Carrizo, con **Laureana Jiménez**, h.l. de Casimiro y de Mercedes Romano. Testigos: Damasceno Rosales y Francisco Díaz.

Rosales, Pedro con Ávila, Tomasina
F.44: 17 de febrero de 1833, se casó y veló a **Pedro Rosales**, h.l. de Julián Rosales, y de Lucinda Díaz, con **Tomasina Ávila**, legítima de José Santos Ávila y de Mercedes Arias. Testigos: Gregorio Medina y Ventura Díaz.

Ojeda, José Félix con Albarracín, María de la Concepción
F.44: 13 de febrero de 1833, dispensado un impedimento, se casó y veló a **José Félix Ojeda**, h.l. del finado Pedro Ojeda y de Petrona Quiroga, con **María de la Concepción Albarracín**, h.l. del finado Bautista Albarracín y de Lorenza Páez. Testigos: Cipriano Vallejos y Francisca Suárez. En la indomración matrimonial (Exp. 1555) se dispensó impedimento con consanguinidad de tercero con segundo grado, como lo demuestra el siguiente esquema:

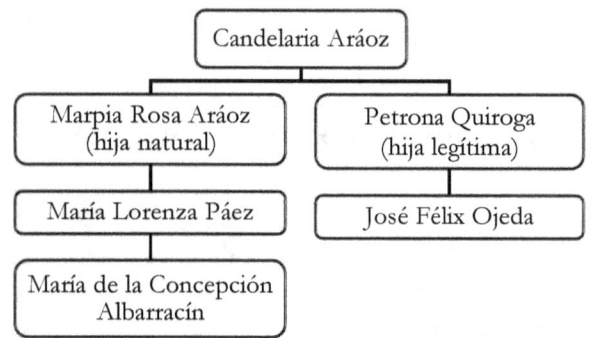

Ledesma, Juan Ángel con Rodríguez, María Juana
F.45: 17 de febrero de 1833, se casó y veló a **Juan Ángel Ledesma**, h.l. Juan José Ledesma y de Bartolina Lobo, con **María Juana Rodríguez**, h.n. de María Rodríguez. Testigos: Casimiro Suárez y Carmen Rojas.

Lobo, Francisco Javier con Cordero, María Juana
F.45: 18 de febrero de 1833, se casó y veló a **Francisco Javier Lobo**, h.l. de Martín y de María Antonia Peñaflor, con **María Juana Cordero**, h.n. de Justa Cordero. Testigos: Dn. Pedro Ignacio Ibáñez y Da. Dolores Ibarola.

Acosta, Cayetano con Arias, Justa
F.45: 18 de marzo de 1833 Casó a **Cayetano Acosta**, viudo de la finada Candelaria Garnica, con **Justa Arias**, viuda del finado Velarde. Testigos: Joaquín Pacheco.

Luna, Juan Manuel con Ramírez, María Cecilia
F.45: 7 de abril de 1833 Casé a **Juan Manuel Luna**, h.l. de los finados José de la Cruz Luna y de Mercedes Cabrera, con **María Cecilia Ramírez**, viuda del finado Félix Antonio Ledesma. Testigos: Dn. Manuel Medina.

Ruiz, Pedro con Zurita, Petrona
F.46: 11 de enero de 1833, se casó y veló a **Pedro Ruiz**, viudo de la finada Rosario Cáceres, con **Petrona Zurita**, h.n. de Candelaria Zurita. Testigos: Dn. Juan de la Cruz Ramón y Da. María del Espíritu Santo Páez.

Matute, José Lázaro con Ibáñez, Manuela
F.46: 23 de noviembre de 1832, se casó y veló a **José Lázaro Matute** h.l. de los finados José Gabriel Matute y María Josefa Ramírez, con Da. **Manuela Ibáñez**, h.n. de Da. María Petrona Ibáñez. Testigos: Dn. Daniel Páez y Da. Dolores Muro.

Ramírez, Isidoro con González, Hermenegilda
F.46: 2 de octubre de 1832, se casó y veló a **Isidoro Ramírez**, h.n. María Manuela Ramírez, con **Hermenegilda González**, h.l. de Pedro Pascual González y de María Juana Zurita. Testigos: Francisco Antonio Ávila y Trinidad Acosta.

Vázquez, Juan Silvestre con Cabral, María Francisca
F.47: 24 de abril de 1833, se casó y veló a **Juan Silvestre Vázquez**, h.l. de Bonifacio Vázquez y de María Magdalena Toledo, con **María Francisca Cabral**, h.l. del finado Martín Cabral y de María Gregoria Villagra. Testigos: Antonio Luna y Mauricia Rojo.

Rosales, Juan Simón con Reinoso, Evangelista
F.47: 20 de mayo de 1833, se casó y veló a **Juan Simón Rosales**, h.l. de Lorenzo Rosales y de María Cruz Fernández, con **Evangelista Reinoso**, H.n. de la finada Isabel Reinoso. Testigos: Lindor Argañaráz y Gregoria Luna. (Al margen: "se revalidó este matrimonio por un impedimento que se les descubrió").

Díaz, Pedro con Gómez, María Antonia
F.47: 18 de mayo de 1833, se casó a **Pedro Díaz**, viudo, con **María Antonia Gómez**, viuda del finado Miguel Peralta. Testigos: Gregorio Medina y Serafina Pérez.

Bazán, José Cándido con Rodríguez, Siríaca
F.47: 11 de junio de 1833, se casó y veló a **José Cándido Bazán**, h.l. de los finados Esteban y Manuela Santillán, con **Siríaca Rodríguez**, h.n. María Rodríguez. Testigos: Eusebio Pacheco y Justina Ledesma.

Ortiz, Casimiro con Reinoso, Beatriz
F.48: 29 de junio de 1833, se casó y veló a **Casimiro Ortiz**, h.l. de Juan Pablo Ortiz y de María Andrea González, con **Beatriz Reinoso**, h.l. de Patricio Reinoso y de Tomasina Díaz. Testigos: : Dn. Diego Salas y su esposa Da. Ascensión Arévalo.

Cardoso, Ramón Ignacio con Arévalo, María del Tránsito
F.48: 29 de junio de 1833, se casó y veló a **Ramón Ignacio Cardoso**, h.n. de Lorenza Cardoso, con **María del Tránsito Arévalo**, h.l. del Patricio Arévalo y de Candelaria Cabral. Testigos Dn. Miguel Gómez y Da. Gregoria Gómez.

Cevallos, Manuel Antonio con Collantes, Segunda
F.48: 29 de junio de 1833, se casó y veló a **Manuel Antonio Cevallos**, h.l. del finado Mariano Cevallos y

de María Venancia Alderete, con **Segunda Collantes**, h.l. de Domingo Collantes y de Victoria González. Testigos: Francisco Antonio González y Josefa Figueroa.

Collantes, Juan Gregorio con Mercado, Martina
F.48-49: 3 de julio de 1833, dispensados unos impedimentos, se casó a **Juan Gregorio Collantes**, h.l. del finado Felipe Collantes y de María Francisca Paz, con **Martina Mercado**, viuda del finado Damascio Díaz. Testigos: Gregorio Ramírez y (hay un espacio en blanco) Luna. Nota: En la informacion matrimonial correspondite (Exp. 1575) se declara un *"impedido parentesco de consanguinidad en segundo grado, por la dicha pretendida, según la confesión hija natural de Santiago Collantes, hermano de mi padre e igualmente con el parentesco de afinidad y consanguinidad de cópula ilícita en cuarto grado"*. Los parentescos se explican con los siguientes esquemas:
Arbol de consanguinidad:

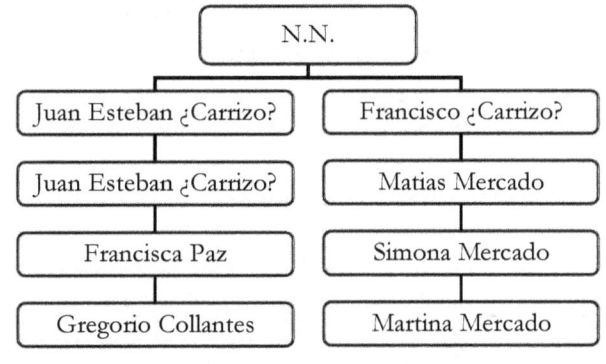

Arbol de Afinidad:

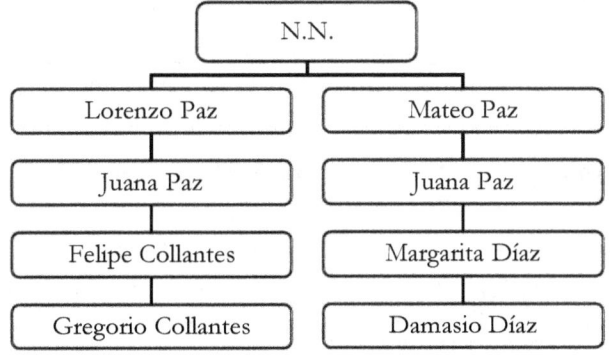

Amador, Francisco con Jeréz, Juana Francisca
F.49: 5 de agosto de 1833, se casó a **Francisco Amador**, h.l. de Carlos Amados, y de Manuela Peralta, con **Juana Francisca Jeréz**, viuda del finado Tomas Arpires Testigos: Juan Simón Jeréz y Águeda Abad.

Gómez, Francisco con Romano, Nicolasa
F.49: 5 de agosto de 1833, dispensado un impedimento, se casó a **Francisco Gómez**, h.l. de Solano Gómez y de María de la Cruz Moya, con **Nicolasa Romano**, viuda del finado Nicolás Aguilar. Testigos: Dn. Martiniano Gómez y Da. Candelaria Molina.

Burgos, Mateo con Páez, María de la Candelaria
F.49: 18 de agosto de 1833, se casó y veló a **Mateo Burgos**, h.n. de Cecilia Burgos, con **María de la Candelaria Páez**. Testigos: José Domingo Cardoso y Rosalía Gómez.

Mansilla, Fermín con Páez, María Regina
F.50: 18 de agosto de 1833, se casó y veló a **Fermín Mansilla**, h.n. de Manuela Mansilla, con **María Regina Páez**, h.l. del finado Ignacio Páez y de Águeda Cisternas. Testigos: Fidel Fernández y Josefa Pedraza.

Plaza, Gabriel con Pérez, Catalina
F.50: 16 de agosto de 1833, se casó y veló a **Gabriel Plaza**, h.l. de Valeriano Plaza y de Encarnación Díaz, con **Catalina Pérez**, h.l. de Bruno Pérez y de Sebastiana Ortiz. Testigos: Miguel Ferreira y María Anunciación Ferreira.

Rosales, Felipe con Romano, Salomé
F.50: 15 de septiembre de 1833, se casó y veló a **Felipe Rosales**, h.l. de Lorenzo Rosales y de María de la Cruz Fernández, con **Salomé Romano**, h.l. de Alejandro Romano y Dionisia Lobo. Testigos: Cleto Calderón y Serafina Orellana.

Valdéz, Antonio con Bazán, Magdalena
F.50: 18 de octubre de 1833, se casó y veló a **Antonio Valdéz**, viuda de Genuaria Arroyo, con **Magdalena Bazán**, h.n. Gregoria Bazán. Testigos: Lorenzo Arias y Nicolasa Bazán.

Rivero, Isidoro con Lobo, Silvestra
F.51: 11 de octubre de 1833, se casó y veló a **Isidoro Rivero**, viudo de la finada Felipa Miranda, con **Silvestra Lobo**, hija de Juan Felipe Lobo y de Isabel Ahumada. Testigos: Juan Calixto Cabral y Jesús Medina.

Pedraza, Juan Ramón con Sosa, Sebastiana
F.51: 14 de octubre de 1833, se casó y veló a **Juan Ramón Pedraza**, h.l. de Felipe Pedraza y de Bartolina Miranda, con **Sebastiana Sosa**, h.n. de Mercedes Sosa.

Testigos: José Eugenio Chazarreta y María Josefa Pedraza.

Acosta, Fermín con Cancinos, Anunciación
F.51: 6 de noviembre de 1833, se casó y veló a **Fermín Acosta**, viudo de la finada Luisa Ferreira, con **Anunciación Cancino**, h.l. de Fulgencio Cancino y de Manuela Ribero. Testigos: Luciano Ferreira y su esposa.

Fernández, Bernardino con Juárez, Toribia
F.51: 11 de noviembre de 1833, se casó y veló a **Bernardino Fernández**, h.n. María del Carmen Fernández, con **Toribia Juárez**, h.l. de ¿Rosa? Juárez y de María Ignacia López. Testigos: Josef Alejandro Molina y María Paula Leiva.

Luna, Juan Manuel con Cortés, Bernardina
F.52: 14 de noviembre de 1833, se casó y veló a **Juan Manuel Luna**, h.n. de María Luna con **Bernardina Cortés**, h.n. María Cortés. Testigos: Dn. Filiberto Guarás y su esposa.

Sánchez, Fermín con Barrera, Petrona
F.52: 28 de noviembre de 1833, se casó y veló a **Fermín Sánchez**, h.n. de Dominga Sánchez, con **Petrona Barrera**, h.n. Antonia Barrera. Testigos: Francisco Herrera e Isidora Silva.

Rodríguez, Juan Pío con Melián, Tránsito
F.52: 28 de noviembre de 1833, dispensado un impedimento, se casó y veló a Dn. **Juan Pío Rodríguez**, h.l. Dn. Lucas Rodríguez y Da. Andrea Aragón, con Da. **Tránsito Melián**, h.l. de los finados Dn. Miguel Melián y de Isabel Ojeda. Testigos: Dn. Manuel Cisternas y Da. Justa Melián. (Exp. 1543) Se aclara que el impedimento de cuarto grado de consanguinidad.

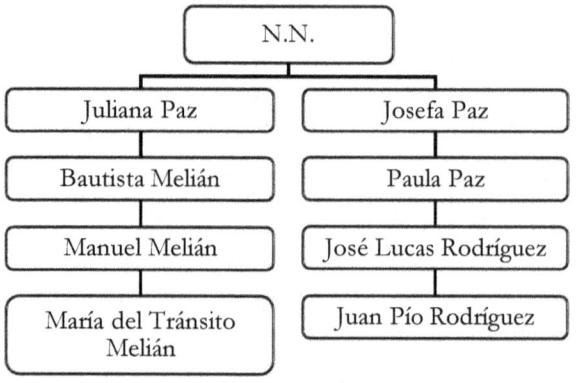

Cárdenas, Juan Antonio con Molina, Luisa
F.52: 29 de noviembre de 1833, se casó y veló a **Juan Antonio Cárdenas**, h.l. del finado Antonio Cárdenas y de Tránsito Díaz, con **Luisa Molina**, h.l. Luis Molina y de Casilda Rosales. Testigos: José Antonio Iramain y Mercedes Bulacia.

Luna, Basilio con Lezana, Cornelia
F.53: 29 de noviembre de 1833, se casó y veló a **Basilio Luna**, h.l. del finado Bernardo Luna y Manuela Figueroa, con **Cornelia Lezana**, h.l. del finado José Lezana y de Petrona Goitia. Testigos: Policarpo Ávila y Juana Ibáñez.

Arias, Pedro Ignacio con Ledesma, Justina
F.53: 30 de noviembre de 1833, dispensado un impedimento, se casó y veló a **Pedro Ignacio Arias**, h.n. de Manuela Arias, con **Justina Ledesma**, h.l. de Luis Ledesma y de Manuela Paz. Testigos: Casimiro Juárez. (Exp. 1534) Aclara *"impedimento de afinidad en segundo grado proveniente de la cópula ilícita por haber conocido carnalmente a dicha prima hermana y igualmente con el parentesco de cuarto grado con tercero de consanguinidad, por haber sido mi abuela prima hermana de la madre de la novia"*

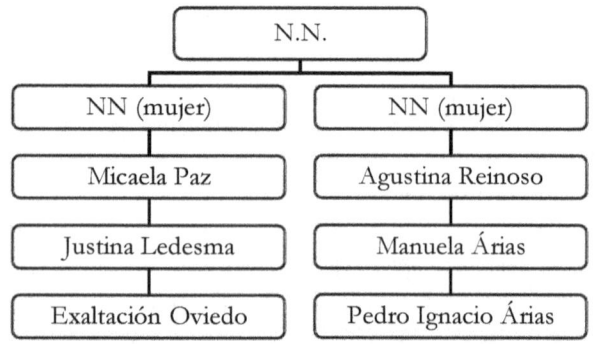

Quiroga, Ubaldo con Adauto, María Genuaria
F.53: 30 de noviembre de 1833, se casó y veló a **Ubaldo Quiroga**, h.l. de Ignacio Quiroga y de Ceferina Quinteros. (en el cuerpo de la partida no se consigna el nombre de la contrayente) Testigos: Bartolo Santillán.

Sobrecasas, Clemente con Vázquez, María Juana
F.54: 31 de noviembre de 1833, dispensado un impedimento, se casó a **Clemente Sobrecasas**, h.l. de Martín Sobrecasas y de Nicolasa Cordero, con **María Juana Vázquez**, viuda del finado Miguel Villalba. Testigos: no constan.

Juárez, Francisco Borja con Quiroga, Lizarda
F.54: 1 de diciembre de 1833, dispensado un impedimento, se casó a **Francisco Borja Juárez**, h.l. Juan Francisco y de María Silveria Luna, con **Lizarda Quiroga**, h.n. de Pascuala Quiroga. Testigos: Gregorio Bulacia y (hay un espacio en blanco) Figueroa. En el expeditne matrimonial (Exp. 1530) se aclara que el impedimento es de tercero con segundo grado según el siguiente esquema:

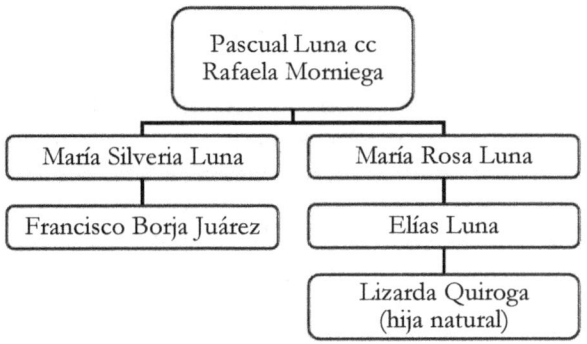

Fernández, Juan de la Cruz con Pereira, Silveria
F.54: 12 de diciembre de 1833, dispensado un impedimento, se casó a **Juan de la Cruz Fernández**, h.n. de Ana María Fernández, con **Silveria Pereira**, viuda de Manuel Ávila. Testigos: Juan Ojeda y Micaela Bergara.

Vega, Pedro Juan con Lobo, Francisca
F.54: 28 de diciembre de 1833, dispensado un impedimento, se casó a **Pedro Juan Vega**, h.l. de Marcelo Vega y de María Ignacia Rodríguez con **Francisca Lobo**, viuda del finado Miguel Soria. Testigos: Dn. Isidro Villafañe y Magdalena Luna.

Vera, Ángel Mariano con Paz, Petrona
F.55: 8 de febrero de 1834, se casó y veló a **Ángel Mariano Vera**, h.n. Eugenia Vera, con **Petrona Paz**, h.l. de los finados Miguel Antonio Paz, y de Alejandra ¿Gomeroa?. Testigos: Gregorio Medina y Solana Díaz.

Barrios, Pedro Ignacio con Barrientos, María Lorenza
F.55: 8 de febrero de 1834, se casó y veló a **Pedro Ignacio Barrios**, h.l. de los finados José Francisco Barrios y de María Luisa Montenegro, con **María Lorenza Barrientos**, h.l. de Gaspar Barrientos y de María Guevara. Testigos: Santiago Delgado y María Antonio Ontiveros.

Robles, Gabino con Arias, María Manuela
F.55: 9 de febrero de 1834, se casó y veló a **Gabino Robles**, h.l. de Domingo Robles y de Prudencia Robles, con **María Manuela Arias**, h.l. de Cruz Arias y de Nicolasa Reinoso. Testigos: Juan de Dios Pérez y Micaela Nieva.

Toranzo, José Ignacio con Toledo, María Felipa
F.56: 4 de febrero de 1834, se casó y veló a **José Ignacio Toranzos**, h.l. de Antonio Toranzos y de Carmen Vega, con **María Felipe Toledo**, h.n. de María del Señor Toledo. Testigos: Dn. Juan Antonio Rizo y Gregoria Silva.

Ruiz, José Manuel con Lobo, María Ignacia
F.56: 10 de febrero de 1834, se casó y veló a **José Manuel Ruiz**, h.n. de Estefanía Ruiz, con **María Ignacia Lobo**, h.l. Bautista Lobo y de Asunción Díaz. Testigos: Fructuoso Flores e Ignacia Peñaflor.

Molina, Damián Ignacio con Figueroa, María Inés
F.56: 8 de abril de 1834, se casó y veló a **Damián Ignacio Molina**, h.l. de José Calixto y de María Felipe Cisneros, con **María Inés Figueroa**, h.n. María Juliana Figueroa. Testigos: Dn. Francisco Cabral y Da. Isabel Márquez.

Romano, Manuel de Reyes con Agüero, Francisca Antonia
F.56: 8 de abril de 1834, se casó a **Manuel de Reyes Romano**, h.l. de Celedonio Romano y de María Antonia Meléndez, con **Francisca Antonia Agüero**, viuda del finado Eustaquio Suárez. Testigos: José María Barrionuevo y Isabel Romano.

Gómez, Eugenio con Lobo, Petrona
F.57: 9 de abril de 1834, se casó y veló a **Eugenio Gómez**, esclavo de Dn. Crisanto Gómez, con **Petrona Lobo**, h.l. de Alejandro Lobo y de Petrona Bravo. Testigos: Dn. Miguel Medina y Bernarda Saavedra.

Rodríguez, Juan de la Cruz con Díaz, Gregoria
F.57: 21 de abril de 1834, se casó y veló a **Juan de la Cruz Rodríguez**, h.n. de la finada Fermina Rodríguez con **Gregoria Díaz**, h.l. de Pedro Pablo Díaz y de Dolores Moyano. Testigos: Ángel Mariano Mostajo y María de Jesús Díaz.

Lobo, Manuel de Jesús con Araujo, María Lorenza
F.57: 14 de abril de 1834, se casó y veló **Manuel de Jesús Lobo**, h.l. de José Lobo y de María de la Cruz

Espinosa, con **María Lorenza Araujo**, h.l. de Mariano Araujo y de María Arregues. Testigos: Pantaleón Zurita y María Tula.

Barrientos, Patricio con Pereira, Lizarda

F.57: 23 de abril de 1834, dispensado un impedimento, se casó y veló **Patricio Barrientos**, viudo de la finada Genuaria Pereira, con **Lizarda Pereira**, h.l. de los finados Juan José Pereira y de Bernarda Rosales. Testigos: Nicolás Rosales y Gerónima Argañaráz. Nota: en el expediente matrimonio (Exp. 1588) se declara que el impedimento es por afinidad en primer grado por ser la difunta esposa del pretendiente hermana de la pretendida.

Paz, José de la Trinidad con Alarcón, Natividad

F.58: 14 de abril de 1834, se casó y veló **José de la Trinidad Paz**, h.n. de Agustina Paz, con **Natividad Alarcón**, h.l. de Mariano y de Juana Suárez. Testigos: Dn. Pedro Ignacio Ibáñez y Da. Dolores Rivarola.

Chávez, Luis Antonio con Burgos, María Andrea

F.58: 16 de mayo de 1834, se casó y veló a **Luis Antonio Chávez**, h.n. de Antonia Chávez, con **María Andrea Burgos**, h.n. de Juliana Burgos. Testigos: Pedro Nolasco Garrón y Juana Luna.

Guzmán, Felipe Santiago con Atay, Petrona

F.58: 31 de enero de 1834, se casó y veló a **Felipe Santiago Guzmán**, viudo de la finada Francisca Díaz, con **Petrona Atay**, h.n. de Martina Atay. Testigos: Dn. Daniel Páez y Da. Dolores Muro.

Ulibarri, Simón Francisco con Arévalo, María de la Cruz

F.59: 30 de enero de 1834, se casó y veló a **Simón Francisco Ulibarri**, viudo de la finada Juana Inés Leiva, con **María de la Cruz Arévalo**, h.l. Francisco Arévalo y de María de la Cruz Quiroga. Testigos: los mismos de la partida anterior.

Pacheco, Pedro con Burgos, Juliana

F.59: 16 de febrero de 1834, se casó y veló **Pedro Pacheco**, h.l. de José Javier Pacheco y de Andrea González, con **Juliana Burgos**, h.l. de Manuel Burgos y de Juliana Zurita. Testigos: Segundo Zurita y Andrea Pinta.

González, Pedro Esteban con Córdoba, Petrona

F.59: 6 de febrero de 1834, se casó y veló a **Pedro Esteban González**, h.n. de Ramona González, con **Petrona Córdoba**, h.l. de Asencio Córdoba y de Gertrudis Verón. Testigos: Dn. Félix Benigno Páez y Da. María Josefa Rojas.

Ortiz, Pedro José con Villagra, Juana

F.59: 10 de febrero de 1834, se casó y veló **Pedro José Ortiz**, h.l. de Juan Pablo Ortiz y de Manuela Lobo, con **Juana Villagra**, h.l. de Apolinar Villagra y de Pascuala Artaza. Testigos: Dn. Juan de la Cruz Ramos y Da. María Juana Ramos.

Paz, Agustín con Véliz, María Anastasia

F.59: 23 de abril de 1834, se casó y veló **Agustín Paz**, h.n. de Rosa Paz, con **María Anastasia Véliz**, h.l. de Matías Véliz y de Petrona Zurita. Testigos: Eugenio Gómez y Ascensión Verón.

Agüero, José Liberato con Lobo, Dominga

F.60: 28 de julio de 1834, dispensado un impedimento, se casó y veló a **José Liberato Agüero**, h.l. de Domingo Agüero y de Silveria Lobo, con **Dominga Lobo**, h.l. Pedro Ignacio Lobo y de Juana Ángela Moreno. Testigos: Dn. Rosendo Suasnabar y Da. F. Alderete. (Exp. 1222 - Leg 34) Se dispensó impedimento de consanguinidad en segundo grado.

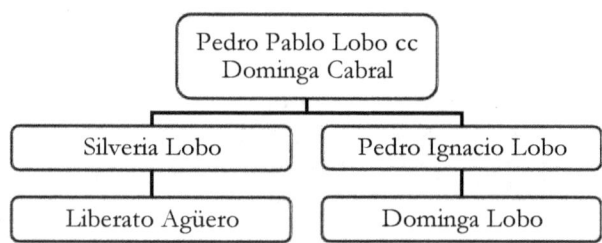

Ledesma, Casimiro con Díaz, Cayetana

F.60: 16 de agosto de 1834, se casó y veló a **Casimiro Ledesma**, h.l. de los finados Luis y de Juana Ramírez, con **Cayetana Díaz**, h.l. de Paulino Díaz y de Victoria Fernández. Testigos: Jorge Ibáñez y Bárbara Díaz.

Cárdenas, Leandro con Arias, Bartolina

F.60: 24 de agosto de 1834, se casó y veló a **Leandro Cárdenas**, h.l. del finado Bautista Cárdenas y de Eugenia Guarda, con **Bartolina Arias**, h.n. de Norberta Arias. Testigos: Dn. Basilio Bulacia con Ignacia Collantes.

Suárez, José Nicolás con Guzmán, Carmen

F.60: 8 de septiembre de 1834, se casó y veló a **José Nicolás Suárez**, viudo de la finada Paula Mansilla, con

Carmen Guzmán, h.l. de Manuel Guzmán y de María Arévalo. Testigos: Francisco Antonio Puchera y Josefa Pedraza.

Díaz, Juan Antonio con Rosales, Bonifacia
F.61: 17 de septiembre de 1834, se casó y veló a **Juan Antonio Díaz**, h.l. de los finados Manuel Antonio Díaz y de Martina Rivas, con **Bonifacia Rosales**, h.l. de Nicolás y de María del Señor Argañaráz. Testigos: Félix Fernando Mercado y Lizarda Rosales.

Ovejero, Juan Francisco con Silva, Candelaria
F.61: 24 de septiembre de 1834, se casó y veló **Juan Francisco Ovejero**, h.n. de Cecilia Ovejero, con **Candelaria Silva**, h.l. de Manuel Silva y de Dominga Medina. Testigos: José Tomás Acosta y María del Socorro Gutiérrez.

Vázquez, Juan Mateo con Morales, Serafina
F.61: 30 de septiembre de 1834, dispensados unos impedimentos, se casó a **Juan Mateo Vásquez**, viudo de la finada María Beatriz Leiva, con **Serafina Morales**, viuda del finado Mariano Pais. Testigos: Dn. Manuel Molina y Da. Gregoria Silva. (Exp. 1235 - Leg 34) se dispensa *Cópula lícita en tercer grado con segundo, con atención de ser viuda de treinta más o menos y con cuatro hijos imploro piedad*

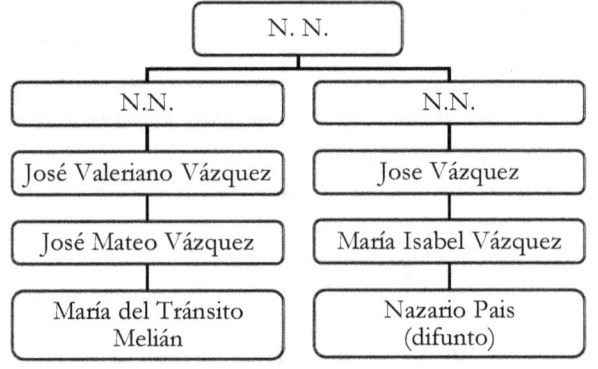

Romano, Santiago con Agüero, Ana María
F.61: 3 de octubre de 1834, se casó y veló **Santiago Romano**, viudo de la finada Isabel Arias, con **Ana María Agüero**, h.l. de Pedro Agüero y de Francisca Juárez. Testigos: Juan Díaz.

Amaya, Roque Jacinto con Luján, Faustina
F.62: 13 de octubre de 1834, se casó y veló a **Roque Jacinto Amaya**, h.l. del finado José Amaya y de Ignacia Pacheco, con **Faustina Luján**, h.l. de Gregorio Luján y de Josefa Acosta. Testigos: Manuel Videla y (hay un espacio en blanco) Nieva.

Romero, Luciano con Rosales, María del Tránsito
F.62: 17 de octubre de 1834, se casó y veló **Luciano Romero**, viudo de la finada Victorina Alarcón, con **María del Tránsito Rosales**, h.l. de Eusebio Rosales y de Juana Rosa Rivera. Testigos: Dn. Pedro Antonio Leiva y Serafina Ribaineras.

Luna, Gervasio con Jiménez, Carlota
F.62: 18 de octubre de 1834, se casó y veló a **Gervasio Luna**, h.l. de Pascual Luna y de Juana González, con **Carlota Jiménez**, h.l. Lorenzo Jiménez y de Gregoria Arauz. Testigos Juan José Rosales y Narcisa Orquera.

Arias, Julián con…
F.62: 21 de octubre de 1834, se casó y veló a **Julián Arias** (acta incompleta)

Ledesma, Cornelio con Ledesma, Paulina
F.63: 8 de octubre de 1834, dispensado un impedimento, se casó y veló **Cornelio Ledesma**, h.l. de Mariano Ledesma y de Magdalena Santillán, con **Paulina Ledesma**, h.l. de Luis Ledesma y de Micaela Paz. Testigos: Juan Lorenzo Quiroga y Micaela Ruiz.

Cortes, Bernardo con Ledesma, Olegaria
F.63: 7 de octubre de 1834, se casó y veló a **Bernardo Cortés**, h.l. de Pedro Cortes y de Josefa Goitia, con **Olegaria Ledesma**, h.n. de María Ignacia Ledesma. Testigos: Pedro Nolasco Cisternas y Micaela Vega.

Molina, José Santos con Guerreros, Francisca Javiera
F.63: 8 de septiembre de 1834, se casó y veló **José Santos Molina**, h.n. de Petrona Molina, con **Francisca Javiera Guerreros**, h.n. de Rosario Guerreros. Testigos: Dn. Pedro Manuel Gómez y Rosalía Caravajal.

León, José Joaquín con Cano, Agustina Rosa
F.63: 17 de diciembre de 1834 Casó **José Joaquín León**, h.l. de Mariano León y de la finada Francisca Álamo, con **Agustina Rosa Cano**, viuda del finado Estanislao Villalba. Testigos: José Fruto Espeche y Juana Ignacia Calamo.

Rosales, Juan Gregorio con Osores, Avelina
F.64: 8 de enero de 1835, se casó y veló **Juan Gregorio Rosales**, h.l. del finado Lorenzo Rosales y de Justa Argañaráz, con **Avelina Osores**, h.n. de María Isabel

Osores. Testigos: Dn. Pedro Manuel Gómez y Marta Rosales.

Pérez, Juan Nicolás con Navarro, Braulia
F.64: 2 de febrero de 1835, se casó y veló a **Juan Nicolás Pérez**, h.l. Gaspar Pérez y de Marcelina Díaz, con **Braulia Navarro**. Testigos: Dn. Gregorio Sosa y María Antonio Cevallos.

Ávila, Venancio con Rosales, María Ramona
F.64: 2 de febrero de 1835, se casó y veló a **Venancio Ávila**, h.l. de los finados Santos Ávila y de María Mercedes Ávila, con **María Ramona Rosales**, h.l. Julián Rosales y de Lucinda Díaz. Testigos: Dn. Ignacio Reyes y María Díaz.

Romano, Florentino con Ledesma, María de los Ángeles
F.65: 26 de febrero de 1835, se casó y veló a **Florentino Romano**, h.l. de Marcos y de María Mercedes Rodríguez, con **María de los Ángeles Ledesma**, h.n. de Magdalena Ledesma. Testigos: Hilario Orellana y María Socorro Caravajal.

Díaz, Juan Inocencio con Ramírez, María del Tránsito
F.65: 21 de febrero de 1835 dispensado impedimento de cuarto grado por consanguinidad, se casó y veló a **Juan Inocencio Díaz**, h.l. de José Díaz, y de Bárbara Mercado, con **María del Tránsito Ramírez**, h.l. de Pedro y de Dominga Figueroa. Testigos: León Mercado. Nota: En la información matrimonial correspondiente (Exp. 1558) se esplica el parentesco con el siguiente esquema:

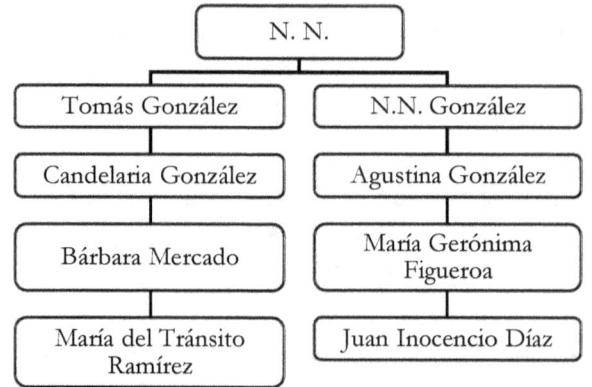

Ávila, José Gregorio con Díaz, Juliana
F.65: 28 de febrero de 1835, se casó y veló a **José Gregorio Ávila**, h.l. de Santos Ávila y de Mercedes Arias, con **Juliana Díaz**, h.n. de Carmen Díaz. Testigos: Dn. Valdéz y Da. María del Señor Salas.

Lobo, Aniceto con Luna, Bárbara
F.65: 2 de marzo de 1835, se casó y veló a **Aniceto Lobo**, h.l. de Alejandro Lobo y de Carmen Ibáñez, con **Bárbara Luna**, h.l. Manuel Luna y de Cecilia Leal. Testigos: Borja Ibáñez y Magdalena Albarracín.

Santillán, José Ignacio con Herrera, María Maximiliana
F.66: 2 de marzo de 1835, se casó y veló a **José Ignacio Santillán**, h.n. de Justo Pastora Santillán, con **María Maximiliana Herrera**, h.l. de León Herrera y de Eugenio Romano. Testigos: Apolinario Moreno y Ascensión Galván.

Díaz, José Ignacio con Rivera, María Manuela
F.66: 20 de abril de 1835, se casó y veló a **María Manuela Rivera**, h.l. de los finados Isidoro Rivera y de Dionisia Romano, con **José Ignacio Díaz**, h.l. de los finados Juan José Díaz y de Micaela Ibáñez. Testigos: Alejo Rasguido y Paulina Moyano.

Arias, Pedro Ignacio con Ledesma, Juana Paula
F.66: 1 de mayo de 1835, dispensado un impedimento, se casó y veló a **Pedro Ignacio Arias**, viudo de la finada Justina Ledesma, con **Juana Paula Ledesma**, h.l. de Damascio Ledesma y de Catalina Castellano. Testigos: Casimiro Ledesma y Casimira Ledesma. Nota: en la información matrimonial correspondiente (Exp. 1261) se declara un impedimento por afinidad lícita de segundo con primer grado, el parentesco se explica con el siguiente esquema:

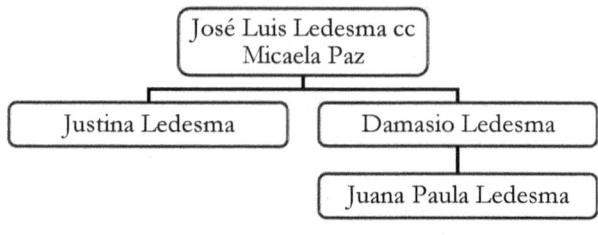

Rosales, Francisco Borja con Ibáñez, María Luisa
F.67: 31 de enero de 1835, se casó y veló **Francisco Borja Rosales**, h.l. de José Ignacio Rosales y de Petrona Olivera, con **María Luisa Ibáñez**, h.n. de Mercedes Ibáñez. Testigos: Dn. Ildefonso Vera y Da. Lucinda Oviedo.

Páez, Pedro José con Zurita, María Sacramento
F.67: 19 de septiembre de 1835, se casó y veló **Pedro José Páez**, h.l. de Valeriano Páez y de Micaela Tula, con **María Sacramento Zurita**, h.n. María Luisa Zurita. Testigos: Toribio Córdoba y Petrona Zurita.

Lobo, Eusebio con Pérez, Ana María
F.67: 15 de junio de 1833, se casó y veló **Eusebio Lobo**, h.l. de Martín Lobo y de María Antonio Peñaflor, con **Ana María Pérez**, h.n. de María Ignacio Pérez. Testigos: Alejandro Contreras y Juana Ventura Martínez.

Zurita, José Luciano con Maldonado, Juana Evangelista
F.68: 27 de julio de 1832, se casó y veló a **José Luciano Zurita**, h.l. de Mateo Zurita y de Estefanía González, con **Juana Evangelista Maldonado**, h.l. de José Antonio Maldonado y de Magdalena Coronel. Testigos: Victoriano Zurita y Josefa Banegas.

Osores, Teodoro con Ibáñez, María Lorenza
F.68: 10 de noviembre de 1834, se casó y veló **Teodoro Osores**, h.l. de Marcelino y de María del Pilar Arias, con **María Lorenza Ibáñez**, h.l. Dn. Juan de Dios Ibáñez y de Petrona Jaimes. Testigos: Dn. Marcelino Leiva y Da. Carmen Chaves.

Tolosa, Judas Tadeo con Rojas, María Cesárea
F.68: 16 de agosto de 1833, se casó y veló a **Judas Tadeo Tolosa**, h.l. de Ramón Antonio Tolosa y de Mercedes Romano, con **María Cesárea Rojas**, h.n. Lucinda Roja. Testigos: Fernando Barrera y María de la Cruz Pacheco.

Ibáñez, José Mariano con Páez, Espíritu
F.68: 27 de abril de 1835, se casó y veló **José Mariano Ibáñez**, h.l. de Dn. José Manuel Ibáñez y de Da. Juana Cejas, con Da. **Espíritu Páez**, h.l. Dn. Francisco Páez, y de Da. Simona Varela. Testigos: Dn. Idelfonso Vera y Da. Catalina Oviedo.

Ledesma, Bartolo con Azcuénaga, Juana Rosa
F.69: 10 de enero de 1835, se casó y veló **Bartolo Ledesma**, viudo de la finada Brígida Cortes, con **Juana Rosa Azcuénaga**, h.l. de Francisco Azcuénaga y de Resurrección Mansilla. Testigos: Manuel de Reyes Ferreira y Petrona Regalado Azcuénaga.

Palavecino, Juan Leandro con Alarcón, Tránsito
F.69: 13 de octubre de 1833, se casó y veló **Juan Leandro Palavecino**, h.l de Mariano Palavecino y de Mercedes Aranda, con **Tránsito Alarcón**, h.l. de María Ignacia. Testigos: Antonio Díaz y Ángela Ponce.

Agüero, Ramón Antonio con Juana Pabla
F.69: 19 de mayo de 1833, se casó a **Ramón Antonio Agüero**, viudo de la finada Petrona Ávila, con **Juana Pabla**, viuda del finado Ventura Castellano. Testigos: Dn. Daniel Páez y Da. Dolores Muro.

Avellaneda, Pedro Pablo con Alarcón, María Ignacia
F.69-70: 22 de septiembre de 1833, se casó y veló a **Pedro Pablo Avellaneda**, h.l. de Juan Bautista Avellaneda y de Bárbara Fernández, con **María Ignacia Alarcón**, h.l. de José Mariano Alarcón y de Mercedes Contreras. Testigos: Manuel Vázquez y Da. Ángela Ponce.

Sánchez, José Celedonio con Caballero, Andrea
F.70: 10 de enero de 1835, se casó y veló a **José Celedonio Sánchez**, h.l. Bruno Sánchez y de Pilar Cisneros, con **Andrea Caballero**, h.l. Silvestre Caballero y de María Antonia Gutiérrez. Testigos: Dn. Daniel Páez y Da. Dolores Muro.

Zurita, Dn. José Eugenio con Ríos, Concepción
F.70: 18 de febrero de 1835, se casó a **José Eugenio Zurita**, h.l. de Dn. Pedro Antonio Zurita y de Da. Margarita Márquez, con **Concepción Ríos**, viuda del finado Isidro Gorosito. Testigos: Dn. Ildefonso Vera y Da. María Ignacia Ibáñez.

Gómez, Nicolás con Saavedra, Rosa
F.70: 23 de diciembre de 1834 Casó a **Nicolás Gómez**, h.l. del finado Lorenzo Gómez y de María Burgos con **Rosa Saavedra**, viuda de Fabián Luján. Testigos: Dn. Daniel Páez y Da. Dolores Muro.

Murguía, José con Guerra, Luisa
F.70: 24 de septiembre de 1834, se casó y veló a **José Murguía**, viudo de la finada Fernanda ¿Lazo?, con **Luisa Guerra**, h.n de Luis Guerra. Testigos: Bautista Amador y Gertrudis Cordero.

Villagrán, Ángel Mariano con Medina, María Pabla
F.71: 30 de julio de 1834, se casó y veló a **Ángel Mariano Villagrán**, h.n. de María Manuela con **María**

Pabla Medina, h.n. Anastasia Medina. Testigos: Dn. Cayetano Villagrán y Josefa Medina.

Aguilar, Felipe con Díaz, Manuela
F.71: 3 de junio de 1835, se casó y veló a **Felipe Aguilar** h.l. de Egidio Aguilar y de Ramona Arévalo, con **Manuela Díaz**, h.n, de Bárbara Díaz. Testigos: Dn. Francisco Antonio Ovejero y Da. Rosario Albarracín.

Bustamante, Pablo con Sánchez, Ignacia
F.71: 3 de junio de 1835, se casó y veló **Pablo Bustamante**, h.n. de Genuaria Bustamante, con **Ignacia Sánchez**, h.l. del finado Egidio Sánchez y de María Navarro. Testigos: Dn. Martiniano Gómez y Da. Gerónima Gómez.

Gómez, Pascual con González, María del Tránsito
F.72: 3 de junio de 1835, se casó y veló **Pascual Gómez**, esclavo de Dn. Juan Nicolás Gómez e h.n. de Rosario Trejo, con **María del Tránsito González**, h.l. del finado Borja González y de Ana María Quiroga. Testigos: Dn. Amaranto Brizuela y Da. Ignacia Jeréz.

Suárez, Juan Bartolo con Rosales, Beatriz
F.72: 15 de junio de 1835, se casó y veló **Juan Bartolo Suárez**, h.n. de Dolores Suárez, con **Beatriz Rosales**, h.n. Ignacia Rosales. Testigos: Pedro Antonio Arévalo, con Rosario Islas.

Ibáñez, Dn. Ángel Mariano con Cardoso, Da. María de la Cruz
F.72: 15 de junio de 1835, se casó y veló Dn. **Ángel Mariano Ibáñez**, h.l. de Pedro Ignacio Ibáñez y Da. Dolores Rivarola, con Da. **María de la Cruz Cardoso**, h.l. de Dn. Toribio Cardoso y de Da. Tránsito Acosta. Testigos: Ramón Antonio Ledesma y María Anunciación Reinoso.

Nieva, José Benito con Díaz, María Bernabela
F.72: 15 de junio de 1835, se casó y veló a **José Benito Nieva**, viudo de la finada Simona Frogel, con **María Bernabela Díaz**, h.n. de María Petrona Díaz. Testigos: Dn. Félix Benigno Páez y Da. María Francisca Páez.

Artaza, Juan Gregorio con Burgos, María Norberta
F.73: 11 de junio de 1835, se casó y veló **Juan Gregorio Artaza**, viudo de la finada María del Señor Ledesma, con **María Norberta Burgos**, h.n. de Damiana Burgos. Testigos: Juan Santos Cordero y María Jacinta Garnica.

Ibáñez, Ramón Antonio con Cardoso, María Sinforoza
F.73: 15 de junio de 1835, se casó y veló **Ramón Antonio Ibáñez**, h.l. Pedro Ignacio Ibáñez y de Dolores Rivarola, con **María Sinforoza Cardoso**, h.l. de Toribio Cardoso y de María del Tránsito Acosta. Testigos: Pedro José Ponce y María Pastora Rivarola.

Jiménez, José Lucas con Pereira, María de Jesús
F.73: 27 de julio de 1835, dispensado un impedimento de cuarto grado, se casó y veló **José Lucas Jiménez**, h.l. de Ignacio Jiménez y de Mercedes Gonzáles, con **María de Jesús Pereira**, h.n. de Silveria Pereira. Testigos: Domingo Collantes y Josefa Luna.

Domínguez, José de la Cruz con Morales, Manuela
F.73-74: 5 de agosto de 1835, se casó y veló a **José de la Cruz Domínguez**, con **Manuela Morales**. Testigos: Juan Manuel Coronel y Juana Peñaflor.

Mendoza, Juan José con Albarracín, María del Pilar
F.74: 12 de agosto de 1835, se casó y veló a **Juan José Mendoza**, h.l. de Pedro Mendoza y de ¿Santos? Gamarra, con **María del Pilar Albarracín**, h.n. de la finada María Albarracín. Testigos: José Fructuoso Espeche y Rudecinda Burgos.

Arias, José Santos con Guerra, Filiberta
F.74: 12 de mayo de 1835, se casó y veló **José Santos Arias**, h.l. del finado Santiago Arias y de Rosa Juárez, con **Filiberta Guerra**, h.l. del finado Enrique Guerra y de Simona Lobo. Testigos: José Ramón Peñaflor y María Matilda Díaz.

Maidana, Gabriel con Luna, Juana Petrona
F.74: 13 de agosto de 1835, se casó y veló a **Gabriel Maidana**, viudo de la finada Francisco Agüero, con **Juana Petrona Luna**, h.l. de Gregorio Luna y de María Juana Flores. Testigos: Pedro Pablo Agüero y María Mercedes Vega.

Rizo, Pedro Antonio con Falcón, Gregoria
F.75: 3 de septiembre de 1835, se casó y veló a **Pedro Antonio Rizo**, h.n. de Aurelia Artaza, con **Gregoria Falcón**, h.l. de Pedro Juan Falcón y de Dolores Ocón. Testigos: Juan Bautista Molina y Rosa Arévalo.

Cárdenas, Leandro con Pereira, Francisca

F.75: 9 de septiembre de 1835, dispensado un impedimento, se casó y veló a **Leandro Cárdenas**, h.n. de Petrona Cárdenas, con **Francisca Pereira**, h.l. Bernardo Pereira y de Mercedes Orellana. Testigos: Salvador Cevallos y Magdalena Márquez. (ver expediente matrimonial 1290 de 1835)

Montiveros, Ángel Apolinario con Barrientos, Rosario

F.75: 12 de septiembre de 1835, se casó y veló **Ángel Apolinario Montiveros**, h.n. de María Isabel, con **Rosario Barrientos**, h.l. Gaspar Barrientos y de María Guevara. Testigos: Santiago Delgado y Manuela Guevara.

Arévalo, Juan Antonio con Díaz, María Ignacia

F.75-76: 21 de septiembre de 1835, se casó y veló a **Juan Antonio Arévalo**, h.l. del finado Javier Arévalo y de Asunción Nieva, con **María Ignacia Díaz**, h.l. de Francisco Díaz y de Pascuala Contreras. Testigos: José Juárez y Bernarda Ovejero.

Leguizamo, Juan Silvestre con González, Leonarda

F.76: 21 de septiembre de 1835, se casó y veló **Juan Silvestre Leguizamo**, h.n. de Francisca Leguizamo, con **Leonarda González**, h.n. de Arcadia González. Testigos: Pedro Antonio Cuello e Ignacia Cuello.

Rubiano, Francisco de Paula con Pacheco, Juana María

F.76: 7 de octubre de 1835, se casó y veló a **Francisco de Paula Rubiano**, h.n. de María Luisa, con **Juana María Pacheco**, h.l. de Joaquín Pacheco y de Agustina Rosa Castro. Testigos: Dn. Nicolás Ponce y Da. Rosario Gómez. Nota: en la información matrimonial correspondiete el padre natural del novio es José Varela (Exp. 1295).

Parras, Cayetano con Jiménez, María del Señor

F.77: 17 de octubre de 1835, se casó y veló **Cayetano Parras**, viudo de la finada Manuela Díaz, con **María del Señor Jiménez**, h.l. de Miguel Jiménez y de Francisca Jiménez. Testigos: León Mercado y Da. Antonia Gutiérrez.

Díaz, Braulio con Flores, María Asunción

F.77-78: 19 de octubre de 1835, se casó y veló **Braulio Díaz**, h.l. del finado Nicolás Díaz y de María Juana Reinoso, con **María Asunción Flores**, h.l. de Juan Andrés Flores y de María Mercedes Flores. Pero Ignacio Arias y Juana Pabla Ledesma.

Guerra, Juan Ramón con Ledesma, Dorotea

F.78: 27 de octubre de 1835, se casó y veló a **Juan Ramón Guerra**, h.l. Enrique Guerra y de María Simona Lobo, con **Dorotea Ledesma**, h.n. de Magdalena. Testigos: Cipriano Barrera e Isabel Ribas.

Arévalo, José Santiago con Márquez, Juana Rosa

F.78: 4 de noviembre de 1835, dispensados los impedimentos, se casó y veló **José Santiago Arévalo**, h.l. del finado Felipe Santiago Arévalo y de María Pabla Márquez, con **Juana Rosa Márquez**, h.l. de Pedro Pablo Márquez y de Manuela Duarte. Testigos: Dn. Luis Marqués y Da. Genuaria Saavedra. Nota: en la información matrimonial correspondiete (Exp. 1603) se declaran dos parentecos los que se explica con los siguientes esquemas:

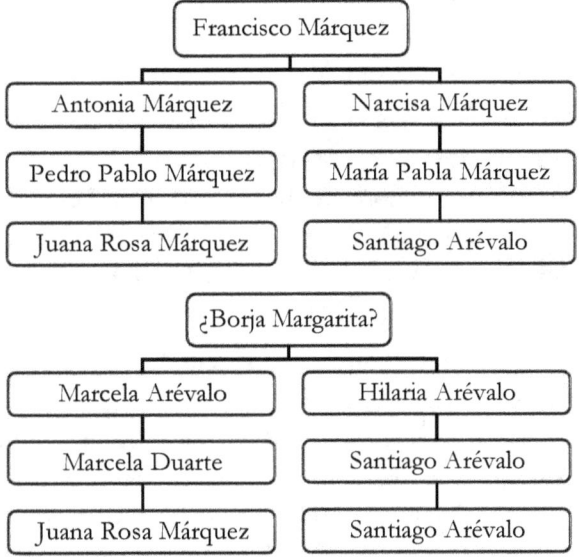

Ibáñez, Faustino con Collantes, Dominga

F.78: 4 de noviembre de 1835, se casó y veló **Faustino Ibáñez**, viudo de la finada Manuela Pas, con **Dominga Collantes**, h.l. de Mariano Collantes y de Cruz Castro. Testigos: Dn. Filiberto Ahumada y su esposa Da. Isabel Segura.

Páez, José Manuel con Contreras, Jacoba

F.78-79: 6 de noviembre de 1835, se casó y veló a **José Manuel Páez**, h.l. de Claudio Páez y de Silveria

Pedraza, con **Jacoba Contreras**, h.n. de Lorenza Contreras. Testigos: Cipriano Arias y Cruz Rojas.

Pérez, Sebastián con Lalamo, María Viviana
F.79: 10 de noviembre de 1835, se casó y veló **Sebastián Pérez**, h.l. de Juan Tomás Pérez y María Rita Díaz, con **María Bibiana ¿Lalamo?**, h.l. Cayetano y de Ana María Páez. Testigos: Florentino Morales y Gregoria Silva.

Brizuela, Baltazar con Coronel, Josefa
F.79: 23 de noviembre de 1835, se casó y veló a **Baltasar Brizuela**, viudo de la finada Ascensión Galván, con **Josefa Coronel**, h.l. de Nicolás Coronel y de María del Rosario Vallés. Testigos: Juan Gregorio Ojeda y Ramona Robles. Nota: en la informacion matrimonial el contrayente figura como esclavo de Dn. Eugenio Brizuela (Exp. 1299).

Pérez, Juan Bautista con Medina, Estefanía
F.79: 23 de noviembre de 1835, se casó y veló **Juan Bautista Pérez**, h.l. de los finados Juan Antonio Pérez y de Magdalena Frías, con **Estefanía Medina**, h.l. de Inocencio Medina y de María Juana Sánchez. Testigos: Feliciano Zavala y Teodora Quiroga.

Juárez, Feliciano con Zelaya, Úrsula
F.80: 7 de diciembre de 1835, se casó a **Feliciano Juárez**, h.n. natural de Francisca Juárez, con **Úrsula Zelaya**, h.l. de Andrés y de Mónica Coronel. Testigos: Pedro Pablo Aranda y Natividad Verón.

Rosales, Juan Tomás con Videla, María del Rosario
F.80: 30 de noviembre de 1835 Casó a **Juan Tomás Rosales**, viudo de la finada Carmen Cárdenas, con **María del Rosario Videla**, h.l. de José Manuel y de Magdalena Iñiguez. Testigos: Francisco Javier Videla y Petrona Lobo.

Paz, José Hipólito con Castro, María Ceferina
F.80: 7 de enero de 1836, se casó y veló a **José Hipólito Paz**, h.n. Beatriz Paz, con **María Ceferina Castro**, h.l. de Pascual Castro y de Nieves Aráoz. Testigos: Dn. Fructuoso Molina e Isabel Barrientos.

Sánchez, Lorenzo con Pérez, María Claudia
F.80: 11 de enero de 1836, se casó y veló a **Lorenzo Sánchez**, viudo de la finada Mercedes Ojeda, con **María Claudia Pérez**, h.l. de Juan Tomás Pérez, y de la finada Rita Díaz. Testigos: Pedro Albarracín y Jesús Quiroga.

Juárez, Juan Manuel con Pérez, María del Señor
F.81: 11 de enero de 1835, se casó y veló **Juan Manuel Juárez**, h.n. de Dolores Juárez, con **María del Señor Pérez**, h.l. de Juan Gregorio y de María Manuela Díaz. Testigos: Miguel Antonio Díaz y Socorro Albarracín.

Ortiz, Luciano con Suárez, Lujana
F.81: 11 de enero de 1836, se casó y veló a **Luciano Ortiz**, h.n de Francisca con **Lujana Suárez**, h.n. de Francisca Suárez. Testigos: Julián Trejo y Fernanda Díaz.

Barrientos, José Luis con Ortiz, María Rosalía
F.81: 13 de enero de 1835, se casó y veló **José Luis Barrientos**, h.l. de Hermenegildo Barrientos y de Sebastiana Soraire, con **María Rosalía Ortiz**, h.l. de Bernardino Ortiz y de Dolores Figueroa. Testigos: Alejo Argañaráz y Sacramento Figueroa.

Arévalo, José Domingo con Leanes, María del Espíritu
F.82: 20 de enero de 1836, se casó y veló **José Domingo Arévalo**, h.l. de José Luis Arévalo, y de María del Carmen Gómez, con **María del Espíritu Leanes**, h.l. de los finados Mariano Leanes y de María Luisa Mansilla. Testigos: Juan Pío Arévalo y Eusebia Burgos.

Candi, Juan Asensio con Escasuso, María Francisca
F.82: 15 de febrero de 1836, se casó y veló **Juan Asencio Candi**, viudo de la finada Mercedes Ortiz, con **María Francisca Escasuso**, h.n. de Sebastiana. Testigos: León Mercado y María del Señor Lobo.

Villavicencio, Juan Andrés con Bravo, María Bernardina
F.82: 29 de febrero de 1836, se casó y veló **Juan Andrés Villavicencio**, h.l. de Dionisio Villavicencio y de María de los Santos Páez, con **María Bernardina Bravo**, h.l. de Sebastián Bravo y Norberta Paz. Testigos: Isidro Gonzáles y Juliana Maldonado.

Morales, Miguel Francisco con Sánchez, María Juana
F.83: 19 de marzo de 1836. Se casó a **Miguel Francisco Morales**, h.l. de José Ignacio Morales y de Mercedes Romero, con **María Juana Sánchez**, viuda

del finado Ramón Antonio Molina. Testigos: Joaquín Tula y Ventura Aguirre.

Denett, José Manuel con Páez, Natividad
F.83: 5 de febrero de 1836, se casó y veló **José Manuel Denett**, h.l. de Juan Denet y de Josefa Correa, con **Natividad Páez**, h.n. de Teresa Páez. Testigos: Dn. Benigno Páez, Da. Carmen Peñalosa.

Segura, Manuel Antonio con Ortiz, Celestina
F.83: 11 de septiembre de 1835, se casó y veló **Manuel Antonio Segura**, h.l. de Dn. Francisco Antonio Segura y Da. Isabel Flores, con Da. **Celestina Ortiz**, h.l. de los finados Dn. Francisco Ortiz y Da. Gregoria Arévalo. Testigos: Dn. Nolasco Melián y Da. Bernardina Ríos.

Páez, José Genuario con Navarro, María de la Paz
F.84: 5 de febrero de 1836, se casó y veló **José Genuario Páez**, h.n. de María Teresa Páez, con **María de la Paz Navarro**, h.l. de Dn. Tiburcio Navarro y Da. Isidora Molina. Testigos: Dn. Luis Oviedo y Da. Josefa Medina.

Cardoso, Dn. Tiburcio con Tapia, Da. Viviana
F.84: 3 de octubre de 1835, se casó y veló a Dn. **Tiburcio Cardoso**, h.l. de Dn. Salvador Cardoso y Da. Josefa Banegas, con Da. **Viviana Tapia**, h.l. de Juan Ángel Tapia y de Josefa Salazar. Testigos: Ramón Tapia y Carmen Bravo.

Burgos, Juan Andrés con Córdoba, Silvera
F.84: 16 de febrero de 1836, se casó y veló **Juan Andrés Burgos**, viudo de la finada Antonio Barrionuevo, con **Silveria Córdoba**, h.n. de Ana Rosa. Testigos: Dn. Eugenio Vera y Circuncisión Vera.

Díaz, Nicolás con Ponce, María Juana
F.84-85-: 20 de junio de 1835, se casó y veló a **Nicolás Díaz**, h.l. de Valentín Díaz y de Gregoria Fernández, con **María Juana Ponce**, h.l. de Miguel Ponce y de María Nieva. Testigos: José del Carmen Santucho y María de los Ángeles Ponce.

Páez, Dn. Segundo con Páez, Da. Nicolasa
F.85: 14 de enero de 1836, se casó y veló **Segundo Páez**, h.l. de Dn. Bonifacia Páez y de Da. Juana Reinoso, con Da. **Nicolasa Páez**, h.l. de Dn. Francisco Antonio Páez y de Da. Simona Varela. Testigos: Dn. Daniel Páez y Da. Dolores Muro.

Barrionuevo, Dn. Pedro Martín con Paz, Da. María Antonia
F.85: 22 de octubre de 1835, se casó y veló Dn. **Pedro Martín Barrionuevo**, con Da. **María Antonia Paz**. Dn. Cosme Valdéz y Da. María del Socorro Gutiérrez.

Villalba, Dn. Juan Nicolás con Ibáñez, Da. Felipa
F.85: 15 de enero de 1836, se casó y veló **Juan Nicolás Villalba**, h.l. de Dn. Hermenegildo y de Da. Tadea Morales, con Da. **Felipe Ibáñez**, h.l. de Dn. Pedro José y de Da. Nicolasa Luján. Testigos: Dn. Tiburcio Páez y Da. Tránsito Luján.

Díaz, José Manuel con Segovia, María Manuela
F.86: 17 de julio de 1835, se casó y veló **José Manuel Díaz**, h.l. de Pedro Alcántara Díaz y de María Simona Reinoso, con **María Manuela Segovia**, h.n. de Lorenza. Testigos: Pedro José Pacheco y Segunda Rojas.

Lindón, Pedro Antonio con Jurado, María Santos
F.86: 22 de julio de 1835, se casó y veló **Pedro Antonio Lindón**, h.n. de Mercedes Lindón, con **María Santos Jurado**, h.l. Francisco Eustaquio Jurado y de María Dominga Pas. Testigos: Indalecia Tolosa y Juana Luna.

Caravajal, Justo Pastor con Pacheco, Damascena
F.86: 6 de abril de 1836, se casó a **Justo Pastor Caravajal**, h.n. de Mercedes Caravajal, con **Damascena Pacheco**, viuda del finado Lorenzo Falcón. Testigos: Toribio Agüero y María Juana Páez.

Lobo, Nazario con Argañarás, Prudencia
F.86-87: 1 de mayo de 1836, se casó y veló **Nazario Lobo**, h.l. de Cruz Lobo y de Petrona Ibánez, con **Prudencia Argañaráz**, h.n. de Cornelia Argañaráz. Testigos: Hilario Reinoso e Ignacia Collantes.

Galván, Valeriano con Vázquez, Natividad
F.87: 2 de mayo de 1836, se casó y veló a **Valeriano Galván**, h.n. de la finada Ascensión Galván, con **Natividad Vázquez**, h.n. Nicolasa Vázquez. Testigos: Raquel Leiva y Josefa Pedraza.

Rodríguez, Dn. Ángel Mariano con Ogas, Da. Tomasa
F.87: 4 de mayo de 1836, se casó y veló Dn. **Ángel Mariano Rodríguez**, h.l. de Dn. Fermín Rodríguez y Da. Cecilia Lazo, con Da. **Tomasa Ogas**, h.l. de Dn. Teodoro Ogas y de Da. Francisca Torres. Testigos: Dn. Dionisio Rodríguez y Da. Patrocinio.

Tula, Félix con Mercado, Carmen
F.87: 8 de mayo de 1836, se casó y veló a **Félix Tula**, h.n. de Hermenegilda Tula, con **Carmen Mercado**, h.n. de Agustina Mercado. Testigos: Benito Contreras y Bárbara Mercado.

Candido, Manuel Ignacio con López, María Fernanda
F.87: 23 de mayo de 1836, se casó y veló a **Manuel Ignacio Cándido**, h.l. de Juan Asencio y de María Mercedes Flores, con **María Fernanda López**, h.l. de Manuel Antonio López y de Dolores Ledesma. Testigos: Damascio Ledesma y Genoveva Díaz.

Carlosa, Martín con Guerreros, Lizarda
F.88: 17 de mayo de 1836, se casó y veló a **Martín Cortés**, h.l. de Miguel Cortés y Juliana Falcón, con **Lizarda Guerreros**, h.l. de Simón Guerreros y de Rosario Ferreira. Testigos: Ángel Mariano Vera y Bartolina Plaza.

Saavedra, José Lino con Agüero, María del Rosario
F.88: 7 de junio de 1836, dispensado un impedimento, se casó y veló a **José Lino Saavedra**, viudo de la finada María del Espíritu Toledo, con **María del Rosario Agüero**, viuda, no velada en 1ras nupcias del finado Narciso Correa (según el Exp. Narciso Rodríguez). Testigos: Domingo Flores y Andrea Basualdo. En la información matrimonial (Exp.1330) figura como José Lino Sayavedra, se declara un parentesco de afinidad de lícita de en cuarto con tercer grado:

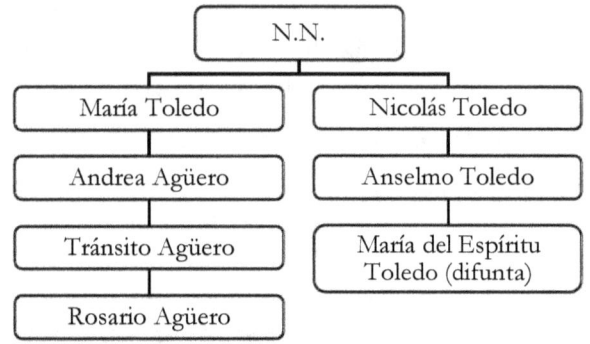

Salguero, Nicolás con Romano, Nicolasa
F.88: 8 de junio de 1836 Casó a **Nicolás Salguero**, h.n. de María Salguero, con **Nicolasa Romano**, viuda del finado Francisco Gómez. Testigos: Dn. Martiniano Gómez y Gregoria Sánchez.

Osores, Gabriel con Ledesma, Casilda
F.89: 15 de junio de 1836, se casó y veló a **Gabriel Osores**, viudo de la finada Manuela Arias, con **Casilda Ledesma**, h.l. de los finados Juan Luis Ledesma y Concepción Juárez. Testigos: Eusebio Reinoso y Ubalda Reinoso.

Varela, Ángel Mariano con Gutiérrez, Felipa Benita
F.89: 2 de julio de 1836, se casó y veló a **Ángel Mariano Varela**, con **Felipa Benita Gutiérrez**, h.l. del finado Ruperto Gutiérrez y de Norberta Valdéz. Testigos: Juan de Dios Ibáñez y Da. Salomé Gómez.

Duarte, José Santos con Plaza, Bartolina
F.89: 25 de julio de 1836, se casó y veló **José Santos Duarte**, h.l. de los finados José Isidro Duarte y de María Isabel Bohorquez, con **Bartolina Plaza**, viuda del finado Luciano Ferreira. Testigos: Luis Molina y Silveria Ribaynera.

Cancinos, José Fulgencio con Godoy, María Petrona
F.90: 26 de julio de 1836, se casó a **José Fulgencio Cancino**, viudo de la finada María Santos Seco, con **María Petrona Godoy**, viuda del finado José María Plaza. Testigos: Damascio Ferreira y Úrsula Guerreros.

Salinas, Máximo con Barrios, María Petrona
F.90: 28 de julio de 1836, se casó y veló a **Máximo Salinas**, h.l. de Ros Salinas y de Cayetana Brizuela, con **María Petrona Barrios**, h.n, de Jacoba Barrios. Testigos: Juan de la Rosa Ribaynera y María Rita Figueroa.

Ortiz, Juan Nicolás con Reinoso, Juana
F.90: 11 de agosto de 1836, se casó y veló **Juan Nicolás Ortiz**, h.l. de Juan Pablo y de Andrea González, con **Juana Reinoso**, h.l. de Patricio Reinoso de Tomasina Díaz. Testigos: Bernardo Agudo y Clara Carrasco.

Castro, Rosa con Álvarez, Encarnación
F.90: 15 de agosto de 1836, se casó y veló a **Rosa Castro**, h.l. José Manuel Castro y de Petrona Sosa, con **Encarnación Álvarez**, h.l. de Policarpo Álvarez y de Isabel Quintana. Testigos: Gregorio Medina y Magdalena Cáceres.

Ferreira, José María con Villarroel, María de los Ángeles
F.90: 16 de agosto de 1836, se casó y veló a **José María Ferreira**, h.l. de Pedro Juan Ferreira y de Candelaria Garcete, con **María de los Ángeles Villarroel**, h.l. de Juan Santos Villarroel y de Mercedes Espíndola. Testigos: Pablo Suárez y Cecilio Jeréz.

Reinoso, Bernardino con Márquez, Casimira
F.91: 23 de agosto de 1836, se casó y veló **Bernardino Reinoso**, h.n. de Manuela Reinoso, con **Casimira Márquez**, h.n. Germana Márquez. Testigos: Borja Ibáñez y Ventura Góngora.

Peralta, Juan Tomás con Rosales, Antonia
F.91: 24 de agosto de 1836 Casó a **Juan Tomás Peralta**, h.l. de Juan Peralta y de Estefanía Collantes, con **Antonia Rosales**, viuda del finado Mariano Armas. Testigos: Francisco Antonio Cárdenas y Bonifacia Lezana.

Nieva, Manuel con Luna, Josefa
F.91: 25 de agosto de 1836, se casó y veló **Manuel Nieva**, viudo de la finada Solana Barrios, con **Josefa Luna**, h.l. de Bernardo Luna, y de Manuela Figueroa. Testigos: Felipe Mercado y Gregoria Luna.

Pérez, Lucas con Rosales, Lizarda
F.92: 25 de agosto de 1836 **Lucas Pérez**, h.l. de Ignacio y de Tomasina Zurita, con **Lizarda Rosales**, viuda del finado José Antonio Barrientos. Testigos: Juan Teodoro Rivayes y Ambrosia Guerreros.

Ibáñez, Manuel de Reyes con Farías, Magdalena
F.92: 1 de septiembre de 1836, se casó y veló a **Manuel de Reyes Ibáñez**, h.n. de Tadea Ibáñez, con **Magdalena Farías**, h.l. de Solano Farías y de Raymunda Villarroel. Testigos: María Ibáñez y Pedro Pablo Leiva.

Reinoso, Lorenzo con Leiva, Juana Luisa
F.92: 20 de septiembre de 1836, se casó y veló **Lorenzo Reinoso**, vecino de Ovanta, h.l. del finado Lucas Reinoso y Ventura González, con **Juana Luisa Leiva**, h.l de José Manuel Leiva y de Trinidad Leguizamo. Testigos: Claudio Rosales y Gregoria Luna.

Brizuela, Juan Pablo con Albarracín, Daria
F.92-93: 25 de septiembre de 1836 Casó a **Juan Pablo Brizuela**, h.l. de Genuario Brizuela y de Azucena Toledo, con **Daria Albarracín**, viuda del finado Agustín Rosa Burgos. Testigos: Antonio Bulacia y Pilar Lobo.

Medina, Juan Isidro con Arias, Vicenta
F.93: 27 de septiembre de 1836 Casó a **Juan Isidro Medina**, viudo de la finada María del Tránsito Márquez, con **Vicenta Arias**, viuda del finado Francisco Javier Figueroa. Testigos: Dn. Manuel Medina e Isabel Montenegro.

Seco, Juan de Dios con Lobo, María Ignacia
F.93: 28 de septiembre de 1836, se casó y veló a **Juan de Dios Seco**, h.l. de Pablo Seco y de María del Rosario Romero, con **María Ignacia Lobo**, h.l. de Pedro Ignacio Lobo y Ángela Moreno. Testigos: Ramón Seco e Inés Rivera.

Quiroga, Carmelo con Agüero, Mercedes
F.93: 8 de septiembre de 1836, se casó y veló a **Carmelo Quiroga**, h.l. de Ignacio Quiroga y de Águeda Rojo, con **Mercedes Agüero**, h.l. de Antonio Agüero y de Luisa Sánchez. Testigos: Dn. Rosendo Suasnabar y su esposa Melchora Saavedra.

Rosales, Cayetano con Vera, Mercedes
F.94: 17 de octubre de 1836 Casó a **Cayetano Rosales**, h.l. de Dn. Pantaleón Rosales y Tránsito Díaz, con Da. **Mercedes Vera**, viuda del finado Dn. José Manuel Chamorro. Testigos: Eusebio Rosales y Juana Rosa Arroyo.

Ibáñez, José Gabriel con Ortiz, Simona
F.94: 17 de octubre de 1836, se casó y veló **José Gabriel Ibáñez**, h.l. del finado Teodoro Ibáñez y de Francisca Jiménez, con **Simona Ortiz**, h.l. de Francisco y de Valentina Nieva. Testigos: Patricio Barrientos y Candelaria Salcedo.

Guamán, Gaspar con Armas, María Gregoria
F.94: 22 de octubre de 1836, habiéndose descubierto un matrimonio nulo, por haberse realizado en el curato de Graneros, ocultando el impedimento por consanguinidad en tercer grado con segundo, se revalidó el matrimonio de **Gaspar Guamán**, h.l. de Adrián Guamán y de María Antonia Molina, con **María Gregoria Armas**, h.l. de Sinforoso Armas y de Feliciana Barrios. Testigos: Dn. Ángel Mariano Saavedra y María Armas.

Mercado, Francisco Javier con Rosales, María Antonia

F.94: 29 de octubre de 1836, dispensados los impedimentos, se casó y veló a **Francisco Javier Mercado**, h.l. de José Antonio Mercado y de Gregoria Luna, con **María Antonia Rosales**, h.l. del finado Ramón Antonio Rosales y de Gerónima Argañaráz. Testigos: Pedro Francisco Barrientos e Inés Collantes. Nota: En la información matrimonial correspondiete (Exp. 1359) se declaran dos impedimentos por consanguinidad uno en tercer grado y el otro en cuarto. Los parentescos se explican con los siguientes esquemas:

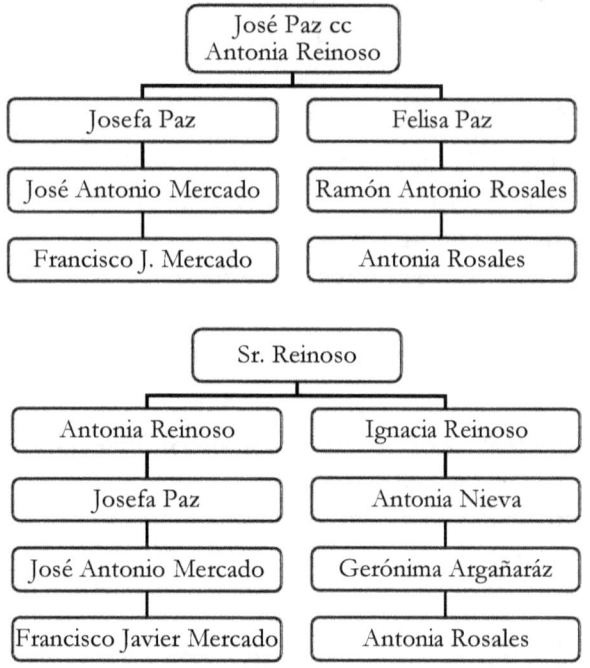

Vargas, José Domingo con Álvarez, María del Carmen

F.95: 31 de octubre de 1836, se casó y veló a **José Domingo Vargas**, h.l. de Juan Manuel y de María … Leguizamo, con **María del Carmen Álvarez**, h.n. de la finada María Cecilia. Testigos: Buenaventura Reinoso y Leonarda Gonzáles.

Melián, Manuel con Rosales, Isidora

F.95: 5 de noviembre de 1836, dispensados los impedimentos, se casó y veló a **Manuel Melián**, h.l. de Pedro Melián y de María Juana Mercado, con **Isidora Rosales**, h.l. de Nicolás Rosales y de María del Señor Argañaráz. Testigos: Patricio Ibáñez y Juana Ventura Gonzáles. En la información matrimonial (Exp. 1358) declaran dos impedimentos por consanguinidad uno de tercer grado y el otro de cuarto. Los parentescos se explican con los siguientes esquemas:

Gómez, José Ignacio con Goitia, Casilda

F.95: 19 de noviembre de 1836. Teniendo noticias que **José Ignacio Gómez**, h.l. del finado José Francisco Gómez y de Manuela Mansilla se casó en el curato de Silípica, con **Casilda Goitia**, viuda del finado Manuel Nieva, sin haber sacado dispensa del parentesco de consanguinidad en tercer grado con atingencia al segundo, según ellos por haber ignorado el parentesco y aclarado este y siendo mis feligreses por facultad que tengo del Sr. Vicario Apostólico Dr. Agustín Molina para revalidar matrimonios dispensado el parentesco lo revalidé. Testigos: Indalecio Tolosa y Mercedes Ibáñez.

Suárez, Pedro Nolasco con Ávila, Justa Pastora

F.96: 25 de noviembre de 1836, se casó y veló a Pedro **Nolasco Suárez**, h.n. de la finada Micaela Suárez, con **Justa Pastora Ávila**, h.n. de la finada Ubalda Ávila. Testigos: Dn. Manuel Molina y Gregoria Silva.

Lobo, Domingo con Medina, Juana Rosa

F.96: 30 de noviembre de 1836, dispensado impedimento de cuarto con tercero de consanguinidad, se casó a **Domingo Lobo**, h.l. Juan Bautista Lobo y de Asunción Díaz, con **Juana Rosa Medina**, h.l. del finado Inocencio Díaz y de María Juana Sánchez. Testigos: Bartolo Santillán y María Rodríguez. (Exp.

1368) Detallan los parentescos en el cuadro de abajo, en el expediente figura como José Domingo Lobo

Mercado, Carlos con Páez, María Mercedes
F.96: 12 de diciembre de 1836, dispensado impedimento de cuarto grado de consanguinidad, se casó a **Carlos Mercado** h.l. del finado Fernando Mercado y de María del Rosario Meléndez, con **María Mercedes Páez**, h.l. del finado José Miguel Páez y Francisca Mercado. Testigos: Gregorio Ramírez y Ambrosia López. Nota: En la información matrimonial correspondiente (Exp. 1369) Se detalla el parentesco con los siguientes esquemas:

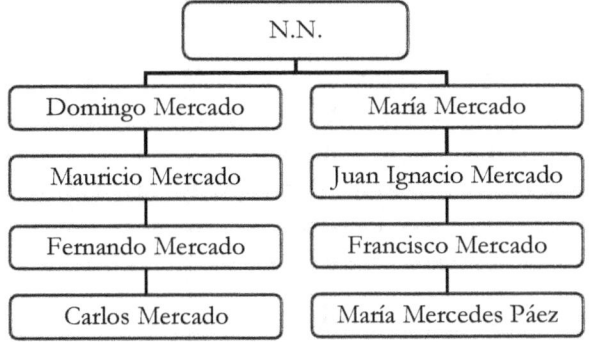

Gómez, José Pío con Ledesma, Bonifacia
F.97: 9 de diciembre de 1836 dispensado impedimento de tercer grado oculto, se casó a **José Pío Gómez**, h.l. de Francisco Gómez y de Encarnación ¿?, con **Bonifacia Ledesma**, h.l. de Juan de Dios Ledesma y de Teresa Peñaflor. Testigos: Lázaro Díaz y Juana Francisco Peñaflor.

Sosa, José Félix con Nieva, Jacinta
F.97: 15 de diciembre de 1836 Casó a **José Félix Sosa**, h.l. de Santiago Sosa y de Martina Villalba, con **Jacinta Nieva**, h.l. Lucas Nieva y de Bernarda Ávila. Testigos: José Francisco Zárate y María ¿Delor?

Galván, Juan Mateo con Santucho, Francisca Antonia
F.97: 15 de diciembre de 1836 Casó a **Juan Mateo Galván**, h.n. de María del Rosario Galván, con **Francisca Antonia Santucho**, h.l. de José María Santucho y de Josefa Cejas. Padrinos: Juan Pío Ibáñez y María Simona Arévalo.

Ormache, Antonio con Álvarez, Manuela
F.98: 25 de diciembre de 1836, se casó a **Antonio**, *esclavo* de Dn. Vicente Ormache, viudo de la finada Simona Montenegro, con **Manuela Álvarez**, h.l. de Pedro Nolasco Álvarez y de Casimira Aráoz. Testigos: Cayetano Parra y … Jiménez.

Palacios, Regalado con Jiménez, María Águeda
F.98: 26 de diciembre de 1836, se casó a **Regalado Palacios**, h.l. de Antonio Palacios y de Trinidad Lobo, con **María Águeda Jiménez**, h.l. de Miguel Jiménez y de Francisco Jiménez. Testigos: Anselmo Barrientos y Pascuala Jiménez.

Salto, José Gil con Moyano, Gerónima
F.98: 10 de enero de 1837 Casó a **José Gil Salto**, h.l. del finado Juan Salto y de María del Carmen Falcón, con **Gerónima Moyano**, h.n. de María Rosa Moyano. Testigos: Dn. Policarpo Robles y Da. María Justa Santillán.

Sánchez, Ramón Antonio con Carrizo, Josefa
F.98: 12 de enero de 1837, se casó y veló a **Ramón Antonio Sánchez**, h.l. de Bonifacio Sánchez y de Petrona Herrera, con **Josefa Carrizo**, h.n. de Lorenza Cardoso. Testigos: no constan.

Leal, Juan Inocente con Lazo, María Santos
F.99: 25 de enero de 1837, se casó y veló **Juan Inocente Leal**, h.l. de Miguel y de Lorenza Rodríguez, con **María Santos Lazo**, h.l. de Juan Tomás y de Amadora Flores. Testigos: Damascio Ledesma y Catalina Castellano.

Acosta, Ángel Mariano con Rodríguez, María Juana
F.99: 28 de enero de 1837, se casó y veló **Ángel Mariano Acosta**, h.l. de Pedro Juan Acosta y Candelaria Peñaflor, con **María Juana Rodríguez**, h.l. de Victorino y de María Lorenza Concha. Testigos: Marcos Díaz y Petrona Molina.

Arias, Juan Manuel con Barrios, Delfina
F.99: 6 de enero de 1837, se casó y veló **Juan Manuel Arias**, h.l. de Pedro Juan y de Candelaria Aranda, con **Delfina Barrios**, h.l. de Francisca Barrios y de María Luisa Montenegro. Testigos. Dn. Santiago Delgado y Josefa Nieva.

Medina, Francisco con Lobo, Viviana
F.99: 3 de febrero de 1837, se casó y veló **Francisco Medina**, h.l. de Pedro Nolasco Medina y de María del Pilar Caravajal, con **Viviana Lobo**, h.l. de Bautista Lobo y de Asunción Díaz. Testigos: Inocencio Ledesma y Melchora Ferreira.

Díaz, Juan Manuel con Jiménez, Marcelina
F.100: 6 de marzo de 1837, se casó y veló **Juan Manuel Díaz**, feligrés de Graneros, h.n. de la finada Teodora Díaz, con **Marcelina Jiménez**, de este curato, h.l. de José Domingo Jiménez y de María Francisca Paz. Testigos: Mariano Norberto Jeréz.

Rasguido, Juan Anacleto con Leiva, María Isabel
F.100: 8 de abril de 1837, se casó y veló a **Juan Anacleto Rasguido**, h.n. de Úrsula Rasguido, con **María Isabel Leiva**, h.l. de Manuel José Leiva y de Trinidad Leguizamo. Testigos: Pedro Francisco Barrientos y su esposa.

Nieva, José Manuel con Guerreros, Espíritu
F.100: 13 de abril de 1837, se casó y veló **José Manuel Nieva**, h.n. de María Anastasia, con **Espíritu Guerreros**, h.l. de Silvestre Guerreros y de María Juana Burgos. Testigos: Dn. Santiago Paz y María Díaz.

Soria, Segundo con Burgos, María Damiana
F.101: 19 de abril de 1837, se casó y veló a **Segundo Soria**, h.l. de Francisco Antonio Soria y de María Francisca Ramírez, con **María Damiana Burgos**, h.l. de José Joaquín Burgos y de Cándida Artaza. Testigos: Dn. Manuel Medina y Da. Gerónima Gómez.

Ledesma, Juan Hilario con Miranda, María Casilda
F.101: 22 de abril de 1837, se casó y veló **Juan Hilario Ledesma**, h.l. de Manuel Ledesma y de María Petrona Lazo, con **María Casilda Miranda**, h.l. de Juan Miranda y de Ascensión Artaza. Testigos: Mateo Vázquez y María Juana Cardoso.

Miranda, Pedro José con Ledesma, María Catalina
F.101: 22 de abril de 1837, se casó y veló **Pedro José Miranda**, h.l. de Juan Inocencio Miranda y Ascensión Artaza, con **María Catalina Ledesma**, h.l. de Manuel Ledesma y de María Petrona Lazo. Testigos: Carmelo Córdoba y María Juana Vázquez.

Robles, Francisco con Paz, María Juana
F.101: 16 de abril de 1837, se casó **Francisco Robles**, h.n. de María Robles, con **María Juana Paz**, viuda del finado Salvador Rizo. Testigos: Gregorio Medina y su esposa Álvarez.

Córdoba, José Santos con Albarracín, María de la Concepción
F.102: 24 de abril de 1837 Casó a **José Santos Córdoba**, h.l. de Luis Córdoba y María Josefa Orquera, con **María de la Concepción Albarracín**, viuda del finado Miguel Mercado. Testigos: Felipe Cabral y Rosario Burgos.

Barrios, Máximo con Rosales, Agustina Rosa
F.102: 5 de marzo de 1837, se casó y veló a **Máximo Barrios**, h.n. de María Francisco Barrios, con **Agustina Rosa Rosales**, h.l. de Pantaleón Rosales y María Tránsito Díaz. Testigos: Santos Quiroga y Solana Díaz.

Hernández, Bartolo con Flores, María Rosa
F.102: 6 de mayo de 1837, se casó y veló a **Bartolo Hernández**, h.l. de Miguel Hernández y de María Francisco Aráoz, con **María Rosa Flores**, h.l. Tomás Flores y de Francisca Ortiz. Testigos: Francisco Antonio Cárdenas y Felisa Jeréz.

López, Ignacio con Brizuela, Francisca
F.102-103: 28 de julio de 1837, se casó y veló a **Ignacio López**, h.l. de Manuel López y de Hermenegilda Tula, con **Francisca Brizuela**, h.l. de Pedro Brizuela y Justa Ibáñez. Testigos: Tomás Gonzáles y Petrona Lobo.

Reinoso, Victorio con Villagra, Gerónima
F.103: 11 de agosto de 1837, dispensado un impedimento en cuarto grado de consanguinidad, se casó y veló a **Victorio Reinoso**, h.n. de Lorenza Reinoso, con **Gerónima Villagra**, h.l. de Teodoro Villagra y de Basilia Reinoso. Testigos: Gabino Burgos y Florentina Villagra. Nota: En la informacion matrimonial correspondiente (Exp. 1405). Fechada en El Alto el 18 de julio de 1837, declararon un impedimento de consanguinidad en cuarto grado,

dispensado en esa misma fecha. Explicaron el parentesco con el siguiente esquema:

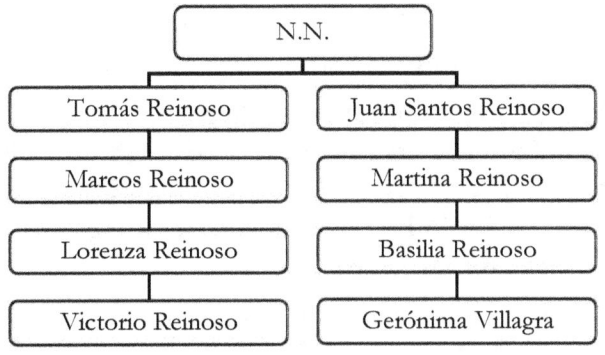

Rosales, José Enrique con Cardoso, María de la Cruz

F.103: 17 de agosto de 1837, se casó y veló a **José Enrique Rosales**, h.l. de Pantaleón Rosales y de Tránsito Díaz, con **María de la Cruz Cardoso**, h.l. Pedro Cardoso y de Carolina Brizuela. Testigos: José Bibiano Rosales y Juana Rosa Arroyo.

Díaz, Alberto con Luna, Bartolina

F.103: 16 de agosto de 1837, se casó y veló **Alberto Díaz**, h.l. Cayetano Díaz y de Antonia Fernández, con **Bartolina Luna**, h.l. de Dionisia Luna y Mercedes Barrientos. Testigos: Simón ¿Morienega? Y Da. Ramona Medina.

Santillán, Dn. Basilio con Gómez, Da. Viviana

F.104: 21 de agosto de 1837, dispensado el impedimento de segundo grado de afinidad ilícita, se casó y veló Dn. **Basilio Santillán**, h.l. de Dn. Domingo Santillán y de Da. Coleta Rospillazo, con Da. **Viviana Gómez**, h.l. de Dn. Gervasio Gómez y de Da. Petrona Díaz. Testigos: Dn. Javier Leiva y Solana Díaz.

Soraire, Silvestre con Rodríguez, Serafina

F.104: 21 de agosto de 1837, se casó y veló a **Silvestre Soraire**, h.l. de Manuel Soraire y de Bárbara Burgos, con **Serafina Rodríguez**, h.n. Fermina Rodríguez. Testigos: Manuel Soraire y Trinidad Salazar. Folio 104.

Almaráz, José Avelino con Altamiranda, Apolinaria

F.104: 25 de agosto de 1837, se casó y veló **José Avelino Almaraz**, h.l. de Nicolás Almaraz y de Serafina Osores, con **Apolinaria Altamiranda**, h.l. de Hermenegildo Altamiranda y de María Rosario Pedraza. Testigos: Rosa Gutiérrez y Juana Francisca Pedraza.

Romano, Bruno con Peñaflor, María Grotilda

F.104: 28 de agosto de 1837, se casó y veló a **Bruno Romano**, h.l. de Celedonio Romano y de María Antonia Meléndez, con **María Grotilda Peñaflor**, h.n. de María del Pilar Peñaflor. Testigos: Antonio Lobo y Martina Carsos.

Lezcano, Manuel con Ortiz, Juliana

F.105: 29 de agosto de 1837, se casó y veló a **Manuel Lezcano**, h.l. del finado Victoriano Lezcano y de Isabel Villarroel, con **Juliana Ortiz**, h.l. del finado Bernardino Ortiz, y de Antonia Jiménez. Testigos: Dn. Solano Segura y Da. Rosario Albarracín.

Cejas, José Antonio con Leiva, Juana Isabel

F.105: 7 de septiembre de 1837, se casó y veló a **José Antonio Cejas**, h.l. de Valentín Cejas y de Magdalena Gómez, con **Juana Isabel Leiva**, h.l. de Claudio Leiva y de Margarita Jiménez. Testigos: José Lino Magallán y Rosa Arévalo.

Reinoso, José León con Tolosa María de la Cruz

F.105: 15 de septiembre de 1837, se casó y veló **José León Reinoso**, viudo de Teodora Díaz, con **María de la Cruz Tolosa**, h.n. de María Antonia. Testigos: ¿Rufino? Lezcano, y Da. Catalina Leiva. Folio 105

Cardoso, Francisco Antonio con Villarroel, María Saturnina

F.105: 18 de septiembre de 1837, se casó y veló **Francisco Antonio Cardoso**, h.n. de la finada Lorena Cardoso, con **María Saturnina Villarroel**, h.n. de María Celestina Villarroel. Testigos: Santiago Díaz y Balbina Leiva.

Mercado, Ildefonso con Argañaráz, Petrona

F.106: 30 de septiembre de 1837, dispensado el impedimento de consanguinidad en cuarto grado, se casó y veló a **Ildefonso Mercado**, h.l. de los finados Fernando Mercado y Rosario Meléndez, con **Petrona Argañaráz**, h.n. de Josefa Argañaráz. Testigos: Vicente Mercado y Casimira Reinoso. En la información matrimonial correspondiete (Exp1421) se nombra a la pretendida con el apellido "Mercado" y se explica el parentesco con el siguiente esquema:

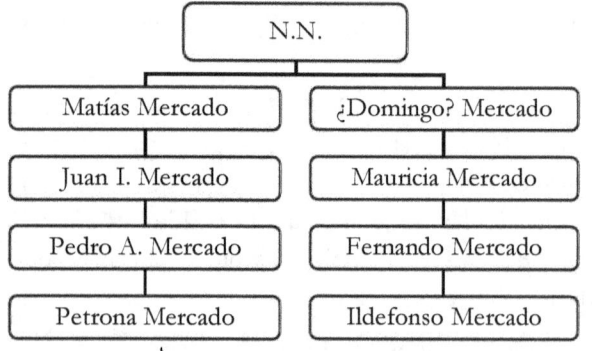

Ibáñez, Juan de Dios con Lobo, Carmen

F.106: 9 de octubre de 1837 Dispensado impedimento de tercer grado de consanguinidad, se casó **a Juan de Dios Ibáñez**, viudo de la finada María Petrona Jaimes, con **Carmen Lobo**, viuda del finado Ignacio Quiroga. Testigos: Dn. Leonardo Ferreira y Da. Manuela Ferreira. Nota: En la información matrimonial (Exp. 1422) se explica el parentesco con el siguiente esquema:

Rodríguez, Pedro Lucas con Albarracín, Juana

F.106: 14 de octubre de 1837, dispensados los impedimentos, se casó a **Pedro Lucas Rodríguez**, viudo de la finada Felipa Soria, con **Juana Albarracín**, h.l. de Manuel Albarracín y de Luisa Lobo. Testigos: Dn. Nicolás Ponce y Da. Rudecinda Burgos. Nota: En la informacion matrimonial correspondiente (Exp. 1419) se detallan dos impedimentos de "*consanguinidad en cuarto grado con tercero línea transversal y el segundo de afinidad línea trasnversal proviniento de la cópula ilícita por haber convivido con una prima hermana.*"

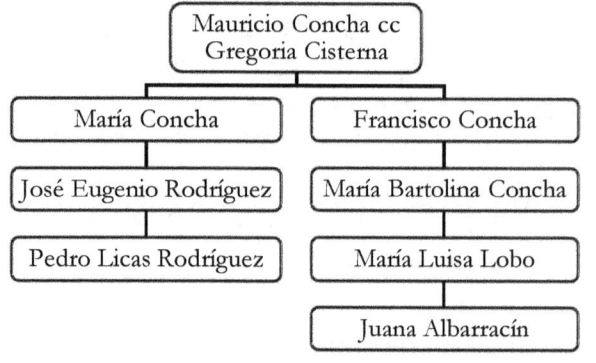

Perea, Basilio con Soleaga, Cecilia

F.106: 23 de octubre de 1837, se casó y veló **Basilio Perea**, viudo de la finada Antonia López, con **Cecilia Soleaga**, h.l. de Pedro Soleaga y de Josefa Nieva. Testigos: Francisco Jiménez y Manuela Vergara.

Pérez, Carmelo con Ibáñez, Gregoria

F.107: 26 de octubre de 1837, se casó y veló a **Carmelo Pérez**, h.n. de Agustina Pérez, con **Gregoria Ibáñez**, viuda del finado Juan Manuel Guerra. Testigos: Juan Bautista Amados y Raymundo Ibáñez.

Márquez, José Timoteo con Ahumada, María Pabla

F.107: 29 de octubre de 1837, se casó y veló **José Timoteo Márquez**, h.l. de José Luis Márquez y de Bernarda Zurita, con **María Pabla Ahumada**, h.l. de Segundo Ahumada y de Agustina Cardoso. Testigos: Dn. Andrés Vega y Da. Genoveva Ulibarri.

Peralta, Celedonio con Ortiz, Rufina

F.107: 15 de noviembre de 1837, se casó y veló a **Celedonio Peralta**, h.l. de Juan Peralta y de Estefanía Collantes, con María **Rufina Ortiz**, h.n. de Magdalena Ortiz. Testigos: Patricio Ibáñez y Albina Leguizamo.

Cárdenas, Tomás con Salazar, Trinidad

F.108: 21 de noviembre de 1837, se casó y veló a **Tomás Cárdenas**, h.l. de los finados Bautista y de Eugenia Guarda, con **Trinidad Salazar**, h.l. de los finados Isidro Salazar y de Gregoria Reinoso. Testigos: Juan Tomás Peralta y Pascuala Ibáñez.

Reinoso, José Antonio con Díaz, Mercedes

F.108: 25 de noviembre de 1837, se casó y veló **José Antonio Reinoso**, h.l. de Mariano Reinoso y de Tomasina Guerreros, con **Mercedes Díaz**, h.l. de Santiago Díaz y de María Pas. Testigos: Gregorio Medina e Isabel Burgos.

Guerreros, Juan de la Cruz con Caravajal, María Luisa

F.108: 25 de noviembre de 1837, se casó y veló a **Juan de la Cruz Guerreros**, h.n. de Bárbara Guerreros, con **María Luisa Caravajal**, h.l. de Juan de la Cruz Caravajal y de María ¿? Arias. Testigos: José Lino Silba y María Díaz.

Barrientos, Ramón Rosa con Carrizo, Martina

F.108: 28 de noviembre de 1837, se casó y veló a **Ramón Rosa Barrientos**, h.l. de los finados Juan

Vicente y de María del Tránsito Páez, con **Martina Carrizo**, h.n. de Josefa. Testigos: Santos Luna y Bárbara Mercado.

Toledo, José Ramón con Sánchez, Candelaria
F.108: 13 de diciembre de 1837 Casó a **José Ramón Toledo**, h.l. Matías y de Francisca Solana Díaz, con **Candelaria Sánchez** h.l. de Pedro Sánchez y de María del Rosario Ojeda. Testigos: Bartolo Santillán y María Rodríguez.

Guerra, Pedro Francisco con Falcón, Lucinda
F.109: 5 de febrero de 1838, se casó y veló **Pedro Francisco Guerra**, h.l. de los finados Miguel Guerra y Gerónima López, con **Lucinda Falcón**, h.n. de Amadora Falcón. Testigos: Dn. Manuel Medina y Gregoria Silba.

Agüero, Manuel Antonio con Nieva, María
F.109: 23 de enero de 1838, se casó y veló **Manuel Antonio Agüero**, h.l. del finado Juan Félix y de Francisca Frías, con **María Nieva**, h.l. de Nicolás Nieva y de Sebastiana Paz. Testigos: Santiago Delgado y Lorena Ibáñez.

Villagra, Miguel Antonio con Aráoz, Juliana
F.110: 23 de enero de 1838, se casó y veló a **Miguel Antonio Villagra**, h.l. de Miguel Villagra y de Antonia Pedraza, con **Juliana Aráoz**, h.n. de Casimira Aráoz. Testigos: José Santos Suárez y Ramona Medina.

Quiroga, José Urbano con Toledo, María Fortunata
F.110: 28 de febrero de 1838, se casó y veló **José Urbano Quiroga**, h.l. de José Justo Quiroga y de Catalina Paz, con **María Fortunata Toledo**, h.l. de Juan de Dios y de María Antonia Sánchez. Testigos: Damascio Ledesma e Inés Ledesma.

Maidana, Manuel Antonio con Ávila, María Ubalda
F.110: 28 de febrero de 1838, se casó y veló a **Manuel Antonio Maidana**, h.l. de Gabriel Maidana y de María Francisco Agüero, con **María Ubalda Ávila**, h.l. de Manuel Ávila y de Silveria Pereira. Testigos: Gregorio Bulacia y Luisa Arévalo.

Barrionuevo, Juan Santos con Arévalo, Bonifacia
F.110: 28 de febrero de 1838, se casó y veló **Juan Santos Barrionuevo**, h.n. de María Rufina Barrionuevo, con **Bonifacia Arévalo**, h.l. Raymundo Arévalo y de Ramona Luján. Testigos: Juan Pío Ibáñez e Ignacio Villalba.

Pais, Simón con Guerreros, Gerónima
F.110: 26 de febrero de 1838, se casó y veló a **Simón Pais**, h.l. de los finados Manuel Antonio Páez y de Alejandra ¿Gunara? con **Gerónima Guerreros**, h.l. del finado Mariano Guerreros y de Santos Juárez. Testigos Dn. Santiago Paz y Da. Ramona Medina.

Arias, Santos con Navarro, Antonia
F.111: 26 de febrero de 1838, dispensado el impedimento, se casó y veló **Santos Arias**, h.l. de Ignacio Arias y de Josefa Jiménez, con **Antonia Navarro**, h.n. de Isabel Navarro. Testigos: Dn. Gregorio Medina y Jesús Salcedo. Nota: En la información matrimonial correspondente (Exp. 1433) se declara que la pretendida tuvo trato ilícito con el hermano del pretendiente.

Ibarra, Pedro Celestino con Jiménez, Melchora
F.111: 27 de febrero de 1838, se casó y veló **Pedro Celestino Ibarra**, h.l. de Ramón Ibarra y de María Andrea Bravo, con **Melchora Jiménez**, h.l. de Marcos y de Juliana Alarcón. Testigos: Alejo Lobo y Carmen Ibarra.

Arévalo, Dn. Manuel de Reyes con Ramos, Da. María Juana
F.111: 3 de febrero de 1837, se casó y veló a Dn. **Manuel de Reyes Arévalo**, h.l. Dn. Laurencio Arévalo y de Da. Maximiliana Gonzáles, con Da. **María Juana Ramos**, h.l. de Dn. Juan Pío Ramos y de Da. María Villagra. Testigos: Dn. Eduardo Lezana y Da. Dolores Muro.

Pérez, Felipe Santiago con Soria, María Segunda
F.112: 26 de febrero de 1837, se casó y veló **Felipe Santiago Pérez**, h.n. de María Ignacia Pérez, con **María Segunda Soria**, h.l. de Francisco Soria y de Lucía Pineda. Testigos: Juan Manuel Vázquez y María Ignacia Domínguez.

Ribas, José Manuel con Medina, Estefanía
F.1120: 1 de junio de 1836, se casó y veló **José Manuel Ribas**, h.l. de Bonifacio Ribas y de Carmen Leiva, con **Estefanía Medina**, h.n. de Ambrosia Medina. Testigos: Gervasio Ávila y Lorenza Medina.

Candi, José Manuel con Varela, Genoveva

F.112: 12 de octubre de 1836, se casó y veló **José Manuel Candi**, h.l. de Arsenio y de Mercedes Albarracín, con **Genoveva Varela**, h.l. de Dn. José Antonio Varela y Da. Josefa Verón. Testigos: Dn. Olegario Gutiérrez y Da, Serafina Gutiérrez.

Sánchez, José Hilario con Reinoso, María Rosario

F.112: 18 de septiembre de 1836, se casó y veló **José Hilario Sánchez**, h.n. de María Sánchez con **María Rosario Reinoso**, h.n. de María Juana Reinoso. Testigos: Lucas Artaza y Dolores Páez.

Zurita, Mateo con Segovia, María Lorenza

F.113: 4 de octubre de 1836, se casó y veló a **Mateo Zurita**, h.l. de Gerónima y de Josefa Nieva, con **María Lorenza Segovia**, viuda del finado Rufino Díaz. Testigos: Ramón Rosa Cáceres y Florentina Aguirre.

Contreras, Santiago con Mansilla, María Rosa

F.113: 6 de enero de 1836, se casó y veló **Santiago Contreras**, h.n. de María Contreras, con **María Rosa Mansilla**, h.l. de Fernando y de María Nieves Rodríguez. Testigos: Juan Manuel Ibáñez y Da. Mauricia Leiva.

Ponce, Francisco Javier con Rodríguez, Gerónima

F.113: 27 de abril de 1837, se casó y veló a **Francisco Javier Ponce**, h.l. de Ascencio y de María Asunción Juárez, con **Gerónima Rodríguez**, h.l. de José Rodríguez y Luisa Terán. Testigos: Juan Miguel Luján y María Justa Rodríguez.

Medina, Germán con Sánchez, Apolinaria

F.113: 24 de septiembre de 1836, dispensado un impedimento de tercer grado de consanguinidad, se casó y veló a **Germán Medina**, h.l. de Miguel Medina y Rosa Caballero, con **Apolinaria Sánchez**, h.l. del finado Bruno Sánchez y de Pilar Cisneros. Testigos: Juan Ángel Guzmán y María Justa Rodríguez.(Exp. 1357)

Cisneros, Miguel con Medina, Juana Francisca

F.114: 13 de abril de 1836, se casó y veló a **Miguel Cisneros**, h.n. de Manuela Cisneros, con **Juana Francisca Medina**, h.n. de María Ignacia Medina. Testigos: Dn. Tiburcio Navarro y Da. Carmen Medina.

Santucho, Juan Agustín con Lazo, Pascuala

F.114: 13 de mayo de 1836, se casó y veló a **Juan Agustín Santucho**, h.l. de Pedro José y de María Francisca Morales, con **Pascuala Lazo**, h.l. de José Ignacio Lazo y de María Josefa Pinto. Testigos: Dn. Pedro Ignacio Ibáñez y Da. Dolores Rivarola.

Sánchez, Roque con Amaya, María del Tránsito

F.114: 20 de enero de 1837, se casó y veló a **Roque Sánchez**, h.n. de María del Rosario, con **María del Tránsito Amaya**, h.l. de Francisco Amaya y de María Dionisia Lezana. Testigos: Victoriano Zurita y Da. Carmen Peñalosa.

Tolosa, Ramón Antonio con Rojas, María Inés

F.114: 6 de febrero de 1837, se casó y veló a **Ramón Antonio Tolosa**, viudo de María Josefa Rueda, con **María Inés Rojas**, h.n. de María Lucinda Rojas. Testigos: Dn. Pedro Pacheco y Da. Dolores Páez.

Domínguez, Filiberto con Páez, Josefa

F.115: 1 de febrero de 1837, se casó y veló a **Filiberto Domínguez**, h.l. Andrés Domínguez y de Gregoria Ponce, con **Josefa Páez**, h.l. de María Juana Páez. Testigos: Gregorio Artaza y Norberta Santucho.

Luján, Juan Nicolás con Mansilla, María Catalina

F.115: 10 de mayo de 1837, dispensado un impedimento de tercer grado de consanguinidad, se casó y veló a **Juan Nicolás Luján**, viudo de la finada María Inés Jeréz, con **María Catalina Mansilla**, h.l. de Juan Luis Mansilla y de Dionisia Luján. Testigos: Pedro Alejandro Arias y Da. Lorenza Medina. (Exp2236 - Leg 52) nos proporciona este cuadro

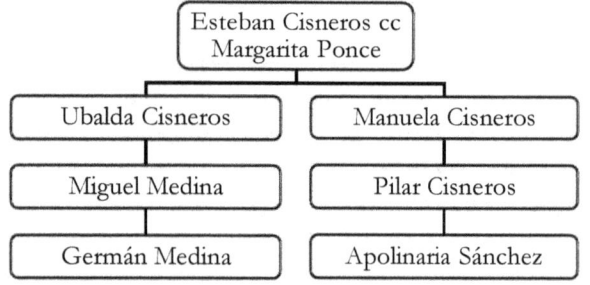

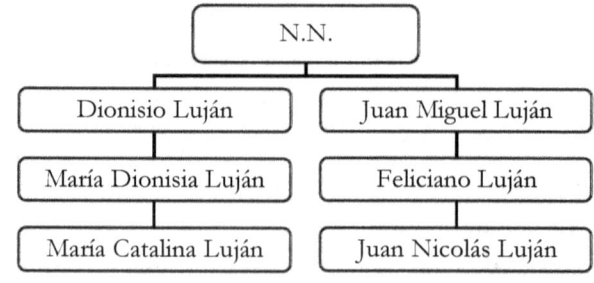

Sánchez, Francisco Javier con Peralta, Alejandra
F.115: 26 de mayo de 1837, se casó y veló a **Francisco Javier Sánchez**, h.l. de Juan Eusebio Sánchez y de Hilaria Quiroga, con **Alejandra Peralta**, h.n. de María Juana Peralta. Testigos: Norberto Garrón y Lucía Páez.

Tapia, Juan de la Cruz con Rosales, María Juana
F.115: 27 de julio de 1837, se casó a **Juan de la Cruz Tapia**, viudo de la finada María Isidora Burgos, con **María Juana Rosales**, viuda del finado Pascual Jeréz. Testigos: Dn. Martín Oviedo y Da. María Josefa ¿Salazar?.

Murguía, Pascual con Quiroga, María
F.116: 17 de abril de 1837, se casó y veló a **Pascual Murguía**, viudo de la finada María Cayetana Páez, con **María Quiroga**, h.n. de María Ignacio Quiroga. Testigos: Dn. Victorino Zurita y Da. Catalina Oviedo.

Cisneros, Luis Ceferino con Molina, Cecilia
F.116: 6 de octubre de 1837, se casó y veló a **Luis Ceferino Cisneros**, h.n. de Pilar Cisneros, con **Cecilia Molina**, h.n. de Luisa Molina. Testigos: Dn. Doroteo Díaz y Da. Isabel Molina.

Miranda, Juan Francisco con Peñaflor, María Gregoria
F.116: 18 de septiembre de 1837, se casó y veló a **Juan Francisco Miranda**, h.l. de Juan Miranda y de Asunción Artaza, con **María Gregoria Peñaflor**, h.l. de Rosario Peñaflor y de María Narcisa Isla. Testigos: Juan Gregorio Artaza y de Celedonio Juárez.

Pacheco, José Pascual con Frogel, Juana Isabel
F.117: 16 de noviembre de 1837, se casó y veló a **José Pascual Pacheco**, h.n. de Estefanía Pacheco, con **Juana Isabel Frogel**, h.l. de Leandro Frogel y de Atanasia Ponce. Testigos: Dn. Félix Benigno Páez y Da. María Josefa Rojas.

Zárate, Luis Antonio con Goitia, Jacinta
F.117: 27 de julio de 1837, se casó y veló a **Luis Antonio Zárate**, h.n. de María Lorenza con **Jacinta Goitia**, h.l. de Dn. Mariano Goitia y de Da. Ignacia Jeréz. Testigos: Dn. Victorino Zurita y Da. Catalina Oviedo.

Videla, Pedro Secundino con González, Tomasina
F.117: 15 de septiembre de 1837, se casó y veló a **Pedro Secundino Videla**, h.l. de José Salvador y de Manuela Fernández, con **Tomasina González**, h.l. de Julia González y de Celestina Brizuela. Testigos: Marcelino Ferreira y Juana Barros.

Tula, Pedro Alejandrino con Juárez, María Pabla
F.117: 14 de agosto de 1837, se casó y veló a **Pedro Alejandrino Tula**, h.n. de María Manuela, con **María Pabla Juárez**, h.l. de Juan Franciscos Juárez y de María Juana Díaz. Testigos: Juan León Córdoba y Juana Ventura Martínez.

Cordero, Juan Santos con Valdéz, Prudencia
F.117: 22 de enero de 1838, se casó y veló a **Juan Santos Cordero**, viudo de la finada Fernando Romano, con **Prudencia Valdéz**, h.l. de Mariano Valdéz y de Prudencia Pedernera. Testigos: Luis Zurita y Jacinta Garnica.

Páez, Manuel María con Lobo, María del Rosario
F.118: 27 de febrero de 1838, se casó y veló a **Manuel María Páez**, h.l. de Pascual Murga y de la finada Cayetana Páez, con **María del Rosario Lobo**, h.l. de Lorenzo Lobo y de Bibiana Ovejero. Testigos: no constan.

Pineda, Juan Manuel con Brizuela, Estefanía
F.118: 17 de enero de 1838, se casó y veló a **Juan Manuel Pineda**, h.n. de Josefa Pineda, con **Estefanía Brizuela**, h.l. de Gregorio y de Basilia Véliz. Testigos: Ramón Rosa Cáceres y Dolores Páez.

Quinteros, Juan con Mansilla, Valeriana
F.118: 26 de febrero de 1838, se casó y veló a **Juan Quinteros**, viudo de Dionisia Acosta, con **Valeriana Mansilla**, h.l. de Alberto y de Ignacio Mansilla. Testigos: Manuel de Reyes Ferreira y Juana Pabla Contreras.

González, Francisco Paula con Ortiz, Juana Petrona
F.118: 1 de febrero de 1838, dispensado un impedimento de segundo grado con primero de afinidad se casó a **Francisco Paula González**, h.n. de Catalina con **Juana Petrona Ortiz**, viuda del finado Rosa Murguía. Testigos. Dn. Juan Eugenio Vera y Da. María Robles. Nota: En la información matrimonial correspondiente (Exp. 1429) se declara que la contrayente tuvo trato con un tio del pretendiente.

Coria, Manuel de los Reyes con Flores, Florentina
F.119: 23 de abril de 1838, se casó y veló a **Manuel de Reyes Coria**, h.l. de Juan Coria y de Gregoria Agüero,

con **Florentina Flores**, h.n. de María Flores. Testigos: José Luciano Ledesma y Petrona Barrera.

Juárez, Pedro Pablo con Peralta, Rudecinda
F.119: 30 de abril de 1838, se casó y veló a **Pedro Pablo Juárez**, h.l. de José Gregorio Juárez y de Amadora Lobo, con **Rudecinda Peralta**, h.l. Andrés Peralta y de Josefa Agüero. Testigos: Juan Ángel Ledesma y Crisóstoma Rodríguez.

Paz, Isidoro con Carrizo, Mercedes
F.119: 3 de mayo de 1838, se casó y veló a **Isidoro Paz**, h.l. de José Miguel y de Mercedes González, con **Mercedes Carrizo**, h.l. de Juan de la Cruz y de María Luisa Ribas. Testigos: Esteban Carrizo y Nieves Aráoz.

Mercado, Valeriano con Molina, María Escolástica
F.120: 4 de mayo de 1838, se casó y veló a **Valeriano Mercado**, h.n. de Fernanda con **María Escolástica Molina**, h.l. de José Luis Molina y de Casilda Rosales. Testigos: Ignacio Collantes y de Rosario Ocón.

Carlos, Miguel con Aráoz, María del Tránsito
F.120: 5 de mayo de 1838, se casó y veló a **Miguel Carlos**, viudo de la finada Julia Falcón, con **María del Tránsito Aráoz**, h.l. de Alberto Aráoz y de Juliana Figueroa. Testigos: Gervasio Ibáñez y Bárbara Díaz.

Rodríguez, Martín con Gómez, Cipriana
F.120: 10 de mayo de 1838, dispensado impedimento "oculto", se casó y veló a **Martín Rodríguez**, h.l. de Bernardino y de Dolores Figueroa, con **Cipriana Gómez**, h.l. de Gervasio y Petrona Soraire. Testigos: Domingo Collantes y Beatriz Díaz.

Juárez, Juan Andrés con Quiroga, Agustina
F.120: 19 de mayo de 1838, se casó y veló a **Juan Andrés Juárez**, h.l. Juan de la Cruz Ibáñez y de Hilaria Cáceres, con **Agustina Quiroga**, h.l. Francisco Quiroga y de Jacoba Luna. Testigos: Francisco Antonio Cárdenas y Romualda Cordero.

Oviedo, Dn. Laureano con Oviedo, Da. Escolástica
F.121: 8 de junio de 1838, dispensado un impedimento por consanguinidad en tercer grado, se casó a Dn. **Laureano Oviedo** y a Da. **Exaltación Oviedo**, para revalidar el matrimonio contraído el año 1831, cuya nulidad se ha descubierto al presente y lo revalidó Dn. Pedro Molina. Testigos: Dn. Daniel Páez y Da. Carmen Peñalosa. La información matrimonial (Exp. 2266) nos proporciona el siguiente esquema:

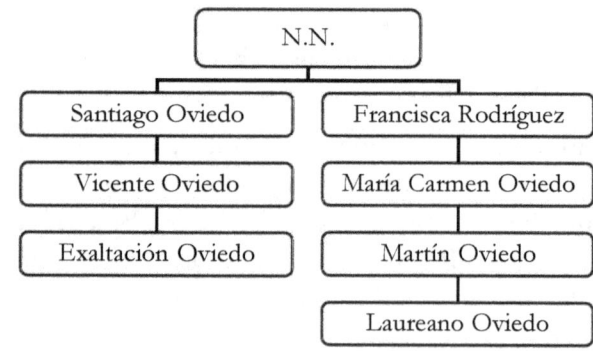

Zurita, José Rosa con Vergara, María
F.121: 25 de abril de 1838, se casó y veló a **José Rosa Zurita**, h.l. de Juan Nicolás Zurita y de Jacoba Ramos, con **María Vergara**, h.l. Francisco Vergara y de María Inés Quinteros. Testigos: Dn. Laureano Oviedo y Da. Circuncisión Robles.

Arévalo, José Elías con Galván, Francisca Antonia
F.121: 2 de mayo de 1838, se casó y veló a Dn. **José Elías Arévalo**, h.l. de Hermenegildo Arévalo y de Santos Cardoso, con **Francisca Antonia Galván**, viuda del finado José Elías Leiva. Testigos: José Manuel Zurita y María Simona Arévalo. Testigos:

Agüero, Dn. Celedonio con Mansilla, Benita
F.122: 5 de mayo de 1838, se casó y veló a Dn. **Celedonio Agüero**, h.l. de Pascual Agüero y de Isidora Figueredo, con **Da. Benita Mansilla**, h.l. Luis Mansilla y de Da, Dionisia Luján. Testigos: Feliciano Zavala y Tomasina Luján.

Romero, Basilio con Nieva, Ángela
F.122: 11 de junio de 1838, se casó y veló a **Basilio Romero**, h.n. de Pascuala Romero, con **Ángela Nieva**, h.l. de Venancio y de María Videla. Testigos: Francisco Videla y Da. Eulalia Mura.

Burgos, José Lino con Lobo, Francisca Antonia
F.122: 16 de junio de 1838, se casó y veló a **José Lino Burgos**, h.n de Manuela Burgos, con **Francisca Antonia Lobo**, h.n. de Vicenta Lobo. Testigos: Pedro Nolasco Cisternas y Cecilia Magallán.

Osores, Rosario con Ledesma, Rosario
F.122: 21 de junio de 1838, se casó y veló a **Rosario Osores**, h.n. de Sebastiana Osores, con **Rosario Ledesma**, h.l. de los finados Juan Luis y de

Concepción Juárez. Testigos: Antonio Banegas y Siriaca Rodríguez.

Fernández, Francisco con Villarroel, María Victoria
F.123: 2 de julio de 1838, se casó y veló a **Francisco Fernández**, h.l. de Bartolo Fernández y de Petrona Acosta, con **María Victoria Villarroel**, h.l. de Juan José Villarroel y de María Santos Reinoso. Testigos: Fausto Gómez y Magdalena ¿Arias.?

Juárez, José Luis con Acosta, Juana Petrona
F.123: 28 de junio de 1833 ?, se casó y veló a **José Luis Juárez**, vecino de Catamarca, h.l. de Raymundo Juárez y de María Antonio Reinoso, con **Juana Petrona Acosta**, h.l. de Valentín y de Cecilia Ovejero. Testigos: Dn. Victorino Zurita y Da. Carmen Peñaflor.

Alarcón, Mariano con Zurita, María Silveria
F.123: 11 de mayo de 1838, se casó y veló a **Mariano Alarcón**, viudo de la finada Rosario Artaza, con **María Silveria Zurita**, h.n. de Valentina. Testigos: Santiago Medina y Da. Josefa Medina.

Albarracín, Manuel Fernando con Castillo, María de los Ángeles
F.124: 2 de julio de 1838, se casó y veló a **Manuel Fernando Albarracín**, h.n. de Felipa, con **María de los Ángeles Castillo**, h.n. de Celedonia Castillo. Testigos: Dn. Martín Oviedo y Da. Paula Páez.

Reinoso, José Alejandro con Suárez, María Rosa
F.124: 3 de julio de 1838, se casó y veló a **José Alejandro Reinoso**, h.l. de Juan Francisco Reinoso, con **María Rosa Suárez**, h.l. de Gregorio y de María Amadora Lobo. Testigos: Rosario Pacheco y Anastasia Ortiz.

Pacheco, Eusebio con Ledesma, Dorotea
F.124: 19 de julio de 1838, se casó y veló a **Eusebio Pacheco**, h.l. Francisco Pacheco y de Estefanía Ruiz, con **Dorotea Ledesma**, h.l. de los finados Juan de Dios Ledesma y de Teresa Peñaflor. Testigos: Indalecio Tolosa y Micaela Ruiz.

Romero, Juan Alejandro con Araujo, María Inocencia
F.124: 16 de agosto de 1838, se casó y veló a **Juan Alejandro Romero**, h.n. de Josefa Romero, con **María Inocencia Araujo**, h.n. de Cristina Araujo. Testigos: Benito Contreras y Rosario Armas.

Barros, José Santos con Ramos, Nazaria
F.125: 16 de agosto de 1838, se casó y veló a **José Santos Barros**, h.n. de Clara Barros, con **Nazaria Ramos**, h.l. del finado Dn. Mariano Ramos y de Petrona Contreras. Testigos: Dn. Juan de la Cruz Ramos y Da. Feliciana Yance.

Rosales, José con Paz, María del Carmen
F.125: 17 de agosto de 1838 Casó a **José Rosales**, h.n. de María Candelaria Rosales, con **María del Carmen Paz**, viuda del finado Buenaventura Reinoso. Testigos: Lorenzo Rosales y Petrona Rosales.

Ibáñez, Ciriaco con Figueroa, María de la Cruz
F.125: 18 de agosto de 1838, se casó y veló a **Ciriaco Ibáñez**, h.l. de José Bartolo y de Bernardo González, con **María de la Cruz Figueroa**, h.l. de Cornelio Figueroa y de María Antonio Varela. Testigos: Alejo Rasguido y María del Rosario Reinoso.

Gómez, Manuel con Soraire, Francisca
F.125: 18 de agosto de 1838, se casó y veló a **Manuel Gómez**, h.n. de Juliana Gómez, con **Francisca Soraire**, h.n. Josefa Soraire. Testigos: Indalecio de la Cruz y Placida Ocón.

Fernández, José Manuel con Agüero, Ana María
F.126: 7 de agosto de 1838, se casó a **José Manuel Fernández**, viudo de la finada María Nicolasa Barrionuevo, con **Ana María Agüero**, viuda del finado Santiago Romano. Testigos: Mateo Magallán y Tránsito Bulacia.

Vega, José Antonio con Herrera, Albina
F.126: 27 de agosto de 1838, se casó y veló a **José Antonio Vega**, h.l. de Juan Francisco Vega y de Cruz Reinoso, con **Albina Herrera**, h.n. de Rosario Herrera. Testigos: Dn. Pedro Manuel Gómez y Da. Bernardina Mercado.

Robles, Fulgencio con Romero, Margarita
F.126: 30 de agosto de 1838, se casó y veló a **Fulgencio Valdéz**, h.l. Antonio Valdéz y de la finada Mercedes Ahumada, con **Margarita Romero**, h.l. de José Romero y de María Antonia Sánchez. Testigos: Dn. Manuel Medina y Feliciana Bravo.

Barrientos, Ildefonso con Barrios, Ignacia
F.126: 1 de septiembre de 1838, dispensado un impedimento de consanguinidad de tercer grado con segundo, se casó y veló a **Ildefonso Barrientos**, h.n.

de Magdalena Barrientos, con **Ignacia Barrios**, h.n. de Rosalía Barrios. Testigos: Ángel Correa y Rosario Barrientos. En la información matrimonial correspondiente (Exp. 1491) se explica el parentesco con el siguiente esquema:

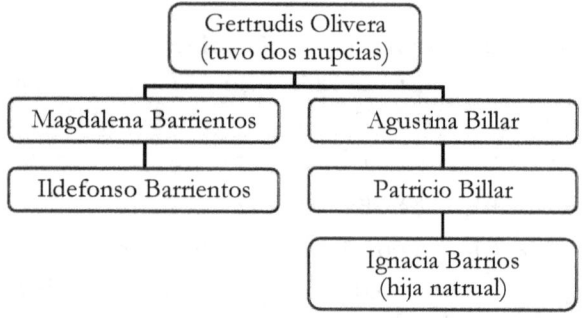

Gramajo, Manuel Ignacio con Díaz, Magdalena
F.127: 5 de septiembre de 1838, se casó y veló a **Manuel Ignacio Gramajo**, h.l. de Pascual Gramajo y de Valeriana Mansilla, con **Magdalena Díaz**, h.n. de Carmen Díaz. Testigos: Gabriel Burgos y María Antonia Ontiveros.

Altamiranda, Julián con Pereira, María Josefa
F.127: 14 de septiembre de 1838, se casó y veló a **Julián Altamiranda**, h.l. del finado Hermenegildo y de María del Rosario Pedraza, con **María Josefa Pereira**, h.n. de Lizarda. Testigos: Pedro Nolasco Cisternas y Da. María Tula.

Rizo, Romualdo con Salguero, Gregoria
F.127: 14 de septiembre de 1838, se casó y veló a **Romualdo Rizo**, h.l. de Dn. Gregorio Rizo y de Aurelia Artaza, con **Gregoria Salguero**, h.l. de Lázaro Salguero y de Francisca Burgos. Testigos: Dn. Juan Nicolás Burgos y Da. Manuela Riso.

Duarte, José Agustín con Arévalo, María del Rosario
F.127: 22 de septiembre de 1838, se casó y veló a **José Agustín Duarte**, h.l. de Manuel Duarte y de María Genuaria Figueroa, con **María del Rosario Arévalo**, h.l. Gerardo Arévalo y de la finada Mercedes Varela.

Díaz, Bernardino con Reinoso, Felipa
F.128: 9 de octubre de 1838, se casó y veló a **Bernardino Díaz**, h.l. de Julián Díaz y de María del Rosario Santillán, con **Felipa Reinoso**, h.n de la finada Ubalda Reinoso. Testigos: Policarpo Robles y Jesús Ovejero.

Sosa, Dn. Francisco con Barrientos, Anacleta
F.128: 10 de octubre de 1838, se casó y veló a **Francisco Sosa**, h.l. del finado Dn. Pedro Sosa y de Mercedes Guerreros, con **Anacleta Barrientos**, h.n. de Gervasia Barrientos. Testigos: Dn. Antonio Reyes y Da. Ramona Molina.

Quiroga, José con Díaz, Facunda
F.128: 30 de noviembre de 1838, se casó y veló a **José Quiroga**, h.l. de Juan José Quiroga y de Gregoria Acosta, con **Facunda Díaz**, h.n. de Ventura. Testigos: José Santos Díaz y Bartolina Plaza.

Díaz, Juan Pablo con Soraire, Asunción
F.129: 8 de diciembre de 1838, se casó **Juan Pablo Díaz**, h.l. del finado Juan Pablo y de Dolores Moyano, con **Asunción Soraire**, viuda del finado Francisco Ortiz. Testigos: Patricio Barrientos y Ventura Gonzalo.

F.129: 11 de diciembre de 1838 (Partida tachada): Se bautizó a **Bailona**, h.l. de Roque Villarroel y de Magdalena Díaz. Padrinos: Félix Mariano Márquez y Bárbara Morales.

Cárdenas, Francisco Antonio con Díaz, Venancia
F.129: El 25 de enero de 1839, se casó y veló a **Francisco Antonio Cárdenas**, h.l. del finado Antonio Cárdenas y María del Tránsito Díaz, con **Venancia Díaz**, h.l. Nolasco Díaz y de María Juana Rosales. Testigos: Dn. Basilio Santillán y Solana Díaz.

Ibáñez, Eusebio con Salazar, Juana de Jesús
F.129: 11 de febrero de 1839, se casó y veló a **Eusebio Ibáñez**, h.n. de Justa Ibáñez, con **Juana de Jesús Salazar**, h.n. Jesús Salazar. Testigos: Dn. Cruz Ramón y Da. Feliciana Yanse.

Vázquez, Juan Silvestre con Madera, María Paulina
F.130: 17 de septiembre de 1838, se casó y veló a **Juan Silvestre Vázquez**, viudo de la finada Francisca Cabral con **María Paulina ¿Madera?**, h.l. de Gabriel y de María Francisca Agüero. Testigos: Antonio Luna y Ubalda Ávila.

Cardoso, José María con Rojas, Da. Eusebia
F.130: 6 de febrero de 1839, se casó y veló a **José María Cardoso**, h.l. de Toribio Cardoso y María del Tránsito Acosta, con Da. **Eusebia Rojas**, h.l. de Dn. Manuel Rojas y de Da. Luisa Quiroga. Testigos: Andrés Villavicencio y Bernardina Bravo.

Quiroga, Juan Francisco con Coronel, María Juana

F.130: 16 agosto de 1838, se casó y veló a **Juan Francisco Quiroga**, h.l. de José Ignacio Quiroga y de Ceferina Quinteros, con **María Juana Coronel**, h.l. de Marcelino Coronel y Claudia Flores. Testigos: Dn. Victorino Zurita y Da. Catalina Oviedo.

Ledesma, Nazario con Regalado, Petrona

F.131: 17 de octubre de 1838, se casó y veló a **Nazario Ledesma**, h.l. de Bartolo y de María Brígida Cortes, con **Petrona Regalado**, h.l. Francisco Azcuénaga y de Resurrección Mansilla. Testigos: Mariano Arias y Genuaria Mansilla.

Pérez, Francisco Antonio con Rosales, Ceferina

F.130: 11 de abril de 1839, se casó y veló a **Francisco Antonio Pérez**, h.l. de Juan Tomás Pérez y de María Rita Díaz, con **María Ceferina Rosales**, h.n. de Mariano Armas. Testigos: Dn. Manuel Molina y Tiburcia.

Aráoz, Juan Felipe con Páez, Candelaria

F.130: 27 de abril de 1839 Casó a **Juan Felipe Aráoz**, h.l. de Lorenzo Aráoz y de Lorenza Cortés, con **Candelaria Páez**, viuda de Mateo Burgos. Testigos: Dn. Lucindo Macedo y Da. Rosario Albarracín.

Córdoba, Narciso con Díaz, María de la Trinidad

F.131: 2 de mayo de 1839, se casó y veló a **Narciso Córdoba**, h.l. de Lucas y de Josefa Orquera, con **María Trinidad Díaz**, h.l. de Juan Díaz y María Antonia Flores. Testigos: Pedro León Pérez y Tiburcia Díaz.

González, Juan Isidro con Cejas, María Antonia

F.132: 3 de junio de 1839, se casó y veló a **Juan Isidro González**, h.l. de José González y de Francisca Garcete, con **María Antonia Cejas**, h.l. de Feliciano y de Francisca Carrera. Testigos: Dn. Martiniano Gómez y Da. Maximiliana Ovejero.

Mercado, Pedro Antonio con Goitia, María Salomé

F.132: 17 de junio de 1839, dispensado un impedimento, se casó a **Pedro Antonio Mercado**, h.n. de Simona Mercado, con **María Salomé Goitia**, viuda del finado Sinforoza Aráoz. Testigos: Lorenzo Díaz y Josefa Luna.

Almaráz, Juan Florentino con Quiroga, Pabla Ignacia

F.132: 12 de julio de 1839, dispensado impedimento de consanguinidad en cuarto grado línea transversal, se casó y veló a **Juan Florentino Almaraz**, h.l. del finado Nicolás Almaraz y de Serafina Osores, con **Pabla Ignacia Quiroga**, h.n. Teodora Quiroga. Testigos: Pedro Nolasco Cisternas y ¿? Quiroga. Nota: En la información matrimonial correspondiete (Exp. 1578) se explica el parentesco con esl siguiente esquema:

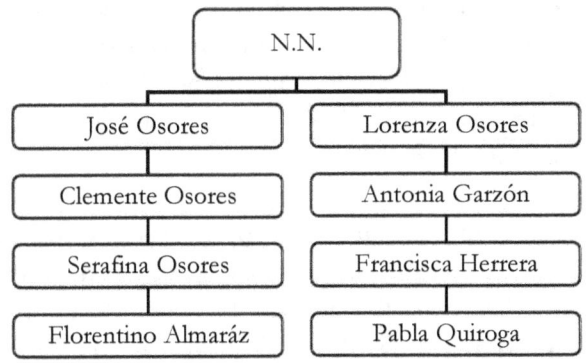

Agüero, Fermín Antonio con Arias, Nicolasa

F.133: 31 de julio de 1839, se casó y veló a **Fermín Antonio Agüero**, h.n. de María Luisa Agüero, con **Nicolasa Arias**, h.n. de la finada Isidora Arias. Testigos: José Manuel Páez y Mercedes Mansilla.

Peralta, Manuel Antonio con González, María Teodora

F.133: 1 de junio de 1839, se casó y veló a **Manuel Antonio Peralta**, h.n de Lizarda Peralta, con **María Teodora González**, h.n. de Valentina González. Testigos: Pedro Nolasco Garzón y María Luisa Páez.

Molina, Bernabé con Zurita, María del Señor

F.133: 18 de junio 1839, dispensado impedimento de cuarto con tercer grado de consanguinidad línea transversal, se casó y veló a **Bernabé Molina**, h.l. Pedro Molina y de María de la Cruz Cejas, con **María del Señor Zurita**, h.l. de Bautista Zurita y de Ana María Aguirre. Testigos: José Varela y Griselda Molina. En la información matrimonial (Exp. 1579), se explica el parentesco con el siguiente esquema:

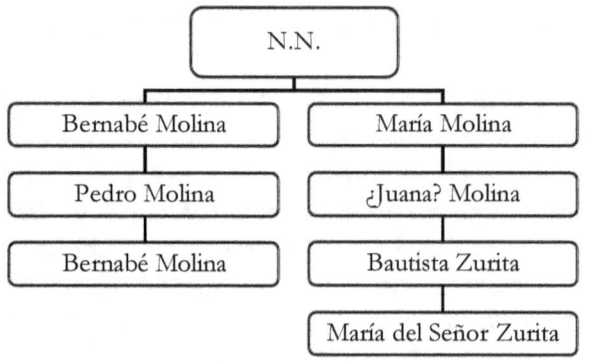

Artaza, José Damasceno con Arias, Celestina
F.133: 25 de junio de 1839, se casó y veló a **José Damasceno Artaza**, h.l. Bartolo Artaza y de Carmen Vázquez, con **Celestina Arias**, h.l. de Norberto Arias y de Tiburcia Montilla. Testigos: Juan Manuel Vázquez y Ana María Vázquez.

Zurita, Félix Mariano con Ríos, María Bernardina
F.133: El 24 de mayo de 1839, se casó a **Félix Mariano Zurita**, h.n. de la finada Juana Francisca Zurita, con **María Bernardina Ríos**, viuda del finado Pedro Nolasco Melián. Testigos: Santiago Medina y Carmen Chávez.

Galván, Ramón Rosa con Acuña, María Rafaela
F.134: 4 de junio de 1839, se casó y veló a **Ramón Rosa Galván**, h.n. de María del Rosario, con **María Rafaela Acuña**, h.n. María Justa Acuña. Testigos: Laureano Oviedo y Felisa del Carmen Galván. Folio 134

Rodríguez, Paulino con Silva, María Natividad
F.134: 2 de junio de 1839, se casó y veló a **Paulino Rodríguez**, h.l. de Pedro Rodríguez y de Dominga Salguero, con **María Natividad Silva**, h.l. de los finados Manuel Silva y de Dominga Medina. Testigos: Dn. David Rodríguez y Da. Bartolina Oviedo.

Suárez, Severo con Arpires, Josefa Daria
F.134: 4 de junio de 1839, se casó y veló a **Severo Suárez**, h.l. de Rosa Suárez y de Ignacia López, con **Josefa Daria Arpires**, h.l. de Juan Tomás Arpires y Da. Francisca Pérez. Testigos: no constan.

González, José de los Santos con Márquez, María Francisca
F.135: 3 de junio de 1839, se casó y veló a **José de los Santos González**, h.l. de Miguel Gerónimo y de Agustina Osores, con **María Francisca Márquez**, h.n. de Estefanía. Testigos: Norberto Mansilla e Ignacia Mansilla.

Arévalo, Dn. José Orencio con Rodríguez, Da. Juana
F.135: 6 de febrero de 1839, se casó y veló a Dn. **José Orencio Arévalo**, h.l. de Dn. Agustín Arévalo y de Da. Candelaria Aguirre, con Da. **Juana Rodríguez**, h.l. de Dn. Luis Bernardo Rodríguez y Da. María Lorenza Pérez. Testigos: no constan.

León, José Mariano con Medina, Carmen
F.135: 16 de agosto de 1839 casó a **José Mariano León**, viudo de la finada María Francisca Lalamo, con **Carmen Medina**, viuda del finado Jeréz. Testigos: Dn. Hilario Cejas y Da. Lorena Medina.

Cabrera, Jorge con Rodríguez, Juliana
F.135: 21 de agosto de 1839, se casó y veló a **Jorge Cabrera**, viudo de la finada Inés Carrizo, con **Juliana Rodríguez**, h.l. de Alejandro y de Feliciana Agüero. Testigos: Domingo Collantes y su esposa.

Ayusa, Francisco de Borja con Pereira, Micaela
F.136: 24 de agosto de 1839, se casó y veló a **Francisco de Borja Ayusa**, h.l. de Bautista Ayusa y de Rosa Zárate, con **Micaela Pereira**, h.l. de Pedro Pereira y de Gregoria Ferreira. Testigos: Pedro Juan Barrios y Petrona Lobo.

Zurita, Feliciano con Ponce, Ángela
F.136: 17 de agosto de 1839, se casó a **Feliciano Zurita**, h.l. de Juan de la Cruz Zurita y de Dolores Juárez, con **Ángela Ponce**, vida del finado José Lucas Artaza. Testigos: Pedro Ponce y Cruz Cardoso.

Parra, Vicente con Murguía, Carmen del Señor
F.136: 16 de agosto de 1839, se casó y veló a **Vicente Parra**, h.l. de Matías Parra y de María Verón, con **Carmen del Señor Murguía**, h.l. de Pascual Murguía y de Cayetana Páez. Testigos: Juan de la Cruz Cáceres y Manuela Gramajo.

Espeche, Dn. Carmelo con Bravo, Da. Damiana
F.136: 5 de septiembre de 1839, se casó y veló a Dn. **Carmelo Espeche**, h.l. de Dn. Santiago Espeche y Da. Mercedes Valdéz, con **Damiana Bravo**, h.l. de Dn. Sebastián Bravo y de Da. N. Paz. Testigos: Dn. Ignacio Ahumada y Da. Guillerma Espeche.

Lobo, Antonio con Barrios, Balfina

F.137: 9 de septiembre de 1839, se casó y veló a **Antonio Lobo**, viudo de Bartolina Jeréz, con **Balfina del Tránsito**, h.n. de Francisca Barrios. Testigos: Dn. Juan Pío Gómez y Da. María del Rosario Lobo.

Vizcarra, José Eugenio con Agüero, Leandra

F.137: 23 de septiembre de 1839, se casó y veló a **José Eugenio Vizcarra**, h.l. de los finados Javier Vizcarra y de Serafina Orellana, con **Leandra Agüero**, viuda del finado Pedro Francisco Figueroa, no fue velada en primeras nupcias. Testigos: Leandro Barrios y María del Rosario Armas.

Burgos, Juan Silvestre con Delgadino, María Zoila

F.137: 4 de octubre de 1839, se casó y veló a **Juan Silvestre Burgos**, viudo de la finada Narcisa, con **María Zoila Delgadino**, h.n. de Mercedes Delgadino. Testigos: Dn. Manuel Medina y Gregoria Silva.

Romano, Fructuoso con Ávila, Candelaria

F.137: 9 de octubre de 1839, dispensado un impedimento en segundo con tercer grado, se casó y veló a **Fructuoso Romano**, h.l. de Bernabé y de Francisca Arévalo, con **Candelaria Ávila**, h.n. de Ubalda Ávila. Testigos: Felipe Santiago Aguilar y Luisa Arévalo. En la infomración matrimonial correspondiete (Exp. 1592) se explica el parentesco con el siguiente esquema:

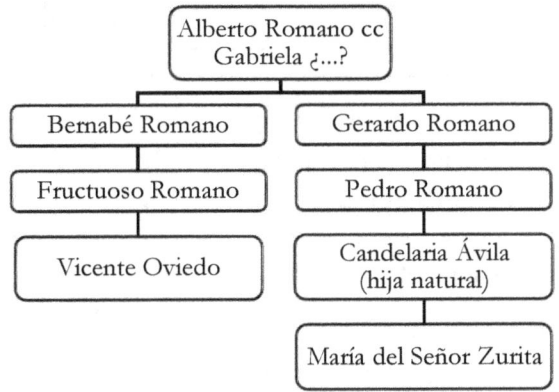

Cevallos, Servando con Mercado, Agustina

F.138: 4 de noviembre de 1839, se casó y veló a **Servando Cevallos**, h.l. de Juan Máximo Cevallos y de Venancia Jeréz, con **Agustina Mercado**, h.l. de Juan Antonio y de Josefa Jiménez. Testigos: Dn. Juan José Molas y Bernabela Cevallos.

Gómez, Marcos Rufino con Lazo, Juana Francisca

F.138: 4 de noviembre de 1839, se casó y veló a **Marcos Rufino Gómez**, h.l. de José Francisco Gómez y de Encarnación Díaz, con **Juana Francisco Lazo**, h.l. de José Ignacio Lazo y de Josefa ¿Pinto? Testigos: Lázaro Díaz y Juliana Cardoso.

Burgos, Pedro con Herrera, Aniceta

F.138: 6 de noviembre de 1839, dispensado impedimento en cuarto con tercer grado de consanguinidad, se casó y veló a **Pedro Burgos**, h.n de Rosario con **Aniceta Herrera**, h.l. del finado León Herrera y de Eugenia Romano. Testigos: Santiago Burgos e Ignacia Quiroga. En la informacion matrimonial correspondiete (Exp. 1605) se explica el parentesco con el siguiente esquema:

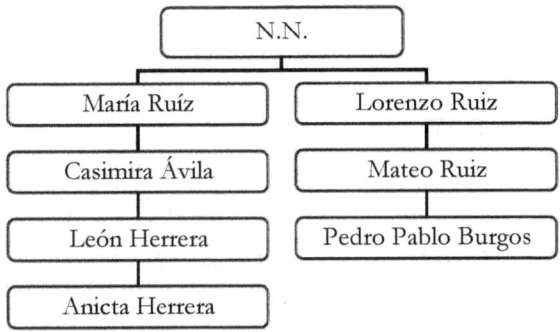

Jiménez, José Antonio con Lencinas, María Ignacia

F.138: 7 de noviembre de 1839, se casó a **José Antonio Jiménez**, h.n. de María Valentina Jiménez, con **María Ignacia Lencinas**, viuda del finado Francisco Jeréz. Testigos: Dn. Juan José Molas y Juana Jiménez.

Gómez, Rosario con Aranda, Genuaria

F.139: 24 de noviembre de 1839, se casó y veló a **Rosario Gómez**, h.l. de Martín Gómez y de Damiana Luna, con **Genuaria Aranda**, h.l. de Laurencio Aranda y de María Inés Páez. Testigos: Dn. Juan Francisco Villagra y Da. Rufina Páez.

Paz, Basilio con Alarcón, María Narcisa

F.139: 27 de noviembre de 1839 Casó a **Basilio Paz**, h.n. de Agustina Paz, con **María Narcisa Alarcón**, viuda del finado Tomás Irusta. Testigos: Dn. Laurencio Oviedo y María del Señor Zurita.

Cortés, Marcos con Reinoso, María Griselda

F.139: 27 de noviembre de 1839, se casó y veló a **Marcos Cortés**, h.l. de José Justo Cortés y de María

Dolores Flores, con **María Griselda Reinoso**, h.n. de María del Señor Oviedo. Testigos: Pedro Ignacio Arias y Juana Ledesma.

Arévalo, Juan Hermógenes con Cabrera, María Luisa
F.140: 4 de diciembre de 1839, se casó a **Juan Hermógnes Arévalo**, h.l. de Juan Silvestre Arévalo y de María Dolores Gómez, con **María Luisa Cabrera**, viuda del finado Ramón Pío Espeche. Testigos: Liberato Molares y Leonarda Arévalo.

Barrios, Ángel Vicente con Saavedra, Mariela
F.140: 5 de diciembre de 1839, se casó y veló a **Ángel Vicente Barrios**, h.n. de Francisca Barrios, con **Mariela Saavedra**, viuda del finado José Manuel Lobo. Testigos: Dn. Martiniano Gómez, y Da. Manuela Ferreira.

Ortiz, Francisco con Rosales, María del Señor
F.140: 16 de enero de 1840, se casó y veló a **Francisco Ortiz**, h.n. de Rosalía Ortiz, con **María del Señor Rosales**, h.l. de Pantaleón Rosales y de María del Tránsito Díaz. Testigos: Gregorio Bulacia y Ibáñez.

Illáñez, José Dolores con Rosales, Carmen
F.140: 16 de enero de 1840, se casó y veló a **José Dolores Illáñez**, h.n. de María Romero, con **Carmen Rosales**, viuda del finado Martín Gómez, no habían sido velados. Testigos: Dn. Martiniano Gómez y Estefanía Vallejos.

Perea, José Eugenio con Espíndola, Petrona
F.141: 22 de enero de 1840, se casó y veló a **José Eugenio Perea**, h.l. de Juan ¿Odisio? Perea, y de María Petrona Carrión, con **Petrona Espíndola**, h.l. de Silvestre Espíndola y de Escolástica Juárez. Testigos: Dn. Martiniano Gómez y Da. Pastora Gómez.

Arias, Luis Ignacio con Nieva, Jacinta
F.141: 26 de enero de 1840, se casó y veló a **Luis Ignacio Arias**, h.l. de los finados Inocencio Arias y de María Josefa Jiménez, con **Jacinta Nieva**, h.n. de Jacinta Nieva. Testigos: Silvestre Guerreros y Tránsito Albarracín.

Sosa, José Ignacio con Leiva, María Rufina
F.141: 2 de febrero de 1840, se casó y veló a **José Ignacio Sosa**, educado por los finados Dn. Nicolás Sosa y Da. Rosa Carrizo, con **María Rufina Leiva**, h.l. de Bartolo Leiva y de Rosario Coronel. Testigos: Dn. Martiniano Gómez y Da. Pastora Gómez.

Cortés, Valentín con González, María
F.142: 12 de febrero de 1840, se casó y veló a **Valentín Cortés**, h.l. de los finados Francisco Cortés y de Gerónima Quiroga, con **María Gonzáles**, h.l. de Gerónimo Gonzáles y de Agustina Osores. Testigos: Dn. Martiniano Gómez y Da. Manuela Ferreira.

Ibáñez, Vicente con Armas, Juana Francisca
F.142: 20 de enero de 1840, se casó y veló a **Vicente Ibáñez**, h.l. de Patricio Ibáñez y de Albina Leguizamo, con **Juana Francisca Armas**, h.l. de Mariano Armas y de Antonia Rosales. Testigos: Alejo Rasguido y Gregoria Luna.

Ibáñez, José Pascual con Fernández, Sabina
F.142: 26 de febrero de 1840, dispensado un impedimento de cuarto grado de consanguinidad, se casó y veló a **José Pascual Ibáñez**, h.l de Patricio Ibáñez y de Albina Leguizamo, con **Sabina Fernández**, h.n. de Petronila. Testigos: Lorenzo Luna y Aurelia Pacheco. (Exp. 1607)

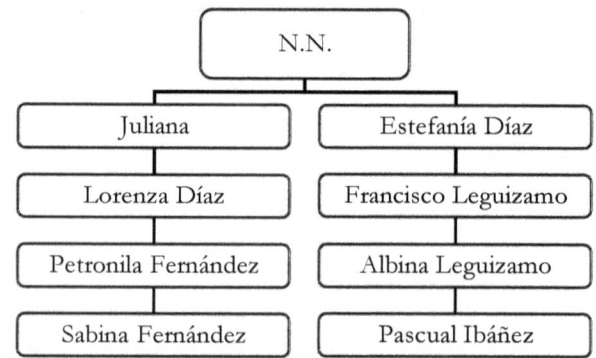

Lobo, Feliciano con Flores, María Josefa
F.142: 27 de febrero de 1840 Casó a **Feliciano Lobo**, h.l. de Francisco Lobo y de Ignacia Espinosa, con **María Josefa Flores**, viuda del finado José Bulacias. Testigos: Benito Contreras y Cruz Espinosa.

Rosales, Juan Pio con Guaras, Justa
F.142: 26 de febrero de 1840, dispensado un impedimento de cuarto con segundo grado de consanguinidad línea transversal, se casó y veló a **Juan Pío Rosales**, h.l. de Bonifacio Rosales y de Casilda Peralta, con **Justa Guarás**, h.n. de Ubalda Guarás. Testigos: Fulgencio Díaz y Cornelio Argañaráz. En la información matrimonial correspondiente (Exp. 1616)

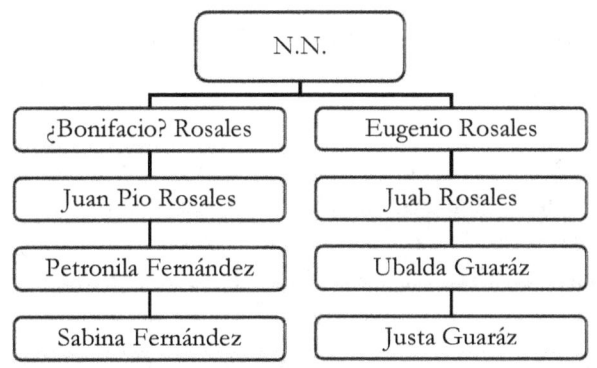

Díaz, Saturnino con Villafañe, María Toribia
F.143: 27 de febrero de 1840, se casó y veló a **Saturnino Díaz**, h.l. de Lucas Díaz y de Petrona Ávila, con **María Toribia Villafañe**, h.n. de Benita Villafañe. Testigos: Mauricio Figueroa y Luisa Molina.

Ortiz, Mariano con Aráoz, Leonarda
F.143: 3 de febrero de 1840 Casó a **Mariano Ortiz**, viudo de la finada María de la Cruz Figueroa, con **Leonarda Aráoz**, viuda del finado Pedro Leiva. Testigos: Francisco Antonio Cárdenas y Salomé Goitia.

Reinoso, Eusebio con Ocón, Gregoria
F.143: 24 de febrero de 1840, se casó y veló a **Eusebio Reinoso**, h.n. de Ubalda Reinoso, con **Gregoria Ocón**, h.n. de Manuela. Testigos: Dn. Amaranto Brizuela y Da. Pastora Gómez.

Cortés, Bernardo con Luna, Petrona
F.144: 24 de febrero de 1840, se casó y veló a **Bernardo Cortés**, viudo de la finada Olegaria Ledesma, con **Juana Petrona Luna**, h.l. de Lorenzo Luna y de Juana Coronel. Testigos: Juan José Silba y Nicolasa Pedraza.

Vázquez, Juan Mateo con Luján, Da. María Inés
F.144: 2 de marzo de 1840 dispensado impedimento de cuarto grado de afinidad lícita, se casó y veló a **Juan Mateo Vázquez**, viudo de la finada Serafina Morales, con **María Inés Luján**, h.l. de Dn. Ignacio Luján y Da. Petrona Arévalo. Testigos: José Domingo Vázquez y Nicolasa Luján. Nota: en la informacion matrimonial correspondiente (Exp. 1619) no se detalla el parentesco solo se Da. el grado.

Banegas, Juan Bautista con Santillán, Margarita
F.144: 2 de marzo de 1840 dispensado impedimento de tercero con segundo grado de consanguinidad en línea transversal se, se casó y veló a **Juan Bautista Banegas**, h.l. de Juan Antonio Banegas y de Fructuosa Saavedra, con **Margarita Santillán**, h.l. de Simón Santillán y de Juliana Galván. Testigos: Juan Francisco Martínez y María Tomasa Bravo.

Barraza, Martín con Paz, María Eugenia
F.144: 2 de marzo de 1840, se casó y veló a **Martín Barraza**, h.l. de Tiburcio Barraza y de Anselma Sequeira, con **María Eugenia Paz**, h.l. de Florencio Paz de Francisca Oliva. Testigos: Carmelo Espeche y Damiana Bravo.

Aráoz, Alberto con Sequida, Josefa
F.145: 6 de marzo de 1840, se casó y veló a **Alberto Aráoz**, viudo de la finada Juliana Figueroa, con **Josefa Sequida**, viuda del finado Francisco Chávez. Testigo: Ramón Antonio Ibáñez y María de Jesús Molina.

Leiva, Mariano con Chávez, Hilaria
F.145: 10 de abril de 1840, se casó **Mariano Leiva**, h.n. de Narcisa Leiva, con **Hilaria Chávez**, viuda del finado Pablo Falcón. Testigos: Ángel Cisternas y Patricia Saavedra.

Carlos, Martín con Barrientos, Tránsito
F.145: 4 de abril de 1840, se casó y veló a **Martín Carlos**, viudo de la finada Lizarda Guerreros, con **Tránsito Barrientos**, viuda del finado Ángel Mostajo. Testigos: Dn. Saturnino Arrieta y Andrea Trejo.

Caravajal, Genuario con Rosales, Candelaria
F.146: 5 de abril de 1840 Casó a **Genuario Caravajal**, h.n. de Francisca Borja Caravajal, con **Candelaria Rosales**, viuda del finado Bautista Pérez. Testigos: Patricio Ibáñez y Albina Leguizamo.

Flores, Ignacio Antonio con Molina, Romualda
F.146: 25 de mayo de 1840, se casó y veló a **Ignacio Antonio Flores**, h.l. de los finados Tomás Flores y de Genuaria Ortiz, con **Romualdo Molina**, h.l. de Calixto Molina y de Felipa Cisneros. Testigos: Dn. Martiniano Gómez y Da. Mercedes Segura.

Burgos, Juan Bautista con Lalamo, María del Carmen
F.146: 17 de junio de 1840, se casó y veló a **Juan Bautista Burgos**, viudo de María del Rosario Jiménez, con **María del Carmen ¿Lalano?**, h.n. natural de Juana Ignacia. Testigos: Dn. Ignacio Ahumada y Da. Guillerma Espeche.

Flores, Juan Pio con Coria, María Engracia
F.146: 15 de junio de 1840, se casó y veló a **Juan Pío Flores**, h.l. del finado Juan Andrés Flores y de Mercedes Flores, con **María Engracia Coria**, h.l. de Juan Coria y de Gregoria Agüero. Testigos: Pedro Pablo Castellanos y Bernardina Toledo.

Castro, Lorenzo con Herrera, María del Rosario
F.146: 16 de junio de 1840, se casó a **Lorenzo Castro**, h.n. de Juliana Castro, con **María del Rosario Herrera**, viuda del finado Manuel Herrera. Testigos: Pedro León Pérez y Paula Rodríguez.

Agüero, Juan Manuel con Lezana, María Rosa
F.147: 16 de julio de 1840, se casó a **Juan Manuel Agüero**, h.l. de Antonio Agüero y de Luisa Sánchez, con **María Rosa Lezana**, viuda del finado Pedro Antonio Mercado. Testigos: Dn. Martiniano Gómez y Da. Rosario Lobo.

Palomino, Juan Bautista con Rojas, Felisa del Carmen
F.147: 3 de agosto de 1840, se casó y veló a **Juan Bautista Palomino**, h.l. de Domingo y de Mauricia Pérez, con **Felisa del Carmen Rojas**, h.n. de Agustina Rojas. Testigos: Dn. José Molas y Petrona Coronal.

Flores, José de los Ángeles con Bazán, Hermenegilda
F.147: 16 de agosto de 1840, se casó y veló a **José de los Ángeles Flores**, h.l. de Miguel Gerónimo Flores y de Manuela Arias, con **Hermenegilda Bazán**, h.l. de Juan Esteban Bazán y de Manuela Santillán. Testigos: Cayetano Chazarreta y Carmela Rojas.

Díaz, Eulogio con Ledesma, María Inés
F.148: 19 de julio de 1840, se casó y veló a **Eulogio Díaz**, h.l. de Nicolás Díaz y de María Juana Reinoso, con **María Inés Ledesma**, h.n. de Magdalena Ledesma. Testigos: Dn. Amaranto Brizuela y Da. Benigna Gómez.

Romano, Gregorio con Sosa, Filomena
F.148: 22 de agosto de 1840, se casó y veló a **Gregorio Romano**, h.l. de Bernabé Romano y de Felipa Garzón, con **Filomena Sosa**, h.n. de Sebastiana Sosa. Testigos: Dn. Juan José Castro y Rosario Gómez.

Guzmán, Pedro José con Peralta, Genuaria
F.148: 12 de agosto de 1840, se casó y veló a **Pedro José Guzmán**, viudo de Andrea Vallejo, con **Genuaria Peralta**, h.l. de Juan Peralta y de Estefanía Collantes. Testigos: Patricio Ibáñez y Cipriana Armas.

Collantes, José de la Cruz con Díaz, María Fortunata
F.148: 14 de agosto de 1840, se casó y veló a **José de la Cruz Collantes**, h.n. de María Collantes, con **María Fortunata Díaz**, h.l. Manuel Antonio Díaz y de Martina Ribas. Testigos: Claudio Jurado y Margarita Cabrera.

Guarás, Nicolás con Argañaráz, Justa
F.149: 25 de agosto de 1840, se casó y veló a **Nicolás Guarás**, h.n. de Ubalda con **Justa Argañaráz**, h.n. de María Argañaráz. Testigos: Juan de la Cruz Díaz y María.

Díaz, Rosario con Rosales, Soledad
F.149: 27 de agosto de 1840, se casó y veló a **Rosario Díaz**, h.l. Florentino Díaz y de Petrona Ruiz, con **¿Soledad? Rosales**, h.l. de Bonifacio y de Casilda Peralta. Testigos: Lorenzo Luna y Juana Ventura Gonzáles.

Lobo, Francisco con Ferreira, Gregoria
F.149: 28 de agosto de 1840, se casó a **Francisco Lobo**, viudo de Ignacio Espinosa, con **Gregoria Ferreira**, viuda de Pedro Thames. Testigos: Bailón Contreras y Agustina Varela.

Córdoba, Mgano con Lobo, María del Rosario
F.149: 21 de septiembre de 1840, se casó y veló a **Magno Córdoba**, h.l. de Juan Francisco Córdoba y de Tomasina Flores, con **María del Rosario Lobo**, h.n. de Vicenta Lobo. Testigos: Dn. Rosa Cisternas y Da. Josefa Pedraza.

Rivadeneira, Basilio con Álvarez, Susana
F.149: El 30 de septiembre de 1840, se casó y veló a **Basilio Ribainera**, h.n. de Trinidad Ribainera, con **Susana Álvarez**, h.l. de Mauricio Álvarez y de Clara Concha.

Barrionuevo, Roque con Collantes, Brígida
F.150: 7 de octubre de 1840, se casó y veló a **Roque Barrionuevo**, viudo de la finada Juana Barroso, con **Brígida Collantes**, h.l. de Mariano Collantes y de María Cruz Castro. Testigos: Dn. Amaranto Brizuela y Águeda Melián.

Sánchez, Adrián con Díaz, Bernardina

F.150: 24 de noviembre de 1840, se casó y veló **Adrián Sánchez**, h.l. de Juan Antonio Sánchez y de Micaela Maldonado, con **Bernardina Díaz**, h.l. de Lucas y de Petrona Ávila. Testigos: Dionisio Figueroa y Silveria Ribainera.

Ferreira, Anastasio con Ruiz, Laureana

F.150: 8 de diciembre de 1840, se casó a **Anastasio Ferreira**, h.n. de Isidora Ferreira, con **Laureana Ruiz**, h.l. de Ignacio y de Isidora Ferreira. Testigos: Lorenzo Rosales y Luisa Molina. Folio 150

Herrera, Ignacio con Gómez, Sinforoza

F.150: 14 de diciembre de 1840, se casó a **Ignacio Herrera**, h.l. de los finados León Herrera y de Eugenia Romero, con **Sinforoza Gómez**, h.l. del finado Juan José Gómez y de Segunda Romano. Testigos: Lucindo Romero y María de la Cruz Rojas. En el expediente matrimonial (Exp. 1663) se declara que poseen un impedimento por consanguinidad en tercer grado.

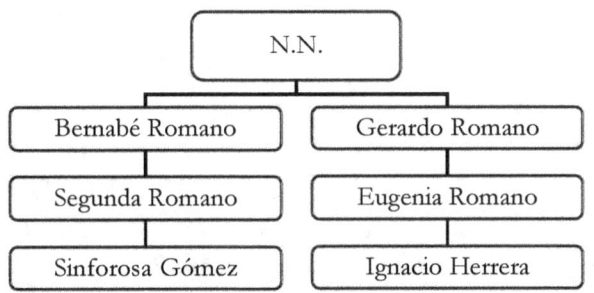

Zurita, Justo Pastor con Villagra, María Polonia

F.151: 8 de enero de 1841, dispensado un impedimento en cuarto grado, se casó y veló **Justo Pastar Zurita**, h.l. de Hilario Zurita y de Teresa Medina, con **María Polonia Villagra**, h.l. de Cayetano y de Cruz Navarro. Testigos: Indalecio Tolosa. Nota: En la información matrimonial correspondite (Exp. 1665) se explica el parentesco con el siguiente esquema:

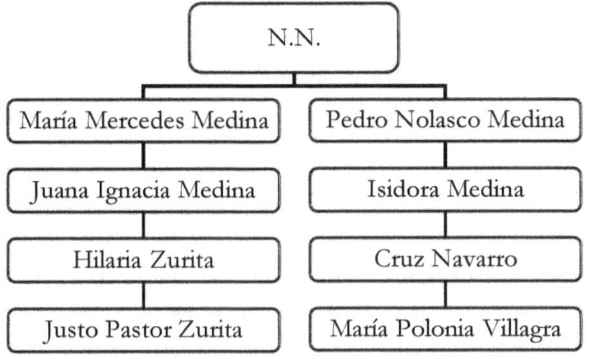

Garcete, Pedro Celestino con Balón, Brígida

F.151: 4 de mayo de 1841, se casó y veló **Pedro Celestino Garcete**, hn de Francisca, con **Brígida ¿Balón?** Testigos: Baltasar Vera y Luisa Barrionuevo.

Figueroa, Mauricio con Artaza, Petrona

F.151: 13 de mayo de 1841 casó a **Mauricio Figueroa**, h.n. de Juana Francisca Figueroa, con **Petrona Artaza**, viuda del finado José del Carmen Santucho. Testigos: Ramón Rosa Rojas.

Leal, Juan Ángel con Romano, María Mónica

F.152: 13 de mayo de 1841, se casó y veló a **Juan Ángel Leal**, h.l. de Gerónimo Leal y de Ana Rodríguez, con **María Mónica Romano**, h.n. de Fernanda Romano. Testigos: Juan de la Cruz Cáceres y Salomé Vera.

Arévalo, Bernabé con Villalba, Leonarda

F.152: 15 de agosto de 1841, se casó y veló **Bernabé Arévalo**, h.l. de Dn. Hermenegildo Arévalo y de Santos Cardoso, con **Leonarda Villalba**, h.l. de Dn. José Justo Villalba y de Da. María Antonia Zurita. Testigos: José Zurita y Simona Arévalo.

Tolosa, Mateo con Domínguez, Da. María Alejandra

F.152: 19 de agosto de 1841, se casó y veló a **Mateo Tolosa**, h.n. de Pilar Tolosa, con **María Alejandra Domínguez**, h.l. Dn. Tiburcio Domínguez y de Da. Josefa Zapata. Testigos: Dn. Benigno Ibáñez y María Cruz.

Gutiérrez, Pantaleón con León, Viviana

F.152: 20 de agosto de 1841, se casó y veló a **Pantaleón Gutiérrez**, viudo de la finada Eulalia Gallegos, con **Viviana León**, h.l. José Mariano León y Francisca Lalamo. Testigos Cipriano Mansilla y Socorro Gutiérrez.

Ríos, Juan Isidro con Álvarez, María Antonia

F.153: 12 de septiembre de 1841, se casó y veló a **Juan Isidro Ríos**, h.n. de María Gregoria Ríos, con **María Antonia Álvarez**, h.l. de los finados Manuel Álvarez y de María del Rosario Pacheco. Testigos: José Mariano Arias y Bernardina Ríos.

Paz, José Manuel con Murguía, María del Pilar

F.153: 28 de septiembre de 1841, se casó y veló **José Manuel Paz**, h.n. de María del Señor Paz, con **María del Pilar Murguía**, h.n. de María del Carmen Murguía. Testigos: Benigno Páez y Francisca Páez.

Barrera, Hilario
F.153: 28 de octubre de 1841, se casó y veló **Hilario Barrera**, h.l. de Juan Simón Barrera y de Lucinda Gonzáles. Testigos: Juan Nicolás Díaz y Casilda Martínez. (No se consignó el nombre de la contrayente).

Arévalo, José Tránsito con Nieva, María Encarnación
F.153: 28 de noviembre de 1841, se casó y veló a **José Tránsito Arévalo**, h.l. de Raymundo Arévalo y de Ramona Luján, con **María Encarnación Nieva**, h.l. de Dn. Francisco Nieva y Mercedes Ibáñez. Testigos: Policarpo Acuña e Isabel Arévalo.

Osores, Juan Antonio con Rojas, Da. Isabel
F.154: 28 de diciembre de 1841, se casó a **Juan Antonio Osores**, h.n. de María Agustina Osores con **Isabel Rojas**, h.l. Dn. José Manuel Rojas y de Da. Luisa Quiroga. Testigos: Ángel Ibáñez y Cruz Córdoba.

Cepeda, Juan Inocencio con Rodríguez, María Dolores
F.154: 30 de diciembre de 1841, se casó a **Juan Inocencio Cepeda**, h.n. de María Francisca con **María Dolores Rodríguez**, h.l. de Juan León y de María Juana Sánchez. Testigos: Ignacio Barrera y de Da. Isabel Oviedo.

Aoiz, Francisco Antonio con Sánchez, Risa de Jesús
F.154: 30 de octubre de 1841, se casó y veló a **Francisco Antonio Ois**, h.n. de María Francisca Oís, con **Risa de Jesús Sánchez**, h.l. del finado Bruno Sánchez y de Pilar Cisternas. Padrinos: Gervasio Ávila y Cruz Navarro.

Cáceres, Juan Manuel con Segura, María Simona
F.154: 2 de octubre de 1841, se casó y veló a **Juan Manuel Cáceres**, viudo de la finada María Sacramento Díaz, con **María Simona Segura**, h.l. de Gabriel Segura y Manuela Mansilla. Testigos Juan de la Cruz Cáceres y Petrona Aguirre.

Márquez, Félix con Márquez, Montserrat
F.155: 3 de mayo de 1841, se casó y veló **Félix Márquez**, h.l. de los finados Rafael Márquez y de Rosa Quiroga, con **Monserrat Márquez**, h.n. de Francisca Márquez. Testigos: Dn. Leonardo Ferreira y Da. Juana Segura.

Valdéz, José Lorenzo con Lazo, María Peregrina
F.155: 26 de junio de 1841, se casó y veló **José Lorenzo Valdéz**, h.l. del finado Solano Valdéz y de Rudecinda Burgos, con **María Peregrina Lazo**, h.n. de Francisca Lazo. Testigos: Gabriel Olivera y Da. Teresa Gómez.

Santillán, Cándido con Jiménez, María Bernabela
F.155: 11 de julio de 1841, se casó y veló a **Cándido Santillán**, h.n. de la finada Ambrosia, con **María Bernabela Jiménez**, h.n. de Micaela Jiménez. Testigos: Dn. Bernardo Agudo y Da. Rosario Valdéz.

Ojeda, Jesús Manuel con Rodríguez, María Juana
F.155-156: 9 de agosto de 1841, se casó y veló a **Jesús Manuel Ojeda**, viudo de la finada María Pabla Díaz, con **María Juana Rodríguez**, h.n. de **María Pabla Rodríguez**. Testigos: Benito Castillo.

Reinoso, Feliciano con Aguirre, Salomé
F.156: 16 de agosto de 1841, se casó y veló **Feliciano Reinoso**, h.n. de Clara Reinoso, con **Salomé Aguirre**, h.l. de Tiburcio Aguirre y de la finada Jacinta Falcón. Testigos: Manuel Rojas y Catalina ¿Zurita?

Pérez, Doroteo con Díaz, Magdalena
F.156: 16 de agosto de 1841, se casó y veló **Doroteo Pérez**, h.n. de Ignacia Pérez, con **Madalena Díaz**, viuda del finado Ignacio Gramajo. Testigos: Dn. Gregorio Molina y Da. Ignacia ¿Suárez?

Rodríguez, José Miguel con Díaz, María Gabriela
F.156: 23 de agosto de 1841, se casó y veló **José Miguel Rodríguez**, h.n. de Juliana Rodríguez, con **María Gabriela Díaz**, h.l. del finado Dámaso Díaz y de Martina Mercado. Testigos: Inocencio Díaz y Da. Bernarda Ovejero.

Cortés, Miguel Gerónimo con Burgos, Valeriana
F.156: 17 de octubre de 1841 Casó **Miguel Gerónimo Cortés**, viudo de la finada Fermina Ríos, con **Valeriana Burgos**, viuda del finado Juan Miguel Suárez. Testigos: Felipe Cabral y Manuela Cabral.

Martínez, Miguel Fernando con Mendoza, María del Tránsito
F.157: 25 de octubre de 1841, se casó y veló **Manuel Fernando Martínez**, h.n. de María Martínez, con **María del Tránsito Mendoza**, h.n. de María Segunda Mendoza. Testigos: Luis Ignacio Barrientos y Adeodata Barrionuevo.

Mansilla, Elías con Rodríguez, Ana Rosa

F.157: 1 de noviembre de 1841 se revalidó el matrimonio nulo por haberlos casado en parroquia propia de **Elías Mansilla**, h.l. de Jacinto Mansilla y de María Soraire, con **Ana Rosa Rodríguez**, h.n. de Segunda Rodríguez. Testigos: Ángel Mariano Azcuénaga y Rosario Olvera.

Lezcano, Juan Antonio con Jiménez, Lucinda

F.157: 15 de noviembre de 1841, se casó y veló a **Juan Antonio Lezcano,** h.l. de Valeriano Lezcano y de Santos ¿Isrrauel?, con **Lucinda Jiménez**, h.n. de Basilia. Testigos: Calixto Cabral y Da. María del Rosario Leiva.

Salguero, Elías con Vázquez, Estanislada

F.157: 7 de enero de 1842, se casó y veló a **Elías Salguero**, feligrés de Piedra Blanca, h.l. de Julián Salguero y de Justa Zurita, con **Estanislada Vázquez**, h.n. de Josefa Vázquez. Testigos: Silvestre Ibáñez y Felipe Antonia Luján.

Rojas, Lucindo con Juárez, Paulina

F.158: 7 de enero de 1842, se casó y veló **Lucindo Rojas**, h.l. del finado José Tránsito Rojas y de Juana Luisa Quiroga, con **Paulina Juárez**, h.l. del finado José Rosa Juárez, y de María Ignacia López. Testigos: Inocencio Ledesma y Gertrudis Cardoso.

Luna, Juan Domingo con Romano, María Asunción

F.158: 9 de enero de 1842, se casó y veló **Juan Domingo Luna**, h.n. de la finada María Isabel con **María Asunción Romano**, h.l. de Bernabé Romano y de Felipa Herrera. Testigos: Ambrosio Salvatierra y Da. Pascuala Lobo.

Arias, Juan Agustín con Burgos, Ramona

F.158-: 17 de enero de 1842, se casó y veló **Juan Agustín Arias**, h.l. de los finados Vicente Arias y de María del Carmen Molina, con **Ramona Burgos**, h.l. de los finados Domingo y María del Rosario Reyes. Testigos: Dn. Leonardo Ferreira y Rosalía Caravajal.

Páez, David con Rojas, Bernabela

F.159: 27 de enero de 1842, se casó y veló a **David Páez**, h.l. de Valeriano Páez y de Nicolasa Tula, con **Bernabela Rojas**, h.l. de Gregorio y Juana Luna. Testigos: José de los Ángeles Flores y Hermenegilda Bazán.

Barrera, Juan Bautista con Rojas, María Gerónima

F.159: 3 de febrero de 1842, se casó y veló **Juan Bautista Barrera**, h.l. de Francisco Barrera y de Casilda Quiroga, con **María Gerónima Rojas**, h.n. de María de Jesús Rojas. Testigos: Tiburcio Páez y Felipe Antonia Luján.

Arévalo, Manuel Salvador con Pacheco, María Victoria

F.159: 5 de febrero de 1842, se casó y veló a **Manuel Salvador Arévalo**, viudo de la finada Avelina Mansilla, con **María Victoria Pacheco**, h.n. de Dionisia Pacheco. Testigos: Simón Cejas y Francisca Páez.

Vidal, Ramón con Leiva, María Lázara

F.160: 5 de febrero de 1842, se casó y veló **Ramón Vidal**, h.n. de Borja Vidal, con **María Lázara Leiva**, h.n. de María de las Nieves Leiva. Testigos: Dn. Maximiliano Gómez y Da. Teresa Gómez.

Pacheco, Juan Manuel con Romero, María Manuela

F.160: 8 de febrero de 1842 dispensado impedimento de tercer grado de consanguinidad línea transversal, se casó y veló a **Juan Manuel Pacheco**, h.l. de José Manuel y de María Nieves Ruiz, con **María Manuela Romero**, h.l. de Mateo Romero y de María Agustina Pacheco. Testigos: Manuel Romero y Juana Romero. Nota: En la información matrimonial correspondiente (Exp. 1696) se explica el parentesco con el siguiente esquema:

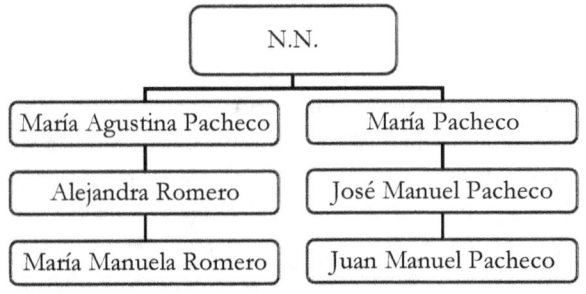

Zárate, Cirilo con Nieva, Gregoria

F.160: 7 de febrero de 1842, se casó y veló a **Cirilo Zárate**, h.l. de Ignacio Zárate y de Mercedes Torres, con **Gregoria Nieva**, h.l. de Gabriel Nieva y de Petrona Segura. Testigos: Pedro Pablo Guerreros.

Partidas de Casamiento hechas en Vilismano

Narváez, Vicente con Bailón, María Simona
F.161: 15 de enero de 1841, se casó y veló a **Vicente Narváez**, h.l. del finado José Ignacio y de María Encarnación Cáceres, con **María Simona Bailón**, h.n. de Manuela Bailón. Testigos: Dn. Cruz Cáceres y Da. Rosario Castaños.

Ulibarri, José Braulio con Cordero, Micaela
F.161: 1 de junio de 1841, se casó y veló **José Braulio Ulibarri**, viudo de la finada Gregoria Quiroga, con **Micaela Cordero**. Testigos: Bernabé Cordero y de Tomasa Soraire. Testigos: Dn. Laureano Ubiedo y Da. Exaltación Oviedo.

Zurita, José Vicente con Barrera, Teresa
F.161: 16 de junio de 1841, se casó y veló **José Vicente Zurita**, h.n. de Bernabela Zurita, con **Teresa Barrera**, h.l. de los finados Gregorio Barrera y de Juana Luna. Testigos: Pascual Lezcano y María Rosa Gutiérrez.

Arévalo, José Santos con Ibáñez, María de la Cruz
F.161: 7 de septiembre de 1841, se casó y veló a **José Santos Arévalo**, h.l. de Hermenegildo Arévalo y de María Santos Cardoso, con **María de la Cruz Ibáñez**, h.l. de Juan de Dios y de Petrona Jaimes. Testigos: Juan Pío Ibáñez y Catalina Oviedo.

Bailón, Félix Benigno con Santucho, Bautista
F.161: 19 de octubre de 1841, se casó y veló **Félix Benigno Bailón**, h.n. de Manuela Bailón, con Juana **Bautista Santucho**, h.l. de Pedro Santucho y de Francisca Morales. Testigos: Dn. Eustaquio Gutiérrez y Da. Cruz Cardoso.

Romano, Ramón Antonio con Juárez, Pilar
F.162: 20 de octubre de 1841, se casó y veló **Ramón Antonio Romano**, h.n. de Isabel Romano, con **Pilar Sánchez**, h.l. de Venancio Sánchez y de Basilia Juárez. Testigos: Dn. David. Rodríguez y Da. Benita Ponce.

Acosta, José Florentino con Romero, Fermina
F.162: 23 de marzo de 1841, se casó y veló a **José Florentino Acosta**, h.l. de Pedro Acosta y de Juana Rosa Delgado, con **Fermina Romero**, h.n. de Candelaria Romero. Testigos: Mariano Arias y Gervasio Mansilla.

(Fin de las partidas de Vilismano)

Juárez, Juan Francisco con Moyano, María Asunción
F.162: 11 de enero de 1842, se casó y veló a **Juan Francisco Juárez**, h.n. de Josefa Juárez, con **María Asunción Moyano**, h.n. de María Morales. Testigos: no constan.

Centeno, Agustín con Aguirre, María Teresa
F.163: 24 de enero de 1842, se casó y veló a **Agustín Centeno**, viudo de la finada Feliberta Cisneros, con **María Teresa Aguirre**, h.n. de la finada Ana María Aguirre. Testigos: Miguel Zurita y Brígida Cano.

Peralta, Miguel Gerónimo con Alderete, Agustina
F.163: 24 de enero de 1842, se casó y veló a **Miguel Gerónimo Peralta**, h.l. de José Peralta y de María Santos Verón, con **Agustina Alderete**, h.n. María Martina Alderete. Testigos: Dn. Laurencio Arévalo y Da. Dolores Muro.

Ibáñez, Ramón Ignacio con Burgos, Candelaria
F.163: 24 de enero de 1842, se casó y veló a **Ramón Ignacio Ibáñez**, h.l. de José Antonio Ibáñez y de María Rosa Contreras, con **Candelaria Burgos**, h.n. de la finada María Antonia Burgos. Testigos: José Santos Gorosito y Juana Francisca Cardoso.

Trejo, ¿Carlos? con Acuña, María Estanislada
F.163: 26 de enero de 1842, se casó y veló a **¿Carlos? Trejo**, h.l. de Agustín Trejo y de María Manuela Fernández, con **María Estanislada Acuña**, h.l. del finado Francisco Javier Acuña y de María Zenteno. Testigos: Juan Francisco Villagra y Rufina Páez.

Morales, José Antonio con Álvarez, Micaela
F.164: 7 de febrero de 1842, se casó y veló a **José Antonio Morales**, h.n. de María Simona, con **Micaela Álvarez**, h.n. de María Teresa Álvarez. Testigos: Bernabé Molina y Cruz Navarro.

González, Juan Andrés con Gutiérrez, Juana Francisca
F.164: 8 de febrero de 1842, se casó y veló a **Juan Andrés González**, viudo de la finada María de los Ángeles Tello, con **Juana Francisca Gutiérrez**, h.n. de Pastora Gutiérrez. Testigos: Sixto Gramajo y Da. Carmen Varela.

Pineda, Juan Manuel con Acosta, Manuela
F.164: 7 de abril de 1842, se casó y veló **Juan Manuel Pineda**, h.n. de Josefa Pineda, con **Manuela Acosta**,

h.l. de Juan Nicolás Acosta y de Candelaria Tolosa. Testigos: José Ávila y Dolores Pas.

Suárez, José Modesto con Leguizamón, María del Carmen
F.164: 7 de abril de 1842, se casó y veló a **José Modesto Suárez**, h.l. de Gregoria Suárez, y de María Amadora con **María del Carmen Leguizamón**, h.n. de Bartolina Leguizamón. Testigos: Máximo Pacheco y Pascuala ¿Rivero?

Guaráz, Esteban con Argañaraz, Inocencia
F.165: 9 de mayo de 1842 casó a **Esteban Guarás**, h.l. del finado Ramón Guarás y de Francisca Rosales, con **Inocencia Argañaráz**, viuda del finado Fermín Lobo. Testigos: Juan Pablo Díaz y María Armas.

Peñaflor, Julián Rosa con Díaz, Isabel
F.165: 12 de mayo de 1842, se casó y veló a **Julián Rosa Peñaflor**, h.l. de Ramón Peñaflor y de María Ignacia Ledesma, con **Isabel Díaz**, hija natural de María Francisca Díaz. Testigos: Pedro Antonio Lindón y María Santos Jurado.

Márquez, Luis con Gramajo, Santos
F.165: 18 de mayo de 1842, se casó y veló a **Luis Márquez**, h.l. de Luis y de Genuaria Saavedra, con **Santos Gramajo**, h.n. de Ángela Gramajo. Testigos: Manuel Gramajo y Manuela Gramajo.

Rojas, Marcos con Barrera, Manuela
F.166: 24 de mayo de 1842, se casó y veló a **Marcos Rojas**, h.l. de los finados Juan Rojas y de Bartolina Cabrera, con **Manuela Barrera**, h.l. del finado Francisco Barrera y de Casilda Quiroga. Testigos: Juan Ojeda y Luisa Ojeda.

Maturano, Miguel Gerónimo con Ibarra, Juana Isabel
F.166: 23 de mayo de 1842, se casó y veló a **Miguel Gerónimo Maturano**, h.l. de los finados José Maturano y Mercedes Cejas, con **Juana Isabel Ibarra**, h.n. de Francisca Ibarra. Testigos: Dn. Daniel Páez, y Da. Dolores Muro.

Peralta, Pastor con Agüero, Daria
F.166: 19 de mayo de 1842, se casó y veló a **Pastor Peralta**, h.n. de Lizarda Peralta, con **Daria Agüero**, h.l. de Francisco Agüero y de Tránsito Quiroga. Testigos: Domingo Lobo y Carmen Rojas.

Peralta, Nolasco con Barrera, Ana Rosa
F.166-167: 21 de junio de 1842, dispensado une impedimento por consanguinidad de segundo con tercer grado, se casó y veló a **Nolasco Peralta**, h.l. de Bartolo Peralta y de Concepción Agüero, con **Ana Rosa Barrera**, h.l. de Agustín Agüero y de Feliciana Ledesma. Testigos: ¿Lizardo? Rojas y Paulina Juárez. Nota: En la información matrimonial correspondiente (Exp. 1711) se explica el parentesco con el esquema siguiente:

Bazán, Manuel de Reyes con Cortés, Natividad
F.167: 21 de junio de 1842, dispensado un impedimento de tercer grado de consanguinidad, se casó a **Manuel de Reyes**, h.l. de los finados Juan Esteban Bazán y Manuela Santillán, con **Natividad Cortés**, h.l. de los finados Anselmo Cortés y María Flores. Testigos: Ramón Antonio Osores y Petrona Castellanos. Nota: En la información matrimonial (Exp. 1722) se explica el parentesco con el siguiente esquema:

López, Ramón Rosa con Peñaflor, Casimira
F.167: 22 de junio de 1842, dispensado un impedimento de tercer grado de consanguinidad, se casó y veló a **Ramón Rosa López**, h.n. de Gervasia López, con **Casimira Peñaflor**, h.l. de Leonardo

Peñaflor y María Gregoria Ledesma. Testigos: Damascio Ledesma y Da. Carmen Peñaflor. En la información matrimonial correspondiete (Exp. 1721) se explica el parentesco con el siguiente esquema:

Frías, Luis Mariano con Juárez, Zoila
F.167: 12 de julio de 1842, se casó y veló a **Luis Mariano Frías**, h.n. de Francisca Frías, con **Zoila Juárez**, h.l. de Justo Suárez y de Ramona Sancho. Testigos: Dn. … Da. Cecilia Magallán.

Ortega, Andrés Avelino con Figueroa, María Petrona
F.168: 20 de agosto de 1842, se casó y veló **Andrés Abelino Ortega**, h.l. del finado Abelino Ortega y de Rosario Jiménez, con **María Petrona Figueroa**, h.l. de Romualdo Figueroa y de Feliciana Luna. Testigos: Genuario Soraire.

Alarcón, José Domingo con Reinoso, Trinidad
F.168: 27 de agosto de 1842, se casó y veló **José Domingo Alarcón**, h.l. de José Gregorio y de la finada Josefa Pedraza, con **Trinidad Reinoso**, h.l. de Mariano Reinoso y de Tomasina Guerreros. Testigos: Cirilo Zárate y Da. Burgos.

Rojas, Juan Esteban con Morales, María Alejandra
F.168: 26 de agosto de 1842 casó a **Juan Esteban Rojas**, viudo de finada Evarista Tolosa, con **María Alejandra Morales**, viuda del finado Francisco Zurita. Testigos: Dn. Martiniano Gómez y Segunda Espeche.

Zárate, Facundo con Moreno, Tomasina
F.168: 2 de septiembre de 1842, se casó y veló Facundo Zárate, h.n de Prudencia Zárate, con **Tomasina Moreno**, h.l. de Enrique Moreno y de Tomasina Bazán. Testigos: Dn. Gregorio Medina y Da. Gregoria Nieva.

Cáceres, Miguel Gerónimo con Álvarez, Cornelia
F.169: 3 de septiembre de 1842, se casó y veló **Miguel Gerónimo Cáceres**, viudo de Josefa Barrientos, con **Cornelia Álvarez**, h.n. de Marcelina Álvarez. Testigos: Dn. Martiniano Gómez y Rudecinda Abellaneda.

Burgos, Simón Judas con Goyochía, Francisca
F.169: 5 de septiembre de 1842, se casó y veló **Simón Judas Burgos**, h.n. de Francisca Burgos, con Francisca ¿Goyochia?, h.l. de los finados José Ignacio y Simona Rosas. Testigos: Dn. Juan Gil Ovejero y Da. Ana María Tula.

Argañaráz, Juan Manuel con Mercado, Pascuala
F.169: 9 de septiembre de 1842, dispensado un impedimento, se casó y veló a **Juan Manuel Argañaráz**, h.n. María Juana Argañaráz, con **Pascuala Mercado**, h.n. de Agustina Mercado. Testigos: Santos Luna y Antonia Rosales. Nota: En la información matrimonial (Exp. 1732) declara un parentesco de consanguinidad de tercer grado que se explica con el siguiente esquema:

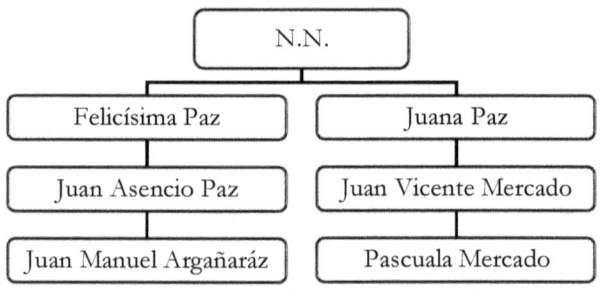

Rodríguez, Juan Gil con Ibáñez, Juana
F.169: 10 de septiembre de 1842, se casó y veló **Juan Gil Rodríguez**, h.n. de María Juana, con **Juana Ibáñez**, h.n. de Magdalena Ibáñez. Testigos: Juan Pablo Díaz y de Ventura Gonzáles.

Carrizo, Juan Inocencio con Rodríguez, Feliciana
F.170: 14 de septiembre de 1842, dispensados los impedimentos, se casó y veló a **Juan Inocencio Carrizo**, viudo de la finada Tomasa Galván, con **Feliciana Rodríguez**, h.l. de Bruno Rodríguez y de Dominga Ponce. Testigos: Pedro Lucas Rodríguez y Juana Albarracín. Nota: en la información matrimonial (Exp. 1727) se declara que *"Hayamos parentescos de consanguinidad de líneas transversales la una tercero con segundo y la otra con tercero como lo manifiestan los árboles de abajo"*

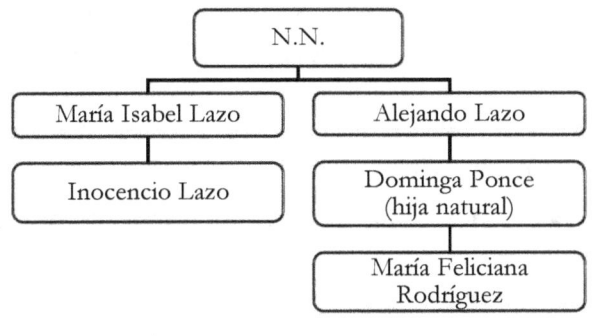

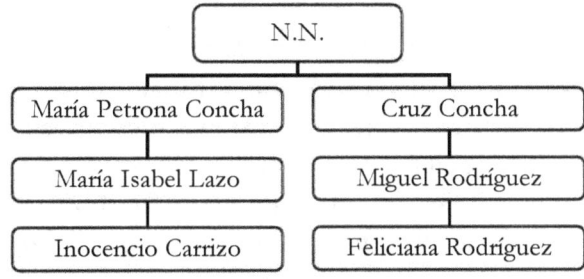

Cordero, Cornelio con Robles, María Isabel
F.170: 5 de octubre de 1842, se casó y veló **Cornelio Cordero**, h.l. de Lázaro y de Narcisa Juárez, con **María Isabel Robles**, h.l. de Policarpo Robles, y de la finada Concepción Arévalo. Testigos: Manuel Vega y Lucía Ojeda.

Quiroga, Juan Laurencio con Rivera, Da. Salomé
F.170: 7 de octubre de 1842, se casó y veló a **Juan Laurencio Quiroga**, h.l. de los finados Juan José y de Gregoria Acosta, con **Salomé Rivera**, h.l. de Dn. Ramón Rivera y Da. Gregoria Olmos. Testigos: Juan Tomás Seco y Paula Guevara.

Zárate, Doroteo con Navarro, Candelaria
F.170: 10 de octubre de 1842, se casó y veló **Doroteo Zárate**, h.n. de Prudencia Zárate, con **Candelaria Navarro**, h.l. de Simón Navarro y de Micaela Díaz. Testigos: Dn. Gregorio Medina y Lucía Díaz.

Lobo, Felipe Santiago con Quiroga, María del Señor
F.171: 12 de octubre de 1842, se casó y veló a **Felipe Santiago Lobo**, h.l. Francisco Javier Lobo y de María del Rosario Díaz, con **María del Señor Quiroga**, h.l. de Francisco Antonio Quiroga y de Jacoba Luna. Testigos: Julián Trejo y su esposa Asunción.

Aguilar, Cayetano con Jeréz, María Felisa
F.171: 13 de octubre de 1842 casó a **Cayetano Aguilar**, h.l. de los finados Egidio Aguilar y de Ramona Arévalo, con **María Felisa Jeréz**, viuda del finado Anastasio Cárdenas. Testigos: Ramón Rosa Mercado y María del Carmen Guamán.

Luna, Nicolás con Robles, Juana Petrona
F.17: 19 de noviembre de 1842, se casó y veló a **Nicolás Luna**, h.l. de los finados Bartolo Luna y Remigia Rivera, con **Juana Petrona Robles**, h.l. de Lorenzo Robles y de Jesús Delgado. Testigos: Benito Vega y Luisa Molina.

Barbosa, Exequiel con Soraire, Justa
F.172: 25 de diciembre de 1842, se casó a **Exequiel Barbosa**, h.l. de Juan Barbosa y de Josefa ¿Quarencio?, vecina de Buenos Aires y residente en este curato, con **Justa Soraire**, h.l. de Felipe Soraire y Florentina Jiménez. Testigos: Juan Pablo Díaz y Lucas Gramajo.

Santucho, Felipe Santiago con Cardoso, María del Carmen
F.172: 7 de enero de 1843, se casó y veló a **Felipe Santiago Santucho**, h.l. de Juan Santucho y de Marcelina Pérez, con **María del Carmen Cardoso**, h.n. de María Susana Cardoso. Testigos: Manuel Vega y Felipa Luján.

Acuña, Dn. Policarpo con Arévalo, Da. Isabel
F.172: 22 de junio de 1842, se casó y veló a Dn. **Policarpo Acuña**, h.l. de Dn. Francisco Acuña y de Da. María Zenteno, con Da. **Isabel Arévalo**, h.l. del finado Dn. Agustín Arévalo y de Da. María del Tránsito Salazar. Testigos: Dn. ¿Teodoro? Rodríguez y Da. María Arévalo.

Rodríguez, Juan Asencio con Paz, María Catalina
F.173: 13 de junio de 1842, se casó y veló a **Juan Asencio Rodríguez**, h.l. de José Antonio Rodríguez y María Micaela Gómez, con **María Catalina Paz**, h.l. Carlos Paz y Magdalena Molina. Testigos: Dn. Victorino Zurita y Da. Mercedes Ibáñez.

Mansilla, José Exequiel con Cisneros, María Evarista
F.173: 8 de agosto de 1842, se casó y veló **José Exequiel Mansilla**, h.n de María Luisa Mansilla, con **María Evarista Cisneros**, h.n. de Pilar Cisneros. Testigos: Ceferino Cisneros y Cecilia Molina. Nota: en la informacion matrimonial (Exp. 1726) se declaró un

impedimento de cuarto grado que se explica con el siguiente esquema:

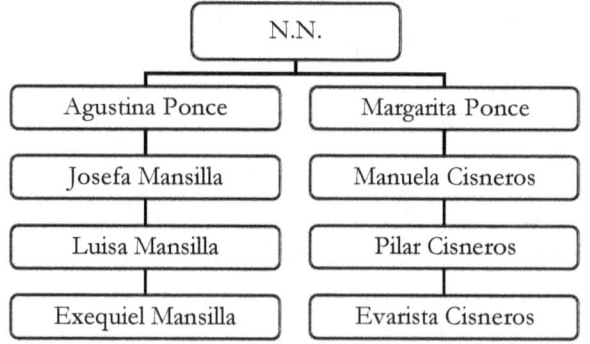

Romero, Juan Ramón con Orquera, María del Carmen
F.173: 21 de septiembre de 1842, se casó y veló a **Juan Ramón Romero**, h.l. de Juan Santos Romero y de Paulina Paz, con **María del Carmen Orquera**, h.l. de José Elías Orquera y de María del Rosario Castaños. Testigos: Dn. Juan Bautista Páez y Da. Rudecinda Molina.

Cejas, José Matías con Zurita, Magdalena
F.173-174: 24 de diciembre de 1842, se casó a **José Matías Cejas**, h.l. Juan Francisco Cejas y de Bárbara Rivarola, con **Magdalena Zurita**, h.n. de Juana Francisca Zurita. Testigos: Dn. Daniel Páez y Da. Carmen Chávez.

Coronel, Ignacio con Santillán, María Tomasa
F.174: 1 de enero de 1843 Casó a **Ignacio Coronel**, h.n. de Agustina Coronel, con **María Tomasa Santillán**, h.l. de Simón y de Juliana Galván. Testigos: Dn. Juan Francisco Martínez y Da. Tomasa Bravo.

Chávez, Severo con Pérez, Petrona
F.174: 23 de enero de 1843, se casó y veló a **Severo Chávez**, h.l. de Juan de la Cruz Chávez y de ¿Finarda? Pedraza, con **Petrona Pérez**, h.l. de Gaspar y de Marcelina Díaz. Testigos: Dn. Fructuoso Molina y Rufina Gómez.

Díaz, Domingo con Espíndola, Manuela
F.174: 4 de febrero de 1843, se casó y veló a **Domingo Díaz**, h.l. de Pedro José Díaz y de Lizarda Carrera, con **Manuela Espíndola**, h.n. de Polonia Espíndola. Testigos: Dn. Martiniano Gómez y Da. Regina Ferreira.

Caravajal, Juan Vicente con González, Javiera
F.174: 14 de enero de 1843, se casó y veló **Juan Vicente Caravajal**, h.l. del finado Alberto Caravajal y de María Juana Reinosos, con **Javiera González**, h.l. del finado José Gonzáles y de Francisca Garcete. Testigos: Dn. Santiago Paz y su esposa Da. Cruz Bravo.

Rosales, José Ignacio con Brizuela, María Candelaria
F.175: 16 de febrero de 1843, se casó y veló a **José Ignacio Rosales**, h.l. de los finados Lorenzo Rosales y de Justa Pastora Argañaráz, con **María Candelaria Brizuela**, h.n. de María Francisca Brizuela. Testigos: Dn. Narciso Reyes y Da. Isabel Burgos.

Pereira, Laurencio con Rosales, Manuela
F.175: 20 de febrero de 1843, se casó y veló a **Laurencio Pereira**, h.l. de Dn. Simón Pereira y de Da. Gerónima Burgos, con Da. **Manuela Rosales**, h.l. de Dn. Eusebio Rosales y Da. Juan Rosa Arroyo. Testigos: Dn. Santiago Delgado y Da. Antonio Ontiveros.

Vaca, José Luis con Páez, Eduarda
F.175: 25 de febrero de 1843, se casó y veló **José Luis Vaca**, h.n. de Silveria Vaca, con **Eduarda Páez**, h.l. de los finados Manuel Antonio Páez y de Alejandra Góngora. Testigos: Gregorio Medina y Da. Cruz Bravo.

Flores, Juan Domingo con Lobo, María Inocencia
F.175: 25 de febrero de 1843, se casó y veló a **Juan Domingo Flores**, h.l. Juan Andrés Flores y de María Mercedes ¿Funes?, con **María Inocencia Lobo**, h.l. del finado Esteban Lobo y de María del Tránsito Agüero. Testigos: Bartolo Santillán y María Rodríguez.

Quinteros, Nicolás con Amadora, Feliciana
F.176: 25 de febrero de 1843, se casó y veló a **Nicolás Quinteros**, h.n. de Ceferina, con **Feliciana Amadora**, h.l. de los finados Carlos Amadora y de Manuela Peñalosa. Testigos: Abelino Jeréz y Josefa Quiroga.

González, José Isidoro con Reinoso, Paulina
F.176: 27 de febrero de 1843, se casó y veló **José Isidoro González**, h.n. de Romualda González, con **Paulina Reinoso**, h.l. de Juan Nicolás Reinoso y de Inés Luna. Testigos: Isidoro Jiménez y Ventura González.

Juárez, Silverio con Videla, Eusebia

F.176: 27 de febrero de 1843, se casó y veló a **Silverio Juárez**, h.l. de Gregorio Juárez y de Nieves Pérez, con **Eusebia Videla**, h.l. de Francisco Videla y de Juana Nieva. Testigos: Dn. Bernardo Juárez y su esposa Lobo.

Godoy, Eulogio con Cancino, Bernardina

F.176: 27 de febrero de 1843, se casó y veló a **Eulogio Godoy**, h.n de María de los Ángeles, con **Bernardina Cancino**, h.l de Fulgencio Cancino y de Manuela ¿Ribainera?. Testigos: Matías Durán y María Díaz.

Contreras, Benito con Romano, Ignacia

F.177: 28 de febrero de 1843, se casó y veló a **Benito Contreras**, viudo de la finada Pilar Vega, con **Ignacia Romano**, viuda del finado Francisco Solano Concha. Testigos: Dn. David Carreta y Da. Prudencia Bulacia.

Vallejo, Justo Pastor con Agüero, Gregoria

F.177: 17 de marzo de 1843 Casó a **Justo Pastor Vallejo**, viudo de la finada Andrea Mansilla, con **Gregoria Agüero**, h.l. de Ignacio y de Monserrat Burgos. Testigos: Dn. Juan Antonio Díaz y Da. Manuela Díaz.

Brito, José Víctor con Figueroa, Cornelia

F.177: 26 de marzo de 1843 casó a **José Víctor Brito**, h.n. de Pascuala Brito, con **Cornelia Figueroa**, h.n. de Juana Figueroa. Testigos: José Santos Barrionuevo y Gregoria Luna.

Jiménez, Juan León con Fernández, Margarita

F.177: 3 de mayo de 1843 casó y a veló **Juan León Jiménez**, viudo de la finada Agustina Varela, con **Margarita ¿Fernández?** H.n. de la finada Luisa. Testigos: Benito Contreras e Ignacia Romano.

Valdéz, Ángel Mariano con Ibáñez, Apolinaria

F.178: 10 de mayo de 1843, se casó y veló a **Ángel Mariano Valdéz**, h.l. de Pio Valdéz y de Andrea Lobo, con **Apolinaria Ibáñez**, h.l. de Cruz Ibáñez y de Carmen Carrizo. Testigos: Pantaleón Arroyo y Tomasa Orquera.

Zurita, Pascual con Pérez, María Ignacia…

F.178: 18 de mayo de 1843, se casó y veló a **Pascual Zurita**, h.l. de Juan de la Cruz Zurita y de María Dolores Juárez, con **María Ignacia Pérez**, h.n. de María Juana. Testigos: Ramón Ledesma y Ana María Vázquez.

Montivero, Juan de Dios con Gómez, Rufina

F.178: 29 de mayo de 1843, dispensado un impedimento, casó a **Juan de Dios Montiveros**, h.n. de Isabel Montiveros con **Rufina Gómez**, viuda del finado Gregorio Ojeda. Testigos: Celedonio Pérez y su esposa.

Rodríguez, Pedro Celestino con Carrizo, Narcisa

F.179: 31 de mayo de 1843 dispensado impedimento de tercer grado de consanguinidad, se casó y veló **Pedro Celestino Rodríguez**, h.l. de Ignacio Rodríguez y de María Nieves Domínguez, con **Narcisa Carrizo**, h.l. de (hay un espacio en blanco) Carrizo y de Dominga Rodríguez. Testigos: Cornelio Rodríguez y Justa Rodríguez. (Exp. 2184)

Correa, José Miguel con Lobo, Tomasa

F.179: 2 de junio de 1843, se casó y veló **José Miguel Correa**, viudo de la finada María de la Cruz Orellana, con **Tomasa Lobo**, h.l. de Nicolás Lobo y de Gregoria Sánchez. Testigos: Manuel Rosales y Lorenza Valdéz.

Díaz, Justo con Juárez, María Asunción

F.179: 14 de junio de 1843, dispensado un impedimento por crimen de adulterium cum pacto nubendi, se casó a **Justo Díaz**, h.l. del finado Valentín Díaz y de Gregoria Fernández, con **María Asunción Juárez**, viuda del finado Asencio Ponce. Testigos: Ventura Díaz y Micaela Díaz

Coronel, Manuel Ignacio con Santillán, María Tomasa

F.179: 3 de junio de 1843 Se veló a **Manuel Ignacio Coronel**, h.n. de Agustina Rosa Coronel, con **María Tomasa Santillán**, h.l. de Simón Solano Santillán y Juliana Galván. Testigos: José Rosa Cisternas y Tomasa Bravo.

Agüero, Juan Silvestre con Godoy, María Melchora

F. 180: 7 de junio de 1843, se casó y veló **Juan Silvestre Agüero**, h.n María Victoria Agüero, con **María Melchora Godoy**, h.n. María Victoria Godoy. Testigos: Pedro Pablo Castellanos y Bernardina Toledo.

Ledesma, Félix Benigno con Campos, María Francisca

F. 180: 7 de junio de 1843, se casó y veló a **Félix Benigno Ledesma**, h.l. del finado Juan de Dios Ledesma y de María Teresa Peñaflor, con **María Francisca Campos**, h.l. de Juan Leandro Campos u de Francisca Antonia Garzón. Testigos: Pedro Ignacio Arias y María Zoila Guerra.

Ibáñez, Juan Dionisio con Quiroga, Josefa

F. 180: 10 de junio de 1843, se casó a **Juan Dionisio Ibáñez**, h.l. del finado Juan Dionisio Ibáñez y de Dolores Rivarola, con **Josefa Quiroga**, viuda del finado Manuel Jeréz. Testigos: Ramón Ibáñez y Pastora Ibáñez.

Juárez, Dionisio con Rojas, María Lucinda

F. 180: 10 de junio de 1843, se casó y veló a **Dionisio Juárez**, h.l. Casimiro Suárez y de Narcisa Murguía con María Lucinda Rojas, h.l. de … y de María Barrera. Testigos: José Pío Gómez y Juana Francisca Lobo.

Ríos, Ramón Rosa con Arévalo, María Juana Ignacia

F. 181: 19 de junio de 1843, dispensado un impedimento, se casó y veló a **Ramón Rosa Ríos**, h.n. de Gregoria Ríos, con **María Juana Ignacia Arévalo**, h.l. de los finados Bernardo y de Eufrasia Zurita. Testigos: Mariano Zurita y Bernardina Ríos. (Exp. 2190)

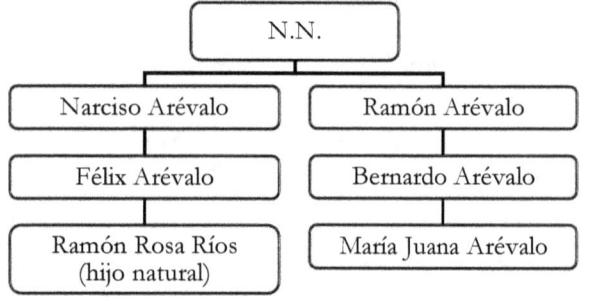

Quipildor, Exequiel con Pedraza, María de Jesús

F. 181: 28 de junio de 1843, se casó y veló a **Exequiel Quipildor**, h.l. de Valeriano Quipildor y de Josefa Acosta, con **María de Jesús Pedraza**, h.n. de Juana Francisca Pedraza. Testigos: Juan Gregorio Ojeda y Salomé.

Collantes, Pablo con Reinoso, Dominga

F. 181: 1 de julio de 1843, se casó y veló a **Pablo Collantes**, h.l. de Norberto y de María de la Cruz Soraire, con **Dominga Reinoso**, h.l. de Patricio y de Tomasina Díaz. Testigos: Calixto Ojeda e Ignacia Ojeda.

Concha, José Gabino con Caravajal, Antonia

F. 182: 7 de agosto de 1843, se casó y veló a **José Gabino Concha**, h.l. del finado José Gregorio Concha y de Candelaria Rosales, con **Antonia Caravajal**, h.n. de Francisca Borja Caravajal. Testigos: Ciriaco Luna y Gregoria Lina.

Argañaráz, Francisco Antonio con Nieva, Micaela

F. 182: 11 de agosto de 1843, se casó y veló a **Francisco Antonio Argañaráz**, h.l. de los finados, Francisco y Petrona Soria, con **Micaela Nieva**, h.l. de Nicolás Nieva y de Sebastiana Paz. Testigos: Rosario Collantes y Juana Collantes.

Verón, Isabel con Nieva, Juana

F. 182: 16 de agosto de 1843 casó a **Isabel Verón**, h.l. de los finados Francisco Verón y de Bartolina Iñiguez, con **Juana Nieva**, viuda del finado Francisco Nieva. Testigos: Dn. Pedro Pablo Márquez y de Asunción Altamiranda.

González, Pedro Nolasco con Sotelo, Ramona

F. 183: 17 de agosto de 1843, se casó y veló a **Pedro Nolasco González**, h.l. de Matías González y de Mauricia Collantes, con **Ramona Sotelo**, h.l. de Agustín Sotelo y de Cayetana Cevallos. Testigos: Bernardo Pereira y Vicenta Figueroa.

Ponce, Buenaventura con Jeréz, María Alejandra

F. 183: 14 de agosto de 1843, se casó y veló a **Buenaventura Ponce**, h.n. de Juana Ponce, con **María Alejandra Jeréz**, h.n. de Felisa Jeréz. Testigos: José Manuel Luna y Rosa Flores.

Cruzado, José Lucindo con Garcete, María Juana

F. 183: 1 de agosto de 1843, se casó y veló a **José Lucindo Cruzado**, h.l. de Juan Manuel Cruzado y de

María Bravo, con **María Juana Garcete**, h.n. de Francisca Garcete. Testigos: Dn. Daniel Páez y Casilda Acuña.

Peñaflor, Salvador Cayetano con Segura, María Ignacia

F. 183: 26 de agosto de 1843, se casó y veló a **Salvador Cayetano Peñaflor**, h.l. de los finados Pastor Peñaflor y Mercedes Arias, con **María Ignacia Segura**, h.l. de los finados José Luis y de María Rosa Artaza. Testigos: José Ocón Gómez. Y Petrona Barrera.

Ibáñez, Ramón Antonio con Caravajal, Juliana

F. 184: 4 de septiembre de 1843, se casó y veló a **Ramón Antonio Ibáñez**, h.l. de Patricio Ibáñez y de Albina Leguizamo, con **Juliana Caravajal**, h.n. de Máxima. Testigos: Benito Reinoso y Carmen Pas.

Cordero, Lorenzo con Sánchez, Juana

F. 184: 16 de septiembre de 1843, se casó y veló a **Lorenzo Cordero**, h.l. de Cornelio y de María Villarroel, con **Juana Sánchez**, h.l. de Pedro Ignacio Sánchez y de Rosario Ojeda. Testigos: Patricio Carrizo y Romualda Villarroel.

Osores, Gabriel con Guerra, Avelina

F. 184: 26 de septiembre de 1843, se casó y veló a **Gabriel Osores**, viudo de la finada Casilda Ledesma, con **Avelina Guerra**, h.l. de Enrique Guerra y de Simona Lobo. Testigos: Pedro Ignacio Arias y Juana Ledesma.

Delgado, Juan Manuel con Pereira, María Isabel

F. 185: 9 de octubre de 1843, se casó y veló a **Juan Manuel Delgado**, h.l. de Jacinto Delgado y de Fortunata Barrientos, con **María Isabel Pereira**, h.l. legítima de Pablo Pereira y de Justa Montenegro. Testigos: Gregorio Medina y Serafina Álvarez.

Lobo, Ramón del Carmen con Lobo, Solana

F. 185: 16 de octubre de 1843, dispensado un impedimento de tercer grado de consanguinidad, se casó y veló a **Ramón Del Carmen Lobo**, h.l. de los finados Narciso Lobo y Carmela Rodríguez, con **Solana Lobo**, h.l. de Andrés Lobo y de María Melián. Testigos: Dn. Pedro Pablo Ibáñez y Da. Cayetana Lezana. En la infomración matrimonial (Exp. 2211) se explica el parentesco con el siguiente esquema:

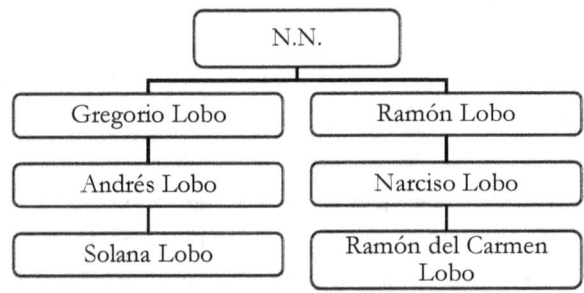

Barreda, Tiburcio con Ruiz, Luisa

F. 185: 16 de octubre de 1843, se casó y veló a **Tiburcio Barreda**, viudo de la finada Anselma Roldán, con **Luisa Ruiz**, h.n. de Francisca Ruiz. Testigos: Hilario ¿Martínez?, con Damiana Bravo.

Pinto, Francisco Javier con Flores, Eduarda

F. 185: 23 de octubre de 1843, se casó y veló a **Francisco Javier Pinto**, h.l. de los finados Juan Pío Pintos y María Petrona Peñaflor, con **Eduarda Flores**, h.l. de Juan Andrés Flores y de María Mercedes Flores. Testigos: Eulogia Díaz e Inés Ledesma.

Escasuso, José con Collantes, Inés

F. 186: 30 de octubre de 1843, dispensado un impedimento, se casó a **José Escasuso**, viudo de la finada Juana Isabel Barrientos, con **Inés Collantes**, viuda del finado Pedro Francisco Barrientos. Testigos: Dn. Leonardo Ferreira y Trinidad Barrientos. (Exp. 2219) impedimento de afinidad de cuarto grado línea transversal

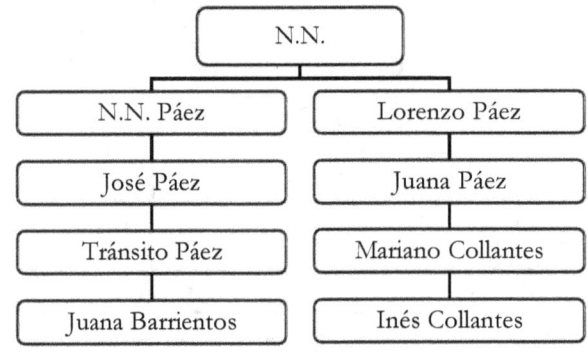

Bivanco, Francisco Javier con Segura, Ramona Felisa

F. 186: 8 de noviembre de 1843, se casó y veló a **Francisco Javier Bivanco**, h.n. de María Mercedes Bivanco, con **Ramona Felisa Segura**, h.n. de Juana Segura. Testigos: Inocencio Espíndola y Cipriana Armas.

Bayón, Manuel con Mansilla, Petrona Celestina
F. 186: 9 de noviembre de 1843, se casó y veló a **Juan Manuel Bayón**, h.n. Manuela Bayón, con **Petrona Celestina Mansilla**, h.n. de Leonarda Mansilla. Testigos: Diego Frogel y Josefa Calvimonte.

Agüero, Miguel Santos con Juárez, Nicolasa
F. 187: 13 de noviembre de 1843, dispensado un impedimento, se casó a **Miguel Santos Agüero**, h.l. de Esteban Agüero y de Mercedes Arias, con **Nicolasa Juárez**, viuda del finado Lorenzo Arias. Testigos: Dn. Leonardo Ferreira y Santos Bergara.

Ocón, Miguel de los Santos con Burgos, Francisca del Rosario
F. 187: 16 de noviembre de 1843, se casó y veló a **Miguel de los Santos Ocón**, h.n. de Rosario Ocón, con **Francisca del Rosario Burgos**, h.l. de Casimiro Burgos y de Mercedes Juárez. Testigos: Ildefonso Arévalo y Tomasa Cabral.

Camaño, Ángel con Goitia, María Antonia
F. 187: 30 de noviembre de 1843, se casó y veló a **Ángel Camaño**, h.l. de Juan Camaño y de Nicolasa Ledesma, con **María Antonia Goitia**, h.l. de los finados Laureano Goitia y de Isidora Infante. Testigos: Pedro Mercado y Josefa Luna.

Armas, Reinaldo con Soraire, Clara
F. 188: 15 de diciembre de 1843, dispensado un impedimento, se casó y veló a **Reinaldo Armas**, viudo de la finada Brígida Reinoso, con **Clara Soraire**, h.l. de Felipe Soraire y de Florentina Villagra. Testigos: Alejo Rasguido y María del Rosario Reinoso. (Exp. 2225)

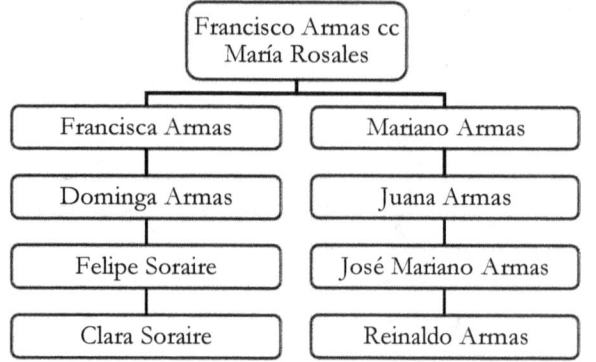

Lobo, Pedro Pablo con Orellana, María Luisa
F. 188: 8 de enero de 1844, se casó y veló a **Pedro Pablo Lobo**, h.l. del finado Fermín Lobo y de María Juana Vázquez, con **María Luisa Orellana**, h.n. de Dionisia Orellana. Testigos Tiburcio Páez y Felipe Antonia Luján.

Bayón, José Evaristo con Mansilla, María Ifigenia
F. 188: 8 de enero de 1844, se casó y veló a **José Evaristo Bayón**, h.n. de Manuela Bayón, con **María Efigenia Mansilla**, h.n. de María Luisa Mansilla. Testigos: Dn. José Ignacio Caballero y Francisca Antonia Caballero.

Aranda, Juan Gualberto con Barrios, Ramona Ignacia
F. 189: 8 de enero de 1844, se casó y veló a **Juan Gualberto Aranda**, h.l. de Laurencio Aranda y de Inés Miranda, con **Ramona Ignacia Barrios**, h.n de Clara Barrios. Testigos: Dn. Francisco Villagra y Da. Rufina Páez.

Rodríguez, Saturnino con Luna, Isidora
F. 189: 28 de diciembre de 1843, casó a **Saturnino Rodríguez**, h.n. de Manuela Rodríguez, con **Isidora Luna**, viuda del finado Cayetano Armas. Testigos: Luis Simón Reinoso y Francisca Antonia Ibarra.

Ledesma, Remigio con Peñaflor, Juana Francisca
F. 189: 16 de enero de 1844, se casó y veló a **Remigio Ledesma**, h.l. de Juan Luis y de Concepción Juárez, con **Juana Francisca Peñaflor**, h.l. de Ramón Peñaflor y de Lorenza Osores. Testigos: Juan Vidal y Salomé Vidal.

Barrionuevo, José Antonio con Medina, Cruz
F. 189: 24 de enero de 1844, se casó y veló a **José Antonio Barrionuevo**, h.l. de Roque Barrionuevo y de María Juana Barroso, con **Cruz Medina**, h.l. de Isidro Medina y de Tránsito Márquez. Testigos: Dn. Nicolás Leiva.

Pedraza, Pascual Bailón con Lazo, Hermenegilda
F.190: 29 de enero de 1844, se casó y veló a **Pascual Bailón Pedraza**, h.n. de Juana Francisca Pedraza, con **Hermenegilda Lazo**, h.l. de los finados Fermín Lazo y de Juana Vázquez. Testigos: Tiburcio Páez y Felipa Luján.

Barrera, José Evaristo con Ibáñez, María Mercedes
F.190: 31 de enero de 1844, se casó y veló a **José Evaristo Barrera**, h.l. de Francisco Barrera y de Casilda Quiroga, con **María Mercedes Ibáñez**, h.l. de

Juan de Dios Ibáñez y de Petrona Jaimes. Testigos: Juan Manuel Vázquez y María Inocencia Domínguez.

Cordero, Gabino con Olivera, María Inés
F.190: 3 de febrero de 1844, se casó y veló a **Gabino Cordero**, h.l. de Miguel Cordero y de Petrona Guzmán, con **María Inés Olivera**, h.l. de Manuel Olivera y de Francisca Santillán. Testigos: Dn. Martiniano Gómez y Da. Regina Ferreira.

Corrales, José Manuel con Bazán, Teresa
F.190: 5 de febrero de 1844, se casó y veló a **José Manuel Corrales**, h.n. de Juliana Corrales, con **Teresa Bazán**, h.n de Andrea Bazán. Testigos: Dn. Martiniano Gómez y Da. Isidora Goitia.

Quiroga, Juan Antonio con Zurita, María de Jesús
F.191: 5 de febrero de 1844, se casó y veló a **Juan Antonio Quiroga**, h.n. de Josefa Quiroga, con **María de Jesús Zurita**, h.l. Eusebio Zurita y de Rosalía Díaz. Testigos: Dn. Leonardo Ferreira y Juana Ignacio Quiroga.

Lobo, Liborio con Jeréz, Feliciana
F.191: 17 de febrero de 1844, dispensado un impedimento de segundo grado por afinidad ilícita, se casó y veló a **Liborio Lobo**, h.l. de Francisco Lobo y de Ignacia Espinosa, con **Feliciana Jeréz**, h.l. de Pedro Pablo Jeréz y de Juana Rosa Ledesma. Testigos: Dn. Cruz Ramos y Da. Feliciana Yanse. Nota: En la información matrimonial correspondiente (Exp. 1764) se declara un impedimento "ad cautelam" por afinidad en segundo grado por haber tenido trato ilícito la pretendida con un primo hermano del pretendiente, no existiría tal impedimento si el pretendiente no fuera hijo legitimo de su padre. El padre de Liborio declara que éste nació durante su matrimonio, sin embargo, podría no ser su hijo. Feliciano Lobo, hermano del pretendiente, declara que su madre le confesó en lecho de muerte que su marido no era el padre de su hermano Liborio.

Caravajal, Nicolás con Sobremonte, Ángela
F.191: 19 de febrero de 1844, se casó y veló a **Nicolás Caravajal**, h.n. de Antonia Caravajal, con **Ángela Sobremonte**, h.l. legitima de Miguel Sobremonte y de Petrona Lezana. Testigos: Pedro Díaz y Espíritu Guerreros.

Reinoso, Eliseo con Ibáñez, Concepción
F.192: 19 de febrero de 1844, se casó y veló a **Eliseo Reinoso**, h.l. de Patricio Reinoso y Tomasina Díaz, con **Concepción Ibáñez**, h.n. de Micaela Ibáñez. Testigos: Lorenzo Rosales y Justa Ibáñez.

Carrizo, José Tomás con Reinoso, Francisca Antonia
F.192: 19 de febrero de 1844, se casó y veló a **José Tomás Carrizo**, h.l. de Matías Carrizo y de Francisca Cabrera, con **Francisca Antonia Reinoso**, h.l. de Juan Reinoso y Asunción Villagra. Testigos: Dn. Donato Delgado y Fortunata Reinoso.

López, Juan de la Cruz con Avellaneda, Petrona
F.192: 19 de febrero de 1844, se casó y veló a **Juan de la Cruz López**, h.l. de Juan de Dios López y de María del Rosario Brizuela, con **Petrona Avellaneda,** h.n. Asunción Avellaneda. Testigos: Dn. Francisco y Antonia Ovejero.

Montserrat, Martín con Peralta, María Clara
F.192-193: 19 de marzo de 1844 casó a **Martín Montserrat**, h.l. del finado Venancio Montserrat y de Petrona Lobo, con **María Clara Peralta**, viuda del finado Bautista Amador. Testigos: Cipriano Barrera e Isabel Ribas.

Caballero, José Rudecindo con Pacheco, Manuela
F.193: 8 de abril de 1844 casó **José Rudecindo Caballero**, h.l. de Juan Tomás Caballero y de María Francisca Jeréz, con **Manuela Pacheco**, h.n. de Felipa Pacheco. Testigos: Ramón Tapia y Espíritu Tapia.

Verón, Miguel Gerónimo con Díaz, Dominga
F.193: 10 de abril de 1844 casó a **Miguel Gerónimo Verón**, viudo de la finada María Serafina Miranda, con **Dominga Díaz**, h.l. de Victoria Velázquez(sic). Testigos: Segundo Páez, Nicolasa Páez.

Ramos, Manuel Salvador con Bazán, Fernanda
F.193: 16 de abril de 1844, se casó y veló a **Manuel Salvador Ramos**, h.n. de María Antonia Ramos, con **Fernanda Bazán**, h.n. de Andrea Bazán. Testigos: Juan Francisco Martínez y Prudencia Bravo.

Paz, Faustino con Leiva, Antonina
F.194: 16 de abril de 1844, se casó y veló a **Faustino Paz**, h.n. de Juana Paz, con **Antonina Leiva**, h.l. de Mariano Leiva y de Francisca Flores. Testigos: Hilario Martínez y Candelaria Sánchez.

Gómez, Felipe con Burgos, María Teresa
F.194: 19 de abril de 1844, se casó y veló a **Felipe Gómez**, h.n. de María Josefa Gómez, con **María Teresa Burgos**, h.l. de Anastasio Burgos y de María del Rosario Cardoso. Testigos: Segundo Ahumada y Francisca Cardoso.

Frogel, Juan Fernando con Ruda, Avelina
F.194: 23 de abril de 1844, se casó y veló a **Juan Fernando Frogel**, h.l. de Sebastián Frogel y de María Ignacia Sueldo, con **Avelina ¿Ruda?**, h.n. de María Josefa. Testigos Fermín Medica y Apolinaria Sánchez.

Maturano, Luis con Molina, María
F.194: 22 de abril de 1844, se casó y veló a **Luis Maturano**, h.n. de Felipa Maturano, con **María Molina**, h.l. de Calixto Molina y de Felipa Cisneros. Testigos: Dn. Ubilfreo Tula Y Da. Patricia Espeche.

Agüero, Antonio Leandro con Díaz, Avelina
F.195: 23 de abril de 1844, se casó y veló a **Antonio Leandro Agüero**, h.n. de Juana Agüero, con **Avelina Díaz**, h.l. de Juan Díaz y de María Antonia Flores. Testigos: Francisco Díaz y Rosa Lezana.

Barros, José María con Rodríguez, Olegaria
F.195: 24 de abril de 1844, se casó y veló a Dn. **José María Barros**, h.n. de Da. María Albornos, con Da. **Olegaria Rodríguez**, h.l. de Dn. Ángel Mariano Rodríguez y de Da. Juana Luna. Testigos: Dn. Victorino Zurita y Da. Dolores Martínez.

Galván, Juan Bautista con Martínez, María Ramona
F.195: 27 de abril de 1844, se casó y veló a **Juan Bautista Galván**, viudo de la finada Juana Barrera, con **María Ramona Martínez**, h.l. Juan Francisco Martínez y de Agustina Gonzáles. Testigos: Juan Francisco Martínez y Da. Dolores Muro.

Cáceres, Félix con Osores, María Clara
F.195: 29 de abril de 1844, se casó y veló a **Félix Cáceres**, h.l. Alejandro Cáceres y de Justa Pastora Gutiérrez, con **María Clara Osores**, h.l. de Fermín Osores y de la finada Santos Bustos. Testigos: Dn. Luis Márquez y Da. Rosa Márquez.

Guerrero, Pedro con Rosales, Catalina
F.196: 6 de mayo de 1844, se casó y veló a **Pedro Guerrero**, h.l. de Silvestre Guerrero y de Mercedes Bulacia, con **Catalina Rosales**, h.l. de los finados Nicolás Rosales y de María del Señor Argañaráz. Testigos: Francisco Xabier Mercado y María Antonio Rosales.

Luna, José con Jiménez, Nicolasa
F.196: 11 de mayo de 1844, se casó y veló a **José Luna**, h.l. del finado Bernardo Luna y de Manuela Figueroa, con **Nicolasa Jiménez**, h.l. de Isidoro Jiménez y de Arcadia Gonzáles. Testigos: Lorenzo Luca y su esposa Ibáñez.

Ferreira, José Manuel con Díaz, María Dorotea
F.196: 13 de mayo de 1844, se casó y veló a **José Manuel Ferreira**, h.n. de María de la Cruz Ferreira, con **María Dorotea Díaz**, h.n. de Genivera Díaz. Testigos: ¿Ricuro? Rodríguez.

Gutiérrez, Juan Manuel con Castillos, Justa Pastora
F.197: 14 de mayo de 1844, se casó y veló a **Juan Manuel Gutiérrez**, h.l. de Dn. José Manuel y de Da. Francisca Palavecino, con **Justa Pastora Castillos**, h.l. de José Luis Castillos y de Romualda Alderete. Testigos: Felipe Cabral y Manuela Cabral.

Mercado, Felipe con Ramírez, Rosa
F.197: 29 de mayo de 1844, se casó y veló a **Felipe Mercado**, h.l. de José Antonio Mercado y de Gregoria Luna, con **Rosa Ramírez**, h.l. de Pedro Ramírez y de Dominga Figueroa. Testigos: Claudio Rosales y Celestina Ortiz.

Quiroga, Ubaldo con Vera, María Petrona
F.197: 31 de mayo de 1844, se casó y veló a **Ubaldo Quiroga**, h.n. de María Antonia Vega, con **María Petrona Vera**, h.l. de Evaristo Vera y de María Antonia Álamo. Testigos: Dn. Victorino Zurita y Da. Juana Isabel Oviedo.

Díaz, Ramón Rosa con Lobo, Delfina
F.197: 1 de junio de 1844, se casó y veló a **Ramón Rosa Díaz**, h.n. de Teodora Díaz, con **Delfina Lobo**, h.l. de Juan Felipe Lobo y de Juana Rosa Pacheco. Testigos: Dn. Belisario Brizuela y Da. Bernarda Ovejero.

Toledo, José María con Ponce, Sebastiana
F.198: 20 de mayo de 1844, se casó y veló a **José María Toledo**, h.l. de Matías Toledo y de Francisca Dorado, con **Sebastiana Ponce**, h.l. de Dionisio Ponce y de

Francisca Jaimes. Testigos: Dn. Pío Gómez y Da. Mercedes Salando.

Artaza, Andrés con Coria, María de la Cruz
F.198: 20 de mayo de 1844 casó a **Andrés Artaza**, viudo de la finada Estefanía Ibáñez, con **María de la Cruz Coria**, viuda del finado José Reyes. Testigos: Pedro Juárez y María Francisca Gómez.

Gómez, José Luis con Peralta, Francisca
F.198: 24 de mayo de 1844, se casó y veló a **José Luis Gómez**, h.l. José Francisco Gómez y de Encarnación Díaz, con **Francisca Peralta**, h.l. de Bartolo Peralta y de Concepción Barrera. Testigos: Pedro Ignacio Arias y Carmela Barrera.

Juárez, José Antonio con Rojas, Asunción
F.198: 28 de mayo de 1844, se casó y veló a **José Antonio Juárez**, h.l. de Marcelino Juárez y de Rita Díaz, con **Asunción Rojas**, h.l. de Isidoro Rojas y de Candelaria Carrizo. Testigos: Bartolo Artaza y Celedonio Juárez.

Islas, Santiago con Cáceres, María Gregoria
F.199: 3 de junio de 1844, se casó y veló a **Santiago Islas**, h.n. de Francisca Islas, con **María Gregoria Cáceres**, h.l. del finado Juan Tomás Cáceres y de Clara Bravo. Testigos: José Ignacio Tolosa y Pascuala Ortega.

Arias, Martín con Villarroel, Manuela
F.199: 5 de junio de 1844, se casó y veló a **Martín Arias**, h.n. de Josefa Arias, con **Manuela Villarroel**, h.n. de Celestina Villarroel. Testigos: Dn. Luis Leiva y Gerónima Argañaráz.

Díaz, Lorenzo con Ibáñez, María Luisa
F.199: 8 de junio de 1844, se casó y veló a **Lorenzo Díaz**, h.n. de Ubalda Díaz, con **María Luisa Ibáñez**, h.l. de Juan de Dios Ibáñez y de Petrona Jaimes. Testigos: Juan Vidal y María Faustina Díaz.

Díaz, Juan Pío con Valdéz, Lorenza
F.200: 26 de junio de 1844, se casó y veló a **Juan Pío Díaz**, h.l. de Nolasco Díaz y de Juana Rosales, con **Lorenza Valdéz**, h.l. de Antonio Valdéz y de Casimira Aráoz. Testigos: Miguel Santos Agüero y Nicolasa Juárez.

Rodríguez, Ramón con Ávila, María de la Consolación
F.200: 17 de julio de 1844, se casó y veló a **Ramón Rodríguez**, h.l. de Luis Rodríguez y de María Lorena Pérez, con **María de la Consolación Ávila**, h.l. del finado Dn. Maximiliano Ávila y de Victoria Domínguez. Testigos: Fernando Lobo y Ubalda Albarracín.

Mercado, Pedro con Ramírez, Lorenza
F.200: 28 de julio de 1844, se casó y veló a **Pedro Mercado**, h.l. de los finados Miguel y Gerónima Mercado, con **Lorenza Ramírez**, h.n. de Silvestra Ramírez. Testigos: Pedro Leguizamo e Isidora Rosales.

Artaza, Gabriel con Molina, Nicasia
F.201: 30 de julio de 1844, se casó y veló a **Gabriel Artaza**, h.n. de Manuela Artaza, con **Nicasia Molina**, h.l. de Luis Molina y de Casilda Rosales. Testigos: Lorenzo Rosales y Petrona Rosales.

Vázquez, Manuel con Díaz, Maximiliana
F.201: 2 de agosto de 1844, se casó y veló a **Manuel Vázquez**, h.l. de Bernardo Vázquez y de Casilda Albarracín, con **Maximiliana Díaz**, h.n. de Florencia Díaz. Testigos: Pedro Ignacio Arias y Juana Paula Ledesma.

Barrientos, Pedro Ignacio con Montivero, Pascuala
F.201: 16 de agosto de 1844, se casó y veló a **Pedro Ignacio Barrientos**, h.l. de los finados Luciano Barrientos y Domitila Rivera, con **Pascuala Montiveros**, h.n. de Romualda Montiveros. Testigos: Pedro Pablo Guerreros y Serafina Álvarez.

Tejeda, Calixto con Quiroga, Cayetana
F.201: 19 de agosto de 1844 Casó a **Calixto Tejeda**, h.l. de Francisco Tejeda y Mercedes Soria, con **Cayetana Quiroga**, viuda del finado Pedro Maldonado. Testigos: Pedro Albarracín y Mercedes Álvarez.

Nieva, Francisco con Argañaraz, María Josefa
F.202: 21 de agosto de 1844, se casó y veló a **Francisco Nieva**, viudo de la finada Valentina Leal, con **María Josefa Argañaráz**, h.n. de Cornelia Argañaráz. Testigos: Antonio Figueroa y Cornelia Argañaráz.

Gómez, Juan Gregorio con Mercado, Francisca
F.202: 22 de agosto de 1844, dispensado un impedimento dudoso de consanguinidad, se casó y veló a **Juan Gregorio Gómez**, h.n de María del Señor Gómez, con **Francisca Mercado**, h.n. de Simona Mercado. Testigos: Bonifacio Agüero.

León, José Remigio con Jeréz, Delfina
F.202: 5 de agosto de 1844, se casó y veló a **José Remigio León**, h.l. de Mariano León y de María Francisca Lalamo, con **Delfina Jeréz**, h.l. de Juan de Dios Jeréz y de Carmen Molina. Testigos: Ángel Luján y Juana Francisca Cáceres.

Salinas, Felipe con Márquez, Rosaura
F.203: 7 de agosto de 1844 dispensado impedimento dudoso de afinidad ilícita en segundo grado, se casó a **Felipe Salinas**, h.n. de Bartolina Salinas, con **Rosaura Márquez**, viuda del finado Agustín Díaz. Testigos: José Ignacio Caballero y Ramona Díaz. Nota: en la información matrimonial correspondite (Exp. 1797) se declara que el novio a tenido trato con una supuesta prima de su prometida, pero como esta vive en extraña jurisdicción y sus padres ya han muerto, se dispensa el impedimento "ad cautelam"

González, Juan Ángel con Sobrado, María de la Cruz
F.203: 8 de agosto de 1844, se casó y veló a **Juan Ángel González**, h.n. de María Bernardina González, con **María de la Cruz Sobrado**, h.n. de Prudencia Sobrado. Testigos: Dn. Juan Manuel Martínez y Da. Dolores Martínez.

Brizuela, Pedro Juan con Barrios, Feliciana
F.203: 21 de agosto de 1844, dispensados los impedimentos correspondientes, se casó y veló a **Pedro Juan Brizuela**, h.l. de Juan Martín Brizuela y de Manuela Flores, con **Feliciana Barrios**, viuda del finado Sinforoso Armas. Testigos: Manuel Santos Agüero y Nicolasa Juárez. Nota: En la información matrimonial correspondiente (Exp. 1812) se declara un impedimento por afinidad en segundo grado con atingencia al primero por haber tenido trato el novio con una sobrina de la novia. La pretendiente tiene mas de 50 años.

Reinoso, Ignacio con Cisneros, María Salomé
F.204: 13 de agosto de 1844, se casó y veló a **Ignacio Reinoso**, h.l. de Justo Reinoso y de Tomasina Gómez, con **María Salomé Cisneros**, h.n. de Manuela Cisneros. Testigos: Pascual Pacheco y Pilar Cisneros.

Luna, Juan Ignacio con Pacheco, María del Rosario
F.204: 30 de agosto de 1844, se casó y veló a **Juan Ignacio Luna**, h.n. de Lorena Luna, con **María del Rosario Pacheco**, h.l. de Eleuteria Pacheco. Testigos Basilio Luna y Luisa Rosales.

Zurita, Rosa con Soria, Francisca
F.204: 24 de septiembre de 1844 Casó a **Rosa Zurita**,, viudo de la Finada Candelaria Juárez, con **Francisca Soria**, viuda del finado Cayetano Cisneros. Testigos: Bonifacio Molina y Mercedes ¿Lega?

Rearte, David con Rodríguez, Da. Candelaria
F.204: 30 de septiembre de 1844, se casó y veló a **David Rearte**, h.l. de Santos Rearte y de Luisa Maidana con Da. **Candelaria Rodríguez**, h.l. de Dn. Teodoro Rodríguez y de Da. María Agustina Arévalo. Testigos: Policarpo Acuña y Da. Tránsito Salazar.

Ledesma, Luciano con Lobo, Salomé
F.205: 14 de octubre de 1844, se casó y veló a **Luciano Ledesma**, h.l. de Bernardo Ledesma y de Francisca Barrera, con **Salomé Lobo**, h.n. de Santos Lobo. Testigos: Dn. Martiniano Gómez y Da. Magdalena Luna.

Vega, Juan Martín con Jiménez, Felipa
F.205: 14 de octubre de 1844, se casó y veló a **Juan Martín Vega**, h.l. de Eduardo Vega y de Andrea Agüero, con **Felipa Jiménez**, h.l. Claudio Jiménez y de Manuela Ortis. Testigos: Lorenzo Luna y Marcelina Pacheco.

Ibáñez, Pedro Pascual con Morienega, Juana Ventura
F.205: 14 de octubre de 1844, dispensado un impedimento de consanguinidad de cuarto con tercer grado, , se casó y veló a **Pedro Pascual Ibáñez**, h.n. de Simona Ibáñez, con **Juana Ventura Moreniega**, h.l. de Simón Moreniega y de Juana Rosa Luna. Testigos: Juan Tomás Barrientos y Cruz Luna. En la informacion matrimonial correspondite (Exp. 1824) se explica el parentesco con el siguiente esquema:

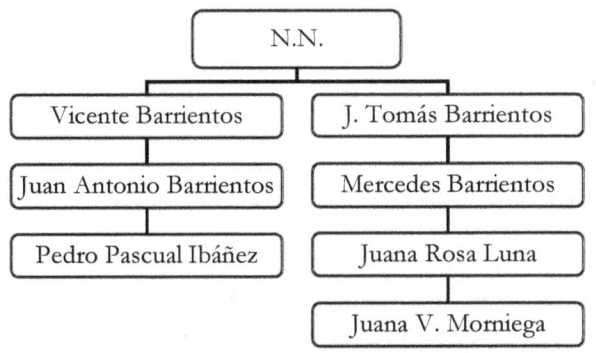

Ferreira, José con Reyes, María Elena
F.205: 21 de octubre de 1844, se casó y veló a **José Ferreira**, h.l. de Pedro Juan y de Candelaria Garcete, con **María Elena Reyes**, h.l. de Juan Esteban Reyes y de María Cipriana. Testigos: Pedro Juan Barrios. Da. Juana Córdoba.

Guerrero, José Elías con Carlos, Carlota
F.206: 21 de octubre de 1844, se casó y veló a **José Elías Guerrero**, h.l. de Simón Guerrero y de María del Rosario Ferryera, con **Carlota Carlos**, h.l. de Miguel Carlos y de Juliana Falcón, Testigos: José Zárate y Da. Isabel Burgos. Nota: en la información matrimonial correspondiente (Exp. 1821) se declara un impedimento por afinidad ilícita en primer grado por haber tenido trato la pretendida con un hermano del pretendiente.

Luna, Andrés Avelino con Jiménez, Ana Luisa
F.206: 4 de octubre de 1844, se casó y veló a **Andrés Abelino Luna**, h.n. de la finada Lorenza Luna, con **Ana Luisa Jiménez**, h.l. Isidoro Jiménez y de Analía González. Testigos: Manuela Lezcano y Toribia Ibáñez.

Espinosa, Juan José con Montenegro, Francisca
F.206: 19 de noviembre de 1844, se casó y veló a **Juan José Espinosa**, h.l. de los finados José Espinosa y de Toribia Quintana, con **Francisca Montenegro**, h.n. de Simona Montenegro. Testigos: Dn. Amaranto Brizuela y María Andrés Gómez.

Falcón, Indalecio con Villalba, Delfina
F.206: 25 de noviembre de 1844, se casó y veló a **Indalecio Falcón**, h.n. de Amadora Falcón, con **Delfina Villalba**, h.l. de los finados Estanislao Villalba y de Rosa Cano. Testigos: José Gil Salto y Gerónima Gómez.

González, Manuel con Cortés, Marcelina
F.207: 29 de noviembre de 1844, se casó y veló a **Manuel Gonzáles**, h.l. de Antonio González y de Petrona Falcón, con **Marcelina Cortés**, h.l. Anselmo Cortés y de María de Jesús Flores. Testigos: Manuel Coria y Juana Coria.

Acuña, Gregorio con Vega, María del Señor
F.207: 5 de enero de 1845 dispensado un impedimento por adulterium cum pacto nubendi, se casó a **Gregorio Acuña**, viudo de la finada Petrona Lobo, con **María del Señor Vega**, viuda del finado Silvestre Iriarte. Testigos: Hermenegildo Vega y Consolación Vega.

Leiva, Valentín con Ortiz, Margarita
F.208: 20 de enero de 1845, se casó y veló a **Valentín Leiva**, h.l. de los finados José Leiva y de Isabel ¿?, con **Margarita Ortiz**, h.n. José Luis Ortiz. Testigos: José Benancio Reinoso y Carmen Pas.

Montaldo, Avelino con Brizuela, Pascuala
F.208: 25 de enero de 1845, se casó y veló a **Abelino Montaldo**, h.n. de Petrona Montaldo, con **Pascuala Brizuela**, h.l. de los finados Martín Brizuela y Manuela Flores. Testigos: Pedro Antonio Aguirre y Isabel Montaldo.

Mercado, León con Brizuela, Leocadia
F.208: 29 de enero de 1845, se casó y veló a **León Mercado**, viudo de la finada Petrona Lobo, con **Leocadia Brizuela**, h.l. de Pedro Juan Brizuela y de Justa Ibáñez. Testigos: Gregorio Ramírez y Bárbara Mercado.

Figueroa, Manuel con González, María Agustina
F.208: 20 de enero de 1845, se casó y veló a **Manuel Figueroa**, viudo de la finada Dominga Guevara, con **María Agustina Gonzáles**, h.l. de los finados José María y de María Riarte. Testigos: Benito Contreras y Gervasia Barrientos.

Maza, Miguel con López, Natividad
F.208: 2 de febrero de 1845, se casó y veló a **Miguel Maza**, h.n. de Bernardina, con **Natividad López**, h.l. de los finados Fernando López y Catalina Rojas. Testigos: Dn. Juan Bautista Páez y Da. Cristina Juárez.

Sosa, Nicolás con Arias, Bartolina
F.209: 3 de febrero de 1845 Casó a **Nicolás Sosa** h.l. de Marcelino y de Petrona Vizcrara, con **Bartolina**

Arias, viuda e hija natural de Norberta Arias. Testigos: Genuario Soraire y Manuela Ibáñez.

Bustamante, Lorenzo con Rosales, María Antonia
F.209: 3 de febrero de 1845, se casó y veló a **Lorenzo Bustamante**, h.n. de Bernarda Bustamante, con **María Antonia Rosales**, h.l. de Mariano Rosales y de Manuela Reinoso. Testigos: Laurencio Pereira Da. Cruz Bravo.

Nieva, Francisco Antonio con Rosales, Marcelina
F.209: 3 de febrero de 1845, se casó y veló a **Francisco Antonio Nieva** h.l. de los finados Ceferino Nieva y de Cornelia Quinteros, con **Marcelina Rosales**, h.l. del finado Lorenzo Rosales y de Cruz Fernández. Testigos: Ciriaco Luna y Cruz Luna.

Salvatierra, Ramón Rosa con Cortés, María del Pilar
F.209: 3 de febrero de 1845, se casó y veló a **Ramón Rosa Salvatierra**, h.l. de Bernardo Salvatierra y de Juana Rosa Delgado, con **María del Pilar Cortés**, h.l. de Francisco Cortés y de Gerónima Quiroga. Testigos: José Manuel Luna y Ángela Barrientos.

Quiroga, José Justo con Campos, Josefa
F.210: 15 de febrero de 1845 casó a **José Justo Quiroga**, h.l. de Lorenzo Quiroga y de Micaela Ruiz, con **Josefa** h. adoptiva de María Campos. Testigos: Mauricio Figueroa y María Petrona Artaza.

Lobo, Manuel con Flores, Antonia
F.210: 31 de marzo de 1845, se casó y veló a **Manuel Lobo**, h.n. de Josefa con **Antonia Flores**, h.l. de Miguel Flores y de Manuela Arias. Testigos: José Ángel Flores y Hermenegilda Bazán.

Cevallos, Lorenzo con Sánchez, Plácida
F.210: 10 de abril de 1845, se casó y veló a **Lorenzo Cevallos**, h.l. de Manuel Cevallos y de María Paula González, con **Plácida Sánchez**, h.n. de Josefa Sánchez. Testigos: Juan Antonio Pacheco y Bartolina Pineda.

Nieva, Juan Francisco con Jeréz, María de la Cruz
F.210: 10 de abril de 1845, se casó y veló a **Juan Francisco Nieva**, h.n. de Andrea Nieva, con **María de la Cruz Jeréz**, h.l. de Casimiro Jeréz y de María Luisa Medina. Testigos: Manuel Ignacio Almada y Eugenio Molina.

Burgos, Juan Bautista con
F.211: 6 de abril de 1845, se casó y veló a **Juan Bautista Burgos**, h.l. de Juan Manuel Burgos y de María Antonia Leguisamo. (en la partida correspondiente no se consignó el nombre de la contrayente) Testigos: José Rojerio Rosales y Gregoria Luna.

Bravo, José Félix con Correa, Bartolina
F.211: 6 de abril de 1845, se casó y veló a **José Félix Bravo**, h.n. de Petrona Bravo, con **Bartolina Correa**, h.l. de Gregorio y de Rosario Fernández. Testigos: José Justo Morales y Dominga Díaz.

Lobo, Serapio con González, María del Rosario
F.211: 12 de abril de 1845, se casó y veló a **Serapio Lobo**, h.n. de Pilar Lobo, con **María del Rosario González**, h.l. de Nolasco y de Tomasa Muro. Testigos: Dn. Martiniano Gómez y Da. Petrona Gómez.

Pedraza, Juan Bautista con Brito, Josefa
F.212: 16 de mayo de 1845, se casó y veló a **Juan Bautista Pedraza**, h.l. de Juan de la Cruz Pedraza y de María Josefa Chazarreta, con **Josefa Brito**, h.l. de Juan Ángel y de Damascena Pacheco. Testigos: José Julián Altamiranda y María Josefa Pereira.

Calvimonte, Juan Ramón con Cisneros, María Josefa
F.212: 19 de abril de 1845, se casó y veló a **Juan Ramón Calvimonte**, h.n. de María Rosa Calbimonte, con **María Josefa Cisneros**, h.n. de Jacinta Cisneros. Testigos: Mariano Arias e Isabel Medina.

Sánchez, Pedro con Vizcarra, María del Carmen
F.212: 19 de abril de 1845, casó a **Pedro Sánchez**, h.l. de José Bruno Sánchez y de María del Pilar Cisneros, con **María del Carmen Viscarra**, viuda del finado Ignacio Domínguez. Testigos: Bernabé Medina y Cruz Navarro.

Robles, Cipriano con Guaráz, Hipola
F.212: 19 de abril de 1845, se casó y veló a **Cipriano Robles**, feligrés del curato de Graneros, en Tucumán, h.l. de Mariano Robles y de Gerónima Roldán, con **Hipola Guaráz**, h.l. de Pedro Guaráz y de Cornelia Argañaráz. Testigos: Claudio Rosales y Josefa Guerra.

Juárez, Mariano con Figueroa, Mercedes
F.213: 28 de abril de 1845, se casó y veló a **Mariano Juárez**, h.l. de Pablo Juárez y de Rosalía Jeréz, con **Mercedes Figueroa**, h.l. de Domingo Figueroa y de Juliana Roldán. Testigos: Dn. Isidro Salas y Rosa Varela.

Sánchez, José Lázaro con Santillán, Luisa
F.213: 7 de mayo de 1845, se casó y veló a **José Lázaro Sánchez**, h.l. de Venancio y Basilia Juárez, con **Luisa Santillán**, h.l. de Simón Santillán y de Juliana Galván. Testigos: Ángel Pastor Cardoso y Agustina Cordero.

Rosales, José Domingo con Peralta, Faustina
F.213: 7 de mayo de 1845, se casó y veló a **José Domingo Rosales**, h.n. de Beatriz Rosales, con **Faustina Peralta**, h.l. de Miguel Peralta y de María Bravo. Testigos: Bautista Jeréz y Mercedes Aban.

Jeréz, Félix Mariano con Fernández, Lizarda
F.213: 14 de mayo de 1845, se casó y veló a **Félix Mariano Jeréz**, h.l. de Bernabé Jeréz y María Manuela Lobo, con **Lizarda Fernández**, h.l. de Pedro Nolasco Fernández y de María Ignacia Rosales. Testigos: Pío Díaz y Bonifacia Ledesma.

Quevedo, Manuel con Ortega, María Asención
F.214: 15 de mayo de 1845, se casó y veló a **Manuel Quevedo**, h.l. de Rafael Quevedo y de María Antonia Arce, con **María Asención Ortega**, h.l. de Juan Anastasio Ortega y de Lizarda Ávila. Testigos: José Pio Díaz y Bonifacia Ledesma.

Pérez, Manuel con Valdéz, Abigail
F.214: 19 de junio de 1845, se casó y veló a **Manuel Pérez**, h.l. de Bruno Pérez y de Sebastián Ortiz, con **Abigail Valdéz**, h.l. de Francisco Solano Valdéz y de Rudecinda Burgos. Testigos: Dn. Lorenzo Burgos y Da. Mercedes Ahumada.

Medina, Jacinto con Jeréz, Petrona
F.214: 25 de junio de 1845, se casó y veló a **Jacinto Medina**, h.l de Pedro Medina y de María de la Cruz Cejas, con **Petrona Jeréz**, h.l. de Bernabé Jeréz y de María Melián. Testigos: Dn. Patricio Díaz y Da. Molina.

Guarda, Miguel Gerónimo con Albarracín, María del Señor
F.214: 3 de julio de 1845, se casó y veló a **Miguel Gerónimo Guarda**, h.n. Agustina Guarda, con **María del Señor Albarracín**, h.n. de Antonia Albarracín. Testigos: Eduardo Molina y Rosario Molina.

Lezcano, Félix con Ibáñez, María Juana
F.215: 5 de julio de 1845, se casó y veló a **Félix Lezcano**, h.n. de Eusebia Lezcano, con **María Juana Ibáñez**, h.n. de Marcelina Ibáñez. Testigos: Mariano Suárez y Petrona Ibáñez.

Cevallos, Ventura con Jiménez, Bernardina
F.215: 4 de julio de 1845, se casó y veló a **Ventura Cevallos** viudo de María Antonia Miranda, con **Bernardina Jiménez**, h.l. de Claudio Jiménez y de María Antonia Ortiz. Testigos: Jacinto Díaz y Rosario Albarracín. Nota: En la información matrimonial correspondiente (Exp. 1901) se declara que el pretendiente es hijo natural de Cayetana Cevallos.

Villalba, Gervasio con Martínez, María Dolores
F.215: 8 de julio de 1845, se casó y veló a **Gervasio Villalba**, h.l. de Justo Villalba y de Antonio Zurita, con **María Dolores Martínez**, viuda del finado Dionisio Barrionuevo. Testigos: Dn. José Luis Martínez y María Efigenia Melián.

Chazarreta, José Manuel con Castellanos, Rosa Laura
F.215: 8 de julio de 1845, se casó y veló a Dn. **José Manuel Chazarreta**, h.l. de los finados León Chazarreta y Josefa Rodríguez, con Da. **Rosa Laura Castellanos,** h.l. de Dn. Martín Castellanos y de Da. Petrona Ribas. Testigos: Ignacio Arias y Juana Ledesma.

Lobo, Jacobo con Brizuela, Tránsito
F.216: 27 de junio de 1845, se casó y veló a **Jacobo Lobo**, h.l. de Nicolás Lobo y de Gregoria Sánchez, con **Tránsito Brizuela**, h.l. de Baltasar Brizuela y de Asunción Espeche. Testigos: Cruz González y Marcelina González.

Martínez, Francisco Javier con Acosta, Paulina
F.216: 30 de junio de 1845, se casó y veló a **Francisco Javier Martínez**, h.l. de Francisco Martínez y de María Agustina González, con **Paulina Acosta**, h.l. de José Acosta y de María Juana Varela. Testigos: Dn. Doroteo Díaz y Da. Mercedes Sabanda

Santucho, Marcos con Ponce, María Francisca
F.216: 28 de julio de 1845, se casó y veló a **Marcos Santucho**, viudo de la finada Tomasina Lobo, con

María Francisca Ponce, h.l. de Asencio Ponce y de María Consolación Juárez. Testigos: no constan.

Molina, Luis con Ibarra, Felipa Antonia
F.216: 4 de agosto de 1845, se casó y veló a **Luis Molina**, viudo de la finada Tiburcia Rodríguez, con **Felipa Antonia Ibarra**, h.l. de Pedro Antonio Ibarra y de Elena Figueroa. Testigos: Genuario Soraire y Petrona Rosales.

Rosales, Gregorio con Collantes, Felipa
F.217: 6 de agosto de 1845, se casó y veló a **Gregorio Rosales**, viudo de la finada Avelina Ocon, con **Felipa Collantes**, viuda del finado Francisco Vivanes. Testigos: Ruperto Guerreros y Ceferina Horquera.

Ortiz, Alejandro con Delgado, Catalina
F.217: 13 de agosto de 1845, dispensado impedimento de cuarto grado de consanguinidad línea transversal, se casó y veló a **Alejandro Ortiz**, h.l. de los finados Francisco Ortiz y de Valentina Nieva, con **Catalina Delgado**, h.l. de Jacinto Delgado y de Fortunata Barrientos. Testigos: Patricio Barrientos y su esposa Salcedo. Nota: en la información matrimonial correspondiente (Exp. 1902) no se declara ningún impedimento.

Ibáñez, José Rosario con Peñaflor, Natalia
F.217: 17 de agosto de 1845, se casó y veló a **José Rosario Ibáñez**, h.l. de Eugenio Ibáñez y de Encarnación Carrizo, con **Natalia Peñaflor**, h.l. de Rosario Peñaflor y de Narcisa Islas. Testigos: Inocencio Trejo. Asención Altamiranda.

Córdoba, Juan Francisco con Pedraza, María Juana
F.218: 20 de agosto de 1845 casó a **Juan Francisco Córdoba**, viudo de la finada Tomasina Flores, con **María Juana Pedraza**, viuda del finado Toribio Acosta. Testigos: José Julián Altamiranda y Pilar Lobo.

Ovejero, Francisco Manuel con Villalba, María Justina
F.218: 20 de agosto de 1845, se casó y veló a Dn. **Francisco Manuel Ovejero**, h.n. de Da. María Isabel Ovejero, con Da. **María Juliana Villalba**, h.l. de Dn. Juan de la Rosa Villalba y de Da. Isidora Arévalo. Testigos: S. Doroteo Díaz y Da. Feliberta Villalba.

Ibáñez, Francisco Borja con Jiménez, Petrona
F.218: 30 de septiembre de 1845, dispensado un impedimento, se casó y veló a **Francisco Borja Ibáñez**, viudo de la finada Catalina Albarracín, con **Petrona Jiménez**, h.l. de Marcos Jiménez y de Juliana Alamón. Testigos: Benito Contreras y Dolores Brizuela.

Lezcano, Rufino con Bulacia, Jacinta
F.218: 30 de septiembre de 1845, se casó y veló a **Rufino Lezcano**, h.l. de Victorino Lascano y de la finada Justa Albarracín con **Jacinta Bulacia**, h.n. de Mercedes Bulacia. Testigos: José María Morales y Jacinta Ibáñez.

Díaz, Juan Dionisio con Díaz, Regina
F.219: 30 de septiembre de 1845, se casó y veló a **Juan Dionisio Díaz**, h.l. de Solana Díaz, con **Regina Díaz**, h.l. de Cayetano Díaz y de Antonia Albornos. Testigos: Félix Farías y María del Señor Medina.

Villarroel, Juan Manuel con Rodríguez, Carmen
F.219: 1 de octubre de 1845, se casó y veló a **Juan Manuel Villarroel**, h.n. de Celestina Villarroel, con **Carmen Rodríguez**, h.l. de Bernardino Rodríguez y de Dolores Figueroa. Testigos: no constan.

Reinoso, Venancio con Reinoso, Consolación
F.219: 1 de octubre de 1845, dispensado un impedimento de consanguinidad, se casó y veló a **Venancio Reinoso**, h.l. de Lucas Reinoso y de Juana Ventura Reinoso, con **Consolación Reinoso**, h.n. de Catalina Reinoso. Testigos: Pedro José Leguisamo y Celestina Ortiz. (Exp. 1908) El expediente dice que la novia es hija legítima de ¿Jacinto? Armas y de Catalina Reinoso, además especifica el *impedimento de consanguinidad por dos líneas, por la una en tercer grado y por la otra en cuarto*

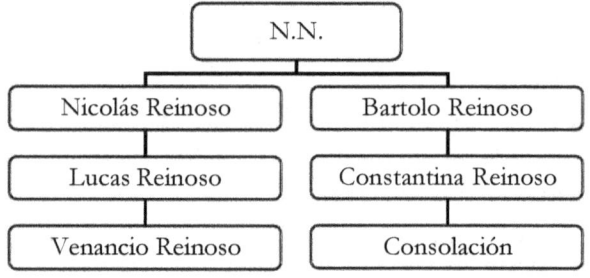

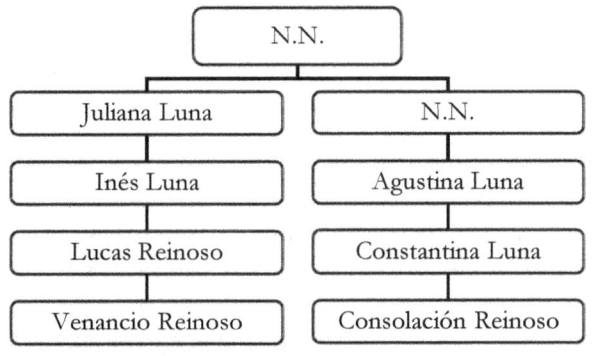

Mercado, Vicente con Mercado, Victoria
F.219: 1 de octubre de 1845, dispensado un impedimento, se casó y veló a **Vicente Mercado**, h.l. de José Antonio Mercado y de Gregoria Luna, con **Victoria Mercado**, h.l. de Santos Mercado y de Marcelina Barrientos. Testigos: Claudio Rosales y Francisca Mercado.

Rivera, Gregorio con Candi, María de la Cruz
F.220: 2 de octubre de 1845, se casó y veló a **Gregorio Rivera**, h.n. de Petrona Rivera, con **María de la Cruz Candi**, h.l. de Ascencio y de Mercedes Ortiz. Testigos: Alejandro Guerreros y Josefa Ontiveros.

Rivera, Martín con Castro, Justa
F.220: 2 de octubre de 1845, dispensado un impedimento, se casó y veló a **Martín Rivera**, h.n. de Jacoba Rivera, con **Justa Castro**, h.l. de José Manuel Castro y de Petrona Sosa. Testigos: Ramón Albarracín y Rosario Molina.

Luna, Ciriaco con Mercado, Isabel
F.220: 5 de octubre de 1845, se casó y veló a **Ciriaco Luna**, h.l. de Lorenzo Luna y de Tiburcia Ibáñez, con **Isabel Mercado**, h.l. de Santos Mercado y de Marcelina Barrientos. Testigos: Juan Tomás Barrientos y Francisca Mercado.

Coronel, Juan de Dios con Zárate, Beatriz
F.220: 5 de octubre de 1845, se casó y veló a **Juan de Dios Coronel**, h.l. de Manuel Antonio Coronel y de Anastasia Mansilla, con **Beatriz Zárate**, h.l. de Dolores Zárate y de Félis Álvarez. Testigos: Manuel Barrionuevo y Cornelia.

Astudillo, Juan José con Concha, Mercedes
F.221: 14 de octubre de 1845, se casó y veló a **Juan José Astudillo**, oriundo de Córdoba, residente en este curato, h.n. de Francisca Astudillo, con **Mercedes Concha**, h.n. de Francisca Concha. Testigos: Gregorio Romano y Filomena Sosa.

Toledo, Juan Dionisio con Lobo, María Pabla
F.221: 14 de octubre de 1845, se casó y veló a **Juan Dionisio Toledo**, h.n. de María Audifasia, con **María Pabla Lobo**, h.l. de Manuel Antonio y de Luisa Galarza. Testigos: Pedro Arias y Juana Pabla Ledesma.

Lobo, José de los Santos con Romano, María Isabel
F.221: 14 de octubre de 1845, dispensado un impedimento, se casó y veló a **José de los Santos Lobo**, h.l. de Juan Bautista Lobo y de Asunción Díaz, con **María Isabel Romano**, h.l. de Marcos Romano y Mercedes Rodríguez. Testigos: José Manuel Retamozo y Casilda Yanse. Nota: En la información matrimonial correspondiente (Exp. 1910) se declara que la pretendida a tenido trato ilícito con un hermano del pretendiente.

Zurita, Juan Asencio con Paz, Andrea
F.221: 14 de octubre de 1845, se casó y veló a **Juan Asencio Zurita**, h.l. de Enrique Zurita y de Carmen Bazán, con **Andrea Paz**, h.l. de Nolasco Paz y de Carmen Coronel. Testigos: Feliciano Zurita y Ángela Ponce.

Ledesma, Francisco Solano con Ledesma, María Leonarda
F.222: 16 de octubre de 1845, dispensado un impedimento, se casó y veló a, se casó y veló a **Francisco Solano Ledesma**, h.l. de Bernardo Ledesma y Francisca Barrera, con **María Leonarda Ledesma**, h.n. de Gabina Ledesma. Testigos: Leopoldo Reinoso e Inés Ledesma. Nota: En la información matrimonial correspondiente se declaró que el pretendiente a tenido trato con una hermana de la pretendida.

Quevedo, Romualdo con Rosales, María del Señor
F.222: 16 de octubre de 1845, se casó y veló a **Romualdo Quevedo**, h.l. de Rafaylo Quevedo y de María Antonio Arce, con **María del Señor Rosales**, h.l. de José Ignacio Rosales y de Petrona Olivera. Testigos; Rafaylo Quebedo y Tomasa Ogas.

Adauto, José León con Leiva, Zoila Mardonia
F.222: 16 de octubre de 1845, dispensado un impedimento, se casó y veló a **José León Adauto**, h.l. de Manuel Adauto y de Ignacia Ledesma, con **Zoila**

Macedonia Leiva, h.n. de Lucinda Leiva. Testigos. Dn. Bautista Espeche y Da. Maximiana Espeche. En la información matrimonial correspondiente (Exp. 1917) se detalla el parentesco de consanguinidad en tercer grado:

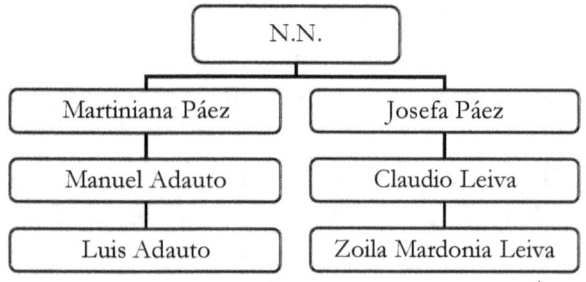

Almaraz, Teodoro con Osores, Gerónima
F.222: 16 de octubre de 1845, se casó y veló a **Pastor Almaraz**, viudo de la finada María Juana Perdiguero, con **Gerónima Osores**, h.n. de Petrona Ososres. Testigos: Feliciana Sabala e Isabel Almaras.

Quiroga, Ángel Mariano con Romano, María de la Cruz
F.222: 16 de octubre de 1845, se casó y veló a **Ángel Mariano Quiroga**, h.l. de Lorenzo Quiroga y de Micaela Ruiz, con **María de la Cruz Romano**, h.l. de Fulgencio Romano y de Tránsito Cordero. Testigos: Nolasco Garzón y su esposa.

Pérez, Ángel Mariano con Lobo, Tomasina
F.223: 16 de octubre de 1845, dispensado un impedimento, se casó y veló a **Ángel Mariano Pérez**, h.l. de Solano Pérez y de Rosario Toledo, con **Tomasina Lobo**, h.l. de Juan Esteban Lobo y de Tránsito Agüero. Testigos: Luciano Ledesma y Solana Lobo. Nota: En la información matrimonial correspondiente (Exp. 1909) se declara un impedimento de consanguinidad de cuarto con tercer grado El que se explica con el siguiente esquema:.

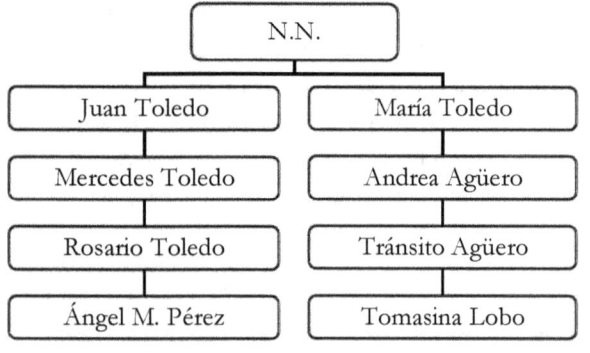

Ledesma, Isidro con Ferreira, María de Jesús
F.223: 16 de octubre de 1845, se casó y veló a **Isidro Ledesma**, h.l. de Juan de Dios Ledesma y de Teresa Peñaflor, con **María de Jesús Ferreira**, h.n. de Gregoria Ferreira. Testigos: Juan Quinteros con Valeriana Mansilla.

Acosta, Bernardo con Coronel, Apolinaria
F.223: 16 de octubre de 1845, se casó y veló a **Bernardo Acosta**, h.l. de Nicolás Acosta y de Candelaria Tolosa, con **Apolinaria Coronel**, h.l. de Francisco Coronel y de Dolores Paz. Testigos: Dn. Carmelo Espeche y Da. Damiana Bravo.

Barrionuevo, Dn. Luis Antonio con Tapia, Da. María Espíritu
F.223: 22 de octubre de 1845, se casó y veló a **Luis Antonio Barrionuevo**, h.l. de Dn. Conrado Barrionuevo y de Da. Isabel, con Da. **María Espíritu Tapia**, h.l. de Dn. Ramón Tapia y Da. Carmen Bravo. Testigos: Dn. Carmelo Espeche y Da. Damiana Bravo.

Rojas, Juan Nicolás con Zurita, Francisca Avelina
F.224: 22 de octubre de 1845, se casó y veló a **Juan Nicolás Rojas**, h.l. de José Tránsito Rojas y de Juana Rosa Quiroga, con **Francisca Avelina Zurita**, h.l. Juan Nicolás Zurita y de Josefa Ramos. Testigos Casimiro Juárez y María del Carmen Juárez.

Pacheco, Juan Ramón con González, María Celestina
F.224: 22 de octubre de 1845, se casó y veló a **Juan Ramón Pacheco**, h.l. de Juan Antonio Pacheco y de María Luisa Juáres, con **María Celestina González**, h.l. Pastor González y de María Celestina González. Testigos: Juan Bautista Jeréz y Mercedes Aban.

Guerreros, Eugenio con Silva, Griselda
F.224: 22 de octubre de 1845, se casó y veló a **Eugenio Guerreros**, h.l. de Silvestre Guerreros y de Mercedes Bulacia, con **Griselda Silva**, h.n. de Olegaria Silva. Testigos: Dn. Pedro Pablo Ibáñez y Da. Juana Pesado.

Cáceres, Pío con Heredia, María del Señor
F.224: 22 de octubre de 1845, se casó y veló a **Pío Cáceres**, h.l. de Javier Cáceres y de Francisco Zurita, con **María del Señor Heredia**, h.l. José Justo Heredia y de Micaela Acosta. Testigos: José Pio Gómez y Bonifacia Ledesma.

Barrera, José Gumersindo con Molina, Griselda

F.225: 22 de octubre de 1845, se casó y veló a **José Gumersindo Barrera**, h.l. de Martín y de Tránsito Díaz, con **Griselda Molina**, h.l. de Francisco Inocencio Molina y de María Juana Sánchez. Testigos: Pedro Pablo Castellanos y Bernardina Toledo.

Guaman, José Ignacio con Valdéz, Romualda

F.225: 28 de octubre de 1845, dispensado un impedimento, se casó y veló a **José Ignacio Guaman**, h.l. Manuel Guaman y de Ignacia Arévalo, con **Romualda Valdéz**, h.l. de Paulino Valdéz y de Francisca Cárdenas. Testigos: Nicolás Suárez y Carmen Guaman. Notra: en la información matrimonial correspondite (Exp. 1913) se declara que la pretendida a tenido trato ilícito con un primo hermano del pretendiente, es hija de padre viudo con cinco hijos y está embarazada del pretendiente.

Altamiranda, Lucio con Pereira, Restituta

F.225: 28 de octubre de 1845, se casó y veló a **Lucio Altamiranda**, h.l. de Hermenegildo Altamiranda y de Rosario Pedraza, con **Restituta Pereira**, h.n. de Lizarda Pereira. Testigos: Dn. Gregorio Murguía y Da. Antonia Ferreira.

Rosales, José Alejandro con Mercado, Mercedes

F.225: 29 de octubre de 1845, dispensado un impedimento, se casó y veló a **José Alejandro Rosales**, h.l. de José Antonio Rosales y de Gerónima Argañaráz, con **Mercedes Mercado**, h.l. de José Antonio Mercado y de Gregoria Luna. Testigos: Ángel Mariano Gómez y Celestina Ortiz.

Collantes, Andrés Avelino con Salguero, María Paula

F.226: 5 de noviembre de 1845, se casó y veló a **Andrés Abelino Collantes**, h.l. de Norberto Collantes y de María Soraire, con **María Paula Salguero**, h.l. de Ambrosio Salguero y de Hermenegilda Cisternas. Testigos: Ángel Reyes y Teresa Ahumada.

Aguilar, Cayetano con Pereira, Rosario

F.226: 5 de noviembre de 1845, se casó y veló a **Cayetano Aguilar**, viudo de la finada Felisa Jeréz, con **Rosario Pereira**, h.n de Micaela Pereira. Testigos: Felipe Aguilar y Manuela Díaz.

Reinoso, Luis Simón con Reinoso, Gregoria

F.226: 5 de noviembre de 1845, dispensado un impedimento, se casó y veló a **Luis Simón Reinoso**, h.l. de Justino Reinoso y de Francisca Armas, con **Gregoria Reinoso**, h.l. de Lucas Reinoso y de Ventura González. Testigos: Calixto Ojeda y Justa Santillan. Nota: En la información matrimonial correspondiente (Exp. 1915) se detalla el impedimento de *"consanguinidad por los líneas transversales, por la una en tercer grado y por la otra en cuarto"*:

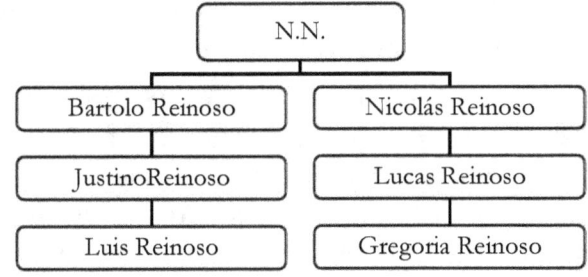

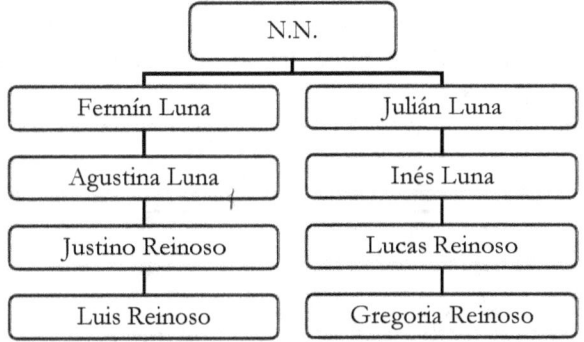

Domínguez, Tiburcio con Lazo, Fortunata

F.226: 5 de noviembre de 1845, se casó y veló a **Tiburcio Domínguez**, h.n. de Ignacia Domínguez, con **Fortunata Lazo**, h.l. de Fermín Lazo y de María Juana Vázquez. Testigos: Ramón Ledesma y Hermenegildo Lazo.

Lobo, Sebastián con Ovejero, Bernarda

F.227: 5 de noviembre de 1845, dispensado un impedimento, se casó y veló a **Sebastián Lobo**, h.l. de Nicolás Lobo y de Luisa Jeréz, con **Bernarda Ovejero**, h.l. Juan Antonio Ovejero y de Juliana Melián. Testigos: Dn. Martiniano Gómez y Da. Antonina Ferreira.

Leiva, Pedro José con Márquez, Andrea

F.227: 5 de noviembre de 1845, se casó y veló a **Pedro José Leiva**, h.n. de Andrea Concha, con **Andrea Márquez**, h.l. de José Antonio Márquez y de Antonia Tolosa. Testigos: Féliz Albarracín y Felipa Ibarra.

Iturre, Pedro José con Luna, María Elisea

F.227: 30 de octubre de 1845, se casó y veló a **Pedro José Iturre**, h.n. de Bernardina Iturre, con **María Elisea Luna**, h.l. de José Justo Luján y de Ana Rosa Arévalo. Testigos: Dn. Doroteo Díaz y su esposa.

Vega, Pedro Juan con Luján, María Juliana

F.227: 6 de octubre de 1845, se casó y veló a **Pedro Juan Vega**, h.n. de Juliana Vega, con **María Juliana Luján**, h.l. de José María Luján y de Justa Luján. Testigos: Bautista Zurita y Severa Páez.

Albarracín, Mateo con Rizo, María del Señor

F.228: 7 de octubre de 1845, dispensado un impedimento, se casó y veló a **Mateo Albarracín**, h.n. de María Mercedes Albarracín, con **María del Señor Rizo**, h.l. de Juan Gregorio Rizo y de Aurelia Artaza. Testigos: Dn. Miguel Valdéz y Da. Candeliara Leiva. Nota: en la información matrimonial correspondiente (Exp. 1920) se declara un parentesco de consanguinidad en tercer grado con segundo. * h.b (hijo bastardo)

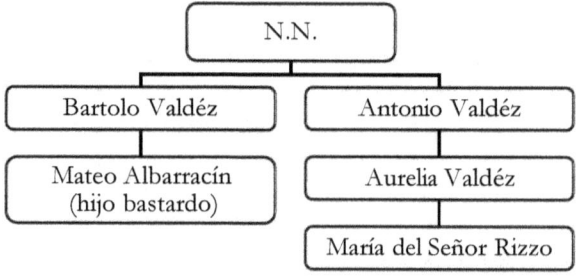

Morales, José Justo con Arévalo, Dorotea

F.228: 8 de noviembre de 1845, dispensados los impedimentos correspondientes, se casó y veló a **José Justo Morales**, h.l. de Liberato Morales y de Leonarda Arévalo, con **Dorotea Arévalo**, h.l. de Reymundo Arévalo y Ramona Luján. Testigos: Juan Manuel Díaz y Prudencia Villalba. (Exp. 1922) Parentesco *"de consanguinidad por un costado en cuarto con tercero línea transversal y el otro en tercero con segundo"*

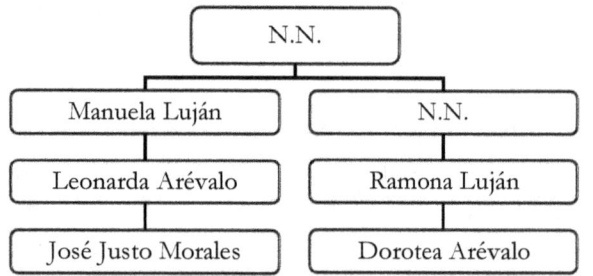

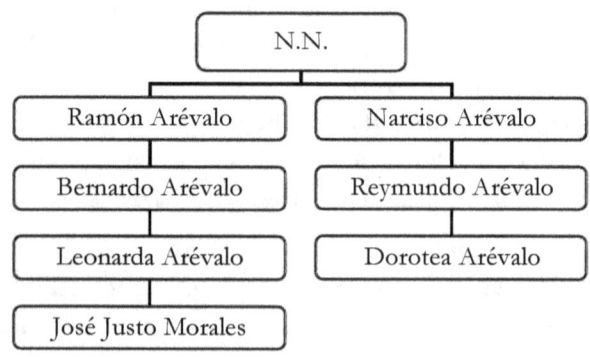

Herrera, Domiciano con Ocón, Susana

F.228: 10 de noviembre de 1845, dispensados los impedimentos correspondientes, se casó a **Domiciano Herrera**, h.l. de León Herrera y de Eugenia Romano, con **Susana Ocon**, viuda del finado Lucindo Romano. Testigos: Dn. Martiniano Gómez y Cruz Rojas. Nota: en la información matrimonial correspondiente (Exp. 1925) se declaran tres impedimentos por afinidad, uno en segundo grado lícito al ser el difunto esposo de la pretendida primo hermano del pretendiete, por otro lado un impedimento por afinidad ilícita por haber tenido la pretendida tenido trato con un primo hermano del pretendiente, y por último un tercer impedimento, por afinidad ilícita de segundo con primero por haber tenido trato la pretendida con un tio del pretendiente.

Bravo, Francisco Antonio con Ibáñez, María del Señor

F.228: 10 de noviembre de 1845, se casó y veló a **Francisco Antonio Bravo**, h.n. de Dominga Bravo, con **María del Señor Ibáñez**, h.l. de Eugenio Ibáñez y de Encarnación Carrizo. Testigos: Julián Trejo y Pascuala Lobo.

Guerra, Carmelo con Ledesma, Griselda

F.229: 14 de noviembre de 1845, se casó y veló a **Carmelo Guerra**, h.n. de Lucía Guerra, con **Griselda Ledesma**, h.l. de Francisco Antonio Ledesma y de Juana Rosa Bravo. Testigos: Pedro Nolasco Grarsón y Juana Luna.

Agüero, Alberto con Alba, Teresa

F.229: 14 de noviembre de 1845, se casó y veló a **Alberto Agüero**, h.l. de Ignacio Agüero y de Monserrat Burgos, con **Teresa Alba**, h.l. de Juan Alba y de Rosa Vallejos. Testigos: Felipe Cabral y Dominga.

Vázquez, Félix Ignacio con Ledesma, Rosario

F.229: 25 de noviembre de 1845, dispensados los impedimentos correspondientes, se casó y veló a **Félix Ignacio Vázquez**, h.l. de Domingo Vázquez y de María Antonia Cardoso, con **Rosario Ledesma**, h.l. de Manuel Antonio Ledesma y de Marta Cisternas. Testigos: Hermenegildo Vázquez y Hermenegilda Lazo. Nota: en la información matrimonial correspondiente (Exp. 1927) se declara un parentesco de consanguinidad en línea transversal en cuarto grado con tercero.

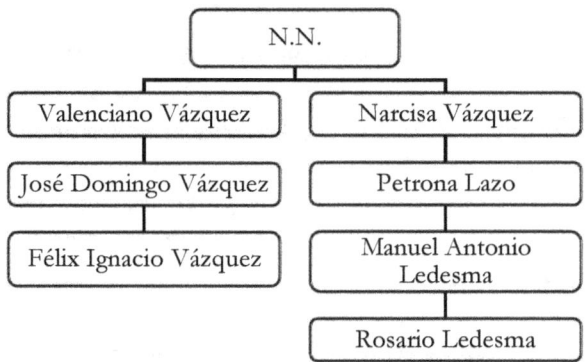

Cabrera, Vicente con Morienega, Bernarda

F.229: 28 de noviembre de 1845, se casó y veló a **Vicente Cabrera**, h.l. de Jorge y de María Juana Argañaráz, con **Bernarda Moreniega**, h.l. de Simón de Juana Rosa Luna. Testigos: Ramón Antonio Rosales y Francisca Antonia Rosales.

Arévalo, Pedro Santos con Rodríguez, Carmen

F.230: 28 de noviembre de 1845, dispensado un impedimento, se casó y veló a **Pedro Santos Arévalo**, viudo de la finada María de la Cruz Ibáñez, con **Carmen Rodríguez**, h.l. de Ignacio Rodríguez y de Nieves Domínguez. Testigos: Pío Ibáñez y Petrona Coronel. Nota: en la información matrimonial (Exp. 1930) se declara un parentesco de afinidad de cópula lícita en cuarto grado.

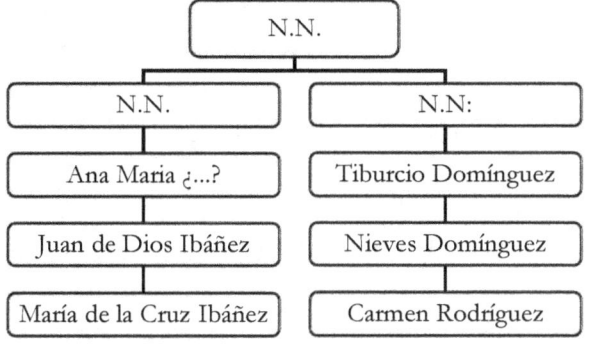

González, Juan de la Cruz con Juárez, Zoila Tomasa

F.230: 29 de noviembre de 1845, se casó y veló a **Juan de la Cruz González**, h.l. de los finados Juan de la Cruz González y de María Pabla Córdoba, con **Zoila Tomasa Juárez**, h.l de Luis Juárez y de Eusebia Ahumada. Testigos: Dn. Martiniano Gómez y Da. Regina Ferreira.

Domínguez, Fermín con Ibáñez, Evarista

F.230: 1 de diciembre de 1845, se casó a **Fermín Domínguez**, h.l. de Ambrosio Domínguez y de Gregoria Cabrera, con **Evarista Ibáñez**, h.n. de María Juana Ibáñez. Testigos: Pío Ibáñez y Marcelina González.

Sánchez, Ramón Rosa con Cardoso, María de los Santos

F.231: 8 de diciembre de 1845 Casó a **Ramón Rosa Sánchez**, h.l. de Bonifacio Sánchez y de Petrona Herrera, con **María de los Santos Cardoso**, h.n. de Lorenza Cardoso. Testigos: Domingo Díaz y Solana Vidal.

Juárez, Juan de la Cruz con Magallanes, Francisca Antonia

F.231: 10 de diciembre de 1845 Casó a **Juan de la Cruz Juárez**, h.n. de Juana Juárez, con **Francisca Antonia Magallán**, h.l. de José Antonio Magallán y de Tránsito Ibáñez. Testigos: Jacinto Díaz y Santos Albarracín.

Navarro, Pedro Nolasco con Caballero, María Teodora

F.231: 10 de diciembre de 1845 casó a **Pedro Nolasco Navarro**, h.n. de Luisa Navarro, con **María Teodora Caballero**, h.l. de Silvestre Caballero y de María Antonia Gutiérrez. Testigos: Rufina Páez y Cruz Navarro.

Carrizo, Esteban con Arévalo, Solana

F.232: 18 de diciembre de 1845, dispensado un impedimento, se casó y veló a **Esteban Carrizo**, h.n. de Josefa Carrizo, con **Solana Arévalo**, viuda del finado Nicolás Rosales. Testigos: Dn. Fructuoso Molina y Da. Candelaria Martínez. Nota: en la información matrimonial (Exp. 1928) se declara un parentesco de *"afinidad proveniente de la cópula lícita en segundo con tercero línea transversal"*

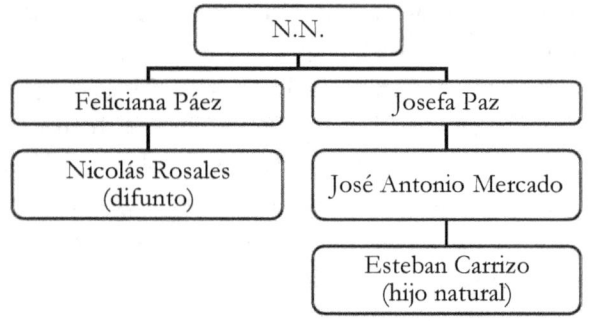

Albarracín, Santiago con Aráoz, Candelaria

F.232: 15 de octubre de 1845, se casó y veló a **Santiago Albarracín**, h.n de Antonio Albarracín con **Candelaria Aráoz**, h.l. de Julián y de Manuela Reinoso. Testigos: Teodoro Villagra, con su esposa.

Guaráz, José Ignacio con Castro, María Gertrudis

F.232: 1 de enero de 1846, se casó y veló a **José Ignacio Guarás**, h.l. de Miguel Guáras y de Gerónima Robles, con **María Gertrudis Castro**, h.l. de Pascual Castro y de Nieves Arauz. Testigos: Pedro Mercado y Petrona Fernández.

Ortiz, Juan Santos con González, Rufina

F.232: 30 de diciembre de 1845, se casó y veló a **Juan Santos Ortiz**, h.l. de Francisco Ortiz y de Gregoria Arévalo, con **Rufina González**, h.l. de Juan Manuel González y de Pabla Maldonado. Testigos: Dn. Manuel de Reyes Arévalo con Da. Juana Ramon.

Páez, Ángel Mariano con Cisternas, Joaquina

F.233: 16 de noviembre de 1845, se casó y veló a **Ángel Mariano Páez**, h.n. de Andrea Páez, con **Joaquina Cisternas**, h.l. de Antonio Cisternas y de Petrona Barrionuevo. Testigos: Dn. Pascual Arévalo y Da. Cruz Acuña.

Ríos, Wenceslao con Morales, María Avelina

F.233: 24 de diciembre de 1845, se casó y veló a **Wenceslao Ríos**, h.n. de María Gregoria Ríos, con **María Avelina Morales**, h.l. de Liberato Morales y de Leonarda Arévalo. Testigos: Enrique Barrionuevo y Da. Santos Guerreros.

Ávila, Crisóstomo con Cáceres, Josefa

F.233: 30 de octubre de 1845, dispensados los impedimentos correspondientes, se casó y veló a **Crisóstomo Ávila**, h.l. de Gervasio Ávila y de Rosa Caballero, con **Josefa Cáseres**, h.l. de Alejandro Cáseres y de Justa Gutiérrez. Testigos: Pantaleón Páez y Tránsito Leiva. En la infomración matrimonial correspondiete (Exp. 1918) se declara un parentesco de consanguinidad en cuarto grado con tercero:

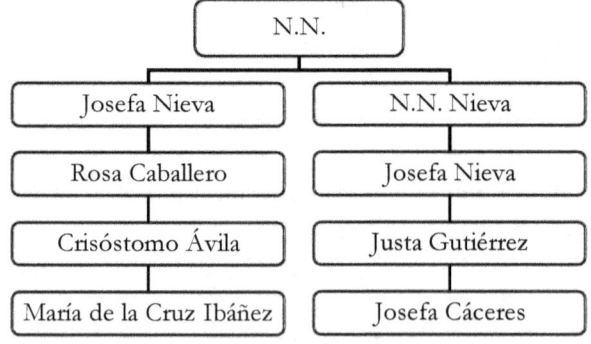

Arias, José Maximiliano con Mansilla, María de la Paz

F.234: 17 de octubre de 1845, dispensados los impedimentos correspondientes, se casó y veló a **José Maximiliano Arias**, h.l. Juan Agustín Arias y de Josefa Ávila, con **María de la Paz Mansilla**, h.l. Fernando Mansilla y de Nieves Rodríguez. Testigos: Dn. José Pascual Pacheco y Da. Isabel Frogel. Nota: en la información matrimonial correspondiente (Exp. 1924) se declara un impedimento de afinidad ilícita en segundo grado por haber tenido trato la pretendida con un primo hermano del pretendiente.

Rojas, José Toribio con Falcón, Magdalena

F.234: 7 de enero de 1846, dispensado un impedimento, se casó y veló a **José Toribio Rojas**, h.n. de Jesús Rojas, con **Magdalena Falcón**, h.l. de Pablo Falcón y de Hilaria Chaves. Testigos: Celestino Barrionuevo y Tránsito Luján. Nota: en la información matrimonial (Exp. 1931) se declara que el novio tuvo trato con una prima de su pretendida y que la misma está embarazada.

Albarracín, Manuel con Díaz, Asunción

F.234: 13 de abril de 1846, se casó y veló a **Manuel Albarracín**, h.n. de Antonina Albarracín, con **Asunción Díaz**, h.l. de José Díaz y de Antonia Caravajal. Testigos: José Antonio Guerreros y Griselda Silba.

Barrientos, Ricardo con Brizuela, Teodora

F.234: 13 de abril de 1846, se casó y veló a **Ricardo Barrientos**, h.l. de Pedro Francisco Barrientos y de Javiera Mansilla, con **Teodora Brizuela**, h.l. de Pedro Juan Brizuela y de Justa Ibáñez. Testigos: Juan de la Cruz Ramos.

Cejas, José Inés con Osores, María de la Cruz
F.235: 10 de enero de 1846, se casó y veló a **José Inés Cejas**, h.n. de María Tomasa Cejas, con **María de la Cruz Osores**, h.l. de Segundo Osores y de Nicolasa Avellaneda. Testigos: Juan Pío Ibáñez con su esposa.

Carrizo, Bartolo con Avellaneda, Asunción
F.235: 21 de enero de 1846, se casó y veló a **Bartolo Carrizo**, h.n. de Susana Carrizo, con **Asunción Abellaneda**, h.n. de Juana Abellaneda. Testigos: Juan Vidal y Solana Vidal.

Bustamante, Julián con Villagra, Justina
F.235: 18 de febrero de 1846, dispensado un impedimento, se casó y veló a **Julián Bustamante**, viudo de la finada María Eugenia Villagra, con **Justina Villagra**, h.l. de Teodoro y de Basilia Reinoso. Testigos: Cirilo Zárate y Gregoria Nieva. Nota: en la información matrimonial correspondiente (Exp. 1946) se declara un impedimento por afinidad ilícita en segundo grado con primero por ser la difunta esposa del pretendiente, tia carnal de la pretendida.

Romero, Damasio con Pérez, Pastora
F.235: 19 de febrero de 1846, se casó y veló a **Damásio Romero**, h.n. de Candelaria Romero, con **Pastora Pérez**, h.l. de Bautista Pérez y de Candelaria Robles. Testigos: Toribio Luna y Tránsito Ramírez.

Collantes, Segundo con Reinoso, Saturnina
F.236: 21 de febrero de 1846, se casó y veló a **Segundo Collantes**, h.l. de Norberto Collantes y de María Cruz Soraire, con **Saturnina Reinoso**, h.n. de Nicolasa Reinoso. Testigos: Dn. Manuel Antonio Valdéz y Joseda Cardoso.

Reinoso, Juan Nicolás con Plaza, Cesárea
F.236: 23 de febrero de 1846, se casó y veló a **Juan Nicolás Reinoso**, h.n. de María de los Ángeles, con **Cesaría Plaza**, h.l. de Fabián Plaza y de Carmen Pedernera. Testigos: Dn. Gregeorio Molina y Da. Cruz Bravo.

Leguisamo, Ruperto con Armas, Eugenia
F.236: 23 de febrero de 1846, se casó y veló a **Ruperto Leguisamo**, h.l. José Leguisamo y de Magdalena Ibáñez, con **Eugenia Armas**, h.l. de Mariano Armas y de Antonia Rosales. Testigos: Lorenzo Reinoso y Lucía Leguisamo.

Ibáñez, Manuel con Fernández, Maximiliana
F.236: 24 de febrero de 1846, se casó y veló a **Manuel Ibáñez**, h.n. de Cayetana Ibáñez, con **Maximiliana Fernández**, h.l. Juan José Fernández y de Florentina Vaca. Testigos: María Ibáñez y Salomé Soraire.

Argañaraz, Ramón Ignacio con Yala, María Concepción
F.237: 24 de febrero de 1846, se casó y veló a **Ramón Ignacio Argañaráz**, h.l. de Francisco Argañaráz y de Petrona Soria, con **María Concepción Yala**, h.l. de Mariano y de Sacramento Juárez. Testigos Nicolás Pérez y Da. Isabel Burgos.

Cisternas, Pedro Nolasco con Mansilla, María Mercedes
F.237: 11 de febrero de 1846, se casó y veló a **Pedro Nolasco Cisternas**, viudo de la finada Micaela Vega, con **María Mercedes Mansilla**, h.l. de Jacinto Mansilla y de María Teresa Soraire. Testigos: no constan.

Castellanos, Manuel Salvador con Osores, María Anunciación
F.237: 23 de febrero de 1846, se casó y veló a **Manuel Salvador Castellanos**, h.l. de Martín Castellanos y de Petrona Rivas, con **María Anunciación Osores**, h.l. de Antonio Osores y de ¿Matilda? Díaz. Testigos: Eusebio Reinoso y Gregoria Reinoso.

Ojeda, Calixto con Barrientos, Ángela
F.237: 23 de febrero de 1846, se casó y veló a **Calixto Ojeda**, h.l. de Juan y de Ramona Robles, con **Ángela Barrientos**, h.l. de Pedro Francisco Barrientos y Ana María (ilegible). Testigos: Dn. Gregorio Márquez y Da. ¿Justina? Ferreira.

Romero, Juan Bautista con Ávila, Andrea
F.238 16 de febrero de 1846, se casó y veló a **Juan Bautista Romero**, h.l. Juan Marcos Romero y Lorenza Molina, con **Andrea Ávila**, h.l. de Juan Francisco Ávila y de Pilar Torres. Testigos: Dn. Marcelino Molina y de Odofia Nieva.

Quiroga, Carmelo con Barrera, Juana Petrona
F.238: 10 de marzo de 1846 Casó a **Carmelo Quiroga**, h.l. de Cruz Quiroga y de Juana María Murguía, con

Juana Petrona Barrera, viuda del finado Fermín Sánchez. Testigos: Casimiro Juárez y Carmen Rufus.

Campos, José María con Agüero, María Feliciana
F.238: 20 de abril de 1846, se casó y veló a **José María Campos**, h.l. de Inocencio Campos y de María Juana Cabrera, con **María Feliciana Agüero**, h.l. Juan Pedro Agüero y de Francisca Juárez. Testigos: Felipe Santiago Páez y Juana Rosa Contreras.

Díaz, Fermín Antonio con Juárez, Victoria
F.239: 21 de abril de 1846, se casó y veló a **Fermín Antonio Díaz**, h.l. de Juan Díaz y de Antonia Flores, con **Victoria Juárez**, h.l. de Ramón Juárez y de Francisca Cortés. Testigos: Félix Ojefa y Cayetana Quiroga.

Arévalo, José con Pérez, Eustaquia
F.239: 24 de abril de 1846, se casó y veló a **José Arévalo**, h.l. de Reynaldo Arévalo y de Ramona Luján, con **Eustaquia Pérez**, h.l. de Francisco Pérez y de Francisca Rodríguez. Testigos: Juan de la Cruz Pérez y Bartolina Pérez.

Páez, José Justo con Mansilla, Teodora
F.239: 29 de abril de 1846, se casó y veló a **José Justo Páez**, h.l. de José Miguel Páez y de Francisca Mercado, con **Teodora Mansilla**, h.n. de Javiera Mansilla. Testigos: Carmelo Moyano y Teodoro Brizuela.

Reyes, José Antonio con Vivanco, Manuela
F.239: 1 de mayo de 1846, se casó y veló a **José Antonio Reyes**, h.n. de Margarita Reyes con **Manuela Vivanco**, h.n. de Mercedes Vivanco. Testigos: Juan Manuel Gordillo y Juana Albarracín.

Moreniega, Francisco con Rosales, Juana Isabel
F.240: 2 de mayo de 1846, dispensado un impedimento, se casó y veló a **Francisco Moreniega**, h.l. de Simón Moreniega y de Juana Rosa Luna, con **Juana Isabel Rosales**, h.l. de Ramón Rosales y de Gerónima Argañaráz. Testigos: Juan Tomás Barrientos y Bailona. Nota: en la información matrimonial correspondiente (Exp. 1961) se declara un impedimento de consanguinidad en cuarto con tercero grado que se explica con el siguiente esquema:

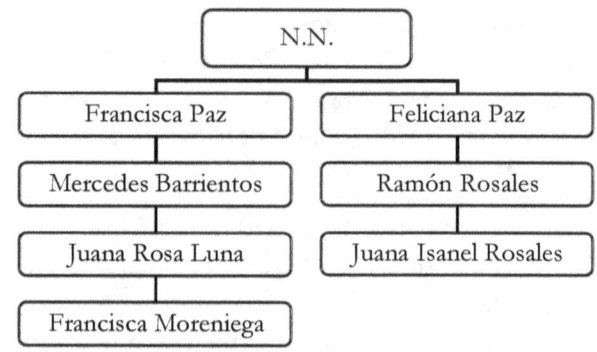

Páez, José Rufino con Aguirre, Indalecia
F.240: 13 de mayo de 1846, se casó y veló a Dn. **José Rufino Páez**, h.n. de Da. Teresa Páez, con Da. **Indalecia Aguirre**, h.n. de Da. Teresa Aguirre. Testigos: Dn. Diego Frogel y Da. (ilegible)

Villalba, Juan Anselmo con Melián, María Ifigenia
F.240: 16 de mayo de 1846, se casó y veló a **Juan Anselmo Villalba**, h.l. de Juan de la Rosa Villalba y de Isidora Arévalo, con **María Efigenia Melián**, h.l. de Juan Pablo Melián y de Nicolasa Armas. Testigos: Pascual Arévalo y María de la Cruz Armas.

Toledo, Pascual Bailón con Zárate, Severa
F.240: 18 de mayo de 1846, se casó y veló a **Pascual Bailón Toledo**, h.l. de Justo Toledo y de xx Frías, con **Severa Sárate**, h.l. de Juan Zárate y de Candelaria Contreras. Testigos: José Santos Arias y Feliberta Guerra.

Tula, Nicolás con Espinosa, Micaela
F.241: 28 de mayo de 1846, se casó y veló a **Nicolás Tula**, h.n de Hermenegilda Tula, con **Micaela Espinosa**, h.l. de Pedro Espinosa y de María Juana Mercado. Testigos: José Ignacio Tula y Francisca Brizuela.

Rosales, Juan Tomás con Peralta, Manuela
F.241: 8 de junio de 1846, se casó y veló a **Juan Tomás Rosales**, h.n. de María del Señor Rosales, con **Manuela Peralta**, h.l. de Miguel Peralta y de María Bravo. Testigos: Gregorio Ramírez y Bárbara Mercado.

Coronel, José Eustaquio con Dorado, Vicenta
F.241: 28 de mayo de 1846, se casó y veló a **José Eustaquio Coronel**, h.n. de Agustina Coronel, con **Vicenta Dorado**, h.l. de Silvestre Dorado y de Manuela Coronel. Testigos: Francisco Martínez y Candelaria Sánchez.

Barrientos, Anselmo con Rivas, Candelaria
F.241: 7 de junio de 1846, se casó y veló a **Anselmo Barrientos**, h.l. de Laurencio Barrientos y de Paulina Jimenes, con **Candelaria Rivas**, viuda del finado Bautista Vega. Testigos: León Adauto y Petrona Lobo.

Juárez, José Rosa con Toledo, Luisa
F.242: 9 de junio de 1846:, se casó y veló a **José Rosa Juárez**, h.n. María Manuela, con **Luisa Toledo**, h.l. de Juan de Dios Toledo y de Antonia Sánchez. Testigos: Rufino Gómez y Juana Francisco Lasa.

Castellanos, Doroteo con Reinoso, Matilda
F.242: 9 de junio de 1846, se casó y veló a **Doroteo Castellanos**, h.l. de Martín Castellanos y de María Petrona Rivas, con **Matilda Reinoso**, viuda del finado Antonio Osores. Testigos: Inocencio Ledesma y Gregoria Retamozo.

Jeréz, Casimiro con Amador, Juana Pabla
F.242: 9 de junio de 1846, dispensado un impedimento, se casó y veló a **Casimiro Jeréz**, viudo de la finada Luisa Molina, con **Juana Pabla Amador**, h.l. de Carlos Amador y de Manuela Ríos. Testigos: Pastor Cardoso y Carmen Bravo. Nota: en la información matrimonial correspondiente (Exp. 1974) se declara que la pretendiente tuvo trato ilícito con un hermano del novio.

Ferreira, Leandro con Ferreira, Manuela
F.242: 10 de junio de 1846:, se casó y veló a **Leandro Ferreira**, h.l. de Juan de la Cruz y de Josefa Chazarreta, con **Manuela Ferreira**, h.n. de Gerónima Ferreira. Testigos: xx Ferreira y Anastasia Chazarreta.

Ibáñez, Pedro Antonio con Aguirre, María Juana
F.242: 10 de junio de 1846:, se casó y veló a **Pedro Antonio Ibáñez**, h.n. de María Luisa Ibáñez, con **María Juana Aguirre**, h.l. de Roque Aguirre y de María Lobo. Testigos: Pío Díaz y Bonifacia Ledesma.

Iramain, José Antonio con Brizuela, María del Rosario
F.243: 20 de junio de 1846: dispensado impedimento de tercer grado de cópula licita, se casó y veló a **José Antonio Iramain**, viudo de la finada Mercedes Brizuela, con **María del Rosario Brizuela**, h.l. del finado Esteban Brizuela y de Aurelia Peralta. Testigos: Ángel Mariano Saavedra y Rosalía Saavedra. Nota: en la información matrimonial correspondiente (Exp. 1967) no se declara ningún impedimento.

Burgos, José Ignacio con Páez, María Marcelina
F.243: 22 de junio de 1846, se casó y veló a **José Ignacio Burgos**, h.l. de los finados Francisco Burgos y de Ignacia Cabral, con **María Marcelina Páez**, h.l. del finado Ignacio Antonio Páez, y de Aguera Cisternas. Testigos: Pedro Crisologo Magallán y Rufina Páez.

González, Nicasio con Acosta, María Simona
F.243: 28 de octubre de 1846, se casó y veló a **Nicasio González**, h.l. de Manuel González y de Lorenza Ruiz, con **María Simona Acosta**, h.l. de Balentín Acosta y de Cecilia Ovejero. Testigos: Vicente Parras y Carmen ¿Muruaga?

Vizcarra, Francisco Antonio con Molina, Juana
F.244: 20 de abril de 1846, dispensado un impedimento, se casó y veló a **Francisco Antonio Vizcarra**, h.l. de Simón Vizcarra y de Sebastiana Medina, con **Juana Molina**, h.l. de Juan Gil Molina y de Teresa Páez. Testigos: Daniel Medina y Griselda Medina. Nota: en la información matrimonial correspondiente (Exp. 1963) se declara un parentesco de consanguinidad en tercer grado que se explica con el siguiente esquema:

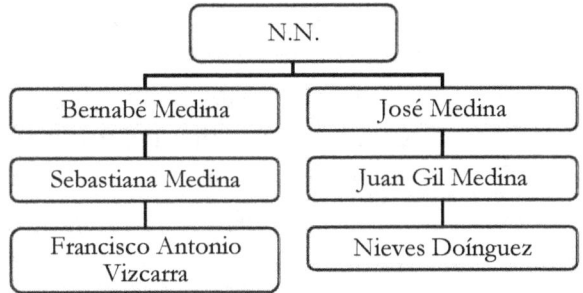

Islas, Juan Francisco con Guerra, Bárbara
F.244: 8 de junio de 1846, dispensado un impedimento, se casó y veló a **Juan Francisco Islas**, h.l. de Pedro Pablo Islas y de María Isabel Ruiz, con **Bárbara Guerra**, h.n. de **Rosario Guerra**. Testigos: Bautista Gómez y Mercedes Abellaneda. Nota: En la información matrimonial correspondiente (Exp. 1943) se declara un impedimento por consanguinidad cuarto grado con tercero. Se explica el parentesco con el siguientes esquema:

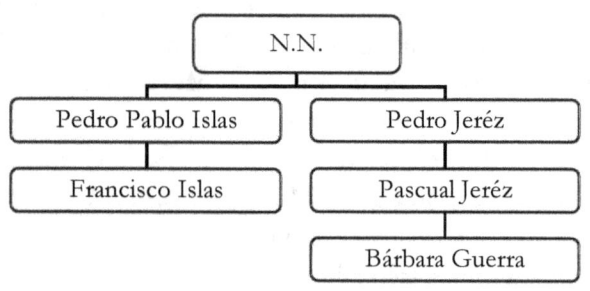

Álvarez, Juan de Dios con Navarro, María de la Cruz

F.244: 2 de abril de 1846 Casó a **Juan de Dios Álvarez**, h.n. de Micaela Albarez, con **María de la Cruz Navarro**, viuda del finado Cayetano Villagra. Testigos: Dn. Daniel Páez y Da. Dolores Muro.

Trejo, Inocencio con Altamiranda, Asención

F.244: 20 de julio de 1846, se casó y veló a **Inocencio Trejo**, h.l. de Julián Trejo y de **Asención Altamiranda**, con Brígida Sánchez, h.l. de Pedro Sánchez y de Rosario Ojeda. Testigos: Dn. Pedro Pablo Ibáñez y Da. Bernarda Ibáñez.

Quiroga, José Manuel con Goitia, Andrea

F.245: 20 de abril de 1846, se casó y veló a **José Manuel Quiroga**, h.n. de Pascuala Quiroga, con **Andrea Goitea**, h.l. de Lauriano de María Inés Pérez. Testigos: Juan Ignacio Luna y Josefa Luna.

Carrizo, Ramón Antonio con Cejas, María Presentación

F.245: 24 de agosto de 1846, se casó y veló a **Ramón Antonio Carrizo**, h.n. de Gerónima Carrizo, con **María Presentación Cejas**, h.n. de María Josefa Cejas. Testigos: Tránsito Albarracín y Mauricia Lobo.

Gómez, Dn. Ignacio Antonio con Moyano, Da. Ignacia

F.245: 1 de septiembre de 1846 casó a Dn. **Ignacio Antonio Gómez**, viudo de la finada Da. Carmen Ovejero, con Da. **Ignacia Moyano**, viuda del finado Dn. Pedro Palacios. Testigos: Dn. Juan Nicolás Gómez y Da. Antonio Ferreira.

Ovejero, Juan Gil con Molina, Raimunda

F.246: 4 de septiembre de 1846 Casó a Dn. **Juan Gil Ovejero**, viudo de la finada Filomena Bulacia, con **Reimunda Molina**, viuda del finado (hay un espacio en blanco) Flores. Testigos: Dn. Amaranto Brizuela y Da. Ana María Tula.

Villagra, Eusebio con Ibáñez, Asunción

F.246: 21 de noviembre de 1846, se casó y veló a **Eusebio Villagra**, h.l. de Juan Teodoro Villagra y de Basilia Reinoso, con **Asunción Ibáñez**, h.l. de Jorge Ibáñez y de Bárbara Díaz. Testigos: Ciriaco Zárate y Jesús Medina.

Zurita, Ramón Rosa con Caravajal, Indalecia

F.246: 12 de octubre de 1846:, se casó y veló a **Ramón Rosa Zurita**, h.n. de Santos Zurita, con **Indalecia Caravajal**, h.n. de Mercedes Caravajal. Testigos: Serapio Lobo y Candelaria Páez.

Bulacia, José Antonio con Vega, Tiburcia

F.246: 14 de octubre de 1846 casó a **José Antonio Bulacia**, h.n. de María Bulacia, con **Tiburcia Vega**, h.l. de Pedro Juan Vega y de Micaela Robledo. Testigos: Juan Manuela Ulibarri y Segunda Espeche.

Lobo, Doroteo con Ramos, Andrea

F.247: 23 de octubre de 1846, se casó y veló a **Doroteo Lobo**, h.l. de José Lobo y de María Espinosa, con **Andrea Ramos**, h.l. de Mariano Ramos y de Petrona Contreras. Testigos: Dn. Evaristo Ramos y Da. Feliciana Yanse.

Ferreria, Benito con Medina, Manuela

F.247: 23 de octubre de 1846, se casó y veló a **Benito Ferreira**, h.n. de Serafina Ferreira, con **Manuela Medina**, h.l. de Eugenio y de Nicolasa Quiroga. Testigos: Dn. Ángel Mariano Aguilar. Da. Rosario Olivera.

Burgos, José Antonio con Chávez, María de la Cruz

F.247: 24 de octubre de 1846, se casó y veló a **José Antonio Burgos**, h.l. de Santos Burgos y de María Santos Pintos, con **María de la Cruz Chávez**, h.n. de Tiburcia Chávez. Testigos: Dn. Daniel Páez y María Socorro Páez.

Díaz, Manuel de Reyes con Páez, Lorenza

F.247: 28 de octubre de 1846, se casó y veló a **Manuel de Reyes Díaz**, h.l. de Facundo Díaz y de Andrea Rodríguez, con **Lorenza Páez**, h.l. de José Miguel Páez y de Francisca Mercado. Testigos: Carmelo Moyano e Isidora Rosales.

Valdéz, José Eugenio con Cisternas, Azucena de Jesús

F.248: 29 de octubre de 1846, se casó y veló a **José Eugenio Valdéz**, h.n. de Feliciana Valdéz, con **Azucena de Jesús Cisternas**, h.l. de Juan Santos Cisternas y de Norberta Valdéz. Testigos: Dn. Filiberto Ahumada y Da. Mercedes Segura.

Gutiérrez, Eusebio con Silva, Pabla

F.248: 4 de agosto de 1846, se casó y veló a **Eusebio Gutiérrez**, h.n. Justa Pastora Gutiérrez, con **Pabla Silva**, h.l. de Manuel Silva y de Dominga Molina. Testigos: Dn. José Ignacio Barrera y Da. Bartolina Oviedo. En la información matrimonial correspondiente (Exp. 1977) se declara un impedimento de tercer grado.

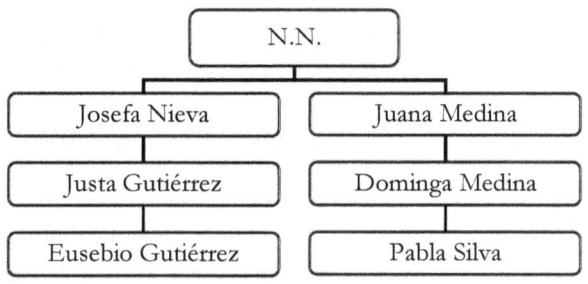

Cáceres, Lorenzo con Frogel, Francisca Paula

F.248: 5 de agosto de 1846, se casó y veló a **Lorenzo Cáceres**, h.l. de Alejandro Cáceres y de Pastora Gutiérrez, con **Francisca Paula Frogel**, h.l. de Julián Frogel y de Ignacia Sueldo. Testigos: ilegible. Nota: en la información matrimonial correspondiente (Exp. 1981) se declara un impedimento por consanguinidad de cuarto con tercer grado el que se explica con el siguiente esquema:

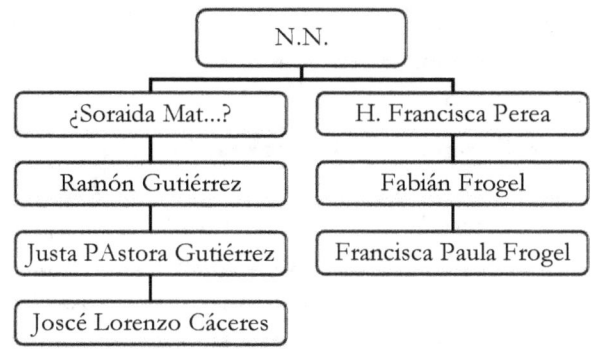

Garnica, Juan Ángel con Mansilla, Eduarda

F.248: 2 de septiembre de 1846:, se casó y veló a **Juan Ángel Garnica**, h.l. de Pedro y de Petrona, con **Eduarda Mansilla**, h.n. de Antonia Mansilla. Testigos: Manuel Ledesma y Marta Cisternas.

Córdoba, Ceferino con Sánchez, María Antonia

F.249: 7 de octubre de 1846, se casó y veló a **Ceferino Córdoba**, h.l. de Juan León Córdoba y de Juana Ventura Martínez, con **María Antonia Sánchez**, h.l. Benancio Sánchez y de Basilia Juárez. Testigos: Pantaleón Páez y Da. Tránsito Leiva.

Torres, Pedro Ignacio con Barrionuevo, Petrona Rosa

F.249: 10 de octubre de 1846, se casó y veló a **Pedro Ignacio Torres**, h.n. de Maximiliano Torres, con **Petrona Rosa Barrionuevo**, h.n. de Maximiliana Barrionuevo. Testigos: Luis Zurita y Nieves Díaz.

Maidana, Plácido con Arévalo, Modesta

F.249: 21 de octubre de 1846, se casó y veló a **Plácido Maydana**, h.l. de Felipe Mayadana y de Luisa Rodríguez, con **Modesta Arévalo**, h.l. de Dn. Agustín Arévalo y de Tránsito Lobo. Testigos: ¿? Rodríguez y María de la Cruz ¿Ruena?

Álvarez, José Lorenzo con Morenega, Natividad

F.249: 4 de diciembre de 1846 casó a **José Lorenzo Álvarez**, h.l. de Salvador Álvarez y de Rosario Pacheco, con **Natividad Moreniega**, h.l. de ¿Constantino? Moreniega y de Leocada Pérez. Testigos: José Isidro Delgado y Asención Vega.

Escasuso, Gregorio con Reinoso, Isabel

F.250: 29 de enero de 1847, se casó y veló a **Gregorio Escasuso**, h.n. de Francisca, con **Isabel Reinoso**, h.l. de Nicolasa Reinoso. Testigos: Carmelo Márquez y María Antonia Mercado.

Díaz, José Nicolás con Barrientos, Tránsito

F.250: 11 de enero de 1847, se casó y veló a **José Nicolás Díaz**, h.l. de Damaso Díaz, y de Martina Mercado, con **Tránsito Barrientos**, h.l. de los finados Pedro Francisco Barrientos y de Ana María Guaman. Testigos: José Cáceres e Inés Collantes.

Tapia, Juan Gregorio con Rodríguez, Gregoria

F.250: 1 de enero de 1847, se casó y veló a **Juan Gregorio Tapia**, h.n. de Carmen Tapia, con **Gregoria Rodríguez**, h.l. del finado Narciso Rodríguez y de Rosario Agüero, Testigos: Juan Bartolo Santillán y Pastora Romano.

Herrera, Gerónimo Emiliano con Miranda, Trinidad
F.250: 4 de febrero de 1847, se casó y veló a **Gerónimo Emiliana Herrera**, h.l. del finado Manuel Herrera y de María del Rosario Herrera, con **Trinidad Miranda**, h.n. de la finada Teresa. Testigos. Pedro Pascual Albarracín y Epifanía Vallejo.

Collantes, Juan Manuel con Lencina, Mercedes
F.251: 4 de febrero de 1847, se casó y veló a **Juan Manuel Collantes**, viudo de la finada Francisca Garcete, con **Mercedes Lencina**, h.l. de Esteban Lencina y de Josefa Zurita. Testigos: Dn. Elías Valdéz y Da. María del Señor Salas.

Fernández, Luis Ignacio con Rosales, Leonarda
F.251: 9 de febrero de 1847, se casó y veló a **Luis Ignacio Fernández**, h.n. Petrona Fernández con Leonarda Rosales, h.n. de Beatriz Rosales. Testigos: Isidor González y Pascuala Ibáñez.

Guevara, José Luis con Rivadeneira, Justa
F.251: 11 de febrero de 1847:, se casó y veló a **José Luis Guevara**, h.n. de Dominga Guevara, con **Justa Ribaneira**, h.n. de Francisca Ribaneira. Testigos: Juan de la Cruz Barrios y Da. Clara Bulacia.

Fernández, Francisco Javier con González, Jacoba
F.251: 13 de febrero de 1847, se casó y veló a **Francisco Javier Fernández**, h.n. de Bernarda Fernández, con **Jacoba González**, h.l. de Nicolás González y de Úrsula Reinoso. Testigos: Pascual Ibáñez y Victorina Rosales.

Argañaraz, Felipe con Ibáñez, Nicolasa
F.252: 15 de febrero de 1847, se casó y veló a **Felipe Argañaráz**, h.l. de José de la Cruz Argañaráz y Aurelia Pacheco, con **Nicolasa Ibáñez**, h.n. de Pascuala Ibáñez. Testigos: Manuela Esteban Guaráz y Lucas Gramajo.

Lugones, Pantaleón con Mercado, Manuela
F.252:15 de febrero de 1847, se casó y veló a **Pantaleón Lugones**, h.n. de María Faustina Lugones, con **Manuela Mercado**, h.l. de León Mercado y de Petrona Lobo. Testigos: Gregorio Ramírez y Bárbara Melendo.

Díaz, Apolinar con Rosales, María Santos
F.252: 16 de febrero de 1847, se casó y veló a **Apolinar Díaz**, h.l. de Cayetano Díaz y de Antonia Albornos, con **María Santos Rosales**, h.l. de Lucas Rosales y de Feliciana Gongora. Testigos: José Zárate y Gervasia Barrientos.

Ortiz, Fernando con Gómez, Josefa
F.253: 22 de mayo de 1847, se casó y veló a **Fernando Ortiz**, feligrés de Graneros, h.l. de Feliciano Ortiz y de Paula Thames, con **Josefa Gómez**, h.l. Gervasio Gómez y de Petrona Soraire. Testigos: Basilio Santillán.

Zárate, José de la Cruz con Navarro, Agustina Rosa
F.253: 30 de mayo de 1847, se casó y veló a **José de la Cruz Zárate**, h.n. de Luisa Zárate, con **Agustina Rosa Navarro**, h.l. de Simón Navarro y de Micaela Díaz. Testigos: Luis Ignacio Jiménez y Gregoria Nieva.

González, Manuel con Reinoso, Bonifacia
F.253: 15 de junio de 1847, se casó y veló a **Manuel González**, h.l. de los finados José González y Francisca Garcete, con **Bonifacia Reinoso**, h.n. de Lorenza Reinoso. Testigos: Luis Ignacio Arias y Rosa Soria.

Rivadeneira, José Gregorio con Plaza, María Mercedes
F.253: 19 de junio de 1847, se casó y veló a **José Gregorio Ribaneira**, viudo de la finada Ceferina Ferreira, con **María Mercedes Plaza**, h.n. de Epifanía Plaza. Testigos: Dn. Ignacio Rivera y Da. Liberata Orquera.

Dorado, Manuel de la Trinidad con Almaraz, Juan Bautista
F.254: 30 de junio de 1847 casó a **Manuel de la Trinidad Dorado**, h.l. de Eustaquio y de Dominga Paz, con Ventura Aguirre, viuda del finado **Juan Bautista Almaraz**. Testigos: Mariano Ahumada y Juliana Vidal.

Osores, Segundo con Goyochea, Gregoria
F.254: 6 de julio de 1847, se casó y veló a **Segundo Osores**, viudo de la finada María del Señor Orquera, con **Gregoria Goyochea**, h.l. de José Ignacio Goyochea y de Simona Rojas. Testigos: Dn. Martiniano Gómez y Da. Antonina Ferreira.

Sánchez, José Antonio con Rivas, Petrona
F.254: 19 de julio de 1847, se casó y veló a **José Antonio Sánchez**, h.n. de Ramona Sánchez, con

Petrona Ribas, viuda del finado Pedro Lobo. Testigos: Santiago Ledesma y Delfina Suasnabar.

Moyano, Carmelo con Paz, Felipa
F.254-255: 28 de julio de 1847, dispensado un impedimento, se casó y veló a **Carmelo Moyano**, h.l. de Juan de Dios Moyano y de Gerónima Mercado, con **Felipa Paz**, h.l. de Miguel Paz y de Mercedes González. Testigos: Félix Fernando Mercado y Catalina Pereira. Nota: En la información matrimonial correspondiente (Exp. 2029) se declara un impedimento por consanguinidad en cuarto grado el que se explica con el cuadro siguiente:

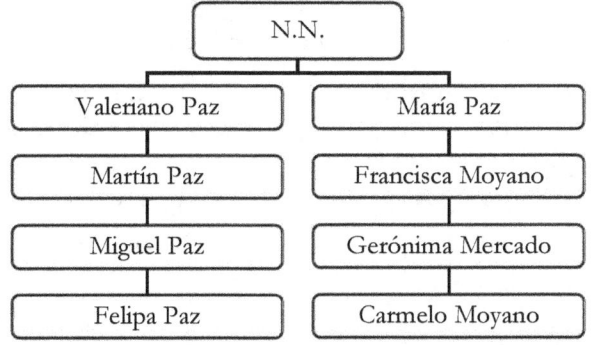

Rodríguez, Estanislao con Villafañe, Dolores
F.255: 4 de agosto de 1847, se casó y veló a **Estanislao Rodríguez**, h.l. de Bruno Rodríguez y de Dominga Ponce, con **Dolores Villafañe**, h.l. de Gregorio Billafañe y de María Paula Ramayo. Testigos: Dn. Leonardo Ferreira e Ignacia Rodríguez.

Vaca, Juan León con Cáceres, Ramona
F.255: 11 de agosto de 1847, se casó y veló a **Juan León Vaca**, h.l. de Juan Manuel Vacaa, con **Ramona Cáseres**, h.l. de Juan Manuel Cáseres y de Isabel Montiveros. Testigos: Dn. Manuel Antonio Barrionuevo y Da. Isabel Medina.

Soraire, Genuario con Figueroa, Rita
F.255: 31 de agosto de 1847, se casó y veló a **Genuario Soraire**, h.n. de Petrona Soraire, con **Rita Figueroa**, h.l. de Ángel Mariano Figueroa y de Felisa Romero. Testigos: Ramón López y Pilar Figueroa.

Rodríguez, Pedro Telmo con Cabrera, Nicolasa
F.255: 31 de agosto de 1847, se casó y veló a **Pedro Telmo Rodríguez**, h.n. de Juliana, con **Nicolasa Cabrera**, h.l. Jorge Cabrera y de Jesús Carrizo. Testigos: Ramón Antonio Rosales y Francisca Antonia Rosales.

Robles, Policarpo con Molina, Rufina
F.256: 22 de septiembre de 1847, se casó y veló a **Policarpo Robles**, viudo de la finada Justa Santillán, con **Rufina Molina**, h.n. de Mercedes Molina. Testigos: Dn. Martiniano Espeche y Da. Asunción Maturano.

Barrera, Bernardo con Ledesma, Feliberta
F.256: 24 de septiembre de 1847, se casó y veló a **Bernardo Barrera**, h.l. de Cipriano Barrea y de Isabel Ribas, con **Feliberta Ledesma**, h.l. de Damásio Ledesma y de Catalina Castellanos. Testigos: José Manuel Chazarreta y Rosa Castellanos.

Moreta, Justo Pastor con Ibáñez, Dominga
F.256: 12 de octubre de 1847, se casó y veló a **Justo Pastor Moreta**, h.l. de Eugenio y de Anastasia Ávila, con **Dominga Ibáñez**, h.n. de Juana Ibáñez. Testigos: José María Ibáñez y Narcisa Jeréz.

Luján, Juan Francisco con Arévalo, Justina
F.257: 27 de julio de 1847, se casó y veló a **Juan Francisco Luján**, h.l. del finado Nicolás Luján y de Luisa Arévalo, con **Justina Arévalo**, h.l. del finado Salvador Arévalo y Avelina Mansilla. Testigos: Claudio Agüero y Santos Gutiérrez.

Cejas, José Pascual con Ávila, Marta
F.257: 29 de julio de 1847, se casó y veló a **José Pascual Cejas**, hijo de Francisco Cejas y de Pastora Rivarola, con **Marta Ávila**, h.l. del finado Francisco Ávila y de Pilar Díaz. Testigos: Germán Medina y Petrona Cejas. En la información matrimonial correspondiente (Exp. 1979) Se detallan dos impedimentos, uno de afinidad de segundo grado de cópula ilícita con prima hermana de la novia y el otro de tercer grado de consanguinidad línea transversal

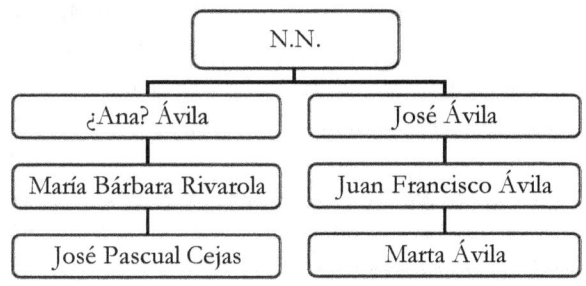

Ferreira, Rafael con Pedraza, Catalina

F.257: 12 de septiembre de 1847, se casó y veló a **Rafael Ferreira**, hijo de Manuela de Reyes Ferreira y de Rosario Sánchez, con **Catalina Pedraza**. Testigos: Juan Quinteros y Bartolina Mansilla. En la información matrimonial correspondiente (Exp. 1466) fechada en El Alto, el 4 de mayo de 1836, se declaran un impedimento por afinidad de tercero a segundo grado. La pretendida es mayor de 30 años y tiene dos hijos menores. Dispensado en Tucumán el 13 de mayo de 1836. (Expediente traspapelado). El parentesco se explica con el siguiente esquema:

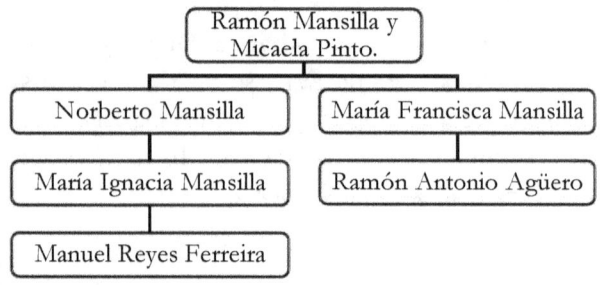

Galván, Bernabé

F.257: 21 de octubre de 1847: se casó y veló a **Bernabé Galván**. (partida trunca)

Tapia, Bernardino con Nieva, Carmen

F.257: 21 de diciembre de 1847 casó a **Bernardino Tapia**, hijo del finado Ramón Tapia y Carmen Bravo, con **Carmen Nieva**, h.l. del finado Manuel Nieva y de Casilda Goitia y se velaron el 19 de mayo del 1848. Testigos: Dn. Carmelo Espeche y Da. Paulina Bravo.

Zurita, Luis con Valdéz, Salomé

F.257: 9 de enero de 1847, se casó y veló a **Luis Zurita**, viudo de Margarita Quiroga, con **Salomé Valdéz**, hija legitima de Mariano Valdéz y de Prudencia Pedernera.

Agüero, Manuel con Vera, Petrona

F.258: (papel roto) se casó y veló a **Manuel Agüero**, viudo de la finada Manuela Villalba, con **Petrona Vera**, viuda de finado Ubaldo Vega. Testigos: Doroteo Ferreira y Da. Rufina Ferreira.

Leguizamo, Julián con Correa, Ramona

F.258: 7 de enero de 1848, se casó y veló a **Julián Leguizamo**, h.l. de Pedro Leguizamo y de María Juana Mercado, con **Ramona Correa**, h.l. de (hay un espacio en blanco) y de Isabel Montivero. Testigos: Celedonio Pérez y Margarita Agüero.

Barrientos, Emeterio con Sobremonte, Juana

F.258: 28 de febrero de 1848, se casó y veló a **Emeterio Barrientos**, h.l. de los finados Melchor Barrientos y de María Antonia Márquez, con **Juana Sobremonte**, h.l. de los finados Miguel Sobremonte y Petrona Lezana. Testigos: Santiago Delgado y Da. Tránsito Ruiz.

Morienega, Sebastián con Avellaneda, Justina

F.258: 4 de marzo de 1848, se casó y veló a **Sebastián Morienega**, h.l. de los finados Mariano Morienega y María Juana Barrientos, con **Justina Abellaneda**, h.l. Rosa Abellaneda y de María Córdoba. Testigos: Dn. Juan Francisco Cancino y Da. Zoila ¿R?

Contreras, Saturnino con Bepre, Da. Celestina

F.259: 6 de marzo de 1848, se casó y veló a **Saturnino Contreras**, h.l. de Pascual Contreras y de Manuela Vaca, con **Celestina Bepre**, h.l. de Dn. Julián Bepre y de Da. Dolores Cevallos. Testigos: Bibiano Romero y Cruz Reinoso.

Pereira, Delfín con Zurita, Lizarda

F.259: 1 de marzo de 1848, se casó y veló a **Delfín Pereira**, h.l. de los finados Diego Pereira y María Carrizo, con **Lizarda Zurita** h.l. del finado Pastor Zurita y de Francisca Sosa. Padrinos: ... y Cecilia Medina.

Rodríguez, Lino con Leguizamo, Petronila

F.259: 2 de marzo de 1848 casó a **Lino Rodríguez**, h.l. de Fermín Rodríguez y de Cecilia Lazo, con **Petronila Leguizamo**, viuda de Manuel Rodríguez. Padrinos: Lucindo y María del Tránsito Rodríguez. Nota: En la información matrimonial correspondiente (Exp. 2048) se declaran dos parentescos de afinidad lícita, uno en tercero con segundo y el otro de tercero.

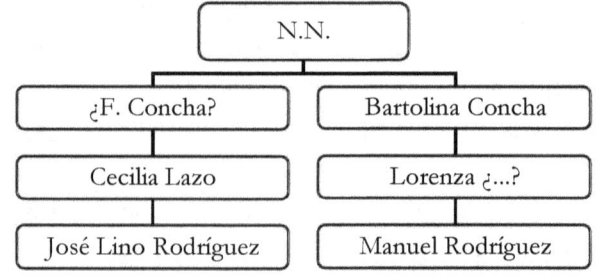

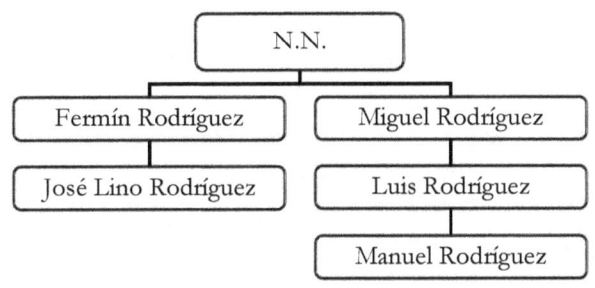

Cordero, Francisco Antonio con Cardoso, María Antonia
F.259: 7 de marzo de 1848 casó a **Francisco Antonio Cordero**, h.n. de la finada María Juana, con **María Antonia Cordero**, viuda del finado Francisco Vázquez. Padrinos: Juan Santos Cardoso y Hermenegilda Lazo.

Durán, Miguel Gerónimo con Ibáñez, Rudecinda
F.260: 8 de marzo de 1848, se casó a **Miguel Gerónimo Durán**, viudo de la finada Gregoria Sánchez, con **Rudecinda Ibáñez**, h.l. de Jorge Ibáñez y de Bárbara Díaz. Testigos: Dn. Martiniano Espeche y Da. Rufina Ferreira.

Tolosa, Leandro con Pérez, Ana María
F.260: 21 de marzo de 1848 Casó a **Leandro Tolosa**, viudo de la finada Francisca Antonia Verón, con **Ana María Pérez**, viuda del finado Eusebio Lobo. Testigos: José Lorenzo Cevallos.

Peralta, Julián con Rojas, Candelaria
F.260: 25 de marzo de 1848 Casó a **Julián Peralta**, h.l. de los finados José Peralta y Dolores Quiroga, con **Candelaria Rojas**, h.l. de José Jacinto Rojas y de Juana Luisa Quiroga. Testigos: José Pío Díaz y Juana Lazo.

Martínez, Ramón Miguel con Garcete, Petrona
F.261: 7 de junio de 1848, se casó y veló a **Ramón Miguel Martínez**, h.l. de los finados Carlos Martínez y de María Alderete, con **Petrona Garcete**, h.n. de Francisca. Testigos. Dn. Daniel Páez y Da. Dolores Muro.

Gutiérrez, Juan Francisco con Ledesma, María Teodora
F.261: 3 de agosto de 1848, se casó y veló a **Juan Francisco Gutiérrez**, feligrés del curato de Ancasti, viudo de la finada Micaela Silva, con **María Teodora Ledesma**, de este curato, h.l. de los finados Simón y Da. Juana Medina. Testigos: Dn. Ignacio Barrera y Da. Pabla Páez.

Quiroga, Exequiel con Sosa, Candelaria
F.261: 9 de agosto de 1848, se casó y veló a **Exequiel Quiroga**, h.n. de la finada Bartolina Quiroga, con **Candelaria Sosa**, h.n. de Juana. Testigos: Dn. Ignacio Barrera y Da. Juana Isabel Oviedo.

Lobo, Silvestre con Lugones, Lorenza
F.261: 8 de noviembre de 1847, se casó y veló a **Silvestre Lobo**, h.l. de Marcelino Lobo y de Justa Ibáñez, con **Lorenza Lugones**, h.l. de Gregorio Lugones y de Josefa Acosta. Testigos: Dn. Benigno Espeche y Da. Rufina Ferreira.

Ledesma, Nicolás con Bravo, Carmen
F.262: 19 de enero de 1847 Casó a **Nicolás Ledesma**, h.l. del finado Luis Ledesma y de Micaela Paz, con **Carmen Bravo**, viuda del finado Ramón Tapia. Testigos: Dn. Daniel Páez y Dn. Dolores Muro.

Bravo, Pedro con Navarro, María Zoila
F.262: 22 de enero de 1847, se casó y veló a **Pedro Bravo**, h.l. del finado Francisco Bravo y de María Paz Lobo, con **María Zoila Navarro** h.l. del finado Tiburcio Navarro y de Da. Isidora Medina. Testigos: Juan de Dios Álvarez y María de la Cruz Navarro.

Agüero, Ponciano con Cornejo, Rosa
F.262: 23 de noviembre de 1846, se casó y veló a **Ponciano Agüero**, h.l. de Ramón Agüero y de Petrona Ávila, con **Rosa Cornejo**, h.n. de Juana Cornejo. Testigos: Dn. Luis Zurita y Da. Nieves Díaz.

Santucho, Pedro Pablo con Ponce, María de los Ángeles
F.262: 13 de abril de 1847 Casó a **Pedro Pablo Santucho**, h.l. de Juan de la Cruz Santucho y de Leonarda Mansilla, con **María de los Ángeles Ponce**, viuda de Francisco Mercado. Testigos: Dn. Eustaquio Gutiérrez y Da. Candelaria Oviedo.

Coronel, Felipe con Rojas, María del Señor
F.262: 23 de mayo de 1847, se casó y veló a **Felipe Coronel**, h.n. de Catalina Coronel, con **María del Señor Rojas**, h.l. del finado Isidro y de Candelaria Rodríguez. Testigos: Francisco y Bartolina Pineda.

Flores, Felipe Santiago con Segura, Felisa
F.263: 1 de mayo de 1848, se casó y veló a **Felipe Santiago Flores**, h.l. de Hermenegildo Flores y de

María Petrona Barrera, con **Felisa Segura**, h.l. de Genuario Segura y de Jacinta Reinoso. Testigos: Manuel Vázquez.

Flores, José Hilario con Peralta, Francisca Antonia

F.263: 1 de mayo de 1848, se casó y veló a **José Hilario Flores**, h.l. de Juan Andrés Flores y de Mercedes Flores, con **Francisca Antonia Peralta**, h.l. de José María Peralta y de Olegaria Toledo. Testigos: Braulio Díaz y Asunción Flores.

Luján, José Eliseo con Ponce, Zoila

F.263: 3 de mayo de 1848, se casó y veló a **José Eliseo Luján**, h.l. de José Ignacio Luján y de Ana Rosa Azcuénaga, con **Zoila Ponce**, h.l. de Asencio Ponce y de María Ascensión Juárez. Testigos: Buenaventura Díaz y Rosario Ledesma.

Albarracín, Juan Santos con Lazo, María Candelaria

F.263: 31 de mayo de 1848, se casó y veló a **Juan Santos Albarracín**, h.n. de María Luisa Albarracín, con **María Candelaria Lazo**, h.l. de Fermín Lazo y de María Juana Vázquez. Testigos: Juan Santos Cordero y María Felipe Luján.

González, Tomás con Jeréz, Salomé

F.264: 9 de junio de 1848, se casó y veló a **Tomás González**, viudo de la finada Isidora Lobo, con **Salomé Jeréz**, h.l. del finado Pedro Pablo Jeréz y de Juana Rosa Lema. Testigos: Benito Contreras e Higinia Romero.

Quiroga, Jacinto con Quevedo, María Francisca

F.264: 10 de junio de 1848, se casó y veló a **Jacinto Quiroga**, h.n. de Josefa Quiroga, con **María Francisca Quevedo**, h.l. de José Antonio Quevedo y de María Antonia Barrios. Testigos: Juan Bartolo Juárez y María Estanislada Jeréz.

Ávila, Cipriano con Reinoso, María Atanasia

F.265: 12 de julio de 1848, se casó y veló a **Cipriano Ávila**, h.l. de Gregorio Ávila y de Isabel Díaz, con **María Atanasia Reinoso**, h.n. de Paulina Reinoso. Testigos: Gabino Zurita. Polonia Díaz.

Ortega, Javier con Collantes, María Bonifacia

F.265: 12 de julio de 1848, se casó y veló a **Javier Ortega**, h.l. del finado Abelino Ortega y de Rosario Jiménez, con **María Bonifacia Collantes**, h.l. de Bruno Collantes y de Gregoria Ibáñez. Testigos: Carmelo Moyano y Felipe Ibarra.

Medina, Pedro Pascual con Mansilla, Cipriana

F.265: 26 de junio de 1848, se casó y veló a **Pedro Pascual Medina**, h.l. de Pedro José Medina y Cruz Cejas, con **Cipriana Mansilla**, h.l. de los finados Fernando Mansilla y de María Pabla González. Testigos: Rufino Páez y Da. Juana Oviedo.

Avendaño, Estanislao con Paz, Norberta

F.265: 11 de julio de 1848 Dispensado impedimento de tercer con cuarto grado, se, se casó y veló a **Estanislao Avendaño**, h.l. de Mariano Avendaño y de Isabel Villavicencio, con **Norberta Paz**, h.n. de Eugenia Paz. Testigos: José María Cardoso y Griselda Rojas. Nota: En la información matrimonial correspondiente (Exp. 2068) se declara un impedimento en cuarto grado el que se explica con el siguiente esquema:

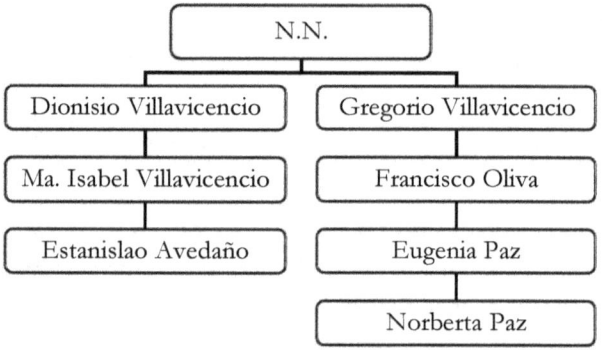

Quiroga, Ezequiel con Sosa, Candelaria

F.266: 9 de agosto de 1848, se casó y veló a **Ezequiel Quiroga**, h.n. de Bartolina Quiroga, con **Candelaria Sosa**, h.n. de Juana Sosa. Testigos: Dn. José Ignacio Barrera y Da. Juana Oviedo.

Duarte, Juan Ignacio con Pacheco, Gregoria

F.266: 26 de julio de 1848, se casó y veló a **Juan Ignacio Duarte**, h.l. de los finados Juan Pablo Duarte y María del Señor Gómez, con **Gregoria Pacheco**, h.l. de Ramón y de Marcelina ¿Hernández? Testigos: José Santiago Arévalo y Rosa Flores.

Avellaneda, Carmelo con Peñaflor, Delfina

F.266: 31 de julio de 1848, se casó y veló a **Carmelo Abellaneda**, h.l. de Marcelo Abellaneda y de Dionisia Burgos, con **Delfina Peñaflor**, h.n. Gertrudis Peñaflor. Testigos: Juan Quinteros y Valeriana Mansilla.

Burgos, José Antonio con Aoiz, Mariana
F.267: 7 de agosto de 1848, se casó y veló a **José Antonio Burgos**, h.l. de Valentín Burgos y de Isabel Olmos, con **Mariana Oiz**, h.n de Manuela. Padrinos: Dn. Solano Segura y Segunda Espeche.

Luján, Juan Manuel con Arias, María Apolinaria
F.267: 9 de agosto de 1848, se casó y veló a **Juan Manuel Luján**, h.n. de María de Jesús Luján, con **María Apolinaria Arias**, h.l. de Benito y de María del Carmen Soraire. Testigos: Juan Gregorio Acuña y María del Señor Vega.

Villalba, Juan de la Cruz con Rodríguez, Isabel
F.267: 14 de agosto de 1848, se casó y veló a **Juan de la Cruz Villalba**, h.l. de Hermenegildo Villalba y de Tadea Morales, con **Isabel Rodríguez**, h.l. de Ignacio Rodríguez y de Nieves Domínguez. Testigos: Juan Nicolás Villalba y Feliberta Villalba.

Sosa, Felipe con Díaz, Bartolina
F.267: 16 de agosto de 1848, se casó y veló a **Felipe Sosa**, viudo de la finada Anastasia Mansilla, con **Bartolina Díaz**, h.l. de Mariano Díaz y de María Plaza. Testigos: Dn. Gregorio Medina y Da. Serafina Álvarez.

Pérez, José Domingo con Fernández, María Pabla
F.268: 17 de agosto de 1848, se casó y veló a **José Domingo Pérez**, h.l. de Bautista Pérez y de Candelaria Rosales, con **María Pabla Fernández**, h.l. de Juan Fernández y de Marcelo Romano. Testigos: Toribio Luna y Francisco Armas.

Cardoso, Ángel Mariano con Saavedra, Crisola
F.268: 19 de agosto de 1848, se casó y veló a **Ángel Mariano Cardoso**, h.n. de Juana Isabel Cardoso, con **Crisola Saavedra**, h.l. de los finados Esteban Saavedra y Jesús Quiroga. Testigos: Juan Manuel Agüero y Mercedes Varela.

Peralta, Darío con Reinoso, Loreta
F.268: 19 de agosto de 1848, se casó y veló a **Darío Peralta**, h.l. de Manuel Peralta y de Josefa Ibáñez, con **Loreta Reinoso**, h.n. de ¿Constantina?, Testigos: Andrés Avelina Luno y Cipriana Armas.

Cardoso, José Manuel con Rojas, Pascuala
F.268: 13 de noviembre de 1848 dispensado impedimento de segundo grado en línea transversal de cópula lícita, se casó a **José Manuel Cardoso?**, h.n de Lorenza con **Pascuala Rojas**, viuda del finado José Antonio Pacheco. Testigos: Juan … Nota: en la información matrimonial correspondiete se declara que el novio es hijo natural de Lorenzo Pacheco, por lo que el parentesco por afinidad se explica con el esquema siguiente:

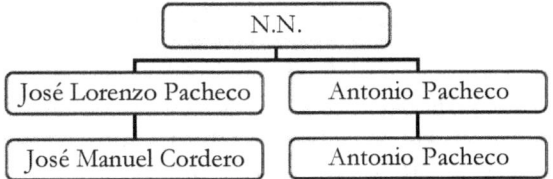

Gómez, Pedro Pablo con Pereira, Petrona
F.269: 28 de agosto de 1848, se casó y veló a **Pedro Pablo Gómez**, viudo de la finada Martina Albornoz, con **Petrona Pereira**, h.l. de Bernardo Pereira de Mercedes Orellana. Testigos: Cosme Collantes y Salomé Vidal.

Frogel, Manuel Antonio con Tolosa, Maximiliana
F.270: 22 de agosto de 1848, se casó y veló a **Manuel Antonio Frogel**, h.l. de Julián Frogel y de María Ignacia Sueldo, con **Maximiliana Tolosa**, h.l. Ramón Antonio Tolosa y de Josefa Pineda. Testigos: Diego Claudio Frogel y Dina Orquera.

Sánchez Garay, José con Contreras, Pascuala
F.270: 14 de agosto de 1848, se casó y veló a **José Sánchez Garay**, h.l. de José Francisco y de Justa Ortega, con **Pascuala Contreras**, h.n. de Paula Contreras. Testigos: Pedro José Parras y Petrona Rivarola.

Maidana, Felipe Antonio con Páez, María del Señor
F.270: 5 de septiembre de 1848 Casó a **Felipe Antonio Maidana**, h.l. de los finados Valentín y de Isidora Cabral, con **María del Señor Páez**, viuda del finado Paulino Magallán. Testigos: Manuel Antonio Gómez y María del Tránsito Bulacia.

Juárez, Francisco con Cordero, Mauricia
F.271: 6 de septiembre de 1848, se casó y veló a **Francisco Juárez**, viudo de la finada Andrea Garcete, con **Mauricia Cordero**, h.n. de Lorenza. Testigos: Dn. Antonio Mata y su esposa.

Ibáñez, Dn. José María con Guerreros, Da. Encarnación

F.271: 11 de septiembre de 1848, se casó y veló a Dn. **José María Ibáñez**, h.l. de José María Ibáñez y de Da. Solana Díaz, con Da. **Encarnación Guerreros**, h.l. de Dn. Pedro Pablo Guerreros y de Da. Petrona Albarracín. Testigos: José Zárate y Da. Ramona Medina.

Osores, José Antolín con Toranzos, Nicolasa
F.271: 11 de septiembre de 1848, se casó y veló a **José Antolín Osores**, h.l. de Segundo Osores y de Nicolasa Avellaneda, con **Nicolasa Toranzos**, h.l. de los finados Manuel Toranzos y de Hermenegilda Ledesma. Testigos: Tiburcio Páez y Felipa Luján.

Astudillo, Juan José con Varela, María del Carmen
F.27: 19 de agosto de 1848, se casó y veló a **Juan José Astudillo**, viudo de la finada Mercedes Concha, con **María del Carmen Varela**, h.l. de Juan Ángel Varela y de Victoria Peñaflor. Testigos: Carmen Lobo y Salomé Lobo.

Guaráz, Federico con Figueroa, Genuaria
F.272: 25 de septiembre de 1848: se casó y veló a **Federico Guarás**, h.l. de Damasceno Guarás y de Andrea Brito, con **Genuaria Figueroa**, h.l. de Reinaldo Figueroa y de Feliciana Luna. Testigos: Francisco Javier Gómez y Francisca Solana Díaz.

Astudillo, Dn. Juan Manuel con Ramos, Da. Nieves
F.272: 25 de septiembre de 1848, se casó y veló a Dn. **Juan Manuel Astudillo**, viudo de la finada Da. Santos Oliva, con Da. **Nieves Ramos**, h.l. de Dn. Domingo y Da. Sebastiana Córdoba. Testigos: Dn. Leandro González y Da. Feliciana Bravo Nota: en la información matrimonial (Exp. 2057) se declara que el nombre del contrayente es Juan Francisco Artudillo, h.l. de Simón Astudillo y de María del Señor Leiva.

Pintos, Hermenegildo con Arias, Gregoria
F.272: 26 de septiembre de 1848, dispensado un impedimento, se casó y veló a **Hermenegildo Pintos**, esclavo de Dn. Francisco Javier Pintos, con **Gregoria Arias**, h.n. de Norberta Arias. Testigos: Dn. Pantaleón Soria y Juana Ibáñez. Nota: en la infomración matrimonial correspondiente (Exp. 2077) se declaró un parentesco por afinidad ilícita de segundo grado con primero por haber tenido trato el pretendiente con una su sobrina de la pretendia. Se explica el parentesco con el siguiente esquema:

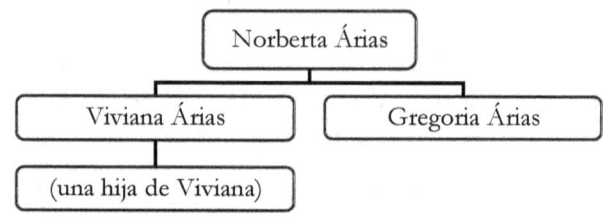

Márquez, Anselmo con Verón, Concepción
F.273: 15 de octubre de 1848 revalidación de matrimonio nulo, realizado en otro curato de **Anselmo Márquez**, h.l. de Pedro Pablo Márquez y de Mercedes Luna, con **Concepción Verón**, h.n. de Rosa Verón. Testigos: Dn. Martiniano Gómez y de Manuela Ferreira. Nota: En la ingomración matrimonial (Exp. 2090) se declara un impedimento por afinidad en primer grado al haber tenido trato el pretendiente con la madre de su pretendida.

Ovejero, Dn. José Tomás con Guerreros, Petronila
F.273: 16 de octubre de 1848, se casó y veló a Dn. **José Tomás Ovejero**, h.l. de los finados Dn. Juan Antonio Ovejero y Da. Juliana Melián, con Da. **Petronila Guerreros**, viuda del finado Dn. Mateo Magallán. Testigos: Dn. Leonardo Ferreira y Da, Antonia Ferreira.

Valdéz, Pedro con Lobo, Teresa
F.273: 23 de octubre de 1848, se casó y veló a **Pedro Valdéz**, h.l. de Paulino Valdéz y Francisca Cárdenas, con **Teresa Lobo**, h.l. de Ángel Lobo y de María Antonia Soraire. Testigos: Eustaquio Mansilla y Bonifacia Mansilla.

Hernández, Pedro Nolasco con Jiménez, Francisca
F.274: 2 de noviembre de 1848, se casó y veló a **Pedro Nolasco Hernández**, h.l. de Francisca Arias y de Miguel Hernández, con **Francisca Jiménez**, h.l. de Claudio Jiménez y de María Antonia Ortiz. Testigos: Policarpo Robles y Rufina Molina.

Yanse, Mariano con Pérez, María Manuela
F.274: 2 de noviembre de 1848, se casó y veló a **Mariano Yance**, h.l. de Francisco Yance y de Tomasina Retamozo, con **María Manuela Pérez**, h.l. de José Domingo Pérez y de Encarnación Díaz. Testigos: Marcos Jaimes y Francisca ¿Toledo?

Ahumada, Juan Manuel con Aráoz, María Gervasia

F.274: 2 de noviembre de 1848, se casó y veló a **Juan Manuel Ahumada**, h.n. de Tránsito Cisternas, con **María Gervasia Aráoz**, h.l. de Alberto Araos y de María Juliana Figueroa. Testigos: Policarpo Robles y Rufina Molina.

Almaraz, Jacinto Nicolás con Romano, María Ascencia

F.274: 15 de noviembre de 1848, dispensado un impedimento, se casó a **Jacinto Nicolás Almaraz**, h.l. de Nicolás Almaraz y de Serafina Osores, con **María Ascencia Romano**, viuda del finado Domingo Luna. Testigos: Dn. Martiniano Gómez y Da. Antonia Ferreira. Nota: en la información matrimonial correspondiente (Exp. 2095) se declara un impedimento por afinidad ilícita en segundo grado por trato que tuvo el pretendiente con una prima hermana de la pretendida.

Ávila, Raimundo con Rojas, Eduviges

F.275: 17 de noviembre de 1848, se casó y veló a **Raymundo Ávila**, h.l. del finado Juan Manuel Ávila y de Micaela Díaz, con **Eduviges Rojas**, h.l. de Manuel Rojas y de María Catalina Soria. Testigos: Silvestre Ibáñez y María Rosa Soria.

Lobo, Faustino con Arias, Segunda

F.275: 17 de noviembre de 1848, dispensado un impedimento, se casó y veló a **Faustino Lobo**, h.n. de Carmen Lobo, con **Segunda Arias**, h.n. de Isidora Arias. Testigos: Francisco Antonio Agüero y Gerónima Ovejero. Nota: en la informacion matrimonial correspondiente (Exp. 2092) se declara que el pretendente tuvo trato con una hermana de su pretendida.

Falcón, Bartolo con Villalba, Liberata

F.275: 29 de noviembre de 1848, se casó y veló a **Bartolo Falcón**, h.l. de Lorenzo Falcón y de Mercedes Márquez, con **Liberata Villalba**, h.l. de Estanislao Villalba y de Rosa Cano. Testigos: Dn. Severo Ahumada y Da. Josefa Burgos.

Romero, José Tránsito con Maldonado, Exaltación de la Cruz

F.275: 2 de diciembre de 1848, se casó y veló a **José Tránsito Romero**, h.l. de los finados Marcos Romero y de Bartolina Páez, con **Exaltación de la Cruz Maldonado**, h.n. de María Anastasia. Testigos: José Manuel Leguizamo y María de la Concepción Leguizamo.

Guerreros, Froilán con Leiva, Mercedes

F.276: 28 de diciembre de 1848, se casó y veló a **Froilán Guerreros**, h.l. de Silvestre Guerreros y de Mercedes Bulacia, con **Mercedes Leiva**, viuda del finado Manuel Collantes. Testigos: Dn. Manuel Antonio Valdéz y Mercedes Nieva. Nota: en la información matrimonial correspondiente (Exp. 2101) se declara que la novia es hija legítima de Juan Esteban Lencinas y de Josefa Soria.

Díaz, Dn. Juan Francisco con Armas, Da. Cipriana

F.276: 7 de enero de 1849, se casó y veló a Dn. **Juan Francisco Díaz**, h.l. de Dn. Fernando Díaz y de Da, María Toledo, con Da. **Cipriana Armas**, h.l. de los finados José Domingo Armas y de Da. Antonia Romano. Testigos: Dn. Filiberto Ahumada y Da. Eulalia Muro.

Falcón, Carmelo con Ocón, Silvestra

F.276: 8 de enero de 1849, dispensado un impedimento, se casó y veló a **Carmelo Falcón**, h.l. de Pablo Falcón y de Hilaria Chávez, con **Silvestra Ocón**, h.l. de Estanislao Jacinto Ocón y de Petrona Falcón. Testigos: Pedro Martínez y Mercedes Mansilla. Nota: en la información matrimonial correspondinete (Exp. 2103) Se declara un parentesco por consanguinidad de tercero con segundo grado.

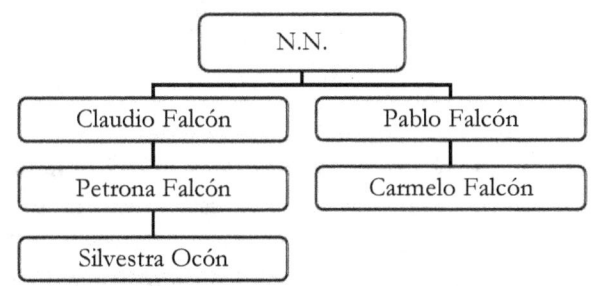

Jiménez, Cipriano con Cevallos, Sabina

F.276: 8 de enero de 1849, se casó y veló a **Cipriano Jiménez**, h.l. de Toribio Jiménez y de Reinalda Collantes, con **Sabina Cevallos**, h.n. de Cayetana Cevallos. Testigos: Gregorio Ramírez y Tránsito Ramírez.

Barrionuevo, Dn. Juan Ignacio con Caravajal, Da. Rosalía

F.277: 8 de enero de 1849 Casó a Dn. **Juan Ignacio Barrionuevo**, viudo de la finada Da. Manuela Cisterna, con Da. **Rosalía Caravajal**, viuda del finado Pedro Manuel Alvarado. Testigos: Dn. Martiniano Espeche y Da. Ana María Tula.

Villalba, Justo con Luján, Nicolasa

F.277: 15 de octubre de 1848, dispensado un impedimento, casó a **Justo Villalba**, viudo de la finada María Antonia Zurita, con **Nicolasa Luján**, viuda del finado Pedro (José) Ibáñez. Testigos: Dn. Victorino Zurita y Da. Nicolasa Ahumada. Nota: en la información matrimonial matrimonial correspondiente (Exp. 2091) se declaran dos *"impedimentos de afinidad, uno línea transversal, uno en segundo grado de cópula ilícita por haber tenido mi pretendienta trato con ilícito con un primo hermano mío, y el otro impedimenta de cópula lícita de tercero con segundo"*.

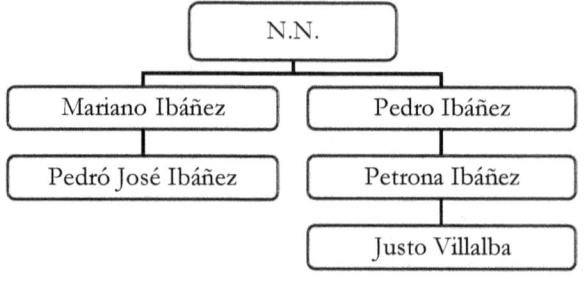

Mercado, Casimiro con González, Juan Rosa

F.277: 30 de noviembre de 1848, se casó y veló a **Casimiro Mercado**, viudo de la finada Isabel Pérez, con **Juan Rosa González**, h.l. de Félix González y de Gregoria Pacheco. Testigos: Pastor Cardoso y Da. Catalina Oviedo.

Ledesma, José Rosario con Valdéz, Maximiliana

F.278: 23 de enero de 1849, se casó y veló a **José Rosario Ledesma**, h.l. de Manuel Toranzos y de Hermenegilda Ledesma, con **Maximiliana Valdéz**, h.l. de Mariano Valdéz y Prudencia Pedernera. Testigos: Cornelio Cordero y Lucía ¿Hojeda?

Barrientos, Ignacio con Paz, Gerónima

F.278: 25 de enero de 1849, dispensado un impedimento, se casó y veló a **Ignacio Barrientos**, h.n. de Isabel Barrientos con **Gerónima Paz**, h.l. de Simón Paz y Martina Vivas. Testigos: José Casuso y Rosario Ocón. Nota: en la información matrimonial (Exp. 2109) se declara un parentesco por consanguinidad de cuarto con tercer grado:

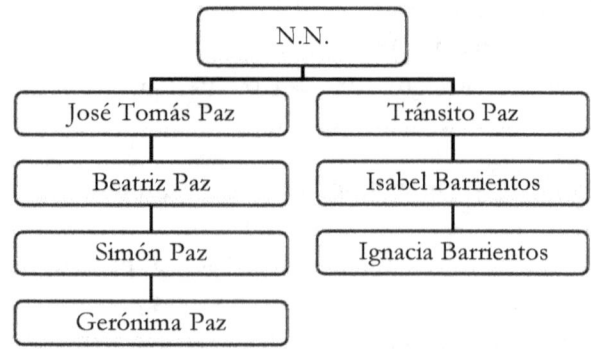

Robles, Agustín con Sosa, Da. Rosario

F.278: 13 de febrero de 1849, se casó y veló a **Agustín Robles**, h.l. de Marcelino Robles y de Cayetana Ibáñez, con **Rosario Sosa**, h.l. de los finados Dn. Pedro Sosa y de Mercedes Guerreros. Testigos: Crisóstomo Barrientos y Mercedes Varela.

Monzón, Carlos con Vega, María

F.278: 16 de febrero de 1849 casó a **Carlos Monzón**, h.l. de Manuel Antonio Monzón y de Celestina Astudillo, con **María Vega**, h.l. Santiago Vega y de Paulina ¿Hugas? Testigos: Juan Correo y Rufina Gómez.

Zárate, Miguel con Baigorria, Petrona

F.279: 19 de febrero de 1849, se casó y veló a **Miguel Zárate**, h.l. de Luciano Zárate, y de Laureana Juárez, con **Petrona Baigorria**, h.l. de Pedro Ignacio Baigorria y de Sebastiana Jiménez. Testigos: Luis Ignacio Arias y Prudencias Zárate.

Retamozo, Pedro Lucindo con Ojeda, Nieves

F.279: 19 de febrero de 1849, se casó y veló a **Pedro Lucindo Retamozo**, h.l. de Juan Florencia Retamozo y de Josefa ¿Palacio?, con **Nieves Ojeda**, h.n de Apolinaria Ojeda. Testigos: Lorenzo Castro y Rosario Lobo.

Reinoso, Justo con Farías, Manuela

F.279: 19 de febrero de 1849, dispensado un impedimento, se casó y veló a **Justo Reinoso**, h.l. de Ventura Reinoso y de Rosario Brizuela, con **Manuela Farías**, h.l. de Juan Pablo Farías y de Petrona Reinoso. Testigos: Gervasio Ibáñez y Sabina Fernández. Nota: en la informaciñon matrimonial (Exp. 2106) se declaró un parentesco por consanguinidad en cuarto con tercer grado.

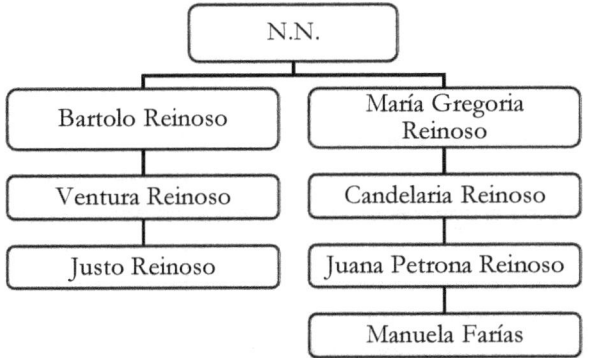

Iramain, José Antonio con Bulacia, Mercedes
F.280: 5 de febrero de 1831, se casó y veló a **José Antonio Iramain**, h.l. de los finados Mauricio Iramain y de Gabriela Goitia, con **Mercedes Bulacia**, esclava de Da. Francisca Bulacia. Testigos: Ángel Mariano Saavedra y Da. Rosa Aoiz.

Silva, Juan José con Páez, Petronila
F.280: 12 de febrero de 1831, se casó y veló a **Juan José Silva**, h.l. de Proto Silva y de Leocadia Ovejero, con **Petronila Páez**, h.l. de los finados Casimiro Páez y de Rosa Ramona Caravajal. Testigos: Dn. Manuel Gómez y Salomé Vidal.

Barrientos, Pastor con Guerreros, María Gregoria
F.281: 13 de febrero de 1831, se casó y veló a **Pastor Barrientos**, h.l. del finado M. y de María Antonia Márquez, con **María Gregoria Guerreros**, hija legítima de Mariano y de Santos Juárez. Testigos: Gregorio Medina y su esposa.

Álvarez, Matías con Nieva, Josefa
F.281: 15 de febrero de 1831, se casó y veló a **Matías Álvarez**, h.l. del finado José Froilán Álvarez y de Manuela Guevara. Testigos: Santiago Delgado y Da. Cruz Ibáñez. (No figura el nombre de la contrayente en el cuerpo de la partida, al margen dice Josefa Nieva) Nota: en la información matrimonial (Exp. 1099) se declara que la novia, Josefa Nieva, es hija natural de Eusebia Nieva.

Bustamante, Julián con Villagra, Eugenia
F.281: 15 de febrero de 1831, se casó y veló a **Julián Bustamante**, h.l. de Carmelo Bustamante y de María Jacinta Villalba, con **Eugenia Villagra**, h.n. de Petrona Villagra. Testigos: Félix Mariano Guerreros y Micaela Ferreira.

Libro de Matrimonios N° 4 (tercera parte)
1860 – 1872

Márquez, Venancio con Altamiranda, Juliana de Jesús
F. 11: En…, en 1860, se casó y veló a **Venancio Márquez**, h. l. de Tomás Antonio, finado, y Mercedes Arévalo, con **Juliana de Jesús Altamiranda**, h. l. de Julián y de Josefa Pereyra. Ts Dn. Martiniano Espeche y Da. Emilia Bulacia.

Leguizamo, Juan Andrés con Rosales, Luisa
F. 11: En la capilla de las Tunas, el 23 de agosto de 1860, se casó y veló a **Juan Andrés Leguizamo**, h. l. de Pedro José y María Juana Mercado, con **Luisa Rosales**, h. n. de Socorro. Ts Julián Pérez y Carolina Coronel.

Figueroa, Mariano de Jesús con Luján, María Romualda
F.11: En la parroquia de El Alto, el 27 de agosto de 1860, obtenida la dispensa del impedimento de afinidad ilícita en primer grado por línea oblicua igual, e igualmente dispensado el parentesco de segundo grado de afinidad ilícita en línea transversal igual, se casó y veló a **Mariano de Jesús Figueroa,** natural de Monteros, de la provincia de Tucumán, y residente en este curato más de cuatro años, h. n. de la finada Pascuala, con **María Romualda Luján**, h. l. de José Justo y Ana Rosa Arévalo. Ts Dn. Manuel Ignacio Luján y Da. Mercedes Medina. Nota: La información matrimonial correspondiente está fechada en El Alto el 12 de julio de 1857. En ese documento Figueroa declara "impedimento de afinidad ilícita en primer grado por línea transversal que resulta por haber tenido trato ilícito con una hermana de mi prometida, y es delito público y asimismo nos hallamos con el impedimento de pública honestidad por haber contraído esponsales validos con la dicha hermana de mi contrayente" (Seguramente debería decir "enlace no valido", ya que a este hace referencia el impedimento de publica honestidad.)

Moral, Dn. Francisco Paulo con Verón, Da. Eduviges
F. 11v: En la capilla de las Cañas, a 31 de agosto de 1860, se casó y veló a Dn. **Francisco Paulo Moral**, natural de Loreto, de la provincia de Santiago del Estero, residente en este curato dos años, viudo de la finada Da. Francisca Villagrán, con Da. **Eduviges Verón**, h. l. del finado Dn. Juan de la Cruz y Da. Petrona Hernández. Ts Dn. Isidoro Lezana y Da. Cayetana Lezana.

Rodríguez, José Indabor con Rodríguez, Juana
F. 11v: En la parroquia de El Alto, a 12 de septiembre de 1860, se casó y veló a **José Indabor Rodríguez**, h. n. de Gregoria, con **Juana Rodríguez**, viuda del finado Juan Ángel Ledesma. Ts Juan Agüero y Melit… ¿Godoy?

Arévalo, Dn. Luis con Leiva, Da. Carmen
F. 12: En la parroquia de El Alto, a 17 de septiembre de 1860, obtenida la dispensa de cuarto grado de consanguinidad por línea lateral igual, se casó y veló a Dn. **Luis Arévalo**, h. l. de los finados Dn. Florencio y Da. Juana Rodríguez, con Da. **Carmen Leiva**, conocida por **Ibáñez**, h. n. de Da. Nazaria. Ts Dn. Manuel de Jesús Rodríguez y Da. Candelaria Arévalo. El expediente matrimonial correspondiente está fechado en El Alto el 3 de septiembre de 1860, el parentesco entre los cónyuges se explica con el siguiente esquema:

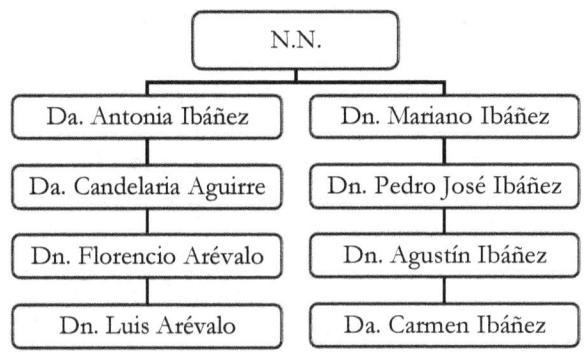

Juárez, José Lorenzo con Gómez, Candelaria
F.12: En la parroquia de El Alto, a 17 de septiembre de 1860, se casó y veló a **José Lorenzo Juárez**, h. l. de Fernando y Francisca Brizuela, con **Candelaria Gómez**, h. l. de los finados Romualdo y Francisca Soraire. Ts Dn. Gregorio Rosales y Candelaria Brizuela.

Márquez, Dn. Fermín Abelardo con Ahumada, Da. Beatriz
F.12v: En la parroquia de El Alto, a 19 de septiembre de 1860, se casó a Dn. **Fermín Abelardo Márquez**, h. l. de Dn. Juan Gregorio y Da. Regina Ferreira, con Da. **Beatriz Ahumada**, h. l. del finado Dn. Filiberto y Da. Isabel Segura. Ts Dn. Luis Oviedo y Da. Petrona Ferreira. En la misma parroquia, el 26 de dicho mes, se los veló. Ts Dn. Rosendo Ahumada y Da. Petrona Ferreira.

Díaz, Francisco Antonio con González, Petronila
F.12v: En la parroquia de El Alto, a 21 de septiembre de 1860, obtenida la dispensa por un impedimento de tercero con atingencia al segundo grado de afinidad lícita por línea colateral, se casó y no se veló, por ser velada la contrayente, a **Francisco Antonio Díaz**, h. l. de los finados Juan Inocencio y Tránsito Ramírez, con **Petronila González**, viuda del finado José León Mercado. Ts Dn. Joaquín Mendoza y Lucinda Rosales. La información correspondiente a este enlace está fechada en Las Tunas el 21 de agosto de 1860, en ese documento se declara que la contrayente tiene un hijo de su primer esposo y que sus padres son pobres y tiene 8 hermanos. El parentesco entre el novio y el primer marido de la contrayente se explica con el siguiente esquema:

González, José Basilio con Ontiveros, María Rosa
F.12v: En la parroquia de El Alto, a 24 de septiembre de 1860, se casó y veló a **José Basilio González**, natural del Río de Medinas, provincia de Tucumán, y residente (hace) meses en el paraje de La Capellanía de este curato, h. n. de la finada Bonifacia, con **María Rosa Ontiveros**, h. l. del finado Ángel y Solana Barrios. Ts Dn. Manuel Antonio Valdéz y Da. Bárbara Paz.

Chazarreta, Calixto con Ledesma, Bartolina
F.13: En la parroquia de El Alto, a 3 de octubre de 1860, se casó y veló a **Calixto Chazarreta**, h. l. del finado Cayetano y Micaela Arias, con **Bartolina Ledesma**, h. l. del finado Juan Ángel y Juana Rodríguez. Ts Mateo Lobo y Crescencia Lobo.

Brizuela, Juan Ignacio con Barrionuevo, Cecilia
F.13: En la parroquia de El Alto, a 1 de octubre de 1860, se casó y veló a **Juan Ignacio Brizuela**, h. l. del finado Antonio y María del Pilar Lobo, con **Cecilia Barrionuevo**, h. l. de Andrés y de la finada Laureana Montes de Oca. Ts Dn. Hermógenes Brizuela y Da. Nieves Brizuela.

Miranda, Juan Laurencio con Almaráz, María Juana
F.13: En la parroquia de El Alto, a 15 de octubre de 1860, se casó y veló a **Juan Laurencio Miranda**, vecino de Pomancillo, del curato de Piedra Blanca, h. l. del finado Lucindo y Jesús Lobo, con **María Juana Almaraz**, de este vecindario, h. l. de Avelino y Apolinaria Altamiranda. Ts Manuel Ignacio Miranda y Justa Melián.

Ibáñez, Aniceto con Nieva, María Filomena
F.13v: En la parroquia de El Alto, a 15 de octubre de 1860, se casó y veló a **Aniceto Ibáñez**, h. l. del finado Julián y Dolores Brizuela, con **María Filomena Nieva**, h. n. de Manuela. Ts Dn. Teodoro Bulacia y Da. Clara Bulacia.

Lobo, Antonio con Ledesma, Antonia
F.13v: En la capilla de Vilismano, a 17 de octubre de 1860, se casó y veló a **Antonio Lobo**, h. n. de Marcelina, con **Antonia Ledesma**, h. l. del finado Juan Ángel y Juana Rodríguez, habiendo antes obtenido dispensa del parentesco de consanguinidad en cuarto grado con atingencia al tercero por línea transversal. Ts Braulio Díaz y Asunción Flores. Nota: El expediente de información matrimonial está fechado en El Alto el 12 de septiembre de 1860. En ese documento los testigos declaran que Estaban Lobo, bisabuelo del contrayente, fue hermano natural de Bartolina Lobo, abuela de la novia. El cuadro de parentesco es el siguiente:

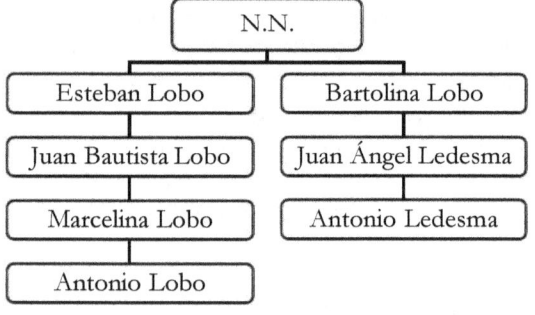

Martínez, Ramón Miguel con Leal, Clara
F.14: En la capilla de Vilismano, a 24 de octubre de 1860, se casó y veló a **Ramón Miguel Martínez**, h. l. de los finados Carlos y María Alderete, con **Clara Leal**, h. l. de los finados Juan Pío y Felipa Cáceres. Ts Dn. Luis Ramón Cáceres y Da. Tomasina Cáceres.

Díaz, Dn. Cosme con Barrionuevo, Da. Clara
F.14: En la parroquia de El Alto, a 26 de octubre de 1860, se casó y veló a Dn. **Cosme Damián Díaz**, h. l. de Dn. Juan Manuel y Da. Prudencia Villalba, con Da. **Clara Barrionuevo**. Ts Antonio Arévalo y Salomé Vidal.

Bazán, Dn. Nicolás con Sobremonte, Da. Ramona
F.14: En la capilla de los Manantiales, a 27 de octubre de 1860, se casó a Dn. **Nicolás Bazán**, viudo de la finada Da. Ninfa Segura, con Da. **Ramona Sobremonte**, viuda del finado Dn. Saturnino Arrieta. Ts Dn. Donato Delgado y Da. Bernarda Díaz.

González, Miguel con Luna, Irene
F.14v: En la parroquia de El Alto, a 10 de noviembre de 1860, obtenida la dispensa de tercer grado con atingencia al segundo de consanguinidad por línea lateral, se casó y veló a **Miguel González**, h. l. de Tomás y de la finada Isidora Lobo, con **Irene Luna**, h. n. de la finada María. Ts Pedro Mercado y Rosa Ibáñez. Nota: El expediente matrimonial está fechado el 28 de septiembre de 1860. Los novios han tenido un hijo y se explica el parentesco con el siguiente esquema:

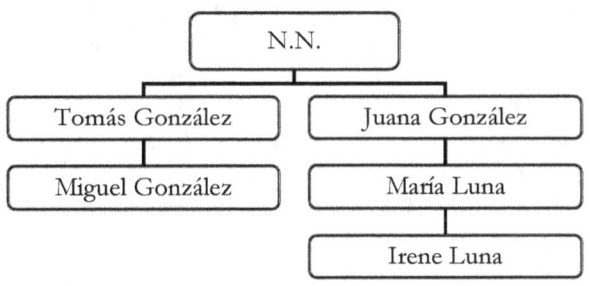

Maidana, Eufemio con Pérez, María Micaela
F.14v: En la parroquia de El Alto, a 12 de noviembre de 1860, se casó y veló a **Eufemio Maidana**, viudo de la finada Cecilia Juárez, con **María Micaela Pérez**, h. l. del finado Sebastián y Leonor Cisneros. Ts Dn. Salvador Pérez y Da. Candelaria Páez.

Díaz, David con Mercado, Rosario
F.15: En la parroquia de El Alto, a 28 de noviembre de 1860, se casó y veló a **David Díaz**, h. l. del finado Felipe y María Marta Rosales, con **Rosario Mercado**, h. l. de Carlos y Mercedes Páez. Ts Pedro Díaz y Teodora Mansilla.

Páez, Dn. Victoriano con Arévalo, María del Carmen
F.15: En la capilla de Vilismano, a 1 de diciembre de 1860, obtenida la dispensa del parentesco de consanguinidad de tercer grado con atingencia al segundo, se casó y veló a Dn. **Victoriano Páez**, vecino del curato de Ancasti, h. l. de los finados Dn. Bonifacio y Da. Josefa Barrionuevo, con Da. **María del Carmen Arévalo**, de este curato, h. l. del finado Dn. Juan Laurencio y Da. Maximiliana González. Ts Dn. Lucas Gutiérrez y Da. María Nieves Gómez. Nota: la información matrimonial no brinda mayores datos al respecto, solo podemos leer: "Nota. Para obviar costos, practicadas las diligencias de su inspección, puede casarlos libremente por cuanto dice el interesado que sacará dispensa de las proclamas".

Albarracín, Fermín con Guerreros, Gregoria
F.15v: En la parroquia de El Alto, a 3 de diciembre de 1860, se casó a **Fermín Albarracín**, h. n. de Valentina, con **Gregoria Guerreros**, h. l. del finado José Miguel y Prudencia Zárate. Ts Francisco Antonio Medina y Rosario Medina. Velados el 16 de enero de 1861. Ts los mismos.

González, Marcelino con Rosales, Francisca Marcelina
F.15v: En la parroquia de El Alto, a 24 de diciembre de 1860, se casó a **Marcelino González**, h. l. del finado Francisco Antonio y Basilia Jiménez, con **Francisca Antonia Rosales**, viuda del finado Juan Tomás Barrientos. Ts Santos Mercado e Isidora Rosales.

Soria, Dn. José Lino con Orellana, Da. Luisa
F.15v: En la parroquia de El Alto, a 28 de diciembre de 1860, obtenida la dispensa de cuarto grado con atingencia al tercero de afinidad lícita por línea lateral, se casó a Dn. **José Lino Soria**, h. l. de Dn. Juan Nicolás y Da. Juana Francisca Pedraza, con Da. **Luisa Orellana**, conocida por **Leiva**, viuda del finado Dn. Pedro Pablo Lazo. Ts Dn. Juan Bautista Orellana y Da. Manuela Ferreira y Bulacia. Nota: En la información matrimonial, fechada el 29 de noviembre de 1860, consta que Da. Luisa Leiva, era hija natural de Dionisia Orellana, al quedar huérfana fue criada por Da. Candelaria Morales y Dn. Silvestre Antonio Leiva, de ahí su apellido. El impedimento no es conocido más que por una anciana y no se ha podido confirmar por lo que se pidió una dispensa ad cautelam, el parentesco expresado es el siguiente:

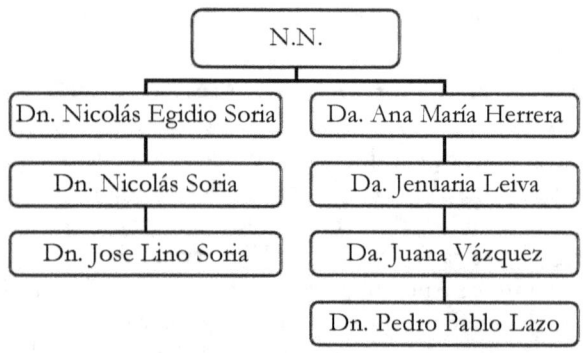

Delgado, Lorenzo con Lobo, Felipa Antonia
F.16: En la capilla de los Manantiales, anexo de la parroquia de El Alto, a 14 de enero de 1861, se casó y veló a **Lorenzo Delgado**, natural del Huasco, en la República de Chile y residente en esta doctrina, h. l. de Ramón Rosa y Mercedes Iriarte, con **Felipa Antonia Lobo**, h. l. del finado Pedro Regalado y de María Águeda Jiménez. Ts León Mercado y Leocadia Brizuela.

Fernández, Gervasio con González, Elizarda
F.16: En la capilla de los Manantiales, a 12 de febrero de 1861, se casó y veló a **Gervasio Fernández**, h. l. de Juan Silvestre y Rafaela Jeréz, con **Elizarda González**, h. l. de Tomás y de la finada Isidora Lobo. Ts Dn. Pantaleón Lugones y Da. María de Jesús Brizuela.

Arévalo, Dn. Luciano con Ocampo, Da. Lucía
F.16v: En la parroquia de El Alto, a 23 de marzo de 1861, se casó a Dn. **Luciano Arévalo**, viudo de la finada Da. Jesús Acevedo, con Da. **Lucía Ocampo**, vecina de la Banda del Río del curato rectoral, h. n. de Da. Luisa. Ts Dn. Félix Mariano Zurita y Da. Bernardina Ríos. Se velaron en la capilla de Vilismano el 14 de abril de 1861. Ts los mismos.

Arévalo, Luis Antonio con Acosta, María Crescencia
F.16v: En la parroquia de El Alto, a 4 de abril de 1861, se casó a **Luis Antonio Arévalo**, h. l. del finado Juan Bernardo y Felisa del Carmen Galván, con **María Crescencia Acosta**, conocida por Galván, h. n. de Juana Ignacia Acosta. Ts Juan Mateo Galván y Dorotea Acosta. Se velaron en la capilla de Vilismano el 12 de abril de 1861. Ts los mismos.

Magallanes, Dn. José Antonio con Lezcano, Da. Griselda
F.17: En la parroquia de El Alto, a 8 de abril de 1861, se casó y veló a Dn. **José Antonio Magallán**, hijo legítimo de los finados Dn. Mateo y de Da. Petronila Guerreros, con Da. **Griselda Lezcano**, h. l. del finado Dn. Manuel y Da. Juliana Ortiz. Ts Dn. Ramón Rosa Salvatierra y Da. Rosario Albarracín.

Collantes, Cosme con Paz, Braulia
F.17: En la parroquia de El Alto, a 10 de abril de 1861, dispensado el tercero con cuarto grado de consanguinidad por línea lateral con que se hallan ligados los contrayentes, se casó y veló a **Cosme Collantes**, h. l. de Juan Domingo y Victoria González, viudo de la finada María Pereyra, con **Braulia Paz**, h. l. de Pascual y Presentación Figueroa. Ts Pedro José Luna y Jacoba Ortiz.

Jeréz, Dn. José María con Vega, Da. María de la Encarnación
F.17v: En la capilla de Vilismano, a 12 de abril de 1861, obtenida la dispensa de cuarto con atingencia al tercer grado de consanguinidad por línea lateral con que se hallan ligados los contrayentes, se casó y veló a Dn. **José María Jeréz**, h. l. del finado Dn. Bernabé y Da. Pabla Vega, con Da. **María de la Encarnación Vega**, h. l. de Dn. Hermenegildo y Da. Zoila Ahumada. Ts Dn. pascual Arévalo y Da. Manuela Ferreira.

Aranda, Juan Bautista con Vázquez, Juana Isabel
F.17v: En la capilla de Vilismano, a 12 de abril de 1861, se casó y veló a **Juan Bautista Aranda**, h. n. de Leonarda, con **Juana Isabel Vázquez**, h. l. del finado José y María Santucho. Ts Mauricio Figueroa y María Petrona Artaza.

Aguirre, Dn. Abad con Tapia, Da. Isabel
F.17v: En la capilla de los Manantiales, a 15 de abril de 1861, se casó y veló a Dn. **Abad Aguirre**, h. l. de los finados Dn. Tiburcio y Da. Casilda Arévalo, con Da. **Isabel Tapia**, h. l. de Dn. Gregorio y Da. Benigna Leiva. Ts Dn. David Ramos y Da. Catalina Bulacia.

Denett, Dn. Miguel con Páez, Da. Concepción
F.18: En la capilla de Vilismano, a 16 de abril de 1861, obtenida la dispensa de segundo grado de consanguinidad por línea lateral, se casó y veló a Dn. **Miguel Denett**, h. l. del finado Dn. José Manuel y Da. Natividad Páez, con Da. **Concepción Páez**, h. l. de Dn. Genuario y Da. María de la Paz Navarro. Ts Dn. Pedro Navarro y Da. Irvilana Medina.

Romero, Dn. Juan Domingo con Contreras, Da. Rita
F.18: En la capilla de los Manantiales, a 22 de abril de 1861, se casó y veló a Dn. **Juan Domingo Romero**, h. l. del finado Dn. Luciano y Da. María del Tránsito Rosales, con Da. **Rita Contreras**, h. l. de Dn. Pascual y de la finada Da. Manuela Baca. Ts Dn. Juan Bautista Pereyra y Da. Celestina Bepre.

Paz, Ciriaco con Burgos, Josefa
F.18v: En la parroquia de El Alto, a 20 de mayo de 1861, se casó y veló a **Ciriaco Paz**, h. l. de los finados Hipólito y Ceferina Castro, con **Josefa Burgos**, h. n. de Ana. Ts Ramón Rosa Ramírez y Cleofé Luna.

Díaz, Leonor con Reinoso, Celestina
F.18v: En la capilla de la Quebrada, a 6 de mayo de 1861, se casó y veló a **Leonor Díaz**, h. l. de Bernardino y Felipa Reinoso, con **Celestina Reinoso**, h. n. de Gregoria. Ts Dn. Ramón Rosa Salvatierra y Da. Diocleciana Cisternas.

Lobo, Tomás con Ledesma, Plácida
F.18v: En la capilla de la Quebrada, a 20 de mayo de 1861, se casó y veló a **Tomás Lobo**, h. n. de Inocencia, con **Plácida Ledesma**, h. n. de Lorenza. Ts Bernardo Barrera y Petrona Barrera.

Soria, Felipe Santiago con Chazarreta, Manuela
F.19: En la capilla de la Quebrada, a 25 de mayo de 1861, se casó y veló a **Felipe Santiago Soria**, viudo de la finada Fulgencia Gómez, con **Manuela Chazarreta**, h. l. de Cayetano y Micaela Arias. Ts Dn. Salvador Pérez y María Bazán.

Gómez, Dn. Apolinar con Pérez, Da. Rita
F.19: En la capilla de Vilismano, a 19 de junio de 1861, se casó y veló a Dn. **Apolinar Gómez**, h. l. de Dn. Nicolás y Da. Rosa Saavedra, vecinos de Vilismano, de este curato, con Da. **Rita Pérez**, vecina de Anjuli, del curato de Ancasti, h. l. de Dn. Manuel y Da. Corazón Verón. Ts Dn. Lutgargo Oviedo y Da. Crisanta Arévalo.

Caravajal, Justo Pastor con Tolosa, Rosario
F.19v: En la parroquia de El Alto, a 26 de junio de 1861, se casó y veló a **Justo Pastor Caravajal**, viudo de la finada María Damascena Pacheco, con **Rosario Tolosa**, h. n. de María de la Cruz. Ts José Caravajal y Lucía Ojeda.

González, Pedro Nolasco con Barrionuevo, Simona
F.19v: En la parroquia de El Alto, a 26 de junio de 1861, obtenida la dispensa de tercer grado de consanguinidad por línea transversal igual, se casó y veló a **Pedro Nolasco González**, h. l. de los finados Matías y Mauricia Collantes, con **Simona Barrionuevo**, h. l. del finado Roque y Brígida Collantes. Ts Dn. Peregrino Barrientos y Da. Juana Rosa Ahumada.

Argañaráz, Juan Evangelista con Candi, María de los Ángeles
F.19v: En la parroquia de El Alto, a 3 de junio de 1861, se casó y veló a **Juan Evangelista Argañaráz**, h. l. de Teodoro y Casimira Mercado, con **María de los Ángeles Candi**, h. l. de Juan Asencio y Francisca Acasuso. Ts Pedro Mercado y Bibiana González.

Burgos, José Moisés con Santillán, Margarita Rosa
F.20: En la parroquia de El Alto, a 3 de junio de 1861, se casó y veló a **José Moisés Burgos**, conocido por Ibáñez, h. n. de María Candelaria, con **Margarita Rosa Santillán**, h.l. del finado José Ignacio y Maximiliana Herrera. Ts Felipe Ledesma y Cecilia Gómez.

Ponce, Pedro Pascual con Ledesma, Secundina
F.20: En la parroquia de El Alto, a 26 de junio de 1861, se casó y veló a **Pedro Pascual Ponce**, h. n. de María Delfina, con **Secundina Ledesma**, h. n. de Victoria. Ts Juan de la Rosa Vega y Estanislada Villalba.

Barrientos, Federico con Díaz, Manuela
F.20: En la capilla de las Tunas, a 8 de agosto de 1861, obtenida la dispensa de tercer grado de consanguinidad por línea lateral, se casó y veló a **Federico Barrientos**, h. l. del finado Pedro Francisco y de Inés Collantes, con **Manuela Díaz**, h. l. del finado Pío y Angelina Páez. Ts Domingo Collantes y Bernarda Mercado.

Piguala, José Delfín con Rivadeneira, María Espíritu
F.20v: En la capilla de las Tunas, a 14 de agosto de 1861, se casó, y no se veló, a **José Delfín Piguala**, h. l. de los finados Dn. José Inocencio y Juana Isabel Nieva, natural del rectoral y residente un año en este curato, con **María Espíritu Rivadeneira**, viuda del finado Pedro José Herrera. Ts Celestino Lobo y Felipa del Carmen Díaz.

González, Dionisio con Cevallos, Rosario
F.20v: En la capilla de las Tunas, a 21 de agosto de 1861, se casó y veló a **Dionisio González**, h. l. del finado Francisco, con **Rosario Cevallos**, h. l. del finado Manuel Antonio y Segunda Collantes. Ts Santos Mercado y Zoila Cevallos.

Oviedo, Dn. Luis con Ferreira, Da. Manuela
F.21: En la parroquia de El Alto, a 5 de septiembre de 1861, obtenida la dispensa del segundo grado con atingencia al primero de afinidad lícita, se casó a Dn. **Luis Oviedo**, viudo de la finada Da. Mercedes Sabando, con Da. **Manuela Ferreira**, h. l. de los finados Dn. José Leonardo y Da. María del Señor Bulacia. Ts Dn. Juan Gregorio Márquez y Da. Regina Ferreira. Velados el 7 de dicho mes y año. Ts los mismos.

Orellana, Dn. Juan Bautista con Gómez, Da. Nieves
F.21: En la capilla de Vilismano, a 5 de septiembre de 1861, obtenida la dispensa de cuarto grado con atingencia al tercero de consanguinidad por línea lateral, se casó y veló a Dn. **Juan Bautista Orellana**, h. l. de Dn. Basilio y Da. Asunción Páez, con Da.

Nieves Gómez, h. l. de los finados Dn. Ignacio y Da. Leocadia Gutiérrez. Ts Dn. Félix Páez y Da. Benedicta Gómez.

Ponce, Segundo Abraham con Arias, Domitila
F.21v: En la parroquia de El Alto, a 7 de octubre de 1861, se casó y veló a **Segundo Abraham Ponce**, h. l. del finado Basilio y Modesta Mercado, con **Domitila Arias**, h. n. de Juana. Ts Dn. Francisco Mercado y Da. Francisca Antonia Lobo.

Arancibia, Eleuterio con Rizo, María Pabla
F.21v: En la parroquia de El Alto, a 25 de octubre de 1861, se casó y veló a **Eleuterio Arancibia**, viudo de la finada Petrona Antonia Delgadino, con **María Pabla Rizo**, h. n. de María Agustina. Ts Dn. Samuel Villagra y Da. Rita Leguizamo.

Verón, Serapio con Zurita, Rosario
F.21v: En la parroquia de El Alto, a 11 de noviembre de 1861, se casó y veló a **Serapio Verón**, h. l. de los finados Francisco y Luisa Ponce, con **Rosario Zurita**, h. n. de María. Ts Félix Mariano Bayona y Ángela Ponce.

Villarroel, Isaac con Pérez, Lucía
F.22: En la parroquia de El Alto, a 17 de noviembre de 1861, se casó y veló a **Isaac Villarroel**, h. n. de Candelaria, con **Lucía Pérez**, h. l. de los finados Pedro Antonio y Gregoria Carrizo. Ts Dn. Miguel Francisco Gómez y Da. Delfina Suasnabar.

Arévalo, Bernabé Antonio con Luján, María Severa
F.22: En la parroquia de El Alto, a 17 de diciembre de 1861, obtenida la dispensa de los impedimentos de segundo grado de afinidad por cópula ilícita, de ídem de sendo (sic) grado de afinidad y de segundo con cuarto grado de consanguinidad por línea transversal, se casó a **Bernabé Antonio Arévalo**, viudo de la finada María de las Nieves Cejas, con **María Severa Luján**, h. n. de María Anastasia. Ts Dn. Juan Pío Ponce y Da. María Crisóloga Valdéz. Se velaron el 3 de octubre de 1862. Ts los mismos.

Tapia, Dn. Ramón con Zurita, María Ercilia
F.22v: En la capilla de Vilismano, a 12 de diciembre de 1861, se casó a Dn. **Ramón Antonio Tapia**, vecino del paraje de los Zuritas, curato de Ancasti, h. l. de Dn. José Lorenzo y de Da. María Valentina Pérez, con **María Ercilia Zurita**, h. l. de Dn. Carmen y de la finada María Verón. Ts Dn. Pedro Zurita y Da. Raquel Espeche.

Castellanos, Juan con Agüero, Carlota
F.22v: En la capilla de Vilismano, a 20 de julio de 1861, se casó y veló a **Juan Castellanos**, viudo de la finada Magdalena Mansilla, con **Carlota Agüero**. h. n. de Serapia. Ts Dn. Cosme Valdéz y Da. Obdulia Valdéz.

Ahumada, Norberto con Aredes, Manuela
F.22v: En la capilla de Vilismano, a 20 de julio de 1861, se casó a **Norberto Ahumada**, h. l. de José y Dorotea Aguilar, con **Manuela Aredes**, h. l. de Ángel Mariano y de Magdalena Barrionuevo. Ts Dn. Santiago Aguilar y Da. Natividad Barrera. Ts Dn. Santiago Aguilar y Da. Natividad Barrera.

Tapia, Dn. Ramón Antonio con Zurita, Da. María Ercilia
F.23: En la capilla de Vilismano, a 12 de diciembre de 1861, se casó y veló a Dn. **Ramón Antonio Tapia**, h. l. de Dn. José Lorenzo y de Da. María Valentina Pérez, vecino de paraje de los Zuritas, del curato de Ancasti, con Da. **María Ercilia Zurita**, h. l. de Dn. Carmen y de la finada Da. Ana María Verón. Ts Dn. Pedro Zurita y Da. Raquel Espeche.

Arévalo, Dn. Genuario con Sobrado, Da. Peregrina
F.23: En la parroquia de El Alto, a 22 de enero de 1862, se casó y veló a Dn. **Genuario Arévalo**, h. l. de Dn. Juan Laurencio y de Da. Maximiliana González, con Da. **Peregrina Sobrado**, h. n. de Da. Cruz. Ts Dn. Carmen Soria y Da. Francisca Varela.

Albarracín, Lope con Pacheco, Francisca
F.23v: En la parroquia de El Alto, a 27 de febrero de 1862, se casó y veló a **Lope Albarracín**, h. l. del finado Casimiro y Antonia Robinson, con **Francisca Pacheco**, h. l. del finado Ramón y Marcelina Hernández. Ts Dn. Santiago Arévalo y Manuela Díaz.

Bustos, Bonifacio con Ponce, Justa del Carmen
F.23v: En la parroquia de El Alto, a 3 de marzo de 1862, se casó y veló a **Bonifacio Bustos**, natural de la Villa del Chañar, provincia de Córdoba, y residente en este curato más de seis meses, viudo de la finada Guadalupe (en blanco), con **Justa del Carmen Ponce**, h. l. de Ramón Rosa y de la finada Eusebia Mercado. Ts Dn. Pacífico Mercado y Da. Águeda Pérez.

Garcete, Tomás Antonio con Garay, Rosario
F.23v: En la parroquia de El Alto, a 6 de marzo de 1862, se casó a **Tomás Antonio Garcete**, h. l. del finado Pedro y de Brígida Bayón, con **Rosario Garay**, h. n. de la finada Eufrasia. Ts Dn. Ricardo Ledesma y Da. Griselda Rojas. Velados el 2 de agosto del mismo año. Ts Apolinario Gómez y Griselda Rojas.

Garnica, Juan Gregorio con Guzmán, Catalina
F.24: En la parroquia de El Alto, a 6 de marzo de 1862, se casó a **Juan Gregorio Garnica**, h. l. de José Lázaro y de la finada Rosario Goyochea, con **Catalina**

Guzmán, h. l. de los finados Juan y Manyela Ferreira. Ts Bartolomé Carrizo y Anunciación Avellaneda. Velados el 9 de noviembre del mismo año. Ts los mismos.

Rodríguez, Dn. Juan Albino con Agüero, Da. Bella Rosa
F.24: En la parroquia de El Alto, a 30 de abril de 1862, se casó y veló a Dn. **Juan Albino Rodríguez**, natural del Río Tercero, provincia de Córdoba, y residente en este curato más de un año, h. l. de Dn. Joaquín y Da. Bernardina Lazarte, con Da. **Bella Rosa Agüero**, h. l. de Dn. Gregorio y Da. Isabel Aguilar. Ts Dn. Ramón Burgos y Da. Pabla Reyes.

Cisternas, Nicasio con Vázquez, Petrona
F.24: En la parroquia de El Alto, a 1 de mayo de 1862, se casó y veló a **Nicasio Cisternas**, h. n. de Trinidad, con **Petrona Vázquez**, h. l. del finado Mateo y Juana Luján. Ts Isidoro Páez y Pascuala Lazo.

Orieta, Esteban con Guerreros, Mauricia
F. 24v: En la capilla de los Manantiales, a 5 de mayo de 1862, se casó y veló a **Esteban Orieta**, natural de Tunas Punco, de la provincia de Santiago, viudo de la finada Rufina Caravajal, con **Mauricia Guerreros**, del Saucecito de esta doctrina, h. l. de Elías y Carlota Cardoso. Ts Dn. Manuel José Paz y Da. Bárbara Paz.

Chávez, Camilo con Ortiz, Genoveva
F.24v: En la capilla de las Tunas, a 19 de mayo de 1862, se casó y veló a **Camilo Chávez**, natural del curato de Piedra Blanca y residente en este más de ocho meses, h. l. de los finados Pedro y Peregrina Ortega, con **Genoveva Ortiz**, h. l. del finado Nicolás y Juana Rosa Reinoso. Ts Pacífico Collantes y Nicolás Ortiz.

Palomino, José Ignacio con Guzmán, María Solana
F.25: En la capilla de las Tunas, a 19 de mayo de 1862, se casó a **José Ignacio Palomino**, viudo de la finada María del Carmen Contreras, con **María Solana Guzmán**, viuda del finado Juan Antonio Quintana. Ts Dn. Francisco Olivera y Da. Prudencia Bravo.

Quiroga, Ramón Ignacio con Jiménez, Ramona Rosa
F.25: En la capilla de las Tunas, a 19 de mayo de 1862, se casó a **Ramón Ignacio Quiroga**, h. l. de José Ignacio y Simona Ferreira, con **Ramona Rosa Jiménez**, viuda del finado Máximo Barros. Ts Matías Durán y Bartolina Plaza.

Luna, Elías con Lobo, Beatriz
F.25: En la capilla de la Quebrada, a 4 de junio de 1862, se casó y veló a **Elías Luna**, h. l. de Prudencio y Bárbara Romano, con **Beatriz Lobo**, h. l. del finado Pedro Pablo y Petrona Rivas. Ts Dn. Ramón Rosa Ponce y Da. Modesta Mercado.

Ledesma, Juan Isidro con Rodríguez, María Lucía
F.25v: En la Quebrada, a 8 de junio de 1862, se casó a **Juan Isidoro Ledesma**, h. l. de los finados Juan de Dios y Teresa Peñaflor, y viudo de la finada María de Jesús Ferreira, con **María Lucía Rodríguez**, h. l. de Luis y de la finada Lorenza Pérez, y viuda del finado Felipe Santiago Maidana. Ts Dn. Teodoro Rodríguez y Da. María del Señor Arévalo.

Villagrán, Dn. Pedro Ignacio con Álvarez, Da. Petrona
F.25v: En la capilla de la Quebrada, a 11 de junio de 1862, obtenida la dispensa según consta en el auto que se halla en el expediente que queda archivado en Salta, se casó a Dn. **Pedro Ignacio Villagrán**, h. l. de los finados Dn. Cayetano y Da. María de la Cruz Navarro, con Da. **Petrona Álvarez**, viuda del finado Dn. Antonio Vizcarra. Ts Dn. Braulio Centeno y Da. Micaela Álvarez.

Ponce, Dn. Francisco Javier con Mercado, Da. Jacinta
F.25v: En la capilla de la Quebrada, a 16 de junio de 1862, obtenido el auto de dispensa de segundo grado de consanguinidad por línea transversal igual, y de segundo grado de afinidad en ilícita igual, se casó y veló a Dn. **Francisco Javier Ponce**, h. l. del finado Dn. Basilio y Da. Modesta Mercado, con Da. **Jacinta Mercado**, h. l. de Dn. Juan Bautista y de Da. Águeda Pérez. Ts Leopoldo Reinoso e Inés Ledesma.

Ibáñez, Alejandro con Páez, María Atanasia
F.26: En la parroquia de El Alto, a 28 de junio de 1862, se casó y veló a **Alejandro Ibáñez**, h. l. de los finados Faustino y Dominga Collantes, con **María Atanasia**, h. l. del finado Toribio y de María Juana Páez. Ts Dn. Solano Segura y Candelaria Páez. (En el cuerpo de la partida no se consigna el apellido de la contrayente, al margen figura como Páez)

Chávez, José Julián con Ibáñez, Melicia
F.26: En la parroquia de El Alto, a 30 de junio de 1862, se casó y veló a **José Julián Chávez**, h. l. de Francisco Antonio y de Bartolina Ferreira, con **Melicia Ibáñez**, h. n. de Dominga. Ts Dn. Ramón Rosa Salvatierra y Da. Evarista Rivera.

Ibáñez, Melitón con Barrientos, Visitación
F.26v: En la parroquia de El Alto, a 14 de julio de 1862, obtenida la dispensa de cuarto grado de consanguinidad igual por línea lateral, se casó y veló a **Melitón Ibáñez**, h. l. de Gervasio y de Petrona Ignacia Páez, con **Visitación Barrientos**, h. l. de Pastor y de

la finada Gregoria Guerreros. Ts Dn. Joaquín Mendoza y Da. Diocleciana Cisternas.

Medina, Dn. Juan Pedro con González, Marcelina
F.26v: En la capilla de Vilismano, a 4 de agosto de 1862, se casó y veló a Dn. **Juan Pedro Medina**, h. l. de Dn. Juan Bernabé y de Da. María del Señor Zurita, con Da. **Marcelina González**, h. l. de Dn. Juan Manuel y de Da. Paula Maldonado. Ts Dn. Lutgardo Oviedo y Da. Juana Oviedo.

Ponce, Leopoldo con Correa, Nazaria
F.26v: En la capilla de Vilismano, a 4 de agosto de 1862, se casó y veló a **Leopoldo Ponce**, h. n. de Manuela, con **Nazaria Correa**, h. n. de Eduviges. Ts Dn. Agustín Jeréz y Da. Crisanta Arévalo.

Reinoso, Martín con Caravajal, Rosa Peregrina
F.27: En la parroquia de El Alto, a 6 de agosto de 1862, se casó y veló a **Martín Reinoso**, h. l. de José León y de María Tolosa, con **Rosa Peregrina Caravajal**, h. l. de Justo y de la finada Damascena Pacheco. Ts José Caravajal y Gorgonia Caravajal.

Díaz, Dn. Ángel con Paz, Da. Rosa
F.27: En la capilla de las Tunas, a 16 de agosto de 1862, se casó y veló a Dn. **Ángel Díaz**, h. l. del finado Dn. Pedro José y de Da. María del Carmen Nieva, con Da. **Rosa Paz**, h. l. de los finados Dn. Santiago y Da. Cruz Bravo. Ts Dn. Manuel José Paz y Eulalia Valdéz.

Albarracín, Ramón con Romano, María Ninfa
F.27: En la capilla de las Tunas, a 16 de agosto de 1862, se casó y veló a **Ramón Albarracín**, h. n. de la finada Bartolina, con **María Ninfa Romano**, h. l. de Rafael y de la finada Segunda Díaz. Ts Dn. Pedro Espeche y Da. Ramona Medina.

Juárez, Francisco Borja con Díaz, Presentación
F.27v: En la capilla de las Tunas, a 20 de agosto de 1862, se casó y veló a **Francisco Borja Juárez**, h. l. de los finados Francisco Borja y de Elizarda Quiroga, con **Presentación Díaz**, h. l. del finado Marcos y de Petrona Barrientos. Ts Dn. Belisario Rosales y Nicolás Ortiz.

Caravajal, Ricardo con Peralta, María del Señor
F.27v: En la capilla de las Tunas, a 20 de agosto de 1862, se casó y veló a **Ricardo Caravajal**, h. n. de Máxima Antonia, con **María del Señor Peralta**, h. l. del finado Celedonio y Rufina Ortiz. Ts Daniel González y Petrona Reinoso.

Villagra, José Tomás con Magallanes, Águeda
F.28: En la capilla de las Tunas, a 23 de agosto de 1862, se casó y veló a **José Tomás Villagra**, natural del Valle Viejo, del curato rectoral, y residente más de seis meses en este curato, h. l. de Andrés y de Elizarda Bastos, con **Águeda Magallan**, h. l. de los finados Pablo y María del Señor Páez. Ts Ángel Custodio Magallán y Beatriz Magallan.

Ibáñez, Juan Asencio con Rosales, Ubelina
F.28: En la capilla de las Tunas, a 25 de agosto de 1862, se casó y veló a **Juan Asencio Ibáñez**, h. l. de Pascual y de Sabina Fernández, con **Ubilina Rosales**, h. l. de Juan Pío y de Justa Guarás. Ts Justo Reinoso y Melitona Caravajal.

Villarroel, José Justo con González, Juana Isabel
F.28: En la capilla de las Tunas, a 25 de agosto de 1862, se casó y veló a **José Justo Villarroel**, h. n. de Celedonia, con **Juana Isabel González**, h. l. de Gregorio y de Isabel Díaz. Ts Dn. Félix Bartolomé Valdéz y Da. Eulalia Valdéz.

Caballero, José Geban con Varela, María del Señor
F.28v: En la parroquia de El Alto, a 10 de septiembre de 1862, se casó a **José Geban Caballero**, h. l. de los finados José Ignacio y Ramona Díaz, con **María del Señor Varela**, viuda del finado Nicolás Arévalo. Ts DN. Ramón Rosa Salvatierra y Da. Diocleciana Cisternas.

Santillán, Dn. Buenaventura con Lobo de Mereles, Da. María del Carmen
F.28v: En la parroquia de El Alto, a 12 de septiembre de 1862, se casó y veló a Dn. **Buenaventura Santillán**, natural de Gastona, de la provincia de Tucumán, y residente en este curato más de un año, h. l. de los finados Dn. Julián y Da. María de la Concepción Sepúlveda, con Da. **María del Carmen Lobo de Mereles**, h. l. de Dn. Francisco Javier y de Da. Guadalupe Jeréz. Ts Dn. Francisco Javier Gómez y Da. Eloísa Brizuela.

Juárez, Juan José con Rosales, María Nicolasa
F.28v: En la capilla de Quimilpa, a 17 de septiembre de 1862, se casó y veló a **Juan José Juárez**, natural de Maquijata y residente en este curato años ha, h. n. de Águeda, con **María Nicolasa Rosales**, h. l. de Francisco Borja y de Luisa Ibáñez. Ts Primitivo Guarás y Grimanesa Rosales.

Colombres, José Ignacio con Díaz, Concepción
F.29: En la capilla de Quimilpa, a 20 de septiembre de 1862, se casó y veló a **José Ignacio Colombres**, h. l. de Fructuoso y de Benita Cuevas, con **Concepción Díaz**, h. l. de Juan Pío y Lorenza Valdéz. Ts Dn. Félix Bartolomé Valdéz y Da. Eulalia Valdéz.

Arias, Andrés Avelino con Caravajal, Patrocinia
F.29: En la capilla de Quimilpa, a 24 de septiembre de 1862, se casó y veló a **Andrés Avelino Arias**, h. l. de Julián y Tránsito Ledesma, con **Patrocinia Caravajal**, h. l. de Juan de la Cruz y Patricia Fernández. Ts Simón Zurita y Jesús Brizuela.

Cejas, Juan de Dios con Chávez, Irene
F.29: En la capilla de Quimilpa, a 24 de septiembre de 1862, se casó y veló a **Juan de Dios Cejas**, h. n. de Josefa, con **Irene Chávez**, h. l. de Francisco Antonio y de Bartolina Ferreira. Ts Dn. Antenor Correa y Da. Clementina Ramos.

Ibáñez, Juan Agustín con Espinosa, María Gerónima
F.29v: En la capilla de Quimilpa, a 25 de septiembre de 1862, se casó y veló a **Juan Agustín Ibáñez**, h. l. del finado Julián y de Débora Brizuela, con **María Gerónima Espinosa**, h. l. del finado Pedro y Juana Mercado. Ts Abraham Mercado y Leocadia Brizuela.

González, Timoteo con Pereyra, María
F.29v: En la capilla de Quimilpa, a 27 de septiembre de 1862, se casó y veló a **Timoteo González**, h. n. de la finada Romualda, con **María Pereyra**, h. n. de la finada Silveria. Ts Celedonio Espinosa y Micaela Espinosa.

Contreras, Jerónimo con Díaz, Feliberta
F.30: En la capilla de Quimilpa, a 27 de septiembre de 1862, se casó y veló a **Juan Gerónimo Contreras**, viudo de la finada Andrea Avelina Contreras, con **Feliberta Díaz**, h. l. del finado Santiago y Dionisia Tula. Ts Matías Durán y Andrea Ramos.

Argañaráz, Benito con Paz, María Juana
F.30: En la capilla de las Tunas, a 29 de septiembre de 1862, se casó y veló a **Benito Argañaráz**, h. l. de Teodoro y de la finada Casimira Mercado, con **María Juana Paz**, h. l. de Simón y de Martina Vivas. Ts Carlos Mercado y Lucinda Rosales.

Ortiz, Cipriano con González, Viviana
F.30: En la parroquia de El Alto, a 2 de octubre de 1862, se casó a **Cipriano Ortiz**, viudo de la finada Tránsito Ramírez, con **Viviana González**, viuda del finado Pablo Mercado. Ts Francisco Javier Morienega y Juana Rosa Luna.

Ponce, Dn. Manuel Tristán con Montes de Oca, Da. María Circuncisión
F.30v: En la parroquia de El Alto, a 4 de octubre de 1862, se casó y veló a Dn. **Manuel Tristán Ponce**, h. l. del finado Dn. Pedro y de Da. Pastora Rivarola, con Da. **María Circuncisión Montes de Oca**, h. l. de Dn. …go y de Da. María del Señor Rojas. Ts Dn. Ramón Ibáñez y Da. Carlota Olmos.

Rizo, José Nazario con Altamiranda, Juana Petrona
F.30v: En la parroquia de El Alto, a 4 de octubre de 1862, se casó y veló a **José Nazario Rizo**, h. l. de Pedro Antonio y de Gregoria Falcón, con **Juana Petrona Altamiranda**, h. l. de Julián y de Josefa Barrientos. Ts Lucio Altamiranda y Apolinaria Altamiranda.

Garzón, Pedro Nolasco con Reinoso, Griselda
F.31: En la parroquia de El Alto, a 4 de octubre de 1862, se casó a **Pedro Nolasco Garzón**, viudo de la finada María Juana Luna, con **Griselda Reinoso**, viuda del finado Marcos Corte. Ts Dn. Ramón Rosa Salvatierra y Da. Diocleciana Cisternas.

Romero, Juan Felipe con Mercado Plácida
F.31: En la parroquia de El Alto, a 20 de octubre de 1862, se casó y veló a **Juan Felipe Romero**, natural del Río de Medinas de la provincia de Tucumán y residente más de ocho meses en este curato, h. l. de Tadeo y de Lorenza González, con **Plácida Mercado**, h. l. de Juan Vicente y de Nicolasa Duarte. Ts Dn. Ramón Rosa Salvatierra y Da. Diocleciana Cisternas.

Arias, Pedro con Farías, Ricarda
F.31: En la parroquia de El Alto, a 21 de octubre de 1862, se casó a **Pedro Arias**, vecino de la capellanía, h. l. de Manuel y Delfina Barrios, con **Ricarda Farías**, vecina de Ovanta, viuda del finado Juan Felipe Carrizo. Ts Dn. Justo Pastor Gómez y Genibera Mendoza.

Saltos, Manuel con Morales, Dolores
F.31v: En la parroquia de El Alto, a 22 de octubre de 1862, se casó y veló a **Manuel Saltos**, h. l. de José Gil y Gerónima Gómez, con **Dolores Morales**, h. l. de los finados Valeriano y Tránsito Luján. Ts Dn. Ramón Valdéz y Da. Maclovia Almonacid.

Peñaflor, Desiderio con Romano, Catalina
F.31v: En la parroquia de El Alto, a 27 de octubre de 1862, se casó y veló a **Desiderio Peñaflor**, h. l. de Salvador y de Ignacia Segura, con **Catalina Romano**, h. l. de Pedro y de Cecilia Gómez. Ts Santiago Flores y Felisa Segura.

Pinto, Manuel Tristán con Peñaflor, María Cledovia
F.32: En la parroquia de El Alto, a 27 de octubre de 1862, obtenida la dispensa de segundo grado doble de afinidad ilícita de línea oblicua, de delito público, dada en Salta a 10 de julio del corriente año por su señoría Ilma. el Obispo Diocesano Doctor Fray Buenaventura Rizo Patrón, se casó y veló a **Manuel Tristán Pinto**, h. n. de Luisa, con **María Cledovia Peñaflor**, h. l. de Salvador y de Ignacia Segura. Ts Avelino Laso y Jacinta Reinoso.

Carrizo, José Dimas Dolores con Medina, María Vicenta
F.32: En la parroquia de El Alto, a 5 de noviembre de 1862, se casó y veló a **José Dimas Dolores Carrizo**, h. l. de Francisco y de Bernardina Sánchez, con **María

Vicenta Medina, h. n. de Isabel. Ts Dn. Santiago Pereyra y Da. Bartolina Oviedo.

Abel, Antonio con Barrientos, Albina
F.32v: En la parroquia de El Alto, a 10 de noviembre de 1862, obtenido el auto de dispensa por el parentesco de cuarto grado de consanguinidad por línea lateral igual, se casó y veló a **Antonio Abel Fernández**, h. l. de Francisco y de Victoria Villarroel, con **Albina Barrientos**, h. l. de Ramón Rosa y de Martina Carrizo. Ts Pascual Ibáñez y Protacia Villarroel.

Páez, Juan de la Cruz con Albarracín, María Ascensión
F.32v: En la parroquia de El Alto, a 14 de noviembre de 1862, se casó y veló a **Juan de la Cruz Páez**, h. l. de José Manuel y de Jacoba Contreras, y viudo de la finada Genibera Osores, con **María Ascensión Albarracín**, h. l. de los finados Pantaleón y Carmen Soraire. Ts Juan Felipe Arauz y Rosa Espeche.

Gómez, Dn. Leandro con Palacios, Da. Tránsito
F.33: En la parroquia de El Alto, a 20 de noviembre de 1862, obtenida la dispensa de tercero grado de afinidad lícita por línea colateral igual, se casó a Dn. **Leandro Gómez**, h. l. de los finados Dn. José Gregorio y Da. María Vidal Carrizo, con Da. **Tránsito Palacios**, viuda del finado Dn. Pedro Gregorio Tolosa. Ts Dn. Solano Segura y Da. Pastora Gómez.

Medina, Dn. Joel con Zurita, Da. Ludovina
F.33: En el oratorio público de Ntra. Sra. de la Virgen Santísima de Dolores, en el Valle Viejo, a 10 de noviembre de 1862, obtenida la dispensa de cuarto grado de consanguinidad por línea lateral igual, se casó y veló a Dn. **Joel Medina**, h. l. de Dn. Santiago y de Da. Carmen Chávez, con Da. **Ludovina Zurita**, h. l. del finado Dn. Victoriano y de Da. Catalina Oviedo. Ts Dn. Wenceslao Correa y Da. Matilde Sosa, del Valle, vecinos de dicho rectoral.

Ovejero, Ignacio con Torres, Espíritu
F.33v: En esta parroquia de El Alto, a 28 de noviembre de 1862, se casó y veló a **Ignacio Ovejero**, hijo adoptivo del finado Pedro Pablo y Marcelina González, con **Espíritu Torres**, natural del Valle Viejo, del curato rectoral, y residente más de un año en este vecindario, h. n. de la finada Francisca. Ts Vicente Gómez y Petronila Albarracín.

Lobo, Francisco Antonio con Valdéz, Eudofia
F.33v: En esta parroquia de El Alto, a 3 de enero de 1863, se casó y no se veló, por ser velada, a **Francisco Antonio Lobo**, h. l. de los finados Pedro Ignacio y de Juana Ángela Moreno, con **Eudofia Valdéz**, viuda del finado Venancio Agüero. Ts Dn. José Santiago Arévalo y Romualda Valdéz.

Horquera, Dn. José Elías con Denett, Da. Ramona
F.34: En la capilla de Vilismano, a 2 de febrero de 1863, con dispensa impedimento de cuarto grado de consanguinidad, se casó y veló a Dn. **José Elías Horquera**, h. n. de Da. Tomasa, con Da. **Ramona Denete**, h. n. de Da. Emilia. Ts Dn. Juan Bautista Orellana y Da. Nieves Gómez. Nota: La información matrimonial correspondiente fue comenzada el 29 de diciembre de 1862, en ella se Da. cuenta que la contrayente era hija natural de Dn. Félix Benigno Páez. El Parentesco se explica con el siguiente esquema:

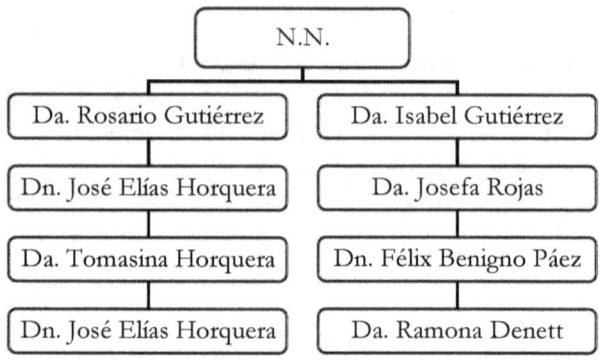

Luján, Juan Luis con Melián, Margarita
F.34: En la capilla de Vilismano, a 13 de febrero de 1863, se casó y veló a **Juan Luis Luján**, h. l. de los finados José María y Justa Arévalo, con **Margarita Melián**, h. n. de Pabla. Ts Dn. Pascual Arévalo y Da. Cruz Acuña.

Pineda, Juan Manuel con Frías, Mauricia
F.34: En la capilla de Vilismano, a 13 de febrero de 1863, se casó y veló a **Juan Manuel Pineda**, h. n. de Josefa, con **Mauricia Frías**, h. l. de Manuel y de Manuela Segovia. Ts Dn. Nicolás Burgos y Da. Rosa Saavedra.

Salguero, Samuel con Segura, Azucena
F.34V: En la parroquia de El Alto, a 16 de febrero de 1863, se casó y veló a **Samuel Salguero**, h. l. de Nicolás y de la finada Nicolasa Romano, con **Azucena Segura**, h. n. de la finada Juana. Ts Pedro Nolasco Garzón y Griselda Reinoso.

Juárez, José Lino con Maidana, María Santos
F.34v: En la parroquia, a 16 de febrero de 1863, se casó y veló a **José Lino Juárez**, viudo de Carlota Guerra, con **María Santos Maidana**, h. l. de los finados José Gabriel y de María Francisca Agüero. Ts Vicente Gómez y Pascuala Mercado.

Puentes, Dn. Moisés con Ramos, Da. Ester
F.35: En la capilla de Manantiales, a 16 de febrero de 1863, después de haber obtenido la dispensa de cuarto grado de consanguinidad por línea lateral igual, se casó

a Dn. **Moisés Puentes**, h. l. de los finados Dn. Francisco y de Da. Trinidad Álvarez, con Da. **Ester Ramos**, h. l. del finado Dn. Cruz y Da. Feliciana Yance. Ts Dn. Fernando Domínguez y Da. Toribia Pastoriza. Nota: La información matrimonial correspondiente está fechada en Manantiales, el 7 de febrero de 1863, el esquema genealógico declarado es el siguiente:

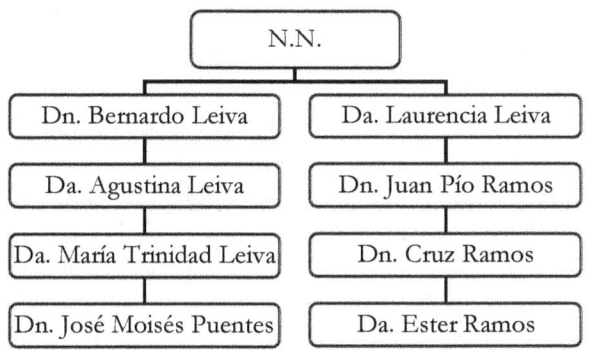

Guamán, José Eulogio con Pereyra, Ramona
F.35: En la capilla de los Manantiales, a 16 de febrero de 1863, se casó y veló a **José Eulogio Guamán**, h. l. de Gaspar y de la finada Gregoria Armas, con **Ramona Pereyra**, h. l. de Juan Laurencio y de Manuela Rosales. Ts Dn. Vicente Bulacia y Da. Trinidad Leiva.

Agüero, Dn. Miguel con Matute, Da. Petrona
F.35v: En la parroquia de El Alto, a 26 de marzo de 1863, se casó y no se veló, por estar cerradas las velaciones, a Dn. **Miguel Agüero**, h. l. de Dn. Avelino y de Da. Petrona Cejas, con Da. **Petrona Matute**, h. l. de Dn. Lázaro y de Da. Manuela Ibáñez. Ts Dn. Ramón Rosa Salvatierra y Da. Diocleciana Cisternas. Fueron velados en la parroquia el 30 de julio de 1863. Ts los mismos.

Vega, Octaviano con Guerra, Francisca
F.35v: En la parroquia de El Alto, a 26 de marzo de 1863, se casó y no se veló, por ser ya velada la contrayente, a **Octaviano Vega**, h. l. del finado Juan Bautista y de Candelaria Rivas, con **Francisca Guerra**, viuda del finado Gabriel Osores. Ts Dn. Salvador Pérez y Da. Cristina Figueroa.

Domínguez, José Ignacio con Calvimonte, Pía
F.36: En la capilla de Vilismano, a 20 de mayo de 1863, se casó y veló a **José Ignacio Domínguez**, h. l. de José Ignacio y de Carmen Vizcarra, con **Pía Calvimonte**, h. l. de Ramón y de Josefa Cisneros. Ts José Lino Vizcarra y María del Tránsito Domínguez.

Juárez, Félix Fernando con Reinoso, Francisca Antonia
F.36: En la capilla de las Tunas, a 20 de mayo de 1863, se casó y no se veló, por ser ya velada la contrayente, a **Félix Fernando Juárez**, viudo de la finada Francisca Brizuela, con **Francisca Antonia Reinoso**, viuda del finado Tomás Antonio Carrizo. Ts Ignacio Rosales y Candelaria Brizuela, vecinos de Alijilán.

Adauto, Abraham con Lobo, Beatriz
F.36v: En la capilla de la Quebrada, a 23 de mayo de 1863, se casó y no se veló, por ser velada la contrayente, a **Abraham Adauto**, h. l. de los finados Justo y Tránsito Agüero, con **Beatriz Lobo**, viuda del finado José Lino Magallan. Ts Rosario Osores y Rosario Ledesma.

Osores, Tomás con Arias, María de Jesús
F.36v: En la capilla de la Quebrada, a 1 de junio de 1863, se casó y veló a **Tomás Osores**, h. l. de los finados Antonio y Matilde Reinoso, con **María de Jesús Arias**, h. l. de José Santos y de Feliberta Guerra. Ts Rosario Osores y Rosario Ledesma.

Chazarreta, Pedro con Barrera, Natividad
F.36v: En la capilla de la Quebrada, a 1 de junio de 1863, se casó y veló a **Pedro Chazarreta**, h. l. de los finados Cayetano y de Micaela Arias, con **Natividad Barrera**, h. n. de Petrona. Ts Estanislao Quiroga y Perfecta Flores.

Yance, José Manuel con Ojeda, Filomena
F.37: En la capilla de la Quebrada, a 1 de junio de 1863, se casó y veló a **José Manuel Yance**, conocido por **Retamozo**, h. n. de Casilda, con **Filomena Ojeda**, h. n. de Apolinaria. Ts Leopoldo Reinoso e Inés Ledesma.

Tapia, Dn. Juan Antonio con Aguilar, Da. Carolina
F.37: En la capilla de los Manantiales, a 8 de junio de 1863, se casó y veló a **Dn. Juan Antonio Tapia**, h. l. de Dn. Gregorio, ya finado, y de Da. Benigna Leiva, con Da. **Carolina Aguilar**, h. l. de Dn. Ángel y de la finada Da. Rosario Olivera. Ts Dn. Desiderio Olivera y Da. Liberata Horquera.

Arévalo, Dn. Juan Bautista con Ávila, Da. Donata
F.37v: En la parroquia de El Alto, a 13 de junio de 1863, obtenida la dispensa de cuarto grado de consanguinidad igual por línea lateral con que se hayan ligados los contrayentes, se casó y veló a Dn. **Juan Bautista Arévalo**, h. l. de los finados Dn. Félix Antonio y Da. Valentina Suárez, con Da. **Donata Ávila**, h. l. de Dn. Pedro Ignacio y de Da. Balbina Ibáñez. Ts Dn. Ramón Rosa Salvatierra y Da. Diocleciana Cisternas. La información matrimonial

correspondiente a este matrimonio está fechada en El Alto el 28 de abril de 1863, allí el parentesco entre los contrayentes se explica con el siguiente esquema:

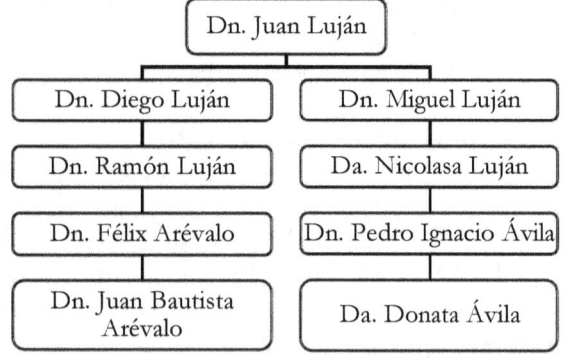

Leguizamo, Pedro con Luna, Victoria
F.37v: En la parroquia de El Alto, a 1 de julio de 1863, se casó y veló a **Pedro Leguizamo**, h. l. de Juan Silvestre y de Leonarda González, con **Victoria Luna**, h. n. de Estanislada. Ts Justo Samuel Reinoso y Nicolasa Jiménez.

Reinoso, Bernardo con Leguizamón, Marcelina
F.37v: En la parroquia de El Alto, a 11 de julio de 1863, se casó y veló a **Bernardo Reinoso**, h. l. de los finados Lucas y Juana Buenaventura González, y viudo de la finada Consolación Reinoso, con **Marcelina Leguizamón**, h. l. de Juan Vicente y de Juana Francisca Armas. Ts Benjamín Reinoso y Juliana Caravajal.

Santillán, José Elías con Romano, María del Tránsito
F.38: En la parroquia de El Alto, a 13 de julio de 1863, obtenida la dispensa del cuarto grado con atingencia al tercero de consanguinidad por línea lateral con que se hayan ligados los contrayentes, se casó y veló a **José Elías Santillán**, h. l. del finado José Ignacio y Maximiliana Herrera, con **María del Tránsito Romano**, h. l. de Gregorio y Filomena Sosa. Ts Dn. Salvador Pérez y Da. Apolinaria Altamiranda. Nota: la información matrimonial está fechada en El Alto el 18 de junio de 1863 allí se explica el parentesco de la siguiente manera:

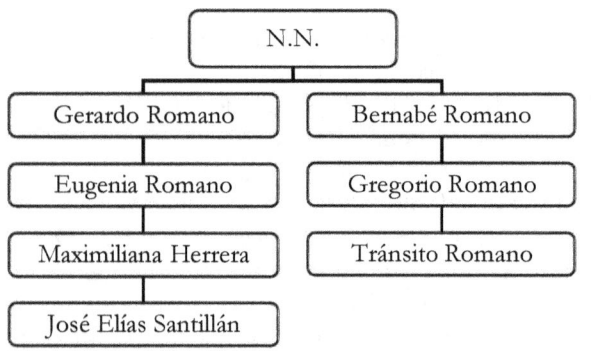

Páez, José Anastasio con Cabral, Custodia
F. 38: En la parroquia de El Alto, a 13 de julio de 1863, obtenida la dispensa del parentesco de tercero grado de consanguinidad igual por línea colateral con que se hayan ligados los contrayentes, se casó y veló a **José Anastasio Páez**, h. l. de José Manuel y Jacoba Contreras, con **Custodia Cabral**, h. n. de Rosario. Ts Juan Eudosio Miranda y María Juana Almaraz. La información matrimonial está fechada el 6 de junio de 1863 en El Alto. Los testigos declaran que la contrayente es hija natural de José Manuel Altamiranda y el parentesco se explica con el siguiente esquema:

Zurita, Melitón con Santucho, Rosa Irene
F. 38v: En la parroquia, el 22 de julio de 1863, obtenida la dispensa de cuarto grado con atingencia la tercera de consanguinidad por línea colateral, se casó y veló a **Melitón Zurita**, h. l. de Pedro y de María Ignacia Ponce, con **Rosa Irene Santucho**, h. l. de Pedro José y de la finada María Francisca Morales. Ts Dn. Facundo Verón y Da. Margarita C…Nota: El expediente matrimonial está fechado en El Alto el 23 de junio de 1863, allí se explica el parentesco de la siguiente manera:

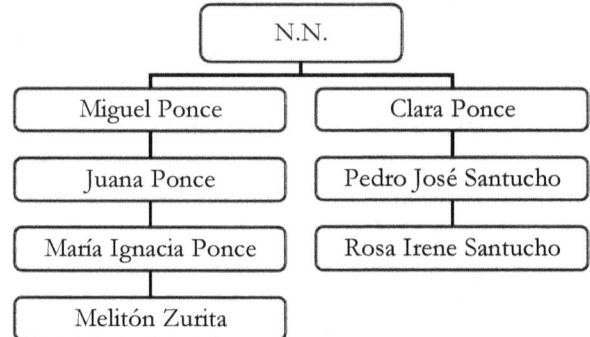

Sosa, Dn. Pedro Vicente con Barrientos, María del Tránsito
F.39: En la capilla de Quimil, a 22 de julio de 1863, se casó y veló a Dn. **Pedro Vicente Sosa**, h. n. de Da. Aniceta, con Da. **María del Tránsito Barrientos**, h. l. de Dn. Ildefonso y de Da. María Igenia (sic) Montenegro. Ts Dn. Félix Bartolomé Valdéz y Da. Bernarda Díaz.

Mercado, Dn. Pacífico Antonio con Suárez, Da. Peregrina
F.39: En la capilla de la Quebrada, a 31 de julio de 1863, se casó y veló a Dn. **Pacífico Antonio Mercado**, h. l. de Dn. Bautista y de Da. Águeda Pérez, con Da. **Peregrina Suárez**, h. n. de Da. Cristina. Ts Dn. Juan de Dios Espinosa y Da. Estaurófila Mercado.

Paz, José Manuel con Torres, Isabel
F.39: En la capilla de los Manantiales, a 1 de agosto de 1863, se casó y... a **José Manuel Paz**, hijo de Simón Paz y Gerónima Guerreros, con **Isabel Torres**, hija de Tomás Antonio y de Mercedes Gordillo.

González, Isidoro Antonio con Peñaflor, Perfecta
F.40: En la capilla de la Quebrada, a 17 de agosto de 1863, obtenida la dispensa de los dos impedimentos en segundo grado afinicos (sic) ilícitos, se casó y veló a **Isidoro González**, h. l. de los finados Francisco Pablo y de Juana Petrona Ortiz, con **Perfecta Peñaflor**, h. l. de Salvador y de Ignacia Segura. Ts Avelino Lobo y Juana Lobo. Nota: en la información matrimonial fechada el 5 de febrero de 1863 se declara que el contrayente tuvo trato ilícito con dos primas hermanas de la novia.

Albarracín, Pedro Antonio con Vázquez, Peregrina
F.40: En la Quebrada, en su capilla, a 18 de agosto de 1863, se casó y veló a **Pedro Antonio Albarracín**, h. l. del finado Salvador y de Isabel Quiroga, con **Peregrina Vázquez**, h. l. de Manuel y de Maximiliana Díaz. Ts Felipe Flores y Felisa Segura.

Valdéz, José Benito con Ramos, María Santos
F.40v: En la parroquia de El Alto, a 20 de agosto de 1863, se casó y veló a **José Benito Valdéz**, h. n. de Salomé, con **María Santos Romano**, h. l. del finado Lucindo y de María Susana Ocón. Ts Severo Córdoba y Estaurófila Maldonado.

Bulacia, Dn. Francisco con Albarracín, Da. Genoveva
F.40v: En la parroquia de El Alto, a 20 de agosto de 1863, se casó y veló a Dn. **Francisco Bulacia**, h. n. de Da. Petrona, con Da. **Genoveva Albarracín**, h. l. del finado Dn. Carmelo y de Buenaventura Díaz. Ts Gregorio Barrientos y Da. Ramona Medina.

Pedraza, José Ignacio con Rodríguez, Francisca Paula
F.41: En la capilla de las Tunas, a 24 de agosto de 1863, se casó y veló a **José Ignacio Pedraza**, h. l. de Gregorio y de Santos Maza, con **Francisca Paula Rodríguez**, natural del curato de Graneros, de la provincia de Tucumán, y residente en este curato, h. l. de Valeriano y de María del Señor Valdéz. Ts Dn. Elías Rizo y Da. Carmen Salas.

Figueroa, Plácido con Juárez, Felipa
F.41: En la capilla de las Tunas, el 27 de agosto de 1863, se casó y veló a **Plácido Figueroa**, h. l. de Francisco y de Juana Jiménez, con **Felipa Juárez**, h. n. de Magdalena Juárez. Ts Dn. Ramón Rosa Barrientos y María Leguizamón.

Peralta, Pedro Francisco con Verón, Lorenza
F.41: En la parroquia de El Alto, a 29 de agosto de 1863, se casó y veló a **Pedro Francisco Peralta**, h. l. de Julián y de Candelaria Rojas, con **Lorenza Verón**, h. l. de los finados Francisco y Luisa Ponce. Ts Melitón Zurita y Purificación Ponce.

Vázquez, Dn. Marcelino con Albarracín, Da. Rosario
F.41v: En la parroquia de El Alto, a 30 de agosto de 1863, se casó, y no se veló por ser velada la contrayente, a Dn. **Marcelino Velázquez**, natural del curato de Chicligasta, de la provincia de Tucumán, y residente en este curato, viudo de Da. Manuela Ojeda, con Da. **Rosario Albarracín**, natural y vecina de este curato, h. l. de los finados Dn. Pantaleón Albarracín y Da. Carmen Soraire, y viuda del finado Dn. Lucas Goitia. Ts Dn. Doroteo José Ferreira y Da. Josefa Moreno.

Molina, Felipe con Reinoso, Francisca Javiera
F.41v: En las Tunas, a 31 de agosto de 1863, se casó, y no se veló por ser velada la contrayente, a **Felipe Molina**, viudo de Javiera Márquez, con **Francisca Javiera Reinoso**, viuda del finado Pedro Collantes. Ts Dn. Cipriano Antonio Rodríguez y Da. María de la Concepción Molina. Nota: En la información matrimonial correspondiente puede leerse: "Al Señor Cura de El Alto Presb. Fidel Moreno. Tucumán, agosto 12 de 1863. Cumpliendo con el encargo que hace Ud. al Vicario de esta en su nota de 5 del corriente, he llamado ante esta vicaría los testigos que se han podido encontrar con el fin de averiguar sobre la muerte de Javiera Márquez, mujer de Felipe Molina de esa feligresía; y el resultado de sus declaraciones juradas es el siguiente: 1° Ángel Mariano Chaves asegura que él venía de Salta en una tropa de carretas con Juan Barrientos; que este, estando parada la tropa en el lugar de Metán, de esa misma provincia, fue a ver a la madre en una casa de la vecindad diciendo que estaba enferma; que después volvió diciendo al Mayordomo de la tropa que había muerto la madre ese día, y suplicándole permitiese a algunos de sus compañeros p.a que le ayudasen a sepultar el cadáver; que él (el declarante) fue también a ayudarle y en efecto le ayudó a sepultar el cadáver, pero que no sabe como

se llamaba la muerta, solo sí que era madre de Juan Barrientos por dicho del mismo, quien después de llegar a Tucumán se había encontrado con Felipe Molina, delante del mismo declarante, y le avisó la muerte a dicho Molina a quien trataba de Padrastro. 2° Fermín Cano, yerno de Javiera Márquez, asegura la muerte de esta por haberle oído a Juan Barrientos, su cuñado, con circunstancias semejantes a las que refiere el anterior, y la misma Leonarda Márquez, quien dice es hija de Javiera y hermana del ya citado Juan Barrientos, que por hallarse ausente no se le ha llamado. Como verá Ud. por lo relacionado un solo testigo presencial se ha podido encontrar, ignorando éste el nombre de la finada. Con respecto al otro encargo de Dn. Marcelino Velázquez nada se ha podido averiguar, pues que el conductor apura por volverse y un día no se le ha encargado nada al respecto, sería conveniente que ese señor encargase a alguna persona de aquí por que presente testigos a la Vicaría y puedan hacerse las averiguaciones que solicita. Con tal motivo tengo el gusto de saludar a Ud. y ofrecerle las seguridades de mi estimación. Dios guarde a Ud. Presb. Miguel. Moisés Araoz (firma). Ángel Bazán (firma)"

Albarracín, Basilio con Agüero, Isabel
F.42: En la parroquia de El Alto, a 2 de septiembre de 1863, se casó y veló a **Basilio Albarracín**, h. n. de María, con **Isabel Agüero**, h. l. de los finados Ignacio y Petrona Lobo. Ts Dn. Miguel Francisco Gómez y Teresa Alba.

Chávez, Ramón Ignacio con Reinoso, Petrona
F.42: En la parroquia de El Alto, a 14 de septiembre de 1863, se casó y veló a **Ramón Ignacio Chávez**, natural del curato de Piedra Blanca y residente en este curato, h. l. de los finados Pedro y Peregrina Ortega, con **Petrona Reinoso**, h. n. de Antolina. Ts Dn. Elías Rizo y Rosa Brizuela.

Medina, Juan Antonio con Navarro, Emilia
F.42v: En la capilla de Vilismano, a 14 de septiembre de 1863, se casó y veló a **Juan Antonio Medina**, h. l. del finado Marcelino y de María Eulogia Nieva, con **Emilia Navarro**, h. n. de Josefa. Ts Pedro Navarro y Tránsito Medina.

Díaz, Félix Mariano con Arévalo, María Isidora
F.42v: En la capilla de Vilismano, a 14 de septiembre de 1863, se casó y veló a **Félix Mariano Díaz**, viudo de la finada María Atanasia Pacheco, con **María Isidora Arévalo**, h. n. de la finada Reyes. Ts Dn. Pascual Arévalo y Cruz Acuña.

Basualdo, Sixto con Heredia, Agustina
F.43: En la parroquia de El Alto, a 16 de septiembre de 1863, se casó y veló a **Sixto Basualdo**, h. n. de Andrea, con **Agustina Heredia**, h. n. de Francisca. Ts Dn. Samuel Maldonado y Da. Santos Gramajo.

Guerra, Crisóstomo con Ledesma, Elisea
F.43: En la parroquia de El Alto, a 17 de septiembre de 1863, obtenida la dispensa de cuarto grado de consanguinidad por línea colateral igual, se casó y veló a **Crisóstomo Guerra**, h. l. de Juan Ramón y de Dorotea Ledesma, con **Elisea Ledesma**, h. l. de Remigio y de Juana Peñaflor. Ts José Ávila e Inés Ledesma. Nota: La información matrimonial está fechada el 4 de agosto de 1863, en ese documento se explica con el siguiente esquema:

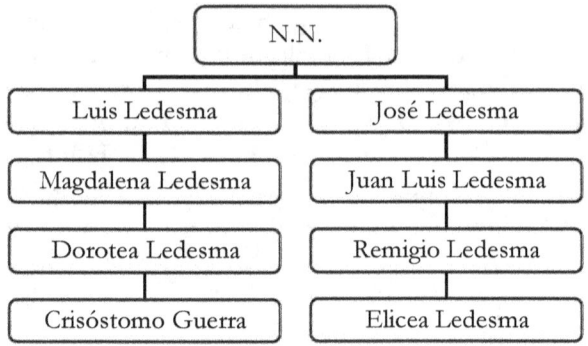

Segura, José León con Segura, Diocleciana
F.43v: En la parroquia de El Alto, a 21 de septiembre de 1863, obtenida la dispensa de segundo grado de consanguinidad igual por línea lateral con que se hallan ligados los contrayentes, se casó y veló a **José León Segura**, h. n. de Griselda, con **Diocleciana Segura**, h. l. de Genuario y de Jacinta Reinoso. Ts Salvador Peñaflor y Concepción Soria. Nota: La información matrimonial está fechada el 15 de julio de 1863, el esquema genealógico presentado es el siguiente:

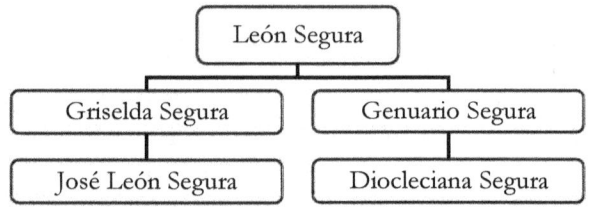

Peñaflor, Juan de la Cruz con Segura, Jovita del Carmen
F.43v: En la parroquia de El Alto, a 21 de septiembre de 1863, se casó y veló a **Juan de la Cruz Peñaflor**, h. l. de Miguel y de Agustina Rosa Cordero, con **Jovita del Carmen Segura**, h. n. de Griselda. Ts Dn. Máximo Morales y Da. Águeda Reinoso.

Agüero, Antonio con Albarracín Cristina

F.43v: En la parroquia de El Alto, a 21 de septiembre de 1863, se casó y veló a **Antonio Agüero**, h. l. del finado Liberato y Dominga Lobo, con **Cristina Albarracín**, h. l. del finado Casimiro y Marta Gómez. Ts Manuel Agüero y Margarita Cevallos.

Albarracín, Dn. Albino con Rizo, Da. Eduviges
F.44: En la parroquia de El Alto, a 24 de septiembre de 1863, se casó y veló a Dn. **Albino Albarracín**, h. n. de Da. Rosario, con Da. **Eduviges Rizo**, h. l. del finado Dn. Pedro Antonio y de Da. Gregoria Falcón. Ts Dn. José Macedo y Da. María del Señor Leiva.

Guarás, Ramón Antonio con Díaz, Celestina
F.44: En la capilla de las Tunas, el 18 de agosto de 1863, se casó y veló a **Ramón Antonio Guarás**, h. l. de Pedro Juan y de Cornelia Argañaráz, con **Celestina Díaz**, h. l. del finado Rosario y Soledad Rosales. Ts Dn. Francisco Javier Mercado y Da. Isabel Mercado.

Aranda, José Manuel con Jiménez, Visitación
F.44v: En la capilla de los Manantiales, a 25 de septiembre de 1863, se casó y veló a **Manuel José Aranda**, h. n. de Juana, con **Visitación Jiménez**, h. l. de Juan León y de Margarita Fernández. Ts Juan Bautista Pereyra y Hegenia (sic) Romero.

Ibáñez, Silverio con Ibáñez, Liberata
F.44v: En la capilla de los Manantiales, a 5 de octubre de 1863, se casó y veló a **Silverio Ibáñez**, h. n. de Pascuala, con **Liberata Ibáñez**, h. l. de Ramón y de Juliana Caravajal. Ts Juan Nicolás Rosales y Rosario Vizcarra.

Coronel, Fructuoso con González, Mercedes
F.45: En la capilla de los Manantiales, a 23 de octubre de 1863, se casó y veló a **Fructuoso Coronel**, h. n. de Mercedes, con **Mercedes González**, h. l. de Tomás y de Isidora Lobo. Ts Avelino Guerreros y María de Jesús Brizuela.

Mercado, Pedro con Collantes, María de los Ángeles
F.45: En la capilla de las Tunas, a 23 de octubre de 1863, se casó y veló a **Pedro Mercado**, viudo de la finada Lorenza Ramírez, con **María de los Ángeles Collantes**, h. l. de Raimundo y de María Leona Pereyra. Ts (en blanco).

Oviedo, Dn. José Lutgardo con Medina, Da. María del Tránsito
F.45: En la capilla de Vilismano, a 24 de octubre de 1863, obtenida la dispensa de cuarto grado de consanguinidad por línea colateral igual, se casó y veló a Dn. **José Lutgardo Oviedo**, h. l. de Dn. Luis Oviedo y de la finada Da. Mercedes Sabando, con Da. **Tránsito Medina**, h. l. de Dn. Santiago y de Da. Carmen Chávez. Ts Dn. Joel Medina y Da. Matrona Ferreira. Nota: la información matrimonial está fechada en El Alto el 20 de octubre de 1864, allí se explica el parentesco de la siguiente manera:

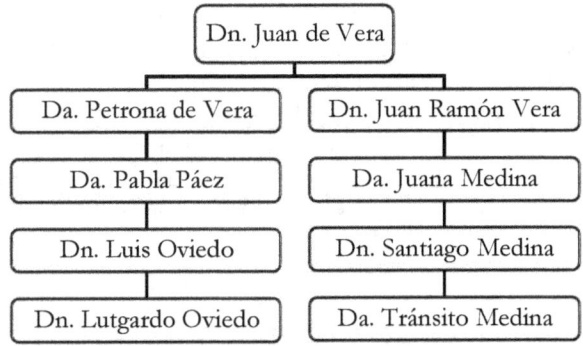

Vega, Corazón de Jesús con Ledesma, Felipa
F.45v: En la capilla de la Quebrada, a 26 de octubre de 1863, se casó y veló a **Corazón de Jesús Vega**, h. l. del finado Juan Bautista y de Candelaria Rivas, con **Felipa Ledesma**, h. n. de la finada Paulina. Ts Gumersindo Barrera y Griselda Medina.

Quiroga, Ángel con Alva, Evangelista
F.45v: En la capilla de la Quebrada, a 28 de octubre de 1863, se casó y veló a **Ángel Quiroga**, h. l. de Carmen y de la finada Mercedes Agüero, con **Evangelista Alva**, h. n. de la finada Santos. Ts Ramón Rodríguez y Teresa Alva.

Quiroga, Carmen con Pérez, María Nazaria
F.46: En la capilla de la Quebrada, a 29 de octubre de 1863, se casó y veló a **Carmen Quiroga**, viudo de la finada María Mercedes Agüero, con **María Nazaria Pérez**, h. l. de José Domingo y de María de la Encarnación Díaz. Ts Pedro Retamozo y Zoila Pérez.

Romano, Cipriano con Córdoba, Manuela
F.46: En la parroquia de El Alto, a 30 de octubre de 1863, se casó y veló a **Cipriano Romano**, h. l. de los finados Bernabé y Felipa Huasan (escrito Guazan), con **Manuela Córdoba**, h. l. de Juan Francisco y de María Juana Páez. Ts Doroteo Castellanos y Feliberta Luna.

Páez, Juan Antonio con Yance, Juana
F.46v: En la capilla de la Quebrada, a 7 de noviembre de 1863, se casó a **Juan Antonio Páez**, h. n. de la finada Pascuala, con **Juana Yance**, viuda del finado Antonio Garay. Ts (en blanco).

Burgos, Pedro Martín con Rojas, Eduviges
F.46v: En la parroquia de El Alto, a 7 de noviembre de 1863, se casó a **Pedro Martín Burgos**, h. l. de Pedro Pablo y de Aniceta Herrera, con **Eduviges Rojas**, h. l. de Manuel Espíritu y Catalina Soria. Ts Dn. Ramón Rosa Salvatierra y Da. Diocleciana Cisternas.

Arias, Cruz con Díaz, Delfina

F.47: En la capilla de la Quebrada, a 11 de noviembre de 1863, obtenida la dispensa de cuarto grado de consanguinidad por línea colateral igual, se casó y veló a **Cruz Arias**, h. l. de José Santos y de Feliberta Guerra, con **Delfina Díaz**, h. l. de Braulio y de la finada María Flores. Ts Rosario Osores y Rosario Ledesma. Nota: la información matrimonial está fechada el 18 de octubre de 1863, el esquema genealógico que se presentó es el siguiente:

Robles, Isidoro con Almaráz, Andrea Avelina

F.47: En la parroquia de El Alto, a 27 de noviembre de 1863, se casó y veló a **Isidoro Robles**, h. l. de Policarpo Robles y de la finada Justa Santillán, con **Andrea Avelina Almaraz**, h. l. de Avelino y de Apolinaria Altamiranda. Ts Dn. Francisco Javier Gómez y Da. Eloísa Brizuela.

Silva, Pedro con Rodríguez, Ramona

F.47v: En la parroquia de El Alto, a 14 de diciembre de 1863, obtenida la dispensa de cuarto grado con atingencia al tercero de consanguinidad por línea colateral, se casó a **Pedro Silva**, h. l. del finado Juan Manuel y de Justa Rufina Mercado, con **Ramona Rodríguez**, h. l. de Miguel y Gabriela Díaz. Ts Pedro Telmo Rodríguez y María Antonia Soria. Nota: la información matrimonial está fechada en El Alto, el 27 de octubre de 1863, en ese expediente se explica el parentesco de la siguiente manera:

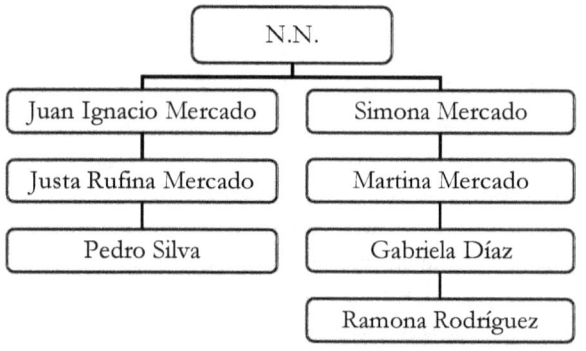

Soloaga, Wenceslao con Zárate, Clementina

F.47v: En la capilla de los Manantiales, a 21 de noviembre de 1863, se casó y veló a **Wenceslao Soloaga**, natural de la provincia de Tucumán y residente muchos años en Alijilán de esta doctrina, h. n. de la finada María Manuela, con **Clementina Zárate**, h. l. de Doroteo y de Candelaria Díaz. Ts Dámaso Durán y Lorenza Navarro.

Gómez, Ángel Ramón con Agüero, Francisca Antonia

F.48: En la capilla de los Manantiales, a 27 de noviembre de 1863, se casó y veló a **Ángel Ramón Gómez**, h. l. de Manuel Santos y de la finada María Amador, con **Francisca Antonia Agüero**, h. l. de Bonifacio y de la finada María Ojeda. Ts Gregorio Barrientos y Genibera Mendoza.

Chazarreta, Agustín con Burgos, Eufrasia

F. 49: En la parroquia de El Alto, a 18 de enero de 1864, se casó y veló a **Agustín Chazarreta**, h. l. de los finados Cayetano y Micaela Arias, con **Eufrasia Burgos**, h. l. de Mateo y de Candelaria Arias. Ts Ángel Flores y Da. Cristina Jeréz o Figueroa (sic).

Agüero, Miguel con Verón, María del Rosario

F.49: En la capilla de Vilismano, a 1 de febrero de 1864, se casó y veló a **Miguel Agüero**, h. l. de los finados Fermín y Nicolasa Arias, con **María del Rosario Verón**, h. l. de Nicolás y de la finada Bartolina Pinela. Ts Miguel Flores y María Bazán.

Suárez, Ángel con Suárez, Ludovina

F.49v: En la parroquia de El Alto, en 5 de febrero de 1864, obtenida la dispensa de segundo grado igual de consanguinidad por línea lateral y de cuarto grado de consanguinidad con atingencia al tercero por línea oblicua, se casó y veló a **Ángel Suárez**, h. l. de Manuel y de Tiburcia Díaz, con **Ludovina Suárez**, h. l. de Regalado y de Delfina Díaz. Ts Dn. Ramón Rosa Salvatierra y Da. Diocleciana Cisternas. Nota: en la información matrimonial correspondiente, fechada el 9 de noviembre de 1863, los parentescos se explican con los siguientes esquemas:

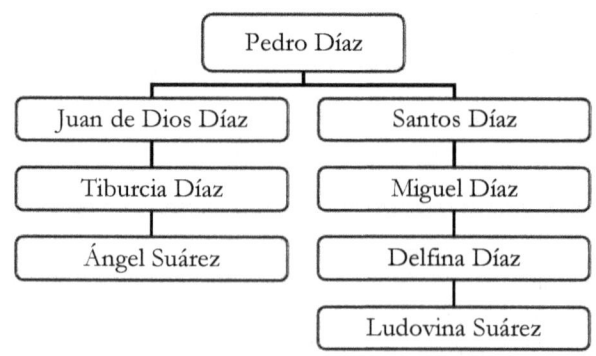

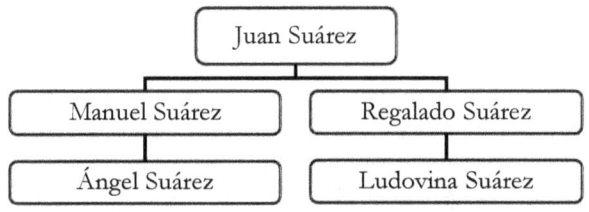

Collantes, Santos con Lezcano, Felipa Antonia
F.49v: En la parroquia de El Alto, a 8 de febrero de 1864, se casó y veló a **Santos Collantes**, viudo de Bienaparecida Carrizo, con **Felipa Antonia Lezcano**, h. l. de Juan Antonio y de Lucinda Jiménez. Ts Pedro Pascual Ibáñez y María Armas.

Villarroel, Guillermo con Ortiz, Nicolasa
F.50: En la capilla de los Manantiales, a 9 de febrero de 1864, obtenida la dispensa de primer grado de afinidad ilícita por línea colateral, se casó y veló a **Guillermo Villarroel**, h. n. de Celedonia, con **Nicolasa Ortiz**, h. l. de Casimiro y de Beatriz Reinoso. Ts Dn. Miguel Gómez y Da. Carmen Salas. Nota: el expediente matrimonial está fechado el 4 de enero de 1864, allí se aclara que la novia ha tenido un hijo con un hermano del novio.

Tula, Manuel Ignacio con Ortiz, Zoila
F.50: En la capilla de los Manantiales, a 9 de febrero de 1864, se casó y veló a **Manuel Ignacio Tula**, h. l. del finado Manuel Ignacio y de Francisca Brizuela, con **Zoila Ortiz**, h. l. de Casimiro y Beatriz Reinoso. Ts Dn. Francisco Reyes y Da. Francisca Salas.

Ortiz, Pedro Moisés con Barrientos, Corazón de Jesús
F.50v: En la capilla de los Manantiales, a 9 de febrero de 1864, se casó y veló a **Pedro Moisés Ortiz**, h. l. de Nicolás y de Juana Rosa Reinoso, con **Corazón de Jesús Barrientos**, h. l. de los finados Ricardo y Teodora Brizuela. Ts Abel Barrientos y Cesárea Brizuela.

Agüero, Maximino con Romano, María del Señor
F.50v: En la capilla de los Manantiales, a 14 de abril de 1864, se casó y veló a **Maximino Agüero**, h. l. de Bonifacio y de María Ojeda, ya finada, con **María del Señor Romano**, h. l. del finado Rafailo (sic) y de Segunda Díaz. Ts Santiago Agüero y Juana Ojeda.

Medina, Dn. Francisco Antonio con Barrionuevo, Arsenia
F.51: En la capilla de las Tunas, a 25 de agosto de 1864, se casó y veló a Dn. **Francisco Antonio Medina**, h. n. de Da. Ramona, con Da. **Arsenia Barrionuevo**, h. l. de Dn. Manuel Barrionuevo y de Da. Margarita Agüero. Ts Dn. Fernando Domínguez y Da. Toribia Pastoriza.

Barrientos, Dn. Juan Asensio con Barrientos, Hugolina
F.51: En la capilla de las Tunas, a 29 de agosto de 1864, se casó y veló a Dn. **Juan Asensio Barrientos**, h. n. de la finada Da. Genuaria, con Da. **Wolina Barrientos**, h. l. de Dn. Ildefonso y de Da. Higinia Montenegro. Ts Dn. Eulogio Bulacia y Da. Francisca Ahumada.

Acosta, Dn. Remigio con Ahumada, Da. Salomé
F.51: En la parroquia de la Concepción de El Alto, a 29 de abril de 1864, se casó y veló a Dn. **Remigio Acosta**, h. n. de Da. Trinidad, con Da. **Salomé Ahumada**, h. l. del finado Dn. Ignacio y de Da. Guillerma Espeche. Ts Dn. Lucindo Ponce y Da. Rosa Ahumada. Nota: La información matrimonial tiene fecha de inicio en El Alto el 4 de abril de 1863, en ese expediente se declara que el novio es hijo natural de Dn. Gregorio Ahumada, quien lo crió como tal. Se declaran dos impedimentos, uno por afinidad ilícita en primer grado por trato que ha tenido la novia con un hermano de su pretendiente y el segundo impedimento por consanguinidad en segundo grado que se explica con el siguiente esquema:

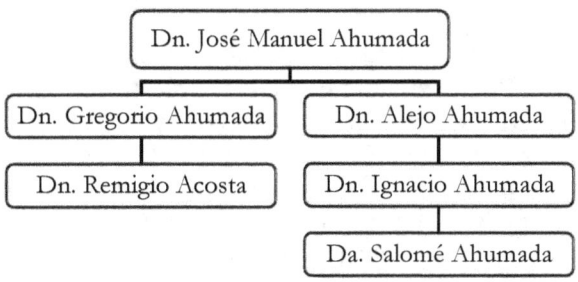

Mansilla, Evangelista con Aguirre, Juan de Dios
F.51v: En la parroquia de la Concepción de El Alto, a 20 de julio de 1864, se casó y veló a **Evangelista Mansilla**, h. l. del finado Fermín y de Regina Páez, con **Dolores Suárez**, h. l. de los finados Juan Ángel y Valeriana Burgos. Ts Pedro Gómez y Rosa Espeche.

Aguirre, Juan de Dios con Retamozo, Tránsito
F.51v: En la parroquia de la Concepción de El Alto, a 16 de junio de 1864, se casó y veló a **Juan de Dios Aguirre**, h. l. de Manuel y de María Wenceslada Herrera, con **Tránsito Retamozo**, h. l. del finado Juan Florentino y de Josefa Palomeque. Ts Félix Peregrino del Pino y Domitila Alvarado.

Salinas, Pedro Félix con Vega, Presentación
F.51v: En la parroquia de la Concepción de El Alto, a 9 de septiembre de 1864, se casó y veló a **Pedro Félix Salinas**, h. l. de Felipa y de Rosa Laura Márquez, con **Presentación Vega**, h. n. de María Consolación. Ts Ramón Rosa Salvatierra y Dioclecaina Cisternas.

Mansilla, Juan Bautista con Jiménez, Francisca
F.52: En la parroquia de la Concepción de El Alto, a 29 de septiembre de 1864, se casó y veló a **Juan Bautista Mansilla**, h. l. del finado Fermín y de Regina Páez, con **Francisca Jiménez**, viuda del finado Pedro Hernández. Ts Dn. Juan Diego Gutiérrez u Da. Tadea Macedo.

Romano, Dn. Pedro Miguel con Magallanes, Da. María del Tránsito
F.52: En la parroquia de la Concepción de El Alto, a 29 de septiembre de 1864, se casó y veló a Dn. **Pedro Miguel Romano**, h. l. de los finados Dn. Toribio y Da. Pabla Ortiz, con Da. **María del Tránsito Magallan**, h. l. de Dn. Crisólogo y de Da. Eusebia Burgos. Ts Dn. Ramón Rosa Salvatierra y Da. Dioclecaina Cisternas.

Páez, Nicolás Calixto con Concha, Antonia
F.52: En la parroquia de la Concepción de El Alto, a 24 de octubre de 1864, se casó y veló a **Nicolás Calixto Páez**, h. l. de Pedro Antonio y de Carlota Varela, con **Francisca Antonia Concha**, h. l. del finado Solano y de María Higinia Romano. Ts Celestino González y Margarita Concha.

Villar, Pedro Vicente con Díaz, Ana Rosa
F.52v: En la parroquia de la Concepción de El Alto, a 29 de octubre de 1864, se casó y veló a **Pedro Vicente Villar**, h. l. del finado Patricio y de Josefa Ontiveros, con **Ana Rosa Díaz**, h. l. de Juan Dionisio y de Regina Díaz. Ts Felipe Santiago Vega y María Asunción Vega.

Delgadino, Isaac con Beltrán, Dominga
F.52v: En la parroquia de la Concepción de El Alto, a 30 de octubre de 1864, se casó y veló a **Isaac Delgadino**, viudo de la finada María Olegaria Rosales, con **Dominga Beltrán**, h. l. de los finados José Manuel y Clara Ruiz. Ts Teófilo Salamo y Jerónima Ocón.

Arévalo, Dn. Antonio con Gómez, Da. Corazón
F.52v: En la parroquia de la Concepción de El Alto, a 12 de noviembre de 1864, obtenida la dispensa de tercer grado con atingencia al segundo de consanguinidad por línea colateral, se casó y veló a Dn. **Ramón Antonio Arévalo**, h. l. de Dn. Hermógenes y de la finada Da. María Luisa Cuello, con Da. **Corazón Gómez**, h. l. del finado Dn. Manuel Antonio y de Da. María del Tránsito Bulacia. Ts Dn. Pedro Gómez y Da. Carmen Maidana. Nota: La informacion matrimonial correspondiente está fechada el 11 de octubre de 1864. El parentesco se explica con el siguiente esquema:

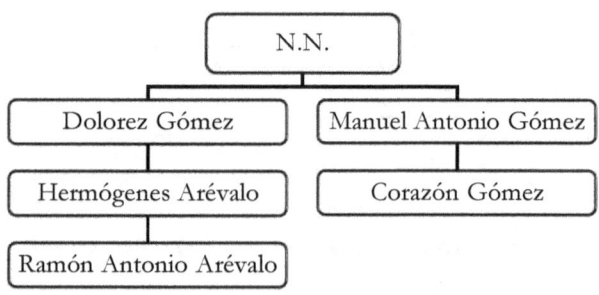

Ledesma, Esteban con Herrera, Fabriciana
F.53: En la parroquia de la Concepción de El Alto, a 16 de noviembre de 1864, se casó y veló a **Esteban Ledesma**, hijado (sic) de la finada Felicidad Ovejero, con **Fabriciana Herrera**, h. l. de los finados Lucas y María Juana Aguilar. Ts Dn. Eliseo Rodríguez y Da. Luisa Zalazar.

Arroyo, Dn. Juan Tomás con Videla, Da. Genoveva
F.53: En la parroquia de la Concepción de El Alto, a 16 de noviembre de 1864, se casó y veló a Dn. **Juan Tomás Arroyo**, h. l. de los finados Dn. Manuel de Reyes y Da. Josefa Bepre, con Da. **Genoveva Videla**, h. n. de Da. Margarita. Ts Dn. Saturnino Contreras y Da. Lucinda Rosales.

Barrientos, Belisario con Lezcano, María del Señor
F.53: En la parroquia de la Concepción de El Alto, a 29 de noviembre de 1864, se casó y veló a **Belisario Barrientos**, h. n. de la finada Anacleta, con **María del Señor Lezcano**, h. n. de Manuela. Ts Felipe Aguilar y Manuela Díaz. Se los veló el 27 de junio de 1865 en la parroquia de El Alto. Ts los mismos.

Durán, Francisco Antonio con Díaz, Juana
F.53v: En la parroquia de la Concepción de El Alto, a 26 de diciembre de 1864, se casó y veló a **Francisco Antonio Durán**, h. l. de Matías y de María del Señor Lobo, con **Juana Díaz**, viuda del finado Pedro Leiva. Ts Felipe Arroyo y Rosario Lobo.

Mercado, Luis Antonio con Rosales, Fidelia
F.53v: En la parroquia de la Concepción de El Alto, a 26 de diciembre de 1864, obtenida la dispensa de cuarto grado igual de consanguinidad por línea colateral, se casó y veló a **Luis Antonio Mercado**, h. l. de Valeriano y de Escolástica Molina, con **Fidelia Rosales**, h. n. de la finada Catalina. Ts Fel... Molina y Nicasia Molina. Nota: la información matrimonial correspondiente tiene fecha 9 de diciembre de 1864. El parentesco se explica con siguiente esquema:

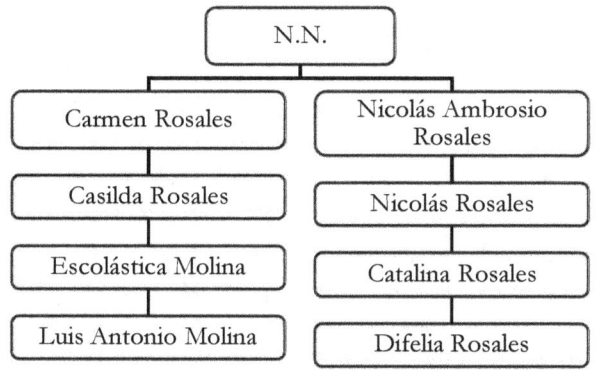
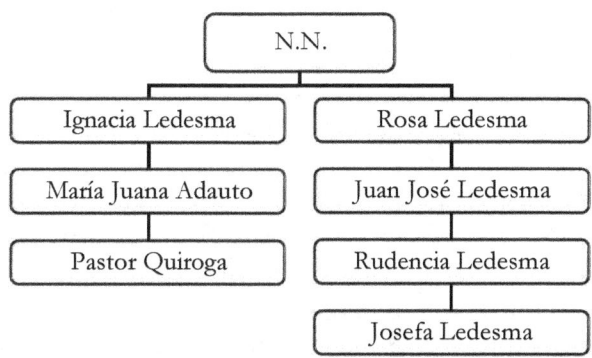

Salcedo, Eusebio con Pérez, Teresa de Jesús
F.53v: En la capilla de Quimilpa, a 2 de agosto de 1864, se casó a **Eusebio Salcedo**, hijado (sic) de la finada Wolina Barrientos, con **Teresa de Jesús Pérez**, h. l. de Nicolás y Braulia Navarro. Ts Pedro Sosa y Agustina Farías.

Castro, Pascual con Arias, Solana
F.54: En la capilla de Quimilpa, a 2 de agosto de 1864, se casó y veló a **Pascual Castro**, h. n. de la finada Pascuala, con **Solana Arias**, h. n. de Viviana Arias. Ts Francisco Ortiz y Nicolasa Ortiz.

Palavecino, Juan de Dios con Arias, Crescencia
F.54: En la capilla de la Quebrada, a 22 de septiembre de 1864, se casó y veló a **Juan de Dios Palavecino**, viudo de la finada Plácida Ocón, con **Crescencia Arias**, h. n. de Juana. Ts Félix Peregrino del Pino y Domitila Arias.

Zurita, Dn. Petronilo con Silva, Da. Luisa
F.54: En la capilla de Vilismano, a 10 de diciembre de 1864, se casó a Dn. **Petronilo Zurita**, h. l. de los finados Dn. Victorino y Da. Catalina Oviedo, con Da. **Luisa Silva**, viuda del finado Dn. Fermín Medina. Ts Dn. Eugenio Charriol y Da. Abigail Medina.

Quiroga, Pastor con Ledesma, Josefa
F.54v: En la capilla de la Quebrada, a 9 de noviembre de 1864, obtenida la dispensa de cuarto grado de consanguinidad con atingencia al tercero por línea transversal, se casó y veló a **Pastor Quiroga**, h. l. de los finados Waldo y Juana Adauto, con **Josefa Ledesma**, h. n. de la finada Rudecinda. Ts Isidoro Osores y Micaela Bazán. Nota: el expediente de información matrimonial está fechado de 25 de octubre de 1864. El parentesco se explica con el siguiente esquema:

Arizmendi, Juan con Ávila, Cleofé
F.54v: En la parroquia de la Concepción de El Alto, a 16 de enero de 1865, se casó y veló a **Juan Arizmendi**, h. l. de Andrónico y de Juana Ibarra, con **Cleofé Ávila**, h. n. de Asunción. Ts Ramón Rosa Salvatierra y Diocleciana Cisternas.

Bulacia, Miguel con Márquez, Juliana
F.55: En la parroquia de la Concepción de El Alto, a 18 de enero de 1865, se casó y veló a **Miguel Bulacia**, h. l. de los finados Juan Gregorio y de Juana Ibáñez, con **Juliana Márquez**, h. n. de Fortunata- Ts Dn. Lucindo Ponce y Da. Rosa Ahumada.

Ahumada, Dn. Miguel con Agüero, Da. Hugolina
F.55: En la parroquia de la Concepción de El Alto, a 21 de enero de 1865, obtenida la dispensa en primer grado igual de afinidad ilícita por línea colateral, se casó a Dn. **Miguel Ahumada**, h. l. del finado Dn. Gregorio y de Da. Jerónima Gómez, con Da. **Wolina Agüero**, viuda del finado Dn. Juan Pacheco. Ts Eulogio Bulacia y Da. Francisca Ahumada. Nota: El pretendiente tuvo trato con una hermana de la novia llamada Da. Bella Agüero.

Ibáñez, Dn. Pedro Ignacio con Montes, Da. Filomena
F.55v: En la parroquia de la Concepción de El Alto, a 20 de febrero de 1865, se casó y veló a Dn. **Pedro Ignacio Ibáñez**, h. l. del finado Dn. Ramón y de Da. Sinforosa Cardoso, también ya finada, con Da. **Filomena Montes**, h. l. del finado Dn. Diego y de Da. María del Señor Rojas. Ts Juan Dionisio Ibáñez y Da. Pastora Rivarola.

Díaz, Dn. José Venancio con Ponce, Da. Josefa Ermilia
F.55v: En la parroquia de la Concepción de El Alto, a 27 de febrero de 1865, se casó y veló a Dn. **José Venancio Díaz**, h. l. de Dn. Juan Manuel y de Da.

Prudencia Villalba, con Da. **Josefa Ermilia Ponce**, h. l. de los finados Dn. José Asencio y de Da. Mercedes Rodríguez. Ts Dn. Cosme Damián Díaz y Da. Petronila Albarracín.

Silva, Facundo con Paz, María
F.55v: En la parroquia de la Concepción de El Alto, a 17 de abril de 1865, se casó y veló a **Facundo Silva**, h. l. del finado Juan Manuel y de Justa Rufina Mercado, con **María Paz**, h. l. del finado Isidoro y de Mercedes Carrizo. Ts Ramón Ramírez y Felipa Paz.

Jiménez, Benito con Mercado, Germana
F.56: En la parroquia de la Concepción de El Alto, a 24 de abril de 1865, se casó y veló a **Benito Jiménez**, h. n. de Leonor, con **Germana Mercado**, h. l. del finado Pedro y de Salomé Goitia. Ts Francisco Javier Mercado y Asunción Rosales.

Gramajo, Alejandro con Lobo, Tomasa
F.56: En la parroquia de la Concepción de El Alto, a 2 de mayo de 1865, se casó y veló a **Alejandro Gramajo**, h. n. de Mercedes, con **Tomasa Lobo**, h. l. de Carmelo y de la finada Solana Lobo. Ts Dn. Rafailo Yoles y Da. Dominga García.

Caravajal, Manuel Abraham con Gómez, Florinda Rosa
F.56v: En la parroquia de la Concepción de El Alto, a 2 de mayo de 1865, se casó y veló a **Manuel Abraham Caravajal**, h. l. del finado Nicolás y de María de los Ángeles Sobremonte, con **Florinda Rosa Gómez**, h. l. del finado Gabriel y de Simona Ortiz. Ts Dn. Manuel José Paz y Da. Mercedes Lencinas.

Falcón, Hermenegildo con Gómez, Carmen
F.56v: En la parroquia de la Concepción de El Alto, a 2 de mayo de 1865, se casó y veló a **Hermenegildo Falcón**, h. l. del finado Luis Ignacio y de Trinidad Lugones, con **Carmen Gómez**, h. n. de la finada Catalina. Ts Bartolomé Carrizo y Anunciación Avellaneda.

Díaz, Miguel Jerónimo con Díaz, María Asunción
F.56v: En la parroquia de la Concepción de El Alto, a 11 de abril de 1865, se casó y veló a **Miguel Gerónimo Díaz**, h. l. de María y de Francisca García, con **María Asunción Luján**. Ts Dn. Hermenegildo Zurita y Da. Froilana Zurita.

Rojas, Dn. Fortunato con Ibáñez, Da. Clementina
F.57: En la parroquia de la Concepción de El Alto, a 7 de junio de 1865, se casó y veló a Dn. **Fortunato Rojas**, h. n. de Da. María del Señor, con Da. **Clementina Ibáñez**, h. l. de Dn. Ángel y de Da. Cruz Cardoso. Ts Dn. Pedro Navarro y Da. Pastora Rivarola.

Leanes, José Ramón con Santucho, María del Carmen
F.57: En la parroquia de la Concepción de El Alto, a 7 de junio de 1865, se casó y veló a **José Ramón Leanes**, h. n. de Espíritu, con **María del Carmen Santucho**, h. l. de Anselmo y de la finada Luisa Arévalo. Padrinos Dn. Bernabé Arévalo y Da. María Severa Luján.

Palacios, Dn. Emiliano con Gómez, Da. Elisea
F.57v: En la parroquia Concepción de El Alto, a 5 de julio de 1865, obtenida la dispensa, en primer lugar, de consanguinidad en cuarto grado desigual con atingencia al tercero por línea transversal, en segundo lugar, de afinidad lícita en segundo grado igual por línea colateral, se casó a Dn. **Emiliano Palacios**, h. n. de la finada Da. Petrona, con Da. **Elisea Gómez**, viuda del finado Dn. Severo Tolosa. Ts Dn. Peregrino Barrientos y Da. Juana Rosa Ahumada. Nota: la información matrimonial está fechada en El Alto de 20 de junio de 1865, los parentescos se explican con los siguientes esquemas:

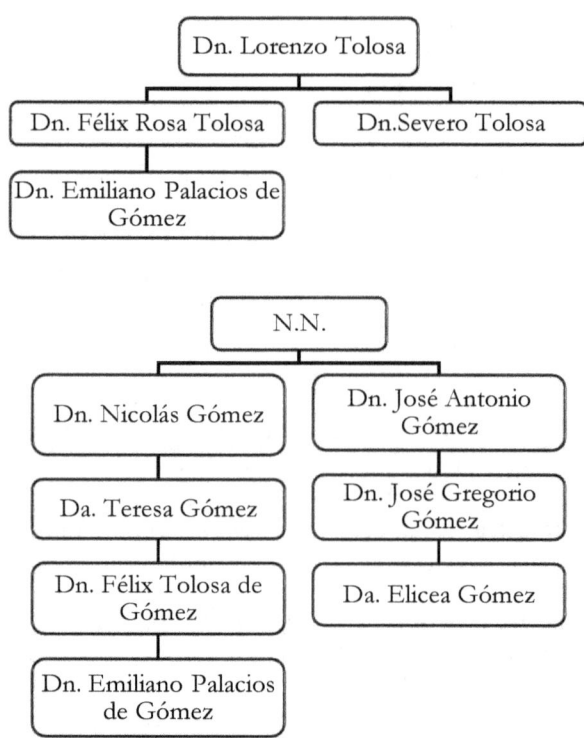

Barrera, Dn. Laureano con Soria, Da. Nicolasa
F.57v: En la parroquia Concepción de El Alto, a 7 de julio de 1865, se casó y veló a Dn. **Laureano Barrera**, h. l. de Dn. Juan Bautista y de Da. Jerónima Rojas, con Da. **Nicolasa Soria**, h. l. de Dn. Juan Nicolás y de Da. Juana Pedraza. Ts Dn. José Avelino Almaraz y Da. Apolinaria Altamirana.

Zurita, José Rufino con Luján, María Benigna

F.58: En la parroquia Concepción de El Alto, a 10 de julio de 1865, obtenida la dispensa, en primer lugar, de consanguinidad en segundo grado igual por línea transversa, en segundo lugar, de afinidad ilícita en primer grado igual por línea colateral, se casó y veló a **José Rufino Zurita**, viudo de la finada María Salomé Mansilla, con **María Benigna Luján**, h. n. de la finada María de Jesús. Ts Dn. Francisco Javier Gómez y Da. Eloísa Brizuela. Nota: la información matrimonial está fechada el 18 de junio de 1865. El novio tuvo trato con una hermana de su novia y el parentesco por consanguinidad explica con el siguiente esquema:

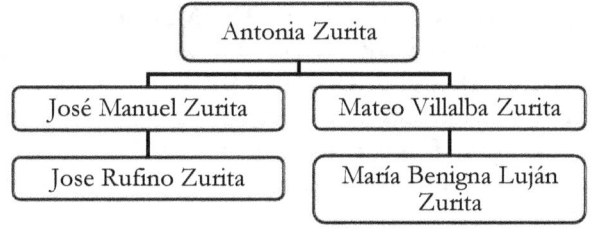

Cárdenas, Dn. Ángel Manuel con Rosales, Da. Grimanesa

F.58: En la parroquia Concepción de El Alto, a 28 de julio de 1865, se casó y veló a Dn. **Ángel Manuel Cárdenas**, h. l. de Dn. Juan Domingo, ya finado, y de Da. Bonifacia Lezana, con Da. **Grimanesa Rosales**, h. l. de Dn. Manuel y de Da. Andrea Pacheco. Ts Dn. Belisario Luna y Da. Maximiliana Barrientos.

Páez, Dn. Genuario con González, Da. Corazón de Jesús

F.58: En la parroquia Concepción de El Alto, a 5 de julio de 1865, se casó y veló a Dn. **Genuario Páez**, viudo de la finada Da. Paz Navarro, con Da. **Corazón de Jesús González**, h. l. de Dn. Feliciano Bravo. Ts Dn. Ramón Rosa Salvatierra y Da. Manuela de Jesús Cisterna.

Santucho, Pedro Francisco con Cardoso, Tránsito

F.58v: En la parroquia Concepción de El Alto, a 15 de junio de 1865, se casó y veló a **Pedro Francisco Santucho**, h. l. del finado Pascual y de Petrona Celestina Barrionuevo, con **Tránsito Cardoso**, h. l. de María y de Griselda Rojas. Ts José Manuel González y Manuela Morales.

Paredes, Mateo con Fernández, María Epitacia

F.58v: En la parroquia Concepción de El Alto, a 21 de agosto de 1865, se casó y veló a **Mateo Paredes**, h. l. del finado Félix y de María Petrona Agüero, con **María Epitacia Fernández**, h. n. de la finada Tomasa. Ts Dn. Manuel Agüero y Da. Manuela de Jesús Cisterna.

Agüero, Dn. Froilán con Lobo, Da. María Espíritu

F.59: En la parroquia Concepción de El Alto, a 18 de agosto de 1865, habiendo obtenido la dispensa de dos parentescos, el primero, de consanguinidad en segundo grado igual por línea transversa, el segundo, también de consanguinidad en tercer grado igual por línea transversa, se casó y veló a Dn. **Froilán Agüero**, h. l. del finado Dn. Liberato y de Da. Dominga Lobo, con Da. **María Espíritu Lobo**, h. l. del finado Dn. José Luis y de Da. Nicolasa Agüero. Ts Dn. Martín Lobo y Da. Francisca Agüero.

Segura, Juan Bautista con Vega, Deidamia

F.59: En la parroquia Concepción de El Alto, a 21 de agosto de 1865, se casó y veló a **Juan Bautista Segura**, h. l. de Genuaria y de Jacinta Reinoso, con **Deidamia Vega**, h. l. de Juan y de Estanislada Villalba. Ts Fructuoso Romano y Concepción Soria.

Agüero, Ramón con Falcón, Emilia

F.59: En la parroquia Concepción de El Alto, a 31 de agosto de 1865, se casó y veló a **Ramón Agüero**, h. l. del finado Ramón Antonio y de Asunción Suárez, con **Emilia Falcón**, h. l. del finado Luis Ignacio y de Trinidad Lugones. Ts Dn. Francisco Javier Gómez y Da. Eloísa Brizuela.

Rodríguez, José con Vega, María del Tránsito

F.59v: En la parroquia Concepción de El Alto, a 23 de septiembre de 1865, habiendo obtenido dispensa del parentesco de afinidad ilícita en segundo grado igual por línea colateral, se casó y veló a **José Rodríguez**, h. n. de la finada Ignacia, con **María del Tránsito Vega**, h. n. de la finada Consolación. Ts Guillermo Rodríguez y Petronila Albarracín. Nota: la información matrimonial está fechada el 22 de junio de 1866. La novia tuvo trato con un primo hermano del novio. El parentesco se explica con el siguiente esquema:

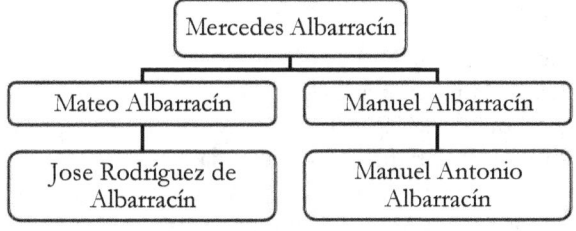

Collantes, Pedro Pablo con González, Pascuala

F.59v: En la parroquia Concepción de El Alto, a 3 de octubre de 1865, se casó y veló a **Pedro Pablo Collantes**, h. l. de los finados José Ignacio y María Rosario Ocón, con **Pascuala González**, h. l. del finado Ángel Mariano y de Bailona Acosta. Ts Dn. Juan de Dios Rosales y Da. Lucinda Rosales.

Leguizamo, Dn. José Pastor con Barrionuevo, Da. Teresa de Jesús.
F. 60: En la parroquia Concepción de El Alto, a 4 de octubre de 1865, se casó y veló a Dn. **José Pastor Leguizamo**, h. l. de Dn. Pedro José y de Da. María Juana Mercado, con Da. **Teresa de Jesús Barrionuevo**, h. l. de Dn. Manuel Antonio y de Da. Margarita Agüero. Ts Dn. Manuel Leguizamo y Da. Celestina Bepre.

Arévalo, José Toribio con Guamán, Efigenia.
F.60: En la parroquia Concepción de El Alto, a 30 de octubre de 1865, se casó y veló a **José Toribio Arévalo**, h. l. del finado Gerardo y de María del Señor Agüero, con **Efigenia Guamán**, h. l. del finado José Ignacio y de Romualda Valdéz. Ts (en blanco).

Peralta, José Francisco con Ibáñez, Cledovia
F.60v: En la parroquia Concepción de El Alto, a 1 de diciembre de 1865, habiendo obtenido la dispensa del parentesco de afinidad ilícita en segundo grado igual por línea colateral, se casó y veló a (José) **Francisco Peralta**, h. l. del finado Celedonio y de Rufina Ortiz, con **Cledovia Ibáñez**, h. l. de Ruperto y de Eugenia Armas. Ts Ramón Luna y Marcelina Leguizamo.

Varela, Juan Luis con Ledesma, María Mercedes
F.60v: En la parroquia Concepción de El Alto, a 2 de diciembre de 1865, se casó y veló a **Juan Luis Varela**, h. l. de los finados Juan Gregorio y María Inés Lazo, con **María Mercedes Ledesma**, h. l. del finado Isidoro y Antonia Navarro. Ts Pedro Sosa y Gracilina Ibáñez.

Espeche, Dn. Honorato con Leiva, Da. Tomasa
F.60v: En la parroquia Concepción de El Alto, a 23 de junio de 1865, se casó y veló a Dn. **Honorato Espeche**, h. l. del finado Dn. Fidel y de Da. Emerenciana Flores, con Da. **Tomasa Leiva**, h. n. de Da. Liberata. Ts Dn. Moisés Reinoso y Da. Manuela Barrera.

Ávila, Isaías con Falcón, Luisa
F.61: En la parroquia Concepción de El Alto, a 25 de noviembre de 1865, se casó y veló a **Isaías Ávila**, h. l. del finado Cipriano y de Antonia Jeréz, con **Luisa Falcón**, h. n. de la finada Tomasa. Ts Dn. Benigno Ahumada y Da. Zoila Ahumada.

Salguero, Evangelista con Ávila, Cipriana
F.61: En la parroquia Concepción de El Alto, a 25 de noviembre de 1865, se casó y veló a **Evangelista Salguero**, h. n. de Francisca, con **Cipriana Ávila**, h. l. de Cipriano y de Antonia Jeréz. Ts Sixto Basualdo y Da. Luisa Silva.

Guarda, Calixto con Ojeda, Paulina
F.61v: En la capilla de los Manantiales, a 2 de noviembre de 1865, se casó y veló a **Calixto Guarda**, h. l. de Miguel Gerónimo y de María del Señor Albarracín, con **Paulina Ojeda**, h. l. de los finados Gregorio y Rufina Gómez. Ts Santiago Vega y Natividad Montenegro.

Sosa, Luis con Ibáñez, María Presentación
F.61v: En la capilla de los Manantiales, a 4 de diciembre de 1865, se casó a **Luis Sosa**, viudo de la finada Griselda Aráoz, con **María Presentación Ibáñez**, viuda del finado José Ramírez. Ts Dn. Francisco Medina y Da. Eduarda Díaz.

Cejas, Dn. David con Lobo, Da. Mauricia
F.61v: En la capilla de Vilismano, a 3 de julio de 1865, se casó y veló a Dn. **David Cejas**, h. l. de Dn. Juan Simón y de la finada Da. María Pascuala Pacheco, con Da. **Mauricia Lobo**, h. l. de los finados Dn. Fernando y Da. Walda Albarracín. Ts Dn. Pascual Arévalo y Da. Cruz Acuña.

Gómez, Francisco Javier con González, Ascensión del Señor
F.62: En la capilla de Vilismano, a 26 de julio de 1865, se casó y veló a **Francisco Javier Gómez**, h. n. de Romualda, con **Ascensión del Señor González**, h. l. de Juan Manuel y de la finada María Pabla Maldonado. Ts Dn. Luis Oviedo y Da. Manuela Ferreira.

Montes de Oca, Dn. Nicolás con Ibáñez, Da. Margarita
F.62: En la capilla de Vilismano, a 5 de julio de 1865, habiendo obtenido la dispensa de segundo grado igual de afinidad ilícita por línea colateral, se casó y veló a Dn. **Nicolás Montes de Oca**, h. l. del finado Dn. Diego y de Da. María del Señor Rojas, con Da. **Margarita Ibáñez**, h. l. de los finados Dn. Ramón y Da. Sinforoza Cardoso. Ts Dn. Luis Oviedo y Da. Manuela Ferreira. Nota: La información matrimonial está fechada en El Alto el 24 de junio de 1865. Se declaran dos impedimentos por afinidad ilícita en segundo grado por trato que tuvo el novio con dos hermanas, ambas primas de la novia según se explica con el siguiente esquema:

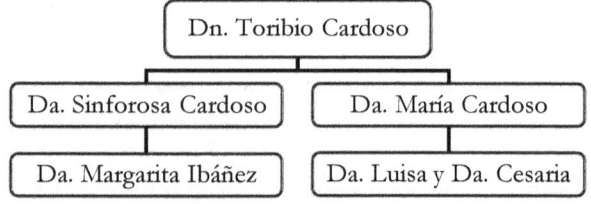

Aguirre, Dn. Emiliano con Ibáñez, Da. Natalia
F.62: En la capilla de Vilismano, a 2 de agosto de 1865, habiendo obtenido la dispensa del parentesco de

afinidad lícita en segundo grado igual por línea colateral, se casó a Dn. **Emiliano Aguirre**, h. n. de la finada Da. Teresa, con Da. **Natalia Ibáñez**, viuda del finado Dn. Nicanor Álvarez. Ts Dn. Agustín Jeréz y Da. Petronila Jeréz. La información matrimonial está fechada en El Alto el 28 de julio de 1865. El parentesco se explica con el siguiente esquema:

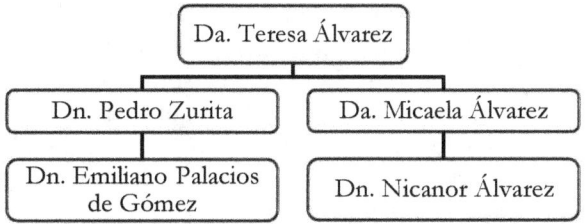

Díaz, José Nicolás con Argañaráz, Petrona
F.62v: En la capilla de las Tunas, a 13 de noviembre de 1865, se casó y veló a **José Nicolás Díaz**, viudo de la finada Tránsito Barrientos con **Petrona Argañarás**, h. n. de la finada Josefa. Ts Dn. Abraham Robles y Petrona Argañarás.

Guarás, Bartolomé con Rivas, María
F.62v: En la capilla de las Tunas, a 12 de diciembre de 1865, se casó a **Bartolomé Guarás**, h. l. de Pascual y de Cruz Luna, con **María Rivas**, viuda del finado Pedro Rosales. Ts Ramón Guarás y Victoria Rosales.

Moreira, Manuel con Agüero, Josefa
F.63: En la capilla de los Manantiales, a 30 de octubre de 1865, se casó y veló a **Manuel Moreira**, h. n. de Bárbara, con **Josefa Agüero**, h. n. de Juana. Ts Dn. Manuel Antonio Barrionuevo y Da. María del Señor Medina.

Leguizamo, Jesús María con Peralta, Ana Rosa
F.63: En la capilla de las Tunas, a 6 de febrero de 1866, se casó y veló a **Jesús María Leguizamo**, h. l. de Juan Silvestre y de la finada Leonarda González, con **Ana Rosa Peralta**, h. l. de Tomás y de Antonia Rosales. Ts Niceo Peralta y María González.

Tula, Dn. Pedro Vicente con Barros, Da. Ramona
F.63: En la capilla de las Tunas, a 6 de febrero de 1866, se casó y veló a Dn. **Pedro Vicente Tula**, h. l. de Dn. Félix y de Da. Ana del Carmen Mercado, con Da. **Ramona Barros**, h. l. de los finados Dn. Juan de la Cruz y Da. Rosa Varela. Ts Dn. Ramón Rosa Barrientos y Da. Catalina Leiva.

Armas, Dn. Nemesio con Figueroa, Da. Natividad
F.63v: En la capilla de las Tunas, a 6 de febrero de 1866, se casó y veló a Dn. **Nemesio Armas**, h. n. de Da. Cipriana, con Da. **Natividad Figueroa**, h. n. de Da. Presentación. Ts Dn. Joaquín Mendoza y Da. Francisca Antonia Gómez.

Ibáñez, Abelardo con Ortiz, Fortunata
F.63v: En la capilla de los Manantiales, a 16 de abril de 1866, se casó y veló a **Abelardo Ibáñez**, h. n. de Manuela, con **Fortunata Ortiz**, h. l. de Alejandro y de Catalina Delgado. Ts Dn. Francisco Antonio M… y Da. Justa Castro.

Pereira, Dn. Laurencio con Aguirre, Da. Paulina
F.63v: En la capilla de Quimilpa, a 19 de julio de 1865, se casó a Dn. **Laurencio Pereira**, viudo de la finada María Manuela Rosales, con Da. **Paulina Aguirre**, viuda del finado Dn. Manuel Rojas. Ts Dn. David Ramos y Da. Mariana ¿Noriega?

Reyes, Dn. Francisco Javier con Gómez, Da. Waldina
F.64: En la capilla de Quimilpa, a 21 de abril de 1866, se casó y veló a Dn. **Francisco Javier Reyes**, h. l. del finado Dn. Francisco y de Da. Cruz Ibáñez, con Da. **Waldina Gómez**, h. l. de los finados Dn. Ildefonso y Da. Bailona Juárez. Ts Dn. Fernando Domínguez y Da. Toribia Pastoriza.

Narváez, Juan Bautista con Acuña, Juana Rosa
F.64: En la parroquia Concepción de El Alto, a 25 de junio de 1865, se casó a **Juan Bautista Narváez**, h. n. de María Rufina, con **Juana Rosa Acuña**, viuda del finado Pedro Vega. Ts Dn. Bernabé Arévalo y Da. Severa Luján.

Mendoza, Dn. Joaquín con Gómez, Da. Francisca Antonia
F.64: En la parroquia Concepción de El Alto, a 10 de enero de 1866, habiendo obtenido la dispensa de dos parentescos de consanguinidad, ambos en cuarto grado igual por línea transversal, se casó y veló a Dn. **Joaquín Mendoza**, viudo de la finada Da. Eduarda Luna, con Da. **Francisca Antonia Gómez**, h. l. del finado Dn. Nicolás y Da. Juana Ahumada. Ts Dn. Juan Gregorio Márquez y Da. Regina Ferreira.

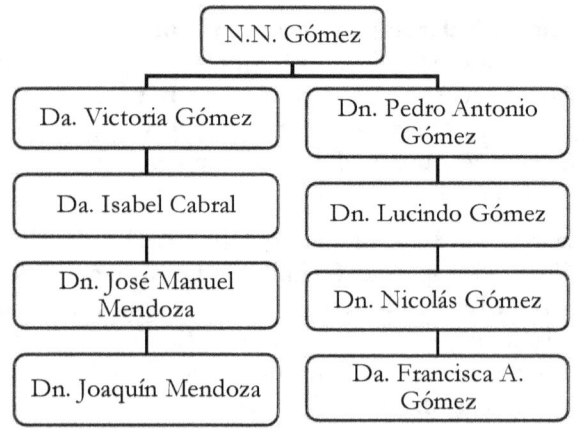

Lobo, Dn. Pacífico con Mercado, Da. Francisca
F.64v: En la parroquia Concepción de El Alto, a 9 de febrero de 1866, se casó y veló a Dn. **Pacífico Lobo**, h.l. del finado Dn. Sebastián y de Da. Bernarda Ovejero, con Da. **Francisca Mercado**, h. l. de Dn. Juan Antonio y de Josefa Jiménez. Ts Dn. Javier Mercado y Da. Jacoba Ortiz.

Márquez, Belisario con Bustamante, Viviana
F.64v: En la parroquia Concepción de El Alto, a 10 de febrero de 1866, se casó y veló a **Belisario Márquez**, h. l. del finado Ambrosio y de Manuela Lobo, con **Viviana Bustamante**, h. l. de los finados Julián y de Eugenia Villagra. Ts Pascual Burgos y Fortunata Díaz.

Gramajo, Dn. Wenceslao con Saavedra, Petrona
F.64v: En la parroquia Concepción de El Alto, a 10 de marzo de 1866, habiendo obtenido la dispensa de dos parentescos de consanguinidad, el primero, en segundo grado igual por línea colateral, el segundo, en tercer grado igual también por línea colateral, se casó y veló a Dn. **Wenceslao Gramajo**, h. l. del finado Dn. Cruz y de Da. Juana Rosa Márquez, con Da. **Petrona Saavedra**, h. n. de Da. Rosario. Ts Dn. Pedro Saavedra y Da. Epitacia Saavedra.

Martínez, Dn. Teodosio con Urueña, Da. Ramona
F.65: En la parroquia Concepción de El Alto, a 11 de junio de 1866, se casó y veló a Dn. **Teodosio Martínez**, h. l. de Dn. José Manuel y de Da. Ramona Salas, con Da. **Ramona Rosa Urueña**, h. l. de Dn. Indalecio y de Da. Encarnación Leiva. Ts Dn. Juan Antonio Tapia y Da. Regina Ferreira.

Caballero, Dn. Aniceto con Díaz, Da. Felisa del Carmen
F.65: En la parroquia Concepción de El Alto, a 10 de agosto de 1866, se casó y veló a Dn. **Aniceto Caballero**, h. l. de los finados Dn. José Ignacio y Da. Ramona Díaz, con Da. **Felisa del Carmen Díaz**, h. l. del finado Dn. Pedro Ignacio y de Da. Petrona Rosa Barrionuevo. Ts Dn. Félix Benigno Páez y Da. Griselda Rojas.

Burgos, Simón Judas con Moyano, Jerónima
F.65v: En la parroquia Concepción de El Alto, a 10 de agosto de 1866, habiendo obtenido la dispensa de crimen de trato oculto de afinidad ilícita, se casó a **Simón Judas Burgos**, viudo de la finada Francisca Rojas, con **Jerónima Moyano**, viuda del finado José Gil Saltos. Ts Dn. Joaquín Mendoza y Da. Salomé (en blanco). Nota en la información matrimonial correspondiente, fechada el 8 de julio de 1866 se declara "impedimento de crimen por trato de afinidad con pacto de matrimonio en caso que muriese el marido de la prometida".

Gómez, Dn. Servando con Rizo Patrón, Da. Zoila
F.65v: En la parroquia Concepción de El Alto, a 13 de setiembre de 1866, habiendo obtenido la dispensa de dos parentescos de consanguinidad, el primero, en cuarto grado igual por línea transversa, el segundo en cuarto grado desigual con atingencia al tercero, también por línea transversa, se casó y veló a Dn. **Servando Gómez**, h. l. del finado Dn. Nicolás y de Da. Juana Ahumada, con Da. **Zoila Rizo Patrón**, h. l. de Dn. Narciso y de Da. Baldomera Ahumada. Ts Dn. Lucindo Ponce y Da. Ramona Rosa Ahumada. Nota: la información matrimonial correspondiente está fechada en El Alto el 18 de julio de 1866, los parentescos se explican los siguientes esquemas:

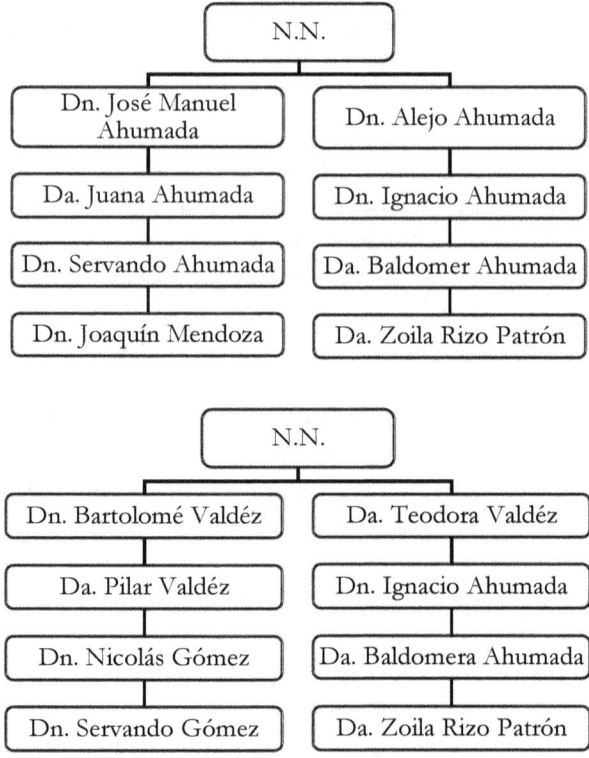

Díaz, Gregorio Antonio con Guarás, María Santos
F.65v: En la parroquia Concepción de El Alto, a 9 de octubre de 1866, se casó y veló a **Gregorio Antonio Díaz**, h. l. del finado Francisco Rosario y de María Rosales, con **María (Santos) Guarás**, h. l. de Carlos y de Casilda Robles. Ts Juan Nicolás Rosales y María Justa Guarás.

Maidana, Isaac con Rodríguez, Fabriciana
F.66: En la parroquia Concepción de El Alto, a 26 de octubre de 1866, habiendo obtenido la dispensa de parentesco de consanguinidad en segundo grado igual por línea transversa, se casó a **Isaac Maidana**, h. l. del finado Felipe y de Lucía Rodríguez, con **Fabriciana Rodríguez**, h. l. del finado Ramón y de María Consolación Ávila. Ts Olegario Soria y Felisa Maidana. Velados en la parroquia de El Alto a 8 de enero de 1867. Ts los mismos. Nota: La información matrimonial está fechada en El Alto el 8 de septiembre de 1866, el parentesco se explica con el siguiente esquema:

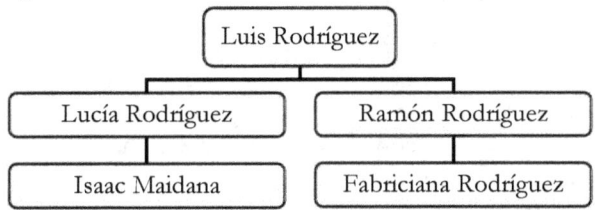

Garay, José Ildefonso con Villafañe, Candelaria Rosa
F.66: En la capilla de Vilismano, a 26 de octubre de 1866, se casó y veló a **José Ildefonso Garay**, h. n. de la finada Eufrasia, con **Candelaria Rosa Villafañe**, h. l. del finado Agenor y de Manuela Arévalo. Ts Dn. Cosme Valdéz y Da. Filomena Montes.

Coria, Manuel con Arias, Josefa
F.66v: En la capilla de las Cortaderas, a 30 de noviembre de 1866, se casó a **Manuel Coria**, viudo de la finada Florentina Flores, con **Josefa Arias**, h. n. de Juana Arias. Ts Félix Pino y Celedonia Ávila. Fueron velados el 10 de octubre de 1867.

Coria, Félix con Medina, María
F.66v: En la capilla de las Cortaderas, a 30 de noviembre de 1866, se casó a **Félix Coria**, h. l. de los finados Juan Coria y de Gregoria Agüero, con **María Medina**, viuda de Antonino Garzón. Ts Estanislao Quiroga y Perfecta Flores.

Cisterna, Dn. Francisco Antonio con Altamiranda, Da. Ramona Rosa
F.66v: En la capilla de las Cortaderas, a 30 de noviembre de 1866, habiendo obtenido la dispensa de dos parentescos, el primero, de consanguinidad en cuarto grado desigual con atingencia al tercero por línea transversa, más el segundo, de afinidad ilícita en segundo grado igual por línea colateral, se casó y veló a Dn. **Francisco Antonio Cisterna**, h. l. del finado Dn. Juan de la Cruz Cisterna y Da. Justa Melián, con Da. **Ramona Rosa Altamiranda**, h. l. de Dn. Lucio Altamiranda y Da. Restituta Pereira. Ts Dn. Petronilo Zurita y Da. Apolinaria Altamiranda. Nota: la información matrimonial correspondiente está fechada el 13 de noviembre de 1866, allí, los parentescos se explican con los siguientes esquemas:

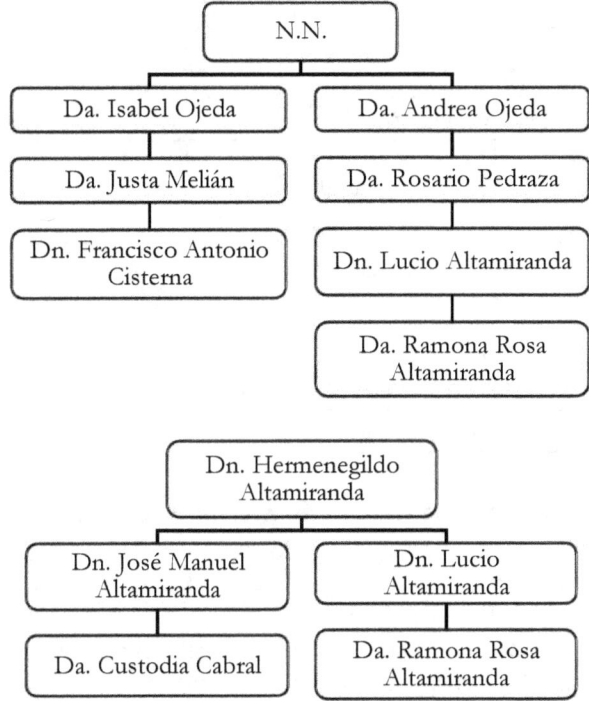

Villarroel, Pedro Nicolás con Díaz, Presentación
F.67: En la capilla de los Manantiales, a 21 de enero de 1867, se casó a **Pedro Nicolás Villarroel**, h. n. de Celedonia Villarroel, con **Presentación Díaz**, viuda del finado Borja Juárez. Ps Dn. Belisario Rosales y Da. Lucinda Rosales.

Rosales, Dn. Belisario con Rosales, Da. Lucinda Rosa
F.67: En la capilla de los Manantiales, a 26 de enero de 1867, habiendo obtenido la dispensa de tres parentescos, el primero, de consanguinidad en tercer grado desigual con atingencia al segundo por línea transversa. el segundo y tercero de afinidad ilícita ambos en segundo grado igual por línea colateral, se casó y veló a Dn. **Belisario Rosales**, h. l. de los finados Dn. Lorenzo Rosales y Da. Concepción Molina, con Da. **Lucinda Rosales**, h. l. de los finados Dn. Juan Tomás Rosales y Da. Rosario Videla. Ts Dn. Camilo Leiva y Da. Cledovia Valdéz. Nota: La información matrimonial fue comenzada el 15 de

diciembre de 1866, los tres parentescos se explican con los siguientes esquemas:

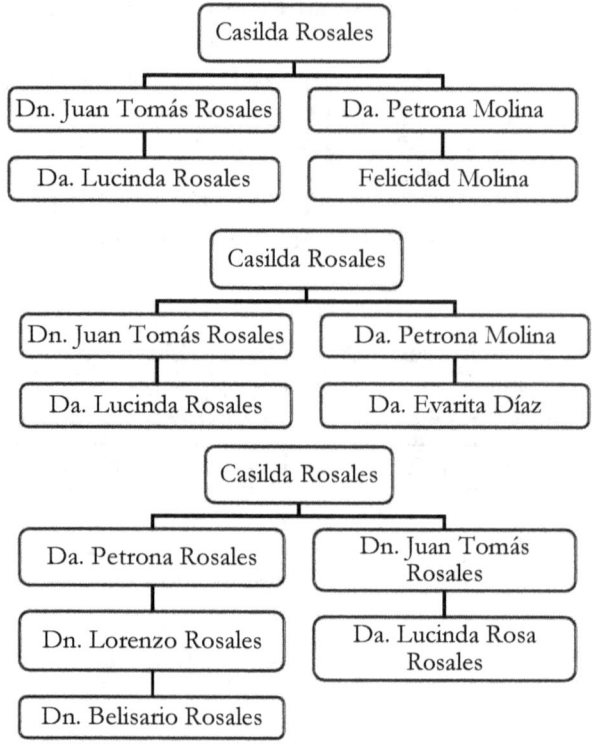

Garcete, José Antonio con Acosta, Ana María
F.67v: En la capilla de Vilismano, a 13 de febrero de 1867, se casó y veló a **José Antonio Garcete**, h. n. de la finada Trinidad Garcete, con **Ana Acosta**, h. l. de los finados Laureano Acosta y …gis Correa. Ts Dn. Alejandro Leiva y Da. T… del Campo.

Zurita, Juan Herminio con Sánchez, Griselda
F.67v: En la capilla de Vilismano, a 14 de febrero de 1867, se casó y veló a **Herminio Zurita**, h. l. de los finados José del Carmen y Ana María Verón, con **Griselda Sánchez**, h. l. del finado Hilario y de Rosario Reinoso. Ts Dn. Luis Oviedo y Da. Ester Oviedo.

Zurita, Dn. Secundino con Rodríguez, Da. Rita Pastora
F.68: En la capilla de Vilismano, a 15 de febrero de 1867, se casó a Dn. **Secundino Zurita**, h. l. del finado Dn. Félix Mariano Zurita y de Da. Bernardina Ríos, con Da. **Rita Pastora Rodríguez**, h. l. de Dn. Manuel de Jesús Rodríguez y de Da. Francisca Antonia Valdéz. Ts (en blanco).

Melián, Manuel Salvador con Rodríguez, Fabriciana
F.68: En la parroquia Concepción de El Alto, a 7 de enero de 1867, se casó y veló a **Manuel Salvador Melián**, h. n. de la finada Narcisa Melián, con **Fabriciana Rodríguez**, h. l. del finado Cornelio Rodríguez y de Mercedes Burgos. Ts (en blanco).

Valdéz, Ciriaco con Barrera, Estaurófila
F.68: En la parroquia Concepción de El Alto, a 8 de enero de 1867, se casó y veló a **Ciriaco Valdéz**, h. n. de Salomé Valdéz, con **Estaurófila Barrera**, h. l. de los finados Evaristo Barrera y María Mercedes Ibáñez. Ts Dn. Lucindo Ponce y Da. Luisa Leiva.

Arias, Domingo con Lizárraga, Clara
F.69v. En la parroquia Concepción de El Alto, a 26 de enero de 1867, se casó y veló a **Domingo Arias**, h. l. de los finados Ramón Rosa Arias y Simona Vega, con **Clara Lizárraga**, h. n. de la finada María Petrona Lizárraga. Ts Ángel Custodio Zurita y Fidelia Rosales.

Amaya, Ángel Domiciano con Figueroa, Eufrasia
F.69v: En la parroquia Concepción de El Alto, a 28 de enero de 1867, se casó y veló a **Ángel Domiciano Amaya**, h. l. de José Mariano Amaya y de la finada Bárbara Coronel, con **Eufrasia Figueroa**, h. l. de Serapio y de la finada Francisca González. Ts Gervasio Ibáñez y Dominga Leiva.

Aragón, José con Perea, Nicolasa
F.70: En la parroquia Concepción de El Alto, a 13 de febrero de 1867, se casó y veló a **José Aragón**, h. n. de Josefa Aragón, con **Nicolasa Perea**, h. l. de los finados José Antonio Perea y Polonia Espíndola. Ts Dn. Virginio Brizuela y Da. Isabel Segura.

Juárez, Dn. Bernardino con Silva, Da. Maclovia
F.70: En la parroquia Concepción de El Alto, a 21 de febrero de 1867, se casó y veló a Dn. **Bernardino Juárez**, h. l. de los finados Dn. José Santos Juárez y Da. Josefa Álvarez, con Da. **Maclovia Silva**, h. l. de los finados Dn. Pedro Rufino Silva y Da. Luisa Leiva. Ts Dn. David Ramos y Da. Fernanda Leiva.

Cordero, Aparicio con Molina, Candelaria
F.70: En la parroquia Concepción de El Alto, a 4 de marzo de 1867, se casó y veló a **Aparicio Cordero**, h. l. del finado Francisco Cordero y de Javiera Díaz, con **Candelaria Molina**, h. l. del finado Luis Molina y de Felipa Antonia Ibarra. Ts Dn. Basilio Santillán y Da. Benigna Ortiz.

Ahumada, Dn. Inocencio con Rojas, Da. María Inés
F.70v: En la parroquia Concepción de El Alto, a 30 de marzo de 1867, se casó a Dn. **Inocencio Ahumada**, viudo de Da. Sebastiana Leguizamo, con Da. **Inés Rojas**, viuda de Dn. Lázaro Cordero. Ts Dn. Solano Segura y Da. Isabel Segura.

Acosta, José Manuel con Barrientos, Rosario
F.70v: En la parroquia Concepción de El Alto, a primero de abril de 1867, se casó a **José Manuel**

Acosta, viudo de Delfina Barrios, con **Rosario Barrientos**, viuda de Ángel Correa. Ts Elías Zarat y Bárbara Coronel.

Reyes, Dn. Ramón con Delgado, Da. Raquel
F.70v: En la parroquia Concepción de El Alto, a 3 de abril de 1867, se casó a Dn. **Ramón Reyes**, h. n. de la finada Da. Rosa Reyes, con Da. **Raquel Delgado**, h. l. de Dn. Donato Delgado y de Da. Petrona Medina. Ts Dn. Solano Segura y Da. Indalecia Barrientos.

Contreras, José Albino con González, Domitila
F.71: En la capilla de los Manantiales, a 14 de marzo de 1867, se casó a **José Albino Contreras**, h. l. de Benito Contreras y de Higinia Romano, con **Domitila González**, h. l. de Celestino González y de María de los Ángeles Ferreira. Ts Dn. Pedro Carranza y Da. Jovina Figueroa. Se los veló el 29 de julio de 1867. Ts Tristán Carranza y Dulcinea Aguirre, vecinos del Duraznillo, de este curato.

Romano, Anselmo con Farías, Luisa
F.71: En la parroquia Concepción de El Alto, a 30 de abril de 1867, se casó y veló a **Anselmo Romano**, h. l. de los finados Rafael Romano y Segunda Díaz, con **Luisa Farías**, h. l. de los finados Juan Bautista y Pabla Ortiz. Ts Martín Rivera y Jesús Farías.

Soria, Nicolás con Vivanco, Hilaria
F.71v: En la parroquia Concepción de El Alto, a primero de mayo de 1867, se casó y veló a **Nicolás Soria**, h. n. de la finada Marcelina Soria, con **Hilaria Vivanco**, h. n. de Manuela Vivanco. Ts Manuel Vázquez y Da. Cenobia Valdéz.

Tejeda, Dn. José Pascual con Villafañe, Da. María del Socorro
F.71v: En la parroquia Concepción de El Alto, a primero de mayo de 1867, habiendo obtenido la dispensa de consanguinidad en tercer grado igual por línea transversa, se casó y veló a Dn. **José Pascual Tejeda**, h. l. de Dn. Isidoro Tejeda y de Da. Francisca Cisterna, con Da. **María del Socorro Villafañe**, h. l. de los finados Dn. José Gregorio Villafañe y Da. Manuela Centeno. Ts Dn. Mateo Galván y Da. Ángela Tejeda. Nota: la información matrimonial está fechada en El Alto el 2 de abril de 1867, el parentesco se explica con el siguiente esquema:

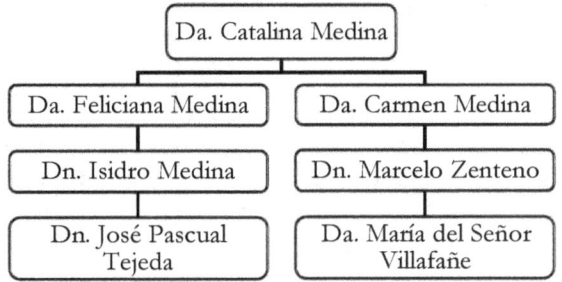

Villarroel, Manuel Serafín con Castro, Celedonia
F.71v: En la parroquia Concepción de El Alto, a primero de mayo de 1867, se casó a **Manuel Serafín Villarroel**, h. n. de la finada Jesús Villarroel, con **Celedonia Castro**, viuda de José Domingo Collantes. Ts Federico Barrientos y (en blanco).

Cortés, Juan Francisco con Valdéz, Ramona Rosa
F.72: En la parroquia Concepción de El Alto, a 27 de mayo de 1867, se casó y veló a **Juan Francisco Cortes**, h. n. de la finada María Silveria Cortes, con **Ramona Rosa Valdéz**, h. n. de la finada María Maximiliana Valdéz. Ts Dn. Juan Cristino Quiroga y Da. Griselda Reinoso.

González, Dn. Tadeo con Coronel, Da. María Tomasina
F.72: En la parroquia Concepción de El Alto, a 29 de mayo de 1867, se casó y veló a Dn. **Tadeo González**, h. l. de los finados Dn. Pedro González y de Da. Celestina Ortiz, con Da. **María Tomasina Coronel**, h. l. de los finados Dn. José Domingo Coronel y de Da. Nazaria Vallejo. Ts Dn. Salomón Rasguido y Da. Carolina Coronel.

Rijas, David con Bogao, Uladislada
F.72v: En la parroquia de El Alto, a 3 de junio de 1867, se casó y veló a **David Rojas**, viudo de Josefa Lezcano, con **Uladislada Bogao**, h. l. del finado Miguel Bogao y de Vicenta Leiva. Ts Rosario Osores y Rosario Ledesma.

Luna, Crescencio con Cevallos, Benedicta
F.72v: En la parroquia Concepción de El Alto, a 10 de junio de 1867, se casó y veló a **Crescencio Luna**, h. l. de los finados Francisco Antonio Luna y de Mercedes Orellana, con **Benedicta Cevallos**, h. l. de Servando Cevallos y de Agustina Mercado. Ts Dn. Calixto Robles y Da. Manuela de Jesús Cisterna.

Medina, Dn. José Victoriano con Rodríguez, María Rosa
F.72v: En esta parroquia Concepción de El Alto, a 24 de junio de 1867, se casó y veló a Dn. **José Victoriano Medina**, h. l. del finado Dn. Jacinto Medina y de Da. María Petronila Jeréz, con Da. **María Rosa Rodríguez**, h. l. de Dn. Jesús Rodríguez y de Da. Francisca Valdéz. Ts Dn. Agustín Jeréz y Da. Petronila Albarracín.

Rodríguez, Salvador con Ferreira, Manuela
F.73: En esta parroquia Concepción de El Alto, a 29 de junio de 1867, se casó y veló a **Salvador Rodríguez**, h. n. de Rudecinda Rodríguez, con **Manuela Ferreira**, h. n. de Marcelina Ferreira. Ts Dn. Virginio Brizuela y Da. Marquesa Márquez.

González, Victoriano con Agüero, Severa
F.73: En esta iglesia parroquial de la Concepción de El Alto, a días 15 de mes de julio de 1867, se casó a **Victoriano González**, h. l. de Nicolás González y de María ¿Lucas? Gramajo, vecino de las Cañas, con **Severa Agüero**, h. l. de Benjamín Agüero y de Carmen Suárez, vecina de San Antonio. Ts Anacleto Reinoso, vecino de Ovanta, y Petronila Juárez, vecina de la villa de El Alto.

Espeche, Dn. Moisés con Ahumada, Da. María Antonia
F.73: En esta iglesia parroquial Concepción de El Alto, a 10 de septiembre, se casó a Dn. **Moisés Espeche**, h. l. de Dn. Luis Ignacio Espeche y de Da. Rosa Margarita Cano, vecino de la Bajada, del curato de Piedra Blanca, con Da. **María Antonia Ahumada**, h. l. de Dn. Severo Ahumada y de Da. Josefa Burgos, vecina de Guayamba. Ts Dn. Solano Segura y Dn. Vicente Leiva.

Luna, Dn. Ciriaco con Brizuela, Regina
F.73v: En la iglesia de Quimilpa, a 24 de julio de 1867, se casó a Dn. **Ciriaco Luna**, viudo de Da. María Isabel Mercado, vecino de Ovanta, con Da. **Regina Brizuela**, h. l. de Dn. Pedro y de Da. Justa Ibáñez, vecina de los Altos. Ts Pedro Regalado Arias y Da. Tadea Brizuela.

Ferreira, Domingo con Guerrero, Cledovia
F.74: En la iglesia de Quimilpa, a 29 de julio de 1867, dispensado el impedimento de consanguinidad en tercer grado mixto con segundo de línea colateral, se casó a **Santiago Ferreira**, h. l. de los finados Damasio Ferreira y de Úrsula Guerrero, vecino de Sumampa, con **Cledovia Guerrero**, vecina del Saucecito, h. l. de Elías y de Carlota Cardoso. Ts Desiderio Ferreira y Visitación Ferreira.

Díaz, Apolinar con Díaz, Cledovia
F.74: En la iglesia de Quimilpa, a primero de agosto de 1867, se casó a **Apolinar Díaz**, viudo de María Santos Rosales, vecino de la Carpintería, con **Cledovia Díaz**, viuda de Fernando Lobo, vecina de los Manantiales. Ts Manuel Díaz y Eustaquia Barrientos.

Cordero, Dn. Antolín con Arévalo, Da. Paula
F.75v: En la iglesia de las Tunas, a 4 de agosto de 1867, dispensado el impedimento de consanguinidad en tercer grado mismo con segundo de línea colateral, se casó a Dn. **Antolín Cordero**, h. l. de Dn. Cornelio Cordero y de la finada Da. Isabel Robles, vecino de El Alto, con Da. **Paula Arévalo**, h. l. de Dn. Santiago Arévalo y de Da. Juana Rosa Márquez, vecina de la Huerta. Ts Dn. José Ignacio Lobo de Mereles y Da. María del Señor Arévalo.

Olmos, Dn. Luis con Rivero, Da. Concepción
F.75v: En la iglesia de las Tunas, a 17 de agosto de 1867, se casó a Dn. **Luis Olmos**, h. l. de los finados Dn. Juan Manuel Olmos y Da. María Francisca de la Vega, vecino de Paclín, con Da. **Concepción Rivero**, h. l. del finado Dn. Bernardino Rivero y de Da. Isabel Bulacia, vecina de la Viña. Ts Dn. Ponciano Robles y Da. Petrona Olmos.

Frías, Juan con Rosales, Micaela
F.76: En la iglesia de las Tunas, a 19 de agosto de 1867, se casó a **Juan Farías**, h. l. de Juan Pablo Farías y de Juana Petrona Reinoso, vecino del Bañado, con **Micaela Rosales**, h. l. de Juan José Rosales y de Manuela Fernández, vecina también del Bañado. Ts Javier Mercado y Luisa Leiva.

Fernández, Ramón Rosa con Páez, Ramona
F.76: En la iglesia de las Tunas, a 19 de agosto de 1867, se casó a **Ramón Rosa Fernández**, h. l. de Francisco y de Victoria Villarroel, vecino de la Jarilla, con **Ramona Páez**, h. l. de Pedro Pablo Páez y de Presentación Figueroa, vecina de Ampolla. Ts Segundo Abel Santillán y Valeriana Acosta.

Coronel, Dn. Isidro con Cabral, Da. Melitona
F.76v: En esta iglesia parroquial Concepción de El Alto, a 5 de setiembre de 1867, se casó a Dn. **Isidoro Coronel**, h. l. de Dn. Isidoro Coronel y de Da. Petrona Tula, vecino de El Alto, con Da. **Melitona Cabral**, h. n. de Da. Antonina Cabral. Ts Dn. Hermógenes Brizuela y Da. Juana Petrona de la Vega.

Chazarreta, Gervasio con Goitia, Juna Bautista
F.76v: En esta iglesia parroquial Concepción de El Alto, a 16 de setiembre de 1867, se casó **Gervasio Chazarreta**, h. de José León Chazarreta, finado, y de Josefa Quiroga, finada, vecino del Cajón, con **Juana Bautista Goitia**, h. l. de Cesáreo Goitia y de María Arévalo, vecinos de Choya, curato de Santiago. Ts Ramón Rosa Salvatierra y Diocleciana Cisterna.

Caballero, Dn. José Iván con Gutiérrez, Da. Justa
F.77: En esta iglesia parroquial Concepción de El Alto, a 20 de septiembre de 1867, se casó a Dn. **José Geban Caballero**, h. l. de Dn. José Ignacio Caballero y de Da. Ramona Díaz, vecino de Inacillo, con Da. **Justa Gutiérrez** (figura Butierrez), h. l. de Dn. Eusebio Gutiérrez y de Pabla Silva, también vecina de Inacillo. Ts Dn. Calixto Robles y Da. Griselda Rojas.

Páez, Daniel con Hernández, Eulalia
F.77: En esta iglesia parroquial Concepción de El Alto, a 20 de diciembre de 1867, se casó a **Daniel Páez**, h. l. de Agustín Páez y de Rosario Burgos, finados, con

Eulalia Hernández, h. l. de Cruz y de la finada Silveria Perea. Ts Ángel Ovejero y Nicolasa Valdéz.

Jiménez, Domingo con Bulacia, Bernarda
F.77v: En esta iglesia parroquial Concepción de El Alto, a 23 de setiembre de 1867, se casó a **Domingo Jiménez**, h. n. de Bernabela Jiménez, con **Bernarda Bulacia** (Bernabela en información matrimonial), h. l. de los finados Gregorio Bulacia y de Juana Petrona Ibáñez. Ts Moisés Jiménez y Joaquina Macedo.

Hernández, Bartolomé con Guamán, María Rosario
F.77v: En esta iglesia parroquial Concepción de El Alto, a 27 de setiembre de 1867, se casó a **Bartolomé Hernández**, h. l. de los finados Miguel Hernández y de Francisca Arres, con **María Rosario Guamán**, h. l. de Vicente Guamán y de Carmen Martínez. Ts Toribio Arévalo y Encarnación Hernández.

Robledo, Dn. David con Gómez, Da. Hugolina
F.78: En la iglesia vice parroquia de Quimilpa, a 16 de octubre de 1867, dispensado el impedimento de consanguinidad en tercer grado simple de la línea colateral, se casó a Dn. **David Robledo**, h. l. del finado Dn. Damasceno Robledo y de Da. María de la Cruz Gómez, vecino de la parroquia de la Punta, en el lugar de Ancajan, en la provincia de Santiago del Estero, con Da. **Hugolina Gómez**, h. l. de los finados Dn. Miguel Gómez y Da. Rosario Valdéz, vecina de la Baja, de este curato de El Alto. Ts Dn. Diego Gómez y Da. Rosa Gómez.

Vega, Sebastián con Barrera, Magdalena
F.78v: En esta iglesia parroquial Concepción de El Alto, a 31 de abril de 1868, dispensado el impedimento de consanguinidad en cuarto grado mixto con tercero de la línea colateral, se casó a **Sebastián Vega**, h. l. del finado Bautista Vega y de Candelaria Rivas, vecino de Ayapaso, con **Magdalena Barrera**, h. l. del finado Gumersindo Barrera y de Griselda Mercado, vecina de Achales. Ts Juan de la Cruz Arias y Delfina Díaz. Velados el 17 de mayo. Ts los mismos.

Reinoso, Cruz con Pérez, Francisca
F.78v: En esta iglesia parroquial Concepción de El Alto, a 31 de marzo de 1868, se casó a **Cruz Reinoso**, h. l. de los finados Joaquín Reinoso y Magdalena Tula, vecino de la Chilca, con **Francisca Pérez**, h. l. de Ángel Pérez y de Tomasina Lobo, de Achales. Ts Martiniano Corte y Perfecta Flores.

Lobo, Pedro Félix con Luna, Delfina
F.79: En esta iglesia parroquial Concepción de El Alto, a 31 de marzo de 1868, se casó a **Pedro Félix Lobo**, h. l. del finado José Timoteo Lobo y de María Serafina Pérez, con **Delfina Luna**, h. l. de Prudencio Luna y de Bárbara Romano, ambos vecinos de Achales. Ts Dn. Ramón Rosa Salvatierra y Da. Manuela de Jesús Cisterna, cónyuges.

Montalbán, Julián con Santillán, Crisanta
F.79v: En esta iglesia de los Manantiales, a primero de octubre de, se casó a **Julián Montalbán**, h. l. de los finados Buenaventura Montalbán y Cecilia Oviedo, vecino de Alijilán, con **Crisanta Santillán**, h. n. de la finada María Santillán, vecina también de Alijilán. Ts Dn. Delfín Agote, y Da. Rosario Riveros.

Ibáñez, Blas con Lobo, Rita
F.79v: En la iglesia de las Cortaderas, a 9 de octubre de 1867, se casó a **Blas Ibáñez**, h. l. del finado Manuel Ibáñez y de Magdalena Farías, vecino de las Cañas, con **Rita Lobo**, h. l. de Carmelo Lobo y de la finada Susana Lobo, también vecina de las Cañas. Ts María Coronel e Isabel Vega, cónyuges.

Arévalo, Dn. Francisco Javier con Ledesma, Da. Felicinda de Jesús
F.80: En la iglesia de las Cortaderas, a 7 de octubre de 1867, se casó a Dn. **Francisco Javier Arévalo**, h. l. de los finados Dn. Ramón Arévalo y Da. Dominga Rodríguez, vecino de Caña Cruz, con Da. **Felicinda de Jesús Ledesma**, h. l. de los finados Dn. José Domingo Ledesma y Da. María de los Santos Gutiérrez, vecina de Alta Gracia. Ts Dn. Juan Manuel Díaz y Da. Prudencia Villalba, cónyuges.

Agüero, Dn. Pacífico con Molina, Da. Maclovia
F.80: En la iglesia de las Cortaderas, a 10 de octubre de 1867, se casó a Dn. **Pacífico Agüero**, h. l. del finado Dn. Liberato Agüero y de Da. Dominga Lobo, vecino de Potro Ulpiana, con Da. **Maclovia Molina**, h. l. del finado Dn. Serapio Molina y de Da. Rosario González, vecina de las Higuerillas. Ts (en blanco). Ts de la información matrimonial: Juan de la Cruz Páez y Fernando Guerrero.

Carrizo, Dn. Pedro con Camaño, Da. Irene
F.80v: En la iglesia de las Cortaderas, a 10 de octubre de 1867, se casó a Dn. **Pedro Carrizo**, h. l. del finado Dn. Pedro Carrizo y de Da. Teresa Ferreira, vecino de las Cañas, con Da. **Irene Camaño**, h. l. de Dn. José Luis Camaño y de Da. Rosario Ibáñez, vecina también de las Cañas. Ts Dn. Fructuoso Ibáñez y Da. Ramona Lobo.

Carrazán, Dn. Juan Francisco con Macedo, Da. Candelaria
F.80v: En la iglesia parroquial Concepción de El Alto, a 18 de octubre de 1867, se casó a Dn. **Juan Francisco Carrazán**, h. n. de Da. Dominga, vecino de Talasí, con Da. **Candelaria Macedo**, hija de padres desconocidos y adoptiva de los finados Dn. Lucindo Macedo y Da.

Rosario Albarracín, vecina también del mismo Talasí. Ts Dn. José Macedo y Da. Justa Melián.

Magallanes, Dn. Isidro con Guamán, Da. María Ludovina
F.81: En esta iglesia parroquial Concepción de El Alto, a 26 de octubre de 1867, se casó a Dn. **Isidro Magallan**, h. l. de los finados Dn. Paulino Magallán y Da. María Páez, vecino del Agua del Sauce, con Da. **María Ludovina Guamán**, h. l. de los finados Dn. Ignacio Guamán y Da. Romualda Valdéz, vecina de la Huerta. Ts Dn. Ángel Magallán y Da. María del Tránsito Magallan.

Reinoso, Segundo con Páez, Margarita Genibera
F.81: En esta iglesia parroquial Concepción de El Alto, a 28 de octubre de 1867, se casó a **Segundo Reinoso**, h. l. de los finados Ignacio Reinoso y Salomé Cisneros, vecino de Loyola, con **Genibera Páez**, h. l. de Genuario Páez y de la finada Paz Navarro, vecina de Loyola. Ts Dn. Ramón Rosa Salvatierra y Da. Carmen Caballero.

Castellanos, Dn. Salvador con Sánchez, Da. Tadea
F.81v: En esta iglesia parroquial Concepción de El Alto, a 29 de octubre de 1867, se casó a Dn. **Salvador Castellanos**, h. l. de los finados Dn. Martín Castellanos y Da. Petrona Rivas, vecino de Achales, con Da. **Tadea Sánchez**, hija legítima natural (sic) de Da. Candelaria Sánchez, vecina de las Cortaderas. Ts Dn. Hermógenes Brizuela y Da. Eloísa Brizuela.

Gómez, Rudecindo con Santillán, Natividad
F.81v: En esta iglesia parroquial Concepción de El Alto, a 11 de noviembre de 1867, dispensado el impedimento de consanguinidad en tercer grado simple por línea colateral, se casó a **Rudecindo Gómez**, h. l. del finado Mateo Gómez y de Asunción Suárez, vecino de las Cañas, con **Natividad Santillán**, h. l. de Bruno Santillán y de Juana Quintana. Ts Dn. Cristóforo Rodríguez y Da. Juana Verón.

Gramajo, Serapio con Bulacia, Francisca
F.82: En esta iglesia parroquial Concepción de El Alto, a 11 de noviembre de 1867, se casó a **Serapio Gramajo**, h. l. del finado Ignacio Gramajo y de Dionisia Yapura, vecino de Cochuna, con **Francisca Bulacia**, h. n. de Celedonia Bulacia, vecina de El Alto. Ts Dn. Abraham Robles y Juana Olmos, cónyuges.

Barrientos, Dn. Félix con Pastoriza, Da. Josefa
F.82v: En esta iglesia parroquial, a 7 de diciembre de 1867, se casó a Dn. **Félix Ignacio Barrientos**, h. l. de los finados Dn. Patricio Barrientos y Da. Lizarda Pereira, vecinos de San Pedro, provincia de Santiago del Estero, con Da. **Josefa Pastoriza**, h. n. de Da. Toribia Pastoriza, vecina de El Alto. Ts Dn. Solano Segura y Da. Pastora Gómez, cónyuges.

Cardoso, Francisco con Burgos, Ramona
F.82v: En esta iglesia parroquial, a 7 de enero de 1868, se casó a **Francisco Cardoso**, h. n. de Ramona Cardoso, vecino de Ancuja, con **Ramona Burgos**, h. n. de María Eduviges Burgos, también de Ancuja. Ts Dn. Ramón Rosa Salvatierra y Da. Manuela de Jesús Cisterna, cónyuges.

Rosales, Dn. Nicolás con Ortiz, Da. Ramona
F.83: En esta iglesia parroquial Concepción de El Alto, a 8 de enero de 1868, dispensado los impedimentos de consanguinidad, ambos en cuarto grado simple de la línea colateral, se casó a Dn. **Nicolás Rosales**, h. l. de Dn. Ramón Antonio Rosales y de la finada Da. Trinidad Barrientos, vecino de las Tunas, con Da. **Ramona Ortiz**, h. l. de Dn. Juan Bautista Ortiz y de Da. María de la Concepción Leguizamón, vecina también de las Tunas. Ts Dn. Javier Mercado y Da. Tránsito Leguizamón.

Jiménez, Eduardo con Durán, Rufina
F.83v: En esta iglesia parroquial Concepción de El Alto, a 9 de enero de 1868, se casó a **Eduardo Jiménez**, h. l. de Toribio Jiménez y de Romualda Collantes, ya finados, vecino de los Ortices, con **Rufina Durán**, vecina de Haipa Sorcona. Ts Dn. Juan Diego Gutiérrez y Da. Asunción Maturano, cónyuges.

Chazarreta, Eleuterio con Ledesma, Rita Pastora
F.83v: En esta iglesia parroquial Concepción de El Alto, a 10 de febrero de 1868, se casó a **Eleuterio Chazarreta**, h. l. de José Manuel y de Rosa Castellanos, vecino de la Estancia Vieja, con **Rita Pastora Ledesma**, h. l. de Juan Isidro Ledesma y de la finada María de Jesús Ferreira, vecina de la Puerta de Moyellaco. Ts Ildefonso Cejas y Valeriana Mansilla.

Magallanes, Dn. Ignacio Antonio con Morales, Da. Ramona
F.84: En esta iglesia parroquial Concepción de El Alto, a 12 de febrero de 1868, dispensado el impedimento de afinidad ilícita en segundo grado igual por línea colateral, se casó a Dn. **Ignacio Antonio Magallan**, h. l. de los finados Dn. Paulino Magallán y de Da. María del Señor Páez, viudo de la finada Da. Juliana Martínez, con Da. **Ramona Morales**, h. l. de Dn. Juan Luis Morales y de la finada Da. María Antonia Guerrero, vecina de Haipa Sorcona. Ts Teófilo Toledo y Petrona Gómez.

Magallanes, Félix con Páez, María Rosa
F.84v: En esta iglesia parroquial Concepción de El Alto, a 12 de febrero de 1868, se casó a **Félix**

Magallan, h. l. de los finados José Lino y Petrona Lobo, vecino de Haipa Sorcona, con **María Rosa Páez**, h. l. de los finados Juan Agustín y Rosario Burgos, también vecina de Haipa Sorcona. Ts Dn. Félix Ignacio Molina y Da. Rosa Espeche.

Arévalo, Dn. Juan León con Delgado, Da. Betsabé
F.84v: En esta iglesia parroquial Concepción de El Alto, a 29 de febrero de 1868, se casó a Dn. **Juan León Arévalo**, h. l. de los finados Dn. José Domingo Arévalo y de Da. María Espíritu Leanes, vecino de Caña Cruz, con Da. **Betsabé Delgado**, h. l. del finado Dn. Juan Isidro Delgado y de Da. María Antonia Álvarez, vecina también de Caña Cruz. Ts Dn. Mateo Villalba y Da. Regina Varela. Velados el 16 de septiembre de 1868, siendo Ts Dn. Onofre Tolosa y Da. Regina Varela.

Cejas, Constantino con Leiva, Josefa
F.85: En la iglesia de los Manantiales, a 24 de febrero de 1868, se casó a **Constantino Cejas**, h. l. del finado Manuel y de Concepción Cáceres, vecino de la Puerta Grande, con **Josefa Leiva**, h. n. de Ramona Leiva, vecina de la Rinconada. Ts Dn. Guillermo Valdéz y Da. Nicolasa Ortiz.

Espinosa, Celedonio con Ahumada, Rosa
F.85: En la iglesia de los Manantiales, a 17 de febrero de 1868, se casó a **Celedonio Espinosa**, h. l. del finado Pedro y de Juana Mercado, vecino de los Altos, con **Rosa Ahumada**, h. l. de los finados Baltazar y de Francisca Márquez, vecina de Quimilpa. Ts Fructuoso Contreras y Vicenta Ibáñez.

Parra, Elías con Murguía, Digna del Carmen
F.85v: En esta iglesia parroquial Concepción de El Alto, a 18 de marzo de 1868, dispensado el impedimento de consanguinidad en segundo grado con atingencia al primero por línea colateral, se casó **Elías Parra**, h. l. del finado José Vicente Parra y de Carmen Murguía, vecino de Vilismano, con **Digna del Carmen Murguía**, h. l. de los finados Pascual Murguía y de María Quiroga, vecina también de Vilismano. Ts Dn. Victorino Ferreira y Da. Manuela Ferreira.

Barrientos, Benjamín con Brizuela, Bernabela
F.85v: En la iglesia de los Manantiales, a 17 de febrero de 1868, dispensado el impedimento de consanguinidad en tercer grado simple de la línea colateral, se casó **Benjamín Barrientos**, h. l. de Bartolomé Barrientos y de Crisóloga Brizuela, vecino de los Altos, con **Bernabela Brizuela**, h. n. de Tránsito Brizuela, vecina también de los Altos. Ts Juan Antonio Jeréz y Rosa Brizuela.

Cabral, Dn. Diego con Páez, Da. Ramona
F.86: En esta iglesia parroquial Concepción de El Alto, a 3 de junio de 1868, se casó Dn. **Diego Cabral**, h. n. de Da. Rosario Cabral, vecino de El Alto, con Da. **Ramona Páez**, vecina de Taligasta, h. l. de los finados Dn. Plácido Páez y Da. Santos Albarracín. Ts Dn. José Benito Almaraz y Da. María Gómez.

Márquez, Solano con Ojeda, Juana Rosa
F.86: En la iglesia de los Manantiales, a 25 de enero de 1868, dispensado el impedimento de afinidad ilícita en segundo grado igual de línea colateral de hecho oculto, se casó **Solano Márquez**, h. n. de la finada Francisca Márquez, vecino de los Manantiales, con **Juana Rosa Ojeda**, h. l. de los finados Anselmo y Eusebia Montenegro, vecina de la Carpintería. Ts Dn. Vicente Delgado y Da. Luisa Vega. Nota: la información matrimonial está fechada el 14 de diciembre de 1867, allí se aclara que el contrayente tuvo trato ilícito con una prima hermana de la novia.

Fon, Dn. Mariano con Mansilla, Victoria
F.86v: En esta iglesia parroquial Concepción de El Alto, a 15 de junio de 1868, se casó Dn. **Mariano Fon**, h. l. de los finados Dn. Gaspar Fon y Da. Petrona Murúa, vecino de Motegasta, del curato de San Pedro el Nuevo Retiro, con Da. **María Victoria Mansilla**, h. l. del finado Dn. Miguel Mansilla y de Da. Anastasia Morales. Ts Dn. Francisco Javier Gómez y Da. Elisa Brizuela, cónyuges.

Ibarra, Benigno con Díaz, Manuela
F.87: En esta iglesia parroquial Concepción de El Alto, a 18 de junio de 1868, se casó a **Benigno Ibarra**, h. l. de Mateo Ibarra y de la finada Ramona Acosta, vecino de las Tunas, con **Manuela Díaz**, h. l. del finado Pío Díaz y de Ángela Páez, también vecina de las Tunas. Ts Francisco Antonio Díaz y Pascuala González.

Ahumada, Dn. Rosendo con Jerez, Adelaida
F.87: En esta iglesia parroquial Concepción de El Alto, a 20 de junio de 1868, se casó Dn. **Rosendo Ahumada**, h. l. del finado Dn. Filiberto Ahumada y de Da. Isabel Segura, vecino de El Alto, con Da. **Adelaida**, h. n. de Da. Ignacia **Jeréz**, también vecina de El Alto. Ts Dn. Francisco Javier Gómez y Da. Eloísa Brizuela.

Millares, Zoilo José con Cordero, Petrona
F.87v: En esta iglesia parroquial Concepción de El Alto, a 24 de junio de 1868, se casó **Zoilo José Millares**, h. l. de los finados Javier Millares y Encarnación Rivas, vecino de El Alto, con **Petrona Cordero**, h. l. de Octaviano Cordero y de Margarita Díaz, ambos de este curato. Ts Manuel Vázquez y Máxima Cosio, cónyuges.

Ponce, Dn. Segundo Abel con Ávila, Da. Guillermina
F.87v: En esta iglesia parroquial Concepción de El Alto, a 19 de abril de 1868, se casó Dn. **Segundo Abel Ponce**, h. l. de los finados Dn. Juan Pío Ponce y Da. Lucinda Burgos, vecino de Iloga, con Da. **Guillerma Ávila**, h. l. de Dn. Juan Miguel Ávila y de Da. Juana Ventura Villaba (sic), vecina también de Iloga. Ts Dn. Quintín de los Santos Luduela y Da. María Rosa Ávila, cónyuges.

Pérez, Pedro José con Luna, María Epifanía
F.88: En esta iglesia parroquial Concepción de El Alto, a 19 de abril de 1868, se casó **Pedro José Pérez**, h. l. del finado Pedro Pérez y de Genoveva Saltos, vecino de Munancala, con **María Epifanía Luna**, h. l. de los finados Juan Santos Luna y María Paula Leiva, vecina de la Higuera. Ts Dn. Laurencio Rizo Patrón y Manuela Pérez.

Salinas, Patricio con Jiménez, Felisa del Carmen
F.88v: En esta iglesia parroquial Concepción de El Alto, a 6 de julio de 1868, se casó **Patricio Salinas**, h. n. de la finada Mercedes Salinas, vecina de San Francisco, provincia de Tucumán, curato de Graneros, con **Felisa del Carmen Jiménez**, h. l. del finado Toribio Jiménez y de Romualda Collantes, vecinos de Ampolla. Ts Dn. Félix Ignacio Barrientos y Da. Lina Rosa Sosa.

Romero, Abdón con Gómez, María del Carmen
F.88v: En esta iglesia parroquial Concepción de El Alto, a 18 de julio de 1868, se casó **Abdón Romero**, h. l. de Basilio Romero y de Nicolasa de los Ángeles Nieva, vecino del Pensamiento, con **María del Carmen Gómez**, h. l. de Pedro Gómez y de Petrona Pereira, vecina de la Jarilla. Ts Telésforo Romero, y Eulogia Díaz.

Garay, Dn. Félix Benigno con Ponce, Da. Vicenta
F.89: En esta iglesia parroquial Concepción de El Alto, a 18 de julio de 1868, se casó Dn. **Félix Benigno Garay**, h. l. de los finados Dn. Francisco Garay y Da. María Juana Ortega, vecino del Laurel, con Da. **Vicenta Ponce**, h. l. de los finados Dn. José Pedro Ponce y Da. Pastora Rivarola, también vecina del Laurel. Ts Dn. Francisco Javier Gómez y Da. Cleofé Cisterna.

Rasguido, Dn. Salomón con Díaz, Da. María Engracia
F.89: En esta iglesia parroquial Concepción de El Alto, a 24 de agosto de 1868, se casó Dn. **Salomón Rasguido**, h. l. del finado Dn. Alejo Rasguido y de Da. María del Rosario Reinoso, vecino del Bañado de Ovanta, con Da. **María Engracia Díaz**, h. l. del finado Dn. Rosario Díaz y de Da. Soledad Rosales, también vecina del Bañado de Ovanta. Ts Dn. Venancio Reinoso y Da. Justa Guarás.

Díaz, Desiderio con Rosales, María Catalina
F.89v: En la iglesia de los Manantiales, a 21 de febrero de 1868, dispensado el impedimento de consanguinidad en segundo grado igual por línea colateral, se casó **Desiderio Díaz**, h. l. del finado Felipe y de María Marta Rosales, vecino de Alijilán, con **María Catalina Rosales**, h. l. de Juan Gregorio y de Felisa Collantes, vecina de las Tunas. Ts Dn. Juan Antonio Delgado y Da. Ramona González.

Juárez, Juan Gregorio con Vallejos, Luisa
F.90: En esta iglesia parroquial Concepción de El Alto, a 19 de abril de 1868, se casó **Juan Gregorio Juárez**, h. l. de los finados Manuel Juárez y María del Señor Pérez, vecino de las Cortaderas, con **Luisa Vallejos**, h. n. de Epifanía Vallejos, también vecina de las Cortaderas. Ts Luis Córdoba y Tiburcia Lobo.

Leguizamón, Cirilo con Rosales, Antonia
F.90: En esta iglesia parroquial Concepción de El Alto, a 19 de abril de 1868, se casó **Cirilo Leguizamón**, h. l. de Juan Vicente y de Juana Francisca Armas, vecino de los Dos Pocitos, con **Antonia Rosales**, h. l. de Juan José y de Manuela Fernández, vecina del Bañado de Ovanta. Ts José Santos Aguirre y Carmen Paz, cónyuges.

Pérez, Segundo Abel con Retamozo, Nicolasa
F.90v: En esta iglesia parroquial Concepción de El Alto, a 19 de agosto (sic) de 1868, dispensado el impedimento de afinidad ilícita en segundo grado igual por línea colateral, se casó **Segundo Abel Pérez**, h. l. de Juan Dionisio y de Estefanía Medina, vecino de la Higuerita, con **Nicolasa Retamozo**, h. l. de los finados Florentín y Josefa Palomeque, también vecina de la Higuerita. Ts Tiburcio Valdivieso y Modesta Mercado.

Bulacia, Dn. Ángel con Gómez, Da. María de Jesús
F.90v: En esta iglesia parroquial Concepción de El Alto, a 25 de abril de 1868, se casó Dn. **Ángel Bulacia**, h. l. de los finados Dn. Miguel Antonio y Da. María de la Concepción Aráoz, vecino de Alijilán, con Da. **María de Jesús Gómez**, h. l. de los finados Dn. Justo Gómez y Da. María de la Cruz Carrizo, vecina de El Alto. Ts Dn. Eulogio Bulacia y Da. Inés Carrizo.

Goitia, Dn. Belisario con Luna, Da. Filomena
F.91: En esta iglesia parroquial Concepción de El Alto, a 27 de abril de 1868, dispensado el impedimento de consanguinidad en tercer grado simple de la línea colateral, se casó Dn. **Belisario Goitia**, h. n. de Da. María de Jesús Goitia, vecino de Amancala, con Da. **Filomena Luna**, h. l. de Dn. José Manuel Luna y de

la finada Da. Bernardina Cortez, vecina también de Amaucala. Ts Dn. Javier Mercado y Da. Juana Luna.

Agüero, Francisco con Lobo, Mercedes
F.91: En la iglesia de la Quebrada, a 11 de mayo de 1868, se casó **Francisco Agüero**, h. l. de Juan Agüero y de Melchora Godoy, vecino de Achales, con **Mercedes Lobo**, h. n. de la finada María Lobo. Ts Ángel Pérez y Tomasina Lobo, cónyuges.

Agüero, Miguel con Lobo, Anunciación
F.91v: En la iglesia de la Quebrada, a 11 de mayo de 1868, se casó **Miguel Agüero**, h. n. de Lorenza Agüero, con **Anunciación Lobo**, h. l. de José Lobo y de Isabel Romano, ambos vecinos de Achales. Ts Estanislao Quiroga y Perfecta Flores, cónyuges.

Toledo, Abelardo con Yance, Carmen
F.91v: En la iglesia de la Quebrada, a 13 de mayo de 1868, se casó y veló a **Abelardo Toledo**, h. l. de Bailón Toledo y de la finada Severa Sarat, vecino de Ichipuca, con **Carmen Yance**, h. l. del finado Francisco Yance y de Tomasa Retamozo, vecina de la Higuerita. Ts Dn. Salvador Castellanos y Da. Lutgarda Mercado.

Varela, Benito Antonio con Barros, María del Señor
F.92: En esta iglesia parroquial Concepción de El Alto, a 29 de agosto de 1868, se casó a **Benito Antonio Varela**, h. l. de Tomás Antonio Varela y de Hugolina Reinoso, vecino de El Alto, con **María del Señor Barros**, h. l. del finado Ángel Vicente Barros y de Manuela Saavedra, vecina del Agua Dulce. Ts Dn. Juan Gregorio Márquez y Da. Regina Ferreira, cónyuges.

Falcón, Luis Ramón con Delgadino, Delfina
F.92: En esta iglesia parroquial Concepción de El Alto, a 31 de agosto de 1868, se casó y veló a **Luis Ramón Falcón**, h. l. del finado Indalecio Falcón y de Delfina Villalba, vecino de El Alto, con **Delfina Delgadino**, h. n. de la finada Petrona Delgadino, vecina de Guayamba. Ts Dn. Manuel González y Da. Manuela Morales, cónyuges.

Amador, Ermilio con Pintos, Bartolina
F.92v: En la iglesia de la Quebrada, a 15 de mayo de 1868, se casó y veló a **Ermilio Amador**, h. l. de los finados Francisco Amador y de Juana Francisca Jerez, vecino de Chilca, con **Bartolina Pintos**, h. l. de los finados Juan Domingo Pintos y Juana Beltrán, vecina también de la Chilca. Ts Dn. Carlos Sosa y Da. Justina Santucho, cónyuges.

Luna, Dn. Bernardo con Luna, Da. Juana Rosa
F.92: En esta iglesia parroquial Concepción de El Alto, a 7 de setiembre de 1868, dispensado el impedimento de consanguinidad en segundo grado simple de la línea colateral, se casó y veló a Dn. **Bernardo Luna**, h. l. del finado Dn. Braulio y de Da. Cornelia Lezana, vecino de Amancala, con Da. **Juana Rosa Luna**, h. l. de Jorge Luna y de Da. Nicolasa Jiménez, vecino de Amancala, vecina de Ampolla. Ts Dn. José Miguel Rizo y Da. Delfina Luna.

Gómez, Dn. Ramón con Albarracín, Fabiana
F.93: En esta iglesia parroquial Concepción de El Alto, a 18 de mayo de 1868, se casó a Dn. **Ramón Gómez**, h. n. de la finada Da. María del Señor Gómez, con Da. **Fabiana Albarracín**, h. l. del finado Dn. Mateo Albarracín y de Da. María del Señor Rizo, ambos vecinos de Guayamba. Ts Dn. Laurencio Rizo y Da. Deidamia Rizo.

Pedraza, Leandro con Quiroga, María Josefa
F.93v: En esta iglesia parroquial Concepción de El Alto, a 25 de mayo de 1868, se casó y veló **Leandro Pedraza**, h. l. de los finados Juan Pedraza y Josefa Chazarreta, vecino de la Puerta, con **María Josefa Quiroga**, h. l. de Juan Antonio Quiroga y de la finada María de Jesús Zurita, vecina del Cajón. Ts Dn. Ramón Rosa Salvatierra y Da. Juana Arévalo.

Mercado, Juan Antonio con Collantes, Crisanta
F.93v: En esta parroquia Concepción de El Alto, a 7 de setiembre de 1868, se casó y veló **Juan Antonio Mercado**, h. n. de Vicenta Mercado, vecino de Ampolla, con **Crisanta Collantes**, h. l. de los finados Bernabé (sic) Collantes y Lorenza Arévalo, vecina de los Ortices. Ts Cipriano Ortiz y Gregoria Falcón.

Luna, Dn. Bernardo con Luna, Juana Rosa
F.94: En esta iglesia parroquial Concepción de El Alto, a 7 de setiembre de 1868, dispensado el impedimento de consanguinidad en segundo grado simple de la línea colateral, se casó Dn. **Bernardo Luna**, h. l. del finado Dn. Braulio Luna y de Da. Cornelia Lezana, vecino de Amancala, con Da. **Juana Rosa Luna**, h. l. de Jorge Luna y de Da. Nicolasa Jiménez, vecina de Ampolla. Ts Dn. José Miguel Rizo y Da. Filomena Luna.

López, José Ramón con Pedraza, Brígida
F.94: En esta iglesia parroquial Concepción de El Alto, a 7 de setiembre de 1868, se casó y veló **José Ramón López**, h. l. de los finados José Domingo López y María Rosario Rojas, vecino de la Costa, con **Brígida Pedraza**, h. l. de Pascual Bailón Pedraza y de Hermenegilda Lazo, también vecina de la Costa. Ts Rómulo Ocón y Josefa Albarracín.

Vega, Dn. Manuel Eufrasio con Rodríguez, Da. Nicolasa

F.94v: En esta iglesia parroquial Concepción de El Alto, a 12 de setiembre de 1868, se casó y veló Dn. **Manuel Eufrasio Vega**, h. l. del finado Dn. José Jerónimo Vega y Da. María Concepción Cuello, vecino de Guayamba, con Da. **Nicolasa Rodríguez**, h. n. de Da. Liberata Rodríguez, vecina de Iloga. Ts Dn. Antonino Soria y Da. Jerónima Gómez, cónyuges.

Navarro, Benito con Juárez, Avelina
F.94v: En esta iglesia parroquial Concepción de El Alto, a 14 de setiembre de 1868, se casó **Benito Navarro**, h. n. de la finada Braulia Navarro, con **Avelina Juárez**, h. l. de los finados Fernando Juárez y Francisca Brizuela, ambos vecinos de Alijilán. Ts Dn. Isidoro Coronel y Da. Melitona Cabral, cónyuges.

Gómez, Dn. Eusebio con Gómez, Da. Delicia
F.95: En esta iglesia parroquial Concepción de El Alto, a primero de abril de 1868, dispensado el impedimento de consanguinidad en tercer grado mixto con cuarto de la línea colateral, se casó Dn. **Eusebio Gómez**, h. n. de la finada Da. Teresa Gómez, vecino de El Alto, con Da. **Delicia Gómez**, h. n. de Da. Balbina Gómez, vecina de Collagasta.

Leguizamón, Tránsito con Ibáñez, María
F.95v: En la iglesia de las Tunas, a 12 de agosto de 1868, dispensado el impedimento de afinidad ilícita en primer grado mixto con segundo de la línea colateral, se casó y veló **Pedro del Tránsito Leguizamón**, h. l. de Juan Silvestre Leguizamón y de la finada Lorenza González, vecino del Bañado, con **María Ibáñez**, h. l. de Ruperto Ibáñez y de María Eugenia Armas. Ts Benjamín (en blanco) y Marcelina Leguizamón.

Gutiérrez, Dn. Pedro con Villalba, Da. Juana Petrona
F.96: En esta iglesia parroquial Concepción de El Alto, a primero de agosto de 1868, dispensado el impedimento de afinidad ilícita, dos en primer grado igual por línea colateral, y el tercero y último en segundo grado simple en línea colateral, se casó y veló Dn. **Pedro Gutiérrez**, h. l. de los finados Dn. Pedro Manuel Gutiérrez y Da. María del Señor Artaza, vecino de Talasí, con Da. **Juana Petrona Villalba**, h. n. de Da. Juana Villalba, vecina de Iloga. Ts Dn. Mauricio Figueroa y Da. Grimanesa Ponce.

Albarracín, Manuel con Cordero, Justa
F.96: En esta iglesia parroquial Concepción de El Alto, a 3 de agosto de 1868, se casó y veló **Manuel Albarracín**, h. l. de José Waldo Albarracín y de Rosalía Vega, con **Justa Cordero**, h. l. del finado Gabino Cordero y de Inés Olivero, ambos vecinos de los Corpitos. Ts Dn. Marcos Ovejero y Da. Romualda Molina.

Barrionuevo, Rufino con Albarracín, Felipa
F.96v: En esta iglesia parroquial Concepción de El Alto, a 3 de agosto de 1868, se casó y veló **Rufino Barrionuevo**, h. l. de los finados Santos Barrionuevo y Bonifacia Arévalo, vecino de Sucuma, con **Felipa Albarracín**, h. l. de Waldo Albarracín y de Rosalía Agüero, vecina de los Corpitos. Ts Dn. Luis Ovejero y Da. Mercedes Gutiérrez, cónyuges.

Amador, Felizardo con Argañarás, Margarita
F.97: En la iglesia de las Tunas, a 18 de agosto de 1868, se casó y veló **Felizardo Amador**, h. l. de Sebastián Amador y de la finada Peregrina Delgadino, vecino de la Aguada, con **Margarita Argañarás**, h. l. de Ramón Argañarás y de María Yala, vecina del Desmonte. Ts Damacio Durán y Ramona Rosales.

Contreras, Cipriano con Soria, Adelaida
F.97: En la iglesia de las Tunas, a 19 de agosto de 1868, se casó y veló **Cipriano Contreras**, h. l. de los finados Pascual Contreras y de Manuela Baca, vecino de Sumampa, con **Adelaida Soria**, h. n. de la finada Marcelina Soria, vecina de la Carpintería. Ts Severo Chávez y Asunción Vega.

Cardoso, Dn. José Cipriano con Luján, Da. María de los Ángeles
F.97v: En esta iglesia parroquial Concepción de El Alto, a primero de agosto de 1868, se casó y veló Dn. **José Cipriano Cardoso**, h. l. de Dn. Manuel de Reyes Cardoso y de Da. María del Rosario Aranda, vecino de Albigasta, con Da. **María de los Ángeles Luján**, h. l. del finado Dn. Juan Francisco Luján y de Da. María Faustina Arévalo, vecina de Alta Gracia. Ts Dn. Moisés Ledesma y Da. Teresa Ahumada, cónyuges.

Caravajal, Abelardo con Reinoso, Arsenia
F.97v: En la iglesia de las Tunas, a 19 de agosto de 1868, se casó y veló **Abelardo Caravajal**, h. l. del finado Nicolás Caravajal y de María de los Ángeles Sobremonte, vecino de la Aguada, con **Arsenia Reinoso**, h. l. de Victorio Reinoso y de Jerónima Villagra, también vecina de la Aguada. Ts Dn. Manuel José Paz y Da. Cenobia Valdéz, cónyuges.

Barrionuevo, José Polonio con Acevedo, Manuela
F.98: En la iglesia de Vilismano, a 21 de julio de 1868, se casó y veló a **José Polonio Barrionuevo**, h. n. de Natividad Barrionuevo, con **Manuela Acevedo**, h. l. de José Doroteo Acevedo y de la finada Ana María Vázquez, ambos vecinos del Laurel. Ts Dn. Pedro Ignacio Ibáñez y Da. Filomena Montes de Oca, cónyuges.

Ledesma, Bartolomé con Coria, Carmen
F.98: En la iglesia de las Cortaderas, a 5 de octubre de 1868, se casó **Bartolomé Ledesma**, h. n. de la finada

Ceferina Ledesma, vecino de Achales, con **Carmen Coria**, h. l. de los finados Juan Coria y Gregoria Agüero, también vecina de Achales. Ts Estanislao Quiroga y Estefanía Medina.

Racedo, Andrés Avelino con Nieto, María Servanda
F.98v: En la iglesia de las Cortaderas, a 9 de octubre de 1868, se casó y veló **Andrés Avelino Racedo**, h. n. de la finada María Francisca Racedo, vecino de Huacra, con **María Servanda Nieto**, h. l. de Jacobo Nieto y de la finada Cleonina Perea, vecina de la Viña. Ts Pantaleón Lugones y Sodía Perea.

Villalba, Dn. Fidel con Ponce, Da. Clara Isabel
F.98v: En la iglesia de las Cortaderas, a 13 de octubre de 1868, dispensado el impedimento de consanguinidad en cuarto grado simple de la línea colateral, se casó y veló Dn. **Fidel Villalba**, h. l. del finado Dn. Juan de Dios Villalba y de Da. Jerónima Acevedo, vecino del Huaico Hondo de Arriba, con Da. **Clara Isabel Ponce**, h. n. de Da. Vicenta Ponce, vecina del Laurel. Ts Dn. Ángel Ibáñez y Da. María del Señor Rojas.

Ibáñez, Salustiano con Sosa, Carmen
F.99: En la iglesia de las Tunas, a 20 de agosto de 1868, se casó y veló **Salustiano Ibáñez**, h. n. de la finada Inocencia Ibáñez, vecino de los Manantiales, con **Carmen Sosa**, h. l. de Manuel Sosa, ya finado, y de Trinidad Díaz, vecina de Amancala. Ts Dn. Manuel Benigno Díaz y Da. Rosario Díaz, cónyuges.

Pintos, Toribio con Bazán, Teresa
F.99: En la iglesia de la Quebrada, a 17 de mayo de 1868, se casó y veló **Toribio Pintos**, h. l. de Francisco Pintos y de la finada Eduarda Flores, vecino de la Chilca, con **Teresa Bazán**, h. l. del finado Cándido Bazán y de Ciriaca Rodríguez, también ya finada, vecina de Achales. Ts Estanislao Quiroga y Perfecta Flores, cónyuges.

Palomeque, Abelardo con Vallejos, Regina
F.99v: En la iglesia de las Cortaderas, a 7 de octubre de 1868, se casó **Abelardo Palomeque**, h. n. de la finada Inés Palomeque, vecino de las Cortaderas, con **Regina Vallejos**, h. n. de Epifanía Vallejos, también vecina de las Cortaderas. Ts Francisco Ponce y Jacinta Mercado, cónyuges.

Leguizamón, Juan Silvestre con Rosales, Edelmira
F.99v: En la iglesia de las Cortaderas, a 7 de octubre de 1868, se casó y veló **Juan Silvestre Leguizamón**, h. l. de Juan Silvestre Leguizamón y de Leonarda González, vecino del Bañado, con **Edelmira Rosales**, h. n. de Manuela Rosales, también vecina del Bañado. Ts Anacleto Reinoso y Remigia Leguizamón.

Robledo, Telésforo con Godoy, Nicolasa
F.99v: En la iglesia de las Cortaderas, a 7 de octubre de 1868, se casó y veló **Telésforo Robledo**, h. l. del finado Pedro Robledo y de María de la Cruz Romero, vecino de Achales, con **Nicolasa Godoy**, h. n. de Melchora Godoy, también vecina de Achales. Ts Bailón Toledo y Josefa Mansilla, cónyuges.

Rojas, Dn. Pedro con Márquez, Francisca Antonia
F.100: En esta iglesia parroquial Concepción de El Alto, a 17 de octubre de 1868, se casó y veló Dn. **Pedro Rojas**, h. n. de Da. Agustina Rojas, vecino de El Alto, con Da. **Francisca Antonia Márquez**, h. l. del finado Dn. Luis Márquez y de Da. Santos Gramajo, también vecina de El Alto. Ts Dn. Luis Fernando Márquez y Da. Epitacia Saavedra.

Leguizamón, Nicolás con Reinoso, Ramona Rosa
F.100: En esta iglesia parroquial Concepción de El Alto, a 29 de mayo de 1868, se casó y veló **Nicolás Leguizamón**, h. l. de Juan Silvestre Leguizamón y de la finada Leonarda González, vecino del Bañado, con **Ramona Rosa Reinoso**, h. l. del finado Buenaventura Reinoso y de Rosario Vizcarra, también vecina del Bañado. Ts Ramón Ibáñez y Juliana Caravajal, cónyuges.

Corbalán, Juan con Mansilla, María del Rosario
F.100v: En esta iglesia parroquial Concepción de El Alto, a 2 de abril de 1868, se casó **Juan Corbalán**, h. l. del finado Antonio María Corbalán y de Rafaela Díaz, vecino de la Quebrada, con **María del Rosario Mansilla**, h. l. de Rafael Mansilla y de María Catalina Pedraza, vecina de la Puerta de Moyellaco. Ts Dn. Ramón Rosa Salvatierra y Da. Manuela de Jesús Cisterna, cónyuges. Velados en la iglesia de la Quebrada el 17 de mayo de 1868. Ts Nicanor Garzón y Juana Francisca Lazo.

Acosta, Dn. Andrés con Delgado, Ercilia
F.100v: En esta iglesia parroquial Concepción de El Alto, a 12 de noviembre de 1868, dispensado el impedimento de consanguinidad en segundo grado mixto con tercero de la línea colateral, se casó Dn. **Andrés Acosta**, h. l. del finado Dn. Pedro Ignacio Acosta y de Da. Teresa Delgado, con Da. **Ercilia Delgado**, h. l. de Dn. Juan Antonio Delgado y de Da. Isabel Medina, ya finada. Ambos vecinos de Alijilán. Ts Dn. Elías Valdéz y Da. María del Señor Salas, cónyuges.

Leiva, José Antonio con Rodríguez, Grimasena

F.101: En esta iglesia parroquial Concepción de El Alto, a 26 de noviembre de 1868, se casó Dn. **José Antonio Leiva**, h. n. de Da. Clara Teresa Leiva, vecino de Garabato Punco, con **Grimanesa Rodríguez**, h. l. del finado Dn. Teodoro Rodríguez y de Da. María de los Ángeles Arévalo, vecina de la Calera. Ts Dn. Manuel Antonio Correa y Da. Perfecta Peñaflor, cónyuges.

Guamán, José Wenceslao con Ahumada, María del Señor
F.101v: En esta iglesia parroquial Concepción de El Alto, a 26 de noviembre de 1868, dispensado el impedimento de consanguinidad en tercer grado simple de la línea colateral, se casó y veló **José Wenceslao Guamán**, h. l. del finado José Ignacio Guamán y de Romualda Valdéz, vecino de la Huerta, con **María del Señor Ahumada**, h. n. de Cesárea Ahumada, vecina de la Huerta. Ts Dn. Felipe Arévalo y Da. Nicolasa Valdéz.

Medina, Dn. Juan Pedro con Varela, Da. Carmen
F.101v: En la iglesia de Vilismano, a 2 de diciembre de 1868, dispensados dos impedimentos, el primero en primer grado de afinidad simple, y el segundo en segundo grado con atingencia al primero, también de afinidad, ambos de la línea colateral, se casó y veló Dn. **Juan Pedro Medina**, h. l. de Dn. Bernabé y de Da. María del Señor Zurita, con Da. **Carmen Varela**, h. n. de la finada Da. Petrona Rosa Varela, vecina de Vilismano. Ts Dn. Santiago Pereira y Da. Bartolina Oviedo, cónyuges.

Cativa, José Ignacio con Ibáñez, Simona
F.102: En esta iglesia parroquial Concepción de El Alto, a 19 de diciembre de 1868, se casó **José Ignacio Cativa**, h. n. de Concepción Cativa, vecino de la Bajada, con **Simona Ibáñez**, h. l. del finado Pedro Pascual Ibáñez y de Juana Ventura Morienega, vecina de las Tunas. Ts Dn. Francisco Antonio Ovejero y Da. Estanislada Ovejero.

Molina, Juan con Duarte, Benita
F.102: En esta iglesia parroquial Concepción de El Alto, a 21 de diciembre de 1868, se casó **Juan Molina**, h. l. del finado Juan José Molina y de Petrona Díaz, con **Benita Duarte**, h. l. de los finados Félix María Duarte y Jesús Vera, viuda de Benito Acosta, ambos vecinos de Vilismano. Ts Dn. Andrés González y Da. Peregrina Sobrao, cónyuges.

Pérez, Camilo con Rizo Patrón, Josefa
F.102v: En esta iglesia parroquial Concepción de El Alto, a 21 de diciembre de 1868, dispensados dos impedimentos de afinidad ilícita, el primero en segundo grado mixto con primero, y el segundo en segundo grado simple, ambos dos de la línea colateral, se casó **Camilo Pérez**, h. l. del finado Pedro Pérez y de Genoveva Saltos, vecino de las Cananas, con **Josefa Rizo Patrón**, h. l. del finado Romualdo Rizo Patrón y de Gregoria Salguero, vecina de Munancala. Ts Carmelo Falcón y Silvestra Ocón, cónyuges. Velados el 16 de enero de 1869. Ts los mismos.

Argañaráz, Ángel Custodio con Bustamante, María de Jesús
F.102v: En esta iglesia parroquial Concepción de El Alto, a 22 de diciembre de 1868, se casó **Ángel Custodio Argañarás**, h. l. de Ramón Ignacio Argañarás y de la finada María de la Concepción Yala, vecino de Alijilán, con **María de Jesús Bustamante**, h. l. de los finados Julián Bustamante y María Eufemia Villagra, vecina de la Aguada. Ts Benito Antonio Reyes y María Petrona Fernández, cónyuges.

Jeréz, Dn. Estanislao con Valdéz, Da. Carmen
F.103: En la iglesia de Vilismano, a 15 de diciembre de 1868, se casó Dn. **Estanislao Jeréz**, h. l. de Dn. Bernabé Jeréz, ya finado, y de Da. Paula Melián, vecino de Inacillo, con Da. **Carmen Valdéz**, h. l. de los finados Dn. Cosme Damián Valdéz y Da. Socorro Gutiérrez, vecina de Amancala. Ts Dn. Agustín Jeréz y Da. Obdulia Valdéz.

Quiroga, Graciliano con Juárez, Balbina
F.103v: En esta iglesia parroquial Concepción de El Alto, a 30 de diciembre de 1868, dispensado el impedimento de afinidad ilícita en segundo grado simple de la línea colateral, se casó **José Graciliano Quiroga**, h. n. de Cayetana Quiroga, con **Balbina Juárez**, h. l. de los finados Manuel Juárez y María del Señor Pérez. Ambos vecinos de las Cortaderas. Ts Dn. Pedro Saavedra y Da. Tiburcia Lobo.

Ibáñez, Dn. Pedro con Vega, Da. Justina Petrona de la
F.103v: En esta iglesia parroquial Concepción de El Alto, a 13 de enero de 1869, se casó y veló a Dn. **Pedro Ibáñez**, h. l. del finado Dn. Santiago Ibáñez y de Da. Crisóstoma Segura, vecino de Amancala, con Da. **Justiniana Pastora de la Vega**, h. l. del finado Dn. Hermenegildo de la Vega y de Da. Zoila Ahumada, vecina de San Jerónimo. Ts Dn. Ramón Ahumada y Da. Zoila Ahumada, cónyuges.

Arévalo, Dn. Felizardo con Barrera, Da. Marcelina
F.104: En esta iglesia parroquial Concepción de El Alto, a 21 de enero de 1869, se casó y veló Dn. **Felizardo Arévalo**, h. l. de los finados Dn. Domingo Arévalo y Da. María Espíritu Leanes, vecino del Arroyito, con Da. **María Marcelina Barrera**, h. l. de Dn. Andrés Barrera y de Da. Carmen Villagra, vecina de Vilismano. Ts Dn. Victorino Ferreira y Da. Matrona Ferreira.

Aráoz, Dn. Salomón con Páez, Da. María Anastasia

F.104: En esta iglesia parroquial Concepción de El Alto, a 23 de enero de 1869, se casó y veló Dn. **Salomón Aráoz**, h. l. de Dn. Felipe Aráoz y de Da. Candelaria Páez, vecino del Puesto Viejo, con Da. **María Atanasia Páez**, h. l. de Dn. Juan Gregorio Páez y de Da. Pascuala Mercado, vecina de Tabigasta. Ts Dn. Agustín Chazarreta y Da. Petronila Albarracín.

Guerrero, Ramón Antonio con Contreras, María del Pilar

F.104v: En esta iglesia parroquial Concepción de El Alto, a 25 de enero de 1869, se casó y veló **Ramón Antonio Guerrero**, h. l. de José Elías Guerrero y de Carlota Cardoso, vecino del Saucecito, con **María Pilar Contreras**, h. l. de los finados Pascual Contreras y María Manuela Baca, vecina de Sumampa. Ts Dn. Juan Tomás Arroyo y Da. Higinia Roma…

Figueroa, Dn. Mauricio con Rojas, Da. Griselda

F.105: En esta iglesia parroquial Concepción de El Alto, a 27 de enero de 1869, se casó Dn. **Mauricio Figueroa**, h. n. de la finada Da. María Figueroa, vecino de Puneo Chacra, con Da. **Griselda Rojas**, h. l. de los finados Dn. José Manuel Rojas y Da. María Luisa Quiroga, vecina de Moye Pampa. Ts Dn. Nicanor Garzón y Da. Juana Lazo, cónyuges.

Díaz, Fructuoso con Mercado, Magdalena

F.105: En la iglesia de las Tunas, a 6 de marzo de 1869, se casó **Fructuoso Díaz**, h. l. de José Nicolás Díaz (no se menciona madre), vecino de las Tunas, con **Magdalena Mercado**, h. l. del finado Ildefonso Mercado y de Petrona Argañarás, también vecina de las Tunas. Ts Florentino Collantes y Francisca Barrientos, cónyuges.

Lugones, Exequiel con Pereira, Antonia

F.105v: En esta iglesia parroquial Concepción de El Alto, a 4 de abril de 1869, se casó y veló **Exequiel Lugones**, h. n. de Trinidad Lugones, vecino de las Cañas, con **Antonia Pereira**, h. n. de Petrona Pereira, vecina de la Jarilla. Ts Pedro Reinoso y María Encarnación Pérez.

Díaz, Pedro Francisco con Castro, Mercedes

F.105v: En esta iglesia parroquial Concepción de El Alto, a 4 de abril de 1869, se casó y veló **Pedro Francisco Díaz**, h. l. del finado José Pío Díaz y de Angelina Paz, con **Mercedes Castro**, h. n. de la finada Gertrudis Castro, ambos vecinos de las Tunas. Ts Ramón Ramírez y Petronila González.

Mansilla, José del Transito con Aráoz, Paula

F.106: En esta iglesia parroquial Concepción de El Alto, a 6 de abril de 1869, se casó y veló a **José del Tránsito Mansilla**, h. l. de los finados Genuario Mansilla y Atanasia Chazarreta, vecino de la Estancia, con **Paula Aráoz**, h. l. de Felipe Aráoz y de Candelaria Páez, vecina del Puesto Viejo. Ts Dn. Félix Gómez y Juana Goitia.

González, Justo con Magallán, Beatriz

F.106: En esta iglesia parroquial Concepción de El Alto, a 6 de abril de 1869, se casó y veló **Justo González**, h. l. del finado Francisco González y de Basilia Jiménez, vecino de Ampolla, con **Beatriz Magallan**, h. l. de los finados Paulino Magallán y María del Señor Páez, ambos de este curato. Ts Rudecindo Jiménez y Bibiana González.

Arias, Miguel Antonio con Toranzo, Emerenciana

F.106v: En esta iglesia parroquial Concepción de El Alto, a 6 de abril de 1869, se casó y veló **Miguel Antonio Arias**, h. l. de Juan Agustín Arias y de Ramona Burgos, vecino de la Aguada, con **Emerenciana Toranzo**, h. l. de los finados Severo Toranzo y de Zoila Heredia, vecina de la Aguadita. Ts José Mota y Eduarda Mansilla.

Mansilla, Juan con Aráoz, Asunción

F.106v: En esta iglesia parroquial Concepción de El Alto, a 6 de abril de 1869, dispensado el impedimento de afinidad en tercer grado de la línea colateral igual, proveniente de cópula lícita, se casó y veló **Juan Mansilla**, h. l. de los finados Gervasio Mansilla y Atanasia Chazarreta, vecino de la Estancia, con **Asunción Aráoz**, h. l. de Felipe Aráoz y de Candelaria Páez, vecina del Puesto Viejo. Ts Agustín Chazarreta y Segunda Pedraza. Nota: La información matrimonial está fechada el 18 de marzo de 1869. En esa oportunidad se declaró que el contrayente era viudo de Francisca Caravajal y que estaban ligados por un impedimento por afinidad en tercer grado según el siguiente esquema:

Barrera, Rudecindo con Rodríguez, Bernardina

F.107: En esta iglesia parroquial Concepción de El Alto, a 7 de mayo de 1869, se casó y veló a **Rudecindo**

Barrera, h. l. de los finados José Martín Barrera y Tránsito Díaz, con **Bernardina Rodríguez**, h. n. de la finada Avelina Rodríguez, ambos vecinos de Achales. Ts Tiburcio Lobo y Ramona Rosa Agüero.

Ávila, Dn. Andrónico con Luján, Da. María del Carmen

F.107: En esta iglesia parroquial Concepción de El Alto, a 25 de mayo de 1869, dispensado el impedimento de consanguinidad en cuarto grado simple de la línea colateral, se casó y veló Dn. **Andrónico Ávila**, h. l. de Dn. Pedro Ignacio Ávila y de Da. María Balbina Ibáñez, vecino de Iloga, con Da. **María del Carmen Luján**, h. n. de Da. Anastasia Luján, vecina de Caña Cruz. Ts Dn. Quintín Ludueña y Da. Rosa Ávila, cónyuges. La información matrimonial está fechada en El Alto el 5 de abril de 1869. El parentesco se explica con el siguiente esquema:

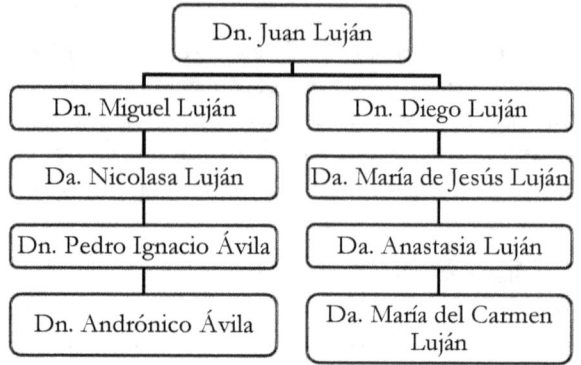

Moyano, Dn. Estanislao con Lezcano, Da. Javiera

F.107v: En esta iglesia parroquial Concepción de El Alto, a 25 de mayo de 1869, se casó Dn. **Estanislao Moyano**, h. l. de los finados Dn. Nicolás Moyano y Da. María Coronel, vecino de Ampolla y natural del curato de Graneros, con Da. **Javiera Lezcano**, h. l. de los finados Dn. Manuel Lezcano y Da. Juliana Ortiz, vecina también de Ampolla. Ts Dn. Rudecindo Jiménez y Da. Gregoria Falcón.

Brizuela, Dn. Juan Ignacio con Magallán, Da. María Ignacia

F.108: En esta iglesia parroquial Concepción de El Alto, a 8 de mayo de 1869, se casó y veló Dn. **Juan Ignacio Brizuela**, h. l. del finado Dn. Antonio Brizuela y de Da. Pilar Lobo, vecino de Rama Corral, con Da. **María Ignacia Magallan**, h. l. de Dn. Crisólogo Magallán y de la finada Da. Eusebia Burgos, vecina de Haipa Sorcona. Ts Dn. Abelardo Márquez y Da. Rosario Saavedra.

Agüero, Jacobo con Rosales, Justa Pastora

F.108: En esta iglesia parroquial Concepción de El Alto, a 8 de abril de 1869, se casó y veló **Jacobo Agüero**, h. n. de Brígida Agüero, vecino de esta misma parroquia de El Alto, con **Justa Pastora Rosales**, h. l. de Gregorio Rosales y de Felisa Collantes, vecina de Alijilán. Ts José Manuel Vázquez y Máxima Cosio, cónyuges.

Ahumada, Dn. Gumersindo con Gutiérrez, Da. Domitila

F.108v: En esta iglesia parroquial Concepción de El Alto, a 31 de mayo de 1869, se casó y veló Dn. **Gumersindo Ahumada**, h. l. de Dn. Leopoldo Ahumada y de la finada Da. Ramona Barrionuevo, vecino del Rosario, comprensión del curato de Piedra Blanca, con Da. **Domitila Gutiérrez**, h. l. de Dn. Juan Manuel Gutiérrez y de Da. Justa Castillo, vecina de la Chacarita. Ts Dn. Luis Ovejero y Da. Mercedes Gutiérrez, cónyuges.

Suárez, Luis Fernando con Díaz, Emilia Rosa

F.108v: En la iglesia de las Cortaderas, a 15 de mayo de 1869, se casó y veló **Luis Fernando Suárez**, h. l. de Bernardo Suárez y de Marita Lobo, con **Emilia Rosa Díaz**, h. n. de Valentina Díaz, ambos vecinos de las Cortaderas. Ts Dn. Mateo Argañarás y Da. Rosario Lobo, cónyuges.

Domínguez, Dn. Marcelo con Romero, Da. Lorenza

F.109: En esta iglesia parroquial Concepción de El Alto, a 3 de junio de 1869, dispensado el impedimento de consanguinidad en cuarto grado igual de la línea colateral dos, y el tercero de afinidad en la misma línea en primer grado en ilícita cópula, se casó y veló Dn. **Marcelo Domínguez**, h. l. del finado Dn. José Ignacio Domínguez y de Da. María del Carmen Vizcarra, con Da. **Lorenza Romero**, h. l. de Dn. Juan Bautista Romero y de la finada Da. Andrea Ávila. Ambos vecinos de los Nogales. Ts Dn. Ramón Gil Quiroga y Da. Froilana Medina, cónyuges.

Hernández, Juan Miguel con Córdoba, Manuela

F.109: En esta iglesia parroquial Concepción de El Alto, a 15 de junio de 1869, dispensado el impedimento de segundo grado de afinidad con atingencia al primero de la línea colateral en ex ilícita copula orto, se casó **Juan Miguel Hernández**, h. l. de los finados Juan Francisco Hernández y María Tomasa Muro, vecinos del Agua del Sauce, con **Manuela Córdoba**, h. l. de Juan Francisco Córdoba y de Juana María Páez, vecina del Puesto Viejo. Ts Anastasio (no figura apellido) y Petronila Juárez.

Galván, Dn. Bernabé con Villagrán, Da. Cayetana

F.109v: En esta iglesia parroquial Concepción de El Alto, a 21 de junio de 1869, se casó y veló Dn. **Bernabé Galván**, h. l. de los finados Dn. Antonio Galván y Da. Pilar Varela, con Da. **Cayetana Villagrán**, h. l. de los finados Dn. Cayetano Villagrán y Da. Cruz Navarro, ambos vecinos del Vallecito. Ts Dn. Pedro Navarro y Da. Teodora Caballero, cónyuges.

Pérez, Dn. Eufrasio con Carrizo, Da. Lorenza
F.110: En esta iglesia parroquial Concepción de El Alto, a 25 de junio de 1869, se casó y veló Dn. **Eufrasio Pérez**, h. l. de Dn. Celedonio Pérez y de Da. Luisa Agüero, vecino de Alijilán, con Da. **Lorenza Carrizo**, h. n. de Da. Celedonia Carrizo, vecina de El Alto. Ts Dn. Rosendo Ahumada y Da. Isabel Segura.

Rizo Patrón, Dn. Laurencio con Gómez, Da. Rosa
F.110: En esta iglesia parroquial Concepción de El Alto, a 30 de junio de 1869, se casó y veló Dn. **Laurencio Rizo Patrón**, h. l. de los finados Dn. Juan Gregorio Rizo Patrón y Da. Aurelia Artaza, vecino de Guayamba, con Da. **Rosa Gómez**, h. n. de la finada Da. María Gómez, vecina del Puesto de los Gómez. Ts Dn. Ramón Ahumada y Da. Clara Ahumada, cónyuges.

Márquez, Dn. Benedicto con Pereira, Da. Josefa
F.110v: En esta iglesia parroquial Concepción de El Alto, a 3 de julio de 1869, se casó Dn. **Benedicto Márquez**, h. l. de los finados Dn. Tomás Antonio Márquez y Da. Mercedes Arévalo, vecino de Sucuma, con Da. **Josefa Pereira**, h. n. de la finada Da. Lizarda Pereira, vecina de Sauce Mayo. Ts Dn. Ramón Clero Ahumada y Da. Candelaria Barrionuevo.

Villarroel, Manuel Serafín con Collantes, Catalina
F.110v: En esta iglesia parroquial Concepción de El Alto, a 5 de julio de 1869, se casó y veló **Manuel Serafín Villarroel**, h. n. de la finada Jesús Villarroel, vecino de las Tunas, con **Catalina Collantes**, h. l. de Reimundo Collantes y de Leona Pereira, vecina de Ampolla. Ts Benigno Ibarra y Zoila Cevallos.

Cordero, Juan Ramón con Segura, Azucena
F.111: En esta iglesia parroquial Concepción de El Alto, a 5 de julio de 1869, se casó **Juan Ramón Cordero**, h. l. de los finados Juan Santos Cordero y Rudecinda Valdéz, vecino de Anenja (?) con **Azucena Segura**, h. n. de la finada Juana Rosa Segura, vecina de Simboyan. Ts Ricardo Ledesma y María Rosa Zurita, cónyuges.

Mata, Dn. Pedro Antonio con Gómez, Da. María del Señora
F.111: En esta iglesia parroquial Concepción de El Alto, a 5 de julio de 1869, se casó y veló Dn. **Pedro Antonio Mata**, h. l. de los finados Dn. Antonio Mata y Da. Genoveva Ahumada, vecino de El Alto, con Da. **María del Señor Gómez**, h. n. de la finada Da. Salomé Gómez, también vecina de El Alto. Ts Dn. Rosendo Ahumada y Da. Nieves Brizuela.

Salvatierra, Dn. Ambrosio con Cárdenas, Da. Evangelista
F.111v: En la iglesia de las Tunas, a 9 de agosto de 1869, se casó y veló Dn. **Ambrosio Salvatierra**, h. l. de los finados Dn. Juan Salvatierra y Da. Lorenza Trejo, vecino de las Cañas, con Da. **Evangelista Cárdenas**, h. l. de los finados Dn. Domingo Cárdenas y Da. Bonifacia Lezana, vecina de Amancala. Ts Dn. Ramón Rosa Barrientos y Da. Martina Carrizo, cónyuges.

Reinoso, Andrés Avelino con Durán Ramona
F.111v: En la iglesia de las Tunas, a 9 de agosto de 1869, se casó y veló **Andrés Avelino Reinoso**, h. n. de Antonia Reinoso, vecino de los Troncos, con **Ramona Durán**, h. n. de la finada Regina Durán, vecina de Alijilán. Ts Guillermo Barrientos y Teresa Reinoso.

Mercado, Abel con Verón, Juana
F.112: En la iglesia de las Tunas, a 9 de agosto de 1869, se casó y veló a **Abel Mercado**, h. l. de León Mercado y de Leocadia Brizuela, vecino de los Altos, con **Juana Verón**, h. l. de los finados Juan de la Cruz Verón y Petrona Hernández, vecina de las Cañas. Ts Ciriaco Luna y Vicenta Ibáñez.

Barrionuevo, Pedro con Vega, Catalina
F.112: En la iglesia de las Tunas, a 9 de agosto de 1869, se casó **Pedro Barrionuevo**, h. n. de la finada Narcisa Barrionuevo, con **Catalina Vega**, h. l. de los finados Esteban Vega y María Romero, ambos vecinos de los Manantiales. Ts Dn. Manuel José Paz y Da. Cenobia Valdéz, cónyuges.

Villagrán, Pedro con Arias, Joba
F.112v: En la iglesia de las Tunas, a 9 de agosto de 1869, se casó y veló **Pedro Villagrán**, h. l. del finado Cándido Villagrán y de María Juárez, con **Joba Arias**, h. l. del finado Isidoro Arias y de Lizarda Vizcarra, ambos vecinos de la Puerta Grande. Ts Abel Rosales y Nicasia Aráoz.

González, Higinio con Mercado, Visitación
F.112v: En la iglesia de las Tunas, a 17 de agosto de 1869, se casó y veló **Higinio González**, h. l. de Nicolás González y de Lucas (sic) Gramajo, con **Visitación Mercado**, h. l. de Juan Vicente Mercado y de Victoria Mercado, ambos vecinos del Bañado de Ovanta. Ts Venancio Reinoso y Carolina Coronel.

Farías, Agenor con Avellaneda, Rosa
F.113: En la iglesia de Quimilpa, a 10 de julio de 1869, se casó y veló **Agenor Farías**, h. l. de Félix Farías y de la finada Juana Fernández, vecino de la Abra, con

Rosa Avellaneda, h. l. de los finados Feliciano Avellaneda y Salomé Roldán, vecina de los Altos. Ts Dn. Félix Ignacio Molina y Da. Crisanta Pinto.

Álvarez, Dn. Matías con Valdéz, Da. Zelanda
F.113: En la iglesia de Quimilpa, a 9 de agosto de 1869, dispensado el impedimento de afinidad lícita en tercer grado mixto con segundo de la línea colateral, se casó y veló Dn. **Matías Álvarez**, h. l. de los finados Dn. Fulgencio Álvarez y Da. Agustina Leiva, vecino de la Puerta Grande, con Da. **Zelanda Valdéz**, h. l. de Dn. Juan Gregorio Valdéz y de la finada Da. Tránsito Carrazán, vecina de la Rinconada. Ts Dn. Pedro Vicente Hormaechea y Da. Lastenia Branizan, cónyuges. Nota: la información matrimonial está fechada en El Alto el 25 de junio de 1869. En ese expediente se declara que el pretendiente es viudo de Da. Juana Rosa Salas, allí también se explica el parentesco con el siguiente esquema:

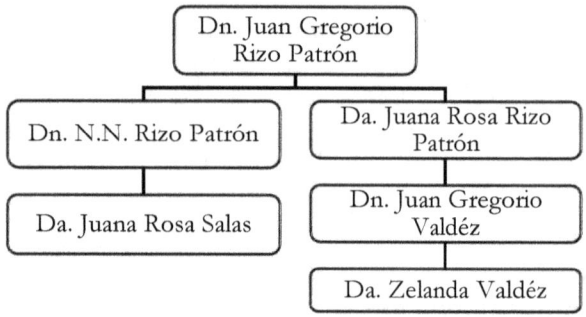

Guzmán, Borja con Juárez, María Dedicación
F.113v: En la iglesia de las Tunas, a 10 de agosto de 1869, se casó y veló **Borja Guzmán**, h. n. de María Guzmán, con **María Dedicación Juárez**, h. n. de la finada Alejandra Juárez, ambos vecinos de los Altos. Ts Sandalio Guzmán y Nicasia Rivera.

Ortiz, Casimiro con Arias, Jerónima
F.114: En la iglesia de las Tunas, a 12 de agosto de 1869, se casó y veló **Casimiro Ortiz**, h. l. de Casimiro Ortiz y de Beatriz Reinoso, con **María Jerónima Arias**, h. n. de Paula Arias, ambos vecinos de la Puerta Grande. Ts Dn. Ramón Rosa Álvarez y Da. Paula Salas, cónyuges.

Carrizo, Bartolomé con Aguirre, María del Señor
F.114: En la iglesia de las Tunas, a 14 de agosto de 1869, se casó y veló **Bartolomé Carrizo**, h. n. de Melchora Carrizo, con **María del Señor Aguirre**, h. n. de Eduarda Aguirre, ambos vecinos de las Cañas. Ts Fermín Domínguez y Evarista Ibáñez, cónyuges.

Ramos, Dn. Domingo con Tula, Da. Juana
F.114v: En la iglesia de las Tunas, a 16 de agosto de 1869, se casó y veló Dn. **Domingo Ramos**, h. l. de los finados Dn. Domingo Ramos y Da. Sebastiana Córdoba, vecino de San Francisco, con Da. **Juana Tula**, h. l. del finado Dn. Félix Tula y de Da. Carmen Mercado, vecina de los Altos. Ts Dn. David Ramos y Da. Catalina Leiva, cónyuges.

Valdéz, Dn. Ramón con Valdéz, Da. Gregoria
F.114v: En la iglesia de las Tunas, a 16 de agosto de 1869, dispensado el impedimento de consanguinidad en segundo grado simple de la línea colateral igual, se casó y veló Dn. **Ramón Valdéz**, h. l. de Dn. Elías Valdéz y de Da. María del Señor Salas, con Da. **Gregoria Valdéz**, h. l. de los finados Dn. Nicolás Valdéz y Da. Catalina Salas. Ambos vecinos de Alijilán. Ts Dn. Camilo Leiva y Da. Cledovia Valdéz, cónyuges.

Díaz, Adeodato con Ibáñez, Da. Efigenia
F.115: En la iglesia de las Tunas, a 16 de agosto de 1869, dispensados los impedimentos de segundo grado de consanguinidad con atingencia al primero, y de tercer grado simple también de consanguinidad, ambos de la línea transversal, se casó y veló Dn. **Adeodato Díaz**, h. l. de Dn. Ramón Rosa Díaz y de Da. Rosario Camaño, vecino de las Cañas, con Da. **Efigenia Ibáñez**, h. l. de Dn. Manuel Pablo Ibáñez y de Da. Antonia Robinson, vecina de las Higueras Grandes. Ts Dn. Moisés Ibáñez y Da. Silveria Camaño.

Carrizo, Bartolomé con Palacios, Salomé
F.115: En la iglesia de las Tunas, a 16 de agosto de 1869, se casó y veló **Bartolomé Carrizo**, h. n. de Prudencia Carrizo, vecino de los Altos, con **Salomé Palacios**, h. l. de los finados María Palacios y Encarnación Cancino, vecina de la Huacra. Ts Domingo Rojas y Martina Sosa, cónyuges.

Reyes, Manuel con Reinoso, Hermenegilda
F.115v: En la iglesia de las Tunas, a 16 de agosto de 1869, se casó y veló **Manuel de Reyes Fernández**, h. n. de María Petrona Fernández, vecino de la Aguada, con **Hermenegilda Reinoso**, h. l. de Victorio Reinoso y de la finada Jerónima Villagra, vecina también de la misma Aguada. Ts Elías Guerrero y Carlota Cardoso, cónyuges.

Guarás, Benigno con Lara, María
F.115v: En la iglesia de las Tunas, a 16 de agosto de 1869, se casó y veló **Benigno Guarás**, h. l. del finado Esteban Guarás y de Inocencia Argañaráz, vecino del Bañado de Ovanta, con **María Lara**, h. n. de la finada Juana Lara, también vecina del Bañado de Ovanta. Ts Ramón Antonio Guarás y Celestina Díaz, cónyuges.

Ibáñez, Ramón con Rosales, Rudecinda
F.116: En la iglesia de las Tunas, a 16 de agosto de 1869, se casó y veló **Ramón Ibáñez**, h. l. de Pascual Ibáñez y de Sabina Fernández, con **Rudecinda**

Rosales, h. l. del finado Juan Pío Rosales y de María Justa Guarás, ambos vecinos del Bañado de Ovanta. Ts Justo Reinoso y Rosa Díaz.

Argañaráz. Domingo con Guarás, Crisóloga
F.116: En la iglesia de las Tunas, a 16 de agosto de 1869, se casó y veló **Domingo Argañarás**, h. n. de Cándida Argañarás, con **Crisóloga Guarás**, h. l. del finado Manuel Guarás y de Matilde Vallejos. Ambos vecinos del Bañado de Ovanta. Ts Ciriaco Guarás y María del Señor Guarás.

Quiroga, Serafín con Ledesma, Zoila Teresa
F.116v: En esta iglesia parroquial Concepción de El Alto, a 6 de setiembre de 1869, se casó y veló **Serafín Quiroga**, h. n. de la finada María Bartolina Quiroga, vecino del Pozo Grande, con **Zoila Teresa Ledesma**, h. l. de Juan Isidro Ledesma y de la finada María de Jesús Ferreira, vecina de la Puerta de Moyellaco. Ts Dn. Ramón Rosa Salvatierra y Da. Valeriana Mansilla.

López, Leonardo con Agüero, Jerónima
F.117: En esta iglesia parroquial Concepción de El Alto, a primero de setiembre de 1869, se casó y veló **Leonardo López**, h. l. de los finados Ramón Rosa López y de Casiana Peñaflor, vecino de Alijilán, con **Jerónima Agüero**, h. n. de Brígida Agüero, vecina de El Alto. Ts José Manuel Vázquez y Máxima Cosio, cónyuges.

Vega, Dn. Víctor de la con Pacheco, Da. Carolina
F.117: En la iglesia de Vilismano, a 31 de agosto de 1869, se casó y veló Dn. **Víctor de la Vega**, h. n. de la finada Da. María del Señor de la Vega, con Da. **Carolina Pacheco**, h. l. de los finados Dn. Alejandro Pacheco y Da. Ana Rosa Moreno, ambos vecinos de Yegu Pampa. Ts Dn. Juan Bautista Orellana y Da. Ester Oviedo.

Lobo, Dn. Ángel Mariano con Vega, Da. Rosario
F.117v: En esta iglesia parroquial Concepción de El Alto, a 9 de setiembre de 1869, se casó Dn. **Ángel Mariano Lobo**, h. l. del finado Dn. Ángel Mariano Lobo y de Da. María Antonia Soraire, con Da. **Rosario Vega**, h. l. del finado Tiburcio Vega y de Da. Lorenza Maidana. Ambos vecinos del Suncho. Ts Salvador Rodríguez y Manuela Ferreira, cónyuges.

Collantes, Carlos con Caravajal, Pastora
F.117v: En esta iglesia parroquial Concepción de El Alto, a 10 de setiembre de 1869, se casó y veló **Carlos Collantes**, h. l. de Avelino Collantes y de Paula Salguero, con **Pastora Caravajal**, h. n. de la finada Pascuala Bailona Caravajal. Ambos vecinos de San Nicolás. Ts Samuel…

Lobo, Andrés Avelino con Tejeda, Roña Romana de Jesús
F.118: En esta iglesia parroquial Concepción de El Alto, a 11 de setiembre de 1869, se casó y veló Dn. **Andrés Avelino Lobo**, h. l. de Dn. Evangelista Lobo y de la finada Da. Manuela Sánchez, vecino de Sucuma, con Da. **Ramona de Jesús Tejeda**, h. l. de Dn. Isidoro Tejeda y de Da. Francisca Cisterna, vecina del Vallecito. Ts Dn. José Wenceslao Tejeda y Da. Nicolasa Rodríguez, cónyuges.

Farías, Juan Pablo con Barrientos, María Ignacia
F.118: En esta iglesia parroquial Concepción de El Alto, a 11 de setiembre de 1869, se casó **Juan Pablo Farías**, h. n. de la finada ¿Severi…ana? Farías, vecino del Bañado de Ovanta, con **María Ignacia Barrientos**, h. l. de los finados Patricio Barrientos y Lizarda Pereira, vecina del Unquillo. Ts Dn. Marcelino Velázquez y Da. Andrea Barrientos.

Ovejero, Dn. Marcos con Gutiérrez, Da. Prefecta
F.119v: En esta iglesia parroquial Concepción de El Alto, a 13 de setiembre de 1869, se casó y veló Dn. **Marcos Ovejero**, h. l. de los finados Dn. Juan Gil Ovejero y Da. Filomena Bulacia, vecino de Tilinpuli, con Da. **Perfecta Gutiérrez**, h. l. de Dn. Juan Manuel Gutiérrez y de Da. Justa Castillo, vecina de Chacarita. Ts Dn. Luis Ovejero y Da. Carolina Espinosa.

Magallán, Dn. Ángel con Guerrero, Da. Filomena
F.119v: En esta iglesia parroquial Concepción de El Alto, a 4 de noviembre de 1868, dispensado el impedimento de consanguinidad en segundo grado simple de la línea colateral, se casó y veló Dn. **Ángel Magallan**, h. l. de Dn. Crisólogo Magallán y de la finada Da. Eusebia Burgos, con Da. **Filomena Guerrero**, h. l. del finado Dn. José Antonio Guerrero y de Da. Mercedes Burgos. Vecinos ambos de Haipa Sorcona. Ts Dn. Patricio Cabral y Da. Juana Cabral.

Saavedra, Bernardino con Saavedra, Crisóloga
F.120: En esta iglesia parroquial Concepción de El Alto, a 26 de setiembre de 1869, se casó **Bernardino Saavedra**, h. n. de la finada Bernarda Saavedra, con **Crisóloga Saavedra**, h. l. de los finados Esteban Saavedra y Jesús Córdoba. Ambos vecinos del Agua Dulce. Ts Dn. Abelardo Márquez y Da. Regina Ferreira.

Carrizo, Federico con Quiroga, Ermilia
F.120: En la iglesia de las Cortaderas, a 5 de octubre de 1869, se casó y veló **Federico Carrizo**, h. l. de Javier Ignacio Carrizo y de la finada María Márquez, vecino de las Cañas, con **Ermilia Quiroga**, h. n. de Agustina Quiroga, vecina de Naipa. Ts Benedicto Vega y Concepción Verón. Nota: La información matrimonial está fechada en El Alto el 2 de septiembre

de 1869 allí se declara un impedimento por consanguinidad explicado con el siguiente esquema:

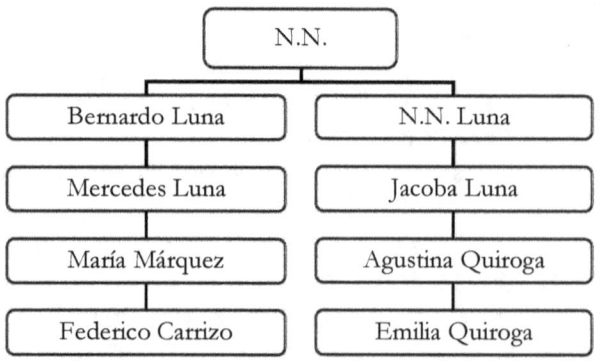

Díaz, Dn. Manuel con Camaño, Da. Hugolina
F.120v: En esta iglesia parroquial Concepción de El Alto, a 18 de octubre de 1869, se casó y veló Dn. **Manuel Díaz**, h. n. de Da. Fortunata Díaz, con Da. **Hugolina Camaño**, h. n. de la finada Da. Tránsito Camaño. Ambos vecinos de las Cañas. Ts Dn. Ercilio Díaz y Da. Abigail Díaz.

Albarracín, Felizardo con Pérez, Francisca
F.121: En esta iglesia parroquial Concepción de El Alto, a 18 de octubre de 1869, se casó y veló **Felizardo Albarracín**, h. l. de los finados Pedro Albarracín y Mercedes Alba, vecino de la Higuerita, con **Francisca Pérez**, h. l. de Domingo Pérez y de Encarnación Díaz, vecina de las Cortaderas. Ts Vicente Gómez y Encarnación Díaz.

Lobo, Nicanor con Domínguez, María Presentación
F.121: En esta iglesia parroquial Concepción de El Alto, a 25 de octubre de 1869, se casó y veló **Nicanor Lobo**, h. l. de los finados Borja Lobo y Pascuala Lobo, con **María Presentación Domínguez**, h. l. de Fermín Domínguez y de Evarista Mercado. Ambos vecinos de las Cañas. Ts Anselmo Márquez y Rufina Márquez.

Pajón, Juan de la Rosa con Pérez, Marta
F.121v: En esta iglesia parroquial Concepción de El Alto, a 25 de octubre de 1869, se casó y veló **Juan de la Rosa Pajón**, h. n. de Escolástica Pajón, con **Marta Pérez**, h. n. de Leocadia Pérez. Ambos vecinos de las Cañas. Ts Rafael Yole y Carlota Márquez.

Décima, Estanislao con Lobo, Carolina
F.121v: En esta iglesia parroquial Concepción de El Alto, a 25 de octubre de 1869, se casó y veló **Estanislao Décima**, h. l. de los finados Juan Simón Décima y Antonia Torres, con **Carolina Lobo**, h. l. de Carmelo Lobo y de la finada Solana Lobo. Ambos vecinos de las Cañas. Ts Dn. Cledovio Gómez y Dorotea Márquez.

Moyano, Manuel con Collantes, Cristina
F.122: En esta iglesia parroquial Concepción de El Alto, a 25 de octubre de 1869, se casó y veló **Manuel Moyano**, h. l. del finado Carmelo Moyano y de Gregoria Aráoz, vecino de la Puerta Grande, con **Cristina Collantes**, h. l. de Anselmo Collantes y de Paula Salguero, vecina de San Nicolás. Ts Mardoqueo Rosales y Nicasia Aráoz.

Cisneros, Dn. Juan Andrónico con Rizo Patrón, Da. Primitiva
F.122: En esta iglesia parroquial Concepción de El Alto, a 8 de noviembre de 1869, se casó Dn. **Juan Andrónico Cisneros**, h. n. de Da. María Evangelista Cisneros, vecino de Guayamba, con Da. **Primitiva Rizo Patrón**, h. n. de Da. Agustina Rizo Patrón, también vecina de Guayamba. Ts Dn. Pastor Vega y Da. Biterma Albarracín, cónyuges.

Lobo, Dn. Juan Nicolás con Ponce, Da. Grimanesa
F.122v: En esta iglesia parroquial Concepción de El Alto, a 8 de noviembre de 1869, se casó Dn. **Juan Nicolás Lobo**, h. n. de Da. Isabel Lobo, con Da. **Grimanesa Ponce**, h. l. de los finados Dn. Nicolás Ponce y Da. Rosario Gómez. Ambos vecinos de Iloga. Ts Dn. Lucindo Ponce y Da. Rómula Ponce.

Villagrán, Pedro Ignacio con Sarat, Lucinda
F.122v: En la iglesia de los Manantiales, a 15 de noviembre de 1869, se casó y veló **Pedro Ignacio Villagrán**, h. n. de la finada María Villagrán, con **Lucinda Sarat**, siendo sus padres los finados Pedro Ignacio Sarat y Mercedes Torres. Ambos vecinos de Alijilán. Ts Domingo Jiménez y Olegaria Montenegro, cónyuges.

Vega, Dn. Rufino con Jeréz, Da. María Sinforoza
F.123: En esta iglesia parroquial Concepción de El Alto, a 20 de noviembre de 1869, se casó y veló Dn. **Rufino Vega**, h. l. de Dn. Juan Pedro Vega y de la finada Da. Juliana Luján, vecino de Iloga, con Da. **María Sinforoza Jeréz**, h. l. de Dn. Félix Mariano Jeréz y de Da. Lucinda Rosales, vecina de Caña Cruz. Ts Dn. Ramón Rosa Salvatierra y Da. Manuela de Jesús Cisterna, cónyuges.

Heredia, Apolinar con Ojeda, Francisco
F.123: En esta iglesia parroquial Concepción de El Alto, a primero de diciembre de 1869, se casó **Apolinar Heredia**, h. n. de Francisca Heredia, con **Francisca Ojeda**, h. l. de Calixto Ojeda y de Ángela Barrientos. Ambos vecinos de esta misma parroquia de El Alto. Ts Salvador Rodríguez y Manuela Ferreira,

cónyuges. Velados el 21 de febrero de 1870. Ts los mismos.

Rivera, Segundo con Mercado, Jacinta
F.123v: En esta iglesia parroquial Concepción de El Alto, a 4 de enero de 1870, se casó **Segundo Rivera**, h. l. del finado José María Rivera, con Juana Arreyes, con **Jacinta Mercado**, h. l. de León Mercado y de la finada Petrona Lobo. Ambos vecinos de los Altos. Ts Pedro Mercado y Exaltación Ledesma.

Gómez, Domingo con Quiroga, Obdulia
F.123v: En esta iglesia parroquial Concepción de El Alto, a 4 de enero de 1870, se casó **Domingo Gómez**, h. l. de los finados José Manuel Gómez y Juana Rosa Duarte, con **Obdulia Quiroga**, h. n. de Felipa Quiroga. Ambos vecinos de esta misma parroquia de El Alto. Ts Dn. Cristóforo Rodríguez y Da. Crisanta Gómez. Velados el 8 de enero de 1870. Ts los mismos.

González, Dn. Wenceslao con Barrientos Da. Carmen
F.124: En esta iglesia parroquial Concepción de El Alto, a 8 de enero de 1870, dispensado el impedimento de parentesco de consanguinidad en cuarto grado mixto con tercero de la línea colateral, se casó y veló Dn. **Wenceslao González**, h. l. de los finados Dn. Ángel Mariano González y Da. Bailona Acosta, con Da. **Carmen Barrientos**, h. l. de Dn. Ramón Rosa Barrientos y de Da. Martina Carrizo. Ambos vecinos de las Tunas. Ts Dn. Ramón Rosa Salvatierra y Da. Albina Barrientos. Nota: la información matrimonial correspondiente está fechada en El Alto el 3 de diciembre de 1869, el parentesco se explica de la siguiente manera:

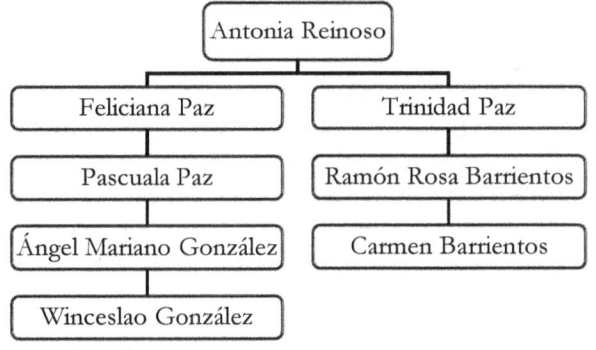

Rosales, Dn. Gabriel con Barrientos, Da. Aurelia
F.124: En esta iglesia parroquial Concepción de El Alto, a 10 de enero de 1870, dispensado el impedimento de consanguinidad en cuarto grado simple de la línea colateral, se casó y veló Dn. **Gabriel Rosales**, h. l. de Dn. Ramón Antonio Rosales y de la finada Da. Trinidad Barrientos, vecino de la Calera, con Da. **Aurelia Barrientos**, h. l. de los finados Da. Pedro Ignacio Barrientos y Da. Pascuala Ontiveros, vecina de Alijilán. Ts Dn. Juan de Dios Rosales y Da. Vicenta Delgado. Nota: La información matrimonial está fechada en El Alto el 7 de diciembre de 1869, allí se explica el parentesco con el siguiente:

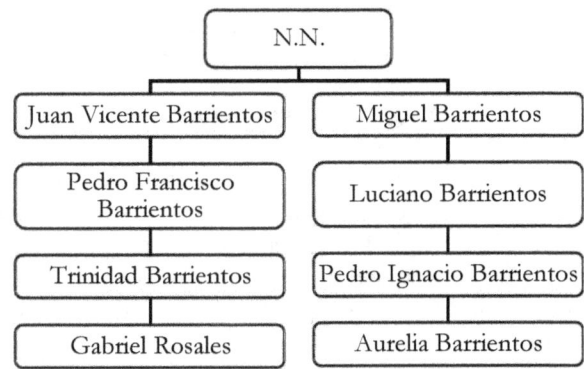

Peralta, Pascual con Leguizamón, Petrona
F.124v: En esta iglesia de la Concepción de El Alto, a 12 de enero de 1870, se casó y veló **Pascual Peralta**, h. l. del finado Celedonio Peralta y de Rufina Ortiz, vecino de Dos Pocitos, con **Petrona Leguizamón**, h. l. de Juan Vicente Leguizamón y de Juana Francisca Ávila, vecina del Bañado de Ovanta. Ts Juan Darío Luna y Juliana Rasguido.

Díaz, Ramón Domingo con González, Tránsito
F.124v: En esta iglesia parroquial Concepción de El Alto, a 12 de enero de 1870, se casó y veló **Ramón Domingo Díaz**, h. l. de Domingo Díaz y de Manuela Espíndola, con **Tránsito González**, h. l. del finado José de la Cruz González y de Zoila Juárez. Ambos vecinos de esta misma parroquia de El Alto. Ts Dn. Juan Gregorio Márquez y Da. Regina Ferreira, cónyuges.

Jiménez, Juan de la Cruz con Collantes, Ercilia
F.125: En esta iglesia parroquial Concepción de El Alto, a 17 de enero de 1870, dispensado el impedimento de parentesco de consanguinidad en cuarto grado mixto con el segundo de la línea colateral, se casó y veló **Juan de la Cruz Jiménez**, h. l. del finado Toribio Jiménez y de Romualda Collantes, vecino de Ampolla, con **Ercilia Collantes**, h. l. de Félix Collantes y de Bernabela Mercado, también vecina de Ampolla. Ts Pedro José Luna y María Leguizamón. Nota: la información matrimonial está fechada el 27 de diciembre de 1869, el parentesco se explica de la siguiente manera:

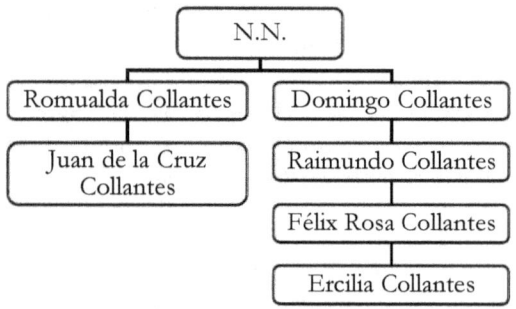

Agüero, Domingo Ignacio con Lobo, María Águeda
F.125v: En esta iglesia parroquial Concepción de El Alto, a 17 de enero de 1870, se casó y veló **Domingo Ignacio Agüero**, h. l. del finado José Ignacio Agüero y de María Montserrat Burgos, vecino de Potro Ulpiana, con **María Águeda Lobo**, h. n. de la finada María del Señor Lobo, vecina de Achales. Ts Manuel Tiburcio Lobo y Ramona Rosa Agüero, cónyuges.

Villalba, Dn. José María con Rojas, Da. Audelina
F.125v: En esta iglesia parroquial Concepción de El Alto, a 19 de enero de 1870, se casó y veló Dn. **José María Villalba**, h. l. de Dn. Mateo Villalba y de la finada Da. María del Rosario Arévalo, vecino de Caña Cruz, con Da. **Audelina del Carmen Rojas**, h. n. de Da. Inés Rojas, vecina de El Alto. Ts Dn. Mariano Lezana y Da. Tiburcia Lobo.

Murguía, Miguel con Mansilla, Justa Rufina
F.126: En esta iglesia parroquial Concepción de El Alto, a 19 de enero de 1870, se casó y veló a **Miguel Murguía**, h. n. de la finada María Laurencia Murguía, con **Justa Rufina Mansilla**, h. n. de la finada María Antonia Mansilla. Ambos vecinos de Ancuja. Ts Francisco Cardoso y Josefa Albarracín.

Medina, Dn. Alejandro con Rodríguez, Da. Rosa Florinda
F.126: En esta iglesia parroquial Concepción de El Alto, a 31 de enero de 1870, se casó y veló Dn. **Alejandro Medina**, h. n. de Da. Isabel Medina, vecino de Navarro, curato del Chañar, provincia de Córdoba, con Da. **Rosa Florinda Rodríguez**, h. n. de Da. Margarita Rodríguez, vecina de San Jerónimo, de este curato. Ts Dn. Juan Anselmo Villalba y Da. Epifanía Melián, cónyuges.

Rodríguez, Juana Bautista con Varela, María del Carmen
F.126v: En esta iglesia parroquial Concepción de El Alto, a 31 de enero de 1870, se casó **Juan Bautista Rodríguez**, h. n. de la finada Laurencia Rodríguez, vecino de Tintigasta, con **María del Carmen Varela**, h. l. de los finados Ángel Varela y Victoria Peñaflor, vecina de Santa Ana. Ts Eusebio Arévalo y María Cejas.

Páez, Dn. Santiago con Montenegro, Da. Rita
F.126v: En esta iglesia parroquial Concepción de El Alto, a 3 de febrero de 1870, se casó y veló Dn. **Santiago Páez**, h. l. de Dn. Juan Simón Páez y de la finada Da. Jerónima Guerrero, vecino de los Manantiales, con Da. **Rita Montenegro**, h. l. de Dn. Diego Montenegro y de Da. Petrona Baca, vecina de la Carpintería. Ts Dn. Manuel José Paz y Da. Bárbara Paz.

Rizo, Dn. José Miguel con Ahumada, Da. Eulalia
F.127: En esta iglesia parroquial Concepción de El Alto, a 3 de febrero de 1870, se casó y veló **José Miguel Rizo**, h. l. del finado Dn. Pedro Antonio Rizo y de Da. Gregoria Falcón, vecino de los Ortices, con Da. **Eulalia Ahumada**, h. n. de Da. Martina Ahumada, vecina del Puesto de los Gómez. Ts Dn. Albino Macedo y Da. María Gómez.

Luna, Pedro Antonio con Ortiz, Zoila
F.127: En esta iglesia parroquial Concepción de El Alto, a 3 de febrero de 1870, se casó y veló **Pedro Antonio Luna**, h. l. del finado Andrés Avelino Luna y de Ana Luisa Jiménez, vecino de Ampolla, con **Zoila Ortiz**, h. l. de Cipriano Ortiz y de la finada Tránsito Ramírez, vecina de las Tunas. Ts Ciriaco Luna y Andrea Barrientos.

Robles, Juan Pablo con Almaraz, Juan Pablo
F.127v: En esta iglesia parroquial Concepción de El Alto, a 7 de febrero de 1870, se casó y veló **Juan Pablo Robles**, h. n. de Manuela Robles, con **Aniceta Almaraz**, h. l. de los finados Abraham Almaraz y Corazón Segura. Ambos vecinos de esta misma parroquia de El Alto. Ts Dn. Francisco Javier Gómez y Da. Isabel Segura.

Gutiérrez, José con Acosta, Rita
F.127v: En esta iglesia parroquial Concepción de El Alto, a 10 de febrero de 1870, se casó y veló **José Gutiérrez**, h. n. de la finada Petronila Gutiérrez, con **Rita Acosta**, h. l. de los finados Laureano Acosta y Eduviges Correa. Ambos vecinos de Vilismano. Ts Dn. Nicolás Montes de Oca y Da. Margarita Ibáñez, cónyuges.

Leguizamón, Dn. Julián con Laredo, Da. Betsabé
F.128: En la iglesia de los Manantiales, a 23 de febrero de 1870, se casó y veló Dn. **Julián Leguizamón**, h. l. de Dn. Pedro José Leguizamón y de Da. María Juana Mercado, vecino de la Calera, con Da. **Betsabé Laredo**, h. l. de Dn. Gabriel Laredo y de Da. Mercedes Ibáñez, vecina de los Manantiales. Ts Dn. Félix Ignacio Barrientos y Da. Urbana Barrientos.

Rivera de Reinoso, Dn. Moisés con Valdéz, Dalina
F.128: En la iglesia de los Manantiales, a 23 de febrero de 1870, se casó y veló Dn. **Moisés Rivera de Reinoso**, h. n. de Da. Salomé Rivera, vecino de la Viña, con Da. **Dalinda Valdéz**, h. l. de los finados Juan Gregorio Valdéz y Da. Ester Paz, vecina de la Rinconada. Ts Dn. Luis Gómez y Da. Cleofé Valdéz, cónyuges.

Aguirre, Dn. Valentín con Mercado, Da. Modesta
F.128v: En la iglesia de los Manantiales, a 23 de febrero de 1870, se casó y veló Dn. **Valentín Aguirre**, h. l. de Dn. Manuel Aguirre y de Da. María Wenceslada Herrera, con Da. **Modesta Mercado**, h. l. del finado Dn. Javier Mercado y de Da. Francisca Lobo. Ambos vecinos de la Higuerita. Ts Dn. Ramón Ledesma y Da. Salomé Lobo, cónyuges.

Gómez, Fidel con Barrientos, Mercedes
F.128v: En la iglesia de los Manantiales, a 29 de febrero de 1870, se casó y veló **Fidel Gómez**, h. l. de Francisco Javier Gómez, vecino de Pozo Hondo, curato de Graneros, provincia de Tucumán, con **Mercedes Barrientos**, h. l. de los finados Ricardo Barrientos y Teodora Brizuela, vecina de los Altos. Ts Gregorio Barrientos y Mercedes Lencinas.

Castro, Dn. José Manuel con Sobremonte, Da. Bárbara
F.129: En la iglesia de los Manantiales, a 29 de febrero de 1870, se casó y veló a Dn. **José Manuel Castro**, h. l. del finado Dn. Ramón Rosa Castro y de Da. Encarnación Álvarez, vecino de los Manantiales, con Da. **Bárbara Sobremonte**, h. n. de Da. Águeda Sobremonte, vecina de la Aguada. Ts Dn. Manuel José Paz y Da. Cenobia Valdéz, cónyuges.

Medina, Dn. Cosme con Maldonado, Da. María Felipa
F.129: En la iglesia de Vilismano, a 3 de febrero de 1870, se casó y veló Dn. **Cosme Damián Medina**, h. l. de los finados Dn. Bernabé Medina y Da. María del Señor Zurita, con Da. **María Felipa Maldonado**, h. n. de la finada Da. Juana Evangelista Maldonado. Ambos vecinos de Vilismano. Ts Dn. Juan Medina y Da. Carmen González.

Ramallo, José con González, María Brígida
F.129v: En la iglesia de Vilismano, a 3 de febrero de 1870, se casó y veló **José Ramallo**, h. l. de Félix Antonio Ramallo y de la finada María del Pilar Andrada, con **María Brígida González**, h. n. de Prudencia González. Ambos vecinos de Vilismano. Ts Dn. Juan Bautista Orellana y Da. Ramona Arévalo.

Castro, Dn. Abdón con Jeréz, Da. Dolores
F.130: En la iglesia de Vilismano, a 3 de febrero de 1870, se casó y veló Dn. **Abdón Castro**, h. l. del finado Dn. Antonino Castro y de Da. Juana Gutiérrez, vecino de Alta Gracia, con Da. **Dolores Jeréz**, h. l. de Dn. Agustín Jeréz y de Da. Genoveva Centeno, vecina de San Jerónimo. Ts Dn. Diego Claudio Frogel y Da. Hugolina Zurita.

Argañaráz, Ramón con Vega, Rufina
F.130: En esta iglesia parroquial Concepción de El Alto, a 28 de marzo de 1870, se casó **Ramón Argañarás**, h. l. de los finados Francisco Argañarás y Petrona Soria, vecino de Alijilán, con **Rufina Vega**, h. l. de los finados Felipe Santiago Vega y Paulina Ogas, vecina de la Carpintería. Ts Lorenzo Juárez y Olegaria Montenegro.

Sandoval, Francisco Javier con Falcón, María Magdalena
F.130v: En esta iglesia parroquial Concepción de El Alto, a primero de abril de 1870, dispensado el impedimento de primer grado de afinidad por línea lateral igual, proveniente de cópula lícita, se casó **Francisco Javier Sandoval**, h. l. de los finados Juan de la Cruz Sandoval y María Ignacia Maidana, con **María Magdalena Falcón**, h. l. de los finados Pedro Pablo Falcón y de Hilaria Chávez. Ambos vecinos de la Higuera. Ts Carmelo Falcón y Silveria Ocón, cónyuges.

Capdevila, Dn. Herminio con Ibáñez, Da. Maclovia
F.130v: En la iglesia de las Cortaderas, a 7 de abril de 1870, se casó Dn. **Herminio Capdevila**, h. l. del finado Dn. Aparicio Capdevila y de Da. Rosario Arce, con Da. **Maclovia Ibáñez**, h. l. de los finados Dn. Pedro Pablo Ibáñez y Da. Cayetana Lezana. Ambos vecinos de las Cañas. Ts Dn. José Lucas Pregot y Da. María Lezana.

Luna, Eufrasio con Luna, Visitación
F.131: En esta iglesia parroquial Concepción de El Alto, a 25 de abril de 1870, se casó y veló **Eufrasio Luna**, h. l. de los finados Santos Luna y Lucinda Rosales, vecino de las Tunas, con **Visitación Luna**, h. l. del finado Andrés Luna y de Ana Luisa Jiménez, vecina de Ampolla. Ts Celestino Páez y Asunción Sosa.

Reinoso, Lázaro con Guarás, Victoria
F.131v: En esta iglesia parroquial Concepción de El Alto, a 25 de abril de 1870, se casó y veló **Lázaro Reinoso**, h. l. de Justo Reinoso y de Manuela Farías, con **Victoria Guarás**, h. l. de Pascual Guarás y de María de la Cruz Luna. Ambos vecinos del Bañado de Ovanta. Ts Pedro Leguizamón y Audelina Collantes.

Mallea, Juan Facundo con Mercado Lizarda
F.131v: En esta iglesia parroquial Concepción de El Alto, a 25 de abril de 1870, se casó y veló **Juan Facundo Mallea**, h. l. de Juan Pascual Mallea y de María Inés Páez, con **María Lizarda Mercado**, h. l. del finado Valeriano Mercado y de Escolástica Molina. Ambos vecinos del Monte Redondo. Ts Enrique Aranda y Jacoba Ortiz.

Jiménez, Alejo con Cevallos, Ambrosia
F.132: En esta iglesia parroquial Concepción de El Alto, a 25 de abril de 1870, se casó y veló **Alejo Jiménez**, h. n. de (en blanco), vecino de Ampolla, con **Ambrosia Cevallos**, h. l. de los finados Manuel Antonio Cevallos y Segunda Collantes, también vecina de Ampolla. Ts Santos Moyano y Maximiliana Juárez, cónyuges.

González, Daniel con Luna, Juana
F.132: En esta iglesia parroquial Concepción de El Alto, a 27 de abril de 1870, dispensado el impedimento de consanguinidad en tercero grado simple de la línea colateral, se casó y veló **Daniel González**, h. l. de los finados Pedro González y Celestina Ortiz, con **Juana Luna**, h. l. del finado Lorenzo Luna y de Tiburcia Ibáñez. Ambos vecinos del Bañado de Ovanta. Ts Florentín Collantes y Antonia Rosales. Nota: La información matrimonial está fechada en El Alto el 31 de marzo de 1870. El parentesco se explica con el siguiente esquema genealógico:

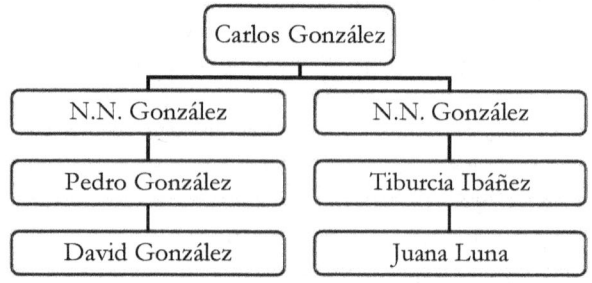

Paz, Miguel José con Paz, Jesús
F.132v: En esta iglesia parroquial Concepción de El Alto, a 29 de abril de 1870, se casó y veló **José Miguel Paz**, h. l. del finado Isidoro Paz y de Mercedes Carrizo, con **Jesús Paz**, h. l. de los finados Nicolás Paz y Hugolina Cabrera. Ambos vecinos de las Tunas. Ts Juan Asencio Rosales y Felipa Paz.

Fernández, Francisco Lizardo con Jiménez, María de los Santos
F.133: En esta iglesia parroquial Concepción de El Alto, a 27 de abril de 1870, se casó y veló **Francisco Lizardo Fernández**, h. n. de la finada María Paula Fernández, vecino de la Puerta Grande, con **María de los Santos Jiménez**, h. l. de Cipriano Jiménez y de Sabina Cevallos, vecina de Ampolla. Ts Dn. Belisario Rosales y Da. Lucinda Videla, cónyuges.

Cabanillas, Dn. Aniceto con Valdéz, Da. Rosa
F.133: En esta iglesia parroquial Concepción de El Alto, a 29 de abril de 1870, se casó y veló Dn. **Aniceto Cabanillas**, h. l. de Dn. Gregorio Cabanillas y de Da. Cornelia Gómez, vecino del Portezuelo, provincia de Santiago del Estero, con Da. **Rosa Valdéz**, h. l. de Dn. Elías Valdéz y de Da. María del Señor Salas, vecina de Alijilán. Ts Dn. Camilo Leiva y Da. Cledovia Valdéz, cónyuges.

Verón, Dn. Juan de la Cruz con Camaño, Da. Narcisa
F.133v: En la iglesia de la Quebrada, a 9 de mayo de 1870, se casó y veló Dn. **Juan de la Cruz Verón**, h. l. de los finados Dn. Juan de la Cruz Verón y Da. Petrona Hernández, con Da. **Narcisa Camaño**, h. n. de la finada Da. Tránsito Camaño, también vecinos de las Cañas. Ts Dn. Rafael Yole y Da. María Primitiva Ovejero.

Peñaflor, Desiderio con Miranda, Jesús
F.133v: En esta iglesia parroquial Concepción de El Alto, a 23 de mayo de 1870, dispensado el impedimento de consanguinidad en cuarto grado simple de la línea colateral, se casó y veló **Desiderio Peñaflor**, h. l. de Salvador Peñaflor y de Ignacia Segura, con **Jesús Miranda**, h. l. del finado Francisco Miranda y de Gregoria Peñaflor, ambos vecinos de los Morteros. Ts Remigio Ledesma y Juana Peñaflor, cónyuges. Nota: la información matrimonial correspondiente está fechada en El Alto el 7 de mayo de 1870, en ese documento se declara que el novio es viudo de Catalina Romano y se explica el parentesco entre los contrayentes con el siguiente esquema:

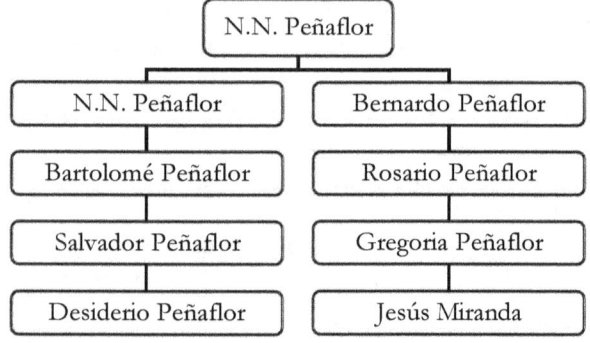

Rodríguez, Manuel Antonio con Aparicio, Digna
F.134: En esta iglesia parroquial Concepción de El Alto, a 28 de mayo de 1870, se casó y veló **Manuel Antonio Rodríguez**, h. l. de los finados Juan de Dios Rodríguez y Juana Luna, vecino de Tintigasta, con

Digna Aparicio, h. n. de la finada Dolores Aparicio, vecina de El Alto. Ts Dn. José Tejeda y Da. Nicolasa Rodríguez, cónyuges.

Varela, Octaviano con Pedraza, Rosa
F.134v: En esta iglesia parroquial Concepción de El Alto, a 30 de mayo de 1870, se casó y veló **Octaviano Varela**, h. n. de Juana Isabel Varela, con **Rosa Cleonina Pedraza**, h. l. de Pascual Bailón Pedraza y de Hermenegilda Lazo. Ambos vecinos de la Costa. Ts Rómulo Ocón y Josefa Albarracín, cónyuges.

Leiva, Ramón con Reinoso, Jacinta
F.134v: En esta iglesia parroquial Concepción de El Alto, a primero de junio de 1870, se casó y veló **Ramón Leiva**, h. l. de José María Leiva y de Hilaria Chávez, vecino de la Higuera, con **María Jacinta Reinoso**, h. l. de Feliciano Reinoso y de la finada Salomé Aguirre, vecina del Tarco. Ts Dn. Lucindo Ponce y Da. Maclovia Almonacid.

Zurita, Dn. Salvador con Páez, Da. Ercilia
F.135: En esta iglesia parroquial Concepción de El Alto, a 6 de junio de 1870, dispensado el impedimento de consanguinidad en cuarto grado simple de la línea colateral, se casó y veló Dn. **Salvador Zurita**, h. l. de Dn. José Luis Zurita y de Da. Tomasa Ulibarri, vecino del Ojo de Agua, con Da. **Ercilia Páez**, h. l. de Dn. Rufino Páez y de Da. Indalecia Aguirre, vecina de Ancamugalla. Ts Dn. Lutgardo Oviedo y Da. Tránsito Medina, cónyuges. Nota: la información matrimonial correspondiente a este matrimonio está fechada el 21 de abril de 1870. El parentesco se explica con el siguiente esquema genealógico:

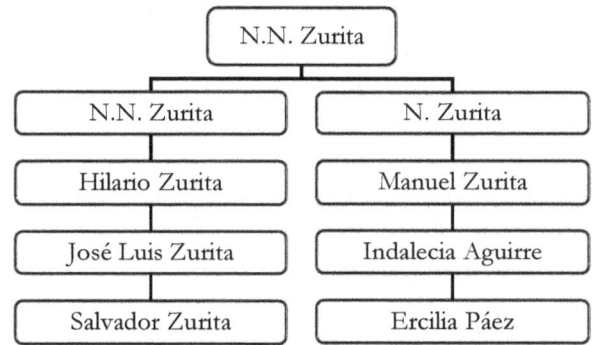

Mercado, Juan de Dios con Díaz, Rosalía
F.135v: En esta iglesia parroquial Concepción de El Alto, a 6 de junio de 1870, se casó y veló **Juan de Dios Mercado**, h. l. del finado Ildefonso Mercado y de Petrona Argañaráz, con **Rosalía Díaz**, h. n. de la finada Nieves Díaz. Ambos vecinos de las Tunas. Ts Fernando Barrientos y Pascuala Mercado.

Ramírez, Ramón Rosa con Mercado, Jerónima
F.135v: En esta iglesia parroquial Concepción de El Alto, a 13 de junio de 1870, se casó y veló **Ramón Rosa Ramírez**, h. n. de Catalina Ramírez, con **Jerónima Mercado**, h. l. del finado Pablo Mercado y de Bibiana González. Ambos vecinos de las Tunas. Ts Juan Andrés Leguizamón y Dominga Mercado.

Ortiz, Miguel con Mercado, Graciliana
F.136: En esta iglesia parroquial Concepción de El Alto, a 13 de junio de 1870, se casó y veló **Miguel Ortiz**, h. n. de Jacoba Ortiz, con **Graciliana Mercado**, h. l. del finado Pablo Mercado y de Bibiana González. Ambos vecinos de Ampolla. Ts Pedro Pablo González y Petronila González.

Luna, Macedonio con Ledesma, Vicenta
F.136: En esta iglesia parroquial Concepción de El Alto, a 20 de junio de 1870, se casó y veló **Macedonio Luna**, h. l. de Prudencio Luna y de Bárbara Romano, con **Vicenta Ledesma**, h. n. de Filotea Ledesma. Ambos vecinos de Achales. Ts Remigio Ledesma y Juana Francisca Flores, cónyuges.

Juárez, José Félix con Ibáñez, Zelanda
F.136v: En esta iglesia parroquial Concepción de El Alto, a 22 de junio de 1870, dispensado el impedimento de afinidad ilícita en segundo grado de línea colateral igual, se casó y veló **José Félix Juárez**, h. l. de los finados Eufemio Juárez y Josefa Vega, con **Zelanda Ibáñez**, h. n. de la finada Polonia Ibáñez. Ambos vecinos de Tintigasta. Ts Moisés Rodríguez y María Cejas.

González, Nicanor con Mercado, Josefa
F.137: En esta iglesia parroquial Concepción de El Alto, a 25 de junio de 1870, dispensado el impedimento de consanguinidad en tercer grado simple de la línea lateral, se casó y veló **Nicanor González**, h. n. de la finada Francisca Antonia González, con **Josefa Mercado**, h. l. de Vicente Mercado y de Victoria Mercado. Ambos vecinos del Bañado de Ovanta. Ts Venancio Reinoso y María Cevallos. Nota: la información matrimonial correspondiente a este matrimonio está fechada en El Alto el 28 de abril de 1870, en ese documento se explica el parentesco entre los contrayentes con el siguiente esquema:

Avellaneda, Antonio con Quiroga, Elisea
F.137v: En esta iglesia parroquial Concepción de El Alto, a 25 de junio de 1870, se casó y veló **Antonino Avellaneda**, h. n. de Anunciación Avellaneda, con **Elisea Quiroga**, h. n. de Florinda Quiroga. Ambos vecinos de Cóndor Huasi. Ts Dn. Francisco Javier Gómez y Da. Adelaida Jeréz.

Cevallos, Timoteo con Burgos, María Azucena
F.137v: En esta iglesia parroquial Concepción de El Alto, a 29 de junio de 1870, se casó y veló **Timoteo Cevallos**, hijo del finado Manuel Antonio Cevallos y de Segunda Collantes, vecino de Ampolla, con **María Azucena Burgos**, h. l. del finado José Ignacio Burgos y de Marcelina Páez, vecina de Haipa Sorcona. Ts Dn. Fernando Guerrero y Da. Tránsito Magallan.

Navarro, Dn. Misael con Delgado, Da. María de la Concepción
F.138: En esta iglesia parroquial Concepción de El Alto, a 29 de junio de 1870, se casó y veló Dn. **Misael Navarro**, h. n. de Da. Mónica Navarro, con Da. **María Concepción Delgado**, h. l. de los finados Dn. Ramón Antonio Delgado y Da. María del Tránsito Nóblega. Ambos vecinos de Oyola.

Arangüena, Juan con Santucho, Bernarda
F.138v: En esta iglesia parroquial de El Alto, a 25 de junio de 1870, se casó y veló **Juan Arangüena**, h. n. de la finada Fructuosa Arangüena, natural del Río de los Sauces, provincia de Córdoba, vecino de Caña Cruz, con **Bernarda Santucho**, h. l. de Anselmo Santucho y de la finada Luisa Arévalo, también vecina de Caña Cruz. Ts Dn. Ramón Rosa Salvatierra y Da. Regina Arévalo.

Vidal, Ramón con Rizo, Gaudencia
F.138v: En esta iglesia parroquial Concepción de El Alto, a 5 de julio de 1870, se casó y veló **Ramón Vidal**, h. l. de los finados Ramón Vidal y Lázara Leiva, vecino de las Cananas, con **Gaudencia Rizo**, h. l. del finado Romualdo Rizo y de Gregoria Salguero, vecina de Munancala. Ts Pedro Pérez y Efigenia Luna, cónyuges.

Magallanes, Isidro con Sánchez, Felipa
F.139: En esta iglesia parroquial Concepción de El Alto, a 30 de julio de 1870, se casó y veló **Isidro Magallan**, h. l. de los finados Paulino Magallán y María del Señor Páez, vecino del Agua del Sauce, con **Felipa Sánchez**, h. l. del finado Policarpo Sánchez y de Laureana Jiménez, vecina de Ampolla. Ts Miguel Cabral y Vicenta Mercado.

Galván, Dn. Benito con Arévalo, Da. Rosalía
F.139v: En esta iglesia de Vilismano, a 30 de julio de 1870, dispensado el impedimento de consanguinidad en cuarto grado mixto con el tercero de la línea transversal, se casó y veló Dn. **Benito Galván**, h. l. de Dn. Mateo Galván y de Da. Francisca Antonia Santucho, vecino de Tintigasta, con Da. **Rosalía Arévalo**, h. l. del finado Dn. Juan Bernardo Arévalo y de Da. Felisa del Carmen Galván, vecina del Vallecito. Ts Dn. Manuel Antonio Albarracín y Da. María Juana Pérez, cónyuges. Nota: la información matrimonial correspondiente a este enlace está fechada en El Alto el 26 de junio de 1870, el parentesco se explica con el siguiente esquema:

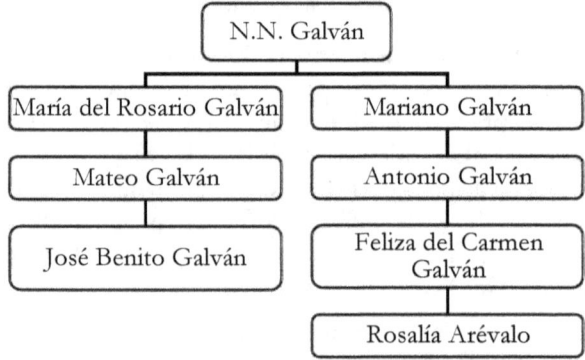

Reinoso, Benedicto con Reinoso, Pastora
F.139v: En la iglesia de las Tunas, a 13 de agosto de 1870, dispensados los impedimentos, el primero, de consanguinidad, el segundo, de afinidad lícita, ambos en tercer grado simple de la línea colateral, y el tercero, en primer grado de la línea colateral, siendo este de afinidad ilícita, se casó **Benedicto Reinoso**, h. l. del finado Buenaventura Reinoso (no figura nombre de la madre), con **Pastora Reinoso**, h. l. de los finados Hilario Reinoso y Pascuala Ibáñez. Ambos vecinos del Bañado. Ts Ciriaco Luna y Estefanía Reinoso.

Aragón, Dn. Eufemiano con Ávila, Da. Eusebia
F.140: En la iglesia de las Tunas, a 20 de agosto de 1870, se casó y veló Dn. **Eufemiano Aragón**, h. l. del finado Dn. Prudencio Aragón y de Da. Catalina Briceño, vecino del Cercado, curato de Monteros, provincia de Tucumán, con Da. **Eusebia Ávila**, h. l. de Dn. Maximiano Ávila y de Da. Rosario Mercado, vecina de las Cañas. Ts Dn. David Aragón y Da. Efigenia Domínguez.

Ibáñez, José Pio con Silva, Cornelia
F.140v: En esta iglesia parroquial Concepción de El Alto, a 8 de diciembre de 1870, dispensado el impedimento de afinidad proveniente de cópula lícita en tercero grado mixto con segundo de la línea colateral, se casó **José Pío Ibáñez**, vecino de las Tunas, h. l. de los finados Hermenegildo Ibáñez y de Margarita Cabrera, con **Cornelia Silva**, h. l. del finado Juan Manuel Silva y de Justa Mercado, también vecina de las Tunas. Ts Pedro Silva y Simona Cabrera. Velados en la iglesia de las Tunas el 26 de agosto de 1870. Ts los mismos. Nota: La información

matrimonial está fechada en El Alto el 17 de octubre de 1869, allí se declara que el contrayente es viudo de Genuaria Mercado y el parentesco se explica con el siguiente esquema:

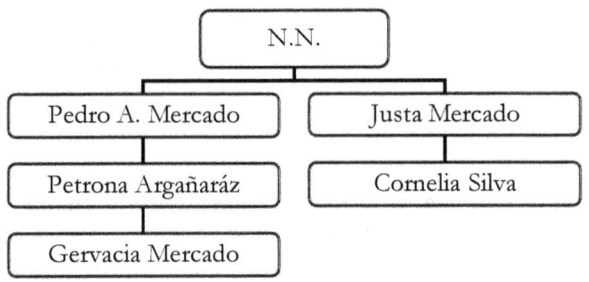

Santillán, Ramón Rosa con Romano, María Máxima
F.140v: En esta iglesia parroquial Concepción de El Alto, a 13 de diciembre de 1869, se casó **Ramón Rosa Santillán**, h. l. del finado José Ignacio Santillán y de Maximiliana Herrera, vecino de los Osores, con **María Máxima Romano**, h. l. de Jacobo Romano y de la finada Paula Quiroga, vecina del Cajón. Ts Doroteo Castellanos y Filomena Sosa. Velados el 9 de febrero de 1870. Ts los mismos.

Nieva, Vicente con Guarás, Anastasia
F.141: En la iglesia de las Tunas, a 31 de agosto de 1870, se casó y veló **Vicente Nieva**, h. l. de los finados Cruz Nieva y Ana María Vallejos, con **Anastasia Guarás**, h. l. del finado Nicolás Guarás y de Justa Aguirre. Ambos vecinos del Bañado. Ts Graciliano Rosales y Antonia Rosales.

Romero, Telésforo con Díaz, María Cupertina
F.141: En la iglesia de las Tunas, a 31 de agosto de 1870, se casó **Telésforo Romero**, h. l. de Basilio Romero y de Ángela Nieva, con **María Cupertina Díaz**, h. n. de la finada Serviliana Díaz. Ambos vecinos de la Jarilla. Ts Juan Vicente Barrientos y Albina Barrientos.

Ibáñez, Ignacio Ibáñez con Leguizamón, Eusebia
F.141v: En la iglesia de las Tunas, a 31 de agosto de 1870, se casó y veló **Ignacio Antonio Ibáñez**, h. n. de Simona Ibáñez, vecino del Bañado de Ovanta, con **Eusebia Leguizamón**, h. l. de Vicente Leguizamón y de Juana Francisca Alba, vecina de los Dos Pocitos. Ts Cirilo Leguizamón y Bonifacia Luna.

Leiva, Nicolás con Reinoso, María Paula
F.142: En la iglesia de las Tunas, a 31 de agosto de 1870, se casó y veló **Nicolás Leiva**, h. n. de Manuela Leiva, vecino de los Dos Pocitos, con **María Paula Reinoso**, h. l. de Reimundo Reinoso y de Fortunata Fernández, vecina del Bañado. Ts Ruperto Ibáñez y María Rosa Ibáñez.

Arévalo, Dn. Andrés Eloy con Ríos, María Eufrasia
F.142: En esta iglesia parroquial Concepción de El Alto, a 3 de setiembre de 1870, dispensado el impedimento de consanguinidad en tercer grado simple de la línea colateral, se casó y veló Dn. **Andrés Eloy Arévalo**, h. l. de Pedro Santos Arévalo y de Da. Carme Rodríguez, con Da. **María Eufrasia Ríos**, h. l. de Dn. Ramón Ríos y de Da. Juana Ignacia Arévalo. Ambos vecinos de Caña Cruz. Ts Dn. Anselmo Villalba y Da. Epifanía Melián, cónyuges. Nota: la información matrimonial correspondiente a este matrimonio tiene fecha el 5 de agosto de 1870, allí se explica el parentesco con el siguiente esquema:

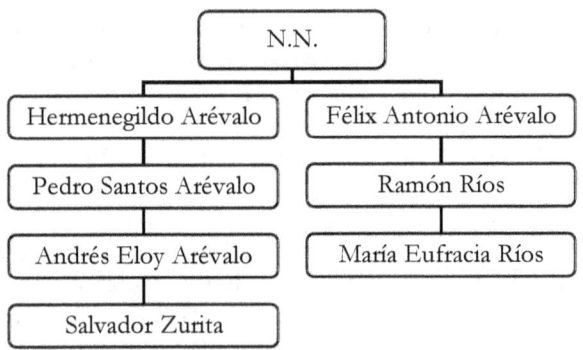

Toledo, Teófilo con García, Dominga
F.142v: En esta iglesia parroquial Concepción de El Alto, a 3 de setiembre de 1870, se casó **Teófilo Toledo**, h. n. de la finada Jerónima Toledo, con **Dominga García**, h. n. de la finada Bailona García. Ambos vecinos de El Alto. Ts Dn. Manuel González y Da. Romualda Molina.

Lobo, Dn. Luis con Altamiranda, Da. Juliana
F.142v: En esta iglesia parroquial Concepción de El Alto, a 7 de setiembre de 1870, dispensado el impedimento de afinidad ilícita en segundo grado simple de la línea colateral, se casó Dn. **Luis Lobo**, h. n. de la finada Da. Tránsito Lobo, vecino del Agua Dulce, con Da. **Juliana Altamirana**, h. l. del finado Dn. Julián Altamirana y de Josefa Pereira, vecina de Sucuma. Ts Dn. Mariano Lezana y Da. Apolinaria Altamirana.

Sosa, Aniceto con Chazarreta, Isabel
F.143: En esta iglesia parroquial Concepción de El Alto, a 8 de setiembre de 1870, se casó **Aniceto Sosa**, h. n. de la finada Sebastiana Sosa, vecino de los Osores, con **María Isabel Chazarreta**, h. n. de Manuela Chazarreta, vecina de la Aguadita. Ts Rosario Osores y Rosario Ledesma, cónyuges.

Páez, Dn. Felicísimo con Lobo, Da. Francisca Antonia

F.143v: En esta iglesia parroquial Concepción de El Alto, a 7 de octubre de 1870, se casó y veló Dn. **Felicísimo Páez**, h. l. de Dn. Genuario Páez y de la finada Da. Paz Navarro, vecino de Oyola, con Da. **Francisca Antonia Lobo**, h. l. del finado Dn. Juan de la Cruz Lobo y de Da. Juana María Villagrán, vecina de Vilismano. Ts Dn. Ramón Gil Quiroga y Da. Teodora Caballero.

Ahumada, Rosario con González, Presentación María

F.143v: En esta iglesia parroquial Concepción de El Alto, a 8 de octubre de 1870, se casó y veló **Rosario Ahumada**, h. n. de la finada Isidora Ahumada, con **Presentación de María González**, h. n. de la finada Florencia González. Ambos vecinos del Vallecito. Ts Dn. Pedro Pereira y Da. Clara Pereira.

Almaraz, Dn. José Benito con Barrientos, Da. Sofía

F.144: En esta iglesia parroquial Concepción de El Alto, a 11 de octubre de 1870, se casó Dn. **José Benito Almaraz**, h. l. de Dn. José Avelino Almaraz y de Da. Apolinaria Altamirana, con Da. **Sofía Barrientos**, h. l. de Dn. Peregrino Barrientos y de la finada Da. Juana Rosa Ahumada. Ts Dn. Juan Gregorio Márquez y Da. Marquesa Márquez.

Mercado, Saturnino con Díaz, Andrea

F.144: En la iglesia de las Cortaderas, a 3 de octubre de 1870, se casó y veló **Saturnino Mercado**, h. l. de los finados Pedro Mercado y Lorenza Ramírez, con **Andrea Díaz**, h. l. de Manuel Díaz y de Lorenza Páez. Ambos vecinos de las Tunas. Ts Cipriano Ortiz y María Leguizamón.

Páez, Desiderio con Suárez, Florinda

F.144v: En la iglesia de las Cortaderas, a 10 de octubre de 1870, dispensado el impedimento de consanguinidad en tercer grado simple de la línea lateral, se casó y veló **Desiderio Páez**, h. n. de la finada María Antonia Páez, con **Florinda Suárez**, h. l. de Bernardo Suárez y de María Lobo. Ambos vecinos de las Cortaderas. Ts Dn. Miguel Gómez y Da. Silveria Castellano. Nota: la información matrimonial correspondiente a este matrimonio está fechada en El Alto el 6 de mayo de 1870, el parentesco entre los contrayentes se explica con el siguiente esquema:

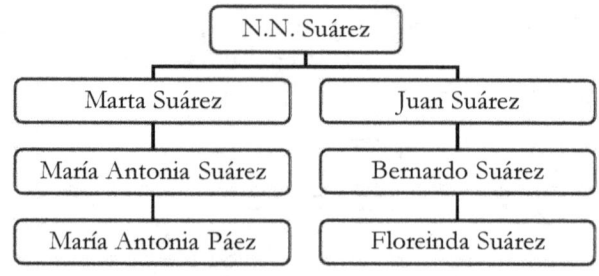

Argañaráz, Dn. Mateo con Suárez, Da. Petrona

F.145: En la iglesia de las Cortaderas, a 12 de octubre de 1870, se casó y veló Dn. **Mateo Argañaráz**, h. l. del finado Dn. Pedro Antonio Argañaráz y de Da. Alberta Suárez, vecino de las Cortaderas, con Da. **Petrona Suárez**, h. l. de Dn. Juan Pedro Suárez y de Da. Rosario Ávila, vecina de las Cañas. Ts Dn. Juan Bautista Ponce y Da. Celedonia Suárez., cónyuges.

Flores, Lucindo con Bazán, Micaela

F.145: En la iglesia de las Cortaderas, a 24 de octubre de 1870, dispensado el impedimento de afinidad por cópula lícita en segundo grado con atingencia al primero de la línea transversal, se casó **Lucindo Flores**, h. l. de Domingo Flores y de Inocencia Lobo, con **Micaela Bazán**, h. l. de los finados Cándido Bazán y Ciriaca Rodríguez. Ambos vecinos de Achales. Ts Secundino Romero y Silveria Castellanos, cónyuges.

Peralta, Segundo Ignacio con Salvatierra, María de las Mercedes

F.145v: En esta iglesia parroquial Concepción de El Alto, a 7 de noviembre de 1870, se casó **Segundo Ignacio Peralta**, h. l. de los finados Diego Ignacio Peralta y Francisca Cisterna, con **María de las Mercedes Salvatierra**, h. n. de Bibiana Salvatierra. Ambos vecinos de El Alto. Ts Dn. Alejandro Segura y Da. Francisca Segura. Velados el 10 de noviembre. Ts los mismos.

Ávila, David con Rivadeneira, María Tomasa

F.146: En esta iglesia parroquial Concepción de El Alto, a 26 de noviembre de 1870, se casó y veló **David Ávila**, h. l. de los finados Cipriano Ávila y Antonia Jeréz, con **María Tomasa Rivadeneira**, h. l. del finado Juan Agustín Rivadeneira y de Felisa Jiménez. Ambos vecinos de Sucuma. Ts Dn. Ramón Rosa Salvatierra y Candelaria Barrionuevo.

Robles, Dn. Abraham Moisés con Ovejero, Da. Benigna

F.146: En esta iglesia parroquial Concepción de El Alto, a 26 de noviembre de 1870, se casó y veló Dn. **Abraham Moisés Robles**, h. l. de los finados Dn. Juan Manuel Robles y Da. Petrona Bastos, con Da.

Benigna Ovejero, h. l. de los finados Dn. Benigno Ovejero y Da. Tomasa Cevallos. Ambos vecinos de la misma parroquia de El Alto. Ts Dn. Antonio María Gómez y Da. Antonia Urrejola.

Argañaráz, Dn. Manuel con Pérez, Da. Noemí
F.146v: En la iglesia de los Manantiales, a 12 de octubre de 1870, se casó y veló Dn. **Manuel Argañaráz**, h. l. de los finados Dn. Gregorio Argañaráz y Da. María Salvadora Robles, vecino de la Chacarita, del curato rectoral, con Da. **Noemí Pérez**, h. l. de Dn. Celedonio Pérez y de Da. Luisa Agüero, vecina de Alijilán. Ts Dn. Crisanto Pérez y Da. Hugolina Barrientos, cónyuges.

Páez, Dn. Federico con Rizo, Da. Estaurófila
F.147: En esta iglesia parroquial Concepción de El Alto, a 28 de noviembre de 1870, dispensado el impedimento de consanguinidad en tercer grado simple de la línea colateral, se casó Dn. **Federico Páez**, h. l. de Dn. Manuel Páez y de la finada Da. Jacoba Contreras, vecino del Agua del Sauce, con Da. **Estaurófila Rizo**, h. l. de los finados Dn. Pedro Antonio Rizo y Da. Gregoria Falcón, vecina de los Ortices. Ts Dn. Laurencio Rizo Patrón y Da. Rosa Gómez, cónyuges. Nota: la información matrimonial correspondiente a este enlace está fechada el 25 de octubre de 1870. Allí se explica el parentesco con el siguiente esquema:

Juárez, José Gregorio con Valdéz, Patricia Rosa
F.147: En esta iglesia parroquial Concepción de El Alto, a 27 de diciembre de 1870, se casó **José Gregorio Juárez**, h. l. de Juan Dionisio Juárez y de María Lucinda Rojas, con **Patricia Rosa Valdéz**, h. l. de Juan Inocencio Valdéz y de la finada María Andrea Ruiz. Ambos vecinos de Ancuja. Ts Ramón Moisés Zurita y Concepción Soria.

Resola, Juan Antonio con Rosales, Josefa
F.147v: En esta iglesia parroquial Concepción de El Alto, a 28 de diciembre de 1870, se casó **Juan Antonio Resola**, h. n. de Ildefonsa Resola, vecino de la Toma, con **Josefa Rosales**, h. l. de Cecilio González y de Feliciana Bravo, vecina también de la Toma. Ts Calixto Robles y Da. Justa Melián.

Ávila, Dn. José con Cevallos, Da. Maclovia
F.147v: En esta iglesia parroquial Concepción de El Alto, a 31 de diciembre de 1870, se casó Dn. **José Ávila**, h. l. de Dn. Gerardo Ávila y de Da. Nicolasa Valdéz, vecino de la Rinconada, con Da. **Maclovia Cevallos**, h. l. de Dn. Hilario Cevallos y de Da. Teresa Villarroel, vecina de los Zanjones. Ts Dn. Clemiro Gómez y Da. Carmen Salas.

Rosales, Mardoqueo con Reinoso, Eladia
F.148: En esta iglesia parroquial Concepción de El Alto, a 11 de enero de 1871, dispensado el impedimento de consanguinidad en tercer grado mixto con segundo de la línea colateral, se casó y veló **Mardoqueo Rosales**, h. l. de los finados Lorenzo Rosales y Concepción Molina, vecino de la Puerta Grande, con **Eladia Reinoso**, h. n. de Javiera Reinoso, vecina del Monte Redondo. Ts Dn. Belisario Rosales y Da. Lucinda Rosales, cónyuges. Nota: la información matrimonial correspondiente está fechada en El Alto el 30 de octubre de 1870, allí se explica el parentesco con el siguiente esquema genealógico

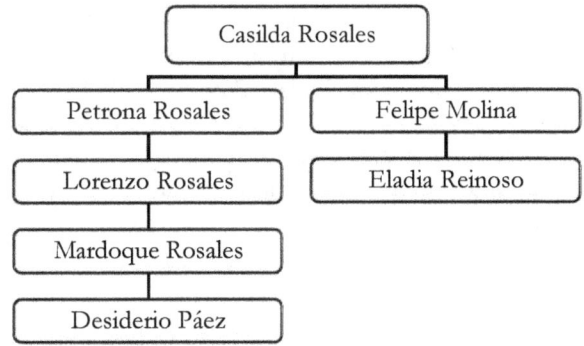

Lazo, Dn. Ramón Antonio con Soria, Da. Tomasa
F.148v: En esta iglesia parroquial Concepción de El Alto, a 13 de enero de 1871, se casó y veló Dn. **Ramón Antonio Lazo**, h. l. de Dn. Pedro Antonio Lazo y de Da. Luisa Leiva, con Da. **Tomasa Soria**, h. l. de Dn. Nicolás Soria y de la finada Da. Juana Pedraza. Ambos vecinos de la Costa. Ts Isidoro Robles y Luisa Leiva.

Varela, Benito con Barrientos, Josefa
F.148v: En esta iglesia parroquial Concepción de El Alto, a 16 de enero de 1871, se casó y veló **Benito Varela**, h. l. de Tomás Antonio Varela y de Hugolina Reinoso, con **Josefa Barrientos**, h. l. de Pastor Barrientos y de la finada Gregoria Guerrero. Ambos vecinos de Alijilán. Ts Dn. Isidoro Coronel y a Melitona Cabral, cónyuges.

Calvimonte, Agustín Pío con Sotelo, María de Jesús

F.149: En esta iglesia parroquial Concepción de El Alto, a 16 de enero de 1871, se casó y veló **Agustín Pío Calvimonte**, h. l. de Ramón Calvimonte y de la finada (en blanco), vecino de Inacillo, con **María de Jesús Sotelo** (en nota al margen figura como María del Rosario Verón, nombre de la testigo), h. l. del finado Buenaventura Sotelo y de Bernardina Jiménez, vecina de Cóndor Huasi. Ts Miguel Agüero y María del Rosario Verón, cónyuges.

Garay, Eduardo con Luján, Crisanta

F.149v: En la iglesia de Vilismano, a 6 de febrero de 1871, se casó y veló **Eduardo Garay**, h. l. de Crespín Garay y de Gregoria Ledesma, vecino de los Corrales, con **Crisanta Luján**, h. n. de Inés Luján, vecina de la Huerta. Ts Félix Rosario Vázquez y María del Rosario Ledesma, cónyuges.

González, Francisco Javier con Barrera, María Natividad

F.149v: En la iglesia de Vilismano, a 7 de febrero de 1871, se casó y veló **Francisco Javier González**, h. l. de Cecilio González y de Feliciana Bravo, con **María Natividad Barrera**, h. l. de los finados Juan Simón Barrera y Lucinda González. Ambos vecinos de la Toma. Ts Dn. José Arévalo y Da. Donata Cardoso, cónyuges. Nota: la información matrimonial correspondiente está fechada el 2 de enero de 1871, allí se declara que la novia es viuda de Santiago Aguilar y que entre los contrayentes hay un impedimento por consanguinidad en cuarto grado el cual se explica con el siguiente esquema:

Durán, Ramón con Ibáñez, Encarnación

F.150: En la iglesia de los Manantiales, a 18 de febrero de 1871, se casó y veló **Ramón Durán**, h. l. de Damascio Durán y de Nicolasa Navarro, con **Encarnación Ibáñez**, h. n. de Cornelia Ibáñez. Ambos vecinos de Alijilán. Ts Ángel Díaz y Rosario Sosa.

Segura, Antenor con Albarracín, Digna

F.150: En la iglesia de los Manantiales, a 18 de febrero de 1871, se casó **Antenor Segura**, h. n. de la finada Petrona Segura, vecino de los Manantiales, con **Digna Albarracín**, h. n. de la finada Juana Albarracín, vecina de los Manantiales. Ts Isidro Soria y Rosario Medina.

Carrizo, Rodolfo con Nieva, Paula

F.150v: En la iglesia de los Manantiales, a 20 de febrero de 1871, se casó y veló **Rodolfo Carrizo**, h. n. de Marquesa Carrizo, vecino de Alijilán, con **Paula Nieva**, también vecina de Alijilán, h. n. de la finada Francisca Nieva. Ts Dn. Félix Valdéz y Da. Sofía Barrientos, cónyuges.

Lobo, Mariano con Hernández, Nieves

F.150v: En la iglesia de los Manantiales, a 20 de febrero de 1871, se casó y veló **Mariano Lobo**, h. n. de la finada Juana Lobo, vecino de Alijilán, con **Nieves Hernández** (figura como Nieves Inés Zurita en índice de informaciones matrimoniales), también vecina de Alijilán, h. l. de los finados Fidel Hernández y Antonina Cabral. Ts Dn. Félix Ignacio Barrientos y Da. Eusebia Valdéz.

Robles, Felizardo con Reinoso, Efigenia

F.151: En la iglesia de los Manantiales, a 20 de febrero de 1871, se casó y veló **Felizardo Robles**, h. l. del finado Pedro Robles y de Gregoria Burgos, vecino de la Aguada, con **Efigenia Reinoso**, también vecina de la Aguada, h. l. de Victorio Reinoso y de la finada Jerónima Villagra. Ts Manuel Ángel Díaz y Rosa Paz, cónyuges.

Arias, Gumersindo con Sánchez, Paula

F.151v: En la iglesia de los Manantiales, a 20 de febrero de 1871, se casó y veló **Gumersindo Arias**, h. n. de la finada Gregoria Arias, vecino de Alijilán, con **Paula Sánchez**, también vecina de Alijilán, h. l. de Hermenegildo Sánchez y de Prudencia Suárez. Ts Dn. Manuel José Paz y Da. Cenobia Valdéz, cónyuges.

Fernández, Luis con Ibáñez, Asunción

F.151v: En la iglesia de los Manantiales, a 20 de febrero de 1871, se casó y veló **Luis Fernández**, h. l. de Luis y de Leonarda Rosales, con **Asunción Ibáñez**, h. l. de Ruperto Ibáñez y de Eugenia Armas. Ambos vecinos de los Dos Pocitos. Ts Manuel Reinoso y Marcelina Leguizamón.

Sosa, Francisco con Espeche, María Mardonia

F.152: En la iglesia de los Manantiales, a 20 de febrero de 1871, se casó y veló **Francisco Sosa**, h. l. de los finados Gregorio y Cruz Bravo, con **María Mardonia Espeche**, h. n. de María del Tránsito Espeche. Ambos vecinos de Alijilán. Ts Dn. Pedro Espeche y Da. Bárbara Paz.

Zurita, Dn. Rufino con Arévalo, Da. Modesta

F.152: En esta iglesia parroquial Concepción de El Alto, a 27 de febrero de 1871, se casó Dn. **Rufino Zurita**, h. l. de los finados Dn. Manuel y Da. María Luisa Arévalo, con Da. **Modesta Arévalo**, h. l. de los finados Dn. Agustín y Da. Tránsito Lobo. Ts Dn. Juan Ignacio Zurita y Da. Delfina Morales, cónyuges.

Silva, Manuel de Reyes con Castro, Peregrina

F.152v: En esta iglesia parroquial Concepción de El Alto, a 15 de marzo de 1871, se casó **Manuel de Reyes Silva**, h. l. del finado Juan Manuel Silva y de Justa Rufina Mercado, con **Peregrina Castro**, h. n. de la finada Ceferina Castro. Ambos vecinos de las Tunas. Ts Dn. Juan de Dios Rosales y Da. Salomé Díaz.

Lencinas, Francisco con Caravajal, Ramona

F.152v: En la iglesia parroquial Concepción de El Alto, a 18 de marzo de 1871, se casó **Francisco Lencinas**, h. l. de Ramón y de Inés Nieva, vecino de las Talitas, con **Ramona Caravajal**, vecina de San Nicolás (no se mencionan padres). Ts José Ignacio Cuevas y Sofía Orellana.

Farías, Agustín con Reinoso, Rosario

F.153: En esta iglesia parroquial Concepción de El Alto, a 10 de abril de 1871, dispensado el impedimento de consanguinidad en tercer grado simple de la línea colateral, se casó **Agustín Farías**, h. l. de Juan Pablo Farías y de la finada Juana Petrona Reinoso, con **Rosario Reinoso** (no se mencionan padres). Ambos vecinos del Bañado de Ovanta. Ts Mariano Leguizamón y Juana Ventura Ibáñez. Nota: la información matrimonial correspondiente está fechada en El Alto el 25 de febrero de 1871, en ese documento se declara que la novia es hija natural de Josefa Reinoso y el parentesco se explica con el siguiente esquema:

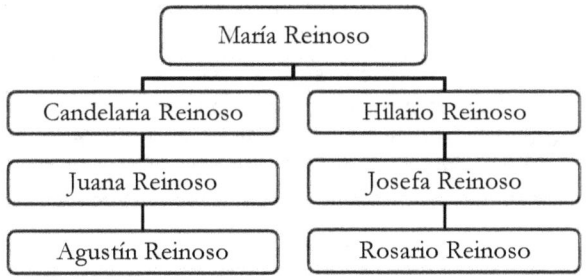

Rivera, Francisco Javier con Ibáñez, Baldomera

F.153: En esta iglesia parroquial Concepción de El Alto, a 10 de abril de 1871, se casó **Francisco Javier Rivera**, h. l. del finado Gregorio y Cruz Candi, vecino de la Carpintería, con **Baldomera Ibáñez**, vecina de la Aguada, h. n. de Petrona. Ts Martín Rivera y Nicasia Rivera. Velados a 26 de agosto. Ts los mismos.

Albarracín, Pedro con Guerrero, Bernardina

F.153v: En esta iglesia parroquial Concepción de El Alto, a 17 de abril de 1871, se casó y veló **Pedro Albarracín**, h. n. de la finada Plácida Albarracín, vecino de Alijilán, con **Bernardina Guerrero**, vecina de la Aguada. Ts Froilán Guerrero y Mercedes Lencinas, cónyuges.

Garnica, Agustín con Burgos, Ignacia

F.153v: En la iglesia de la Quebrada, a 2 de mayo de 1871, se casó y veló **Agustín Garnica**, h. l. de Juan Andrés y de Eduarda Mansilla, con **Ignacia Burgos**, ambos vecinos de Ancuja. Ts Félix Ignacio Vázquez y María del Rosario Ledesma, cónyuges.

Rosales, Dionisio con Rosales, Mercedes

F.154: En la iglesia de la Quebrada, a 25 de mayo de 1871, se casó y veló **Dionisio Rosales**, h. l. de José Domingo y de Justina Peralta, vecino del Bañado de Ovanta, con **Mercedes Rosales**, vecina del Bodeito, h. n. de la finada Isabel. Ts José Ramón García y Rosa Ramona Argañarás.

Heredia, Ramón Peregrino con Goitia, María Rosa

F.154v: En la iglesia de las Cortaderas, a 22 de mayo de 1871, se casó y veló **Ramón Peregrino Heredia**, h. n. de María Eulogia Heredia, con **María Rosa Goitia**, h. n. de Mercedes Goitia, ambos vecinos de Achales. Ts Tiburcio Lobo y Ramona Agüero, cónyuges.

Maidana, Felipe Santiago con Ledesma, Patrocinia

F.154v: En la iglesia de las Cortaderas, a 24 de febrero de 1871, se casó y veló **Felipe Santiago Maidana**, h. l. del finado Felipe Maidana y de María Luisa Rodríguez, con **Patrocinia Ledesma**, ambos vecinos de la Puerta de Molle Yaco. Ts Juan Cristino Quiroga y Griselda Reinoso, cónyuges.

Cabral, Dn. Miguel con Magallanes, Da. Tránsito

F.155: En esta iglesia parroquial Concepción de El Alto, a 26 de mayo de 1871, se casó Dn. **Miguel Antonio Cabral**, h. n. de Da. Rosario, vecino de Tabigasta, con Da. **Tránsito Magallan**, vecina de Yacochauma, h. l. de los finados Dn. Paulino Magallán y Da. María del Señor Páez. Ts Dn. Cristóforo Rodríguez y Da. Benigna Ovejero.

Salguero, Francisco con Castellanos, Petrona del Carmen

F.155: En esta iglesia parroquial Concepción de El Alto, a 7 de junio de 1871, se casó y veló **Francisco Salguero**, h. l. de los finados Nicolás Salguero y Nicolasa Romano, vecino de los Osores, con **Petrona** del Carmen Castellanos, vecina de Achales, h. l. de Salvador y de la finada Asunción Flores. Ts José Elías Santillán y Filomena Sosa.

Sánchez, Federico con Lobo, Modesta
F.155v: En esta iglesia parroquial Concepción de El Alto, a 7 de junio de 1871, se casó y veló **Federico Sánchez**, h. l. de los finados José Santos y Santos Amaya, vecino de Ayapaso, con **Modesta Lobo**, vecina de las Cortaderas, h. l. de Ignacio Lobo y de Filomena Lobo. Ts Pacífico Salguero y Salomé Lobo.

Rodríguez, Francisco Javier con Ortiz, Rosario
F.155v: En la iglesia de las Cortaderas, a 24 de mayo de 1871, se casó y veló **Francisco Javier Rodríguez**, h. l. de los finados Saturnino Rodríguez y de Isidora Luna, vecino del Bañado de Ovanta, con **Rosario Ortiz**, vecina de los Dos Pocitos. Ts Ramón Rosa Espíndola y Digna Espíndola.

Villalba, Dn. Solano con Navarro, Da. Ramona
F.156: En esta iglesia parroquial Concepción de El Alto, a 12 de junio de 1871, se casó y veló Dn. **Solano Villalba**, h. l. de Dn. Juan de Dios y de Da. Jerónima Arévalo, vecino de Huaico Hondo, con Da. **Ramona Navarro**, h. l. de Dn. Pedro y de Da. Teodora Caballero, vecina de Inacillo. Ts Dn. Ramón Gil Quiroga y Da. Froilana Medina, cónyuges.

Reinoso, Dn. Ramón Antonio con González, Da. Andrea Avelina
F.156: En esta iglesia parroquial Concepción de El Alto, a 12 de junio de 1871, se casó y veló Dn. **Ramón Antonio Reinoso**, h. n. de Da. María Jerónima Reinoso, con Da. **Andrea Avelina González**, h. l. de Dn. Juan Manuel y de la finada Da. Juana Paula Maldonado. Vecinos de Vilismano. Ts Dn. Juan Medina y Da. Carmen González, cónyuges.

Coria, Sebastiana con Peralta, Consolación
F.156v: En la iglesia de la Quebrada, a 12 de mayo de 1871, se casó y veló **Sebastián Coria**, h. l. de Manuel y de la finada Florentina Cortés, con **Consolación Peralta**, h. n. de Estanislada Peralta. Vecinos de Achales. Ts José Tomás Lobo y Plácida Ledesma, cónyuges.

Lezcano, Juan Antonio con Mercado Evangelista
F.156v: En la iglesia de la Quebrada, a 12 de mayo de 1871, se casó y veló **Juan Antonio Lezcano**, h. l. de Juan Antonio y de Lucinda Jiménez, con **Evangelista Mercado**, h. l. del finado Pablo y de Bibiana González. Vecinos de Ampolla. Ts Anacleto Reinoso y Carmen Barrientos.

Agüero, Dn. Manuel con Juárez, Da. Grimanesa
F.157: En esta iglesia parroquial Concepción de El Alto, a 16 de junio de 1871, se casó y veló Dn. **Manuel Agüero**, h. l. del finado Dn. Liberato y de Da. Dominga Lobo, vecino de Potro Ulpiana, con Da. **Grimanesa Juárez**, vecina del Agua del Sauce, h. l. de los finados Dn. José Nicolás Juárez y Da. María del Carmen Guamán. Ts Dn. Diego Cabral y Da. Nicolasa Valdéz.

Quiroga, Ricardo con Luna, María Nieves
F.157v: En esta iglesia parroquial Concepción de El Alto, a 30 de junio de 1871, se casó y veló **Ricardo Quiroga**, h. n. de Petrona, vecino de Amaucala, con **María Nieves Luna**, vecina de Ampolla, h. l. de Jorge y de Nicolasa Jiménez. Ts Nicolás Leguizamón y Manuela Rosales.

Leguizamón, Buenaventura con Rodríguez, Andrea
F.157v: En esta iglesia parroquial Concepción de El Alto, a 7 de julio de 1871, se casó y veló **Buenaventura Leguizamón**, h. l. de Juan Silvestre Leguizamón y de la finada Leonarda Jiménez, con **Andrea Rodríguez**, h. l. del finado Juan Gil y de Juana Ibáñez, ambos vecinos del Bañado de Ovanta. Ts Dn. Albino Macedo y Da. Griselda Lezcano.

Victoriano, Juárez con Díaz, María del Rosario
F.158: En esta iglesia parroquial Concepción de El Alto, a 17 de julio de 1871, se casó y veló **Victoriano Juárez**, h. l. de los finados Fernando y Francisca Brizuela, con **María del Rosario Díaz**, h. l. del finado Felipe y de Marta Rosales, ambos vecinos de Alijilán. Ts Pedro Díaz y Segunda Agüero, cónyuges.

Ibáñez, Dn. Advertano con Lazo, Da. Fortunata
F.158v: En la iglesia de Vilismano, a 29 de julio de 1871, dispensado el impedimento de consanguinidad en cuarto grado simple de la línea colateral, se casó y veló Dn. **Advertano Ibáñez**, h. l. del finado Dn. Marcelino y de Da. María del Carmen Lazo, vecino de Talasí, con Da. **Fortunata Lazo**, vecina de la Costa, h. l. del finado Dn. Pedro Pablo y de Da. Luisa Leiva. Ts Dn. Maximino Morales y su esposa Da. Ángela Reinoso. La información matrimonial está fechada en El Alto el 29 de abril de 1871, el parentesco se explica con el siguiente esquema:

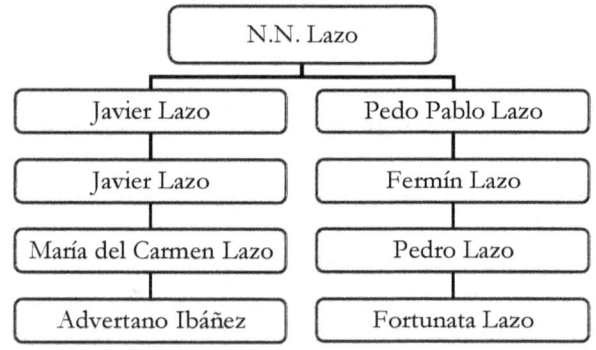

Gómez, Dn. Francisco Javier con Brizuela, Da. Nieves

F.158v: En esta iglesia parroquial Concepción de El Alto, a 8 de marzo de 1871, dispensados los impedimentos de segundo grado de consanguinidad simple de la línea colateral, con el primer grado de afinidad lícita también de la línea colateral igual, se casó Dn. **Francisco Javier Gómez**, h. l. del finado Dn. José Manuel y Da. Ignacia Jeréz, con Da. **Nieves Brizuela**, h. l. del finado Dn. Amaranto y de Da. Pastora Gómez. Vecinos de El Alto. Ts Dn. Solano Segura y Da. Pastora Gómez, cónyuges.

Burgos, Benedicto con Ríos, María Teodora

F.159: En la iglesia de Vilismano, a 29 de julio de 1871, se casó y veló **Benedicto Burgos**, h. n. de Hilaria, con **María Teodora Ríos**, h. l. de Ramón Rosa y de Juana Ignacia Arévalo, vecinos de San Jerónimo. Ts Dn. Felipe Cejas y Da. Petronila Jeréz, cónyuges.

Frías, Ciriaco con Cordero, Corazón de Jesús

F.159: En esta iglesia parroquial Concepción de El Alto, a 12 de julio de 1871, se casó y veló **Ciriaco Frías**, h. l. del finado Luis y de Zoila Juárez, con **Corazón de Jesús Cordero**, h. l. de Octaviano y de Margarita Díaz, vecinos de El Alto. Ts Dn. José Segura y Da. Adelaida Suasnabar.

Albarracín, Juan de la Rosa con Vázquez, Juliana

F.159v: En la iglesia de Vilismano, a 31 de julio de 1871, se casó y veló **Juan de la Rosa Albarracín**, h. l. del finado Proceso y de Pilar Bazán, con **Juliana Vázquez**, h. l. de los finados Hermenegildo Vázquez y María Inés Sobrecasas, vecinos de Talasí. Ts Román López y Brígida Pedraza, cónyuges.

Cevallos, José Odofio con Márquez, Felisa del Carmen

F.160: En esta iglesia parroquial Concepción de El Alto, a 2 de agosto de 1871, se casó **José Odofio Cevallos**, h. l. de los finados Manuel Antonio y Segunda Collantes, vecino de Ampolla, con **Felisa del Carmen Márquez**, vecina de Sucuma, h. l. de los finados Juan Tomás y Mercedes Arévalo. Ts Dn. Francisco Javier Gómez y Da. Nieves Brizuela, cónyuges.

Reinoso, Dn. José Domingo con Rosales, Da. Eulalia

F.160: En la iglesia de Quimilpa, a 26 de agosto de 1871, se casó y veló Dn. **José Domingo Reinoso**, h. l. de Dn. Lorenzo y de Da. Luisa Leiva, con Da. **Eulalia Rosales**, h. l. de Dn. Juan José y Da. Manuela Rosales, vecinos del Bañado de Ovanta. Ts Ramón Luna y Baldomera Mercado.

Maidana, Dn. Lorenzo con Luján, Da. Maclovia

F.160v: En esta iglesia parroquial Concepción de El Alto, a 21 de setiembre de 1871, se casó y veló Dn. **Lorenzo Maidana**, h. l. del finado Dn. Plácido y de Da. Modesta Arévalo, con Da. **Maclovia Luján**, h. n. de la finada Da. Benigna, vecinos de Caña Cruz. Ts Dn. David Cejas y Da. Mauricia Lobo.

Pérez, Dn. Fermín con Ponce, Da. Arsenia

F.160v: En esta iglesia parroquial Concepción de El Alto, a 21 de setiembre de 1871, se casó y veló Dn. **Fermín Luciano Pérez**, h. l. de Dn. Marcos y de Da. Mercedes Villarroel, vecino de Choya, provincia de Santiago del Estero, curato de la Punta de Maquijata, con Da. **Arsenia Ponce**, vecina de Iloga, h. l. del finado Dn. Juan Pío y de Da. Carmen Valdéz. Ts Laureano Ibáñez y Da. Zelanda Lazo.

Guerrero, Dn. Camilo con Chávez, Da. Agustina

F.161: En esta iglesia parroquial Concepción de El Alto, a 9 de octubre de 1871, se casó y veló Dn. **Camilo Guerrero**, h. l. de Dn. Elías y de la finada Da. Carlota Cardoso, vecino del Saucecito, con Da. **Agustina Chávez**, vecina de los Manantiales. Ts Dn. Benito de los Reyes y Da. Rosario Guerrero.

Ávila, Dn. Jobo con Ávila, Da. María Ignacia

F.161: En esta iglesia parroquial Concepción de El Alto, a 12 de octubre de 1871, dispensado el impedimento de consanguinidad en segundo grado simple de la línea colateral, se casó y veló Dn. **Jobo Ávila**, h. l. de Dn. Maximiano y de Da. Rosario Mercado, con Da. **María Ignacia Ávila**, h. l. del finado Dn. Benjamín y de Da. Elena Ávila. Vecinos de las Cañas. Ts Dn. Maximiano Ávila y Da. Elena Ávila.

Zurita, Dn. José Peregrino con Zurita, Da. Teresa

F.161v: En esta iglesia parroquial Concepción de El Alto, a 30 de octubre de 1871, dispensado el impedimento de consanguinidad en segundo grado simple de la línea colateral, se casó y veló Dn. **José Peregrino Zurita**, h. l. del finado Dn. Pedro Gregorio Zurita y de Da. María Juliana Marino, con Da. **Teresa Zurita**, h. l. de Dn. Justo Pastor y de Da. Polonia Villagrán. Vecinos de Ancamugalla. Ts Dn. Santiago Pereira y Da. Bartolina Oviedo, cónyuges.

Armas, Pedro con Ibáñez, Nicéfora

F.162: En esta iglesia parroquial Concepción de El Alto, a 2 de noviembre de 1871, dispensado el impedimento de consanguinidad en cuarto grado simple de la línea colateral, se casó y veló **Juan Pedro Armas**, h. l. de José Prudencio Armas y de Encarnación Ibáñez, con **Nicéfora Ibáñez**, h. l. de Pascual Ibáñez y de Sabina Fernández. Vecinos del Bañado de Ovanta. Ts Ramón Antonio Ibáñez y

Francisca Juliana Caravajal. Nota: La información matrimonial correspondiente está fechada en El Alto el 9 de octubre de 1871, el parentesco entre los contrayentes se explica con el siguiente esquema:

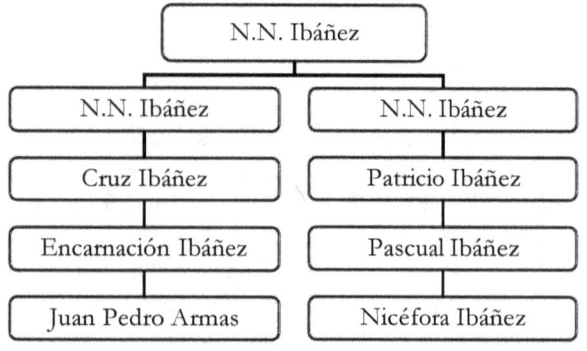

Domínguez, Dn. Eulogio con Ocón, Da. Joba Rosa
F.162: En esta iglesia parroquial Concepción de El Alto, a 3 de noviembre de 1871, se casó y veló Dn. **Eulogio Domínguez**, h. l. de Dn. Tiburcio Domínguez (en blanco), vecino de la Costa, con Da. **Joba Rosa Ocón**, vecina del Sauce. Ts Dn. Antonio Ocón y Da. Benigna Almaraz, cónyuges.

Lobo, Dn. José Luis con Lobo, Da. María Virginia
F.162v: En esta iglesia parroquial Concepción de El Alto, a 4 de noviembre de 1871, dispensados dos impedimentos de consanguinidad, el primero en tercer grado simple de línea colateral, el segundo en segundo grado mixto con tercero también de línea colateral, se casó y veló Dn. **José Luis Lobo**, h. l. del finado Dn. José Luis y de Da. Nicolasa Agüero, vecino de Potro Ulpiana, con Da. **María Virginia Lobo**, vecina de las Lomitas, h. l. de Dn. Félix Rosa Lobo y de Da. Francisca Antonia Camaño. Ts Dn. José Ignacio Lobo y Da. María del Señor Arévalo, cónyuges. Nota: la información matrimonial está fechada en El Alto el 9 de octubre de 1871, allí se explican los parentescos con los siguientes esquemas genealógicos:

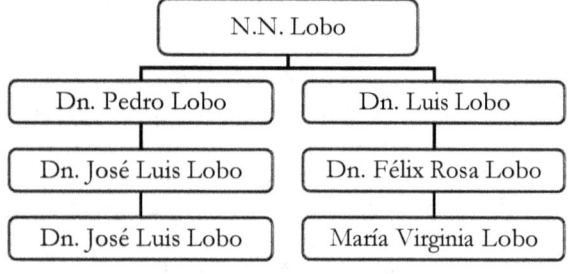

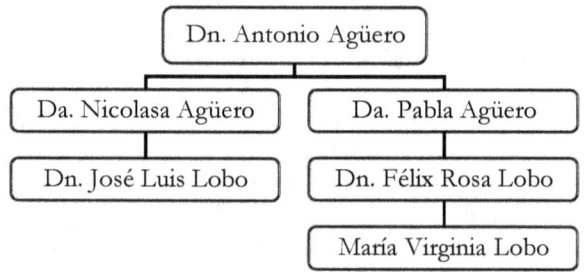

Ortega, Nicolás con Soria, María
F.163: En esta iglesia parroquial Concepción de El Alto, a 6 de noviembre de 1871, se casó y veló **Nicolás Ortega**, h. l. de Samuel y de Bárbara Coronel, con **María Soria**, h. l. de Miguel y de Mercedes Osores. Vecinos de Alijilán. Ts Froilán Guerrero y Mercedes Lencinas, cónyuges.

Lobo, Dn. Ángel Liborio con Rizo Patrón, Da. Juana Eduviges
F.163: En esta iglesia parroquial Concepción de El Alto, a 11 de noviembre de 1871, se casó y veló Dn. **Ángel Liborio Lobo**, h. l. de Dn. Pedro y de la finada Da. Felipa Valdéz. vecino de los Albarracines, con Da. **Juana Eduviges Rizo Patrón**, vecina del Manantial, h. n. de Da. Manuela Rizo Patrón. Ts Dn. Guillermo Rodríguez y Da. Petrona Albarracín.

Brandán, Dn. Florentino con Márquez, Da. Javiera
F.163v: En esta iglesia parroquial Concepción de El Alto, a 8 de abril de 1871, se casó Dn. **Luis Florentino Brandán**, natural de La Rioja, h. l. del finado Dn. Luis y de Da. Simona Chávez, vecino de la Ciudad de Catamarca, con Da. **Javiera Márquez**, vecina de esta misma villa parroquia de El Alto, h. l. del finado Dn. Juan Gregorio y de Da. Regina Ferreira, siendo testigos por persona de Dn. Crisanto Gómez y su esposa Da. Noemí Bracchieri, Dn. Solano Segura y su esposa Pastora Gómez, cónyuges.

Rosales, Dn. Belisario con Leguizamón, Cledovia
F.164: En esta iglesia parroquial Concepción de El Alto, a 7 de febrero de 1872, se casó y veló Dn. **Belisario Rosales**, h. n. de Da. Victoria, vecino de Ovanta, con Da. **Cledovia Leguizamón**, vecina de las Tunas, h. l. de Dn. Julián y Da. Ramona del Señor Correa. Ts Dn. Manuel Isidoro Peralta y Da. Luisa Rosales.

Lobo, Dn. Roberto con Duarte, Crisóloga
F.164: En esta iglesia parroquial de El Alto, a 3 de febrero de 1872, dispensado el impedimento de cópula lícita en tercer grado mixto con el segundo de línea lateral, se casó y veló Dn. **Roberto Lobo**, h. l. de los finados Dn. José Luis y Da. Nicolasa Agüero, con Da.

Crisóloga Duarte, h.l. de Dn. Gregorio Duarte y de Da. Crisóloga Robles, vecinos de la Huerta. Ts Dn. Juan Delgado y Manuela Arévalo. Nota: La información matrimonial está fechada en El Alto el 5 de enero de 1872, en ese documento se declara que el contrayente era viudo de Da. Ubelina Arévalo y el parentesco se explica con el siguiente esquema:

Arévalo, Dn. Felipe Santiago con Ocón, Da. María Aurora
F.164v: En esta iglesia parroquial de la Concepción de El Alto, a 15 de enero de 1872, se casó Dn. **Felipe Santiago Arévalo**, h. l. de Dn. José Santiago y de Da. Juana Rosa Márquez, vecino de la Huerta, con Da. **María Aurora Ocón**, vecina de las Higuerillas, h. l. de Dn. Segundo y de Da. María Bonifacia González. Ts Dn. José Santiago Arévalo y Da. Isidora González.

Díaz, Dn. Félix Mariano con Arévalo, Da. Gregoria
F.165: En esta iglesia parroquial de la Concepción de El Alto, a 17 de febrero de 1872, dispensado el impedimento de afinidad en primer grado simple de la línea colateral, se casó y veló Dn. **Félix Mariano Díaz**, h. n. de la finada Concepción, con Da. **María Gregoria Arévalo**, h. n. de la finada Reyes. Vecinos de Caña Cruz. Ts Dn. Francisco Javier Gómez y Da. Nieves Gómez, cónyuges.

Ortiz, Nicolás con Collantes, Cledovia
F.165v: En esta iglesia parroquial de la Concepción de El Alto, a 2 de enero de 1872, se casó y veló **Nicolás Ortiz**, h. l. del finado Nicolás y de Juana Rosa Reinoso, con **Cledovia Collantes**, h. l. de Avelino y de Pabla Salguero, ambos vecinos de la Rinconada. Ts Filomeno Figueroa…

Libro de Matrimonios N° 5
1872-1880

Juárez, José Florencio con Mansilla, María del Rosario
F.1: En esta iglesia parroquial de El Alto, a 20 de marzo de 1872, se casó **José Florencio Juárez**, h.n. de Manuela Juárez, vecina de Haipa Sorcona, con **María del Rosario Mansilla**, viuda, h.l. de los finados Fermín y Regina Páez, vecinos de Haipa Sorcona. Ts Dn. Juan Delgado y Da. María Argañaráz, cónyuges.

González, Solano con Jiménez, Ana Luisa
F.1: En esta iglesia parroquial de El Alto, a 25 de marzo de 1872, se casó **Solano González**, h.l. de Pedro y María Celestina Ortiz, finados, vecinos de Ovanta, con **Ana Luisa Jiménez**, viuda de Andrés Luna, h.l. de los finados Isidoro y Arcadia González, vecinos de Ovanta. Ts Florentino Collantes y Arsenia Cárdenas. Nota: la información matrimonial correspondiente está fechada el 2 de marzo de 1872, en ese documento se declara que el contrayente es viudo, pero no se Da. el nombre de la esposa fallecida, se declara también un impedimento por consanguinidad en tercer grado el que se explica con el siguiente esquema:

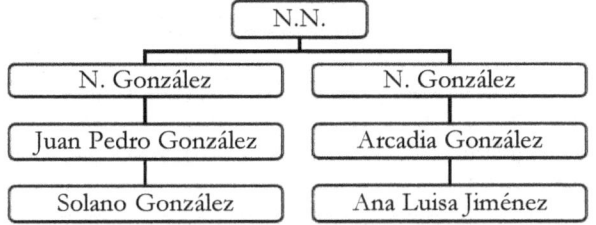

Salvatierra, Pablo con Córdoba, María del Pilar
F.1v: En esta iglesia parroquial de El Alto, a 8 de abril de 1872, se casó y veló **Pablo Salvatierra**, h.n. de Viviana Salvatierra, vecinos del Agua Dulce, con **María del Pilar Córdoba**, h.l. de Juan Francisco y de María Juana Páez, vecinos del Puesto Viejo. Ts Manuel Páez y Filomena Sosa.

Juárez, Emeterio con Martínez, María Dominga
F.1v: En esta iglesia parroquial de El Alto, a 8 de abril de 1872, se casó y veló Dn. **Emeterio Juárez**, h.l. de los finados José y María del Carmen Guamán, vecinos del Agua del Sauce, con Da. **María Dominga Martínez**, h.l. del finado Dn. Ángel Román Martínez y de Da. María del Tránsito Magallan, vecino de Tabigasta. Ts Nicanor Guamán y María Aguedita Magallan.

Coronel, Alejo con Páez Faustina
F.2: En esta iglesia parroquial de El Alto, a 8 de abril de 1872, se casó y veló **Alejo Coronel**, h.l. de los finados Bernardo y Manuela Varela, vecinos de Talasí, con **Faustina Páez**, h.l. de los finados Nacianceno Páez y Serafina Morales, vecinos de Talasí. Ts Teófilo Toledo y Dominga García, cónyuges.

Lobo, Eufemio con Luna, Lina Rosa
F.2: En esta iglesia parroquial de El Alto, a 8 de abril de 1872, se casó y veló Dn. **Eufemio Lobo**, h.l. de Dn. Pedro y de la finada Da. Felipa Valdéz, vecinos de los Albarracines, con Da. **Lina Rosa Luna**, h.l. de Dn. José Manuel y de Da. Bernarda Aráoz, vecinos de Amaucala. Ts Dn. Fermín Márquez y Da. Emilia Bulacia.

Galván, Juan Tadeo con Agüero, Francisca Antonia
F.2v: En esta iglesia parroquial de El Alto, a 15 de abril de 1872, se casó Dn. **Juan Tadeo Galván**, h.n. de Da. María del Rosario Galván, finada, vecina de Tintigasta, con Da. **Francisca Antonia Agüero**, h.l. de los finados Dn. Domingo Agüero y Da. N., vecinos de Tintigasta. Ts Dn. Francisco Gómez y Petronila Albarracín.

Páez, Ramón Brígido con Reinoso, Francisca Antonia
F.2v: En esta iglesia parroquial de El Alto, a 15 de abril de 1872, se casó y veló Dn. **Ramón Brígido Páez**, h.l. de Dn. Isidoro y Da. Anselma Arévalo, vecinos de Talasí, con Da. **Francisca Antonia Reinoso**, h.l. de Dn. Feliciano y de la finada Da. Salomé Agüero, vecinos de Talasí. Ts Dn. Bernabé Arévalo y Da. Magdalena Zurita.

Lobo, Florencio con Castellanos, Eloísa
F.3: En esta iglesia parroquial de El Alto, a 15 de abril de 1872, se casó y veló Dn. **Florencio Lobo**, h.n. de la

finada Da. María R. Lobo, vecina de Achalco, con **Eloísa Castellanos**, h.l. de los finados Salvador y Anunciación Osores, vecinos de Achalco. Ts Dn. Pedro Félix Lobo y Da. Delfina Luna, cónyuges. Nota: la información matrimonial está fechada en El Alto, el 23 de marzo de 1872, allí los contrayentes declaran estar ligados con un parentesco por consanguinidad en tercer grado, explicado con el siguiente esquema:

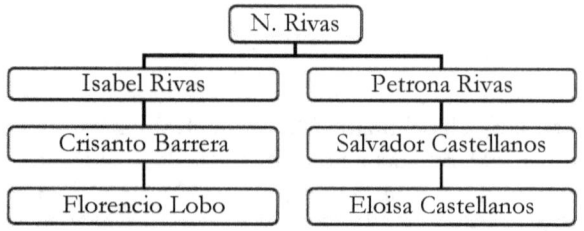

Burgos, Juan Francisco con Cevallos, Zoila
F.3: En esta iglesia parroquial de El Alto, a 25 de abril de 1872, se casó y veló **Juan Francisco Burgos**, h.l. de los finados José I. Burgos y Marcelina Páez, vecinos de Haipa Sorcona, con **Zoila Cevallos**, h.l. de Manuel Antonio y Segunda Collantes, ya finados, vecinos de Ampolla. Ts Fernando Guerreros y Petrona Gómez, cónyuges.

Díaz, Exequiel con Narváez, Tomasina
F3v: En esta iglesia parroquial de El Alto, a 25 de abril de 1872, se casó y veló **Exequiel Díaz**, h.n. de Hipólita Díaz, vecina del Cevilar, con **Tomasina Narváez**, h.l. de los finados Vicente Narváez y Simona Bayón. Ts Ángel C. Zurita y Rosa R. Tolosa, cónyuges.

Barrientos, Peregrino con Rodríguez, Francisca "Panchita"
F.3v: En esta iglesia parroquial de El Alto, a 8 de mayo de 1872, se casó y veló Dn. **Peregrino Barrientos**, h.n. de Da. Isabel Barrientos, vecina de El Alto, con Da. **Francisca "Panchita" Rodríguez**, h.l. de D Juan Pío Rodríguez, finado, y de Da. Tránsito Melián, vecinos de Aspaga. Ts Dn. Luis Brandán y Da. Javiera Márquez, cónyuges.

Zurita, Pedro M. con Espeche, Raquel
F.3v: En esta iglesia parroquial de El Alto, a 10 de mayo de 1872, dispensado el impedimento de parentesco, se casó Dn. **Pedro M. Zurita**, h.l. de Dn. Victoriano y de Da. Catalina Oviedo, vecinos de Vilismano, con Da. **Raquel Espeche**, h.l. de Dn. Juan Bautista y de Da. Petrona Barrionuevo, vecinos de la provincia de Santiago del Estero. Ts Dn. Joel Medina y Da. Ludovina Zurita, cónyuges.

Reinoso, Anacleto con Rosales, Rosa Peregrina
F.4: En la capilla de la Quebrada, a 16 de mayo de 1872, se casó y veló **Anacleto Reinoso**, h.l. de Lorenzo y Juana Luisa Leiva, vecinos del Bañado, con **Rosa Peregrina Rosales**, h.l. del finado Felipe y Salomé Romano, vecinos del Bañado. Ts Venancio Reinoso y Manuela Farías, cónyuges

Juárez, Manuel con Ledesma, Josefa
F.4: En la capilla de la Quebrada, a 27 de mayo de 172, se casó y veló **Manuel Juárez**, h.n. de Bartolina Juárez, vecina de Achalco, con **Josefa Ledesma**, h.l. de los finados Solano y Lorenza Ledesma, vecinos de Achalco. Ts Cruz Arias y Delfina Díaz, cónyuges.

Ledesma, Federico con Agüero, Maximiliana
F.4v: En la capilla de la Quebrada, a 27 de mayo de 1872, se casó y veló **Federico Ledesma**, h.l. del finado Juan Ángel y Juana Rodríguez, vecinos de Achalco, con **Maximiliana Agüero**, h.l. del finado Juan Silvestre y Melchora Godoy, vecinos de Achalco. Ts Ángel Pérez y Tomasina Lobo, cónyuges.

Vallejos, Manuel Alejandro con Suárez, Socorro
F.4v: En la capilla de la Quebrada, a 27 de mayo de 1872, dispensado el impedimento, se casó y veló **Manuel Alejandro Vallejos**, h.n. de Epifanía Vallejos, vecina de las Cortaderas, con **Socorro Suárez**, h.l. de Pedro Regalado y de Delfina Díaz, vecinos de San Antonio. Ts Asencio Peñaflor y María del C. Sánchez, cónyuges. Nota: La información matrimonial está fechada el 15 de mayo, allí los declarantes declaran un impedimento por consanguinidad en cuarto grado con atingencia al tercer, el cual se explica con el siguiente esquema:

Guerra, Juan Nicolás con Ledesma, Rosa
F.5: En la capilla de la Quebrada, a 27 de mayo de 1872, dispensado el impedimento de parentesco, se casó y veló **Juan Nicolás Guerra**, h.l. de Juan Ramón y de Dorotea Ledesma, vecinos de Achalco, con **Rosa Ledesma**, h.l. de Ramón y de la finada Florinda Rodríguez, vecinos de Achalco. Ts Ángel Flores y Hermenegilda Bazán, cónyuges. Nota: La información matrimonial está fechada el 15 de mayo, allí los declarantes declaran un impedimento por consanguinidad en cuarto grado el cual se explica con el siguiente esquema:

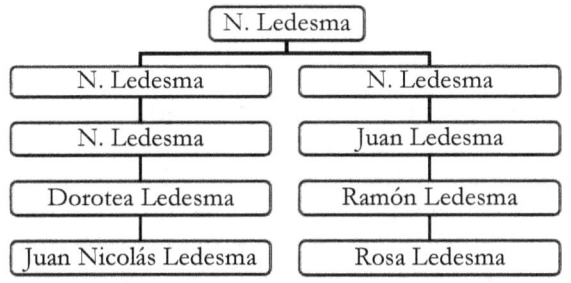

Peñaflor, Bartolomé con Cordero, María Juliana
F.5: En la capilla de la Quebrada, a 27 de mayo de 1872, se casó y veló **Bartolomé Peñaflor**, h.l. de Salvador y de María Ignacia Segura, vecinos de Morteros, con **María Juliana Cordero**, h.n. de María del Carmen Cordero, vecina de los Morteros. Ts Pedro Santucho y Juana Peñaflor, cónyuges.

Ramírez, José María con Osores, Sebastiana
F.5v: En la capilla de la Quebrada, a 27 de mayo de 1872, se casó y veló **José María Ramírez**, h.l. de José María y de Leonarda Avellaneda, vecinos de Monteros, provincia de Tucumán, con **Sebastiana Osores**, h.l. de Nazario y Nazaria Ledesma, vecinos de la Quebrada. Ts José Santos Arias y Filiberta Guerra, cónyuges.

Guerreros, Juan con Cárdenas, Emilia
F.5v: En esta iglesia parroquial de El Alto, a 29 de mayo de 1872, se casó y veló Dn. **Juan Guerreros**, h.l. de los finados Dn. Silvestre y Da. Juana Burgos, vecinos de Amaucala, con Da. **Emilia Cárdenas**, h.l. de los finados Dn. Juan Domingo y Da. Bonifacia Lezana, vecinos de Amaucala. Ts Pedro Pablo Collantes y María Grimanesa Rosales.

Romano, Manuel Jesús con Reinoso, Ubalda
F.6: En esta iglesia parroquial de El Alto, a 10 de junio de 1872, se casó y veló **Manuel Jesús Romano**, h.l. de los finados Fulgencio y Tránsito Cordero vecinos de Trigo Chacra, con **Ubalda Reinoso**, h.l. de los finados Eusebio y Gregoria Ocón, vecinos de Achalco. Ts Crisóstomo Guerra y Elisa Ledesma, cónyuges.

Salguero, Pacífico con Castellanos, Petrona
F.6: En esta iglesia parroquial de El Alto, a 10 de junio de 1872, dispensado el impedimento de afinidad, se casó **Pacífico Salguero**, h.l. de los finados Nicolás y Nicolasa Romano, vecinos de Osores, con **Petrona Castellanos**, h.l. de los finados Salvador y Ascensión Osores, vecinos de Achalco. Ts Manuel Amadeo Sosa y Filomena Sosa.

Morales, Crisanto Antonio con Mata, María del Tránsito
F.6v: En esta iglesia parroquial de El Alto, a 26 de junio de 1872, se casó y veló **Crisanto Antonio Morales**, h.l. del finado Justo y de Dorotea Arévalo, vecinos de Caña Cruz, con **María del Tránsito Mata**, h.l. de Antonio y de Da. Genoveva Ahumada, finados, vecina de Sucuma. Ts Dn. Pedro A. Mata y Da. María Gómez, cónyuges.

Castro, Ramón Ignacio con Silva, Catalina
F.6v: En esta iglesia parroquial de El Alto, a 27 de junio de 1872, se casó y veló **Ramón Ignacio Castro**, h.n. de la finada Ceferina Castro, vecina de las Tunas, con **Catalina Silva**, h.l. del finado Juan y de Justa Rufina Mercado, vecinos de las Tunas. Ts José Pío Ibáñez y Maximiliana Argañaráz, cónyuges.

Pacheco, Bartolomé con Pacheco, Felisa
F.7: En esta iglesia parroquial de El Alto, a 1 de julio de 1872, se casó **Bartolomé Pacheco**, h.n. de la finada Felipa Pacheco, vecina del Puestito, con **Felisa Pacheco**, h.l. de los finados José y Jesús Cardoso, vecinos del Puestito. Ts Dn. Cristóforo Rodríguez y Ángela Ponce. Nota: La información matrimonial está fechada el 28 de mayo de 1872, allí se declara que la novia es viuda de Nicanor Zurita, también se declara que los contrayentes están unidos por un parentesco por consanguinidad de cuarto grado con atingencia al tercero, el cual se explica con el siguiente esquema:

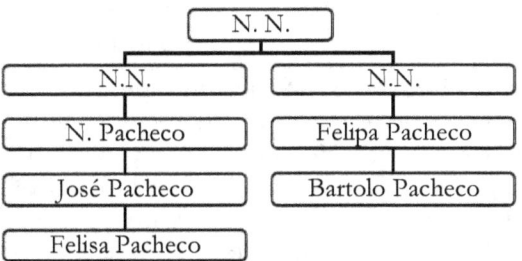

Toledo, Juan con Díaz, Peregrina
F.7: En esta iglesia parroquial de El Alto, a 8 de julio de 1872, se casó y veló **Juan Toledo**, h.l. de José María y Sebastiana Ponce, vecinos de Ichipuca, con **Peregrina Díaz**, h.l. de Juan Santos y de Genoveva Retamozo, vecinos de la Higuerita. Ts Javier Ponce y Jacinta Mercado, cónyuges.

Ledesma, Domingo con Verón, Angelita
F.7v: En esta iglesia parroquial de El Alto, a 8 de julio de 1872, se casó y veló **Domingo Ledesma**, h.l. del finado Remigio y de Juana Francisca Peñaflor, vecinos de Achalco, con **Angelita Verón**, h.l. de Nicolás y de Bartolina Pinela, vecinos de Albigasta. Ts José I. Flores y Bartolina Ledesma.

Ovejero, Juan Nicolás con Ovejero, Maximiliana
F.7v: En esta iglesia parroquial de El Alto, a 8 de julio de 1872, se casó y veló Dn. **Juan Nicolás Ovejero**, h.l. de Dn. José Ignacio, finado, y de Da. Candelaria Cisternas, vecinos de Aspaga, con Da. **Maximiliana**

Ovejero, h.l. del finado Dn. Juan Gil y Da. Romualda Molina, vecinos del Molino. Ts Dn. Luis Ovejero y Da. Honorata Rodríguez. Nota: la información matrimonial correspondiente está fechada en El Alto el 12 de junio de 1872, allí los contrayentes declaran estar ligados por un parentesco por consanguinidad en tercer grado el cual se explica con el siguiente esquema:

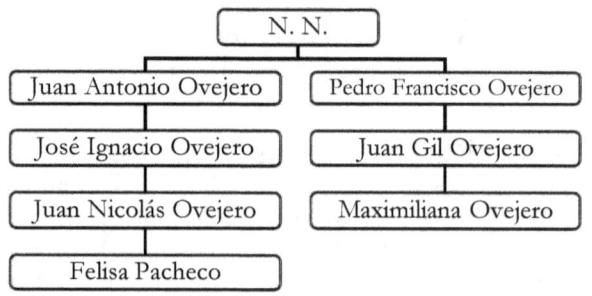

Márquez, Ramón Rosa con Lemos, Josefa de Dolores
F.8: En esta iglesia parroquial de El Alto, a 1 de julio de 1872, se casó y veló **Ramón Rosa Márquez**, h.l. de los finados Tomás Antonio Márquez y Mercedes Arévalo, vecinos de Sucuma, con **Josefa de Dolores Lemos**, h.n. de Narcisa Lemos, vecinos de Guayamba. Ts Dn. Peregrino Barrientos y Da. Zoila Ahumada.

Guaray, Floralino con Sánchez, Ceferina
F.8: En la capilla de la Puerta Grande, a 13 de julio de 1872, se casó y veló **Floralino Guaray**, h.l. de Pascual Guaray y Cruz Luna, vecinos del Bañado, con **Ceferina Sánchez**, h.l. de Ramón y Santos Cardoso, vecinos de Yaquicho. Ts Dn. Manuel Salas y Fortunata Sandez.

Reinoso, Ángel con Falcón, Rosa
F.8v: En la capilla de la Puerta Grande, a 26 de julio de 1872, se casó y veló **Ángel Reinoso, h.n.** de Antonina Reinoso, vecina de Alijilán, con **Rosa Falcón**, h.n. de Magdalena Falcón, vecina de la Higuera. Ts Francisco A. Ortiz y Melitona Valdéz, cónyuges.

Barrientos, Guillermo con Gómez, Francisca Antonia
F.8v: En esta iglesia parroquial de El Alto, a 29 de julio de 1872, se casó Dn. **Guillermo Barrientos**, h.n. de Da. María A. Barrientos, vecina de las Tunas, con Da. **Francisca Antonia Gómez**, h.l. del finado Dn. Nicolás Gómez y Da. Juana Ahumada, vecinos de Guayamba. Ts Juan de Dios Rosales y Da. Ramona Ortiz, apoderada por Dn. Salomé Soraire.

Mercado, Juan Bautista con Cardoso, Cruz
F.9: En la capilla de Vilismano, a 30 de julio de 1872, se casó Dn. **Juan Bautista Mercado**, h.l. de Dn. Francisco y Da. Juliana Lobo, vecinos que fueron de la Higuerilla, con Da. **Cruz Cardoso**, h.l. de Dn. Toribio Cardoso y Da. María del Tránsito Acosta, vecinos que fueron de Albigasta. Ts Dn. Pedro Navarro y Da. Teodora Caballero, cónyuges.

Campos, Bailón con Tolosa, Maximiliana
F.9: En la capilla de Vilismano, a 30 de julio de 1872, se casó **Bailón Campos**, h.n. de Dolores Campos, vecina que fue de la ciudad, con **Maximiliana Tolosa**, h.l. de Ramón y de Ignacia Sueldo, vecinos de las Trancas. Ts Dn. Diego C. Frogel y Da. Digna Orquera, cónyuges.

Jeréz, Avelino con Domínguez, Delicia
F.9v: En la capilla de Vilismano, a 5 de agosto de 1872, se casó y veló Dn. **Avelino Jeréz**, h.l. de Dn. Juan S. Jeréz y Da. Tomasina Islas, vecinos de Chañar Laguna, con Da. **Delicia Domínguez**, h.l. de Dn. Fermín Domínguez y de Da. Juana Segura, vecinos del Huaico Hondo. Ts Dn. Hipólito Juárez y Da. Estanislada Jeréz, cónyuges.

Medina, Froilán con Montes de Oca, Anfiloquia
F.9v: En la capilla de Vilismano, a 12 de agosto de 1872, dispensado el impedimento de consanguinidad, se casó y veló Dn. **Froilán Medina**, h.l. de Dn. Santiago Medina y Da. María del C. Chávez, vecinos de Vilismano, con Da. **Anfiloquia Montes de Oca**, h.l. de Dn. Diego y Da. María del Señor Rojas, vecinos de Molle Pampa. Ts Dn. Decoroso Galíndez y Da. Manuela Ferreira. Nota: la información matrimonial correspondiente está fechada en El Alto el 6 de julio de 1872, los contrayentes declaran estar ligados por un parentesco por consanguinidad en tercer grado el que se explica con el esquema siguiente:

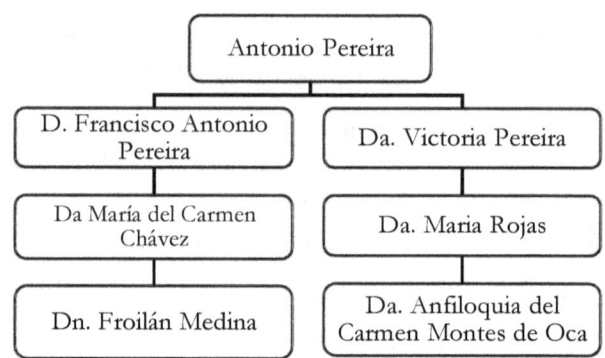

Rodríguez, Moisés con Pacheco, Felipa
F.10: En la capilla de Manantiales, a 28 de agosto de 1872, se casó y veló Dn. **Moisés Rodríguez**, h.l. de Dn. Pedro y Da. Juana Albarracín, vecinos de Tintigasta, con Da. **Felipa Pacheco**, h.l. de Dn. Juan y Da. Welina Agüero, vecinos de Guayamba. Ts José Arévalo y María de la C. Medina.

Medina, José A. con Rodríguez, Rosa
F.10: En esta iglesia parroquial de El Alto, a 19 de agosto de 1872, dispensado el impedimento de afinidad (lícita), se casó y veló Dn. **José A. Medina**, h.l. de Dn. Jacinto y Da. Petronila Jeréz, vecinos de Ancamugalla, con Da. **Rosa Rodríguez**, h.l. de Dn. Jesús y Da. Francisca Valdéz, vecinos de Ancamugalla. Ts Dn. Santiago Pereira y Da. Bartolina Oviedo, cónyuges.

Ríos, José Aniceto con Arévalo, María Expectación
F.10v: En esta iglesia parroquial de El Alto, a 19 de agosto de 1872, dispensado el impedimento de consanguinidad, se casó y veló Dn. **José Aniceto Ríos**, h.l. de Dn. José V. Ríos y Da. Avelina Morales, vecinos de Caña Cruz, con Da. **María Expectación Arévalo**, h.l. de Dn. Francisco J. y Da. Digna Lobo, vecinos de Caña Cruz. Ts Dn. Felipe Morales y Da. María Quiroga, cónyuges. Nota: la información matrimonial está fechada en El Alto el 2 de agosto de 1872, allí los contrayentes declaran un impedimento por consanguinidad en cuarto con tercer grado el que se explica con el siguiente esquema:

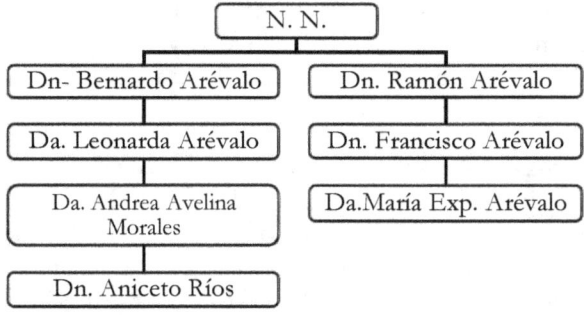

Mansilla, José Eliseo con Lobo, María Antonia
F.10v: En esta iglesia parroquial de El Alto, a 19 de agosto de 1872, se casó y veló **José Eliseo Mansilla**, h.n. de Elías Mansilla, vecina del Laurel, con **María Antonia Lobo**, h.l. de Pedro M. Lobo y de Francisca Figueroa, vecinos de la Chilca. Ts Dn. Luis Gómez y Peregrina Gómez.

Santucho, Reyes con Ponce, María Purísima
F.11: En esta iglesia parroquial de El Alto, a 19 de agosto de 1872, se casó y veló **Reyes Santucho**, h.l. de Pascual Santucho y Petrona Mercado, vecinos de los Corrales, con **María Purísima Ponce**, h.n. de Ignacia Ponce, vecina del Laurel. Ts Pilar González y Genibera Zurita.

Peralta, Félix Ignacio con Rosales, Francisca Antonia
F.11: En esta iglesia parroquial de El Alto, a 21 de agosto de 1872, se casó **Félix Ignacio Peralta**, h.l. de Celedonio y Rufina Ortiz, vecinos del Bañado, con **Francisca Antonia Rosales**, h.l. de Juan José y Manuela Rosales, vecinos del Bañado. Ts Agustín Rosales y Cleofé Luna.

Carrizo, Luis Fernando con Agüero, Lorenza
F.11v: En esta iglesia parroquial de El Alto, a 23 de agosto de 1872, se casó y veló **Luis Fernando Carrizo**, h.l. de Ramón y María Cejas, vecinos de Tintigasta, con **Lorenza Agüero**, h.n. de Juana Isabel Agüero. Ts Victoriano Galván y Francisca Agüero.

Caravajal, Donato con Almaraz, María Rosario
F.12: En esta iglesia parroquial de El Alto, a 17 de setiembre de 1872, dispensado el impedimento de afinidad lícito, se casó y veló **Donato Caravajal**, h.l. de José y de Rosario Castillo, vecinos de El Alto, con **María Rosario Almaraz**, h.l. de Avelino y Apolinaria Altamiranda, vecinos de El Alto. Ts Dn. Cristóforo Rodríguez y Da. Cleofé Cisterna. Nota: la información matrimonial está fechada en El Alto el 22 de agosto de 1872, se declara que el contrayente es viudo de Magdalena Ojeda, también se declara un impedimento por afinidad lícita en cuarto con tercer grado, el que se explica con el siguiente esquema:

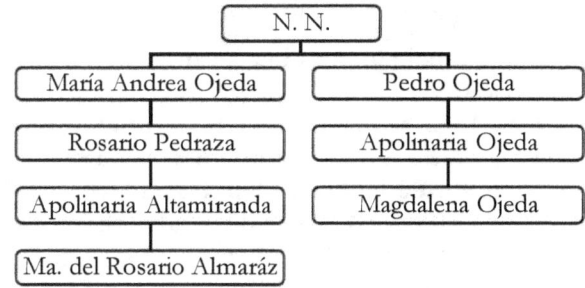

Gutiérrez, Juan Diego con Lobo, Ramona
F.12: En esta iglesia parroquial de El Alto, a 23 de setiembre de 1872, se casó y veló Dn. **Juan Diego Gutiérrez**, h.l. de Dn. José M. Gutiérrez y Da. Francisca Palavecino, vecinos que fueron del curato de Piedra Blanca, con Da. **Ramona Lobo**, h.n. de Da. Tránsito Lobo, vecina del Agua Dulce. Ts Dn. David S. Sierra y Da. Marquesa Márquez.

Ibáñez, Salustiano con Sosa, Asunción
F.12v: En esta iglesia parroquial de El Alto, a 26 de setiembre de 1872, dispensado el impedimento de afinidad, se casó y veló **Salustiano Ibáñez**, h.n. de Inocencia Ibáñez, vecina de los Altos, con **Asunción Sosa**, h.l. de Manuel y Trinidad Díaz, vecinos de Amaucala. Ts Belisario Luna y Luisa Jiménez.

Ibáñez, Domingo I. y Suárez, Dominga C.
F.12v: En la capilla de las Cortaderas, a 1 de octubre de 1872, dispensados tres impedimentos, se casó y veló Dn. **Domingo I. Ibáñez**, h.l. de Dn. Domingo y Da.

Silveria Camaño, con Da. **Dominga C. Suárez**, h.l. de Dn. Juan Pedro Suárez y Da. Rosario Ávila, vecinos todos de las Cañas. Ts Borja Santillán y Da. Susana Ávila.

Acosta, Adolfo con Burgos, Clementina
F.13: En esta iglesia parroquial de El Alto, a 11 de setiembre de 1872, se casó y veló **Adolfo Acosta**, h.l. de Crespín Acosta y de Facunda Paz, finados, con **Clementina Burgos**, h.n. de Josefa Burgos, vecina de las Tunas. Ts Desiderio Collantes y María Barrientos.

Almaraz, Pedro con Quiroga, Francisca A.
F.13: En la capilla de las Cortaderas, a 21 de octubre de 1872, se casó y veló Dn. **Pedro Almaraz**, h.l. de Avelino y Apolinaria Altamiranda, vecinos de El Alto, con Da. **Francisca A. Quiroga**, h.l. de los finados Dn. Eufrasio y Da. Josefa Pino, vecinos de Ayapaso. Ts Félix Pino y Rosario Mercado.

Leiva, Vicente con Reyes, Lina Rosa
F.13v: En esta iglesia parroquial de El Alto, a 19 de octubre de 1872, se casó y veló Dn. **Vicente Leiva**, h.l. del finado Dn. Miguel N. Leiva y Da. Mercedes Segura, vecinos de Sucuma, con Da. **Lina Rosa Reyes**, h.n. de Da. Pabla Reyes, vecina de los Algarrobos. Ts Dn. Alejandro Segura y Da. Zoila Gómez.

Aguirre, Manuel con Medina Carmen
F.13: En esta iglesia parroquial de El Alto, a 19 de octubre de 1872, se casó y veló Dn. **Manuel Aguirre**, h.n. de Da. Teresa Aguirre, vecina de Ancamugalla, con Da. **Carmen Medina**, h.l. de Dn. David Medina y de Da. Basilisa del C. Arévalo, ya finada, vecinos del mismo lugar. Ts Dn. José Acuña y Da. Asunción Acuña.

Rivas, Ramón con Albarracín, Gerónima
F.14: En la capilla de las Cortaderas, a 21 de octubre de 1872, se casó y veló Dn. **Ramón Rivas**, h.l. de los finados Dn. Pedro y Da. Lorenza Rodríguez, vecinos que fueron de Ayapaso, con Da. **Gerónima Albarracín**, h.l. de los finados Dn. Pedro y Da. Mercedes Alba, vecinos de las Cortaderas. Ts Dn. Antonio Páez y Da. Teresa Alba.

Lobo, Eduardo con Toledo, Elisea
F.14: En la capilla de las Cortaderas, a 21 de octubre de 1872, se casó y veló Dn. **Eduardo Lobo**, h.l. del finado Dn. José T. Lobo y Da. Serafina Pérez, vecinos de Achalco, con Da. **Elisea Toledo**, h.l. de Dn. José M. y de Sebastiana Ponce, vecinos de Ichipuca. Ts (en blanco).

Acuña, Policarpo con Arévalo, Justina
F.14v: En esta iglesia parroquial de El Alto, a 4 de noviembre de 1872, dispensados dos impedimentos de consanguinidad, se casó y veló Dn. **Policarpo Acuña**, h.l. de Dn. José y Da. Isabel Arévalo, vecinos del Arroyito, con Da. **Justina Arévalo**, h.l. de Dn. Pascual y Da. Cruz Acuña, vecinos del Río. Ts Dn. Luis J. Brandán y Da. Manuela Ferreira.

Lobo, Domingo Ignacio con Arias, Rosa
F.14v: En esta iglesia parroquial de El Alto, a 4 de noviembre de 1872, se casó y veló **Domingo Ignacio Lobo**, h.l. de los finados Marcelino y Justa Ibáñez, vecinos que fueron de Santiago, con **Rosa Arias**, h.n. de Asunción Arias, vecina de las Cañas. Ts Dn. Alejandro Segura y Da. Regina Arévalo.

Ledesma, Crisanto con Lobo, Espíritu
F.15: En esta iglesia parroquial de El Alto, a 4 de noviembre de 1872, se casó y veló **Crisanto Ledesma**, h.l. del finado Juan Ángel y Juana Rodríguez, vecinos de Achalco, con **Espíritu Lobo**, h.n. de María de la C. Lobo, vecinas de Achalco. Ts Dn. Ángel Flores y Hermenegilda Bazán, cónyuges.

Sánchez, José Remigio con Guamán, Nicéfora
F.15: En esta iglesia parroquial, a 4 de noviembre de 1872, se casó y veló Dn. **José Remigio Sánchez**, h.l. de Dn. Mariano y Da. Juana Bravo, vecinos de Santa Bárbara, provincia de Tucumán, con Da. **Nicéfora Guamán**, h.l. de Dn. José Ignacio y Da. Romualda Valdéz, vecinos de la Huerta. Ts Tadeo Gómez y Plácida Mercado.

Quiroga, José Ignacio con Pino, Teresa del
F.15: En esta iglesia parroquial de El Alto, a 7 de noviembre de 1872, se casó y veló **José Ignacio Quiroga**, h.n. de la finada Cesárea Quiroga, vecina que fue de Ayapaso, con **Teresa del Pino**, h.n. de la finada Josefa del Pino, vecina del mismo lugar. Ts Dn. Alejandro Leiva en representación de Dn. Alejandro Segura, y Da. Apolinaria Altamiranda.

Arias, Ángel con Segura, Rosario
F.15v: En esta iglesia parroquial de El Alto, a 7 de noviembre de 1872, dispensado el impedimento de consanguinidad en segundo grado, se casó y veló **Ángel Arias**, h.n. de la finada Petrona Arias, vecina que fue de Simbolar, con **Rosario Segura**, h.n. de Griselda Segura, vecina de Simbolar. Ts Calixto Chazarreta y Bartolina Ledesma.

Juárez, Octaviano con Díaz, Trinidad M. Díaz
F.15v: En esta iglesia parroquial de El Alto, a 9 de noviembre de 1872, se casó y veló **Octaviano Juárez**, h.n. de la finada Agustina Juárez, vecina que fue de Amaucala, con **Trinidad M. Díaz**, h.n. de la finada María F. Díaz, vecina que fue de Amaucala. Ts Albino Macedo y Delfina Luna.

Cornejo, José con Quiroga, Ramona
F.16: En esta iglesia parroquial de El Alto, a 21 de setiembre de 1872, dispensado el parentesco de consanguinidad en segundo grado, se casó y veló **José Cornejo**, h.n. de la finada Isidora Cornejo, vecina de la Viñita, con **Ramona Quiroga**, h.n. de la finada Jacinta Quiroga, vecina que fue de la Cañada larga. Ts Benito Reinoso y Magdalena Reinoso.

Pereira, Zacarías con Fernández, Hugolina
F.16: En la capilla de las Tunas, a 22 de noviembre de 1872, se casó y veló **Zacarías Pereira**, h.n. de María de Jesús Pereira, vecina de la Bajada, con **Hugolina Fernández**, h.n. de María Griselda Fernández, vecina de la Jarilla. Ts Buenaventura Leguizamón y Fernanda Santucho.

Albarracín, Ángel M. con Baca, Emilia
F.16v: En esta iglesia parroquial de El Alto, a 2 de diciembre de 1872, se casó y veló **Ángel M. Albarracín**, h.n. de Valentina Albarracín, vecina del Manantial, con **Emilia Baca**, h.l. del finado Juan Luis Baca y de Eduarda Paz, vecinos del Manantial. Ts Dn. Abel Ramos y Nieves Medina.

Rosales, Vicente con Reinoso, Francisca
F.17: En esta iglesia parroquial de El Alto, a 2 de diciembre de 1872, se casó y veló **Vicente Rosales**, hijo de padres no conocidos, con **Francisca Reinoso**, h.l. del finado Dámaso y de Pastora Pérez, vecinos del Bañado. Ts Antonio Villa y Manuela Farías.

Zotelo, Pedro Juan con Lezcano, Griselda
F.17: En esta iglesia parroquial de El Alto, a 23 de diciembre de 1872, dispensado el impedimento de consanguinidad en tercer grado simple de línea colateral, se casó **Pedro Juan Zotelo**, de 32, labrador, h.l. del finado Buenaventura y Bernardina Jiménez, vecinos de los Ortices, con **Griselda Lezcano**, de 22, telera, h.l. de los finados Manuel y Juliana Ortiz, vecinos de los Ortices. Ts Juan Delgado y Petronila Juárez. Nota: La información matrimonial está fechada en El Alto el 19 de noviembre de 1872, se declara que la novia es contrayente es viuda de Antonia Magallán, el parentesco se explica de la siguiente manera:

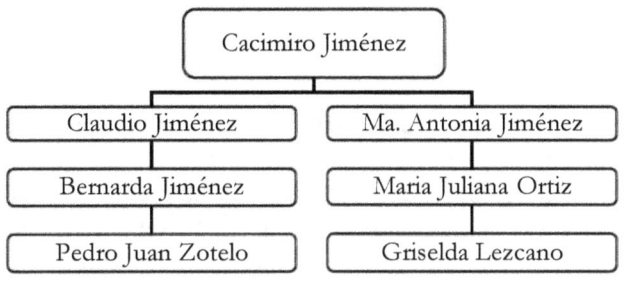

Juárez, Juan de la Cruz con Páez, Eloísa
F.17v: En esta iglesia parroquial de El Alto, a 8 de enero de 1873, se casó **Juan de la Cruz Juárez**, de 34, labrador, h.n. de la finada Juana de Jesús Juárez, que fue vecina de Tucumán, con **Eloísa Páez**, de 26, costurera, h.l. de los finados Agustín y Rosario Burgos, que fueron vecinos de Haipa Sorcona. Ts Tomás Villagra y María Magallan, cónyuges.

Silva, Próspero con Lobo, Pilar
F.17v: En esta iglesia parroquial de El Alto, a 30 de enero de 1873, se casó **Próspero Silva**, de 40, labrador, h.l. del finado Pascual y Antonia Contreras, vecinos de Icaño, con **Pilar Lobo**, de 36, telera, h.l. del finado Mariano y de Rosario Albarracín, vecina de las Cortaderas. Ts Bernardino Saavedra y Crisóloga Saavedra, cónyuges.

Bulacia, Facundo con Macedo, Joaquina
F.18: En esta iglesia parroquial de El Alto, a 3 de marzo de 1873, se casó Dn. **Facundo Bulacia**, de 40, labrador, h.l. de los finados Dn. Gregorio y Da. María Juana Ibáñez, vecinos de los Albarracines, con Da. **Joaquina Macedo**, de 43, telera, h.l. de los finados Dn. Lucindo y Da. Rosario Albarracín, vecinos del Unquillo. Ts Dn. Miguel Bulacia y Da. Tránsito Palacios.

Robles, Estratón con Heredia, María Antonia
F.18: En esta iglesia parroquial de El Alto, a 6 de marzo de 1873, se casó **Estratón Robles**, de 27, labrador, h.l. de Policarpo y de Rufina Molina, vecinos de El Alto, con **María Antonia Heredia**, h.n. de Pastora Heredia, vecina de El Alto. Ts Dn. Pedro A. Mata y Da. María Gómez.

Páez, Ignacio Antonio con Sotelo, Clara Rosa
F.18: En esta villa de El Alto, a 24 de marzo de 1873, se casó **Ignacio Antonio Páez**, de 28, labrador, h.l. de Juan y de María Burgos, vecinos que fueron de Haipa Sorcona, con **Clara Rosa Sotelo**, costurera, h.l. de Ventura Sotelo y de Bernardina Jiménez, vecinos de los Ortices. Ts Tomás Villagra y Águeda Magallan.

Hernández, Fidel con Agüero, Heliodora
F.18v: En esta iglesia parroquial de El Alto, a 24 de febrero de 1873, se casó **Fidel Hernández**, de 32, labrador, h.l. de Bartolomé y de Rosa Flores, vecinos de la Huerta, con **Heliodora Agüero**, costurera, h.n. de Ana María, vecina del Agua del Sauce. Ts Antolín Cordero y Manuela Arévalo, cónyuges.

Altamirana, Lucio con Carrizo, Jesús
F.18v: En esta iglesia parroquial de El Alto, a 12 de enero de 1873, se casó Dn. **Lucio Altamirana**, de 48, criador, h.l. de los finados Dn. Hermenegildo y Da. Rosario Pedraza, vecinos de El Alto, con Da. **Jesús**

Carrizo, de 22, costurera, h.n. de la finada Da. María Vidal Carrizo, vecina del Puesto de los Gómez. Ts Dn. Rosa Agüero y Da. Rosa, su esposa.

Vega, Baldomero con Ávila, Delicia
F.19: En esta iglesia parroquial de El Alto, a 17 de febrero de 1873, se casó **Baldomero Vega**, de 36, labrador, h.l. del finado Pedro Vega y de Juana Rosa Acuña, vecinos de Caña Cruz, con **Delicia Ávila**, de 22, costurera, h.l. de los finados Raimundo y Eduviges Rojas. Ts Felizardo Arévalo y María Benita, cónyuges.

Tula, José Rufo con Leal, Tomasina
F.19v: En esta iglesia parroquial de El Alto, a 24 de febrero de 1873, se casó Dn. **José Rufo Tula**, de 28, labrador, h.l. del finado Dn. Félix Tula y de Da. Carmen Mercado, vecinos que fueron de los Altos, con Da. **Tomasina Leal**, de 21, telera, h.n. de la finada Da. María Santos Leal. Ts Benito Contreras e Higinia Romano, cónyuges.

Fernández, José I. con Ibáñez, Andrea
F.19v: En esta iglesia parroquial de El Alto, a 25 de febrero de 1873, se casó **José I. Fernández**, de la provincia de Santiago, de 24, labrador, h.n. de Florentina Fernández, vecina de Sol de Mayo, con **Andrea Ibáñez**, de 22, costurera, h.n. de Cornelia Ibáñez, vecina de Alijilán. Ts Froilán Guerreros y Da. Rosa Paz.

Soria, Reginaldo con Ríos, María Isabel
F.20: En esta iglesia de Vilismano, a 23 de abril de 1873, dispensado el impedimento, se casó **Reginaldo Soria**, de 28, labrador, h.l. del finado Policarpo y de Bartolina Luján, vecinos de Caña Cruz, con **María Isabel Ríos**, de 23, hilandera, h.l. del finado Wenceslao y Avelina Morales. Ts Dn. Juan I. Zurita y Da. Delfina Morales., cónyuges. Nota: la información matrimonial está fechada el 10 de marzo de 1873, allí se declara un impedimento por consanguinidad en cuarto con tercer grado, el cual se explica con el siguiente esquema:

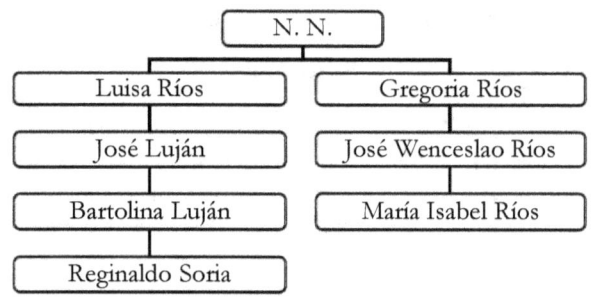

Rojas, Pedro con Astudillo, Rita
F.20: En esta iglesia de Vilismano, a 23 de abril de 1873, se casó **Pedro Rojas**, de 30, jornalero, h.l. del finado José Toribio y Magdalena Falcón, vecinos de la Higuera, con **Rita Astudillo**, de 22, costurera, h.l. de los finados Francisco y Clara Barrionuevo, vecinos de la Higuera. Ts Camilo Falcón y Silvestra Ocón, cónyuges.

González, Andrés con Ortiz, Emperatriz
F.20: En esta iglesia de Vilismano, a 26 de abril de 1873, dispensado el impedimento, se casó Dn. **Andrés González**, de 28, labrador, h.l. de los finados Dn. Juan María y Da. Pabla Maldonado, vecino de Vilismano, con Da. **Emperatriz Ortiz**, de 20, costurera, h.l. de Dn. Juan Santos y Da. Pacífica González, ya finada, vecinos de Vilismano. Ts Felipe Cejas y Petronila Jeréz, cónyuges.

Frogel, José con Caballero, Josefa
F.20v: En la iglesia de Vilismano, a 28 de abril de 1873, se casó **José Frogel**, de 32, labrador, h.l. de los finados Fernando y Andrea Pinedo, vecinos de las Pampas, con **Josefa Caballero**, de 22, hilandera, h.n. de Andrea, vecina de Inacillo. Ts Luis I. Zurita y María Zurita.

Campos, Manuel de Reyes con Lobo, Natividad
F.20v: En esta iglesia parroquial de El Alto, a 11 de mayo de 1873, se casó **Manuel de Reyes Campos**, de 47, jornalero, h.l. de los finados Leandro y Francisca Garzón, vecinos de Choya, con **Natividad Lobo**, de 22, hilandera, h.l. del finado Manuel Antonio y Juana Goitia, vecinos del Cajón. Ts Demetrio Lobo y Abigail Medina.

Barrera, Ramón Ignacio con Chazarreta, Josefa
F.21: En esta iglesia parroquial de El Alto, a 19 de mayo de 1873, se casó **Ramón Ignacio Barrera**, de 25, criador, h.n. de Feliciana, vecina de la Aguadita, con **Josefa Chazarreta**, de 20, telera, h.l. de José Manuel y de la finada Rosa Castellanos, vecinos de la Aguadita. Ts Crisanto Barrera y Delfina Sequeira.

Arias, Juan Fernando con Caballero, María Bernabela
F.21: En esta iglesia parroquial de El Alto, a 28 de abril de 1873, se casó **Juan Fernando Arias**, de 37, labrador, h.l. de Maximiliano y de María Paz Mansilla, vecinos de Molle Yaco, con **María Bernabela Caballero**, de 25, hilandera, h.l. de los finados José Ignacio y Ramona Díaz. Ts Aniceto Caballero y Felisa Díaz.

Quiroga, Pedro con Domínguez, Estaurófila
F.21v: En esta iglesia parroquial de El Alto, a 26 de mayo de 1873, se casó **Pedro Quiroga**, de 30, labrador, h.l. de Ángel y de María de la C. Romano, vecinos de Trigo Chacra, con **Estaurófila Domínguez**, de 17, hilandera, h.n. de Balbina, vecina de Huaico Hondo. Ts Julián Peñaflor e Isabel Díaz.

Flores, José Hilario con Segura, Josefa
F.21v: En esta iglesia parroquial de El Alto, a 26 de mayo de 1873, se casó **José Hilario Flores**, de 36, labrador, h.l. de los finados Juan Andrés y Mercedes N., vecinos que fueron de Achalco, con **Josefa Segura**, de 30, lavandera, h.l. de los finados José Manuel y Petrona Arias, vecinos de Simbolar. Ts Rosario Osores y Rosario Ledesma, cónyuges.

Barrionuevo, Ramón con Burgos, María Santos
F.22: En esta iglesia parroquial de El Alto, a 26 de mayo de 1873, se casó **Ramón Barrionuevo**, de 28, labrador, h.l. de Ignacio y de Espíritu Guerreros, vecinos de Alijilán, con **María Santos Burgos**, de 20, costurera, h.n. de Ramona Burgos, vecina de Alijilán. Ts Pascual Burgos y Petrona Fernández.

Collantes, Andrés con Jiménez, Remigia
F.22: En esta iglesia parroquial de El Alto, a 10 de junio de 1873, dispensado el impedimento de consanguinidad, se casó **Andrés Collantes**, de 42, labrador, h.n. de María Martina, vecina de las Tunas, con **Remigia Jiménez**, de 20, lavandera, h.l. del finado Toribio y de Romualda Collantes, vecina de Ampolla. Ts Escolástico Ojeda y Catalina Guamán.

Escasuso, Raquel con Ojeda, Ramona
F.22v: En esta iglesia parroquial de El Alto, a 11 de junio de 1873, se casó **Raquel Escasuso**, de 22, labrador, h.l. del finado José y de Inés Collantes, vecinos de las Tunas, con **Ramona Ojeda**, de 20, lavandera, h.l. de Calixto y de Angelita Barrientos, vecinos de El Alto. Ts Dn. Pacífico Rodríguez y Da. Regina Arévalo.

Peralta, Manuel Isidro con Páez, Natividad
F.22v: En esta iglesia parroquial de El Alto, a 13 de junio de 1873, se casó Dn. **Manuel Isidoro Peralta**, de 38, labrador, h.l. del finado Dn. Francisco J. y de Da. Estefanía Reinoso, vecinos del Bañado de Ovanta, con Da. **Natividad Páez**, de 28, amasandera, h.l. del finado Dn. Pascual y Da. Presentación Figueroa, vecinos de Ampolla. Ts Pedro Rosales y Juliana Rasguido.

Díaz, Narciso con Torres, Clara Rosa
F.23: En esta iglesia parroquial de El Alto, a 14 de junio de 1873, se casó Dn. **Narciso Díaz**, de 25, criador, h.l. de Dn. Juan Manuel y de Da. Prudencia Villalba, vecinos de las Chacras, con Da. **Clara Rosa Torres**, de 18, telera, h.l. de Dn. Ignacio y Da. Petrona Rosa Barrionuevo, vecinos de Taco Punco. Ts Ramón R. Quiroga y Eufemia Díaz.

Carrazán, Pacífico con Ibáñez, Melitona
F.23: En esta iglesia parroquial de El Alto, a 16 de junio de 1873, se casó **Pacífico Carrazán**, de 28, labrador, h.l. de Leandro y de la finada Josefa Pérez, vecinos de Amadores, con **Melitona Ibáñez**, de 22, costurera, h.l. del finado Ramón y de Juliana Caravajal, vecinos de los Dos Pocitos. Ts Venancio Reinoso y Marcelina Leguizamón, cónyuges.

Peralta, Amadeo con Ibáñez, Graciliana
F.23: En esta iglesia parroquial de El Alto, a 16 de junio de 1873, se casó **Amadeo Peralta**, de 26, criador, h.n. de la finada María del Señor, vecina de los Dos Pocitos, con **Graciliana Ibáñez**, de 28, hilandera, h.l. del finado Ramón y de Juliana Caravajal, vecinos de los Dos Pocitos. Ts Juan P. Armas y Rosa Rosales.

Medina, Aparicio con Rodríguez, Celedonia
F.23v: En esta iglesia parroquial de El Alto, a 21 de junio de 1873, se casó Dn. **Aparicio Medina**, de 25, criador, h.l. de Dn. Daniel Medina y Da. Isidora González, vecinos de Vilismano, con Da. **Celedonia Rodríguez**, de 25, costurera, h.l. de Dn. Solano y Da. Isabel Valdéz, vecinos de Vilismano. Ts Dn. Victoriano Páez y Da. Carmen Arévalo.

Aguilar, José Fructuoso con Agüero, Eusebia
F.24: En esta iglesia parroquial de El Alto, a 10 de julio (de 1873), se casó Dn. **José Fructuoso Aguilar**, de 30, labrador, h.n. de María Escolástica, vecina de Oyola, con Da. **Eusebia Agüero**, de 25, costurera, h.l. de Dn. Ponciano y Da. Rosa Cornejo, vecinos de Taco Punco. Ts Dn. José Macedo y Da. Andrea Almaraz.

Díaz, José con Robledo, Rosa
F.24: En esta iglesia parroquial de El Alto, a 21 de julio de 1873, se casó **José Díaz**, de 28, criador, h.l. del finado Juan y de María del Carmen Reyes, vecinos de Albigasta, con **Rosa Robledo**, de 22, lavandera, h.l. de los finados Nicolás e Inés Díaz, vecina de Albigasta. Ts Ricardo Ledesma y Rosa Zurita.

Romano, José Ruperto con Mansilla, Rosa
F.24v: En esta iglesia parroquial de El Alto, a 21 de julio de 1873, se casó **José Ruperto Romano**, de 37, criador, h.n. de Francisca Antonia, vecina del Huaico Hondo, con **Rosa Mansilla**, de 24, costurera, h.n. de Elías, vecina del Laurel. Ts Nicasio Centeno y Filomena Montes.

Barrientos, Solano con Moyano, Eufemia
F.24v: En esta iglesia parroquial de El Alto, a 21 de julio de 1873, dispensado el impedimento, se casó **Solano Barrientos**, de 27, labrador, h.n. de Antonia, vecina de las Tunas, con **Eufemia Moyano**, de 23, lavandera, h.l. del finado Carmelo y Felipa Paz, vecina de las Tunas. Ts Cleofé Luna y N. Escasuso.

Silva, Dolores con Fernández, María Petrona
F.25: En esta iglesia parroquial de El Alto, a 25 de julio de 1873, se casó **Dolores Silva**, de 28, criador, h.l. del finado Juan y de Justa Rufina Mercado, vecinos de las

Tunas, con **María Petrona Fernández**, de 36, planchadora, h.l. de los finados Juan Gil y María Isabel Juárez, vecinos del Duraznomolle. Ts Pedro Regalado Arias y Petrona Argañarás.

Gómez, Bartolomé con Laredo, Betsabé
F.25: En esta iglesia parroquial de El Alto, a 29 de julio de 1873, se casó Dn. **Bartolomé Gómez**, de 30, labrador, h.l. de Dn. Miguel y Da. Nicolasa Burgos, ya finados, vecino de Guayamba, con Da. **Betsabé Laredo**, de 36, costurera, viuda, h.l. de Dn. Gabriel y Da. Mercedes Ibáñez, vecinos de este curato. Ts N. N.

Caravajal, Cirilo con Paz, Beatriz
F.25v: En esta iglesia parroquial de El Alto, a 29 de julio de 1873, se casó **Cirilo Caravajal**, de 32, labrador, h.n. de Faustina, vecina de El Alto, con **Beatriz Paz**, de veintitantos años, lavandera, h.l. del finado Simón y de María Martina Vivas, vecinos del curato de El Alto. Ts Nicolás Rosales y Francisca Antonia Rosales.

Ledesma, Luis con Bustamante, Ramona
F.25v: En esta capilla de la Puerta Grande, a 3 de setiembre de 1873, se casó **Luis Ledesma**, de 29, labrador, h.l. de Casimiro y de la finada Cayetana Díaz, vecinos de los Altos, con **Ramona Bustamante**, de 36, costurera, h.l. de los finados Inocencio (¿?) y Santos Moyano, vecina de los Altos. Ts Vicente Vega e Irene Luna.

Valdéz, Cirilo con Pereira, Silveria
F.26: En esta capilla de la Puerta Grande, a 3 de setiembre de 1873, se casó **Cirilo Valdéz**, de la provincia de Tucumán, de 27, labrador, h.l. de Ceferino y de la finada Agustina Juárez, vecinos de Tucumán, con **Silveria Pereira**, de 24, costurera, h.n. de María, vecina de la Bajada. Ts Dn. Diego Gómez y Da. Heliodora Gómez, cónyuges.

Caravajal, Ricardo con Saavedra, Delfina
F.26: En esta capilla de las Cortaderas, a 13 de octubre de 1873, se casó **Ricardo Caravajal**, de 27, labrador, h.n. de Máxima Antonia, con **Delfina Saavedra**, de 28, hilandera, h.l. de Juan Vicente y de Salomé Miranda, vecinos de las Cortaderas. Ts Daniel González y Rosa Ibáñez.

Reinoso, Camilo con Ramírez, Crescencia
F.26: En esta capilla de la Quebrada, a 13 de octubre de 1873, se casó **Camilo Reinoso**, de 28, labrador, h.l. del finado Marcelino y de Rosario Leiva, vecinos de Ovanta, con **Crescencia Ramírez**, de 26, telera, h.l. del finado Pedro Antonio y de Bartolina Pereira. Ts Florentín Collantes y Francisca Barrientos, cónyuges.

Gómez, Servando con Espeche, Catalina
F.26v: En esta capilla del Manantial, a 15 de octubre de 1873, se casó Dn. **Servando Gómez**, de la provincia de Santiago, de 28, criador, h.l. de Dn. Benigno y Da. Heliodora Gómez, con Da. **Catalina Espeche**, de 27, costurera, h.l. de los finados Dn. Benigno Espeche y Da. Bernarda Espeche, vecinos de los Manantiales. Ts Dn. Pedro Espeche y Da. Santos Espeche.

Cuello, Tomás con Ibáñez, Cenobia
F.26v: En esta capilla de las Cortaderas, a 11 de octubre de 1873, se casó Dn. **Tomás Cuello**, de 24, comerciante, h.l. del finado Dn. Domingo y de Da. Luisa Vega, vecinos de Tinogasta, con Da. **Cenobia Ibáñez**, de 23, costurera, h.l. de los finados Dn. Pedro P. y Da. Cayetana Lezana, vecinos de las Cañas. Ts Dn. José L. Pregot y Da. María Lezana.

Pregot, José Lucas con Lezana, María
F.27: En esta capilla de las Cortaderas, a 11 de octubre de 1873, se casó Dn. **José Lucas Pregot**, de la provincia de Córdoba, de 28, comerciante, h.l. de los finados Dn. José Manuel y de Da. Presentación Ríos, vecinos de Córdoba, con Da. **María Lezana**, de 46, sin profesión, h.l. de Dn. Eduardo Lezana, ya finado, y de Da. Manuela Díaz, vecinos de las Cañas. Ts Dn. Timoteo Lezana y Da. Juana Ibáñez.

Páez, Celestino con Cárdenas, Eulalia
F.27: En esta iglesia parroquial de El Alto, a 17 de octubre de 1873, dispensado el impedimento, se casó **Celestino Páez**, de 29, labrador, h.l. de José Julián y de María Antonia Rosales, vecinos de Ovanta, con **Eulalia Cárdenas**, de 27, costurera, h.n. de Asunción Cárdenas, vecina de Ovanta. Ts Valeriano Peralta y María Antonia González.

Suárez, Domingo con Agüero, Ascensión
F.27v: En esta iglesia parroquial de El Alto, a 17 de noviembre de 1873, dispensado el impedimento, se casó Dn. **Domingo Suárez**, de 35, labrador, h.l. de Dn. Manuel y Da. Tiburcia Díaz, ya finados, vecinos de las Cortaderas, con Da. **Ascensión Agüero**, de 20, costurera, h.l. de los finados Dn. Benjamín y Da. Carmen Suárez, vecinos que fueron de las Cortaderas. Ts Dn. Luis J. Brandán y Da. Javiera Márquez, cónyuges.

Sierra, David S. con Ahumada, Zoila
F.27v: En esta iglesia parroquial de El Alto, a 17 de noviembre de 1873, se casó Dn. **David S. Sierra**, de la provincia de Salta, de 25, preceptor, h.l. del finado Dn. Alonso y de la finada Da. Teodora la Torre, vecinos de Salta, con Da. **Zoila Ahumada**, de 35, h.l. del finado Dn. Filiberto y Da. Isabel Segura, vecinos de El Alto. Ts Dn. Rosendo Ahumada y Da. Adelaida Gómez, cónyuges.

Silva, Albertano con Jiménez, Águeda
F.28: En esta iglesia parroquial de El Alto, a 17 de noviembre de 1873, se casó Dn. **Albertano Silva**, de

21, labrador, h.l. del finado Dn. Pedro Lucindo y Da. Joaquina Macedo, vecinos del Unquillo, con Da. **Águeda Jiménez**, de 18, costurera, h.l. de los finados Dn. Clemente y Da. Mercedes Orellana, vecinos que fueron de los Ortices. Ts Dn. José Macedo y Da. Encarnación Ovejero, cónyuges.

Luján, Segundo con Ávila, Aurora Rosa
F.28: En esta iglesia parroquial de El Alto, a 10 de diciembre de 1873, se casó **Segundo Luján**, de 23, labrador, h.l. de Manuel y de la finada Marita Ares, vecinos de Iloga, con **Aurora Rosa Ávila**, de 25, costurera, h.l. del finado Miguel y de Juana Villagra, vecinos de Iloga. Ts Desiderio Ávila y Rosa Ávila.

Espeche, Desiderio con Rodríguez, Rita Pastora
F.28v: En esta iglesia parroquial de El Alto, a 10 de diciembre de 1873, se casó **Desiderio Espeche**, de 40, labrador, h.l. de Ramón Pío y de Lucía Cuello, ya finados, que fueron vecinos del Tarco, con **Rita Pastora Rodríguez**, de 33, telera, h.l. del finado Tadeo y de Mercedes Luján, vecina de Caña Cruz. Ts Ramón A. Arévalo y Da. Jacoba Ahumada.

González, Ramón con Reinoso, Montserrat
F.28v: En esta iglesia parroquial de El Alto, a 15 de diciembre de 1873, dispensado el impedimento de consanguinidad, se casó **Ramón González**, de 34, sin profesión, h.l. de los finados Dn. Cipriano y Atanasia Reinoso, vecinos que fueron del Bañado, con **Montserrat Reinoso**, de 26, telera, h.l. de Justino y de la finada Tránsito Armas. Ts Salomón Rasguido y María Engracia Díaz, cónyuges. La información matrimonial está fechada en El Alto, el 21 de noviembre de 1873, declaran un impedimento por consanguinidad en cuarto con tercer grado según se explica en el siguiente esquema:

Arévalo, Ramón Delicio con Pereira, Clara
F.29: En esta iglesia parroquial de El Alto, a 29 de diciembre de 1873, se casó Dn. **Ramón Delicio Arévalo**, de 25, labrador, h.l. del finado Dn. Juan Bernardo y Da. Felisa del Corazón Galván, vecinos del Vallecito, con Da. **Clara Pereira**, de 25, costurera, h.l. de Dn. Santiago y Da. Bartolina Oviedo, vecinos del Vallecito. Ts Dn. Pedro Zurita y Da. Raquel Espeche, cónyuges.

Fernández, Toribio con Jeréz, Peregrina
F.29v: En esta iglesia parroquial de El Alto, a 25 de noviembre de 1873, dispensado el impedimento, se casó **Toribio Fernández**, de 44, labrador, y de color negro, h.n. de la finada Petronila Fernández, vecinos del Bañado, con **Peregrina Jeréz**, de 30, costurera, de color blanco, h.l. de los finados Félix y Lizarda Fernández, vecina del mismo lugar. Ts Benedicto Reinoso y Regina Brizuela. Nota: la información matrimonial está fechada el 1 de noviembre de 1872, declararon un impedimento por consanguinidad de tercero con segundo grado, el cual se explica con el siguiente esquema:

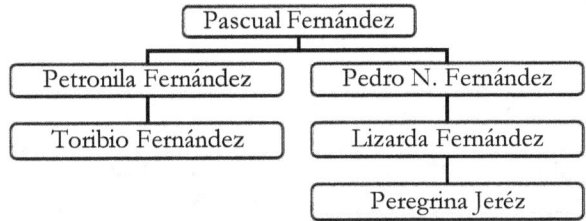

Luna, Telésforo con Barrera, Isabel
F.29: En esta iglesia parroquial de El Alto, a 23 de diciembre de 1872, se casó Dn. **Telésforo Luna**, de 26, criador, h.l. del finado Prudencio y de Bárbara Romano, vecino de Achalco, con Da. **Isabel Barrera**, de 22, costurera, h.l. de Crisanto y Delfina Sequeira, vecina del mismo lugar. Ts Remigio Ledesma y Juana Peñaflor, cónyuges.

Ahumada, Ramón Clero con Gómez, Dominga Peregrina
F.30: En esta iglesia parroquial de El Alto, a 8 de enero de 1873, se casó Dn. **Ramón Clero Ahumada**, de 30, criador, h.l. de Dn. Filiberto y Da. Isabel Segura, vecinos de Sucuma, con Da. **Dominga Peregrina Gómez**, de 18, bordadora, h.n. de Da. Benicia Gómez, ya finada. Ts Dn. Benigno Ahumada y Da. Pastora Gómez.

Gómez, Gelimer con Valdéz, Josefa
F.30: En esta capilla de la Puerta Grande, a 27 de enero de 1873, se casó Dn. **Gelimer Gómez**, de 27, comerciante, h.l. de Dn. Cornelio y Da. Hugolina Villagra, ya finada, vecinos de la Capital, con Da. **Josefa Valdéz**, de treinta y tantos años, telera, h.l. de los finados Dn. Juan Gregorio y Da. Rosa Carrasco, vecinos de la Rinconada. Ts Dn. Moisés Reinoso y Da. Dalinda Valdéz, cónyuges.

Sosa, Vicente con Barrientos, Viviana

F.30v: En esta iglesia parroquial de El Alto, a 3 de marzo de 1873, dispensado el impedimento de afinidad lícita, se casó Dn. **Vicente Sosa**, de 28, labrador, h.n. de la finada Da. María A. Sosa, vecina del Manantial, con Da. **Viviana Barrientos**, de 24, costurera, h.l. del finado Dn. Ildefonso y Da. Ignacia Montenegro, vecina del Manantial. Ts Dn. Vicente Ormaechea y Da. Rosario N.

Tejeda, Segundo con Altamirana, Juliana

F.30v: En esta iglesia parroquial de El Alto, a 24 de febrero de 1873, se casó Dn. **Segundo Tejeda**, de 34, criador, h.n. de la finada Da. María, vecina de Piedra Blanca, con Da. **Juliana Altamirana**, de 30, costurera, h.l. de los finados Dn. Julián y Da. Josefa Barrientos, vecinos del Agua Dulce. Ts Dn. Camilo Altamirana y Da. Justa Melián.

Lobo, Pedro con Ovejero, María del Señor

F.31: En esta iglesia parroquial de El Alto, a 23 de octubre de 1873, se casó Dn. **Pedro Lobo**, de 40, labrador, h.l. de Dn. José Dn. Lobo y Rudecinda Burgos, vecinos de los Albarracines, con **María del Señor Ovejero**, de 38, costurera, h.n. de Bernarda Ovejero, vecina de los Albarracines. Ts Cristóforo Rodríguez y Manuela Rodríguez.

Lazo, Fermín con Pedraza, Juana

F.31: En esta iglesia parroquial de El Alto, a 11 de setiembre de 1873, dispensado el impedimento, se casó **Fermín Lazo**, de 26, labrador, h.l. de los finados Pedro Pablo y Luisa Orellana, vecinos de la Costa, con **Juana Pedraza**, de 20, costurera, h.l. de los finados Bailón y Hermenegilda Lazo. Ts Antonio Ocón y Benigna Almaraz, cónyuges.

Gutiérrez, Félix Durbal con Magallanes, Eduviges

F.31v: En esta iglesia parroquial de El Alto, a 22 de octubre de 1873, se casó **Félix Durbal Gutiérrez**, de 24, labrador, h.l. de Dn. Juan Diego y de la finada Ascensión Vega, vecinos de Aspaga, con Da. **Eduviges Magallan**, costurera, h.l. de Dn. Crisólogo y de la finada Da. Eusebia Burgos, vecinos de Haipa Sorcona. Ts Manuel Gramajo y Pabla Rodríguez.

Rosales, Domingo con Peralta, Carolina

F.31v: En esta iglesia parroquial de El Alto, a 22 de setiembre de 1873, dispensado el impedimento en línea colateral desigual, se casó **Domingo Rosales**, labrador, h.l. de Juan Pío y de Justa Guarás, vecinos de Ovanta, con **Carolina Peralta**, costurera, h.l. de Miguel y de Isidora Fernández, vecina del Bañado. Ts Isidro Caravajal y Agustina Ledesma, cónyuges, vecinos de San Pedro, de la provincia de Santiago del Estero. Nota: La información matrimonial correspondiente está fechada en El Alto el 2 de septiembre de 1873, se declara que el pretendiente es viudo de María Pabla Acosta y que los contrayentes están ligados por dos impedimentos, uno por consanguinidad de cuarto con tercer grado y otro por afinidad lícita de tercero con segundo grado, según se explica con los siguientes esquemas:

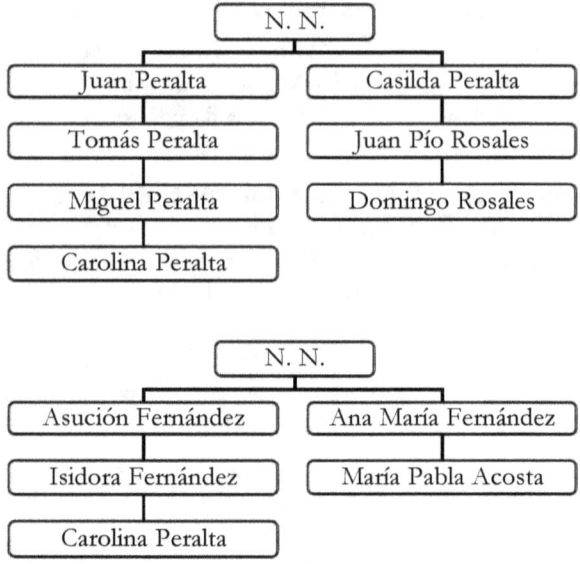

Heredia, Cirilo con Bazán, Asunción

F.32: En la capilla de Quimilpa, a 22 de marzo de 1873, se casó **Cirilo Heredia**, de la provincia de Córdoba, de 30, jornalero, h.l. de Miguel y de la finada Felipa López, vecino de la Puerta Grande, con **Asunción Bazán**, de 20, costurera, vecina de la Puerta Grande (no se nombran padres). Ts Santos Molina y Da. Lucinda Rosales.

Gómez, Medardo con Gómez, Nominanda

F.32: En la capilla de la Puerta Grande, a 6 de abril de 1874, dispensado el impedimento de consanguinidad en segundo grado, se casó Dn. **Medardo Gómez**, de 30, tropero, h.l. de los finados Dn. Miguel y Da. Rosario Valdéz, vecino de la Bajada, con **Nominanda Gómez**, costurera, h.l. de Dn. Pedro G. y Da. Nieves Gómez, vecina de Yaquicho.

Valdéz, Salvador con Soraire, Isabel

F.32v: En la capilla de la Puerta Grande, a 6 de abril de 1874, se casó Dn. **Salvador Valdéz**, de 28, labrador, h.l. del finado Dn. Juan Gregorio y de la finada Da. Ester Paz, vecinos de la Rinconada, con **Isabel Soraire**, costurera, h.l. del finado Genuario y de Rita Figueroa, vecina de la Jarilla. Ts Matías Álvarez y Da. Bárbara Paz.

Salas, Juan Manuel con Gómez, Teodosia
F.32v: En la capilla de la Puerta Grande, a 28 de marzo de 1874, se casó Dn. **Juan Manuel Salas**, criador, h.l. de Dn. Manuel y de la finada Da. Eloísa Leiva, vecinos de los Troncos, con Da. **Teodosia Gómez**, costurera, h.l. de Dn. Pedro y Da. Nieves Gómez, vecinos de Yaquicho. Ts Dn. Clemiro Gómez y Da. Nominanda Gómez.

Jiménez, Moisés con Aráoz, María del Socorro
F.33: En esta iglesia parroquial de El Alto, a 9 de mayo de 1874, se casó **Moisés Jiménez**, de 22, lomillero, h.n. de Bernardina Jiménez, vecina de los Ortices, con **María del Socorro Aráoz**, tejedora, h.l. de Felipe y de Candelaria Páez, vecinos del Puesto Viejo. Ts Rudecindo Jiménez y Arsenia Figueroa, cónyuges.

Ledesma, Dionisio con Mansilla, Jacinta
F.33: En esta iglesia parroquial de El Alto, a 9 de marzo de 1874, se casó **Dionisio Ledesma**, de 27 (¿?), labrador, h.n. de la finada Pabla Ledesma, vecino de los Osores (¿?), con **Jacinta Mansilla**, costurera, h.n. de Mercedes Mansilla, de los Falcones. Ts Diego Cabral y Ramona Páez, cónyuges.

Lobo, Secundino con Castellanos, Javiera
F.33: En esta iglesia parroquial de El Alto, a 9 de marzo de 1874, se casó **Secundino Lobo**, labrador, h.l. del finado Ramón y de Segunda Flores, vecinos de Achalco, con **Javiera Castellanos**, costurera, h.l. de Salvador y de Anunciación Osores, vecinos de Achalco. Ts Domingo Díaz e Isabel Quiroga, cónyuges.

Zurita, Nabor con Flores, Estanislada
F.33: En esta iglesia parroquial de El Alto, a 9 de marzo de 1874, se casó **Nabor Zurita**, labrador, h.l. de Vicente y de la finada Teresa Rojas, vecinos de los Morteros, con **Estanislada Flores**, tejedora, h.n. de Perfecta Flores, vecina de Achalco. Ts Severino Flores y María Juana Lobo, cónyuges.

Márquez, Eloy con Brizuela, Pilar
F.34: En esta iglesia parroquial de El Alto, a 9 de febrero de 1874, se casó **Eloy Márquez**, labrador, h.n. de Rosario Márquez, vecina de la Cañada, con **Pilar Brizuela**, costurera, h.l. de los finados Cipriano y de Basilisa Barrionuevo, vecina de Rama Corral. Ts Tiburcio Albarracín y Petrona Saavedra.

Albarracín, Tránsito con Rodríguez, Espíritu
F.34: En esta iglesia parroquial de El Alto, a 12 de enero de 1874, dispensado el impedimento de afinidad, se casó **Tránsito Albarracín**, de 50, labrador, h.l. de los finados Dn. Manuel y Da. Luisa Lobo, vecinos de Tintigasta, con Da. **Espíritu Rodríguez**, de 30, telera, h.l. de los finados Juan de Dios Rodríguez y de Juana Luna, vecinos de Tintigasta. Ts Pastor Vega, viudo, y Da. Celestina Gómez, viuda.

Rosales, Buenaventura con Rosales, Macedonia
F.34v: En esta iglesia parroquial de El Alto, a 9 de enero de 1874, se casó **Buenaventura Rosales**, de 35, labrador, h.n. de la finada Soledad, vecina del Bañado, con **Macedonia Rosales**, costurera, h.l. de Juan J. Rosales y de Manuel Rosales, vecinos del Bañado. Ts Ramón A. Guarás y Cruz Luna.

Falcón, Parmenión con Burgos, Nieves
F.34v: En esta iglesia parroquial de El Alto, a 14 de enero de 1874, se casó **Parmenión Falcón**, de 25, labrador, h.n. de Teresa, vecinos de El Alto, con **Nieves Burgos**, costurera, h.l. del finado José Antonio y de Mariana Rizo, vecinos de Munancala. Ts Laurencio Rizo y Rosa Gómez, cónyuges.

Díaz, Ramón Ignacio con Reyes, Aurora
F.35: En esta iglesia parroquial de El Alto, a 14 de febrero de 1874, se casó **Ramón Ignacio Díaz**, labrador, h.l. de los finados Pedro y Carmen Nieva, vecinos de la Aguada, con **Aurora Reyes**, costurera, h.n. de la finada Josefa, vecina de la Aguada. Ts Elías Guerreros y Lorenza Durán.

Ledesma, Desiderio con Ledesma, Mauricia
F.35v: En esta iglesia parroquial de El Alto, a 17 de julio de 1874, dispensados dos impedimentos, se casó **Desiderio Ledesma**, labrador, h.n. de la finada Paulina, vecina de Achalco, con **Mauricia Ledesma**, tejedora, h.l. del finado Juan Ángel y de Juana Rodríguez, vecinos de Achalco. Ts Salvador Rodríguez y Manuela Ferreira, cónyuges.

Aranda, Peregrino con Zurita, Petrona
F.35v: En esta iglesia parroquial de El Alto, a 2 de febrero de 1874, se casó **Peregrino Aranda**, labrador, h.n. de Ángela Aranda, vecino del Puesto de los Artaza, con **Petrona Zurita**, costurera, h.n. de la finada Apolinaria, vecina de Punco Chacra. Ts Nicasio Cisternas y Juana Vázquez, cónyuges.

Santillán, Evaristo con Zárate, Cledovia
F.36: En esta iglesia parroquial de El Alto, a 10 de febrero de 1874, se casó **Evaristo Santillán**, labrador, h.l. de José Manuel y de Celestina Vaca, ya finados, vecinos de Alijilán, con **Cledovia Zárate**, costurera, h.l. de los finados Cruz y Agustina Navarro, vecinos de Alijilán. Ts Dn. Servando Valdéz y Da. Rosa Paz.

Villagra, Hermógenes con Toranzo, Emerenciana
F.36: En esta iglesia parroquial de El Alto, a 16 de febrero de 1874, se casó **Hermógenes Villagra**, labrador, h.l. de Eusebio y de Ascensión Ibáñez, vecinos de la Aguada, con **Emerenciana Toranzo**, costurera, h.l. de los finados Severo y Zoila Heredia,

vecinos de la Costa. Ts Cupertino Guerreros y Juana Rosa Pereyra, cónyuges.

Ferreira, Nicolás con Leiva, Manuela
F.36: En la iglesia parroquial de El Alto, a 16 de febrero de 1874, se casó **Nicolás Ferreira**, labrador, h.n. de la finada Candelaria, vecina del Carmen, con **Manuela Leiva**, costurera, h.n. de (Manuel) (sic) Ramona, vecina del Tala. Ts José Ignacio Colombres y Concepción Díaz, cónyuges.

Arévalo, Manuel con Quiroga, Lizarda
F.36v: En esta iglesia parroquial de El Alto, a 16 de febrero de 1874, se casó **Manuel Arévalo**, labrador, h.n. de la finada Zósima, vecinos de las Cañas, con **Lizarda Quiroga**, tejedora, h.n. de la finada Candelaria, vecina de las Cañas. Ts Anselmo Márquez y Carlota Márquez.

Ocón, Miguel Gerónimo con Vivas, Petrona
F.36v: En esta iglesia parroquial de El Alto, a 16 de febrero de 1874, se casó **Miguel Gerónimo Ocón**, de Santiago, labrador, h.l. de Miguel y de la finada Rosario Burgos, vecinos del Agua del Sauce, con **Petrona Vivas**, de Santiago, tejedora, h.l. de Manuel Vivas y de Victoria Mansilla, vecinos del Portezuelo, provincia de Santiago del Estero. Ts Manuel Díaz y Bárbara Paz, casados.

Medina, Miguel con Caravajal, Encarnación
F.37: En esta iglesia parroquial de El Alto, a 17 de febrero de 1874, se casó **Miguel Medina**, labrador, h.n. de Rosario, vecinos de los Manantiales, con **Encarnación Caravajal**, costurera, h.l. del finado Nicolás y de Ángela Sobremonte, vecinos de la Aguada. Ts Dn. Félix B. Valdéz y Da. Sofía Barrientos, cónyuges.

Cárdenas, Baldomero con Pérez, Exaltación
F.37v: En esta iglesia parroquial de El Alto, a 6 de abril de 1874, se casó **Baldomero Cárdenas**, labrador, h.l. de los finados Alejandro y Pilar Ortiz, vecinos de Guasayán de la provincia de Santiago, con **Exaltación Pérez**, de 30, costurera, h.n. de Leocadia, vecina de las Cañas. Ts Fermín Domínguez y Evarista Ibáñez, cónyuges.

Rosales, Juan Santos con Peralta, Tránsito
F.37v: En esta iglesia parroquial de El Alto, a 6 de abril de 1874, dispensados los impedimentos de tercer y cuarto grado de la línea colateral, se casó **Juan Santos Rosales**, labrador, h.l. de Juan Pío y de Justa Guarás, vecinos de este curato, con **Tránsito Peralta**, tejedora, h.l. de Miguel y de Isidora Fernández, vecinos del Bañado. Ts Antonio Villagarcía y Delfina Saavedra. Nota: la información matrimonial está fechada en El Alto el 19 de enero de 1874, se declara un impedimento por consanguinidad de cuarto con tercer grado que se explica con el siguiente esquema:

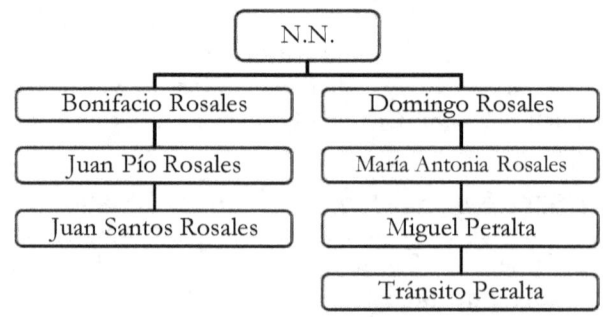

Reinoso, Victoriano con Guerreros, Tomasa
F.38: En esta iglesia parroquial de El Alto, a 8 de abril de 1874, se casó **Victoriano Reinoso**, labrador, h.n. de la finada María Lorenza, vecinos de la Aguada, con **Tomasa Guerreros**, costurera, h.l. de los finados Silvestre y de Mercedes Bulacias, vecinos de la Aguada. Ts Benedicto Márquez y Cornelia Díaz.

Gutiérrez, Juan Manuel con Rodríguez, Manuela
F.38: En esta iglesia parroquial de El Alto, a 15 de abril de 1874, se casó Dn. **José Manuel Gutiérrez**, de 28, labrador, h.l. de Dn. Juan Manuel y de Da. Justa Castillo, vecinos de Cochuna, de este curato, con Da. **Manuela Rodríguez**, costurera, h.l. de Dn. Juan Pío, ya finado, y de Da. Tránsito Melián, vecinos de Aspaga. Ts Dn. Ramón Ahumada y Da. Mercedes Gutiérrez.

Mansilla, Juan de la Cruz con Pacheco, Cándida Rosa
F.38v: En esta iglesia parroquial, a 13 de abril de 1874, se casó **Juan de la Cruz Mansilla**, labrador, h.l. de Rafael Mansilla y de Catalina Pedraza, vecinos de Molle Yaco, con **Cándida Rosa Pacheco**, costurera, h.n. de María Ignacia, vecinos de la Quebrada. Ts Calixto Robles y Apolinaria Altamirana.

Albarracín, Benigno con Martínez, Juana Rosa
F.38v: En esta iglesia parroquial de El Alto, a 13 de abril de 1874, se casó **Benigno Albarracín**, labrador, h.n. de Valentina, vecina de los Manantiales, con **Juana Rosa Martínez**, costurera, h.l. de Nicolás y de María del Señor Mendoza, vecinos de los Manantiales. Ts Agustín Díaz y Rosario Medina.

Albarracín, Juan Bautista con Navarro, María Guiberta
F.39: En esta iglesia parroquial de El Alto, a 13 de abril de 1874, se casó **Juan Bautista Albarracín**, labrador, h.n. de Rosa Laura, vecinos de los Manantiales, con **María Guiberta Navarro**, costurera, h.n. de la finada Presentación, vecinos de Alijilán. Ts Patrocinio Ortiz y Nicasia Bulacias.

Ledesma, Espiridión con Figueroa, Romualda
F.39: En esta iglesia parroquial de El Alto, a 13 de abril de 1874, se casó **Espiridión Ledesma**, labrador, h.n. de la finada Josefa, vecinos del Bañado, con **Romualda Figueroa**, costurera, h.n. de la finada Anselma, vecinos de Ampolla. Ts Dn. Rosa Espíndola y Presentación Figueroa.

Rosales, José Lindor con Cevallos, Isabel
F.39v: En esta iglesia parroquial de El Alto, a 15 de abril de 1874, se casó **José Lindor Rosales**, labrador, h.l. de Desiderio y de Victoria Jeréz, vecinos del Bañado, con **Isabel Cevallos**, costurera, h.n. de Teresa, vecina del Bañado. Ts Bartolomé Guarás y Rosa Díaz.

Vega, Mardoqueo con Cejas, María
F.39v: En esta iglesia parroquial de El Alto, a 7 de abril de 1874, se casó **Mardoqueo Vega**, de 39, criador, h.l. de los finados Borja y de Petrona Medina, vecinos de Catamarca, con **María Cejas**, telera, h.n. de la finada Josefa, vecina de Tintigasta. Ts Antonio Albarracín y Josefa Rodríguez.

Reyes, Absalón con Ahumada, Francisca
F.40: En esta iglesia parroquial de El Alto, a 25 de abril de 1874, se casó **Absalón Reyes**, pulpero, h.n. de Da. Pabla, vecina de los Algarrobos, con Da. **Francisca Ahumada**, costurera, h.l. de Da. Gerónima Gómez y del finado Dn. Gregorio, viuda del finado Dn. Eulogio Bulacia, vecinos de Guayamba. Ts Dn. Ramón Ahumada y Da. Celestina Gómez.

Ibáñez, José Delfín con Molina, Genibera
F.40: En esta iglesia parroquial de El Alto, a 27 de abril de 1874, se casó **José Delfín Ibáñez**, de Santiago, jornalero, h.l. de Santos y de Visitación Paz, vecinos de San Pedro de la provincia de Santiago, con **Genibera Molina**, costurera, h.l. de Santos y de Maximiliana Juárez, vecinos del Monte Redondo de este curato. Ts Belisario Rosales y Javiera Collantes.

Tejeda, Geminiano con Varela, Regina
F.40v: En esta iglesia parroquial de El Alto, a 29 de abril de 1874, se casó **Geminiano Tejeda**, de 19, preceptor, h.n. de Da. Avelina Tejeda, de la Villa de Dolores de Catamarca, con **Regina Varela**, preceptora, h.l. de los finados Francisco y de Da. Juana Castro, vecinos de los Tarcos. Ts Dn. Miguel Ahumada y Da. Avelina Agüero, cónyuges.

Mercado, Ildefonso con Díaz, Andrea
F.40v: En esta iglesia parroquial de El Alto, a 30 de mayo de 1874, dispensado el impedimento de tercer grado de la línea colateral igual, se casó **Ildefonso Mercado**, de 22, labrador, h.l. del finado Ildefonso y Petrona Argañarás, vecinos de las Tunas, con **Andrea Díaz**, hilandera, h.l. de los finados Manuel y Lorenza Páez, vecinos de las Tunas. Ts Dolores Silva y Petrona Fernández, cónyuges. Nota: la información matrimonial el está fechada en El Alto el 24 de abril de 1874, allí se declara que la novia es viuda de Saturnino Mercado, se solicita dispensa ad cautelam pues "tal parentesco se cree por decirse que la madre del pretendiente era hija de un hermano de la abuela de la pretendida". El parentesco se explica con el siguiente esquema:

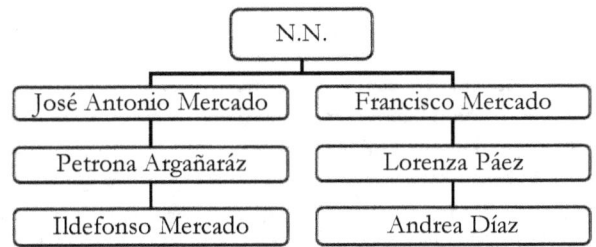

Arévalo, Juan Florindo con Ibáñez, Pacífica
F.41: En esta iglesia parroquial de El Alto, a 3 de junio de 1874, dispensado un impedimento de consanguinidad en cuarto grado de la línea colateral igual, se casó **Juan Florindo Arévalo**, de 26, zapatero, h.l. de los finados Tránsito y Encarnación Nieva, vecinos de Iloga, con **Pacífica Ibáñez**, costurera, h.l. de Agustín y de la finada Nicolasa Villalba, vecinos de Iloga. Ts Juan A. Villalba e Ifigenia Melián, cónyuges. Nota: La información matrimonial está fechada en El Alto el 18 de 1874, el parentesco se explica con el siguiente esquema:

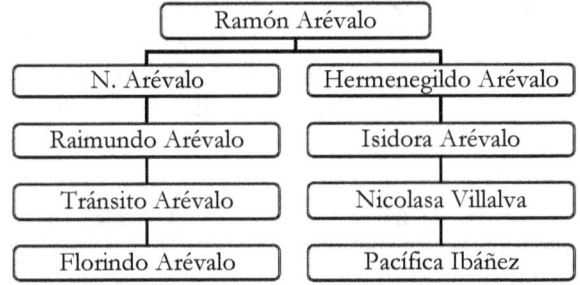

Rodríguez, José Benito con Romano, Luisa
F.41: En esta iglesia parroquial de El Alto, a 3 de junio de 1874, dispensado un impedimento de consanguinidad en cuarto grado de la línea colateral igual, se casó **José Benito Rodríguez**, de 22, labrador, h.l. del finado Tadeo y de Mercedes Luján, vecinos de Caña Cruz, con **Luisa Romano**, costurera, h.l. de Carmen y de la finada Teresa Rodríguez, vecinos de Tintigasta. Ts Dn. Rosendo Ahumada y Da. Isabel Segura. Nota: la información matrimonial correspondiente está fechada en El Alto el 18 de abril de 1874, en ese documento se explica el parentesco con el siguiente esquema:

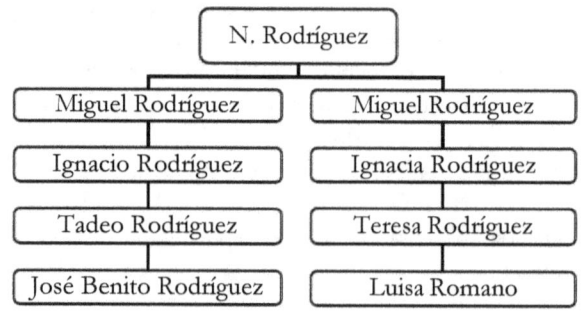

Cisneros, Zenón con Pacheco, Rosario
F.41v: En esta iglesia parroquial de El Alto, a 6 de junio de 1874, se casó **Zenón Cisneros**, de 28, labrador, h.l. de Ceferino Cisneros y de Cecilia Medina, vecinos de Oyola, con **Rosario Pacheco**, costurera, h.n. de Carmen, vecina de Oyola. Ts Dn. Peregrino Barrientos y Regina Arévalo.

Medina, Juan Segundo con Ledesma, María
F.41v: En esta iglesia parroquial de El Alto, a 12 de julio de 1874, se casó **Juan Segundo Medina**, de Tucumán, de 28, labrador, h.l. de los finados Juan Segundo y Pastora Corbalán, vecinos de Tucumán, con **María Ledesma**, de Tucumán, lavandera, h.n. de la finada Dominga, vecina del Tala, de este curato. Ts Pedro J. Díaz y Brígida Agüero.

Rodríguez, Jesús con Ríos, María Bernardina
F.42: En esta iglesia parroquial de El Alto, a 27 de julio de 1874, se casó **Jesús Rodríguez**, de 44, labrador, h.l. de los finados Dn. Luis y Da. Lorenza Pérez, viudo de Da. Francisca Valdéz, con Da. **María Bernardina Ríos**, de 64, hilandera, h.n. de la finada Da. Gregoria, viuda de Dn. Félix Mariano Zurita, vecina de Alta Gracia de este curato. Ts Pascual Arévalo y Da. Cruz Acuña, cónyuges.

Albarracín, Pedro Miguel con Arévalo, María Antonia
F.42: En esta iglesia parroquial de El Alto, a 27 de julio de 1874, se casó **Pedro Miguel Albarracín**, de 34, labrador, h.l. del finado Dn. Casimiro y Da. María A. Robinson, vecinos de las Cañas, con **María Antonia Arévalo**, de 18, costurera (no mencionada en el cuerpo del acta, sino en el margen; no se mencionan padres tampoco). Ts Pacífico Rodríguez y Benicia Cabral.

Acosta, Mauricio con Pereira, María Antonia
F.42v: En esta iglesia parroquial de El Alto, a 29 de julio de 1874, se casó **Mauricio Acosta**, de Tucumán, de 30, zapatero, h.l. de Baltazar Acosta y de la finada Teresa González, vecinos de Naranjo Esquina, con **María Antonia Pereira**, telera, h.n. de Petrona, vecinas de la Jarilla de este curato. Ts Dn. Cristóforo Rodríguez y Apolinaria Altamirana.

Orellana, Justo Pastor con Cardoso, Josefa
F.42v: En esta iglesia parroquial de El Alto, a 10 de agosto de 1874, dispensado el impedimento de consanguinidad en tercer grado mixto con cuarto de la línea colateral, se casó Dn. **Justo Pastor Orellana**, de 27, labrador, h.l. de Dn. Basilio y de Da. Ascensión Páez, vecinos de las Trancas, con Da. **Josefa Cardoso**, de 26, h.n. de la finada Da. Luisa, vecina de Molle Pampa. Ts Dn. Luis J. Brandán y Da. Manuela Ferreira.

Tolosa, Pedro G. con Espíndola, Digna C.
F.43: En esta iglesia parroquial de El Alto, a 25 de junio de 1874, se casó Dn. **Pedro G. Tolosa**, de 28, h.l. del finado Dn. Pedro Gregorio y de Da. Tránsito Palacios, vecinos de El Alto, con Da. **Digna C. Espíndola**, de 25, costurera, h.l. de los finados Dn. Inocencio y de Da. María Armas, vecinos de Ovanta. Ts Dn. Félix Gómez y Da. Vicenta Maza.

Altamirana, Moisés con Tejeda, Ascensión
F.43: En esta iglesia parroquial de El Alto, a 16 de agosto de 1874, se casó **Moisés Altamirana**, de 28, labrador, h.l. del finado Julián Altamirana y de Josefa Barrientos, vecinos de El Alto, con **Ascensión Tejeda**, de 18, costurera, h.n. de la finada Francisca, vecinos de Piedra Blanca. Ts Segundo Tejeda y Juliana Altamirana, cónyuges.

Collantes, Pedro Lucindo con Díaz, Evarista
F.43v: En la capilla de la Puerta Grande, a 8 de abril de 1873, se casó **Pedro Lucindo Collantes**, de 25, labrador, h.l. de Segundo y de Saturnina Reinoso, vecinos de la Puerta Grande, con **Evarista Díaz**, de 20, costurera, h.l. de Marcos y de Petrona Molina, vecinos del mismo lugar. Ts Dn. Belisario Rosales y Da. Lucinda Rosales, cónyuges.

Montenegro, Eusebio con Agüero, Gregoria
F.44: En esta iglesia parroquial de El Alto, a 30 de setiembre de 1873, se casó **Eusebio Montenegro**, de 28, jornalero, h.l. de Constantino y de Leocadia N., vecino de El Alto, con **Gregoria Agüero**, de 22, lavandera, h.n. de Leonarda, vecina del mismo lugar. Ts Dn. Justo Espeche y Da. Carolina Espeche, solteros.

Nieto, Manuel Ignacio con Espeche, Mardonia
F.44: En esta iglesia parroquial de El Alto, a 8 de noviembre de 1873, se casó Dn. **Manuel Ignacio Nieto**, de 35, labrador, h.n. de Da. Rosa, vecina de los Manantiales, con Da. **Mardonia Espeche**, de 18, costurera, h.n. de Da. Tránsito, vecina de Alijilán. Ts Dn. Isidoro Coronel y Da. Melitona Cabral, cónyuges.

Ibias, Francisco Antonio con Díaz, Dermidia
F.44: En esta iglesia parroquial de El Alto, a 8 de noviembre de 1873, se casó **Francisco Antonio Ibias** (anotado como Ibáñez en el margen sin que se refiera a una corrección; Ibias en el cuerpo del acta), de 32, labrador, h.n. de Benedicta, vecina del Abra, con **Dermidia Díaz**, de 21, hilandera, h.l. de Albertano y de Bartolina Luna, vecinos del Abra. Ts Primitivo Guarás y Clara Rosales, cónyuges.

Hernández, Pedro Juan con Márquez, Crescencia
F.44v: En esta iglesia parroquial de la Concepción de El Alto, a 30 de mayo de 1874, se casó **Pedro Juan Hernández**, de la Rioja, de 28, jornalero, h.l. de Remigio y de la finada Rosario Varas, vecinos de La Rioja, con **Crescencia Márquez**, de 19, costurera, h.n. de Felisa, vecina de Sucuma. Ts Dn. Alejandro Segura y Da. Francisca A. Segura.

Reinoso, Segundo con Brizuela, María de Jesús
F.44v: En la iglesia de la Puerta Grande, a 3 de setiembre de 1874, se casó Dn. **Segundo Reinoso**, de Tucumán, de 36, h.l. de Dn. Simón y de Da. Juana Hernández, vecinos de Santa Rosa, provincia de Tucumán, con Da. **María de Jesús Brizuela**, de 23, costurera, h.l. del finado Dn. Pedro Antonio y Da. Justa Ibáñez, vecinos de los Altos de este curato. Ts Dn. David Ramos y Da. Tomasina Mercado.

Guarás, Hermenegildo con Leiva, María de Jesús
F.45: En la iglesia de la Puerta Grande, a 10 de setiembre de 1874, se casó **Hermenegildo Guarás**, h.l. del finado Miguel y de María Vallejos, vecinos del Bañado, con **María de Jesús Leiva**, h.n. de María Isabel, vecina de Ovanta. Ts Primitivo Guarás y Liberata Ibáñez.

Huergo, Zacarías con Díaz, Feliciana
F.45: En la iglesia de la Puerta Grande, a 9 de setiembre de 1874, se casó Dn. **Zacarías Huergo**, h.l. del finado Dn. Zacarías y de Da. Pastora Galíndez, vecinos de Catamarca, con Da. **Feliciana Díaz**, h.l. de Dn. Benigno y de Da. Rosario Díaz, vecinos de los Manantiales. Ts Dn. Manuel Barrientos y Da. Mercedes Salas, cónyuges.

Ahumada, Pedro M. con Rodríguez, Febronia
F.45v: En esta iglesia parroquial de la Concepción de El Alto, a 14 de setiembre de 1874, dispensado el impedimento de consanguinidad en cuarto grado simple de la línea colateral, se casó **Pedro M. Ahumada**, de 24, labrador, h.n. de Martina Ahumada, vecina de Guayamba, con Da. **Febronia Rodríguez**, de 18, costurera, h.l. de Dn. Eliseo Rodríguez y de Da. Luisa Zalazar, vecinos de Guayamba. Ts José Miguel Rizo y Eulalia Ahumada, cónyuges.

Barrera, Javier con Goitia, Zoila
F.46: En esta iglesia parroquial de El Alto, a 16 de agosto de 1874, se casó Dn. **Javier Barrera**, labrador, h.l. de Dn. Andrés y de Da. Carmen Villagrán, vecinos de Vilismano, con Da. **Zoila Goitia**, costurera, h.n. de Da. Dominga, vecina de Vilismano. Ts Dn. Luis J. Brandán y Da. Manuela Ferreira.

Altamirana, Juan Bautista con Ovejero, Nieves
F.46: En esta iglesia parroquial de El Alto, a 16 de agosto de 1874, se casó Dn. **Juan Bautista Altamirana**, criador, h.l. del finado Lucio y de la finada Restituta Pereira, vecinos del Unquillo, con Da. **Nieves Ovejero**, costurera, h.n. de Da. Bernarda, vecina de los Albarracines. Ts Dn. Cristóforo Rodríguez y Da. Apolinaria Altamirana.

Bulacia, Clodomiro con Ahumada, Nicomedes
F.46v: En esta iglesia parroquial de la Concepción de El Alto, a 17 de agosto de 1874, dispensado un impedimento de consanguinidad en tercer grado de la línea colateral, se casó Dn. **Clodomiro Bulacia**, arriero, h.l. de los finados Dn. Eulogio y Da. Eusebia Zalazar, vecinos que fueron de Guayamba, con Da. **Nicomedes Ahumada**, costurera, h.l. del finado Dn. Gregorio y de Da. Gerónima Gómez, vecinos de Guayamba. Ts Ángel Rodríguez y Da. Luisa Zalazar.

Cejas, Elías con Carrizo, María
F.46v: En esta iglesia parroquial de la Concepción de El Alto, a 18 de agosto de 1874, dispensado un impedimento de consanguinidad en cuarto grado de la línea colateral, se casó **Elías Cejas**, labrador, hijo legítimo de la finada Gregoria, vecina de Caña Cruz, con **María Carrizo**, costurera, h.l. del finado Ramón y de María Cejas, vecinos del mismo lugar. Ts Bonifacio Saavedra y N. N.

Osores, Manuel Antonio con Pedraza, Teodomira
F.47: En esta iglesia parroquial de la Concepción de El Alto, a 19 de octubre de 1874, se casó **Manuel Antonio Osores**, de 22, h.l. de Antolín y de Nicolasa Toranzo, con **Teodomira Pedraza**, de 24, costurera, h.l. del finado Moisés y de Jesús Pedraza, vecinos de Ancuja. Ts Rosa Albarracín y Josefa Albarracín.

Vega, José Nicanor con Falcón, Dolores
F.47: En esta iglesia parroquial de la Concepción de El Alto, a 9 de noviembre de 1874, se casó **José Nicanor Vega**, labrador, h.l. de Eufrasio y de la finada Zoila Pacheco, vecinos de Guayamba, con **Dolores Falcón**, telera, h.n. de Marina, vecina del Durazno. Ts Rudecindo Jiménez y Arsenia Figueroa, cónyuges.

Albarracín, Tiburcio con Márquez, Genuaria
F.47v: En esta iglesia parroquial de El Alto, a 9 de noviembre de 1874, dispensado el impedimento de

afinidad lícita en primer grado igual de línea colateral, se casó **Tiburcio Albarracín**, zapatero, h.l. de los finados Pedro José y de Vicenta Lobo, vecinos del Agua Dulce, con **Genuaria Márquez**, costurera, h.n. de Rosa, vecina de la Cañada. Ts Rosario Saavedra, soltera, y Dn. Luis Brandán, casado.

Lobo, Eufrasio con Arias, Pascuala
En esta iglesia parroquial de El Alto, a 28 de octubre de 1874, se casó **Eufrasio Lobo**, labrador, h.l. de los finados Borja Lobo y Pascuala Lobo, vecinos de las Cañas, con **Pascuala Arias**, costurera, h.n. de la finada Manuela, vecina de las Cañas. Ts Manuel Benigno Ojeda y Pascuala Lobo.

Celiz, Juan Antonio y Véliz, Mercedes
F.48: En esta iglesia parroquial de El Alto, a 28 de octubre de 1874, se casó **Juan Antonio Celiz**, de Santiago, (hijo) del finado Orencio y de María del Señor Gutiérrez, vecinos de Guasayán, con **Mercedes Véliz**, telera, h.n. de la finada Justa Véliz, vecina de las Cañas. Ts Rafael Yol(es?), casado y Dorotea Márquez, soltera.

Chazarreta, José León con Ledesma, María Bárbara
F.48: En la iglesia de la Quebrada, a 5 de noviembre de 1874, se casó **José León Chazarreta**, criador, h.l. de José Manuel y de la finada Rosa Castellanos, vecinos de la Aguadita, con **María Bárbara Ledesma**, costurera, h.l. de Isidoro y de la finada Jesús Mansilla, vecinos de la Puerta de Molle Yaco. Ts Rosario Osores y Rosario Ledesma, cónyuges.

Suárez, Juan con Lobo, Cledovia
F.48v: En la iglesia de la Quebrada, a 5 de noviembre de 1874, se casó **Juan Suárez**, labrador, h.l. de Manuel Antonio y de Evangelista Ríos, vecinos del Remancito, con **Cledovia Lobo**, costurera, h.l. de Pedro Pablo y de la finada María Rosa Rodríguez, vecinos de Achalco. Ts Francisco Agüero y Mercedes Lobo, cónyuges.

Flores, Asensio con Pereyra, Toribia
F.48v: En la iglesia de la Quebrada, a 31 de octubre de 1874, se casó **Asensio Flores**, labrador, h.l. de José María y de Francisca Rosario Corpus, vecinos de las Cañas, con **Toribia Pereyra**, de (la provincia de) Córdoba, h.n. de la finada Jesús Pereyra, vecina de las Cañas. Ts Victoriano González y Julia Carrizo.

Márquez, Baldomero con Farías, Candelaria
F.49: En la iglesia de la Quebrada, a 31 de octubre de 1874, se casó **Baldomero Márquez**, criador, h.l. de Anselmo y de Concepción Verón, vecinos de las Cañas, con **Candelaria Farías**, costurera, h.n. de Presentación Farías, vecina de las Cortaderas. Ts José Santos Aguirre y Carlota Márquez.

Castellanos, Brígido con Garzón, Pabla
F.49: En esta iglesia parroquial de El Alto, a 28 de junio de 1874, se casó **Brígido Castellanos**, h.l. del finado Manuel y de Carmen Coria, vecinos de Achalco, con **Pabla Garzón**, h.l. del finado Antonio y de Marita Medina, vecinos del mismo lugar. Ts Rosario Osores y su cónyuge, vecinos de la Quebrada.

Avelino, Andrés Avelino con Cabral, Benicia
F.49v: En esta iglesia parroquial de El Alto, a 14 de diciembre de 1874, se casó **Andrés Avelino Luna**, labrador, h.l. de los finados Andrés y Ana Luisa Jiménez, vecinos de Ampolla, con **Benicia Cabral**, costurera, h.l. del finado Samuel y de María de Jesús Flores, vecinos de la Huerta. Ts Salustiano Ibáñez y Delfina Luna.

Gómez, Adolfo con Mercado, Dionisia
F.49v: En esta iglesia parroquial de El Alto, a 14 de diciembre de 1874, se casó **Adolfo Gómez**, labrador, h.n. de Celedonia, vecinos de Ampolla, con **Dionisia Mercado** (anotada como Diocleciana al margen, sin embargo, no se menciona que se trate de una corrección), telera, h.l. de los finados Pedro Pablo y Viviana González, vecinos de este curato. Ts Juan Antonio Cabral y Gerónima Mercado.

Lobo, Napoleón con Agüero, Marcelina
F.50: En esta iglesia parroquial de El Alto, a 5 de febrero de 1874, dispensado un impedimento de consanguinidad en tercer grado de la línea colateral igual, se casó Dn. **Napoleón Lobo**, de 23, labrador, h.l. de Dn. Pedro y Da. Luisa Suárez, vecinos de las Lomitas, con Da. **Marcelina Agüero**, de 18, costurera, h.l. de Dn. Manuel y Da. Margarita Cevallos, vecinos de Cóndor Huasi. Ts Dn. Hermógenes Brizuela y Da. Bartolina Molina. Nota: La información matrimonial correspondiente a esta partida está fechada el 11 de enero de 1875, en ese documento se explica el parentesco con el siguiente esquema:

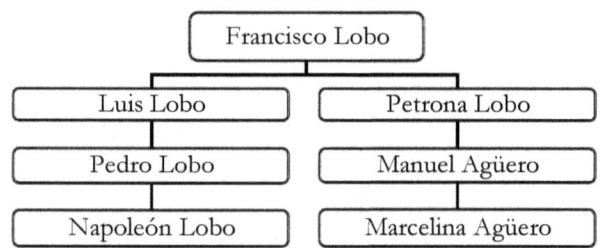

Barrionuevo, Fortunato con Vega, Leonor
F.50: En esta iglesia parroquial de El Alto, a 30 de octubre de 1874, se casó **Fortunato Barrionuevo**, labrador, h.l. de Julián y de Raimunda Mansilla, vecinos de Paclín, con **Leonor Vega**, hilandera, h.l. de los

finados Pedro Nolasco y Romualda Cordero, vecinos de las Cañas. Ts Adeodato Díaz y Rosario Arévalo, solteros.

Guarás, Estratón con Sandez, Genuaria
F.50v: En esta iglesia parroquial de El Alto, a 28 de noviembre de 1874, se casó **Estratón Guarás**, labrador, h.l. de Pascual y de Cruz Luna, vecinos del Bañado, con **Genuaria Sandez**, h.l. de Ramón y de Santos Cardoso, vecinos de Yaquicho. Ts Pedro Rosales y Petronila Argañarás.

González, Nicanor con Rosales, Candelaria
F.50v: En esta iglesia parroquial de El Alto, a 9 de diciembre de 1874, se casó **Nicanor González**, labrador, h.n. de la finada Francisca Antonia González, vecina del Bañado, con **Candelaria Rosales**, hilandera, h.n. de Vicenta Rosales, vecina del Rodeito. Ts Salomón Rasguido y María Engracia Díaz.

Fernández, Gervasio con Mercado, Faustina
F.51: En esta iglesia parroquial de El Alto, a 10 de diciembre de 1874, se casó **Gervasio Fernández**, labrador, h.n. de María Petrona Fernández, vecina de las Tunas, con **Faustina Mercado**, de 22, hilandera, h.n. de la finada Petrona Mercado, vecina del mismo lugar.

Arévalo, Benildo José con Bravo, María Eudosia
F.51: En esta iglesia parroquial de El Alto, a 9 de noviembre de 1874, se casó **Benildo José Arévalo**, de 21, labrador, h.l. del finado Dn. Ramón Antonio Arévalo y de Da. Benedicta Gómez, vecinos de Ancasti, con Da. **María Eudosia Bravo**, de 17, costurera, h.l. de Dn. Pedro José y de Da. María Zoila Navarro, vecinos de Oyola. Ts Zenón Arévalo y Da. Marquesa Márquez.

Morales, Agustín con Tolosa, María del Rosario
F.51v: En esta iglesia parroquial de El Alto, a 8 de enero de 1875, se casó **Agustín Morales**, de 37, labrador, h.l. de los finados Valeriano y Tránsito Luján, vecinos de Talasí, con **María del Rosario Tolosa**, de la provincia de Tucumán, telera, h.n. de María de la Cruz Tolosa, vecina de Tala Sacha. Ts Ramón Rosa Salvatierra y Da. M. Javiera Márquez.

Barrientos, Félix Ignacio con Cabrera, Adelaida
F.51v: En esta iglesia parroquial de El Alto, a 8 de enero de 1875, se casó **Félix Ignacio Barrientos**, de 19, labrador, h.l. de los finados Félix Ignacio y Gerónima Paz, vecinos de las Tunas, con **Adelaida Cabrera**, de 18, costurera, h.n. de Prudencia Cabrera, vecina de las Tunas. Ts Domiciano Escasuso y Petrona Argañaráz.

Castro, Desiderio con Barrientos, Juana Isabel
F.52: En esta iglesia parroquial de El Alto, a 8 de enero de 1875, se casó **Desiderio Castro**, de 20, labrador, h.n. de María Mercedes Castro, vecina de las Tunas, con **Juana Isabel Barrientos**, de 22, costurera, h.l. de los finados Félix Ignacio Barrientos y Gerónima Paz, vecinos de las Tunas. Ps: Dolores Silva, casado, y María Barrientos, viuda.

Díaz, Estanislao con Barrionuevo, Candelaria
F.52: En esta iglesia parroquial de El Alto, a 22 de febrero de 1875, se casó **Estanislao Díaz**, labrador, h.n. de la finada Rosa Díaz, vecinos de los Manantiales, con **Candelaria Barrionuevo**, hilandera, h.n. de la finada Tránsito Barrionuevo, vecina del mismo lugar. Ts Teodoro Ibáñez, soltero, e Irene Barrera, viuda.

Villagra, Ramón con Barrientos, Crescencia
F.52v: En esta iglesia parroquial de El Alto, a 11 de enero de 1875, dispensado el impedimento de consanguinidad en cuarto grado de la línea colateral igual, se casó **Ramón Villagra**, de 22, labrador, h.l. del finado Hermenegildo y de Rosa Guerreros, vecinos de los Manantiales, con **Crescencia Barrientos**, costurera, h.l. del finado Fortunato y de Celestina Delgado, vecinos del mismo lugar. Ts Santiago Paz y Rosario Medina. Nota: la información matrimonial correspondiente está fechada el 14 de octubre de 1874, el impedimento se explica con el siguiente esquema:

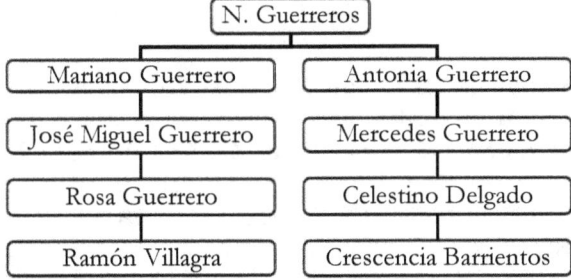

Quinteros, José María con Guarás, María del Señor
F.52v: En esta iglesia parroquial de El Alto, a 13 de enero de 1875, se casó **José María Quinteros**, de 22, jornalero, h.l. de los finados José Antonio y Delfina Morales, vecinos del Bañado, con **María del Señor Guarás**, costurera, h.l. del finado Nicolás y de Justa Argañaráz, vecinos del mismo lugar. Ts Juan León Rosales y María Cevallos, cónyuges.

Rodríguez, Pacífico con Rodríguez, Victoria
F.53: En la iglesia de Vilismano, a 3 de febrero de 1875, se casó **Pacífico Rodríguez**, labrador, h.l. de los finados Juan Teodoro y María de los Ángeles Arévalo, vecinos de la Calera, con **Victoria Rodríguez**, hilandera, h.l. de los finados Paulino y Natividad Silva, vecinos de Inacillo. Ts José Guevara y Margarita Rodríguez.

Páez, Gregoria con Acosta, Carmen
F.53: En la iglesia de Vilismano, a 3 de febrero de 1875, dispensado un impedimento de afinidad lícita en

segundo grado mixto con tercero, se casó **Gregorio Páez**, labrador, h.n. de Rosalía Páez, vecina de Vilismano, con **Carmen Acosta**, costurera, h.l. del finado Benito y Benita Duarte, vecinos del mismo lugar. Ts Víctor Vega y Juana Moreto.

Jeréz, Marcos C. con Valdéz, Rosaura
F.53v: En la iglesia de los Manantiales, a 6 de febrero de 1875, se casó Dn. **Marcos C. Jeréz**, h.l. de los finados Dn. Gabriel Jeréz y Da. Desposoria Domínguez, vecinos de Alijilán, con Da. **Rosaura Valdéz**, h.l. de Dn. Félix B. Valdéz y de la finada Da. Rosa Leiva, vecinos del mismo lugar. Ps: Dn. Félix B. Valdéz y Da. Sofía Barrientos.

Barrientos, Juan Andrés con Córdoba, Raquel
F.53v: En la iglesia de los Manantiales, a 6 de febrero de 1875, se casó **Juan Andrés Barrientos**, h.l. del finado Fortunato y de Celestina Delgado, vecinos del Manantial, con **Raquel Córdoba**, h.l. del finado Luis Antonio y de Irene Barrera, vecinos del mismo lugar. Ts Manuel Caravajal (no se nombra al otro testigo).

Burgos, Eliseo con Villagra, María
F.54: En la iglesia del Manantial, a 10 de febrero de 1875, se casó **Eliseo Burgos**, h.n. de la finada Tomasa Burgos, vecinos de Alijilán, con **María Villagra**, h.n. de Justina Villagra, vecinos del mismo lugar. Ts Adrián Guerreros y Rosario Paz, cónyuges.

Cárdenas, Juan Zenón con Luna, Eduviges
F.54: En esta iglesia parroquial de El Alto, a 6 de febrero de 1874, se casó **Juan Zenón Cárdenas**, h.n. de Ascensia Cárdenas, vecinos del Bañado, con **Eduviges Luna**, h.l. de Ciriaco Luna y de la finada Isabel Mercado, vecinos de Ovanta. Ts Buenaventura Rosales y Solana Reinoso.

Collantes, Máximo con Cevallos, Hipólita
F.54v: En esta iglesia parroquial de El Alto, a 27 de febrero de 1875, se casó **Máximo Collantes**, h.l. del finado Raimundo y de Leona Pereira, vecinos de Ampolla, con **Hipólita Cevallos**, h.l. de los finados Manuel Antonio y Segunda Collantes, vecinos de Ampolla. Ts Espiridión Ledesma y Romualda Figueroa, cónyuges.

Leiva, Ricardo con Vega, María del Tránsito
F.54v: En esta iglesia parroquial de El Alto, a primero de marzo de 1875, se casó **Ricardo Leiva**, h.n. de Juana Isabel Leiva, vecinos del Sauce, con **María del Tránsito Vega**, h.n. de (en blanco) Vega, vecina del Suncho. Ts Rómulo Ocón y Josefa Albarracín, cónyuges.

Navarro, José Manuel con Zurita, María Isidora
F.55: En esta iglesia parroquial de El Alto, a 5 de abril de 1875, se casó **José Manuel Navarro**, de 36, curtidor, h.n. de María Navarro, vecina de Vilismano, con **María Isidora Zurita**, de 22, hilandera, h.l. de Expectación Zurita e Isabel Ávila, vecinos de Taco Punco. Ts Salvador Rodríguez y Manuela Ferreira, cónyuges.

Luna, Lorenzo con Ibáñez, Benicia
F.55: En esta iglesia parroquial de El Alto, a 5 de abril de 1875, se casó **Lorenzo Luna**, de 22, labrador, h.n. de Cleofé Luna, vecinos de las Tunas, con **Benicia Ibáñez**, costurera, h.l. de los finados Pascual y Juana Ventura Morienega, vecinos de las Tunas. Ts Juan Antonio Rosales y Petrona Argañaráz.

González, Rufino con Guarás, Ana Rosa
F.55v: En esta iglesia parroquial de El Alto, a 5 de abril de 1875, se casó **Rufino González**, de 28, labrador, h.n. de la finada Rufina González, vecinos del Bañado, con **Ana Rosa Guarás**, h.l. de Pascual Guarás y de Cruz Luna, vecinos del Bañado. Ts Anacleto Reinoso y Francisca Guarás.

Burgos, Ruperto con Quiroga, Aurora
F.55v: En esta iglesia parroquial de El Alto, a 6 de abril de 1875, se casó **José Ruperto Burgos**, de 20, jornalero, h.l. de Silvestre y de Zoila Delgadino, vecinos de Valle Viejo, con **Aurora Quiroga**, de 19, costurera, h.n. de Margarita Quiroga, vecina de Guayamba. Ts Moisés Espeche y María A. Ahumada, cónyuges.

Oliva, Ramón Vicente con Villafañe, María
F.56: En esta iglesia parroquial, a 6 de abril de 1875, se casó **Ramón Vicente Oliva**, de 23, capataz, h.l. de Juan Fermín Oliva y de Rosa Avéndina Ovejero, vecinos del Manantial, con **María Villafañe**, de 19, costurera, h.n. de María Villafañe, vecina de los Manantiales, Ts Medardo Álvarez y Paulina Pereira.

Argañarás, Mardoqueo con Suárez, María
F.56: En esta iglesia parroquial de El Alto, a 8 de abril de 1875, se casó **Mardoqueo Argañarás**, de 23, jornalero, h.l. de Evangelista y de Angelita Candi, vecinos de Monte Redondo, con **María Suárez**, de 28, costurera, h.l. del finado Gabriel y de Nicasia Molina. Ts José Ignacio Colombres y Maximiliana Juárez.

Bulacia, Simón con Medina, Petrona
F.56v: En esta iglesia parroquial de El Alto, a 22 de abril de 1875, se casó Dn. **Simón Bulacia**, de 25, labrador, h.l. de los finados Dn. Gregorio Bulacia y Da. Juan Ibáñez, vecinos del Unquillo, con Da. **Petrona Medina**, de 25, costurera, h.l. del finado Dn. Juan Bautista Medina y Da. Bernarda Coronel, vecinos del Unquillo. Ts Facundo Bulacia y Joaquina Macedo, cónyuges.

Burgos, Leonor con Cisternas, Fermina

F.56v: En esta iglesia parroquial de El Alto, a 29 de abril de 1875, se casó **Leonor Burgos**, de 22, jornalero, h.l. del finado José Lino y de Francisca Lobo, vecinos de El Alto, con **Fermina Cisternas**, telera, h.l. de Juan Santos y de Norberta Valdéz, vecinos de Guayamba. Ts Pedro Rojas y Francisca Antonia Márquez, cónyuges.

Lezcano, Juan Antonio con Collantes, María de Jesús

F.57: En esta iglesia parroquial de El Alto, a 3 de junio de 1875, dispensado un impedimento de consanguinidad de la línea colateral en cuarto grado igual, se casó **Juan Antonio Lezcano**, de 28, labrador, h.l. de Juan Antonio y de Lucinda Jiménez, vecinos de Ampolla, con **María de Jesús Collantes**, costurera, h.l. del finado Raimundo y de Leona Pereira, vecinos del mismo lugar. Ts Manuel S. Villarroel, casado, y Romualda Figueroa, casada. Nota: La información matrimonial está fechada en El Alto el 22 de abril de 1875, allí se declara que el contrayente es viudo de Evangelista Mercado, el parentesco se explica con el siguiente esquema:

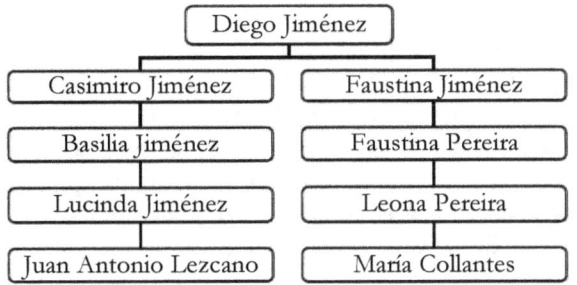

Guerra, Juan Manuel con Lobo, María Serafina

F.57: En esta iglesia parroquial de El Alto, a 5 de junio de 1875, se casó **Juan Manuel Guerra**, de 33, labrador, h.l. de Juan Ramón Guerra y de la finada Dorotea Ledesma, vecinos de Achalco, con **María Serafina Lobo**, hilandera, h.l. del finado Timoteo Lobo y de María Serafina Pérez, vecina de Achalco. Ts Juan de Dios Aguirre y Tránsito Retamozo, cónyuges.

Arias, Carmen con Burgos, Felipa Antonia

F.57v: En esta iglesia parroquial de El Alto, a 7 de julio de 1875, se casó **Carmen Arias**, de 35, labrador, h.n. de la finada Carmen Luján, vecinos del Río de los Ávila, con Da. **Felipa Antonia Burgos**, de 21, costurera, h.l. de Dn. Ramón Burgos y de la finada Da. Romualda Arévalo, vecinos de Guayamba. Ts Dn. David Sierra y Da. Clara Ahumada, ambos casados y vecinos de Guayamba.

Collantes, Samuel con Guarás, María

F.57v: En esta iglesia parroquial de El Alto, a 9 de setiembre de 1875, se casó **Samuel Collantes**, de 30, jornalero, h.l. del finado Raimundo y de María Leona Pereira, vecinos de Ampolla, con **María Guarás**, de 30, telera, h.l. del finado Pedro y de Cornelia Argañaráz, vecinos del Bañado. Ts Juan Bautista Ortiz y Francisca Guarás.

Pacheco, Bartolomé con Zurita, Carmen

F.58: En esta iglesia parroquial de El Alto, a 18 de setiembre de 1875, se casó Dn. **Bartolomé Pacheco**, de 37, criador, hijo legítimo de Da. Felipa Pacheco, vecinos del Puestito, con Da. **Carmen Zurita**, de 22, telera, h.l. del finado Dn. Pedro y Da. Ignacia Ponce, vecinos del Laurel. Ts Balbino Ibáñez y Felipa Pacheco.

Flores, José Luis con Cabrera, Cenobia

F.58: En esta iglesia parroquial de El Alto, a 19 de abril de 1875, se casó **José Luis Flores**, de 30, criador, h.l. de los finados Eusebio Flores y Encarnación Arancibia, vecinos que fueron de San Juan, con **Cenobia Cabrera**, costurera, h.n. de Prudencia Cabrera, vecina de las Cañas. Ts Dn. Pablo Aranda y Jacoba Ortiz.

Cordero, Julián con Peñaflor, Perfecta

F.58v: En esta iglesia parroquial de El Alto, a 24 de mayo de 1875, se casó **Julián Cordero**, criador, h.n. de Carmen Cordero, vecinos de los Morteros, con **Perfecta Peñaflor**, hilandera, h.l. de Salvador y de Ignacia Segura, vecinos de los Morteros. Ts Calixto Robles y Griselda Reinoso.

Barrientos, José Macario con Castellanos, Petrona

F.58v: En esta iglesia parroquial de El Alto, a 24 de mayo de 1875, dispensado un impedimento de consanguinidad en tercer grado con segundo, se casó **José Macario Barrientos**, criador, h.l. del finado Anselmo y de Candelaria Ríos, vecinos de Ayapaso, con **Petrona Castellanos**, hilandera, h.l. de los finados Salvador y Anunciación Osores, vecinos de Achalco, Ts Doroteo Castellanos y Filiberta Luna, cónyuges. Nota: la información matrimonial correspondiente está fechada el 5 de mayo de 1875, allí se declara que la contrayente es viuda de Pacífico Salgue, el parentesco se explica con el siguiente esquema:

Luna, Francisco Antonio con Lezcano, Felipa

F.59: En esta iglesia parroquial de El Alto, a 30 de mayo de 1875, dispensado un impedimento de consanguinidad en cuarto grado de la línea colateral igual, se casó **Francisco Antonio Luna**, de 20, h.l. del finado Jorge y de Nicolasa Jiménez, vecinos de Ampolla, con **Felipa Lezcano**, telera, h.l. de Juan Antonio y de Lucinda Jiménez, vecinos de Ampolla. Ts N. Leguizamón y Pilar Mercado, casados. Nota: la información matrimonial correspondiente a esta partida está fechada en El Alto el 22 de abril de 1875, allí se declara que la contrayente es viuda de José Santos Collantes. El parentesco se explica con el siguiente esquema:

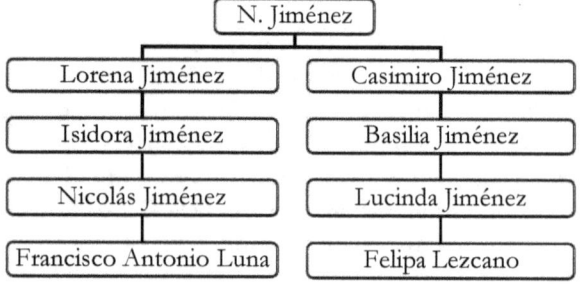

Rodríguez, Agustín con Tejeda, Rosalía
F.59: En esta iglesia parroquial de El Alto, a 31 de mayo de 1875, se casó Dn. **Agustín Rodríguez**, de 27, h.l. del finado Dn. Pedro Lucas y de Da. Juana Rosa Albarracín, vecinos de Tintigasta, con Da. **Rosalía Tejeda**, costurera, h.l. de Dn. Isidoro y de Da. Francisca Cisternas, vecinos de los Tarquitos. Ts Dn. Tránsito Albarracín y Da. Petronila Albarracín.

Quiroga, Federico con Díaz, Isabel
F.59v: En esta iglesia parroquial de El Alto, a 19 de mayo de 1875, dispensado un impedimento de consanguinidad en tercer grado simple de la línea colateral, se casó **Federico Quiroga**, de 22, jornalero, h.n. de Agustina Quiroga, vecinos de las Cañas, con **Isabel Díaz**, hilandera, h.l. de los finados Marcos y Petrona Molina, vecinos de la Puerta Grande. Ts Salustiano Ibáñez y Asunción Sosa, cónyuges. Nota: la información matrimonial correspondiente a este enlace está fechada el 27 de abril de 1875, el parentesco se explica con el siguiente esquema:

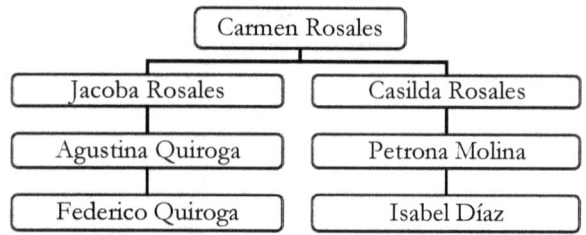

Reinoso, Félix con Gacitua, Segunda
F.59v: En esta iglesia parroquial de El Alto, a 26 de julio de 1875, se casó **Félix Reinoso**, labrador, h.n. de Antonina Reinoso, vecinos de Alijilán, con **Segunda Gacitua**, hilandera, h.l. de Segundo Gacitua y de la finada Josefa López, vecinos de Alijilán. Ts Ramón Chávez y Petrona Reinoso, cónyuges.

Ovejero, Nicolás con Cejas, María
F.60: En esta iglesia parroquial de El Alto, a 17 de agosto de 1875, dispensado un impedimento de afinidad ilícita en segundo grado de la línea colateral, se casó **Nicolás Ovejero**, de 22, labrador, h.l. de los finados Raimundo Ovejero y Leonor Lobo, vecinos de Tintigasta, con **María Cejas**, costurera, h.n. de la finada Gregoria Cejas, del mismo lugar. Ts Dionisio Güiraldes y Ramona Moya, cónyuges.

Bulacia, Miguel con Jiménez, Victoria
F.60: En esta iglesia parroquial de El Alto, a 13 de setiembre de 1875, se casó **Miguel Bulacia**, de 30, curtidor, h.l. de Dn. Gregorio Bulacia y de Juana Ibáñez, vecinos de los Ortices, con Da. **Victoria Jiménez**, de 24, telera, h.n. de Bernabela Jiménez, vecina de Ampolla. Ts Albino Macedo y Bernabela Bulacia.

Maidana, Salvador con Arias, María Anselma
F.60v: En esta iglesia parroquial de El Alto, a 16 de setiembre de 1875, dispensados tres impedimentos de afinidad ilícita por línea colateral igual con atingencia al segundo, se casó **Salvador Maidana**, de 27, labrador, h.l. de los finados Felipe y Lucía Rodríguez, vecinos de Molle Yaco, con **María Anselma Arias**, de 34, telera, h.l. de los finados Maximiliano y de Paz Mansilla, vecinos del mismo lugar. Ts Rudecindo Jiménez y Segunda Pedraza.

Ledesma, Patrocinio con Maidana, María Margarita
F.60v: En esta iglesia parroquial de El Alto, a 16 de setiembre de 1875, dispensado el impedimento de afinidad ilícita en segundo grado de la línea colateral, se casó **Patrocinio Ledesma**, de 23, de oficio labrador, h.l. de Juan Isidro y de la finada María Ferreira, vecinos de Molle Yaco, con **María Margarita Maidana**, de 33, telera, h.l. de los finados Felipe y Lucía Rodríguez, vecinos del mismo lugar. Ts Baltazar Maidana y Josefa Pedraza, cónyuges.

Vega, Pastor de la con Gómez, Celestina
F.61: En esta iglesia parroquial de El Alto, a 25 de octubre de 1875, se casó Dn. **Pastor de la Vega**, de 34, de profesión labrador, h.n. de la finada Da. Consolación de la Vega, vecinos de Guayamba, con Da. **Celestina Gómez**, de 40, telera, h.l. del finado Dn. Lucindo y de Da. Pilar Valdéz, vecinos de Guayamba. Ts Dn. Hermógenes Brizuela y Da. Gerónima Gómez.

Carrizo, Delfín con Córdoba, Mercedes

F.61: En esta iglesia parroquial de El Alto, a 25 de octubre de 1875, se casó **Delfín Carrizo**, de 30, jornalero, h.n. de Juana Carrizo, vecinos de las Cortaderas, con **Mercedes Córdoba**, de 25, telera, h.l. de los finados Juan Manuel y Pilar Ojeda, vecinos de las Cortaderas. Ts Manuel B. Ojeda y María Antonia Agüero, cónyuges.

Ávila, Finardo con Santillán, Justa
F.61v: En esta iglesia parroquial de El Alto, a 25 de octubre de 1875, se casó **Finardo Ávila**, de 20, jornalero, h.n. de María del Carmen Ávila, vecinos de las Cañas, con **Justa Santillán**, de 23, telera, h.n. de Candelaria Santillán, vecinos de las Cañas. Ts Liberato Guzmán y Petrona Gómez.

Osores, Valentín con Ponce, Francisca
F.61v: En esta iglesia parroquial de El Alto, a 27 de octubre de 1875, se casó **Valentín Osores**, de 35, labrador, h.l. de los finados Fermín y Santos Bustos, vecinos de Inacillo, con **Francisca Ponce**, de 55, telera, h.l. de los finados Ascencio y María Ascensión Juárez, vecinos de Taco Punco. Ts Rómulo Ocón y Josefa Albarracín, cónyuges.

Pérez, Juan Dionisio con Agüero, Mercedes
F.62: En esta iglesia parroquial de El Alto, a 15 de noviembre de 1875, se casó **Juan Dionisio Pérez**, de 50, labrador, h.l. de los finados Juan Antonio y Magdalena Frías, vecinos de la Higuerita, con **Mercedes Agüero**, de 36, hilandera, h.n. de Felipa Agüero, vecina del Agua del Sauce. Ts Ignacio Magallán y Filomena Guerreros.

Álvarez, Salvador con Leiva, Adeodata
F.62: En esta iglesia parroquial de El Alto, a 15 de noviembre de 1875, se casó **Salvador Álvarez**, de 20, jornalero, h.l. de los finados Lorenzo y Natividad Montenegro, vecinos de Caña Cruz, con **Adeodata Leiva**, de 20, telera, h.n. de la finada Manuela Leiva, vecina de Sucuma. Ts Dn. Rosendo Ahumada y Da. Adelaida Jeréz, cónyuges.

Moyano, Juan de Dios con Ibáñez, Nicolasa
F.62v: En esta iglesia parroquial de El Alto, a 16 de octubre de 1875, se casó **Juan de Dios Moyano**, de 28, carpintero, h.l. del finado Carmelo Moyano y de Felipa Antonia Paz, vecinos de las Tunas, con **Nicolasa Ibáñez**, de 28, telera, h.l. del finado Silvestre y de Rosa Soria, vecinos de El Alto. Ts Salvador Rodríguez y Apolinaria Altamirana.

Santillán, Adeodato con Coronel, María Antonia
F.62v: En esta iglesia parroquial de El Alto, a 18 de octubre de 1875, se casó **Adeodato Santillán**, jornalero, h.n. de Natividad Santillán, vecinos de las Cañas, con **María Antonia Coronel**, hilandera, h.l. del finado José María y de Isabel Bustos, vecinos de las Cañas. Ts José Tomás Coronel y María Bernarda Coronel.

Pintos, José con Segura, Diocleciana
F.63: En esta iglesia parroquial de El Alto, a primero de mayo de 1875, se casó **José Pintos**, de 22, labrador, h.l. de los finados Francisco Javier y Eduarda Flores, vecinos de la Chilca, con **Diocleciana Segura**, de 24, hilandera, h.l. del finado Genuario y de Jacinta Reinoso, vecinos del Paso Grande. Ts Rosario Osores y Rosario Ledesma, cónyuges.

Dulce, Ramón con Rosales, Joaquina
F.63: En esta iglesia parroquial de El Alto, a 27 de mayo de 1875, se casó **Ramón Dulce**, de 21, labrador, h.n. de Rosa Dulce, vecinos de la Rinconada, con **Joaquina Rosales**, de 23, hilandera, h.l. de José Ignacio y de la finada María Candelaria Brizuela, vecinos del Desmonte. Ts Gregorio Rosales y Justa Rosales.

González, Francisco con Albarracín, Carmen
F.63v: En esta iglesia parroquial de El Alto, a 8 de febrero de 1875, se casó **Francisco González**, jornalero, h.l. de Manuel y de Manuela Morales, vecinos de El Alto, con **Carmen Albarracín**, de 20, costurera, h.l. del finado Félix y de Josefa Contreras, vecinos del Unquillo. Ts Facundo Bulacia y Joaquina Macedo, cónyuges.

Tolosa, Onofre con Agüero, Nicolasa
F.63v: En esta iglesia parroquial de El Alto, a 24 de febrero de 1875, dispensado el impedimento de consanguinidad en cuarto grado de la línea colateral, se casó Dn. **Onofre Tolosa**, de 22, comerciante, h.l. del finado Dn. Pedro Gregorio y de Da. Tránsito Palacios, vecinos del Pozo Grande, con Da. **Nicolasa Agüero**, costurera, h.l. de Dn. Rosa Agüero y de Da. Rosa Gómez. Ts Dn. Luis J. Brandán y Da. Zoila Gómez. La información correspondiente a esta partida está fechada en El Alto el 15 de febrero de 1875, el parentesco entre los contrayentes se explica con el siguiente esquema:

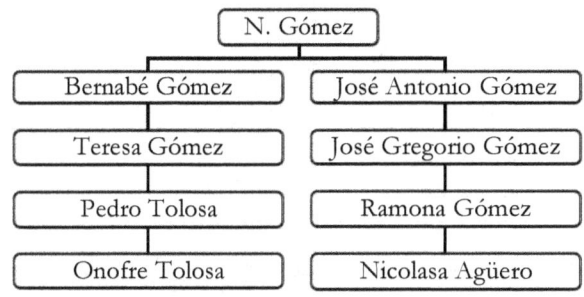

Agüero, Dulcidio con Espeche, Carolina
F.64: En esta iglesia parroquial de El Alto, a 24 de febrero de 1875, se casó Dn. **Dulcidio Agüero**, de 24, labrador, h.l. de Dn. Rosa y de Da. Ramona Rosa Gómez, vecinos del Puesto de Gómez, con Da. **Carolina Espeche**, costurera, h.l. del finado Dn. Martiniano Espeche y de Da. Emilia Bulacia, vecinos del Arroyo del Medio. Ts Dn. Rosendo Ahumada y Da. Emilia Lemus.

Jiménez, Nicanor con Magallanes, Ramona
F.64: En esta iglesia parroquial de El Alto, a 26 de abril de 1875, se casó Dn. **Nicanor Jiménez**, de 23, labrador, h.l. de los finados Dn. Clemente y de Da. Mercedes Orellana, vecinos de los Ortices, con Da. **Ramona Magallanes**, de 18, costurera, h.l. de Dn. Crisólogo y de Da. Eusebia Burgos, vecinos de Haipa Sorcona. Ts Pedro M. Romano y Tránsito Magallanes, cónyuges.

Reinoso, Nicolás con Reinoso, María
F.64v: En esta iglesia parroquial de El Alto, a 3 de mayo de 1875, dispensado un impedimento de consanguinidad en cuarto grado de la línea colateral, se casó **Nicolás Reinoso**, labrador, h.l. de Justino y de la finada Tránsito Armas, vecinos del Bañado, con **María Reinoso**, hilandera, h.n. de la finada Jacoba Reinoso. Ts Juan de la Cruz González y Juliana Rasguido. Nota: la información matrimonial está fechada el 5 de abril de 1875, allí se declara que el novio es viudo de Mercedes Soraire y que los contrayentes están ligados por un impedimento de cuarto grado con atingencia al tercero según se explica en el siguiente esquema:

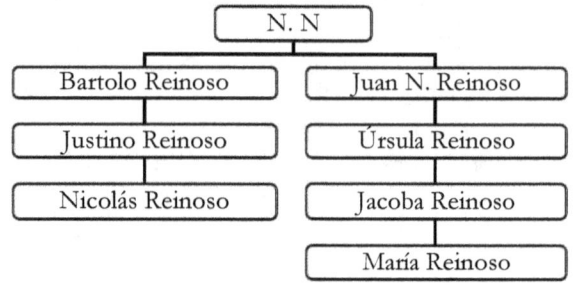

Celiz, Pedro con Saavedra, Rosa Ramona
F.64v: En esta iglesia parroquial de El Alto, a 10 de mayo de 1875, se casó **Pedro Celiz**, labrador, h.l. de los finados Carmelo Celiz y Josefa Rojas, vecinos de San Pedro, de la provincia de Santiago del Estero, con **Rosa Ramona Saavedra**, hilandera, h.n. de Delfina Saavedra, vecina de los Dos Pocitos. Ts Venancio Reinoso y Ramona Ibáñez, cónyuges.

Ponce, Isidoro Antonio con Farías, Balbina
F.65: En esta iglesia parroquial de El Alto, a 10 de mayo de 1875, se casó Dn. **Isidoro Antonio Ponce**, labrador, h.l. de los finados Dn. Basilio y Da. Modesta Mercado, vecinos de la Higuerita, con Da. **Balbina Farías**, costurera, h.n. de Da. Presentación Farías, vecinas de las Cortaderas. Ts Domingo Díaz e Isabel, cónyuges.

Flores, Felipe con Lobo, Paulina
F.65: En esta iglesia parroquial de El Alto, a 12 de mayo de 1875, se casó Dn. **Felipe Flores**, labrador, h.l. del finado Dn. Hermenegildo y Da. Petrona Barrera, vecinos del Paso Grande, con Da. **Paulina Lobo**, hilandera, h.l. de los finados Dn. Bernardo Lobo y Da. Petrona Maldonado, vecinos del Paso Grande. Ts Nicanor Garzón y Juana Francisca Lazo, cónyuges.

Márquez, Pedro con Brizuela, Laureana
F.65v: En esta iglesia parroquial de El Alto, a 13 de mayo de 1875, se casó **Pedro Márquez**, de 30, jornalero, h.n. de Rosario Márquez, vecina de la Cañada, con **Laureana Brizuela**, de 17, hilandera, h.l. de los finados Cipriano y Basilisa Barrionuevo, vecinos que fueron de Rama Corral. Ts Juan Ignacio Brizuela y María I. Magallan, cónyuges.

Villar, Pedro Vicente con Díaz, Luján
F.65v: En esta iglesia parroquial de El Alto, a 9 de agosto de 1875, dispensado un impedimento de afinidad en primer grado igual de la línea colateral por cópula lícita, se casó **Pedro Vicente Villar**, labrador, h.l. de los finados Patricio y Josefa Ontiveros, vecinos de la Carpintería, con **Lujana Díaz**, hilandera, h.l. de Dionisio Díaz y de la finada Regina Díaz, vecina de la Carpintería. Ts N. Barrientos y Nicasia Valdéz, cónyuges.

Ojeda, Pedro Martín con Carrizo, Filomena
F.66: En esta iglesia parroquial de El Alto, a 9 de agosto de 1875, se casó **Pedro Martín Ojeda**, de 23, zapatero, h.n. de Filomena Ojeda, vecina de la Higuerita, con **Filomena Carrizo**, de 20, h.l. de Bartolomé y de Anunciación Avellaneda, vecinos de El Alto. Ts Calixto Robles y Betsabé López, cónyuges.

Espeche, Wenceslao con Segura, Ercilia
F.66: En esta iglesia parroquial de El Alto, a 26 de agosto de 1875, se casó **Wenceslao Espeche**, de 29, zapatero, h.l. del finado Valeriano y de Natividad Vázquez, vecinos de El Alto, con **Ercilia Segura**, de 20, costurera, h.l. de los finados Segundo y Pastora Bustamante, vecinos de El Alto. Ts Dn. Alejandro Segura y Apolinaria Altamirana.

Yanse, Ramón Rosa con Villagra, Nicolasa
F.66v: En esta iglesia parroquial de El Alto, a 30 de agosto de 1875, se casó **Ramón Rosa Yanse**, jornalero, h.n. de la finada Manuela Yanse, vecinos de la Carpintería, con **Nicolasa Villagra**, de 22, hilandera, h.l. de Eusebio Villagra y de Ascensión Ibáñez, vecinos

de Sauce Mayo. Ts Francisco Pérez y Mariana Agüero, cónyuges.

Graneros, Alejandro con Rodríguez, Carmen
F.66v: En esta iglesia parroquial de El Alto, a 30 de agosto de 1875, se casó **Alejandro Graneros**, jornalero, h.n. de Paulina Graneros, vecinos de la Jarilla, con **Carmen Rodríguez**, de 22, costurera, h.l. de los finados Juan Gil Rodríguez y de Mercedes Reinoso, vecinos de la Bajada. Ts Guillermo Leiva y Ceferina Ortiz, cónyuges.

Agudo, Antonio con Fernández, Belisaria
F.67: En esta iglesia parroquial de El Alto, a 30 de agosto de 1875, se casó **Antonio Agudo**, labrador, h.l. de Julián y de Petrona Lezcano, vecinos de la Jarilla, con **Belisaria Fernández**, de 28, hilandera, h.l. de Francisco y de la finada Victoria Villarroel, vecinos de la Jarilla. Ts Salvador Rodríguez e Isabel Soraire.

Lobo, Juan Pío con Alva, Melitona
F.67: En esta iglesia parroquial de El Alto, a 9 de agosto de 1875, se casó **Juan Pío Lobo**, criador, h.l. de los finados José Luis y Nicolasa Agüero, vecinos de Potro Ulpiana, con **Melitona Alva**, de 25, hilandera, h.n. de la finada María Santos Alva, vecinos de las Cortaderas. Ts José J. Lobo y María del Señor Arévalo, cónyuges.

Acosta, Ramón con Ledesma, Clotilde
F.67v: En esta iglesia parroquial de El Alto, a 29 de noviembre de 1875, se casó **Ramón Acosta**, de 26, labrador, h.n. de la finada Teresa Acosta, vecinos de los Corrales, con **Clotilde Ledesma**, de 16, hilandera, h.l. de los finados Pantaleón y Eugenia Santucho, vecinos de los Corrales. Ts Salvador Rodríguez y Manuela Ferreira, cónyuges.

Albarracín, Tiburcio con Cisternas, Digna
F.67v: En esta iglesia parroquial de El Alto, a 19 de diciembre de 1875, se casó Dn. **Tiburcio Albarracín**, de 42, labrador, h.l. de los finados Dn. Pedro y Da. Vicenta Lobo, vecinos del Agua Dulce, con Da. **Digna Cisternas**, h.n. de Da. Fermina Cisternas, vecina de Guayamba. Ts Dn. Luis J. Brandán y Da. Isabel Albarracín.

Frogel, Fernando con Pérez, Petrona
F.68: En esta iglesia parroquial de El Alto, a 8 de noviembre de 1875, se casó **Fernando Frogel**, de 20, labrador, h.l. de los finados Fernando y Andrea Pinedo, vecinos de las Pampas, con **Petrona Pérez**, de 25, tejedora, h.l. de Manuel y de Corazón Verón, vecinos de Ancasti. Ts Ramón Gil Nieva y Dolores Pérez, cónyuges.

Miranda, Marcelino con Rojas, Eduviges
F.68: En esta iglesia parroquial de El Alto, a 14 de junio de 1875, se casó **Marcelino Miranda**, criador, h.n. de Martina Miranda, vecinos del Huaico Hondo, con **Eduviges Rojas**, de 24, hilandera, h.l. de los finados Hermenegildo y María Mercedes Beltrán, vecinos que fueron del mismo lugar. Ts Moisés Rodríguez y Rosario Zurita.

Coronel, José Olegario con Rosales, Francisca Antonia
F.68v: En esta iglesia parroquial de El Alto, a 14 de octubre de 1875, se casó **José Olegario Coronel**, de Tucumán, h.l. de Baltazar y de Eulogia Sosa, vecinos de Naschi, de la provincia de Tucumán, con **Francisca Antonia Rosales**, de 22, costurera, h.l. de Gregorio y de Felisa Collantes, vecinos de Alijilán. Ts Desiderio Díaz y Carolina Rosales, cónyuges.

Arévalo, Juan Gervasio con Zelaya, Luisa Rosa
F.68v: En esta iglesia parroquial de El Alto, a 10 de enero de 1875, dispensado un impedimento de consanguinidad en tercer grado de la línea colateral, se casó **Juan Gervasio Arévalo**, de 22, labrador, h.l. de Francisco y de la finada Digna Lobo, vecinos de Caña Cruz, con **Luisa Rosa Zelaya**, costurera, h.l. de Francisco y de Cecilia Arévalo, vecinos del mismo lugar. Ts José E. Luján y Maximiliana Mansilla, cónyuges. Nota: la información matrimonial correspondiente a este enlace está fechada el 13 de noviembre de 1875, allí se explica el parentesco con el siguiente esquema:

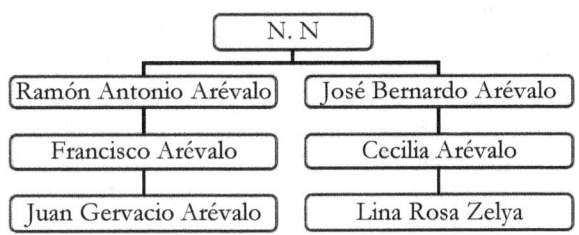

Luna, Abelardo con Mercado, Trinidad
F.69: En esta iglesia parroquial de El Alto, a 19 de enero de 1876, se casó **Abelardo Luna**, de 19, labrador, h.l. de los finados Andrés Luna y Ana Laura Jiménez, vecinos de Ampolla, con **Trinidad Mercado**, de 18, telera, h.l. de los finados Pedro y Lorenza Ramírez, vecinos de las Tunas. Ts Cipriano Ortiz y Jovina Ortiz.

Domínguez, Rosendo con Quiroga, Pastora
F.69: En la iglesia parroquial de El Alto, a 7 de febrero de 1876, dispensado dos impedimentos de consanguinidad por línea transversal, se casó Dn. **Rosendo Domínguez**, h.n. de Da. Fortunata, vecinos de Vilismano, con Da. **Pastora Quiroga**, h.l. de Dn. Simón y Da. Froilana Medina, del mismo lugar. Ts Dn. Santiago Pereyra y Da. Bartolicia Oviedo, cónyuges.

Cejas, David con Jeréz, Rosa

F.69v: En esta iglesia parroquial de El Alto, a 7 de febrero de 1876, dispensado un impedimento de consanguinidad en tercer grado, línea colateral, se casó Dn. **David Cejas**, de 30, labrador, h.l. de los finados Dn. Juan Simón y de Da. Pascuala Pacheco, vecino de Tintigasta, con Da. **Rosa Jeréz**, de 20, costurera, h.l. de Dn. Estanislao y de la finada Da. Tránsito Medina. Ts Dn. Pascual Arévalo y Da. María de la Cruz Acuña, cónyuges. Nota: La información matrimonial correspondiente a esta partida está fechada el 3 de enero de 1876, allí se declara que el contrayente es viudo de Da. Mauricia Lobo y el declarado es de tercer grado con atingencia al segundo como se explica con el siguiente esquema:

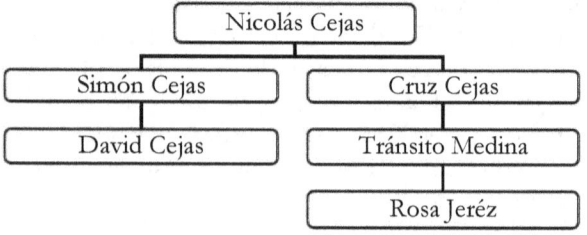

Reinoso, Celso con Ortiz, Cledovia

F.69v: En esta iglesia parroquial de El Alto, a 3 de febrero de 1876, dispensado un impedimento de consanguinidad en cuarto grado de la línea colateral igual, se casó **Celso Reinoso**, labrador, h.l. del finado Ventura y de Rosario Vizcarra, vecinos del Bañado, con **Cledovia Ortiz**, costurera, h.n. de Jacoba Ortiz, vecina de Ampolla. Ts Celestino Caravajal y Pilar Mercado. Nota: la información matrimonial correspondiente a esta partida está fechada en El Alto el 3 de enero de 1876, el parentesco se explica con el siguiente esquema:

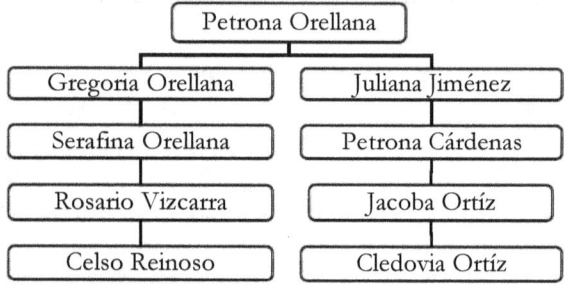

Ibáñez, Amadeo con Rasguido, Tadea

F.70: En esta iglesia parroquial de El Alto, a 3 de febrero de 1876, se casó **Amadeo Ibáñez**, de 25, labrador, h.l. de Ruperto y de María Eufemia Armas, vecinos de los Dos Pocitos, con **Tadea Rasguido**, de 25, costurera, h.l. del finado Indalecio y de Micaela Rasguido, vecinos del Bañado. Ts David Reinoso y Regina Peralta, cónyuges.

Reinoso, Juan Tomás con Páez, Celia del Carmen

F.70: En esta iglesia parroquial de El Alto, a 10 de enero de 1876, se casó **Juan Tomás Reinoso**, de 22, labrador, h.l. de Feliciano Reinoso y de la finada Salomé Aguirre, vecinos del Tarquito, con **Celia del Carmen Páez**, de 18, costurera, h.l. de Isidoro Páez y de Anselma Arévalo, vecinos de Talasí. Ts Bernabé Arévalo y Jacinta Reinoso.

Corbalán, Pantaleón con Collantes, Josefa

F.70v: En esta iglesia parroquial de El Alto, a 13 de enero de 1876, se casó **Pantaleón Corbalán**, labrador, h.l. de Crespín y de la finada Feliciana Pérez, vecinos de Santiago del Estero, con **Josefa Collantes**, de 30, costurera, h.l. de Avelino Collantes y de Pabla Salguero, vecinos de San Nicolás de este curato. Ts Manuel Moyano y Simona Caravajal.

Bayón, Casimiro con Rojas, Vicenta del Carmen

F.70v: En la iglesia de Manantiales, a 21 de febrero de 1876, dispensado un impedimento de consanguinidad en tercer grado en línea colateral, se casó **Casimiro Bayón**, de 24, labrador, h.l. de los finados Juan Manuel y Petrona Mansilla, vecinos de Molle Pampa, con **Vicenta del Carmen Rojas**, de 18, costurera, h.l. del finado David y de (no figura nombre) Avendaño, vecina de Molle Pampa. Ts (no se mencionan). Nota: la información matrimonial correspondiente está fachada en El Alto el 29 de enero de 1876, allí se declara un parentesco por consanguinidad en cuarto grado con atingencia al tercero según se muestra en el esquema siguiente:

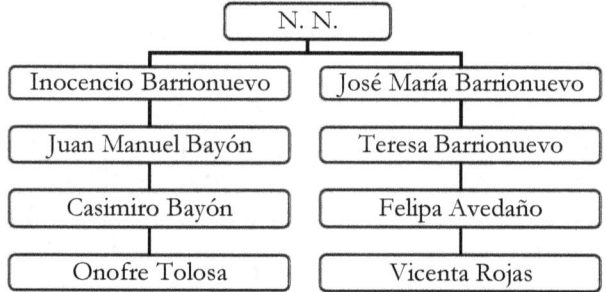

Albarracín, Benigno con Ibáñez, Evarista

F.71: En la iglesia de Manantiales, a 28 de febrero de 1876, se casó **Benigno Albarracín**, de 35, labrador, h.n. de la finada Valentina Albarracín, vecino del Manantial, con **Evarista Ibáñez**, de 20, costurera, h.l. del finado Gabriel y de Simona Ortiz, vecinos del Manantial. Ts Manuel Caravajal y Agustina Farías.

Farías, Rosendo con Jiménez, Juliana

F.71: En la iglesia de los Manantiales, a 28 de febrero de 1876, se casó **Rosendo Farías**, labrador, h.n. de la finada Sacramento, vecinos del Bañado, con **Juliana Jiménez**, de 17, costurera, h.l. de los finados Mateo y

María Ramona Páez, vecinos de Ampolla. Ts Espiridión Ledesma y Rosa Rosales.

Quiroga, José Emeterio con Monzón, María
F.71v: En la iglesia de Manantiales, a 28 de febrero de 1876, se casó **José Emeterio Quiroga**, labrador, h.n. de la finada Juana Quiroga, vecinos de la Carpintería, con **María Monzón**, costurera, h.l. de Faustino Monzón y de la finada Nicasia Soraire, vecinos de la Carpintería. Ts Silvestre N. y Natividad Montenegro.

Morienega, José con Juárez, Estanislada
F.71v: En la iglesia de Manantiales, a 29 de febrero de 1876, se casó **José Morienega**, de 28, labrador, h.l. de los finados Sebastián y Justina Leiva, vecinos de Alijilán, con **Estanislada Juárez**, de 20, costurera, h.l. del finado Rafael y de María Inés Fernández, vecinos de Alijilán. Ts Dn. Félix Valdéz y Da. Sofía Barrientos, cónyuges.

Rosales, Segundo con Argañarás, Fortunata
F.72: En esta iglesia parroquial de El Alto, a 31 de marzo de 1876, se casó Dn. **Segundo Rosales**, de 22, labrador, h.l. de los finados Dn. Lorenzo y Da. Concepción Oviedo, vecinos de la Puerta Grande, con **Fortunata Argañarás**, de 33, costurera, h.l. de los finados Doroteo y Casimira Arias, vecinos de las Tunas. Ts Dolores Silva y Petrona Fernández, cónyuges.

Vega, Juan Agustín de la con Arancibia, María de Jesús
F.72: En esta iglesia parroquial de El Alto, a 24 de abril de 1876, se casó Dn. **Juan Agustín de la Vega**, de 20, jornalero, h.l. de Dn. Juan Pedro y de Da. María E. Cisneros, vecinos de Guayamba, con Da. **María de Jesús Arancibia**, de 20, h.l. del finado Eleuterio Arancibia y Da. Petrona A. Delgadino, vecinos del Durazno. Ts Dn. Luis Ulibarri y Da. Petronila Albarracín, cónyuges.

Avellaneda, Jesús con Vega, Delicia
F.72v: En esta iglesia parroquial de El Alto, a 24 de abril de 1876, se casó **Jesús Avellaneda**, de 30, labrador, h.l. de los finados Francisco y Carmen Zurita, vecino del Río de los Ávila, con **Delicia Vega**, de 20, costurera, h.l. de Rosa y de la finada Estanislada Villalba, vecinos de las Chacras. Ts Ramón Soria y Narcisa Ávila.

Tejeda, Pascual con Medina, Rosa
F.72v: En la iglesia de Vilismano, a 24 de abril de 1876, se casó Dn. **Pascual Tejeda**, de 30, labrador, h.l. de Dn. Isidoro y Da. Francisca Cisternas, vecinos de los Tarquitos, con Da. **Rosa Medina**, de 30, costurera, h.l. de Dn. Daniel y de Da. Isidora González, vecinos de Vilismano. Ts Dn. Joel Medina y Da. Ludovina Zurita, cónyuges.

Cisneros, Próspero con Delgado, Fermina
F.73: En la iglesia de Vilismano, a 24 de abril de 1876, se casó **Próspero Cisneros**, de 46, labrador, h.l. de los finados Ceferino y Cecilia Medina, vecinos de Oyola, con **Fermina Delgado**, de 23, h.l. de los finados Juan Simón y de Cayetana Agüero, vecinos de Catamarca. Ts Dn. Ramón Gil Quiroga y Da. Froilana Medina, cónyuges.

Rodríguez, Javier con Navarro, Florentina
F.73: En la iglesia de Vilismano, a 26 de abril de 1876, se casó Dn. **Javier Rodríguez**, de 36, curtidor, h.l. de los finados Dn. Paulino y Da. Natividad Silva, vecinos de Inacillo, con Da. **Florentina Navarro**, de 26, costurera, h.l. de Dn. David y Da. Carmen Caballero, vecinos de Inacillo. Ts Dn. Ramón Gil Navarro y Da. Froilana Medina (cónyuges).

Flores, Ceferino con Peralta, Zenaida
F.73v: En esta iglesia parroquial de El Alto, a 25 de abril de 1876, se casó **Ceferino Flores**, de 36, criador, h.l. de los finados Juan Andrés y Mercedes Flores, vecinos de Achalco, con **Zenaida Peralta**, de 20, h.n. de Irene Peralta, vecina de Achalco. Ps: Rosario Osores y Rosario Ledesma.

Acuña, Santos con Arias, Jesús
F.73v: En esta iglesia parroquial de El Alto, a 26 de abril de 1876, se casó **Santos Acuña**, de 40, labrador, h.l. del finado Nicolás y de Tomasina Lobo, vecinos de Achalco, con **Jesús Arias**, de 38, telera, h.l. de José Santos y de Filiberta Guerra, vecinos de Achalco. Ts Rosario Osores y Rosario Ledesma, cónyuges.

Collantes, Ceferino con Páez, María del Señor
F.74: En esta iglesia parroquial de El Alto, a 26 de abril de 1876, se casó **Ceferino Collantes**, de 25, jornalero, h.n. de la finada Francisca, vecino de los Ortices, con **María del Señor Páez**, de 25, costurera, h.l. del finado Pascual y de Presentación Figueroa, vecinos de Ampolla. Ts Pedro José Luna y Mercedes Páez, cónyuges.

Mercado, Francisco Dolores con Sánchez, Felipa
F.74: En esta iglesia parroquial de El Alto, a 30 de abril de 1876, se casó **Francisco Dolores Mercado**, de 20, labrador, h.l. de los finados Pedro y Lorenza Ramírez, vecinos de las Tunas, con **Felipa Sánchez**, de 25, telera, h.l. de Policarpo y de Laureana Jiménez, ya finados, vecinos de Ampolla. Ts Rudecindo Jiménez y Desideria Silva.

Cárdenas, Juan Antonio con Díaz, María Honoria
F.74v: En esta iglesia parroquial de El Alto, a 3 de mayo de 1876, se casó **Juan Antonio Cárdenas**, de 22, labrador, h.l. de los finados Juan Domingo y Bonifacia

Lezana, vecinos de Amaucala, con **María Honoria Díaz**, de 20, costurera, h.n. de Presentación Díaz, vecinos de la Puerta Grande. Ts Bernardo Luna y Nicolasa Jiménez.

Ledesma, Ramón Rosa con Peñaflor, Delfina
F.74v: En esta iglesia parroquial de El Alto, a 8 de mayo de 1876, se casó **Ramón Rosa Ledesma**, de 48, labrador, h.l. de los finados Juan Luis Ledesma y Concepción Juárez, vecinos de Achalco, con **Delfina Peñaflor**, de 30, telera, h.n. de la finada Gertrudis Peñaflor, vecina de los Morteros. Ts José Andrés Páez y Lorenza Lobo.

Mansilla, José Benito con Quiroga, Tránsito
F.75: En esta iglesia parroquial de El Alto, a 11 de mayo de 1876, se casó **José Benito Mansilla**, labrador, h.l. del finado José Gregorio y de Tránsito Pedraza, vecinos de Molle Yaco, con **Tránsito Quiroga**, de 23, costurera, h.l. de Serafín y de la finada María Juana Mansilla, vecina de Molle Yaco. Ps: Felipe Medina y Petrona Ledesma, cónyuges.

Zurita, Ramón Antonio con Garcete, María del Señor
F.75: En esta iglesia parroquial de El Alto, a 11 de mayo de 1876, se casó **Ramón Antonio Zurita**, de 22, labrador, h.l. de Ángel Custodio y de Rosa Ramona Tolosa, vecinos de las Pampas, con **María del Señor Garcete**, de 22, telera, h.n. de Carmen Garcete, vecina de las Pampas. Ts José Dn. Frogel y Genuaria Nieva.

Lobo, Justo Pastor con Ledesma, Jacinta
F.75v: En esta iglesia parroquial de El Alto, a 17 de mayo de 1876, se casó **Justo Pastor Lobo**, h.l. del finado Ramón Antonio y de Segunda Rosa Flores, vecinos de Achalco, con **Jacinta Ledesma**, de 24, telera, h.l. del finado Remigio y de Juana Peñaflor, vecinos de Achalco. Ts Rosario Osores y Rosario Ledesma, cónyuges.

Chazarreta, Marcos con Barrera, Faustina
F.75v: En esta iglesia parroquial de El Alto, a 22 de mayo de 1876, se casó **Marcos Chazarreta**, de 18, criador, h.l. de Manuel y de la finada Rosa Castellanos, vecinos del Aguadita, con **Faustina Barrera**, de 22, telera, h.l. del finado Gumersindo y de Griselda Medina, vecinos de Achalco. Ts Pedro Lobo y Delfina Luna, cónyuges.

Arancibia, Eusebio con Güiraldes, Clara
F.76: En esta iglesia parroquial de El Alto, a 5 de junio de 1876, se casó Dn. **Eusebio Arancibia**, de 22, jornalero, h.l. del finado Dn. Eleuterio y Da. Petrona Delgadino, vecinos del Durazno, con Da. **Clara Güiraldes**, de 18, costurera, h.l. de Dn. Dionisio y Da. Ramona Moya, vecinos del Manantial. Ts David Cejas y Rosa Jeréz, cónyuges.

Ramírez, José Ignacio con Arévalo, Dorotea
F.76: En esta iglesia parroquial de El Alto, a 5 de julio de 1876, se casó **José Ignacio Ramírez**, de 24, jornalero, h.l. del finado Eusebio y de la finada Juana Espeche, vecinos que fueron de Sucuma, con **Dorotea Arévalo**, de 48, cocinera, h.l. de los finados José (y) Ramona Luján, vecinos que fueron de Caña Cruz. Ts Dionisio Barrientos y Aniceta Almaraz.

Arias, Agenor con Lobo, Luisa
F.76v: En esta iglesia parroquial de El Alto, a 27 de mayo de 1876, se casó **Agenor Arias**, de 24, labrador, h.n. de Juana Arias, vecino de la Higuerita, con **Luisa Lobo**, de 26, costurera, h.l. de los finados José Luis y Nicolasa Agüero, vecinos de Potro Ulpiana. Ts Francisco J. Ponce y María Jacinta Mercado, cónyuges.

Albornoz, Liberato con Rojas, Remigia
F.76v: En esta iglesia parroquial de El Alto, a 27 de mayo de 1876, se casó **Liberato Albornoz**, de 29, labrador, h.n. de la finada Bartolina Albornoz, vecino de Albigasta, con **Remigia Rojas**, de 20, costurera, h.n. de Carlota Rojas, vecina de Albigasta. Ts José Rufino Zurita y María Modesta Arévalo, cónyuges.

Cabrera, José del Carmen con Guerreros, Regina
F.77: En la iglesia de las Tunas, a 13 de agosto de 1876, se casó **José del Carmen Cabrera**, h.l. de Vicente y de María Bernarda Noriega, con **Regina Guerreros**, de 16, costurera, h.l. de Elías Guerreros y de la finada Carlota Cardoso, vecinos del Saucecito. Ts Gorgonio Heredia y Rosario Graneros, cónyuges.

Peralta, Valeriano con Rasguido, Juliana
F.77: En la iglesia de las Tunas, a 13 de agosto de 1876, dispensado un impedimento de consanguinidad en cuarto grado mixto con el tercero, se casó **Valeriano Peralta**, criador, h.l. del finado Francisco Javier y Estefanía Reinoso, vecinos del Bañado, con **Juliana Rasguido**, telera, h.l. de los finados Alejo y María Reinoso, vecinos del Bañado. Ts Salomón Rasguido y Antonia Rosales. Nota: La información correspondiente a este enlace está fechada en El Alto el 7 de agosto de 1876, allí se declara que la novia es viuda de Ramón Luna, el parentesco se explica con el siguiente esquema:

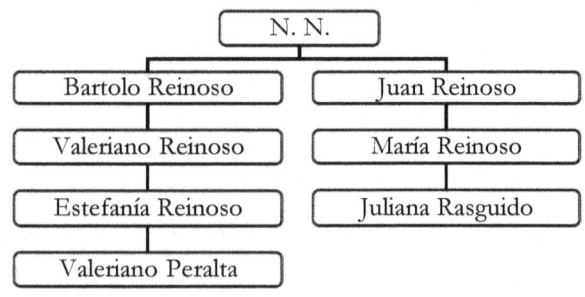

Ávila, Maximiano con Ibáñez, Carmen

F.77v: En las Cañas, a 19 de agosto de 1876, dispensado un impedimento de consanguinidad en tercer grado de la línea colateral desigual, se casó Dn. **Maximiano Ávila**, de 24, comerciante, h.l. del finado Dn. Maximiano y de Da. Rosario Mercado, vecinos de las Cañas, con Da. **Carmen Ibáñez**, de 26, h.l. del finado Dn. Domingo y Da. Silveria Camaño, vecinos de las Cañas. Ts Dn. Hermógenes Correa y Da. Melitona Ibáñez. Nota: la información matrimonial está fechada el 7 de agosto de 1867, el parentesco se explica con el siguiente esquema:

Ibáñez, Dionisio con Rosales, Ercilia

F.77v: En la iglesia de las Tunas, a 4 de setiembre de 1876, dispensado un impedimento de consanguinidad en cuarto grado de la línea colateral desigual, se casó **Dionisio Ibáñez**, labrador, h.l. de Ruperto y de María Armas, vecinos de los Pocitos, con **Ercilia Rosales**, costurera, h.n. de la finada Grimanesa Rosales, vecina del Rodeito. Ts Manuel Peralta y Regina Guarás, cónyuges. Nota: la información matrimonial correspondiente está fechada en El Alto el 15 de agosto de 1876, el parentesco se explica con el siguiente esquema:

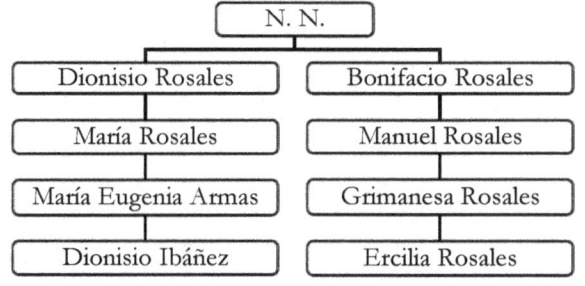

Juárez, Octaviano con Luna, Francisca Antonia

F.78: En esta iglesia parroquial de El Alto, a 22 de julio de 1876, se casó Dn. **Octaviano Juárez**, de 25, pulpero, h.n. de la finada Da. Agustina, vecina de Amaucala, con Da. **Francisca Antonia Luna**, de 23, costurera, h.l. de Dn. Jorge y de Da. Nicolasa Jiménez, vecinos de Amaucala. Ts Dn. José Huergo y Da. Jovina Figueroa.

Villalba, Isaías con Arévalo, María del Tránsito

F.78: En esta iglesia parroquial de El Alto, a 9 de setiembre de 1876, dispensado un impedimento de consanguinidad en cuarto grado de la línea colateral igual, se casó **Isaías Villalba**, labrador, h.l. de Juan de la Cruz y de Isabel Rodríguez, vecinos de Iloga, con **María del Tránsito Arévalo**, costurera, h.l. del finado Eusebio y de Cruz Medina, vecinos de El Alto. Ts Calixto Robles en representación de Cruz Villalba, y Betsabé López, cónyuges. Nota: la información matrimonial está fechada en El Alto el 14 de julio de 1876, el parentesco se explica con el siguiente esquema:

Agüero, Ramón Rosa con Zalazar, Conigunda

F.78v: En esta iglesia parroquial de El Alto, a 26 de agosto de 1876, se casó Dn. **Ramón Rosa Agüero**, de 23, labrador, h.l. de Dn. Ramón Ignacio y de Da. Juana R. Vega, vecinos de Guayamba, con Da. **Conigunda Zalazar**, de 17, costurera, h.l. de los finados Dn. Ramón Zalazar y Da. Eloísa Leiva, vecinos de Sucuma. Ts Gabriel Barrientos y Abigail Zurita, cónyuges.

Romano, Carmen con Barrientos, Mardonia

F.78v: En esta iglesia parroquial de El Alto, a 17 de julio de 1876, se casó **Carmen Romano**, de 36, criador, h.l. de los finados Rosa Romano y de Dominga Rodríguez, vecinos de Tintigasta, con **Mardonia Barrientos**, de La Rioja, de 28, costurera, h.l. del finado Bartolomé y de Crisóloga Brizuela, vecina de los Manantiales. Ts Dn. Manuel Paz y Da. Carolina Rosales.

Romero, Juan Francisco con Gómez, Pastora

F.79: En la iglesia de la Puerta Grande, a 23 de agosto de 1876, se casó **Juan Francisco Romero**, de Tucumán, jornalero, h.l. de los finados Viviano Romero y de Teresa Borges, vecinos de Huacra, provincia de Tucumán, con **Pastora Gómez**, de 30, jornalera, h.n. de la finada Valeriana Gómez, vecina de El Alto. Ps: Dn. Diego Gómez y su hermana Da. Rosa Gómez.

Ibáñez, Santiago con Reinoso, Genoveva

F.79: En la iglesia parroquial de El Alto, a 11 de setiembre de 1876, se casó **Santiago Ibáñez**, de 20, labrador, h.l. de los finados Miguel Ibáñez y de

Dominga Concha, vecinos de los Altos, con **Genoveva Reinoso**, de 17, hilandera, h.n. de la finada Juana Rosa Reinoso, vecina del Puesto de Ortiz. Ts Casimiro Ortiz y María G. Arias, cónyuges.

Rodríguez, José Ramón con Páez, María Concepción
F.79v: En esta iglesia parroquial de El Alto, a 12 de agosto de 1876, se casó **José Ramón Rodríguez**, de 20, labrador, h.n. de la finada Candelaria Rodríguez, vecino de Tintigasta, con **María Concepción Páez**, de 17, costurera, h.l. de los finados Agustín y María del Rosario Burgos, vecinos de Haipa Sorcona. Ts Manuel Zamora y Servanda Collantes.

Villagra, Tomás con Goitia, Eusebia
F.79v: En esta iglesia parroquial de El Alto, a 8 de julio de 1876, se casó **Tomás Villagra**, de 28, labrador, h.l. de los finados Andrés y Lizarda Bastos, vecinos de Taco, con **Eusebia Goitia**, de 25, costurera, h.n. de Dominga Goitia, vecinos de El Alto. Ts Miguel Cabral y Servanda Collantes.

Collantes, Juan Dionisio con Guarás, María Carolina
F.80: En esta iglesia parroquial de El Alto, a 8 de julio de 1876, se casó **Juan Dionisio Collantes**, de 26, labrador, h.l. de los finados Santos y Bien Aparecida Carrizo, vecinos de las Tunas, con **María Carolina Guarás**, de 22, telera, h.l. del finado Juan Felipe y de Carmen Ibáñez, vecina de las Tunas. Ts Juan Bautista Ortiz y M. Rosalía Ocaranza.

Rodríguez, José Ramón con Páez, María Concepción
F.80: En esta iglesia parroquial de El Alto, a 12 de agosto de 1876, se casó **José Ramón Rodríguez**, de 20, jornalero, h.n. de la finada Candelaria Rodríguez, vecino de Tintigasta, con **María Concepción Páez**, de 17, costurera, h.l. de Agustín y María del Rosario Burgos, vecinos de Haipa Sorcona.

Jeréz, Miguel Gerónimo con Vargas, Ramona
F.80v: En esta iglesia parroquial de El Alto, a 11 de setiembre de 1876, se casó **Miguel Gerónimo Jeréz**, de 18, labrador, h.l. del finado Félix Jeréz y de Lizarda Fernández, vecinos del Bañado, con **Ramona Vargas**, de 18, costurera, h.l. del finado Bautista Vargas y de Pastora Reinoso, vecinos del Bañado. Ts Miguel Peralta y Cleofé González.

Ponce, José Martín con Villalba, Ceferina
F.80v: En esta iglesia parroquial de El Alto, a 2 de octubre de 1876, se casó **José Martín Ponce**, labrador, h.n. de la finada Rosario Ponce, vecino de Ancamugalla, con **Ceferina Villalba**, de 20, costurera, h.n. de "Ceferina" o Eleuteria Villalba, vecina del Arroyo de las Flores. Ts Malaquías Cejas y Eleuteria Medina, cónyuges.

Morales, Pedro Martín con González, Aurora de Jesús
F.81: En esta iglesia parroquial de El Alto, a 2 de octubre de 1876, se casó **Pedro Martín Morales**, jornalero, h.l. de Juan Felipe Morales y de la finada Valentina Quiroga, vecinos del Vallecito, con **Aurora de Jesús González**, de 18, costurera, h.n. de Florencia González, vecina de Vilismano. Ts Andrés González y Emperatriz Ortiz, cónyuges.

Cordero, Liborio con Vega, Rosa Filomena
F.81: En esta iglesia parroquial de Alto, a 2 de octubre de 1876, se casó **Liborio Cordero**, de 22, jornalero, h.l. del finado Lázaro y de María Inés Rojas, vecinos de Tintigasta, con **Rosa Filomena Vega**, de 19, costurera, h.l. de Eufrasio Vega y de la finada Zoila Pacheco, vecinos de Suncho. Ts José Tejeda y Da. Carmen Valdéz.

Calvimonte, Manuel con Vega, Tomasa de la
F.81v: En esta iglesia parroquial de El Alto, a 2 de octubre de 1876, se casó Dn. **Manuel Calvimonte**, de 23 (o 25) años, labrador, h.l. de Dn. Cleofeo (¿o Teofio?) Calvimonte y de Da. Bernarda Ulibarri, vecinos de Piedra Blanca, con Da. **Tomasa de la Vega**, de 20, costurera, h.l. del finado Dn. Hermenegildo de la Vega y de Da. Zoila Ahumada, vecinos de San Gerónimo. Ts Dn. Rosendo Domínguez y Da. Pastora de la Vega.

Barrera, José Dámaso con Santillán, Margarita
F.81v: En la iglesia de las Cortaderas, a 25 de setiembre de 1876, se casó **José Dámaso Barrera**, de 20, labrador, h.l. del finado Gumersindo y de Griselda Medina, vecinos de Achalco, con **Margarita Santillán**, de 30, telera, h.l. del finado José Ignacio y de Maximiliana Herrera, vecina de los Osores. Ts Calixto Robles y Cristina Suárez.

Páez, Benedicto con Mercado, Eduviges
F.82: En la iglesia de la Puerta Grande, a 2 de setiembre de 1876, se casó **Benedicto Páez**, de 22, labrador, h.l. del finado Vicente y de Vicenta Ibáñez, vecina de los Altos, con **Eduviges Mercado**, de 20, costurera, h.l. de Pedro Mercado y de María Contreras, vecina de los Altos. Ts Miguel González y Carolina Lugones.

Collantes, Ceferino con Reinoso, Francisca Antonia
F.82: En la iglesia de la Puerta Grande, a 2 de setiembre de 1876, se casó a **Ceferino Collantes**, de 30, curtidor, h.l. de los finados Santos y Bien Aparecida Carrizo, vecino de las Tunas, con **Francisca Antonia Reinoso**,

de 23, h.l. del finado Justo Samuel y de Manuela Farías, vecinos de Ovanta. Ts Pedro Leguizamón y María del Señor Reinoso.

Almaraz, Bernardo con Aranda, Isabel
F.82v: En la iglesia de la Puerta Grande, a 2 de setiembre de 1876, se casó **Bernardo Almaraz**, de 20, labrador, h.l. del finado Valenciano Almaraz y de Tomasa Guerreros, vecino de la Aguada, con **Isabel Aranda**, de 16, telera, h.l. del finado Juan Apolinar Aranda y de Rosario Montoya, vecina de la Aguada. Ts Froilán Guerreros y Mercedes Lencinas, cónyuges.

Medina, José Manuel con Reyes, Margarita
F.82v: En la iglesia de la Puerta Grande, a 2 de setiembre de 1876, se casó **José Manuel Medina**, labrador, h.n. de la finada Pascuala Medina, vecinos de Alijilán, con **Margarita Reyes**, de 29, hilandera, h.l. de los finados Juan José Reyes y Manuela Vivanco, vecinos de Alijilán. Ts Avelino Guerreros y Genibera Mendoza.

Carrizo, Juan Andrés con Nieva, Delfina
F.83: En la iglesia de la Puerta Grande, a 4 de setiembre de 1876, se casó **Juan Andrés Carrizo**, h.l. de Justo Carrizo y de Dominga Ibáñez, vecino de la Aguada, con **Delina Nieva**, de 18, costurera, h.l. de Juan Silvestre y de la finada María Antonia Medina, vecinos de la Carpintería. Ts Bonifacio Monzón y Asunción B., cónyuges.

Farías, Macedonio con Ramírez, Jacinta
F.83: En la iglesia de las Cortaderas, a 4 de octubre de 1876, dispensado un impedimento de consanguinidad en cuarto grado con el tercero, línea colateral desigual, se casó **Macedonio Farías**, de 17, h.l. de Luis y de Felipa Carrizo, vecinos del Bañado, con **Jacinta Ramírez**, costurera, h.l. de Ramón y de la finada Delfina Mercado, vecina de las Tunas. Ts Juan José Vargas y Cleofé Luna. Nota: la información matrimonial está fecha el 10 de septiembre de 1876, el esquema de parentesco es el siguiente:

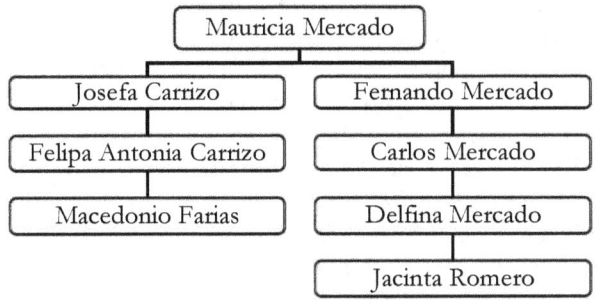

Zárate, Mauricio con Arias, Clemira
F.83v: En esta iglesia parroquial de El Alto, a 22 de enero de 1877, se casó **Mauricio Zárate**, de 20, labrador, h.n. de Eufemia Zárate, vecinos de la Higuerita, con **Clemira Arias**, de 18, telera, h.n. de Juana Arias, vecinos de la Higuerita. Ts Félix Peregrino del Pino y Hugolina Rivas, cónyuges.

Ahumada, Estanislao con Altamirana, Cenobia
F.83v: En esta iglesia parroquial de El Alto, a 22 de enero de 1877, se casó Dn. **Estanislao Ahumada**, labrador, de 24, h.l. del finado José Elías y de Da. Jesús Ahumada, vecinos del Puesto de Gómez, con Da. **Cenobia Altamirana**, de 15, costurera, h.l. de los finados Dn. Pablo y Da. María del Señor Gómez, vecinos del Puesto de Gómez. Ts Dn. Moisés Ledesma y Da. N. Ahumada, cónyuges.

Argañaráz, José Gregorio con Rivadeneira, Ana María
F.84: En esta iglesia parroquial de El Alto, a 9 de febrero de 1877, se casó **José Gregorio Argañaráz**, de 25, labrador, h.l. del finado Felipe y de Nicolasa Ibáñez, vecinos del Bañado, con **Ana María Rivadeneira**, de 23, costurera, h.l. del finado Agustín Rivadeneira y de Carmen Jiménez, vecinos de Ampolla. Ts Nicolás Leiva y Tomasa Lezcano.

Rivas, Juan con Lobo, Isabel
F.84: En esta iglesia parroquial de El Alto, a 31 de enero de 1877, se casó **Juan Rivas**, de 22, labrador, h.l. de los finados Pedro Rivas y Lorenza Rodríguez, vecinos de Achalco, con **Isabel Lobo**, de 18, telera, h.l. de Tiburcio Lobo y de Ramona Rosa Agüero, vecinos de Achalco. Ts Cruz Arias y Delfina Díaz, cónyuges.

Rasguido, Ermilio con Ibáñez, Griselda
F.84v: En esta iglesia parroquial de El Alto, a 2 de febrero de 1877, se casó **Ermilio Rasguido**, de 20, labrador, h.l. del finado Indalecio Rasguido y de Micaela Rosales, vecinos del Bañado, con **Griselda Ibáñez**, de 25, telera, h.l. de Ruperto y de María Eugenia Armas, vecinos de los Dos Pocitos. Ts Asencio Ibáñez y Nicéfora Ibáñez.

Vega, Hermenegildo de la con Rizo, Ludovina
F.84v: En esta iglesia parroquial de El Alto, a 3 de febrero de 1877, dispensado un impedimento de consanguinidad en tercer grado de la línea colateral igual, se casó Dn. **Hermenegildo de la Vega**, de 22, labrador, h.l. del finado Dn. Hermenegildo y de Da. Zoila Ahumada, vecinos de San Gerónimo, con Da. **Ludovina Rizo**, de 20, costurera, h.l. de Dn. Narciso Rizo y de Da. Baldomera Ahumada, vecinos de Munancala. Ts Dn. Pastor de la Vega y Da. Celestina Gómez, cónyuges. Nota: La información matrimonial

correspondiente está fechada el 11 de enero de 1877, el parentesco se explica con el siguiente esquema:

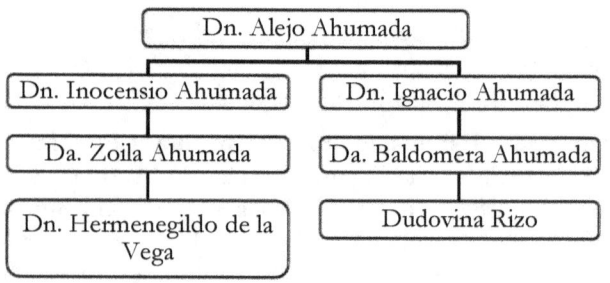

Trejo, Juan Santos con Ibáñez, Benicia
F.85: En esta iglesia parroquial de El Alto, a 30 de mayo de 1877, se casó **Juan Santos Trejo**, de 21, labrador, h.l. del finado Julián y de Mercedes Grado, vecinos de las Cañas, con **Benicia Ibáñez**, de 22, h.n. de Evarista Ibáñez, vecina de las Cañas. Ts Ángel Flores y Hermenegilda Bazán, cónyuges.

Luna, Lorenzo con Collantes, Albina
F.85v: En esta iglesia parroquial de El Alto, a 20 de agosto de 1877, se casó **Lorenzo Luna**, de 26, labrador, h.n. de Cleofé Luna, vecinos de las Tunas, con **Albina Collantes**, de 18, telera, h.l. de Florentino y de Francisca Barrientos, vecinos de las Tunas. Ts Fructuoso Díaz y Petrona Argañarás.

Reinoso, Ramón con Ortiz, Jovita
F.85v: En la iglesia de la Puerta Grande, a 27 de agosto de 1877, se casó **Ramón Reinoso**, labrador, h.n. de Felisa Reinoso, vecinos de Tala Sacha, provincia de Tucumán, con **Jovita Ortiz**, de 22, h.l. del finado Fernando y de Josefa Gómez, vecinos de la Jarilla. Ts Juan Bautista Zurita y Benita Zurita.

Jeréz, Abel de Jesús con Sandez, Delfina
F.85v: En la iglesia de la Puerta Grande, a 3 de setiembre de 1877, se casó **Abel de Jesús Jeréz**, labrador, h.l. de los finados Manuel de Reyes Jeréz (no se menciona madre), vecinos de Yaquicho, con **Delfina Sandez**, de 23, telera, h.n. de la finada Águeda Díaz, vecina de Yaquicho. Ts Dn. Clo(do)miro Gómez y Ceferina Molina.

Jeréz, Desiderio con Rodríguez, Ramona
F.86: En la iglesia de la Puerta Grande, a 3 de setiembre de 1877, se casó **Desiderio Jeréz**, h.l. de Lorenzo y de Bernabela Orellana, vecinos de la Bajada, con **Ramona Rodríguez**, de 20, hilandera, h.l. del finado Felipe y de Candelaria Cabral, vecinos de la Bajada. Ts Dn. Miguel Tolosa y Da. Feliciana Gómez.

Flores, Bautista con Garzón, Jesús
F.86: En la iglesia de la Puerta Grande, a 3 de setiembre de 1877, se casó **Bautista Flores**, de 23, h.l. de Bartolomé y de la finada Beatriz Rosales, vecinos de la Puerta Grande, con **Jesús Garzón**, de 24, cocinera, h.l. de Manuel y de Corazón Juárez, vecinos de la Puerta Grande. Ts Dn. Nabor Gómez y Da. Rosaura Valdéz.

Santillán, Marcelino con Cevallos, Isabel
F.86v: En la iglesia de la Puerta Grande, a 3 de setiembre de 1877, se casó **Marcelino Santillán**, labrador, h.n. de Isidora Santillán, vecinos de los Troncos, con **Isabel Cevallos**, de 22, telera, h.n. de Cayetana Cevallos, vecinos de los Troncos. Ts Dn. Floralino Gómez y Da. Luisa Herrera.

Barros, Celedonio con Lobo, Baldomera
F.86v: En esta iglesia parroquial de El Alto, a 28 de mayo de 1877, se casó **Celedonio Barros**, de 22, labrador, h.l. del finado Valentín y de la finada Felisa Romano, vecinos de Achalco, con **Baldomera Lobo**, de 24, telera, h.l. de los finados Adolfo y Grimanesa Bazán, vecinos de Achalco. Ts Leonor Díaz y Celestina Lobo.

Rodríguez, Juan Bautista con Romero, Ifigenia
F.87: En esta iglesia parroquial de El Alto, a 9 de julio de 1877, se casó **Juan Bautista Rodríguez**, de 20, criador, h.n. de la finada Nicolasa Rodríguez, vecinos de Tintigasta, con **Ifigenia Romero**, de 20, lavandera, h.n. de la finada Dolores Ríos, vecinos de Tintigasta. Ts David Cejas y Pabla Lobo.

Mercado, Froilán con Mercado, Ermilia
F.87: En esta iglesia parroquial de El Alto, a 25 de setiembre de 1877, se casó **Froilán Mercado**, de 22, labrador, h.l. del finado Valeriano Mercado y de Ester Molina, vecinos del Monte Redondo, con **Ermilia Mercado**, de 18, costurera, h.l. del finado Abraham y de la finada María de la Cruz Brizuela, vecinos de los Altos. Ts Miguel González y Marina Contreras.

Villalba, Anselmo con Mata, Arsenia
F.87v: En esta iglesia parroquial de El Alto, a 8 de octubre de 1877, dispensado un impedimento de afinidad lícita en tercer grado de la línea colateral igual, se casó Dn. **Anselmo Villalba**, de 49, curtidor, h.l. de los finados Dn. Juan de la Rosa y Da. María Isidora Arévalo, vecinos de San Gerónimo, con Da. **Arsenia Mata**, de 25, costurera, h.l. de los finados Dn. Antonio y Da. Genoveva Ahumada, vecinos del mismo lugar. Ts Dn. Solano Segura y Da. Clara Ahumada. Nota: La información correspondiente a este enlace está fechada en El Alto el 19 de septiembre de 1877, allí se declara que el contrayente es viudo de Da. Epifanía Melián, el parentesco se explica con el siguiente esquema:

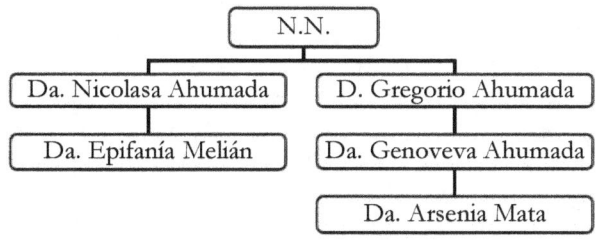

Segura, Juan Bautista con Lazo, Santos
F.87v: En esta iglesia parroquial de El Alto, a 8 de octubre de 1877, se casó **Juan Bautista Segura**, de 30, labrador, h.l. de los finados Genuario y Jacinta Reinoso, vecinos del Paso Grande, con **Santos Lazo**, de 22, costurera, h.l. de los finados Pedro Pablo y de Luisa Leiva, vecinos de la Costa. Ts Antonio Ocón y Tomasa Soria.

Ríos, Pedro con Ávila, Margarita
F.88: En esta iglesia parroquial de El Alto, a 8 de octubre de 1877, se casó **Pedro Ríos**, labrador, h.l. del finado José Wenceslao y de Avelina Morales, vecinos de Caña Cruz, con **Margarita Ávila**, de 18, costurera, h.l. de los finados Raimundo y Eduviges Rojas, vecinos de Caña Cruz. Ts Ramón Soria y Rudecinda Sobrao, cónyuges.

Arévalo, Juan Bautista con Pedraza, Presentación
F.88: En esta iglesia parroquial de El Alto, a 29 de octubre de 1877, se casó Dn. **Juan Bautista Arévalo**, de 41, labrador, h.l. de los finados Dn. Félix Antonio Arévalo y Da. Valentina Suárez, vecinos de Talasí, con Da. **Presentación Pedraza**, de 26, costurera, h.l. de los finados Dn. Bailón Pedraza y Hermenegilda Lazo, vecinos de la Costa. Ts Antonio Ocón y Benigna Almaraz, cónyuges.

Falcón, Francisco con Arias, Carmen
F.88v: En esta iglesia parroquial de El Alto, a 5 de noviembre de 1877, se casó **Francisco Falcón**, de 23, labrador, h.n. de Teresa Falcón, vecino de los Tarcos, con **Carmen Arias**, de 18, hilandera, h.l. de los finados Martín y Matilde Iriarte, vecinos de los Tarcos. Ts Laurencio Rizo y Da. Rosa Gómez, cónyuges.

Zurita, Juan Francisco con Barrera, Estaurófila
F.88v: En esta iglesia parroquial de El Alto, a 29 de octubre de 1877, dispensado un impedimento de afinidad lícita en primer grado por línea transversal igual, se casó **Juan Francisco Zurita**, de 29, labrador, h.l. de los finados Juan Luis y María Valdéz, vecinos de Ancuja, con **Estaurófila Barrera**, de 20, telera, h.l. de los finados José Evaristo y María Ibáñez, del mismo lugar. Ts Dn. Maurilio Romero y Da. Audelina Zalazar, cónyuges.

Moyano, Ramón Antonio con Córdoba, Marquesa Rosa
F.89: En esta iglesia parroquial de El Alto, a 4 de noviembre de 1876, se casó **Ramón Antonio Moyano**, de 24, labrador, h.n. de la finada Mercedes Moyano, con **Marquesa Rosa Córdoba**, de 20, lavandera, h.n. de Isabel Córdoba, del Agua del Sauce. Ts Francisco Antonio Cisternas y Ramona Altamirana, cónyuges.

Varela, Octaviano con Morales, Marcelina
F.89: En esta iglesia parroquial de El Alto, a 20 de noviembre de 1876, se casó **Octaviano Varela**, h.n. de (Juana Varela) (de María Encarnación) (ambos nombres aparecen en paréntesis y en ese orden), vecinos del Tarco, con **Marcelina Morales**, hilandera, h.n. de María Encarnación, vecinos del Tarco. Ts Rómulo Ocón y Josefa Albarracín, cónyuges.

Burgos, Delmiro con Rizo, Fidelia
F.89v: En esta iglesia parroquial de El Alto, a 11 de agosto de 1876, dispensado un impedimento de consanguinidad en cuarto grado simple de la línea colateral, se casó **Delmiro Burgos**, labrador, h.n. de Griselda Burgos, vecinos de Munancala, con **Fidelia Rizo**, de 19, costurera, h.l. de Elías y de la finada Manuela Cisternas, vecinos de esta parroquia. Ts Laurencio Rizo y Juana Gutiérrez. Nota: la información matrimonial correspondiente está fechada en El Alto el 7 de julio de 1876, el parentesco se explica con el siguiente esquema:

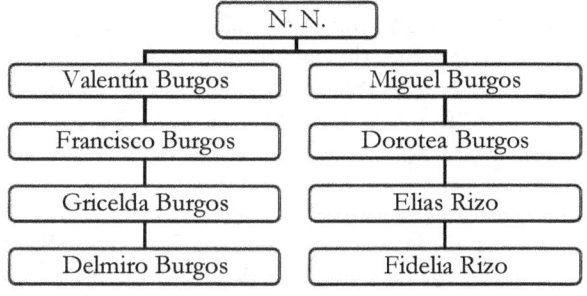

Díaz, Marcelo con Jiménez, Clementina
F.89v: En la iglesia de Quimilpa, a 12 de febrero de 1877, se casó **Marcelo Díaz**, de 23, jornalero, h.l. de Pedro Martín y de Isabel Gutiérrez, vecinos de las Talitas, con **Clementina Jiménez**, de 15, cocinera, h.l. del finado Cipriano y de Sabina Cevallos, vecina de las Talitas. Ts Fructuoso Alderete y Silveria Moreira.

Burgos, Raimundo con Moyano, Epifanía
F.90: En la iglesia de Manantiales, a 13 de febrero de 1877, se casó **Raimundo Burgos**, de 22, labrador, h.n. de Natividad Burgos, vecinos de la Puerta Grande, con **Epifanía Moyano**, de 20, cocinera, h.l. de Francisco Moyano y de Simona Moye, vecinos de la Puerta Grande. Ts Pedro Argañarás y Margarita Arias.

Ahumada, Alejo con Carrizo, Jesús
F.90: En esta iglesia parroquial de El Alto, a 16 de marzo de 1877, se casó Dn. **Alejo Ahumada**, de 33, labrador, h.l. de los finados Dn. Pedro Nolasco y Da. Patricia Espeche, vecinos del Puesto de Gómez, con Da. **Jesús Carrizo**, de 33, costurera, h.n. de Da. Vidal Carrizo, ya finada, vecina del mismo lugar. Ts Dn. Rosa Agüero y Da. Rosa Gómez, cónyuges.

Jiménez, Ramón Antonio con Páez, Mercedes
F.90v: En esta iglesia parroquial de El Alto, a 30 de abril de 1877, se casó **Ramón Antonio Jiménez**, de 18, labrador, h.l. de los finados Eduardo y Patrocinia Jiménez, vecinos de los Ortices, con **Mercedes Páez**, de 20, costurera, h.l. de los finados Agustín y Rosario Burgos, vecinos de Haipa Sorcona. Ts Daniel Páez y Euladia Hernández, cónyuges.

Esparza, Felipe con Rodríguez, Antonia
F.90v: En esta iglesia parroquial de El Alto, a 30 de abril de 1877, se casó **Felipe Esparza**, de 26, labrador, h.l. de los finados Gregorio y Juana Dávila, vecinos de Tintigasta, con **María Antonia Rodríguez**, de 28, telera, h.n. de la finada Josefa Rodríguez, vecinos de Tintigasta. Ts Dn. Eulogio Ahumada y Da. Ludovina Ahumada.

Rodríguez, Ramón Rosa con Toledo, Genoveva
F.91: En esta iglesia parroquial de El Alto, a 23 de mayo de 1877, dispensado un impedimento de consanguinidad en cuarto grado con atingencia al tercero de la línea transversal, y otros dos de afinidad ilícita en primer grado por línea colateral igual, se casó **Ramón Rosa Rodríguez**, de 22, labrador, h.n. de Josefa Rodríguez, vecinos de Tintigasta, con **Genoveva Toledo**, de 30, telera, h.n. de Tomasa Toledo, vecinos de Tintigasta. Ts Salvador Rodríguez y Manuela Ferreira, cónyuges.

Vega, Juan de la Rosa con Castro, María del Señor
F.91: En esta iglesia parroquial de El Alto, a 20 de junio de 1877, se casó Dn. **Juan de la Rosa Vega**, de 56, labrador, h.n. de la finada Da. María del Rosario, vecina de Chiriyacu, con Da. **María del Señor Castro**, de 20, telera, h.l. del finado Dn. Félix Antonio y de Da. María Juana Gutiérrez, vecinos de Alta Gracia. Ts Dn. Tobías Rodríguez y Da. Elvira Rodríguez.

Ovejero, José Cornelio con Rizo, Deidamia
F.91v: En esta iglesia parroquial de El Alto, a 2 de julio de 1877, se casó Dn. **José Cornelio Ovejero**, de 25, labrador, h.n. de Da. Bernarda Ovejero, vecinos de los Albarracines, con Da. **Deidamia Rizo**, de 30, telera, h.n. de la finada Da. Manuela Rizo, del mismo lugar. Ts Facundo Bulacias y Joaquina Macedo, cónyuges.

Arias, Pedro Lucindo con Arévalo, Ángela
F.91v: En esta iglesia parroquial de El Alto, a 27 de mayo de 1877, dispensado un impedimento de consanguinidad en tercer grado mixto con el segundo, línea lateral desigual, se casó **Pedro Lucindo Arias**, de 22, jornalero, h.l. de los finados Maximiliano y Paz Mansilla, vecinos de la Puerta de Molle Yaco, con **Ángela Arévalo**, de 25, h.l. de los finados Orencio y Juana Rodríguez, vecinos del mismo lugar. Ts Pacífico Rodríguez y Victoria Rodríguez, cónyuges. La información matrimonial está fechada el 8 de mayo de 1876 en El Alto, el parentesco se explica con el siguiente esquema:

Nieto, Segundo con Díaz, Crescencia
F.92: En esta iglesia parroquial de El Alto, a 29 de noviembre de 1876, se casó **Segundo Nieto**, de 25, zapatero, h.l. de los finados Manuel Ignacio y Eustaquia Barrientos, vecinos del Manantial, con **Crescencia Díaz**, de 21, costurera, h.l. de los finados Segundo y Delfina Guerreros, vecinos del mismo lugar. Ts Pedro Sosa y María Ignacia Delgado, cónyuges.

Tula, Bernardino con Agote, Julia
F.92: En esta iglesia parroquial de El Alto, a 9 de noviembre de 1876, se casó Dn. **Bernardino Tula**, de 23, comerciante, h.l. de Dn. Ramón y de la finada Da. Rosa Riveros, vecinos de Tintigasta, con Da. **Julia Agote**, de 22, h.l. de Dn. Delfín y de la finada Da. Rosario de la Rivera, vecinos de Alijilán. Ts Dn. Rosendo Segura y su hija Da. Palmira Segura, de Catamarca.

Mendoza, Melitón con Cabral, Melitona
F.92v: En esta iglesia parroquial de El Alto, a 29 de noviembre de 1876, se casó **Melitón Mendoza**, de 40, labrador, h.l. de los finados Francisco Domingo y Serafina Díaz, vecinos de Alijilán, con **Melitona Cabral**, de 40, costurera, h.n. de la finada Antonina Cabral, vecina del mismo lugar. Ts Dn. Juan Antonio Delgado y Da. Inés Delgado, cónyuges. Ts Dn. Juan Antonio Delgado y Da. Inés Delgado.

Montenegro, Zósimo con Romano, Natividad
F.92v: En esta iglesia parroquial de El Alto, a 29 de noviembre de 1876, se casó **Zósimo Montenegro**, de 36, labrador, h.l. de los finados José Gabriel y Petrona

Burgos, vecinos del Manantial, con **Natividad Romano**, de 30, costurera, h.l. de los finados Rafael y N. N. Ts Domingo Jiménez y Olegaria Montenegro, cónyuges.

Ibáñez, José Teodoro con Medina, Nieves
F.93: En esta iglesia parroquial de El Alto, a 30 de noviembre de 1876, se casó **José Teodoro Ibáñez**, de 36, labrador, h.l. del finado José Gabriel y de Simona Ortiz, vecinos del Manantial, con **Nieves Medina**, de 30, costurera, h.n. de Rosario Medina, vecina del Manantial. Ts Pedro Sosa y María Inés Delgado.

Collantes, José Santos con Leguizamón, Juana Rosa
F.93: En esta iglesia parroquial de El Alto, a 13 de abril de 1877, se casó **José Santos Collantes**, de 28, curtidor, h.l. de los finados Santos y Bien Aparecida Carrizo, vecinos de las Tunas, con **Juana Rosa Leguizamón**, de 24, telera, h.l. de los finados Julián y Ramona Correa, del mismo lugar. Ts Juan Bautista Ortiz y Rosalía Ocaranza.

Cabrera, José del Carmen con Guerreros, Regina
F.93v: En esta iglesia parroquial de El Alto, a 8 de abril de 1876, se casó **José del Carmen Cabrera**, de 23, h.l. de Vicente y María Bernarda Morienega, vecinos de las Tunas, con **Regina Guerreros**, de 20, h.l. de Elías y de la finada Carlota Cardoso, vecinos del Saucecito. Ts Gorgonio Heredia y Rosario Guerreros, cónyuges.

Ledesma, Ricardo con Ahumada, Marquesa
F.93v: En esta iglesia parroquial, a 10 de enero de 1878, se casó Dn. **Ricardo Ledesma**, de Santiago, de 26, criador, h.l. del finado Dn. Cosme y de la finada Da. Dorotea Montenegro, vecinos que fueron del Remancito, con Da. **Marquesa Ahumada**, de 18, costurera, h.l. del finado Dn. Gregorio y de Gerónima Gómez, vecinos de Guayamba. Ts Dn. Miguel Ahumada y Da. Wolina Agüero, cónyuges.

Ahumada, José Manuel con Pacheco, Claudia
F.94: En esta iglesia parroquial de El Alto, a 4 de mayo de 1876, dispensado un impedimento de afinidad ilícita en segundo grado, de la línea colateral, se casó Dn. **José Manuel Ahumada**, de 22, criador, h.l. del finado Dn. Gregorio y de Da. Gerónima Gómez, vecinos de Guayamba, con **Claudia Pacheco**, de 18, h.l. del finado Juan y de Da. Hugolina Agüero, del mismo lugar. Ts Dn. Moisés Rodríguez y Da. Felipa Pacheco, cónyuges.

Sánchez, Juan Andrés y Jiménez, Sofía
F.94: En esta iglesia parroquial de El Alto, a 7 de enero de 1878, dispensado un impedimento de consanguinidad en tercer grado mixto con el segundo de la línea colateral desigual, se casó **Juan Andrés Sánchez**, de 36, labrador, h.l. de los finados Policarpo y Laureana Jiménez, vecinos de los Ortices, con **Sofía Jiménez**, de 28, telera, h.n. de la finada Florencia, del mismo lugar. Ts Dn. Pacífico Rodríguez y Delfina Orellana. Nota: la información matrimonial correspondiente a este enlace está fechada en El Alto del 10 de noviembre de 1877, el parentesco se explica con el siguiente esquema:

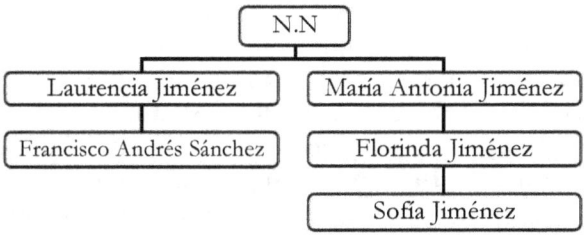

Lobo, Doroteo con Contreras, Azucena
F.94v: En esta iglesia parroquial de El Alto, a 31 de octubre de 1877, dispensados dos impedimentos de afinidad lícita en la línea colateral ambos, el uno en tercero grado mixto con el segundo, y el otro en cuarto mixto con el segundo, se casó **Doroteo Lobo**, de Tucumán, de 44, labrador, h.l. de los finados José y Cruz Espinosa, vecinos de Tucumán, de la parroquia de Graneros, con **Azucena Contreras**, de 20, costurera, h.l. de los finados Fructuoso y Ana María Contreras, de los Altos. Ts Dn. Washington Suárez y Da. Luisa Eguiz, ambos vecinos del Suncho, provincia de Tucumán. Nota: la información matrimonial está fechada en El Alto el 18 de septiembre de 1877, allí se declara que el contrayente es viudo de Andrea Ramos, los parentescos se explican los siguientes esquemas:

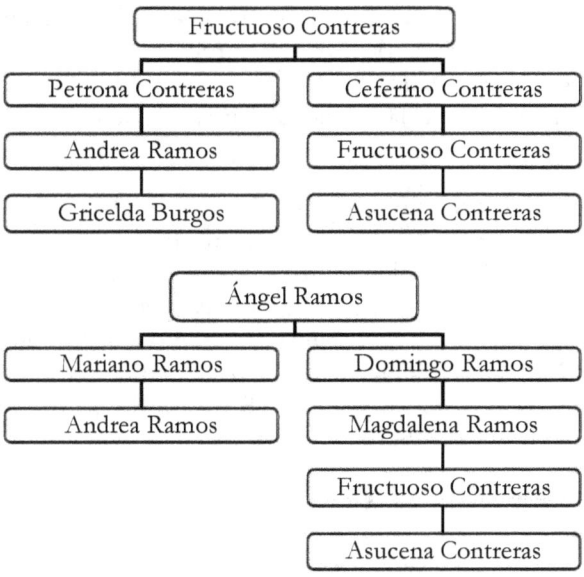

Díaz, Juan de la Cruz con Romero, Sebastiana
F.94v: En esta iglesia parroquial de El Alto, a 4 de febrero de 1878, dispensado un impedimento de afinidad ilícita en primer grado de línea colateral igual, se casó **Juan de la Cruz Díaz**, de 58, h.n. de la finada María, vecinos de los Nogales, con **Sebastiana Romero**, de 25, cocinera, h.l. de Juan Bautista y de la finada Andrea Ávila, vecina del mismo lugar. Ts Dn. Ramón Gil N. y Da. Froilana Medina.

Medina, Adolfo con Trejo, Baldomera
F.95: En esta iglesia parroquial de El Alto, a 11 de abril de 1878, dispensado un impedimento de consanguinidad en segundo grado mixto con el tercero de la línea colateral, se casó **Adolfo Medina**, labrador, h.l. del finado Jacinto y de Petronila Pérez, vecino de Vilismano, con **Baldomera Trejo**, de 20, costurera, h.l. de Teodoro y de la finada María Acuña, vecinos del Arroyito. Ts Salvador Rodríguez y Manuela Ferreira, cónyuges. Nota: la información matrimonial está fechada en El Alto el 14 de febrero de 1878, allí se declara que el contrayente es viudo de Rosa Rodríguez, el parentesco se explica con el siguiente esquema:

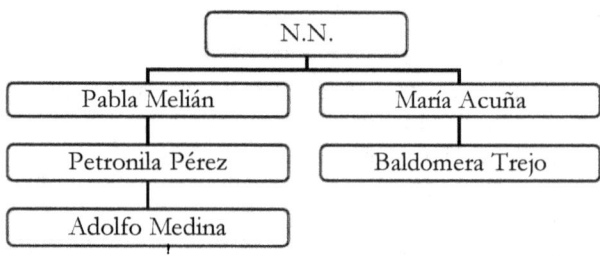

Coronel, Rosario con Verón, Josefa
F.95: En esta iglesia parroquial de El Alto, a 5 de marzo de 1878, se casó **Rosario Coronel**, de 44, labrador, h.n. de la finada María de la Cruz Coronel, vecino de las Tunas, con **Josefa Verón**, telera, h.n. de Petrona Verón, vecinos de las Tunas. Ts Miguel Agüero y María Verón.

Gómez, Florencio con Ledesma, Manuela
F.95v: En esta iglesia parroquial de El Alto, a 4 de marzo de 1878, **Florencio Gómez**, de 25, labrador, h.n. de la finada Marcelina Gómez, natural de los Sauces, provincia de Tucumán, y vecino del Puestito, con **Manuela Ledesma**, de 22, telera, h.n. de Rosario Ledesma, vecina también del Puestito. Ts Emiliano Peñaflor y Rosa Quiroga, cónyuges.

Rodríguez, Ángel Tomás con Ávila, Mariana de Jesús
F.95v: En esta iglesia parroquial de El Alto, a 4 de marzo de 1878, se casó **Ángel Tomás Rodríguez**, labrador, h.l. del finado Tadeo Rodríguez y de Mercedes Luján, vecinos de Caña Cruz, con **Mariana de Jesús Ávila**, costurera, h.l. de los finados Pedro Ignacio y Balbina Ibáñez, vecinos de Iloga. Ts Andrés Arévalo y Rosa Ávila. Nota: la información matrimonial está fechada el 6 de febrero de 1878, en ese documento se declaran dos parentescos los que se explican los siguientes esquemas:

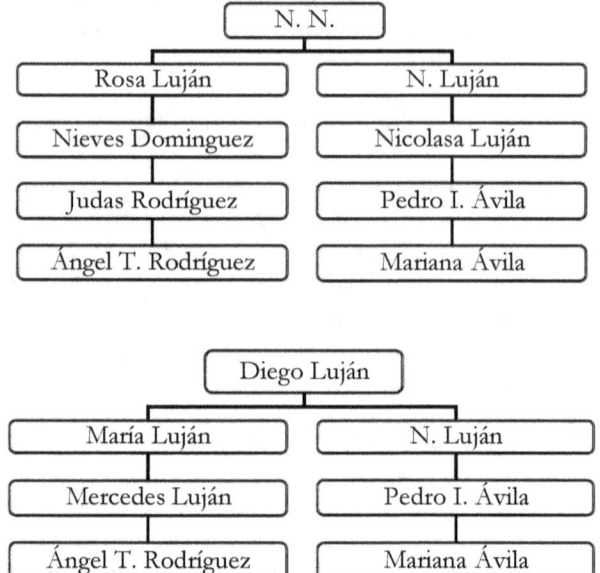

Brizuela, Francisco J. con Islas, María Zósima
F.96: En esta iglesia parroquial de El Alto, a 4 de marzo de 1878, se casó **Francisco J. Brizuela**, de 22, labrador, h.l. del finado Cipriano y de la finada Basilia Barrionuevo, vecinos de Rama Corral, con **María Zósima Islas**, de 14, costurera, h.l. de Eliseo y de Carmen Cisneros, vecinos de Cóndor Huasi. Ts Juan Ignacio Brizuela y María Magallan, cónyuges.

Romano, Juan Antonio con Cisternas, Encarnación
F.96: En esta iglesia parroquial de El Alto, a 26 de febrero de 1878, se casó **Juan Antonio Romano**, de 18, labrador, h.n. de la finada Santos Romano, vecinos de la Costa, con **Encarnación Cisternas**, de 18, hilandera, h.l. de José Cisternas y de Celedonia Ferreira, vecinos de Ancuja. Ts Gerónimo Soria y Lucinda Reyes, cónyuges.

Morales, Juan Felipe con Álvarez, María Eudosia
F.96v: En esta iglesia parroquial de El Alto, a 28 de enero de 1878, se casó **Juan Felipe Morales**, de 45, labrador, h.n. de la finada Juana Morales y viudo de Valentina Quiroga, con **María Eudosia Álvarez**, de 28, costurera, h.l. de los finados Lorenzo y Natividad Montenegro, vecina de Ancamugalla. Ts Dn. Luis Gómez y Da. Rosa Ávila, vecinos de Iloga.

Zurita, Expectación con Gutiérrez, María Reyes
F.96v: En esta iglesia parroquial de El Alto, a 30 de enero de 1878, se casó Dn. **Expectación Zurita**, de 42, labrador, h.l. de los finados Toribio y Juana Rosa Arévalo, vecinos de las Chacras, con Da. **María Reyes Gutiérrez**, de 18, costurera, h.n. de la finada María del Carmen Gutiérrez, vecina de Talasí. Ts Dn. Luis Gómez y Da. Rosa Ávila, vecinos de Iloga.

Páez, José Eleuterio con Díaz, Celestina
F.97: En esta iglesia parroquial de El Alto, a 6 de febrero de 1878, se casó **José Eleuterio Páez**, de 22, labrador, h.l. de Fortunato y de la finada Francisca Lazo, vecino de la Costa, con **Celestina Díaz**, de Tucumán, de 24, costurera, h.n. de la finada María Nicolasa Díaz, vecina de la Costa, de este curato. Ts Juan Bautista Arévalo y Presentación Pedraza, cónyuges.

Quiroga, José Ignacio con Páez, Ignacia del Carmen
F.97: En esta iglesia parroquial de El Alto, a 9 de enero de 1878, se casó Dn. **José Ignacio Quiroga**, de 25, criador, con Dn. José Ignacio Quiroga, h.l. de los finados Dn. Eufrasio y Da. Josefa del Pino, vecino de Ayapaso, con Da. **Ignacia del Carmen Páez**, de 15, costurera, h.l. del finado Dn. Gregorio Páez y de Da. Pascuala Mercado, vecina de Tabigasta. Ts Manuel Antonio Sosa y Da. Elvira Rodríguez.

Castro, José Luis con Argañarás, Petronila
F.97v: En esta iglesia parroquial de El Alto, a 29 de abril de 1878, se casó **José Luis Castro**, de 22, labrador, h.n. de la finada Severina Castro, vecino de las Tunas, con **Petronila Argañarás**, de 18, costurera, h.l. de los finados Teodoro y Casimira Mercado, vecina de las Tunas. Ts Juan Antonio Rosales y Tránsito Leguizamón.

Lobo, José Emiliano con Maidana, Delfina
F.97v: En esta iglesia parroquial de El Alto, a 29 de abril de 1878, se casó **José Emiliano Lobo**, de 20, labrador, h.l. de los finados Feliciano Lobo y Petrona Sosa, vecino de Iloga, con **Delfina Maidana**, de 25, costurera, h.n. de la finada Rita Maidana, vecina del Suncho. Ts Ángel Lobo y Rosario Vega, cónyuges.

Ibáñez, Aniceto con Ibáñez, Nominanda
F.98: En esta iglesia parroquial de El Alto, a 29 de abril de 1878, dispensado un impedimento de consanguinidad en tercer grado de la línea colateral igual, se casó **Aniceto Ibáñez**, de 16, labrador, h.l. de los finados (se omite sin dejar espacio en blanco el nombre del padre) y Protacia Villarroel, vecino de las Tunas, con **Nominanda Ibáñez**, de 17, costurera, h.l. de José Pío y de la finada Juana Mercado, vecinos de las Tunas. Ts J… A. Barrientos y Simona Cabrera. Nota: la información matrimonial está fecjada el 28 de marzo de 1878, el parentesco se explica con el siguiente esquema:

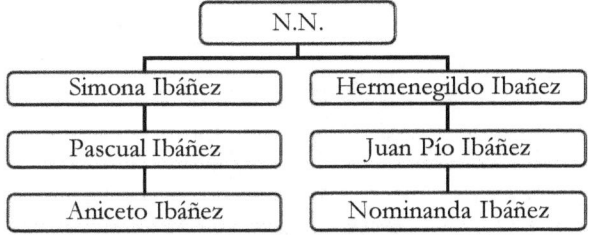

Gómez, Federico con Barrera, Ana María
F.98: En esta iglesia parroquial de El Alto, a 30 de abril de 1878, se casó Dn. **Federico Gómez**, de 19, labrador, h.l. de los finados Dn. Nicolás y Da. Juana Ahumada, vecino de Guayamba, con Da. **Ana María Barrera**, de 20, costurera, h.l. del finado Eladio Barrera y Da. Rosario Burgos, vecina de Guayamba. Ts Dn. Luis J. Brandán y Da. Javiera Márquez, cónyuges.

Mata, Pedro Antonio con Ahumada, Benedicta
F.98v: En esta iglesia parroquial de El Alto, a 4 de febrero de 1878, dispensado un impedimento de consanguinidad en tercer grado de la línea colateral igual, se casó Dn. **Pedro Antonio Mata**, de 31, labrador, h.l. de los finados Dn. Antonio y Da. Genoveva Ahumada, vecino de El Alto, con Da. **Benedicta Ahumada**, de 31, costurera, h.l. del finado Dn. Severo y de Da. Josefa Burgos, vecina de las Cuestecillas. Ts Dn. David Sierra y Da. Zoila Ahumada.

Ocón, Juan Evangelista con Arévalo, Francisca A.
F.98v: En esta iglesia parroquial de El Alto, a 9 de febrero de 1878, se casó Dn. **Juan Evangelista Ocón**, de 26, labrador, h.l. de Dn. David Ocón y de la finada Da. María González, vecinos de las Higuerillas, con Da. **Francisca A. Arévalo**, de 20, costurera, h.l. de Dn. Hilario y de la finada Da. María del Señor Rodríguez, vecina de la Huerta. Ts Dn. Santiago Dn. Arévalo y Da. Elvira Rodríguez.

Medina, José Eudosio con Ibáñez, Natalia
F.99: En esta iglesia parroquial de El Alto, a 12 de febrero de 1878, dispensado un impedimento de consanguinidad en tercer grado de la línea colateral igual, se casó Dn. **José Odofio Medina**, de 30, labrador, h.n. de Da. Isabel, vecino de Vilismano, con **Natalia Ibáñez**, de 39, costurera, h.l. del finado Dn. Mariano y de Da. Espíritu Páez, vecina de Vilismano. Ts Nicolás Leiva y Da. Amalia Silva. Nota: la información matrimonial está fechada el 23 de enero de

1878, allí se declara que la contrayente es viuda de Emiliano Aguirre, el parentesco se explica con el siguiente esquema:

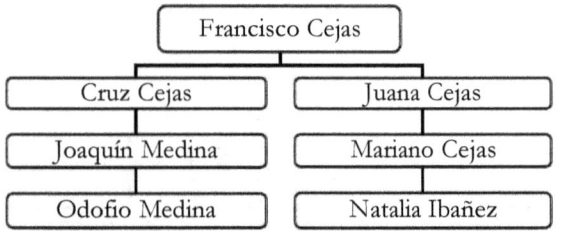

Díaz, Ermilio con Ocón, Josefa
F.99: En esta iglesia parroquial de El Alto, a 15 de junio de 1878, dispensado un impedimento de consanguinidad en tercer grado mixto con el segundo de la línea colateral desigual, se casó **Ermilio Díaz**, de 20, labrador, h.l. de los finados Bernardino y Gregoria Ocón, vecino de Simogasta, con **Josefa Ocón**, de 18, costurera, h.l. del finado Antonio y de Benigna Almaraz, vecina de la Aguadita. Ts Dn. Isidoro Robles y Tomasa Soria. Nota: la información matrimonial está fechada el 23 de mayo de 1878, el impedimento se explica con el siguiente esquema:

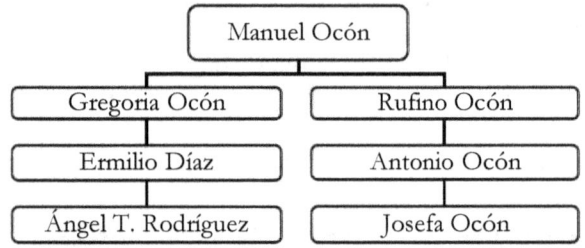

Cisneros, Abdón con Navarro, Salustiana
F.99v: En esta iglesia parroquial de El Alto, a 15 de junio de 1878, dispensado un impedimento de consanguinidad en cuarto grado mixto con el tercero de la línea colateral desigual, se casó **Abdón Cisneros**, de 46, labrador, h.l. de los finados Ceferino y Cecilia Medina, vecino de Oyola, con **Salustiana Navarro**, de 30, costurera, h.l. del finado Pedro y de Teodora Caballero, vecina de Inacillo. Ts Elías Orquera y Ramona Denett, cónyuges. Nota: la información matrimonial está fechada el 27 de mayo de 1878, el parentesco se explica con el siguiente esquema:

Zurita, Ángel Custodio con Pinedo, Clara Ramona
F.99v: En esta iglesia parroquial de El Alto, a 21 de junio de 1878, dispensado un impedimento de afinidad lícita en segundo grado con atingencia al primero por la línea colateral, se casó **Ángel Custodio Zurita**, de 44, labrador, h.l. de los finados José del Carmen y Ana María Verón, vecino de la Toma, con **Clara Ramona Pinedo**, tejedora, vecina de la Toma, h.n. de la finada Andrea. Ts Dn. Remigio Herrera y Da. Raquel Villagra, cónyuges.

Matarradona, Tristán con Pedraza, Rosa
F.100: En esta iglesia parroquial de El Alto, a 8 de julio de 1878, se casó Dn. **Tristán Matarradona**, de 22, labrador, h.l. de los finados Dn. Antonio y Da. Genoveva Ahumada, vecino de El Alto, con Da. **Rosa Pedraza**, de 18, costurera, h.l. de los finados Dn. Romualdo y Da. Ángela Cisternas, vecina de los Falcones. Ts Dn. Isidoro Robles y Da. Apolinaria Altamirana.

Mercado, Wenceslao con Almaraz, Eladia
F.100: En esta iglesia parroquial de El Alto, a 31 de mayo de 1878, se casó **Wenceslao Mercado**, labrador, h.l. de Juan Bautista y de la finada María Águeda Pérez, vecino de la Higuerita, con **Eladia Almaraz**, de 26, costurera, h.l. de Avelino y de Apolinaria Altamirana, vecina de la Higuerita. Ts Francisco J. Ponce y María Jacinta Mercado, cónyuges.

Peñaflor, Hipólito con Pedraza, Brígida
F.100v: En esta iglesia parroquial de El Alto, a 30 de julio de 1878, se casó **Hipólito Peñaflor**, de 36, labrador, h.l. del finado Julián Rosa y de Isabel Díaz, vecino de los Morteros, con **Brígida Pedraza**, de 34, costurera, h.l. de los finados Bailón y Hermenegilda Lazo, vecina de la Costa. Ts Salvador Rodríguez y Celestina Díaz.

Aguilar, José Juvenal con Burgos, Romualda
F.100v: En esta iglesia parroquial de El Alto, a 4 de diciembre de 1877, se casó Dn. **José Juvenal Aguilar**, de 24, labrador, h.l. de Dn. Inocencio y de Da. Juana Gutiérrez, vecino de la Bajada, curato de Paclín, con Da. **Romualda Burgos**, de 22, costurera, h.l. de los finados Dn. Ramón y Da. Romualda Arévalo, vecina de las Cuestecillas. Ts Moisés Espeche y Da. María Antonia Ahumada, cónyuges.

Navarro, Félix Manuel con Zurita, María Celestina
F.101: En esta iglesia parroquial de El Alto, a 20 de noviembre de 1877, se casó **Félix Manuel Navarro** (anotado como Villagra al margen), de 18 (o 19) años, labrador, h.l. de Misael Navarro y de la finada Ramona Romero, vecino de Oyola, con **María Celestina Zurita**, de 18, hilandera, h.l. de Expectación y de la

finada Isabel Ávila, vecina de las Chacras. Ts Salvador Rodríguez y Baldomera Matute.

Villagra, Tiburcio con Delgado, Justa
F.101: En esta iglesia parroquial de El Alto, a 23 de octubre de 1877, se casó **Tiburcio Villagra**, de 22, labrador, h.l. del finado Hermenegildo y de Rosa Guerreros, vecino de los Manantiales, con **Justa Delgado**, de 25, hilandera, h.l. de Juan Manuel Delgado y de la finada Isabel Pereira. Ts Avelino Guerreros y Genibera Mendoza.

Ovejero, Francisco Antonio con Collantes, Delfina
F.101v: En esta iglesia parroquial de El Alto, a 29 de abril de 1878, se casó **Francisco Antonio Ovejero**, de 22, labrador, h.l. de los finados José Tomás y Petronila Herrera, vecino de los Ortices, con **Delfina Collantes**, de 23, costurera, h.n. de la finada María Francisca Collantes, vecina del mismo lugar. Ts Facundo Bulacias y Joaquina Macedo, cónyuges.

Narváez, Octaviano con Navarro, Antonia
F.101v: En esta iglesia parroquial de El Alto, a 13 de agosto de 1878, se casó Dn. **Octaviano Narváez**, de 26, labrador, h.l. de Dn. Miguel y de Da. Jacinta Murúa, vecino de Infanzón, curato de Ancasti, con Da. **Antonia Navarro**, de 22, costurera, h.l. del finado Dn. Pedro y de Da. Teodora Caballero, vecina de Inacillo. Ts Dn. Nicolás Leiva y Amalia Silva, cónyuges.

Gutiérrez, Manuel con Gutiérrez, Eunomia
F.102: En esta iglesia parroquial de El Alto, a 13 de agosto de 1878, se casó **Manuel Gutiérrez**, labrador, h.n. de la finada Donata Gutiérrez, vecino de Vilismano, con **Eunomia Gutiérrez**, costurera, h.n. de la finada Emiliana Gutiérrez, vecina de Vilismano. Ts Dn. Francisco Ovejero y Da. Ludovina Zurita.

Collantes, Ceferino con Mercado, Eduviges
F.102: En esta iglesia parroquial de El Alto, a 26 de agosto de 1878, se casó **Ceferino Collantes**, de 30, labrador, h.l. de los finados José Santos Collantes y Bien Aparecida Carrizo, vecinos de las Tunas, con **Eduviges Mercado**, de 23, hilandera, h.l. de los finados Pablo y Viviana González, vecina de las Tunas. Ts Pedro Luna y Tránsito Leguizamón, cónyuges.

Ferreira, Emiliano con Contreras, María Carolina
F.102: En la iglesia de la Puerta Grande, a 28 de agosto de 1878, se casó **Emiliano Ferreira**, labrador, h.l. de los finados Benito y Manuela Medina, vecinos de los Altos, con **María Carolina Contreras**, costurera, h.l. de José Fructuoso y Ana María Contreras, vecina del mismo lugar. Ts Juan Pío Paz y Feliciana Barrientos, no cónyuges, del mismo lugar.

Vanegas, Francisco con Flores, Crisanta
F.102v: En la iglesia de la Puerta Grande, a 3 de setiembre de 1878, se casó **Francisco Vanegas**, de Santiago, de 28, labrador, h.n. de la finada Francisca, vecino de las Cañas, con **Crisanta Flores**, de Santiago, de 28, hilandera, h.l. del finado José María Flores y de Francisca Corpus, vecino de las Cañas. Ts Juan Pío Paz y Feliciana Barrientos.

Rivas, Juan Ignacio con Lobo, Viviana
F.103: En la iglesia de la Puerta Grande, a 3 de setiembre de 1878, se casó **Juan Ignacio Rivas**, de Tucumán, labrador, h.l. del finado Juan Tomás y de Tránsito Ponce, vecinos de los Talitas de este curato, con **Viviana Lobo**, de 22, hilandera, h.l. de Juan Silvestre Lobo y de Lorenza Lugones, vecina de los Talitas. Ts Dn. Belisario Rosales y Da. Julia Álvarez.

Moyano, Casimiro con Rodríguez, Martina
F.103: En la iglesia de la Puerta Grande, a 3 de setiembre de 1878, se casó **Casimiro Moyano**, jornalero, h.n. de la finada Francisca Moyano, vecino de los Zanjones, con **Martina Rodríguez**, de 22, hilandera, vecina del mismo lugar. Ts Martín Arias y Evelia Palacios.

Arias, Juan Manuel con Arreguez, Agustina
F.103v: En la iglesia de la Puerta Grande, a 3 de setiembre de 1878, se casó **Juan Manuel Arias**, labrador, h.l. de Martín y de la finada Manuela Villarroel, vecino de los Zanjones, con **Agustina Arreguez**, de 22, hilandera, h.l. de Santos y de la finada Genoveva Orellana, vecina del mismo lugar. Ts Nicolás Valdéz y Teresa Villarroel.

Morienega, Ermilio con Barrientos, Dalmira
F.103v: En la iglesia de las Tunas, a 15 de agosto de 1878, se casó **Ermilio Morienega**, labrador, h.l. de Javier y de Petrona Argañarás, vecino de las Tunas, con **Dalmira Barrientos** (anotada como Dalmida), de 23, costurera, h.l. de los finados Fernando y Marita Rosales, vecina de las Tunas. Ts Desiderio Collantes y Manuela Díaz.

Allende, Guillermo con Cardoso, Donatila
F.104: En esta iglesia parroquial de El Alto, a 22 de setiembre de 1878, se casó Dn. **Guillermo Allende**, de la Rioja, de 24, labrador, h.l. de Dn. Juan Vicente Allende y de Da. María Juana Barros, vecino de Udpinango, provincia de La Rioja, con Da. **Donatila Cardoso**, de 24, hilandera, h.l. de Dn. Raimundo y de Ceferina Molina, vecina de Monte Redondo. Ts Dn. Diego Gómez y Socorro Cardoso.

Gómez, Adolfo con Vivanco, Teresa
F.104: En esta iglesia parroquial de El Alto, a 7 de octubre de 1878, se casó **Adolfo Gómez**, de 28,

labrador, h.l. del finado Lucindo y de Saturnina Leiva, vecino de Alijilán, con **Teresa Vivanco**, de 35, costurera, h.l. del finado Francisco y de Felisa Collantes, vecina del mismo lugar. Ts Federico Díaz y Ramona Coronel, cónyuges.

Gómez, Rosendo con Bustamante, Francisca
F.104v: En esta iglesia parroquial de El Alto, a 10 de octubre de 1878, se casó **Rosendo Gómez**, de Santiago, de 26, labrador, h.n. de la finada Dido Gómez, vecino de las Cananas, con **Francisca Bustamante**, de 28, hilandera, h.n. de Celedonia Bustamante, vecina de Munancala. Ts Pedro Pérez y Epifanía Luna, cónyuges.

Barros, Romualdo del Señor con Rosales, Leonarda
F.104v: En esta iglesia parroquial de El Alto, a 16 de setiembre de 1878, se casó **Romualdo del Señor Barros**, de La Rioja, de 30, arriero, h.l. de Juan Felipe y de Francisca Rosa Ramírez, vecino de Udpinango, provincia de La Rioja, con **Leonarda Rosales**, de 16, costurera, h.n. de la finada Isabel Rosales, vecina del Rodeito. Ts Salomón Rasguido y María Úrsula González, no cónyuges.

Aguilar, Desiderio con Córdoba, María del Rosario
F.105: En esta iglesia parroquial de El Alto, a 12 de octubre de 1878, se casó **Desiderio Aguilar**, labrador, h.n. de la finada María Concepción Aguilar, vecino de las Cortaderas, con **María del Rosario Córdoba**, de 22, costurera, h.l. del finado Ángel y de Crisóloga Saavedra, vecina del mismo lugar. Ts Pedro Albarracín y María Arévalo, cónyuges.

Villarroel, José Pío con Osores, Encarnación
F.105: En esta iglesia parroquial de El Alto, a 16 de octubre de 1878, se casó **José Pío Villarroel**, labrador, h.l. de los finados Juan José y María Santos Reinoso, vecino de Simogasta, con **Encarnación Osores**, de 24, hilandera, h.l. de los finados Pedro y Teresa Romano, vecina del mismo lugar. Ts Serafín Díaz y Antonia Agüero.

Toledo, Rufino con Ledesma, Eduviges
F.105v: En esta iglesia parroquial de El Alto, a 18 de octubre de 1878, se casó **Rufino Toledo**, labrador, h.l. de los finados José María y Sebastiana Ponce, vecino de Ichipuca, con **Eduviges Ledesma**, de 20, telera, h.l. del finado Juan Ángel y de Juana Rodríguez, vecina de Achalco. Ts Facundo Lobo y Rosa Luna, cónyuges.

Alva, Nabor con Falcón, Úrsula
F.105v: En esta iglesia parroquial de El Alto, a 19 de octubre de 1878, se casó **Nabor Alva**, labrador, h.n. de Teresa Alva, vecino de Potro Ulpiana, con **Úrsula Falcón**, de 20, hilandera, h.n. de Magdalena Falcón, vecina de la Higuera. Ts Froilán Agüero y María Lobo, cónyuges.

Ojeda, Escolástico con Espeche, Rosa
F.106: En esta iglesia parroquial de El Alto, a 29 de junio de 1878, se casó **Escolástico Ojeda**, de 36, labrador, h.n. de la finada Ignacia Ojeda, vecino de esta parroquia, con **Rosa Espeche**, de 38, costurera, h.l. del finado Valeriano y de Natividad Vázquez, vecina de esta misma parroquia. Ts Dn. Francisco J. Gómez y Da. Wolina Gómez.

Soria, Antonino con Ahumada, Rosa
F.106: En esta iglesia parroquial de El Alto, a 24 de julio de 1878, se casó Dn. **Antonino Soria**, de 45, labrador, h.l. de los finados Dn. Nicolás y Da. Juana Pedraza, viudo de Da. Gerónima Gómez, vecino de Guayamba, con Da. **Rosa Ahumada**, de 36, molinera, h.l. de los finados Dn. Ignacio y Da. Guillerma Espeche, vecina de Munancala. Ts Ramón Antonio Lazo y Tomasa Soria, cónyuges.

Núñez, Jacobo con Almaraz, Gaudencia
F.106V: En esta iglesia parroquial de El Alto, a 26 de octubre de 1878, se casó **Jacobo Núñez**, de 25, zapatero, h.n. de la finada Isidora Núñez, natural de Tucumán y vecino de El Alto, con **Gaudencia Almaraz**, de 28, costurera, h.l. de Jacinto y de Ascensión Romano, vecina de El Alto. Ts Dn. Luis J. Brandán y Da. Javiera Márquez, cónyuges.

Guerra, Crescencio con González, María de Jesús
F.106v: En esta iglesia parroquial de El Alto, a 9 de octubre de 1876, se casó **Crescencio Guerra**, de 25, labrador, h.l. de Juan Ramón y de la finada Dorotea Ledesma, vecinos de Achalco, con **María de Jesús González**, de 19, costurera, h.l. de los finados Manuel y Marcelina Cortez, vecina de Achalco. Ts Apolinar Carrera y María Arias.

Gómez, Belisario con Chazarreta, Eladia
F.107: En esta iglesia parroquial de El Alto, a 9 de octubre de 1876, se casó **Belisario Gómez**, de Santiago, de 30, labrador, h.l. de Luis y de Francisca Peralta, vecino de Choya, provincia de Santiago, con **Eladia Chazarreta**, de 19, costurera, h.l. de Manuel y de la finada Rosa Castellanos, vecina del Aguadita. Ts Dn. Crisanto Barrera y Da. Delfina Segura, cónyuges.

Acosta, Pedro con Zurita, Rosa Viterba
F.107: En esta iglesia parroquial de El Alto, a 24 de setiembre de 1877, se casó **Pedro Acosta**, de 22, labrador, h.l. de Bartolomé y de la finada Agus(tina?) Cisternas, vecino de los Corrales, con **Rosa Viterba Zurita**, de 18, lavandera, h.l. del finado Pedro Zurita y de María Isabel Raudales, vecina de los Corrales. Ts Nicasio Cisternas y Petrona Vázquez.

Sánchez, Félix con Vallejos, Cipriana
F.107v: En esta iglesia parroquial de El Alto, a 9 de octubre de 1876, se casó **Félix Sánchez**, de 30, labrador, h.l. de los finados Pedro y Rosario Ojeda, vecino de las Cortaderas, con **Cipriana Vallejos**, de 20, costurera, h.n. de Epifanía Vallejos, vecina del mismo lugar. Ts Dn. Francisco Adauto y Da. Faustina Díaz, cónyuges.

Cabanilla, Filoromo con Peralta, Verónica
F.107v: En esta iglesia parroquial de El Alto, a 29 de octubre de 1878, se casó **Filoromo Cabanilla**, de la provincia de Córdoba, h.l. de los finados José María Cabanilla y Toribia Aguirre, vecino de Achalco, con **Verónica Peralta**, de 20, costurera, h.l. del finado Deseano Peralta y de Delfina Luna, vecina del mismo lugar. Ts Salvador Rodríguez y Filiberta Luna.

Guzmán, Tadeo con Rodríguez, Ramona
F.108: En esta iglesia parroquial de El Alto a treinta de noviembre de 1878, se casó **Tadeo Guzmán**, de 23, labrador, h.l. de Sebastián y de la finada Rosalía Ledesma, vecino de los Altos, con **Ramona Rodríguez**, de 30, hilandera, h.l. de los finados Carlos y Francisca Barros, vecina de los Altos. Ts Juan Isidro Soria y Cleofé Pérez.

Collantes, Manuel de Reyes con Mercado, Anacleta
F.108: En esta iglesia parroquial de El Alto, a 25 de noviembre de 1878, se casó **Manuel de Reyes Collantes**, de 24, jornalero, h.l. de Félix Rosa y Bernarda Mercado, vecino de Ampolla, con **Anacleta Mercado**, de 20, hilandera, h.n. de Rita Mercado. Ts Benito Jiménez y Javiera Ortiz.

Ibáñez, Abelardo con Ocaranza, Rosalía
F.108v: En esta iglesia parroquial de El Alto, a 28 de noviembre de 1878, se casó Dn. **Abelardo Ibáñez**, de 40, labrador h.n. de la finada Da. Manuela Ibáñez, vecino de los Manantiales, con Da. **Rosalía Ocaranza**, de 30, telera, h.l. de los finados Dn. Cayetano y Da. María del Señor Agüero, vecina del mismo lugar. Ts Onofre Pérez y Da. Cenobia Valdéz.

Gutiérrez, Zoilo con Albarracín, Guillerma
F.108v: En esta iglesia parroquial de El Alto, a 20 de enero de 1879, se casó Dn. **Zoilo Gutiérrez**, de 28, labrador, h.l. del finado Dn. Juan Manuel Gutiérrez y de Da. Justa Castillo, vecino de la Chacarita, con Da. **Guillerma Albarracín**, de 22, costurera, h.l. de los finados Dn. Bartolomé y Da. Celestina Gómez, vecina de Guayamba. Ts Dn. Alejandro Segura y Da. Tránsito Rodríguez.

Varela, José Luis con Gómez, Catalina
F.109: En esta iglesia parroquial de El Alto, a 13 de enero de 1879, se casó **José Luis Varela**, labrador, h.l. de los finados Ángel Mariano Varela y Felipa Gutiérrez, vecino de Iloga, con **Catalina Gómez**, de 17, telera, h.n. de Catalina Gómez, vecina del mismo lugar. Ts Adolfo Gómez y Mercedes Vega.

Godoy, Andrónico con Leguizamón, Remigia
F.109: En esta iglesia parroquial de El Alto, a 21 de enero de 1879, se casó **Andrónico Godoy**, de 21, labrador, h.l. de Juan y de Salomé Márquez, vecino de Sucuma, con **Remigia Leguizamón**, de 18, costurera, h.n. de la finada Luisa Leguizamón, vecina del mismo lugar. Ts José Cevallos y Felisa Márquez, cónyuges.

Paz, Santiago con Godoy, Clara
F.109v: En esta iglesia parroquial de El Alto, a 21 de enero de 1879, se casó **Santiago Paz**, de 24, labrador, h.l. del finado Santiago y de Grimanesa Burgos, vecino de Cochuna, con **Clara Godoy**, de 17, costurera, h.l. de Juan y de Salomé Márquez, vecina de Sucuma. Ts Dn. Manuel Gramajo y Da. Emilia Bulacia.

Morales, José Domingo con Ahumada, María Cruz
F.109v: En esta iglesia parroquial de El Alto, a 21 de enero de 1879, se casó **José Domingo Morales**, de 22, labrador, h.l. del finado José Justo y de Dorotea Arévalo, vecino de Sucuma, con **María Cruz Ahumada**, de 20, costurera, h.n. de Rosa Ahumada, vecina del mismo lugar. Ts Dn. Dionisio Barrientos y Da. Restituta Mata.

Barrientos, Luis Ignacio con Albarracín, Deidamia
F.110: En esta iglesia parroquial de El Alto, a 21 de enero de 1879, se casó Dn. **Luis Ignacio Barrientos**, de 59, labrador, h.l. de los finados Dn. Melchor y Da. María Antonia Márquez, vecino del Río del Puesto, con Da. **Deidamia Albarracín**, telera, h.l. de los finados Dn. Juan Asencio y Da. Pilar Zalazar, vecina de los Albarracines. Ts Dn. Dulcidio Agüero, casado, y Da. Romualda Molina, viuda.

Paredes, Tomás con Brizuela, Laureana
F.110: En esta iglesia parroquial de El Alto, a 21 de enero de 1879, se casó **Tomás Paredes**, de 33, zapatero, h.l. de los finados Félix Santos Paredes y Petrona Agüero, vecino del Agua del Sauce, con **Laureana Brizuela**, de 20, costurera, h.l. de los finados Cipriano y Basilia Barrionuevo, vecina de Rama Corral. Ts Miguel Agüero y Rosa Verón, cónyuges.

Artaza, Pedro Martín con Burgos, Faustina de Jesús
F.110v: En esta iglesia parroquial de El Alto, a 24 de febrero de 1879, se casó **Pedro Martín Artaza**, h.l. del finado Avelino y de María Isabel Leiva, vecino del

Huaico Hondo, con **Faustina de Jesús Burgos**, de 23, hilandera, h.l. de los finados José Antonio y Mariana Rizo, vecina de Munancala. Ts Juan de la Rosa Albarracín y Baldomera Leiva.

Frías, Pedro Antonio con Ávila, Javiera
F.110v: En esta iglesia parroquial de El Alto, a 24 de febrero de 1879, se casó **Pedro Antonio Frías**, labrador, h.l. de los finados Casimiro y Crisóstoma Vergara, vecino de Sucuma, con **Javiera Ávila**, de 23, hilandera, h.l. de los finados Cipriano y María Antonia Jeréz, vecina de San Gerónimo. Ts Dn. Gabriel Barrientos y Da. Abigail Zurita, cónyuges.

Medina, Aparicio con Medina, Irene
F.111: En esta iglesia de El Alto, a 24 de febrero de 1879, se casó Dn. **Aparicio Medina**, labrador, h.l. de Dn. Daniel y de Da. Isidora González, vecino de Vilismano, con Da. **Irene Medina**, de 24, costurera, h.l. de los finados Dn. Marcelino y Da. Odofia Medina, vecina del mismo lugar. Ts Dn. Petronilo Zurita, viudo, y Da. Matrona Ferreira, soltera.

Jiménez, Juan de Dios con Macedo, Natividad
F.111: En esta iglesia parroquial de El Alto, a 23 de febrero de 1879, se casó **Juan de Dios Jiménez**, de 19, labrador, h.l. de Juan de Dios y de Josefa Correa, vecino de los Troncos, con **Natividad Macedo**, de 20, costurera, h.l. del finado Domiciano Macedo y de Patrocinia Ledesma, vecina de los Altos. Ts Dn. Pedro Espeche con Lizarda González.

Riva, Manuel con Brizuela, Clara
F.111v: En la iglesia de Manantiales, a 23 de febrero de 1879, se casó **Manuel Riva**, labrador, h.n. de Carmen Nieva, vecino de Alijilán, con **Clara Brizuela**, de 22, costurera, h.l. del finado José Brizuela y de Celedonia Rosales, vecina del Saucecito. Ts Dn. Juan Antonio Delgado y Da. Vicenta Delgado.

Díaz, Juan Antonio con Luna, Arsenia
F.111v: En la iglesia de los Manantiales, a 23 de febrero de 1879, se casó **Juan Antonio Díaz**, de 26, carpintero, h.l. de José Nicolás y de la finada Tránsito Barrientos, vecino de las Tunas, con **Arsenia Luna**, de 23, costurera, h.n. de la finada Marita Luna, vecina del mismo lugar. Ts Abelardo Ibáñez y Da. Rosalía Ocaranza, cónyuges.

Ibáñez, Mardoqueo con Arias, Adelaida
F.112: En la iglesia de los Manantiales, a 23 de febrero de 1879, se casó **Mardoqueo Ibáñez**, labrador, h.l. de José María y de Encarnación Guerreros, vecino de los Manantiales, con **Adelaida Arias**, de 20, hilandera, h.l. de Ramón y de Leonor Mercado, vecina de los Manantiales. Ts Dn. Abelardo Ibáñez y Da. Rosalía Ocaranza, cónyuges.

Caravajal, Gabino con Romero, Cruz
F.112: En la iglesia de los Manantiales, a 23 de febrero de 1879, se casó **Gabino Caravajal**, de 20, labrador, h.l. de los finados Vicente y de Javiera González, vecino de Alijilán, con **Cruz Romero**, de 20, hilandera, h.l. del finado Jacinto y de Nicolasa Moyano, vecina del mismo lugar. Ts Dn. José Barrientos y Da. Rosario Paz.

Ortiz, Antenor con Carrazán, Pastora
F.112v: En la iglesia de los Manantiales, a 3 de marzo de 1879, se casó **Antenor Ortiz**, h.l. del finado Martín y de Rufina Peralta, vecino del Bañado, con **Pastora Carrazán**, de 24, telera, h.l. de Leandro y de la finada Josefa Pérez, vecina de los Dos Pocitos. Ts Pascual Peralta y Cledovia Ibáñez.

Pérez, Onofre con Díaz, Francisca
F.112v: En la iglesia de Manantiales, a 10 de marzo de 1879, se casó Dn. **Onofre Pérez**, labrador, h.l. de Dn. Celedonio y de la finada Da. Luisa Agüero, vecino de Manantiales, con Da. **Francisca Díaz**, de 30, costurera, h.l. de Dn. Benigno y de Da. Rosario Díaz, vecina del mismo lugar. Ts Dn. Vicente Pérez y Da. Urbana Barrientos, cónyuges.

Albarracín, Pantaleón con Camaño, Francisca
F.113: En esta iglesia parroquial de El Alto, a 10 de febrero de 1879, se casó Dn. **Pantaleón Albarracín**, de 30, labrador, h.l. de los finados Dn. Pedro y Da. Isabel Córdoba, vecino de las Cortaderas, con Da. **Francisca Camaño**, de 30, telera, h.n. de la finada Da. Pablina Camaño, vecina de las Cañas. Ts Dn. Luis J. Brandán y Da. Javiera Márquez, cónyuges.

Bazán, Diego con Cejas, Dolores
F.113: En esta iglesia parroquial de El Alto, a 10 de febrero de 1879, se casó **Diego Bazán**, de 26, labrador, h.n. de la finada Fernanda Bazán, vecino de Punco Chacra, con **Dolores Cejas**, de 20, costurera, h.l. de José Pascual Cejas y de la finada Marta Ávila, vecina del Río de Ávila. Ts Rosario Figueroa y Cándida Bazán, cónyuges.

Reinoso, Marcelino con Barrera, Fortunata
F.113v: En esta iglesia parroquial de El Alto, a 10 de febrero de 1879, se casó **Marcelino Reinoso**, de 30, labrador, h.l. de los finados Eusebio y Gregoria Ocón, vecino de Achalco, con **Fortunata Barrera**, de 21, hilandera, h.l. de Juan y de Agustina Quiroga, vecina del mismo lugar. Ts Ángel Flores y Petrona Saavedra.

Pérez, Estanislao con Villalba, María
F.113v: En esta iglesia parroquial de El Alto, a 10 de marzo de 1879, se casó Dn. **Estanislao Pérez**, h.l. de Dn. Marcos y de Da. Mercedes Villarroel, con Da. **María Villalba**, de 20, telera, h.l. de Dn. Juan de la

Cruz y de Da. Isabel Rodríguez, vecina de Iloga. Ts Dn. Andrés Arévalo y Da. Crisanta Villalba.

Rosales, Adolfo con Leguizamón, Tránsito
F.114: En esta iglesia parroquial de El Alto, a 31 de mayo de 1879, se casó **Adolfo Rosales**, de 22, labrador, h.l. del finado Juan Pío y de María Justa Guarás, vecino del Talarcito, con **Tránsito Leguizamón**, h.n. de la finada Filomena Leguizamón, de 20, costurera, vecina del mismo lugar. Ts Ramón Reinoso y Manuela Farías.

Ojeda, Crisanto con Sánchez, Tadea
F.114: En esta iglesia parroquial de El Alto, a 16 de abril de 1879, dispensado un impedimento de parentesco de consanguinidad en tercer grado simple de la línea colateral, se casó **Crisanto Ojeda**, de 32, labrador, h.n. de la finada Josefa Ojeda, vecino de las Cortaderas, con **Tadea Sánchez**, de 36, costurera, h.n. de la finada Candelaria Sánchez, vecina del mismo lugar. Ts Dn. Cristóforo Rodríguez y Da. Apolinaria Altamirana. Nota: la información matrimonial correspondiente a este enlace está fechada en El Alto el 23 de enero de 1879, allí se declara que la contrayente es viuda de Salvador Castellanos, el parentesco se explica con el siguiente esquema:

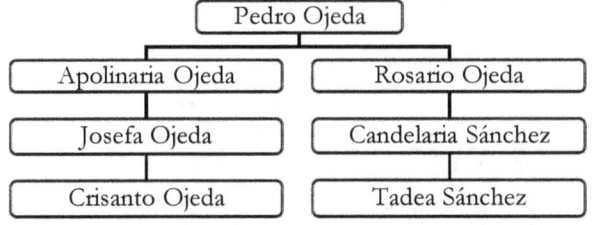

Luján, Roque con Soria, María Josefa
F.114v: En esta iglesia parroquial de El Alto, a 21 de abril de 1879, dispensado un impedimento de consanguinidad en cuarto grado mixto con el tercero de la línea colateral desigual, se casó **Roque Luján**, de 25, labrador, h.l. de los finados José Elías y Zoila Ponce, vecino de Taco Punco, con **María Josefa Soria**, de 24, hilandera, h.l. del finado Policarpo y de María Bartolina Luján, vecina de Caña Cruz. Ts Tomás Villagra y Eusebia Carrazán, cónyuges. Nota: la información matrimonial está fechada el 13 de marzo de 1879, el parentesco se explica con el siguiente esquema:

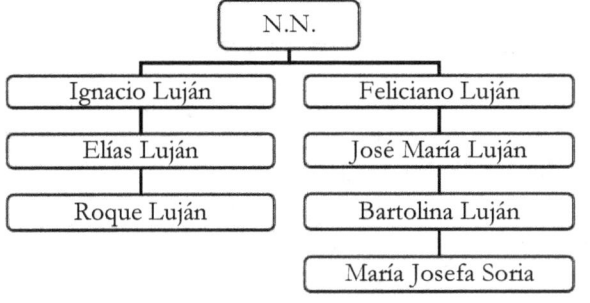

Rosales, Lorenzo con Argañarás, Fragedia
F.114v: En esta iglesia parroquial de El Alto, a 21 de abril de 1879, se casó **Lorenzo Rosales**, de 30, labrador, h.l. de Pascual y de Justina Peralta, vecino del Bañado, con **Fragedia Argañarás**, de 23, hilandera, h.n. de Valentina, vecina del mismo lugar. Ts Anacleto Reinoso y Rosa Rosales, cónyuges.

Durán, Antonio de Jesús con Montenegro, Epifanía
F.115: En esta iglesia parroquial de El Alto, a 21 de abril de 1879, se casó **Antonio de Jesús Durán**, de 28, jornalero, h.l. de los finados Miguel y Rudecinda Ibáñez, vecinos de Aspaga, con **Epifanía Montenegro**, de 24, sirvienta, h.l. de los finados Domingo y Rosario Castro, vecina del Molino. Ts Dn. Luis Ovejero y Da. Mercedes Gutiérrez, cónyuges.

Reinoso, Federico con Tevez, Juana
F.115: En esta iglesia parroquial de El Alto, a 21 de abril de 1879, se casó **Federico Reinoso**, de 24, labrador, h.n. de la finada Saturnina Reinoso, vecino de la Puerta Grande, con **Juana Tevez**, de 20, hilandera, h.l. de Clemente y de Bartolina Argañarás, vecina del Monte Redondo. Ts Luis Carrizo y Fortunata Argañarás.

Ocón, Pedro con Matute, Baldomera
F.115v: En esta iglesia parroquial de El Alto, a 24 de abril de 1879, se casó Dn. **Pedro Ocón**, de 20, labrador, h.l. del finado Rómulo y de Josefa Albarracín, vecino del Manantial, con Da. **Baldomera Matute**, de 18, telera, h.n. de Da. Gumersinda Matute, vecina de las Chacras. Ts Dn. Facundo Díaz y Da. Manuela Matute.

Cordero, Genaro con Albarracín, Bartolina
F.115v: En esta iglesia parroquial de El Alto, a 28 de abril de 1879, se casó **Genaro Cordero**, de 23, labrador, h.l. del finado Octaviano Cordero y de Margarita Díaz, vecino de El Alto, con **Bartolina Albarracín**, de 24, telera, h.l. de Tiburcio y de la finada Grimanesa Gramajo, vecina del Agua Dulce. Ts Dn. Bonifacio Gramajo e Isidora Medina.

Gutiérrez, Alfredo con Paz, Ramona Ludovina
F.116: En esta iglesia parroquial de El Alto, a 28 de abril de 1879, se casó **Alfredo Gutiérrez**, de 20, labrador, h.l. de los finados Rito Desiderio y Manuela Ibáñez, vecinos del Abra, con **Ramona Ludovina Paz**, de 22, telera, h.l. de Pío Paz y de Exaltación Ledesma, vecina de los Altos. Ts Calixto Robles y Bonifacia Díaz.

Segura, Isidoro con Orquera, Juana
F.116: En la iglesia de Vilismano, a 17 de febrero de 1879, se casó **Isidoro Segura**, h.n. de Luisa Segura, vecino de Vilismano, con **Juana Orquera**, de 23,

hilandera, h.n. de la finada Carmen Orquera, vecina del mismo lugar. Ts Dn. Petronilo Zurita y Da. Juana Medina.

Medina, Juan con Acuña, Asunción
F.116v: En la iglesia de Vilismano, a 24 de febrero de 1879, dispensado un impedimento de consanguinidad de tercer grado de la línea colateral, se casó Dn. **Juan Medina**, de 26, labrador, h.l. de Dn. José Jacinto y de Da. María Petrona Gómez (o Jeréz), vecino de Ancamugalla, con Da. **Asunción Acuña**, de 26, costurera, h.l. de Dn. José y de Da. Isabel Arévalo, vecina del mismo lugar. Ts Dn. Pedro Marcial Zurita y Da. Raquel Espeche, cónyuges.

Herrera, Rosendo con Ibáñez, Andrea
F.116v: En esta iglesia parroquial de El Alto, a 6 de febrero de 1879, dispensado un impedimento de consanguinidad en tercer grado de la línea colateral igual, se casó **Rosendo Herrera**, de 23, labrador, h.l. del finado Norberto y de Simona Ibáñez, vecino de los Dos Pocitos, con **Andrea Ibáñez**, de 24, telera, h.l. del finado Ramón y de Juliana Caravajal, vecina del mismo lugar. Ts Mariano Leguizamón y Marcelina Leguizamón, hermanos.

Castillo, Ramón Rosa con Monzón, Ifigenia
F.117: En esta iglesia parroquial de El Alto, a 18 de febrero de 1879, se casó **Ramón Rosa Castillo**, de 26, labrador, h.l. del finado Francisco y de María del Señor Rosales, vecino de la Carpintería, con **Ifigenia Monzón**, de 20, hilandera, h.l. de Carlos 5° (¿Quinto?) y de la finada Luisa Vega, vecina del mismo lugar. Ts Domingo Jiménez y Olegaria Montenegro, cónyuges.

Páez, Cirilo con Cabrera, Jacinta
F.117: En esta iglesia parroquial de El Alto, a 19 de febrero de 1879, se casó **Cirilo Páez**, de 26, labrador, h.n. de Juana Lizarda, vecino de las Tunas, con **Jacinta Cabrera**, de 18, costurera, h.l. del finado Jacinto y de Beatriz Paz, vecina del mismo lugar. Ts Belisario Rosales y Jesús Paz, vecinos de las Tunas. Ts Belisario Rosales y Jesús Paz.

Rodríguez, Benedicto con Argañarás, Josefa
F.117v: En esta iglesia parroquial de El Alto, a 25 de febrero de 1879, se casó **Benedicto Rodríguez**, de 22, labrador, h.l. de los finados Miguel y Gabriela Díaz, vecino de las Tunas, con **Josefa Argañarás**, de 20, hilandera, h.n. de Petrona, vecina del mismo lugar. Ts Asencio Rosales y Manuela Díaz.

Farías, Luis con Jiménez, Presentación
F.117v: En esta iglesia parroquial de El Alto, a 24 de marzo de 1879, se casó **Luis Farías**, de 26, labrador, h.l. de los finados Juan Pablo y Juana Petrona Reinoso, vecino del Bañado, con **Presentación Jiménez**, de 24, hilandera, h.l. de los finados Mateo y Ramona Páez, vecina del Bañado. Ts Celso Reinoso y Candelaria Páez, cónyuges.

Delgadino y Villarroel, Manuel Antonio con Agüero, Águeda
F.118: En esta iglesia parroquial de El Alto, a 27 de marzo de 1879, se casó **Manuel Antonio Delgadino y Villarroel** (anotado como Manuel Villarroel al margen), de 35, carpintero, h.n. de la finada Josefa, vecino de las Cañas, con **Águeda Agüero**, de 18, telera, h.l. del finado Juan y de Melchora Toledo, vecina de Achalco. Ts Ramón Vera y Manuela Ferreira.

Rosales, Ramón Antonio con Mercado, Visitación
F.118: En esta iglesia parroquial de El Alto, a 29 de abril de 1879, dispensado un impedimento de consanguinidad en tercer grado de la línea colateral igual, se casó **Ramón Antonio Rosales**, de 23, criador, h.n. de Victoria Rosales, vecino de Ovanta, con **Visitación Mercado**, de 25, telera, h.l. de Juan Vicente y de la finada Victoria Mercado, vecina del mismo lugar. Ts Dn. Cristóforo Rodríguez y Delfina Luna. Nota: la información matrimonial está fechada el 5 de marzo de 1879, allí se declara que la novia es viuda de Ignacio González, el parentesco se explica con el siguiente esquema:

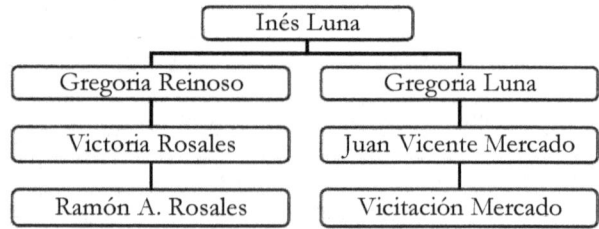

Salvatierra, Juan Pablo con Zalazar, María Damascena
F.118v: En esta iglesia parroquial de El Alto, a 10 de junio de 1879, se casó **Juan Pablo Salvatierra**, de 22, labrador, h.n. de la finada Liberata, vecino de los Dos Pocitos, con **María Damascena Zalazar**, h.l. de Severino y de la finada María Leguizamón, de 23, telera, vecina de Alta Gracia. Ts Ignacio Ibáñez y Da. Octavia Saavedra.

Ramos, Andrés con Ovejero, Estanislada
F.118v: En la iglesia de la Puerta Grande, a 14 de junio de 1879, se casó Dn. **Andrés Ramos**, de 30, labrador, h.l. de los finados Dn. Andrés y Da. Crescencia Bazán, vecino de San Luis, con Da. **Estanislada Ovejero**, de 31, costurera, h.l. del finado Dn. Cornelio y de Da. Fernanda Leiva, vecina de la Bajada. Ts Dn. Nabor Fernández y Da. Genoveva Álvarez, cónyuges.

Ibáñez, José con Contreras, Magdalena
F.119: En la iglesia de Quimilpa, a 21 de julio de 1879, se casó **José Ibáñez**, de 30, labrador, h.l. de los finados Miguel y Soriana Conchas, vecinos de los Altos, con **Magdalena Contreras**, de 22, costurera, h.l. de los finados Juan y Andrea Contreras, vecina de las Lomas. Ts Vicente Vega y Asunción Contreras, cónyuges.

Villarroel, Juan Nicolás con Palacios, Evelia
F.119: En la iglesia de Quimilpa, a 23 de julio de 1879, se casó Dn. **Juan Nicolás Villarroel**, de 24, labrador, h.n. de Da. Melitona Villarroel, vecino de la Rinconada, con Da. **Evelia Palacios**, de 22, costurera, h.n. de la finada Da. Petrona Palacios, vecina de los Zanjones. Ts Dn. Adolfo Rosales y Da. Carmen Salas.

Márquez, José Andrés con Jiménez, Florinda Rosa
F.119v: En la iglesia de Quimilpa, a 23 de julio de 1879, se casó **José Andrés Márquez**, de 30, labrador, se casó José Andrés Márquez, h.l. de Santos y de Jacoba Leiva, vecino de los Troncos, con **Florinda Rosa Jiménez**, de 20, hilandera, h.l. de Juan de Dios y de Josefa Correa, vecina de los Troncos. Ts Segundo Medina y Casiana Díaz, cónyuges.

Leiva, Sandalio con Márquez, Audelina
F.119v: En la iglesia de Quimilpa, a 24 de julio de 1879, se casó **Sandalio Leiva**, labrador, h.l. de los finados Bartolomé y Juana Márquez, con **Audelina Márquez**, de 23, telera, h.l. de Santos y de Jacoba Leiva, vecina del Tala. Ts José Tomás López y Margarita Arias, cónyuges.

López, José Jacinto con Vizcarra, Ercilia
F.120: En la iglesia de Quimilpa, a 26 de julio de 1879, se casó **José Jacinto López**, de 30, labrador, h.l. de José Isaac y de la finada Rita Gacitua, vecino de Alijilán, con **Ercilia Vizcarra**, de 24, hilandera, h.l. del finado Isidoro y de Lizarda Arias, vecina del mismo lugar. Ts Dn. José Barrientos y Cruz Romero, no cónyuges.

Rodríguez, Hilario con Orellana, María Engracia
F.120: En la iglesia de Quimilpa, a 26 de julio de 1879, se casó **Hilario Rodríguez**, de 28, labrador, h.n. de la finada Atanasia Rodríguez, vecino de los Zanjones, con **María Engracia Orellana**, h.n. de la finada María Espíritu Orellana, de 23, hilandera, vecina de la Jarilla. Ts Justo Valdéz y María Díaz, no cónyuges.

Arias, Cristino con Cancino, Estanislada
F.120: En la iglesia de Quimilpa, a 30 de julio de 1879, se casó **Cristino Arias**, de 28, h.l. de los finados Cruz y Benita Díaz, vecino de Alijilán, con **Estanislada Cancino**, de 24, hilandera, h.l. de los finados Ciriaco y Teresa Lencinas, vecina del mismo lugar. Ts Dn. Vicente Ormaechea y Da. Rosario Paz.

Lobo, Andrés Avelino con Arias, Francisca Antonia
F.120v: En la iglesia de las Tunas, a 4 de agosto de 1879, se casó **Andrés Avelino Lobo**, de 24, h.l. de Domiciano Ignacio y de la finada Agustina Agüero, vecino de las Cañas, con **Francisca Antonia Arias**, de 24, h.n. de la finada Francisca Asunción Arias, vecina del mismo lugar. Ts Esteban González y Toribia Pereira.

Villafañe, Ramón José con Barrera, Teodomira
F.121: En la iglesia de Vilismano, a 18 de agosto de 1879, se casó **Ramón José Villafañe**, de 28, labrador, h.n. de Emilia Rosa, vecina del Cachi, con **Teodomira Barrera**, de 22, hilandera, h.l. de los finados José Evaristo y Albina Rosa Santillán, vecina de Ancuja. Ts Juan Francisco Zurita y Estaurófila Barrera, cónyuges.

Verón, Albertano con Aranda, Clara
F.121: En la iglesia de Vilismano, a 18 de agosto de 1879, se casó **Albertano Verón**, de 30, labrador, h.l. de los finados Facundo y Margarita Cardoso, vecino del Puestito, con **Clara Aranda**, de 26, telera, h.n. de la finada María Aranda, vecina del mismo lugar. Ts Dn. Tristán Ponce y Da. Circuncisión Montes, cónyuges.

Ledesma, Ricardo con Arévalo, María Antonia
F.121v: En la iglesia de Vilismano, a 18 de agosto de 1879, se casó **Ricardo Ledesma**, de 38, labrador, h.l. de los finados Manuel Antonio y María Marta Cisternas, vecino de los Corrales, con **María Antonia Arévalo**, de 20, costurera, h.l. de Pedro y de María Páez, vecina de Ancuja. Ts Maximino Morales y Ángela Reinoso, cónyuges.

Leguizamón, Pedro Antonio con Armas, Felipa
F.121v: En la iglesia de las Tunas, a 18 de agosto de 1879, se casó **Pedro Antonio Leguizamón**, de 26, labrador, h.n. de María Eustaquia Leguizamón, vecino de los Dos Pocitos, con **Felipa Armas**, de 32, hilandera, h.l. de los finados José María y de Rosa Ibáñez, vecina de los Dos Pocitos. Ts José Manuel Armas y Ramona Rosa Reinoso, cónyuges.

Vallejos, Cipriano con Fernández, Braulia
F.122: En la iglesia de las Tunas, a 18 de agosto de 1879, se casó **Cupertino Vallejos**, de 32, labrador, h.l. de los finados Julián y Nicolasa Vallejos, vecino del Bañado, con **Braulia Fernández**, de 18, costurera, h.l. de los finados Francisco J. y Jacoba González, vecina del mismo lugar. Ts Domiciano Amaya y Eufrasia González, cónyuges.

Juárez, Juan Nicolás con Almaraz, Cruz
F.122: En la iglesia de las Tunas, a 18 de agosto de 1879, se casó **Juan Nicolás Juárez**, de 26, labrador, h.l. de los finados José Nicolás y María del Carmen Guamán,

vecino del Agua del Sauce, con **Cruz Almaraz**, de 20, telera, h.l. de los finados Juan Nicolás y Ana María Agüero, vecina del mismo lugar. Ts Manuel Agüero y Grimanesa Juárez, cónyuges.

Almonacid, Ángel con Cevallos, Sabina
F.122: En la iglesia de la Puerta Grande, a 31 de agosto de 1879, se casó **Ángel Almonacid**, de La Rioja, de 34, labrador, h.n. de María Almonacid, vecino de Quimilpa, con **Sabina Cevallos**, de 26, costurera, h.n. de Cayetana Cevallos, vecina del mismo lugar. Ts Dn. Francisco Gómez y Da. Eladia Salas, soltera.

Barrientos, José Amadeo con Albarracín, Audelina
F.122v: En la iglesia de la Puerta Grande, a 4 de setiembre de 1879, se casó **José Amadeo Barrientos**, de 30, labrador, h.l. de Ramón y de Isabel Castro, vecino del Manantial, con **Audelina Albarracín**, de 23, hilandera, h.n. de la finada Juana Albarracín. Ts Pedro Reinos(o) y María Encarnación Díaz, no cónyuges.

González, Pedro Antonio con Amaya, Liberata
F.123: En la iglesia de las Tunas, a 8 de setiembre de 1879, se casó **Pedro Antonio González**, de 30, labrador, h.l. del finado Victoriano y de Estefanía Luna, vecino de Ovanta, con **Liberata Amaya**, de 24, hilandera, h.n. de Guadalupe Amaya, vecina del Bañado. Ts Benigno Reinos(o) y Estefanía Reinoso, no cónyuges.

Rodríguez, Juan Patricio con Guarás, Cleofé
F.123: En la iglesia de las Tunas, a 8 de setiembre de 1879, se casó **Juan Patricio Rodríguez**, de 30, labrador, h.l. del finado Pedro Telmo y Eulalia Silva, vecino de las Tunas, con **Cleofé Guarás**, de 24, hilandera, h.l. del finado Baldomero y de Agustina Rosales, vecina del Bañado. Ts Belisario Paz y Eulalia Cárdenas, no cónyuges.

Lencinas, Ramón Antonio con Arias, Manuela
F.123v: En la iglesia de la Puerta Grande, a 6 de setiembre de 1879, se casó **Ramón Antonio Lencinas**, de 22, h.l. del finado Ramón y de Inés Nieva, vecino de la Puerta Grande, con **Manuela Arias**, de 18, hilandera, h.l. de Andrés y de Patrocinia Caravajal, vecina del mismo lugar. Ts Dn. Belisario Rosales y Da. Lucinda Rosales, cónyuges.

Galván, Ramón Rosa con Cejas, María Indamira
F.123v: En esta iglesia parroquial de El Alto, a 13 de setiembre de 1879, se casó **Ramón Rosa Galván**, de 25, zapatero, h.l. de Mateo y de la finada Francisca Santucho, vecino de Tintigasta, con **María Indamira Cejas**, de 20, costurera, h.l. de los finados Salustiano y N. N., vecina de Ancamugalla. Ts David Cejas y Rosa Jeréz.

Agüero, Maximino con Sosa, Pastora
F.124: En la iglesia de Manantiales, a 20 de mayo de 1879, se casó **Maximino Agüero**, de 27, arriero, h.l. de los finados Bonifacio y María Ojeda, vecino del Manantial, con **Pastora Sosa**, de 29, lavandera, h.l. de los finados Gregorio y Anacleta Barrientos, vecina del mismo lugar. Ts Crisanto Pérez y Natividad Montenegro, cónyuges.

Segura, Andrónico con Lobo, Bonifacia
F.124: En la iglesia de la Quebrada, a 29 de mayo de 1879, se casó **Andrónico Segura**, de 24, labrador, h.l. de Moisés y de la finada Balbina Gómez, vecino de Simbolar, con **Bonifacia Lobo**, de 22, telera, h.l. de Pedro Manuel y de Genibera Rojas, vecina de la Chilca. Ts Julián Cordero y Perfecta Peñaflor, cónyuges.

Ledesma, Juan Francisco con Ledesma, María del Señor
F.124v: En la iglesia de la Quebrada, a 29 de mayo de 1879, se casó **Juan Francisco Ledesma**, de 30, labrador, h.l. de Juan Agustino y de Virginia Murguía, vecino de los Morteros, con **María del Señor Ledesma**, de 28, hilandera, h.l. de Félix Benigno y de Francisca Campos. Ts Ramón Ledesma y Delfina Peñaflor, cónyuges.

Agüero, José Santos con Arias, Tránsito del Carmen
F.124v: En esta iglesia parroquial de El Alto, a 30 de junio de 1879, se casó **José Santos Agüero**, de 30, labrador, h.l. de los finados Pedro Agüero y Francisca Juárez, vecino del Agua del Sauce, con **Tránsito del Carmen Arias**, de 24, telera, h.n. de la finada Segunda Arias, vecina de Haipa Sorcona. Ts Dn. Cristóforo Rodríguez y Da. Elvira Rodríguez.

Silva, Ramón Rosa con Acosta, Candelaria
F.125: En esta iglesia parroquial de El Alto, a 20 de setiembre de 1879, se casó **Ramón Rosa Silva**, de 36, albañil, h.l. de los finados Nazario y Felipa Carrizo, vecinos de Vilismano, con **Candelaria Acosta**, de 18, lavandera, h.l. del finado Benito y de Benita Duarte, vecina de Vilismano. Ts Secundino Sánchez y Geralda Ramos, cónyuges.

Argañarás, Ricardo con Varela, María Magdalena
F.125: En esta iglesia parroquial de El Alto, a 22 de setiembre de 1879, se casó **Ricardo Argañarás**, de 22, labrador, h.n. de Petrona Argañarás, vecino de las Tunas, con **María Magdalena Varela**, de 20, costurera, h.l. de Benigno y Maximiliana Barrientos, vecina del mismo lugar. Ts José Antonio Barrientos y Albina Barrientos.

Valdéz, Raquel con Agudo Gómez, Mercedes
F.125v: En la iglesia de la Puerta Grande, a 5 de mayo de 1879, dispensado un impedimento de consanguinidad en tercer grado de línea colateral desigual, se casó Dn. **Raquel Valdéz**, de Tucumán, de 45, h.l. de los finados Dn. Nicolás y Da. Catalina Salas, vecinos de Graneros, provincia de Tucumán, con Da. **Mercedes Agudo**, alias **Gómez** (sic, en el margen; "Agudo o Gómez" en el texto principal), de 22, costurera, h.n. de la finada Da. Candelaria (no figura apellido), vecina de la Bajada. Ts Dn. Pablo Olivera y Da. Lujana Salas. Nota: la información matrimonial correspondiente está fechada en El Alto el 24 de abril de 1879, el parentesco se explica con el siguiente esquema:

Agüero, Timoteo con Delgado, Rebeca
F.125v: En la iglesia Matriz de Catamarca, a 6 de setiembre de 1879, dispensado un impedimento de consanguinidad en tercer grado de la línea colateral igual, se casó Dn. **Timoteo Agüero**, de 27, labrador, h.n. de Da. Josefa, vecino de Alijilán, con Da. **Rebeca Delgado**, de 25, costurera, h.l. de los finados Dn. Donato y Da. Petrona Medina, vecina del mismo lugar. Ts Dn. José Pérez y Da. Raquel de Reyes, cónyuges. Nota: la información matrimonial está fechada el 4 de marzo de 1879, en ese documento se explica el parentesco con el siguiente esquema:

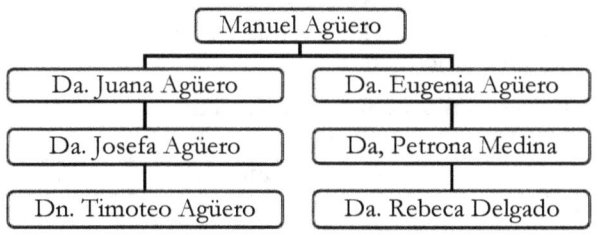

Maturana, Luis con Varela, María
F.126: En la iglesia de Anjuli, curato del Retiro, a 11 de setiembre de 1879, se casó Dn. **Luis Maturano**, de 22, h.l. de Dn. Luciano y de Da. Teresa Espeche, vecino de Guatana, curato del Retiro, con Da. **María Varela**, de 22, costurera, h.l. de los finados Dn. Dionisio y Da. Antonia Páez, vecina de Vilismano. Ts Dn. Miguel Denett y Da. Rosa Varela, cónyuges, de Infanzón.

Quiroga, Victoriano con Barros, Grimanesa
F.126: En esta iglesia parroquial de El Alto, a 31 de mayo de 1879, se casó **Victoriano Quiroga**, de 30, labrador, h.l. de los finados Urbano y de Fortunata Toledo, vecino de Simogasta, con **Grimanesa Barros**, de 23, hilandera, h.n. de Lorenza Barros, vecina de Simogasta. Ts Dn. Vicente Pérez y Da. Petrona Gómez.

Rojas, Marcos con Díaz, María Antonia
F.126v: En esta iglesia parroquial de El Alto, a 31 de mayo de 1879, se casó **Marcos Rojas**, de 30, labrador, h.n. de la finada Asunción Rojas, vecino de los Morteros, con **María Antonia Díaz**, de 20, telera, h.n. de Restituta Díaz, vecina del mismo lugar. Ts Francisco Antonio Pacheco y Evarista Barrera, cónyuges.

Leiva, Ramón Ignacio con González, María Tolentina
F.126v: En esta iglesia parroquial de El Alto, a 31 de mayo de 1879, se casó **Ramón Ignacio Leiva**, de 26, labrador, h.l. de Ramón y de Rosario González, vecino del Huaico Hondo, con **María Tolentina González**, de 20, costurera, h.l. de Manuel y de Delfina Domínguez, vecina del mismo lugar. Ts Romualdo Quiroga y Purísima Castellanos, cónyuges.

Ibáñez, Pacífico con Ledesma, Concepción
F.127: En esta iglesia parroquial de El Alto, a 29 de setiembre de 1879, dispensado un impedimento de afinidad ilícita por la línea colateral igual, se casó **Pacífico Ibáñez**, de 22, labrador, h.l. de Tomás y de Rosa Zurita, vecino de los Corrales, con **Concepción Ledesma**, de 23, costurera, h.l. de Pantaleón y de Eufemia Santucho, vecina del mismo lugar. Ts Pedro Acosta y Rosa Zurita, cónyuges.

Rodríguez, Facundo con Tejeda, Nicéfora
F.127: En esta iglesia parroquial de El Alto, a primero de octubre de 1879, se casó Dn. **Facundo Rodríguez**, de 26, labrador, h.l. del finado Dn. Pedro Lucas y de Da. Juana Rosa Albarracín, vecino de Tintigasta, con Da. **Nicéfora Tejeda**, de 19, costurera, h.l. del finado Dn. José y de Da. Nicolasa Rodríguez, vecina del mismo lugar. Ts Dn. Isidoro Tejeda y Da. Asunción Tejeda.

Medina, José Eudosio con Ibáñez, Natalia
F.127v: En esta iglesia parroquial de El Alto, a 6 de octubre de 1879, dispensado un impedimento de afinidad ilícita en segundo grado de la línea colateral, se casó Dn. **José Odofio Medina**, labrador, h.n. de la finada Isabel, vecino de Vilismano, con Da. **Natalia Ibáñez**, costurera, h.l. del finado Mariano y de Da.

Espíritu Páez, vecina del mismo lugar. Ts Dn. Albino Cejas y Da. Eleuteria Medina.

Zurita, José Balbino con Zurita, María del Tránsito
F.127v: En esta iglesia parroquial de El Alto, a 6 de octubre de 1879, dispensado un impedimento de consanguinidad en segundo grado de la línea colateral, se casó **José Balbino Zurita**, de 29, labrador, h.l. de José Rufino y de la finada Salomé Mansilla, vecino de Caña Cruz, con **María del Tránsito Zurita**, de 19, costurera, h.l. de Hermenegildo y de Froilana Zurita, del mismo lugar. Ts Dn. Manuel Gramajo e Isidora Medina.

Lezana, Timoteo con Ibáñez, Regina
F.128: En la iglesia de las Cortaderas, a 9 de junio de 1879, dispensado un impedimento en segundo grado con atingencia al primero de consanguinidad por la línea colateral, se casó Dn. **Timoteo Lezana**, criador, h.l. del finado Dn. Eduardo y de Da. Manuela Díaz, vecino de las Cañas, con Da. **Regina Ibáñez**, de 28, costurera, h.l. del finado Dn. Domingo y de Da. Silveria Camaño, vecina del mismo lugar. Ts Dn. Alejandro Segura y Da. Nieves Brizuela.

Zurita, José con Avendaño, Felipa
F.128: En la iglesia de las Cortaderas, a 6 de octubre de 1879, se casó Dn. **José Zurita**, de 35, criador, h.l. de los finados Dn. Pedro y Da. Ignacia Ponce, vecino del Laurel, con Da. **Felipa Avendaño**, de 40, costurera, h.l. de los finados Dn. José Manuel y Da. Teresa Barrionuevo, vecina de Molle Pampa. Ts Dn. Nicolás Montes y Da. Filomena Montes.

Farías, José Alejandro con Jiménez, Rosalía
F.128v: En la iglesia de las Cortaderas, a 9 de octubre de 1879, se casó **José Alejandro Farías**, labrador, h.l. de los finados Juan Pablo y Juana Petrona Reinoso, vecino del Bañado, con **Rosalía Jiménez**, de 26, hilandera, h.l. de los finados Mateo y Ramona Páez, vecina del Bañado. Ts Borja Díaz y Cenobia Ojeda.

Albarracín, Pedro con Sánchez, Sandalia
F.128v: En la iglesia de las Cortaderas, a 20 de octubre de 1879, se casó **Pedro Albarracín**, h.l. de Felizardo y de la finada Asunción Yanse, vecino de la Higuerita, con **Sandalia Sánchez**, de 20, hilandera, h.l. de Domingo y de la finada Juana Paula Ojeda, vecina de las Cortaderas. Ts Arsenio Peñaflor y Carmen Sánchez, cónyuges.

Cancino, Juan Romualdo con Suárez, Margarita
F.129: En la iglesia de las Cortaderas, a 20 de octubre de 1879, se casó **Juan Romualdo Cancino**, labrador, h.l. de los finados Venancio y Saturnina González, vecino de las Cortaderas, con **Margarita Suárez**, de 22, costurera, h.n. de Rosa, vecina del mismo lugar. Ts Pablo Argañarás y Clara Iramain, cónyuges.

Islas, Andrés Avelino con Pacheco, Celina del Carmen
F.129: En la capilla de las Cortaderas, a 20 de octubre de 1879, se casó **Andrés Avelino Islas**, de 22, jornalero, h.l. de Eliseo y de Carmen Cisneros, vecino del Agua del Sauce, con **Celina del Carmen Pacheco**, de 20, hilandera, h.l. de Antonio y de Evarista Barrera, vecina de los Morteros. Ts José María Ramírez y Sebastiana Osores, cónyuges.

Osores, Pedro con Peñaflor, María
F.129v: En la iglesia de las Cortaderas, a 20 de octubre de 1879, se casó **Pedro Osores**, labrador, h.l. de los finados Pedro y Teresa Romano, vecino de Simbolar, con **María Peñaflor**, hilandera, h.n. de Isabel Peñaflor, vecina de los Morteros. Ts Juan Luis Ledesma y Jacinta Ledes(ma).

Suárez, Gregorio con Argañarás, Arsenia
F.129v: En la iglesia de las Cortaderas, a 27 de octubre de 1879, se casó **Gregorio Suárez**, labrador, h.n. de la finada Juana Suárez, vecino de las Cortaderas, con **Arsenia Argañarás**, hilandera, h.l. de Evangelista y de la finada Gabriela Iramain, vecina de San Antonio. Ts José I. Gómez y… nia Lobo, cónyuges.

Santillán, Juan Santos con Coronel, Anselma Rosa
F.130: En la iglesia de las Cortaderas, a 27 de octubre de 1879, se casó **Juan Santos Santillán**, labrador, h.n. de Natividad, vecino de las Cañas, con **Anselma Rosa Coronel**, de 22, telera, h.l. del finado José María y de Isabel Bustos, vecina del mismo lugar. Ts Enrique Aranda y Jacoba Ortiz, cónyuges.

Ortiz, Nicolás con González, Brígida
F.130: En la iglesia de las Cortaderas, a 22 de octubre de 1879, dispensado un impedimento de consanguinidad en tercer grado de la línea colateral, se casó **Nicolás Ortiz**, de 26, h.l. de Juan Santos y de la finada Pacífica González, vecino de Vilismano, con Da. **Brígida González**, telera, h.n. de la finada Prudencia, vecina del mismo lugar. Ts Dn. Pedro Pereira y Da. Clara Pereira, hermanos.

Figueroa, Bailón con Díaz, Casiana
F.130v: En esta iglesia parroquial de El Alto, a 31 de octubre de 1879, se casó **Bailón Figueroa**, de 26, labrador, h.n. de Mercedes Figueroa, vecino de las Talitas, con **Casiana Díaz**, de 28, hilandera, h.n. de la finada Magdalena Díaz, vecina de los Troncos. Ts Dn. Clemiro Gómez y Da. Nieves Brizuela.

Ovejero, Rafael con Ferreira, Mercedes
F.130v: En esta iglesia parroquial de El Alto, a 25 de octubre de 1879, se casó **Rafael Ovejero**, de 23, carpintero, h.l. del finado Ramón y de Trinidad Acosta, vecino de El Alto, con **Mercedes Ferreira**, de 22,

costurera, h.l. de Silverio y de la finada Juana Guamán, vecina de las Cuestecillas. Ts Dn. Pedro Antonio Mata y Da. Bernardina Ahumada, cónyuges.

González, Faustino con Garay, Juana Bautista
F.131: En esta iglesia parroquial de El Alto, a 8 de noviembre de 1879, dispensado un impedimento de consanguinidad en cuarto grado, y otro de afinidad ilícita en segundo grado por la línea colateral igual, se casó **Faustino González**, de 22, jornalero, h.l. de María y de Bárbara Lobo, ya finada, vecino de los Corrales, con **Juana Bautista Garay**, de 20, telera, h.l. de Crespín y de Gregoria Ledesma, vecina del mismo lugar. Ts Ildefonso Garay y Rosa Villafañe, cónyuges.

Díaz, Facundo con Azcuénaga, Josefa
F.131: En esta iglesia parroquial de El Alto, a 17 de noviembre de 1879, se casó Dn. **Facundo Díaz**, de 30, labrador, h.l. de Dn. Juan Manuel y de Da. Prudencia Villalba, vecino del Cevilar, con Da. **Josefa Azcuénaga**, de 27, costurera, h.n. de la finada Da. Petrona, vecina del Corralito. Ts Dn. Bernabé Arévalo y Da. Eduviges Díaz.

Ibáñez, D. con Pacheco Lobo, J.
F.131v: En esta iglesia parroquial de El Alto, a 28 de noviembre de 1879, se casó **De… Ibáñez**, de 23, labrador, h.l. del finado Pedro y de ¿Grimanesa? Ponce, vecino de Iloga, con **¿Juana? Pacheco**, alias **Lobo**, h.n. de Gregoria Pacheco, vecina del mismo lugar. Ts Dn… y Da. Agustina…, cónyuges.

Gómez, Ramón con Peñaflor, Crescencia
F.131v: En la iglesia de la Quebrada, a 15 de noviembre de 1879, dispensado un impedimento de consanguinidad en segundo grado con atingencia al tercero de la línea colateral desigual, se casó **Ramón Gómez**, de 22, jornalero, h.l. del finado Luis y Francisca Peralta, vecino de Choya, provincia de Santiago del Estero, con **Crescencia Peñaflor**, telera, h.l. de los finados Salvador e Ignacia Segura, vecinos de los Morteros. Ts Modesto Díaz y Juana Peñaflor, no cónyuges.

Vargas Chazarreta, Francisco con Pérez, Juana
F.132: En la iglesia de la Quebrada, a 15 de noviembre de 1879, se casó **Francisco Vargas**, alias **Chazarreta**, de Santiago, jornalero, h.l. de los finados Francisco y Dominga Vargas, vecino de las Cañas, con **Juana Pérez**, de 24, telera, h.n. de la finada Luisa, vecina del mismo lugar. Ts Antonio María Quiroga y Exaltación N.

Delgado, Filadelfio con Gómez, Agustina
F.132: En la iglesia de las Cortaderas, a 15 de noviembre de 1879, se casó **Filadelfio Delgado**, de 24, carpintero, h.l. del finado Guillermo y de María Antonia Lobo, vecino de las Cortaderas, con **Agustina Gómez**, de 24, telera, h.l. de los finados Juan Crisóstomo y Clara Agüero, vecina del mismo lugar. Ts Manuel Vidal y Candelaria Ponce, no cónyuges.

Páez, Sixto con Castellanos, Rosalía
F.132v: En la iglesia de las Cortaderas, a 15 de noviembre de 1879, se casó **Sixto Páez**, h.n. de Simona Páez, vecino de las Cortaderas, con **Rosalía Castellanos**, de 21, hilandera, h.l. del finado Lucas y Carmen Coria, vecina de Achalco. Ts José Ignacio Gómez y María Antonia Lobo, cónyuges.

Díaz, Pedro Ignacio con Quiroga, Rosalinda
F.132v: En la iglesia de las Cortaderas, a 15 de noviembre de 1879, se casó **Pedro Ignacio Díaz**, labrador, h.l. de Juan Pablo y de Francisca Eugenia Centeno, vecino de las Cortaderas, con **Rosalinda Quiroga**, de 20, hilandera, h.l. de Francisco y de Jesús Vega, vecina de Naipa. Ts Juan Antonio Celiz y Francisca Vélez.

Caravajal, Adolfo con Lobo, Facunda
F.133: En la iglesia de la Puerta Grande, a 26 de noviembre de 1879, se casó **Adolfo Caravajal**, de 26, labrador, h.l. del finado Ignacio y de Delfina Peralta, vecino de los Talitas, con **Facunda Lobo**, de 23, lavandera, h.l. de los finados Liborio y Feliciana Jeréz, vecina del mismo lugar. Ts Crisanto Lobo y Da. Luisa Eguiz, cónyuges, del Suncho, provincia de Tucumán.

Ojeda, Escolástico con Albarracín, Luisa
F.133: En esta iglesia parroquial de El Alto, a 7 de enero de 1880, se casó **Escolástico Ojeda**, de 35, labrador, h.n. de la finada Ignacia, viudo de Rosa Espeche y vecino de El Alto, con **Luisa Albarracín**, de 22, telera, h.l. de Tiburcio y de la finada Grimanesa Gramajo, vecina del Agua Dulce. Ts Dn. Pacífico Rodríguez y Da. Waldina Gómez.

Garzón, Manuel Antonio con Guarás, Isabel
F.133v: En esta iglesia parroquial de El Alto, a 9 de enero de 1880, se casó **Manuel Antonio Garzón**, de 22, labrador, h.n. de la finada Rafaela Garzón, vecino de Ampolla, con **Isabel Guarás**, de 20, telera, h.n. de María Guarás, vecina del mismo lugar. Ts Ramón Rosa Ramírez y Gerónima Mercado.

Guerreros, Belisario con Guerreros, Andrea
F.133v: En la iglesia de los Manantiales, a 8 de enero de 1880, se casó **Belisario Guerreros**, de 36, labrador, h.l. de los finados Silvestre y Mercedes Bulacia, vecino de Alijilán, con **Andrea Guerreros**, de 26, telera, h.l. de Félix y de Presentación Reinoso, vecina de Alijilán. Ts Dn. Pedro Espeche y Carolina Rosales.

Agote, Delfín con Rivera, Eduviges de la

F.134: En la iglesia de Manantiales, a 9 de enero de 1880, dispensado un impedimento de afinidad lícita en primer grado de línea colateral, se casó Dn. **Delfín Agote**, de 50, labrador, h.l. de los finados Dn. Manuel del Carmen y Da. Encarnación Cubas, vecino de Alijilán, con Da. **Eduviges de la Rivera**, de 32, costurera, h.l. del finado Dn. Martín y de Da. Candelaria Vallejos, natural de Chile y vecina de Alijilán. Ts Dn. Vicente Pérez, casado, y Da. Toribia Pastoriza, viuda.

Quiroga, Antonio María con Verón, Rosa

F.134: En esta iglesia parroquial de El Alto, a 17 de enero de 1880, se casó **Antonio María Quiroga**, de 21, labrador, h.n. de la finada Agustina, vecino de Naipa, con **Rosa Verón**, de hilandera, h.n. de la finada Bartolina Verón, vecina de las Cañas. Ts Federico Carrizo e Isabel Díaz, no cónyuges.

Burgos, Juan Francisco con Hernández, Evangelista

F.134v: En esta iglesia parroquial de El Alto, a 4 de febrero de 1880, se casó **Juan Francisco Burgos**, de 31, labrador, h.l. de los finados José Ignacio y Marcelina Páez, vecinos de Haipa Sorcona, con **Evangelista Hernández**, de 17, hilandera, h.n. de Eulalia Hernández, vecina del mismo lugar. Ts Facundo Bulacia y Joaquina Macedo, cónyuges.

Sánchez, Jacinto con Pérez, Maclovia

F.134v: En la iglesia de la Quebrada, a 23 de mayo de 1879, se casó **Jacinto Sánchez**, de (la provincia de) Córdoba, h.n. de Marcelina, vecino de las Cortaderas, con **Maclovia Pérez**, telera, h.l. del finado Miguel y Valentina Díaz, vecina del mismo lugar. Ts Crisanto Osores y Estanislada Magallan, vecinos de la Quebrada.

Quiroga, Estanislao con Cortés, Clementina Rosa

F.135: En esta iglesia parroquial de El Alto, a 7 de febrero de 1880, se casó **Estanislao Quiroga**, de 40, labrador, h.n. de la finada Petrona, vecino de Achalco, con **Clementina Rosa Cortés**, h.l. de los finados Federico y Beatriz Agüero, vecina del Manantial. Ts Salvador Rodríguez y Adela Suasnabar.

Rodríguez, Pacífico con Navarro, Guillerma

F.135: En esta iglesia parroquial de El Alto, a 9 de febrero de 1880, dispensado un impedimento de afinidad lícita en tercer grado mixto con el segundo de la línea colateral desigual, se casó **Pacífico Rodríguez**, de 34, labrador, h.l. de los finados Teodoro y María de los Ángeles Arévalo, vecino de la Calera, con **Guillerma Navarro**, de 18, costurera, h.l. de los finados Pedro y Teodora Caballero, vecina de Inacillo. Ts Javier Rodríguez y Emilia Navarro. En la información matrimonial correspondiente se declara que el contrayente era viudo de Victoria Rodríguez y que se dispensó un impedimento por afinidad lícita por ser la finada esposa del pretendiente prima hermana de la madre de la pretendida. El esquema con el que se explica el parentesco (seguramente tiene un error)

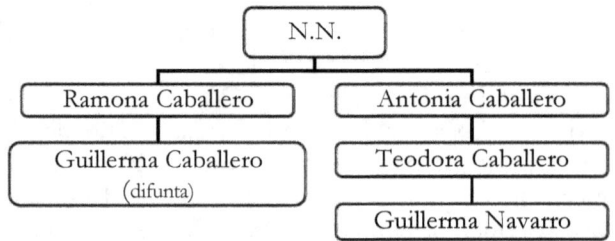

Leal, Lorenzo con Bazán, Ciriaca

F.135v: En esta iglesia parroquial de El Alto, a 10 de febrero de 1880, se casó **Lorenzo Leal**, de 22, jornalero, h.l. de Juan Ángel y de la finada Mónica Cordero, vecino de la Aguadita, con **Ciriaca Bazán**, de 24, hilandera, h.l. de los finados Cándido y Ciriaca Rodríguez, vecina de Achalco. Ts Manuel Gramajo y Da. Elvira Rodríguez.

Rojas, José Petronilo con Pintos, Audelina

F.135v: En la iglesia de Vilismano, a 26 de enero de 1880, se casó **José Petronilo Rojas**, de 20, labrador, h.n. de la finada Ascensión Rojas, vecino de los Morteros, con **Audelina Pintos**, de 25, telera, h.l. de los finados Francisco y Eduarda Flores, vecina de la Chilca. Ts Domingo Sánchez y Lucinda del Carmen Díaz.

Cárdenas, Ángel Manuel con Guarás, Heliodora

F.136: En la iglesia de Manantiales, a 4 de febrero de 1880, se casó **Ángel Manuel Cárdenas**, de 35, labrador, h.l. de los finados Juan Domingo y Bonifacia Lezana, vecino del Bañado, con **Heliodora Guarás**, de 16, telera, h.n. de Ana Rosa Guarás, vecina del mismo lugar. Ts Domingo Reinoso y Celestina Díaz, cónyuges.

Fernández, José Elías con Ibáñez, Petrona

F.136: En la iglesia de los Manantiales, a 8 de febrero de 1880, se casó **José Elías Fernández**, de 44, labrador, h.n. de la finada María Antonia Fernández, vecino de Alijilán, con **Petrona Ibáñez**, de 40, telera, h.n. de la finada Juana, vecina de la Aguada. Ts Dn. Ramón Valdéz y Da. Bárbara Paz.

Leguizamón, José Antonio con Reinoso, Eleuteria

F.136v: En la iglesia de los Manantiales, a 9 de febrero de 1880, se casó **José Antonio Leguizamón**, de 22, labrador, h.l. de los finados Juan Silvestre y Leonarda González, vecino de los Dos Pocitos, con **Eleuteria Reinoso**, de 22, telera, h.n. de la finada María del Señor

Reinoso, vecina del Bañado. Ts Mauricio Leiva y Catalina Díaz, no cónyuges.

Reinoso, Claudio con Pérez, Ubaldina
F.136v: En la iglesia de los Manantiales, a 9 de febrero de 1880, se casó **Claudio Reinoso**, de 18, labrador, h.n. de la finada Filomena Reinoso, vecino de los Manantiales, con **Waldina Pérez**, de 20, telera, h.n. de la finada Marcelina Pérez, vecina del mismo lugar. Ts Luciano Barrientos y Da. Juana Rosa Ojeda.

Coronel, Lorenzo con Acosta, Crescencia
F.137: En la iglesia de Vilismano, a 26 de enero de 1880, se casó **Lorenzo Coronel**, de 20, labrador, h.l. de los finados Bonifacio y Ascensión Cornejo, vecino del Vallecito, con **María Crescencia Acosta**, de 30, telera, h.n. de la finada Juana, vecina del mismo lugar. Ts Juan de Dios Álvarez y Ercilia Páez, no cónyuges.

Juez, Vicente con Domínguez, Leónides
F.137: En la iglesia de Vilismano, a 28 de enero de 1880, se casó Dn. **Vicente Juez**, de 35, carpintero, h.l. del finado Dn. Andrés y Da. Matilde Ausin, natural de España y vecino de la mina Romay, con Da. **Leónides Domínguez**, de 25, costurera, h.l. de Dn. Fermín y de Da. Ángela Luna, vecina del Huaico Hondo. Ts Dn. Luis Oviedo y Da. Cesárea Castro, cónyuges.

Salas, Clodomiro con Morales, Predestina
F.137v: En la iglesia de los Manantiales, a 9 de febrero de 1880, se casó **Clodomiro Salas**, de 28, labrador, h.n. de la finada Simona, vecino de los Troncos, con **Predestina Morales**, de 20, telera, h.l. del finado Balbino y de Trinidad Leiva, vecina del Tala. Ts Nicolás Villarroel y Evelia Palacios, cónyuges.

Santillán, Manuel con Collantes, Cledovia
F.137v: En la iglesia de la Puerta Grande, a 23 de febrero de 1880, se casó **Manuel Santillán**, de (la provincia de) Santiago, de 26, labrador, h.n. de Arcadia, vecino de la Rinconada, con **Cledovia Collantes**, de 20, telera, h.l. del finado Avelino y Pabla Salguero, vecina de la Rinconada. Ts Nicolás Villarroel y Evelia Palacios, cónyuges.

Jeréz, Juan Antonio con Espeche, Santos
F.138: En la iglesia de la Puerta Grande, a 27 de febrero de 1880, se casó Dn. **Juan Antonio Jeréz**, de 35, labrador, h.l. de los finados Dn. Narciso y Da. Maximiliana Ibáñez, vecino de los Manantiales, con Da. **Santos Espeche**, de 30, costurera, h.l. de los finados Dn. Benigno y Da. Bernarda Ibáñez, vecina del mismo lugar. Ts Dn. Pedro Espeche y Da. Ángela González.

Zurita, Juan Bautista con Luján, Emperatriz
F.138: En la iglesia de Vilismano, a 4 de febrero de 1880, se casó Dn. **Juan Bautista Zurita**, de 25, labrador, h.l. de Dn. José Luis y de la finada Da. Tomasa Ulivar, vecino de Ojo de Agua, con Da. **Emperatriz Luján**, de 25, costurera, h.l. del finado Dn. Carmen y Da. Antonia Medina, vecina de Santa Ana de este curato. Ts Juan de Dios Álvarez y Ramona Galván, cónyuges.

Collantes, Félix Rosa con González, Cenobia
F.138v: En esta iglesia parroquial de El Alto, a 6 de abril de 1880, se casó **Félix Rosa Collantes**, de 48, labrador, h.l. del finado Raimundo y de María Leonor Pereyra, vecino de Ampolla, con **Cenobia González**, de 25, telera, h.n. de Isabel, vecina del mismo lugar. Ts Benigno Ibarra y Manuela Díaz, cónyuges.

Silva, Felipe Santiago con Medina, Ercilia
F.138v: En esta iglesia parroquial de El Alto, a 6 de abril de 1880, dispensado un impedimento de consanguinidad en cuarto grado de la línea colateral, se casó Dn. **Felipe Santiago Silva**, de 25, curtidor, h.n. de la finada Da. Natividad, vecina de Inacillo, con Da. **Ercilia Medina**, de 15, costurera, h.l. de los finados Dn. Fermín y Da. Carlota Villalba, de este curato. Ts Dn. Francisco Antonio Cisternas y Da. Emilia Navarro. En el expediente de información matrimonial se declara que el parentesco es de la forma siguiente:

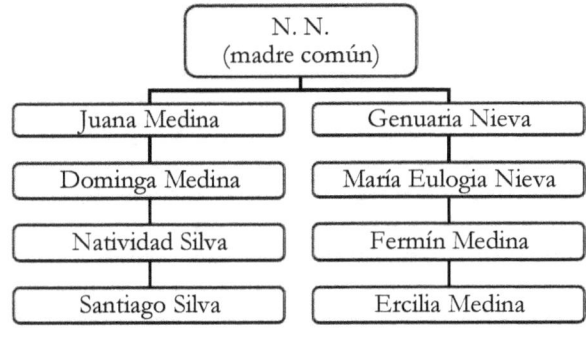

Libro de Matrimonios N° 6
1880-1885

Morales, Joel con Tejeda, Mardonia
F2: En El Alto el 6 de abril de 1880, se casó a **Joel Morales**, labrador, h.l. de Felipe y de la finada Valentina Quiroga, vecino de Sucuma, y a **Mardonia Tejeda**, 24 años, h.n. de Concepción Tejeda, vecina del mismo lugar. Ts: Dn. Alejandro Segura y Da. Clara Ahumada.

Barrera, Andrés con Cejas, María de la Candelaria
F2: En El Alto el 7 de abril de 1880, se casó a Dn. **Andrés Barrera**, 48 años, labrador h.l. de los finados Dn. Francisco y Da. Casilda Quiroga, vecinos de Vilismano, y a Da. **María de la Candelaria Cejas**, h.n. de Da. María Lorenza. Ts: Dn. Salvador Rodríguez y Da. Manuela Herrera, cónyuges.

Nieva, Dn. José con Ávila, Da. María Victoria
F3: En El Alto el 7 de abril de 1880, se casó a Dn. **José Nieva**, 24 años, sastre, h.l. de los finados Dn. Evaristo y Da. Agustina Pacheco, y a Da. **María Victoria Ávila**, 17 años, h.l de Dn. Juan de Dios y Da. María del Carmen Burgos. Ts: Dn. Moisés Espeche y Da. Antonia Ahumada.

Reinoso, Ramón Ignacio con Ávila, Leonarda
F3: En El Alto el 8 de abril de 1880, se casó a **Ramón Ignacio Reinoso**, 38 años, labrador, h.l. del finado Justo y Manuela Farías, y a **Leonarda Ávila**, h.n. de la finada Feliciana. Ts: Ramón Ibáñez y Rudecinda Rosales, cónyuges.

Argañarás, Dn. Cornelio con Barrientos, Da. Rosa
F4: En El Alto el 8 de abril de 1880, se casó a Dn. **Cornelio Argañarás**, 28 años, labrador, h.l. Dn. Juan Manuel y Da.. Pascuala Mercado, vecinos de las Tunas, y a Da. **Rosa Barrientos**, 20 años, h.l. de los finados Dn. Ramón Rosa y Da. Martina Carrizo. Ts: José Pío Ibáñez, casado y María Jiménez, viuda.

Gerez, Dn. José Bernabé con Villagrán, Clara
F4: En El Alto el 8 de abril de 1880, dispensado un impedimento en tercer grado con atingencia al segundo de la línea colateral, se casó Dn. **José Bernabé Jeréz**, cochero, h.l. de Dn. José Bernabé y Da. María Pabla Melián, vecinos de Vilismano, y a Da. **Clara Villagrán**, h.n de Cayetana. Ts: Dn. Salvador Rodríguez y Da.. Sandalia Suasnabar. Dispensados el 31 de enero de 1880. (Info. Mat. Varias Parroquias 1880-81) Causales: 1. Por ser demasiado pobre y ser hija natural, 2. Cubrirle el honor. 3 legitimar la ¿"prole?, pues que actualmente se encuentra embarazada". Se aclara que Bernabé es viudo de Juana Villafañe.

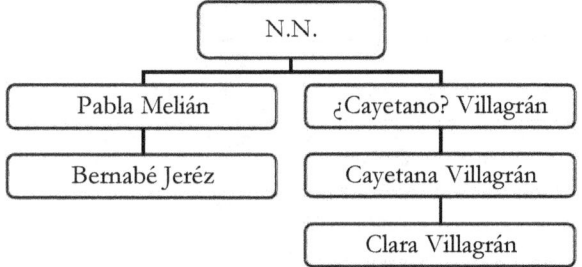

Ledesma, Juan Dionisio con Maidana, María del Señor
F5: En El Alto el 13 de abril de 1880, se casó a **Juan Dionisio Ledesma**, 48 años, labrador, h.n. de la finada María Pabla, y a **María del Señor Maidana**, 24 años, h.n. de la finada Santos. Ts: Teófilo Toledo, casado y Rosalía Suasnabar, casado.

Díaz, Dn. Honorio con Sánchez, Da. Crescencia
F5: En Vilismano a 24 de abril 1880, se casó a Dn. **Honorio Díaz**, 30 años, labrador, h.n de la finada Da. Luisa, vecinos de Vilismano, y a Da. **Crescencia Sánchez**, 23 años, h.l. del finado Dn. Pedro y de Da. Carmen Vizcarra, vecina de los Nogales. Ts: Dn. Ludgardo Oviedo y Da. Tránsito Medina, cónyuges.

Medina, Dn. Félix con Navarro, Da. Luisa
F6: En Vilismano a 24 de mayo de 1880, se casó a Dn. **Félix Medina**, 23 años labrador, h.l. Dn. Daniel Medina y de Da. Isidora González, vecinos de Vilismano, y a Da. **Luisa Navarro**, 24 años, h.l. Dn. David y Da. Carmen Caballero, vecinos de Inacillo. Ps: Dn. Ludgardo Oviedo y Da. Tránsito Medina, cónyuges.

Zurita, Dn. Petronilo con Gutiérrez, Da. María

F6: En Vilismano a 24 de abril de 1880, tras dispensarse dos impedimentos, el primero de afinidad lícita en tercer grado y el segundo de consanguinidad en cuarto grado de la línea colateral, se casó Dn. **Petronilo Zurita**, 40 años, ¿profesor?, h.l. de los finados Victorino y Catalina Oviedo, y a Da. **María Gutiérrez**, h.l de Dn. Eusebio y Da. Pabla Silva. Ts: Dn. Bautista Orellana y Da. Nieves Gómez. Levantaron información matrimonial el 14 de abril 1880, donde aclara que era trigueño, y viudo de Luisa Silva.

Causales: 1. Es hija de una madre ¿severamente? pobre, 2. Ser huérfana de padre, 3. El temor que no se presente enlace conveniente en virtud de la estrechez del vecindario en que vive, 4. Que el pretendiente es capaz de aliviar las necesidades de su pretendida en virtud de su profesión, 5. La ocasión próxima en que se halla con su cuñada y 6 la estrecha familiaridad que hay con la pretendida y consecuencias que producen su temor.

Díaz, Segundo con Sánchez, Palmira

F7: En Vilismano a 27 de abril de 1880, se casó a **Segundo Díaz**, 22 años, labrador, h.l. del finado Agustín y de Candelaria Tolosa, vecinos de Inacillo, y a **Palmira Sánchez**, 24 años, h.l. del finado Celedonio y Andrea Caballero, vecinos del mismo lugar. Ts: Javier Rodríguez y María Tolosa, cónyuges.

Tolosa, Dn. Miguel con Gómez, Da. Waldina

F7: En Puerta Grande a 28 de abril de 1880, tras dispensarse tres impedimentos de consanguinidad, el 1ro en tercer grado mixto con segundo, el 2do, tercer grado igual y el 3ro en cuarto grado igual de la línea colateral, se casó a Dn. **Miguel Tolosa**, 21 años, labrador, h.l. del finado Dn. Miguel Antonio y Da. Rosa Gómez, vecinos de la Bajada, y a Da. **Waldina Gómez**, 17 años h.l. de Dn. Pedro y Da. Nieves Gómez. Ts: Dn. Pedro Gómez casado y Da. Rosa Gómez. Causales: 1. La completa estrechez del lugar, circunstancias por la que se teme no se presente enlace conveniente con persona extraña, 2. La estrecha familiaridad que hay entre las partes, 3. Que casi todos los de ese distrito son parientes y que siempre se toparía con este inconveniente. 4. Que el pretendiente en virtud de su ¿pobreza oficio de com…? de limosna la cantidad de 25 pesos tan ¿sal…?

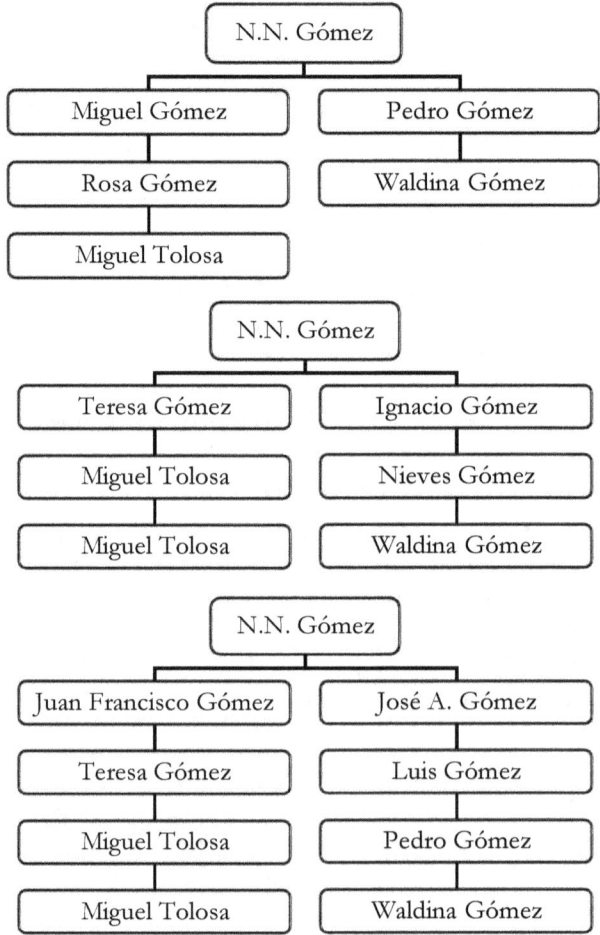

Guerrero, Camilo con Chávez, Francisca Antonia

F8: En Manantiales a 4 de mayo de 1880, dispensados dos impedimentos de afinidad ilícita, el uno y el segundo de afinidad lícita, ambos en primer grado por línea colateral igual, se casó a **Camilo Guerrero**, 28 años, labrador, h.l. de Elías y de la finada Carlota Cardoso, y a **Francisca Antonia Chávez**, 26 años, h.l. de Severo y Petrona Pérez, vecinos de Manantiales. Ts: Celedonio Pérez y Nieves Pérez.

Zurita, Juan Ignacio con Arévalo, María Luisa

F8: En la Quebrada a 3 de mayo de 1880, se casó a Dn. **Juan Ignacio Zurita**, labrador, h.l. de los finados Dn.

J. Manuel y Dn. María Arévalo, de Caña Cruz, y a Da. **María Luisa Arévalo**, 31 años, h.l. de los finados Dn. José Domingo y Espíritu Leal, de Alta Gracia. Ts: Ángel Flores y Juana Peñaflor de La Quebrada, cónyuges.

Barrionuevo, Mardoqueo con Barrionuevo, Dudovina
F9: En la Quebrada a 7 de mayo de 1880, se casó a **Mardoqueo Barrionuevo**, 23 años, labrador, h.l. del finado Saturnino y de Epifanía Luna, vecinos de los Higuera, y a **Dudovina Barrionuevo**, 26 años, h.n. de la finada Carmen. Ts: Mardonio Falcón y Rosa Silva.

Díaz, Faustino con Gómez, Arsenia
F9: En la Quebrada a 22 de mayo de 1880, se casó **Faustino Díaz**, 40 años, labrador, h.n. de la finada María Francisca, vecinos de las Tunas, y a **Arsenia Gómez**, 22 años, h.l. de los finados Manuel de Reyes y Teresa de Jesús Rosales, vecina del Bañado. Ts: Francisco Agüero y Ana Rosa Peralta.

Romano, Fidel Antonio con Lobo, Tomasina
F10: En la Quebrada a 22 de mayo de 1880, se casó a **Fidel Antonio Romano**, 30 años, labrador, h.n. de la finada Celedonia, vecino de los Monteros, y a **Tomasina Lobo**, 23 años, h.n. de Adeodata Lobo, del mismo lugar. Ts: Julián Cordero y Lucinda Días, cónyuges.

Artaza, Ramón R. con Romero, Victoria
F10: En la Quebrada a 22 de mayo de 1880, se casó a **Ramón R. Artaza**, 30 años, labrador, h.l. del finado Pedro Martín y Casimira Palavecino, vecino del Laurel, y a **Victoriana Romero**, 22 años h.n. de Tomasina Romero, del mismo lugar. Ts: Eduardo Gómez y Crisanta Luján, cónyuges de los Corrales.

Roldán, Dn. Severo con Villalba, Da. Rosa
F11: En El Alto el 23 de mayo de 1880, se casó a Dn. **Severo Roldán**, 25 años, labrador, h.l. de los finados Dn. Solano y Da. Corazón Aguilar, vecinos de Sucuma, y a Da. **Rosa Villalba**, 18 años, h.l. Da. Santos, de los Molles. Ts: Dn. Anselmo Villalba y Da. Arsenia Mata, cónyuges.

Salinas, José Diego con Álvarez, Rosario
F11: En El Alto el 29 de mayo de 1880, se casó a **José Diego Salinas**, 22 años, jornalero, h.l Felipe y de la finada Rosaura Márquez, vecino de los Nogales, y a **Rosario Álvarez**, 23 años, h.l. de los finados Lorenzo y María Montenegro. Ts: Facundo Sánchez, casado y Da. Elvira Rodríguez, casada de El Alto.

Sánchez, Dn. Juan Bautista con Gómez, Da. Josefa
F12: En El Alto el 4 de junio de 1880, se casó a Dn. **Juan Bautista Sánchez**, labrador, h.l. Dn. Jovino y de Da. María Cleofé Tolosa, vecinos de Inacillo, y a Da. **Josefa Gómez**, h.l. de Dn. Nicolás y de Da. Rosa Saavedra, 22 años, vecina de la Puerta de Piedra. Ts: Dn. Luis J. Brandán, casado y Da. Elvira Rodríguez.

Zurita, Lizardo con Silva, María Dionisia
F12: En El Alto el 7 de junio de 1880, se casó a **Lizardo Zurita**, 21 años, labrador, h.n. de la finada Leonor, vecino de El Alto y a **María Dionisia Silva**, 24 años, h.l. de los finados José Santos y Delfina Sotomayor, vecinos del mismo lugar. Ts: Dn. Manuel Gramajo y Da. Isidora Medina, solteros.

Varela, Ramón con Ortiz, Andrea
F13: En El Alto el 11 de junio de 1880, se casó a **Ramón Varela**, 22 años, labrador, h.l. de Juan Manuel y de Delfina Coronel, vecino del Puesto de Ortiz, y a **Andrea Ortiz**, 24 años, h.l. de Casimiro y de Beatriz Reinoso, del mismo lugar. Ts: Dn. Pacífico Rodríguez y Da. Neófita Rodríguez, hermanos y solteros.

Rodríguez, Dn. Moisés con Tejeda, Da. Higinia
F13: En El Alto el 22 de junio de 1880, se casó a Dn. **Moisés Rodríguez**, 38 años, labrador, h.l. del finado Dn. Pedro Lucas y de Dn. Juana Rosa Albarracín, vecino del Guayamba, y a Da. **Higinia Tejeda**, 24 años, h.l. de Dn. Isidoro y de la finada Da. Francisca Cisterna, vecina de los Tarquitos. Ts: Dn. Guillermo Rodríguez, soltero y Da. Pabla Lobo, viuda.

Medina, Victoriano con Zurita, Rosa
F14: En El Alto el 23 de junio de 1880, se casó a **Victoriano Medina**, 23 años, labrador, h.l. Abraham y de la finada Margarita Aguilar, vecino de Ancamugalla, y a **Rosa Zurita**, 29, años, h.l. de José Luis y de la finada Tomasa Vivar, vecina del Ojo de Agua. Ts: José Félix Zurita, soltero y Juliana Mariño, casada.

Miranda, Raimundo con Tejeda, Ascensión
F14: En El Alto el 23 de junio de 1880, se casó a **Raimundo Miranda**, h.l. de Manuel Antonio y de la finada Candelaria Coronel, vecinos de Anjuli, y a **Ascensión Tejeda**, h.l. de Isidoro y de la finada Francisca Cisternas, vecina de los Tarquitos. Ts: Facundo Oliva, soltero de Babiano y Da. Bienvenida Herrera, casada, del Valle Viejo.

Romero, Eusebio con Guerrero, Mauricio
F15: En El Alto el 25 de junio de 1880, se casó a **Eusebio Romero**, zapatero, h.l. del finado Juan Esteban y de María del Carmen Olmos, vecinos del Saucecito, y a **Mauricia Guerrero**, h.l. de Elías y de la finada Carlota Pereyra, vecina del mismo lugar. Ts: Dn. Luis Márquez, soltero y Da. Emilia Bulacias, viuda, de El Alto.

Carrizo, Juan Pedro con Ovejero, Exaltación
F15: En El Alto el 28 de junio de 1880, se casó a **Juan Pedro Carrizo**, labrador, h.l. de los finados Inocencia y Feliciana Rodríguez, vecinos de Tintigasta, y a

Exaltación Ovejero, h.l. de los finados Raimundo y Leonor Lobo, del mismo lugar. Ts: Ramón Albarracín y Espíritu Rodríguez.

Páez, Miguel con Zurita, Raquel
F16: En Vilismano a 19 de julio de 1880, se casó a **Miguel Páez**, 23 años, labrador, h.l. de Rufino y de Indalecia Aguirre, vecinos de Ancamugalla, y a **Raquel Zurita**, h.l. de José Luis y de Tomasa Oliver, vecina del Ojo de Agua. Ts: Dn. Felipe Cejas y Petronila Jeréz.

Tejeda, Dn. Isidoro con Vega, Da. Pastora
F16: En Vilismano a 24 de julio de 1880, se casó a Dn. **Isidoro Tejeda**, 65 años, labrador, h.l. de los finados Dn. Pascual y Da. **Feliciana Medina**, vecino de los Tarquitos, y a Da. Pastora Vega, 30 años, h.l. de los finados Dn. Hermenegildo y Da. Zoila Ahumada, vecina de San Gerónimo. Ts: Dn. Juan de Dios Álvarez y Da. Ramona Galván, cónyuges del Vallecito.

Arévalo, Dn. ¿Eusebio? con Ledesma, Da. Ramona
F17: En Vilismano a 23 de julio de 1880, tras dispensarse un impedimento de consanguinidad de cuarto grado mixto, con el tercero en la línea colateral desigual, se casó a Dn. **Eusebio Arévalo**, 23 años, Dn. Herminio y Da. Benedicta Medina, vecino de Vilismano, y a Da. **Ramona Ledesma**, 24 años, h.l. de los finados Dn. Miguel y Da.. Rosa Chávez, vecina del mismo lugar. Ts: Dn. Joel Ávila, casado y Da. Abigail Medina, viuda del mismo. Levantaron información matrimonial el 22 de junio de 1880. En el expediente el nombre figura como Augusto.
Causales: 1. El ser ¿severamente pobre?, ser huérfana de padre y madre y tener una edad de 24 años, por lo que teme no se presente otra suerte, 3. La estrecha familiaridad que existe entre ambos contrayentes, 4. La estrechez del vecindario por lo que teme no encuentre enlace conveniente con persona extraña, 4. Temor que se haga público el comercio ilícito entre los contrayentes.

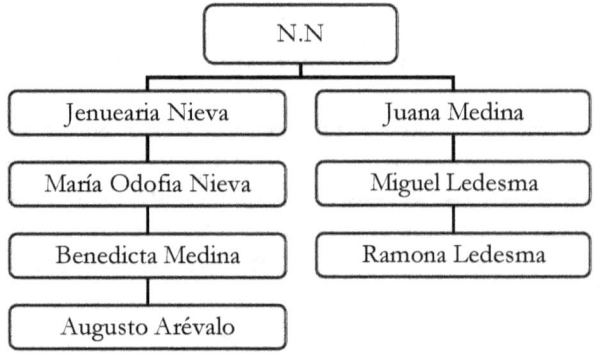

Zurita, Dn. Gabriel con Vega, Da. María Claudia
F17: En El Alto el 31 de julio de 1880, se casó a Dn. **Gabriel Zurita**, 24 años, labrador, h.l. del finado Dn. Juan Bautista y de Da. Severa Páez, vecino de Ancamugalla, y a Da. **María Claudia Vega**, h.l. de Dn. Pedro Juan y de Da. Evangelista Cisneros, vecina de Guayamba. Ts: Dn. José Zurita, soltero y Da. Juliana Mariño, casada.

Avellaneda, Rufino con Ojeda, Encarnación
F¿18?: En El Alto el 2 de agosto de 1880, se casó a **Rufino Avellaneda**, h.n. de Anunciación, vecino de El Alto, y a **Encarnación Ojeda**, h.l. de Calixto y de Ángela Barrientos, del mismo lugar. Ts: Dn. Ramón Reyes, casado de El Alto y Da. Elvira Rodríguez, casada del mismo lugar.

Castellanos, Dn. Donato con Gómez, Da. María Diocleciana
F ¿18?: En El Alto el 3 de agosto de 1880, se casó a Dn. **Donato Castellanos**, h.l. de los finados Dn. Martín y Da. Petrona Rivas, vecinos de Achalco y a Da.. **María Diocleciana Gómez**, h.l. de Dn. Pedro y de Da. Faustina Jeréz, vecina de los Monteros. Ts: Dn. Francisco Gómez y...

Lobo de Mereles, Dn. Mauricio con Arias, Da. Rosalía
F¿19?: En La Puerta Grande a 14 de mayo de 1880, se casó a Dn. **Mauricio Lobo de Mereles**, vecino de la provincia de Tucumán, h.n. de Da. Silvestra, y a Da. **Rosalía Arias**, h.l. de Dn. Martín y de Da. Isidora Argañarás, vecina de los Zanjones. Ts: Dn. Belisario Rosales, casado y Da.. Teresa Villarroel, soltera.

Lezana, Juan con Castro, Mercedes
F¿19?: En La Puerta Grande a 30 de setiembre de 1880, se casó a **Juan Lezana**, h.l. de los finados Hermenegildo y Francisca A. Lezana, vecino de Manantiales, y a **Mercedes Castro**, h.n. de Feliciano y de la finada Francisca A. Leiva, vecina de Alijilán. Ts: Manuel A. Díaz y Rosa Paz, casados de Alijilán.

Leguizamón, Juan Agustín con Mercado Carlota de Jesús
F ¿20?: En Las Tunas a 12 de agosto de 1880, se casó a **Juan Agustín Leguizamón**, 35 años, labrador, h.l. de los finados Julio y Ramona Correa, vecinos de las Tunas, y a **Carlota de Jesús Mercado**, 22 años, h.n. de Lina Rosa, vecina del mismo lugar. Ts: Faustino Díaz, casado y Magdalena Mercado, casada.

Salas, Dn. Raquel con Gómez, Da. Clara
F ¿20?: En La Puerta Grande a 12 de mayo de 1880, luego de dispensar un impedimento de consanguinidad en tercer grado de la línea colateral, se casó a Dn. **Raquel Salas**, 23 años, comerciante, h.l. de los finados Dn. Manuel y Da. Eloísa Leiva, vecinos de Graneros,

provincia de Tucumán, y a Da. **Clara Gómez**, 22 años, h.l. de Dn. Diego y Da. Eleodora Gómez, vecina de la Bajada. Ts: Dn. Pablo Olivera y Da. Adelina Leiva. Levantaron información matrimonial el 19 de abril de 1880

Causales: 1. La estrechez del vecindario circunstancias por la que se teme no encontrará enlace conviene con persona extraña. 2. La estrecha familiaridad entre ambos contrayentes, 3. Que a pesar de tener que disponer el padre el padre de la pretendida es ¿..? y por consiguiente el todo poco 4. La profesión del pretendiente es capaz de aliviar a la pretendida y consensuar su pequeña dote.

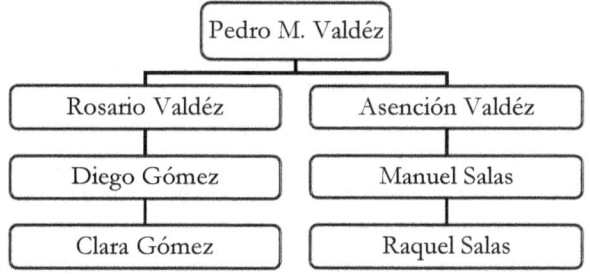

Ahumada, Dn. Manuel con Lobo, Da. Ramona
F¿21?: En El Alto el 18 de octubre de 1880, se casó a Dn. **Manuel Ahumada**, 45 años, h.l. de los finados Dn. José Lino y Da. Dorotea Aguilar, vecino de Aspaga, y a Da. **Ramona Lobo**, 28 años, h.n. de la finada María del Tránsito, del mismo lugar. Ts: Dn. Pacífico Rodríguez, soltero y Da.. Raquel Villagra, casada.

Leguizamón, Jesús María con Altamiranda, María Antonia
F¿21?: En El Alto el 4 de noviembre de 1880, se casó a **Jesús María Leguizamón**, 45 años, h.l. de los finados Juan t Leonarda Navarro, de los Dos Pocitos, y a **Manuela Antonia Altamiranda**, h.n. de María Marta, vecina del mismo lugar. Ts: Niceo Peralta, casado y Juliana Rasgido, casada.

Mercado, Dn. Segundo con Ontiveros, Da. María del Rosario
F¿22?: En La Puerta Grande a 1 de setiembre de 1880, se casó a Dn. **Segundo Mercado**, 26 años, criador, h.l. Dn. León y de Da. Leocadia Brizuela, vecino de los Altos, y a Da. **María del Rosario Ontiveros**, h.l. Dn. Juan de Dios y Da. María del Señor Medina, vecina de Manantiales. Ts: Juan C. Arroyo y Jesús Brizuela.

Ferreyra, Lucio con Heredia Concepción
F¿22?: En La Puerta Grande a 8 de setiembre de 1880, se casó a **Lucio Ferreyra**, 18 años, labrador, h.l. Pedro Ignacio y de Leocadia Castellanos, vecinos del Tala, y a **Concepción Heredia**, 15 años, h.l. de Francisco y de Luisa Díaz, vecina de la Bajada. Ts: Dn. José Gómez de la Bajada y Da.. Josefa Villarreal, de la Jarilla.

Rizo, Dn. Nicolás con Jeréz, Da. Filomena
F23: En El Alto el 8 de noviembre de 1880, tras dispensarse un impedimento de consanguinidad en cuarto grado mixto con tercero de la línea colateral, se casó Dn. **Nicolás Rizo**, 25 años, labrador, h.l. de los finados Dn. Narciso Rizo y Da. Baldomera Ahumada, vecino de Guayamba y a Da. **Filomena Gérez**, 19 años, h.l. de los finados José Manuel y Da. Encarnación de la Vega, vecina de San Gerónimo. Ts: Servando Gómez, casado, y Da. Andrea Almaráz, casada de El Alto. Levantaron Información matrimonial el 22 de septiembre 1880.

Causales: 1. Por ser sumamente pobres, 2. El ser huérfana de padre, 3. La completa familiaridad que el pretendiente tiene en la casa y que las juntas atribuyen mal, lo que sería un inconveniente para que se le presentase esta suerte.

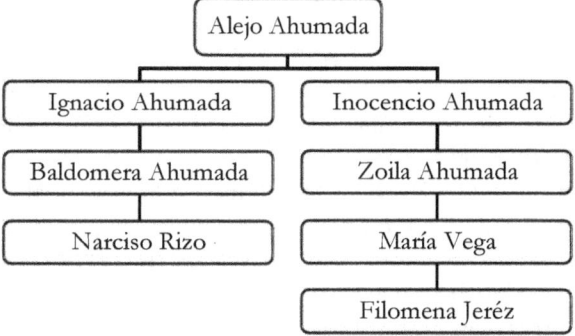

Garrastazu, Dn. Juan con Saavedra, Da. Ramona
F23: En El Alto el 8 de noviembre de 1880, se casó a Dn. **Juan Garrastazu**, español, 25 años, carpintero, h.l. del finado Dn. José y de Da. Rosario Maleon, y a Da. **Ramona Saavedra**, 19 años, h.n. de Da. Crisóloga, vecina del Agua Dulce. Ts: Dn. Luis J. Brandán y Da. Javiera Márquez, cónyuges, de El Alto.

Ibáñez, Santiago con Luna, Aurora
F24: En Las Tunas a 18 de agosto de 1880, se casó a **Santiago Ibáñez**, labrador, h.l. Ramón y de Nicea López, vecinos de Alijilán, y a **Aurora Luna**, 23, años, h.n. de la finada Calixta, vecina del mismo lugar. Ts: Melitón Mendoza, casado y Aurora Ibáñez, casada.

Rosales, Juan José con Altamiranda, María Cleofé
F24: En Las Tunas a 27 de noviembre de 1880, se casó a **Juan José Rosales**, 26 años, labrador, h.l. de Juan José y de Manuela Rosales, vecino del Bañado, y a **María Cleofé Altamiranda**, 23 años, h.l. de Hermenegildo y de la finada Aurora Medina, vecina del mismo lugar. Ts: José Rogerio Rosales, casado del Bañado y Carolina Coronel, casada del mismo lugar.

Reinoso, Eliseo con Mercado, Encarnación

F25: En Las Tunas a 27 de noviembre de 1880, se casó a **Eliseo Reinoso**, 24 años, jornalero, h.n. de la finada Evangelista, vecino del Bañado, y a **Encarnación Mercado**, h.n. de Hermenegilda, vecina de Ampolla. Ts: Sofonías Collantes, soltero y Manuela Rosales, soltera, ambos del Bañado.

Díaz, Ramón con Pacheco, Rosa

F25: En la Quebrada a 13 de noviembre de 1880, se casó a **Ramón Díaz**, 22 años, labrador, h.n. de Lucinda Díaz, vecino de los Monteros, y a **Rosa Pacheco**, 27 años, h.l. de Antonio y Evarista Barrera, del mismo lugar. Ts: Juan Ramón Cordero y Ascensión Segura, cónyuges.

Retamozo, Hermógenes con Ponce, Marina

F26: En Cortaderas a 12 de noviembre de 1880, tras dispensarse un impedimento de consanguinidad en cuarto grado mixto con tercero de la línea colateral, se casó a **Hermógenes Retamozo**, 23 años, labrador, h.l. de Pedro y de la finada Jesús Álvarez, vecino de la Higuerita, y a **Marina Ponce**, 18 años, h.l. de Abraham y de Donatila Alvarado, vecina del mismo lugar. Ts: Dolores Ojeda, viudo de El Alto y Clementina Díaz, soltera de la Higuerita. Levantaron información matrimonial el 13 de octubre de 1880.
Causales: 1. El ser hija de unos padres sumamente pobres, 2. Legitimar la prole, pues se encuentre embarazada y querer cubrir el honor, 3. La estrechez del lugar, 4. Para evitar el escándalo pues conllevan completa familiaridad entre ambos contrayentes.

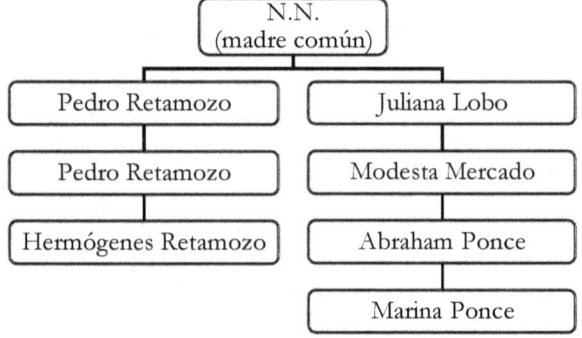

Barrera, Dn. Cipriano con Mercado, Da. Celina

F26: En El Alto el 14 de diciembre de 1880, tras dispensarse un impedimento de consanguinidad en cuarto grado mixto con tercero, se casó Dn. **Cipriano Barrera**, 19 años, labrador, h.l. Dn. Crisanto y Da. Delfina Sequeira, vecino de Achalco, y a Da. **Celina Mercado**, 27 años, h.l. de los finados Dn. Bautista y Da. Águeda Pérez de la Higuerita. Ts: Dn. Pacífico Mercado y Da. Peregrina Suárez. Levantaron información matrimonial el 30 de octubre de 1880
Causales: 1. Per ser huérfana de padre y madre, 2. Por ser sumamente pobre y no tener como subsistir sin trabajo, 3 El temer que ya con la edad de 27 años lo que sería un obstáculo para que pudiera presentarse un enlace conveniente con persona extraña, 4. Por el deber que tiene de cubrir el honor y evitar el escándalo.

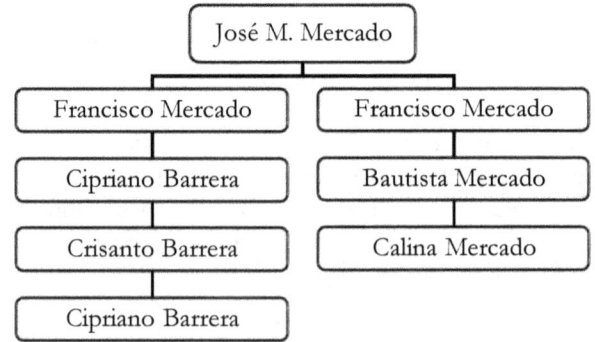

Barrientos, Dn. Aristóbulo con Salazar, Da. Teodosia

F27: En El Alto el 27 de diciembre de 1880, tras dispensarse dos impedimentos de consanguinidad, el uno en tercer grado y el otro en cuarto grado desigual de la línea colateral, se casó Dn. **Aristóbulo Barrientos**, 24 años, criador, h.l. de los finados Dn. Peregrino y Da. Juana Rosa Ahumada, vecino de Sucuma, y a Da. **Teodosia Salazar**, 24 años, h.l. de los finados Dn. Ramón y Da. Eloísa Leiva, vecino del mismo lugar. Ts: Dn. Luis J. Brandán, casado de El Alto y Da. Clara Ahumada, viuda de Sucuma. Levantaron Información matrimonial el 17 de diciembre de 1881.
Causales: 1. Por huérfana de padre y madre, 2. Es sumamente pobre y el hallarse al abrigo de una abuela vieja que por ancianidad ya no puede cuidar de ella, 3. Que por tener la edad de 24 años.

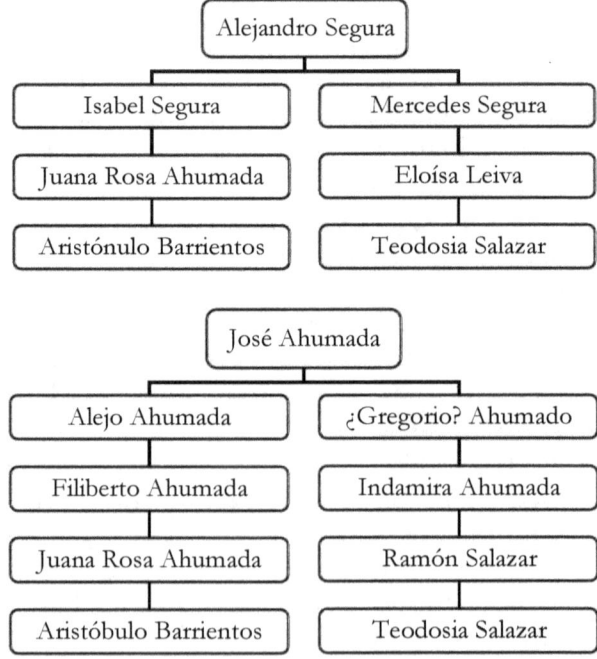

Gómez, Dn. Clemiro con Salas, Da. Elodia
F27: En Puerta Grande a 29 de diciembre a 1880, tras dispensarse un impedimento de afinidad ilícita de 1er grado de la línea colateral, se casó a Dn. **Clemiro Gómez**, 30 años, criador, h.l. de Dn. Pedro y Da. Nieves Gómez, vecinos de Yaquicho, y a Da. **Elodia Salas**, 28 años, h.l. de los finados Dn. Manuel y Da. Eloísa Leiva, vecino de los Troncos. Ts: Dn. Luis Ignacio Gómez, casado y Nieves Gómez, casada, ambos de Yaquicho.

Páez, Pío con Morales, Magdalena
F28: En El Alto el 3 de enero de 1881, se casó a **Juan Pío Páez**, 22 años, h.l. de Rufino y de Indalecia Aguirre, vecino de Ancamugalla, y a **Magdalena Morales**, 25 años, h.l. del finado Justo y de Dorotea Arévalo, vecino de Sucuma. Ts: José Félix Zurita, soltero y Catalina Páez, soltera ambos de Ancamugalla.

Lugones, José Francisco con Argañaráz, Tránsito
F28: En El Alto el 29 de diciembre de 1880, se casó **José Francisco Lugones**, 30 años, jornalero, h.l. del finado Pedro y de Regina Herrera, vecino de la Puerta Grande, y a **Tránsito Argañarás**, 22 años, h.l. de Evangelista y de Ángela Mercado, vecina del Monte Redondo. Ts: Santos Molina y Maximiliana Juárez, cónyuges, del mismo lugar.

Vega, José Tomás con Garay, Segunda
F29: En Las Cortaderas a 11 de enero de 1881, se casó a **José Tomás Vega**, 26 años, creador, h.n. de la finada María Pía, vecino de la Higuerita, y a **Segunda Garay**, 22 años, h.l. del finado Luis y de Juana Yance, vecina del mismo lugar. Ts: Wenceslao Mercado y Elodia Almaraz, cónyuges de la Higuerita.

Flores, Lucindo con Chazarreta, Genoveva
F29: En Las Cortaderas a 12 de enero de 1881, tras dispensarse un impedimento se consanguinidad de cuarto grado igual de la línea colateral, se casó a **Lucindo Flores**, 24 años, criador, h.l. Santiago y de la finada Felisa Segura, vecino de Pozo Grande, y a **Genoveva Chazarreta**, 20 años, h.l. Manuel y de Feliciana Barrera, vecina del Aguadita. Ts: Juan Cristin Quiroga, casado y Griselda Reinoso, casada, del mismo lugar. Levantaron información matrimonial de 18 de noviembre de 1880.
Causales: 1. Por hallarse al lado de sus padres en bastante pobre, 2. Por el deber que el pretendiente tiene de cubrir el honor, 3. Por la estrecha familiaridad que existe entre ambos contrayentes, 4. Que la pretendida tiene la edad de 24 años, por lo que teme no se presente la misma suerte con persona extraña.

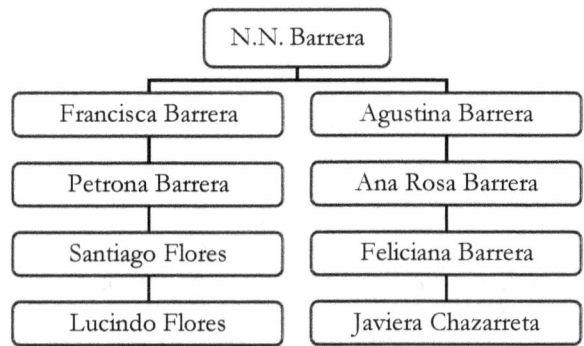

Robles, Faustino con Leguizamón, Magdalena
F30: En El Alto el 3 de febrero de 1881, se casó a **Faustino Robles**, 24 años, labrador, h.l. de los finados Cipriano e Hipólita Guaras, vecino del Bañado, y a **Magdalena Leguizamón**, 22 años, h.l. del finado Bartolomé y de Francisca Antonia Rosales, vecina del Bañado. Ts: Graciliano Rosales, casado y Regina González, casada del mismo lugar.

Barrera, Ezequiel con Páez con María Antonia
F30: En El Alto el 8 de febrero de 1881, se casó **Ezequiel Barrera**, 24 años, labrador, h.l. de los finados Bautista y Gerónima Rojas, vecino de la Costa, y a **María Antonia Páez**, 23 años, h.l. del finado Isidoro y de Anselma Arévalo, vecina de Talasi Ts: Eusebio Arancibia y Clara Rosa Güiraldes, cónyuges.

Peñaflor, Ramón Plácido con Pedraza María Antonia
F31: En El Alto 8 de febrero de 1881, se casó a **Ramón Plácido Peñaflor**, 25 años, labrador, h.l. del finado Julián Rosa y de Isabel Díaz, vecino de la Costa, ya **María Antonia Pedraza**, h.l. de los finados Bailón y Hermenegilda Lazo, vecina del mismo lugar. Ts: Patrocinio Ledesma, casado y Lucinda Reyes, viuda del mismo lugar.

Arévalo, Vicente con Ovejero, Hilaria
F31: A 8 de febrero de 1881, se casó a **Vicente Arévalo**, alias Lobo, 22 años, labrador, h.n. de Concepción Arévalo, vecino de las Cuestecillas, y a **Hilaria Ovejero**, 24 años, h.l. del finado Ramón y de Trinidad Acosta, vecino de El Alto. Ts: xx.

Sánchez, Domingo con Gómez, Petronila
F32: En El Alto el 13 de febrero de 1881, se casó a **Domingo Sánchez**, 47 años, sacristán, h.n. de la finada Antonia, vecino de El Alto, y a **Petronila Gómez**, 20 años, h.l. del finado Justo y de Manuela Cisneros del Puerto Viejo. Ts: Dn. Pacífico Rodríguez, soltero de El Alto y Catalina Falcón, viuda del mismo lugar.

Capdevila, Dn. Robustiano con Ávila, Da. Eloísa
F32: En Las Cortaderas a 17 de febrero de 1881, se casó a Dn. **Robustiano Capdevila**, natural de Córdoba, 34

años, criador, h.l. de los finados Aparicio y de Da. Rosario Arce, vecino de las Cañas, y a Da. **Eloísa Ávila**, 21 años, h.l. del finado Dn. Benjamín y Da. Elena Ávila, vecina del mismo lugar. Ts: Dn. Lucas Pujol y Da. N. Ávila, del mismo lugar.

Lobo o Toledo, José con Lobo, Cenobia
F33: En La Quebradas a 20 de febrero de 1881, dispensado un parentesco de consanguinidad en tercer grado mixto con cuarto de la línea colateral, se casó a **José Lobo**, alias Toledo, 40 años, labrador, h.n. de Paula Lobo, vecino de Achalco, y a **Cenobia Lobo**, 34 años, h.n. de la finada Antonia Lobo, vecina del mismo lugar. Ts: Francisco Agüero y Damiana Juárez. Lavantaron información matrimonial el 15 de enero de 1881. Causales: 1. El ser absolutamente pobre y tener que disponer para su subsistencia, 2. El vivir sola, sin la compañía de ninguna persona lo que sería causa para se que produzca escándalo, 3. El ser huérfana, 4. El tener la edad de 34 años lo que hace imposible se le pueda presentar enlace más conveniente con persona extraña.

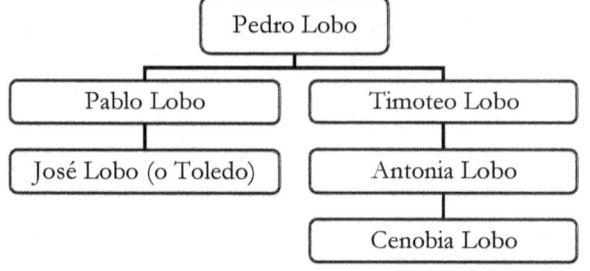

Cobos, Dn. Felipe con Zurita, Da. Anunciación
F33: En Manantiales a 20 de febrero de 1881, dispensado un impedimento de afinidad ilícita en segundo grado con primero, se casó a Dn. **Felipe Cobos**, 30 años, zapatero, h.l. del finado Dn. Felipe y de Da. Trinidad Montesinos, vecino del Laurel, con Da. **Anunciación Zurita**, h.l. de los finados Dn. Melitón y Da. Irene Santucho, vecina del mismo lugar. Ts: Dn. José Zurita y Da. Felipa Avendaño.

Arévalo, Juan Antonio con Luján, Felipe Antonia
F33: En Manantiales a 28 de febrero de 1881, se casó a **Juan Antonio Arévalo**, 24 años, labrador, h.l. del finado Pedro Santos y María del Carmen Rodríguez, vecino de Iloga, y a **Felipa Antonia Luján**, 22 años, h.l. de los finados Juan Miguel y Narcisa Ávila, vecina de Taco Punco. Ts: Andrés Arévalo y Petronila Juárez, de El Alto.

Vega, Baldomero con Albarracín, Eduviges
F34: En Manantiales a 28 de febrero de 1881, se casó a **Baldomero Vega**, 36 años, labrador, h.l. del finado Pedro y de Juana R. Acuña, vecino de Caña Cruz, y a **Eduviges Albarracín**, 22 años, h.l. de los finados Antonio y Juana Pérez, vecina de Tinogasta. Ts: Nicolás Arévalo y María Arévalo, del mismo lugar.

Ibáñez, Buenaventura con Pereyra, Eladia
F35: En Manantiales a 28 de febrero de 1881, se casó a **Buenaventura Ibáñez**, 30 años, labrador, h.l. José Pío y de la finada María Luisa Villarroel, vecino de las Tunas, y a **Eladia Pereyra**, 24 los, h.n. de Solana, vecina del mismo lugar. Ts: Arsenio Rosales y Manuela Díaz, del mismo lugar.

Juárez, José Antonio con Suárez, Adelaida
F35: En Manantiales a 28 de febrero de 1881, se casó a **José Antonio Juárez**, 24 años, labrador, h.l. de Juan Manuel y de Jesús Arias, vecino de Puerta Grande, y a **Adelaida Suárez**, 23 años, h.n. de Nazaria Suárez, vecina del Monte Redondo. Ts: Dn. Belisario Rosales, casado y Maximiliano Juárez, casada de la Puerta Grande.

Collantes, Desiderio con Peralta, Carolina
F36: En Manantiales a 1 de marzo de 1881, se casó a **Desiderio Collantes**, 35 años, labrador, h.l. de los finados José Santos y Bien Aparecida Reinoso, vecino de las Tunas, y a **Carolina Peralta**, 30 años, h.l. de Miguel y de Isidora N., vecina del Talarcito. Ts: Fermín Mercado y Regina Peralta, del mismo lugar.

Gómez, Dn. Ramón con Burgos, Da. Nieves Micaela
F36: En El Alto el 30 de marzo de 1881, se casó a Dn. **Ramón Gómez**, 40 años, labrador, h.n. de la finada Da. María, y viudo de la finada Da. Fabiana Albarracín, vecino del Puesto de Gómez, y a Da. **Nieves Micaela Burgos**, 27 años, h.l. de los finados Dn. José Antonio y Da. Mariana Rizo, viuda del finado Parmenión Falcón y vecina de Munancala. Ts: Ramón Leiva y Jacinta Reinoso, cónyuges de la Higuera.

Ardil, Juan con Valdéz, Ramona
F37: En Manantiales a 28 de febrero de 1881, se casó a **Juan Ardil**, 24 años, jornalero, h.l. del finado Eugenio y de Rosa Roldán, vecino de la Rinconada, y a **Ramona Valdéz**, 23 años, h.n. Pabla Valdéz del mismo lugar. Ts: Dn. Napoleón Valdéz y Da. Juana Ávila, soltera.

Burgos, Avelino con Paz, Polonia
F37: En El Alto el 25 de abril de 1881 En El Alto, se casó **Avelino Burgos**, 26 años, labrador, h.n. de Josefa Burgos, vecino de la Tunas, y a **Polonia Paz**, 23 años, h.n. Alejandro, vecina del mismo lugar. Ts: Fructuoso Díaz y Consolación Mercado, de las Tunas.

Armas, José Manuel con Rosales, Felicinda
F38: En El Alto el 25 de abril de 1881, se casó a **José Manuel Armas**, 26 años, labrador h.l. de Prudencio y de la finada María Encarnación Ibáñez, vecino del Talarcito, y a **Felicinda Rosales**, 24 años, h.l. de Buenaventura y de la finada Juana Bautista Guaráz,

vecina del Bañado. Ts: Dn. Ramón P. Luna y Da. Celestina Díaz, del mismo lugar.

Rodríguez, Teófilo con Ibáñez, Catalina
F38: En El Alto el 25 de abril de 1881, se casó a **Teófilo Rodríguez**, 30 años, labrador, h.n. de Lutgarda, vecino del Bañado, y a **Catalina Ibáñez**, 24 años, h.n. Nicolasa, vecina del mismo lugar. Ts: Valeriano Peralta y Bonifacia Luna, del mismo lugar.

Díaz, Dn. Tomás Antonio con Pintos, Da. Betsabé
F39: En El Alto el 25 de abril de 1881, se casó a Dn. **Tomás Antonio Díaz**, 24 años, criador, h.l. Dn. Manuel Benigno y de Da. Rosario Díaz, vecino del Virqui, y a Da. **Betsabé Pintos**, 22 años, h.n. de Da. Crisanta, vecina del Abra. Ts: Dn. Onofre Pérez y su señora esposa, vecino de los Manantiales.

Neira, José con Arévalo María
F39: En El Alto el 25 de abril de 1881, se casó **José Neira**, 20 años, labrador, h.n. de la finada Juana, vecino de El Alto, y a **María Arévalo**, 22 años, h.n. de la finada Concepción, vecina del mismo lugar. Ts: Dn. Pacífica Rodríguez y Da. Neófita Rodríguez.

Rodríguez, Dn. José Santos con Rodríguez, María Antonia
F40: En El Alto el 29 de mayo a 1881, tras dispensarse un impedimento de consanguinidad en cuarto grado mixto con tercero de la línea colateral se casó a Dn. **José Santos Rodríguez**, 30 años, labrador, h.n. de la finada Matilde, vecino de Guayamba y a Da. **María Antonia Rodríguez**, 23 años, h.l. de Dn. Solano e Isabel Valdéz, vecino de Altagracia. Ts: Dn. Alejandro Segura y Da. María Rodríguez. Levantaron información matrimonial el 19 de abril de 1881. Causales: 1. Por el completo deber que tiene de cubrir el honor, y legitimar la prole que ¿purga haberla ya?, 2. El evitar el escándalo, 3. Que se haya en ocasión próxima por el trato ilícito que ha tenido.

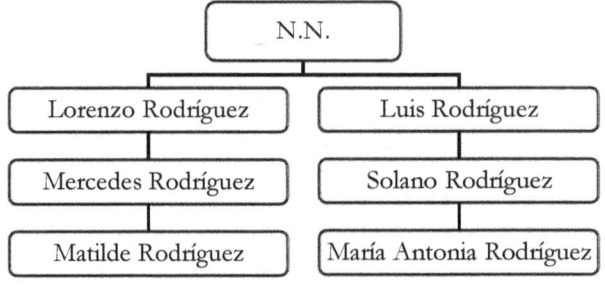

Cáceres, Hermenegildo con Vélez, Ramona
F40: En El Alto el 14 de mayo de 1881, se casó a **Hermenegildo Cáceres**, 30 años, jornalero, h.n. de Teresa, vecino de las Cañas, y a **Ramona Vélez**, 23 años, h.n. de Ana Jacoba del mismo lugar. Ts: Juan Antonio Celis e Isabel Díaz del mismo lugar.

Sosa, Ángel Bello con Santucho, Eudoxia
F41: En La Quebrada a 21 de mayo de 1881, se casó a **Ángel Bello Sosa**, 22 años. Labrador, h.l. del finado Carlos y de Juliana Barrionuevo, vecino de los Monteros, y a **Eudosia Santucho**, 22 años, h.l. del finado Pedro y de Juana Peñaflor del mismo lugar. Ts: Dn. Fermín Domínguez y su hija Da. Dalmira Domínguez, vecinos de Huaico Hondo.

Paredes, Mateo con Sandoval, Petrona
F41: En La Quebrada a 25 de mayo de 1881, se casó a **Mateo Paredes**, 36 años, zapatero, h.l. del finado Félix y de Petrona Agüero, vecino de Achalco, y a **Petrona Sandoval**, 26 años, h.l. de los finados Juan de la Cruz y María Ignacia Maidana, vecina del mismo lugar. Ts: José Mara y Nicolasa Pera, cónyuges de El Alto.

Arias, Eufemio con Ojeda, Filomena
F42: En La Quebrada a 25 de mayo de 1881, se casó a **Eufemio Arias**, 30 años, labrador, h.n. de Juana, vecino de la Higuerita, y a **Filomena Ojeda**, h.n. de la finada Apolonia, vecina de las Cortaderas. Ts: Eduardo Lobo y Elisea Toledo, cónyuges.

Artaza, Lucas con Figueroa, María Cenobia
F42: En La Quebrada a 25 de mayo de 1881, se casó a **Lucas Artaza**, 32 años, h.l. del finado Pedro y de Casimira Palavecino, vecino del Laurel, y a **María Cenobia Figueroa**, h.l. del finado Rosario y de Cándida Rosa Bazán, vecina de Huaico Hondo. Ts: Ildefonso Garay y Rosa Villafañe, cónyuges del mismo lugar.

Rojas, Dn. Andrónico con Sánchez, Da. Romualda
F43: En La Quebrada a 28 de mayo de 1881, se casó a Dn. **Andrónico Rojas**, 24 años, criador, h.l. del finado Dn. David y de Da. Felipa Avendaño, vecino de Molle Pampa, y a Da. **Romualda Sánchez**, 22 años h.l. del finado Dn. Jovino y de Da. María Tolosa, vecina de Inacillo. Ts: Pedro Acosta y Rosa Zurita, cónyuges de los Corrales.

Gómez, Juan Antonio con Ponce, María Bien Aparecida
F43: En La Quebrada a 28 de mayo de 1881, se casó **Juan Antonio Gómez**, 30 años, labrador, h.l. de los finados Evaristo y María de los Santos Morales, vecino de los Morteros, y a **María Bien Aparecida Ponce**, 23 años, h.n. de Escolástica Ponce. Ts: Cruz Arias y Delfina Díaz, cónyuges de Achalco.

Páez, Dn. Anastasio con Medina, Isidora
F44: En El Alto el 29 de mayo de 1881, tras dispensarse un impedimento de afinidad ilícita en segundo grado mixto con primero de la línea colateral, se casó a Dn. **Anastasio Páez**, 21 años, labrador, h.l. de los finados Manuel y Jacoba Contreras, vecino del Agua del Sauce,

y a **Isidora Medina**, 25 años, h.l. del finado Dn. Doroteo y de Da. Rosa Márquez, vecina de El Alto. Ts: Dn. Alejandro Seguro y Da. Epifanía Saavedra, solteros del mismo lugar.

Olmos, Dn. Pedro con Valdéz, Da. Rosaura
F44: En Puerta Grande a 5 de junio de 1881, se casó a Dn. **Pedro Olmos**, 26 años, labrador, h.l. de los finados Dn. Luis y Da. Teresa Lazo, vecino de Viña, y a Da. **Rosaura Valdéz**, h.n. de Da. Josefa, de la Rinconada. Ts: Dn. Luis I. Gómez y Da. Florinda Tolosa, cónyuges.

Rivera, Dn. Eudoro con Valdéz, Da. Dalinda
F45: En Puerta Grande a 5 de junio de 1881, tras dispensarse un impedimento de afinidad lícita en segundo grado de línea colateral, se casó a Dn. **Eudoro Rivera**, 25 años, labrador, h.l. de los finados Dn. Bernardino y Da. Isabel Bulacias, vecino de la Rinconada, y a Da. **Dalinda Valdéz**, 30 años, h.l. de los finados Dn. Gregorio y Ester Paz, del mismo lugar. Ts: Dn. Delfín Olmos y Da. Concepción Rivera, de la Viña, curato de Paclín.

Santillán, Francisco Antonio con Arévalo, Rita Pastora
F45: En El Alto el 15 de junio de 1881, se casó a Dn. **Francisco Antonio Santillán**, 30 años, labrador, h.l. del finado Dn. José Ignacio y de Da. Maximiliana Herrera, vecino de los Osores, y a Da. **Rita Pastora Arévalo**, 17 años, h.l. de Dn. Francisco J. y de Da. Benedicta de la Vega, vecina de Caña Cruz. Ts: Dn. Pacífico Rodríguez, soltero y Da. ¿Juana? Almaráz, casada de El Alto.

Ponce, Dn. Lastenio con Ávila, Da. Anfiloquia
F46: En Las Cañas a 7 de junio de 1881, tras dispensarse dos impedimentos de consanguinidad, ambos en tercer grado mixto con segundo, se casó a Dn. **Lastenio Ponce**, 23 años, labrador, h.l. de Dn. Bautista y de Da. Celedonia Ávila, vecino de la Higuerita, y a Da. **Anfiloquia Ávila**, 19 años, h.l. del finado Dn. Maximiano y de Da. Rosario Mercado, vecina de las Cañas. Ts: Dn. Lucas Pregot y Da. Carmen Ibáñez. Levantaron información matrimonial el 30 de mayo de 1881. Causales: 1. El ser sumamente pobre, 2. El ser huérfana de padre, 3. Que la madre posee 8 hijos y que ya por su ancianidad, más tarde será incapaz de atender el honor de ella, 4. La estrecha familiaridad que existe entre ambos contrayentes, 5. La estrechez del lugar...

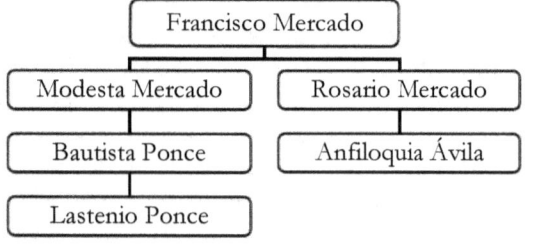

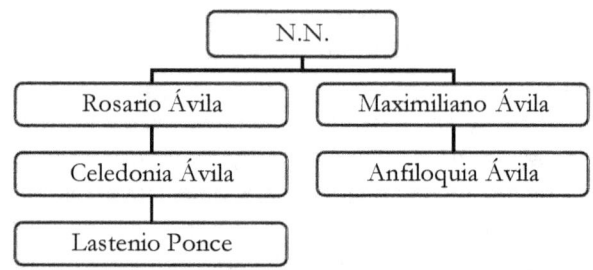

Ojeda, Dn. Felicísimo con Peñaflor, Da. Cledovia
F46: En El Alto el 17 de junio de 1881, se casó Dn. **Felicísimo Ojeda**, 22 años, labrador, h.l. de Dn. Lizardo y de Da. Cornelia Ojeda, de Las Cortaderas, y a Da. **Cledovia Peñaflor**, 22 años, h.l. de Dn. Arsenio y Da. Carmen Sánchez del mismo lugar. Ts: Pablo Argañarás y Clara Iramain.

Verón, Francisco Javier con Vázquez, Ana María
F47: En El Alto el 20 de junio de 1881, tras dispensarse un impedimento de consanguinidad en tercer grado igual, se casó a **Francisco J. Verón**, 20 años, labrador, h.l. del finado Máximo y de Andrea Verón, vecino del Puesto de Ibáñez, de este curato, y a **Ana María Vázquez**, 19 años, h.n. de Juana Vázquez, vecina del mismo lugar. Ts: Nicasio Cisternas y Petrona Vázquez. Levantaron información matrimonial el 30 de mayo de 1881.
Causales: 1. El ser sumamente pobre y no tener de que disponer, 2. El deber que tiene el pretendiente te cubrir el honor y legitimar a la prole, pues que actualmente de haya en encintas, 3. La mucha familiaridad que existe produciría tal vez escándalo, 4. La estrechez del lugar por lo que será imposible se le presente enlace conveniente con persona extraña.

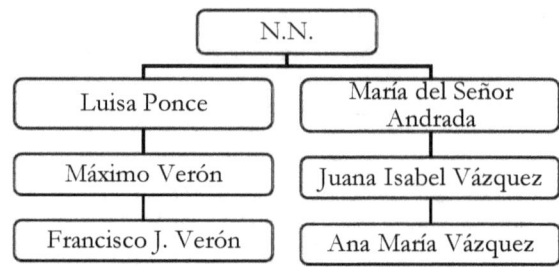

Romano, Patricio con Osores, Petrona
F47: En El Alto el 20 de junio de 1881, se casó a **Patricio Romano**, 25 años, labrador, h.n. de Griselda Romano, vecino de la Quebrada, y a **Petrona Osores**, 34 años, h.l. de los finados Gabriel y Casilda Ledesma, vecina del mismo lugar. Ts: Calixto Robles, viudo y Petrona Díaz, soltera.

Quiroga, Serafín con Rodríguez, Fabriciana
F48: En El Alto el 27 de junio de 1881, se casó a **Serafín Quiroga**, 38 años, labrador, h.n. de la finada Bartolina

Quiroga, vecina de Molle Yaco, y a **Fabriciana Rodríguez**, 30 años, h.l. del finado N. Rodríguez y de Consolación Ávila, del mismo lugar. Ts: Olegario Soria y Felisa Maidana.

Sobremonte, Dn. Jesús María con Díaz, Da. Bonifacia
F48: En El Alto el 30 de junio de 1881, se casó a Dn. **Jesús María Sobremonte**, 24 años, labrador, h.n. de la finada Bárbara, vecino de Manantiales, y a Da. **Bonifacia Díaz**, 20 años, h.l. Dn. Manuel B. y Da. Rosario Díaz, del mismo lugar. Ts: Dn. Manuel Agote de El Alto y Da. Rosa Paz, casada de Manantiales.

Cejas, José Abraham con Rodríguez, Jesús
F49: En El Alto el 30 de junio de 1881, se casó a **José Abraham Cejas**, 27 años, jornalero, h.n. de la finada Gregoria, vecino de Tintigasta, y a **Jesús Rodríguez**, 26 años, h.l. Estanislao y de la finada J. Dolores Villafañe, vecina del mismo lugar. Ts: Moisés Cejas y Benedicta Carrizo.

Ojeda, Ramón Dolores con Gutiérrez Delina
F49: En El Alto el 04 de julio de 1881, se casó a **Ramón Dolores Ojeda**, 35 años, músico, h.n. de Luisa, vecino de El Alto y a **Delina Gutiérrez**, 25 años, h.l. de los finados Desiderio y Manuela Ibáñez.

Adauto, Miguel Antonio con Suárez, Rosa
F50: En El Alto el 20 de junio de 1881, tras dispensarse dos impedimentos de consanguinidad en cuarto grado mixto con tercero uno y otro, se casó a **Miguel Antonio Adauto**, 22 años, labrador, h.l. Francisco y de Faustina Díaz, del mismo lugar, y a **Rosa Suárez**, 26 años, h.l. de los finados Manuel y Tiburcia Díaz, del mismo lugar. Ts: Domingo Suárez y Ascensión Agüero. Levantaron información matrimonial el 30 de mayo de 1881. Causales: 1. Por ser huérfana de Padre y Madre, 2. El sumamente pobre y no tener de que disponer, 3. El que tiene el pretendiente de cubrir el honor y evitar el escándalo que pudiera producir, 4. El tener la pretendida la edad de 26 años y hallarse las familias ligadas por parentescos, por lo que sería inconveniente para que se le presente enlace conveniente con persona extraña.

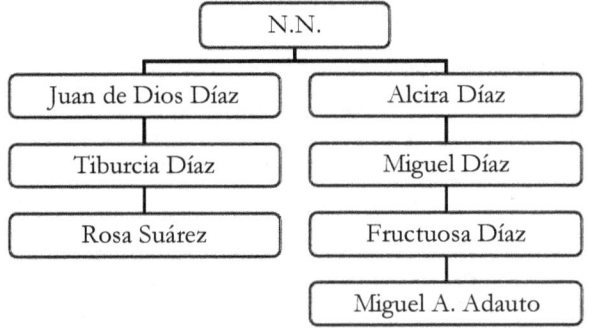

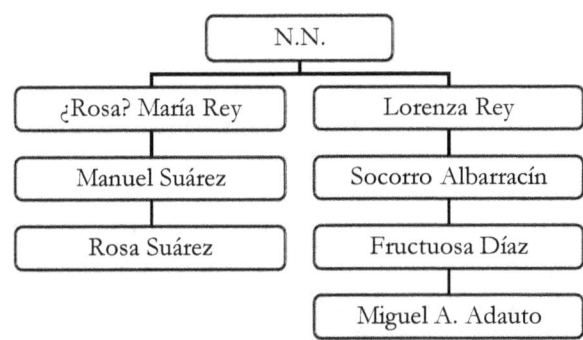

Plaza, Anastasio con Juárez, Jesús
F50: En Las Tunas a 27 de junio de 1881, se casó a **Anastasio Plaza**, labrador, h.n. de Damascena, vecino de los Troncos, y a **Jesús Juárez**, 22 años, h.l. del finado Remigio y de Aurelia Román, del mismo lugar. Ts: José Francisco Díaz, soltero y Casiana Díaz, soltera, ambos de Monte Redondo.

Reinoso, José María con Gómez, Romana
F51: En Las Tunas a 29 de julio de 1881, se casó a **José María Reinoso**, 19 años, labrador, h.l. de los finados Quiterio y Gerónima Villagra, vecina de Alijilán, y a **Romana Gómez**, 18 años, h.l. del finado Lucindo y de Saturnina Leiva, del mismo lugar. Ts: Dolores Silva y Petrona Fernández, cónyuges, del Aguada.

Cisternas, Dn. Santiago, con Agüero, Nieves
F51: En Puerta Grande a 24 de agosto de 1881, tras dispensarse un impedimento de consanguinidad en segundo grado de la línea colateral, se casó a Dn. **Santiago Cisternas**, 36 años, labrador, h.l. del finado Santiago y Da. Ignacia Agüero, vecino del curato de Piedra Blanca, y a Da. **Nieves Agüero**, 23 años, h.l. de Rosa y de Da. Rosa Gómez, vecina del Puesto de Gómez. Ts: Dn. Dulcidio Agüero y Da. Zoila Gómez.

Barrionuevo, Emilio con Morales, Elvira
F52: En El Alto el 7 de setiembre de 1881, se casó a **Emilio Barrionuevo**, 26 años, labrador, h.l. de Patrocinio y de Epifanía Luna, vecino de la Higuera, y a **Elvira Morales**, 16 años, h.l. Maximino y de Ángela Reinoso, vecina del Tarco. Ts: Laureano Falcón, soltero, y Celestina Díaz.

Rosales, Dn. Juan Asencio con Hernández, Da. Beatriz
F52: En Puerta Grande a 3 de setiembre de 1881, se casó a Dn. **Juan Asencio Rosales**, 36 años, criador, h.l. de los finados Dn. Ramón y Da. Trinidad N., vecino de las Tunas, y a Da. **Beatriz Hernández**, 24 años, h.l. de Dn. José y de la finada Da. Candelaria Barrionuevo, vecina de ¿Camerana? Ts: Florentino Collantes, y Da. Rosalía Ocaranza, del mismo lugar.

Brizuela, Eusebio con Mercado, Delicia
En El Alto el 19 de setiembre de 1881, se casó a **Eusebio Brizuela**, 26 años, labrador, h.n. de la finada Rosa, vecinos de los Altos, y a **Delicia Mercado**, 24 años, h.l. de Pedro y de Mariana Contreras, vecina del mismo lugar. Ts. Adolfo Mercado y Domitila González. Folio 53

Rodríguez, Dn. Solano con Ortiz, Da. Fermina
F53: En El Alto el 12 de setiembre de 1881, se casó a Dn. **Solano Rodríguez**, 60 años, labrador, h.l. de los finados Dn. Lucas y Da. Andrea Aragón, viudo de Da. Tránsito Melián, vecino de El Alto, y a Da. **Fermina Ortiz**, 25 años, h.l. de Dn. Buenaventura y de Da. Delfina Luna, vecina de los Ortices. Ts: Dn. Pacífico Rodríguez, soltero y Da. Raquel Villagra. Folio 53

Agüero, Felipe Antonio con Juárez, Pabla Ignacia
F54: En El Alto el 19 de setiembre de 1881, se casó a **Felipe Antonio Agüero**, 25 años, jornalero, h.l. de los finados Domingo y Magdalena Segura, vecino de los Ortices, y a **Pabla Ignacia Juárez**, 22 años, h.n. de la finada Cecilia, vecina del Agua de Sauce. Ts: Rudecindo Jiménez y Fabiana Luna, cónyuges de los Ortices.

Olivera, José Benito con Arancibia, Carmen
F54: En El Alto el 5 de octubre de 1881, se casó **José Benito Olivera**, 23 años, labrador, h.l. del finado Antonio e Isabel Córdoba, vecino del Puesto de Gómez, y a **Carmen Arancibia**, 18 años, h.l. de los finados Eleuterio y Pabla Rizo, vecina del Durazno. Ts: Ramón Leiva y Jacinta Reinoso, cónyuges de la Higuera.

Carrizo, Onofre con Cisternas, Santos
F55: En La Higuera a 5 de octubre de 1881, se casó **Onofre Carrizo**, 25 años, jornalero, h.l. del finado Justo Pastor y de Petrona Ibáñez, vecino de Alijilán, y a **Santos Cisternas**, 34 años, h.l. de Juan Manuel y de Severa Varela, vecina de mismo lugar. Ts: Juan Andrés Carrizo y Delina Nieva, cónyuges del mismo lugar.

Arias, Mauricio con Tula, María Concepción
F55: En El Alto 8 de octubre de 1881, se casó a **Mauricio Arias**, 28 años, labrador, h.n. de Pabla, vecino del Puesto de Ortiz, y a **María Concepción Tula**, 25 años, h.l. del finado Manuel y Zoila Ortiz, vecina del mismo lugar. Ts: Casimiro Ortiz y Nicolasa Ortiz.

Albarracín, Dn. Eduardo con Rodríguez, Da. Nicolasa
F56: En El Alto el 11 de octubre de 1881, tras dispensarse un impedimento de consanguinidad en cuarto grado igual de la línea colateral, se casó a Dn. **Eduardo Albarracín**, 24 años, labrador, h.l. de los finados Tránsito y Rita Rodríguez, vecino de Tintigasta, y a Da. **Nicolasa Rodríguez**, 18 años, h.n. de Da. Nicolasa del mismo lugar. Ts: Dn. Guillermo Rodríguez, soltero y Da. Pabla Lobo, viuda, ambos de Tintigasta. Levantaron información matrimonial el 12 de setiembre de 1881.
Causales: 1. Por ser sumamente pobre, 2. Por ser huérfana y presentarse sin más abrigo que el del hermano pobre, 3. Que aislada por su completa soledad se ha dispuesto al esperado matrimonio, 4. Que por las ¿? presentadas sin duda ha lugar a sospechas. 5. Que es huérfana de padre y madre.

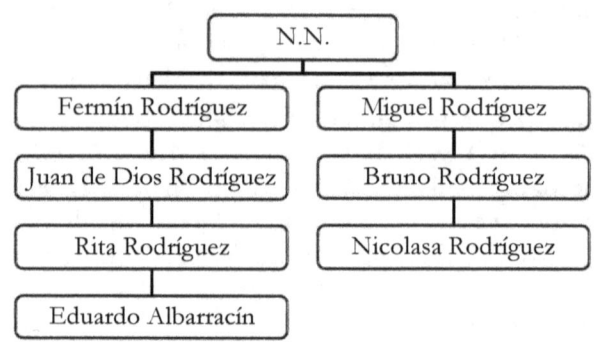

Jiménez, Dn. Belisario con Argañarás, Da. María Peregrina
F56: En las Cortaderas a 28 de setiembre de 1881, se casó a Dn. **Belisario Jiménez**, 23 años, labrador, h.l. de Dn. Rudecindo y de la finada Arsenia Figueroa, vecino de los Ortices, y a Da. **María Peregrina Argañarás**, 24 años, h.l. del finado Juan Manuel y Da. Pascuala Mercado, vecina de las Tunas. Ts: no constan.

Lobo, Florencio con Albarracín, Gerónima
F57: En las Cortaderas a 3 de octubre de 1881, se casó a **Florencio Lobo**, 30 años, labrador, h.n. de Antonia, vecino de Achalco, y a **Gerónima Albarracín**, 28 años, h.l. de Pedro y de Mercedes Alba, vecina de las Cortaderas. Ts: Pedro J. Lobo y Catalina Lobo, cónyuges de Achalco.

Alba, Ermilio con Ojeda, Bien Aparecida
F57: En Las Cortaderas a 3 de octubre de 1881, se casó a **Ermilio Alba**, 28 años, labrador, h.n. de Teresa, vecino de Potro Ulpiana, y a **Bien Aparecida Ojeda**, 26 años, h.n. de Maximiliana, vecina de las Cortaderas. Ts: Manuel Benigno Ojeda y María Antonia Agüero, cónyuges del mismo lugar.

Maldonado, Onofre con Ibáñez, Javiera
F58: En Las Cortaderas a 3 de octubre de 1881, se casó a **Onofre Maldonado**, 30 años, labrador, h.n de Pilar, vecino de las Cortaderas, y a **Javiera Ibáñez**, 26 años, h.n de Patricia Ibáñez, vecina de las Cañas. Ts: J. Justo Adauto y Leonor Adauto, hermanos de las Cortaderas.

Suárez, Antonio con Mendoza, María
F58: En Las Cortaderas a 7 de octubre de 1881, se casó a **Antonio Suárez**, 23 años, labrador, h.l. de los finados

Bernardo y María Lobo, vecino de las Cortaderas, y a **María Mendoza**, h.n. de la finada Rosa, vecina de las Cañas. Ts: Pablo Argañarás y Clara Agüero.

Sosa, José Domingo con Barrera, María del Carmen
F59: En El Alto el 24 de octubre de 1881, se casó a **José Domingo Sosa**, 25 años, zapatero, h.l. del finado Amadeo y Agustina Quiroga, vecino de Ayapaso, y a **María del Carmen Barrera**, 19 años, h.l. de los finados Evaristo y Albina Rosa Santillán, vecina de los Osores. Ts: Pedro Almaraz, de Ayapaso, y Tránsito Romano, casada de los Osores.

Albarracín, Benigno con Soria, Tomasa
F59: En El Alto el 23 de enero de 1882, se casó a **Benigno Albarracín**, 42 años, labrador, h.n. de la finada Valentina, vecino de Manantiales, y a **Tomasa Soria**, 22 años, h.l. de lo finados Isidro y Nicasia Rivera, vecina del mismo lugar. Ts: Ramón Rodríguez, de El Alto, y Florencia Ibáñez, casada de los Manantiales.

Rodríguez, Luis con Bustamante, Agustina
F60: En Quimilpa a 2 de agosto de 1881, se casó a **Luis Rodríguez**, 30 años, labrador, de vecino de los Manantiales, h.n. de la finada Candelaria, y a **Agustina Bustamante**, 35 años, h.l. de los finados Julián y Eugenia Villagra, vecina del mismo lugar. Ts: Pedro Zabalza y Waldina Ormaechea, cónyuges del mismo lugar.

Caravajal, Estaurófilo con Magallán, Virginia
F60: En El Alto el 5 de diciembre de 1881, se casó a **Estaurófilo Caravajal**, 20 años, zapatero, h.l. de los finados Donato y Magdalena Ojeda, vecino de El Alto, y a **Virginia Magallán**, 20 años, de los finados Gorgonio y Pabla Rodríguez del mismo lugar. Ts: Dn. Luis J. Brandán y Dn. Javiera Márquez.

Caravajal, José Dolores con Almaráz, Ceferina
F61: En El Alto el 9 de febrero de 1882, tras dispensarse un impedimento de consanguinidad en cuarto grado igual de la línea colateral, se casó a **José Dolores Caravajal**, 24 años, abastecedor, h.l. de los finados Donato y Magdalena Ojeda, vecino de El Alto, y a **Ceferina Almaraz**, 26 años, h.l. del finado Avelino y Magdalena Altamirano del mismo lugar. Ts: Salvador Rodríguez y Manuela Ferreira. Levantaron información matrimonial el 5 de noviembre de 1881.
Causales: 1. El ser sumamente pobre el hija de madre anciana, casi incapaz de atender por su honor, 2. Por el deber que tiene de cubrir el honor y legitimar la prole ya habida, 3. El tenor de la edad de 26 años, lo que sería un inconveniente para que pudiera presentarse un enlace favorable con persona extraña. 4. El ser huérfana de padre.

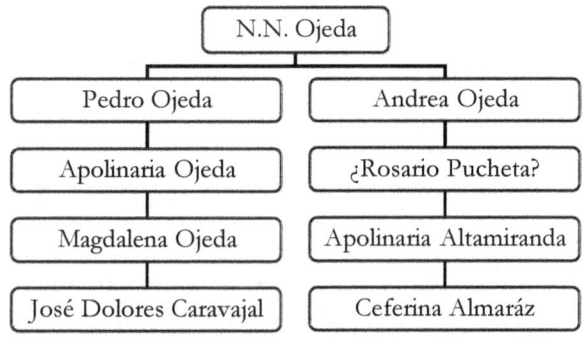

Ramírez, Ramón con Morales, Andrea
F61: En El Alto el 6 de febrero de 1882, se casó a **Ramón Ramírez**, 24 años, jornalero, h.l. de los finados Eusebio y Juana Espeche, vecino de Sucuma, y a **Andrea Morales**, 19 años, h.l. del finado Justo y de Dorotea Arévalo, vecina del mismo lugar. Ts: Dn. Anselmo Villalba y Da. Arsenia Mata, cónyuges.

Valdéz, Ventura con Martínez, María Gregoria
F62: En El Alto el 6 de febrero de 1882, se casó a **Ventura Valdéz**, 22 años, Jornalero, h.l. de Juan de Justina Barrionuevo, vecina del Sauce, y a **María Gregoria Martínez**, 24 años, h.l. del finado Florencio y de Aldana Velázquez, vecina de Alijilán. Ts: Juan Pablo Robles y Aniceta Almaráz, cónyuges del Sauce.

Ledesma, Desiderio con Rivas, Elvira
F62: En El Alto el 6 de febrero de 1882, se casó a **Desiderio Ledesma**, h.n de Felipa, vecino de Achalco, y a **Elvira Rivas**, h.l. de los finados Ramón y Saturnina Sánchez, vecina de Ayapaso. Ts: Cruz Arias y Delfina Díaz, cónyuges de Achalco.

Gramajo, Dn. Bonifacio con Saavedra, Da. Octavia
F63: En El Alto el 20 de febrero de 1882, tras dispensarse tres impedimentos de consanguinidad, uno en segundo grado y otros dos en tercero, todos por la línea transversal igual, se casó a Dn. **Bonifacio (Saavedra) Gramajo**, 32 años, labrador, h.l. del finado Cruz y de Da. Rosa Márquez, vecina de esta parroquia, y a Dn. **Octavia Saavedra**, 27 años, h.n. de Da. Rosario, vecina del mismo lugar. Ts: Dn. Luis J. Brandán y Da. Javiera Márquez, cónyuges de El Alto.

Guaráz, Hermógenes con Fernández, María Bernarda
F63: En El Alto el 7 de enero de 1882, se casó a **Hermógenes Guaráz**, 24 años, labrador, h.l. del finado Baldomero y de Agustina Rosales, vecinos del Bañada, y a **María Bernarda Fernández**, 22 años, h.l. de los finados Francisco J. y Jacoba González, vecina del mismo lugar. Ts: Celestino Páez y Narcisa López, cónyuges del mismo lugar.

Rodríguez, Isidro con Collantes, Exaltación

F64: En El Alto el 27 de febrero de 1882, se casó a **Isidro Rodríguez**, 22 años, labrador, h.l. del finado Pedro y de Eulalia Silva, vecino de las Tunas, y a **Exaltación Collantes**, 23 años, h.l. de los finados Domingo y Celedonia Castro, vecinos del mismo lugar. Ts: José Pío Ibáñez y Pascuala Castro, cónyuges del mismo lugar.

Toledo, Remigio con Gutiérrez, Clementina

F64: En El Alto el 3 de febrero de 1882, se casó a **Remigio Toledo**, 24 años, labrador, h.l. de Manuel y de la finada Manuela Carrizo, vecino de Vilismano, y a **Clementina Gutiérrez**, 23 años, h.l. del finado Eusebio y Pabla Silva del mismo lugar. Ts: Dn. Joel Medina y su hija Da. Ludovina.

Páez, Miguel con Gómez, Efigenia

F65: En El Alto el 10 de enero de 1882, se casó a **Miguel Páez**, 27 años, labrador, h.l. de Rufino y de Indalecia Aguirre, vecino de Ancamugalla, y a **Efigenia Gómez**, 22 años, h.n de la finada María Manuela, vecina de Vilismano. Ts: Salvador Zurita y Da. Apolonia Altamirano, cónyuges de El Alto.

Quiroga, Juan Pablo con Rodríguez, María Ignacia

F65: En El Alto el 16 de enero de 1882, se casó a **Juan Pablo Quiroga**, 26 años, labrador, h.l. de Serafín y de la finada María Juana Mansilla, vecino de Molle Yaco, y a **María Ignacia Rodríguez**, 26 años, h.l. de los finados Ramón Gil y Consolación Ávila, vecina de Iloga. Ts: Dn. Solano Rodríguez y Da. María Isabel Valdéz.

Ocón, Donato con Ávila, Peregrina

F66: En El Alto el 1 de mayo de 1882, se casó **Donato Ocón**, 22 años, jornalero, h.n. de la finada Ángela, vecino de la Tunas, y a **Peregrina Ávila**, 18 años, h.n de Carmen, vecina del mismo lugar. Ts: no constan.

Zoloaga, Wenceslao con Medina, Candelaria

F66: En El Alto el 6 de mayo de 1882, se casó a **Wenceslao Zoloaga**, 58 años, labrador, h.n de la finada Manuela, vecina de Alijilán, y a **Candelaria Medina**, 22 años, h.l. de los finados Sinforoso y Justina Villagra del mismo lugar. Ts: Melitón Mendoza y Melitona Cabral, cónyuges de Alijilán.

Hernández, Fidel con Almaraz, Ignacia

F67: En El Alto el 6 de mayo de 1882, tras dispensarse dos impedimentos, el uno de afinidad ilícita en primer grado, y el otro de afinidad ilícita en segundo grado, se casó a **Fidel Hernández**, 46 años, labrador, h.n de la finada Rosa Flores, vecino de la Huerta, y a **Ignacia Almaraz**, 27 años, h.l. de los finados Juan N y de Ana María Agüero, vecina del Agua de Sauce. Ts: Ángel Pastor Arévalo y Francisca Valdéz, cónyuges.

Farías, Enrique con Figueroa, Genoveva

F67: En El Alto el 17 de abril de 1882, se casó a **Enrique Farías**, 35 años, labrador, h.l. de los finados Juan B. y María Pabla Ortiz, vecino del Manantial, y a **Genoveva Figueroa**, 22 años, h.l. de los finados Francisco y Juana, del mismo lugar. Ts: Abelardo Ibáñez, casado y Agustina Farías, soltera del mismo lugar.

Burgos, Pedro Pablo con Basualdo, Remigia

F68: En El Alto el 17 de abril de 1882, se casó a **Pedro Pablo Burgos**, 22 años, h.l. de Pedro Pablo y de Aniceta Herrera, vecino del Potrero, y a **Remigia Basualdo**, h.l. de Remigio y de Viviana Salvatierra, vecina de Taco Yaco. Ts: Benigno Chazarreta y Rosenda Luna, cónyuges de la Aguadita.

Jeréz, Tristán con Vega, Teresa de Jesús

F68: En El Alto el 17 de abril de 1882, tras dispensarse un impedimento de afinidad ilícita en primer grado de línea colateral, se casó a **Tristán Jeréz**, 28 años, labrador, h.n. de Rosa, vecina de Iloga, y a **Teresa de Jesús Vega**, 32 años, h.l. de los finados Eufrasio y Zoila Pacheco, del mismo lugar. Ts: Ángel Pacheco y n.n. solteros de Guayamba.

Albarracín, Pedro José con Ojeda, Trinidad

F69: En El Alto el 17 de abril de 1882, se casó a **Pedro José Albarracín**, 22 años, zapatero, h.l. de Tiburcio y de la finada Grimanesa Gramajo, vecino de El Alto, y a **Trinidad Ojeda**, 24 años, h.l. de Calixto y de la finada Ángela Barrientos del mismo lugar. Ts: Dn. Sixto Basualdo de El Alto y Da. Pabla Arévalo, casada de la Huerta.

Burgos, Ramón con Maidana, Anastasia

F69: En El Alto el 18 de abril de 1882, se casó a **Ramón Burgos**, 22 años, labrador, h.l. de los finados José Ignacio y Marcelina Páez, vecino de Alijilán, y a **Anastasia Maidana**, 25 años, h.n. de la finada Santos Maidana, vecina del mismo lugar. Ts: Dn. Porfirio Vega, soltero y Da. Corazón Gómez, viuda del Churcal.

Escasuso, Moisés con Díaz, Tránsito

F70: En El Alto el 8 de mayo de 1882, se casó a **Moisés Escasuso**, 24 años, jornalero, h.l. de los finados José e Inés Collantes, vecina de las Tunas, y a **Tránsito Díaz**, 22 años, h.n. de Nieves Díaz, del mismo lugar. Ts: Fructuoso Díaz y su esposa NN del mismo lugar.

Sandoval, Liborio con Gómez, Josefa

F70: En El Alto el 8 de mayo de 1882, se casó a **Liborio Sandoval**, 25 años, labrador, h.l. de los finados Francisco J. y María Salomé Leiva, vecina de la Higuera, y a **Josefa Gómez**, 30 años, h.n. de la finada Dida, vecina del mismo lugar. Ts: Pedro Pérez y Epifanía Luna, cónyuges del mismo lugar.

Arias, Ramón Rosa con Ibáñez, Isabel
F71: En El Alto el 17 de abril de 1882, se casó a **Ramón Rosa Arias**, h.n. de la finada Petrona, vecino de la Aguada, y a **Isabel Ibáñez**, h.l. de José Gabriel y de Simona Ortiz del mismo lugar. Ts: Manuel Caravajal y Florinda Ibáñez, cónyuges de Manantiales.

Herrera, Manuel con Navarro, Ángela
F71: En El Alto el 17 de abril de 1882, se casó **Manuel Herrera**, h.l. de los finados Ignacio y Sinforosa Gómez, natural de los Osores, y a **Ángela Navarro**, h.l. del finado Pedro y de Encarnación Pintos, vecina de los Manantiales. Ts: Dn. Pedro Ovejero, soltero y Da. Emilia Bulacias, viuda.

González, José con Díaz, Josefa
F72: En El Alto el 18 de mayo de 1882, se casó a **José González**, 22 años, labrador, h.n. de Martina, natural de Famaillá, y vecino de Ovanta, y a **Josefa Díaz**, 20 años, h.n de la finada Gregoria de la Tunas. Ts: Emilio Morienega y Simona N, cónyuges.

Verón, Pedro Juan con Guerrero, María Nicéfora
F72: En El Alto el 19 de abril de 1882, se casó a **Pedro Juan Verón**, 30 años, labrador, h.l. del finado Pedro Antonio y de María Molina, natural de San Juan y vecina de Haipa Sorcona y a **María Nicéfora Guerrero**, 20 años, vecino del mismo lugar. Ts: Dn. Porfirio Vega, soltero y Da. Corazón Gómez.

González, Telésforo con Luna, Bonifacia
F73: En La Quebrada a 15 de mayo de 1882, se casó a **Telésforo González**, 30 años, labrador, h.n de la finada Rosario, vecino de Ovanta, y a **Bonifacia Luna**, 24 años, h.l. de los finados Lorenzo y Tiburcia Ibáñez, vecina del mismo lugar. Ts: Espiridión Ledesma y Narcisa López, cónyuges del mismo lugar.

Gómez, José Atanasio con Carrizo, Carmen
F73: En La Quebrada a 30 de mayo de 1882, se casó a **José Atanasio Gómez**, 30 años, labrador, h.n de la finada Helena, vecino de Simogasta y a **Carmen Carrizo**, 20 años, h.l. del finado Justo y Petrona Ibáñez, vecina del mismo lugar. Ts: Pastor Salinas y Belisaria Zurita, cónyuges de Catamarca.

Verón, Alejandro con Rodríguez, Vicenta
F74: En El Alto el 12 de junio de 1882, se casó a **Alejandro Verón**, 28 años, labrador, h.l. de los finados Facundo y Margarita Cardoso, vecino del Puestito, y a **Vicenta Rodríguez**, 22 años, h.n de la finada Juana Rodríguez, vecina del mismo lugar. Ts: Serapio Verón y Rosario Zurita, cónyuges del mismo lugar.

Campos, Pedro con González, Purísima
F74: En El Alto el 12 de junio de 1882, se casó a **Pedro Campos**, 26 años, labrador, h.l. del finado Indalecio y de Carmen Salinas, vecino del Puestito, y a **Purísima González**, 23 años, h.l. Pilar y de Balbina Domínguez, vecina del Guaco Hondo. Ts: Dn. Isidoro Robles, casado de El Alto y de Da. Genoveva Jeréz, de Totora Yaco.

Ahumada, Eusebio con Ledesma, Clementina
F75: En El Alto el 12 de junio de 1882, se casó **Eusebio Ahumada**, 26 años, labrador, h.l. de Juan y de María Núñez, natural de Icaño y vecino de Simogasta, y a **Clementina Ledesma**, 23 años, h.n de María Ledesma, del mismo lugar. Ts: Juan Antonio Gómez y María Ponce, cónyuges de los Monteros.

Ahumada, Dn. Mauricio con Díaz, Petrona
F75: En El Alto el 17 de mayo de 1882, se casó Dn. **Mauricio Ahumada**, 24 años, pulpero, h.l. de los finados Dn. Atanasio y Da. Martina Ahumada, vecino de El Alto, y a **Petrona Díaz**, 26 años, h.l. de los finados Domingo y Manuela Espíndola, de esta parroquia. Ts: Dn. Manuel Gramajo, soltero y Da. Andrea Almaraz, del mismo lugar.

Juárez, Victoriano con Rosales, Ramona R.
F76: En El Alto el 28 de junio de 1882, tras dispensarse un impedimento de afinidad lícita en segundo grado de la línea colateral, se casó a **Victoriano Juárez**, 30 años, labrador, h.l. de los finados Fernando y Francisca Brizuela, vecino de Alijilán, y a **Ramona R. Rosales**, 23 años, h.l. de Gregorio y de Felisa Collantes del mismo lugar. Ts: Desiderio Díaz y Carolina Rosales, cónyuges del Aguada.

Collantes, Ramón R con Burgos, Digna
F76: En El Alto el 28 de junio de 1882, se casó **Ramón R. Collantes**, 24 años, labrado, h.l. de los finados Cosme y María Jiménez, vecino de Ampolla, y a **Digna Burgos**, 22 años, h.l. del finado José Ignacio y Marcelina Páez, de Ayapaso. Ts: Timoteo Cevallos y Azucena Burgos, cónyuges del mismo lugar.

Barrientos, Ramón Rosa con Córdoba, Encarnación
F77: En El Alto el 28 de junio de 1882, se casó a **Ramón Rosa Barrientos**, 23 años, labrador, h.n de la finada Brígida, vecino del Pozo, y a **Encarnación Córdoba**, 22 años, h.l. del finado Luis Antonio y de Irene Barrera, vecina de los Manantiales. Ts: Dn. Gabriel Barrientos, casado y Emilia Carrizo, casada del Sauce.

Romano, Patricio con Leal, Juana P.
F77: En La Quebrada el 31 de mayo de 1882, se casó a **Patricio Romano**, 26 años, Jornalero, h.n de Griselda Romano, vecino de la Quebrada, y a **Juana P. Leal**, 22 años, h.l. de los finados Juan Ángel y Mónica Cordero, vecina del Aguadita. Ts: Calixto Robles de El Alto y Tadeo Osores del Aguadita.

Pereyra, Ezequiel con Cordero, Lucinda
F78: En El Alto el 8 de julio de 1882, se casó a **Ezequiel Pereyra**, 19 años, labrador, h.n. del finado Desiderio y de Visitación Ferreyra, vecino del Saucecito, y a **Lucinda Cordero**, 23 años, h.l. del finado Martín y Cornelia Cañas, vecina de Alijilán. Ts: José Barrientos y Da. Rosario Paz, casados del mismo lugar.

Quiroga, Pedro Severo con Rodríguez Graciana
F78: En El Alto el 10 de julio de 1882, tras dispensarse impedimento de consanguinidad de tercer grado de la línea colateral igual, se casó a **Pedro Severo Quiroga**, 22 años, labrador, h.l. del finado Pedro Nemesio y de Noemí Moyano, de la Calera, y a **Graciana Rodríguez**, 25 años, h.n. de la finada Zoila del mismo lugar. Ts: José Antonio Leiva y Grimanesa Rodríguez, cónyuges del mismo lugar. Levantaron información matrimonial el 15 de junio de 1882. Causales: 1. Por ser huérfana, 2. por ser sumamente pobre, 3. Por el deber que tiene el pretendiente de cubrir el honor, por haber tenido con ella trato ilícito, 4. La mucha familiaridad que el pretendiente tiene en la casa de la pretendida, 5. Por tener la edad de 25 años, por lo que sería imposible se le presente mejor oportunidad con persona extraña.

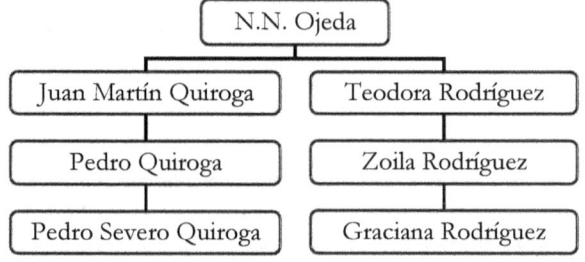

Peralta, Pedro con Albarracín, Josefa
F79: En El Alto el 15 de julio de1882o, se casó a **Pedro Peralta**, 38 años, jornalero, h.l. de los finados Julián y Candelaria Rojas, vecino de Choya, a y **Josefa Albarracín**, 40 años, h.n. de la finada Luisa, vecina de la Costa. Ts: Dn. Sixto Basualdo, casado de El Alto y Justa Mansilla, casada de la Costa.

Arévalo, Francisco J. con Valdéz, Francisca
F79: En El Alto el 16 de agosto de 1882, se casó a **Francisco J. Arévalo**, 25 años, labrador, h.n de Reyes, vecino de El Alto, y a **Francisca Valdéz**, 30 años, h.n. de Eudoxia, vecina del Durazno. Ts: Dn. Pacífico Rodríguez, soltero y Da. Raquel Villagra.

Espeche, Dn. Mateo con Agüero, Da. Deidamia
F80: En El Alto el 28 de agosto de 1882, se casó a Dn. **Mateo Espeche**, 26 años, labrador, h.l. de Dn. Ignacio y de Benedicta Vega, vecino de las Cañas, y a Da. **Deidamia Agüero**, 22 años, h.n. de Melitona, vecina del mismo lugar. Ts: Dn. Juan Pablo Cuello y Da. Rosario Mercado.

Reinoso, Raimundo con Vega, Josefa
F80: En las Tunas a 1 de setiembre de 1882, se casó a **Reimundo Reinoso**, labrador, h.l. de los finados Hilario y Pascuala Ibáñez, vecino del Bañado, y a **Josefa Vega**, 26 años, h.n. de Jesús, vecina de la Quebradita. Ts: Benigno Varela y Cleofé Luna, cónyuges.

Gutiérrez, José con Quiroga, Nicasia
F81: En Las Tunas a 4 de setiembre de 1882, se casó a **José Gutiérrez**, 24 años, labrador, h.l. del finado Bibiano y María Ramona Robledo, vecino del Bañado, y a **Nicasia Quiroga**, 23 años, h.l. de los finados Francisco Antonio y Tadea Luna, del mismo lugar. Ts: Ramón R. Luna y Narcisa Luna, solteros del Bañado.

González, Marcelino con Escasuso, Adeodata
F81: En El Alto el 16 de setiembre de 1882, se casó a **Marcelino González**, 30 años, labrador, h.l. del finado José Francisco y de Basilia Jiménez, vecino de las Tunas, y a **Adeodata Escasuso**, 23 años, h.l. de los finados José e Inés Collantes, vecina del mismo lugar.

Rodríguez, Dn. Pacífico con Suasnabar, Da. Adela
F82: En El Alto el 20 de setiembre de 1882, se casó a Dn. **Pacífico Rodríguez**, 30 años, labrador, h.l. de los finados Dn. Juan Pío y Da. Tránsito Medina, vecino de El Alto, y a Da. **Adela Suasnabar** (alias Gómez), 30 años, h.n. de Da. Carmen Suasnabar, del mismo lugar. Ts: Dn. Luis J. Brandán y Da. Javiera Márquez, cónyuges de El Alto.

Reinoso, Isaac con Reinoso, Eduviges
F82: En El Alto el 11 de octubre de 1882, tras dispensarse un impedimento de consanguinidad en cuarto grado de la línea colateral, se casó a **Isaac Reinoso**, 38 años, labrador, h.l. de Nicolás y de la finada Mercedes Soraire, vecinos del Balado, y a **Eduviges Reinoso**, 25 años, h.l. de los finados Benjamín y María Aurora González. Ts: Javier Luna, soltero, y Tomasina Coronel. Levantaron información matrimonial el 18 de setiembre de 1882
Causales: 1. El ser huérfana de padre y madre, 2. El tener la edad de 25 años,3. El deber que tiene el pretendiente de cubrir el honor por haber tenido ya trato ilícito, razón por la que se teme no se presente enlace conveniente con persona extraña.

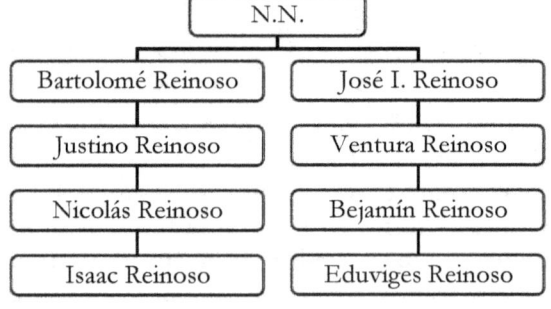

Arévalo, Ramón Antonio con Páez, María Jesús
F83: En El Alto el 14 de octubre de 1882, se casó a **Ramón Antonio Arévalo**, 21 años, jornalero, h.l. de los finados Aurelio y Cruz Medina, vecino de El Alto, y a **María Jesús Páez**, 18 años, h.l. del finado Felipe y Dolores Herrera, vecina del Puerto Viejo. Ts: José Cevallos, casado y Petronila Juárez, casada, vecinos de El Alto.

Burgos, Eufemio con Barrera, Asunción
F83: En El Alto el 27 de octubre de 1882, tras dispensarse un impedimento de consanguinidad en segundo grado mixto con tercero de la línea colateral, se casó a **Eufemio Burgos**, 26 años, labrador, h.l. de Pedro Pablo y de la finada Aniceta Herrera, vecino del Potrero, y a **Asunción Barrera**, 25 años, h.l. de los finados José Evaristo y Balvina Rosa Santillán, vecina de los Osores. Ts: Dn. Docitel Santillán y Da. Apolinaria Altamiranda, viuda de El Alto. Levantaron Información matrimonial el 12 de septiembre de 1882. Causales: 1. Por ser sumamente pobre, 2. Por ser huérfana de padre y madre, 3. El tener la edad de 25 años, 4. El deber que tiene el pretendiente de cubrir el honor, por haber tenido trato ilícito, por lo que teme no se le presente enlace conveniente con persona extraña

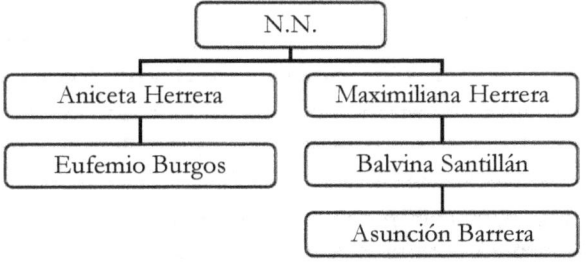

Ahumada, Dn. Rosendo con Osorio, Da. Zulema
F84: En El Alto el 2 de noviembre de 1882, se casó a Dn. **Rosendo Ahumada**, 50 años, comerciante, h.l. de los finados Dn. Filiberto y Da. Isabel Segura, viudo de la finada Da. Adelaida Jeréz, vecino de El Alto, y a Da. **Zulema Osorio**, 22 años, h.l. de Dn. Ramón y Da. Carolina Gómez, vecina de El Alto. Ts: Dn. David Sierra, casado y Da. Inés Gómez, soltera, ambos de El Alto.

Arévalo, Dn. Justo con Jeréz, Da. Aldana (Adelma)
Folio 84: En El Alto el 8 de noviembre de 1882, tras dispensarse un impedimento de afinidad ilícita en segundo grado mixto con tercero de la línea colateral, se casó a Dn. **Justo Arévalo**, 31 años, labrador, h.l. del finado Dn. Ramón Antonio y de Da. Benedicta Gómez, vecino del Arroyito, y a Da. **Aldana (Adelma) Jeréz**, 25 años, h.l. de Dn. Agustín y de la finada Da. Genoveva Centeno, vecinos de San Gerónimo. Ts: no constan. Levantaron información el 19 de octubre de 1882. Aclara que era viudo de Da. Delina Arévalo Causales: 1. El ser pobre, 2. El ser huérfana de madre, 3. Que presuntamente queda en completa soledad, lo que pone en ocasión próxima de producir escándalo y que el padre quedaría sin sitio alguno, 3. El tener la edad de 25 años, por lo que teme no se le presente enlace conveniente con persona extraña.

Millares, José con Ovejero, Corazón de Jesús
F85: En El Alto el 20 de noviembre de 1882, se casó a **José Millares**, 30 años, labrador, h.l. de los finados Javier y Encarnación Rivas, vecino de El Alto, y a **Corazón de Jesús Ovejero**, 21 años, h.l. del finado Ramón y Trinidad Acosta, vecina del mismo lugar. Ts: Facundo Bulacia y Joaquina Macedo, cónyuges.

Romero, Victorino con Peralta, Rosa Delina
F85: En Las Cortaderas a 17 de noviembre de 1882, se casó a **Victorino Romero**, 23 años, labrador, h.l. de los finados Francisco y Casimira Aparicio, vecino de San Antonio, y a **Delina Rosa Peralta**, 20 años, h.l. del finado Romualdo y a Pilar Lobo, vecina del mismo lugar. Ts: Dn. Calixto Robles y Da. Petrona Suárez.

Quiroga, Da. Hermenegilda con Ojeda, Da. Maclovia
F86: En Las Cortaderas a 17 de noviembre de 1882, se casó a Dn. **Hermenegilda Quiroga**, 24 años, labrador, h.l. Dn. Ramón Rosa y de Da. Eduviges Díaz, vecino de las Cortaderas, y a Da. **Maclovia Ojeda**, 22 años, h.l. de Dn. Manuel y de Da. Lizarda Juárez, vecina del mismo lugar. Ts: Baldomero Cárdenas y Exaltación Pérez, cónyuges.

Luna, Dn. Ramón Rosa con Altamirano, Da. Lastenia
F86: En Las Cortaderas a 27 de noviembre de 1882, se casó a Dn. **Ramón Rosa Luna**, 24 años, criador, h.l. de los finados Dn. Ciriaco y Da. Isabel Mercado, vecino del Obata, y a Da. **Lastenia Altamirano**, 22 años, h.l. de Dn. Hermenegildo y de la finada Da. Aurora Medina, vecina del Bañado. Ts: Dn. Ramón Ibáñez y Da. Carolina Coronel.

Melas, Dn. Luis con Medina, Da. Rita

F87: En Las Cortaderas a 30 de setiembre de 1882, se casó a Dn. **Luis Melas**, h.l. del finado Dn. Felipe y de Da. Isabel Casanio, comerciante, natural de Como, Italia y vecino de Lavalle, y a Da. **Rita Medina**, h.l. de los finados Dn. Desiderio y Da. Isabel Sueldo, natural de Vilismano y vecina de Lavalle. Ts: Manuel Benigno Ojeda y María A. Agüero, cónyuges, de Las Cortaderas.

Sánchez, Rudecindo con Peñaflor, María
F87: En Las Cortaderas 30 de setiembre de 1882, se casó a **Rudecindo Sánchez**, 30 años, labrador, h.n. de la finada Gerónima Sánchez, vecino de las Cortaderas, y a **María Peñaflor**, 23 años, h.l. de Asencio y de Carmen Sánchez, vecina del mismo lugar. Ts: Isidoro Días y Andrea Vallejos, cónyuges de las Cortaderas.

Vallejos, Eulalio con Quiroga, Honorata
F88: En Las Cortaderas a 30 de octubre de 1882, se casó a **Eulalio Vallejos**, 36 años, labrador, h.n. de la finada Nicasia vecino de las Cortaderas, y a **Honorata Quiroga**, 24 años, h.l. de los finados Graciliano y Balbina Juárez, vecina del mismo lugar. Ts: Basilio Albarracín e Isabel Agüero, cónyuges de las Cortaderas.

Cabral, Juan Simón con Valdéz, Auristela
F88: En Las Cortaderas a 2 de octubre de 1882, se casó **Juan Simón Cabral**, 22 años, labrador, h.l. de los finados Samuel y María de Jesús Flores vecino del Durazno, y a **Auristela Valdéz**, 22 años, h.l. de los finados Ramón y Heliodora Agüero, vecino del mismo lugar. Ts: Wenceslao Guamán y Rosario Duarte, no cónyuges, de la Huerta.

Ojeda, Manuel José con Lobo, Teresa
F89: En Las Cortaderas a 7 de octubre de 1882 En las Cortaderas, se casó a **Manuel José Ojeda**, 21 años, jornalero, h.n. de Maximiliana, vecino de las Cortaderas, y a **Teresa Lobo**, 22 años, h.l. del finado Mariano y Rosario Albarracín, del mismo lugar. Ts: Crisanto Ojeda y Tadea Sánchez, cónyuges del mismo lugar.

Carrizo, Vicente con Arias, Margarita
F89: En Las Cortaderas a 7 de octubre de 1882, se casó a **Vicente Carrizo**, 34 años, h.l. del finado Manuel y de Concepción Cabrera, vecino de Lavalle, y a **Margarita Arias**, 32 años, h.n. de la finada María Arias, vecino de Simogasta. Ts: Pablo Argañaráz y Clara Iramain, cónyuges de San Antonio.

Quiroga, Ramón con Magallán, Raimunda
F90: En Las Cortaderas a 7 de octubre de 1882, se casó a **Ramón Quiroga**, 28 años, labrador, h.l. de los finados José Ignacio y Simona Ferreira, vecino de las Cañas, y a **Raimunda Magallán**, 30 años, h.l. de los finados José Cornelio y Juana María Herrera, vecina del mismo lugar. Ts: Dn. Cledovio Ávila y Da. Jesús Ávila, hermanos solteros del mismo lugar.

Hernández, Dn. Pascual con Agüero, Dolores
F90: En El Alto el 6 de diciembre de 1882, se casó a Dn. **Pascual Hernández**, 22 años, labrador, h.l. de Dn. José Hernández y de la finada Da. Candelaria Barrionuevo, vecino de ¿Carrerana?, y a Da. **Dolores Agüero**, 21 años, h.n. Da. Gerónima, vecina de El Alto. Ts: Dn. Luis J. Brandán, casado de El Alto y Da. Emperatriz Hernández, soltera de ¿Carrerana?

Barrientos, Dn. Dionisio con Burgos, Da. Raquel
F91: En El Alto el 11 de diciembre de 1882, se casó a Dn. **Dionisio Barrientos**, 41 años, criador, h.l. de Dn. Luis Ignacio y de la finada Da. Dominga Segura, vecino del río del Puesto, y a Da. **Raquel Burgos**, h.l. de Dn. Pedro Ignacio y de Da. Bernarda Ahumada, vecina de los Cuestecillas. Ts: Dn. Luis J. Brandán, casado, de El Alto y Da. Dudovina Márquez, soltera, vecina de El Alto.

Pintos, Patrocinio con Segura, Juana Rosa
F91: En El Alto el 8 de enero de 1883, se casó a **Patrocinio Pintos**, 26 años, labrador, h.l. de los finados Francisco y Eduarda Flores, vecino de la Chilca, y a **Juana Rosa Segura**, h.l. del finado León y de Diocleciana Segura, vecina del Paso Grande. Ts: Ramón Cordero y Azucena Segura, cónyuges de Simbollar.

Díaz, Miguel con Islas, Remigia
F92: En El Alto el 8 de enero de 1883, se casó a **Manuel Díaz**, 23 años, jornalero, h.n. de la finada Restituta Díaz, vecino de los Monteros, y a **Remigia Islas**, 22 años, h.l. de Eliseo y de Carmen Cisneros, vecina de Cóndor Huasi. Ts: Juan Antonio Gómez y María Peñaflor, cónyuges de los Monteros.

Reinoso, Estratón con Agüero, Teresa
F92: En El Alto el 8 de diciembre de 1883, se casó a **Estratón Reinoso**, 27 años, zapatero, h.l de los finados Facundo y Mercedes Aranda, y a **Teresa Agüero**, 23 años, h.l. de Ponciano y de Rosa Cornejo, vecina del río de Ávilas. Ts: Ramón Gil Quiroga, casado de Oyola y Da. Andrea Almaraz, casado de El Alto.

Lobo, Zenón con Aranda, María
F93: En El Alto el 15 de enero de 1883, se casó a **Zenón Lobo**, h.l. de los finados Feliciano y Petrona Rosales, vecino del Saucecito, y a **María Aranda**, h.l. del finado Juan Apolinar y de Rosario Montoya, vecina del Aguada. Ts: Dn. Sixto Basualdo y Da. Agustina Heredia, cónyuges de El Alto.

Altamiranda, Dn. Hermenegildo con Luna, Da. Ramona
F93: En Las Tunas a 30 de enero de 1883, se casó a Dn. **Hermenegildo Altamiranda**, 40 años, comerciante, h.l. de los finados Dn. Julián y Da. Josefa Barrientos, vecino del Bañado, y a Da. **Ramona Luna**, 18 años, h.l. del finado Dn. Ramón y Da. Juliana Rasguido, vecina

del mismo lugar. Ts: Dn. Niceo Peralta y Da. Hugolina Leguizamón, cónyuges del mismo lugar.

Argañarás, Dn. Cornelio con Rosales, Da. María Lucía

F94: En El Alto el 3 de febrero de 1883, tras dispensarse un impedimento de afinidad lícita en cuarto grado mixto con tercero de la línea colateral, se casó a Dn. **Cornelio Argañarás**, 32 años, criador, h.l. del finado Juan Manuel y de Da. Pascuala Mercado, vecino de las Tunas, y a Da. **María Lucía Rosales**, 25 años, h.l. de Dn. Pedro Pascual y de Da. Tránsito Leguizamón, del mismo lugar. Ts: José Pío Ibáñez, casado y Da. Carolina Coronel, casada del Bañado. Levantaron información matrimonial el 15 de enero de 1883. Aclara que es viudo de **Rosa Barrientos**

Causales: 1. El temor de la edad de 25 años, no se le presente enlace conveniente con persona extraña, 2. La estrecha familiaridad que existe entre las partes, 3. Para evitar el escándalo, que podría ocurrir con el tiempo.

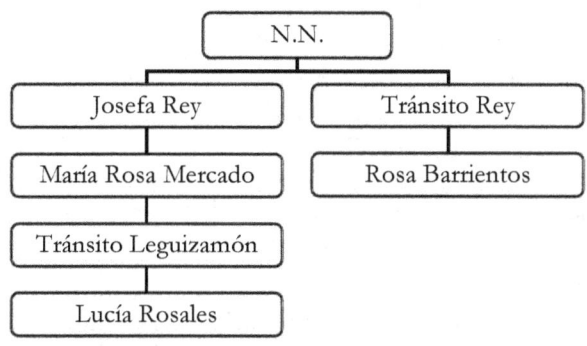

Gómez, Dn. Zenón con Albarracín, Da. Virginia

F94: En Vilismano a 26 de febrero de 1883, se casó a Dn. **Zenón Gómez**, 25 años, labrador, h.l. del finado Dn. Francisco y de Da. Ramona Ahumada, vecino del Puesto de Gómez, y a Da. **Virginia Albarracín**, 22 años, h.l. de los finados Dn. Alberto y de Eduviges Rizo, vecina de los Ortices. Ts: Dn. Bartolomé Gómez y Da. Ceferina Ahumada, cónyuges del Puesto de Gómez.

Márquez, Baldomero con Cabrera, Eustaquia

F95: En El Alto el 12 de febrero de 1883, tras dispensarse un impedimento de afinidad ilícita en segundo grado simple de la línea colateral, se casó a **Baldomero Márquez**, 29 años, labrador, h.l. del finado Anselmo y de Concepción Verón, vecino de las Cañas y a **Eustaquia Cabrera**, 30 años, h.l. de Marcelino y de la finada Patricia Varela, del mismo lugar. Ts: Dn. Pacífico Rodríguez y Da. Adela Suasnabar alias Gómez, cónyuges de El Alto.

Luna, Basilio con Lobo, María Águeda

F95: En El Alto el 5 de mayo de 1883, se casó a **Basilio Luna**, 28 años, labrador, h.l. de los finados Basilio y Cornelia ¿Lezama?, y a **María Águeda Lobo**, 28 años, h.n. de María del Señor Lobo, del mismo lugar. Ts: Ángel Manuel. (Partida Rota).

Rojas, José con Morales, Trinidad

F96: En El Alto el 2 de abril de 1883, se casó a **José Rojas**, 24 años, h.n. de Inés y vecino de Sucuma, y a **Trinidad Morales**, 17 años, h.l. del finado Justo y Dorotea Arévalo, vecino del mismo lugar. Ts: Severo Roldán y Rosa Villalba, cónyuges de Guayamba.

López, Segundo Domingo con Morales, Tránsito

F96: En El Alto el 2 de abril de 1883, se casó a **Segundo Domingo López**, 30 años, labrador, h.l. de los finados Domingo y María Rojo, natural de Totoral, curato de Ancasti y vecina de la Costa, y a **Tránsito Morales**, 20 años, h.n. de la finada Encarnación, vecina del mismo lugar. Ts: Fermín Lazo y Celestina Díaz, no cónyuges del mismo lugar.

Farías, Agustín con Ramírez, Efigenia

F97: En El Alto el 2 de abril de 1883, se casó a **Agustín Farías**, 30 años, labrador, h.l. de los finados Juan Pablo y Petrona Reinoso, vecino del Bañado y a **Efigenia Ramírez**, h.l. de Ramón y de la finada Delfina Alvarado, 18 años, vecina de Ampolla. Ts: Zenón Cárdenas y Cleofé Luna.

Reyes, Guillermo con Reinoso, Carmen

F97: En El Alto 2 de abril de 1883, se casó a **Guillermo Reyes**, 24 años, labrador, h.n. de Aurora, vecino del Alijilán, y a **Carmen Reinoso**, 19 años, h.l. de Manuel y de la finada Irene Díaz, vecina Aguada. Ts: Dn. Manuel Agote y Da. Nicéfora Gardel, cónyuges de El Alto.

Gómez, Ramón con Saravia, Indalecia

F98: En El Alto el 25 de abril de 1883, se casó a **Ramón Gómez**, 24 años, labrador, h.n de Micaela Gómez, vecino de la Huerta, y a **Indalecia Saravia**, 36 años, h.n. de Dolores del mismo lugar. Ts: Ventura Ortiz y Delfina Luna, cónyuges de los Ortices.

Ibarra, Dn. Bernardo con Tejeda, Romualda

F98: En El Alto el 25 de abril de 1883, dispensado un impedimento de consanguinidad en cuarto grado mixto con tercero, se casó Dn. **Bernardo Ibarra**, 24 años, labrador, h.n. de Francisca y vecino del Arroyito, y a **Romualda Tejeda**, 20 años, h.l. de Isidoro y de la finada Francisca Cisternas del mismo lugar. Ts: Bernabé Jeréz y N.N. del mismo lugar. Levantaron información matrimonial el 5 de abril de 1883.

Causales: 1. Por ser huérfana de madre y el padre haber pasado a segundas nupcias, con lo que tuvo desacuerdos, por lo que quedaría sin asilo alguno, 2. Por ser sumamente pobre, por no tener bienes de que disponer. 3. Para evitar el escándalo cuando el pretendiente ¿visite? en su casa a la pretendida.

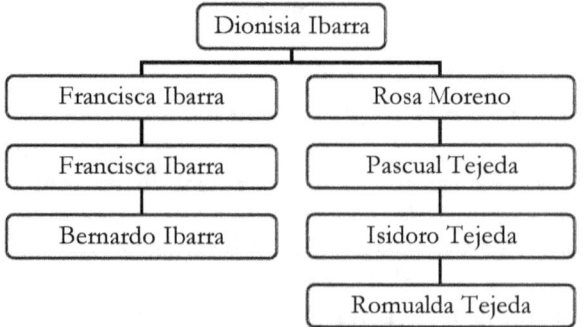

Quiroga, Lindor con Díaz, Ifigenia
F99: En El Alto el 22 de marzo de 1883, se casó a **Lindor Quiroga**, 25 años, labrador, h.n. Petrona Molina, del mismo lugar, y a **Efigenia Díaz**, 34 años, h.l. de los finados Marcos y Petrona Molina, del mismo lugar. Ts: Rudecindo Jiménez y Juliana Luna, cónyuges de los Ortices.

Barrera, José Francisco con Lobo, Irene Rosa
F99: En El Alto el 12 de junio de 1883, se casó a **José Francisco Barrera**, 23 años, labrador, h.n. de Juliana, vecino de Achalco, y a **Irene Rosa Lobo**, 22 años, h.l. de Rosendo y de Josefa Vega, vecina del mismo lugar. Ts: Donato Castellanos casado y María Gómez, soltera, ambos del mismo lugar.

Luna, Dn. Fermín con Reinoso, Da. Florinda
F100: En El Alto el 8 de julio de 1883, se casó Dn. **Fermín Luna**, 22 años, criador, h.l. de los finados Dn. Ciriaco e Isabel Mercado, vecino de Ovanta, y a Da. **Florinda Reinoso**, h.l. de Dn. Nicolás y de la finada Da. Mercedes Soraire, vecina del mismo lugar. Ts: Dn. Graciliano Rosales y Da. Carolina Coronel.

Vaca, Manuel con Monzón, Carlota
F100: En Las Tunas a 20 de agosto de 1883, se casó a **Manuel Vaca**, labrador, h.l. de los finados Juan Luis y Eduarda Paz, vecino de la Carpintería, y a **Carlota Monzón**, 24 años, h.l. de Luisito y de la finada Luisa Vega, del mismo lugar. Ts: Carmelo Medina y Teresa Rosales, cónyuges.

Segura, Antonio con Silva, Estaurófila
F101: En Las Tunas a 20 de agosto de 1883, se casó a **Antonio Segura**, 36 años, labrador, h.n. de la finada Petrona Segura, vecino de Alijilán, y a **Estaurófila Silva**, 23 años, h.l. de Facundo y de María Paz, vecina de las Tunas. Ts: Miguel Paz, casado y Da. Albina Barrientos.

Sánchez, Ambrosio con Armas, Pascuala
F101: En Las Cañas a 31 de agosto de 1883, se casó a **Ambrosio Sánchez**, labrador, h.n. de la finada Severina, vecino del Talarcito, y a **Pascuala Armas**, 24 años, h.l. de Prudencia y de la finada Encarnación Ibáñez, vecina del mismo lugar. Ts: Ruperto Ibáñez, viudo y Juliana Caravajal, viuda del mismo lugar.

Arévalo, Dn. Juan Bautista con Osores, Da. Feliciana
F102: En El Alto el 8 de setiembre de 1883, tras dispensarse un impedimento de afinidad lícita en segundo grado, se casó a Dn. **Juan Bautista Arévalo**, 41 años, labrador, h.l. de los finados Dn. Félix y Da. Valentina Suárez, vecino de Tala, y a Da. **Feliciana Osores**, 30 años, h.l. de los finados Dn. Teodoro y Da. Lorenzo Ibáñez, del mismo lugar. Ts: Dn. Luis J. Brandán, casado y Da. Benigna Albarracín, viuda de El Alto.

Garzón, Nicolás Tolentino con Quiroga, Susana
F102: En Las Cortaderas a 12 de octubre de 1883, se casó a **Nicolás Tolentino Garzón**, 24 años, jornalero, h.l. del finado Antonio y de María Medina, vecino de Achalco, y a **Susana Quiroga**, 22 años, h.l. de José Ignacio y de la finada Avelina Pino, vecina de Ayapaso. Ts: Manuel Tapia y Hugolina Rivero.

Quiroga, José Ignacio con Ojeda, Cenobia
F103: En Las Cortaderas a 25 de octubre de 1883, se casó a **José Ignacio Quiroga**, labrador, h.l. Ángel y Evangelista Alba, vecino de las Cortaderas, y a **Cenobia Ojeda**, h.l. de Manuel C. Ojeda y de Lizarda Juárez, del mismo lugar. Ts: Baldomero Cárdenas y Exaltación Pérez, cónyuges del mismo lugar.

Díaz, José Domingo con Rodríguez, Petrona
F103: En los Manantiales a 15 de octubre de 1883, se casó a **José Domingo Díaz**, labrador, h.n. de Mercedes, vecino de los Zanjones, y a **Petrona Rodríguez**, h.n. de Serviliana, vecina del mismo lugar. Ts: Dn. Indalecio Cevallos y Da. Teresa Villarroel, cónyuges del mismo lugar.

Mercado, Juan Ignacio con Soraire, Candelaria
F104: En los Manantiales a 15 de octubre de 1883, se casó a **Juan Ignacio Mercado**, 24 años, labrador, h.l. de los finados Justo Mercado y Jacoba Cano, vecino de la Capellanía, y a **Candelaria Soraire**, 30 años, h.n. de la finada Francisca, vecina de Alijilán. Ts: Dn. Ángel Ahumada y Da. Bárbara Paz.

Barrientos, José Antonio con Peralta, Carolina
F104: En Los Manantiales a 16 de octubre de 1883, se casó a Dn. **José Antonio Barrientos**, criador, h.l. de los finados Dn. Juan Tomás y Da. Francisca Antonia Rosales, vecino de la Calera, y a Da. **Carolina Peralta**, h.l. de Dn. Miguel y Da. Isidora Rosales, vecina de las Tunas. Ts: Dn. Luis Osán y Da. Pascuala González, no cónyuges, del mismo lugar.

Salinas Pavona, Casimiro con Mamonde, Remigia

F105: En Las Tunas a 10 de setiembre de 1883, se casó a **Casimiro Salinas**, alias Pabona, labrador, hijo natural de Rosa Pabona, vecino de las Cañas, y a **Remigia Mamonde**, h.l. de los finados Buenaventura y Jacinta Espinosa, vecina de las Cañas. Ts: Arsenio Flores, y Toribia Pereyra, cónyuges del mismo lugar.

Barrientos, Emeterio con Hernández, Emperatriz
F105: En Las Tunas a 24 de setiembre 1883, se casó **Emeterio Barrientos**, 26 años, labrador, h.l. del finado Patricio y Melitona Cabral, vecino de Alijilán, y a **Emperatriz Hernández**, h.l. de José y de la finada Candelaria Barrionuevo, vecina de Alijilán. Ts: Manuel Ángel Díaz y Vicenta Delgado del mismo lugar.

Guaráz, Ricardo con Ortiz, Balbina
F106: En Las Tunas a 29 de octubre de 1883, tras dispensarse un impedimento de afinidad lícita en primer grado, se casó a **Ricardo Guaráz**, labrador, h.l. Carlos y de la finada Casilda Robles, vecino del Bañado, y a **Balbina Ortiz**, h.l. del finado Martín y Regina Peralta, del mismo lugar. Ts: Ceferino Collantes y Ceferina Cabrera.

Gutiérrez, Dn. Mardoqueo con Olivar, Da. María Adeodata
F106: En El Alto el 7 de noviembre de 1883, se casó a Dn. **Mardoqueo Gutiérrez**, 24 años, labrador, h.l. de Dn. Ramón y Da. Elisa Reyes, vecino de Guayamba, y a Da. **María Adeodata Ulivar**, 23 años, h.l. de Dn. Juan Manuel y Rosa Barrionuevo. Ts: Dn. Vicente Leiva y Da.. Rosa Reyes, cónyuges del Río de Puerto.

Albarracín, Manuel de Jesús con Cisternas, Anunciación
F107: En El Alto el 3 de diciembre de 1883, se casó a **Manuel de Jesús Albarracín**, 20 años, labrador, h.l. de los finados Bartolomé y Celestina Gómez de Guayamba, y a **Anunciación Cisternas**, 23 años, h.l. del finado Eliseo y Petrona Barrientos, vecino de los Falcones. Ts: Servando Gómez, casado y Da. Tránsito Rodríguez, soltera del mismo lugar.

Almaraz, Teófilo con Almaraz, María del Tránsito
F107: En El Alto el 3 de noviembre de 1883, tras dispensarse un impedimento de consanguinidad en tercer grado mixto con cuarto, se casó a **Teófilo Almaraz**, 24 años, arriero, h.l. de Lucindo y de Ana Ponce, vecino de Santa Cruz del curato Rectoral, y a **María del Tránsito Almaraz**, 19 años, h.n. de Andrea, vecina de El Alto. Ts: Dn. Cristóforo Rodríguez y Da. Neófita Rodríguez, hermanos y solteros, del mismo lugar. Levantaron información matrimonial el 8 de noviembre de 1883.
Causales: 1. El ser sumamente pobre, 2. Que aunque la pretendida tiene madre, no puede atenderla por cuanto no ser de aprobación del marido, 3. El vivir del asilo de una abuela pobre y muy anciana y que al fallecer quedará completamente desamparada, 4. Que el pretendiente es capaz de atender a sus necesidades, por lo mínimo en lo necesario, no se le presente enlace más conveniente con persona extraña.

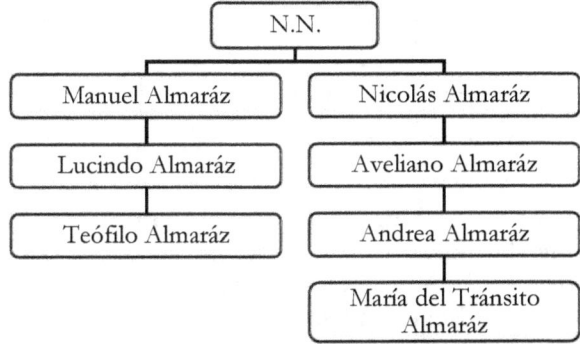

Vega, Dermidio de la con Falcón, Dolores
F108: En El Alto el 6 de diciembre de 1883, se casó **Dermidio de la Vega**, 27 años, labrador, h.n. de María del Rosario, vecino de Guayamba, y a **Dolores Falcón**, 27 años, h.n. de María, viuda del finado Nicanor de la Vega, del mismo lugar. Ts: Rufino Rizo, soltero y Grimanesa Ponce, casada de Iloga.

Osán, Dn. Luis con Agote, Da. Delfina
F108: En Los Manantiales a 8 de diciembre de 1883, se casó a Dn. **Luis Osán**, h.l. del finado Dn. Vicente y Da. Eustaquia Rodríguez, natural de Córdoba y vecino de Manantiales, y a Da. **Delfina Agote**, h.l. de Dn. Pastor y Da. Ángela González, finada vecina del mismo lugar. Ts: Dn. Delfín Agote, viudo y de la Capellanía y Da. Nicéfora Gardel, casada de El Alto.

Arias, Ángel Gabriel con Moyano, Noemí
F109: En El Alto el 23 de diciembre de 1883, se casó a **Ángel Gabriel Arias**, h.n. de la finada Petrona Arias, vecino del Simbollar, y a **Noemí Moyano**, 36 años, h.l. de los finados Cornelio y Gregoria Aráoz del mismo lugar. Ts: Felipe Maidana y Patrocinia Ledesma.

Mercado, Juan Vicente con Rosales, María Lucas
F109: En El Alto el 7 de enero de 1884, tras dispensarse un impedimento en tercer grado igual, se casó a **Juan Vicente Mercado**, 23 años, labrador, h.l. de Juan Vicente y de la finada Victoria Mercado, vecino del Bañado, y a **María Lucas Rosales**, h.l. de Juan Lucas y de María Zelaya, vecina del mismo lugar. Ts: Dn. Hermenegildo Altamiranda, casado, y Manuela Rosales, soltera del Bañado. Levantaron información matrimonial el 26 de noviembre de 1883
Causales: 1. Por ser sumamente pobres, 2. El deber que tiene el pretendiente de cubrir el honor por haber tenido trato ilícito de hecho público, al cual hubo un hijo, por cuya causa teme no se le presente enlace conveniente con persona extraña.

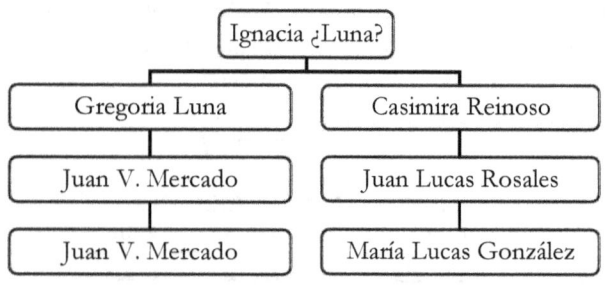

Villalba, Dn. Manuel de Reyes con Cejas, Da. María Bartolina
F110: En El Alto el 7 de enero de 1884, se casó a Dn. **Manuel de Reyes Villalba**, 28 años, labrador. h.l. Dn. Cruz y Da. Isabel Rodríguez, vecino de Iloga, y a Da. **María Bartolina Cejas**, 19 años, h.l. de los finados Dn. Pascual y Da. María Marta Ávila, vecina del río de los Ávila. Ts: Dn. Rudecindo Jiménez y Da. Fabiana Luna, de los Ortices.

Galván, Dn. Heriberto con Villalba, Da. María Rosenda
F110: En El Alto el 7 de enero de 1884, se casó a Dn. **Eriberto Galván**, 35 años, criador, h.l. de los finados Dn. Miguel y Da. Ceferina Ibáñez, vecino de las Iguanas, y a Da. **María Rosenda Villalba**, 20 años, h.l. Dn. Cruz y de Da. Isabel Rodríguez, vecina Iloga. Ts: Dn. Estanislao Jeréz y Da. María del Señor Villalba, cónyuge de San Gerónimo.

Ponce, Marcos con Mansilla, Teodosia
F111: En El Alto el 7 de enero de 1884, se casó a **Marcos Ponce**, jornalero, h.n. de la finada Martina Ponce, vecino de las Cañas, y a **Teodosia Mansilla**, 21 años, h.n. de la finada Justa Mansilla, del mismo lugar. Dn. Gregorio Ríos, soltero de las Cañas y Da. Javiera Márquez, casada de El Alto.

Bayón, Dn. Cipriano con Pereyra, Da. Clara
F111: En Vilismano a 20 de enero de 1884, se casó a Dn. **Cipriano Bayón**, carpintero, h.l. de los finados Dn. Juan Manuel y Da. Petrona Mansilla, vecino de Vilismano, y a Da. **Clara Pereyra**, h.l. de Dn. Santiago y de la finada Da. Bartolina Oviedo, viuda del finado Ramón Delicio Arévalo. Ts: no constan.

Nieva, Ramón Gil con Denett, Justa Josefa
F112: En Vilismano a 29 de enero de 1884, se casó a **Ramón Gil Nieva**, 50 años, curtidor, h.n. de la finada Ignacia Catalina Nieva, viudo de la finada Dolores Pérez, vecino de los Troncos, y a **Justa Josefa Denett**, 40 años, h.n. de María Emilia, 40 años, del mismo lugar. Ts: no constan.

Regalado, Dn. Jesús Salvador con Rodríguez, Da. Mónica
F112: En El Alto el 13 de febrero de 1884, se casó a Dn. **Jesús Salvador Regalado**, 72 años, labrador, h.l. de los finados Dn. Juan Bautista y Da. Antonia Espeche, viudo de Da. Grimanesa Córdoba, vecino de la Chacarita del curato Rectoral, y a Da. **Mónica Rodríguez**, 20 años, h.l. del finado Dn. Eliseo y de Da. Luisa Salazar, de Guayamba. Ts: Dn. Marcelino Romero, casado y Da. Tránsito Rodríguez, soltera.

Hernández, José Manuel con Albarracín, María Antonia
F113: En El Alto el 16 de febrero de 1884, tras dispensarse un impedimento de consanguinidad en tercer grado igual de la línea colateral, se casó a Dn. **José Manuel Hernández**, 23 años, labrador, h.l. Dn. Pedro y Rosa Aurelia Pérez, vecino del Agua del Sauce, y a Da. **María Antonia Albarracín**, 21 años, h.l. Dn. Lope y de Da. Francisca Pacheco, vecina de las Cañas. Ts: no constan.

Flores, Juan Bernardo con Lazo, María Candelaria
F113: En El Alto 5 de marzo de 1884, se casó a **Juan Bernardo Flores**, 24 años, labrador, h.l. de Felipe Flores y de la finada Felisa Segura, vecino de Pozo Grande, y a **María Candelaria Lazo**, 30 años, h.l. de los finados Pedro Pablo y María Lucía Leiva, viuda del finado Salvador Vega, vecina de las Costa. Ts: Julián Cordero y Perfecta Peñaflor cónyuges, de los Monteros.

Pacheco, Manuel con Díaz, Delfina
F114: En El Alto el 6 de marzo de 1884, se casó a **Manuel Pacheco**, 26 años, Jornalero, h.n. de la finada Betsabé, vecina de la Bajada, y a **Delfina Díaz**, 28 años, h.n. de la finada Concepción Díaz, vecina del mismo lugar. Ts: Bonifacio Rosales y Crisanta Ferreira.

Albarracín, Miguel Gerónimo con Farías, Agustina
F114: En El Alto el 10 de marzo de 1884, se casó a **Miguel Gerónimo Albarracín**, 30 años, labrador, h.l de los finados Leocadio y Ángela Rodríguez, vecino de Manantiales, y a **Agustina Farías**, 28 años, h.l. de los finados Bautista y Pabla Ortiz, viuda del finado Pedro Sosa, vecina del mismo lugar. Ts: Miguel Medina y Delina Gutiérrez.

Mansilla, Bernabé con Aranda, Francisca Predesfinda
F115: En El Alto el 19 de marzo de 1884, se casó a **Bernabé Mansilla**, 26 años, jornalero, h.n. de Teresa, vecino de las Cañas, y a **Francisca Predesfinda Aranda**, 22 años, vecina del mismo lugar. Ts: Da. Mauricia Sánchez y Dn. Agenor Ovejero de los Pozos.

Nieva, José con Luna, Crisanta
F115: En El Alto el 14 de abril de 1884, se casó a **José Nieva**, 22 años, labrador, h.l. de los finados Alberto

Nieva, y Josefa Sosa, vecino de Achalco, y a **Crisanta Luna**, 23 años, h.l. del finado Elías Luna y de Beatriz, vecina de mismo lugar. Ts: Celestino Lobo y Baldomera Lobo, no cónyuges del mismo lugar.

Bulacias, Segundo con Ovejero, Dámasa
F116: En El Alto el 21 de abril de 1884, se casó a **Segundo Bulacias**, 22 años, abastecedor, h.l. Ángel Bulacia y de la finada Catalina Bulacia, vecina de El Alto, y a **Dámasa Ovejero**, 25 años, h.l. de los finados Juan Gil Ovejero y Romualda Molina, vecina del Molino. Ts: Dn. Decoroso Mendoza y Da. Isabel Mendoza, solteros del mismo lugar.

Pedraza, Abelardo con Ríos, Mercedes
F116: En El Alto el 21 de abril de 1884, se casó a **Abelardo Pedraza**, carpintero, 28 años, h.l. de los finados Leandro y Manuela Mansilla, vecino de Molle Yaco, y a **Mercedes Ríos**, 30 años, h.l. del finado José Wenceslao y de Avelina Morales, vecina de Caña Cruz. Ts: Serafín Quiroga y Tránsito Quiroga.

Palacios, Dn. Hermógenes con Gómez, Da. Peregrina
F117: En El Alto 24 de abril de 1884, se casó Dn. **Hermógenes Palacios**, 27 años, labrador, h.l. de los finados Dn. Hermógenes y a Da. **Peregrina Gómez**, vecina de los Zanjones, y a Da. Juana Agudo, h.l. del finado Dn. Vicente y de Da. Febronia Gómez, vecina del pensamiento. Ts: Dn. Indalecio Cevallos y Da. Nieves Brizuela de Gómez.

Ibarra, Ramón R. con Mansilla, Hugolina
F117: En El Alto el 28 de abril de 1884, se casó a **Ramón R. Ibarra**, 30 años, labrador, h.n. de Fortunata y vecino de Collagasta, y a **Hugolina Mansilla**, 23 años, h.l. de los finados Juan Dionisio y Francisca Caravajal, vecina del mismo lugar. Ts: Dn. Ángel Magallán casado de Haipa Sorcona, y Da. Delfina Luna, casada de El Alto.

Maidana, Dn. José Adolfo con Díaz, Da. Atanasia
F118: En El Alto el 5 de mayo de 1884, se casó a Dn. **José Adolfo Maidana**, 25 años, labrador, h.l. del finado Dn. Plácido y de Da. Modesta Arévalo, vecino de Alta Gracia, y a Da. **Atanasia Díaz**, 20 años, h.l. de Félix y de la finada Da. Atanasia Pacheco, vecina de Caña Cruz. Ts: Dn. Luis J. Brandán y Da. Javiera Márquez, cónyuges de El Alto.

Lobo Lisando con Brizuela, Melchora
F118: En El Alto el 12 de mayo de 1884, se casó a **Lisandro Lobo**, 25 años, labrador, h.l. del finado Félix y de Francisco Suárez, vecino de las Lomitas, y a **Melchora Brizuela**, h.l. de los finados Juan I. y Cecilia Barrionuevo, vecina de Rama Corral. Ts: Abdénago Magallán, soltero y Virginia Magallán, casada de El Alto.

Quiroga, Venancio con Navarro, Inocencia
F119: En El Alto 12 de mayo de 1884, se casó a **Benancio Quiroga**, 26 años, jornalero, h.l. de Javier Quiroga y de Francisca Vélez, vecino de las Cañas, y a **Inocencia Navarro**, 22 años, h.n. de Ildefonsa, vecina del mismo lugar. Ts: Belisario Luna, casado de Amaucala, y Melitona Agüero, soltera de las Cañas.

Leguizamón, Dn. Andrés Avelino, con Díaz, Da. Ramona del Señor
F119: En El Alto 19 de mayo de 1884, se casó a Dn. **Andrés Avelino Leguizamón**, 25 años, labrador, h.l. Dn. Juan Andrés y de Da. Luisa Rosales, vecino de las Tunas, y a Da. **Ramona del Señor Díaz**, 17 años, h.l. de los finados Dn. Francisco Antonio Díaz y Da. Petronila González, vecina del mismo lugar. Ts: Florentino Collantes, casado de las Tunas y Peregrina Jeréz, casado del Bañado.

Guerra, Dn. Juan Manuel con Cordero, Corazón
F120: En La Quebrada a 19 de mayo de 1884, se casó a Dn. **Juan Manuel Guerra**, 26 años, jornalero, h.l. del finado Nemesio y de María del Rosario Ledesma, vecino del Puestito, y a **Corazón Cordero**, 24 años, vecina de El Alto, h.l. del finado Octaviano y Margarita Díaz. Ts: José Santos Arias y María Islas.

Pintos, Juan Bautista con Orellana, María Mercedes
F120: En La Quebrada a 21 de mayo de 1884, se casó a **Juan Bautista Pintos**, 24 años, jornalero, h.n de Lucía Pintos, vecino de la Chulca, y a **María Mercedes Orellana**, 30 años, h.n. de NN, viuda del finado Andrés Díaz, vecina del mismo lugar. Ts: Manuel Rodríguez y Gregoria Zurita.

Garzón, Nicolás con Rojas, Genoveva
F121: En La Quebrada de 21 de mayo de 1884, se casó a **Nicanor Garzón**, 40 años, labrador, h.l. de los finados Pedro Nolasco y Juana Luna, vecino de los Monteros, y a **Genibera Rojas**, 28 años, h.l. de los finados Hermenegildo y Mercedes Beltrán del mismo lugar. Ts: Dn. Manuel Chazarreta y Feliciana Barrera, cónyuges de la Aguadita.

Ortiz, Ramón con Osores, Sebastiana
F121: En La Quebrada a 24 de mayo de 1884, se casó a **Ramón Ortiz**, 26 años, jornalero, h.l. de los finados Francisco Javier y María Arpines, natural de Catamarca y vecino de la Quebrada, y a **Sebastiana Osores**, 28 años, h.l. de los finados Rosario y Rosario Ledesma, del mismo lugar. Ts: Manuel Rodríguez y Gregoria Zurita, cónyuges de la Calera.

Guerra, Crescencio con Peñaflor, Raquel
F122: En La Quebrada a 29 de mayo de 1884 En la Quebrada, se casó a **Crescencio Guerra**, 37 años, h.l.

de Juan Ramón y de la finada Dorotea Ledesma, vecino de Achalco, y a **Raquel Peñaflor**, 23 años, h.n. de Delfina Peñaflor, vecina de los Monteros. Ts: José Santos Arias y María Arias de Achalco.

Lobo, Celestino con Barros, Inés
F122: En La Quebrada a 2 de junio de 1884, se casó a **Celestino Lobo**, 30 años, labrador, h.l. de los finados Adolfo y Grimanesa Rodríguez, vecino de Achalco, y a **Inés Barros**, 23 años, h.l. de los finados Valentín y Felisa Romano del mismo lugar. Ts: Manuel Chazarreta y Feliciana Barrera, cónyuges.

Chazarreta, José Manuel con Barrera, Fortunata
F123: En La Quebrada a 2 de junio de 1884, se casó a **José Manuel Chazarreta**, 26 años, labrador, h.l. de Manuel y de la finada Rosa Castellanos, vecino del Aguadita, y a **Fortunata Barrera**, 26 años, h.l. de Juan Barrera y de la finada Agustina Quiroga, viuda del finado Marcelino Reinoso, vecino de Achalco. Ts: Pedro Félix Lobo y Catalina Lobo, cónyuges de Achalco.

Santillán, Docitel con Flores, Nicea
F123: En El Alto el 19 de junio de 1884, se casó a **Docitel Santillán**, 24 años, labrador, h.l. de los finados José Ignacio y Maximiliana Herrera, vecina de los Osores, y a **Nicea Flores**, 23 años, h.l. de Severino y María Juana Lobo, vecina de las Tunas. Ts: Dn. Pacífico Rodríguez y Benigna Almaraz de El Alto.

Barros, Delfín con Santillán, Florinda
F123: En El Alto el 19 de junio de 1884, se casó a **Delfín Barros**, 24 años, labrador, h.l. de los finados Valentín y Felisa Romano, vecino de Achalco, y a **Florinda Santillán**, 20 años, h.l. del finado Elías y de María Romano, vecina de las Tunas. Ts: Benigno Chazarreta y Rosendo N., cónyuges del Aguadita.

Bravo, Dn. Nabor con Silva, Da. Ramona
F124: En La Puerta Grande a 2 de julio de 1884, se casó a Dn. **Nabor Bravo**, 33 años, natural de Santiago del Estero, sastre, h.l. del finado Dn. Bernabé y de Gregoria Coronel, vecino de Yaquicho, y a Da. **Ramona Silva**, 18 años, h.n. de la finada Da. Marcelina Silva, vecina de Bajada. Ts: Dn. Miguel Tolosa y Da. Eudosia Tolosa, hermanos del mismo lugar.

Magallán, Abdénago con Brizuela, Francisca
F125: En El Alto el 7 de julio a 1884, se casó a **Abdénago Magallán**, 22 años, labrador, h.l. del finado José Lino y de Beatriz Lobo, vecino de las Lomitas, y a **Francisca Brizuela**, 20 años, h.l. de los finados Juan Ignacio y Cecilia Barrionuevo, de Rama Corral. Ts: Dn. Félix Medina y Da. Adeodata Rodríguez.

Rosales, Moisés con Cevallos, Raquel
F125: En Las Tunas a 2 de agosto de 1884, se casó a **Moisés Rosales**, 23 años, labrador, h.n. de Manuela, vecino del Bañado, y a **Raquel Cevallos**, 18 años, h.n. de la finada Zoila, vecina de Ampolla. Ts: Lorenzo Rosales y Anacleta Mercado, no cónyuges, vecinos del Bañado.

Nieva, Gregorio con Monzón, Ángela
F126: En Las Tunas a 11 de agosto de 1884, se casó a **Gregorio Nieva**, 26 años, labrador, h.l. de los finados Juan Silvestre y María Medina, vecino de la Carpintería, y a **Ángela Monzón**, 23 años, h.l. de Bonifacio y de Asunción Vega, del mismo lugar. Ts: Melitón Mendoza y Da. Vicenta, no cónyuges de Alijilán.

Márquez, Fructuoso con Torres, Bartolina
F126: En El Alto el 18 de agosto de 1884, tras dispensarse un impedimento de afinidad ilícita en primer grado, se casó a **Fructuoso Márquez**, 18 años, labrador, h.l. del finado Manuel de Reyes y Brígida Segura, vecino de El Alto, y a **Bartolina Torres**, 25 años, h.n. de Espíritu, vecina del mismo lugar. Ts: Sixto Basualdo y Agustina Heredia, cónyuges, de El Alto.

Reyes, Luis Sandalio con Fernández, Petrona
F127: En Las Tunas a 18 de agosto de 1884, tras dispensarse un impedimento de consanguinidad den tercer grado igual de la línea colateral, se casó a **Luis Sandalio Reyes**, 20 años, labrador, h.l. del finado Benito y de **Petrona Fernández**, vecino del Saucecito, y a Macedonia Guerrero, 20 años, h.l. del Félix y de Presentación Reinoso del mismo lugar. Ts: Carmelo Medina y Teresa Rosales, del mismo lugar.

Sosa, Eladio con Peregrina
F127: En Las Tunas a 20 de agosto de 1884, se casó a **Eladio Sosa**, labrador, h.l. de los finados Manuel Amadeo y María Agustina Quiroga, vecina de Ayapaso, y a **Peregrina**, 16 años. Ts: Abraham Ponce y Estaurófila Arias, cónyuges de la Higuerita.

Carrizo, Victoriano con Reinoso, Estaurófila
F128: En Las Tunas a 23 de agosto de 1884, se casó a **Victoriano Carrizo**, 26 años, labrador, h.n. de Josefa, vecino del Bañado y a **Estaurófila Reinoso**, 23 años, h.n. de la finada María del Señor Reinoso. Ts: Buenaventura Leguizamón y Natividad Páez del mismo lugar.

Ibáñez, Dn. Ramón con Díaz, Da. Flomiria
F128: En Las Cañas a 30 de agosto de 1884, tras dispensarse un impedimento de consanguinidad de segundo grado mixto con tercero de la línea colateral, se casó a Dn. **Ramón Ibáñez**, 31 años, criador, h.n. de la finada Isidora, vecino de las Cañas, y a Da. **Flomiria Díaz**, 25 años, h.l. de los finados Dn. Carmen y de Da.

Marquesa Lezana del mismo lugar. Ts: Dn. Lucas Pregot y Da. Maclovia Ibáñez, casados del mismo lugar.

Cisneros, Dn. Andrónico con Zurita, Da. Petrona
F129: En El Alto el 3 de setiembre de 1884, se casó a Dn. **Andrónico Cisneros**, 38 años, labrador, h.n. de Da. Evangelista, y viudo de la finada Da. Primitiva Rizo, vecino del Durazno, y a Da. **Petrona Zurita**, 26 años, h.l. de Dn. Justo y de la finada Da. Polonia Villalba, vecina de Ojo de Agua. Ts: Dn. Liborio Lobo y Da. Juana Rizo, cónyuges.

Díaz, Fabriciano con Rosales, Carmen
F129: En El Alto el 15 de setiembre de 1884, dispensado un impedimento de consanguinidad en segundo grado simple de la línea colateral, se casó a **Fabriciano Díaz**, 27 años, labrador, h.l. del finado Froilán y de Avelina Juárez, vecino de Alijilán, y a **Carmen Rosales**, 22 años, h.l. de Ignacio y de la finada Candelaria Rosales, del mismo lugar. Ts: Desiderio Díaz y Carolina Rosales, cónyuges.

Martínez, Sinesio con Medina, Juliana de Jesús
F130: En El Alto el 13 de setiembre de 1884, se casó a **Sinesio Martínez**, 26 años, labrador, h.l. del finado Ángel Román y de Tránsito Magallán, vecino de Yaco, y a **Juliana de Jesús Medina**, 18 años, h.l. del finado Zacarías y de María del Rosario Cortés, de Haipa Sorcona. Ts: Jesús María Ovejero y Da. Neófita Rodríguez, de El Alto.

Juárez, Emeterio con Villalba, Ramona A.
F130: En El Alto el 27 de setiembre de 1884, tras dispensarse impedimento de afinidad lícita en segundo grado simple de línea colateral, se casó **Emeterio Juárez**, 28 años, labrador, h.l. de los finados José y Carmen Guzmán, vecino del Agua de Sauce, y a **Ramona A. Villalba**, 21 años, h.l. de Tomás y de la finada María Magallán del mismo lugar. Ts: no constan.

Rivas, Pedro con Sosa, María
F131: En Las Cortaderas a 29 de setiembre de 1884, se casó a **Pedro Rivas**, h.l. de los finados Ramón Rivas y Saturnina Sánchez, vecino de Ayapaso, y a **María Sosa**, 20 años, h.l. de los finados Amadeo y Agustina Quiroga del mismo lugar. Ts: Pedro Retamozo y Hugolina Rivas, no cónyuges del mismo lugar.

Rojas, Adrián con Rojas, Cristina
F131: En Las Cortaderas a 4 de octubre de 1884, tras dispensarse un impedimento de consanguinidad en tercer grado de la línea colateral, se casó a **Adrián Rojas**, h.n. de Lucinda, vecino de Simogasta, y a **Cristina Rojas**, h.l. de los finados David y Estanislada Bojas, viuda y del mismo lugar. Ts: Dn. Nicolás Gómez, soltero y Perfecta Peñaflor, casado de la Quebrada.

Falcón, Dn. Mardonio con Cisternas, Da. Mercedes
F132: En El Alto 27 de octubre de 1884, se casó a Dn. **Mardonio Falcón**, 27 años, criador, h.l. del finado Dn. Cornelio y Da. Silvestra Ocón, vecino de Santa Rosa, y a Da. **Mercedes Cisternas**, 26 años, h.l. de los finados Dn. Pedro Nolasco y de Da. Mercedes Mansilla, vecina de los Falcones. Ts: Ramón Leiva y Da. Jacinta Reinoso.

Ríos, Dn. Gregorio con Valdéz, Da. Midemia
F132: En El Alto el 3 de noviembre de 1884, se casó a Dn. **Gregorio Ríos**, 27 años, cortador de madera, h.l. Dn. Manuel y Da. Juana Lencina, vecino de Lavalle, y a Da. **Midemia Valdéz**, 21 años, h.l. de Dn. Félix y de la finada Da. Atanay Molina, vecina de Alijilán. Ts: N. Ríos y Da. Gregoria Valdéz, de Alijilán.

Corbalán, Juan Antonio con Collantes, Crisanta
F133: En El Alto el 20 de noviembre de 1884, se casó a **Juan Antonio Corbalán**, 35 años, h.l. de los finados Antonio María y Rafaela Barzón, natural de Santiago, vecino de Ampolla, viudo de Rosario Mansilla, y a **Crisanta Collantes**, 34 años, h.l. de los finados Bernabé y Lorenza Arévalo, vecina de Ampolla. Ts: no constan.

Barrientos, Dn. Diego con Gutiérrez, Da. Felipa
F133: En El Alto el 26 de noviembre de 1884, se casó a Dn. **Diego Barrientos**, 26 años, criador, h.n. de la finada Da. Brígida, vecino del Paso y a Da. **Felipa Gutiérrez**, 17 años, h.l. de Dn. Ramón y de la finada Da. Elisea Reyes, vecina de Guayamba. Ts: Dn. Flavio Pacheco, soltero y Da. Hugolina Agüero, viuda del mismo lugar.

Paz, Belisario con Guaráz, Petrona Ignacia
F134: En El Alto el 25 de noviembre de 1884, se casó a **Belisario Paz**, 34 años, labrador, h.n. de la finada Gerónima, vecino de las Tunas, y a **Petrona Ignacia Guaráz**, 16 años, h.l. del finado Felipe y Carmen Ibáñez. Ts: no constan.

Ahumada, Moisés con Castro, Olegaria
F134: En El Alto el 9 de diciembre de 1884, se casó a **Moisés Ahumada**, 50 años, labrador, h.l. de los finados Baltazar y María Santos Márquez, vecino de las Cuestecillas, y a **Olegaria Castro**, 40 años, h.n. de la finada Santos, vecina del mismo lugar. Ts: Dn. Manuel Gramajo, soltero y Da. Nieves Burgos de Gómez, casada, de El Alto.

Rodríguez, Dn. Custodio con Ocón, Da. Petronila
F135: En El Alto el 13 de diciembre de 1884, se casó a Dn. **Custodio Rodríguez**, 23 años, h.l. de Dn. Pedro y de Da. Nieves Crespín, vecino de El Alto, y de Da. **Petronila Ocón**, h.l. de Dn. David y de la finada Da. Bonifacia González, vecina del mismo lugar. Ts: Dn.

Pacífico Rodríguez y Da. Neófita Rodríguez, hermanos del mismo lugar.

Rosales, Bonifacio con Leguizamón, Alejandra
F135: En El Alto el 7 de enero de 1885, se casó a **Bonifacio Rosales**, h.n de Lorenza, vecino del Bañado, y a **Alejandra Leguizamón**, h.n. de Petrona, vecina de los Pocitos. Ts: Buenaventura Rosales y Manuela Rosales, ambos del Bañado.

Velárdez, Dn. Manuel con Cisneros, Da. Amelia Rosa
F136: En El Alto el 12 de enero de 1884, se casó a Dn. **Manuel Velárdez** (alias Arias), 32 años, labrador, h.l. de los finados José Emeterio y Ramona Albarracín, vecino de San Gerónimo, y a Da. **Amelia Rosa Cisneros**, 15 años, h.n. de la finada Concepción del mismo lugar. Ts: Dn. Mariano ¿Ahumada?, soltero y Da. Adelina Robles, soltera.

Zurita, Lorenzo Justiniano con Iriarte, Cenobia
F136: En El Alto el 12 de enero de 1885, se casó a **Lorenzo Justiniano Zurita**, 24 años, labrador, h.l. de los finados J... Expectación y María Isabel Ávila, vecino de Caña Cruz, y a **Cenobia Iriarte**, 23 años, h.l. del finado José Cruz y de María Cisneros, vecina de Iloga. Ts: Juan Reinoso y N. Páez, cónyuges de Talasi.

Contreras, Juan de Dios con Albarracín, María
F137: En El Alto el 12 de enero de 1885, se casó a **Juan de Dios Contreras**, 28 años, jornalero, h.l. de Vicente y de Cruz Quinteros, vecino de San Antonio y natural de La Rioja, y a **María Albarracín**, 30 años, h.l. de los finados Pedro y Mercedes Alba, vecina de las Cortaderas. Ts: Federico Carrizo y Eustaquia Cabrera, vecino de las Cañas.

Armas, Juan Manuel con González, Brígida
F137: En El Alto el 26 de enero de 1885, se casó a **Juan Manuel Armas**, 28 años, labrador, h.l. de José Prudencio y de la finada María Encarnación Ibáñez, viudo, vecino del Bañado, y a **Brígida González**, 30 años, h.n. de la finada María Aurora, vecino del Pozo del medio. Ts: Domingo Armas y Úrsula B. González, del mismo lugar.

Correa, Juan con Chamorro, Mercedes
F138: En El Alto el 9 de febrero de 1885, se casó a **Juan Correa**, 24 años, h.n. de Mercedes, vecina del Mal Paso, y a **Mercedes Chamorro**, 25 años, h.n. de Margarita, vecino del Arroyito. Ts: Ramón Ojeda, casado y Manuela Ferreira, viuda, ambos de El Alto.

Rosales, Alejandro con Cevallos, Beatriz
F138: En El Alto el 9 de febrero de 1885, se casó a **Alejandro Rosales**, 25 años, labrador, h.l. de Pascual y de Justina Peralta, vecino del Talarcito, y a **Beatriz Cevallos**, 30 años, h.l. de Teresa Cevallos, vecina del mismo lugar. Ts: Juan de la Cruz González y Regina Guaráz, cónyuges.

Sobrecasas, Dn. Ramón Antonio con Vázquez, Da. Javiera Rosa
F139: En El Alto 11 de febrero de 1885, se casó a Dn. **Ramón Antonio Sobrecasas**, 22 años, capataz, h.l. del finado Juan Francisco y Da. María Albarracín, vecino del Sauce, y a Da. **Javiera Rosa Vázquez**, 21 años, h.l. del finado Dn. Ángel Mariano Vázquez y de Da. Candelaria Mercado, vecina del Tala. Ts: Dn. Fermín Lazo y Petrona Pedraza, cónyuges, de la Costa.

Armas, Hermógenes con Rosales, Zoila
F139: En El Alto el 26 de marzo de 1885, se casó a **Hermógenes Armas**, 26 años, labrador, h.l. de Prudencio y de la finada Encarnación Ibáñez, vecino de los Pocitos, y a **Zoila Rosales**, 20 años, h.l. de los finados José Domingo y María Pabla Acosta, del mismo lugar. Ts: Domingo Armas y Rudecinda Rosales, cónyuges del mismo lugar.

Ojeda, Dn. Pascual Benigno con Peñaflor, Da. Santos
F140: En El Alto el 6 de abril de 1885, se casó a Dn. **Pascual Benigno Ojeda**, 45 años, labrador, h.l. de los finados Dn. Félix Ojeda y Da. María Concepción Albarracín, vecino de las Cortaderas, viudo, y a Da. **Santos Peñaflor**, h.l. de Dn. Asencio y de Da. Carmen Sánchez del mismo lugar. Ts: Dn. Pablo Argañaraz y su esposa, vecinos del mismo lugar.

Arévalo, Dn. Felizardo con Centeno, Da. Rosa
F140: En El Alto el 15 de abril de 1885, se casó Dn. **Felizardo Arévalo**, 47 años, h.l. de los finados Dn. José Domingo y Da. Espíritu Leal, vecino de Vilismano, y a Da. **Rosa Centeno**, 21 años, h.l. de los finados Dn. Dalmacio y Da. Rosa Pérez, del mismo lugar. Ts: Dn. Ángel Magallán y Da. Filomena Guerrero, cónyuges de El Alto.

Juárez, Jesús María con Villagrán, María del Señor
F141: En El Alto el 15 de abril de 1885, se casó a **Jesús María Juárez**, 22 años, h.l. de los finados José Luis y Santos Moyano, vecino del Agua del Sauce, y a **María del Señor Villagrán**, 22 años, h.l. de Tomás Villagra y de la finada María Agueda Magallán, vecina de Yaco. Ts: no constan.

Villagra, Antonio con Navarro, Carmen
F141: En El Alto el 15 de abril de 1885, se casó a **Antonio Villagra**, 30 años, labrador, h.l. de los finados Andrés y Lisandra Bastos, vecino de Vilismano, y a **Carmen Navarro**, 23 años, h.n. de la finada Anunciación, vecina de Oyola. Ts: Dn. Isidoro Robles, casado de El Alto y Da.. Emilia Navarro de Oyola.

Lobo, Silverio con Adauto, Delicia
F142: En La Quebrada a 15 de mayo de 1885, se casó a **Silverio Lobo**, 28 años, labrador, h.n. de la finada Antonia y, vecino de Achalco, y a **Delicia Adauto**, h.l. de los finados Feliciano y Pascuala Agüero, del mismo lugar. Ts: Eduardo Lobo y Elisea Toledo, cónyuges del mismo lugar.

Ahumada, Silvestre con Ledesma, Delfina
F142: En La Quebrada a 18 de agosto de 1885, se casó a **Silvestre Ahumada**, 28 años, jornalero, h.l. Juan y de la finada María Núñez, vecino de Iriondo, y a **Delfina Ledesma**, 28 años, h.n. de la finada Visitación, vecina del Puestito. Ts: Juan I. Herrera y Hortensia, cónyuges de Achalco.

Pérez, Dn. Pedro con Navarro, Da. Ignacia
F143: En La Quebrada a 18 de mayo de 1885, se casó a Dn. **Pedro Pérez**, h.l. de 26 años, labrador, h.l. de los finados Dn. Juan de la Cruz y Da. Manuela Arévalo, vecino de la Calera, y a Da. **Ignacia Navarro**, 24 años, h.n. de la finada Anunciación, vecina de Inacillo. Ts: José Antonio Luna y María Grimanesa Rodríguez, cónyuges de la Calera.

Ledesma, Ramón con Banegas, Emilia
F143: En La Quebrada a 18 de mayo de 1885, se casó a **Ramón Ledesma**, 24 años, labrador, h.n. de María del Rosario, vecino del Puestito y a **Emilia Banegas**, 24 años, h.n. de la finada Benigna, vecina de Simogasta. Ts: Pedro Gómez y Teresa Guerra, cónyuges de Trigo Chacra.

Gómez, Dn. Félix Valoy con Díaz, Da. Celina del Carmen
F144: En La Quebrada a 18 de mayo de 1885, se casó a Dn. **Félix Valoy Gómez**, 27 años, labrador, h.l. de Dn. Pedro y de Da. Faustina Jeréz, de los Monteros, y a Da. **Celina del Carmen Díaz**, 19 años, vecina de Achalco. Ts: Juan Rodríguez y María Gómez, no cónyuges de Achalco.

Agüero, Miguel con Ledesma, Estanislada
F144: En La Quebrada de 25 de mayo de 1885, se casó a **Miguel Agüero**, 38 años, labrador, viudo, h.n. de Lorenza, vecino de Achalco y a **Estanislada Ledesma**, 23 años, h.l. del finado Juan Ángel y de Juana Rodríguez, del mismo lugar. Ts: Dn. Orosmán Gómez, soltero y Micaela Bazán, viuda del mismo lugar.

Soria, Antonio con Cevallos, Socorro
F145: En La Quebrado a 25 de mayo de 1885, se casó a **Antonio Soria**, 28 años, labrador, h.l. del finado Anacleto y de Juana Dorao, vecino de Albigasta, y a **Socorro Cevallos**, 15 años, h.l. de Sebastián y de Juana Paz, vecina de Achalco. Ts: Anastasio Coronel y Dámasa Cevallos, cónyuges de Albigasta.

Figueroa, Manuel con Artaza, Cledovia
F145: En La Quebrada a 25 de mayo de 1885, se casó a **Manuel Figueroa**, 20 años, labrador, h.l. del finado Rosario y de Cándida Rosa Vázquez, vecino de Huaico Hondo, y a **Cledovia Artaza**, 18 años, h.l. del finado Pedro Martín y de Casimira Palavecino, vecina del Laurel. Ts: Dn. Pedro Ibáñez y Da. Genoveva Jeréz.

Carrizo, José con Vera, Natividad
F146: En El Alto el 8 de junio de 1885, se casó a **José Carrizo**, 22 años, labrador, h.n de la finada Rosa, vecino de Tintigasta, y a **Natividad Vera**, 16 años, h.n. de Juana, vecina de Nogalito. Ts: Bautista Rodríguez, casado y Espíritu Rodríguez, viuda de Tintigasta.

Tolosa, José Eufrasio con Lobo, Peregrina
F146: En El Alto el 10 de junio de 1885, se casó a **José Eufrasio Tolosa**, 26 años, jornalero, h.n. de Manuela, vecino de las Cortaderas, y a **Peregrina Lobo**, 27 años, h.l. de los finados Sinforoso y María Agüero del mismo lugar. Ts: Nicasio Vera, soltero y Gregoria Vera, viuda, ambos de San Antonio.

Graneros, Regino con Díaz, Cenobia
F147: En El Alto el 17 de junio de 1885, se casó a **Regino Graneros**, 28 años, zapatero, h.l. de los finados José y Casimira Sánchez, vecino de Puerta Grande, y a **Cenobia Díaz**, 23 años, h.l. de los finados Marcos y Petrona Molina, vecina de San Nicolás. Ts: Dn. Nabor Gómez, soltero de Yaquicho y Da. Nieves Brizuela, casada de El Alto.

Rodríguez, Froilán Pastor con Soria, Concepción
F147: En El Alto el 20 de junio de 1885, se casó a Dn. **Froilán Pastor Rodríguez**, 40 años, criador, h.l. de los finados Dn. Juan Teodoro y Da. María de los Ángeles Arévalo, vecino de la Calera, y a Da. **Concepción Soria**, 45 años, viuda, h.l. de los finados Dn. Felipe y Da. Fulgencia Gómez, vecina de Molle Yaco. Ts: Dn. Calixto Robles, viudo de Da. Andrea Almaraz, casada, ambos de El Alto.

Cornejo, Cornelio con Arévalo, Gertrudis
F148: En El Alto el 30 de junio de 1885, tras dispensarse un impedimento de consanguinidad en tercer grado mixto con cuarto, se casó a **Cornelio Cornejo**, 26 años, criador, h.l. de Luis y de Isabel Vera, vecino del Nogalito, y a **Gertrudis Arévalo**, 22 años, h.l. de Nolasco Arévalo y de Crisanta Cornejo del mismo lugar. Ts: Juan de Dios Álvarez, casado y Tránsito Galván, viuda del mismo lugar.

Rizo, Dn. Ramón con Vega, Da. Beatriz de la
F148: En El Alto el 4 de julio de 1885, se casó a Dn. **Ramón Rizo**, 33 años, labrador, h.l. de los finados Dn. Narciso y Baldomera Ahumada, de Guayamba, y a Da. **Beatriz de la Vega**, 27 años, h.l. de Dn. Pastor de la

finada y Da. Victoria Albarracín, vecina del Suncho. Ts: Mateo Galván y Francisca Agüero, cónyuges del mismo lugar.

Rodríguez, Facundo con Ibáñez, Nieves
F149: En El Alto el 8 de julio de 1885, tras dispensarse un impedimento de consanguinidad en tercer grado mixto con cuarto de línea colateral, se casó a **Facundo Rodríguez**, 28 años, labrador, h.l. de los finados Pedro Lucas y Juana Rosa Albarracín, viudo de Nicéfora Tejeda, vecino de Tintigasta, y a **Nieves Ibáñez**, 22 años, h.l. del finado Marcelina y Plácida Rodríguez, vecina de Iloga. Ts: Andrés Arévalo y Eufrasia Ríos, cónyuges del mismo lugar.

Ledesma, Reginaldo con Verón, María
F149: En El Alto el 13 de julio de 1885, tras dispensarse un impedimento de afinidad ilícita en segundo grado con atingencia al primero línea colateral, se casó a **Reginaldo Ledesma**, 26 años, labrador, h.l. de los finados Remigio y Juana Peñaflor, vecino de Achalco, y a **María Verón**, 20 años, h.n. de Rosario, de Cóndor Huasi. Ts: José Mota, de El Alto, y Marcelina Agüero.

Folio 150 - 27-2-1893 Nota del Párroco

Folio 151-160 inventario de las parroquias.

Libro de Matrimonios N° 7
1888-1890

Quiroga, Bernabé con Leguizamón, Ramona Rosa
F.1: En la Iglesia parroquial de El Alto, a 11 de mayo de 1888, se casó a **Bernabé Quiroga**, de 24 años, labrador, h. l. de Francisco A. y de la finada Jesús Vega, vecinos de Naipa, con **Ramona Rosa Leguizamón**, de 18, costurera, h. l. de Nicolás y de Ramona Rosa Reinoso, vecinos del Puesto del Medio. Ts Federico Carrizo y Cleofé González.

Reinoso, Andrónico con Ibáñez, Petronila
F.2: En la Iglesia parroquial de El Alto, a 11 de mayo de 1888, se casó a **Andrónico Reinoso**, de 20 años, labrador, h. l. de Benigno y de la finada Solana Reinoso, vecinos de Ovanta, con **Petronila Ibáñez**, de 20, telera, h. l. de Asensio Ibáñez y Hugolina Rosales, vecinos de Dos Pocitos. Ts Salustiano Ibáñez y María Engracia Díaz.

Rodríguez, Dn. Javier con Vázquez, Da. Perpetua
F.3: En la capilla de la Quebrada, a 16 de mayo de 1888, se casó a Dn. **Javier Rodríguez**, de 40 años, curtidor, h. l. de los finados Paulino y de Natividad Silva, vecinos de Oyola, con Da. **Perpetua Vázquez**, de 22 años, telera, h. n. de la finada Mauricia Vázquez, vecinos de Taco Punco. Ts Dn. Augusto Arévalo y Da. Ramona Ledesma.

Arias, Pedro con Garnica, Celina
F:4: En la capilla de la Quebrada, a 14 de mayo de 1888, se casó a **Pedro Arias**, de 28 años, labrador, h. l. de Carmen y de la finada Welina de Jesús Ledesma, vecinos de Los Algarrobos, con **Celina Garnica**, de 19, costurera, h. n. de Catalina Garnica, vecinos de Ancuja. Ts Miguel Murguía y Justa Mansilla.

Salazar, Pedro con Palavecino, María Antonia
F.5: En la capilla de la Quebrada, a 14 de mayo de 1888, se casó a **Pedro Salazar**, de 28 años, labrador, h. l. de Ceferino Salazar y de la finada María Gumersinda Leguizamón, vecinos de La Higuerita, con **María Antonia Palavecino**, de 20, costurera, h. l. del finado Juan de Dios y de Crescencia Arias, vecinos de La Higuerita. Ts Dn. Juan B. Mercado y Delicia Mercado.

Chazarreta, Cayetano con Maidana, Virginia
F.6: En la capilla de la Quebrada, a 21 de mayo de 1888, se casó a **Cayetano Chazarreta**, de 26 años, labrador, h. l. de Agustín y de Genibera Barrera, finados, vecinos de la Aguadita, con **Virginia Maidana**, de 22, costurera, h. l. de los finados Fidel y de Josefa Segura, vecinos de Simbollar. Ts Ramón Barrera y Josefa Chazarreta.

Heredia, Pedro con Guerrero, Mercedes
F.7: En la capilla de la Quebrada, a 21 de mayo de 1888, se casó a **Pedro Heredia**, de 42 años, jornalero, h. l. de los finados Enrique y Beatriz Molina, vecinos de La Higuerita, con **Mercedes Guerrero**, h. n. de la finada Rosa Guerrero, vecinos de Alijilán. Ts Benigno Chazarreta y Rosenda Lobo.

Flores, Felipe con Cortes, Juana
F.8: En la capilla de la Quebrada, a 23 de mayo de 1888, se casó a **Felipe Flores**, de 52 años, labrador, h. l. de los finados Hermenegildo y Petrona Barrera, vecinos del Pozo Grande, con **Juana Cortes**, de 43, telera, h. n. de la finada Silveria Cortes, vecinos del Pozo Grande. Ts Nicanor Garzón y Genibera Rojas.

Bayón, Dn. Justo con Romano, Da. Zoila
F.9: En la capilla de la Quebrada, a 25 de mayo de 1888, se casó a Dn. **Justo Bayón**, de 26 años, comerciante, h. l. de los finados Juan Manuel y Juana Petrona Mansilla, vecinos del Laurel, con Da. **Zoila Romano**, de 24 años, costurera, h. l. de los finados Gregorio y Filomena Sosa, vecinos de la Tuna. Ts Dn. Pedro Ibáñez y Da. Genoveva Jeréz.

Lobo, Severo con Lobo, Isabel
F.10: En la capilla de la Quebrada, a 26 de mayo de 1888, se casó a **Severo Lobo**, de 23 años, labrador, h. l. de Juan de la Rosa Lobo y Rufina Represa, vecinos de Achalco, con **Isabel Lobo**, de 30, telera, h. l. de Tiburcio y de la finada Ramona Agüero, y viuda de Inocencio Rivas, vecinos de Achalco. Ts Manuel Tapia y Marina Arias.

Roco, Dn. Nilamón con Robles, Da. Raquel
F.11: En la iglesia parroquial de El Alto, a 9 de junio de 1888, se casó a Dn. **Nilamón Roco**, riojano, vecino de El Alto, de 22 años, comerciante, h. l. del finado Dn. Pascual y Da. Juana Villafañe, vecinos de Hornillos de la Rioja, con Da. **Raquel Robles**, de 22, costurera, h. n. de Da. Zelanda Robles, vecinos de El Alto. Ts Dn. Manuel A. Zamora y Da. Adelina Robles.

Bulacia, Dn. Miceno con Gómez, Da. Francisca
F.12: En la capilla de la Quebrada, a 28 de mayo de 1888, se casó a Dn. **Miceno Bulacia**, de 32 años,

labrador, h. l. de los finados Dn. Ángel y Da. Indalecia Guzmán, vecinos de Alijilán, con Da. **Francisca Gómez**, de 32, costurera, h. l. de los finados Dn. Juan Nicolás y de Da. Petrona Gómez, vecinos de Simogasta. Ts Dn. Vitaliano Maldonado y Da. Francisca Segura de Cerezo.

Almaraz, Dn. Isaac con Pedraza, Francisca
F.13: En la iglesia parroquial de El Alto, a 23 de junio de 1888, dispensado un impedimento de consanguinidad en segundo grado igual de línea colateral, se casó a Dn. **Isaac Almaraz**, de 36 años, labrador, h. l. del finado José Avelino y de Apolinaria Altamirana, vecinos de esta parroquia, con **Francisca Pedraza**, de 22, costurera, h. l. de los finados Romualdo y Ángela Cisterna, vecinos de los Falcones. Ts Dn. Manuel Gramajo y Da. Andrea A. de Robles.

Arévalo, Francisco J. con García, Jerónima
F.14: En la iglesia parroquial de El Alto, a 25 de junio de 1888, se casó a **Francisco J. Arévalo**, de 23 años, labrador, h. l. de Francisco J. Arévalo y de la finada Digna Lobo, vecinos de Caña Cruz, con **Jerónima García**, de 20, costurera, h. l. de Tomás y de Rosario González, vecinos de Molle Pampa. Ts Nicolás Arévalo y Silveria Arévalo.

Jiménez, Dn. Antenor con Jiménez, Juana
F.15: En la iglesia parroquial de El Alto, a 2 de julio de 1888, dispensado un impedimento de consanguinidad en tercero con cuarto grado de línea colateral, se casó a Dn. **Antenor Jiménez**, de 19 años, labrador, h. l. de Rudecindo y de la finada Arsenia Figueroa, vecinos de los Ortices, con **Juana Jiménez**, de 18, costurera, h. l. de Domingo y de Bernabela Bulacia, vecinos de los Ortices. Ts Dn. Rudecindo Jiménez y Da. Gregoria Espeche.

Cornejo, José Albertano con Vega, Tránsito
F.16: En la iglesia de Vilismano, a 23 de julio de 1888, se casó a **José Albertano Cornejo**, de 33 años, labrador, h. l. del finado Luis Ramón y de Juana Isabel Vera, vecinos del Nogalito, con **Tránsito Vega**, de 36, costurera, h. l. de los finados Bernabé y Juana Acosta, y viuda de Justo Almaraz, vecinos del Vallecito. Ts Mardoqueo Gómez y Ramona Vega.

Caliba, Ramón con Leguizamón, Eloísa
F.17: En la capilla de las Tunas, a 22 de agosto de 1888, se casó a **Ramón Caliba**, de 24 años, labrador, h. n. de María González, vecinos del Bañado, con **Eloísa Leguizamón**, de 30, telera, h. l. de los finados Jesús María y Ana Rosa Peralta, vecinos del Talarcito. Ts Juan Leguizamón y Welina Leguizamón.

Andrade, Eusebio con Contreras, Niseria
F.18: En la capilla de las Tunas, a 22 de agosto de 1888, se casó a **Eusebio Andrade**, de 20 años, labrador, h. l. de Ramón Gil Andrade y de Trinidad González, vecinos de Alijilán, con **Niseria Contreras**, de 24, costurera, h. l. de los finados Cipriano y Adelaida Soria, vecinos de Alijilán. Ts Esteban Andrade y Estefanía Barrera.

Macedo, Luis con Díaz, Honoria
F.19: En la capilla de las Cañas, a 24 de agosto de 1888, se casó a **Luis Macedo**, de 22 años, labrador, h. l. de los finados Albino y Eduviges Rizo, vecinos de los Ortices, con **Honoria Díaz**, de 32, telera, h. n. de Presentación Díaz y viuda de Juan Antonio Cárdenas, vecinos de Amaucala. Ts Salustiano Ibáñez y Asunción Sosa.

Guarás, Virginio con Páez, Dolores
F.20: En la capilla de las Cañas, a 24 de agosto de 1888, se casó a **Virginio Guarás**, de 28 años, labrador, h. l. de los finados Baldomero y Agustina Rosales, vecinos del Bañado, con **Dolores Páez**, de 19, costurera, h. l. del finado Vicente y de Vicenta Ibáñez, vecinos de los Altos. Ts Adolfo Mercado y Eduarda Mansilla.

Luna, Belarmino con Leguizamón, Tadea
F.21: En la capilla de las Cañas, a 29 de agosto de 1888, se casó a **Belarmino Luna**, de 21 años, criador, h. l. del finado Ramón y de Juliana Rasguido, con **Tadea Leguizamón**, de 19, costurera, h. l. de Pedro y de María del Sor Ibáñez, vecinos del Bañado. Ts Niceo Peralta y Manuela Farías.

Ledesma, Pedro Martín con Murguía, Delina
F.22: En la capilla de Vilismano, a 31 de agosto de 1888, se casó a **Pedro Martín Ledesma**, de 32 años, labrador, h. n. de Expectación Ledesma, vecinos de la Estancia Vieja, con **Delina Murguía**, de 26, costurera, h. n. de la finada Digna Murguía, vecinos de Vilismano. Ts Augusto Arévalo y Abigail Charriol.

Duarte, Juan Martín con Díaz, Javiera
F.23: En la iglesia parroquial de El Alto, a 3 de septiembre de 1888, se casó a **Juan Martín Duarte**, de 36 años, labrador, h. l. del finado Ignacio Duarte (no nombra madre), vecinos de la Huerta, con **Javiera Díaz**, de 26 años, costurera, h. n. de Visitación Díaz, finada, vecinos de los Ortices. Ts Lindor Quiroga y Efigenia Díaz.

Guerrero, Mateo con Frías, Rosa
F.24: En la iglesia parroquial de El Alto, a 3 de septiembre de 1888, se casó a **Mateo Guerrero**, de 28 años, jornalero, h. l. del finado Francisco y de Clementina Collantes, vecinos de los Ortices, con **Rosa Frías**, de 30, lavandera, h. l. de los finados Rosendo y Mercedes Barros. Ts Facundo Bulacia y Joaquina Macedo.

Caravajal, Federico con Trejo, Mercedes
F.25: En la iglesia parroquial de El Alto, a 3 de septiembre de 1888, se casó a **Federico Caravajal**, de 26 años, labrador, h. l. de Ricardo y de la finada María Peralta, vecinos de los Dos Pocitos, con **Mercedes Trejo**, de 22, costurera, h. n. de Carmen Trejo, vecinos de los Dos Pocitos. Ts Silverio Ibáñez y Eulalia Cárdena.

Sánchez, Ramón Nicolás con Bustos, María Eusebia
F.26: En la iglesia parroquial de El Alto, a 3 de septiembre de 1888, se casó a **Ramón Nicolás Sánchez**, de 23 años, jornalero, h. n. de Antonia Sánchez, vecinos de las Cañas, con **María Eusebia Bustos**, de 26, costurera, h. l. de Bonifacio y de la finada Justa Ponce, vecinos de la Higuerita. Ts Pablo Díaz y Maclovia Pérez.

Barrera, Gumersindo con Santillán, Margarita
F.27: En la iglesia parroquial de El Alto, a 7 de septiembre de 1888, dispensado un impedimento de afinidad lícita en segundo por ser el pretendiente primo hermano del finado esposo de la pretendida, se casó a **Gumersindo Barrera**, de 24 años, labrador, h. l. del finado Juan y de Agustina Quiroga, vecinos de Achalco, con **Margarita Santillán**, de 37, costurera, h. l. de los finados José Ignacio y Maximiliana Herrera y viuda de José Barrera, vecinos de la Tuna. Ts José Carrizo y Gorgonia Palacio.

Armas, José Santos con Leguizamón, Consolación
F.28: En la iglesia parroquial de El Alto, a 10 de septiembre de 1888, se casó a **José Santos Armas**, de 30 años, labrador, h. l. de los finados José Prudencio y María Encarnación Ibáñez, vecinos de los Dos Pocitos, con **Consolación Leguizamón**, de 23, costurera, h. n. de Filomena Leguizamón, vecinos de los Dos Pocitos. Ts Ermilio Rasguido y Tránsito Peralta.

Almaráz, Bernardo con Guerrero, Peregrina
F.29: En la iglesia parroquial de El Alto, a 17 de septiembre de 1888, se casó a **Bernardo Almaraz**, de 36 años, labrador, h. l. de los finados Valeriano y Tomasa Guerrero, vecinos de Alijilán, con **Peregrina Guerrero**, de 19, costurera, h. l. de Félix Guerrero y de Presentación Reinoso, vecinos de Alijilán. Ts Elías Fernández y Petrona Ibáñez.

Tebas, Santiago con Nieva, Trinidad
F.30: En la iglesia parroquial de El Alto, a 25 de septiembre de 1888, se casó a **Santiago Tebas**, salteño, vecino de Catamarca, de 26 años, labrador, h. l. de los finados Ramón y Vicenta Arias, vecinos del Durazno, con **Trinidad Nieva**, de 33, sirvienta, h. l. de los finados Manuel y María Indalecia Rizo, vecinos del Unquillo. Ts Dn. Rufino Rizo y Da. Carmen Altamirana.

Agüero, Gumersindo con Nieva, Andrea
F.31: En la iglesia parroquial de El Alto, a 25 de septiembre de 1888, se casó a **Gumersindo Agüero**, de 26 años, labrador, h. n. de la finada Marina Agüero, vecinos de los Manantiales, con **Andrea Nieva**, de 21, costurera, h. l. de los finados Juan Silvestre y María Antonia Medina, vecinos de los Manantiales. Ts Alejo Orellana y Teresa Barrionuevo.

Díaz, Luis con Sánchez, Teodosia
F.32: En la iglesia de las Cortaderas, a 16 de octubre de 1888, se casó a **Luis Díaz**, de 30 años, labrador, h. n. de Ignacia Díaz, vecinos de las Cortaderas, con **Teodosia Sánchez**, de 26, costurera, h. n. de Bartolina Sánchez, vecinos de las Cortaderas. Ts Manuel B. Ojeda y María Antonia Agüero.

Zurita, Feliciano con Cisterna, María Águeda
F.33: En la capilla de las Cortaderas, a 18 de octubre de 1888, se casó a **Feliciano Zurita**, de 33 años, labrador, h. l. de los finados Pedro e Ignacia Ponce, vecinos del Laurel, con **María Águeda Cisterna**, de 25, telera, h. l. de Nicasio y de Petrona Vázquez, vecinos de los Corrales. Ts José Zurita y Felipa Avendaño.

Delgado, Abdénago con Ponce, Delicia
F.34: En la capilla de las Cortaderas, a 18 de octubre de 1888, se casó a **Abdénago Delgado**, de 26 años, labrador, h. l. del finado Guillermo y de Antonia Lobo, vecinos de las Cortaderas, con **Delicia Ponce**, de 21, costurera, h. n. de Faustina Ponce, vecinos de las Cortaderas. Ts Felipe Romero y Candelaria Ponce.

Quiroga, José Ignacio con Lobo, Barbarita
F.35: En la capilla de las Cortaderas, a 18 de octubre de 1888, se casó a **José Ignacio Quiroga**, de 30 años, labrador, h. l. de Ángel y de Evangelista Alba y viudo de Cenobia Ojeda, vecinos de las Cortaderas, con **Barbarita Lobo**, de 18, costurera, h. l. del finado Facundo y de Rosa Luna, vecinos de Achalco. Ts José Rotondo y Santos Peñaflor.

Atay, José Polonio con Agüero, Audelina
F.36: En la capilla de las Cortaderas, a 12 de octubre de 1888, se casó a **José Polonio Atay**, de 40 años, labrador, h. n. de la finada Natividad Atay, vecinos del Laurel, con **Audelina Agüero**, de 30, telera, h. l. del finado Ponciano y de Rosa Cornejo, vecinos del Río de los Ávila. Ts José Zurita y Felipa Avendaño.

Toledo, Remigio con Quiroga, Lucinda
F.37: En la capilla de las Cortaderas, a 19 de octubre de 1888, se casó a **Remigio Toledo**, de 28 años, labrador,

h. l. de Ramón y de Candelaria Sánchez, vecinos de las Cortaderas, con **Lucinda Quiroga**, de 26, telera, viuda de Cándido Juárez, h. l. de los finados Carmen Quiroga y de Mercedes Agüero. Ts José Quiroga y Eduviges Díaz.

Acuña, José con Peralta, Pilar de Jesús
F.38: En la capilla de las Cortaderas, a 19 de octubre de 1888, se casó a **José Acuña**, de 23 años, labrador, por crianza hijo natural de la finada Andrea Peralta, vecinos del Valle, con **Pilar de Jesús Peralta**, de 18, costurera, h. l. de Romualdo y de Pilar Lobo, vecinos de las Cortaderas. Ts Abel Pérez y Genibera Delgado.

Arévalo, Agenor con Altamirana, María
F.29: En la iglesia parroquial de El Alto, a 22 de octubre de 1888, se casó a **Agenor Arévalo**, de 26 años, labrador, h. n. de Reyes Arévalo, vecinos de esta parroquia, con **María Altamirana**, de 25, costurera, h. l. de los finados Julián y Josefa Barrientos, vecinos de Las Juntas. Ts Pacífico Rodríguez y Adela Gómez de Rodríguez.

Medina, Werfil con Castro, Telésfora
F.40: En la iglesia parroquial de El Alto, a 3 de noviembre de 1888, se casó a **Werfil Medina**, de 26 años, labrador, h. l. de los finados Juan Miguel y Clara Villalba, vecinos de Inacillo, con **Telésfora Castro**, de 18, costurera, h. l. de Abdón y de Francisca Jeréz, vecinos de Alta Gracia. Ts Benicio Jeréz y Adelina Robles.

Zurita, Juan Alejo con Barrionuevo, María de la Cruz
F.41: En la iglesia parroquial de El Alto, a 7 de noviembre de 1888, se casó a **Juan Alejo Zurita**, de 30 años, labrador, h. l. de Rufino y de la finada Benigna Luján, vecinos de Caña Cruz, con **María de la Cruz Barrionuevo**, de 22, telera, h. l. del finado Ramón y de Rudecinda Sobrado, vecinos de Taco Punco. Ts Luis Brandán y Javiera Márquez.

Ahumada, Segundo Victorino con Rodríguez, Tránsito
F.42: En la iglesia parroquial de El Alto, a 7 de noviembre de 1888, habiendo dispensado un impedimento de consanguinidad, se casó a **Segundo Victorino Ahumada**, de 30 años, labrador, h. l. de Segundo Ahumada y de la finada Sebastiana Burgos, vecinos de Guayamba, con **Tránsito Rodríguez**, de 28, costurera, h. l. del finado Eliseo y de Luisa Salazar, vecinos de Guayamba. Ts Lucindo Gómez y Floralina Zárate.

Ibáñez, Ramón con Mansilla, Ubelina
F.43: En la iglesia parroquial de El Alto, a 12 de septiembre de 1888, se casó a **Ramón Ibáñez**, de 21 años, labrador, h. l. de los finados Alejandrino y Atanasia Maidana, vecinos del Puesto Viejo, con **Ubelina Mansilla**, de 33, costurera, h. l. de los finados Juan Dionisio y Francisca Antonia Caravajal, vecinos de Collagasta. Ts Dn. Pacífico Rodríguez y Da. Adela Gómez.

Maidana, Dn. Casimiro con Arévalo, Da. Fidelia
F.44: En la iglesia parroquial de El Alto, a 7 de septiembre de 1888, habiendo dispensado un impedimento de consanguinidad en tercer grado con cuarto, se casó a Dn. **Casimiro Maidana**, de 36 años, labrador, h. l. de los finados Plácido y Modesta Arévalo, vecinos de Caña Cruz, con Da. **Fidelia Arévalo**, de 18, costurera, h. l. de los finados Zenón Arévalo y Ramona Arévalo, vecinos del Río Grande. Ts Dn. Javier Acuña y Da. Raquel Acuña.

Luján, José Ignacio con Medina, Argenia
F.45: En la iglesia parroquial de El Alto, a 7 de noviembre de 1888, habiendo dispensado un impedimento de consanguinidad en segundo grado, se casó a **José Ignacio Luján**, de 30 años, labrador, h. l. del finado Manuel Ignacio y de Mercedes Medina, vecinos de Santa Ana, con **Argenia Medina**, de 26, costurera, h. l. de David y de la finada Basilia Arévalo, vecinos de Santa Ana. Ts Dn. Cruz Gramajo y Da. Fermina Ortiz de Rodríguez.

Gutiérrez, Dn. Mardoqueo con Gramajo, Da. Benicia de Jesús
F.46: En la iglesia parroquial de El Alto, a 7 de noviembre de 1888, se casó a Dn. **Mardoqueo Gutiérrez**, de 36 años, labrador, h. l. de Dn. Ramón y de la finada Da. Elisea Reyes, vecinos de Guayamba, con Da. **Benicia de Jesús Gramajo**, de 18, costurera, h. l. del finado Serapio y de Da. Francisca Valdéz, vecinos de Munancala. Ts Carmen Arias y Felipa Burgos.

Lobo, Dn. Napoleón con Mercado, Da. Delicia
F.47: En la iglesia parroquial de El Alto, a 19 de noviembre de 1888, habiendo dispensado un impedimento de consanguinidad en tercer grado, se casó a Dn. **Napoleón Lobo**, de 36 años, criador, h. l. de Dn. Pedro y de la finada Da. Luisa Suárez, vecinos de Las Lomitas, con Da. **Delicia Mercado**, de 25, costurera, h. l. de Dn. Pacífico Mercado y Da. Peregrina Suárez, vecinos de La Higuerita. Ts Dn. Juan B. Mercado y Da. Ramona Jeréz.

Gómez, Dn. Bartolomé con Valdéz, Da. Concepción
F.48: En la iglesia de la Puerta Grande, a 5 de diciembre de 1888, habiendo dispensado un impedimento de consanguinidad en tercer grado igual, se casó a Dn. **Bartolomé Gómez**, de 24 años, comerciante, h. l. de Dn. Diego Gómez y de Da. Eliodora Gómez, vecinos

de La Bajada, con Da. **Concepción Valdéz**, de 30, costurera, h. l. de Dn. Félix y de la finada Da. Atena Molina, vecinos de Alijilán. Ts Dn. Raquel Valdéz y Da. Sofía (no se indica apellido).

Figueroa, Rito con Albarracín, Waldina
F.49: En la iglesia parroquial de El Alto, a 25 de diciembre de 1888, se casó a **Rito Figueroa**, de 26 años, labrador, h. l. de los finados Eduardo y Dolores Silva, vecinos de las Cañas, con **Waldina Albarracín**, de 23, costurera, h. l. de Manuel y de Justa Cordero, vecinos de las Cañas. Ts Manuel Pereira y Clemira Carrizo.

Ortiz, Benedicto con Décima, Jacinta de Jesús
F.50: En la iglesia parroquial de El Alto, a 25 de diciembre de 1888, se casó a **Benedicto Ortiz**, de 30 años, jornalero, h. l. de Gabriel y de María Gómez, finados, vecinos de las Cañas, con **Jacinta de Jesús Décima**, de 22, planchadora, h. l. de Estanislao Décima y de Carolina Lobo, vecinos de las Cañas. Ts Dn. Pacífico Rodríguez y Rita Lobo.

Valdéz, Ramón con Mercado, Vicenta
F.51: En la iglesia parroquial de El Alto, a 26 de diciembre de 1888, se casó a **Ramón Valdéz**, de 26 años, labrador, h. l. de Juan y de Justina Barrionuevo, vecinos de Alijilán, con **Vicenta Mercado**, h. l. de Justo y de Jacoba Cano, finados, y viuda de Reimundo Cancino, vecinos de Alijilán. Ts Juan P. Robles y Aniceta Almaraz.

Ibáñez, Ramón con Burgos, Adelina
F.52: En la capilla de las Cañas, a 29 de diciembre de 1888, se casó a **Ramón Ibáñez**, de 25 años, labrador, h. n. de la finada María del Sor Ibáñez, vecinos de los Manantiales, con **Adelina Burgos**, de 18, costurera, h. n. de Santos Burgos, vecinos de los Manantiales. Ts Onofre Carrizo y Andrea Ibáñez.

Gómez, Dn. Osvaldo con Ibáñez, Da. Mercedes
F.53: En la capilla de las Cañas, a 29 de diciembre de 1888, se casó a Dn. **Osvaldo Gómez**, de 19 años, maestro de e(scuela), h. l. del finado Dn. Pedro Gómez y de Da. Nieves Gómez, vecinos de La Bajada, con Da. **Mercedes Ibáñez**, de 21, maestra no(rmal), h. l. del finado Fructuoso y de Da. Rosa Herrera, vecinos de las Cañas. Ts Dn. Juan José Ibáñez y Da. Ramona Quesada.

González, José Francisco con Collantes, Teodovina
En la iglesia parroquial de El Alto, a 7 de enero de 1889, se casó a **José Francisco González**, de 22 años, labrador, h. l. del finado Victoriano y de Estanislada Luna, vecinos del Bañado, con **Teodovina Collantes**, de 17, telera, h. l. de Pedro y de Pascuala González, vecinos de las Tunas. Ts Benedicto Reinoso y Dominanda Ibáñez.

Martínez, Pedro Nicasio con Barrientos, Aurelia de Jesús
F.55: En la iglesia parroquial de El Alto, a 15 de enero de 1889, se casó a **Pedro Nicasio Martínez**, de 29 años, labrador, h. l. del finado José Florencio y de Abdona Segura, vecinos de Alijilán, con **Aurelia de Jesús Barrientos**, de 20, costurera, h. l. de Santos y de Emilia Carrizo, vecinos de Alijilán. Ts Ramón R. Barrientos y Encarnación Córdoba.

Arévalo, Dn. Filemón con Gómez, Da. Inés
F.56: En la iglesia parroquial de El Alto, a 18 de enero de 1889, se casó a Dn. **Filemón Arévalo**, de 28 años, criador, h. l. de Dn. Juan Laurencio y de Da. Zenona Medina, vecinos de Vilismano, con Da. **Inés Gómez**, de 26, costurera, h. l. del finado Dn. Marcelino y de Da. Carlota Caravajal, vecinos de El Alto. Ts Dn. Joel Medina y Da. Zulema Osores de Ahumada.

Ríos, Aniceto con Albarracín, Eduviges
F.57: En la capilla de Vilismano, a 28 de enero de 1889, se casó a **Aniceto Ríos**, de 40 años, labrador, h. l. de los finados José y Avelina Morales y viudo de María Arévalo, vecinos de Caña Cruz, con **Eduviges Albarracín**, de 36, telera, h. l. de los finados Antonio y Juana Pérez y viuda de Baldomero Vega, vecinos de Caña Cruz. Ts Felipe Cejas y Petronila Jeréz.

Juárez, Félix con Cejas, Ramona
F.58: En la iglesia parroquial de El Alto, a 16 de enero de 1889, habiendo dispensado un impedimento de afinidad ilícita en primer grado, se casó a **Félix Juárez**, de 25 años, jornalero, h. l. de los finados Eufemio y Josefa Vega, vecinos de Tintigasta, con **Ramona Cejas**, de 23, telera, h. n. de María Cejas, vecinos de Tintigasta. Ts José Rodríguez y Melitona Albarracín.

Altamirano, Pedro con Burgos, Nieves
F.59: En la iglesia parroquial de El Alto, a 7 de febrero de 1889, habiendo dispensado un impedimento de afinidad lícita, se casó a **Pedro Altamirana**, de 32 años, capataz, h. l. de los finados Pablo y María Gómez, vecinos de los Falcones, con **Nieves Burgos**, de 30, costurera, h. l. de los finados José y Mariana Rizo, vecinos de Las Cananas. Ts Tristán Mata y Rosa Pedraza.

Rosales, Gabriel con Silva, Catalina
En la iglesia parroquial de El Alto, a 11 de febrero de 1889, se casó a **Gabriel Rosales**, de 40 años, labrador, h. l. de los finados Ramón A. y de María Trinidad Barrientos, con **Catalina Silva**, de 38, telera, h. l. de los finados Juan y Justa Mercado, vecinos de las Tunas. Ts José A. Barrientos y Dominanda Ibáñez.

Gómez, José Lindor con Zurita, Rosario
En la iglesia parroquial de El Alto, a 11 de febrero de 1889, se casó a **José Lindor Gómez**, de 23 años, labrador, h. n. de Griselda Gómez, vecinos de Trigo Chacra, con **Rosario Zurita**, de 20, telera, h. l. de Elías y de Tránsito Lobo, vecinos del Carrizal. Ts Pacífico Flores y Diocleciana Segura.

Reinoso, Servando con Rosales, Aberanda
F.62: En la iglesia parroquial, a 25 de febrero de 1889, se casó a **Servando Reinoso**, de 30 años, labrador, h. l. de Manuel y de la finada Irene Nieva, vecinos de la Aguada, con **Aberanda Rosales**, de 23, costurera, h. l. del finado Gregorio y de Felisa Collantes, vecinos del Desmonte. Ts Agustín Villagra y Carolina Rosales.

Leguizamón, Rodolfo con Argañaráz, Casimira
F.63: En la iglesia parroquial de El Alto, a 4 de marzo de 1889, se casó a **Rodolfo Leguizamón**, de 28 años, labrador, h. l. de los finados Julián y Ramona Correa, vecinos de las Tunas, con **Casimira Argañaráz**, de 20, telera, h. n. de Bernabela Argañaráz, vecinos de las Tunas. Ts José González y Simona Cabrera.

Frías, Gregorio con Rosales, Graciliana
F.64: En la iglesia parroquial de El Alto, a 4 de marzo de 1889, se casó a **Gregorio Frías**, de Santiago del Estero, de 30 años, jornalero, h. n. de Francisca Frías, vecinos del Puesto del Medio, con **Graciliana Rosales**, de 22, telera, h. n. de Salomé Rosales, vecinos del Puesto del Medio. Ts Javier Leguizamón y Rosa Reinoso.

Campos, José Gregorio con Corbalán, Cenobia
F.65: En la iglesia parroquial de El Alto, a 9 de marzo de 1889, habiendo dispensado un impedimento de consanguinidad en tercero con cuarto grado, se casó a **José Gregorio Campos**, de 22 años, labrador, h. l. de Francisco y de Romualda Mansilla, vecinos de la Puerta de Molle Yaco, con **Cenobia Corbalán**, de 21, telera, h. l. de los finados Juan Corbalán y de Rosario Mansilla, vecinos de la Puerta de Molle Yaco. Ts Juan de la Cruz Mansilla y Cándida Pacheco.

Collantes, Miguel Santos con Ortiz, Segunda
En la iglesia parroquial de El Alto, a 9 de marzo de 1889, se casó a **Miguel Santos Collantes**, de 21 años, labrador, h. l. de los finados Félix Rosa y Bernarda Mercado, vecinos de las Tunas, con **Segunda Ortiz**, de 18, costurera, h. l. de Miguel y de Graciliana Mercado, vecinos de Ampolla. Ts José Cevallos y Carolina Peralta.

Acosta, José Manuel con Villagra, Mónica
F.67: En la capilla de Vilismano, a 13 de marzo de 1889, se casó a **Manuel José Acosta**, de 26 años, jornalero, h. l. de los finados Benito y Benita Duarte, vecinos de Vilismano, con **Mónica Villagra**, de 19, costurera, h. n. de la finada Magdalena Villagra, vecinos de Oyola. Ts Dn. Joel Medina y Da. Tránsito Medina.

Olmos, Faustino con Gómez, Corazón
F.68: En la iglesia parroquial de El Alto, a 14 de marzo de 1889, se casó a **Faustino Olmos**, de 40 años, platero, h. n. de Hugolina Márquez y viudo de Sofía Navarro, vecinos de El Alto, con **Corazón Gómez**, de 40, costurera, h. l. de los finados Manuel A. Gómez y Tránsito Bulacia, vecinos de El Alto. Ts Dn. Manuel Gramajo y Da. Ángela Gramajo.

Díaz, Marcos con Díaz, Rita
F.69: En la capilla de los Manantiales, a 18 de marzo de 1889, se casó a **Marcos Díaz**, de 20 años, labrador, h. n. de Dionisia Díaz, vecinos de la Capellanía, con **Rita Díaz**, de 18, costurera, h. n. de María Díaz, vecinos de la Capellanía. Ts Ramón Rosa Rivera y Montserrat Barrientos.

Valdéz, Estanislao con Leguizamón, Adeodata
F.70: En la capilla de los Manantiales, a 18 de marzo de 1889, se casó a **Estanislao Valdéz**, de 36 años, labrador, h. l. de Gregorio y de la finada Prudenciana Cabrera, vecinos del Puesto del Medio, con **Adeodata Leguizamón**, de 20, costurera, h. n. de María Antonia Leguizamón, vecinos del Puesto del Medio. Ts Juan Leguizamón y María Antonia Ibáñez.

Ibáñez, Abdénago con Cabrera, Benigna
F.71: En la iglesia parroquial de El Alto, a 23 de marzo de 1889, se casó a **Abdénago Ibáñez**, de 20 años, labrador, h. l. de los finados Pedro Pascual y Protacia Villarroel, vecinos de las Tunas, con **Benigna Cabrera**, de 20, telera, h. l. del finado Vicente y de Bernarda Morienega, vecinos de las Tunas. Ts Dn. Decoroso Mendoza y Da. Marquesa Ovejero.

Heredia, Hipólito con Salguero, Ramona
F.72: En la iglesia parroquial de El Alto, a 23 de marzo de 1889, se casó a **Hipólito Heredia**, de 48 años, jornalero, h. n. de la finada Feliciana Heredia, vecinos de Alijilán, con **Ramona Salguero**, de 30, costurera, h. n. de la finada Francisca A. Salguero, vecinos del Desmonte. Ts José Hernández y Bernardina Guerrero.

Pedraza, Dn. Abelardo con Carrizo, Da. Francisca
F.73: En la iglesia parroquial de El Alto, a 23 de febrero de 1889, se casó a Dn. **Abelardo Pedraza**, de 28 años, labrador, h. l. de los finados Romualdo Pedraza y de Ángela Cisterna, vecinos de los Falcones, con Da. **Francisca A. Carrizo**, de 18, costurera, h. l. de José Carrizo y de Gorgonia Palacio, vecinos de Collagasta. Ts Dn. Pacífico Rodríguez y Da. Adelina Robles.

Collantes, Sofonías con Ibáñez, Dominanda
F.74: En la iglesia parroquial de El Alto, a 25 de marzo de 1889, se casó a **Sofonías Collantes**, de 27 años,

labrador, h. l. de Florentino y de Francisca Barrientos, vecinos de Las Tunas, con **Dominanda Ibáñez**, de 28, telera, h. l. de Pío y de la finada Genuaria Mercado, vecinos de Las Tunas. Ts Andrés Leguizamón y Arsenia Collantes.

Cisterna, Tomás con Verón, María
F.75: En la iglesia parroquial de El Alto, a 25 de marzo de 1889, se casó a **Tomás Cisterna**, de 23 años, labrador, h. l. de Nicasio y de Petrona Vázquez, vecinos de los Corrales, con **María Verón**, de 21, telera, h. l. de Serapio y de Rosario Zurita, vecinos del Puestito. Ts Francisco Verón y Aniceta Vázquez.

Aguilar, Facundo con Navarro, Eudosia
F.76: En la capilla de Vilismano, a 27 de marzo de 1889, se casó a **Facundo Aguilar**, de 20 años, labrador, h. n. de la finada María Aguilar, vecinos de Oyola, con **Eudosia Navarro**, de 19, costurera, h. l. de Alfonso y de Andrea Graneros, vecinos de Oyola. Ts Manuel Navarro y Celestina Zurita.

Charriol, Dn. Julio con Zurita, Da. Beatriz
F.77: En la capilla de Vilismano, a 27 de marzo de 1889, dispensado un impedimento de consanguinidad en tercer grado, se casó a Dn. **Julio Charriol**, de 22 años, labrador, h. l. del finado Eugenio y de Da. Abigail Medina, vecinos de Vilismano, con Da. **Beatriz Zurita**, de 18, costurera, h. l. de Dn. Secundino y de Da. Pastora Rodríguez, vecinos de Vilismano. Ts Dn. Joel Medina y Da. Pastora Barrera.

Magallanes, Juan con Almaraz, Matrona
F.78: En la iglesia parroquial de El Alto, a 25 de marzo de 1889, se casó a **Juan Magallanes**, de 23 años, comerciante, h. l. de Félix Rosa Magallanes y de la finada María Santos Coronel, vecinos de El Alto, con **Matrona Almaraz**, de 23, costurera, h. n. de Eladia Almaraz, vecinos de El Alto. Ts Manuel Zamora y Adelina Robles.

Navarro, Guidón con Sánchez, Magdalena
F.79: En la iglesia parroquial de El Alto, a 25 de marzo de 1889, se casó a **Guidón Navarro**, de 28 años, labrador, h. n. de la finada Anunciación Navarro, vecinos de Oyola, con **Magdalena Sánchez**, de 21, costurera, h. l. del finado Jovino y de María Tolosa, vecinos de Inacillo. Ts José Zurita y Felipa Avendaño.

Guerrero, Dn. Medardo con Paz, Da. Jesús
F.80: En la iglesia parroquial de El Alto, a 30 de marzo de 1889, se casó a Dn. **Medardo Guerrero**, de 25 años, labrador, h. n. de Bernardina Guerrero, vecinos de Alijilán, con Da. **Jesús Paz**, de 30, telera, h. l. de los finados Nicolás Paz y de Welina Cabrera, vecinos de Las Tunas. Ts Ramón I. Díaz y Rosario Paz.

Vega, Adolfo con Aguirre, Segunda
F.81: En la iglesia parroquial de El Alto, a 16 de abril de 1889, se casó a **Adolfo Vega**, de 23 años, labrador, h. n. de la finada Jesús Vega, vecinos de Naipa, con **Segunda Aguirre**, de 20, costurera, h. n. de María Aguirre, vecinos de Naipa. Ts Gregorio Valdéz y Nicasia Quiroga.

Delgado, Simón con Ibáñez, Hilaria
F.82: En la iglesia parroquial de El Alto, a 16 de abril de 1889, se casó a **Simón Delgado**, de Santiago del Estero, de 36 años, jornalero, h. n. de Pía Delgado, vecinos del Puesto del Medio, con **Hilaria Ibáñez**, de 28, telera, h. l. de Apolinario y de María Morán, vecinos del Puesto del Medio. Ts Buenaventura Leguizamón y Edelmira Rosales.

Álvarez, José con Valdéz, Maclovia
F.83: En la iglesia parroquial de El Alto, a 16 de abril de 1889, se casó a **José Álvarez**, de 38 años, jornalero, h. l. de los finados Juan A. Álvarez y de María de Jesús Domínguez, con **Maclovia Valdéz**, de 24, telera, h. l. del finado José A. Valdéz y de Pascuala Fernández, vecinos de las Cañas. Ts Pedro Leguizamón y Ramona R. Reinoso.

Díaz, José Francisco con Luna, Celestina
F.84: En la capilla de la Quebrada, a 22 de mayo de 1889, se casó a **José Francisco Díaz**, de 36 años, criador, h. l. de los finados Juan Pío Díaz y de Lorenza Valdéz, vecinos del Monte Redondo, con **Celestina Luna**, de 23, costurera, h. l. del finado Ciriaco Luna y de Regina Brizuela, vecinos del Monte Redondo. Ts Ramón R. Luna y Lastenia Altamirana.

Jeréz, Dn. Manuel de los Reyes con Quiroga, Da. Audelina
F.85: En la iglesia parroquial de El Alto, a 21 de junio de 1889, dispensado un impedimento de consanguinidad en tercero con cuarto grado en línea colateral desigual, se casó a Dn. **Manuel de Reyes Jeréz**, de 21 años, criador, h. l. del finado Dn. Miguel y de Da. Regina Cardoso, vecinos del Puestito, con Da. **Audelina Quiroga**, de 18, costurera, h. n. de Da. Agustina Quiroga, vecinos del Puestito. Ts Advertano Verón y Clara Aranda.

Jiménez, Leovino con Luna, Maclovia
F.86: En la iglesia parroquial de El Alto, a 3 de julio de 1889, se casó a **Leovino Jiménez**, de 22 años, labrador, h. l. de Benito y de la finada Germana Mercado, vecinos de Ampolla, con **Maclovia Luna**, de 18, costurera, h. l. de Pedro y de Jovina Ortiz. Ts Salustiano Ibáñez y Asunción Sosa.

Juárez, Juan Dionisio con Pereira, Delfina

F.87: En la iglesia parroquial de El Alto, a 4 de julio de 1889, se casó a **Juan Dionisio Juárez**, de 30 años, labrador, h. n. de Avelina Juárez, vecinos de Alijilán, con **Delfina Pereira**, de 20 años, costurera, h. n. de Juana Rosa Pereira, vecinos del Saucecito. Ts Dolores Silva y Petrona Fernández.

Fuenzalida, Dn. Miguel con Ahumada, Da. Adelaida

F.88: En la iglesia parroquial de El Alto, a 21 de julio de 1889, se casó a Dn. **Miguel Fuenzalida**, de 26 años, preceptor, h. l. de Dn. Miguel Fuenzalida y de la finada Da. Tránsito Cardel, vecinos de Santa María, con Da. **Adelaida Ahumada**, de 18, costurera, h. l. de Dn. Rosendo Ahumada y de la finada Da. Adelaida Jeréz, vecinos de El Alto. Ts Dn. David Sierra y Da. Pastora Barrera.

Arévalo, Dn. Teodulfo con Medina, Da. Rosalía

F.89: En la capilla de Vilismano, a 15 de junio de 1889, dispensado un impedimento de consanguinidad en segundo grado, se casó a Dn. **Teodulfo Arévalo**, de 28 años, preceptor, h. l. de Dn. Juan Laurencio Arévalo y de Da. Senena Medina, vecinos de Vilismano, con Da. **Rosalina Medina**, de 15, costurera, h. l. de Dn. Joel Medina y de Da. Ludovina Zurita, vecinos de Vilismano. Ts Dn. Lutgardo Oviedo y Da. Tránsito Medina.

Reinoso, Benedicto con Reinoso, Crescencia

F.90: En la iglesia parroquial de El Alto, a 22 de julio de 1889, se casó a **Benedicto Reinoso**, de 56 años, labrador, h. l. de los finados Buenaventura Reinoso y de Carmen Paz, vecinos del Bañado, con **Crescencia Reinoso**, de 22, telera, h. n. de Delfina Reinoso, vecinos del Bañado. Ts Calixto Robles y Da. Gregoria Espeche.

Ibáñez, Juan de la Cruz con Tejeda, Da. Rosalía

F.91: En la iglesia parroquial de El Alto, a 22 de julio de 1889, se casó a Dn. **Juan de la Cruz Ibáñez**, de 28 años, labrador, h. n. de la finada Zelanda Ibáñez, vecinos de Tintigasta, con Da. **Rosalía Tejeda**, de 33, costurera, h. l. de los finados Isidoro Tejeda y Francisca Cisterna, vecinos del Vallecito. Ts Flavio Pacheco y Welina Agüero.

Rodríguez, Dn. Abdénago con Albarracín, Melitona

F.92: En la capilla de las Tunas, a 12 de agosto de 1889, dispensado un impedimento de consanguinidad en segundo grado con tercero, se casó a Dn. **Abdénago Rodríguez**, de 23 años, capataz, h. n. de la finada Magdalena Rodríguez, vecinos de Tintigasta, con Da. **Melitona Albarracín**, de 21, costurera, h. l. de los finados Tránsito Albarracín y Rita Rodríguez, vecinos de Tintigasta. Ts Tristán Jeréz y Teresa Vega.

Agüero, José con Luján, Avelina

F.93: En la iglesia parroquial de El Alto, a 26 de agosto de 1889, se casó a **José Agüero**, de 32 años, labrador, h. l. del finado Ponciano y de Rosa Cornejo, vecinos del Río de los Ávila, con **Avelina Luján**, de 19, telera, h. l. de los finados Guillermo y de Avelina Varela, vecinos de Anjuli. Ts Estratón Reinoso y Teresa Agüero.

Díaz, Juan de Dios con Reinoso, Regina

F.94: En la capilla de las Cañas, a 28 de agosto de 1889, se casó a **Juan de Dios Díaz**, de 38 años, labrador, h. n. de Candelaria Díaz y viudo de Magdalena Vallejos, vecinos de los Dos Pocitos, con **Regina Reinoso**, de 20, telera, h. n. de la finada Francisca A. Reinoso, vecinos del Bañado. Ts José Domingo Reinoso y Carlota Jeréz.

Páez, Julián con Jeréz, Jerónimo

F.95: En la capilla de las Cañas, a 28 de agosto de 1889, se casó a **Julián Páez**, de 70 años, criador, h. l. de los finados José Miguel y de Francisca Mercado, vecinos del Potrero, con **Gerónima Jeréz**, de 30, costurera, h. l. de los finados Félix Jeréz y Lizarda Fernández, vecinos del Bañado. Ts Ercilio Díaz y Manuela Rosales.

Quiroga, Cenobio con Lugones, Carolina

F.96: En la capilla de las Cañas, a 31 de agosto de 1889, se casó a **Cenobio Quiroga**, tucumano, de 23 años, labrador, h. n. de Rufina Ledesma, vecinos de los Altos, con **Carolina Lugones**, de 26, costurera, h. l. de Pantaleón Lugones y de la finada Manuela Mercado, vecinos de los Altos. Ts Miguel González y Marina Contreras.

Capdevila, Dn. Tomás con Ibáñez, Da. Zenaida

F.97: En la capilla de las Cañas, a 27 de agosto de 1889, se casó a Dn. **Tomás Capdevila**, de 28 años, labrador, h. n. de Cecilia Agüero, vecinos de las Cañas, con Da. **Zenaida Ibáñez**, de 18, costurera, h. n. de Clementina Ibáñez, vecinos de las Cañas. Ts Dn. Ermilio Capdevila y Da. Maclovia Ibáñez.

Juárez, Dn. Julián con Lascano, Da. Rodulfa

F.98: En la capilla de los Manantiales, a 18 de setiembre de 1889, se casó a Dn. **Julián Juárez**, tucumano, de 30 años, labrador, h. l. de los finados Eustaquio Juárez y de Pascuala Castillo, vecinos de El Alto Verde de Tucumán, curato de Chicligasta, con Da. **Rodulfa Lascano**, de 19, costurera, h. l. de Dn. Dionisio Lascano y de Da. Oliva Villafañe, vecinos del Cuchinoque. Ts Rómulo Bustos y Evita Lezcano.

Olivares, Dn. José Ramón con Ibáñez, Da. Juana Rosa

F.99: En la capilla de los Manantiales, a 18 de setiembre de 1889, se casó a Dn. **José Ramón Olivares**, de San Juan, de 36, labrador, h. l. de Dn. Víctor y de Da. Rosa Almonacid, vecinos de San Juan, con Da. **Juana Rosa**

Ibáñez, de 56 años, costurera, h. l. de Dn. Antonio y de Da. Eufrasia Ferreira, vecinos del Puesto de Ibáñez. Ts Dn. Belisario Rosales y Da. Lucinda Rosales.

Vega, Cornelio con Guarás, Consolación
F.100: En la capilla de los Manantiales, a 19 de setiembre de 1889, se casó a **Cornelio Vega**, de 23 años, labrador, h. n. de Josefa Vega, vecinos del Quebrachito, con **María Consolación Guarás**, de 20, telera, h. l. del finado Gregorio y de Balbina Ortiz, vecinos del Talarcito. Ts Ramón R. Reinoso y Liberata Ibáñez.

Luna, Ramón con Ortiz, María
F.101: En la capilla de los Manantiales, a 24 de setiembre de 1889, se casó a **Ramón Luna**, de 23 años, labrador, h. n. de Remigia Luna, vecinos de las Cañas, con **María Ortiz**, de 20, telera, h. l. de Prudencio y de Gabina Rodríguez, vecinos de la Bajada. Ts Asencio Flores y María Luna.

Suárez, José Lucas con Arias, Segunda Rosa
F.102: En la iglesia parroquial de El Alto, a 25 de setiembre de 1889, se casó a **José Lucas Suárez**, de 22 años, labrador, h. l. del finado Pedro Pablo y Rosario Mansilla, vecinos de Haipa Sorcona, con **Segunda Rosa Arias**, de 19, costurera, h. n. de Tránsito Arias, vecinos de Haipa Sorcona. Ts Miguel Bulacia y Victoria Jiménez.

Agüero, Dn. Ramón con Cabral, Da. María Ignacia
F.103: En la iglesia parroquial de El Alto, a 25 de setiembre de 1889, se casó a Dn. **Ramón R. Agüero**, de 33 años, labrador, h. l. de los finados Ramón Ignacio y de Juana Rosa Vega, vecinos de Sucuma, con Da. **María Ignacia Cabral**, de 25, costurera, h. l. de Dn. Patricio y de Da. Concepción Argañaráz, vecinos de Haipa Sorcona. Ts Dn. Heracleo Gómez y Da. Carlota Gómez.

Villagra, Juan con Toledo, Javiera
F.104: En la iglesia parroquial de El Alto, a 16 de octubre de 1889, dispensado un impedimento de afinidad ilícita en primer grado, se casó a **Juan Villagra**, de 36 años, capataz, h. n. de la finada Luisa Villagra, vecinos de Tintigasta, con **Javiera Toledo**, de 30, costurera, h. n. de Genoveva Toledo, vecinos de Tintigasta. Ts Luis R. Lobo y Juliana Varela.

Pereira, Marcelino con Brizuela, Isidora
F.105: En la iglesia parroquial de El Alto, a 3 de noviembre de 1889, se casó a **Marcelino Pereira**, de 28 años, labrador, h. n. de Juana Pereira, vecinos de la Aguada, con **Isidora Brizuela**, de 20, costurera, h. l. del finado José Brizuela y de Celedonia Rosales, vecinos de la Aguada. Ts Ramón R. Ahumada y Ramona Díaz.

Ibáñez, Zenón con Bazán, Rita
F.106: En la iglesia parroquial de El Alto, a 22 de octubre de 1889, se casó a **Zenón Ibáñez**, de 27 años, jornalero, h. l. del finado Nazario y de María Dolores Videla, vecinos de las Cortaderas, con **Rita Bazán**, de 20, costurera, h. n. de Nicolasa Bazán, vecinos de las Cortaderas. Ts Pascual Ojeda y Santos Peñaflor.

Arévalo, Pedro con Robles, Clemira
F.107: En la iglesia parroquial de El Alto, a 3 de noviembre de 1889, se casó a **Pedro Arévalo**, de 26 años, labrador, h. l. de Eustaquio y de la finada Natividad Jeréz, vecinos de Piedra Blanca, con **Clemira Robles**, de 43 años, amansadora, h. n. de la finada Manuela Robles, vecinos de El Alto. Ts Manuel Zamora y Adelina Robles.

Ibáñez, José María con Villalba, Perfecta
F.108: En la iglesia parroquial de El Alto, a 18 de noviembre de 1889, se casó a **José María Ibáñez**, de 26 años, jornalero, h. n. de Nicolasa Ibáñez, vecinos de esta parroquia, con **Perfecta Villalba**, de 18, costurera, h. l. de José Ma. y de la finada Audelina Rojas, vecinos de las Chacras. Ts Moisés Cejas y Manuela Matute.

Martínez, Ramón Virginio con Rodríguez, María Cleta
F.109: En la iglesia parroquial de El Alto, a 18 de noviembre de 1889, se casó a **Ramón Virginio Martínez**, de 27, jornalero, h. n. de Josefa Martínez, vecinos de las Chacras, con **María Cleta Rodríguez**, de 43, telera, h. n. de la finada Plácida Rodríguez, vecinos de Iloga. Ts Andrés Arévalo y Eufrasia Ríos.

Gutiérrez, Amaranto con Cisterna, María Filomena
F.110: En la iglesia parroquial de El Alto, a 18 de noviembre de 1889, se casó a **Amaranto Gutiérrez**, de 36, trenzador, h. l. de los finados Juan Ignacio y de Felipa Torres, vecinos del Molino, con **María Filomena Cisterna**, de 24, costurera, h. l. de los finados Eliseo y de Petrona Barrientos, vecinos de Guayamba. Ts Dn. Decoroso Mendoza y Da. Marquesa Ovejero.

Luján, Ramón Antonio con Sobrado, Rudecinda
F.111: En la iglesia parroquial de El Alto, a 18 de noviembre de 1889, se casó a **Ramón Antonio Luján**, de 22, labrador, h. n. de la finada Benigna Luján, vecinos de Caña Cruz, con **Rudecinda Sobrado**, de 30, telera, h. n. de la finada María de la Cruz Sobrado y viuda de Antonio Barrionuevo, vecinos de Taco Punco. Ts Aniceto Ríos y Eduviges Albarracín.

Ortiz, Manuel con Palacio, Petrona
F.112: En la iglesia parroquial de El Alto, a 18 de noviembre de 1889, se casó a **Manuel Ortiz**, de 23, labrador, h. l. del finado Francisco y de Melitona Valdéz, vecinos del Puesto de Ortiz, con **Petrona**

Palacio, de 19, telera, h. n. de Evelia Palacio, vecinos del Puesto de Ortiz. Ts José Ramón Olivares y María Arias.

Collantes, José del Carmen con Luna, Vicenta
F.113: En la iglesia parroquial de El Alto, a 4 de diciembre de 1889, se casó a **José del Carmen Collantes**, de 22, labrador, h. l. de Máximo y de Hipólita Cevallos, vecinos de Ampolla, con **Vicenta Luna**, de 18, costurera, h. l. de los finados Vicente y de Inocencia Díaz, vecinos de Ampolla. Ts Avelino Luna y Eufrasia Santillán.

Leiva, Advertano con Lemus, Rosario
F.114: En la iglesia parroquial de El Alto, a 5 de diciembre de 1889, dispensado un impedimento de afinidad ilícita en segundo grado, se casó a **Advertano Leiva**, de 40, labrador, h. l. de los finados Miguel y de Mercedes Segura, vecinos de Sucuma, con **Rosario Lemus**, de 40, costurera, h. n. de la finada Narcisa Lemus, vecinos de El Alto. Ts Manuel Gramajo y Adelina Robles.

Ahumada, Pedro Martín con Quiroga, Micaela
F.115: En la iglesia parroquial de El Alto, a 9 de diciembre de 1889, se casó a **Pedro Martín Ahumada**, de 35, labrador, h. n. de la finada Martina Ahumada, vecinos de Guayamba, con **Micaela Quiroga**, de 26, telera, h. n. de Margarita Quiroga, vecinos de Guayamba. Ts Miguel Bulacia y Victoria Jiménez.

Rodríguez, Dn. Ramón Rosa con Jeréz, Da. Carmen
F.116: En la iglesia parroquial de El Alto, a 9 de diciembre de 1889, se casó a Dn. **Ramón Rosa Rodríguez**, de 28, labrador, h. l. del finado Solano y de Da. Isabel Valdéz, vecinos de Alta Gracia, con Da. **Carmen Jeréz**, de 17, costurera, h. l. de los finados Dn. José María y Da. María Encarnación Vega, vecinos de San Gerónimo. Ts Dn. David Sierra y Da. Pabla Jeréz.

Villagra, Agustín con Díaz, Nicolasa
F.117: En la iglesia parroquial de El Alto, a 5 de diciembre de 1889, dispensado un impedimento de afinidad lícita en segundo con tercer grado, se casó a **Agustín Villagra**, de 40, labrador, h. l. de Eusebio y de Asunción Ibáñez y viudo de Carolina Rosales, vecinos de la Aguada, con **Nicolasa Díaz**, de 20, telera, h. l. de David y de Rosario Mercado, vecinos de la Aguada. Ts Wertel Rosales y Ana Rosa Lezcano.

Godoy, José Antenor con Magallan, Eufemia
F.118: En la iglesia parroquial de El Alto, a 16 de diciembre de 1889, se casó a **José Antenor Godoy**, de 21, labrador, h. l. de Juan y de Salomé Márquez, vecinos de Sucuma, con **Eufemia Magallan**, de 17, costurera, h. l. de los finados Ignacio y de Ramona Morales, vecinos de Yaco. Ts Dn. Heracleo Gómez y Da. Carlota Gómez.

Luján, Cenobio con Ávila, María Petrona
F.119: En la iglesia parroquial de El Alto, a 26 de diciembre de 1889, se casó a **Cenobio Luján**, de 23, labrador, h. l. de Emeterio y de Maximiliana Mansilla, vecinos de Santa Ana, con **María Petrona Ávila**, de 20, telera, h. l. del finado Andrónico y de Carmen Luján, vecinos de Caña Cruz. Ts Javier Rodríguez y Rosa Vega.

Zurita, Justo con Ríos, Salomé
F.120: En la iglesia parroquial de El Alto, a 1 de enero de 1890, dispensado un impedimento de consanguinidad en tercer grado, se casó a **Justo Zurita**, de 30, labrador, h. l. del finado Hermenegildo (sic) y de Froilana Zurita, vecinos de Caña Cruz, con **María Salomé Ríos**, de 23, costurera, h. l. de Ramón y de Juana I. Arévalo, vecinos de Caña Cruz. Ts Isidoro Robles y Petronila Juárez.

Santillán, Justo con Jiménez, Digna
F.121: En la iglesia parroquial de El Alto, a 1 de enero de 1890, se casó a **Justo Santillán**, de 22, labrador, h. n. de Eufrasia Santillán, vecinos de Ampolla, con **Digna Jiménez**, de 18, costurera, h. l. de Benito y de la finada Germana Mercado, vecinos de Ampolla. Ts Eufrasio Luna y Tomasa Lezcano.

Arévalo, José Casimiro con Arévalo, Gabriela
F.122: En la iglesia parroquial de El Alto, a 7 de enero de 1890, dispensado un impedimento de consanguinidad en cuarto grado, se casó a **José Casimiro Arévalo**, de 25, labrador, h. l. de los finados Bernabé y de Severa Luján, vecinos de Caña Cruz, con **Gabriela Arévalo**, de 25, costurera, h. l. de Juan B. Arévalo y de la finada Concepción Ávila, vecinos de Talasí. Ts Manuel I. Mansilla y María Antonia Páez.

Nieva, Dn. José con Rodríguez, Da. Manuela
F.123: En la iglesia parroquial de El Alto, a 15 de enero de 1890, se casó a Dn. **José Nieva**, de 36, sastre, h. l. de los finados Evaristo y de Agustina Pacheco, vecinos de las Cuestecillas, con Da. **Manuela Rodríguez**, de 22, costurera, h. l. del finado Eliseo y de Luisa Zalazar, vecinos de Guayamba. Ts Dn. David Sierra y Da. Mónica Rodríguez.

Cejas, Dn. Simón con Vega, Da. Eunomia
F.124: En la capilla de Vilismano, a 3 de febrero de 1890, se casó a Dn. **Simón Cejas**, de 19, labrador, h. l. del finado Dn. Malaquías y de Da. Eleuteria Medina, vecinos de Ancamugalla, con Da. **Eunomia Vega**, de 19, costurera, h. l. de Dn. Víctor Vega y de Da. Carolina Pacheco, vecinos de Vilismano. Ts Dn. Rodolfo Medina y Da. Abigail Charriol.

Garay, Isidro con Tolosa, María
F.125: En la capilla de Vilismano, a 3 de febrero de 1890, se casó a **Isidro Garay**, de 20, labrador, h. l. de Ildefonso y de Rosa Villafañe, vecinos del Huaico Hondo, con **María Tolosa**, de 18, telera, h. l. de Julián y de Mercedes Arévalo, vecinos de las Cañadas. Ts Eduardo Garay y Crisanta Luján.

Morales, Gabriel con Lobo, Petrona
F.126: En la capilla de Vilismano, a 3 de febrero de 1890, se casó a **Gabriel Morales**, de 22, labrador, h. l. de los finados Felipe y de Valentina Quiroga, vecinos de Ancamugalla, con **Petrona Lobo**, de 18, costurera, h. l. de Avelino Lobo y de Ramona Tejeda, vecinos de los Tres Sauces. Ts Dn. Pascual Tejeda y Da. Rosa Medina.

Rodríguez, Bartolomé con Quiroga, María Olegaria
F.127: En la iglesia parroquial de El Alto, a 12 de febrero de 1890, se casó a **Bartolomé Rodríguez**, de 20, aserrador, h. l. de los finados Juan Gil y de Juana Ibáñez, vecinos del Bañado, con **María Olegaria Quiroga**, de 20, costurera, h. n. de Nicasia Quiroga, vecinos de las Cañas. Ts Pascual Rosales y Toribia Pereira.

Brizuela, Miguel con Gómez, Petronila
F.128: En la iglesia parroquial de El Alto, a 24 de febrero de 1890, se casó a **Miguel Brizuela**, de 26, jornalero, h. n. de Tránsito Brizuela, vecinos de Rama Corral, con **Petronila Gómez**, de 30, sirvienta, h. l. del finado Juan B. y de Manuela Santillán, vecinos de El Alto. Ts Eufrasio Luna y Joaquina Macedo.

Espeche, José con Agüero, Hilaria
F.129: En la iglesia parroquial de El Alto, a 25 de febrero de 1890, se casó a **José Espeche**, de 40, blanco, h. n. de Juana Isabel Espeche, vecinos de Iloga, con **Hilaria Agüero**, de 20, costurera, h. l. del finado Isidoro y Narcisa Dorado, vecinos de Collagasta. Ts José Carrizo y Da. Josefa Gómez.

Vega, Ignacio con Luna, María Pabla
F.130: En la iglesia parroquial de El Alto, a 3 de marzo de 1890, se casó a **Ignacio Vega**, de 26, labrador, h. n. de Josefa Vega, vecinos del Quebrachito, con **María Pabla Luna**, de 21, costurera, h. n. de María Nieves Luna, vecinos de las Cañas. Ts Salustiano Ibáñez y Efigenia Díaz.

Peralta, José Luis con Leguizamón, Exaltación
F.131: En la iglesia parroquial de El Alto, a 5 de marzo de 1890, se casó a **José Luis Peralta**, de 30, labrador, h. l. de los finados Santiago y de Segunda Ninfa Mercado, vecinos de Ovanta, con **Exaltación Leguizamón**, de 20, telera, h. n. de Filemona Leguizamón, vecinos de los Dos Pocitos. Ts Ramón R. Luna y Eleuteria Reinoso.

Rojas, José del Carmen con Tolosa, Damiana
F.132: En la iglesia parroquial de El Alto, a 5 de marzo de 1890, se casó a **José del Carmen Rojas**, de 26, labrador, h. l. del finado David y de Felipa Avendaño, vecinos de Moye Pampa, con **Damiana Tolosa**, de 18, costurera, h. l. de Julián y de Mercedes Aredes, vecinos de las Cañadas. Ts Ceferino Bayón y Petrona Rojas.

Ponce, Dn. Pastor con Arévalo, Da. Petrona
En la iglesia parroquial de El Alto, a 8 de marzo de 1890, dispensado un impedimento de consanguinidad en cuarto grado, se casó a Dn. **Pastor Ponce**, de 22, criador, h. l. del finado Dn. Tristán Ponce y de Da. Circunción Montes de Oca, vecinos del Laurel, con Da. **Petrona Arévalo**, de 25, costurera, h. l. de Dn. Juan Laurencio Arévalo y de Da. Zenona Medina, vecinos de Vilismano. Ts Dn. Joel Medina y Da. Ludovina Zurita de Medina.

Páez, Daniel con Villarroel, Victoria
F.134: En la iglesia parroquial de El Alto, a 10 de marzo de 1890, se casó a **Daniel Páez**, de 23, jornalero, h. n. de la finada María Páez, vecinos de las Cañas, con **Victoriana Villarroel**, de 20, costurera, h. n. de la finada Carmen Villarroel, vecinos de las Cañas. Ts Ambrosio Frías y Jacoba Ortiz.

Vega, Dn. Justo Pastor con Monzón, Da. Ángela
F.135: En la iglesia parroquial de El Alto, a 12 de marzo de 1890, se casó a Dn. **Justo Pastor Vega**, de 26, labrador, h. l. de Rómulo Vega y Ramona Lazo, vecinos de Santa Rosa, del curato Rectoral, con Da. **Ángela Monzón**, de 30, telera, h. l. de Bonifacio Monzón y de Asunción Vega, vecinos de la Carpintería. Ts Dn. Juan Jeréz y Da. Santos Espeche.

González, Enrique con Guarás, María
F.136: En la iglesia parroquial de El Alto, a 17 de marzo de 1890, se casó a **Enrique González**, de 26, labrador, h. l. de Rufino González y de la finada María del Señor González, vecinos del Bañado, con **María Guarás**, de 20, telera, h. n. de Ana María Guarás, vecinos del Bañado. Ts Salustiano Ibáñez y Asunción Sosa.

Gómez, Estanislada con Gómez, Diocleciana
F.137: En la iglesia parroquial de El Alto, a 19 de marzo de 1890, dispensado un impedimento en tercer grado de consanguinidad, se casó a **Estanislada Gómez**, de 38, labrador, h. l. de los finados Luis y de Francisca Peralta, vecinos de Trigo Chacra, con **Diocleciana Gómez**, de 29, costurera, h. l. de Pedro y Faustina Jeréz, vecinos de Trigo Chacra. Ts Pedro Quiroga y Petronila Ocón.

Medina, Dn. Victoriano con Acuña, Da. Raquel
F.138: En la capilla de Vilismano, a 25 de marzo de 1890, dispensado un impedimento de consanguinidad en segundo con cuarto grado, se casó a Dn. **Victoriano Medina**, de 23, labrador, h. l. de los finados Victoriano y de Rosa Rodríguez, vecinos de Ancamugalla, con Da. **Raquel Acuña**, de 35, costurera, h. l. del finado José y de Da. Isabel Arévalo, vecinos del Arroyito. Ts Dn. Pascual Arévalo y Da. Cruz Acuña.

Rodríguez, Ramón Rosa con Rojas, Saturnina
F.139: En la iglesia parroquial de El Alto, a 14 de abril de 1890, se casó a **Ramón Rosa Rodríguez**, de 30, zapatero, h. l. de los finados José Candelario y de Juana Varela, vecinos de El Alto, con **Saturnina Rojas**, de 33, sirvienta, h. n. de la finada María Inés Rojas. Ts Dn. Cruz Gramajo y Da. Josefa Gramajo.

Rodríguez, Ramón Rosa con Leguizamón, Narcisa
F.140: En la iglesia parroquial de El Alto, a 14 de abril de 1890, se casó a **Ramón Rosa Rodríguez**, de 22, labrador, h. n. de Lutgarda Rodríguez, vecinos del Bañado, con **Narcisa Leguizamón**, de 19, costurera, h. l. de Nicolás y de Rosa Reinoso, vecinos del Puesto del Medio. Ts Pascual Ibáñez y Cleofé González.

Martínez, Ramón con Aranda, Rosa
F.141: En la capilla de las Cañas, a 21 de abril de 1890, se casó a **Ramón Martínez**, de 26, jornalero, h. l. de Roque y de la finada Asunción Romero, vecinos de las Cañas, con **Rosa Aranda**, de 28, costurera, h. n. de Avelina Aranda, vecinos de las Cañas. Ts Indabor Ponce y Jesús Cáceres.

Rodríguez, Reyes con Díaz, Mercedes
F.142: En la capilla de las Cañas, a 21 de abril de 1890, se casó a **Reyes Rodríguez**, de 26, labrador, h. l. del finado Pedro Telmo y de Eulalia Silva, vecinos de las Tunas, con **Mercedes Díaz**, de 23, telera, h. l. de los finados José Nicolás y de Petrona Argañaráz, vecinos de las Tunas. Ts Juan A. Leguizamón y Simona Cabrera.

Leguizamo, Avelino con Ogas, Isabel
F.143: En la iglesia parroquial de El Alto, a 23 de abril de 1890, se casó a **Avelino Leguizamón**, de 30, criador, h. l. de Andrés y de Luisa Rosales, vecinos del Bañado, con **Isabel Ogas**, de 19, costurera, h. l. de los finados Salomón y de Jacinta Mercado, vecinos del Bañado. Ts Florentino Collantes y Delfina Luna.

Madueño, Dn. Andrónico con Cejas, Da. Adelaida
F.144: En la iglesia parroquial de El Alto, a 23 de abril de 1890, se casó a Dn. **Andrónico Madueño**, de 36, labrador, h. n. de Jacinta Madueño, vecinos de las Flores, con Da. **Adelaida Cejas**, de 18, costurera, h. l. del finado Malaquías y de Da. Eleuteria Medina, vecinos de Ancamugalla. Ts Dn. Hilarión Zurita y Crisanta Sosa.

Varela, Dn. Francisco J. con Lazo, Da. Adelaida
F.145: En la iglesia parroquial de El Alto, a 23 de abril de 1890, dispensado un impedimento en tercer grado de consanguinidad con cuarto de la línea colateral desigual, se casó a Dn. **Francisco J. Varela**, de 23, carpintero, h. l. de Dn. Juan Luis Varela y de Da. Mercedes Ledesma, vecinos de Piedra Blanca, con Da. **Adelaida Lazo**, de 18, costurera, h. l. de Dn. Ramón Lazo y de Da. Tomasa Soria, vecinos de la Costa. Ts Dn. Isidoro Robles y Da. Adelina Robles.

Rodríguez, Ramón Rosa con Guarás, Dominanda
F.146: En la iglesia parroquial de El Alto, a 25 de abril de 1890, se casó a **Ramón Rosa Rodríguez**, de 24, labrador, h. n. de Joaquina Rodríguez, vecinos del Bañado, con **Dominanda Guarás**, de 22, telera, h. n. de Dominga Guarás, vecinos del Bañado. Ts Belarmino Luna y Cledovia Leguizamón.

Ramírez, Maximiano con Castro, María Cleofé
F.147: En la iglesia parroquial de El Alto, a 25 de abril de 1890, se casó a **Maximiano Ramírez**, de 27, labrador, h. l. de los finados Pedro Antonio y de Bartolina Pereira, vecinos de las Tunas, con **María Cleofé Castro**, de 19, telera, h. l. de Ramón Castro y de Catalina Silva, vecinos de las Tunas. Ts José Odofio Cevallos y Felisa Márquez.

Brizuela, José con Luján, Waldina
F.148: En la iglesia parroquial de El Alto, a 28 de abril de 1890, se casó a **José Brizuela**, de 30, labrador, h. l. de los finados Isidro Brizuela y de María A. Gutiérrez, vecinos de Alta Gracia, con **Waldina Luján**, de 23, costurera, h. l. de los finados Juan de Dios y de Clara Arévalo, vecinos del Río Grande. Ts Felipe Cejas y Da. Filomena Guerreros.

Páez, Dn. Anastasio con Carrizo, Da. Tránsito
F.149: En la iglesia parroquial de El Alto, a 28 de abril de 1890, se casó a Dn. **Anastasio Páez**, de cuarenta, labrador, h. l. de los finados Dn. José M. Páez y de Da. Jacoba Contreras, vecinos de la Agua del Sauce, con Da. **Tránsito Carrizo**, de 26, costurera, h. l. de Dn. José Carrizo y de Da. Gorgonia Palacios, vecinos de Collagasta. Ts Dn. Bonifacio Gramajo y Da. Octavia Saavedra.

Ríos, Esteban con Peñaflor, Paula Ignacia
F.150: En la iglesia de la Quebrada, a 29 de mayo de 1890, se casó a **Esteban Ríos**, de 30, labrador, h. l. de los finados Francisco y de María Concepción Peralta, vecinos de Trigo Chacra, con **Paula Ignacia Peñaflor**, de 26, costurera, h. l. del finado Julián y de Isabel Díaz, vecinos de Trigo Chacra. Ts Andrés Tula y Celina Pacheco.

Contreras, José Tránsito con Artaza, Nieves
F.151: En la iglesia de la Quebrada, a 29 de mayo de 1890, se casó a **José Tránsito Contreras**, de 27, labrador, h. n. de Martina Contreras, vecinos de Albigasta, con **Nieves Artaza**, de 19, telera, h. n. de Crisanta Artaza, vecinos de Albigasta. Ts Francisco Verón y Regina Cardoso.

Gómez, Dn. Nabor con Gómez, Da. Celina
F.152: En la iglesia de la Puerta Grande, a 26 de mayo de 1890, dispensado un impedimento de consanguinidad en segundo grado, se casó a Dn. **Nabor Gómez**, de 30, labrador, h. l. del finado Dn. Pedro Gómez y de Da. Nieves Gómez, vecinos de Yaquicho, con Da. **Celina Gómez**, de 42, costurera, h. l. de los finados Dn. Benigno Gómez y de Da. (en blanco), vecinos de Yaquicho. Ts (en blanco) y Da. Nieves Gómez.

Ovejero, Bonifacio con Segura, Marquesa
F.153: En la iglesia parroquial de El Alto, a 7 de junio de 1890, se casó, **Bonifacio Ovejero**, de 27, jornalero, h. l. de Ignacio y de Espíritu Torres, vecinos de esta parroquia, con **Marquesa Segura**, de 25, costurera, h. n. de Brígida Segura. Ts José Caravajal y María del Rosario Almaraz.

Rodríguez, Benjamín con Arévalo, Clara Rosa
F.154. En la iglesia parroquial de El Alto, a 10 de julio de 1890, dispensado un impedimento de consanguinidad y otro de afinidad, ambos en segundo grado, se casó a **Benjamín Rodríguez**, de 36, jornalero, h. l. de los finados Tadeo y de Mercedes Luján, vecinos de Iloga, con **Clara Rosa Arévalo**, de 36, telera, h. l. de los finados Pedro (L. o G.) Arévalo y de Carmen Rodríguez, vecinos de Iloga. Ts Facundo Ibáñez y Claudia Sosa.

Juárez, Dn. Tránsito con Rojas, Da. María
F.155: En esta iglesia parroquial de El Alto, a 30 de julio de 1890, se casó a Dn. **Tránsito Juárez**, de 28, labrador, h. l. del finado Dn. Félix y de Da. Natividad Pacheco, vecinos de Albigasta, con Da. **María Rojas**, de 19, costurera, h. l. de los finados Dn. Fortunato y Da. Clementina Ibáñez, vecinos de Albigasta. Ts Dn. Joel Medina y Da. Adelina Robles.

Ojeda, Dídimo con Ibáñez, Virginia
F.156: En la iglesia parroquial de El Alto, se casó a **Dídimo Ojeda**, de 33, jornalero, h. l. de los finados Calixto y de Angelita Barrera, vecinos de esta parroquia, con **Virginia Ibáñez**, de 28, telera, h. l. del finado Celedonio y de Magdalena Zurita, vecinos de Talasí. Ts Dn. Luis Brandán y Da. Javiera Márquez.

Ibáñez, Silvestre con Ávila, Jesús
F.157: En la iglesia parroquial de El Alto, a 31 de julio de 1890, se casó a **Silvestre Ibáñez**, de 36, labrador, h. l. del finado Celedonio y de Magdalena Zurita, vecinos de Talasí, con **Jesús Ávila**, de 27, telera, h. l. de los finados Emiliano Ávila y de Zelanda Lazo, vecinos de Iloga. Ts Dn. Cristóforo Rodríguez y Da. Grimanesa Ponce.

Ovejero, Félix con Albarracín, Dalinda
F.158: En la iglesia parroquial de El Alto, a 31 de julio de 1890, se casó a **Félix Ovejero**, de 19, jornalero, h. l. de Ignacio y de Espíritu Torres, vecinos de esta parroquia, con **Dalinda Albarracín**, de 18, costurera, h. n. de la finada Aurelia Albarracín, vecinos de Tintigasta. Ts Dn. Luis F. Brandán y Da. Javiera Márquez.

Rosales, Eliseo con Pérez, Rosario
F.159: En la capilla de las Tunas, a 8 de agosto de 1890, dispensado un impedimento de consanguinidad en cuarto grado igual, se casó a **Eliseo Rosales**, de 30, jornalero, h. n. de Manuela Rosales, vecinos del Bañado, con **Rosario Pérez**, de 26, telera, h. n. de Pastora Pérez, vecinos del Bañado. Ts Cleofé Leguizamón y Carolina Guarás.

Ávila, Dn. Tránsito con Valdéz, Da. Teofanía
F.160: En la iglesia de los Manantiales, a 16 de agosto de 1890, se casó a Dn. **Tránsito Ávila**, de 27, comerciante, h. l. del finado Dn. Tránsito Ávila y de Da. Lorenza Camaño, vecino de las Cañas, con Da. **Teofanía Valdéz**, de 40, costurera, h. l. de Dn. Félix Valdéz y de la finada Da. Rosaura Leiva, vecinos de Alijilán. Ts Dn. Pedro Espeche y Da. Sofía de Valdéz.

Hernández, Eudosio con Delgado, Guillerma
F.161: En la iglesia de los Manantiales, a 16 de agosto de 1890, se casó a **Eudosio Hernández**, de 30, labrador, h. l. de José y de la finada Candelaria Barrionuevo, vecinos de Alijilán, con **Guillerma Delgado**, de 28, costurera, h. l. de los finados Juan A. Delgado y de Inés Delgado, vecinos de Alijilán. Ts Aristóbulo Barrientos y Vicenta Delgado.

Díaz, Fructuoso con Macedo, Gregoria
F.162: En la capilla de las Tunas, a 9 de agosto de 1890, se casó a **Fructuoso Díaz**, de 23, labrador, h. n. de Evarista Díaz, vecinos de Amaucala, con **Gregoria Macedo**, de 18, costurera, h. l. de los finados Albino y de Eduviges Rizo, vecinos de los Ortices. Ts Salustiano Ibáñez y Asunción Sosa.

Ahumada, Belisario con Farías, Candelaria
F.163: En la capilla de las Tunas, a 22 de agosto de 1890, se casó a **Belisario Ahumada**, de 31, jornalero, h. l. de los finados Manuel y de Gervasia Aráoz, vecinos del

Bañado, con **Candelaria Farías**, de 26, telera, h. l. de los finados Juan P. Farías y de Juana P. Reinoso, vecinos del Bañado. Ts Domiciano Armas y Concepción Armas.

Pogonce, Adel con Pereira, Eladia
F.164: En la capilla de las Tunas, a 22 de agosto de 1890, se casó a **Adel Pogonce** (sic), de 23, labrador, h. n. de María Pogonce, vecinos de las Cañas, con **Eladia Pereira**, de 36, telera, h. n. de Solana Pereira, vecinos de las Tunas. Ts José A. Barrientos y Ana Rosa Peralta.

Luna, Clemente con Colombres, Jesús
F.165: En la capilla de las Cañas, a 24 de agosto de 1890, se casó a **Clemente Luna**, de 23, labrador, h. l. del finado Ciriaco Luna y de Regina Brizuela, vecinos de los Altos, con **Jesús Colombres**, de 22, telera, h. l. de los finados José I. Colombres y de Concepción Díaz, vecinos del Monte Redondo. s Juan A. Vargas y Sabina Fernández.

González, José Abel con Peralta, Bartolina
F.166: En la capilla de las Cañas, a 27 de agosto de 1890, se casó a **José Abel González**, de 19, criador, h. l. de Tadeo y de Tomasina Coronel, vecinos del Talarcito, con **Bartolina Peralta**, de 17, costurera, h. l. de Pascual y de Petrona Leguizamón, vecinos de los Dos Pocitos. Ts Mariano Leguizamón y Edelmira Rosales.

Cevallos, Salvador con Tejeda, Armentaria
F.167: En la capilla de las Cañas, a 27 de agosto de 1890, se casó a **Salvador Cevallos**, de 22, jornalero, h. n. de la finada Teresa Cevallos, vecinos del Bañado, con **Armentaria Tejeda**, de 18, costurera, h. l. de los finados Segundo y de Luisa Paz, vecinos de Yaquicho. Ts Juan Cárdenas y Welina Leguizamón.

Arévalo, Dn. Orencio con Navarro, Da. Javiera
F.168: En la capilla de Vilismano, a 1 de setiembre de 1890, se casó a Dn. **Orencio Arévalo**, de 28, labrador, h. l. del finado Luis Arévalo y de Carmen Ibáñez, vecinos de la Calera, con Da. **Javiera Navarro**, de 26, costurera, h. l. del finado David Navarro y Carmen Caballero, vecinos de Inacillo. Ts Dn. Lutgardo Oviedo y Da. Tránsito Medina.

Reinoso, Delfín con Acosta, Ramona
F.169: En la iglesia parroquial de El Alto, a 5 de setiembre de 1890, se casó a **Delfín Reinoso**, de 31, jornalero, h. l. de los finados Victorio y de Gerónima Villagra, vecinos de Alijilán, con **Ramona Acosta**, de 17, sirvienta, h. n. de la finada Juana Acosta, vecinos de Tilinjuli. Ts Emiliano Luna y Vicenta Guerreros.

Díaz, Miguel con Romero, Gregoria
F.170: En la capilla de los Manantiales, a 15 de setiembre de 1890, se casó a **Miguel Díaz**, de 42, labrador, h. n. de la finada Fortunata Díaz, vecinos de Alijilán, con **Gregoria Romero**, de 37, costurera, h. l. de los finados José Manuel y de Beatriz Salguero, vecinos de Alijilán. Ts Manuel A. Díaz y Rosa Paz.

Reinoso, Lucas con Ortega, Pacífica
F.171: En la capilla de los Manantiales, a 15 de setiembre de 1890, se casó a **Lucas Reinoso**, de 30, labrador, h. l. de los finados Venancio y de Consolación Reinoso, vecinos de Ovanta, con **Pacífica Ortega**, de 36, telera, h. n. de Balbina Ortega, vecinos de los Moyes. Ts José Reinoso y Juliana Caravajal.

Medina, David con Ríos, Margarita
F.172: En la capilla de los Manantiales, a 15 de setiembre de 1890, se casó a **David Medina**, de 56, criador, h. n. de la finada Escolástica Medina, vecinos de Sauce Mayo, con **Margarita Ríos**, de 36, telera, h. l. de los finados Wenceslao y de Avelina Morales, vecinos de Caña Cruz. Ts Eusebio Villagra y Febronia Villagra.

Torres, Lorenzo con Véliz, Andrea
F.173: En la capilla de las Cañas, a 25 de setiembre de 1890, se casó a **Lorenzo Torres**, de 28, jornalero, h. n. de Rita Torres, vecinos de las Cañas, con **Andrea Véliz**, de 31, costurera, h. l. de los finados Alejandro y de Melchora Carrizo, vecinos de las Cañas. Ts Juan A. Celiz y Rosario Mercado.

Ortega, Próspero con Peralta, Dermidia
F.174: En la capilla de las Cortaderas, a 30 de setiembre de 1890, se casó a **Próspero Ortega**, de 27, labrador, h. n. de Rosa Ortega, vecinos de los Dos Pocitos, con **Dermidia Peralta**, de 19, telera, h. l. del finado Francisco y de Cledovia Ibáñez, vecinos de los Dos Pocitos. Ts José Domingo Reinoso y Remigia Leguizamón.

Ibáñez, Francisco A. con Leguizamón, Asunción
F.175: En la capilla de los Manantiales, a 23 de setiembre de 1890, se casó a **Francisco A. Ibáñez**, de 30, labrador, h. l. del finado Ramón y de Juliana Caravajal, con **Asunción Leguizamón**, de 22, telera, h. l. de los finados Jesús María y de Ana Rosa Peralta, vecinos de los Dos Pocitos. Ts Hermenegildo Reinoso y Welina Leguizamón.

Lezcano, Juan con Gutiérrez, Delina
F.176: En la iglesia parroquial de El Alto, a 25 de setiembre de 1890, se casó a **Juan Lezcano**, tucumano, de 23, albañil, h. l. de los finados Amadeo y de Josefa Cosio, vecinos de Tucumán, del curato Rectoral, con **Delina Gutiérrez**, de 32, costurera, h. l. de los finados Desiderio y de Manuela Ibáñez, vecinos de los Manantiales. Ts Dn. Benjamín Terrera y Da. Ercilia Villavicencio.

Albarracín, José Arcolino con Vega, Pastora
F.177: En la iglesia parroquial de El Alto, a 25 de setiembre de 1890, dispensado un impedimento de consanguinidad de segundo grado con tercero, se casó a **José Arcolino Albarracín**, de 32, labrador, h. l. de Eleuterio Albarracín y de Josefa Rodríguez, vecinos de Tintigasta, con **Pastora de la Vega**, de 37, costurera, h. l. de los finados Hermenegildo de la Vega y de Zoila Ahumada, vecinos de Tintigasta. Ts Dn. Luis Brandán y Da. Javiera Márquez.

Albarracín, Ángel con Mansilla, María Antonia
F.178: En la capilla de los Manantiales, a 22 de setiembre de 1890, se casó a **Ángel Albarracín**, de 37, labrador, h. n. de la finada Valentina Albarracín, vecinos de los Manantiales, con **María Antonia Mansilla**, de 40, telera, h. l. de los finados Buenaventura y de María Antonia Carrazán, vecinos de los Manantiales. Ts Dn. Genaro Espeche y Da. Palmira Albarracín.

Guarda, Desiderio con Soria, Tomasa
F.179: En la capilla de los Manantiales, a 22 de setiembre de 1890, se casó a **Desiderio Guarda**, de 30, jornalero, h. l. de los finados Miguel y de María Albarracín, vecinos de los Manantiales, con **Tomasa Soria**, de 32, costurera, h. l. de los finados Isidro Soria y de Nicasia Rivera, vecinos de los Manantiales. Ts Miguel Medina y Rosalía Ocaranza.

Jiménez, Pedro Francisco con González, Brígida
F.180: En la capilla de las Cortaderas, a 6 de octubre de 1890, dispensado un impedimento de consanguinidad en tercer grado, se casó a **Pedro Francisco Jiménez**, de 31, zapatero, h. l. de los finados Mateo y Ramona Páez, vecinos de Ampolla, con **Brígida González**, de 23, telera, h. l. de los finados Pedro Nolasco y de Simona Barrionuevo, vecinos de Ampolla. Ts Domiciano Armas y María Cándida Armas.

Suasnabar, Manuel con Barrios, Inés
F.181: En la capilla de las Cortaderas, a 12 de octubre de 1890, se casó a **Manuel Suasnabar**, de 22, labrador, h. n. de Carmen Suasnabar, vecinos de esta parroquia, con **Inés Barrios**, de 30, telera, h. l. de los finados Valentín y de Felisa Romano, vecinos de Achalco. Ts Dn. Orosmán Gómez y Baldomera Lobo.

Almaraz, Dn. Filiberto con Agüero, Da. Sofronia
F.182: En la capilla de las Cortaderas, a 15 de octubre de 1890, se casó a Dn. **Filiberto Almaraz**, de 20, labrador, h. l. de Dn. José B. Almaraz y de Da. Sofía Barrientos, vecinos de Guayamba, con Da. **Sofronia Agüero**, de 19, costurera, h. l. de Dn. Rosario y Agüero y de Da. Rosa Gómez, vecinos del Puesto de Gómez. Ts Dn. Samuel Ojeda y Da. Francisca Ponce.

Vega, Dn. Pastor de la con Ibáñez, Da. Pacífica
F.183: En la capilla de las Cortaderas, a 17 de octubre de 1890, se casó a Dn. **Pastor de la Vega**, de 50, labrador, h. n. de la finada Da. Consolación de la Vega, vecinos del Suncho, con Da. **Pacífica Ibáñez**, de 40, telera, h. l. de los finados Dn. Agustín Ibáñez y de Da. Nicolasa Villalba, vecinos de Iloga. Ts Dn. José Quiroga y Da. Eduviges Díaz.

Tapia, Dn. Hilario con Gómez, Da. Luisa
F.184: En la capilla de la Puerta Grande, a 29 de octubre de 1890, se casó a Dn. **Hilario Tapia**, de 28, comerciante, h. l. de los finados Dn. Hilario y de Da. Ángela Garzón, vecinos de Santa María, con Da. **Luisa Gómez**, de 22, costurera, h. l. del finado Dn. Pedro Gómez y de Da. Nieves Gómez, vecinos de Yaquicho. Ts Dn. Fraumacio Gómez y Da. Nieves Gómez.

Barrionuevo, Fortunato con Juárez, Ángela
F.185: En la capilla de las Cortaderas, a 18 de octubre de 1890, se casó a **Fortunato Barrionuevo**, de 46, labrador, h. l. de los finados Julián y de Raimunda Mansilla, vecinos de Paclín, con **Ángela Juárez**, de 23, telera, h. n. de la finada Benicia Juárez, vecinos de las Cañas. Ts Asencio Flores y Toribia Flores.

Adauto, Ángel con Aguirre, Adelma
F.186: En la capilla de las Cortaderas, a 18 de octubre de 1890, se casó a **Ángel Adauto**, de 23, labrador, h. n. de Clara Adauto, vecinos de las Lomitas, con **Adelma Aguirre**, de 25, telera, h. l. del finado Valentín y de Modesta Mercado, vecinos de las Lomitas, Ts Abdénago Magallán y Francisca Brizuela.

Medina, Dn. Adán con Alba, Ángela
F.187: En la capilla de las Cortaderas, a 18 de octubre de 1890, se casó a Dn. **Adán Medina**, de 26, labrador, h. n. de Da. Rita Medina, vecinos de la Estación la Valle, con Da. **Ángela Alba**, de 20, costurera, h. n. de Da. Isabel Alba, vecinos de las Cortaderas. Ts Gregorio Juárez y Luisa Vallejos.

Chazarreta, Juan Alberto con Heredia, Celina Rosa
F.188: En la capilla de las Cortaderas, a 23 de octubre de 1890, se casó a **Juan Alberto Chazarreta**, de 25, labrador, h. l. del finado Gervasio y de Juana Goitia, vecinos del Cajón, con **Celina Rosa Heredia**, de 21, telera, h. l. de Ramón y de Rosa Coronel, vecinos del Cajón. Ts Baudilio Castellanos y Susana Lobo.

Pérez, Abel con Reinoso, Juana
F.189: En la capilla de las Cortaderas, a 23 de octubre de 1890, se casó a **Abel Pérez**, de 36, jornalero, h. l. de los finados Dionisio y de Estefanía Medina, vecinos de la Higuerita, con **Juana Reinoso**, de 22, telera, h. l. de los finados Joaquín Reinoso y de Magdalena Pérez, vecinos de Achalco. Ts Gumersindo Barrera y Faustina Barrera.

Gómez, Dn. Virginio con Agüero, Delicia
F.190: En la iglesia parroquial de El Alto, a 26 de octubre de 1890, dispensado un impedimento de consanguinidad en tercer grado con cuarto, se casó a Dn. **Virginio Gómez**, de 27, capataz, h. l. de los finados Dn. Francisco y de Da. María Ramona Ahumada, vecinos del Puesto de Gómez, con Da. **Delicia Agüero**, de 30, costurera, h. l. de Dn. Rosario y de Da. Rosa Gómez, vecinos del Puesto de Gómez. Ts Dn. David Sierra y Da. Zoila Ahumada.

Cabrera, Juan Asencio con Caravajal, María Natividad
F.191: En la iglesia parroquial de El Alto, a 11 de noviembre de 1890, se casó a **Juan Asencio Cabrera**, de 35, labrador, h. l. del finado Vicente y de Bernarda Morienega, vecinos de las Tunas, con **María Natividad Caravajal**, de 26, telera, h. l. de los finados José Cirilo y de María Beatriz Paz, vecinos de las Tunas. Ts David Jeréz y Polonia Paz.

Retamozo, Peregrino con Ponce, María
F.192: En la iglesia parroquial de El Alto, a 18 de noviembre de 1890, dispensado un impedimento de consanguinidad en tercero con cuarto grado, se casó a **Peregrino Retamozo**, de 25, labrador, h. l. de los finados Pedro y de Leona Pacheco, vecinos de la Higuerita, con **María Ponce**, de 17, costurera, h. l. del finado Abraham y de Donatila Alvarado, vecinos de la Higuerita. Ts Dn. Antonio Tejerino y Da. Escolástica Adauto.

Páez, Ermilio con Arévalo, Peregrina
F.193: En la iglesia parroquial de El Alto, a 24 de noviembre de 1890, se casó a **Ermilio Páez**, de 20, labrador, h. l. del finado Isidoro Páez y de Anselma Arévalo, vecinos de Talasí, con **Peregrina Arévalo**, de 23, telera, h. l. de Juan B. Arévalo y de la finada Donata Ávila, vecinos de Talasí. Ts Juan Tomás Reinoso y Jacinta Reinoso.

Medina, Dn. Juan con Arévalo, Da. María
F.194: En la iglesia parroquial de El Alto, a 24 de noviembre de 1890, dispensado un impedimento de consanguinidad en tercer grado igual, se casó a Dn. **Juan Medina**, de 38, labrador, h. l. del finado Dn. Jacinto y de Da. Petronila Jeréz, vecinos de Ancamugalla, con Da. **María Arévalo**, de 20, costurera, h. l. del finado Dn. Simeón Arévalo y de Da. Zelanda Trejo, vecinos del Arroyito. Ts Dn. Joel Medina y Da. Pabla Lobo.

Márquez, Luis con Cordero, Isabel
F.195: En la iglesia parroquial de El Alto, a 7 de diciembre de 1890, dispensado un impedimento de consanguinidad en segundo grado, se casó a **Luis Márquez**, de 25, labrador, h. l. de los finados Venancio y de Juliana Altamirana, vecinos de las Juntas, con **Isabel Cordero**, de 24, costurera, h. n. de la finada Florentina Cordero, vecinos del Unquillo. Ts Yo el cura (sic; Presb. Manuel Ramallo) y Da. Gregoria Espeche.

Villegas, Félix con Reyes, Rosa
F.196: En la iglesia parroquial de El Alto, a 7 de diciembre de 1890, dispensado un impedimento de afinidad ilícita en segundo grado, se casó a **Félix Villegas**, de 24, puestero, h. n. de la finada Agustina Villegas, vecinos de las Aguadas, con **Rosa Reyes**, de 22, telera, h. n. de la finada Vicenta Reyes, vecinos de las Aguadas. Ts Fructuoso Salas y Pastora Cisterna.

Ledesma, Dn. Cristino con Medina, Da. María
F.197: En la iglesia parroquial de El Alto, a 7 de diciembre de 1890, se casó a Dn. **Cristino Ledesma**, de 36, criador, h. l. de los finados Dn. Miguel y de Da. Rosa Chávez, vecinos de Vilismano, con Da. **María Medina**, de 16, costurera, h. l. de Dn. Aparicio y de la finada Da. Celedonia Rodríguez, vecinos de Vilismano. Ts Dn. Lutgardo Oviedo y Da. Tránsito Medina.

Luján, José María con Navarro, Sofía
F.198: En la iglesia parroquial de El Alto, a 15 de diciembre de 1890, se casó a **José María Luján**, de 23, labrador, h. l. del finado Luis y de Margarita Melián, vecinos de los Nogales, con **Sofía Navarro**, de 23, costurera, h. n. de Francisca Navarro, vecinos de Oyola. Ts Dn. Isidoro Robles y Da. Clara Pereira.

Castillo, Ramón con Mercado, Sindimia Rosa
F.199: En la iglesia parroquial de El Alto, a 18 de diciembre de 1890, se casó a **Ramón Castillo**, de 36, labrador, h. l. de los finados Francisco y de María del Señor González, vecinos de los Manantiales, con **Sindimia Rosa Mercado**, h. l. del finado Luis y Fidelia Rosales, vecinos de los Manantiales. Ts Crisólogo Argañaráz y Tomasa Soria.

Leguizamón, Juan Esteban con Rosales, Celina del Carmen
F.200: En la iglesia parroquial de El Alto, a 29 de diciembre de 1890, dispensado un impedimento de consanguinidad en tercer grado, se casó a **Juan Esteban Leguizamón**, de 23, labrador, h. l. de Pedro y de María del Señor Ibáñez, vecinos de los Dos Pocitos, con **Celina del Carmen Rosales**, de 26, telera, h. l. de Pedro y de María del Tránsito Leguizamón, vecinos de Ovanta. Ts Benedicto Reinoso y Ramona Ortiz.

Libro de Matrimonios N° 8
1891-1894

Folio 1

Zurita, Agustín, argentino de Catamarca de 22 años, labrador de color, blanco, con **Maidana, María de Jesús**, argentinas de 22 años, costurera, blanca. En la iglesia parroquial el 2 de enero de 1891, siendo testigos de la información de soltería Virginia Villalba y Dn. Luis Brandan ambos casados, el primero vecino de Oyola y el segundo de la parroquia de El Alto, se casó Agustín Zurita h.l. del finado Hermenegildo Zurita y de Froilana Zurita vecinos de Caña Cruz con María de Jesús Maidana h.l. de Lorenzo Maidana y de la finada Maclovia Luján, vecinos de Caña Cruz. Fueron testigos Andrés Arévalo casado vecino de Oyola, de este curato y María del Carmen Arévalo vecina de Iloca.

Folio 2

Varela, Juan Silvestre, argentino de Catamarca de 26 años, labrador de color, trigueño, con **Ortiz, María**, argentina de 20 años, costurera de color, trigueño. En la iglesia parroquial el 8 de enero de 1891 se casó a Juan Silvestre Varela h.l. del finado Juan Manuel Varela y de María Delfina Coronel vecino de los Moches con María Ortiz hija natural de Clara Ortiz vecinos del Puesto de Ortiz. Fueron testigos Ramón Varela casado vecino del puesto de Ortiz y Melitón a Valdéz viuda vecina del puesto de Ortiz, testigos en la información de soltería y libertad José María Fernández Alejandro Granero, el primero casado vecino de La Puerta Grande y el segundo casado vecino de La Puerta Grande.

Folio 3

Tolosa, Mario, argentino de Catamarca de 23 años, labrador, blanco, con **Villalba, Waldina**, argentina de 21 años, telera, trigueña. En la capilla de Vilismano el 20 de enero de 1891, siendo testigos de la información de soltería y libertad Juan Aguilar y Francisco Gutiérrez vecinos de Oyola, el primero casado y el segundo soltero el segundo vecino de las trancas, dispensado un impedimento de consanguinidad en primer grado mixto con segundo, se casó a Mario Tolosa hijo natural de la finada Maximiliana Tolosa vecino de las Pampas de este curato, con Waldina Villalba, h.l. de Salomón Villalba y de Ramona Navarro, vecinos de las Pampas. Fueron testigos Javier Rodríguez casado vecino de Oyola y perpetua Vázquez casada vecina de Oyola.

Folio 4

Márquez, José Rómulo, argentino de Catamarca de 20 años, labrador, trigueño, con Luna Esilda, argentina, de 18 años, costurera, trigueña. En la iglesia parroquial el 5 de febrero de 1891, siendo testigos declarantes Jesús María Celis y Teófilo Toledo, el primero casado vecino de El Alto y el segundo casado vecino de El Alto, se casó a José Rómulo Márquez hijo natural de la finada Mercedes Márquez vecinos de Las Cañas con Esilda Luna hija, legítima de Belisario Luna y de la finada Filomena Luna vecinos de Amancala. Fueron testigos Celedonio Ávila, soltero vecino de Las Cañas y Josefa Gramajo, soltera de esta parroquia.

Folio 5

Bulacia, Dn. Miceno, argentino de Catamarca de 36 años, criador, blanco, con **Gómez Da. Eloísa**, argentina de 23 años, costurera, blanca. En la parroquia de El Alto, el 21 de febrero de 1891. Fueron testigos declarantes Dn. Manuel Zamora y Dn. Manuel Gramajo ambos solteros y vecinos de esta parroquia; dispensado el impedimento de afinidad lícita en primer grado se casó a Dn. Miceno Bulacia, h.l. de los finados Dn. Ángel Bulacia y Da. Indalecia Guzmán, vecinos de Alijilán; con Da. Eloísa Gómez h.l. de los finados Dn. Juan N. Gómez y de Da. Petrona Gómez, vecinos de Simogasta. Fueron testigos Dn. Rosendo Ahumada, casado, y Da. Zulema Osores, casada, vecinos de esta parroquia.

Folio 6

Luna, Juan Manuel, argentino, de Catamarca, de 30 años, jornalero, moreno, con **Mercado, Virginia**, argentina de 23 años, telera, trigueña. En la parroquia, el 11 de marzo de 1891, siendo testigos declarantes Samuel Collantes y Moisés Rosales, ambos casados vecinos de Ampolla; se casó a Juan Manuel Luna, h.l. de los finados Jorge Luna y de Nicolasa Jiménez, vecinos de Ampolla; con Virginia Mercado hija natural de la finada Simona Mercado, vecinos de Ampolla.

Fueron testigos José Cevallos y PF Elisa Márquez ambos casados de esta parroquia.

Folio 7

Rodríguez, Juan Gil, argentino de Catamarca de 32 años, labrador, trigueño, con **Armas, María A.**, Argentina de 20años, telera. En la iglesia parroquial el 11 de marzo de 1891, siendo testigos declarantes José Leguizamón y José Luis Peralta ambos casados, el primero vecino del Puesto del Medio y el segundo vecino de Ovanta, se casó a Juan Gil Rodríguez, h.l. de los finados Juan Gil Rodríguez y de Juana Ibáñez, vecinos de El Bañado; con María a Armas, h.l. de los finados Prudencio Armas y de María Encarnación Ibáñez, vecinos de Los Dos Pocitos, siendo testigos Pedro A. Leguizamón, casado vecino de Los Dos Pocitos y Nicéfora Ibáñez, casada vecina de Los Dos Pocitos.

Folio 8

Galván, Ramón, argentino de Catamarca, de 46 años, Sastre, blanco; con **Pereyra, Circuncisión**, argentina de 21 años, costurera, blanca. En la parroquia el 19 de marzo de 1891, siendo testigos declarantes Nicolás Gómez y Gregorio Castaño, el primero casado vecino de Vilismano de este curato y el segundo casado vecino de Vilismano, se casó a Ramón Galván h.l. del finado Ramón Galván y de Rafael a Ovejero, vecinos de Piedra, blanca; con Circuncisión Pereyra hija natural de Clara Pereira, vecinas de Vilismano, siendo testigos Dn. Isidro Robles, casado de esta parroquia, y Da. Pastora Barrera, soltera vecina de Vilismano.

Folio 9

Silva, Segundo, argentino de Catamarca, de 37 años, zapatero, de color moreno, con **Ríos, Margarita**, argentina de 28 años, telera, trigueña. En la iglesia parroquial el 31 de marzo de 1891, siendo testigos declarantes Genaro Espeche y Moisés Espeche, el primero soltero vecino de Los Manantiales y el segundo casado vecino de Las Cuestecillas. Se casó a Segundo Silva, h.l. de los finados Nazario Silva y de Felipa Carrizo, vecino de Los Manantiales; con Margarita Ríos h.l. de los finados Wenceslao Ríos y de Avelina Morales, vecinos de Caña Cruz. Fueron testigos Moisés Espeche, casado vecino de La Cuestecilla y Antonia Ahumada, casada vecina de Las Cuestecillas.

Folio 10

Aranda, Juan A., argentino de Catamarca, de 40 años, labrador, moreno; con **Zurita, Carmen**, argentina, de 38 años, telera, morena. En la iglesia parroquial el 31 de marzo de 1891, siendo testigos declarantes Faustino González y Manuel Santucho, el primero casado vecino de Los Corrales y el segundo viudo, vecino de El Laurel de este curato. Se casó a Juan A. Aranda, hijo natural de la finada María Aranda, vecinos de Albigasta; con Carmen Zurita, h.l. de los finados Pedro Zurita y de Ignacia Ponce vecinos de El Laurel. Fueron testigos Dn. Isidro Robles, casado vecino de esta parroquia y Da. Andrea Almaraz, casada, de esta parroquia.

Folio 11

Valdéz, Juan Hermenegildo, argentino de Catamarca de 30 años, labrador, blanco, con **Guerrero, Argemina,** argentina de 26 años, costurera, blanca. En la iglesia parroquial el 6 de abril de 1891, siendo testigos declarante Delfín Reinoso y Pascual Hernández, el primero casado vecino de Alijilán y el segundo casado vecino de esta parroquia. Se casó a Juan Hermenegildo Valdéz, h.l. de Benito Valdéz y de la finada Santos Romano, vecinos de Alijilán; con Argemina Guerrero, h.l. de los finados Elías guerreros y de Carlota Cardoso, vecinos de Alijilán. Fueron testigos Mardoqueo Ibáñez casado vecino de Alijilán y Efigenia Reinoso, casada vecina de Alijilán.

Folio 12

Barrera, Dn. Crisanto, argentino de Catamarca, de 20 años, criador, blanco, con **Ocón, Da. Rosa**, argentina de 23 años, costurera, blanca. En la iglesia parroquial el 6 de abril de 1891, siendo testigos declarantes Dn. Pacífico Rodríguez y Dn. Isidoro Robles, el primero casado de esta parroquia y el segundo casado de esta parroquia; dispensado el impedimento de consanguinidad en tercer grado; se casó a Dn. Crisanto Barrera h.l. del finado Dn. Crisanto Barrera y de Da. Delfina Sequeira vecinos de Achalco; con Da. Rosa Ocón, h.l. de Daniel Ocón y de la finada Da. María González, vecinos de las higuerillas. Fueron testigos Dn. Custodio Rodríguez, casado de esta parroquia y Da. Aurora Ocón, vecina de Las Higuerillas, viuda.

Folio 13

Santucho, Pedro A., argentino de Catamarca de 20 años, jornalero, blanco, con **Ponce, María Benedicta**, argentina de 22 años, telera, blanca En la iglesia parroquial el 9 de abril de 1891, siendo testigos declarantes Benedicto Luján y Rufino Zurita, el primero casado vecino de Taco Punco y el segundo viudo, vecino de Taco Punco, dispensado el impedimento de consanguinidad en primer grado mixto con segundo; se casó a Pedro Santucho hijo natural de la finada Sinforosa Santucho vecinos de Sauce Huascho; con María Benedicta Ponce, hija natural de la finada María Francisca Ponce, vecinos de Sauce Huascho. Fueron testigos Benedicto Luján, casado vecino de Tapo Punco y Catalina Cejas casada vecina de Taco Punco.

Folio 14

Agüero, Martín, argentino de Catamarca, de 35 años, jornalero de color moreno, con **Páez, Eleuteria**, argentina de 28 años, sirvienta, trigueña. En la iglesia parroquial el 9 de abril de 1891, siendo testigos declarantes Nilamón Roco y Salvador Álvarez, el primero casado de esta parroquia y el segundo casado de esta parroquia, se casó a Martín Agüero h.l. de los finados José Martín Agüero y Zoila Villafañe, vecinos de esta parroquia; con Eleuteria Páez h.l. del finado José Páez y de Manuela Eraza vecinos de esta parroquia. Fueron testigos Pascual Hernández casado de esta parroquia y Dolores Agüero casada de esta parroquia.

Folio 15

Díaz, José Carlos, argentino de Catamarca de 26 años, jornalero, trigueño, con **Zelaya, Lina Rosa**, argentina de 32 años, telera, blanca. En la iglesia parroquial el 16 de abril de 1891, siendo testigos declarantes Casimiro Arévalo y Juan Ibáñez, el primero casado vecino de Caña Cruz y el segundo casado vecino de Tintigasta; se casó a José Carlos Díaz hijo natural de Liberata Díaz, vecinos de Caña Cruz, con Lina Rosa Zelaya h.l. de los finados Francisco y de Cecilia Arévalo vecinos de Caña Cruz. Fueron testigos Zenón Gutiérrez, soltero de Altagracia, y Clara Gutiérrez, soltera de Altagracia.

Folio 16

Ibáñez, Pedro, argentino de Catamarca, de 20 años, labrador, blanco, con **Agüero, Baldomera**, argentina de 18 años, costurera, blanca. En la capilla de La Quebrada, el 21 de mayo de 1891, siendo testigos declarantes Pedro Páez y Rosario Ortiz, el primero casado vecino de Tabigasta y el segundo casado vecino de esta parroquia; se casó a Pedro Ibáñez, h.l. del finado Celedonio Ibáñez y de Magdalena Zurita, vecinos de Talasí; con Baldomera Agüero h.l. de los finados Miguel Agüero y Rosario Verón, vecinos de Cóndor Huasi. Fueron testigos Reginaldo Ledesma casado vecino de Achalco y María Agüero, casada vecina de Achalco.

Folio 17

Solá, Alfredo, italiano vecino de Valdengo, Italia, de 26 años, albañil, rubio con **Castellanos, Petrona**, argentina de 19 años, costurera, trigueña. En la capilla de La Quebrada el 13 de mayo de 1891 siendo declarantes Aniceto Romano y Raúl Barros, el primero casado vecino de La Quebrada y el segundo casado vecino de Achalco; se casó Alfredo Solá, h.l. de Emilio Solá, vecino de Valdengo, en Italia; con Petrona Castellanos, h.l. de Eduardo Castellanos y de Beatriz Lobo, vecinos de Achalco. Fueron testigos Justo Vellón, casado vecino de La Quebrada y Zoila Romano, casada vecina de La Quebrada.

Folio 18

López, Francisco, argentino de Catamarca, de 36 años, jornalero, blanco, con **Flores, Jacinta**, argentina de 32 años, costurera, blanca. En la capilla de La Quebrada el 13 de mayo de 1891, siendo testigos declarantes Ramón Ortiz y Aniceto, el primero casado vecino de La Quebrada y el segundo casado vecino de La Quebrada; se casó a Francisco López h.l. de los finados José Inés y de Cruz Osores vecinos Ancuja; con Jacinta Flores h.l. de Felipe Flores y de la finada Felisa Segura, vecinos del Pozo Grande. Fueron testigos Ramón Ortiz, casado, vecino de La Quebrada y Sebastiana Osores, casada, vecina de La Quebrada.

Folio 19

Quiroga, Ramón, argentino de Catamarca de 23 años, labrador, blanco, con **Adauto, Leonor**, argentina de 22 años, costurera, blanca. En la capilla de La Quebrada el 25 de mayo de 1891, siendo testigos declarantes Félix Quiroga y Pablo Díaz, el primero soltero vecino de Ayapaso y el segundo soltero vecino de Las Cortaderas; se casó a Ramón Quiroga h.l. de Ángel Quiroga y de Evangelista Alba, vecinos de Las Cortaderas; con Leonor Adauto h.l. de los finados Francisco Adauto y de Faustina Díaz, vecinos de San Antonio. Fueron testigos Antonio Tejerizo, casado vecino de Iriondo y Escolástica Adauto, casada vecino de Iriondo.

Folio 20

Arévalo, Félix A., argentino de Catamarca de 27 años, labrador, blanco, con **Villalba, María Rosenda**, argentina de 20 años, telera, blanca. En la iglesia parroquial el 27 de mayo de 1891, siendo testigos declarantes Félix González y Rodolfo Gutiérrez, el primero casado vecino de Tacoyaco y el segundo soltero vecino de Iloga; se casó a Félix A Arévalo h.l. de Juan B. Arévalo y de la finada Concepción Ávila, vecinos de Talasí; con María Rosenda Villalba, h.l. del finado Cruz Villalba y de Isabel Rodríguez, vecinos de Iloga. Fueron testigos Casimiro Arévalo, casado vecino de Caña Cruz y Gabriela Arévalo, casada vecina de Caña Cruz.

Folio 21

Tula, Manuel José, de 25 años, jornalero, blanco, con **Almaraz, Pabla**, argentina de 23 años, costurera, trigueña. En la iglesia parroquial el 29 de mayo de 1891, siendo testigos declarantes Cruz Gramajo y Juan Juárez, el primero soltero vecino de esta parroquia y el segundo casado vecino de la Aguada del Sauce, de este curato; se casó a Manuel José Tula hijo natural de la finada Felisa, Tula vecinos de La Cañada; con Pabla Almaraz hija natural de Lina Almaraz, vecinos de la Aguada del

Libro N° 8 1891 - 1894

Sauce, siendo testigos Cruz Gramajo, soltero de esta parroquia y Josefa Gramajo. soltera de esta parroquia.

Folio 22

Sosa, José Lisandro, argentino de Catamarca de 20 años, labrador, trigueño, con **Collantes, Rosa**, argentina de 30 años, costurera, trigueña. En la iglesia parroquial el 16 de junio de 1891, siendo testigos declarantes Agenor Arévalo y Eustaráfilo Caravajal, el primero casado vecino de esta parroquia y el segundo casado vecino de la esta parroquia; dispensado el impedimento de afinidad lícita en segundo grado mixto con tercero; se casó a José Lisandro Sosa hijo natural de la finada Lina R. Sosa, vecinos de Unquillo; con Rosa Collantes h.l. de Florentino Collantes y de la finada Francisca Barrientos, vecinos de Las Tunas. Fueron testigos Luis F. Brandan, casado de esta parroquia y Javiera Márquez, casada de esta parroquia.

Folio 23

Herrera, Felipe, argentino de Catamarca de 30 años, labrador, blanco, con **Villagra, Febronia**, argentina de 23 años, telera, trigueña. En la capilla de La Quebrada el 1 de junio de 1891, siendo testigos declarantes Pascual Hernández y Juan A. Jiménez, el primero casado de esta parroquia y el segundo soltero vecino de El Manantial; se casó a Felipe Herrera h.l. de Julián Herrera y de Cecilia Argañaráz, vecinos de Los Manantiales; con Febronia Villagra, h.l. del finado Eusebio Villagra y de Ascensión Ibáñez; vecinas de La Carpintería. Fueron testigos Agustín Villagra casado vecino de la Aguada y Nicolás Díaz casada vecina de La Aguada.

Folio 24

Quiroga, Jesús María, argentino de Catamarca, de 22 años, labrador, blanco, con **Toledo, Octavia**, argentina de 18 años, costurera, blanca. En la capilla de La Quebrada el 1 de junio de 1891, siendo testigos declarantes Eufemio Arias y Pablo Díaz, el primero casado vecino de La Higuerita, el segundo soltero vecino de Las Cortaderas; se casó a Jesús María Quiroga hijo natural de la finada Felipa Quiroga, vecinos de Achalco; con Octavia Toledo h.l. de los finados Abelardo Toledo y de Carmen Yance, vecinos de La Higuerita, siendo testigos José Santos Arias, soltero, vecino de Choya y Melitona Arias, soltera, Choya.

Folio 25

Romano, Francisco, argentino de Catamarca, de 42 años, labrador, moreno; con **Agüero, Luisa**, argentina de 20 años, telera, trigueña. En la capilla de La Quebrada el 1 de junio de 1891, siendo testigos declarantes Francisco Agüero y Basilio Basualdo, el primero casado vecino de Achalco y el segundo casado vecino de La Aguadita; se casó a Francisco Romano h.l. de los finados Pedro Romano y Cecilia Gómez, vecino de Achalco; con Luisa Agüero h.l. de Miguel Agüero y de la finada Anunciación Lobo, vecinos de Achalco. Fueron testigos Manuel Suasnabar vecino de Achalco, casado e Inés Barros, casada vecina de Achalco.

Folio 26

Villagra, Pedro, argentino de Catamarca, de 25 años, jornalero, moreno; con **Páez, Tomasina**, argentina de 19 años, costurera, blanca. En la iglesia parroquial el 16 de junio de 1891, habiendo sido testigos José Cevallos e Ignacio Páez, el primero casado de esta parroquia y el segundo casado vecino de los Ortices, dispensado el impedimento de consanguinidad en cuarto grado, se casó a Pedro Villagra h.l. de Tomás Villagra y de la finada Águeda Magallán, vecinos de esta; con Tomasina Páez, hija natural de Rosario Páez, vecinos de Tabigasta. Fueron testigos Emeterio Páez, casado vecino del Agua del Sauce y Genoveva Páez soltera, vecina de Tabigasta.

Folio 27

Jeréz, Dn. Antonio, argentino de Catamarca, de 28 años, capatáz, blanco, con **Rodríguez, Teodovina**, argentina de 23 años, telera, trigueña. En la iglesia parroquial el 16 de junio de 1891, siendo testigos declarantes Juan Villagra y Juan Antonio Vega, el primero casado vecino de Tintigasta, el segundo casado vecino de Guayamba; se casó a Dn. Antonio Jeréz hijo natural de la finada Da. Ramona R. Jeréz, vecinos de Guayamba; Teodovina Rodríguez hija natural de Da. Santos Rodríguez, vecinos de Tintigasta. Fueron testigos Dn. Esteban Jeréz, casado vecino de Tintigasta y Da. Teresa Vega, casada vecina de Tintigasta.

folio 28

Zelis, Gregorio, argentino de Santiago del Estero, de 32 años, jornalero, blanco: con **Falcón, María del Tránsito**, argentina de 37 años, costurera, blanca. En la iglesia parroquial el 22 de junio de 1891, siendo testigos declarante Juan Antonio Zelis y Mardoqueo Gutiérrez, el primero casado vecino de Las Cañas y el segundo casado vecino de Munancala; se casó a Gregorio Zelis h.l. de Gregorio Zelis y de la finada Rosa Jaime vecinos de Potropiana; con María del Tránsito Falcón hija natural de Magdalena Falcón, vecina de La Higuera, siendo testigos Mardoqueo Gutiérrez casado vecino de Munancala, y Benigna Falcón, soltera vecina de La Higuera.

Folio 29

Rodríguez, Dn. Ángel, argentino de Catamarca de 50 años, herrero, blanco, con **Burgos, Margarita**, argentina de 42 años, costurera, blanca. En la iglesia parroquial el 22 de junio de 1891, siendo testigos declarantes Ignacio Ovejero y Abraham Robles, el primero casado de esta parroquia y el segundo viudo de esta parroquia; se casó a Dn. Ángel Rodríguez h.l. de los finados Dn. Ángel Rodríguez y de Da. Bárbara Segura, vecinos de Guayamba; con Da. Margarita Quiroga h.l. de los finados Dn. Juan Quiroga y de Da. Walda Burgos, vecinos de Guayamba. Fueron testigos Carmen Arias casado vecino de los Algarrobos y Felipa Burgos casada vecina de los Algarrobos.

Folio 30

Díaz, Pablo, argentino de Catamarca de 43 años, labrador, blanco; con **Agüero, Romelia**, argentina de 23 años, costurera, trigueña. El 13 de julio de 1891, siendo testigos declarantes José Coria y Juan Véliz, el primero casado vecino de Achalco y el segundo casado vecino de Las Cañas; se casó a Pablo Díaz hijo natural de la finada Barbarita Díaz vecino de Las Cortaderas; con Romelia Agüero h.l. de Francisco Agüero y de Mercedes Lobo vecinos de Achalco, siendo testigos Teófilo Toledo soltero de esta parroquia y Delia Toledo soltera de esta parroquia.

Folio 31

Rodríguez, Dn. José, argentino de Catamarca de 24 años, criador, trigueño; con **Falcón, Da. Peregrina**, argentina de 30 años, costurera, blanca. En la iglesia parroquial el 13 de julio de 1891, siendo testigos declarantes Eustaquio filo Caravajal y José Mijares, el primero casado vecino de esta parroquia y el segundo casado de esta parroquia se casó a Dn. José Rodríguez h.l. del finado Dn. Pedro Rodríguez y de Da. Nieves Crispín, vecino de Los Osores; con Da. Peregrina Falcón h.l. de los finados Dn. Carmelo Falcón y de Da. Silvestra Ocón, vecinos de La Higuera, siendo testigos Julián Cordero casado vecino de La Chilca y Perfecta Peñaflor casada vecino de La Chilca.

Folio 32

Ibáñez, Marcelino, argentino de Catamarca de 32 años, labrador, trigueño; con **Ávila, Marquesa** argentina de 33 años, telera, blanca. En la capilla de Vilismano el 27 de julio de 1891, siendo testigos declarantes Faustino Gonzales y José Reinoso, el primero casado vecinos de Los Corrales y el segundo casado vecino de Los Corrales; se casó a Marcelino Ibáñez h.l. del finado Tomás Ibáñez y de Rosa Zurita vecino de Los Corrales; con Marquesa Luján h.l. de los finados Miguel Luján y de Narcisa Ávila (al margen dice marquesa Ávila). Fueron testigos Ramón Acosta casado vecino de Los Corrales y Clotilde Ledesma vecina de Los Corrales.

Folio 33

Rodríguez, Manuel B., argentino de Catamarca de 33 años, labrador, trigueño, con **Vega, Eloísa**, argentina de 26 años, telera, trigueña. En la capilla de Las Tunas el 10 de agosto de 1891, siendo testigos declarantes Pedro Luna y Leovino Cisneros Jiménez, el primero viudo vecino de Ampolla y el segundo casado vecino de Ampolla; se casó a Manuel Benigno Rodríguez hijo natural de Lutgarda Rodríguez vecinas de Ovanta; con Eloísa Vega hija natural de Josefa Vega vecina de Quebrachito. Fueron testigos Javier Leguizamón casado vecino de Los Dos Pocitos y Andrea Rodríguez casada vecina de Los Dos Pocitos.

Folio 34

Rosales, Decoroso, argentino de Catamarca de 30 años, labrador, blanco, con **Guarás, Carolina**, argentina de 32 años, telera, blanca. En la capilla de Las Tunas el 12 de agosto de 1891, siendo testigos declarantes Pedro Leguizamón y Ramón R. Rodríguez, el primero casado vecino de El Bañado y el segundo casado vecino de El Bañado; se casó a Decoroso Rosales hijo natural de la finada Rosa Rosales vecina de Ovanta con Carolina Guarás h.l. del finado Felipe Guarás y de Carmen Ibáñez vecinos de Ovanta. Fueron testigos Buenaventura Rosales casado vecino de Ovanta y Juliana Rasguido casada vecina de El Bañado.

Folio 35

Ibáñez, Pedro Pascual, argentino de Catamarca de 26 años, criador, trigueño, con **Reinoso, Waldina**, argentina de 23 años, costurera, trigueña. En la capilla de Las Tunas el 12 de agosto de 1891, siendo testigos declarantes Salvador Cevallos y José Herrera, el primero casado vecino de El Bañado el segundo soltero vecino de Los Dos Pocitos; se casó a Pedro Pascual Ibáñez h.l. de Ascencio Ibáñez y de Waldina Rosales, vecinos de Los Dos Pocitos con Waldina Reinoso, h.l. de Benigno Reinoso y de la finada Solana Reinoso vecinos de El Bañado, fueron testigos Buenaventura Rosales y Rosa Reinoso vecino Ovanta.

Folio 36

Zamora, José Francisco, argentino de Catamarca de 36 años, carpintero, moreno, con **Mancilla, Luisa**, argentina de 18 años, sirvienta, trigueña. En la capilla de Las Tunas el 14 de agosto de 1891, siendo testigos declarantes Pablo Díaz y Juan Antonio Zelis, el primero casado vecino de Las Cortaderas y el segundo casado vecino de Las Cañas; se casó a José Francisco Zamora h.l. de los finados Francisco y de Gregoria Roldán, vecino de Las Cañas; con Luisa mancilla hija natural de la finada Justa Mancilla, vecinas de Las Cañas. Fueron testigos Juan Santillán casado vecino de Las Cañas y Anselma Coronel casada vecina del mismo lugar.

Folio 37

Sánchez, Jesús María, argentino de la provincia de Santiago del Estero, de 28 años, jornalero, blanco, con **Sánchez, Rosa**, argentina de 23 años, costurera, blanca. En la capilla de Las Cañas el 31 de agosto de 1891, siendo testigos de declarante Ramón Mercado y Honorato Collantes, solteros vecinos de Ampolla, se casó a Jesús María Sánchez h.l. de los finados Jobo Benigno Sánchez y de Francisca Agüero vecinos de Choya con Rosa Sánchez hija natural de Nazaria Sánchez vecinas de Ampolla. Fueron testigos Ercilio Díaz y Virginia Díaz, solteros vecinos de Las Cañas.

Folio 38

Suárez, Dn. Jeremías, argentino de Catamarca, de 40 años, criador, blanco, con **Agüero, Da. María** Juana, argentina de 18 años, costurera, blanca. En la capilla de Las Cañas el 31 de agosto de 1891, siendo testigos Manuel Tolosa y Justo Adauto, el primero casado y el segundo soltero, vecinos de Las Cortaderas; se casó a Jeremías Suárez h.l. del finado Pedro Regalado y de Delfina Díaz, vecinos de San Antonio con María Juana Agüero h.l. de Antonio Agüero y de Cristina Albarracín, vecinos de Las Cortaderas. Fueron testigos Dn. Ramón Ibáñez, casado, y Da. Virginia Díaz, soltera, ambos vecinos de Las Cañas.

Folio 39

Luna, Belisario, argentino de Catamarca de 50 años, criador Moreno con **Macedo, Rosario**, argentina de 19 años, costurera, blanca en la capilla de Las Cañas el 31 de agosto de 1891, siendo testigos declarantes Teófilo Toledo y Pedro Toledo, el primero viudo vecino de esta parroquia y el segundo soltero de esta parroquia se casó a Belisario Luna hijo natural del finado Juan Manuel Luna vecinos de a Man cala con Rosario Macedo h.l. de los finados Albino Macedo y de Eduviges Rizo vecinos de los Ortices. Fueron testigos Dn. Pastor Camaño casado vecino de los tres cerros y Da. flor Miriam Díaz casada vecina de Las Cañas

Folio 40

(al principio dice "extraviada") **Quiroga, Félix**, argentino de Catamarca, de 32 años, labrador, trigueño, con **Suárez, Tiburcia**, argentina de 25 años, telera, trigueña. En la capilla de Las Tunas a 19 de agosto de 1891, siendo testigos declarantes Manuel Zuasnavar y Custodio Rodríguez, el primero casado vecino de Achalco y el segundo casado vecino de esta parroquia; se casó a Félix Quiroga h.l. de los finados Estanislao Quiroga y Perfecta Flores vecinos de Achalco; con Tiburcia Suárez h.l. de Ángel Suárez y de Ludovina Suárez vecinos de San Antonio. Fueron testigos Eduardo castellanos casado vecino de Achalco y Beatriz Lobo casada vecina de Achalco

Folio 41

(al principio dice "extraviada") **Camaño, Delfín**, argentino de Catamarca de 22 años, labrador, blanco, con **Sánchez, Felipa**, argentina de 48 años, telera, trigueña. En la capilla de Las Tunas el 20 de agosto de 1891, siendo testigos declarantes Samuel Collantes Moisés Rosales, el primero casado vecino de Ampolla y el segundo casado vecino de Ampolla; se casó a Delfín Camaño h.l. del finado Delicio Camaño y de Primitiva Ovejero, vecinos de Las Cañas; con Felipa Sánchez h.l. de los finados Policarpo Sánchez y de Lorena Jiménez, vecinos de Ampolla. Fueron testigos Agenor Ovejero viudo vecino de Los Pozos y Gerónimo Ovejero soltera vecina de Los Pozos.

Folio 42

Falcón, Dn. Pedro P., argentino de Catamarca criador, trigueño, con **Rodríguez, Da. Modesta**, argentina de 22 años, costurera, blanca. En la iglesia parroquial el 2 de septiembre de 1891, siendo testigos declarantes Teófilo Toledo y Servando Robles, el primero viudo vecino de esta parroquia el segundo soltero vecino de esta parroquia se casó a Dn. Pedro Falcón h.l. de los finados Dn. Carmelo Falcón y de Da. silvestre Ocón, vecinos de La Higuera; con Da. Modesta Rodríguez h.l. del finado Dn. Pedro Rodríguez y de Da. Nieves Crispín vecinos de Los Osores. Fueron testigos Dn. Pacífico Rodríguez de esta parroquia y Da. Adela Zuasnavar casada de esta parroquia.

Folio 43

Espeche, Dn. Mardoqueo, argentino de Catamarca de 34 años, labrador, blanco, con **Bulacia, Da. Juana Rosa**, argentina de 28 años, costurera, rubia. En la parroquia el 2 de septiembre de 1891, siendo testigos Belisario Jiménez y Abraham Cevallos, el primero casado vecino de los Ortices y el segundo soltero vecino de esta parroquia; se casó a Dn. Mardoqueo Espeche hijo natural de la finada Da. Rosa Espeche vecinos de El Alto con Da. Juana Rosa Bulacia h.l. del finado Dn. Facundo Bulacia y de Da. Joaquina Macedo vecinos de Unquillo. Fueron testigos Dn. Miguel Bulacia casado vecino de los Ortiz y Da. Victoria Jiménez casada vecina de los Ortices.

Folio 44

Cevallos, Abraham, argentino de Catamarca de 23 años, jornalero, blanco, con **Godoy, Noemia**, argentina de 25 años, lavandera, blanca. En la iglesia parroquial el 3 de septiembre de 1891, siendo testigos Tomás Villagra y Rosendo Rojas, el primero casado de esta parroquia el segundo soltero de esta parroquia, se casó a Abraham Cevallos hijo natural de la finada Zoila Cevallos, vecinos de El Alto; con Noemí Godoy h.l. de Juan Godoy y de Salomé Márquez, vecinos de Sucuma. Fueron testigos el cura y Da. Gregoria Espeche, de esta parroquia.

Folio 45

Díaz, Dn. Ramón, argentino de Catamarca de 25 años, labrador, moreno, con **Arévalo, Da. Rosalinda**, argentina de 18 años, de profesión costurera, trigueña. En la iglesia parroquial el 3 de septiembre de 1891, siendo testigos declarante Pedro Ríos y Santiago Morales, el primero casado vecino de Cañada Cruz y el segundo soltero vecino de Ancamugalla, se casó a Dn. Ramón Díaz hijo natural de la finada Da. Pascuala días vecinos del Cevilar; con Da. Rosalinda Arévalo h.l. de los finados Dn. Zenón y de Da. Ramona Arévalo, vecinos del Arroyito. Fueron testigos Dn. Facundo Díaz soltero vecino del Cevilar y Da. Frajedi Quiroga, soltera vecina del Cevilar.

Folio 46

Gómez, Dn. Ramón, argentino de Catamarca de 23 años, labrador, trigueño, con **Pedraza, Da. Ludovina**, argentina de 24 años, costurera, blanca. En la iglesia parroquial el 11 de septiembre de 1891, siendo testigos declarantes Tristán Mota y Manuel A. Zamora, el primero casado vecino de Los Balcones y el segundo casado vecino de esta parroquia; se casó a Dn. Ramón Gómez hijo natural de la finada Da. Ana Rosa Gómez vecino del Puesto de los Gómez; con Da. Ludovina Pedraza h.l. de los finados Dn. Romualdo Pedraza y de Da. Ángela Cisterna, vecinos de Los Balcones. Fueron testigos Tristán Mota, casado, vecino de Los Falcones y María del Rosario Almaraz, viuda, vecina de esta parroquia.

Folio 47

Rivas, Dn. Ercilio, argentino de Catamarca de 22 años, criador, blanco, con **Fons, Da. Primitiva**, argentina de 23 años, costurera, blanca. En la iglesia parroquial el 11 de septiembre de 1891, siendo testigos declarantes Eladio Sosa y José Quiroga, el primero casado vecino de Ayapaso, el segundo soltero vecino de Ayapaso se casó a Dn. Ercilio Rivas h.l. de los finados Dn. Ramón Rivas y Da. Saturnina Sánchez, vecinos de Ayapaso con Da. primitiva Fons h.l. del finado Dn. Mariano Fons y de Da. Victoria Mancilla vecinos de La Higuera. Fueron testigos Ramón Leiva casado vecino de La Higuera y Ángela Reinoso casada vecina de El Tarco.

Folio 48

Santillán, Docitel, argentino de Catamarca de 37 años, labrador, trigueño, con **Morales, Elvira**, argentina de 30 años, telera, blanca. En la iglesia parroquial el 11 de septiembre de 1891, siendo testigos declarantes Isidro Robles y José Caravajal, el primero casado, de esta parroquia, y el segundo casado, de esta parroquia; se casó a Docitel Santillán h.l. de los finados José Ignacio Santillán y de Maximiliana Herrera, vecina de Los Osores; con Eloísa Morales h.l. del finado Maximinio y de Ángela Reinoso, vecino de El Tarco. Fueron testigos Teófilo Almaraz casado vecino de Tacoyaco y Cruz Ríos, soltera vecina de El Tarco.

Folio 49

Pérez Baudilio, argentino de Catamarca de 23 años, labrador, trigueño, con **Albarracín, Clarisa**, argentina de 21 años, costurera, blanca. En la iglesia de Los Manantiales a 16 de septiembre de 1891, siendo testigos declarantes Pascual Hernández y Ramón Ortega, el primero casado de esta parroquia el segundo soltero vecino de Alijilán, se casó a Baudilio Pérez hijo natural de Peregrina Pérez, vecinos de Alijilán; con Clarisa Albarracín h.l. del finado Pedro Albarracín y de Bernardina Guerrero, vecinas de Alijilán. Fueron testigos Manuel Ángel Díaz casado, de Alijilán y Tránsito Delgadillo casada, del curato rectoral.

Folio 50

Ortega, Ramón, argentino de Catamarca de 35 años, jornalero, blanco, con **Martínez, Jesús**, argentina de 28 años, costurera, trigueña. En la capilla de Los Manantiales el 19 de septiembre de 1891, siendo testigos declarantes Baudilio Pérez y Eustaquio Díaz, el primero soltero vecino de Alijilán y el segundo soltero vecino de El Manantial; se casó a Ramón Ortega h.l. del finado Modesto Ortega y de Ramona Córdoba vecinos de Paclín; con Jesús Martínez h.l. de Roque Martínez y de la finada Asunción Romero, vecinos Alijilán. Fueron testigos Miguel Valdéz, casado, de Alijilán y Gregoria Romero, casada, de Alijilán.

Folio 51

Sánchez, Juan Santos, argentino de Catamarca de 38 años, jornalero moreno, con **Rosales, Delfina**, argentina de 22 años, sirvienta, blanca. En la capilla de El Manantial el 21 de septiembre de 1891, siendo testigos declarantes José A. Villagra y José Rivera, el primero casado, vecino de El Abra y el segundo casado, vecino de El Manantial, se casó a Juan Santos Sánchez h.l. de Gabino Sánchez y de Presentación Málaga, vecinos de El Manantial; con Delfina Rosales hija natural de la finada Nieves Rosales, vecinos de El Manantial. Fueron testigos Miguel Medina casado, vecino de El Manantial y Rosalía Ocaranza casada, vecina de El Manantial.

Folio 52

Bulacia, Ramón, argentino de Catamarca de 28 años, abastecedor, blanco, con **Carrizo, Baldomera**, argentina de 26 años, costurera, blanca. En la capilla de El Manantial el 21 de septiembre de 1891, siendo testigos Francisco Sánchez y Baudilio Pérez, el primero soltero de Alijilán y el segundo soltero de Alijilán; se casó a Ramón Bulacia h.l. de los finados Ángel Bulacia y Catalina Bulacia, vecinos de Alijilán con Baldomera Carrizo h.l. de los finados José Carrizo y Justa Alarcón, vecinos de Alijilán. Fueron testigos Esteban Andrade, casado de Alijilán y Bernardina Andrade, casada de Alijilán.

Folio 53

Ahumada, Rosendo, argentino de Catamarca de 32 años, labrador, trigueño, con **Díaz, Hermenegilda**, argentina de 30 años, sirvienta, trigueña. En la capilla de El Manantial el 23 de septiembre de 1891, siendo testigos declarantes Carmelo Medina y Miguel Medina, el primero casado, vecino de Alijilán y el segundo casado, vecino de El Manantial; se casó a Rosendo Ahumada hijo natural de la finada Rosa Ahumada, vecinos de Quimilpa; con Hermenegilda Díaz h.l. de Celestino Díaz y de Restituta Díaz, vecinos de Quimilpa. Fueron testigos Dn. Miguel Vera casado, vecino de Quimilpa y Da. Jesús Ormache, casada, vecina de Quimilpa.

Folio 54

Barrientos, Fortunato, argentino de Catamarca de 20 años, jornalero, blanco, con Fernández, Clarisa, argentina de 29 años, planchadora, trigueña. En la capilla de El Manantial el 23 de septiembre de 1891, siendo testigos Desiderio Guarda y Ángel Albarracín, el primero casado, de El Manantial y el segundo casado, de El Manantial; se casó a Fortunato Barrientos h.l. de los finados Fortunato y de Celestina Delgado, vecinos de El Manantial con Clarisa Fernández hija natural de Asunción Fernández, vecino de El Manantial. Fueron testigos Juan Antonio Jeréz casado, de El Manantial y Santos Espeche, casada, de El Manantial.

Folio 55

Ocón, Dn. David, argentino de Catamarca de 23 años, criador, blanco, con **Bulacia, Da. Maclovia**, argentina de 22 años, costurera, blanca. En la iglesia parroquial el 24 de septiembre de 1891, siendo testigos declarantes Belisario Jiménez y Mardoqueo Espeche, el primero casado, vecino de Los Ortices y el segundo soltero de esta parroquia; se casó a Dn. David Ocón h.l. de Dn. David Ocón y de la finada Da. María Bonifacia González, vecino de Las Higuerillas; con Da. Maclovia Bulacia h.l. del finado Dn. Facundo y de Da. Joaquina Macedo, vecinos de Unquillo. Fueron testigos Dn. Miguel Bulacia casado, vecino de Los Ortices y Da. Victoria Jiménez, casada, vecina de los Ortiz.

Folio 56

Díaz, Segundo Lorenzo, argentino de Catamarca de 30 años, labrador, blanco, con **Peralta, Neófita,** de 21 años, argentina, telera, blanca. En la iglesia parroquial el 24 de septiembre de 1891, siendo testigos de declarantes Peregrino Argañaráz y José Herrera, el primero soltero, vecino de Las Tunas y el segundo soltero, vecino de Los Dos Pocitos; se casó a Segundo Lorenzo Díaz h.l. de Juan de Dios Díaz y de la finada Magdalena Vallejos, vecinos de Los Dos Pocitos; con Neófita Peralta h.l. del finado Francisco Peralta y de Cledovia Ibáñez, vecinos de Los Dos Pocitos. Fueron testigos Mariano Leguizamón casado de Los Dos Pocitos y Antonia Zelis, casada, vecina de Los Dos Pocitos.

Folio 57

Basualdo, Jovino, argentino de Catamarca de 29 años, jornalero, blanco, con **Ojeda. Mercedes**, argentina de 22 años, costurera, blanca. En la iglesia parroquial el 24 de septiembre de 1891, siendo testigos declarante Ramón Rodríguez y Pacífico Rodríguez, el primero casado de esta parroquia y el segundo casado de esta parroquia; se casó a Jovino Basualdo h.l. del finado Sixto Basualdo y de Agustina Heredia, vecinos de esta parroquia; con Mercedes Ojeda hija natural de Ramón Ojeda, vecina de El Alto. Fueron testigos Dn. Victoriano Ferreira casado de Tacopunco y Da. Adelina Robles, soltera de esta parroquia.

Folio 56

Peñaflor, Onofre, argentino de Catamarca de 35 años, labrador, trigueño, con **Quiroga, Toribia**, argentina de 27 años, costurera, trigueña. En la capilla de Las Cortaderas el 5 de octubre de 1891, siendo testigos Baldomero Cárdenas y Manuel Tolosa, el primero casado, vecino de Las Cañas y el segundo casado, vecino de Las Cortaderas habiéndose dispensado el impedimento de consanguinidad en tercer grado; se casó a Onofre Peñaflor h.l. de Arsenio Peñaflor y de Carmen Sánchez, vecinos de Las Cortaderas con Toribia Quiroga h.l. de Ángel Quiroga y de Angelita Alba, vecinos de Las Cortaderas. Fueron testigos Pascual Ojeda, casado, de Las Cortaderas y Santos Peñaflor, casada, de Las Cortaderas.

Folio 59

Cevallos, Manuel, argentino de Catamarca de 26 años, labrador, trigueño, con **Rojas, Celina**, argentina de 18 años, telera, trigueña. En la iglesia parroquial el 19 de octubre de 1891, siendo testigos declarantes Francisco Verón y José Jiménez, el primero casado, vecino de El

Puestito y el segundo casado, vecino de Albigasta; se casó a Manuel Cevallos h.l. de Sebastián Cevallos y de Juana Paz, vecinos de Albigasta con Celina Rojas hija natural de Rosalía Rojas, vecinos de esta. Fueron testigos Rosendo Rojas, soltero de esta parroquia y Dolores Cordero casada, vecina de Albigasta.

Folio 60

Quiroga, Cinesio de Catamarca de 36 años, jornalero de color moreno, con **Aguirre, Euladia**, argentina de 28 años, telera, trigueña. En la iglesia parroquial el 3 de noviembre de 1891, siendo testigos declarantes Avelino Ibáñez y Rómulo Márquez, el primero soltero, vecino de Las Cañas y el segundo casado, vecino de Las Cañas casó a Cinesio Quiroga natural de la finada Agustina Quiroga, vecinos de Quebrachito con Euladia Aguirre h.l. de José Santos Aguirre y de la finada Carmen Vega, vecinos de Quebrachito fueron testigos Rómulo Márquez casado, vecino de Las Cañas, y Nicasia Quiroga casada, vecinas de Quebrachito.

Folio 61

Paredes, Leonardo, argentino de Catamarca de 22 años, labrador, blanco, con **Garnica, Antonia**, argentina de 20 años, telera, trigueña. En la iglesia parroquial el 8 de diciembre de 1891, siendo testigos declarantes Antonio Villagra y Segundo Ojeda, el primero casado de Vilismano y el segundo soltero de esta parroquia; se casó a Leonardo Aredes h.l. de Félix Aredes y de la finada Emerenciana Rodríguez, vecinos del Rosario del curato de Ancasti; con Antonia Garnica hija natural de Vicenta Garnica, vecinos de la puesta de piedra puerta de piedra, siendo testigos Nicolás Burgos casado, vecino de Vilismano y justa Gutiérrez casada, vecina de Vilismano.

Folio 62

Rodríguez, Dn. Audenago, argentino de Catamarca de 36 años, capataz de color blanco, con **Albarracín, Da. Rita**, argentina de 30 años, telera, trigueña. En la iglesia parroquial el 11 de diciembre de 1891, siendo testigos declarantes Secundino Zurita y Juan Ibáñez, el primero casado, vecino de Vilismano y el segundo casado, vecino de Tintigasta, dispensado el impedimento de consanguinidad en segundo grado mixto con tercero y otro de afinidad lícito de primer grado, se casó a Dn. Audenago Rodríguez hijo natural de la finada Magdalena Rodríguez, vecinos de Tintigasta; con Rita Albarracín h.l. de los finados Dn. Tránsito Albarracín y de Da. Espíritu Rodríguez, vecino Tintigasta. Fueron testigos Dn. Eusebio Rizo, casado, vecino de El Durazno y Da. Rosa Jeréz casada, vecina de El Durazno.

Folio 63

Bulacia, Ildefonso, argentino de Catamarca de 38 años, jornalero, trigueño, con **Osores Nicolasa**, argentina de 23 años, telera, blanca. En la iglesia parroquial el 11 de diciembre de 1891, siendo testigos declarantes Emilio Díaz y José Luna, el primero casado, vecino de La Costa y el segundo casado, vecino de Ancuja, dispensado el impedimento de consanguinidad en segundo grado mixto con tercero. se casó a Ildefonso Bulacia h.l. de los finados Ramón Bulacia y de Mercedes Osores, vecinos de Ancuja; con Nicolasa Osores hija natural de Neófito Osores, vecinos de Ancuja. Fueron testigos José Caravajal, casado de esta parroquia y Ceferina Almaraz, casada de esta parroquia.

Folio 64

Juárez, Bartolomé, argentino de Catamarca de 24 años, labrador, moreno, con **González, María**, argentina de 17 años, costurera, trigueña. En la iglesia parroquial el 12 de diciembre de 1891, siendo testigos declarantes Antonio Juárez Calixto Ojeda, el primero soltero, vecino de Las Cortaderas y el segundo soltero, vecino de Las Cortaderas, dispensado el impedimento de consanguinidad en tercer grado mixto con cuarto; se casó a Bartolomé Juárez h.l. de Guillermo y de Corazón Ojeda, vecino de Las Cortaderas; con María González h.l. del finado Victorino Gonzales y de Severa Agüero, vecinos de Las Cortaderas. Fueron testigos Pablo Argañaráz casado, vecino de San Antonio y Clara Iramain casada, vecina de San Antonio.

Folio 65

Mercado, Dn. Samuel, argentino de Catamarca de 25 años, labrador, trigueño, con **Ponce, Da. Petrona**, argentina de 26 años, costurera, blanca. En la iglesia parroquial el 26 de diciembre de 1891, siendo testigos declarantes Patrocinio Peñaflor y Juan Santos Díaz, el primero casado, vecino de Las Cortaderas y el segundo viudo, vecino de La Higuerita, dispensado el impedimento en tercer grado de consanguinidad, se casó a Dn. Samuel Mercado h.l. de Dn. Pacífico Mercado y de Da. Peregrina Suárez, vecinos de La Higuerita; con Da. Petrona Ponce h.l. del finado Dn. Abraham Ponce y de Da. Domitila Alvarado, vecinos de La Higuerita. Fueron testigos Samuel Ojeda casado, vecino de Las Cortaderas y Francisca Ponce casada, vecina de Las Cortaderas.

Folio 66

Bastos, Dn. Adolfo, argentino de Catamarca de 26 años, labrador, trigueño, con **Jeréz, Da. Estanislada**, argentina de 17 años, costurera, blanca. En la iglesia parroquial el 26 de diciembre de 1891, siendo testigos de declarantes Ángel Villalba y Pedro Acosta, el primero soltero, vecino de Huaicohondo y el segundo casado, vecino de las de Los Corrales, se casó a Dn. Adolfo Bastos h.l. de Dn. Adolfo Bastos y de Da. Cenobia Domínguez, vecinos del Huaicohondo; con Da. Estanislada Jeréz h.l. del finado Dn. Miguel Jeréz y de Da. Regina Cardoso, vecinos de Huaicohondo. Fueron testigos Dn. Leoncio Ibáñez casado, vecino de El Laurel y Da. Eustarófiloa Navarro casada, vecina de El Laurel.

Folio 67

Ibáñez, Vicente, argentino de Catamarca de 28 años, criador, blanco, con **Gordillo, Delmira**, argentina de 23 años, telera, blanca. En la iglesia parroquial el 7 de enero de 1892, siendo testigos declarantes Abel Mercado y Cenobio Quiroga, el primero viudo, vecino de Los Altos y el segundo casado, vecino de Los Altos; se casó a Vicente Ibáñez h.l. de los finados Juan Ibáñez y de Jerónima Espinosa, vecinos de Los Altos; con Delmira Gordillo h.l. del finado Bartolomé Gordillo y de Rosa Varela, vecina de Los Altos. Fueron testigos Agenor Bulacia, casado, vecino de Los Altos y Nicolasa Ibáñez, casada, vecino de esta parroquia.

Folio 68

Toledo, Teófilo, argentino de Catamarca de 20 años, labrador, blanco, con **Lobo, Regina**, argentina de 18 años, costurera, blanca. En la iglesia parroquial el 8 de enero de 1892, siendo testigos declarantes Tomás Villagra y Mardoqueo Espeche, el primero casado, vecino de esta parroquia y el segundo casado, vecino de esta parroquia; se casó a Teófilo Toledo h.l. de Teófilo Toledo y de la finada Dominga García, vecinos de esta parroquia; con Regina Lobo h.l. de los finados José Lobo y de María Arévalo, vecinos de La Huerta. Fueron testigos Manuel Gramajo soltero, vecino de esta parroquia y Fermina Ortiz viuda, vecina de esta parroquia.

Folio 69

Rojas, Rosendo, argentino de Catamarca de 24 años, músico, de color moreno, con Márquez, Arsenia, argentina de 22 años, costurera, blanca. En la iglesia parroquial el 15 de enero de 1892, siendo testigos declarantes Abraham Cevallos y José Cevallos, el primero casado de esta parroquia y el segundo casado de esta parroquia; se casó a Rosendo Rojas hijo natural de Eduviges Rojas, vecinos del Huaicohondo con Arsenia Márquez h.l. de los finados Pedro Márquez y de Aniceta Cisternas, vecinos de Barranca muyo. Fueron testigos Dn. Luis Brandan, soltero de esta parroquia y Da. agustina Ferreira, soltera del curato rectoral.

Folio 70

Luna, Abel, argentino de Catamarca de 25 años, labrador, trigueño, con **Collantes, Albina**, argentina de 36 años, costurera, blanca. En la capilla de Vilismano el 22 de enero de 1892, siendo testigos declarantes Fructuoso Díaz y Andrés Burgos, el primero casado, vecino de Las Tunas y el segundo casado, vecino de Las Tunas, dispensado el impedimento de afinidad lícita en primer grado, se casó Abel Luna hijo natural de Cleofé Luna, vecinos de Las Tunas; con Albina Collantes h.l. de Florentino Collantes y de la finada Francisca Barrientos, vecinos de Las Tunas. Fueron testigos Fructuoso Díaz, casado, vecino de Las Tunas y Albina Barrientos, viuda, vecina de Las Tunas.

Folio 71

Luna, Telésforo, argentino de Catamarca de 25 años, labrador, moreno, con **Varela, Audelina**, argentina de 25 años, telera, trigueña. En la iglesia parroquial el 7 de febrero de 1892, siendo testigos declarante Camilo Zurita y Eduardo Lobo, el primero casado, vecino de Chamar yacu y el segundo casado, vecino de Achalco; se casó a Telésforo Luna h.l. de los finados Prudencio Luna y de Bárbara Ramos, vecinos de Achalco con Audelina Varela h.l. de los finados Pedro Varela y de Benicia Alderete, vecinos de Chalco. Fueron testigos Teófilo Toledo hijo casado de esta parroquia y Regina Lobo casada de esta parroquia.

Folio 72

Cárdenas, Miguel Vicente, argentino de Catamarca de 18 años, labrador, trigueño, con **Barrientos, Teresa**, argentina de 27 años, costurera, blanca. En la iglesia parroquial el 9 de febrero de 1892, siendo testigos declarantes Justo González y Pedro Luna, el primero casado, vecino de Llaco y el segundo viudo, vecino de Ampolla; se casó a Miguel Vicente Cárdenas h.l. de Baldomero Cárdenas y de Exaltación Pérez, vecinos de Las Cañas; con Teresa Barrientos h.l. de Guillermo Barrientos y de la finada Francisca Gómez, siendo testigos Ambrosio Velásquez casado, vecino del Quebrachito y Margarita Velásquez soltera, vecina del Quebrachito.

Folio 73

Aguilar, Daniel, argentino de Catamarca de 26 años, labrador, trigueño, con **Rodríguez, Natividad**, argentina de 22 años, telera, blanca. En la iglesia parroquial el 15 de febrero de 1892, siendo testigos declarante Ramón Galván y Pedro Pereira, el primero casado, vecino de Vilismano y el segundo soltero, vecino de Vilismano; se casó a Daniel Aguilar h.l. de Fructuoso Aguilar, difunto, y de Eusebia Agüero, vecinos del Río de los Ávila; con Natividad Rodríguez hija natural de la finada Victoria Rodríguez, vecinos de Oyola. Fueron testigos Marcos Agüero casado de Ancamugalla y Eudosia Álvarez casada, vecina de Ancamugalla.

Folio 74

Escasuso, Albino, argentino de Catamarca de 26 años, labrador, trigueño, con **Villarreal, Pabla**, argentina de 23 años, telera, trigueña. En la iglesia parroquial el 24 del mes de febrero de 1892, siendo testigos declarantes Bautista Varela y Ramón Díaz, el primero soltero de Las Tunas y el segundo soltero de Las Tunas; se casó a Albino Escasuso h.l. de los finados Domiciano Escasuso y de Maximiliana Argañaráz, vecino de Las Tunas; con Pabla Villarroel h.l. del finado Manuel Serafín Villarroel y de Catalina Collantes. Fueron testigos Ildefonso Mercado, casado, vecino de Las Tunas y Rosa Sánchez, vecina de Ampolla.

Folio 75

Varela, Juan B, argentino de Catamarca de 26 años, pulpero, blanco, con **Albornoz, Adelina Rosa**, argentina de 20 años, costurera, blanca. En la iglesia parroquial el 26 de febrero de 1892, siendo testigos declarantes Albino Escasuso y Ramón Díaz, el primero soltero, vecino de Las Tunas y el segundo soltero, vecino de Las Tunas; se casó a Juan B. Varela h.l. de Benigno Varela y de Maximiliano Barrientos, vecino de Las Tunas; con Adelina Rosa Albornoz hija natural de la finada Eustaquia Albornoz, vecinos de Las Tunas. Fueron testigos Ricardo Morienega casado, vecino de Las Tunas y Magdalena Varela casada, vecina de Las Tunas.

Folio 76

(Extraviada) **Herrera, Dn. Pacífico**, argentino de Córdoba de 27 años, comerciante, blanco, con **Capdevila, Da. Delia**, argentina de 25 años, costurera, blanca. En la capilla de Las Cañas el 6 de febrero de 1892, siendo testigos declarantes Luis F. Brandan y Ramón Ibáñez, el primero casado de esta parroquia y el segundo casado, vecino de Las Cañas, se casó a Dn. Pacífico Herrera h.l. de Dn. Pacífico Herrera y de dona de Zósima Castro, vecinos de Las Cañas; con Da. Delicia Capdevila h.l. de Ermilio Capdevila y de Da. Maclovia Ibáñez, vecinos de Las Cañas. Fueron testigos donde Ermilio Capdevila casado, vecino de Las Cañas y Da. Mercedes Carranza casada, vecina de Santa Fe.

Folio 77

Viñabal, Gualberto, argentino de Salta de 28 años, jornalero moreno, con **Coria, Clementina**, argentina de 19 años, sirvienta, blanca. En la iglesia parroquial el 5 de marzo de 1892, siendo testigos declarantes Servando Robles y Juan Lezcano, el primero soltero de esta parroquia y el segundo casado de esta parroquia; se casó a Gualberto Viñabal h.l. de los finados Romualdo y Gregoria Cabeza de esta parroquia; con Clementina Coria h.l. del finado Juan Coria y de Consolación Peralta, vecinos de Achalco. Fueron testigos Dn. Pacífico Rodríguez casado de esta parroquia y Da. Adela Rodríguez casada de esta parroquia.

Folio 78

Santillán, Félix, argentino de Catamarca de 21 años, labrador, trigueño, con **Cabrera, Dolores**, argentina de 30 años, telera, trigueña. En la iglesia parroquial el 7 de marzo de 1892, siendo testigos declarante Ramón Agüero y Juan de Armas, el primero casado, vecino de Lavalle y el segundo casado, vecino de Los Dos Pocitos; se casó a Félix Santillán hijo natural de Natividad Santillán, vecino de Las Cañas con Dolores Cabrera h.l. de los finados Marcelino Cabrera y de Patricia Varela, vecinos de El Monte Redondo. Fueron testigos Ramón Rosa Ibáñez soltero, vecino de Las Cañas y Rosa Coronel casada, vecina de Las Cañas.

Folio 79

Zurita, Crescencio, argentino de Catamarca de 40 años, criador, blanco, con **Morales, María**, argentina de 26 años, telera, blanca. En la iglesia parroquial el 8 de marzo de 1892, siendo testigos declarantes Juan Lezcano e Ignacio Ovejero, el primero casado de esta parroquia y el segundo casado de esta parroquia se casó a Crescencio Zurita h.l. de los finados Pedro Zurita e Ignacia Ponce, vecinos de El Laurel; con María Morales h.l. del finado Maximiliano Morales y de Ángela Reinoso, vecino de Achalco. Fueron testigos Isidro Robles, casado de esta parroquia, Adelina Gutiérrez, casada de esta parroquia.

Folio 80

Aguirre, Dn. Bernabé, argentino de Catamarca de 28 años, labrador, trigueño, con **Márquez, Da. Mercedes**, argentina de 25 años, costurera, blanca. En la iglesia parroquial el 28 de marzo de 1892, siendo testigos declarantes Félix Santillán y Ramón R. Ibáñez, el primero casado, vecino de Las Cañas y el segundo soltero, vecino de Las Cañas; se casó a Dn. Bernabé Aguirre h.l. de Dn. José Santos Aguirre de la finada Da. María del Carmen Vega, vecinos de Las Cañas; con Da. Mercedes Márquez hija natural de la finada Da. Mercedes Márquez, vecina de Las Cañas. Fueron testigos Dn. Manuel Gramajo, soltero de esta parroquia y Melitona Agüero, soltera, vecina de Las Cañas.

Folio 81

Collantes, Luis, argentino de Catamarca de 22 años, labrador, blanco, con **Ibáñez, Anunciación**, argentina de 28 años, telera, trigueña. En la iglesia parroquial el 30 de marzo de 1892, siendo testigos declarantes Wenceslao Gonzales y Juan A. Díaz, el primero viudo, vecino de Las Tunas y el segundo casado, vecino de Las Tunas, dispensado el impedimento de consanguinidad en cuarto grado; se casó a Luis Collantes h.l. de Florentino Collantes y de la finada Francisca Barrientos, vecinos de Las Tunas; con Anunciación Ibáñez h.l. de los finados José Pío Ibáñez y de Cornelia Silva, vecino de Las Tunas, siendo testigos Andrés Leguizamón casado, vecino de El Bañado y Simona Cabrera, viuda, vecina de Las Tunas.

Folio 82

Guerrero, José Manuel, argentino de Catamarca de 22 año jornalero, trigueño, con **Leiva, Saturnina**, argentina de 30 años, telera, trigueña. En la iglesia parroquial el 18 de abril de 1892, siendo testigos declarante Rafael Ovejero y Ercilio Rivas, el primero casado de esta parroquia y el segundo casado, vecino de La Higuera; se casó a José Manuel Guerrero hijo natural de la finada Rosa Guerrero, vecina de Alijilán; con Saturnina Leiva h.l. de Ramón Leiva y de Jacinto Reinoso, vecinos de La Higuera. Fueron testigos Liborio Sandoval, vecino de La Higuera casado y Carolina Gómez soltera, vecina de La Higuera.

Folio 83

Gutiérrez, Zenón, argentino de Catamarca de 30 años, labrador, trigueño, con **Arévalo, Ramona**, argentina de 18 años, costurera, blanca. En la iglesia parroquial el 25 de abril de 1892, siendo testigos declarantes Aniceto Ríos y Pedro Ríos, el primero viudo, vecino de Cañada Cruz, el segundo casado, vecino de Cañada Cruz, dispensado el impedimento de consanguinidad en tercero con cuarto grado, se casó a Zenón Gutiérrez h.l. de los finados Prudencio Gutiérrez y Jacinta Ahumada, vecinos de Altagracia; con Ramona Arévalo h.l. de Benildo Arévalo y de Eudosia Bravo, vecinos de Altagracia. Fueron testigos Justo Arévalo casado, vecino de Altagracia y Adelma Jeréz casada, vecina de Altagracia. Levantaron información matrimonial el 11 de abril de 1892.
Causales: 1. Por ser la pretendida mayor de edad, 2. La pequeñez del lugar y ser una sola familia, 3. Ser la pretendida demasiado pobre, aunque tiene padres pero tiene mucha familias y no pueden atenderla, 4. Para evitar el escándalo que pudiera resultar por el demasiado afecto que se tienen, 5. El pretendiente ofrece de comprendas 10 pesos nacionales.

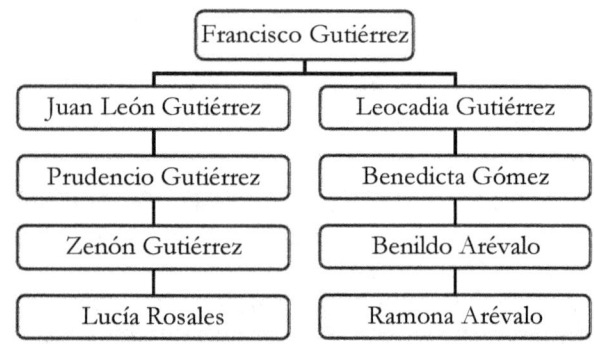

Folio 84

Carrizo, Ramón A., argentino de Catamarca de 32 años, labrador moreno, con **Rodríguez, Esmeria de Jesús**, argentina de 23 años, telera, trigueña. En la iglesia parroquial el 25 de abril de 1892 se casó a Ramón A. Carrizo hijo natural de la finada María Remigio Carrizo, vecinos de Tintigasta con Esmeria de Jesús Rodríguez h.l. de los finados Manuel Rodríguez y de Digna Aparicio, vecinos de Tintigasta. Fueron testigos Eusebio Rizo casado, vecino de El Durazno y Rosa Jeréz casada, vecina de El Durazno.

Folio 85

Robles, Dn. Francisco, argentino de Catamarca de 23 años, labrador, blanco, con **Rodríguez, Da. Raquel**, argentina de 23 años, costurera, trigueña. En la iglesia parroquial 26 de abril de 1892, siendo testigos declarante Rosendo Rojas y Ceferino Ojeda, el primero casado, vecino de esta parroquia y el segundo soltero de esta parroquia; se casó a Dn. Francisco Robles h.l. de Dn. Isidro Robles y de Da. Andrea Almaraz, vecinos de esta parroquia; con Da. Raquel Rodríguez h.l. de los finados Dn. Salvador Rodríguez y de Da. Manuela Ferreira, vecinos de esta parroquia. Fueron testigos Dn. Lutgardo Oviedo soltero, vecino de Vilismano y Da. Tránsito Medina casada, vecina de Vilismano.

Folio 86

Ríos, Aniceto, argentino de Catamarca de 40 años, labrador moreno, con **Burgos, Ramona**, argentina de 36 años, telera, sirvienta. En la iglesia parroquial el 29 de abril de 1892, siendo testigos declarantes Adolfo Maidana y Pascual Medina, el primero casado, vecino de Caña Cruz y el segundo casado, vecino de Caña Cruz se casó a Aniceto Ríos h.l. de los finados José (el resto ilegible) con Tránsito Burgos, vecina de Cañada Cruz; con Ramona Burgos hija natural de Tránsito Burgos. Fueron testigos Ramón Rodríguez casado y Catalina Rizo, casada, de esta parroquia.

Folio 87

Ponce, Dn. Ramón, argentino de Catamarca de 26 años, labrador, trigueño, con **Argañaráz, Da. Dorila**, argentina de 24 años, costurera, trigueña. En la capilla de La Quebrada el 4 de mayo de 1892, siendo testigos declarante Lucas Pregot y Ramón Ibáñez, el primero casado, vecino de Las Cañas y el segundo casado, vecino de Las Cañas; se casó a Dn. Ramón Ponce h.l. del finado Dn. Juan R Ponce y de Celedonia Suárez, vecinos de La Higuerita; con Da. Dorila Argañaráz h.l. del finado Mateo Argañaráz y de Da. Petrona Juárez, vecinos de San Antonio. Fueron testigos Dn. Pedro M Suárez soltero, vecino de Uriondo y Da. Corina Suárez casada, vecina de Las Cañas.

Folio 88

Quiroga, Dn. Félix, argentino de Catamarca de 30 años, criador, blanco, con **Ponce, Da. Águeda**, argentina de 24 años, costurera, blanca. En la capilla de La Quebrada el 27 de mayo de 1892, siendo testigos declarantes Pedro Almas y Jesús M. Quiroga, el primero casado, vecino de Ayapaso y el segundo casado, vecino de Achalco; se casó a Dn. Félix Quiroga h.l. de los finados Dn. José Ignacio Quiroga y de Da. Avelina del Pino, vecinos de Ayapaso; con Da. Águeda Ponce h.l. de los finados Dn. Javier Ponce y de Da. Jacinta Mercado, vecinos de La Higuerita. Fueron testigos Dn. Porfirio Mercado, casado, vecino de La Higuerita y Da. Clementina Díaz, casada, vecina del Salvador.

Folio 89

Osores, Dn. Crisanto, de Catamarca 46 años, labrador, moreno, con **Guerrero, Da. Filomena**, argentina de 50 años, de profesión haceres domésticos, de color blanco. En la capilla de La Quebrada el 27 de mayo de 1892, siendo testigos declarantes Abraham Hernández y Pascual Hernández, el primero soltero de esta parroquia y el segundo casado de esta parroquia, dispensado el impedimento de afinidad lícita en segundo grado mixto con tercero; se casó a Dn. Crisanto Osores h.l. de los finados Dn. Rosario y de Da. Rosario Ledesma, vecinos de La Quebrada; con Filomena Guerreros h.l. de los finados Dn. José Guerrero y de Da. Petrona Burgos, vecinos de Aipasarcana. Fueron testigos Manuel Ramallo cura presbítero, vecino de esta parroquia y Da. Gregoria Espeche viuda, vecina de esta parroquia. Levantaron información matrimonial el 18 de mayo de 1892. Alcara que Crisanto era vuido de la finada Estanislada Magallanes, y Filomena era viuda del finado Ángel Magallanes.

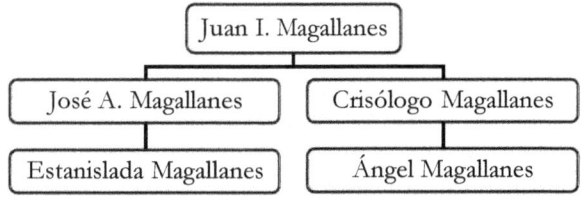

Folio 90

Díaz, Fidel, argentino de Catamarca de 23 años, jornalero moreno, con **Lindón, Casiana**, argentina de 20 años, telera, trigueña. En la capilla de La Quebrada el 3 de junio de 1892, siendo testigos declarante Camilo Zurita y Andrés Islas, el primero casado, vecino de Choya y el segundo casado, vecino de los Morteros; se casó a Fidel Díaz hijo natural de la finada Mercedes Díaz, vecino de los Morteros; con Casiana Lindón hija natural de la finada Juana Lindón, vecinos de la Chilca. Fueron testigos Ramón Gómez, casado, de los Morteros y Perfecta Peñaflor casada, vecina de Chilca.

Folio 91

Juárez, Juan Dionisio, argentino de Catamarca de 28 años, labrador, moreno, con **Agüero, María Salomé**, argentina de 19 años, costurera, trigueña. En la iglesia parroquial el 20 de junio de 1892, siendo testigos declarantes Miguel Medina y Ramón Medina, el primero casado, vecino de El Manantial el segundo soltero, vecino de Alijilán; se casó a Juan Dionisio Juárez hijo natural de la finada Avelina Juárez, vecinos de El Desmonte; con María Salomé Agüero h.l. de Jacobo Agüero y de Justa Rosales, vecinos de El Desmonte. Fueron testigos Fabriciano Díaz casado, vecino de Alijilán y Carmen Rosales casada, vecina de Alijilán.

Folio 92

Zurita, Juan Fulgencio, argentino de Catamarca de 23 años, labrador, trigueño, con **Pérez, Pacífica**, argentina de 25 años, costurera, trigueña. En la iglesia parroquial el 28 de junio de 1892, siendo testigos declarantes José Luján y Santiago Morales, el primero soltero de Los Nogales y el segundo soltero, vecino de Ancamugalla, dispensado los impedimentos de afinidad ilícita uno en primer grado el otro en segundo grado; se casó a Juan Fulgencio Zurita h.l. del finado Juan Fulgencio Zurita y de Julia Medina, vecinos de Ancamugalla; con Pacífica Pérez hija natural de Rosa Pérez, vecinos de Ancamugalla. Fueron testigos Pedro Martín Ojeda, casado, de esta parroquia y Zelanda Trejo, vecina de El Arroyito. Levantaron información matrimonial el 18 de abril de 1892.

Causales: 1. Por ser la pretendida mayor de edad y demasiado pobre, 2. Por la pequeñez del lugar y ser casi todos de la familia, 3. Que deseando salvar sus almas no encuentran otro medio, por ser demasiado el cariño que se profesan, 4. El pretendiente a pesar de ser pobre, ofrece de comprendas 20 pesos nacionales. El expediente no posse esquema genealógico

Folio 93

Arancibe, Buenaventura, argentino de Catamarca de 25 años, labrador, blanco, con **Falcón, Rosa**, argentina de 21 años, telera, blanca. En la iglesia parroquial el 28 de junio de 1892, siendo testigos Juan Ibáñez y Eustaréfilo Caravajal, el primero casado, vecino Tintigasta y el segundo casado, vecino de esta parroquia; se casó a Buenaventura Arancibe h.l. los finados Eleuterio y de Pabla Rosa Rizo, vecinos de El Durazno con Rosa Falcón hija natural de la finada Marina Falcón, vecina de El Durazno. Fueron testigos Andrónico Cisneros, casado, vecino de El Durazno y Pastora Zurita casada, vecina de El Durazno.

Folio 94

Gutiérrez, Rodolfo, argentino de Catamarca de 23 años, labrador, blanco, con **Durán, Clementina**, argentina de 20 años, costurera, trigueña. En la iglesia parroquial el 9 de julio de 1892, siendo testigos declarantes Teófilo Toledo y Rosendo Ahumada, el primero viudo, vecino de esta parroquia el segundo casado, vecino de esta parroquia; se casó a Rodolfo Gutiérrez h.l. de Máximo Gutiérrez y de la finada Rómula Ponce, vecinos de Iloca con Clementina Durán hija natural de la finada Ramona Durán, vecinos de Coyagasta. Fueron testigos Flavio Pacheco soltero de Guayamba y Josefa Gómez soltera de Coyagasta.

Folio 95

Albarracín, Ceferino, argentino de Catamarca de 36 años, labrador, trigueño, con **Pérez, Zoila**, argentina de 23 años, telera, trigueña. En la iglesia parroquial el 11 de julio de 1892, siendo testigos declarantes Servando Robles y Francisco Robles, el primero soltero, vecino de esta parroquia el segundo casado, vecino de esta parroquia; se casó a Ceferino Albarracín h.l. de los finados Bartolomé Albarracín y Celestina Gómez, vecino de Guayamba; con Zoila Pérez hija natural de la finada Solana Pérez, vecina de La Higuera. Fueron testigos Juan de Dios Moyano casado y Celestina Albarracín, de esta parroquia soltera, vecina de Guayamba.

Folio 96

Reinoso, Eusebio, argentino de Catamarca de 30 años, jornalero, blanco, con **Sosa, Delmira**, argentina de 28 años, telera, trigueña. En la iglesia parroquial el 30 de julio de 1892, siendo testigos declarantes Saúl Barros y Custodio Rodríguez, el primero casado de esta parroquia el segundo casado de esta parroquia, se casó Eusebio Reinoso hijo natural de Walda Reinoso, vecino de Los Morteros con Delmira Sosa h.l. de Carlos Sosa y de la finada Justina Santucho, vecinos de los Monteros. Fueron testigos Juan Antonio Gómez casado, vecino de Choya y Margarita Tapia casada, vecina de Choya.

Folio 97

Rodríguez, Rufino, argentino de Catamarca de 26 años, labrador, trigueño, con **Albarracín, Ramona**, argentina de 23 años, costurera, trigueña. En la iglesia parroquial el 30 de julio de 1892, siendo testigos declarante Andrés Arévalo y Benito Galván, el primero casado, vecino de Tintigasta y el segundo casado, vecino Tintigasta; se casó a Rufino Rodríguez h.l. de los finados Estanislao Rodríguez y Dolores Villafañe, vecinos de Tintigasta; con Ramón Albarracín hija natural de la finada Aurelia Albarracín, vecinos de Tintigasta. Fueron testigos José Benito Galván casado, vecino de Tintigasta y Rosalía Arévalo casada, vecina de Tintigasta.

Folio 98

Ponce, Ramón, argentino de Catamarca de 20 años, labrador moreno, con **Arévalo, María**, argentinas de 18 años, costurera, trigueña. En la iglesia parroquial el 30 de julio de 1892, siendo testigos declarantes Antonio Garnica y Manuel Acosta, el primero casado, vecino de La Puerta de Piedra y el segundo casado, vecino de Vilismano; se casó a Ramón Ponce h.l. de Leopoldo Ponce y de Nazaria Correa, vecino de Vilismano; con María Arévalo h.l. de Felizardo Arévalo y de la finada Marcelina Barrera vestidos de Vilismano. Fueron testigos Dn. Pedro M. Oviedo, soltero, vecino de Vilismano y Da. Manuela Ferreira viuda, vecina de Vilismano.

Folio 99

Jiménez, Manuel A., argentino de Catamarca de 30 años, labrador, blanco, con **Acosta, Dorotea**, argentina de 48 años, telera, trigueña. En la capilla de Las Tunas el 13 de agosto de 1892, siendo testigos declarantes Benigno Varela y Manuel J. Páez, el primero casado de Las Tunas el segundo soltero de Ampolla: se casó a Manuel Antonio Jiménez hijo natural de Felisa Jiménez, vecino de Ampolla con Dorotea Acosta h.l. del finado Alejo Acosta y de Vicenta Maldonado, vecina de Las Tunas. Fueron testigos Florenciano Sánchez soltero, vecino de Ampolla e Hipólita Cevallos, viuda, vecina de Ampolla.

Folio 100

Reinoso, Buenaventura, argentino de Catamarca de 25 años, labrador, trigueño, con **González, María Lorenza,** argentina de 17 años, costurera, blanca. En la capilla de Las Tunas el 13 de agosto de 1892, siendo testigos declarantes Pedro Luna y Amadeo Ibáñez, el primero viudo, vecino de Ampolla y el segundo casado, vecino de Los Dos Pocitos, se casó a Buenaventura Reinoso h.l. de Benigno Reinoso y de la finada Solana Reinoso, vecinos de El Bañado con María Lorenza Gonzales h.l. de Tadeo González y de Tomasina Coronel, vecinos de El Bañado. Fueron testigos Emiliano Luna soltero, vecino de El bañado y Carolina Coronel, vecina de El Bañado.

Folio 101

Luna, Durbal (no figura el nombre de la novia) En la capilla de Las Tunas el 14 de agosto de 1892, siendo testigos declarantes Teófilo Toledo y Odorico Duarte, el primero viudo de esta parroquia y el segundo casado, vecino de La Huerta; se casó a Durbal Luna, vecino de los Ortices con (en blanco), vecinos de la Huerta. Fueron testigos Rodrigo Duarte casado, vecino de la Huerta y Ernestina Delgado casada, vecina de la Huerta.

Folio 102

Jeréz, Zenón, argentino de Catamarca de 29 años, capataz, blanco, con **Gutiérrez, Dalinda,** argentina de 25 años, costurera, blanca. En la capilla de Las Tunas el 16 de agosto de 1892, siendo testigos declarantes Agustín Vega y Rosendo Rojas, el primero casado vestido de Guayamba y el segundo casado, vecino de esta parroquia; se casó a Zenón de Jesús Jeréz hijo natural de la finada Ramona R. Jeréz, vecina de Guayamba con Dalinda Gutiérrez h.l. de Ramón Gutiérrez y de la finada Elisea Reyes, vecinos de Guayamba. Fueron testigos Tristán Jeréz casado, vecino del cerro Áspero y Teresa Vega, vecina del Cerro Áspero.

Folio 103

Armas, José Rosa, argentino de Catamarca de 25 años, labrador moreno, con **Caravajal, Serafina,** argentina de 27 años, telera, trigueña. En la capilla de Las Tunas el 16 de agosto de 1892, siendo testigos declarantes Ramón Caliba y Juan Argañaráz, el primero casado, vecino de El Bañado y el segundo casado, vecino de El Bañado; se casó a José Rosa Armas h.l. de los finados José Prudencio Armas y María Encarnación Ibáñez, vecino de Los Dos Pocitos; con Serafina Caravajal h.l. de Ricardo Caravajal y de la finada María del Señor Peralta, vecino de Los Dos Pocitos. Fueron testigos Hermógenes Armas casado, vecino de Los Dos Pocitos y Juliana Caravajal viuda, vecina de Los Dos Pocitos.

Folio 104

Díaz, Dn. Fidel, argentino de Catamarca de 30 años, labrador moreno, con **Pereira, Da. Aurelia**, argentina de 23 años, costurera, blanca. En la capilla de Las Tunas al 16 de agosto de 1892, siendo testigos declarantes Baldomero Márquez y Cornelio Vega, el primero casado, vecino de Las Cañas y el segundo casado, vecino de Las Cañas; se casó a Fidel días h.l. de Carmen Díaz y de la finada Marquesa Lezana, vecino de Las Cañas; con Aurelia Pereira hija natural de la finada Toribia Pereira, vecina de Las Cañas. Fueron testigos Dn. Naciancheno Ávila. soltero, vecino de Las Cañas y dona Da. Adela Ávila, soltera, vecina de Las Cañas.

Folio 105

Mercado, Pedro, argentino de la provincia de Catamarca de 31 años, labrador, trigueño, con **Ojeda, Victoria,** argentina de 25 años, telera, trigueña. En la capilla de Las Tunas el 16 de agosto de 1892, siendo testigos declarantes Cornelio Vega y Pantaleón Lugones, el primero casado, vecino de Las Cañas y el segundo viudo, vecino de Los Altos; se casó a Pedro Mercado h.l. de los finados Abraham Mercado y de Cruz Brizuela, vecino de Los Altos; con Victoria Ojeda h.l. de Cecilio Ojeda y de Waldina Zárate, vecina de Los Altos. Fueron testigos Segundo Rivera casado, vecino de Los Altos y Virginia Mercado soltera, vecina de Los Altos.

Folio 106

Mercado, Salvador, argentino de Catamarca de 30 años, labrador, trigueño, con **Gómez, Severa,** argentina de 26 años, telera, trigueña. En la capilla de La Puerta Grande el 29 de agosto de 1892, siendo testigos declarantes Adel Pogonzo y Salvador Cevallos, el primero casado, vecino de Las Tunas y el segundo casado vestido de El Bañado; se casó a Salvador Mercado hijo natural de la finada Lina Rosa Mercado, vecino de Las Tunas con Severa Gómez h.l. del finado Dolores Gómez y de Justiniana Almirón, vecina de Las Tunas. Fueron testigos Adel Pongozo, vecina de Las Tunas y Magdalena Mercado casada, vecina de Las Tunas.

Folio 107

González, Ignacio, argentino de Catamarca 33 años, jornalero, moreno; con **Rodríguez, Lutgarda,** argentina de 36 años, telera, trigueña. En la capilla de La Puerta Grande el 29 de agosto de 1892, siendo testigos declarantes Andrónico Reinoso y Pedro Pascual Ibáñez, el primero casado, vecino de El Bañado segundo casado, vecino de Los Dos Pocitos; se casó a Ignacio González h.l. del finado Estefanio Gonzales y de Vicenta Carrizo, vecino de Los Dos Pocitos con

Lutgarda Rodríguez h.l. de los finados Juan Gil Rodríguez y Juana Ibáñez, vecinos de Los Pocitos. Fueron testigos Pedro Pascual Ibáñez casado, vecino de Los Pocitos y Petronila Ibáñez, vecina de Los Pocitos.

Folio 108

González, Rosa, argentino de Catamarca de 28 años, labrador, trigueño, con **Leguizamón, Magdalena**, argentinas de 27 años, costurera, trigueña. En la capilla de La Puerta Grande el 29 de agosto de 1892, siendo testigos declarantes Ignacio Ibáñez y Leo vino Mercado, el primero casado, vecino de Los Dos Pocitos y el segundo casado, vecino de El Bañado se casó a Rosa González h.l. de Juan de la cruz González y de Regina Huaráz, vecino de El Bañado con Magdalena Leguizamón h.l. del finado Bartolomé Leguizamón y de Francisca Rosales, vecinos de El Bañado. Fueron testigos Zenón Cárdenas casado, vecino de El Bañado y Braulia Fernández, casada, vecina de El Bañado.

Folio 109

Córdoba, Francisco, argentino de Catamarca de 50 años, labrador, blanco, con **Rodríguez, Valentina** argentina de 42 años, telera, trigueña. En la capilla de La Puerta Grande el 31 de agosto de 1892, siendo testigos declarantes Dn. Nabor Gómez y Dn. Belisario Rosales, el primero casado, vecino de La Puerta Grande y el segundo casado, vecino de La Puerta Grande; se casó a Francisco Córdoba hijo natural de la finada María Bernardina Córdoba, vecinos de El Carmen; con Valentina Rodríguez hija natural de la finada Rafaela Rodríguez, vecinos de El Carmen. Fueron testigos Dn. Nabor Gómez, vecino de La Puerta Grande y Da. Cecilia Gómez, vecina de La Puerta Grande.

Folio 110

Huaráz, José, argentino de Catamarca de 32 años, trigueño, con **Mayer, Pabla**, argentina de 22 años, costurera, trigueña. En la capilla de La Puerta Grande el 31 de agosto de 1892, siendo testigos declarantes Pablo Torres y Dn. Belisario Rosales, el primero viudo, vecino de La Rinconada y el segundo casado, vecino de La Puerta Grande; se casó a José Huaraz h.l. h.l.de Floralino Guaráz y de Ceferina Sandes, vecinos de El Bañado; con Pabla Moayer h.l. de Facundo y de Juana Mercado, vecinos del Monte Redondo. Fueron testigos Ramón A. Guaráz casado, vecino de El Bañado y Fidelia Rosales, viuda, vecina del monte redondo.

Folio 111

Cevallos, Domingo, argentino de Catamarca de 22 años, jornalero, blanco, con **Caravajal, Aguileza**, argentina de 19 años, sirvienta, blanca. En la iglesia parroquial de El Alto el 3 de septiembre de 1892, siendo testigos declarantes Rosendo Rojas y Abraham Hernández, el primero casado, vecino de esta parroquia y el segundo soltero, vecino de esta parroquia; se casó a Domingo Cevallos hijo natural de la finada Zoila Cevallos, vecinos de Ampolla con Aguileza Caravajal hija natural de la finada Gorgonia Caravajal, siendo testigos Dn. Luis Brandan casado de esta parroquia y Da. María Brandan soltera de esta parroquia.

Folio 112

Ibáñez, Pedro Crisólogo, de Catamarca, argentino de 25 años, labrador, blanco, con **Rodríguez, Ceferina**, argentina de 22 años, telera, trigueña. En la iglesia parroquial el 5 de septiembre de 1892, siendo testigos declarantes Abel Ovejero y Ángel L. Cordero, el primero soltero vecino de Tintigasta y el segundo casado, vecino de Barco, dispensado el impedimento de afinidad ilícita en segundo grado, se casó a Pedro Crisólogo Ibáñez hijo natural de la finada Benedicta Ibáñez, vecino de Tintigasta con Serafina Rodríguez hijo natural de la finada Isabel Rodríguez, vecino de Tintigasta. Fueron testigos Carmen Arias casado de los Algarrobos y Felipa Burgos casada, vecina de los Algarrobos.

Folio 113

Morales, Santiago, argentino de Catamarca de 28 años, jornalero moreno, con **Díaz, Mónica**, argentinas de 25 años, costurera, trigueña. En la iglesia parroquial el 7 de septiembre de 1892, siendo testigos declarantes Albino Cejas y Juan Medina, el primero casado, vecino de Ancamugalla y el segundo casado, vecino de Ancamugalla se casó a Santiago Morales h.l. del finado Felipe Morales y de Valentina Quiroga, vecinos de Ancamugalla con Mónica días h.l. de los finados Félix Díaz y de Gregoria Arévalo, vecinos de Ancamugalla. Fueron testigos Albino cejas casado, vecino de Ancamugalla y Eduviges Artaza, vecina de Ancamugalla.

Folio 114

Rodríguez, Manuel, argentino de Catamarca de 30 años, labrador, blanco, con **Espinosa, Aurora**, argentina de 26 años, lavandera, trigueña. En la capilla de El Manantial el 15 de septiembre de 1892 siendo de testigos declarantes Pablo Torres y Juan Ardiles, el primero viudo, vecino de La Rinconada y el segundo casado, vecino de La Rinconada; se casó a Manuel Rodríguez hijo natural de Asunción Rodríguez, vecinos de los San Juanes; con aurora Espinosa h.l. de Justo Espinosa y de la finada Petrona Cordero, vecina de los San Juanes. Fueron testigos Luis Carrizo casado, vecino de Los San Juanes y Neófita Díaz, soltera vecina de Los San Juanes.

Folio 115

Valdéz, Juan Nicolás, argentino de Catamarca de 37 años, capatáz, moreno, con **Ortiz, Ramona Rosa**, argentina de 22 años, costurera, trigueña. En la capilla de El Manantial el 19 de septiembre de 1892, siendo testigos declarantes Eliseo Plaza y José Eliseo Romero, el primero casado, vecino de La Puerta Grande y el segundo casado, vecino de San Francisco, se casó a Juan Nicolás Valdéz hijo natural de Melitón a Valdéz, vecino de Las Tablitas; con Ramona Rosa Ortiz h.l. de Casimiro Ortiz y de María Arias, vecinos de El Puesto de Ortiz. Fueron testigos Dn. Salvador Valdéz viudo, vecino de La Rinconada y Da. Sofía Barrientos de Valdéz, casada, vecina de Alijilán.

Folio 116

Barrientos, José Manuel, argentino de Catamarca de 28 años, jornalero, blanco, con **Carrizo, Balbina**, argentina de 23 años, costurera, blanca. En la capilla de El Manantial el 21 de septiembre de 1892, siendo testigos declarantes Santos Sánchez y Gabriel Ibáñez, el primero casado vencido de El Manantial y el segundo casado, vecino de El Manantial; se casó a José Manuel Barrientos h.l. de los finados Fortunato Barrientos y de Catalina Delgado, vecinos de El Manantial con Balbina Carrizo h.l. de Salustiano Carrizo y de la finada Electa Coronel, vecinos de El Manantial. Fueron testigos Ángel Rivero casado, vecino de El Manantial y Delmira Rivero casada, vecina de El Manantial.

Folio 117

Arévalo, Dn. Sixto, argentino de Catamarca de 22 años, labrador, blanco, con **Ponce, Tránsito**, argentina de 28 años, costurera morena. En la iglesia parroquial el 22 de septiembre de 1892, siendo testigos declarantes Albino Cejas y Pedro Carrizo, el primero casado, vecino de Ancamugalla y el segundo soltero, vecino de Vilismano; se casó a Dn. Sixto Arévalo h.l. de Dn. Felizardo Arévalo y de la finada Da. Marcelina Barrera, vecino de Vilismano; con Da. Tránsito Ponce h.l. de Dn. Leopoldo Ponce y de Da. Nazaria Correa, vecinos de Vilismano. Fueron testigos Dn. Pedro Oviedo soltero, vecino de Vilismano y Da. Manuela F. de Oviedo viuda, vecina de Vilismano.

Folio 118

Navarro, Dn. Lisandro, argentino de Catamarca de 30 años, criador, rubio, con **Segura, Francisca**, argentina de 39 años, costurera, blanca. En la iglesia parroquial el 23 de septiembre de 1892, siendo testigos declarante Abraham Hernández y Ramón Rosa Vera, el primero soltero de esta parroquia y el soltero del curato rectoral, se casó a Dn. Lisandro Navarro h.l. de los finados Dn. Mateo Navarro y de Da. Clementina Villafañe, vecinos de la ciudad; con Da. Francisca Segura h.l. del finado Dn. Solano Segura y Da. Pastora Gómez, vecinos de esta parroquia. Fueron testigos Dn. Alejandro Leiva. soltero, vecino de Sucuma y Da. Nieves Brizuela, vecina de esta parroquia, viuda.

Folio 119

Acosta, Justino, argentino de Catamarca de 46 años, labrador moreno, con **Ahumada, Elena**, argentina de 17 años, costurera, blanca. En la iglesia parroquial el 23 de septiembre de 1892, siendo testigos Eloy Cejas y José Arancibia, el primero viudo, vecino de El Puesto de Gómez y el segundo soltero, vecino de El Durazno, dispensados dos impedimentos, uno de afinidad ilícita en primer grado y el otro en segundo grado, se casó a Justino Acosta hijo natural de la finada Agustina Acosta, vecino de La Puerta de Gómez con Elena Ahumada h.l. de Alejo Ahumada y de Jesús Carrizo, vecinos de La Puerta de Gómez. Fueron testigos Santiago Cisterna casado, vecino de Amadores y Nieves Agüero, vecina de Armadores.

Folio 120

(Extraviada) **Tairé, Dn. José del Carmen**, argentino de Catamarca de 26 años, comerciante, trigueño, con **Tejeda, Da. Ramona**, argentina de 21 años, costurera, blanca. En la capilla de Vilismano el 30 de agosto de 1892, siendo testigos declarantes Abraham Hernández y Marcelino Arévalo, el primero soltero de esta parroquia y el segundo casado, vecino de El Vallecito, dispensado un impedimento de consanguinidad en tercer grado; se casó a Dn. José del Carmen Tairé h.l. del finado José del Carmen Tairé y de Da. Azucena Centeno, vecinos del Portezuelo del curato rectoral; con Da. Ramona Tejeda h.l. de Dn. Pascual Tejeda y de la finada Da. Socorro Villafañe, vecinos de El Vallecito. Fueron testigos Dn. Félix Zurita casado, vecino de Vilismano y Da. Carmen Aguirre casada, vecina de Vilismano.

Folio 121

Suárez, Daniel, argentino de Catamarca de 28 años, labrador, trigueño, con **Vallejo, Nicolasa**, argentina de 23 años, telera, blanca. En la capilla de Las Cortaderas el 5 de octubre de 1892, siendo testigos declarantes Remigio Toledo y Manuel Suárez Navarro, el primero casado de Las Cortaderas y el segundo casado, vecino de Achalco, dispensado un impedimento de consanguinidad en tercer grado, se casó a Daniel Suárez h.l. de Ángel Suárez y de la finada Ludovina Suárez, vecinos de San Antonio con Nicolasa Vallejos h.l. del finado Manuel Vallejos y de Socorro Suárez, vecina de Las Cortaderas. Fueron testigos Pablo Argañaráz casado, vecino de San Antonio y Clara Rosa Iramain casada, vecina de San Antonio. Levantaron información matrimonial el 7 de julio de 1892

Causales: 1. Por ser la pretendida mayor de edad, 2. huérfana de padre y madre y demasiado pobre, 3. Que siendo demasiado el cariño que se profesan quieren evitar el escándalo que puede resultar, 4. Por la pequeñez del lugar y ser casi todos de la misma familia, 4. A pesar de la pobreza del pretendiente ofrece de comprehendas 30 pesos nacionales.

Folio 122

Barraza, Segundo Abraham, argentino de Catamarca de 30 años, herrero, trigueño, con **Jeréz, María de la Cruz**, argentina de 26 años, costurera, trigueña. En la capilla de Las Cortaderas el 8 de octubre de 1892, siendo testigos declarantes Patrocinio Peñaflor y Camilo Zurita, el primero casado, vecino de La Higuerita de este curato y el segundo casado, vecino de Choya, del curato de Choya; se casó a Segundo Abraham Barraza, h.l. de Vicente Barraza y de la finada Petrona Vargas, vecinos de Alijilán con María de la Cruz Jeréz h.l. de David Jeréz y de Cruz Rosales, vecinos de Alijilán. Fueron testigos Ramón Huaráz casado, vecino de El Bañado y Celestina Díaz casada, vecina de El Bañado.

Folio 123

Ibáñez, Vicente, argentino de Catamarca de 27 años, labrador, trigueño, con **Arias, Agustina**, argentina de 23 años, telera, trigueña. En la capilla de Las Cortaderas el 10 de octubre de 1892, siendo testigos declarantes Luis Rodríguez y Octavio Díaz, el primero casado, vecino de El Manantial y el segundo soltero, vecino de El Manantial; se casó a Vicente Ibáñez hijo natural de la finada Evarista Ibáñez, vecina Alijilán con agustina Arias h.l. del finado Ramón Arias y de Leonor Mercado, vecinos de Alijilán. Fueron testigos Ramón Rosa Rivero, casado, vecino de El Manantial y Monserrat Barrientos, casada, vecina de El Manantial.

Folio 124

Gutiérrez, Dn. Manuel, argentino de Catamarca de 32 años, comerciante, blanco, con **Ibáñez, Da. Catalina**, argentina de 28 años, costurera, blanca. En la iglesia parroquial el 20 de octubre de 1892, siendo testigos declarante Manuel Zamora y Francisco Robles, el primero casado de esta parroquia y el segundo casado de esta parroquia; se casó a Dn. Manuel J. Gutiérrez h.l. de los finados Dn. Juan Manuel Gutiérrez y Da. Justa Pastora Castillo, vecinos de La Chacarita; con Da. Catalina Ibáñez h.l. de los finados Dn. Abelardo Ibáñez y de Da. Fortunata Ortiz, vecinos de El Manantial. Fueron testigos Dn. Miguel Vera, casado, vecino de Quimilpa y Da. Sofía Valdéz casada, vecina de Alijilán.

Folio 125

Sosa, Aniceto, argentino de Catamarca de 46 años, labrador rubio con **Bazán, María**, argentinas de 19 años, costurera, blanca. En la iglesia parroquial el 3 de noviembre de 1892, siendo testigos declarante Ramón Ortiz y Miguel Agüero, el primero casado, vecino de La Quebrada y el segundo casado, vecino de Achalco; se casó a Aniceto Sosa natural de la finada Sebastiana Sosa, vecino de Los Osores con María Bazán hija natural de la finada Guillerma Bazán, vecina de La Quebrada. Fueron testigos Ramón Ortiz casado, vecino de La Quebrada y Sebastiana Osores casada, vecina de La Quebrada.

Folio 126

Leguizamón, José F., de Catamarca, argentino de 26 años, labrador, trigueño, con **Huaráz, Soledad**, argentina de 26 años, costurera, blanca. En la iglesia parroquial el 3 de noviembre de 1892, siendo testigos declarantes Vicente Mercado y Salvador Cevallos, el primero casado, vecino de El Bañado en el segundo casado, vecino de El Bañado; se casó a José Firmo Leguizamón h.l. del finado Cirilo Leguizamón y de Antonia Rosales, vecinos de El Bañado; con Soledad Huaráz h.l. de Ramón Huaráz y de Celestina Díaz, vecinos de El Bañado; fueron tus testigos Buenaventura Rosales viudo, vecino de El Bañado y Braulia González casada, vecina de El Bañado.

Folio 127

Carrizo, Dn. Pedro, argentino de Catamarca de 27 años, labrador, blanco, con **Verón, Da. Bernarda**, argentina de 22 años, costurera, blanca. En la iglesia parroquial el 4 de noviembre de 1892, siendo testigos declarante Santiago Morales y Sixto Arévalo, el primero soltero, vecino de Ancamugalla y el segundo soltero, vecino de Vilismano; se casó a Dn. Pedro Carrizo h.l. del finado Dn. Segundo Dimas Carrizo y de Da. Vicenta Medina, vecinos de Vilismano; con Da. Bernarda Verón hija natural de Gregoria Verón, vecina de Vilismano. Fueron testigos de Dn. José Medina casado, vecino de Vilismano y Da. Ludovina Zurita, casada, vecina de Vilismano.

Folio 128

Luján, Ramón R, argentino de Catamarca de 23 años, labrador, trigueño, con **Luján, María Lizarda**, argentina de 26 años, costurera, blanca. En la capilla de Las Tunas el 12 de noviembre de 1892, siendo testigos declarantes Honorio Guarás y Alejandro Argañaráz, el primero casado, vecino de El Bañado y el segundo casado, vecino de El Bañado, dispensado un impedimento de consanguinidad en segundo grado mixto con tercero; se casó a Juan Ramón Luján hijo natural de María Luján, vecino de El Bañado; con María Lizarda Luján h.l. de José Luján y de Rosario Jeréz, vecinos de El Bañado. Fueron testigos José M. Altamirano, casado, vecino de El Bañado y María Armas, soltera, vecina de El Bañado.

Folio 129

Rosales, José Manuel, argentino de Catamarca de 23 años, labrador, trigueño, con **Díaz, Genuaria**, argentina de 20 años, costurera, trigueña. En la iglesia parroquial el 21 de noviembre de 1892, siendo testigos declarantes Espiridión Ledesma y Miguel Medina, el primero viudo, vecino de El Bañado y el segundo casado, vecino de El Manantial, dispensado un impedimento de consanguinidad en tercer grado; se casó a José Manuel Rosales h.l. de Nicolás Rosales y de Ramona Ortiz, vecino de Las Tunas con Genuaria Díaz, h.l. de Fructuoso Díaz y de Magdalena Mercado, vecino de Las Tunas. Fueron testigos Luis Castro casado, vecino de Las Tunas y Maclovia Luna casada, vecina de Las Tunas.

Folio 130

Sánchez, Ambrosio, argentino de Santiago del Estero de 50 años, profesión curandero, de color trigueño, **Acosta, Indalecia**, argentina de 32 años, telera, blanca. El 21 de noviembre de 1892, siendo testigos declarantes Samuel Collantes y José Cevallos, el primero casado, vecino de Ampolla y el segundo casado de esta parroquia; se casó Ambrosio Sánchez hijo natural de la finada Ceferina Sánchez, vecinos de El Talarcito; con Indalecia Acosta h.l. del finado Alejo Acosta y de Vicenta Maldonado, vecina de Las Tunas. Fueron testigos José Antonio Barrientos, casado, vecino de Las Tunas y Rosalía Díaz, casada, vecina de Las Tunas.

Folio 131

Bulacia, Dn. Ángel, argentino de Catamarca de 23 años, criador, blanco, con **Álvarez, Anfiloquia**, argentina de 22 años, costurera, blanca. En la capilla de El Manantial el 16 de diciembre de 1892, siendo testigos declarantes Manuel a Zamora y Abraham Hernández, el primero casado de esta parroquia el segundo soltero de esta parroquia; se casó a Dn. Ángel R. Bulacia h.l. del finado Dn. Ángel Bulacia y de Da. Jesús Gómez, vecinos de Alijilán; con Da. Anfiloquia Álvarez h.l. de los finados Dn. Ramón R. Álvarez y de Da. Paula Salas, vecinos de Alijilán. Fueron testigos Dn. Bartolomé Gómez, casado, vecino de El Tala y Da. Sofía Valdéz, casada, vecina de Alijilán.

Folio 132

Rodríguez, Ramón, argentino de Catamarca de 23 años, labrador, blanco, con **Maidana, Leovina**, argentina de 20 años, costurera, blanca. En la iglesia parroquial el 26 de diciembre de 1892, siendo testigos declarantes José Campos y José Pío Pintos, el primero casado, vecino de El Pozo Grande y el segundo casado, vecino de El pozo Grande, dispensado un impedimento de consanguinidad en tercer grado; se casó a Ramón Rodríguez h.l. de Pacífico Rodríguez y de la finada Guillerma Maidana, vecino de La Calera; con Leovina Maidana h.l. de Felipe Maidana y de Patrocinio Ledesma, vecinos de la Puerta de Molle Yaco. Fueron testigos José Jeréz soltero, vecino de El Hueco Hondo y Grimanesa Rodríguez, viuda, vecina de La Calera.

Folio 133

Quiroga, Dn. Luciano, argentino de Catamarca de 30 años, labrador, trigueño, con **Pino, Da. Rita del**, argentina de 22 años, costurera, trigueña. En la iglesia parroquial el 7 de enero de 1893, siendo testigos declarantes Desiderio Ledesma y Ramón Leiva, el primero casado, vecino de Ayapaso y el segundo casado, vecino de La Higuera, dispensado un impedimento de consanguinidad en segundo grado; se casó a Luciano Quiroga h.l. de los finados Eufrasio y de Josefa del Pino, vecinos de Ayapaso; con Rita del Pino h.l. del finado Félix y de Welina Rivas, vecinos de Ayapaso. Fueron testigos Pedro Almaraz casado, vecino de Ayapaso y María del Rosario Almaraz viuda, vecina de esta parroquia.

Folio 134

Ibáñez, Domingo, argentino de Catamarca de 27 años, jornalero, trigueño, con **Cisternas, Audelina**, argentina de 23 años, costurera, trigueña. En la iglesia parroquial el 7 de enero de 1893, siendo testigos declarantes Belisario Guerrero y Bernardo Almaraz, el primero casado, vecino del Saucecito y el segundo casado, vecino de La Aguada; se casó a Domingo Ibáñez h.l. de Avelino y de Benita Pérez, vecinos de Alijilán con Audelina Cisterna h.l. del finado José Cisterna y de Celedonia Ferreira, vecinos de Alijilán. Fueron testigos Juan A. Ocón, casado, vecino de

Alijilán y Waldina Rosa Amador, casada, vecina de Alijilán.

Folio 135

Rodríguez, Isidro, argentino de Catamarca de 28 años, jornalero, trigueño, con **Páez, Arsenia,** argentina de 23 años, telera, trigueña. En la iglesia parroquial el 7 de enero de 1893, siendo testigos declarantes Pedro Espeche y Waldino Díaz, el primero soltero, vecino de Los Manantiales y el segundo soltero, vecino de Los Manantiales, se casó a Isidro Rodríguez h.l. del finado Pedro Telmo y de Eulalia Silva, vecino de Las Tunas con Arsenia Páez h.l. del finado Vicente Páez y de Vicenta Ibáñez, vecino de Los Altos. Fueron testigos Belisario Paz, casado, vecino de Las Tunas y Nicolasa Ibáñez, casada, vecina de esta parroquia.

Folio 136

Arias, Alejandro, argentino de Catamarca de 33 años, militar, blanco, con **Páez, Rosario,** argentina de 30 años, telera, trigueña. En la iglesia parroquial el 9 de enero de 1893, siendo testigos de declarante Teófilo Toledo y Pacífico Rodríguez, el primero viudo de esta parroquia y el segundo casado de esta parroquia, se casó a Alejandro Arias hijo natural de la finada Ignacia Arias, vecinos de Tabigasta, con Rosario Páez h.l. de los finados Juan Gregorio Páez y de Pascual a Mercado, vecinos de Tabigasta; fueron testigo Pedro Páez, casado, vecino de Tabigasta y Francisca Arévalo casada, vecina de Tabigasta.

Folio 137

Valdéz, José María, argentino de Catamarca de 30 años, labrador, trigueño, con **Arévalo, Telésfora,** argentina de 25 años, telera, trigueña. En la iglesia parroquial el 9 de enero de 1893, siendo testigos declarantes Tomás Villagra y Mariano Carrazán, el primero casado de esta parroquia el segundo soltero de El Tarco; se casó a José María Valdéz h.l. del finado José Valdéz y de Polonia Luna, vecinos de Ancuja con Telésfora Arévalo h.l. del finado Pedro Arévalo y de María Ana Páez, vecinos de Ancuja. Fueron testigos Ramón Sobrecasas, casado, vecino de El Sauce y Javiera Vázquez, casada, vecina de El Sauce.

Folio 138

Collantes, Bernabé de 30 años, labrador, blanco, con **Collantes, Indalecia,** argentina de 26 años, costurera, trigueña. En la iglesia parroquial el 16 de enero de 1893, siendo testigos declarantes José Cevallos y Abraham Cevallos, el primero casado de esta parroquia y el segundo casado de esta parroquia, dispensado un impedimento de consanguinidad en tercer grado, se casó a Bernabé Collantes hijo natural de Crisanta Collantes, vecinos de Ampolla; con Indalecia Collantes h.l. del finado Cosme Collantes y de Braulia Figueroa, vecinos de Ampolla. Fueron testigos Albino Casuso, casado, vecino de Las Tunas y Marcelina Casuso, soltera, vecina de Las Tunas.

Folio 139

Arévalo, Dn. Eufemio, argentino de Catamarca de 23 años, labrador, blanco, con **Vizcarra, Bautista,** argentina de 21 año costurera, blanca. En la iglesia parroquial el 31 de enero de 1893, siendo testigos declarantes Tomás Villagra y Mariano Carrazán, el primero casado, vecino de El Alto el segundo soltero, vecino de Talasí; se casó a Eufemio Arévalo h.l. de Juan B. Arévalo y de la finada Concepción Ávila, vecinos de Talasí; con Faustina Vizcarra h.l. de Federico Vizcarra y de la finada Neófita Osores, vecinos de Andújar. Fueron testigos Moisés Cejas casado, vecino de Ancuja y Elmira Ávila casada, vecina de Ancuja.

Folio 140

Contreras, Lázaro, argentino de Catamarca de 57 años, labrador, trigueño, con **Cejas, Candelaria,** argentina de 46 años, telera, blanca. En la iglesia parroquial en el 6 de febrero de 1893, siendo testigos declarantes Benedicto Luján y Anacleto Cejas, el primero viudo, vecino de Paco Pozo y el segundo soltero, vecino del Río de los Ávila; se casó a Lázaro Contreras hijo natural de la finada María Antonia Contreras y viudo de Juana Juárez, vecino de El Puestico; con Candelaria Cejas hija natural de la finada Lorenza Cejas y viuda del finado Andrés Barrera, vecinos de Taco Punco. Fueron testigos Ramón Zurita casado, vecino de Taco Punco, y Rudecinda Sobrado, casada, vecina de Taco Punco.

Folio 141

Salinas, Antonio, argentino de Catamarca de 26 años, labrador, trigueño, con **Collantes, Bernarda,** argentina de 33 años, telera, trigueña. En la iglesia parroquial el 11 de febrero de 1893, siendo testigos declarantes Faustino Cabral y Pedro Luna, el primero casado, vecino de La Huerta y el segundo viudo, vecino de Ampolla; dispensado un impedimento por consanguinidad en tercer grado mixto con cuarto, se casó Antonio Rosa Salinas h.l. del finado Patricio Salinas y de Carmen Jiménez, vecinos de Ampolla; con Bernarda Collantes h.l. de los finados Félix Collantes y de Bernarda Mercado y viuda de Pedro Arias, vecinos de Ampolla. Fueron testigos Pedro Espeche, vecino de Los Manantiales y Vicenta Collantes, vecina de Ampolla.

Folio 142

Gómez, Dn. Nicolás, argentino de Catamarca de 23 años, labrador, blanco, con **Ponce, Da. María,** argentina de 25 años, costurera, blanca. En la iglesia parroquial el 16 de febrero de 1893, siendo testigos declarante Abel Ovejero y Victoriano Ahumada, el primero soltero, vecino de Tintigasta el segundo casado, vecino de Los Algarrobos, dispensado un impedimento de consanguinidad en segundo grado mixto con tercero, se casó a Dn. Nicolás Gómez h.l. del finado Servando Gómez y de Zoila Rizo, vecinos de Guayamba con Da. María Ponce h.l. del finado Luciano Ponce y de Da. Rosa Ahumada, vecinos de Munancala. Fueron testigos Dn. Rosendo Ahumada, casado, vecino de esta parroquia y Da. Zulema Osores, casada, vecina de esta parroquia.

Folio 143

Albarracín, José Maurilio, argentino de Catamarca de 26 años, labrador, trigueño, con **Díaz, María**, argentinas de 20 años, costurera de color, trigueño. En la iglesia parroquial el 6 de marzo de 1893, siendo testigos declarantes Francisco Jeréz y Vicente Ibáñez, el primero soltero, vecino de El Abra y el segundo casado, vecino de Los Manantiales; se casó a José Maurilio Albarracín h.l. de Ángel Albarracín y de Emilia Vaca, vecino de Los Manantiales; con María Díaz h.l. del finado Gabriel Díaz y de María Mancilla, vecina de Los Manantiales. Fueron testigos Manuel Vaca, casado, vecino de La Carpintería y Carlota Monzón, casada, vecina de La Carpintería.

Folio 144

Collantes, Segundo F., argentino de Catamarca de 26 años, labrador, trigueño, con **Cabrera, Simona**, argentina de 30 años, telera morena. En la iglesia parroquial el 17 de marzo de 1893, siendo testigos declarantes Dolores Silva y Ricardo Morienaga, el primero casado, vecino de los Rodeíto el segundo casado, vecino de Las Tunas, dispensador un impedimento por consanguinidad en tercer grado mixto con cuarto; se casó a Segundo Florentino Collantes h.l. de Florentino Collantes y de la finada Francisca Barrientos, vecino de Las Tunas con Simona Cabrera h.l. de los finados Luis y de Nicolasa Pérez, viuda del finado Santos Mercado, vecinos de Las Tunas. Fueron testigos Faustino Díaz, casado, vecino de Las Tunas y Pascuala González, casada, vecina de Las Tunas.

Folio 145

Tapia, Emiliano, argentino de Catamarca de 23 años, labrador, blanco, con **Zurita, Marcelina**, argentina de 30 años, telera, blanca. En la iglesia parroquial el 20 de marzo de 1893, siendo testigos declarantes Lutgardo Oviedo y Nicolás Montes, el primero casado, vecino de Vilismano y el segundo casado, vecino de Molle Pampa; se casó a Emiliano Tapia hijo natural de Juana Tapia, vecinos de El Laurel; con Marcelina Zurita h.l. de los finados Pedro e Ignacia Ponce, vecinos de El Laurel. Fueron testigos Nicolás Montes, casado, vecino de Molle Pampa y Margarita Ibáñez. casada, vecina de Molle Pampa.

Folio 46

Nota: las cuatro partidas siguientes no se han puesto en el lugar correspondiente por equivocación.

Oviedo, Dn. Lutgardo, argentino de Catamarca de 30 años, labrador, trigueño, con **Robles, Da. Adelina**, argentina de 26 años, costurera, blanca. En la iglesia parroquial el 14 de enero de 1893, siendo testigos declarantes Manuel Zamora y Emilio Barros, el primero casado, vecino de esta parroquia y el segundo soltero, vecino de esta parroquia; se casó a Dn. Lutgardo Oviedo h.l. de Dn. Lutgardo y de Da. Tránsito Medina, vecino de Vilismano; con Da. Adelina Robles h.l. de Dn. Isidoro Robles y de Da. Andrea Almaraz, vecinos de esta parroquia. Fueron testigos Dn. Lutgardo Oviedo, casado, vecino de Vilismano y Da. Pastora Barrera, soltera, vecina de Vilismano.

Folio 147

Páez, Clemiro, labrador, trigueño, con **Agüero, Manuela**, argentina de 22 años, costurera, trigueña (no constan ni testigos) se casó Clemiro Páez h.l. de Federico Páez y de la finada Eustarófila Carrizo, vecinos de El Agua del Sauce; con Manuela Agüero h.l. de Manuel Agüero y de Grimanesa Juárez, vecinos de El Agua del Sauce. Fueron testigos Miguel Rizo. casado, vecino de Los Ortices y Fermina Ortiz, vecina de El Alto.

Folio 148

Moyano, Gerónimo, argentino de La Rioja de 25 años, capatáz, blanco, con **Gómez, Pastora**, argentina de 24 años, costurera, blanca. En la iglesia parroquial el 9 de febrero de 1893, siendo testigos declarantes Pablo Cortés y Desposorio Salguero, el primero soltero de esta parroquia y el segundo casado, vecino de esta parroquia; se casó a Gerónimo Moyano h.l. de Apolinar y de Faustina Cortés, vecinos de Los Hornillos de La Rioja; con Pastora Gómez h.l. de los finados Dn. Francisco J. Gómez y Eloísa Brizuela, vecinos de esta parroquia. Fueron testigos el cura Ramallo de esta parroquia y Da. Gregoria Espeche, de esta parroquia, viuda.

Folio 149

Ibáñez, José Avelino, argentino de Catamarca de 33 años, jornalero, blanco, con **Romero, Escolástica**, argentina de 25 años, costurera, trigueña. En la iglesia de Los Manantiales el 13 de febrero de 1893, siendo testigos declarantes Genaro Espeche y Teófilo Díaz, el primero soltero, vecino de Los Manantiales y el segundo soltero, vecino de Alijilán; se casó a José Avelino Ibáñez h.l. de Avelino y de Benita Pérez, vecino de Alijilán; con Escolástica Romero hija natural de la finada Manuela Romero, vecina de Alijilán. Fueron testigos Pedro Espeche, soltero, vecino de Los Manantiales y Catalina Espeche, vecina de Los Manantiales, casada.

Folio 150

Hernández, Victoriano, argentino de Catamarca de 28 años, labrador, trigueño, con **Hernández, Juana**, argentina de 23 años, costurera, trigueña. En la iglesia parroquial el 8 de abril de 1893, siendo testigos declarantes Mardoqueo Espeche y José Caravajal, el primero casado, vecino de esta parroquia y el segundo casado, vecino de esta parroquia; dispensado un impedimento por consanguinidad en segundo grado; se casó a Victoriano Hernández h.l. los finados Pedro Hernández y Rosa Páez, vecinos de Cóndor Huasi; con Juana Hernández h.l. de Juan Miguel y de Manuela Córdoba, vecinos de Ojo de Agua. Fueron testigos Federico Páez viudo, vecinos de Agua del Sauce y Maclovia Molina viuda, vecina de Las Higuerillas.

Folio 151

Pérez, Pedro, argentino de Catamarca de 32 años, labrador, blanco, con **Mancilla, María Rosita**, argentina de 22 años, telera, trigueña. En la iglesia parroquial el 26 de junio de 1893, siendo testigos declarantes Serafín Quiroga y Andrés Garnica, el primero casado y el segundo viudo, vecinos de Ancuja; se casó a Pedro Pérez h.l. de los finados Juan de la Cruz y de Manuela Arévalo, vecinos de La Calera con María Benita Mancilla hija natural de Ramona Mancilla, vecinos de Molleyaco. Fueron testigos Hermenegildo Flores casado, vecino de Paso Grande y Rita Ledesma casada, vecina de Paso Grande.

Folio 152

Coronel, Juan R, argentino de Catamarca de 24 años, criador, blanco, con **Espeche, Lastenia**, argentina de 23 años, costurera, blanca. En la iglesia parroquial el 3 de julio de 1893, siendo testigos declarantes Francisco Robles y Avelino Ibáñez, el primero casado de esta parroquia y el segundo casado de Alijilán; se casó a Juan Bautista Coronel h.l. del finado Saturnino y de Rosa Valdéz, vecinos de Alijilán; con Lastenia Espeche hija natural de Macedonia, vecinas de Alijilán. Fueron testigos Manuel A. Díaz, casado, vecino de Alijilán y Maclovia Valdéz, soltera, vecina de Alijilán.

Folio 153

Maidana, Baltazar, argentino de Catamarca de 50 años, criador, blanco, con **Valdéz, Aurora del Carmen**, de 30 años, telera, trigueña. En la iglesia parroquial el 5 de julio de 1893, siendo testigos Luis Márquez e Isidoro Robles, el primero soltero de esta parroquia y el segundo casado de esta parroquia; se casó a Baltazar Maidana h.l. los finados Felipe y de Lucía Rodríguez, vecinos de La Puerta de Molle Yaco; con Aurora del Carmen Valdéz h.l. del finado José Valdéz y de Polonia Luna, vecinos de Ancuja. Fueron testigos Miguel Murguía viudo, vecino de Ancuja y Celestina Villalba, viuda, vecina de Ancuja.

Folio 154

Güiralde, Segundo, argentino de Catamarca de 28 años, labrador, trigueño, con **Guerrero, Desposorio**, argentina de 25 años, costurera, blanca. En la iglesia parroquial el 5 de julio de 1893, siendo testigos declarantes Emiliano Luna y Segundo Mota, el primero casado, vecino de Tilinjuli y el segundo soltero, vecino de esta parroquia; se casó a Segundo Güiralde h.l. del finado Dionisio y de Ramona Moya, vecinos de Alijilán con Desposorio Guerreros, hija de legítima del finado Pedro y de Cenobia Chávez, vecinos de Alijilán, siendo testigos Pedro Hernández casado de esta parroquia y Crescencia Márquez casada de esta parroquia.

Folio 155

Osores, Pedro, argentino de Catamarca de 30 años, jornalero, blanco, con **López, Jesús Anacleta**, argentina de 28 años, telera, blanca. En la iglesia parroquial a 18 de julio de 1893, siendo testigos declarantes Modesto Díaz y Andrés Garnica, el primero soltero, vecino de Los Morteros y el segundo viudo, vecino de Ancuja; se casó a Pedro Osores h.l. de los finados Pedro y de Teresa Romano vecino de Los Morteros; con Jesús Anacleta López h.l. de finados Ramón y de Brígida Pedraza, vecina de Ancuja. Fueron testigos Bernardo Flores casado, vecino de El Paso Grande y Candelaria Lazo casada, vecina de El Paso Grande.

Folio 156

Murguía, Miguel, labrador, negro, con **Villalba, Celestina**, argentina de 40 años, telera, blanca. El 17 de julio de 1893, se casó a Miguel Murguía hijo natural de la finada María Laurencia Murguía, vecinos de Ancuja; con Celestina Villalba h.l. del finado Bernabé y de Bailona Valdéz, vecinos de Ancuja. Fueron testigos Eleuterio Páez casado, vecino de La Costa y Celestina Díaz, vecina de La Costa, casada.

Folio 157

Ponce, Domingo, argentino de Catamarca de 48 años, labrador, trigueño, con **Rodríguez, Asunción**, argentina de 20 años, costurera, rubia. En la iglesia parroquial el 18 de julio de 1893, siendo testigos declarantes Teófilo Toledo y Pedro Toledo, el primero viudo de esta parroquia y el segundo soltero de esta parroquia; Se casó Domingo Ponce h.l. de Feliciano Ponce y de la finada Catalina Brizuela, vecinos de Catamarca, curato rectoral; con Asunción Rodríguez h.l. de Florencio y de Rosario Mancilla, vecino de Ayapaso. Fueron testigos Ramón R. Agüero, casado de esta parroquia y María Ignacia Cabral, casada, de esta parroquia.

Folio 58

Medina, Manuel, argentino de Catamarca de 23 años, labrador, trigueño, con **Gómez, Ramona**, argentina de 22 años, costurera, trigueña. En la iglesia parroquial el 18 de julio de 1893, siendo testigos declarantes Daniel Sierra y Abraham Robles, el primero casado de esta parroquia y el segundo viudo de esta parroquia se casó a Manuel Medina h.l. de Adolfo Medina y de la finada Rosa Rodríguez, vecinos de Ancamugalla; con Ramona Gómez h.l. de Mardoqueo y de Ramona Vega, vecino de Vilismano, siendo testigos Manuel Zamora, casado, de esta parroquia y Nieves Gómez, casada de esta parroquia.

Folio 159

Salas, Ramón, argentino de Catamarca de 25 años, labrador, trigueño, con **Carrizo, Ramona**, argentina de 26 años, costurera, blanca. En la iglesia parroquial de Vilismano el 27 de julio de 1893, siendo testigos declarantes Tomás Villagra y Rosendo Rojas, el primero casado, vecino de El Alto y el segundo casado de esta parroquia; se casó a Ramón Salas h.l. de Fructuoso Salas y de Pastora Cisterna, vecino de Los Pedraza del curato de Ancasti; con Ramona Carrizo hija natural de Zoila Carrizo, vecina de Vilismano. Fueron testigos Dn. Lutgardo Oviedo casado, vecino de Vilismano y Da. Pastora Barrera soltera, vecina de Vilismano.

Folio 160

Guerrero, Reyes, argentino de Catamarca de 30 años, jornalero, blanco, con **Lastra, Aurora**, argentina de 23 años, sirvienta, trigueña. En la iglesia parroquial el 31 de julio de 1893, siendo testigos declarantes Tomás Villagra y Anselmo Godoy, el primero casado de esta parroquia y el segundo casado, vecino de Sucuma; se casó a Reyes Guerrero h.l. de Santiago y de la finada Petrona Magallanes, vecinos de Aipascorna; con Aurora Lastra hija natural de Tomasa Lastra, vecina de esta parroquia. Fueron testigos Pacíficos Rodríguez casado de esta parroquia y Adela Gómez casada de esta parroquia.

Folio 161

Páez, Ramón Rosa, argentino de Catamarca de 26 años, jornalero, blanco, con **Gramajo, Custodia** argentina de 28 años, costurera, blanca. En la iglesia parroquial el 31 de julio de 1893, siendo testigos declarantes Teófilo Toledo y Tomás Villagra, el primero viudo de esta parroquia y el segundo casado de esta parroquia; se casó a Ramón R. Páez h.l. de Juan de la cruz y de la finada Asunción Albarracín, vecinos de Agua del Sauce; con custodia Gramajo hija natural de Ángela Gramajo, vecina de esta parroquia. Fueron testigos Pacíficos Rodríguez, casado, de esta parroquia y Adela Gómez, casada de esta parroquia.

Folio 162

Díaz, Eustaquio, argentino de Catamarca de 28 años, labrador, blanco, con **Gordillo, Dominga**, argentina de 23 años, costurera, blanca. En la capilla de Las Tunas el 3 de agosto de 1893, siendo testigos declarantes Emiliano Mercado e Hipólito Vega, el primero casado, vecino de Los Altos y el segundo soltero, vecino de Los Altos; se casó a Eustaquio Díaz h.l. del finado Manuel Benigno Díaz y de Rosario Díaz, vecino de Los Manantiales con Dominga Gordillo hija natural de Rosa Gordillo, vecino de Los Balcones, del curato de Paclín. Fueron testigos Manuel Ángel Díaz casado, vecino de Alijilán y Rosa Paz casada, vecina de Alijilán.

Folio 163

Barrientos, Guillermo, argentino de Catamarca de 42 años, labrador rubio con **Camaño, Francisca**, argentinas de 25 años, costurera rubia en la capilla de Las Tunas el 3 de agosto de 1893, siendo testigos declarantes Adel Pogonza y Evangelista Décima, el primero casado, vecino de Las Tunas y el segundo soltero, vecino de Las Cañas; se casó a Guillermo Barrientos hijo natural de la finada María Antonia Barrientos, vecino de La Tuna; con Francisca Camaño h.l. del finado Delicio y de Primitiva Ovejero, vecina de Las Cañas. Fueron testigos Florentino Collantes casado, vecino de Las Tunas y Desideria Camaño soltera, vecina de Las Cañas.

Folio 164

Flores, Ascencio, argentino de Santiago del Estero de 36 años, abastecedor, blanco, con **Díaz, Virginia**, argentina de 28 años, costurera, rubia. En la capilla de Las Tunas en 7 de agosto de 1893, siendo testigos declarantes Napoleón Díaz y Teófilo Toledo, el primero soltero, vecino de Las Cañas y el segundo viudo de esta parroquia; se casó a Anselmo Flores h.l. de José María Flores y de Francisca Carpus, vecino de

Las Cañas; con Virginia Díaz hija natural de Abigaíl Díaz, vecino de Las Cañas. Fueron testigos Juan Leguizamón, casado, vecino de El puesto del Medio y Rosa Coronel, casada, vecina de Las Cañas.

Folio 165

Caravajal, Clemiro, argentino de Catamarca de 30 años, labrador, trigueño, con **Leguizamón, Leovina**, argentina de 26 años, telera, trigueña. En la capilla de Las Tunas el 14 de agosto de 1893, siendo testigos declarantes Francisco Ibáñez y Leovino Mercado, el primero casado, vecino de El Bañado y el segundo casado, vecino de El Bañado; se casó Clemiro Caravajal h.l. de los finados Celestino y de Guillermo Robles, vecinos de El Talarcito; con Leovina Leguizamón hija natural de la finada María Antonia Leguizamón, vecino de El Talarcito. Fueron testigos José A. Leguizamón casado, de Puesto del Medio de Manuela Rosales, soltera, vecina de El Talarcito.

Folio 166

Arias, Tomás, argentino de Catamarca de 25 años, criador, trigueño, con **Tula, Zoila**, argentina de 24 años, telera morena. En la capilla de Las Tunas el 16 de agosto de 1893, siendo testigos declarantes Pablo Torres y Facundo Mayer dice Mayer, el primero viudo, vecino de La Puerta Grande y el segundo casado, vecino de Monte Redondo, se casó a Tomás Arias h.l. de Rufino y de María Engracia Miranda, vecino las Talitas; con Zoila Tula h.l. de los finados Manuel y de Zoila Ortiz, vecinos del Puesto de Ortiz. Fueron testigos Eudoro Rivero casado, vecino de la Rinconada y Nicolás Ortiz viuda, vecino del Puesto de Ortiz.

Folio 167

Barrionuevo, Juan de Dios, argentino de la provincia de Tucumán de 32 años, labrador, trigueño, con **Ledesma, Teodosia**, argentina de 23 años, telera, trigueña. En la capilla de Las Tunas el 16 de agosto de 1893, siendo testigos declarantes Leonardo Juárez y Facundo Mayer, el primero soltero, vecino de Monte Redondo y el segundo casado, vecino de Monte Redondo; se casó a Juan de Dios Barrionuevo hijo natural de María Presentación Barrionuevo, vecinos de El Bañado, del curato de Medina de la provincia de Tucumán; con Teodosia Ledesma, h.l. del finado Pedro y de Prudencia Mercado, vecinos de Monter Redondo. Fueron testigos Belisario Rosales, casado, vecino de La Puerta Grande y Jesús Ledesma casada, vecina del curato de Medina.

Folio 168

Mercado, Waldino, argentino de Catamarca de 23 años, jornalero, moreno, con **Flores, Rosario**, argentina de 22 años, costurera, trigueña. En la capilla de Las Cañas el 29 de agosto de 1893, siendo testigos declarantes Lindor Ibáñez y Ascencio Flores, el primero casado, vecino de Las Cañas y el segundo casado, vecino de Las Cañas; se casó a Waldino Mercado hijo natural de Juana Mercado, vecinos de Ampolla; con Rosario Flores hija natural de Evangelista Flores, vecina de Las Cañas. Fueron testigos Salustiano Ibáñez casado, vecino de Amancala y Virginia Díaz, vecina de Las Cañas.

Folio 169

Burgos, José Tomás, de Catamarca de 30 años, jornalero, moreno, con **Ibarra, Ramona**, argentina de 25 años, sirvienta, trigueña. En la iglesia parroquial el 14 de octubre de 1893, siendo testigos Ramón Ibáñez y Teófilo Toledo, el primero casado, vecino de Coyagasta y el segundo viudo, vecino de esta parroquia; se casó a José Tomás Burgos hijo natural de Eduviges Burgos, vecinos de Cóndor Huasi; con Ramona Ibarra hija natural de Fortunata Ibarra, vecina de Coyagasta. Fueron testigos Dn. Rosendo Ahumada, casado, vecino de esta parroquia y Da. Zulema Osores, casada, vecina de esta parroquia.

Folio 170

Palacio, Ramón, (conocido por Castro), argentino de Catamarca de 53 años, carneador, color regular, con **Guerrero, María Antonia**, de 26 años, sirvienta, blanca. En la iglesia parroquial el 14 de octubre de 1893, siendo testigos Teófilo Toledo y Tomás Villagra, el primero viudo de esta parroquia y el segundo casado de esta parroquia, se casó a Ramón Palacio, conocido por Castro, hijo natural de la finada Isabel Castro, vecino de Catamarca del curato rectoral; con María Antonia Guerrero h.l. de Santiago Guerrero y de la finada Petrona Magallanes, vecinos de Aipasorcona. Fueron testigos tomas Villagra casado de esta parroquia y Eusebia Carrazán casada de esta parroquia.

Folio 171

Rojas, Juan Antonio, argentino de Catamarca de 26 años, labrador de color regular con **Acosta, Telésfora**, argentino de 25 años, telera, trigueña. En la iglesia parroquial el 14 de octubre de 1893, siendo testigos declarantes Juan Rosales y Nicasio Cisterna, el primero soltero, vecino de Los Corrales y el segundo viudo, vecino de Los Corrales, se casó a Juan Antonio Rojas hijo del finado David y de Felipa Avendaño, vecinos de Molle Pampa; con Telésfora Acosta, h.l. del finado Ramón y de Clotilde Ledesma, vecinos de Los Corrales. Fueron testigos Pedro Acosta, casado, vecino de Los Corrales y Rosa Zurita. casada, vecina de Los Corrales.

Folio 172

Zurita, Pedro, argentino de Catamarca de 42 años, labrador de color regular, con **Arévalo, Lindimia**, argentina de 24 años, costurera, blanca. En la iglesia parroquial el 16 de octubre de 1893, siendo testigos declarantes Pastor Rodríguez y Antonio Pacheco, el primero viudo, vecino de La Calera y el segundo casado, vecino de Choya; se casó a Pedro Zurita hijo natural de la finada Polonia Zurita, vecinos de Albigasta con Lindimia Arévalo h.l. de los finados Luis y de Carmen Ibáñez, vecinos de La Calera. Fueron testigos Pacíficos Rodríguez, casado de esta parroquia y Adela G. de Rodríguez, casada de esta parroquia.

Folio 173

Cabral, Dn. Diego, argentino de Catamarca de 50 años, labrador, trigueño, con **Saavedra, Da. Petrona**, argentina de 43 años, costurera, blanca. En la iglesia parroquial el 25 de octubre de 1893, siendo testigos Teófilo Toledo y Abraham Robles, el primero viudo, de esta parroquia y el segundo viudo de esta parroquia, dispensado en impedimento por afinidad segundo grado; se casó a Diego Cabral hijo natural de la finada Rosario Cabral y viudo de Ramona Páez, vecinos de Tabigasta; con Petrona Saavedra hija natural de la finada Rosario Saavedra y viuda de Wenceslao Gramajo. Fueron testigos el cura Ramallo de esta parroquia y Da. Gregoria Espeche viuda de esta parroquia.

Folio 174

Ponce, Basilio, argentino de Catamarca de 25 años, labrador, blanco, con **Toledo, Rosa**, argentina de 26 años, telera, blanca. En la iglesia parroquial el 26 de octubre de 1893, siendo testigos declarantes Desiderio Ledesma y Abel Pérez, el primero casado, vecino de Ayapaso y el segundo casado, vecino de La Higuerita; se casó a Basilio Ponce h.l. de los finado Francisco J. Ponce y de Jacinta Mercado, vecinos de La Higuerita; con Rosa Toledo h.l. de Juan Toledo y de Peregrina Díaz, vecinos de La Higuerita. Fueron testigos Wenceslao Mercado casado, vecino de La Higuerita y Eladia Almaraz, vecina de La Higuerita.

Folio 175

Caravajal, Antenor, argentino de Catamarca de 27 años, jornalero moreno, con **Cevallos, Severa**, argentina de 23 años, costurera, blanca. En la iglesia parroquial el 30 de octubre de 1893 siendo testigo declarantes Pacífico Rodríguez y Teófilo Toledo, el primero casado, vecino de esta parroquia y el segundo viudo de esta parroquia se casó a Antenor Caravajal h.l. del finado Justo y de María del Rosario Tolosa, vecino de Los Falcones; con Sebera Cevallos h.l. de Timoteo y de María Azucena Burgos, vecinos de Ayapaso. Fueron testigos Pacíficos Rodríguez y Eduviges Magallanes, vecinos de El Sunchal.

Folio 176

Arévalo, Macedonio, argentino de Catamarca de 33 años, capataz moreno, con **Juárez, Candelaria**, argentina de 25 años, sirvienta, trigueña. En la iglesia parroquial el 30 de octubre de 1893, siendo testigos declarantes Marcos Agüero y Manuel Acosta, el primero casado, vecino de Ancamugalla y el segundo casado, vecino del Vallecito; se casó a Macedonio Arévalo h.l. del finado Luis Antonio y de María Crescencio Acosta, vecinos del Vallecito; con Candelaria Juárez h.l. de Félix y de la finada Zelanda Ibáñez, vecinos de Tintigasta. Fueron testigos Albino Cejas, casado vecino Ancamugalla y Eduviges Artaza casada, vecina de Ancamugalla.

Folio 177

Hernández, Dn. Pascual, argentino de Catamarca de 33 años, jornalero, blanco, con **Márquez, Da. Rosa**, argentina de 26 años, costurera, trigueña. En la iglesia parroquial el 6 de noviembre de 1893, siendo testigos declarantes Saúl Barros y Honorio Lemus, el primero casado de esta parroquia, el segundo soltero de esta parroquia; se casó a Dn. Pascual Hernández h.l. de los finados José y de Candelaria Barrientos, vecinos de Alijilán; con Da. Rosa Márquez h.l. de los finados Pedro y de Aniceta Cisterna, vecinos de Barranca. Fueron testigos Dn. Luis Brandan, casado, de esta parroquia y Da. María Brandan, soltera, de esta parroquia.

Folio 178

Ovejero Celestino, argentino de Catamarca de 26 años, en, labrador, blanco, con **Villalba, Cenobia**, argentina de 25 años, costurera, trigueña. En la iglesia parroquial el 10 de noviembre de 1893, siendo testigos declarantes Lisandro Guzmán e Hilario Brizuela, el primero casado, vecino de Los Manantiales y el segundo soltero, vecino de Quimilpa; se casó a Celestino Ovejero h.l. de Anacleto y de Ramona Toranzo, vecinos de Quimilpa; con Cenobia Villalba hija natural de Presencia Villalba, vecina de Los Manantiales. Fueron testigos Dn. Servando Gómez casado, vecino de Los Manantiales y Da. Catalina (no se registró el apellido) casada, vecina de Los Manantiales.

Folio 179

Ovejero, Antonio María, argentino de Catamarca de 25 años, labrador, moreno, con **Rodríguez, María Máxima**, argentina de 19 años, costurera, blanca. En la iglesia parroquial el 10 de noviembre de 1893, siendo testigos Tomás Villagra y Teófilo Toledo, el primero casado de esta parroquia el segundo viudo de esta parroquia, se casó Antonio María Ovejero h.l. del finado Anacleto y de Mauricia Sánchez, vecino de Los Pozos; con María Máxima Rodríguez h.l. de Florencio y de Rosario Mancilla, vecinos de Aipasarcana. Fueron testigos Custodio Rodríguez casado de esta parroquia y Juana Jiménez casada, vecina de los Ortiz.

Folio 180

Gramajo, Dn. Cruz, argentino de Catamarca de 30 años, pulpero, blanco, con **Agüero, Da. Leocadia**, argentina de 22 años, costurera, blanca. En la iglesia parroquial el 18 de noviembre de 1893, siendo testigos declarante Pacíficos Rodríguez y Pedro Toledo, el primero casado de esta parroquia y el segundo soltero de esta parroquia; se casó a Dn. Cruz J. Gramajo hijo natural de Da. Ángela Gramajo, vecino de la Cañada, con Da. Leocadia Agüero h.l. del finado Pacífico y de Da. Maclovia Molina, vecina de Las Higuerillas. Fueron testigos Dn. Faraón Flores, casado, de esta parroquia y Da. Nieves Brizuela, viuda de esta parroquia.

Folio 181

Ojeda, Juan Manuel, argentino de Catamarca de 27 años, capatáz, de color regular, con **Goitia, Clarisa**, argentina de 20 años, telera, trigueña. En iglesia parroquial el 9 de diciembre de 1893, siendo testigos de declarantes Nabor Alba y Ángel Adauto, el primero casado, vecino de Potropiana y el segundo casado, vecino de las Lomitas; se casó a Juan Manuel Ojeda h.l. de Próspero y de Ana Rosa Juárez, vecino de Las Cortaderas; con Clarisa Goitia hija natural de Carmen Goitia, vecino de las Lomitas. Fueron testigos Pedro Toledo, soltero y Carmen Magallanes, soltera, vecinos de las Lomitas.

Folio 182

Arévalo, Hilario, argentino de Catamarca de 36 años, labrador, blanco, con **Villalba, Rosario**, argentina de 30 años, costurera, blanca. En la iglesia parroquial el 9 de diciembre de 1893, siendo testigos declarantes Carlos Díaz y Rufino Zurita, el primero casado, vecino de Cañada Cruz y el segundo viudo, vecino de Cañada Cruz; se casó a Hilario Arévalo h.l. de los finado Francisco y Digna Lobo, vecinos de Caña Cruz; con Rosario Villalba hija natural de Antonia Villalba, vecinos de Cañada Cruz. Fueron testigos Pacífico Rodríguez, casado, vecino de esta parroquia y Adela Rodríguez, casada de esta parroquia.

Folio 183

Jiménez, Dn. Audenago, de Catamarca de 23 años, labrador, blanco, con **Cabral, Da. Brígida**, argentina de 18 años, costurera, blanca. En la iglesia parroquial el 18 de diciembre de 1893, siendo testigos declarantes Teófilo Toledo y Tomás Villagra, el primero viudo y el segundo casado; se casó a Dn. Audenago Jiménez, hijo de Dn. Domingo Jiménez y de Da. Bernabela Bulacia, vecino de Los Ortices; con Da. Brígida Cabral h.l. de Dn. Miguel y de Da. Tránsito Magallán, vecinos de Yaco. Fueron testigos Dn. Justo Gonzales casado, vecino de Yaco y Da. Beatriz Magallán casada, vecina de Yaco.

Folio 184

Mercado, Juan de Dios, argentino de Catamarca de 40 años, labrador, trigueño, con **Fernández, María Santos**, argentina de 22 años, costurera, morena. En la iglesia parroquial el 30 de diciembre de 1893, siendo testigos Belisario Jiménez y Peregrino Argañaráz, el primero casado, vecino de Los Ortices y el segundo soltero, vecino de Las Tunas, se casó a Juan de Dios Mercado h.l. en los finados Ildefonso y de Petrona Argañaráz, vecinos de Las Tunas; con María Santos Fernández h.l. del finado Gervasio y de Faustina Mercado, vecino de Las Tunas. Fueron testigos Juan A Leguizamón, casado, vecino de Las Tunas y Carlota de Jesús Mercado, casada, vecina de Las Tunas.

Folio 185

Lobo, Dn. Juan Nicolás, argentino de Catamarca de 30 años, labrador, blanco, con **Arévalo, Da. Tránsito**, argentina de 35 años, telera, blanca. En la iglesia parroquial el 13 de enero de 1894, siendo testigos Lisandro Albarracín y Tomás Villagra, el primero soltero, vecino de Las Higueras y el segundo casado, vecino de esta parroquia; se casó a Dn. Juan Nicolás Lobo h.l. del finado Dn. Francisco a Lobo y de Da. Edefia a Valdéz, vecinos de El Durazno con Da. Tránsito Arévalo h.l. de Dn. Hilario Arévalo y de la finada Da. María del Señor Rodríguez, vecinos de la Huerta. Fueron testigos Dn. Pacífico Rodríguez casado, vecino de esta parroquia y Da. Adela de Rodríguez casada, vecino de esta parroquia.

Folio 186

Quiroga, Miguel, argentino de Catamarca de 36 años, labrador, blanco, con **Jaimes, Clemira**, argentina de 25 años, telera, trigueña. En la iglesia parroquial el 5 de febrero de 1894, siendo testigos declarantes Félix Almaraz y Antonio Garzón, el primero viudo, vecino de Choya, del curato de La Punta y el segundo casado, vecino de Choya del curato de La Punta; se casó a Miguel Quiroga hijo natural de Agustina Quiroga, vecino de Los Morteros; con Clemencia Jaimes h.l. de David Jaimes y de Antonia Gómez, vecino de Los Morteros. Fueron testigos Dn. Félix Ibáñez casado, vecino de Choya y Candelaria Quiroga casada, vecina de Choya.

Folio 187

Aráoz, Juan, argentino de Catamarca de 26 años, labrador moreno, con **Juárez, Eduviges**, argentina de 25 años, costurera, blanca. En la iglesia parroquial el 7 de febrero de 1894, siendo testigos declarantes Agenor Arévalo y Teófilo Toledo, el primero casado de esta parroquia y el segundo viudo de esta parroquia; se casó a Juan Aráoz h.l. de Salomón Aráoz y de la finada María Francisca Páez, vecinos de Tabigasta; con Eduviges Juárez h.l. de los finados Emeterio Juárez y de Dominga Martínez, vecinos de Agua del Sauce. Fueron testigos Juan Lezcano, casado de esta parroquia y Delina Gutiérrez, casada de esta parroquia.

Folio 188

Santillán, José Lino, argentino de Catamarca de 22 años, labrador moreno, con **Zotelo, Clara Rosa**, argentina de 36 años, telera, blanca. En la iglesia parroquial el 5 de febrero de 1894, siendo testigos declarantes José Cevallos y Genaro Macedo, el primero casado de esta parroquia y el segundo soltero del Unquillo, dispensado un impedimento por consanguinidad en tercer grado mixto con cuarto, se casó a José Lino Santillán hijo natural de Eufrasia Santillán, vecinos de Ampolla; con Clara Rosa Zotelo h.l. de los finados Buenaventura Sotelo y Bernardina Jiménez, vecina de Los Ortices. Fueron testigos Gabriel Luna, casado, vecino de El Bañado y Victoria Jiménez casada, vecina de Los Ortiz.

Folio 189

Sosa, Ramón, argentino de Catamarca de 28 años, labrador, trigueño, con **Contreras, María de J.**, argentina 23 años, costurera, trigueña. En la iglesia parroquial el 5 de febrero de 1894, siendo testigos declarante Segundo Leal y Fermín Lobo, el primero soltero, vecino de San Francisco del curato de Graneros y el segundo soltero, vecino de Las Tunas, se casó a Ramón Sosa hijo natural de Claudia Sosa con María de Jesús Contreras h.l. de Fructuoso Contreras y de Ana María Contreras, vecina de Los Altos. Fueron testigos Albertano Mercado soltero, vecino de Los Altos y Encarnación Albarracín, vecina de Huacra.

Folio 190

Leiva, Pablo José, argentino de Catamarca de 25 años, labrador, blanco, con **Rodríguez, Delmira**, argentina de 25 años, costurera, trigueña. En la iglesia parroquial el 5 de marzo de 1894, siendo testigos declarante José Caravajal y Juan P. Quiroga, el primero casado de esta parroquia el segundo casado de La Calera, dispensado el impedimento de consanguinidad en segundo grado, se casó a Pablo José Leiva h.l. del finado Antonio Leiva y de Grimanesa Rodríguez, vecinos de la Calera con Delmira Rodríguez h.l. de Manuel Rodríguez y de Gregoria Zurita, vecinos de La Calera. Fueron testigos Felipe Maidana, casado, vecino de La Puerta y Patrocinia Ledesma casada, vecino de La Puerta de Molle Yaco.

Folio 191

Segura, Genuario, argentino de Catamarca de 26 años, labrador, trigueño, con **Pintos, Benita**, argentina de 30 años, telera, trigueña. En la iglesia parroquial en 5 de marzo de 1894, siendo testigos declarantes Felipe Maidana y Bernardo Flores, el primero casado, vecino de La Puerta y el segundo casado, vecino de Pozo Grande, se casó a Genuario Segura h.l. del finado José León Segura y Diocleciana Segura, vecinos de Pozo Grande con Benita Pintos, h.l. de los finados Francisco Javier Pintos y de María Eduarda Flores, vecinos de la Chilca. Fueron testigos Tristán Pinto, casado, vecino de la Chilca y Segovia Peñaflor, casada, vecina de la Chilca.

Folio 192

Barrientos, Pastor, argentino de Catamarca de 26 años, labrador, trigueño, con **Valdéz, Natividad**, argentina de 25 años, costurera, blanca. En la iglesia parroquial el 5 de marzo de 1894, siendo testigos declarantes Teófilo Toledo y Agenor Arévalo, el primero viudo, de esta parroquia y el segundo casado de esta parroquia; se casó a Pastor Barrientos h.l. de Belisario Barrientos y de María del Señor Lezcano, vecinos de Unquillo; con Natividad Valdéz hija natural de Francisca Valdéz, vecinos de la Huerta. Fueron testigos Liborio Lobo, casado, vecino de los Albarracín y Juana Rizo, casada, vecina de Los Albarracines.

Folio 193

Luján, José A., argentino de Catamarca de 25 años, labrador, de color regular; con **Melián, Leovina**, argentina de 28 años, costurera, blanca. En la iglesia parroquial el 15 de marzo de 1894, siendo testigos declarantes José Brizuela y Miguel Gutiérrez, el primero casado, vecino de Altagracia y el segundo casado, vecino de Altagracia, dispensado el impedimento de afinidad de segundo grado y otro impedimento de consanguinidad en tercer grado, se casó a José Anacleto Luján h.l. del finado José Luis y de Margarita Melián, vecinos de Altagracia; con Leovina Melián h.l. del finado Esteban y de Margarita Rodríguez, y viuda de Tristán Jeréz. Fueron testigos Isidoro Robles, casado, de esta parroquia y Guadalupe Robledo, casada, vecina de Ancamugalla.

Folio 194

Barrera, Juan Anacleto, argentino de Catamarca de 26 años, jornalero, trigueño, con **Cordero, Florentina**, argentina de 24 años, telera, trigueña. En la iglesia parroquial el 2 de abril de 1894, siendo testigos

Venancio Lazo y Tristán Pintos, el primero casado, vecino de Los Morteros y el segundo casado, vecino de Los Morteros; se casó a Juan Anacleto Barrera h.l. de Pedro Barrera y de Lucinda del Carmen Díaz, vecino de los Morteros con Florentina Cordero hija natural de la finada Aurora Cordero, vecino de Los Morteros. Fueron testigos Estanislao Gómez casado, vecino de los Morteros y Diocleciana Gómez, vecina de los Morteros.

Folio 195

Gómez, Dn. Marcos, argentino de Catamarca de 27 años, labrador, de color blanco, con **Herrera, Da. Florinda**, argentina de 25 años, costurera, blanca. En la iglesia parroquial el 2 de abril de 1894, siendo testigo declarantes Ricardo Coria y Zenón Agüero, el primero soltero, vecino de Achalco y el segundo casado, vecino de Achalco, se casó a Dn. Marcos Gómez h.l. de Dn. Pedro Gómez y de Da. Faustina Jeréz, vecino de los Morteros con Da. Florinda Rosa Herrera h.l. de Dn. Juan Ignacio y de Da. Florentina Ledesma, vecinos de Simogasta. Fueron testigos Dn. Custodio Rodríguez casado, vecino de esta parroquia y Da. Diocleciana Gómez, vecina de los Morteros.

Folio 196

Suárez, Dn. Audón de Catamarca de 25 años, de, labrador, trigueño, con **Ojeda, Da. María**, argentina de 23 años, costurera, blanca. En la iglesia parroquial el 4 de abril de 1894, siendo testigos declarante Ramón Agüero y Manuel Tolosa, el primero soltero, vecino de Las Cortaderas en segundo casado, vecino de Las Cortaderas, dispensado un impedimento de consanguinidad en tercer grado; se casó a Dn. Audón Juárez h.l. de Dn. Ángel Juárez y de la finada Da. Ludovina Suárez, vecinos de Las Cortaderas con María Ojeda h.l. de Dn. Cándido Ojeda y de Da. Bernabela Agüero, vecino de Las Cortaderas. Fueron testigos Dn. domingo Suárez, casado, vecino de Las Cortaderas y Da. Asunción Agüero, casada, vecino de Las Cortaderas.

Folio 197

González, Dn. Emilio, argentino de Catamarca de 35 años, criador, blanco, con **Arévalo, Da. Aurora**, argentina de 25 años, costurera, blanca. En la iglesia de Vilismano el 5 de abril de 1894, siendo testigos declarantes Benicio Jeréz y José Brizuela, el primero soltero, vecino de San Jerónimo y el segundo casado vecino de Altagracia, dispensado un impedimento de consanguinidad en tercer grado, se casó a Dn. Emilio González h.l. del finado Dn. Pedro Esteban y de Da. Petrona Cardoso, vecinos de Anjuli, curato de La Paz, con Da. Aurora Arévalo h.l. de Herminio Arévalo y de la finada Da. Benedicta Medina, vecina de Vilismano. Fueron testigos Dn. Victoriano Ferreira casado, vecino de Taco Punco y Da. Manuela Ferreira viuda, vecina de Vilismano.

Folio 198

Agüero, Dn. Abel, argentino de Catamarca de 27 años, labrador, trigueño, con **Castro, Da. Tránsito**, argentina de 24 años, costurera, blanca. En la iglesia parroquial el 14 de abril de 1894, siendo testigos declarantes Manuel A. Zamora y Emilio Barros, el primero casado de esta parroquia el segundo soltero de esta parroquia; se casó a Dn. Abel Agüero h.l. de Dn. Rosario y de Da. Rosa Gómez, vecinos de El Puesto de Gómez; con Da. Tránsito Castro hija natural de Da. Emperatriz Castro, vecina de Las Charcas, del curato rectoral. Fueron testigos Dn. Lisandro Navarro, casado, de esta parroquia y Da. Francisca Segura, casada, de esta parroquia.

Folio 199

Pedraza, Juan R, argentino de Catamarca de 30 años, labrador, trigueño, con **Rodríguez, Rosa**, argentina de 30 años, telera, de color regular. En la iglesia parroquial el 16 de abril de 1894, siendo testigos Félix Juárez y Carlos Díaz, el primero casado, vecino de Las Charcas del rectoral y el segundo casado vecino de Caña Cruz; se casó a Juan R. Pedraza h.l. del finado José Leandro y de Manuela Mancilla, vecino de La Puerta de Moyellaco con Da. Rosa Rodríguez h.l. de los finados Tadeo Rodríguez y Mercedes Luján, vecinos de Caña Cruz, siendo testigos Aniceto Ríos casado, vecino de Caña Cruz y Ramona Burgos casada, vecina de Caña Cruz.

Folio 200

Agüero, Dn. Pedro, argentino de Catamarca de 35 años, criador, trigueño, con **Pacheco, Da. Natividad**, argentina de 30 años, costurera, trigueña. En la iglesia parroquial el 28 de mayo de 1894, siendo testigos declarantes Ramón Rodríguez Jovino Basualdo, el primero casado, vecino de esta parroquia y el segundo casado, vecino de esta parroquia; se casó a Dn. Pedro Agüero h.l. de Dn. Rosario y de Da. Rosa Gómez, vecinos de El Puesto de Gómez; con Da. Natividad Pacheco h.l. de los finados Juan Pacheco y Ubaldina Agüero, vecinos de Guayamba. Fueron testigos Dn. Luis Brandan, casado de esta parroquia y Da. Juana Agüero, soltera, vecina de El Puesto de Gómez.

Libro de Matrimonios N° 9
1894-1902

Dumenes, José con Delgado, Sara
F1: En los Manantiales a 21 de julio de 1894, se casó a **José Dumenes**, italiano, 35 años, comerciante, h.l. de Tomás y de María Virtichi, vecinos de Italia, con **Sara Delgado**, 25 años, costurera, h.n. de Benicia, vecino de los Manantiales. Ts: Servando Gómez y Santos Jeréz.

Contreras, Juan con Coronel, Fructuosa
F2: En El Alto el 10 de julio de 1894, se casó a **Juan Contreras**, 25 años, labrador, h.l. de los finados Juan y Felicitas Díaz, vecino de El Alto, con **Fructuosa Coronel**, 22 años, costurera, h.l. de Fructuoso y Mercedes González, vecina de El Alto. Ts: Regino Granero y Andrea Contreras.

Navarro, Pedro con Bustamante, Ramona
F3: En los Manantiales a 25 de julio de 1894, se casó a **Pedro Navarro**, 32 años, labrador, h.n. de la finada Ramona, vecino de las Cortaderas, con **Ramona Bustamante**, 30 años, costurera, h.l. de los finados Inocencio y Santos Rivadeneira, vecina de El Alto. Ts: Gabriel Ibáñez y María Jiménez.

Díaz, Antonio con Leguizamón, Francisca
F4: En Las Tunas a 20 de agosto de 1894, se casó **Antonio Díaz**, 20 años, labrador, h.l. de Fructuoso y Magdalena Mercado, vecino de Las Tunas, y a **Francisca Leguizamón**, 16 años, costurera, h.l. de Juan Andrés y Luisa González, vecina de Ovanta. Ts: José Luis Castro y Albina Barrientos.

Mercado, Manuel con Silva Rosalía
F5: En Las Tunas a 20 de agosto de 1894, se casó a **Manuel Mercado**, 25 años, labrador, h.n. Exaltación, vecino de Ampolla, con **Rosalía Silva**, 20 años, costurera, h.l. de Reyes y Peregrina Castro, vecina de Las Tunas. Ts: Florentino Collantes y Visitación Mercado.

Díaz, Ángel Segundo con Luna, Clodomira
F6: En Las Tunas a 20 de agosto de 1894, se casó a **Ángel Segundo Díaz**, 27 años, labrador, h.l. Manuel y de la finada Rosa Díaz, vecino de los Manantiales con **Clodomira Luna**, 20 años, costurera, h.l. de los finados Belisario y Filomena Luna, vecina de Amaucala. Ts: Manuel Díaz y Rosa Paz.

Ibáñez, Ramón con Chazarreta, Eloísa
F7: En El Alto el 24 de agosto de 1894, tras dispensarse un impedimento de 3er grado línea colateral, se casó a **Ramón Ibáñez**, 30 años, labrador, h.l. José y María Ibáñez, viudo de la finada Hugolina Mancilla, vecino del Puesto Viejo, con **Eloísa Chazarreta**, 19 años, h.l. de Agustín y de Eufrasia Páez, vecino del Puestito. Ts: Pacífico Rodríguez y Adela Gómez.

Herrera, Norabel con Ortega, Balbina
F8: En El Alto el 1 de septiembre de 1894, se casó a **Norabel Herrera**, 35 años, labrador, h.l. de Norberto y Simona Ibáñez, vecino de los Pocitos, con **Balbina Ortega**, 25 años, costurera, h.n de Pacífica, vecina de los Pocitos. Ts: Francisco A. Ibáñez y Anunciación Leguizamón.

Leiva, Gabriel con Pérez, Cesárea
F9: En El Alto el 14 de septiembre de 1894, habiendo resultado impedimento de consanguinidad del que se obtuvo previamente dispensa, se casó a **Gabriel Leiva**, 46 años, labrador, h.n. de Nazaria, vecino de Iloga, con **Cesárea Pérez**, 30 años, costurera, vecina de Iloga, h.l. Antonio y Nieves Suárez. Ts: Facundo Ibáñez y su esposa.

Albarracín, Ceferino con Rizo, María del Señor
F10: En El Alto el 14 de septiembre de 1894, tras dispensarse un impedimento de afinidad, se casó a **Ceferino Albarracín**, 50 años, labrador, h. del finado Albarracín y de Celestina Gómez, vecino de Guayamba, con **María del Señor Rizo**, 24 años, costurera, h.l. de Laurencio y Rosa Gómez, vecina del Durazno. Ts: Andrónico Cisneros y Pastora Zurita.

Ibáñez, Sigfrido con Cárdenas, Eulalia
F11: En Las Cañas a 15 de septiembre de 1894, se casó a **Sigfrido Ibáñez**, 26 años, criador, h.l. de Asensio y de Hugolina Rosales, vecino de Ovanta, con **Eulalia Cárdenas**, 40 años, costurera, viuda de Celestino Páez, h.n. de Asunción, vecina de Ovanta. Ts: Belarmino Luna y Carolina Coronel.

González, Isaías con Fernández, Leovigilda
F12: En Las Cañas a 18 de septiembre de 1894, se casó a **Isaías González**, h.l. del finado Daniel y de Juana Luna, vecino Ovanta, con **Leovigilda Fernández**, h.l. de Hilaria y de la finada Juana González, vecina de Ovanta. Ts: Belisario Rosales y su señora.

Jeréz, Dn. Benicio con Jeréz, Da. Paula
F13: En Vilismano a 28 de enero de 1895, tras dispensarse un impedimento en tercer grado línea colateral igual, se casó a Dn. **Benicio Jeréz**, 39 años, labrador, con Da. **Paula Jeréz**, hija de (en blanco). Ts: Dn. Felipe Cejas y su esposa Da. Paulina Jeréz, 25 años, costurera.

Luján, Benedicto con Agüero, Eusebia
F14: En Vilismano a 2 de febrero de 1895, se casó a **Benedicto Luján**, 42 años, labrador, h.l. de los finados Miguel y Francisca, con **Eusebia Agüero**, 40 años, criadora, h.l. de los finados Ponciano y Rosa Cornejo, vecino de Vilismano. Ts: Dn. Javier Rodríguez y Da. Froilana M. de Quiroga.

Valdéz, José Agustín con Navarro, Dalinda
F15: En El Alto el 15 de febrero de 1895, no habiendo resultado impedimento alguno, como consta en el acta de información de testigos, se casó **José Agustín Valdéz**, 26 años, labrador, h.l. de los finados Inocencio y María Vázquez, vecino de El Alto, con **Dalinda Navarro**, 31 años, h.n. de Dalmira. Ts: Félix Arévalo y su esposa Rosenda Villalba.

Rodríguez, Plácido con Rodríguez, Ascensión
F16: En El Alto el 18 de febrero de 1895, no habiendo resultado impedimento alguno, como consta en el acta de información de testigos, se casó a **Plácido Rodríguez**, labrador, viudo, vecino de Tintigasta, con **Ascensión Rodríguez**, 40 años, h.l. de los finados Cornelio y Mercedes Burgos, vecinos que fueron de Tucumán. Ts: Moisés Rodríguez y Da. Antonia Rodríguez.

Burgos, Ramón con Márquez, Elisea
F17: En El Alto el 20 de febrero de 1895, se casó a **Ramón Burgos**, 23 años, labrador, h.l. de Francisco y Bernabela Moya, con **Elisea Márquez**, 17 años, h.l. de Ramón Rosa y Josefa Lema. Ts: José Cevallos y su esposa Felisa Márquez.

Cantos, Pablo con Páez, Ángela
F18: En El Alto el 20 de febrero de 1895, se casó a **Pablo Cantos**, 35 años, labrador, h.l de los finados Gerónimo y Santos Salas, vecino de La Rioja, con **Ángela Páez**, 30 años, h.l. del finado Aquilino y de Manuela Erazú, vecina de La Rioja. Ts. Dn. Francisco Gómez y Da. Waldina Gómez.

Morales, Dn. Alejandro con Hernández, Da. Benjamina
F19: En El Alto el 20 de febrero de 1895, tras dispensarse impedimento de consanguinidad en cuarto grado línea colateral igual, se casó a Dn. **Alejandro Morales**, 19 años, criador, h.n. Da. Magdalena, con Da. **Benjamina Hernández**, 17 años, h.l. de Dn. Pedro y Crescencia Márquez. Ts: Dn. Miguel Flores y Da. Clara Ahumada.

Ledesma, Espiridión con Collantes, Da. Ercilia
F20: En El Alto el 24 de abril de 1895, se casó a **Espiridión Ledesma**, 40 años, criador, h.n. de la finada Indalecia, vecinos de Ovanta, y a Da. **Ercilia Collantes**, 40 años, costurera, h.l. de los finados Félix Rosa y Bernarda Mercado, vecina de Ampolla. Ts. Dn. Ramón R. Espíndola y Da. Teresa Palacios.

Arancibia, Dn. José con Rodríguez, Da. Dolores
F21: En El Alto a 24 de abril de 1895, se casó a Dn. **José Arancibia**, 32 años, labrador, h.l. de los finados Eleuterio y Pabla Rizo, vecino del Durazno, y a Da. **Dolores Rodríguez**, 22 años, costurera, h.l. de Bautista y Ceferino Romero, vecina del Puesto de Gómez. Ts: Rufino Rizo y Carmen Altamirana.

Macedo, Genaro con Collantes, Da. Arsenia
F22: En El Alto el 24 de abril de 1895, se casó a **Genaro Macedo**, 26 años, labrador, h.l. de los finados José y María Ovejero, vecinos de Unquillo, y a Da. **Arsenia Collantes**, 30 años, costurera, h.l. de Florentino y de la finada Francisca Barrientos, vecina de Las Tunas. Ts: Dn. Pacífico Rodríguez y Da. Adela Rodríguez.

Rodríguez, Ramón con Nieva, Ramona
F23: En Los Manantiales a 21 de abril de 1895, se casó a **Ramón Rodríguez**, 25 años, labrador, de los finados Vicente y Francisca Aredes, vecino de Ancasti, y a **Ramona Nieva**, 22 años, costurera, h.n. de Bartolina, vecina de Alijilán. Ts: Manuel A. Díaz y Rosa Valdéz.

Reinoso, José M. con Reinoso, Crescencia
F24: En Los Manantiales a 21 de abril de 1895, se casó a **José M. Reinoso**, 35 años, labrador, h.n. de Antonia, vecina de Alijilán, y a **Crescencia Reinoso**, 23 años, telera, h.n. de Delfina y viuda de Benedicto Reinoso, vecina de Alijilán. Ts: Miguel Medina y Natividad Páez.

Díaz, Francisco Solano con Contreras, Carolina
F25: En Los Manantiales a 21 de abril de 1895, se casó a **Francisco Solano Díaz**, 27 años, labrador, h.n. de Solana, vecino de El Alto, y a **Carolina Contreras**, 35 años, costurera, h.l. de Fructuoso y Ana M. Contreras, vecina de El Alto. Ts: Juan A. Jeréz y Ascensión C. de Vega.

Rodríguez, Ramón con Guerrero, Indamira
F26: En Los Manantiales a 21 de abril de 1895, se casó **Ramón Rodríguez**, labrador, h.n. de Candelaria, viudo de la finada Consolación Páez, vecino de Alijilán, y a **Indamira Guerrero**, costurera, h.n de Saturnina, vecina de Alijilán. Ts: Dn. Servando Gómez y Da. Catalina E. de Gómez.

Rosales, Juan Jesús con Díaz, Bonifacia
F27: En Los Manantiales a 21 de abril de 1895, se casó a **Juan Jesús Rosales**, mayor de edad, labrador, h.l. del finado Pedro y de María del Tránsito Leguizamón, vecino del Potrero, y a **Bonifacia Díaz**, mayor de edad, costurera, h.l. del finado Benigno y Rosa Díaz, viuda de Jesús Sobremonte, vecina del Manantial. Ts: Juan B. Ortiz y Cledovia Leguizamón.

Robledo, Dn. José con Gómez, Da. María N.
F28: En su casa 24 de abril de 1895, tras dispensarse un impedimento de consanguinidad en segundo grado, se casó a Dn. **José Robledo**, 26 años, criador, h.l. de Dn. David Robledo y Da. Hugolina Gómez, vecino de Yaquicho, y a Da. **María N. Gómez**, 27 años, trabajos domésticos, h.l. de Dn. Medardo y de Da. (en blanco), vecinos de (en blanco). Ts: Dn. Medardo Gómez y Da. Rosa Gómez.

Ojeda, Segundo con Agüero, Rosario
F29: En El Alto el 27 de abril de 1895, se casó a **Segundo Ojeda**, 30 años, jornalero, h.l. de los finados Calixto y Ángela Barrientos, vecino de El Alto, y a **Rosario Agüero**, 22 años, costurera, h.l. Rafael y de la finada María Falcón. Ts: Bonifacio Gramajo y Da. Adela de Rodríguez.

Quiroga, Belisario con Carrizo, Delfina
F30: En El Alto el 27 de abril de 1895, se casó a **Belisario Quiroga**, 22 años, abastecedor, h.n. de la finada Felipe, vecina de Alijilán, y a **Delfina Carrizo**, 23 años, costurera, h.n. de Belisaria, Alijilán. Ts: Ramón … y Beatriz Quiroga.

Medina, Dn. Pedro con Gutiérrez, Da. Tránsito
F31: En El Alto el 15 de julio de 1895, se casó Dn. **Pedro Medina**, labrador, h.l. de Daniel e Isidora González, vecino de Vilismano, y a Da. **Tránsito Gutiérrez**, costurera, h.n. de Clementina. Ts: Dn. Plácido Rodríguez y Da. Adela Suasnabar de Rodríguez.

Ibáñez, Dn. Fermín con Tolosa, María S.
F32: En Vilismano a 22 de julio de 1895, se casó a Dn. **Fermín Ibáñez**, criador, h.l. de Ramón y Secundina Cardoso, y a **María S. Tolosa**, costurera, h.l. de Julián y Mercedes Laredo, vecina de la Cañada. Ts: Dn. Nicolás Montes y Da. Margarita Ibáñez.

Tolosa, Dn. Teófilo con Rodríguez, Da. Mónica
F33: En Vilismano a 28 de julio de 1895, se casó a Dn. **Teófilo Tolosa**, labrador, y a Da. **Mónica Rodríguez**, costurera. Ts: Dn. Julio Charriol y Da. Beatriz S. de Charriol.

Márquez, Ramón P. con Hernández, Estanislada
F34: En Vilismano a 1 de agosto de 1895, se casó a **Ramón P. Márquez**, jornalero, h.l. de Ramón R., vecino de Sucuma, y a **Estanislada Hernández**, costurera, vecina de Unquillo. Ts: Dn. N. Quiroga y Da. Petronila de Arévalo.

Ávila, Reimundo con Álvarez, Regina
F35: En Vilismano a 2 de agosto de 1895, se casó a **Reimundo Ávila** y **Regina Álvarez**. Ts: Nicolás Arévalo y Silveria de Arévalo.

Luna, Ángel con Pedraza, María A.
F36: En Vilismano a 4 de agosto de 1895, se casó a **Ángel Luna**, labrador, h.l. de los finados Ángel y Micaela Heredia, y a **María A. Pedraza**, telera, h.l. de los finados Bailón y Hermenegilda Lazo. Ts: Eleuterio Páez y Celestina Díaz.

Córdoba, Domingo con Rodríguez, Rosa
F37: En El Alto el 18 de septiembre de 1895, se casó a **Domingo Córdoba**, 22 años, labrador, h.n. de María, vecino de Catamarca, y a **Rosa Rodríguez**, 25 años, costurera, h.l. del finado Eliseo y Luisa Salazar, Guayamba. Ts: Dn. Luis J. Brandán y Da. María Brandán.

Rodríguez, Dn. Eliseo con Rizo, Da. Martina
F38: En El Alto el 18 de septiembre de 1895, se casó a Dn. **Eliseo Rodríguez**, 28 años, labrador, h.l. del finado Eliseo y Luisa Salazar, Guayamba, y a Da. **Martina Rizo**, 25 años, costurera, h.l. de los finados Narciso y Baldomera Ahumada. Ts: Fabio Pacheco y Zoila Rizo.

Brum, Juan con Lobo, María
F39: En El Alto el 18 de septiembre de 1895, se casó a **Juan Brum**, natural de Londres, Inglaterra, 69 años, albañil, h.l. de Juan y de Ana ¿Morne?, y a **María Lobo**, 42 años, lavandera, h.l. de Jacobo y Tránsito Brizuela, vecina de Rama Corral. Ts: Dn. Luis J. Brandán y Da. María Brandán.

Millas, Maximiliano con Garay, Mercedes
F40: En El Alto el 18 de septiembre de 1895, se casó a **Maximiliano Millas**, natural de la Serena, Chile, 29 años, jornalero, h.l. de Félix y de la finada Mercedes Arias, y a **María Garay**, 20 años, costurera, h.n. de Segunda, vecina de la Higuerita. Ts: Dn. Bonifacio Gramajo y Da. Octavia Saavedra.

Arévalo, José N. con Carrizo, Adelina
F41: En El Alto el 18 de septiembre de 1895, se casó a **José N. Arévalo**, 22 años, labrador, h.l. de Andrés y de Serafina Arévalo, vecino de Tintigasta, y a **Adelina Carrizo**, 20 años, costurera, h.n. de Rosa, vecina de Tintigasta. Ts: Dn. Pacífico Rodríguez y Da. Adela Suasnabar.

Gramajo, Dn. Wenceslao con Rojas, Da. Amelia
F42: En El Alto el 20 de septiembre de 1895, tras dispensarse dos impedimentos de consanguinidad en tercer grado igual, se casó a Dn. **Wenceslao Gramajo**, 22 años, labrador, h.l. del finado Dn. Wenceslao y Da. Petrona Saavedra, vecino de la Cañada, y a Da. **Amelia Rojas**, 23 años, costurera, h.l. Dn. Pedro Rojas y de la finada Da. Francisca Márquez, vecina de la Higuerita. Ts: Dn. Bonifacio Gramajo y Da. Octavia Saavedra. Levantaron información matrimonial el 12 de setiembre 1895.
Causales: 1. Por ser huérfana de padre y que hace muchos años está abandonada por el padre, 2. Que en permanencia en casa vecina de la de él, y que hasta ahora no ha habido nada, puede la proximidad hacerles cometer un desliz, 3. Que está llegando a mayor de edad y no ha encontrado otra propuesta conveniente.

Lobo, Zoilo con Centeno, Da. Martina
F43: En El Alto el 8 de septiembre de 1896, se casó a **Zoilo Lobo**, 22 años, labrador, h.l. de Avelino y de la finada Ramona Tejeda, vecino de Ancasti, y a Da. **Martina Centeno**, 28 años, costurera, h.n. de Rosario, vecina del Arroyito. Ts: José Brizuela y Ubaldina Luján.

Juárez, Juan B. con Ledesma, Estanislada Rosa
F44: En El Alto el 8 de septiembre de 1896, se casó a **Juan B. Juárez**, 22 años, labrador, h.l. de Manuel y de la finada Josefa Ledesma, vecino de Achalco y a **Estanislada Rosa Ledesma**, 16 años, costurera, h.l. del finado Crisanto y Espíritu Lobo, vecina de Achalco. Ts: Crisanto Barrera y Juana Barrera.

Agüero, Isidoro con Hernández, Corina
F45: En El Alto el 10 de septiembre de 1896, se casó a **Isidoro Agüero**, 22 años, labrador, h.l. del finado Isidoro y de Narcisa Dorado, vecino de Collagasta, y a **Corina Hernández**, 25 años, telera, h.l. del finado Juan Miguel y de Manuela Córdoba, vecina de Collagasta. Ts: Mardoqueo Gutiérrez y Manuela Gramajo.

Vega, Dn. Fidel con Robledo, Da. Guadalupe
F46: En El Alto el 11 de septiembre de 1896, se casó a Dn. **Fidel Vega**, 26 años, profesión "ninguna", h.l. de Dn. Víctor y de la finada Carolina Pacheco, vecino de Vilismano, y a Da. **Guadalupe Robledo**, 37 años, costurera, h.l. de Dn. José Manuel y de Da. Concepción Alanis. Ts: Benicio Jeréz y Pabla Jeréz.

Segura, Pedro A. con Burgos, Teodovina
F47: En El Alto el 11 de septiembre de 1896, se casó a **Pedro A. Segura**, 24 años, labrador, h.l. del finado Moisés y María Laso, vecino del Pozo Grande, y a **Teodovina Burgos**, 19 años, costurera, h.l. de Juan Francisco y Zoila Cevallos. Ts: Dn. Luis J. Brandán y Da. María Brandán.

Varela, Dn. Luis con Segura, Da. Teresa
F48: En El Alto el 11 de septiembre de 1896, se casó a Dn. **Luis Varela**, institutriz, h.l. de los finados Dn. Andrés y Da. Clotilde Zurita, y a Da. **Teresa Segura**, 33 años, costurera, h.l. de los finados Dn. José y Da. Sandalia Suasnabar. Ts: Dn. Bonifacio Gramajo y Da. Octavia Saavedra.

Pacheco, Dn. Ángel, con Gómez, Da. Francisca
F49: En El Alto el 11 de septiembre de 1896, se casó a Dn. **Ángel C. Pacheco**, 41 años, labrador, h.l. de Juan y Da. Waldina Agüero, y a Da. **Francisca Gómez**, 17 años costurera, h.l. de los finados Dn. Servando Gómez y Da. Zoila Rizo.

Rosales, Juan con Acosta, Ramona Rosa
F50: En El Alto el 11 de noviembre de 1896, se casó a **Juan C. Rosales**, 28 años, labrador, h.n. de Francisca Rosales, vecino de los Corrales, y a **Ramona Rosa Acosta**, 25, costurera, h.l. de Pedro y de Rosa Zurita, vecina de los Corrales. Ts: Pacífico Rodríguez y Adela Suasnabar.

Gutiérrez, Lisandro con Díaz, María E.
F51: En El Alto el 12 de noviembre de 1896, se casó a **Lisandro Gutiérrez**, 32 años, labrador, h.l. Ramón y de la finada Elisea Reyes, vecino de Guayamba, y a **María E. Díaz**, 22 años, costurera, h.l. José N. y de

Petrona Argañaráz, vecina de Las Tunas. Ts: Dn. David S. Sierra y Da. Dolores Ovejero.

Ojeda, Ceferino con Robles, Raquel
F52: En El Alto el 11 de noviembre de 1896, tras dispensarse un impedimento de consanguinidad, se casó a **Ceferino Ojeda**, 28 años, labrador, h.n de Benicia, vecino de El Alto, y a **Raquel Robles**, costurera, h.n de Zelanda, vecina de El Alto. Ts: Miguel Flores y Andrea Almaráz. Levantaron información matrimonial el 28 de agosto de 1896. Se aclara que el impedimento es de tercer grado simple de la línea colateral por la madre del pretendiente prima hermana de la madre de la pretendida, además agrega que es viuda de Nilamón ¿Roca?

Causales: 1. Por ser ella viuda y sumamente pobre, que le es imposible sostener a su familia, 2. Por haber tenido con ella comercio ilícito por lo que le resulta hallarse en cintas, declarando no haber hecho esto, sino por el gran amor que se profesan y no obtener las dispensas por este medio, 3. Por el deber que tiene de legitimar la prole pues la señora es honrada para el público.

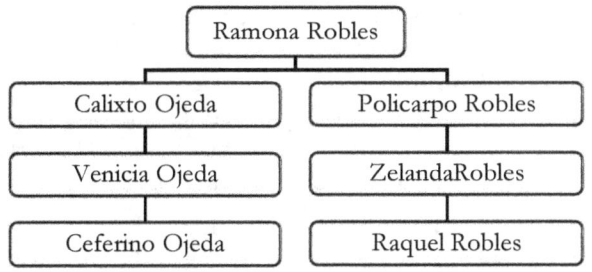

Gutiérrez, Dn. Ramón con Farías, Gregoria
F53: En El Alto el 12 de diciembre de 1896, se casó a Dn. **Ramón R. Gutiérrez**, 28 años, labrador, h.l. Dn. Ramón y de la finada Da. Elisea Reyes, vecino de Guayamba, y a Da. **Gregoria Farías**, 36 años, costurera, h.n. de Susana, vecina de Buenos Aires. Ts: Dn. Pedro Barrientos y Da. Francisca Albarracín.

Cornejo, Adolfo, con Domínguez, Domingo
F54: En El Alto el 25 de diciembre de 1898, se casó a **Adolfo Cornejo**, h.l. de Baudilio y de ¿Rosa? Quiroga, vecino de Chañar Laguna, y a **Dominga Domínguez**, h.n. de la finada Maclovia, vecina de Huaico Hondo. Ts: David. S. Sierra y Da. Secundina M. de Valdéz.

Barrientos, Román P. con Robles, Dominga
F55: En El Alto el 16 de enero de 1899, se casó a **Román P. Barrientos**, h.l. del finado Luis, vecino de El Alto y a **Dominga Robles**, h.l. de Estratón, vecina de El Alto. Ts: Dn. Lisandro Navarro y Da. Francisca L. Navarro.

Salvatierra, Manuel con Vega, Juliana
F56: En La Quebrada a 22 de enero de 1899, se casó a **Manuel Salvatierra** con **Juliana Vega**, costurera, que ya habían sido casados por el cura vicario, vecinos de Achalco. Ts: Benedicto Nieva y su señora Consolación Peralta.

Ocón, Domingo de Jesús con Lazo, María Francisca
F57: En La Quebrada a 23 de enero de 1899, se casó a **Domingo de Jesús Ocón**, de las Casas Viejas y a **María Francisca Lazo**, vecina de la Quebrada Honda. Ts: Dn. José Caravajal y su señora Estefanía Argañaráz.

Quiroga, José con Lobo, Delina Rosa
F58: En La Quebrada a 28 de enero de 1899, se casó a **José C. Quiroga** y a **Delina Rosa Lobo**. Ts: Basilio Álvarez e Isabel Agüero.

Mercado, Félix R. con Jiménez, María del Señor
F59: En Las Cañas a 3 de febrero de 1899, se casó a **Félix R. Mercado**, 29 años, labrador, h.n de Hermenegilda, vecino de Ampolla, y a **María del Señor Jiménez**, 20 años, costurera, h.l. Juan de la Cruz y Ercilia Collantes, vecino de Ampolla. Ts: Salustiano Ibáñez y Asunción Sosa.

Cárdenas, Segundo con Delgado, Clara Rosa
F60: En Las Cañas a 5 de febrero de 1899, se casó a **Segundo Cárdenas**, hijo de (en blanco), y a **Clara Rosa Delgado**, hija de (en blanco). Ts: Desiderio González y Mercedes Ibáñez.

Chávez, Ramón Ignacio con González, María del Señor
F61: En Las Cañas a 17 de febrero de 1899, se casó a **Ramón Ignacio Chávez**, h.l. del finado Ramón y Petrona Reinoso, vecino de Alijilán y a **María del Señor González**, h.l. del finado Domingo y de Eusebia Duarte, vecina de Lavalle. Ts: Daniel Bulacia y Baldomera Carrizo.

Arévalo, Delicio con Reinoso, Florinda
F62: En El Alto el 11 de febrero de 1899, se casó a **Delicio Arévalo**, h.l. de Ángel P., vecino de El Alto y a **Florinda Reinoso**, h.l. de (figura la marca de "Miguel", pero está borrado) y de (en blanco). Ts: Dn. Pacífico Rodríguez y Da. Adela Suasnabar.

Ovejero, José con Gutiérrez, Ramona
F63: En El Alto el 2 de marzo de 1899, se casó a **José C. Ovejero**, h.n. de la finada ¿R.?, vecino de los Albarracines, y a **Ramona Gutiérrez**, h.l. Miguel y de Peregrina Luján, vecina de Alta Gracia. Ts: José Brizuela y Da. Waldina Luján.

Ávila, Abel con Tolosa, Dominga
F64: En El Alto el 00 de abril de 1899, se casó a **Abel Ávila**, hijo de (en blanco), y a **Dominga Tolosa**, hija de (en blanco). Ts: Emidio Arévalo y Brígida Cejas.

Vega, Cantalicio con Barrientos, Jesús
F65: En El Alto el 1 de mayo de 1899, se casó a **Cantalicio Vega**, h.l. de Agustín y de Jesús Arancibia, y a **Jesús Barrientos**, h.l. del finado Domingo y de Emilia Carrizo, vecina del Puesto. Ts: no constan.

Gramajo, Agenor con Robles, Mercedes
F66: En El Alto el 8 de junio de 1899, se casó a **Agenor Gramajo**, h.n. de la finada Peregrina Vera, y a **Mercedes Robles**, h.n. Clemira. Ts: Cicerón Sierra y Da. Peregrina Ahumada.

Rivera, Román con Arias, Clara
F67: En El Alto el 9 de junio de 1899 En El Alto, se casó a **Román Rivera**, h.n. de Jesús Rivera, ya finada (o finado), y a **¿Clara? Arias**, h.l. del finado Martín J. y de Matilde Cisneros. Ts: Zenón Jeréz y Dalinda Gutiérrez de Jeréz.

Ibáñez, Clara con Navarro, Petrona
F68: En El Alto el 12 de agosto de 1899, se casó a **Peregrino Ibáñez**, h.n de Pacífica, y a **¿Petrona? Navarro**, h.n de la finada Anunciación. Ts: Abel Ovejero e Isabel de Ovejero.

Olmos, Juan con Arévalo, Fabiola
F69: En El Alto el 14 de agosto de 1899, se casó a **Juan Olmos**, h.l. de Faustino y de la finada (en blanco), vecino de El Alto, y a **Fabiola Arévalo**, h.l. de los finados Ramón A. y Corazón Gómez, vecina de los Pozos. Ts: Ramón P. Agüero y María I. Cabral.

Nieva, Luis con Márquez, María D.
F70: En El Alto el 13 de octubre de 1899, se casó a **Luis Nieva**, h.n de Trinidad, y a **María Dn. Márquez**, h.l. Ramón y Encarnación Pérez, vecina de El Alto. Ts: Dn. Pacífico Rodríguez y Adela de Rodríguez.

Juárez, Ventura con Luna, Luisa
F71: En El Alto el 13 de octubre de 1899, se casó a **Ventura Juárez**, 23 años, jornalero, h.l. de los finados Emeterio y Dominga Martínez, vecino de Agua del Sauce, y a **Luisa Luna**. 22 años, costurera, h.l. de los finados Avelino y Benicia Cabral. Ts: Juan N. Juárez y Cruz Almaráz.

Toledo, Teófilo con Castro, Dolores
F72: En El Alto el 18 de octubre de 1899, se casó a **Teófilo Toledo**, 27 años, labrador, h.l. de Teófilo y Dominga García, vecino de El Alto, y a **Dolores Castro**, 18 años, costurera, h.l. de Abdón y Dolores Jeréz, vecina de Alta Gracia. Ts: Dn. Pacífico Rodríguez y Da. Adela de Rodríguez.

Lobo, Juan con Albarracín, Dominga
F73: En El Alto el 18 de octubre de 1899, se casó a **Juan Lobo**, 22 años, criador, h.l. José y Virginia Lobo, vecino de las Lomitas, y a **Dominga Albarracín**, 21 años, costurera, h.n. Antonia Albarracín. Ts: Abdénago Magallán y Francisca Brizuela.

Pérez, José con Guerreros, Lorenzo
F74: En El Alto el 18 de octubre de 1899, se casó a **José Pérez** ("Juan" en texto al margen), 30 años, labrador, hijo adoptivo de Bonifacio Suárez, vecino de Tucumán, y a **Lorenza Guerreros**, 30 años, costurera, h.l. del finado Francisco y Clementina Collantes, vecina de los Ortices. Ts: Dn. Abel Ovejero e Isabel Brizuela de Ovejero.

Molina, Eusebio con Castro, Lina
F75: En El Alto el 18 de octubre de 1899, se casó a **Eusebio Molina**, 23 años, jornalero, de la provincia de La Rioja, h.n. de Polonia Molina, vecinos de San Lorenzo, P. de S., y a **Lina Castro**, 30 años, costurera, h.n. de Olegaria, vecina de las Cuestecillas. Ts: Gregorio Cerezo y Rita N.

Romano, Cayetano con Gómez, Leovigilda
F76: En El Alto el 18 de octubre de 1899, se casó a **Cayetano Romano**, 23 años, jornalero, h.n. de Bárbara Valdéz, vecino de La Rioja, y a **Leovigilda Gómez**, 23 años, costurera, h.n. de Josefa, vecina de la Higuerita. Ts: Pedro M. Ojeda y Filomena Carrizo.

Maidana, Daniel con Mansilla, Daniel
F77: En El Alto el 20 de octubre de 1899, se casó a **Daniel Maidana**, 27 años, labrador, h.l. de Salvador y Anselma Arias, vecino de la P. de Molle Yaco, y a **Carmen Mansilla**, 18 años, costurera, h.l. Cruz y de Cándida Pacheco, vecina de la P. de Molle Yaco. Ts: Abel Ovejero e Isabel Brizuela de Ovejero.

Hernández, Eudoro con Albarracín, Honorata
F78: En El Alto el 20 de octubre de 1899, se casó a **Eudoro Hernández**, 26 años, labrador, h.l. de Juan y de Ángela Córdoba, vecino de Cuesta Vieja, y a **Honorata Albarracín**, 27 años, costurera, h.l. de López Albarracín (sic) y de Francisca Pacheco, vecina de las Higueras Grandes. Ts: Pedro Altamirana y Nieves Burgos de Altamirana.

Martínez, Nabor con Alisa, Ibáñez
F79: En El Alto el 20 de octubre de 1899, se casó a **Nabor Martínez**, 23 años, labrador, h.n. de Gregoria, vecino del Manantial y a **Alisa Ibáñez**, 23 años, costurera, vecina del Manantial. Ts: Gabriel Barrientos y Abigail de Barrientos.

Juárez, Perfiterio con Quiroga, Antonia

F80: En El Alto 28 de octubre de 1899, se casó a **Perfiterio Juárez**, h.l. de Gregorio y Luisa Vallejo, vecino de las Cortaderas, y a **Antonia Quiroga**, h.l. del finado Ramón Rosa y de Eduviges Díaz, vecina de las Cortaderas. Ts: Manuel Tolosa y su esposa.

Quiroga, Simón con Juárez, Balbina

F81: En El Alto el 28 de octubre de 1899, se casó a **Simón Quiroga**, h.l. del finado Ramón Rosa y de Eduviges Díaz, vecina de las Cortaderas, y a **Balbina Juárez**, h.l. de Gregorio y Luisa Vallejo, vecino de las Cortaderas. Ts: Abel Ovejero e Isabel Barrientos

Juárez, Domingo con Lobo, Juana

F82: En El Alto el 28 de octubre de 1899, se casó a **Domingo Juárez**, 50 años, labrador, h.n. de Susana, vecino de Achalco y a **Juana Lobo**, 50 años, costurera, h.l. de Rosendo Lobo y Josefa Vega, vecina de Achalco. Ts: Narciso Barrientos.

Medina, Dn. Agenor con Ontivero, Da. Gliceria

F83: En El Alto el 5 de noviembre de 1899, se casó a Dn. **Agenor Medina**, 22 años, criador, h.l. de Dn. Miguel, vecino del Manantial, y a Da. **Gliceria Ontivero**, 22 años, costurera, Dn. Ramón y Natividad Montenegro, vecina del Manantial. Ts: Esteban Andrada y Estefanía Barrera.

Albarracín, Pedro con Aráoz, Salomé

F84: En El Alto el 6 de noviembre de 1899, se casó a **Pedro Albarracín**, 26 años, labrador, h.l. de Pedro A., vecino de los Algarrobos Negros, y a **Salomé Aráoz**, 28 años, costurera, h.l. de Salomón y Atanasia Pérez, vecina de Tintigasta. Ts: Mateo Espeche y Deidamia Agüero.

Rosales, Lindor con Castro, Liberata

F85: En Las Tunas a 8 de noviembre de 1899, se casó a **Lindor Rosales** y a **Liberata Castro**. Ts: Ildefonso Mercado y Trinidad Varela. Ts: no constan.

González, Isidoro con Luna, Isabel

F86: En Las Tunas a 10 de noviembre de 1899 En Las Tunas, se casó a **Isidoro González**, labrador, h.n. de la finada Rosario, vecino de Ovanta, y a **Isabel Luna**, h.n. de la finada Viviana, vecina de Ovanta.

Caravajal, Carmen con Collantes, Rosalía

F87: En Las Tunas a 10 de noviembre de 1899, se casó a **Carmen Caravajal**, labrador, h.l. del finado Celestino y Beatriz Cevallos, vecino del Talarcito, y a **Rosalía Collantes**, h.n. de Gerónima, vecina del Bañado. Ts: no constan.

Caravajal, Lisandro con Reinoso, Eduarda

F88: En Las Tunas a 10 de noviembre de 1899, se casó a **Lisandro Caravajal**, labrador, h.l. del finado Celestino y Beatriz Cevallos, vecino del Talarcito, y a **Eduarda Reinoso**, h.l. de Daniel y Ruperta Peralta, vecina del Talarcito. Ts: no constan.

Quiroga, Andrés J. con Mercado, Ramona

F89: En Las Tunas a 10 de noviembre de 1899, se casó a **Andrés J. Quiroga**, labrador, h.l. del finado Ricardo y de María Nieves Luna, vecino de Amaucala, y a **Ramona Mercado**, costurera, h.n. de Virginia, vecina de Ampolla. Ts: Abelardo Luna y Nieves G. de Plaza.

Escasuso, Avelino con Collantes, Clementina

F90: En Las Tunas a 10 de noviembre de 1899, se casó a **Avelino Escasuso**, criador, h.l. de los finados Domiciano y Maximina, vecino de Las Tunas, y a **Clementina Collantes**, costurera, h.l. del finado José y de Felipa Lezcano, vecina de Ampolla. Ts: Cornelio Argañaráz y Luisa Rosales.

Leguizamón, Luis con Albornoz, Avelina

F91: En Las Tunas a 10 de noviembre de 1899, se casó a **Luis Leguizamón**, h.l. del finado Cirilo y de Antonina Rosales, vecino de Ovanta y a **Avelina Albornoz**, h.n. de Eustaquia. Ts: no constan.

Ojeda, Dn. Samuel con Ponce, Francisca

F92: En Las Tunas a 15 de agosto de 1870, se casó a Dn. **Samuel Ojeda**, h.l. Ignacio y de Cristina Suárez, vecino de las Cortaderas, y a **Francisca Ponce**, h.l. de Pedro y Rosa Suárez, vecina de las Cortaderas. Ts. Enrique Aranda y Jacoba de Aranda. (Nota al margen superior: "partida extraviada del año 1870 por cuya razón se ha apuntado en el año 1899").

Villafañe, Ramón con Quiroga, Zoila

F93: En El Alto el 8 de enero de 1900, se casó a **Ramón Villafañe**, 24 años, jornalero, h.n. de Avelina, vecino del Puesto de Molle Yaco, y a **Zoila Quiroga**, 19 años, costurera. Ts: Manuel Mansilla y María Antonia Páez.

Argañaráz, Mauricio con Dulce, Raquel

F94: En Las Tunas a 17 de enero de 1900, se casó a **Mauricio Argañaráz**, 25 años, jornalero, h.l. del finado Mardoqueo y de Nazaria Suárez, vecino de Monte Redondo, y a **Raquel Dulce**, 18 años, costurera, h.n. de Ramona. Ts: José Robledo y Nominanda Gómez.

Sánchez, Ambrosio con Ramírez, Rosa

F95: En Las Tunas a 18 de enero de 1900, se casó a **Ambrosio Sánchez**, 68 años, jornalero, h.n. de Severina, vecino de Ampolla, y a **Rosa Ramírez**, 22 años, costurera, h.l. Ramón y Gerónima Mercado, vecina de Ampolla. Ts: Juan Antonio Barrientos y Genuaria Díaz.

Vázquez, Ramón con Gutiérrez, Asunción

F96: En Las Tunas a 20 de (en blanco, correspondería "enero") de 1900, se casó a **Ramón Vázquez**, 56 años, jornalero, h.l. del finado Manuela y Maximiliana Díaz, vecino de Achalco, y a **Asunción Gutiérrez**, 44 años, cocinera, h.l. de los finados Máximo y Rómula Ponce, vecina de Iloga. Ts: Mardoqueo Gutiérrez y Nemesia Gramajo.

Barrionuevo, Narciso con Orquera, Amelia

F97: En Vilismano a 27 de enero de 1900, se casó a **Narciso Barrionuevo**, 27 años, jornalero, h.l. de Pedro y Genoveva Arroyo, vecino de la Trancas, y a **Amelia Orquera**, 27 años, costurera, h.l. del finado Elías y Ramona Denett, vecina de las Trancas. Ts: Manuel Medina y Ramona Gómez.

Bazán, Vicente con Frogel, Dalmira

F98: En Vilismano a 28 de enero de 1900, se casó **Vicente Bazán**, 25 años, jornalero, h.l. de Teodoro y de Juana Ahumada, vecina de este curato, y a **Dalmira Frogel**, 25 años, costurera, h.l. de Dalmacio y Josefa Caballero, vecina de las Pampas. Ts: Orencio Arévalo y Javiera Navarro.

Aguirre, Rosendo con Navarro, Aguirre

F99: En Vilismano a 9 de febrero de 1900, tras dispensarse un impedimento de afinidad ilícita en primero con segundo, se casó **Rosendo Aguirre**, 28 años, jornalero, h.l. de los finados Rosendo y Teresa Barrionuevo, vecino de Infanzón, y a **Ramona Navarro**, 24 años, costurera, h.n. de Fabriciana, vecina de Vilismano. Ts: Teodulfo Arévalo y Rosalina Medina.

Barrientos, Santiago con Vega, Regina de la

F100: En El Alto el 12 de febrero de 1900, se casó a **Santiago Barrientos**, 23 años, jornalero, h.l. de los finados Santiago y Emilia Carrizo, vecino de Río del Puesto, y a **Regina de la Vega**, 18, costurera, h.l. de Agustín de la Vega y de Jesús Arancibia, vecina de Cochuna. Ts: Gabriel Barrientos y Pastora Zurita.

Ahumada, Crisóstomo con Tolosa, Clemira

F101: En El Alto el 12 de febrero de 1900, dispensado un impedimento de consanguinidad en segundo con tercero, se casó a **Crisóstomo Ahumada**, 19 años, jornalero, h.l. de los finados Alejo y de Jesús Carrizo, vecino de El Alto, y a **Clemira Tolosa**, h.l. de Onofre y de Nicolasa Agüero, vecino de El Alto. Ts. Manuel Zamora y Nieves Gómez.

Páez, Pedro, con Villagra, Ramona

F102: En El Alto el 12 de febrero de 1900, dispensado un impedimento de consanguinidad en tercero con cuarto grado, se casó a **Pedro Páez**, 46 años, jornalero, h.l. de Juan y de Pascuala Mercado, vecino de Tintigasta, y a **Ramona Villagra**, viuda, 36 años, costurera, h.l. Tomás y Manuela Magallán, vecina de Tintigasta. Ts: Pacífico Rodríguez y Adela Suasnabar de Rodríguez. F

Corbalán, Moisés, con Acosta, Celestina

F103: En El Manantial a 12 de febrero de 1900, se casó a **Moisés Corbalán**, 25 años, jornalero, h.l. de Simón, vecino del Manantial, y a **Celestina Acosta**, 22 años, lavandera, h.l. de José y Ana María Véliz, vecino del Manantial. Ts: José María Coronel y Fructuosa Coronel.

Quiroga, Paulino con Aguilar, María Esmeralda

F104: En El Manantial a 8 de marzo de 1900, se casó a **Paulino Quiroga**, 25 años, jornalero, h.l. de Javier y Francisca Véliz, vecino de San Luis, y a **María Esmeralda Aguilar**, 23, costurera, h.l. de Abraham y María Gutiérrez, vecina del Manantial. Ts: Hilario Brizuela y Antonia Acosta.

Díaz, Fabriciano con Rodríguez, Delfina

F105: En El Manantial a 8 de marzo de 1900, se casó a **Fabriciano Díaz**, 43 años, jornalero, h.l. de los finados Froilán y Avelina Juárez, vecino de la Cañada, y a **Delfina Rodríguez**, 23 años, costurera, h.l. de Manuel y Digna Albarracín. Ts: Gregorio Aguilar y Baldomera Carrizo.

Mansilla, Lindor con Pérez, Marta

F106: En El Manantial a 11 de marzo de 1900, se casó a **Lindor Mansilla**, 24 años, jornalero, h.n de Facunda, vecino de San Luis, y a **Marta Pérez**, 25 años, lavandera, h.n. Leocadia, vecina de San Luis. Ts: Juan Antonio Pérez y Santos Espeche.

Yolde, Delfín con Domínguez, Arsenia

F107: En Las Cañas a 21 de marzo de 1900, se casó a **Delfín Yolde**, 30 años, platero, h.l. de Rafael y Toribia Márquez, vecino de las Cañas y a **Arsenia Domínguez**, 30 años, costurera, h.n. de Basilia Domínguez, vecina de las Cañas. Ts: Peregrino Carrizo y Avelina Aranda.

Guaráz, Lorenzo con Coronel, Liberata

F108: En el Alijilán a 2 de abril de 1900, se casó a **Lorenzo Guaráz**, 37 años, comerciante, h.l. Nicolás y Justa Argañaráz, vecino del Bañado, y a **Liberata Coronel**, 22 años, costurera, h.l. de Saturnino y Rosa Valdéz, vecina de Alijilán. Ts: Dn. Gerónimo Figueroa y Jesús Gómez.

Leiva, David con Ovejero, María Antonia

F109: En El Alto el 5 de abril de 1900, se casó a **David Leiva**, 50 años, criador, h.l. de los finados Alonso y Teodora de la Torre, vecino de El Alto, y a **María Antonia Ovejero**, 25 años, costurera, h.l. Luis y Mercedes Gutiérrez, vecina de El Alto. Ts: Cristóforo Rodríguez y Peregrina Ahumada.

Santillán, Cirilo con Sánchez, Bartolina

F110: En El Alto el 17 de abril de 1900, se casó a **Cirilo Santillán**, jornalero, h.l. de Andrés y de Modesta Álvarez, vecino de San Antonio, y a **Bartolina**

Sánchez, h.n. de Teodosia, vecina de San Antonio. Ts: Adán Medina y Juana Suárez

Ávila, Sealtiel con Agüero, Teodosia
F111: En El Alto el 18 de abril de 1900, se casó a **Sealtiel Ávila**, 21 años, criador, h.n. de Rosa, vecino de las Cañas, y a **Teodosia Agüero**, 27 años, costurera, h.n. de Melitona, vecina de las Cañas. Ts: Tránsito Ávila y Deidamia Agüero.

Pera, Eloy con Orellana, Isabel
F112: En El Alto el 18 de abril de 1900, se casó a **Eloy Pera**, 20 años, jornalero, h.l. del finado Electo y de Lorenza Alderete, vecino de los Troncas, y a **Isabel Orellana**, 19 años, h.l. de Pastor y de Isabel Cardoso, vecina de Chicligasta. Ts: Javier Rodríguez y Perpetua Rodríguez.

Garay, Benicio con Rosales, Ramona
F113: En La Quebrada a 20 de mayo de 1900, se casó a **Benicio Garay**, 33 años, jornalero, h.n. de María, vecino de San Pedro, y a **Ramona Rosales**, 24 años, costurera, h.l. de Juan y de Cleofé Altamirano, vecina de San Pedro. Ts: Pacífico Carrazán y Basilia Caravajal.

Ávila, Juan con Burgos, María Brígida
F114: En La Quebrada a 25 de mayo de 1900, se casó a **Juan Ávila**, 25 años, criador, h.l. de los finados José y Juliana Cejas, vecino de Oyola, y a **María Brígida Burgos**, 16 años, costurera, h.n. de María T., vecina de Oyola. Ts: Javier Rodríguez y Perpetua Vázquez.

Flores, Hermenegildo con Cortés, Silveria
F115: En El Alto el 20 de junio de 1900, se casó a **Hermenegildo Flores**, 32 años, jornalero, h.l. de Felipe y Elisa Segura, vecino de la Quebraba, y a **Silveria Cortés**, 22 años, costurera, h.n. de Juana, vecina de la Quebrada. Ts: Eleuterio Páez y Celestina Conca.

Pucheta, Luis con Aráoz, Juana
F116: En El Alto el (en blanco) de junio de 1900, se casó a **Luis Pucheta**, 22 años, jornalero, h.l. de los finados Abraham y Epifanía Ríos, vecino de Tabigasta, y a **Juana Aráoz**, h.l. de Salomón y María Páez, vecina de Tabigasta. Ts: Miguel Fuenzalida y Adelaida Ahumada.

Coronel, Segundo con Luján, Ramona
F117: En El Alto el 20 de julio de 1900, se casó a **Segundo Coronel**, jornalero, h.l. de Lorenzo y Crescencia Acosta, vecino del Vallecito, y a **Ramona Luján**, h.l. de Julián y Teresa Ahumada. Ts: Adolfo Medina y Baldomera Trejo.

Mercado, Albertano con Salguero, Matilde
F118: En El Alto el 28 de junio de 1900, se casó a **Albertano Mercado**, jornalero, h.l. del finado Pedro y de Máxima Contreras, vecino de El Alto, y a **Matilde Salguero**, h.l. de los finados Froilán y Desideria Rodríguez, vecina de El Alto. Ts: Pantaleón Lugano y María Medina.

Barrientos, Dionisio con Ríos, Margarita
F119: En Los Manantiales a 28 de junio de 1900, se casó a **Dionisio Barrientos**, 40 años, jornalero, h.l. de los finados Pastor y Gregoria Guerrero, vecino de los Manantiales, y a **Margarita Ríos**, 35 años, viuda, vecina de los Manantiales. Ts: Baldomero Aguilar y Gregoria Ibáñez.

Vaca, Carlos con Coronel, Luisa
F120: En Los Manantiales a 12 de agosto de 1900, se casó a **Carlos Vaca**, 22 años, jornalero, h.n. Digna, vecino de los Manantiales, y a **Luisa Coronel**, 25 años, h.n. Ignacia, vecina de los Manantiales. Ts: Agenor Medina y Gliceria Ontiveros.

Agüero, Germán con Agüero, Celsa
F121: En Las Tunas a 19 de agosto de 1900, se casó a **Germán Agüero**, 25 años, jornalero, h.n. de Pastora, vecino de las Cañas, y a **Celsa Agüero**, 30 años, h.n. de Melitona, vecina de las Cañas. Ts: M. Espeche y Deidamia Agüero.

Rosales, Juan Vicente con Mercado, Justina
F122: En Las Tunas a 19 de agosto de 1900, se casó a **Juan Vicente Rosales**, jornalero, h.n. de María M., y a **Justina Mercado**, h.n. Raquel. Ts: Antonio Díaz y Francisca Leguizamón.

Guaráz, Patricio con Figueroa, Angelita
F123: En Las Tunas a 20 de agosto de 1900, se casó a **Patricio Guaráz**, 25 años, jornalero, h.n. de Rosa, vecino del Bañado, y a **Angelita Figueroa**, 32 años, h.n de Romualda, vecina del Bañado. Ts: Ventura Rosales y Ercilia Collantes.

Collantes, Cecilio con Luna, Petrona
F124: En Las Tunas a 20 de agosto de 1900, se casó a **Cecilio Collantes**, jornalero, h.l. de los finados Mauricio y de Hipólita Cevallos, vecino de Ampolla, y a **Petrona Luna**, h.l. de los finados Vicente y de Inocencia Díaz, vecina de Ampolla. Ts: Cornelio Argañaráz y Albina Barrientos.

Ledesma, Petrona con Jiménez, Dalinda
F125: En Las Tunas a 20 de agosto de 1900, se casó a **Pedro Ledesma**, Jornalero, h.n de Carolina, vecino de Ampolla, y a **Dalinda Jiménez**, h.l. de Pedro y Lorenza Farías, vecina de Ampolla. Ts: no constan.

Mercado, Abdón con González, Juliana
F126: En Las Cañas a 29 de agosto de 1900, se casó a **Abdón Mercado**, 20 años, jornalero, h.n. de exaltación, vecino de Ampolla, y a **Juliana González**, 22 años, h.n. de Nicolasa, vecina de Ampolla. Ts: Leovino Jiménez y Maclovia Luna.

Vega, Prudencio con Acosta, Maclovia
F127: En Las Cañas a 31 de agosto de 1900, se casó a **Prudencio Vega**, 26 años, jornalero, h.n. de Audelina, vecino de la Quebradita, y **Maclovia Acosta**, 30 años, h.l. de José M. y Marcelina Ibáñez, vecina de Las Tunas. Ts: Antonino Ávila y Pilar Paladeo.

Jiménez, Dn. Werfil con Barrientos, Clemira
F128: En El Alto el 25 de junio de 1900, se casó a Dn. **Werfil Jiménez**, 23 años, criador, h.l. del finado Dn. Nicanor y de Da. Ramona Magallanes, vecino de El Alto, y a **Clemira Barrientos**, 25 años, vecina de El Alto. Ts: Dn. Ángel Barrionuevo e Isabel Barrientos.

Pérez, Timoteo con Agüero, Socorro
F129: En El Alto el 10 de septiembre de 1900, se casó a **Timoteo Pérez**, 20 años, criador, h.n. de Encarnación, vecino de El Alto, y a **Socorro Agüero**, 18 años, h.l. de los finados Miguel y Rosario Verón, vecino de El Alto. Ts: Pedro Nieva y Filomena Ovejero.

Figueroa, Abel con Carrión, Belinda
F130: En El Alto el 8 de noviembre de 1900, se casó a **Abel Figueroa**, 20 años, jornalero, h.l. de los finados Segundo y Margarita Segura, vecino de Piedra Blanca, y a **Belinda Carrión**, h.l. del finado Serafín y Felicidad, vecina de El Alto. Ts: Werfil Jiménez y Clemira Barrientos.

Carrizo, Pedro con Agüero, Ignacio
F131: En Vilismano a 29 de septiembre de 1900, se casó a **Pedro Carrizo**, 30 años, jornalero, h.l. del finado Segundo y Vicenta Medina, vecino de Vilismano, y a **Ignacia Agüero**, h.l. del finado Fermín y Emilia Medina, vecina de Vilismano. Ts: Emilio Arévalo y Brígida Frías.

Arévalo, Adolfo con Luján, Isolina
F132: En Vilismano a 29 de septiembre de 1900, se casó a **Adolfo Arévalo**, 27 años, criador, h.l. de Juan Inocencia y de ¿Ce? Medina, vecino de Vilismano y a **Isolina Luján**, 23 años, h.l. de Darío y de la finada Valeriana Núñez, vecina de la Huerta. Ts: Teodulfo Arévalo y María A. Charriol.

Nieto, Benito con Yance, Patrocinia
F133: En Las Cortaderas a 20 de octubre de 1900, se casó a **Benito Nieto**, 40 años, jornalero, h.l. de los finados Elías y Josefa Vega, vecino de la Higuerita, y a **Patrocinia Yance**, 31 años, h.n de la finada Andrea, vecina de la Higuerita. Ts: Abel Pérez y Juana Ramírez.

Reinoso, Juan con Arévalo, Ramona
F134: En Vilismano a 27 de septiembre de 1900, tras dispensar un impedimento de consanguinidad en cuarto grado de línea colateral, se casó a **Juan Reinoso**, 20 años, jornalero, h.l. de Justo y de Juana Toledo, vecino del Vallecito, y a **Ramona Arévalo**, 19 años, h.n. de Beatriz. Ts: Manuel Flores y Pastora Barrera.

Gramajo, Antonio con…
F135: En El Alto el 1 de octubre de 1900, se casó a **Antonio Gramajo**… (todo en blanco).

Suárez, Baldomero con Vallejos, María Graciliana
F136: En Las Cortaderas a 20 de octubre de 1900, se casó a **Baldomero Suárez**, 19 años, jornalero, Nicolás y Cruz Almaráz, vecino del Agua del Sauce, y a **María Graciliana Vallejos**, 23 años, h.l. del finado Eulalio y Amanda Quiroga, vecina de las Cortaderas. Ts: Basilio Almaraz e Isabel Agüero.

Rosales, Segundo V. con Jeréz, Rosa
F137: En Las Cortaderas a 24 de octubre de 1900, se casó a **Segundo V. Rosales**, 23 años, jornalero, h.l. de Buenaventura y Marcelina Rosales, vecinos del Bañado, y a **Rosa Jeréz**, 27 años, costurera, h.l. de Miguel y Ramona Vargas, vecina del Bañado. Ts: Ignacio González y Liberata Ibáñez.

González, Félix con Rosales, Felipa
F138: En Las Cortaderas a 24 de octubre de 1900, se casó a **Félix González**, 29 años, jornalero, h.l. de Juan y Regina Guaráz, vecino del Bañado, y a **Felipa Rosales**, 29 años, h.n de la finada Rosa, vecina del Bañado. Ts: Daniel Ríos y María Jeréz.

Castro, Ramón con Arévalo, María
F139: En El Alto el 12 de noviembre de 1900, se casó a **Ramón Castro**, 23 años, criador, h.l. de Abdón y Dolores Jeréz, vecino de Alta Gracia, y a **María Arévalo**, 23 años, h.l. de Nicolás y de la finada Silveria Arévalo, vecina de Alta Gracia. Ts. Cruz Gramajo y Leocadia Agüero.

Ahumada, Rufino con Rivas, Cruz
F140: En El Alto el 19 de noviembre de 1900, se casó a **Rufino Ahumada**, 30 años, jornalero, h.l. de Rufino y de la finada María Ahumada, vecino de El Alto y a **Cruz Rivas**, 37 años, h.l. Felipe y Dominga Cerezo. Ts: Mardoqueo Gutiérrez y Nemesia Gramajo.

Agüero, Antonio con Almaráz, Celina
F141: En El Alto el 26 de noviembre de 1900, se casó a **Antonio Agüero**, 28 años, jornalero, h.l. de Miguel Agüero y Rosa Verón, vecino de Cóndor Huasi, y a **Celina Almaráz**, 23 años, h.n de Ignacia, vecina del Durazno. Ts: José Navarro y Felipa Lobo.

Ovejero, Calixto con Ojeda, Mercedes
F142: En El Alto el 26 de noviembre de 1900, se casó a **Calixto Ovejero**, 25 años, jornalero, h.l. Ignacio y de… Torres, vecino de esta villa, y a **Mercedes Ojeda**, 30 años, h.n. de Ignacia, vecina de El Alto. Ts: Ramón y Saturnina Rizo.

Ovejero, Luis con Moyano, María
F143: En El Alto el 26 de noviembre de 1900, se casó a **Luis Ovejero**, 25 años, jornalero, h.n. de Alejandra, vecina de El Alto, y a **María Moyano**, 24 años, h.l. de los finados Juan de Dios y Nicolasa Ibáñez, vecina de El Alto. Ts: Nabor Hernández e Isabel.

Arévalo, Nicolás con Arévalo, Espíritu
F144: En El Alto el 29 de noviembre de 1900, se casó a **Nicolás Arévalo**, 50 años, criador, viudo de Silveria Arévalo, h.n. Cecilia, vecino de Caña Cruz, y a **Espíritu Arévalo**, 20 años, h.l. de Simón y Zelanda Trejo, vecina de El Arbolito. Ts: Benicio Jeréz y Pabla Jeréz.

Rojas, Benito con Cisterna, Inés
F145: En El Alto el 30 de enero de 1901, *no habiendo resultado un impedimento de consanguinidad* (sic), se casó a **Benito Rojas**, 26 años, jornalero, h.l. de David y Felipa Avendaño, vecino de los Corrales, y a **Inés Cisterna**, 30 años, h.l. de Nicasio y Juana Petrona Vázquez, vecina de los Corrales. Ts: Tomás Cisterna y María Verón.

Cisterna, Jorge con Acosta, Juana B. Acosta
F146: En El Alto el 30 de enero de 1901 En El Alto, se casó a **Jorge Cisterna**, 23 años, h.l. de Nicasio y Juana Petrona Vázquez, vecino de los Corrales, y a **Juana B. Acosta**, 19 años, h.l. de Ramón y Clotilde Ledesma, vecina de los Corrales. Ts: Eusebio Rizo y Rosa Jeréz.

Aguilar, Gregorio con Domínguez, Clara
F147: En Las Cañas a 17 de enero de 1901, se casó a **Gregorio Aguilar**, 48 años, criador, h.n. de Baldomera Ibáñez, vecino de las Cañas, y a **Clara Domínguez**, 19 años, h.n. de Adriana, vecina de Alijilán. Ts: Ramón Ibarra y Efigenia Guañez.

Gómez, José Ramón con Mata, María Brígida
F148: En El Alto el 21 de febrero de 1901, dispensado un impedimento de afinidad en primero con segundo grado, se casó a **José Ramón Gómez**, 30 años, propietario, h.l. de Ludovina, vecino de los Falcones, y a **María Brígida Mata**, 22 años, h.l. de Tristán y Rosa Pedraza. Ts: Manuel Zamora y Nieves Gómez.

Barrios, José con Zurita, Rita
F149: En Vilismano a 31 de enero de 1901, se casó a **José Barrios**, 40 años, jornalero, h.n de Gregoria, vecino de Caña Cruz, y a **Rita Zurita**, 30 años, h.l. de Hermenegildo y Froilana, vecina de Caña Cruz. Ts: no constan.

Vizcarra, Miceno con Sánchez, Jovita
F150: En Vilismano a 31 de enero de 1901, dispensado un impedimento de consanguinidad en segundo con tercero, se casó a **Miceno Vizcarra**, 28 años, jornalero, h.n. de Juana, vecino de Vilismano, y a **Jovita Sánchez**, 29 años, h.l. de Celedonio y Vicenta Medina. Ts: Pascual Tejeda y Rosario Medina.

Vega, Ángel de la con Garnica, Eduarda
F151: En Vilismano a 31 de enero de 1901, se casó a **Ángel de la Vega**, 22 años, jornalero, h.l. de Julián y Rosario Gómez, vecino de Iloga, y a **Eduarda Garnica**, 22 años, h.n. de Catalina. Ts: no constan.

Silva, Pedro L. con Aredes, Nicéfora
F152: En El Manantial a 8 de marzo de 1901, se casó a **Pedro L. Silva**, 25 años, h.l. de Albertano y Águeda Jiménez, vecino de Unquillo, y a **Nicéfora Aredes**, 22 años, h.l. de Bautista y Marquesa Arroyo. Ts: no consta.

Gómez, Clemiro con Mercado, Juliana
F153: En El Manantial a 26 de febrero de 1901, se casó a **Clemiro Gómez**, 22 años, jornalero, h.l de los finados Adolfo y Diocleciana Mercado, vecino de Ampolla, y a **Juliana Mercado**, 22 años, h.n. de la finada ¿Eleuteria? Mercado, vecina de Ampolla. Ts: Leovino Jiménez y Ercilia Collantes.

Oliva, Pedro con Barrionuevo, Ramona
F154: En Los Manantiales a 26 de febrero de 1901, se casó a **Pedro Oliva**, 22 años, jornalero, h.l. del finado Vicente y María Villafañe, vecino de los Manantiales, y a **Ramona Barrionuevo**, 22 años, h.l. de Ramón y de (en blanco), vecinos del mismo. Ts: Teodulfo Díaz y Carmen Andrada.

Mansilla, Ramón con Vergara, Andrea
F155: En El Manantial a 28 de febrero de 1901, se casó a **Ramón Mansilla**, 28 años, jornalero, vecino de Puerta Grande, y a **Andrea Vergara**, 20 años, vecina de Puerta Grande. Ts: Manuel Salas y Delia Gómez.

Arias, Andrónico con Cardoso, Ramona
F156: En El Manantial a 1 de marzo de 1901, se casó a **Andrónico Arias**, 22 años, jornalero, h.l. de los finados Desiderio y Lubina Luna, vecino de Puerta Grande, y a **Ramona Cardoso**, 23 años, h.l. de Reimundo y de Ceferina Molina, vecina Puerta Grande. Ts: Ramón Aredes y Baldomera Ortega.

Roldán, Pascual con Carrizo, Dulcidia
F157: En Los Manantiales a 1 de marzo de 1901, se casó a **Pascual Roldán**, 20 años, jornalero, h.l. de Elías y Raquel Leiva, vecino de Alijilán, y a **Dulcidia Carrizo**, 23 años, h.l. de Rodolfo y Pabla Valdéz, vecina de Alijilán. Ts: Luis Acosta y Baldomera Bulacias.

Reyes, Luis con Hernández, Romualda
F158: En Los Manantiales a 1 de marzo de 1901, se casó a **Luis Reyes**, 37 años, jornalero, h.l. de los finados Benito y ¿Paulina? Fernández, vecino de Alijilán, y a **Romualda Hernández**, 23 años, h.n. de Juana, vecina de Alijilán. Ts: Ramón Ibarra y Efigenia Guañez.

González, Mariano con Frías, María Natividad
F159: En Puerta Grande a 16 de marzo de 1901, se casó a **Mariano González**, 36 años, jornalero, h.l. de Carmelo y Vicenta Carrizo, vecino de la Puerta Grande, y a **María Natividad Frías**, 30 años, h.n. de Antonio, vecina de Puerta Grande. Ts: Adolfo Rosales y Luisa Sosa.

González, Melquiades con Agüero, Victoria
F160: En Puerta Grande a 16 de marzo de 1901, se casó a **Melquiades González**, h.l. de Carmelo y de Vicenta Carrizo, y a **Victoria Agüero**, h.l. de Pascual y Prudencia Frías. Ts: Adolfo Rosales y Luisa Sosa.

Tula, Manuel con Rasguido, Mercedes
F161: En Puerta Grande a 16 de marzo de 1901, se casó a **Manuel Tula**, 30 años, jornalero, h.l. de los finados Manuel y Zoila Ortiz, vecino de Puerta Grande, y a **Mercedes Rasguido**, 20 años, h.l. de Ramón y María de la Gracia Díaz, vecina de Puerta Grande. Ts: Nabor Gómez y Celina Gómez.

Rodríguez, Manuel Antonio con Suárez, Virginia
F162: En Puerta Grande a 16 de marzo de 1901, se casó a **Manuel Antonio Rodríguez**, 24 años, jornalero, h.n de Perfecta, vecino de Puerta Ibáñez, y a **Virginia Suárez**, 22 años, h.n. de Elvira. Ts: Nabor Gómez y Celina Gómez.

Gómez, Isidoro con Lugones, Francisca R.
F163: En Puerta Grande a 16 de marzo de 1901, se casó a **Isidoro Gómez**, 38 años, jornalero, h.l. de Benicio y de (en blanco), y a **Francisca R. Lugones**, 22 años, h.l. de Francisco y Tránsito Argañarás. Ts: Nabor Gómez y Celina Gómez.

Barrionuevo, Ramón con Rosales, Betsabé
F164: En Los Manantiales a 22 de marzo de 1901, se casó a **Ramón Barrionuevo**, 34 años, jornalero, h.l. de B. Barrionuevo y Santos Burgos, vecino de Alijilán, y a **Betsabé Rosales**, 17 años, h.n. de Aberanda, vecina de Alijilán. Ts: José Luque y Justa Rosales.

López, Belindo con Robles, Elena
F165: En Los Manantiales a 19 de marzo de 1901, se casó a **Belindo López**, 22 años, jornalero, h.l. Santiago y Jovita Arroyo, vecino de Alijilán, y a **Elena Robles**, 21 años, h.l. de Juan B. Robles y Aniceta Almaraz, vecina de Alijilán. Ts: José López e Isabel Bulacias.

Ovejero, Dn. Nicolás con Jiménez, Da. Ramona
F166: En El Alto el 25 de marzo de 1901, se casó a Dn. **Nicolás Ovejero**, 50 años, comerciante, h.l. de los finados Nicolás y Maximiano Ovejero, vecino de El Alto, y a Da. **Ramona Jiménez**, 17 años, h.l. de Nicanor y de Ramona Magallanes, vecina de El Alto. Ts: Pacífico Rodríguez y Ercilia Suasnabar.

Barrera, Felipe con Barrera, Sandalia
F167: En El Alto el 8 de abril de 1901, se casó a **Felipe Barrera**, 18 años, criador, h.l. Ramón y Josefa Chazarreta, vecino de la Quebradita, y a **Sandalia Barrera**, 25 años, h.l. Crisanto y Delfina Sequeira, vecina de la Quebradita. Ts: Bernardo Barrera y Zoila Barrera, cónyuges.

Gómez, Segundo con Segura, María B.
F168: En El Alto el 20 de julio de 1901, tras dispensarse un impedimento de consanguinidad en segundo con tercero, se casó a **Segundo Gómez**, 18 años, criador, h.l. de Ramón y Crescencia Peñaflor, vecino de los Morteros, y a **María B. Segura**, 28 años, h.l. de los finados Genuario y Diocleciana Segura, vecina de Puerta Grande. Ts: no constan.

Ledesma, Crisanto con Lobo, Dolores
F169: En El Alto el 12 de junio de 1901, se casó a **Crisanto Ledesma**, 25 años, criador, h.l. de los finados Crisanto y Espíritu Lobo, vecino de Achalco y a **Dolores Lobo**, 28 años, h.l. del finado Facundo y Rosa Lobo, vecina de Achalco. Ts: Manuel Suasnabar e Inés Barros.

Villalba, Juan Ángel con García, Isabel
F170: En El Alto el 15 de julio de 1901, se casó a **Juan Ángel Villalba**, 30 años, jornalero, h.l. del finado Fidel y Clara ¿Ponce?, vecino de Huaico Hondo, y a **Isabel García**, 28 años, Tomás y Rosa Garay, vecino de Molle Pampa. Ts: Francisco Robles y Raquel Rodríguez.

Arévalo, Agenor con Cordero, Isabel
F171: En El Alto el 24 de julio de 1901, se casó a **Agenor Arévalo**, 41 años, jornalero, h.n de Reyes, vecino de las Juntas, y a **Isabel Cordero**, 35 años, h.n de la finada Florentina. Ts: Pacífico Rodríguez y Adela Suasnabar.

Lobo, Pedro con Lobo, Máxima
F172: En El Alto el 24 de julio de 1901, se casó a **Pedro Lobo**, 38 años, jornalero, h.l. de los finados Pedro y Luisa Soria, vecino del Rodeito, y a **Máxima Lobo**, 30 años, h.n. de Macedonia Lobo, vecino de las Cañas. Cruz Gramajo y Leocadia Agüero.
F173: (Vacía).

Rojas, Segundo con Rosales, Aurelia
F174: En El Alto el 15 de julio de 1901, se casó a **Segundo Rojas**, 23 años, jornalero, h.l. de los finados Rojas y Clementina Ibáñez, vecino de San Pedro, y a **Aurelia Rosales**, 20 años, h.l. de Juan J. y Cleofé Altamirana, vecina de San Pedro. Ts: Froilán Contreras y Vicenta Herrera.

Lobo, Andrés con Ovejero, Verónica
F175: En El Alto el 15 de julio de 1901, tras dispensarse un impedimento de consanguinidad, se casó a **Andrés**

Lobo, 24 años, criador, h.l. de Pacífico y Francisca Mercado, vecino de los Albarracines, y a **Verónica Ovejero**, 27 años, h.l. de Anacleto y Mauricia Sánchez, vecina de los Pozos. Ts: Werfil Jiménez y Clemira Barrientos.

Gómez, Segundo con Segura, María B.
F176: En El Alto el 18 de julio de 1901, tras dispensarse un impedimento de consanguinidad, se casó a **Segundo Gómez**, 18 años, criador, h.l. de Ramón y Crescencia Peñaflor, vecino de los Morteros, y a **María B. Segura**, 28 años, h.l. de los finados Genuario y Diocleciana Segura, vecina de Puerta Grande. Ts: Estanislao Gómez y Andrea Gómez.

Jeréz, Francisco con Bulacias, Filomena
F177: En Los Manantiales a 28 de julio de 1901, se casó a **Francisco Jeréz**, 28 años, criador, h.n. de Crisanta Pintos, vecino de los Manantiales, y a **Filomena Bulacias**, 28 años, h.l. Francisco y Genibera Albarracín, vecina de los Manantiales. Ts: Peregrino Carrizo y Ercilia Delgado.

Tula, Cantalicio con Mercado, Delicia
F178: En Los Manantiales a 3 de agosto de 1901, se casó a **Cantalicio Tula**, 28 años, jornalero, h.l. de Ventura y Ramona Salguero, vecino de El Alto, y a **Delicia Mercado**, 30 años, h.l. de Pedro Mariano Mercado, vecino de El Alto. Ts: Félix Mercado y Florinda Mercado.

Nieva, José M. con Arévalo, Digna
F179: En Vilismano a 8 de octubre de 1901, se casó a **José M. Nieva**, 22 años, jornalero, Ramón y Juana Salomé Perea, vecino de San Gerónimo, y a **Digna Arévalo**, 27 años, h.l. del finado Juan y de Luisa Arévalo, vecina de Caña Cruz. Ts: José Arias y Manuela Lazo.

Villalba, Manuel N. con Cornejo, Carmen
F180: En Vilismano a 11 de octubre de 1901, se casó a **Manuel N. Villalba**, 36 años, jornalero, h.n. de Josefa, vecino de Las Chacras, y a **Carmen Cornejo**, 21 años, h.l. de los finados Clodoveo y Efigenia Ponce, vecina de Sauce. Ts: Emigdio Arévalo y Brígida Cejas.

Peñaflor, Wertel con Juárez, Petronila
F181: En Las Cortaderas a 25 de octubre de 1901, se casó a **Wertel Peñaflor**, 28 años, criador, h.l. de Asensio y Carmen Sánchez, vecino de las Cortaderas, y a **Petronila Juárez**, 20 años, h.l. del finado Gregorio y Luisa Vallejos, vecina de Las Cortaderas. Ts: Juan Ojeda y Rosa de Rodríguez.

Ledesma, Juan Antonio con Díaz, Rufina
F182: En Las Cortaderas a 28 de octubre de 1901 En las Cortaderas, se casó a **Juan Antonio Ledesma**, 28 años, jornalero, h.l. de Belisario y Francisca Sueldo, vecino de la Higuerita, y a **Rufina Díaz**, 22 años, h.l. de Borja y de Juana Pérez, vecina de la Higuerita. Ts: Cipriano Barrera y Clementina de Barrera.

Argañaráz, Pedro con Suárez, Juana
F183: En Las Cortaderas a 31 de octubre de 1901, tras dispensarse un impedimento de consanguinidad, se casó a **Pedro Argañaráz**, 30 años, criador, h.l. Pablo y de Clara Iramain, vecino de las Cortaderas, y a **Juana Suárez**, 30 años, h.l. de Domingo y Ascensión Agüero, vecina de San Antonio. Ts: Cándido Ojeda y Bernarda Agüero.

Ahumada, Severo con Agüero, Ramona
F184: En El Alto el 1 de diciembre de 1901 En El Alto, tras dispensarse un impedimento de afinidad ilícita, se casó a **Severo Ahumada**, 36 años, criador, h.l. Ramón y Rosa Espeche, vecino de los Algarrobos, y a **Ramona Agüero**, 36 años, h.l. de Rosa y Rosa Gómez, vecina del Puesto de Gómez. Ts: Lisandro Navarro y Francisca Segura.

Ledesma, Reginaldo con Mansilla, Teodomira
F185: En Las Cortaderas a 30 de octubre de 1901, se casó a **Reginaldo Ledesma**, 44 años, criador, h.l. de Remigio y Juana Peñaflor, vecino de Achalco, y a **Teodomira Mansilla**, 26 años, h.l. de Juan de la Cruz y Cándida Pacheco, vecina de Molle Pampa. Ts: Manuel Tapia y Josefa Tapia.

Burgos, Ramón con Brizuela, Melchora de Jesús
F186: En Las Cortaderas a 1 de noviembre de 1901, se casó a **Ramón Burgos**, 26 años, foguista, h.l. de los finados José Cornelio y Ramona Salguero, y a **Melchora de Jesús Brizuela**, 20 años, h.l. Juan y Cecilia Barrionuevo, vecina de las Lomitas. Ts: Abdénago Magallán y Catalina Lobo.

Gómez, Juan con Reinoso, María M.
F187: En Las Cortaderas a 1 de noviembre de 1901, se casó a **Juan Gómez**, 18 años, jornalero, h.n. de María Ignacia, vecino La Higuerita, y a **María M. Reinoso**, 23 años, h.n. de Juana, vecina de La Higuerita. Ts: Basilio Ponce y Rosa Toledo.

Chazarreta, Calixto con Lobo, María Águeda
F188: En La Quebrada a 18 de febrero de 1902, se casó a **Calixto Chazarreta**, 62 años, jornalero, h.l. de los finados Cayetano y Micaela Díaz, vecino de Achalco, y a **María Águeda Lobo**, 50 años, h.n. de María, vecina de Achalco. Ts: ¿Felipe Maidana y Tadea Osores? (Ilegible).

Rodríguez, Manuel con Medina, Paula
F189: En El Alto el 3 de diciembre de 1901, tras dispensarse un impedimento de consanguinidad de

primero con tercero de línea colateral desigual, se casó a **Manuel Rodríguez**, 55 años, criador, h.l. de los finados Teodoro y María Arévalo, vecino de la Calera, y a **Paula Medina**, 22 años, h.l. de Alejandro y Rosa Rodríguez, vecina de la Calera. Ts: Pacífico Rodríguez y Adela Suasnabar.

Maidana, Felipe con Díaz, Celestina
F190: En El Alto el 2 de enero de 1902, se casó a **Felipe Maidana**, 48 años, criador, h.l. de los finados Felipe y Luisa Rodríguez, viudo de N. Ledesma, vecino de la Puerta, y a **Celestina Díaz**, 45 años, h.n. de María, vecina de la Costa. Ts: Facundo Ibáñez y Claudia de Ibáñez.

Pérez, Baudilio con Rosales, María
F191: En El Alto el 4 de abril de 1902 En El Alto, se casó a **Baudilio Pérez**, 34 años, jornalero, h.n. de la finada Peregrina, vecino de Alijilán, y a **María Rosales**, 22 años, h.n. de Justa, vecina de Alijilán. Ts: Fabriciano Díaz e Indamira Guerrero.

Rojas, Carmen con Díaz, Ramona
F192: En El Alto el 4 de abril de 1902, se casó a **Carmen Rojas**, 35 años, jornalero, h.l. de los finados David y Felicidad Avendaño, vecino Molle Pampa, y a **Ramona Díaz**, h.l. del finado Felipe y Guadalupe Robledo, vecina Ancamugalla. Ts: Santiago Morales y Tránsito Jeréz.

Gómez, Celestino con Ahumada, Indalecia
F193: En El Alto el 7 de abril de 1902, tras dispensarse un impedimento de consanguinidad en tercer grado igual, se casó a **Celestino Gómez**, 23 años, jornalero, h.n. de Celestina, vecino del Puesto de los Gómez, y a **Indalecia Ahumada**, 22 años, h.l. de Martín y Febronia Rodríguez, vecina del Sauce. Ts: Cruz Gramajo y Leocadia Agüero.

Acosta, Miguel con Morales, Rosa
F194: En El Alto el 7 de abril de 1902, se casó a **Miguel Acosta**, 22 años, jornalero, h.n. de María, vecino de El Alto, y a **Rosa Morales**, 17 años, h.n. de Dolores, vecina de El Alto. Ts: Geminiano Navarro y María Ahumada.

Cabral, Juan S. con Almaráz, Ignacia
F195: En El Alto el 10 de abril de 1902, se casó a **Juan S. Cabral**, 44 años, criador, h.l. de Samuel y María de Jesús Flores, vecino de la Huerta, y a **Ignacia Almaráz**, 40 años, h.l. de Juan N. y Ana María Agüero, vecina de la Huerta. Ts: Francisco Robles y Raquel Rodríguez.

Lobo, Antonio con Ojeda, Carmen
F196: En Las Cortaderas a 11 de abril de 1902, se casó a **Antonio Lobo**, 32 años, criador, h.l. de Andrés y María Frías, vecino Achalco, y a **Carmen Ojeda**, 28 años, h.l. de Samuel y Francisca Ponce. Ts: Dn. Lisandro Navarro y Da. Francisca Segura.

Rodríguez, Pedro con Rodríguez, María Josefa
F197: En La Quebrada a 14 de mayo de 1902, se casó a **Pedro Rodríguez**, 22 años, criador, h.l. de Agustín y Rosalía Tejeda, vecino de la Quebrada, y a **María Josefa Rodríguez**, 22 años, h.l. de José S. y Antonia Rodríguez, vecina de la Quebrada, vecina de Tintigasta. Ts: Rufino Rizo y Carmen Altamirano.

Cortés, José con Almirón, Antonia
F198: En La Quebrada a 26 de mayo de 1902 En la Quebrada, se casó a **José Cortés**, 27 años, jornalero, h.l. de Francisco y Rosa Valdéz, vecino de Pozo Grande, y a **Antonia Almirón**, 24 años, h.l. de Julián y Lucía Palacios, vecina de Pozo Grande. Ts: Bernardo Barrera y Zoila de Barrera.

F199: (Vacía).

Campos, Antonio con Vega, Josefa
F200: En El Alta a 9 de junio de 1902, se casó a **Antonio Campos**, 29 años, jornalero, h.l. de Hermenegildo y Natividad Agüero, vecino de Achalco, y a **Josefa Vega**, 24 años, h.l. de Santiago y Magdalena Barrera, vecina de Achalco. Ts: Felipe Barrera y Emilia Vega.

Expedientes de Informaciones Matrimoniales de El Alto
Extracto [1]

(1) En este trabajo se han analizado la totalidad de las informaciones matrimoniales disponibles de la parroquia de El Alto. En cada caso, se han complementado los registros anteriormente catalogados con la información adicional encontrada en estos expedientes, como filiaciones o relaciones de parentesco. Sin embargo, en muchos casos no se ha hallado el acta correspondiente a varias informaciones matrimoniales. Esto puede deberse a que el matrimonio no se celebró, o se llevó a cabo en otra parroquia, a la pérdida del acta o a un error en la elaboración de los registros. A continuación, se presenta un catálogo de aquellas informaciones matrimoniales para las cuales no se ha podido localizar el acta sacramental correspondiente. En los períodos comprendidos entre 1810 y 1816, 1828 y 1830, 1849 y 1860, y entre 1885 y 1888, no se han encontrado registros de matrimonios en el archivo parroquial. Por lo tanto, se ha catalogado la totalidad de los expedientes fechados durante esos años.

Primera Parte: Expedientes con numeración consecutiva desde 1798 a 1850

1798 a 1819

Ledesma, Cosme Damián de con Burgos, Da. María Ignacia
Exp. 14. **Cosme Damián de Ledesma**, feligrés del curato de la Punilla (jurisdicción de Córdoba), h.l. de José Antonio Ledesma, ya difunto, y de María Cecilia Domínguez, pretende contraer matrimonio con Da. **María Ignacia Burgos**, h.l. de Dn. Jacinto Burgos y de Da. María Mercedes Sánchez. Presentada en la parroquia de El Alto el 16 de junio de 1798. Testigos: Justo Gómez de 25 años; José María Sánchez de 28 años; Enrique Casero de 38 años. Concluida en la parroquia de El Alto el 20 de junio de 1798.

Ponce, Miguel con Ávila, María de las Nieves
Exp. 27. **Miguel Ponce**, feligrés de esta doctrina de la Concepción de El Alto, h.l. del finado Dn. Pedro José Ponce y de Da. Juana Zurita, pretende contraer matrimonio con **María de las Nieves Ávila**, h.l. de los finados Dn. José Ávila y de Da. María Vera, todos feligreses del beneficio de Ancasti. Presentada en la capilla de la Quebrada el 17 de septiembre de 1798. Ts: Dn. Ramón Antonio Frías; Dn. Fernando Islas y… Concluida en la capilla de la Quebrada el 17 de septiembre de 1798.

Tolosa, Mariano con Acosta, María Mercedes
Exp. 28. **Mariano Tolosa**, h.l. de José Tolosa y de Juana Miranda, todos feligreses de la doctrina de Ancasti, pretende contraer matrimonio con **María Mercedes Acosta**, h.l. de Francisco Acosta y de la finada María Isidora Zurita, todos feligreses de esta doctrina de la Concepción de El Alto. Presentada en la vice parroquia de Vilismano el primero de octubre de 1798. Ts: Santos González de … tantos años; Gervasio Díaz de 50 y tantos; Julián González de 30 y tantos. Concluida el primero de octubre de 1798 en la vice parroquia de Vilismano.

Guerreros, Juan Bautista con Uriarte, María del Rosario
Exp. 31: **Juan Bautista Guerreros**, feligrés de este curato, h.l. de Juan Guerreros y de Juana Baca, ya difuntos, pretende contraer matrimonio con **María del Rosario Uriarte**, h.l. de Dn. Sebastián Uriarte y de Da. Rosa Ibáñez, ya difunta, feligreses del curato de Loreto. Presentada en la Concepción de El Alto el 21 de octubre de 1798. Ts: Juan Tomás Paz de … años; Marcos Reinoso de 27 y Pedro Páez de 25. Concluida en la Concepción de El Alto el mismo día.

Zurita, José León con Medina, Beatriz
Exp. 32. **José León Zurita**, feligrés del curato de Ancasti, hijo de Faustino y Faustina Cisternas, pretendiendo casarse con **Beatriz Medina**, hija de Felipe Medina y María Mercedes Medina. Se dispensó impedimento de afinidad en segundo grado en cópula ilícita, por haberla tenido la expresada Beatriz con primo hermano del pretendiente. Presentada el 6 de noviembre de 1798. Concluida y dispensada el 12 de noviembre de 1798.

Díaz, José Francisco con Gutiérrez, Da. María Antonia
Exp. 35. **José Francisco Díaz**, h.n. de Da. Carmen Díaz, ambos oriundos feligreses de esta doctrina de la Concepción de El Alto, pretende contraer matrimonio con Da. **María Antonia Gutiérrez**, h.l. de Dn. Celedonio Gutiérrez y de Da. Agustina Vildósola. Concluida en la parroquia de Vilismano el primero de diciembre de 1798. Ts: Carlos Frogel y José Bonifacio Páez.

Aparicio, Dn. Hilario con Ibáñez, Da. Cipriana
Exp. 55. Dn. **Hilario Aparicio**, feligrés de este curato, h.l. de Pedro Aparicio y de Pabla Rivera, pretendo tomar el estado del matrimonio con Da. **Cipriana Ibáñez**, del curato del Loreto, h.l. de Dn. Mariano Ibáñez y de la finada María Caravajal. Presentada en Alijilán el 14 de septiembre de 1799. Ts: Dn. Juan Gregorio Rizo Patrón de 44, Dn. Mariano Bepre de 30, y Sebastián Maza de más de 50. Concluida en Alijilán a 24 de septiembre de 1799.

Jeréz, Dn. José Bernardo con Burgos, Da. María Damiana
Exp. 251. Dn. **José Bernardo Jeréz** de este curato h.l. del finado Dn. Martín Jeréz y de Da. María Juana Agüero; pretende contraer matrimonio con Da. **María Damiana Burgos**, h.l. del finado Dn. Miguel Burgos y de Da. María Simona Morales. Presentada en la Concepción de El Alto el 16 de enero de 1813. Testigos: Dn. José Cevallos de 44 años, Dn. Pedro Pablo Bulacia de 47 años y Dn. Domingo Alpírez de 40 años. Por concluida, en La Concepción de El Alto el 16 de enero de 1813.

Díaz, Juan Martín con Carrizo, María Jerónima
Exp. 252. **Juan Martín Díaz** h.l. de José Domingo Díaz y de María Dominga Romero, ya finados, vecinos de este Curato; pretende contraer matrimonio con **María Jerónima Carrizo** h.l. de Juan Pedro Carrizo, finado, y de María Isabel Lazo, vecinos de este curato. Presentado en la parroquia de El Alto el 13 de febrero de 1813. Testigos: Dn. Martín Gómez de 40 años, José Vicente Gómez de 31 años y Proto Jacinto Silva de 31 años. Por concluida el 13 de febrero de 1813.

Ibáñez, Juan de la Cruz con Carrizo, María del Carmen
Exp. 253. **Juan de la Cruz Ibáñez** hijo natural de María Juana Ibáñez, finada, pretende contraer matrimonio con **María del Carmen Carrizo** h.l. de Juan Pedro Carrizo, finado y de María Isabel Lazo. Presentada en la parroquia de El Alto el 13 de febrero de 1813. Testigos; Dn. José Gómez de 40 años, Dn. José (ilegible) Gómez de 31 años y Jacinto Pronto Silva, de 34 años. Por concluida el 13 de febrero de 1813.

Herrera, José León con Romano, María Eugenia
Exp. 254. **José León Herrera** hijo natural de Martina Herrera, de este curato, pretende contraer matrimonio con **María Eugenia Romano** h.l. de Gerardo Romano y de María Juana Garzón, vecinos de este curato. Presentado en la parroquia de El Alto el 13 de febrero de 1813. Testigos: Juan Cisterna de 49 años, Diego Cabral de 50 años y José Benito Juárez de 36 años. Por concluida en la parroquia de El Alto el 13 de febrero de 1813.

Collantes, José Domingo con González, María Victoria
Exp. 255. **José Domingo Collantes** feligrés de este curato h.l. de Francisco Collantes y de María Ignacia Figueroa; pretende contraer matrimonio con **María Victoria González** h.l. de Asencio González y de Mercedes Orellana. Testigos: Pedro Antonio Ramírez de 45 años y (ilegible) de 30 años. Por concluida en la parroquia de El Alto, el 9 de junio de 1813.

Agüero, Roque Jacinto con Medina, María Bonifacia
Exp. 256. **Roque Jacinto Agüero**, vecino de El Alto, hijo natural de Mercedes Agüero, difunta; pretende contraer matrimonio con **María Bonifacia Medina** h.l. de Juan Medina, difunto, y de María Pascuala Cordero. Presentada en la parroquia de El Alto el 5 de julio de 1813. Testigos: Dn. Fernando Saavedra de 50 años y Pedro Juan Sabando de 34 años. Por concluida el 6 de julio de 1813.

Burgos, José Manuel con Farías, María Alejandra
Exp. 257. **José Manuel Burgos**, esclavo de Dn. Juan Gregorio Burgos, pretende contraer matrimonio con **María Alejandra Farías**, libre, h.l. de José Enrique Farías difunto y de Teresa Juárez. Presentada en El Alto el 17 de julio de 1813. Testigos José Bruno Sánchez de 40 años, Dn. Felipe Lobo de 54 años. Por concluida en la parroquia de El Alto el 18 de julio de 1813.

Ferreira, Pedro Juan con Garnica, Candelaria
Exp. 258. **Pedro Juan Ferreira** hijo natural de la finada Juana Ferreira, de este curato, pretende contraer

matrimonio con **Candelaria Garnica** hija natural de la finada Juliana Garnica. ¨Presentada en la parroquia de El Alto el 8 de agosto de 1813. Testigos: Dn. Juan Ángel Gómez de 46 años y Francisco Cabral de 32 años. Por concluida en la parroquia de El Alto el 9 de agosto de 1813.

Barrientos, Pedro Francisco con Díaz, Ana María
Exp. 259. **Pedro Francisco Barrientos** h.l. de Juan Vicente Barrientos y de María del Tránsito Paz del lugar de Las Tunas de este curato pretende contraer matrimonio con **Ana María Díaz** h.l. de José Díaz y de la finada María Bernardina Guamán presentada en la parroquia de El Alto no es presentado en la parroquia de Ovando el 27 de agosto de 1813 testigo Antonio mercado trunca

Ortiz, Francisco Antonio con Lazarte, María Ascensiona
Exp. 260. **Francisco Antonio Ortiz**, h.l. de Esteban Ortiz y de Ambrosia Lazarte, pretende contraer matrimonio con **María Ascensiona Soraire** h.l. de José de la cruz Soraire y de María Dominga Armas. Presentada en la vice parroquia de Los Manantiales el 24 de septiembre de 1813. Testigo (ilegible) Jiménez de 40 años testigo Juan José (ilegible) de 38 años. Por concluida en la parroquia de El Manantial el 24 de septiembre de 1813.

Díaz, Pantaleón con Soria, María Agustina
Exp. 261. **María Agustina Soria** h.l. del finado Hilario Soria y de Luisa Moreno he resuelto contraer matrimonio con **Pantaleón Díaz** que se ha presentad ante usted y se ha corrido una proclama para casarse conmigo, en este estado he descubierto a una persona que podía darme luces en años pasado tuve amistad ilícita con primo hermano de mi pretendiente solicito usted sirva dispensarme este pedimento por las causales siguientes: que a usted le consta que pasa ya de los 30 años, estando todo dispuesto a celebrarse el matrimonio sería inevitable el escándalo si no se verifica y también el menoscabo de mi honor, de la madre de mi pretendiente asegura qué tal no es hijo de su marido por dónde viene el parentesco con el sujeto con quien tuve amistad ilícita; a usted pido y suplico sepa considerarme la dispensa. Presentado en la parroquia de Los Manantiales el 19 de octubre de 1813.

Jiménez, Juan Isidro con González, María Arcaria
Exp. 262. **Juan Isidoro Jiménez**, h.l. del finado Juan Andrés Jiménez y de Petrona Bohórquez pretende contraer matrimonio con **María Arcaria González** h.l. de los finados Martín González e Isabel Guamán, a hallándome emparentado en tercer grado de consanguinidad solicito la dispensa en virtud de las causales siguientes: mi pretendida es huérfana de padre y madre, por muerte de estos, ha quedado en la mayor pobreza manteniéndose expensas de un tío suyo; la pretendida tiene más de 22 años y es públicamente deshonrada por haber tenido un hijo. El Alto el 24 de octubre de 1813 comparece Arcadia Gonzales acompañada de su tío José González. Testigo: José de la Cruz Soraire de 56 años, Ambrosio Maldonado sabe que son parientes en la forma siguiente que José González que es el tronco común fue padre de Manuela González ésta fue madre de Petrona Bohórquez y esta es madre de Isidro Jiménez el mismo José González fue padre de Carlos González fue de Martín González y este es el padre de la pretendida Arcadia González de 50 años concluida en la parroquia de El Alto el 2 de noviembre de 1813. Penitencia: regar y barrer la iglesia de San José de Ovanta y que recen un rosario en tres días festivos.

Ogas, Juan Vicente con Díaz, Juliana
Exp. 263. **Juan Vicente Ogas** vecino del paraje de La Carpintería, viudo de la finada María Rosa Barrientos, pretende casarme con **Juliana Díaz** h.l. de los finados José Díaz y María Narcisa Gómez. Presentado en la parroquia de El Manantial el 11 de noviembre de 1813. Testigo: Agustín Villar de 36 años; Lázaro Rosales de 40 años. Concluida en la vice parroquia de El manantial el 17 de noviembre de 1813.

Sánchez, José Bruno con Cisneros, María Pilar
Exp. 264. **José Bruno Sánchez**, h.l. de Pablo Sánchez y de María Manuela Zapata, ya finados, vecinos del paraje de El Arroyo de Las Manzanas en la jurisdicción de la ciudad de Córdoba, pretende contraer matrimonio con **María Pilar Cisneros**, de este curato, hija natural de Manuela Cisneros, ya difunta. Presentada en la parroquia de El Alto el 22 de noviembre de 1813. Testigo: Dn. Ignacio Espeche, de 38 años; Dn. José Lorenzo Burgos de 42 años. Concluida en la parroquia de El Alto el 23 de noviembre de 1813.

Barrientos, Luciano con Rivera, Domitila
Exp. 265. **Luciano Barrientos**, feligrés de este curato, h.l. del finado Miguel Barrientos y de Eusebia Nieva, pretende contraer matrimonio con **Domitila Rivera** h.l. de la finado Jacinto Rivera y de Silveria Guerrero; estando emparentados en cuarto grado de consanguinidad suplico la dispensa por las siguientes

causales: mi pretendida es huérfana de padre y madre está en la mayor pobreza y escasez debe su subsistencia el trabajo de sus manos, pasa ya de los 23 años tercera, no vive subordinada personal alguna. Presentado en la parroquia de Los Manantiales el 16 de diciembre de 1813. Testigos: Pedro Pablo Díaz de 35 años edad; Nicolás Barrientos declara que los pretendientes están ligados en parentesco de cuarto grado de la forma siguiente: José Barrientos fue padre Nicolás Barrientos éste lo fue de Mateo Barrientos Padre de Miguel Barrientos quien fue padre del pretendiente Luciano Barrientos, el mismo José Barrientos, que es el tronco común, fue padre de Mateo Barrientos que lo fue de Juana Barrientos madre de Jacinto Rivera que fue el padre de Domitila Rivera la pretendiente, el testigo tiene 32 años y está emparentado con ambos en cuarto grado. Por concluida el 18 de diciembre de 1813. Penitencia: ayuno tres días a pan y agua en los tres siguientes a su matrimonio y tres rosarios en días festivos.

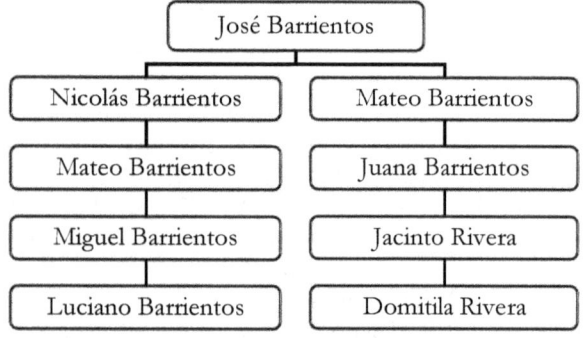

Leiva, Dn. Pedro con Concha, Andrea
Exp. 266. Dn. **Pedro Ignacio Leiva**, feligrés de este curato, viudo de Da. Estanislada Vera, tratando de remediar su mala vida, intenta casarse con **Andrea Concha**, india libre, con quien ha vivido muchos años en un público escándalo, del cual han resultado cuatro hijos; teniendo con su pretendida un impedimento por afinidad en primer grado, por haber tenido trato la pretendida con un hermano difunto del pretendiente; causales: la pretendida es pobre y pasa los 28 años, quiere legitimar los hijos que han tenido. Presentada en Los Manantiales el 14 de junio de 1815. Dispensa otorgada en San Miguel de Tucumán el 19 de junio de 1815.

Valdéz, Ambrosio con Cisternas, Hermenegilda
Exp. 267. **Ambrosio Valdéz**, de este curato, h.l. del finado Marcos Valdéz y de María Juliana Salguero, pretende contraer matrimonio con **Hermenegilda Cisternas** hija natural de Francisca Cisterna. Presentada en la parroquia de El Alto el 27 de agosto de 1815. Testigos: Dn. Alejandro Rizo Patrón de 36 años; Dn. Martín Argüello de 40 años. Por concluida en la parroquia El Alto el 30 de agosto de 1815.

Romero, Marcos con Medina, María Lorenza
Exp. 268. **Marcos Romero**, viudo de Bartolina Páez, trata de contraer matrimonio con **María Lorenza Medina** h.l. de Diego Medina y de Ubaldo Cisneros, necesita se le dispense impedimento de afinidad por cópula ilícita que tuvo con una tía carnal de la tal María Lorenza; causales, está en un vecindario que hace difícil la separación, la soledad y pobreza de la madre y la patria insta por el aumento de su población; el impedimento no es tan oculto que no lo sepan algunas personas. Dispensa otorgada en Salta el 18 de diciembre de 1816.

Durán, José Antonio con Luna, María de Jesús
Exp. 258. **José Antonio Durán**, h.l. de Francisco Durán, ya finado y de María Laurencia Seco, vecinos de Ancuja, pretende contraer matrimonio con **María de Jesús Luna**, h.l. de Pedro Pablo Luna y de María Gregoria Sandy. Presentada en El Alto el 11 de julio de 1812. Testigos: Dn. José Eudosio Espeche de 35 años, Dn. Bartolo Valdéz de 39 años y Ramón Burgos de 51 años.

Leiva, Dn. Manuel Rudecindo con Juárez, Da. Pabla
Exp. 259. Dn. **Manuel Rudecindo Leiva**, h.l. del finado, Dn. Luis Leiva y de Da. Magdalena Márquez, vecinos y naturales de este curato, pretende contraer matrimonio con Da. **Pabla Juárez** del curato del Rio Chico, jurisdicción de Tucumán, h.l. de Dn. Bernardo Juárez y de Da. Jacinta Sierra, finada. Presentada en El Alto el 11 de julio de 1812. Testigos: Dn. Manuel Antonio Avellaneda de 45 años, le tocan las generales de la ley en cuarto grado, Dn. Basilio Guamán de 57 y Agustín Santillán le toca las generales de la ley en quinto grado y es de más de 50 años.

Salto, Juan Blas con Luna, María Petrona
Exp. 260. **Juan Blas Salto**, natural de Catamarca, h.l. de Bartolo Salto y de Ana María Reinoso difunta, pretende contraer matrimonio con **María Petrona Luna**, h.l. de Pablo Luna y de Gregoria Sandy. Presentada en El Alto el 20 de julio de 1812. Testigos: Dn. Apolinario Valdéz, de 25 años; Dn. Laurencio Artaza de 20 años, Dn. Lorenzo Tello, de 33 años.

Luna, Bartolomé con Rivera, Remigia
Exp. 261. **Bartolomé Luna** feligrés de este curato h.l. del finado José Luna y de María del Carmen Rosales, quiere contraer matrimonio con **Remigia Rivera**, hija, legítima de los finados, Jacinto rivera y Silveria guerreros en la vice parroquia de Santa Bárbara, 16 de mayo de 1814 testigo Pedro Ojeda de 41 años testigo Melchor Barrientos de 49 años.

Romero, José Manuel con Quiroga, María Beatriz
Exp. 262. **José Manuel Romero**, natural de este curato, h.l. de Bernardo Romero, ya difunto y de María Gregoria Pardo, vecinos de este curato, pretende contraer matrimonio con **María Beatriz Quiroga**, de este curato, viuda del finado Laureano Ledesma. Presentado en la Concepción de El Alto el 7 de agosto de 1812. Testigos: Hilario Morales de 40 años, Francisco Javier Barrera de 30 años, Francisco Antonio Juárez de 40 años.

Romero, Juan Fernando con Rosales, María Antonia
Exp. 263. **Juan Fernando Romero**, vecino del curato de El Alto y residente en el paraje de La Carpintería, h.l. del finado Mariano Romero y de María Petrona Barrientos pretende contraer matrimonio con **María Antonia Rosales**, hija natural de la finada Gregoria Rosales. Presentada en la Concepción de El Alto el 10 de septiembre de 1812. Testigos: Juan Alcaraz de 70 años; Luis Castillo de 23 años; Dn. Gaspar Barrientos, pariente en tercer grado, de 28 años.

Candi, Juan Antonio con Ortiz, María Mercedes
Exp. 264. **Juan Antonio Candi**, feligrés de El Alto, hijo natural de Anastasia Candi, pretende contraer matrimonio con **María Mercedes Ortiz**, de este curato, hija natural de la finada María Francisca Ortiz. Presentada en la parroquia de El Alto, el 19 diciembre de 1812. Testigos: Basilio Huamán de 55 años, Dn. Manuel Antonio Avellaneda de 47 años, Pedro Nolasco González, de 31 años.

Armas, Sinforiano con Barros, Feliciana
Exp. 269. **Sinforiano Armas**, de este curato, h.l. de José Domingo Armas y de María Antonia Romano pretende contraer matrimonio con **Feliciana Barros** h.l. de Narciso Barros, difunto y de Teodora Albornoz. Presentada en la parroquia de El Alto el 12 de enero de 1814. Testigos: Bonifacio Arroyo de 50 años testigo Pedro (ilegible).

Quiroga, Ramón Antonio con Leiva, Da. María Serafina
Exp. 270. **Ramón Antonio Quiroga**, feligrés de El Alto, viudo de María Manuela Arévalo quiere contraer matrimonio en segundas nupcias con Da. **María Serafina Leiva**, viuda del finado Dn. Jacinto Gutiérrez, de este curato. Presentada en la parroquia de El Alto el 17 de enero de 1814. Testigos (ilegible) Albarracín de 36 años y Pablo Lazo.

Reyes, Juan Antonio con Burgos, María Isabel
Exp. 271. **Juan Antonio Reyes**, h.l. del finado Dn. Juan de la Cruz Reyes y de Da. Mercedes Vega pretende contraer matrimonio con **María Isabel Burgos**, h.l. del finado Santiago Burgos y de Lorenza Villagrán; mediando entre ambos el parentesco de consanguinidad en cuarto grado, suplico la dispensa en vista de las causales siguientes: primera, la pretendida es niña pobre y sin padre y por lo tanto expuesta a la flaqueza propias de la juventud y de la libertad que se goza en la campaña; segunda, el único fin que me mueve es el arreglo de mi vida, sirviendo a dios en el estado del matrimonio. Presentado en la parroquia de El Alto, el 18 de enero de 1814, testigos: Ignacio Candi, sabe que son parientes en cuarto grado de consanguinidad, pero no se aclara el parentesco. Testigos: Pablo Rosales de 26 años y (ilegible). Dispensa fechada el 19 de enero de 1814, penitencia: tres ayunos a pan y agua en los tres sábados siguientes a la celebración de su matrimonio.

Páez, Manuel Antonio con Góngora, Alejandra
Exp. 272. **Manuel Antonio Páez**, feligrés de la Concepción de El Alto, hijo natural de Juan José Páez pretende contraer matrimonio con **Alejandra Góngora**, h.l. de Andrés Góngora y de Victoria Díaz. Presentada en la parroquia de El Manantial el 26 de enero de 1814. Testigos: Agustín Barrientos de 38 años y Melchor Barrientos de 40 años.

Bret, Dn. José Andrés con Reyes, Da. Juana Catalina
Exp. 273. Dn. **José Andrés Bret**, de este curato, h.l. del finado con José Antonio Bret y de Da. María del Tránsito Valdéz, pretende contraer matrimonio con Da. **Juana Catalina Reyes**, hija, legítima del finado, Dn. Miguel Reyes y de Da. Fabiana Leiva, estamos emparentados en cuarto grado de consanguinidad, suplico la dispensa bajo las causales siguientes: la pretendida es niña pobre, sin padre; y que en este vecindario me hallo emparentado con todas las familias iguales a mi nacimiento. Testigo (ilegible) de 62 años, Gualberto Espeche de 60 años. La dispensa está fechada el 23 de febrero de 1814.

Artaza, Bartolo con Vázquez, María del Carmen
Exp. 274. **Bartolo Artaza**, de este curato, h.l. del finado Lucas Artaza y de Teodora Romero, pretende contraer matrimonio con **María del Carmen Vázquez**, hija, legítima de Valeriano Vázquez y de Genuaria Leiva. Presentada en la parroquia de El Alto el 27 de febrero de 1814. Testigos: Félix (ilegible) de 60 años y Dn. Lucas (ilegible) de 70 años.

Juárez, Juan Gregorio con Quiroga, María Nieves
Exp. 275. **Juan Gregorio Juárez**, de este curato, hijo natural de Francisca Juárez pretende contraer matrimonio con **María Nieves Quiroga**, huérfana, adoptiva de Juan Dionisio Quiroga y de María Tránsito Ortiz. Presentada en la parroquia de El Alto el 2 de abril de 1814. Testigos: (ilegible) y Casimiro Albarracín de 45 años.

Rodríguez, Dn. Miguel con Quiroga, Petrona
Exp. 276. Dn. **Miguel Rodríguez**, viudo de María Arinaga, pretende contraer matrimonio con **Petrona Quiroga**, hija de los finado Pedro Francisco Quiroga y Margarita Soria, mediando un impedimento por afinidad en segundo grado por cópula ilícita por haber yo tenido y consumado con una prima hermana de mi pretendida, pido la dispensa por las causales siguientes: la pretendida es extremadamente pobre no tiene padre ni madre y pasa ya los 28 años. Penitencia un rosario y una limosna de ocho libras de cera. En parroquia de El Alto abril ilegible de 1814.

Rodríguez, Dn. Miguel con Quiroga, Petrona
Exp. 277. Dn. **Miguel Rodríguez**, viudo de María Arinaga, pretende contraer matrimonio con **Petrona Quiroga**, hija de los finado Pedro Francisco Quiroga y Margarita Soria. Presentada El Alto 18 de abril de 1814 testigos: (ilegible) Cabral de 50 años, Pedro Jacinto Silva de 40 años. Concluida el 19 de abril de 1814.

Barrientos, Patricio con Pereira, Genuaria
Exp. 278. **Patricio Barrientos**, h.l. de los finado Mariano Barrientos, de este beneficio y de Gertrudis Olivera natural de Santiago, pretende contraer matrimonio con **Genuaria Pereira** h.l. de Juan José Pereira y de Bernardo Rosales. Presentada en la parroquia de El Alto el 22 de abril de 1814. Testigos: Dn. Miguel Bulacia de 40 años, Juan Gregorio Ojeda de 38 años. Por concluida el 23 de abril de 1814.

Pereyra, Juan Simón con Burgos, María Genuaria
Exp. 279. **Juan Simón Pereyra** h.l. de Juan José Pereyra y de Bernarda Rosales, de este beneficio pretende contraer matrimonio con **Genuaria María Burgos** h.l. de Santiago Burgos y de Florencia Villagra. Presentada en la parroquia de El Alto el 23 de abril de 1814. Testigos: (ilegible) Barrientos de 36 años y Juan Antonio Cárdenas de 40 años. Por concluida el 23 de abril de 1814.

Romano, Bernabé con Garzón, Felipa
Exp. 280. **Bernabé Romano**, feligrés este curato, viudo de la finada Ana María Luna, pretende contraer matrimonio con **Felipa Garzón** hija natural de Antonia Garzón, teniendo con mi pretendida impedimento oculto de afinidad por cópula ilícita por haberla tenido yo con una sobrina carnal de mi pretendida, solicito la dispensa por las siguientes causales: habiendo vivido en público amancebamiento con dicha mi pretendida ha quedado desacreditada y no será fácil tratarle con quien casarse no haciéndolo conmigo por ser sumamente pobre y pasar de los 28 años, vive al arrimo de una madre anciana y por último mi fin no es otro que salir de la mala vida en que vivo y no dejar a mi pretendían abandona teniendo en consideración que por mí ha perdido su crédito. Penitencia: cuatro libras de cera para alumbrado de sacramentos que deberán entregar a Dn. Felipe Márquez mayordomo de la cofradía a más de esto ayunen a pan y agua en 3 días siguientes a la celebración de su matrimonio. Por concluida en la parroquia de Santa Bárbara de los Manantiales a 28 de abril de 1814.

Romano, Bernabé con Garzón, María Felipa
Exp. 281. **Bernabé Romano**, de este curato h.l. de Alberto Romano y de Gabriela Macedo ya finados pretende contraer matrimonio con **María Felipa Garzón** hija natural de Antonia Garzón. Presentada en El Alto el 1 de marzo de 1814. Testigos: Dn. Diego (ilegible) de 52 años, Pablo Lazo de 46 años. Por concluida el 2 de marzo de 1814 en la parroquia de El Alto.

Gaona, Tomás con Paz, María
Exp. 282. **Tomás Gaona**, feligrés de la Concepción de El Alto, hijo natural de Alejandra Gaona pretende contraer matrimonio con **María Paz**, de este curato, hija natural de Petrona Guerrero. Presentado en la vice parroquia de Santa Bárbara el 17 de mayo de 1814. Testigos: José Antonio Ojeda de 67 años y Agustín (ilegible) de 39 años. Por concluida en la vice parroquia de Santa Bárbara 18 de mayo de 1814.

Ahumada, Dn. Victoriano con Valdéz, Da. Lorenza
Exp. 283. Dn. **Victorino Ahumada**, h.l. del finado Dn. Manuel Ahumada y de Da. Simona Quiroga, pretende contraer matrimonio con Da. **Lorenza Valdéz** h.l. de los finados Dn. José Lorenzo Valdéz y de Da. Antonia Domínguez; estando emparentado con mi pretendida en cuarto grado de consanguinidad suplico la dispensa por las causales siguientes: mi pretendida es una niña pobre que se mantiene a expensas de un tío que la recogió de su casa después de la muerte de sus padres, habiendo quedado por muerte de estos en total desamparo y orfandad. Presentada en El Alto el 17 de mayo de 1814. Da. Lorenza Valdéz se presenta acompañada por su tío Dn. Nicolás Valdéz. Penitencia: ayuno a pan y agua en los tres viernes siguientes a la celebración del matrimonio y tres rosarios en tres días festivos, la dispensa está fechada en la parroquia de El Alto el 19 de mayo de 1814. Los testigos (ilegible) Artaza, de 43 años y Pedro Pablo Gómez de 52 años, declaran que el parentesco es de la forma siguiente:

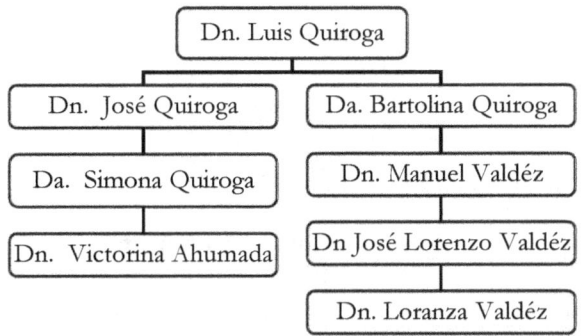

Jiménez, Lorenzo con Aráoz, María Gregoria
Exp. 284. **Lorenzo Jiménez**, feligrés de la Concepción de El Alto, viudo de María del Carmen Alamon, pretende contraer matrimonio con **María Gregoria Aráoz**, h.l. de Marcos Aráoz y de Catalina Albarracín. Presentada en la parroquia de Santa Bárbara el 1 de junio de 1814. Testigos: (ilegible) Barrientos de 38 años y Agustín Barrientos de 43 años. Por concluida el 2 de junio de 1814.

Figueroa, José Domingo con Roldán, María Juana
Exp. 285. **José Domingo Figueroa,** vecino del paraje de San Francisco, h.l. de María Lorenza Figueroa pretende contraer matrimonio con **María Juana Roldán** hija natural de María Casilda Roldán, finada. Presentada en El Alto el 2 de junio de 1814. Testigo Juan José Páez de 48 años y José Manuel Pacheco de 39 años. Por concluida en la parroquia de El Alto el 3 de junio de 1814.

Cisterna, José Rosa con Ojeda, María Faustina
Exp. 286. **José Rosa Cisterna**, hijo natural de María del Señor Cisterna pretende contraer matrimonio con **María Faustina Ojeda** hija natural de María Isabel Ojeda. Presentada en la parroquia de El Alto el 2 de junio de 1814, testigo Diego Cabral de 51 años y Proto Jacinto Silva de 43 años. Por concluida en la parroquia de El Alto el 3 de junio de 1814.

Díaz, Juan Graciliano con Pineda, María Gertrudis
Exp. 287. **Juan Graciliano Díaz** viudo de la finada Luisa Peria, vecino de La Toma, pretende contraer matrimonio con **María Gertrudis Pineda**, del mismo vecindario, h.l. del finado Alberto Pineda y de Margarita Burgos. Presentado en la vice parroquia de Vilismano el 4 de octubre de 1814. María Gertrudis Pineda comparece acompañada de su tía Juana Burgos. Testigos: Dn. Cipriano Sibila, de 52 años, conoce al pretendiente desde hace 5 a 6 años en el paraje de La Tomás; Pedro Regalado Calvimonte. Por concluida en la vice parroquia de Vilismano el 6 de octubre de 1814. Corridas las proclamas se verificó el matrimonio el día 26 de octubre de 1814.

Juárez, Juan Gregorio con Miranda, María Eustaquia
Exp. 288. **Juan Gregorio Juárez**, vecino de Choya hijo natural de Petrona Juárez pretende contraer matrimonio con **María Eustaquia Miranda** vecina de Choya hija natural de María de la Concepción Miranda. Presentada en la vice parroquia de Vilismano el 2 de noviembre de 1814. Testigos: Hipólito Cordero de 53 años, (ilegible) Peralta de 50 años. Por concluida en Vilismano el 4 de noviembre de 1814. Corrida las proclamas se verificó el matrimonio el día 24 de noviembre y se velaron el mismo día.

Arias, Juan Agustín con Ávila, Josefa
Exp. 289. **Juan Agustín Arias**, vecino de Caña Cruz, hijo de legítimo de los finados Felipe Arias y Francisca Cornelia Delgado; pretende contraer matrimonio con **Josefa Ávila**, vecina de Los Nogales, hija natural de la finada Ana María Ávila. Presentada en la parroquia de Vilismano el 23 de noviembre de 1814. La contrayente se presentó acompañada por su tía Mercedes Ávila. Testigos: Francisco Acuña de 45 años y (ilegible) Arévalo de 40 años. Por concluida el 25 de noviembre de 1814 en Vilismano. Corridas las proclamas, se verificó el matrimonio el 24 de diciembre de 1814 y fueron velados el día 19 de enero de 1815.

Cabral, Dn. Felipe Santiago con Aragón Da. María Luisa
Exp. 290. Dn. **Felipe Santiago Cabral**, de este curato, hijo natural de Da. María Ignacia Cabral, pretende contraer matrimonio con Da. **María Luisa Aragón** h.l. de Dn. Juan Ignacio Aragón y de la finada Da. María Luisa Vergara. Presentada en la parroquia de El Alto el 2 de enero de 1816. Testigos: Dn. Pedro Francisco Ovejero, de 40 años; Dn. Ramón Goyochea de 30 años. Por concluida el 2 de enero de 1816.

Sánchez, Pedro Ignacio con Ojeda, María Rosa
Exp. 291. **Pedro Ignacio Sánchez**, de este curato, hijo natural de María Santos Sánchez. pretende contraer matrimonio con **María Rosa Ojeda** h.l. de Pedro Ojeda y de Petrona Quiroga. todos feligreses de este curato. Presentada en la parroquia de El Alto el 7 de enero de 1816 testigo Ramón (ilegible) de 35 años; José Manuel Castillo de 30 años. Por concluida en la parroquia de El Alto el 8 de enero de 1816.

Díaz, Francisco Inocencio con Adauto, María Pascuala
Exp. 292. **Francisco Inocencio Díaz** h.l. de José Domingo Díaz y de María Mercedes Arias, naturales de este curato, pretende contraer matrimonio con **María Pascuala Adauto** h.l. del finado Solano Adauto y de Mercedes Burgos. Presentada en la parroquia El Alto el 27 de enero de 1816. Testigos: Ignacio Agüero de 25 años, Miguel Marcelino Cuello

de 30 años. Por concluida en la parroquia de El Alto el 28 de enero de 1816.

Márquez, Dn. Ramón Martín con Rodríguez, Da. María Dominga

Exp. 293. Dn. **Ramón Martín Márquez** natural de este curato h.l. del finado Dn. Felipe Santiago Márquez y de la finada Da. María Agustina Espeche, pretende contraer matrimonio con Da. **María Dominga Rodríguez** h.l. de Dn. José Rodríguez y de Da. Luisa Crispín. Presentada en la parroquia de El Alto el 2 de febrero de 1816. Testigos: Dn. Juan Gregorio (ilegible) de 40 años; Pedro Juan Sabando concluida el 2 de febrero de 1816 en la parroquia de El Alto.

Ibáñez, Juan Luis con Contreras, María del Rosario

Exp. 294. **Juan Luis Ibáñez** viudo de la finada María Agustina Retamozo, pretende contraer matrimonio con **María del Rosario Contreras** hija natural de la finada Ana María Contreras. Presentada en la parroquia de El Alto el 2 de febrero de 1816. Testigo Javier (ilegible) de 35 años; Manuel (ilegible) de 30 años. Por concluida en la parroquia de El Alto el 4 de febrero de 1816.

Aráoz, Francisco de Paula con Espinosa, María Ignacia

Exp. 295. **Francisco de Paula Aráoz**, de este beneficio, h.l. de José Julián Aráoz y de María Francisca Tula, vecinos de Quimilpa, pretende contraer matrimonio con **María Ignacia Espinosa** hija natural de María José Espinosa, del mismo paraje, teniendo con mi pretendida impedimento público de afinidad en segundo grado resultante de cópula ilícita que consumó dicha mi prometida con un tío carnal mío; se ha de servir dispensarnos en vista de las causales siguientes: mi prometida es una muchacha pobre de solemnidad y vive al ritmo de su abuela materna, anciana e igualmente pobre, sin subordinación a ella y por tanto expuesta a infelicidades por la libertad en que vive; la pretendida se haya desacreditada por mí, por la torpe comunicación en que hemos vivido y de la que ha resultado prole que quiero legitimar; casándome con ella cesarán las discordias entre las dos familias. Presentada en la vice parroquia de El Manantial el 4 de febrero de 1816. Penitencia: ayuno a pan y agua tres días y que recen una parte del Rosario hincados de rodillas. En la vice parroquia de Santa Bárbara del Manantial fecha ut supra.

Ledesma, José Antonio con Coronel, María

Exp. 296. **José Antonio Ledesma** h.l. de Prudencio Ledesma y de Justa Díaz, naturales y residentes en este beneficio, pretende contraer matrimonio con **María Coronel** h.l. del finado José Domingo Coronel y de María Bernarda Ibarra, naturales de esta parroquia. Presentado en la parroquia de El Alto el 17 de febrero de 1816. Testigo Dn. (ilegible) Cabral de 50 años, Pedro Juan Sabanda de 34 años. Por concluida en la parroquia de El Alto el 17 de febrero de 1816.

Altamiranda, Ramón Antonio con Suárez, María Dorotea

Exp. 297. **Ramón Antonio Altamiranda** h.l. de Domingo y de María Francisca Mancilla, pretende contraer matrimonio con **María Dorotea Suárez** hija bastarda de Manuela Juárez Suárez. Presentada en El Alto 24 de febrero de 1816. Testigos: Dn. José Ignacio Quiroga de 39 años, Casimiro Burgos de 45 años. Por concluida en la parroquia de El Alto el 24 de febrero de 1816.

Nieva, Juan Inocencio con Rojo, Mauricia

Exp. 298. **Juan Inocencio Nieva.** de este curato, hijo adoptivo de Tomás Nieva, pretende contraer matrimonio con **Mauricia Rojo**, h.l. del finado Pedro Esteban Rojo y de María Antonia Aragón, ya difunta. Presentada en la parroquia El Alto el 17 de marzo de 1816. Testigo (ilegible) Cabral de 49 años, Manuel Melián de 40 años. Por concluido en la parroquia El Alto el 11 de marzo de 1816. (Los testigos llaman al contrayente como Juan Inocencio Mamondez).

Romano, Santiago Ignacio con Osores, Bárbara

Exp. 299. **Santiago Ignacio Romano**, del paraje de los Osores, h.l. de Bernabé Romano y de la finada Ana María Luna pretende contraer matrimonio con **Bárbara Osores** del pasaje de Taco Yaco, h.l. de los finados Clemente Osores y de Teodora Medina. Presentado en la parroquia de El Alto el 8 de abril de 1816. Testigo Dn. Ignacio (ilegible) de 42 años, Dn. Francisco Azcuénaga de 40 años. Concluida en la parroquia de El Alto el 9 de abril de 1816.

Lobo, José Domingo con Albarracín, María Severina

Exp. 300. **José Domingo Lobo**, del paraje de Tintigasta, h.l. de Dn. Felipe Lobo y de las finada Bartolina Concha, pretende contraer matrimonio con **María Severina Albarracín**, del mismo paraje, hija natural de Mercedes Albarracín. Presentada en El Alto el 10 de abril de 1816. Testigo Dn. Juan Burgos de 40 años, Dn. Juan Gregorio Burgos de 40 años. Por concluida el 10 de abril de 1816 en la parroquia de El Alto.

Rodríguez, Dn. Juan Francisco con Quiroga, María Bernardina

Exp. 301. Dn. **Juan Francisco Rodríguez** h.l. de Dn. Miguel Rodríguez y de la finada Da. María Amaya, de este beneficio, pretende contraer matrimonio con **María Bernardina Quiroga** h.l. del finado Pedro

Francisco Quiroga y de María Ignacia Cardoso, del mismo lugar, presentado en la parroquia de El Alto el 20 de abril de 1816. Testigos: Dn. Martín (ilegible) de 36 años. Concluida en la parroquia de El Alto el 28 de abril de 1816.

Baigorri, Francisco Javier con Díaz, María Fernanda
Exp. 302. **Francisco Javier Baigorri** hijo natural de María de las Nieves Baigorri natural del Tucumán, residente en esta, pretende contraer matrimonio con **María Fernanda Díaz** hija natural de María Leocadia Díaz, difunta, del partido de La Bajada. Presentada en la parroquia de El Alto el 20 de abril de 1816. Testigos: Miguel Antonio (ilegible), quien declara que conoció al pretendiente de edad de 14 años en casa de Pedro Miguel Valdéz donde se ha criado y en casa de su hermano de Bartolo Valdéz, de 25 años; Francisco Solano Valdéz, lo conoce en casa de Dn. Bartolo Valdéz hace tres años para cuatro años, de 18 años. Concluido en la parroquia El Alto el 21 de abril de 1816.

Fernández, Pedro Nolasco con Rosales, Ignacia
Exp. 303. **Pedro Nolasco Fernández** viudo de María Isabel Bravo, natural de este beneficio, pretende contraer matrimonio con **Ignacia Rosales** h.l. de Ignacio Rosales y de Petrona Olivera, natural de este beneficio. Presentado en la parroquia de El Alto el 2 de mayo de 1816. Testigos: Pedro Ortiz quien lo conoce hace más de 20 años, de 50 años; (ilegible) Calderón lo conoce hace 20 años como vecino de ese lugar, de 30 años. Concluida el 2 de mayo de 1816 en la parroquia de El Alto.

Lazo, Fermín con Vázquez, María Juana
Exp. 304. **Fermín Lazo** h.l. de Pedro Pablo lazo difunto y de Francisca Antonia Ledesma, naturales de esta feligresía, pretende contraer matrimonio con **María Juana Vázquez** h.l. de Valeriano Vázquez y de María Genuaria Leiva. Presentada en la parroquia de El Alto el 10 de mayo de 1816. Testigos: Pedro Páez, lo conoce en la casa de sus padres donde se ha criado hace más de 15 años, de 40 años; Juan Tomás Aguirre, lo conoce hace más de 12 años en casa de su padre, tiene 60 años. Concluida en la parroquia de El Alto el 11 de mayo de 1816.

Díaz, Ambrosio con Ibáñez, Victoria
Exp. 305. **Ambrosio Díaz**, de Alijilán, viudo de María Severina Rueda, pretende contraer matrimonio con **Victoria Ibáñez** hija natural de la finada Martina Ibáñez, de El Bañado. Presentada en la parroquia vice parroquia de Santa Bárbara el 16 de junio de 1816. Testigos: Pablo Díaz de 50 años, Manuel Bernabé Barrientos de 30 años. Concluida en la vice parroquia de Santa Bárbara el 16 de junio de 1816.

Albarracín, José Manuel con Lobo, María Luisa
Exp. 306. **José Manuel Albarracín** vecino de Tintigasta, hijo natural de Mercedes Albarracín, pretende contraer matrimonio con **María Luisa Lobo**, del mismo paraje, h.l. de Dn. Felipe Lobo y de la finada Bartolina Concha. Presentada en El Alto el 10 de abril de 1816. Testigos: Miguel Burgos de 49 años, Dn. Juan Gregorio Burgos de 40 años. Concluida en la parroquia de El Alto el 11 de abril de 1816.

Fernández, José Francisco con Díaz, María Juana
Exp. 307. **José Francisco Fernández** vecino de Albigasta, h.l. de Antonio Juárez y de la finada Francisca Ayunta, pretende contraer matrimonio con **María Juana Díaz**, del mismo vecindario, hija natural de Felipa Díaz. Presentada en Manantiales el 9 de noviembre de 1816. Testigos: José Luis Ledesma de 34 años, (ilegible) Peralta vecino de Choya, de 40 y más años de edad. Concluida en Los Manantiales el 9 de noviembre de 1816.

Díaz, Juan Bautista con Artaza, María Rosalía
Exp. 308. **Juan Bautista Díaz** vecino de Tacopunco viudo de Mercedes Cejas pretende contraer matrimonio con **María Rosalía Artaza** viuda de Segundo Santucho, de este curato. Presentada en El Alto 15 de noviembre de 1816. Testigos: Juan Simón Lindón como de 56 años, José Manuel Pérez, como de 60 años. Concluida en El Alto el 15 de noviembre de 1816.

González, Matías con Collantes, María Mauricia
Exp. 309. **Matías González**, vecino de Ampolla, h.l. del finado Juan Ascencio y de María Mercedes Orellana pretende contraer matrimonio con **María Mauricia Collantes**, del mismo vecindario, h.l. de Valentín Francisco Collantes y de la finada María Ignacia Figueroa. Presentada en la Concepción de El Alto el 30 de noviembre de 1816. Testigos: José Lucas Reinoso vecino de Ovanta, de 24 años, Sinforiano Armas, vecino de Ovanta, de más de 24 años. Concluida en la Concepción de El Alto el 30 de noviembre de 1816.

Páez, Juan Gregorio con Mancilla, María Petrona
Exp. 310. **Juan Gregorio Páez y Jiménez**, feligrés de este curato, h.l. de Juan Ignacio Páez y de Francisca Jiménez, del mismo lugar, pretende contraer matrimonio con **María Petrona Mancilla** hija natural de María Luisa Mancilla del rectoral de El valle. Presentada en El Alto el 13 de diciembre de 1816. Testigos: Pedro Juan Sabando de 36 años, Dn. Diego Cabral, aunque sean parientes algo inmediatos no faltará por esto a la verdad. Concluida el 13 de diciembre de 1816.

Mercado, Pedro Antonio con Paz, Patricia
Exp. 311. **Pedro Antonio Mercado**, vecino de Las Tunas hijo del finado Juan Ignacio y de María Felipa Collantes, pretendo casarme con **Patricia Paz**, del mismo vecindario, hija del finado Martín y de María Genuaria Argañaráz. Presentada en Concepción de El Alto el 14 de diciembre de 1816. Testigos: Gerónimo Pereira vecino de Ampolla, como de 32 años, José Javier Vizcarra, vecino de Ampolla, de 26 años. Concluida el 14 de diciembre de 1816 en la Concepción de El Alto.

Narváez, Dn. José Ignacio con Contreras, Da. María de la Encarnación
Expediente 317. Dn. **José Ignacio Narváez**, residentes en Los Nogales, h.l. de Dn. Ignacio Narváez y de Francisca Medina, difuntos, vecinos del Valle de Catamarca, pretende contraer matrimonio con Da. **María de la Encarnación Contreras** h.l. de Dn. Vicente Contreras, difunto y de Da. Rafaela Frogel, vecina de Las Trancas. Presentado en El Alto el 16 de enero de 1817. Testigos: Juan Miguel Medina vecino de Oyola, conoce al pretendiente por haber estado viviendo en su casa, es pariente del novio en cuarto grado y tiene 28 años; Felipe Santiago Medina, vecino de los Nogales, lo conoce desde que nació por haber estado viviendo en su casa, es pariente en cuarto grado y tiene de 34 años. Por concluida en la Concepción de El Alto el 16 de enero de 1817.

López, Manuel con Ibarra, Anastasia.
Expediente 326 En Santa Bárbara el 1 de febrero de 1817, se presentó **Manuel López**, natural de Santiago y residente en Las Cortaderas, viudo de Francisca Galván, pretende contraer matrimonio con **Anastasia Ibarra** hija natural de Tadea vecinas de Ayapaso. Nota: "no se verificó este matrimonio por haberse huido la pretendida a extraña jurisdicción arrepentida de su anterior consentimiento".

Garnica, Cipriano con Cornejo, María Andrea
Expediente 327. En Santa Bárbara en el Manantial, el 4 de febrero de 1817 se presentó **Cipriano Garnica**, hijo natural de Gregoria y vecino de Vilismano, pretende contraer matrimonio con **María Andrea Cornejo**, del mismo vecindario, hl del finado Alberto y de María Isidora Zurita. Nota: este enlace no se llevó a cabo porque uno de los pretendientes contrajo "un impedimento indispensable y público" por lo que el otro pretendiente se retrajo en su intento.

Peralta, Bartolomé con Arévalo, Manuela
Expediente 330. En El Alto el 15 de febrero de 1817 se presentó **Bartolomé Peralta**, vecino de Choya e hijo de José y de María de los Dolores Quiroga. Pretende contraer matrimonio con **Manuela Arévalo**, hija natural de Manuela, vecinas de Achalco.

Quiroga, Juan Calixto con Reinoso, Casilda
Expediente 331. En Manantial el 11 de febrero de 1817 se presentó **Juan Calixto Quiroga**, h.l. de los finados Santiago y Petrona Maturano, pretende contraer matrimonio con **Casilda Reinoso**, hl de Juan y de la finada Juana Verón.

Márquez, Dn. Juan Bartolomé con Urreiola, Da. Ignacia
Expediente 332 Dn. **Juan Bartolomé Márquez** h.l. del finado Dn. Luis Márquez y de Da. María Francisca Bulacia vecinos de El Molino, pretende contraer matrimonio con Da. **Ignacia Urreiola** h.l. del finado Dn. Miguel Urreiola y de Da. María Francisca Bulacia. Testigos: Dn. Martín Rizo, lo conoce desde que nació sabe que son parientes pero ignora en qué grado, tiene 56 años y es pariente del novio; Dn. José Cevallos, lo conoce desde que nació y conoce el parentesco que los une. Presentada en El Alto 27 de febrero de 1817. El parentesco se explica con el esquema siguiente:

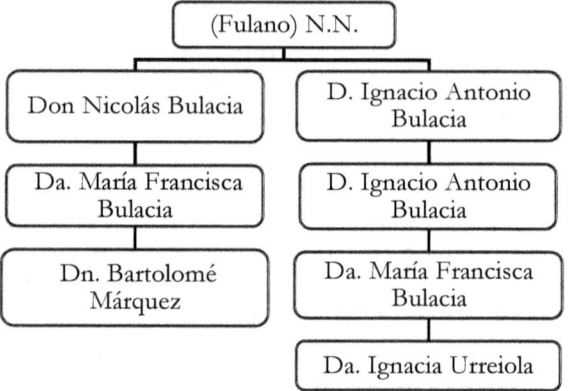

Villalba, Dn. José Manuel con Ibáñez, Da. María Gerónima
Expediente 336. En El Alto el 29 de marzo de 1817 se presentó **Dn. José Manuel Villalba** h.l. de Dn. Alejo Villalba y de Da. María Gerónima Ibáñez, pretende contraer matrimonio con **Da. María del Señor Santucho** hija natural de Da. María Petrona Santucho.

Ávila, Miguel con Cejas, Da. Sebastiana
Expediente 339. En El Alto, el 26 de abril de 1817 se presentó Miguel Ávila, hl del finado Dn. José y de Da. Nicolasa Luján, pretende contraer matrimonio con Da. **Sebastiana Cejas**, h.l. del finado Antonio y de María Josefa Mansilla.

Medina, Laureano con Páez, Da. María de los Dolores.
Expediente 342. En El Alto el 10 de mayo de 1817 se presentó Laureano Medina hijo natural de María Josefa Medina, pretende contraer matrimonio con María de

los Dolores Páez, h.l. de Dn. Fermín Páez y de Da. Josefa Guzmán, difuntos.

Peñaflor, José Domingo con Flores, María de Jesús.
Expediente 343. En El Alto el 3 de mayo de 1817 se presentó **José Domingo Peñaflor**, hl de Bartolomé Peñaflor y de la finada Ramona Sánchez, pretende contraer matrimonio con **María de Jesús Flores**, hl del finado José Flores y de Feliciana Ledesma del paraje de Achalco.

Vallejo, Dn. Juan Cipriano con Páez, Da. María de la Cruz.
Expediente 344. En El Alto, el 13 de mayo de 1817, se presentó **Juan Cipriano Vallejo**, hl de Dn. Manuel Alejandro Vallejo y de Da. Petrona Suárez, pretende contraer matrimonio con **Da. María de la Cruz Páez**, h.l. de Dn. José Vicente Páez y de Da. María Encarnación Barrios.

Azcuénaga, Dn. Francisco Antonio con Luján, María del Carmen
Expediente 345. En El Alto, el 17 de mayo de 1817 se presentó **Dn. Francisco Antonio Azcuénaga**, vecino de La Puerta de la Quebrada, hl de Dn. Francisco José Azcuénaga y de María de la Resurrección Mansilla, pretende contraer matrimonio con **Da. María del Carmen Luján** h.l. de Dn. José Ignacio Luján y de Da. Juana Petrona Arévalo.

Jeréz, Juan Bautista con Abades, María Mercedes
Expediente 349. En El Alto el 14 de junio de 1817 se presentó **Juan Bautista Jeréz**, vecino de Choya, hl de José Orencio Jeréz y de María Rosario Islas, pretende contraer matrimonio con **María Mercedes Abades**, hl de Pedro Pablo y de María Águeda Verón.

Lobo, Pablo con Albarracín, Petronila
Expediente 351. En El Alto el 19 de julio de 1817, se presentó **Pablo Lobo,** hl de los finados Felipe y Bartolina Concha, pretende contraer matrimonio con **Petronila Albarracín** hija natural de Mercedes.

Leiva, José Alejandro con Zurita, María Rosario
Expediente 352. En El Alto el 22 de agosto de 1817 se presentó **José Alejandro Leiva**, vecino de Talsí, hl del finado José Lorenzo y de Da. María Mercedes Díaz, pretende contraer matrimonio con **María Rosario Zurita**, hl de los finados Manuel y de Da. Nicolasa Agüero.

Barros, Francisco con Córdoba, Da. Sebastiana
Expediente 356. En El Alto, el 4 de octubre de 1817 se presentó Francisco Barros, vecino de San Francisco h.l. del finado Narciso y de Da. Teodora Albornóz, pretende contraer matrimonio con Da. Sebastiana córdoba, vecina del Valle Viejo, hl, de Dn. Pedro Pablo Córdoba y de Da. Tránsito Macedo.

Castellanos, Ángel Mariano con Medina, María Ignacia
Expediente 357. En El Alto el 8 de octubre de 1817, se presentó **Ángel Mariano Castellanos**, vecino de Las Trancas, hijo natural de María Rosalía Castellanos, pretende contraer matrimonio con **María Ignacia Medina**, hija natural de la finada Francisca Medina.

Ramos, Dn. Mariano con Contreras, Da. María Petrona
Expediente 363. En Quimilpa, el 27 de octubre de 1817, se presentó **Dn. Mariano Ramos**, h.l. del finado Dn. Ángel Ramos y de Da. Laurencia Leiva, pretende contraer matrimonio con **Da. María Petrona Contreras**, hl de Dn. José Fructuoso Contreras de Da. María Antonia Alamón.

Gutiérrez, Juan Antonio con Iturri, Bernardina
Expediente 366. En El Alto el 14 de noviembre de 1817, se presentó **Juan Antonio Gutiérrez**, vecino de Las Trancas, h.l. de los finados Prudencio Gutiérrez y de María Contreras, pretende contraer matrimonio con **Bernardina Iturri**, vecina de Oyola, hija de la finada María.

Cisterna, Juan de la Cruz con Lobo, Da. Gerarda
Expediente 368. En El Alto 17 de enero de 1818 se presentó **Juan de la Cruz Cisterna**, hijo natural de Da. María de la Encarnación Cisterna, vecinos de Los Falcones, pretende contraer matrimonio con Da. **Gerarda Lobo**, h.l. del finado Dn. Pedro Pablo Lobo y Da. Florenciana Paz.

Rizo Patrón, Dn. Fermín con Reyes, Da. María Juana
Expediente 370. En El Alto el 24 de enero de 1818 se presentó **Dn. Fermín Rizo Patrón** h.l. de Dn. José Gregorio Rizo y de Da. Inés Agüero pretende contraer matrimonio con **Da. María Juana Reyes**, h.l. del finado Dn. Juan de la Cruz Reyes y de Da. Mercedes Vega.

Mansilla, Ramón Antonio con Varela, María Cecilia
Expediente 373. El Alto el 26 de marzo de 1818, se presentó **Ramón Antonio Mansilla**, hl de Manuel Lorenzo Mansilla y de María del Tránsito Herrera pretende contraer matrimonio con **María Cecilia Varela** h.l. de José Domingo Varela, difunto y de Ana María Barros, vecinos del rectoral.

Gómez, Dn. Pedro Manuel con Cevallos, Da. Josefa
Expediente 375. En El Alto el 22 de abril de 1818 se presentó **Dn. Pedro Manuel Gómez** h.l. de Dn. Juan Bautista Gómez y de Da. Josefa Concha pretende contraer matrimonio con **Da. Josefa Cevallos**, hl de Dn. José Cevallos y de la finada Da. Genuaria Bulacia.

Gómez, Dn. Juan Nicolás con Urreiola, María Antonia
Expediente 376. El 22 de abril de 1818, se presentó Dn. Juan Nicolás Gómez, hl de los finados Dn. Nicolás Gómez y de Da. María Mercedes Espeche, pretende contraer matrimonio con Da. María Antonia Urreiola, hl de Dn, Miguel Urreiola y de Da. Francisca Bulacia.

Castellanos, Buenaventura con Acosta, María Gerónima
Expediente 381. En El Alto el 18 de junio de 1818 se presentó **Buenaventura Castellanos** hl de los finados Juan Doroteo y de María Josefa Ledesma pretende casar con **María Gerónima Acosta** hl Juan Ramón Acosta y de Estefanía González.

Toledo, Justo con Farías, Juana Rosa
Expediente 385. En El Alto 22 de julio de 1818, se presentó **Justo Toledo**, natural de Ayapaso, hijo natural de María Ignacia Toledo, pretende contraer matrimonio con **Juana Rosa Farías** viuda Pedro Ignacio Páez.

Ahumada, Dn. Pedro Nolasco con Barrionuevo, María Francisca.
Expediente 386. En El Alto el 13 de agosto de 1818 se presentó Pedro Nolasco h.l. de Dn. Alejo Ahumada y de Da. María Teodora Valdéz pretende contraer matrimonio con Da. María Francisca Barrionuevo h.l. de Dn. Mariano Barrionuevo y de Da. Bernarda Mercado.

Bulacia, Dn. José con Lezcano, Da. Ascensión
Expediente 387. En Quimilpa el 14 de agosto de 1818 se presentó **Dn. José Bulacia** viudo de Da. Lucinda Segura, pretende contraer matrimonio con **Da. Ascensión Lezcano** h.l. de los finados Dn. Francisco Lezcano y Da. Laureana Gutiérrez.

Monserrate, Dn. José Venancio con Lobo, Da. Petrona
Expediente 389. En Quimilpa el 20 de agosto de 1818 se presentó **Dn. José Venancio Monserrate** hl de Dn. José Bernardo Monserrate y de Da. Martina Jaimes, pretende contraer matrimonio con **Da. Petrona Lobo** viuda de Miguel Quiroga.

Bohórquez, Juan Justo con Vega, Norberta
Expediente 390. En Quimilpa el 24 de agosto de 1818. Se presentó **Juan Justo Bohórquez** h.l. de Manuel y de la finada María Candelaria Plaza pretende contraer matrimonio con **Norberta Vega**, hija natural de la finada María Antonia.

Cevallos, José Basilio con Gómez, Da. Zoila
Expediente 392. En El Alto el 7 de septiembre de 1818, se presentó **José Basilio Cevallos** hl de Dn. José Cevallos y de la finada Da. María Genuaria Bulacia pretende contraer matrimonio con **Zoila Manuela Gómez**, hl del finado Dn. Juan Bautista Gómez y de la finada Da. Josefa Conchas-

Delgado, Dn. Gregorio con Bulacia, Da. Cecilia
Expediente 394. En El Alto el 3 de octubre de 1818 se presentó **Dn. Gregorio Delgado** hl del finado Dn. Juan Antonio Delgado y de Da. Alejandra Gauna, pretende contraer matrimonio con **Da. Cecilia Bulacia** hija natural de Da. Inocencia Bulacia.

Espeche, Dn. Juan Bautista con Barrionuevo, Da. Petrona
Expediente 394bis. En el 14 de octubre de 1818 se presentó Dn. Juan Bautista Espeche, hl de Dn. Alberto Espeche y de Da. Juana Leiva pretende contraer matrimonio con Da. Petrona Barrionuevo, hl de Dn. Claudio y de Da. Petrona Vázquez.

Páez, Dn. Pantaleón con Leiva, Da. María del Tránsito
Expediente 395. Dn. **Pantaleón Páez**, oriundo de Vilismano, h.l. de los finados Dn. Juan Fermín Páez y Da. María Josefa Gutiérrez; pretende contraer matrimonio con Da. **María el Tránsito Leiva** h.l. del finado Dn. Bernardo Leiva y de Da. Ignacia Molina. Dispensa fechada en Catamarca el 4 de noviembre de 1818 por impedimento por consanguinidad de cuarto con tercer grado de la manera siguiente:

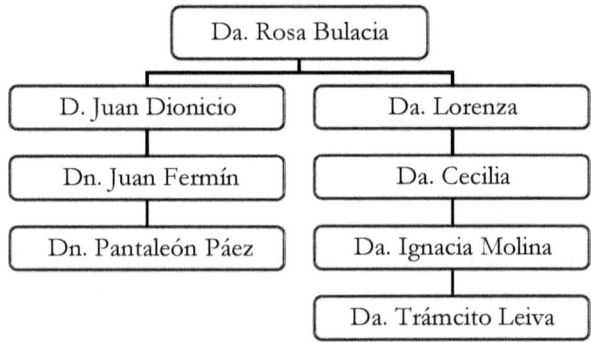

Leguizamo, Pedro Pablo con Molina, María Lizarda
Expediente 397. En El Alto el 24 de noviembre de 1818 se presentó **Pedro Pablo Leguizamón**, viudo de María Antonia Guerrero pretende contraer matrimonio con **María Lizarda Molina** hija natural Ignacia Molina.

Arévalo, Agustín con Luján, María del Pilar
Expediente 398. **Agustín Arévalo**, de este curato, viudo de Candelaria Aguirre pretende contraer matrimonio con **María del Pilar Luján,** de este curato, h.l. de Ignacio Luján y de María Juana Arévalo. Testigos: Dn. Diego Cabral, conoce los parentescos; Juan Antonio Ávila. Dispensa fechada Piedra Blanca el 28 de noviembre de 1818, por un impedimento por

consanguinidad en tercero con segundo grado y por afinidad en tercer grado de la manera siguiente:

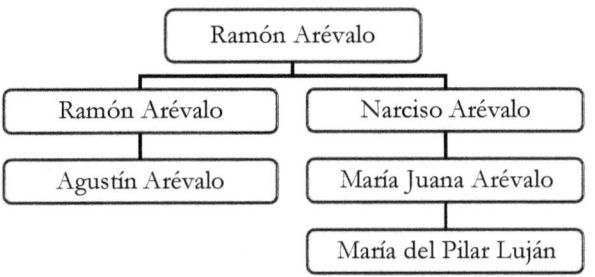

Márquez, Dn. Juan Ángel con Bulacia, Da. María Manuela

Expediente 399. Dn. **Juan Ángel Márquez**, vecino de El Alto, h.l. del finado José Luis Márquez y de Da. María Francisca Bulacia, pretende contraer matrimonio con Da. **María Manuela Bulacia** h.l. de Dn. Miguel Bulacia y de la finada Da. María Bernarda Uribarri, mediando un parentesco de tercer grado de consanguinidad. Presentado en La Quebrada el 26 de septiembre de 1818. Testigos: José Domingo Arespires y Nicolás Almaraz. Dispensa fechada en Tucumán el 5 de octubre de 1818. Esquema de parentesco:

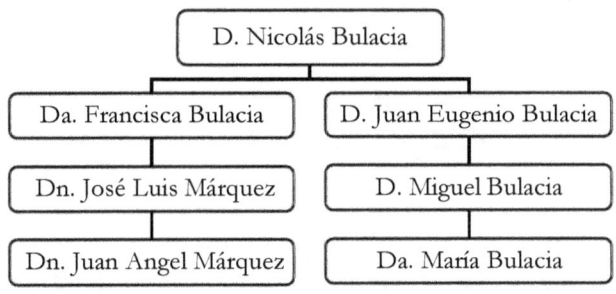

Videla, Dn. Juan Isidoro con Aragón, Da. María Bartolina

Expediente 401. En El Alto el 13 de enero de 1819 se presentó **Juan Isidoro Videla** h.l. de Dn. Nicolás Videla y de Da. María Francisca Albarracín pretende contraer matrimonio con **María Bartolina Aragón**, hija adoptiva de Dn. Pedro Aragón y de Da. María del Espíritu Acosta, vecinos de Polco.

Luján, Dn. José María con Arévalo, María Justa

Expediente 402. En El Alto el 11 de enero de 1819 se presentó **José María Luján**, hl de Dn. Feliciano Luján y de Da. Lucía Delgado, pretende contraer matrimonio con **María Justa Arévalo**, hl de Dn. Félix Fernando Arévalo y de Da. Isidora Cáceres.

Mercado, Miguel con Mercado, Jerónima

Expediente 404. **Miguel Mercado**, de este curato, hijo natural de la finada Ana María Morenega, pretende contraer matrimonio con **Gerónima Mercado**, h.l. de los finados Agustín Mercado y Josefa Paz. Mediando entre los novios impedimento, pues se dice que el pretendiente es hijo natural de un hermano del padre de la pretendida. La novia es pobre y huérfana ha quedado embarazada y ha sido expulsada de la casa donde la tenían recogida. Presentada en Manantiales el 27 de enero de 1819. Testigo: José Javier (ilegible) dice que son hijos de dos hermanos; Tomás Ortiz dice que el padre del pretendiente se llama a Ramón Antonio Mercado. La dispensa está fechada en Piedra Blanca el 31 de enero de 1819 por el impedimento de segundo grado de consanguinidad según el esquema:

Arévalo, Juan Silvestre con Gómez, María de los Dolores

Expediente 405. En El Manantial el 30 de enero de 1819 se presentó **Juan Silvestre Arévalo** h.l. del finado Juan Luis Arévalo y de María del Carmen Espíndola pretende casar con **María Dolores Gómez**, hija natural de la finada María Petrona Gómez.

Armas, Jacinto con Reinoso, María Constantina

Expediente 407. **Jacinto Armas**, vecino de El Alto, h.l. del finado Baltazar Armas y de Eleuteria Ibáñez, pretende contraer matrimonio con **María Constantina Reinoso** h.l. de Bartolo Reinoso y de María Valdéz. Testigos: Ramón Antonio Rosales y Lorenzo Rosales. De las declaraciones surge un impedimento por consanguinidad en cuarto con tercer grado dispensado en Piedra Blanca el 14 de febrero de 1819. El parentesco se deduce del siguiente esquema:

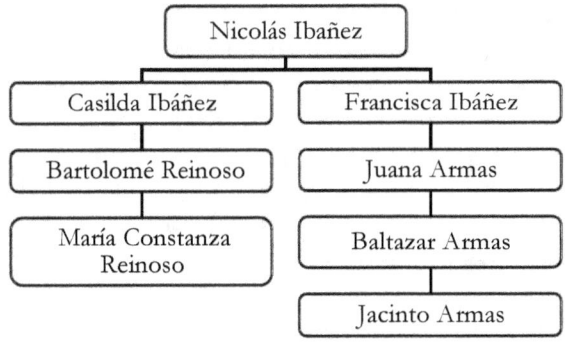

Medina, Dn. Felipe Santiago con Arévalo, Da. María Francisca

Expediente 408. En El Alto el 4 de marzo de 1819 se presentó **Dn. Felipe Santiago Medina**, h.l. del finado Dn. Diego Medina y de Da. María Ubalda Cisneros, pretende contraer matrimonio con **María Francisca**

Arévalo y Romero, hl de Dn. Félix Arévalo y de Da. Magdalena Romero, difunta.

Gutiérrez, Dn. Ruperto con Valdéz, Da. Norberta
Expediente 409. En El Alto el 17 de abril de 1819 se presentó **Dn. Ruperto Gutiérrez**, hl de Dn. Santiago Gutiérrez y de Da. Ramona Ordoñez, pretende contraer matrimonio con **Da. María Norberta Valdéz**, hl de Dn. José Lorenzo Valdéz y de Da. Andrea Domínguez, difuntos.

Ledesma, Juan Inocencio con Pacheco, María Serafina
Expediente 410. En El Alto el 17 de abril de 1819 se presentó **Juan Inocencio Ledesma**, hl del finado Dn. Carlos Ledesma y de Da. Clara Burgos, vecinos de Guayamba, pretende contraer matrimonio con **Da. María Serafina Pacheco**, hl de Dn. Pascual Pacheco y de Da. María Micaela Leguizamón, vecinos de Valle Viejo.

Leiva, José Antonio con Tolosa, María Antonia
Expediente 411. En El Alto el 22 de abril de 1819 se presentó **José Antonio Leiva**, esclavo de Dn. Luis Javier Leiva vecino de la Bajada, pretende contraer matrimonio con **María Antonia Tolosa**, viuda de José Juárez.

Espeche, Dn. José Mateo con Ulibarri, Da. María Juana
Expediente 414. Dn. **José Mateo Espeche**, feligrés de este curato, h.l. del finado Dn. José Ignacio y de Da. María Ignacia Vera, pretende contraer matrimonio con Da. **María Juana Ulibarri** hija adoptiva del finado Dn. Francisco Ulibarri y de Da. María Juana Gómez pide dispensa del parentesco de tercer grado. Testigos: Policarpo Ortiz, sabe que son parientes por haber oído a varios decir que la madre de la pretendida es prima hermana del pretendiente; Dn. José Ulibarri, conoce a ambos, uno su vecino y la otra se ha criado en casa del declarante, dijo que son parientes "por ser la dicha Da. María Juana hija natural de una prima hermana del tal Dn. José Mateo, aunque era oculto". Dispensado en Piedra Blanca el 13 de mayo de 1819.

Peralta, Juan Bautista con González, Andrea
Expediente 416, En la Quebrada, el 17 de mayo de 1819 se presentó **Juan Bautista Peralta**, viudo de Da. Águeda Islas, pretende contraer matrimonio con **Andrea González**, viuda de José Javier Pacheco.

Robín, Dn. Felipe con Leiva, Da. Gabriela
Expediente 417bis. Certificado de soltería de D. **Felipe Robín**, hl de D. Pedro y de Da. Leonarda Yance, feligrés de Catamarca, con **Da. Gabriela Leiva**, del paraje de la Viña, curato de El Alto, hl de D. José Francisco Leiva y de Da. María Isabel Cisneros fechado el 19 de junio de 1819 en Catamarca.

Artaza, Dn. Laurencio con Quiroga, Da. Agustina
Expediente 418. En El Alto el 26 de junio de 1819 se presentó **D. Laurencio Artaza**, hl de los finados D. Juan Antonio Artaza y Da. Agustina Quiroga pretende contraer matrimonio con **Da. María Feliciana Espeche**, h.l. del finado D. Alberto y de Da. María Juana Leiva. Se dispensó un impedimento por afinidad ilícita en segundo grado por haber tenido trato el pretendiente con una prima hermana de la pretendida.

Díaz, José Manuel con Lobo, Bernabela
Expediente 419. En Ovanta, el 1 de julio de 1819, se presentó **José Manuel Díaz**, h.l. de Nicolás Díaz y de Dominga Segovia, pretende casar con **Bernabela Lobo**, hija natural de Catalina Lobo.

Romero, Esmeregildo con Plaza, Estefanía
Expediente 420. En Ovanta, el 6 de julio de 1819, se presentó **Esmeregildo Romero**, del paraje de Huacra, h.l. de Juan José y de Bárbara Salinas, pretende contraer matrimonio con **Estefanía Plaza**, hija natural de Dominga Plaza.

Zurita, Luis con Díaz, María de la Nieves
Expediente 421. **Luis Zurita** viudo de María Rosa Arévalo pretende contraer matrimonio con **María de las Nieves Díaz** h.l. del finado Juan Agustín Díaz y de Manuela Ibáñez, estando ligados por un parentesco por afinidad en cuarto grado. Testigos: Agustín Arévalo y Dn. Diego Cabral. Dispensado en Catamarca el 2 de agosto de 1819, el esquema genealógico es el siguiente:

Macedo, Hipólito Lucindo con Albarracín, Da. María Rosario
Expediente 421 b. Certificado de soltería de **Dn. Hipólito Lucindo Macedo**, vecino de Guaycama en el curato rectoral, hijo natural de Dn. Ramón Macedo para casar con Da. María Rosario Albarracín, niña que ha criado **Da. Cándida Albarracín** fechado en Catamarca el 26 de julio de 1819

Lobo, Dn. José Nazario con Reinoso, Da. Isabel
Expediente 421 c. Certificado de soltería de **Dn. José Nazario Lobo** h.l. del finado Dn. Juan José de Da. Juana Isabel Pacheco para contraer matrimonio con

Da. Isabel Reinoso, h.l. de Dn. Bartolomé Reinoso y de Da. Agustina Varela, fechado en Catamarca el 26 de junio de 1819.

Almonacid, Isidro con Espeche, Eusebia
Expediente 422 b. Certificado de soltería de **Dn. Isidro Almonacid**, h.l. de Dn. Luis Antonio Almonacid y de Da. María Juana Tula para contraer matrimonio con **Da. María Eusebia Espeche** h.l. de Dn. Juan Albero y de Da. María Juana Leiva, fechado en Piedra Blanca el 16 de agosto de 1819.

Ríos, José Antonio con Ruiz, María del Carmen
Expediente 423. En Quimilpa, el 21 de agosto de 1819 se presentó **José Antonio Ríos**, hl de Pablo Ríos y de María Eduarda Cholbes, vecino de Andalgalá, pretende contraer matrimonio con **María del Carmen Ruiz**, natural de Sumampa, hija natural de Paula Ruiz.

Salas, Manuel con Peralta, Juana Teresa
Expediente 424. En Quimilpa, el 23 de agosto de 1819 se presentó **Manuel Salas**, hijo adoptivo de Da. Trinidad Salas, pretende contraer matrimonio con **Juana Teresa Peralta**, h.l. del finado Ramón Peralta y de Micaela Juárez.

Gómez, Dn. Pedro Ignacio con Jeréz, Da. Clara
Expediente 426. En El Alto, el 1 de septiembre de 1819 se presentó **Dn. Pedro Ignacio Gómez**, natural de este beneficio, hl de los finados D. Juan Nicolás Gómez y de Da. María Mercedes Espeche. Pretende contraer matrimonio con **Da. Clara Jeréz**, hl de D. José Domingo Jeréz y de Da. Mónica Trejo, nat. del curato de Silípica, jurisdicción de Santiago del Estero.

Cáceres, José Alejandro con Gutiérrez, Justa Pastora
Expediente 427. En El Alto, el 1 de septiembre de 1819, se presentó **José Alejandro Cáceres**, h.l. de los finados Lorenzo Cáceres y Mercedes Cardoso, pretende contraer matrimonio con **Justa Pastora Gutiérrez**, h.l. del finado Ramón Gutiérrez y de Josefa Nieva.

Cisternas, Pedro Nolasco con Vega, María Micaela
Expediente 428. En El Alto, el 2 de septiembre de 1819 se presentó **Pedro Nolasco Cisterna**, hl de Juan Tomás Cisternas y de la finada Petrona Pedraza, pretende contraer matrimonio con **María Micaela Vega**, hija natural de Dolores Vega.

Yance, Francisco con Retamozo, Tomasina
Expediente 429. **Francisco Yance**, h.l. de Miguel Yance y de Tránsito Lobo, pretende contraer matrimonio con Tomasina Retamozo h.l. de Pedro José Retamozo y de Ana María Contreras. Testigos: Dn. Diego Cabral y Nicolás Almaraz. Se presentó la madre de Francisco Sánchez y declaró que un pariente suyo le confesó que era el padre de la madre de la prometida. La dispensa está fechada en Piedra Blanca el 7 de septiembre de 1819, el esquema del parentesco es el siguiente:

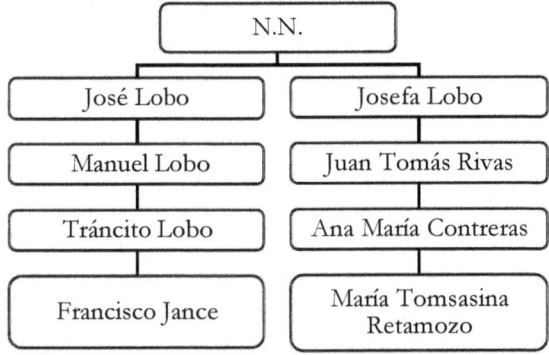

Figueroa, José Francisco con Ortiz, Rosalía
Expediente 430. En El Alto el 4 de septiembre de 1819 se presentó **José Francisco Figueroa** h.l. de los finados Lorenzo y de Agustina Mercado, pretende contraer matrimonio con **Rosalía Ortiz**, hl de los finados Francisco y Petrona Ortiz.

Ahumada, Inocencio con Leguizamo, Sebastiana
Expediente 431. En El Alto el 4 de septiembre de 1819 se presentó Inocencio Ahumada, h.l. de Dn. Alejo Ahumada y de Da. Teodora Valdéz, pretende contraer matrimonio con Da. María Sebastiana Leguizamo, hl de Dn. Miguel Leguizamo y de Da. María Prona Medina, vecinos del curato de Piedra Blanca.

Rizo Patrón, Dn. José Martín con Agüero, Da. Rosalía
Expediente 432. En El Alto el 4 de septiembre de 1819 se presentó Dn. José Martín Rizo Patrón viudo de Da. María del Tránsito Vera, pretende contraer matrimonio con Da. Rosalía Agüero, h.l. de los finados Dn. Javier Agüero y de Da. María Marcela Vergara.

Guerreros, Dn. José Antonio con Burgos, Da. María Mercedes
Expediente 433. En El Alto, el 6 de septiembre de 1819 se presentó **Dn. José Antonio Guerreros**, h.l. de Dn. Juan Bautista Guerrero y de Da. María del Rosario Iriarte, pretende contraer matrimonio con **Da. María Mercedes Burgos**, h.l. de Dn. Francisco Burgos y de Da. Ignacia Cabral.

Leguizamo, Dn. Carlos con Ahumada, Da. Jacoba
Expediente 433 b. Certificado de soltería de **Dn. Carlos Leguizamo**, hl de Dn. Miguel y de Da. Petrona Medina, para casar con **Da. Jacoba Ahumada**, h.l. de Dn. Alejo Ahumada y de Da. Teodora Valdéz. Fechado en Piedra Blanca el 15 de septiembre de 1819.

Ferreira, Dn. Leonardo con Bulacia, María del Señor.
Expediente 435. En El Alto, el 30 de octubre de 1819, **D. Leonardo Ferreira**, natural de la ciudad del Valle de Catamarca y residente en esta parroquia, hl del finado D. Victorino y de Da. María Encarnación Vidal pretende contraer matrimonio con **Da. María del Señor Bulacia**, hl de d. Ignacio y de la finada de Da. Luisa Leiva, nat de este beneficio

Retamozo, Lorenzo con Yance, Casilda
Expediente 437. **Lorenzo Retamozo**, de este curato h.l. de Pedro Retamozo y de Ana María Contreras, difunta, pretende contraer matrimonio con **Casilda Yance** hija de Miguel y de Tránsito Lobo. Testigos: Diego Cabral y Juan Francisco Córdoba. Los contrayentes dicen haber escuchado a un pariente decir que es padre de la madre del pretendiente. La despensa está fechada en Piedra Blanca el 15 de septiembre de 1819. El parentesco se explica de la siguiente manera:

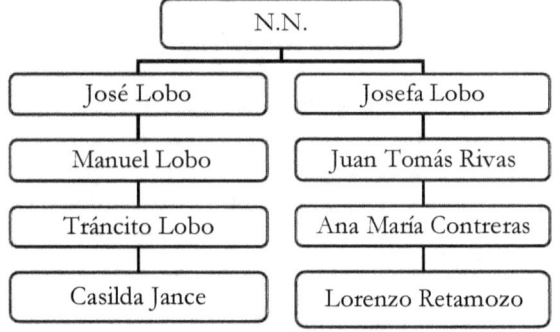

Tula, Dn. José con Córdoba, Da. Sebastiana
Expediente 438. En Quimilpa, el 13 de noviembre de 1819 se presentó **Dn. José Tula**, viudo de Da. María Teodora Albornóz, vecino de San Francisco, pretende contraer matrimonio con Da. **Sebastiana Córdoba**, viuda de Francisco Barrios.

Mercado, Juan Vicente con Duarte, María Nicolasa.
Expediente 440. En El Alto el 20 de noviembre de 1819, se presentó **Juan Vicente Mercado** hl de José Ignacio Mercado y de María Juana Paz, pretende contraer matrimonio con **María Nicolasa Duarte**, h.l. de Manuel Duarte y de María Morenega.

1820 a 1829

Luján, Nicolás con Arévalo, Da. María Justina
Expediente 441. En El Alto el 19 de julio de 1820, se presentó **Nicolás Luján**, h.l. de Feliciano Luján y de María Lucía Delgado, pretende contraer matrimonio con **María Justina Arévalo**, h.l. de los finados Dn. Ramón Arévalo y de Da. María Polonia Romero.

Acuña, Juan José con Barrios, María de Jesús
Expediente 442. En El Alto, el 19 de julio de 1820, se presentó **Juan José Acuña**, hl de Dn. José Acuña y de Da. María Teresa Villareal, vecino de Los Cocos, curato de Caminiaga, jurisdicción de Córdoba, pretende contraer matrimonio con **María de Jesús Barrios**, hija adoptiva del finado Antonio Barrios y de Juana Farías vecinos del Agua del Sauce.

Aguirre, Tiburcio con Falcón, María Jacinta
Expediente 443. En El Alto, el 20 de julio de 1820, se presentó **Juan Tiburcio Aguirre**, h.l. del finado Juan Tomás y de Gregoria Pardo, vecinos de Talasí pretende contraer matrimonio con **María Jacinta Falcón**, h.l. de Feliciano Falcón y de la finada María de Jesús Cordero.

Valdéz, José Miguel con Rizo, Da. Mercedes
Expediente 447 En Quimilpa el 14 de agosto de 1820, se presentó **José Miguel Valdéz** vecino de la bajada h.l. de Dn. Pedro miguel Valdéz y de Da. María Isidora Ortiz pretende encontrar matrimonio con **Da. Mercedes Rizo**, h.l. de Juan Gregorio Rizo y de María Inés Agüero.

Díaz, Felipe Santiago con Paz, María del Espíritu
Expediente 448. En Quimilpa el 9 de agosto de 1820, se presentó **Felipe Santiago Díaz**, vecino del Curato de El Alto hijo natural de María Simona Díaz. Pretende contraer matrimonio con **María del Espíritu Santo Paz**, hija natural de Juana, Francisca Paz.

Barrios, Dn. Jacinto con Tejeda, María del Señor
Expediente 449. En Quimilpa el 9 de agosto de 1820, se presentó **Dn. Jacinto Barrios** hijo de legítimo del finado, Narciso Barrios y de María Teodora Albornoz, pretende contraer matrimonio con **María del Señor Tejeda**, h.l. de Santos Tejeda y de la finada María del Rosario Córdoba.

Arévalo, Manuel Gerardo con Luján, María Tomasina
Expediente 450. En El Alto el 1 de septiembre de 1820, se presentó **Manuel Gerardo Arévalo**, vecino de caña Cruz legítimo de los finados, Ramón Arévalo y de Polonia Romero pretende contraer matrimonio con **María Tomasina Luján**, h.l. de Feliciano Luján y de María Luisa Delgado.

Agüero, Francisco con Lobo, Da. Petrona
Expediente 452. En El Alto el 6 de septiembre de 1820, se presentó a **Francisco Agüero**, h.l. del finado Dn. Antonio Agüero y de finada Da. Gregoria Quiroga pretende contraer matrimonio con **Da. Petrona Lobo**, hija natural de Da. Silveria Lobo.

Zurita, José Carmen con Cardoso, María Juana
Expediente 454. En El Alto el 9 de septiembre de 1820. Se presentó **José Carmen Zurita**, h.l. de Pedro

Antonio Zurita y de Margarita Martínez, vecinos de la toma pretende contraer matrimonio con **María Juana Cardoso**, h.l. del finado José Manuel Cardoso y de María Josefa Vanegas.

Márquez, Pedro Pablo con Luna, María Mercedes
Expediente 455. En El Alto el 13 de septiembre de 1820. Se presentó **Pedro Pablo Márquez** viudo de María Manuela duarte pretende contraer matrimonio con **María de Mercedes Luna**, hija natural de María Luna.

Delgado, Dn. Jacinto con Barrientos, Fructuosa
Expediente 457. En El Alto el 1 de octubre de 1820. Se presentó **Jacinto Delgado**, h.l. de Dn. Juan Antonio Delgado y de Da. Alejandra Gaona pretende contraer matrimonio con **Fructuosa Barrientos**, hija natural de Marcelina Barrientos.

Quiroga, Santiago con Artaza, María del Señor
Expediente 458. En El Alto el 16 de noviembre de 1820. Se presentó **Santiago Quiroga**, hijo natural de Mercedes Quiroga pretende contraer matrimonio con **María del Señor Artaza**, hija natural de María Calixta Artaza.

Gómez, Dn. Pedro Lucindo con Valdéz, Da. Pilar.
Expediente 459. Dn. **Pedro Lucindo Gómez** h.l. del finado Dn. Pedro Antonio Gómez y de Da. María Bernarda Quiroga, pretende contraer matrimonio con Da. **Pilar Valdéz** h.l. del capitán Dn. Bartolo Valdéz y de Da. María Serafina Espeche. Testigos: Pedro Juan Sabando mayor de 25 años y José Manuel Gómez, pariente del contrayente, de más de 20 años de edad. Las partes declaran ser parientes y por las investigaciones del cura entre los ancianos se logró establecer el tronco común deduciéndose un impedimento por consanguinidad en tercer grado, dispensado en Piedra Blanca el 18 de noviembre de 1820. El cuadro genealógico aportado es el siguiente:

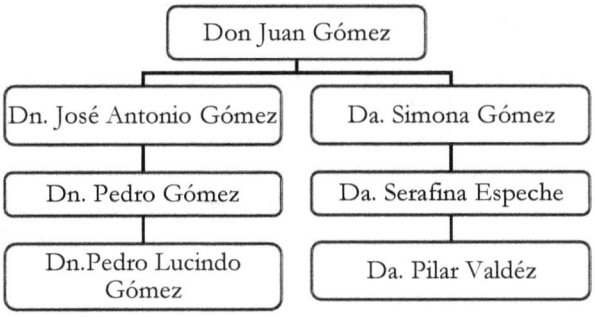

Mostajo, Ángel Mariano con Barrientos, María del Tránsito
Expediente 464. En El Alto el 22 de diciembre de 1820, se presentó **Ángel Mariano Mostajo** vecino de Los Manantiales, h.l. de Juan Evangelista Mostajo y de Dominga Casillas pretende contraer matrimonio con **María del Tránsito Barrientos**, h.l. de Melchor Barrientos y de la finada María Juana Vega.

Reyes, Juan Esteban con Espinosa, María
Expediente 469, En Quimilpa el 22 de febrero de 1821, se presentó **Juan Esteban Reyes**, h.l. de los finados Juan Jerónimo Reyes y de Valentina Barrionuevo pretende contraer matrimonio con **María Espinosa**, h.l. de Bartolomé Espinosa y de Dorotea Peralta.

Ledesma, José Manuel con Masilla, María Fortunata
Expediente 472 En El Alto el 10 de mayo de 1821, se presentó **José Manuel Ledesma**, hijo natural de la finada María del Rosario Ledesma, vecino de caña Cruz. Pretende contra el matrimonio con **María Fortunata Mansilla** hija natural de María Leonarda Mansilla.

Nieva, Benito con Frogel, María Simona
Expediente 473 En El Alto el 19 de mayo de 1821, se presentó **Benito Nieva**, hijo natural de la finada María Rosa Nieva pretende contraer matrimonio con **María Simona Frogel**, h.l. de los finados Esteban Frogel y de Rosalía Castellano.

Ahumada, Dn. José Manuel con Reyes, Da. Dominiana
Expediente 475. Dn. **José Manuel Ahumada**, vecino de Guaycama, h.l. de los finados Dn. Manuel Ahumada y de Da. Simona Quiroga, pretende contraer matrimonio con Da. **Dominiana Reyes**, viuda de Dn. Juan Francisco Gómez e h.l. del finado Dn. Miguel Reyes y de Da. Fabiana Leiva, vecinos de Guayama. Testigos: Dn. Pedro Pablo Gómez y Dn. Ignacio Gómez. No resulta impedimento, sabiendo que las familias de este valle, por su vecindad, se encuentran emparentadas, indagando a los viejos del lugar, se pudo dilucidar el tronco común, resultado un parentesco por afinidad lícita en cuarto con tercer grado, este impedimento fue dispensado en Piedra Blanca el 28 de junio de 1821. El cuadro de parentesco es el siguiente:

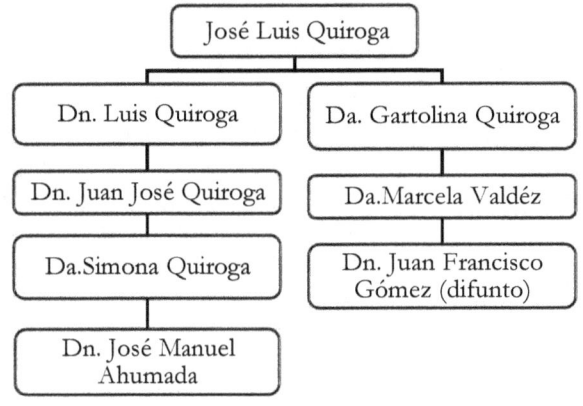

Pereira, Pedro Pablo con Díaz, Justa

Expediente 483, En Vilismano 1 de agosto de 1821, se presentó **Pedro Pablo Pereira**, h.l. de los finados Juan José Pereyra y de Bernarda Rosales. Pretende contraer matrimonio con **Justa Díaz**, h.l. de Pablo Díaz y de Isabel Montenegro.

Arce, José Anastasio con Jeréz, María Dorotea

Expediente 485 En Quimilpa el 7 de agosto de 1821, se presentó **José Atanasio Arce**, h.l. de los finados, Florencio Arce y María de los Reyes Toledo pretende contraer matrimonio con **María Dorotea Jeréz**, h.l. de Bernardo Jeréz y de la finada Agustina Lobo.

Aráoz, Luis con Guerrero, Simona

Expediente 487 En Quimilpa el 9 de agosto de 1821, se presentó **Luis Aráoz** h.l. de Marcos Aráoz y de Catalina Albarracín pretende contraer matrimonio con **Simona Guerreros**, hija natural de la binaria Candelaria guerreros.

Ávila, Juan Gervasio con Caballero, Rosa

Expediente 489 En El Alto el 27 de agosto de 1821, se presentó **Juan Gervasio Ávila** viudo de Paula Pacheco pretende contraer el matrimonio con **Rosa Caballero**, viuda de miguel Medina declaran un impedimento por afinidad en segundo grado por ser el dicho Gervasio primo hermano del finado marido de la pretendiente.

Juárez, José Luis con Ahumada, Da. Eusebia

Expediente 490 En El Alto el 27 de agosto de 1821, se presentó **José Luis Juárez**, vecino de Tucumán y residente en Guayamba, h.l. del finado, Francisco Juárez y de Paula Toro pretende contraer matrimonio con **Da. Eusebia Ahumada**, h.l. del finado Dn. Manuel Ahumada y de Da. Simona Quiroga, vecinos de Guayamba.

Vega, Dn. Marcelino con Leiva, Da. María Victoria

Expediente 556. Dn. **Marcelino Vega**, vecino de El Puesto, pretende contraer matrimonio con **Da. María Victoria Leiva**, h.l. de Dn. Juan Andrés Leiva y de Da. María del Carmen González, vecinos del mismo Puesto, solicita dispensa de su parentesco. Presentado en Concepción de El Alto el 6 de enero de 1823. Testigos: Dn. Luis de Quiroga. los conoce desde su infancia y dice que son parientes de tercero con cuarto grado de consanguinidad, Dn. Augusto Gómez, de 40 años. No hay fecha de dispensa. De las declaraciones resulta el siguiente cuadro genealógico:

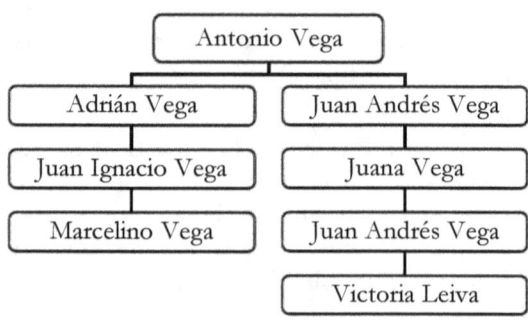

Brizuela, Dn. Juan Eugenio con Molina, Da. Francisca Antonia

Expediente 558 y 559. Dn. **Juan Eugenio Brizuela** h.l. del finado Dn. Pablo Brizuela y de Da. Juana Bulacia vecinos del curato de Anjullón en La Rioja y residente en éste, pretende contraer matrimonio con Da. **Francisca Antonia Molina** viuda del finado Dn. Cándido Bernabé Gómez y resultando de ella el parentesco de afinidad en tercer grado. Presentada en Tucumán el 18 de enero de 1823. El esquema de afinidad es el siguiente:

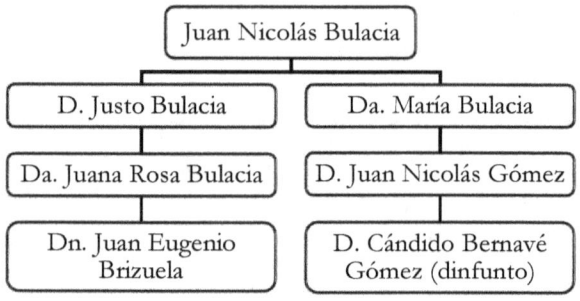

Romero, José María con Alarcón, María Victoria

Expediente 562 En Santa Bárbara de los Manantiales el 7 de febrero de 1823, se presentó **José María Romero**, h.l. de Juan José Romero y de Bárbara. Salinas pretende contraer matrimonio con **María Victorina Alarcón**.

Salguero, Juan Santo con Gómez, Da. Rosario

Expediente 565 En El Alto el 15 de febrero de 1823, se presentó **Juan Santo Salguero**, hijo natural de María Juliana Salguero pretende contraer el matrimonio con **Da. Rosario Gómez**, h.l. del finado, Dn. Jerónimo Gómez y de la finada Da. Micaela Cabral.

Robles, Policarpo con Arévalo, María Concepción

Expediente 589 En El Alto el 18 de mayo de 1823, se presentó **Policarpo Robles** hijo natural de Ramona Robles pretende contraer matrimonio con **María Concepción Arévalo**, h.l. de Santiago Arévalo y de Paula Márquez.

Rodríguez, Juan Tomás con Cristal, María Justina

Expediente 590 En El Alto el 24 de mayo de 1823, se presentó **Juan Tomás Rodríguez**, hijo de legítimo del finado, José Eugenio Rodríguez y de María Luisa Terán pretende contraer matrimonio con **María Justina Cristal**, h.l. de juan de la Rosa Cristal y de la finada María de Sacramento Sarmiento vecinos, Del curato de graneros jurisdicción del Tucumán.

Rizo Patrón, Dn. Francisco Javier con Espeche, Da. Serafina

Expediente 594. Dn. **Francisco Javier Rizo Patrón** h.l. del finado Dn. José Lucas Rizo Patrón y de Da. Laurencia Leiva, pretende contraer matrimonio con Da. Serafina Espeche, viuda del finado Dn. Bartolomé Valdéz, parientes en tercer grado de consanguinidad por una parte y en cuarto grado por otra, mediando también un impedimento por afinidad ilícita por trato que tuvo el pretendiente con una prima hermana de su novia. La dispensa está fechada en Piedra Blanca el 21 de junio de 1823. Los esquemas de parentesco son los siguientes:

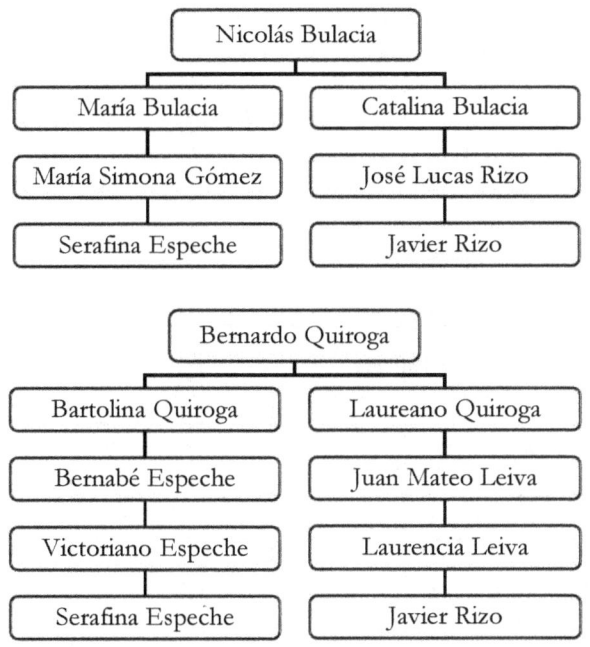

Burgos, José Domingo con Coria, María Ignacia

Expediente 599 En El Alto el 20 de agosto de 1823, se presentó **José Domingo Burgos**, viudo de María del Rosario Reyes esclava de Dn. José Reyes pretende contraer matrimonio con Severina Ferreira. Después de haber seguido la respectiva información no tiene impedimento alguno y por haber pactado hacerlo con **María Ignacia Coria** de la jurisdicción de Santiago h.l. del finado, Lorenzo Coria y de Juliana Falcón, pide autorización para casarse con esta última sin hacer la información de soltería.

Islas, Dn. Inocencio con Jeréz, Da. Concepción

Expediente 604. Dn. **Inocencio Islas** hijo natural de Da. Martina Islas, pretende contraer matrimonio con Da. **Concepción Jeréz** h.l. de Orencio Jeréz y de Rosario Peralta, vecinos de Choya. Ha tenido un hijo con su pretendiente y lo quiere legitimar. Testigos: Eustaquio Dorado de 30 años y Gregorio Juárez. Resulta de las declaraciones un impedimento por consanguinidad en tercer grado, dispensado en Piedra Blanca el 27 de noviembre de 1823. Esquema genealógico:

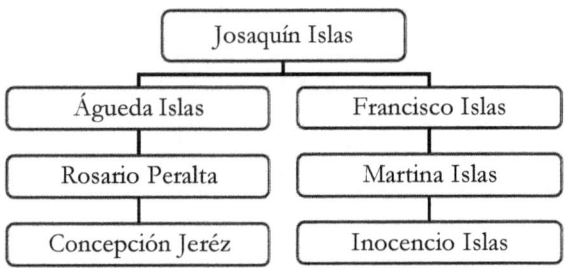

Cañete, Juan Gregorio con Goitia, Catalina

Expediente 601 En El Alto el 7 de septiembre de 1823, se presentó **Juan Gregorio Cañete**, h.l. del finado, Dn. pablo Cañete y de Da. Juana (papel cortado) pretende contraer matrimonio con **Catalina Goitia**, h.l. de Dn. José Eugenio Goitia y de Da. Eugenia, Lobo.

Acevedo, Dn. Pedro con Cañizares, Da. Petrona

Expediente 603 En Piedra Blanca 17 de noviembre de 1823, se presentó **Dn. Pedro Acevedo**, h.l. de Dn. Francisco y de Da. Gertrudis López naturales de Europa, residente en el curato de El Alto, quiere contraer matrimonio con **Da. Petrona Cañizares**, h.l. de José miguel y de María Susana Ortega testigo: Juan Antonio López declara que le conoce hace 11 años, siendo sargento en las tropas del rey sabe que es soltero y natural de los reinos de España. Testigo Dn. Pablo González, lo conoces desde el año 12 en las tropas del rey sabe que es natural de Europa en los reinos de España.

Cárdenas, Alejandro con Ortiz, Pilar

Expediente 609. En El Alto el 30 de octubre de 1823, se presentó **Alejandro Cárdenas** h.l. del finado Justo Cárdenas y de María Juliana Jiménez pretende contraer matrimonio con **Pilar Ortiz**, hija natural de Tomasina Ortiz.

Rodríguez, Juan Gil con Reinoso, Mercedes

Expediente 612 En El Alto 16 de diciembre de 1823, se presentó **Juan Gil Rodríguez**, hijo natural de Rosa Rodríguez, pretende contraer matrimonio con **Mercedes Reinoso**, h.l. de Juan Reinoso y de María Juana Arauz...

Navarro, Juan Tiburcio con Castaño, Da. Dolores
Expediente 615 en Vilismano el 18 de diciembre de 1823, se presentó **Juan Tiburcio Navarro**, viudo de Da. Isidora Medina pretende contraer matrimonio con **Da. Dolores Castaño**, viuda de Dn. Domingo Gutiérrez, vecinos del puesto de los Gutiérrez.

Mancilla, Dn. Eusebio con Medina, Da. Juliana
Expediente 619. Dn. **Eusebio Mancilla**, h.l. del finado Dn. Ignacio mancilla y Da. Juana Rosa Cisneros, naturales de La Puerta y residente en este curato, pretende contraer matrimonio con Da. **Juliana Medina** h.l. de Dn. José Medina y de Da. María Cisneros, naturales de Vilismano. Declaran ser parientes y haber tenido un hijo que quieren legitimar. Testigos: Hermenegildo Villalba, lo conoce hace unos cuantos años y sabe que es de la jurisdicción de Maquijata en Santiago del Estero; Dn. Martín Oviedo lo conoce hace tres años y sabe que es de Maquillista "hijo de una de su vecindario de Vilismano". De las declaraciones se deduce que son parientes en segundo grado de consanguinidad, dispensado en Piedra Blanca el 23 de julio de 1823. El esquema de parentesco es el siguiente:

Cisneros, Pedro José con Díaz, Da. María Manuela
Expediente 621. En Vilismano, el 15 de julio de 1823 se presentó **Pedro José Cisneros**, vecino de Lo Nogales, hijo natural de la finada Da. Manuela Cisneros pretende contraer matrimonio con **Da. María Manuela Díaz**, h.l. del finado Juan Francisco Díaz y de Da. María Antonia Gutiérrez.

Caballero, Dn. Juan Bautista con Paz, Da. María Manuela
Expediente 624. En Vilismano el 29 de julio de 1823, se presentó Dn. Juan Bautista Caballero, h.l. del finado Dn. Juan Ignacio Caballero y de Da. María Nieva pretende contraer matrimonio con **María Manuela Paz**, vecina del Manantial, hija natural de Rosa Albarracín.

Gómez, Dn. Ignacio Antonio con Ovejero, Da. María del Carmen.
Expediente 627. Dn. **Ignacio Antonio Gómez** h.l. de Dn. Jerónimo Gómez y de Da. Micaela Cabral, pretende contraer matrimonio con Da. María del Carmen Ovejero, h.l. de Juan Antonio Ovejero y de Juliana Leguizamón. Testigos: Manuel Melián y Dn. José Cevallos. De las declaraciones surge un parentesco en tercer grado por consanguinidad, dispensado en Piedra Blanca el 16 de agosto de 1823. El esquema es el siguiente:

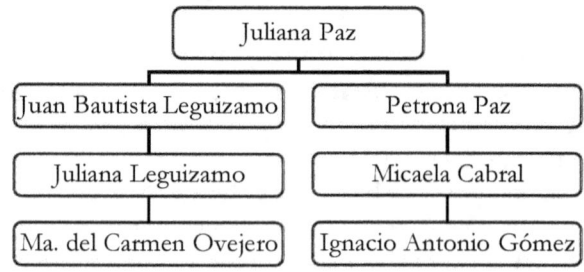

Bulacia, Dn. Pedro Ignacio con Bulacia, Da. Asunción
Expediente 633 Dn. **Pedro Ignacio Bulacia** h.l. del finado Dn. Pedro Bulacia y de Da. Teodora Agüero, natural de este beneficio, pretende contraer matrimonio con Da. **Asunción Bulacia** h.l. del finado José Gregorio Bulacia y Da. Juana Inés Tula, del curato de Ancasti. Testigos: Dn. Fernando Saavedra y Dn. Miguel Bulacia, pariente en segundo grado. De las declaraciones se deduce un impedimento por consanguinidad en tercer grado, dispensado en El Alto el 28 de febrero de 1823. El esquema genealógico es el siguiente:

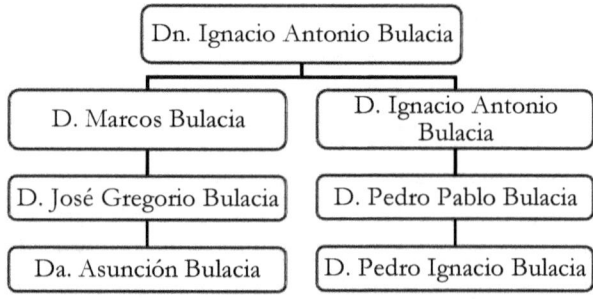

Quiroga, Dn. José Ignacio con Camaño, Da. María Paulina
Expediente 635. En El Alto, el 7 de septiembre de 1823 se presentó **Dn. José Ignacio Quiroga** h.l. de Dn. Ignacio Quiroga, difunto y de Da. María Águeda Rojas pretende contraer matrimonio con **Da. María Paulina Camaño** natural de Santiago, h.l. de Dn. Tomás Camaño y de Da. María Antonia Gómez, difunta.

Santucho, Juan de la Cruz con Vizcarra, María Petrona
Expediente 639. En El Alto el 19 de septiembre de 1823 se presentó **Juan de la Cruz Santucho** viudo de María Petrona Vizcarra, pretende contraer matrimonio

con **Leonarda Mansilla**, hija natural de la finada Josefa Mansilla.

Juárez, José Nicolás con Mansilla, María Pabla
Expediente 641. En El Alto el 20 de septiembre de 1823 se presentó **José Nicolás Juárez**, h.l. de Juan Ascencio Juárez y de María Bartolina Burgos, difuntos, pretende casar con **María Pabla Mansilla**, hija natural de Juliana Mansilla.

Valdéz, Dn. José Gregorio con Lema, Margarita
Expediente 653. En El Alto el 30 de octubre de 1823 compareció **Dn. José Gregorio Valdéz** h.l. de Dn. Gregorio Valdéz y de Da. María Ignacia Vera, vecino de Guayamba, pretende contraer matrimonio con **Da. Margarita Lema**, viuda de Dn. José Mateo Ulibarri, vecina del paraje de Alta Gracia.

Zurita, Juan Paulino con Sibila, Nicolasa Tolentina
Expediente 657. En Vilismano el 2 de enero de 1824 se presentó **Juan Paulino Zurita** h.l. de Juan Manuel Zurita, difunto y de María Marina Contreras, pretende contraer matrimonio con **Nicolasa Tolentina Sibila**, h.l. de Cipriano Sibila y María Petrona Álvarez.

Gómez, Manuel Antonio con Bulacia, María del Tránsito
Expediente 661. En El Alto el 3 de enero de 1824 se presentó **Manuel Antonio Gómez**, hijo de María Petrona Gómez, difunta, pretende contraer matrimonio con **María del Tránsito Bulacia**, h.l. de Rosalía Bulacia.

Ulibarri, Dn. Juan Manuel con Leiva, Da. Gregoria
Expedientes 666 y 667. En El Alto el 5 de febrero de 1824 se presentó **Juan Manuel Ulibarri**, h.l. Dn. José Mateo Ulibarri y de Da. Margarita Lema, pretende contraer matrimonio con **Da. María Gregoria Leiva**, hl de Dn. Juan Andrés Leiva y de Da. María del Carmen González. Declararon un impedimento por consanguinidad de cuarto con tercer grado el cual se explica con el siguiente esquema:

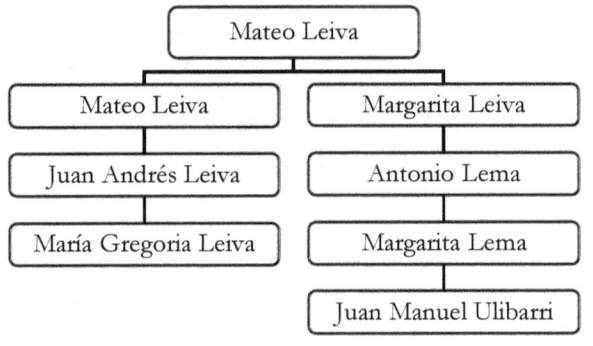

Arévalo, Dn. Pedro Nolasco con Mercado, Da. Felipa
Expediente 674. En El Alto el 20 de marzo de 1824 se presentó **Dn. Pedro Nolasco Arévalo**, h.l. de Dn. Agustín Antonio Arévalo y de Da. María Candelaria Aguirre, vecino de Caña Cruz, pretende contraer matrimonio con **Da. Felipa Mercado**, h.l. de Dn. Pedro Antonio Mercado y de Da. Micaela Carmona, vecinos del curato de Piedra Blanca

Ulibarri, Dn. Exequiel con Espeche, Da. Juana Francisca
Expediente 676. En El Alto el 23 de abril de 1831 (traspapelado) se presentó **Dn. Exequiel Ulibarri** h.l. del finado Dn. José Ulibarri y de Da. Margarita Lema, pretende contraer matrimonio **con Da. Juana Francisca Espeche**, h.l. de Dn. Juan Francisco Espeche y de la fianda Da. Juana María Lezcano. Declaran un parentesco por consanguinidad en tercer grado. El padre de la novia está casado en segundas nupcias y tiene cinco hijos de ambos matrimonios. El parentesco se explica con el siguiente esquema:

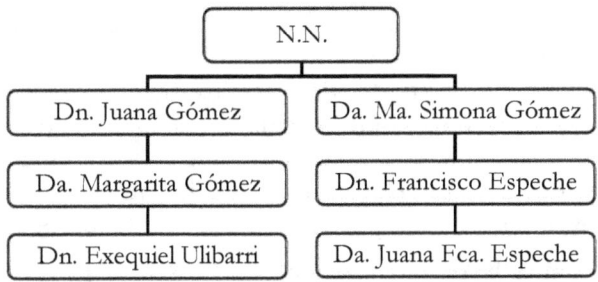

González, Juan Manuel con Maldonado, Juana Paula
Expediente 686. En Vilismano el 12 de julio de 1824 se presentó **Juan Manuel González**, viudo de Laurencia Soraire, pretende contra matrimonio con **María Paula Maldonado**, vecina de Loreto, jurisdicción de Santiago del Estero, h.l. de José Antonio Maldonado y de María Justa Coronel.

Mercado, Dn. Pedro Nolasco con Paz, Da. María del Señor
Expediente 696. En El Alto el 7 de septiembre de 1824, se presentó **Dn. Pedro Nolasco Mercado**, hl de Dn. José Ignacio Mercado y de Da. Juana Páez pretende contraer matrimonio con **Da. María del Señor Paz**, hija natural de Da. Rosalía Paz, vecinos de Las Tunas. Declaran un impedimento por consanguinidad en tercer con segundo grado. La dispensa está fechada en Piedra Blanca el 17 de septiembre de 1824. El parentesco se explica con el siguiente esquema:

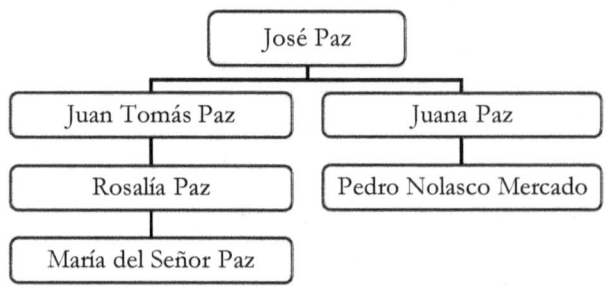

Collantes, Valentín Francisco con Ibáñez, María Simona
Expediente 703. En El Alto, el 3 de noviembre de 1824, se presentó **Valentín Francisco Collantes** viudo de María Ignacia Figueroa pretende contraer matrimonio con **María Simona Ibáñez**, hija natural de María Juana Ibáñez.

Arancibia, Dn. José Roque con Cueto, Da. María
Expediente 706. En El Alto el 16 de junio de 1824. Se presentó **Dn. José Roque Arancibia** natural de Jujuy, h.l. de Dn. Eugenio y de Da. Paula Gómez, pretende contraer matrimonio con Da. **María Cueto** h.l. de Dn. Narciso Cueto y de Da. Estai.

Billar, Dn. Timoteo con Suárez, Da. María Ignacia.
Expediente 707. En El Alto el 27 de diciembre de 1824 se presentó **Dn. Timoteo Billar**, hl de Dn. Agustín y de Da. Inocencia Álvarez, pretende contraer matrimonio con **Da. María Ignacia Suárez**, hl de Dn. Vicente Suárez y de Da. María Isabel Gutiérrez.

Montes de Oca, Dn. Diego Martín con Rojas, Da. María del Señor
Expediente 708 b. Certificado de soltería de **Dn. Diego Martín Montes de Oca** h.l. del finado D. José Montes de oca y de Da. Florenciana Amorín para casar con **Da. María del Señor Rojas**, h.l. del finado Dn. José Rojas y de Da. María Victoria Pereira. Fechado en Catamarca el 5 de septiembre de 1825.

Paz, Dn. Santiago con Bravo, Da. Cruz
Expediente 715. En El Manantial el 7 de marzo de 1825, se presentó **Dn. Santiago Paz**, hl de los finados Dn. Julián Paz y de Da. Bárbara Duarte, pretende contraer matrimonio con **Da. Cruz Bravo** h.l. de Dn. Pedro Bravo y de Da. Tránsito Rizo Patrón.

Mendoza, Dn. Juan Manuel con Ovejero, Da. María Maximiliana
Expediente 721. En El Alto el 2 de abril de 1825 se presentó **Dn. Juan Manuel Mendoza**, h.l. de Dn. José Mariano Mendoza y de la finada Da. María Isabel Cabral, pretende contra matrimonio con **Da. María Maximiliana Ovejero**, h.l. de Dn. Pedro Francisco Ovejero y de Da. María Isabel Márquez.

Ramos, Dn. Domingo con Córdoba, Da. Sebastiana
Expediente 722. En El Alto el 2 de abril de 1825 se presentó **Dn. Domingo Ramos**, h.l. de los finados Dn. Ángel Ramos y Da. Laurencia Leiva, pretende contraer matrimonio con **Da. Sebastiana Córdoba**, hija de Dn. Pedro Córdoba y de Da. Transito Macedo.

Vega, Pedro Vidal de la con Goitía, Da. María
Expediente 726. En El Alto el 16 de junio de 1825 se presentó **Dn. Pedro Vidal de la Vega**, h.l. del finado Dn. Juan Ignacio de la Vega y de Da. María Francisca Gómez pretende contraer matrimonio con **Da. María Goitía** hl de Dn. José María Goitía y de Da. María Ignacia Jeréz.

Medina, Dn. José Gregorio con Álvarez, Da. Serafina
Expediente 730. En El Alto el 26 de julio de 1825 se presentó **Dn. José Gregorio Medina**, h.l. de Dn. Juan Alberto Medina y de Da. María Petrona Díaz pretende contraer matrimonio con **Da. Serafina Álvarez** h.l. de Dn. Nolasco Álvarez, difunto y de Da. María Manuela Díaz. Se declara un impedimento de cuarto grado, pero al analizar lo declarado por los testigos se deduce que es de quinto grado. El documento está trunco. Según los testigos: "son parientes de consanguinidad porque el pretendiente Dn. José Gregorio Medina es hijo legítimo de Dn. Juan Alberto Medina y de su esposa Da. Petrona Díaz, hija natural de Da. María Bernardina Díaz hija de Dn. Crespín Díaz, igualmente le consta que Dn. Juan Álvarez es primo del expresado Crespín, Dn. Juan tubo por hija a Da. Ana María Álvarez y esta por hijo natural a Nolasco Álvarez quien contrajo matrimonio con María Manuela Días, padres de la pretendida Da. Serafina Álvarez."

Agüero, Dn. Pedro José de con Ahumada, Da. María Nicolasa
Expediente 737. En El Alto el 8 de octubre de 1825 se presentó **Dn. Pedro José de Agüero**, oriundo del valle de Catamarca, h.l. del finado Dn. Francisco Antonio y de Da. María Antonia Varela, pretende contraer matrimonio con **Da. María Nicolasa Ahumada**, hija del finado Dn. Alejo y de Da. Teodora Valdéz.

Ponce de León, Dn. Juan Nicolás con Gómez, Da. Rosario
Expediente 739. Dn. **Juan Nicolás Ponce de León**, vecino de Iloga, h.l. del finado Dn. Pedro José y de Da. Justa Valdéz, pretende contraer matrimonio con Da. **Rosario Gómez**, h.l. del finado Dn. Pedro Antonio Gómez y de Da. Bernarda Quiroga, vecinos de Guayamba. Testigos: Dn. Miguel Burgos y Dn. Luis de

Quiroga. De las declaraciones surge un impedimento por consanguinidad de cuarto con tercer grado, dispensa fechada en Piedra Blanca el 31 de octubre de 1825. El parentesco se explica con el siguiente esquema:

Gómez, Dn. Miguel con Valdéz, Da. María del Rosario
Expediente 742. Dn. **Miguel Gómez**, natural de Choya, h.l. de Dn. Luis Antonio Gómez y de Da. María del Carmen Valdéz, pretende contraer matrimonio con Da. **María del Rosario Valdéz** h.l. de Pedro Miguel Valdéz y de Isidora Ortiz ya finada, vecinos de La Bajada. Testigos: Dn. Javier Rizo Patrón y Dn. Pascual Valdéz. De las declaraciones se deducen dos parentescos por consanguinidad, uno de tercer grado y el otro de tercero con cuarto, dispensados en Piedra Blanca el 5 de noviembre de 1825. Los parentescos se explican con los siguientes esquemas:

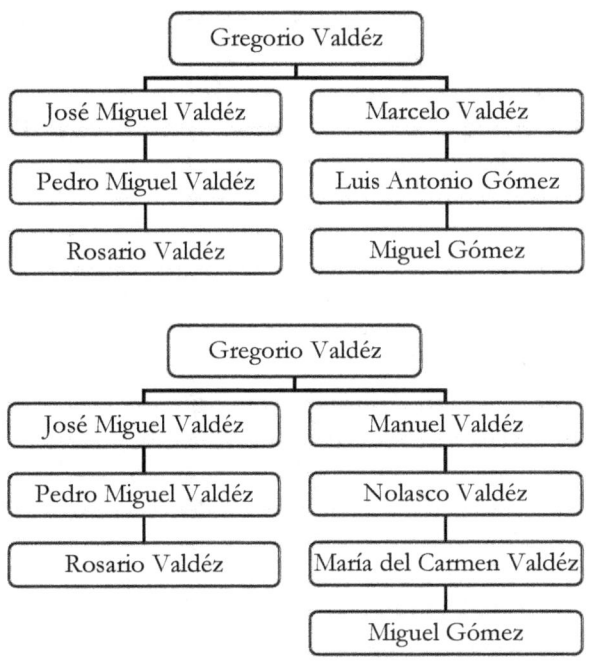

Lobo, Dn. José Domingo con Burgos, Da. Rudecinda
Expediente 743. En El Alto el 5 de noviembre de 1825 se presentó **Dn. José Domingo Lobo**, natural de Tintigasta viudo de María Albarracín pretende contraer matrimonio con **Da. Rudecinda Burgos**, viuda de Dn. Solano Valdéz, vecina de Guayamba.

Retamozo, Dn. Ignacio con Ponce, Da. Florentina
Expediente 744. En El Alto el 9 de noviembre de 1825 se presentó **Dn. Ignacio Retamozo** h.l. de Dn. Pedro José Retamozo y de la finada Da. Ana María Contreras, pretende contraer matrimonio con **Da. Florentina Ponce**, hl del finado Dn. Pedro Ponce y de Da. María Trinidad Pacheco.

Barrientos, Patricio con Salcedo, Candelaria
Expediente 751. En El Alto el 7 de diciembre de 1825, se presentó **Patricio Barrientos**, vecino del Manantial, h.l. del finado Manuel Barrientos y de Eusebia Nieva, pretende contraer matrimonio con **Candelaria Salcedo** h.l. del finado Agustín Salcedo y de Isidora Herrera.

Burgos, Dn. Lizardo con Rodríguez, María del Tránsito
Expediente 838. En El Alto el 6 de enero de 1827, se presentó **Dn. Lizardo Burgos** h.l. Dn. Miguel Burgos y de la finada Dolores Rojas, pretende contraer matrimonio con **Da. María del Tránsito Rodríguez** h.l. de Dn. Fermín Rodríguez y Cecilia Lazo.

Arévalo, Dn. Manuel Salvador con Mansilla, Da. María Avelina
Expediente 839. Dn. **Manuel Salvador Arévalo** h.l. de Dn. Félix Fernando Arévalo y de Da. María Isidora Cáceres, pretende contraer matrimonio con **María Avelina Mancilla** h.l. de Isidoro Mancilla y de la finada María Francisca Pacheco, todos vecinos de Caña Cruz. Testigos: Dn. José María Luján y José Manuel Ledesma. De las declaraciones se deduce un parentesco por consanguinidad en tercer grado, dispensado en Catamarca el 26 de enero de 1827. El esquema de parentesco presentado es el siguiente:

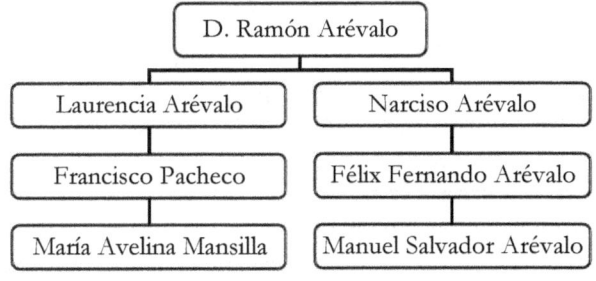

Maturano, Dn. José María con Mendoza, Da. Luisa
Expediente 840. En El Alto el 2 de enero de 1827 se presentó **Dn. José María Maturano**, h.l. de Dn. Domingo Maturano y de Da. Pilar Valdéz pretende contraer matrimonio con **Da. Luisa Mendoza**, viuda de Dn. Policarpo Ortiz.

Farías, Juan de Dios con Quiroga, Ignacia Antonia
Expediente 841. En El Alto el 18 de enero de 1827 se presentó **Juan de Dios Farías** h.l. del finado Pedro Nolasco Farías y de María Sabina Espíndola pretende contraer matrimonio con **Ignacia Antonia Quiroga**, hija natural del finado José Luis Quiroga y de María Martina Herrera, vecinos de Guayamba.

Lobo Mereles, Dn. Ángel Mariano con Soraire, María Antonia
Expediente 844. El 20 de enero de 1827 se presentó **Dn. Ángel Mariano Lobo Mereles** natural de la ciudad de Catamarca h.l. de los finados Dn. Juan Francisco Lobo Mereles y de Da. Agustina Medina, pretende contraer matrimonio con **María Antonia Soraire**, hija natural de María Soraire.

Ledesma, Dn. Bartolo con Maidana, Da. María Juana
Expediente 845. En El Alto el 26 de enero de 1827 se presentó **Dn. Bartolo Ledesma**, h.l. de los finados Dn. José Carlos Ledesma y de Da. Clara Burgos, pretende contraer matrimonio con **Da. María Juana Maidana**, h.l. de Dn. Silvestre Maidana y de Da. Catalina Leguizamo.

Cárdenas, Anastasio con Jeréz, María Felisa
Expediente 848. En El Alto el 3 de febrero de 1827 se presentó **Anastasio Cárdenas**, h.l. de Juan Tomás Cárdenas y de María de los Ángeles Jiménez pretende contraer matrimonio con **María Felisa Jeréz** hl de Juan Gregorio Jeréz y de la finada Martina Coronel, vecina de Cóndor Huasi.

Palomeque, Dn. Juan Manuel con Sueldo, Da. María Sebastiana.
Expediente 850 Dn. **Juan Manuel Palomeque** vecino de Las Trancas, hijo natural de Da. Juana Palomeque, pretende contraer matrimonio con Da. **María Sebastiana Sueldo** h.l. del finado Dn. Eugenio Sueldo y de Da. Josefa Nieva, vecino de Inacillo. Testigos: Pio Gutiérrez y Fabián Frogel. De las declaraciones se deduce un impedimento en tercer grado por ser el pretendiente hijo natural de Vicente Contreras. La dispensa está fechada en Catamarca el 6 de febrero de 1827.

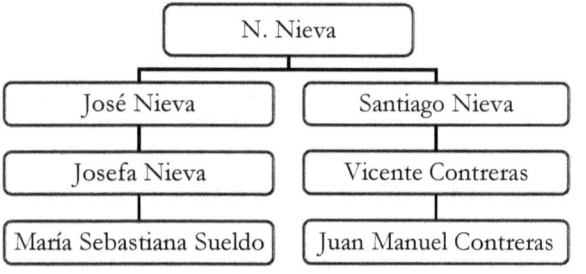

Rodríguez, Dn. Juan Teodoro con Arévalo, Da. María de los Ángeles
Expediente 859. En El Alto el 12 de abril de 1827 se presentó **Dn. Juan Teodoro Rodríguez** h.l. de Dn. Luis Bernardo Rodríguez y de Da. María Lorenza Pérez pretende contraer matrimonio con **Da. María de los Ángeles Arévalo** h.l. de Dn. Agustín Antonio Arévalo y de la finada Da. Candelaria Aguirre.

Brete, Dn. Andrés con Leiva, Da. Victoria
Expediente 861. Dn. **Andrés Brete**, viudo de María Juana Reyes, pretende contraer matrimonio con Da. **Victoria Leiva,** viuda del finado Marcelino Vega, ligados con impedimento de afinidad lícita y al mismo tiempo otro de consanguinidad por "los Quiroga" muy remoto, entre cuarto y quinto grado. Testigos: Dn. Juan Ángel Gómez de 57 años y Dn. Manuel Antonio Avellaneda, pariente en quinto grado, de 60 años. La dispensa está fechada en Tucumán el 6 de junio de 1827. Presentamos aquí es esquema de parentesco:

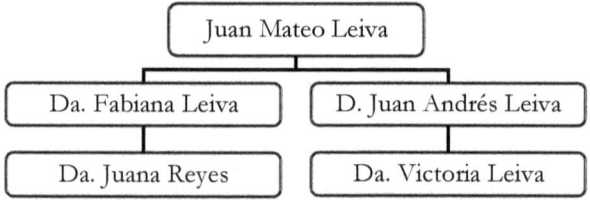

Pérez, José Apolinario con Díaz, María Ubalda
Expediente 862. En El Alto el 30 de mayo de 1827 se presentó **José Apolonio Pérez**, vecino de las Cortaderas, pretende contraer matrimonio con **María Ubalda Díaz** h.l. de Santiago Díaz y de Santos Figueroa.

Albarracín, Dn. José Narciso con Gómez, Da. María Marta
Expediente 867. En El Alto el 10 de septiembre de 1827 se presentó **Dn. José Narciso Albarracín**, h.l. de Dn. Casimiro Albarracín y de **Da. María Marta Gómez**, pretende contraer matrimonio con Agustina Retamozo, h.l. de Pedro Retamozo y de Ana María Contreras.

Barrientos, Dn. Dionisio con Agüero, Da. María Ignacia
Expediente 868. En El Alto el 17 de septiembre de 1828 se presentó Dn. **Dionisio Barrientos** hl, de Dn. Melchor Barrientos y de Da. Juana Vega, pretende contraer matrimonio con **Da. María Ignacia Agüero**, hl del finado Dn. José Manuel Agüero y de Da. María Juana Baraona.

Márquez, Dn. Juan Gregorio con Ferreira, Da. Regina
Expediente 871. En El Alto el 7 de octubre de 1827, se presentó Dn. **Juan Gregorio Márquez**, h.l. de los

finados Dn. Bernardo Márquez y Da. Estanislada Vera, pretende contraer matrimonio con **Da. Regina Ferreira**, h.l. dl finado Dn. Victoriano Ferreira y de Da. María de la Encarnación Vidal.

Leguizamón, Dn. Juan Alberto con Rizo, Da. María Manuela
Expediente 872. En El Alto el 9 de octubre de 1827 se presentó **Dn. Juan Alberto Leguizamón**, h.l. de Dn. Juan Luis Leguizamón y de Da. María Andrea Burgos, pretende contraer matrimonio con **Da. María Manuela Rizo**, hl de Dn. Juan Gregorio Rizo y de Da. María Aurelia Artaza.

Correa, Dn. Ramón con Bulacia, Da. María Francisca
Expediente 873: Dn. **Ramón Antonio Correa**, de este vecindario, viudo de Da. Rosalía Bulacia, pretende contraer matrimonio con Da. **María Francisca Bulacia** h.l. de Dn. Ignacio Bulacia y de Da. Aurelia Ramos. Testigos: Dn. Mariano Mendoza y Dn. Juan Ángel Gómez. De las declaraciones se deduce un impedimento por afinidad en tercero con segundo grado, dispensado en Piedra Blanca el 24 de octubre de 1827. Esquema de parentesco:

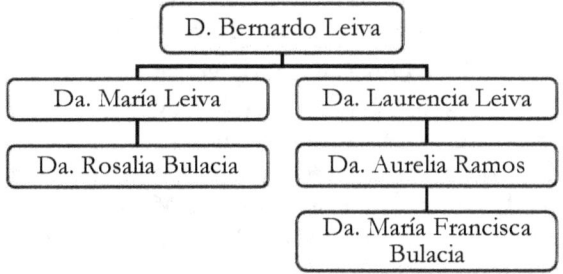

Pérez, Marcelino con Ibáñez, Alberta
Expediente 877. En El Alto el 9 de noviembre de 1827, se presentó **Marcelino Pérez**, hl de Juan Gregorio Pérez y de la finada Manuela Díaz pretende contraer matrimonio con **Alberta Ibáñez** h.l. del finado Francisco Ibáñez y de Mercedes Díaz.

Hernández, Dn. José Antonio con Correa, Da. Leonor
Expediente 878. En El Alto el 9 de noviembre de 1827 se presentó **Dn. José Antonio Hernández**, hl de los difuntos Dn. Joaquín Hernández y de Da. Ramona Bepre con **Da. Leonor Correa**, h.l. de Dn. Ramón Antonio Correa y de la finada Da. Rosalía Bulacia.

Acosta, Agustín con Páez, María Casimira
Expediente 879. En Vilismano el 6 de agosto de 1827 se presentó **Agustín Acosta** h.l. de Juan Simón Acosta y de María Ponce, pretende contraer matrimonio con **María Casimira Páez** h.l. de Pedro Páez y de María Mercedes García.

Gómez, Serapio Evaristo con Morales, María de los Santos
Expediente 881. En El Alto el 27 de (¿octubre?) de 1827 se presentó **Serapio Evaristo Gómez Mansilla**, hl de Francisco Antonio Gómez, difunto y de María Manuela Morales, pretende contraer matrimonio con **María de los Santos Morales**, h.l. de Felipe Santiago Morales y de María del Carmen Zurita.

Maldonado, Dn. Pedro con Quiroga, Da. María Cayetana
Expediente 882. En El Alto el 27 de octubre de 1827 se presentó **Dn. Pedro Maldonado**, h.l. de Dn. José Antonio y de Da. María Magdalena Coronel pretende contraer matrimonio con **Da. María Cayetana Quiroga** h.l. del finado Dn. Ignacio Quiroga y de Da. María Águeda Rojo.

Correa, Dn. David con Bulacia, Da. María Prudencia
Expediente 883 Dn. **David Samuel Correa** h.l. de Dn. Ramón Antonio Correa y de la finada Da. Rosalía Bulacia pretende contraer matrimonio con Da. **María Prudencia Bulacia** h.l. de Dn. Ignacio Antonio Bulacia y de Da. Aurelia Ramos. Testigos: Dn. Juan Ángel Gómez y Dn. Juan Gregorio Márquez. De las declaraciones se deduce un impedimento por consanguinidad en tercer grado, el cual fue dispensado en Piedra Blanca el 12 de noviembre de 1827. El esquema de parentesco presentado fue el siguiente:

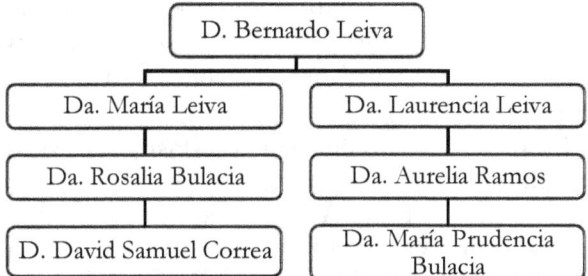

Medina, Dn. José Manuel con Guevara, Da. María Manuela
Expediente S/n (ubicados a continuación del expediente 887) En El Alto el 5 de diciembre de 1827 se presentó **Dn. José Manuel Medina**, viudo de Da. María Eugenia Agüero pretende contraer matrimonio con **Da. María Manuela Guevara**, viuda de Dn. Mariano Rosales.

Palavecino, Juan de la Cruz con Moyano, María Ignacia
Expediente S/n. En El Alto el 14 de diciembre de 1827 se presentó **Juan de la Cruz Palavecino**, hl del finado Modesto Palavecino y de Clara Leal, pretende contraer matrimonio con **María Ignacia Moyano**, hl de los finados Juan Andrés Moyano u Agustina Rosa Ibáñez.

Mansilla, Dn. Custodio con Cabral, Da. María Tomasa
Expediente S/n. En El Alto el 22 de diciembre de 1827 se presentó **Dn. Custodio Mansilla**, h.l. de Dn. Jacinto Mansilla y de Da. María Teresa Soraire pretende contraer matrimonio con **Da. María Tomasa Cabral**, h.l. de Martín Cabral y de Da. Gregoria Villagra.

Córdoba, José Rosario con Campos, María Mercedes
Expediente s/n. En El Alto el 24 de diciembre de 1827 se presentó **José Rosario Córdoba**, oriundo de la sierra de Córdoba, vecino de Vilismano, pretende contraer matrimonio con **María Mercedes Campos**, oriunda de la Costa de Santiago h.l. de María Anselma Campos.

Romano, José Rosa con Rodríguez, María Dominga
Expediente s/n En El Alto el 24 de diciembre de 1827 se presentó **José Rosa Romano**, oriundo de Catamarca, hl de Juan de la Cruz Romano y de María Concepción Zurita pretende contraer matrimonio con **María Dominga Rodríguez** h.l. del finado José Eugenio Rodríguez y de la finada María Luisa Crespín.

Leiva, Dn. Marcelo con Orquera, Da. María Liberata
Expediente s/n En El Alto el 24 de diciembre de 1827 se presentó **Dn. Marcelo Leiva**, hl de Dn. José Francisco y de Da. María Isabel Cisneros pretende contraer matrimonio con **Da. María Liberta Orquera**, hl de Dn. José Antonio y de Da. María Francisca Viger.

Reinoso, Dn. Leopoldo con Cardoso, Da. María Juliana
Expediente 901. En El Alto el 18 de enero de 1828. Se presentó **Dn. Leopoldo Reinoso**, vecino de Achalco, hijo natural de Da. María Juana Reinoso, pretende contraer matrimonio con **Da. María Juliana Cardoso**, vecina de Ancasti, h.l. de Dn. Pedro Lucas Cardoso y de Da. María Encarnación Pedernera.

González, Dn. José Esteban con Vargas, Da. Águeda
Expediente 911. En El Alto el 19 de febrero de 1828 En El Alto se presentó **Dn. José Esteban González**, hl de Francisco Antonio González y de la finada Tomasina Jiménez, pretende contraer matrimonio con **Da. Águeda Vargas**, h.l. de Dn. Juan Bautista Vargas y de la finada Da. Juana Pereira, vecinos de Ovanta.

Barrientos, Dn. José Andrés con Medina, Da. Juliana
Expediente 913. En EL Manantial el 11 de febrero de 1828 se presentó **Dn. José Andrés Barrientos**, h.l. del finado Dn. Miguel Barrientos y de Da. Eusebia Nieva pretende contraer matrimonio con **Da. Juliana Medina**, h.l. de los finados Dn. Ramón Medina y de Da. Juliana Cisternas.

Garnica, Lorenzo con Sánchez, Candelaria
Expediente 914. En Vilismano el 11 de febrero de 1828 se presentó **Lorenzo Garnica** hijo natural de Damiana Garnica pretende contraer matrimonio con **Candelaria Sánchez** hija natural de Margarita Sánchez y viuda de Manuel Lobo.

Paz, José Pascual con Morales, María Juana
Expediente 917. En Vilismano el 5 de marzo de 1828 se presentó **José Pascual Paz**, hijo natural de María Mercedes Paz, pretende contraer matrimonio con **María Juana Morales**, vecina de Caña Cruz, hija natural de María Manuela Morales, difunta.

Mansilla, Dn. Manuel Antonio con Vildoza, Da. María Custodia
Expediente 918. En La Quebrada, el 5 de marzo de 1828 se presentó **Dn. Manuel Antonio Mansilla**, viudo de Ana María Díaz, hl de los finados Dn. José Norberto Mansilla y de Da. Josefa Osores, pretende contraer matrimonio con **Da. María Custodia Vildoza**, vecina de Ancasti, viuda de Fructuoso Gutiérrez e hija natural de Da. Isabel Vildoza.

Vásquez, José con Santucho, María del Señor
Expediente 920. En Vilismano el 28 de marzo de 1828, se presentó **José Vásquez** vecino de Tacopunco, h.l. de Ramón Vásquez y de Juana Manuela Rivarola, pretende contraer matrimonio con **María del Señor Santucho** viuda de Manuel Villalba, vecina de Chinayaco.

Vásquez, Dn. Ángel Mariano con Leiva, Da. Lucinda
Expediente 921. En El Alto el 30 de marzo de 1828 se presentó **Dn. Ángel Mariano Vásquez**, h.l. de Dn. José León Vásquez y de Da. Josefa Vargas, pretende contraer matrimonio con **Da. Lucinda Leiva**, h.l. de Dn. Claudio Leiva y de la finada Da. Margarita Jiménez.

Vásquez, Dn. Bernardo Antonio con Leiva, Da. Josefa
Expediente 922. En El Alto el 18 de marzo de 1828 se presentó **Dn. Bernardo Antonio Vásquez** vecino de Talasí, hl de Dn. José León Vásquez y de Da. María Josefa Vargas pretende contraer matrimonio con **Da. Josefa Leiva**, h.l. de Dn. Claudio Leiva y de la finada Da. Margarita Jiménez.

Ledesma, Félix Antonio con Ramírez, María Casilda
Expediente 923. En El Alto el 7 de abril de 1828 se presentó **Félix Antonio Ledesma**, viuda de María

Josefa Córdoba, pretende contraer matrimonio con **María Casilda Ramírez**, hija natural de María Francisca Ramírez.

Cáceres, Dn. José Plácido con Soraire, María Simona

Expediente 925. En Vilismano, el 8 de abril de 1828 se presentó **Dn. José Plácido Cáceres** h.l. del finado Dn. Manuel Cáceres de Da. Clara Arévalo, difunta, pretende contraer matrimonio con **María Simona Soraire**, h.l. del finado Manuel Soraire y de la finada María Bárbara Burgos.

Guerra, Dn. José María con Ávila, Da. Micaela

Expediente 928. En El Alto el 18 de abril de 1828 se presentó **Dn. José María Guerra**, hl de Dn. Antonio Guerra y de la finada Da. Inés Contreras, pretende contraer matrimonio con **Da. Micaela Ávila** h.l. de Dn. Gerardo Ávila y de Da. Ignacia Díaz, vecinos de Las Cañas.

Albarracín, Dn. José Carmelo con Díaz, Juana Ventura

Expediente 929. En El Alto el 16 de abril de 1828 se presentó **Dn. José Carmelo Albarracín**, hl de Dn. Luis Bernardo Albarracín y de Da. Dolores Ortiz, pretende contraer matrimonio con **Juana Ventura Díaz**, h.l. (sic) de Francisca Díaz.

Cárdenas, Juan Domingo con Lezana, Bonifacia

Expediente 933. En El Alto el 28 de abril de 1828, se presentó **Juan Domingo Cárdenas** h.l. del finado Juan Antonio Cárdenas y de María del Tránsito Díaz, pretende contraer matrimonio con **Bonifacia Lezana**, h.l. de José Lezana y de Petrona Goitía, vecinos de la Sierra de Maquijata curato de Silípica en Santiago del Estero.

Cáceres, Miguel Jerónimo con Barrientos, María Josefa

Expediente 935. En El Alto el 16 de mayo de 1828 se presentó **Miguel Jerónimo Cáceres** viudo de María Zurita, pretende contraer matrimonio con **María Josefa Barrientos**, h.l. de Gaspar Barrientos y de la finada María Luisa Díaz.

Acosta, José de los Reyes con Coria, María de la Cruz

Expediente 936. En El Alto el 19 de mayo de 1828 se presentó **José los Reyes Acosta** h.l. de José de la Rosa Acosta y de María Petrona Rodríguez, pretende contraer matrimonio con **María de la Cruz Coria**, hija natural de María Isabel Coria.

Vega, Dn. Ubaldo con Bulacia, Da. Manuela

Expediente 937. Dn. **Ubaldo Vega** h.l. de Dn. Ignacio Vega y Da. Francisca Gómez, pretende contraer matrimonio con Da. **Manuela Bulacia** h.l. de Dn. Javier Bulacia y de Da. Mercedes Bulacia, todos de este beneficio. Presentado en El Alto el 20 de mayo de 1828. Testigos: Dn. Manuel Reinoso de 25 años y Dn. Leonardo Ferreira mayor de 25 años. De las declaraciones surge que los contrayentes tienen un impedimento por consanguinidad en cuarto con tercer grado el cual surge del siguiente esquema de parentesco:

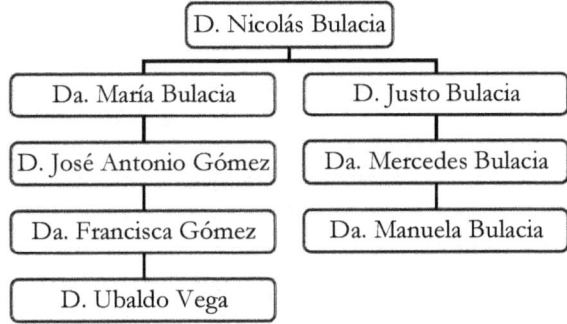

Cardoso, Pedro Pablo con Heredia, María del Carmen

Expediente 938. **Pedro Pablo Cardoso** h.l. del finado Leandro y de la finada María Rojas pretende contraer matrimonio con **María del Carmen Heredia** h.l. del finado José justo y de la finada María Micaela Acosta. Presentada en El Alto el 24 de mayo de 1828. Testigo Dn. Diego Cabral mayor de 25 años y José (justo no figura el apellido). El expediente termina trunco.

Díaz, Pedro con Nieva, María del Carmen

Expediente 939. **Pedro Díaz** hijo natural de Ignacia Díaz finada, vecino de Los Manantiales, pretende contraer matrimonio con **María del Carmen Nieva**, hija natural de Eusebia Nieva vecina de La Aguada, de Alijilán. Presentado en El Alto el 31 de mayo de 1828. Testigos: Dn. José María Guerrero mayor de 25 y José Antonio Guerrero, de más de 20 años. El expediente está trunco.

Ibáñez, Eugenio con Carrizo, Encarnación

Expediente 940. **Eugenio Ibáñez** hijo natural de Nicolás se Ibáñez vecino de las cañas pretende contraer matrimonio con **Encarnación Carrizo** h.l. de Antonio Norberto y de Asunción Rosales. Presentado en El Alto el 6 de junio de 1828. Testigos: Dn. Juan Antonio Ibáñez mayor de 30 años, es pariente del novio; y José María Guerra, mayor de 25 años.

Luna, José Matías con Romano, María del Carmen

Expediente 941. **José Matías Luna** h.l. de Gregorio Luna y de María Juana Flores matrimonio con **María del Carmen Romano** h.l. de Celedonio Romano y de María Antonia Melindre, vecinos de Los Osores. Presentado en El Alto el 26 de junio de 1828. Testigos: Juan Ojeda mayor de 30 años.

Farías, Bautista con Ortiz, María Pabla
Expediente 942 **Bautista Farías** hijo natural de la finada Luisa Farías, natural de la Piedra Blanca, residente en El Manantial, pretende contraer matrimonio con **María Pabla Ortiz** h.l. del finado Francisco Ortiz y de Valentina Nieva. Presentado en El Alto el 26 de junio de 1828. Testigos: Juan Ignacio Reyes mayor de 30 y Fernando Romero mayor de 25 años.

Peralta, Miguel con Gómez, María Antonia
Expediente 943. **Miguel Peralta** viudo de la finada Estefanía Moyano contraer matrimonio con **María Antonia Gómez** h.l. de los finados Juan Fernando Gómez y de Bonifacio Montenegro presentado en El Alto el 4 de julio de 1828 testigo Pedro Pablo Díaz mayor de 40 años testigo Gregorio Medina mayor de 25 años.

Lobo, Juan José con Ferreira, María Agustina
Expediente 944. **Juan José Lobo** h.l. de Nicolás Lobo y de María Clara Rodríguez pretende contraer matrimonio con **María Agustina Ferreira** h.l. del finado Santiago Ferreira y de María Villagra. Presentado en El Alto el 4 de julio de 1828. Testigos: Juan Gregorio Rivas Rivadeneira mayor de 25 años y José María Cabrera mayor de 25 años.

Toledo, José María con Jance, Casilda
Expediente 945. **José María Toledo** h.l. de Matías Toledo y de Francisca Solana Dorado, pretende contraer matrimonio con **Casilda Jance**, viuda de Rosario Díaz. Presentado en El Alto el 8 de julio de 1828. Testigos: Gerardo Arévalo mayor de 25 años y Santiago Romano, mayor de 30.

Pesao, Antonio con Montenegro, Simona
Expediente 946 **Antonio Pesao** esclavo de Dn. Francisco Antonio Pesao y viudo de Josefa Vega, pretende contraer matrimonio con **Simona Montenegro** hija natural de María Dominga vecina de Santiago y residente en esta doctrina. Presentada en Quimilpa el 26 de julio de 1828. Testigos: Juan Marco Jiménez mayor de 25 años y Juan Silvestre Fernández mayor de 25 años.

Vega, Pedro Pablo con Córdoba, María del Señor
Expediente 947 **Pedro Pablo Vega** hijo bastardo de Dn. Nicolás Vega, difunto, y de Lorenza Zarate, pretende contraer matrimonio con **María del Señor Córdoba** h.l. de Dn. Pedro Pablo Córdoba y de María del Tránsito Vega ya finados. Presentada en Quimilpa el 26 de julio de 1828. Testigos: Pedro Pablo Vega mayor de 30 años y José María Vega mayor de 25.

Arroyo, Manuel con Brepe, Josefa
Expediente 948. **Manuel Arroyo** h.l. de Juan Tomás y de Petrona Gauna, pretende contraer matrimonio con Da. **Josefa Espeche**, h.l. de Francisco y de Da. Ana María Rivera. Presentada en Quimilpa el 2 de agosto de 1828. Testigos: José Segundo Reyes mayor de 30 años y José María Romero mayor de 25 años.

Díaz, Rosario con Yance, Casilda
Expediente 949. **Rosario Díaz** hijo bastardo de María del Tránsito Díaz pretende contraer matrimonio con Casilda Yance h.l. de Miguel Yance y de María del Tránsito Lobo. Testigos: Dn. Diego Cabral mayor de 50 años y Juan Francisco Hernández mayor de 25 años. Terminada en El Alto el 9 de agosto de 1828.

Salazar, Dn. Javier con Ahumada, Da. Indalecia
Expediente 950. Dn. **Javier Salazar**, feligrés de este curato h.l. del finado Dn. Ramón Antonio Salazar y de la finada Da. María Juana Toranzo, pretende contraer matrimonio con Da. **Indalecia Ahumada** h.l. de Dn. Gregorio Ahumada y de Da. Evarista Aguilar. Testigos: Francisco Barrera de 36 años y Nazario Páez de 30 años. Terminada en El Alto el 10 de agosto de 1828.

Leiva, Dn. Juan con Huergo, Da. Eladia Josefa
Expediente 951. Dn. **Juan Manuel Leiva** h.l. de Dn. Fermín Leiva y de Da. Ignacia Catalina Cevallos, pretende contraer matrimonio con Da. **Eladia Josefa Huergo**, h.l. del finado Dn. Santiago Huergo y de Da. María Rosa Frías, del beneficio de Graneros en Tucumán, vecinos del Pueblo Viejo. Testigos: Dn. Fernando Ferreira de 30 años y Dn. Alejandro Segura de 46 años, es pariente en primer grado. Terminada en El Alto el 9 de agosto de 1828.

Barrios, Pedro Juan con Vizcarra, María Leonarda
Expediente 952 **Pedro Juan Barrios** hijo natural de Jacoba Barrios, pretende contraer matrimonio con **María Leonarda Vizcarra** h.l. del finado José Javier Vizcarra. Presentada en El Alto el 14 de agosto de 1828. Testigos: Miguel Jerónimo Perea mayor de 20 años y Bernardo Pereira mayor de 30 años.

Bohórquez, Juan Nicolás con Jiménez, María Francisca
Expediente 953 **Juan Nicolás Bohórquez** h.l. de Nicolás Bohórquez y de María Luisa Jiménez, pretende contraer matrimonio con **María Francisca Jiménez** h.l. de Domingo Jiménez y de la finada María Francisca Paz. Testigos: Felipe Soraire mayor de 30 años y Pedro González. La dispensa está fechada en Piedra Blanca en el 9 de septiembre de 1828. Se declara un parentesco de tercer grado de consanguinidad que se explica con el esquema siguiente:

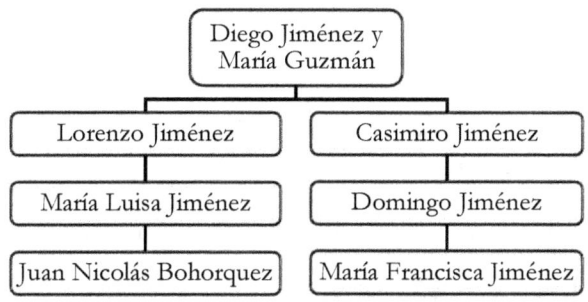

Díaz, Juan Felipe con Rosales, María Marta
Expediente 954. **Juan Felipe Díaz**, h.l. de Pablo Díaz y de María Isabel Montenegro, pretende contraer matrimonio con **María Marta Rosales** h.l. de José Lorenzo Rosales y de Justa Pastora Argañaráz. Presentada en El Alto el 24 de agosto de 1828. Testigos: Juan Teodoro Villagra mayor de 20 años y Félix Mariano Guerrero mayor de 30 años.

Falcón, Luis Ignacio con Lugones, María Trinidad
Expediente 955. **Luis Ignacio Falcón,** residente en la Cañada, hijo natural de la finada Clara Falcón, pretende contraer matrimonio con **María Trinidad Lugones**, del curato de Atamisqui jurisdicción de Santiago del Estero, h.l. de Gregorio Lugones y de la finada María Josefa Acosta. Presentada en El Alto el 25 de agosto de 1828. Testigos: Dn. Juan Teodoro Bulacia mayor de 20 años y Dn. José María Bulacia mayor de 30 años.

Vega, Dn. Ramón Antonio con Vega, Da. María
Expediente 956. Dn. **Ramón Antonio Vega** h.l. de Dn. Alonso Vega y de Da. Gregoria Toranzo, ya finados, pretende contraer matrimonio con Da. **María Vega** h.l. de Ignacio Vega ya finado y de Da. Francisca Gómez, todos vecinos de Guayamba. Testigos: Dn. Mariano Mendoza mayor de 50 años y Dn. Gregorio Rizo. De las declaraciones se deduce un impedimento por consanguinidad en segundo grado, dispensado el 9 de septiembre de 1828 en Piedra Blanca. El esquema genealógico es el siguiente:

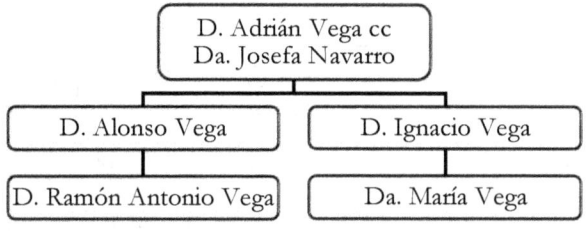

Jeréz, Pascual con Rosales, María Juana
Expediente 957. **Pascual Jeréz**, vecino de Choya, hijo natural de María Petrona Jeréz, pretende contraer matrimonio con **María Juana Rosales**, viuda de Miguel Ortiz. Testigos: Lorenzo Juárez mayor de 25 años y Damasio Ledesma mayor de 25 años. Por concluida, en El Alto el 5 de septiembre de 1828.

Agüero, Dn. Andrés Avelino con Cejas, Da. Juana Petrona
Expediente 958. **Andrés Avelino Agüero**, vecino de Caña Cruz, h.l. del finado Dn. Juan de Dios Agüero y de Da. Juana Francisca Zurita, pretende contraer matrimonio con Da. **Juana Petrona Cejas** h.l. de Dn. Francisco Cejas y de Da. María Bárbara Rivarola, vecinos de Taco Punco. Presentada en Vilismano el 12 de septiembre de 1828. Testigos: Feliciano Luján de 60 años y Santos Rojas de 58 años.

Islas, Francisco Antonio con Cordero, Gertrudis
Expediente 959 **Francisco Antonio Islas**, vecinos de Choya, viudo de Francisca Cortes, pretende contraer matrimonio con **Gertrudis Cordero** viuda de Tiburcio Pérez. Testigos: Eustaquio Pesado sabe que la pretendiente es viuda, el marido se ausentó hace muchos años para Buenos Aires y se sabe que ha muerto por noticias que trajo Sebastián Pérez, cuñado de la pretendida, tiene 40 años y Felipe Pérez. Por concluida en La Quebrada el 15 de septiembre de 1828.

Vega, Juan Gregorio con Cisneros, María Isabel
Expediente 960 **Juan Gregorio Vega** feligrés de este beneficio vecino de Ancamugalla, h.l. del finado Juan Bernardo Vega y de María Marcela Seco pretende contraer matrimonio con **María Isabel Cisneros** hija natural de María del Pilar Cisneros, vecina de los Nogales. Presentadas en El Alto el 16 de septiembre de 1828. Testigos: Dn. Juan Gil Medina y Francisco Amaya.

Vargas, José María con Bravo, Feliciana
Expediente 961. **José María Vargas**, residente en San Francisco, viudo de Catalina Brizuela pretende contraer matrimonio con **Feliciana Bravo** h.l. del finado Eduardo Bravo y de Anastasia Sánchez, vecina de los Graneros y residente en Campo Grande. Testigos: Dn. Leonardo Ferreira mayor de 25 años y Juan José Bulacia mayor de 30 años. Por terminada en El Alto el 18 de septiembre de 1828.

Luna, Juan Santos con Leiva, María Paula
Expediente 962. **Juan Santos Luna** nativo de Talasí, h.l. del finado Lorenzo Luna y de Juana Coronel, pretende contraer matrimonio con **María Paula Leiva**, nativa de Talasí, hija natural de Narcisa Leiva. Testigos: José Maximiliano Roldán, mayor de 25 años y Tiburcio Aguirre mayor de 25 años. Por terminada en El Alto el 18 de septiembre de 1828.

Islas, Francisco Antonio con Cordero, Gertrudis

Expediente 963. **Francisco Antonio Islas** viudo de Francisca Cortes pretende contraer matrimonio con **Gertrudis Cordero**, viuda Tiburcio Pérez. Testigos: Felipe Pérez mayor de 25 años y Eustaquio Dorado mayor de 25 años. Por finalizada en La Quebrada el 17 de septiembre de 1828.

Brizuela, Dn. Amaranto con Gómez, Da. Justa Pastora

Expediente 964. Dn. **Amaranto Brizuela** h.l. del finado Dn. Juan Procopio Brizuela y de Da. Nicolasa Vega vecinos de Anjullón en La Rioja, pretende contraer matrimonio con Da. **Justa Pastora Gómez**, de este vecindario, hija de Da. Nieves Gómez. Testigos: Dn. Eugenio Brizuela mayor de 25 años y Dn. Juan Nicolás Gómez mayor de 30 años. Por terminada en El Alto el 25 de septiembre de 1828.

Arévalo, José Domingo con Roja, Mauricia

Expediente 965. **José Domingo Arévalo** h.l. del finado José Javier y de María Asunción Nieva, pretende contraer matrimonio con **Mauricia Rojo**, viuda de Inocencio Mamondes, todos vecinos de Cóndor Huasi. Testigo: Pedro Nolasco González. De las declaraciones surge un impedimento por afinidad en segundo grado, dispensado en Piedra Blanca el 15 de octubre de 1828. El esquema genealógico es el siguiente:

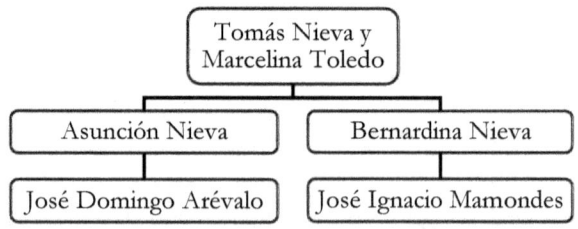

Reinoso, Buenaventura con Paz, Carmen

Expediente 966 **Buenaventura Reinoso** h.l. de los finado José Ignacio Reinoso y de Catalina Armas, pretende casar con Da. **Carmen Paz** h.l. de Dn. José Francisco Paz y de la finada Cruz Melián, todos los vecinos de Ovanta. Testigos: Dn. Juan Nicolás Reinoso y Juan Nicolás Reinoso, ambos declaran que Da. Carmen Paz es hija de padre anciano y viudo y qué se encuentra extraviado de su casa y provincia, con motivo de las guerras entre las provincias vecinas, y sabe qué hace muy pocos días, ha venido oculto a su casa, habiendo querido llevar a la hija para Tucumán donde residía, esta se ha negado "por no ir a mendigar junto con él", el otro testigo, Pedro González declara prácticamente lo mismo. Surge de las declaraciones un impedimento por consanguinidad en cuarto con tercer grado. Por terminada en El Alto el 5 de octubre de 1828. El esquema genealógico es el siguiente:

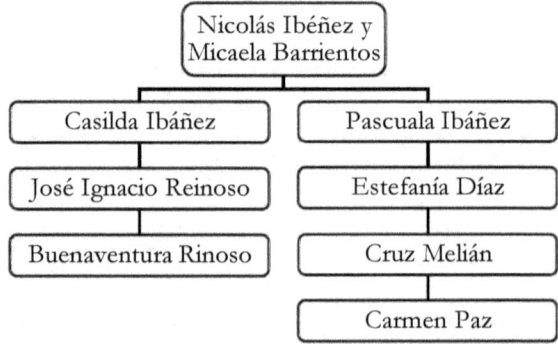

Rosales, Nicolás con Arias, María Ascensión

Expediente 967. **Nicolás Rosales**, viudo de Manuela Pacheco, pretende contraer matrimonio con **María Ascensión Arias**, viuda de Juan de la Cruz Melián. Presentada en El Alto el 22 de octubre de 1828. Testigos: Marcelino Díaz mayor de 25 años y Ascencio Romero.

Díaz, Dn. Doroteo con Villalba, Da. María Filiberta

Expediente 968 Dn. **Doroteo Díaz**, vecino de Caña Cruz, h.l. del finado Juan Agustín Díaz y de Da. María Manuela Ibáñez, pretende contraer matrimonio con Da. **María Filiberta Villalba** h.l. de Dn. Hermenegildo Villalba y de Da. Tadea Morales, vecino de La Chacra. Testigos: Dn. Félix Fernando Arévalo, sabe que los padres de la novia tienen una multitud de hijos entre 7 y 8, mayor de 50 años y Pedro Pablo Rodríguez. De las declaraciones se deduce un impedimento pot consanguinidad de cuarto con tercer grado. Por terminada en El Alto el 25 de octubre de 1828. El parentesco se explica con el siguiente esquema:

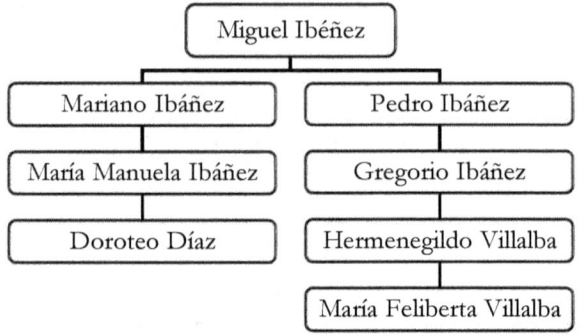

Agüero, Dn. Ramón Antonio con Juárez, Da. Asunción

Expediente 969. Dn. **Ramón Antonio Agüero** h.l. de Dn. Manuel Agüero y de Da. María Francisca Lobo, pretende contraer matrimonio con Da. Asunción Juárez h.l. de Dn. Juan Juárez y de Da. Ana María Páez.

Testigos: Agustín Suárez, lo conoce desde pequeño con motivo de ser su sobrino y vecino, la madre de la novia es viuda pobre con 8 hijos, es mayores de 50 años; Dn. Diego Cabral mayor de 50 años. Surge un impedimento por consanguinidad en tercer grado, dispensado en Piedra Blanca el 8 de noviembre de 1828. El esquema genealógico es el siguiente:

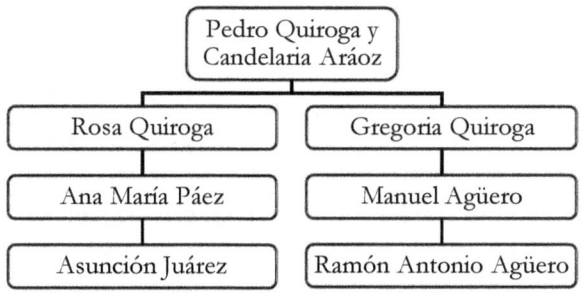

Salvatierra, Ambrosio con Rivera, Manuela
Expediente 970. **Ambrosio Salvatierra**, vecino de las Cañas, h.l. de Juan y de la finada Lorenza Trejo, pretende contraer matrimonio con **Manuela Rivera** h.l. de Mateo de Rivera y de Melchora Ramos. Testigos: José Salvatierra y Marcelino Salvatierra, declaran que la madre de la pretendida tiene 7 hijos y el padre ha abandonado a la madre. Surge de las declaraciones un impedimento por consanguinidad en tercer grado, dispensado Piedra Blanca el 22 de noviembre de 1828. El parentesco se deduce del siguiente esquema:

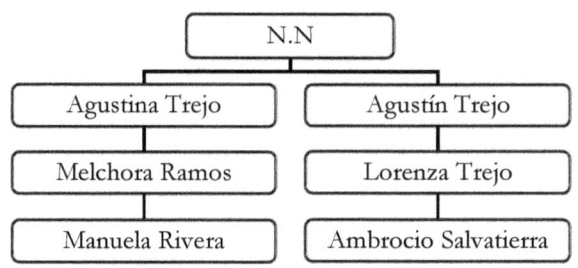

Correa, Juan Gregorio con Fernández, María Rosa
Expediente 971. **Juan Gregorio Correa**. del curato del Valle de Catamarca. h.l. del finado Pascual Correa y de María Manuela Lobo, pretende contraer matrimonio con **María Rosa Fernández**, vecina de Malpaso, h.l. de Miguel Fernández y de Nicolasa Figueredo. Testigos: Andrés Ibarra de 38 años y Dn. José Manuel Ibáñez de 50 años. Terminada en Vilismano el 21 de diciembre de 1827.

Romano, Rafael con Díaz, Segunda
Expediente 972. **Rafael Romano** h.l. de los finados Marcos Romano y de María Mercedes Rodríguez, pretende contraer matrimonio con **Segunda Díaz** hija natural de la finada Ignacia Díaz. Testigos: Dn. Domingo Medina y Juan Ascencio Álvarez. Por concluida en El Alto el 24 de diciembre de 1828.

Vanegas, Asencio con Rodríguez, María Micaela
Expediente 973. **Asencio Banegas**, h.l. del Ramón Banegas y de Inés Coronel, vecinos del curato de Loreto, pretende contraer matrimonio con **María Micaela Rodríguez** hija natural de María Rodríguez. Presentado en El Alto el 16 de febrero de 1828. Testigos: José Damasio (ilegible), no figuran más testigos y el expediente está trunco.

Banegas, Juan Ascencio con Rodríguez, Micaela
Expediente 974. **Juan Ascencio Banegas**, vecino hacia Achalco, h.l. de Ramón Banegas y de Inés Coronel, pretende contraer matrimonio con **Micaela Rodríguez**, hija natural de María Rodríguez. Presentado en El Alto el 20 de enero de 1829. Testigos: Ildefonso (ilegible) y Baltazar (legible).

Ortega, Avelino con Jiménez, María del Rosario
Expediente 975. **Avelino Ortega** hijo natural de Gregoria Ortega, pretende contraer matrimonio con **María del Rosario Jiménez** h.l. del finado Juan Vicente Jiménez y de Nicolasa Ortiz. Testigos: Juan Evangelista (ilegible) y Agustín Barrios. Por terminada en el Manantial el 23 de enero de 1813. (Expediente traspapelado)

Pacheco, Ramón Ignacio con Hernández, María Marcelina
Expediente 976. **Ramón Ignacio Pacheco** hijo natural de la finada Antonia Pacheco, pretende contraer matrimonio con **María Marcelino Hernández** h.l. de Miguel Hernández y de María Francisca Arauz. Presentada en El Alto el 30 de enero de 1829.

Almaráz, Juan Gregorio con Pedraza, María Angelina
Expediente 977. **Juan Gregorio Almaraz** vecino de tal así hijo natural de María del Pilar Almaraz, pretende contraer matrimonio con **María Angelina Pedraza** hija natural de María Brígida Pedraza. Presentada en El Alto el 31 de enero de 1829.

Jiménez, Juan Serapio con Cevallos, Bernabela
Expediente 978. **Juan Serapio Jiménez** h.l. del finado Inocencio Jiménez y de María Mercedes González, pretende contraer matrimonio con **Bernabela Cevallos** del curato de Graneros, h.l. de Maximiliano Cevallos y de María Venancia Jeréz. Presentada en El Alto el 3 de febrero de 1829.

Hernández, Calixto con Bilampa, María Juana
Expediente 979. **Calixto Hernández** h.l. de Juan Fidel Hernández y de la finada María Josefa Ibáñez,

pretende contraer matrimonio con **María Juana Bilampa**, hija natural de Estefanía, natural de Santiago del Estero. Presentada en el manantial el 20 de febrero de 1829.

Delgado, Jacinto con Guerrero, Mercedes
Expediente 980 **Jacinto Delgado** viudo de la finada Fortunata Barrientos quiere contraer matrimonio con **Mercedes Guerrero** viuda del finado Pedro Sosa, todos vecinos de El Manantial. Presentado en El Manantial el 20 de febrero de 1829.

Galván, Juan Bautista con Barrera, María Juana
Expediente 981. **Juan Bautista Galván** vecino de Chañar Laguna, h.l. de Cruz Galván y de María Lorenza Galván difuntos, pretende contraer matrimonio con **María Juana Barrera** h.l. del finado José Ignacio Barrera y de la finada María Ignacia Acuña. Presentada en El Alto el 19 de marzo de 1829.

Rosales, José Claudio con Reinoso, Casimira
Expediente 982. **José Claudio Rosales** h.l. de Francisco Rosales y de la finada Claudia Rosales, pretende contraer matrimonio con **Casimira Reinoso** h.l. del finado Juan Nicolás Reinoso y de Inés Luna. Presentada en manantiales el 30 de abril de 1829.

Jiménez, Juan de la Rosa con Contreras, María Antonia
Expediente 983. **Juan de la Rosa Jiménez,** vecino de El Puesto de los Gutiérrez, h.l. de los finados Juan Nicolás Jiménez y Ana Jacoba Lazo, pretende contraer matrimonio con **María Antonia Contreras** vecina de Albigasta, h.l. de Bernardino Contreras y de la finada María Isabel Leguizamón. Presentada en Vilismano el 5 de mayo de 1829.

Bulacia, Ramón Rosa con Tula, Ana María
Expediente 984. Dn. **Ramón Rosa Bulacia** vecino de Quiscoyán de este beneficio, h.l. de Dn. Miguel Antonio Bulacia y de las finada Bernarda Ulibarri, pretende contraer matrimonio con Da. **Ana María Tula** h.l. de Dn. Bernabé Tula y de la finada Isabel Madueño vecinos de la Piedra Blanca. Presentada en El Alto el 9 de mayo de 1829. Testigos: Dn. Ignacio Rojas y Dn. (ilegible).

Cáceres, Juan de la Cruz con Barros, María Bernardina
Expediente 985. **Juan de la Cruz Cáceres** h.l. del finado Dn. Juan Cáceres y de Da. Clara Vera, pretende contraer matrimonio con **María Bernardina Barros** h.l. del finado Dn. Patricio Barros y de la finada Da. agustina Robledo ambos de este curato. Presentada en Vilismano el 11 de mayo de 1829.

Gómez, Dn. Miguel Antonio con Burgos, Da. Nicolasa
Expediente 986. Dn. **Miguel Antonio Gómez** h.l. del finado Juan Francisco Gómez y de Da. Damiana Reyes, pretende contraer matrimonio con Da. **Nicolasa Burgos** hija natural de Da. Francisca Burgos. Presentada en El Alto el 13 de mayo de 1829.

Luján, Juan Nicolás con Jeréz, María Inés
Expediente 987. **Juan Nicolás Luján**, vecino de Santa Ana, viudo de María Justina Arévalo, pretende contraer matrimonio con **María Inés Jeréz** h.l. de Florencio Jeréz y de María Ignacia Márquez, vecinos de Sucuma. Presentada en El Alto el 27 de mayo de 1829.

Vázquez, Bernardo con Albarracín, Casilda
Expediente 988. **Bernardo Vázquez**, feligrés de este curato h.l. de Bonifacio Alejandro Vázquez y de Bartolina Rodríguez, difunta, pretende contraer matrimonio con **Casilda Albarracín** h.l. de Tomás Albarracín, difunto, y de Lucia Rodríguez. Presentada en El Alto el 15 de julio de 1813, (expediente traspapelado).

Maidana, José Toribio con Páez, María Juana
Expediente 989. **José Toribio Maidana,** vecino de El Aguda del Sauce, h.l. de José Gabriel Maidana y de María Francisca Agüero, pretende contraer matrimonio con **María Juana Páez** h.l. de Claudio Páez y de Silveria Pedraza. Presentada en El Alto el 28 de julio de 1829.

Ahumada, Dn. Pedro Nolasco con Espeche, Da. Patricia
Expediente 990. Dn. **Pedro Nolasco Ahumada**, viudo de Da. Francisca Barrionuevo, pretende contraer matrimonio con **Da. Patricia Espeche** h.l. de Dn. Santiago Espeche y de Da. Mercedes Valdéz. De las declaraciones surgen dos impedimentos por consanguinidad, ambos de cuarto con tercer grado, dispensados en El Alto el 23 de agosto de 1829. Los esquemas de parentesco son los siguientes:

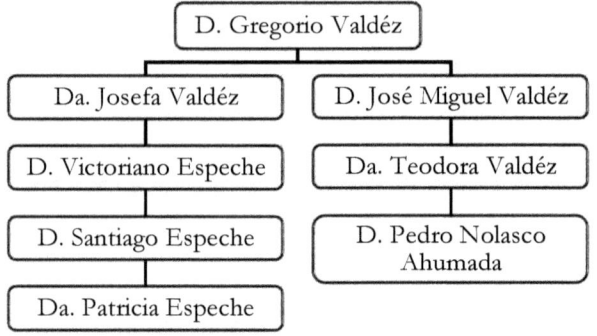

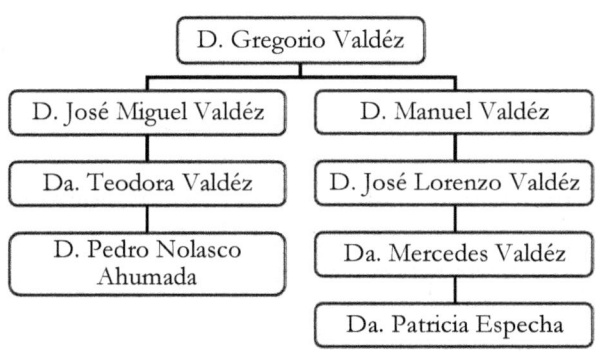
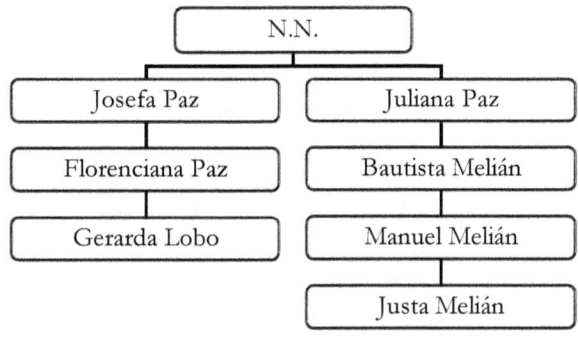

Magallanes, Juan Mateo con Guerreros, Petrona
Expediente 991. **Juan Mateo Magallán** h.l. de José Antonio Magallán difunto y de María del Tránsito Ibáñez, pretende contraer matrimonio con **María Petrona Guerreros** hija de Juan Bautista Guerreros y de María Rosario Iriarte. Presentada en El Alto el 29 de agosto de 1829.

Arias, Ramón Rosa con Vega, María Simona
Expediente 992. **Ramón Rosa Arias** h.l. de Juan de la Cruz Arias y de Nicolasa Reinoso, pretende contraer matrimonio con **María Simona Vega** hija natural de Cecilia Vega. Presentada en El Alto el 31 de agosto de 1829.

Goitia, Dn. Cesario con Arévalo, María del Señor
Expediente 993. Dn. **Cesario Goitia** h.l. de Dn. Mariano y de Da. María Ignacia Jeréz todos naturales de la provincia de Santiago del Estero y residentes en Chañar Laguna, pretende contraer matrimonio con Da. **María del Señor Arévalo** h.l. de Dn. Juan Nicolás Arévalo difunto y de Da. María Pascuala Morales, residentes en La Toma. Presentada en El Alto el 30 de agosto de 1829.

Rizo, Salvador con Paz, Francisca
Expediente 994. **Salvador Rizo**, viudo de Petrona Gaona, pretende contraer matrimonio con **Juana Francisca Paz**, viuda del finado Tomás Hernández. Presentado en El Alto el 13 de septiembre de 1829.

Cisterna, Dn. Juan de la Cruz con Melián, Da. Justa
Expediente 995. Dn. **Juan de la Cruz Cisterna**, viudo de Da. Gerarda Lobo, pretende contraer matrimonio con Da. **Justa Melián** h.l. de Dn. Manuel Melián y de Da. Isabel Ojeda. ligados con el parentesco de afinidad por cópula licita de cuarto con tercer grado. Presentado en El Alto el 22 de septiembre de 1829. El parentesco se explica con el siguiente esquema:

Márquez, Dn. Juan Bartolo con Verón, María de las Nieves
Expediente 996. Dn. **Juan Bartolo Márquez** h.l. de Dn. José Luis Márquez y de Da. María Francisca Bulacia y viudo que soy de la finada María Ignacia Arreola, pretende contraer matrimonio con **María de las Nieves Verón** hija del finado Francisco Verón y de Bartolina Iñíguez de curato de Salavina. Presentada en El Alto el 6 de octubre de 1829.

Bustamante, Anacleto con Ortega, María Rufina
Expediente 997. **Anacleto Bustamante**, vecino de Laguna, hijo natural de María Jacinta Bustamante, pretende casar con **María Rufina Ortega** vecina de La Toma, h.l. de Anastasio Ortega. Presentada en Vilismano el 8 de octubre de 1829.

Castellanos, Juan Ventura con Contreras, Juana Pabla
Expediente 998. **Juan Ventura Castellanos**, viudo de María Jerónima Acosta, pretende contraer matrimonio con **Juana Pablo Contreras** hija natural de María Máxima Contreras. Presentada en Vilismano el 13 de octubre de 1829.

Ibáñez, Julián con Brizuela, María Dolores
Expediente 999. **Julián Ibáñez** h.l. de Teodoro Ibáñez y de Francisca Rosalía Jiménez, pretende contraer matrimonio con **María Dolores Brizuela** h.l. de Jerónimo de Brizuela y de Ascensión Toledo. Presentada el 24 de octubre de 1829 en Los Manantiales.

Macedo, Dn. Nicolás con Lezcano, Da. Manuela
Expediente 1000. Dn. **Nicolás Antonio Macedo**, residente Vilismano, hijo natural de Da. Petrona Macedo, pretende contraer matrimonio con Da. **Manuela Lezcano**, h.l. de Dn. Victoriano Lezcano y de la finada Da. Justa Albarracín vecinos de Unquillo. Presentada en El Alto el 24 de octubre de 1829.

Lazo, José Cesario con Márquez, Antonia
Expediente 1001. **José Cesario Lazo** viudo de María Fernanda Bazán, pretende contraer matrimonio con **Antonia Márquez** viuda de Melchor Barrientos. Presentada en El Manantial el 24 de octubre de 1829.

Paz, Pantaleón con Argañaráz, Lucinda

Expediente 1002. **Pantaleón Paz**, hijo natural de Sebastiana Paz, pretende contraer matrimonio con **Lucinda Argañaráz** h.l. de Santiago Argañaráz y de Lorenza Reinoso. El novio declara impedimentos por afinidad ilícita, habida con una hermana de la novia como así también con la prometida, ambos impedimentos fueron dispensados en Tucumán el 22 de diciembre de 1829.

Pacheco, José Pedro con Bazán, María del Señor

Expediente 1003. **Pedro José Pacheco** h.l. de Pedro José Pacheco y de María Mercedes Paz, vecinos de Albigasta, pretende contraer matrimonio con **María del señor Bazán**, h.l. del finado Dn. Esteban Bazán y de María Manuela Santillán. Presentada en El Alto el 30 de octubre de 1829.

Ahumada, Dn. Ignacio con Espeche, Da. Guillerma

Expediente 1004. Dn. **Ignacio Ahumada** h.l. de mi finado Dn. Alejo Ahumada y de Da. Teodora Valdéz, pretende contraer matrimonio con Da. **Guillerma Espeche** h.l. de Dn. Santiago Espeche y de Da. Mercedes Valdéz. De las declaraciones surgen dos impedimentos por consanguinidad, ambos de cuarto con tercer grado. Presentado en El Alto el 31 de octubre de 1829.

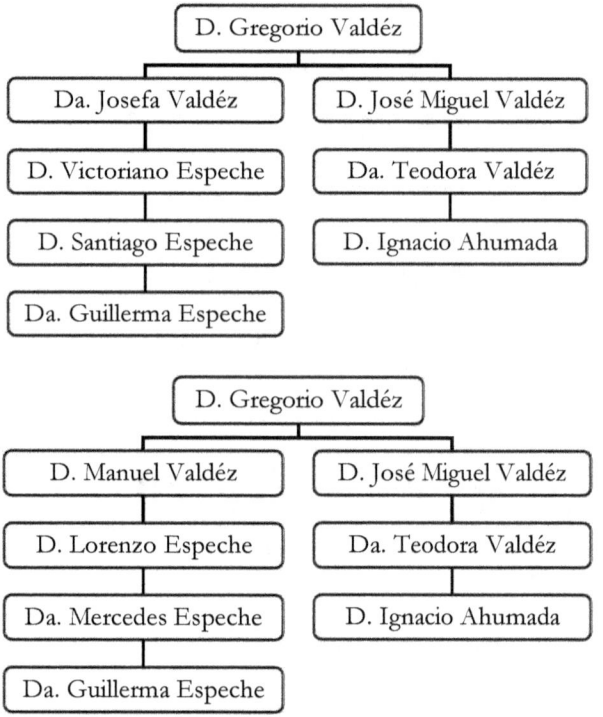

Mercado, Dn. Pedo con Lezama, Basilia

Expediente 1005. Dn. **Pedro Mercado**, vecino de la Higuerita, h.l. de Dn. Francisco Mercado y de Da. Juliana Lobo, pretende contraer matrimonio con Da. **Basilia Lezama**, criolla de la jurisdicción de Santiago del Estero, h.l. de Dn. José Lezama y de Da. María Catalina Suárez. Presentada en El Alto el 1 de noviembre de 1829.

Lobo, Fermín con Argañaráz, Inocencia

Expediente 1006. **Fermín Lobo** h.l. de José de la Cruz Lobo y de Petrona Ibáñez, pretende contraer matrimonio con **Inocencia Argañaráz** hija natural de Cornelia Argañaráz todos vecinos del bañado de Ovanta. Presentada en El Alto el 4 de noviembre de 1829.

Valdéz, Dn. Pascual con Leiva, Da. Candelaria

Expediente 1007. Dn. **Pascual Valdéz** h.l. del finado Dn. Bartolo Valdéz y de Da. Serafina Espeche, pretende contraer matrimonio con Da. **Candelaria Leiva** h.l. de Dn. Juan Andrés Leiva y de Da. Carmen González. De las declaraciones surge un impedimento por consanguinidad en quinto grado. Presentada en El Alto el 16 de noviembre de 1829. El esquema genealógico es el siguiente:

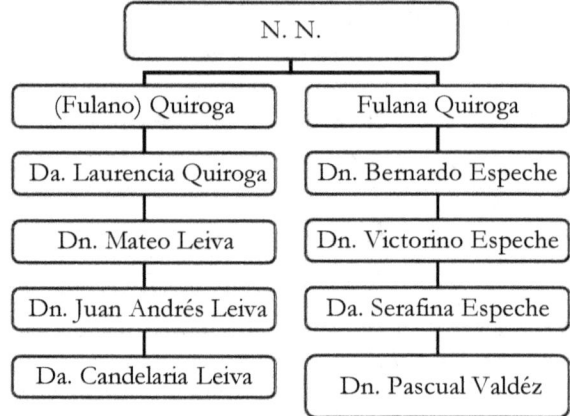

Molina, Juan Santos con Barrientos, Pascuala

Expediente 1008. **Juan Santos Molina** hijo natural de la finada María Rosa Molina, pretende contraer matrimonio con **Pascuala Barrientos** h.l. de los finado Melchor Barrientos y de María Juana Vega, todos vecinos de El Manantial. Presentado en El Alto el 22 de noviembre de 1829.

Coronel, Pedro con Cáceres, Leonarda

Expediente 1009. **Pedro Coronel** viudo de María (ilegible), pretende contraer matrimonio con **María Leonarda Cáceres** h.l. del finado Javier Cáceres y de María Francisca Zurita. Presentada en El Alto el 24 de noviembre de 1829.

Lobo, Baltazar con Rodríguez, Serafina

Expediente 1010. **Baltazar Lobo** hijo natural de Antonia Barrientos vecinos de Achalco quiere contraer matrimonio con **Serafina Rodríguez** hija natural de Andrea Rodríguez. Presentada en El Alto el 1 de diciembre de 1829.

Luna, Francisco Antonio con Orellana, María Mercedes
Expediente 1011. **Francisco Antonio Luna,** vecino de Las Tunas, h.l. de Dionisio y de la finada María Mercedes Barrientos, pretende contraer matrimonio con **María Mercedes Orellana** hija natural de Mercedes Orellana. Presentada en El Alto el 24 de diciembre de 1829.

Villalba, Miguel Jerónimo con Vázquez, María Juana
Expediente 1012. **Miguel Jerónimo Villalba** vecino de El Manantial, h.l. del finado Juan Pablo y de María Agustina Medina, pretende contraer matrimonio con **María Juana Vázquez** viuda de Fermín Lazo vecinos de Ancuja. Presentado en El Alto el 31 de diciembre de 1821.

Ávila, Francisco con Cisneros, María Manuela
Exp. 3198. **Francisco Ávila** con **María Manuela Cisneros.** Dispensado el 4 de julio de 1789 un impedimento de segundo grado de afinidad en cópula ilícita entre Dn. Francisco Ávila y María Josefa Mansilla, prima hermana de la contrayente María Manuela Cisneros por parte materna.

Gómez, Dn. Bernabé con Molina, Da. Francisca Antonia
Exp. 3204. Dn. **Bernabé Gómez,** feligrés de este curato, h.l. de los finados Dn. Juan Nicolás Gómez y Da. María Espeche, pretende contraer matrimonio con Da. **Francisca Antonia Molina,** del curato rectoral de Catamarca, h.l. del finado Dn. Martín Molina y de Da. Rosalía Barros; mediando entre ambos el impedimento de consanguinidad en cuarto grado; que mi pretendida es niña pobre y sin padre expuesta por lo tanto a las flaquezas propias de la juventud. Presentada en la Concepción de El Alto en 3 de enero de 1811. Ts: Dn. Manuel Antonio Avellaneda y Dn. Agustín Santillán. Concluida en Concepción de El Alto el 10 de enero de 1811.

1830 a 1839

Gómez, José Eugenio con Peñaflor, Juana Francisca
Expediente 1015. En El Alto el 9 de enero de 1830 se presentó **José Eugenio Gómez,** viudo de Alejandra Nieva, fallecida en el arroyo de Pabón, en Buenos Aires, pretende contraer matrimonio con **Juana Francisca Peñaflor** h.l. de Juan Bartolo y de María Mercedes Arias

Jiménez, Felipe con Cevallos, Bernarda
Expediente 1019. En El Alto el 24 de enero de 1830 se presentó **Felipe Jiménez,** h.l. del finado Inocencio Jiménez y de Mercedes González, pretende contraer matrimonio con **Bernarda Cevallos,** h.l. de Máximo Cevallos y de María Jeréz, vecinos de la jurisdicción del Tucumán.

Urueña, Indalecio con Leiva, Da. María de la Encarnación
Expediente 1020. En El Alto el 4 de febrero de 1830 se presentó **Indalecio Urueña,** vecino de Huasa Pampa, hl del finado Valeriano Urueña y de la finada Gerónima Maldonado pretende contraer matrimonio con **Da. María de la Encarnación Leiva,** h.l. de Dn. José Francisco Leiva y de la finada Da. María Isabel Cisneros.

Ponce, Dn. Basilio y Mercado, Da. María Modesta
Expediente 1022. En El Alto el 20 de febrero de 1830 se presentó **Dn. Basilio Antonio Ponce,** h.l. del finado Dn. Petro José Ponce y de Da. Justa Valdéz, pretende contraer matrimonio con **Da. María Modesta Mercado,** h.l. de Dn. Francisco Mercado y de Da. Juliana Lobo.

Melián, Dn. Manuel con Almaráz, Juana Rosa
Expediente 1028- En El Alto el 30 de abril de 1830, se presentó **Dn. Manuel Melián** viudo de María Isabel Ojeda, pretende contraer matrimonio con **Juana Rosa Almaráz,** h.l. del finado Nicolás Almaráz y de Serafina Osores.

Ovejero, Dn. Cayetano con Medina, Da. Isabel
Exp: 1029: Dn. Cayetano Ovejero, hijo natural del finado Juan Antonio Ovejero, pretende contraer matrimonio con Da. Isabel Medina, h.l del finado Dn. Juan Bautista Medina y de Da. Dionisia Albarracín, tienen un parentesco de tercer grado de consanguinidad. Causales: es pobre y con una madre llena de familia de segundas nupcias. El Alto 13 de mayo de 1830.

Medina, Dn. Marcelino con Medina, Odofia
Exp: 1034: Dn. Marcelino Medina, h.l. de Dn. Diego Medina y de Da. Rosa Caballera, pretende contraer matrimonio con Odofia Medina, h.l. de NN Medina y de Da. Genuaria Nieva, con quien estamos ligados en parentesco de consanguinidad por los cuatro abolengos como le demuestra el siguiente cuadro. Causales: Mi pretendida es hija de madre viuda, con algunos hijos y muy pobre. El Alto 30 de junio de 1830

Zurita, Dn. Toribio con Arévalo, Da. María Juana Rosa
Expediente 1036. En El Alto el 9 de julio de 1830, se presentó **Dn. Toribio Zurita**, vecino de las Chacras, hijo natural de Da. María Antonia Zurita, pretende contraer matrimonio con **Da. María Juana Rosa Arévalo**, hl de los finados Dn. Hermenegildo Arévalo y de Da. María Santos Cardoso.

Ibáñez, Dn. Juan Pio con Arévalo, Da. Simona
Expediente 1038. En El Alto, el 23 de junio de 1830, se presentó **Dn. Juan Pío Ibáñez**, h.l. de Dn. Pedro José Ibáñez y de la finada Da. Clara Ulibarri, pretende contraer matrimonio con **Da. Simona Arévalo**, h.l. del finado Dn. Hermenegildo Arévalo y de la finada Da. María Santos Cardoso.

Varela, Dn. Juan de la Cruz con Rodríguez, Da. María Quiteria
Expediente 1052. En EL Alto el 23 de septiembre de 1830 se presentó **Dn. Juan de la Cruz Varela**, hijo natural de Tránsito Varela, pretende contraer matrimonio con **Da. María Quiteria Rodríguez**, h.l. del finado Dn. Lucas Rodríguez y de Da. Andrea Aragón.

Nieva, Dn. Juan Manuel con Bazán, Trinidad
Expediente 1054. En El Alto el 6 de octubre de 1830 se presentó **Dn. Juan Manuel Nieva**, hijo legítimo (sic) de Da. María Genuaria Nieva pretende contraer matrimonio con **Trinidad Bazán**, vecina de las Trancas, hija legítima (sic) de María Luisa Bazán.

Ledesma, Dn. Inocencio con Ferreira, Da. Melchora
Expediente 1073. En El Alto el 17 de noviembre de 1830 se presentó **Dn. Inocencio Ledesma**, hl de Dn. José Luis Ledesma y de Da. Micaela Paz, pretende contraer matrimonio con **Da. Melchora Ferreira**, viuda de Dn. Manuel Antonio Maldonado.

Lobo, Pedro Pablo con Rivas, Da. María Petrona
Expediente 1075. En El Alto el 8 de diciembre de 1830, se presentó **Pedro Pablo Lobo**, viudo de Carmen Crespín pretende contraer matrimonio con **María Petrona Rivas**, viuda de Martín Castellanos.

Jiménez, Juan León con Domínguez, Agustina
Expediente 1077. En El Alto el 20 de noviembre de 1830, se presentó **Juan León Jiménez**, h.l. de Marcos y de Juliana Alamón, pretende contraer matrimonio con **Agustina Domínguez**, hija natural de Concepción Domínguez.

Garnica, José Miguel con Gómez, María Antonia
Expediente 1078. En El Alto el 11 de diciembre de 1830 se presentó **José Miguel Garnica**, hijo natural de María Dominga Garnica, pretende contraer matrimonio con **María Antonia Gómez**, hl, del finado Lorenzo Gómez y de María Encarnación Burgos.

Leiva, Dn. Nicolás con Segura, Da. Mercedes
Exp. 1082: Dn. Nicolás Leiva, de este beneficio de El Alto, h.l. del finado Dn. Andrés Leiva y Da. Carmen González, pretende contraer matrimonio con Da. Mercedes Segura, h.l. de los finados Alejandro Segura y de Da. Juna Rosa Leiva, se hallan ligados por un parentesco de consanguinidad en tercer grado, como lo demuestra el cuadro siguiente. Causal: dicha pretendida es huérfana de padre y madre. El Alto 30 de diciembre de 1830

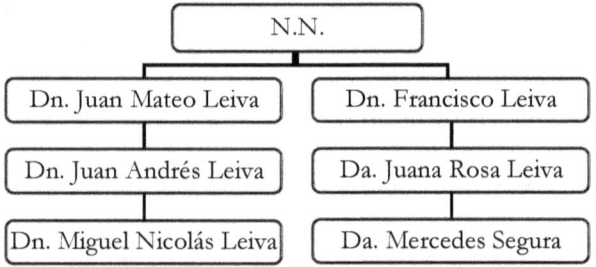

Cano, José Matías con Ahumada, Da. Eusebia
Expediente 1083. En El Alto el 1 de enero de 1831, se presentó **José Matías Cano**, h.l. de los finados Fernando Cano y de Gerónima Cuello, pretende contraer matrimonio con **Da. Eusebia Ahumada** viuda de Luis Juárez.

Zárate, José con Guerreros, Cecilia
Expediente 1090. En El Alto el 10 de enero de 1831 se presentó **José Zárate**, h.l. de Luciano Zárate y de Laurenciana Juárez, pretende contraer matrimonio con **Cecilia Guerreros** viuda de Marcelino Villagra.

Mansilla, Dn. Cipriano con Medina, Da. Susana
Expediente 1094. En El Alto el 30 de enero de 1831 se presentó **Dn. Cipriano Mansilla**, h.l. de los finados Dn. Ignacio Mansilla y Da. Juana Rosa Cisneros. Pretende contraer matrimonio con **Da. Susana Medina**, h.l. del finado Dn. José Medina y de Da. María … Cisneros. Declaran que la madre del pretendiente es hermana de la madre de la novia. La pretendida tiene un hijo, pero no es del pretendiente.

Ibáñez, Dn. Juan Manuel con Leiva, Da. María Mauricia
Expediente 1130. En Vilismano el 12 de enero de 1832 se presentó **Dn. Juan Manuel Ibáñez** h.l. de los

finados Dn. Pedro José Ibáñez y Da. Clara Ulibarri, pretende contraer matrimonio con **Da. María Mauricia Leiva**, h.l. de los finados Dn. Bernardo Leiva y Da. María Ignacia Molina.

Soraire, José Gabriel con Reyes, María Bartolina
Expediente 1131. En El Alto el 14 de enero de 1832 se presentó **José Gabriel Soraire**, hijo natural de Candelaria Soraire, pretende contraer matrimonio con **María Bartolina Reyes**, viuda de Juan de la Cruz Bazán.

Ramos, Juan de la Cruz con Yance, María Feliciana
Expediente 1136. En Vilismano el 19 de enero de 1832 se presentó **Juan de la Cruz Ramos**, viudo de Da. María Pabla Oviedo, pretende contraer matrimonio con **Da. María Feliciana Yance**, h.l. del finado Dn. Miguel Francisco y de Da. María del Tránsito Lobo.

Zurita, Pascual Baltazar con Nieva, María Simona del Carmen
Expediente 1140. En Vilismano el 25 de enero de 1832, se presentó **Pascual Baltazar Zurita**, h.l. de Juan Pedro Zurita y de Da. Margarita Martínez, pretende contraer matrimonio con **María Simona del Carmen Nieva**, hija natural de María Nieva.

González, Cecilio con Bravo, María Feliciana
Expediente 1141, en Vilismano el 30 de enero de 1832 se presentó **Cecilio González** h.l. de Dn. José Félix González y de Da. Gregoria Pacheco, pretende contraer matrimonio con **María Feliciana Bravo**, h.l. del finado Pedro Francisco Bravo y de María de la Paz Lobo.

Leiva, Dn. Juan Severino con Cejas, Da. Josefa
Expediente 1147. En El Alto el 10 de febrero de 1821 se presentó **Dn. Juan Severino Leiva**, hl de Dn. José Claudio Leiva y de Da. Margarita Jiménez, pretende contraer matrimonio con **Da. Josefa Cejas**, h.l. de Dn. Valentín Cejas y de Da. Magdalena Gómez.

Agüero, Dn. José Benjamín con Gutiérrez, Da. María del Tránsito
Expediente 1149. En El Alto el 14 de febrero de 1832 se presentó **Dn. José Benjamín Agüero**, hl de Dn. Silvestre Agüero y de Da. Serafina Gómez, pretende contraer matrimonio con **Da. María del Tránsito Gutiérrez**, h.l. de Dn. Juan León Gutiérrez y de Da. Francisca Paz.

Astrada, Juan Crisanto con Saavedra, María Tomasina
Expediente 1150. En El Alto el 20 de febrero de 1832 se presentó **Juan Crisanto Astrada**, nativo de la ciudad de Córdoba, h.l. del finado José Tomás Astrada y de la finada María Dolores Zamudio, pretende contraer matrimonio con **María Tomasina Saavedra**, h.l. de los finados Esteban Saavedra y de Nicolasa González.

Camilo, Fernández con Montenegro, Dolores
Expediente 1151. En El Alto el 20 de febrero de 1832, se presentó **Camilo Fernández** h.l. de Tomás Fernández y de Juana Francisca Paz, pretende contraer matrimonio con **Dolores Montenegro**, viuda de Ramón Vega.

Hernández, Dn. Juan Francisco con Muro, Da. María Tomasa
Expediente 1154. En El Alto el 8 de marzo de 1832 se presentó **Dn. Juan Francisco Hernández**, hl de Dn. Miguel Hernández y de Da. Francisca Arasa, pretende contraer matrimonio con **Da. María Tomasa Muro** viuda de Dn. Pedro Nolasco González.

Molina, Bonifacio con Ogas, Mercedes
Expediente 1156. En El Alto el 7 de abril de 1832 se presentó **Bonifacio Molina** esclavo de Dn. Martín Molina y de la finada Carmen Ibáñez, pretende contraer matrimonio con **Mercedes Ogas**, hija natural de Leonarda Ogas.

Suárez, Dn. Juan Francisco con Montenegro, Leonarda
Expediente 1158. En El Alto el 28 de abril de 1832 se presentó **Dn. Juan Francisco Suárez**, h.l. de los finados Dn. Vicente Suárez y Da. Isabel Gutiérrez, pretende contraer matrimonio con **Leandra Montenegro**, hija natural de Dolores Montenegro.

Ponce, Dn. Juan Pío con Burgos, Da. Lucinda
Exp: 1160: Dn. Juan Pío Ponce, h.l. de Dn. Pedro José Ponce y de Da. Justa Valdéz, pretende contraer matrimonio con Da. Lucinda Burgos, h.l. de Dn. Juan Simón Burgos y María Antonia Agüero, se hallan ligados por parentesco de consanguinidad en cuarto grado como lo demuestra el cuadro. El Alto 1 de mayo de 1832

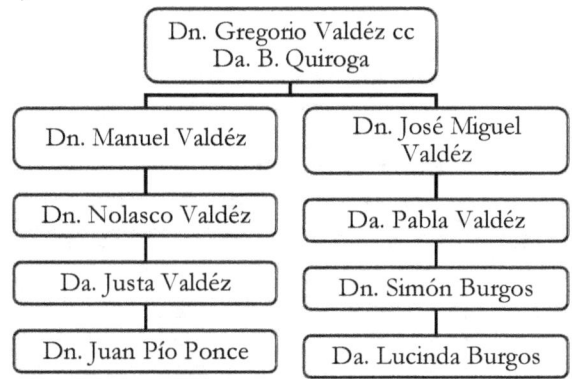

Melián, Dn. Pedro Nolasco con Ríos, Da. María Bernardina
Expediente 1170. En El Alto el 17 de mayo de 1832 se presentó **Dn. Pedro Nolasco Melián**, h.l. del finado

Dn, Mariano Melián y de María Martina Zenteno, pretende contraer matrimonio con **Da. María Bernardina Ríos** viuda de Fernando Ramírez.

Ibáñez, Dn. Domingo con Camaño, Da. Silveria

Expediente 1171. En El Alto el 18 de mayo de 1832 se presentó **Dn. Domingo Ibáñez**, h.l. de Dn. Domingo Ibáñez y de Da. Manuela Díaz, pretende contraer matrimonio con **Da. Silveria Camaño**, h.l. Dn. Tomás Camaño y de Da. María Antonia Gómez.

Suárez, Dn. Juan Ignacio con Córdoba, Da. María del Señor

Expediente 1172. En Las Tunas, el 1 de junio de 1832 se presentó **Dn. Juan Ignacio Suárez**, h.l. de Dn. José Benito y de Da. Isabel Márquez, pretende contraer matrimonio con **Da. María del Señor Córdoba**, viuda de Dn. Pedro Pablo Vega.

Gómez, Juan Bautista con Cardoso, María Pablina

Expediente 1173. En El Alto, el 4 de junio de 1832 se presentó **Juan Bautista Gómez**, hijo natural de Francisca Gómez, pretende contraer matrimonio con **María Pablina Cardoso**, h.l. de los finados Leandro Cardoso y de María Rojas.

Córdoba, Dn. Bernardino con Díaz, Da. María Ignacia

Expediente 1175. En El Alto el 21 de junio de 1832 se presentó **Dn. Bernardino Córdoba**, hl de Dn. Mariano Córdoba y de la finada Da. Gerónima Pino, pretende contraer matrimonio con **Da. María Ignacia Díaz**, viuda de Dn. Gerardo Ávila.

Rizo, Dn. Javier, con Garcete, Da. Segunda

Exp. 1178: Dn. Javier Rizo, viudo de Da. Serafina Espeche, presente contraer matrimonio con Da. Segunda Garcete, hija natural de Francisco Garcete, y de Dn. Juan Francisco Espeche, se pide dispensa de impedimento de consanguinidad en cuarto grado y otro de afinidad en segundo grado de cópula ilícita. La pretendida es sobrina carnal de la finada mujer. El Alto 31 de julio 1832

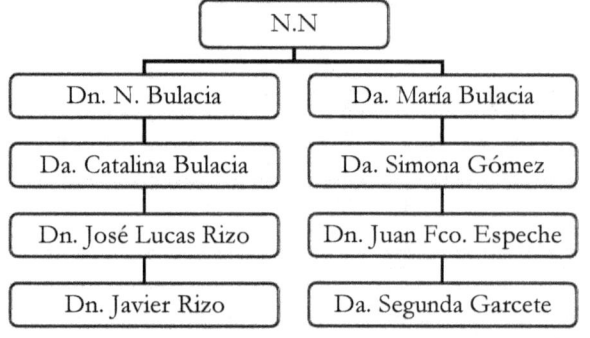

Valdéz, Dn. Lorenzo con Castillo, Da. Patrocinia

Expediente 1180. En El Alto el 8 de agosto de 1832 se presentó **Dn. Lorenzo Valdéz**, viudo de Da. Margarita Lema, pretende contraer matrimonio con **Da. Patrocinia Castillo**, viuda de Dn. Félix Castro, vecina del cuarto de Piedra Blanca.

Gómez, Dn. Pedro Manuel con Mercado, Da. Bernardina

Expediente 1183. En El Alto el 28 de septiembre de 1832 se presentó **Dn. Pedro Manuel Gómez**, hl de Dn. José Martín Gómez y de la finada Da. Petrona Cabral, pretende contraer matrimonio con **Da. Bernardina Mercado**, h.l. de Dn. Javier Mercado y de la finada Da. María Antonia Nájera.

Santucho, Marcos con Lobo, Tomasina

Expediente 1195. En El Alto el 24 de noviembre de 1832 se presentó **Marcos Santucho**, hl de Agustín y de María Manuela Ledesma, pretende contraer matrimonio con **Tomasina Lobo**, h.l. de Martín Lobo y de la finada María Antonia Peñaflor. Declaran un impedimento por afinidad ilícita en primer grado por trato que tuvo el pretendiente con una hermana de su novia. La pretendida tiene dos hijos, uno de los cuales es reconocido por el contrayente y quiere legitimarlo.

Ávila, Dn. José con Cejas, Da. Juana Rosa

Expediente 1201. En El Alto el 14 de enero de 1834 se presentó **Dn. José Ávila** h.l. de Dn. Juan Francisco Ávila y de Da. Pilar Díaz, pretende contraer matrimonio con **Da. Juana Rosa Cejas**, h.l. de Dn. Francisco Cejas y de Da. Bárbara Rivarola. Declaran un impedimento por consanguinidad en tercer grado el que se explica con el siguiente esquema:

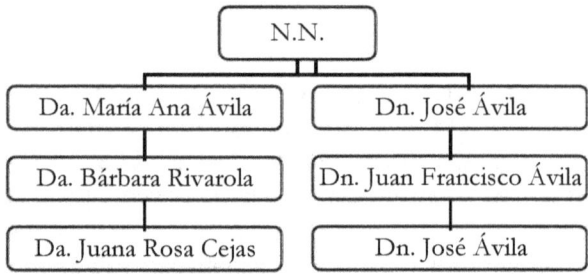

Zurita, Dn. Victoriano con Oviedo, Da. Catalina

Expediente 1206. En Vilismano el 22 de enero de 1834 se presentó **Dn. Victorino Zurita**, hl de Dn. Pedro Antonio Zurita y de Da. Margarita Martínez, pretende contraer matrimonio con **Da. Catalina Oviedo**, h.l. de Dn. Martín Oviedo y de Da. Paula Páez.

Gómez, Dn. Benigno con Valdéz, Nicolasa

Expediente 1207: El Alto 24 de enero de 1834. Dn. Benigno Gómez, h.l. de Dn. Luis Antonio Gómez y de Da. María del Carmen Valdéz, pretende contraer matrimonio con Da. Nicolasa Valdéz, h.l. de Dn. Pedro Miguel Valdéz y Da. Juana Rizo, se halla impedido con parentesco de consanguinidad en tercer grado y otro en cuarto grado como lo demuestro el siguiente cuadro con tercero. Causales: la pretendida es hija de madre casada en segundas nupcias y de ambos matrimonios con cinco hijos, y se halla bajo el dominio del padrastro como tutor y curador. Como también en este curato es algo dificultoso encontrar entre las familias principales con quien ¿? sin que medie algún parentesco.

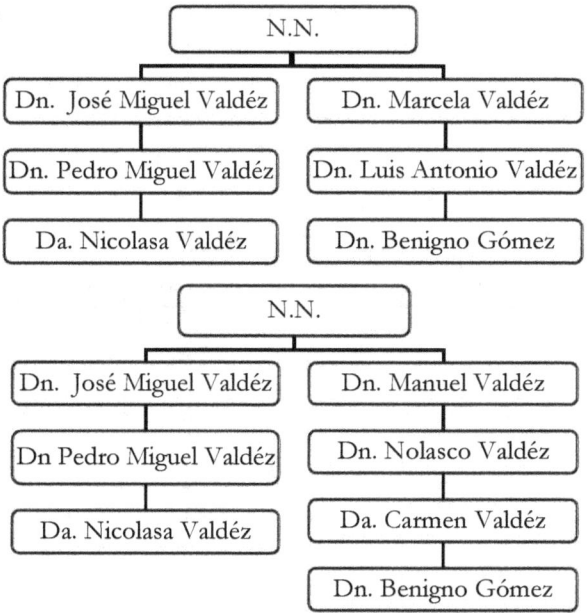

Luna, Antonio con Vega, Mercedes
Expediente 1208. En El Alto el 7 de febrero de 1834 se presentó **Antonio Luna**, vecino de la Higuerita, h.l. del finado Juan Gregorio Luna y de María Juana Flores, pretende contraer matrimonio con **Mercedes Vega**, hl de Patricio Vega y de María del Señor Suárez, vecina de La Posta en el curato de Graneros, jurisdicción de Tucumán.

Villalba, Dn. Pedro Francisco con Ibáñez, Da. María Severina
Expediente 1209: El Alto 18 de febrero de 1834. Dn. Pedro Francisco Villalba, vecino de las Chacras de esta doctrina, viudo de la finada Carmen ¿Mata?, pretende contraer matrimonio con Da. María Severina Ibáñez, h.l. de los finados Dn. Pedro José Ibáñez y Da. Clara Ulibarri de Iloga de este beneficio. Se halla y un impedimento de consanguinidad en cuarto grado.

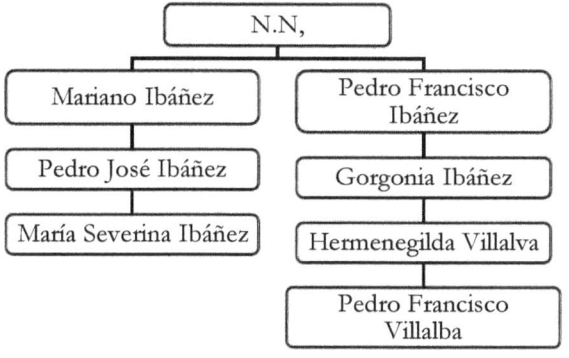

Gramajo, Dn. Cruz Ignacio con Márquez, Da. Juana Rosa
Expediente 1212. En El Alto el 25 de marzo de 1834. Se presentó **Dn. Cruz Ignacio Gramajo** hijo natural de Da. Ángela Gramajo, pretende contraer matrimonio con **Da. Juana Rosa Márquez**, h.l. de Dn. Juan Luis Márquez y de Da. María Gregoria Saavedra.

Zurita, Juan Felipe con Melián, María Águeda
Expediente 1217. En El Manantial el 12 de abril de 1834 se presentó **Juan Felipe Zurita**, h.l. de Juan Manuel Zurita y de la finada María Contreras, pretende contraer matrimonio con **María Águeda Melián**, h.l. de Dionisio Melián, difunto, y de Genuaria Moyano.

Reyes, Dn. Ascencio con Duarte, Da. María Lázara
Expediente 1218. En El Alto el 20 de abril de 1834 se presentó **Dn. Ascencio Reyes**, h.l. de los finados Dn. Juan de la Cruz Díaz y de Da. Mercedes Vega, pretende contraer matrimonio con **Da. María Lázara Duarte**, h.l. del finado Dn. Manuel Duarte y de Da. María Genuaria Figueroa.

Valdéz, Dn. Elías con Salas, Da. María del Señor
Expediente 1219. En El Alto el 26 de abril de 1834, se presentó **Dn. Elías Valdéz** h.l. de Dn. Apolinar Valdéz y de Da. Ana María Espeche, pretende contraer matrimonio con **Da. María del Señora Salas**, h.l. de los finados Dn. Fructuoso Salas y Da. Gregoria Rizo Patrón.

Albarracín, Dn. Pedro Pascual con Córdoba, Da. Juana Isabel
Expediente 1221. En Vilismano el 1 de mayo de 1834 se presentó **Dn. Pedro Pascual Albarracín**, hijo natural de Da. Catalina Albarracín, difunta, pretende contraer matrimonio con **Da. Juana Isabel Córdoba** h.l. de Dn. Luis Córdoba y de Da. Josefa Orquera.

Rodríguez, Juan Ventura con Cuello, María del Carmen
Expediente 1224. En El Alto, el 5 de julio de 1834 se presentó **Juan Ventura Rodríguez**, h.l. del finado Miguel Rodríguez y de Da. Francisca Lazo, pretende contraer matrimonio con **María del Carmen Cuello**, hija de Prudencia Cuello.

Ovejero, Dn. Juan Gil con Bulacia, Da. Filomena
Expediente 1225. En El Alto el 7 de julio de 1834 se presentó **Dn. Juan Gil Ovejero**, h.l. de los finados Pedro Francisco Ovejero y de Da. Isabel Márquez, pretende contraer matrimonio con **Da. Filomena Bulacia**, h.l. del finado Dn. Miguel Antonio Bulacia y de Da. María de la Concepción Aráoz.

Domínguez, Dn. Fermín Antonio con Luna, Da. Ángel de la Concepción
Expediente 1226. En El Alto el 9 de julio de 1834 se presentó **Dn. Fermín Antonio Domínguez**, h.l. del finado Dn. Tiburcio Domínguez y de Da. Josefa Zapata, pretende contraer matrimonio con **Da. Ángel de la Concepción Luna**, h.l. del finado Dn. Pedro Pablo Luna y de Da. Juana Segura.

Lobo, Juan Manuel con Saavedra, María Manuela
Expediente 1228. En El Alto el 20 de julio de 1834 se presentó **Juan Manuel Lobo**, hijo natural de María Vicenta Lobo, pretende contraer matrimonio con **María Manuela Saavedra**, hija natural de María Nicolasa Saavedra.

Juárez, José Nicolás con Mansilla, María Paula
Expediente 1229. En El Alto el 1 de agosto de 1834 se presentó **José Nicolás Juárez** hl de Luis Asencio Suárez y de María Bartolina Burgos, difuntos y viudo de **María Paula Mansilla**, pretende contraer matrimonio con María del Carmen Guamán, hl de Juan Manuel Guamán y de María Ignacia Arévalo.

Luján, Dn. Juan Miguel con Cejas, Da. Francisca Antonia
Expediente 1237. En Vilismano el 1 de septiembre de 1834 se presentó **Dn. Juan Miguel Luján**, vecino de Los Nogales, hijo del finado Dn. Ignacio Luján y de Da. Ana Rosa Azcuénaga, pretende contraer matrimonio con **Da. Francisca Antonia Cejas**, vecina de Tacopunco, h.l. de Dn. Mario Cejas y de Da. Isabel Sobrado.

Agüero, Dn. Benjamín con Juárez, Da. María del Carmen
Expediente 1239. En El Alto el 17 de septiembre de 1834 se presentó **Dn. Benjamín Agüero**, hl de Dn. Silvestre Agüero y de Da. Serafina Gómez, viudo de María del Transito Gutiérrez, pretende contraer matrimonio con **Da. María del Carmen Juárez**, hl del finado Dn. Juan y de Da. Ana María Páez.

Arévalo, Dn. Juan Antonio con Ahumada, Da. Catalina
Expediente 1240. En El Alto el 18 de septiembre de 1834 se presentó **Dn. Juan Agustín Arévalo** hl de Dn. Agustín y de la finada Da. María Candelaria Aguirre, pretende contraer matrimonio con **Da. Catalina Ahumada**, hl de Dn. Victorino y de la finada Da. Lorenza Valdéz.

Soria, Pantaleón con Ibáñez, Da. María de la Cruz
Expediente 1242. En El Alto el 26 de septiembre de 1834 se presentó **Pantaleón Soria**, h.l. delos finados José Gregorio y de Liberata González, pretende contraer matrimonio con **Da. María de la Cruz Ibáñez**, viuda de Dn. Francisco Reyes.

Vega, Dn. José Antonio de la con Flores, Da. Encarnación
Expediente 1250: El Alto 3 de noviembre de 1834. **Dn. José Antonio de la Vega**, h.l. del finado Dn. Ignacio de la Vega y de Da. María Francisca Gómez, pretende contraer matrimonio con **Da. Encarnación Flores**, viuda del finado Justo Vega. Solicita dispensa de parentesco de afinidad en segundo grado de cópula lícita. Causales: la pretendida es pobre, igualmente hijo de padres pobres con bastantes hijos.

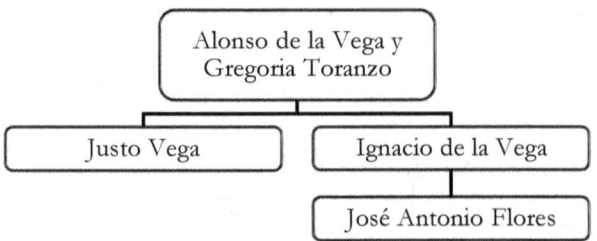

Ovejero, Dn. José Ignacio con Cisterna, Da. Candelaria
Exp. 2263: Dn. José Ignacio Ovejero, h.l. del finado Dn. Juan Antonio Ovejero y Da. Juliana Meléan, pretende contraer matrimonio con Da. Candelaria Cisterna, h.l. de Dn. Cruz Cisterna y Da. Gerarda Lobo, se hallan ligados por parentesco de consanguinidad en cuarto grado. Año 1833

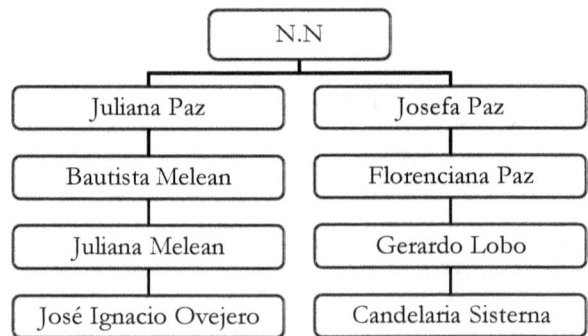

Barrionuevo, Dn. Francisco Antonio con Ahumada, Da. María de Jesús
Expediente 1257. En El Alto, el 11 de enero de 1835 se presentó **Dn. Francisco Antonio Barrionuevo**, h.l. de Dn. Isidro Barrionuevo, difunto, y de Da. Josefa Camaño, viudo de Da. Beatriz Segura, pretende contraer matrimonio con Da. **María de Jesús Ahumada**, h.l. Dn. Gregorio Ahumada y de Da. Evarista Aguilar.

Vera, Dn. Juan Eugenio con Robles, Da. María Circuncisión
Expediente 1262. En El Alto el 18 de febrero de 1835 se presentó **Dn. Juan Eugenio Vera**, h.l. de Dn. Fernando Vera y de Da. María Ignacia Ibáñez pretende contraer matrimonio con **Da. María Circuncisión**

Robles, h.l. de Dn. Isidro Robles y de Da. Marcelina Vanegas.

Quiroga, Dn. Juan José con Burgos, Da. Ubalda
Expediente 1265. **Dn.** Juan José Quiroga, h.l. del finado Dn. José Luis Quiroga y de Da. María Herrera, quiere contraer matrimonio con Da. Ubalda Burgos, viuda del finado Dn. Miguel Reyes. Al parecer los contrayentes no conocían el parentesco de afinidad que unía al pretendiente con el fallecido esposo de la pretendida, que fue declarado por los testigos. 8 de marzo de 1835

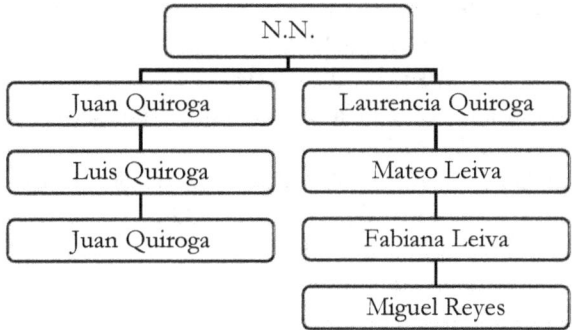

Jiménez, José Lucas con Pereira, María de Jesús
Exp. 1268: José Lucas Jiménez, h.l. de Ignacio Jiménez, ya finado y de (ilegible), quiere contraer matrimonio con María de Jesús Pereira, hija natural de Silveria Pereira, se hallan ligados por impedimentos con consanguinidad en cuarto grado con tercero como lo demuestra el siguiente cuadro. El Alto 21 de abril de 1835

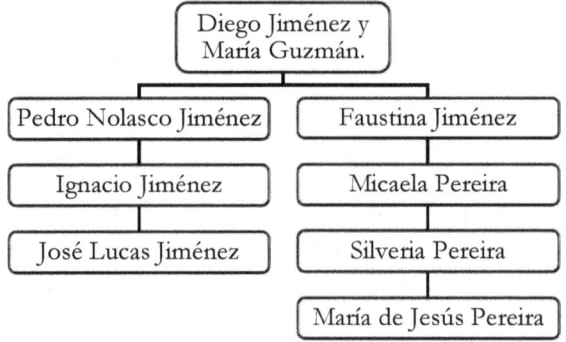

Ledesma, Cayetano con Ahumada, María Isidora
Expediente 1269. En El Alto el 29 de abril de 1835 se presentó **Cayetano Ledesma**, vecino de Talasí, h.l. del finado Juan Manuel Ledesma y de María Petrona Lazo, pretende contraer matrimonio con **María Isidora Ahumada**, h.l. de José Segundo Ahumada y de Agustina Rosa Cardoso.

Palacios, Dn. Pedro Felipe con Moyano, Da. Ignacia
Expediente 1270. En El Alto el 29 de abril de 1835 se presentó **Dn. Pedro Felipe Palacios**, vecino de Iloga, viudo de Jerónima Villagrán, pretende contraer matrimonio con **Da. Ignacia Moyano**, viuda de Dn. Juan de la Cruz Moyano.

Mauvecín, Dn. Inocencio con Díaz, Lucinda
Expediente 1281. En El Alto el 4 de julio de 1835 se presentó **Dn. Inocencio Mauvecín**, viudo de Da. Isabel Flores, pretende contraer matrimonio con **Lucinda Díaz**, viuda de Julián González. Declaran un impedimento por afinidad lícita en segundo grado "ad cautelam" pues podría ser que el primer marido de la contrayente sea hijo natural de un tío del pretendiente. La pretendida tiene cuatro hijos y más de 30 años. El novio es anciano de más de 40 años y ya convive con su pretendida.

Villarroel, José Pio con Mostajo, María del Señor
Expediente 1286. En El Alto el 19 de agosto de 1835 se presentó **José Pio Villarroel**, h.l. de Juan José Villarroel y de María Santos Reinoso, pretende contraer matrimonio con **María del Señor Mostajo**, h.l. del finado Juan Evangelista Mostajo y de la finada Dominga Casilla.

Rojas, Ignacio con Vergara, Micaela
Expediente 1287. En El Alto 18 de agosto de 1835 se presentó **Ignacio Rojas** hijo natural de la finada Simona Rojas, pretende contraer matrimonio con **Micaela Vergara**, nativa de La Rioja.

Cárdenas, Leonardo con Orellana, Francisca
Exp. 1290: Leandro Cárdenas, hijo natural de Petrona Cárdenas, quiere contraer matrimonio con Francisca Orellana, h.l. de Bernardo y de la finada Mercedes Orellana, declaran un parentesco de consanguinidad en tercer grado y otro en tercero con cuarto, como lo demuestran los esquemas siguientes. El Alto 24 de agosto 1835

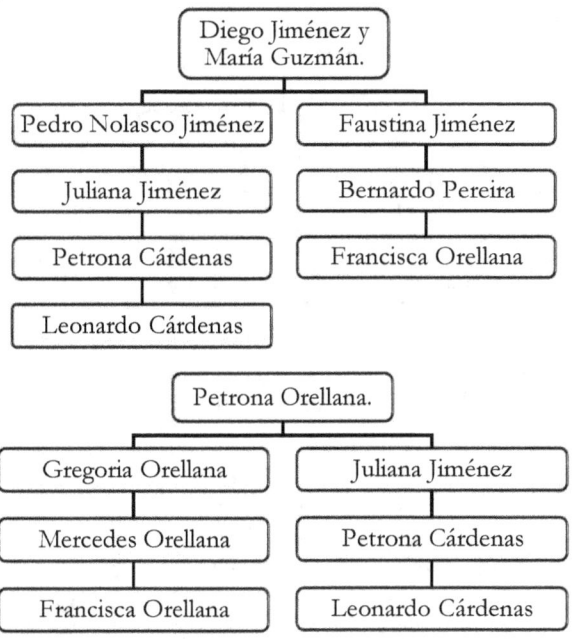

Albarracín, Salvador con Quiroga, Da. María Isabel

Expediente 1294. En El Alto el 11 de (no figura el mes) de 1835 se presentó **Salvador Albarracín** h.l. de los finados Dn. Juan Bautista Albarracín y de Da. María Lorenza Páez, pretende contraer matrimonio con **Da. María Isabel Quiroga**, h.l. del finado Dn. Ignacio Quiroga y Da. Águeda Rojo.

Albarracín, Dn. Pantaleón con Soraire, Da. María del Carmen

Expediente 1297. En El Alto el 7 de septiembre de 1835 se presentó **Dn. Pantaleón Albarracín**, hijo natural de la finada Da. Catalina Albarracín, pretende contraer matrimonio con **Da. María del Carmen Soraire**, viuda de Dn. Benito Arias.

Mercado, Dn. Bautista, con Pérez, Da. Águeda

Exp. 1298: Dn. Bautista Mercado, h.l. de Dn. Francisco Mercado y de Da. Juliana Lobo, quiere contraer matrimonio con Da. Águeda Pérez, h.l. de los finados Dn. Juan Antonio Pérez y de Da. Magdalena ¿Frías?, se encuentran ligados con parentesco de consanguinidad en tercer con cuarto grado, por dos costados como lo demuestra el cuadro. El Alto 20 de setiembre de 1835

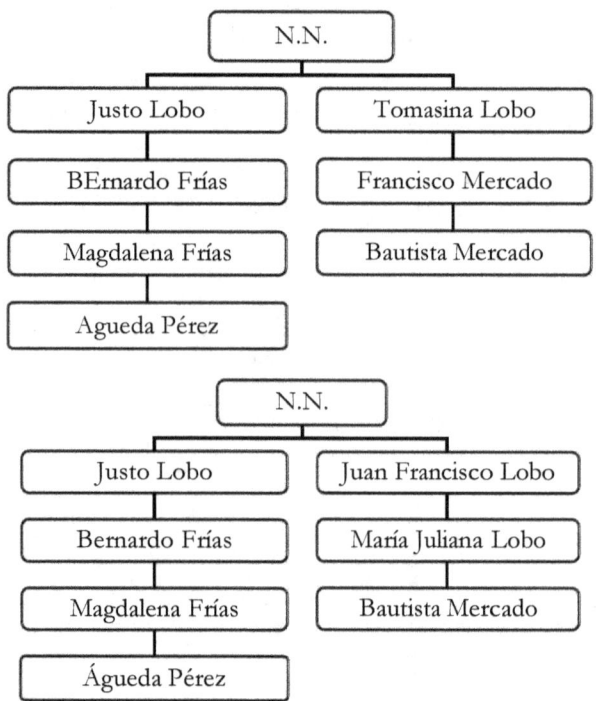

Arévalo, Pedro Ignacio con Saavedra, María Nieves

Expediente 1304. En El Alto, el 13 de noviembre de 1835 se presentó **Pedro Ignacio Arévalo**, hijo adoptivo de Juan Ángel Arévalo y de la finada Petrona Retamozo, vecino del Valle de Catamarca, pretende contraer matrimonio con **María Nieves Saavedra**, hija natural de María de la Concepción Saavedra.

Páez, Dn. José Segundo con Páez, Da. Nicolasa Tolentina

Expediente 1308. En Vilismano el 22 de diciembre de 1835 se presentó **Dn. José Segundo Páez**, hijo del finado Dn. José Bonifacio Páez y de la finada Da. María Juana Reinoso, pretende contraer matrimonio con **Da. Nicolasa Tolentina Páez**, hl de Dn. Francisco Antonio Páez y de Da. Simona Varela. No se declara ningún impedimento.

Ortiz, Luciano con Juárez, Lutgarda

Expediente 1311. El 25 de diciembre de 1835 se presentó **Luciano Ortiz** hijo natural de la finada María Francisca Ortiz, pretende contraer matrimonio con **Lutgarda Juárez**, hija de María Francisca Juárez.

Guerreros, Dn. Facundo con Ibáñez, Da. Francisca Antonia

Expediente 1312. En El Alto el 28 de diciembre de 1835 se presentó **Dn. Facundo Guerreros** hl del finado Juan Bautista Guerrero y de Da. María del Rosario Iriarte, pretende contraer matrimonio con **Da. Francisca Antonia Ibáñez**, h.l. de Dn. Pedro Pablo Ibáñez y de Da. Nicolasa Díaz.

Albarracín, Casimiro con Robinson, María Antonia

Expediente 1313. En El Alto el 4 de enero de 1836 se presentó **Casimiro Albarracín** h.l. de Gregorio Albarracín y de la finada Teresa de Jesús Pacheco, pretende contraer matrimonio con **María Antonia Robinson**, h.l. de Guillermo Robinson y de María Rosario Camaño.

Pérez, Dn. Juan de la Cruz con Arévalo, Da. María Manuela

Expediente 1320. En Vilismano el 24 de marzo de 1836, se presentó **Dn. Juan de la Cruz Pérez** h.l. de Dn. Francisco Pérez y de Da. Francisca Rodríguez, pretende contraer matrimonio con **Da. María Manuela Arévalo** y de Da. María Candelaria Aguirre.

Medina, Dn. Juan Bautista con Coronel, Da. Bernarda

Expediente 1325. Sin fecha. Se presentó **Dn. Juan Bautista Medina** h.l. del finado D. Juan Bautista y de Da. Dionisia Albarracín pretende contraer matrimonio con **Da. Bernarda Coronel**, h.l. de Dn. Gervasio Coronel y de Da. Quintana Alderete.

Peralta, Francisco Javier con Reinoso, María Estefanía

Exp. 1326: Francisco Javier Peralta, h.l. del finado Juan Peralta y de María Estefanía Collantes, quiere contraer matrimonio con María Estefanía Reinoso, h.l. Valeriano Reinoso y de Socorro Paz, tienen parentesco de cuarto grado de consanguinidad. Fechado el l 3 de mayo de 1836. El parentesco se explica con el siguiente esquema:

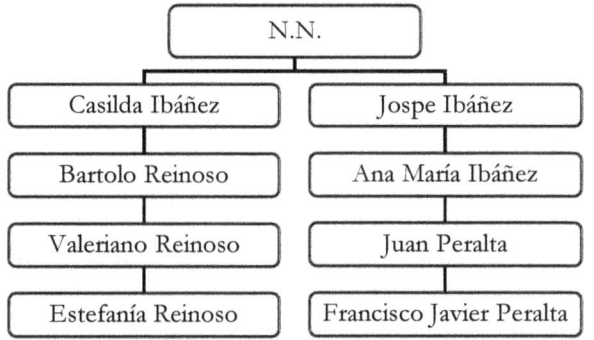

Magallán, Pedro Crisólogo con Burgos, Eusebia
Expediente 1328. En El Alto el 8 de mayo de 1836 se presentó **Pedro Crisol Magallán**, hl de José Antonio Magallán y de María del Transito Ibáñez, pretende contraer matrimonio con **Eusebia Burgos** h.l. del finado Francisco Burgos y de María Ignacia Cabral.

Lobo, Antonio con Jeréz, Bartolina
Expediente 1335. En El Alto el 16 de junio de 1836 se presentó **Antonino Lobo** hijo natural de Silveria Lobo pretende contraer matrimonio con **Bartolina Jeréz** hl de Bernabé Jeréz y de Damiana Burgos.

Castillo, Dn. Benito con Molina, Da. Candelaria
Expediente 1337. En El Alto de 3 de julio de 1836 se presentó **Dn. Benito Castillo** hijo natural de la finada Da. Francisca Castilla pretende contraer matrimonio con **Da. Candelaria Molina**, hija adoptiva del finado Dn. Mariano Molina y de la finada Da. Andrea Gómez.

Ibáñez, Dn. Pedro Pablo con Lezana, Da. Cayetana
Expediente 1338. En El Alto el 10 de julio de 1836 se presentó **Dn. Pedro Pablo Ibáñez** h.l. del finado Dn. Domingo Ibáñez y de Da. Manuela Díaz pretende contraer matrimonio con **Da. Cayetana Lezana** h.l. de Dn. Pedro Lezana y de Da. Prudencia Juárez.

Ponce, Dn. Ramón Rosa con Mercado, Da. María Eusebia
Expediente 1341. En El Alto el 12 de julio de 1836 se presentó **Dn. Ramón Rosa Ponce** hl de Dn. Pedro José Ponce y de la finada Da. Justa Valdéz, pretende contraer matrimonio con **Da. María Eusebia Mercado** h.l. de Dn. Francisco Mercado y de Da. Juliana Lobo.

Quiroga, José del Carmen con Agüero, Da. María Mercedes
Expediente 1350. En El Alto el 22 de agosto de 1836 se presentó **José del Carmen Quiroga**, vecino de Las Cortaderas, h.l. del finado Dn. Ignacio Quiroga y de Da. Águeda Rojo, pretende contraer matrimonio con **Da. María Mercedes Agüero**, h.l. de los finados Dn. José Antonio Agüero y de Da. María Luisa Sánchez.

Tula, Dn. Ubilfrido con Aráuz, Da. María
Exp. 1353: Dn. Ubilfrido Tula, hijo de Dn. Ramón Tula y de Da. Nieves Gómez, quiere contraer matrimonio con María ¿Aruz?, viuda del finado Dn. Miguel Bulacia, se hallan impedidos por parentesco de afinidad de cópula lícita línea transversal en cuarto con segundo grado y con parentesco de consanguinidad por dos líneas, una en cuarto con segundo grado y otra de cuarto con tercero. Fechado en El Alto el 9 de setiembre 1836. Los parentescos se explican con los siguientes esquemas:

Gómez, Dn. Martiniano, con Ferreira, Da. Manuela

Exp. 1355: Dn. Martiniano Gómez, h.l. de los finados Dn. Bautista y Da. Josefa Concha, quiere contraer matrimonio con Da. Manuel Ferreira, h.l. de Dn. Victoriano y de Da. María Vidal. Impedido con parentesco de consanguinidad en cuarto grado. El Alto 17 de setiembre 1836

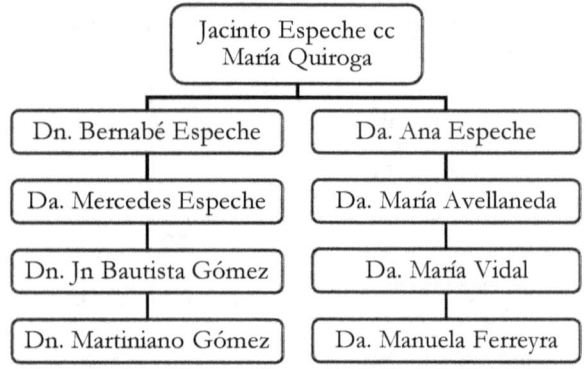

Barrionuevo, Dn. Andrés con Montes de Oca, Da. Laureana

Expediente 1366. En El Alto el 16 de noviembre de 1836 se presentó **Dn. Andrés Barrionuevo** hl de Dn. Francisco Antonio Barrionuevo y de la finada Da. María Ubalda Torres, pretende contraer matrimonio con **Da. Laureana Montes de Oca**, h.l. del finado Dn. Narciso Montes de Oca y de la finada Da. María Magdalena Albarracín.

Yance, Ramón Antonio con Cardoso, Josefa

Expediente 1371. En El Manantial el 9 de diciembre de 1836 se presentó **Ramón Antonio Yance** h.l. de Bonifacio y de Petrona Hernández pretende contraer matrimonio con **Josefa Cardoso** hija natural de la finada Lorenza Cardoso.

Bulacia, Dn. Manuel con Delgado, Da. Isabel

Expediente 1372. En Alto el 28 de diciembre de 1836 se presentó **Dn. Manuel Ángel Bulacia** h.l. de los finados Dn. José Bulacia y de Da. Lucinda Segura, pretende contraer matrimonio con **Da. Isabel Delgado** h.l. de los Finados Dn. Tomás y de Da. Paz Guerrero. Declaran un impedimento por afinidad ilícita en primer grado por trato que ha tenido la pretendida con un hermano del pretendiente. Los pretendientes ya tienen un hijo que quieren legitimar.

Sánchez, Roque Jacinto con Amaya, María del Tránsito

Expediente 1373. En Vilismano el 1 de enero de 1837 se presentó **Roque Jacinto Sánchez** hijo natural de María del Rosario Sánchez, pretende contraer matrimonio con **María del Tránsito Amaya**, h.l. de Francisco Amaya y de la finada María Dionisia Lezana.

Rojas, Dn. José Manuel con Soraire, Da. María Ramona

Expediente 1380. En Vilismano el 12 de enero de 1837 se presentó **Dn. José Manuel Rojas** h.l. de Dn. José Manuel Rojas y de Da. Luisa Quiroga pretende contraer matrimonio con **Da. María Ramona Soraire**, vecina del curato de Ancasti, h.l. del finado Dn. Manuel Soraire y de Da. María Bernarda Lobo.

Jeréz, Manuel con Salas, Tomasina

Exp. 1383. En El Alto, el 26 de febrero de 1837, se presentó **Dn. Manuel Jeréz**, h.l. de Dn. Juan Simón y de Da. Tomasina Salas, pretende casar con Da. **Josefa Quiroga**, h.l. de Dn. Lorenzo y de Da. Micaela Ruiz. Declaran un impedimento por consanguinidad en tercer grado el cual fue dispensado el día siguiente. El parentesco se explica con el siguiente esquema:

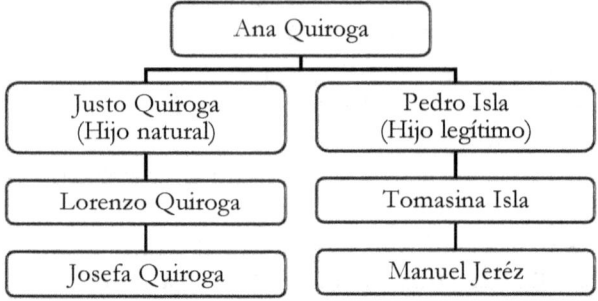

Pereira, José Eustaquio con Arias, Trinidad

Expediente 1384. En El Alto el 2 de marzo de 1837 se presentó **José Eustaquio Pereira**, hijo de la finad Ignacia Pereira, pretende contraer matrimonio con **Trinidad Arias**, viuda de Juan Pablo Vera, vecina del curato de Piedra Blanca.

Leiva, Dn. José Miguel con Agüero, Da. Catalina

Expediente 1385. En Andalgalá el 11 de marzo de 1837 se presentó **Dn. José Miguel Leiva y Lezcano** h.l. de Dn. José Francisco Leiva y de Da. Francisca Lezcano vecinos de La Bajada, pretende contraer matrimonio con **Da. Catalina Agüero** h.l. de Don. Clemente Agüero y de Da. Calixta Rojas.

Ponce, Dn. Juan Dionisio con Juárez, Da. María Rosa

Expediente 1393. En El Alto el 8 de abril de 1837 se presentó **Dn. Juan Dionisio Ponce** viudo de Da. María Francisca Jaimes pretende contraer matrimonio con **Da. María Rosa Juárez** h.l. del finado Dn. Juan Juárez y de Da. Ana María Páez.

Lobo, Ramón Antonio con Flores, Segunda Rosa

Expediente 1398. En El Alto el 18 de mayo de 1837 se presentó **Ramón Antonio Lobo**, vecino de Achalco hijo natural de Josefa Lobo pretende contraer matrimonio con **Segunda Rosa Flores** h.l. de Juan Andrés Flores y de María Mercedes Flores.

González, Manuel con Reinoso, Bonifacia
Expediente 1399. En El Alto el 23 de mayo de 1837 se presentó **Manuel González** h.l. de los finados José González y de Francisca Garcete pretende contraer matrimonio con **Bonifacia Reinoso** hija natural de Lorenza Reinoso.

Ogas, Dn. Ramón con Soraire, Da. Plácida
Expediente 1400. En El Alto el 12 de julio de 1837 se presentó **Dn. Ramón Ogas** vecino de Malpaso h.l. de los finados Dn. Mateo Ogas y de Da. Francisca Lobo pretende contraer matrimonio con **Da. Plácida Soraire**, h.l. de los finados Dn. Manuel Soraire y de Da. Barbarita Burgos.

Vera, Tomás con Nieva, María Liberata
Expediente 1401. El 24 de junio de 1837 se presentó **Tomás Vera** h.l. del finado Mariano Vera y de María Bernarda Vega, pretende contraer matrimonio con **María Liberata Nieva** h.l. del finado Francisco Antonio Nieva y de Mercedes Ibáñez.

Arrieta, Dn. Saturnino con Sobremonte, Da. Ramona
Expediente 1413. En El Alto el 13 de agosto de 1837 se presentó **Dn. Saturnino Arrieta**, h.l. de Dn. Juan Jacinto y de la finada Da. Luisa García, natural de Famaillá en la jurisdicción de Tucumán, pretende contraer matrimonio con **Da. Ramona Sobremonte** h.l. de los finados Dn. Miguel y Da. Petrona Lezcano, vecinos de Alijilán.

Videla, Pedro Celestino con González, Tomasina
Expediente 1417. En El Alto El 31 de agosto de 1837 se presentó **Pedro Celestino Videla** hl de José Salvador Videla y de Manuela Antonia Fernández, pretende contraer matrimonio con **Tomasina González** h.l. de los finados Julián González y de Celestina ¿Januera?

Peñaflor, Francisco Solano con Peñaflor, Juana Francisca
Exp. 1420. En El Alto, el 9 de septiembre de 1837, se presentó **Francisco Solano Peñaflor**, h.l. de Bernardo y de Celedonia Lindón, pretende casar con **Juana Francisca Peñaflor**, viuda de Eugenio Gómez. Declaran un impedimento por consanguinidad en segundo grado, el cual fue dispensado en Tucumán, el 15 de ese mismo mes. El parentesco se explica con el siguiente esquema:

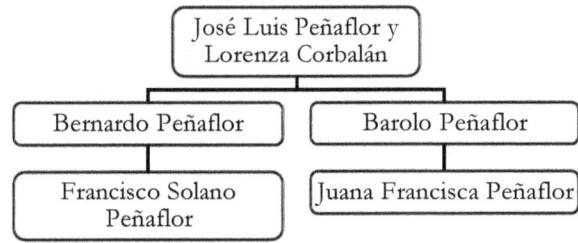

Álvarez, Dn. Matías con Salas, Da. Juana Rosa
Exp. 1424. En El Alto en 1837 se presentó **Dn. Matías Álvarez**, viudo de Agustín Cardoso, vecino de San Francisco en el curato de Graneros, pretende casar con **Da. Juana Rosa Salas**, h.l. de los finados Dn. Fructuoso Salas y de Da. Gregoria Rizo y Patrón, vecina de Alijilán.

Brizuela, Juan de la Cruz con Lobo, María Rita
Expediente 1435. En El Alto el 12 de enero de 1838 se presentó **Juan de la Cruz Brizuela**, esclavo de Dn. Juan Eugenio Brizuela, pretende contraer matrimonio con **María Rita Lobo**, h.l. del finado Alejandro Lobo y de María Petrona Córdoba.

Juárez, José Rosa con Molina, Celestina
Expediente 1444. En El Alto el 8 de febrero de 1838 se presentó **José Rosa Juárez** hijo natural de la finada Manuela Juárez pretende contraer matrimonio con **Celestina Molina**, h.l. de Sixto Jacinto Molina y de Celestina González.

Molina, Pedro Nicolás con Bulacia, Da. Clara
Expediente 1459. En El Alto el 12 de abril 1838 se presentó **Pedro Nicolás Molina**, hijo natural de Eusebia Molina, pretende contraer matrimonio con **Da. Clara Bulacia** h.l. de Dn. Ignacio Bulacia y de Aurelia Ramos.

Montenegro, Diego con González, Petrona
Expediente 1468. En El Alto el 16 de mayo de 1833 se presentó **Diego Montenegro**, h.l. de los finados Ignacio Montenegro y María Beatriz Ortiz pretende contraer matrimonio con **Petrona González** h.l. de los finados Juan Pio González y de María del Transito Vaca. (expediente traspapelado)

Gutiérrez, Dn. José Eugenio con Pino, Da. Basilia

Expediente 1469. En EL Alto el 17 de mayo de 1838 se presentó **Dn. José Eugenio Gutiérrez**, hl de Dn. José ¿Cipriano? y de la finada Da. Agustina ¿Vásquez? Pretende contraer matrimonio con **Da. Basilia Pino** viuda de Dn. Juan de la Cruz Arévalo.

Juárez, Dn. José Santos con Álvarez, Da. Josefa

Exp. 1477 En El Alto, el 9 de junio de 1838, se presentó **Dn. José Santos Juárez**, natural del curato de Graneros en la jurisdicción de Tucumán, residente en Quimilpa, h.l. del finado Dn. Manuel Juárez y de Da. María Ignacia Frías, pretende contraer matrimonio con **Da. Josefa Álvarez**, h.l. de los finados Dn. Manuel Álvarez y de Da. Gregoria Ramos. Declaran un impedimento por consanguinidad de tercer con segundo grado. Dispensa fechada el 13 de junio de 1838. El parentesco se explica con el siguiente esquema:

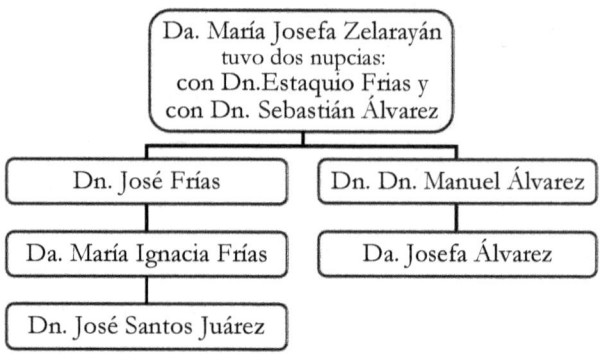

Ávila, José Lino con Paz, Dolores

Expediente 1480. En La Quebrada el 25 de junio de 1833 se presentó **José Lino Ávila**, h.l. de Francisco Antonio Ávila y de Liboria Paz, finada, pretende contraer matrimonio con **Dolores Paz** viuda de Francisco Coronel, hija natural de Bartolo Cardoso y de Nieves Paz.

Caravajal, José Hilario con Juárez, María Leonarda

Expediente 1481. En El Alto el 30 de junio de 1838 se presentó **José Hilario Caravajal**, hijo natural de Pascuala Caravajal pretende contraer matrimonio con **María Leonarda Juárez**, viuda de José Luis Ledesma.

Cardoso, Dn. Toribio con Paz, Da. María Josefa

Expediente 1556. En El Alto el 24 de enero de 1839 se presentó **Dn. Toribio Cardoso** hijo de Dn. Salvador Cardoso y de Da. María Josefa Vanegas, pretende contraer matrimonio con **Da. María Josefa Paz** hija de Dn. Florencio Paz y de Da. María Francisca Silva.

Aguilar, Dn. Ángel Mariano con Olivera, Da. Rosa

Exp. 1559 En el Manantial, el 27 de enero de 1839, se presentó **Dn. Ángel Mariano Aguilar**, h.l. de Dn. Ramón Antonio Aguilar y de Da. Laurencia Valdéz, pretende casar con **Da. Rosario Olivera**, feligresa del curato de Piedra Blanca, h.l. de Dn. Agustín y de Da. Santos Aguilar. Declaran un parentesco por consanguinidad en tercer grado. Dispensa fechada en Catamarca el 8 de febrero de 1839. El parentesco se explica con el siguiente esquema:

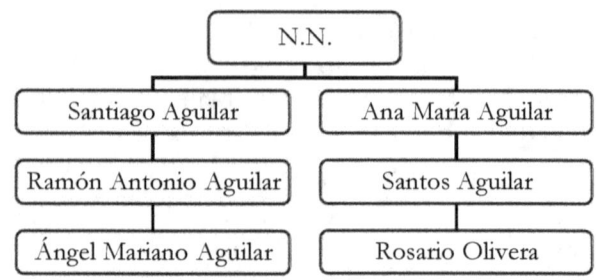

Gómez, Dn. Crisanto con Brachieri, Da. Noemí

Exp. 1561 En el Manantial, el 30 de enero de 1839, se presentó **Dn. Crisanto Gómez**, h.l. del finado Dn. Bernabé Gómez y de Da. Francisca Antonia Molina, pretende casar con **Da. Noemí Bárbara Brachieri**, h.l. de Dn. Carlos Brachieri y de la finada Da. Manuela Olmos. Declara un parentesco por consanguinidad en cuarto grado. La dispensa está fechada en Catamarca el 9 de febrero de 1839. El parentesco se explica con el siguiente esquema:

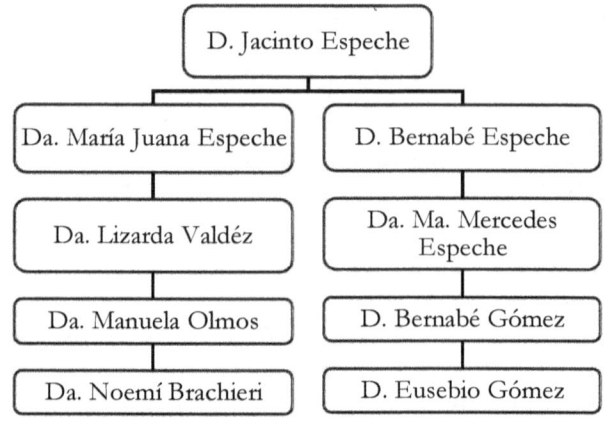

Caravajal, Apolinar con Leiva, Da. Concepción

Exp. 1562. En El Alto, el 21 de marzo de 1833, se presentó **Apolinar Caravajal**, hijo natural de Rosalía y de Dn. José Bulacia, pretende casar con **Da. Concepción Leiva**, viuda de Dn. Javier Maldonado. Declaran dos parentescos por consanguinidad, uno en tercer grado y el otro de cuarto con segundo grado. La pretendida tiene unos 40 años y tiene un hijo. Dispensa fechada en Catamarca el 23 de marzo de 1833. El parentesco se explica con el siguiente esquema:

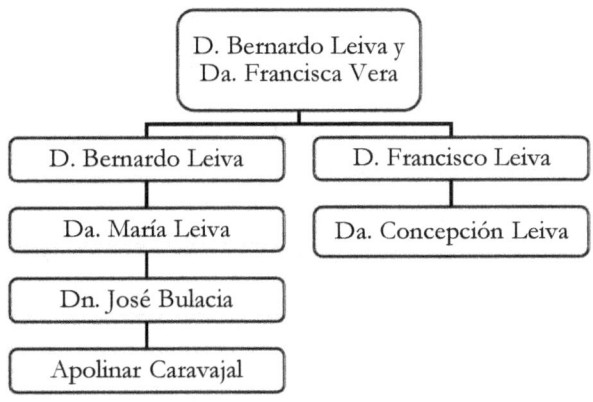

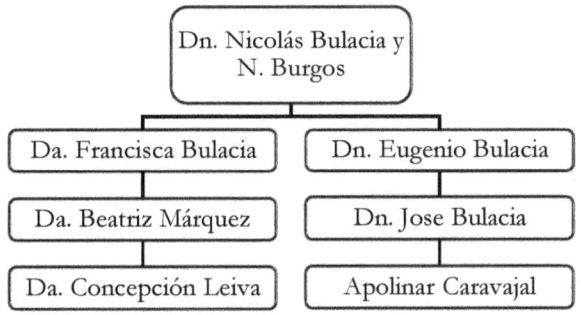

Castro, Dn. Juan José de con Ávila, Da. Griselda del Carmen
Expediente 1570. En El Alto el 5 de mayo de 1839 se presentó **Dn. Juan José de Castro**, natural del curato de Piedra Blanca, h.l. del finado Dn. Manuel Castro y Da. María Escalante, pretende contraer matrimonio con **Da. Griselda del Carmen Ávila** hija natural de la finada Ubalda Ávila.

Zurita, Miguel Jerónimo con Cano, Da. María Brígida
Expediente 1573. En Vilismano, el 18 de mayo de 1839 se presentó **Miguel Jerónimo Zurita**, h.l. de Dn. Bautista Zurita, difunto y de Da. Ana María Aguirre, pretende contraer matrimonio con **Da. María Brígida Cano**, del curato Rectoral, hija natural de Da. Martina Cano.

Cabral, Dn. Juan Calixto con Guerrero, Da. María del Pilar
Expediente 1580. En El Alto el 20 de junio de 1839, se presentó **Dn. Juan Calixto Cabral**, hl de Dn. Juan de Dios Cabral y de Da. María Rosa Alderete, pretende contraer matrimonio con **Da. María del Pilar Guerrero**, h.l. del finado Dn. Bautista Guerrero y de Da. María del Rosario Uriarte.

Jaimes, Marcos con Toledo, Francisca
Expediente 1582. En La Quebrada el 25 de junio de 1839 se presentó **Marcos Jaimes**, hijo natural de Francisca. Jaimes, pretende contraer matrimonio con **Francisca Toledo**, hija natural de María Audifacia.

Vega, Dn. Hermenegildo con Ahumada, Da. Zoila
Expediente 1585. En El Alto el 22 de julio de 1839 se presentó **Dn. Hermenegildo Vega**, hijo natural de Da. Juliana Vega, pretende contraer matrimonio con **Da. Zoila Ahumada**, h.l. de Dn. Inocencio Ahumada y de Da. Sebastiana Leguizamón.

Lobo, Antonio con Barrios, Balprima del Tránsito
Expediente 1587. En El Alto el 12 de agosto de 1839 se presentó **Antonino Lobo**, viudo de Bartolina Pérez, pretende contraer matrimonio con **Balprima del Tránsito Barrios**, hija natural de Francisca Barrios.

Sánchez, Pedro Vicente con Goitia, Isidora
Expediente 1591. En El Alto el 20 de septiembre de 1839 se presentó **Pedro Vicente Sánchez** hijo natural de Manuela Sánchez pretende contraer matrimonio con **Isidora Goitia** h.l. del finado Mariano y de María Ignacia Pérez.

Suárez, Dn. Bernardo con Lobo, Da. María del Rosario
Exp. 1595. En El Alto, el 15 de septiembre de 1839, se presentó **Dn. Bernardo Suárez**, hl de Dn. Juan Suárez y de **Da. Ana María Páez**. Pretende contraer matrimonio con Da. María del Rosario Lobo, h.l. del finado Dn. Luis Lobo y de Da. Paula Agüero. Dispensado ese mismo día. El parentesco se explica con el siguiente esquema:

Barrionuevo, Dn. Dionisio con Martínez, Da. Ana Dolores
Expediente 1598. En El Alto el 20 de septiembre 1839 se presentó **Dn. Dionisio Barrionuevo** h.l. de Dn. Vicente Barrionuevo y de Da. Mercedes Díaz, pretende contraer matrimonio con **Da. Ana Dolores**

Martínez, h.l. de Dn. Juan Manuel Martínez y de Da. María Antonia Sosa.

Mercado, Dn. Francisco con Bulacia, Manuela
Expediente 1599. En El Alto el 30 de septiembre de 1839 se presentó **Dn. Francisco Mercado** viudo de Da. María Juliana Lobo, pretende contraer matrimonio con **Da. Manuela Bulacia**, viuda de Dn. Ubaldo Viger.

Illañez, José de los Dolores con Rosales, María del Carmen
Expediente 1601. En El Alto el 7 de octubre de 1839 se presentó **José de los Dolores Illañez** hijo de María Ramona, pretende contraer matrimonio con **María del Carmen Rosales**, h.l. del finado Martín Rosales y de Dolores Brito.

Nieva y Castilla, Dn. Francisco con Arévalo, Da. Juana Rosario
Expediente 1602 En El Alto el 10 de octubre de 1839 se presentó **Dn. Francisco Antonio Nieva y Castilla**, h.l. de Dn. Juan Bautista Nieva y Castilla y de Da. Ana María Agüero, pretende contraer matrimonio con **Da. Juana Rosario Arévalo**, h.l. de Dn. Juan Francisco Arévalo y de Da. María Cruz Terán, viuda de Dn. Simón Ulibarri.

Díaz, Francisco Antonio con Juárez, María Juana
Expediente 1604. En El Alto el 14 de octubre de 1839 se presentó **Francisco Antonio Díaz** h.l. de Nicolás Díaz y de Catalina Cortés, pretende contraer matrimonio con **María Juana Juárez**, hija natural de Camila Suárez.

1840 a 1850

Ibáñez, Dn. Santiago con Segura, Da. Crisóstoma
Expediente 1611. En El Alto el 12 de enero de 1840 se presentó **Dn. Santiago Ibáñez** h.l. de los finados Dn. José Masilla y Da. Juana Cejas, pretende contraer matrimonio con **Da. Crisóstoma Segura**, h.l. de los finados Dn. Francisco Antonio Segura y Da. Isabel Flores.

Barros, Dn. José Tiburcio con Villalba, Da. Olaya
Expediente 1612. En El Alto el 18 de enero de 1840, se presentó **Dn. José Tiburcio Barros**, h.l. de Dn. Eugenio Barros y de Da. Jacinta Salcedo, nativo del curato de Piedra Blanca, pretende contraer matrimonio con **Da. Olaya Villalba**, h.l. del finado Dn. José Manuel y de Da. María del Señor Santucho.

Barrionuevo, Dn. Manuel Antonio con Agüero, Da. Margarita
Expediente 1623. En El Alto el 30 de mayo de 1840 se presentó **Dn. Manuel Antonio Barrionuevo**, natural del curato de Ancasti, h.l. de Dn. Narciso Barrionuevo y de Da. Manuela Guzmán, pretende contraer matrimonio con **Da. Margarita Agüero**, h.l. de Dn. José Manuel Agüero y de Da. Juana Barahona.

Gómez, Dn. Miguel con Espeche, Ubil
Exp. 1628. En El Alto, el 10 de mayo de 1840, se presentó **Dn. Miguel Gómez**, viudo de Nicolasa Burgos, pretende casar con **Da. Ubil Espeche**, h.l. de Dn. Mateo y de Da. Ramona Pacheco. Declaran un impedimento por consanguinidad de cuarto con tercer grado y por afinidad lícita de tercer a segundo grado. La dispensa está fechada el mismo día. El parentesco se explica con el siguiente esquema:

Consanguinidad:

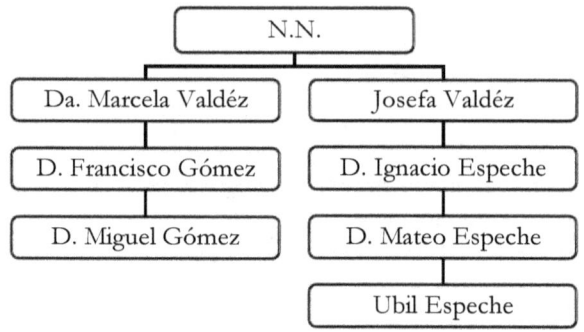

Afinidad:

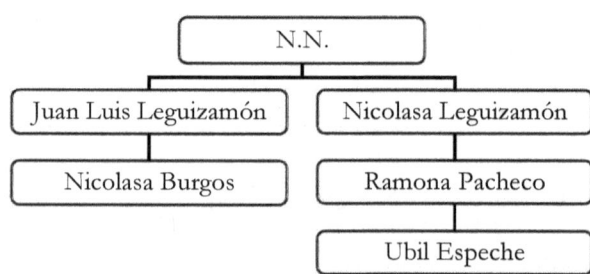

Gómez, Dn. Benigno con Gómez, Da. Eleodora
Expediente 1629. En El Alto, el 15 de mayo de 1840, se presentó **Dn. Benigno Gómez**, viudo de Da. Nicolasa Valdéz, pretende casar con **Da. Eleodora Gómez**, h.l. de Dn. Ignacio Gómez y de María de Jesús Dolores. La contrayente tiene cinco hermanas y el pretendiente tiene una hija pequeña. Declaran 6 impedimentos, tres por consanguinidad y tres por afinidad. La dispensa está fechada en Tucumán el 20 de mayo de 1840. Uno de los impedimentos se debido a que el contrayente tuvo trato ilícito con una prima hermana de su pretendida, los otros impedimentos se explican con los siguientes esquemas:

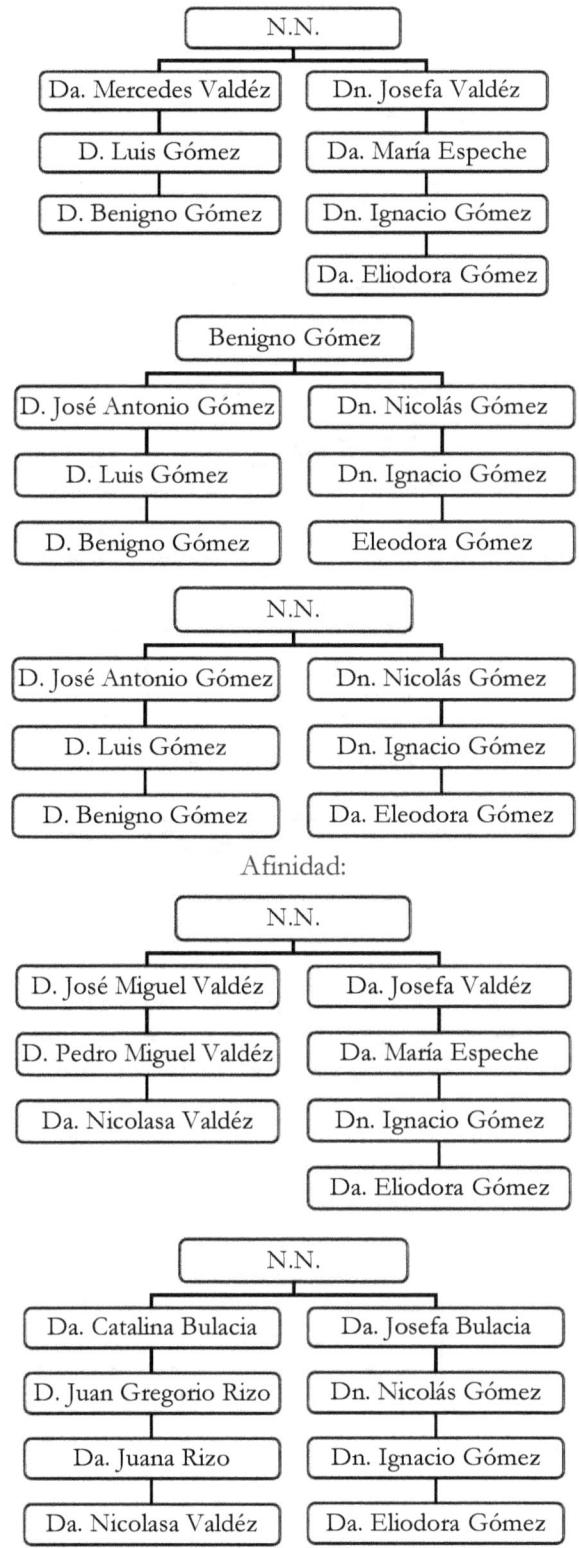

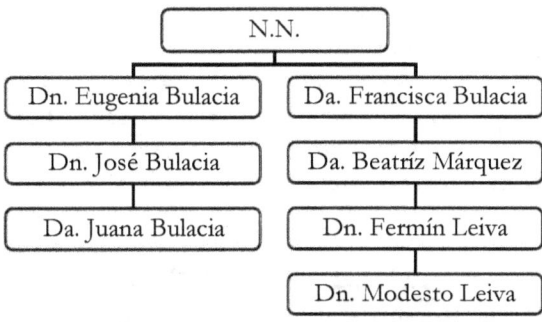

por consanguinidad de cuarto grado con tercero. La madre de la contrayente está casada en segundas nupcias con varios hijos. La dispensa está fechada el mismo día, el parentesco se explica de la siguiente manera:

Bulacia, Dn. Domingo con Laredo, Da. Sergia
Expediente 1638. En El Alto el 28 de julio de 1840 se presentó **Dn. Domingo Bulacia**, h.l. de Dn. Ignacio y de Da. Aurelia Ramos, pretende contraer matrimonio con **Da. Sergia Laredo**, vecina del curato de Piedra Blanca, h.l. de Dn. Antonio Laredo y de Da. Marquesa Martínez.

Medina, Dn. Francisco Daniel con González, Isidora
Expediente 1641. En El Alto el 1 de agosto de 1840 se presentó **Dn. Francisco Daniel Medina**, h.l. de Dn. Lorenzo Medina y de la finada María Tomasina Cejas, pretende contraer matrimonio con **Isidora González**, h.l. de los finados Nolasco González y María Juana Maidana.

Rivas, Dn. Pedro Ignacio con Rodríguez, Da. María Lorenza
Expediente 1644. En El Alto el 4 de abril de 1840 se presentó **Dn. Pedro Ignacio Rivas**, h.l. del finado Dn. José Domingo Rivas y de Da. María Francisca Lobo, pretende contraer matrimonio con **Da. María Lorenza Rodríguez**, vecina de Tintigasta, h.l. de Dn. Juan Bruno Rodríguez y de Da. María Dominga Ponce.

Azcuénaga, Juan Bautista con Gómez, Da. Inés
Expediente 1647. En El Alto el 15 de agosto de 1840 se presentó **Juan Bautista Azcuénaga**, hl de Dn. Francisco José Azcuénaga y de Da. María de la Resurrección Mansilla, pretende contraer matrimonio con **Da. Inés Gómez**, hija natural de la finada Catalina González.

Denett, Dn. José Ramón con Perdiguero, Da. Gregoria
Expediente 1655. En El Alto 11 de septiembre de 1840 se presentó **Dn. José Ramón Denett**, h.l. de los finados Dn. Juan Denet y Da. Josefa Correa, pretende

Leiva, Dn. Modesto con Bulacia, Da. Juana
Exp. 1630. En El Alto, 29 de mayo de 1840, se presentó **Dn. Modesto Leiva**, hl de Dn. Fermín Leiva y de Da. Catalina Cevallos, pretende casar con Da. **Juana Bulacia**, hija del finado Dn. José Bulacia y de Da. Ascensión Lezcano. Declaran un impedimento

contraer matrimonio con **Da. Gregoria Perdiguero**, h.l. de los finados Dn. José Domingo Perdiguero y de Da. María Petrona Miranda.

Rodríguez, Judas con Luján, María Mercedes

Exp. 1657. En El Alto el 18 de septiembre de 1840, se presentó **Judas Rodríguez**, h.l. de Ignacio y de María Nieves Domínguez, pretende casar con **María Mercedes Luján**, hija natural de María Luján. Declaran dos impedimentos por consanguinidad uno en tercer grado y el otro en cuarto grado, Fueron dispensados en esa misma fecha. Los parentescos se explican con los siguientes esquemas:

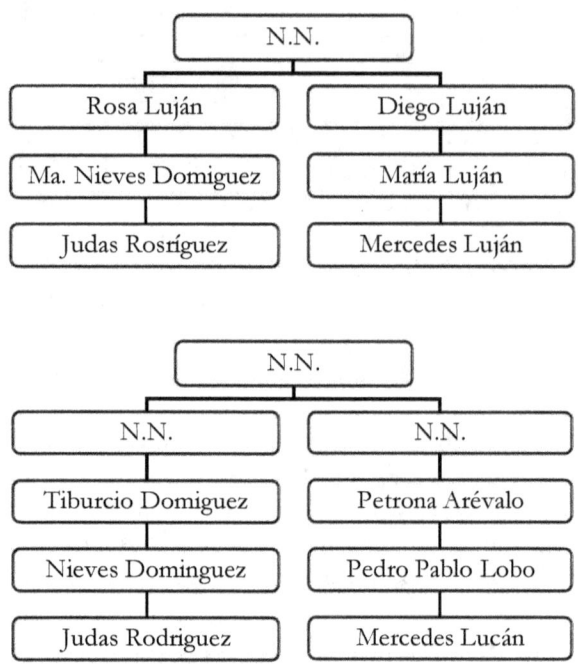

Nieva, Dn. Benito con Bazán, Gregoria

Expediente 1658. En El Alto el 4 de octubre de 1840 se presentó **Dn. Benito Nieva**, viudo de María Bernabela Díaz, pretende contraer matrimonio con **María Gregoria Bazán**, hija natural de Trinidad Bazán.

Ponce, Basilio con Valdéz, Da. Crisóloga

Exp. 1662. En El Alto el 5 de noviembre de 1840, se presentó (Juan Pío) Basilio Ponce, viudo de Da. Lucinda Burgos, pretende contraer matrimonio con Da. Crisóloga Valdéz, h.l. del finado de Dn. Solano Valdéz y de Da. Rudecinda Burgos. Declaran un impedimento por consanguinidad en tercer grado y tres parentescos por afinidad lícita, uno en tercer grado y otros dos en cuarto grado. La dispensa está fechada el mismo día y los parentescos se explican con los siguientes esquemas:

Consanguinidad:

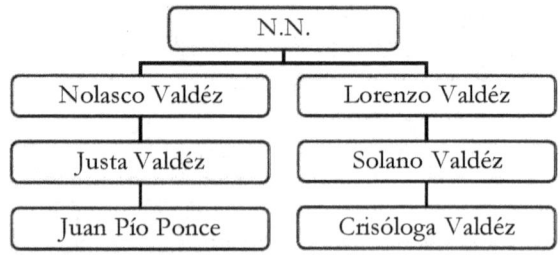

Afinidad:

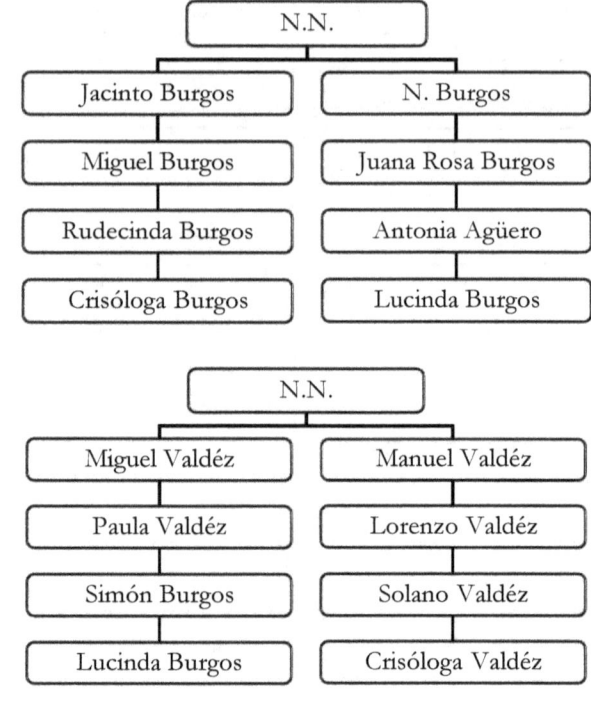

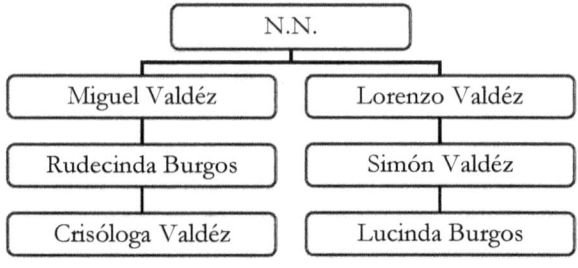

Pereira, Dn. Felipe Santiago con Oviedo, Da. Bartolina

Expediente 1664. En El Alto, el 21 de noviembre de 1840 se presentó **Dn. Felipe Santiago Pereira**, vecino de Vilismano, hl de Dn. Juan Bernardo Pereira y de Da. Isabel Gatica, pretende contraer matrimonio con **Da. Bartolina Oviedo**, h.l. del finado Dn. Pedro Martín Oviedo y de Da. Pabla Páez.

Zurita, Dn. Juan Bautista con Páez, Da. Severa
Expediente 1667. En El Alto el 28 de diciembre de 1840 se presentó **Dn. Juan Bautista Zurita**, h.l. de Dn. Juan Bautista Zurita y de Da. Ana María Aguirre, pretende contraer matrimonio con **Da. Severa Páez**, hija natural de Da. Teresa Páez.

Ahumada, Dn. Gregorio con Gómez, Da. María Gerónima
Expediente 1668. En El Alto el 5 de enero de 1841 se presentó **Dn. Gregorio Ahumada**, h.l. de Dn. Manuel Ahumada y de Da. Simona Quiroga, viudo de Da. Evarista Aguilar, pretende contraer matrimonio con **Da. María Gerónima Gómez** h.l. de Dn. Lucindo Gómez y de Da. Pilar Valdéz.

Tolosa, Dn. Félix Rosa con Brizuela, Da. Melitona
Exp. 1670. En El Alto, el 22 de enero de 1841, se presentó **Dn. Félix Rosa Tolosa**, h.l. de Dn. Lorenzo y de Da. Teresa Gómez con **Da. Melitona Brizuela**, h.l. de los finados Dn. José Eugenio y de Da. Francisca Antonia Molina. Declararon un impedimento por consanguinidad en cuarto grado. La dispensa fue otorgada en la misma fecha. El Parentesco se explica con el siguiente esquema:

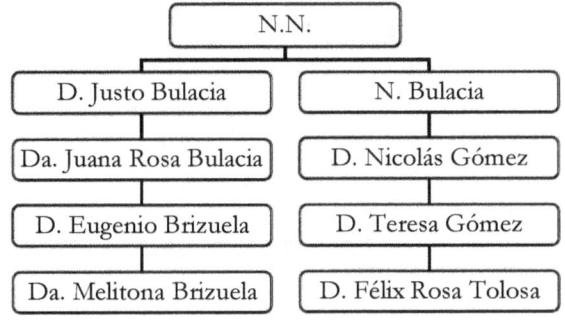

Villalba, Agenor con Arévalo, Da. Manuela
Expediente 1672. En El Alto el 1 de mayo de 1840 se presentó **Agenor Villalba**, h.l. del finado Dn. Isidro Villalba y Da. Magdalena Luna pretende contraer matrimonio con **Da. Manuela Arévalo** h.l. de Dn. Dionisio y de Da. Ana María Rodríguez.

González, Dn. José Antonio con Jeréz, Da. Brígida
Expediente 1677. En El Alto el 31 de julio de 1841 se presentó **Dn. José Antonio González** viudo de Da. María del Carmen Pucheta pretende contraer matrimonio con **Da. Brígida Jeréz**, hl de Dn. Juan Gregorio Jeréz y de Da. Juliana Alderete.

Barrientos, Dn. Luis Ignacio con Segura, Da. Dominga
Expediente 1686. En El Alto el 12 de noviembre de 1841, se presentó **Dn. Luis Ignacio Barrientos** h.l. del finado Dn. Melchor Barrientos y de la finada Da. María Antonia Márquez, pretende contraer matrimonio con Da. Dominga Segura h.l. del finado Dn. Alejandro Segura y de la finada Da. Juana Rosa Leiva.

Gómez, Dn. Nicolás con Ahumada, Juana
Expediente 1688. En El Alto el 10 de diciembre de 1841, se presentó **D. Nicolás Esteban Gómez**, h.l. de D. Lucindo Gómez y de Da. Pilar Valdéz, pretende contraer matrimonio con **Da. Juana Ahumada**, h.l. de Dn. José Manuel Ahumada y de Da. Damiana Treller.

Páez, Dn. Juan Bautista con Medina, Da. Rudecinda
Expediente 1690. En El Alto el 20 de diciembre de 1841, se presentó **Dn. Juan Bautista Páez** hijo adoptivo de Dn. Daniel Páez y de la finada Juana Francisca Ibáñez, pretende contraer matrimonio con **Da. Rudecinda Medina** h.l. de Dn. Laureano Medina y de Da. Dolores Páez.

Jeréz, Dn. Abelino con Islas, Da. Juana
Exp. 1691. En El Alto, el 20 de diciembre de 1841, se presentó **Dn. Avelino Jeréz**, h.l. de Dn. Simón y de Da. Tomasina Islas, pretende contraer matrimonio con **Da. Juana Islas**, hija natural de Da. Martina. Declaran un parentesco por consanguinidad en tercer grado. La dispensa está fechada el mismo día. El parentesco se explica con el siguiente esquema:

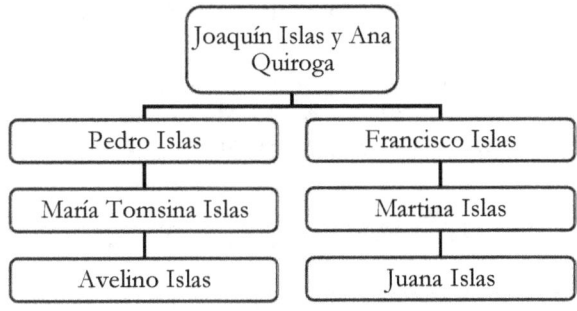

Trejo, José Teodoro con Acuña, Da. Escolástica
Expediente 1693. En El Alto el 10 de enero de 1842 se presentó **José Teodoro Trejo**, h.l. de Dn. Agustín de la Rosa Trejo y de Da. Manuela Fernández, pretende contraer matrimonio con **Da. Escolástica Acuña**, h.l. del finado Dn. Francisco Javier Acuña y de Da. María Martina Zenteno.

Arce, Dn. José Laureano con Páez, Da. Irene
Expediente 1694. En El Alto el 10 de enero de 1842 se presentó **Dn. José Laureo Arce**, viudo de Da. Bárbara Antonia Gómez, pretende contraer matrimonio con **Da. Irene Páez** h.l. de los finados Dn. Bonifacio Páez y de Da. Josefa Barrionuevo.

Lobo, Dn. Pedro Lucindo con Fernández, Da. María Francisca

Expediente 1701. En El 16 de enero de 1842 se presentó **Dn. Pedro Lucindo Lobo**, h.l. del finado Dn. José Domingo Lobo y de Da. María Albarracín, pretende contraer matrimonio con **Da. María Francisca Fernández**, hija del finado D. Pedro Fernández, h.l. de (hay un espacio en blanco) y de Da. María Antonia Gorosito.

Espeche, Dn. José Martiniano con Mendoza, Da. María Luisa

Expediente 1708. En El Alto el 10 de febrero de 1842 se presentó **Dn. José Martiniano Espeche**, h.l. del finado Dn. José Santiago Espeche y de Da. María Mercedes Valdéz, pretende contraer matrimonio con **Da. María Luisa Mendoza**, viuda de Dn. José María Maturano.

Díaz, José Antonio con Obregón, María del Señor

Expediente 1709. En El Alto el 15 de marzo de 1842 se presentó **José Antonio Díaz** viudo de Bonifacia Rosales, pretende contraer matrimonio con **María del Señor Obregón**, vecina de Piedra Blanca, viuda de Pedro Antonio Aparicio.

Pérez, Celedonio con Agüero, Luisa

Expediente 1710. En El Alto el 19 de abril de 1842 se presentó **Celedonio Pérez**, h.l. de Gaspar Pérez y de Marcelina Díaz, pretende contraer matrimonio con **Luisa Agüero**, h.l. del finado José Manuel Agüero y de Juana Barrera.

Matarradona, Dn. Antonio con Ahumada, Da. Genoveva

Expediente 1713. En El Alto, el 20 de abril de 1842 se presentó **Dn. Antonio Benito Matarradona** hijo del finado Dn. Antonio y de la finada Da. María del Carmen Ibáñez, pretende contraer matrimonio con **Da. Genoveva Ahumada**, h.l. de Dn. Gregorio Ahumada y de la finada Da. Evarista Aguilar.

Cáceres, Miguel con Alvarado, Cornelia

Expediente 1708. En El Alto el 8 de junio de 1842 se presentó **Miguel Cáceres** hijo natural de Casilda Cáceres y viudo de Josefa Barrientos, pretende contraer matrimonio con **Cornelia Alvarado**, hija natural de Marcelina Alvarado.

Valdéz, Dn. Juan Gregorio con Paz, Da. Ester

Exp. 1714. En El Alto, el 10 de abril de 1842, se presentó **Dn. Juan Gregorio Valdéz**, viudo de María del Tránsito Carrasco, pretende casar con **Da. Ester Paz**, h.l. de Dn. Santiago Paz y de Da. Cruz Bravo. Declaran un parentesco de tercero con segundo grado dispensado en esa misma fecha. El parentesco se explica con el siguiente esquema:

Ovejero, Dn. Cornelio con Leiva, Da. Fernanda

Exp. 1729. En El Alto, el 18 de agosto de 1842, se presentó **Dn. Cornelio Ovejero**, h.l. de los finados Dn. José Francisco Ovejero y de Da. María Isabel Márquez, pretende casar con **Da. Fernanda Leiva**, h.l. de Dn. Javier Leiva y de la finada Da. Gerónima Albarracín. Declararon dos parentescos por consanguinidad, uno en tercer grado y el otro en cuarto. La dispensa está fechada el mismo día y los parentescos se explican con los siguientes esquemas:

Rosales, Dn. Ramón con Barrientos, Da. Trinidad

Exp. 2197. En El Alto, el 1 de junio de 1843, se presentó **Ramón Antonio Rosales**, h.l. de los finados Dn. Nicolás Rosales y de Da. María del Señor Argañaráz, pretende contraer matrimonio con **Da. Trinidad Barrientos**, h.l. de los finados Dn. Pedro Francisco Barrientos y de Da, Ana María Guzmán. Declararon un parentesco por consanguinidad en tercer grado el cual fue dispensado en la misma fecha. El parentesco se explica con el siguiente esquema:

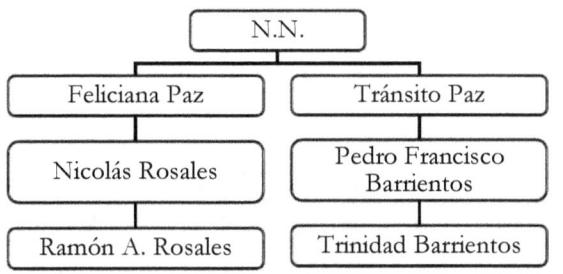

Barrientos, Dn. Juan Tomás con Rosales, Da. Francisca Antonia
Exp. 2208. En El Alto, el 17 de agosto de 1843, se presentó **Dn. Juan Tomás Barrientos**, h.l. de los finados Dn. Juan y de Da. Tránsito Paz, pretende contraer matrimonio con **Da. Francisca Antonia Rosales**, h.l. de los finados Dn. Nicolás Rosales y de Da. María del Señor Argañaráz. Declararon un parentesco por consanguinidad en tercero con segundo grado. Dispensado en esa misma fecha, el parentesco se explica con el siguiente esquema:

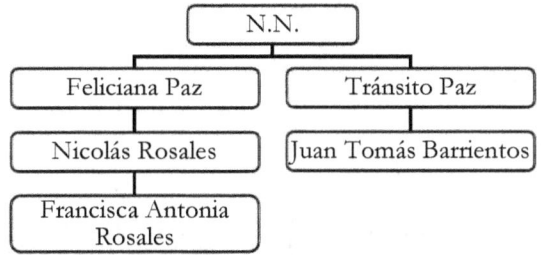

Frogel, Dn. Diego Claudio con Orquera, Da. Dina
Exp. 2210. En El Alto, el 25 de agosto de 1843, se presentó **Dn. Diego Claudio Frogel**, h.l. de los finados Dn. Leandro y de Da. Atanasia Ponce, pretende casar con **Da. Dina Orquera**, h.l. de los finados Dn. José Elías y Da. María Rosario Castaño. Declaran un impedimento por consanguinidad en cuarto grado, el que fue dispensado en esa misma fecha. El parentesco se explica con el siguiente esquema:

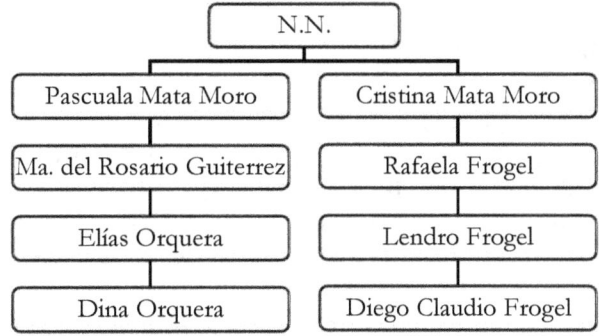

Ávila, Dn. Benjamín con Ávila Da. Elena
Expediente 1734. En El Alto el 7 de septiembre de 1842 se presentó **Dn. Benjamín Ávila**, h.l. de Dn. Gerardo y de Da. Ignacia Díaz, pretende contraer matrimonio con **Da. Elena Ávila** h.l. de Dn. Teodoro y de Da. Transito Castillo. Declaran un parentesco en cuarto grado, pero no se lo explica.

Arévalo, Juan Bautista con Rodríguez, Mauricia
Expediente 1735. El 10 de septiembre de 1842, se presentó **Juan Bautista Arévalo**, h.l. de los finados Santiago Arévalo y de Pabla Márquez pretende contraer matrimonio con **Mauricia Rodríguez** h.l. de los finados Lucas Rodríguez y de Ana María Aragón.

Ramallo, Dn. Bruno con Juárez, Da. Asunción
Expediente 1738. En El Alto 16 de septiembre de 1842 se presentó **Dn. Bruno Ramallo**, h.l. del finado Dn. Juan Ramallo y de Da. Faustina del Carmen Piñero, pretende contraer matrimonio con **Da. Asunción Juárez**, h.l. de los finados Dn. José Manuel Juárez y de la finada Da. María Ignacia Frías.

Cabrera, Dn. Florentino con Lobo, Da. Rosario
Expediente 1739. En El Alto el 18 de septiembre de 1842 se presentó **Dn. Florentino Cabrera** hl del finado Tomás y de Petrona Cufres, de Buenos Aires, pretende contraer matrimonio con **Da. Rosario Lobo**, viuda de Dn. Félix Santillán.

Espíndola, Dn. Juan Inocencio con Armas, Da. María Silveria
Expediente 1745. En El Alto el 26 de octubre de 1842 se presentó **Dn. Juan Inocencio Espíndola**, h.l. del finado Juan de la Cruz y de Bartolina Díaz, pretende contraer matrimonio con **Da. María Silveria Armas**, h.l. de Dn. Domingo Armas y de la finada María Antonia Román.

Ovejero, Dn. Raimundo con Lobo, Da. Leonor
Exp. 1749. En El Alto el 1 de enero de 1845, se presentó **Dn. Raimundo Corviliano Ovejero**, h.l. del finado Nicolás Tolentino Ovejero y de Da. Petronila Gallardo, pretende contraer matrimonio con Da. **María Leonor Lobo**, h.l. de Dn. Juan Pablo Lobo y de la finada Da. Petronila Albarracín. Declaran un impedimento por consanguinidad en tercer grado, dispensado en esa misma fecha. (La contrayente también aparece con el apellido Albarracín) El parentesco se explica con el esquema siguiente:

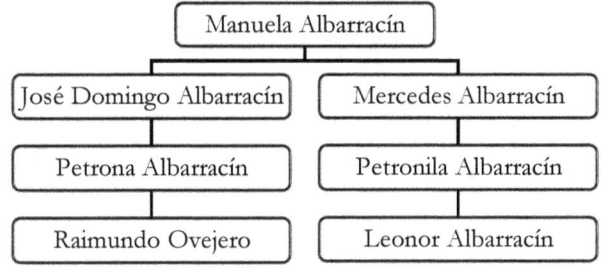

Barrionuevo, José Aniceto con Medina, María de la Cruz

Expediente 1752. En El Alto 6 de enero de 1844, se presentó **José Aniceto Barrionuevo** h.l. de Roque Barrionuevo y de la finada María Juana Barroso, pretende contraer matrimonio con **María de la Cruz Medina**, h.l. Isidro Medina y de María del Tránsito Márquez.

Soria, Juan de la Cruz con Zurita, María de Jesús

Expediente 1753. En EL Alto el 10 de enero de 1844 se presentó **Juan de la Cruz Soria**, hijo natural de Da. Mercedes Soria, pretende contraer matrimonio con **María de Jesús Zurita**, h.l. de los finados Dn. Juan Bautista Zurita y d Da. Ana María Aguirre.

Rodríguez, Dn. Solano con Valdéz, María Isabel

Expediente 1756. En El Alto el 15 de enero de 1844 se presentó **Dn. Solano Rodríguez**, h.l. de Dn. Luis y de Da. María Lorenza Pérez, pretende contraer matrimonio con **Da. María Isabel Valdéz**, h.l. de Dn. Leandro y de Da. Antonia Varela.

Albarracín, Ramón Antonio con Barrientos, Bartolina

Expediente 1757. En El Alto el 15 de enero de 1844 se presentó **Ramón Antonio Albarracín**, hijo natural de la finada Faustina Albarracín, pretende contraer matrimonio con **Bartolina Barrientos**, h.l. de los finados Luciano Barrientos y de Domitila Rivera.

Ávila, Dn. Juan Miguel con Villalba, Da. Juana Ventura

Expediente 1758. En El Alto el 11 de enero de 1844 se presentó **Dn. Juan Miguel Ávila**, h.l. del finado Dn. Maximiliano Ávila y de Da. María Victoria Domínguez, con **Da. Juana Ventura Villalba**, h.l. del finado Dn. Manuel Villalba y de Da. María del Señor Santucho.

Suárez, Dn. Juan Pedro con Ávila, Da. María del Rosario

Expediente 1759. En El Alto el 20 de enero de 1844 se presentó **Dn. Juan Pedro Suárez**, vecino de Loreto, jurisdicción de Santiago del Estero, h.l. del finado José Gregorio Suárez y de Da. Margarita Acuña, pretende contraer matrimonio con **Da. María del Rosario Ávila**, h.l. de Dn. Gerardo Ávila y de Da. Inocencia Díaz.

Quiroga, Dn. José con Albarracín, Da. Catalina

Exp. 1760. En El Alto el 26 de enero de 1844, se presentó **Dn. José Quiroga**, h.l. del finado Dn. Ignacio Quiroga y de Da. Águeda Rojas, pretende casar con **Da. Catalina Albarracín**, hija natural de Da. Concepción Albarracín. Declararon un impedimento por consanguinidad en tercer grado el cual fue dispensado en la misma fecha. El parentesco se explica con el siguiente esquema:

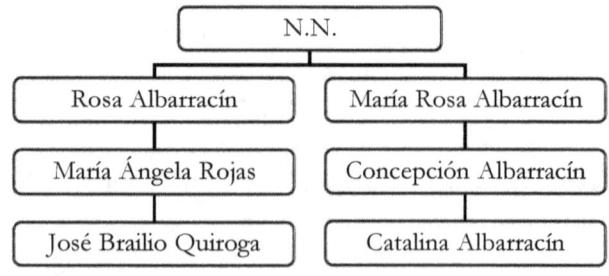

Mercado, Ramón Ignacio con González, Genuaria

Exp. 1762. En El Alto el 1 de febrero de 1844, se presentó **Ramón Ignacio Mercado**, hijo natural de Agustina mercado, pretende contraer matrimonio con **Genuaria González**, h.l. de Tomás González y de la finada Isidora Lobo. Declaran un parentesco por consanguinidad de tercero a cuarto grado, el cual fue dispensado en esa misma fecha. El parentesco se explica con el siguiente esquema:

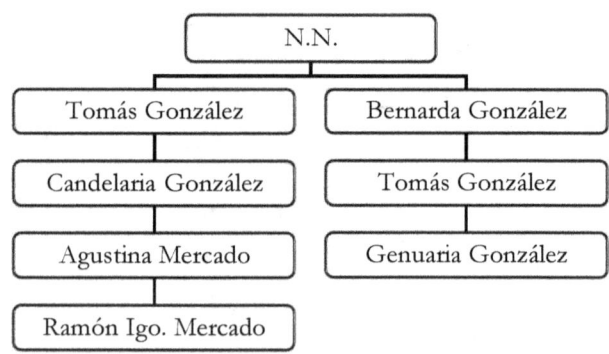

Ramírez, José Gregorio con Ibáñez, María

Expediente 1763. En El Manantial el 2 de febrero de 1844 se presentó **José Gregorio Ramírez** viudo de Bárbara Mercado pretende contraer matrimonio con **María Ibáñez**, h.l. de Julián Ibáñez y de Dolores Brizuela.

Gómez, Francisco Javier con Díaz, Josefa

Exp. 1787. En El Alto, el 13 de abril de 1844, se presentó **Francisco Javier Gómez**, h.l. de Gervasio y de Petrona Soraire, pretende contraer matrimonio con **Josefa Díaz**, hl de Tomás Díaz y de Antonia Vallejos. Declaran un parentesco de consanguinidad en cuarto grado, el cual fue dispensado en la misma fecha. El parentesco se explica con el siguiente esquema:

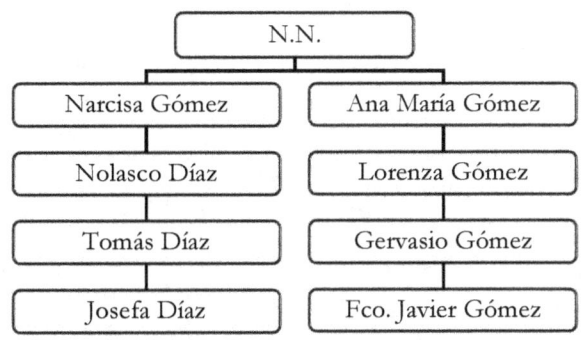

Valdéz, Dn. Lucas con Aguilar, Da. Heliodora
Expediente 1788. En El Alto el 28 de abril de 1844 se presentó **Dn. Lucas Valdéz**, hijo adulterino de Águeda Falcón, pretende contraer matrimonio con **Da. Heliodora Aguilar**, hija de Dn. Ángel Aguilar.

Díaz, Domingo con Quiroga, María Isabel
Expediente 1799. En El Alto el 7 de junio de 1844. Se presentó **Domingo Díaz**, h.l. de Juan de Dios Díaz y de María Antonia Flores, pretende contraer matrimonio con **María Isabel Quiroga** viuda de Salvador Albarracín.

Ponce, Dn. Andrés con Medina, Da. María del Rosario
Expediente 1800. En El Alto el 8 de junio de 1844 se presentó **Dn. Andrés Ponce** h.l. del finado Dn. Pedro José Ponce de León y de la finada Da. Justa Valdéz, pretende contraer matrimonio con **Da. María del Rosario Medina**, h.l. del finado Juan Bautista Medina y de Da. Dionisia Albarracín.

Rodríguez, Dn. Manuel de Jesús con Valdéz, Da. María Francisca
Expediente 1801. En El Alto el 8 de junio de 1844 se presentó **Dn. Manuel de Jesús Rodríguez**, h.l. de Dn. Luis Rodríguez y de Da. María Lorenza Pérez, pretende contraer matrimonio con **Da. María Francisca Valdéz**, h.l. de Dn. Leandro Valdéz y de Da. Antonia Varela.

Mendoza, Dn. José Manuel con Cordero, Da. Tránsito
Expediente 1809. En El Alto el 29 de julio de 1844 se presentó **Dn. José Manuel Mendoza**, viudo de Da. Maximiliana Ovejero, pretende contraer matrimonio con **Da. Tránsito Cordero**, vecina del curato Rectoral, h.l. de Dn. Bernardo Cordera y de Da. Tomasina Gutiérrez.

Arévalo, Dn. Pascual con Acuña, Da. María de la Cruz
Exp. 1810. En El Alto el 1 de agosto de 1844, se presentó **Dn. Pascual Arévalo**, hijo natural de María Justina Arévalo, pretende contraer matrimonio con **María de la Cruz Acuña**, h.l. "en estimación del público" del finado Dn. Francisco Javier Acuña y natural de Da. María Zenteno. Declaran un parentesco por consanguinidad en tercer grado, el que fue dispensado en esa misma fecha. El parentesco se explica con el siguiente esquema:

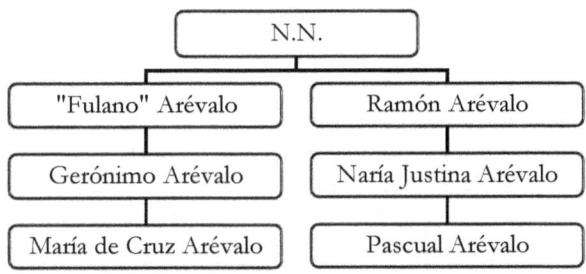

Burgos, Dn. Santiago con Agüero, Da. María Francisca
Exp. 1522. En El Alto el ¿? de octubre de 1839, se presentó **Dn. José Santiago Burgos**, hijo natural de Da. María del Tránsito Lobo y de padre no conocido, pretende contraer matrimonio con **Da. María Francisca Agüero**, h.l. de Dn. Silvestre Agüero y de Da. Serafina Gómez. Declaran un impedimento de consanguinidad de cuarto grado explicado con el siguiente esquema:

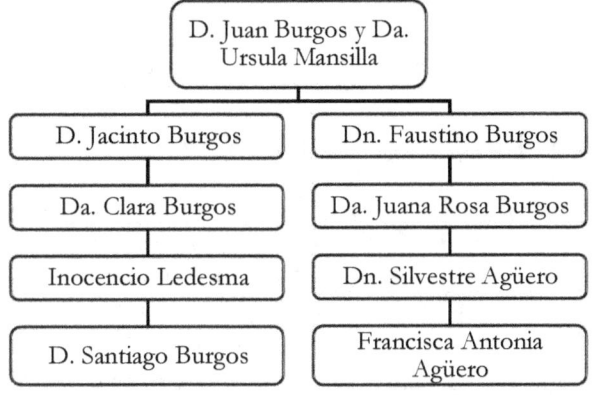

Suárez, Dn. Pedro José con Díaz, Da. Delfina
Exp. 1528. En El Alto, el 26 de octubre de 1839, se presentó **Dn. Pedro José Suárez**, hl de Dn. Juan Suárez y de Da. Ana María Páez, pretende contraer matrimonio con Da. **Delfina** Díaz, hl de Dn. Manuel Antonio Díaz y de Da. Socorro Albarracín. Declararon un impedimento por consanguinidad el cual fue dispensado en esa misma fecha. El parentesco se explica con el siguiente esquema:

Ahumada, Dn. Ignacio Severo con Burgos, Da. Josefa
Exp. 1533. En El Alto, el 10 de noviembre de 1839, se presentó **Dn. Ignacio Severo Ahumada**, hl de Dn. Victorino y de Da. Lorenza Valdéz, pretende contraer matrimonio con **Da. Josefa Burgos**, hl de Dn. Simón Burgos y de la finada Da. María Antonia Agüero. Declaran un impedimento por consanguinidad en cuarto grado dispensado en esa misma fecha. El parentesco se explica con el siguiente esquema:

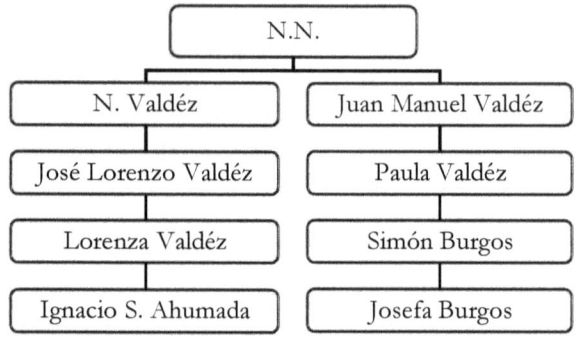

Sosa, Dn. Pedro Pablo con Barrientos, María Ignacia
Expediente 1815. En El Alto el 24 de agosto de 1844 se presentó **Dn. Pedro Pablo Sosa**, hijo natural de Da. Carmen pretende contraer matrimonio con **Da. María Ignacia Barrientos**, h.l. de Dn. Patricio Barrientos y de la finada Da. Genuaria Pereira.

Lobo, Dn. Pedro José con Valdéz, Da. Felipa Benicia
Expediente 1816. En El Alto el 26 de agosto de 1844 se presentó **Dn. Pedro José Lobo**, h.l. de lo finados Dn. Domingo Lobo y de Da. Rudecinda Burgos, pretende contraer matrimonio con **Da. Felipa Benicia Valdéz**, h.l. de Dn. Juan Dionisio Valdéz y de Da. Carmen Albarracín.

Ávila, Dn. Maximiliano con Mercado, Da. Rosario
Expediente 1817. En El Alto el 28 de agosto de 1844, se presentó **Dn. Maximiliano Ávila**, hl del finado Dn. Gerardo Ávila y de Da. Ambrosia Díaz, pretende contraer matrimonio con **Da. Rosario Mercado**, hl de Dn. Francisco Mercado y de Da. Juliana Mercado.

Páez, Juan Isidro con Arévalo, Anselma
Expediente 1819. En El Alto el 12 de septiembre de 1844 se presentó **Juan Isidor Páez**, vecino de Talasí h.l. de Mariano Páez y de Serafina Morales pretende contraer matrimonio con **Anselma Arévalo** hija legítima (sic) de Juana Rosa Arévalo.

Ponce, Dn. Ramón Rosa con Mercado, Da. Modesta
Expediente 1820. En El Alto el 22 de septiembre de 1844 se presentó **Dn. Ramón Rosa Ponce** viudo de Eusebia Mercado pretende contraer matrimonio con **Da. Modesta Mercado** viuda de Dn. Basilio Ponce. Declaran dos impedimentos por afinidad lícita en primer grado por ser la primera esposa del pretendiente hermana de la pretendida y a su vez, el primer marido de la novia fue hermano del pretendiente. Los pretendientes ya tienen un hijo y la pretendida tiene hijas de su primer matrimonio.

Páez, Dn. Placido con Albarracín, Da. Santos
Expediente 1822. En El Alto el 26 de septiembre de 1844 se presentó **Dn. Plácido Páez** h.l. de lo finados Dn. Gregorio Páez y de Da. Petrona Mansilla, pretende contraer matrimonio con **Da. Santos Albarracín** hija adoptiva de Dn. Félix Albarracín y de Da. Cecilia Magallán.

Ibáñez, Dn. Marcelino con Lazo, Da. María del Carmen
Expediente 1827. En El Alto el 4 de octubre de 1844, se presentó **Dn. Marcelino Ibáñez** h.l. del finado Dn. Pedro José Ibáñez y de Da. Nicolasa Luján, pretende contraer matrimonio con **Da. María del Carmen Lazo** hija natural de Da. María Javiera Lazo.

Albarracín, Dn. José Policarpo con Cisterna, Da. Gregoria
Expediente 1830. En El Alto el 15 de octubre de 1844 se presentó **Dn. José Policarpo Albarracín**, h.l. de Dn. Casimiro Albarracín y de Da. María Marta Gómez, pretende contraer matrimonio con **Da. Gregoria Cisterna**, vecina de los Falcones, hija de Da. Luisa Paz, finada.

Sosa, Felipe con Mansilla, María Anastasia
Expediente 1834. En El Alto el 14 de diciembre de 1844 se presentó **Felipe Sosa**, hl de Magdaleno Sosa y de la finada Rosa Ramona Juárez, pretende contraer matrimonio con **María Anastasia Mansilla** viuda de Manuel Antonio Coronel.

Barrionuevo, Ramón Ignacio con Guerrero, Espíritu
Expediente 1836. Sin Fecha. **Ramón Ignacio Barrionuevo** h.l. de José Ignacio y de la finada Manuela Escalante, pretende contraer matrimonio con

Espíritu Guerrero, hija del finado Silvestre y de Juana Burgos, viuda de José Manuel Nieva.

Valdéz, Dn. Nicolás con Salas, Da. Francisca Antonia
Exp. 1843. En El Alto, el 8 de julio de 1845, se presentó **Dn. Nicolás Valdéz**, viudo de Da. Catalina Salas, pretende contraer matrimonio con **Da. Francisca Antonia Salas**, h.l. del finado Dn. Fruto Salas y de Da. Gregoria Rizo. Declaran un impedimento de afinidad lícito en primer grado por ser la prometida hermana de la primera esposa del pretendiente. La pretendida es pobre y desde que es huérfana vive junto a un hermano al amparo del pretendiente y ayudaba a la fallecida esposa de este a criar sus hijos. Dispensado en Salta el 29 de julio de 1845

Ramos, Dn. David con Leiva, Da. Catalina
Expediente 1848. En El Alto el 9 de agosto de 1845 se presentó **Dn. David Ramos**, hl de Dn. Ángel Ramos y de Da. Serafina Salcedo, pretende contraer matrimonio con **Da. Catalina Leiva**, hl de D. Javier Leiva y de la finada Da. Gerónima Albarracín.

Arévalo, Dn. Pablo con González, Da. María Bonifacia
Expediente 1849. En El Alto el 10 de agosto de 1845 se presentó **Dn. Pablo Arévalo** y de los finados Dn. Felipe Santiago Arévalo y Da. María Paula Márquez, pretende contraer matrimonio con **Da. María Bonifacia González** h.l. de Dn. Pedro Nolasco González y de Da. María Tomasa Muro.

Ávila, Dn. José Gerardo con Valdéz, Da. Nicolasa
Expediente 1858. En El Alto el 7 de octubre de 1845, se presentó **Dn. José Gerardo Ávila**, hl de Gerardo Ávila y de Da. Ignacia Díaz, pretende contraer matrimonio con **Da. Nicolasa Valdéz**, h.l. de Dn. José Miguel Valdéz y de Da. Mercedes Rizo.

Barrera, José Andrés con Villagra, Da. Carmen
Expediente 1878. En El Alto el 30 de octubre de 1845 se presentó **José Andrés Barrera**, hl de Dn. Francisco Barrera y de Da. Casilda Quiroga, pretende contraer matrimonio con **Da. Carmen Villagra**, vecina de Vilismano, h.l. del finado Dn. Juan Francisco Villagra y de Da. Rufina Páez.

Juárez, Dn. Mariano con Arévalo, Da. María Luisa
Expediente 1879. En El Alto el 1 de noviembre de 1845 se presentó **Dn. Mariano Juárez**, hl de los finados Dn. Luis y Da. Eusebia Ahumada, pretende contraer matrimonio con Da. **María Luisa Arévalo**, hl de los finados Dn. Felipe Santiago y de Da. María Pabla Márquez, viuda de Ramón Vera.

Vargas, Juan Bautista con Reinoso, Pastora
Expediente 1887. En El Alto el 20 de marzo de 1845 se presentó **Juan Bautista Vargas**, h.l. de los finados Juan Manuel Vargas y de María Antonia Leguizamo, pretende contraer matrimonio con **Pastora Reinoso**, h.l. de los finados Hilario Reinoso y de Pascuala Ibáñez.

Bravo, José Félix con Correa, Viviana
Expediente 1888. En El Alto el 20 de marzo de 1845, se presentó **José Félix Bravo**, hijo natural de María Petrona Bravo pretende contraer matrimonio con **Viviana Correa**, h.l. de Gregorio y de Rosario. Fernández.

Arévalo, Dn. Hilario con Rodríguez, Da. María del Señor
Expediente 1896. El 23 de mayo de 1845 se presentó **Dn. Hilario Arévalo** h.l. de los finados Dn. Felipe Santiago Arévalo y Da. María Paula Márquez, pretende contraer matrimonio con **Da. María del Señor Rodríguez** h.l. de los finados Dn. Lucas Rodríguez y de Da. Andrea Aragón.

Olivera, Dn. Francisco Antonio con Bravo, Da. Prudencia
Expediente 1898. En El Alto el 7 de junio de 1845 se presentó **Dn. Francisco Antonio Olivera** h.l. de Dn. Agustín y de Da. Santos Aguilar pretende casar con **Da. Prudencia Bravo** h.l. del finado Dn. Sebastián Bravo y de Da. Norberta Paz.

Rivas, Cipriano con Coria, Juana Isabel.
Expediente 1903. En El Alto el 20 de julio de 1845 se presentó **Cipriano Rivas** h.l. del finado José Domingo y de Francisca Lobo pretende contraer matrimonio con **Juana Isabel Coria**, h.l. de Juan y de Gregoria Agüero. Se declaró un impedimento por afinidad ilícita en segundo grado por haber tenido trato la pretendida con un primo hermano del pretendiente.

Collantes, José Santos con Carrizo, Bienaparecida
Expediente 1914. En El Alto el 15 de octubre de 1845 se presentó **José Santos Collantes**, hijo natural de Gregoria, vecino de Las Tunas, pretende contraer matrimonio con **Bienaparecida Carrizo** hija natural de Josefa Carrizo. Se declara un impedimento por afinidad ilícita por haber tenido trato el pretendiente con una prima hermana de la pretendida, el impedimento es dudoso por ser por parte del padre natural de la pretendida.

Ledesma, Isidoro con Navarro, Francisca Antonia
Exp. 1919. En El Alto, el 20 de octubre de 1845, se presentó **Isidoro Ledesma**, hl de Francisco Antonio Ledesma y de Juana Francisca Navarro, pretende contraer matrimonio con **Francisca Antonia Navarro**, viuda de José Santos Arias. Declaran un

impedimento por consanguinidad de tercero con segundo grado. La dispensa está fechada el mismo día. El parentesco se explica con el siguiente esquema:

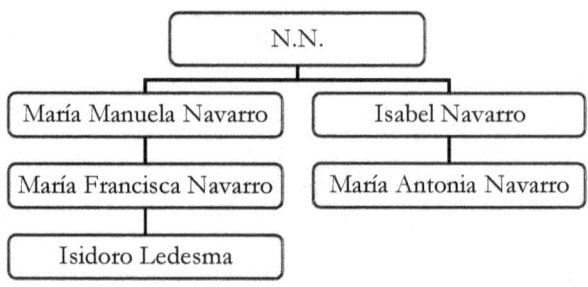

Zurita, Dn. Hermenegildo con Zurita, Da. Froilana
Exp. 1926. En El Alto, el 1 de noviembre de 1845 se presentó **Dn. Hermenegildo Zurita**, vecino de la Santa Cruz, hl de Dn. José Manuel Zurita y de Da. María Arévalo, pretende casa con D**a. Froilana Zurita**, h.l. de Dn. Luis Zurita y de Da. Nieves Díaz. Declaran un parentesco por consanguinidad de tercer con segundo grado, dispensado en esa misma fecha. El Parentesco se explica con el siguiente esquema:

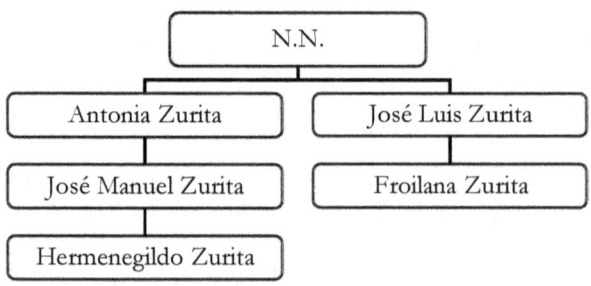

Luján, Dn. Mariano con Medina, Da. Antonia
Expediente 1929. En El Alto 10 de noviembre de 1845 se presentó **Dn. Mariano Luján** h.l. de Dn. Feliciano Luján y de Da. María Justa Delgado, pretende contraer matrimonio **Da. Antonia Medina**, hija natural de Susana Medina.

Vega, Manuel Eufrasio con Pacheco, María Zoila
Expediente 1933, el 15 de diciembre de 1845 se presentó **Manuel Eufrasio Vega**, h.l. de Jerónimo Vega y de María Cuello, pretende contraer matrimonio con **María Zoila Pacheco**, hija de Joaquín Pacheco y de María Agustina Lencinas.

Carrizo, Bartolomé con Avellaneda, Anunciación
Expediente 1935, en El Alto el 1 de enero de 1846 se presentó **Bartolomé Carrizo**, hijo natural de Susana Carrizo, pretende contraer matrimonio con **Anunciación Avellaneda**, hija natural de la finada Juana Avellaneda.

Albarracín, Dn. Bartolo con Gómez, Da. Celestina
Expediente 1935. En El Alto, el 2 de enero de 1846 se presentó **Dn. Bartolo Albarracín** h.l. del finado Dn. Manuel Albarracín y de Da. Luisa Lobo, pretende contraer matrimonio con **Da. Celestina Gómez**, h.l. de Dn. Lucindo Gómez y de Da. Pilar Valdéz.

Santillán, Felipe con Osores, Natividad
Expediente 1942. En El Alto el 7 de enero de 1846 se presentó **Felipe Santillán** h.l. de Bartolo Santillán y de María Rodríguez, pretende contraer matrimonio con **Natividad Osores**, hija natural de Rafaela Osores.

Lobo, Dn. Pedro Martín con Agüero, Da. María Francisca
Exp. 1952. En El Alto, el 14 de marzo de 1846, se presentó **Dn. Pedro Martín Lobo**, h.l. de Dn. Pablo y de Da. Petronila Albarracín, pretende contraer matrimonio con **Da. María Francisca Agüero**, h.l. de Dn. Domingo Agüero y de Da. Silveria Lobo. Declaran un impedimento por afinidad ilícita de segundo con primer grado por haber tenido trato el novio con una sobrina carnal de la novia. Dispensado en Catamarca el 18 de marzo de 1846.

Delgado, Dn. Juan Antonio con Medina, Da. María Isabel
Expediente 1966- En El Alto el 24 de abril de 1846 se presentó **Dn. Juan Antonio Delgado**, h.l. de Dn. Santiago Delgado y de Da. María Antonia Ontiveros, pretende contraer matrimonio con **Da. María Isabel Medina**, h.l. de Dn. Gregorio Medina y de Da. Serafina Álvarez.

Ávila, Dn. Juan de Dios con Burgos, Da. María del Carmen
Expediente 1968. En El Alto el 28 de mayo de 1846 se presentó **Dn. Juan de Dios Ávila**, h.l. de Dn. Maximiliano Ávila y de Da. María Victoria Domínguez, pretende contraer matrimonio con **Da. María del Carmen Burgos**, h.l. de Dn. Simón Burgos y de Da. María Antonia Agüero.

Valdéz, Dn. Manuel con Gómez, Rosa Peregrina
Exp. 1980. En El Alto, el 17 de julio de 1846, se presentó **Dn. Manuel Valdéz**, hl de Dn. Paulino Valdéz y de la finada Francisca Cárdenas, pretende contraer matrimonio con Da. **Rosa Peregrina Gómez**, hl de Dn. José Manuel Gómez y de Da. María Rosa Duarte. Declaran un impedimento por consanguinidad en cuarto grado dispensado en esa misma fecha. El Parentesco se explica con el siguiente

esquema:

```
                N.N.
         ┌───────┴───────┐
  Ana María Morinega   Juan Morinega
         │                │
  Tomás Cárdenas      María Morinega
         │                │
  Francisca Cárdenas   Rosa Duarte
         │                │
  Manuel Valdéz       Rosa Gómez
```

Salas, Dn. Manuel con Leiva, Da. Eloisa
Expediente 1983. En El Alto el 7 de agosto de 1846 se presentó **Dn. Manuel Salas** h.l. de Dn. Diego y de Da. Ascensión Valdéz pretende contraer matrimonio con **Da. Eloisa Leiva** h.l. del finado Dn. Juan Manuel y de Da. Eladia Huergo.

Ovejero, Dn. Juan Gil con Molina, María Romualda
Expediente 1986. En El Alto el 2 de septiembre de 1846 se presentó **Dn. Juan Gil Ovejero** viudo de Da. Filomena Bulacia, pretende contraer matrimonio con **María Romualda Molina** viuda de Ignacio Antonio Flores.

Zurita, Dn. Fulgencio con Medina, Da. María Julia
Expediente 1997. En El Alto el 24 de octubre de 1846 se presentó **Dn. Fulgencio Zurita** h.l. de Dn. Juan Zurita y de la finada Da. Ana María Aguirre, pretende contraer matrimonio con **Da. María Julia Medina**, h.l. del finado Dn. Juan Gil Medina y de Da. María Teresa Páez.

Silvia, Dn. Pedro Lucindo con Leiva, Da. María Luisa
Expediente 2002. En El Alto el 8 de diciembre de 1846 se presentó **Dn. Pedro Lucindo Silva**, hl del finado Dn. Ramón Antonio Silva y de Da. Petrona Macedo, pretende contraer matrimonio con **Da. María Luisa Leiva**, h.l. de Dn. Francisco Javier Leiva y de la finada Da. Gerónima Albarracín.

Ponce, Dn. Pedro con Lobo, Da. Evarista
Expediente 2003. En El Alto el 15 de diciembre de 1846 se presentó **Dn. Pedro Martín Ponce** de León, h.l. de los finados Dn. Pedro José Ponce de León y de Da. María Justa Valdéz, pretende contraer matrimonio con **Da. Evarista Lobo**, hl de Dn. Pablo Lobo y de la finada Da. Petronila Albarracín.

Oviedo, Dn. Laureano con Rivarola, Da. María Pastora
Expediente 2009. En El Alto el 11 de enero de 1846 se presentó **Dn. Laureano Oviedo** hl del finado Dn. Martín Oviedo y de Da. Pabla Ponce, viudo de Da. Exaltación Oviedo, pretende contraer matrimonio con **Da. María Pastora Rivarola** viuda de Dn. Pedro Ponce e hija adoptiva del finado Dn. Pedro Ignacio Ibáñez y de Da. Dolores Brizuela.

Tula, Ubilfrido con Burgos, Da. Narcisa
Expediente 2010. En El Alto el 13 de enero de 1847 se presentó **Ubilfrido Tula**, viudo de Da. Marita Araoz, hijo de Dn. Ramón Tula y de Da. Nieves Gómez, pretende contraer matrimonio con **Da. Narcisa Burgos**, hija adulterina de Dn. Juan Nicolás Burgos y de Da. Juliana Tula.

Leiva, Dn. José Francisco con Valdéz, Da. Eulalia
Exp. 2011 En El Alto, el 21 de enero de 1847, se presentó **Dn. José Francisco Leiva**, hl de Dn. Fermín Leiva y de Da. Catalina Cevallos, pretende casar con **Da. Eulalia Valdéz**, hl de Dn. José Miguel Valdéz y Da. Mercedes Rizo. Declararon un parentesco de consanguinidad en cuarto grado el cual fue dispensado en esa misma fecha. El parentesco se explica con el siguiente esquema:

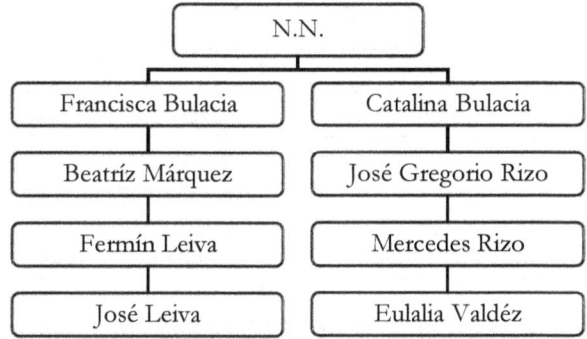

Ramos, Dn. Evaristo con Cano, Da. Delfina
Expediente 2016. En El Alto el 3 de marzo de 1846 se presentó **Dn. Evaristo Ramos**, hl de Dn. Ángel y de Da. Concepción Salcedo, pretende contraer matrimonio con **Da. Delfina Cano**, hl del finado Dn. Juan Ángel Cano y de Da. Eusebia Valdéz, vecina del curato rectoral.

Agüero, Domingo con Segura, María Magdalena
Expediente 2017. En El Alto el 12 de marzo de 1847 se presentó **Domingo Agüero** viudo de María Silveria Lobo, pretende contraer matrimonio con **María Magdalena Segura**, h.l. de los finados Francisco Antonio Segura e Isabel Flores.

Palacio, Ignacio con Cevallos, Da. Eduviges
Expediente 2018. En El Alto el 24 de marzo de 1847 se presentó **Ignacio Palacio**, h.l. de los finados Dn. Felipe y de Da. Gerónima Valle, pretende contraer matrimonio con **Da. Eduviges Cevallos**, h.l. de Dn. Basilio y de la finada Da. Zoila Gómez.

Acosta, Dn. José Dionisio con Argañaráz, Da. Francisca Antonia

Expediente 2019. En El Alto, el 5 de abril de 1847 se presentó **Dn. José Dionisio Acosta**, natural del curato de Rio Chico, hijo natural de Da. Gregoria, viudo de Candelaria Montenegro, pretende contraer matrimonio con **Da. Francisca Antonia Argañaráz**. H.l.de Dn. Manuel Santos y de Da. María Sebastiana Silva, natural del curato de Piedra Blanca.

Tolosa, Dn. Miguel Antonio con Gómez, Da. Rosa

Exp. 2020 En El Alto el 6 de abril de 1847 se presentó **Dn. Miguel Antonio Tolosa**, hl de Dn. Lorenzo y de Da. Teresa Gómez, pretende contraer matrimonio con Da. **Rosa Gómez**, hl de Dn. Miguel y de Da. Rosario Valdéz. Declaran dos impedimentos por consanguinidad, uno de cuarto con tercer grado y otro de cuarto grado. La dispensa está fechada en esa misma fecha. Los parentescos se explican con los siguientes esquemas:

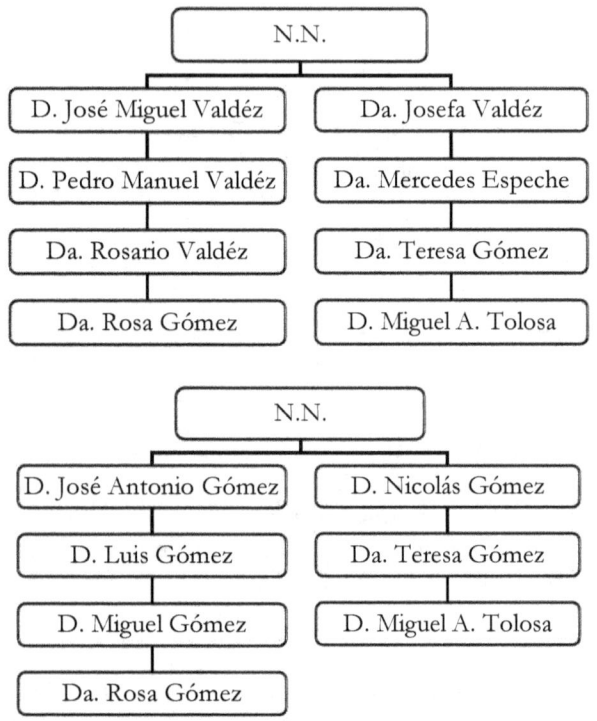

Ahumada, Dn. Segundo con Burgos, Da. Sebastiana

Exp. 2021. En El Alto el 8 de abril de 1847 se presentó **Dn. Segundo Ahumada**, hl de Dn. Victorino Ahumada y de Da. Lorenza Valdéz, pretende contraer matrimonio con Da. **Sebastiana Burgos**, hl de Dn. Simón y de Da. María Antonia Agüero. Declararon un impedimento por consanguinidad en cuarto grado. La dispensa está fechada ese mismo día. El parentesco se explica con el siguiente esquema:

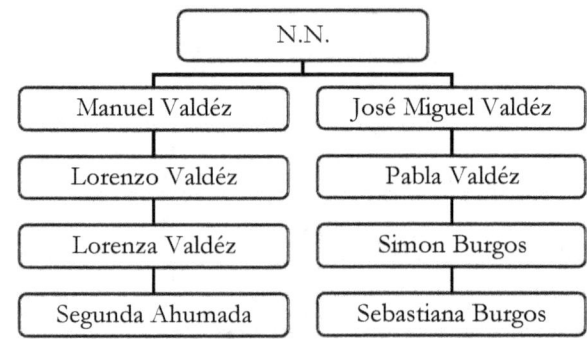

Sánchez, Miguel Antonio con Rivas, María Petrona

Expediente 2027. El 2 de julio de 1847 se presentó **Miguel Antonio Sánchez**, hijo natural de Ramona Sánchez, pretende contraer matrimonio con **María Petrona Rivas**, viuda de Pedo Lobo.

Zurita, Manuel de Reyes con Coronel, Mauricia

Expediente 2031. En Vilismano el 14 de julio de 1847 se presentó **Manuel de Reyes Zurita**, h.l. de Santos Zurita y de Florentina Aguirre, pretende contraer matrimonio con **Mauricia Coronel**, hija natural de Juliana Coronel.

Islas, Dn. Jerónimo con Sánchez, María Petrona

Expediente 2033. En Vilismano el 14 de julio de 1847 se presentó **Dn. Jerónimo Islas**, h.l. de Inocencio Islas y de Consolación Jeréz, pretende contraer matrimonio con **María Petrona Sánchez** hija natural de Petrona Sánchez.

Ibáñez, Antonio con Ferreira, Eufrasia

Expediente 2038. El 7 de septiembre de 1847 se presentó **Antonio Ibáñez**, h.l. de los finados D. Juan Francisco Ibáñez y de Da. Petrona Figueroa, pretende contraer matrimonio con **Eufrasia Ferreira**, h.l. de Pedro Juan Ferreira y de la finada Candelaria Garcete.

Cabral, Dn. José Francisco con Villalba, Da. Leonarda

Expediente 2042. En El Alto el 10 de enero de 1848 se presentó **Dn. José Patricio Cabral** h.l. de Dn. Felipe Cabral y de la finada Da. Luisa Aragón, pretende contraer matrimonio con **Da. Leonarda Villalba** viuda de Dn. Pedro Nolasco Paz, vecinos de Lules, en Tucumán.

Segura, Dn. Solano con Gómez, Da. Pastora

Expediente 2043. En El Alto el 24 de enero de 1848 se presentó **Dn. Solano Segura**, hl de Dn. Alejandro Segura y de Da. Juana Rosa Leiva, pretende contraer matrimonio con **Da. Pastora Gómez**, viuda de Dn. Amaranto Brizuela. Declaran un impedimento por afinidad en primer grado por trato que ha tenido el pretendiente con una hermana, hija natural del padre de su pretendida, de la declaración de los testigos resulta un impedimento por consanguinidad en cuarto grado. La dispensa está fechada en Salta el 3 de febrero de 1848. El parentesco por consanguinidad se explica con el siguiente esquema:

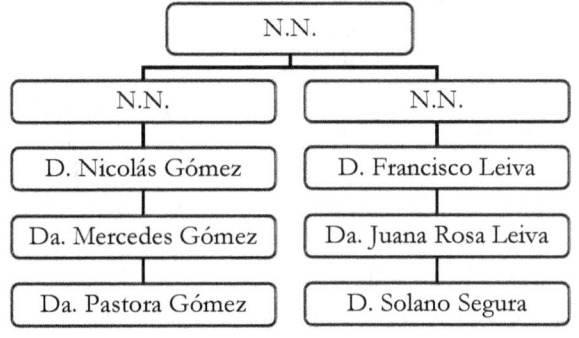

Rivas, Dn. Cipriano con Márquez, Da. María Manuela
Expediente 2044. En El Alto el 25 de enero de 1848 se presentó **Dn. Cipriano Rivas** h.l. de los finados Dn. José Domingo Rivas y de Da. Francisca Lobo, pretende contraer matrimonio con **Da. María Manuela Márquez**, h.l. de Dn. Juan Luis Márquez y de Da. María Genuaria Saavedra.

Ribainera, Juan Gregorio con Ferreira, Ceferina
Expediente 2051. En El Alto el 20 de febrero de 1848 se presentó **Juan Gregorio Ribainera** hijo natural de María Francisca, pretende contraer matrimonio con **Ceferina Ferreira**, h.l. de Santiago Ferreira y de Petrona Villagra.

Vega, Dn. Pedro Martín de la con Arévalo, Da. María de la Concepción
Expediente 2055. En El Alto el 7 de abril de 1848 se presentó **Dn. Pedro Martín de la Vega**, h.l. de Dn. Tiburcio de la Vega y de María Lorenza Lazarte, pretende contraer matrimonio con **Da. María Concepción Arévalo**, vecina de Valle Viejo, h.l. de José Francisco Arévalo y de María Cruz Quiroga.

Gutiérrez, Dn. Leandro con Ahumada, Da. Tomasina
Expediente 2061. En El Alto el 15 de mayo de 1848 se presentó **Dn. Leandro Gutiérrez**, hl del finado Dn. Ruperto Gutiérrez y de Da. Norberta Valdéz, pretende contraer matrimonio con **Da. Tomasina Ahumada**, h.l. de Dn. Pedro Juan Ahumada y de Da. Rosalía Crespín.

Ahumada, Dn. José Elías con Ahumada, Da. María de Jesús
Exp. 2065. En El Alto el 18 de junio de 1848 se presentó **Dn. José Elías Ahumada**, hl, de Dn. Pedro Nolasco y de la finada Da. Francisca Antonia Barrionuevo, pretende contraer matrimonio con Da. **María de Jesús Ahumada** h.l. de Dn. Pedro Juan y de Da. Rosario Crespín. Declaran un impedimento por consanguinidad de tercero con segundo grado. Se dispensó en esa misma fecha. El Parentesco se explica con el siguiente esquema:

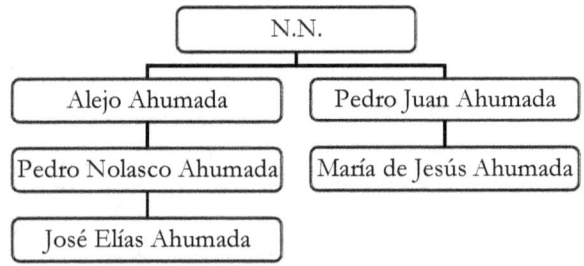

Garay, José Santos con Contreras, Manuela
Expediente 2072. En Vilismano el 11 de julio de 1848 se presentó **José Santos Garay**, h.l. de los finados José Francisco Garay y de Juana Ortega, pretende contraer matrimonio con **Manuela Contreras**, hija natural de Paula Contreras.

Magallán, Dn. José Lino con Lobo, Da. Beatriz
Expediente 2075. En El Alto el 23 de junio de 1848 se presentó **Dn. José Lino Magallán**, viudo de Da. Dominga Lobo, pretende contraer matrimonio con **Da. Beatriz Lobo**, hl del finado Dn. Luis Lobo y de Da. Pabla Agüero. Declaran un impedimento por afinidad lícita de segundo grado, fue dispensado en esa misma fecha. El parentesco se explica con el siguiente esquema:

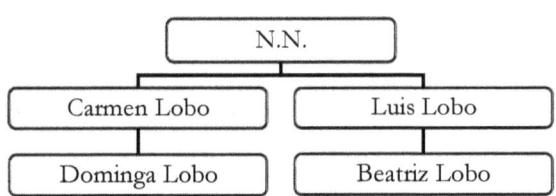

Córdoba, Dn. Ángel Mariano con Saavedra, Da. Crisóloga
Expediente 2078. En El Alto el 7 de agosto de 1848 se presentó **Dn. Ángel Mariano Córdoba**, hijo natural de Juana Isabel, pretende contraer matrimonio con **Da. Crisóloga Saavedra**, h.l. de los finados Dn. Esteban Saavedra y de Da. Jesús Quiroga.

Ferreira, Dn. José Rufo con Aguilar, Josefa
Expediente 2084. En El Alto el 27 de agosto de 1848 se presentó **Dn. José Rufo Ferreira** h.l. de Dn. Damasio Ferreira y de Da. Úrsula Guerrero, pretende contraer matrimonio con **Josefa Aguilar**, h.l. de Vicente Aguilar y de Catalina Macedo.

Zurita, José del Carmen con León, Pastora
Exp. 2094. En El Alto, el 9 de octubre de 1848, se presentó **José del Carmen Zurita**, viudo de Ana María Verón, pretende contraer matrimonio con **Pastora de León**, vecina de Ancasti, viuda de Lorenzo Atais. Declaran un impedimento por afinidad ilícita en segundo grado por trato que tuvo la pretendida con un primo hermano del pretendiente. La dispensa fue otorgada en esa misma fecha, pretende contraer matrimonio con Da, Bárbara Páez, hl del finado Dn. Santiago y de Da. Cruz Bravo.

Valdéz, Dn. Juan Antonio con Páez, Da. Bárbara
Exp. 2107. En El Alto el 20 de diciembre de 1848 se presentó **Dn. Manuel Antonio Valdéz**, hl de Dn. José Miguel y de Da. María Mercedes Rizo, pretende contraer matrimonio con **Da. Bárbara Páez**, h.l. del finado Dn. Santiago y de Da. Cruz Bravo. Declaran un parentesco por afinidad ilícita en segundo con primer grado por haber tenido trato el pretendiente con una tía carnal de la pretendida, declaran también un parentesco por consanguinidad de tercer con segundo grado. La madre de la novia está casada en segundas nupcias y de ambas tiene 8 hijos en total. El parentesco se explica con el siguiente esquema:

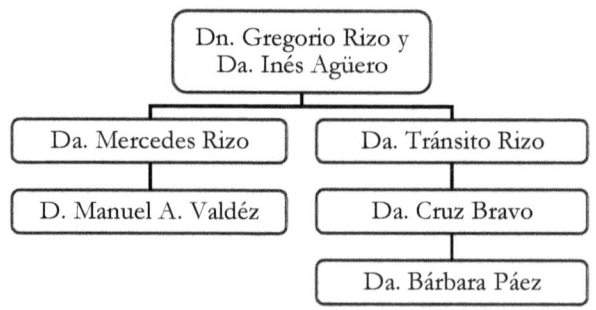

Barrionuevo, Dn. José Ignacio con Caravajal, Da. Rosalía
Expediente 2110. El 2 de enero de 1849, se presentó **Dn. José Ignacio Barrionuevo** viudo de Da. Manuela Cisterna, pretende contraer matrimonio con **Da. Rosalía Caravajal** viuda (en blanco).

Bustamante, José Ignacio con Martínez, Polonia
Expediente 2111. En Vilismano el 18 de enero de 1849, se presentó **José Ignacio Bustamante** del partido de Matará, viudo de María Martina Acosta, pretende contraer matrimonio con **Polonia Martínez**, h.l. de Juan Francisco Martínez y de María agustina González.

Robles, Agustín con Sosa, Rosario
Expediente 2112. En El Alto el 19 de enero de 1849, se presentó **Agustín Robles**, h.l. de Marcelino Robles y de Cayetana Ibáñez pretende contraer matrimonio con **Rosario Sosa**, h.l. de Pedro Sosa y de Mercedes Guerreros.

Luján, Dn. Manuel Ignacio con Medina, Da. María Mercedes
Expediente 2113. En bis mano el 30 de enero de 1849, se presentó **Dn. Manuel Ignacio Luján**, h.l. de Dn. José Justo y de Da. María Ana Rosa Arévalo pretende encontrar el matrimonio con **Da. María Mercedes Medina**, hija natural de Da. Escolástica Medina.

Monzón, Carlos Quinto con Astudillo, Celestina
Expediente 2114. En El Alto el 5 de febrero de 1849, se presentó **Carlos Quinto Monzón**, h.l. del finado, Manuel Antonio Monzón y de la finada **Celestina Astudillo** pretende encontrar el matrimonio con María Luisa Vega, h.l. de Santiago Vega y de Paulina Ogas.

González, Celestino con Ferreira, Ángela
Expediente 2115. En el manantial el 17 de febrero de 1849, se presentó **Celestino González** hijo natural de Josefa pretende contraer matrimonio con **Ángela Ferreira**, h.l. de Dámaso y de Úrsula Guerreros.

Ledesma, Dn. Sigfrido con Luján, Da. Isabel
Expediente 2116. En Vilismano el 22 de febrero de 1849 se presentó **Dn. Sigfrido Ledesma** natural de Catamarca, h.l. de Dn. Inocencio Ledesma y de Da. María Serafina Pacheco pretende contraer matrimonio con **Da. Juana Isabel Luján**, h.l. de Dn. José María Luján y de Da. María justa Arévalo.

Navarro, Dn. José David con Caballero, Da. María del Carmen
Expediente 2117. En Vilismano el 31 de marzo de 1849, se presentó **Dn. José David Navarro** hijo natural de Da. María Mónica Navarro pretende contraer matrimonio con **Da. María del Carmen Caballero**, h.l. de Dn. Silvestre, caballero, difunto y de Da. María Antonia, Gutiérrez.

Soria, Juan Isidoro con Rivera, María del Pilar
Expediente 2118. En El Alto el 31 de marzo de 1849, se presentó **Juan Isidoro Soria**, hijo natural de Bernabela Soria pretende contraer matrimonio con **María del Pilar Rivera**, h.l. de José María Rivera, difunto y de Juana Arregui.

Ortiz, Juan Bautista con Melián, María de la Concepción
Expediente 2119. En El Alto 1 de abril de 1849, se presentó **Juan Bautista Ortiz** h.l. de Bernardino y de María Dolores Figueroa pretende contraer matrimonio con **María de la Concepción Melián**, h.l. de Pedro José y de María Juana Mercado vecina de las Tunas.

Quiroga, Dn. Eufrasio con Pino, Josefa del
Expediente 2120. En El Alto el 3 de abril de 1849, se presentó **Dn. Eufrasio Quiroga**, h.l. de Dn. José

Ignacio Quiroga y de Da. Carmen Lobo pretende encontrar el matrimonio con **Josefa del Pino**, h.l. de Luciano del Pino y de Da. Susana Leguizamo.

Véliz, Benito con Quiroga, María Pascuala
Expediente 2121. En El Alto 5 de abril de 1849, se presentó **Benito Véliz** h.l. de José Alejandro Vélez y de María Melchor Carrizo pretende contraer matrimonio con **María Pascuala Quiroga**, h.l. Francisco Quiroga y de María Jacoba Luna.

Fernández, Marcelino con Ontiveros, Josefa
Exp. 2121bis. En El Alto el 5 de abril de 1849 se presentó **Marcelino Fernández** hl de Juan José Fernández y de Florentina Vaca, pretende contraer matrimonio con **Josefa Ontiveros** hija natural de Isabel Ontiveros y viuda de Patricio Villa. Declaran un impedimento por afinidad lícita en tercer grado el que fue dispensado en esa misma fecha. El parentesco se explica con el siguiente esquema:

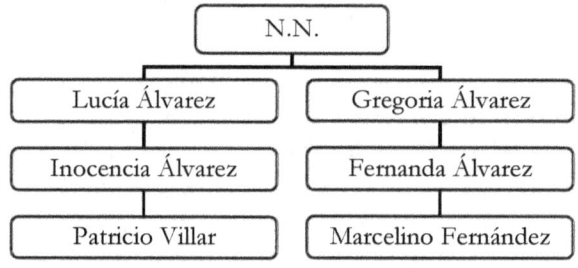

Collantes, Pedro José con Ortiz, Victoria
Exp. 2122. En El Alto el 7 de abril de 1748 se presentó **Pedro José Collantes** hl de Domingo Collantes y de Victoria González, pretende contraer matrimonio con **Victoria Ortiz**, hl de Tomás Ortiz y de Petrona Cárdenas. Declaran un impedimento por consanguinidad "dudoso" en tercer grado pues se dice que la abuela del pretendiente fue hija natural del padre de la abuela de la pretendida. El parentesco se explica con el siguiente esquema:

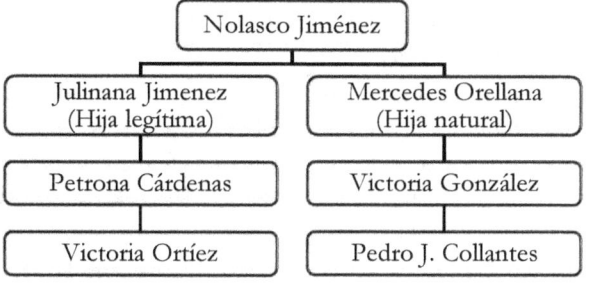

Gutiérrez, Dn. Prudencio con Ahumada, Da. Jacinta
Exp. 2123. En El Alto, el 8 de abril de 1849 se presentó **Dn. Prudencio Gutiérrez**, hl del finado Dn. León y de Da. Francisca Valdéz, pretende contraer matrimonio con **Da. Jacinta Ahumada**, hl de Dn. Pedro Nolasco y de la finada Da. Patricia Espeche. Declaran dos parentescos por consanguinidad, uno de cuarto con tercer grafo y otro de cuarto grado. El padre de la novia es viudo con 11 hijos de dos matrimonios. La dispensa fue otorgada en esa misma fecha. Los parentescos se explican con los siguientes esquemas:

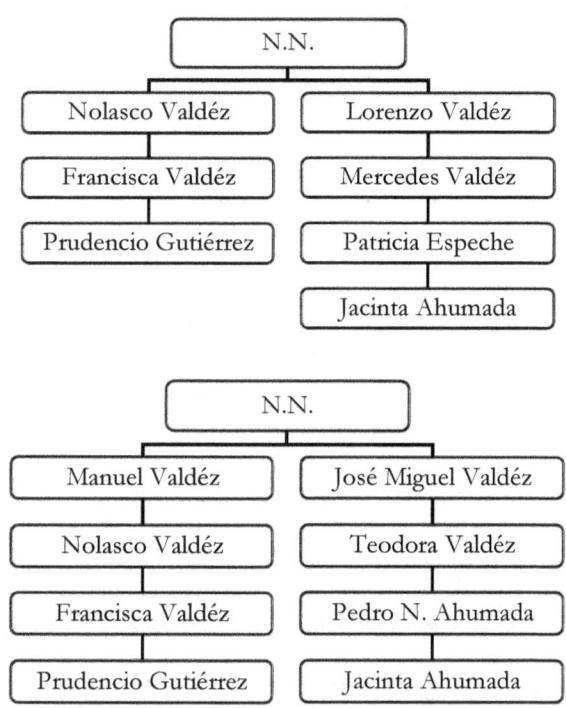

Iriarte, Estanislao con Retamozo, Adeodata
Expediente 2124. En El Alto el 11 de abril de 1849, se presentó **Estanislao Iriarte**, h.l. de Silvestre Iriarte y de María del señor Vega pretende contraer matrimonio con **Adeodata Retamozo**, h.l. de Ignacio Retamozo y de Florentina Ponce.

Lobo, Francisco Inocencio con Lobo, María Filomena.
Exp. 2125. El Alto el 18 de abril de 1849 se presentó **Francisco Inocencio Lobo**, hijo natural de María Carmen Lobo, pretende contraer matrimonio con **María Filomena Lobo**, hija natural de María Santos Lobo. Declara un impedimento por consanguinidad en cuarto grado y dos de afinidad ilícita en segundo grado y otro, también por afinidad, de segundo con primer grado. La dispensa está fechada en Catamarca

el 17 de mayo de 1849. Los parentescos se explican con los siguientes esquemas:

Consanguinidad:

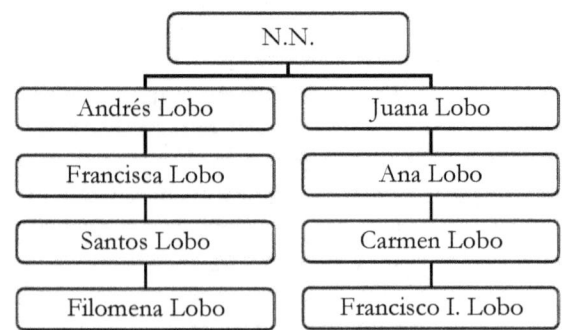

Afinidad:

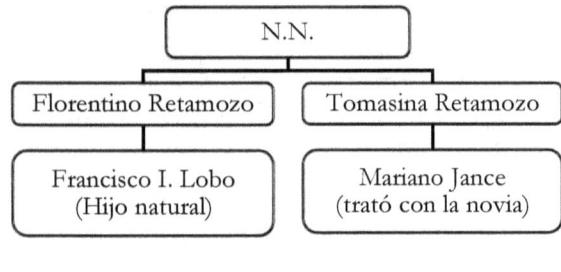

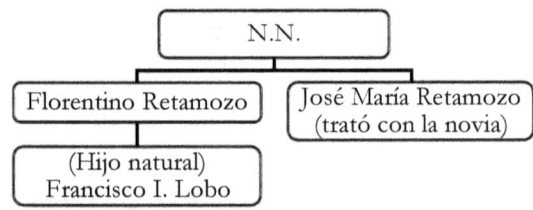

Castellanos, José Manuel con Castellanos, José Manuel
Expediente 2127. En El Alto el 20 de abril de 1849, se presentó **José Manuel Castellanos**, h.l. de Pedro y de Juana Barrera pretende contraer matrimonio con **Juana Isabel Coria**, h.l. de Juan y de Gregoria Agüero.

Vizcarra, Isidro con Arias, Lizarda
Expediente 2128. En El Alto el 4 de mayo de 1849 se presentó **Isidro Vizcarra**, hijo natural de Petrona Vizcarra difunta, pretende contraer matrimonio con **Lizarda Arias** hija natural de Bartolina Arias.

Figueroa, Dn. Pedro José con Barrientos, Dn. Indalecio
Expediente 2129. En El Alto el 14 de mayo de 1849, se presentó **Dn. Pedro José Figueroa**, viudo de Da. Fernanda Salinas, pretende contraer matrimonio con **Da. Indalecio Barrientos**, hija natural de Tránsito difunta.

Arévalo, Francisco Javier con Lobo, Digna
Exp. 2130. En El Alto el 14 de mayo de 1849 se presentó **Francisco Javier Arévalo** hl de Ramón Arévalo y de Dominga Rodríguez, pretende contraer matrimonio con **Digna lobo**, hl de Pablo Lobo y de Petronila Albarracín. Declaran un impedimento por consanguinidad en cuarto grado. La dispensa fue otorgada en la misma fecha. El parentesco se explica con el siguiente esquema:

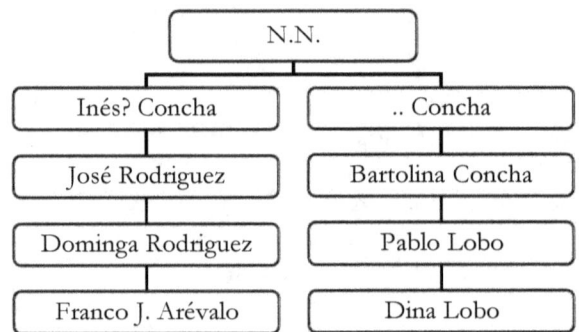

Quiroga, Andrés con Lobo, Rosario
Expediente 2131. En El Alto el 25 de mayo de 1849, se presentó **Andrés Quiroga**, hijo natural de Da. Quiroga pretende contraer matrimonio con **Rosario Lobo**, h.l. de Alejandro Lobo y de Carmen Ibarra.

Guerrero, Ruperto con Medina, María de Jesús
Expediente 2132. En El Alto el 25 de mayo de 1849, se presentó **Ruperto Guerrero**, vecino de este lugar h.l. de silvestre Guerrero, difunto y de Mercedes Bulacia pretende contraer matrimonio con **María de Jesús Medina**, h.l. de Juan Bautista Medina difunto y de María Venecia, Albarracín.

Barros, Juan de la Cruz con Mercado, Tomasina
Expediente 2133. En El Alto el 25 de mayo de 1849, se presentó **Juan de la Cruz Barros**, viudo de Rosa peregrina Varela, pretende contra el matrimonio con **Tomasina Mercado**, h.l. de Antonio mercado, difunto y de Gregoria Luna.

Ahumada, Juan Pablo con Juárez, Mercedes
Expediente 2134. En El Alto el 31 de mayo de 1849, se presentó **Juan Pablo Ahumada** viudo de Ana Rosa Amador pretende contraer matrimonio con **Mercedes Juárez**, hija de Anastasia Juárez.

Ledesma, Casimiro con Arregui, Juana Josefa
Expediente 2135. En El Alto el 1 de junio de 1849, se presentó **Casimiro Ledesma** viudo de Cayetana Díaz, pretende contraer matrimonio con **Juana Josefa Arregui**, viuda de José María Rivera.

Gómez, Dn. Pedro Nolasco con Espeche, María
Expediente 2136. En El Alto el 23 de junio de 1849, se presentó **Dn. Pedro Nolasco Gómez**, h.l. de Dn. Manuel Gómez y de Da. Tránsito Bulacia, pretende

contraer matrimonio con **María Espeche**, h.l. de Pío Espeche y de Lucia cabrera.

Rosales, José María con Collantes, Estaurófila
Expediente 2137. En El Alto el 4 de junio de 1840, se presentó **José María Rosales**, h.l. de Mariano Rosales y de Manuela Reynoso pretende contraer matrimonio con **Estaurófila Collantes**, h.l. de Manuel Collantes difunto y de Francisca Garcete difunta.

Gómez, Francisco Javier con Luján, Genuaria
Expediente 2138. En El Alto el 11 de julio de 1849, se presentó **Francisco Javier Gómez**, hijo natural de María pretende contraer matrimonio con **Genuaria Luján**, h.l. de José María Luján y DE. María justa Arévalo.

Ahumada, Tomás con Pérez, Manuela
Expediente 2140. En El Alto el 6 de julio de 1849, se presentó **Tomás Ahumada**, hijo natural de Francisca Barrionuevo está tachado Dn. Gregorio Ahumada pretende contraer matrimonio con **Manuela Pérez**, h.l. de Pedro Pérez y de Genoveva Saltos.

Cordero, José Octaviano con Díaz, Margarita
Expediente 2141. (sin fecha) Se presentó **José Octaviano Cordero**, h.l. de Lázaro Cordero y de Narcisa Juárez pretende contraer el matrimonio con **Margarita Díaz**, h.l. de Pedro José Díaz y de Lizardo Herrera.

Lobo, Dn. Pedro Pablo con Juárez, Da. Luisa
Exp. 2142. En El Alto, el 10 de junio de 1849 se presentó **Dn. Pedro Pablo Lobo** hl de Dn. Luis Lobo y de Da. Pabla Agüero, pretende casar con **Da. Luisa Juárez** hija natural de Da. María Rosario. Declaran un impedimento por consanguinidad en cuarto grado el cual fue dispensado en esa misma fecha. El parentesco se explica con el siguiente esquema:

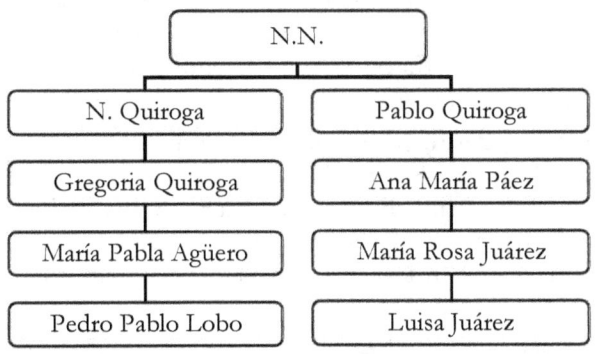

Páez, Dn. Félix Benigno con Murúa, Da. Amalia
Exp. 2141. En El Alto, el 13 de julio de 1849 se presentó **Dn. Félix Benigno Páez** viudo de Da. Josefa Calvimonte pretende contraer matrimonio con **Da. Amalia Murúa**, hija de Dn. Juan Gregorio y de Da. Leocadia Var. Declaran un impedimento por afinidad ilícita por haber tenido el pretendiente trato con una prima hermana de la prometida. Se dispensa en el mismo día de la fecha.

Espeche, Dn. Narciso con Ahumada, Da. Baldomera
Exp. 2144. En El Alto el 18 de julio de 1849 se presentó **Dn. Narciso Rizo**, hijo adoptivo de Dn. Alejandro y de Da. Mercedes Espeche, pretende contraer matrimonio con **Da. Bardomera Ahumada**, hl del finado Dn. Ignacio y de Da. Guillerma Espeche. Declararon un parentesco por consanguinidad de cuarto con tercer grado. La dispensa fue otorgada en la misma fecha. El parentesco se explica con el siguiente esquema:

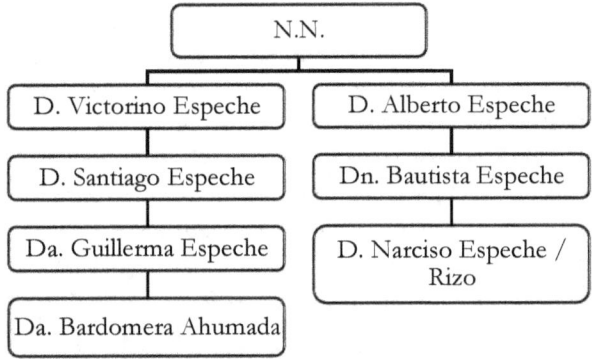

Cisternas, José Luis con Barrionuevo, Rosa
Expediente 2145. En el Manantial el 20 de julio de 1849, se presentó **José Luis Cisternas**, h.l. de Félix Cisternas y de Petrona Tapia difunta pretende contraer matrimonio con **Rosa Barrionuevo**, hija natural de Narcisa Barrionuevo.

Castro, José Marcelino con Pérez, María Dionisia
Expediente 2146. En Vilismano el 15 de agosto de 1849, se presentó **José Marcelino Castro**, h.l. de Manuel Antonio Castro y de María Andrea Cornejo pretende con matrimonio con **María Dionisia Pérez**, hija natural de María Petrona Pérez.

Aguirre, Manuel con Cardoso, Josefa
Expediente 2147. En El Alto el 9 de agosto de 1849, se presentó **Manuel Aguirre** hijo natural de Petrona Aguirre pretende contraer matrimonio con **Josefa Cardoso**, viuda de Ramón Sánchez.

Montilla, Felipe con Castro, Cecilia
Expediente 2148. En El Alto el 25 de agosto de 1849, se presentó **Felipe Montilla**, h.l. de Melchor, Montilla y de María Mercedes no figura el apellido pretende contraer matrimonio con **Cecilia Castro**, h.l. de Pascual Castro y de Nieves Aráoz.

Ogas, Luis con Mendoza, Genoveva
Expediente 2149. En Las Tunas el 5 de diciembre de 1849, se presentó **Luis Ogas**, h.l. de Vicente Ogas y de Rosa Molina. Viudo de Pascuala Jiménez pretende contraer matrimonio con **Genoveva Mendoza**, h.l. de Francisco Mendoza y de Serafina Díaz.

Ramos, Juan Bartolo con Pacheco, Rita del Carmen
Expediente 2150 en bilis mano el 6 de septiembre de 1849, se presentó **Juan Bartolo Ramos**, hijo natural de Juliana Ramos pretende contraer matrimonio con **Rita del Carmen Pacheco**, h.l. de Juan Antonio Pacheco difunto y de Pascuala Rojas.

Palacios, Dn. Hermógenes con Gómez, Da. Peregrina
Expediente 2151. En El Alto el 7 de septiembre de 1849, se presentó **Dn. Hermógenes Palacios**, h.l. de los finados, Dn. Pedro y de Da. Genuaria Valle, pretende contraer matrimonio con **Da. Peregrina Gómez**, hija de Da. Zoila Gómez difunta, se declara un impedimento por afinidad en segundo grado ilícito por haber tenido trato el contrayente con una prima hermana de la pretendida.

Fernández, Calixto con Zurita, Guillerma
Expediente 2152. En El Alto el 10 de septiembre de 1849, se presentó **Calixto Fernández**, h.l. de Felipe y de Isabel Almaraz pretende contraer matrimonio con **Guillerma Zurita**, h.l. de Manuela.

Duarte, Gregorio con Robles, Crisanta
Expediente 2153. En El Alto el 15 de septiembre de 1849, se presentó **Gregorio Duarte** h.l. de los finados Juan Pablo duarte y de María del señor Gómez, pretende contraer matrimonio con **Crisanta Robles**, h.l. de Apolinar Robles y de Concepción Arévalo difunta.

Osores, Juan Fernando con Quinteros, Benedicta
Expediente 2154. En Vilismano el 26 de septiembre de 1849, se presentó **Juan Fernando Osores**, h.l. de Fermín Osores y de María Santos Brito, difunta, pretende contraer matrimonio con **Benedicta Quinteros**, h.l. de juan Quinteros y de Dionisia ayunta difunta.

Mercado, Javier con Jiménez, Victoria
Expediente 2155. En El Alto el 26 de septiembre de 1849, se presentó **Javier Mercado** viudo de Antonio Rosales pretende contraer matrimonio con **Victoria Jiménez**, hija natural de Gregoria Jiménez.

Silva, Dn. Pedro Lucindo con Macedo, Da. Joaquina
Exp. 2156. En El Alto el 15 de octubre de 1849 se presentó **Dn. Pedro Lucindo Silva** viudo de Da. Luisa Leiva pretende contraer matrimonio con **Da. Joaquina Macedo** hl de Dn. Lucindo y de Da. Rosario Albarracín. Declaran un impedimento por consanguinidad de tercer con segundo grado y otro de afinidad lícita de tercer con segundo grado. La dispensa está fecha ese mismo día. Los parentescos de se explican con los siguientes esquemas:

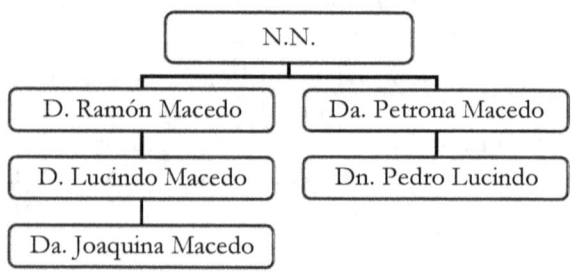

Este parentesco se dispensa *ad cautelam* porque se cree que Da. Petrona Macedo fue hermana de crianza de Dn. Ramón Macedo.

Afinidad:

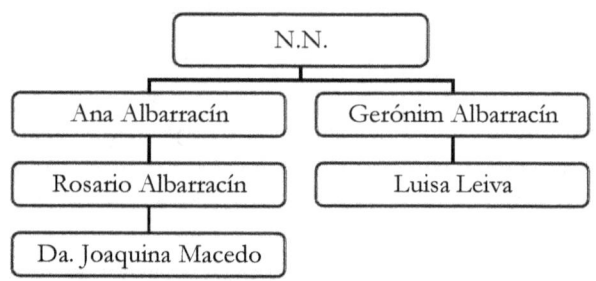

Guillo, Dn. Miguel Jerónimo con Vega, Da. Ramona Ignacia
Expediente 2157. En El Alto el 25 de octubre de 1849 se presentó **Dn. Miguel Jerónimo Guillo**, hijo natural de María de Jesús, pretende contraer matrimonio con **Da. Ramona Ignacia Vega**, h.l. de Dn. Ramón y de Da. marcela Vega. Se declara un impedimento de segundo grado de afinidad ilícita por haber tenido trato el pretendiente con la prima hermana de la novia.

Herrera, Pedro José con Rivas, Espíritu
Expediente 2158. En El Alto el 14 de noviembre de 1849, se presentó **Pedro José Herrera**, h.l. de Pedro Pablo Herrera y de Isabel Ogas, pretende encontrar matrimonio con **Espíritu Rivas**, h.l. de Gregorio y de Serafina Ferreira.

Gutiérrez, Dn. Francisco con Caballero, Da. Francisca
Expediente 2159. En Vilismano el 14 de noviembre de 1849, se presentó **Dn. Francisco Gutiérrez**, híjole legítimo de Dn. Francisco Antonio Gutiérrez y de Da. Ramona Barrionuevo pretende contraer matrimonio

con **Da. Francisca Caballero**, h.l. de Dn. Silvestre, caballero, difunto y de María Antonia, Gutiérrez.

Cardoso, Francisco con Coronel, Jesús
Expediente 2160. En El Alto el 17 de noviembre de 1849, se presentó **Francisco Cardoso** hijo natural de Ramona, pretende contra el matrimonio con **Jesús Coronel**, h.l. de Pedro difunto y de Mercedes Romero. Se declara un impedimento por afinidad en segundo grado ilícito, por haber tenido trato el pretendiente con una prima hermana de la pretendida.

Sosa, Dn. Luis con Cáceres, Da. Griselda
Expediente 2161 (sin fecha). Se presentó **Dn. Luis Sosa**, hijo natural de Da. Carmen Sosa pretende contraer matrimonio con **Da. Griselda Cáceres**, h.l. del finado, Dn. José Antonio Cáceres y de Da. Clara Bulacia.

Plaza, Benito Antonio con Sánchez, Micaela
Expediente 2162. En El Alto el 10 de diciembre de 1849, se presentó **Benito Antonio Plaza** hijo natural de María de la Cruz, pretende contraer matrimonio con **Micaela Sánchez**, h.l. del finado, Bonifacio y de Petrona Herrera.

Cisneros, José Cupertino con Bazán, Petrona
Expediente 2162 bis. En El Alto el 24 de diciembre de 1849, se presentó **José Cupertino Cisneros**, hijo natural de María Manuela Cisneros, pretende contraer matrimonio con **Petrona Bazán**, hija natural de Andrea Bazán.

Ocón, David con González, Bonifacia
Expediente 2163. En El Alto el 28 de diciembre de 1849, se presentó segundo **David Ocón**, h.l. de Roque y de Petrona Falcón pretende encontrar matrimonio con **Bonifacia González** viuda de Pablo Arévalo.

Crespín, Juan con Castro, Petrona
Expediente 2164. En El Alto el 3 de enero de 1850, se presentó **Juan Crespín** viudo de Josefa Aparicio, pretende contra el matrimonio con **Petrona Castro**, hija natural de Isabel Castro.

Pérez, Miguel con Varela, María del Señor
Exp. 2165. En El Alto el 5 de enero de 1850 se presentó **Miguel Pérez** vecino de Tintigasta, hl de Francisco Pérez y de Francisca Rodríguez pretende contraer matrimonio con **María del Señor Varela** hl de Pilar Varela. Declaran dos impedimentos por consanguinidad, uno en tercer grado y otro de cuarto con tercer grado, por ser la pretendida hija adulterina de un pariente del pretendiente. La dispensa está fechada ese mismo día. El parentesco se explica con el siguiente esquema:

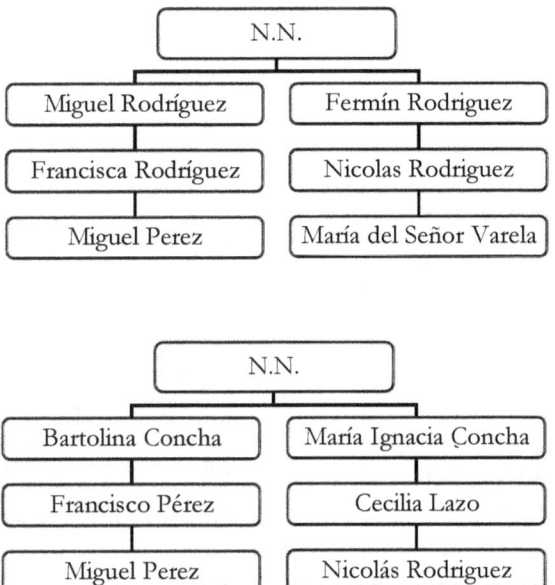

Rodríguez, José Agustín con Figueroa, Paula
Expediente 2166. En El Alto el 16 de enero de 1850, se presentó **José Agustín Rodríguez**, h.l. de Juan Gil y de Mercedes Reinoso, pretende contraer matrimonio con **Paula Figueroa**, hija natural de María Juana Figueroa, difunta.

Albarracín, Belizardo, con Yanse, Asunción
Expediente 2167. En El Alto el 20 de enero de 1850, se presentó **Belizardo Albarracín**, h.l. de Pedro Albarracín y de Mercedes Silva, pretende contraer matrimonio con **Asunción Yanse**, h.l. de Francisco Yanse y de Tomasina Retamozo.

Arévalo, Eusebio con Medina, Cruz
Expediente 2168. En El Alto el 22 de enero de 1850, se presentó **Eusebio Arévalo** viudo de María Pérez, pretende contraer matrimonio con **Cruz Medina** viuda de Aniceto Barrientos.

Mercado, Pedro Pablo con González, Viviana
Exp. 2169. En El Alto el 24 de enero de 1850 se presentó **Pedro Pablo Mercado**, h.l. de los finados Miguel y Gerónima Mercado. Pretende contraer matrimonio con **Viviana González**, hl de Ángel Mariano González y de Bailona Acosta. Declaran un impedimento por consanguinidad en cuarto con tercer grado. La dispensa fue otorgada el mismo día de la fecha. El parentesco se explica con el siguiente esquema:

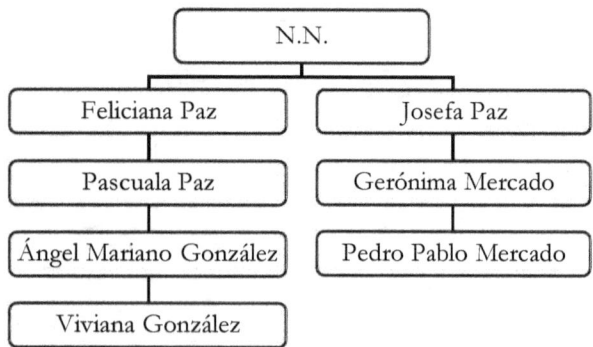

Lobo, Antonio con Rizo, Agustina
Expediente 2170. En El Alto el 28 de enero de 1850, se presentó **Antonio Lobo** viudo de María del Tránsito Barros, pretende contraer matrimonio con **Agustina Rizo**, h.l. de Dn. Juan Gregorio Rizo y de Da. Aurelia Pedraza, difuntos.

Lobo, Ángel Rosendo con Díaz, Catalina
Expediente 2171. En el Manantial. El 1 de febrero de 1850, se presentó **Ángel Rosendo Lobo**, h.l. de Alejandro Lobo y de María del Carmen Ibarra, pretende encontrar matrimonio con **Catalina Díaz**, h.l. de Santiago Díaz y de Manuela Ibáñez.

Ferreira, Silverio con Guzmán, Juana Petrona
Expediente 2172. En el Manantial el 1 de febrero de 1850, se presentó **Silverio Ferreira**, h.l. de Pedro Juan Ferreira y de Candelaria García, difunta, pretende encontrar matrimonio con **Juana Petrona Guzmán** h.l. de Gaspar Guzmán y de Gregoria Armas.

Ibáñez, Miguel con Concha, María Dominga
Expediente 2173. En el Manantial el 2 de febrero de 1850, se presentó **Miguel Ibáñez**, h.l. de Julián Ibáñez y de Dolores Brizuela, pretende contra el matrimonio con **María Dominga Concha**, h.l. del finado Solano Concha y de Eugenia Romano.

Lobo, Domingo con Agüero, Agustina
Expediente 2174. En el Manantial el 10 de febrero de 1850, se presentó **Domingo Ignacio Lobo** h.l. de Marcelino Lobo y de María justa Ibáñez pretende contra el matrimonio con **Agustina Agüero**, hija natural de Juana Agüero.

Segunda Parte: Expedientes numerados dentro de diferentes legajos.

Legajo de 1853

Bulacia, Dn. Vicente con Leiva, Da. Trinidad
Exp. 1: **Dn. Vicente Bulacia**, h.l. del finado Dn. Ignacio Antonio y de Da. Aurelia Ramos, pretende contraer matrimonio con **Da. Trinidad Leiva**, h.l. de los finados Dn. Juan Manuel y Da. Eladia Huergo, ambos feligreses de este curato. Presentada el 1 de abril de 1850. Ts: Dn. Manuel Leiva, Dn. Samuel Maldonado.

Barrionuevo, Saturnino con Luna, Epifanía
Exp. 2: Presentada el 12 de abril de 1850. **Saturnino Barrionuevo**, vecino de Sucuma, h.l. de Roque Barrionuevo y de María Juana Barros, pretende contraer matrimonio con **Epifanía Luna**, h.l. de Juan Santos Luna y de Paula Leiva, residentes de este curato. Ts: Pedro León Pérez y José Eusebio Arévalo.

Brizuela, Blas con Aráoz, Juana Benjamina
Exp. 3: **Blas Brizuela**, h.l. del finado Martín y de la finada Manuela Flores, (me he pro) puesto tomar estado de matrimonio con **Juana Benjamina Aráoz**, h.n. de Julia, siendo ambos feligreses de esta doctrina. Presentada el 18 de abril de 1850. Ts: Andrés Caravajal, Manuel Antonio Herrera.

Barrientos, Ángel con Plaza, María de Jesús
Exp. 4: **Ángel Barrientos**, feligrés del curato de la Concepción de El Alto, residente en el Manantial, h.l. de Melchor Barrientos y de María Antonia Márquez, ya finados, del mismo curato, pretende contraer matrimonio con **María de Jesús Plaza**, h.l. de Fabián Plaza y de Carmen Pedernera, ambos de este mismo curato. Presentado el 30 de abril de 1850. Ts: Ramón Albarracín, Lorenzo Bustamante.

Monzón, Santiago con Vega, Ascensión
Exp. 5: **Santiago Monzón**, feligrés del curato de la Concepción de El Alto y residente en Alijilán, h.l. del finado Manuel Antonio Monzón y de Celestina Astudillo, también finada, pretende contraer matrimonio con **Ascensión Vega**, h.l. de Santiago Vega y de la finada Paulina Ogas, ambos de este mismo curato. Presentada el 1 de mayo de 1850. Ts: Apolinar Díaz, Gregorio Medina.

Jiménez, Eliseo con Quiroga, Zoila
Exp. 6: **Eliseo Jiménez**, feligrés de este curato, vecino del lugar nominado Sumampa, h.l. de Juan León Jiménez y de la finada Agustina Domínguez, pretende contraer matrimonio con **Zoila Quiroga**, h.l. de Juan Andrés Quiroga y de Manuela Hernández, ya finada. Presentada el 4 de mayo de 1850. Ts: Pedro Juan Barrios, José Matías Durán.

González, José Victoriano con Luna, Estanislada
Exp. 7: **José Victoriano González**, h.n. de la finada Romualda González, vecinos de Ovanta, habiéndome dispuesto a tomar estado de matrimonio con **Estanislada Luna**, h.n. de Pascuala Luna, ambos vecinos de este curato. Presentada el 13 de mayo de 1850. Ts: Juan Bautista Armas, Manuel Rosales.

Ortiz, Cipriano con Ramírez, Tránsito
Exp. 8: **Cipriano Ortiz**, h.l. de Tomás Ortiz y de Petrona Cárdenas, vecino de Ampolla, ha resuelto contraer matrimonio con **Tránsito Ramírez**, viuda del finado Inocencio Díaz, vecina de la capilla de las Tunas, ambos feligreses de este curato. Presentada el 14 de mayo de 1850. Ts: Simón Morienega, Domingo Collantes.

Adauto, José Francisco con Díaz, Faustina
Exp. 9: **José Francisco Adauto**, vecino de Simogasta, h.l. de los finados Justo y Tránsito Bravo, pretende contraer matrimonio con **Faustina Díaz**, h.l. de Miguel y de Lorenza Albarracín. Presentada el 19 (¿?) de mayo de 1850. Ts: Nicolás Salguero, Prudencio Luna.

Ávila, Dn. Tránsito con Camaño, Da. Lorenza
Exp. 10: Dn. **Tránsito Ávila**, feligrés de este curato, h.l. del finado Dn. Waldo y de Da. Ignacia Díaz, pretende contraer matrimonio con Da. **Lorenza Camaño**, vecina de las Cañas de este beneficio, h.n. de Da. María del Rosario. Presentada el 19 de mayo de 1850. Ts: Pedro Nolasco Vidal, Isaac Verón.

Lobo, Julián con Agüero, Facunda
Exp. 11: **Julián Lobo**, vecino de Achalco, h.l. de Domingo Lobo y de Carmen Samaniego, pretende contraer matrimonio con **Facunda Agüero**, vecina de Achalco, e h.l. de Ricardo Agüero y de Severina Ledesma. Presentada el 10 de junio de 1850. Ts: Pío Flores, …roteo Castellanos.

Castellanos, Manuel Lucas con Coria, Carmen
Exp. 12: **Manuel Lucas Castellanos**, vecino de Achalco, e h.l. de los finados José Domingo Castellanos y de María Brígida Perea, ha resuelto

contraer matrimonio con **Carmen Coria**, vecina de Achalco e h.l. de Juan Coria y de Gregoria Agüero. Presentada el 11 de junio de 1850. Ts: Cipriano Barrera, José Braulio Díaz.

Lalamo, José Secundino con Castellanos, Silveria
Exp. 13: **José Secundino Lalamo**, h.n. de Viviana Lalamo, vecino de Simogasta, pretende contraer matrimonio con **Silveria Castellanos**, h.l. de Pedro Castellanos y Bernardina Toledo, vecinos de Ichipuca. Presentada el 22 de junio de 1850. Ts: juan Pío Flores, Rosario Osores.

Barrera, Dn. Hilario con Burgos, Da. Rosarito
Exp. 14: Dn. **Hilario Barrera**, vecino de los Algarrobos, h.l. de los finados Dn. José María Barrera y de Da. Manuela Farías, ha resuelto contraer matrimonio con Da. **Rosarito Burgos**, vecina de Guayamba, h.l. de Da. Carmen Burgos. Presentada el 29 de junio de 1850. Ts: Dn. Segundo Ahumada, Dn. Laurencio Rizo.

Camaño, Dn. Delicio con Vallejos, Da. Donata
Exp. 15: Dn. **Delicio Camaño**, h.l. de Dn. José Luis y de Da. María del Rosario Ibáñez, pretende contraer matrimonio con Da. **Donata Vallejos**, h.l. del finado Dn. Cipriano y de Da. Donata Vallejos, h.l. del finado Dn. Cipriano y de Da. Cruz Páez. Presentada el 14 de mayo de 1850. Ts: Pedro Pablo Márquez, José Aparicio.

Ojeda, José con Agüero, Brígida
Exp. 16: **José Ojeda**, vecino de El Alto, h.l. de Juan Ojeda y de Ramona Robles, pretende contraer matrimonio con **Brígida Agüero**, de esta feligresía, h.l. de Manuel Agüero y de Josefa Mercado. Ts: Juan Silva, Cornelio Cordero.

Garay, Crespín con Ledesma, Gregoria
Exp. 17: **Crespín Garay**, feligrés de este curato, vecino de los Corrales, h.l. de los finados Francisco y Juana Ortega, pretende contraer matrimonio con **Gregoria Ledesma**, h.l. de Manuel y de Marta (¿Cis?)ternas, así mismo feligresa de este curato y vecina de los Corrales. Presentada el 20 de julio de 1850. Ts: Dn. Diego Montes, Juan Gervasio Ávila.

Maidana, José Toribio con Juárez, Cecilia
Exp. 18: **Eugenio Maidana**, h.l. del finado José Toribio Maidana y María Juana Páez, pretende contraer matrimonio con **Cecilia Juárez**, h.l. de Nicolás Juárez y de la finada Pabla Mansilla. Ts: Juan Agüero, Santiago Saabedra.

Barros, Maximiliano con Jiménez, Ramina Rosa
Exp. 19: Dn. **Maximiliano Barros**, viudo de la finada Da. Agustina Rosa Rosales, pretende contraer matrimonio con Da. **Ramona Rosa Jiménez**, h.l. de Dn. Juan León y de la finada Da. María Agustina Varela, todos vecinos de Sumampa. Presentada el 21 de julio de 1850. Ts: Damián Ferreira, Ángel Mariano Aguilar.

Leal, Juan Bautista con Mercado, María Antonia
Exp. 20: **Juan Bautista Leal**, feligrés de la Concepción, h.n. de María Casilda Leal, pretende contraer matrimonio con **María Antonia Mercado**, feligrés de este mismo curato, h.n. de María Agustina Mercado. Ts: Santiago…, ¿Maximiliano? Lobo.

Coronel, Juan Anastasio con Garzón, Francisca
Exp. 21: **Juan Anastasio Coronel**, h.n. de María Catalina Coronel, pretende contraer matrimonio con **Francisca Garzón**, h.n. de Meregilda Garzón, ya finada y vecina del Laurel. Presentada el 16 de junio de 1850. Ts: Francisco Paulo González, Manuel Antonio Díaz.

Coronel, Juan Mateo con Cevallos, María Andrea
Exp. 22: **Juan Mateo Coronel**, feligrés de este curato y vecino del Remansito, e h.n. de Rosa Coronel, pretende contraer matrimonio con **María Andrea Cevallos**, también feligresa de este curato y vecina de la Laguna, h.n. de la finada Juana Francisca Cevallos. Presentada el 16 de junio de 1850. Ts: Juan de Dios Miranda, José Ignacio Miranda.

Mansilla, Rafael con Ramos, María del Señor
Exp. 23: **Rafael Mansilla**, feligrés de este beneficio, h.l. del finado Andrés Mansilla y de la finada María del Tránsito Coronel enferma (sic), pretende contraer matrimonio con **María del Señor Ramos**, h.l. del finado Mariano Ramos y de la finada Petrona Contreras, de este mismo beneficio. Presentada el 4 de agosto de 1850. Ts: Pedro Mercado, …nio Leal.

Barrientos, Delicio con Cárdenas, Albina
Exp. 24: **Delicio Barrientos**, h.l. de José Manuel y de Lorenza Lezcano, pretende contraer matrimonio con **Albina Cárdenas**, h.l. de José Antonio y de Luisa Molina. Presentada el 8 de agosto de 1850. Ts: (en blanco) y (en blanco).

Villagra, Hermenegildo con Guerreros, Rosa
Exp. 25: **Hermenegildo Villagra**, h.l. de Juan Teodoro y de Basilia Reinoso, pretende contraer matrimonio con **Rosa Guerreros**, h.l. de José Miguel y de Prudencia Zarate. Presentada el 10 de agosto de 1850. Ts: Miguel Cardoso, Froilán Guerreros.

Lastra, Celedonio con Véliz, Luisa
Exp. 26: **Celedonio Lastra**, natural de Tucumán y residente más de un año en el paraje de las Cañas, h.n. de Sabina, pretende contraer matrimonio con **Luisa Véliz**, vecina de las Cañas, h.l. de Alejandro y de Melchora Carrizo. Presentada el 15 de agosto de 1850. Ts: Patricio Carrizo, José Gabriel Mendoza.

Jiménez, Clemente con Orellana, Mercedes

Exp. 27: **Clemente Jiménez**, h.l. de Claudio y de la finada Antonia Ortiz, pretende contraer matrimonio con **Mercedes Orellana**, viuda del finado Francisco Antonio Luna. Presentada el 16 de agosto de 1850. Ts: Raimundo Collantes, Valeriano Mercado.

Lastra, Celedonio con Véliz, Luisa

Exp. 28: **Celedonio Lastra**, vecino de las Cañas, h.l. de Sabina Lastra, pretende contraer matrimonio con **Luisa Véliz**, h.l. de Alejandro Véliz y de Melchora Carrizo, también de las Cañas. Presentada el 24 de agosto de 1850. Ts: (en blanco) y (en blanco).

Mansilla, Félix Martín con Barrera, Margarita Rosa

Exp. 29: **Félix Martín Mansilla**, feligrés de este curato, h.l. de Genuario y de María Atanasia Chazarreta, pretende contraer matrimonio con **Margarita Rosa Barrera**, h.l. de José Martín y de Tránsito Díaz, vecinos de Achalco. Presentada el 24 de agosto de 1850. Ts: Bartolomé Santillán, Braulio Díaz, ambos declaran que habían oído decir que la novia había tenido trato ilícito con un tío carnal del pretendiente.

Gómez, Dn. Abelardo con Gómez, Aurora

Exp. 30: Dn. **Abelardo Gómez**, h.l. de Dn. Pedro Ignacio Gómez y de Da. Clara Jeréz, todos feligreses del curato de Silipica, he determinado contraer matrimonio con Da. **Aurora Gómez**, h.l. de Dn. Benigno Gómez y de la finada Da. Nicolasa Valdéz, todos feligreses del curato de El Alto. Impedimento en tercero y cuarto grado de consanguinidad.

Medina, Dn. Manuel con Domínguez, Da. María Valentina

Exp. 31: Dn. **Manuel Medina**, feligrés de este curato y vecino de Ancamugalla, h.l. del finado Dn. Pedro José Medina y de Da. María de la Cruz Cejas, pretende contraer matrimonio con Da. **María Valentina Domínguez**, h.l. de Dn. Ramón Rosa Domínguez y de Da. Magdalena Pinela, feligresa del curato de Ancasti y vecina de los Pedrazas. Presentada en Vilismano el 30 de septiembre de 1850. Ts: Leopoldo Varela y Pedro José Medina.

Romano, Jacobo con Quiroga, Paula Ignacia

Exp. 32 y 33: **Jacobo Romano**, h.l. de los finados Bernabé y Felipa Garzón, he resuelto contraer matrimonio con **Paula Ignacia Quiroga**, viuda del finado Florentino Almaraz, siendo ambos feligreses de la Doctrina de El Alto, no pudiendo verificar dicho matrimonio por hallarnos impedidos con el parentesco de consanguinidad en segundo grado igual por línea transversal. Presentada en El Alto el 2 de octubre de 1850. Ts: José Ignacio Santillán y Pedro Osores.

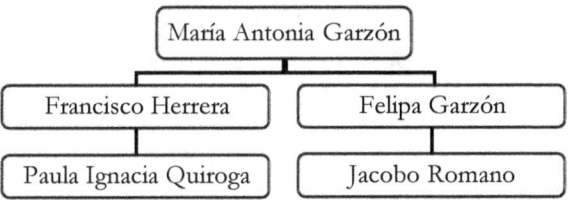

Albarracín, Dn. Manuel Antonio con Pérez, Da. Juana

Exp. 34 y 35: Dn. **Manuel Antonio Albarracín**, h.l. del finado Dn. José Manuel y de Da. Luisa Lobo, he determinado contraer matrimonio con Da. **Juana Pérez**, h.l. de los finados Dn. Francisco y Da. Francisca Rodríguez, ambos feligreses del curato de El Alto, no pudiendo verificar dicho matrimonio por hallarnos impedidos con el parentesco de consanguinidad en segundo grado igual por línea transversal (Manuel Antonio y Juana son nietos de Bartolina Concha, madre de Luisa Lobo y de Francisco Pérez). Se agrega impedimento de afinidad en segundo grado igual por cópula ilícita, por haber tenido trato ilícito con prima hermana de la pretendida. Ts Dn. Mateo Albarracín y Luis Lobo.

López, Úrsulo con Arévalo, Martina

Exp. 36: **Úrsulo López**, h.l. de Ignacio López y de Carmen Guzmán, pretende contraer matrimonio con **Martina Arévalo**, h.l. de Manuel Arévalo y de Tomasina Luján, ambos ya finados de este curato. Presentada En El Alto el 10 de octubre de 1850. Ts: José de la Cruz González y Ramón Rosa Ríos.

Cardoso, Ángel Pastor con Tapia, María Antonina

Exp. 37: **Ángel Pastor Cardoso**, feligrés del curato de El Alto y vecino del Remansito, h.l. de Toribio Cardoso y de la finada María del Tránsito Acosta, pretende contraer matrimonio con **María Antonina Tapia**, h.l. del finado Juan de la Rosa Tapia y de María Trinidad Zurita, feligresa del curato de Ancasti. Presentada En El Alto el 11 de octubre de 1850. Ts: Félix Mariano Bayón y Juan de la Cruz Tolosa.

Ortiz, Buenaventura con Luna, Delfina
Exp. 38: **Buenaventura Ortiz**, h.l. de Bernardino Ortiz y de María Antonia Jiménez, pretende contraer matrimonio con **Delfina Luna**, h.l. de Francisco Antonio Luna y de Mercedes Orellana. Presentada En El Alto el 17 de octubre de 1850. Ts: Pedro Crisólogo Magallán y Pedro Nolasco Gómez.

Almaraz, Juan Nicolás con Agüero, Ana María
Exp. 39: **Juan Nicolás Almaraz**, de este curato, h.l. de Nicolás Almaraz y de Serafina Osores, pretende contraer matrimonio con **Ana María Agüero**, viuda del finado Manuel Fernández de este curato. Presentada En El Alto el 23 de octubre de 1850. Ts: Eugenio Maidana y Felipe Páez.

Díaz, Pedro Celestino con Agüero, Gregoria
Exp. 40: **Pedro Celestino Díaz**, vecino de la Carpintería, h.l. de Juan Felipe y de Marta Rosales, pretende contraer matrimonio con **Gregoria Agüero**, del curato Rectoral y residente más de un año en el paraje de la Carpintería, h.l. de los finados Francisco y María Sánchez. Presentada en el Manantial el 16 de noviembre de 1850. Ts: Diego Montenegro y Ubaldo Guzmán.

Barrionuevo, Dn. José Ignacio con Sánchez, Da. Ramona
Exp. 41: Dn. **José Ignacio Barrionuevo**, de este curato de El Alto, viudo de la finada Rosalía Caravajal, ha resuelto contraer matrimonio con Da. **Ramona Sánchez**, h.l. de Dn. Manuel y de la finada Da. Isabel Muro, del curato de Piedra Blanca. Presentada En El Alto el 25 de diciembre de 1850. Ts: (en blanco) y (en blanco).

Rodríguez, Saturnino con Peralta, Tránsito
Exp. 42: **Saturnino Rodríguez**, vecino de Ovanta y viudo de la finada Isidora Luna, ha resuelto contraer matrimonio con **Tránsito Peralta**, h.l. del finado Juan y de Estefanía Collantes, todos de Ovanta. Presentada En El Alto el 23 de diciembre de 1850. Ts: Simón Morienega y Juan Díaz.

Espeche, Desiderio con Aguilar, Ildefonsa
Exp. 43: **Desiderio Espeche**, hijo de Ramón Pío Espeche legítimo y de Lucía Cabrera, pretende contraer matrimonio con **Ildefonsa Aguilar**, h.l. de José Egidio Aguilar y de Ramona Arévalo. Ts: Antonio Gómez y Pedro Nolasco Gómez.

Almaraz, Nicolás Ignacio con Mansilla, Rosario
Exp. 44: **Nicolás Ignacio Almaraz**, de esta doctrina, h.n. de Pabla Ignacia Almaraz, quiere contraer matrimonio con **Rosario Mansilla**, h.l. de Genuario Mansilla y Atanasia Chazarreta, también de esta doctrina. Presentada En El Alto el 31 de diciembre de 1850. Ts: Juan Francisco Córdoba y Pedro Pablo Burgos.

Legajo 54 de 1851

Reinoso, Nicolás con Soraire, Mercedes
Exp. 1: **Nicolás Reinoso**, h.l. de Justino y de Tránsito Armas, ambos vecinos del Bañado de Ovanta, pretende contraer matrimonio con **Mercedes Soraire**, del paraje de Ovanta, h.l. del finado Felipe y de Florentina Villagra. Presentada el 10 de enero de 1851. Ts: Juan Pablo Farías y Pedro Manuel Lobo.

Ledesma, Pantaleón con Santucho, Eugenia
Exp. 2: **Pantaleón Ledesma**, vecino de los Corrales, h.l. de Manuel Antonio y de Marta Cisternas, ha resuelto contraer matrimonio con **Eugenia Santucho**, también vecina de los Corrales, h.n. de la finada Socorro Santucho: para poderlo verificar nos hallamos impedidos con el parentesco de consanguinidad en tercero y cuarto grado de línea transversal. Ts: Juan Santos Albarracín y Octaviano Cordero. Concluida En El Alto el 18 de enero de 1851.

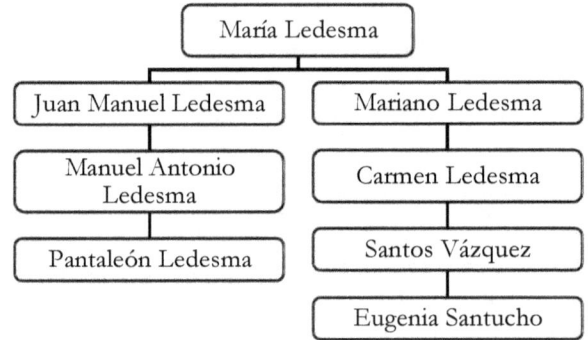

Agüero, Dn. Ramón Antonio con Vega, Da. Juana Rosa
Exp. 3: Dn. **Ramón Antonio Agüero**, vecino de Guayamba, h.l. de Dn. Gregorio y de Da. Isabel Aguilar, ha resuelto contraer matrimonio con Da. **Juana Rosa Vega**, h.n. de Da. Ignacia Vega. Presentada En El Alto el 13 de enero de 1851. Ts Dn. Laurencio Rizo y Dn. Martiniano Espeche.

Soria, Ángel Custodio con Ibáñez, Pastora
Exp. 4: **Ángel Custodio Soria**, del lugar de la Cocha, h.l. del finado Pedro José Soria y de Anselma Coronel, vecinos de la parroquia de Graneros, pretende contraer matrimonio con **Pastora Ibáñez**, h.l. de Patricio Ibáñez y de la finada Albina Leguizamo, de esta parroquia. Presentada En El Alto el 21 de enero de 1851. Ts: José Ventura Reinoso y José Mariano Amaya.

Quiroga, Dn. Florencio con Juárez, Da. Natividad
Exp. 5: En El Alto, el 27 de enero de 1851, se presentó Dn. **Florencio Quiroga**, h.n. de Da. Alejandra, pretende contraer matrimonio con Da. **Natividad Juárez**, h.l. de los finados Dn. Luis y Da. Eusebia Ahumada, declaran un impedimento por consanguinidad en tercer grado. Ts: Dn. Nicolás Ponce y Dn. Juan Manuel Ulibarri. El parentesco se explica con el siguiente esquema:

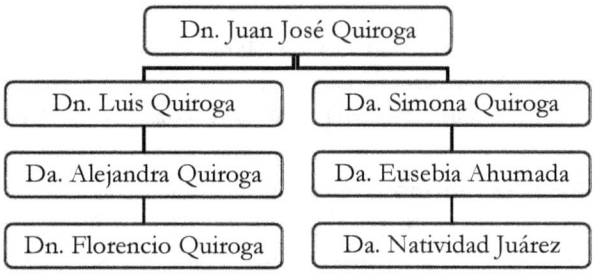

González, José Manuel con Garnica, Balbina
Exp. 6: **José Manuel González**, feligrés de este curato y vecino de Vilismano, h.l. de los finados José Pascual González y de la finada Juana Inés Zurita, pretende contraer matrimonio con **Balbina Garnica**, h.l. de los finados Dn. José Justo Garnica y de María del Carmen Barros, también feligresa de este curato y vecina de Vilismano. Presentada en Vilismano el 28 de enero de 1851. Ts: Dn. Santiago Pereira y Gualberto Iranda.

Armas, José María con Ibáñez Rosa Ramona
Exp. 7: **José María Armas**, feligrés del curato de la Concepción de El Alto y residente en el Bañado, h.l. del finado Mariano de la Cruz Armas y de María Antonia Rosales, pretende contraer matrimonio con **Rosa Ramona Ibáñez**, h.n. de Cruz Ibáñez, ya finada, ambos de este mismo curato. Presentada En El Alto el 29 de enero de 1851. Ts: Pedro Manuel Lobo y Andrés Avelino Luna.

Ponce, Dn. Nicolás con Espeche, Da. Guillerma
Exp. 8: Dn. **Nicolás Ponce**, feligrés de este curato, viudo de la finada Da. Rosario Gómez, pretende contraer matrimonio con Da. **Guillerma Espeche**, viuda del finado Dn. Ignacio Ahumada. Impedidos con varios parentescos en grado prohibido, que son el de consanguinidad en tercer grado igual por línea transversal y de afinidad por cópula lícita que por dos partes nos liga en tercero con cuarto grado, a los cuales se agrega hallarnos con el impedimento de afinidad por cópula ilícita, por haber conocido casualmente a una prima hermana de mi pretendida. Presentada En El Alto el 4 de febrero de 1851. Ts: Dn. Gregorio Ahumada y Dn. Juan Manuel Ulibarri.

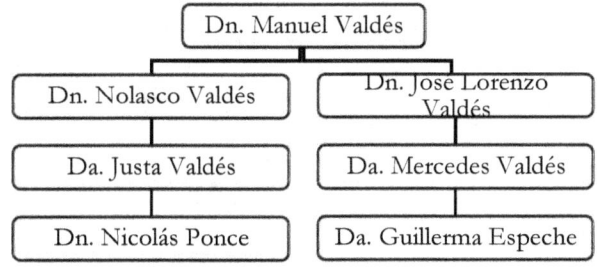

Contreras, Leopoldo con Vega, Juana Rosa
Exp. 9: **Leopoldo Contreras**, de esta parroquia, hijo de la finada María Antonia Contreras, pretende contraer matrimonio con **Juana Rosa Vega**, viuda del finado José Ávila, también de este curato. Presentada En El Alto el 5 de febrero de 1851. Ts: In… Pastor Guerra y José Demecio Cevallos.

Romano, José María con Ávila, Justa Pastora
Exp. 10: **José María Romano**, feligrés de este curato, h.l. del finado Bernabé Romano y de María Francisca Arévalo, pretende contraer matrimonio con **Justa Pastora Ávila**, viuda del finado Pedro Juárez. Declaran un impedimento por afinidad ilícita que resulta de haber tenido trato ilícito con la pretendida y esto con palabra de casamiento, sabiendo ambos que aún vivía el marido de ella. Presentada En El Alto el 14 de febrero de 1851. Ts: Dn. Pedro Cisternas y Dn. Juan Bautista Arévalo.

González, Francisco con Medina, Susana
Exp. 11: **Francisco González**, de esta parroquia, viudo de la finada Justa Pastora Ortiz, pretende contraer matrimonio con **Susana Medina**, h.l. del finado Luis Medina y Carmen Tapia. Presentada En El Alto el 15 de febrero de 1851. Ts: Miguel Peñaflor y Andrés Avelino Artaza.

Albarracín, Dn. Tránsito con Rodríguez, Da. Rita
Exp. 12: Dn. **Tránsito Albarracín**, feligrés de este curato, h.l. de Dn. Manuel Albarracín y de Da. Luisa Lobo, pretende contraer matrimonio con Da. **Rita Rodríguez**, h.l. del finado Dn. Juan de Dios y de Da. Juana Luna, ambos vecinos de Tintigasta, no pudiendo verificarlos por hallarnos impedidos con el parentesco de consanguinidad en tercero con cuarto grado. Presentada En El Alto el 17 de febrero de 1851. Ts: Inocencio Carrizo y Anastasio Pacheco.

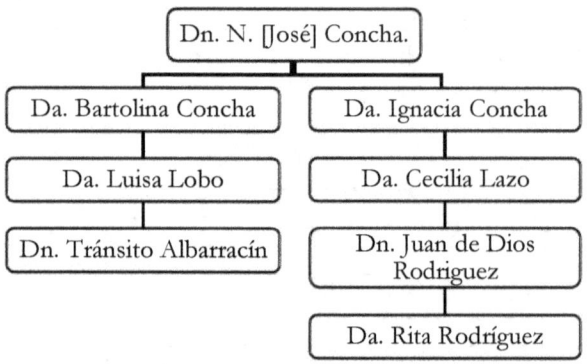

Bulacia, Dn. Eulogio con Zalazar, Da. Eusebia
Exp. 13: En El Alto el 19 de febrero de 1851 se presentó Dn. **Eulogio Bulacia,** feligrés de este curato e h.l. de los finados Dn. Miguel Antonio y Da. María de la Concepción Aráoz, pretende contraer matrimonio con Da. **Eusebia Zalazar,** h.l. de Dn. Javier y de Da. Indalecia Ahumada; impedidos con el parentesco de consanguinidad en tercero con cuarto grado por línea transversal. Ts: Dn. Lucindo (…) y Dn. Juan Gómez.

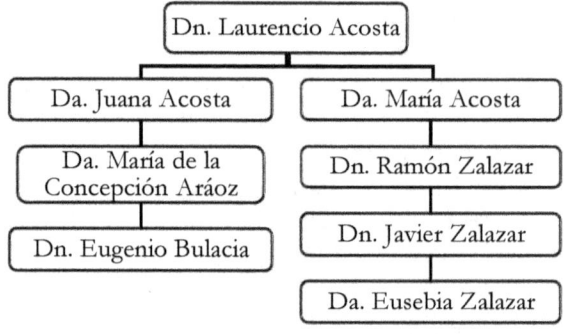

Mercado, Pedro con Contreras, Máxima
Exp. 14: **Pedro de Mercado,** feligrés de la Concepción de El Alto, h.l. de León Mercado y de la finada Petrona Lobo, pretende contraer matrimonio con **Máxima Contreras,** h.l. de Benito Contreras y de la finada María del Pilar Vega. Presentada en el Manantial el 21 de febrero de 1851. Ts: Juan Bautista Leal y C… Ledesma.

Barrientos, Fortunato con Delgado, Celestina
Exp. 15: **Fortunato Barrientos,** feligrés del curato de la Concepción de El Alto y residente en el Manantial, h.l. del finado Juan Andrés Barrientos y de la finada Juliana Medina, tiene tratado tomar estado de matrimonio con **Celestina Delgado,** h.l. de Dn. Jacinto Delgado, ya finado, y de Mercedes Guerreros, también finada, ambos de este mismo curato. Presentada en el Manantial a 23 de febrero de 1851. Ts: Manuel Antonio Albarracín y Santiago Albarracín.

Pedraza, Juan Antonio con Villarroel, Saturnina
Exp. 16: **Juan Antonio Pedraza,** h.l. del finado Feliciano y de María Anastasia Sánchez, dispuesto a tomar estado de matrimonio con **Saturnina Villarroel,** h.n. de Celestina y viuda del finado Francisco Cardoso. Presentada en el Manantial a 25 de febrero de 1851. Ts: Carmelo Moyano y Plácido Villacorta.

Zurita, Dn. José Rufino con Mansilla, Da. Salomé
Exp. 17: Dn. **José Rufino Zurita,** h.l. de Dn. José Manuel Zurita y de Da. Lucía Arévalo, pretende contraer matrimonio con Da. **María Salomé Mansilla,** h.l. de Dn. Pedro Mansilla y de Da. María Antonia Vilar. Presentada En El Alto el 6 de marzo de 1851. Ts: Pedro Ignacio Ávila y Juan de la Cruz Villalba.

Díaz, Bernardino con Ocón, Gregoria
Exp. 18: **Bernardino Díaz,** feligrés de este curato y vecino de Simogasta, viudo de la finada Felipa Reinoso, pretende contraer matrimonio con **Gregoria Ocón,** de este curato, viuda del finado Eusebio ¿Reinoso? Presentada en la Quebrada el 11 de marzo de 1851. Ts: Braulio Díaz y Pedro Ignacio Arias.

Legajo 55 de 1851

Aparicio, Dn. José Mateo con Villagrán, Da. María Eduviges
Exp. 1: Dn. **José Mateo Aparicio,** feligrés de este curato y vecino de Santa Ana, h.l. de los finados Dn. Damián Aparicio y de Da. María Justina Arévalo, pretende contraer matrimonio con Da. **María Eduviges Villagrán,** también feligresa de este curato y vecina de Ancamugalla, h.l. del finado Dn. Cayetano Villagrán y de Da. María de la Cruz Navarro: declaran dos impedimentos de afinidad ilícita por haber tenido trato con dos tías carnales de la pretendida, y en atención a ser la novia pobre huérfana de padre y la madre casada en segundas nupcias con seis hijos del primer matrimonio. Presentada en Vilismano el 15 de abril de 1851. Ts: Dn. Pedro Medina y Dn. Jacinto Medina.

López, Juan Antonio con Domínguez, Matilde
Exp. 2: Presentado En El Alto el 21 de abril de 1851. **Juan Antonio López,** feligrés de este curato y residente en el paraje de los Tres Sauces, h.n. de María del Rosario, pretende contraer matrimonio con **Matilde Domínguez,** de este curato, h.n. de Felipa. Ts: José Manuel González y Donato Mansilla.

Olmos, José Mercedes con Mercado, Ignacia
Exp. 3: Presentada en Vilismano a 30 de septiembre de 1851. **José Mercedes Olmos,** feligrés de este curato y

natural de Córdoba y vecino de los Nogales, h.n. de Dolores Olmos, pretende contraer matrimonio con **Ignacia Mercado**, h.l. de Petrona Barrionuevo y de Pascual, también feligreses de este curato y vecinos de los Corrales. Ts: Santos ¿Garia? y Cándido González.

Garay, José Félix con Gómez, María Bernarda
Exp. 4: En Vilismano, el 18 de octubre de 1851 se presentó **José Félix Garay**, feligrés de este curato y vecino del Puesto de los Gutiérrez, h.l. de Francisco Garay y de Juana Ortega, pretende contraer matrimonio con **María Bernarda Gómez**, h.n. de María de los Ángeles Gómez, también feligresa de este curato y vecina del mismo lugar. Ts: Vicente Narváez y Mercedes Olmos.

Medina, Dn. Juan Laureano con Robles, Da. Benita
Exp. 5: Presentada en Vilismano el 4 de noviembre de 1851. Dn. **Juan Laureano Medina**, feligrés de este curato y vecino del lugar de las Trancas, viudo de la finada Da. Dolores Páez, pretende contraer matrimonio con Da. **Benita Robles**, h.l. de los finados Dn. Isidro y de Da. Marcelina Vanegas, también feligreses de este curato y vecinos de este mismo lugar. Ts: Dn. Eugenio Vera y Dn. Juan Manuel González.

Reyes, Dn. Celedonio con Medina, Da. Eduviges
Exp. 6: En Vilismano, el 9 de noviembre de 1851. Se presentó Dn. **Celedonio Reyes**, feligrés de este curato y vecino del Laurel, h.l. de Dn. Pedro Antonio Reyes y de Da. María de los Reyes Urquiza, pretende contraer matrimonio con Da. **Eduviges Medina**, hija de Dn. Laureano Medina y de la finada Da. Dolores Páez, también feligresa de este curato y vecina del mismo lugar de las Trancas. Ts: Dn. Juan de Dios Villalba y Juan Manuel Vázquez.

Ferreira, José Gregorio con Pedraza, María del Tránsito
Exp. 7: Presentada en Vilismano a 4 de diciembre de 1851. Se presentó **José Gregorio Ferreira**, feligrés de este curato y vecino de la Puesta de Molle Yaco, h.n. de la finada Gregoria Ferreira, pretende contraer matrimonio con **María del Tránsito Pedraza**, h.l. de Juan de la Cruz Pedraza y Josefa Masarreta, también feligresa de este curato y vecina del mismo lugar. Ts: Juan Isidro Le… y ¿Cam…? …res.

Legajo 56 de 1851

Ibáñez, Dn. Manuel Pablo con Robinson, Da. Antonia
Exp. 1: En El Alto el 1 de abril de 1851 se presentó Dn. **Manuel Pablo Ibáñez**, feligrés de este curato, h.l. de Dn. José Domingo Ibáñez y de Da. Manuela Díaz, pretende contraer matrimonio con Da. **Antonia Robinson**, viuda del finado Francisco Ledesma, declaran un impedimento de afinidad en tercer grado, por haber sido la pretendida casada en primeras nupcias con Dn. Casimiro Albarracín, consanguíneo en tercer grado del pretendiente, y "hallándonos también con el impedimento de crimen por haber tenido trato ilícito con mi novia en vida del marido *cum pacto vivendi*". Ts: José Cruz Vázquez y Dn. José Manuel Gómez. El parentesco se explica con el siguiente esquema:

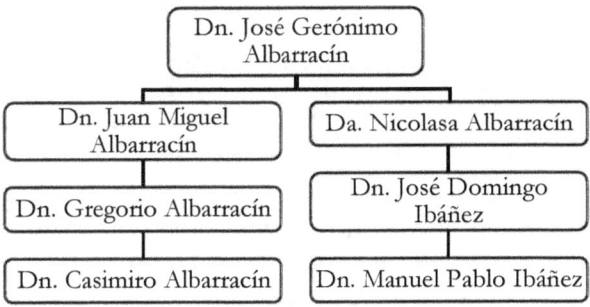

Sánchez, Transito con Agüero, Carmen
Exp. 2: En El Alto el 26 de abril de 1851 se presentó **Tránsito Sánchez**, feligrés de este curato, h.l. de Lorenzo y de la finada Mercedes Ojeda, pretende contraer matrimonio con **Carmen Agüero**, del paraje de Potro Ulpiana, h.l. del finado Francisco y de Petrona Lobo. Declaran un impedimento de consanguinidad en tercer grado. Ts: … Albarracín y Agustín Albarracín. El parentesco se explica con el siguiente esquema:

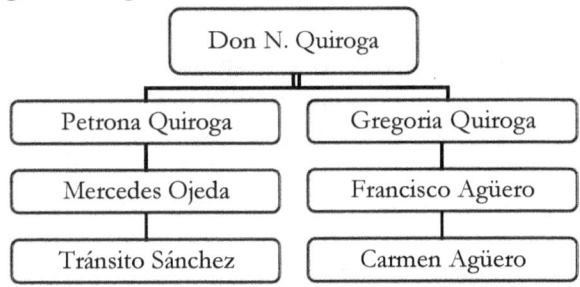

Navarro, Pedro José con Díaz, Encarnación
Exp. 3: **Pedro José Navarro**, h.n. de la finada Isabel Navarro, vecinos del Manantial, quiere contraer matrimonio con **Encarnación Díaz**, h.n. de María de Jesús Díaz. Presentada en El Alto el 12 de abril de 1851. Ts: Ruperto Guerreros y Pastor Barrientos.

Valdéz, Genuario con Juárez, Nicolasa
Exp. 4: **Genuario Valdéz**, residente de la Huerta, h.l. de Paulino y viudo de la finada Francisca Cárdenas, ha resuelto contraer matrimonio con **Nicolasa Juárez**, h.l. de Nicolás Juárez y de Carmen Guamán, todos de este curato. Presentada En El Alto el 1 de mayo de

1851. Ts: Bartolomé Hernández y Ramón Rosa Mercado.

Plaza, Carmelo con Robín, Juana de Jesús
Exp. 5: **Carmelo Plaza**, feligrés de este curato de la Concepción de El Alto, viudo de la finada Agustina Córdoba, pretende contraer matrimonio con **Juana de Jesús Robín**, viuda del finado Eusebio Ibáñez. Presentada en el Manantial el 4 de mayo de 1851. Ts: León Mercado y Fabián Ibáñez.

Ferreira, Pedro Ignacio con Castellanos, Leocadia
Exp. 6: **Pedro Ignacio Ferreira**, h.n. de la finada María Petrona, habiéndome dispuesto tomar estado de matrimonio con **Leocadia Castellanos**, h.l. del finado Juan Francisco y de Mercedes Castro, vecinos del Carmen, de este curato. Presentada en el Manantial el 7 de mayo de 1851.

Juárez, Juan Manuel con Ledesma, María de Jesús
Exp. 7: En el Manantial el 9 de mayo de 1851 se presentó **Juan Manuel Juárez**, h.n. de Petrona Juárez, vecino de este curato, pretende contraer matrimonio con **María de Jesús Ledesma**, h.l. de Julián María y de Tránsito Ledesma, ambos de este curato. Ts: Apolinar Díaz y Argentario Leal.

Díaz, Juan Enrique con Acosta, María Juana
Exp. 8: **Juan Enrique Díaz**, vecino del Laurel, h.l. del finado Valentín y de Gregoria Hernández, ha resuelto contraer matrimonio con **María Juana Acosta**, h.l. de Rosa Acosta y de Petrona Rodríguez, todos residentes del mismo lugar. Presentada En El Alto el 10 de mayo de 1851. Ts: Ambrosio Domínguez y Cipriano Ledesma.

Lobo, Feliciano con Sosa, Petrona
Exp. 9: **Feliciano Lobo**, feligrés de la concesión de El Alto, viudo de la finada Josefa Flores, pretende contraer matrimonio con **Petrona Sosa**, h.l. de Juan de la Cruz Sosa y de Manuela Pérez. Presentada en el Manantial al 11 de mayo de 1851. Ts: Pascual Contreras y Juan José Espinosa.

Pérez, Felipe Santiago con Cáceres, María Marta
Exp. 10: **Felipe Santiago Pérez**, vecino de Albigasta, viudo de Segunda Soria, pretende contraer matrimonio con **María Marta Cáceres**, vecina de la Laguna, h.l. de José Cáceres y de María del Señor Heredia. Presentada en la Quebrada a 15 de mayo de 1851. Ts: José Lorenzo Cevallos y José Lázaro Sánchez.

Ibáñez, Pedro Pascual con Protacia Villarroel
Exp. 11: **Pedro Pascual Ibáñez**, vecino de las Tunas, viudo de Juana Ventura Morienega, pretende contraer matrimonio con **Protacia Villarroel**, vecina del paraje de la ¿Tara? Comprensión de este curato, e h.n. de Jesús Villarroel. Presentada en las Tunas a ¿11? de mayo de 1851. Ts (...) y Francisco Javier Ortega.

Collantes, José Dominga con Castro, Celedonia
Exp. 12: **José Domingo Collantes**, h.l. de Ignacio Collantes y de Rosario Ocón, pretende contraer matrimonio con **Celedonia Castro**, h.n. de Cecilia Castro, vecinos ambos de las Tunas. Presentada en las Tunas a 17 de mayo de 1851. Ts: ¿Santiago? Luna y Juan Díaz.

Adauto, Belisario con Agüero, Pascuala
Exp. 13: **Belisario Adauto**, feligrés de este curato y vecino de Simogasta, h.n. de Francisca Adauto, pretende contraer matrimonio con **Pascuala Agüero**, de este curato, vecina de ¿Choya? H.l. del finado Francisco Agüero y de Tránsito Quiroga. Presentada en la Quebrada el 11 de marzo de 1851. Ts (en blanco).

Arias, Pedro Regalado con Mercado, María Dominga
Exp. 14: **Pedro Regalado Arias**, h.n. de María Asunción, pretende contraer matrimonio con **María Dominga Mercado**, h.n. de María Francisca Mercado. Presentada en las Tunas a 18 de mayo de 1851. Ts: José Anselmo Páez y Simón Paz.

Caravajal, José Esteban con Ojeda, Lucía
Exp. 15: **José Esteban Caravajal**, viudo de la finada Josefa Ulibarri, de esta parroquia, pretende contraer matrimonio con **Lucía Ojeda**, hija de Juan Gregorio Ojeda y de la finada Ramona Robles, también de este curato. Presentada En El Alto el 22 de mayo de 1851. Ts: José Silva y Mariano Ahumada.

Barrios, Valentín con Romano, Felisa
Exp. 16: **Valentín Barrios**, h.n. de María Engracia, residente en Simogasta, pretende contraer matrimonio con **Felisa Romano**, h.l. de Florentino, ya finado, y de la finada María de los Ángeles Ledesma, vecina del mismo lugar. Presentada en la Quebrada a 25 de mayo de 1851. Ts Juan P... y Manuel Maldonado.

Campos, José Indalecio con Salinas, Carmen
Exp. 17: **José Indalecio Campos**, h.n. de María Campos, pretende contraer matrimonio con **Carmen Salinas**, h.l. de Mariano y Bernarda Nieva, ambos feligreses de este curato y vecinos de Albigasta. Presentada en la Quebrada a 25 de mayo de 1851. Ts: (en blanco).

Legajo 57 de 1851

Mansilla, Casimiro con Brito, María de los Ángeles
Exp. 1: **Casimiro Mansilla**, h.l. de Genuario Mansilla y de Atanasia Chazarreta, vecino de la Estancia, tiene tratado tomar estado de matrimonio con **María de los Ángeles Brito**, h.l. de Juan Ángel Brito y de Damascena Pacheco, vecina de este curato, no

habiendo impedimento alguno. Presentada En El Alto el 7 de julio de 1851. Ts: José M. Páez y Juan Francisco Córdoba.

Ibáñez, Dn. Pedro José con Ponce, Da. Grimanesa

Exp. 2: Dn. **Pedro José Ibáñez**, vecino de Iloga, h.l. del finado Dn. Pedro José y de Da. Nicolasa Luján, ha resuelto contraer matrimonio con Da. **Grimanesa Ponce**, h.l. de Dn. Nicolás y de la finada Da. Rosario Gómez, ambos del mismo lugar. Presentada En El Alto el 9 de julio de 1851. Ts: Pedro Ignacio Ávila y Pedro Santos Arévalo.

Espeche, Dn. Martiniano con Bulacia, Da. Emilia

Exp. 3: En El Alto el 10 de julio de 1851 se presentó Dn. **Martiniano Espeche**, feligrés de este curato, viudo de la finada Da. Luisa Mendoza, pretende contraer matrimonio con Da. **Emilia Bulacia**, h.l. de Dn. Ramón Rosa y de Da. Ana María Tula. Ts: Dn. Antonio María Gómez y (¿Juan?) Manuel Gutiérrez.

Paz, Juan Nicolás con Cabrera, Hugolina

Exp. 4: **Juan Nicolás Paz**, h.n. de la finada Juana Francisca Paz, pretende contraer matrimonio con **Hugolina Cabrera**, h.l. de ¿Jorge? Cabrera y de María de Jesús Carrizo, vecinos de este curato. Presentada En El Alto el 14 de julio de 1851. Ts: Isidro… y …Luna.

Bulacia, Dn. Ángel con Guzmán, Da. Indalecia

Exp. 5: Dn. **Ángel Bulacia**, natural y vecino de este curato de El Alto, e h.l. de los finados Dn. Miguel y de Da. María Aráoz, pretendo tomar estado con Da. **Indalecia Guzmán**, natural y vecina de la ciudad, curato Rectoral, h.l. de Dn. José Antonio y de Da. Gregoria Palacios. Presentada En El Alto el 15 de julio de 1851. Ts: Hermógenes Brizuela y José Silva.

Díaz, Ramón Rosa con Ortiz, Anunciación

Exp. 6: **Ramón Rosa Díaz**, viudo de la finada Delfina Lobo, pretende contraer matrimonio con **Anunciación Ortiz**, h.l. de Juan Gil y de Mercedes Reinoso, siendo ambos vecinos de la Bajada. Presentada en Quimilpa a 19 de julio de 1851. Ts: Mauricio Mercado y…

Ledesma, Felipe con Romano, María Juana

Exp. 7: **Felipe Ledesma** con **María Juana Romano**. Ts: Pedro Pablo Burgos y Estanislao Quiroga.

Juárez, Eugenio con Toledo, Agustina

Exp. 8: **Eugenio Juárez**, h.l. de Francisco Juárez y de la finada Andrea Garcete, pretende contraer matrimonio con **Agustina Toledo**, h.n. de María del Carmen Toledo, ambos de este curato y vecinos de Vilismano. Presentada en Vilismano a 23 de julio de 1851. Ts: Agustina Toledo. Ts: Ramón Miguel Martínez y Benedicto López.

Ferreira, Desiderio con Quiroga, María Lorenza

Exp. 9: **Desiderio Ferreira**, feligrés de este curato, h.l. de Pedro Juan y de la finada Candelaria García, pretende contraer matrimonio con **María Lorenza Quiroga**, de esta feligresía, h.l. de José Ignacio y de Simona Ferreira: para poderlo verificar nos hallamos impedidos con el parentesco de consanguinidad en tercer grado igual por línea transversal. Presentada en Quimilpa a 29 de julio de 1851. Ts: José Santos Duarte con Dámaso Aráoz.

Ovejero, Dn. Juan Antonio con Plaza, Da. María del Señor

Exp. 10: Dn. **Juan Antonio Ovejero**, h.l. de los finados Dn. Juan Antonio y de Da. Juliana Melián, pretende contraer matrimonio con Da. **María del Señor Plaza**, h.l. de Dn. Félix y de Da. Valentina Jiménez, ambos feligreses de este curato. Presentada En El Alto el 2 de junio de 1851. Ts: Francisco Figueroa y …dio Jiménez.

Coronel, Alejandro con Romano, Serafina

Exp. 11: **Alejandro Coronel**, de esta parroquia, h.l. del finado Vicente Coronel y de la finada Marta González, pretende contraer matrimonio con **Serafina Romano**, hija bastarda de la finada Isabel Romano, también de este curato. Ts: José Antonio Burgos y Fernando …yal.

Pacheco, Pedro Celestino con Agüero, Francisca Antonia

Exp. 12: En El Alto el 6 de junio de 1851 se presentó **Pedro Celestino Pacheco**, h.l. de los finados Juan Antonio Pacheco y de Luisa Juárez, pretende contraer matrimonio con **Francisca Antonia Agüero**, h.n. de Josefa Agüero, ambos vecinos de este curato y vecinos de Choya (sic). Presentada en la Quebrada a 6 de junio de 1851. Ts: Juan Bartolo Santillán y Félix Islas.

Cabral, Samuel de la Cruz, con Flores, María de Jesús

Exp. 13: En El Alto el 6 de junio de 1851 se presentó **Samuel de la Cruz Cabral**, h.n. de la finada Francisca Cabral, de esta parroquia, pretende contraer matrimonio con **María de Jesús Flores**, h.n. de Rosa Flores, también de este curato. Presentada En El Alto el 6 de junio de 1851. Ts: Cruz Vázquez y Crisólogo Magallan.

Vega, Pedro Nolasco con Acuña, Juana Rosa
Exp. 14: **Pedro Nolasco Vega**, vecino de la Calera, h.l. de los finados Fructuoso Vega y de Hermenegilda Garzón, pretende contraer matrimonio con **Juana Rosa Acuña**, h.l. de Gregorio Acuña y de la finada Petrona Lobo. Presentada en la Quebrada a 7 de junio de 1851. Ts: Juan de la Cruz Pérez y Juan Francisco Rodríguez.

Silva, Dn. Juan José con Páez, Da. Natividad
Exp. 15: Dn. **Juan José Silva**, vecino del curato de Villapima, h.l. de Dn. Rosa Silva y de Da. María Lorenza Farías, pretende contraer matrimonio con Da. **Natividad Páez**, viuda de Dn. Manuel Denett, de este curato. Presentada En El Alto el 9 de junio de 1851. Ts: Ramón Miguel Martínez y ¿Juan? Herrera.

Magallanes, Ignacio Antonio con Martínez, Juliana
Exp. 16: En El Alto el … de junio de 1851 se presentó **Ignacio Antonio Magallan**, h.l. del finado Paulino Magallán y de la finada María del Señor Páez, pretende contraer matrimonio con **Juliana Martínez**, h.l. de Juan Pío Martínez y de la finada Ana Francisca Cisternas, también de este curato. Ts: Juan de la Cruz Juárez y Reyes Márquez.

Reinoso, Marcelino con Leiva, Rosario
Exp. 17: **Marcelino Reinoso**, h.l. de los finados Lucas y de Juana Ventura González, pretende contraer matrimonio con **Rosario Leiva**, h.n. de Isabel Leiva, feligreses de este curato y vecinos de Ovanta. Presentada En El Alto el 20 de junio de 1851. Ts: Domingo Collantes y Borja Rosales.

Espeche, Dn. José Ignacio con Vega, Da. Benedicta
Exp. 18: Dn. **José Ignacio Espeche**, vecino de Guayamba, h.l. de Dn. Mateo y de Da. Ramona Pacheco, ha resuelto contraer matrimonio con Da. **Benedicta Vega**, h.n. de Da. Ignacia Vega, del mismo lugar. Presentada En El Alto el 27 de junio de 1851. Ts: ¿Egidiano? Ahumada y Samuel Villagra. Se declaró que los pretendientes se hallan ligados con el parentesco de consanguinidad en cuarto grado, resulta ser nulo este matrimonio. Se solicita dispensa en atención a la urgente necesidad que hay de validarlo y legitimar la prole. (No se explica el parentesco)

Morales, Felipe con Quiroga, María Valentina
Exp. 19: **Felipe Morales**, h.n. de María Juana, feligrés de este curato y vecino de Ancamugalla, pretende contraer matrimonio con **María Valentina Quiroga**, h.n. de María Bartolina, también feligresa de este curato y vecina de Vilismano. Presentada en Vilismano a 3 de agosto de 1851. Ts: Dn. José de los Dolores Arévalo y David Medina.

Ocón, Miguel de los Santos con Figueroa, Rosenda
Exp. 20: **Miguel de los Santos Ocón**, vecino de las Tunas, viudo de Rosario Burgos, pretende contraer matrimonio con **Rosenda Figueroa**, h.l. del finado José Francisco y de Juana Jiménez. Presentada en las Tunas a 12 de agosto de 1851. Ts: Juan D… e Isidor Paz.

Aranda, Juan Apolinar con Montoya, María del Rosario
Exp. 21: **Juan Apolinar Aranda**, vecino de la Aguada, h.l. de Víctor y de Petrona Reyes, pretende contraer matrimonio con **María del Rosario Montoya**, h.l. de Melchor y de Mercedes Brizuela. Presentada en Las Tunas a 17 de agosto de 1851. Ts: Benito Antonio Reyes y Juan Felipe Arias.

Armas, Prudencio con Ibáñez, Encarnación
Exp. 22: **Prudencio Armas**, feligrés del curato de la Concepción de El Alto, residente en el Bañado de Ovanta, h.l. de Mariano Armas, ya finado y de Antonia Rosales, quiere tomar estado de matrimonio con **Encarnación Ibáñez**, h.n. de Cruz Ibáñez, de este mismo curato y residente en este lugar del Bañado. Presentada en las Tunas a 18 de agosto de 1851. Ts: Justino Reinoso y Juan Manuel Silva.

Barrionuevo, Ramón Rosa con López, María Natividad
Exp. 23: **Ramón Rosa Barrionuevo**, h.l. del finado Justo Pastor Barrionuevo y de la finada María Ignacia Correa, ha resuelto contraer matrimonio con **María Natividad López**, h.l. del finado Francisco Antonio López y de Petrona Antonia Nieva, feligreses de este curato. Presentada En El Alto el 20 de agosto de 1851. Ts: Ángel Cáceres y Pedro Celestino Cáceres.

Jiménez, Mateo con Páez, María Ramona
Exp. 24: **Mateo Jiménez**, feligrés de este curato, h.l. de Toribio y de Romualda Collantes, pretende contraer matrimonio con **María Ramona Páez**, h.l. de Pedro Pascual y de Presentación Figueroa: declaran un parentesco por consanguinidad en tercero con cuarto grado. Presentada En El Alto el 20 de agosto de 1851. Ts: Jorge Luna y Manuel Antonio Cevallos.

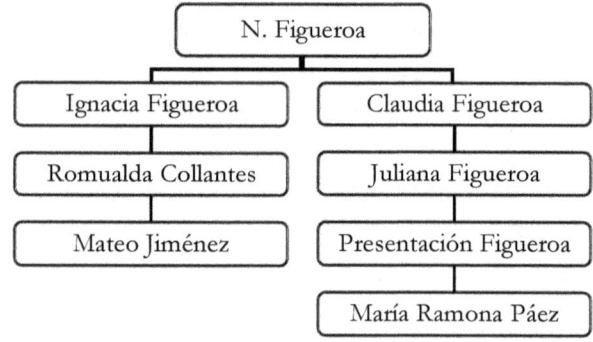

Jiménez, Juan Epitacio con Pajón, Escolástica

Exp. 25: **Juan Epitacio Jiménez**, hijo de María Eugenia Jiménez, pretende contraer matrimonio con **Escolástica Pajón**, hija de María Josefa Mansilla y de Pedro Nolasco Pajón, residentes en esta feligresía. Presentada en las Cañas a 25 de agosto de 1851. Ts: Cayetano Agüero y José G. Mendoza.

Cardoso, Justo Pastor con Muro, María Josefa

Exp. 26: **Justo Pastor Cardoso**, h.n. de Lorenza Cardoso, vecinos del Yaquicho de este curato, pretende contraer matrimonio con **María Josefa Muro**, h.n. de Marcelina Muro, vecina de los Zanjones. Presentada en las Cañas a 25 de agosto de 1851. Ts: Luis Ortiz y Pedro Pablo Gómez.

Valdéz, Dn. Félix Bartolomé con Leiva, Da. Rosa

Exp. 27: Dn. **Félix Bartolomé Valdéz**, h.l. de Dn. José Miguel y de Da. Mercedes Rizo, hallándome dispuesto a tomar estado de matrimonio con Da. **Rosa Leiva**, h.l. del finado Dn. Juan Manuel y de la finada Da. Eladia Huergo. Presentada en las Cañas a 28 de agosto de 1851. Ts: Dn. Modesto Ávila y Dn. …ses Puentes.

Legajo 58 de 1851

Reinoso, Juan Nicolás con Soraire, Clara

Exp. 1: **Juan Nicolás Reinoso**, h.l. de Justino y de Tránsito Armas, pretende contraer matrimonio con **Clara Soraire**, viuda del finado Romualdo Armas; para poderlo verificar nos hallamos impedidos con el parentesco de afinidad lícita en segundo grado con atingencia al primero. (Romualdo Armas era hermano de Tránsito Armas y, por tanto, tío de Juan Nicolás Reinoso). Presentada En El Alto el 11 de septiembre de 1851. Ts: Raimundo Reinoso y Juan Pablo Farías.

Rodríguez, Dn. Solano con Melián, Da. Tránsito

Exp. 2: Dn. **Solano Rodríguez**, h.l. de los finados Dn. Lucas y Da. Andrea Aragón, pretende contraer matrimonio con Da. **Tránsito Melián**, viuda del finado Dn. Juan Pío Rodríguez; para poderlo verificar nos hallamos impedidos con dos parentescos, el uno de afinidad lícita en primer grado y el otro de consanguinidad en cuarto grado igual. Presentada En El Alto el 12 de septiembre de 1851. Ts: José Ignacio Ovejero y Dn. Felipe Aguilar. Resultó otro impedimento de consanguinidad en cuarto grado con tercero "del que dice ha estado enteramente ajeno: también se dice ser estos por otra parte consanguíneos en grado ya retirado, más este parentesco no solo es inaveriguable, sino improbable, por cuanto en el expediente formado por el Sor Cura Molina cuando hubo de casarse el hermano de este con la misma que hoy pretende no aparece tal impedimento". Se solicita dispensar ad cautelam este impedimento que es incierto.

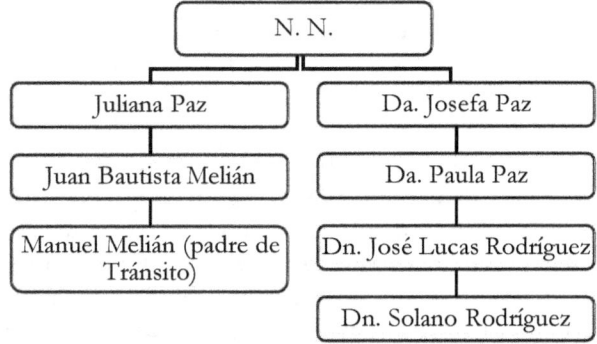

Pacheco, Dn. Juan Anastasio con Agüero, Da. Hugolina

Exp. 3: Dn. **Juan Anastasio Pacheco**, vecino de Guayamba, h.l. del finado Dn. Joaquín y de Da. Agustina Castro, ha resuelto contraer matrimonio con Da. **Hugolina Agüero**, h.l. de Dn. Gregorio y de Da. Isabel Aguilar, todos del mismo lugar. Declaran un parentesco por afinidad por cópula ilícita en primer grado, por haber tenido trato con una hermana de la pretendida, declaran también estar ligados con un parentesco de consanguinidad, cuyo grado es "inaveriguable". Presentada En El Alto el 10 de septiembre de 1851. Ts: Dn. Luis Lobo y Dn. Laurencio Rizo.

Gómez, Dn. Juan Nicolás con Gómez, Da. Petrona

Exp. 4: Yo, Dn. **Juan Nicolás Gómez**, h.l. de Dn. Juan Nicolás y de Da. María Antonia Urrejola, vecino de esta parroquia, quiere contraer matrimonio con Da. **Petrona Gómez**, h.n. de Da. Nieves, vecina de El Alto. Impedidos con el parentesco de consanguinidad en segundo grado igual por línea transversal. Presentada En El Alto el 13 de septiembre de 1851. Ts: Dn. Dionisio Gómez y Dn. Ramón Rosa Bulacia.

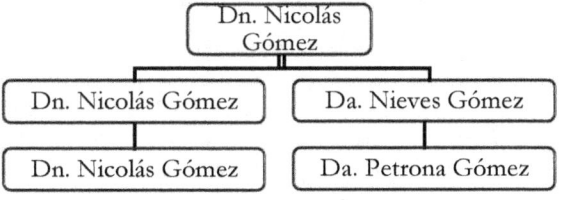

Agüero, Ramón Ignacio con Lobo, María

Exp. 5: **Ramón Ignacio Agüero**, h.l. del finado José Ignacio y de Montserrat Burgos, pretende contraer matrimonio con **María Lobo**, h.l. del finado Pedro Ignacio y de Juana Ángela Moreno, ambos vecinos de Potro Ulpiana. Presentada En El Alto el 15 de septiembre de 1851. Ts: José Antonio Guerreros y Crisólogo Magallan. Los contrayentes declaran estar ligados con el impedimento de afinidad ilícita en segundo grado con atingencia al primero por haber la pretendida tenido trato con un tío carnal del pretendiente. El sacerdote agrega que "Estos han vivido amancebados ya siete años con la más lamentable impunidad a causa del poco o casi ningún velo que a este respecto hay en los jueces, y la indiferencia con que los vecinos han mirado este desorden, sin que hasta ahora ni a mí, ni a mi antecesor se nos haya dado oportuno aviso a fin de sacarlos de la vida escandalosa en que tanto tiempo se han sostenido, y parece que no se han dado a este abandono con el fin de facilitar la dispensa. De lo dicho resulta haber quedado ella infamada no solo por este caso, sino por dos hijos que más antes ha tenido, los que conserva en su poder: a que se agrega ser huérfana de padre, sin otro amparo que el de una madre sumamente pobre, y por último el ser de más de veinte y cinco años de edad (…)" (Pr. Advertano Olmos). Absueltos y dispensados.

Salas, Dn. Ángel Mariano con Fernández, Epifanía
Exp. 6: Dn. **Ángel Mariano Salas**, h.l. del finado Dn. Fructuoso y de la finada Da. Gregoria Rizo, ha resuelto contraer matrimonio con Da. **Epifanía Fernández**, h.l. de Dn. Jacinto y de la finada Da. Petrona Lemus, del curato de Graneros. Presentada En El Alto el 17 de septiembre de 1851. Ts: Dn. Luis Fernando Leiva y Dn. Bartolomé Valdéz.

Medina, Dn. Juan de Dios con Oliveira, Da. Presentación
Exp. 7: Dn. **Juan de Dios Medina**, vecino de la Carpintería, h.l. de Dn. Gregorio y de Da. Serafina Álvarez, pretende contraer matrimonio con Da. **Presentación Olivera**, feligresa del curato de Piedra Blanca, h.l. de Dn. Agustín y de Da. Santos Aguilar. Presentada En El Alto el 18 de septiembre de 1851. Ts: Juan Díaz y Juan Ramón Argañarás.

Agüero, Pedro Pablo con Contreras, Juana Rosa
Exp. 8: **Pedro Pablo Agüero**, h.l. de Juan Pedro Agüero y de Francisca Juárez, vecino de la Agua del Sauce, tiene tratado tomar estado de matrimonio con **Juana Rosa Contreras**, hija adoptiva de Lorenza Contreras, vecina del Agua del Sauce. Presentada En El Alto el 19 de septiembre de 1851. Ts: …muel Cabral y Cipriano Rivas. Se revela que se hallan ligados con dos impedimentos, el uno de consanguinidad en tercer grado igual por línea transversal, y el otro de afinidad ilícita en segundo grado oculto. Se solicita la dispensa, exponiendo entre algunas de las causales que la pretendida "es sumamente pobre", que quedó infamada por este caso, resultando haber tenido tres hijos, y de estos uno del pretendiente.

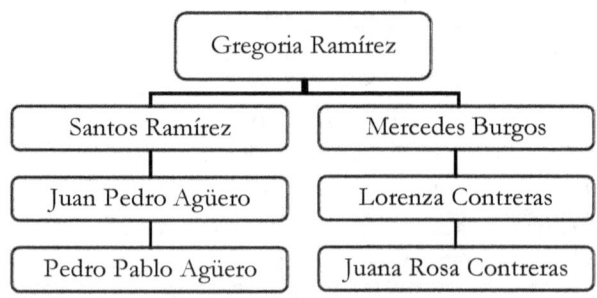

Díaz, José Julián con Reinoso, Dominga
Exp. 9: **José Julián Díaz**, feligrés del curato de El Alto, residente en la Aguada, h.l. de José Rudecindo Díaz y de Antonia Caravajal, quiero tomar estado de matrimonio con **Dominga Reinoso**, h.n. de María Reinoso, del mismo curato. Presentada En El Alto el 21 de septiembre de 1851. Ts: Pedro Ignacio Zárate y Juan Felipe Arias.

Albarracín, Dn. Tiburcio con Gramajo, Da. Grimanesa
Exp. 10: Dn. **Tiburcio Albarracín**, h.l. de Dn. Pedro José y de Da. Vicenta Lobo, pretende contraer matrimonio con Da. **Grimanesa Gramajo**, h.l. de Dn. Cruz y de Da. Juana Rosa Márquez; declaran estar ligados por un impedimento de afinidad ilícita en segundo grado con atingencia al primero. Presentada en El Alto el 22 de septiembre de 1851. Ts: Juan José Silva y José Juárez. Se revelan dos impedimentos de afinidad por cópula ilícita, el uno en segundo grado con atingencia al primero por haber tenido el pretendiente trato ilícito con una tía carnal de la novia, delito público, y el otro en segundo grado igual, delito oculto. Se los absuelve y dispensa.

Reinoso, Raimundo con Fernández, Fortunata
Exp. 11: **Reimundo Reinoso**, h.l. del finado Hilario Reinoso y de la finada Pascuala Ibáñez, he resuelto contraer matrimonio con **Fortunata Fernández**, h.n. de Asunción Fernández, vecinos ambos del Bañado. Presentada En El Alto el 27 de septiembre de 1851. Ts: Juan Pablo Farias y Juan Nicolás Reinoso.

Ojeda, Pascual Benigno con Albarracín, Ignacia
Exp. 12: Pascual Benigno Ojeda, h.l. de Félix Ojeda y de María Albarracín, he resuelto contraer matrimonio con **Ignacia Albarracín**, h.l. del finado Pedro Albarracín y de Vicenta Lobo. Presentada En El Alto el 27 de septiembre de 1851. Ts: Juan de Dios Díaz y Lino Burgos.

Medina, Juan Germán con Díaz, Da. Ramona Rosa
Exp. 13: En El Alto el 29 de septiembre de 1851 se presentó **Juan Germán Medina**, feligrés de este curato, viudo de Apolinaria Sánchez, pretende

contraer matrimonio con Da. **Ramona Rosa Díaz**, viuda de Dn. José Ignacio Caballero, también feligresa de este curato. Declaran un impedimento por afinidad tercer grado. Ts: (en blanco). Se explica el parentesco con el siguiente esquema:

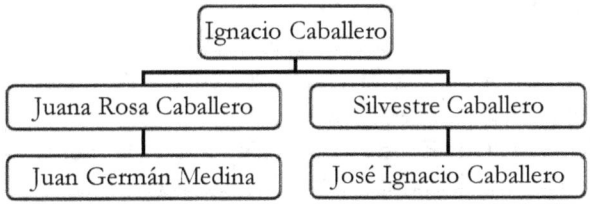

Legajo 58 (bis) de 1851

Matarradona, Dn. Ramón Serapio con Gutiérrez, Da. Petrona
Exp. 1: Dn. **Ramón Serapio Matarradona**, vecino de los Corrales, h.l. del finado Dn. Antonio y de Da. Carmen Ibáñez, ha resuelto contraer matrimonio con Da. **Petrona Gutiérrez**, h.l. del finado Ruperto y de Da. Norberta Valdéz, de Guayamba, todos de este curato. Presentada En El Alto el 4 de octubre de 1851. Ts: Dn. Juan Manuel Ulibarri y José Gil Saltos.

Saltos, Javier con Barrionuevo, Rosa
Exp. 2: **Javier Saltos**, vecinos de Munancala, h.l. de los finados Juan y de Carmen Falcón ha resuelto contraer matrimonio con **Rosa Barrionuevo**, h.l. de Roque y de Juana Barroso, de Sucuma, todos de este curato. Presentada En El Alto el 10 de octubre de 1851. Ts: Dn. Juan Manuel Ulibarri y Avelino Almaraz.

Martínez, Ángel Román con Magallanes, María del Tránsito
Exp. 3: **Ángel Román Martínez**, vecino de este curato e h.l. de Juan Pío Martínez y de la finada Ana Francisca Cisternas, pretende contraer matrimonio con **María del Tránsito Magallán**, h.l. del finado Paulino y de la finada María del Señor Páez, de este curato. Presentada el 26 de noviembre de 1851. Ts: José Nicolás Juárez y Nicasio Reyes Márquez.

Sosa, Dn. Francisco Javier con Rodríguez, Lizarda
Exp. 4: Dn. **Francisco Javier Sosa**, vecino de Alijilán, h.l. de Dn. Gregorio Sosa y de Da. Juana Rosa Medina, ya finada, pretende contraer matrimonio con Da. **Lizarda Rodríguez**, vecina del curato de Piedra Blanca, h.l. de Dn. Tadeo Rodríguez y de Da. Pastora Bulacia. Presentada En El Alto el 27 de noviembre de 1851. Ts: Dn. José Manuel Mendoza y Dn. Hermógenes Brizuela.

Fernández, Juan de la Cruz, con Herrera, Agustina
Exp. 5: **Juan de la Cruz Fernández**, vecino de El Alto, viudo de la finada Silveria Pereyra, pretende contraer matrimonio con **Agustina Herrera**, vecina del Portezuelo, h.l. de Antonio Herrera y de la finada María del Tránsito Ibarra. Presentada En El Alto el 15 de diciembre de 1851. Ts: Ángel Camaño y Cornelio Cordero.

Guerreros, Fernando con Gómez, Petrona
Exp. 6: **Fernando Guerreros**, vecino de Haipa Sorcona, h.l. de José Antonio Guerreros y de Mercedes Burgos, pretende contraer matrimonio con **Petrona Gómez**, también del mismo lugar, h.l. de Manuel Antonio Gómez y de Tránsito Bulacia. Presentada En El Alto el 16 de diciembre de 1851. Ts: José Nicolás Juárez y Juan de la Cruz Juárez.

Morales, Dn. Juan Luis con Guerreros, Da. María del Rosario
Exp. 9: Dn. **Juan Luis Morales**, viudo de la finada Da. María Antonia Guerreros, pretende contraer matrimonio con Da. **María del Rosario Guerreros**, h.l. de Dn. José Antonio y de Da. Mercedes Burgos. Con impedimento por el parentesco de afinidad ilícita en primer, por haber sido el pretendiente esposo de la hermana de la pretendida. Presentada En El Alto el 20 de diciembre de 1851. Ts: José Lino Magallán y Crisólogo Magallan.

Lobo, Félix Rosa con Camaño, Francisca Antonia
Exp. 8: **Félix Rosa Lobo**, vecino de Potro Ulpiana, h.l. del finado Luis Lobo y de Paulina Agüero, pretende contraer matrimonio con **Francisca Antonia Camaño**, vecina de las Cortaderas, hija bastarda de Pablina Camaño. Presentada En El Alto el 24 de diciembre de 1851. Ts: Marcelino Lobo y Dn. Felipe Cabral.

Luna, Rudecindo con Heredia, Micaela
Exp. 9: **Rudecindo Luna**, vecino de Sucuma, de este curato, h.n. de Lorenza Luna, ha resuelto contraer matrimonio con **Micaela Heredia**, h.n. de Carmen Heredia, de Ancuja. Presentada En El Alto el 29 de diciembre de 1851. Ts: Dn. Miguel Nicolás Leiva y Simón Burgos.

Legajo 59 de 1852

Sánchez, Dn. Gorgonio con Reyes, Da. Ignacia
Exp. 1: Dn. **Gorgonio Sánchez**, viudo de Patrocinia Soraire, vecino de Iloga, ha resuelto contraer matrimonio con Da. **Ignacia Reyes**, h.l. del finado Dn. Miguel Reyes y de Da. Ubalda Burgos, vecina de

Guayamba. Presentada en El Alto el 10 de enero de 1852. Ts: Leandro Gutiérrez y Silvestre Ibáñez.

Lobo, Crisanto con Quiroga, Leonarda

Exp. 2: **Crisanto Lobo**, vecino de las Cañas, h.l. de Borja Lobo y de la finada Pascuala Lobo, pretende contraer matrimonio con **Leonarda Quiroga**, vecina de las Cortaderas, h.l. de Carmen Quiroga y de Mercedes Agüero. Presentada En El Alto el 20 de enero de 1852. Ts: … y Juan de Dios Díaz.

Vega, Dn. Cipriano con Cabral, Da. Manuela

Exp. 3: Dn. **Cipriano Vega**, vecino de San Isidro, h.n. de Da. Santos Vega, pretende contraer matrimonio con Da. **Manuela Cabral**, h.l. de Dn. Felipe Cabral y de Da. Luisa Aragón, ya finada. Presentada En El Alto el 21 de enero de 1852. Ts: Dn. José Lino Magallán y José Silva.

Agüero, José Venancio con Valdéz, María Odofia

Exp. 4: **José Venancio Agüero**, h.l. de Juan Pedro Agüero y Francisca Juárez, vecinos del Agua del Sauce, tengo tratado tomar estado de matrimonio con **María Odofia Valdéz**, h.l. de Paulino Valdéz y de Francisca Cárdenas, vecinos de la Puerta. Presentada En El Alto el 24 de enero de 1852. Ts: José Manuel Páez y Bartolomé Hernández.

Lobo, José Ignacio con Arévalo, María del Señor Arévalo

Exp. 5: **José Ignacio Lobo**, vecino de Potro Ulpiana, h.l. de José Luis Lobo y de Nicolasa Agüero, pretende contraer matrimonio con **María del Señor Arévalo**, vecina de la Huerta, h.l. de Felipe Santiago Arévalo y de Juana Rosa Márquez. Presentada En El Alto el 27 de enero de 1852. Ts: … Ahumada y José Antonio Guerreros.

Guerreros, Dn. Francisco con Collantes, Da. Clementina

Exp. 6: Dn. **Francisco Guerreros**, vecino de Haipa Sorcona, h.l. de Dn. José Antonio Guerreros y de Da. Mercedes Burgos, pretende contraer matrimonio con Da. **Clementina Collantes**, del lugar de los Ortices, h.l. de Bernabé Collantes y de Da. Lorenza Arévalo. Presentada En El Alto el 24 de enero de 1852. Ts: Andrés Barrionuevo y Dn. José Lino Magallan.

Quiroga, Estanislao con Flores, Perfecta

Exp. 7: **Estanislao Quiroga**, h.n. de la finada Petrona, ha resuelto contraer matrimonio con **Perfecta Flores**, h.l. del finado Juan Andrés y de Mercedes Flores, siendo ambos vecinos del paraje de Achalco. Declaran dos impedimentos por afinidad ilícita: uno en segundo grado con atingencia al primero, y el otro en segundo grado. Presentada En El Alto el 6 de febrero de 1852. Ts: F… C… y Dn. Antonio María G…. Dispensados los impedimentos en Tucumán a 23 de marzo de 1852. No se explica el parentesco.

Lobo, Sinforoso con Agüero, María del Señor

Exp. 8: **Sinforoso Lobo**, vecino de Potro Ulpiana, h.l. de Pedro Ignacio Lobo, ya finado, y de Juana Ángela Durán, también finada, pretende contraer matrimonio con **María del Señor Agüero**, del mismo paraje, h.l. del finado Ignacio Agüero y de Montserrat Burgos. Presentada En El Alto el 7 de febrero de 1852. Ts: Antonio Gutiérrez y Dn. Manuel Pablo Ibáñez.

Ulibarri, Dn. Ezequiel con Espeche, Da. Segunda

Exp. 9: Dn. **Ezequiel Ulibarri**, feligrés de este curato, h.l. de los finados Dn. José Mateo y Da. Margarita Lema, pretende contraer matrimonio con Da. **Segunda Espeche**, viuda de Dn. Javier Rizo. Ligados con los parentescos de consanguinidad en tercer grado y por afinidad lícita en tercero con cuarto grado (Dn. Javier Rizo primo segundo de Da. Margarita Lema, hija de Dn. Bernabé Antonio y nieta de Da. Margarita Leiva de Lema, hermana de Da. N. Leiva, madre de Da. Laurencia Leiva y abuela de Dn. Javier Rizo). Presentada En El Alto el 9 de febrero de 1852. Ts: Gregorio Ahumada y Juan José Quiroga. El parentesco por consanguinidad se explica con el siguiente esquema:

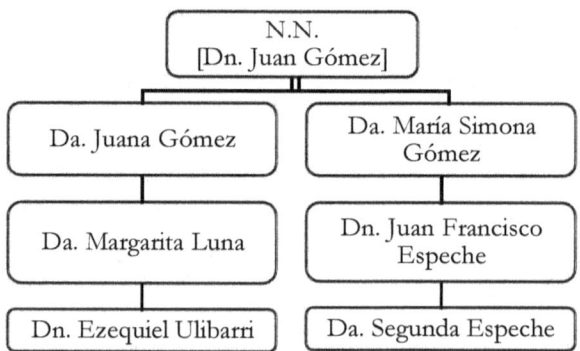

Gómez, Dn. Bartolomé con Ahumada, Da. Ceferina

Exp. 10: Dn. **Bartolomé Gómez**, h.l. del finado Dn. José Gregorio y de Da. María Vidal Carrizo, pretende contraer matrimonio con Da. **Ceferina Ahumada**, h.l. de los finados Dn. Pedro Nolasco y Da. Patricia Espeche. Ligados con tres impedimentos de consanguinidad en tercero con cuarto grado en línea transversal. Presentada En El Alto el 9 de febrero de 1852. Ts: Dn. Solano Segura y Dn. Samuel Villagra. Los parentescos se explican con los siguientes esquemas:

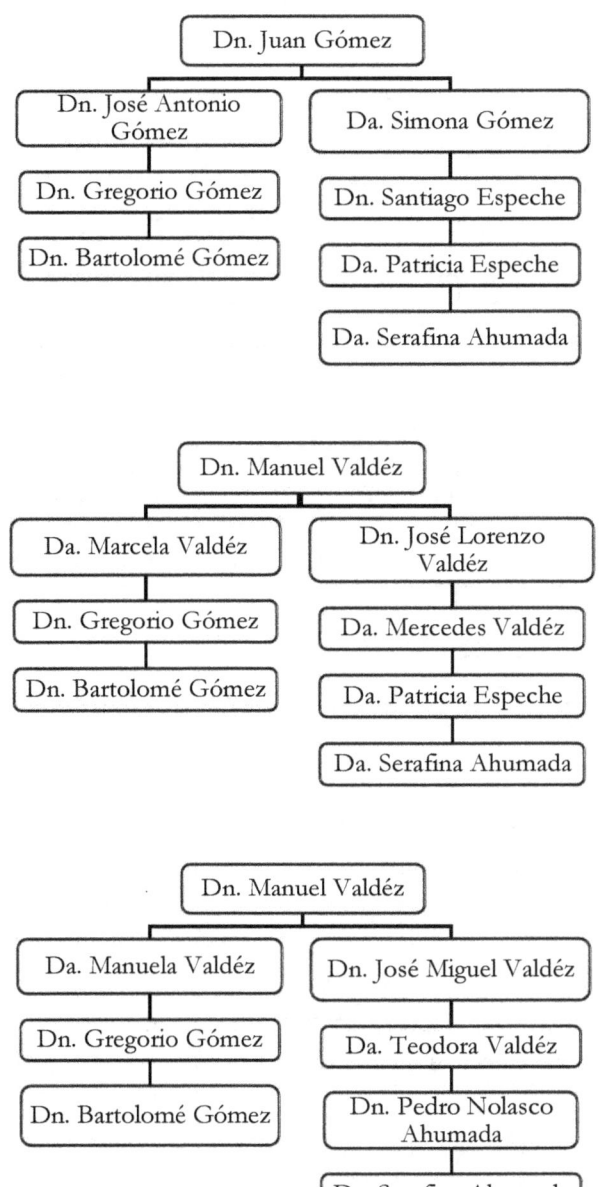

Mercado, Abraham con Brizuela, María de la Cruz
Exp. 11: **Abraham Mercado**, feligrés de la Concepción de El Alto, h.l. de León Mercado y de la finada Petrona Lobo, pretende contraer matrimonio con **María de la Cruz Brizuela**, feligresa del mismo curato, h.l. de Pedro Brizuela y de Justa Ibáñez. Presentada en el Manantial a 14 de febrero de 1852. Ts: …miro Ledesma y Luis Ogas.

Guerreros, Cipriano con Navarro, María Francisca
Exp. s/n. **Cipriano Guerreros**, feligrés de este curato y vecino de la Aguada, h.n. de la finada Barbarita Guerreros, ha resuelto contraer matrimonio con **María Francisca Navarro**, h.l. de Simón Navarro y de Micaela Díaz, vecina de Alijilán, ambos de este curato. Presentada en el Manantial a 14 de febrero de 1852. Ts: Antonio Carrizo y Dámaso Durán.

Ledesma, Cesario con Santillán, Josefa del Rosario
Exp. 12: **Cesario Ledesma**, feligrés de este curato y vecino del Remansito, h.n. de la finada Magdalena Ledesma, pretende contraer matrimonio con **Josefa del Rosario Santillán**, h.l. de Simón Santillán y de Juliana Galbán, también feligresa de este curato y vecina del mismo lugar. Presentada en Vilismano a 1 de marzo de 1852. Ts: Bautista (…) y Dn. ¿Cora…?

Contreras, Lázaro Antonio con Juárez, Juana
Exp. 13: **Lázaro Antonio Contreras**, h.n. de la finada María Antonia, pretende contraer matrimonio con **Juana Juárez**, h.l. de los finados Gregorio y María Lobo. Declaran un impedimento por afinidad ilícita en segundo grado público por haber tenido trato la pretendida con un primo hermano del pretendiente.

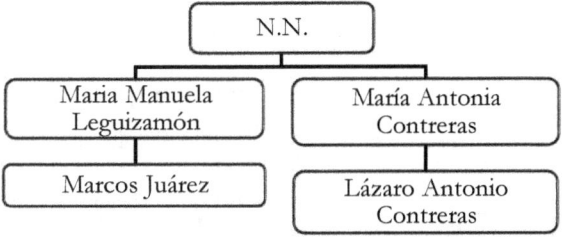

Ibáñez, Andrés con Santillán, María Crisola
Exp. 14: **Andrés Ibáñez**, feligrés de este curato y vecino de Choya, h.n. de Gregoria Ibáñez, pretende contraer matrimonio con **María Crisola Santillán**, h.l. de Miguel y de María Asunción López, también feligresa de este curato, vecina del mismo lugar. Presentada en Vilismano a 25 de marzo de 1852. Ts: ¿Crescencio? Pacheco y Juan Dionisio…

Cordero, Víctor Modesto con Díaz, Josefa
Exp. 15: **Víctor Modesto Cordero**, feligrés de este curato y vecino de la Chilca, h.n. de la finada Martina Cordero, pretende contraer matrimonio con **Josefa Díaz**, h.n. de Francisca Díaz, también feligresa de este curato y vecina de las Chacras. Presentada en Vilismano a 25 de marzo de 1852. Ts: Víctor Modesto Cordero (¿homónimo?) y José Juárez.

Manuel Guerreros con Falcón, María Fortunata
Exp. 16: 39 **Manuel Guerreros**, vecino de La Aguada … viudo de la Modesta Caravajal, pretende contraer matrimonio con **María Fortunata Falcón**, vecina de Munancala, h.l. de Lorenzo Falcón, finado y de Mercedes M…, también finada. Presentada En El Alto

el 1 de abril de 1852. Ts: Mariano Ahumada y Manuel Rojas.

Barrientos, Dn. Crisóstomo con Guerras, Da. Santos Hermenegilda

Exp. 17: Dn. **Crisóstomo Barrientos**, vecino del Manantial, h.n. de Da. Genuaria Barrientos, pretende contraer matrimonio con Da. **Santos Hermenegilda Guerras**, vecina de San Nicolás, h.l. de Dn. José María Guerras, ya finado, y de Da. Micaela Ávila, también finada. Presentada En El Alto el 1 de abril de 1852. Ts: … y Dn. Juan Gregorio Valdéz.

Ortiz, Luis con Ibarra, Felipa Antonia

Exp. 18: **Luis Ortiz**, h.l. de Bernardino y de Dolores Figueroa, pretende contraer matrimonio con **Felipa Antonia Ibarra**, viuda de Luis Molina, no pudiéndolo verificar por estar ligados con parentesco de consanguinidad en segundo grado. Presentada En El Alto el 4 de abril de 1852. Ts: Antonio Pacheco y Bernardino Mostajo.

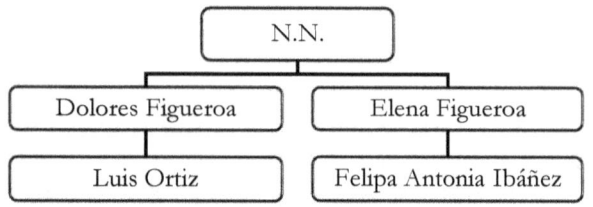

Díaz, Manuel Benigno con Reyes, María del Rosario

Exp. 19: **Manuel Benigno Díaz**, h.n. de Solana Díaz, pretende contraer matrimonio con **María del Rosario Reyes**, h.n. de Valentina, no pudiendo verificarlo por estar ligados con impedimento público de afinidad ilícita en primer grado por haber tenido trato la pretendida con un hermano de madre del pretendiente. (Solana Díaz tuvo por hijos a Manuel Benigno Díaz, el pretendiente, y a José María Ibáñez, este último es quien tuvo trato con la pretendida). Presentada En El Alto el 14 de abril de 1852. Ts: Luis Leiva y Matías Álvarez.

Coronel, Alejo con Cardoso, Carmen

Alejo Coronel, feligrés de este curato, h.l. de los finados Bernardo Coronel y de María Varela, pretende contraer matrimonio con **Carmen Cardoso**, viuda del finado Felipe Santucho. Presentada En El Alto el 16 de abril de 1852. Ts: José Joaquín… y Avelino Morales.

Jiménez, Rudecindo con Figueroa, Arsenia

Exp. 21: **Rudecindo Jiménez**, feligrés de este curato, h.n. de Laureana Jiménez (padre biológico, según esquema: Jorge Luna), pretende contraer matrimonio con **Arsenia Figueroa**, h.l. de Francisco y de María Antonia Jiménez, declaran dos parentescos de consanguinidad, uno en segundo grado, y otro de tercero con segundo. Presentada En El Alto el 20 de abril de 1852. Ts: Dn. Felipe… y Gregorio…

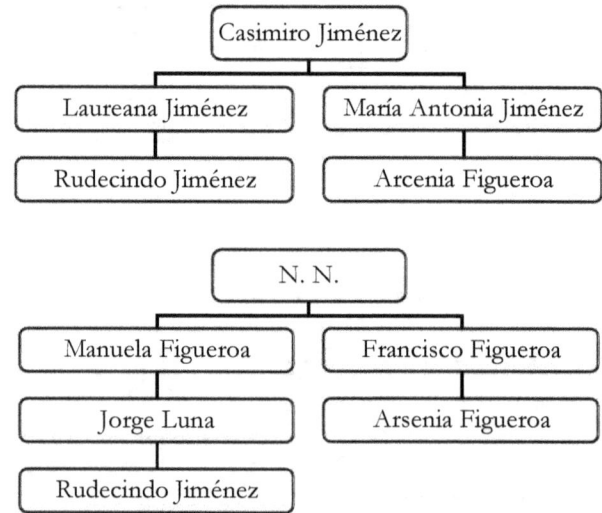

Ibáñez, Dn. Agustín con Villalba, Da. Nicolasa

Exp. 22: Dn. **Agustín Ibáñez**, h.l. de los finados Dn. Pedro José y Da. María Clara Ulivarri, pretende contraer matrimonio con Da. **Nicolasa Villalba**, h.l. de los finados Dn. Rosa y Da. Isidora Arévalo, declaran un parentesco de consanguinidad en tercero con cuarto grado. Presentada En El Alto el 21 de abril de 1852. Ts: Juan Manuel… y José…

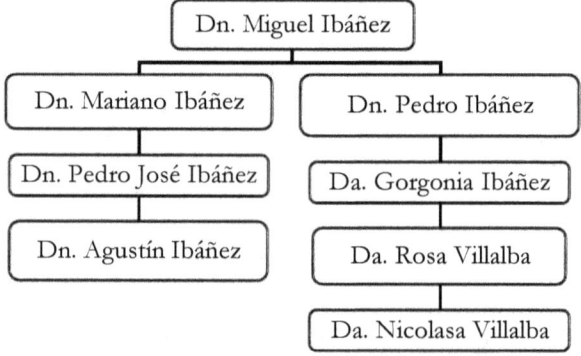

Zurita, José Expectación con Ávila, Da. María Isabel

Exp. 23: **José Expectación Zurita**, feligrés de este curato, h.l. del finado Toribio y de la finada Ja Rosa Arévalo, pretende contraer matrimonio con Da. **María Isabel Ávila**, h.l. del finado Juan Francisco y de la finada María Pilar Díaz, también feligresa de este curato. Presentada en Vilismano a 25 de abril de 1852. Ts…

Almaráz, José Abraham con Segura, Corazón

Exp. 24: **José Abraham Almaraz**, vecino de Guayamba, h.l. de Gregorio y de Angelina Pedraza, pretende contraer matrimonio con **Corazón Segura**, h.n. de Justa, vecina de Sucuma. Presentada En El Alto el 28 de abril de 1852. Ts: Dn. Rosa Agüero y Bartolo Carrizo.

Corazón, Martín con Ibáñez, Cornelia
Exp. 24: **Martín Cardoso**, feligrés de este curato y vecino del Manantial, viudo de Tránsito Barrientos, he resuelto contraer matrimonio con **Cornelia Ibáñez**, h.n. de Cayetana Ibáñez, vecina del Abra, ambos de este curato. Presentada en El Manantial a 30 de mayo de 1852. Ts: Gregorio Ávila y Juan Simón Paz.

Agüero, Dn. José Rosario con Gómez, Da. Rosa
Exp. 26: Dn. **José Rosario Agüero**, vecino de Piedra Blanca e h.l. del finado Dn. Fermín Agüero y de Da. Petrona Astorga, pretende contraer matrimonio con Da. **Rosa Gómez**, h.l. del finado Dn. José Gregorio y de Da. María Vidal Carrizo, ambos vecinos de este curato. Presentada En El Alto el 14 de mayo de 1852. Ts: Dn. Filiberto Ahumada y Valeriano Galván.

Luján, Dn. Juan Miguel con Ávila, Da. Narcisa
Exp. 27: Dn. **Juan Miguel Luján**, viudo de Da. Francisca Cejas, pretende contraer matrimonio con Da. **Narcisa Ávila**, h.l. de los finados Dn. Manuel y Da. Micaela Díaz, ambos feligreses de este curato, no pudiéndolo verificar por hallarnos impedidos con el parentesco de afinidad por cópula lícita en tercero con cuarto grado por línea oblicua. Presentada en la Quebrada a 17 de mayo de 1852. Ts: Dn. Justo Villalba y Nicolás Díaz.

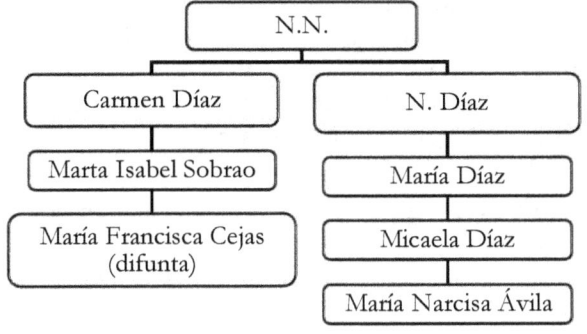

Aranda, Juan de la Cruz con Verón, Petrona
Exp. 28: **Juan de la Cruz Aranda**, h.n. de Rosario, pretende contraer matrimonio con **Petrona Verón**, h.n. de Nicolasa, ambos vecinos de este curato. Presentada en la Quebrada a 20 de mayo de 1852. Ts: José Lorenzo Cevallos y Leopoldo Contreras.

Lazo, Félix Rosa con Díaz, Eduarda
Exp. 29: **Félix Rosa Lazo**, feligrés de este curato, h.n. de María Santos Lazo, pretende contraer matrimonio con **Eduarda Díaz**, de esta feligresía, h.l. de los finados Rufino y Pilar Tolosa, declaran un parentesco por consanguinidad en tercer grado. Presentada en la Quebrada a 20 de mayo de 1852. Ts: Pedro José Santucho y Francisco Javier Pintos.

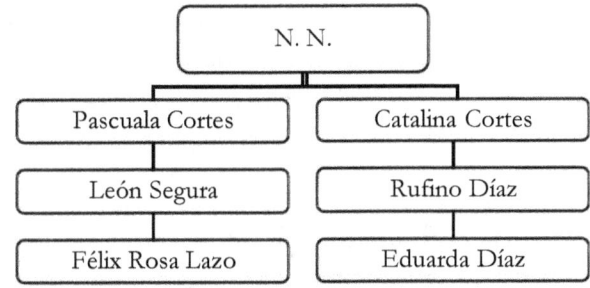

Flores, Félix Rosa con Lobo, María Salomé
Exp. 30: **Félix Rosa Flores**, feligrés de este curato, h.l. del finado Juan Andrés y de Mercedes Flores, pretende contraer matrimonio con **María Salomé Lobo**, viuda de Luciano Ledesma, declaran un parentesco por afinidad lícita en segundo grado con atingencia al tercero. Presentada en la Quebrada a 25 de mayo de 1852. Ts: Pedro Castellanos y Remigio Ledesma.

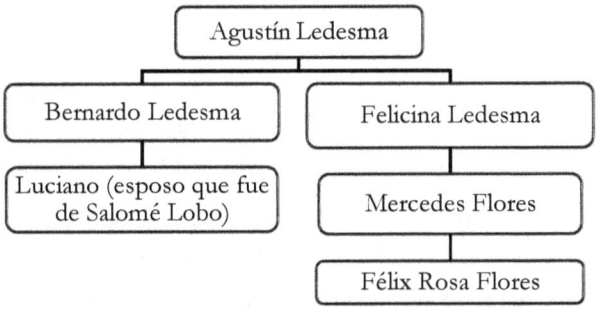

Maidana, Fidel Antonio con Díaz, María del Carmen
Exp. 31: **Fidel Antonio Maidana**, h.l. del finado Felipe y de Lucía Rodríguez, pretende contraer matrimonio con **María del Carmen Díaz**, h.l. de los finados Rufino y Pilar Tolosa. Presentada en la Quebrada a 29 de mayo de 1852. Ts: Francisco Falcón y Damasceno Herrera.

Legajo 60 de 1852

Santillán, Dn. José Luis con Rodríguez, Da. Genoveva
Exp. 1: Dn. **José Luis Santillán**, de este curato e h.l. de Dn. José Manuel y de Da. Mercedes Seran, pretende contraer matrimonio con Da. **Genoveva Rodríguez**, h.n. de Da. Delfina, también vecinos de este curato. Presentada En El Alto el 18 de junio de 1852. Ts: Fernando Lobo y Ventura Rodríguez.

Santucho, Anselmo con Narváez, Rufina

Exp. 2: **Anselmo Santucho**, viudo de la finada Luisa Arévalo, pretende contraer matrimonio con **Rufina Narváez**, h.l. de los finados Alejo Narváez y Carmen Luján, declaran un parentesco por afinidad lícita en segundo grado con atingencia al cuarto. Presentada En El Alto el 20 de junio de 1852. Ts: José Manuel Díaz y Liberato Morales.

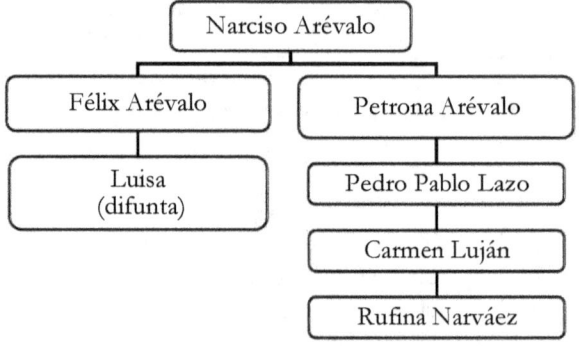

Lobo, Bernabé con Peralta, Justa

Exp. 3: **Bernabé Lobo**, feligrés del curato del Río Chico, jurisdicción de Tucumán, h.l. del finado Francisco Lobo y de Ana María Fernández, y viudo de Anacleta Romero, pretende contraer matrimonio con **Justa Peralta**, h.n. de Carmen Peralta, feligrés del curato de la Concepción de El Alto, comprensión de Catamarca. Presentada En El Alto el 21 de junio de 1852. Ts: Venancio Reinoso y Juan Bautista Vargas.

Cordero, José Lázaro con Rojas, María Inés

Exp. 4: **José Lázaro Cordero**, vecino de El Alto, viudo de Narcisa Juárez, pretende contraer matrimonio con **María Inés Rojas**, vecina de El Alto, viuda del finado Manuel Antonio Tolosa. Presentada En El Alto el 23 de junio de 1852. Ts: Juan de la Cruz Fernández y Ángel Mariano Oliva.

Saavedra, Dn. Pedro Gregorio con Castro, Da. Agustina

Exp. 5: Dn. **Pedro Gregorio Saavedra**, vecino de El Alto, h.l. de Dn. Ángel Mariano Saavedra y de Da. María de los Ángeles Gramajo, pretende contraer matrimonio con Da. **Agustina Castro**, vecina de Guayamba, viuda de Dn. Joaquín Pacheco. Presentada En El Alto el 25 de junio de 1852. Ts: Juan José Silva y Domingo Díaz.

N. Dn. con N. Da.

Exp. 6: **Dn. N.** pretende contraer matrimonio con Da. **N.**, ambos de esta feligresía, no pudiéndolo realizar por hallarse ligados con el parentesco de afinidad ilícita en segundo grado igual en la línea transversal, el cual impedimento es oculto.

Cardia, Luis Ignacio con Gómez, Mercedes

Exp. 7: **Luis Ignacio Cardia**, vecino del curato de Piedra Blanca y residente en este por dos años e h.l. de los finados Juan Manuel y Teresa Arreguez, pretende contraer matrimonio con **Mercedes Gómez**, h.l. de Ciriaco y Ventura Moyano, vecinos de este beneficio. Presentada En El Alto el 28 de junio de 1852. Ts: Dn. Ramón Rosa Bulacia y Carmelo Vázquez.

Medina, Dn. José Bartolomé de con Leiva, Da. Petrona

Exp. 8: Dn. **José Bartolomé de Medina**, vecino del lugar de Gastonilla, jurisdicción de Tucumán, e h.l. del finado Dn. Tiburcio y de Da. Estefanía Díaz, pretende contraer matrimonio con Da. **Petrona Leiva**, h.l. de Dn. Javier Leiva y de la finada Da. Gerónima Albarracín, vecinos del lugar de la Bajada, de esta provincia de Catamarca. Presentada En El Alto el 12 de agosto de 1852. Ts: Genuario Rodríguez y Genuario Soraire.

N. Dn. con N. Da.

Exp. 9: **Dn. N.** pretende contraer matrimonio con Da. **N.**, ambos feligreses de este curato. Ligados con el parentesco de afinidad ilícita en segundo grado igual en línea oblicua, que resulta de haber tenido la novia trato ilícito con primo hermano del pretendiente, el cual impedimento es en el todo oculto.

N. con N.

Exp. 10: **N.** pretende contraer matrimonio con **N.**, ligados con el parentesco de afinidad en segundo grado igual por cópula ilícita en la línea transversal, y es de delito en el todo oculto, resultando de haber tenido la contrayente trato ilícito con un primo hermano del pretendiente; y en atención a ser la novia pobre, huérfana de padre y madre, y la necesidad de evitar el escándalo.

Pereira, Dn. Juan Bautista con Rosales, Da. Juana Gregoria

Exp. 11: Dn. **Juan Bautista Pereyra**, h.l. de los finados Dn. Juan Simón y Da. Gerónima Burgos, pretende contraer matrimonio con Da. **Juana Gregoria Rosales**, h.l. del finado Dn. Eusebio y de Da. Juana Rosa Gauna, ambos vecinos de este curato. Presentada En El Alto el 25 de agosto de 1852. Ts: Dn. Griseldo Lezana y Dn. José Manuel Videla.

Salas, Dn. Isidoro con Agüero, Da. Concepción

Exp. 12 y 13: Dn. **Isidoro Salas**, feligrés del curato de El Alto, h.l. de Dn. Diego y de Da. Asunción Valdéz, habiendo resuelto contraer matrimonio con Da. **Concepción Agüero**, del beneficio de Ancasti, h.l. de los finados Dn. Justo y Da. N. Gutiérrez. Presentada en las Tunas a ¿10? de agosto de 1852. Ts: Dn. José Leiva y Dn. Pedro Nicolás Gómez.

Garnica, Pedro con Pereira, María Lorenza
Exp. 14: **Pedro Garnica**, vecino de este curato e h.l. de Lázaro y de la finada Rosario Rojas, pretende contraer matrimonio con **María Lorenza Pereira**, h.n. de Marciana, también vecinos de este mismo curato. Presentada En El Alto el 6 de septiembre de 1852. Ts: Bartolo Carrizo y Amadeo Ovejero.

Montenegro, José Domingo con Castro, Rosario
Exp. 15: **José Domingo Montenegro**, h.l. de José Constantino y de María Leocadia Pérez, pretende contraer matrimonio con **Rosario Castro**, h.n. de Cecilia, ambos vecinos de Guayamba. Presentada En El Alto el 11 de septiembre de 1852. Ts: Dn. Segundo Ahumada y Saturnino Barrionuevo.

Carrizo, Bartolomé con Gramajo, María Mercedes
Exp. 16: **Bartolomé Carrizo**, vecino de las Cañas, h.n. de María Melchora Carrizo, pretende contraer matrimonio con **María Mercedes Gramajo**, h.l. de Solano Gramajo y de María Salvatierra. Presentada en las Cañas a 15 de septiembre de 1852. Ts: José Carmelo Lobo y José Isabel Vera.

Jiménez, José Domingo con Montenegro, Olegaria
Exp. 17: **José Domingo Jiménez**, h.l. de Francisco Jiménez y de Gervasia Barrientos, quiere contraer matrimonio con **Olegaria Montenegro**, h.l. de Diego Montenegro y de Petrona Vaca, residentes en el lugar del Manantial, comprensión de este curato. Presentada en las Cañas a 15 de septiembre de 1852. Ts: Ramón Rosa Romero y Ramón Rosa Pereyra.

Salazar, Dn. Solano con Medina, María del Señor
Exp. 18: Dn. **Solano Salazar**, h.n. de Da. Luisa Salazar, vecinos de Piedra Blanca, pretende contraer matrimonio con **María del Señor Medina**, hija de Dn. Gregorio Medina y de Da. Serafina Pérez, de esta feligresía y residentes en la Carpintería. Presentada en las Cañas a 19 de septiembre de 1852. Ts: Dn. José Santiago Ibáñez y Luis Maturano.

Pacheco, Dn. Félix Santiago con Lobo, Da. María Paula
Exp. 19: Dn. **Félix Santiago Pacheco**, vecino de Guayamba, h.l. de Dn. Joaquín Pacheco y de Da. Agustina Castro, pretende contraer matrimonio con Da. **María Pabla Lobo**, vecina de Tintigasta, h.l. de Dn. Fernando Lobo y de Da. Ubalda Albarracín. Presentada En El Alto el 24 de septiembre de 1852. Ts: Gregorio ¿A…? y Dn. Nicolás Burgos.

Arias, Emeterio con Albarracín, Ramona
Exp. 20: **Emeterio Arias**, vecino de Guayamba, h.n. de Justa Arias, pretende contraer matrimonio con **Ramona Albarracín**, vecina de Guayamba, h.n. de Mercedes Albarracín. Presentada En El Alto el 1 de octubre de 1852. Ts: Juan Gregorio Acuña y Eusebio Arévalo.

Garay, Antonio con Yance, Juana Petrona
Exp. 21: **Antonio Garay**, vecino del curato de Silípica, h.l. de Isidoro Garay y de Mercedes Gramajo, pretende contraer matrimonio con **Juana Petrona Yance**, h.l. de Francisco Yance, vecino de la Higuerita, y de Tomasina Retamozo. Presentada En El Alto el 4 de octubre de 1852. Ts: Dn. Ángel Mariano Saavedra y Dn. Pedro Gregorio Saavedra.

Paz, Felipe Santiago con Burgos, María Grimanesa
Exp. 22: **Felipe Santiago Paz**, vecino de Pucarilla y residente en Alijilán para tres años e h.l. del finado Juan Andrés y de María Elena Cisternas, pretende contraer matrimonio con **María Grimanesa Burgos**, h.n. de María Francisca, vecinos de este curato y residente en las Cananas. Presentada En El Alto el 23 de octubre de 1852. Ts: Juan Manuel Ulibarri y Baltazar Coronel.

Salguero, Elías con Avellaneda, María Juana
Exp. 23: **Elías Salguero**, vecino de Ancuja y viudo de Estanislada Vázquez, pretende contraer matrimonio con **María Juana Avellaneda**, h.l. del finado Marcelo y de Dionisia Burgos, también vecinos del mismo lugar. Presentada En El Alto el 25 de octubre de 1852. Ts: Isidoro (en blanco) y Marcelino Ibáñez.

Navarro, José Misael con Romero, Ramona del Carmen
Exp. 24: **José Misael Navarro**, feligrés de este curato y residente en el lugar de Oyola, h.n. de Da. Mónica, pretende contraer matrimonio con **Ramona del Carmen Romero**, h.n. de la finada Trinidad, también feligresa de este curato y vecina del mismo lugar. Presentada En El Alto el 11 de noviembre de 1852. Ts: Pedro Lizardo Zalazar y (en blanco).

Pacheco, Pedro Ignacio con Maldonado, Celestina
Exp. 25: **Pedro Ignacio Pacheco**, h.l. de Tomás y de Prudencia Díaz, pretende contraer matrimonio con **Celestina Maldonado**, h.l. de Eduardo y de Rosario López. Presentada en Quimilpa a 17 de noviembre de 1852. Ts: Facundo Leiva y Avelino Collantes.

Quinteros, Miguel Finardo con Ojeda, Ignacia
Exp. 26: **Miguel Finardo Quinteros**, vecino de Anillaco, jurisdicción de La Rioja, y residente en este curato para tres años, e h.n. de la finada María Antonia, pretende contraer matrimonio con **Ignacia Ojeda**, h.l. de los finados Juan Gregorio y Ramona Robles, vecinos de este curato. Presentada En El Alto el 19 de noviembre de 1852. Ts: Dn. Nicanor Navarro y…

Cipriano Guerreros con Navarro, María Francisca

Exp. 28: **Cipriano Guerreros**, h.n. de la finada Bárbara, contrajo matrimonio con **María Francisca Navarro**, h.l. de Simón y de Micaela Díaz, ambos feligreses de este curato. Los mismos se hallan ligados con el parentesco de consanguinidad en tercero con cuarto grado. El parentesco se explica con el siguiente esquema:

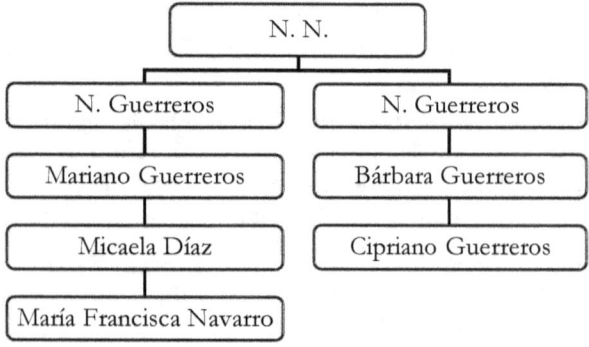

Tolosa, Dn. Severo con Gómez, Da. Clara Rosa

Exp. 29: Dn. **Severo Tolosa**, h.l. de Dn. Lorenzo Tolosa y de Da. Teresa Gómez, pretende contraer matrimonio con Da. **Clara Rosa Gómez**, h.l. de Dn. Bartolomé y Da. Feliciana Espeche, ambos feligreses de este curato, declaran dos parentescos de consanguinidad, uno en tercer grado igual, y otro en cuarto con tercer grado. Presentada en El Alto el 9 de diciembre de 1852. Ts: Dn. Ángel Bulacia y Dn. Ramón Rosa Bulacia. Los parentescos se explican con los siguientes esquemas:

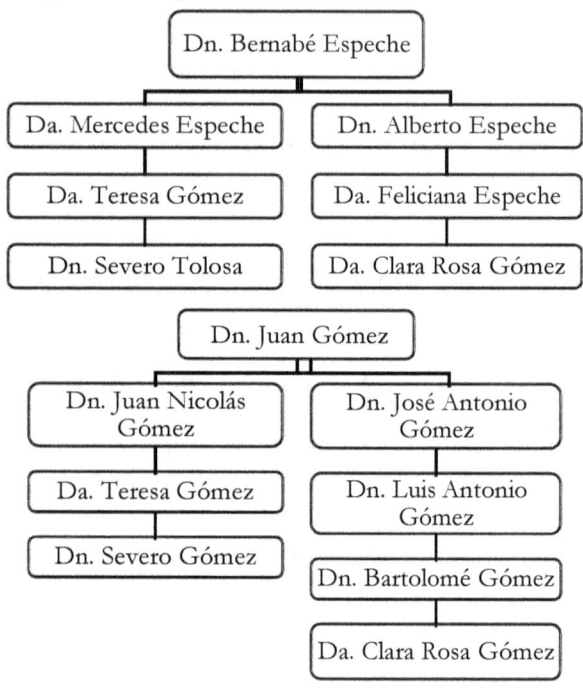

Burgos, Misael con Ogas, Bartolina

Exp. 30: **Misael Burgos**, vecino de Ancuja e h.l. de Anastasio y de Rosario Cardoso, pretendo tomar estado de santo matrimonio con **Bartolina Ogas**, h.l. de los finados Teodoro y Francisca Antonia Torres, vecinos del Valle Viejo, curato del Rectoral. Presentada En El Alto el 9 de diciembre de 1852. Ts: Bailón Morales y Juan Isidor Páez.

Melián, Bernardino con Reinoso, Lucía

Exp. 31: **Bernardino Melián**, feligrés de este curato y residente en el paraje de Taco Yaco, h.l. del finado Manuel Melián y de Juana Rosa Almaraz, pretende contraer matrimonio con **Lucía Reinoso**, también feligrés de este curato, residente en el paraje de Achalco, h.l. de Joaquín Reinoso y de Magdalena Vera. Presentada el 16 de diciembre de 1852. Ts: Valentín Navarro y Julián Altamiranda.

Ávila, Dn. Modesto con Camaño, Da. Juana

Exp. 32: Dn. **Modesto Ávila**, vecino de las Cañas, h.l. de Dn. Gerardo Ávila y de Da. Ignacia Díaz, pretende tomar estado de matrimonio con Da. **Juana Camaño**, h.n. de Da. Rosario Camaño, del mismo vecindario. Presentada en El Alto el 17 de diciembre de 1852. Ts: Crisólogo Magallán y Dn. Ángel Bulacia.

Legajo 63 de 1854

Lezana, Mariano con Lobo, Tiburcia

Exp. 1: **Mariano Lezana**, h.n. de la finada Carmen, pretende contraer matrimonio con **Tiburcia Lobo**, h.n. de Tránsito, ambos feligreses de este curato. Presentada en El Alto el 4 de enero de 1854. Ts: Inocencio Suárez y José López.

Neirot, José María con Aráoz, Manuela

Exp. 2: **José María Neirot**, viudo de la finada Manuela Zárate, pretende contraer matrimonio con **Manuela Aráoz**, viuda del finado Manuel Ormaechea, ambos feligreses de este curato. Presentada en Quimilpa el 13 de enero de 1854. Ts: Casimiro Ledesma y León Mercado.

Ferreira, Francisco Antonio con Sosa, Petrona

Exp. 3: **Francisco Antonio Ferreira**, feligrés de este curato, h.n. de Severina, pretende contraer matrimonio con **Petrona Sosa**, viuda de Feliciano Lobo. Presentada en Quimilpa el 16 de enero de 1854. Ts: José Luis Guevara y Pascual Contreras.

Arancibia, Eleuterio con Delgadino, Petrona

Exp. 4: **Eleuterio Arancibia**, vecino del paraje de Guayamba e h.l. del finado José Roque y de María de Jesús Cueto, pretende contraer matrimonio con **Petrona Delgadino**, vecina del mismo lugar e h.l. de los finados Santiago y Rosario Saavedra. Presentada en

El Alto el 19 de enero de 1854. Ts: Laurencio Rizo y Dn. Emeterio Barrientos.

Paz, Hilario con Cordera, Micaela
Exp. 5: **Hilario Paz**, vecino de Albigasta, h.l. del finado Nolasco y de Carmen Coronel, pretendo tomar el estado del santo matrimonio con **Micaela Cordero**, vecina de Taco Punco e h.n. de Dominga. Presentada en El Alto el 15 de julio de 1853. Ts: Damascio Cevallos y Pedro Ignacio Torres.

Rojas, Adrián, con Salguero, Leonor
Exp. 6: **Adrián Rojas**, vecino del paraje de Choya, h.n. de Lucinda, pretende contraer matrimonio con **Leonor Salguero**, vecina del paraje de Simogasta, h.l. de Juan Santos y de Rosario Gómez. Presentada En El Alto el 20 de enero de 1854. Ts: Rosario Osores y José Rosa Arias.

Castellanos, Juan Bonifacio con Mansilla, Magdalena
Exp. 7: **Juan Bonifacio Castellanos**, h.l. de los finados Juan Ventura y Juana Pabla Conteras, pretende contraer matrimonio con **Magdalena Mansilla**, h.l. de los finados Mariano y Gregoria Chazarreta, ambos vecinos del paraje de la Aguadita. Presentada En El Alto el 24 de enero de 1854. Ts: Eugenio Maidana y Nicolás Almaraz.

Zurita, Ángel Custodio con Tolosa, María Rosa
Exp. 8: **Ángel Custodio Zurita**, h.l. de José del Carmen y de la finada Ana María Verón, pretende contraer matrimonio con **María Rosa Tolosa**, h.l. de los finados Ramón Ignacio y María Josefa ¿Panela? Ambos vecinos del paraje de la Toma. Presentada En El Alto el 25 de enero de 1854. Ts: Pío Nabor Pérez e Hilario Paz.

González, José Tránsito con Artaza, Ana Rosa
Exp. 9: **José Tránsito González**, vecino del paraje de Choya, h.l. del finado Carmelo y de Manuela Sánchez, pretende contraer matrimonio con **Ana Rosa Artaza**, h.l. de Mariano y de María Armas. Presentada En El Alto el 1 de febrero de 1854. Ts: Eduardo González y Pascual González.

Roja, Benjamín con Jeréz, Bartolina
Exp. 10: **Benjamín Roja**, h.n. de Candelaria, pretende contraer matrimonio con **Bartolina Jeréz**, h.l. de los finados Juan Simón y Tomasina Islas, ambos vecinos del paraje de Choya. Presentada En El Alto el 3 de febrero de 1854. Ts: Juan José Silva y Pascual González.

Gómez, Dn. Félix con Gómez, Da. Mercedes
Exp, 11: Dn. **Félix Gómez**, vecino del paraje de Guayamba e h.l. de Dn. Miguel Antonio y de la finada Da. Nicolasa Burgos, pretende contraer matrimonio con Da. **Mercedes Gómez**, vecina del paraje de Collagasta e h.l. de Dn. Pedro Manuel y de la finada Da. Josefa Cevallos. Ligados con el parentesco de consanguinidad en cuarto grado. De la información proporcionada por testigos resulta hallarse el parentesco de consanguinidad en cuarto grado. Presentada En El Alto el 3 de febrero de 1854. Ts: Juan José Silva y José López.

Sánchez, Jovino Basilio con Tolosa, María Cleofé
Exp. 12: **Jovino Basilio Sánchez**, vecino del paraje de Inacillo, h.l. de José Celedonio y de Andrea Avelina Zavalía, pretende contraer matrimonio con **María Cleofé Tolosa**, vecina del lugar de la Laguna e h.l. de los finados Ramón Antonio y Josefa Pinela. Presentada En El Alto el 4 de febrero de 1854. Ts: José Antonio Medina e Isidro Díaz.

Arias, Martín con Iriarte, Matilde
Exp. 13: **Martín Arias**, h.l. del finado Benito y de Carmen Soraire, pretende contraer matrimonio con **Matilde Iriarte**, h.l. de los finados Silvestre y María del Señor Vega, ambos vecinos del lugar de los Tarcos. Presentada En El Alto el 4 de febrero de 1854. Ts: Juan Anastasio Pacheco y Eusebio Arévalo.

Vega, Pedro Juan con Cisneros, María Evangelina
Exp. 14: **Pedro Juan Vega**, viudo de María Juliana Luján, pretende contraer matrimonio con **María Evangelina Cisneros**, vecina del paraje de los Nogales e h.n. de Evarista. Presentada En El Alto el 8 de febrero de 1854. Ts: Adriano Cañete y Valentín López.

Celiz, Manuel Antonio con Albarracín, Francisca Antonia
Exp. 15: **Manuel Antonio Celiz**, natural de Santiago y residente en este curato más de cuatro años, viudo de Trinidad Peralta, pretende contraer matrimonio con **Francisca Antonia Albarracín**, h.l. del finado Carmelo y de Ventura Díaz. Presentada en el Manantial a 18 de febrero de 1854. Ts: Asensio Barrientos y Domingo Jiménez.

Luján, Dn. José María con Melián, Da. María Pabla
Exp. 16: Dn. **José María Luján**, viudo de la finada Da. María Justa Arévalo, pretende contraer matrimonio con Da. **María Pabla Melián**, viuda de Dn. Bernabé Jeréz. Presentada En El Alto el 2 de marzo de 1854. Ts: Antonio Arévalo y Juan Gregorio…

Gramajo, José Justino con Jeréz, María de la Cruz
Exp. 17: **José Justino Gramajo**, vecinos del paraje de Chañar Laguna, h.l. de los finados José Nicolás y María Candelaria González, pretende contraer matrimonio con **María de la Cruz Jeréz**, viuda de Francisco Nieva. Presentada en la Quebrada a 8 de marzo de 1854. Ts: Manuel de Reyes Campos y Juan…

Arévalo, Ildefonso con González, María del Señor
Exp. 18: **Ildefonso Arévalo**, vecino del paraje de Caña Cruz, h.l. de los finados José y Ramona Luján, pretende contraer matrimonio con **María del Señor González**, viuda de Valentín Cortes. Presentada En El Alto el 29 de marzo de 1854. Ts: Ambrosio Domínguez y José Joaquín Burgos.

Legajo 64 de 1854

Ocón, Rómulo con Albarracín, Josefa
Exp. 1: **Rómulo Ocón**, h.l. de José Rufino y de la finada Asunción Orquera, pretende contraer matrimonio con **Josefa Albarracín**, h.n. de la finada Luisa, ambos vecinos del paraje de las Casas Viejas. Presentada en El Alto el 7 de abril de 1854. Ts: Francisco Falcón y Bailón Pedraza.

Juárez, Ramón Antonio con Madueño, María Delmira
Exp. 2: **Ramón Antonio Juárez**, h.l. de Francisco y de la finada Andrea Garcete, pretende contraer matrimonio con **María Delmira Madueño**, h.l. de José Lorenzo y de María del Señor Varela, ambos feligreses de este curato. Presentada en El Alto el 12 de abril de 1854. Ts: Mariano Medina y Juan Bautista Romero.

Azesol, Rito Desiderio con Ibáñez, Manuela
Exp. (…): El cura interino del beneficio de Graneros Pbro. Félix M. Herrera certifica que **Rito Desiderio Azesol**, feligrés de este curato y del lugar del Campo Grande, h.n. de María Andrea Azesol ha producido información para casarse con **Manuela Ibáñez**, feligresa del curato de El Alto, h.l. de José María Ibáñez, ya finado y de Francisca Solana Díaz, sin resultar impedimento alguno. Dado en Graneros a 13 de abril de 1854.

Lobo, Pedro Nicolás con Rodríguez, María Rosa
Exp. 3: **Pedro Nicolás Lobo**, h.l. del finado Pedro Pablo y de María Petrona Rivas, pretende contraer matrimonio con **María Rosa Rodríguez**, h.n. de Gregoria, ambos feligreses de este curato y vecinos del lugar de Achalco. Presentada En El Alto el 13 de abril de 1854. Ts: Miguel Morales y Juan Bautista…

Ibáñez, José Santos con Paz, Josefa
Exp. s/n: El cura rector interino y vicario foráneo de la provincia de Santiago del Estero, José Baltazar Olaechea, certifico que **José Santos Ibáñez**, vecino del paraje de Ovanta, feligrés del curato de El Alto e h.l. de Patricio Ibáñez y de la finada Albina Leguizamón, a fin de probar su libertad y soltura para contraer matrimonio con **Josefa Paz**, vecina del paraje de San Pedro, feligresa de este rectoral e h.l. de Andrés Paz y de Modesta Arias, no ha resultado impedimento alguno. Dada a 18 de abril de 1854.

Argañarás, Nepomuceno con Peralta, Feliciana
Exp. 4: **Nepomuceno Argañarás**, h.n. de Inocencia, pretende contraer matrimonio con **Feliciana Peralta**, h.l. de los finados Bartolo y de Concepción Barrera, ambos vecinos del lugar de Ovanta. Presentada En El Alto el 20 de abril de 1854. Ts: José Domingo Rosales y Juan Nicolás Reinoso.

Sueldo, Atanasio con Nieva, María Genuaria
Exp. 5: **Atanasio Sueldo**, h.l. de José Diego y de Asunción Vergara, pretende contraer matrimonio con **María Genuaria Nieva**, h.n. de la finada Ignacia, ambos vecinos del lugar de las Trancas. Presentada En El Alto el 20 de abril de 1854. Ts: Mariano Carrazan y José ¿Bernardo?..

Pérez, Dn. Salvador con Jeréz, Da. Cristina
Exp. 6: Dn. **Salvador Pérez**, h.n. de Da. Rosa, ya finada, pretende contraer matrimonio con Da. **Cristina Jeréz**, hija adoptiva de Dn. Bautista y de Da. Mercedes Abad, ambos feligreses de este curato. Presentada En El Alto el 26 de abril de 1854. Ts: Genuario Segura y Braulio Sosa.

Ibáñez, José Santos con Paz, Josefa
Exp. 7: **José Santos Ibáñez**, vecino del lugar de Ovanta e h.l. de Patricio y de la finada Albina Leguizamón, pretende contraer matrimonio con **Josefa Paz**, vecina del lugar de San Pedro e h.l. de Andrés y de Modesta Ledesma. Presentada En El Alto el 26 de abril de 1854. Ts: Nicolás Ledesma y Ventura Reinoso.

Verón, Nicolás con Barrionuevo, Antonia
Exp. 8: **Nicolás Verón**, viudo de Bartolina Pineda, pretende contraer matrimonio con **Antonia Barrionuevo**, del paraje de la Toma, h.l. de los finados Justo Pastor y de María Ignacia Correa. Presentada En

El Alto el 28 de abril de 1854. Ts: Santiago Pérez y Francisco…

Varela, Benigno con Barrientos, Maximiliana
Exp. 9: **Benigno Varela**, vecino de las Tunas, h.n. de Francisca Solana Varela, pretende contraer matrimonio con **Maximiliana Barrientos,** de esta feligresía y vecina de las Tunas, hija del finado Francisco Barrientos y de Inés Collantes. Presentada en el Manantial a 4 de mayo de 1854. Ts: Simón Paz y Santos Luna.

Argañarás, José del Carmen con Molina, Nicasia
Exp. 10: **José del Carmen Argañarás**, vecino de las Tunas e h.l. de Teodoro y de Casimira Mercado, pretende contraer matrimonio con **Nicasia Molina**, vecina del Monte Redondo y viuda de Gabriel Suárez. Presentada en el Manantial a 5 de mayo de 1854. Ts: Felipe Carrizo y Pedro Regalado…

Soria, Lazarito con Leal, María Concepción
Exp. 11: **Lazarito Soria**, vecino de San Luis, comprensión de este curato, h.n. de Bernabela Soria, pretende contraer matrimonio con **María Concepción Leal**, de esta feligresía y vecina de San Luis, hija de Casilda Leal. Presentada en el Manantial a 7 de mayo de 1854. Ts: (…) y Asensio Albarracín.

Toledo, Dn. José Gabriel con Vázquez, Da. Ángela
Exp. (…): El cura interino del beneficio de Piedra Blanca Presb. Dn. Ramón Rosa Vera certifico que Dn. **José Gabriel Toledo**, feligrés de este curato e h.l. de Dn. Gregorio y de Da. Paula Olivera ha producido información para matrimoniarse con Da. **Ángela Vázquez**, feligresa del curato de El Alto e h.l. de Dn. José y de Da. María Santucho, no habiendo resultado impedimento alguno. Dado en la vice parroquia de Paclín a 14 de mayo de 1854.

Peralta, José con Arévalo, María del Señor
Exp. 12: **José Peralta,** del paraje de Choya, h.l. de los finados Andrés y Josefa Agüero, pretende contraer matrimonio con **María del Señor Arévalo**, vecina de la Toma, viuda de Ciriaco Goitia. Presentada en la Quebrada a 18 de mayo de 1854. Ts: José Blas ¿Segovia? y Avelino Jeréz.

Campos, Manuel de Reyes, con Murguía, Natividad
Exp. 13: **Manuel de Reyes Campos**, vecino de Trigo Chacra, h.l. del finado Leandro y de Francisca Garzón, pretende tomar estado con **Natividad Murguía**, h.l. de Mnauel y de la finada Francisca Díaz, también vecina del mismo lugar. Presentada en la Quebrada a ¿1? de junio de 1854. Ts: Bartolomé Pacheco y ¿Santiago?.

Lobo, José Agustín con Toledo, María Petrona
Exp. 14: **José Agustín Lobo**, vecino de Trigo Chacra, h.l. de Faustino y de Francisca Chariol, pretendo tomar estado con **María Petrona Toledo**, h.l. del finado Juan de Dios y de María Antonia Sánchez, también vecina del mismo lugar. Presentada en la Quebrada a 3 de junio de 1854. Ts: Juan Francisco Quiroga y Manuel de Reyes…

Pacheco, Juan Bartolo con Gramajo, Manuela
Exp. 15: **Juan Bartolo Pacheco**, del paraje de Chañar Laguna, h.l. del finado Juan Antonio y de Pascuala Rojas, pretende tomar estado del santo matrimonio con **Manuela Gramajo**, también vecina del mismo lugar, h.l. de los finados Nicolás y de Candelaria Garzón. Presentada en la Quebrada a 12 de junio de 1854. Ts: Manuel de Reyes Campos y José Peralta.

Barrionuevo, Andrés Avelino con Lobo, María Pilar
Exp. 16: **Andrés Avelino Barrionuevo**, vecino del distrito del Unquillo, viudo de Laureana Montes de Oca, pretende contraer matrimonio con **María Pilar Lobo**, viuda de Antonio Brizuela y vecina del Puesto Viejo. Presentada En El Alto el 21 de junio de 1854. Ts: Julián Altamiranda y Dn. Crisólogo Magallan.

Yales, José Rafaelo con Fernández, María Inés
Exp. 17: **José Rafailo Yales**, h.l. de los finados Mariano y de María Sacramento Juárez, pretende contraer matrimonio con **María Inés Fernández**, h.n. de Dominga, ambos vecinos del paraje de Alijilán. Presentada En El Alto el 17 de junio de 1854. Ts: Juan Felipe Arias y (…).

Legajo 65 de 1854

Reinoso, Juan Bautiza con Díaz, Eduviges
Exp. 1: **Juan Bautista Reinoso**, h.l. del finado Germano y de Isidora Asesol, pretende tomar estado de matrimonio con **Eduviges Díaz**, h.l. de Marcos y de Petrona Molina, feligreses de este depto. y residentes en la Puerta Grande. Presentada En El Alto el 7 de julio de 1854. Ts: Francisco Antonio Cárdenas y Pedro Pablo…

Ulibarri, Dn. Juan Manuel con Barrionuevo, Da. Rosa
Exp. 2: Dn. **Juan Manuel Ulibarri**, viudo de Da. Gregoria Leiva, pretende contraer matrimonio con Da. **Rosa Barrionuevo**, viuda de Javier Saltos, ambos vecinos de Munancala. Presentada En El Alto el 11 de julio de 1854. Ts: Romualdo Rizo y Dn. Juan Bautista Barrera.

Robles, Dn. Abraham con Olmos, Juana Petrona

Exp. 3: Dn. **Abraham Robles**, vecino de este curato, h.l. de Dn. Juan Manuel y de la finada Da. Petrona Bastos, pretende contraer matrimonio con **Juana Paula Olmos**, también vecina de este curato e h.n. de Florentina. Presentada En El Alto el 13 de julio de 1854. Ts: Dn. Braulio Sosa y Salvador Pérez.

Guerreros, José León con Araujo, Petrona
Exp. 4: **José León Guerreros**, vecino de Haipa Sorcona, h.l. de los finados Juan Bautista y de Rosario Iriarte, pretende contraer matrimonio con **Petrona Araujo**, vecina de Loreto, provincia de Santiago, h.n. de Dominga. Presentada En El Alto el 19 de julio de 1854. Ts: José Nicolás Juárez y… Cabral.

Cejas, José Malaquías con Medina, Eleuteria
Exp. 5: **José Malaquías Cejas**, h.l. de Juan Simón y de la finada María Pascuala Pacheco, pretende contraer matrimonio con **Eleuteria Medina**, h.n. de María Isabel Medina (hija biológica, según esquema, de Mariano Ibáñez). Ligados con el parentesco de consanguinidad de tercer con segundo grado. Presentada En El Alto el 20 de julio de 1854. Ts: Agustín Rosa Jeréz y Pascual Bailón Arévalo. El parentesco se explica con el siguiente esquema:

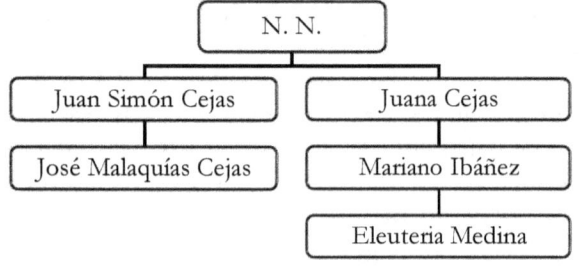

Olivera, Antonio con Córdoba, Isabel
Exp. 6: **Antonio Olivera**, h.l. de Gaspar y de la finada Prudencia López, pretende contraer matrimonio con **Isabel Córdoba**, h.l. de Francisco y de la finada Tomasina Romero, ambos feligreses de este curato. Presentada En El Alto el 28 de julio de 1854. Ts: Julián Altamiranda y Gabriel Reinoso.

Racero, Andrés Natalio con Luna, Francisca Antonia
Exp. 7: **Andrés Natalio Racero**, h.l. de los finados Pantaleón y Tiburcia Rodríguez, pretende contraer matrimonio con **Francisca Antonia Luna**, h.n. de Angelina, ambos vecinos de la Rinconada. Presentada En El Alto el 27 de junio de 1854. Ts: Valeriano Mercado y Andrés Avelino ¿Vega?

Reinoso, Juan Santos con Mansilla, Efigenia
Exp. 8: **Juan Santos Reinoso**, viudo de Isabel Moreno, pretende contraer matrimonio con **Efigenia Mansilla**, viuda de Evaristo Bayón. Presentada en Vilismano a 30 de julio de 1854. Ts: Pascual Tejeda y Antonio Agüero.

Arias, José Rosa con Resinoso, Mónica
Exp. 9: **José Rosa Arias**, h.n. de María Santos, pretende contraer matrimonio con **Mónica Reinoso**, h.l. de Joaquín y Magdalena Tula, ambos vecinos del paraje de Simogasta. Ligados con el parentesco de consanguinidad en cuarto grado igual por línea transversal. Presentada En El Alto el 1 de agosto de 1854. Ts: Hermógenes Brizuela y Dn. Solano Segura.

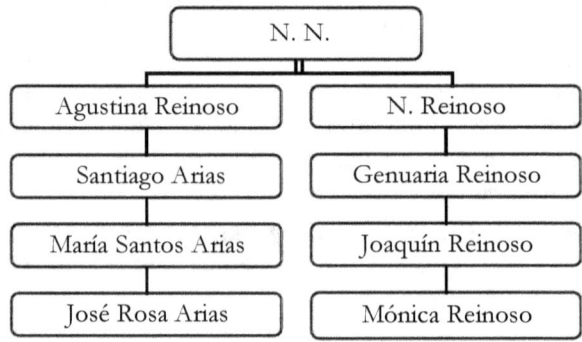

Contreras, Dn. Ceferino con Díaz, Da. Agustina Rosa
Exp. 10: Dn. **Ceferino Contreras**, viudo de Da. Magdalena Ramos, feligrés de la Concepción de El Alto, pretende contraer matrimonio con Da. **Agustina Rosa Díaz**, h.l. de Dn. Paulino Díaz y de Da. Victoria Fernández. Presentada en las Tunas a 5 de agosto de 1854. Ts: Pedro Mercado y Pantaleón Lugones.

Caravajal, Ignacia con Peralta, Delfina
Exp. 11: **Ignacio Caravajal**, h.l. del finado Juan Bautista y de Patricia Fernández, habiendo resuelto tomar estado de matrimonio con **Delfina Peralta**, h.n. de la finada María. Presentada en las Tunas a 8 de agosto de 1854. Ts: Dn. Pedro Valdéz y Dn. Ignacio Mendoza.

Mercado, José Domiciano con Ledesma, Patrocinia
Exp. 12: **José Domiciano Mercado**, vecino de las Tunas, h.l. de los finados Pedro Antonio y Patricia Páez, pretende contraer matrimonio con **Patrocinia Ledesma**, vecina de San Luis, h.l. de Casimiro y de la finada Cayetana Díaz. Presentada en las Tunas a 18 de agosto de 1854. Ts: Juan Isidor Arias y Pedro Regalado Arias.

Burgos, Pascual con Díaz, Fortuna
Exp. s/n: **Pascual Burgos**, vecino de la Aguada, h.l. de los finados Domingo e Ignacia Coria, pretende contraer matrimonio con **Fortuna Díaz**, vecina de las Tunas, viuda de Cruz Collantes. Presentada en las

Tunas a 19 de agosto de 1854. Ts: Isidor Paz y Julián Díaz.

Corte, Martiniano con Quiroga, Felipa
Exp. 13: **Martiniano Corte**, vecino del paraje de Achalco, h.l. de los finados Anselmo y María Flores, pretende contraer matrimonio con **Felipa Quiroga**, vecina del paraje de Trigo Chacra, h.n. de Fortunata. Presentada en las Cañas a 28 de agosto de 1854. Ts: Cipriano Barrera y Bernardo Barrera.

Rojas, Samuel con Quiroga, Juana
Exp. 14: **Samuel Rojas**, vecino de Trigo Chacra, h.l. del finado Cosme y de Juana Rosa Garzón, pretende tomar estado de matrimonio con **Juana Quiroga**, vecina del mismo lugar, h.n. de Jesús. Presentada en las Cañas a 28 de agosto de 1854. Ts: Cipriano Barrera y Bernardo Barrera.

Herrera, Basilio con Albarracín, Lorenza
Exp. 15: **Basilio Herrera**, vecino del lugar de las Cortaderas, h.l. de los finados Manuel y Rosario Herrera, pretende contraer matrimonio con **Lorenza Albarracín**, h.l. de Pedro y Mercedes Alba. Presentada en las Cañas a 28 de agosto de 1854. Ts: Tomás Rizo y Julián Juárez.

Ibáñez, Dn. Juan de la Rosa con Luna, Da. Carolina
Exp. 16: Dn. **Juan de la Rosa Ibáñez**, vecino de las Cañas, h.l. del finado Dn. Domingo Ibáñez y Da. Manuela Díaz, quiere contraer matrimonio con Da. **Carolina Luna**, h.l. del finado Francisco Luna y de Da. Celestina Lezana, vecina de la Punta de Maquijata, jurisdicción de Santiago del Estero. Presentada en las Cañas a 29 de agosto de 1854. Ts: Dn. Teodoro Bulacia y Dn. José María Bulacia.

Córdoba, Manuel del Espíritu Santo con Barraza, María Justina
Exp. 17: **Manuel del Espíritu Santo Córdoba**, vecino del lugar del Remansito e h.l. de Juan León y de la finada Juana Ventura Martínez, pretende contraer matrimonio con **María Justina Barraza**, vecina también del Remansito, n. de Juana Ramona. Presentada en las Cañas a 29 de agosto de 1854. Ts: Pedro Coronel e Irene Acosta.

Medina, José Abraham con Aguilar, Margarita
Exp. 18: **José Abraham Medina**, vecino del paraje de Ancamugalla, h.l. de los finados Juan Gil y María Teresa Páez, pretende contraer matrimonio con **Margarita Aguilar**, vecina del lugar de los Nogales, viuda de Pedro Pacheco. Presentada En El Alto el 4 de septiembre de 1854. Ts: Miguel Maturano y Peregrino Medina.

Garrocho, Dn. José Anastasio con Retamozo, Da. Catalina
Exp. 19: Dn. **José Anastasio Garrocho**, viudo de María Dionisia Juárez, pretende contraer matrimonio con Da. **Catalina Retamozo**, vecina del lugar de la ¿Iguaita? H.l. de los finados Dn. Juan Ignacio y de Da. Florentina Ponce. Presentada En El Alto el 8 de septiembre de 1854. Ts: Bruno Ovejero y Eufrasio Vega.

Agüero, Basilio con Medina, María del Carmen
Exp. 20: **Basilio Agüero**, h.n. de Gertrudis, pretende contraer matrimonio con **María del Carmen Medina**, h.n. de Juana Francisca, ambos vecinos de los Nogales. Presentada En El Alto el 10 de septiembre de 1854. Ts: Pedro Sánchez y Miguel Maturano.

Díaz, Manuel con Rivera, Jovina
Exp. 21: **Manuel Díaz**, vecino de la Aguada, feligrés de este curato, h.l. de José y de Antonia Caravajal, pretende contraer matrimonio con **Jovina Rivera**, de esta feligresía y vecina del Manantial, h.n. de la finada Petrona Rivera. Presentada En El Alto el 10 de septiembre de 1854. Ts: Ignacio Rosales y Facundo Heredia.

Medina, Pedro Peregrino con Domínguez, Florinda Rosa
Exp. 22: **Pedro Peregrino Medina**, feligrés de este curato y vecino del lugar de Oyola, h.n. de Margarita, pretende contraer matrimonio con **Florinda Rosa Domínguez**, h.l. del finado José Ignacio y María del Carmen Vizcarra. Ligados con el parentesco de consanguinidad en cuarto grado. Presentada En El Alto el 16 de septiembre de 1854. Ts: Exequiel Mansilla y Pedro Juan Vega.

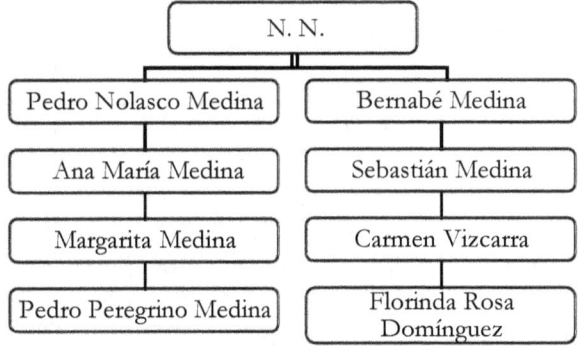

Reinoso, Facundo con Aranda, María Mercedes
Exp. 23: **Facundo Reinoso**, h.n. de Magdalena, pretende contraer matrimonio con **María Mercedes Aranda**, h.l. de los finados Felipe y Luisa Pérez, ambos vecinos del Laurel, feligreses de este curato. Presentada En El Alto el 19 de septiembre de 1854. Ts: Marcos Santucho y Juan Manuel Bayón.

Segura, Moisés con Gómez, Balbina

Exp. 24: **Moisés Segura**, vecino del Paso Grande, h.n. de María Ignacia, pretende contraer matrimonio con **Balbina Gómez**, vecina de los Osores, h.l. de los finados Francisco y Nicolasa Román. Presentada En El Alto el 20 de septiembre de 1854. Ts: Rafael Mansilla y Antonio Olivera.

Sánchez, Lorenzo con Ojeda, Josefa

Exp. 25: **Lorenzo Sánchez**, viudo de Mercedes Ojeda, pretende contraer matrimonio con **Josefa Ojeda**, h.n. de Apolinaria Ojeda, ambos feligreses del curato de El Alto. Ligados con el parentesco de afinidad por cópula lícita en segundo grado con atingencia al primero por línea transversal (Mercedes Ojeda era hermana de Apolinaria Ojeda). Presentada En El Alto el 21 de septiembre de 1854. Ts: Tomás Rizo y Dn. Pedro Albarracín.

Nieva, Dn. Pedro Alcántara con Luján, Da. Tomasina

Exp. s/n: El teniente de cura de los anejos de Pomán, curato de Andalgalá, certifica que Dn. **Pedro Alcántara Nieva**, h.l. de Dn. Ventura y Da. Manuela Ibarra, del vecindario de Ualquin, ha producido información sumaria de su libertad y soltura para matrimoniarse con Da. **Tomasina Luján**, h.l. de Dn. José Justo y Da. Ana Rosa Arévalo, del lugar de Santa Ana, comprensión del curato de El Alto, no habiendo resultado impedimento legal de la información. Se le Da. el presente certificado para que el señor cura donde pertenece la pretendida pueda proceder a la celebración del matrimonio. En Ualquin a 23 de septiembre de 1854. Pr. Matías Maubecin.

Ojeda, Lizardo con Ojeda, Cornelia

Exp. 26: **Lizardo Ojeda**, h.l. de Juan Manuel y de la finada Paula Díaz, pretende contraer matrimonio con **Cornelia Ojeda**, h.l. de Félix Ojeda y de la finada María Albarracín, ambos feligreses del beneficio de El Alto, provincia de Catamarca. Ligados con dos parentescos de consanguinidad en segundo grado y en cuarto grado con tercero. Presentada En El Alto el 29 de septiembre de 1854. Ts: Tomás Rizo y Dn. Pedro Albarracín. De la información proporcionada se desprende que los dos parentescos de consanguinidad son: el primero en segundo grado igual (los pretendientes son nietos de Pedro Ojeda, padre de Juan Manuel Ojeda y de Félix Ojeda), y el segundo, en cuarto grado con atingencia al tercero.

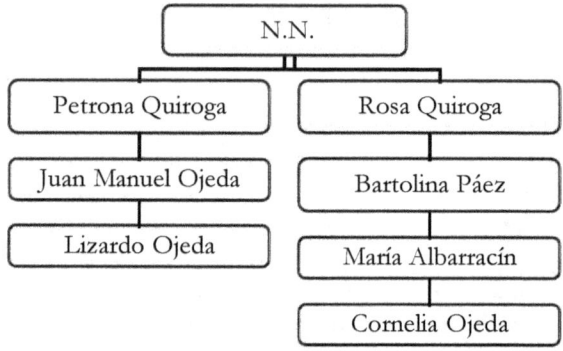

Sánchez, Domingo con Ojeda, Juana Paula

Exp. 27: **Domingo Sánchez**, h.l. del finado Pedro y de Rosario Ojeda, pretende contraer matrimonio con **Juana Paula Ojeda**, h.l. de Juan Manuel y de la finada Paula Díaz, ambos feligreses del curato de El Alto, jurisdicción de Catamarca. Ligados con el parentesco de consanguinidad en segundo grado igual por línea transversal (de la información proporcionada por testigos se dice que la línea es oblicua). Presentada En El Alto el 27 de septiembre de 1854. Ts: Tomás Rizo y Dn. Pedro Albarracín.

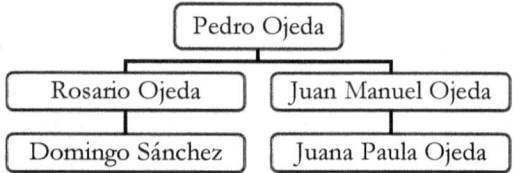

Medina, Dn. Fermín con Silva, Da. Luisa

Exp. 28: Dn. **Fermín Medina**, h.l. de los finados Dn. Laureano y Da. Dolores Páez, pretende contraer matrimonio con Da. **Luisa Silva**, feligresa del curato de Ancasti, h.l. de Dn. Ignacio y de Da. Eduviges Páez. Ligados con el parentesco de consanguinidad en tercero grado igual por línea transversal. Presentada En El Alto el 29 de septiembre de 1854. Ts: Ramón Miguel Martínez y Justo Díaz.

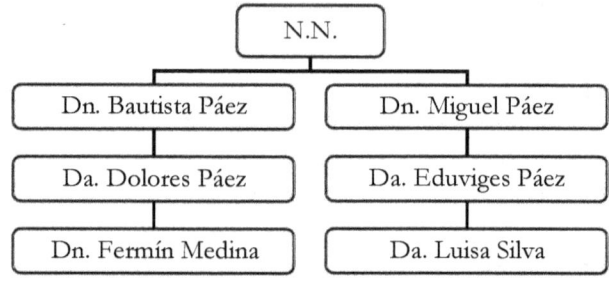

Medina, Dn. Carmen con Páez, Da. Marquesa

Exp. 29: Dn. **Carmen Medina**, feligrés de este curato, h.l. de los finados Dn. Laureano y Da. Dolores Páez, pretende contraer matrimonio con Da. **Marquesa Páez**, vecina del curato de Ancasti, h.l. de Dn. P. Ignacio y de Da. Eduviges Páez. Ligados con el parentesco de consanguinidad en tercero grado igual por línea transversal. Presentada En El Alto el 29 de septiembre de 1854. Ts: Ramón Miguel Martínez y Justo Díaz.

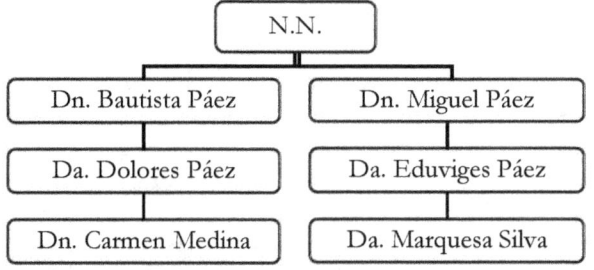

Magallanes, Dn. Francisco con Barrionuevo, Da. Juliana
Exp. 30: Dn. **Francisco Magallan**, h.l. del finado Dn. Mateo y de Da. Petronila Guerreros, pretende contraer matrimonio con Da. **Juliana Barrionuevo**, viuda de Dn. Carlos Sosa y residente en el lugar del Valle Viejo, curato del Rectoral. Presentada En El Alto el 30 de septiembre de 1854. Ts: Faustino Lobo y Solano Rodríguez.

Legajo 66 de 1854

Aguilar, Dn. Daniel con Medina, Da. Teresa
Exp. 1: Dn. **Daniel Aguilar**, h.l. de los finados Dn. Eusebio y Da. Ignacia Leiva, pretende contraer matrimonio con Da. **Teresa Medina**, h.l. del finado Dn. Pedro y de Da. Cruz Cejas, ambos vecinos de Ancamugalla. Ligados con el parentesco de consanguinidad en tercero grado. Presentada En El Alto el 3 de octubre de 1854. Ts: Dn. Félix Mariano Zurita y Dn. José Rufino Páez.

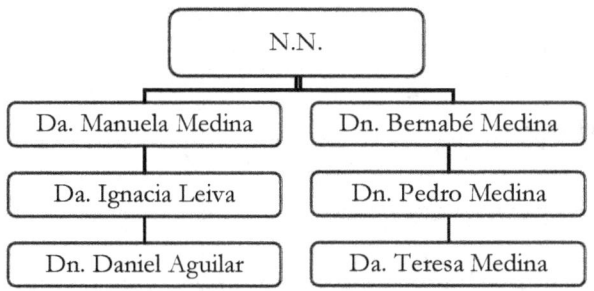

Leiva, José Luis con Avellaneda, Simona
Exp. 2: **José Luis Leiva**, h.l. de Pedro y de la finada Leonarda Barrios, pretende contraer matrimonio con **Simona Avellaneda**, vecina del Rectoral y residente en este curato por dos años, h.l. de los finados Lorenzo e Isidora Silva. Presentada En El Alto el 6 de octubre de 1854. Ts: Ignacio Barrionuevo y Polinar Aranda.

Gómez, Dn. Pedro José con Zurita, Da. Manuela
Exp. 3: Dn. **Pedro José Gómez**, viudo de Da. María Luisa Garay, pretende contraer matrimonio con Da. **Manuela Zurita**, h.l. del finado Dn. Agustín y Da. Rosa Márquez, vecinos de Vilismano. Presentada En El Alto el 7 de octubre de 1854. Ts: Andrés Pedraza y Dn. Abraham Robles.

López, Félix Benigno con Palomeque, María del Tránsito
Exp. 4: **Félix Benigno López**, h.n. de Fernanda, pretende contraer matrimonio con **María del Tránsito Palomeque**, h.l. de Juan Teodoro y Encarnación Lobo, ambos vecinos de Achalco. Presentada En El Alto el 9 de octubre de 1854. Ts: Genuario Segura y Belisario Adauto.

Ledesma, Desiderio con Lobo, Sandalia
Exp. 5: **Desiderio Ledesma**, h.l. de Nicolás y de la finada Paulina Ledesma, pretende contraer matrimonio con **Sandalia Lobo**, h.l. del finado Pedro y de Petrona Rivas, ambos vecinos de Achalco. Presentada En El Alto el 11 de octubre de 1854. Ts: Valentín Barrios y ¿Luis; José? ¿Arias?

Salguero, Nicolás con Osores, Gregoria
Exp. 6: **Nicolás Salguero**, viudo de Nicolasa Romano, pretende contraer matrimonio con **Gregoria Osores**, h.l. de Pedro y Teresa Romano. Ligados con el parentesco de afinidad lícita en segundo grado con atingencia al tercero. Presentada En El Alto el 14 de octubre de 1854. Ts: José Ignacio Santillán y Juan Bautista Pedraza.

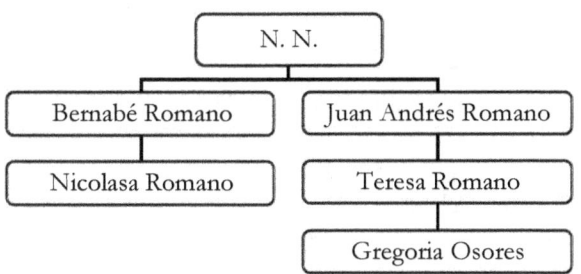

Gómez, Dn. Cleto con Castaño, Da. Macedonia
Exp. 7: Dn. **Cleto Gómez**, h.l. de Dn. Pedro Manuel y de la finada Da. Josefa Cevallos, pretende tomar de matrimonio con Da. **Macedonia Castaño**, h.l. de los finados Dn. Ramón Rosa y Da. Florinda Tolosa. Ligados con el parentesco de consanguinidad en tercer grado. Presentada En El Alto el 14 de octubre de 1854. Ts: Dn. Abelardo Cisternas y Salvador Pérez.

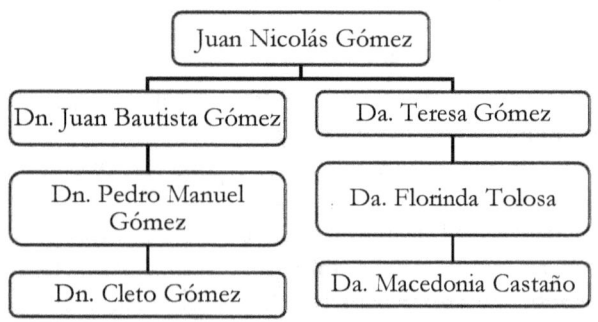

Gutiérrez, Dn. Francisco con Gutiérrez, Da. Juana
Exp. 8: Dn. **Francisco Gutiérrez**, viudo de Da. Francisca Antonia Caballero, pretende contraer matrimonio con Da. **Juana Gutiérrez**, h.l. de Dn. Juan Pío y de la finada Da. Florentina Sueldo. Impedidos con el parentesco de afinidad lícita en segundo grado. Obtuvieron la dispensa del Dr. Dn. Manuel Antonio Castellanos, según expediente adjunto. Presentada En El Alto el 24 de octubre de 1854. Ts: Ceferino Cisneros y Dn. Abraham Robles.

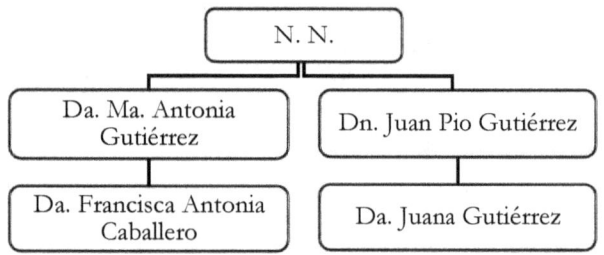

Falcón, José Santos con Nieva, Asunción del Señor
Exp. 9: **José Santos Falcón**, vecino del Agua del Sauce, h.l. del finado Lorenzo y Damascena Pacheco, pretende contraer matrimonio con **Asunción del Señor Nieva**, h.l. de Juan Antonio y de Ignacia Díaz. Presentada En El Alto el 30 de octubre de 1854. Ts: Plácido Páez y Eugenio Maidana.

Rosales, Dn. Ramón Antonio con Ocaranza, Da. Rosalía
Exp. 10: Dn. **Ramón Antonio Rosales**, viudo de Da. Trinidad Barrientos, vecino del lugar de las Tunas, pretende contraer matrimonio con Da. **Rosalía Ocaranza**, vecina del lugar de Santa Cruz, curato del Rectoral, h.l. de Dn. Cayetano y de Da. María del Señor Agüero. Presentada En El Alto el 2 de noviembre de 1854. Ts: Juan Felipe Carrizo y Dn. Ramón Rosa Bulacia.

Brizuela, Dn. Cipriano con Barrionuevo, Da. Basilia del Señor
Exp. 11: Dn. **Cipriano Brizuela**, viudo de Grimanesa Pérez, pretendo tomar estado de matrimonio con Da. **Basilia del Señor Barrionuevo**, h.l. de Dn. Andrés Avelino y de la finada Da. Laureana Montes de Oca, ambos vecinos del Puesto Viejo. Presentada En El Alto el 2 de noviembre de 1854. Ts: Romualdo Pedraza y Francisco Agüero.

Moreta, Justo Pastor con Ibáñez, Petrona Celestina
Exp. s/n: Salta, noviembre 10 de 1854. Se presentó, verbalmente, **Justo Pastor Moreta**, queriendo contraer matrimonio con **Petrona Celestina Ibáñez**. Impedido por ser la pretendida pariente en primer grado de afinidad en cópula lícita en línea transversal. Dispensados. Firma Dr. Manuel Antonio Castellanos.

Zurita, Pascual Baltazar con Díaz, Daria Pabla
Exp. 12: **Pascual Baltazar Zurita**, viudo de Simona del Carmen Nieva, pretende contraer matrimonio con **Daria Pabla Díaz**, viuda de Martín Páez, ambos feligreses de este curato. Presentada En El Alto el 12 de diciembre de 1854. Ts: Victorino Zurita y Martiniano Gómez.

Salguero, Juan Gregorio con Collantes, Crucita
Exp. 13: **Juan Gregorio Salguero**, h.l. de los finados Ambrosio y Hermenegilda Cisternas, pretende contraer matrimonio con **Crucita Collantes**, h.n. de Brígida, ambos vecinos del lugar de Sucuma. Presentada En El Alto el 25 de diciembre de 1854. Ts: Mariano Medina y Rudecindo Luna.

Soraire, Víctor con Maldonado, Candelaria del Carmen
Exp. 14: **Víctor Soraire**, h.n. de la finada Carmen, pretende contraer matrimonio con **Candelaria del Carmen Maldonado**, h.l. de Eduardo y de María del Rosario López, ambos vecinos del lugar de la Bajada. Presentada En El Alto el 28 de diciembre de 1854. Ts: Dn. Cornelio Ovejero y Dn. Samuel Maldonado.

Aguirre, Dn. José Tiburcio con Ferreira, Da. Visitación
Exp. 15: Dn. **José Tiburcio Aguirre**, viudo de la finada Da. Casilda Quiroga, pretende contraer matrimonio con Da. **Visitación Ferreira**, h.n. de la finada Da. Micaela. Presentada en Quimilpa a 31 de diciembre de 1854. Ts: Fidel Rizo y José Matías Durán.

Legajo 67 de 1855

Durán, José Matías con Jiménez, Petrona
Exp. 1: **José Matías Durán**, viudo de María del Señor Lobo, pretendo tomar estado de matrimonio con **Petrona Jiménez**, viuda de Borja Ibáñez, vecinos del lugar de Sumampa. Presentada en Quimilpa a 2 de enero de 1855. Ts: Abraham Mercado y Félix Tula.

Díaz, Leocadio con Ávila, Celestina
Folio 3: **Leocadio Díaz**, h.l. de la finada Victoria Fernández y de Pablino Díaz, queriendo contraer matrimonio con **Celestina Ávila**, h.n. de Serafina Ávila. Presentada en Quimilpa a 3 de enero de 1855. Ts: Pantaleón Lugones y Rafael Mansilla.

Heredia, Facundo con Albarracín, Bárbara
Folio 5: **Facundo Heredia**, h.n. de la finada Justa, quiere contraer matrimonio con **Bárbara Albarracín**, h.n. de la finada Catalina, ambos feligreses del curato de El Alto, provincia de Catamarca. Ligados con el parentesco de afinidad en primer grado igual por cópula ilícita, que resulta de haber tenido cópula con hermana de la pretendida, delito público. En atención, entre otras razones, a que resultó haber tenido un hijo del trato ilícito que se tiene de mucho tiempo. Presentada en Quimilpa a ¿8? de enero de 1855. Ts: Apolinar Díaz y Melitón Mendoza.

Díaz, Manuel con Durán, Agustina Rosa
Folio 7: **Manuel Díaz**, h.n. de Manuela, pretende contraer matrimonio con **Agustina Rosa Durán**, h.l. de Miguel y de la finada Gregoria Sánchez, ambos vecinos del paraje de Aspaga. Presentada En El Alto el 17 de enero de 1855. Ts: Cipriano Vega y Dn. Crisólogo Magallan.

Garzón, Antonino con Medina, María Bernardina
Folio 9: **Antonino Garzón**, vecino del lugar de Trigo Chacra, h.n. de Juana Rosa, pretendo tomar estado de matrimonio con **María Bernardina Medina**, h.l. del finado Ramón y de María Juana Sánchez, vecinos del lugar de Achalco. Presentada En El Alto el 17 de enero de 1855. Ts: Manuel Agüero y Félix Benigno López.

Barrera, Dn. Evaristo con Santillán, Da. Albina Rosa
Folio 11: Dn. **Evaristo Barrera**, viudo de Da. Mercedes Ibáñez, pretendo tomar estado de matrimonio con Da. **Albina Rosa Santillán**, vecina de los Osores, h.l. de Dn. José Ignacio Santillán y de Da. Maximiliana Herrera. Presentada En El Alto el 20 de enero de 1855. Ts: Jacinto Almaraz y Carmelo Falcón.

Contreras, Juan Gerónimo con Contreras, Andrea
Folio 13: **Juan Gerónimo Contreras**, h.l. de Ceferino y de la finada Magdalena Ramos, pretende contraer matrimonio con **Andrea Contreras**, h.n. de la finada Marina, ambos feligreses de este curato. Ligados con el parentesco de consanguinidad en tercer grado igual por línea transversal. Presentada En El Alto el 22 de enero de 1855. Ts: Juan Bautista R… y José del Tránsito …mero.

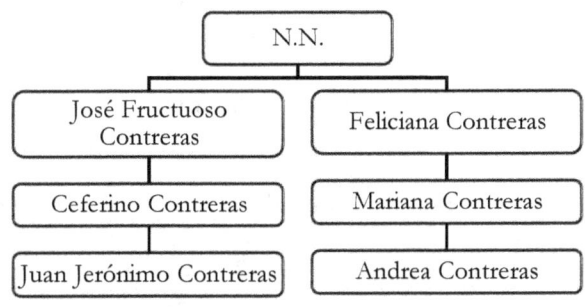

Luna, Juan Vicente con Collantes, Audelina
Folio 15: **Juan Vicente Luna**, h.n. de Bartolina, pretende contraer matrimonio con **Audelina Collantes**, h.l. del finado Pedro y de Javiera Reinoso, ambos vecinos del lugar de la Abra. Presentada En El Alto el 22 de enero de 1855. Ts: Teodoro Argañarás y Manuel Ignacio Nieva.

Coronel, Enrique con Miranda, Paulina
Folio 17: **Enrique Coronel**, h.n. de la finada Eustaquia, pretende contraer matrimonio con **Paulina Miranda**, h.n. de Francisca, ambos vecinos del lugar de Albigasta. Presentada En El Alto el 24 de enero de 1855. Ts: José Pío Cáceres y Faustino…

Aráoz, Exequiel con Quiroga, Florinda Rosa
Folio 19: **Exequiel Aráoz**, vecino del lugar de Amaucala, h.l. del finado Sinforoso y de Salomé Goitia, pretendo tomar estado de matrimonio con **Florinda Rosa Quiroga**, vecina del lugar de las Cañas e h.n. de María. Presentada En El Alto el 29 de enero de 1855. Ts: Ubaldo Robles y Francisco Díaz.

Orellana, Dn. Ramón con Castillo, Da. Marcelina
Folio s/n: El cura rector foráneo de Catamarca certifica que Dn. **Ramón Orellana**, viudo de Da. Marcelina Castillo, vecinos de esta ciudad, ha producido información en esta curia para matrimoniarse con Da. **Carmen Ferreyra**, feligrés del curato de El Alto, h.l. del finado Dn. Leonardo y de Da. María del Señor Bulacia. No resultó impedimento alguno. Dado en Catamarca a 29 de enero de 1855. Presb. Luis G. Segura.

Bulacia, Gregorio con Pacheco, Tránsito
Folio 21: **Gregorio Bulacia**, viudo de María Juana Ibáñez, de esta feligresía, pretende contraer matrimonio con **Tránsito Pacheco**, feligresa del curato de Piedra Blanca, h.l. de Evangelista y de Salvadora Bazán. Presentada en el Manantial a 8 de febrero de 1855. Ts: Simón Páez y Dn. Ignacio Mendoza.

Gómez, Salvador con Acosta, Valeriana
Folio 23: **Salvador Gómez**, feligrés de este curato, h.l. de Gervasio y de Petrona Soraire, pretende contraer matrimonio con **Valeriana Acosta**, h.l. de Baltazar y

de la finada Teresa González. Presentada en el Manantial a 9 de febrero de 1855. Ts: Luis Ortiz y Avelino Pacheco.

Lobo, Eugenio con Alarcón, Jacinta
Folio 25: **Eugenio Lobo**, feligrés de este curato, h.n. de Solana Lobo, pretende contraer matrimonio con **Jacinta Alarcón**, viuda de Calixto Barraza. Presentada en el Manantial a 9 de febrero de 1855. Ts: Andrés Avelino Guerreros y Hermenegildo Villagra.

Moreta, Justo Pastor con Ibáñez, Petrona
Folio 27: **Justo Pastor Moreta**, feligrés de este curato, viudo de Dominga Ibáñez, quiere contraer matrimonio con **Petrona Ibáñez**, h.n. de Juana Ibáñez. Ligados con el parentesco de afinidad en primer grado igual por cópula lícita, con dispensa obtenida. Presentada en el Manantial a 9 de febrero de 1855. Ts: Santiago Albarracín y Juan Asensio Albarracín.

Ortiz, Gabriel con Gómez, María Engracia
Folio 29: **Gabriel Ortiz**, feligrés de este curato, hijo de Feliciano Ortiz y de la finada Paula Romero, pretende contraer matrimonio con **María Engracia Gómez**, hija de Gervasio y de Petrona Soraire. Presentada en el Manantial a 10 de febrero de 1855. Ts: Luis Ortiz y Avelino Pacheco.

Cardoso, Ramón con Molina, Ceferina
Folio 31: **Ramón Cardoso**, feligrés de este curato, h.l. de Ramón Ignacio Cardoso y de Tránsito Arévalo, pretende contraer matrimonio con **Ceferina Molina**, h.l. de Javier Molina y de María Cárdenas, ya finados y vecinos de Yaquicho. Presentada en el Manantial a 11 de febrero de 1855. Ts: Juan Dionisio Díaz y Francisco Antonio…

Coronel, Andrés Natal con Jiménez, Carolina
Folio 33: **Andrés Natal Coronel**, feligrés del curato de El Alto, residente en Alijilán, h.l. de Isidor Coronel y de Petrona Canseco, tengo tratado de matrimonio con **Carolina Jiménez**, h.l. de Francisco Jiménez y de la finada Gervasia Barrientos, residente en el Manantial. Presentada en el Manantial a 10 de febrero de 1855. Ts: Froilán Guerreros y Fortunato Barrientos.

Gómez, Dn. Diego con Gómez, Da. Heliodora
Folio 35: Dn. **Diego Gómez**, h.l. del finado Dn. José Miguel y de Da. Rosario Valdéz, pretento tomar estado de matrimonio con Da. **Heliodora Gómez**, h.l. de Dn. Bartolomé y de Da. Feliciana Espeche, ambos feligreses de este curato. Ligados con dos parentescos de consanguinidad por línea transversal en segundo (Diego y Heliodora son nietos de Dn. Luis Gómez, padre de Dn. José Miguel y de Dn. Bartolomé) y cuarto grado igual. Presentada En El Alto el 22 de febrero de 1855. Ts: Dn. Eulogio Bulacia y Dn. Ángel Bulacia.

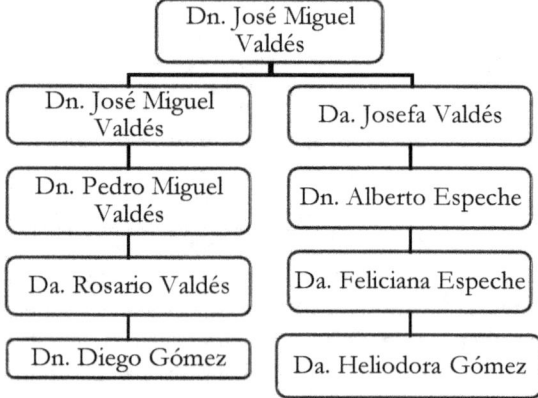

Adauto, Belisario con Agüero, Pascuala
Folio 39: **Belisario Adauto**, h.n. de la finada Francisca, pretende contraer matrimonio con **Pascuala Agüero**, h.l. de los finados Francisco y Tránsito Quiroga. Ligados con el parentesco de afinidad en segundo grado igual por cópula ilícita, y es de delito público. Se esgrime la razón de legitimar un hijo de esa relación. Presentada en la Quebrada a 28 de febrero de 1855. Ts: Bernardino Díaz y Manuel Vázquez.

N. con N.
Folio 41: En Manantial a 20 de febrero de 1855, **N.** pretende contraer matrimonio con **N.** Ligados con el parentesco de afinidad ilícita, que resulta de haber tenido el pretendiente trato ilícito con prima hermana de la novia. Implora la piedad de la iglesia por la dispensa, siendo el impedimento en el todo oculto. Dispensa dada en Catamarca a 3 de marzo de 1855. Presb. Luis Segura.

Ledesma, Dionisio con Garzón, Juana
Folio 43: **Dionisio Ledesma**, vecino del paraje de Achalco, h.n. de la finada Paula, pretende contraer matrimonio con **Juana Garzón**, vecina del Simbollar, h.n. de la finada María Juana. Presentada En El Alto el 31 de marzo de 1855. Ts: Manuel Vazquez y Bernardo B…

Legajo 68 de 1855

Agüero, Manuel con Frías, Gaudencia
Folio 1: **Manuel Agüero**, h.l. del finado Pedro y de Tránsito Camaño, pretende tomar estado de matrimonio con **Gaudencia Frías**, h.l. de Facundo y de Gregoria Lezana, ambos vecinos del lugar de las Cañas. Presentada En El Alto el 8 de abril de 1855. Ts: Nicolás Luna y Domingo Ignacio…

Ponce de León, Dn. Lucindo con Ahumada, Da. Ramona Rosa

Folio 3: Dn. **Lucindo Ponce de León**, h.l. de Dn. Nicolás y de la finada Da. Rosario Gómez, pretende contraer matrimonio con Da. **Ramona Rosa Ahumada**, h.l. del finado Dn. Ignacio y de Da. Guillerma Espeche. Ligados con el parentesco de consanguinidad en cuarto grado. Presentada En El Alto el 3 de abril de 1855. Ts: Ramón Carrizo y Martín Arias.

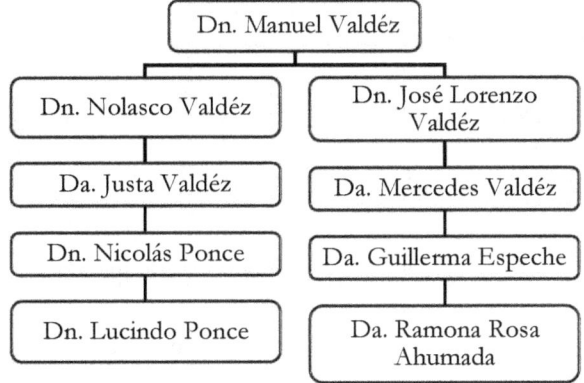

Collantes, José Florentino con Barrientos, Francisca

Folio 5: **José Florentino Collantes**, h.l. de Ignacio y de la finada María Rosario Ocón, pretende contraer matrimonio con **Francisca Barrientos**, h.l. del finado Pedro Francisco y de Inés Collantes, ambos feligreses de este curato. Declaran un parentesco por consanguinidad en tercer grado. Presentada En El Alto el ¿9? de abril de 1855. Ts: José Gregorio Ramírez y Víctor Ibáñez.

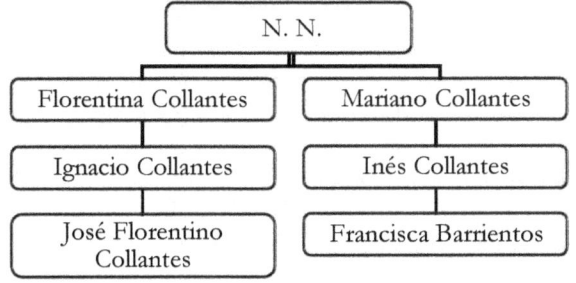

Iriarte, Juan de la Cruz con Cisneros, María

Folio 7: **Juan de la Cruz Iriarte**, vecino del lugar de Guayamba, h.l. de los finados Silvestre y María del Señor Vega, pretendo tomar estado de matrimonio con **María Cisneros**, vecina del lugar de los Nogales, h.l. de Miguel y de Juana Medina. Presentada En El Alto el 17 de abril de 1855. Ts: Eugenio Arévalo y Ponciano Agüero.

Soraire, José Honorato con Burgos, Juana

Folio 9: **José Honorato Soraire**, h.n. de María Francisca, pretende contraer matrimonio con **Juana Burgos**, h.n. de la finada Candelaria, ambos vecinos de Alijilán. Presentada En El Alto el 15 de abril de 1855. Ts: Pascual Burgos y Pedro Rodríguez.

Caballero, José Narciso con Ramírez, Bartolina

Folio 11: **José Narciso Caballero**, natural del curato de El Alto y viudo de María Isabel Cabrera, pretende contraer matrimonio con **Bartolina Ramírez**, del curato de Piedra Blanca, viuda de José Manuel Paz. Presentada en el Manantial a 21 de abril de 1855. Ts: Juan Reinoso y Dn. Bautista Barrera.

Brizuela, José Modesto con Rosales, María Celedonia

Folio 13: **José Modesto Brizuela**, natural de la costa de Anjullón y residente en este curato más de 4 años, h.n. de Francisca Brizuela, pretende contraer matrimonio con **María Celedonia Rosales**, vecina de Alijilán, h.n. de Ramona Rosales. Presentada en Manantial a 22 de abril de 1855. Ts: Ramón Rosa Pereira y Doroteo Zárate.

Delgado, Dn. Guillermo con Lobo, Da. María Antonia

Folio 15: Dn. **Guillermo Delgado**, h.l. de los finados Dn. José Manuel y Da. Agustina Rosa Muro, pretende contraer matrimonio con Da. **María Antonia Lobo**, h.n. de Da. Manuela. Ligados con el parentesco de afinidad ilícita en el primer grado en línea recta. Se puede leer; "Me hallo en el caso de no poder autorizar este matrimonio, siendo una de las cosas más notables que, habiéndose dirigido ellos con otra persona a una casa por la noche, se volvieron los dos y se estuvieron en su casa solos y a obscuras, sin permitir que nadie entrase: él confiesa esto, mas no que hubo trato ilícito. Se expone esto con la seguridad de que se provea lo que fuera conducente a mayor gloria de Dios. Pr. Advertano Olmos."

Rojas, Dn. José Manuel con Aguirre, Da. Paulina

Folio 17: Dn. **José Manuel Rojas**, h.l. del finado Dn. Manuel y de Da. Catalina Soria, pretende contraer matrimonio con Da. **Paulina Aguirre**, h.l. de Dn. Tiburcio y de la finada Da. Casilda Arévalo, ambos feligreses de este curato. Ligados con el parentesco de consanguinidad en cuarto grado. Presentada en la Quebrada a 18 de mayo de 1855. Ts: Fr... Falcón y Alejandro Leiva.

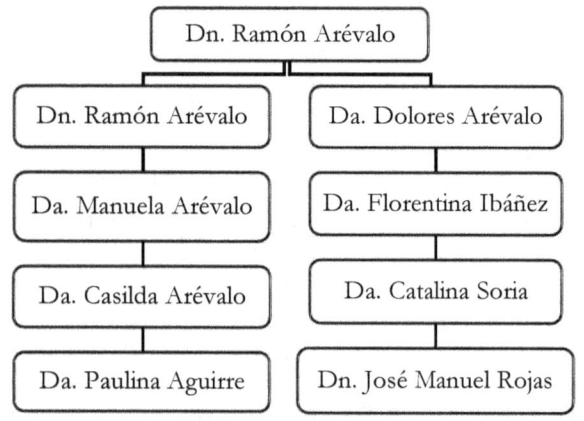

Ojeda, Manuel Crescencio con Juárez, Lizarda
Folio 19: **Manuel Crescencio Ojeda**, h.l. de Juan Manuel Ojeda y de Pabla Díaz, pretende contraer matrimonio con **Lizarda Juárez**, h.n. de Leonor Juárez, ambos vecinos de este lugar de mi residencia de las Cortaderas. Presentada en la Quebrada a 20 de mayo de 1855. Ts: Juan de Dios Díaz y José Bargas.

Sánchez, Modesto con Bravo, Perfecta
Folio 21: **Modesto Sánchez**, vecino del lugar de Choya e h.n. de Petrona, solicita tomar estado del santo matrimonio con **Perfecta Bravo**, del mismo vecindario de Choya, h.n. de Clara. Presentada en la Quebrada a 21 de mayo de 1855. Ts: Félix Ledesma y Félix B.. Ibáñez.

Flores, Francisco Javier con Bazán, Micaela
Folio 22: **Francisco Javier Flores**, vecino del paraje de Achalco, h.l. del finado Juan Andrés y de María Mercedes Flores, quiere contraer matrimonio con **Micaela Bazán**, h.l. de los finados Cándido y Ciriaca Rodríguez, vecinos de este curato. Ligados en parentesco de consanguinidad en tercero con cuarto grado. Presentada en la Quebrada a 23 de mayo de 1855. Ts: José Lobo y Ángel Pérez.

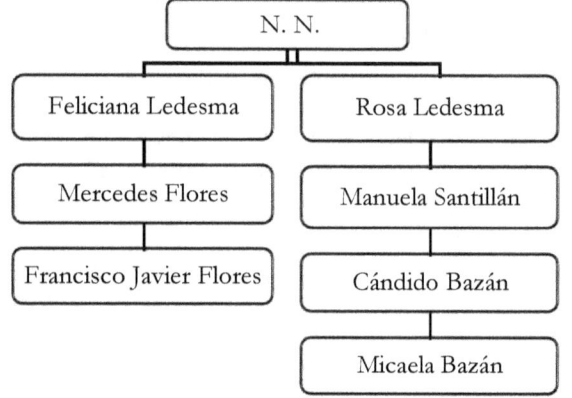

Maldonado, Ramón Antonio con Luna, Cleofé
Folio 25: **Ramón Antonio Maldonado**, vecino del paraje de las Tunas e h.l. de Félix y de Isabel Castro, pretende contraer matrimonio con **Cleofé Luna**, del mismo vecindario de las Tunas e h.l. de Santos y de Lucinda Rosales. Presentada en la Quebrada a 23 de mayo de 1855. Ts: Pedro Mercado y Juan Manuel…

Nieva, Dn. Francisco Antonio con Tapia, Da. Gregoria
Folio 27: Dn. **Francisco Antonio Nieva**, vecino de Chañar Laguna, h.l. del finado Dn. Manuel y de Da. Casilda Goitia, pretende contraer matrimonio con Da. **Gregoria Tapia**, del mismo lugar de Chañar Laguna, h.l. del finado Dn. Ramón y de Da. Carmen Bravo. Presentada en la Quebrada a 24 de mayo de 1855. Ts: …saro Díaz y Ramón… res.

Quiroga, Dn. Ramón Gil con Medina, Da. Froilana
Folio 29: Dn. **Ramón Gil Quiroga**, h.l. de Dn. Sinforoso y de la finada Da. Pastora Leiva, pretende contraer matrimonio con Da. **Froilana Medina**, h.n. de Da. Cecilia Medina (hija biológica, según esquema, Dn. José Lino Leiva), ambos feligreses de este curato. Ligados con el parentesco de consanguinidad en segundo grado. Entre las causales: la orfandad a la que ella se halla reducida por el fallecimiento de sus padres adoptivos, que a consecuencia de la desgracia de su nacimiento se encargaron de su crianza y educación; el hallarse ella por esta causa asilada en mi casa, aunque hasta hoy se ha manejado con la mayor honradez; el ser mi pretendida pobre. Presentada en la capilla de la Quebrada a 24 de mayo de 1855. Ts: Pa… no y Marcelino Cañete. (Ramón Gil y Froilana son nietos de Dn. Bernardo Leiva, padre de Da. Pastora y Dn. José Lino Leiva).

Ledesma, Agustín con Murguía, Virginia
Folio 31: **Agustín Ledesma**, h.l. de los finados Francisco y de Juana Rosa Bravo, pretende contraer matrimonio con **Virginia Murguia**, h.l. del finado Justo y de Lucía Guerra, ambos feligreses de este curato. Ligados con el parentesco de afinidad ilícita en segundo grado, público, por haber tenido trato el novio con una prima hermana de su prometida. Entre las causales se indica que del trato ilícito que han tenido de mucho tiempo resulta que ella quedó desacreditada hasta el caso de ser removida por el juez y la necesidad que hay de legitimar un hijo en común. Presentada en la Quebrada a 24 de mayo de 1855. Ts: Pedro Islas y Juan de Dios…

Ávila, Dn. David José con Rodríguez, Da. Estefanía
Folio 33: Dn. **David José Ávila**, vecino del Río de los Ávilas, hijo adoptivo del finado Dn. Miguel Ávila y de Da. María Sebastiana Cejas, pretende contraer matrimonio con Da. **Estefanía Rodríguez**, vecina de la Calesa, h.l. de Dn. Teodor Rodríguez y de Da. María

de los Ángeles Arévalo. Presentada en la Quebrada a 31 de mayo de 1855. Ts: Marcelino Cañete y Dn. Hermenegildo Vega.

Páez, Dn. Antonio con Suárez, Da. Francisca
Folio 35: Dn. **Antonio Páez**, vecino del lugar de las Cortaderas, h.n. de Da. Lorenza, ya finada, pretende contraer matrimonio con Da. **Francisca Suárez**, viuda del finado Dn. Manuel Castillo, del mismo vecindario de las Cortaderas. Presentada en la Quebrada a 2 de junio de 1855. Ts: Dn. Pedro Albarracín y Timoteo Lobo.

Peralta, José Deseano con Luna, Delfina Rosa
Folio 37: **José Deseano Peralta**, h.l. del finado José María y de María Olegaria Toledo, pretende contraer matrimonio con **Delfina Rosa Luna**, h.l. de Prudencio y María Bárbara Romano, ambos naturales y vecinos de Achalco, de esta feligresía. Presentada en Concepción de El Alto a 16 de junio de 1855. Ts: Ramón Rosa Ledesma…

Arévalo, Dn. Juan Laurencio con Medina, Da. Zenona
Folio 39: Dn. **Juan Laurencio Arévalo**, h.l. de Dn. Juan Laurencio y de Da. Maximiliana González, pretende contraer matrimonio con Da. **Zenona** (escrito "Senena") **Medina**, ambos vecinos de Vilismano, h.l. de Dn. Santiago y de Da. Carmen Chaves. Presentada En El Alto el 18 de junio de 1855. Ts: Dn. Abraham Robles y Dn. José Ignacio Barrera y Dn. Eusebio …res.

Arévalo, Dn. Juan Laurencio con Medina, Da. Senena
Folio 42: Dn. **Juan Laurencio Arévalo**, h.l. del finado Dn. Juan Laurencio y de Da. Maximiliana González, habiendo contraído matrimonio con Da. **Senena Medina**, h.l. de Dn. Santiago y Da. María del Carmen Chabes, ambos vecinos de Vilismano, resulta hallarse impedidos con el parentesco de consanguinidad en cuarto grado. Dispensado en Catamarca a 21 de enero de 1858.

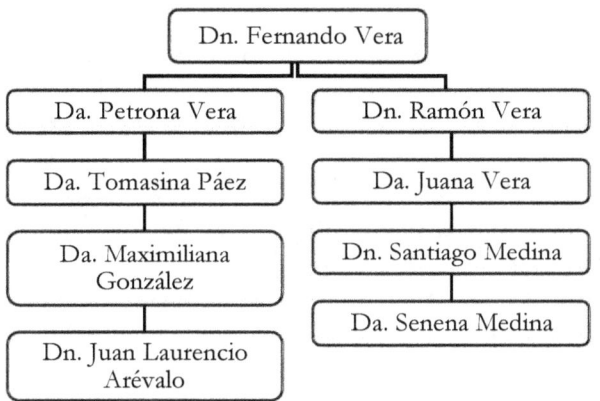

Legajo 69 de 1855

Medina, Cayetano con Vázquez, Juana Petrona
Folio 1: **Cayetano Medina**, vecino de los Ortices, h.n. de Petrona, pretende contraer matrimonio con **Juana Petrona Vázquez**, vecina del Agua del Sauce, h.l. de Cruz y de Tomasina Juárez. Presentada en Concepción de El Alto a 6 de julio de 1855. Ts: Dn. Juan Portan de …llana y Felipe Dorado.

Montenegro, Félix Antonio con Albarracín, María Rosalía
Folio 2: **Félix Antonio Montenegro**, h.l. de los finados Constantino y Leocadia Pérez, pretende contraer matrimonio con **María Rosalía Albarracín**, h.l. del finado Cayetano y de Justa Ansal, ambos vecinos de Guayamba. Presentada en Concepción de El Alto a 7 de julio de 1855. Ts: Dn. Gregorio Agüero y Dn. Laurencio Rizo.

N. con N.
Folio (…): **N.** pretende contraer matrimonio con **N.**, ambos feligreses de este curato. Ligados con el parentesco de afinidad ilícita en la línea oblicua, que resulta de haber tenido el pretendiente trato ilícito con la hermana del padre de la pretendida, y es de delito en el todo oculto, y en atención a ser la novia hija de padres pobres y con cuatro hijos que sostener. Dispensa dada en Catamarca a 7 de julio de 1855.

Gutiérrez, Dn. Ramón con Reyes, Da. Elisea
Folio 5: Dn. **Ramón Gutiérrez**, h.n. de Da. Felipa, vecino de Guayamba, pretende contraer matrimonio con Da. **Elisea Reyes**, h.l. del finado Dn. Miguel Reyes y de Da. Ubalda Burgos, también del lugar de Guayamba, de este beneficio. Presentado En El Alto el 11 de julio de 1855. En el mismo día, mes y año compareció la pretendida acompañada de Da. Florenciana Burgos, con quien la mandó su madre a efecto de prestar su consentimiento para matrimoniarse con Dn. Ramón Gutiérrez. Ts: José Esteban Caravajal y Florencio Quiroga.

Acosta, José María con Ibáñez, Marcelina
Folio 7: **José María Acosta**, h.l. del finado José Manuel y de Manuela Leguizamo, vecinos de Ayuncha, provincia de Santiago y residente en este lugar de las Tunas, de esta doctrina ya tres años, he dispuesto contraer matrimonio con **Marcelina Ibáñez**, h.l. de los finados Juan Faustino y de María Manuela Paz, vecina del lugar de las Tunas. Presentada en

Concepción de El Alto a 21 de julio de 1855. Ts: Juan …tos Luna y Pedro Mercado.

Zurita, Juan Ignacio con Morales, Delfina Rosa
Folio 9: Yo, **Juan Ignacio Zurita**, h.l. de José Manuel Zurita y de María Lucía Arévalo, ya finados, residente en el curato de El Alto, pretende contraer matrimonio con **Delfina Rosa Morales**, h.l. de Ricardo Morales, ya finado, y de Andrea Avelina González, residentes en Alpatauca, ya dos años. Presentada en Concepción de El Alto a 21 de julio de 1855. Ts: Juan Manuel Luján y Dn. Pastor Vega.

Falcón, Exequiel con Romero, Zoila
Folio 13: **Exequiel Falcón**, vecino de las Cañas, h.l. de Luis Ignacio y de Trinidad Lugones, pretende contraer matrimonio con **Zoila Romero**, también vecina del mismo lugar e h.l. de Basilio (escrito "Vaciolio") y de Ángela Nieva. Presentada en Concepción de El Alto a 23 de julio de 1855. Ts: Dn. Juan de la (¿Cruz?) Ibáñez y Manuel Antonio Lobo.

Lobo, Anastasio con Acuña, Digna
Folio 15: **Anastasio Lobo**, feligrés de este curato y vecino del Arroyito, h.n. de Inocencia Lobo, pretende contraer matrimonio con **Digna Acuña**, h.l. de Gregorio y de Petrona Lobo, asimismo feligresa de este curato y vecina de Alta Gracia. Presentada en Concepción de El Alto a 24 de julio de 1855. Ts: Dn. Est… Arévalo y Dn. Eusebio Arévalo.

Quiroga, Francisco Antonio con Vega, Jesús
Folio 19: **Francisco Antonio Quiroga**, h.l. de Francisco Antonio, ya finado, y de Jacoba Luna, pretende contraer matrimonio con **Jesús Vega**, h.l. de Nolasco y Romualda Cordero, ambos somos vecinos de las Cañas. Presentada en Concepción de El Alto a 4 de julio de 1855. Ts: Francisco Antonio Cárdenas y Eliseo Lobo, natural de San Francisco, jurisdicción de Tucumán.

Trejo, Julián con Adreda, María Mercedes
Folio 23: **Julián Trejo**, viudo de Ascensión Altamiranda, vecino de las Cañas, pretende contraer matrimonio con **María Mercedes Adreda** (sic), h.l. de los finados Domingo y Mercedes Cuadros, todos vecinos de Loreto, jurisdicción de Santiago y residente en el lugar de las Cañas, de este curato, hace más de un año. Presentada en Concepción de El Alto a 30 de julio de 1855. Ts: Tiburcio Valdéz, natural de Santiago del Estero y residente accidentalmente en El Alto, y Dn. Bartolo Medina, natural del curato del lugar de Loreto y residente en El Alto.

Maidana, Félix Baltazar con Pedraza, Josefa
Folio 25: **Félix Baltazar Maidana**, vecino de la Puerta de Molle Yaco, h.l. del finado Felipe y de Lucía Rodríguez, pretende contraer matrimonio con **Josefa Pedraza**, vecina del Puesto Viejo, h.l. de los finados Juan de la Cruz y de Josefa Chazarreta. Presentada en Concepción de El Alto a 1 de agosto de 1855. En dicho día compareció Josefa Pedraza acompañada de su hermana Segunda Pedraza. Ts: …rio Segura, Maximiliano Arias, Dn. Pedro Manuel Gómez y Fermín Antonio Osores.

Segura, Segundo con Bustamante, Pastora
Folio 29: **Segundo Segura**, h.n. de la finada Silvestra, de esta doctrina, pretende contraer matrimonio con **Pastora Bustamante**, h.l. de los finados Pablo e Ignacia Sánchez, vecinos de Collagasta. Presentada en Concepción de El Alto a 14 de agosto de 1855. Ts: Policarpo Robles y Juan José Silva.

Córdoba, Dn. Mariano con Tapia, Da. Espíritu Santo
Folio 30: Certifico que no ha resultado impedimento alguno de la información de Dn. **Mariano Córdoba**, feligrés de este curato, h.l. del finado Dn. Mariano y de Da. Anastasia Acevedo para matrimoniarse con Da. **Espíritu Santo Tapia**, viuda de Dn. Luis Barrionuevo, del paraje de Chañar Laguna. Dado en Ancasti a 24 de agosto de 1855.

Herrera, Norberto con Ibáñez, Simona
Folio 31: **Norberto Herrera**, h.l. de Manuel y de Agustina González, vecinos del lugar de Macio (sic), curato de Simoca, provincia de Tucumán, avecindado en el bañado de Ovanta de este curato hace cerca de dos años, pretende contraer matrimonio con **Simona Ibáñez**, h.n. de Cruz Ibáñez, vecinas de Ovanta. Presentada en Concepción de El Alto a 25 de agosto de 1855. Ts: …, Saturnino Medina, natural de Chicligasta, jurisdicción de Tucumán y residente en el bañado de Ovanta "hace como un año" y Cayetano Medina, natural del río de Medinas, provincia de Tucumán, residente en este curato cerca de dos años.

Lobo, Pedro Celestino con Díaz, Felipa del Carmen
Folio 34: **Pedro Celestino Lobo**, vecino de Sumampa, h.l. de Alejandro y de María del Carmen Ibarra, pretendo tomar estado de matrimonio con **Felipa del Carmen Díaz**, también vecina del mismo lugar, h.l. de Juan Saturnino y de la finada Estefanía Quiroga. Presentada En El Alto el 7 de septiembre de 1855. Ts: …Maidana y Tiburcio Aguirre.

Romano, Manuel de Reyes con Páez, Francisca Antonia
Folio 36: **Manuel de Reyes Romano**, vecino de Cóndor Huasi, h.l. de los finados Celedonio y María Antonia Melindres, pretende contraer matrimonio con **Francisca Antonia Páez**, vecina de Collagasta, h.l. de

los finados Luis Antonio y María del Carmen Barros. Presentada En El Alto el 8 de septiembre de 1855. Ts: José M. Páez y Felipe Santiago Páez.

Pérez, Miguel con Díaz, Valentina
Folio 38: **Miguel Pérez**, vecino del lugar de las Cortaderas, h.l. del finado Mauricio y de Nazaria Leiva, pretende contraer matrimonio con **Valentina Díaz**, h.l. de Juan de Dios y de Antonia Flores, vecinos de Sancayo, comprensión de este mismo curato. Presentada En El Alto el 10 de septiembre de 1855. Ts: Juan Asensio Peñaflor y Lorenzo Sánchez.

Páez, Juan Vicente con Ibáñez, Vicenta
Folio 40: **Juan Vicente Páez**, residente en Ovanta, h.l. del finado José Miguel y de Francisca Mercado, quiero y tengo tratado tomar estado de matrimonio con **Vicenta Ibáñez**, h.l. del finado Julián y de Dolores Brizuela, ya viuda del finado Nicolás Videla, residente del mismo curato. Presentada En El Alto el 10 de septiembre de 1855. Ts: Luis Ignacio Cabrera y Pantaleón Lugones.

Arias, José del Carmen con Ledesma, Ubolina
Folio 42: **José del Carmen Arias**, hijo adoptivo de Mariano Arias y de Gervasia Mansilla, vecinos del río del Molino de Vilismano, pretendo tomar estado de matrimonio con **Ubolina Ledesma**, h.l. del finado Manuel Antonio y Marta Cisternas, vecinas de los Corrales. Presentada En El Alto el 20 de septiembre de 1855. Ts: Pascual Pacheco y Juan Andrés Oliva.

Legajo 70 de 1855

Pérez, Justino con Pérez, Balbina Rosa
Folio 1: **Justino Pérez**, vecino del lugar de las Cortaderas, h.n. de María del Señor, pretendo tomar estado de matrimonio con **Balbina Rosa Pérez**, vecina del lugar de la Higuerita, h.l. de Dionisio y de Estefanía ¿Medina? Ambos feligreses de este curato. Presentada en El Alto el 1 de octubre de 1855. Ts: Juan de Dios Díaz y Lorenzo Sánchez.

Albarracín, Juan Santos con Ibáñez, Clementina
Folio 3: **Juan Santos Albarracín**, viudo de la finada Candelaria Lazo, vecino del lugar de la Costa Estancia de Talasi de esta doctrina, pretende contraer matrimonio con **Clementina Ibáñez**, h.l. del finado Silvestre y de María Rosa Soria, vecinas de Talasí. Ligados en tercer grado afínico por parte materna de la pretendida, por ser ella prima hermana con el padre de la finada mujer del pretendiente. y del mismo modo en cuarto grado con atingencia al tercero. Presentada en Concepción de El Alto el 5 de octubre de 1855. En el mismo día compareció la pretendida Clementina Ibáñez acompañada de su hermana política Magdalena Zurita. Ts: Maximiliano Morales y Alejandro Leiva.

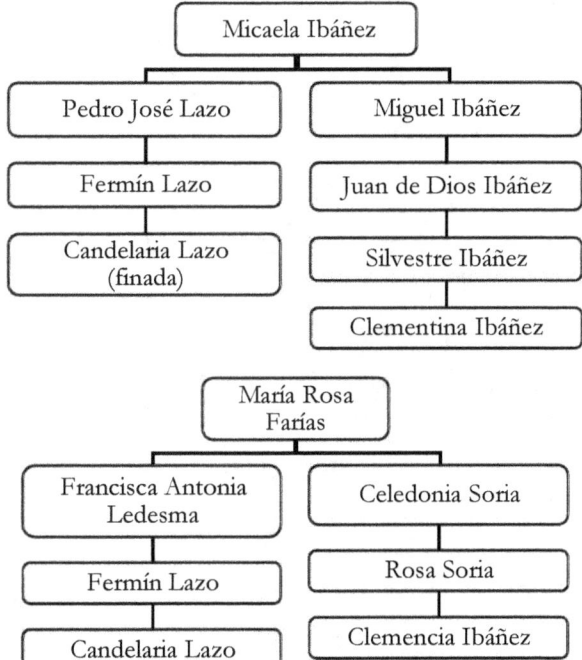

Rojas, Pedro Pascual con Ponce, Isabel
Folio 9: **Pedro Pascual Rojas**, vecino de las Trancas, h.n. de la finada Agustina, pretende contraer matrimonio con **Isabel Ponce**, h.l. de los finados Pedro y de Dominga Gutiérrez, también vecina del mismo lugar. Presentada En El Alto el 17 de octubre de 1855. Ts: Ángel Custodio Zurita y Florindo Sueldo.

Hernández, Dn. José con Barrionuevo, Da. Candelaria
Folio 11: Dn. **José Hernández**, h.n. de Da. María Rita, pretendo tomar estado de matrimonio con Da. **Candelaria Barrionuevo**, h.l. de los finados Dn. Francisco Antonio y Da. Beatriz Segura, ambos vecinos de Guayamba. Presentada En El Alto el 12 de octubre de 1855. Ts: Juan José Silva y Mariano Ahumada.

Valdéz, Félix Rosa con Juárez, María del Señor
Folio 13: **Félix Rosa Valdéz**, vecino de la Huerta, h.l. de Paulino Valdéz y de la finada María Francisca Cárdenas, pretende contraer matrimonio con **María del Señor Juárez**, h.l. de José Nicolás Juárez y María del Carmen Guaman. Presentada En El Alto el 22 de octubre de 1855. Ts: Dn. José Manuel Páez y Gregorio Páez.

Magallán, Dn. Sigfrido con Lobo de Mereles, Da. Noemí
Folio 15: Dn. **Sigfredo Magallan**, vecino de Haipa Sorcona, h.l. de Dn. José Lino y de la finada Da. Dominga Lobo de Mereles, trato contraer matrimonio

con Da. **Noemí Lobo de Mereles**, del paraje de Cóndor Huasi, h.l. de Dn. Francisco Javier y de Da. Guadalupe Jeréz, ambos de esta doctrina de El Alto. Ligados con el parentesco de consanguinidad en segundo grado. Presentada en Concepción de El Alto a 23 de octubre de 1855. Ts: Dn. José Antonio Guerreros y Plácido Páez.

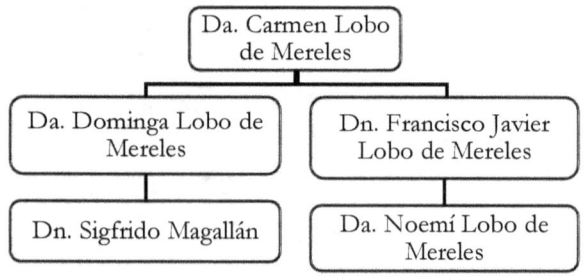

Morales, José Liberato con Cordero, María Catalina

Folio 19: **José Liberato Morales**, vecino de Caña Cruz, viudo de Leonarda Arévalo, pretende contraer matrimonio con **María Catalina Cordero**, vecina de la Calera e h.n. de la finada María Martina. Presentada En El Alto el 3 de noviembre de 1855. Ts: Juan ¿G…? Acuña y Juan Hilario Gutiérrez.

Valdéz, Dn. Pedro con Agudo, Da. Candelaria

Folio 21: Dn. **Pedro Valdéz**, vecino de los Troncos e h.l. de Dn. Miguel y de Da. Mercedes Rizo, pretende contraer matrimonio con Da. **Candelaria Agudo**, vecina de Monteros, provincia de Tucumán, e h.l. de Dn. Bernardo y de Da. Celedonia Carrasco. Presentada En El Alto el 3 de noviembre de 1855. Ts: Dn. Ángel Bulacia y Dn. Juan Gregorio Márquez.

Lencinas, Dn. Félix Nicomedes con Verón, Da. Beatriz

Folio 23: Presb. Dn. Ramón Rosa Vera, certifico que Dn. **Félix Nicomedes Lencinas**, feligrés de este curato e h.l. de Dn. Andrés y de Da. Felipa Alzogaray ha producido información sumaria para desposarse con Da. **Beatriz Verón**, vecina del curato de El Alto e h.l. del finado Dn. Juan de la Cruz y de Da. Petrona Hernández. No ha resultado impedimento alguno. Dado en la vice parroquia de Paclín a 4 de noviembre de 1855.

Soraire, Santiago con Albarracín, Francisca Rosa

Folio 24: **Santiago Soraire**, viudo de Solana Díaz, de esta feligresía pretende contraer matrimonio con **Francisca Rosa Albarracín**, de esta feligresía, h.n. de Valentina Albarracín. Presentada En El Alto el 11 de noviembre de 1855. Ts: Juan de Dios Barrientos y Manuel Ignacio Nieva.

Jeréz, Dn. Toribio con Nieva, Da. Carmen

Folio 26: Dn. **Toribio Jeréz**, vecino de Choya, h.l. de los finados Dn. Juan Simón y Da. Tomasina Islas, pretende contraer matrimonio con Da. **Carmen Nieva**, viuda del finado Dn. Bernardino Tapia, vecina de Chañar Laguna, ambos de esta doctrina. Ligados con el parentesco de consanguinidad en tercer grado con atingencia al segundo. Presentado en El Alto el 12 de noviembre de 1855. Ts: Manuel Cordero y Juan Bartolomé Juárez.

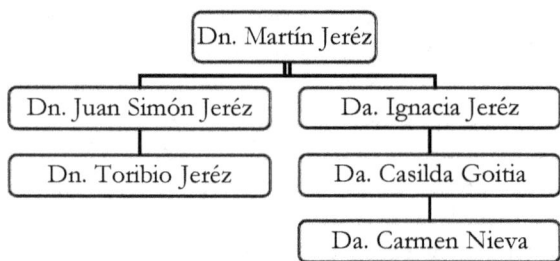

González, Pilar con Domínguez, Balbina

Folio 32: **Pilar González**, nativo de Soto, curato de Ischilín de la provincia de Córdoba y residente en el Huaico Hondo de este curato más de seis meses, h.l. del finado Albino y Santos Ortega, pretende tomar estado de matrimonio con **Balbina Domínguez**, vecina del dicho lugar del Huaico Hondo, h.n. de Alejandra. Presentada En El Alto el 16 de noviembre de 1855. Ts: Crespín Garay, natural de Soto y residente en el Puesto de los Corrales, y José Ramón Santucho, natural y vecino del curato de Ischilín y residente accidentalmente en Caña Cruz de este curato.

Romano, José Geraldo con Juárez, Nicolasa

Folio 34: **José Geraldo Romano**, h.l. de Pedro Nolasco y de María Cecilia Gómez, trato contraer matrimonio con **Nicolasa Juárez**, h.l. de los finados Pedro Juan y de Justa Pastora Ávila, ambos vecinos de los Osores, de esta doctrina. Presentada En El Alto el 16 de noviembre de 1855. Ts: Segundo David Ocón y José Avelino Almaraz.

Nieva, Juan Silvestre con Medina, María Antonia

Folio 36: **Juan Silvestre Nieva**, feligrés de este curato y vecino de Alijilán, h.l. del finado Juan Francisco Nieva y de la finada Valentina Leal, pretende contraer matrimonio con **María Antonia Medina**, feligresa de este curato, h.l. de Gregorio Medina y de Serafina Álvarez. Presentada En El Alto el 17 de noviembre de 1855. Ts: Damasio Durán y Wenceslao Zoloaga.

Luján, José Marcelino con Santucho, Juana Rosa

Folio 38: **José Marcelino Luján**, vecino de Vilismano, h.l. del finado Fabián y de María Rosa Saavedra, pretende tomar estado de matrimonio con **Juana Rosa Santucho**, vecina de El Laurel e h.l. de Marcos y de la finada Tomasina Lobo. Presentada En

El Alto el 24 de noviembre de 1855. Ts: Facundo Reinoso y José Nicanor Álvarez.

Peralta, Miguel con Fernández, Isidora
Folio 40: **Miguel Peralta**, h.l. de Tomás Peralta y de María Antonia Rosales, vecinos del Bañado de Ovanta de este beneficio, pretende contraer matrimonio con **Isidora Fernández**, h.n. de la finada Ascensión, también del Bañado de este curato. Presentada En El Alto el 25 de noviembre de 1855. Ts: José Claudio Rosales y Félix Mariano Jeréz.

Espinosa, Dn. Juan de Dios con Mercado, Da. Estaurófila
Folio 42: Al Sr. cura Dn. Albertano Olmos: Dn. **Juan de Dios Espinosa**, h.l. de Dn. Pedro Espinosa y de la finada Da. Juana Martínez, se ha presentado ante esta curia a producir su información de soltura y libertad para matrimoniarse con Da. **Estaurófila Mercado**, h.l. de Dn. Juan Bautista Mercado y de Da. Águeda Pérez. No hay impedimento para poderse verificar este matrimonio. Tulumba, 30 de noviembre de 1855.

Villafañe, Dn. Abraham con Moreira, Da. Pascuala
Folio 44: Dn. **Abraham Villafañe**, h.l. de Dn. Gregorio Villafañe y de Da. María Ignacia Agüero, vecinos de este curato, tengo tratado tomar estado de matrimonio con Da. **Pascuala Moreira**, h.l. del finado Dn. Manuel Moreira y de María Natividad Robín, vecinos del curato de Catamarca. Presentada En El Alto el 1 de diciembre de 1855. Ts: Rudecindo Barrientos, Ramón Albarracín y Wenceslao Zoloaga.

Cáceres, Juan Agustín con Maldonado, María Bonifacia
Folio 46: **Juan Agustín Cáceres**, vecino de Albigasta, h.l. del finado Ramón Rosa Cáceres y de la finada María de los Ángeles Carrizo, pretende contraer matrimonio con **María Bonifacia Maldonado**, h.l. de Francisco Maldonado y de Jesús Soria, vecinos de Albigasta. Presentada En El Alto el 14 de diciembre de 1855. Ts: Pedro Coronel y José Denesio (sic) Cevallos.

Bazán, José Anacleto con Azcuénaga, Restituta del Señor
Folio 48: **José Anacleto Bazán**, vecino de Chañar Laguna, h.n. de Andrea, pretende contraer matrimonio con **Restituta del Señor Azcuénaga**, vecina de los Nogales e h.n. de María Ana Rosa. Presentada en El Alto el 15 de diciembre de 1855. Ts: Juan de la Cruz Iriarte y Dn. Juan Santos Reinoso.

Lobo, Rosendo con Vega, Josefa Emilia
Folio 50: **Rosendo Lobo**, vecino de Achalco, h.n. de Tomasina, pretende contraer matrimonio con **Josefa Emilia Vega**, vecina de Ayapaso e h.l. del finado Bautista y de Candelaria Rivas. Presentada en El Alto el 17 de diciembre de 1855. Ts: Manuel Antonio Maldonado y Lorenzo Sánchez.

Contreras, Dn. Laureano con Guerreros, Da. María del Carmen
Folio 52: Dn. **Laureano Contreras**, natural del Río Chico, provincia de Tucumán, y residente en Haipa Sorcona más de seis meses, h.l. de los finados Dn. Pedro Ignacio y de Da. María Salomé Medina, pretende tomar estado de matrimonio con Da. **María del Carmen Guerreros**, viuda de Dn. Hilario Gutiérrez, también vecina de Haipa Sorcona. Presentada En El Alto el 20 de diciembre de 1855. Ts: Cayetano Medina, natural del Río de los Medina de la provincia de Tucumán, residente en este curato dos años y actual vecino de los Ortices, Juan de la Cruz Juárez, natural del curato del Río Chico y vecino años ha en Haipa Sorcona y Pedro Nolasco Gómez, natural de Haipa Sorcona y residente en la Florida, del curato de Monteros, provincia de Tucumán.

Herrera, Francisco del Carmen con Gauna, María Mercedes
Folio 55: **Francisco del Carmen Herrera**, vecino de Sumampa, h.n. de Gregoria, pretende contraer matrimonio con **María Mercedes Gauna**, h.l. de Manuel Gauna y de la finada Josefa Bepre, del paraje de la Ovejería, siendo ambos feligreses de este curato. Presentada en Quimilpa a 29 de diciembre de 1855. Ts: Policarpo Lobo y Nicolás González.

Ahumada, Dn. Ramón con Ahumada, Da. Clara
Folio 57: Dn. **Ramón Ahumada**, vecino de San Gerónimo, h.l. de Dn. Inocencio y de Da. Sebastiana Leguizamo, pretento matrimoniarme con Da. **Clara Ahumada**, h.l. de Dn. Felixberto y de Da. Isabel Segura, vecinos de Sucuma Estancia de Guayamba, de este curato ambos. Ligados en segundo grado de consanguinidad. Presentada en Concepción de El Alto a 29 de diciembre de 1855. Ts: Dn. José Policarpo Acuña y Dn. Pascual Bailón Arévalo. Resulta triple impedimento de afinidad por haber tenido trato el novio con tres primas hermanas de la pretendida, ocultos, salvo uno donde el parido de la prima sospecha. Dispensados.

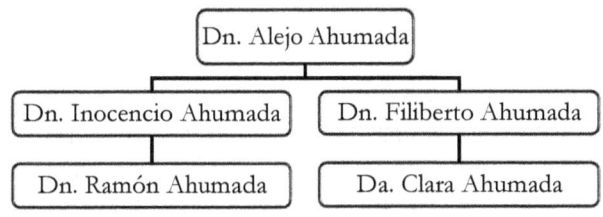

Legajo 71 de 1856

Ledesma, Jacinto con Ibarra, Felipa
Folio 1: **Jacinto Ledesma**, h.n. de Tránsito, pretende contraer matrimonio con **Felipa Ibarra**, h.l. del finado José Antonio y de Elena Figueroa, viuda de Luis Rodríguez, y ambos vecinos de esta feligresía. Ts: Casimiro Ortiz y Marcos Díaz.

Romano, Carmen con Rodríguez, Teresa
Folio 3: **Carmen Romano**, natural de Tintigasta y vecino accidentalmente en San Gerónimo, h.l. del finado Rosa y de Dominga Rodríguez, pretende contraer matrimonio con **Teresa Rodríguez**, h.n. de Ignacia, vecinos de Tintigasta, y ambos de esta feligresía. Ligados en tercer grado de parentesco de consanguinidad. Entre las causales se menciona legitimar un hijo que han. Ts: Dn. Gorgonio Sánchez y Dn. Juan Anastasio Pacheco.

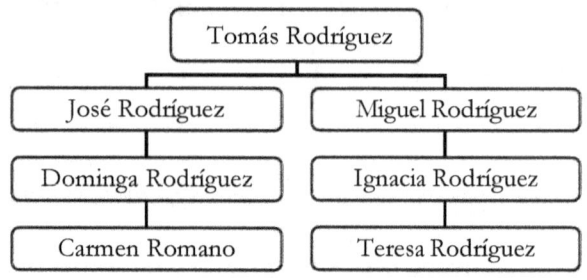

Sosa, Amadeo con Quiroga, Agustina
Folio 6: **Amadeo Sosa**, h.n. de la finada Sebastiana, del vecindario de los Osores, pretende contraer matrimonio con **Agustina Quiroga**, h.n. de la finada Cesaria, del vecindario de Ayapaso, también de este curato. Presentada en Concepción de El Alto a 2 de enero de 1856.

Dorado, Manuel con Medina, Catalina
Folio 7: **Manuel Dorado**, viudo de Juana Ventura Aguirre, pretende tomar estado de matrimonio con **Catalina Medina**, ambos vecinos de Choya, e h.l. de Pastor y de la finada María de los Ángeles Vázquez. Presentada en Concepción de El Alto a 7 de enero de 1856. Ts: José Joaquín Burgos y José Manuel Rojas.

Pereyra, Agustín con Ferreira, Salomé
Folio 9: **Agustín Pereyra**, del vecindario del Saucesito, h.l. de los finados Simón y Gerónima Burgos, quiere contraer matrimonio con **Salomé Ferreira**, h.l. de Dámaso y de Úrsula Guerreros, vecinos de Sumampa, ambos de esta doctrina. Ligados con parentesco de tercer grado de consanguinidad. Presentada en Quimilpa a 10 de enero de 1856. Ts: Rafael Romano y Matías …ran.

Gómez, Juan Bautista con Santillán, María Manuela
Folio 13: **Juan Bautista Gómez**, vecino del Saucesito, h.n. de Rosario Gómez, pretende contraer matrimonio con **María Manuela Santillán**, h.l. de Pedro Santillán y de María Mercedes Jeréz, del paraje de Alijilán, siendo ambos feligreses de este curato. Presentada en Quimilpa a 12 de enero de 1856. Ts: Rafael Romano y Juan Reinoso.

Castellanos, Juan Felipe con Ramírez, Balbina
Folio 15: **Juan Felipe Castellanos**, h.l. del finado Juan Francisco y de Mercedes Castro, pretende contraer matrimonio con **Balbina Ramírez**, h.l. del finado Ángel Mariano y de Marcelina Sánchez, ambos vecinos de esta feligresía. Presentada en Quimilpa a 13 de enero de 1856. Ts: Dn. Manuel Sa… y Juan Pío Díaz.

Nieva, Dn. Leonardo con Villarroel, Gerónima
Folio 17: El cura interino del beneficio de Graneros certifica que Dn. **Leonardo Nieva**, nacido en el lugar de Soraire, comprensión de este curato, hallándose sus padres en el Fuerte de Andalgalá, ha seguido información de su soltura y libertad para casarse con **Gerónima Villarroel**, del lugar de la Talasí, curato de El Alto, h.n. de Saturnina Villarroel, los padres de dicho contrayente son Dn. Bernardino Nieva y Da. Martina Acosta, no habiendo resultado impedimento alguno. Dado en Graneros a 28 de enero de 1856. Pbro. Félix M. Herrera.

Agüero, Domingo Ignacio con Lobo de Mereles, Rita del Carmen
Folio 18: **Domingo Ignacio Agüero**, h.l. del finado José Ignacio y de Montserrat Burgos, del lugar de Potro Ulpiana, de este curato, pretende contraer matrimonio con **Rita del Carmen Lobo de Mereles**, h.n. de María Venera, también de esta doctrina. Presentada En El Alto el 18 de enero de 1856. Ts: Juan Cruz Gómez y Dn. Cipriano Vega.

Delgado, Dn. Juan Antonio con Delgado, Da. Inés
Folio 20: Dn. **Juan Antonio Delgado**, viudo de la finada Da. Isabel Medina e h.l. del finado Dn. Santiago

Delgado y de Da. Antonia Ontiveros, he resuelto tomar estado de matrimonio con Da. **Inés Delgado**, h.l. de los finados Dn. Jacinto y Da. Mercedes Guerreros, ambos vecinos de Alijilán, de esta doctrina. Ligados con el parentesco de segundo grado de consanguinidad. Presentada en Manantiales a 4 de febrero de 1856. Ts: Donato Zárate y Pedro Ignacio Zárate.

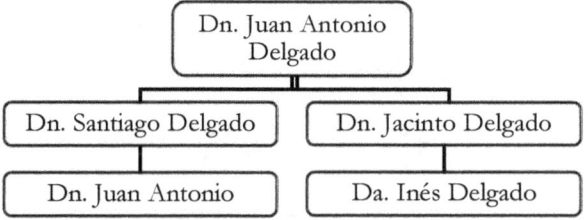

Herrera, Ramón Ignacio con Vizcarra, Tránsito
Folio 22: **Ramón Ignacio Herrera**, natural de La Rioja, y dos años residente en este curato, viudo de Ignacia Páez, natural de los Tambillos, provincia de La Rioja, ha resuelto contraer matrimonio con **Tránsito Vizcarra**, del lugar de Simogasta, comprensión de este curato, h.n. de Petrona Vizcarra. Presentada en la Quebrada a a 13 de febrero de 1856. Compareció ese mismo día la pretendida acompañada de su tía Inés Ledesma. Ts: Bartolomé Carrizo y Dn. Juan Nicolás Gómez.

González, Pedro Moisés con Farías, María Florinda
Folio 24: **Pedro Moyes** (sic) **González**, vecino del lugar de Ovanta, comprensión de esta feligresía, h.l. de Nicolás González y María Lucia Gramajo, pretende contraer matrimonio con **María Florinda Farías**, h.n. de Magdalena Farías, vecina de las Cañas. Presentada en las Cañas a 22 de febrero de 1856. Ts: Silvestre Juárez y Pablo Aranda.

Sánchez, Florenciano con Medina, Rosario
Folio 26: **Florenciano Sánchez**, vecino de este curato, h.l. de José Policarpo Sánchez, ya finado, y de Laureana Jiménez, pretende contraer matrimonio con **Rosario Medina**, viuda de Andrés Ponce, vecina de este curato. Presentada En El Alto el 26 de febrero de 1856. Ts: Juan Agustín… y Dn. José Guillermo Rizo.

Zurita, Elías con Lobo, Tránsito
Folio 28: **Elías Zurita**, del paraje de Talasí, de esta doctrina, h.l. de los finados Luis y Luisa Quiroga, pretende contraer matrimonio con **Tránsito Lobo**, h.n. de Rosario Lobo, vecina del Huaico Hondo. Ligados con el parentesco de afinidad en segundo grado igual por línea oblicua de delito público, porque tuve trato ilícito con una prima hermana de la pretendida (llamada Carmen Cordero). Entre las causales se menciona la necesidad de legitimar dos hijos. Ts: Nicolás … y Juan Santos Cordero.

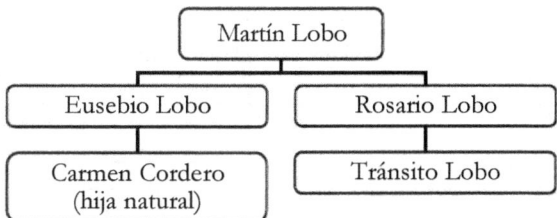

Barrera, Juan Crisanto con Sequeira, Delfina Rosa
Folio 32: **Juan Crisanto Barrera**, natural y vecino de Achalco, h.l. de Cipriano y de la finada Isabel …bas, pretende contraer matrimonio con **Delfina Rosa Sequeira**, natural y vecina de Ancajan, curato de Silípica, provincia de Santiago del Estero, h.l. de Miguel y Rafaela Lobo. Presentada En El Alto el 28 de febrero de 1856. Ts: Estanislao Quiroga y (…).

Rodríguez, Francisco Antonio con Ontiveros, Agustina Rosa
Folio 34: **Francisco Antonio Rodríguez**, vecino de la Carpintería, h.l. de Pedro Pablo Rodríguez y de María Tomasa Chávez, pretende contraer matrimonio con **Agustina Rosa Ontiveros**, h.n. de Josefa Ontiveros, vecina del mismo lugar. Presentada En El Alto el 1 de marzo de 1857. Ts: Hilario Burgos y Manuel Antonio Celiz.

Montenegro, Fidel Antonio con Barrionuevo, Ramona
Folio 36: **Fidel Antonio Montenegro**, de esta feligresía, h.l. de Constantino Montenegro y de María Leocadia Frías, ha dispuesto contraer matrimonio con **Ramona Barrionuevo**, residente en Caña Cruz, de esta doctrina, h.l. de José Santos Barrionuevo y Bonifacia Arévalo. Presentada En El Alto el 8 de marzo de 1856. Ts: Moisés Ahumada y Pedro Garnica.

Ahumada, Dn. Frigidiano con Gómez, Da. Zoila
Folio 38: Dn. **Frigidiano Ahumada**, h.l. de los finados Dn. Pedro Nolasco y de Da. Francisca Barrionuevo, quiere contraer matrimonio con Da. **Zoila Gómez**, h.l. del finado Dn. José Gregorio y de Da. María Vidal Carrizo, ambos naturales y vecinos del lugar del Puesto, estancia de Guayamba. Declaran un impedimento por afinidad ilícita en segundo con primer grado por haber tenido trato la pretendida con un finado hermano del padre del pretendiente y un impedimento por consanguinidad en cuarto grado. Se declara un impedimento por afinidad ilícito oculto de primer grado por haber tenido el pretendiente trato con una hermana de la pretendida. Ts: Pablo Lobo y …Rodríguez.

Juárez, Francisco con Aranda, María
Folio 42: **Francisco Juárez**, vecino de Albigasta e h.l. de los finados Gregorio y Amadora Lobo, solicito tomar estado del santo matrimonio con **María Aranda**, también vecina del mismo lugar, h.n. de Leonarda. Presentada En El Alto el 14 de marzo de 1856. Ts: José Demecio Cevallos y Pedro Coronel.

Díaz, Froilán con Juárez, Andrea Avelina
Folio 44: **Froilán Díaz**, vecino de Alijilán, h.l. del finado Juan Felipe y de María Marta Rosales, pretende contraer matrimonio con **Andrea Avelina Juárez**, vecina también del mismo lugar, e h.l. de Félix Fernando y de María Francisca Brizuela. Presentada En El Alto el 20 de marzo de 1856. Se presentó la novia el 22 de marzo de 1856, acompañada de su hermana Candelaria Brizuela. Ts: Wenceslao Soloaga y Juan Bautista Gómez.

Burgos, Dn. José Ramón con Reyes, Da. Pabla
Folio 46: Dn. **José Ramón Burgos**, vecino del lugar de Guayamba, comprensión de este curato, y viudo de la finada Da. Romualda Arévalo, pretende contraer matrimonio con Da. **Pabla Reyes**, del lugar de los Algarrobos, y viuda del finado Bartolo Espeche. Presentada En El Alto el 25 de marzo de 1856. Ts: … y Juan Santos Cisternas. De la información proporcionada por testigos se desprende que la mujer de él murió de parto, y el marido de ella, de haber estado trabajando en una acequia, bajo de una barranca, cuando una parte de esta barranca se desplomó con lo que murió hace varios años.

Soberón, José Antonio con Barros, Cirila
Folio 48: El cura interino del beneficio de Graneros certifica que **José Antonio Soberón**, feligrés de este curato de Graneros, y del lugar de San Francisco, h.l. de los finados José María Soberón y de Martina González, ha producido información de su soltura y libertad para casarse con ¿**Cirila**? **Barros**, feligresa del curato de El Alto, del lugar de Huacra, h.l. de Juan de la Cruz Barros y de Rosa Varela. En Graneros, a 30 de marzo de 1856. Pbro. Félix M. Herrera.

Legajo 72 de 1856

Vázquez, Juan de la Cruz con Plaza, Cecilia
Folio 1: **Juan de la Cruz Vázquez**, h.n. de Juana Rosa, pretende contraer matrimonio con **Cecilia Plaza**, h.l. de Javier y de Carmen Pedernera, ambos vecinos de Ancuja. Ligados en segundo grado de afinidad ilícita por haber tenido trato con una prima hermana de la pretendida llamada Mercedes Osores. Ts: Juan Ángel Heredia y José Manuel Luna.

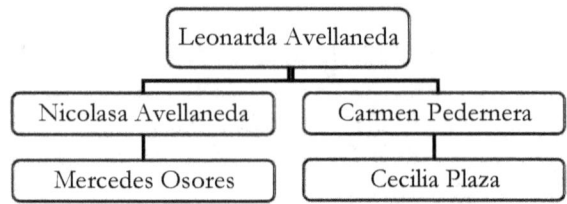

Ovejero, Anacleto con Sánchez, Mauricia
Folio 5: **Anacleto Ovejero**, vecino de los Albarracines, h.n. de Bernarda, pretende contraer matrimonio con **Mauricia Sánchez**, vecina de Ampolla e h.l. del finado José Policarpo y de Laureana Jiménez. Presentada En El Alto el 4 de abril de 1856. Ts: Dn. José Guillermo Rizo y Fernando Guerreros.

Brizuela, Francisco con Delgadino, Natividad
Folio 7: **Francisco Brizuela**, oriundo de la Costa de Anjullón, provincia de La Rioja, y residente en este curato en el lugar de los Algarrobos nueve meses, viudo de Tránsito Pino y Alarcón, vecina del curato de Piedra Blanca, pretende contraer matrimonio con **Natividad Delgadino**, natural del Valle Viejo, curato rectoral, residente más de diez años en el dicho lugar de los Algarrobos, h.l. de los finados Felipe y Rosario Vergara. Presentada En El Alto el 3 de abril de 1856. Ts: Dn. Ramón Gregorio Gómez y Dn. José Ramón Burgos.

Agüero, Fernando con Guerreros, Ramona Rosa
Folio 9 (sic): 31 de marzo de 1856, Presb. Ramón Rosa Vera escribe al señor cura y vicario Presb. Dn. Advertano Olmos: **Fernando Agüero**, feligrés de este curato, h.l. del finado Fernando y de Micaela Almonacid, pretende tomar matrimonio con **Ramona Rosa Guerreros**, feligresa de ese curato a su cargo, e h.l. de José Antonio y de María Mercedes Burgos.

Camaño, Dn. Carmen con Lezana, Da. Marquesa
Folio 9: Dn. **Carmen Camaño**, vecino de las Cañas, h.n. de Da. María Rosario, pretende contraer matrimonio con Da. **Marquesa Lezana**, también

vecina del mismo lugar, e h.n. de Da. Petrona. Presentada En El Alto el 2 de abril de 1856. Ts: Dn. Mariano Albornoz y Julián Juárez.

Celiz, Manuel Antonio con Albarracín, Francisca Antonia
Folio 13: **Manuel Antonio Celiz**, de la jurisdicción de Santiago del Estero, del mismo pueblo y residente en el lugar del Manantial, como seis años más o menos, viudo en segundas nupcias de **Francisca Antonia Albarracín**, pretende contraer matrimonio con Juana Brizuela, h.n. de Carmen Brizuela, residente en el lugar de Collagasta y ya finada. Presentada En El Alto el 5 de abril de 1856. Ts: Rosa Castro y Rafael Romano.

Jiménez, Eduardo con Jiménez, Patrocinia
Folio 15: **Eduardo Jiménez**, vecino de Ampolla, h.l. de Toribio y Romualda Collantes, pretende contraer matrimonio con **Patrocinia Jiménez**, vecina de los Ortices, h.l. de Claudio y de la finada María Antonia Ortiz, ambos de esta doctrina. Ligados con el parentesco de consanguinidad en tercer grado por línea lateral. Entre las causales se señala la necesidad de legitimar un hijo. Presentada En El Alto el 8 de abril de 1856. El día 10 compareció la novia acompañada de su prima hermana política Delfina Luna. Ts: Dn. Felipe Cabral y Miguel Gerónimo Durán.

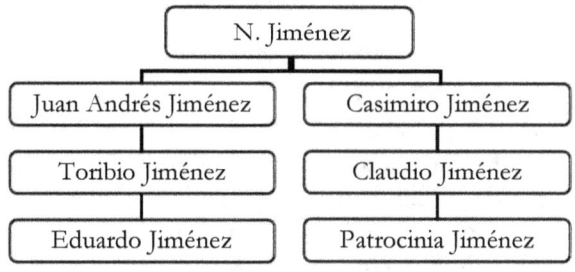

Rasguido, Indalecio con Rosales, Micaela
Folio 17: **Indalecio Rasguido**, de esta feligresía, h.l. de Alejo Rasguido y de María Reinoso, pretende contraer matrimonio con **Micaela Rosales**, de esta feligresía, h.l. de Juan José Rosales y de Manuela Rosales. Presentada en los Manantiales a 11 de abril de 1856. Ts: Juan Tomás Peralta y José Rosales.

Villarroel, Juan Santos con Juárez, Maximiliana
Folio 19: **Juan Santos Villarroel**, feligrés de este curato, vecino de la Puerta Grande, h.n. de María Villarroel, pretende contraer matrimonio con **Maximiliana Juárez**, de esta feligresía y vecina de Amaucala, hija del finado Borja Juárez y de la finada Lizarda Quiroga. Presentada en el Manantial a 11 de abril de 1856. Ts: Francisco Antonio Cárdenas y Pedro Antonio Mercado.

Rizo, José Guillermo con Luna, Filomena
Folio 21: **José Guillermo Rizo**, vecino del lugar de los Ortices e h.l. de Pedro Antonio y de Gregoria Falcón, pretende contraer matrimonio con **Filomena Luna**, del mismo vecindario, h.l. de los finados Francisco Antonio y de Mercedes Orellana. Presentada En El Alto el 25 de abril de 1856. Ts: Anacleto Ovejero y Dn. Feliciano Juárez.

Paz, José Domingo con Díaz, Rita del Carmen
Folio 23: **José Domingo Paz**, vecino del lugar de la Toma, comprensión de este curato, e h.l. de Juan Agustín y de la finada María Anastasia Véliz, solicito tomar estado del santo matrimonio con **Rita del Carmen Díaz**, h.l. del finado Nicolás y de Casilda Martínez, del mismo vecindario. Presentada en la Quebrada a 29 de abril de 1856. Ts: José Martiniano Jeréz y Pedro José Tula.

Agüero, Felipe Santiago con Flores, Rosario
Folio 25: **Felipe Santiago Agüero**, vecino del lugar de la Huerta, h.l. del finado Felipe y de Rosario Morienega, pretende contraer matrimonio con **Rosario Flores**, del mismo lugar de la Huerta, h.n. de Rosa. Presentada en la Quebrada a 2 de mayo de 1856. Ts: José Nicolás Juárez y Félix Rosa Valdéz.

Ludueña, Dn. Quintín de los Santos con Ávila, Da. María Rosa
Folio 31: **Quintín de los Santos Ludueña**, natural de la provincia de Santa Fe y residente en el lugar de Iloga a más de un año, h.l. de Dn. Juan Francisco y de Da. María Mercedes Quinteros, pretende contraer matrimonio con Da. **María Rosa Ávila**, natural y vecina del mismo lugar de Iloga, h.l. de Dn. Pedro Ignacio y de Da. Balbina Ibáñez. Presentada en la Quebrada a 28 de abril de 1856. Ts: Dn. Leandro Fernández y Dn. Doroteo Díaz, vecinos del curato de Ancasti., y Dn. Manuel Díaz.

Agüero, Romualdo con Hernández, Eduviges
Folio 33: **Romualdo Agüero**, vecino del Agua del Sauce, h.l. del finado Pedro y de Francisca Juárez, pretende contraer matrimonio con **Eduviges Hernández**, del lugar de Taco Yaco, también de este curato, h.l. del finado Felipe y de Isabel Almaraz. Presentada en la Quebrada a ¿8? de mayo de 1856. Ts: … y Moisés Segura.

Peralta, Manuel de Jesús con Agüero, María Ventura
Folio 35: **Manuel de Jesús Peralta**, del lugar de Ichipuca, h.l. del finado José María y de María Olegaria Toledo, pretende contraer matrimonio con **María Ventura Agüero**, h.n. de la finada Gabriela, del lugar de Achalco. Presentada en la Quebrada a 11 de mayo de 1856. Ts: … y Mateo Lobo.

Sotelo, Dn. Manuel Antonio con Goitia, Da. Jacinta
Folio 37: Dn. **Manuel Antonio Sotelo**, del lugar de Chañar Laguna, provincia de Santiago del Estero, h.l. de Dn. Juan Francisco Sotelo y de la finada Da. María Petronila Díaz, pretende contraer matrimonio con Da. **Jacinta Goitia**, viuda de Dn. Luis Antonio Vega e h.l. del finado Dn. Mariano Goitia y de Da. Ignacia Jeréz, también finada, y del mismo lugar de Chañar Laguna. Presentada en la Quebrada a 11 de mayo de 1856. Ts: Antonio Lindón y José Pío Díaz.

Márquez, Manuel de Reyes con Segura, Brígida
Folio 39: **Manuel de Reyes Márquez**, del lugar de los Osores, h.n. de Josefa, solicito tomar estado del santo matrimonio con **Brígida Segura**, h.l. del finado Manuel y de Petrona Arias, también del mismo lugar de los Osores. Presentada en la Quebrada a 16 de mayo de 1856. Ts: Pedro Juan Chazarreta y José Leandro Pedraza.

Ponce, Dn. Juan Bautista con Ávila, Da. María Celedonia
Folio 41: Dn. **Juan Bautista Ponce**, vecino del lugar de la Higuerita e h.l. del finado Dn. Basilio Antonio y de Da. María Modesta Mercado, pretende contraer matrimonio con Da. **María Celedonia Ávila**, h.n. de Da. Rosario, vecina del lugar de las Cañas. Presentada en la Quebrada a 16 de mayo de 1856. Ts: Miguel Antonio Díaz y Miguel Islas.

Ledesma, Gregorio con Sánchez, Genuaria
Folio 43: **Gregorio Ledesma**, natural de la provincia de Santiago del Estero, del lugar de Loreto y residente en el lugar de las Cortaderas, comprensión de este curato de El Alto más de cuatro años, h.l. del finado José y de Agustina Coronel, pretende contraer matrimonio con **Genuaria Sánchez**, vecina del mismo lugar de las Cortaderas, h.l. del finado Pedro y de Rosario Ojeda. Presentada en la Quebrada a 19 de mayo de 1856. Ts: Dn. ¿Juan? Tomás Rizo, Isidoro Maldonado y Florentino Pérez.

Carrizo, Juan Felipe con Farías, Ricarda
Folio 45: **Juan Felipe Carrizo**, vecino del lugar de las Tunas, h.n. de Josefa, pretende contraer matrimonio con **Ricarda Farías**, del mismo vecindario de las Tunas, h.l. de Juan Pablo y de Juana Petrona Reinoso. Presentada En El Alto el 22 de mayo de 1856. Ts: José Ignacio Collantes y José Cazuzo.

Ahumada, Dn. Eulogio con Rodríguez, Da. María Inés
Folio 47: Dn. **Eulogio Ahumada**, vecino del lugar de San Gerónimo e h.l. de Dn. Inocencio y de Da. María Sebastiana Leguizamo, pretende contraer matrimonio con Da. **María Inés Rodríguez**, vecina del lugar de San Isidro, comprensión del curato Rectoral e h.l. de Dn. Dionisio y de Da. María del Carmen Ponce, ya finada. Presentada En El Alto el 23 de mayo de 1856. Ts: Manuel Antonio Albarracín y Pablo…

Segarra, José Blas con Aredes, Pascuala
Folio 49: **José Blas Segarra**, natural de la provincia de Santiago, del lugar de la Laguna que comprende a este curato de El Alto, h.l. de los finados Hilario y de María del Rosario Alderete, pretende contraer matrimonio con **Pascuala Aredes**, h.l. de (en blanco), natural de la provincia de Tucumán, del lugar de la Reducción, comprensión del curato Rectoral, y hoy residente en el lugar de la Laguna. Presentada en la Quebrada a 20 de mayo de 1856. Ts: Eugenio Pacheco y José Luis Gómez.

Legajo 73 de 1856

Barrientos, Patricio con Cabral, Melitona
Folio 3: **Patricio Barrientos**, vecino de este curato, viudo de Lizarda Pereyra, pretende contraer matrimonio con **Melitona Cabral**, h.n. de Antonina Cabral. Presentada En El Alto el 24 de junio de 1856. Ts: Juan José Silva y Dn. Ramón Rosa Bulacia.

Rodríguez, Dn. Eliseo con Salazar, Da. Luisa
Folio 5: Dn. **Eliseo Rodríguez**, natural de Piedra Blanca y residente en Guayamba a 2 años, h.l. de Dn. Ángel y de Da. Bárbara Segura, pretende contraer matrimonio con Da. **Luisa Salazar**, h.l. de Dn. Javier y Da. Indalecia Ahumada, ambos naturales de Sucuma. Presentada En El Alto el 11 de junio de 1856. (Dado el consentimiento de la novia, firman ella y el novio). Ts: Dn. Justo Quevedo, Dn. Amadeo Soria y Bartolomé Carrizo.

Sobrecasas, Dn. Juan Francisco con Albarracín, Da. María Antonia
Folio 9: Dn. **Juan Francisco Sobrecasas**, h.l. de los finados Juan Clemente y de María Juana Vázquez, del vecindario de Talasí, ha resuelto contraer matrimonio con Da. **María Antonia Albarracín**, h.n. de la finada María de los Ángeles, vecina de San Antonio, del curato de Piedra Blanca. Presentada En El Alto el 16 de junio de 1856. Ts: Juan Isidoro Páez y Dn. Juan Bautista Barrera.

Soraire, Feliciano con Ortiz, María Aniceta
Folio 14: **Feliciano Soraire**, natural del Valle Viejo y residente en este paraje de Vilismano ya para dos años, h.n. de María del Señor, ya finada, pretende contraer matrimonio con **María Aniceta Ortiz**, natural de Pomancillo y residente en este curato, en el paraje mismo de Vilismano bastantes años, h.n. de Victoria.

Presentada En El Alto el 14 de junio de 1856. Ts: Andrés Barrionuevo y Francisco Antonio Vizcarra.

Caravajal, Pafónico del Señor con Ojeda, Fernanda
Folio 16: **Pafónico del Señor Caravajal**, natural y vecino del Ojo de Agua, h.l. de Justo Pastor y Damascena Pacheco, he resuelto contraer matrimonio con **Fernanda Ojeda**, natural de este vecindario de El Alto y residente accidentalmente en el lugar del Puesto de los Ábilas, ambos de este curato, h.n. de Ignacia. Declaran un impedimento por consanguinidad en cuarto grado. Presentada En El Alto el 20 de junio de 1856. Ts: Avelino Almaraz y Dn. Martiniano Gómez.

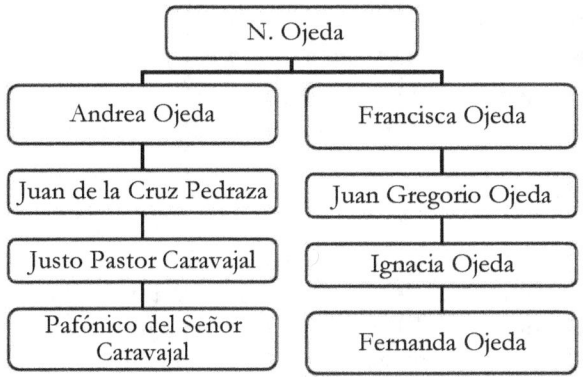

Suárez, Pedro Pablo con Mansilla, Rosario
Folio 20: **Pedro Pablo Suárez**, vecino del lugar de Haipa Sorcona, h.l. del finado Juan Ángel y de Valeriana Burgos, pretende contraer matrimonio con **Rosario Mansilla**, vecina del Agua del Sauce, h.l. del finado Fermín y de Regina Páez, ambos feligreses de este curato. Presentada En El Alto el 22 de junio de 1856. Ts: Andrés Barrionuevo y Miguel Gerónimo Durán.

Coria, Donato con Amaya, María Carlota
Folio 22: **Donato Coria**, h.l. de Juan y de Gregoria Agüero, naturales de Achalco, pretende contraer matrimonio con **María Carlota Amaya**, h.l. de Eduardo y de la finada María del Señor Urquiza, naturales del Valle Viejo de Catamarca. Presentada En El Alto el 27 de junio de 1856. Ts:…

Medina, José Antonio con Pineda, Andrea
Folio 24: **José Antonio Medina**, viudo de María Isabel Sueldo, pretende contraer matrimonio con **Andrea Pineda**, viuda de Juan Fernando Frogel, ambos feligreses de este curato. Presentada En El Alto el 30 de junio de 1856. Ts:…

Sánchez, Belisario con Delgado, María Peregrina
Folio 26: **Belisario Sánchez**, vecino de las Cañas, h.n. de Dominga Sánchez, pretende contraer matrimonio con **María Peregrina**, vecina de las Cañas, h.n. de Carmen Delgado. Presentada En El Alto el 8 de julio de 1856. Ts: Carmelo Lobo y Silverio Juárez.

Arévalo, Bernabé Antonio con Cejas, María Nieves
Folio 28: **Bernabé Antonio Arévalo**, natural de Caña Cruz y viudo de María Leonarda Villalba, pretende contraer matrimonio con **María Nieves Cejas**, h.l. de Francisco y Bárbara Rivarola, naturales de los Ávilas. Presentada En El Alto el 18 de julio de 1856. Ts: Dn. Eugenio Vera y Vicente Parra.

Tula, Buenaventura con Rodríguez, Ramona
Folio 30: **Buenaventura Tula**, vecino de los Altos, h.l. del finado José Ignacio y Francisca Brizuela, pretende contraer matrimonio con **Ramona Rodríguez**, vecina de la falda de Alpatauca, curato de la Piedra Blanca, h.l. de Carlos y Francisca Antonia Barrios. Presentada En El Alto el 22 de junio de 1856. Ts: Gabino Robles e Isidoro Paz.

Guerreros, Manuel Antonio con González, Fidelia Ubalda
Folio 32: **Manuel Antonio Guerreros**, h.l. del finado José Miguel Guerreros y de Prudencia Zárate, vecinos de Alijilán, pretende contraer matrimonio con **Fidelia Ubalda González**, h.l. de José Félix González y de la finada María Gregoria Segura. Presentada en las Tunas a 2 de agosto de 1856. Ts: Pascual Burgos y Miguel Cardoso.

Ávila, Dn. Modesto con Lezana, Da. Cayetana
Folio 34: Dn. **Modesto Ávila**, h.l. del finado Dn. Geraldo y Da. Ignacia Díaz, viudo de Da. Juana Camaño, pretende contraer matrimonio con Da. **Cayetana Lezana**, viuda de Dn. Pedro Pablo Ibáñez, ambos vecinos de las Cañas. Ligados en segundo grado de afinidad lícita. Presentada en capilla de las Tunas a 8 de agosto de 1856. Ts: Borja Lobo y José Tomás Lobo.

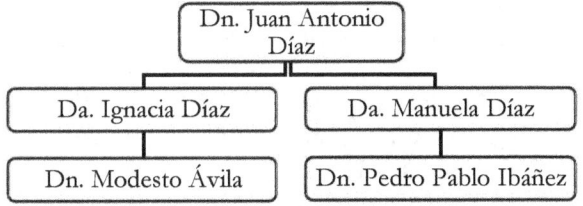

Peralta, José Ignacio con Rasguido, Agustina Rosa
Folio 38: **José Ignacio Peralta**, natural del Chañar, provincia de Córdoba, y residente en esta ya cuatro años, h.n. de ¿Eugenia? Peralta, pretende contraer matrimonio con **Agustina Rosa Rasguido**, vecina de Ovanta, h.l. de Anacleto, ya finado, y de María Isabel Leiva. Presentada en la capilla de las Tunas a 11 de

agosto de 1856. Ts: Miguel Guaráz, Pascual Guaráz y Pedro Ignacio Peralta, del Chañar, Córdoba.

Altamiranda, Dn. Pablo con Gómez, Da. María del Señor

Folio 41: Dn. **Pablo Altamiranda**, natural de los Falcones, h.l. del finado Dn. Hermenegildo y de Da. María del Rosario Pedraza, pretende contraer matrimonio con Da. **María del Señor Gómez**, natural del Puesto, h.l. del finado Dn. José Gregorio Gómez y de Da. María Vidal Carrizo. Presentada En El Alto el 18 de agosto de 1856. Ts:…

Arévalo, Dn. Pedro Juan con Escobar, Da. María del Carmen

Folio 43: Dn. **Pedro Juan Arévalo**, natural de la Huerta, h.l. de Dn. Santiago Arévalo y de Da. María Pabla Márquez, finados, pretende contraer matrimonio con Da. **María del Carmen Escobar**, natural del Valle Viejo, curato Rectoral, h.l. del finado Dn. Simón y Da. Carmen Maidana. Presentada En El Alto el 28 de agosto de 1856. Ts: Alejo Luna, José Ignacio Guamán y Samuel Cabral.

Legajo 74 de 1856

Medina, Dn. Doroteo con Márquez, Da. Juana Rosa

Folio 1: Dn. **Doroteo Medina**, nativo de la ciudad de Santiago del Estero y vecino en esta villa de El Alto como ocho meses, h.n. de Da. Isidora, pretende contraer matrimonio con Da. **Juana Rosa Márquez**, de este vecindario, h.l. de Dn. Juan Luis y de la finada Da. Genuaria Saavedra, y viuda de Dn. Cruz Gramajo. Presentada En El Alto el 1 de septiembre de 1856. Ts: Dn. Mariano Villar, Manuel Antonio Pérez y Vicente Ba…

Rizo, Dn. Elías Facundo con Cisternas, Da. Manuela

Folio 4: Dn. **Elías Facundo Rizo**, h.l. de Dn. Ubaldo y Da. Dorotea Burgos, pretende contraer matrimonio con Da. **Manuela Cisternas**, h.l. del finado Dn. José Rosa Cisternas y Da. Faustina Ojeda, ambos de este vecindario. Presentada En El Alto el 6 de septiembre de 1856. Ts: Al…no Almaraz y Dn. Juan Bautista Barrera.

Morales, Dn. Maximino con Cancinos, Da. Ángela

Folio 8: Dn. **Maximino Morales**, vecino de Talasí, h.l. del finado Dn. Valeriano y Da. María del Tránsito Luján, pretende contraer matrimonio con Da. **Ángela Cancinos**, conocida por Reinoso, vecina del Valle Viejo, del curato Rectoral, h.n. de Da. Casimira, finada (hija, según el tercer testigo, de Dn. Santiago Reinoso).

Presentada En El Alto el 12 de septiembre de 1856. Ts: Dn. Juan Isidoro Páez, Dn. Juan Agustín Ibáñez y Dn. Juan Bautista Barrera. (Habría parentesco lejano, por los Arévalo, como de quinto grado, pero no constituye impedimento).

Centeno, Dn. Simón Tadeo con Saavedra, Da. María Candelaria

Folio 11: Dn. **Simón Tadeo Centeno**, vecino del paraje del Vallecito, h.l. de Dn. José Braulio y de la finada Da. Gregoria Quiroga, pretende contraer matrimonio con Da. **María Candelaria Saavedra**, natural del lugar de la Cañada, curato de Ancasti, y residente en este curato como nueve años, h.l. de Dn. Lauro y de la finada Da. María del Señor Rojas. Presentada en Vilismano el 12 de septiembre de 1856. Ts: Juan Nicolás Gómez y José Vicente Parra.

Palacios, Dn. Pedro con Cisternas, Da. Dominga

Folio 13: Dn. **Pedro Palacios**, vecino de Collagasta, h.n. de Da. Petrona (y de Dn. Marcelino Gómez, según se declara), quiere contraer matrimonio con Da. **Dominga Cisternas**, de este vecindario de El Alto, h.l. del finado Dn. Rosa y Da. Faustina Ojeda. Ligados en parentesco de consanguinidad en tercer grado. Presentada En El Alto el 26 de septiembre de 1856. Ts: Avelino Almaraz y Juan José Silva.

Gómez, José Luis con Medina, María Griselda

Folio 18: **José Luis Gómez**, feligrés de este curato, vecino de Ancamugalla, h.l. de Francisco Javier Gómez y de Rudecinda Sosa, pretende contraer matrimonio con **María Griselda Medina**, h.l. de los finados Lorenzo Medina y de María Tomasina Cejas, feligresa también de este curato y vecina de Ancamugalla. Presentada en la capilla de Vilismano a 28 de septiembre de 1856. Ts: Dn. Eugenio Vera y Vicente Parra.

Ledesma, Faustino con Sánchez, Pilar

Folio 20: **Faustino Ledesma**, vecino del Remansito, h.l. de José Ledesma, ya finado, y de la finada Dolores Barraza, pretende contraer matrimonio con **Pilar Sánchez**, viuda de Ramón Romano, vecina del mismo paraje. Presentada En El Alto el 29 de septiembre de 1856. Ts: Remigio Luna y … Paz.

Flores, Severino con Lobo, Juana
Folio 22: **Severino Flores**, h.l. de los finados Juan Andrés y Mercedes Flores, pretende contraer matrimonio con **Juana Lobo**, h.n. de Gregoria Lobo (y de: José Leandro Ledesma según se declara), ambos naturales y vecinos de Achalco. Ligados en tercer grado de consanguinidad, "por haberla (re)conocido por hija natural a mi novia un primo hermano de mi madre" según declara el pretendiente. Entre las causales para dispensas, se menciona la necesidad de legitimar un hijo. Presentada En El Alto el 30 de septiembre de 1856. Ts: Buenaventura … y Manuel de Reyes Campo.

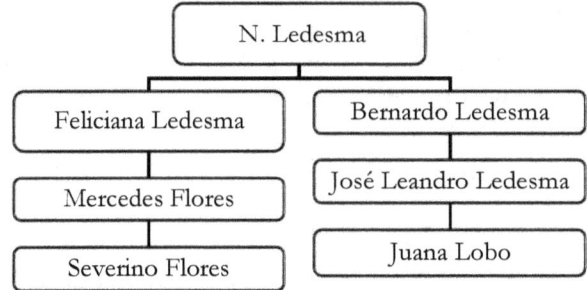

Sandoval, Francisco Javier con Leiva, Salomé
Folio 26: **Francisco Javier Sandoval**, h.l. del finado Juan de la Cruz y de María Ignacia Maidana, pretende contraer matrimonio con **Salomé Leiva**, h.l. del finado José Mariano y de Hilaria Chávez, ambos vecinos de los Falcones, de este beneficio. Presentada En El Alto el 3 de octubre de 1856. Ts: Juan Bautista Barrera y Avelino Almaraz.

Ibáñez, Jacinto con Trejo, Genoveva
Folio 30: Yo, **Jacinto Ibáñez**, vecino de Ovanta, h.l. de Patricio Ibáñez y de Albina Leguizamo, pretende contraer matrimonio con **Genoveva Trejo**, h.l. de Ramón Trejo y de Ignacia Pérez, vecinos de San Pedro, del Rectoral de Santiago. Presentada en las Tunas a 6 de octubre de 1856. Ts: Pedro Francisco Rosales y Santos Luna.

Mendoza, Dn. Joaquín con Luna, Da. Eduarda
Folio 32: Dn. **Joaquín Mendoza**, vecino de El Alto, h.l. de Dn. José Manuel y de la finada Da. Maximiliana Ovejero, pretende contraer matrimonio con Da. **Eduarda Luna**, h.l. de Dn. Santos y de Da. Lucinda Rosales, vecinos de las Tunas, ambos de esta doctrina. Presentada en la capilla de las Tunas a 7 de octubre de 1856. Ts: Juan ¿Simón? Paz y Jorge Cabrera.

Arrascayete, Justo Pastor con Figueroa, Peregrina
Folio 36: **Justo Pastor Arrascayete**, de la Bajada, h.n. de la finada María del Señor, pretende contraer matrimonio con **Peregrina Figueroa**, h.l. de Romualdo Figueroa y de Feliciana Luna, vecinos del Molle, ambos de esta doctrina. Presentada en la capilla de las Tunas a 8 de octubre de 1856. Ts: Valeriano Mercado y Domingo Collantes.

Argañaráz, Domingo Ignacio con Fernández, Rosenda
Folio 40: **Domingo Ignacio Argañaráz**, h.n. de la finada Josefa Argañaráz, pretende contraer matrimonio con **Rosenda Fernández**, h.n. de la finada Feliciana Fernández, vecinos de este curato. Presentada en la capilla de las Tunas a 8 de octubre de 1856. Ts: Juan Simón Paz y Anselmo Páez.

Cabrera, Luis Ignacio con Páez, Nicolasa
Folio 42: **Luis Ignacio Cabrera**, h.l. de Jorge y de la finada María Juana Argañaráz, quiere contraer matrimonio con **Nicolasa Páez**, h.l. de los finados Juan José y Petrona Mercado, ambos naturales y vecinos de las Tunas, de esta doctrina de El Alto. Ligados con un impedimento por consanguinidad en tercer. Ts: José Isidoro Paz y Juan Felipe Carrizo. Terminada en la capilla de las Tunas a 13 de octubre de 1856.

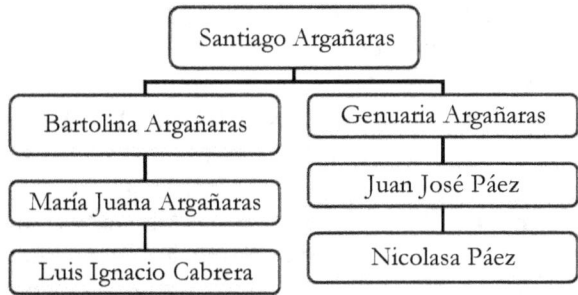

Correa, Dn. Gerónimo con Bulacia, Da. Catalina
Folio 48: Dn. **Antonio Gerónimo Correa**, natural de la ciudad de Lamego, provincia Beira Alta, en el Reino de Portugal, y residente en esta parroquia a siete meses: h.l. de Dn. José y de Da. María de Jesús Barbosa, pretende contraer matrimonio con Da. **Catalina Bulacia**, natural de esta parroquia, h.l. de Dn. Ramón y de Da. Ana María Tula. Presentada En El Alto el 15 de octubre de 1856. Ts: Dn. Francisco Javier Gómez y Dn. Manuel Ignacio Gómez.

Artaza, Pedro Martín con Palavecino, Casimira
Folio 52: **Pedro Martín Artaza**, natural de Huaico Hondo, h.l. de Andrés y de la finada Estefanía Ibáñez, todos de este curato, pretende contraer matrimonio con **Casimira Palavecino**, natural del Laurel, de este curato, h.l. del finado Gregorio y de Rosario Ledesma. Presentada En El Alto el 16 de octubre de 1856. Ts: Dn. Félix Garay y Pilar González (hombre).

Medina, Justo Pastor con Heredia, María Eulogia

Folio 56: **Justo Pastor Medina**, vecino de Choya, viudo de María de los Ángeles Vázquez, me hallo resuelto a tomar estado de matrimonio con **María Eulogia Heredia**, h.l. de Domingo y de Prudencia Sobrado, residente en este mismo lugar de este curato. Presentada En El Alto el 17 de octubre de 1856. Ts: Juan Ambrosio Domínguez y Manuel Antonio Campo.

Legajo 75 de 1856

Córdoba, Manuel de Reyes con Romero, Rosa
Folio 1: **Manuel de Reyes Córdoba**, natural de Vilismano, habiendo residido como un año en Sauce Mayo y como tres a cuatro años en la Ceja del Monte del curato de Graneros de la provincia de Tucumán, y últimamente existente ya tres meses en la Aguada de este beneficio, h.l. de Rosario y de María Mercedes Campos, naturales de Vilismano y actuales residentes en Lules, provincia de Tucumán, pretende contraer matrimonio con **Rosa Romero**, h.l. de Pedro Cándido y Cristina Caravajal, naturales y vecinos de la Aguada. Presentada En El Alto el 3 de noviembre de 1856. Ts: Dn. Luis Antohio D…, Juan José Lobo y José Elías Guerreros.

Pedraza, Dn. Romualdo con Cisterna, Da. Ángela
Folio 3: Dn. **Romualdo Pedraza**, h.n. de Da. Rosario, he resuelto contraer matrimonio con Da. **Ángela Cisterna**, h.l. del finado Dn. Rosa y de Da. Faustina Ojeda, ambos naturales y vecinos de los Falcones, del curato de El Alto de esta provincia. Ligados en tercer grado de parentesco de consanguinidad, por paterna y materna, loa cuales ya fueron dispensados. Presentada En El Alto el 3 de noviembre de 1856. Ts: Justo Pastor Caravajal y Dn. Felipe Cabral.

Peralta, Niceo con Leguizamo, Humbelina
Folio 8: **Niceo Peralta**, natural del Bañado de Ovanta, h.l. de Francisco y de María Estefanía Reinoso, pretende contraer matrimonio con **Ubelina Leguisamo**, vecina de Ovanta, h.n. de Leonarda. Presentada En El Alto el 4 de noviembre de 1856. Ts: Miguel Guaráz y Borja Rosales.

Guerra, Enrique con Díaz, Restituta
Folio 12: **Enrique Guerra**, h.l. de Juan Ramón y Dorotea Ledesma, vecino de Simogasta, ha resuelto contraer matrimonio con **Restituta Díaz**, h.l. de Braulio, y María Flores. Presentada En El Alto el 4 de noviembre de 1856. Ts: Nicolás Salguero y Ángel Mariano Pérez.

Magallán, Dn. Félix Rosa con Paz, Da. Filomena
Folio 14: Dn. **Félix Rosa Magallán**, natural y vecino de Haipa Sorcona, h.l. de Dn. José Lino Magallán y de la finada Da. Dominga Lobo de Mereles, he resuelto tomar estado de matrimonio con Da. **Filomena Paz**, natural y vecina del Río de Medinas, del curato del Río Chico, provincia de Tucumán, h.l. de Dn. Manuel y Da. Catalina Zalazar. Presentada En El Alto el 4 de noviembre de 1856. Ts: Dn. Felipe Cabral y…

Rosales, Graciliano con Coronel, María Carolina
Folio 16: **Graciliano Rosales**, natural de Ovanta, h.l. de José Claudio Rosales y de Casimira Reinoso, pretende contraer matrimonio con **María Carolina Coronel**, natural del Pozo Hondo de la provincia de Tucumán, curato de Graneros, h.l. de Domingo y Nazaria Vallejos. Presentada En El Alto el 5 de noviembre de 1856. Ts: Miguel Guaráz y Borja Rosales.

Arévalo, Dn. Juan Nicolás con Varela, Da. María del Señor
Folio 18: Dn. **Juan Nicolás Arévalo**, vecino de la Calera, h.l. de los finados Dn. Agustín Antonio y Da. María Candelaria Aguirre, pretende contraer matrimonio con Da. **María del Señor Varela**, h.n. de la finada Da. Pilar y viuda de Dn. Miguel Pérez, vecina de la Puerta de Molle Yaco. Presentada En El Alto el 6 de noviembre de 1856. Ts: Maximiliano …as y…

Lobo, Andrés Avelino con Jeréz, María Antonia
Folio 20: **Andrés Avelino Lobo**, h.l. de Juan Evangelista y de la finada Manuela Sánchez, pretende contraer matrimonio con **María Antonia Jeréz**, h.l. de los finados Bernabé y Damiana Burgos, y viuda de Cipriano Ávila, ambos vecinos de San Gerónimo. Presentada En El Alto el 7 de noviembre de 1856. Ts: … y Dn. Eulogio Ahumada.

Castro, Ceferino con Díaz, Nieves
Folio 22: **Ceferino Castro**, h.n. de Isabel, pretende contraer matrimonio con **Nieves Díaz**, h.l. del finado José Pío y Angelina Páez, ambos vecinos de las Tunas. Presentada En El Alto el 15 de noviembre de 1856. Ts: Pedro Pascual Ibáñez y…

Falcón, Dn. José Tomás con Ahumada, Da. María Jesús
Folio 24: Dn. **José Tomás Falcón**, natural de Collagasta, h.l. del finado Dn. Lorenzo y Da. Damascena Pacheco, pretende contraer matrimonio con Da. **María Jesús Ahumada**, viuda de Dn. José Elías Ahumada, todos estos de Guayamba. Presentada En El Alto el 29 de noviembre de 1856. Ts: Luis Gabriel Reinoso y Cornelio Cordero.

Toledo, Dn. Esteban José con Yance, Da. María Antonia
Folio 26: Dn. **Esteban José Toledo**, natural de Monteros, vecino muchos años en Nachi, del curato del Río Chico de la provincia de Tucumán, y residente ya cuatro años en este curato de El Alto en el lugar de la Higuerita, viudo de María Carlota Romano, pretende contraer matrimonio con Da. **María Antonia Yance**, vecina de la Higuerita, h.l. del finado Dn. Francisco y Da. Tomasina Retamozo. Presentada En El Alto el 29 de diciembre de 1856. Ts: …Santiago Ledesma y Dn. Pedro Albarracín.

Pinto, Juan Bautista con Lobo, Pastora
Folio 28: **Juan Bautista Pinto**, h.n. de Luisa, pretende contraer matrimonio con **Pastora Lobo**, h.l. de Antonino y Pascuala Cordero, ambos naturales y vecinos de la Chilca de esta doctrina. Ligados con el parentesco de consanguinidad en cuarto grado con atingencia al tercero. Quieren legitimar un hijo. Presentada En El Alto el 2 de diciembre de 1856. Ts: Juan Santos Cordero y Juan Quinteros.

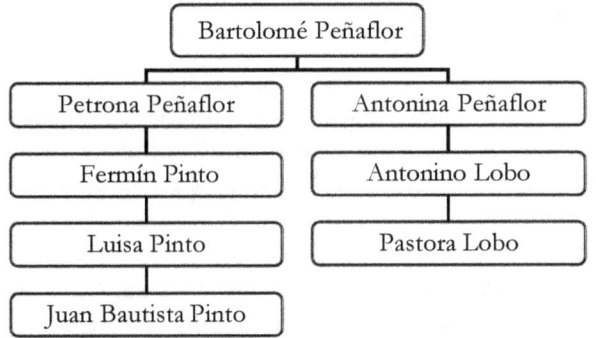

Barrientos, Gregorio con Bulacia, Nicasia
Folio 33: **Gregorio Barrientos**, natural de Alijilán, h.l. de los finados Juan y Valentina Leal, pretende contraer matrimonio con **Nicasia Bulacia**, natural de Alijilán, h.n. de Petrona. Presentada En El Alto el 4 de diciembre de 1856. Ts: Severo Chávez y Cruz Zárate.

Villalba, Dn. Félix de Valois con Ponce de León, Da. Digna
Folio 39: Dn. **Félix de Valois Villalba**, vecino de las Chacras, h.l. de Dn. Juan Nicolás y de Da. María Felipa Ibáñez, me hallo resuelto a tomar estado de matrimonio con Da. **Digna de Jesús Ponce de León**, vecina de Iloga, h.l. de Dn. Nicolás y de la finada Da. María del Rosario Gómez, ambos de este curato. Presentada En El Alto el 8 de diciembre de 1856. Ts: Ambrosio Domínguez y Dn. Pedro Ignacio Ávila.

Castellanos, Ángel Mariano con Quiroga, Juana
Folio 41: **Ángel Mariano Castellanos**, vecino que fue de Oyola, y residente en Choya, viudo de Ignacia Medina, pretende contraer matrimonio con **Juana Quiroga**, vecina de Choya, h.l. del finado Joaquín y de Ignacia Reinoso. Presentada En El Alto el 17 de diciembre de 1856. Ts: José del Carmen Guerra y Pedro Antonio Quiroga.

Aranda, Mateo con Reinoso, Zoila Isabel
Folio 43: **Mateo Aranda**, natural del Laurel, h.l. de los finados Felipe y Luisa Pérez, pretende contraer matrimonio con **Zoila Isabel Reinoso**, natural de la parroquia de Piedra Blanca, h.n. de Magdalena. Presentada En El Alto el 22 de diciembre de 1856. Ts: Dn. Age… Villafañe y Juan Manuel Bayón.

Salazar, Dn. Ramón con Leiva, Da. Eloísa
Folio 45: Dn. **Ramón Zalazar**, h.l. de Dn. Javier y de Da. Indalecia Almada, pretende contraer matrimonio con Da. **Eloísa Leiva**, h.l. de Dn. Nicolás y de Da. Mercedes Segura, ambos vecinos de Sucuma. Presentada En El Alto el 24 de diciembre de 1856. Ts: Dn. Carlos Leguizamo y Dn. Nicolás Soria.

González, Manuel con Domínguez, Delfina
Folio 49: **Manuel González**, natural de Soto, del curato de Ischilín, provincia de Córdoba, y residente más de un año en el Huaico Hondo, de debajo de este curato, h.l. del finado Albino y Santos Lezcano, pretende contraer matrimonio con **Delfina Domínguez**, h.n. de Alejandra, vecinas del Huaico Hondo. Presentada En El Alto el 31 de diciembre de 1856. Ts: ¿Pantaleón? Ledesma y Manuel… ¿Tolosa?

Legajo 76 de 1857

Figueroa, Gregorio Antonio con Rodríguez, María Macedonia
Folio 1: **Gregorio Antonio Figueroa**, vecino del paraje de los Molles, h.l. de Romualdo y de María Feliciana Luna, pretende contraer matrimonio con **María Macedonia Rodríguez**, natural de Paclín, del curato de Piedra Blanca, y residente en la Bajada, de este curato ya hace unos dos años, h.n. de Norberta. Presentada en Manantiales el 1 de mayo de 1857. Ts: José León Reinoso y Pedro Flores.

Mendoza, Melitón con Barrios, Dionisia
Folio 3: **Melitón Mendoza**, de esta feligresía, h.l. del finado Francisco Mendoza y de Serafina Díaz, pretende contraer matrimonio con **Dionisia Barrios**, h.l. del finado ¿Pedro? Barrios y de la finada Lorenza Barrientos. Presentada en Manantiales a 4 de mayo de 1857. Ts: Francisco Antonio Ledesma y Severo Chávez.

Cejas, Dn. Juan Felipe con Jeréz, Da. Petronila
Folio 5: Dn. **Juan Felipe Cejas**, vecino del Arroyito, h.l. de Dn. Simón y de la finada Da. María Pascuala Pacheco, tiene tratado contraer matrimonio con Da. **Petronila Jeréz**, vecina de Ancamugalla, viuda de Dn.

Jacinto Medina, ambos de esta doctrina de El Alto. Ligados en primer grado por afinidad ilícita por haber tenido trato con una hermana de la pretendida, y en segundo grado de afinidad lícita. Presentada En El Alto el 11 de mayo de 1857. Ts: Dn. José Mateo Aparicio y Dn. Pascual Bailón Arévalo.

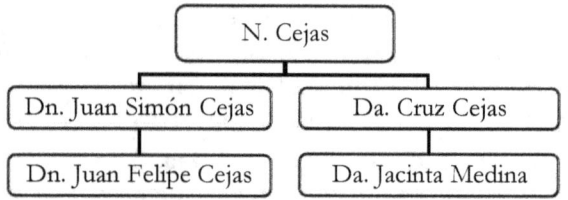

Gómez, Dn. Juan Francisco con Ahumada, Da. María Ramona

Folio 8: Dn. **Juan Francisco Gómez**, h.l. de Dn. Miguel Antonio y de la finada Da. Nicolasa Burgos, pretende contraer matrimonio con Da. **María Ramona Ahumada**, h.l. de los finados Dn. Pedro Nolasco y Da. Patricia Espeche, ambos vecinos de Guayamba. Ligados en cuarto grado igual de consanguinidad (información proporcionada por el pretendiente). Presentada En El Alto el 12 de mayo de 1857. Ts: Dn. Gregorio Agüero y Dn. Carlos Leguisamo. De la información proporcionada por testigos, se dice que la pretendida no es hija de Dn. Pedro Nolasco Ahumada, sino de Dn. Miguel Gerónimo Reyes, primo hermano del padre del pretendiente. Miguel Gerónimo fue descubierto por Pedro Nolasco (que fingió ir de viaje al Valle y regresó a deshora en la noche) yaciendo en la cama junto a su esposa Patricia, lo que le ameritó una demanda por "sospechas inequívocas" de amistad ilícita años atrás. Pedro Nolasco no habría tenido por h.l. a María Ramona, sino que la habría considerado "como a una hija" por haber nacido durante el matrimonio, según informaciones de Da. Jacoba Ahumada, hermana de Dn. Pedro. (Hay dos árboles genealógicos: el presentado por Dn. Juan Francisco Gómez, y el reconstruido a partir de las informaciones de testigos). Dispensados todos los impedimentos.

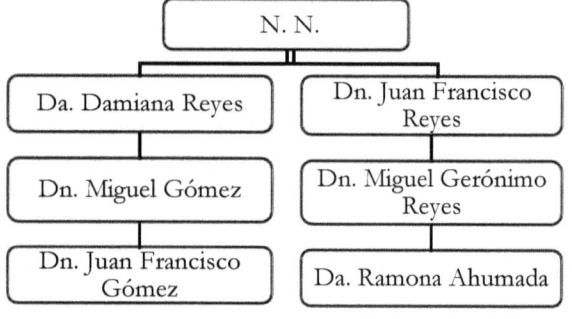

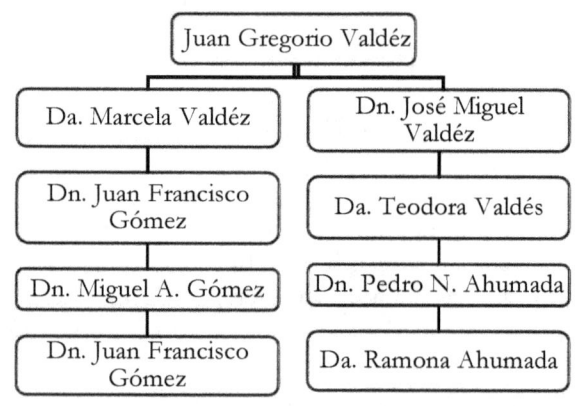

Caravajal, Donato Sigfrido con Ojeda, Magdalena

Folio 13: **Donato Sigifredo Caravajal**, vecino de Los Osores, h.l. de José y de la finada Rosario Castillo, pretende contraer matrimonio con **Magdalena Ojeda**, vecina de los Falcones, h.n. de Apolinaria, ambos de esta doctrina. Presentada En El Alto el 14 de mayo de 1857. Ts: Policarpo Robles y Juan José Silva.

Rojas, Ángel Mariano con Garzón, Pastora

Folio 15: **Ángel Mariano Rojas**, vecino del lugar del Remansito, h.n. de la finada Ramona, pretende contraer matrimonio con **Pastora Garzón**, vecina del mismo lugar del Remansito, h.n. de Petrona. Presentada en la Quebrada a 19 de mayo de 1857. Ts: Dn. Vicente Salas.

Toledo, Francisco Antonio con Agüero, Lorenza

Folio 19: **Francisco Antonio Toledo**, vecino del lugar de Ichipuca, h.n. de la finada María Audifacia, solicitó tomar estado del santo matrimonio con **Lorenza Agüero**, vecina del lugar de Achalco, e h.l. de los finados Juan Asencio y de María Juana Juárez. Presentada en la Quebrada a 20 de mayo de 1857. Ts: Ramón Rosa Ledesma y Ramón Rosa López.

Burgos, Dn. Nicolás Ignacio con Rodríguez, Da. Saturnina

Folio 21: Dn. **Nicolás Ignacio Burgos**, vecino del lugar de Iloga, h.n. de Da. Ceferina, pretende contraer matrimonio con Da. **Saturnina Rodríguez**, natural y vecina del lugar del Tercero, provincia de Córdoba, h.l. del finado Dn. Joaquín y de Da. Bernardina Lazarte. Presentada en la Quebrada a 20 de mayo de 1857. Ts: José Leandro Pedraza y Andrés Barrionuevo.

Toledo, Luis con Lobo, Mauricia

Folio 23: **Luis Toledo**, h.l. del finado Juan de Dios y de la finada Antonia Sánchez, pretende contraer matrimonio con **Mauricia Lobo**, hija de Faustino y de la finada Francisca Antonia Parbo, ambos vecinos del lugar de Trigo Chacra. Presentada en la Quebrada a 20 de mayo de 1857. Ts: Manuel de Reyes Campo y Andrés Ibáñez.

Atay, Faustino con Heredia, Patrocinia
Folio 25: **Faustino Atay**, vecino del lugar del Huaico Hondo, h.l. de los finados Atanasio y Felipa Artaza, pretende contraer matrimonio con **Patrocinia Heredia**, vecinos del lugar de Ancuja, e h.n. de Rosario, ya finada. Presentada en la Quebrada a 20 de mayo de 1857. Ts: José Elías Zurita, Mateo Tolosa y Juan Santos Cordero.

Díaz, Rosario con Romano, Macedonia
Folio 27: **Rosario Díaz**, h.n. de Josefa y vecino del lugar de Trigo Chacra, jurisdicción de Santiago, pretende contraer matrimonio con **Macedonia Romano**, h.l. del finado Lucindo y de Susana Ocón, vecina del lugar de los Osores. Presentada en la Quebrada a 22 de mayo de 1857. Ts: ¿Juan? Antonio Quiroga y Memencio Guerra.

Quiroga, Juan Ignacio con Juárez, Rosa Elisea
Folio s/n: **Juan Ignacio Quiroga**, h.n. de Josefa, pretende contraer matrimonio con **Rosa Elisea Juárez**, h.l. de Juan Bartolo y de Beatriz Rosales, ambos vecinos del lugar de Choya, jurisdicción de Santiago. Presentada en la Quebrada a 23 de mayo de 1857. Ts: Juan de Dios Toledo y Andrés Ibáñez.

Tolosa, José Ignacio con Cardoso, María del Tránsito
Folio 29: **José Ignacio Tolosa**, vecino del lugar de Choya y viudo de María Pascuala Ortega, pretende contraer matrimonio con **María del Tránsito Cardoso**, natural del lugar del Albardón, comprensión del curato de Loreto de la provincia de Santiago, y residente en este paraje de Choya como seis meses, h.n. de (…) Josefa. Presentada en la Quebrada a 2 de junio de 1857. Ts: Dn. Avelino Jeréz, Bernabé Cano y Pedro Saavedra.

Leguizamo, Juan Bartolomé con Rosales, Francisca Antonia
Folio 32: **Juan Bartolomé Leguizamo**, natural de Ovanta y vecino en el lugar del puesto de Alta Gracia, h.l. de José de la Cruz y de Magdalena Ibáñez, pretende contraer matrimonio con **Francisca Antonia Rosales**, vecinos del Bañado de Ovanta de esta misma doctrina. Presentada En El Alto el 12 de febrero de 1857. Ts: José Rosales y Juan Pablo Farías.

Torres, Juan de la Cruz con Márquez, Felisa
Folio s/n: El cura rector certifica que **Juan de la Cruz Torres**, feligrés de este rectoral, h.l. de los finados Juan Gregorio y de Catalina Castillo, ha producido información para matrimoniarse con **Felisa Márquez**, feligresa de la Concepción de El Alto, h.l. de Tomás Antonio y de Mercedes Arévalo. No resultaron impedimentos. En Catamarca a 4 de junio de 1857. Preb. Luis Segura.

Toranzo, Severo con Heredia, Zoila
Folio 33: **Severo Toranzo**, natural de Ancuja, h.l. de los finados Manuel y Hermenegilda Ledesma, pretende contraer matrimonio con **Zoila Heredia**, natural de Ancuja, h.n. de Sebastiana. Presentada en la Quebrada a 8 de junio de 1857. Ts: Francisco ¿Cardoso? y Félix Ignacio Vázquez.

Valdéz, José con Salcedo, María Polonia
Folio 35: **José Valdéz**, natural de Ancuja, h.n. de Salomé, pretende contraer matrimonio con **María Polonia Salcedo**, natural de Ancuja, h.n. de María de la Cruz. Presentada En El Alto el 11 de junio de 1857. Ts: Juan Andrés …nica, Dn. Pedro Ignacio Ávila y Juan Santos Cordero.

Espíndola, José con Agüero, Ceferina
Folio 38: **José Espíndola**, natural de esta parroquia, h.l. de Pedro y de Rosario Goychea, pretende contraer matrimonio con **Ceferina Agüero**, natural del Agua del Sauce, h.n. de Felipa. Presentada En El Alto el 12 de junio de 1857. Ts: José Caravajal y José Ojeda.

Bazán, Simón con Collantes, Juana
Folio 40: **Simón Bazán**, conocido por Trallero, natural de Tucumán y residente muchos años en este vecindario, viudo de Ana María Rueda, ¿vecina? que fue del Rectoral de Santiago del Estero, pretende contraer matrimonio con **Juana Collantes**, vecina de Sucuma, h.n. de Brígida, ambos de este curato. Presentada En El Alto el 13 de junio de 1857. Ts: José Caravajal y Policarpo Robles.

Artaza, Andrés Avelino con Leiva, María Isabel
Folio 42: **Andrés Avelino Artaza**, viudo de Escolástica Espíndola, natural del Laurel de este curato, h.l. de Bartolo y de la finada María del Carmen Vázquez, pretende contraer matrimonio con **María Isabel Leiva**, natural de la Aguadita, h.n. de Valentina. Presentada En El Alto el 16 de junio de 1857. Ts: Juan Santos Cordero y José Valdéz.

Madueño, Felicísimo con Márquez, Regina Paula
Folio 44: **Felicísimo Madueño**, h.l. de Conrado y de Mercedes Burgos, pretende contraer matrimonio con **Regina Paula Márquez**, h.n. de Francisca, ambos feligreses de este curato. Presentada en las Tunas a 25 de junio de 1857. Ts: José Ignacio …tes y Rafael Romano.

Ibáñez, Clemente con Argañarás, Bartolina
Folio 46: **Clemente Ibáñez**, natural del Rectoral de Santiago del Estero y residente en las Tunas de este curato como diez años, h.n. de la finada María Tadea,

pretende contraer matrimonio con **Bartolina Argañarás**, natural y vecina de dicho lugar de las Tunas, h.l. de Teodoro y Casimira Mercado. Ligados con el impedimento de segundo grado igual por línea lateral de afinidad ilícita, siendo de delito público, que resulta de haber tenido trato ilícito con una prima hermana de mi pretendida. Entre las razones para contraer matrimonio se destaca: el ser ella hija de padres muy pobres con diez hijos, el tener ella más de veinticuatro años de edad y la necesidad de remover el escándalo y de legitimar un hijo. Presentada en las Tunas a 26 de junio de 1857. Ts: Simón Paz y Dn. Santos Luna.

Gómez, Vicente con Albarracín, Petronila
Folio 49: **Vicente Gómez**, natural y vecino del paraje de la Huerta, h.l. de los finados José Manuel y Rosa Duarte, pretende contraer matrimonio con **Petronila Albarracín**, vecina de El Alto, h.n. de Gerónima, ambos de esta doctrina. Presentada En El Alto el 3 de julio de 1857. Ts: Francisco Agüero y Andrés Hernández.

Ledesma, José Antonio con Rivas, Petrona
Folio 51: **José Antonio Ledesma**, h.l. de Roque Jacinto y de María Petrona Santillán, natural y vecino de Achalco, de esta doctrina, pretende contraer matrimonio con **Petrona Rivas**, vecina de Achalco, h.l. de los finados José Domingo y Francisca Lobo, viuda en primeras nupcias de Martín Castellanos, en segundas de Pedro Lobo, y en terceras de Miguel Juárez. Presentada en las Tunas a 9 de julio de 1857. Ts: Francisco Frías y Dn. Gregorio Tolosa.

Hernández, Andrés de la Cruz con Cevallos, Escolástica
Folio 53: **Andrés de la Cruz Hernández**, vecino de esta parroquia, h.l. de Juan y de la finada Silveria Pereyra, pretende contraer matrimonio con **Escolástica Cevallos**, vecina de Cóndor Huasi, de este curato, h.n. de Juana. Presentada En El Alto el 16 de junio de 1857. Ts: Dn. … Manuel Gómez y Octaviano Cordero.

Yole, Rafael con Márquez, Toribia
Folio 55: **Rafael Yole**, natural de la ciudad de Santiago del Estero y residente en las Cañas desde ahora seis años (sic), h.l. de Isidro y de María de Jesús Miranda, ya finados, pretende contraer matrimonio con **Toribia Márquez**, vecina del mismo lugar de mi residencia "Cañas" y vice parroquia de este curato de El Alto, h.l. de Pedro Pablo y de Mercedes Luna, ya finada. Presentada En El Alto el 16 de julio de 1857. Ts: José Tomás Lobo e Isabel Verón (hombre).

Legajo 77 de 1857

Lobo, Ramón Rosa con Bravo, Rita del Carmen
Folio 1: **Ramón Rosa Lobo**, h.l. de Ángel Mariano y de María Antonia Soraire, pretende contraer matrimonio con **Rita del Carmen Bravo**, h.n. de Clara. Ambos vecinos de Choya, de esta doctrina. Presentada En El Alto el 2 de enero de 1857. Ts: Dn. Salvador Pérez y Ángel Mariano Castellano.

Lema, Dn. José Bruno con Ulibarri, Da. María Higinia
Folio 3: Dn. **José Bruno Lema**, h.n. de la finada Da. Josefa, he resuelto contraer matrimonio con Da. **María Higinia Ulibar**, h.l. de Dn. Juan Manuel y de la finada Da. Gregoria Leiva, ambos vecinos de Munancala. Declaran un parentesco de cuarto grado de consanguinidad. Presentada En El Alto el 2 de enero de 1857. Ts: Dn. Juan Nicolás Burgos y Dn. Laurencio Rizo Patrón.

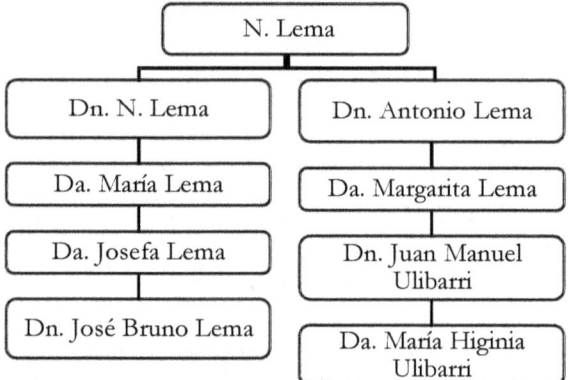

Vega, Santiago con Pereira, Paulina
Folio 7: **Santiago Vega**, natural de la Carpintería de este curato, h.l. de Santiago y de Paulina Ogas, pretende contraer matrimonio con **Paulina Pereira**, natural de dicha Carpintería, h.l. del finado Pablo Pereira y de la finada Justa Díaz. Presentada En El Alto el 3 de enero de 1857. Ts: Manuel Antonio Celiz y Severo Chávez.

Valdéz, Hermógenes con Leiva, Da. Encarnación
Folio 9: Dn. **Hermógenes Valdéz**, vecino de Alijilán, h.l. de Dn. Elías y de Da. María del Señor Salas, pretende contraer matrimonio con Da. **Encarnación Leiva**, vecina de los Troncos, h.l. de los finados Dn. Juan Manuel y Da. Eladia Huergo, ambos de esta doctrina. Declaran un parentesco por consanguinidad en cuarto. Presentada En El Alto el 5 de enero de 1857. Ts: Dn. Pedro Ignacio Ferreira y José Elías Guerreros.

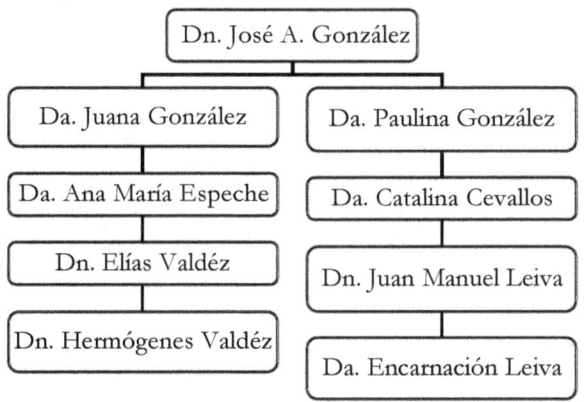

Luján, Juan Clemente con Acosta, Visitación del Corazón de Jesús
Folio 13: **Juan Clemente Luján**, vecino de Iloga, h.l. del finado Juan Nicolás y de María Luisa Arévalo, pretende contraer matrimonio con **Visitación del Corazón de Jesús Acosta**, vecina que fue años ha en los Tres Sauces, y actual residente en Iloga, h.n. de Simona, ambos de esta doctrina. Presentada En El Alto el 5 de enero de 1857. Ts: Dn. Juan Hilario Gutiérrez y Dn. Eufrasio Vega.

Medina, Dn. Juan Fermín con Villalba, Da. Carlota
Folio 15: Dn. **Juan Fermín Medina**, vecino de Inacillo, h.l. del finado Dn. Marcelino y de Da. María Eudosia Nieva, pretende contraer matrimonio con Da. **Carlota Villalba**, vecina de Iloga, h.l. de los finados Dn. Pedro Francisco Villalba y Da. Ceferina Ibáñez, ambos de esta doctrina. Presentada En El Alto el 8 de enero de 1857. Ts: Dn. Eusebio Gutiérrez y Agustín Rosa Jeréz.

Vega, Dn. Justo Pastor con Albarracín, Da. Rosa
Folio 17: Dn. **Justo Pastor Vega**, vecino del Suncho, lugar en la Estancia de Guayamba, h.n. de Da. Consolación Vega, he resuelto tomar estado de matrimonio con Da. **Rosa Albarracín**, vecina de Tintigasta, h.l. del finado Dn. Manuel y de Da. Luisa Lobo, ambos de esta doctrina de El Alto. Ligados en segundo grado de consanguinidad. Presentada En El Alto el 13 de enero de 1857. Ts: Dn. Eufrasio Vega y Dn. Cornelio Rodríguez.

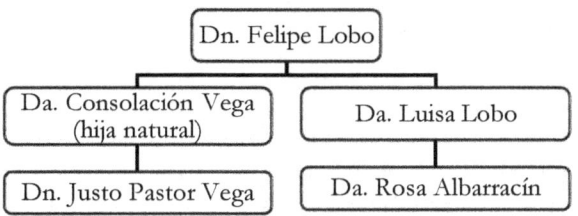

Ojeda, Manuel Benigno con Agüero, María Antonia
Folio 21: **Manuel Benigno Ojeda**, natural y vecino de las Cortaderas, h.l. de José Félix y de la finada María Albarracín, pretende contraer matrimonio con **María Antonia Agüero**, natural y vecina de Potro Ulpiana, h.l. del finado Francisco y de Petrona Lobo de Mereles, ambos de esta doctrina. Ligados en los parentescos de consanguinidad de tercer grado y en cuarto con atingencia al tercero. Presentada En El Alto el 14 de enero de 1857. Ts: Dn. Pedro Albarracín y José Antonio Vargas.

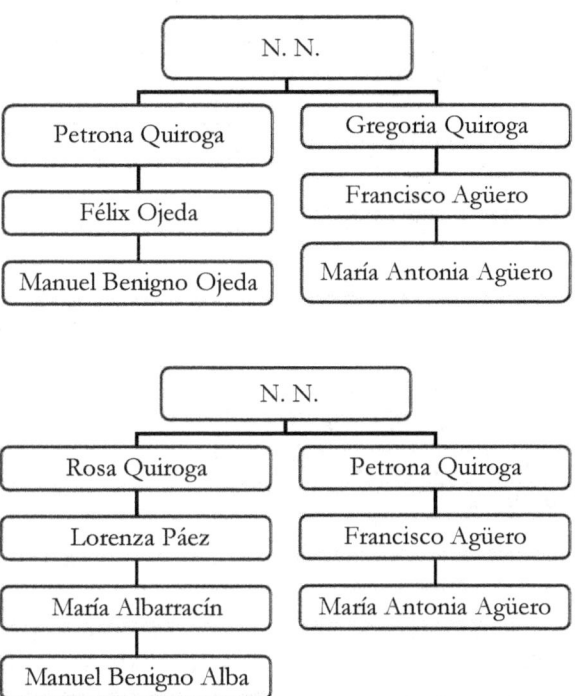

Quiroga, Javier con Véliz, Francisca
Folio (…): **Javier Quiroga**, natural de Amaucala y residente en las Cañas a dos años, h.n. de la finada Pascuala Quiroga, pretende contraer matrimonio con **Francisca Véliz**, natural de las Cañas, h.l. de Alejandro y de Melchora Carrizo, todos de este curato. Presentada En El Alto el 20 de enero de 1857. Ts: Dn. Carmelo Lobo y Dn. Juan Florencio Videla.

Véliz, Cándido Rosa con Duarte, Soledad
Folio 25: **Cándido Rosa Véliz**, h.l. del finado Alberto y Bonifacia Carrizo, me hallo dispuesto a tomar estado de matrimonio con **Soledad Duarte**, h.l. de los finados Juan Pablo y María del Señor Gómez, ambos vecinos de las Cañas. Presentada En El Alto el 24 de enero de 1857. Ts: Dn. (…) Ignacio Lobo y José Lucas Arévalo.

Paz, Dn. Manuel José con Valdéz, Da. Cenobia
Folio 27: Dn. **Manuel José Paz**, h.l. de los finados Dn. Santiago y Da. María de la Cruz Bravo, pretende

contraer matrimonio con Da. **Cenobia Valdéz**, h.l. de Dn. Elías y de Da. María del Señor Salas, ambos naturales y vecinos de Alijilán. Ligados con el parentesco de consanguinidad en tercer grado. Presentada En El Alto el 26 de enero de 1857. Ts: José Elías Guerreros y Dn. Martín Cardoso.

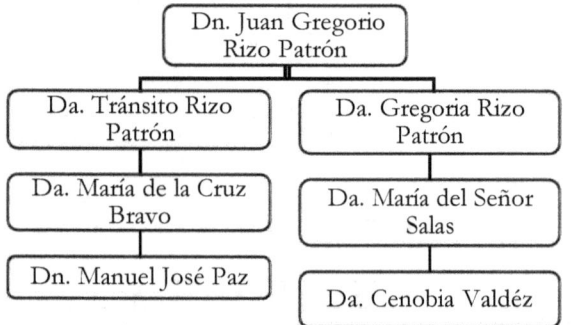

Silva, Luciano con Maldonado, Rosenda
Folio 31: **Luciano Silva**, natural de los Robles, del curato Rectoral de Santiago del Estero y residente cuatro años en el Abra, de esta doctrina, h.n. de Francisca, estoy resuelto a tomar el estado del matrimonio con **Rosenda Maldonado**, vecina de las Tunas, de este curato, h.n. de la finada María Anastasia. Presentada En El Alto el 28 de enero de 1857. Ts: Apolinar Díaz y Alberto Díaz.

Arévalo, Dn. Dermidio con Medina, Da. Benedicta
Folio 33: Dn. **Dermidio Arévalo**, vecino de Vilismano, h.l. del finado Dn. Juan Laurencio y de Da. Maximiliana González, pretende contraer matrimonio con Da. **Benedicta Medina**, vecina de Inacillo e h.l. del finado Dn. Marcelino y de Da. María Odofia Nieva. Presentada En El Alto el 10 de febrero de 1857. Ts: Dn. Abraham Robles y Dn. David Navarro.

Godoy, Juan con Márquez, Salomé
Folio 37: **Juan Godoy**, natural del Río de los Sauces, de la provincia de Córdoba, y residente en este vecindario de El Alto más de dos años, h.n. de María, pretende contraer matrimonio con **Salomé Márquez**, vecina de Sucuma, h.l. de Tomás Antonio y de Mercedes Arévalo, ambos de este curato. Presentada En El Alto el 13 de febrero de 1857. Ts: Juan de la Cruz Torres, Dn. José Ignacio Mendoza, Moy… Ahumada y Dn. Solano Segura. El tercer testigo denuncia parentesco ilícito en segundo grado.

Paz, Pedro Pascual con Gómez, Gerónima
Folio 41: **Pedro Pascual Paz**, vecino de Chañar Laguna, h.l. del finado Nolasco y Carmen Coronel, pretende contraer matrimonio con **Gerónima Gómez**, vecina de Trigo Chacra, h.l. del finado Francisco Gómez y de Encarnación Díaz, ambos de esta feligresía. Presentada En El Alto el 14 de febrero de 1857. Ts: José Carlos Amador y Rosa Juárez.

Quiroga, José Manuel con Zurita, María Rosa
Folio 43: **José Manuel Quiroga**, h.l. del finado José Joaquín e Ignacia Reinoso, pretende contraer matrimonio con **María Rosa Zurita**, h.l. de Enrique y Carmen Bazán, ambos vecinos de Choya. Presentada En El Alto el 14 de febrero de 1857. Ts: Pedro Pascual Coronel y José Carlos Amador.

Córdoba, Francisco Antonio con Sandes, Fortunata
Folio 45: **Francisco Antonio Córdoba**, de esta feligresía, h.n. de María Córdoba, pretende contraer matrimonio con **Fortunata Sandes**, hija del finado Ramón Sandes y de María Cardoso, de esta feligresía. Presentada en El Manantial a 15 de febrero de 1857. Ts: Juan Manuel …ves y Francisco Antonio Ortiz.

Contreras, Dn. Pascual con Cevallos, Da. Dolores
Folio 47: Dn. **Pascual Contreras**, viudo de la finada María Manuela Vaca, pretende contraer matrimonio con Da. **Dolores Cevallos**, viuda de Dn. Julián Brepe, de esta feligresía. Presentada en el Manantial a 16 de febrero de 1857. Ts: Diego Montenegro y Rosa Castro.

Legajo 78 de 1857

Vera, Dn. Francisco Antonio con Córdoba, Da. María del Rosario
Folio 1: El cura Presb. Ramón Rosa Vera, del beneficio de Piedra Blanca, certifico que **Francisco Antonio Vera**, feligrés de este curato, h.l. de los finados Dn. Lucindo y Da. Juana Vega, ha producido información matrimonial para casarse con Da. **María del Rosario Córdoba**, vecina del curato de El Alto e h.l. de los finados Dn. Juan Bautista y Da. María Amador. No resultó impedimento alguno. Dado en Piedra Blanca a 2 de agosto de 1857.

Ávila, José Sofronio con Burgos, María Antonia
Folio 2: **José Sofronio Ávila**, vecino de San Gerónimo, de esta parroquia, h.l. de Cipriano, ya finado, y de Antonia Jeréz, pretende contraer matrimonio con **María Antonia Burgos**, h.n. de María Socorro Burgos y vecina del curato de San Isidro. Presentada En El Alto el 6 de agosto de 1857. Ts: Dn. Juan Anselmo Villalba y Dn. Moisés Ledesma.

Maidana, Felipe con Díaz, Agustina
Folio 5: **Felipe Maidana**, vecino de Alijilán, viudo de Manuela Saavedra, pretende contraer matrimonio con **Agustina Díaz**, vecina del mismo lugar y curato, viuda de Olegario Ávila. Presentada En El Alto el 6 de agosto de 1857. Ts: Julián Montalbán, Manuel Antonio Albarracín y Pedro Ignacio Barrientos.

Rosales, Pascual con Peralta, Justina
Folio 9: **Pascual Rosales**, h.l. de Felipe y de Salomé Romano, pretende contraer matrimonio con **Justina Peralta**, h.l. de Tomás y de Antonia Rosales, ambos vecinos del Bañado de Ovanta, de este curato. Presentada en las Tunas a 8 de agosto de 1857. Ts: Justino Reinoso y Pedro Mercado.

Moyano, Francisco Antonio con Moya, Simona
Folio 12: **Francisco Antonio Moyano**, h.l. de Carmelo y de Gregoria Aráoz, de esta feligresía, pretende contraer matrimonio con **Simona Moya**, h.n. de la finada María Cruz, naturales de Santiago y residente en este departamento desde edad de once años. Presentada en las Tunas a 8 de agosto de 1857. Ts: Gervasio Ibáñez y Dn. Pío Díaz.

Contreras, Audaz Facundo con Mercado, Jacinta
Folio 18: **Audaz Facundo Contreras**, h.l. de los finados Ceferino y Magdalena Albarracín, pretende contraer matrimonio con **Jacinta Mercado**, h.l. de León y de la finada Petrona Lobo, ambos vecinos de los Altos. Presentada en las Tunas a 12 de agosto de 1857. Ts: Simón Zurita y José Gregorio Ramírez.

Pereyra, Ramón Rosa con Gómez, Fragedia de la Encarnación
Folio 21: **Ramón Rosa Pereyra**, vecino de la Carpintería, h.l. de los finados Pedro Pablo y Justa Díaz, pretende contraer matrimonio con **Fragedia de la Encarnación Gómez**, vecina de la Capellanía, h.l. de Manuel Santos y de Petrona Amador, ambos de esta doctrina. Presentada en las Tunas a 15 de agosto de 1857. Ts: Juan Manuel Galbán y Dn. Juan Asensio Barrientos.

Cordero, Tomás con Fernández, Francisca
Folio 23: El Presbítero Sebastián de Jesús Gorostiaga, cura rector y vicario foráneo de Santiago del Estero, a 16 de agosto de 1857, certifico que **Tomás Cordero**, vecino de esta ciudad y feligrés de este rectoral, h.l. de Francisco Cordero, finado, y Javiera Díaz, ha producido en esta vicaría información de soltura y libertad para casarse con **Francisca Fernández**, conocida por hija natural de Manuela Gorosito, vecina de Tintigasta y feligresa de la Sierra de El Alto, provincia de Catamarca. No ha resultado impedimento alguno. Dado en esta ciudad de Santiago del Estero en fecha indicada arriba.

Aguirre, José Santos con Vega, María del Carmen
Folio 27: **José Santos Aguirre**, h.n. de Eduarda, pretende contraer matrimonio con **María del Carmen Vega**, h.l. de Pedro Nolasco Vega y de la finada Romualda Cordero, ambos naturales y vecinos de las Cañas, de esta doctrina. Presentada en la capilla de las Tunas a 20 de agosto de 1857. Ts: José Tomás Lobo, Juan de la Cruz Mendoza y Borja Lobo.

Rosales, Pedro con Leguizamo, Tránsito
Folio 30: **Pedro Rosales**, natural y vecino de Ovanta, h.l. del finado Javier y Gregoria Reinoso, he resuelto a tomar estado de matrimonio con **Tránsito Leguizamo**, vecina de las Tunas, h.l. de Pedro José y de María Juana Mercado, ambos de esta doctrina. Declaran un parentesco por consanguinidad en cuarto con tercer grado. Presentada en la capilla de las Tunas a 24 de agosto de 1857. Ts: Juan Collantes y José Escasuso.

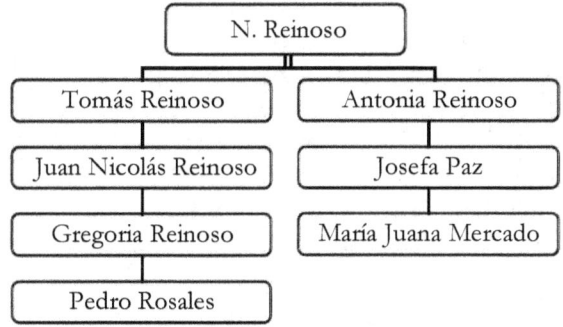

Zurita, Juan Bautista con Barros, Zoila Catalina
Folio 33: **Juan Bautista Zurita**, natural y vecino del paraje de la Toma, h.l. de Pascual y de la finada Simona Tapia, pretende contraer matrimonio con **Zoila Catalina Barros**, natural de San Antonio, en el curato de Piedra Blanca, y residente en dicho paraje de la Toma más de dos años, h.l. de los finados Juan Antonio y María Trinidad Arévalo, ambos pertenecientes a esta doctrina. Presentada En El Alto el 27 de agosto de 1857. Ts: Justiniano Ibáñez, Nabor Paz y Dn. Pedro Martín Valdéz.

Alba, Gregorio con Agüero, Nieves
Folio 36: **Gregorio Alba**, vecino de las Cañas, h.n. de Santos, pretende contraer matrimonio con **Nieves Agüero**, vecina de San Antonio, h.l. de Benjamín y de Carmen Suárez, ambos de esta doctrina. Declaran un impedimento por consanguinidad en cuarto grado con atingencia al tercero. Presentada En El Alto el 28 de agosto de 1857. Ts: Juan de Dios Díaz y Dn. José Francisco Adauto.

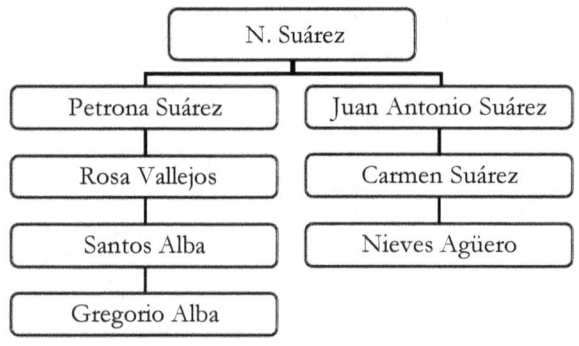

Juárez, Rosa Quirico con Romano, María de la Cruz

Folio 40: **Rosa Quirico Juárez**, vecino de Osores, h.l. de Pedro Nolasco y de Justa Pastora Ávila, ya finados, pretende contraer matrimonio con **María de la Cruz Romano**, h.l. de Pedro y de María Cecilia Gómez, vecina también de Osores. Presentada En El Alto el 30 de agosto de 1857. Ts: José Caravajal y Nicolás Almaraz.

Leal, Ángel Custodio con Mercado, Evarista

Folio 42: **Ángel Custodio Leal**, h.n. de Catalina, pretende contraer matrimonio con **Evarista Mercado**, h.n. de la finada Agustina, ambos vecinos del paraje de los Altos. Ligados con el parentesco de afinidad ilícita en segundo grado, que resulta de haber tenido trato ilícito con una prima hermana de la pretendida. Presentada En El Alto el 31 de agosto de 1857. Ts: Casimiro Ledesma y Benito Contreras.

Hernández, Pedro Antonio con Páez, María Rosa

Folio 45: **Pedro Antonio Hernández**, vecino de Higuerillas, de este curato, h.l. de Juan Francisco, ya finado, y de María Tomasa Muro, pretende contraer matrimonio con **María Rosa Páez**, vecina del Agua del Sauce, h.l. de José Manuel y de Jacoba Contreras. Presentada En El Alto el 2 de septiembre de 1857. Ts: Dn. Eufrasio Lobo y Vicente Gómez.

Ahumada, Dn. Atanasio con Ahumada, Da. Martina

Folio 47: Dn. **Atanasio Ahumada**, vecino de Sucuma, h.n. de la finada Da. Teresa, pretende contraer matrimonio con Da. **Martina Ahumada**, natural y vecina de esta doctrina. Ligados en tercer grado de consanguinidad en línea transversal igual. Presentada En El Alto el 9 de septiembre de 1857. Ts: Dn. Miguel Antonio Gómez y Dn. Samuel Maldonado.

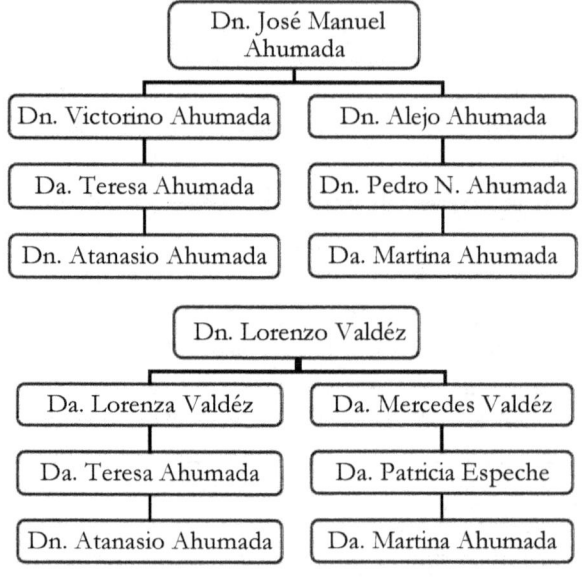

Maldonado, Eduardo con Falcón, Catalina

Folio 52: **Eduardo Maldonado**, natural del Carrizal, del curato de Chilecito, provincia de La Rioja, y residente como ocho años en la Bajada de esta doctrina, viudo de Rosario López, natural que fue de Ancajan, del curato de Silípica de la provincia de Santiago, pretende contraer matrimonio con **Catalina Falcón**, natural del paraje de Guayamba, de este curato, y residente hoy en dicho lugar de la Bajada más de cinco años, h.n. de Amadora Falcón, finada, ambos de esta doctrina. Presentada En El Alto el 10 de septiembre de 1857. Ts: Julián Flores y Pedro Flores.

Leiva, Dn. Pedro Antonio con Carranza, Da. Eduvigilda

Folio 54: Dn. **Pedro Antonio Leiva**, natural y vecino del paraje de la Viña, h.l. del finado Dn. Marcelo y de Da. Liberata Orquera, se ha presentado para contraer matrimonio con Da. **Eduvigilda Carranza**, natural del paraje del Valle Viejo del curato rectoral, que reside en el Duraznillo como un año ha, de esta doctrina, en compañía de su hermano Dn. Pedro Carranza, h.l. de los finados Dn. Juan de Dios y Da. Tránsito Acosta. Ambos de esta doctrina. Presentada En El Alto el 12 de septiembre de 1857. Ts: Andrés Quiroga y Dn. Fidel Manuel Rizo.

Álvarez, José Elías con Monzón, Eugenia Serapia del Carmen

Folio 58: **José Elías Álvarez**, vecino del Manantial, vice parroquia de este curato, h.n. de Cornelia Álvarez, pretende contraer matrimonio con **Eugenia Serapia del Carmen Monzón**, vecina del Valle Viejo y residente en el Manantial más de cuatro años, h.n. de Eugenia Monzón. Presentada En El Alto el 21 de septiembre de 1857. Ts: Dn. Benigno Espeche y Julián Leguizamo.

Díaz, Dn. Félix Mariano con Pacheco, Da. Atanasia

Folio 60: Dn. **Félix Mariano Díaz**, vecino de Taco Punco, de este curato, h.n. de Da. Concepción Díaz, ya finada, pretende contraer matrimonio con Da. **Atanasia Pacheco**, vecina del Río del Molino, también de este curato, h.l. de Dn. Pascual y de Da. Juana Frogel. Presentada En El Alto el 9 de noviembre de 1857. Ts: Dn. Ponciano de Jesús Agüero y José Wenceslao Tejeda.

Lobo, Manuel Tiburcio con Agüero, Ramona

Folio 62: **Manuel Tiburcio Lobo**, vecino de Achalco, de este curato, h.l. de José de los Santos y de Isabel Romano, pretende contraer matrimonio con **Ramona Agüero**, vecina del mismo lugar de Achalco, e h.l. de Raimundo y de Petrona Coronel. Presentada En El Alto el 17 de noviembre de 1857. Ts: Felipe Santiago Ledesma, Ramón Rosa López y Dn. Ladislao Gómez.

Maldonado, Rafael con Ortiz, María Antonia
Folio 64: **Rafael Maldonado**, vecino de Albigasta, de este curato, h.l. de Francisco y de María de Jesús Soria, pretende contraer matrimonio con **María Antonia Ortiz**, conocida por Cáceres, h.n. de Macedonia Ortiz y vecina del mismo lugar de Albigasta, provincia de Santiago. Presentada En El Alto el 22 de noviembre de 1857. Ts: Manuel Antonio Tolosa y Juan Ángel Heredia.

Heredia, José Gorgonio con Guerreros, Rosario
Folio 68: **José Gorgonio Heredia**, vecino de Ancuja y residente en Saucesito temporalmente, de este curato, h.n. de María del Carmen, ya finada, pretende contraer matrimonio con **Rosario Guerreros**, vecina del lugar de Saucesito, h.l. de José Antonio, ya finado, y de María Gregoria Coria. Presentada En El Alto el 7 de diciembre de 1857. Ts: Dn. Félix Mariano Guerreros y Apolinar Aranda.

Guerreros, Adrián con Paz, Rosario
Folio 70: **Adrián Guerreros**, vecino del Saucesito, de este curato, h.l. de José Antonio, ya finado, y de María Gregoria Coria, pretende contraer matrimonio con **Rosario Paz**, vecina de Alijilán, de este curato, h.l. de Santiago y de Cruz Bravo, ya finados. Presentada En El Alto el 7 de diciembre de 1857. Ts: Dn. Félix Mariano Guerreros y Juan Apolinar Aranda.

Nieva, Dn. Pedro de Alcántara con Arévalo, Da. Anacleta
Folio 72: Dn. **Pedro de Alcántara Nieva**, viudo de Da. Tomasina Luján, pretende contraer matrimonio con Da. **Anacleta Arévalo**, h.n. de Da. Ana Rosa, ambos vecinos del paraje de Santa Ana, anejo a este curato de El Alto. Declaran un parentesco de primer grado de afinidad lícita. Presentada En El Alto el 22 de diciembre de 1857. Ts: Dn. Gualberto Ahumada y Dn. Juan Bautista Zurita.

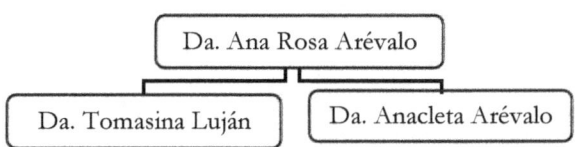

Legajo 79 de 1857

Chazarreta, Pedro Juan con Lobo, María Josefa
Folio 1: **Pedro Juan Chazarreta**, vecino de Trigo Chacra, h.l. del finado León Chazarreta y de la finada María Josefa Quiroga, pretende contraer matrimonio con **María Josefa Lobo**, viuda de Justo Quiroga, de esta doctrina. Presentada en la Quebrada a 6 de marzo de 1857. Ts: Rosa Juárez, Dn. Salvador Pérez y Dn. José Ignacio Tolosa.

Sosa, Dn. Jacinto Carlos con Santucho, Da. Justina del Carmen
Folio 4: Dn. **Jacinto Carlos Sosa**, natural del Valle Viejo, anejo del curato Rectoral de esta provincia y avecindado en este curato más de un año, actual residente en Choya, h.l. del finado Dn. Carlos y de Da. Juliana Barrionuevo, pretende contraer matrimonio con Da. **Justina del Carmen Santucho**, vecina del lugar de los Morteros, de este beneficio, h.l. de Dn. Pedro José y de Da. Juana Francisca Peñaflor. Presentada en la Quebrada a 7 de marzo de 1857. Ts: Dn. Matías Lencinas, Rosario Osores, Dn. Andrés Barrionuevo y Dn. Salvador Pérez.

Reinoso, Benjamín con González, María Aurora
Folio 7: **Benjamín Reinoso**, h.l. del finado Buenaventura y de María del Carmen Paz, pretende contraer matrimonio con **María Aurora González**, h.l. de Pedro y Celestina Ortiz, ambos naturales y vecinos de Ovanta, de esta doctrina. Presentada En El Alto el 20 de marzo de 1857. Ts: Tomás Peralta y Pedro Pascual Páez.

Vergara, Juan Tomás con Mansilla, Josefa
Folio 9: **Juan Tomás Vergara**, natural de la ciudad de nuestra provincia y residente en este curato de El Alto más de seis años, actual vecino de la Estancia, de este mismo beneficio, h.l. de los finados Juan José y Mercedes Cáceres, he resuelto tomar estado de matrimonio con **Josefa Mansilla**, vecina del dicho lugar de la Estancia, h.l. de los finados Mariano y Gregoria Chazarreta. Presentada En El Alto el 20 de marzo de 1857. Ts: Pedro Francisco Osores, Juan José Roldán, José Casimiro Mansilla y Octaviano Cordero.

Mansilla, Juan Dionisio con Caravajal, Francisca
Folio 12: **Juan Dionisio Mansilla**, vecino del lugar de la Estancia, de este curato, h.l. del finado Genuario y de María Tomasa Chazarreta, pretende contraer matrimonio con **Francisca Caravajal**, h.l. de José Justo y María Damascena Pacheco, vecinos del Ojo de Agua, de este beneficio. Presentada En El Alto el 21 de marzo de 1857. Ts: Pedro Francisco Osores y Bernardino Melián.

Paz, Eulogio con Agüero, Mercedes
Folio 14: **Eulogio Paz**, vecino del Pozo Grande, de esta doctrina, h.n. de Ignacia, pretende contraer matrimonio con **Mercedes Agüero**, h.n. de Felipa, vecinos de dicho lugar del Pozo Grande. Presentada En El Alto el 29 de marzo de 1857. Ts: José Ubaldo Albarracín y Avelino Almaraz.

Domínguez, Marcelo con Cañete, Rosa Baudilia
Folio 16: **Marcelo Domínguez**, vecino de Oyola, h.l. del finado José Ignacio y María del Carmen Vizcarra, pretende contraer matrimonio con **Rosa Baudilia Cañete**, vecina de los Nogales, h.l. del finado Juan Gregorio y de Ana Rosa Azcuénaga, ambos de esta doctrina. Presentada En El Alto el 30 de marzo de 1857. Ts: José Ruperto Salinas y José Ezequiel Mansilla.

Ledesma, Dn. José Moisés con Ahumada, Da. Teresa
Folio 20: Dn. **José Moisés Ledesma**, del paraje de Alta Gracia, h.l. del finado Dn. Domingo y Da. Santos Gutiérrez, pretende contraer matrimonio con Da. **Teresa Ahumada**, vecina de Guayamba, h.l. de los finados Dn. Pedro Nolasco y de Da. Patricia Espeche, ambos de esta doctrina. Ligados con el parentesco de afinidad ilícita en segundo grado, pues el pretendiente tuvo trato ilícito con una prima hermana de la pretendida, delito público. Quieren de legitimar una hija en común. Presentada en El Alto el 2 de abril de 1857. Ts: Dn. Mateo Villalba, Juan Felipe Cejas, Hermenegildo Vega y Justo Pastor de la Vega.

Rodríguez, Pedro Telmo con Silva, Euladia
Folio 25: **Pedro Telmo Rodríguez**, h.n. de Juliana y viudo de Nicolasa Cabrera, pretende contraer matrimonio con **Euladia Silva**, h.l. del finado Juan Manuel y Justa Mercado, ambos vecinos de las Tunas, de este curato. Presentada En El Alto el 3 de abril de 1857. Ts: Ramón Antonio Maldonado y Felipe Carrizo.

Melián, Dn. José Esteban con Rodríguez, Da. Margarita
Folio 27: Dn. **José Esteban Melián**, vecino de San Gerónimo, h.l. del finado Dn. Juan Pablo y de Da. Nicolasa Ahumada, pretende contraer matrimonio con Da. **Margarita Rodríguez**, vecina de la Calera, h.l. de Dn. Juan Teodor y de Da. María de los Ángeles Arévalo, ambos de este curato. Presentada En El Alto el 4 de abril de 1857. Ts: Dn. Mateo Villalba y Anastasio Lobo.

Farías, José Eduardo con Barrientos, María Antonia
Folio 29: **José Eduardo Farías**, h.l. del finado Juan Bautista y María Paula Ortiz, pretende contraer matrimonio con **María Antonia Barrientos**, h.l. de Pastor y Gregoria Guerreros, ambos vecinos de los Manantiales, de esta doctrina. Presentada En El Alto el 4 de abril de 1857. Ts: Ramón Albarracín y Manuel Antonio Albarracín.

Sosa, Pedro con Farías, María Agustina
Folio 31: **Pedro Sosa**, h.l. de los finados Pedro y Mercedes Guerreros, pretende contraer matrimonio con **María Agustina Farías**, h.l. del finado Juan Bautista y María Paula Ortiz, ambos vecinos de los Manantiales. Presentada En El Alto el 4 de abril de 1857. Ts: Dn. Santos Soraire y Facundo Heredia.

Ibáñez, Dn. Fructuoso con Herrera, Da. Rosa
Folio 33: Dn. **Fructuoso Ibáñez**, vecino de las Cañas, de este curato de El Alto, h.l. del finado Dn. Juan José Ibáñez y de la finada Da. Catalina Díaz, pretende contraer matrimonio con Da. **Rosa Herrera**, vecina de la ciudad de Catamarca, h.n. de Da. Juana Herrera. Presentada en Vilismano a 20 de abril de 1857. Ts: José Gabriel Mendoza y Manuel Antonio Sotelo.

Gómez, Dn. Pedro Pablo con Jeréz, Da. Faustina
Folio 36: Dn. **Pedro Pablo Gómez**, vecino del lugar de los Morteros, comprensión de este curato, h.l. del finado Dn. Eugenio y de Da. Juana Peñaflor, pretende contraer matrimonio con Da. **Faustina Jeréz**, vecina del lugar de Choya, h.l. de Dn. Avelino y de Da. Juana Pabla Islas. Ligados con el parentesco en segundo grado de afinidad ilícita por haber tenido trato el pretendiente con una prima hermana de la pretendida. Presentada en Manantiales a 21 de abril de 1857. Ts: Agustín Ledesma y Juan Antonio Quiroga.

Paz, Juan Pío con Ledesma, Exaltación
Folio s/n: Certifico yo, el cura propietario del Río Chico, que **Juan Pío Paz**, mi feligrés, h.l. de José Francisco Paz y de Josefa Figueroa, se ha presentado en esta vicaría pretendiendo casarse con **Exaltación Ledesma**, de la jurisdicción de Catamarca, h.l. de Casimiro Ledesma y de la finada ¿Cayetana? Díaz. No ha resultado impedimento alguno. En Río Chico a 23 de abril de 1857. Cura: Francisco Basail.

Durán, Pacífico con Jiménez, María Antonia
Folio 39: **Pacífico Durán**, h.l. de Matías y de la finada María del Señor Córdoba, pretende contraer matrimonio con **María Antonia Jiménez**, h.n. de Petrona, ambos naturales y vecinos de Sumampa, de esta doctrina de El Alto. Presentada en Manantiales a 25 de abril de 1857. Ts: Dn. José Rufo Ferreira y José Ignacio Quiroga.

Díaz, Faustino con Mercado, Pilar
Folio 41: **Faustino Díaz**, h.n. de la finada Francisca, pretende contraer matrimonio con **Pilar Mercado**, h.l. del finado Ildefonso y Petrona Argañaras, ambos vecinos de las Tunas. Presentada en Manantiales a 26 de abril de 1857. Ts: Isidor Paz y Pedro Telmo Rodríguez.

Caro, Bernabé con Ávila, Eduviges

Folio s/n: El presbítero Dn. Antonio Camús, teniente cura de la vice parroquia de la Punta de Maquijata del beneficio de Silípica, certifica que **Bernabé Caro**, vecino del Monte Redondo y feligrés de esta vice parroquia, h.l. de Agustín Caro y de la finada María del Rosario Gómez, pretende contraer matrimonio con **Eduviges Ávila**, del paraje de Trigo Chacra, del distrito de Choya y feligresa del beneficio de la inmaculada Concepción de El Alto de Catamarca, h.n. de la finada María Juana Ávila. No ha resultado impedimento alguno. Firmado en la Punta de Maquijata a 27 de abril de 1857.

Legajo 81 de 1858

Páez, Juan de la Cruz con Osores, Genibera
Folio 1: **Juan de la Cruz Páez**, h.l. de José Manuel y de Jacoba Contreras, vecinos del Agua del Sauce, pretende contraer matrimonio con **Genibera Osores**, h.l. de Pedro Francisco y de Teresa Romano, vecinos de Taco Yaco. Ligados con el parentesco de afinidad ilícita en primer grado por haber tenido trato el pretendiente con una hermana de la pretendida llama Francisca Antonio Osores, delito público. Presentada en El Alto el 5 de agosto de 1858. Ts: Dn. Pedro Gregorio Tolosa y Dn. Hermógenes Palacios.

Luna, Alejo con Carrizo, María
Folio 6: **Alejo Luna**, h.l. de Juan Gregorio, ya finado, y de María Juana Flores, vecinos de las Higueras Grandes, pretende contraer matrimonio con **María Carrizo**, h.l. de Pedro, ya finado, y de Teresa Ferreira, vecinos de las Cañas. Presentada en las Tunas a 12 de agosto de 1858. Ts: Manuel José Armas y Samuel Cabral.

Ojeda, Pedro Félix con Mendoza, Genibera
Folio 8: **Pedro Félix Ojeda**, feligrés de este curato de El Alto y residente en la Capellanía, h.l. de Anselmo Ojeda y de Rosalía Montenegro, quiero tomar estado de matrimonio con **Genibera Mendoza**, viuda de Luis Ogas, de este mismo curato y residente en la Carpintería. Presentada en las Tunas a 14 de agosto de 1858. Ts: Wenceslao Sologa y Bernabé Barrientos.

Cabrera, Jacinto con Paz, Beatriz
Folio 10: **Jacinto Cabrera**, h.l. de Jorge y de María Juana Argañaráz, ya finada, vecinos de las Tunas, pretende contraer matrimonio con **Beatriz Paz**, h.l. de Juan Simón y de Martina Vivas, vecinos de este mismo lugar de Tunas. Presentada en las Tunas a 16 de agosto de 1858. Ts: José Ignacio Collantes y…

Valdéz, Ramón Antonio con Agüero, Heliodora
Folio 12: **Ramón Antonio Valdéz**, h.n. de Romualda, vecinos de la Huerta, pretende contraer matrimonio con **Heliodora Agüero**, h.n. de Ana María, vecinos de Taco Yaco. Presentada En El Alto el primero de septiembre de 1858. Ts: Samuel Cabral y Eufrasio Lobo.

Acosta, Bartolomé con Juárez, María Rosa
Folio 14: **Bartolomé Acosta**, viudo de Águeda Cisternas, vecino del Puesto de los Artaza, pretende contraer matrimonio con **María Rosa Juárez**, viuda de Alejandro Reinoso, vecina de Albigasta. Presentada En El Alto el 23 de agosto de 1858. Ts: Juan Mateo Tolosa y Facundo Reinoso.

Ibáñez, Dn. Marcelino con Rodríguez, Da. Plácida
Folio 16: Dn. **Marcelino Ibáñez**, natural y vecino de Talasí, h.l. del finado Dn. Pedro José y de Da. Nicolasa Luján, viudo de Da. María del Carmen Lazo, pretende contraer matrimonio con Da. **Plácida Rodríguez**, del paraje de Iloga, h.l. del finado Dn. Ignacio y de Da. Nieves Domínguez. Impedidos con el parentesco de consanguinidad en tercer grado con atingencia al cuarto. Se alega, entre las razones para casarse, el hecho de que ella tuvo un hijo antes de estar con el novio. Presentada En El Alto el 7 de septiembre de 1858. Ts: Dn. Juan Isidoro Páez y Dn. Fortunato País.

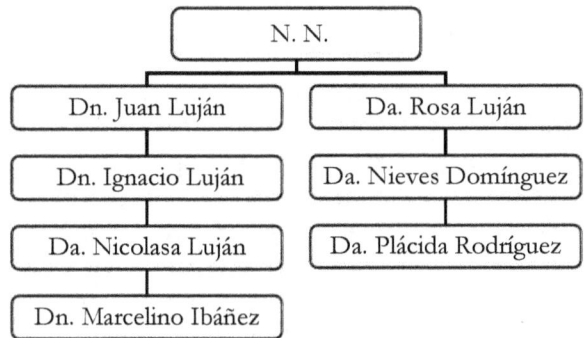

Ibáñez, Avelino con Pérez, María Benita
Folio 19: **Avelino Ibáñez**, feligrés de este curato y vecino de Alijilán, h.l. del finado Mariano y de Josefa Reyes, pretende contraer matrimonio con **María Benita Pérez**, vecina de las Cañas, h.n. de Leocadia. Presentada En El Alto el 20 de septiembre de 1858. Ts: José María Gómez y Juan Tomás Olivera.

Orellana, Eusebio con González, María Elisea
Folio 21: **Eusebio Orellana**, h.l. de Anacleto y de la finada Mercedes Caravajal, pretende contraer matrimonio con **María Elisea González**, h.l. del finado Bartolo y de Benigna Santillán, ambos vecinos del Remansito. Presentada En El Alto el 22 de septiembre de 1858. Ts: (…) Morales y ¿Caín; Carmen? Ibáñez.

Agüero, Fermín Antonio con Quiroga, Florinda
Folio 24: **Fermín Antonio Agüero**, del vecindario de Cóndor Huasi, viudo de María Nicolasa Arias, pretende contraer matrimonio con **Florinda Quiroga**, del vecindario de Ayapaso, h.n. de Nicolasa Quiroga. Presentada En El Alto el 22 de septiembre de 1858. Ts: Manuel Amadeo Sosa y Remigio Ledesma.

Artaza, Federico con Agüero, Beatriz
Folio 26: **Federico Artaza**, h.n. de María Rosa, vecinos del Pozo Grande, quiere contraer matrimonio con **Beatriz Agüero**, h.l. de los finados Francisco y de Tránsito Quiroga, vecinos de Choya. Presentada En El Alto el 6 de octubre de 1858. Ts: José Fructuoso Romano, quien afirma que la madre del pretendiente es prima de la pretendida, y Jacinto Nicolás Almaraz, quien expone que el pretendiente es conocido por ser sobrino de la pretendida.

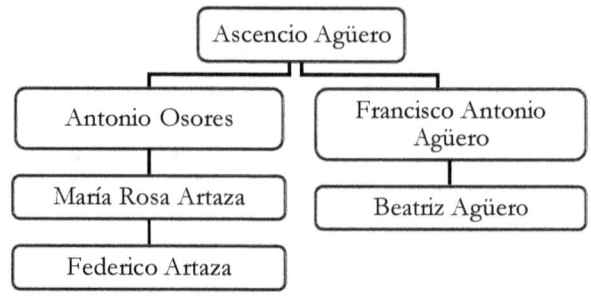

Quiroga, Pedro Nemesio con Moyano, Noemí Bárbara
Folio 30: **Pedro Nemesio Quiroga**, h.l. de Juan Cristino y de María Rosa Artaza, pretende contraer matrimonio con **Noemí Bárbara Moyano**, h.l. de Carmelo y de Gregoria Aráoz, vecinos de este curato. Presentada en las Tunas el 9 de octubre de 1858. Ts: Martín Arias y Juan Antonio Sánchez.

Arias, Martín con Argañaráz, Isidora
Folio 33: **Martín Arias**, viudo de Manuela Villarroel, vecino de las Talitas, pretende contraer matrimonio con **Isidora Argañaráz**, h.l. del finado Bernardino y de Ana María Varela, del curato de Piedra Blanca y residente en esta. Presentada en las Tunas a 12 de octubre de 1858. Ts: … y Juan Cristino Quiroga.

Reinoso, Benigno con Reinoso, Solana
Folio 35: **Benigno Reinoso**, feligrés de este curato, h.l. del finado Buenaventura Reinoso y de Carmen Paz, pretende contraer matrimonio con **Solana Reinoso**, de esta feligresía, h.l. del finado Ventura Reinoso y Rosario Vizcarra. Presentada en la vice parroquia de las Tunas el 12 de octubre de 1858. Ts: (…) y Juan Inocencio Díaz, quien reconoce que el padre del pretendiente es generalmente conocido por primo hermano del padre de la pretendida.

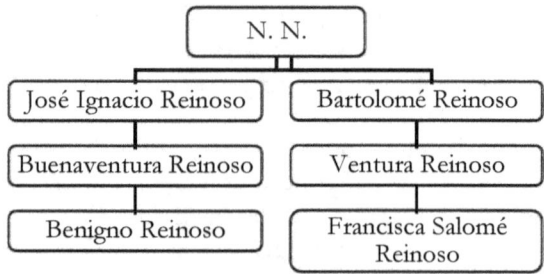

Luna, Ramón con Rasguido, Juliana
Folio 38: **Ramón Luna**, feligrés de este curato, h.l. del finado Toribio y de Petrona Reinoso, pretende contraer matrimonio con **Juliana Rasguido**, de esta feligresía, h.l. de Alejo Rasguido y de Rosario Reinoso. Presentada en la vice parroquia de las Tunas a 12 de octubre de 1858. Ts: Juan Inocencio Díaz e Isidoro Paz.

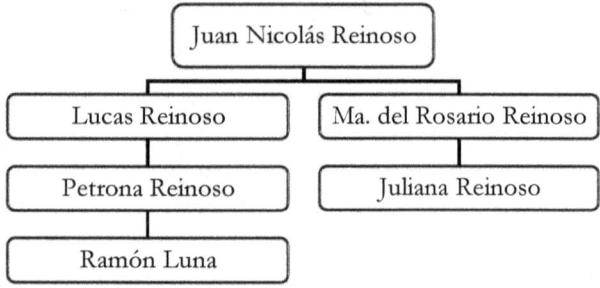

Fernández, Hilario con González, Juana
Folio 41: **Hilario Fernández**, del vecindario de Ovanta, h.n. de Antonina Fernández, pretende contraer matrimonio con **Juana González**, h.l. de Nicolás y de María Lucas Gramajo, también de Ovanta. Presentada en la vice parroquia de las Tunas a 13 de octubre de 1858. Ts: To… Peralta y Juan Inocencio Díaz.

Escasuso, Domiciano con Argañaráz, Maximiliana
Folio 43: **Domiciano Escasuso**, h.l. de José y de la finada Juana Isabel Barrientos, pretende contraer matrimonio con **Maximiliana Argañaraz**, h.l. del finado Juan Manuel y de Pascuala Mercado, todos de esta feligresía. Presentada En El Alto el 20 de octubre de 1858. Ts: José Ignacio Collantes y Juan Inocencio Díaz. Declaran dos parentescos:

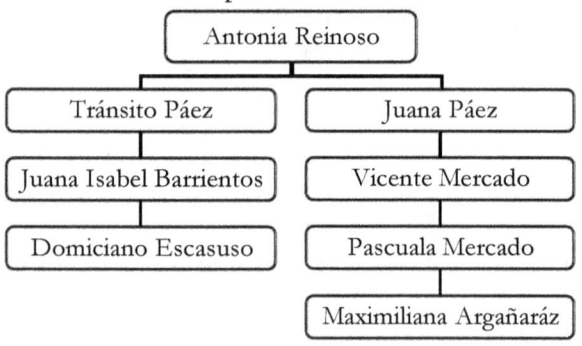

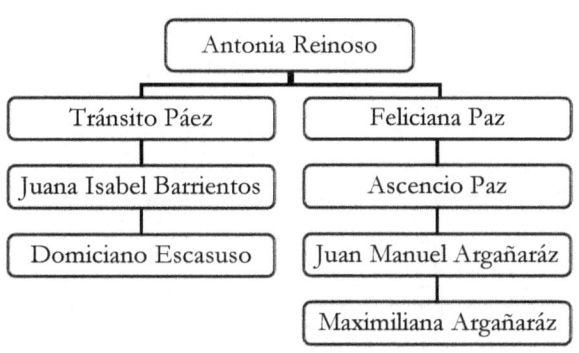

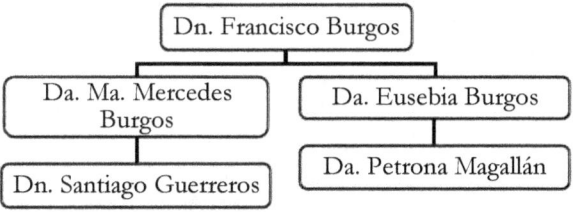

Ramírez, Ramón Rosa con Mercado, Delfina
Folio 47: **Ramón Rosa Ramírez**, h.n. de Catalina, vecinos de las Tunas, pretende contraer matrimonio con **Delfina Mercado**, h.l. de Carlos y de Mercedes Páez, también de las Tunas, de este curato. Presentada en la parroquia de El Alto a 6 de noviembre de 1858. Ts: L… Reinoso y Vicente Leguizamo.

Reinoso, Manuel con Nieva, Irene
Folio 49: **Manuel Reinoso**, h.l. de Victorio y de Gerónima Villagra, del vecindario de la Aguada, pretende contraer matrimonio con **Irene Nieva**, h.l. del finado Manuel y de Espíritu Guerreros. Presentada En El Alto el 22 de noviembre de 1858. Ts: Victoriano Aranda y José Brizuela. Ambos concuerdan en que la madre del pretendiente es prima de la madre de la novia.

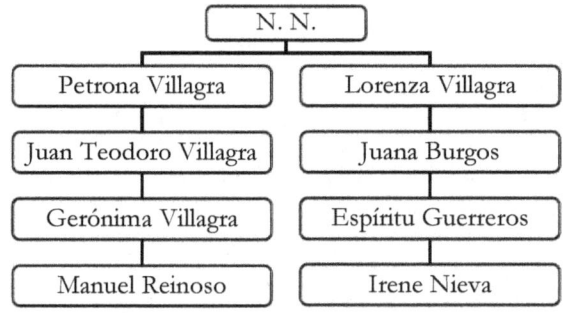

Guerreros, Dn. Santiago con Magallán, Da. Petrona
Folio 52: Dn. **Santiago Guerreros**, h.l. de Dn. José Antonio y de Da. María Mercedes Burgos, del vecindario de Haipa Sorcona, pretende contraer matrimonio con Da. **Petrona Magallan**, h.l. de Dn. Crisolo y de Da. Eusebia Burgos, del mismo vecindario. Presentada En El Alto el 29 de noviembre de 1858. Ts: Félix Albarracín y Pedro Antonio Rizo. La pretendida es generalmente conocida por ser prima del pretendiente.

Ortiz, Alejandro con Páez, Eduarda
Folio 55: **Alejandro Ortiz**, viudo de Catalina Delgado, vecino de Manantiales, pretende contraer matrimonio con **Eduarda Páez**, viuda de Juan Luis Vaca, también vecina de Manantiales y de este mismo curato. Presentada En El Alto el 3 de diciembre de 1858. Ts: Manuel Díaz y…

González, Francisco Solano con Rosales, Exaltación
Folio 57: **Francisco Solano González**, h.l. de Juan Pedro y de María Celestina Ortiz, vecinos de Ovanta, pretende contraer matrimonio con **Exaltación Rosales**, h.l. de Juan Simón y de Evangelista Reinoso, vecinos de los Bañados de Ovanta. Presentada En El Alto el 9 de diciembre de 1858. Ts: Tomás Peralta y Juan Bautista Vargas.

Barrientos, Dn. Luis Ignacio con Bulacia, Da. Petrona
Folio 59: Dn. **Luis Ignacio Barrientos**, h.l. de Dn. Patricio y de la finada Da. Lizarda Pereyra, vecino de la Aguadita, pretende contraer matrimonio con Da. **Petrona Bulacia**, h.l. de los finados Dn. Gregorio y de Da. Juana Ibáñez, vecinos del lugar del Unquillo. Presentada En El Alto el 20 de diciembre de 1858. Ts: Dn. José Antonio Guerreros y Dn. José Manuel Cisternas.

Lobo, Dn. Roberto con Arévalo, Da. Hugolina
Folio 61: Dn. **Roberto Lobo**, h.l. de Dn. José Luis y de Da. Nicolasa Agüero, del vecindario de Potro Ulpiana, de este curato, pretende contraer matrimonio con Da. **Hugolina Arévalo**, h.l. de Dn. Santiago y de Da. Juana Rosa Márquez, vecinos de la Huerta, también de este curato. Presentada En El Alto el 27 de diciembre de 1858. Ts: Dn. Vicente… y Dn. José Antonio Guerreros.

Romero, Juan Francisco con Ferreira, María Rosario
Folio 63: **Juan Francisco Romero**, h.l. de Viviano Romero y de la finada Teresa Vázquez, del vecindario de Huacra, de esta feligresía, pretende contraer matrimonio con **María Rosario Ferreira**, h.l. del finado Damasio y de Úrsula Guerreros, del vecindario de Sumampa, de este curato. Presentada En El Alto el 28 de diciembre de 1858. Ts: José Miguel Suárez y Eusebio Romero.

Contreras, José Fructuoso con Contreras, Ana María

Folio 65: **José Fructuoso Contreras**, h.l. de los finados Ceferino y de María Magdalena Ramos, del vecindario de los Altos, de esta doctrina, pretende contraer matrimonio con **Ana María Contreras**, h.n. de Andrea Avelina, también de este beneficio. Presentada En El Alto el 30 de diciembre de 1858. Ts: Pantaleón Lugones y Dn. Moisés ¿Correa? (Ceferino Contreras, padre del pretendiente, fue hijo de Fructuoso Contreras, hermano de Feliciana, quien tuvo por hija a Marina Contreras, madre de Andrea Avelina Contreras, quien es la madre de la pretendida).

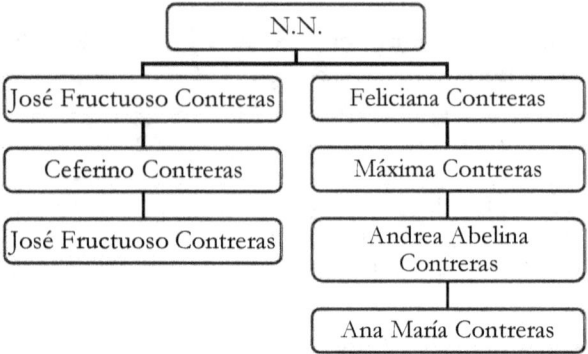

Pacheco, Escolástico con Barrientos, Rosa Matrona

Folio 69: **Escolástico Pacheco**, vecino de la Jarilla, h.l. del finado Tomás y de Prudencia Díaz, pretende contraer matrimonio con **Rosa Matrona Barrientos**, vecina de la Bajada, h.l. de Luis y Rosalía Ortiz, ambos de esta doctrina. Impedidos con el parentesco de tercer grado con atingencia al segundo por consanguinidad. Presentada En El Alto el 1 de enero de 1858. Ts: Andrés Avelino Ortega y Dn. José Ciriaco Leiva

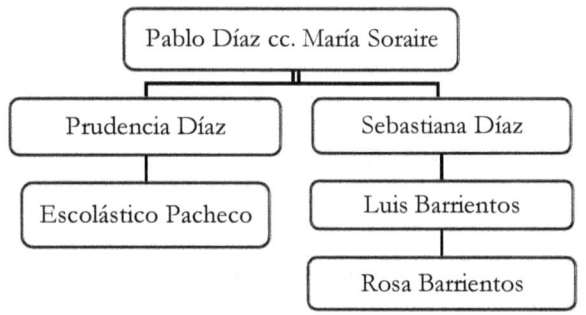

Nieva, Dn. Pedro José con Medina, Da. Abigail

Folio 80: Dn. **Pedro José Nieva**, h.l. de los finados Dn. Benito y Da. Simona Frogel, viudo de Gertrudis Amador, pretende contraer matrimonio con Da. **Abigail Medina**, h.l. de Dn. Germán y de la finada Da. Apolinaria Sánchez, ambos vecinos de Choya, de la provincia de Santiago, anejo a este curato de El Alto. Ligados con el parentesco de consanguinidad en cuarto grado. Presentada en El Alto el 13 de enero de 1858. Ts: Agustín Ledesma y José del Carmen Guerra.

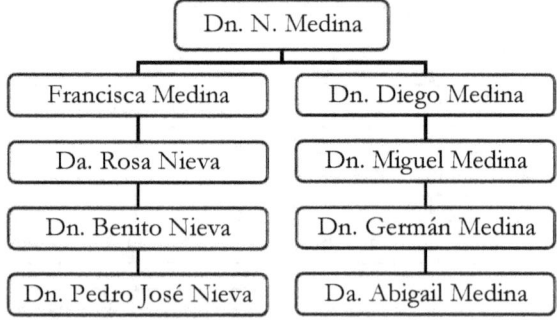

Romano, Domingo Federico con Carrizo, Anunciación

Folio 85: **Domingo Federico Romano**, vecino de los Osores e h.l. de Pedro Nolasco y de María Cecilia Gómez, pretende contraer matrimonio con **Anunciación Carrizo**, h.l. de Inocencio y de Ángela Varela. Presentada En El Alto el 21 de enero de 1858. Ts: Juan José Silva y José Ignacio Santillán.

Hernández, Juan de la Cruz con Páez, María Regina

Folio 81: **Juan de la Cruz Hernández**, vecino de esta parroquia de El Alto, viudo de Agustina Herrera, pretende contraer matrimonio con **María Regina Páez**, vecina de Tabigasta, viuda de Fermín Antonio Mansilla. Presentada En El Alto el 28 de enero de 1858. Ts: José Nicolás Juárez, Vicente Gómez y Policarpo Robles.

Ferreira, Felipe Santiago con Arévalo, Rita del Carmen

Folio 84: **Felipe Santiago Ferreira**, natural y vecino del paraje de Sumampa, h.l. del finado Dámaso y de Úrsula Guerreros, pretende contraer matrimonio con **Rita del Carmen Arévalo**, natural del paraje de Sucuma, residente en Huacra, del curato de Graneros, provincia de Tucumán como un año, h.l. de los finados Félix Antonio y María Valentina Suárez. Presentada En El Alto el 23 de enero de 1858. Ts: Matías Durán y José Luis Guevara.

López, Ramón Rosa con Ferreira, Marcelina

Folio 86: **Ramón Rosa López**, vecino de Achalco, hijo natural de Fernanda López y viudo de Casiana Peñaflor, pretende contraer matrimonio con **Marcelina Ferreira**, h.n. de Melchora Ferreira, residente en Achalco, de este mismo curato. Presentada En El Alto el 25 de enero de 1858. Ts: José Antonio Ledesma, Esteban Ferreira y Belisario Adauto.

Quiroga, Pedro Antonio con Tolosa, María Juana

Folio 89: **Pedro Antonio Quiroga**, vecino de Choya, provincia de Santiago, y de este curato en lo espiritual, h.n. de Ana Rosa Quiroga, pretende contraer matrimonio con **María Juana Tolosa**, vecina también del mismo lugar, h.l. de Ignacio y de la finada Pascuala Ortega. Presentada En El Alto el 29 de enero de 1858. Ts: Dn. Pedro José Nieva y…

Gutiérrez, Dn. Domingo de la Cruz con Villafañe, Da. Rosa
Folio 92: Dn. **Domingo de la Cruz Gutiérrez**, natural y vecino del Puesto de los Gutiérrez, h.l. de Dn. Eustaquio Gutiérrez y de Da. Andrea Valdéz, pretende contraer matrimonio con Da. **Rosa Villafañe**, natural de esta parroquia y hoy vecina de Vilismano, h.l. de los finados Dn. José Isidoro y Da. Magdalena Luna, ambos de esta doctrina. Presentada En El Alto el 2 de febrero de 1858. (Falta la parte de testigos).

Aguilar, Dn. José Fermín con Medina, Da. María Emilia
Folio 94: Dn. **José Fermín Aguilar**, h.l. de los finados Dn. José Eusebio y de Da. María Ignacia Leiva, he resuelto contraer matrimonio con Da. **María Emilia Medina**, h.l. de Dn. Juan Bernabé y de la finada Da. María del Señor Zurita, ambos naturales y vecinos del paraje de Ancamugalla de esta doctrina. Ligados con el parentesco de consanguinidad en cuarto grado con atingencia al tercero. Presentada En El Alto el 3 de febrero de 1858. Ts: Teodoro Trejo, Dn. José María Jeréz, Dn. José Luis Sánchez y Jacinto Oliva.

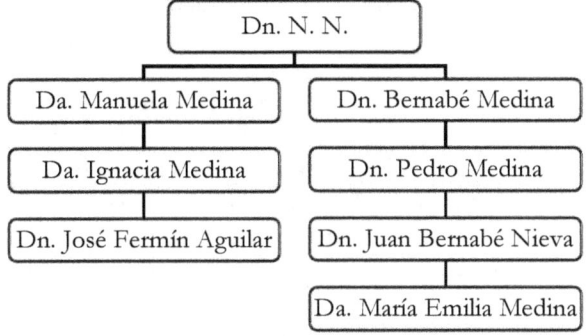

Cejas, José Matías con Matute, Gumersinda
Folio 100: **José Matías Cejas**, vecino de Taco Punco, viudo de María Magdalena Zurita, pretende contraer matrimonio con **Gumersinda Matute**, vecina de las Chacras, h.l. de Lázaro y de Manuela Ibáñez. Presentada En El Alto el 4 de febrero de 1858. Ts: Hilario Páez, Dn. Juan Miguel Luján y Dn. Gervasio Villalba.

Zurita, Mateo con González, Bernarda
Folio 103: **Mateo Zurita**, natural y vecino de Chañar Laguna, anejo a esta doctrina, h.l. de los finados Juan Santos Zurita y María Florentina Aguirre, pretende contraer matrimonio con **Bernarda González**, vecina del paraje de la Punta de Maquijata, del curato de Silípica, de la provincia de Santiago, h.l. de los finados Felipe y María Acuña. Presentada en la Quebrada a 28 de febrero de 1858. Ts: Marcelino Zurita, Mamencio Guerra y Félix Ignacio Juárez.

Medina, Dn. Juan Bernabé con Varela, Da. María del Espíritu Santo
Folio 106: Dn. **Juan Bernabé Medina**, vecino de Vilismano, h.l. de los finados Dn. Pedro José y de Da. María de la Cruz Cejas, viudo de Da. María del Señor Zurita, pretende contraer matrimonio con Da. **María Espíritu Santo Varela**, vecina del paraje del Rosario, del curato de Ancasti, h.n. de la finada Da. María Petrona Varela. Presentada En El Alto el 15 de marzo de 1858. Ts: Dn. José Andrés Barrera y Juan Nicolás Gómez.

Álvarez, Dn. José Nicanor con Ibáñez, Da. Natalia del Carmen
Folio 108: Dn. **José Nicanor Álvarez**, natural y vecino del Vallecito de esta doctrina, h.n. de Da. Micaela Gerónima, pretende contraer matrimonio con Da. **Natalia del Carmen Ibáñez**, vecina de la Ciénaga, anejo al curato de Ancasti, h.l. del finado Dn. Mariano y Da. María del Espíritu Santo Páez. Presentada En El Alto el 20 de marzo de 1858. Ts: Dn. Simón Tadeo Centeno, Juan Nicolás Gómez y Cesario Carranza.

Peralta, Juan Gualberto con Fregenal, Zoila Griselda
Folio 112: **Juan Gualberto Peralta**, vecino de Ovanta, h.l. del finado Celedonio y Rufina Ortiz, pretende contraer matrimonio con **Zoila Griselda Fregenal**, vecina de Sandia Puso, h.n. de María Gertrudis, ambos de esta doctrina. Presentada En El Alto el 22 de marzo de 1858. Ts: José Justo Villarroel y Dn. José Basilio Cevallos.

Morienega, Juan de la Cruz con Barrientos, María Rosa
Folio 115: **Juan de la Cruz Morienega**, natural de las Tunas y residente ya un año en la Bajada, hijo de Simón y de Juana Rosa Luna, pretende contraer matrimonio con **María Rosa Barrientos**, vecina de la Bajada, h.l. de José Manuel y de Lorenza Lezcano, ambos de esta doctrina. Presentada En El Alto el 27 de marzo de 1858. Ts: Dn. Bartolomé Gómez y Dn. Pedro Gómez.

Toranzo, Rosario con Juárez, Rosario
Folio 118: **Rosario Toranzos**, del vecindario de Ancuja, viudo de Maximiliana Valdéz, ha resuelto contraer matrimonio con **Rosario Juárez**, h.l. de Francisco Juárez y de la finada Andrea Garcete, también del vecindario de Ancuja de esta feligresía. Presentada En El Alto el 27 de marzo de 1858. Ts: Juan Ángel Heredia y José Joaquín Burgos.

Legajo 82 de 1859

Suárez, Gelimer con Magallanes, María Angelina
Folio s/n: **Gelimer Suárez**, h.l. del finado Juan Ángel Suárez y de Valeriana Burgos, pretende contraer matrimonio con **María Angelina Magallan**, h.l. de Paulino Magallán y de María del Señor Páez, vecinos de este curato. Presentada En El Alto el 3 de enero de 1859. Ts: Miguel Gerónimo Durán y Dn. Pedro Gómez.

Zurita, Dn. José Máximo con Ponce de León, Da. Rómula
Folio s/n: Dn. **José Máximo Zurita**, hijo adoptivo del finado Felipe e hijo natural de Da. Felipa Gutiérrez, de Sucuma de este beneficio, pretende contraer matrimonio con Da. **Rómula Ponce de León**, h.l. de Dn. Juan Nicolás y de la finada Da. Rosario Gómez, de Munancala de esta feligresía. Presentada En El Alto el 7 de enero de 1859. Ts: Dn. Juan Manuel ... y Dn. Narciso Rizo Patrón.

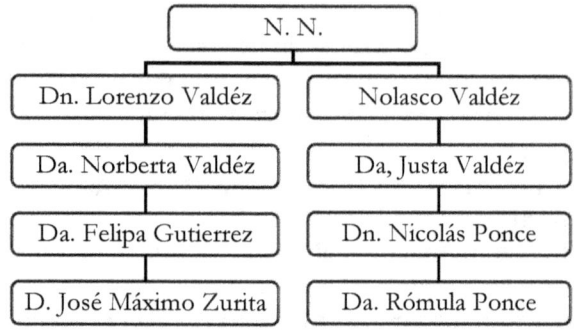

Gutiérrez, Dn. José Anacleto con Medina, Da. Luisa
Folio s/n: Dn. **José Anacleto Gutiérrez**, h.l. de Dn. Eustaquio Gutiérrez y de Da. María Andrea Valdéz, vecino del Puesto de los Gutiérrez de esta doctrina, pretende contraer matrimonio con Da. **Luisa Medina**, h.n. de Da. Cecilia, de Oyola de este beneficio. Presentada en Vilismano a 31 de enero de 1859. Ts: Dn. Co... Valdéz y Dn. Santiago Pereyra.

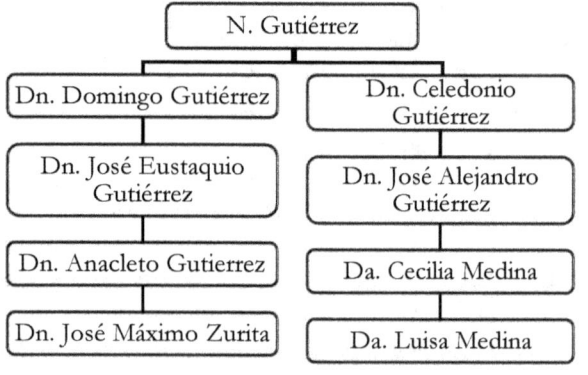

Lobo, Pedro Manuel con Rojas, Genibera
Folio s/n: **Pedro Manuel Lobo**, viudo de Francisca Figueroa, vecino de la Chilca de este curato, pretende contraer matrimonio con **Genibera Rojas**, h.l. de Hermenegildo Rojas y de Mercedes Beltrán, del Huaico Hondo de esta doctrina. Presentada en Vilismano a 29 de enero de 1859. Ts: Juan Mateo T... y José Indalecio Campos.

Coronel, Anastasio con Barraza, María Paula
Folio s/n: **Anastasio Coronel**, h.l. de la finada Agustina Rosa del vecindario del Remansito de esta doctrina, provincia de Santiago, pretende contraer matrimonio con **María Pabla Barraza**, h.l. de Martín y de María Eugenia Paz, del mismo vecindario. Impedidos con el parentesco de afinidad ilícita, que resulta por haber tenido trato con una prima hermana de la pretendida, delito público. Quieren legitimar un hijo en común. Presentada En El Alto el 13 de enero de 1859. Ts: Cándido ¿Quevedo? y Marcos Pérez.

Zurita, Bartolomé con Gómez, Elena
Folio s/n: **Bartolomé Zurita**, hijo adoptivo del finado Pedro Juan, vecino del Huaico Hondo de este beneficio, pretende contraer matrimonio con **Elena Gómez**, h.n. de Ángela, del curato de Soto, provincia de Córdoba, y residente en esta más de diez años. Presentada en Vilismano a 3 de febrero de 1859. Ts: Dn. Tristán Ponce y Dn. José María Cardoso.

Gómez, Juan Audifacio con Videla, Margarita
Folio s/n: **Juan Audifacio Gómez**, natural del curato de Piedra Blanca, h.l. de los finados Eusebio Gómez y Reyes Sequeira, hace un año y meses, residente en el lugar de los Troncos de esta doctrina, pretende contraer matrimonio con **Margarita Videla**, residente en dicho lugar de los Troncos, h.l. de José Manuel y de la finada Magdalena Neges. Presentada En El Alto el 7 de febrero de 1859. Ts: Félix Vanegas y Francisco Antonio Ferreira.

Coronel, Dn. Matías con Villafañe, Da. María del Señor
Folio 2: Dn. **Matías Coronel**, h.l. de Dn. Isidoro y de Da. Petrona Tula, pretende contraer matrimonio con Da. **María del Señor Villafañe**, h.l. de los finados Dn. José Gregorio Villafañe y Da. Ignacia Agüero, ambos vecinos de Alijilán, de esta doctrina. Presentada En El Alto el 7 de febrero de 1859. Ts: Dn. Doroteo Zárate y Hermenegildo Sánchez.

Magallán, Dn. José Gorgonio con Rodríguez, Da. Paula
Folio 5: Dn. **José Gorgonio Magallan**, natural y vecino de Haipa Sorcona de esta doctrina, h.l. de Dn. Crisólogo Magallán y de Da. Eusebia Burgos, pretende contraer matrimonio con Da. **Pabla Rodríguez**, h.l.

de los finados Dn. José Lucas y Da. Andrea Aragón, actual residente en este vecindario de El Alto. Presentada En El Alto el 8 de febrero de 1859. Ts: José Caravajal y Dn. Francisco Antonio Agüero.

Barrientos, José Luis con Mercado, María
Folio 9: **José Luis Barrientos**, natural de los Manantiales y residente años ha en la Jarilla de esta doctrina, h.l. de Ramón Antonio y de Isabel Castro, pretende contraer matrimonio con **María Mercado**, vecina de Tala Sacha, anejo del curato de Graneros de la provincia de Tucumán, h.n. de María Pascuala. Presentada En El Alto el 9 de febrero de 1859. Ts: Martín Ortiz y Pedro Flores.

Vázquez, Dn. Ángel Mariano con Macedo, Da. Candelaria
Folio 11: Dn. **Ángel Mariano Vázquez**, vecino de Talasí, viudo de la finada Da. Javiera Lazo, pretende contraer matrimonio con Da. **Candelaria Macedo**, vecina de Unquillo de esta doctrina, hija adoptiva del finado Dn. Lucindo Macedo y de Da. Rosario Albarracín (e hija natural de Da. Jesús Caballero). Ts: Dn. Pedro Pablo Lazo, Policarpo Robles y Dn. Salvador Pérez. El único parentesco parte de que Dn. Juan Andrés Lazo, tío de Da. Javiera Lazo (mujer que fue del novio), tuvo trato ilícito con una tal Caballero del lugar de Oyola, de cuya amistad resultó una hija, Da. Jesús Caballero, que fue criada por un tal Dn. Antonio, marido de Da. Juana Farías del lugar de Tabigasta. Dicha Da. Jesús Caballero tuvo por hija natural a la novia, que fue criada por unos Albarracines desde huérfana en el lugar del Unquillo.

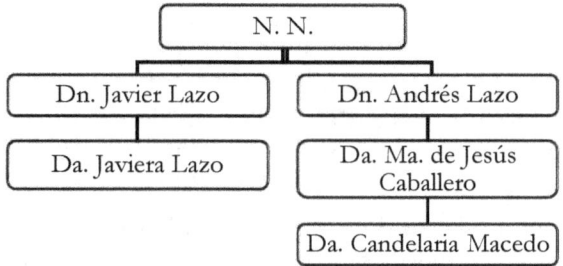

Cortes, Juan Nicolás con Soria, Concepción
Folio 16: **Juan Nicolás Cortes**, vecino de Molle Yaco de esta doctrina, h.l. de los finados Juan Nicolás y de María del Carmen Flores, pretende contraer matrimonio con **Concepción Soria**, vecina de la Quebrada de esta doctrina, h.l. de Juan Felipe y de Fulgencia Gómez. Presentada En El Alto el 15 de febrero de 1859. Ts: Manuel Peñaflor y Francisco Antonio Falcón.

Aguirre, Dn. Pedro Lucas con Canseco, Da. Rosario
Folio 19: Dn. **Pedro Lucas Aguirre**, vecino de la Viña de esta doctrina, h.l. de los finados Dn. José Tiburcio y Da. Casilda Quiroga, pretende contraer matrimonio con Da. **Rosario Canseco**, natural del Valle Viejo, del curato Rectoral, y residente en la Viña como ocho meses, h.l. de los finados Dn. Agustín y Da. Isabel Vera. Parentesco de consanguinidad. Presentada En El Alto el 18 de febrero de 1859. Ts: Dn. Ángel Rojas y Dn. Pedro Vera, quien dice que la madre del novio es prima hermana con el bisabuelo de la novia por el apellido Arévalo, y el novio con la abuela de la novia son primos segundos.

Osores, Juan Segundo con Valdéz, María Salomé
Folio 22: **Juan Segundo Osores**, viudo de primeras nupcias de Nicolasa Avellaneda, en segunda de María del Señor Orquera, en tercera de Gregoria Goyochea, de la última de María de los Ángeles Acosta, pretende contraer matrimonio con **María Salomé Valdéz**, viuda de José Luis Zurita, ambos vecinos de Ancuja de esta doctrina. Presentada En El Alto el 25 de febrero de 1859. Ts: Dn. Ramón Rosa Salvatierra y Dn. Luis Ubaldo Rizo.

Campos, Francisco Cecilio con Mansilla, Romualda
Folio 24: **Francisco Cecilio Campos**, vecino de Trigo Chacra, de la provincia de Santiago, anejo a este curato, h.l. de los finados Juan Leandro y Francisca Antonia Garzón, pretende contraer matrimonio con **Romualda Mansilla**, vecina de la Puerta de Molle Yaco de esta doctrina, h.n. de la finada Gregoria. Presentada en la capilla de la Quebrada a 17 de marzo de 1859. Ts: Miguel Peñaflor y Fulgencio Romano.

Agüero, José Avelino con Juárez, Emerenciana
Folio 26: **José Avelino Agüero**, h.l. del finado Felipe y de Rosario Morienega, del vecindario del Hueco, curato de Piedra Blanca, y cerca de año residente en la Huerta de este beneficio, pretende contraer matrimonio con **Emerenciana Juárez**, h.l. de los finados Borja y Lizarda Quiroga, del vecindario de Amaucala de esta feligresía. Presentada En El Alto el 26 de marzo de 1859. Ts: Dn. Juan Gregorio Páez y Damasceno Rosales.

Sequeira, José Dionisio con Santillán, Benigna
Folio 29: **José Dionisio Sequeira**, natural del paraje de Chaguar Pozo, del curato de Loreto de la provincia de Santiago, y residente en el Remansito anejo a esta doctrina más de un año, h.l. de Pedro y Jacoba González, pretende contraer matrimonio con **Benigna Santillán**, vecina del Remansito, viuda de Bartolomé González. Presentada En El Alto el 31 de marzo de 1859. Ts: Enrique Coronel, José Aparicio Coronel y Tiburcio Barraza.

Márquez, Pedro con Cisternas, Aniceta
Folio 32: **Pedro Márquez**, vecino de Sucuma, h.l. de Tomás Antonio y de Mercedes Arévalo, pretende contraer matrimonio con **Aniceta Cisternas**, vecina de Guayamba, h.l. de Juan Santos y de Norberta Valdéz. Presentada En El Alto el 8 de abril de 1859. Ts: Dn. Antonio Benito Matarrodona y Simón Judas Burgos.

Luna, Pedro Pascual con Gaona, Ana María
Folio 34: **Pedro Pascual Luna**, h.n. de la finada Ascensión Luna, del vecindario de Huacra, pretende contraer matrimonio con **Ana María Gaona**, h.l. de Manuel Gaona y de la finada Josefa Bepre, de la Ovejería de este curato. Presentada En El Alto el 8 de abril de 1859. Ts: Eustaquio Jiménez y Santiago Ferreira.

Barrientos, Dn. Rudecindo con Ovejero, Da. Genoveva
Folio 37: Dn. **Rudecindo Barrientos**, vecino de los Manantiales de esta doctrina, h.n. de Da. Genuaria, pretende contraer matrimonio con Da. **Genoveva Ovejero**, h.l. de los finados Dn. Roque y Da. Juana Pesado, ¿natural? y vecinos de la Piedra Blanca. Presentada En El Alto el 23 de abril de 1859. Ts: Cipriano Ortiz y Manuel Antonio Celiz.

Ibáñez, José Pío con Mercado, Genuaria
Folio 39: **José Pío Ibáñez**, h.l. de los finados Hermenegildo y Margarita Cabrera, viudo de Ana Luisa Villarroel, pretende contraer matrimonio con **Genuaria Mercado**, h.l. del finado Ildefonso y Petrona Argañarás, ambos vecinos de las Tunas de este beneficio. Presentada En El Alto el 23 de abril de 1857. Ts: Pedro Mercado y Cipriano Ortiz.

Juárez, José Lino con Guerra, María Carlota
Folio 40: **José Lino Juárez**, vecino del Agua del Sauce, h.l. de los finados José Nicolás y Paula Mansilla, pretende contraer matrimonio con **María Carlota Guerra**, vecina de Choya, h.l. del finado Juan Manuel y de María Gregoria Ibáñez, ambos de esta doctrina. Presentada En El Alto el 4 de mayo de 1859. Ts: Pedro Antonio Hernández y Pedro Pablo Agüero.

Silva, Francisco Dolores con Garay, Ramona Rosa
Folio 42: **Francisco Dolores Silva**, vecino de las Tunas, h.l. del finado Juan Manuel y Justa Rufina Mercado, pretende contraer matrimonio con **Ramona Rosa Garay**, vecina del Monte Redondo, h.l. de los finados José Justo y Mercedes Molina, ambos de esta feligresía. Impedimento por haber tenido ella trato ilícito con primo hermano del pretendiente. Presentada en la capilla de los Manantiales a 16 de mayo de 1859. Ts: Simón Paz y Juan Manuel Juárez.

Ríos, Manuel con Ocón, María de los Ángeles
Folio 44: Certifico en cuanto puedo que **Manuel Ríos**, feligrés de este curato e h.n. de Justa Rufina, ha producido sumaria información de su soltura y libertad para matrimoniarse con **María de los Ángeles Ocón**, feligresa del curato de El Alto, h.n. de Matilde Ocón, no habiendo resultado impedimento alguno. Dado en Paclín a 22 de mayo de 1859. Presb. Ramón Rosa Vera.

Díaz, Narciso Antonio con Guaráz, María Francisca
Folio 45: **Narciso Antonio Díaz**, natural de la Ceja del Monte, del curato de Graneros, provincia de Tucumán, vecino que ha sido del paraje del Milagro, del curato de Ancasti, como diez años, y residente en Ovanta de esta doctrina como dos meses, h.n. de la finada Josefa, pretende contraer matrimonio con **María Francisca Guaráz**, vecina del Bañado de Ovanta de esta doctrina, h.l. de Pedro Juan y Cornelia Argañaráz. Presentada en la capilla de las Tunas a 26 de mayo de 1859. Ts: Nicolás González y Juan Tomás Leiva.

Jeréz, Juan Ángel con Zurita, Gerarda
Folio 48: Yo, **Juan Ángel Jeréz**, vecino de Chañar Laguna, h.l. de Casimiro y de la finada Luisa Medina, pretende contraer matrimonio con **Gerarda Zurita**, del Remansito, h.l. de los finados Miguel y de Hilaria Palomeque, ambos residentes en este lugar. Presentada en la Quebrada a 3 de junio de 1859. Ts: Samuel Rojas, Anastasio Coronel y Gabriel Paz.

Cejas, Juan Ildefonso con Quinteros, Zoila Catalina
Folio 51: **Juan Ildefonso Cejas**, vecino de Taco Punco, h.l. del finado Francisco y de Bárbara Rivarola, pretende contraer matrimonio con **Zoila Catalina Quinteros**, vecina de la Puerta de Molle Yaco, h.l. de Juan y de Valeriana Mansilla, ambos de esta doctrina. Presentada en la Quebrada a 3 de junio de 1859. Ts: Restituto Arévalo y José Leandro Pedraza.

Garay, Félix Benigno con Nieva, María Juana
Folio 53: **Félix Benigno Garay**, natural de la provincia de Córdoba y residente en este curato en el lugar del Huaico Hondo a más de doce años, viudo de Bernarda Gómez, pretende contraer matrimonio con **María Juana Nieva**, del lugar del Puestito, comprensión de este curato, h.l. del finado Carmen y de Lucía Nieva. Presentada en la Quebrada a 3 de junio de 1859. Ts: Crisanto Lobo y Juan Agustín Lobo.

Zurita, Manuel Antonio con Sánchez, Juana Francisca
Folio 55: **Manuel Antonio Zurita**, del lugar de Albigasta, h.l. de Juan Enrique y Carmen Bazán, pretende contraer matrimonio con **Juana Francisca Sánchez**, h.l. del finado José María y de María Rosario

Reinoso, residentes en el mismo lugar. Presentada en la Quebrada a 3 de junio de 1859. Ts: Pedro Pascual Paz y Mauricio Figueroa.

Goitia, Francisco Rosario con Bazán, Cándida Rosa
Folio 59: **Francisco Rosario Goitia**, conocido por Figueroa, vecino del Huaico Hondo, h.n. de Remigia, pretende contraer matrimonio con **Cándida Rosa Bazán**, vecina de Chañar Laguna, h.n. de Fernanda, ambos de esta doctrina. Presentada en la Quebrada a 3 de junio de 1859. Ts: Pedro Pacheco y Pedro Zurita.

Pino, Manuel José del con Garcete, María Susana
Folio (…): **Manuel José del Pino**, h.n. de la finada Basilia, pretende contraer matrimonio con **María Susana Garcete**, h.n. de la finada Trinidad, ambos vecinos de Vilismano de esta doctrina. Presentada en la Quebrada a 4 de junio de 1859. Ts: Dn. Miguel José Denete y Dn. José Joaquín Medina.

Amador, José Carlos con Díaz, María Guadalupe
Folio 63: **José Carlos Amador**, h.l. de los finados Juan Francisco y Juana Francisca Jeréz, pretende contraer matrimonio con **María Guadalupe Díaz**, natural del Monte Redondo, del curato de Silípica, de la provincia de Santiago, y residente en Chañar Laguna como un año, h.l. del finado Pedro Antonio y Magdalena Mansilla, ambos de esta doctrina. Presentada en la Quebrada a 8 de junio de 1859. Ts: Ramón Rosa Lobo y Manuel Ignacio Domínguez.

Avendaño, Ángel Mariano con Ledesma, Tránsito
Folio 66: **Ángel Mariano Avendaño**, h.l. del finado José Mariano y de Isabel Villavicencio, pretende contraer matrimonio con **Tránsito Ledesma**, h.l. de Cosme y de la finada Dorotea Sotelo, ambos vecinos del Remansito de esta doctrina. Presentada en la Quebrada a 20 de junio de 1859. Ts: Anastasio Coronel y Faustino Paz.

Moyano, Ramón con Córdoba, Belisaria
Folio 69: **Ramón Moyano**, h.n. de la finada Francisca, pretende contraer matrimonio con **Belisaria Córdoba**, h.n. de Josefa, ambos vecinos de los Zanjones de este curato. Presentada En El Alto el 24 de junio de 1859. Ts: Dn. José Ignacio Palacios y Casimiro Ortiz.

Luján, Dn. José Emeterio con Mansilla, Da. Maximiliana
Folio 72: Dn. **José Emeterio Luján**, del vecindario de Santa Ana, de este beneficio, h.l. de Dn. José Justo y de Da. Ana Rosa Arévalo, pretende contraer matrimonio con Da. **Maximiliana Mansilla**, h.l. de los finados Dn. Cipriano Mansilla y de Da. Susana Medina, también de Santa Ana de este curato. Presentada En El Alto el 25 de junio de 1859. Ts: Dn. José Bernabé Jeréz y Dn. José María Jeréz.

Palacios, Dn. José Ignacio con González, Da. Felipa
Folio 74: Dn. **José Ignacio Palacios**, del vecindario de Cóndor Huasi de esta feligresía, viudo de Da. Eduviges Cevallos, pretende contraer matrimonio con Da. **Felipa González**, h.l. del finado Dn. José Antonio González y de Da. Brígida Jeréz, del mismo paraje de Cóndor Huasi de este beneficio. Presentada En El Alto el 27 de junio de 1859. Ts: Manuel de Reyes Romano y Pedro Pablo Agüero.

Gómez, Dn. Uladislao con Barros, Da. Rosalía
Folio 77: Dn. **Uladislao Gómez**, h.l. del finado Dn. Juan Nicolás y de Da. María Antonia Urrejola, de esta parroquia, pretende contraer matrimonio con Da. **Rosalía Barros**, h.l. del finado Antonio y Da. Petrona Dulce, vecinos del Portezuelo, comprensión del Rectoral. Presentada En El Alto el 30 de junio de 1859. Ts: Juan Felipe… y Manuel de Reyes Romano.

Legajo 83 de 1859

Parra, José Rafael con Carranza, Teresa
Folio 1: **José Rafael Parra**, vecino de Vilismano, h.n. de la finada Carmen, pretende contraer matrimonio con **Teresa Carranza**, vecina de la Viñita, h.l. de Cesario y Dorotea Acosta, ambos de esta doctrina. Presentada En El Alto el 3 de julio de 1859. Ts: Juan Felipe Morales y José Apolinar Gómez.

Ávila, Dn. Emiliano con Lazo, Da. Zelanda
Folio 3: Dn. **Emiliano Ávila**, natural y vecino de Iloga, h.l. de los finados Dn. Maximiliano y Da. Victoria Domínguez, pretende contraer matrimonio con Da. **Zelanda Lazo**, h.n. de Da. María peregrina, vecinas de Tintigasta, ambos de esta doctrina. Presentada En El Alto el 14 de julio de 1859. Ts: Manuel Eufrasio Vega y Dn. Pedro Martín Lobo.

Romano, Rafael con Ávila, María Rosa
Folio 5: **Rafael Romano**, del vecindario de los Manantiales de esta doctrina, viudo de Segunda Díaz, pretende contraer matrimonio con **María Rosa Ávila**, h.l. de Gregorio y de Josefa Díaz, del vecindario de Alijilán, de este beneficio. Presentada En El Alto el 19 de julio de 1859. Ts: Severo Chávez y Benito Navarro.

Caravajal, Eusebio con Castro, María Rita
Folio 7: **Eusebio Caravajal**, natural del paraje de las Talitas, curato de Graneros, provincia de Tucumán, y residente como tres años en los Troncos de este curato, h.n. de la finada Francisca, pretende contraer matrimonio con **María Rita Castro**, vecina del Tala,

de esta doctrina, h.n. de Francisca. Presentada En El Alto el 19 de julio de 1859. Ts: José del Carmen Argañaráz y Nicolás Candi.

Corrales, José Fortunato con Rojas, Lucía
Folio s/n: **José Fortunato Corrales**, h.l. de Simón y de la finada Rufina Amaya, del vecindario del Laurel de este beneficio, pretende contraer matrimonio con **Lucía Rojas**, h.l. de Hermenegildo y de María Mercedes Beltrán, del Huaico Hondo de esta doctrina. Presentada En El Alto el 23 de julio de 1859. Ts: Dn. Tristán Narváez y Juan Nicolás Gómez.

Acosta, Manuel de Jesús con Nieva, Carmen
Folio 13: **Manuel de Jesús Acosta**, h.n. de María Juana, del vecindario del Laurel de este beneficio, pretende contraer matrimonio con **Carmen Nieva**, h.l. de los finados Manuel y Trinidad Cevallos, del vecindario de los Troncos, también de este curato. Presentada En El Alto el 23 de julio de 1859. Ts: José Marcelino Luján y José Apolinar Gómez.

Molina, Dn. David con Leiva, Da. Rodulina
Folio 15: Certifico en cuanto puedo y en derecho debo, que habiendo producido información de su soltura y libertad en la vicaría de mi cargo Dn. **David Molina**, feligrés de este Rectoral, h.l. de Dn. Jacobo y de Da. Concepción Araujo para matrimoniarse con Da. **Rodulina Leiva**, feligrés del curato de El Alto, residente en el campo del Tala, h.l. de Dn. Modesto y de Da. Juana Bulacias, no ha resultado impedimento alguno de esta información. Catamarca, agosto 3 de 1859. Pres. Luis G. Segura.

Garzón, Nicanor con Lazo, Juana Francisca
Folio 16: **Nicanor Garzón**, vecino de Choya, h.l. de Pedro Nolasco y de la finada María Juana Luna, pretende contraer matrimonio con **Juana Francisca Lazo**, vecina de Trigo Chacra, h.l. del finado José Ignacio y Josefa Pinto, y viuda de Marcos Gómez, ambos de esta doctrina. Impedidos por haber tenido trato ilícito con una hermana de ella, de delito público. Presentada en Vilismano a 5 de agosto de 1859. Ts: Salvador Peñaflor y José Modesto Díaz.

Reinoso, Ángel Vicente con Guaráz, Rosario
Folio 20: **Ángel Vicente Reinoso**, h.l. de Justino y de María del Tránsito Armas, pretende contraer matrimonio con **Rosario Guaráz**, h.l. de Pascual y Cruz Luna, ambos somos vecinos del Bañado de Ovanta de esta doctrina. Presentada en las Tunas a 18 de agosto de 1859. Ts: Tomás Peralta y Ramón Ibáñez.

Brizuela, Dn. Segundo Abraham con Maidana, Da. Natalia Rosa
Folio 22: Dn. **Segundo Abraham Brizuela**, feligrés de este beneficio, h.l. de Dn. Pedro Juan Brizuela y de Da. Justa Ibáñez, pretende contraer matrimonio con Da. **Natalia Rosa Maidana**, residente en Paclín, comprensión del curato de Piedra Blanca, h.l. de Dn. Julián Maidana y de Da. María del Señor Verón. Presentada en las Tunas el 22 de agosto de 1859. Ts: José del Carmen Argañaráz y Dn. Inocencio Espíndola.

Cardoso, José Eliseo con Reinoso, Rosario
Folio s/n: **José Eliseo Cardoso**, h.l. de Martín y de la finada Elizarda Guerreros, pretende contraer matrimonio con **Rosario Reinoso**, h.l. de Juan y Asunción Villagra, ambos somos naturales y vecinos de la Aguada de esta doctrina. Presentada en las Tunas a 22 de agosto de 1859. Ts: Francisco Dolores Silva y Froilán Guerreros.

Zurita, Dn. Guidón con Espeche, Da. Noemí Raquel
Folio 29: Dn. **Guidón Zurita**, vecino de Vilismano, h.l. del finado Dn. Victorino y de Da. Catalina Oviedo, pretende contraer matrimonio con Da. **Noemí Raquel Espeche**, natural y vecina de San Bartolomé, curato de Silípica, provincia de Santiago del Estero, h.l. del finado Dn. Juan Bautista y Da. Petrona Barrionuevo. Presentada En El Alto el 27 de agosto de 1859. Ts: Dn. José Justo Albarracín y José Rafael Parra.

Macedo, Dn. José Eliseo con Ovejero, Da. María de la Encarnación
Folio s/n: Dn. **José Eliseo Macedo**, natural y vecino del paraje de los Albarracines, h.l. del finado Dn. Lucindo y de Da. Rosario Albarracín, pretende contraer matrimonio con Da. **María de la Encarnación Ovejero**, natural y vecina del lugar de Aspaga, h.l. del finado Dn. José Ignacio y de Da. Candelaria Cisternas, ambos somos de esta doctrina, y con el padre de mi pretendida nos tratábamos de parientes. Presentada En El Alto el 29 de agosto de 1859. Ts: Dn. Felipe Cabral y Dn. Félix Mariano Albarracín.

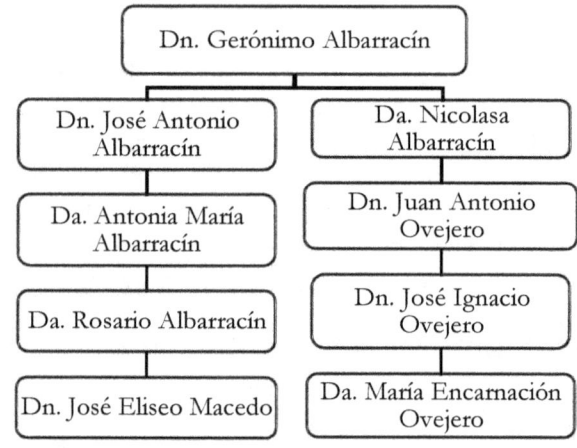

Guaráz, Baldomero con Rosales, María Agustina
Folio 35: **Baldomero Guaráz**, h.n. de Ubalda, pretende contraer matrimonio con **María Agustina Rosales**, h.n. de Soledad, ambos somos naturales y vecinos del paraje del Bañado de Ovanta de esta doctrina, y con la madre de dicha mi pretendida nos tratamos de parientes. Se alega, entre las razones para casarse, el hecho de hallarse la pretendida embarazada por el trato ilícito que han tenido. Presentada En El Alto el 9 de septiembre de 1859. Ts: Juan Vicente Mercado y Juan Nicolás González.

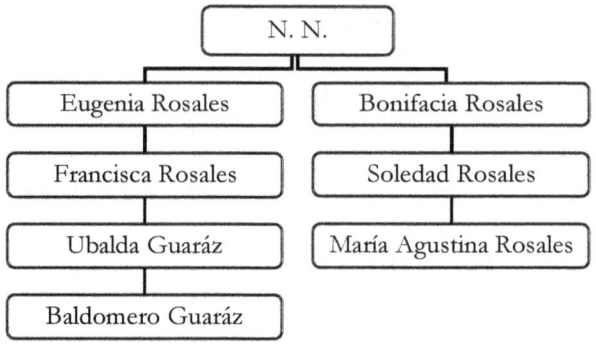

Rosales, Buenaventura con Guaráz, Juana Bautista
Folio 39: **Buenaventura Rosales**, h.n. de María Soledad, pretende contraer matrimonio con **Juana Bautista Guaráz**, h.l. de Carlos y de la finada Casilda Robles, ambos vecinos de Ovanta de esta doctrina. Presentada En El Alto el 10 de septiembre de 1859. Ts: Vicente Mercado y Juan Nicolás González.

Quiroga, Dn. Ramón Rosa con Díaz, Da. María Eduviges
Folio 42: Dn. **Ramón Rosa Quiroga**, natural y vecino de las Cortaderas, h.n. de Da. Cayetana, pretende contraer matrimonio con Da. **María Eduviges Díaz**, natural y vecina del paraje de las Chacras, h.l. de Dn. Juan Manuel y de Da. Prudencia Villalba, ambos de esta doctrina. Presentada En El Alto el 22 de septiembre de 1859. Ts: Dn. Juan Agustín Ibáñez y Lorenzo Sánchez.

Coronel, Aniceto con Juárez, Dolores
Folio 45: **Aniceto Coronel**, natural de Ancaján, provincia de Santiago del Estero, y hoy residente en esta de Catamarca, curato de El Alto, e h.l. de los finados Pascual Bailón y María Chávez, he contratado matrimonio con **Dolores Juárez**, h.l. de Francisco y de Andrea Garcete, ya finada, ambos naturales de este curato. Presentada en Vilismano a 25 de septiembre de 1859. Ts: Juan Evangelista Cardoso, Genuario Páez y Benito Varela.

Bulacia, Dn. Ramón Rosa con Espinosa, Da. Carolina
Folio 48: Dn. **Ramón Rosa Bulacia**, de este vecindario, h.l. de los finados Dn. Miguel Antonio y Da. Bernarda Ulibarri, viudo de Da. Ana María Tula, pretende contraer matrimonio con Da. **Carolina Espinosa**, natural y vecina del paraje de Pomancillo del curato de Piedra Blanca, h.l. del finado Dn. Esteban y Da. Genoveva Toranzo. Presentada En El Alto el 5 de octubre de 1859. Ts: Dn. Francisco Javier Gómez y Dn. Abel Brizuela.

Ortiz, Francisco Antonio con Villarroel, Melitona
Folio s/n: **Francisco Antonio Ortiz**, h.l. de Casimiro y de Beatriz Reinoso, pretende contraer matrimonio con **Melitona Villarroel**, h.n. de Celedonia, ambos vecinos de la Rinconada de esta doctrina. Presentada en las Tunas a 17 de octubre de 1859. Ts: Dn. Juan Pedro Juárez y Dn. Elías Valdéz.

Díaz, Isidor con Vallejos, Andrea
Folio 52: **Isidor Díaz**, h.n. de Trinidad, pretende contraer matrimonio con **Andrea Vallejos**, h.n. de Indalecia, ambos somos naturales y vecinos de las Cortaderas de este beneficio. Presentada en las Tunas a 20 de octubre de 1859. Ts: Dn. Pedro Albarracín y Victoriano González.

Gómez, Dn. Manuel con Rodríguez, Da. Maclovia
Folio 54: Dn. **Manuel Gómez**, h.l. del finado Dn. José Ignacio y de Da. Casilda Goitia, pretende contraer matrimonio con Da. **Maclovia Rodríguez**, h.l. de Dn. Eusebio y de Da. ¿Sara? Quevedo, vecinos del Valle Viejo del curato Rectoral. Presentada en las Tunas a 20 de octubre de 1859. Ts: Dn. Hermógenes Brizuela y Dn. Manuel Ignacio Gómez.

Agüero, Dn. José María con Barrientos, Da. Indalecia
Folio 56: Dn. **José María Agüero**, vecino de la Carpintería, h.l. del finado Dn. José Manuel y de Da. Juana Baraona, pretende contraer matrimonio con Da. **Indalecia Barrientos**, vecina de los Manantiales, viuda de Dn. Pedro Figueroa, ambos de este curato. Presentada en las Tunas a 26 de octubre de 1859. Ts: Dn. Vicente Sosa y Dn. Juan de Dios Ontiveros.

Villagra, Ricardo con Guerreros, Andrea Avelina
Folio 59: **Ricardo Villagra**, vecino de la Aguada, h.l. del finado Juan Teodoro y Basilia Reinoso, pretende contraer matrimonio con **Andrea Avelina Guerreros**, h.l. del finado José Miguel y Prudencia Zárate, vecinas de Alijilán, y ambos de esta doctrina. Presentada en las Tunas a 25 de octubre de 1859. Ts: José Díaz y Aniceto Candi.

Barrera, Juan Dionisio con Quiroga, Agustina
Folio s/n: **Juan Dionisio Barrera**, h.l. de José Martín Barrera y de Tránsito Díaz, pretende contraer matrimonio con **Agustina Quiroga**, h.n. de Fortunata Quiroga, vecinas de Achalco, ambos del curato de El Alto. Presentada En El Alto el 28 de octubre de 1859. Ts: Abelardo Arias y Benigno Ledesma.

Barrientos, Fernando con Rosales, María del Señor
Folio 63: **Fernando Barrientos**, h.l. del finado Pedro Francisco y de Inés Collantes, pretende contraer matrimonio con **María del Señor Rosales**, h.n. de la finada Catalina, ambos somos naturales y vecinos del paraje de las Tunas de este curato, y con el padre que se dice es de mi pretendida y con la finada su madre nos tratábamos y nos tratamos de parientes. Presentada en las Tunas a 29 de octubre de 1859. Ts: Juan Inocencio Díaz e Isidoro Paz.

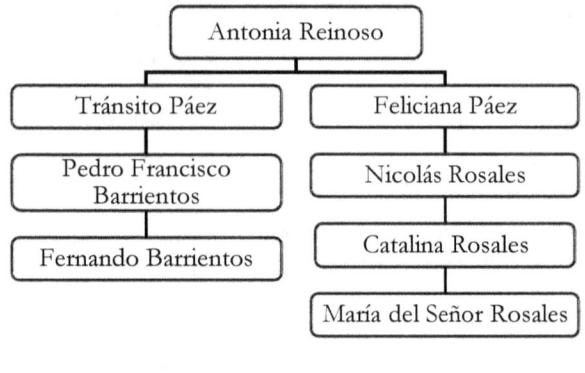

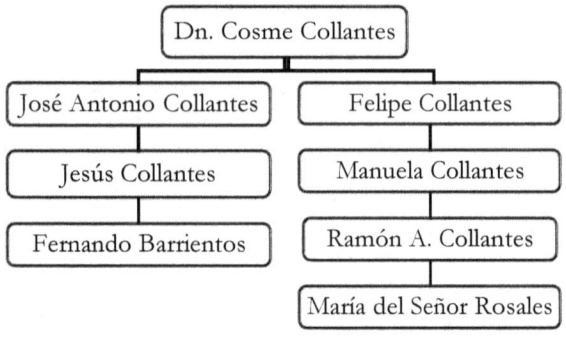

Salvatierra, Dn. Ramón Rosa con Cisternas, Da. Diocleciana
Folio 67: Dn. **Ramón Rosa Salvatierra**, de este vecindario, h.l. del finado Dn. Bernardino y de Da. María Juana Rosa Delgado, viudo de Da. María del Pilar Cortes, pretende contraer matrimonio con Da. **Diocleciana Cisternas**, de este vecindario, h.l. de los finados Dn. Rosa y Da. Faustina Ojeda. Presentada En El Alto el 31 de octubre de 1859. Ts: José Caravajal y Avelino Almaraz.

Aguilar, Dn. Agustín con Montenegro, Da. Florinda
Folio s/n: Certifico yo el cura del Río Chico ser verdad que Dn. **Agustín Aguilar**, mi feligrés, h.l. del finado Dn. Antonio Aguilar y Da. Anastasia Mendevil, ha producido información de soltura y libertad en esta vicaría, no habiendo resultado impedimento. El señor cura podrá libremente solemnizar el matrimonio entre los contrayentes, a saber, Dn. Agustín Aguilar y Da. **Florinda Montenegro**, viuda de Dn. Pedro Álvarez. Dado en el Río Chico a 1 de noviembre de 1859.

Legajo 84 de 1860

Villalba, Segundo Abel con Corte, Gerónima
Folio 1: **Segundo Abel Villalba**, vecino de las Chacras, h.n. de la finada Irene, pretende contraer matrimonio con **Gerónima Corte**, vecina del Pozo Grande, h.l. del finado Valentín y de María González, ambos somos de esta doctrina. Presentada En El Alto el 10 de julio de 1860. Ts: Maximiliano Arias y Rafael Ferreira.

Pérez, Simón con González, Florencia
Folio 3: **Simón Pérez**, natural y vecino del Valle Viejo y residente más de tres años en este departamento, h.l. de Isidoro y Nicolasa Chartas, pretende contraer matrimonio con **Florencia González**, h.l. de Juan e Ignacia Martínez, feligresa de este curato. Presentada en Vilismano a 24 de julio de 1860. Ts: Dn. Fermín Aguilar y Benito Varela.

Márquez, Venancio con Altamiranda, Juliana de Jesús
Folio 5: **Venancio Márquez**, h.l. del finado Tomás Antonio y de Mercedes Arévalo, del vecindario de Sucuma, de este curato, pretende contraer matrimonio con **Juliana de Jesús Altamiranda**, h.l. de Julián y de Josefa Pereira, vecinos de los Albarracines de esta doctrina. Presentada En El Alto el 4 de agosto de 1860. Ts: ¿José Hernández? y Santiago Bulacia.

Varela, Dn. Ramón Antonio con Mercado, Da. Remigia
Folio 7: Dn. **Ramón Antonio Varela**, natural y vecino de San Francisco, h.n. de Da. Josefa, pretende contraer matrimonio con Da. **Remigia Mercado**, vecina de Huacra, h.l. de Dn. Javier y de la finada Da. Antonia Rosales, ambos de este curato. Presentada en las Tunas a 6 de agosto de 1860. Ts: Dn. Francisco Reyes y Dn. Francisco Solano Lobo.

Ferreira, Francisco Antonio con Pérez, Audelina
Folio 9: **Francisco Antonio Ferreira**, viudo de Petrona Sosa, pretende contraer matrimonio con **Audelina Pérez**, h.n. de Pastora, ambos vecinos de los

Altos de esta doctrina. Presentada en las Tunas a 7 de agosto de 1860. Ts: Pedro Mercado y Juan Vicente Páez.

Leguizamo, Juan Andrés con Rosales, Eloísa
Folio 12: **Juan Andrés Leguizamo**, feligrés del curato de la Concepción de El Alto, comprensión de Catamarca y residente en las Tunas, h.l. de Pedro José Leguizamo y de María Juana Mercado, quiero y tengo tratado tomar estado de matrimonio con **Eloísa Rosales**, h.n. de Socorro Rosales e hija adoptiva de Victoria Rosales, del curato de El Alto. Presentada en las Tunas el 9 de agosto de 1860. Ts: Simón Morienega y Juan Díaz.

Márquez, Dn. Fermín Abelardo con Ahumada, Da. Beatriz
Folio 16: Dn. **Fermín Abelardo Márquez**, h.l. de Dn. Juan Gregorio y de Da. Regina Ferreira, pretende contraer matrimonio con Da. **Beatriz Ahumada**, h.l. del finado Dn. Filiberto y Da. Isabel Segura, ambos somos vecinos de esta parroquia de El Alto. Presentada en las Tunas a 10 de agosto de 1860. Ts: José Caravajal y José Ojeda.

Moral, Dn. Francisco Paulo con Verón, Da. Eduviges
Folio 22: Dn. **Francisco Paulo Moral**, viudo de Francisca Villagra, del paraje de Valle Viejo, comprensión del curato de Piedra Blanca, pretende contraer matrimonio con Da. **Eduviges Verón**, h.l. del finado Juan de la Cruz y Da. Petrona Hernández, naturales y vecinos de las Cañas de esta doctrina. Presentada en las Tunas a 11 de agosto de 1860. Ts: Dn. Adeodato Díaz y Dn. Modesto Ávila.

Maidana, Dn. David con Arévalo, Da. María
Folio 24: El cura rector vicario foráneo prov. y delegado en facultades de Catamarca, certifico en cuanto puedo, y en derecho debo, que Dn. **David Maidana**, vecino del Valle Viejo de este rectoral, viudo de Da. Candelaria Arévalo, ha producido información ante la vicaría de mi cargo de su soltura y libertad para matrimoniarse con Da. **María Arévalo**, de la Calera, en el curato de El Alto, "de la que ha resultado el impedimento por la afinidad que le liga con su pretendida por cópula lícita, el cual impedimento he dispensado (…)". No habiendo resultado otro impedimento. Es dado en esta curia eclesiástica de Catamarca a 16 días del mes de agosto de 1860. Fr. Wenceslao Achával.

Díaz, Francisco Antonio con González, Petronila
Folio 25: **Francisco Antonio Díaz**, h.l. de los finados Juan Inocencio y Tránsito Ramírez, pretende contraer matrimonio con **Petronila González**, viuda de José León Mercado, ambos vecinos de las Tunas, comprensión de este curato. Se alude a un parentesco entre el difunto y el pretendiente. Se alega como una de las razones para la dispensa matrimonial el hecho de que ella sea viuda y con un hijo habido de su finado esposo. Presentada en las Tunas a 21 de agosto de 1860. Ts: Andrés Luna y Pascual Ibáñez.

González, José Basilio con Ontiveros, María Rosa
Folio 30: **José Basilio González**, h.n. de la finada María Bonifacia, vecino del Río de Medinas de la provincia de Tucumán, y residente en el vecindario de Alijilán de este curato, pretende contraer matrimonio con **María Rosa Ontiveros**, h.l. del finado Ángel y de Solana Barrios, del mismo vecindario y de este beneficio. Presentada En El Alto el 27 de agosto de 1860. Ts: José Antonio Leiva y Dn. Baltazar Coronel.

Juárez, José Lorenzo con Gómez, Candelaria
Folio 32: **José Lorenzo Juárez**, h.l. de Fernando y Francisca Brizuela, pretende contraer matrimonio con **Candelaria Gómez**, h.l. de los finados Romualdo y Francisca Soraire, ambos vecinos de Alijilán de este beneficio. Presentada En El Alto el 1 de septiembre de 1860. Ts: Baltazar Coronel y Francisco Javier Sandoval.

Arévalo, Dn. Luis con Leiva, Da. Carmen
Folio 34: Dn. **Luis Arévalo**, vecino de la Calera, h.l. de los finados Dn. Florencio y Da. Juana Rodríguez, pretende contraer matrimonio con Da. **Carmen Leiva**, conocida por Ibáñez, h.n. de Da. Nazaria Leiva (y de Dn. Agustín Ibáñez), vecina de Iloga y ambos de este curato. Se declara un parentesco entre el pretendiente y el padre de la novia. Presentada En El Alto el 3 de septiembre de 1860. Ts: Dn. Félix Marcos Díaz y Juan Ambrosio Domínguez.

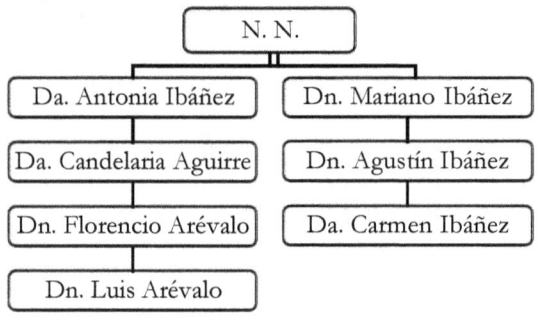

Rodríguez, José Indabor con Rodríguez, Juana
Folio 38: **José Indabor Rodríguez**, h.n. de Gregoria, pretende contraer matrimonio con **Juana Rodríguez**, h.n. de la finada María Rodríguez y viuda de Juan Ángel Ledesma, vecinos ambos de Achalco, de este curato. Presentada En El Alto el 3 de septiembre de 1860. Ts: Francisco Javier Flores y Alberto López.

Brizuela, Juan Ignacio con Barrionuevo, Cecilia
Folio 40: **Juan Ignacio Brizuela**, vecino del Puesto Viejo, h.l. del finado Antonio y de María del Pilar Lobo, pretende contraer matrimonio con **Cecilia Barrionuevo**, vecina de esta parroquia, h.l. de Andrés y de la finada Laureana Montes de Oca. Presentada En El Alto el 6 de septiembre de 1860. Ts: Juan José …va y Manuel Godoy.

Chazarreta, Calixto con Ledesma, Bartolina
Folio 42: **Calixto Chazarreta**, h.l. del finado Cayetano y de Micaela Arias, vecinos de Achalco, de este curato, pretende contraer matrimonio con **Bartolina Ledesma**, h.l. del finado Juan Ángel Ledesma y de Juana Rodríguez, también de Achalco, de este beneficio. Presentada En El Alto el 11 de septiembre de 1860. Ts: … y Manuel Tiburcio Lobo.

Lobo, Antonio con Ledesma, Antonia
Folio 44: **Antonio Lobo**, h.n. de Marcelina, pretende contraer matrimonio con **Antonia Ledesma**, h.l. del finado Juan Ángel y Juana Rodríguez, ambos naturales y vecinos de Achalco, de esta doctrina. Se alude a un parentesco entre el pretendiente y el padre de la novia. Presentada En El Alto el 12 de septiembre de 1860. Ts: Felipe Santiago Ledesma y José Lino Sayavedra.

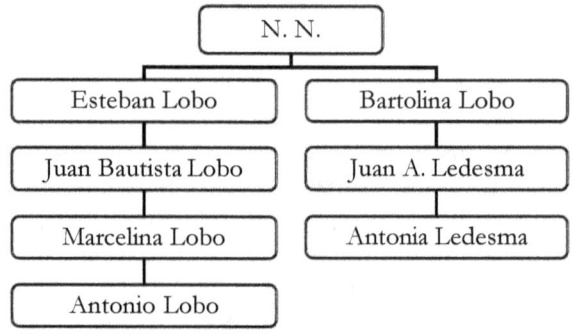

Ibáñez, Aniceto con Nieva, María Filomena
Folio 48: **Aniceto Ibáñez**, h.l. del finado Julián y Dolores Brizuela, pretende contraer matrimonio con **María Filomena Nieva**, h.n. de Manuela, ambos somos vecinos de los Altos de esta doctrina. Presentada En El Alto el 24 de septiembre de 1860. Ts: Rafael Mansilla y Celedonio Espinosa.

González, Miguel con Luna, Irene
Folio 50: **Miguel González**, h.l. de Tomás y de la finada Isidora Lobo, pretende contraer matrimonio con **Irene Luna**, h.n. de la finada María, ambos vecinos de los Altos y feligreses de este curato. Se declara un parentesco entre la madre de la pretendida y el novio. Se expone como razón para la dispensa la necesidad de legitimar un hijo en común. Presentada En El Alto el 29 de septiembre de 1860. Ts: José Gregorio Ramírez y Rafael Mansilla.

Jeréz, Miguel Francisco con Miranda, Cristina
Folio 53: **Miguel Francisco Jeréz**, vecino del Puesto de los Artazas, de este curato, h.l. del finado Manuel de Reyes y Josefa Quiroga, pretende contraer matrimonio con **Crisanta Miranda**, vecina de Albigasta, de la provincia de Santiago e h.l. de Manuel Antonio y Candelaria Coronel. Presentada En El Alto el 2 de octubre de 1860. Ts: Félix Ignacio Juárez y Pedro Manuel Lobo.

Bazán, Dn. Nicolás con Sobremonte, Da. Ramona
Folio 57: Dn. **Nicolás Bazán**, natural de Piedra Blanca y residente en Alijilán de esta doctrina, viudo de Da. Ninfa Segura, pretende contraer matrimonio con Da. **Ramona Sobremonte**, vecina de la Aguada, de este curato, viuda de Dn. Saturnino Arrieta. Presentada En El Alto el 6 de octubre de 1860. Ts: Dn. Ángel Raimundo Bulacia y Dn. Ramón Rosa Bulacia.

Martínez, Ramón Miguel con Leal, Clara
Folio 60: **Ramón Miguel Martínez**, h.l. de los finados Carlos y María Alderete, viudo de Petrona Garcete, vecino de Vilismano, pretende contraer matrimonio con **Clara Leal**, h.l. de los finados Juan Pío y Felipa Cáceres, vecina de Malpaso, de este beneficio. Presentada en Vilismano a 17 de octubre de 1860. Ts: Rafael ¿Paz? y Manuel José del Pino.

Díaz, Dn. Cosme Damián con Barrionuevo, Da. Clara
Folio 62: Dn. **Cosme Damián Díaz**, h.l. de Dn. Juan Manuel y de Da. Prudencia Villalba, vecinos de las Chacras, pretende contraer matrimonio con Da. **Clara Barrionuevo**, h.n. de Da. Petrona Barrionuevo, vecina de Taco Punco, ambos de este curato. Presentada en Vilismano a 18 de octubre de 1860. Ts: Juan I. Ríos y Ponciano Agüero.

Maidana, Eufemio con Pérez, María Micaela
Folio 64: **Eufemio Maidana**, vecino del Puesto Viejo, viudo de María Cecilia Juárez, pretende contraer

matrimonio con **María Micaela Pérez**, vecina de las Higuerillas, h.l. del finado Sebastián y Leonor Cisneros, ambos de esta doctrina. Presentada En El Alto el 25 de octubre de 1860. Ts: Pedro Antonio Hernández y Samuel Salguero.

Díaz, David con Mercado, Rosario
Folio 66: **David Díaz**, h.l. del finado Felipe y de María Marta Rosales, pretende contraer matrimonio con **Rosario Mercado**, h.l. de Carlos y Mercedes Páez, ambos vecinos de Quimilpa, de esta doctrina. Presentada en Manantiales a 27 de octubre de 1860. Ts: Doroteo Zárate y Pascual Burgos.

Páez, Dn. Victoriano con Arévalo, Da. María del Carmen
Folio 68: Señor cura y vicario del beneficio de El Alto: Dn. **Victoriano Páez**, vecino del lugar de Infanzón, de este curato, h.l. de Dn. Bonifacio Páez y Da. Josefa Barrionuevo, ya finados, se ha presentado ante la vicaría a mi cargo, produciendo información de su soltura y libertad, para matrimoniarse con Da. **María del Carmen Arévalo**, feligresa del curato de El Alto, del lugar de Vilismano, h.l. del finado Dn. Juan Laurencio Arévalo y de Da. Maximiliana González. En Ancasti a 6 de noviembre de 1860. Presb. Muro.

Albarracín, Fermín con Guerreros, Gregoria
Folio 69: **Fermín Albarracín**, h.n. de Valentina, vecino de los Manantiales, de esta doctrina, pretende contraer matrimonio con **Gregoria Guerreros**, h.l. del finado José Miguel y de Prudencia Zárate, del mismo vecindario. Presentada En El Alto el 7 de noviembre de 1860. Ts: Alejandro Ortiz y Anselmo Romano.

Delgado, Lorenzo con Lobo, Felipa Antonia
Folio 71: **Lorenzo Delgado**, natural de Vallenares, en la República de Chile, y residente como seis meses en Quimilpa, de este curato, h.l. de Ramón Rosa Delgado y Mercedes Iriarte, pretende contraer matrimonio con **Felipa Antonia Lobo**, vecina del dicho paraje de Quimilpa, h.l. del finado Pedro Regalado y de María Águeda Jiménez. Presentada En El Alto el 7 de noviembre de 1860. Ts: Víctor Nazario Arias y Manuel Nieva. Testigos que certifican desde Tucumán: Pedro Pablo Cortes, en la parroquia de Graneros, a 11 de noviembre de 1860, Dn. Enrique Erdmann, en la Invernada, a 10 de noviembre de 1860, y Dn. Luis Mendoza, en Santa Ana, a 11 de noviembre de 1860.

Soria, Dn. José Lino con Leiva, Da. Luisa
Folio 77: Dn. **José Lino Soria**, vecino de la costa de Ancuja, h.l. de Dn. Juan Nicolás y de Da. Juana Francisca Pedraza, pretende contraer matrimonio con Da. **Luisa Leiva**, conocida por este apellido, hija de la finada Dionisia Orellana, y viuda de Dn. Pedro Pablo Lazo, vecina de dicha costa de Ancuja, ambos de esta doctrina. Presentada En El Alto el 12 de noviembre de 1860. Ts: Francisco Antonio Falcón y Ambrosio Domínguez.

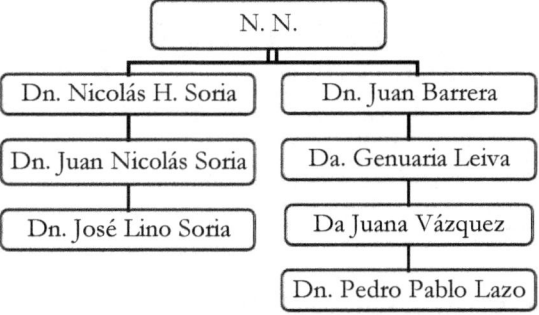

González, Marcelino con Rosales, Francisca Antonia
Folio 80: **Marcelino González**, h.l. del finado Francisco Antonio González y de Basilia Jiménez, pretende contraer matrimonio con **Francisca Antonia Rosales**, viuda de Juan Tomás Barrientos. Presentada En El Alto el 28 de noviembre de 1860. Ts: José Nicolás Díaz y José Cosme Collantes.

Legajo 85 de 1860

Toledo, Clero Antonio con Ocón, María Andolina
Folio 1: **Clero Antonio Toledo**, natural de Ichipuca y residente en este vecindario de El Alto años ha, h.n. de María Ignacia, pretende contraer matrimonio con **María Andolina Ocón**, vecina de las Tunas, de esta doctrina, h.n. de María Matilde. Presentada En El Alto el 4 de enero de 1860. Ese mismo día compareció la pretendida acompañada de su tío Juan Díaz, manifestando su voluntad de casarse. Ts: Manuel Antonio Celiz y Dn. Ubaldo Rizo.

Albarracín, Alberto con Paredes, Manuela
Folio 3: **Alberto Albarracín**, natural y vecino de las Cortaderas, de este curato, h.l. del finado Casimiro y Marta Gómez, pretende contraer matrimonio con **Manuela Paredes**, vecina en el curato of Loreto de la provincia de Santiago, viuda de Félix Islas. Presentada en Manantiales a 9 de enero de 1860. Ts: Dn. Andrés Ponce y Próspero Ojeda.

Bulacia, Dn. Eulogio con Ahumada, Da. Francisca Antonia
Folio 6: Dn. **Eulogio Bulacia**, de este vecindario, h.l. de los finados Dn. Miguel y Da. María Aráoz, viudo de Da. Eusebia Salazar y Ahumada, pretende contraer matrimonio con Da. **Francisca Antonia Ahumada**, natural y vecina de Guayamba, de esta doctrina, h.l. del finado Dn. Gregorio y de Da. Gerónima Gómez. Parentesco entre el padre de la novia y el pretendiente.

Ts: Dn. Juan Anastasio Pacheco y Dn. Gregorio Agüero.

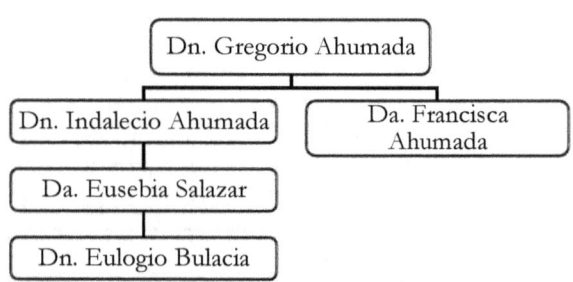

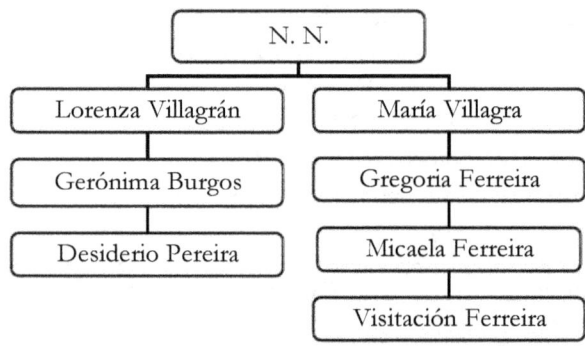

Contreras, Cipriano con Montes, Francisca

Folio 10: **Cipriano Contreras**, h.l. de Pascual y de la finada Manuela Baca, pretende contraer matrimonio con **Francisca Montes**, h.n. de la finada Simona y viuda de Juan José Espinosa. Ambos somos vecinos en Sumampa de esta doctrina y nos hallamos impedidos en el primer grado de afinidad ilícita de delito público, por trato que tuvo la pretendida con un hermano del pretendiente. Presentada en Manantiales el 19 de enero de 1860. Ts: Dn. Ramón Olivera y Doroteo Pereira.

Mercado, Faustino con Barrientos, Eloísa

Folio 15: **Faustino Mercado**, del vecindario de la Bajada de este curato, h.n. de Pascuala, pretende contraer matrimonio con **Eloísa Barrientos**, h.l. de José Manuel y de Lorenza Lezcano, también del vecindario de la Bajada. Presentada En El Alto el 25 de enero de 1860. Ts: … y Dn. Diego Nicolás Gómez.

Medina, Dn. Juan de la Cruz con González, Da. Carmen del Señor

Folio 17: Dn. **Juan de la Cruz Medina**, h.l. de los finados Dn. Pedro José y Da. María de la Cruz Cejas, pretende contraer matrimonio con Da. **Carmen del Señor González**, h.l. de Dn. Juan Manuel y de la finada María Pabla Maldonado, ambos naturales y vecinos de esta vice parroquia de Vilismano. Presentada en Vilismano a 25 de enero de 1860. Ts: Dn. Pascual Bailón Arévalo y Dn. José N. Álvarez.

Pereira, Desiderio con Ferreira, Visitación

Folio 20: **Desiderio Pereira**, vecino del Saucesito, h.l. de los finados Juan Simón y Gerónima Burgos, pretende contraer matrimonio con **Visitación Ferreira**, vecina de la Viña, h.n. de Micaela. Parentesco entre la madre de la novia y el pretendiente. Entre las razones para la dispensa se arguye el que ella sea viuda y con un hijo pequeño que sostener. Presentada en Manantiales a 20 de enero de 1860. Ts: Dn. Félix Guerreros y Cipriano Contreras.

Cornejo, Dn. Juan Tomás con Saavedra, Da. María Fernanda

Folio 24: Dn. **Juan Tomás Cornejo**, h.n. de Da. Cruz, pretende contraer matrimonio con Da. **María Fernanda Saavedra**, h.l. de Dn. José Lázaro y de la finada Da. María del Señor Rojas, ambos vecinos del Vallecito, de esta doctrina. Presentada En El Alto el 7 de febrero de 1860. Ts: Dn. José Wenceslao Tejeda y Juan Felipe Morales.

Brizuela, Dn. Hermógenes con Gómez, Da. Carlota

Folio 26: Dn. **Hermógenes Brizuela**, h.l. del finado Dn. Amaranto y de Da. Justa Pastora Gómez, pretende contraer matrimonio con Da. **Carlota Gómez**, h.l. del finado Dn. José Manuel y de Da. Ignacia Jeréz. Ambos naturales y vecinos de esta parroquia. Ligados, por una parte, con el parentesco de consanguinidad en segundo grado, por ser primos hermanos, y por otra, en primer grado de afinidad ilícita por haber tenido trato público el pretendiente con una hermana de la pretendida. Presentada En El Alto el 7 de marzo de 1860. Ts: Dn. José Ignacio Mendoza y (…) Sisto Basualdo.

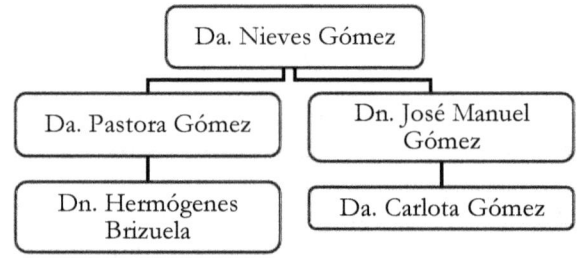

Lobo, Pedro Pascual con Islas, Juana Isabel

Folio 30: **Pedro Pascual Lobo**, del vecindario de Choya, provincia de Santiago del Estero, de esta feligresía, h.l. del finado Eusebio Lobo y de Ana María Pérez, pretende contraer matrimonio con **Juana Isabel Islas**, h.n. de la finada Catalina, también de Choya, de esta doctrina. Presentada En El Alto el 17 de marzo de 1860. Ts: Agustín Ledesma y José Manuel Quiroga.

Arévalo, José Lucas con Vázquez, María Eduviges
Folio 32: **José Lucas Arévalo**, del vecindario de las Cañas, de esta feligresía, h.l. de los finados Gerardo Antonio Arévalo y de María del Señor Agüero, pretende contraer matrimonio con **María Eduviges Vázquez**, h.l. del finado Juan Nicolás y de María Francisca Jiménez, del vecindario de San Antonio, curato de Piedra Blanca. Presentada En El Alto el 26 de marzo de 1860. Ts: Pedro Ignacio Zárate y Francisco Antonio Quiroga.

Castro, Francisco Solano con Collantes, Regina
Folio 34: **Francisco Solano Castro**, h.n. de Cecilia, pretende contraer matrimonio con **Regina Collantes**, h.l. de los finados José Ignacio y Rosario Ocón, ambos naturales y vecinos de las Tunas, de esta doctrina. Presentada En El Alto el 31 de marzo de 1860. Ts: Juan Inocencio Díaz y Pascual Ibáñez.

Melián, Juan de Dios con Luján, María Feliciana
Folio 36: **Juan de Dios Melián**, h.n. de María Paula, pretende contraer matrimonio con **María Feliciana Luján**, h.l. de José María y de la finada María Justa Arévalo, ambos vecinos de Caña Cruz, de esta doctrina. Presentada En El Alto el 30 de abril de 1860. Ts: Plácido Maidana y Pedro Francisco Albarracín.

Ávila, Dn. José Eliseo con Ponce de León, Da. Laura
Folio 38: Dn. **José Eliseo Ávila**, h.l. de Dn. Pedro Ignacio y de Da. María Balbina Ibáñez, pretende contraer matrimonio con Da. **Laura Rosa Ponce de León**, h.l. de Dn. Nicolás y Da. María del Rosario Gómez, ya finados. Ambos somos vecinos de Iloga, de esta doctrina. Presentada En El Alto el 7 de abril de 1860. Ts: Manuel Antonio Arévalo y Dn. Juan Manuel Díaz.

Díaz, Crisanto con Baigorri, Dolores
Folio 40: **Crisanto Díaz**, h.n. de Valeriana, pretende contraer matrimonio con **Dolores Baigorri**, h.n. de la finada Santos, vecinas que fueron del Zapallar, del curato de Graneros. Ambos residimos en la Abra, de este curato. Presentada en Manantiales a 28 de abril de 1860. Ts: Desiderio Gutiérrez y José María Ibáñez.

Ferreira, José Gabino con Robledo, Ramona Rosa
Folio 42: **José Gabino Ferreira**, h.l. de Fernando y de Francisca Chávez, pretende contraer matrimonio con **Ramona Rosa Robledo**, h.l. del finado Benito y Catalina Acosta, ambos vecinos de la Viña, de este beneficio. Presentada en Manantiales a 30 de abril de 1860. Ts: Gregoria Rivadeneira y Pacífico Durán.

Ocón, Manuel Antonio con Almaraz, María Benigna
Folio 44: **Manuel Antonio Ocón**, natural y vecino de este curato de El Alto, h.l. de los finados José Rufino y María Asunción Orquera, pretende contraer matrimonio con **María Benigna Almaraz**, también vecina de El Alto, h.l. de José Avelino y de Apolinaria Altamiranda. Presentada En El Alto el 9 de mayo de 1860. Ts: Fortunato Páez y Dn. Salvador Pérez.

Díaz, Juan Francisco con Tejeda, María Basilisa
Folio 46: Villa de Sobremonte, provincia de Córdoba, mayo 9 de 1860. Al señor cura y vicario del departamento Alto en la provincia de Catamarca. El cura y vicario de este departamento ha recibido la información jurídica que certifica la soltura y libertad de **Juan Francisco Díaz**, legítimo de Lizardo y Rudecinda Horona, pretende contraer matrimonio con **María Basilisa Tejeda**, de esta provincia. Pedro Martín Valdéz. Ts: Carlos Ponce de León y Antonio Echegoyen.

Palomo, Juan Silvestre con Toledo, María Isabel
Folio 48: **Juan Silvestre Palomo** vecino del lugar de Achalco, de este curato, h.l. de Juan Teodoro y de la finada Encarnación Godoy, pretende contraer matrimonio con **María Isabel Toledo**, de Ichipuca, h.l. de Dionisio y de María Pabla Lobo. Presentada en la Quebrada a 16 de mayo de 1860. Ts: José Ignacio Rivera y Manuel Antonio Maldonado.

Castellanos, Doroteo con Luna, Feliberta
Folio 50: **Doroteo Castellanos**, h.l. del finado Martín y Petrona Rivas, viudo de Matilde Reinoso, pretende contraer matrimonio con **Feliberta Luna**, h.l. de Prudencio y Bárbara Romano. Ambos somos vecinos de Achalco, de esta doctrina. Presentada en la Quebrada a 18 de mayo de 1860. TS: José María Toledo y Ramón Rosa Ledesma.

Cárdenas, Conrado con Miranda, Mercedes
Folio 52: **Conrado Cárdenas**, vecino de Amaucala, de este curato de El Alto, h.l. del finado Juan Domingo y Bonifacia Lezana, pretende contraer matrimonio con **Mercedes Miranda**, vecina de Alpatauca, del beneficio del curato de Piedra Blanca, hija adoptiva de Pedro José Miranda y de María Josefa Vargas. Presentada en la capilla de la Quebrada a 31 de mayo de 1860. Ts: Dn. Pedro Albarracín y José Manuel Retamozo.

Ibáñez, Dn. Ramón Antonio con Cardoso, Da. Secundina
Folio 54: Dn. **Ramón Antonio Ibáñez**, viudo de Da. Sinforosa Cardoso, pretende contraer matrimonio con Da. **Secundina Cardoso**, h.l. de Dn. Toribio y de la finada Da. Tránsito Acosta. Ambos somos vecinos del Laurel, de esta doctrina, y nos hallamos impedidos, por una parte, por afinidad lícita en primer grado igual, por

ser la novia hermana de la difunta esposa del pretendiente, y por otra parte, en primer grado por afinidad ilícita por haber tenido trato la pretendida con un hermano del pretendiente. Entre las razones para la dispensa se menciona el que ella tiene dos hijos que sostenerr. Presentada en la capilla de la Quebrada a 1 de junio de 1860. Ts: Pantaleón Ledesma y Bartolomé Acosta.

Figueroa, Mariano de Jesús con Luján, María Romualda (1)
Folio 58: **Mariano de Jesús Figueroa**, natural del paraje de Monteros, de la provincia del Tucumán, residente en Santa Ana de esta doctrina más de un año, h.n. de la finada Pascuala, pretende contraer matrimonio con **María Romualda Luján**, h.l. de José Justo y Ana Rosa Arévalo, naturales y vecinos de Santa Ana. Ligados con el parentesco de afinidad ilícita en primer grado por haber tenido trato el pretendiente con una hermana de la pretendida, y es de delito público. Asimismo, nos hallamos con el impedimento de pública honestidad, por haber contraído esponsales válidos con la susodicha hermana de la pretendida. Presentada En El Alto el 12 de junio de 1857. Ts: Dn. José María Jeréz y Dn. José Bernabé Jeréz.

Figueroa, Mariano de Jesús con Luján, María Romualda (2)
Folio 60: **Mariano de Jesús Figueroa**, natural de Monteros, provincia de Tucumán, y residente más de cuatro años en el paraje de Santa Ana de esta doctrina, h.n. de la finada Pascuala Bailona, pretende contraer matrimonio con **María Romualda Luján**, h.l. de José Justo y Ana Rosa Arévalo, vecinos del dicho paraje de Santa Ana. Declara el pretendiente que "con la tal mi pretendida nos tratamos de parientes por haber tenido trato ilícito con una prima hermana de ella, y es de delito público". Entre las razones que se alega para la dispensa, se menciona un hijo que ella tiene que sostener. Presentada en Vilismano a 22 de julio de 1860. Ts: Agustín Lobo y Anastasio Lobo.

Luján, José Delfino con Arévalo, Clara
Folio 63: **José Delfino Luján**, h.l. de José María y de la finada María Justa Arévalo, de Caña Cruz, de este curato, pretende contraer matrimonio con **Clara Arévalo**, hija adoptiva de Dn. Pascual, vecino del Arroyito, también de este curato. Presentada En El Alto el 23 de junio de 1860. Ts: Pedro Nolasco Vega y Dn. Félix Mariano Zurita.

Véliz, Félix Rosa con Aguilar, Margarita
Folio 65: **Félix Rosa Véliz**, h.l. del finado Alejandro y Melchora Carrizo, pretende contraer matrimonio con **Margarita Aguilar**, h.n. de la finada Susana. Ambos naturales y vecinos de las Cañas, de esta doctrina. Presentada En El Alto el 23 de junio de 1860. Ts: Manuel Antonio Agüero y Dn. Juan Gil Díaz.

Jeréz, Dn. José Estanislao con Nieva, Da. María Eulogia
Folio 68: Dn. **José Estanislao Jeréz**, vecino de Ancamugalla, h.l. del finado Dn. Bernabé y de Da. Pabla Melián, viudo de Da. María del Tránsito Molina, pretende contraer matrimonio con Da. **María Eulogia Nieva**, vecina de Inacillo, h.n. de la finada Da. Genuaria Nieva, viuda de Dn. Marcelino Medina. Ambos somos de esta doctrina. Presentada En El Alto el 23 de junio de 1860. Ts: Dn. Francisco Hermenegildo Vega y Dn. Juan Gualberto Ahumada.

Corte, Juan Florentino con Maidana, Felisa del Carmen
Folio 70: **Juan Florentino Corte**, vecino de Simbollar, h.l. de José Marcos Corte y de María Griselda Reinoso, pretende contraer matrimonio con **Felisa del Carmen Maidana**, h.l. del finado Felipe y Lucía Rodríguez, vecina de la Puerta de Molle Yaco. Ambos de esta doctrina. Presentada En El Alto el 30 de junio de 1860. Ts: Gregorio Romano y Nicolás Salguero.

Legajo 91 de 1863

Charriol, Dn. Eugenio con Medina, Da. Abigail
Folio 44: Dn. **Eugenio Charriol**, natural de la provincia de Burdeos, comprensión de la Francia, y actual domiciliado en el lugar de Vilismano, comprensión de la doctrina de El Alto, ya de tres años a esta fecha, y además otros tres años que permanecí inmediatamente en la capital de Catamarca, h.l. de Dn. Juan Bautista Charriol y Da. Julia Faure, he resuelto abrazar el estado matrimonial desposándome con Da. **Abigail Medina**, vecina de Vilismano e h.l. de Dn. Santiago Medina y Da. Carmen Chávez. Presentada En El Alto el 16 de julio de 1863. Ts: Dn. Francisco Javier Salazar y Juan Crisóstomo Parra. Para mejorar su prueba de soltura y libertad, se presentaron como testigos Dn. Antonio Zanata, natural de Italia, y Dn. Luis Caravati, natural de Milán en Italia, el 22 de julio de 1863.

Ledesma, Ricardo con Zurita, María Rosa
Folio 48: **Ricardo Ledesma**, h.l. del finado Manuel Antonio y Marta Cisternas, pretende contraer matrimonio con **María Rosa Zurita**, h.n. de la finada Valentina, y viuda de Tomás Antonio Ibáñez. Ambos vecinos de los Corrales, de este beneficio. Presentada En El Alto el 24 de julio de 1863. Ts: Miguel Murguía y Nicolás Díaz.

Legajo 92 de 1863

Gauna, Ramón Antonio con Rivera, Trinidad
Folio 11: **Ramón Antonio Gauna**, vecino que fue de Sumampa, hoy residen(te) en los Manantiales, lugares de esta doctrina, viudo de Teresa Cruz, pretende contraer matrimonio con **Trinidad Rivera**, h.n. de la finada Domitila, vecina de los Manantiales, de este curato. Presentada en Tunas a 9 de agosto de 1863. Ts: Manuel Antonio Albarracín y Agustín Robles.

Ortiz, Prudencio con Rodríguez, Jovina
Folio 70: **Prudencio Ortiz**, natural de Copo, provincia de Santiago, y residente en el paraje de la Jarilla de esta doctrina como cinco años, h.l. de los finados Feliciano Ortiz y Pabla Romero, pretende contraer matrimonio con **Jovina Rodríguez**, h.l. de Juan Gil y de Mercedes Reinoso, vecinos de la Bajada de esta feligresía. Presentada En El Alto el 7 de diciembre de 1863. Ts: Gregorio Barrientos y …

Legajo 97 de 1863

Collantes, Simeón con Carrizo, Mercedes
Exp. 3359: **Simeón Collantes**, h.l. de Juan Gregorio y de Martina Mercado, pretende contraer matrimonio con **Mercedes Carrizo**, viuda de Isidor Paz. Ambos vecinos de las Tunas, de esta doctrina. Presentada en Tunas a 16 de diciembre de 1863. Ts: Pedro Telmo Rodríguez y José Justo Páez.

González, Juan de la Cruz con Guaráz, María Regina
Exp. 3362: **Juan de la Cruz González**, vecino de Ovanta, h.l. de Nicolás y de María Lucas Gramajo, pretende contraer matrimonio con **María Regina Guaráz**, vecina del Bañado de Ovanta, h.l. del finado Manuel Esteban y de Inocencia Argañaras. Ambos de esta doctrina. Presentada en Manantiales a 9 de enero de 1864. Ts: Julián Páez y Martín Ortiz.

Legajo 93 de 1864

Gutiérrez, Miguel con Mansilla, María Albina
Exp. 3215: **Miguel Gutiérrez**, natural del Valle Viejo, comprensión del curato Rectoral, y residente más de un año en el Agua del Sauce de este beneficio, h.l. de Pantaleón y de Viviana Lalamo, pretende contraer matrimonio con **María Albina Mansilla**, también vecina del mismo lugar, h.l. del finado Fermín y de Regina Páez. Presentada En El Alto el 2 de mayo de 1864. Ts: Dn. Marcelino Velázquez y Juan Gregorio Garnica.

Córdoba, Rómulo con Ponce, Delfina
Exp. 3217: **Rómulo Córdoba**, natural de San Isidro, comprensión del curato Rectoral, y residente en Ancuja más de un año, h.l. del finado Baltazar y de Carmen Villagra, pretende contraer matrimonio con **Delfina Ponce**, también vecina de Ancuja, de esta doctrina, h.l. del finado Juan Ignacio y de María Juárez. Presentada en la Quebrada a 6 de mayo de 1864. Ts: Miguel Murguía y Pedro Ponce.

Castellanos, Eduardo con Ledesma, Filotea
Exp. 3218: **Eduardo Castellanos**, natural y vecino de Achalco, h.l. de Pedro y Bernardina Toledo, pretende contraer matrimonio con **Filotea Ledesma**, también natural y vecina de Achalco, viuda de Bernardo Barrera (hija de Catalina Castellanos). Ligados con el parentesco de consanguinidad en segundo grado, quieren legitimar la prole. Presentada en la Quebrada a 7 de mayo de 1864. Ts: Rosario Osores y Leonor Díaz.

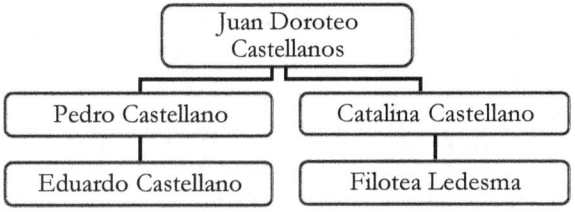

Ibáñez, Dn. Manuel Antonio con Luna, Da. María Rosa
Exp. 3220: Dn. **Manuel Antonio Ibáñez**, natural de Choya, comprensión del curato de la Punta de Maquijata, provincia de Santiago del Estero, h.l. de Dn. Félix y de Da. Estanislada Jeréz, pretende contraer matrimonio con Da. **María Rosa Luna**, vecina de Achalco, de este curato, h.l. de Dn. Prudencio y de Da. Bárbara Romano. Presentada en la Concepción de El Alto a 10 de mayo de 1864. Ts: Salvador Pérez y Pedro Pacheco.

Peralta, Romualdo con Lobo, Pilar
Exp. 3221: **Romualdo Peralta**, vecino de Lules, comprensión del curato de Famaillá, provincia de Tucumán, viudo de Jesús Alderete, pretende contraer matrimonio con **Pilar Lobo**, vecina de las Cortaderas, de esta doctrina, h.l. de Mariano y de Rosario Albarracín. Presentada en la Quebrada a 15 de mayo de 1864. Ts: Pedro Albarracín y Narciso Córdoba.

Ávila, Dn. Sofronio con Gómez, Da. Segunda Magdalena
Exp. 3222: Dn. **Sofronio Ávila**, vecino de Sucuma, de esta doctrina, viudo de Da. María Antonia Burgos, pretende contraer matrimonio con Da. **Segunda Magdalena Gómez**, natural y vecina del curato de Piedra Blanca, h.l. del finado Dn. José y de Da.

Genoveva Mata. Presentada En El Alto el 2 de junio de 1864. Ts: José Ignacio Carrizo y Juan Anselmo Villalba.

Ahumada, Dn. Prudencio con Rizo, Da. Deidamia
Exp. 3223: Dn. **Prudencio Ahumada**, vecino de Guayamba, h.l. de Dn. Pedro Nolasco y de Da. Patricia Espeche, pretende contraer matrimonio con Da. **Deidamia Rizo**, también de Guayamba, h.n. de Da. Manuela. Ambos de esta doctrina. Impedidos, en primer lugar, por parentesco de consanguinidad en cuarto grado con atingencia al tercero; y en segundo lugar, un impedimento por afinidad ilícita en segundo grado por haber tenido trato el contrayente con una prima hermana de la contrayente. Presentada En El Alto el 9 de junio de 1864. Ts: Nicolás… y Miguel Antonio Gómez.

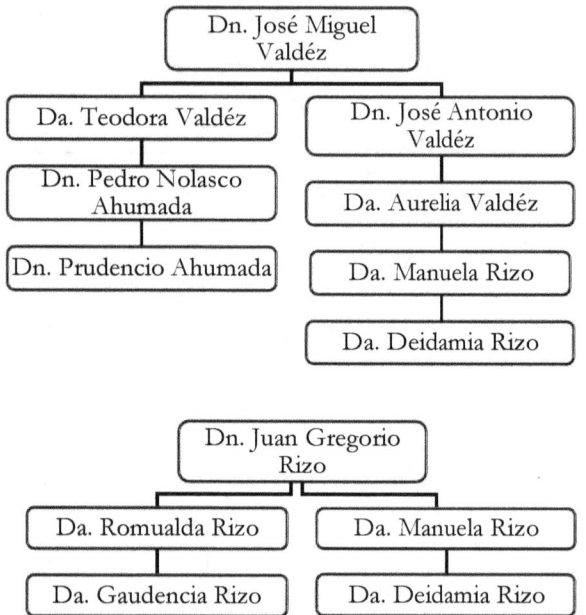

Lobo, Francisco Rosario con Páez, Anunciación
Exp. 3224: **Francisco Rosario Lobo**, h.n. de Filomena, pretende contraer matrimonio con **Anunciación Páez**, ambos vecinos de las Cortaderas de esta doctrina, h.n. de la finada Pascuala. Presentada En El Alto el 13 de julio de 1864. Ts: Juan de Dios Díaz y José Guillermo Juárez.

Ibáñez, Gervasio con Zárate, Balbina de Jesús
Exp. 3226: **Gervasio Ibáñez**, viudo de Ignacia Páez, pretende contraer matrimonio con **Balbina de Jesús Zárate**, ambos vecinos de las Tunas de esta doctrina, h.n. de Lucinda. Presentada en Quimilpa a 16 de julio de 1864. Ts: María Neirot y León Mercado.

Reinoso, Eduardo con Ibáñez, Águeda
Exp. 3232: **Eduardo Reinoso**, vecino del Saucesito, h.l. de Juan y de Ascensión Villagra, pretende contraer matrimonio con **Águeda Ibáñez**, natural de la Aguada, h.n. de la finada María. Presentada en las Tunas a 4 de agosto de 1864. Ts: Pedro Romero y Alberto Reyes.

Caravajal, Celestino con Rosales, Guillerma
Exp. 3235: **Celestino Caravajal**, vecino del Bañado, h.l. del finado Genuario y de la finada Candelaria Rosales, pretende contraer matrimonio con **Guillerma Rosales**, también del Bañado de esta doctrina, h.l. de Juan Pío y de Justa Huaraz. Impedidos por parentesco de consanguinidad en tercer grado. El novio declara que la pretendida ha tenido dos hijos: "uno de otro, y el otro mío". Presentada en las Tunas el 17 de agosto de 1864. Ts: Felipe Rosales y Juan Nicolás González.

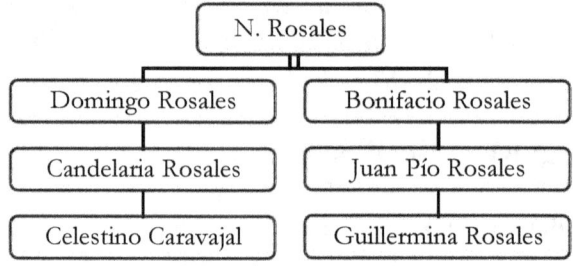

Díaz, Dn. Isidro con Gutiérrez, Da. Juana
Exp. 3238: Dn. **Isidro Díaz**, vecino de las Chacras, h.l. de Dn. Juan Manuel y de Da. Prudencia Villalba, pretende contraer matrimonio con Da. **Juana Gutiérrez**, vecina de Inacillo, h.l. de Dn. Eusebio y de Da. Pabla Silva. Presentada En El Alto el 9 de octubre de 1864. Ts: Miguel Luján y Clodoveo Cornejo.

Acosta, José Laureano con Salcedo, Francisca
Exp. 3246: **José Laureano Acosta**, vecino de Vilismano, viudo de Eduviges Correa, pretende contraer matrimonio con **Francisca Salcedo**, vecina de los Sauces y residente de pocos días también en Vilismano de esta doctrina, h.n. de Manuela. Presentada en El Alto el 19 de noviembre de 1864. Ts: Dn. Nicolás Gómez y Marcelino Luján.

Quiroga, Juan Cristino con Reinoso, Griselda
Exp. 3247: **Juan Cristino Quiroga**, vecino del Campo del Tala, de esta doctrina, viudo de María Rosa Artaza, pretende contraer matrimonio con **Griselda Reinoso**, vecina del Simbollar, viuda de Pedro Garzón. Presentada en la Quebrada a 18 de noviembre de 1864. Ts: José Leandro Pedraza y Juan Dionisio Ledesma.

Arévalo, Dn. Francisco Javier con Vega, Da. Benedicta
Exp. 3249: Dn. **Francisco Javier Arévalo**, vecino de Caña Cruz, viudo de Da. Felipa Sardinas, pretende

contraer matrimonio con Da. **Benedicta Vega**, vecina de San Jerónimo de esta doctrina, h.l. del finado Dn. Hermenegildo y de Da. Zoila Ahumada. Presentada En El Alto el 3 de diciembre de 1864. Ts: Dn. Teodoro ... y Dn. Carmen Luján.

Legajo 94 de 1865

Molina, Crescencio con Díaz, Efigenia
Exp. 3253: **Crescencio Molina**, vecino de Amaucala, h.l. de los finados Javier y María Cárdenas, pretende contraer matrimonio con **Efigenia Díaz**, vecina de la Puerta Grande, h.l. del finado Marcos y de Petrona Molina. Impedidos por parentesco de consanguinidad en segundo grado. Presentada en Concepción de El Alto el 9 de enero de 1865. Ts: Juan Ignacio Luna y Bartolomé Hernández.

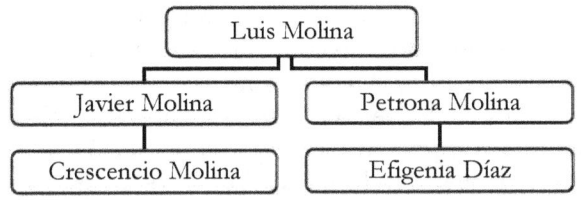

Guevara, Juan Gregorio con Arroyo, María Antonia
Exp. 3254: **Juan Gregorio Guevara**, natural y vecino de Paclín, comprensión del curato de Piedra Blanca, h.l. de Gregorio y de Rosa Leiva, pretende contraer matrimonio con **María Antonia Arroyo**, vecina de Sumampa e h.l. de los finados Manuel y Josefa Bepre. Presentada en Manantiales el 5 de febrero de 1865. Ts: Francisco Durán y Félix Rosa Romero.

Durán, Pedro con Díaz, Josefa
Exp. 3256: **Pedro Durán**, h.l. de Matías y de María del Señor Lobo, pretende contraer matrimonio con **Josefa Díaz**, ambos vecinos de Sumampa de este curato, h.l. de los finados Pedro Díaz y de María Antonia Gómez. Presentada en Concepción de El Alto el 5 de febrero de 1865. Ts: José Rivadeneira y Apolinar Romero.

Gómez, Dn. Estratón con Salas, Da. Tomasa
Exp. 3260: Dn. **Estratón Gómez**, vecino de Yaquicho, h.l. de Dn. Benigno y de Da. Eleodora Gómez, pretende contraer matrimonio con Da. **Tomasa Salas**, vecina del Tala, de esta doctrina, e h.l. de Dn. Diego y de Da. Ascensión Valdéz. Presentada en Tunas el 1 de abril de 1865. Ts: Dn. Alejandro Leiva y Dn. Joaquín Mendoza.

Carrizo, Dn. José Domingo con Palacios, Da. María Gorgonia
Exp. 3262: Dn. **José Domingo Carrizo**, h.n. de la finada Da. María Vidal Carrizo, pretende contraer matrimonio con Da. **María Gorgonia Palacios**, ambos vecinos de Collagasta, de esta doctrina, h.n. de la finada Da. Petrona. Presentada En El Alto el 19 de abril de 1865. Ts: Manuel de Reyes Romano y Romualdo Pedraza.

Salcedo, Dn. Eulogio con Gutiérrez, Da. María de la Concepción
Exp. 3265: Dn. **Eulogio Salcedo**, h.n. de la finada Da. Carmen, pretende contraer matrimonio con Da. **María de la Concepción Gutiérrez**, ambos vecinos de Tintigasta, de esta doctrina, viuda de Dn. Guillermo Guzmán. Presentada en Concepción de El Alto el 10 de mayo de 1865. Ts: José Apolinar Gómez y Guillermo Rodríguez.

González, Regino con Valdéz, Patricia Rosa
Exp. 3267: **Regino González**, vecino de la Chilca, h.l. de los finados Francisco Pablo y de Juana Petrona Ortiz, pretende contraer matrimonio con **Patricia Rosa Valdéz**, vecina de Ancuja, de este curato, h.l. de Inocencio y de la finada Andrea Ruiz. Presentada en la Quebrada el 1 de junio de 1865. Ts: Miguel Peñaflor y José Santos Cordero.

Rivas, Ramón con Sánchez, Saturnina
Exp. 3269: **Ramón Rivas**, natural de Ayapaso, h.l. del finado Pedro y de Lorenza Rodríguez, pretende contraer matrimonio con **Saturnina Sánchez**, vecina del mismo lugar, h.l. de Luis y de Santos Amaya. Presentada en la parroquia de la Concepción de El Alto el 5 de junio de 1865. Ts: Valentín Barrios y Manuel Vázquez.

Gómez, Manuel Santos con Heredia, Eugenia Serapia
Exp. 3270: **Manuel Santos Gómez**, viudo de Petrona Amador, pretende contraer matrimonio con **Eugenia Serapia Heredia**, ambos vecinos de la Carpintería, viuda de Elías Álvarez. Presentada en Concepción de El Alto el 5 de junio de 1865. Ts: Juan Dionisio Díaz y Cipriano Contreras.

Brizuela, Francisco Antonio con Lobo, Isidora
Exp. 3271: **Francisco Antonio Brizuela**, h.l. del finado Antonio Brizuela y de Pilar Lobo, pretende contraer matrimonio con **Isidora Lobo**, ambos vecinos de Rama Corral, h.l. del finado Jacobo y de Tránsito Brizuela. Impedidos, en primer lugar, por parentesco de consanguinidad en segundo grado; y en segundo lugar, también con impedimento de consanguinidad en tercer grado. Presentada en

Concepción de El Alto el 17 de junio de 1865. Ts: Dn. Juan Pío Gómez y Ubaldo Rizo.

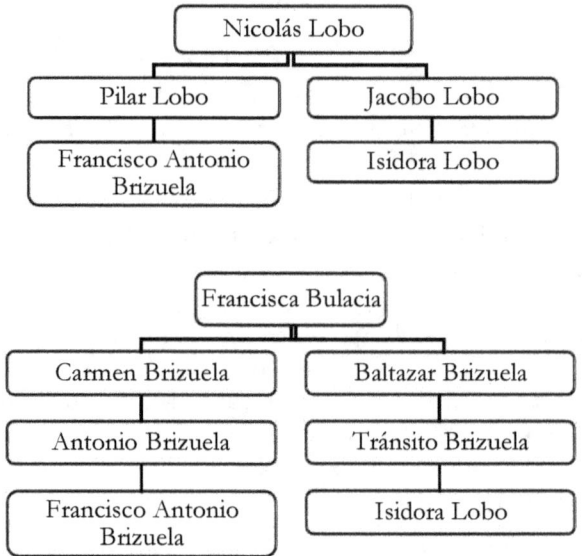

Burgos, Casimiro con Burgos, Francisca Antonia
Exp. 3273: **Casimiro Burgos**, h.n. de la finada Francisca, pretende contraer matrimonio con **Francisca Antonia Burgos**, ambos de esta doctrina, h.l. de José Gil y de Gerónima Gómez. Impedidos con dos parentescos de afinidad ilícita: el primero, en segundo grado con atingencia al primero por trato habido entre el novio y una tía carnal de la novia; en segundo lugar, con parentesco también de afinidad ilícita, en segundo grado por trato del pretendiente con una prima hermana de la pretendida, hija de la tía de la anteriormente mencionada. Presentada en Concepción de El Alto el 18 de junio de 1865. Ts: Dn. Juan Manuel Ulibarri y Domingo Díaz.

Soria, Dn. Antonino con Gómez, Da. Jerónima
Exp. 3276: Dn. **Antonino Soria**, vecino de la Costa, h.l. de Dn. Nicolás y de Da. Juana Francisca Pedraza, pretende contraer matrimonio con Da. **Jerónima Gómez**, vecina de Guayamba, de este curato, viuda de Dn. Gregorio Ahumada. Presentada en Concepción de El Alto el 18 de junio de 1865. Ts: Dn. Ramón Rosa Salvatierra y Dn. Juan Bautista Barrera.

Córdoba, Adrián con Andrada, Da. Josefa
Exp. 3281: **Adrián Córdoba**, vecino del departamento de Ischilín, de Córdoba, h.n. de Da. Segunda Córdoba, pretende contraer matrimonio con Da. **Josefa Andrada**, vecina del lugar de las Cañas de este departamento, e h.l. del finado Dn. Fortunato Andrada y Da. Prudencia Lezana. Presentada en Concepción de El Alto el 24 de junio de 1865. Ts: Dn. Cledovio ... y Dn. Elías Rizo.

Ávila, Dn. Modesto con Valdéz Alcaraz, Carmen
Exp. 3286: Dn. **Modesto Ávila**, vecino de las Cañas, viudo de Da. Cayetana Lezana, tengo tratado contraer matrimonio con Da. **Carmen Alcaraz** (o **Valdéz**), avecindada en las Cañas, h.n. de la finada Juana (en la recolección de información de los testigos, la novia es nombrada como Da. Carmen Valdéz). Presentada en la Quebrada el 29 de junio de 1865. Ts: Dn. Adrián Córdoba y Mariano Albornoz.

Legajo 95 de 1865

Pino, Dn. Félix Peregrino del con Rivas, Da. Hugolina
Exp. 3288: Dn. **Félix Peregrino del Pino**, h.l. de los finados Dn. José Luciano y Da. María Susana Leguizamo, pretende contraer matrimonio con Da. **Wolina Rivas**, ambos vecinos de Ayapaso, de este curato, h.l. del finado Dn. Pedro y Da. Lorenza Rodríguez. Impedidos con parentesco de afinidad ilícita se segundo grado con atingencia al primero por trato habido entre el novio y una tía carnal de la novia (Da Catalina Rivas). Quieren legitimar un hijo en común. Presentada en Concepción de El Alto a 4 de julio de 1865. Ts: José Hilario Flores y Estanislao Quiroga.

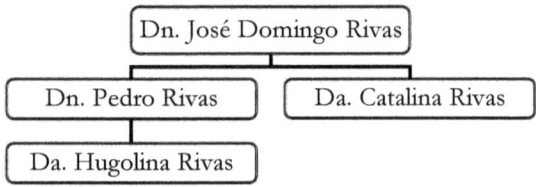

Villagra, Ricardo con Arias, Pastora
Exp. 3290: **Ricardo Villagra**, vecino de la Aguada, viudo de Andrea Guerreros, pretende contraer matrimonio con **Pastora Arias**, vecina de los Manantiales e h.l. del finado Santos y de Antonia Navarro. Impedido con el parentesco de afinidad ilícita en segundo grado por trato habido entre el pretendiente y una prima hermana de la novia (Teresa Pérez). Quieren legitimar un hijo en común. Presentada en Concepción de El Alto el 8 de julio de 1865. Ts: Félix Guerrero y Dn. Cupertino Guerrero.

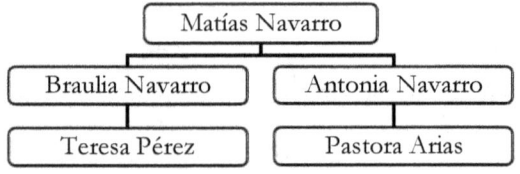

Collantes, Agustín con Rosales, María Mercedes

Exp. 3291: **Agustín Collantes**, vecino de Sucuma, h.n. de la finada Dominga, pretende contraer matrimonio con **María Mercedes Rosales**, vecina de la Aguada, de este curato, e h.l. de los finados Mariano y de Manuela Reinoso. Presentada en Concepción de El Alto el 10 de julio de 1865. Ts: Juan …nar Aranda y Dn. Juan Gil Ovejero.

Guerrero, Dn. Cupertino con Pereyra, Da. Juana Rosa

Exp. 3293: Dn. **Cupertino Guerrero**, h.l. de Dn. Juan y de Da. Ramona Rosales, pretende contraer matrimonio con Da. **Juana Rosa Pereyra**, ambos vecinos del Saucesito, de este curato, e h.l. de los finados Dn. Juan Simón y de Da. Gerónima Burgos. Impedidos con parentesco de consanguinidad en tercer grado con atingencia al segundo, por ser yo sobrino segundo de mi pretendida. La novia tiene tres hijos (no se aclara que sean hijos en común). Presentada en Concepción de El Alto a 10 de julio de 1865. Ts: Dn. José Antonio Guerrero y Juan Reinoso.

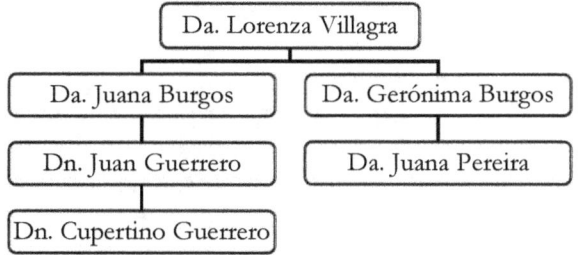

Gómez, Dn. Luis con Valdéz, Da. Cleofé

Exp. 3295: Dn. **Luis Gómez**, vecino de la Bajada, h.l. de los finados Dn. Miguel Gómez y de Da. Rosario Valdéz, pretende contraer matrimonio con Da. **Cleofé Valdéz**, vecina de San Nicolás, ambos de esta doctrina, h.l. de los finados Dn. Nicolás y de Da. Francisca Salas. Declaran dos impedimentos por consanguinidad: uno en segundo grado, por ser el pretendiente primo hermano de la pretendida; el otro impedimento en cuarto grado, por ser primo tercero de la novia. Por otro lado, declaran un impedimento de afinidad ilícita en segundo grado por trato habido entre el pretendiente y dos primas hermanas de la contrayente. Presentada en Concepción de El Alto a 3 de agosto de 1865. Ts: Dn. Solano Segura y Dn. Camilo Leyva.

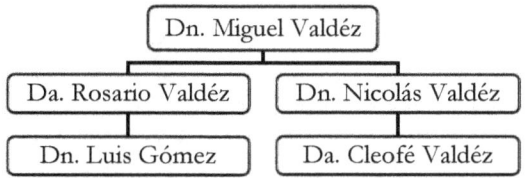

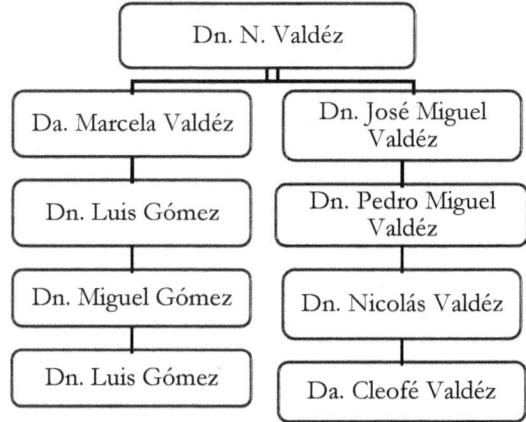

Rivadeneira, José Eliseo con Albarracín, Ramona

Exp. 3300: **José Eliseo Rivadeneira**, vecino de Sumampa, h.n. de Justa Pastora, pretende contraer matrimonio con **Ramona Albarracín**, vecina de los Manantiales, ambos de este curato, h.l. de Ramón y de la finada Bartolina Barrientos. Presentada en Concepción de El Alto a 10 de septiembre de 1865. Ts: Juan de Dios Cejas y Dn. Pedro Sosa.

Cordero, Mardoqueo con Garcete, Carmen

Exp. 3302: **Mardoqueo Cordero**, natural del curato Rectoral y residente más de dos años en Vilismano, h.l. de los finados Teodoro y Prudencia Aroca, pretende contraer matrimonio con **Carmen Garcete**, también vecina de Vilismano, de este curato, e h.n. de Eustaquia. Presentada en Concepción de El Alto a 13 de septiembre de 1865. Ts: Dn. Nicolás Gómez y Asensio Vega.

Delgado, Dn. José Luis con Quiroga, Da. Mercedes

Exp. 3305: Dn. **José Luis Delgado**, vecino de Quirós, comprensión del curato de Ancasti, viudo de Da. María Benigna Criado, pretende contraer matrimonio con Da. **Mercedes Quiroga**, natural de esta parroquia Concepción de El Alto, e h.l. de los finados Dn. Juan y de Da. Walda (Ubalda) Burgos. Presentada en Concepción de El Alto a 3 de octubre de 1865. Ts: Dn. Manuel Ignacio Luján y Dn. José Rufino Arévalo.

Ovejero, Dn. Luis Ignacio con Gutiérrez, Da. Mercedes

Exp. 3309: Dn. **Luis Ignacio Ovejero**, vecino de la parroquia de El Alto, h.l. de Dn. Juan Gil y de la finada Da. Filomena Bulacia, pretende contraer matrimonio con Da. **Mercedes Gutiérrez**, vecina del lugar de la Chacarita, comprensión del curato de El Alto, e h.l. de Dn. Juan Manuel y de Da. Justa Castillo. Impedidos con parentesco de afinidad ilícita en primer grado por trato habido entre el novio y la hermana de la pretendiente (Da Perfecta Gutiérrez), hecho absolutamente oculto. Presentada en Concepción de

El Alto a 24 de octubre de 1865. Ts: Dn. Carlos Leguizamo y Dn. Felipe Cabral.

Reinoso, Exequiel con Osores, Efigenia

Exp. 3310: **Exequiel Reinoso**, h.n. de Juana, pretende contraer matrimonio con **Efigenia Osores**, ambos vecinos de Simogasta, de este curato, e h.l. de los finados Pedro y Teresa Romano. Presentada en la Quebrada el 28 de octubre de 1865. Ts: Ramón Ledesma y Remigio Ledesma.

Castro, Dn. Salvador con Valdéz, Da. Wilgefortis

Exp. 3316: Dn. **Salvador Castro**, h.l. del finado Dn. Antonino y de Da. Juana Gutiérrez, pretende contraer matrimonio con Da. **Wilgefortis Valdéz**, ambos vecinos del Arroyo de Flores, de esta doctrina, h.l. de los finados Dn. Cosme y Da. Socorro Gutiérrez. Impedidos, por una parte, con dos impedimentos ciertos de consanguinidad, el uno en tercer grado, por ser primos segundos, por la rama de Paz, y el otro, en cuarto grado, por ser primos terceros por Gutiérrez; el novio también declara "más por otra parte me temo nos comprehenda algún parentesco en grado dirimente con mi pretendida, mediante haberse sabido tratar de parientes mi abuelo con el padre de mi pretendida". Presentada en Concepción de El Alto a 20 de noviembre de 1865. Ts: Dn. Delfín Salazar y Dn. Manuel de Jesús Rodríguez.

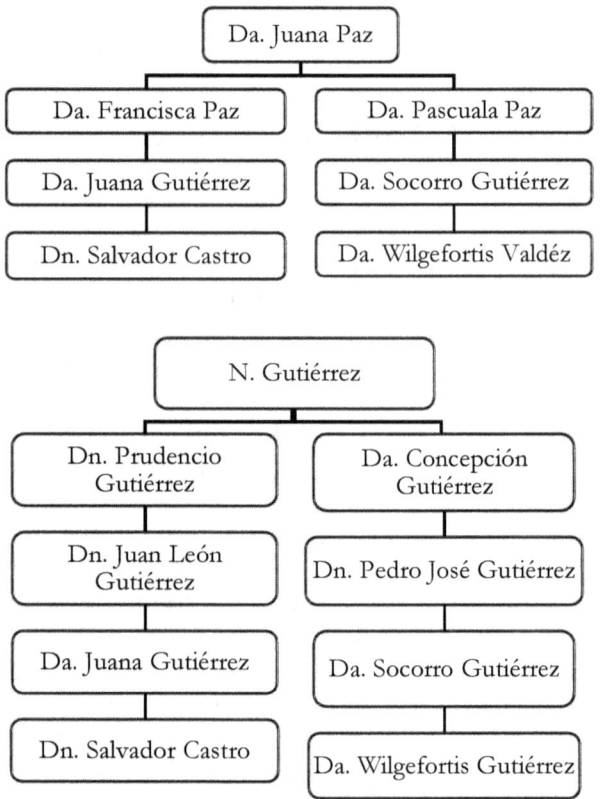

Gómez, Dn. Elías Mardoqueo con Vega, Da. Ramona del Carmen

Exp. 3317: Dn. **Elías Mardoqueo Gómez**, vecino de Vilismano, de esta doctrina, h.l. de Dn. Juan Nicolás y de Da. María Rosa Saavedra, pretende contraer matrimonio con Da. **Ramona del Carmen Vega**, natural del Rosario, comprensión del curato de Ancasti, e h.l. de Dn. Juan Asensio y de la finada Da. Lucinda Villagra. Presentada en Concepción de El Alto el 29 de noviembre de 1865. Ts: José Manuel Frías y Mardoqueo Cordero.

Legajo 96 de 1866 (1ra. parte)

Nieva, Ramón Gil con Pérez, Dolores

Exp. 3319: **Ramón Gil Nieva**, vecino de Inacillo, h.n. de la finada Ignacia Catalina, pretende contraer matrimonio con **Dolores Pérez**, vecina de la Estancia Vieja, comprensión del curato de Ancasti, e h.l. de Manuel y de Corazón Verón. Presentada en Concepción de El Alto el 1 de enero de 1866. Ts: Dn. José Ignacio Gómez y José Elías Orquera.

Soria, Rómulo con Cisneros, Concepción

Exp. 3320: **Rómulo Soria**, h.l. del finado Juan de la Cruz y de Mariana Zurita, pretende contraer matrimonio con **Concepción Cisneros**, ambos vecinos de Ancamugalla, de esta doctrina, e h.n. de la finada Jacinta. Impedidos con parentesco de consanguinidad en tercer grado. La novia ya tiene un hijo. Presentada en Concepción de El Alto el 1 de enero de 1866. Ts: Juan Felipe Morales y Manuel Medina.

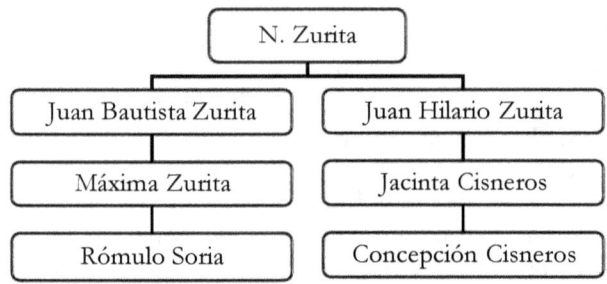

Navarro, Misael con Caballero, Da. Peregrina Rosa

Exp. 3321: Dn. **Misael Navarro**, vecino de Vilismano, viudo de Ramona Romero, pretende contraer matrimonio con Da. **Peregrina Rosa Caballero**, vecina de Inacillo, de esta comprensión, e h.l. del finado Dn. José Ignacio y de Da. Ramona Díaz, ya finada. Impedidos con parentesco de afinidad ilícita en primer grado por trato habido entre la pretendida y

Dn. David Navarro, hermano del novio "por la misma madre Da. Mónica Navarro". La pretendida tuvo dos hijos que le murieron. Presentada en Concepción de El Alto el 6 de enero de 1866. Ts: Miguel Cisneros y Felipe Salinas.

Gómez, Dn. José Eudosio con Toledo, Da. Faustina
Ep. 3327: Dn. **José Eudofio Gómez**, vecino de la Jarilla, de este curato, h.l. del finado Dn. Gervasio y de Da. Petrona Soraire, pretende contraer matrimonio con Da. **Faustina Toledo**, natural de Yaquicho, curato de Graneros, provincia de Tucumán, h.l. de Dn. Tolentino y de Da. Melchora González, ya finada. Impedimento de afinidad ilícita en segundo grado con atingencia al primero por trato que tuvo el pretendiente con Da. Concepción Acosta, media hermana de Da. Teresa González, siendo ambas hijas de Da. Teresa González; la primera por vía legítima, y la segunda por vía natural. Quieren legitimar un hijo en común. Presentada en Concepción de El Alto el 11 de febrero de 1866. Ts: … Valdéz y Melchor Rodríguez. Testigos de la parroquia de Graneros: Luis Calderón y Pilar Samayoa.

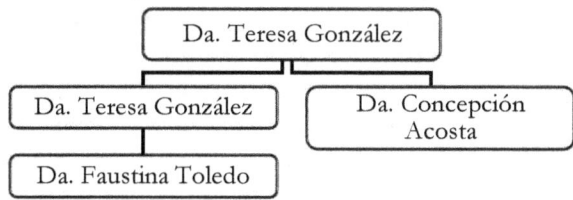

Rodríguez, Juan Florencio con Garay, María Prudencia
Exp. 3331: **Juan Florencio Rodríguez**, vecino de Tintigasta, h.l. del finado Juan Bruno Rodríguez y de María Dominga Ponce, pretende contraer matrimonio con **María Prudencia Garay**, natural del Vallecito, ambos feligreses de este curato, e h.l. del finado Francisco Garay y de María de los Ángeles Gómez. Presentada en Concepción de El Alto el 30 de marzo de 1866. Ts: Luis Antonio … y Dn. Braulio Centeno.

Soria, Olegario con Maidana, Felisa
Exp. 3336: **Olegario Soria**, h.l. de Felipe y de la finada Fulgencia Gómez, pretende contraer matrimonio con **Felisa Maidana**, ambos vecinos de la Puerta de Molle Yaco, de este curato, viuda de Florentino Cortez. Presentada en Concepción de El Alto el 5 de septiembre de 1866. Miguel …flos y José Elías Zurita.

Rojas, Dn. Rufino con Vargas, Da. Jovita
Exp. 3339: Dn. **Rufino Rojas**, vecino de la Viña de este curato, h.l. de Dn. Marcos y de Da. Manuela Barrera, pretende contraer matrimonio con Da. **Jovita Vargas**, vecina de Collagasta, comprensión del curato de Piedra Blanca, h.l. de Dn. Facundo y de Da. Silveria Argañaras. Presentada en la Quebrada el 20 de septiembre de 1866. Ts: Salvador Pérez y Ramón Leiva.

Valdéz, Dn. Félix Bartolomé con Barrientos, Da. Sofía
Exp. 3340: Dn. **Félix Bartolomé Valdéz**, viudo de Da. Atanasia Molina, pretende contraer matrimonio con Da. **Sofía Barrientos**, ambos vecinos de Alijilán, de este curato, e h.l. del finado Dn. Emeterio y de Da. Juana Lezana. Presentada en Tunas el 8 de octubre de 1866. Ts: Dn. Joaquín Mendoza y Gervasio Ibáñez.

Delgado, Dn. Francisco Antonio con Domínguez, Da. Efigenia
Exp. 3350: Dn. **Francisco Antonio Delgado**, h.l. de Dn. Donato y de Da. Petrona Medina, pretende contraer matrimonio con Da. **Efigenia Domínguez**, ambos vecinos de Alijilán de este curato, e h.l. de los finados Dn. Domingo y Da. Tránsito Orellana Presentada en Concepción de El Alto el 27 de diciembre de 1866. Ts: Dn. Isidoro Coronel y Hermenegildo Sánchez.

Legajo 96 de 1867 (2da. parte)

Rodríguez, Dn. Pacífico con Medina, Da. Guillerma
Exp. 3351: Dn. **Pacífico Rodríguez**, vecino de la Calera, de esta doctrina, h.l. del finado Dn. Teodoro y Da. María de los Ángeles Arévalo, pretende contraer matrimonio con Da. **Guillerma Medina**, natural de Choya, comprensión del curato de la Punta de Maquijata, provincia de Santiago del Estero, e h.l. de Dn. Germán y de la finada Da. Ramona Rosa Díaz. Presentada en Vilismano el 2 de enero de 1867. Ts: Juan Isidro Ledesma y Miguel Peñaflor.

Zurita, Juan Herminio con Sánchez, Griselda
Exp. 3352: **Juan Herminio Zurita**, vecino de la Toma, h.l. de los finados José del Carmen y An María Verón, pretende contraer matrimonio con **Griselda Sánchez**, vecina de Albigasta, ambos feligreses de este curato, e h.l. del finado Hilario y de Rosario Reinoso. Presentada en Concepción de El Alto el 6 de enero de 1867. Ts: Francisco González y Julián Tolosa.

Legajo 97 de 1867 (1ra. parte)

Reinoso, Marcelino con Acuña, María de Jesús
Exp. 10: **Marcelino Reinoso**, vecino de Simogasta, feligrés de este curato, h.l. de los finados Eusebio

Reinoso y Gregoria Ocón, pretende contraer matrimonio con **María de Jesús Acuña**, vecina de Chañar Laguna, h.n. de Eustaquia Acuña. Presentada en la Quebrada el 10 de mayo de 1867. Ts: (..) y Tomás Lobo.

Rodríguez, Isidoro con Jeréz, Da. Estanislada

Exp. 18: **Isidoro Rodríguez**, vecino de la Calera, h.l. del finado Dn. Teodoro Rodríguez y de Da. María Arévalo, pretende contraer matrimonio con Da. **Estanislada Jeréz**, natural de Chañar Laguna, comprensión del curato de la Punta de Maquijata, provincia de Santiago, viuda de Dn. Félix Ibáñez. Presentada en Concepción de El Alto el 28 de abril de 1867. Ts: Francisco Antonio Pacheco y Miguel Peñaflor.

Legajo 97 de 1867 (2da. parte)

Arévalo, Dn. José Domingo con Trejo, Da. Zelanda

Exp. 8: En El Alto, a 20 de agosto de 1867, compareció Dn. **José Domingo Arévalo**, vecino de Caña Cruz, h.l. de los finados Dn. José Domingo y de Da. María Espíritu Leanes, expuso que quería contraer matrimonio con Da. **Selanda Trejo**, vecina del Arroyito de esta parroquia, hija de Dn. Teodoro Trejo y de la finada Da. María Acuña, del Arroyito. Ts: Francisco Iramay y Juan Bautista Narváez.

González, Félix Mariano con Sánchez, Juana Evangelista

Exp. 26: En El Alto, a 7 de noviembre de 1867, compareció **Félix Mariano González**, vecino de Vilismano, de este curato, h.n. de la finada Lorenza González, vecina de Choya, anejo del curato de la Punta de Maquijata, expuso que quería contraer matrimonio con **Juana Evangelista Sánchez**, también vecina de Vilismano, h.n. de María Nieves Sánchez, vecina de Vilismano. Ts: Enón de los Santos Parra y Elías Parra.

Farías, Ildefonso con Ramírez, Josefa

Exp. 332: En El Alto, a 23 de setiembre de 1871, compareció **Ildefonso Farías**, natural de las Cortaderas, h.n. de Presentación Farías, con **Josefa Ramírez**, vecina de las Cortaderas, h.l. de Fortunato Ramírez y de María de Jesús Cabezas. Ts: Francisco Inocencio Lobo y Pedro Pablo Lobo.

Sánchez, Celedonio con Medina, Vicenta

Exp. (..): **Celedonio Sánchez**, vecino de Vilismano, h.n. de María de las Nieves Sánchez, se nos ha hecho relación diciendo que quiere contraer matrimonio con **Vicenta Medina**, vecina del mismo lugar e h.n. de Isabel Medina. Ligados con un impedimento de afinidad en cuarto grado simple de la línea lateral proveniente de cópula lícita. Ts: Luis Gómez y Elías Parra. Dada en esta vicaría foránea de Catamarca a días nueve de enero de 1872.

Molina, Dn. Griseldo con Acosta, Da. Zoila

Exp. 342: En El Alto, a 16 de diciembre de 1871, compareció Dn. **Griseldo Molina**, natural del Monte Redondo, h.l. del finado Dn. Felipe Molina y de Da. Javiera Reinoso, y expuso que quería contraer matrimonio con Da. **Zoila Acosta**, vecina de San Pedro, curato de la parroquia de la Punta de Maquijata, provincia de Santiago del Estero, h.l. de los finados Dn. Manuel Acosta y Da. Ana María Fernández.

Medina, José Adolfo con Rodríguez, Rosa M.

Exp. 342: **José Adolfo Medina**, vecino de Ancamugalla, h.l. del finado Jacinto y Petronila Jeréz, quiere contraer matrimonio con **Rosa M. Rodríguez**, vecina de la misma, h.l. de Jesús y Francisca Valdéz. Ligados con un impedimento de afinidad lícita en primer grado de la línea colateral. Ts: Simeón Arévalo y Andrés Arévalo. Se declara legítima la prole habida y por haber. Dada en palacio episcopal de Salta a treinta de abril de 1872.

Valdéz, Dn. Román con Ibáñez, Da. Josefa

Exp. 343 En El Alto, a 16 de diciembre de 1871, compareció Dn. **Román Valdéz**, natural de Munancala, h.l. de los finados Dn. Lorenzo Valdéz y Da. Margarita Lema, viudo de Da. Maclovia Almonacid, y expuso que quería contraer matrimonio con Da. **Josefa Ibáñez**, vecina de Talasí, h.l. del finado Dn. Silvestre y de Da. Rosa Soria. Ts: Policarpo Robles e Isidoro Robles.

Domínguez, Ramón con Pérez, Estanislada

Exp. 345: En El Alto, a 6 de enero de 1872, compareció **Ramón Domínguez**, natural del Huaico Hondo, h.n. de Delfina Domínguez, y expuso que quería contraer matrimonio con **Estanislada Pérez**, vecina del Huaico Hondo, h.l. de los finados Marcelino Pérez y Alberta Ibáñez, vecinos de la Toma, y de estado viuda. TS: Eleuterio Mansilla y Dn. Tristán Ponce.

Leiva, Guillermo con Rodríguez, Fabiana

Exp. 346: En El Alto, a 7 de enero de 1872, compareció **Guillermo Leiva**, natural de la Bajada, h.l. del finado Pedro José Leiva y de Andrea Márquez, y expuso que quería contraer matrimonio con **Fabiana Rodríguez**, vecina de la Bajada, h.n. de Cornelia Rodríguez. Ts: Felipe Aguilar y Samuel Maldonado.

Vázquez, Ramón Antonio con Albarracín, María Francisca

Exp. 348: En El Alto, a 18 de enero de 1872, compareció **Ramón Antonio Vázquez**, natural de los

Corrales, h.l. de Félix Ignacio Vázquez y de María Rosario Ledesma, y expuso que quería contraer matrimonio con **María Francisca Albarracín**, vecina de Ancuja, h.l. de los finados Juan Santos Albarracín y de Candelaria Lazo. Ts: José Joaquín Burgos y Ramón Avellaneda.

Ortega, Belisario con Heredia, Celina
Exp. 350: En El Alto, a 1 de febrero de 1872, compareció **Belisario Ortega**, natural de los Mollecitos, h.l. de Javier Ortega y de Bonifacia Collantes, y expuso que quería contraer matrimonio con **Celina Heredia**, vecina de la Bajada, h.n. de la finada Pastora Heredia, vecinos de El Alto.

Gutiérrez, Miguel Antonio con Luján, Peregrina de Jesús
Exp. 351: **Miguel Antonio Gutiérrez**, vecino de la parroquia de El Alto, e h.n. de María Antonia Gutiérrez, vecina de Iloga, quiere contraer matrimonio con **Peregrina de Jesús Luján**, vecina de Iloga e h.l. del finado Francisco y de Faustina Arévalo. Ligados con un impedimento de parentesco de consanguinidad en segundo grado con tercero simple de la línea colateral, por ser el pretendiente primo hermano con la madre de la pretendida. Ts: Dn. José María Jeréz y Dn. Victorino Ferreira.

Díaz, Miguel con Arias, Andolina
Exp. 351: En El Alto, a 1 de febrero de 1872, compareció **Miguel Díaz**, natural de Alijilán, h.n. de Fortunata Díaz, y expuso que quería contraer matrimonio con **Andolina Arias**, vecina de Alijilán, h.n. de la finada Dolores Arias, vecinos de la Cañada.

Aldana, José María con Salvatierra, Lucía
Exp. 352: En El Alto, a 2 de febrero de 1872, compareció **José María Aldana**, natural de la Rinconada, h.l. de los finados Pascual Aldana y de Rosa Calatay, y expuso que quería contraer matrimonio con **Lucía Salvatierra**, vecina del Carmen e h.n. de Juliana Salvatierra, vecina de Santiago. Ts: Pedro Moisés y Segundo Ortiz.

Argañaráz, Eusebio con Vizcarra, Jovina
Exp. 353: En El Alto, a 3 de febrero de 1872, compareció **Eusebio Argañaráz**, natural del Desmonte, h.l. de Ramón Ignacio Argañarás y de la finada María Villafañe, y expuso que quería contraer matrimonio con **Jovina Vizcarra**, vecina de la Puerta Grande, h.l. de Isidoro Vizcarra, ya finado y de Lizarda Arias, y viuda de Pedro Villagrán. Ts: Ramón Chávez y Andrés Avelino Reinoso.

Rivera, Ramón Rosa con Barrientos, Montserrat
Exp. 354: En El Alto, a 4 de febrero de 1872, compareció **Ramón Rosa Rivera**, natural de la Carpintería, h.l. del finado Gregorio Rivera y de Cruz Díaz, y expuso que quería contraer matrimonio con **Montserrat Barrientos**, vecina de los Manantiales e h.l. de los finados Ramón Barrientos e Isabel Castro, vecinos de la Jarilla. Ts: Antenor Segura y Maximino Agüero.

Rodríguez, Custodio con Armas, Efigenia de Jesús
Exp. 355: En El Alto, a 23 de febrero de 1872, compareció **Custodio Rodríguez**, natural de Ovanta, h.l. de los finados Saturnino Rodríguez y María Isidora Luna, y expuso que quería contraer matrimonio con **Efigenia de Jesús Armas**, vecina de los Dos Pocitos e h.l. del finado José María Armas y de Ramona R. Ibáñez. Ts: (..).

Reinoso, Daniel con Peralta, Rufina
Exp. 356: En El Alto, a 25 de febrero de 1872, compareció **Daniel Reinoso**, natural del Bañado, h.l. del finado Ventura Reinoso y de Rosario Vizcarra, y expuso que quería contraer matrimonio con **Rufina Peralta**, vecina del Talarcito, h.l. de Tomás Peralta y de María Antonia Rosales, viuda de Martín Ortiz. Ts: José Escasuso y Javier Mercado.

Lobo, Zenón con Pajón, Dolores
Exp. 358: En El Alto, a 27 de febrero de 1872, compareció **Zenón Lobo**, natural de las Cañas, h.l. de los finados Borja Lobo y Pascuala Lobo, y expuso que quería contraer matrimonio con **Dolores Pajón**, vecina de las Cañas e h.n. de Escolástica Pajón. Ts: Gabriel Mendoza y Pío Villarroel.

Galván, Dn. Juan Mateo con Agüero, Francisca Antonia
Exp. 367: En El Alto, a 30 de marzo de 1872, compareció Dn. **Juan Mateo Galván**, natural de Tintigasta, h.n. de Da. María del Rosario, ya finada, viudo de Francisca A. Santucho, y expuso que quería contraer matrimonio con **Francisca Antonia Agüero**, vecina de Tintigasta, h.l. de los finados Domingo y de (en blanco), y viuda de Martín Lobo. Ts: Avelino Almaraz y Carlos Leguizamón.

Rivas, José Abelardo con Córdoba, Rosario
Exp. 370: En El Alto, a 4 de abril de 1872, compareció **José Abelardo Rivas**, natural de los Altos, h.n. de Ana Rosa Heredia, viudo de María Concha, y expuso que quería contraer matrimonio con **Rosario Córdoba**, vecina de Paclín, hija de (en blanco), viuda de Francisco Vera. Ts: (..).

Zurita, Dn. Pedro Marcial con Espeche, Da. Noemí Raquel
Exp. 373: Dn. **Pedro Marcial Zurita**, natural y vecino de Vilismano, h.l. de Dn. Victorino Zurita y de Da.

Catalina Oviedo, (deseo) contraer matrimonio con Da. **Noemí Raquel Espeche**, viuda, vecina de Vilismano, h.l. de Dn. Juan Bautista Espeche y de Da. Petrona Barrionuevo, vecinos de la provincia de Santiago del Estero. Ligados con un impedimento de afinidad lícita en primer grado igual de la línea colateral. Ts: Salvador Rodríguez y Javier Rodríguez. Dada En El Alto el 26 de abril de 1872.

Aguilar, Dn. Agustín con Ovejero, Da. Primitiva
Exp. 390: En El Alto, a 21 de junio de 1872, compareció Dn. **Agustín Aguilar**, natural de San Francisco, h.l. de Dn. Antonio Aguilar, ya finado, y Da. Anastasia Bendivia, vecinos de la provincia de Tucumán, viudo de Da. Florinda Contreras, y expuso que quería contraer matrimonio con Da. **Primitiva Ovejero**, vecina del curato de Ambato, h.l. de Dn. Tristán Ovejero y de la finada Da. Petrona Salado. Ts: Domingo Romero y José Ortega.

Ibáñez, Domingo Ignacio con Suárez, Dominga Corina
Exp. 393: **Domingo Ignacio Ibáñez**, natural y vecino de las Cañas, h.l. de Dn. Domingo Ibáñez y de Da. Silveria Camaño, pretende contraer matrimonio con **Dominga Corina Suárez**, natural y vecina de las Cañas, ambos feligreses de este curato, e h.l. de Dn. Juan Pedro Suárez y de Da. Rosario Ávila. Presentada En El Alto el 3 de julio de 1872.

Legajo sin número de 1872 a 1873

Silva, Francisco Dolores con Paz, Ana Rosa
Exp. 2: En El Alto, a 18 de octubre de 1872, compareció **Francisco Dolores Silva**, vecino de las Tunas, h.l. del finado Juan M. Silva y de Justa Rufina Mercado, viudo de Rosa Ramona Alzogaray, y expuso que quería contraer matrimonio con **Ana Rosa Paz**, vecina de las Tunas, h.l. del finado Isidoro y de Mercedes Carrizo. Ts: Pedro A. Díaz y Urbano Pereira.

Gómez, Andrés A. con Luján, María Dominga
Exp. 9: En El Alto, a 29 de diciembre de 1872, compareció **Andrés A. Gómez**, natural y vecino de Ancasti, h.l. de los finados Lorenzo Gómez y María Encarnación Burgos, viudo de María del Carmen Toledo, y expuso que quería contraer matrimonio con **María Dominga Luján**, natural y vecina de Vilismano, h.l. del finado Francisco Fabián y de María Rosa Saavedra y viuda de Rufino Orquera.

Arévalo, Andrés con Arévalo, Serafina
Exp. 11: **Andrés Arévalo**, vecino de El Alto, h.n. de Cecilia Arévalo, quiere contraer matrimonio con **Serafina Arévalo**, vecina del mismo lugar e h.l. de Francisco y de la finada Digna Lobo. Ligados con un impedimento de consanguinidad en tercer grado de la línea lateral igual. Ts: Justiniano Santucho y Desiderio Ávila. Dada el 31 de diciembre de 1872. (no se explica el parentesco)

Barrientos, Dn. Gabriel con Zurita, Da. Abigail
Exp. 17: En El Alto, a primero de febrero de 1873, compareció Dn. **Gabriel Barrientos**, natural y vecino de Sucuma, h.l. de Dn. Luis Barrientos y de la finada Da. Dominga Segura, y expuso que quería contraer matrimonio con Da. **Abigail Zurita**, natural y vecina del curato de Piedra Blanca, h.l. de Dn. José Dn. Zurita y de la finada Da. Teodosia Barros. Ts: Benito Almaraz y Policarpo Robles.

Márquez, Liberato con Morán, Angelita
Exp. 20: En El Alto, a 7 de febrero de 1873, compareció **Liberato Márquez**, natural y vecino del Tala, h.l. de Santos Márquez y de Jacoba Leiva, y expuso que quería contraer matrimonio con **Angelita Morán**, vecina del Tala, h.l. del finado Juan Gil y de Estefanía Farias.

Ríos, Juan B. con Lezana, Rosa
Exp. 21: En El Alto, a 8 de febrero de 1873, compareció **Juan B. Ríos**, vecino de Quimilpa e h.l. de los finados Carlos e Isidora Maldonado, y expuso que quería contraer matrimonio con **Rosa Lezana**, natural y vecina de Quimilpa, h.l. de Mariano y de Baldomera Villegas. Ts: Miguel González y Benigno Albarracín.

Arévalo, Francisco con Morales, Avelina
Exp. 25: **Francisco Arévalo**, vecino de Caña Cruz e h.l. del finado Ramón y de Dominga Rodríguez, viudo de Felicinda Ledesma, quiere contraer matrimonio con **Avelina Morales**, natural y vecina de Caña Cruz, h.l. de Liberato y de Leonarda Arévalo, viuda de Wenceslao Ríos. Ligados con un impedimento de consanguinidad en segundo grado simple mixto con tercero de la línea colateral. Ts: Mateo Villalba y Rufino Zurita. Dada el 13 de febrero de 1873. (no se explica el parentesco)

Bazán, Santiago con Ortega, Francisca Antonia
Exp. 28: En El Alto, a 13 de marzo de 1873, compareció **Santiago Bazán**, natural de Tucumán, vecino de la Jarilla, h.n. de la finada Petrona Bazán y viudo de Adelaida Cisneros, y expuso que quiere contraer matrimonio con **Francisca Antonia Ortega**, natural y vecina de los Molles, h.l. de Fabián y de Bonifacia Collantes. Ts: Miguel Brito y Juan B. Reinoso.

Romero, Medardo con Reinoso, María del Señor
Exp. 33: En El Alto, a 23 de marzo de 1873, compareció **Medardo Romero**, natural y vecino de la Jarilla, h.l. de Basilio y de Angelita Nieva, y expuso que quería contraer matrimonio con **María del Señor Reinoso**, natural de la Bajada y vecina de Tala Sacha, h.l. del finado José León y de María Tolosa. Ts: (ilegible).

Vizcarra, José Genaro con Luján, María Nicéfora
Exp. 38: En El Alto, a 13 de abril de 1873, compareció **José Genaro Vizcarra**, natural y vecino de Ancamugalla, h.l. de Francisco Antonio y de Juana Pabla Medina, y expuso que quería contraer matrimonio con **María Nicéfora Luján**, natural y vecina de Caña Cruz, h.l. de Manuel y de la finada María Apolinaria Arias. Ts: (..).

Collantes, Desiderio con González, Petronila
Exp. 67: En El Alto, a 26 de septiembre de 1873, compareció **Desiderio Collantes**, natural y vecino de las Tunas, h.l. de los finados José Santos y Bienaparecida Carrizo, y expuso que quería contraer matrimonio con **Petronila González**, natural y vecina de las Tunas, h.l. de los finados Ángel M. y de Bailona Acosta, y viuda de Francisco Díaz. José I. Cativas y José P. Ibáñez.

Espeche, Segundo con Ojeda, Bienaparecida
Exp. 77: En El Alto, a 26 de octubre de 1873, compareció **Segundo Espeche**, natural y vecino de El Alto, h.l. del finado Valeriano y de Natividad Vázquez, y expuso que quería contraer matrimonio con **Bienaparecida Ojeda**, natural y vecina de El Alto, h.n. de Maximiliana Ojeda. Ts: Carlos Leguizamón y Jacinto Almaraz.

Magallán, Dn. Carmelo con Brizuela, Da. Pilar
Exp. 79: En El Alto, a 4 de noviembre de 1873, compareció Dn. **Carmelo Magallan**, natural y vecino de Haipa Sorcona, h.l. de Dn. Crisólogo y de Da. Eduviges Burgos, y expuso que quería contraer matrimonio con Da. **Pilar Brizuela**, natural y vecina de Rama Corral, h.l. de los finados Dn. Cipriano y Da. Basilisa Barrionuevo. Ts: Wenceslao Gramajo y Felipe Aráoz.

Paredes, Mateo con Maidana, Silveria
Exp. 82: **Mateo Paredes**, natural y vecino del Agua del Sauce, h.l. del finado Félix y de Petrona Agüero, y viudo de Expectación Hernández, quiere contraer matrimonio con **Silveria Maidana**, natural y vecina del Puesto Viejo, h.l. de Eufemio y de la finada Cecilia Juárez. Ligados con dos impedimentos de consanguinidad, el uno y el otro de afinidad lícita, ambos en cuarto grado con atingencia al tercero, de la línea colateral desigual. Ts: Samuel Cabral y Wenceslao Guamán. Dada el 13 de noviembre de 1873. (no se explican los parentescos)

Agote, Dn. Manuel con Gardel, Da. Nicéfora
Exp. 85: En El Alto, a 17 de noviembre de 1873, compareció Dn. **Manuel Agote**, natural del Perú y vecino de Alijilán, h.l. de Dn. Pastor Agote y de Da. Angelita González, vecinos de Alijilán, y expuso que quería contraer matrimonio con Da. **Nicéfora Gardel**, natural y vecina de Pomancillo, curato de Piedra Blanca, e h.l. de Dn. Pedro y de Da. Rosa Salado, vecinos de Pomancillo. Ts: Dn. Juan Bautista Orellana y Dn. Pedro M. Zurita.

Córdoba, Manuel con Suárez, Marita
Exp. 88: En El Alto, a 5 de diciembre de 1873, compareció **Manuel Córdoba**, natural y vecino de las Cortaderas, h.l. del finado Mariano y de Crisóloga Saavedra, natural y vecina de El Alto, y expuso que quería contraer matrimonio con **Marita Suárez**, natural y vecina de las Cortaderas, h.l. de Regalado y de Delfina Díaz. Ts: Juan Albarracín y José M. Toledo.

Huergo, Dn. Carlos con Díaz, Da. Francisca Antonia
Exp. 89: En El Alto, a 6 de diciembre de 1873, compareció Dn. **Carlos Huergo**, natural de la capital de Catamarca y vecino de los Manantiales, departamento de El Alto, h.l. de Dn. Zacarías Huergo, ya finado, y de Da. Pastora Galíndez, naturales y vecinos de la capital de Catamarca, y expuso que quería contraer matrimonio con Da. **Francisca Antonia Díaz**, natural y vecina de los Manantiales, h.l. de Dn. Manuel Benigno Díaz y de Da. Rosario Díaz. Ts: Ramón Rodríguez y Juan A. Rosales.

Rojas, Manuel con Bazán, María de los Ángeles
Exp. 90: En El Alto, a 6 de diciembre de 1873, compareció **Manuel Rojas**, natural y vecino de las Chacras, h.l. de los finados Gregorio y Juana Luna, viudo de Lorenza Lezcano, y expuso que quería contraer matrimonio con **María de los Ángeles Bazán**, natural y vecina del Pozo Grande, h.n. de la finada Teresa, la que fue natural y vecina de Vilismano. Ts: Miguel Peñaflor y Rudecindo Sosa.

Legajo sin número de 1874

Reinoso, Lucas con Gómez, Josefa
Exp. 6: En El Alto, a 23 de enero de 1874, compareció **Lucas Reinoso**, natural y vecino de Tala Sacha, provincia de Tucumán, h.l. de Pedro Francisco y de Pascuala Mercado, y expuso que quería contraer matrimonio con **Josefa Gómez**, vecina de la Jarilla, h.n. de María Engracia Gómez. Ts: Justo Valdéz y Juan Bautista Díaz.

Agüero, Timoteo con Díaz, Ramona
Exp. 9: En El Alto, a 29 de enero de 1874, compareció **Timoteo Agüero**, natural y vecino de la Carpintería, h.n. de Josefa Agüero, y expuso que quería contraer matrimonio con **Ramona Díaz**, natural y vecina de la misma, h.l. del finado Pedro y de Segunda Agüero. Ts: Francisco Pérez y Abelardo Ibáñez.

Reinoso, Crescencio con Guaráz, María
Exp. 16: En El Alto, a 18 de febrero de 1874, compareció **Crescencio Reinoso**, natural y vecino del Bañado, h.l. de Justiniano y de la finada Tránsito Armas, y expuso que quería contraer matrimonio con **María Guaráz**, natural y vecina del mismo lugar, h.l. de Carlos y de la finada Casilda Robles, y viuda de Antonio Gregorio Díaz. Ts: Ramón Rosa Espíndola y Ricardo Caravajal.

Arias, Luis con Burgos, Natividad
Exp. 18: En El Alto, a 20 de febrero de 1874, compareció **Luis Arias**, natural de Catamarca y vecino de la Puerta Grande, h.n. de Tránsito Arias, y expuso que quería contraer matrimonio con **Natividad Burgos**, natural y vecina de la Puerta Grande, h.l. de los finados Justo y Nicolasa Sánchez. Ts: Casimiro Ortiz y Pascual Castro.

Caravajal, Pedro con Páez, Aberanda
Exp. 39: En El Alto, a 10 de junio de 1874, compareció **Pedro Caravajal**, natural y vecino de Alijilán, h.l. de Vicente y de la finada Javiera González, y expuso que quería contraer matrimonio con **Aberanda Páez**, natural y vecina de Alijilán, h.n. de María Páez. Ts: Andrés Reinoso y Rubén Díaz.

Ávila, Dn. Desiderio con Barrionuevo, Da. Ludovina
Exp. 40: En El Alto, a 12 de junio de 1874, compareció Dn. **Desiderio Ávila**, natural y vecino de Iloga, h.l. del finado Dn. Pedro Ignacio y de Da. Balbina Ibáñez, y expuso que quería contraer matrimonio con Da. **Ludovina Barrionuevo**, natural y vecina de las Iguanas, curato del Retiro, h.n. de la finada Da. Carmen Barrionuevo. Ts: Antonio Ocón y Román López.

Aranda, Dn. Pablo con Décima, Da. María
Exp. 48: En El Alto, a 22 de julio de 1874, compareció Dn. **Pablo Aranda**, natural y vecino de las Cañas, h.n. de la finada Da. Justa Aranda y viudo de Da. María Natividad Verón, y expuso que quería contraer matrimonio con Da. **María Décima**, h.l. de los finados Dn. Juan y Da. Antonia Torres, vecinos que fueron de las Cañas. Ts: Pedro M. Albarracín y Abelardo Ávila.

González, José Manuel con Contreras, Juana Paula
Exp. 50: En El Alto, a primero de agosto de 1874, compareció **José Manuel González**, natural de Sumampa y vecino de los Altos, h.l. de Celestino y de Angelita Ferreira, y expuso que quería contraer matrimonio con **Juana Pabla Contreras**, natural y vecina de San Francisco, h.l. de Juan y de la finada Andrea Contreras. Ts: Santiago Ibáñez y José Rufo Tula.

Velázquez, Ambrosio con Vega, Margarita
Exp. 58: En El Alto, a 20 de agosto de 1874, compareció **Ambrosio Velázquez**, natural de Córdoba y vecino de las Cañas, h.l. de Pedro y de la finada María Úrsula Saya, vecinos de las Cañas, y expuso que quería contraer matrimonio con **Margarita Vega**, natural y vecina de las Cañas, h.n. de Jesús Vega. Ts: Eufrasio Lobo y Fortunato Barrionuevo.

Tolosa, Albertano con Ontiveros, Juana
Exp. 59: En El Alto, a 20 de agosto de 1874, compareció **Advertano Tolosa**, natural y vecino de El Alto, h.n. de la finada Valeriana Gómez, y expuso que quería contraer matrimonio con **Juana Ontiveros**, natural y vecina del curato de Graneros, h.n. de Rosario Ontiveros. Ts: Prudencio Guzmán y Diego Cabral.

Salazar, Ceferino con Ojeda, Ascensión
Exp. 63: En El Alto, a 10 de septiembre de 1874, compareció **Ceferino Salazar**, natural y vecino de los Dos Pocitos, h.n. de la finada Trinidad Salazar, viudo de Gumersinda Leguizamón, y expuso que quería contraer matrimonio con **Ascensión Ojeda**, natural y vecina de la Higuerita, h.n. de Filomena Ojeda. Ts: Primitivo Guaráz y Fernando Guaráz.

Agüero, Dn. Feliciano con Guerra, Da. Santos
Exp. 81: En El Alto, a 12 de diciembre de 1874, compareció Dn. **Feliciano Agüero**, natural y vecino de las Cañas, h.l. de Dn. Anastasio, ya finado, y de Da. Zoila Carrizo, vecinos de la Villa de San Ramón, y expuso que quería contraer matrimonio con Da. **Santos Guerra**, vecina de las Cañas, h.l. de los finados Dn. José María y Da. Micaela Ávila, viuda de Dn. Crisóstomo Barrientos. Ts: Ramón R. Salvatierra y Ramón Ojeda.

Zurita, Dn. Luis Atanasio con Villalba, Da. Hugolina
Exp. 83: En El Alto, a 22 de diciembre de 1874, compareció Dn. **Luis A. Zurita**, natural y vecino de Ancuja, h.l. de los finados Dn. Juan Luis y Da. Salomé Valdéz, y expuso que quería contraer matrimonio con Da. **Hugolina Villalba**, natural y vecina del Buen

Retiro, h.l. del finado Dn. Juan Nicolás y de Da. Felipa Martínez, viuda de Avelino Morales. Ts: Manuel Antonio Ocón y Pedro Pablo Falcón.

Legajo sin número de 1880 a 1881

Arévalo, Dn. Pastor con Arévalo, Da. Delina

En esta Vicaria Pedanía de El Alto, el 8 de marzo de 1880, compareció Pastor Arévalo, natural y de los Pedraza, curato de Ancasti, h.l. del finado Dn. Ramón Antonio Arévalo y de Da. Benedicta Gómez, 28 años, blanco, labrador, soltero, para contraer matrimonio con Da. Delina Arévalo, natural y vecina del Arroyito de este curato, h.l. de Dn. Pascual Arévalo y Da. María de la Cruz Acuña, blanca, costurera, soltera. Se Dispensa de un impedimento de consanguinidad en cuarto grado, con atingencia al tercero.

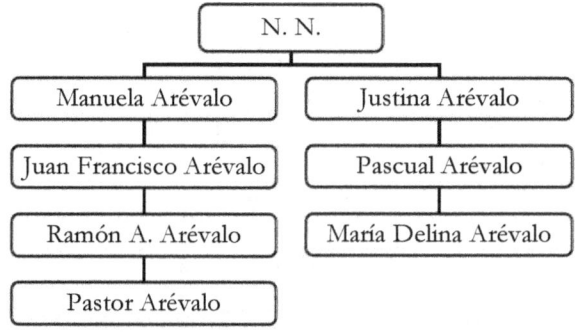

Legajo sin número de 1882 a 1883

González, Dn. Andrés con Arévalo, Da. Ramona

En esta Vicaria Pedanía de El Alto a 5 de enero 1882, compareció **Andrés González**, natural de Vilismano, h. l. de los finados Juan Manuel y Paula Maldonado, de 41 años de oficio labrador, viudo de la finada Emperatriz Ortiz, con **Ramona Arévalo**, natural y vecina de los Pedraza, curato de Ancasti, h. l. Ramón Antonio Arévalo y Benedicta Gómez, trigueña, de profesión costurera, viuda del finado Zenón Arévalo. Se dispensa un impedimento de consanguinidad en tercer grado con segundo la pretendida tiene a cargo 4 pequeñas hijas habidas de su primer matrimonio.

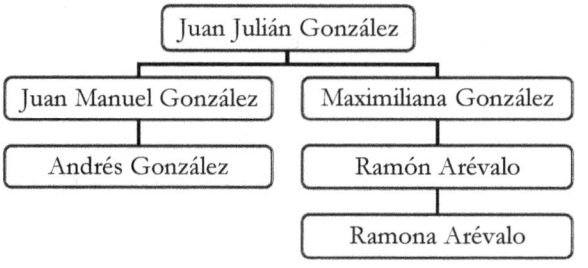

Lobo, Pedro Ignacio con Romero, Felipa Antonia

En El Alto a 24 de abril de 1882, compareció **Pedro Ignacio Lobo**, natural y vecino de la Huerta de este curato, .h.l. Roberto Lobo y de Hugolina Arévalo, 24 años, labrador, con **Felipa Antonia Romero**, natural y vecina de la Huerta, h.l. de los finados Juan Felipe Romero y Plácida Mercado, trigueña, costurera. Se dispensa un impedimento de declara un impedimento por consanguinidad en cuarto grado.

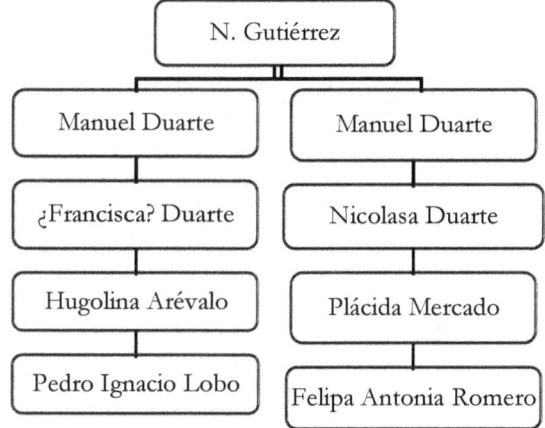

Legajo sin número de 1887 a 1893

Jeréz, Dn. Tristán con Melián, Da. Leovina

En El Alto, a 18 de febrero de 1887, compareció **Dn. Tristán Jeréz**, natural vecino de San Gerónimo, de este curato, h.l. del Dn. (sic) Agustín Jeréz y de la finada Genoveva Centeno, rubio de 20 años, vecinos de San Gerónimo, soltero, y expuso que quería contraer matrimonio con Da. **Leovina Melián**, natural y vecina de San Gerónimo, h.l. del finado Esteban Melián y de Da. Margarita Rodríguez, blanca, de oficio costurera, vecina de San Gerónimo, soltera. Ligados con un impedimento por consanguinidad en tercer grado por ser la pretendiente hija de un primo hermano del padre del pretendiente. Ts: Zenón Gutiérrez y José Brizuela.

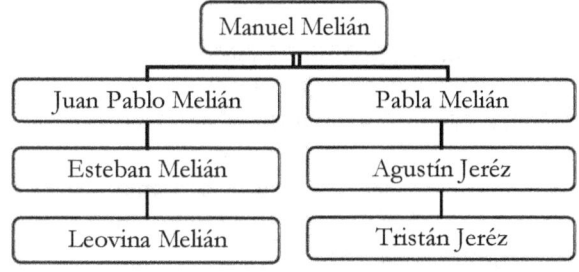

Gómez, Dn. Metodio con Gómez, Da. Tomasa

En esta vicaría pedánea de El Alto, a 4 de marzo de 1887, compareció **Dn. Metodio Gómez**, natural y vecino de Yaquicho de este curato, h.l. del finado Dn.

Pedro Gómez y de Da. Nieves Gómez, vecinos de Yaquicho, soltero, y expuso que quería contraer matrimonio con Da. **Tomasa Gómez**, natural y vecina del Carmen, h.l. del finado Dn. Estratón Gómez y de Da. Tomasa Salas, vecinos del Carmen, soltera. Ligados con un impedimento de consanguinidad en segundo grado mixto con tercero por ser la pretendida hija de un primo hermano del pretendiente. Ts: Dn. Francisco Javier Gómez y Dn. Isidoro Robles.

Oliva, Dn. Vicente con Pérez, Da. Aurora
En esta vicaría pedánea de El Alto, a 26 de marzo de 1887, compareció **Dn. Vicente Oliva**, vecino de los Manantiales de este curato, h.l. de los finados Juan Fermín Oliva y de Asindina de la Rosa Ovejero, vecinos de los Manantiales, viudo, labrador, y expuso que quería contraer matrimonio con **Da. Aurora Pérez**, vecina de los Manantiales de este curato, h.l. de los finados Celedonio Pérez y Luisa Agüero, vecinos de los Manantiales, soltera. Ligados con un impedimento de afinidad lícita en segundo grado con tercero por ser la pretendida prima hermana de la madre de la finada María Villafañe, que fue esposa del pretendiente. Ts: Ramón Dolores Ojeda y Eustaquio Díaz.

Quiroga, Salustiano con Navarro, Sofía
En esta vicaría pedánea de El Alto, a 25 de abril de 1887, compareció **Salustiano Quiroga**, vecino de Oyola de este curato, h.l. de Ramón Gil Quiroga y de Froilana Medina, vecinos de Oyola, soltero, labrador, y expuso que quería contraer matrimonio con **Sofía Navarro**, vecina de Oyola, h.n. de Francisca Navarro, vecinos de Oyola, soltera. Ligados con un impedimento de consanguinidad en cuarto grado por ser la pretendida pariente del pretendiente. Ts: Nicolás Gómez y Remigio Toledo.

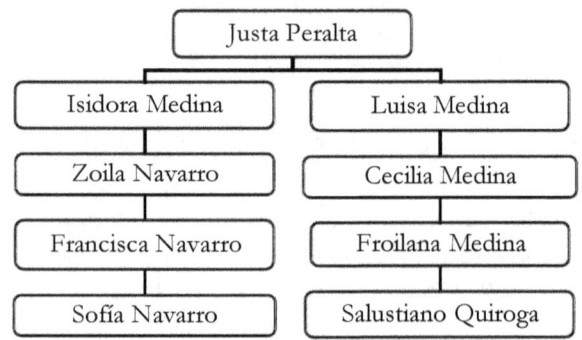

Gómez, Dn. Heracleo con Gómez, Da. Carlota
En esta vicaría pedánea de El Alto, a 27 de abril de 1887, compareció **Dn. Heracleo Gómez**, vecino de Yaquicho de este curato, h.l. del finado Dn. Pedro Gómez y de Da. Nieves Gómez, vecinos de Yaquicho, viudo, criador, expuso que quería contraer matrimonio con **Da. Carlota Gómez**, vecina de El Alto, h.l. de Dn. Francisco J. Gómez y de la finada Da. Eloísa Brizuela, vecinos de la misma parroquia, soltera. Ligados con un impedimento de consanguinidad mixta de tercero con cuarto grado por ser el pretendiente primo segundo del padre de la pretendida. Ts: Dn. Luis F. Brandán y Dn. Nicolás Gómez.

Chazarreta, José Manuel con Vega, Emilia
En esta vicaría pedánea de El Alto, a 6 de mayo de 1887, compareció **José Manuel Chazarreta**, vecino de Achalco, de este curato, h.l. de Manuel Chazarreta y de la finada Rosa Castellanos, vecinos de Achalco, de estado viudo de Fortunata Barrera, expuso que quería contraer matrimonio con **Emilia Vega**, vecina de Achalco, h.l. de Sebastián Vega y de Magdalena Barrera, vecinos de Achalco, de estado soltera. Ligados con un impedimento de afinidad lícita en tercer grado por ser la pretendida sobrina de la finada Fortunata Barrera, quién fue prima hermana de la madre de dicha pretendida. Una de las causales para matrimoniarse indica que el pretendiente tiene un hijo muy pequeño siendo criado por la pretendida. Ts: Manuel José Guerra y Ramón Ortiz.

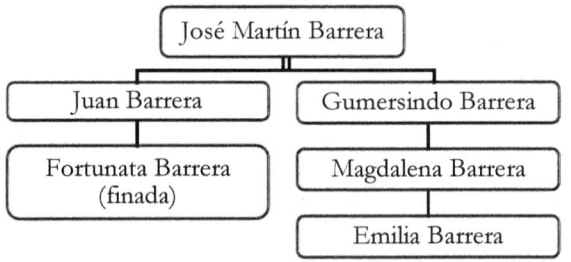

Verón, Fidel con Aranda, María del Señor

En esta vicaría pedánea de El Alto, a 15 de mayo de 1887, compareció **Fidel Verón**, vecino del Puestito de este curato, h.l. de Serapio Verón y de Rosario Zurita, vecinos del Puestito, de estado soltero, oficio labrador, y expuso que quería contraer matrimonio con **María del Señor Aranda**, vecina del Puestito, h.l. del finado Juan Bautista y de Juana Vázquez, vecinos del Puestito, de estado soltera. Ligados con un impedimento de consanguinidad en tercer grado por ser la madre de la pretendida prima hermana del padre del pretendiente. Ts: Casimiro Bayón y Pedro Campo.

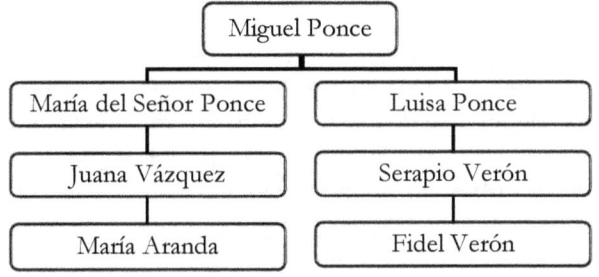

Díaz, Dn. Ángel Rafael con Barros, Da. Mercedes

En esta vicaría pedánea (no se especifica locación), a 13 de julio de 1887, compareció **Dn. Ángel Rafael Díaz**, vecino de esta parroquia, h.l. de Dn. Mariano Ignacio Díaz y de Da. Anunciación Sosa, soltera, expuso que quería contraer matrimonio con **Da. Mercedes Barros**, vecina de esta parroquia, h.l. de los finados Dn. Sebastián Barros y de Da. Zelanda Espeche, vecinos de esta parroquia, soltera, costurera. Ligados con un impedimento de consanguinidad en tercer grado mixto con segundo de la línea lateral desigual. Ts: Dn. Fabriciano Herrera y Dn. Manuel Barros.

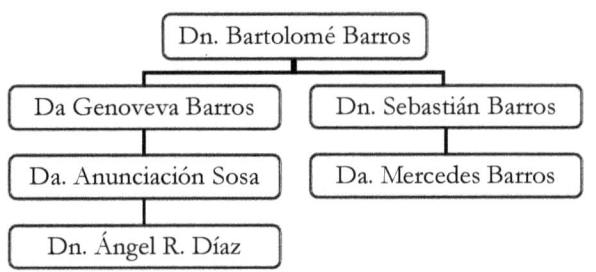

Villalba, José Clemente con Villalba, María Cruz

En El Alto, a 9 de setiembre de 1887, compareció **José Clemente Villalba**, vecino de Caña Cruz de este curato, h.l. de los finados Mateo Villalba y de Rosario Arévalo, vecinos de Caña Cruz, de estado soltero, oficio labrador, expuso que quería contraer matrimonio con **María Cruz Villalba**, vecina de Caña Cruz, h.n. de Nicolasa Villalba, vecina de Caña Cruz, soltera. Ligados con un impedimento de consanguinidad en tercer grado por ser la pretendida hija de una prima hermana del padre del pretendiente. Ts: Carmen Arias y Manuel Arias.

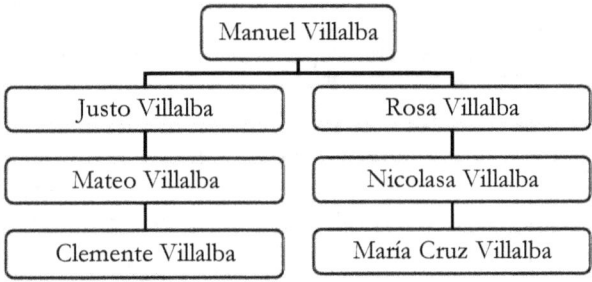

Navarro, Alejandro con Zurita, Restituta

En El Alto, a 27 de noviembre de 1887, compareció **Alejandro Navarro**, vecino del Vallecito de este curato, h.n. de Teresa Navarro, soltero, expuso que quería contraer matrimonio con **Restituta Zurita**, vecina del Vallecito, h.l. de los finados Justo Zurita y de Polonia Villagrán, viuda de Restituto Arévalo. Ligados con un impedimento de consanguinidad en segundo y tercer grado por ser la madre de la pretendida prima hermana del pretendiente. Quieren legitimar la prole "por haber". Ts: Santiago Albarracín y Juan Agustín de la Vega.

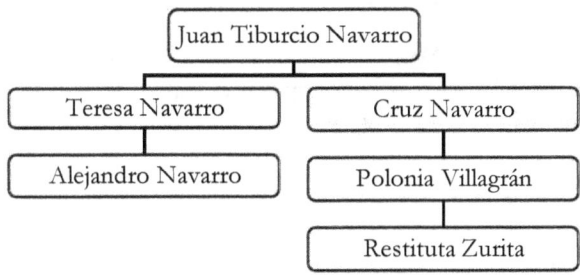

Legajo sin número de 1893

Gutiérrez, Ramón Antonio con Contreras, Rosaura

En de El Alto, a 4 de setiembre de 1893, compareció **Ramón Antonio Gutiérrez**, vecino de Sumampa, h.l. de Ramón Guerrero y María del P. Contreras, de estado soltero, y expuso que quería contraer matrimonio con **Rosaura Contreras**, vecina de los Altos, h.l. de Fructuoso Contreras y Ana María Contreras, vecinos de los Altos, de estado soltera. Ligados con un impedimento de consanguinidad en tercer grado por ser la pretendida prima segunda del pretendiente. Ts: Andrés Luna y Pablo M. Guevara.

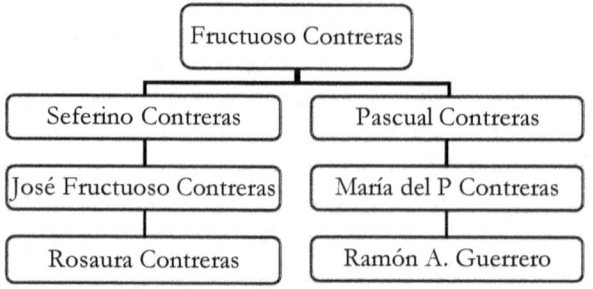

Arévalo, Dn. Narciso con Páez, Da. Ramona

En esta vicaría pedanía de El Alto, a días 28 de noviembre de 1895, compareció **Dn. Narciso Arévalo**, vecino del vallecito, h.l. de los finados Dn. Restituto Arévalo y Da. Restituta Zurita, de estado soltero, para casar con **Da. Ramona Páez**, vecina de Ancomugalla, h.n. de Casimira Páez, de estado soltera. Se solicita dispensa de un impedimento de consanguinidad de tercer grado simple, por ser la pretendida prima segunda del pretendiente.

Gómez, Dn. Miguel con Gómez, Da. Nieves

En El Alto, a días 9 de marzo de 1896, compareció **Dn. Miguel Gómez**, natural y vecino de San Nicolás h.l. de Luis Gómez y Cleofé Valdéz, ya finados, soltero, para casar con **Da. Nieves Gómez**, natural y vecina de Yaquicho, h.l. de los finados Pedro Gómez y Nieves Gómez, soltera. Se solicita dispensa de un impedimento de consanguinidad de segundo grado mixto con tercero, por ser la pretendida prima hermana del padre del pretendiente.

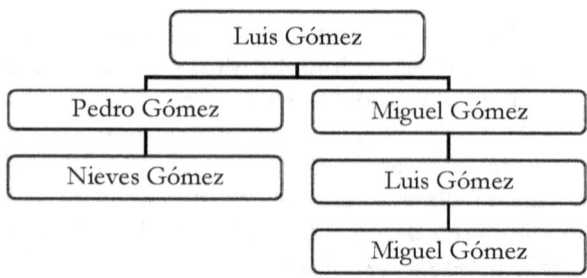

Arévalo, Antonio con Rodríguez, María

En esta vicaría pedanía de El Alto, a días 13 de abril de 1896, compareció **Antonio Arévalo**, vecino de Caña Cruz, h.l. de los finados Francisco Arévalo y Digna Lobo, soltero, para casar con **María Rodríguez**, vecina de Tintigasta, h.n. de la finada Serapia Rodríguez. Solicita Dispensar un impedimento de consanguinidad de tercer grado simple de la línea colateral, por ser la pretendida prima segunda del pretendiente.

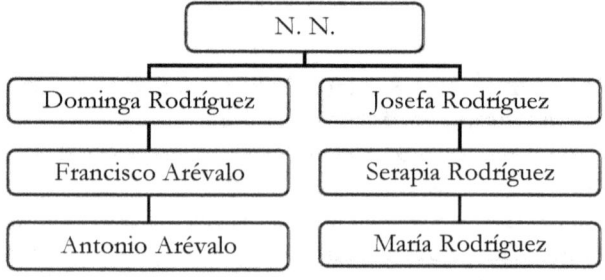

Índice de Contrayentes

Abad, Julián	36	
Abades, María Mercedes	447	
Abel, Antonio	250	
Abrego, Benedicta	24	
Abrego, Francisco Fermín	88	
Abrego, Gregoria	51	
Abrego, Ignacia	19	
Abrego, Juan	10	
Abrego, Juana	64	
Acassuso, Domiciano	562	
Acevedo, Dn. Pedro	455	
Acevedo, Jerónima	143	
Acevedo, José Doroteo	148	
Acevedo, Juan Isidro	74	
Acevedo, Manuela	274	
Acevedo, María Anselma	40	
Acevedo, María Francisca (Bautismo)	36	
Acosta, Adolfo	304	
Acosta, Agustín	461	
Acosta, Ana María	266	
Acosta, Ángel Mariano	183	
Acosta, Antonia	9, 11	
Acosta, Bartolomé	561	
Acosta, Bernardo	17, 220	
Acosta, Calixto	60	
Acosta, Candelaria	344	
Acosta, Carmen	317	
Acosta, Cayetano	168	
Acosta, Celestina	430	
Acosta, Crescencia	349	
Acosta, Da. Zoila	586	
Acosta, Dionisio	49	
Acosta, Dn. Andrés	275	
Acosta, Dn. José Dionisio	496	
Acosta, Dn. Remigio	257	
Acosta, Dorotea,	408	
Acosta, Felipa	9	
Acosta, Fermín	146, 170	
Acosta, Francisco	24	
Acosta, Fructuoso	165	
Acosta, Indalecia	413	
Acosta, Jerónima	121	
Acosta, José de los Reyes	463	
Acosta, José Florentino	202	
Acosta, José Laureano	580	
Acosta, José Manuel	266, 384	
Acosta, José María	537	
Acosta, José Tomás	131	
Acosta, Juan Ramón	50	
Acosta, Juan Simón	75	
Acosta, Juana B. Acosta	433	
Acosta, Juana Petrona	191	
Acosta, Juana Rosa	39	
Acosta, Justino	411	
Acosta, Luciano	127	
Acosta, Maclovia	432	
Acosta, Manuel de Jesús	570	
Acosta, Manuela	122, 202	
Acosta, María Crescencia	244	
Acosta, María del Rosario	83, 121	
Acosta, María Francisca	41	
Acosta, María Gerónima	448
Acosta, María Isabel	157
Acosta, María Juana	512
Acosta, María Justa	15, 27
Acosta, María Justa de	14
Acosta, María Mercedes	437
Acosta, María Micaela	63
Acosta, María Simona	227
Acosta, Mauricio	314
Acosta, Miguel	436
Acosta, Paulina	217
Acosta, Pedro	57, 338
Acosta, Pedro Ignacio	144
Acosta, Pedro José	57
Acosta, Raimundo	83
Acosta, Ramón	323
Acosta, Ramona	392
Acosta, Ramona Rosa	426
Acosta, Rita	284
Acosta, Santiago	77
Acosta, Telésfora	418
Acosta, Tomasina	66
Acosta, Valeriana	533
Acosta, Visitación	555
Acuña, Asunción	342
Acuña, Da. Escolástica	487
Acuña, Da. María de la Cruz	491
Acuña, Da. Raquel	390
Acuña, Digna	538
Acuña, Dn. Policarpo	205
Acuña, Dominga	10
Acuña, Gregorio	19, 215
Acuña, Isabel	14
Acuña, José	382
Acuña, Juan de los Santos	124
Acuña, Juan José	452
Acuña, Juana Rosa	263, 514
Acuña, Lorenza de	10
Acuña, María de Jesús	585
Acuña, María Estanislada	202
Acuña, María Rafaela	194
Acuña, Nicolás	158
Acuña, Policarpo	304
Acuña, Santos	325
Adauto, Abraham	251
Adauto, Ángel	393
Adauto, Belisario	512, 534
Adauto, Delicia	377
Adauto, Dn. José Manuel	77
Adauto, José	33
Adauto, José Francisco	505
Adauto, José León	219
Adauto, Leonor	397
Adauto, María Genuaria	170
Adauto, María Pascuala	443
Adauto, Miguel Antonio	361
Adreda, María Mercedes	538
Africano, Francisco	13
Africano, Juan José	13
Africano, Lucas	12
Africano, Nicolás	12
Agote, Da. Delfina	371
Agote, Delfín	348
Agote, Dn. Manuel	589
Agote, Julia	332
Agudo Gómez, Mercedes	345
Agudo, Antonio	323
Agudo, Da. Candelaria	540
Agüero, Águeda	342
Agüero, Agustina	504
Agüero, Alberto	222
Agüero, Ana María	173, 191, 508
Agüero, Andrea	72
Agüero, Antonio	33, 104, 254, 432
Agüero, Antonio Leandro	212
Agüero, Ascensión	308
Agüero, Audelina	381
Agüero, Baldomera	397
Agüero, Bartolina	16
Agüero, Basilio	529
Agüero, Beatriz	562
Agüero, Bonifacio	167
Agüero, Brígida	506
Agüero, Carlota	246
Agüero, Carmen	511
Agüero, Ceferina	553
Agüero, Celsa	431
Agüero, Da. Bella Rosa	247
Agüero, Da. Catalina	480
Agüero, Da. Concepción	522
Agüero, Da. Deidamia	366
Agüero, Da. Hugolina	259, 515
Agüero, Da. Leocadia	420
Agüero, Da. Luisa	23
Agüero, Da. Margarita	484
Agüero, Da. María	400
Agüero, Da. María Francisca	491, 494
Agüero, Da. María Ignacia	460
Agüero, Da. María Juana	92
Agüero, Da. María Mercedes	479
Agüero, Da. Paulina	114
Agüero, Da. Rosalía	451
Agüero, Da. Sofronia	393
Agüero, Daria	203
Agüero, Delicia	394
Agüero, Dn. Abel	422
Agüero, Dn. Andrés Avelino	465
Agüero, Dn. Benjamín	476
Agüero, Dn. Celedonio	190
Agüero, Dn. Feliciano	590
Agüero, Dn. Francisco Basilio	22
Agüero, Dn. Froilán	261
Agüero, Dn. José Benjamín	473
Agüero, Dn. José Manuel	82
Agüero, Dn. José María	571
Agüero, Dn. José Rosario	521
Agüero, Dn. Juan Domingo	82
Agüero, Dn. Manuel	294
Agüero, Dn. Miguel	251
Agüero, Dn. Pacífico	269
Agüero, Dn. Pedro	422
Agüero, Dn. Pedro José de	458
Agüero, Dn. Ramón	49, 387

Agüero, Dn. Ramón Antonio 466, 508
Agüero, Dolores 368
Agüero, Domingo 284, 495
Agüero, Domingo Ignacio 542
Agüero, Dulcidio 322
Agüero, Eusebia 307, 424
Agüero, Felipe Antonio 362
Agüero, Felipe Santiago 545
Agüero, Fermín Antonio 193, 562
Agüero, Fernando 544
Agüero, Francisca 36
Agüero, Francisca Antonia 171, 256, 299, 513, 587
Agüero, Francisco 126, 273, 452
Agüero, Germán 431
Agüero, Gregoria 108, 207, 314, 508
Agüero, Gumersindo 381
Agüero, Heliodora 305, 561
Agüero, Hilaria 389
Agüero, Ignacia 46
Agüero, Ignacio 432
Agüero, Isabel 254
Agüero, Isidoro 426
Agüero, Jacobo 278
Agüero, Jerónima 281
Agüero, José 386
Agüero, José Avelino 567
Agüero, José Liberato 172
Agüero, José Lucas 52
Agüero, José Manuel 156
Agüero, José Matías 89
Agüero, José Santos 344
Agüero, José Venancio 518
Agüero, Josefa 263
Agüero, Juan Ascencio 65
Agüero, Juan Manuel 198
Agüero, Juan Martín 58
Agüero, Juan Romualdo 143
Agüero, Juan Silvestre 208
Agüero, Juan Vicente 143
Agüero, Leandra 195
Agüero, Lorenza 303, 552
Agüero, Luisa 398, 488
Agüero, Manuel 100, 232, 534
Agüero, Manuel Antonio 187
Agüero, Manuela 415
Agüero, Marcelina 316
Agüero, María Antonia 16, 555
Agüero, María Bernarda 36
Agüero, María de Jesús 153
Agüero, María de la Asunción 163
Agüero, María del Rosario 180
Agüero, María del Señor 518
Agüero, María del Tránsito 88
Agüero, María Feliciana 226
Agüero, María José 80
Agüero, María Martina 82
Agüero, María Rosa 50
Agüero, María Salomé 407
Agüero, María Ventura 545
Agüero, Martín 397
Agüero, Martina 61
Agüero, Maximiliana 300
Agüero, Maximino 257, 344
Agüero, Mercedes 181, 321, 559
Agüero, Micaela 121
Agüero, Miguel 256, 273, 377
Agüero, Miguel Santos 210
Agüero, Nicolasa 158, 321
Agüero, Nieves 361, 557
Agüero, Pascuala 512, 534
Agüero, Pedro Pablo 516
Agüero, Petrona 38, 162
Agüero, Ponciano 233
Agüero, Ramón 261
Agüero, Ramón Antonio 175
Agüero, Ramón Ignacio 515
Agüero, Ramón Rosa 327
Agüero, Ramona 435, 558
Agüero, Ricardo 139
Agüero, Romelia 399
Agüero, Romualdo 545
Agüero, Roque Jacinto 15, 438
Agüero, Rosario 425
Agüero, Severa 268
Agüero, Socorro 432
Agüero, Teodosia 431
Agüero, Teresa 368
Agüero, Timoteo 345, 590
Agüero, Victoria 434
Aguilar, Cayetano 205, 221
Aguilar, Da. Carolina 251
Aguilar, Da. Heliodora 491
Aguilar, Daniel 404
Aguilar, Desiderio 338
Aguilar, Dn. Agustín 572, 588
Aguilar, Dn. Ángel Mariano 482
Aguilar, Dn. Daniel 531
Aguilar, Dn. José Fermín 565
Aguilar, Dn. Sebastián 13
Aguilar, Egidio 96
Aguilar, Facundo 385
Aguilar, Felipe 176
Aguilar, Gregorio 433
Aguilar, Ildefonsa 508
Aguilar, José Fructuoso 307
Aguilar, José Juvenal 336
Aguilar, José Nicolás 149
Aguilar, Josefa 497
Aguilar, Juan Clemente 66
Aguilar, Margarita 529, 578
Aguilar, María Esmeralda 430
Aguilar, Ramón Antonio 80
Aguilera, Bartolina 48
Aguilera, José 38
Aguilera, María Petrona 41
Aguirre, Adelma 393
Aguirre, Bernardo 29
Aguirre, Da. Antonia 24
Aguirre, Da. Paulina 263, 535
Aguirre, Dn. Abad 244
Aguirre, Dn. Bernabé 405
Aguirre, Dn. Emiliano 262
Aguirre, Dn. José Tiburcio 532
Aguirre, Dn. Pedro Lucas 567
Aguirre, Dn. Valentín 285
Aguirre, Euladia 403
Aguirre, Indalecia 226
Aguirre, José Santos 557
Aguirre, José Tiburcio 166
Aguirre, Juan de Dios 257
Aguirre, Juan Tomás 51
Aguirre, Juana Ventura 133
Aguirre, Manuel 304, 501
Aguirre, María 96
Aguirre, María Candelaria 51
Aguirre, María del Señor 280
Aguirre, María Florentina 144
Aguirre, María Juana 227
Aguirre, María Manuela 163
Aguirre, María Teresa 202
Aguirre, Rosendo 430
Aguirre, Salomé 200
Aguirre, Segunda 385
Aguirre, Tiburcio 452
Aguirre, Tomasina 83
Aguirre, Victoriano 25
Ahumada, Alejo 332
Ahumada, Belisario 391
Ahumada, Benedicta 335
Ahumada, Crisóstomo 430
Ahumada, Da. Adelaida 386
Ahumada, Da. Baldomera 501
Ahumada, Da. Beatriz 242, 573
Ahumada, Da. Catalina 476
Ahumada, Da. Ceferina 518
Ahumada, Da. Eulalia 284
Ahumada, Da. Eusebia 454, 472
Ahumada, Da. Francisca Antonia 575
Ahumada, Da. Genoveva 488
Ahumada, Da. Indalecia 464
Ahumada, Da. Jacinta 499
Ahumada, Da. Jacoba 451
Ahumada, Da. María 458
Ahumada, Da. María Antonia 268
Ahumada, Da. María de Jesús 476, 497
Ahumada, Da. María Jesús 550
Ahumada, Da. María Ramona 552
Ahumada, Da. Martina 558
Ahumada, Da. Ramona Rosa 535
Ahumada, Da. Salomé 257
Ahumada, Da. Teresa 560
Ahumada, Da. Tomasina 497
Ahumada, Da. Zoila 483
Ahumada, Dn. Alejo 49
Ahumada, Dn. Atanasio 558
Ahumada, Dn. Eulogio 546
Ahumada, Dn. Frigidiano 543
Ahumada, Dn. Gregorio 487
Ahumada, Dn. Gumersindo 278
Ahumada, Dn. Ignacio 470
Ahumada, Dn. Ignacio Severo 492
Ahumada, Dn. Inocencio 266
Ahumada, Dn. José Elías 497
Ahumada, Dn. José Manuel 453
Ahumada, Dn. Manuel 355
Ahumada, Dn. Mauricio 365
Ahumada, Dn. Miguel 259
Ahumada, Dn. Pedro Nolasco 448, 468
Ahumada, Dn. Prudencio 580
Ahumada, Dn. Rosendo 271, 367
Ahumada, Dn. Segundo 496
Ahumada, Dn. Victoriano 442
Ahumada, Elena 411

Índice de Contrayentes

Ahumada, Estanislao	329	
Ahumada, Eusebio	365	
Ahumada, Francisca	313	
Ahumada, Indalecia	436	
Ahumada, Inocencio	451	
Ahumada, José Estanislao	62	
Ahumada, José Gabino	160	
Ahumada, José Manuel	333	
Ahumada, José Segundo	93	
Ahumada, Juan	28	
Ahumada, Juan Ángel	144	
Ahumada, Juan Manuel	237	
Ahumada, Juan Pablo	500	
Ahumada, Juana	487	
Ahumada, María Cruz	339	
Ahumada, María de las Mercedes	111, 115	
Ahumada, María del Señor	276	
Ahumada, María Isidora	477	
Ahumada, María Nicolasa	73	
Ahumada, María Pabla	186	
Ahumada, María Rosalía	22	
Ahumada, Marquesa	333	
Ahumada, Moisés	375	
Ahumada, Nicomedes	315	
Ahumada, Norberto	246	
Ahumada, Pedro M.	315	
Ahumada, Pedro Martín	388	
Ahumada, Ramón Clero	309	
Ahumada, Rosa	271, 338	
Ahumada, Rosario	290	
Ahumada, Rosendo	402	
Ahumada, Rufino	432	
Ahumada, Segundo Victorino	382	
Ahumada, Severo	435	
Ahumada, Silvestre	377	
Ahumada, Tomás	501	
Ahumada, Zoila	308	
Álamo, María Antonia	126	
Alamón, Francisca Solana del Carmen	33	
Alarcón, Bartolina	101	
Alarcón, Jacinta	534	
Alarcón, José Domingo	204	
Alarcón, José Tomás	79	
Alarcón, Juan Esteban	126	
Alarcón, Juan Pedro	149	
Alarcón, María Ignacia	175	
Alarcón, María Narcisa	195	
Alarcón, María Victoria	454	
Alarcón, Mariano	147, 191	
Alarcón, Natividad	172	
Alarcón, Tránsito	175	
Alba, Ángela	393	
Alba, Ermilio	362	
Alba, Gregorio	557	
Alba, Teresa	222	
Albarracín Cristina	254	
Albarracín Da. María de Jesús	69	
Albarracín, Alberto	575	
Albarracín, Ana	14	
Albarracín, Ángel	393	
Albarracín, Ángel M	305	
Albarracín, Audelina	344	
Albarracín, Bárbara	533	
Albarracín, Bartolina	341	
Albarracín, Basilio	254	
Albarracín, Belizardo	503	
Albarracín, Benigno	312, 324, 363	
Albarracín, Carmen	321	
Albarracín, Casilda	468	
Albarracín, Casimiro	478	
Albarracín, Catalina	27, 164	
Albarracín, Cecilia	87	
Albarracín, Ceferino	408, 423	
Albarracín, Clarisa	401	
Albarracín, Da. Catalina	490	
Albarracín, Da. Genoveva	253	
Albarracín, Da. Jerónima	94	
Albarracín, Da. María	13	
Albarracín, Da. María Antonia	546	
Albarracín, Da. María Isabel	18	
Albarracín, Da. María Nicolasa	40	
Albarracín, Da. María Rosario	450	
Albarracín, Da. Rita	403	
Albarracín, Da. Rosa	555	
Albarracín, Da. Rosario	253	
Albarracín, Da. Santos	492	
Albarracín, Da. Virginia	369	
Albarracín, Dalinda	391	
Albarracín, Daria	181	
Albarracín, Deidamia	339	
Albarracín, Digna	292	
Albarracín, Dionisia	99	
Albarracín, Dn. Albino	255	
Albarracín, Dn. Bartolo	494	
Albarracín, Dn. Eduardo	362	
Albarracín, Dn. José Antonio	31	
Albarracín, Dn. José Carmelo	463	
Albarracín, Dn. José Narciso	460	
Albarracín, Dn. José Policarpo	492	
Albarracín, Dn. Juan Miguel	92	
Albarracín, Dn. Manuel Antonio	507	
Albarracín, Dn. Pantaleón	478	
Albarracín, Dn. Pedro Pascual	475	
Albarracín, Dn. Tiburcio	516	
Albarracín, Dn. Tránsito	509	
Albarracín, Dominga	428	
Albarracín, Eduviges	358, 383	
Albarracín, Fabiana	273	
Albarracín, Felipa	274	
Albarracín, Felizardo	282	
Albarracín, Fermín	243, 575	
Albarracín, Francisca	10	
Albarracín, Francisca Antonia	525, 545	
Albarracín, Francisca Rosa	540	
Albarracín, Gerónima	304, 362	
Albarracín, Guillerma	339	
Albarracín, Honorata	428	
Albarracín, Ignacia	516	
Albarracín, Inés	55	
Albarracín, José	12	
Albarracín, José Arcolino	393	
Albarracín, José Lucas	66	
Albarracín, José Manuel	445	
Albarracín, José Maurilio	415	
Albarracín, Josefa	118, 366, 526	
Albarracín, Juan	17	
Albarracín, Juan Alejo	47	
Albarracín, Juan Bautista	81, 152, 312	
Albarracín, Juan de la Rosa	295	
Albarracín, Juan Nicolás	51	
Albarracín, Juan Santos	234	
Albarracín, Juana	14, 186	
Albarracín, Justa	90	
Albarracín, Leonarda	38	
Albarracín, Lope	246	
Albarracín, Lorenza	529	
Albarracín, Luis Bernardo	74	
Albarracín, Luisa	347	
Albarracín, Magdalena	94	
Albarracín, Manuel	224, 274	
Albarracín, Manuel de Jesús	371	
Albarracín, Manuel Fernando	191	
Albarracín, María	13, 131, 376	
Albarracín, María Antonia	372	
Albarracín, María Ascensión	250	
Albarracín, María de la Concepción	136, 167, 184	
Albarracín, María del Carmen	118	
Albarracín, María del Pilar	176	
Albarracín, María del Señor	217	
Albarracín, María Felipa	118	
Albarracín, María Francisca	586	
Albarracín, María Juana	45	
Albarracín, María Luisa Albarracín	34	
Albarracín, María Magdalena	145	
Albarracín, María Mercedes	26	
Albarracín, María Rosalía	537	
Albarracín, María Severina	444	
Albarracín, María Socorro	132	
Albarracín, Mariano	134	
Albarracín, Mateo	222	
Albarracín, Melitona	386	
Albarracín, Miguel Gerónimo	372	
Albarracín, Nicolás	165	
Albarracín, Pantaleón	340	
Albarracín, Pascuala	33	
Albarracín, Pedro	293, 346, 429	
Albarracín, Pedro Antonio	253	
Albarracín, Pedro José	364	
Albarracín, Pedro Miguel	314	
Albarracín, Petrona	151	
Albarracín, Petronila	447, 554	
Albarracín, Ramón	248	
Albarracín, Ramón Antonio	490	
Albarracín, Ramona	408, 523, 583	
Albarracín, Salvador	478	
Albarracín, Santiago	20, 37, 224	
Albarracín, Teresa	17	
Albarracín, Tiburcio	315, 323	
Albarracín, Tomás	22	
Albarracín, Tránsito	311	
Albarracín, Waldina	383	
Albornoz, Adelina Rosa	405	
Albornoz, Avelina	429	
Albornoz, Esteban	14	
Albornoz, Eulalia	32	
Albornoz, Teodora	105	
Alcaráz, Ana María	73	
Alcaráz, Carmen	22	
Alcaráz, Ignacio	14	
Alcaráz, Juan	25, 38	
Alcaráz, Lorenza	40	
Alcaráz, María Ignacia	18	

Aldana, José María	587	
Alderete, Agustina	202	
Alderete, Basilio	125	
Alderete, José Luis	119	
Alderete, María Ramona	144	
Aldunate, Marino Eugenio	136	
Alejo, Agustina	10	
Alisa, Ibáñez	428	
Allende, Guillermo	337	
Almaráz, Andrea Avelina	256	
Almaraz, Bernardo	329	
Almaráz, Bernardo	381	
Almaráz, Ceferina	363	
Almaráz, Celina	432	
Almaraz, Cruz	343	
Almaraz, Dn. Filiberto	393	
Almaraz, Dn. Isaac	380	
Almaraz, Dn. José Benito	290	
Almaraz, Eladia	336	
Almaráz, Francisca	18	
Almaraz, Gaudencia	338	
Almaraz, Ignacia	364	
Almaráz, Ignacia	436	
Almaraz, Jacinto Nicolás	237	
Almaráz, José Abraham	520	
Almaráz, José Avelino	185	
Almaraz, Juan Bautista	230	
Almaráz, Juan Bautista	133	
Almaráz, Juan Florentino	193	
Almaráz, Juan Gregorio	467	
Almaraz, Juan Nicolás	508	
Almaráz, Juan Nicolás	56	
Almaraz, Juan Pablo	284	
Almaráz, Juana Isabel	133	
Almaráz, Juana Rosa	471	
Almaraz, María Benigna	577	
Almaraz, María del Tránsito	371	
Almaráz, María Juana	242	
Almaraz, María Rosario	303	
Almaraz, Matrona	385	
Almaraz, Nicolás Ignacio	508	
Almaraz, Pabla,	397	
Almaraz, Pedro	304	
Almaraz, Teodor	220	
Almaraz, Teófilo	371	
Almirón, Antonia	436	
Almonacid, Ángel	344	
Almonacid, Isidro	451	
Altamirana, Cenobia	329	
Altamirana, Juan Bautista	315	
Altamirana, Juliana	310	
Altamirana, Lucio	305	
Altamirana, María	382	
Altamirana, Moisés	314	
Altamiranda, Apolinaria	185	
Altamiranda, Asención	228	
Altamiranda, Da. Juliana	289	
Altamiranda, Da. Ramona Rosa	265	
Altamiranda, Dn. Hermenegildo	368	
Altamiranda, Dn. Pablo	548	
Altamiranda, Francisco	60	
Altamiranda, Juana Petrona	249	
Altamiranda, Julián	192	
Altamiranda, Juliana de Jesús	241, 572	
Altamiranda, Lucio	221	
Altamiranda, María Antonia	355	
Altamiranda, María Cleofé	355	
Altamiranda, María de las Mercedes	45	
Altamiranda, Ramón Antonio	444	
Altamirano, Da. Lastenia	367	
Altamirano, Pedro	383	
Alva, Evangelista	255	
Alva, Melitona	323	
Alva, Nabor	338	
Alvarado, Cornelia	488	
Álvarez Leonarda	38	
Álvarez, Anfiloquia	413	
Álvarez, Antonia	161	
Álvarez, Cornelia	204	
Álvarez, Da. Josefa	482	
Álvarez, Da. Petrona	247	
Álvarez, Da. Serafina	458	
Álvarez, Dn. Domingo	17	
Álvarez, Dn. Fulgencio	62	
Álvarez, Dn. José Nicanor	565	
Álvarez, Dn. Matías	280, 481	
Álvarez, Domingo	10	
Álvarez, Encarnación	180	
Álvarez, Félix Mariano	150	
Álvarez, José	385	
Álvarez, José Elías	558	
Álvarez, José Froilán	88	
Álvarez, José Lorenzo	229	
Álvarez, Juan	15	
Álvarez, Juan de Dios	228	
Álvarez, Juan Gregorio	19	
Álvarez, Juan Manuel	90	
Álvarez, Juana	137	
Álvarez, Juana de Dios	79	
Álvarez, Juana Rosa	17	
Álvarez, Lorenzo	84	
Álvarez, Manuela	183	
Álvarez, María Antonia	128, 199	
Álvarez, María de la Anunciación	149	
Álvarez, María del Carmen	182	
Álvarez, María Eudosia	334	
Álvarez, María Inocencia	65	
Álvarez, María Rosa	42	
Álvarez, Mateo	78	
Álvarez, Matías	239	
Álvarez, Micaela	202	
Álvarez, Nolasco	73	
Álvarez, Pascuala	58	
Álvarez, Ramón Antonio	52	
Álvarez, Regina	425	
Álvarez, Rosario	353	
Álvarez, Salvador	321	
Álvarez, Simón	19	
Álvarez, Susana	198	
Amado, Pedro	9	
Amador, Ermilio	273	
Amador, Felizardo	274	
Amador, Francisco	167, 169	
Amador, José Carlos	569	
Amador, Juana Pabla	227	
Amadora, Feliciana	206	
Amaya, Ángel Domiciano	266	
Amaya, Francisco	146	
Amaya, Francisco Javier	30	
Amaya, Juan Pablo	128	
Amaya, Liberata	344	
Amaya, María Carlota	547	
Amaya, María del Tránsito	188, 480	
Amaya, María Genuaria	78	
Amaya, María Santos	156	
Amaya, Roque Jacinto	173	
Amaya, Tomás	89, 132	
Amella, Bernardo	12	
amo María Josefa	50	
Ana Josefa	35	
Ana María	37	
Andino, Rudecinda	18	
Andrada, Da. Josefa	582	
Andrade, Eusebio	380	
Anzoia, Francisco Estanislao	41	
Aoiz, Francisco Antonio	200	
Aoiz, Mariana	235	
Aparicio, Digna	286	
Aparicio, Dn. Hilario	438	
Aparicio, Dn. José Mateo	510	
Aparicio, María Antonia	87	
Aragón Da. María Luisa	443	
Aragón, Da. María Bartolina	449	
Aragón, Dn. Eufemiano	288	
Aragón, José	266	
Aragón, Manuela	90	
Arancibe, Buenaventura	408	
Arancibia, Carmen	362	
Arancibia, Dn. José	424	
Arancibia, Dn. José Roque	458	
Arancibia, Eleuterio	246, 524	
Arancibia, Eusebio	326	
Arancibia, María de Jesús	325	
Aranda, Clara	343	
Aranda, Dn. Pablo	590	
Aranda, Felipe	126	
Aranda, Francisca Predesfinda	372	
Aranda, Genuaria	195	
Aranda, Isabel	329	
Aranda, José Manuel	255	
Aranda, Juan A	396	
Aranda, Juan Apolinar	514	
Aranda, Juan Bautista	244	
Aranda, Juan de la Cruz	521	
Aranda, Juan Gualberto	210	
Aranda, María	368, 544	
Aranda, María del Señor	593	
Aranda, María Mercedes	129, 529	
Aranda, Mateo	551	
Aranda, Peregrino	311	
Aranda, Rosa	390	
Arangüena, Juan	288	
Aráoz, Alberto	197	
Aráoz, Asunción	277	
Aráoz, Candelaria	224	
Aráoz, Casimira	118	
Aráoz, Dn. Salomón	277	
Aráoz, Exequiel	533	
Aráoz, Francisca	20	
Aráoz, Francisco Antonio	91	
Aráoz, Francisco de Paula	444	
Aráoz, Gabriela	23	
Aráoz, Gregoria	136, 167	
Aráoz, José	15, 43, 79	

Aráoz, Juan	421	
Aráoz, Juan Alberto	120	
Aráoz, Juan Felipe	193	
Aráoz, Juana	20, 431	
Aráoz, Juana Benjamina	505	
Aráoz, Juliana	187	
Aráoz, Leonarda	197	
Aráoz, Lorenzo	28	
Aráoz, Luis	454	
Aráoz, Manuela	524	
Aráoz, María Andrea	45	
Aráoz, María Candelaria	18	
Aráoz, María de las Nieves	55, 102	
Aráoz, María del Socorro	311	
Aráoz, María del Tránsito	190	
Aráoz, María Francisca	48	
Aráoz, María Gervasia	237	
Aráoz, María Gregoria	443	
Aráoz, María Isabel	79	
Aráoz, María Lorenza	35	
Aráoz, María Mercedes	25	
Aráoz, María Tomasina	66	
Aráoz, Mercedes	159	
Aráoz, Paula	277	
Aráoz, Ramón	39	
Aráoz, Salomé	429	
Aráoz, Simón	19	
Aráoz, Simona	41	
Araujo, María Inocencia	191	
Araujo, María Lorenza	171	
Araujo, Petrona	528	
Aráuz, Da. María	479	
Aráuz, Luisa	13	
Arce, Dn. José Laureano	487	
Arce, José Anastasio	454	
Arce, Lázaro	35	
Arce, Margarita	41	
Arce, María Candelaria	36	
Ardil, Juan	358	
Aredes, José Domingo	48	
Aredes, Manuela	246	
Aredes, Nicéfora	433	
Aredes, Pascuala	546	
Arévalo María	359	
Arévalo, Adolfo	432	
Arévalo, Agenor	382, 434	
Arévalo, Agustín	51, 448	
Arévalo, Andrés	588	
Arévalo, Ángela	332	
Arévalo, Anselma	492	
Arévalo, Antonio	142, 594	
Arévalo, Benildo José	317	
Arévalo, Bernabé	199	
Arévalo, Bernabé Antonio	246, 547	
Arévalo, Bonifacia	187	
Arévalo, Cayetano	32	
Arévalo, Clara	578	
Arévalo, Clara Rosa	391	
Arévalo, Da. Anacleta	559	
Arévalo, Da. Aurora	422	
Arévalo, Da. Delina	591	
Arévalo, Da. Fidelia	382	
Arévalo, Da. Gregoria	297	
Arévalo, Da. Hugolina	563	
Arévalo, Da. Isabel	205	
Arévalo, Da. Juana Rosario	484	
Arévalo, Da. Manuela	487	
Arévalo, Da. María	394, 573	
Arévalo, Da. María de la Concepción	497	
Arévalo, Da. María de los Ángeles	460	
Arévalo, Da. María del Carmen	575	
Arévalo, Da. María Francisca	449	
Arévalo, Da. María Juana Rosa	472	
Arévalo, Da. María Justina	452	
Arévalo, Da. María Leocadia	24	
Arévalo, Da. María Luisa	493	
Arévalo, Da. María Manuela	478	
Arévalo, Da. María Rosario	156	
Arévalo, Da. Modesta	293	
Arévalo, Da. Paula	268	
Arévalo, Da. Petrona	389	
Arévalo, Da. Ramona	591	
Arévalo, Da. Rosalía	288	
Arévalo, Da. Rosalinda	401	
Arévalo, Da. Simona	472	
Arévalo, Da. Tránsito	420	
Arévalo, Delicio	427	
Arévalo, Digna	435	
Arévalo, Dn. ¿Eusebio?	354	
Arévalo, Dn. Andrés Eloy	289	
Arévalo, Dn. Antonio	258	
Arévalo, Dn. Dermidio	556	
Arévalo, Dn. Eufemio	414	
Arévalo, Dn. Felipe Santiago	297	
Arévalo, Dn. Felizardo	276, 376	
Arévalo, Dn. Filemón	383	
Arévalo, Dn. Francisco Javier	269, 580	
Arévalo, Dn. Genuario	246	
Arévalo, Dn. Hilario	493	
Arévalo, Dn. José	17	
Arévalo, Dn. José Domingo	586	
Arévalo, Dn. José Orencio	194	
Arévalo, Dn. Juan Antonio	476	
Arévalo, Dn. Juan Bautista	251, 370	
Arévalo, Dn. Juan José	30	
Arévalo, Dn. Juan Laurencio	537	
Arévalo, Dn. Juan León	271	
Arévalo, Dn. Juan Nicolás	550	
Arévalo, Dn. Justo	367	
Arévalo, Dn. Luciano	244	
Arévalo, Dn. Luis	241, 573	
Arévalo, Dn. Manuel de Reyes	187	
Arévalo, Dn. Manuel Salvador	459	
Arévalo, Dn. Narciso	594	
Arévalo, Dn. Orencio	392	
Arévalo, Dn. Pablo	493	
Arévalo, Dn. Pascual	491	
Arévalo, Dn. Pastor	591	
Arévalo, Dn. Pedro Juan	548	
Arévalo, Dn. Pedro Nolasco	457	
Arévalo, Dn. Ramón	31	
Arévalo, Dn. Teodulfo	386	
Arévalo, Dorotea	222, 326	
Arévalo, Espíritu	433	
Arévalo, Eusebio	503	
Arévalo, Fabiola	428	
Arévalo, Felipe Santiago	76	
Arévalo, Félix A	397	
Arévalo, Francisca A.	335	
Arévalo, Francisco	588	
Arévalo, Francisco J.	366, 380	
Arévalo, Francisco Javier	500	
Arévalo, Gabriela	388	
Arévalo, Gerardo Antonio	153	
Arévalo, Gertrudis	377	
Arévalo, Hermenegildo	64	
Arévalo, Hilario	420	
Arévalo, Ildefonso	526	
Arévalo, José	226	
Arévalo, José Bernardo	74, 118	
Arévalo, José Casimiro	388	
Arévalo, José Domingo	178, 466	
Arévalo, José Elías	190	
Arévalo, José Javier	58, 83	
Arévalo, José Lucas	577	
Arévalo, José N.	426	
Arévalo, José Patricio	84	
Arévalo, José Roque	33	
Arévalo, José Santiago	177	
Arévalo, José Santos	202	
Arévalo, José Toribio	262	
Arévalo, José Tránsito	200	
Arévalo, Juan Antonio	147, 177, 358	
Arévalo, Juan Bautista	331, 489	
Arévalo, Juan Florindo	313	
Arévalo, Juan Gervasio	323	
Arévalo, Juan Hermógenes	196	
Arévalo, Juan Silvestre	449	
Arévalo, Juana Petrona	51	
Arévalo, Justina	231, 304	
Arévalo, Lindimia	419	
Arévalo, Lorenza	55	
Arévalo, Luis Antonio	244	
Arévalo, Luisa	165	
Arévalo, Macedonio	419	
Arévalo, Manuel	164, 312	
Arévalo, Manuel Gerardo	452	
Arévalo, Manuel Salvador	201	
Arévalo, Manuela	446	
Arévalo, Marcela	33	
Arévalo, María	408, 432	
Arévalo, María Antonia	314, 343	
Arévalo, María Concepción	454	
Arévalo, María de la Cruz	172	
Arévalo, María del Carmen	243	
Arévalo, María del Rosario	192	
Arévalo, María del Señor	469, 527	
Arévalo, María del Señor Arévalo	518	
Arévalo, María del Tránsito	168, 327	
Arévalo, María Dolores	31	
Arévalo, María Expectación	303	
Arévalo, María Francisca	66, 148	
Arévalo, María Ignacia	97	
Arévalo, María Juana Ignacia	208	
Arévalo, María Justa	449	
Arévalo, María Laurencia	25	
Arévalo, María Lorenza	136	
Arévalo, María Luisa	153, 352	
Arévalo, María Manuela	53	
Arévalo, Martina	507	
Arévalo, Mercedes	161	
Arévalo, Modesta	229	
Arévalo, Narciso	25	
Arévalo, Nicolás	433	

Índice de Contrayentes

Arévalo, Pedro	387	
Arévalo, Pedro Ignacio	478	
Arévalo, Pedro Pascual	81	
Arévalo, Pedro Santos	223	
Arévalo, Peregrina	394	
Arévalo, Ramón	25	
Arévalo, Ramón Antonio	367	
Arévalo, Ramón Delicio	309	
Arévalo, Ramona	73, 96, 406, 432	
Arévalo, Rita del Carmen	564	
Arévalo, Rita Pastora	360	
Arévalo, Serafina	588	
Arévalo, Solana	223	
Arévalo, Telésfora	414	
Arévalo, Vicente	357	
Argañarás, Arsenia	346	
Argañarás, Bartolina	77, 553	
Argañarás, Da. María Peregrina	362	
Argañarás, Dn. Cornelio	351, 369	
Argañarás, Fortunata	325	
Argañarás, Fragedia	341	
Argañarás, Genuaria	80	
Argañarás, Gerónima	89	
Argañarás, José del Carmen	527	
Argañarás, Josefa	342	
Argañarás, Mardoqueo	318	
Argañarás, Margarita	274	
Argañarás, María	86	
Argañarás, Nepomuceno	526	
Argañarás, Petronila	335	
Argañarás, Prudencia	179	
Argañarás, Ricardo	344	
Argañarás, Santiago	50, 91	
Argañaráz, Ángel Custodio	276	
Argañaráz, Antonia	99	
Argañaráz, Bartolina	42	
Argañaráz, Benito	249	
Argañaráz, Casimira	384	
Argañaráz, Cornelia	127, 130	
Argañaráz, Da. Dorila	407	
Argañaráz, Da. Francisca Antonia	496	
Argañaráz, Damascio	124	
Argañaráz, Dn. Manuel	291	
Argañaráz, Dn. Mateo	290	
Argañaráz, Domingo Ignacio	549	
Argañaráz, Eusebio	587	
Argañaraz, Felipe	230	
Argañaráz, Francisco Antonio	208	
Argañaraz, Inocencia	203	
Argañaráz, Inocencia	470	
Argañaráz, Isidora	562	
Argañaráz, José Cruz	119	
Argañaráz, José Gregorio	329	
Argañaráz, José Mariano	142	
Argañaráz, Juan	20, 40	
Argañaráz, Juan Evangelista	245	
Argañaráz, Juan Manuel	204	
Argañaráz, Justa	198	
Argañaráz, Lucinda	470	
Argañaráz, María	25, 33	
Argañaraz, María Josefa	213	
Argañaráz, María Juana	123	
Argañaraz, Mauricio	429	
Argañaráz, Maximiliana	562	
Argañaraz, Pedro	435	
Argañaráz, Petrona	185, 263	
Argañaráz, Ramón	285	
Argañaraz, Ramón Ignacio	225	
Argañaráz, Teodoro	127	
Argañaraz, Tránsito	357	
Argañaráz. Domingo	281	
Arias, Adelaida	340	
Arias, Agenor	326	
Arias, Agustín	25	
Arias, Agustina	412	
Arias, Alejandro	414	
Arias, Andolina	587	
Arias, Andrés Avelino	248	
Arias, Andrónico	433	
Arias, Ángel	304	
Arias, Ángel Gabriel	371	
Arias, Asunción	132	
Arias, Bartolina	172, 215	
Arias, Candelaria	162	
Arias, Carmen	319, 331	
Arias, Celestina	194	
Arias, Ciriaco	163	
Arias, Clara	428	
Arias, Clemira	329	
Arias, Crescencia	259	
Arias, Cristino	343	
Arias, Cruz	256	
Arias, Da. Rosalía	354	
Arias, Domingo	266	
Arias, Domitila	246	
Arias, Emeterio	523	
Arias, Estanislao	48	
Arias, Eufemio	359	
Arias, Felipe	164	
Arias, Fermín	53	
Arias, Francisca Antonia	343	
Arias, Gregoria	236	
Arias, Gumersindo	292	
Arias, Javiera	123	
Arias, Jerónima	280	
Arias, Jesús	325	
Arias, Joba	279	
Arias, José del Carmen	539	
Arias, José Maximiliano	224	
Arias, José Rosa	528	
Arias, José Santos	58, 176	
Arias, Josefa	265	
Arias, Juan Agustín	201, 443	
Arias, Juan Antonio	77	
Arias, Juan Benito	134	
Arias, Juan de la Cruz	72	
Arias, Juan Fernando	306	
Arias, Juan Inocencio	106	
Arias, Juan Manuel	184, 337	
Arias, Julián	173	
Arias, Justa	150, 168	
Arias, Lizarda	500	
Arias, Luis	590	
Arias, Luis Ignacio	196	
Arias, Manuela	152, 344	
Arias, Margarita	368	
Arias, María Ángela	43	
Arias, María Anselma	320	
Arias, María Apolinaria	235	
Arias, María Ascensión	466	
Arias, María de Jesús	251	
Arias, María Dorote	19	
Arias, María Josefa	128	
Arias, María Lorenza	32	
Arias, María Manuela	171	
Arias, María Mercedes	109	
Arias, María Petrona	144	
Arias, Mariano	134	
Arias, Martín	213, 525, 562	
Arias, Mauricio	362	
Arias, Mercedes	159	
Arias, Micaela	142	
Arias, Miguel Antonio	277	
Arias, Narcisa Elvira	20	
Arias, Nicolasa	193	
Arias, Pascuala	316	
Arias, Pastora	582	
Arias, Pedro	249, 379	
Arias, Pedro Ignacio	170, 174	
Arias, Pedro Lucindo	332	
Arias, Pedro Regalado	512	
Arias, Ramón Rosa	365, 469	
Arias, Rosa	304	
Arias, Santiago	68	
Arias, Santos	187	
Arias, Segunda	237	
Arias, Segunda Rosa	387	
Arias, Solana	259	
Arias, Tomás	418	
Arias, Tránsito del Carmen	344	
Arias, Trinidad	480	
Arias, Vicenta	104, 181	
Arizmendi, Juan	259	
Armas, Catalina	73, 115	
Armas, Da. Cipriana	237	
Armas, Da. María Silveria	489	
Armas, Dn. Nemesio	263	
Armas, Efigenia de Jesús	587	
Armas, Eugenia	225	
Armas, Felipa	343	
Armas, Francisca	18	
Armas, Hermógenes	376	
Armas, Isidora	18	
Armas, Jacinto	449	
Armas, José Cayetano	136	
Armas, José Domingo	50	
Armas, José Manuel	358	
Armas, José María	509	
Armas, José Rosa	409	
Armas, José Santos	381	
Armas, Juan Baltazar	74	
Armas, Juan Manuel	376	
Armas, Juana	35, 50	
Armas, Juana Francisca	196	
Armas, León	19	
Armas, Margarita	16	
Armas, María	24	
Armas, María A	396	
Armas, María Casilda	15	
Armas, María Feliciana	14	
Armas, María Gregoria	181	
Armas, María Ignacia	120	
Armas, María Juana	45	
Armas, María Manuela	25	
Armas, María Rosa	29	
Armas, Mariano	19	
Armas, Mariano de la Cruz	126	

Armas, Pascuala	370	
Armas, Pedro	295	
Armas, Prudencio	514	
Armas, Reinaldo	210	
Armas, Sinforiano	441	
Arpires, José Domingo	78	
Arpires, Josefa Daria	194	
Arrascayete, Justo Pastor	549	
Arregue, Josefa	145	
Arreguez, Agustina	337	
Arregui, Juan Andrés	85	
Arregui, Juana Josefa	500	
Arrieta, Dn. Saturnino	481	
Arroyo, Dn. Juan Tomás	258	
Arroyo, Manuel	464	
Arroyo, María Antonia	41, 581	
Arroyo, María Juana	55	
Artaza, Ana Rosa	525	
Artaza, Andrés	213	
Artaza, Andrés Avelino	553	
Artaza, Bartolo	441	
Artaza, Bartolomé	145	
Artaza, Candelaria	63	
Artaza, Cledovia	377	
Artaza, Da. María del Carmen	66	
Artaza, Dn. Laurencio	450	
Artaza, Federico	562	
Artaza, Gabriel	213	
Artaza, Gregorio	136	
Artaza, José	25	
Artaza, José Damasceno	194	
Artaza, José Lucas	140	
Artaza, Juan Bautista	121	
Artaza, Juan Gregorio	176	
Artaza, Juan José	88	
Artaza, Juan Tomás	124	
Artaza, Lucas	359	
Artaza, María del Señor	161, 453	
Artaza, María Dominga	123	
Artaza, María Isabel	15	
Artaza, María Petrona	49, 164	
Artaza, María Rosalía	445	
Artaza, Nieves	391	
Artaza, Pedro Martín	339, 549	
Artaza, Petrona	84, 199	
Artaza, Ramón R	353	
Artaza, Rosalía	83, 117, 147	
Artazar, Da. Aurelia	95	
Artazar, María del Rosario	98, 111	
Artazar, Petrona	111	
Asesol, María de los Dolores	99	
Astrada, Juan Crisanto	473	
Astudillo, Celestina	498	
Astudillo, Dn. Juan Manuel	236	
Astudillo, Juan José	219, 236	
Astudillo, Rita	306	
Atáez, Petrona	137	
Atay, Faustino	553	
Atay, José Polonio	381	
Atay, Josefa	87	
Atay, Juan Ignacio	129	
Atay, Petrona	172	
Avelino, Andrés Avelino	316	
Avellaneda, Antonio	288	
Avellaneda, Anunciación	494	
Avellaneda, Asunción	225	
Avellaneda, Carmelo	234	
Avellaneda, Dn. Manuel Antonio	59	
Avellaneda, Jesús	325	
Avellaneda, José Silverio de	34	
Avellaneda, Justina	232	
Avellaneda, María Juana	523	
Avellaneda, Pedro Pablo	175	
Avellaneda, Petrona	211	
Avellaneda, Rosa	279	
Avellaneda, Rufino	354	
Avellaneda, Simona	531	
Avendaño, Ángel Mariano	569	
Avendaño, Estanislao	234	
Avendaño, Felipa	346	
Ávila Da. Elena	489	
Ávila María Antonia	57	
Ávila, Abel	428	
Ávila, Ana	22	
Ávila, Ana de	34	
Ávila, Andrea	225	
Ávila, Aurora Rosa	309	
Ávila, Candelaria	195	
Ávila, Celestina	533	
Ávila, Cipriana	262	
Ávila, Cipriano	234	
Ávila, Cleofé	259	
Ávila, Crisóstomo	224	
Ávila, Da. Anfiloquia	360	
Ávila, Da. Donata	251	
Ávila, Da. Eloísa	357	
Ávila, Da. Eusebia	288	
Ávila, Da. Griselda del Carmen	483	
Ávila, Da. Guillermina	272	
Ávila, Da. María Celedonia	546	
Ávila, Da. María del Rosario	490	
Ávila, Da. María Ignacia	295	
Ávila, Da. María Isabel	520	
Ávila, Da. María Rosa	545	
Ávila, Da. María Victoria	351	
Ávila, Da. Micaela	463	
Ávila, Da. Narcisa	521	
Ávila, David	290	
Ávila, Delicia	306	
Ávila, Dn. Andrónico	278	
Ávila, Dn. Benjamín	489	
Ávila, Dn. David José	536	
Ávila, Dn. Desiderio	590	
Ávila, Dn. Emiliano	569	
Ávila, Dn. Jobo	295	
Ávila, Dn. José	291, 474	
Ávila, Dn. José Eliseo	577	
Ávila, Dn. José Gerardo	493	
Ávila, Dn. Juan de Dios	494	
Ávila, Dn. Juan Miguel	490	
Ávila, Dn. Maximiliano	492	
Ávila, Dn. Modesto	524, 547, 582	
Ávila, Dn. Sofronio	579	
Ávila, Dn. Tránsito	391, 505	
Ávila, Eduviges	560	
Ávila, Finardo	321	
Ávila, Francisco	471	
Ávila, Francisco Antonio	103	
Ávila, Gerardo	111	
Ávila, Gregoria	92	
Ávila, Ignacia	81	
Ávila, Isaías	262	
Ávila, Javiera	340	
Ávila, Jesús	391	
Ávila, José Gregorio	129, 174	
Ávila, José Lino	482	
Ávila, José Mariano	125	
Ávila, José Pascual	140	
Ávila, José Sofronio	556	
Ávila, Josefa	443	
Ávila, Juan	431	
Ávila, Juan Alfonso	88	
Ávila, Juan Antonio de	28	
Ávila, Juan Asencio	45	
Ávila, Juan Bautista	86	
Ávila, Juan Francisco	101	
Ávila, Juan Gervasio	454	
Ávila, Juan José	156	
Ávila, Juan Manuel	73	
Ávila, Justa Pastora	182, 509	
Ávila, Leonarda	351	
Ávila, Liberato	152	
Ávila, Manuel	114, 121, 148	
Ávila, Margarita	331	
Ávila, María de la Consolación	213	
Ávila, María de las Mercedes	85	
Ávila, María de las Nieves	437	
Ávila, María Narcisa	34	
Ávila, María Nicolasa	120	
Ávila, María Petrona	388	
Ávila, María Rosa	569	
Ávila, María Ubalda	187	
Ávila, Mariana de Jesús	334	
Ávila, Marquesa	399	
Ávila, Marta	231	
Ávila, Maximiano	327	
Ávila, Maximiliano	141	
Ávila, Miguel	446	
Ávila, Narciso	146	
Ávila, Pedro José	43	
Ávila, Peregrina	364	
Ávila, Petrona	58, 100	
Ávila, Raimundo	237	
Ávila, Reimundo	425	
Ávila, Sealtiel	431	
Ávila, Tomasina	167	
Ávila, Venancio	174	
Ayunta, Juan Bartolomé	54	
Ayunta, María Dionisia	119	
Ayusa, Francisco de Borja	194	
Azcuénaga, Dn. Francisco Antonio	447	
Azcuénaga, Dn. Francisco Javier	63	
Azcuénaga, Josefa	347	
Azcuénaga, Juan Bautista	485	
Azcuénaga, Juana Rosa	175	
Azcuénaga, Restituta del Señor	541	
Azesol, Rito Desiderio	526	
Baca, Emilia	305	
Baigorri, Bernardo	106	
Baigorri, Dolores	577	
Baigorri, Francisco Javier	445	
Baigorria, Petrona	238	
Bailón, Félix Benigno	202	
Bailón, María Simona	202	
Balón, Brígida	199	
Banegas, Emilia	377	
Banegas, Juan Ascencio	467	

Banegas, Juan Bautista	197	
Barahona, Da. María Juana	82	
Barahona, Juana	141	
Baraona, José Gaspar de	29	
Barbosa, Exequiel	205	
Barraza, José Fernando	147	
Barraza, María Justina	529	
Barraza, María Paula	566	
Barraza, Martín	197	
Barraza, Segundo Abraham	412	
Barreda, Tiburcio	209	
Barrera, Agustín	82	
Barrera, Ana	22	
Barrera, Ana María	335	
Barrera, Ana Rosa	203	
Barrera, Andrés	351	
Barrera, Asunción	367	
Barrera, Bernardo	231	
Barrera, Catalina	158	
Barrera, Cipriano	145	
Barrera, Da. Marcelina	276	
Barrera, Dn. Cipriano	356	
Barrera, Dn. Crisanto	396	
Barrera, Dn. Evaristo	533	
Barrera, Dn. Hilario	506	
Barrera, Dn. Laureano	260	
Barrera, Estaurófila	266, 331	
Barrera, Ezequiel	357	
Barrera, Faustina	326	
Barrera, Felipe	434	
Barrera, Fortunata	340, 374	
Barrera, Francisca	87	
Barrera, Francisco	53	
Barrera, Gregoria	112	
Barrera, Gumersindo	381	
Barrera, Hilario	200	
Barrera, Isabel	309	
Barrera, Javier	315	
Barrera, José	72	
Barrera, José Andrés	493	
Barrera, José Dámaso	328	
Barrera, José Evaristo	210	
Barrera, José Francisco	370	
Barrera, José Gumersindo	221	
Barrera, José Martín	131	
Barrera, Juan Anacleto	421	
Barrera, Juan Bautista	201	
Barrera, Juan Crisanto	543	
Barrera, Juan de la Cruz	162	
Barrera, Juan Dionisio	572	
Barrera, Juana Petrona	225	
Barrera, Magdalena	269	
Barrera, Manuela	203	
Barrera, Margarita Rosa	507	
Barrera, María Ángela	155	
Barrera, María del Carmen	363	
Barrera, María Josefa	118	
Barrera, María Juana	468	
Barrera, María Natividad	292	
Barrera, María Raymunda	133	
Barrera, María Rosa	32	
Barrera, Natividad	251	
Barrera, Petrona	170	
Barrera, Ramón Ignacio	306	
Barrera, Rudecindo	277	
Barrera, Sandalia	434	
Barrera, Teodomira	343	
Barrera, Teresa	202	
Barrientos Bernardo	27	
Barrientos Da. Carmen	283	
Barrientos, Albina	250	
Barrientos, Alejo	42, 55	
Barrientos, Anacleta	192	
Barrientos, Ángel	505	
Barrientos, Ángela	225	
Barrientos, Anselmo	227	
Barrientos, Aurelia de Jesús	383	
Barrientos, Bartolina	490	
Barrientos, Belisario	258	
Barrientos, Benjamín	271	
Barrientos, Bernabé	152	
Barrientos, Clemira	432	
Barrientos, Corazón de Jesús	257	
Barrientos, Crescencia	317	
Barrientos, Da. Aurelia	283	
Barrientos, Da. Indalecia	571	
Barrientos, Da. Juana	16	
Barrientos, Da. María Santos	77	
Barrientos, Da. Rosa	351	
Barrientos, Da. Sofía	290, 585	
Barrientos, Da. Trinidad	488	
Barrientos, Dalmira	337	
Barrientos, Delicio	506	
Barrientos, Dionisio	431	
Barrientos, Dn Dionisio	460	
Barrientos, Dn. Aristóbulo	356	
Barrientos, Dn. Crisóstomo	520	
Barrientos, Dn. Diego	375	
Barrientos, Dn. Dionisio	368	
Barrientos, Dn. Félix	270	
Barrientos, Dn. Gabriel	588	
Barrientos, Dn. Indalecio	500	
Barrientos, Dn. José Andrés	462	
Barrientos, Dn. José Antonio	141	
Barrientos, Dn. Juan Asensio	257	
Barrientos, Dn. Juan Tomás	489	
Barrientos, Dn. Luis Ignacio	487, 563	
Barrientos, Dn. Rudecindo	568	
Barrientos, Eloísa	576	
Barrientos, Emeterio	232, 371	
Barrientos, Federico	245	
Barrientos, Feliciana	58, 137	
Barrientos, Félix Ignacio	317	
Barrientos, Fernando	572	
Barrientos, Fortunato	402, 510	
Barrientos, Francisca	535	
Barrientos, Fructuosa	453	
Barrientos, Gaspar	100, 152	
Barrientos, Gervasia	122	
Barrientos, Gregorio	551	
Barrientos, Guillermo	302, 417	
Barrientos, Hugolina	257	
Barrientos, Ignacio	238	
Barrientos, Ildefonso	191	
Barrientos, Isabel	157	
Barrientos, Jesús	428	
Barrientos, José Agustín	53	
Barrientos, José Amadeo	344	
Barrientos, José Antonio	153, 370	
Barrientos, José Luis	178, 567	
Barrientos, José Macario	319	
Barrientos, José Manuel	157, 411
Barrientos, Josefa	291
Barrientos, Juan	51
Barrientos, Juan Andrés	318
Barrientos, Juan Teodoro	74
Barrientos, Juana	91
Barrientos, Juana Isabel	317
Barrientos, Juana Paula	150
Barrientos, Luciano	439
Barrientos, Luis	88
Barrientos, Luis Ignacio	339
Barrientos, Marcelina	138
Barrientos, Mardonia	327
Barrientos, María	13
Barrientos, María Antonia	560
Barrientos, María de las Mercedes	86
Barrientos, María del Tránsito	252, 453
Barrientos, María Francisca	20
Barrientos, María Ignacia	281, 492
Barrientos, María Josefa	463
Barrientos, María Lorenza	171
Barrientos, María Magdalena	112
Barrientos, María Mercede	89
Barrientos, María Petrona	46
Barrientos, María Rosa	62, 565
Barrientos, Mariano	96
Barrientos, Mateo	18, 19
Barrientos, Maximiliana	527
Barrientos, Melchor	99
Barrientos, Mercedes	152, 285
Barrientos, Montserrat	587
Barrientos, Narcisa	26
Barrientos, Nicolás	39
Barrientos, Pascuala	470
Barrientos, Pastor	239, 421
Barrientos, Patricio	172, 442, 459, 546
Barrientos, Pedro	40
Barrientos, Pedro Francisco	123, 156, 439
Barrientos, Pedro Ignacio	213
Barrientos, Peregrino	300
Barrientos, Petrona	62
Barrientos, Ramón Rosa	186, 365
Barrientos, Ricardo	224
Barrientos, Román P	427
Barrientos, Rosa Matrona	564
Barrientos, Rosario	177, 266
Barrientos, Santiago	430
Barrientos, Solano	307
Barrientos, Teresa	404
Barrientos, Tránsito	197, 229
Barrientos, Vicente	50
Barrientos, Visitación	247
Barrientos, Viviana	310
Barrionuevo, Andrés Avelino	527
Barrionuevo, Antonia	526
Barrionuevo, Antonio	13
Barrionuevo, Arsenia	257
Barrionuevo, Candelaria	317
Barrionuevo, Cecilia	242, 574
Barrionuevo, Da. Basilia del Señor	532
Barrionuevo, Da. Candelaria	539

Barrionuevo, Da. Clara	243, 574	
Barrionuevo, Da. Juliana	531	
Barrionuevo, Da. Ludovina	590	
Barrionuevo, Da. Rosa	527	
Barrionuevo, Da. Teresa de Jesús	262	
Barrionuevo, Dn Francisco Antonio	476	
Barrionuevo, Dn. Andrés	480	
Barrionuevo, Dn. Dionisio	483	
Barrionuevo, Dn. José Ignacio	498, 508	
Barrionuevo, Dn. Juan Domingo	56	
Barrionuevo, Dn. Juan Ignacio	238	
Barrionuevo, Dn. Luis Antonio	220	
Barrionuevo, Dn. Manuel Antonio	484	
Barrionuevo, Dn. Pedro Martín	179	
Barrionuevo, Dudovina	353	
Barrionuevo, Emilio	361	
Barrionuevo, Fortunato	316, 393	
Barrionuevo, José Aniceto	490	
Barrionuevo, José Antonio	210	
Barrionuevo, José María	120	
Barrionuevo, José Polonio	274	
Barrionuevo, Juan de Dios	418	
Barrionuevo, Juan Santos	187	
Barrionuevo, Luisa	50	
Barrionuevo, Mardoqueo	353	
Barrionuevo, María Celedonia	163	
Barrionuevo, María de la Cruz	382	
Barrionuevo, María Francisca	448	
Barrionuevo, Narciso	430	
Barrionuevo, Pedro	279	
Barrionuevo, Petrona Rosa	229	
Barrionuevo, Ramón	307, 434	
Barrionuevo, Ramón Ignacio	492	
Barrionuevo, Ramón Rosa	514	
Barrionuevo, Ramona	433, 543	
Barrionuevo, Roque	119, 198	
Barrionuevo, Rosa	501, 517	
Barrionuevo, Saturnino	505	
Barrionuevo, Simona	245	
Barrios María de la Encarnación	55	
Barrios, Ángel Vicente	196	
Barrios, Balfina	195	
Barrios, Balprima del Tránsito	483	
Barrios, Delfina	184	
Barrios, Dionisia	551	
Barrios, Dn. Jacinto	452	
Barrios, Feliciana	214	
Barrios, Ignacia	191	
Barrios, Inés	393	
Barrios, José	433	
Barrios, Juliana	167	
Barrios, María	41	
Barrios, María de Jesús	452	
Barrios, María del Carmen	84	
Barrios, María Petrona	180	
Barrios, Máximo	184	
Barrios, Pedro Ignacio	171	
Barrios, Pedro Juan	464	
Barrios, Ramona Ignacia	210	
Barrios, Valentín	512	
Barros, Bernardina	160	
Barros, Celedonio	330	
Barros, Cirila	544	
Barros, Da. Mercedes	593	
Barros, Da. Ramona	263	
Barros, Da. Rosalía	569	
Barros, Delfín	374	
Barros, Dn. Celedonio	39	
Barros, Dn. José Tiburcio	484	
Barros, Feliciana	441	
Barros, Francisco	447	
Barros, Grimanesa	345	
Barros, Inés	374	
Barros, José María	212	
Barros, José Santos	191	
Barros, Juan de la Cruz	500	
Barros, Juan Domingo	85	
Barros, María Bernardina	468	
Barros, María del Señor	273	
Barros, Maximiliano	506	
Barros, Miguel Jerónimo	129	
Barros, Romualdo del Señor	338	
Barros, Zoila Catalina	557	
Barroso, María Clara	57	
Barroso, María Juana	119	
Bartolina	11	
Bastos, Dn. Adolfo	403	
Basualdo, Jovino	402	
Basualdo, María Agustina	67, 83	
Basualdo, Remigia	364	
Basualdo, Sixto	254	
Bayón, Antonio	52	
Bayón, Casimiro	324	
Bayón, Dn. Cipriano	372	
Bayón, Dn. Justo	379	
Bayón, José Evaristo	210	
Bayón, Manuel	210	
Bazán, Asunción	310	
Bazán, Cándida Rosa	569	
Bazán, Ciriaca	348	
Bazán, Diego	340	
Bazán, Dn. Nicolás	243, 574	
Bazán, Esteban	95	
Bazán, Fernanda	211	
Bazán, Gregoria	486	
Bazán, Hermenegilda	198	
Bazán, José Agustín	42	
Bazán, José Anacleto	541	
Bazán, José Cándido	168	
Bazán, José Esteban	85	
Bazán, Juan Andrés	101	
Bazán, Magdalena	169	
Bazán, Manuel de Reyes	203	
Bazán, María	412	
Bazán, María de los Ángeles	589	
Bazán, María del Señor	470	
Bazán, Micaela	290, 536	
Bazán, Petrona	503	
Bazán, Rita	387	
Bazán, Santiago	588	
Bazán, Simón	553	
Bazán, Teresa	211, 275	
Bazán, Trinidad	472	
Bazán, Vicente	430	
Beltrán, Dominga	258	
Bepre, Da. Celestina	232	
Bepre, Da. Jacoba	43	
Bepre, Dn. Francisco	71	
Bernabé, Jeréz	90	
Berrondo, Juan Diego	151	
Bilampa, María Juana	467	
Billar, Dn. Timoteo	458	
Bivanco, Francisco Javier	209	
Bogao, Uladislada	267	
Bohórquez, Juan Justo	448	
Bohorquez, Juan Nicolás	155	
Bohórquez, Juan Nicolás	464	
Bohórquez, Juan Ramón	40	
Bohorquez?, Lorenzo	37	
Brachieri, Da. Noemí	482	
Brandán, Dn. Florentino	296	
Bravo, Ana Tomasina	23	
Bravo, Carmen	233	
Bravo, Da. Cruz	458	
Bravo, Da. Damiana	194	
Bravo, Da. Prudencia	493	
Bravo, Dn. Nabor	374	
Bravo, Feliciana	465	
Bravo, Francisca	38	
Bravo, Francisca Solana	84	
Bravo, Francisco	80	
Bravo, Francisco Antonio	222	
Bravo, José Dalmacio	77	
Bravo, José Félix	216, 493	
Bravo, Juan Álvaro	22	
Bravo, Juan Gregorio	29	
Bravo, Juana	40	
Bravo, Juana Rosa	126	
Bravo, María	123	
Bravo, María Bernardina	178	
Bravo, María Eudosia	317	
Bravo, María Eustaquia	164	
Bravo, María Feliciana	473	
Bravo, María Olaya	33	
Bravo, Pedro	233	
Bravo, Perfecta	536	
Bravo, Rita del Carmen	554	
Brepe, Josefa	464	
Bret, Dn. José Andrés	441	
Brete, Dn. Andrés	460	
Brete, Luisa	130	
Brito, José Víctor	207	
Brito, Josefa	216	
Brito, Juan Asencio	18	
Brito, Juan Bautista	136	
Brito, Juana de	9	
Brito, María de los Ángeles	512	
Brito, María Dominga	128	
Brizuela, Baltazar	128, 178	
Brizuela, Bernabela	271	
Brizuela, Blas	505	
Brizuela, Clara	340	
Brizuela, Da. Melitona	487	
Brizuela, Da. Nieves	295	
Brizuela, Da. Pilar	589	
Brizuela, Dn. Amaranto	466	
Brizuela, Dn. Cipriano	532	
Brizuela, Dn. Hermógenes	576	
Brizuela, Dn. Juan Eugenio	454	
Brizuela, Dn. Juan Ignacio	278	
Brizuela, Dn. Segundo Abraham	570	
Brizuela, Estefanía	189	
Brizuela, Eusebio	362	

Brizuela, Francisca	184, 374	
Brizuela, Francisco	544	
Brizuela, Francisco Antonio	581	
Brizuela, Francisco J.	334	
Brizuela, Isidora	387	
Brizuela, José	390	
Brizuela, José Modesto	535	
Brizuela, Juan	122	
Brizuela, Juan de la Cruz	481	
Brizuela, Juan Ignacio	242, 574	
Brizuela, Juan Pablo	181	
Brizuela, Laureana	322, 339	
Brizuela, Leocadia	215	
Brizuela, María Candelaria	206	
Brizuela, María de Jesús	315	
Brizuela, María de la Cruz	519	
Brizuela, María del Rosario	227	
Brizuela, María Dolores	469	
Brizuela, Melchora	373	
Brizuela, Melchora de Jesús	435	
Brizuela, Miguel	389	
Brizuela, Pascuala	215	
Brizuela, Pedro Juan	214	
Brizuela, Pilar	311	
Brizuela, Regina	268	
Brizuela, Teodora	224	
Brizuela, Tránsito	217	
Brizuela, Vicente	21	
Brum, Juan	425	
Bulacia Da. Juana	39	
Bulacia, Bernarda	269	
Bulacia, Clodomiro	315	
Bulacia, Da. Asunción	456	
Bulacia, Da. Bárbara	27	
Bulacia, Da. Catalina	10, 549	
Bulacia, Da. Cecilia	448	
Bulacia, Da. Clara	481	
Bulacia, Da. Da. Dominga	16	
Bulacia, Da. Emilia	513	
Bulacia, Da. Eugenia	87	
Bulacia, Da. Filomena	475	
Bulacia, Da. Francisca	13, 78	
Bulacia, Da. Juana	485	
Bulacia, Da. Juana Rosa	91, 400	
Bulacia, Da. Maclovia	402	
Bulacia, Da. Manuela	463	
Bulacia, Da. María de las Nieves	13	
Bulacia, Da. María Francisca	461	
Bulacia, Da. María Genuaria	53	
Bulacia, Da. María Juana	55, 76	
Bulacia, Da. María Manuela	449	
Bulacia, Da. María Prudencia	461	
Bulacia, Da. Petrona	563	
Bulacia, Da. Rosa	11	
Bulacia, Dn. Ángel	272, 413, 513	
Bulacia, Dn. Domingo	485	
Bulacia, Dn. Eulogio	510, 575	
Bulacia, Dn. Francisco	253	
Bulacia, Dn. Ignacio	88	
Bulacia, Dn. Ignacio Antonio	16, 72	
Bulacia, Dn. José	448	
Bulacia, Dn. Justo José	23	
Bulacia, Dn. Manuel	480	
Bulacia, Dn. Miceno	379, 395	
Bulacia, Dn. Pedro Ignacio	456	
Bulacia, Dn. Ramón Rosa	571	

Bulacia, Dn. Vicente	505	
Bulacia, Domingo	37	
Bulacia, Don. Juan Eugenio	39	
Bulacia, Facundo	305	
Bulacia, Francisca	270	
Bulacia, Francisco	85	
Bulacia, Gregorio	141, 533	
Bulacia, Ildefonso	403	
Bulacia, Jacinta	218	
Bulacia, José	64	
Bulacia, José Antonio	228	
Bulacia, Juan Nicolás	23	
Bulacia, Juana	64	
Bulacia, Lucía	11	
Bulacia, Manuela	484	
Bulacia, María del Señor	452	
Bulacia, María del Tránsito	457	
Bulacia, María Francisca	58	
Bulacia, Mercedes	122, 239	
Bulacia, Miguel	320	
Bulacia, Nicasia	551	
Bulacia, Petrona	90	
Bulacia, Ramón	402	
Bulacia, Ramón Rosa	468	
Bulacia, Rosalía	63	
Bulacia, Simón	318	
Bulacias, Filomena	435	
Bulacias, Segundo	373	
Burgos Marcelina	28	
Burgos María del Carmen	45	
Burgos, Adelina	383	
Burgos, Agustín Rosa	131	
Burgos, Álvaro	11	
Burgos, Andrea	98	
Burgos, Avelino	358	
Burgos, Bartolina	60	
Burgos, Benedicto	295	
Burgos, Candelaria	202	
Burgos, Casimiro	56, 582	
Burgos, Clementina	304	
Burgos, Da. Dorotea	147	
Burgos, Da. Josefa	492	
Burgos, Da. Lucinda	473	
Burgos, Da. María Damiana	438	
Burgos, Da. María del Carmen	494	
Burgos, Da. María del Rosario	84	
Burgos, Da. María Ignacia	437	
Burgos, Da. María Mercedes	451	
Burgos, Da. Narcisa	495	
Burgos, Da. Nicolasa	468	
Burgos, Da. Nieves Micaela	358	
Burgos, Da. Raquel	368	
Burgos, Da. Rosarito	506	
Burgos, Da. Rudecinda	459	
Burgos, Da. Sebastiana	496	
Burgos, Da. Ubalda	477	
Burgos, Delmiro	331	
Burgos, Digna	365	
Burgos, Dn. Jacinto Roque	18	
Burgos, Dn. José Lorenzo	34	
Burgos, Dn. José Ramón	544	
Burgos, Dn. Juan Gregorio	68	
Burgos, Dn. Lizardo	459	
Burgos, Dn. Nicolás Ignacio	552	
Burgos, Dn. Santiago	491	
Burgos, Dn. Valentín	63	

Burgos, Eliseo	318	
Burgos, Eufemio	367	
Burgos, Eufrasia	256	
Burgos, Eusebia	479	
Burgos, Faustina de Jesús	339	
Burgos, Felipa Antonia	319	
Burgos, Francisca Antonia	582	
Burgos, Francisca del Rosario	210	
Burgos, Ignacia	293	
Burgos, Isabel	113	
Burgos, José Anastasio	135	
Burgos, José Antonio	228, 235	
Burgos, José Domingo	132, 455	
Burgos, José Ignacio	227	
Burgos, José Joaquín	63, 153	
Burgos, José Lino	190	
Burgos, José Lorenzo	56	
Burgos, José Manuel	438	
Burgos, José Mariano	39	
Burgos, José Moisés	245	
Burgos, José Tomás	418	
Burgos, Josefa	22, 244	
Burgos, Juan Andrés	179	
Burgos, Juan Bautista	197, 216	
Burgos, Juan de la Cruz	76	
Burgos, Juan Dionisio	60	
Burgos, Juan Eufrasio	129	
Burgos, Juan Francisco	62, 300, 348	
Burgos, Juan Silvestre	159, 195	
Burgos, Juana	535	
Burgos, Juliana	172	
Burgos, Leonor	319	
Burgos, Manuela Clara	45	
Burgos, Marcela	51	
Burgos, Margarita	398	
Burgos, María Andrea	172	
Burgos, María Antonia	165, 556	
Burgos, María Azucena	288	
Burgos, María Brígida	431	
Burgos, María Celia	97	
Burgos, María Damiana	184	
Burgos, María de las Mercedes	55	
Burgos, María del Señor	101	
Burgos, María Estefanía	50	
Burgos, María Grimanesa	523	
Burgos, María Isabel	441	
Burgos, María Manuela	130	
Burgos, María Norberta	176	
Burgos, María Rosa	44	
Burgos, María Rudecinda	117	
Burgos, María Santos	52, 307	
Burgos, María Teresa	110, 212	
Burgos, María Valeriana	149	
Burgos, Mateo	169	
Burgos, Miguel	62	
Burgos, Misael	524	
Burgos, Natividad	590	
Burgos, Nicolás	81	
Burgos, Nieves	311, 383	
Burgos, Pascual	528	
Burgos, Pedro	11, 195	
Burgos, Pedro Antonio	122	
Burgos, Pedro Martín	255	
Burgos, Pedro Pablo	364	
Burgos, Rafaela	12	
Burgos, Raimundo	331	

Índice de Contrayentes

Burgos, Ramón	364, 424, 435	
Burgos, Ramona	201, 270, 406	
Burgos, Romualda	336	
Burgos, Ruperto	318	
Burgos, Simón Judas	204, 264	
Burgos, Teodovina	426	
Burgos, Valeriana	200	
Burgos, Vicenta	137	
Bustamante, Anacleto	160, 469	
Bustamante, Francisca	338	
Bustamante, José Ignacio	498	
Bustamante, Julián	225, 239	
Bustamante, Lorenzo	216	
Bustamante, María de Jesús	276	
Bustamante, Pablo	176	
Bustamante, Pastora	538	
Bustamante, Ramona	308, 423	
Bustamante, Viviana	264	
Bustos, Bonifacio	246	
Bustos, Juan José	51	
Bustos, María Eusebia	381	
Bustos, María Santos	128	
Bustos, Miguel	73	
Caballero, Andrea	175	
Caballero, Da. Francisca	502	
Caballero, Da. María del Carmen	498	
Caballero, Da. Peregrina Rosa	584	
Caballero, Dn. Aniceto	264	
Caballero, Dn. José Ivan	268	
Caballero, Dn. Juan Bautista	456	
Caballero, Dn. Juan Francisco	30	
Caballero, José Geban	248	
Caballero, José Ignacio	145	
Caballero, José Narciso	535	
Caballero, José Rudecindo	211	
Caballero, Josefa	306	
Caballero, María Bernabela	306	
Caballero, María Teodora	223	
Caballero, Rosa	454	
Caballero, Silvestre	100	
Cabanilla, Filoromo	339	
Cabanillas, Dn. Aniceto	286	
Cabral, Antonia	144	
Cabral, Benicia	316	
Cabral, Custodia	252	
Cabral, Da. Antonia	16	
Cabral, Da. Brígida	420	
Cabral, Da. Juana	23	
Cabral, Da. Manuela	518	
Cabral, Da. María Francisca	17	
Cabral, Da. María Ignacia	387	
Cabral, Da. María Isabel	59	
Cabral, Da. María Tomasa	462	
Cabral, Da. Melitona	268	
Cabral, Da. Petrona	67	
Cabral, Dn. Diego	271, 419	
Cabral, Dn. Diego Martín	67	
Cabral, Dn. Felipe Santiago	443	
Cabral, Dn. José Francisco	496	
Cabral, Dn. Juan Calixto	483	
Cabral, Dn. Miguel	293	
Cabral, Dn. Pedro	28	
Cabral, Ignacio	135	
Cabral, Juan Manuel	21	
Cabral, Juan S	436	
Cabral, Juan Simón	368	
Cabral, María de la Candelaria	84	
Cabral, María Francisca	168	
Cabral, María Ignacia	56, 62	
Cabral, Melitona	332, 546	
Cabral, Samuel de la Cruz	513	
Cabral, Victoriano	25	
Cabrera, Adelaida	317	
Cabrera, Benigna	384	
Cabrera, Cenobia	319	
Cabrera, Diego	86	
Cabrera, Dn. Florentino	489	
Cabrera, Dolores	405	
Cabrera, Eustaquia	369	
Cabrera, Francisco	79	
Cabrera, Hugolina	513	
Cabrera, Jacinta	342	
Cabrera, Jacinto	561	
Cabrera, Jorge	123, 156, 194	
Cabrera, José del Carmen	326, 333	
Cabrera, Juan Asencio	394	
Cabrera, Luis Ignacio	549	
Cabrera, María Dolores	146	
Cabrera, María Luisa	196	
Cabrera, María Margarita	123	
Cabrera, Nicolasa	231	
Cabrera, Simona	415	
Cabrera, Tomasina	142	
Cabrera, Vicente	223	
Cáceres, Casilda	102	
Cáceres, Da. Griselda	503	
Cáceres, Dn. José Plácido	463	
Cáceres, Felipa	160	
Cáceres, Félix	212	
Cáceres, Francisca	157	
Cáceres, Hermenegildo	359	
Cáceres, José Alejandro	451	
Cáceres, Josefa	224	
Cáceres, Juan Agustín	541	
Cáceres, Juan de la Cruz	160, 468	
Cáceres, Juan Manuel	200	
Cáceres, Leonarda	470	
Cáceres, Lorenzo	229	
Cáceres, María de la Concepción	159	
Cáceres, María del Rosario	113	
Cáceres, María Gregoria	213	
Cáceres, María Magdalena	32	
Cáceres, María Marta	512	
Cáceres, Miguel	61, 488	
Cáceres, Miguel Gerónimo	204	
Cáceres, Miguel Jerónimo	463	
Cáceres, Pío	220	
Cáceres, Ramón Rosa	163	
Cáceres, Ramona	231	
Cáceres, Tomasina	39	
Cáceres, Valentín	26	
Cajuso?, María Inés	25	
Caliba, Ramón	380	
Calvimonte, Agustín Pío	292	
Calvimonte, Juan Ramón	216	
Calvimonte, Manuel	328	
Calvimonte, María del Tránsito	79	
Calvimonte, María Rosa	146	
Calvimonte, Pedro Regalado	113	
Calvimonte, Pía	251	
Camaño, Ángel	210	
Camaño, Da. Hugolina	282	
Camaño, Da. Irene	269	
Camaño, Da. Juana	524	
Camaño, Da. Lorenza	505	
Camaño, Da. María Paulina	456	
Camaño, Da. Narcisa	286	
Camaño, Da. Silveria	474	
Camaño, Delfín	400	
Camaño, Dn. Carmen	544	
Camaño, Dn. Delicio	506	
Camaño, Francisca	340, 417	
Camaño, Francisca Antonia	517	
Camilo, Fernández	473	
Campos, Antonio	436	
Campos, Bailón	302	
Campos, Francisco Cecilio	567	
Campos, José Gregorio	384	
Campos, José Indalecio	512	
Campos, José María	226	
Campos, Josefa	216	
Campos, Julián	43	
Campos, Manuel de Reyes	306, 527	
Campos, María	42, 124	
Campos, María Francisca	208	
Campos, María Mercedes	462	
Campos, Pedro	365	
Cancino, Bernardina	207	
Cancino, Estanislada	343	
Cancino, Fulgencio	96	
Cancino, Juan Romualdo	346	
Cancino, María Micaela	28	
Cancinos, Anunciación	170	
Cancinos, Da. Ángela	548	
Cancinos, José Fulgencio	180	
Candi, Ignacio	58	
Candi, José	43	
Candi, José Justo	54	
Candi, José Manuel	188	
Candi, Juan Antonio	441	
Candi, Juan Asensio	178	
Candi, María de la Cruz	219	
Candi, María de los Ángeles	245	
Candi, María Luisa	57	
Candi, Valeriano	58	
Candi?, María Eusebia	43	
Candía, José Mariano	39	
Candía, Pedro Pascual	39	
Candido, Manuel Ignacio	180	
Cano, Agustina Rosa	173	
Cano, Da. Delfina	495	
Cano, Da. María Brígida	483	
Cano, José Matías	472	
Canseco, Da. Rosario	567	
Cantos, Pablo	424	
Cañete, Juan Gregorio	455	
Cañete, Rosa Baudilia	560	
Cañizares, Da. Petrona	455	
Capdevila, Da. Delia	405	
Capdevila, Dn. Herminio	285	
Capdevila, Dn. Robustiano	357	
Capdevila, Dn. Tomás	386	
Caravajal, Abelardo	274	
Caravajal, Adolfo	347	
Caravajal, Aguileza	410	
Caravajal, Antenor	419	

Nombre	Página
Caravajal, Antonia	208
Caravajal, Apolinar	482
Caravajal, Carmen	429
Caravajal, Celestino	580
Caravajal, Cirilo	308
Caravajal, Clemiro	418
Caravajal, Da. Rosalía	238, 498
Caravajal, Donato	303
Caravajal, Donato Sigfrido	552
Caravajal, Encarnación	312
Caravajal, Estaurófilo	363
Caravajal, Eusebio	569
Caravajal, Federico	381
Caravajal, Francisca	559
Caravajal, Gabino	340
Caravajal, Genuario	197
Caravajal, Ignacia	528
Caravajal, Indalecia	228
Caravajal, José Dolores	363
Caravajal, José Esteban	512
Caravajal, José Hilario	482
Caravajal, Juan Vicente	206
Caravajal, Juliana	209
Caravajal, Justo Pastor	179, 245
Caravajal, Lisandro	429
Caravajal, Luisa	88
Caravajal, Manuel Abraham	260
Caravajal, María Antonia	124
Caravajal, María Dionisia	66
Caravajal, María Luisa	186
Caravajal, María Natividad	394
Caravajal, Mariano	49
Caravajal, Mercedes	128
Caravajal, Nicolás	211
Caravajal, Pafónico del Señor	547
Caravajal, Pastora	281
Caravajal, Patrocinia	248
Caravajal, Pedro	590
Caravajal, Ramona	293
Caravajal, Ricardo	248, 308
Caravajal, Rosa Peregrina	248
Caravajal, Rosalía	90
Caravajal, Sebastiana	125
Caravajal, Serafina	409
Cárdenas, Albina	506
Cárdenas, Alejandro	455
Cárdenas, Anastasio	460
Cárdenas, Ángel Manuel	348
Cárdenas, Antonio	149
Cárdenas, Ascencia	157
Cárdenas, Baldomero	312
Cárdenas, Conrado	577
Cárdenas, Da. Evangelista	279
Cárdenas, Dn. Ángel Manuel	261
Cárdenas, Emilia	301
Cárdenas, Eulalia	308, 423
Cárdenas, Francisco	125
Cárdenas, Francisco Antonio	192
Cárdenas, José	9, 24
Cárdenas, Juan Antonio	52, 99, 170, 325
Cárdenas, Juan Domingo	463
Cárdenas, Juan Zenón	318
Cárdenas, Leandro	172, 177
Cárdenas, Leonardo	477
Cárdenas, Manuela	51
Cárdenas, María	161
Cárdenas, María del Cárdenas	150
Cárdenas, María Francisca	42
Cárdenas, María Petrona	38
Cárdenas, Miguel Vicente	404
Cárdenas, Petrona	122
Cárdenas, Segundo	427
Cárdenas, Tomás	186
Cárdenas, Victoria	83
Cárdenas, Victoriano	27
Cardia, Luis Ignacio	522
Cardoso, Agustina Rosa	93
Cardoso, Alejandro	119
Cardoso, Ana María	40
Cardoso, Ángel Mariano	235
Cardoso, Ángel Pastor	507
Cardoso, Carmen	520
Cardoso, Cruz	302
Cardoso, Da. María de la Cruz	176
Cardoso, Da. María Juliana	462
Cardoso, Da. Secundina	577
Cardoso, Dn. Tiburcio	179
Cardoso, Dn. Toribio	482
Cardoso, Donatila	337
Cardoso, Francisco	270, 503
Cardoso, Francisco Antonio	185
Cardoso, Ignacia	63
Cardoso, José Eliseo	570
Cardoso, José Lucas	32
Cardoso, José Manuel	235
Cardoso, José María	192
Cardoso, Josefa	314, 480, 501
Cardoso, Juan Isidro	77
Cardoso, Juana Francisca	165
Cardoso, Juliana	41
Cardoso, Justo Pastor	515
Cardoso, Leandro	75
Cardoso, María Antonia	135, 233
Cardoso, María de Jesús	162
Cardoso, María de la Cruz	185
Cardoso, María de las Mercedes	57
Cardoso, María de los Santos	223
Cardoso, María del Carmen	205
Cardoso, María del Rosario	135
Cardoso, María del Tránsito	553
Cardoso, María Isabel	85
Cardoso, María Jacinta	73
Cardoso, María Juana	452
Cardoso, María Pablina	474
Cardoso, María Sinforoza	176
Cardoso, María Susana	51
Cardoso, Pedro Ignacio	58
Cardoso, Pedro Pablo	463
Cardoso, Ramón	534
Cardoso, Ramón Ignacio	168
Cardoso, Ramona	153, 433
Cardoso, Tránsito	261
Carlos	36
Carlos, Carlota	215
Carlos, Martín	197
Carlos, Miguel	190
Carlosa, Martín	180
Caro, Bernabé	560
Carranza, Da. Eduvigilda	558
Carranza, Teresa	569
Carrazán, Dn. Juan Francisco	269
Carrazán, Pacífico	307
Carrazán, Pastora	340
Carrión, Belinda	432
Carrizo, Adelina	426
Carrizo, Anunciación	564
Carrizo, Balbina	411
Carrizo, Baldomera	402
Carrizo, Bartolo	225
Carrizo, Bartolomé	280, 494, 523
Carrizo, Bienaparecida	493
Carrizo, Carmen	365
Carrizo, Da. Francisca	384
Carrizo, Da. Lorenza	279
Carrizo, Da. Tránsito	390
Carrizo, Delfín	320
Carrizo, Delfina	425
Carrizo, Dn. José Domingo	581
Carrizo, Dn. Pedro	269, 412
Carrizo, Dulcidia	433
Carrizo, Encarnación	463
Carrizo, Esteban	223
Carrizo, Federico	281
Carrizo, Filomena	322
Carrizo, Inocencio	152
Carrizo, Jesús	156, 305, 332
Carrizo, José	377
Carrizo, José Dimas Dolores	249
Carrizo, José Tomás	211
Carrizo, Josefa	129, 183
Carrizo, Juan Andrés	329
Carrizo, Juan Felipe	546
Carrizo, Juan Francisco	98
Carrizo, Juan Inocencio	204
Carrizo, Juan Pedro	53, 353
Carrizo, Luis Fernando	303
Carrizo, María	315, 561
Carrizo, María del Carmen	438
Carrizo, María Gabriela	52
Carrizo, María Jerónima	438
Carrizo, María Melchora	134
Carrizo, Martina	84, 186
Carrizo, Mercedes	190, 579
Carrizo, Narcisa	207
Carrizo, Onofre	362
Carrizo, Patricio	153
Carrizo, Pedro	152, 432
Carrizo, Pedro Lucas	120
Carrizo, Ramón A	406
Carrizo, Ramón Antonio	228
Carrizo, Ramona	417
Carrizo, Rodolfo	292
Carrizo, Vicente	368
Carrizo, Victoriano	374
Casilla, María del Rosario	53
Castaño, Da. Dolores	456
Castaño, Da. Macedonia	531
Castaño, Da. María de los Dolores	68
Castaño, María Dolores	69
Castellanos, Ángel Mariano	447, 551
Castellanos, Brígido	316
Castellanos, Buenaventura	448
Castellanos, Dn. Donato	354
Castellanos, Dn. Salvador	270
Castellanos, Doroteo	227, 577
Castellanos, Eduardo	579

Índice de Contrayentes

Castellanos, Eloísa	299
Castellanos, Francisco	44
Castellanos, Isidro	14, 35
Castellanos, Javiera	311
Castellanos, José Manuel	500
Castellanos, José Valentín	131
Castellanos, Juan	246
Castellanos, Juan Bernabé	121
Castellanos, Juan Bonifacio	525
Castellanos, Juan Doroteo	34
Castellanos, Juan Felipe	542
Castellanos, Juan Francisco	142
Castellanos, Juan Ventura	159, 469
Castellanos, Leocadia	512
Castellanos, Manuel Lucas	505
Castellanos, Manuel Salvador	225
Castellanos, María Catalina	131
Castellanos, María del Rosario	80
Castellanos, María Petrona	158
Castellanos, María Teresa	128
Castellanos, Pedro	161
Castellanos, Pedro Pablo	129, 166
Castellanos, Petrona	301, 319, 397
Castellanos, Petrona del Carmen	293
Castellanos, Rosa Laura	217
Castellanos, Rosalía	347
Castellanos, Silveria	506
Castillo, Antonia	91
Castillo, Bartolomé	32
Castillo, Da. Marcelina	533
Castillo, Da. Patrocinia	474
Castillo, Dn. Benito	479
Castillo, María de los Ángeles	191
Castillo, María del Tránsito	138
Castillo, Ramón	394
Castillo, Ramón Rosa	342
Castillos, Justa Pastora	212
Castro, Cecilia	501
Castro, Ceferino	550
Castro, Celedonia	267, 512
Castro, Desiderio	317
Castro, Dn. Abdón	285
Castro, Dn. José Manuel	285
Castro, Dn. Juan José de	483
Castro, Dn. Juan Luis	61
Castro, Dn. Salvador	584
Castro, Dolores	428
Castro, Francisco Solano	577
Castro, Isabel	166
Castro, José Luis	335
Castro, José Marcelino	501
Castro, José Mariano	86
Castro, José Matías	83
Castro, Justa	219
Castro, Liberata	429
Castro, Lina	428
Castro, Lorenzo	198
Castro, María Ceferina	178
Castro, María Cleofé	390
Castro, María de la Cruz	82
Castro, María del Señor	332
Castro, María Gertrudis	224
Castro, María Rita	569
Castro, Mercedes	142, 277, 354
Castro, Olegaria	375
Castro, Pascual	79, 102, 259
Castro, Peregrina	293
Castro, Petrona	503
Castro, Ramón	432
Castro, Ramón Ignacio	301
Castro, Rosa	180
Castro, Rosario	523
Castro, Simona	18
Castro, Telésfora	382
Catalina	10, 12
Cativa, José Ignacio	276
Cayetano	35, 36
Cejas, Candelaria	414
Cejas, Constantino	271
Cejas, Da. Adelaida	390
Cejas, Da. Francisca Antonia	476
Cejas, Da. Josefa	30, 473
Cejas, Da. Juana Petrona	465
Cejas, Da. Juana Rosa	474
Cejas, Da. María Bartolina	372
Cejas, Da. Sebastiana	446
Cejas, David	324
Cejas, Dn. David	262
Cejas, Dn. Juan Felipe	551
Cejas, Dn. Simón	388
Cejas, Dolores	340
Cejas, Dominga	26
Cejas, Elías	315
Cejas, Francisco	22, 113
Cejas, Hilario	118
Cejas, José Abraham	361
Cejas, José Antonio	185
Cejas, José Inés	225
Cejas, José Malaquías	528
Cejas, José Matías	46, 206, 565
Cejas, José Pascual	231
Cejas, Juan de Dios	249
Cejas, Juan Ildefonso	568
Cejas, María	313, 320
Cejas, María Antonia	193
Cejas, María de la Candelaria	351
Cejas, María de las Mercedes	90
Cejas, María Francisca	60
Cejas, María Indamira	344
Cejas, María Mercedes	92, 118
Cejas, María Nieves	547
Cejas, María Presentación	228
Cejas, María Rosa	42
Cejas, Miguel Jerónimo	20
Cejas, Ramona	383
Cejas, Tomasina	113
Cejas, Valentín	81
Celiz, Juan Antonio	316
Celiz, Manuel Antonio	525, 545
Celiz, Pedro	322
Centeno, Agustín	109, 202
Centeno, Da. Josefa	10
Centeno, Da. Martina	426
Centeno, Da. Rosa	376
Centeno, Dn. Simón	72
Centeno, Dn. Simón Tadeo	548
Centeno, María Martina	59, 129
Cepeda, Juan Inocencio	200
Cerda, Juan Fernando	50
Cerda, Tomás	23
Cevallos, Abraham	400
Cevallos, Ambrosia	286
Cevallos, Beatriz	376
Cevallos, Benedicta	267
Cevallos, Bernabela	467
Cevallos, Bernarda	471
Cevallos, Da. Catalina	97
Cevallos, Da. Dolores	556
Cevallos, Da. Eduviges	495
Cevallos, Da. Josefa	447
Cevallos, Da. Maclovia	291
Cevallos, Dn. José	48
Cevallos, Dn. José	53
Cevallos, Domingo	410
Cevallos, Escolástica	554
Cevallos, Hipólita	318
Cevallos, Isabel	313, 330
Cevallos, José Basilio	448
Cevallos, José Odofio	295
Cevallos, Lorenzo	216
Cevallos, Manuel	402
Cevallos, Manuel Antonio	168
Cevallos, María Andrea	506
Cevallos, Raquel	374
Cevallos, Rosario	245
Cevallos, Sabina	237, 344
Cevallos, Salvador	157, 392
Cevallos, Servando	195
Cevallos, Severa	419
Cevallos, Socorro	377
Cevallos, Timoteo	288
Cevallos, Ventura	217
Cevallos, Zoila	300
Chamorro, Mercedes	376
Chancai, Francisca	36
Chancai, Sebastiana	38
Chancay, Ana	48
Changai, Ciriaco	147
Chariol, Juan Vicente	68, 107
Charriol, Dn. Eugenio	578
Charriol, Dn. Julio	385
Chávez, Camilo	247
Chávez, Da. Agustina	295
Chávez, Dn. Juan Ángel	59
Chávez, Francisca Antonia	352
Chávez, Hilaria	197
Chávez, Irene	249
Chávez, José Julián	247
Chávez, Luis Antonio	172
Chávez, María	132
Chávez, María de la Cruz	228
Chávez, María del Espíritu Santo	129
Chávez, María del Rosario	48
Chávez, Ramón Ignacio	254, 427
Chávez, Sebastián	87
Chávez, Severo	206
Chazarreta, Agustín	256
Chazarreta, Anastasia	149
Chazarreta, Calixto	242, 435, 574
Chazarreta, Cayetano	142, 379
Chazarreta, Eladia	338
Chazarreta, Eleuterio	270
Chazarreta, Eloísa	423
Chazarreta, Eugenio	164
Chazarreta, Genoveva	357
Chazarreta, Gervasio	268

Chazarreta, Gregoria	159	Cisternas, Azucena de Jesús	229	Collantes, José del Carmen	388
Chazarreta, Isabel	289	Cisternas, Da. Diocleciana	572	Collantes, José Dominga	512
Chazarreta, José Antonio	50, 157	Cisternas, Da. Dominga	548	Collantes, José Domingo	438
Chazarreta, José Eugenio	128	Cisternas, Da. Gerónima	12	Collantes, José Florentino	535
Chazarreta, José León	61, 316	Cisternas, Da. Juliana	32	Collantes, José Ignacio	136
Chazarreta, José Manuel	217, 374, 592	Cisternas, Da. Manuela	548	Collantes, José Mariano	82
Chazarreta, Josefa	306	Cisternas, Da. Mercedes	375	Collantes, José Santos	333, 493
Chazarreta, Juan Alberto	393	Cisternas, Digna	323	Collantes, Josefa	324
Chazarreta, León	162	Cisternas, Dn. Francisco	113	Collantes, Juan de la Rosa	97, 167
Chazarreta, Manuela	245	Cisternas, Dn. Santiago	361	Collantes, Juan Dionisio	328
Chazarreta, Marcos	326	Cisternas, Encarnación	334	Collantes, Juan Gregorio	169
Chazarreta, María Eugenia	63	Cisternas, Esteban	136	Collantes, Juan Manuel	230
Chazarreta, María Josefa	133	Cisternas, Fermina	319	Collantes, Juana	553
Chazarreta, Martín	21	Cisternas, Hermenegilda	440	Collantes, Luis	405
Chazarreta, Pedro	251	Cisternas, Joaquina	224	Collantes, Manuel de Reyes	339
Chazarreta, Pedro Juan	559	Cisternas, José	26	Collantes, María	41
Cipriano Guerreros	524	Cisternas, José Luis	501	Collantes, María Bonifacia	234
Cisneros, Abdón	336	Cisternas, José Mariano	21	Collantes, María de Jesús	319
Cisneros, Cayetano	134	Cisternas, Juan	13, 51	Collantes, María de los Ángeles	255
Cisneros, Concepción	584	Cisternas, Juan Santos	157	Collantes, María Inés	156
Cisneros, Da. Amelia Rosa	376	Cisternas, Margarita Rosa	148	Collantes, María Isidora	138
Cisneros, Da. María Isabel	79	Cisternas, María	78	Collantes, María Manuela	140
Cisneros, Dn. Andrónico	375	Cisternas, María Ignacia	45	Collantes, María Mauricia	117, 445
Cisneros, Dn. Esteban	19, 97	Cisternas, Nicasio	247	Collantes, María Romualda	124
Cisneros, Dn. Joaquín	60	Cisternas, Pedro Nolasco	225, 451	Collantes, Mariano	57
Cisneros, Dn. José	107	Cisternas, Santos	362	Collantes, Máximo	318
Cisneros, Dn. Juan Andrónico	282	Cisternas, Vicente	163	Collantes, Miguel Santos	384
Cisneros, Isabel	163	Cobos, Dn. Felipe	358	Collantes, Pablo	208
Cisneros, Joaquín	86	Coello, María de la Cruz	82	Collantes, Pedro José	499
Cisneros, José Cupertino	503	Coello, María Tránsito	27	Collantes, Pedro Lucindo	314
Cisneros, Leonor	162	Collantes, Agustín	583	Collantes, Pedro Pablo	261
Cisneros, Luis Ceferino	189	Collantes, Albina	330, 404	Collantes, Raimundo	162
Cisneros, Luisa	70	Collantes, Andrés	307	Collantes, Ramón R	365
Cisneros, María	535	Collantes, Andrés Avelino	221	Collantes, Regina	577
Cisneros, María Evangelina	525	Collantes, Audelina	533	Collantes, Rosa	398
Cisneros, María Evarista	205	Collantes, Bernabé	136, 414	Collantes, Rosalía	429
Cisneros, María Isabel	465	Collantes, Bernarda	414	Collantes, Samuel	319
Cisneros, María Josefa	216	Collantes, Brígida	198	Collantes, Santos	257
Cisneros, María Luisa	52	Collantes, Bruno	147	Collantes, Segunda	168
Cisneros, María Manuela	471	Collantes, Carlos	281	Collantes, Segundo	225
Cisneros, María Pilar	439	Collantes, Catalina	279	Collantes, Segundo F	415
Cisneros, María Rosa	55	Collantes, Cecilio	431	Collantes, Simeón	579
Cisneros, María Salomé	214	Collantes, Ceferino	325, 328, 337	Collantes, Sofonías	384
Cisneros, Miguel	188	Collantes, Cledovia	297, 349	Collantes, Teodovina	383
Cisneros, Pedro José	456	Collantes, Clementina	429	Collantes, Valentín Francisco	458
Cisneros, Próspero	325	Collantes, Cosme	244	Colombres, Jesús	392
Cisneros, Zenón	314	Collantes, Crisanta	273, 375	Colombres, José Ignacio	248
Cisterna, Da. Ángela	550	Collantes, Cristina	282	Concha María Bartolina	34
Cisterna, Da. Candelaria	476	Collantes, Crucita	532	Concha, Ana de la	30
Cisterna, Da. Gregoria	492	Collantes, Da. Arsenia	424	Concha, Andrea	440
Cisterna, Dn. Francisco Antonio	265	Collantes, Da. Clementina	518	Concha, Antonia	258
Cisterna, Dn. Juan de la Cruz	469	Collantes, Da. Ercilia	424	Concha, José Gabino	208
Cisterna, Francisco	13	Collantes, Delfina	337	Concha, José Joaquín	107
Cisterna, Inés	433	Collantes, Desiderio	358, 589	Concha, José María	129
Cisterna, Jorge	433	Collantes, Dominga	177	Concha, María Bartolina	53
Cisterna, José Rosa	443	Collantes, Ercilia	283	Concha, María Dominga	504
Cisterna, Juan de la Cruz	447	Collantes, Estaurófila	501	Concha, Mercedes	219
Cisterna, María Águeda	381	Collantes, Estefanía	71	Conchas, Dn. Juan Antonio de las	17
Cisterna, María Filomena	387	Collantes, Exaltación	364	Conchas, María del Carmen	31
Cisterna, Tomás	385	Collantes, Felipa	218	Contreras, Ana María	63, 564
Cisternas, Águeda	18, 159	Collantes, Félix Rosa	349	Contreras, Andrea	533
Cisternas, Aniceta	568	Collantes, Francisco	47	Contreras, Audaz Facundo	557
Cisternas, Anunciación	371	Collantes, Indalecia	414	Contreras, Azucena	333
Cisternas, Audelina	413	Collantes, Inés	209	Contreras, Bartolomé	46
		Collantes, José	13	Contreras, Benito	207
		Collantes, José de la Cruz	198		

Índice de Contrayentes

Contreras, Bernardino	130
Contreras, Carolina	424
Contreras, Cipriano	274, 576
Contreras, Da. María	28
Contreras, Da. María de la Encarnación	446
Contreras, Da. María Petrona	447
Contreras, Da. Rita	244
Contreras, Dn. Ceferino	528
Contreras, Dn. Laureano	541
Contreras, Dn. Pascual	556
Contreras, Feliciano	83
Contreras, Francisco Javier	148
Contreras, Ignacio	55
Contreras, Jacoba	177
Contreras, Jerónimo	249
Contreras, José Albino	267
Contreras, José Alejandro	120
Contreras, José Fructuoso	564
Contreras, José Tránsito	391
Contreras, Juan	423
Contreras, Juan de Dios	376
Contreras, Juan Gerónimo	533
Contreras, Juan Pascual Bailón	130
Contreras, Juana Pabla	159, 469
Contreras, Juana Paula	590
Contreras, Juana Rosa	516
Contreras, Lázaro	414
Contreras, Lázaro Antonio	519
Contreras, Leopoldo	509
Contreras, Magdalena	343
Contreras, Manuela	497
Contreras, María Antonia	160, 468
Contreras, María Carolina	337
Contreras, María de J	421
Contreras, María del Pilar	277
Contreras, María del Rosario	444
Contreras, María Lorenza	143
Contreras, María Marina	71
Contreras, María Micaela	67
Contreras, Máxima	510
Contreras, Micaela	90
Contreras, Niseria	380
Contreras, Pascuala	235
Contreras, Rosaura	593
Contreras, Santiago	188
Contreras, Saturnino	232
Contreras, Severino	145
Contreras, Vicente	53
Corazón, Martín	521
Corbalán, Cenobia	384
Corbalán, Juan	275
Corbalán, Juan Antonio	375
Corbalán, Moisés	430
Corbalán, Pantaleón	324
Cordera, Micaela	525
Cordero, Agustina Rosa	125
Cordero, Aparicio	266
Cordero, Bartolina	47
Cordero, Corazón	373
Cordero, Corazón de Jesús	295
Cordero, Cornelio	205
Cordero, Da. Tránsito	491
Cordero, Dn. Antolín	268
Cordero, Feliciana	85
Cordero, Florentina	421
Cordero, Francisco Antonio	233
Cordero, Gabino	211
Cordero, Genaro	341
Cordero, Gertrudis	465, 466
Cordero, Gregorio	38
Cordero, Isabel	394, 434
Cordero, José	9
Cordero, José Lázaro	522
Cordero, José Octaviano	501
Cordero, José Ramón	66
Cordero, Juan de Dios	32
Cordero, Juan Ramón	43, 279
Cordero, Juan Santos	144, 189
Cordero, Julián	319
Cordero, Justa	274
Cordero, Liborio	328
Cordero, Lorenzo	209
Cordero, Lucinda	366
Cordero, Mardoqueo	583
Cordero, María	67
Cordero, María Catalina	540
Cordero, María del Tránsito	145
Cordero, María Francisca	88
Cordero, María Gertrudis	82
Cordero, María Gregoria	52
Cordero, María Juana	168
Cordero, María Juliana	301
Cordero, Martina	148
Cordero, Mauricia	235
Cordero, Micaela	202
Cordero, Nicolasa	85
Cordero, Pascuala	155
Cordero, Petrona	271
Cordero, Tomás	557
Cordero, Víctor Modesto	519
Córdoba, Adrián	582
Córdoba, Belisaria	569
Córdoba, Ceferino	229
Córdoba, Da. Juana Isabel	475
Córdoba, Da. María del Rosario	556
Córdoba, Da. María del Señor	474
Córdoba, Da. Sebastiana	447, 452, 458
Córdoba, Dn. Ángel Mariano	497
Córdoba, Dn. Bernardino	474
Córdoba, Dn. Mariano	538
Córdoba, Domingo	425
Córdoba, Encarnación	365
Córdoba, Francisco	410
Córdoba, Francisco Antonio	556
Córdoba, Isabel	528
Córdoba, José Rosario	462
Córdoba, José Santos	184
Córdoba, Josefa	140
Córdoba, Juan Francisco	218
Córdoba, Juan José	144
Córdoba, Juan León	127
Córdoba, Juana	12
Córdoba, Lorenzo	130
Córdoba, Manuel	589
Córdoba, Manuel de Reyes	550
Córdoba, Manuel del Espíritu Santo	529
Córdoba, Manuela	255, 278
Córdoba, María del Pilar	299
Córdoba, María del Rosario	338
Córdoba, María del Señor	464
Córdoba, María Josefa de	43
Córdoba, María Santos	64
Córdoba, Marquesa Rosa	331
Córdoba, Mercedes	320
Córdoba, Mgano	198
Córdoba, Narciso	193
Córdoba, Nicolasa	166
Córdoba, Patricio	57
Córdoba, Petrona	172
Córdoba, Raquel	318
Córdoba, Rómulo	579
Córdoba, Rosario	587
Córdoba, Silvera	179
Coria, Carmen	274, 505
Coria, Clementina	405
Coria, Donato	547
Coria, Félix	265
Coria, José María	165
Coria, Juana Isabel	493
Coria, Manuel	265
Coria, Manuel de los Reyes	189
Coria, María de la Cruz	213, 463
Coria, María Engracia	198
Coria, María Gregoria	146
Coria, María Ignacia	455
Coria, Sebastiana	294
Cornejo, Adolfo	427
Cornejo, Carmen	435
Cornejo, Cornelio	377
Cornejo, Dn. Juan Tomás	576
Cornejo, Francisco	21
Cornejo, José	305
Cornejo, José Albertano	380
Cornejo, María Andrea	446
Cornejo, Rosa	233
Coronel, Alejandro	513
Coronel, Alejo	299, 520
Coronel, Anastasio	566
Coronel, Andrés Natal	534
Coronel, Aniceto	571
Coronel, Anselma Rosa	346
Coronel, Antonio	27
Coronel, Apolinaria	220
Coronel, Da. Ana	78
Coronel, Da. Bernarda	478
Coronel, Da. María Tomasina	267
Coronel, Dn. Isidro	268
Coronel, Dn. Matías	566
Coronel, Enrique	533
Coronel, Felipe	233
Coronel, Francisco	131
Coronel, Fructuosa	423
Coronel, Fructuoso	255
Coronel, Ignacio	206
Coronel, Jesús	503
Coronel, José Eustaquio	226
Coronel, José Olegario	323
Coronel, Josefa	178
Coronel, Juan Anastasio	506
Coronel, Juan de Dios	219
Coronel, Juan Mateo	506
Coronel, Juan R	416
Coronel, Juana	75
Coronel, Liberata	430
Coronel, Lorenzo	349

Índice de Contrayentes

Coronel, Luisa	431
Coronel, Manuel Ignacio	207
Coronel, María	444
Coronel, María Antonia	321
Coronel, María Ascensión	144
Coronel, María Carolina	550
Coronel, María del Carmen	131
Coronel, María Isabel	135
Coronel, María Juana	193
Coronel, Mauricia	496
Coronel, Pedro	470
Coronel, Rosario	334
Coronel, Segundo	431
Corrales, José Fortunato	570
Corrales, José Manuel	211
Correa, Bartolina	216
Correa, Da. Leonor	461
Correa, Dn. David	461
Correa, Dn. Gerónimo	549
Correa, Dn. Ramón	63, 461
Correa, José Miguel	207
Correa, Juan	376
Correa, Juan Gregorio	467
Correa, Manuela	146
Correa, Nazaria	248
Correa, Ramona	232
Correa, Viviana	493
Corte, Anselmo	124
Corte, Catalina	54
Corte, Francisco	84
Corte, Gerónima	572
Corte, José	36
Corte, José Domingo	78
Corte, Juan Florentino	578
Corte, Juan Nicolás	63
Corte, Justo	72
Corte, María Francisca	81
Corte, María Pascuala	42
Corte, Martiniano	529
Corte, Pedro	37
Cortés, Bárbara	50
Cortés, Bernardina	170
Cortés, Bernardo	173
Cortés, Bernardo	197
Cortés, Clementina Rosa	348
Cortes, Francisca	150
Cortés, José	436
Cortés, Juan Francisco	267
Cortés, Juan José	40
Cortes, Juan Nicolás	567
Cortes, Juana	379
Cortés, Marcelina	215
Cortés, Marcos	195
Cortés, María del Pilar	216
Cortés, Miguel Gerónimo	200
Cortés, Natividad	203
Cortés, Silveria	431
Cortés, Valentín	196
Cos, Dn. Juan Eusebio	58
Cos, Luisa	160
Crespín, Juan	503
Crespín, María del Carmen	131
Cristal, María Justina	455
Cruzado, José Lucindo	208
Cruzado, Juan Andrés	145
Cuellar, Pedro	127
Cuello, Bernardo	10
Cuello, María del Carmen	475
Cuello, Miguel Marcelino	108
Cuello, Tomás	308
Cueto, Da María	458
Décima, Da. María	590
Décima, Estanislao	282
Décima, Jacinta de Jesús	383
Delgadillo, Manuel Santos	141
Delgadino y Villarroel, Manuel Antonio	342
Delgadino, Delfina	273
Delgadino, Isaac	258
Delgadino, María Zoila	195
Delgadino, Natividad	544
Delgadino, Petrona	524
Delgado, Abdénago	381
Delgado, Catalina	218
Delgado, Celestina	510
Delgado, Clara Rosa	427
Delgado, Da. Betsabé	271
Delgado, Da. Inés	542
Delgado, Da. Isabel	480
Delgado, Da. María de la Concepción	288
Delgado, Da. Raquel	267
Delgado, Dn Gregorio	448
Delgado, Dn. Cayetano	112
Delgado, Dn. Francisco Antonio	585
Delgado, Dn. Guillermo	535
Delgado, Dn. Jacinto	453
Delgado, Dn. José Luis	583
Delgado, Dn. Juan Antonio	494, 542
Delgado, Ercilia	275
Delgado, Fermina	325
Delgado, Filadelfio	347
Delgado, Guillerma	391
Delgado, Jacinto	468
Delgado, Juan Manuel	209
Delgado, Juana Rosa	148
Delgado, Justa	337
Delgado, Lorenzo	244, 575
Delgado, María Concepción	143
Delgado, María Peregrina	547
Delgado, Rebeca	345
Delgado, Sara	423
Delgado, Simón	385
Delgado, Teresa de Jesús	144
Denett, Da. Ramona	250
Denett, Dn. José Ramón	485
Denett, Dn. Miguel	244
Denett, José Manuel	179
Denett, Justa Josefa	372
Días, María Antonia	45
Díaz Teresa	11
Díaz, Adeodato	280
Díaz, Agustina	556
Díaz, Agustina Rosa	131
Díaz, Alberto	185
Díaz, Ambrosio	445
Díaz, Ana María	439
Díaz, Ana Rosa	258
Díaz, Andrea	125, 290, 313
Díaz, Ángel Segundo	423
Díaz, Angelina	24
Díaz, Antonio	31, 423
Díaz, Apolinar	230, 268
Díaz, Asunción	151, 224
Díaz, Avelina	212
Díaz, Bartolina	20, 235
Díaz, Benedicta	78
Díaz, Benito	61
Díaz, Bernardina	199
Díaz, Bernardino	192, 510
Díaz, Bonifacia	24, 91, 425
Díaz, Braulio	177
Díaz, Casiana	346
Díaz, Catalina	21, 504
Díaz, Cayetana	172
Díaz, Celestina	91, 255, 335, 436
Díaz, Cenobia	377
Díaz, Cledovia	268
Díaz, Concepción	248
Díaz, Crescencia	332
Díaz, Crisanto	577
Díaz, Da. Agustina Rosa	528
Díaz, Da. Atanasia	373
Díaz, Da. Bonifacia	361
Díaz, Da. Celina del Carmen	377
Díaz, Da. Delfina	491
Díaz, Da. Felisa del Carmen	264
Díaz, Da. Flomiria	374
Díaz, Da. Francisca Antonia	589
Díaz, Da. María Eduviges	571
Díaz, Da. María Engracia	272
Díaz, Da. María Ignacia	474
Díaz, Da. María Manuela	456
Díaz, Da. Ramona del Señor	373
Díaz, Da. Ramona Rosa	516
Díaz, Dámaso	148
Díaz, Daria Pabla	532
Díaz, David	243, 575
Díaz, Delfina	256, 372
Díaz, Dermidia	315
Díaz, Desiderio	272
Díaz, Dn. Ángel	248
Díaz, Dn. Ángel Rafael	593
Díaz, Dn. Cosme	243
Díaz, Dn. Cosme Damián	574
Díaz, Dn. Doroteo	466
Díaz, Dn. Félix Mariano	297, 558
Díaz, Dn. Fidel	409
Díaz, Dn. Honorio	351
Díaz, Dn. Isidro	580
Díaz, Dn. José Venancio	259
Díaz, Dn. Juan Francisco	237
Díaz, Dn. Manuel	282
Díaz, Dn. Pedro José	24
Díaz, Dn. Ramón	401
Díaz, Dn. Tomás Antonio	359
Díaz, Dominga	71, 211
Díaz, Domingo	206, 491
Díaz, Eduarda	521
Díaz, Eduviges	527
Díaz, Emilia Rosa	278
Díaz, Encarnación	511
Díaz, Ermilio	336
Díaz, Estanislao	317
Díaz, EsteBfanía	25
Díaz, Eulogio	198
Díaz, Eustaquio	417

Díaz, Evarista	314	
Díaz, Exequiel	300	
Díaz, Fabriciano	375, 430	
Díaz, Facunda	192	
Díaz, Facundo	347	
Díaz, Faustina	505	
Díaz, Faustino	353, 560	
Díaz, Feliberta	249	
Díaz, Feliciana	315	
Díaz, Felipa del Carmen	538	
Díaz, Felipe Santiago	452	
Díaz, Félix Mariano	254	
Díaz, Fermín Antonio	226	
Díaz, Fernando	119	
Díaz, Fidel	407	
Díaz, Fortuna	528	
Díaz, Fortunata	165	
Díaz, Francisca	117, 120, 136, 340	
Díaz, Francisca Antonia	137	
Díaz, Francisca Solana	162	
Díaz, Francisco Antonio	242, 484, 573	
Díaz, Francisco Inocencio	443	
Díaz, Francisco Solano	424	
Díaz, Froilán	544	
Díaz, Fructuoso	277, 391	
Díaz, Genuaria	413	
Díaz, Gregoria	171	
Díaz, Gregorio Antonio	265	
Díaz, Hermenegilda	402	
Díaz, Honoria	380	
Díaz, Ifigenia	370	
Díaz, Ignacia	111	
Díaz, Isabel	203, 320	
Díaz, Isidor	571	
Díaz, Isidro	48	
Díaz, Javiera	380	
Díaz, Jesús	153	
Díaz, José	40, 44, 84, 307	
Díaz, José Antonio	151, 160, 488	
Díaz, José Carlos	397	
Díaz, José Domingo	370	
Díaz, José Francisco	385, 438	
Díaz, José Gaspar	70	
Díaz, José Ignacio	174	
Díaz, José Javier	131	
Díaz, José Julián	516	
Díaz, José Luis	81	
Díaz, José Manuel	179, 450	
Díaz, José Martín	54	
Díaz, José Miguel	135	
Díaz, José Nicolás	229, 263	
Díaz, José Pio	161	
Díaz, José Rudecindo	124	
Díaz, José Rufino	144	
Díaz, Josefa	365, 490, 519, 581	
Díaz, Juan	17	
Díaz, Juan Agustín	60	
Díaz, Juan Antonio	173, 340	
Díaz, Juan Bautista	92, 117, 445	
Díaz, Juan de	93	
Díaz, Juan de Dios	386	
Díaz, Juan de la Cruz	334	
Díaz, Juan Diego	21	
Díaz, Juan Dionisio	218	
Díaz, Juan Domingo	27, 73	
Díaz, Juan Enrique	512	
Díaz, Juan Felipe	465	
Díaz, Juan Francisco	577	
Díaz, Juan Graciliano	443	
Díaz, Juan Ignacio	86	
Díaz, Juan Inocencio	174	
Díaz, Juan José	99	
Díaz, Juan Manuel	127, 158, 184	
Díaz, Juan Martín	438	
Díaz, Juan Nicolás	54, 163	
Díaz, Juan Pablo	115, 192	
Díaz, Juan Pío	213	
Díaz, Juana	258	
Díaz, Juana Ventura	463	
Díaz, Julia	18	
Díaz, Juliana	23, 79, 174, 439	
Díaz, Justa	91, 454	
Díaz, Justo	207	
Díaz, Lázaro	128	
Díaz, Leocadio	533	
Díaz, Leonor	245	
Díaz, Lorenzo	213	
Díaz, Lucía	108	
Díaz, Luciano	120	
Díaz, Lucinda	477	
Díaz, Luis	381	
Díaz, Luisa	10, 100	
Díaz, Luján	322	
Díaz, Magdalena	192, 200	
Díaz, Manuel	529, 533	
Díaz, Manuel Benigno	520	
Díaz, Manuel de Reyes	228	
Díaz, Manuela	78, 176, 245, 271	
Díaz, Marcelino	137	
Díaz, Marcelo	331	
Díaz, Marcos	166, 384	
Díaz, Margarita	501	
Díaz, María	14, 19, 75, 415	
Díaz, María Antonia	73, 345	
Díaz, María Asunción	260	
Díaz, María Bernabela	176	
Díaz, María Celestina	43	
Díaz, María Cupertina	289	
Díaz, María de la Encarnación	145	
Díaz, María de la Nieves	450	
Díaz, María de la Trinidad	193	
Díaz, María del Carmen	29, 152, 521	
Díaz, María del Pilar	101	
Díaz, María del Rosario	99, 294	
Díaz, María del Tránsito	61, 99, 131, 148	
Díaz, María Dominga	50	
Díaz, María Dorotea	212	
Díaz, María E	426	
Díaz, María Fernanda	141, 445	
Díaz, María Fortunata	198	
Díaz, María Francisca	32, 144, 152	
Díaz, María Gabriela	200	
Díaz, María Guadalupe	569	
Díaz, María Honoria	325	
Díaz, María Ignacia	177	
Díaz, María Isabel	129	
Díaz, María Juana	117, 445	
Díaz, María Lorenza	30, 31	
Díaz, María Mercedes	31, 70	
Díaz, María Paula	39, 143	
Díaz, María Trinidad	138, 161	
Díaz, María Ubalda	460	
Díaz, María Victoria	33	
Díaz, María Walda	150	
Díaz, Mariano	37	
Díaz, Maximiliana	213	
Díaz, Mercedes	186, 390	
Díaz, Micaela	14, 15, 148	
Díaz, Miguel	368, 392, 587	
Díaz, Miguel Antonio	132	
Díaz, Miguel Jerónimo	260	
Díaz, Mónica	410	
Díaz, Narciso	307	
Díaz, Narciso Antonio	568	
Díaz, Nicolás	179	
Díaz, Nicolasa	89, 388	
Díaz, Nieves	550	
Díaz, Pablo	80, 83, 399	
Díaz, Pantaleón	105, 439	
Díaz, Paula	13	
Díaz, Pedro	168, 463	
Díaz, Pedro Celestino	134, 508	
Díaz, Pedro Francisco	277	
Díaz, Pedro Ignacio	347	
Díaz, Pedro Pablo	89, 152, 163	
Díaz, Peregrina	301	
Díaz, Petrona	87, 365	
Díaz, Petrona Celestina	52	
Díaz, Presentación	248, 265	
Díaz, Rafaela	30, 79	
Díaz, Ramón	356	
Díaz, Ramón Domingo	283	
Díaz, Ramón Ignacio	311	
Díaz, Ramón Rosa	212, 513	
Díaz, Ramona	148, 436, 590	
Díaz, Ramona Rosa	145	
Díaz, Regina	218	
Díaz, Restituta	550	
Díaz, Rita	384	
Díaz, Rita del Carmen	545	
Díaz, Rosalía	287	
Díaz, Rosario	198, 464, 553	
Díaz, Rufina	435	
Díaz, Santiago	151, 159	
Díaz, Santos	114	
Díaz, Saturnino	197	
Díaz, Segunda	467	
Díaz, Segundo	352	
Díaz, Segundo Lorenzo	402	
Díaz, Simona	62	
Díaz, Tiburcia	150	
Díaz, Tránsito	364	
Díaz, Trinidad M. Díaz	304	
Díaz, Valentín	50	
Díaz, Valentina	539	
Díaz, Valeriana	15	
Díaz, Venancia	192	
Díaz, Virginia	417	
Díez, Juan Francisco	122	
Dinon, Justo	41	
Dolores Rojas	62	
Domínguez, Agustina	159, 472	
Domínguez, Anastasia	31	
Domínguez, Arsenia	430	
Domínguez, Balbina	540	
Domínguez, Bartolina	30	

Índice de Contrayentes

Domínguez, Clara	433	
Domínguez, Da. Casilda	73	
Domínguez, Da. Clara	68	
Domínguez, Da. Efigenia	585	
Domínguez, Da. María Alejandra	199	
Domínguez, Da. María Gerónima	76	
Domínguez, Da. María Valentina	507	
Domínguez, Delfina	551	
Domínguez, Delicia	302	
Domínguez, Dn. Eulogio	296	
Domínguez, Dn. Fermín Antonio	476	
Domínguez, Dn. Juan Dionisio	34	
Domínguez, Dn. Marcelo	278	
Domínguez, Domingo	427	
Domínguez, Estaurófila	306	
Domínguez, Feliciana	16	
Domínguez, Fermín	223	
Domínguez, Filiberto	188	
Domínguez, Florinda Rosa	529	
Domínguez, Francisco Javier	16, 29	
Domínguez, José	51	
Domínguez, José de la Cruz	176	
Domínguez, José Fructuoso	64	
Domínguez, José Ignacio	251	
Domínguez, José Miguel	43	
Domínguez, Juan Andrés	51	
Domínguez, Juana Francisca	33	
Domínguez, Leónides	349	
Domínguez, Marcelo	560	
Domínguez, María Casilda	48	
Domínguez, María de Jesús	134	
Domínguez, María Justa	27, 30	
Domínguez, María Presentación	282	
Domínguez, María Victoria	75	
Domínguez, Matilde	510	
Domínguez, Ramón	586	
Domínguez, Rosendo	323	
Domínguez, Tiburcio	221	
Domínguez, Victoriano	53	
Dorado, Manuel	542	
Dorado, Manuel de la Trinidad	230	
Dorado, Toribia	83	
Dorado, Vicenta	226	
Duarte, Andrés	47	
Duarte, Benita	276	
Duarte, Crisóloga	296	
Duarte, Da. María Lázara	475	
Duarte, Gregorio	502	
Duarte, José Agustín	192	
Duarte, José Santos	180	
Duarte, Juan Ignacio	234	
Duarte, Juan Martín	380	
Duarte, Juana Rosa	135	
Duarte, Manuel	65, 106	
Duarte, Manuela	86	
Duarte, María Nicolasa	452	
Duarte, Soledad	555	
Dulce, Ramón	321	
Dulce, Raquel	429	
Dumenes, José	423	
Durán Ramona	279	
Durán, Agustina Rosa	533	
Durán, Antonio de Jesús	341	
Durán, Clementina	408	
Durán, Francisco Antonio	258	
Durán, Ignacio	78	
Durán, José Antonio	440	
Durán, José Ignacio	74	
Durán, José Matías	532	
Durán, Juana	89	
Durán, Juana Ángela	86	
Durán, Justo	42	
Durán, Matías	155	
Durán, Miguel Gerónimo	233	
Durán, Miguel Jerónimo	142	
Durán, Pacífico	560	
Durán, Pedro	25, 34, 125, 151, 581	
Durán, Ramón	292	
Durán, Rufina	270	
Echegoyen, Bernardo	122	
Elena, Dn. Jacinto	65	
Escasuso, , María	32	
Escasuso, Adeodata	366	
Escasuso, Albino	405	
Escasuso, Avelino	429	
Escasuso, Da. Josefa	16	
Escasuso, Esteban	12	
Escasuso, Francisco	12	
Escasuso, Gregorio	229	
Escasuso, José	157, 209	
Escasuso, José Julián	56	
Escasuso, Juana	13	
Escasuso, Luisa	28	
Escasuso, María Francisca	178	
Escasuso, Moisés	364	
Escasuso, Raquel	307	
Escobar, Da. María del Carmen	548	
Esparza, Felipe	332	
Espeche, Ana María	106	
Espeche, Carolina	322	
Espeche, Catalina	308	
Espeche, Da. Guillerma	470, 509	
Espeche, Da. Juana Francisca	457	
Espeche, Da. María del Pilar	53	
Espeche, Da. María Mercedes	28	
Espeche, Da. María Serafina	66	
Espeche, Da. Noemí Raquel	570, 587	
Espeche, Da. Patricia	468	
Espeche, Da. Segunda	518	
Espeche, Da. Serafina	455	
Espeche, Da. Teresa	11	
Espeche, Desiderio	309, 508	
Espeche, Dn. Carmelo	194	
Espeche, Dn. Honorato	262	
Espeche, Dn. José Eudosio	82	
Espeche, Dn. José Ignacio	67, 514	
Espeche, Dn. José Martiniano	488	
Espeche, Dn. José Mateo	450	
Espeche, Dn. Juan Victorino	28	
Espeche, Dn. Mardoqueo	400	
Espeche, Dn. Martiniano	513	
Espeche, Dn. Mateo	366	
Espeche, Dn. Moisés	268	
Espeche, Dn. Narciso	501	
Espeche, Eusebia	451	
Espeche, José	389	
Espeche, Juan José	10	
Espeche, Juliana	95	
Espeche, Lastenia	416	
Espeche, Mardonia	314	
Espeche, María	500	
Espeche, María Agustina	28	
Espeche, María Mardonia	292	
Espeche, Raquel	300	
Espeche, Rosa	338	
Espeche, Santos	349	
Espeche, Segundo	589	
Espeche, Ubil	484	
Espeche, Wenceslao	322	
Espíndola, Digna C.	314	
Espíndola, Dn. Juan Inocencio	489	
Espíndola, José	553	
Espíndola, Manuela	206	
Espíndola, Pedro Ignacio	138	
Espíndola, Petrona	196	
Espinosa, Aurora	410	
Espinosa, Bartolomé	41	
Espinosa, Celedonio	271	
Espinosa, Da. Carolina	571	
Espinosa, Dn. Juan de Dios	541	
Espinosa, José	91	
Espinosa, Juan José	215	
Espinosa, María	453	
Espinosa, María Gerónima	249	
Espinosa, María Ignacia	444	
Espinosa, Micaela	226	
Espinosa, Pedro	122	
Falcón Águeda	89	
Falcón, Ana María	37	
Falcón, Bartolo	237	
Falcón, Bartolomé	44	
Falcón, Carmelo	237	
Falcón, Catalina	558	
Falcón, Clara	114	
Falcón, Da. Peregrina	399	
Falcón, Dn. José Tomás	550	
Falcón, Dn. Mardonio	375	
Falcón, Dn. Pedro P	400	
Falcón, Dolores	315, 371	
Falcón, Emilia	261	
Falcón, Exequiel	538	
Falcón, Feliciano	67	
Falcón, Francisca	63	
Falcón, Francisco	14, 331	
Falcón, Francisco Antonio	123	
Falcón, Gregoria	176	
Falcón, Hermenegildo	260	
Falcón, Indalecio	215	
Falcón, José Laureano	41	
Falcón, José Santos	532	
Falcón, Juan Ángel	114	
Falcón, Juan Fernando	121	
Falcón, Lorenzo	14, 52, 146	
Falcón, Lucinda	187	
Falcón, Luis Ignacio	465	
Falcón, Luis Ramón	273	
Falcón, Luisa	262	
Falcón, Magdalena	224	
Falcón, María	13	
Falcón, María Amadora	162	
Falcón, María de Jesús	127	
Falcón, María de la Paz	80	

Falcón, María del Tránsito, 398	Fernández, Josefa 36	Ferreira, María Juana 86
Falcón, María Fortunata 519	Fernández, Juan de la Cruz 171, 517	Ferreira, María Luisa 146
Falcón, María Gertrudis 53	Fernández, Juan Fidel 74	Ferreira, María Rosario 563
Falcón, María Isabel 120	Fernández, Juan Silvestre 148	Ferreira, María Simona 166
Falcón, María Jacinta 452	Fernández, Leovigilda 424	Ferreira, Mariano 126
Falcón, María Magdalena 285	Fernández, Lizarda 217	Ferreira, Mercedes 346
Falcón, Maximiliano 130	Fernández, Luis 292	Ferreira, Micaela 125
Falcón, Mercedes 14	Fernández, Luis Ignacio 230	Ferreira, Miguel 149
Falcón, Parmenión 311	Fernández, Manuela 145	Ferreira, Nicolás 312
Falcón, Pedro Pablo 132	Fernández, Marcelino 499	Ferreira, Pedro Ignacio 512
Falcón, Petrona 127	Fernández, Margarita 79, 207	Ferreira, Pedro Juan 438
Falcón, Rosa 9, 14, 302, 408	Fernández, María Bernarda 363	Ferreira, Rafael 232
Falcón, Rosalía 66	Fernández, María de la Cruz 74	Ferreira, Salomé 542
Falcón, Santos 43	Fernández, María Epitacia 261	Ferreira, Santiago 42, 60
Falcón, Úrsula 338	Fernández, María Gerarda 80	Ferreira, Serafina 152
Farías, Agenor 279	Fernández, María Gregoria 50	Ferreira, Silverio 504
Farías, Agustín 293, 369	Fernández, María Inés 527	Ferreira, Teresa 152
Farías, Agustina 372	Fernández, María Pabla 235	Ferreira, Visitación 576
Farías, Balbina 322	Fernández, María Petrona 307	Ferreira. Santiago 33
Farías, Bautista 464	Fernández, María Rosa 60, 467	Ferreria, Benito 228
Farías, Candelaria 316, 391	Fernández, María Santos 420	Ferreyra, Lucio 355
Farías, Enrique 364	Fernández, Maximiliana 225	Figuera?, Dn. Pedro José de la 39
Farías, Gregoria 427	Fernández, Pascual 31	Figueroa, Abel 432
Farías, Ildefonso 586	Fernández, Pedro Nolasco 79, 445	Figueroa, Angelita 431
Farías, José Alejandro 346	Fernández, Petrona 374	Figueroa, Antonia 16
Farías, José Eduardo 560	Fernández, Ramón Rosa 268	Figueroa, Arsenia 520
Farías, Juan de Dios 460	Fernández, Rosenda 549	Figueroa, Bailón 346
Farías, Juan Pablo 141, 281	Fernández, Sabina 196	Figueroa, Bárbara 36
Farías, Juana Rosa 448	Fernández, Silvestre 161	Figueroa, Casimiro 99
Farías, Luis 342	Fernández, Tomás 88	Figueroa, Cayetana 163
Farías, Luisa 267	Fernández, Toribio 309	Figueroa, Cornelia 207
Farías, Macedonio 329	Ferreira, Agustina 56	Figueroa, Cornelio 91
Farías, Magdalena 181	Ferreira, Ana María 9	Figueroa, Da. Natividad 263
Farías, Manuela 238	Ferreira, Anastasio 199	Figueroa, Dn. Mauricio 277
Farías, María Agustina 560	Ferreira, Ángela 498	Figueroa, Dn. Pedro José 500
Farías, María Alejandra 438	Ferreira, Catalina 42	Figueroa, Eufrasia 266
Farías, María Florinda 543	Ferreira, Ceferina 132, 497	Figueroa, Feliciana 48
Farías, María Isabel 127	Ferreira, Da. Manuela 245, 480	Figueroa, Francisco 104, 157
Farías, Ricarda 249, 546	Ferreira, Da. Melchora 472	Figueroa, Francisco Antonio 52
Farías, Romualdo 162	Ferreira, Da. Regina 460	Figueroa, Genoveva 364
Farías, Rosendo 324	Ferreira, Da. Visitación 532	Figueroa, Genuaria 106, 236
Fernández, Belisaria 323	Ferreira, Dalmacio 151	Figueroa, Gregorio Antonio 551
Fernández, Bernardino 170	Ferreira, Desiderio 513	Figueroa, Isidro Waldo 70
Fernández, Braulia 343	Ferreira, Dn. José Rufo 497	Figueroa, José Domingo 443
Fernández, Calixto 502	Ferreira, Dn. Leonardo 452	Figueroa, José Felipe 96
Fernández, Da. Inés 30	Ferreira, Domingo 268	Figueroa, José Francisco 161, 451
Fernández, Da. María Francisca 488	Ferreira, Emiliano 337	Figueroa, José Mariano 39
Fernández, Epifanía 516	Ferreira, Eufrasia 496	Figueroa, Juliana 120
Fernández, Felipe 120	Ferreira, Felipe Santiago 564	Figueroa, Luisa 91
Fernández, Fidel 144	Ferreira, Francisco Antonio 524, 572	Figueroa, Manuel 215, 377
Fernández, Fortunata 516	Ferreira, Genuario 149	Figueroa, Manuela 96
Fernández, Francisca 557	Ferreira, Gregoria 198	Figueroa, María 13
Fernández, Francisco 191	Ferreira, Isabel 35	Figueroa, María Cenobia 359
Fernández, Francisco Javier 230	Ferreira, José 215	Figueroa, María de la Cruz 137, 191
Fernández, Francisco Lizardo 286	Ferreira, José Gabino 577	Figueroa, María de las Nieves 69
Fernández, Gerónima 12	Ferreira, José Gregorio 511	Figueroa, María Dominga 55
Fernández, Gervasio 244, 317	Ferreira, José Manuel 212	Figueroa, María Francisca 35
Fernández, Gregorio 40	Ferreira, José María 181	Figueroa, María Ignacia 47
Fernández, Hilario 562	Ferreira, Leandro 227	Figueroa, María Inés 171
Fernández, Hugolina 305	Ferreira, Manuel Reyes 135	Figueroa, María Petrona 204
Fernández, Isidora 541	Ferreira, Manuela 227, 267	Figueroa, María Presentación 155
Fernández, José Antonio 82	Ferreira, Marcelina 564	Figueroa, María Victoria 56
Fernández, José Elías 348	Ferreira, María Agustina 464	Figueroa, Mariano de Jesús 241, 578
Fernández, José Francisco 445	Ferreira, María de Jesús 220	Figueroa, Mauricio 199
Fernández, José I. 306	Ferreira, María del Rosario 90	Figueroa, Mercedes 217
Fernández, José Manuel 191	Ferreira, María del Tránsito 153	Figueroa, Miguel Gerónimo 26

Figueroa, Paula	503	
Figueroa, Peregrina	549	
Figueroa, Plácido	253	
Figueroa, Rita	231	
Figueroa, Rito	383	
Figueroa, Romualda	133, 313	
Figueroa, Rosenda	514	
Figueroa, Santiago	35	
Figueroa, Santiago Andrés	61	
Figueroa, Tomás Javier	58	
Flores de Retamozo, Da. Josefa	19	
Flores Francisco	31	
Flores, Agustín	29	
Flores, Andrea	86	
Flores, Antonia	93, 216	
Flores, Ascencio	417	
Flores, Asensio	316	
Flores, Bartolomé	44	
Flores, Bautista	330	
Flores, Bernarda	108	
Flores, Carmen	63	
Flores, Casilda	150	
Flores, Casimiro	45	
Flores, Ceferino	325	
Flores, Crisanta	337	
Flores, Da. Encarnación	476	
Flores, Eduarda	209	
Flores, Estanislada	311	
Flores, Felipe	322, 379	
Flores, Felipe Santiago	233	
Flores, Félix Rosa	521	
Flores, Florentina	189	
Flores, Francisco Javier	536	
Flores, Gregoria	122	
Flores, Hermenegildo	431	
Flores, Ignacio Antonio	197	
Flores, Jacinta	397	
Flores, José	60	
Flores, José de los Ángeles	198	
Flores, José Hilario	234, 307	
Flores, José Luis	83, 319	
Flores, José Silverio	33	
Flores, José Tomás	131	
Flores, Juan Bernardo	372	
Flores, Juan Domingo	206	
Flores, Juan Pio	198	
Flores, Juana	35	
Flores, Lucindo	290, 357	
Flores, Luis Andrés	49	
Flores, María Anastasia	75	
Flores, María Antonia	65	
Flores, María Asunción	177	
Flores, María de Jesús	124, 447, 513	
Flores, María de los Dolores	54	
Flores, María Dolores	72	
Flores, María Josefa	196	
Flores, María Rosa	50, 184	
Flores, María Vicenta	140	
Flores, Miguel	49	
Flores, Nicea	374	
Flores, Pascuala	87	
Flores, Perfecta	518	
Flores, Rosario	418, 545	
Flores, Segunda Rosa	480	
Flores, Severino	549	
Flores, Tomás	64	
Fon, Dn. Mariano	271	
Fons, Da. Primitiva	401	
Francisco Jaymes	40	
Fregenal, Zoila Griselda	565	
Frías, Ciriaco	295	
Frías, Dn. Ramón Antonio	15	
Frías, Gaudencia	534	
Frías, Gregorio	384	
Frías, Juan	268	
Frías, Juana Rosa	86	
Frías, Luis Mariano	204	
Frías, María del Señor	167	
Frías, María Leocadia	131	
Frías, María Natividad	434	
Frías, Mauricia	250	
Frías, Miguel Jerónimo	136	
Frías, Pedro Alcántara	87	
Frías, Pedro Antonio	340	
Frías, Rosa	380	
Frías, Simón	130	
Frogel, Alejandro	112	
Frogel, Dalmira	430	
Frogel, Dn. Carlos	26	
Frogel, Dn. Diego Claudio	489	
Frogel, Esteban	80	
Frogel, Fernando	323	
Frogel, Francisca Paula	229	
Frogel, José	306	
Frogel, Juan Fernando	212	
Frogel, Juana Isabel	189	
Frogel, Manuel Antonio	235	
Frogel, María Rafaela	53	
Frogel, María Simona	453	
Fuenzalida, Dn. Miguel	386	
Gacitua, Segunda	320	
Gaitán, Juan Pablo	55	
Galarza, Lorenzo	109	
Gallardo, Ana	9	
Galván, Ascencia	100	
Galván, Bernabé	232	
Galván, Dn. Benito	288	
Galván, Dn. Bernabé	278	
Galván, Dn. Heriberto	372	
Galván, Dn. Juan Mateo	587	
Galván, Francisca	128	
Galván, Francisca Antonia	190	
Galván, Juan Bautista	212, 468	
Galván, Juan Mateo	183	
Galván, Juan Tadeo	299	
Galván, María Tomasa	152	
Galván, Ramón	396	
Galván, Ramón Rosa	194, 344	
Galván, Valeriano	179	
Gandi, José	95	
Gaona, Ana María	568	
Gaona, Tomás	442	
Garay, Antonio	523	
Garay, Benicio	431	
Garay, Crespín	506	
Garay, Dn. Félix Benigno	272	
Garay, Eduardo	292	
Garay, Félix Benigno	568	
Garay, Isidro	389	
Garay, José Félix	511	
Garay, José Ildefonso	265	
Garay, José Santos	497	
Garay, Juana Bautista	347	
Garay, María Prudencia	585	
Garay, Mercedes	425	
Garay, Ramona Rosa	568	
Garay, Rosario	246	
Garay, Segunda	357	
Garcete, Ana Francisca	71	
Garcete, Avelina	139	
Garcete, Carmen	583	
Garcete, Da. Segunda	474	
Garcete, José Antonio	266	
Garcete, Juliana	62	
Garcete, María Celedonia	145	
Garcete, María del Señor	326	
Garcete, María Francisca	145	
Garcete, María Juana	208	
Garcete, María Susana	569	
Garcete, María Trinidad	130	
Garcete, Pedro Celestino	199	
Garcete, Petrona	233	
Garcete, Tomás Antonio	246	
Garcheri, María	38	
García, Dominga	289	
García, Isabel	434	
García, Jerónima	380	
García, Josefa	24	
Gardel, Bartolina	13	
Gardel, Da. Nicéfora	589	
Gardel, José Domingo	41	
Gardel, Juan	13	
Garnica, Agustín	293	
Garnica, Antonia	403	
Garnica, Balbina	509	
Garnica, Candelaria	98, 438	
Garnica, Celina	379	
Garnica, Cipriano	446	
Garnica, Damiana	107	
Garnica, Eduarda	433	
Garnica, Jacinta	107	
Garnica, José Lázaro	158	
Garnica, José Lorenzo	132	
Garnica, José Miguel	472	
Garnica, Juan Ángel	229	
Garnica, Juan Gregorio	246	
Garnica, Lorenzo	462	
Garnica, María Petrona	152	
Garnica, Pedro	152, 523	
Garnica, Vicente	70	
Garrastazu, Dn. Juan	355	
Garrocho, Dn. José Anastasio	529	
Garzete, María Micaela	57	
Garzón Domingo	19	
Garzón, Antonino	533	
Garzón, Eulalia	13	
Garzón, Felipa	442	
Garzón, Francisca	506	
Garzón, Jesús	330	
Garzón, Juan	13	
Garzón, Juan de la Cruz	148	
Garzón, Juan Nicolás	140	
Garzón, Juana	534	
Garzón, Manuel	75	
Garzón, Manuel Antonio	347	
Garzón, María Felipa	442	
Garzón, María Juana Rosa	145	
Garzón, María Rosa	10	

Índice de Contrayentes

Garzón, Nicanor	570	
Garzón, Nicolás	373	
Garzón, Nicolás Tolentino	370	
Garzón, Pabla	316	
Garzón, Pastora	552	
Garzón, Pedro Nolasco	162, 249	
Garzón, Ramón	57	
Garzón, Simón	73	
Gauna, María Isabel	105	
Gauna, María Mercedes	541	
Gauna, Ramón Antonio	579	
Gerez, Da. Aldana (Adelma)	367	
Gerez, Da. Filomena	355	
Gerez, Dn. José Bernabé	351	
Gerez, Tristán	364	
Godoy, Andrónico	339	
Godoy, Clara	339	
Godoy, Eulogio	207	
Godoy, José Antenor	388	
Godoy, Juan	556	
Godoy, María Melchora	208	
Godoy, María Petrona	180	
Godoy, Nicolasa	275	
Godoy, Noemia	400	
Godoy, Petrona	94	
Goicochea, Rosario	138	
Goitia, Andrea	228	
Goitia, Casilda	182	
Goitia, Catalina	455	
Goitia, Da. Jacinta	546	
Goitía, Da. María	458	
Goitia, Dn. Belisario	272	
Goitia, Dn. Cesario	469	
Goitia, Dn. Eugenio	59	
Goitia, Dn. Luis Goitia	27	
Goitia, Eusebia	328	
Goitia, Francisco Rosario	569	
Goitia, Isidora	483	
Goitia, Juna Bautista	268	
Goitia, María Antonia	210	
Goitia, María Rosa	293	
Goitia, María Salomé	193	
Goitia, Zoila	315	
Gómez Da. Eloísa	395	
Gómez, Adolfo	316, 337	
Gómez, Agustina	347	
Gómez, Andrés A	588	
Gómez, Ángel Ramón	256	
Gómez, Arsenia	353	
Gómez, Aurora	507	
Gómez, Balbina	530	
Gómez, Bartolomé	308	
Gómez, Belisario	338	
Gómez, Candelaria	242, 573	
Gómez, Cándido	111	
Gómez, Carmen	260	
Gómez, Catalina	339	
Gómez, Celedonia	72	
Gómez, Celestina	320	
Gómez, Celestino	436	
Gómez, Cipriana	190	
Gómez, Clemiro	433	
Gómez, Corazón	384	
Gómez, Da. Andrea	94	
Gómez, Da. Carlota	576, 592	
Gómez, Da. Celestina	494	
Gómez, Da. Celina	391
Gómez, Da. Clara	354
Gómez, Da. Clara Rosa	524
Gómez, Da. Corazón	258
Gómez, Da. Delicia	274
Gómez, Da. Eleodora	484
Gómez, Da. Elisea	260
Gómez, Da. Felipa	58
Gómez, Da. Francisca	379, 426
Gómez, Da. Francisca Antonia	263
Gómez, Da. Heliodora	534
Gómez, Da. Hugolina	269
Gómez, Da. Inés	383, 485
Gómez, Da. Jerónima	582
Gómez, Da. Josefa	353
Gómez, Da. Justa Pastora	466
Gómez, Da. Luisa	393
Gómez, Da. María	15, 28
Gómez, Da. María Antonia	45
Gómez, Da. María del Señor	548
Gómez, Da. María del Señora	279
Gómez, Da. María Dioclesiana	354
Gómez, Da. María Gerónima	487
Gómez, Da. María Isabel	39
Gómez, Da. María Marta	460
Gómez, Da. María N.	425
Gómez, Da. María Simona	28
Gómez, Da. Mercedes	525
Gómez, Da. Nieves	245, 594
Gómez, Da. Pastora	496
Gómez, Da. Paulina	48
Gómez, Da. Peregrina	373, 502
Gómez, Da. Petrona	515
Gómez, Da. Rosa	279, 496, 521
Gómez, Da. Rosario	129, 454, 458
Gómez, Da. Segunda Magdalena	579
Gómez, Da. Teresa	77
Gómez, Da. Tomasa	591
Gómez, Da. Victoria	22
Gómez, Da. Viviana	185
Gómez, Da. Waldina	263, 352
Gómez, Da. Zoila	448, 543
Gómez, Dioclesiana	389
Gómez, Dn. Abelardo	507
Gómez, Dn. Apolinar	245
Gómez, Dn. Bartolomé	382, 518
Gómez, Dn. Benigno	474, 484
Gómez, Dn. Bernabé	471
Gómez, Dn. Clemiro	357
Gómez, Dn. Cleto	531
Gómez, Dn. Crisanto	482
Gómez, Dn. Diego	534
Gómez, Dn. Elías Mardoqueo	584
Gómez, Dn. Estratón	581
Gómez, Dn. Eusebio	274
Gómez, Dn. Félix	525
Gómez, Dn. Félix Valoy	377
Gómez, Dn. Francisco Javier	295
Gómez, Dn. Heracleo	592
Gómez, Dn. Ignacio Antonio	228
Gómez, Dn. José	27
Gómez, Dn. José Antonio	39
Gómez, Dn. José Eudosio	585
Gómez, Dn. Juan Ángel	78
Gómez, Dn. Juan Francisco	552
Gómez, Dn. Juan Nicolás	28, 448, 515
Gómez, Dn. Justo	64
Gómez, Dn. Leandro	250
Gómez, Dn. Luis	583
Gómez, Dn. Luis Antonio	76
Gómez, Dn. Manuel	571
Gómez, Dn. Marcos	422
Gómez, Dn. Mario	456
Gómez, Dn. Martín	67
Gómez, Dn. Martiniano	480
Gómez, Dn. Metodio	591
Gómez, Dn. Miguel	459, 484, 594
Gómez, Dn. Miguel Antonio	468
Gómez, Dn. Nabor	391
Gómez, Dn. Nicolás	414, 487
Gómez, Dn. Osvaldo	383
Gómez, Dn. Pedro	61
Gómez, Dn. Pedro Ignacio	451
Gómez, Dn. Pedro José	531
Gómez, Dn. Pedro Lucindo	453
Gómez, Dn. Pedro Manuel	447, 474
Gómez, Dn. Pedro Nolasco	500
Gómez, Dn. Pedro Pablo	66, 560
Gómez, Dn. Ramón	273, 358, 401
Gómez, Dn. Servando	264
Gómez, Dn. Uladislao	569
Gómez, Dn. Virginio	394
Gómez, Dn. Zenón	369
Gómez, Dominga Peregrina	309
Gómez, Domingo	283
Gómez, Doña María de Jesús	272
Gómez, Efigenia	364
Gómez, Elena	566
Gómez, Estanislada	389
Gómez, Eugenio	110, 171
Gómez, Faustino	144
Gómez, Federico	335
Gómez, Felipe	212
Gómez, Fidel	285
Gómez, Florencio	334
Gómez, Florinda Rosa	260
Gómez, Fragedia de la Encarnación	557
Gómez, Francisca Antonia	302
Gómez, Francisco	102, 120, 169
Gómez, Francisco Javier	262, 490, 501
Gómez, Francisco Solano	36
Gómez, Gelimer	309
Gómez, Gerónima	556
Gómez, Gerónimo	36
Gómez, Gervasio	119
Gómez, Isidora	89
Gómez, Isidoro	434
Gómez, José Atanasio	365
Gómez, José Eugenio	471
Gómez, José Ignacio	182
Gómez, José Lindor	384
Gómez, José Luis	213, 548
Gómez, José Manuel	135
Gómez, José Pío	183
Gómez, José Ramón	433
Gómez, Josefa	230, 364, 589
Gómez, Juan	435
Gómez, Juan Antonio	359

Gómez, Juan Audifacio	566	
Gómez, Juan Bautista	474, 542	
Gómez, Juan Fernando	91	
Gómez, Juan Gregorio	214	
Gómez, Juliana	73	
Gómez, Leovigilda	428	
Gómez, Lorenzo	101	
Gómez, Manuel	191	
Gómez, Manuel Antonio	457	
Gómez, Manuel Santos	581	
Gómez, Marcos Rufino	195	
Gómez, María Antonia	168, 464, 472	
Gómez, María Bernarda	511	
Gómez, María Cecilia	140	
Gómez, María de los Dolores	449	
Gómez, María del Carmen	272	
Gómez, María Dolores	142	
Gómez, María Engracia	534	
Gómez, María Magdalena	81	
Gómez, María Rufina	163	
Gómez, Martín	150	
Gómez, Martina	109	
Gómez, Medardo	310	
Gómez, Mercedes	522	
Gómez, Nicolás	175	
Gómez, Nieves	91	
Gómez, Nominanda	310	
Gómez, Pascual	176	
Gómez, Pastora	327, 415	
Gómez, Pedro	15	
Gómez, Pedro Pablo	235	
Gómez, Petrona	517	
Gómez, Petronila	357, 389	
Gómez, Rafaela	25	
Gómez, Ramón	347, 369	
Gómez, Ramona	417	
Gómez, Romana	361	
Gómez, Rosa Peregrina	494	
Gómez, Rosario	195	
Gómez, Rosendo	338	
Gómez, Rudecindo	270	
Gómez, Rufina	207	
Gómez, Salvador	533	
Gómez, Segundo	434, 435	
Gómez, Serapio Evaristo	461	
Gómez, Servando	308	
Gómez, Severa	409	
Gómez, Sinforoza	199	
Gómez, Teodosia	311	
Gómez, Vicente	554	
Gómez, Viviana	116	
Góngora, Alejandra	441	
Góngora, Andrés	33	
Góngora, Feliciana	99	
Góngora, Marcelina	137	
Góngora, Salvador	123	
González, Agustín	138	
González, Agustina	86	
González, Ana María	18	
González, Andrea	85, 102	
González, Andrés	306	
González, Ascensión del Señor	262	
González, Aurora de Jesús	328	
González, Bartolomé	55, 65	
González, Bernarda	64, 93, 115, 565	
González, Bonifacia	503	
González, Brígida	346, 376, 393	
González, Carlos	9	
González, Carlos Dionisio	11	
González, Carmen	110	
González, Cecilio	473	
González, Celestino	498	
González, Cenobia	349	
González, Da. Andrea Avelina	294	
González, Da. Carmen del Señor	576	
González, Da. Corazón de Jesús	261	
González, Da. Felipa	569	
González, Da. María Bonifacia	493	
González, Daniel	286	
González, Dionisio	245	
González, Dn. Andrés	591	
González, Dn. Emilio	422	
González, Dn. José Antonio	26, 487	
González, Dn. José Esteban	462	
González, Dn. Tadeo	267	
González, Dn. Wenceslao	283	
González, Dominga	107	
González, Domitila	267	
González, Elizarda	244	
González, Enrique	389	
González, Estanislao	81	
González, Estefanía	108	
González, Faustino	347	
González, Félix	432	
González, Félix Mariano	586	
González, Fernando	60	
González, Fidelia Ubalda	547	
González, Florencia	572	
González, Francisco	54, 321, 509	
González, Francisco Antonio	124	
González, Francisco Javier	292	
González, Francisco Paula	189	
González, Francisco Solano	563	
González, Genuaria	490	
González, Hermenegilda	168	
González, Hermenegildo	95	
González, Higinio	279	
González, Ignacio	409	
González, Isaías	424	
González, Isidoro	429	
González, Isidoro Antonio	253	
González, Jacoba	230	
González, Javiera	206	
González, José	151, 365	
González, José Abel	392	
González, José Basilio	242, 573	
González, José de los Santos	194	
González, José Félix	112	
González, José Francisco	383	
González, José Isidoro	206	
González, José Manuel	509, 590	
González, José Tránsito	525	
González, José Victoriano	505	
González, Josefa	12	
González, Juan Andrés	202	
González, Juan Ángel	214	
González, Juan Asencio	55	
González, Juan de la Cruz	223, 579	
González, Juan Eusebio	75, 129	
González, Juan Isidro	193	
González, Juan Manuel	457	
González, Juan Rosa	238	
González, Juan Tomás	26, 148	
González, Juana	562	
González, Juana Isabel	248	
González, Julián	51	
González, Juliana	431	
González, Justo	277	
González, Leonarda	177	
González, Luis Antonio	138	
González, Manuel	215, 230, 481, 551	
González, Manuela	16	
González, Marcelina	167, 248	
González, Marcelino	243, 366, 575	
González, María	25, 196, 403	
González, María Agustina	215	
González, María Arcaria	439	
González, María Aurora	559	
González, María Brígida	285	
González, María Candelaria	56	
González, María Celestina	220	
González, María de Jesús	338	
González, María de la Candelaria	101	
González, María de la Cruz	136, 147	
González, María de las Mercedes	56, 104	
González, María del Rosario	216	
González, María del Señor	427, 526	
González, María del Tránsito	176	
González, María Dominga	57	
González, María Elisea	561	
González, María Engracia	62	
González, María Lorenza	409	
González, María Pabla	83	
González, María Paula	62	
González, María Ramona	120	
González, María Teodora	193	
González, María Tolentina	345	
González, María Victoria	438	
González, Mariano	434	
González, Martín	49	
González, Matías	117, 445	
González, Melquiades	434	
González, Mercedes	255	
González, Miguel	243, 574	
González, Miguel Jerónimo	81	
González, Nicanor	287, 317	
González, Nicasio	227	
González, Nicolás	125	
González, Pascuala	48, 261	
González, Pedro	152	
González, Pedro Antonio	344	
González, Pedro Esteban	172	
González, Pedro Moisés	543	
González, Pedro Nolasco	112, 208, 245	
González, Petrona	481	
González, Petronila	242, 573, 589	
González, Pilar	540	
González, Presentación María	290	
González, Prudencio	23	
González, Purísima	365	
González, Ramón	309	
González, Ramona	113	
González, Regino	581	
González, Rosa	410	

González, Rufina	224	
González, Rufino	318	
González, Santiago	138	
González, Solano	299	
González, Telésforo	365	
González, Timoteo	249	
González, Tomás	140, 234	
González, Tomasina	189, 481	
González, Tránsito	283	
González, Victoriano	268	
González, Viviana	249, 503	
Gordillo, Delmira	404	
Gordillo, Dominga	417	
Goychea, Ramón	111	
Goycochea, Rosario	158	
Goyochea, Gregoria	230	
Gramajo, Agenor	428	
Gramajo, Alejandro	260	
Gramajo, Ana	37	
Gramajo, Custodia	417	
Gramajo, Da. Benicia de Jesús	382	
Gramajo, Da. Grimanesa	516	
Gramajo, Dn. Bonifacio	363	
Gramajo, Dn. Cruz	420	
Gramajo, Dn. Cruz Ignacio	475	
Gramajo, Dn. Wenceslao	264, 426	
Gramajo, José Justino	526	
Gramajo, Manuel Ignacio	192	
Gramajo, Manuela	527	
Gramajo, María Mercedes	523	
Gramajo, Nicolás	101	
Gramajo, Pedro Pascual	158	
Gramajo, Santos	203	
Gramajo, Serapio	270	
Graneros, Alejandro	323	
Graneros, Regino	377	
Guamán, Bartolomé	47	
Guamán, Bernardina	84	
Guamán, Cecilia	25, 42	
Guamán, Da. María Ludovina	270	
Guamán, Efigenia	262	
Guamán, Francisco	21	
Guamán, Gaspar	181	
Guamán, José Eulogio	251	
Guaman, José Ignacio	221	
Guamán, José Wenceslao	276	
Guamán, Juan Bautista	54	
Guamán, Juan Manuel	97	
Guaman, Leonor	13	
Guamán, María Francisca	129	
Guamán, María Rosario	269	
Guamán, Nicéfora	304	
Guamán, Vicente	156	
Guantai, Feliciano	25	
Guarás, Ana Rosa	318	
Guarás, Anastasia	289	
Guarás, Bartolomé	263	
Guarás, Benigno	280	
Guarás, Carolina	399	
Guarás, Cleofé	344	
Guarás, Consolación	387	
Guarás, Crisóloga	281	
Guarás, Damasceno	125	
Guarás, Dominanda	390	
Guarás, Estratón	317	
Guarás, Heliodora	348	
Guarás, Hermenegildo	315	
Guarás, Isabel	347	
Guarás, José Antonio	31	
Guarás, Juan	130	
Guarás, María	319, 389	
Guarás, María Carolina	328	
Guarás, María del Señor	317	
Guarás, María Petrona	47	
Guarás, María Santos	265	
Guarás, Nicolás	198	
Guarás, Pascual	165	
Guarás, Ramón Antonio	57, 255	
Guarás, Victoria	285	
Guarás, Virginio	380	
Guaray, Floralino	302	
Guaráz, Baldomero	571	
Guaráz, Esteban	203	
Guaráz, Federico	236	
Guaráz, Hermógenes	363	
Guaráz, Hipola	216	
Guaráz, José Ignacio	224	
Guaráz, Juana Bautista	571	
Guaráz, Lorenzo	430	
Guaráz, María	590	
Guaráz, María Francisca	568	
Guaráz, María Regina	579	
Guaráz, Patricio	431	
Guaráz, Petrona Ignacia	375	
Guaráz, Ricardo	371	
Guaráz, Rosario	570	
Guarda, Calixto	262	
Guarda, Desiderio	393	
Guarda, Miguel Gerónimo	217	
Guardia, Lucía	21	
Guerra, Avelina	209	
Guerra, Bárbara	227	
Guerra, Carmelo	222	
Guerra, Crescencio	338, 373	
Guerra, Crisóstomo	254	
Guerra, Da. Santos	590	
Guerra, Dn. José María	463	
Guerra, Dn. Juan Manuel	373	
Guerra, Enrique	131, 550	
Guerra, Filiberta	176	
Guerra, Francisca	251	
Guerra, Juan Manuel	319	
Guerra, Juan Nicolás	300	
Guerra, Juan Ramón	177	
Guerra, Luisa	175	
Guerra, María Carlota	568	
Guerra, Pedro Francisco	187	
Guerras, Da. Santos Hermenegilda	520	
Guerrero, Agustín	71	
Guerrero, Antonia	78	
Guerrero, Argemina	396	
Guerrero, Bernardina	293	
Guerrero, Camilo	352	
Guerrero, Cledovia	268	
Guerrero, Da. Filomena	281, 407	
Guerrero, Da. María del Pilar	483	
Guerrero, Desposorio	416	
Guerrero, Dn. Camilo	295	
Guerrero, Dn. Cupertino	583	
Guerrero, Dn. Medardo	385	
Guerrero, Espíritu	492	
Guerrero, Félix	137	
Guerrero, Francisco Laurencio	71	
Guerrero, Indamira	425	
Guerrero, Jerónimo	10	
Guerrero, José Antonio	146	
Guerrero, José Elías	215	
Guerrero, José Manuel	406	
Guerrero, José Mariano	78, 125	
Guerrero, Manuel Antonio	128	
Guerrero, María Antonia	418	
Guerrero, María Nicéfora	365	
Guerrero, Mateo	380	
Guerrero, Mauricio	353	
Guerrero, Mercedes	379, 468	
Guerrero, Pedro	212	
Guerrero, Pedro Pablo	151	
Guerrero, Peregrina	381	
Guerrero, Ramón Antonio	277	
Guerrero, Reyes	417	
Guerrero, Ruperto	500	
Guerrero, Silvestre	89, 122	
Guerrero, Simón	90	
Guerrero, Simona	454	
Guerrero, Tomasina	115	
Guerreros, Adrián	559	
Guerreros, Andrea	347	
Guerreros, Andrea Avelina	571	
Guerreros, Belisario	347	
Guerreros, Cecilia	472	
Guerreros, Cipriano	519	
Guerreros, Da. Encarnación	235	
Guerreros, Da. María del Carmen	541	
Guerreros, Da. María del Rosario	517	
Guerreros, Da. María Petrona	58	
Guerreros, Da. María Silveria	29	
Guerreros, Dn. Facundo	478	
Guerreros, Dn. Francisco	518	
Guerreros, Dn. José Antonio	451	
Guerreros, Dn. Santiago	563	
Guerreros, Espíritu	184	
Guerreros, Eugenio	220	
Guerreros, Fernando	517	
Guerreros, Francisca Javiera	173	
Guerreros, Froilán	237	
Guerreros, Gerónima	187	
Guerreros, Gervasio	166	
Guerreros, Gregoria	243, 575	
Guerreros, José León	528	
Guerreros, José Lorenzo	128	
Guerreros, Juan	301	
Guerreros, Juan Bautista	437	
Guerreros, Juan Canuto	158	
Guerreros, Juan de la Cruz	186	
Guerreros, Juan Francisco	22	
Guerreros, Lizarda	180	
Guerreros, Lorenzo	428	
Guerreros, Manuel Antonio	547	
Guerreros, María Carmen	23	
Guerreros, María Dionisia	40	
Guerreros, María Gregoria	239	
Guerreros, María Petrona	51	
Guerreros, María Rosa	21	
Guerreros, Mauricia	247	
Guerreros, Petrona	469	

Guerreros, Petronila 236	Gutiérrez, Juana Francisca 202	Hernández, Eduviges 545
Guerreros, Ramón 17	Gutiérrez, Justa Pastora 451	Hernández, Emperatriz 371
Guerreros, Ramona Rosa 544	Gutiérrez, León 100	Hernández, Estanislada 425
Guerreros, Regina 326, 333	Gutiérrez, Lisandro 426	Hernández, Eudoro 428
Guerreros, Rosa 506	Gutiérrez, Manuel 337	Hernández, Eudosio 391
Guerreros, Rosario 559	Gutiérrez, María de la Concepción 55	Hernández, Eulalia 268
Guerreros, Tomasa 312		Hernández, Evangelista 348
Guerreros, Úrsula 151	Gutiérrez, María José 49	Hernández, Fidel 305, 364
Guevara Angelina 20	Gutiérrez, María Reyes 335	Hernández, José Felipe 133
Guevara, José Luis 230	Gutiérrez, Miguel 579	Hernández, José Manuel 372
Guevara, Juan Gregorio 581	Gutiérrez, Miguel Antonio 587	Hernández, Juan de la Cruz 564
Guevara, Manuela 88	Gutiérrez, Pantaleón 199	Hernández, Juan Miguel 278
Guevara, María Inés 71	Gutiérrez, Pedro 21	Hernández, Juana 416
Guevara, Matías 20	Gutiérrez, Pedro José 82	Hernández, María Marcelina 467
Guevara, Paula 14	Gutiérrez, Pedro Manuel 161	Hernández, Miguel 48
Guillo, Dn. Miguel Jerónimo 502	Gutiérrez, Petrona 101	Hernández, Nieves 292
Güiralde, Segundo 416	Gutiérrez, Ramón Antonio 593	Hernández, Pedro Antonio 558
Güiraldes, Clara 326	Gutiérrez, Rodolfo 408	Hernández, Pedro Juan 315
Gutiérrez Delina 361	Gutiérrez, Zenón 406	Hernández, Pedro Nolasco 236
Gutiérrez, Alfredo 341	Gutiérrez, Zoilo 339	Hernández, Romualda 433
Gutiérrez, Amaranto 387	Guzmán, Agustín 18	Hernández, Toribia 104
Gutiérrez, Antonio 36, 40	Guzmán, Ana María 38	Hernández, Victoriano 416
Gutiérrez, Asunción 429	Guzmán, Borja 280	Herrera, Agustina 517
Gutiérrez, Clementina 364	Guzmán, Carmen 172	Herrera, Albina 191
Gutiérrez, Da. Domitila 278	Guzmán, Catalina 246	Herrera, Ana 14
Gutiérrez, Da. Felipa 375	Guzmán, Ceferina 123	Herrera, Aniceta 195
Gutiérrez, Da. Juana 532, 580	Guzmán, Da. Indalecia 513	Herrera, Basilio 529
Gutiérrez, Da. Justa 268	Guzmán, Felipe Santiago 172	Herrera, Cayetano 98
Gutiérrez, Da. María 352	Guzmán, José Gabriel 163	Herrera, Clara 27
Gutiérrez, Da. María Antonia 438	Guzmán, José Roque 106	Herrera, Da. Florinda 422
Gutiérrez, Da. María de la Concepción 30, 581	Guzmán, Juana Petrona 504	Herrera, Da. Juliana 10
	Guzmán, María Solana 247	Herrera, Da. Rosa 560
Gutiérrez, Da. María del Rosario 29	Guzmán, Pedro José 198	Herrera, Diego 38
Gutiérrez, Da. María del Tránsito 473	Guzmán, Tadeo 339	Herrera, Dn. Francisco Javier 69
	Heredia Concepción 355	Herrera, Dn. Isidro Ambrosio 26
Gutiérrez, Da. Mercedes 583	Heredia, Agustina 254	Herrera, Dn. Pacífico 405
Gutiérrez, Da. Petrona 517	Heredia, Apolinar 282	Herrera, Domiciano 222
Gutiérrez, Da. Prefecta 281	Heredia, Celina 587	Herrera, Eustaquia 131
Gutiérrez, Da. Tránsito 425	Heredia, Celina Rosa 393	Herrera, Fabriciana 258
Gutiérrez, Dalinda 409	Heredia, Cirilo 310	Herrera, Felipe 398
Gutiérrez, Delina 392	Heredia, Eugenia Serapia 581	Herrera, Francisco del Carmen 541
Gutiérrez, Dn. Domingo de la Cruz 68, 565	Heredia, Facundo 533	Herrera, Gerónimo Emiliano 230
	Heredia, Hipólito 384	Herrera, Gregoria 14
Gutiérrez, Dn. Francisco 502, 532	Heredia, José Gorgonio 559	Herrera, Ignacio 199
Gutiérrez, Dn. Jacinto 49	Heredia, José Justo 63	Herrera, José 143
Gutiérrez, Dn. José Anacleto 566	Heredia, Justa 164	Herrera, José Antonio 161
Gutiérrez, Dn. José Eugenio 482	Heredia, María Antonia 305	Herrera, José León 145, 438
Gutiérrez, Dn. Leandro 497	Heredia, María del Carmen 463	Herrera, Josefa 11, 16
Gutiérrez, Dn. Manuel 412	Heredia, María del Señor 220	Herrera, Manuel 127, 365
Gutiérrez, Dn. Mardoqueo 371, 382	Heredia, Micaela 517	Herrera, María 43
Gutiérrez, Dn. Pedro 274	Heredia, Miguel Jerónimo 66	Herrera, María Ascensión 42
Gutiérrez, Dn. Prudencio 28, 499	Heredia, Patrocinia 553	Herrera, María de la Concepción 152
Gutiérrez, Dn. Ramón 427, 537	Heredia, Pedro 379	
Gutiérrez, Dn. Ruperto 450	Heredia, Ramón Peregrino 293	Herrera, María del Rosario 127, 198
Gutiérrez, Domingo 69	Heredia, Zoila 553	Herrera, María del Tránsito 57
Gutiérrez, Eunomia 337	Hernández, Andrés de la Cruz 554	Herrera, María Ignacia 29
Gutiérrez, Eusebio 229	Hernández, Bartolo 184	Herrera, María Maximiliana 174
Gutiérrez, Felipa Benita 180	Hernández, Bartolomé 269	Herrera, María Rosario 151
Gutiérrez, Félix Durbal 310	Hernández, Calixto 467	Herrera, Norabel 423
Gutiérrez, Gregoria 125	Hernández, Corina 426	Herrera, Norberto 538
Gutiérrez, José 10, 284, 366	Hernández, Da. Beatriz 361	Herrera, Pascual 17
Gutiérrez, José María 128	Hernández, Da. Benjamina 424	Herrera, Pascuala 11
Gutiérrez, Juan Antonio 447	Hernández, Dn. José 539	Herrera, Pedro José 502
Gutiérrez, Juan Diego 303	Hernández, Dn. José Antonio 461	Herrera, Ramón Ignacio 543
Gutiérrez, Juan Francisco 233	Hernández, Dn. Juan Francisco 473	Herrera, Rosendo 342
Gutiérrez, Juan Manuel 212, 312	Hernández, Dn. Pascual 368, 419	Herrera, Tomasina 89

Hidalgo, Da. Rosa	43	
Horquera, Dn. José Elías	250	
Hoyos, Juan Gregorio	42	
Hoyos, Juan José	36	
Hoyos, María Juliana	29	
Huaráz, José	410	
Huaráz, Soledad	412	
Huergo, Da. Eladia Josefa	464	
Huergo, Dn. Carlos	589	
Huergo, Zacarías	315	
Ibalo, María Casilda	58	
Ibáñez Da. Francisca	48	
Ibáñez del Castillo, Domingo	11	
Ibáñez Rosa Ramona	509	
Ibáñez, Abdénago	384	
Ibáñez, Abelardo	263, 339	
Ibáñez, Águeda	580	
Ibáñez, Agustina Rosa	54	
Ibáñez, Alberta	461	
Ibáñez, Alejandro	247	
Ibáñez, Amadeo	324	
Ibáñez, Ana	33	
Ibáñez, Ana Casilda	22	
Ibáñez, Ana María	54	
Ibáñez, Andrea	306, 342	
Ibáñez, Andrés	519	
Ibáñez, Aniceto	242, 335, 574	
Ibáñez, Antonia	54	
Ibáñez, Antonio	496	
Ibáñez, Anunciación	405	
Ibáñez, Apolinaria	207	
Ibáñez, Asunción	228, 292	
Ibáñez, Avelino	561	
Ibáñez, Baldomera	293	
Ibáñez, Bartolina	75	
Ibáñez, Benicia	318, 330	
Ibáñez, Bernarda	17	
Ibáñez, Blas	269	
Ibáñez, Buenaventura	358	
Ibáñez, Carmen	327	
Ibáñez, Catalina	359	
Ibáñez, Cayetana	137	
Ibáñez, Cenobia	308	
Ibáñez, Ciriaco	191	
Ibáñez, Clara	428	
Ibáñez, Cledovia	262	
Ibáñez, Clemente	553	
Ibáñez, Concepción	211	
Ibáñez, Cornelia	521	
Ibáñez, Cruz	157	
Ibáñez, D	347	
Ibáñez, Da. Antonia	92	
Ibáñez, Da. Catalina	412	
Ibáñez, Da. Cipriana	438	
Ibáñez, Da. Clementina	260	
Ibáñez, Da. Efigenia	280	
Ibáñez, Da. Felipa	179	
Ibáñez, Da. Francisca	103	
Ibáñez, Da. Francisca Antonia	478	
Ibáñez, Da. Josefa	48, 586	
Ibáñez, Da. Juana Rosa	386	
Ibáñez, Da. Maclovia	285	
Ibáñez, Da. Manuela	107	
Ibáñez, Da. Margarita	262	
Ibáñez, Da. María de la Cruz	476	
Ibáñez, Da. María Gerónima	446	
Ibáñez, Da. María Severina	475
Ibáñez, Da. Mercedes	383
Ibáñez, Da. Natalia	262
Ibáñez, Da. Natalia del Carmen	565
Ibáñez, Da. Pacífica	393
Ibáñez, Da. Zenaida	386
Ibáñez, Dionisio	327
Ibáñez, Dn. Advertano	294
Ibáñez, Dn. Agustín	520
Ibáñez, Dn. Ángel Mariano	176
Ibáñez, Dn. Domingo	474
Ibáñez, Dn. Eugenio	40
Ibáñez, Dn. Fermín	425
Ibáñez, Dn. Francisco	92
Ibáñez, Dn. Fructuoso	560
Ibáñez, Dn. Ignacio	89
Ibáñez, Dn. José Ignacio	69
Ibáñez, Dn. José María	235
Ibáñez, Dn. Juan de la Rosa	529
Ibáñez, Dn. Juan Manuel	472
Ibáñez, Dn. Juan Pio	472
Ibáñez, Dn. Manuel Antonio	579
Ibáñez, Dn. Manuel Pablo	511
Ibáñez, Dn. Marcelino	492, 561
Ibáñez, Dn. Pedro	50, 68, 276
Ibáñez, Dn. Pedro Ignacio	259
Ibáñez, Dn. Pedro José	513
Ibáñez, Dn. Pedro Pablo	479
Ibáñez, Dn. Ramón	374
Ibáñez, Dn. Ramón Antonio	577
Ibáñez, Dn. Santiago	484
Ibáñez, Dominanda	384
Ibáñez, Dominga	231
Ibáñez, Domingo	413
Ibáñez, Domingo I.	303
Ibáñez, Domingo Ignacio	588
Ibáñez, Encarnación	292, 514
Ibáñez, Eugenio	463
Ibáñez, Eusebio	192
Ibáñez, Evarista	223, 324
Ibáñez, Faustino	162, 177
Ibáñez, Florentina	112
Ibáñez, Francisca	19
Ibáñez, Francisco	29
Ibáñez, Francisco A	392
Ibáñez, Francisco Borja	164, 218
Ibáñez, Gervasio	580
Ibáñez, Graciliana	307
Ibáñez, Gregoria	14, 186
Ibáñez, Gregorio	18, 137
Ibáñez, Griselda	329
Ibáñez, Hermenegildo	123
Ibáñez, Hilaria	385
Ibáñez, Ignacio Ibáñez	289
Ibáñez, Ildefonsa	110
Ibáñez, Isabel	365
Ibáñez, Jacinto	549
Ibáñez, Javiera	362
Ibáñez, José	13, 35, 343
Ibáñez, José Avelino	415
Ibáñez, José Delfín	313
Ibáñez, José Gabriel	181
Ibáñez, José Manuel	64
Ibáñez, José María	387
Ibáñez, José Mariano	175
Ibáñez, José Pascual	196
Ibáñez, José Pio	288
Ibáñez, José Pío	568
Ibáñez, José Rosario	218
Ibáñez, José Santos	526
Ibáñez, José Teodoro	333
Ibáñez, Josefa	47, 49
Ibáñez, Juan	21
Ibáñez, Juan Agustín	249
Ibáñez, Juan Asencio	248
Ibáñez, Juan de Dios	186
Ibáñez, Juan de la Cruz	386, 438
Ibáñez, Juan Dionisio	47, 208
Ibáñez, Juan Francisco	70
Ibáñez, Juan Gregorio	46
Ibáñez, Juan Luis	89, 139, 444
Ibáñez, Juan Pedro	123
Ibáñez, Juan Tomás	45
Ibáñez, Juana	204
Ibáñez, Juana Francisca	142
Ibáñez, Julián	469
Ibáñez, Liberata	255
Ibáñez, Lorenza	17
Ibáñez, Magdalena	143
Ibáñez, Manuel	225
Ibáñez, Manuel de Reyes	181
Ibáñez, Manuela	60, 168, 526
Ibáñez, Marcelina	537
Ibáñez, Marcelino	399
Ibáñez, Mardoqueo	340
Ibáñez, María	13, 14, 36, 97, 274, 490
Ibáñez, María Consolación	140
Ibáñez, María Cruz	26
Ibáñez, María de la Cruz	202
Ibáñez, María de las Mercedes	101
Ibáñez, María del Señor	222
Ibáñez, María del Tránsito	79
Ibáñez, María Dionisia	52
Ibáñez, María Eleuteria	74
Ibáñez, María Eugenia	63
Ibáñez, María Florentina	69
Ibáñez, María Francisca	43
Ibáñez, María Gregoria	28, 147
Ibáñez, María José	146
Ibáñez, María Juana	141, 217
Ibáñez, María Justa	123
Ibáñez, María Lorenza	175
Ibáñez, María Luisa	47, 174, 213
Ibáñez, María Martina	129
Ibáñez, María Mercedes	96, 103, 210
Ibáñez, María Micaela	147
Ibáñez, María Petrona	30
Ibáñez, María Presentación	262
Ibáñez, María Simona	458
Ibáñez, Martina	55
Ibáñez, Melicia	247
Ibáñez, Melitón	247
Ibáñez, Melitona	307
Ibáñez, Micaela	20
Ibáñez, Miguel	504
Ibáñez, Miguel Fernando	127
Ibáñez, Natalia	335, 345
Ibáñez, Nicéfora	295
Ibáñez, Nicolás	16
Ibáñez, Nicolasa	230, 321
Ibáñez, Nieves	378
Ibáñez, Nominanda	335

Ibáñez, Pacífica	313	
Ibáñez, Pacífico	345	
Ibáñez, Pascuala	139	
Ibáñez, Pastora	508	
Ibáñez, Patricio	141	
Ibáñez, Pedro	24, 397	
Ibáñez, Pedro Antonio	227	
Ibáñez, Pedro Crisólogo	410	
Ibáñez, Pedro Nolasco	38	
Ibáñez, Pedro Pascual	214, 399, 512	
Ibáñez, Petrona	29, 62, 348, 534	
Ibáñez, Petrona Celestina	532	
Ibáñez, Petronila	379	
Ibáñez, Ramón	280, 382, 383, 423	
Ibáñez, Ramón Antonio	176, 209	
Ibáñez, Ramón Ignacio	202	
Ibáñez, Regina	346	
Ibáñez, Rudecinda	233	
Ibáñez, Sabina	138	
Ibáñez, Salustiano	275, 303	
Ibáñez, Santiago	327, 355	
Ibáñez, Sigfrido	423	
Ibáñez, Silverio	255	
Ibáñez, Silvestre	391	
Ibáñez, Silvestre Antonio	156	
Ibáñez, Simona	276, 538	
Ibáñez, Tiburcia	126	
Ibáñez, Vicenta	539	
Ibáñez, Vicente	196, 404, 412	
Ibáñez, Victoria	445	
Ibáñez, Virginia	391	
Ibáñez, Zelanda	287	
Ibáñez, Zenón	387	
Ibáñez. Bartolo	64	
Ibáñez. Juan José	18	
Ibarra, Anastasia	446	
Ibarra, Benigno	271	
Ibarra, Dn. Bernardo	369	
Ibarra, Felipa	542	
Ibarra, Felipa Antonia	218, 520	
Ibarra, Juan Agustín	86	
Ibarra, Juana Isabel	203	
Ibarra, Justa Rufina	65	
Ibarra, María Anastasia	138	
Ibarra, María de la Concepción	88	
Ibarra, María Mercedes	125	
Ibarra, Melchora	37	
Ibarra, Pedro Celestino	187	
Ibarra, Ramón R.	373	
Ibarra, Ramona	418	
Ibarra, Tadea	98	
Ibias, Francisco Antonio	315	
Illañez, José de los Dolores	484	
Illáñez, José Dolores	196	
Iramain, José Antonio	227, 239	
Iriarte, Cenobia	376	
Iriarte, Estanislao	499	
Iriarte, Juan de la Cruz	535	
Iriarte, Matilde	525	
Isabel	37	
Islas, Andrés Avelino	346	
Islas, Da. Juana	487	
Islas, Da. María del Rosario	69	
Islas, Dn. Inocencio	455	
Islas, Dn. Jerónimo	496	
Islas, Dn. Pedro	103	
Islas, Francisco Antonio	81, 465, 466	
Islas, Juan Francisco	227	
Islas, Juana Isabel	576	
Islas, María Narcisa	122	
Islas, María Zósima	334	
Islas, Pedro	61, 101	
Islas, Pedro Pablo	119	
Islas, Remigia	368	
Islas, Santiago	213	
Iturre, Pedro José	222	
Iturres, Francisco	27	
Iturres, María	100	
Iturri, Bernardina	447	
Jaimes, Clemira	420	
Jaimes, Lorenza	53	
Jaimes, Marcos	483	
Jance, Casilda	464	
jeda, Dn. Pascual Benigno	376	
Jerez López, Domingo	34	
Jeréz, Abel de Jesús	330	
Jeréz, Adelaida	271	
Jerez, Avelino	302	
Jeréz, Bartolina	479, 525	
Jeréz, Basilio	90	
Jerez, Casimiro	227	
Jeréz, Casimiro	140	
Jeréz, Da Clara	451	
Jerez, Da. Brígida	487	
Jerez, Da. Carmen	388	
Jeréz, Da. Concepción	455	
Jeréz, Da. Cristina	526	
Jeréz, Da. Dolores	285	
Jeréz, Da. Estanislada	403, 586	
Jeréz, Da. Faustina	560	
Jeréz, Da. María Sinforoza	282	
Jeréz, Da. Paula	424	
Jeréz, Da. Petronila	551	
Jerez, Delfina	214	
Jerez, Desiderio	330	
Jeréz, Dn. Abelino	487	
Jeréz, Dn. Antonio	398	
Jeréz, Dn. Benicio	424	
Jeréz, Dn. Estanislao	276	
Jeréz, Dn. José Ascencio	69	
Jeréz, Dn. José Bernardo	438	
Jeréz, Dn. José Estanislao	578	
Jeréz, Dn. José María	244	
Jeréz, Dn. Manuel de los Reyes	385	
Jerez, Dn. Toribio	540	
Jerez, Dn. Tristán	591	
Jerez, Feliciana	211	
Jeréz, Félix Mariano	217	
Jeréz, Florencio	47	
Jeréz, Francisco	435	
Jeréz, Jerónimo	386	
Jeréz, Juan Ángel	568	
Jeréz, Juan Antonio	349	
Jeréz, Juan Bautista	447	
Jeréz, Juan Simón	164	
Jeréz, Juana Francisca	169	
Jeréz, Manuel	480	
Jerez, Manuela	13	
Jerez, Marcos C.	318	
Jerez, María	37	
Jerez, María Alejandra	208	
Jeréz, María Antonia	550	
Jerez, María de la Cruz	216	
Jeréz, María de la Cruz	412, 526	
Jerez, María Dorotea	454	
Jerez, María Felisa	205	
Jeréz, María Felisa	149, 460	
Jeréz, María Guadalupe	159	
Jeréz, María Inés	468	
Jeréz, Miguel Francisco	574	
Jeréz, Miguel Gerónimo	328	
Jeréz, Pascual	465	
Jeréz, Peregrina	309	
Jerez, Petrona	217	
Jerez, Rosa	324	
Jeréz, Rosa	432	
Jerez, Salomé	234	
Jeréz, Santiago	138	
Jeréz, Zenón	409	
Jiménez, Águeda	308	
Jiménez, Alejo	286	
Jiménez, Ana Luisa	215, 299	
Jiménez, Antonia	62	
Jiménez, Basilia	124	
Jiménez, Benito	260	
Jiménez, Bernardina	217	
Jiménez, Carlota	173	
Jiménez, Carolina	534	
Jiménez, Cipriano	237	
Jiménez, Claudio	94	
Jiménez, Clemente	507	
Jiménez, Clementina	331	
Jiménez, Da. Ramona	434	
Jiménez, Dalinda	431	
Jiménez, Digna	388	
Jiménez, Dn. Antenor	380	
Jiménez, Dn. Audenago	420	
Jiménez, Dn. Belisario	362	
Jiménez, Dn. Werfil	432	
Jiménez, Domingo	269	
Jiménez, Eduardo	270, 545	
Jiménez, Eliseo	505	
Jiménez, Felipa	214	
Jiménez, Felipe	471	
Jiménez, Felisa del Carmen	272	
Jiménez, Florinda Rosa	343	
Jiménez, Francisca	74, 236, 258	
Jiménez, José Antonio	195	
Jiménez, José Domingo	73, 87, 523	
Jiménez, José Lorenzo	33	
Jiménez, José Lucas	176, 477	
Jiménez, Josefa	106, 139	
Jiménez, Juan	20	
Jiménez, Juan Andrés	50	
Jiménez, Juan de Dios	340	
Jiménez, Juan de la Cruz	283	
Jiménez, Juan de la Rosa	160, 468	
Jiménez, Juan Diego	20	
Jiménez, Juan Epitacio	515	
Jiménez, Juan Francisco	122	
Jiménez, Juan Ignacio	53	
Jiménez, Juan Inocencio	56	
Jiménez, Juan Isidro	439	
Jiménez, Juan José	46, 52	
Jiménez, Juan León	207, 472	
Jiménez, Juan Serapio	467	
Jiménez, Juana	14, 380	
Jiménez, Juliana	75, 324	

Jiménez, Laureana	167	
Jiménez, León	159	
Jiménez, Leovino	385	
Jiménez, Lorenzo	443	
Jiménez, Lucinda	201	
Jiménez, Manuel A	408	
Jiménez, Marcelina	184	
Jiménez, María	51	
Jiménez, María Águeda	183	
Jiménez, María Anastasia	62	
Jiménez, María Antonia	560	
Jiménez, María Antonio	157	
Jiménez, María Bernabela	200	
Jiménez, María de los Santos	286	
Jiménez, María del Rosario	467	
Jiménez, María del Señor	177, 427	
Jiménez, María Francisca	122, 155, 464	
Jiménez, María Ignacia	132	
Jiménez, María Josefa	119	
Jiménez, María Juana	53, 161	
Jiménez, María Margarita	49	
Jiménez, María Tomasina	54	
Jiménez, Mateo	514	
Jiménez, Melchora	187	
Jiménez, Miguel Jerónimo	88	
Jiménez, Moisés	311	
Jiménez, Nicanor	322	
Jiménez, Nicolasa	212	
Jiménez, Pascuala	147	
Jiménez, Patrocinia	545	
Jiménez, Pedro Francisco	393	
Jiménez, Petrona	218, 532	
Jiménez, Presentación	342	
Jiménez, Ramina Rosa	506	
Jiménez, Ramón Antonio	332	
Jiménez, Ramona Rosa	247	
Jiménez, Remigia	307	
Jiménez, Rosalía	346	
Jiménez, Rudecindo	520	
Jiménez, Sofía	333	
Jiménez, Toribio	124	
Jiménez, Valentina	123, 151	
Jiménez, Victoria	320, 502	
Jiménez, Visitación	255	
José	38	
José Antonio	143	
Juan	36	
Juana Pabla	175	
Juana Rosa Albarracín	126	
Juanes, Eugenio	41	
Juanes, Juan Esteban	41	
Juanes, María del Tránsito	41	
Juárez Juana	27	
Juárez, Andrea Avelina	544	
Juárez, Ángel Marino	164	
Juárez, Ángela	393	
Juárez, Antonio	18	
Juárez, Ascensión	138	
Juárez, Avelina	274	
Juárez, Balbina	276, 429	
Juárez, Bartolo	128	
Juárez, Bartolomé	403	
Juárez, Bernardina	88	
Juárez, Candelaria	419	
Juárez, Casimiro	147	
Juárez, Cecilia	124, 506
Juárez, Da. Asunción	466, 489
Juárez, Da. Grimanesa	294
Juárez, Da. Luisa	501
Juárez, Da. María del Carmen	476
Juárez, Da. María Rosa	480
Juárez, Da. Natividad	509
Juárez, Da. Pabla	440
Juárez, Dionisio	208
Juárez, Dn. Bernardino	266
Juárez, Dn. José Santos	482
Juárez, Dn. Julián	386
Juárez, Dn. Mariano	493
Juárez, Dn. Tránsito	391
Juárez, Dolores	571
Juárez, Domingo	429
Juárez, Eduviges	421
Juárez, Emerenciana	567
Juárez, Emeterio	299, 375
Juárez, Estanislada	325
Juárez, Estefanía	81
Juárez, Eugenio	513
Juárez, Feliciano	178
Juárez, Felipa	253
Juárez, Félix	383
Juárez, Félix Fernando	251
Juárez, Francisca	20
Juárez, Francisca Paula	117
Juárez, Francisco	11, 83, 235, 544
Juárez, Francisco Antonio	71, 139, 144
Juárez, Francisco Borja	171, 248
Juárez, Gervasio	55
Juárez, Jesús	361
Juárez, Jesús María	376
Juárez, José Antonio	9, 213, 358
Juárez, José Félix	287
Juárez, José Florencio	299
Juárez, José Francisco	117
Juárez, José Gregorio	291
Juárez, José Javier	61
Juárez, José Lino	250, 568
Juárez, José Lorenzo	242, 573
Juárez, José Luis	191, 454
Juárez, José Nicolás	457, 476
Juárez, José Rosa	72, 227, 481
Juárez, José Rosario	157
Juárez, Josefa	61
Juárez, Juan Andrés	190
Juárez, Juan Asencio	60
Juárez, Juan B.	426
Juárez, Juan Bautista	25
Juárez, Juan de la Cruz	223, 305
Juárez, Juan Dionisio	385, 407
Juárez, Juan Domingo	32
Juárez, Juan Francisco	96, 126, 202
Juárez, Juan Gregorio	272, 441, 443
Juárez, Juan José	42, 248
Juárez, Juan Manuel	90, 178, 512
Juárez, Juan Nicolás	343
Juárez, Juan Ramón	150
Juárez, Juana	47, 519
Juárez, Juana Francisca	65
Juárez, Leonarda	155
Juárez, Lizarda	536
Juárez, Lucía	115
Juárez, Luis	152
Juárez, Luisa	28
Juárez, Lutgarda	478
Juárez, Manuel	300
Juárez, María	36
Juárez, María Antonia	71
Juárez, María Asunción	207
Juárez, María Bartolina	132
Juárez, María Candelaria	121
Juárez, María Casilda	65
Juárez, María de la Asunción	114
Juárez, María de los Dolores	76, 83
Juárez, María Dedicación	280
Juárez, María del Señor	539
Juárez, María Escolástica	56
Juárez, María Estefanía	73
Juárez, María Gertrudis	15
Juárez, María Josefa	83
Juárez, María Juana	484
Juárez, María Leonarda	482
Juárez, María Mercedes	56
Juárez, María Micaela	60
Juárez, María Pabla	189
Juárez, María Rosa	68, 561
Juárez, María Santos	78
Juárez, Mariano	89, 217
Juárez, Martina	37
Juárez, Maximiliana	545
Juárez, Mercedes	500
Juárez, Miguel	37
Juárez, Miguel Antonio	163
Juárez, Nicolasa	210, 511
Juárez, Octaviano	304, 327
Juárez, Pabla Ignacia	362
Juárez, Paulina	201
Juárez, Pedro Pablo	190
Juárez, Petronila	435
Juárez, Pilar	202
Juárez, Ramón	88
Juárez, Ramón Antonio	526
Juárez, Rosa Elisea	553
Juárez, Rosa Quirico	558
Juárez, Rosario	565
Juárez, Silverio	207
Juárez, Tomasina	162
Juárez, Toribia	170
Juárez, Ventura	428
Juárez, Victoria	226
Juárez, Victoriano	365
Juárez, Zoila	204
Juárez, Zoila Tomasa	223
Juez, Vicente	349
Jurado, Antonio	40
Jurado, María Santos	179
Lalamo, José Secundino	506
Lalamo, María del Carmen	197
Lalamo, María Francisca	112
Lalamo, María Viviana	178
Lara, María	280
Laredo, Betsabé	308
Laredo, Da. Betsabé	284
Laredo, Da. Sergia	485
Lascano, Da. Rodulfa	386
Lastra, Aurora	417
Lastra, Celedonio	506, 507
Lastra, Da. Isabel	15

Índice de Contrayentes

Laurencia Guaráz	153
Lavaite, Catalina	35
Lazarte, María Ascensiona	439
Lazo, Cecilia	67
Lazo, Clara	133
Lazo, Da. Adelaida	390
Lazo, Da. Fortunata	294
Lazo, Da. María del Carmen	492
Lazo, Da. Zelanda	569
Lazo, Dn. Ramón Antonio	291
Lazo, Feliciana Fernanda	124
Lazo, Félix Rosa	521
Lazo, Fermín	310, 445
Lazo, Fortunata	221
Lazo, Hermenegilda	210
Lazo, José Cesario	469
Lazo, José Domingo	160
Lazo, Juan	10
Lazo, Juan Andrés	33, 55
Lazo, Juan Domingo	29, 70
Lazo, Juan Nicolás	31
Lazo, Juan Tomás	75
Lazo, Juana Elena	34
Lazo, Juana Francisca	195, 570
Lazo, María	53
Lazo, María Antonia	30, 80
Lazo, María Candelaria	234, 372
Lazo, María Casilda	56
Lazo, María Dominga	63
Lazo, María Francisca	67, 427
Lazo, María Javiera	155
Lazo, María Peregrina	200
Lazo, María Rosa	51
Lazo, María Santos	183
Lazo, María Tomasa	155
Lazo, Mauricio	114
Lazo, Miguel Francisco	31
Lazo, Pascuala	188
Lazo, Pedro	20
Lazo, Pedro Pablo	51, 101
Lazo, Petrona	43, 142
Lazo, Santos	331
Lazo, Tomás	36
Leal, Ángel Custodio	558
Leal, Clara	243, 574
Leal, José Pío	160
Leal, Juan Ángel	199
Leal, Juan Bautista	506
Leal, Juan Inocente	183
Leal, Juana P	365
Leal, Lorenzo	348
Leal, María Concepción	527
Leal, Tomasina	306
Leal, Valentina	120
Leanes, José Ramón	260
Leanes, María del Espíritu	178
Ledesma, Agustín	536
Ledesma, Antonia	242, 574
Ledesma, Bartolina	242, 574
Ledesma, Bartolo	175
Ledesma, Bartolomé	274
Ledesma, Bernardo	87
Ledesma, Bonifacia	183
Ledesma, Casilda	180
Ledesma, Casimiro	172, 500
Ledesma, Cayetano	477
Ledesma, Cesario	519
Ledesma, Clementina	365
Ledesma, Clotilde	323
Ledesma, Concepción	345
Ledesma, Cornelio	173
Ledesma, Cosme Damián de	437
Ledesma, Crisanto	304, 434
Ledesma, Da. Felicinda de Jesús	269
Ledesma, Da. Ramona	354
Ledesma, Delfina	377
Ledesma, Desiderio	311, 363, 531
Ledesma, Dionisio	311, 534
Ledesma, Dn Bartolo	460
Ledesma, Dn. Cristino	394
Ledesma, Dn. Inocencio	472
Ledesma, Dn. José Moisés	560
Ledesma, Dn. Sigfrido	498
Ledesma, Domingo	301
Ledesma, Dorotea	177, 191
Ledesma, Eduviges	338
Ledesma, Elisea	254
Ledesma, Espiridión	313, 424
Ledesma, Estanislada	377
Ledesma, Estanislada Rosa	426
Ledesma, Esteban	258
Ledesma, Exaltación	560
Ledesma, Faustino	548
Ledesma, Federico	300
Ledesma, Feliberta	231
Ledesma, Feliciano	90
Ledesma, Felipa	255
Ledesma, Felipe	513
Ledesma, Félix Antonio	140, 462
Ledesma, Félix Benigno	208
Ledesma, Filotea	579
Ledesma, Francisca Antonia	51
Ledesma, Francisco Solano	219
Ledesma, Gregoria	506
Ledesma, Gregorio	546
Ledesma, Griselda	222
Ledesma, Hermenegilda	135
Ledesma, Isidoro	493
Ledesma, Isidro	220
Ledesma, Jacinta	326
Ledesma, Jacinto	542
Ledesma, José Antonio	153, 444, 554
Ledesma, José Carlos	45
Ledesma, José Dámaso	131
Ledesma, José Laureano	68
Ledesma, José Manuel	453
Ledesma, José Mariano	56
Ledesma, José Rosario	238
Ledesma, Josefa	259, 300
Ledesma, Juan Ángel	168
Ledesma, Juan Antonio	435
Ledesma, Juan Dionisio	351
Ledesma, Juan Francisco	126, 344
Ledesma, Juan Hilario	184
Ledesma, Juan Inocencio	450
Ledesma, Juan Isidro	247
Ledesma, Juan José	87, 108
Ledesma, Juana	51
Ledesma, Juana Paula	174
Ledesma, Juana Rosa	129
Ledesma, Justina	170
Ledesma, Luciano	214
Ledesma, Luis	155, 308
Ledesma, Magdalena	132
Ledesma, Manuela	38, 334
Ledesma, María	34, 314
Ledesma, María Bárbara	316
Ledesma, María Casimira	26
Ledesma, María Catalina	184
Ledesma, María de Jesús	512
Ledesma, María de los Ángeles	174
Ledesma, María del Señor	136, 344
Ledesma, María Feliciana	82
Ledesma, María Gregoria	134
Ledesma, María Ignacia	33, 77
Ledesma, María Inés	198
Ledesma, María Leonarda	219
Ledesma, María Mercedes	262
Ledesma, María Teodora	233
Ledesma, María Teresa	118
Ledesma, Mauricia	311
Ledesma, Micaela	36
Ledesma, Nazario	193
Ledesma, Nicolás	233
Ledesma, Norberto	47
Ledesma, Olegaria	173
Ledesma, Pantaleón	508
Ledesma, Patrocinia	293, 528
Ledesma, Patrocinio	320
Ledesma, Paulina	173
Ledesma, Pedro Martín	380
Ledesma, Petrona	431
Ledesma, Plácida	245
Ledesma, Prudencio	82
Ledesma, Ramón	377
Ledesma, Ramón Rosa	326
Ledesma, Reginaldo	378, 435
Ledesma, Remigio	210
Ledesma, Ricardo	333, 343, 578
Ledesma, Rita Pastora	270
Ledesma, Rosa	300
Ledesma, Rosa Ramona	14
Ledesma, Rosario	190, 223
Ledesma, Secundina	245
Ledesma, Serafina	139
Ledesma, Simón	90
Ledesma, Teodosia	418
Ledesma, Tomás Ignacio	131
Ledesma, Tránsito	569
Ledesma, Ubolina	539
Ledesma, Vicenta	287
Ledesma, Zoila Teresa	281
Ledezma, María del Rosario	163
Leguisamo, Ruperto	225
Leguizamo, Albina	141
Leguizamo, Andrea	85
Leguizamo, Avelino	390
Leguizamo, Dn. Carlos	451
Leguizamo, Dn. José Pastor	262
Leguizamo, Humbelina	550
Leguizamo, Jesús María	263
Leguizamo, José de la Cruz	143
Leguizamo, José Lorenzo	85
Leguizamo, Juan Andrés	241, 573
Leguizamo, Juan Bartolomé	553
Leguizamo, Juan Silvestre	177
Leguizamo, Juana Isabel	144

Índice de Contrayentes

Leguizamo, Julián	232
Leguizamo, Nicolasa	164
Leguizamo, Pedro	252
Leguizamo, Pedro Pablo	448
Leguizamo, Petronila	232
Leguizamo, Rosa María	165
Leguizamo, Sebastiana	451
Leguizamo, Tránsito	557
Leguizamón, Adeodata	384
Leguizamón, Alejandra	376
Leguizamón, Asunción	392
Leguizamón, Buenaventura	294
Leguizamón, Cirilo	272
Leguizamón, Cledovia	296
Leguizamón, Consolación	381
Leguizamón, Cristóbal	19
Leguizamón, Dn. Andrés Avelino	373
Leguizamón, Dn. Juan Alberto	461
Leguizamón, Dn. Julián	284
Leguizamón, Eloísa	380
Leguizamón, Eusebia	289
Leguizamón, Exaltación	389
Leguizamón, Francisca	423
Leguizamón, Jesús María	355
Leguizamón, José	98
Leguizamón, José Antonio	348
Leguizamón, José F	412
Leguizamón, Juan Agustín	354
Leguizamón, Juan Esteban	394
Leguizamón, Juan Silvestre	275
Leguizamón, Juana Rosa	333
Leguizamón, Juliana	104
Leguizamón, Leovina	418
Leguizamón, Luis	429
Leguizamón, Magdalena	357
Leguizamón, Magdalena,	410
Leguizamón, Marcelina	252
Leguizamón, María de la Cruz	52
Leguizamón, María del Carmen	203
Leguizamón, Narcisa	390
Leguizamón, Nicolás	275
Leguizamón, Pascual	19
Leguizamón, Pedro Antonio	343
Leguizamón, Pedro Pablo	78
Leguizamón, Petrona	283
Leguizamón, Ramona Rosa	379
Leguizamón, Remigia	339
Leguizamón, Rodolfo	384
Leguizamón, Tadea	380
Leguizamón, Tránsito	274, 341
Leiva y Quiroga, Dn. José	22
Leiva, Adeodata	321
Leiva, Advertano	388
Leiva, Antonina	211
Leiva, Antonio	122
Leiva, Beatriz	156
Leiva, Bernardo	10
Leiva, Da Gabriela	450
Leiva, Da. Candelaria	470
Leiva, Da. Carmen	241, 573
Leiva, Da. Catalina	493
Leiva, Da. Concepción	482
Leiva, Da. Eloisa	495
Leiva, Da. Eloísa	551
Leiva, Da. Encarnación	554
Leiva, Da. Fernanda	488
Leiva, Da. Gregoria	457
Leiva, Da. Josefa	462
Leiva, Da. Lucinda	462
Leiva, Da. Luisa	72, 575
Leiva, Da. Margarita	10
Leiva, Da. María Agustina	62
Leiva, Da. María de la Encarnación	471
Leiva, Da. María del Tránsito	448
Leiva, Da. María Inés	72
Leiva, Da. María Juana	60
Leiva, Da. María Luisa	495
Leiva, Da. María Magdalena	11
Leiva, Da. María Mauricia	472
Leiva, Da. María Serafina	49, 441
Leiva, Da. María Victoria	454
Leiva, Da. Petrona	522
Leiva, Da. Rodulina	570
Leiva, Da. Rosa	515
Leiva, Da. Tomasa	262
Leiva, Da. Trinidad	505
Leiva, Da. Victoria	460
Leiva, David	430
Leiva, Dn. Antonio	25
Leiva, Dn. Bernardo	65
Leiva, Dn. Fermín	97
Leiva, Dn. Francisco Dionisio	29, 76
Leiva, Dn. José	23
Leiva, Dn. José Francisco	79, 495
Leiva, Dn. José Lorenzo	31
Leiva, Dn. José Miguel	480
Leiva, Dn. Juan	464
Leiva, Dn. Juan Mateo	15
Leiva, Dn. Juan Severino	473
Leiva, Dn. Luis	30
Leiva, Dn. Manuel Rudecindo	440
Leiva, Dn. Marcelo	462
Leiva, Dn. Modesto	485
Leiva, Dn. Nicolás	472
Leiva, Dn. Pedro	440
Leiva, Dn. Pedro Antonio	558
Leiva, Dn. Pedro Ignacio	89
Leiva, Fabiana	105
Leiva, Felipa	126
Leiva, Francisco	91
Leiva, Francisco Antonio	146
Leiva, Gabriel	423
Leiva, Genuaria	47
Leiva, Guillermo	586
Leiva, Isidro	110
Leiva, José Alejandro	447
Leiva, José Antonio	26, 65, 275, 450
Leiva, José Benito	75
Leiva, José Ignacio	147
Leiva, José Luis	531
Leiva, José Miguel	126
Leiva, Josefa	271
Leiva, Juan Francisco	73
Leiva, Juan Gregorio	101
Leiva, Juan Pedro	68
Leiva, Juana Francisca	76
Leiva, Juana Isabel	185
Leiva, Juana Luisa	181
Leiva, Laurencio	50
Leiva, Lorenza	38
Leiva, Manuel Pascual	165
Leiva, Manuela	312
Leiva, Marcela	50
Leiva, Marcelina	73
Leiva, María	39
Leiva, María Bonifacia	58
Leiva, María Carolina	48
Leiva, María de Jesús	315
Leiva, María Isabel	184, 553
Leiva, María Lázara	201
Leiva, María Micaela	46
Leiva, María Paula	465
Leiva, María Rufina	196
Leiva, Mariano	197
Leiva, Mercedes	237
Leiva, Micaela	89
Leiva, Nicolás	289
Leiva, Pablo José	421
Leiva, Pedro José	221
Leiva, Ramón	287
Leiva, Ramón Ignacio	345
Leiva, Ricardo	318
Leiva, Rosario	136, 514
Leiva, Salomé	549
Leiva, Sandalio	343
Leiva, Saturnina	406
Leiva, Sebastián	56
Leiva, Valentín	215
Leiva, Vicente	304
Leiva, Zoila Mardonia	219
Lema, Dn. Andrés	10
Lema, Dn. José Bruno	554
Lema, Margarita	457
Lemos, Josefa de Dolores	302
Lemus, Rosario	388
Lencina, Mercedes	230
Lencinas, Dn. Félix Nicomedes	540
Lencinas, Francisco	293
Lencinas, María Ignacia	195
Lencinas, María Mercedes	113
Lencinas, Ramón Antonio	344
Lencinas, Ramón Rosa	58
León, José Joaquín	173
León, José Mariano	112, 194
León, José Remigio	214
León, Pastora	498
León, Viviana	199
Leorraga, José Fermín	75
Leorraga, José León	153
Lezama, Basilia	470
Lezana, Bonifacia	463
Lezana, Cornelia	170
Lezana, Da. Cayetana	479, 547
Lezana, Da. Marquesa	544
Lezana, Juan	354
Lezana, María	308
Lezana, María Rosa	198
Lezana, Mariano	524
Lezana, Rosa	588
Lezana, Timoteo	346
Lezcano, Da. Ascensión	448
Lezcano, Da. Griselda	244
Lezcano, Da. Javiera	278
Lezcano, Da. Manuela	469
Lezcano, Felipa	319
Lezcano, Felipa Antonia	257

Lezcano, Félix	217	
Lezcano, Griselda	305	
Lezcano, Juan	392	
Lezcano, Juan Antonio	201, 294, 319	
Lezcano, Manuel	185	
Lezcano, María del Señor	258	
Lezcano, María Lorenza	157	
Lezcano, Rufino	218	
Lezcano, Sinforoso	140	
Lezcano, Victoriano	90	
Lindón, Casiana	407	
Lindón, Dionisia	41	
Lindón, José Antonio	41	
Lindón, José Santos	38	
Lindon, Luisa	37	
Lindon, María Mercedes	36	
Lindón, María Mercedes	75	
Lindón, María Micaela	57	
Lindón, María Rosa	37	
Lindón, Pedro Antonio	179	
Lizárraga, Clara	266	
Llana, Julián	86	
Lobo de Mereles, Da. María del Carmen	248	
Lobo de Mereles, Da. Noemí	539	
Lobo de Mereles, Dn. Andrés	58	
Lobo de Mereles, Dn. Mauricio	354	
Lobo de Mereles, Rita del Carmen	542	
Lobo Lisando	373	
Lobo Mereles, Dn. Ángel Mariano	460	
Lobo o Toledo, José	358	
Lobo, Anastasio	538	
Lobo, Andrés	41, 434	
Lobo, Andrés Avelino	281, 343, 550	
Lobo, Ángel Rosendo	504	
Lobo, Aniceto	174	
Lobo, Antonio	143, 155, 195, 242, 436, 479, 483, 504, 574	
Lobo, Anunciación	273	
Lobo, Baldomera	330	
Lobo, Baltazar	470	
Lobo, Barbarita	381	
Lobo, Bartolina	87, 152	
Lobo, Beatriz	247, 251	
Lobo, Bernabé	522	
Lobo, Bernabela	450	
Lobo, Bonifacia	344	
Lobo, Carmen	186	
Lobo, Carolina	282	
Lobo, Catalina	86	
Lobo, Celestino	374	
Lobo, Cenobia	358	
Lobo, Cledovia	316	
Lobo, Crisanto	518	
Lobo, Cruz	62	
Lobo, Da. Beatriz	497	
Lobo, Da. Evarista	495	
Lobo, Da. Francisca Antonia	290	
Lobo, Da. Gerarda	447	
Lobo, Da. Leonor	489	
Lobo, Da. María del Rosario	69, 483	
Lobo, Da. María Espíritu	261	
Lobo, Da. María Francisca	147	
Lobo, Da. María Paula	523	
Lobo, Da. María Virginia	296	
Lobo, Da. Mauricia	262	
Lobo, Da. Petrona	448	
Lobo, Da. Petrona	452	
Lobo, Da. Ramona	355	
Lobo, Da. Rosario	489	
Lobo, Da. Silveria	82	
Lobo, Delfina	212	
Lobo, Delina Rosa	427	
Lobo, Digna	500	
Lobo, Dn. Ángel Liborio	296	
Lobo, Dn. Ángel Mariano	281	
Lobo, Dn. Felipe Santiago	30	
Lobo, Dn. José Domingo	459	
Lobo, Dn. José Luis	296	
Lobo, Dn. José Nazario	450	
Lobo, Dn. Juan Nicolás	282, 420	
Lobo, Dn. Luis	114, 289	
Lobo, Dn. Manuel	69	
Lobo, Dn. Napoleón	382	
Lobo, Dn. Pacífico	264	
Lobo, Dn. Pedro Ignacio	86	
Lobo, Dn. Pedro José	492	
Lobo, Dn. Pedro Lucindo	488	
Lobo, Dn. Pedro Martín	494	
Lobo, Dn. Pedro Pablo	501	
Lobo, Dn. Roberto	296, 563	
Lobo, Dolores	434	
Lobo, Dominga	159, 172	
Lobo, Domingo	182, 504	
Lobo, Domingo Ignacio	304	
Lobo, Doroteo	228, 333	
Lobo, Eduardo	304	
Lobo, Espíritu	304	
Lobo, Esteban	88	
Lobo, Eufemio	299	
Lobo, Eufrasio	316	
Lobo, Eugenio	534	
Lobo, Eusebio	175	
Lobo, Facunda	347	
Lobo, Faustino	237	
Lobo, Feliciano	196, 512	
Lobo, Felipa Antonia	244, 575	
Lobo, Felipe Santiago	53, 205	
Lobo, Félix Rosa	517	
Lobo, Fermín	470	
Lobo, Florencio	299, 362	
Lobo, Francisca	171	
Lobo, Francisca Antonia	190	
Lobo, Francisco	155, 198	
Lobo, Francisco Antonio	250	
Lobo, Francisco Inocencio	499	
Lobo, Francisco Javier	99, 159, 168	
Lobo, Francisco Rosario	580	
Lobo, Gregorio	12	
Lobo, Irene Rosa	370	
Lobo, Isabel	92, 329, 379	
Lobo, Isidora	140, 581	
Lobo, Jacobo	217	
Lobo, José	14	
Lobo, José Agustín	527	
Lobo, José de los Santos	219	
Lobo, José Domingo	75, 444	
Lobo, José Emiliano	335	
Lobo, José Ignacio	125, 518	
Lobo, José Luis	156, 158	
Lobo, José María	125	
Lobo, José Timoteo	166	
Lobo, Josefa	19	
Lobo, Juan	15, 428	
Lobo, Juan Bautista	147	
Lobo, Juan Javier	14	
Lobo, Juan José	135, 464	
Lobo, Juan Manuel	476	
Lobo, Juan Nicolás	92	
Lobo, Juan Pío	323	
Lobo, Juan Santos	38	
Lobo, Juana	429, 549	
Lobo, Julián	505	
Lobo, Juliana	92	
Lobo, Justo Pastor	326	
Lobo, Liborio	211	
Lobo, Lizarda	70	
Lobo, Lorenza	86	
Lobo, Lorenzo	25	
Lobo, Luisa	326	
Lobo, Manuel	216	
Lobo, Manuel de Jesús	171	
Lobo, Manuel Tiburcio	558	
Lobo, María	15, 425, 515	
Lobo, María Águeda	284, 369, 435	
Lobo, María Antonia	109, 303	
Lobo, María de la Concepción	58	
Lobo, María de los Dolores	41	
Lobo, María del Carmen	102	
Lobo, María del Pilar	143	
Lobo, María del Rosario	125, 189, 198	
Lobo, María del Señor	155, 164	
Lobo, María del Tránsito	162	
Lobo, María Eugenia	59	
Lobo, María Filomena	499	
Lobo, María Francisca	61, 74, 100	
Lobo, María Francisca de Borja	46	
Lobo, María Ignacia	37, 171, 181	
Lobo, María Inocencia	206	
Lobo, María Josefa	83, 559	
Lobo, María Justa	26	
Lobo, María Luisa	445	
Lobo, María Nicasia	165	
Lobo, María Pabla	219	
Lobo, María Petrona	38, 61	
Lobo, María Pilar	527	
Lobo, María Rita	481	
Lobo, María Rosa	123	
Lobo, María Salomé	521	
Lobo, María Serafina	319	
Lobo, Mariano	292	
Lobo, Martín	69	
Lobo, Mateo	158	
Lobo, Mauricia	552	
Lobo, Máxima	434	
Lobo, Mercedes	273	
Lobo, Modesta	294	
Lobo, Napoleón	316	
Lobo, Natividad	306	
Lobo, Nazario	179	
Lobo, Nicanor	282	
Lobo, Nicolás	68, 84	
Lobo, Pablo	447	
Lobo, Pascual	35	
Lobo, Pascuala	155	

Lobo, Pastora	551	
Lobo, Paulina	322	
Lobo, Pedro	310, 434	
Lobo, Pedro Antonio	52	
Lobo, Pedro Celestino	538	
Lobo, Pedro Félix	269	
Lobo, Pedro Ignacio	591	
Lobo, Pedro José	90	
Lobo, Pedro Manuel	566	
Lobo, Pedro Nicolás	526	
Lobo, Pedro Pablo	131, 210, 472	
Lobo, Pedro Pascual	576	
Lobo, Peregrina	377	
Lobo, Petrona	171, 389	
Lobo, Pilar	305, 579	
Lobo, Prudencio	120	
Lobo, Ramón	62, 136	
Lobo, Ramón Antonio	122, 480	
Lobo, Ramón del Carmen	209	
Lobo, Ramón Rosa	554	
Lobo, Ramona	303	
Lobo, Regina	404	
Lobo, Rita	269	
Lobo, Rosario	500	
Lobo, Rosendo	541	
Lobo, Salomé	214	
Lobo, Sandalia	531	
Lobo, Sebastián	221	
Lobo, Secundino	311	
Lobo, Serapio	216	
Lobo, Severo	379	
Lobo, Silverio	377	
Lobo, Silvestra	169	
Lobo, Silvestre	233	
Lobo, Simón	133, 158	
Lobo, Simona	131	
Lobo, Sinforoso	518	
Lobo, Solana	209	
Lobo, Teresa	236, 368	
Lobo, Tiburcia	524	
Lobo, Tomás	245	
Lobo, Tomasa	207, 260	
Lobo, Tomasina	158, 220, 353, 474	
Lobo, Tránsito	543	
Lobo, Vicencia	138	
Lobo, Viviana	184, 337	
Lobo, Yonarda	11	
Lobo, Zenón	368, 587	
Lobo, Zoilo	426	
Lonsaya, Juan Ascencio	137	
López, Ambrosia	158	
López, Belindo	434	
López, Dn. Juan Antonio	77	
López, Félix Benigno	531	
López, Francisco	397	
López, Ignacio	184	
López, Jesús Anacleta	416	
López, José Benito	11	
López, José Jacinto	343	
López, José Ramón	273	
López, Juan Antonio	510	
López, Juan de la Cruz	211	
López, Juan Enrique	48	
López, Leonardo	281	
López, Manuel	446	
López, María del Carmen	39	
López, María del Pilar	119	
López, María Fernanda	180	
López, María Natividad	514	
López, Natividad	215	
López, Pedro Matías	24	
López, Ramón Rosa	203, 564	
López, Rosa	12	
López, Segundo Domingo	369	
López, Ubaldo	138	
López, Úrsulo	507	
López, Waldo	147	
Lorenzo	10	
Ludueña, Dn. Quintín de los Santos	545	
Lugones, Carolina	386	
Lugones, Exequiel	277	
Lugones, Francisca R	434	
Lugones, José Francisco	357	
Lugones, Juan	36	
Lugones, Lorenza	233	
Lugones, María Trinidad	465	
Lugones, Pantaleón	230	
Luján, Ángel Mariano	157	
Luján, Avelina	386	
Luján, Benedicto	424	
Luján, Cenobio	388	
Luján, Crisanta	292	
Luján, Da. Isabel	498	
Luján, Da. Maclovia	295	
Luján, Da. María del Carmen	278	
Luján, Da. María Inés	197	
Luján, Da. Tomasina	530	
Luján, Diego	45	
Luján, Dionisia	85	
Luján, Dn. José Emeterio	569	
Luján, Dn. José María	449, 526	
Luján, Dn. Juan Miguel	476, 521	
Luján, Dn. Manuel Ignacio	498	
Luján, Dn. Mariano	494	
Luján, Emperatriz	349	
Luján, Faustina	173	
Luján, Felipe Antonia	358	
Luján, Genuaria	501	
Luján, Isolina	432	
Luján, José A	421	
Luján, José Delfino	578	
Luján, José Eliseo	234	
Luján, José Ignacio	51, 382	
Luján, José Marcelino	540	
Luján, José María	394	
Luján, Juan Antonio	47	
Luján, Juan Clemente	32, 555	
Luján, Juan Feliciano	50	
Luján, Juan Francisco	231	
Luján, Juan Luis	250	
Luján, Juan Manuel	235	
Luján, Juan Nicolás	188, 468	
Luján, María	29	
Luján, María Benigna	261	
Luján, María Catalina	30	
Luján, María del Carmen	143, 447	
Luján, María del Pilar	448	
Luján, María del Tránsito	129, 139	
Luján, María Dominga	588	
Luján, María Feliciana	577	
Luján, María Francisca	129	
Luján, María Juliana	222	
Luján, María Lizarda	413	
Luján, María Manuela	74	
Luján, María Mercedes	486	
Luján, María Nicéfora	589	
Luján, María Romualda	241, 578	
Luján, María Severa	246	
Luján, María Tomasina	452	
Luján, Nicolás	452	
Luján, Nicolasa	238	
Luján, Pedro José	26	
Luján, Peregrina de Jesús	587	
Luján, Ramón Antonio	387	
Luján, Ramón R	413	
Luján, Ramona	431	
Luján, Roque	341	
Luján, Segundo	309	
Luján, Waldina	390	
Luna Isidora	136	
Luna Juana Rosa	56	
Luna, Abel	404	
Luna, Abelardo	323	
Luna, Agustina de	58	
Luna, Alejo	561	
Luna, Andrés Avelino	215	
Luna, Ángel	425	
Luna, Antonio	475	
Luna, Arsenia	340	
Luna, Aurora	355	
Luna, Bárbara	174	
Luna, Bartolina	185	
Luna, Bartolomé	440	
Luna, Basilio	170, 369	
Luna, Belarmino	380	
Luna, Belisario	400	
Luna, Bernardo	96	
Luna, Bonifacia	365	
Luna, Celestina	385	
Luna, Ciriaco	219	
Luna, Clemente	392	
Luna, Cleofé	536	
Luna, Clodomira	423	
Luna, Crescencio	267	
Luna, Crisanta	372	
Luna, Cruz	165	
Luna, Da. Ángel de la Concepción	476	
Luna, Da. Carolina	529	
Luna, Da. Eduarda	549	
Luna, Da. Filomena	272	
Luna, Da. Juana Rosa	273	
Luna, Da. María Rosa	579	
Luna, Da. Ramona	368	
Luna, Delfina	269, 508	
Luna, Delfina Rosa	537	
Luna, Dionisio	86, 160	
Luna, Dn. Bernardo	273	
Luna, Dn. Ciriaco	268	
Luna, Dn. Fermín	370	
Luna, Dn. Ramón Rosa	367	
Luna, Durbal	409	
Luna, Eduviges	318	
Luna, Elías	247	
Luna, Epifanía	505	
Luna, Estanislada	505	
Luna, Eufrasio	285	

Índice de Contrayentes

Nombre	Página
Luna, Eugenio	18
Luna, Feliberta	577
Luna, Filomena	545
Luna, Francisca Antonia	327, 528
Luna, Francisco	29, 155
Luna, Francisco Antonio	319, 471
Luna, Gervasio	173
Luna, Irene	243, 574
Luna, Isabel	429
Luna, Isidora	210
Luna, Jacoba	124
Luna, Javier	15
Luna, José	212
Luna, José Francisco	79
Luna, José Lorenzo	126
Luna, José Manuel	43, 73
Luna, José Matías	463
Luna, José Mauricio	129
Luna, José Santos	116, 163
Luna, Josefa	17, 181
Luna, Juan Domingo	201
Luna, Juan Francisco	75
Luna, Juan Ignacio	214
Luna, Juan Manuel	168, 170, 395
Luna, Juan Santos	465
Luna, Juan Vicente	533
Luna, Juana	134, 286
Luna, Juana Petrona	176
Luna, Juana Rosa	137, 273
Luna, Juana Teodoro	87
Luna, Julián	24
Luna, Juliana	72
Luna, Lina Rosa	299
Luna, Lorenzo	75, 318, 330
Luna, Luisa	428
Luna, Macedonio	287
Luna, Maclovia	385
Luna, Manuel	79
Luna, María Antonia	91
Luna, María de Jesús	440
Luna, María Dionisia	86
Luna, María Elisea	222
Luna, María Epifanía	272
Luna, María Feliciana	133
Luna, María Francisca	21
Luna, María Inés	54
Luna, María Jerónima	124
Luna, María Juana	162
Luna, María Mercedes	36, 453
Luna, María Nieves	294
Luna, María Pabla	61, 389
Luna, María Petrona	440
Luna, Matías	162
Luna, Nicolás	205
Luna, Pascual	39
Luna, Pascual Cruz	45
Luna, Pascual Toribio de	58
Luna, Pascuala	9
Luna, Paula	104
Luna, Pedro	43
Luna, Pedro Antonio	284
Luna, Pedro Pablo	54
Luna, Pedro Pascual	568
Luna, Petrona	28, 197, 431
Luna, Prudencio	166
Luna, Ramón	387, 562
Luna, Rudecindo	517
Luna, Silveria	96
Luna, Telésforo	309, 404
Luna, Toribio	166
Luna, Vicenta	388
Luna, Victoria	252
Luna, Visitación	285
Macedo, Da. Candelaria	269, 567
Macedo, Da. Joaquina	502
Macedo, Dn. José Eliseo	570
Macedo, Dn. Nicolás	469
Macedo, Gabriela	43
Macedo, Genaro	424
Macedo, Gregoria	391
Macedo, Hipólito Lucindo	450
Macedo, Joaquina	305
Macedo, Juan	14
Macedo, Luis	380
Macedo, Natividad	340
Macedo, Rosario	400
Machuca, José Esteban	25
Madera, María Paulina	192
Madueño, Dn. Andrónico	390
Madueño, Felicísimo	553
Madueño, María Delmira	526
Magallán, Abdénago	374
Magallán, Beatriz	277
Magallán, Da. María Ignacia	278
Magallán, Da. Petrona	563
Magallán, Dn. Ángel	281
Magallán, Dn. Carmelo	589
Magallán, Dn. Félix Rosa	550
Magallán, Dn. José Gorgonio	566
Magallán, Dn. José Lino	497
Magallán, Dn. Sigfrido	539
Magallan, Eufemia	388
Magallán, Pedro Crisólogo	479
Magallán, Raimunda	368
Magallán, Virginia	363
Magallanes, Águeda	248
Magallanes, Da. Tránsito	293
Magallanes, Dn. Francisco	531
Magallanes, Dn. Ignacio Antonio	270
Magallanes, Dn. Isidro	270
Magallanes, Dn. José Antonio	244
Magallanes, Eduviges	310
Magallanes, Félix	270
Magallanes, Francisca Antonia	223
Magallanes, Ignacio Antonio	514
Magallanes, Isidro	288
Magallanes, José Antonio	79
Magallanes, José Lino	30, 159
Magallanes, Juan	385
Magallanes, Juan Mateo	469
Magallanes, María Angelina	566
Magallanes, María de la Cruz	132
Magallanes, María del Tránsito	517
Magallanes, María Silvestra	63
Magallanes, Paulino	157
Magallanes, Ramona	322
Maidana, Anastasia	364
Maidana, Baltazar	416
Maidana, Da. María Juana	460
Maidana, Da. Natalia Rosa	570
Maidana, Daniel	428
Maidana, Delfina	335
Maidana, Dn. Casimiro	382
Maidana, Dn. David	573
Maidana, Dn. José Adolfo	373
Maidana, Dn. Lorenzo	295
Maidana, Eufemio	243, 574
Maidana, Felipe	436, 556
Maidana, Felipe Antonio	235
Maidana, Felipe Santiago	137, 293
Maidana, Felisa	585
Maidana, Felisa del Carmen	578
Maidana, Félix Baltazar	538
Maidana, Fidel Antonio	521
Maidana, Gabriel	176
Maidana, Isaac	265
Maidana, José	46
Maidana, José Mariano	45
Maidana, José Toribio	468, 506
Maidana, Juan	110
Maidana, Juan Luisa	152
Maidana, Leovina	413
Maidana, Manuel Antonio	187
Maidana, María de Jesús	395
Maidana, María del Señor	351
Maidana, María Juana	112
Maidana, María Margarita	320
Maidana, María Rufina	164
Maidana, María Santos	250
Maidana, María Simona	143
Maidana, Plácido	229
Maidana, Salvador	320
Maidana, Silveria	589
Maidana, Valentín	89
Maidana, Virginia	379
Maldonado, Candelaria del Carmen	532
Maldonado, Celestina	523
Maldonado, Da. María Felipa	285
Maldonado, Dn. Pedro	461
Maldonado, Eduardo	558
Maldonado, Exaltación de la Cruz	237
Maldonado, Félix	166
Maldonado, Juana Evangelista	175
Maldonado, Juana Paula	457
Maldonado, María Bonifacia	541
Maldonado, María de las Nieves	143
Maldonado, Onofre	362
Maldonado, Rafael	559
Maldonado, Ramón Antonio	536
Maldonado, Rosenda	556
Mallea, Juan Facundo	286
Mamonde, Remigia	370
Mancilla Francisca	49
Mancilla, Dn. Eusebio	456
Mancilla, Jacinto	110
Mancilla, José Gregorio	100
Mancilla, Luisa	399
Mancilla, Magdalena	70
Mancilla, Manuela	102
Mancilla, María Petrona	445
Mancilla, María Rosita,	416
Mansilla, Ángel Mariano	159
Mansilla, Benita	190
Mansilla, Bernabé	372

Mansilla, Bernardo	11	
Mansilla, Casilda	27	
Mansilla, Casimiro	512	
Mansilla, Cipriana	234	
Mansilla, Da. Leonarda	134	
Mansilla, Da. María	17	
Mansilla, Da. María Avelina	459	
Mansilla, Da. Maximiliana	569	
Mansilla, Da. Salomé	510	
Mansilla, Daniel	428	
Mansilla, Dn. Cipriano	472	
Mansilla, Dn. Custodio	462	
Mansilla, Dn. Manuel Antonio	462	
Mansilla, Eduarda	229	
Mansilla, Efigenia	528	
Mansilla, Elías	201	
Mansilla, Evangelista	257	
Mansilla, Félix Martín	507	
Mansilla, Fermín	169	
Mansilla, Fernando	119	
Mansilla, Francisca Borja	70	
Mansilla, Gervasia	134	
Mansilla, Hugolina	373	
Mansilla, Ignacio	55	
Mansilla, Jacinta	311	
Mansilla, José Álvaro	54	
Mansilla, José Benito	326	
Mansilla, José del Transito	277	
Mansilla, José Eliseo	303	
Mansilla, José Exequiel	205	
Mansilla, José Justo	57	
Mansilla, José Lino	143	
Mansilla, José Luis	161	
Mansilla, Josefa	559	
Mansilla, Juan	277	
Mansilla, Juan Bautista	258	
Mansilla, Juan de la Cruz	312	
Mansilla, Juan Dionisio	559	
Mansilla, Juan Vicente	61	
Mansilla, Justa Rufina	284	
Mansilla, Lindor	430	
Mansilla, Luis	85	
Mansilla, Magdalena	525	
Mansilla, Manuel Lorenzo	57	
Mansilla, María	63	
Mansilla, María Albina	579	
Mansilla, María Anastasia	492	
Mansilla, María Antonia	393	
Mansilla, María Catalina	188	
Mansilla, María de la Paz	224	
Mansilla, María del Rosario	275, 299	
Mansilla, María Ifigenia	210	
Mansilla, María Ignacia	54	
Mansilla, María Luisa	146	
Mansilla, María Mercedes	225	
Mansilla, María Micaela	65	
Mansilla, María Pabla	457	
Mansilla, María Paula	476	
Mansilla, María Rosa	188	
Mansilla, Miguel Jerónimo	60, 133, 162	
Mansilla, Pablo	23	
Mansilla, Pedro Pablo	67	
Mansilla, Petrona Celestina	210	
Mansilla, Rafael	506	
Mansilla, Ramón	12, 433	
Mansilla, Ramón Antonio	447	
Mansilla, Romualda	567	
Mansilla, Rosa	307	
Mansilla, Rosario	508, 547	
Mansilla, Teodomira	435	
Mansilla, Teodora	226	
Mansilla, Teodosia	372	
Mansilla, Ubelina	382	
Mansilla, Valeriana	189	
Mansilla, Victoria	271	
Manuel Guerreros	519	
Marcelo	37	
Marchan, Teresa	82	
Margarita, Mansilla	13	
María Casilda Guerreros	40	
María Genuaria?	37	
María Ignacia	36	
María Inés Escasuso	33	
María Luisa	77	
María Tomasina	40	
María, Francisca	49	
Márquez, Andrea	221	
Márquez, Anselmo	236	
Márquez, Antonia	469	
Márquez, Arsenia	404	
Márquez, Audelina	343	
Márquez, Baldomero	316, 369	
Márquez, Belisario	264	
Márquez, Casimira	181	
Márquez, Crescencia	315	
Márquez, Da. Beatriz	29	
Márquez, Da. Cecilia	12	
Márquez, Da. Javiera	296	
Márquez, Da. Juana Rosa	475, 548	
Márquez, Da. Luisa	9	
Márquez, Da. María Isabel	81	
Márquez, Da. María Leocadia	59	
Márquez, Da. María Manuela	497	
Márquez, Da. Mercedes	405	
Márquez, Da. Rosa	419	
Márquez, Dn. Benedicto	279	
Márquez, Dn. Felipe	28	
Márquez, Dn. Fermín Abelardo	242, 573	
Márquez, Dn. José	13	
Márquez, Dn. Juan Ángel	449	
Márquez, Dn. Juan Bartolo	469	
Márquez, Dn. Juan Bartolomé	446	
Márquez, Dn. Juan Gregorio	460	
Márquez, Dn. Pedro	43	
Márquez, Dn. Ramón Martín	444	
Márquez, Elisea	424	
Márquez, Eloy	311	
Márquez, Felisa	553	
Márquez, Felisa del Carmen	295	
Márquez, Félix	200	
Márquez, Francisco	11	
Márquez, Fructuoso	374	
Márquez, Genuaria	315	
Márquez, Gregoria	89	
Márquez, Gregorio	124	
Márquez, José Andrés	343	
Márquez, José Benito	93	
Márquez, José Rómulo	395	
Márquez, José Timoteo	186	
Márquez, Juan Gregorio	140	
Márquez, Juan Tomás	151	
Márquez, Juana Rosa	177	
Márquez, Liberato	588	
Márquez, Luis	203, 394	
Márquez, Manuel de Reyes	546	
Márquez, María Antonia	99	
Márquez, María D.	428	
Márquez, María de los Santos	146	
Márquez, María del Tránsito	97	
Márquez, María Francisca	194	
Márquez, María Ignacia	47	
Márquez, María Isabel	63	
Márquez, María Lorenza	47	
Márquez, María Luisa	30	
Márquez, María Narcisa	32	
Márquez, María Paula	76	
Márquez, María Rosaura	163	
Márquez, María Victoria	53	
Márquez, Martín	11	
Márquez, Mercedes	136	
Márquez, Montserrat	200	
Márquez, Pedro	322, 568	
Márquez, Pedro Pablo	86, 453	
Márquez, Rafael	68	
Márquez, Ramón P	425	
Márquez, Ramón Rosa	302	
Márquez, Regina Paula	553	
Márquez, Rosaura	214	
Márquez, Salomé	556	
Márquez, Saturnino	162	
Márquez, Solano	271	
Márquez, Tomás	26	
Márquez, Tomás Antonio	161	
Márquez, Toribia	554	
Márquez, Valentín	131	
Márquez, Venancio	241, 572	
Martín	11	
Martínez, Ángel Román	517	
Martínez, Da. Ana Dolores	483	
Martínez, Dn. Teodosio	264	
Martínez, Francisco Javier	217	
Martínez, Jesús,	401	
Martínez, Juan Francisco	86	
Martínez, Juana Rosa	312	
Martínez, Juana Ventura	127	
Martínez, Juliana	514	
Martínez, María Casilda	163	
Martínez, María Dolores	217	
Martínez, María Dominga	299	
Martínez, María Gregoria	363	
Martínez, María Ignacia	148	
Martínez, María Ramona	212	
Martínez, Miguel Fernando	200	
Martínez, Nabor	428	
Martínez, Pedro Nicasio	383	
Martínez, Polonia	498	
Martínez, Ramón	390	
Martínez, Ramón Miguel	233, 243, 574	
Martínez, Ramón Virginio	387	
Martínez, Sinesio	375	
Masilla, María Fortunata	453	
Masilla, María Narcisa	54	
Mata, Arsenia	330	
Mata, Dn. Pedro Antonio	279	
Mata, María Brígida	433	

Índice de Contrayentes

Mata, María del Tránsito	301	
Mata, Pedro Antonio	335	
Matarradona, Dn. Antonio	488	
Matarradona, Dn. Ramón Serapio	517	
Matarradona, Tristán	336	
Maturana, Luis	345	
Maturano, Dn. José	24	
Maturano, Dn. José María	459	
Maturano, Luis	212	
Maturano, Miguel Gerónimo	203	
Matute, Baldomera	341	
Matute, Da. Petrona	251	
Matute, Gumersinda	565	
Matute, José Lázaro	168	
Mauvecín, Dn. Inocencio	477	
Mayer, Pabla	410	
Maza, Juan Agustín	48	
Maza, Miguel	215	
Medina Carmen	304	
Medina Da. María Josefa	24	
Medina Luisa	140	
Medina María José	59	
Medina Tomasina	116	
Medina, Adolfo	334	
Medina, Agustina	79	
Medina, Alberto	146	
Medina, Anastasio	73	
Medina, Antonia	85	
Medina, Antonio	20	
Medina, Aparicio	307, 340	
Medina, Argenia	382	
Medina, Beatriz	438	
Medina, Bernardo	21	
Medina, Candelaria	364	
Medina, Carmen	194	
Medina, Catalina	542	
Medina, Cayetano	537	
Medina, Cruz	210, 503	
Medina, Da. Abigail	564, 578	
Medina, Da. Antonia	494	
Medina, Da. Benedicta	556	
Medina, Da. Eduviges	511	
Medina, Da. Froilana	536	
Medina, Da. Guillerma	585	
Medina, Da. Isabel	471	
Medina, Da. Juliana	456, 462	
Medina, Da. Luisa	566	
Medina, Da. María	394	
Medina, Da. María del Rosario	491	
Medina, Da. María del Tránsito	255	
Medina, Da. María Emilia	565	
Medina, Da. María Gertrudis	86	
Medina, Da. María Isabel	494	
Medina, Da. María Julia	495	
Medina, Da. María Mercedes	498	
Medina, Da. Mercedes	40	
Medina, Da. Rita	367	
Medina, Da. Rosalía	386	
Medina, Da. Rudecinda	487	
Medina, Da. Senena	537	
Medina, Da. Susana	472	
Medina, Da. Teresa	531	
Medina, Da. Zenona	537	
Medina, David	392	
Medina, Dn. Adán	393	
Medina, Dn. Agenor	429	
Medina, Dn. Alejandro	284	
Medina, Dn. Carmen	530	
Medina, Dn. Cosme	285	
Medina, Dn. Doroteo	548	
Medina, Dn. Felipe	16	
Medina, Dn. Felipe de	40	
Medina, Dn. Felipe Santiago	449	
Medina, Dn. Félix	351	
Medina, Dn. Fermín	530	
Medina, Dn. Francisco Antonio	257	
Medina, Dn. Francisco Daniel	485	
Medina, Dn. Joel	250	
Medina, Dn. José Bartolomé	522	
Medina, Dn. José Gregorio	458	
Medina, Dn. José Manuel	461	
Medina, Dn. José Victoriano	267	
Medina, Dn. Juan	394	
Medina, Dn. Juan Bautista	478	
Medina, Dn. Juan Bernabé	565	
Medina, Dn. Juan de Dios	516	
Medina, Dn. Juan de la Cruz	576	
Medina, Dn. Juan Fermín	555	
Medina, Dn. Juan Laureano	511	
Medina, Dn. Juan Pedro	248, 276	
Medina, Dn. Juan Ramón	32	
Medina, Dn. Manuel	161, 507	
Medina, Dn. Marcelino	471	
Medina, Dn. Pedro	425	
Medina, Dn. Victoriano	390	
Medina, Eleuteria	528	
Medina, Ercilia	349	
Medina, Estefanía	178, 187	
Medina, Francisco	184	
Medina, Froilán	302	
Medina, Gerarda	142	
Medina, Germán	188	
Medina, Gervasio	91	
Medina, Irene	340	
Medina, Isidora	359	
Medina, Jacinto	217	
Medina, José	85	
Medina, José A	303	
Medina, José Abraham	529	
Medina, José Adolfo	586	
Medina, José Antonio	547	
Medina, José de	33	
Medina, José Domingo	87	
Medina, José Eudosio	335, 345	
Medina, José Lorenzo	113	
Medina, José Manuel	329	
Medina, Juan	342	
Medina, Juan Antonio	254	
Medina, Juan Bautista	99	
Medina, Juan Bernabé	34	
Medina, Juan de la Cruz	81	
Medina, Juan Germán	516	
Medina, Juan Isidro	97, 181	
Medina, Juan José	10	
Medina, Juan Manuel	83	
Medina, Juan Segundo	314	
Medina, Juana Francisca	188	
Medina, Juana Rosa	182	
Medina, Juliana de Jesús	375	
Medina, Justo Pastor	164	
Medina, Laureano	446	
Medina, Lorenzo	116	
Medina, Luis	121	
Medina, Manuel	107, 417	
Medina, Manuela	228	
Medina, Margarita	148	
Medina, María	265	
Medina, María Agustina	119	
Medina, María Antonia	540	
Medina, María Bernardina	533	
Medina, María Bonifacia	438	
Medina, María de Jesús	500	
Medina, María de la Cruz	490	
Medina, María de las Nieves	32	
Medina, María del Carmen	109, 529	
Medina, María del Señor	523	
Medina, María Gerarda	147	
Medina, María Griselda	548	
Medina, María Ignacia	447	
Medina, María Isabel	134	
Medina, María Juana	90	
Medina, María Liberata	88	
Medina, María Lorenza	440	
Medina, María Pabla	175	
Medina, María Petrona	136	
Medina, María Tomasina	130	
Medina, María Vicenta	249	
Medina, Miguel	312	
Medina, Nieves	333	
Medina, Odofia	471	
Medina, Paula	435	
Medina, Pedro	13	
Medina, Pedro Pascual	234	
Medina, Pedro Peregrino	529	
Medina, Petrona	318	
Medina, Ramón Antonio	160	
Medina, Rosa	325	
Medina, Rosario	543	
Medina, Susana	509	
Medina, Vicenta	586	
Medina, Victoriano	353	
Medina, Werfil	382	
Mejía, Eugenio	37, 42	
Melas, Dn. Luis	367	
Meleán, María Antonia	97	
Melián de Leguizamo, Hernando	14	
Melián, Andrés	25	
Melián, Bernardino	524	
Melián, Da. Isabel	34	
Melián, Da. Justa	469	
Melián, Da. Leovina	591	
Melián, Da. María Antonia	59	
Melián, Da. María Pabla	526	
Melián, Da. Tránsito	515	
Melián, Dn. José Esteban	560	
Melián, Dn. Manuel	471	
Melián, Dn. Pedro Nolasco	473	
Melián, Isabel	24	
Melián, José	92	
Melián, Juan de Dios	577	
Melián, Leovina	421	
Melián, Manuel	78, 182	
Melián, Manuel Salvador	266	
Melián, Margarita	250	
Melián, María Águeda	475	
Melián, María de la Concepción	498	
Melián, María de la Trinidad	58	

Melián, María Ifigenia 226	Mercado, Félix Fernando 157	Mercado, Trinidad 323
Melián, Tránsito 170	Mercado, Félix R. 427	Mercado, Valeriano 190
Méndez, Ana Catalina 158	Mercado, Francisca 116, 214	Mercado, Vicenta 383
Mendoza, Ana 31	Mercado, Francisco 92	Mercado, Vicente 219
Mendoza, Antonio 138	Mercado, Francisco Dolores 325	Mercado, Victoria 219
Mendoza, Da. Luisa 459	Mercado, Francisco Javier 181	Mercado, Virginia 395
Mendoza, Da. María Luisa 488	Mercado, Froilán 330	Mercado, Visitación 279, 342
Mendoza, Dn. Joaquín 263, 549	Mercado, Genuaria 568	Mercado, Waldino 418
Mendoza, Dn. José Manuel 491	Mercado, Germana 260	Mercado, Wenceslao 336
Mendoza, Dn. José Mariano 59	Mercado, Graciliana 287	Mesa, María Mercedes 21
Mendoza, Dn. Juan Manuel 458	Mercado, Gregorio 25	Millares, José 367
Mendoza, Francisco 18	Mercado, Ignacia 510	Millares, Zoilo José 271
Mendoza, Genibera 561	Mercado, Ildefonso 185, 313	Millas, Maximiliano 425
Mendoza, Genoveva 502	Mercado, Isabel 219	Miranda, Basilio 24
Mendoza, José Olegario 50	Mercado, Jacinta 283, 557	Miranda, Cristina 574
Mendoza, Juan José 176	Mercado, Javier 502	Miranda, Da. María 12
Mendoza, María 362	Mercado, Jerónima 119, 287, 449	Miranda, Jesús 286
Mendoza, María del Tránsito 200	Mercado, José Domiciano 528	Miranda, Juan Francisco 189
Mendoza, María Luisa 88	Mercado, José Ignacio 80	Miranda, Juan Laurencio 242
Mendoza, Melitón 332, 551	Mercado, José Manuel 123	Miranda, Marcelino 323
Mercado Carlota de Jesús 354	Mercado, Josefa 287	Miranda, María Casilda 184
Mercado Evangelista 294	Mercado, Juan Antonio 119, 273	Miranda, María de la Concepción 83
Mercado Ignacia 26	Mercado, Juan Bautista 302	
Mercado Lizarda 286	Mercado, Juan de Dios 287, 420	Miranda, María Eustaquia 443
Mercado Plácida 249	Mercado, Juan Ignacio 370	Miranda, Mercedes 577
Mercado, Abdón 431	Mercado, Juan Santos 138	Miranda, Paulina 533
Mercado, Abel 279	Mercado, Juan Tomás 56	Miranda, Pedro José 184
Mercado, Abraham 519	Mercado, Juan Vicente 371, 452	Miranda, Raimundo 353
Mercado, Agustina 195	Mercado, Juana 29, 122	Miranda, Trinidad 230
Mercado, Albertano 431	Mercado, Juliana 433	Miranda, Vicente 136
Mercado, Anacleta 339	Mercado, Justa Rufina 167	Molas, Manuel 159
Mercado, Bárbara 130	Mercado, Justina 431	Molina, Avelino 159
Mercado, Carlos 183	Mercado, León 215	Molina, Basilio 150
Mercado, Carmen 180	Mercado, Luis Antonio 258	Molina, Bernabé 193
Mercado, Casimiro 238	Mercado, Luis Mariano 158	Molina, Bonifacio 473
Mercado, Da. Bernardina 474	Mercado, Magdalena 277	Molina, Candelaria 266
Mercado, Da. Celina 356	Mercado, Manuel 77, 90, 423	Molina, Cecilia 189
Mercado, Da. Delicia 382	Mercado, Manuela 230	Molina, Ceferina 534
Mercado, Da. Estaurófila 541	Mercado, Margarita 52	Molina, Celestina 481
Mercado, Da. Felipa 457	Mercado, María 567	Molina, Crescencio 581
Mercado, Da. Francisca 264	Mercado, María Antonia 506	Molina, Da. Candelaria 479
Mercado, Da. Jacinta 247	Mercado, María Basilia 57	Molina, Da. Francisca Antonia 454, 471
Mercado, Da. María Eusebia 479	Mercado, María Casimira 127	
Mercado, Da. María Modesta 471	Mercado, María Dominga 512	Molina, Da. Maclovia 269
Mercado, Da. Modesta 285, 492	Mercado, María Magdalena 31	Molina, Damián Ignacio 171
Mercado, Da. Remigia 572	Mercado, María Margarita 148	Molina, Dionisio 85
Mercado, Da. Rosario 492	Mercado, María Mercedes 26	Molina, Dn. David 570
Mercado, Delfina 563	Mercado, María Petrona 146	Molina, Dn. Griseldo 586
Mercado, Delicia 362, 435	Mercado, Martina 169	Molina, Dn. Luis Mariano 94
Mercado, Dionisia 316	Mercado, Mercedes 221	Molina, Eusebio 428
Mercado, Dn. Agustín 31	Mercado, Miguel 449	Molina, Felipe 253
Mercado, Dn. Bautista 478	Mercado, Pascuala 204	Molina, Genibera 313
Mercado, Dn. Francisco 484	Mercado, Pedro 213, 255, 409, 510	Molina, Griselda 221
Mercado, Dn. Pacífico Antonio 253	Mercado, Pedro Antonio 117, 193, 446	Molina, José Javier 161
Mercado, Dn. Pedo 470		Molina, José Santos 173
Mercado, Dn. Pedro Nolasco 457	Mercado, Pedro Nolasco 138	Molina, Juan 121, 276
Mercado, Dn. Samuel 403	Mercado, Pedro Pablo 503	Molina, Juan Santos 470
Mercado, Dn. Segundo 355	Mercado, Pilar 560	Molina, Juana 227
Mercado, Eduviges 328, 337	Mercado, Ramón Antonio 62	Molina, Lorenzo 26
Mercado, Encarnación 356	Mercado, Ramón Ignacio 490	Molina, Luis 159, 218
Mercado, Ermilia 330	Mercado, Ramona 429	Molina, Luisa 170
Mercado, Estefanía 79	Mercado, Rosario 243, 575	Molina, Manuela 44
Mercado, Evarista 558	Mercado, Salvador 409	Molina, María 212
Mercado, Faustina 317	Mercado, Saturnino 290	Molina, María Escolástica 190
Mercado, Faustino 576	Mercado, Sindimia Rosa 394	Molina, María Lizarda 448
Mercado, Felipe 212	Mercado, Tomasina 500	Molina, María Romualda 495

Índice de Contrayentes

Molina, Nicasia	213, 527
Molina, Pedro Nicolás	481
Molina, Petrona	166
Molina, Raimunda	228
Molina, Romualda	197
Molina, Rufina	231
Monserrate, Dn. José Venancio	448
Montalbán, Juan Fernando	102
Montalbán, Julián	269
Montaldo, Avelino	215
Montenegro Margarita	29
Montenegro, Da. Florinda	572
Montenegro, Da. Margarita	69
Montenegro, Da. Rita	284
Montenegro, Diego	481
Montenegro, Dolores	473
Montenegro, Epifanía	341
Montenegro, Eusebio	314
Montenegro, Félix Antonio	537
Montenegro, Fidel Antonio	543
Montenegro, Francisca	215
Montenegro, Francisco	18
Montenegro, Germán	62
Montenegro, Isabel	80
Montenegro, José Constantino	131
Montenegro, José Domingo	523
Montenegro, José Ignacio	87
Montenegro, Leonarda	473
Montenegro, Olegaria	523
Montenegro, Simona	464
Montenegro, Tomasa	160
Montenegro, Valeriano	98
Montenegro, Zósimo	332
Montes de Oca, Anfiloquia	302
Montes de Oca, Da. Laureana	480
Montes de Oca, Da. María Circuncisión	249
Montes de Oca, Dn. Diego Martín	458
Montes de Oca, Dn. Nicolás	262
Montes de Oca, María Genuaria	140
Montes de Oca, Narciso	94
Montes, Da. Filomena	259
Montes, Francisca	576
Montilla, Felipe	501
Montivero, Juan de Dios	207
Montivero, Pascuala	213
Montiveros, Ángel Apolinario	177
Montoya, María del Rosario	514
Montoya, María Fabiana	133
Montserrat, Martín	211
Monzón, Ángela	374
Monzón, Carlos	238
Monzón, Carlos Quinto	498
Monzón, Carlota	370
Monzón, Da. Ángela	389
Monzón, Eugenia Serapia	558
Monzón, Ifigenia	342
Monzón, María	325
Monzón, Santiago	505
Moral, Dn. Francisco Paulo	241, 573
Morales, Agustín	317
Morales, Ana María	148
Morales, Ana María del Carmen	77
Morales, Andrea	363
Morales, Avelina	588
Morales, Carlos	13, 22
Morales, Crisanto Antonio	301
Morales, Da. Ramona	270
Morales, Delfina Rosa	538
Morales, Dn. Alejandro	424
Morales, Dn. Juan Luis	517
Morales, Dn. Maximino	548
Morales, Dolores	249
Morales, Elvira	361, 401
Morales, Felipe	93, 514
Morales, Félix Hilario	32
Morales, Gabriel	389
Morales, Hilario	53
Morales, Joel	351
Morales, José Antonio	202
Morales, José Domingo	339
Morales, José Ignacio	76, 95
Morales, José Justo	222
Morales, José Liberato	540
Morales, Juan Felipe	334
Morales, Juan Luis	73
Morales, Juan Martín	118
Morales, Magdalena	357
Morales, Manuela	107, 176
Morales, Marcelina	331
Morales, María Alejandra	204
Morales, María Anastasia	162
Morales, María Avelina	224
Morales, María Candelaria	56
Morales, María de los Santos	461
Morales, María Juana	462
Morales, María,	405
Morales, Miguel Francisco	178
Morales, Pedro Juan	132
Morales, Pedro Martín	328
Morales, Predestina	349
Morales, Rosa	436
Morales, Santiago	410
Morales, Serafina	173
Morales, Tránsito	369
Morales, Trinidad	369
Morales, Valeriano	139
Morán, Angelita	588
Moreira, Da. Pascuala	541
Moreira, Manuel	263
Morenega, Natividad	229
Moreniega, Francisco	226
Moreno, Agustina	120
Moreno, Juan	20
Moreno, Teodora	42
Moreno, Tomasina	204
Moreta, Justo Pastor	231, 532, 534
Morienega, Andrés Francisco	32
Morienega, Bernarda	223
Morienega, Elena	39
Morienega, Ermilio	337
Morienega, Francisco	84
Morienega, José	325
Morienega, Juan de la Cruz	565
Morienega, Juana Ventura	214
Morienega, María	65
Morienega, Mariano	91
Morienega, Pedro Ignacio	85
Morienega, Rafaela	39
Morienega, Rosa	31
Morienega, Sebastián	232
Morienega, Simón	137
Mostajo, Ángel Mariano	453
Mostajo, María del Señor	477
Moya, Simona	557
Moyano, Carmelo	167, 231
Moyano, Casimiro	337
Moyano, Da. Ignacia	228, 477
Moyano, Dn. Estanislao	278
Moyano, Epifanía	331
Moyano, Estefanía	96
Moyano, Eufemia	307
Moyano, Feliciano Mariano	41
Moyano, Francisco Antonio	557
Moyano, Gerónima	183
Moyano, Gerónimo	415
Moyano, Jerónima	264
Moyano, José	129
Moyano, Juan Andrés	54
Moyano, Juan de Dios	72, 119, 132, 321
Moyano, Manuel	282
Moyano, María	433
Moyano, María Asunción	202
Moyano, María de los Dolores	89
Moyano, María Ignacia	461
Moyano, María Isidora	22
Moyano, María Ventura	147
Moyano, Mercedes	61
Moyano, Noemí	371
Moyano, Noemí Bárbara	562
Moyano, Ramón	569
Moyano, Ramón Antonio	331
Murguía, Carmen del Señor	194
Murguía, Delina	380
Murguía, Digna del Carmen	271
Murguía, Gabino	41
Murguía, Inés	38
Murguía, José	175
Murguía, José Miguel	41
Murguía, José Pascual	98
Murguía, José Rosa	127
Murguía, Juana María	84
Murguía, Justo	124
Murguía, Manuel Antonio	144
Murguía, María del Pilar	199
Murguía, María Gregoria	160
Murguía, María Juana	61
Murguía, Mariano	63
Murguía, Miguel	284, 416
Murguía, Natividad	527
Murguía, Pascual	189
Murguía, Simona	42
Murguía, Virginia	536
Murienega, Ana	24
Murienega, Juan	21
Murienega, Miguel	23
Muro, Da. María Tomasa	473
Muro, María Josefa	515
Murúa, Da. Amalia	501
Narváez, Bartolina	16
Narváez, Dn. José Ignacio	446
Narváez, Juan Alejo	143
Narváez, Juan Bautista	263
Narváez, Leandro	30
Narváez, Octaviano	337
Narváez, Rufina	522

Índice de Contrayentes

Nombre	Página
Narváez, Tomasina	300
Narváez, Vicente	202
Navarro, Aguirre	430
Navarro, Agustina Rosa	230
Navarro, Alejandro	593
Navarro, Ángela	365
Navarro, Antonia	187, 337
Navarro, Benito	274
Navarro, Braulia	174
Navarro, Candelaria	205
Navarro, Carmen	376
Navarro, Da. Cruz	133
Navarro, Da. Ignacia	377
Navarro, Da. Javiera	392
Navarro, Da. Luisa	351
Navarro, Da. Ramona	294
Navarro, Dalinda	424
Navarro, Dn. José David	498
Navarro, Dn. Lisandro	411
Navarro, Dn. Misael	288
Navarro, Dn. Pedro	9
Navarro, Emilia	254
Navarro, Eudosia	385
Navarro, Félix Manuel	336
Navarro, Florentina	325
Navarro, Francisca Antonia	493
Navarro, Guidón	385
Navarro, Guillerma	348
Navarro, Inocencia	373
Navarro, José Manuel	318
Navarro, José Misael	523
Navarro, Juan Tiburcio	456
Navarro, María de la Cruz	228
Navarro, María de la Paz	179
Navarro, María Francisca	519, 524
Navarro, María Guiberta	312
Navarro, María Zoila	233
Navarro, Misael	584
Navarro, Pedro	423
Navarro, Pedro José	511
Navarro, Pedro Nolasco	223
Navarro, Petrona	428
Navarro, Salustiana	336
Navarro, Sofía	394, 592
Neira, José	359
Neirot, José María	524
Nicolás	37
Nieto, Benito	432
Nieto, Manuel Ignacio	314
Nieto, María Servanda	275
Nieto, Pedro Pablo	121
Nieto, Segundo	332
Nieva (de), José Joaquín	27
Nieva y Castilla, Dn. Francisco	484
Nieva y Cuello, Juan José	24
Nieva, Alejandra	110
Nieva, Andrea	381
Nieva, Ángela	190
Nieva, Antonia	33
Nieva, Asunción del Señor	532
Nieva, Benito	453
Nieva, Blas	28
Nieva, Carmen	232, 570
Nieva, Da. Carmen	540
Nieva, Da. María Eulogia	578
Nieva, Delfina	329
Nieva, Dn. Benito	486
Nieva, Dn. Francisco Antonio	536
Nieva, Dn. José	351, 388
Nieva, Dn. José María	92
Nieva, Dn. Juan de	30
Nieva, Dn. Juan Manuel	472
Nieva, Dn. Leonardo	542
Nieva, Dn. Pedro Alcántara	530
Nieva, Dn. Pedro de Alcántara	559
Nieva, Dn. Pedro José	564
Nieva, Domingo	110
Nieva, Francisco	213
Nieva, Francisco Antonio	216
Nieva, Genuaria	83
Nieva, Gregoria	201
Nieva, Gregorio	374
Nieva, Irene	563
Nieva, Jacinta	183, 196
Nieva, José	372
Nieva, José Benito	176
Nieva, José M.	435
Nieva, José Manuel	184
Nieva, José Ramón	118
Nieva, Josefa	87, 239
Nieva, Juan	12
Nieva, Juan de Dios	79
Nieva, Juan Francisco	120, 216
Nieva, Juan Inocencio	444
Nieva, Juan Pablo	123
Nieva, Juana	136, 208
Nieva, Luis	428
Nieva, Manuel	167, 181
Nieva, María	187
Nieva, María Antonia	50
Nieva, María Bernarda	71
Nieva, María de la Asunción	60, 83
Nieva, María del Carmen	30, 463
Nieva, María Encarnación	200
Nieva, María Filomena	242, 574
Nieva, María Genuaria	526
Nieva, María Josefa	39
Nieva, María Juana	568
Nieva, María Liberata	481
Nieva, María Prudencia	39
Nieva, María Simona del Carmen	473
Nieva, Micaela	208
Nieva, Nicolás	99
Nieva, Paula	292
Nieva, Pedro Pablo	89
Nieva, Ponciano	158
Nieva, Ramón Gil	372, 584
Nieva, Ramona	424
Nieva, Tomás	54
Nieva, Trinidad	381
Nieva, Valentina	92
Nieva, Vicente	289
Noriega, Dn. Manuel	87
Noriega, María del Carmen	100
Noriega, Nicolasa	90
Nueva, María Simona	164
Núñez, Jacobo	338
Núñez, María	12
Núñez, María Juana Ventura	73
Obregón, María del Señor	488
Ocampo, Da. Lucía	244
Ocaranza, Da. Rosalía	532
Ocaranza, Rosalía	339
Ocón, Da. Joba Rosa	296
Ocón, Da. María Aurora	297
Ocón, Da. Petronila	375
Ocón, Da. Rosa	396
Ocón, David	503
Ocón, Dn. David	402
Ocón, Domingo de Jesús	427
Ocón, Donato	364
Ocón, Gregoria	197, 510
Ocón, Ignacio	137
Ocón, Jacinto	127
Ocón, José Ignacio	78
Ocón, José Rufino	161
Ocón, José Toribio	52
Ocón, Josefa	336
Ocón, Juan Domingo	22, 28
Ocón, Juan Evangelista	335
Ocón, Juana Rosa	90
Ocón, Manuel Antonio	577
Ocón, María Andolina	575
Ocón, María de los Ángeles	568
Ocón, María del Carmen	46
Ocón, María del Rosario	136
Ocón, María Plácida	164
Ocón, Miguel de los Santos	210, 514
Ocón, Miguel Gerónimo	312
Ocón, Pedro	341
Ocón, Rómulo	526
Ocón, Silvestra	237
Ocón, Susana	165, 222
Ogas, Bartolina	524
Ogas, Da. Tomasa	179
Ogas, Damiano	130
Ogas, Dn. Ramón	481
Ogas, Francisco Javier	40
Ogas, Isabel	390
Ogas, José Luis	147
Ogas, Juan Vicente	117, 439
Ogas, Luis	502
Ogas, Manuela	98
Ogas, Mercedes	473
Ogas, Vicente	62
Ojeda, Ascensión	590
Ojeda, Bartolina	32
Ojeda, Bien Aparecida	362
Ojeda, Bienaparecida	589
Ojeda, Calixto	225
Ojeda, Carmen	436
Ojeda, Ceferino	427
Ojeda, Cenobia	370
Ojeda, Cornelia	530
Ojeda, Crisanto	341
Ojeda, Da. Maclovia	367
Ojeda, Da. María	422
Ojeda, Dídimo	391
Ojeda, Dn. Felicísimo	360
Ojeda, Dn. Samuel	429
Ojeda, Encarnación	354
Ojeda, Escolástico	338, 347
Ojeda, Fernanda	547
Ojeda, Filomena	251, 359
Ojeda, Francisco	282
Ojeda, Gregorio	163
Ojeda, Ignacia	523

Ojeda, Isabel	78	
Ojeda, Jesús Manuel	200	
Ojeda, José	506	
Ojeda, José Antonio	65	
Ojeda, José Félix	167	
Ojeda, Josefa	530	
Ojeda, Juan Gregorio	92	
Ojeda, Juan Manuel	143, 420	
Ojeda, Juana Paula	530	
Ojeda, Juana Rosa	271	
Ojeda, Lizardo	530	
Ojeda, Lucía	512	
Ojeda, Magdalena	552	
Ojeda, Manuel Benigno	555	
Ojeda, Manuel Crescencio	536	
Ojeda, Manuel José	368	
Ojeda, María	110	
Ojeda, María Ascensión	167	
Ojeda, María Faustina	443	
Ojeda, María Francisca	27	
Ojeda, María Juana	152	
Ojeda, María Rosa	443	
Ojeda, Mercedes	134, 432	
Ojeda, Nieves	238	
Ojeda, Pascual Benigno	516	
Ojeda, Paulina	262	
Ojeda, Pedro	61	
Ojeda, Pedro Félix	561	
Ojeda, Pedro Martín	322	
Ojeda, Ramón Dolores	361	
Ojeda, Ramona	307	
Ojeda, Segundo	425	
Ojeda, Trinidad	364	
Ojeda, Victoria	409	
Ojeda. Mercedes	402	
Olea, Roque	38	
Oliva, Dn. Vicente	592	
Oliva, Pedro	433	
Oliva, Ramón Vicente	318	
Olivar, Da. María Adeodata	371	
Olivares, Dn. José Ramón	386	
Oliveira, Da. Presentación	516	
Olivera, Antonio	528	
Olivera, Da. Rosa	482	
Olivera, Dn. Francisco Antonio	493	
Olivera, José Benito	362	
Olivera, María del Tránsito	145	
Olivera, María Dolores	161	
Olivera, María Inés	211	
Olmos, Dn. Luis	268	
Olmos, Dn. Pedro	360	
Olmos, Faustino	384	
Olmos, José Mercedes	510	
Olmos, Juan	428	
Olmos, Juana Petrona	527	
Ontivero, Da. Gliceria	429	
Ontiveros, Agustina Rosa	543	
Ontiveros, Da. María del Rosario	355	
Ontiveros, Josefa	499	
Ontiveros, Juana	590	
Ontiveros, María Rosa	242, 573	
Oñate, María Dionisia	132	
Orellana, Ceferina	91	
Orellana, Da. Luisa	243	
Orellana, Dn. Juan Bautista	245	
Orellana, Dn. Ramón	533	
Orellana, Eusebio	561	
Orellana, Francisca	477	
Orellana, Isabel	431	
Orellana, José	17	
Orellana, José Mariano	93	
Orellana, Justo Pastor	314	
Orellana, Magdalena	17, 21	
Orellana, María	15	
Orellana, María de las Mercedes	55	
Orellana, María Engracia	343	
Orellana, María Luisa	210	
Orellana, María Mercedes	155, 373, 471	
Orellana, María Teodora	163	
Orellana, Mercedes	121, 507	
Orellana, Miguel	49	
Orellana, Pedro	29	
Orellana, Vicenta	9	
Orieta, Esteban	247	
Ormache, Antonio	183	
Oropel, Santiago	59	
Orquera, Amelia	430	
Orquera, Ascensión	161	
Orquera, Concepción	165	
Orquera, Da. Dina	489	
Orquera, Da. María Liberata	462	
Orquera, Dn. Cosme Damián de	29	
Orquera, Juan Gervasio	44	
Orquera, Juana	341	
Orquera, María del Carmen	206	
Orquera, María Josefa	146	
Orquera, María Marcelina	147	
Orquera, Pedro Pablo	112	
Ortega, Andrés Avelino	204	
Ortega, Avelino	467	
Ortega, Balbina	423	
Ortega, Belisario	587	
Ortega, Francisca Antonia	588	
Ortega, Javier	234	
Ortega, Josefa	29	
Ortega, María Asención	217	
Ortega, María Pascuala	144	
Ortega, María Petrona	28	
Ortega, María Rufina	160, 469	
Ortega, Nicolás	296	
Ortega, Pacífica	392	
Ortega, Paula	13	
Ortega, Próspero	392	
Ortega, Ramón	401	
Ortiz , Francisco Antonio	439	
Ortiz , Juan Pablo	102	
Ortiz , María del Tránsito	54	
Ortiz , Martín	53	
Ortiz , Pilar	455	
Ortiz , Rosalía	451	
Ortiz , Valentín	42	
Ortiz , Victoria	499	
Ortiz Pedro	42	
Ortiz, Alejandro	218, 563	
Ortiz, Andrea	353	
Ortiz, Antenor	340	
Ortiz, Antonia	31	
Ortiz, Anunciación	513	
Ortiz, Balvina	371	
Ortiz, Beatriz	87	
Ortiz, Benedicto	383
Ortiz, Bernardino	86
Ortiz, Buenaventura	508
Ortiz, Casimiro	168, 280
Ortiz, Celestina	152, 179
Ortiz, Cipriano	249, 505
Ortiz, Cledovia	324
Ortiz, Da. Fermina	362
Ortiz, Da. Ramona	270
Ortiz, Dn. Juan de la Cruz	151
Ortiz, Dn. Policarpo	88
Ortiz, Emperatriz	306
Ortiz, Feliciana	134
Ortiz, Felipe	41
Ortiz, Fernando	230
Ortiz, Fortunata	263
Ortiz, Francisca Antonia	149
Ortiz, Francisco	92, 196
Ortiz, Francisco Antonio	571
Ortiz, Gabriel	14, 534
Ortiz, Genoveva	247
Ortiz, José	13
Ortiz, José María	80
Ortiz, José Mateo	13
Ortiz, Josefa	38, 125
Ortiz, Jovita	330
Ortiz, Juan Antonio	66
Ortiz, Juan Bautista	498
Ortiz, Juan Nicolás	180
Ortiz, Juan Santos	224
Ortiz, Juana Petrona	41, 127, 189
Ortiz, Juliana	38, 185
Ortiz, Luciano	178, 478
Ortiz, Luis	520
Ortiz, Luisa	84
Ortiz, Manuel	123, 387
Ortiz, Manuela	43, 89
Ortiz, Margarita	215
Ortiz, María	94, 387, 395
Ortiz, María Anastasia	71
Ortiz, María Aniceta	546
Ortiz, María Antonia	559
Ortiz, María de la Cruz	40
Ortiz, María de las Nieves	21
Ortiz, María del Carmen	86
Ortiz, María Dolores	74
Ortiz, María Dominga	44
Ortiz, María Francisca	64
Ortiz, María Jacoba	144
Ortiz, María Juana	75
Ortiz, María Mercedes	441
Ortiz, María Nicolasa	52
Ortiz, María Pabla	464
Ortiz, María Paula	157, 158
Ortiz, María Rosalía	165, 178
Ortiz, Mariano	197
Ortiz, Mariano?	41
Ortiz, Martiano	137
Ortiz, Miguel	287
Ortiz, Nicolás	297, 346
Ortiz, Nicolasa	257
Ortiz, Pedro Ignacio	80
Ortiz, Pedro José	172
Ortiz, Pedro Moisés	257
Ortiz, Prudencio	579
Ortiz, Ramón	373

Índice de Contrayentes

Ortiz, Ramona Rosa	411	Ovejero, Da. María del Carmen	456	Pacheco, Dn. Ángel	426
Ortiz, Rosario	294	Ovejero, Da. María Maximiliana	458	Pacheco, Dn. Félix Santiago	523
Ortiz, Rufina	186			Pacheco, Dn. Juan Anastasio	515
Ortiz, Segunda	384	Ovejero, Da. Primitiva	588	Pacheco, Dn. Lorenzo	24
Ortiz, Silvestre	75	Ovejero, Dámasa	373	Pacheco, Escolástico	564
Ortiz, Simona	181	Ovejero, Dn. Cayetano	471	Pacheco, Eugenio	165
Ortiz, Tomás	122	Ovejero, Dn. Cornelio	488	Pacheco, Eusebio	191
Ortiz, Valentín	55	Ovejero, Dn. José Ignacio	476	Pacheco, Felipa	302
Ortiz, Vicente	46	Ovejero, Dn. José Tomás	236	Pacheco, Felisa	301
Ortiz, Zoila	257, 284	Ovejero, Dn. Juan Antonio	513	Pacheco, Francisca	13, 246
Osán, Dn. Luis	371	Ovejero, Dn. Juan Gil	26, 475, 495	Pacheco, Gregoria	234
Osores Nicolasa	403	Ovejero, Dn. Luis Ignacio	583	Pacheco, Ignacia	20
Osores, Agustina	81	Ovejero, Dn. Marcos	281	Pacheco, José	162
Osores, Antonio	139	Ovejero, Dn. Nicolás	434	Pacheco, José Javier	61
Osores, Avelina	173	Ovejero, Dn. Pedro Francisco	81	Pacheco, José Pascual	189
Osores, Bárbara	444	Ovejero, Dn. Raimundo	489	Pacheco, José Pedro	470
Osores, Da. Feliciana	370	Ovejero, Estanislada	342	Pacheco, Juan	12
Osores, Dn. Crisanto	407	Ovejero, Exaltación	353	Pacheco, Juan Andrés	25
Osores, Efigenia	584	Ovejero, Félix	391	Pacheco, Juan Antonio	144
Osores, Encarnación	338	Ovejero, Francisco Antonio	337	Pacheco, Juan Bartolo	527
Osores, Fermín Antonio	128	Ovejero, Francisco Manuel	218	Pacheco, Juan Manuel	201
Osores, Gabriel	152, 180, 209	Ovejero, Hilaria	357	Pacheco, Juan Ramón	220
Osores, Genibera	561	Ovejero, Ignacio	250	Pacheco, Juana María	177
Osores, Gerónima	220	Ovejero, José con Gutiérrez, Ramona	427	Pacheco, Luis de	13
Osores, Gregoria	41, 531	Ovejero, José Cornelio	332	Pacheco, Manuel	372
Osores, José Antolín	236	Ovejero, Juan Antonio	104	Pacheco, Manuela	123, 211
Osores, Juan Antonio	65, 200	Ovejero, Juan Francisco	173	Pacheco, María	9, 49
Osores, Juan Fernando	502	Ovejero, Juan Gil	228	Pacheco, María Agustina	57
Osores, Juan Segundo	567	Ovejero, Juan Nicolás	301	Pacheco, María Aurelia	119
Osores, Manuel Antonio	315	Ovejero, Leocadia	74	Pacheco, María Damascena	146
Osores, María Anunciación	225	Ovejero, Luis	433	Pacheco, María de la Trinidad	43
Osores, María Aurelia	44	Ovejero, María Antonia	430	Pacheco, María del Rosario	214
Osores, María Clara	212	Ovejero, María Catalina	70	Pacheco, María del Tránsito	95
Osores, María de la Cruz	225	Ovejero, María del Señor	310	Pacheco, María Dionisia	161
Osores, María Juana	49	Ovejero, María Manuela	131	Pacheco, María Dominga	46
Osores, María Lorenza	19, 127	Ovejero, Maximiliana	301	Pacheco, María Josefa	72
Osores, María Luisa	124	Ovejero, Nicolás	35, 320	Pacheco, María Serafina	450
Osores, María Mercedes	35	Ovejero, Nieves	315	Pacheco, María Victoria	201
Osores, María Petrona	26	Ovejero, Pedro Pablo	167	Pacheco, María Zoila	494
Osores, María Serafina	56	Ovejero, Rafael	346	Pacheco, Pedro	59, 172
Osores, Mateo	42, 63	Ovejero, Verónica	434	Pacheco, Pedro Alejo	28
Osores, Natividad	494	Oviedo, Da. Bartolina	486	Pacheco, Pedro Celestino	513
Osores, Pedo Francisco	159	Oviedo, Da. Catalina	474	Pacheco, Pedro Ignacio	523
Osores, Pedro	346, 416	Oviedo, Da. Escolástica	190	Pacheco, Pedro José	94, 142
Osores, Petrona	360	Oviedo, Dn. José Lutgardo	255	Pacheco, Pedro Juan	151
Osores, Rosario	190	Oviedo, Dn. Laureano	190, 495	Pacheco, Ramón Ignacio	467
Osores, Sebastiana	301, 373	Oviedo, Dn. Luis	245	Pacheco, Rita del Carmen	502
Osores, Segundo	230	Oviedo, Dn. Lutgardo	415	Pacheco, Rosa	356
Osores, Teodoro	175	Pacheco González	19	Pacheco, Rosario	314
Osores, Tomás	251	Pacheco Lobo, J	347	Pacheco, Silvestre	57
Osores, Valentín	321	Pacheco María de la Trinidad	51	Pacheco, Tránsito	533
Osorio, Da. Zulema	367	Pacheco, Agustín	14, 34	Pacheco, Valeriano	24
Osorio, María Mercedes	41	Pacheco, Agustina	14	Páez con María Antonia	357
Ovejero Celestino,	419	Pacheco, Anastasia	121	Páez Faustina	299
Ovejero, Anacleto	544	Pacheco, Andrea	40, 150	Páez y Medina, NN	12
Ovejero, Antonio María	419	Pacheco, Antonio	77	Páez, Aberanda	590
Ovejero, Baltazar	10	Pacheco, Bartolomé	301, 319	Páez, Ana María	69
Ovejero, Bernarda	221	Pacheco, Bernardo	20, 26	Páez, Ángel Mariano	224
Ovejero, Bonifacio	391	Pacheco, Cándida Rosa	312	Páez, Ángela	424
Ovejero, Calixto	432	Pacheco, Celina del Carmen	346	Páez, Angelina	161
Ovejero, Cap. José	12	Pacheco, Claudia	333	Páez, Anselmo	158
Ovejero, Corazón de Jesús	367	Pacheco, Da. Atanasia	558	Páez, Antonio	18
Ovejero, Da. Benigna	290	Pacheco, Da. Carolina	281	Páez, Anunciación	580
Ovejero, Da. Genoveva	568	Pacheco, Da. Natividad	422	Páez, Arsenia	414
Ovejero, Da. María de la Encarnación	570	Pacheco, Damascena	179	Páez, Benedicto	328
				Páez, Candelaria	193

Páez, Celestino	308
Páez, Celia del Carmen	324
Páez, Cirilo	342
Páez, Claudio	94, 159
Páez, Clemiro	415
Páez, Da. Bárbara	498
Páez, Da. Concepción	244
Páez, Da. Ercilia	287
Páez, Da. Francisca	12
Páez, Da. Irene	487
Páez, Da. Josefa	23
Páez, Da. Juana Páez	39
Páez, Da. María	23, 26
Páez, Da. María Anastasia	277
Páez, Da. María Aurelia	61
Páez, Da. María Bartolina	70
Páez, Da. María de la Cruz	447
Páez, Da. María de los Dolores	446
Páez, Da. María Paula	70
Páez, Da. Marquesa	530
Páez, Da. Natividad	514
Páez, Da. Nicolasa	179
Páez, Da. Nicolasa Tolentina	478
Páez, Da. Petronila	10
Páez, Da. Ramona	271, 594
Páez, Da. Severa	487
Páez, Daniel	268, 389
Páez, David	201
Páez, Desiderio	290
Páez, Dn. Anastasio	359, 390
Páez, Dn. Antonio	537
Páez, Dn. Bonifacio	69
Páez, Dn. Federico	291
Páez, Dn. Felicísimo	290
Páez, Dn. Félix Benigno	501
Páez, Dn. Francisco Daniel	103
Páez, Dn. Genuario	261
Páez, Dn. José Segundo	478
Páez, Dn. Juan Bautista	487
Páez, Dn. Juan Dionisio	39
Páez, Dn. Juan Fermín	49
Páez, Dn. Lorenzo	23
Páez, Dn. Pantaleón	448
Páez, Dn. Placido	492
Páez, Dn. Santiago	284
Páez, Dn. Segundo	179
Páez, Dn. Victoriano	243, 575
Páez, Dolores	380
Páez, Eduarda	206, 563
Páez, Eleuteria	397
Páez, Eloísa	305
Páez, Ermilio	394
Páez, Espíritu	175
Páez, Florentino	61
Páez, Francisca Antonia	538
Páez, Francisco	15, 43
Páez, Gregoria	317
Páez, Ignacia	166
Páez, Ignacia del Carmen	335
Páez, Ignacio Antonio	305
Páez, José	22
Páez, José Anastasio	252
Páez, José Eleuterio	335
Páez, José Genuario	179
Páez, José Ignacio	47
Páez, José Justo	226
Páez, José Manuel	177
Páez, José Martín	80
Páez, José Miguel	116
Páez, José Rufino	226
Páez, José Vicente	55
Páez, Josefa	188
Páez, Juan Antonio	255
Páez, Juan Bautista	80
Páez, Juan de la Cruz	250, 561
Páez, Juan Gregorio	31, 104, 445
Páez, Juan Isidro	492
Páez, Juan José	146
Páez, Juan Miguel	103
Páez, Juan Tomás	88
Páez, Juan Vicente	539
Páez, Juana	119
Páez, Julián	386
Páez, Lorenza	81, 228
Páez, Manuel Antonio	441
Páez, Manuel María	189
Páez, Margarita Genibera	270
Páez, María Antonia	151
Páez, María Atanasia	247
Páez, María Concepción	328
Páez, María de la Candelaria	169
Páez, María del Carmen	56
Páez, María del Señor	157, 235, 325
Páez, María del Socorro	142
Páez, María Florentina	58
Páez, María Jesús	367
Páez, María Josefa	12, 31
Páez, María Juana	47, 468
Páez, María Magdalena	164
Páez, María Marcelina	227
Páez, María Mercedes	183
Páez, María Nicolasa	43
Páez, María Petrona	30
Páez, María Ramona	514
Páez, María Regina	169, 564
Páez, María Rosa	270, 558
Páez, Mateo	13
Páez, Mercedes	332
Páez, Miguel	354, 364
Páez, Natividad	179, 307
Páez, Nicolás Calixto	258
Páez, Nicolasa	549
Páez, Pabla	10
Páez, Pascual	155
Páez, Pedro	129, 430
Páez, Pedro Antonio	62
Páez, Pedro Ignacio	86
Páez, Pedro José	175
Páez, Pedro Nolasco	142
Páez, Petronila	239
Páez, Pío	357
Páez, Ramón Brígido	299
Páez, Ramón Rosa	417
Páez, Ramona	268
Páez, Rosario	414
Páez, Sixto	347
Páez, Tomasina	51
Páez, Tomasina,	398
Pais, Simón	187
Pajón, Dolores	587
Pajón, Escolástica	515
Pajón, Juan de la Rosa	282
Palacio, Ignacio	495
Palacio, Petrona	387
Palacio, Ramón	418
Palacios, Da. María Gorgonia	581
Palacios, Da. Tránsito	250
Palacios, Dn. Emiliano	260
Palacios, Dn. Hermógenes	373, 502
Palacios, Dn. José Ignacio	569
Palacios, Dn. Pedro	548
Palacios, Dn. Pedro Felipe	477
Palacios, Evelia	343
Palacios, Regalado	183
Palacios, Salomé	280
Palavecino Gregorio	163
Palavecino, Casimira	549
Palavecino, Juan de Dios	259
Palavecino, Juan de la Cruz	461
Palavecino, Juan Enrique	41
Palavecino, Juan Leandro	175
Palavecino, Juana Pabla	85
Palavecino, Lorenza	87
Palavecino, María Antonia	379
Palomeque, Abelardo	275
Palomeque, Alonso	17
Palomeque, Dn. Juan Manuel	460
Palomeque, Eugenio	61
Palomeque, Francisca	53
Palomeque, María del Tránsito	531
Palomeque, María Hilaria	132
Palomeque, María Juana	74
Palomino, José Ignacio	247
Palomino, Juan Bautista	198
Palomo, Juan Silvestre	577
Paranisimo?, Prudencio	37
Pardeo, María Gerónima	26
Pardo, Gregoria	51
Pardo, María Gregoria	32
Paredes, José Santos	162
Paredes, Leonardo	403
Paredes, Manuela	575
Paredes, Mateo	261, 359, 589
Paredes, Tomás	339
Parra, Elías	271
Parra, José Rafael	569
Parra, Vicente	194
Parras, Cayetano	177
Pastoriza, Da. Josefa	270
Paz Juan Domingo de	30
Paz, Agustín	172
Paz, Ana Rosa	588
Paz, Anastasio	118
Paz, Andrea	219
Paz, Basilio	195
Paz, Beatriz	308, 561
Paz, Belisario	375
Paz, Braulia	244
Paz, Carmen	466
Paz, Ciriaco	244
Paz, Da. Ester	488
Paz, Da. Filomena	550
Paz, Da. Jesús	385
Paz, Da. Josefa	31
Paz, Da. Juana	22
Paz, Da. María Antonia	179
Paz, Da. María del Señor	457
Paz, Da. María Josefa	482

Índice de Contrayentes

Paz, Da. María Manuela	456
Paz, Da. María Pabla	32
Paz, Da. Ramona	151
Paz, Da. Rosa	248
Paz, Dn. Juan Bautista	23
Paz, Dn. Manuel José	555
Paz, Dn. Santiago	458
Paz, Dolores	482
Paz, Eulogio	559
Paz, Faustino	211
Paz, Felipa	231
Paz, Felipe Santiago	523
Paz, Francisca	15, 62, 469
Paz, Francisco	14, 87
Paz, Francisco Solano	20
Paz, Gerónima	238
Paz, Hilario	525
Paz, Isidoro	190
Paz, Jesús	286
Paz, José Anselmo	66
Paz, José Antonio	80, 142
Paz, José de la Trinidad	172
Paz, José Domingo	545
Paz, José Fernando	28
Paz, José Francisco	52
Paz, José Hipólito	178
Paz, José Manuel	199, 253
Paz, José Nicolás	57
Paz, José Nolasco	131
Paz, José Pascual	462
Paz, Josefa	526
Paz, Juan	31
Paz, Juan de Dios	137
Paz, Juan José	21, 58
Paz, Juan Nicolás	513
Paz, Juan Pío	560
Paz, Juan Simón	148
Paz, Juan Tomás	27
Paz, Juana	13
Paz, Juana Francisca	88
Paz, Juana Inés	103
Paz, Justa	122
Paz, Lucía	25
Paz, Luis	20
Paz, Luis Antonio	84
Paz, Margarita	35
Paz, María	23, 33, 260, 442
Paz, María Candelaria	121
Paz, María Catalina	205
Paz, María de las Mercedes	94
Paz, María del Carmen	191
Paz, María del Espíritu	452
Paz, María del Rosario	130
Paz, María del Señor	138
Paz, María del Socorro	126
Paz, María del Tránsito	50
Paz, María Dolores	131
Paz, María Eugenia	197
Paz, María Francisca	100
Paz, María Juana	80, 184, 249
Paz, María Manuela	162
Paz, María Nicolasa	50
Paz, María Pascuala	82
Paz, María Petrona	25
Paz, María Rosa	137
Paz, Miguel	104
Paz, Miguel José	286
Paz, Nicolás	132
Paz, Norberta	234
Paz, Pabla	28
Paz, Pantaleón	470
Paz, Patricia	117, 446
Paz, Pedro José	83
Paz, Pedro Nolasco	102
Paz, Pedro Pascual	556
Paz, Petrona	171
Paz, Polonia	358
Paz, Prudencia	13
Paz, Ramona Ludovina	341
Paz, Rosario	559
Paz, Santiago	339
Paz, Tomás	84
Paz, Valeriana	77
Paz, Valeriano	13
Paz, Victoria	103
Pedernera, Juan de la Cruz	163
Pedernera, Prudencia	61
Pedernera, Prudenciana	88
Pedraza María Antonia	357
Pedraza, Abelardo	373
Pedraza, Brígida	273, 336
Pedraza, Catalina	232
Pedraza, Da. Ludovina	401
Pedraza, Dn. Abelardo	384
Pedraza, Dn. Romualdo	550
Pedraza, Estanislao	46
Pedraza, Felipe Matías	60
Pedraza, Francisca	380
Pedraza, Francisco	13
Pedraza, Francisco Solano	14
Pedraza, Ignacia de Jesús	126
Pedraza, José Eusebio	148
Pedraza, José Ignacio	253
Pedraza, José Manuel	45
Pedraza, Josefa	538
Pedraza, Juan	9
Pedraza, Juan Antonio	510
Pedraza, Juan Bautista	216
Pedraza, Juan de la Cruz	133
Pedraza, Juan R	422
Pedraza, Juan Ramón	169
Pedraza, Juana	161, 310
Pedraza, Leandro	273
Pedraza, María A	425
Pedraza, María Angelina	467
Pedraza, María de Jesús	208
Pedraza, María del Tránsito	138, 511
Pedraza, María Josefa	96
Pedraza, María Juana	218
Pedraza, Pascual Bailón	210
Pedraza, Presentación	331
Pedraza, Rosa	287, 336
Pedraza, Silveria	94
Pedraza, Teodomira	315
Pedro Silvestre	12
Pedro, Albarracín	138
Peñaflor Francisca	51
Peñaflor, Alejandro	61, 109
Peñaflor, Bartolomé	109, 301
Peñaflor, Bernardo	52
Peñaflor, Casimira	203
Peñaflor, Crescencia	347
Peñaflor, Da. Cledovia	360
Peñaflor, Da. Santos	376
Peñaflor, Delfina	234, 326
Peñaflor, Desiderio	249, 286
Peñaflor, Francisco Solano	481
Peñaflor, Hipólito	336
Peñaflor, José Domingo	132, 447
Peñaflor, José Leonardo	134
Peñaflor, José Ramón	127
Peñaflor, José Rosario	122
Peñaflor, Juan de la Cruz	254
Peñaflor, Juan José	71
Peñaflor, Juana Francisca	210, 471, 481
Peñaflor, Julián Rosa	203
Peñaflor, María	346, 368
Peñaflor, María Antonia	69
Peñaflor, María Cledovia	249
Peñaflor, María Gregoria	189
Peñaflor, María Grotilda	185
Peñaflor, María Isabel	128
Peñaflor, Miguel	125
Peñaflor, Narcisa	53
Peñaflor, Natalia	218
Peñaflor, Onofre	402
Peñaflor, Paula Ignacia	390
Peñaflor, Pedro	62
Peñaflor, Perfecta	253, 319
Peñaflor, Ramón Plácido	357
Peñaflor, Raquel	373
Peñaflor, Salvador Cayetano	209
Peñaflor, Tomasina	156
Peñaflor, Wertel	435
Pera, Eloy	431
Peralta, Alejandra	189
Peralta, Amadeo	307
Peralta, Ana Rosa	263
Peralta, Andrés	118
Peralta, Bartolina	392
Peralta, Bartolomé	446
Peralta, Carolina	310, 358, 370
Peralta, Celedonio	186
Peralta, Consolación	294
Peralta, Darío	235
Peralta, Delfina	528
Peralta, Dermidia	392
Peralta, Eugenia	23
Peralta, Faustina	217
Peralta, Feliciana	526
Peralta, Félix Ignacio	303
Peralta, Francisca	213
Peralta, Francisca Antonia	234
Peralta, Francisco	30
Peralta, Francisco Borja	152
Peralta, Francisco Javier	478
Peralta, Genuaria	198
Peralta, Hipólito	27
Peralta, José	527
Peralta, José Deseano	537
Peralta, José Francisco	262
Peralta, José Ignacio	547
Peralta, José Luis	389
Peralta, Juan	71
Peralta, Juan Bautista	450
Peralta, Juan Gualberto	565
Peralta, Juan Pascual	33

Índice de Contrayentes

Peralta, Juan Tomás	181	
Peralta, Juana Rosa	22	
Peralta, Juana Teresa	451	
Peralta, Julián	233	
Peralta, Justa	522	
Peralta, Justina	557	
Peralta, Manuel	146	
Peralta, Manuel Antonio	193	
Peralta, Manuel de Jesús	545	
Peralta, Manuel Isidro	307	
Peralta, Manuela	22, 226	
Peralta, María Clara	211	
Peralta, María del Señor	248	
Peralta, María Francisca	31	
Peralta, Miguel	123, 464, 541	
Peralta, Miguel Gerónimo	202	
Peralta, Miguel Jerónimo	96	
Peralta, Neófita	402	
Peralta, Niceo	550	
Peralta, Nolasco	203	
Peralta, Pascual	15, 283	
Peralta, Pastor	203	
Peralta, Pedro	366	
Peralta, Pedro Francisco	253	
Peralta, Pilar de Jesús	382	
Peralta, Ramón	60	
Peralta, Romualdo	579	
Peralta, Rosa Delina	367	
Peralta, Rudecinda	190	
Peralta, Rufina	587	
Peralta, Segundo Ignacio	290	
Peralta, Tomás	38, 48	
Peralta, Tránsito	312, 508	
Peralta, Valeriano	326	
Peralta, Verónica	339	
Peralta, Zenaida	325	
Perdiguero, Da. Gregoria	485	
Perdiguero, Francisco Javier	62	
Perdiguero, María del Tránsito	93	
Perea, Basilio	186	
Perea, Francisco Manuel	142	
Perea, José Eugenio	196	
Perea, Nicolasa	266	
Peregrina	374	
Pereira, Antonia	277	
Pereira, Bernardo	121	
Pereira, Celestina	99	
Pereira, Clara	309	
Pereira, Da. Aurelia	409	
Pereira, Da. Josefa	279	
Pereira, Delfín	232	
Pereira, Delfina	385	
Pereira, Desiderio	576	
Pereira, Dn. Felipe Santiago	486	
Pereira, Dn. Juan Bautista	522	
Pereira, Dn. Laurencio	263	
Pereira, Eladia	392	
Pereira, Francisca	177	
Pereira, Genuaria	442	
Pereira, José Eustaquio	480	
Pereira, José Santos	136	
Pereira, Juan José	52	
Pereira, Juana Petrona	54	
Pereira, Laurencio	206	
Pereira, Lizarda	172	
Pereira, Lorenzo	74	
Pereira, Marcelino	387	
Pereira, María Antonia	314	
Pereira, María Catalina	157	
Pereira, María de Jesús	176, 477	
Pereira, María Francisca	26	
Pereira, María Isabel	209	
Pereira, María Josefa	192	
Pereira, María Lorenza	523	
Pereira, Micaela	194	
Pereira, Miguel	91	
Pereira, Paulina	554	
Pereira, Pedro Pablo	454	
Pereira, Petrona	235	
Pereira, Restituta	221	
Pereira, Rosario	221	
Pereira, Silveria	121, 171, 308	
Pereira, Victoria	108	
Pereira, Zacarías	305	
Pereyra, Agustín	542	
Pereyra, Ana María	40	
Pereyra, Circuncisión	396	
Pereyra, Da. Clara	372	
Pereyra, Da. Juana Rosa	583	
Pereyra, Eladia	358	
Pereyra, Ezequiel	366	
Pereyra, Gregorio	32	
Pereyra, Juan Hilario	43	
Pereyra, Juan Simón	442	
Pereyra, Leona	162	
Pereyra, Luis	31	
Pereyra, María	249	
Pereyra, Ramón Rosa	557	
Pereyra, Ramona	251	
Pereyra, Toribia	316	
Pérez Baudilio	401	
Pérez, Abel	393	
Pérez, Ana María	41, 175, 233	
Pérez, Ángel Mariano	220	
Pérez, Antonio	87	
Pérez, Audelina	572	
Pérez, Baudilio	436	
Pérez, Bruno	71	
Pérez, Camilo	276	
Pérez, Carmelo	186	
Pérez, Catalina	169	
Pérez, Celedonio	488	
Pérez, Cesárea	423	
Pérez, Da. Águeda	478	
Pérez, Da. Aurora	592	
Pérez, Da. Juana	507	
Pérez, Da. Lorenza	17	
Pérez, Da. María Lorenza	77	
Pérez, Da. Noemí	291	
Pérez, Da. Rita	245	
Pérez, Dn. Eufrasio	279	
Pérez, Dn. Fermín	295	
Pérez, Dn. Juan de la Cruz	478	
Pérez, Dn. Pedro	377	
Pérez, Dn. Salvador	526	
Pérez, Dolores	584	
Pérez, Doroteo	200	
Pérez, Estanislada	586	
Pérez, Estanislao	340	
Pérez, Eustaquia	226	
Pérez, Exaltación	312	
Pérez, Felipe Santiago	187, 512	
Pérez, Francisca	269, 282	
Pérez, Francisco Antonio	193	
Pérez, Gerónima	23	
Pérez, José	145, 428	
Pérez, José Andrés	162	
Pérez, José Apolinario	150, 460	
Pérez, José de la Encarnación	103	
Pérez, José Domingo	51, 235	
Pérez, José Gregorio	78	
Pérez, José Manuel	47	
Pérez, José Mariano	66	
Pérez, José Tomás	89, 149	
Pérez, Juan Bautista	178	
Pérez, Juan Dionisio	321	
Pérez, Juan Francisco	105	
Pérez, Juan José	30, 34	
Pérez, Juan Nicolás	174	
Pérez, Juan Tiburcio	82	
Pérez, Juana	347	
Pérez, Lucas	181	
Pérez, Lucía	246	
Pérez, Maclovia	348	
Pérez, Manuel	83, 217	
Pérez, Manuela	501	
Pérez, Marcelino	461	
Pérez, María Benita	561	
Pérez, María Candelaria	151	
Pérez, María Claudia	178	
Pérez, María de los Ángeles	163	
Pérez, María de los Dolores	40	
Pérez, María del Señor	178	
Pérez, María Dionisia	501	
Pérez, María Ignacia	207	
Pérez, María Juana	78	
Pérez, María Luisa	126	
Pérez, María Manuela	157, 236	
Pérez, María Micaela	243, 574	
Pérez, María Nazaria	255	
Pérez, María Serafina	166	
Pérez, Marta	282, 430	
Pérez, Martina	103	
Pérez, Miguel	503, 539	
Pérez, Onofre	340	
Pérez, Pacífica	407	
Pérez, Pastora	225	
Pérez, Pedro	416	
Pérez, Pedro José	272	
Pérez, Pedro León	155	
Pérez, Petrona	206, 323	
Pérez, Rafaela	161	
Pérez, Rosario	391	
Pérez, Sebastián	162, 178	
Pérez, Segundo Abel	272	
Pérez, Simón	572	
Pérez, Solano	90	
Pérez, Teresa de Jesús	259	
Pérez, Timoteo	432	
Pérez, Ubaldina	349	
Pérez, Zoila	408	
Pesao, Antonio	149, 464	
Piguala, José Delfín	245	
Pineda, Andrea	547	
Pineda, Juan Manuel	189, 202, 250	
Pineda, María Antonia	149	
Pineda, María Gertrudis	443	
Pinedo, Clara Ramona	336	

Pino, Da. Basilia	482	
Pino, Da. Rita del	413	
Pino, Dn. Félix Peregrino del	582	
Pino, Josefa del	498	
Pino, Juan Agustín	48	
Pino, Manuel José del	569	
Pino, María Dominga	48	
Pino, Teresa del	304	
Pinto, Esteban	39	
Pinto, Francisco Javier	209	
Pinto, Juan Bautista	551	
Pinto, Manuel Tristán	249	
Pinto, María	21, 46	
Pinto, Micaela	12	
Pintos, Audelina	348	
Pintos, Bartolina	273	
Pintos, Benita	421	
Pintos, Da. Betsabé	359	
Pintos, Hermenegildo	236	
Pintos, José	321	
Pintos, Juan Bautista	373	
Pintos, Patrocinio	368	
Pintos, Toribio	275	
Placa, Polinario	42	
Plasencia, Simón	13	
Plaza, Anastasio	361	
Plaza, Antonio	146	
Plaza, Bartolina	180	
Plaza, Benito Antonio	503	
Plaza, Carmelo	512	
Plaza, Cecilia	544	
Plaza, Cesárea	225	
Plaza, Da. María del Señor	513	
Plaza, Estefanía	450	
Plaza, Félix	151	
Plaza, Gabriel	169	
Plaza, José María	94	
Plaza, Juan León	62	
Plaza, María	60	
Plaza, María Casimira	119	
Plaza, María Cruz	102	
Plaza, María de	505	
Plaza, María Mercedes	230	
Pogonce, Adel	392	
Ponce Da. María Margarita	19	
Ponce de León, Da. Digna	551	
Ponce de León, Da. Laura	577	
Ponce de León, Da. Rómula	566	
Ponce de León, Dn. Juan Nicolás	458	
Ponce de León, Dn. Lucindo	535	
Ponce, Ángela	194	
Ponce, Atanasia	112	
Ponce, Basilio	419, 486	
Ponce, Bernarda	16	
Ponce, Buenaventura	208	
Ponce, Da. Águeda,	407	
Ponce, Da. Agustina	23	
Ponce, Da. Arsenia	295	
Ponce, Da. Clara Isabel	275	
Ponce, Da. Florentina	459	
Ponce, Da. Grimanesa	282, 513	
Ponce, Da. Josefa Ermilia	259	
Ponce, Da. María	414	
Ponce, Da. María Ángela	140	
Ponce, Da. Pascuala	11	
Ponce, Da. Petrona	403	
Ponce, Da. Vicenta	272	
Ponce, Delfina	579	
Ponce, Delicia	381	
Ponce, Dn. Andrés	491	
Ponce, Dn. Basilio	471	
Ponce, Dn. Francisco Javier	247	
Ponce, Dn. Juan Bautista	546	
Ponce, Dn. Juan Dionisio	480	
Ponce, Dn. Juan Pío	473	
Ponce, Dn. Lastenio	360	
Ponce, Dn. Manuel Tristán	249	
Ponce, Dn. Nicolás	509	
Ponce, Dn. Pastor	389	
Ponce, Dn. Pedro	51, 495	
Ponce, Dn. Ramón	407	
Ponce, Dn. Ramón Rosa	479, 492	
Ponce, Dn. Segundo Abel	272	
Ponce, Domingo	416	
Ponce, Francisca	321, 429	
Ponce, Francisco Javier	188	
Ponce, Isabel	539	
Ponce, Isidoro Antonio	322	
Ponce, José Martín	328	
Ponce, José Vitoriano	100	
Ponce, Juan Santos	116	
Ponce, Juliana	15	
Ponce, Justa del Carmen	246	
Ponce, Leopoldo	248	
Ponce, Luisa	117	
Ponce, Marcos	372	
Ponce, María	75, 394	
Ponce, María Benedicta	396	
Ponce, María Benita	160	
Ponce, María Bien Aparecida	359	
Ponce, María Catalina	60	
Ponce, María Clara	47, 57	
Ponce, María de los Ángeles	233	
Ponce, María del Carmen	85	
Ponce, María Francisca	217	
Ponce, María Genuaria	59	
Ponce, María Juana	80, 179	
Ponce, María Purísima	303	
Ponce, Marina	356	
Ponce, Miguel	437	
Ponce, Pedro José	67, 143	
Ponce, Pedro Pascual	245	
Ponce, Ramón	408	
Ponce, Sebastiana	212	
Ponce, Segundo Abraham	246	
Ponce, Tránsito	411	
Ponce, Zoila	234	
Porcelo, Juan Antonio	42	
Pregot, José Lucas	308	
Protacia Villarroel	512	
Pucheta, Luis	431	
Puentes, Dn. Moisés	250	
Quevedo, Juan José	163	
Quevedo, Manuel	217	
Quevedo, María Francisca	234	
Quevedo, Romualdo	219	
Quintana, Toribia	91	
Quintero, Agustina Rosa	128	
Quintero, Basilio	46	
Quintero, José	9	
Quintero, Juan	119	
Quintero, María Josefa	86
Quintero, María Severina	72
Quinteros, Benedicta	502
Quinteros, José María	317
Quinteros, Juan	189
Quinteros, Miguel Finardo	523
Quinteros, Nicolás	206
Quinteros, Zoila Catalina	568
Quipildor, Exequiel	208
Quipildor, Pedro Fernando	37
Quiroga Ramón Antonio	53
Quiroga, Agustina	190, 542, 572
Quiroga, Andrés	22, 38, 500
Quiroga, Andrés J	429
Quiroga, Ángel	255
Quiroga, Ángel Mariano	220
Quiroga, Antonio María	348
Quiroga, Aurora	318
Quiroga, Bartolina	167
Quiroga, Beatriz	68
Quiroga, Belisario	425
Quiroga, Bernabé	379
Quiroga, Carmelo	181, 225
Quiroga, Carmen	255
Quiroga, Casilda	166
Quiroga, Cayetana	213
Quiroga, Cenobio	386
Quiroga, Cinesio	403
Quiroga, Da. Agustina	450
Quiroga, Da. Ana	26
Quiroga, Da. Audelina	385
Quiroga, Da. Hermenegilda	367
Quiroga, Da. María Bernarda	28
Quiroga, Da. María Cayetana	461
Quiroga, Da. María Isabel	478
Quiroga, Da. Mercedes	583
Quiroga, Dn José Ignacio	456
Quiroga, Dn. Eufrasio	498
Quiroga, Dn. Félix	407
Quiroga, Dn. Florencio	509
Quiroga, Dn. José	490
Quiroga, Dn. Juan José	15, 477
Quiroga, Dn. Luciano	413
Quiroga, Dn. Luis	56
Quiroga, Dn. Prudencio	13
Quiroga, Dn. Ramón Gil	536
Quiroga, Dn. Ramón Rosa	571
Quiroga, Elisea	288
Quiroga, Ermilia	281
Quiroga, Estanislao	348, 518
Quiroga, Exequiel	233
Quiroga, Ezequiel	234
Quiroga, Federico	320
Quiroga, Felipa	529
Quiroga, Félix	400
Quiroga, Florinda	562
Quiroga, Florinda Rosa	533
Quiroga, Francisca A.	304
Quiroga, Francisco Antonio	124, 538
Quiroga, Francisco Ignacio	155
Quiroga, Graciliano	276
Quiroga, Honorata	368
Quiroga, Ignacia Antonia	460
Quiroga, Ignacio Antonio	140
Quiroga, Jacinto	234

Quiroga, Javier	555	
Quiroga, Jerónimo	9	
Quiroga, Jesús María	398	
Quiroga, Joaquín	121	
Quiroga, José	192, 427	
Quiroga, José del Carmen	479	
Quiroga, José Emeterio	325	
Quiroga, José Ignacio	70, 72, 102, 166, 304, 335, 370, 381	
Quiroga, José Justo	216	
Quiroga, José Manuel	228, 556	
Quiroga, José Urbano	187	
Quiroga, Josefa	139, 162, 208	
Quiroga, Juan	46, 54, 76	
Quiroga, Juan Antonio	211	
Quiroga, Juan Calixto	446	
Quiroga, Juan Cristino	580	
Quiroga, Juan de la Cruz	84	
Quiroga, Juan Francisco	193	
Quiroga, Juan Ignacio	553	
Quiroga, Juan Laurencio	205	
Quiroga, Juan Pablo	364	
Quiroga, Juan Tomás	48	
Quiroga, Juana	16, 529, 551	
Quiroga, Juana Luisa	79	
Quiroga, Justa	24	
Quiroga, Leonarda	518	
Quiroga, Lindor	370	
Quiroga, Lizarda	171, 312	
Quiroga, Lucinda	381	
Quiroga, Manuel	65	
Quiroga, María	20, 189	
Quiroga, María Beatriz	441	
Quiroga, María Bernardina	444	
Quiroga, María Bonifacia	38	
Quiroga, María Celedonia	52	
Quiroga, María de	10	
Quiroga, María de Jesús	135	
Quiroga, María del Señor	205	
Quiroga, María del Tránsito	126	
Quiroga, María Gerónima	84	
Quiroga, María Gregoria	33	
Quiroga, María Isabel	491	
Quiroga, María Josefa	273	
Quiroga, María Lorenza	513	
Quiroga, María Luisa	135	
Quiroga, María Martina	32	
Quiroga, María Nicolasa	156	
Quiroga, María Nieves	441	
Quiroga, María Olegaria	389	
Quiroga, María Pascuala	499	
Quiroga, María Paula	68	
Quiroga, María Petrona	61	
Quiroga, María Rosalía	34	
Quiroga, María Segunda	65	
Quiroga, María Valentina	514	
Quiroga, Mateo	48	
Quiroga, Micaela	388	
Quiroga, Miguel	420	
Quiroga, Miguel Francisco	15	
Quiroga, Nicasia	366	
Quiroga, Obdulia	283	
Quiroga, Pabla Ignacia	193	
Quiroga, Pablo	18	
Quiroga, Pastor	259	
Quiroga, Pastora	323	
Quiroga, Paula Ignacia	507	
Quiroga, Paulino	430	
Quiroga, Pedro	11, 63, 306	
Quiroga, Pedro Antonio	564	
Quiroga, Pedro Francisco	56	
Quiroga, Pedro Nemesio	562	
Quiroga, Pedro Severo	366	
Quiroga, Petrona	442	
Quiroga, Ramón	368, 397	
Quiroga, Ramón Antonio	441	
Quiroga, Ramón Ignacio	247	
Quiroga, Ramona	305	
Quiroga, Ricardo	294	
Quiroga, Rosa	68	
Quiroga, Rosalinda	347	
Quiroga, Salustiano	592	
Quiroga, Santiago	453	
Quiroga, Serafín	281, 360	
Quiroga, Simón	429	
Quiroga, Susana	370	
Quiroga, Toribia	402	
Quiroga, Tránsito	326	
Quiroga, Ubaldo	170, 212	
Quiroga, Venancio	373	
Quiroga, Victoriano	345	
Quiroga, Zoila	429, 505	
Racedo, Andrés Avelino	275	
Racero, Andrés Natalio	528	
Racero, Margarita	13	
Ramallo, Dn. Bruno	489	
Ramallo, José	285	
Ramallo, José Roque	30	
Ramírez, Balbina	542	
Ramírez, Bartolina	535	
Ramírez, Crescencia	308	
Ramírez, Efigenia	369	
Ramírez, Fernando	143	
Ramírez, Francisca	88	
Ramírez, Isidoro	168	
Ramírez, Jacinta	329	
Ramírez, José de las Cruz	70	
Ramírez, José Gregorio	130, 490	
Ramírez, José Ignacio	326	
Ramírez, José María	301	
Ramírez, Josefa	586	
Ramírez, Lorenza	213	
Ramírez, Manuel Antonio	157	
Ramírez, María Casilda	462	
Ramírez, María Cecilia	153, 168	
Ramírez, María del Tránsito	174	
Ramírez, María Magdalena	38	
Ramírez, Maximiano	390	
Ramírez, Pedro Antonio	55	
Ramírez, Ramón	363	
Ramírez, Ramón Rosa	287, 563	
Ramírez, Rosa	212, 429	
Ramírez, Tránsito	505	
Ramos, Andrea	228	
Ramos, Andrés	342	
Ramos, Da. Ester	250	
Ramos, Da. María Juana	187	
Ramos, Da. Nieves	236	
Ramos, Da. Rosalía	88	
Ramos, Dn. David	493	
Ramos, Dn. Domingo	280, 458	
Ramos, Dn. Evaristo	495	
Ramos, Dn. Mariano	447	
Ramos, Juan Arsenio	23	
Ramos, Juan Bartolo	502	
Ramos, Juan de la Cruz	473	
Ramos, Manuel Salvador	211	
Ramos, María del Señor	506	
Ramos, María Santos	253	
Ramos, Nazaria	191	
Rasguido, Agustina Rosa	547	
Rasguido, Alejandro	151	
Rasguido, Dn. Salomón	272	
Rasguido, Ermilio	329	
Rasguido, Indalecio	545	
Rasguido, Juan Anacleto	184	
Rasguido, Juliana	326, 562	
Rasguido, Mercedes	434	
Rasguido, Tadea	324	
Rearte, David	214	
Regalado, Dn. Jesús Salvador	372	
Regalado, Petrona	193	
Reinoso Ubalda	167	
Reinoso, Anacleto	300	
Reinoso, Andrés Avelino	279	
Reinoso, Andrónico	379	
Reinoso, Ángel	302	
Reinoso, Ángel Vicente	570	
Reinoso, Antonia	21	
Reinoso, Arsenia	274	
Reinoso, Bartolomé	16, 58	
Reinoso, Basilia	118	
Reinoso, Beatriz	168	
Reinoso, Benedicto	288, 386	
Reinoso, Benigno	562	
Reinoso, Benjamín	559	
Reinoso, Bernardino	181	
Reinoso, Bernardo	252	
Reinoso, Bonifacia	230, 481	
Reinoso, Brígida	162	
Reinoso, Buenaventura	141, 466	
Reinoso, Buenaventura,	409	
Reinoso, Camilo	308	
Reinoso, Carmen	369	
Reinoso, Casilda	446	
Reinoso, Casimira	468	
Reinoso, Celestina	245	
Reinoso, Celso	324	
Reinoso, Claudio	349	
Reinoso, Consolación	218	
Reinoso, Crescencia	386, 424	
Reinoso, Crescencio	590	
Reinoso, Cruz	269	
Reinoso, Da. Florinda	370	
Reinoso, Da. Isabel	450	
Reinoso, Daniel	587	
Reinoso, Delfín	392	
Reinoso, Dn. José Domingo	295	
Reinoso, Dn. Leopoldo	462	
Reinoso, Dn. Ramón Antonio	294	
Reinoso, Dominga	208, 516	
Reinoso, Eduarda	429	
Reinoso, Eduardo	580	
Reinoso, Eduviges	366	
Reinoso, Efigenia	292	
Reinoso, Eladia	291	
Reinoso, Eleuteria	348	
Reinoso, Eliseo	211, 356	

Índice de Contrayentes

Reinoso, Estaurófila	374
Reinoso, Estratón	368
Reinoso, Eusebio	197, 408
Reinoso, Evangelista	168
Reinoso, Exequiel	584
Reinoso, Facundo	529
Reinoso, Federico	341
Reinoso, Feliciano	200
Reinoso, Felipa	104, 192
Reinoso, Félix	320
Reinoso, Florinda	427
Reinoso, Fortunata	137
Reinoso, Francisca	305
Reinoso, Francisca Antonia	211, 251, 299, 328
Reinoso, Francisca Javiera	253
Reinoso, Genoveva	327
Reinoso, Gregoria	121, 221
Reinoso, Griselda	249, 580
Reinoso, Hermenegilda	280
Reinoso, Hilario	139
Reinoso, Ignacia	121
Reinoso, Ignacio	214
Reinoso, Isaac	366
Reinoso, Isabel	150, 229
Reinoso, Jacinta	287
Reinoso, Javiera	161
Reinoso, Joaquín	164
Reinoso, José Alejandro	191
Reinoso, José Antonio	186
Reinoso, José Ignacio	73
Reinoso, José León	185
Reinoso, José M.	424
Reinoso, José María	361
Reinoso, Juan	43, 140, 432
Reinoso, Juan Bautiza	527
Reinoso, Juan Francisco	33
Reinoso, Juan Nicolás	54, 225, 515
Reinoso, Juan Santos	14, 31, 528
Reinoso, Juan Tomás	324
Reinoso, Juana	180, 393
Reinoso, Juana Petrona	141
Reinoso, Juliana	158
Reinoso, Justino	138
Reinoso, Justo	238
Reinoso, Lázaro	285
Reinoso, Leocadia	72
Reinoso, Lorenzo	91, 181
Reinoso, Loreta	235
Reinoso, Lucas	392, 589
Reinoso, Lucía	524
Reinoso, Luis Simón	221
Reinoso, Manuel	563
Reinoso, Manuela	126
Reinoso, Marcelino	115, 340, 514, 585
Reinoso, María	46, 322
Reinoso, María Atanasia	234
Reinoso, María Constantina	449
Reinoso, María del Rosario	151
Reinoso, María del Señor	589
Reinoso, María Estefanía	478
Reinoso, María Gregoria	70
Reinoso, María Griselda	195
Reinoso, María Jacinta	160
Reinoso, María Jacoba	123
Reinoso, María Josefa	74
Reinoso, María M.	435
Reinoso, María Mercedes	149
Reinoso, María Nicolasa	72
Reinoso, María Paula	289
Reinoso, María Rosario	188
Reinoso, Mariano	115
Reinoso, Martín	53, 248
Reinoso, Matilda	139, 227
Reinoso, Mercedes	455
Reinoso, Montserrat	309
Reinoso, Nicolás	322, 508
Reinoso, Pastora	288, 493
Reinoso, Paulina	206
Reinoso, Petrona	18, 166, 254
Reinoso, Raimundo	366, 516
Reinoso, Ramón	330
Reinoso, Ramón Ignacio	351
Reinoso, Ramona	109
Reinoso, Ramona Rosa	275
Reinoso, Regina	386
Reinoso, Rosario	293, 570
Reinoso, Saturnina	225
Reinoso, Segundo	270, 315
Reinoso, Servando	384
Reinoso, Simona	12, 87
Reinoso, Solana	562
Reinoso, Tomás	22
Reinoso, Trinidad	204
Reinoso, Ubalda	301
Reinoso, Úrsula	125
Reinoso, Valeriano	126
Reinoso, Venancio	218
Reinoso, Victoriano	312
Reinoso, Victorio	184
Reinoso, Waldina	399
Reinoso, Zoila Isabel	551
Resinoso, Mónica	528
Resola, Juan Antonio	291
Retamozo, Adeodata	499
Retamozo, Agustina	89
Retamozo, Da. Catalina	529
Retamozo, Dn. Ignacio	459
Retamozo, Hermógenes	356
Retamozo, Lorenzo	452
Retamozo, Miguel	165
Retamozo, Nicolasa	272
Retamozo, Pedro José	63
Retamozo, Pedro Lucindo	238
Retamozo, Peregrino	394
Retamozo, Tomasina	451
Retamozo, Tránsito	257
Reyes, Absalón	313
Reyes, Aurora	311
Reyes, Da. Dominiana	453
Reyes, Da. Elisea	537
Reyes, Da. Ignacia	517
Reyes, Da. Juana Catalina	441
Reyes, Da. María Juana	447
Reyes, Da. Pabla	544
Reyes, Dn. Ascencio	475
Reyes, Dn. Celedonio	511
Reyes, Dn. Francisco Javier	263
Reyes, Dn. Ramón	267
Reyes, Domingo	104
Reyes, Fermín	139
Reyes, Guillermo	369
Reyes, José Antonio	226
Reyes, Juan Antonio	441
Reyes, Juan Esteban	453
Reyes, Lina Rosa	304
Reyes, Lizarda	81
Reyes, Luis	433
Reyes, Luis Sandalio	374
Reyes, Manuel	280
Reyes, Manuela	40
Reyes, Margarita	329
Reyes, María	43
Reyes, María Andrea	49
Reyes, María Bartolina	473
Reyes, María del Rosario	520
Reyes, María Elena	215
Reyes, Martina	53
Reyes, Rosa	394
Reyna, Juan Simón	155
Ribainera, Juan Gregorio	497
Ribas, José Manuel	187
Rijas, David	267
Ríos, Aniceto	383, 406
Ríos, Bernardina	143
Ríos, Concepción	175
Ríos, Da. María Bernardina	473
Ríos, Dn. Gregorio	375
Ríos, Esteban	390
Ríos, José Aniceto	303
Ríos, José Antonio	122, 451
Ríos, Juan B.	588
Ríos, Juan Felipe	18
Ríos, Juan Isidro	199
Ríos, Manuel	10, 568
Ríos, Margarita	392, 431
Ríos, Margarita,	396
Ríos, María Bernardina	194, 314
Ríos, María Eufrasia	289
Ríos, María Isabel	306
Ríos, María Teodora	295
Ríos, Mercedes	373
Ríos, Pedro	331
Ríos, Ramón Rosa	208
Ríos, Salomé	388
Ríos, Wenceslao	224
Riva, Candelaria	160
Riva, Manuel	340
Rivadeneira Francisca	42
Rivadeneira, Ana María	329
Rivadeneira, Basilio	198
Rivadeneira, Francisca Ricarda	73
Rivadeneira, Gregorio	152
Rivadeneira, José Antonio	25
Rivadeneira, José Eliseo	583
Rivadeneira, José Gregorio	230
Rivadeneira, Juana Rosa	70
Rivadeneira, Justa	230
Rivadeneira, María Espíritu	245
Rivadeneira, María Josefa	40
Rivadeneira, María Tomasa	290
Rivadeneira, Pedro Francisco	132
Rivadeneira, Teresa	13
Rivarola, Bárbara	113
Rivarola, Da. María Pastora	495
Rivarola, Juan José	71
Rivarola, María Manuela	74

Nombre	Página
Rivarola, María Pastora	143
Rivas, Candelaria	227
Rivas, Cipriano	493
Rivas, Cruz	432
Rivas, Da. Clara	31
Rivas, Da. Hugolina	582
Rivas, Da. María Isabel	145
Rivas, Da. María Petrona	472
Rivas, Da. Rosa	15
Rivas, Dn. Cipriano	497
Rivas, Dn. Ercilio	401
Rivas, Dn. Pedro Ignacio	485
Rivas, Elvira	363
Rivas, Espíritu	502
Rivas, José Abelardo	587
Rivas, José Domingo	74
Rivas, Juan	329
Rivas, Juan Ignacio	337
Rivas, María	263
Rivas, María Francisca	48
Rivas, María Petrona	131, 496
Rivas, Pedro	375
Rivas, Petrona	230, 554
Rivas, Ramón	304, 581
Rivera (de la), Teresa	27
Rivera de Reinoso, Dn. Moisés	285
Rivera, Ana María	71
Rivera, Bárbara	97
Rivera, Bartolina	75
Rivera, Da. Salomé	205
Rivera, Dn. Eudoro	360
Rivera, Dn. Jacinto	29
Rivera, Dn. José Antonio de	16
Rivera, Domitila	439
Rivera, Eduviges de la	348
Rivera, Francisco Javier	293
Rivera, Gavina	89
Rivera, Gregorio	219
Rivera, José María	87, 145
Rivera, Jovina	529
Rivera, Lucas	99
Rivera, Manuela	96, 467
Rivera, María	12
Rivera, María del Pilar	498
Rivera, María Manuela	174
Rivera, Martín	219
Rivera, Petrona	128
Rivera, Ramón Rosa	587
Rivera, Remigia	440
Rivera, Román	428
Rivera, Segundo	283
Rivera, Trinidad	579
Rivero, Da. Concepción	268
Rivero, Isidoro	169
Rizo Patrón, Catalina	82
Rizo Patrón, Da. Juana Eduviges	296
Rizo Patrón, Da. Primitiva	282
Rizo Patrón, Da. Zoila	264
Rizo Patrón, Dn Fermín	447
Rizo Patrón, Dn. Francisco Javier	455
Rizo Patrón, Dn. José	10
Rizo Patrón, Dn. José Martín	47, 451
Rizo Patrón, Dn. Juan Antonio	53
Rizo Patrón, Dn. Juan Gregorio	30, 95
Rizo Patrón, Dn. Laurencio	279
Rizo Patrón, José Alejandro	111
Rizo Patrón, Josefa	276
Rizo, Agustina	504
Rizo, Da. Deidamia	580
Rizo, Da. Eduviges	255
Rizo, Da. Estaurófila	291
Rizo, Da. María Manuela	461
Rizo, Da. Martina	425
Rizo, Da. Mercedes	452
Rizo, Deidamia	332
Rizo, Dn. Elías Facundo	548
Rizo, Dn. Javier	474
Rizo, Dn. José Miguel	284
Rizo, Dn. Nicolás	355
Rizo, Dn. Ramón	377
Rizo, Fidelia	331
Rizo, Gaudencia	288
Rizo, José Guillermo	545
Rizo, José Nazario	249
Rizo, Ludovina	329
Rizo, María del Señor	222, 423
Rizo, María Pabla	246
Rizo, Pedro Antonio	176
Rizo, Romualdo	192
Rizo, Salvador	469
Robín, Dn. Felipe	450
Robín, Dn. Juan Bautista	26
Robín, Juana de Jesús	512
Robinson, Da. Antonia	511
Robinson, María Antonia	478
Robledo, Da. Guadalupe	426
Robledo, Dn. David	269
Robledo, Dn. José	425
Robledo, Ramona Rosa	577
Robledo, Rosa	307
Robledo, Salomé	126
Robledo, Telésforo	275
Robles, Agustín	238, 498
Robles, Cipriano	216
Robles, Clemira	387
Robles, Crisanta	502
Robles, Da. Adelina	415
Robles, Da. Benita	511
Robles, Da. María Circuncisión	476
Robles, Da. Raquel	379
Robles, Dn. Abraham	527
Robles, Dn. Abraham Moisés	290
Robles, Dn. Bartolo	84
Robles, Dn. Francisco	406
Robles, Dominga	427
Robles, Elena	434
Robles, Estratón	305
Robles, Faustino	357
Robles, Felizardo	292
Robles, Francisco	184
Robles, Fulgencio	191
Robles, Gabino	171
Robles, Isidoro	256
Robles, Juan Pablo	284
Robles, Juana Petrona	205
Robles, Justa Rufina	138
Robles, María Ignacia	67
Robles, María Isabel	205
Robles, Mercedes	428
Robles, Policarpo	231, 454
Robles, Ramona	92
Robles, Raquel	427
Roco, Dn. Nilamón	379
Rodríguez Graciana	366
Rodríguez, Agustín	320
Rodríguez, Ana Rosa	201
Rodríguez, Andrea	294
Rodríguez, Ángel Tomás	334
Rodríguez, Antonia	332
Rodríguez, Antonio	35
Rodríguez, Ascensión	424
Rodríguez, Asunción	416
Rodríguez, Bartolomé	389
Rodríguez, Benedicto	342
Rodríguez, Benjamín	391
Rodríguez, Bernardina	277
Rodríguez, Bonifacia	151
Rodríguez, Carmen	218, 223, 323
Rodríguez, Ceferina	410
Rodríguez, Celedonia	307
Rodríguez, Clara	92
Rodríguez, Custodio	587
Rodríguez, Da. Candelaria	214
Rodríguez, Da. Dolores	424
Rodríguez, Da. Estefanía	536
Rodríguez, Da. Genoveva	521
Rodríguez, Da. Juana	194
Rodríguez, Da. Maclovia	571
Rodríguez, Da. Manuela	388
Rodríguez, Da. Margarita	560
Rodríguez, Da. María del Señor	493
Rodríguez, Da. María Dominga	444
Rodríguez, Da. María Inés	546
Rodríguez, Da. María Lorenza	485
Rodríguez, Da. María Quiteria	472
Rodríguez, Da. Modesta	400
Rodríguez, Da. Mónica	372, 425
Rodríguez, Da. Nicolasa	273, 362
Rodríguez, Da. Paula	566
Rodríguez, Da. Plácida	561
Rodríguez, Da. Raquel	406
Rodríguez, Da. Rita	509
Rodríguez, Da. Rita Pastora	266
Rodríguez, Da. Rosa Florinda	284
Rodríguez, Da. Saturnina	552
Rodríguez, Delfina	430
Rodríguez, Delmira	421
Rodríguez, Dn. Abdénago	386
Rodríguez, Dn. Ángel	398
Rodríguez, Dn. Ángel Mariano	179
Rodríguez, Dn. Audenago	403
Rodríguez, Dn. Custodio	375
Rodríguez, Dn. Eliseo	425, 546
Rodríguez, Dn. Javier	379
Rodríguez, Dn. José	399
Rodríguez, Dn. José Santos	359
Rodríguez, Dn. Juan Albino	247
Rodríguez, Dn. Juan Francisco	444
Rodríguez, Dn. Juan Teodoro	460
Rodríguez, Dn. Luis Bernardo	77
Rodríguez, Dn. Manuel de Jesús	491
Rodríguez, Dn. Miguel	442
Rodríguez, Dn. Moisés	353

Índice de Contrayentes

Rodríguez, Dn. Pacífico 366, 585	Rodríguez, María Cleta 387	Rojas, Bernabela 201
Rodríguez, Dn. Pedro Pablo 76	Rodríguez, María del Tránsito 459	Rojas, Candelaria 233
Rodríguez, Dn. Ramón Rosa 388	Rodríguez, María Dolores 200	Rojas, Carmen 436
Rodríguez, Dn. Solano 362, 490, 515	Rodríguez, María Dominga 462	Rojas, Celina 402
Rodríguez, Dominga 120	Rodríguez, María Francisca 25, 81, 105	Rojas, Cosme 145
Rodríguez, Esmeria de Jesús 406		Rojas, Cristina 375
Rodríguez, Espíritu 311	Rodríguez, María Ignacia 364	Rojas, Da. Amelia 426
Rodríguez, Estanislao 231	Rodríguez, María Josefa 61, 436	Rojas, Da. Audelina 284
Rodríguez, Fabiana 586	Rodríguez, María Juana 68, 168, 183, 200	Rojas, Da. Eusebia 192
Rodríguez, Fabriciana 265, 266, 360		Rojas, Da. Griselda 277
Rodríguez, Facundo 345, 378	Rodríguez, María Lucía 247	Rojas, Da. Isabel 200
Rodríguez, Febronia 315	Rodríguez, María Luisa 137	Rojas, Da. María 391
Rodríguez, Feliciana 204	Rodríguez, María Macedonia 551	Rojas, Da. María del Señor 458
Rodríguez, Fermín 67	Rodríguez, María Margarita 34	Rojas, Da. María Inés 266
Rodríguez, Francisca "Panchita" 300	Rodríguez, María Máxima 419	Rojas, Dn. Andrónico 359
	Rodríguez, María Micaela 467	Rojas, Dn. Fortunato 260
Rodríguez, Francisca Paula 253	Rodríguez, María Nieves 119	Rojas, Dn. José Manuel 480, 535
Rodríguez, Francisco Antonio 543	Rodríguez, María Rosa 77, 267, 526	Rojas, Dn. Pedro 275
Rodríguez, Francisco Javier 294	Rodríguez, Martín 190	Rojas, Dn. Rufino 585
Rodríguez, Froilán Pastor 377	Rodríguez, Martina 337	Rojas, Eduviges 237, 255, 323
Rodríguez, Genuario 158	Rodríguez, Mateo 49	Rojas, Felisa del Carmen 198
Rodríguez, Gerónima 188	Rodríguez, Mauricia 489	Rojas, Genibera 566
Rodríguez, Gregoria 229	Rodríguez, Micaela 467	Rojas, Genoveva 373
Rodríguez, Grimasena 275	Rodríguez, Moisés 302	Rojas, Ignacio 477
Rodríguez, Hilario 343	Rodríguez, Natividad 404	Rojas, José 369
Rodríguez, Isabel 235	Rodríguez, Olegaria 212	Rojas, José del Carmen 389
Rodríguez, Isidoro 586	Rodríguez, Pacífico 317, 348	Rojas, José del Tránsito 79
Rodríguez, Isidro 364, 414	Rodríguez, Paulino 194	Rojas, José Gil 108
Rodríguez, Javier 325	Rodríguez, Pedro 436	Rojas, José Petronilo 348
Rodríguez, Jesús 314, 361	Rodríguez, Pedro Celestino 207	Rojas, José Toribio 224
Rodríguez, José 261	Rodríguez, Pedro Lucas 142, 186	Rojas, Josefa 90
Rodríguez, José Agustín 503	Rodríguez, Pedro Telmo 231, 560	Rojas, Juan Antonio 418
Rodríguez, José Benito 313	Rodríguez, Petrona 37, 370	Rojas, Juan Esteban 121, 204
Rodríguez, José Domingo 147	Rodríguez, Plácido 424	Rojas, Juan Nicolás 220
Rodríguez, José Eugenio 54	Rodríguez, Prudencio 27	Rojas, Juana Dominga 21
Rodríguez, José Indabor 241, 574	Rodríguez, Ramón 213, 413, 424, 425	Rojas, Lucía 570
Rodríguez, José Miguel 200	Rodríguez, Ramón Rosa 332, 390	Rojas, Lucindo 201
Rodríguez, José Ramón 328	Rodríguez, Ramona 256, 330, 339, 547	Rojas, Manuel 589
Rodríguez, Jovina 579		Rojas, Marcos 203, 345
Rodríguez, Juan Asencio 205	Rodríguez, Reyes 390	Rojas, María Cesárea 175
Rodríguez, Juan Bautista 330	Rodríguez, Rita Pastora 309	Rojas, María de las Mercedes 106
Rodríguez, Juan de Dios 134	Rodríguez, Rosa 303, 422, 425	Rojas, María del Carmen 147
Rodríguez, Juan de la Cruz 171	Rodríguez, Rosa M 586	Rojas, María del Señor 233
Rodríguez, Juan Florencio 585	Rodríguez, Rufino 408	Rojas, María Gerónima 201
Rodríguez, Juan Gil 204, 396, 455	Rodríguez, Salvador 267	Rojas, María Inés 188, 522
Rodríguez, Juan Miguel 67	Rodríguez, Saturnino 210, 508	Rojas, María Isabel 60
Rodríguez, Juan Patricio 344	Rodríguez, Serafina 185, 470	Rojas, María Josefa 80
Rodríguez, Juan Pío 170	Rodríguez, Siríaca 168	Rojas, María Lucinda 208
Rodríguez, Juan Tomás 455	Rodríguez, Teodovina 398	Rojas, María Pascuala 144
Rodríguez, Juan Ventura 475	Rodríguez, Teófilo 359	Rojas, María Rosa 20
Rodríguez, Juana 241, 574	Rodríguez, Teresa 542	Rojas, María Segunda 61
Rodríguez, Juana Bautista 284	Rodríguez, Tiburcia 159	Rojas, Micaela 25
Rodríguez, Judas 486	Rodríguez, Tomás 28	Rojas, Miguel Gerónimo 51
Rodríguez, Juliana 194	Rodríguez, Tomasina 19	Rojas, Pascuala 10, 235
Rodríguez, Lino 232	Rodríguez, Tránsito 382	Rojas, Pedro 17, 306
Rodríguez, Lizarda 517	Rodríguez, Valentina 410	Rojas, Pedro Pascual 539
Rodríguez, Ludgarda 49	Rodríguez, Vicenta 365	Rojas, Rosendo 404
Rodríguez, Lutgarda, 409	Rodríguez, Victoria 317	Rojas, Samuel 529
Rodríguez, Manuel 108, 410, 435	Roja, Benjamín 525	Rojas, Saturnina 390
Rodríguez, Manuel Antonio 286, 434	Roja, Mauricia 466	Rojas, Segundo 434
	Rojas María 75	Rojas, Vicenta del Carmen 324
Rodríguez, Manuel B., 399	Rojas, Adrián 375, 525	Rojas, Vicente 10
Rodríguez, Manuela 93, 312	Rojas, Agustina 25	Rojo, Ignacio 12
Rodríguez, Margarita 70	Rojas, Ángel Mariano 552	Rojo, María Águeda 70
Rodríguez, María 35, 136, 594	Rojas, Asunción 213	Rojo, Mauricia 444
Rodríguez, María Antonia 359	Rojas, Benito 433	Roldán, Dn. Severo 353

Índice de Contrayentes

Roldán, María Juana	443	
Roldán, Pascual	433	
Roldán, Pedro	73	
Romano Teresa	159	
Romano, Anselmo	267	
Romano, Bárbara	166	
Romano, Bernabé	148, 442	
Romano, Bruno	185	
Romano, Carmen	327, 542	
Romano, Catalina	249	
Romano, Cayetano	428	
Romano, Celedonio	167	
Romano, Cipriano	255	
Romano, Da. Zoila	379	
Romano, Domingo Federico	564	
Romano, Felisa	512	
Romano, Fidel Antonio	353	
Romano, Florentino	174	
Romano, Francisco	128	
Romano, Francisco,	398	
Romano, Fructuoso	195	
Romano, Fulgencio	145	
Romano, Gregorio	198	
Romano, Ignacia	207	
Romano, Jacobo	507	
Romano, José	25	
Romano, José Geraldo	540	
Romano, José Gerardo	49	
Romano, José Julián	145	
Romano, José María	509	
Romano, José Rosa	462	
Romano, José Ruperto	307	
Romano, José Toribio	157	
Romano, Juan	25	
Romano, Juan Andrés	51	
Romano, Juan Antonio	95, 334	
Romano, Julián	83	
Romano, Lucinda	165	
Romano, Luisa	313	
Romano, Macedonia	553	
Romano, Manuel de Reyes	171, 538	
Romano, Manuel Jesús	301	
Romano, María	36	
Romano, María Antonia	50, 75	
Romano, María Ascencia	237	
Romano, María Asunción	201	
Romano, María de la Cruz	220, 558	
Romano, María del Carmen	463	
Romano, María del Señor	257	
Romano, María del Tránsito	252	
Romano, María Eugenia	438	
Romano, María Finarda	144	
Romano, María Florentina	137	
Romano, María Isabel	120, 219	
Romano, María Juana	513	
Romano, María Máxima	289	
Romano, María Mónica	199	
Romano, María Nicolasa	149	
Romano, María Ninfa	248	
Romano, Natividad	332	
Romano, Nicolás Ambrosio	84	
Romano, Nicolasa	169, 180	
Romano, Nolasco	140	
Romano, Patricio	360, 365	
Romano, Rafael	467, 569	
Romano, Ramón Antonio	202	
Romano, Salomé	169	
Romano, Santiago	150, 173	
Romano, Santiago Ignacio	444	
Romano, Serafina	513	
Romay Figueroa, Francisco	167	
Romero, Abdón	272	
Romero, Basilio	190	
Romero, Bernardo	32	
Romero, Clara	91	
Romero, Cruz	340	
Romero, Da. Lorenza	278	
Romero, Damasio	225	
Romero, Dn. Juan Domingo	244	
Romero, Dn. Mariano	46	
Romero, Escolástica	415	
Romero, Esmeregildo	450	
Romero, Eusebio	353	
Romero, Felipa Antonia	591	
Romero, Fermina	202	
Romero, Fernando	137	
Romero, Francisca	147	
Romero, Gregoria	392	
Romero, Ifigenia	330	
Romero, José Manuel	441	
Romero, José María	454	
Romero, José Tránsito	237	
Romero, Juan Alejandro	191	
Romero, Juan Bautista	225	
Romero, Juan Cipriano	91	
Romero, Juan Felipe	249	
Romero, Juan Fernando	441	
Romero, Juan Francisco	327, 563	
Romero, Juan Ramón	206	
Romero, Luciano	173	
Romero, Luisa	130	
Romero, Marcos	70, 440	
Romero, Margarita	191	
Romero, María	21	
Romero, María Alejandra	128	
Romero, María de las Mercedes	95	
Romero, María Dominga	41	
Romero, María Gregoria	76	
Romero, María Jacinta	64, 149	
Romero, María Manuela	201	
Romero, María Polonia	31	
Romero, Mateo	57	
Romero, Medardo	589	
Romero, Pedro Antonio	57	
Romero, Petronila	19	
Romero, Ramón Aurelio	12	
Romero, Ramona del Carmen	523	
Romero, Rosa	550	
Romero, Sebastiana	334	
Romero, Telésforo	289	
Romero, Victoria	353	
Romero, Victorino	367	
Romero, Zoila	538	
Rosales Lucinda	163	
Rosales María Eugenia	49	
Rosales y Brito, María	27	
Rosales, Aberanda	384	
Rosales, Adolfo	341	
Rosales, Agustina Rosa	184	
Rosales, Alejandro	376	
Rosales, Antonia	181, 272	
Rosales, Aurelia	434	
Rosales, Beatriz	176	
Rosales, Bernarda	52	
Rosales, Betsabé	434	
Rosales, Bonifacia	173	
Rosales, Bonifacio	376	
Rosales, Buenaventura	311, 571	
Rosales, Candelaria	197, 317	
Rosales, Carmen	196, 375	
Rosales, Casilda	88	
Rosales, Catalina	212	
Rosales, Cayetano	181	
Rosales, Ceferina	193	
Rosales, Celina del Carmen	394	
Rosales, Da Francisca Antonia	489	
Rosales, Da. Elizarda	141	
Rosales, Da. Eulalia	295	
Rosales, Da. Grimanesa	261	
Rosales, Da. Juana Gregoria	522	
Rosales, Da. Lucinda Rosa	265	
Rosales, Da. María Lucía	369	
Rosales, Decoroso	399	
Rosales, Delfina	401	
Rosales, Dionisio	293	
Rosales, Dn. Belisario	265, 296	
Rosales, Dn. Gabriel	283	
Rosales, Dn. Juan Asencio	361	
Rosales, Dn. Nicolás	270	
Rosales, Dn. Ramón	488	
Rosales, Dn. Ramón Antonio	532	
Rosales, Domingo	310	
Rosales, Edelmira	275	
Rosales, Eliseo	391	
Rosales, Eloísa	573	
Rosales, Ercilia	327	
Rosales, Exaltación	563	
Rosales, Felicinda	358	
Rosales, Felipa	432	
Rosales, Felipe	169	
Rosales, Fidelia	258	
Rosales, Francisca Antonia	303, 323, 553, 575	
Rosales, Francisca Marcelina	243	
Rosales, Francisco Borja	174	
Rosales, Gabriel	383	
Rosales, Graciliana	384	
Rosales, Graciliano	550	
Rosales, Gregorio	218	
Rosales, Guillerma	580	
Rosales, Ignacia	445	
Rosales, Isidora	182	
Rosales, Joaquina	321	
Rosales, José	55, 191	
Rosales, José Alejandro	221	
Rosales, José Antonia	92	
Rosales, José Claudio	468	
Rosales, José Damasceno	148	
Rosales, José Domingo	62, 217	
Rosales, José Enrique	185	
Rosales, José Ignacio	206	
Rosales, José Javier	121	
Rosales, José Lindor	313	
Rosales, José Manuel	150, 413	
Rosales, José María	501	
Rosales, Josefa	291	
Rosales, Juan	426	
Rosales, Juan Ambrosio	9	

Índice de Contrayentes

Rosales, Juan Gregorio	173
Rosales, Juan Jesús	425
Rosales, Juan José	149, 165, 355
Rosales, Juan Santos	312
Rosales, Juan Simón	168
Rosales, Juan Tomás	33, 150, 178, 226
Rosales, Juan Vicente	431
Rosales, Juana Isabel	226
Rosales, Justa Pastora	278
Rosales, Leonarda	230, 338
Rosales, Lindor	429
Rosales, Lizarda	181
Rosales, Lorenzo	23, 341
Rosales, Luisa	241
Rosales, Macedonia	311
Rosales, Manuela	27, 165, 206
Rosales, Marcelina	216
Rosales, Mardoqueo	291
Rosales, María	436
Rosales, María Agustina	571
Rosales, María Antonia	126, 181, 216, 441
Rosales, María Catalina	272
Rosales, María Celedonia	535
Rosales, María del Carmen	484
Rosales, María del Señor	196, 219, 572
Rosales, María del Tránsito	138, 149, 173
Rosales, María Francisca Solana	57
Rosales, María Juana	127, 189, 465
Rosales, María Lucas	371
Rosales, María Manuela	58
Rosales, María Marta	465
Rosales, María Mercedes	583
Rosales, María Nicolasa	248
Rosales, María Pascuala	65
Rosales, María Ramona	174
Rosales, María Santos	230
Rosales, Mercedes	293
Rosales, Micaela	268, 545
Rosales, Moisés	374
Rosales, Nicolás	123, 466
Rosales, Pascual	557
Rosales, Pedro	86, 167, 557
Rosales, Petrona	121
Rosales, Ramón Antonio	89, 342
Rosales, Ramona	158, 431
Rosales, Ramona R	365
Rosales, Rosa Peregrina	300
Rosales, Rudecinda	280
Rosales, Segundo	325
Rosales, Segundo V	432
Rosales, Soledad	198
Rosales, Ubelina	248
Rosales, Vicente	305
Rosales, Zoila	376
Rubiano, Francisco de Paula	177
Ruda, Avelina	212
Ruiz, Apolinario	161
Ruiz, Bartolina	162
Ruiz, Bernardo	27
Ruiz, Carmen	122
Ruiz, Dn. Joaquín	16
Ruiz, Dn. José	16
Ruiz, Isabel	143
Ruiz, Isidro	128
Ruiz, José Antonio	97
Ruiz, José Fernando	164
Ruiz, José Manuel	171
Ruiz, José Valentín	120
Ruiz, Juan de Dios	123
Ruiz, Laureana	199
Ruiz, Lorenzo	14, 41
Ruiz, Luisa	22, 209
Ruiz, Manuel	115
Ruiz, María	42
Ruiz, María del Carmen	451
Ruiz, María Francisca	75
Ruiz, María Isabel	119, 146
Ruiz, María Petrona	29
Ruiz, Pedro	168
Ruiz, Pedro Nolasco	113
Saavedra, Bernardino	281
Saavedra, Concepción	132
Saavedra, Crisola	235
Saavedra, Crisóloga	281
Saavedra, Da. Crisóloga	497
Saavedra, Da. María Candelaria	548
Saavedra, Da. María Fernanda	576
Saavedra, Da. Octavia	363
Saavedra, Da. Petrona	419
Saavedra, Da. Ramona	355
Saavedra, Delfina	308
Saavedra, Dn. José Luis	55
Saavedra, Dn. Pedro Gregorio	522
Saavedra, Esteban	135
Saavedra, José Lino	137, 180
Saavedra, María de la Cruz	145
Saavedra, María Manuela	476
Saavedra, María Nieves	478
Saavedra, María Petrona	38
Saavedra, María Tomasina	473
Saavedra, Mariela	196
Saavedra, Pedro José	34
Saavedra, Petrona	25, 264
Saavedra, Rosa	175
Saavedra, Rosa Ramona	322
Saavedra, Segunda	122
Salas, Bárbara	84
Salas, Clodomiro	349
Salas, Da. Elodia	357
Salas, Da. Francisca Antonia	493
Salas, Da. Juana Rosa	481
Salas, Da. María del Señor	475
Salas, Da. Tomasa	581
Salas, Dn. Ángel Mariano	516
Salas, Dn. Isidoro	522
Salas, Dn. Manuel	495
Salas, Dn. Raquel	354
Salas, José Mariano	118
Salas, Juan Manuel	311
Salas, Manuel	451
Salas, Ramón	417
Salas, Tomasina	480
Salazar, Ceferino	590
Salazar, Da. Elena	11
Salazar, Da. Luisa	546
Salazar, Da. Pascuala	11
Salazar, Da. Teodosia	356
Salazar, Dn. Javier	464
Salazar, Dn. Ramón	551
Salazar, Dn. Solano	523
Salazar, Juan José	19
Salazar, Juana de Jesús	192
Salazar, Pabla	31
Salazar, Pedro	379
Salazar, Trinidad	186
Salcedo, Candelaria	459
Salcedo, Dn. Eulogio	581
Salcedo, Eusebio	259
Salcedo, Francisca	580
Salcedo, María Polonia	553
Salguero, Elías	201, 523
Salguero, Evangelista	262
Salguero, Francisco	48, 293
Salguero, Gregoria	192
Salguero, Juan Gregorio	532
Salguero, Juan Santo	454
Salguero, Juan Santos	129
Salguero, Leonor	525
Salguero, Lorenzo	35
Salguero, María	42
Salguero, María Paula	221
Salguero, Matilde	431
Salguero, Miguel Agustín	46
Salguero, Nicolás	180, 531
Salguero, Pacífico	301
Salguero, Ramona	384
Salguero, Samuel	250
Salinas Pavona, Casimiro	370
Salinas, Antonio	414
Salinas, Carmen	512
Salinas, Felipe	214
Salinas, José Diego	353
Salinas, Máximo	180
Salinas, Patricio	272
Salinas, Pedro Félix	258
Salto, José Gil	183
Salto, Juan Blas	440
Salto, María Genoveva	155
Saltos, Javier	517
Saltos, Manuel	249
Salvatierra, Ambrosio	467
Salvatierra, Dn. Ambrosio	279
Salvatierra, Dn. Ramón Rosa	572
Salvatierra, José Bernardino	148
Salvatierra, Juan Pablo	342
Salvatierra, Lucía	587
Salvatierra, Manuel	427
Salvatierra, María de las Mercedes	290
Salvatierra, Pablo	299
Salvatierra, Ramón Rosa	216
Sánchez Garay, José	235
Sánchez, Adrián	199
Sánchez, Ambrosio	370, 413, 429
Sánchez, Apolinaria	188
Sánchez, Bartolina	430
Sánchez, Basilio	152
Sánchez, Belisario	547
Sánchez, Candelaria	187, 462
Sánchez, Ceferina	302
Sánchez, Celedonio	586
Sánchez, Da. Crescencia	351
Sánchez, Da. María Mercedes	18
Sánchez, Da. Ramona	508

Sánchez, Da. Romualda	359	
Sánchez, Da. Tadea	270	
Sánchez, Dn. Gorgonio	517	
Sánchez, Dn. Juan Bautista	353	
Sánchez, Dn. Juan Laurencio	39	
Sánchez, Domingo	357, 530	
Sánchez, Federico	294	
Sánchez, Felipa	288, 325, 400	
Sánchez, Félix	339	
Sánchez, Fermín	170	
Sánchez, Florenciano	543	
Sánchez, Francisco Javier	189	
Sánchez, Genuaria	546	
Sánchez, Gregoria	142	
Sánchez, Griselda	266, 585	
Sánchez, Ignacia	176	
Sánchez, Jacinto	348	
Sánchez, Jesús María	400	
Sánchez, José Antonio	230	
Sánchez, José Bruno	439	
Sánchez, José Celedonio	175	
Sánchez, José Fernando	98	
Sánchez, José Hilario	188	
Sánchez, José Lázaro	217	
Sánchez, José Lorenzo	134	
Sánchez, José Luis	156	
Sánchez, José Remigio	304	
Sánchez, Jovino Basilio	525	
Sánchez, Jovita	433	
Sánchez, Juan Andrés	333	
Sánchez, Juan de la Cruz	134	
Sánchez, Juan Santos	401	
Sánchez, Juana	140, 209	
Sánchez, Juana Evangelista	586	
Sánchez, Juana Francisca	568	
Sánchez, Lorenzo	134, 178, 530	
Sánchez, Magdalena	385	
Sánchez, Manuela	110	
Sánchez, María Antonia	229	
Sánchez, María Juana	160, 178	
Sánchez, María Petrona	496	
Sánchez, María Rosario	135	
Sánchez, Mauricia	544	
Sánchez, Micaela	503	
Sánchez, Miguel Antonio	496	
Sánchez, Modesto	536	
Sánchez, Palmira	352	
Sánchez, Paula	292	
Sánchez, Pedro	216	
Sánchez, Pedro Ignacio	443	
Sánchez, Pedro Vicente	483	
Sánchez, Pilar	548	
Sánchez, Plácida	216	
Sánchez, Policarpo	167	
Sánchez, Ramón Antonio	166, 183	
Sánchez, Ramón Nicolás	381	
Sánchez, Ramón Rosa	223	
Sánchez, Ramona	131	
Sánchez, Risa de Jesús	200	
Sánchez, Roque	188	
Sánchez, Roque Jacinto	480	
Sánchez, Rosa	400	
Sánchez, Rudecindo	368	
Sánchez, Sandalia	346	
Sánchez, Saturnina	581	
Sánchez, Tadea	341	
Sánchez, Teodosia	381
Sánchez, Toribio	133
Sánchez, Transito	511
Sandes, Fortunata	556
Sandez, Delfina	330
Sandez, Genuaria	317
Sandi, Gregoria	54
Sandi, José	16
Sandi, Juan	35
Sandi, María	35
Sandi, María Juana	60
Sandi, Paula	116
Sandoval, Francisco Javier	285, 549
Sandoval, Liborio	364
Sandoval, Petrona	359
Santillán, Adeodato	321
Santillán, Benigna	567
Santillán, Cándido	200
Santillán, Cirilo	430
Santillán, Crisanta	269
Santillán, Da. Albina Rosa	533
Santillán, Dn. Basilio	185
Santillán, Dn. Buenaventura	248
Santillán, Dn. José Luis	521
Santillán, Docitel	374, 401
Santillán, Evaristo	311
Santillán, Felipe	494
Santillán, Félix	405
Santillán, Florinda	374
Santillán, Francisco Antonio	360
Santillán, José Elías	252
Santillán, José Ignacio	174
Santillán, José Lino	421
Santillán, Josefa del Rosario	519
Santillán, Juan Bartolomé	136
Santillán, Juan Santos	346
Santillán, Justa	321
Santillán, Justo	388
Santillán, Luisa	217
Santillán, Manuel	349
Santillán, Manuela	95
Santillán, Marcelino	330
Santillán, Margarita	197, 328, 381
Santillán, Margarita Rosa	245
Santillán, María Crisola	519
Santillán, María Manuela	542
Santillán, María Tomasa	206, 207
Santillán, Miguel	119
Santillán, Natividad	270
Santillán, Pedro	14
Santillán, Petrona	98
Santillán, Ramón Rosa	289
Santo, María Sabina de los	66
Santucho, Anselmo	522
Santucho, Bautista	202
Santucho, Bernarda	288
Santucho, Da. Justina del Carmen	559
Santucho, Eudoxia	359
Santucho, Eugenia	508
Santucho, Felipe Santiago	205
Santucho, Francisca Antonia	183
Santucho, José Anselmo	153
Santucho, José del Carmen	164
Santucho, José Segundo	83
Santucho, Juan	103
Santucho, Juan Agustín	57, 188
Santucho, Juan de la Cruz	456
Santucho, Juana Rosa	540
Santucho, Marcos	217, 474
Santucho, María del Carmen	260
Santucho, María del Señor	462
Santucho, María Josefa	66
Santucho, María Petrona	76
Santucho, Pedro A	396
Santucho, Pedro Domingo	70
Santucho, Pedro Francisco	261
Santucho, Pedro Pablo	233
Santucho, Reyes	303
Santucho, Rosa Irene	252
Sarat, Lucinda	282
Saravia, Indalecia	369
Seco, Juan de Dios	181
Seco, Juan Luis	29
Segarra, José Blas	546
Segovia, Carlos	49
Segovia, María Lorenza	188
Segovia, María Manuela	179
Segura, Andrónico	344
Segura, Antenor	292
Segura, Antonio	370
Segura, Azucena	250, 279
Segura, Brígida	546
Segura, Corazón	520
Segura, Da. Crisóstoma	484
Segura, Da. Dominga	487
Segura, Da. Mercedes	472
Segura, Da. Teresa	426
Segura, Diocleciana	254, 321
Segura, Dn. Solano	496
Segura, Ercilia	322
Segura, Felipe	87
Segura, Felisa	233
Segura, Francisca	411
Segura, Genuario	421
Segura, Isidoro	341
Segura, José Genuario	160
Segura, José León	98, 254
Segura, José Manuel	144
Segura, Josefa	307
Segura, Jovita del Carmen	254
Segura, Juan Bautista	261, 331
Segura, Juan Manuel	145
Segura, Juana Luisa	146
Segura, Juana Rosa	368
Segura, Lino Antonio	42
Segura, Manuel Antonio	179
Segura, María B	434, 435
Segura, María Ignacia	209
Segura, María Magdalena	495
Segura, María Simona	200
Segura, Marquesa	391
Segura, Moisés	530
Segura, Pedro A	426
Segura, Ramona Felisa	209
Segura, Rosario	304
Segura, Segundo	538
Sequeda, Celedonia	68
Sequeda, María Celidonia	77
Sequeira, Delfina Rosa	543
Sequeira, José Dionisio	567
Sequida, Josefa	197

Índice de Contrayentes

Sibila, Cipriano	107	
Sibila, Nicolasa Tolentina	457	
Sierra, David S	308	
Silva Rosalía	423	
Silva, Albertano	308	
Silva, Candelaria	173	
Silva, Catalina	301, 383	
Silva, Cornelia	288	
Silva, Da. Luisa	259, 530	
Silva, Da. Maclovia	266	
Silva, Da. Ramona	374	
Silva, Diego	17	
Silva, Dn. Juan José	514	
Silva, Dn. Pedro Lucindo	502	
Silva, Dolores	307	
Silva, Estaurófila	370	
Silva, Euladia	560	
Silva, Facundo	260	
Silva, Felipe Santiago	349	
Silva, Francisco Dolores	568, 588	
Silva, Gregoria	161	
Silva, Griselda	220	
Silva, Juan José	239	
Silva, Juan Manuel	167	
Silva, Luciano	556	
Silva, Manuel de Reyes	293	
Silva, María Dionisia	353	
Silva, María Natividad	194	
Silva, Pabla	229	
Silva, Pedro	256	
Silva, Pedro L.	433	
Silva, Próspero	305	
Silva, Proto Jacinto	74	
Silva, Ramón Rosa	344	
Silva, Roque	40	
Silva, Rosa Lino	147	
Silva, Segundo	396	
Silvia, Dn. Pedro Lucindo	495	
Soberón, José Antonio	544	
Soberón, Juan Tomás	90	
Sobrado, Da. Peregrina	246	
Sobrado, Dn. José Toribio	29	
Sobrado, Isabel	118	
Sobrado, María de la Cruz	214	
Sobrado, Rudecinda	387	
Sobrecasas, Clemente	170	
Sobrecasas, Dn. Juan Francisco	546	
Sobrecasas, Dn. Ramón Antonio	376	
Sobrecasas, José Martín	76, 148	
Sobrecasas, María Inés	150	
Sobrecasas, María Marcelina	163	
Sobrecasas, Martín	85	
Sobremonte, Ángela	211	
Sobremonte, Da. Bárbara	285	
Sobremonte, Da. Ramona	243, 481, 574	
Sobremonte, Dn. Jesús María	361	
Sobremonte, Juana	232	
Solá, Alfredo	397	
Solá, Francisca	43	
Sola, Lucas	35	
Solá, María del Sacramento	118	
Soleaga, Cecilia	186	
Sologa, Wenceslao	256	
Soraire, Asunción	192	
Soraire, Candelaria	370	
Soraire, Catalina	41	
Soraire, Clara	210, 515	
Soraire, Da. María del Carmen	478	
Soraire, Da. María Ramona	480	
Soraire, Da. Plácida	481	
Soraire, Desiderio	117	
Soraire, Feliciano	546	
Soraire, Francisca	37, 191	
Soraire, Genuario	231	
Soraire, Ignacio	39	
Soraire, Isabel	310	
Soraire, José	35, 37, 80	
Soraire, José Eusebio	162	
Soraire, José Gabriel	473	
Soraire, José Honorato	535	
Soraire, Josefa	39, 134	
Soraire, Juan Antonio	36	
Soraire, Juan Bautista	63	
Soraire, Justa	205	
Soraire, Lorenza	17	
Soraire, María	14	
Soraire, María Antonia	460	
Soraire, María del Carmen	134	
Soraire, María Ignacia	46	
Soraire, María Simona	463	
Soraire, Mercedes	508	
Soraire, Narcisa	27	
Soraire, Petrona	119	
Soraire, Polonia	17	
Soraire, Santiago	162, 540	
Soraire, Sebastiana	95	
Soraire, Silvestre	185	
Soraire, Víctor	532	
Soraire, Victoriana	24	
Soria, Adelaida	274	
Soria, Agustín	16	
Soria, Ángel Custodio	508	
Soria, Antonino	338	
Soria, Antonio	377	
Soria, Concepción	377, 567	
Soria, Da. Nicolasa	260	
Soria, Da. Tomasa	291	
Soria, Dn. Antonino	582	
Soria, Dn. José Lino	243, 575	
Soria, Dn. Juan Severino	32	
Soria, Dn. Nicolás	138	
Soria, Egidio	69	
Soria, Felipa	142	
Soria, Felipe Santiago	245	
Soria, Francisca	134, 214	
Soria, José Eugenio	57	
Soria, José Manuel	147	
Soria, Juan Andrés	45	
Soria, Juan de la Cruz	490	
Soria, Juan Isidoro	498	
Soria, Lazarito	527	
Soria, Marcela	25	
Soria, Margarita	15	
Soria, María	296	
Soria, María Agustina	439	
Soria, María Andrea	45	
Soria, María del Rosario	125	
Soria, María Fernanda	121	
Soria, María Josefa	341	
Soria, María Juana	29	
Soria, María Marcelina	125	
Soria, María Rosa	156	
Soria, María Segunda	187	
Soria, Micaela	37	
Soria, Miguel	27	
Soria, Nicolás	161, 267	
Soria, Olegario	585	
Soria, Pantaleón	476	
Soria, Reginaldo	306	
Soria, Rómulo	584	
Soria, Segundo	184	
Soria, Tiburcio	42	
Soria, Tomasa	363, 393	
Sosa, Amadeo	542	
Sosa, Ana	9	
Sosa, Ángel Bello	359	
Sosa, Aniceto	289, 412	
Sosa, Asunción	303	
Sosa, Candelaria	233, 234	
Sosa, Carmen	275	
Sosa, Da. María Petrona	92	
Sosa, Da. Rosario	238	
Sosa, Delmira	408	
Sosa, Dn. Francisco	192	
Sosa, Dn. Francisco Javier	517	
Sosa, Dn. Jacinto Carlos	559	
Sosa, Dn. José de	33	
Sosa, Dn. Luis	503	
Sosa, Dn. Pedro	97	
Sosa, Dn. Pedro Pablo	492	
Sosa, Dn. Pedro Vicente	252	
Sosa, Eladio	374	
Sosa, Felipe	235, 492	
Sosa, Filomena	198	
Sosa, Francisca Basilia	127	
Sosa, Francisco	70, 292	
Sosa, José Domingo	363	
Sosa, José Félix	183	
Sosa, José Ignacio	196	
Sosa, José Lisandro	398	
Sosa, Juan José	64	
Sosa, Luis	262	
Sosa, Manuel	24, 47, 161	
Sosa, María	375	
Sosa, María Gregoria	46	
Sosa, Narciso	47	
Sosa, Nicolás	215	
Sosa, Pastora	344	
Sosa, Pedro	560	
Sosa, Petrona	512, 524	
Sosa, Ramón	421	
Sosa, Rosario	498	
Sosa, Sebastiana	169	
Sosa, Vicente	310	
Sotelo, Clara Rosa	305	
Sotelo, Dn. Manuel Antonio	546	
Sotelo, María Bernarda	166	
Sotelo, María de Jesús	292	
Sotelo, Ramona	208	
Sotomurieres, José Antonio	100	
Suárez, Adelaida	358	
Suárez, Agustín	35	
Suárez, Ángel	256	
Suárez, Antonio	362	
Suárez, Baldomero	432	
Suárez, Cristina	140	

Suárez, Da. Francisca	537	Tapia, Emiliano	415	Toledo, Nicolás	38
Suárez, Da. María Ignacia	458	Tapia, José Mariano	130	Toledo, Octavia	398
Suárez, Da. Peregrina	253	Tapia, Juan	41	Toledo, Pascual Bailón	226
Suárez, Da. Petrona	290	Tapia, Juan de la Cruz	189	Toledo, Pedro	41
Suárez, Daniel,	411	Tapia, Juan Gregorio	229	Toledo, Remigio	364, 381
Suárez, Dn. Audón	422	Tapia, Lorenza	90	Toledo, Rosa	419
Suarez, Dn. Bernardo	483	Tapia, María Antonina	507	Toledo, Rufino	338
Suárez, Dn. Jeremías	400	Tebas, Santiago	381	Toledo, Simona	55
Suárez, Dn. José Lorenzo	43	Tejeda, Armentaria	392	Toledo, Teófilo	289, 404, 428
Suárez, Dn. Juan	69	Tejeda, Ascensión	314, 353	Tolosa María de la Cruz	185
Suárez, Dn. Juan Francisco	473	Tejeda, Calixto	213	Tolosa, Albertano	590
Suárez, Dn. Juan Ignacio	474	Tejeda, Da. Higinia	353	Tolosa, Clemira	430
Suárez, Dn. Juan Pedro	490	Tejeda, Da. Ramona	411	Tolosa, Damiana	389
Suarez, Dn. Pedro José	491	Tejeda, Da. Rosalía	386	Tolosa, Dn. Félix Rosa	487
Suárez, Dominga C	303	Tejeda, Dn. Isidoro	354	Tolosa, Dn. Lorenzo	77
Suárez, Dominga Corina	588	Tejeda, Dn. José Pascual	267	Tolosa, Dn. Miguel	352
Suárez, Domingo	308	Tejeda, Geminiano	313	Tolosa, Dn. Miguel Antonio	496
Suarez, Florinda	290	Tejeda, José Antonio	113	Tolosa, Dn. Severo	524
Suárez, Francisco Antonio	165	Tejeda, Lorenzo	14	Tolosa, Dn. Teófilo	425
Suárez, Gelimer	566	Tejeda, Mardonia	351	Tolosa, Dominga	428
Suárez, Gregoria	11	Tejeda, María Basilisa	577	Tolosa, José Eufrasio	377
Suárez, Gregorio	346	Tejeda, María del Señor	452	Tolosa, José Ignacio	144, 553
Suarez, José Benito	63	Tejeda, Nicéfora	345	Tolosa, Juan Bautista	149
Suárez, José Francisco	164	Tejeda, Pascual	325	Tolosa, Judas Tadeo	175
Suarez, José Lucas	387	Tejeda, Romualda	369	Tolosa, Leandro	233
Suárez, José Modesto	203	Tejeda, Roña Romana de Jesús	281	Tolosa, María	389
Suárez, José Nicolás	172	Tejeda, Rosalía	320	Tolosa, María Antonia	122, 450
Suárez, José Pascual	43	Tejeda, Segundo	310	Tolosa, María Cleofé	525
Suárez, Juan	316	Tello, José Lorenzo	82	Tolosa, María del Rosario	317
Suárez, Juan Ángel	149	Teresa	35	Tolosa, María del Señor	144
Suárez, Juan Bartolo	176	Tevez, Juana	341	Tolosa, María Juana	564
Suárez, Juana	435	Thames, Dn. Luis	91	Tolosa, María Rosa	525
Suárez, Ludovina	256	Thames, Pastora	156	Tolosa, María S.	425
Suarez, Luis Fernando	278	Tijera, Lorenzo	14	Tolosa, Mariano	437
Suárez, Lujana	178	Tolabi, María Juana	49	Tolosa, Mateo	199
Suárez, Margarita	346	Tolas?, Bernardina	19	Tolosa, Maximiliana	235, 302
Suárez, María	318	Toledo, Abelardo	273	Tolosa, Onofre	321
Suarez, María Dorotea	444	Toledo, Agustina	17, 40, 513	Tolosa, Pedro G	314
Suárez, María Rosa	191	Toledo, Andrés	11	Tolosa, Ramón Antonio	188
Suárez, Marita	589	Toledo, Clero Antonio	575	Tolosa, Rosario	245
Suárez, Pedro Nolasco	182	Toledo, Da. Faustina	585	Toranzo, Emerenciana	277, 311
Suárez, Pedro Pablo	547	Toledo, Dn. Esteban José	551	Toranzo, José Ignacio	171
Suárez, Rosa	361	Toledo, Dn. José Gabriel	527	Toranzo, José Manuel	135
Suarez, Severo	194	Toledo, Elisea	304	Toranzo, Rosario	565
Suárez, Socorro	300	Toledo, Francisca	21, 483	Toranzo, Severo	553
Suárez, Tiburcia	400	Toledo, Francisco Antonio	552	Toranzos, María del Señora	145
Suárez, Virginia	434	Toledo, Genoveva	332	Toranzos, Nicolasa	236
Suasnabar, Da. Adela	366	Toledo, Javiera	387	Toranzos, Pedro	84
Suasnabar, Manuel	393	Toledo, José Anselmo	72	Toranzos, Simona	131
Subelza, Francisco	14	Toledo, José Manuel	150	Torres, Bartolina	374
Sueldo, Atanasio	526	Toledo, José María	212, 464	Torres, Clara Rosa	307
Sueldo, Da. María Sebastiana	460	Toledo, José Ramón	187	Torres, Espíritu	250
Sueldo, Eugenio	87	Toledo, Juan	15, 301	Torres, Isabel	253
Sueldo, José Diego	164	Toledo, Juan Dionisio	219	Torres, Juan Andrés	30
Sueldo, José Domingo	34	Toledo, Justo	448	Torres, Juan de la Cruz	553
Tairé, Dn. José del Carmen	411	Toledo, Luis	552	Torres, Juan Isidro	143
Tapia, Bernardino	232	Toledo, Luisa	227	Torres, Lorenzo	392
Tapia, Da. Espíritu Santo	538	Toledo, Marcelina	54	Torres, Pedro Ignacio	229
Tapia, Da. Gregoria	536	Toledo, María	25, 123	Torrez, Juan Isidro	16
Tapia, Da. Isabel	244	Toledo, María Espíritu	137	Trejo, ¿Carlos?	202
Tapia, Da. María Espíritu	220	Toledo, María Fortunata	187	Trejo, Baldomera	334
Tapia, Da. Viviana	179	Toledo, María Isabel	577	Trejo, Da. Zelanda	586
Tapia, Dn. Hilario	393	Toledo, María Josefa	101	Trejo, Genoveva	549
Tapia, Dn. Juan Antonio	251	Toledo, María Magdalena	53	Trejo, Inocencio	228
Tapia, Dn. Ramón	246	Toledo, María Petrona	527	Trejo, José Teodoro	487
Tapia, Dn. Ramón Antonio	246	Toledo, María Rosa	90	Trejo, Juan Santos	330

Trejo, Julián	538	
Trejo, Mercedes	381	
Tucunas, Ignacio	37	
Tula, Ana María	468	
Tula, Bernardino	332	
Tula, Buenaventura	547	
Tula, Cantalicio	435	
Tula, Da. Juana	280	
Tula, Dionisia	151	
Tula, Dn. José	452	
Tula, Dn. Pedro Vicente	263	
Tula, Dn. Ramón Antonio	91	
Tula, Dn. Ubilfrido	479	
Tula, Félix	180	
Tula, José	105	
Tula, José Rufo	306	
Tula, Juan Agustín	55	
Tula, Manuel	434	
Tula, Manuel Ignacio	257	
Tula, Manuel José	397	
Tula, Manuela	90	
Tula, María	158	
Tula, María Concepción	362	
Tula, María Nicolasa	82	
Tula, Nicolás	226	
Tula, Pedro Alejandrino	189	
Tula, Santiago	90	
Tula, Tomasina	41	
Tula, Ubilfrido	495	
Tula, Zoila	418	
Ubiedo, Martín	70	
Ulibarri, Da. María Higinia	554	
Ulibarri, Da. María Juana	450	
Ulibarri, Dn. Agustín	11	
Ulibarri, Dn. Exequiel	457	
Ulibarri, Dn. Ezequiel	518	
Ulibarri, Dn. Juan Manuel	457, 527	
Ulibarri, José Braulio	202	
Ulibarri, Simón Francisco	172	
Uñate, Ignacia	38	
Uriarte, Juan Silvestre	145	
Uriarte, María del Rosario	437	
Urreiola, Da. Ignacia	446	
Urreiola, María Antonia	448	
Urueña, Da. Ramona	264	
Urueña, Indalecio	471	
Urusagas, Fermín	70	
Vaca, Agustín	24	
Vaca, Carlos	431	
Vaca, José Luis	206	
Vaca, Juan León	231	
Vaca, Manuel	370	
Vaca, Tránsito	152	
Valdéz Alcaraz, Carmen	582	
Valdéz, Abigail	217	
Valdéz, Ambrosio	440	
Valdéz, Ángel Mariano	207	
Valdéz, Antonio	115, 118, 169	
Valdéz, Apolinar	106	
Valdéz, Auristela	368	
Valdéz, Aurora del Carmen	416	
Valdéz, Catalina	55	
Valdéz, Ciriaco	266	
Valdéz, Cirilo	308	
Valdéz, Da. Carmen	276	
Valdéz, Da. Cenobia	555	
Valdéz, Da. Cleofé	583
Valdéz, Da. Concepción	382
Valdéz, Da. Crisóloga	486
Valdéz, Da. Dalinda	360
Valdéz, Da. Eulalia	495
Valdéz, Da. Felipa Benicia	492
Valdéz, Da. Gregoria	280
Valdéz, Da. Lorenza	442
Valdéz, Da. María del Carmen	76
Valdéz, Da. María del Rosario	459
Valdéz, Da. María Francisca	491
Valdéz, Da. María Marcela	39
Valdéz, Da. Midemia	375
Valdéz, Da. Nicolasa	493
Valdéz, Da. Norberta	157, 450
Valdéz, Da. Pilar.	453
Valdéz, Da. Rosa	286
Valdéz, Da. Rosaura	360
Valdéz, Da. Teofanía	391
Valdéz, Da. Wilgefortis	584
Valdéz, Da. Zelanda	280
Valdéz, Dalina	285
Valdéz, Dn. Bartolomé	66
Valdéz, Dn. Elías	475
Valdéz, Dn. Félix Bartolomé	515, 585
Valdéz, Dn. José Gregorio	457
Valdéz, Dn. Juan Antonio	498
Valdéz, Dn. Juan Gregorio	39, 488
Valdéz, Dn. Lorenzo	474
Valdéz, Dn. Lucas	491
Valdéz, Dn. Manuel	13, 494
Valdéz, Dn. Mariano	88
Valdéz, Dn. Nicolás	105, 493
Valdéz, Dn. Pascual	470
Valdéz, Dn. Pedro	540
Valdéz, Dn. Ramón	280
Valdéz, Dn. Román	586
Valdéz, Emerenciana	47
Valdéz, Estanislao	384
Valdéz, Eudofia	250
Valdéz, Félix Rosa	539
Valdéz, Francisca	164, 366
Valdéz, Francisco Solano	117
Valdéz, Genuario	511
Valdéz, Hermógenes	554
Valdéz, José	553
Valdéz, José Agustín	424
Valdéz, José Benito	253
Valdéz, José Eugenio	229
Valdéz, José Lorenzo	200
Valdéz, José María	414
Valdéz, José Miguel	452
Valdéz, Josefa	309
Valdéz, Juan Antonio	31
Valdéz, Juan Hermenegildo	396
Valdéz, Juan Nicolás	411
Valdéz, Lorenza	213
Valdéz, Maclovia	385
Valdéz, Marcos	42
Valdéz, María Antonia	135
Valdéz, María Ignacia	81
Valdéz, María Isabel	490
Valdéz, María Juliana	23
Valdéz, María Justa	67
Valdéz, María Laurencia	80
Valdéz, María Odofia	518
Valdéz, María Paula	34
Valdéz, María Salomé	567
Valdéz, Maximiliana	238
Valdéz, Natividad	421
Valdéz, Nicolasa	474
Valdéz, Patricia Rosa	291, 581
Valdéz, Pedro	236
Valdéz, Prudencia	189
Valdéz, Ramón	383
Valdéz, Ramón Antonio	561
Valdéz, Ramona	358
Valdéz, Ramona Rosa	267
Valdéz, Raquel	345
Valdéz, Romualda	221
Valdéz, Rosaura	318
Valdéz, Salomé	232
Valdéz, Salvador	310
Valdéz, Teodora	49
Valdéz, Tomasina	79
Valdéz, Ventura	363
Vallejo, Dn. Juan Cipriano	447
Vallejo, Justo Pastor	207
Vallejo, Nicolasa	411
Vallejos, Andrea	571
Vallejos, Cipriana	339
Vallejos, Cipriano	343
Vallejos, Eulalio	368
Vallejos, Luisa	272
Vallejos, Manuel Alejandro	300
Vallejos, María Graciliana	432
Vallejos, Regina	275
Vanegas, Asencio	467
Vanegas, Francisco	337
Varela, Ángel Mariano	180
Varela, Audelina	404
Varela, Benigno	527
Varela, Benito	291
Varela, Benito Antonio	273
Varela, Da. Carmen	276
Varela, Da. María del Espíritu Santo	565
Varela, Da. María del Señor	550
Varela, Da. María Estefanía	65
Varela, Dn. Francisco J	390
Varela, Dn. Juan de la Cruz	472
Varela, Dn. Luis	426
Varela, Dn. Ramón Antonio	572
Varela, Fernando	33
Varela, Gabriela	25
Varela, Genoveva	188
Varela, José	38
Varela, José Luis	339
Varela, Juan B	405
Varela, Juan Luis	262
Varela, Juan Manuel	127
Varela, Juan Silvestre	395
Varela, Lorenzo	23
Varela, María	345
Varela, María Cecilia	447
Varela, María del Carmen	236, 284
Varela, María del Señor	248, 503
Varela, María Magdalena	344
Varela, Octaviano	287, 331
Varela, Ramón	353
Varela, Regina	313

Índice de Contrayentes

Varela. María del Carmen	103	
Vargas Chazarreta, Francisco	347	
Vargas Machuca, Isabel	49	
Vargas, Da. Águeda	462	
Vargas, Da. Jovita	585	
Vargas, José Domingo	182	
Vargas, José María	465	
Vargas, Juan Bautista	493	
Vargas, Ramona	328	
varro, Juan Francisco	72	
Vásquez, Agustín	15	
Vásquez, Dn. Ángel Mariano	462	
Vásquez, Dn. Bernardo Antonio	462	
Vásquez, Domingo	63	
Vásquez, José	462	
Vásquez, José Lino	91	
Vásquez, Juan	16	
Vásquez, María de los Ángeles.	164	
Vásquez, María Narcisa	29	
Vázquez, Ana María	148, 360	
Vázquez, Ángel Mariano	155	
Vázquez, Baltasar	129	
Vázquez, Bernardo	468	
Vázquez, Bonifacio	53	
Vázquez, Da. Ángela	527	
Vázquez, Da. Javiera Rosa	376	
Vázquez, Da. Perpetua	379	
Vázquez, Dn. Ángel Mariano	567	
Vázquez, Dn. Marcelino	253	
Vázquez, Domingo	135	
Vázquez, Estanislada	201	
Vázquez, Esteban	42	
Vázquez, Felipe	29	
Vázquez, Félix Ignacio	223	
Vázquez, José Cruz	120, 162	
Vázquez, José de la Cruz	109	
Vázquez, Juan de la Cruz	544	
Vázquez, Juan Hermenegildo	150	
Vázquez, Juan Mateo	173, 197	
Vázquez, Juan Silvestre	168, 192	
Vázquez, Juana Isabel	244	
Vázquez, Juana Petrona	537	
Vázquez, Juliana	295	
Vázquez, Manuel	213	
Vázquez, María del Carmen	441	
Vázquez, María Eduviges	577	
Vázquez, María Isabel	62	
Vázquez, María Juana	170, 445, 471	
Vázquez, Mateo	156	
Vázquez, Natividad	179	
Vázquez, Peregrina	253	
Vázquez, Petrona	247	
Vázquez, Ramón	74, 429	
Vázquez, Ramón Antonio	586	
Vázquez, Silvestre	56	
Vázquez, Valeriano	47	
Vega y Castro, Da. Jana Antonia de la	15	
Vega, Adolfo	385	
Vega, Ángel de la	433	
Vega, Ascensión	505	
Vega, Baldomero	306, 358	
Vega, Cantalicio	428	
Vega, Catalina	279	
Vega, Corazón de Jesús	255	
Vega, Cornelio	387	
Vega, Da. Beatriz de la	377	
Vega, Da. Benedicta	514, 580	
Vega, Da. Eunomia	388	
Vega, Da. Juana Rosa	508	
Vega, Da. Juliana	84	
Vega, Da. Justina Petrona de la	276	
Vega, Da. María	465	
Vega, Da. María Claudia	354	
Vega, Da. María de la Encarnación	244	
Vega, Da. Pastora	354	
Vega, Da. Ramona del Carmen	584	
Vega, Da. Ramona Ignacia	502	
Vega, Da. Rosario	281	
Vega, Deidamia	261	
Vega, Delicia	325	
Vega, Dermidio de la	371	
Vega, Dn. Cipriano	518	
Vega, Dn. Fidel	426	
Vega, Dn. Francisco Hermenegildo	45	
Vega, Dn. Hermenegildo	483	
Vega, Dn. José Antonio de la	476	
Vega, Dn. Justo Pastor	389, 555	
Vega, Dn. Manuel Eufrasio	273	
Vega, Dn. Marcelino	454	
Vega, Dn. Pastor de la	393	
Vega, Dn. Pedro Martín de la	497	
Vega, Dn. Ramón Antonio	465	
Vega, Dn. Rufino	282	
Vega, Dn. Ubaldo	463	
Vega, Dn. Víctor	281	
Vega, Emilia	592	
Vega, Fernando	28	
Vega, Francisco Borja	136	
Vega, Hermenegildo de la	329	
Vega, Ignacio	389	
Vega, Isidora	110	
Vega, Jerónimo	118	
Vega, Jesús	538	
Vega, José Antonio	191	
Vega, José Nicanor	315	
Vega, José Tomás	357	
Vega, Josefa	149, 366, 436	
Vega, Josefa Emilia	541	
Vega, Juan Agustín de la	325	
Vega, Juan Bautista	160	
Vega, Juan de la Rosa	332	
Vega, Juan Gregorio	465	
Vega, Juan Martín	214	
Vega, Juana Rosa	509	
Vega, Juliana	427	
Vega, Leonor	316	
Vega, Manuel Eufrasio	494	
Vega, Mardoqueo	313	
Vega, Margarita	590	
Vega, María	238	
Vega, María del Carmen	557	
Vega, María del Señor	215	
Vega, María del Tránsito	261, 318	
Vega, María Juana de la	46	
Vega, María Micaela	451	
Vega, María Simona	469	
Vega, Mercedes	475	
Vega, Nolasco	139	
Vega, Norberta	448	
Vega, Octaviano	251	
Vega, Pastor de la	320	
Vega, Pastora	393	
Vega, Pedro Juan	171, 222, 525	
Vega, Pedro Nolasco	514	
Vega, Pedro Pablo	464	
Vega, Pedro Vidal de la	458	
Vega, Petrona	120	
Vega, Presentación	258	
Vega, Prudencio	432	
Vega, Rosa Filomena	328	
Vega, Rufina	285	
Vega, Santiago	554	
Vega, Sebastián	269	
Vega, Teresa de Jesús	364	
Vega, Tiburcia	228	
Vega, Tomasa de la	328	
Vega, Tránsito	380	
Velarde, Pedro Antonio	150	
Velardes, Rosa	28	
Velárdez, Dn. Manuel	376	
Velárdez, Juan	36	
Velázquez, Ambrosio	590	
Velázquez, Andrés	36	
Velázquez, Dionisia	36	
Velázquez, Ubaldo	126	
Vélez, Ramona	359	
Véliz, Andrea	392	
Véliz, Benito	499	
Véliz, Cándido Rosa	555	
Véliz, Félix Rosa	578	
Véliz, Fernando	83	
Véliz, Francisca	555	
Véliz, José Alejandro	134	
Véliz, José Manuel	54	
Véliz, Luisa	506, 507	
Véliz, María Anastasia	172	
Véliz, Martín	95	
Véliz, Mercedes	316	
Vera, Ángel Mariano	171	
Vera, Da María Petrona de	39	
Vera, Da. Estanislada	89	
Vera, Da. Francisca	10	
Vera, Da. Ignacia	67	
Vera, Da. Luisa	26	
Vera, Da. María del Tránsito	47	
Vera, Da. María Ignacia Molina	65	
Vera, Dn. Fernando	48	
Vera, Dn. Francisco	48	
Vera, Dn. Francisco Antonio	556	
Vera, Dn. Juan Eugenio	476	
Vera, Evaristo	126	
Vera, Francisco	15	
Vera, José Luis	138	
Vera, José Vicente	90	
Vera, Juan José	10	
Vera, María Aurelia	68	
Vera, María Cayetana	98	
Vera, María Petrona	212	
Vera, Mercedes	181	
Vera, Natividad	377	
Vera, Petrona	232	
Vera, Ramón	165	
Vera, Tomás	481	
Vera, Valeriano	82	
Vergara, Andrea	433	

Índice de Contrayentes

Vergara, Juan Tomás	559	
Vergara, María	190	
Vergara, María Ascensión	164	
Vergara, María Serafina	61	
Vergara, Micaela	477	
Verón, Albertano	343	
Verón, Alejandro	365	
Verón, Angelita	301	
Verón, Concepción	236	
Verón, Da. Beatriz	540	
Verón, Da. Bernarda	412	
Verón, Da. Eduviges	241, 573	
Verón, Dn. Juan de la Cruz	286	
Verón, Fidel	593	
Verón, Francisco Javier	360	
Verón, Isabel	208	
Verón, Josefa	334	
Verón, Juan Francisco	117	
Verón, Juana	279	
Verón, Lorenza	253	
Verón, Luisa	158	
Verón, María	378, 385	
Verón, María de las Nieves	469	
Verón, María del Rosario	256	
Verón, Miguel Gerónimo	211	
Verón, Nicolás	118, 526	
Verón, Pedro Juan	365	
Verón, Petrona	521	
Verón, Rosa	348	
Verón, Serapio	246	
Victoriano, Juárez	294	
Vidal, Ramón	201, 288	
Videla, Da. Genoveva	258	
Videla, Dn. Juan Isidoro	449	
Videla, Eusebia	207	
Videla, Francisco Javier	136	
Videla, Margarita	566	
Videla, María de Jesús	91	
Videla, María del Rosario	178	
Videla, Pedro Celestino	481	
Videla, Pedro Secundino	189	
Vildoza, Da. María Custodia	462	
Villafañe, Candelaria Rosa	265	
Villafañe, Da. María del Señor	566	
Villafañe, Da. María del Socorro	267	
Villafañe, Da. Rosa	565	
Villafañe, Dn. Abraham	541	
Villafañe, Dolores	231	
Villafañe, María	318	
Villafañe, María Toribia	197	
Villafañe, Ramón	429	
Villafañe, Ramón José	343	
Villagra, Agustín	388	
Villagra, Antonio	376	
Villagra, Da. Carmen	493	
Villagra, Eugenia	239	
Villagra, Eusebio	228	
Villagra, Febronia,	398	
Villagra, Gerónima	184	
Villagra, Hermenegildo	506	
Villagra, Hermógenes	311	
Villagra, José Tomás	248	
Villagra, Juan	387	
Villagra, Juan Jorge	146	
Villagra, Juan Teodoro	118	
Villagra, Juana	172	
Villagra, Justina	225	
Villagra, Luis Antonio	149	
Villagra, María	318	
Villagra, María Ascensión	140	
Villagra, María Juana	89	
Villagra, María Polonia	199	
Villagra, Miguel Antonio	187	
Villagra, Mónica	384	
Villagra, Nicolasa	322	
Villagra, Pedro	398	
Villagra, Ramón	317	
Villagra, Ramona	430	
Villagra, Ricardo	571, 582	
Villagra, Tiburcio	337	
Villagra, Tomás	328	
Villagrán, Ángel Mariano	175	
Villagrán, Clara	351	
Villagrán, Da. Cayetana	278	
Villagrán, Da. María Eduviges	510	
Villagrán, Dn. Cayetano	133	
Villagrán, Dn. Pedro Ignacio	247	
Villagrán, Felipe	38	
Villagrán, José Benito	75	
Villagrán, María del Señor	376	
Villagrán, María Gregoria	129	
Villagrán, María Petrona	60	
Villagrán, Pedro	279	
Villagrán, Pedro Ignacio	59, 282	
Villalba de Albarracín, Da. María	14	
Villalba, Agenor	487	
Villalba, Alejo	28	
Villalba, Anselmo	330	
Villalba, Ceferina	328	
Villalba, Celestina	416	
Villalba, Cenobia	419	
Villalba, Da. Carlota	555	
Villalba, Da. Hugolina	590	
Villalba, Da. Juana Ventura	490	
Villalba, Da. Leonarda	496	
Villalba, Da. María Filiberta	466	
Villalba, Da. María Rosenda	372	
Villalba, Da. Nicolasa	520	
Villalba, Da. Olaya	484	
Villalba, Da. Rosa	353	
Villalba, Delfina	215	
Villalba, Dn. Félix de Valois	551	
Villalba, Dn. Fidel	275	
Villalba, Dn. José Manuel	446	
Villalba, Dn. José María	284	
Villalba, Dn. Juan Nicolás	179	
Villalba, Dn. Manuel de Reyes	372	
Villalba, Dn. Mateo	156	
Villalba, Dn. Pedro Francisco	475	
Villalba, Dn. Solano	294	
Villalba, Doña Juana Petrona	274	
Villalba, Estanislao	128	
Villalba, Felipe	89	
Villalba, Gervasio	217	
Villalba, Isaías	327	
Villalba, José Clemente	593	
Villalba, José Justo	85	
Villalba, Juan Ángel	434	
Villalba, Juan Anselmo	226	
Villalba, Juan de Dios	143	
Villalba, Juan de la Cruz	235	
Villalba, Juan Pablo	79	
Villalba, Justo	238	
Villalba, Leonarda	199	
Villalba, Liberata	237	
Villalba, Manuel N	435	
Villalba, Manuela	156	
Villalba, María	340	
Villalba, María Andrea	44	
Villalba, María Cruz	593	
Villalba, María del Carmen	52	
Villalba, María Eugenia	57	
Villalba, María Justina	218	
Villalba, María Mercedes	25	
Villalba, María Rosenda	397	
Villalba, Miguel Jerónimo	471	
Villalba, Nazaria	159	
Villalba, Perfecta	387	
Villalba, Prudencia	127	
Villalba, Ramona A	375	
Villalba, Rosario	420	
Villalba, Segundo Abel	572	
Villalba, Sinforoso	141	
Villalba, Waldina	395	
Villalobos, José Baltazar	146	
Villar, Dn. Agustín	65	
Villar, Pedro Vicente	258, 322	
Villarreal, José Felipe	32	
Villarreal, Pabla	405	
Villarroel, Francisca Celestina	162	
Villarroel, Gerónima	542	
Villarroel, Guillermo	257	
Villarroel, Isaac	246	
Villarroel, José Justo	248	
Villarroel, José Pio	477	
Villarroel, José Pío	338	
Villarroel, Juan Manuel	218	
Villarroel, Juan Nicolás	343	
Villarroel, Juan Santos	545	
Villarroel, Lorenzo	38	
Villarroel, Manuel Serafín	267, 279	
Villarroel, Manuela	213	
Villarroel, María de Jesús	130	
Villarroel, María de los Ángeles	181	
Villarroel, María Olaya	106	
Villarroel, María Rosa	42	
Villarroel, María Saturnina	185	
Villarroel, María Victoria	191	
Villarroel, Melitona	571	
Villarroel, Pedro Juan	65	
Villarroel, Pedro Nicolás	265	
Villarroel, Romualda	139	
Villarroel, Saturnina	510	
Villarroel, Victoria	389	
Villarruel, José Alejandro	38	
Villavicencio, Juan Andrés	178	
Villegas, Félix	394	
Viñabal, Gualberto	405	
Vivanco, Hilaria	267	
Vivanco, Manuela	226	
Vivanco, Teresa	337	
Vivas, Martina	148	
Vivas, Petrona	312	
Vizcarra, Antonio	22	
Vizcarra, Bautista	414	
Vizcarra, Ercilia	343	
Vizcarra, Francisco Antonio	227	
Vizcarra, Gabriel	11	

Índice de Contrayentes

Vizcarra, Ignacio	9, 42	
Vizcarra, Isidro	500	
Vizcarra, José Eugenio	195	
Vizcarra, José Genaro	589	
Vizcarra, José Javier	91	
Vizcarra, Jovina	587	
Vizcarra, María del Carmen	216	
Vizcarra, María del Rosario	141	
Vizcarra, María Leonarda	464	
Vizcarra, María Petrona	85, 456	
Vizcarra, Miceno	433	
Vizcarra, Prudencia	39	
Vizcarra, Tránsito	543	
Yala, María Concepción	225	
Yala, Miguel Gerónimo	38	
Yales, José Rafaelo	527	
Yance, Carmen	273	
Yance, Casilda	452, 464	
Yance, Da. María Antonia	551	
Yance, Florentina	136	
Yance, Francisco	451	
Yance, José Manuel	251	
Yance, Juana	255	
Yance, Juana Petrona	523	
Yance, María Feliciana	473	
Yance, Patrocinia	432	
Yance, Ramón Antonio	480	
Yanse, Asunción	503	
Yanse, Carlos	60	
Yanse, Mariano	236	
Yanse, Ramón Rosa	322	
Yarquina, Simón	37	
Yolde, Delfín	430	
Yole, Rafael	554	
Zalazar, Conigunda	327	
Zalazar, Da. Eusebia	510	
Zalazar, Francisco Javier	79	
Zalazar, María Damascena	342	
Zambrano, Gabriel	40	
Zamora, José Francisco	399	
Zapata, María del Rosario	74	
Zapata, Pedraza	60	
Zárate, Antonia	33	
Zárate, Balbina de Jesús	580	
Zárate, Beatriz	219	
Zárate, Ciriaco	125	
Zárate, Cirilo	201	
Zárate, Cledovia	311	
Zárate, Clementina	256	
Zárate, Dolores	150	
Zárate, Doroteo	205	
Zárate, Facundo	204	
Zárate, José	40, 472	
Zárate, José de la Cruz	230	
Zárate, Luisa	151	
Zárate, María Prudencia	135	
Zárate, Mauricio	329	
Zárate, Miguel	238	
Zárate, Ramón	95	
Zárate, Severa	226	
Zelarayán, Dn. Basilio	50	
Zelaya, Juan	49	
Zelaya, Lina Rosa,	397	
Zelaya, Luisa	35	
Zelaya, Luisa Rosa	323	
Zelaya, María Antonia	42	
Zelaya, María Casilda	42	
Zelaya, Paula	47	
Zelaya, Úrsula	178	
Zelis, Gregorio	398	
Zemborian, Felipe	146	
Zoloaga, Wenceslao	364	
Zotelo, Clara Rosa,	421	
Zotelo, Pedro Juan	305	
Zubelza, Francisco	15	
Zurita, Agustín	163, 395	
Zurita, Ángel Custodio	336, 525	
Zurita, Asencio	140	
Zurita, Bartolomé	566	
Zurita, Carmen	319, 396	
Zurita, Crescencio	405	
Zurita, Da. Abigail	588	
Zurita, Da. Anunciación	358	
Zurita, Da. Beatriz	385	
Zurita, Da. Froilana	494	
Zurita, Da. Ludovina	250	
Zurita, Da. Manuela	531	
Zurita, Da. María Ercilia	246	
Zurita, Da. Petrona	375	
Zurita, Da. Teresa	295	
Zurita, Diego León	67	
Zurita, Dn. Fulgencio	495	
Zurita, Dn. Gabriel	354	
Zurita, Dn. Guidón	570	
Zurita, Dn. Hermenegildo	494	
Zurita, Dn. José Eugenio	175	
Zurita, Dn. José Máximo	566	
Zurita, Dn. José Peregrino	295	
Zurita, Dn. José Rufino	510	
Zurita, Dn. Juan Bautista	487	
Zurita, Dn. Luis Atanasio	590	
Zurita, Dn. Pedro Marcial	587	
Zurita, Dn. Petronilo	259, 352	
Zurita, Dn. Rufino	293	
Zurita, Dn. Salvador	287	
Zurita, Dn. Secundino	266	
Zurita, Dn. Toribio	472	
Zurita, Dn. Victoriano	474	
Zurita, Dominga	167	
Zurita, Elías	543	
Zurita, Expectación	335	
Zurita, Feliciano	194, 381	
Zurita, Félix Mariano	194	
Zurita, Félix Pastor	127	
Zurita, Francisca Avelina	220	
Zurita, Gerarda	568	
Zurita, Guillerma	502	
Zurita, Isabel	64	
Zurita, José	40, 346	
Zurita, José Balbino	346	
Zurita, José Carmen	452	
Zurita, José del Carmen	498	
Zurita, José Expectación	520	
Zurita, José Francisco	137	
Zurita, José León	438	
Zurita, José Luciano	175	
Zurita, José Manuel	75	
Zurita, José Mateo	108	
Zurita, José Miguel	132	
Zurita, José Rosa	121, 190	
Zurita, José Rufino	261	
Zurita, José Santos	144	
Zurita, José Vicente	202	
Zurita, Juan Alejo	382	
Zurita, Juan Asencio	219	
Zurita, Juan Bautista	96, 349, 557	
Zurita, Juan Felipe	475	
Zurita, Juan Francisco	331	
Zurita, Juan Fulgencio	407	
Zurita, Juan Herminio	266, 585	
Zurita, Juan Ignacio	352, 538	
Zurita, Juan Luis	135	
Zurita, Juan Manuel	71	
Zurita, Juan Nicolás	50	
Zurita, Juan Paulino	457	
Zurita, Julián	37	
Zurita, Justo	388	
Zurita, Justo Pastor	199	
Zurita, Lizarda	232	
Zurita, Lizardo	353	
Zurita, Lorenzo Justiniano	376	
Zurita, Luis	232, 450	
Zurita, Magdalena	206	
Zurita, Manuel Antonio	568	
Zurita, Manuel de Reyes	496	
Zurita, Marcelina	415	
Zurita, María	34	
Zurita, María Antonia	95	
Zurita, María Bartolina	57	
Zurita, María Celestina	336	
Zurita, María de Jesús	211, 490	
Zurita, María del Señor	193	
Zurita, María del Tránsito	346	
Zurita, María Ercilia	246	
Zurita, María Eufrasia	118	
Zurita, María Isidora	24, 318	
Zurita, María Rosa	556, 578	
Zurita, María Rosario	447	
Zurita, María Sacramento	175	
Zurita, María Silveria	191	
Zurita, María Susana	143	
Zurita, María Victoria	141	
Zurita, Martina	128	
Zurita, Mateo	188, 565	
Zurita, Melitón	252	
Zurita, Miguel Jerónimo	483	
Zurita, Nabor	311	
Zurita, Pascual	164, 207	
Zurita, Pascual Baltazar	473, 532	
Zurita, Pedro	419	
Zurita, Pedro M	300	
Zurita, Pedro Pablo	134	
Zurita, Petrona	95, 168, 311	
Zurita, Ramón Antonio	326	
Zurita, Ramón Rosa	228	
Zurita, Raquel	354	
Zurita, Restituta	593	
Zurita, Rita	433	
Zurita, Rosa	214, 353	
Zurita, Rosa Viterba	338	
Zurita, Rosario	246, 384	
Zurita, Serafina	64	
Zurita, Teresa	147	

Contenido

Agradecimientos: 5

Introducción 7

Libro Segundo de Colecturía 1741 – 1783 9

(primero de matrimonios) 9

    Primera parte: Españoles...9

    Segunda Parte – "de indios y mulatos"..35

Libro de Matrimonios N° 2 45

Libro de Matrimonios N° 3 93

Libro de Matrimonios N° 4 (primera parte)..117

Libro de Matrimonios N° 4 (segunda parte)...155

Libro de Matrimonios N° 4 (tercera parte) 241

Libro de Matrimonios N° 5 299

Libro de Matrimonios N° 6 351

Libro de Matrimonios N° 7 379

Libro de Matrimonios N° 8 395

Libro de Matrimonios N° 9 423

Expedientes de Informaciones Matrimoniales de El Alto 437

    Primera Parte: Expedientes con numeración consecutiva desde 1798 a 1850.....................................437

        1798 a 1819...437

        1820 a 1829...452

        1830 a 1839...471

        1840 a 1850...484

    Segunda Parte: Expedientes numerados dentro de diferentes legajos. 505

        Legajo de 1853..505

        Legajo 54 de 1851..508

        Legajo 55 de 1851..510

        Legajo 56 de 1851..511

        Legajo 57 de 1851..512

        Legajo 58 de 1851..515

        Legajo 58 (bis) de 1851 517

        Legajo 59 de 1852..517

        Legajo 60 de 1852..521

        Legajo 63 de 1854..524

        Legajo 64 de 1854..526

        Legajo 65 de 1854..527

        Legajo 66 de 1854..531

        Legajo 67 de 1855..532

Legajo 68 de 1855 534
Legajo 69 de 1855 537
Legajo 70 de 1855 539
Legajo 71 de 1856 542
Legajo 72 de 1856 544
Legajo 73 de 1856 546
Legajo 74 de 1856 548
Legajo 75 de 1856 550
Legajo 76 de 1857 551
Legajo 77 de 1857 554
Legajo 78 de 1857 556
Legajo 79 de 1857 559
Legajo 81 de 1858 561
Legajo 82 de 1859 566
Legajo 83 de 1859 569
Legajo 84 de 1860 572
Legajo 85 de 1860 575
Legajo 91 de 1863 578
Legajo 92 de 1863 579
Legajo 97 de 1863 579
Legajo 93 de 1864 579
Legajo 94 de 1865 581
Legajo 95 de 1865 582
Legajo 96 de 1866 (1ra. parte) 584
Legajo 96 de 1867 (2da. parte) 585
Legajo 97 de 1867 (1ra. parte) 585
Legajo 97 de 1867 (2da. parte) 586
Legajo sin número de 1872 a 1873 588
Legajo sin número de 1874 589
Legajo sin número de 1880 a 1881 591
Legajo sin número de 1882 a 1883 591
Legajo sin número de 1887 a 1893 591
Legajo sin número de 1893 593
Índice de Contrayentes 595
Contenido 651

FIN

Tucumán – Octubre de 2024

www.ingramcontent.com/pod-product-compliance
Lightning Source LLC
LaVergne TN
LVHW060314080526
838202LV00053B/4327